受浙江大学文科高水平学术著作出版基金资助

总主编 黄先海 罗卫东

Volume 2A

收入分配手册

第2A卷

[英] 安东尼·B.阿特金森（Anthony B. Atkinson）

[法] 弗朗索瓦·布吉尼翁（François Bourguignon） / 主编

曾文华 郭海燕 姚孝军 汪晓燕 / 译

Handbook of
Income Distribution

ZHEJIANG UNIVERSITY PRESS

浙江大学出版社

·杭州·

图书在版编目（CIP）数据

收入分配手册. 第 2A 卷／（英）安东尼·B.阿特金森，
（法）弗朗索瓦·布吉尼翁主编；曾文华等译. -- 杭州：
浙江大学出版社，2024. 11. -- ISBN 978-7-308-25683
-4

Ⅰ．F014.4-62

中国国家版本馆 CIP 数据核字第 20246JJ072 号

浙江省版权局著作权合作登记图字号：11-2024-464

This edition of Handbook of Income Distribution, 2A-2B SET, by Anthony B. Atkinson,
François Bourguignon is published by arrangement with ELSEVIER BV., of Radarweg 29,
1043NX Amsterdam, Netherlands.

译 者 序

收入分配被英国古典政治经济学的集大成者大卫·李嘉图视为经济学研究的首要问题。《收入分配手册》(第 2 卷)(以下简称本手册)自翻译项目启动到最终付梓出版,过程漫长而艰辛,由多人共同努力历时 10 年得以完成。

译者认为,本手册能够反映收入分配领域的最新研究成果。全书内容翔实,条理清晰,视野宽广,方法新颖。从回顾和总结收入分配研究中涉及的概念与方法,到研究和讨论收入(不)平等研究中的实证证据,再到分析和解释收入分配不平等的多重因素,本手册既具全球视野,亦有微观考察,举证丰富,论证充分。

本手册包含 2A、2B 两卷,分三大部分,共 23 章。

第一部分为概念与方法(第 1—6 章),集中讨论收入分配的实证理论、规范理论、再分配政策及其背后的伦理与价值观;深入分析了收入不平等的不同面向,如多维贫困与不平等、机会不平等、收入不平等与生活幸福指数,以及健康、教育、社会关系、环境质量、就业和工作满意度等其他维度对幸福指数的影响;详细探讨了收入分配分析的统计学方法,涉及不平等、贫困和收入分配建模等主题,参数和非参数方法,以及在实践中处理数据缺陷的可行方式。

第二部分为证据(第 7—13 章),基于大量的历时性与共时性的实证数据,探讨了收入不平等、财富不平等的长期趋势及其决定因素、20 世纪 70 年代之后中高等收入国家的国内不平等与贫困趋势,以及第三世界发展中国家不平等和贫穷的近期发展趋势,并分析讨论了收入在代内和代际的流动性、全球收入分配中的不平等及全球贫困问题、财富与收入的性别差异,人们对待收入不平等的态度,以及国家和全球政策对收入不平等的回应等相关问题的调查统计与实证研究。

第三部分为解释(第 14—23 章),从宏观经济学视角探讨了地区、国家或家庭内部收入分配不平等的多重因素,如健康、财富继承、劳动力市场机制等,解释了全球化与不平等加剧的相关性;探究了把贫困视为社会发展的有利因素到不利因素的政策观念的变化,并介绍了近现代不同国家的福利制度和反贫困政策;概述了微观模拟方法在收入分配分析中的应用,并分析了该方法的局限性和未来发展方向。

本手册包含大量的经济学术语,以及有关学者姓名、机构名、研究成果的专有名词。术语翻译以及准确表达这些术语、专有名词串联起来的复杂的数理推断和深刻的学术思想,无疑是译者的工作重点。例如,本手册英文原书中 5675 个"distribution",哪些译为"分配"(如"收入分配""条件分配"),哪些译为"分布"(如"收入分布""条件分布""偏好分布""人口分布""类型分布""累计分布函数")? 2755 个"household",何时译为"住户",何时译为"家庭"? 每一处都需要译者认真思考,仔细斟酌,借助语境进行准确判断,做出恰当的翻译选择。译者在翻译过程中常需查阅权威文献,请教专业人士,确保准确传达原作思想内容,同时保证其专业性、严谨性和可读性。

无论是本手册的翻译工作还是审校工作,其任务都是十分艰巨的,是对脑力、耐力与视力的综合考验。从思想内容的逻辑关联,到术语文字的表述呈现,从繁复的数学表达式,到细小的特殊字符、希腊字母或基础数学符号,都必须细致入微地认真对待。手册中成百上千的图表、脚注,成千上万的数学符号、方程式、表达式,为本就不易的翻译工作增加了难度,也延长了整个工作周期。

从翻译、审校到出版的过程中,译者们投入了大量的精力和时间,审校者也是不遗余力,坚持高标准、严要求,严格把控译文质量。手册的引进、策划和对译者水平的考察与甄选等前期筹备工作,得到了浙江大学姜井勇老师、杭州师范大学沈丽娟等老师的大力支持,浙江大学出版社对手册的编辑、校改及出版付出了很多心血,译者在此谨向他们表示衷心的感谢。

本手册共计 270 余万字,体量较大,译释不当和疏漏之处在所难免,敬请各位读者和同仁批评指正。

译者

于华中农业大学西苑

引言：当今收入分配

安东尼·B. 阿特金森（Anthony B. Atkinson）*，

弗朗索瓦·布吉尼翁（François Bourguignon）†

* 牛津大学纳菲尔德学院，牛津市，英国

† 巴黎经济学院，巴黎市，法国

1. 背景介绍

尽管早前就有领先的经济学家对收入不平等的议题进行了长时间的研究（见本卷第 1 章），但是当《收入分配手册》第一卷于 2000 年出版时，该议题还不在经济辩论的主流之列。15 年之后，不平等问题已成为人们关注的焦点。日益加剧的收入不平等引起了美国总统、国际货币基金组织（IMF）和经济合作与发展组织（OECD）等国际机构以及达沃斯论坛与会者的关注。

本卷手册旨在涵盖过去 15 年在不平等程度、原因和后果的研究上所取得的进展。从这个角度而言，第二卷应视为对第一卷的补充，而不是替代。我们鼓励作者专注于自 2000 年以来的进展，因此读者在阅读时应该与第一卷的相关章节联系起来。在本引言中，我们讨论对类似问题的看法，并对此议题的现状做出了一定的个人思考。

我们在手册第一卷的引言中提出，"收入分配可能被认为是典型的规范性经济问题"（Atkinson and Bourguignon，2000）。人们对经济不平等感到担忧，因为他们认为这是种社会不公正或不公平，它违反了社会正义的原则。这些原则的性质当然是备受争议的。对于什么是不可接受的不平等程度也存在分歧。人们侧重于不同的方面，但从本质上来说，其关注的是不平等现象。与此同时，对于不平等现象的后果的关注也是很重要的一个方面。约瑟夫·斯蒂格利茨（Joseph Stiglitz）在他 2012 年出版的《不平等的代价》一书中强调："不平等现象对社会的影响越来越明确——更多的犯罪、健康问题和精神疾病，教育成就、社会凝聚力和预期寿命下降。"（参见该书封二）不平等现象的社会、政治和文化影响已经成为基尼系数研究项目的主题（Salverda et al.，2014；Nolan et al.，2014）。在手册第二卷（即本卷）中，不平等的一些后果得以呈现,尤其是第17章中所论述的健康方面的后果。但是,不平等的更加广泛的社会影响,并不是后面章节的重点,这仍然需要讨论。不平等在经济学领域本身具有重要的工具性意义。正如我们在第一卷中所说的,"收入分配有助于我们了解各个经济领域"(Atkinson and Bourguignon,2000)。现在与过去一样,我们认为对经济不平等的研究应该是经济分析的核心。

关于本卷所列问题,本引言对以下几个方面进行了介绍:(a)经济不平等测量的概念和方法,或不平等的各个面向(第2节);(b)以数据为基础的对不平等的关注(第3节);(c)对经济不平等的不同层面的变化的解释,特别是收入、工资和财富的分配以及与宏观经济学的联系(第4节);(d)可用于影响这些更改或纠正这些分配的政策(第5节)。

我们用图1来直奔主题。图1描绘的是过去一个世纪美国经济不平等的演变。数据来自《经济不平等图表》这本书(Atkinson and Morelli,2014)[1],但分四幅小图展示,以突出收入分配的不同层面。[2] 这些图片为描述本手册涵盖的内容以及找出缺失的一些问题提供了良好的基础。事实上,不同图片所示的大部分线条向右上升是解决不平等问题被提上议程的主要原因。与此同时,长期以来关于不平等现象的历史数据显示,过去曾经出现不平等程度下降和贫困减少的时期。事实上,1913—2013 年的不平等程度图呈 U 形。图1所示一系列图形也使我们能够首先强调和指出一个关键但经常被忽视的观点,即观察到的收入差异不一定是存在不平等现象的指标。例如,最高十分位数的收入[见图1(c)]可能由于获得教育资格的成本增加而上升,并不代表终身收入不平等性有任何上升。因此,弄清"不平等"的定义很重要。

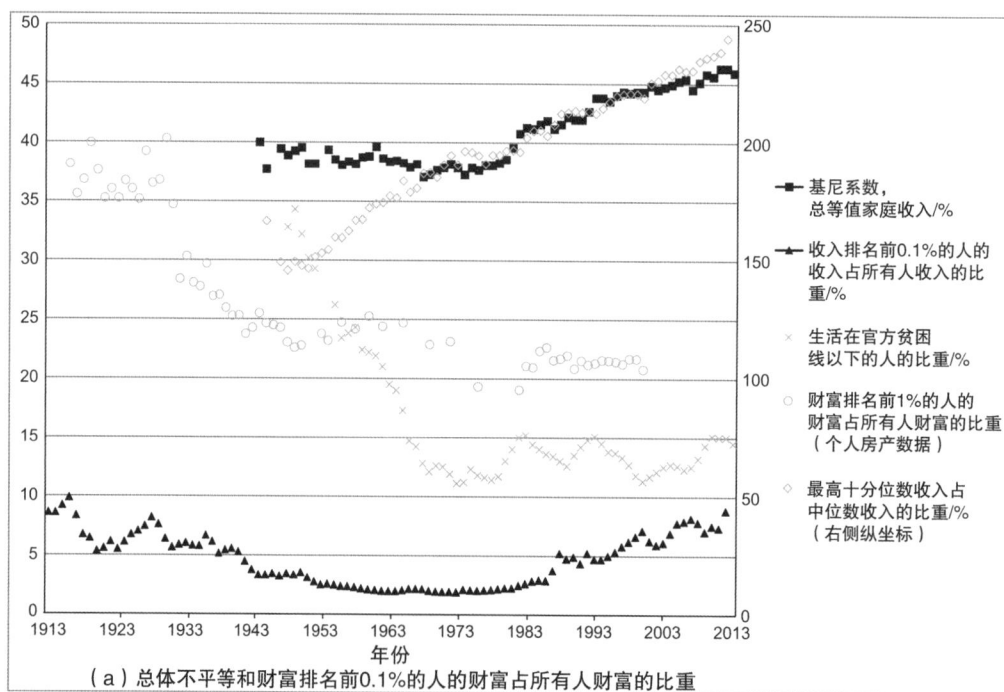

（a）总体不平等和财富排名前0.1%的人的财富占所有人财富的比重

图例:
- 基尼系数,总等值家庭收入/%
- 收入排名前0.1%的人的收入占所有人收入的比重/%
- 生活在官方贫困线以下的人的比重/%
- 财富排名前1%的人的财富占所有人财富的比重(个人房产数据)
- 最高十分位数收入占中位数收入的比重/%(右侧纵坐标)

---

[1] 可以参考另一种彩色图表:http://www.chartbookofeconomicinequality.com/wp-content/uploads/StaticGraphs/ USA_staticgraph_coloured.pdf。

[2] 此处我们依照 Schwabish(2014)的建议,避免了"意大利面条式"的多线线路图。

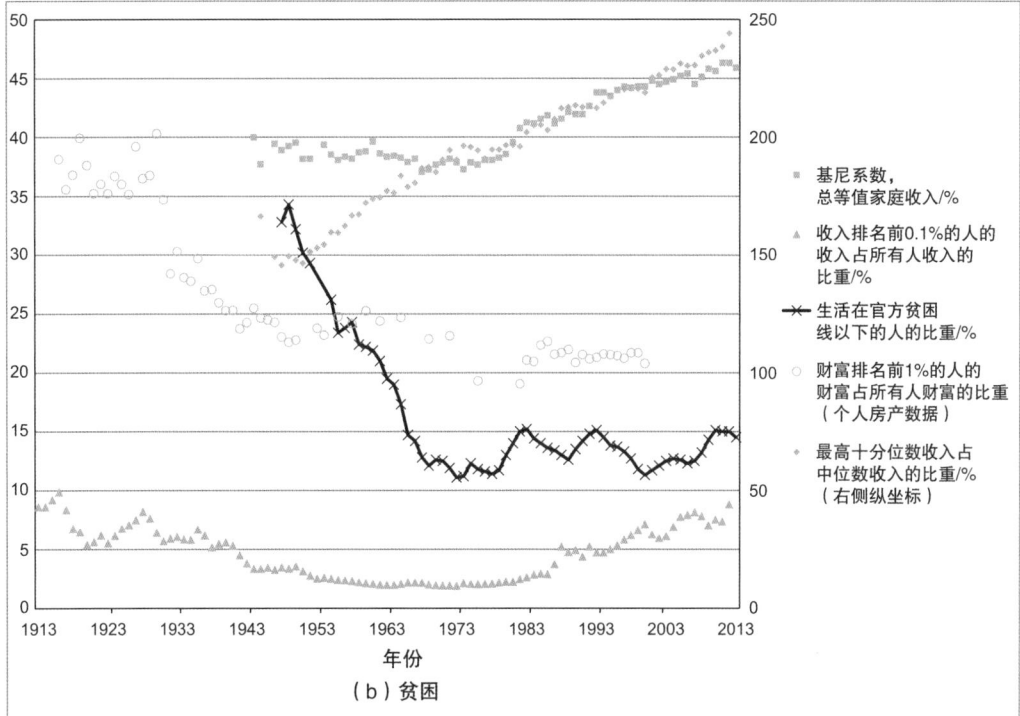

（b）贫困

图例：
- 基尼系数，总等值家庭收入/%
- 收入排名前0.1%的人的收入占所有人收入的比重/%
- 生活在官方贫困线以下的人的比重/%
- 财富排名前1%的人的财富占所有人财富的比重（个人房产数据）
- 最高十分位数收入占中位数收入的比重/%（右侧纵坐标）

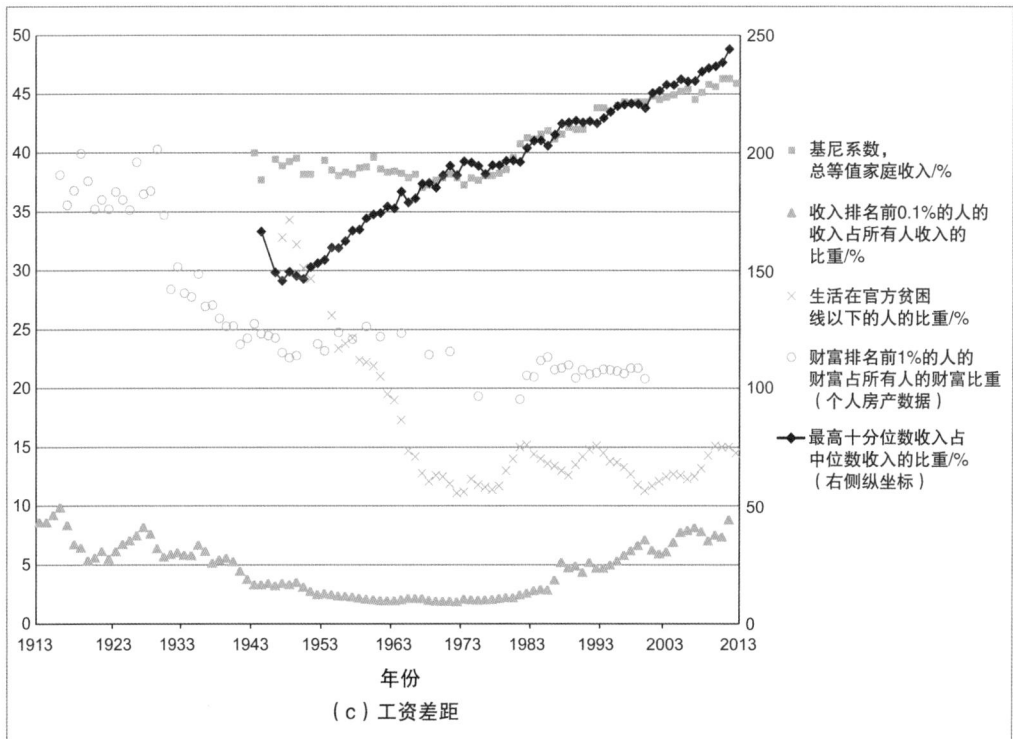

（c）工资差距

图例：
- 基尼系数，总等值家庭收入/%
- 收入排名前0.1%的人的收入占所有人收入的比重/%
- 生活在官方贫困线以下的人的比重/%
- 财富排名前1%的人的财富占所有人的财富比重（个人房产数据）
- 最高十分位数收入占中位数收入的比重/%（右侧纵坐标）

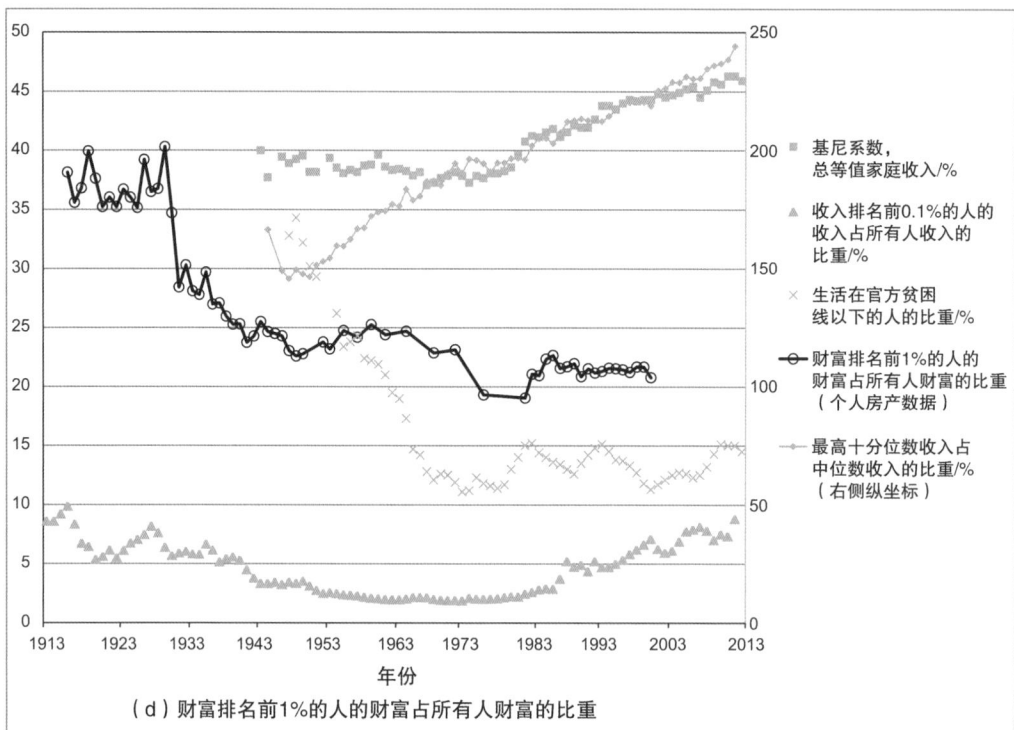

（d）财富排名前1%的人的财富占所有人财富的比重

图 1　美国从 1913 年起的收入分配不平等情况

注:右侧纵坐标是与最高十分位数的收入相关的,其他的系列都是在左侧纵坐标上衡量的。见 Atkinson 和 Morelli(2014)。

图一的数据来源:

总体不平等:总等值家庭收入基尼系数来自美国人口普查局的《美国收入、贫困、健康保险:2013》(表 A-3,等价调整收入差距的选择性测量),假定 1992—1993 年的这一变化有一半是因为方法的变化(因此, 1967—1992 年的变化比 1992—1993 年的变化小 1.15 个百分点),这一序列数据和 Budd(1970,表 6)提供的 1944—1967 年的序列相关。

收入前 0.1% 的人的收入占总收入的份额:收入前 0.1% 的人的收入(不包括资本收益)占总收入的份额, 是基于 Piketty 和 Saez(2003)的研究提出的;更新的数字取自伊曼纽尔·塞茨(Emmanuel Saez)的网站: http://eml.berkeley.edu/saez/。

贫困:低于官方贫困线的人口比例数据,1959 年之前来自 Fisher(1986),1959 年后来自美国人口普查局网站,参见美国人口普查局的《美国收入、贫困、健康保险:2013》的历史贫困表、表 2 和表 B1。

个人收入:收入前 10% 系列,以占中位数的百分比表示,是根据经济合作与发展组织在线图书馆的现行人口调查数据(CPS)整理而成,1973 年的数据与 Karoly(1992,表 2B.2)的估算联系,1963 年的数据与 Atkinson (2008,表 T.10)的估算联系。

财富:私人(成年人)财富前 1% 占总私人财富份额,来自 Kopczuk 和 Saez(2004,表 B1)的房地产数据。

2. 不平等的不同面向

对不平等的讨论很多,但也比较混乱,因为对于这个术语,不同的人有不同的理解。不平等发生在人类活动的许多领域。人们的政治权力可能不平等,人们在法律面前可能不平等。在本手册的两卷中,我们关注的是它的一个特定面向:经济不平等。

研究者虽然对经济不平等的关注有限,但对经济不平等也有许多解释,当然这些解释必须仔细区分。比较容易的做法是先区分货币不平等和非货币不平等。前者是指与个人或家庭的经济活动相关的标准美元值(收益、收入、消费支出和财富)。非货币不平等在这里也被称为"收入外"不平等,涉及经济生活的更广泛的层面,例如幸福或才能。

2.1 货币不平等

将不平等局限于货币这一层面并不能防止对不平等概念的混淆。在媒体上,人们常常听到这样的言论:"某最富有的亿万富豪的财富足够为某一国家的所有穷人提供食物。"但这是把财富(存量概念)和收入、消费等流量概念混淆了。必须将流量定义为在一段时间内发生的情况,因此图 1(a)中总体不平等的数字与年度收入有关。而财富,如图 1(d)所示,是一个时点上的数值。如果亿万富豪今年放弃了自己所有的财富来养活贫穷家庭,那么明年他们就不会出现在福布斯榜上。而如果他们捐献的只是财富中的收入部分,那么捐赠的规模就会变小,但是他们可以年复一年地去做。

人们经常混淆收入和工资。一些学术论文的标题中可能包含"收入分配",但它们实际上通常是关于工资分配的,工资只是收入的一部分。而且这些文章通常也只涉及在工作的人,没有关注领取退休金人员或失业人员的收入不平等。本卷在第 18 章中明确了工资与收入之间的区别。该章作者观察到,有两类主要文献,一类关注工资,一类关注收入分配。这一章在弥合两类文献的分歧方面起着重要的作用。该章作者注意到,这不仅有"什么不平等"的问题,还有"在哪些人群中有不平等"的问题,工资通常是以个人为基础核算的。图 1(c)中最高十分位数收入的人的工资是个体工人的工资,而总体不平等所衡量的收入是家庭总收入。

一个人可能零工资且没有其他收入,但生活在一个宽裕的家庭。这种情况无论是对不平等现象的分析,还是对现实生活中的分析都会引发有趣的思考。家庭内部的分配是怎样的? 图 1(a)上部突出的曲线指的是等值家庭收入的不平等,该收入归结于每个家庭成员的总收入除以家庭规模,并根据规模经济以及与年龄有关需求的因素,对数据进行了校正,这假设了所有家庭成员享有同样的福利。第 16 章讨论了家庭内不平等的话题,该章作者强调,无论是家庭内不平等程度还是其发展趋势,都可能会有很大的不同。这个问题尤其与性别不平等相关,而性别不平等是本卷第12章的主题。

总体不平等程度以基尼系数的形式呈现在图1中,这是统计机构最常公布的统计数据。这一系数的典型解释是几何图形:基尼系数等于洛伦兹曲线和对角线之间的面积与对角线下整个三角形面积的比率。如图2所示,洛伦兹曲线显示了收入最低的 $F\%$ 人口的收入占总收入的比重,它是 F 的函数。其中洛伦兹曲线越接近对角线(图2中的曲线A),基尼系数越小;洛伦兹曲线越接近水平轴(曲线B),系数越接近1。如果我们比较两条不交叉的洛伦兹曲线,如A和B,那么其中一条(在目前情况下,是A)肯定具有较低的基尼系数。在这种情况下,我们有洛伦兹优势,因此A在各种各样的不平等变量上比B更好(Atkinson,1970)。反过来则不成立。基尼系数较低的事实并不意味着洛伦兹曲线总是较高:曲线可能相交。基尼系数也可以用均值差来描述。基尼系数中的 G 百分比意味着,如果我们随机抽取总体中的两个家庭,预期差异是 $2G\%$ 乘以均值。因此,基尼系数从30%上升到40%意味着预期差异从平均值的60%上升到80%。Sen(1976)提出的另一种思路是"分配调整"的国民收入,其基尼系数是国民收入的 $100G\%$。基尼系数从30%上升到40%,相当于将国民收入减少14% [即(100-40)÷(100-30)=其先前值的6/7]。

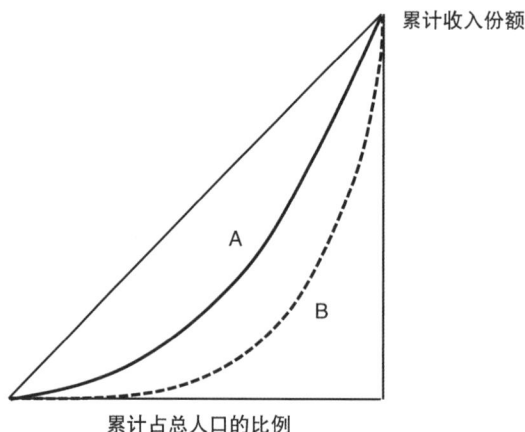

图2　洛伦兹曲线

注:分布A的基尼系数等于曲线A和对角线之间的面积与整个三角形面积的比率。

我们可能不仅对整体的不平等感兴趣,而且对分配的顶部和底部也会感兴趣。图1中数据线最长的"收入前0.1%的人的收入占总收入的比重",可回溯到美国的1913年,显示的是前0.1%的人的收入占总收入的比重(扣除所得税之前的百分比)。这些数字,或"私人财富前1%的人的财富占总私人财富份额",出现在示威游行的标语牌上,例如(华尔街)占领运动。在标尺的底部,贫困线记录了生活在官方贫困线下的人数,这在美国可追溯到约翰逊总统20世纪60年代提出的"向贫穷宣战"。本卷第7章从长期趋势角度,特别讨论了最高收入份额的演变。第8章讨论了最高收入份额是否可以代表整体不平等。本章和关于1970年后趋势的第9章提供了收入分配顶部和底部的证据。在不同的意义上,收入分配的顶部和底部的人的集中,导致了"两极化"的概念,这是第5章讨论的另一个概念。除了基尼系数或份额百分比，衡量不平等现象还有许多其他方法，无论是涉及收入、工资、消费还是财富。同样，将一些不平等度量单位与人均收入相结合，来表示社会福利的方法有很多。这些在手册第一卷中已经进行了大量的回顾。

因此，图 1 中的图组呈现了美国在过去 100 多年里的不平等状态。但是还有很多缺失。图 1 是"一系列快照"，而不是"电影"。1913 年，美国收入排名前 0.1％的人是那一年的高收入群体；其中一些人可能在 1914 年就被淘汰了。图 1 中提供的统计数据无法告诉我们这种流动性，这是本卷第 10 章的主题。该章作者解释说，需考虑两个方面。一方面，个人收入在人一生中从这一年到下一年的变化如何？另一方面，父母和子女两代之间的收入变化又是怎样的？代内与代际收入流动之间的差异反映了现有文献中的分歧，但该章的特点之一就是提出两者共有的收入流动性测量要素。该章作者还提出了一段时间的收入的多维度信息的测量问题；这些问题中有许多是我们在某个时间点考虑多维度时也会碰到的问题（见下一节）。

图 1 显示了一个国家收入分配的数据，但不平等不仅是全国性的，也是地方性和全球性的。首先，货币收入有不同的购买力，这取决于当地的价格，而地理差异可能会产生重大的影响，如 Moretti（2013）关于美国大学工资溢价的文献所示。本卷第 20 章强调了空间不平等。该章作者指出："不平等的空间层面是政治话语中的一个关键问题，因为它与地方实体和司法管辖区之间的差异相互交织并与之相互作用。这些实体有时候定义了种族或语言的特征，在联邦结构中具有宪法身份，自然导致了国家不平等的地方性视角。"不平等同样与全球化相关，这是第 20 章的主要议题。全球收入分配是本卷第 11 章的主题，也见 Bourguignon（2013）。

前面我们已经提到了性别不平等这一重要话题，这在第 12 章中会进行讨论，该章作者指出，大部分文献都涉及工资中的性别差距。正如他们所说，这是重要的，但只是这个主题的一部分，因为在其他形式的收入和无薪工作中也存在性别不平等，所有这些不平等之间也在相互影响。另外在第 20 章，作者讨论了全球化和性别不平等。

在引入诸如性别和种族等因素时，我们超越了图 1 所示的直接收入差距这一维度。我们放弃了基尼系数或前 1％收入所占份额背后的匿名性。我们要问的是，不同群体之间的收入不平等有多严重。这为不平等的概念增加了一个维度。A 和 B 两个群体可能具有相同的总体工资收入不平等水平，但 A 中男性和女性的收入分配可能是完全相同的，而 B 中的男性在收入分配方面则可能更有优势。两个国家可能拥有相同的前 1％收入所占份额，但在其中一个国家，最富有的 1％人口可能都是男性。世界贫困人口可能减少了，但贫困线以下特定族群的数量可能会上升。

2.2 "收入外"不平等

2000—2015 年，对于不平等现象的大部分反思是将概念扩大到"收入外"的不平等现象。Sen 等（2010）提出，将非市场维度纳入社会进步的衡量标准，从而"超越"国内生产总值这一维度，同样，在衡量不平等时也要采取非收入维度。

　　除了提到两个世纪以来关于收入分配和再分配的卓越经济学思想,关于经济思想史的那一章(第 1 章)提醒我们,经济学家看待或考虑收入分配和不平等的方式可能存在历史偏见,这种偏见今天可能依然存在。古典经济学家关注的是土地、劳动和资本的功能性收入分配,因为他们认为他们所生活的社会是由通过不同要素获得收入的阶层组成的。这一观点并不完全适合我们的世界,尽管要素报酬和功能性收入分配在宏观经济分配理论中仍然是主流。第 1 章另一个有趣的特点是讲述了规范经济学对效用主义的长期依赖。直到 20 世纪 70 年代,在罗尔斯(Rawls)和森(Sen)的影响下,经济学家才开始放弃这种做法,并考虑替代方案。

　　值得注意的是,这一思路已经成为以前关于衡量收入不平等的文献的重大延伸,这些文献在历史上比较新。1920 年(Pigou,1920;Dalton,1920)[①]和 20 世纪 80 年代之间发展起来的收入不平等衡量"范式"的几个特点值得重视,因为它为寻求将这一范式扩展到更广泛意义上的经济不平等的定义的现代研究者提供了参考依据。第一个特点是,不平等指数的大多数属性、它们在社会福利方面的阐释以及与风险分析的类比现在已经被很好地理解了。可以肯定的是,在收入不平等测量方面的工作还有待完成,本手册的这一卷给出了两个例子:极化(第 5 章)和在衡量收入不平等方面统计方法的引入(第 6 章),但是相关工作还是取得了较大的进展。第二个特点是,在 Kolm(1966,1971)、Atkinson(1970)和 Sen(1973)的贡献之后,这一工作进展得相当快。第三个特点是,尽管可能被拿来与功利主义类比,但这种范式被明确地表达为非功利主义的(即使是在社会福利职能的广义意义上),从而与社会问题上一个重要而强大的经济思想学派分割开来。最后,随着该范式的发展,它的相关性受到怀疑。Sen(1980)提出了"是什么的平等"的问题,指出以收入为焦点的局限性太强,甚至质疑衡量不平等的福利基础。

　　本卷手册有四章以不同的方式处理收入不平等衡量范式的扩展。以下框架旨在帮助确定它们的主要贡献以及从收入转移到其他更普遍的经济不平等定义过程中的一般问题。我们首先从森的角度介绍个体 i 的"功能"的概念,由向量 a_i 表示。i 的功能包括生活享受的各个方面:物质消费、健康、就业市场状况、住房和环境质量等。其中,我们挑出物质消费,以货币收入 y_i 来衡量,从而使 $a_i=(y_i,x_i)$,其中 x_i 代表非物质消费功能。让这些功能中的个体 i 的偏好由一个序数效用 $u_i(y_i,x_i)$ 函数来描述,将一些参考束 $a°$ 归一化为单位向量。让个体 i 的"满足"成为一个递增函数 $S[u_i(y_i,x_i),b_i]$,其中 b_i 代表可以影响个人从 (y_i,x_i) 得到的满意度的一组个体特征。最后,假设经济环境、技术和社会习惯使得功能向量必须属于由 y_i、x_i 和 z_i 定义的个体特定集合 Q_i,其中 z_i 是个体 i 的属性向量,它可能与 b_i 不同。例如,一个人可以在家中工作,但不能在正式的劳动力市场环境中工作,或者可能拥有能增加其经济机会的社会背景。鉴于她的特点,集合 Q_i 描述了该个体 i 可以达到的一组功能。这可能包括标准预算约束以及允许转换为在市场上购买的商品和服务功能的生产功能。令 (y_i^*,x_i^*) 为个体 i 在可能性集合 Q_i 中优选的功能组,当然,y_i^* 和 x_i^* 都是 z_i 的个别特定函数,我们也可以

---

① 他们称之为庇古—道尔顿(Pigou-Dalton)转移支付原理,即如果分配是由一系列均值保留均衡收入转移实现的,该分配的不公平性就会小一些。

很自然地假设这个优选向量也是观察到的功能向量。个体 i 的相应满意度为 $V_i = S[u_i(y_i^*, x_i^*), b_i]$,其中第二个参数允许两个个体从相同的功能束获得不同程度的满意度。

借助这种符号,我们可以描述最近文献中的不同方法,将不平等的衡量范围扩大到货币收入之外,并讨论它们的优缺点。[①] 本卷第 2 章讨论了不平等与幸福,第 3 章讨论了多维不平等,第 4 章讨论了机会不平等。

2.2.1 按功能定义不平等:多维不平等测量

用一系列向量 (y_i^*, x_i^*) 来定义不平等,然后根据不同程度的一般性使用不同的方法。最显著的进展是将各个维度聚合到单个标量中,并将标准单维不平等测量应用于该标量。被定义为 $A(x,y)$ 的聚合函数可以是任意的,它满足一些基本属性,或者它可能与 2.2 节中列出的框架有关,在这种情况下,相当于假设所有个体都具有相同的偏好 u 和相同的特征 b,使得他们具有相同的由功能组 (x_i, y_i) 决定的满足函数 $S[u(x_i, y_i), b]$。或者,(x_i, y_i) 的这个函数可以是社会评估者的偏好。在任何情况下,假设所有个人在各种功能中应用相同的权衡。正如 Maasoumi(1986)所述,这种规范聚合方法存在于几个基于聚合函数的一些函数形式的具体的多维不平等测量之中。联合国开发计划署(UNDP)所采用的新的在不平等基础上扩展的人类发展指数(Foster et al. ,2005;Alkire and Foster,2010),或 OECD 将不平等、失业和健康(OECD,2014)等因素考虑进来以衡量多维度生活水平的做法就是运用此方法的例子。最近的贫困测量文献基于对贫困的计数,遵循同样的逻辑。将贫困根据功能分类,然后将各种功能的贫困数量和贫困程度进行汇总,以便为个人 i 提供总体贫困指标,见 Alkire 和 Foster(2011)以及第 3 章中所述。

我们可以将收入不平等衡量中的社会福利优势分析一般化,它对应于收入分配的洛伦兹优势(Kolm,1977),而不是使用具体的变量和具体的聚合函数 $A(x,y)$ 或 $S[u(x,y),b]$。遵循 Atkinson 和 Bourguignon(1982),我们可以通过考虑某些类别函数内的所有聚合函数来获得群体中的束 (y_i^*, x_i^*) 的分布的偏序(例子可参见 Duclos et al. ,2011)。然而,正如本卷第 3 章中提出的,将庇古—道尔顿转移支付原理推广到多维情形并不直观。此外,我们不应忽视非物质功能可能需要被区别对待的事实。聚合函数的选择必须反映变量的具体特征,例如健康作为一个变量,正如 Allison 和 Foster(2004)以及 Duclos 和 Echevin (2011)所讨论的,可能按序数而不是基数形式进行衡量。

2.2.2 个人偏好和收入等价方法

从个人偏好方面进行解释,前面的方法对所有个人都施加了相同的偏好。如果可以观察到序数偏好,则可以使用具有收入维度的特定个体聚合函数——参见 Fleurbaey 和 Blanchet (2013)的第 4 章。利用非收入功能的参考向量 x°,通过以下方程式 $u_i(y_i^\circ, x^\circ) = u_i(y_i, x_i)$ 的解 y_i° 得到对应于观察到的束 (y_i, x_i) 的等价收入。如果 $u_i()$ 被合理地假定为连续且单调递增,则这个解确实存在。因此,等价收入是以 x° 为条件的束 (y_i, x_i) 的函数。它的处理方式与

[①] 它还使我们能够区分不平等衡量文献中采用的方法和效用主义的方法:在不平等衡量文献中社会福利被定义为收入 y_i,效用主义的方法中社会福利被定义为 $u_i[$ 或 $S(u_i, b_i)]$。

收入不平等变量中的收入相同。当然,问题是是否可以估计个人偏好 $u_i(y,x)$。Decancq 等(2014)使用主观满意度数据完成了这一估计,并将这些数据与 (b_i) 的某个子集中的具有共同特征的个体的收入和观察到的功能相关联。另一个问题是参考非收入束 x° 的选择,因为不平等变量将以该束为条件(见第 2 章)。

2.2.3 用主观满意度定义不平等

进一步沿着这条主线,衡量不平等的另一种方法是直接关注满意度水平,即满意度调查中直接观察到的满意度 $V_i = S[u_i(y_i^*, x_i^*), b_i]$。这相当于使用个人特定聚合函数 $u_i(y_i^*, x_i^*)$ 以及满足函数 $S(u_i, b_i)$。一些作者遵循这条路线发现,"幸福"的不平等在大多数发达国家中往往随着时间的推移而减少;与较贫穷的国家比起来,收入不平等在较富裕的国家中逐渐减少[见 Veenhoven(2005)、Stevenson 和 Wolfers(2008)关于美国的调查,Ovaska 和 Takashima(2010)、Becchetti 等(2011)和 Clark 等(2012)]。

由于生活满意度一般按序数尺度记录,因此将这些变量转化为基数尺度并采用标准的不平等指标存在明显的问题。因此,Dutta 和 Foster(2013)提出了基于优势标准的替代方法。在概念方面,对生活满意度数据的解释也是一个问题。特别是,它们实际上可能显示了一个人对于他或她过去的经验和未来期望的满意度,也可能显示了其与他人关系的满意度。如果是这样的话,用它们来衡量"经济不平等"是不合适的。就上文引用的符号而言,值得怀疑的是决定序数型偏好是否能够基数化为满意度的个体特征 b_i,是否应该在衡量经济不平等时加以考虑。具有相同偏好的两个人享有的相同的功能组可以产生不同程度的满意度,如果其中一个总体上对于生活具有相当积极的态度,而另一个则是消极的态度。本卷第 13 章提供了对主观满意度数据更详细的解释说明。

2.2.4 能力不平等

与其根据个体 i 在他/她的选择集 Q_i 上观察到的功能组 (y_i^*, x_i^*) 定义不平等,不如追本溯源,考虑这些选择集的不平等,正如在能力方法(capability approach)里一样。第一步是识别这些集合,这与集合中实际实现的特定点 (y_i^*, x_i^*) 不同。这大概可以通过考虑由具有同样属性 z 的向量的人观察到的所有功能束生成的集合来完成。假设已经进行了这种识别,第二步将包括在这些集合上定义一个不平等度量,而不是像收入那样的标量或者像多维不平等那样的向量。在实践中,基于能力的不平等的度量已经被减少到强调个体特征向量 z_i 的几个组成部分,这些组成部分间接地定义了集合的大小。通常,这些变量包括教育、健康或物质资源的可用性。这三个变量在总的国家水平上线性结合,以确定由联合国开发计划署采用的大家熟知的人类发展指数来衡量任何国家之间的功能不平等。一些研究者已经在特定国家中,在个人层面上纳入了更大的一组变量[例如,参见 Anand 等(2007)]。

2.2.5 机会不平等

机会的不平等被定义为最优功能 (y_i^*, x_i^*) 中不平等的一部分,即源于个体特征 z_i 的差异或可能在这些变量的子集中的差异。在这些特征中,有不同的变量,一部分是个人无法控制的变量,这被称为个人所面临的"情境",而另一部分则假定为由他/她所能控制的变量。

那么机会的不平等可以通过面临相同情境的群体中的(y,x)空间中存在的不平等来衡量。这些群体被 Roemer(1998)称为"类型"。通过考虑各种类型中的平均向量(y,x)的不平等来获得最简单的度量。更简单的度量将比较不同类型的分布(y,x),而不是平均值。在本卷第4章中,作者只在收入分配中讨论这样做的方法。这种方法的实施需要假设哪些可能被认为是"情境"(性别、民族、家庭背景……)变量,哪些是个人可控的变量(例如学业成绩)。此外,必定有不可观察的情境,这样我们最多可以测量由观察到的情境导致的收入差距。经常使用的一个特定情况是只考虑z_i的一个组成部分,如民族。在收入方面,机会的不平等与大家熟悉的工资歧视概念相对应,正如第12章中关于性别的讨论。

机会或能力方面的不平等的定义都是基于"事前基础"的,存在于具有一些共同特征的群体中,无关乎功能空间中的个体成就差异(相比之下,结果的不平等,无论是收入、消费支出,甚至是"满意度",都是一个事后不平等的概念)。实际上,衡量能力不平等与机会不平等的主要区别是前者的重点在于属性向量z_i的不平等,后者的最简单的方法考虑了由相同"情境"z定义的各种"类型"之间的平均结果(y,x)之间的不平等。第二个差异可能在于对个人进行区分的个体特征选取,在于能力方面的可能的功能集合的决定因素,以及在于机会一侧的个人控制之外的特定情境。有一些衡量多个国家机会不平等的研究,例如 Brunori 等(2013)用工资收入作为结果,用家庭背景作为情景,将一组来自40个国家的估算放在一起进行研究。还有一些文献(尽管前期有更多文献)讨论了代际收入和更普遍的社会流动性问题(见第10章)。这里的问题也是衡量一个观察到的情境的影响,即父母的社会地位、特定功能的不平等和孩子的社会地位。

总体而言,"收入外"不平等衡量涉及经济不平等的基本内容,而且自罗尔斯和森的开创性著作以来,已经出现了一些重要的概念性进展。数据限制、因将概念参数转化为实际数字而频现困难,以及经常性发生的分析工具的复杂性等限制了实证应用,但该领域未来的研究很有希望。我们首先应该寻求更简单的方法来运用概念上的进步,从而描述经济不平等的多个维度,而不是把它们降维到一个数字。

3. 不平等的数据

我们以图1的具体例子开始本章的阐述,以突出显示数据的中心地位。在所有经济领域中,数据都扮演着重要的角色,但在充满政治争议的不平等领域,尤其要注意数据质量。当遇到如图1所示的显示不平等演变情况的图表时,我们不应该简单地相信图中所示数据,而应该问:这些是什么数据? 它们来自哪里? 它们是否与目的相适应? 在后面的内容中,我们集中关注货币不平等,特别是有关收入的数据,但类似的问题出现在诸如物质贫困或幸福等非货币的数据上。

3.1 数据的谨慎处理

数据的处理有两个危险。一个危险是数据的不当使用。人们通常以比较不同日期的不具可比性的数据为基础，来声称不平等正在增加或减少，或者说 A 国的表现优于 B 国，但这个结论是基于从不可比性的来源获取的统计数据。例如，私人财富前 10％的人的财富占总财富的比重这个数据，在一个国家可能从家庭调查中获得，在另一个国家可能从财富税的管理记录中获得。另一个危险是走另一个极端，拒绝所有关于不平等的证据，因为它们只能以不完美的方式衡量，这当然就是自暴自弃了。

我们认为，应该展示一切形式的可能证据，但我们需要充分考虑它们的优点和缺点。这方面已经取得了显著进步。当我们（ABA）中的一位研究人员在 20 世纪 60 年代末开始研究英国的贫困问题时，英国政府不允许查阅家庭记录数据，唯一的材料是公开发布的表格。这种情况在 20 世纪 70 年代变了，2000 年出版的手册第一卷可以使用已经变得越来越容易获取的住户调查数据。不仅统计机构开展了更多的调查，研究人员也更普遍地获得了微观数据。虽然这种变化远非普遍，但它使学者们能够收集到国际上可比较的数据集，特别是 1983 年由蒂姆·斯米丁（Tim Smeeding）、李·雷沃特（Lee Rainwater）和加斯顿·夏贝尔（Gaston Schaber）启动的卢森堡收入研究（LIS），以及世界银行的涵盖了大约来自 127 个经济体的 850 项家庭调查的在线全球贫困监测数据库（PovcalNet）。

在本手册第一卷出版后的 15 年里，至少有四个主要进展。第一个是经济学实验研究的快速发展，以安德鲁·克拉克（Andrew Clark）和康西塔·安布罗西奥（Conchita d'Ambrosio）所著的第 13 章为代表，作者展示了实验中产生的数据以及调查证据，可以揭示出对不平等的态度的微妙之处。第二个是从管理记录中获取了更多的分配数据。当欧盟收入和生活条件统计（EU-SILC）从 2003 年起取代欧共体家庭追踪调查时，规则允许数据来源的灵活性，越来越多的会员国从行政部门获取信息。第三个是对历史数据的重新关注。受 Piketty（2001）的启发，人们对长期时间序列数据的建设进行了大量投入，特别是有关最高收入份额的，例如经济学家阿瓦列多管理的世界顶级收入数据库。第四个是越来越多的国家数据收集标准化，这允许更严格的比较工作。EU-SILC 是欧洲的一个例子；"拉丁美洲和加勒比地区生活条件调查和测量改善计划"是另一个例子。尽管还需要继续努力，但今天的跨国比较绝对比一二十年前的情况更有意义。

这些发展意味着我们现在更了解经济不平等程度以及一段时间的发展趋势。从阅读第二部分的证据调查中可以看出这一点。第 7 章有关历史研究的内容讨论了收入和财富分配的长期趋势，覆盖了 25 个国家，并在一些情况下可以追溯到 18 世纪。1970 年后的演变是第 8 章和第 9 章的主题。前者涵盖了 OECD 国家和中等收入国家的不平等和贫困，表明自 Gottschalk 和 Smeeding（2000）第一卷的相关章节以来，"数据已经取得了长足的进步"；后者涉及发展中国家，在衡量不平等和贫穷方面也取得了很大进步。第 11 章研究了世界收入分配和全球贫困的分布情况。

此外,数据的可用性是研究经济不平等原因的一个关键因素,这是第三部分的重点。在许多情况下,这些调查是基于对不平等的国家面板数据集的统计分析(通过汇集一些国家的时间序列观察数据得出)。时间差异和国家之间的差异被用来探索不平等的多重原因。这在第 19 章得到了详细讨论,而且支撑了第 18 章关于工资收入分配的大部分分析。我们在本书中集中讨论的正是这些现在被广泛使用的国际数据库,因为它们能说明许多问题。

3.2 关于收入不平等的国际数据库

在考虑第 19 章所列和讨论的国际收入分配数据库时,第一个关键区别来自一级数据库和二级数据库。前者是直接依赖微观数据的数据库,尽可能标准化,以确保国家和时间段之间的可比性;后者汇总可用的公开发布的收入分配估算数据。前者的例子包括 LIS、EU-SILC (它同时还协调了相关国家的数据收集)、OECD 收入分配数据库、涵盖拉丁美洲和加勒比地区的 SEDLAC 以及世界银行的 POVCAL / WYD;后者包括由 UNU-WIDER 组建的世界收入不平等数据库(WIID)[Deininger 和 Squire(1996)最初在世界银行构建的数据集的更新版本]以及 Milanovic(2013)在世界银行的"所有你想要的基尼系数"数据库。Milanovic(2013)明确指出,"这个数据集只包括从实际家庭调查中计算的基尼系数"。第二个重要的区别来自仅限于实际观察的数据库,例如"所有你想要的基尼系数"数据库,和那些估计了一些国家和某些时期的具体指标缺失值的数据库。以获得跨越国家和时间的最大可能覆盖为目标,"标准化世界收入不平等数据库"(SWIID)采用自定义缺失数据算法来规范联合国大学的 WIID 和许多其他观测数据(参见 SWIID 网站和文档)。得克萨斯大学不平等计划(UTIP)估计的家庭收入不平等数据集来源于 UTIP-UNIDO 工业薪酬数据集、其他条件变量以及世界银行 Deininger-Squire 收入不平等数据集之间的计量经济关系。

Atkinson 和 Brandolini(2001)对 Deininger 和 Squire(1996)的世界银行数据库进行了仔细的审查,他们发现,使用二级数据库,或者更一般地说,比较依赖不同收入定义或统计单位的国家或时间段的收入分配指标,有结论不一致的风险。他们在承认这些数据库的价值的同时,也提醒大家不要不加批判地使用这些数据库,并提出一些次数据库建设的原则。此后又有一些进展,在 Ferreira 和 Lustig(2015)主编的关于收入差距数据库的《经济不平等学报》特刊的一篇回顾"WIID 数据库"的论文中,Jenkins(2014)重复了阿特金森和布兰多利尼在 20 世纪 90 年代初期使用 WIID 的 2c 版本(2008)获得的 LIS 数据库和一致估计值之间的比较,发现差异已经减少(新的 WIID 3.0B 版本随后于 2014 年发布)。然而,他重申:"不能直接拿来就使用 WIID 数据。"对发展中国家来说,这类基准尚未制定,这种不一致的情况会更加频繁。若事先未进行仔细检查,不应该使用二级数据库中的数据。

3.3 问题清单

当使用收入不平等的数据时,应该问什么问题? 在下面,我们给出了一些最重要的问题清单。《堪培拉小组家庭收入统计手册》(United Nations Economic Commission for Europe, 2011)讨论了这些问题和许多其他问题。这是 2001 年由国际家庭收入统计专家组编写的手册的第二版。国际家庭收入统计专家组由澳大利亚统计局倡议,在 1996 年成立。在将其描述为"问题清单"时,我们并不表示仅有一个正确的答案。适当的选择取决于具体环境,并且在不同发展阶段的国家之间可能有所不同,此种选择取决于分析的目的。但是,用户必须知道他们正在采用什么数据。

3.3.1　什么的不平等?

在一些国家,统计局收集家庭收入数据;而在其他国家,它们则收集消费支出数据。Povcal 数据库包括报告收入不平等的国家和其他报告消费支出不平等的国家。LIS 通过对所有国家使用收入调查来避免这种异质性。收入可以通过多种方式来定义:税后(或可支配)收入;允许扣除的税前收入,例如扣除支付的利息(令人困惑的是,这在官方统计中通常被称为"净收入");扣除前的税前收入。在实际操作中,收入概念可能或多或少地遵循国际劳工统计学家会议[和《堪培拉家庭收入统计小组手册》(第二版)]通过的定义,包括所有收入,无论是货币形式还是实物,除了非常规或意外的收入。这里的重要问题(对于消费的定义而言)是,是否包括或排除自有住房能提供的租金、家庭生产和实物福利。

收入和支出通常与一年期相关,但可以在不同的时间段内进行衡量,这在工资收入方面尤为重要,如第 18 章所述。参考期可能是与正常月收入相关的最近薪酬发放期或最近收入获得期,不包括不定期奖金,所统计的收入也可能是年度总收入。收入也可能以小时计,这可能会导致工资和休闲不平等分解。时间问题也影响到覆盖的人口。有的人可能只是在一年的部分时间在此地,部分年收入或工资的纳入或者排除会影响衡量到的不平等程度。与各国收入数据的可比性有关的另一个问题是工资税和社会保险费的状况。在某些情况下,工资扣除了所有这些费用,在其他情况下,工资包含由员工支付的社会保险费,而由雇主支付的工资税很少记录在案。从这个角度来看,构建个人工资数据库方面的努力并没有同构建国际收入分配数据库的进程持平。

现有的收入差距数据集的另一个重要问题是同一国家不同地区生活成本的差异。所有国家都不存在此种数据。然而,这些差异可能是相当大的,可能对估计不平等有重大影响。农村、城市生活差距的不确定性导致世界银行 Povcal 数据库管理人员分别报告中国和印度农村与城市地区的收入分配情况,中国报告的收入差距估算差异往往是由于对农村/城市生活成本比例的不同假设。在发达国家的城市间,生活成本差异(如果只是在住房租金方面)产生了同样的不精确性[我们已经引用了 Moretti(2013)]。

3.3.2　哪些人之间存在不平等?

关于不平等的数据可能涉及家庭之间、家庭内部之间、纳税单位之间或个人之间的差异。许多实证证据与家庭有关,调查通常在此基础上进行。然而,该变量并未告诉我们家庭中不平等的分布情况,这也是第 16 章的主题。若住户中有几代成年人,则不平等可能被隐瞒。核心家庭内部也是如此,因为一对夫妇的收入(或消费)的总和隐藏了性别不平等,这是第 12 章的主题。在这种情况下,有趣的是,有一些国家根据个人所得税转移下的个人税收来获取不平等方面的数据。从这些行政数据可以看出，妇女在收入前 1％ 的人中的比例严重不足。在加拿大，2010 年，在总收入前 1％ 的群体中，妇女仅占 21％（Canada Statistics，2013）。在英国，2011 年，相应数字为 17％（Atkinson et al.，即将出版①）。

家庭和其他单位的规模与组成不同，必须使用等价尺度进行调整。在这里有各种操作，对主数据库之间的一些协调比较常见。例如，LIS（"关键值"网页）和 OECD 收入分配数据库之间的"等价"程序不同，其使用总体家庭大小的平方根作为等价尺度。Povcal 使用的是总体家庭规模，并将总体家庭人均算到具体每个家庭成员身上。换句话说，等价弹性在第一种情况下设定为 0.5，在第二种情况下设为 1。这些选择可能使发展中国家、新兴国家与发达国家相比显得更加不平等（如果这两组收入的定义相同）。为了重建可比性，所有数据库都不难提供具有等效弹性的收入分配指标的估计值——这是在拉丁美洲的 SEDLAC 数据库中完成的。同时，我们还不清楚不同发展水平的国家的消费规模经济是否应该是相同的，因此也不确定等价尺度是否应该相同。

除了参考单位是个人，还有另外一个观测权重的问题——一个经常被忽视的问题，且它并不总是被记录在案。如果我们在家庭层面观察到收入，那么并不能说每个家庭不论大小都应该被视为一个单位。权重是与等价尺度的选择相独立的一个问题。一个家庭的收入可以通过家庭经济规模的等价尺度来纠正，但这并不意味着应该按照等价单位的数量加权。根据家庭人数加权可能会更合适。当然，这样会导致多人口家庭的总收入更大。

3.3.3　数据来源

每个数据来源都有其优缺点。历史上关于收入不平等的证据，如库兹涅茨（Kuznets，1955）使用的证据，来自行政记录，其中最重要的是个人所得税统计。所得税数据有严重的局限性，包括低于税收限额的报告不完全、收入报告不足、合法避税和收入转移的影响等，这些都在第 7 章至第 9 章中进行了广泛讨论。因此我们必须谨慎使用数据。这同样适用于现在更广泛使用的数据来源：住户调查。

就住户调查而言，调查问卷的差异以及校正不回应或缺失观察值的方法的差异，会降低不平等指标的可比性。Ravallion（2014）在对 LIS 的回顾中强调了不回应和收入数据缺失的问题。在一些情况下，样本家庭的不回应在一些情况下通过重新调查同一层次的可比较家庭来处理，而在其他情况下，通过简单地重新加权回应家庭来处理。但是，如果不回应相对频繁，并且在收入方面不随机，则存在偏倚风险。如果分配的顶端根本没有被抽样，那么这种偏倚可能是很大的，发展中国家通常是这样（Korinek et al.，2006）。统计局可能会报告不回应的频率，这会很有作用。这同样适用于回应家庭的收入值缺失。在某些情况下，我们可以根据家庭和家庭成员的观察特征，估算总收入或收入分项的值；在其他情况下，我们没有对收入分配估计的样本的相应观察值缺失的影响进行修正。无论是哪种情况，如果缺失的值依赖于收入，则存在明显的问题。

3.3.4　与国民账户的关系

来自行政管理记录或住户调查的数据必须与国民收入账户联系起来看，国民收入账户

---

① 本书原文出版时的状况——译者注。

可以提供重要的参考依据。实际上,在所得税数据仅涵盖部分人口的情况下,国民账户是独立于收入控制总额的标准来源。就住户调查而言,问题可能出现在家庭总收入水平上,这在关于世界收入不平等的文献中已有广泛讨论(见第 11 章)。如果有一个完整的家庭账户,当调查中的一些平均收入组成部分与国民账户相比相对于其他组成部分较为低估时,这个问题便会产生。在某些情况下,统计局扩大收入组成部分,以确保与国民账户总额的一致性。但是,如果这不是作为总收入分配,或者差异是由于少报以及不报产生的,那么这可能会大大改变大部分收入分配指标。这种修正现在在先进国家很少进行,但在一些新兴国家仍然适用,尤其是财产收入,在住户调查中其往往少报。由拉丁美洲和加勒比经济委员会管理的数据库就进行了调整。例如,在智利,CASEN 调查中的所有收入分项(薪资、自营收入、财产性收入、转移支付和估算租金)都按比例增加(或在估算租金的情况下下降),以符合国民账户体系。唯一的例外是财产收入,差距完全归结于五等分的顶层。由于调查和国民账户收入的定义存在差异,所以后来在跨国数据库的分配数据中引入了其他噪声加以修正。Bourguignon(2014)确实表明,调整的规模可能很大。

3.4　数据异质性的影响

跨国数据库中收入分配指标异质性的影响对经济分析和政策很重要。首先,它们使国家或时间段的基准模糊。我们无法明确地检查一个特定国家的不平等现象是否有所增加或减少,或将这种演变与邻国发生的情况进行比较,这是制定决策和进行民主辩论的严重障碍。依靠最透明和可比较的收入差距衡量手段是绝对必要的。

收入分配指标不精确和缺乏可比性的第二个结果是对收入不平等的标准计量经济学分析的削弱。有噪声的回归元在任何回归中都会导致偏差。在极限情况下,如果噪声太大,则回归系数估计为零,收入分配在解释经济增长速度、政治不稳定或犯罪方面被认为不重要。例如,Ostry 等(2014)被广泛引用的研究,用衡量总收入和净收入不平等在增长中的差额来衡量不平等的影响和再分配的程度。他们发现,"较低的净不平等与更快和更持久的增长强度相关,在给定的再分配水平上,再分配在其对经济增长的影响方面通常是良性的;只有在极端情况下才有证据表明它可能对增长有直接的负面影响。因此,再分配的直接和间接影响一起,包括由此产生的较低的不平等对增长的影响,平均而言是利于增长的"。正如作者明确承认的那样,如果人们预期在净收入与总收入不平等之间的差异中会出现重大的测量误差,那么对这些结论必须谨慎看待,因此应该考虑底层数据的来源。该研究利用了由 Solt(2009)创建的 SWIID 数据库 3.1 版本。SWIID 数据广泛,提供了 1960—2010 年大约 175 个国家和地区的总收入和净收入的基尼系数。该数据库 3.1 版本中有超过 4500 个观察结果。与此同时,许多观察值是推算出来的:样本中的许多国家和地区缺乏常规的总收入和净收入不平等观察数据。① SWIID 数据库的作者因提供估算值的标准差而应该被赞扬,但不丹的基尼系数的两倍标准差范围,例如 2012 年,为 24%—45%(SWIID 4.0 版),这意味着信息内容有限,正如 2012 年马来西亚的范围为 32%—61%一样。这意味着用户需要考虑到底层数据质量,正如 Solt(2009)所强调的,没有考虑到这一点的研究是值得商榷的(SWIID 的 4.0 版是为了便于将多重推算方法应用于参数估计而设计的,而且我们了解到 5.0 版本在这方面有进一步提高)。②

跨国数据库中发现的收入分配指标不一致的另一个后果是全球收入分配指标可能不准确,这导致了国家收入分配指标中的测量误差。全球收入差距估计肯定是非常嘈杂的,正如第 11 章的讨论所提出的那样,尽管国家收入分配指标的不精确性只是问题的一部分。国家之间的不平等在全球不平等现象中占有很大的份额,因此另一个主要的含糊来源在于国家人口平均收入的相对估计。而且,在这两种情况下,大国显然发挥了重要作用,而不平等程度的不精确性或小国平均收入对全球不平等的影响却很小。这在第 11 章中得到很好的阐释。该章显示,住户调查和国民账户中报告的印度平均个人生活水平的增长率差异对全球不平等趋势有重大影响。我们需要更多的工作来评估不同原因导致的全球不平等估计的不精确程度(国家收入分配数据不精确,国家平均收入数据不精确,当然也有购买力平价估计),以便估计置信区间并能够检查估计的变化是否显著。这同样适用于全球贫困衡量,特别是在根据共同的绝对贫困线定义的情况下。

3.5 未来的道路

未来的道路是什么?如何提高我们对分配和分配趋势进行国际比较的能力,无论是基准测试、计量经济学分析还是全球分布估算?在比较跨越国界和时间的收入分配时,理想情况下,我们要访问微观数据并计算控制收入单位(家庭或个人)定义的适当概括性指标,即收入(毛额、净额、消费支出,包括或不包括实物转账、估算租金……)。但是,这将是一项艰巨的任务。因此,显然需要数据库管理者而不是数据库的每个用户对数据进行一次全面的初处理。这要求数据标准化,尽可能符合关于收入和收入单位定义的一致意见。LISWeb 站点上的"关键数据"遵循该逻辑,同时可以得到原始微观数据(以及生成关键数据的 STATA 或 SPSS 程序),允许用户脱离此核心定义。

按照国民账户的路线,以及正在开发的类似的联合国国民账户系统,以堪培拉家庭收入统计小组的工作和欧洲联盟社会指标(Atkinson and Marlier,2010)等区域性组织的努力为基础进一步开展工作,这是个很好的发展方向。然后我们可以就分配数据的汇编和分析商定一个准则。但是就收入分配分析而言,还需要进一步的工作,因为关键要素是要访问微观数

① SWIID 提供了在源数据至少包含三个不平等观测值和至少三个市场不平等观测资料的国家(并排除了符合这一标准,但两者并非同时期的一些国家)的重新分配情况。Ostry 等(2014)还提供了对该样本的增长、不平等和再分配之间的关系的估计。
② 数据集的这种改进是非常受欢迎的。同时,这意味着我们应该重新审视基于早期版本的研究得出的结论。它还强调了记录所使用数据集的版本和维护档案的重要性。

据。所需要的是外部人员在保证机密性的情况下有访问微数据的可能性,例如 LIS 所做的那样。在其他地区或可能在像世界银行这样的国际机构中也可以开发同样的体系。然而,这种指导原则和商定的对收入分配微数据的访问不能解决数据固有的不可避免的不完备性问题。此外,这些问题,特别是确保适当答复率的问题,在未来可能会变得更加严重。从这个角度来看,近年来,以行政来源补充基于调查的标准调查分析证明是非常有前景的。一些欧洲国家已朝这个方向发展,其中 EU-SILC 数据是以这种方式收集的(尽管这确实产生了与仅依赖住户调查的数据的可比性的问题)。在发达国家基于税收数据的最高收入数据库中的使用,是使用补充数据的重要性的一个标志(参见第 8 章中的讨论)。结合这两个来源并不是一件容易的事情。参考单位并不总是一样的,有时是一个家庭,有时是纳税单位。两种类型的收入概念可能会有所不同。此外,高收入人士是否缺席住户调查(即上述无答复问题)或者参与了调查但低报了收入,这些都尚不清楚。在两种情况下,对不平等指标的修正是不一样的[参见 Alvaredo 和 Londoño Velez(2013)]。一般来说,所需的调整可能因国家而异。

根据第 2 节的讨论,人们可能还想知道,跨国不平等数据库是否不应该超出收入本身,纳入与经济不平等有关的其他方面。就算不对能力或机会不平等进行测量(这个比较困难),我们至少可以很容易地测量更广泛的不平等定义的一些组成部分,从而扩大不平等的维度,两性之间的不平等就是这种情况。基于劳动力调查的这样一个数据库在 OECD 中有关于新兴国家和 OECD 国家的数据,在 LIS 的"关键数据"中有一些新兴国家的数据。对于依靠住房调查或劳动力调查、涵盖更多国家的报告性别收入比率的概括性统计的大多数其他主数据库来说,工作难度并不大。在更普遍的意义上,主要数据库可能会通过报告关于收入变量和标准调查中可用的其他个人或家庭属性的联合分配的汇总统计数据来达到包含"收入外"不平等的目标。教育、性别和种族是最明显的例子。

过度使用标准的聚焦于收入的调查是有问题的,因为相关属性通常被包含在不同的调查中。例如,发展中国家的人口和健康调查(DHS)涵盖自我报告的健康状况、生育率、个人或家庭层面的婴儿死亡率。但是,他们不会收集关于货币资源的直接信息,所以非收入功能不能与收入共同考虑。与家庭收入或消费调查相匹配的技术可以用于 DHS 的家庭估算收入,但是很难处理固有的不精确性。另外,有许多国际数据库将收入不平等数据与其他功能维度相结合。在健康领域,这是由 Cornia(2008)等人整理的全球化健康关联数据库实现的。然而,这些数据库的问题是,非收入指标基本上是汇总的,因此这些数据库通常不会提供相关非收入属性不平等的信息,当然与其他收入或工资等属性联合分布的信息就更少了。从这个角度来看,普遍化和标准化的包括各类贫困问题的贫困问卷调查,可能是监测"收入外"不平等的某个方面的最简单的方法。

4. 严肃看待经济学理论

数据是研究经济不平等的第一个重要因素;第二个重要因素是经济理论,其为第三部分对不平等的解释提供支撑。我们再次呼吁读者认真对待利用理论构建板块这一问题。人们不能简单地把经济模型理论从书架子上取下,然后不加思考地应用于手头的问题。同样,理论家也必须注意基本的经验事实,并确保他们对多种经济机制结合在一起产生经济中不平等程度的特定属性的描述符合这些事实。接下来,我们通过在宏观经济框架内重点关注技术进步、人力资本和财富积累的作用来阐述和讨论确定维持或改变不平等的机制的双重要求。从第15章和第16章可以看出,包含这些特定机制的模型在当前关于经济不平等的理论思考中确实是至关重要的,包括最近对于高收入和财富分配的关注。最近对观察到的不平等程度上升的可能原因的许多反思实际上与宏观经济因素有关。

在本节中,我们关注市场收入的决定性因素:工资和资本收入。这些主题,特别是工资,在其他手册中广泛涉及,例如《劳动经济学手册》,在设计本卷时,我们设法避免重复。基于同样的原因,我们在本引言中为这一方面的讨论留足了篇幅,作为对经济学领域跨域搭桥的贡献。我们还应该强调,尽管工资和资本回报是决定家庭收入分配的重要因素,但它们的影响还取决于各种社会和体制机制,如家庭形成和人口结构,以及公共政策的再分配发生率(见第5节)。

4.1 技术/全球化与教育之间的竞赛

在本手册第一卷的引言中,我们阐述了如何利用供需分析(也许是最简单的经济理论)来解释工资差距的不断扩大。Tinbergen(1975)着重描述了对受过教育的工人的需求增加与受过教育的人口的扩张之间的"竞赛"。由新技术或全球化驱动的需求超过供应量,那么教育的溢价就会上升。如图3所示,供需平衡正在随着时间的推移而变化。受过高等教育的工人的工资水平正在上升,因为技术进步有利于他们[即技能偏向性技术进步(SBTC)假设],或者因为全球竞争的增加有利于受过更多教育的工人。在下文中,我们主要涉及SBTC假设,但这并不意味着我们轻视了国际贸易的作用。

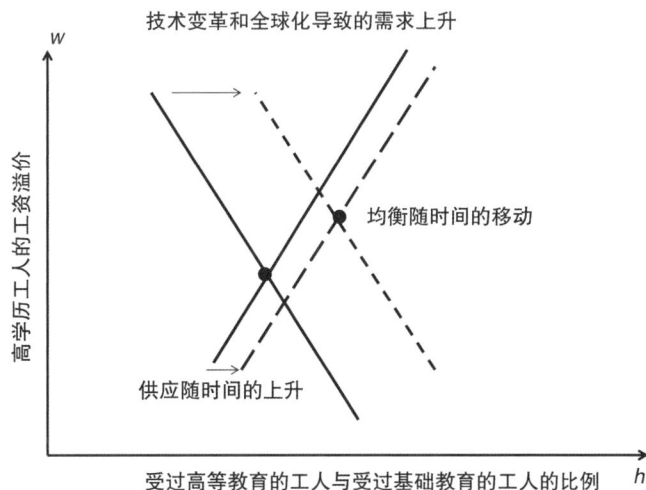

图3 技术/全球化与教育之间的"竞赛"

一年级的经济学似乎解释了现实世界中观察到的情况。然而,二年级的经济学教给我们:竞赛是一个动态的过程,其结果取决于如何指定基本的调整变量。假设(似乎也是合理的)在任意时刻t,受过高等教育与基础教育的工人的比例固定在$h(t)$,相对工资ω使劳动力市场出清。总产出是两种劳动的函数,具有不变的替代弹性σ,工资溢价取决于

$$\omega = A\left[\alpha_h/\alpha_b\right]^{(1-1/\sigma)h-1/\sigma} \tag{1}$$

其中,A是一个常数,α_i表示i类工人的生产率(下标h代表受过高等教育的人,b代表受过基础教育的人)。如果随着时间的推移,SBTC使方括号中的值变大,假设(通常被遗忘的条件)弹性σ大于1,则对于任何给定的$h(t)$,工资溢价都会上升。然而,一般来说,h将随着溢价的上涨而上升。如果变量x的增长率由$G(x)$表示,并且方括号的增长率是一个常数g,那么我们有

$$G(\omega) = (1-1/\sigma)g - (1/\sigma)G(h) \tag{2}$$

假设h的增长率对应于工资溢价与获得教育的成本之间的差异的弹性为β;此外,假设以接受基本教育的工人的工资定义的教育费用等于费用F,加上T年延迟收入的成本e^{rT},其中r是年度借款成本,即

$$G(h) = \beta\{\omega - F - e^{rT}\} \tag{3}$$

所以结合式(2)和式(3)有

$$G(\omega) = (1-1/\sigma)g - (1/\sigma)\beta\{\omega - F - e^{rT}\} \tag{4}$$

对于正ω,相对工资收敛于如下值

$$\omega^* = F + e^{rT} + g(\sigma-1)/\beta \tag{5}$$

由此可以看出,SBTC(和$\sigma>1$)并不会导致工资溢价永远不断上涨。持续的技术进步会导致工资差距的增加,但由于供应调整,我们不认为这会一直持续。

我们阐述该理论有两个原因。第一个原因是,在查看数据时,我们需要区分持续的上升趋势和工资差距程度的向上移动。如果从经验上看,工资差距不再增加,这并不意味着SBTC(或全球化)已经结束。[①] 实际上,从式(5)可以看出,g下降到零将意味着工资溢价回落到其早期的值。明确动态模型的第二个原因是,经济理论是有价值的,因为它指向可能是重要的其他机制。从式(5)可以看出,根据供应调整速度(通过β),同样的力量(SBTC或全球化)可以在不同的国家有不同的效果。这是 Lemieux(2008)对 SBTC 解释受到的挑战的一个回应:"如果技术变革是对日益扩大的不平等现象的解释,那么为什么其他具有相同的技术变革的发达经济体没有经历不平等的增长呢?"劳动力市场越敏感的国家,工资差距的扩大幅度将会越小。从式(5)可以看出,由于教育成本的上涨,工资差距可能会扩大。通过这些市场反应,提高学费将导致更高的工资溢价。从一辈子的视角看,工资差距的这种扩大并不意味着不平等的加剧。

4.2　稳态和转移动态

对工资不平等的供需模式的简介显示了理论的力量。同时,它提出了一些问题,即现有

[①] 该模型已经对技术变革下的情况进行了讨论。同样地,全球化导致需求发生变化,也需要对其进行类似考虑。

模式是否真正捕获了被观察到的东西,并为预测未来发展和制定政策提供了合理依据。一方面,有同时发挥作用的各种机制的相对力量的问题,例如偏倚型技术变革、教育选择、技能供给、资本积累和分配等问题。另一方面,在讨论财富分配时,存在时间尺度等问题,这无论是在这里还是在后面的讨论中都是我们要强调的一个关键方面。

为了易于处理,分析通常侧重于这些模型的稳态或长期均衡性质,而不一定说明长期是指多长时间。在第 14 章中,作者提醒读者:"为了简化论述,我们将分析局限于稳态比较,但要小心的是在实际经济中,分配将需要很长时间收敛到一个新的稳定状态。"然而,为了使理论与所观察到的收入分配的演变和政策联系起来,对转移阶段的处理至关重要。在分配分析中,最有可能改变收入分配的因素,如人力资本和实物资本的积累,在个人和总体水平上都需要时间,这意味着经济体可能需要很长时间才能适应外来冲击。毕竟,如果一个冲击改变了获得高等教育的动机,那么将需要 40 年左右的时间或有活力的生命的时间,才能感觉到全面的效果,换句话说,劳动力中所有工人都面临着教育和工作之间的新的权衡,在这期间,许多其他的事情可能会改变。

为了说明这一点,考虑上一个模型动态调整到一个稳定的状态,我们再次集中于 SBTC。这需要对 h 的行为进行更详细的建模,即技术熟练的劳动力 L_h 与不熟练的劳动力 L_b 的比例。假设人口是平稳的,劳动力每年按比例 n 离开,而同等比例的劳动力进入。对于静态人口,n 将是有活力生命期的倒数,大约为 2.5%。重要的一点是,劳动力技能结构的大部分变化都是通过不断进入的劳动力的逐步更新和改变的教育选择实现的。更准确地说,假设劳动力技能结构的动态由下式给出:

$$\Delta L_h = n\left[1 + \beta(\omega - F - e^{rT})\right]L_h - nL_h$$
$$\Delta L_b = nL - n\left[1 + \beta(\omega - F - e^{rT})\right]L_h - nL_b$$

其中,L 是总劳动力($L_h + L_b$)。换句话说,技术劳动力的增长率取决于从更多的学业中获得技能的净收益,而非技术劳动力的增长是由决定不入学的进入者驱动的。将这两个方程分别除以 L_h 和 L_b,并将结果前后相减得出:

$$G(h) = n(1 + h)\beta(\omega - F - e^{rT}) \qquad (3')$$

这是对式(3)的略微修改。当技能偏倚型技术变革(SBTC)发生、生产率(a_h/a_b)以恒定的速率 g 提高时,经济动态由式(3')给出,并且有:

$$G(\omega) = (1 - 1/\sigma)g - (1/\sigma)G(h) \qquad (2)$$

注意,通过对劳动供给动态的这种修改,只要 g 严格为正,在(2)—(3')模型中不存在稳定状态。使 $\sigma = 1.2, h(0) = 3, n = 1/42, F = 1.9, r = 2.5\%, T = 4, \beta = 1$,无 SBTC($g = 0\%$)模拟该动态系统得到初始稳定状态。然后,在第 1 年,SBTC 的比率上升到 $g = 3\%$,经济根据图 4 所示的轨迹演变,其中工资技能比率或技能溢价为 w,技术劳动力的规模相对于非熟练工人的数量为 h。如前所述,工资技能比例上升,但是由于正值的 g 不会产生稳定的状态,它随后回落到起始水平。

图 4 中有三个有趣的特征。第一个特征是,正如预期的那样,工资技能比率一开始会上升,但随着技术劳动力的相对供应量的增加,它会回落。然而,这种稳定化大约需要 30 年的

时间。即使在 50 年后,曲线也才刚刚开始下降。第二个特征是,技能溢价的总体增长相当温和,在图 4 中为 3.1%。这种有限的增长当然归功于劳动力供给的反应或弹性值 β。没有这样的反应,30 年后,3% 的 SBTC 技术溢价将比初始值高出 12%。图 4 中的第三个有趣的特征是劳动力中的技术劳动力份额的变动,即使在工资技能溢价已经稳定的情况下,该份额也不断增加。在 SBTC 情景下,确实需要技术工人在劳动力中所占比例的这种持续增长来稳定工资技能溢价,而且这种增长也会出现,因为与不熟练工人的工资水平相比,长期均衡溢价高于获得技能的成本,这不同于初始均衡的情况。

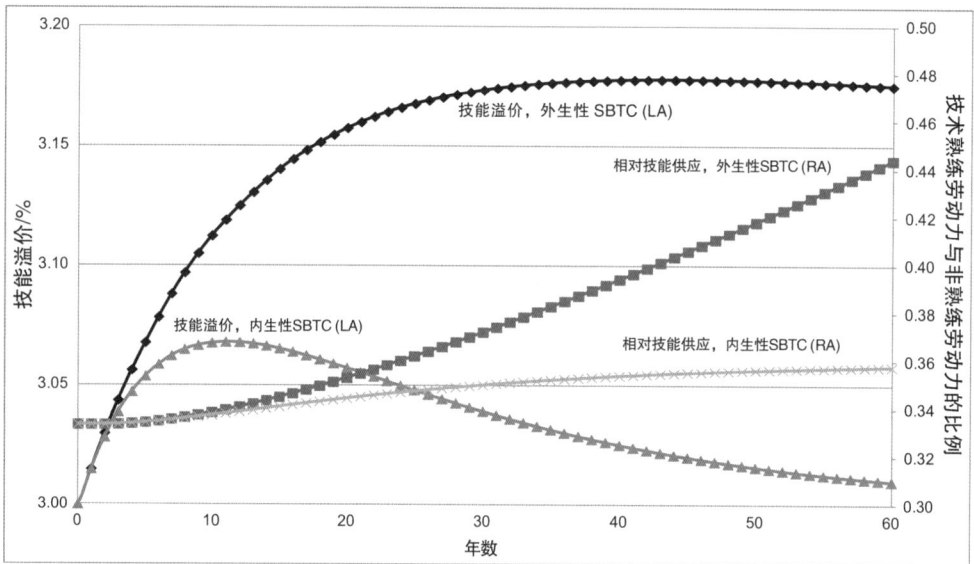

图 4 有技能偏倚的技术变革:技能溢价的模拟轨迹、熟练劳动力的相对供给与外部或内生技能偏差技术进步的速度
注:技能溢价显示在左侧纵坐标上,技术工人的相对供给显示在右侧纵坐标上。

因此,经济理论对于理解从一个长期均衡转向另一个以及非稳态行为非常重要。在这方面,需注意上述模型中的过渡期取决于预期形成的方式。公式(3)和(3′)隐含地基于技能溢价的静态预期。在现行的框架内,理性预期在某种程度上是不合适的,因为技能溢价增加的原因不一定是经济主体所了解的,但适应性预期可能会产生另一个时间路线。同样,对技能溢价的变化的更强的供给反应 β 使得转换时间更短,新的长期工资技能比例也更小。

从工资不平等的角度来看,图 4 显示了两个力量正在发挥作用。一方面,工资差距的加大会加剧不平等,因为洛伦兹曲线向外移动。另一方面,越来越多的人技术变娴熟的事实对工资分配有着不明确的影响。随着平均收入的增加,无论是低技能人士还是高技能人士,相对于平均工资而言都有所失,洛伦兹曲线的底部向外移动,但顶部则相反。ω 和 h 这两个比率之间的关系以及基尼系数展现的总体不平等将在第 18 章中进行讨论。但是,注意这种分析针对的是工资分配。技术和教育对收入不平等的联合动态影响可能会有所不同,因为这包括同族婚姻、夫妻内部联合劳动力的参与或生育差异等各种机制。

4.3 内生性技术变革

到目前为止,技术变革被认为是外生性的,但相对工资的变化可能会导致偏向程度的变化。1932 年,约翰·希克斯爵士在他的《工资理论》一书中论证到,"生产要素的相对价格的变化本身就是发明的推动力,也是特定种类发明的动力,旨在减少使用已经变得相对昂贵的要素"(Hicks,1932)。之后,Kennedy(1964)、Samuelson(1965)、Drandakis 和 Phelps(1965)[1]用资本与劳动力扩张型技术变革之间的偏向将上述思想形式化。最近,这一思想在 Acemoglu(2002)中以"定向技术变革"的形式出现。

如果技术进步是内生性的,这可能会大大改变经济的发展轨迹。遵循 Acemoglu(2002),我们假设技术进步的偏向取决于两个生产要素生产率提高的相对盈利能力。这种盈利能力本身取决于两个效应:一种是价格效应,定义为技术偏向的价格[这里为比率 $\omega/(a_h/a_b)$];另一种是市场规模效应,技术进步应该有利于相对最丰富的要素,即技能劳工的相对供给 h。假设这两个效应相乘,并且在与式(1)中相同的 CES 框架内,投资于技术劳动生产力增长的相对盈利能力也就取决于(Acemoglu,2002):

$$\frac{h\omega}{a_h/a_b} = A\left(\frac{a_h}{a_b}\right)^{-1/\sigma} h^{1-(1/\sigma)}$$

那么,生产力差异的动态可以被指定为

$$\Delta\left(\frac{a_h}{a_b}\right) = g \cdot \left(\frac{a_h}{a_b}\right) = \gamma\left[A\left(\frac{a_h}{a_b}\right)^{-1/\sigma} h^{1-1/\sigma} - c\right] \tag{6}$$

其中,c 代表开发一种要素的技术进步与另外一种相比的相对成本,γ 为实际技术变革对经济激励的响应率。

在前面的模型(2)—(3′)中加入方程(6)可以大大修正技能溢价和相对劳动力供给的动态。在图 4 所示的模拟中,选择 c 使得(6)最初是静止的。那么第一年的成本参数 c 的外生性下降触发了 SBTC,最初的速度与前面的模拟中的外生速率 g 相同(响应率 γ 设定为 1)。如果新的轨迹最初类似于之前获得的轨迹,则其会在几年后发生分离。技能溢价的增长率下降,10 年后达到转折点。然后由于负价格效应,SBTC 减弱,技能溢价开始下降。如果熟练劳动力的相对供给不断增加(因为技能溢价保持高于其初始价值),其增长率远远小于以前的模拟。有趣的是,经济缓慢收敛的新稳态显示与初始状态相同的工资技能溢价,但技能的相对供给较大。换句话说,从长远来说,提高技术工人的相对生产力的成本下降会导致相对较多的技术人员的增加。但在短期内,技能溢价上升。

这一分析表明了理论对于我们理解一个简单的总体不平等指标的演变背后的机制如工资技能溢价的价值。它表明,我们需要考虑不同均衡之间的过渡路径,而不仅仅是稳态,以

---

[1] 我们可以注意到,引致型技术进步文献确定了替代弹性在确定控制偏向程度的动态过程的稳定性中的关键作用:Drandakis 和 Phelps(1965)模型中稳态的稳定性条件是资本与劳动之间的替代弹性小于 1。但薪资差距文献认为,该弹性大于 1,如果将相同的模型应用于熟练技术人员和非熟练工人之间的偏向,这将是适切的。

及影响特定经济规模大小的机制的多样性来解释观察到的发展。

4.4　供需之外

供需理论假定所有人都是价格接受者，即完全竞争。正如米哈尔・卡莱茨基（Michael Kalecki）所观察到的，"完全竞争，当人们忘记了它的真实性质只是一个趁手的模型时，会成为一个危险的神话"（Kalecki，1971）。在现实世界中，有一些具有市场力量的公司，以及工会这样的集体组织。市场力量会影响劳动力市场的运作。不同行为者的相对议价能力决定了经济租金分享的方式，从而决定了收入的分配。这种能力反过来又受到工人、其代表和雇主的合法权利的影响。这些考虑使政府成为焦点，最近几十年的趋势是工人的权利在减少，雇主的权利也在减少。如果雇主有市场力量，他们可以就其雇佣做法做出选择，例如采取支付"生活工资"的政策，或者限制其企业的最高和最低工资的范围。

议价能力不仅限于企业和工会，如涉及个体工人和雇主的劳动力市场的搜索和匹配模型所示。劳动力市场的摩擦意味着，虽然事前竞争可能会将填补职位空缺的预期价值降低到其创造成本，工人与职位空缺的事后匹配会产生正盈余。没有正盈余，就不能创造出工作。被提供工作的工人具有一定程度的议价能力，因为如果他或她拒绝工作机会，雇主要承担工人和岗位不匹配的风险。风险的大小以及相应的员工的筹码，取决于整体劳动力市场的紧张度；工人的筹码还取决于保持失业状态的成本。对工资分配的影响取决于不同工作岗位的议价能力是如何变化的，但重要的是，即使在全球化的世界，市场力量只会对差异施加上限和下限。当有多个可能的市场结果时，这一点尤为重要。Atkinson（2008）提出了改变薪酬规范的行为模式，其中有一个以上的局部稳定的均衡与雇主的利润最大化行为一致。近几十年来观察到的可能是从一个均衡转向另一个均衡，薪酬差距更大，特别是在顶部。

因此，如本卷第 18 章和第 19 章所讨论的，社会制度和社会规范在很大程度上可以影响薪酬差距的程度。在第 19 章中，作者指出，"虽然我们广泛认识到，制度是确定不平等多重原因的重要因素之一……但长时间以来计量经济学研究中赋予该因素的权重一直非常有限"。正如第 18 章中强调的那样，我们迫切需要汇集供需理论解释和制度等两个相对独立的领域的文献。

4.5　资本

SBTC 关于工资差距递增的解释关注于劳动力市场，但是方程（3）中存在的 e^{rT} 项提示我们，不仅要考虑劳动力市场，还要考虑资本市场。从总体生产函数来看，我们不仅要考虑 $F(L_b, L_h)$，其中 L_b 表示受过基础教育的劳动力，L_h 表示受过高等教育的劳动力，而且要考虑 $F(K, L_b, L_h)$，其中 K 是资本。我们不仅要考虑技术工人与非技术工人工资的比例，而且要考虑工资和利润的相对份额，这是经典的分配问题。实际上，像经典分析一样，我们应该把生产功能扩大到包括土地和自然资源 N 上，这样产出就应该是 $F(K, L_b, L_h, N)$。

扩展到三个或更多个因素意味着替代性和互补性变得更加复杂,收入分配的潜在结果也更丰富。有趣的可能性包括资本是受过基础教育的工人的替代,但是与受过高等教育的工人互补。本卷第 14 章对 Krusell 等(2000)提出的这些模型进行了讨论。萨默斯在他的费尔德斯坦讲座(Summers,2013)中提出了一种方案。正如萨默斯所说,资本现在可以看作是扮演两个角色:不仅直接作为生产函数的第一个自变量起作用,而且间接地通过机器人取代人力劳动起作用。K_1 表示资本的第一种用途,K_2 表示资本的第二种用途,总双要素生产函数为 $F(K_1, AL+BK_2)$,其中 A 和 B 取决于技术水平。在生产函数中,资本总是作为第一种用途,但也可以用来补充劳动。机器人或其他形式的自动化被用来取代人类劳动,如人们所期望的那样,其条件取决于劳动和资本的相对成本。在完全竞争中,如果工资 w 与收益率 r 之比小于 A/B,则 K_2 为零;如果 K_2 为正,那么 $w/r=A/B$。在后一种情况下,工资份额与资本份额的比例为 $(A/B)/(K/L)$,并与资本-劳动比率相关。

因此,我们可以讲述一个适用于最初的索洛模型的宏观经济发展的故事:资本存量低于 w/r 超过 A/B 时的水平。在这种情况下,资本-劳动比率上升导致工资上涨和收益率下降。当且只有当资本和劳动力之间的替代弹性大于 1〔对此也有争议,见 Acemoglu 和 Robinson(2014)〕时,资本份额上升。然而,超过某一点,工资/收益率达到 A/B,K_2 开始是正的。随着经济的进一步增长,随着人均资本的增加,工资/收益率保持不变。因为工资收入者越来越多地被机器人/自动化取代,所以不再有收入。此外,资本份额上升,与替代的弹性无关。就好像替代的弹性不连续地增加到无穷大。通过这种方式,可以以简单的方式修改教科书式的索洛增长模型,以突出中央分配困境:增长的收益现在越来越依赖于利润的增长。这个结果在詹姆斯·米德(James Meade)的《效率、平等和财产所有权》(Meade,1964)一书中得到强调。该书前瞻性地认为,自动化将导致不平等的加剧。

4.6 财富分配

财富的分配是本卷第 7 章和第 15 章讨论的长期研究的主题。这两章都表明,在第一次世界大战之前的 18—19 世纪,财富集中度都很高,20 世纪有所下降,但到 20 世纪末和 21 世纪初又一直在上升。第 15 章显示,在法国、英国和其他一些国家,有遗产收益。

在第 15 章的开始,作者谈到

> 要正确分析财富的集中及其影响,非常关键的是将最高财富份额的研究与宏观经济中的财富/收入和继承/财富比率的研究放在一起进行。本章尝试建立收入分配与宏观经济之间的桥梁。

建立此桥梁确实是本书的目标之一,考虑到这一点,我们回到了宏观经济规模时间跨度的问题。用 w_t 表示总资本,y_t 表示总收入,β_t 表示两者比率,得到:

$$\beta_{t+1} = \frac{\beta_t + s_t}{1 + g_t} \tag{7}$$

其中,s_t 和 g_t 分别是净储蓄率和在时间 t 的收入增长率。假设这两个比率是不变的,经济的稳态均衡由 $\beta^* = s/g$ 给出。如果 s 等于 10%,g 等于每年 3%,则均衡资本收入比率为 3.33。但是,假设增长放缓,经济增长率下降到 2%,经济将趋向一个新的均衡,资本收入比率现在等于 5。要达到这个新的均衡需要多长时间? 事实上,公式(7)描述的过程相当缓慢。一个简单的模拟显示,在从 3.33 到 5 的过程中,资本收入比率需要大约 30 年达到 4,达到 4.5 需要双倍的时间,需要一个多世纪达到 4.8。正如许多年前 Sato(1963)所表明的那样,新古典主义增长模式的调整时间可能非常长。① 在这样一个漫长的转换阶段,依靠理论模型给出的稳态属性,即使对十年期跨度的经济或政策分析也会产生误导。由于一些外部修改或一些政策变化,预期的均衡变化的方向最有可能沿着整个转换轨迹被感知,但是它们的大小可能在转换开始时必须大幅缩小。将储蓄率降低 1 个百分点(例如从 10% 降至 9%)的资本税将导致稳态资本收入比率下降 10%,但 10 年后只有 2.3%,20 年后为 4%。

现在让我们转向财富的分配。在这种情况下,关注稳定状态或黄金法则在某种意义上导致对分配问题的简单摒弃。第 14 章表明,财富分配与工作能力分配相结合,与考虑了代际因素的新古典主义模式稳态均衡一致,只要总体财富和总有效劳动满足一定的一致性关系。这种关系涉及个体的(共同)时间偏好率,同样的结果在 AK 型的内生增长模型中也存在,参见 Bertola 等(2006)。这种观点成立,但可能只有有限的实际相关性。假设一个最初处于财富分配 D 稳态的经济体确实受到一些冲击,例如技术冲击或征收所得税,从而改变其总体长期均衡。那么,在走向这个新的均衡的时候,分配 D 会发生变化,在新的均衡下,会有一个新的分配 D'。这个新的总体均衡可能由另一个分配来支持,而不是 D',这就是一个不相关点。我们关注的是从 D 到 D' 的变化,这肯定不是不确定的。同样,稳态中分配的不确定性并不意味着再分配没有宏观经济效应、对初次收入分配没有影响。只要重新分配不能一次性完成,就会改变稳态均衡以及初次收入和可支配收入的分配。

第 15 章的财富分配模型是与此不同的,具有不同的长期属性。再一次地,对于时间的处理是很重要的。精确地说,我们把终身作为时间单位(对所有人都相同),用 W_{it} 表示个人的遗传财富的现值 i。假设终身储蓄是财富和收入总额的不变比例:

$$w_{it+1} = S_{it}(w_{it} + y_{it}),\text{ 其中 } y_{it} = y_{Lt} + Rw_{it} \tag{8}$$

其中,y_{Lt} 是终身劳动收入,假设每个人都一样,R 是一生中的回报率,S_{it} 是财富加上终身收入的个人储蓄率。S_{it} 被假定为独立地和相同地随机分布在一些不同时期的平均值 S 附近。加总一代人中所有个体的积累方程得出:

$$w_{t+1} = S(w_t + y_t),\text{ 其中 } y_t = y_{Lt} + Rw_t \tag{9}$$

结合式(8)和式(9),假设总体经济已经趋于稳态,第 15 章表明,相对于人口的平均财富 z_{it} 而言,个体 i 的财富的动态行为由以下乘法随机差分方程得出:

$$z_{it} = \frac{S_{it}}{S}(1 - \varphi + \varphi z_{it}),\text{ 其中 } \varphi = S\frac{1+R}{1+G} \tag{10}$$

---

① 正如 Sato(1966)所指出的,收敛时间的结论对于储蓄和技术变革的精确假设很敏感,关键的问题在于要检查转换路径。

其中，G 是一生中的增长率。[①] 在 $\varphi < 1$ 的条件下，z_{it} 的稳态随机分布具有帕累托上尾，帕累托系数随 φ 减小，系数越小，表示财富越集中。用 r 表示年利率，g 表示年增长率，假设寿命为 H 年，φ 可以表示为 $Se^{(r-g)H}$。那么，长期财富集中度随着 $r-g$ 的增加而增加，同样清楚的是，集中度随着储蓄率 S 的增加而增加。两者都有作用。

假设我们采用代内视角，以年为时间单位，而不是一生，并假设人们当前收入中储蓄的比例为 s_{it}，从一些预期值为 s 的分布中随机抽取，那么式（8）和式（9）转换为：

$$w_{it+1} = w_{it} + s_{it}(y_t + rw_{it}) \; ; \; w_{t+1} = w_t + s(y_t + rw_t) \tag{11}$$

其中，y_t 现在是普通年工资收入。假设有一个增长率为 g 的稳态，并使用与上述相同的推导，随机差分方程（10）变为[②]：

$$z_{it+1} = z_{it}\left[\frac{1}{1+g} + \frac{s_{it}}{s} \cdot \frac{rs}{1+g}\right] + \frac{s_{it}}{s} \cdot \frac{g-rs}{1+g} \tag{12}$$

在假设 $E[rs/(1+g)](s_{it}/s) + [1/(1+g)] < 1$ 或 $rs < g$ 的情况下，z_{it} 的分布收敛于帕累托上尾的稳态分布，代入 $rs/(1+g)$，帕累托系数变小，财富集中度增加。这是指当前财富的分配，因为生命每一个阶段都有一个新的 S_{it} 值（独立性假设的含义因此有很大的不同）。在这个模型中，rs 和 g 之间的平衡决定了长期分配，就像 Meade（1964）的早期模型和 Stiglitz（1969）的长嗣继承制模型所阐述的。[③]

哪种模型最合适？从对第 7 章和第 15 章研究收入和财富分配演变研究的长期视角来看，似乎代际框架是最合适的。也可以说，不管持续一生的是好运或坏运，随机性的假设能更好地反映分配问题。我们观察到的是当前财富的分配（例如，在图 1 中显示的那样）。但是，Benhabib、Bisin 和 Zhu（2011）已经表明，当一生财富积累（任何家庭一生中都有一个固定值）的模型被嵌入当前财富分配的模型中时，"人口中财富稳定分布的幂尾"与世界财富年龄分布中最粗的粗尾一样粗。宽松地讲，目前分布的上尾趋向于以最不平等的一代为主导。但是，从现在开始，只有几代人才能观察到 $r-g$ 增加的全部影响。事实上，在第二代乃至第三代观察到的不平等的影响可能非常有限，而且在遥远的未来，$r-g$ 可能会再次发生变化。

我们得出的结论是双重的。第一，正如第 10 章对流动性的讨论一样，我们有必要考虑内部和跨代的层面，而在这两种情况下，更好地了解转换时期似乎至关重要。第二，财富分配的演变取决于储蓄行为、回报率和增长率。在这种情况下，我们不应该忘记，Kuznets（1955）的就职演讲有两大方面内容，演讲中他试图解释为什么不平等程度当时在下降，尽管存在导致更严重的不平等的长期力量。一方面是结构变化理论，这是他的方法的特点；而另一方面

[①] 该方程式推导如下。在稳态下，$w_{t+1} = (1+G)w_t$。根据式（8）和式（9），可以得到 $Z_{it+1} = (S_{it}/S)S(1+R)/(1+G)Z_{it} + S_{it}(y_{Lt}/W_{t+1})$。但是式（9）意味着在稳态下，$W_{t+1} = S[y_{Lt} + (1+R) \cdot (W_t \cdot 1/(1+G))]$。于是可以得出方程（10）和 $S(y_{Lt}/W_{t+1}) = 1 - S[(1+R)/(1+G)]$。

[②] 在稳态下，$w_{t+1} = (1+g)w_t$，从式（11）得到：$z_{it+1} = \frac{z_{it}}{1+g} + \frac{s_{it}}{s} \cdot \frac{rs}{1+g}z_{it} + \frac{s_{it}y_t}{w_{it+1}}$（13），式（11）的第二部分变成 $w_{t+1} = \frac{w_{t+1}}{1+g} + sr\frac{w_{t+1}}{1+g} + sy_t$. 这意味着 $\frac{y_t}{w_{t+1}} = \frac{g-rs}{s(1+g)}$，然后将该表达式代入式（13）得到式（12）。

[③] $rs-g$ 形成了对 1923—1972 年英国财富占有率最高的 1% 人群的时间序列分析的基础，这个分析见 Atkinson 和 Harrison（1978）。他们展示了可能影响累积率（rs）的两个变量——股价指数和房地产税率——的重要性。

则是储蓄集中在高收入阶层。这使他得出结论:"限制由储蓄集中的累积效应产生的高收入份额上升的基本因素,是一个不断增长的自由经济社会的活力所在。"

5. 政策的作用

虽然许多章节都涉及政策的作用,但政策是本手册最后一部分明确的重点。

5.1 政策目标

在这里,我们首先应该指出,过去 15 年来,官方所接受的分配目标的程度发生了重大变化。这种发展是对政策态度的一系列转变的高潮,特别是在消除贫困方面。在第 21 章中,马丁·拉瓦里奥(Martin Ravallion)在广泛的地理和历史范围中追踪了贫穷与反贫穷政策思想的演变。

这一变化最明显的表现就是联合国千年发展目标(MDGs)的通过。2000 年,世界各国领导人在联合国千年大会上批准了这些目标,其中第一个是 1990 年至 2015 年间每天收入不到 1 美元的人口比例减半(后来改为每天 1.25 美元)。在国家层面,各国采取了自己的目标,例如旨在减少持续贫困的爱尔兰国家减贫目标。在英国,《2010 年儿童扶贫法》要求政府每 3 年制定一项扶贫战略,制定消除儿童贫困的行动措施。在区域层面,欧盟在 2010 年通过将处于贫困和社会排斥的风险中的人口减少 2000 万人的目标,这是"欧洲 2020 计划"的一部分。这些已经被不同程度地转化为国家目标(Social Protection Committee,2014)。

目前我们还不清楚在不平等减少政策领域是否发生同样的变化。由于不平等现象的加剧,也可能是近期的危机,公众的焦点集中在不平等上,政治家们已经表示要采取一些重要措施来打击不平等现象。然而,在发达国家,他们很少确定一个明确的目标,没有采取和认真考虑实施一些能够大大缓解现有收入不平等的有力措施。

5.2 迄今为止政策的影响

对于当前的经济不平等程度,人们有什么理由对此抱有乐观态度呢?我们可以指出过去不平等现象已经减少了吗?第一个显而易见但重要的观点是,不平等并不是在每个地方都在上升。在全球范围内,最近的进展更令人鼓舞,正如本手册第 9 章中总结的那样:

现有证据表明,20 世纪 80 年代和 90 年代,发展中国家的国民收入差距平均水平上升,而在 21 世纪第一个 10 年则有所下降。由于中国在整个时期的卓越表现以及 21 世纪第一个 10 年发展中国家所有地区的生活水平普遍提高,自 20 世纪 80 年代初以来，收入贫困大幅度减少。

该章作者警告说，21世纪第一个10年基尼系数的下降并不普遍：15％的国家下降幅度不到2.5个百分点，而20％的国家的基尼系数则上升。后者包括两个人口众多的国家：中国和印度尼西亚。拉丁美洲的基尼系数下降最为明显，该章作者指出：

> 这一显著下降似乎是由一系列因素驱动的，其中包括促进就业的宏观经济状况有所改善，摆脱20世纪90年代改革的不平等的影响，扩大基础教育覆盖面，强化劳动力制度，一些国家从严重的不平等危机中复苏，政府支出分配更为优化，特别是货币转移支付。

换句话说，政策会影响市场收入和再分配。就巴西而言，作者发现有两个主要决定因素，一个是工资不平等程度的下降，这是由于受过教育的工人的供给不断扩大，最低工资大幅度提高；另外一个是现金转移支付的扩大，特别是家庭补贴政策（Bolsa Família）。然而，尽管取得了显著的进展，但是与其他大多数拉丁美洲国家一样，巴西与世界标准相比，不平等程度还是较高的（不包括非洲撒哈拉沙漠以南地区的几个国家）。在21世纪第一个10年观察到的不平等现象的减少抵消了20世纪80年代和90年代的增加。从长期来看，进展依然有限。此外，必须牢记的是，发展中国家的住户调查中的最高收入人口取样不足，报告的不平等数字可能没有显示许多发达国家所观察到的最高收入部分的不平等增长。[①]

虽然好于拉丁美洲，但许多新兴亚洲国家的不平等现象也相当严重，而且正在增加。在讨论拉丁美洲几个国家所采取的政策在多大程度上可以在亚洲背景下使用时，本卷在第20章指出：

> 有条件现金转移支付的额外支出需要收入，税收制度的累进性是减轻与全球化相关的不平等加剧的另一重要决定因素。但是，累进税对于遏制全球极高收入者的增加也是重要的，尤其是在亚洲地区。亚洲税收制度通常在累进性上得分不高。事实上，有人认为，提高（亚洲）税收的累进性将产生比世界上其他地区更大的影响。

更富裕的国家呢？在减少市场收入不平等方面，标准的政策应对措施是教育扩张，如供给和需求解释工资差异上升所表明的（如第4节所述）。本卷第19章对跨国时间序列证据的回顾得出结论，大多数证据指向了教育扩张的均衡影响：

---

① 本手册第9章作者提醒读者，在他们利用的住户调查中，对最高收入者的描述严重不足。Cornia（2014）在分析拉丁美洲最近的分配变化时指出，"鉴于资本收入和住户调查中'富裕者'的收入信息的稀缺性，人们（不可能）正式确定分配变化……收入分配的最高百分位也是如此"。

没有一项涉及 OECD/欧盟国家的研究表明,在过去 30 年中,平均受教育程度的上升是不平衡的,相反,在多数情况下,平均受教育程度是平衡的。人力资本可以被看作是对技术的补充。增加人力资本和提供技能是必要的,以减少并最终扭转由技术变革引起的更大的不平等的压力。

本手册在第 18 章中回顾了劳动力市场政策的影响,该章作者将他们的实证结果总结为:

与文献中的主要发现一致……这些文献确认,最低工资的存在和严格性会降低收入不平等,同时对工作时间的分配施加(隐含)控制,这似乎是工会议价活动减少不平等的主要渠道。在文献中较不常见的是发现主动和被动劳动力市场政策的负面影响。

本手册第 19 章在跨国分析中发现,劳动力市场法规和制度的整体分配效应可能不显著,原因是就业和工资差异效应可以在相反的方向运作。

关于再分配税收和转移支付政策,福斯特(Förster)和托特(Tóth)在第 19 章得出结论:

· 政策减少不平等,但在不同国家影响不同;
· 转移支付通常比税收更有效;
· 自 20 世纪 90 年代以来,再分配效应有所降低;
· 行为反应可能相抵消,但一般不超过第一轮效应。

最后一条结论尤为重要。由于可以理解的原因,近几十年来,经济学家对公共政策的大部分分析集中在消极的行为反应上。这是可以理解的,因为经济学家的工具包旨在阐明这些反应,而在公开辩论中,第二轮效应经常会缺失。同时,相关分析似乎往往忽视了转移支付的目的。正如本卷第 22 章所述,"没有先进经济体实现低水平的不平等和/或低社会支出水平的相对收入贫困,无论该国在涉及贫困问题,特别是就业的其他方面表现如何"。基尼系数项目得出以下结论:

富裕国家中,在就业和经济社会凝聚力方面表现较好的国家有一个共同点:大量的福利投资于国民,激励和支持他们积极生活,同时在其他一切事情失败的时候,至少能给予他们足够的保护。这继续为富裕国家追求公平增长提供了最好的前景。

Salverda 等(2014)

但是,正如这些作者所提出的那样,很清楚的是,重要的不仅是总体开支,而且包括开支的设计。正是由于这个原因,政策改革的建设必须基于对分配和效率目标的贡献的分析,正如本卷在第 23 章中所述,微观模拟模型的重要发展就是这样。这些模型基于第 1 节中描述的数据可用性改进(对它们的构建需要访问微观数据)。研究者还需要深入了解公共政策的制度细节及其在现实中的运作。正如第 23 章所讨论的那样，在不合规的建模和硬币的另一方面（不太得到普遍讨论），即人们未获取应得收益等方面，存在很大挑战。在融合微观数据和制度细节时，微观模拟模型为政策设计理论分析与立法、行政形式的政策实施提供了重要的桥梁。

5.3　未来政策展望

鉴于许多发展中国家的高度不平等和再分配发展有限，再分配政策和预先重新分配机会均等化政策的进展空间还很大。有能力管理有效再分配工具的中等收入国家或新兴国家尤其如此。

对于希望强化再分配体系的新兴国家政府而言，一方面，其可以从发达国家的经验中学习；另一方面，现代技术允许其更好地监测和控制个人收入。超出一定程度的收入，如今在没有银行账户和信用卡/借记卡的情况下运作也是很困难的，因此个体交易都得到了记录。拉丁美洲接近 50% 的家庭持有银行账户，这个比例正在上升，因此税务机关对涉嫌报税不足的纳税人进行审计的能力也在提高。然而，大多数新兴国家的所得税严重滞后，往往不到国内生产总值的 2%。巴西是一个例外，所得税占国内生产总值的 6%，但仍低于 OECD 国家 9% 的平均水平。现代技术也使收入更容易转移到位于分配底部的人手中。智能支付卡特别有助于避免可能存在的泄露。因此我们需要进一步扩大再分配和利用教育、社会保护、最低养老金或最低工资等领域的政策，尽管这些政策在大多数国家具有巨大的平等化潜力，但目前很少被使用。因此，新兴国家的再分配程度，用与第 23 章所述相同的微观模拟工具进行评估，似乎比发达国家小得多。例如，在进行这种模拟的拉丁美洲国家（Lustig，2014）中，从市场收入（包括公共或私人养老金等替代收入）转到可支配收入时，基尼系数平均下降 3 个百分点，而在富裕国家，波动幅度约为 10 个百分点（Immervoll et al.，2009）。

相比之下，OECD 国家可能更接近于它们在不平等程度较低和总体经济效率较高程度之间的权衡的边沿。然而，这种距离取决于税收和转移支付的制度特征［经济学家对此的关注太少（Atkinson，1999）］，如本节最后部分所讨论的那样，还需要有新的和创新性的思想。这个边沿本身可能受到全球化进程、对更多的竞争力的要求，以及通过要素调动，对包括资本或资本收入的所得税累进制等再分配工具的削弱等的影响。与此同时，全球化这些影响可能会增加对社会保护的需求，就像在 19 世纪末对于早期福利状况的影响。今天，再分配发生的程度取决于政治环境。这有可能意味着今天社会对不平等现象的感觉与统计学家、经济学家衡量的不平等现象不一致。例如，在美国，感觉收入流动性比收入不平等更重要，以及与其他国家相比收入流动性仍然很高的（毫无根据的）信念，可能使舆论对日益加剧的收入和财富不平等不敏感。显然，这种情况不可能永远持续下去。在某些阶段，信念会发生变化，而且这个过程可能已经开始，例如 McCall（2013）似乎已经在美国媒体对不平等不断变化的话语中发现了这种变化。

5.4 创造性思考

在本引言的开始,我们旨在唤起政策制定者对收入不平等日益加剧的重视。迄今为止,政策性做法的回应一直沿用传统路线,特别是教育投资和再分配改革。在我们看来,这些都是重要的,但如果要取得进展,那么我们需要创造性思考。我们必须考虑不在当前政策议程上的想法(尽管它们并不是全新的)。

图 5 所示的标准劳动力市场政策显然可以发挥重要作用,政策已经采取措施支撑最低工资,以缩小工资差距。但是,正如我们所指出的那样,核心是工资和就业的结合,后者被证明是个巨大的难题。我们认为,关键要素之一是技术进步的方向。我们没有像大多数文献那样侧重于讨论要素扩张,而是将 4.3 节的讨论转向聚焦于劳动与资本之间的相互作用,特别是资本对劳动的挤占。鉴于大部分创新活动由公共机构直接资助,或通过税收或者其他授权进行补贴,因此有可能影响这种权衡。上面所述的是图 5 所示的"创造性"方案中的第一个。第二个事关公共就业。现在的市场经济没有充分就业的事实表明,我们应该从在其他市场失灵的情况下的政策反应中学习,特别是在金融市场。在金融市场中,政府作为最后贷款人进行干预,这明显对应的是,政府在就业领域应该是最后的雇主。国家要保证所有人能够以最低工资寻求就业。这样一个提议在有些读者看来似乎在财政上是荒唐而不可行的,但对其他人来说,这不会比金融机构因为太大而不能倒闭的政策更奇怪或在财政上更不负责任,毕竟,我们一直在追求这样的政策。这是印度政府在 2005 年启动《圣雄甘地国家农村就业保障法》时所采取的一项举措。公共就业已经成为许多国家的积极劳动力市场计划的一部分。在美国,它是根据 1978 年《汉弗莱—霍金斯充分就业和平衡增长法》授权的,该法案允许联邦政府创建一个"公共就业储备",这些工作需要在较低的技能和工资要求范围内,减少与私人部门的竞争。

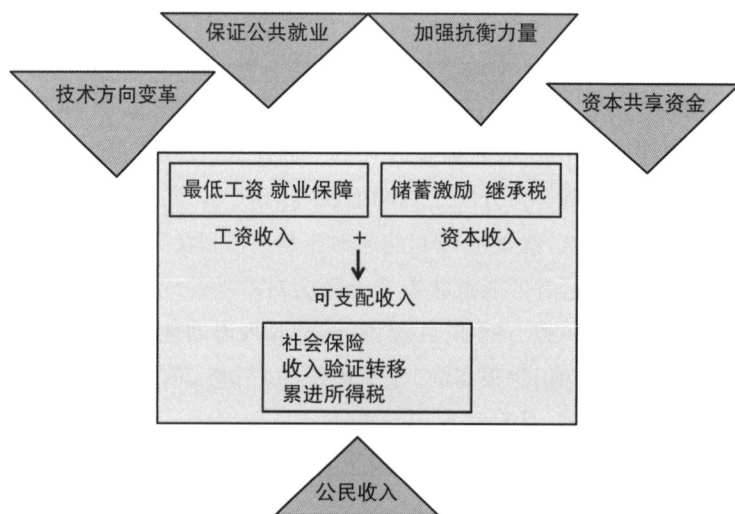

图 5 创造性思考

第三个提议可以参考4.4节对于议价能力的讨论。在一定程度上,不平等的加剧是市场议价力量平衡朝着有利于利润和资本方面移动的结果,其影响可以通过加强抗衡力量来抵消。这可能是以社会伙伴发挥更大作用的形式,也可能包括更坚定的行动来保护消费者免受垄断定价。这样的行为可能被认为太激进而受到拒绝,但是他们再也不会离开现行的政策。就欧盟来说,促进竞争和鼓励社会伙伴都是公认的目标。

第四个提议引起了人们对政策领域中一直缺失的一个方面的关注——资本市场。但是在Piketty(2014)的辩论之后,这一方面受到越来越多的关注。由于4.6节中概述的宏观经济原因,并鉴于在一些较富裕国家继承资本的回报,资本收入和过去一样,潜在的意义越来越大。该具体建议确实远非新的,至少可以追溯到18世纪的托马斯·潘恩,他在《土地正义》(*Agrarian Justice*)一书中提出:①

> 设立一个国家基金,向每位年满21岁的人支付15英镑,以作为其因失去土地自然继承权而带来损失的部分补偿。

潘恩提出的达到相应年龄即支付的资本要素,在各种基于资产的平均主义计划(如Ackerman and Alstott,1999)中都有现代对应。建立一个主权财富基金(许多国家已经建立起来了)将为所有人提供最低限度的遗产继承。

第五个提议也有潘恩的影响,它涉及公民的收入,即保证为所有人支付最低收入。这样的收入有时被称为"无条件"收入;然而,条件是自然而然存在的。如图5所示,条件将是公民身份。阿特金森(Atkinson,1995,1996)提出的替代方案是"参与收入",不是基于公民身份而是基于就业、过去就业(退休)、照料家属、在具备工作能力时失业、接受批准的教育或培训等条件参与到社会中,并为生病、受伤或残疾的人员提供适当的口粮。参与收入是与最近几十年来决策者关注的目标性收入验证转移的彻底分离。这是以个人为基础的,而不涉及家庭经济条件调查。它认识到21世纪劳动力市场中就业关系的流动性。

毫无疑问,这些最终政策建议将会有很多反对意见,但我们希望本手册中的相关章节能够促进这一重要领域新思路的产生。

致谢

在撰写引言部分时,我们大量地利用了《收入分配手册》其他章节的内容。这一点可以从交叉引用的频率中看出,尽管我们已经尽力避免这种引用给读者带来的乏味感。非常感谢罗尔夫·阿伯奇、法昆多·阿尔瓦雷多、安德鲁·伯格(Andrew Berg)、安德烈·布兰多利尼、丹尼尔·切基、皮埃尔-安德烈·基亚波里、安德鲁·克拉克、科恩·德坎克、让-伊夫·杜克洛、弗朗切斯科·菲加里、迈克尔·福斯特、马可·弗勒拜伊、斯蒂芬·詹金斯、萨尔瓦

---

① 该文可以从美国社会保障局官方网站下载。该网站标有警示:"这是一个档案或历史文件,可能不反映当前的政策或程序。"

托·莫雷利、多米尼克·默斯、布莱恩·诺兰、乔纳森·奥斯特里、阿拉里·保卢斯、索菲·庞蒂厄、托马斯·皮凯蒂、维克多·里奥斯-鲁尔、维默尔·萨尔韦达、蒂姆·斯米丁、弗雷德里克·斯洛特（Frederick Solt）、霍莉·萨瑟兰、伊斯特万·托特、阿兰·特兰诺伊、丹尼尔·瓦尔登斯特罗等对引言草稿提出了非常有帮助的意见，但他们对任何内容都不负相关责任。感谢玛利特·基维洛（Maarit Kivilo）在参考书目上给予的帮助。阿特金森在引言部分的研究是作为由牛津大学马丁学院的 INET 支持的 EMoD 项目的一部分进行的。

参考文献

Acemoglu, D., 2002. Directed technical change. Rev. Econ. Stud. 69 (4), 781-809.

Acemoglu, D., Robinson, J. A., 2014. The Rise and Fall of General Laws of Capitalism. Working Paper, Cambridge, MA. http://economics. mit. edu/files/9834.

Ackerman, B., Alstott, A., 1999. The Stakeholder Society. Yale University Press, New Haven.

Alkire, S., Foster, J., 2010. Designing the Inequality-Adjusted Human Development Index (HDI): OPHI Working Paper 37. University of Oxford.

Alkire, S., Foster, J., 2011. Counting and multidimensional poverty measurement. J. Public Econ. 95 (7-8), 476-487.

Allison, R. A., Foster, J., 2004. Measuring health inequality using qualitative data. J. Health Econ. 23 (3), 505-524.

Alvaredo, F., Londoño Velez, J., 2013. High Incomes and Personal Taxation in a Developing Economy: Colombia 1993-2010: Center for Equity, Working Paper No. 12. Tulane University.

Anand, P., Santos, C., Smith, R., 2007. The Measurement of Capabilities: Discussion Paper 67. The Open University.

Atkinson, A. B., 1970. On the measurement of inequality. J. Econ. Theory 2, 244-263.

Atkinson, A. B., 1995. Beveridge, the national minimum and its future in a European Context. In: Atkinson, A. B. (Ed.), Incomes and the Welfare State. Cambridge University Press, Cambridge, pp. 290-304.

Atkinson, A. B., 1996. The case for a participation income. Polit. Q. 67 (1), 67-70.

Atkinson, A. B., 1999. The Economic Consequences of Rolling Back the Welfare State. MIT Press, Cambridge, MA.

Atkinson, A. B., 2008. The Changing Distribution of Earnings in OECD Countries. Oxford University Press, Oxford.

Atkinson, A. B., Bourguignon, F., 1982. The comparison of multi-dimensioned distributions of economic status. Rev. Econ. Stud. 49 (2), 183-201.

Atkinson, A. B. , Bourguignon, F. , 2000. Income distribution and economics. In: Atkinson, A. B. , Bourguignon, F. (Eds.), Handbook of Income Distribution, vol. 1. Elsevier, Amsterdam.

Atkinson, A. B. , Brandolini, A. , 2001. Promise and pitfalls in the use of "secondary" data-sets: income inequality in OECD countries as a case study. J. Econ. Lit. 34 (3), 771-799.

Atkinson, A. B. , Harrison, A. J. , 1978. Distribution of Personal Wealth in Britain. Cambridge University Press, Cambridge.

Atkinson, A. B. , Marlier, E. , 2010. Indicators of poverty and social exclusion in a global context. J. Policy Anal. Manage. 29 (2), 285-304.

Atkinson, A. B. , Morelli, S. , 2014. Chartbook of Economic Inequality: Economic Inequality Over the Long Run. INET Oxford. http://www. chartbookofeconomicinequality. com/.

Atkinson, A. B. , Casarico, A. , Voitchovsky, S. , forthcoming. Top incomes and the glass ceiling. Working Paper, INET Oxford.

Becchetti, L. , Massari, R. , Naticchioni, P. , 2011. The Drivers of Happiness Inequality: Suggestions for Promoting Social Cohesion: Working Papers 2011-06. Universita' di Cassino.

Benhabib, J. , Bisin, A. , Zhu, S. , 2011. The distribution of wealth and fiscal policy in economies with finitely lived agents. Econometrica 79 (1), 123-157.

Bertola, G. , Foellmi, R. , Zweimuller, J. , 2006. Income Distribution in Macroeconomic Models. Princeton University Press, Princeton.

Bourguignon, F. , 2014. Appraising income inequality databases in Latin America. mimeo, J. Econ. Inequal. (forthcoming).

Bourguignon, F. , 2013. La mondialisation de l'inégalité. Le Seuil, Paris (Expanded English version, The Globalization of Inequality, forthcoming, Princeton University Press).

Brunori, P. , Ferreira, F. , Peragine, V. , 2013. Inequality of Opportunity, Income Inequality and Economic Mobility: Some International Comparisons: IZA Discussion Paper 7155. Institute for the Study of Labor (IZA).

Budd, E. C. , 1970. Postwar changes in the size distribution of income in the US. Am. Econ. Rev. Pap. Proc. 60, 247-260.

Canada, Statistics, 2013. High-Income Trends Among Canadian Taxfilers, 1982 to 2010, Release January 28, 2013.

Clark, A. , Flèche, S. , Senik, C. , 2012. The Great Happiness Moderation: IZA Discussion Paper 6761. Institute for the Study of Labor (IZA).

Cornia, G. A. (Ed.), 2014. Falling Inequality in Latin America: Policy Changes and Lessons. Oxford University Press, Oxford.

Cornia, A. , Rosignoli, S. , Tiberti, L. , 2008. Globalization and Health Impact Pathways and Recent Evidence: Research Paper No. 2008/74. UNU-WIDER, Helsinki.

Dalton, H. , 1920. The measurement of the inequality of incomes. Econ. J. 30 (119), 348-461.

Decancq, K. , Fleurbaey, M. , Maniquet, F. , 2014. Multidimensional Poverty Measurement with Individual Preferences: Princeton University William S. Dietrich II Economic Theory Center Research Paper 058. Princeton University.

Deininger, K. , Squire, L. , 1996. A new data set measuring income inequality. World Bank Econ. Rev. 10 (3), 565-591.

Drandakis, E. , Phelps, E. S. , 1965. A model of induced invention, growth and distribution. Econ. J. 76 (304), 823-840.

Duclos, J. -Y. , Echevin, D. , 2011. Health and income: a robust comparison of Canada and the US. J. Health Econ. 30, 293-302.

Duclos, J. -Y. , Sahn, D. E. , Younger, S. D. , 2011. Partial multidimensional inequality orderings. J. Public Econ. 98, 225-238.

Dutta, I. , Foster, J. , 2013. Inequality of happiness in the US: 1972-2010. Rev. Income Wealth 59 (3), 393-415.

Ferreira, F. , Lustig, N. (Eds.), 2015. International databases on inequality. Special issue of the J. Econ. Inequal. , forthcoming.

Fisher, G. , 1986. Estimates of the Poverty Population Under the Current Official Definition for Years Before 1959. Office of the Assistant Secretary for Planning and Evaluation, U. S. Department of Health and Human Services (Mimeograph).

Fleurbaey, M. , Blanchet, D. , 2013. Beyond GDP: Measuring Welfare and Assessing Sustainability. Oxford University Press, Oxford.

Foster, J. , Lopez-Calva, L. , Szekely, M. , 2005. Measuring the distribution of human development: meth-odology and an application to Mexico. J. Hum. Dev. 6 (1), 5-29.

Hicks, J. R. , 1932. The Theory of Wages. Macmillan, London.

Immervoll, H. , Levy, H. , Nogueira, J. R. , O' Donoghue, D. , Bezera de Siqueira, R. , 2009. The impact of Brazil's tax and benefit system on inequality and poverty. In: Klasen, S. , Nowak-Lehmann, F. (Eds.), Poverty, Inequality and Policy in Latin America. In: CES-Ifo Seminar Series, The MIT Press, Cambridge, MA, pp. 271-302.

Jenkins, S. , 2014. World Income Inequality Database: an assessment, mimeo. Final version forthcoming in J. Econ. Inequal.

Kalecki, M. , 1971. Selected Essays on the Dynamics of the Capitalist Economy 1933-1970. Cambridge University Press, Cambridge.

Karoly, L. , 1992. The Trend in Inequality Among Families, Individuals, and Workers in the United States: A Twenty-Five-Year Perspective. Rand, Santa Monica.

Kennedy, C. , 1964. Induced bias in innovation and the theory of distribution. Econ. J. 74

(295) , 541-547.

Kolm, S. -Ch, 1966. The optimal production of justice. In: Guitton, H. , Margolis, J. (Eds.), Public Economics. Proceedings of an IEA conference held in Biarritz, published (1969). Macmillan, London, pp. 145-200.

Kolm, S. -Ch. , 1971. Justice et équité. Cepremap, Paris (English translation, Justice and Equity, MIT Press, 1988).

Kolm, S. -Ch. , 1977. Multi-dimensional Egalitarianism. Q. J. Econ. 91 (1) , 1-13.

Kopczuk, W. , Saez, E. , 2004. Top wealth shares in the US, 1916-2000: evidence from the Estate Tax returns. Natl. Tax J. 57, 445-487 (longer version in NBER Working Paper 10399).

Korinek, A. , Mistiaen, J. , Ravallion, M. , 2006. Survey nonresponse and the distribution of income. J. Econ. Inequal. 4 (1) , 33-55.

Krusell, P. , Ohanian, L. , Rios-Rull, V. , Violante, G. , 2000. Capital skill complementarity and inequality: a macroeconomic analysis. Econometrica 68 (5) , 1029-1053.

Kuznets, S. , 1955. Economic growth and income inequality. Am. Econ. Rev. 45 (1) , 1-28.

Lemieux, T. , 2008. The changing nature of wage inequality. J. Popul. Econ. 21 (1) , 21-48.

Lustig, N. , 2014. Taxes, Transfers, Inequality and the Poor in the Developing World, Presentation at the USAID, Washington, DC, May 15, 2014.

Maasoumi, E. , 1986. The measurement and decomposition of multi-dimensional inequality. Econometrica 54 (4) , 991-997.

McCall, L. , 2013. The Undeserving Rich: American Beliefs About Inequality, Opportunity, and Redistri-bution. Cambridge University Press, Cambridge.

Meade, J. E. , 1964. Efficiency, Equality and the Ownership of Property. Allen and Unwin, London.

Milanovic, B. , 2013. All the Ginis You Ever Wanted. World Bank website, http://econ. worldbank. org/WBSITE/EXTERNAL/EXTDEC/EXTRESEARCH/0, contentMDK: 22301380 ~ pagePK: 64214825~piPK:64214943~theSitePK:469382,00. html.

Moretti, E. , 2013. Real wage inequality. Am. Econ. J. Appl. Econ. 5, 65-103.

Nolan, B. , Salverda, W. , Checchi, D. , Marx, I. , McKnight, A. , Tóth, I. , van de Werfhorst, H. (Eds.), 2014. Changing Inequalities and Societal Impacts in Rich Countries. Oxford University Press, Oxford.

OECD, 2014. All on Board: Making Inclusive Growth Happen. OECD, Paris.

Ostry, J. , Berg, A. , Tsangarides, C. G. , 2014. Redistribution, Inequality, and Growth: IMF Discussion Note, SDN 14/02. International Monetary Fund, Washington, D. C.

Ovaska, T. , Takashima, R. , 2010. Does a rising tide lift all the boats? Explaining the national inequality of happiness. J. Econ. Issues 44 (1), 205-224.

Paine, T., 1797. Agrarian Justice, Printed by W. Adlard, Paris. Reprinted and sold by J. Adlard and J. Parsons, London.

Pigou, A. C., 1920. The Economics of Welfare. Macmillan and Co., London.

Piketty, T., 2001. Les hauts revenus en France. Grasset, Paris.

Piketty, T., 2014. Capital in the 21st Century. Harvard University Press, Cambridge, MA.

Piketty, T., Saez, E., 2003. Income inequality in the United States, 1913-1998. Q. J. Econ. 118, 1-39.

Ravallion, M., 2014. The Luxembourg Income Study. J. Econ. Inequal. (forthcoming).

Roemer, J., 1998. The Equality of Opportunities. Harvard University Press, Cambridge.

Salverda, W., Nolan, B., Checchi, D., Marx, I., McKnight, A., Tóth, I., van de Werfhorst, H. (Eds.), 2014. Changing Inequalities in Rich Countries. Oxford University Press, Oxford.

Samuelson, P. A., 1965. A theory of induced innovations along Kennedy-Weizsäcker lines. Rev. Econ. Stat. 47 (4), 444-464.

Sato, R., 1963. Fiscal policy in a neo-classical growth model: an analysis of the time required for equilibrating adjustment. Rev. Econ. Stud. 30 (1), 16-23.

Sato, K., 1966. On the adjustment time in neo-classical models. Rev. Econ. Stud. 33 (3), 263-268.

Schwabish, J. A., 2014. An economist's guide to visualizing data. J. Econ. Perspect. 28 (1), 209-234.

Sen, A., 1973. On Economic Inequality. Clarendon Press, Oxford (Expanded edition with a substantial annexe by James Foster and Amartya Sen, Oxford University Press, 1997).

Sen, A., 1976. Real national income. Rev. Econ. Stud. 43 (1), 19-39.

Sen, A., 1980. Equality of what? In: McMurrin, S. (Ed.), Tanner Lectures on Human Values, vol. 1. Cambridge University Press, Cambridge, pp. 195-220.

Sen, A., Stiglitz, J., Fitoussi, J.-P., 2010. Mismeasuring Our Lives: Why GDP Doesn't Add Up. The New Press, New York.

Social Protection Committee, 2014. Social Europe—Many Ways, One Objective. Publications Office of the European Union, Luxembourg.

Solt, F., 2009. Standardizing the World Income Inequality Database. Soc. Sci. Q. 90 (2), 231-242.

Stevenson, B., Wolfers, J., 2008. Happiness inequality in the US. J. Leg. Stud. 37, 33-79.

Stiglitz, J. E., 1969. Distribution of income and wealth among individuals. Econometrica 37 (3), 382-397.

Stiglitz, J., 2012. The Price of Inequality. W. W. Norton & Company, New York.

Summers, L., 2013. Economic possibilities for our children, pp. 1-13, The 2013 Martin Feldstein Lecture. NBER Reporter, No. 4.

Tinbergen, J., 1975. Income Distribution: Analysis and Policies. North-Holland, Amsterdam.

United Nations Economic Commission for Europe, 2011. Canberra Group Handbook on Household Income Statistics, 2nd edition. United Nations, New York and Geneva.

Veenhoven, R., 2005. Return of inequality in modern society? Test by dispersion of life-satisfaction across time and nations. J. Happiness Stud. 6, 457-487.

贡 献 者

罗尔夫·阿伯奇（Rolf Aaberge）
挪威统计局研究部，奥斯陆大学经济系平等、社会组织和表现中心（ESOP），挪威奥斯陆市

达隆·阿西莫格鲁（Daron Acemoglu）
麻省理工学院，美国马萨诸塞州剑桥市

法昆多·阿尔瓦雷多（Facundo Alvaredo）
牛津大学经济建模/量化金融研究所（EMod/OMI）、巴黎经济学院、阿根廷国家科学技术研究理事会（CONICET），英国牛津市

苏迪尔·阿南德（Sudhir Anand）
牛津大学经济系，英国牛津市；哈佛大学公共卫生学院全球卫生与人口系，美国波士顿市

安德烈·布兰多利尼（Andrea Brandolini）
意大利银行，经济、统计和研究总局，意大利罗马市

丹尼尔·切基（Daniele Checchi）
米兰大学经济系，意大利米兰市；德国劳工经济学研究所（IZA），德国波恩市

皮埃尔-安德烈·基亚波里（Pierre-André Chiappori）
哥伦比亚大学经济系，美国纽约州纽约市

安德鲁·E.克拉克（Andrew E. Clark）
巴黎经济学院——法国国家科学研究中心（CNRS），法国巴黎市

弗兰克·A.考威尔（Frank A. Cowell）
伦敦经济学院三得利-丰田经济学及相关学科国际研究中心（STICERD），英国伦敦市

孔奇塔·丹布罗西奥（Conchita D'Ambrosio）
卢森堡大学，卢森堡瓦尔弗当日市

科恩·德坎克(Koen Decancq)

安特卫普大学赫尔曼·德莱克社会政策中心,比利时安特卫普市;荷语鲁汶天主教大学经济系,比利时鲁汶市;法语鲁汶天主教大学运筹学与计量经济学研究中心(CORE),比利时新鲁汶市

让-伊夫·杜克洛(Jean-Yves Duclos)

德国劳工经济学研究所(IZA),德国波恩市;拉瓦尔大学经济系与风险、政治经济学和就业跨学校研究中心(CIRPÉE),加拿大魁北克省魁北克市

弗朗切斯科·菲加里(Francesco Figari)

英苏布里亚大学,意大利瓦雷泽市;埃塞克斯大学社会经济研究所(ISER),英国科尔切斯特市

伊曼纽尔·弗拉谢尔(Emmanuel Flachaire)

艾克斯-马赛大学经济学院(AMSE)与法国大学研究所(IUF),法国马赛市

马克·弗勒拜伊(Marc Fleurbaey)

普林斯顿大学,美国新泽西州普林斯顿市

迈克尔·F.福斯特(Michael F. Förster)

经济合作与发展组织(OECD),法国巴黎市

莱昂纳多·加斯帕里尼(Leonardo Gasparini)

阿根廷拉普拉塔国立大学经济学院—分配、劳工和社会研究中心(CEDLAS-FCE),阿根廷国家科学与技术研究委员会(CONICET),阿根廷拉普拉塔市

伊斯特万·捷尔吉·托特(István György Tóth)

塔尔基社会研究所,匈牙利布达佩斯市

马库斯·扬蒂(Markus Jäntti)

斯德哥尔摩大学瑞典社会研究所(SOFI),瑞典斯德哥尔摩市

斯蒂芬·P.詹金斯(Stephen P. Jenkins)

伦敦政治经济学院社会政策系,英国伦敦市;埃塞克斯大学社会与经济学研究所,英国科尔切斯特市;德国劳工经济学研究所(IZA),德国波恩市

拉维·坎伯(Ravi Kanbur)

康奈尔大学,美国纽约州伊萨卡市

伊夫·马克思(Ive Marx)

安特卫普大学赫尔曼·德莱克社会政策中心,比利时安特卫普市;德国劳工经济学研究所(IZA),德国波恩市

科斯塔斯·梅吉尔(Costas Meghir)

耶鲁大学经济系,美国康涅狄格州纽黑文市

多米尼克·默斯（Dominique Meurs）
巴黎南泰尔大学，经济与人口研究所（INED），法国

萨尔瓦托·莫雷利（Salvatore Morelli）
那不勒斯费德里科二世大学经济与金融研究中心（CSEF），意大利那不勒斯市；牛津大学新经济思维研究所（INET），英国牛津市

苏雷什·奈杜（Suresh Naidu）
哥伦比亚大学，美国纽约州纽约市

布莱恩·诺兰（Brian Nolan）
英国牛津大学牛津马丁学院社会政策与干预系和新经济思维研究所

欧文·奥唐奈（Owen O'Donnell）
鹿特丹伊拉斯姆斯大学伊拉斯姆斯经济学院与丁伯根经济研究所，荷兰鹿特丹市；马其顿大学经济和区域研究学院，希腊塞萨洛尼基市

哈维尔·奥利维拉（Javier Olivera）
卢森堡大学社会经济不平等问题研究所，卢森堡卢森堡市

阿拉里·保卢斯（Alari Paulus）
埃塞克斯大学社会经济研究所，英国科尔切斯特市

托马斯·皮凯蒂（Thomas Piketty）
巴黎经济学院，法国巴黎市

索菲·庞蒂厄（Sophie Ponthieux）
法国国家统计和经济研究所

文森佐·夸德里尼（Vincenzo Quadrini）
南加利福尼亚大学经济政策研究中心（CEPR），美国加利福尼亚州洛杉矶市

马丁·拉瓦雷（Martin Ravallion）
乔治城大学经济学系，美国华盛顿哥伦比亚特区

帕斯夸尔·雷斯特雷波（Pascual Restrepo）
麻省理工学院，美国马萨诸塞州剑桥市

荷西·维多·里奥斯—鲁尔（José-Víctor Ríos-Rull）
明尼苏达大学，明尼阿波利斯联邦储备银行，美国经济研究项目中心（CAERP），美国经济政策研究中心（CEPR），美国国家经济研究局（NBER），美国明尼苏达州明尼阿波利斯市

詹姆斯·A. 罗宾逊（James A. Robinson）
哈佛大学，美国马萨诸塞州剑桥市

约翰·E. 罗默（John E. Roemer）
耶鲁大学，美国康涅狄格州纽黑文市

杰斯珀·鲁瓦内(Jesper Roine)
斯德哥尔摩经济学院斯德哥尔摩转型经济研究所,瑞典斯德哥尔摩市

维默尔·萨尔韦达(Wiemer Salverda)
阿姆斯特丹大学阿姆斯特丹高级劳动研究所(AIAS)与阿姆斯特丹不平等研究中心(AMCIS),荷兰阿姆斯特丹市

阿格纳·桑德莫(Agnar Sandmo)
挪威经济学院经济系,挪威卑尔根市

埃里克·斯科凯特(Erik Schokkaert)
荷语鲁汶天主教大学经济系,比利时鲁汶市;法语鲁汶天主教大学运筹学与计量经济学研究中心(CORE),比利时新鲁汶市

保罗·西格尔(Paul Segal)
伦敦国王学院国王国际发展研究所,英国伦敦市

蒂莫西·斯米丁(Timothy Smeeding)
威斯康星大学麦迪逊分校,美国威斯康星州麦迪逊市

霍莉·萨瑟兰(Holly Sutherland)
埃塞克斯大学社会经济研究所,英国科尔切斯特市

安德烈-玛丽·塔普埃(André-Marie Taptué)
拉瓦尔大学经济系与风险、政治经济学和就业跨学校研究中心(CIRPÉE),加拿大魁北克省魁北克市

杰弗里·汤普森(Jeffrey Thompson)
美国联邦储备委员会理事会,美国华盛顿哥伦比亚特区

阿兰·特兰诺伊(Alain Trannoy)
法国艾克斯-马赛大学巴黎高等社会科学研究学院(EHESS)和国家科学研究中心(CNRS)

埃迪·范·多尔斯莱尔(Eddy Van Doorslaer)
鹿特丹伊拉斯姆斯大学伊拉斯姆斯经济学院、丁伯根经济研究所、卫生政策与管理研究所,荷兰鹿特丹市

汤姆·范·欧蒂(Tom Van Ourti)
鹿特丹伊拉斯姆斯大学伊拉斯姆斯经济学院与丁伯根经济研究所,荷兰鹿特丹市

丹尼尔·瓦尔登斯特罗(Daniel Waldenström)
乌普萨拉大学经济系,瑞典乌普萨拉市

加布里埃尔·祖克曼(Gabriel Zucman)
伦敦政治经济学院,英国伦敦市

Contents
目 录

第一部分 概念与方法

第二部分 证据

第一部分

概念与方法

第1章 政治经济学的主要问题：经济思想史中的收入分配理论

阿格纳·桑德莫(Agnar Sandmo) *

* 挪威经济学院经济系,挪威卑尔根市

目 录

　　摘要:本章考察自亚当·斯密(Adam Smith)时代到20世纪70年代收入分配理论的发展史,大致分为两个主要部分。第一部分考察收入分配实证理论,以古典经济学家对工资、利润和地租等功能性收入分配的分析为起点,接着介绍伴随边际革命而来的,基于最大化行为和市场均衡的新理论。新理论早期关注的焦点是消费品市场和边际效用在价格决定中的作用。后来的新古典经济学家,包括阿尔弗雷德·马歇尔(Alfred Marshall)和克努特·维克塞尔(Knut Wicksell),更注重劳动力市场的独有特征以及边际生产力在工资形成中的作用。到了20世纪,新古典经济理论被扩展至对不完全竞争、人力资本和风险所扮演的角色的分析。本章第一部分还包括对统计方法和制度方法的讨论。第二部分包括收入分配的规范理论及其在再分配政策中的应用。首先考察古典经济学家政策建议中隐含的价值判断,接着尝试建立福利经济学分析基础。帕累托福利理论强调人际效用比较的不可能性,这使其很难得出关于收入分配的结论。但是更早期的效用方法,包括均等牺牲理论,则一直存在于对最优再分配的现代分析中。简短的第三部分概述收入分配理论在整个经济学中的地位。

　　关键词:功能性个人收入分配;分配正义;再分配政策

　　JEL 分类代码:B10,B20,B30,D63

1.1 引言

关于社会个人与不同阶层的收入分配理论,在亚当·斯密之前的经济学文献中就已提出,一直发展到今天。然而,尽管大卫·李嘉图(David Ricardo)在其《政治经济学及赋税原理》(1817)的前言中指出,确定收入分配规律是"政治经济学的主要问题",这一领域却未引起足够的重视,常处于主流学术研究的边缘地带。原因之一可能是收入分配研究与平等、正义等规范性问题息息相关,许多经济学家热衷于追求其研究主题不受主观价值的影响,往往选择避开这一领域。而另一些经济学家则认为,这一关联恰恰是该领域的特殊魅力所在,他们试图区分收入分配分析的实证方面与规范方面,也就是说,区分阐释与辩护。本章对收入分配研究的这两个方面均有讨论,既包括收入分配的实证理论,也包括从正义和平等角度出发对收入分配的评估。收入分配规范理论的发展与再分配政策分析密切相关,而再分配政策也须考虑对收入分配的实证分析。本章关注的是收入分配的"各种理论",并不试图涉及该领域相关的大量实证文献,如收入分配的统计分析等。一些有关收入分配理论与实证研究之间关系的思考将在 1.4 节给出。

从广义上看,收入分配领域的相关文献数量很大,其发展史在本章不可能全部得到涵盖。由于许多经济学理论——比如国际贸易、公共财政、劳工、经济增长等方面的理论——都会涉及收入分配问题,所以这种情况变得尤其突出,尽管分配问题并不是相关研究者们关心的焦点问题。因此,我们有必要进行选择,将重点放在那些关注收入分配理论的最重要、影响力最大的经济学家所做的贡献上。

出于这个原因以及篇幅考虑,本章并不试图覆盖所有的文献。所幸的是,有大量其他文献可供读者查阅,为读者提供进一步的参考和更详细的阐述,提供有关该领域的补充性观点。这些文献包括 Cannan(1893,1914)和 Dalton(1920)的经典著作,以及很多较新的综述,比如 Atkinson(1975)、Sahota(1978)、Ranadive(1978)、Asimakopulos(1987)、Atkinson 和 Bourguignon(2000)以及 Goldfarb 和 Leonard(2005)。尽管并不是所有这些经济学家都将主要注意力放在思想史上,但是他们给出了很多相关的历史资料。拉瓦利恩(Ravallion)对于本手册贡献的章节也是如此。

所有思想史的叙述都面临两大基本问题:何时开始以及何时结束。我在本章中决定从亚当·斯密开始讲起,因为他可以说是我们在其著作中看到现代理论轮廓的第一位经济学家。结束端划在那些仍可被看作属于当代经济学重要参考文献的著述。这一端不可能很精确地定在某个点,但大致可划在 20 世纪 70 年代的某个时间。

本章大体分为两个主要部分。1.1 节之后,第二部分考察收入分配实证理论,而第三部分包括价值判断和再分配;另外,篇幅较短的第四部分包括一些结论性观察。这种划分意味着对一些经济学家理论的考察会分为两个部分,比如,对帕累托(Pareto)的讨论先是在有关帕累托定律的争论中进行,之后又在他对福利经济学的贡献方面加以讨论。尽管这在某些意义上稍有遗憾,但需要注意的是,这里的主要目的不是全面地描述经济学家个体,而是追踪收入分配理论主要领域的思想发展脉络。对经济思想发展史更广泛的阐述,包括对那些重要的经济学家的生平简介,已在Sandmo(2011)中给出。

1.2 收入分配实证经济学

为什么有的国家富裕,有的国家贫穷?这一问题有时被认为是推动经济学研究的根本问题之一。从一些杰出经济学家的研究动机来看,这一说法也算是正确的。但对于绝大多数人来说,至少是在近代以前,人们没有机会获取其他国家经济状况的一手资料,也可能会想到一个更为明显的问题:"为什么有些人富裕,有些人贫穷?"在一个工资收入和生活水平差距巨大的世界里,这一问题会在日常事务中自然而然地进入人们的脑海。然而,人们会在多大程度上思考这个问题,这或许取决于他们是否把收入不平等看作他们所生活的社会的一个基本的固有特征,或者是否把收入不平等看作在政治过程中会发生变化的人为的制度与政策的产物。

事实上,这一问题经历了漫长的时间才成为经济学的中心问题。实际上,仍可能会有人质疑这一问题是否已经成为经济学的中心问题。对这一问题的一些思考将在第四部分讨论。

1.2.1 古典学派:要素价格与功能性收入分配

古典经济学派,与经济学思想发展史上的标准用法一致,指的是从18世纪70年代到19世纪70年代的100年间,从亚当·斯密到约翰·斯图亚特·穆勒(John Stuart Mill)这些主导经济学发展的经济学家。古典经济学家主要为英格兰人和苏格兰人,尽管也包括深受亚当·斯密及其继承者吸引的德国、法国及其他国家的经济学家。[①]

关于收入分配的实证研究,古典经济学家的理论研究途径主要集中于收入的功能性分配,即主要生产要素之间的收入分配。毫无疑问,这一分配问题正是李嘉图所说和所想的"那个首要问题"。如何界定这些"主要因素"关系到价值判定问题,但古典经济学家们认为这些要素是劳动、资本和土地,其收入分别是工资、利润和地租。对收入的三个主要类别的界定与经济学家们普遍接受的观点相一致,这一事实必须看作对另一事实的反映,即这一特定的功能性分配体现了19世纪末20世纪初社会的三个主要层级:工人、资本家和地主。我们可以看出,尽管古典经济学理论中有一些要素试图从一定程度上解释个体收入分配,但功能性分配在很大程度上仍被认为是理解群体间收入分配的关键要素。

功能性分配理论,与一个世纪之后发展起来的新古典经济理论相比,前者并不是建立在统一的理论结构之上,因此本章自然地将这一理论分为三个部分,以便与收入的三个主要分类相一致。

1.2.1.1 工资

在亚当·斯密的伟大著作《国民财富的性质和原因的研究》(简称《国富论》,1776年出

---

① 亚当·斯密和大卫·李嘉图在欧洲大陆的杰出追随者有法国的让·巴蒂斯特·萨伊(Jean-Baptiste Say)。实际上,萨伊是奥布莱恩在其"古典经济学家"人物列表中给出的唯一来自不列颠群岛之外的经济学家(O'Brien, 2004)。

版）第一章中，作者举了一个著名的例子：扣针制造业的技术进步和劳动分工。亚当·斯密到过一家扣针厂，他发现一枚扣针的复杂生产过程已被分解成大约 18 道工序。根据他的计算，其结果就是 10 名工人中的每人一天所生产的扣针的数量是未经劳动专业化分工的一个人一天所生产数量的 4800 倍。可能有人认为产量剧增会带来工资的相应增长，但亚当·斯密实际上并不想得出这样的结论。他指出，第一，劳动分工依赖于市场的大小。虽然专业化本身可能提高生产率和工资，但市场的需求方限制了专业化程度。在苏格兰高地，一般农民距离最近的工匠也有好几英里，所以只得自己成为屠夫、酿酒师和烘焙师。即便是居住在小城镇的工匠们，都不可能做到高度专业化。第二，行业间劳动力的流动使得扣针厂雇用工人的潜在工资增加事实上很难扩散到所有的行业中。第三，也是更为重要的一点，并且是亚当·斯密所强调的一点（后来成了整个古典经济学派学说中的关键要素），即一般工资水平的增长会导致人口增长，从而造成劳动力增多，而劳动力增多又往往会使起初的工资增长发生逆转。

这一观点似乎已经构成斯密时代经济学学者和社会学学者的传统智慧的一部分。亚当·斯密在一篇文章中提及马尔萨斯（Malthus）后期的一部著作，指出"每一种动物都会按照其生活资料进行自然繁殖"（Smith，1776）。就此，他还引用理查德·坎蒂隆（Richard Cantillon）在《商业性质概论》（Cantillon，1775）一书中的观点：工资水平倾向于达到的基本生存标准必须能够满足一个工人家庭供养四个孩子的生活。正如坎蒂隆所说，因为经验表明，四个孩子在一般情况下只有两个能够长大成人，而这两个成人必须确保工人阶级后代的繁衍。

在马尔萨斯的著作中有关于生存工资理论最著名的论断，《人口原理》（Malthus，1798）也成为迄今最具影响力的经济学著作之一。[①] 对于广大民众而言，这本书最引人注目的一点是它极具冲击力地呈现了人口增长与经济发展之间的竞赛。书中阐明，人口是按照几何级数增长的，而因农业产出递减，食品生产只能按照算术级数增长。因此，人口增长会受到食品短缺的遏制，工人的工资也会相应地趋于基本生存水平。这就是人们最终所知道的工资理论。马尔萨斯并未否定工资在一定的时限内可能上涨，高出基本生存水平，但工资增长也会带来出生率的增长，随着时间的推移仍会使工资与生存水平处于长期均衡关系。

马尔萨斯的理论被其他古典经济学家广泛接受，但作为该理论核心内容的基本生存概念逐步得到了修正。经济学家们后来提出的观点认为，工资暂时上涨实际上有可能不会回到初始均衡水平，因为对较高收入产生的心理适应与生活适应可能会抑制人们拥有大家庭的愿望。由此，基本生存水平应被看作社会生活所需的最低收入，而非生物体生存所需的最低收入，这一水平很可能会随着时间变化而上涨。此外，马尔萨斯提出的工资收入的决定因素中并未考虑到科技的发展。

马尔萨斯工资理论强调劳动力市场供给，很少关注劳动力需求。然而，工资可能暂时上

---

① 马尔萨斯的《人口论》在其有生之年出了六版。第二版在内容上呈现出最为重要的变化，从许多方面来看，都应视为一部新作。因此，研究马尔萨斯的学者通常把第一版称为"人口论一"，把第二版以及后来的版本称作"人口论二"。

涨,高于基本生存水平,这一定是由需求变化造成的。因此,对于一个不断增长的经济体来说,一系列的需求变化可能带来长期的高于基本生存水平的工资收入。古典经济学家们最喜欢用的一个经济扩张的例子是美国(在亚当·斯密时代还是英国在北美洲的殖民地)。土地扩张意味着对劳动力的需求不断增长,因而迫使工资不断上涨。经济学家们从这一例子中得出的普遍性结论是,工资增长的动因不在于国家财富的多寡,而在于经济增长本身。经济增长是促成高水平工资的基本因素。

根据有关工资决定因素的现代观点,工资由劳动力供给曲线和需求曲线的交点所决定,至少在竞争经济中是如此。当时的古典经济学家们并不知晓这一分析工具,但其理论可以这样进行解释。长期均衡的特点是供给曲线为一条水平线,需求曲线为一条向下的斜线,两条曲线的交点位置取决于其他生产因素的供给情况。如果资本或者土地供给增加,劳动力需求曲线会向右移动,短期内劳动力供给几乎没有弹性,工资则会上涨。但是工资上涨要求人口增长以满足供给增长,劳动力供给则会相应增加,直至达到长期均衡,工资恢复到基本生存水平,有时也称作劳动的自然价格。李嘉图曾描述这一动态过程如下:

> 只有在劳动的市场价格大于自然价格时,劳动者才会欢欣鼓舞,才可能有权要求大幅提升生活必需品,享受生活,从而供养一个健康的多成员大家庭。然而,高工资有助于人口增长,当劳动者数量增加,工资又会回落到自然价格,并且因反作用力有时会低于自然价格。
>
> Ricardo（1817）

1.2.1.2 利润

利润被古典主义经济学家看作资本的回报率,定义为利率与风险溢价之和,其中风险溢价会随着资本性质的变化而变化。实际上,李嘉图对此给了一个更具概括性的定义,他指出资本家会进行充分考虑,将一种投资与另一种投资所能带来的一切利益进行比较:

> 考虑到一种资金用途相对于另一种来说能使他感到安全、干净、轻松,或者能带来任何其他真实或想象的利益,他因此或许愿意放弃一部分货币利润。
>
> Ricardo（1817）

这与亚当·斯密的补偿性工资差别理论(下文将做讨论)非常相似,意味着劳动力与资本市场的对称均衡。但事实上,回报率这个广义概念在李嘉图或者其他任何古典经济学家的著作中都未占据多少重要地位。[①]

尽管经济学家对利润的处理存在很大差异,我们仍能从他们的著作中梳理出一个相对统一的理论。古典主义经济学家讨论的一个基本问题是,在经济系统的运作过程中,到底是

[①] 应该指出,李嘉图在其《政治经济学及赋税原理》中并未提及亚当·斯密的工资差别理论,但这并不表示他不认同这一理论;李嘉图明确表示其分析仅限于他能给出新贡献的一些领域。

什么产生了正的利润率。西尼尔(Senior,1836)提出了一个理论,将正时间偏好率假设与更加迂回的生产方式带来较高生产力的假设结合起来。在均衡状态下,资本必须获取利润率以补偿投资人,因投资人节制当前消费进行投资(可将投资人看作储蓄人)。这一构想预示了后来的新古典主义经济中提出的利率理论,尤其是庞巴维克(Böhm-Bawerk)的理论。此外,利润率还包括对投资人所承担风险的补偿,基于的假设是投资人厌恶风险,因而风险溢价必须为正,但是不同的项目和行业之间的风险大小存在差异,风险溢价以及资本回报率因而也会出现相当大的差异,甚至出现完全竞争。

因此,根据古典主义理论,必须把利润看作个体资本家每单位资本应得的回报。但从完整的资本收入分配理论来看,还需要个人资本所有权分配理论,因为个体资本家获得的资本收入应等于其所拥有的资本乘以回报率。资本所有权结构的确立问题并未受到古典主义经济学家的关注,因此他们关于资产阶级内部的收入分配理论被认为是不完整的。此外,这个问题似乎并未困扰他们。李嘉图所说的"首要问题"中的一个重要问题是如何确定国民收入的资本份额,而不是如何将这一份额在个体资本家中再细分的问题。

1.2.1.3 地租

地租是土地所有者的收入,等于每单位土地租金乘以个人所有者所拥有的土地数量。李嘉图在《政治经济学及赋税原理》(1817)中对地租理论的论述最具影响力。谷价(李嘉图用该词来统称农产品价格)由劳动力成本和质量最差的土地(即边际耕种土地)所产出的单位谷物产量所需要的资本来确定。边际耕种土地的地租为零,但由于这类土地生产的产品从本质上被看作与质量较高的土地产出的产品相一致,所有谷物将以相同的价格出售,因此边际内所有单位土地存在正地租。地租由劳动力成本和用于边际耕种的资本确定,而边际的位置由谷价来确定。因此,李嘉图总结说"谷价高并不是因为付了租金,但要付租金是因为谷价高"(Ricardo,1817)。对谷物的需求增长将意味着扩展边际耕种,增加劳动力和生产成本资金,因而造成更高的谷价,这也将增加整个经济的地租收入。

分析土地所有者群体内部的收入分配问题,与利润分析的情况相似,功能性收入分配理论所起的作用是有限的。谷物需求上涨会提高所有土地所有者的租金,但是土地所有者之间的地租收入分配将取决于土地所有权的分配情况。而在这一问题上,无论是关于资本还是土地,古典经济学理论大多未提及。

在一个不断增长的经济体中,功能性收入分配会出现什么情况? 李嘉图对这一问题的看法从他的地租理论中可以得到最好的解释。首先,这一时期的工资高于生存水平,人口会增长,谷物需求会增长,边际耕种也会扩大,国家地租收入所占份额也会随之上升,劳动力份额也会上升,甚至在工资水平已经恢复到生存水平之后情况仍是如此。这就暗示了利润将会下降,最终因为投资积极性下降使扩张过程趋于停止,经济也将达到稳定的状态,不过,由于"机械的进步……以及农业科学的新发现"(Ricardo,1817),趋于平稳的过程或许会被推后。因此,李嘉图将科技看作功能性收入分配的一项基本的决定性因素。如果在经济增长的过程中,工人们适应了更高的生活水平,有必要把生存收入水平的社会适应性看作另一项决定性因素。

1.2.1.4 工资结构

在古典主义经济学的要素价格理论以及功能性收入分配理论中，生产要素大都被看作是同质的，因而可以高度聚合起来进行分析。然而，同质性假设是一种理论上的抽象，特别是在工资收入的分配问题上，很显然工资在不同行业中的分布实际上是不同的。这种情况原则上由两种原因造成。一方面，工资差异可能是由竞争造成的；另一方面，工资差异也可能是竞争缺失造成的，要么是在竞争过程中加入了私人条件限制，要么是政府介入调控，后者被亚当·斯密称为"欧洲政策"。

亚当·斯密提出的竞争性工资结构理论就是人们现在所认为的补偿性变化理论。一般认为工资能反映不同职业的特定情况。对于某一特定职业，这些情况可能意味着其工资高于或低于所有职业的平均水平。亚当·斯密提到了工资不平等的几种原因，其中之一就是职业的难易程度。铁匠一天工作12小时的收入要低于矿工一天工作8小时的收入，因为铁匠的工作没有矿工的工作环境那么差、那么危险，铁匠的工作是白天在地面上进行的。一些职业是特别光荣的，因为荣誉构成了部分回报，工资就相应较低。有些职业普遍为人所不齿，效果则正好相反。当众行刑的刽子手是所有职业中最令人憎恶的，但从工作时长来讲，其收入相对最高。

亚当·斯密还认为，工资会随着掌握职业技能的难度和花费的多少而发生变化，也会随"职业稳定还是不稳定"以及人们对该职业的信任程度等因素的变化而发生变化。他所提出的工资不平等的第五个原因，也是最后一个原因，是在这个职业上取得成功的概率。如果训练一个人成为鞋匠，几乎可以肯定他将来能以此为生。但是如果培养一个人成为律师，按照亚当·斯密的说法，20个人中仅有一人能发展良好，以此为生。瞄准律师职业仿佛是购买彩票，因为获奖机会太小，那么奖励必然很高。然而，这方面的工资差异实际上超出了人们对其概率的理性思考，因为大多数人特别是年轻人倾向于高估其成功的概率。亚当·斯密认为，这就解释了为什么普通百姓中有许多年轻人愿意去当兵或者成为海员。

亚当·斯密把教育比作机器投资，以此来看待教育和培训的工资意义：

> 对于任何一个需要非凡技艺和技能的职业来说，一个花费了大量时间和劳力接受教育的人就好比一台贵重的机器。他学习从事的工作的工资必须如人所料，要超出普通劳工的一般工资，这才会弥补他接受教育的整个花费，或至少应该取得同等价值资本的一般利润。

Smith(1776)

这是构成人力资本理论基础的早期重要思想论断，而后，这一理论用了近200年的时间才得以完善。

亚当·斯密的工资结构理论基于完全竞争的假设，或者用他的话说，基于"完全自由的制度"。但他认识到，这并不能在各个方面对实际劳动力市场进行真实描述。限制劳工进入某些职业的行会制度，以及限制劳工在区域及行业内流动的政府法规都可能会导致工资差异，且这些差异大于完全竞争可能带来的工资差异。

工资结构理论如何能够长期与生存工资协调一致还不完全清楚。亚当·斯密的工资结构理论显然被认为是均衡工资差异的一种。然而，如果生存工资被看作平均工资，那么一些工资必然始终低于生存工资，这又根本讲不通。此外，如果把生存工资看作长期最低工资，那么所有工人的平均工资实际上高于生存工资水平，而这一结论又很难与长期均衡工资理论中的古典工资理论相符。

亚当·斯密的竞争性工资结构理论受到后来的古典经济学家，特别是约翰·斯图亚特·穆勒（Mill，1848）的批判和修正。穆勒认为，虽然亚当·斯密的理论能反映完全自由竞争下"同等级别职业"的真实情况，且对"不同人的描述几乎完全一样"，但这种情况与实际观察到的劳动力市场情况相距甚远：

> 让人极其劳累、令人非常厌恶的劳动，往往并不比其他工作薪酬更高，几乎总是报酬最差的，因为那些人没有其他选择……工作越让人厌恶，报酬很可能越低，因为这样的工作往往会落到最无助、地位最低、贫穷、没有技术、没受过教育而又被其他工作拒之门外的人身上。
>
> Mill（1848）

穆勒得出结论，亚当·斯密认为工资往往随着不同职业的净难度提高而增加，这一理论假设是错误的，恰恰与实际情况相反。"工作难度和工资收益"的真实关系成反比。凯尔恩斯（Cairnes，1874）创造了"非竞争性群体"一词，以类似的方式来描述这种情况，个体由于缺乏教育和技能而被拦在劳动市场之外，对其阶级背景强加限制，使其无法在广泛的职业中竞争职位。换言之，机会的不均等导致工资收入的不平等以及净收益的不平等，也就是说，工资调整应该考虑到不同工作的其他特点。

1.2.1.5　分配法则

我们已经看到，古典经济学家拥有一个相当复杂的功能性收入分配理论，其个人分配理论发展不完善，主要被穆勒批评的亚当·斯密所提出的工资差别补偿框架所限制。关于非劳动收入，因缺乏所有权分配理论，其分析个体收入分配的能力受到限制。因此，穆勒著的《政治经济学原理》第一卷虽主要论述生产，但在涉及分配问题的时候，他声明"生产财富的法则和条件带有物理学真理的特点"。然而，主要讨论分配问题的第二卷在论述同样的问题时，却呈现出了根本的区别：

> 财富分配……依赖于社会法律和习俗。分配原则是由共同体中的统治者根据自身的意见和感受来制定的，不同时代和国家之间的差异很大……但是人类意见演变为规则已超出当前讨论的话题范围，属于人类演化理论的一部分，它是比政治经济学更难探究的一个问题。
>
> Mill（1848）

从上下文来看,穆勒的意思显然是指这一论述适用于收入和财富分配的各个方面。不过,他也慎重地强调,虽然收入分配背后的成因必须在宏观背景下进行研究,包括非经济因素等,但是不同分配安排所带来的结果必须"像其他任何物理学真理或精神上的真理一样,通过观察和推理得以发现"。

1.2.1.6 马克思主义视角

卡尔·马克思的实证经济理论的基本结构与古典经济学家特别是亚当·斯密和李嘉图提出的学说一致。他对收入分配理论的主要兴趣更多在于收入的功能性分配,而不在于个体间收入分配。他采用了生存工资理论,但额外增加了一个成分,这是在亚当·斯密和李嘉图的著作里所没有的,即失业的存在。马克思认为,在资本主义制度下,即使是生存工资水平也不会低到足以让所有人都享有就业机会,其结果就会产生他称为"产业后备军"的群体,指的是生活在极端贫困和苦难中的失业人员。他还认为,这支后备军的存在实际上会让资本家受益。原因是经济活动有重大波动,也就意味着劳动力需求会大幅波动。后备军对于资本家来说是不必提高工资便可以利用的劳工储备,而在充分就业的情况下,资本家则需要提高薪酬。因此,不平等和贫穷符合统治阶级即资本家的利益。

马克思强调,资本主义制度的中心特征是其积累资本和促进经济增长的能力。那么随着资本的积累,作为后备军的失业人员又会怎样呢? 其会面临两种截然相反的影响。一方面,资本密集型技术的增多也会提高工人的生产率,往往会推动工资的增长;另一方面,新技术增强了产业集中度,因而降低了劳动力需求,又会造成工资下降。在人口不断增长的背景下,上述影响的最终结果很可能是就业机会增加,但产业后备军的绝对数量和相对数量也将增加:

> 社会财富、经营资本越多,经济增长的幅度和动力越大,则无产阶级的绝对数量越大,劳动生产率越高,产业后备军规模也就越大。因此,后备军的相对数量随着财富潜力的增加而增加。
>
> Marx(1867-1894)

因此,马克思认为失业是资本主义经济制度的永久性特征,对正确理解收入和财富分配问题具有核心作用,这与古典经济学家普遍认为的观点形成鲜明对照。

除强调失业之外,剥削也是马克思分析收入分配的核心概念。这一核心概念的基础是把劳动看作生产的根本要素,即所有非劳动投入都可以从过去的劳动投入中衍生出来:"所有商品都是一定数量的劳动时间的凝结。"(Marx,1867—1894)工人的生产率反映其劳动力,但他只获得了生存工资,低于他所生产的价值,两者的差异在于工人为资本家的利益而进行的无偿劳动,也就是资本主义者剥削工人的利润或剩余价值。

关于资本收入的分配,马克思的理论的一个核心要素就是资本积累的同时利润率有下降的倾向(马克思称之为规律),其结果是降低资本收入的重要性。此外,马克思还认为,这也会导致产业集中和对资本收入垄断元素的强化,这又会有助于抵消前一种结果。垄断也解释了在李嘉图的级差地租之外，马克思对绝对地租的强调，绝对地租的出现是因为在地产中竞争阙如可以有效避免将耕作边际土地的地租降低为零。

马克思并没有局限于用抽象的推理来呈现自己的观点，他提供了大量生动的例子，尤其是有关英国当代工业社会生活条件的例子，他在英国生活了 30 多年，写下了《资本论》。在这方面，他也能够借鉴他的朋友与合作者弗里德里希·恩格斯（Friedrich Engels）的知识与见解。恩格斯对英国工人阶级生活条件的研究（Engels，1845）为马克思的工作提供了重要的材料，本身也是一项重要贡献。恩格斯在曼彻斯特的一家工厂担任经理，该工厂的一部分为他父亲所有。他看到英国工业城镇工人的生活条件，对此感到十分震惊，试图在书中详细说明工人的收入、住房和健康状况。他认为至少在工业革命阶段，工人的生活状况比以往都更糟糕。恩格斯的写作以自己的观察和当时的各种报道为基础，其著作以大量使用统计数据来描述工人阶级穷人的社会和经济状况著称。

1.2.2　新古典经济学：收入分配的边际主义方法

边际革命的爆发和新古典经济学的诞生，标志着一种全新的经济理论形式的出现。该理论与古典经济学家的理论截然不同的是，新一代的经济学家试图将理论分析植根到个人经济主体中，采用最优化理论和微积分学的数学工具来分析，这也标志着对市场经济运作的一种新观点。一直以来，经济学家特别关注需求问题，将其看作价格的决定性因素，但在收入分配研究中，他们的观点存在巨大分歧。收入分配新方法的产生在很大程度上由理论创新的内在逻辑推动，但毋庸置疑，这也是社会经济发展的结果，这一点到 19 世纪末变得日趋明显。我们不妨以里昂·瓦尔拉斯（Léon Walras）为例，他批判马尔萨斯的人口论缺乏逻辑，尤其认为马尔萨斯忽视了技术进步所产生的作用。他还指出马尔萨斯的理论没有解释社会中各阶级生活水平的实际增长情况。他在参加了 1867 年巴黎举办的世界博览会后，对科技的进步感触很深，为此写了一篇文章，强调科技进步为工人阶级带来的益处，并以此来批驳马尔萨斯的"荒诞理论"——工人们永远会遭受贫穷而痛苦的命运。

1.2.2.1　边际革命及其先驱

人们通常认为边际革命始于 19 世纪 70 年代早期，但事实上，一些新古典经济学的重要先驱早已在很多方面采用了比后来者更为先进的分析方法。早期最具代表性的是德国的约翰·海因里希·冯·杜能（Johann Heinrich von Thünen）和赫尔曼·海因里希·戈森（Hermann Heinrich Gossen）以及法国的安东尼·奥古斯丁·库尔诺（Antoine Augustine Cournot）和朱尔斯·杜普伊特（Jules Dupuit）。就这里的问题而言，我们主要关注杜能和戈森这两位经济学家。

杜能的主要著作《孤立国》（von Thünen，1826，1850）在这方面引人注目，杜能很早就提出了边际生产率理论，做出了卓越贡献。他还将该理论同时运用于资本和劳动力的使用。杜能认为，对一个生产者来说，想获得最大利润的条件是劳动力和资本的边际生产率价值必须分别等同于工资率和利率。他还用这种方法研究了空间经济中资本集中度选择的地理差异。杜能认为，边际价值生产率等同于要素价格的结果也可被看作收入分配理论，但它显然还不完善，因为它没有考虑到要素市场的供给方，因而也无法解释要素价格的构成（除了个别情况给出了要素市场的供给方)。不过,这对后来的要素价格理论发展起到了重要的奠基作用。①

戈森的一部经济理论著作长期未受关注(Gossen,1854),其突出贡献是很早提出了消费者效用最大化理论以及从中推演出的"戈森定律",即效用最大时,对于所有消费品来说,边际效用与价格的比例必须是相同的。他的理论核心就是收入是给定的,所以该理论不包含任何要素供给理论。但事实上,他已经拓展了自己的模型,他认为,劳动力供给可以在消费边际效用与工作负效用相等的条件下推导出来。杜能和戈森为要素价格构成理论和收入分配理论做出了重要贡献,但他们的方法在经历了很长一段时间之后才最终发展成为逻辑前后一致的收入分配理论。

经济思想史学家普遍认为边际革命与三位学者及他们的三部著作相关:威廉·斯坦利·杰文斯(William Stanley Jevons)及其《政治经济学理论》(Jevons,1871);卡尔·门格尔(Carl Menger)及其《国民经济学原理》(Menger,1871);瓦尔拉斯及其《纯粹政治经济学纲要》(Walras,1874—1877)。在19世纪70年代的边际革命中,这三位重要人物关注的焦点是将主观价值理论看作理解价格构成的主要成因,这使得他们首先聚焦于决定消费商品的价格问题,但他们同样也拓展了这一理论,将其运用于要素价格形成问题的研究。利润最大化所形成的边际价值生产率和要素价格的等量关系在瓦尔拉斯的著作中有清晰的阐释(Walras,1874—1877)。瓦尔拉斯还强调,平均工资率理论用处不大,尽管这是古典经济学家研究的理论重点。工资分析必须区别对待含有特定职业工资率的劳动力市场。然而,瓦尔拉斯以及其他两位经济学家对收入分配所做的分析都非常有限。尽管他们考虑到使用边际主义方法来分析工资和利率,但是他们没有继续研究如何利用这一理论来解释社会不平等现象。因此,我们有必要讨论下一代边际主义研究者和新古典主义经济学家们的著作,其中有不少经济学家在后来的数十年里做出了重要的贡献。我们在此仅着重阐述阿尔弗雷德·马歇尔和克努特·维克塞尔的成果,他们以不同的方式为随后这个世纪的经济发展留下了自己的印记。

1.2.2.2 阿尔弗雷德·马歇尔

瓦尔拉斯和马歇尔的著作之间的差异常常显示出一般均衡理论和局部均衡理论之间的差异。从他们的理论分析风格来看,这一点显然是真实的。同样明显的是,他们的论著对制度性材料和实证性材料的依赖程度有很大区别。所以,在分析什么因素决定劳动需求的问题时,马歇尔用数字举例,如一个农场主根据既定的工资水平决定雇佣多少牧羊人,只要一个牧羊人的边际价值生产率高于工资率,他就会雇佣更多的人。他强调"每个劳动阶层的工资水平与净产量趋于相等是因为这个阶层的边际劳动者付出了额外劳动"。这一理论自身并不能构成一个完整的工资理论体系,因为无论是要素还是产品市场的一些其他方面,都需

---

① 杜能因提出"自然工资"的计算公式而闻名于世,自然工资等于最低生存工资和劳动生产力之积的平方根,在经济思想史上,人们普遍认为不应把这一观点看作实质性的贡献,因为这只是一个奇异的想法而已(纵然杜能对此非常看重,还让人把它刻在了自己的墓碑上)。

要加以考虑。① 然而，"这个理论清楚地揭示了在控制工资方面起作用的多项因素中的一项"（Marshall，1890）。

同瓦尔拉斯一样，马歇尔也认为"一般工资率"一类的表述容易让人产生误解，因为：

> ……事实上，在现代文明中根本不存在一般工资率的问题。每个超过百人的工人群体都会有自身的工资问题，都有特定的一套原因，自然的或人为的因素控制供应价格，限定群体成员的数量；每个群体都有其自身的需求价格，而这个价格是由其他生产者对自己提供的服务需求所确定的。
>
> Marshall（1890）

这里与亚当·斯密和穆勒的著作显示出一个有趣的差异，因为他们对劳动工资的分析从一开始就置于多个（虽然是相互联系的）劳动市场的框架之下，而古典经济学家讨论的是一般工资率，在后来实际上可以说是临时附加讨论了工资的差异性。供需框架为工资的形成研究提供了一般方法，可以用来分析一般工资水平（这与马歇尔的观点相反，他认为一般工资是存在的），也可以用于分析不同职业之间的工资差异。不过，马歇尔还把斯密和穆勒的一部分相冲突的观点元素结合起来，用来讨论补偿性收入差别理论。

尽管马歇尔是公认的工资边际生产率理论的奠基人之一②，但是他的理论观点更为广泛，超过这个术语的表述范围。他在工资和劳动收入分配研究中所做的重大理论创新应被视为他对人力资本理论的早期阐述。他写道：

> 特别是那些职业阶层，尽管他们一般都渴望为他们的孩子攒点钱，但是碰到对孩子投资的机会时，他们可能会更加谨慎。
>
> Marshall（1890）

尽管对孩子进行教育和培训方面的投资将提高其未来的生产率，他们因此有更多机会获得可观的工资，但人力资本市场上还存在一些严重的缺陷，其中一项就是雇主缺少为人力资本投资的积极性。人力资本成为工人的自身特性，因此雇主通过对员工进行投资从中获益的机会是非常有限的，这样父母的重要角色就凸显了，当然父母的作用也会受限于"自身对未来的预测能力以及他们为孩子做出牺牲的意愿"（Marshall，1890）。但是尽管父母所起的重要作用能抵御雇主的消极投入，但也带来更为糟糕的其他结果，因为职业阶层拥有的机会和洞察力并不为"社会底层"的人群所享有，后者对孩子的投资不足，还会造成恶性循环：

---

① 有关马歇尔提出的净生产和边际生产两个概念之间关系的讨论，请参见 Whitaker（1988）。在完全竞争以及生产要素全部可替代的情况下，这两个概念是一致的。

② 在经济思想史学家看来，这个术语已经成为一个标准术语，不过马歇尔无疑会反对这种说法，认为这种说法对他的工资形成理论描述不完整。

对于孩子来说,成长的环境越恶劣,他们长大后赚钱就越少,他们满足自己孩子的物质需求的能力也就越弱,周而复始,代代如此。

Marshall(1890)

马歇尔多次强调另外一点,即生产率对工资的依赖性。高工资会给员工带来更好的生活条件和受教育条件,马歇尔认为,这种机制部分解释了工资的历史性增长,后者至少与马尔萨斯理论中的简单预测是相反的。

马歇尔对收入分配理论的重要贡献,至少对劳动收入分配理论的贡献,在于他强调应该从不同的角度去看待劳动市场。他很早就强调人力资本和效用工资的重要性,很少提到资本收入的分配理论。尽管他把边际生产率理论应用于利率研究,但是因为他没有提出任何关于资本(和土地)所有权的分配理论,所以资本收入分配问题仍然没有得到解决。将这一点对比劳动收入是个有趣的问题:一是因为对劳动边际生产率的讨论通常是在考虑劳动工作量的框架下进行的(比如牧羊人的例子);二是因为对劳动收入分配的测量以年收入为基准,所以工资分配就等于年收入分配。因此,边际生产率理论在劳动收入分配理论中的作用比其在资本收入分配问题研究中的地位更加重要。[①]

1.2.2.3 克努特·维克塞尔

瑞典经济学家克努特·维克塞尔(Knut Wicksell),无论是在边际革命历史上还是在新古典经济理论学派崛起过程中,都是一位杰出的代表人物。早期的边际主义学者除了杜能,大多把注意力集中在消费分析上,但维克塞尔的兴趣在于生产和投资中的决策分析。值得注意的是,他对经济学的兴趣最初源于他担忧社会问题以及不加控制的人口增长所引发的问题。在《政治经济学讲义》(Wicksell,1901—1906)第一卷里,他认为几乎所有的经济问题都必须以不断变化的人口为背景来进行研究。然而事实上,人口问题在其更为正式的其他学术著作中所起的作用相对较小。

维克塞尔以首次明确地提出了生产函数而闻名于世。他认为生产函数是用于分析生产和投资决策的核心工具(包括最初被引入经济学的现在为人们所熟知的柯布-道格拉斯函数)。他明确提出了要素替代的观点,生产要素之间可连续替代的假设被后来的经济学家认定为新古典经济学的标志性特征。他比同时代的人更为严谨,提出了利润最大化涉及边际价值产品和要素价格之间的均等关系。他和马歇尔一样,强调边际生产率理论作为收入分配理论并不完整,其缺点是没有考虑到供给侧。他在正式分析收入分配时并没有真正把供应和需求整合在一起,但在探讨实际问题时可以看出他对二者之间的相互作用有着清晰的认识。尽管他强调技术进步对提高劳动边际生产率具有重要作用,但与瓦尔拉斯形成鲜明对比的是,他怀疑实际工资在过去200年里是否增长过,但同一时期的地租"翻了一番又一番",他发现这一时期的人口增长对此能够做出解释:

在其他条件一定的情况下,人口快速增长会使劳动边际生产率不断下降,进而

[①] Cannan(1893)和Dalton(1920)都特别强调了边际生产率理论在解释资本收入分配和土地收入分配方面的不足之处。

迫使工资下降;或者说阻止技术进步带来的不可避免的工资增长——尽管从表面上看,这种联系很容易被忽视,但结果是一样的。

Wicksell(1901-1906)

这段话虽是一个纯粹的理论命题,但也清楚地呈现了供需两方在工资决定中各自的作用。此外,这一观点与维克塞尔所处时代的实际经济发展状况的实证性关联高度令人怀疑,我们只能认为这一观点带有他强烈的新马尔萨斯主义色彩。[1]

新古典主义生产和分配分析中的另一个重要的理论问题是产品完全分配问题:根据边际生产率理论,对生产要素的支付是否会耗尽产值? 早些时候,Wicksteed(1894)已经援引了欧拉齐次函数定理,认为如果企业的生产函数是线性齐次的,那么结果一定如此。应用这一定理的问题在于它暗含了持续不变的边际成本和平均成本,所以每个企业的生产规模是不确定的。维克塞尔指出,这个问题可以通过一个假设来解决,即生产函数经历了规模报酬递增、不变和递减三个阶段。这符合平均成本函数的变化情况,首先递减,然后递增。在 U 形成本曲线的最低点,规模报酬不变。实际上,这个点是指假设行业可以自由进入的情况下行业将会达到的长期均衡状态。要素价格与边际价值生产率一致,对生产要素的支付耗尽产值,纯利润为零。但即使在产品价格给定的情况(如将产品放入世界市场确定其价格的情况)下,这种分配理论在缺少要素供给理论的条件下仍是不完整的。

1.2.2.4　一般均衡理论

一般均衡理论大约是在 20 世纪中叶发展起来的,其巩固了新古典主义经济学家提出的理论,包括从最初的开拓者到 19 世纪后期几十年间的第一代、第二代边际主义者的理论成果。人们通常认为这一理论发展的主要成果是把新方法如数学方法引入经济学中,以及对均衡的存在与稳定性的分析。但从更宏观的视角来看,其成果还应包括对经济中的一般相互依存关系的深入认识。依存关系中一个尤为重要的方面是消费品价格、要素价格、收入与财富分配四者之间的关系。但是,在当代一般均衡理论中,资源配置与收入分配之间的关系没有受到重视。在 Debreu(1959)非常具有影响力的理论著述中,“分配”一词在索引中甚至都没出现过。不过,在某种程度上,瓦尔拉斯理论体系的现代版本对这一问题的处理更能让人接受。Dalton(1920)批判边际生产率分配理论,认为它对资本和土地收入分配没有给予充分的说明。该理论只考虑到利率和地租的确定问题,但是资本和地租收入的分配问题还必须考虑到利率与资本所有权的乘积以及租金与土地持有量的乘积两个参数。[2] 现代理论引入了禀赋概念,解决了这一弊端。消费者被看作被赋予了原始资源(原则上包括消费品和生产要素)和经济体中不同企业的利润份额,这样一来价格确实决定了收入或财富的分配。然而,道尔顿(Dalton)的一些批评也是合理的,因为禀赋和利润份额都是外生的,却没有被说明其来源。

---

① 关于收入分配理论研究者的著作中理论与统计证据之间关系的一般性讨论,请见第四部分。
② Cannan(1893)对古典经济学也提出过类似的批评,认为他们主要关注的功能性收入分配是个“伪分配”,因为它只考虑人均工资、利润率和每一英亩的地租。

一般均衡理论的新数学公式没有明确考虑收入或财富分配问题,其原因之一在于,为了提高其普遍性,该理论没有考虑消费品与生产要素之间的区别。从形式上说,消费品被定义为在预算限制中表示为正数的商品,而生产要素是以负数来表示的商品。此外,该理论的重点是从竞争出发,因此,要素价格例如工资的形成,与消费品价格的形成不会被区别对待,劳动如同其他任何商品一般,工资也与所有其他价格一样。

一般均衡理论框架在应用中的情况有所不同。在国际贸易理论中,国际贸易对国内收入分配的影响长期以来一直是该理论的核心焦点,在 20 世纪四五十年代,要素价格与商品之间的关系分析成为该领域理论发展的前沿阵地。Stolper 和 Samuelson(1941)以及 Samuelson(1953)是其中杰出的成果。他们研究的重点是功能性收入分配,特别是劳动和资本的份额,而对个人收入分配的分析大多是隐含的,对世界市场价格变化带来的部门性变化的研究也是如此。

就收入分配研究而言,人们期望一般均衡理论框架能发挥重要作用的另一领域是公共经济学,但事实并非如此。原因之一是,公共经济学与国际贸易理论相反,非常重视税收对要素供给的影响,而在国际经济学中往往假定要素供给是既定的。扩展分析框架,加入要素供给变量,会使分析变得非常复杂。可能正是因为这个原因,一般均衡方法在公共经济学中最为著名的应用当属哈伯格(Harberger,1962)对公司所得税率的分析。后来证明,哈伯格的分析模型对于分析税率的许多问题是富有成效的。然而,该模型便于使用的原因正是它与国际贸易理论类似,忽略税收对资本和劳动力供应的影响研究,而这一问题被认为是公共经济学理论的核心问题。

1.2.2.5 不完全竞争

新古典主义经济学家以及后来的一般均衡理论家主要从完全竞争的角度对市场经济进行分析。就劳动力市场而言,假定工人和雇主都接受既定的均衡市场工资,而竞争力量促使任何不均衡的工资率进行调整,直到劳动供给等于需求。正是在这个框架内,理论家讨论了工资的双重作用(讨论更多的是要素价格),即用于配置不同用途的生产要素以及确定要素收入的分布情况。

然而,完全竞争的情况并不现实,特别是在劳动力市场上,这一点亚当·斯密在讨论工资的决定因素时已提到过(Smith,1776)。他还强调,私人和公众对竞争的制约均会对工资产生影响。行会制度限制某些职业的准入,也提高了其他相关行业的工资水平,政府也默许这些行规。他还指出了另一点,在聘用合约谈判方面,雇主自然有优势。雇主比工人少,所以雇主更容易联手让工资保持在较低水平,而工人较难联合起来推动工资上涨。早在强大的工会组织出现之前,斯密就这样写道:虽然有很多法律禁止工人为了获得更高的工资而组织起来,但没有任何一个法律阻止雇主们为降低工人工资而串通一气。他还指出,如果发生冲突,雇主比工人能够坚持更长的时间。工厂老板离开了工人,往往还能够持续一到两年的富裕生活;而工人们丢了工作,将难以维持一周或一个月的生计。这显然意味着,许多劳动力市场中的工资将低于完全竞争情况下谈判双方议价能力分配均等的工资。

斯密的洞见经过了很长时间才被纳入新古典主义市场经济理论的考虑范围。庇古

(Pigou)的《经济福利》(1920)讨论了劳动力市场的功能,十分关注这样或那样的能够起阻碍竞争作用的各种制度,因为劳动力市场各方的关系是不完全竞争的关系,所以在工资水平方面存在着不可避免的不确定因素。在该著作的附录Ⅲ中,他提供了一个图表,显示了均衡工资与竞争水平的偏差[1],但他并没有试图明确什么因素能决定不完全竞争下的工资水平。

1933 年出版的两部著作把垄断竞争和不完全竞争的概念推向经济理论的核心。爱德华·张伯伦(Edward Chamberlin)的《垄断竞争理论》聚焦于消费品市场,琼·罗宾逊(Joan Robinson)的《不完全竞争经济学》对不完全竞争的劳动力市场进行了分析,表明了收入分配的意义(但它只是顺便提到,并未深入讨论)。假设劳动合同双方议价权力完全不对称,则消除了庇古所说的不确定性:雇主可以看作买方独家垄断的,工人获得既定的工资,这导致工资通常低于边际价值产品的水平,其差距反映了供给的弹性。供应弹性越大,二者之间的差距越小,剥削程度越低。希克斯(Hicks,1932)也考虑到劳动力市场中不完全竞争造成的影响,其著作除讨论许多其他问题之外,用大量的篇幅讨论工会的作用。然而,在收入分配理论方面,希克斯更关心的是功能性收入分配而不是个人收入分配。因此,他在此书中最有影响力的一个贡献是分析各类技术进步对国家收入中劳动份额的影响。

工资谈判的结果具有不确定性,庇古对此强调过,这也是丹麦经济学家弗雷德里克·祖恩(Frederik Zeuthen)在其著作《垄断和经济福利问题》(Zeuthen,1930)[2]中提出的核心理论问题。他的理论构建了双边垄断模型框架,在此框架内,公司与工会讨价还价,双方都没有任何外部选择权;雇主没有其他资本用途,工人也没有其他就业机会。认识到均衡解决方案具有根本的不确定性,祖恩探究了能够决定议价过程特征和可能结果的多个因素。议价双方均意识到不能达成协议将会导致冲突,无论是罢工还是停工,对双方来说都要付出巨大代价。祖恩认为,谈判过程是一系列提议和反提议的商议过程:一方面,工资过高会使雇主愿意冒险引发冲突,这将给工资带来下行压力;另一方面,工资过低又会促使工会敢于承担风险,发起冲突,从而推动工资上涨。在工资的某个中间水平,双方都认为采取更好的替代方案将存在同样大的风险,这就是均衡工资。祖恩的理论对于更好地了解谈判和劳动冲突的作用做出了重要贡献,是对劳动力市场和收入分配的新古典理论的重要发展。[3]

1.2.2.6　人力资本理论

边际生产力分配理论除了忽视了要素市场供给,另一不足之处在于它没有解释为什么一些生产要素比另一些要素更有生产力。人们可能会说这是技术以及生产过程中要素的结合方式造成的,然而,人们的确发现一些人的生产率在某种程度上生来就比另一些人更高,尤其是就劳动力而言。不过,生产率的某些差异也可能能源于教育和培训。这一点,亚当·斯密早就指出,我们也看到马歇尔对此给出了解释,父母对子女的教育投资,包括为孩子们提供良好的教育所投入的时间和资源,都会产生差异。这会导致受益儿童将来的工资较高,但

---

[1] 他还利用完全竞争与不完全竞争之间的工资水平差异来衡量他所说的不公平与剥削。
[2] 事实上,早在 1928 年,他曾在以丹麦语发表的博士论文里提出了这个理论(Zeuthen,1928),这是对丹麦国内收入分配理论性和实证性的广泛研究。
[3] 正如 Harsanyi(1955a)指出的,这与 Hicks(1932)所做的分析相关,成为用博弈理论方法来研究议价的约翰·纳什(John Nash)的先驱。

也可能加剧工资收入不平等的现象。

另一位研究人力投资理论的是德国统计学家恩斯特·恩格尔(Ernst Engel)。他在1883年出版的有关人类成本价值(kostenwerth)的一本书中,计算出一个男孩在社会底层、中层、顶层(对应于低、中、高受教育程度)从事其父亲所做工作需要的成本价值。[①] 然而,他没有形成一个理论框架来帮助探索人力资本和物质资本投资之间的相似性,也没有讨论这一分析方法对收入分配的影响,而是隐晦地排除了不同收入阶层之间流动的可能性。

在20世纪,斯密和马歇尔的想法为后来被称为人力资本学派的经济学家们所接受。虽然西奥多·舒尔茨(Theodore Schultz)做出了重要贡献(Schultz,1961),但该理论的奠基人是加里·贝克尔(Gary Becker)(Becker,1962,1964),尤其是贝克尔1964年出版的著作标志着这一派极具影响力的研究的滥觞,这一研究也涉及关于收入分配的核心问题。就像Becker和Chsiwick(1966)提到的,个人水平的人力资本投资额由供需曲线(或边际效益和边际成本曲线)的交点决定。供应曲线和需求曲线一定会随个人而异。不同的供给曲线可能反映了父母的收入和财富以及进入资本市场的途径,而需求曲线的位置可能代表个人特征,如内在能力和对待风险的态度。Becker和Tomes(1979)把这个框架延伸到代际环境中,父母对孩子们的投资决定他们的禀赋。这显然与马歇尔关于儿童投资长期影响的观点有关。

与所有理论创新一样,人力资本领域的发展在一定程度上可以通过经济学的学科内部发展来解释。不过,对外部经济变化做出适当的解释也是很自然的。经济发展研究已经引起了人们对劳动效率变化的关注,因为劳动效率可以看作经济发展的决定因素之一。也许与现实联系更紧密的是劳动力教育水平的日益提高所带来的结果,这使得资本收入与劳动收入之间的差别在实际收入分配理论中显得不太重要。在一个社会里,如果越来越多的工人成为人力资本投资者,我们就需要从一个全新的角度来看待收入分配问题。

1.2.2.7 风险承担和收入分配

在亚当·斯密的补偿性工资差别理论中,不同职业之间的收入风险差异是要素之一。在安全性高的职业和风险性高的职业之间进行选择时(斯密举例中的鞋匠和律师),风险性高的职业的预期工资必须高于风险性低的职业的预期工资,以补偿个人需要承担的额外风险。在个人对问题进行正确评估的情况下,这些事先预期的情况将转化为事后收入的不平等现象:律师收入的平均值高于鞋匠收入的平均值,但律师之间的收入差异也大于鞋匠之间的收入差异。

von Neumann和Moronstern(1947)提出的预期效用理论公理化基础激发了构建风险性选择的形式模型的可能性。虽然用这一理论来分析实际经济问题仍是后来的事,但它较早被应用于收入分配理论。这一领域中的经典之作是米尔顿·弗里德曼(Milton Friedman)(1953)的论文,他与伦纳德·萨维奇(Leonard Savage)在早期的合著(Friedman and Savage,1948)中提出,收入分配是在不确定情况下做出理性选择的结果。弗里德曼—萨维奇(Friedman-Savage)之谜的一个显著特征是他们对风险态度做出的假设。虽然风险规避假设是解释诸如投资组合多样化和保险等现实世界特征的一个自然因素,但它不能用来解释同

[①] 恩格尔也考虑到了女孩们受教育的成本,但对于女孩,他并没有把她们受高等教育的成本计算进来。

时存在的赌博现象。为了解决这一难题，弗里德曼和萨维奇假定收入的效用函数既有凹部分又有凸部分，也就是递减边际效用的值域与递增边际效用的值域。在弗里德曼的收入分配理论中，个人从出生开始就在不同的收入流之间做选择；在弗里德曼分析的抽象层面上，这些收入流可能来自劳动力收入和资本收入。尽管事前每个人拥有的机会是平等的，选择收入流就像买彩票，一些人事后会发现自己收入很高，而另一些人成为低收入人群。弗里德曼认为，效用函数的特殊形态形成的收入分配与人们观察到的模式是一致的，尤其是与他和库兹涅茨（Kuznets）在实证研究中的记录一致（Friedman and Kuznets，1945）。他还认为，应该动员个人去做民主社会的参与者，以引入再分配机制，确保他们免受最不利结果的影响。因此，根据这一理论，收入不平等和再分配政策都是在机会平等情况下每个人自由选择的结果，还能反映出人们对风险的态度，特别是风险规避者和风险爱好者的相对重要性。规避风险的人越少，社会收入的不平等程度越高。

坎伯（Kanbur，1979）进一步发展了这个框架，与弗里德曼的论文中用到的结构相比，他的分析基于更特定的结构。在坎伯的框架中，规避风险的人会在职业安全性高的工人和冒险性高的企业家二者之间做出选择。在均衡的情况下，两个职业必须具有同等的吸引力，即具有相同的期望效用，这意味着企业家的期望收入必须高于工人的收入。坎伯研究了这种模型的比较静态分析情况，并指出当人们考虑到一般均衡效用对不同职业的收入分配的影响时，规避风险与不平等现象之间就没有简单的联系。Kanbur（1981）研究了税收在确定两种不同职业群体均衡分配中的作用。

坎伯的研究在这一点上与更早期的税收和风险分析研究有关，这可以追溯到 Domar 和 Musgrave（1944）的经典论文。他们对投资组合选择模型的分析表明，在某些假定情况下，特别是假设全部损失抵消的情况下，所得税让个人承担的风险会比他们原本愿意承受的风险更多。他们会选择更有风险的投资组合，显然也意味着之后他们的财富差异会比不征收所得税时的差异更大。① 当所有损失被抵消，所得税在某种程度上承担了应对资本收入变化的保险功能，而这一保险又会鼓励人们去冒险。因此人们会事后预计，更高的税收会给资本收入分配带来更多的不平等现象。

1.2.3　非边际主义方法

19 世纪 70 年代的边际革命对经济理论形成的方式产生了深远的影响；实际上，边际革命对当代经济也依然具有十分重要的影响。正如我们所见，边际革命在收入分配理论中具有中心地位。但与此同时，边际革命之外的一些其他理论贡献不太容易融入边际主义框架之中，其他方法的共同特征在于其研究方法主要是归纳法而不是演绎法，这部分内容将会在下文中进行讨论。

1.2.3.1　统计方法：帕累托分配理论

从理论上讲，边际主义理论是个人收入分配中理论基础较坚实的一个，但 19 世纪晚期人们引入了一种更具归纳性的收入分配理论，这种理论不是基于先验理论，而是从统计数据推

---

① 多马（Domar）和马斯格雷夫（Musgrave）的论文并没有使用期望效用的假设，若想沿着期望效用路线对他们的理论进行重新阐释和强化，请参见 Mossin（1968）。

理而来。这一创举要归功于帕累托(Vilfredo Pareto),其著作在首次发表后引起广泛热烈的讨论,争议一直持续几十年。

维尔弗雷多·帕累托是瓦尔拉斯在瑞士洛桑大学政治经济学教席的继任者。同瓦尔拉斯一样,他也坚信数学模型,将数学建模视为他的重要任务,用来扩展和重新定义瓦尔拉斯提出的一般均衡方法,包括要素价格形成理论。说到收入分配,帕累托并不是因完善瓦尔拉斯的理论而闻名,而是因为他提出了现在为世人所知的帕累托定律。① 许多经济学者对帕累托的了解仅限于教材脚注中的效用理论和福利经济学,认为他是一位纯粹的理论家,这也是情有可原的。但帕累托实际上是一位极其多产的研究者,他的著作涉及题材广泛,兼具理论研究和实证研究,不局限于经济学。他还是社会学史上的一位杰出人物,著有许多统计理论、经济史以及政治科学等方面的相关著作。他对收入分配的研究,散见于许多文章及其著作《政治经济学讲义》,其中融入了他在经济学与数理统计学方面的知识,在具体解释方面也融入了其社会学的见解(Pareto,1896—1897)。

后人所熟知的帕累托定律并非源于一项理论模型,相反,它是基于许多国家在不同时段的收入统计数据进行的详细研究。帕累托对这些数据的分析使他大胆假设:所有收入数据分布都有一个共同的形态,可描述如下:假设我们将社会上所有的收入由低到高列一份清单,从收入中位数开始,我们了解到 50% 的人收入高于平均水平。我们向上移动到比收入中位数高 1% 的收入层次,试想收入高于这个水平的人口能占多大比例。答案显而易见,不足 50%,但比 50% 低多少呢?帕累托揭晓了答案,是 1.5%。换句话说,收入每上升一个百分点,高于这个收入水平的人数就会减少 1.5%。通常,帕累托将这个定律用数学符号表述为:

$$\log N = \log A - \alpha \log y$$

这里的 N 代表收入至少达到 y 的人数,A 是反映人口数量的参数,而 α 则是帕累托常数,其估算值大约为 1.5。其中存在一种有趣的关系,即收入高于 y 的人的平均收入是 y 的 $\alpha/(\alpha-1)$ 倍。因此,我们再次假设 $\alpha=1.5$,那么收入超过 1 万法郎的人的平均收入为 3 万法郎。结果显示,帕累托研究的经济体中,函数拟合度很高,尽管收入分配低尾的拟合度较低。后来的研究显示,分布的上部区域,即收入分布曲线的右端,函数拟合度最好。

帕累托定律带来了极大争议。帕累托参数 α 是表示不平等的指数,有些人就此进行了漫长的讨论。现代经济学家对此并不意外,因为 Atkinson(1970)、Sen(1973)以及其他人的著作已经指出,任何代表不平等的特殊指数都隐含了对不平等本质的一些道德评价。就像帕累托参数 α 表示平均收入和不平等的函数关系(平均收入在增加,不平等在减少),我们需要什么条件才能这样表示社会福利?Chipman(1974)解决了这一问题。如何解决这一问题显然备受关注,但争论涉及的其他方面可以说更具普遍重要性。

帕累托定律的实证效度自然也是让人关注的一个问题。帕累托是否宣称该定律具有普遍有效性?他在陈述中并没有给出明确的答复。一方面,他在评价其实证发现时指出:

这些结果非常了不起,绝不可能认为这仅仅是机缘巧合,其中必定有某种原因

① 他的其他声名当然来自他对福利经济学发展的贡献,这一点将会在下文中讨论。

使收入呈现出按照特定的曲线来分布的趋势。分布曲线的形式似乎与不同国家的不同经济状况没有多大关联,因为对于英格兰、爱尔兰、德国、意大利甚至是秘鲁的一些城市的不同的经济状况所做的研究显示的结果几乎都是一样的。

不过,他接着审慎地说明:

> 诚然,既然我们讨论的只是实证定律,我们越谨慎越好。无论如何,从这一定律获取的结果在一些民族中得到了证实,所以它的有效性也将至少适用于这些民族。
>
> Pareto(1896-1897b),第二卷;引自 Chipman(1976)

尽管帕累托做了上述的审慎说明和其他陈述,但人们通常还是认为,帕累托声称其定律具有普遍有效性,这种声明自然会促成很多人相信政府应该将实行更为公平的收入分配政策作为工作目标。一方面,帕累托似乎认为要素收入分布是既定的;而另一方面,尽管帕累托的收入分布具有明显的偏度,他仍努力指出累进税制是唯一能为穷人提供作用微小的收入再分配的解决办法。许多人认为这证明了帕累托带有所谓的反动态度,但下面的陈述是对这一观点的驳斥:

> ……即便收入的税收比例是相同的,富人对公共开支的贡献也远不及穷人,然而前者却比后者受益更多。那在武器等军需物资上的开支,如果不是为了虚荣的富人,又是为了谁?
>
> Pareto (1895);引自 Chipman(1976)

不过,这是帕累托前期的表述,他后期的表述更加谨慎。这就引起了其他经济学家的关注,并且做了大量的工作来检验、批判他的收入分配法则。因此,庇古在《福利经济学》(Pigou,1920)一书中,利用一整章的内容(第四部分,第二章)介绍了对帕累托定律的批判性检验。在篇幅较短的前一章中,庇古就已经勾画出平等与效率之间权衡背后的原理,他从功利主义角度出发,认为任何能增加国民总收入且不减少贫穷人口的绝对收入,或是增加贫穷人口的绝对收入且未减少国民总收入的措施,必然会提高社会福利。相比之下,任何增加一项却减少另一项的措施,福利效果都是含糊的。

> 一般说来,当这种分歧存在时,无论是何种原因造成的对总体经济福利的影响,只能通过在增加(减少)国民总收入以及减少(增加)低收入阶层的实际收入二者之间进行仔细权衡来确定。
>
> Pigou(1920)

庇古指出,根据一篇有趣的论文,我们根本没必要担心这些分歧的问题:帕累托所谓的收入分配定律已暗示,由于不同收入人群的相对份额几乎是恒定的,那么只有增加国民总收入才能确保穷人口绝对份额的增长。很明显,庇古对这一结论心存疑虑,强烈质疑帕累托著作里的一些地方。他批评帕累托归纳的结论是基于经验的,并且提出了更重要的一点,关注给定分配与一切收入来源有关的假定基础。帕累托的收入分布曲线是右偏的,庇古认为,就劳动收入而言,人们更愿意相信"能力"是正态分布的。[①] 他还指出,尽管能力是一个多维度的概念,人的体力和脑力可能均为正态分布,但两者的联合分布不一定,这一事实也许可以用来解释帕累托分布的形式。另外,说到能力,不论是体力还是脑力,都无法解释资本收入或地产收入的分配。资本与地产收入的分配在很大程度上由遗产继承确定,其重要性在很大程度上取决于法律和政治制度,因此,说收入分配特别是贫穷人口的收入份额不受经济政策影响,这一观点根本站不住脚。

在这一章的结尾,庇古引用了帕累托的话来评论其分配法则:

> 有些人会从中推断出一条普通法则,将其看作减少收入不平等的唯一办法。这样的结论远远超出前提条件中能够推导出的一切事物。经验主义法则以及其他我们正在这里讨论的法则,虽通过实验检验是真实的,但一旦超出其范围,则变得价值甚微,甚至毫无价值。
>
> Pigou(1920)

因此,庇古对帕累托的批判看上去在某种程度上似乎失之偏颇。但人们对帕累托的原创公式异常关注,这说明了为什么庇古在1920年的书中仍觉得有必要用一章的内容来解释这一切。收入分配由一种恒定不变的法则所决定的想法,对重新分配政策的可行性或者不可行性显示出深远的影响。

庇古并不是唯一批判帕累托收入分配法则的经济学家,弗朗西斯·伊西德罗·埃奇沃思(Francis Ysidro Edgeworth)在争论的早期阶段就认为,帕累托的贡献与英国统计学家卡尔·皮尔逊(Karl Pearson)之前的著作有极大的相似之处(Edgeworth,1896)。帕累托对自己被视为剽窃者的控告反应强烈,并做出了言辞激烈的回应。他在回应中说,"看见我占领了显然是专门留给皮尔逊教授的高地,就像政治经济学是专门留给马歇尔教授的一样,这一定让埃奇沃思先生很不悦吧"(Pareto,1896)。后来双方的意见交流更深入,但也没能缓和这场争论的气氛,直到1926年,帕累托逝世三年后,埃奇沃思才写下对帕累托当时的回应,"解释曲线的特征是件有趣的事,而弄清发现这条曲线的人也是很有意思的事"(Edgeworth,1926)。

帕累托法则的形成以及其后来引发的争议在经济思想史上留下了浓墨重彩的一笔。帕累托分布在收入分配实证研究中仍发挥着重要作用。尽管批评众多,但它仍然被誉为收入

---

① 如果把能力看作边际生产率,人们当然认为能力的正态分布能在工资的正态分布中有一致的反映的观点是不充分的。根据边际生产率理论,工资在竞争条件下与边际产品价值一致,因而工资分布也依赖于产品价格的分布,以及相应的不同行业之间工人的分布。

分配实证研究中的一座里程碑。[①]

1.2.3.2　其他统计方法

由帕累托开创的探寻收入分配中的规律或经验法则的传统为许多后起学者所继承。这一支研究的一项特点是,研究者并不立足于新古典主义经济学的要素市场均衡理论进行假设,而是像帕累托那样,从一些观察到的经验规律着手研究。在此仅介绍几个采用这种方法的例子。

Roy(1950,1951)指出,可以使用对数正态分布来近似估算可观察的工资分配情况,并且呼应了帕累托的观点,提出“所有收入分配的形态都非常相近,这背后一定有某些合理的解释能说明这一事实”(Roy,1950)。他试图通过对许多工厂进行研究来找到合理的解释,这些工厂的工人执行同样的标准,完成同样的操作任务,个人产量也易于测量。这些任务包括包装巧克力、补鞋子、制作唱片等。他对所有 12 个案例进行研究分析之后,发现对数正态分布比正态分布更适合解释这种现象。人们的工资已经达到按产量来计算的程度,这一结果使人们可能从个人技能分配的角度来解释收入分配。Roy(1951)研究了“原始”社会的案例,这里的人们能够选择两种或多种职业,不同的职业需要不同的技能,之后他探讨了不同技能之间的相互关系如何导致不同收入分配的统计结果(假设收入与产出总是成正比)。他强调对数正态分布发挥的中心作用。Champernowne(1953)认为要建立一个动态模型,这个模型假定每个收入所得者在两个相连时段的收入都是波动起伏的,并且波动幅度与第一个时段收入成正比。他表示随时间的推移,模型的结果与帕累托分布日益趋近。Lydall(1959)在对该文的评论中写道:对劳动收入来说,随机过程不可行。他表明,帕累托分布可以产生另一个假设,工厂的每个管理者管理相同数量的工人,管理者的收入也会根据其管理员工的收入总数来决定。Simon(1957)也将这种组织的金字塔结构的假设运用到管理高层薪酬分析之中。

Kuznets(1955)采用了一种不同的更为宏观的经济学方法,其目的在于解释整体经济中的收入长期不平等的趋势。尽管他以美国、英国和德国的收入数据为基础,发现收入不平等的情况在第一次世界大战末已有所减少,但他表示,在这段时期之前,收入差距处于扩大趋势。在他看来,收入差距的扩大伴随工业革命从 18 世纪末开始,大约在 19 世纪中叶扩大趋势在英国停止,几十年后在其他国家也停止了。[②] 对这一变化,他的解释是经济发生了转型,从农业或传统经济产业向非农业或现代化产业转型,资本收入在后一种经济的收入分配中发挥了更大作用。首先,现代产业的不平等程度高于传统产业,这导致现代化产业发展的同时,整个社会的不平等也在加剧。然而一段时期之后,随着现代化产业的不断发展、日渐成熟,各种力量共同作用以减少不平等,特别是通过增加低收入群体的收入份额以及降低资本收益等措施,使整体收入不平等程度降低。用他的原话说就是:

[①] 对统计文献的调查显示,虽有批评,但学者总体上对帕累托的贡献持正面的态度,见 Bresciani-Turroni(1939)。Chipman(1976)公允地考察了围绕帕累托法则的争议。

[②] 库兹涅茨(Kuznets)把 1850 年前后看作英国从第一阶段向第二阶段转变的时期,他表示马克思的资本主义下收入不平等情况必然加剧的观点是对第一阶段后期观察结果的概括。

人们因此可能会认为世俗社会的经济结构是长期摇摆不定的。当经济处于从工业文明前向工业文明时期过渡的以最快速度增长的开始阶段,不平等也在扩张,然后在一段时期内趋于稳定状态,到后期又会缩小。

Kuznets(1955)

这一假设现在被称为库兹涅茨曲线,其为一条描述人均收入和不平等程度之间关系的钟形曲线。需要强调的是,库兹涅茨很谨慎地指出这个假设的实证证据不足,特别是在经济发展初期阶段证据不足。

研究收入分配的各种统计方法试图将观察到的收入分配情况合理化,包括采用一些收入产生的典型事实或者假设对观察到的收入分配模式加以合理化的解释。若说这些方法理论性不强,似乎带有误导性,但很显然,这些方法并不是以最优化行为和市场均衡理论为依据而确立的。

1.2.3.3 收入分配制度理论

对于形式化模型在经济学理论中的核心作用,总有一些经济学家表示怀疑。我们知道,在收入分配领域,即使是伟大的经济学家约翰·斯图亚特·穆勒,也认为要在政治和社会环境中去认识分配法则。因为这种环境是由制度决定的,所以对收入和财富分配的理解必须适当考虑供求机制以外的制度因素。马克思强调,他所生活的社会的收入分配反映了他称为资本主义的特殊社会发展阶段。以威廉·罗雪尔(Wilhelm Roscher)和古斯塔夫·施穆勒(Gustav Schmoller)为首的德国历史学派,沿着类似的思路,淡化理论的作用,支持深入细致的基于历史数据的研究方法。就算这种方法能成功实施,与边际生产率理论相比,这种研究思路的解释力也很难更具普遍有效性;不过,其可能会为它研究的那个特定社会提供更为深刻的认识。

特别是在美国,经济体系研究的制度性方法占有重要地位,许多人已将其视为新古典主义学派经济学者的一项重要的理论方法。索尔斯坦·凡勃伦(Thorstein Veblen)被普遍认为是美国制度经济学的创始人,其著作《有闲阶级论》(Veblen,1899)和《企业论》(Veblen,1904)使用的方法,讽刺大于分析,且过于独特,没有多少直接的跟随者。[①] 凡勃伦以及制度学派中其他杰出的学者如约翰·康芒斯(John R. Commons)和韦斯利·米切尔(Wesley C. Mitchell),除了普遍强调权力关系和演变过程,都不重视收入分配。制度学派的主要作用在于批评新古典主义理论只注重理性行为和竞争性均衡理论。但制度学派自身缺乏一般命题,导致其对现代经济学的影响逐渐衰弱。

研究制度对经济的影响带来一个有趣的问题:制度是由什么构成的?此处,凡勃伦采用了一种广义的定义,认为制度是指"一般大众所共有的思维定式"。这一观点的现代版可以在贝克尔的歧视经济学研究中找到(Becker,1957)。

[①] 约翰·肯尼思·加尔布雷思(John Kenneth Galbraith)或许可以算一个最接近的继承者,他对主流经济学的讽刺风格和怀疑态度让人从各个方面都想到凡勃伦。其著作《丰裕社会》(Galbraith,1958)对于收入分配问题的多处讨论都对主流观点进行了批评,但是对观察到的不平等现象没有给出其他任何不同的解释。

在工资收入不平等方面,劳动经济学和劳资关系方面的专家做出了重大贡献。人们很自然地将他们与制度经济学家联系在一起,是因为他们与制度经济学家一样强调制度对了解收入分配特别是了解工资收入分配的重要作用。在美国,Dunlop(1944,1958)指出,工资是由企业所有者、管理层和由工会代表的工人之间相互作用而决定的[①];Phelps Brown(1977)的著作中则集合了大量的对不同国家和不同经济体系下工资不平衡现象的研究。该著作利用经济学和社会学的方法,以及注重社会阶级和地位、社会歧视、代际流动和脑力能力等因素来解释报酬不平等现象,并由此著称于世。

1.2.3.4　财产所有权与继承的作用

继承作为收入的决定性因素在理论文献中受到的关注相对较少。在早期新古典主义经济学家和后期一般均衡理论家的世界里,继承与建立模型并不太相符。时间维度是把握继承权的关键,人们的确可以引入年代测定消费品并加入生产要素,但这并不能有力地呈现继承的本质。在一般均衡理论领域,正如 Arrow 和 Hahn(1971)书中所述,财产所有权用"禀赋"来标明,表示对商品和生产要素的最初持有是外生的。但这类模型无法解释从父辈到子辈的财产传承以及不平等现象的代代持续。财产代际转移的本质由继承法则决定,继承法则也因此对收入和财富的分配有重要的影响。不过,道尔顿在约一个世纪前就说过:

> 许多德高望重的思想家要么仍对继承法高谈阔论,要么缄默不语,仿佛继承法
> 是从天堂永久地降落到了伊甸园。
>
> Dalton(1920)

米德(Meade,1964)认为,个人财产分配的发展变化有可能是基于功能性收入分配的发展变化。在他看来,科技的主流趋势是自动化,这就意味着人工劳动需求剧减,工资下降,这将导致功能性收入分配偏离劳动收入而偏向财产收入的一个转变。因为财产收入分配的不平等远大于劳动收入分配的不平等,这种转变意味着整个群体中更大的不平等。在米德看来,收入分配不平等增大的趋势或许是受到人口因素的影响,如提高人口增长率以获取更多而不是更少的财富(归功于机遇多样化),代际传承的赚钱能力,选择性婚配趋势(富人与富人结婚)等。Stiglitz(1969)后来指出,这种趋势也有可能受到法律或习俗上继承法则的影响,如果所有财富都由长子继承(长嗣继承制),则会造成更加严重的财富分配不均,不如让所有孩子平分财产,这样更公平。

无论是物质财富还是人力资本,继承都同样重要。我们知道 Marshall(1890)已经强调过这一点,几十年后坎南(Cannan)也指出,从劳动中获得丰厚收入以及合理管理财产收入所需要的个人素质是代代相传的,因此,这意味着不平等程度随着时间的推移而趋于稳定。然而,这种趋势也不是没有例外情况:

---

① 应该指出,从表现出抵触理论模型的角度说,邓勒普(Dunlop)的研究方法不是制度性的。后者于 1944 年出版的书中有一个例子,讨论了旨在反映工人失业情况下工会行为的形式化数学建模,分析了工会的工资要求和失业津贴比率之间的关系,以及就业者与失业者之间的收入分配。这项分析为 20 世纪 70 年代和 80 年代的大量工会行为理论研究做了铺垫。

> 最贫困阶层中很有能力的人也能上升到社会高层,而那些最富有阶层中特别平庸之人会不断地沦落为社会最底层的人。然而,在整个人类群体中,收入不平等现象会一直在社会中承袭延续,忽视其重要性是愚蠢的。
>
> Cannan(1914,1928)

继承在决定财产所有权的不平等程度方面所起的作用是非常重要的,对其研究需要考虑更大的主题范围,穆勒称之为"社会法律与习俗"。他警示说,对这一主题的研究比经济学研究范围更大、更困难,这也许导致经济学家们在很大程度上忽视了收入和财产分配的这一重要方面。

1.3 价值判断与再分配

为什么一些人富有而另一些人贫穷? 一直以来人们都在探寻这一问题的答案,其背后动机并非纯粹出于对文化知识的好奇。不平等一直以来是可见收入分配的一个显著特征,这自然引出了第二个问题:不平等是正当的吗? 人们可能得到这样的回答:这个问题应该由伦理学家而不是由经济学家来回答。经济学家的科学研究没有提供回答这个问题所需的工具。有一些经济学家的确持这种态度,但也有很多经济学家持不同态度,包括许多经济学史上伟大的人物。其中原因很难说清,一方面,许多经济学家,从亚当·斯密到阿马蒂亚·森,实际上已经步入了伦理学领域,因此跨越两个领域的边界对他们来说很自然。另一方面,这两个领域的确存在边缘地带,也就是再分配政策的效果研究。要理解再分配政策的设计与结果,必须同时知道一些经济学和伦理学的知识,将二者结合起来构成收入分配的规范性研究。

1.3.1 古典学派的规范经济学

对于分配正义经济理论来说,其自然起点当然是市场经济产生的收入分配。古典经济学家关注的主要问题是对收入分配的实证分析,他们同样也关注道德层面的问题,对再分配政策做出评价。

1.3.1.1 亚当·斯密

古典经济学对这一问题看法的参照点是亚当·斯密提出的"无形之手"理论。在《国富论》里最著名的一个章节中,他指出每一个人在追求个人利益的同时也促进了社会利益。

> 他的目的只是想获取自己的利益,在这种情况下以及其他多种情况下,他被一只无形之手带到了一个根本不是其目的地的地方。虽不是其目的,但也不总是给社会带来坏处。在追求自身利益的同时,每个人常常会给社会带来利益,这样做带来的利益往往大于真正带着造福社会这一目的所带来的利益。
>
> Smith(1776)

对这篇文章最普遍的理解是市场经济背景下发挥个人积极性有利于资源的有效使用,可使"社会的年收益"最大化,尽管这一看法并非没有争议。① 这会有利于收入分配的公平性吗?《国富论》中没有对此进行系统讨论,而大多数读者也明白这并不是亚当·斯密书中的观点。不过,让人惊叹的是,亚当·斯密在另一主要著作《道德情操论》中陈述了他的观点,富人们给穷人们带来了利益,尽管这不是他们的初衷。他对这一观点的描述很有趣,因为在这段话里他第二次使用了"无形之手"这个隐喻。② 关于富人,他指出:

> ……尽管生性自私贪婪,只在乎自己的便利,他们从成千上万的雇佣工人中谋求的唯一目的是满足自己的虚荣和贪婪无度的欲望,他们却与穷人一起分享进步的果实。他们被一只无形之手带到平均分配生活必需品的目的地,就像把地球平均分割给所有地球居民一样。富人们虽没有这样的目的,也不知道会是这种情况,却也在推动社会的利益进步。

> Smith（1776）

必需品的分配几乎是均等的,就仿佛经济体系是为了平均分配而设计的,这一说法当然引人注目。但是应当注意,这里并没有说超出消费水平的收入也是以同等方式分配的。富人的自身利益需要保障穷人具有一定的最低收入,但不是达到平等生活水平的程度。不管人们如何理解这一主张的实质性内容,我们很难看到斯密为此提供了任何具有说服力的论据,因此"无形之手"的说法对后来有关收入分配的思考几乎没有产生影响也就不足为奇了。

《国富论》虽然没有对收入分配做出任何系统的规范讨论,但书中有许多篇章表明亚当·斯密对不平等和贫穷的关切以及对穷人的同情。他对工会的积极态度便是一个例子,他认为允许雇主勾结却禁止工人组建工会是经济政策的前后矛盾(Smith,1776)。另一个例子虽然本身不太重要,却暗示了他的态度。他指出对不同类型的公共交通工具应执行不同的收费制度。在其所处的时代,最常用的原则是根据马车的重量进行收费。他反对这一原则,赞成对豪华马车收取较高费用,降低生活必要马车的交通费用。他认为这样的改革会产生这样的结果:"让富人们轻松地为懒惰和虚荣付费来帮助救济穷人,也能降低运输到国家各个地方的沉重货物的运送费用"(Smith,1776)。

斯密关于贫富之间收入分配的更清晰、更具概括性的观点陈述,出现在他讨论降低生活必需品价格的影响之后:

> 社会底层人民境况的改善对整个社会来说是有利的还是不利的? 答案似乎一见便知。仆人、农民和不同类型的工人构成了任何一个伟大政治社会的绝大多数。须知,对绝大多数人来说的环境改善,绝不可能被视为对社会整体的不利。没有哪

---

① 有关对斯密所说的"无形之手"的不同理解,见 Sandmo(2011)第 2 章。
② 第三次出现在他的一篇关于天文学历史的文章中。

> 一个社会的大部分成员生活贫穷悲惨,而这个社会却兴旺发达、幸福美满。只有让那些为全体人民提供食物、衣服和住房的人拥有自己劳动成果的相应份额,可以吃饱、穿暖、住好,才算得上公平。

Smith(1776)

从语境可以看出,斯密认为上述说法甚至适用于这一情况,即底层人民生活水平的提高是以社会高层付出一定代价来获取的。

斯密的观点为再分配政策带来了什么影响?我们必须清楚,斯密时代的再分配政策可利用的手段十分有限,所以其政策建议大多是附带性质的,就像在上文中对公共交通收费方面的建议一样。在讨论整个税收制度的再分配效应时,他在《国富论》第五篇中的讨论并不十分明确;他满足于一项一项讨论税收的主要类别,显然很少考虑税收制度的整体影响。不过这一讨论引入了四项规范性的税收原则,第一项原则如下:

> 每个国家的人民都应尽可能按照各自的能力为支持政府做出贡献;也就是说,按照他们在政府的保护下各自享受到收益的多寡做出相应的贡献。遵循或忽视这一原则,就意味着税收的平等或不平等。

Smith (1776)

这一原则对于现代读者来说可能不够清晰,它可用以下两种不同的方式来解释。文字的前一部分表明,该原则可以被看作支付能力原则,而第二部分可能建议我们把它看作利益原则,根据后一个原则应该把税收视为对国家服务支付的费用。但是,对"国家税收"一词最合理的解释是"收入";国家提供的核心服务是保证私人收入的安全,所以收入既是支付能力的衡量,也是获得收益的体现。因此,整个税收制度应尽可能与收入成正比。需要注意的是,这并不是对所得税形式的建议(斯密对此几乎没有讨论),而是对税制整体设计的建议。

1.3.1.2 马尔萨斯和李嘉图的济贫法

虽然再分配征税在古典经济学家早期时代发挥的作用很小,但是扶持贫困人口应该采取的形式是公共政策的一个主要议题。[1] 人们普遍关心已经制定的济贫制度,向那些因生病或年老而不能工作的人以及能够工作但难以维持生计的人提供援助。马尔萨斯把他的人口论应用于这个问题,认为对贫困人口的扶持不会最终改善他们的社会地位,因为提供最低生活标准会鼓励他们有更多孩子,从长远来看,他们的个人生活水平不会得到改善,只会给社会增加更多贫困人口。此外,由此带来的人口增长会驱动食物价格上涨,造成更多人依赖扶贫救济:

> 因此,(济贫法)可以说是创造了所扶持的贫困人口;而且由于人口增加,国家

---

[1] 针对贫困人口公共政策的思想史,在本手册中马丁·拉瓦雷(Martin Ravallion)撰写的一章中有更深入、更广泛的讨论。

的资源供应分配到每个人的比例就更小,很显然,没有得到教区扶持的劳力能够购买的口粮将比以前更少,因此,这又会迫使他们中有更多的人申请救济。

Malthus(1803)

因此,马尔萨斯建议废除济贫法,提高具有完全劳动能力的穷人的积极性,通过工作自给自足。他在这一点上得到了许多知名经济学家的大力支持,特别是他的朋友大卫·李嘉图。李嘉图指出,"穷人的安康和福祉"在没有付出努力的情况下是不可能得到保障的,特别是要控制其数量增加。但他认为,

济贫法的运作却与此正好相反。该法使人口限制变得多余,招致行事轻率不节俭,因为它提供了本应靠节俭和勤劳所得的一部分工资。

对人性的理解帮助我们找到补救方法。通过逐步缩小济贫法的范围,让穷人深刻认识到独立的意义,教导他们不要依赖于系统的或是临时的慈善行为,而是要通过自己的努力来养活自己,教导他们节俭和有远见是必备而有利的品德,我们将逐渐接近一个更加健全、更加健康的状态。

Ricardo(1817)

对济贫法的严厉批判引入的主题,必将成为贫困与再分配经济分析中的重大课题:司法目标(扶贫救济)和效率(劳动力供应)之间可能发生的冲突。后来的古典经济学家,特别是1832年成立的济贫法皇家调查委员会主席纳索·威廉·西尼尔(Nassau William Senior)强烈建议对这一制度进行改革,确保制定的扶贫救济政策永远都不能比通过正常工作谋生更有吸引力。

1.3.1.3　穆勒

约翰·斯图亚特·穆勒被认为是功利主义哲学最著名的代言人之一,他在著作《功利主义》(Mill,1863)中对功利主义哲学进行了阐述。人们可能料想他会在《政治经济学原理》中,采用功利主义方法来评价收入不平等现象,但实际上这一视角在他的分析中并未出现①,就像我们在亚当·斯密的书中找寻统一的理论原理以便从规范性视角来评价收入分配一样徒劳无功。但是我们有大量的机会从穆勒对很多具体问题的讨论中了解他对收入分配的看法。

继承就是其中的一个具体问题。尽管穆勒支持人人有权享有自己的劳动成果和财产,但对于继承的财产收入,他划清了一条界限。在对其读者来说颇有争议的一段话中(Mill,1848),穆勒写道:"虽然遗赠(bequest)权或死后赠与(gift after death)构成了私有财产概念的一部分,但继承(inheritance)权不同于遗赠权,前者不属于私有财产的一部分。"他因此支持对继承权进行限制,限制个人可接受的遗赠数量。他提出这种限制的论点部分基于激励的

① 穆勒还在世的时候,《政治经济学原理》出版了第七版,于1871年发行。因此,他显然有机会使用《功利主义》中的材料来实现这一目的。

形式:尽管限制父母留给子女的遗产数量可能会削弱父母积累财富的欲望,但比起这个,子女不费力就能继承大量财产的后果更严重。同时他通过对分配后果的分析捍卫其所提出的限制观点。如果把孩子可继承的遗产限定至某个最大数量,

> ……好处是很多的。财富不再用来让少数人"过度"富有,而是要么用于公共服务,要么即使被分配给私人,也会分配给许多人。
>
> Mill(1848)

根据穆勒所言,财富更加均衡的分配能造福社会。①

另一个问题是最理想的税收形式问题。在"税收的一般原则"这一章(Mill,1848),穆勒引用了亚当·斯密的税收四项原则,并表示赞同。他逐字引用之后评论道,虽然这些原则的意义大都很明确,但关于税收平等原则(以及之前更早引用的内容)需要做进一步调查研究,因为它涉及一个通常不被完全理解的概念。他指出,平等税收的基本原则是平等牺牲,意思是"把分配给每个人的税收与政府的支出对应起来,这样每个人分担的份额比重是一致的"。然后,他继续讨论这个一般原则对所得税设计的影响。虽然对累进所得税的想法表示理解,但他终究还是支持线性所得税,例如收入的前50英镑免税,超额部分的收入保持税率不变。他还建议,存款应该免税,主要理由是对专门用于消费的部分收入和存款征收等同的税率,就会造成"存款双重征税",因此不利于储蓄和投资。

穆勒的税收政策建议是介于平等牺牲的抽象观点和更多特殊考虑之间的妥协,但很难看出他的结论在多大程度上可以从功利主义的哲学原理中得出来。《功利主义》一书(Mill,1863)对公平税收的其他概念也进行了简要讨论,但未给出定论:穆勒描述了支持人头税、比例税、累进税制的不同观点,然后指出,"从这堆混乱概念中解脱出来的唯一模式就是功利主义"。然而,他并未就实行功利主义原则可采用的税收形式给出结论,而且我们看到《政治经济学原理》中的讨论也没有明确给出二者之间的关系。

穆勒是个以其极端的同情心而闻名的知识分子,却没有出面大力支持再分配税收,这也许令人惊讶。主要原因可能在于,与旨在扩大面向社会所有阶层开放的选择范围的结构改革相比,税收在他看来算是个次要问题。这些结构改革包括为底层人民提供更好的教育,结束各种职业的准入限制以及消除劳动力市场对妇女的歧视,最后一项在他看来尤为重要。他撰写了颇有影响力的著作《妇女的屈从地位》(Mill,1869),在《政治经济学原理》中,他这样写道,

> 让那些喜欢做妻子和母亲的女性去选择它,但是对绝大多数妇女来说,除了卑微的生活部门,没有其他选择,也没有其他可能的事业,这是赤裸裸的社会不公现象。
>
> Mill(1848)

---

① 一个世纪以后,穆勒的建议得到米德(1964)的回应,米德提出了对财产和继承实行累进税制以实现财产所有权更加均衡分配。

值得注意的是，经过了一个多世纪，性别问题才再次出现在不平等和收入分配规范经济学中。

1.3.2　新古典经济学家：效率与公正

伴随着边际理论和新古典主义学派经济理论的出现，对资源市场配置的最优化探索开始系统化，特别是对市场经济效率与资源配置的公平分配之间的关系探索。从思想史的长远观点来看，新古典学派对这些问题的兴趣可能在于弄清亚当·斯密提出的命题，即市场的"无形之手"带来与"公众利益"相一致的结果。

1.3.2.1　瓦尔拉斯

边际革命的三个主要人物很少关注竞争性市场体系在确定收入分配方面的作用，更不重视其道德伦理面向。三人中值得注意的是里昂·瓦尔拉斯（Léon Walras），他提出的一个问题可追溯到亚当·斯密的"无形之手"的理论以及市场机制所具备的某种符合公共利益的功能。他对两种商品交换的经济体进行了详细分析，在接近尾声时写道：

> 在完全竞争的市场上相互交换两种商品的做法，能让持有其中一种商品或是两种商品的人获得最大的可能的需求满足，他们的需求符合两种商品在整个市场上以单一且同等的交换价格进行买卖的条件。
>
> Walras（1874-1877）

上下文清楚地显示，瓦尔拉斯的意思是该结论不仅适用于这种简单的两种商品和纯交换的情况，还应该将之理解为对竞争性经济的普遍特征的概述。

这里的概述可以看作对斯密的"无形之手"这一说法的现代性解读，它可以用两种不同的方式来解释。一些经济学家认为，"最大可能满足需求"是指满足包括所有个人的集体社会的需求；根据这一解释，瓦尔拉斯认为，竞争均衡给整个社会的需求带来了最大可能的满足，在这一意义上，瓦尔拉斯成了自由市场体制的一个非常天真的辩护者。另一种解释显然是每一个个体都能够获得自身需求的最大可能的满足。事实上，毫无疑问，第二个解释才是对瓦尔拉斯立场的准确表述。一方面，他坚持认为，他对竞争市场的分析性描述没有更广泛的规范意义：

> 尽管我们对自由竞争的描述强调功利问题，但它将公正完全放在了一边。
>
> Walras（1874-1877）

另一方面，他强调效用的非可比性，所以他必然否决了存在满足整个社会需求的观念。

在后面这一点上，我们有证据表明，至少在这一点上瓦尔拉斯的旧思想习惯很难消除。在 1885 年给德国经济学家威廉·劳恩哈特（Wilhelm Launhard）的一封信中，瓦尔拉斯为自己进行辩护，驳斥别人对他的控诉，说他坚持认为竞争必然给整个社会带来最大的满足。他说，假设商品可以低价出售给穷人，高价出售给富人，富人就会放弃消费"剩余"商品，穷人则能够买得起必需品,"这样效用就能大幅提高"(Jaffé,1965)。这里的效用显然是指总体或社会效用。因此,这里存在一个与《政治经济学原理》中陈述相悖的假设,即个人效用是可比的且能够加总。

除了理论一致性方面存在不足,现代经济学家也可能会质疑瓦尔拉斯使用消费品价格歧视的例子来解释说明再分配政策。很显然,一个更引人注目、更现实的例子是将富人的收入再分配给穷人。对奢侈品与必需品的消费带来的结果一样,在可行范围内的政策之间的联系会更强大。

用现代术语来表述,瓦尔拉斯虽然没有非常清晰明确地阐述出来,他得出的结论是市场均衡是有效的,尽管不一定会带来资源和收入的公平分配。这一观点虽不完善,但向前迈了一步,有助于人们了解作为有效资源配置系统的市场机制与作为社会个体之间收入和福利分配决定因素的市场机制之间的关联。这一观点有待于下一代的边际主义思想家做进一步研究,其中最重要的有阿尔弗雷德·马歇尔和瓦尔拉斯在洛桑大学的接班人维尔弗雷多·帕累托。

1.3.2.2　马歇尔

马歇尔对收入分配的规范性方面的看法是什么? 在福利经济学中,马歇尔的主要贡献是提出了社会剩余局部均衡概念(社会剩余是生产者剩余和消费者剩余之和),可以用需求曲线与边际成本曲线之间的区域来衡量。因为该区域在两条曲线的交点处,即在竞争均衡时,面积达到最大值,马歇尔得出结论:

> (稳定)的供求均衡位置也是满意度最大化的位置。
>
> Marshall(1890)

这一结论与瓦尔拉斯的结论非常相似,尽管马歇尔小心地对结论给予了限定说明,以避免误解,但很显然,他认为结论不仅仅适用于将个别商品的简单案例应用于供需的一般均衡,包括生产要素市场。尽管"满意度最大化"一词指的是整个社会满意度最大化,但马歇尔强调,这是一种综合衡量,建立在以下假设基础上:

> 各方之间的所有财富差异可能会被忽略,任何一方对满意度估值为一先令,那么可以将它视作等同于其他任何一方估值为一先令的满意度。
>
> Marshall(1890)

然后他举例说明,如果生产者作为一个阶层比消费者的经济情况差很多,那么"总体满意度"可能会通过限制供应而得到提高:假设需求是非弹性的,限制供应将增加生产者的收入。这里的表述很容易引起混淆,因为认为能够通过偏离最大满意度的位置来提高总体满意度的观点,似乎很奇怪,但是把专业术语排除在外,其论证基础很明确是边际效用递减的功利主义假设:

　　事实上，这只是一个广泛命题中的特殊案例，即从表面上看，总体满意度可以通过自发或强制性地将富人的部分财富分给穷人得以增加。

Marshall（1890）

在结论部分关于"与生活水平相关的进展"这一章中，他对降低不平等的可取性的表述更加明确，也更加谨慎：

　　一代代传承的经济科学的主旨大意一直伴随着越来越强烈的信念，即没有真正的必要性，因此也绝无道义让极端贫困与极度富有并肩齐行。财富不平等现象，虽然不像表面上那么显著，但仍是我们经济结构的一大缺点。实现减少财富不平等的任何手段都不能消耗自由主动性的源泉，不能削弱人格力量，也不能从物质上限制国民收入增长，如此实现的减少财富不平等，似乎才算是明显的社会收益。

Marshall（1890）

这有力地表达了过度不平等是一种社会弊病的观点。有人还注意到，马歇尔认为这种道德判断能够获取经济科学的支持。另一方面，希望向更高程度的平等迈进也必须考虑到它可能会削弱生产力和经济刺激，这一观点将成为分析福利国家政策的基石，也将是接下来一代代经济学家研究的方向。

　　什么方法可以用来减少不平等现象？在这个问题上，马歇尔的《经济学原理》贡献较少。书中强调，教育是提高个人社会地位的一种手段，但很少有人注意到作者所提及的强制性再分配的可能性。再分配手段中首要的是税收，但马歇尔的书中并没有系统地讨论税收原则，提及部分大多是附带的，而且大部分在脚注或附录中。这与斯密、李嘉图、穆勒的情况截然不同，在他们的经济学原理著述中，税收问题（以及公共支出）占据主要部分。马歇尔忽视税收问题的一个可能的解释是，最初他将《经济学原理》当作两卷作品中的第一卷，其中第二卷将包括理论在几个经济政策领域中的应用；1887 年 10 月拟定的第二卷内容大纲里将"税收"列为六个领域之一，而在 1903 年，"公共财政"已经成为九个领域之一。当 1919 年《工业与贸易》最终出版时，这些话题从书中的内容部分消失了。[①]

1.3.2.3　约翰·贝茨·克拉克

　　约翰·贝茨·克拉克（John Bates Clark）是美国现代边际主义思想的先驱，他将边际生产力和边际效用的概念同时引入了学术著作和更多通俗读物。但是，1899 年的《财富的分配》如今不再因其边际生产力理论（作者关注的焦点）而被关注，而是因被 Stigler（1941）称为"天真的生产力伦理学"的问题而出名。克拉克认为，要素价格与边际价值生产力之间的等价不仅仅是对市场运作的描述性理论，也是自然法则的表现。这个观点在序言的第一页已然出现：

---

① Whitaker（1990）对马歇尔《经济学原理》原计划的第二卷、第三卷，甚至是第四卷的撰写计划进行了有趣的研究。

> 本书旨在表明,社会收入分配由自然法则控制。如果未遇冲突,运行良好,那么自然法则会分配给每一位生产者他所创造的相应财富。
>
> Clark(1899)

可以简单地把这一说法看作对完全竞争情况下要素市场均衡的概括,尽管它提出了一个问题:如何确定一个生产者的边际生产力等同于"他所创造的"? 克拉克认为,这个问题不像许多人想的那么复杂,因为它与简单边疆社会中出现的问题在本质上是相同的:

> 尤其有必要知道,能够让一个人面对大自然并且依靠个人能力让自然屈服于他的原始法则,实质上,仍然是最复杂的经济法则。
>
> Clark(1899)

另一个关键问题是根据这一法则进行的分配是否公正。在这一点上,克拉克的解释有些模棱两可。一方面,他说这个问题不在他的研究范围之内,"因为这是纯粹的伦理问题"。另一方面,他认为生产者有权拥有他所创造的,如果按照他所创造的来给他支付酬劳,没人可抱怨。因此,竞争性收入分配是公平的,并且与社会稳定的要求相一致,因为如果一些生产者的收入低于他们所创造的价值,

> 社会结构的基础就会被安上一枚定时炸弹,其迟早会摧毁这个社会。
>
> Clark(1899)

毫无疑问,虽然大多数现代经济学家会发现克拉克的"生产力伦理"不能令人信服,但他的一些思想元素已经被人接受,最为相似的是哲学家罗伯特·诺齐克(Robert Nozick)在《无政府、国家与乌托邦》(Nozick,1974)中的分析,其主要观点是分配正义的权利理论。他认为,能够反映收入或财富获取的任何分配形式都是公平的,或者说按照某种公理化标准公正获取的任何分配形式都是正义的。此外,既然存在这种分配方式,就不会有公共收入再分配的情况了。虽然诺齐克的理论与收入分配边际生产力理论没有联系,但显然其中的一些元素与克拉克的具有共同之处。[1]

1.3.2.4 帕累托

我们已经知道帕累托是收入分配的实证研究者。尽管他在这一领域具有很大的影响力,他在福利经济学方面的贡献具有更突出、更长远的重要影响,对经济学家思考规范性问题的方式,包括他们把收入再分配看作经济政策目标的观点有着重大的影响。

帕累托的福利经济学始于对实用和需求的研究。他在《政治经济学手册》中指出,序数

---

[1] 弗里德里希·哈耶克(Friedrich Hayek)也提出过与诺齐克的理论相似的观点,尤其见 Hayek(1973)的论著。

效用的概念才是研究消费者需求的基础①,他还指出,序数效用概念并不适用于人际比较:

> 一个人的效用或排序与另一个人的效用或排序是不同类型的数量。我们既不能把它们相加,也不能拿它们相比……不同个体的效用总和并不存在,这是一个没有意义的表达。

> Pareto(1909)

从这一点可以看出,寻求一个总效用或总体福利标准是徒劳的。但是帕累托仍然提出了他的社会福利或效率标准,我们现在称之为帕累托最优:

> 我们说,一个集体的成员在某一位置上享有最大效用,如果他们没办法从这个位置再稍作移动,使这个集体的每个成员享有的效用都能够增加。

> Pareto(1909)

"最大效用"显然并不是表达这一概念的最佳名词,因为它暗示了帕累托力图避免的这类总效用概念,但是人们可以谅解他,因为"帕累托最优"并不是他提出来的。

　　帕累托表明,竞争均衡在这个意义上满足了最优条件。从不可比性假设来看,他的最优标准不能判断出收入再分配的福利效应,收入再分配会导致富人的收入减少,穷人的收入增加,这样一来,富人享受的效用更少,穷人享受的效用更多。如果经济在收入再分配之前和再分配之后都处于竞争均衡状态,那么两种经济状态都满足帕累托最优的条件,但最优标准并不能显示两种状态之间的联系。根据这一看法,对公正或公平的收入分配与再分配的判断,应该处于作为科学性学科的经济学领域以外的位置。虽然这种说法在帕累托自己的著作中并不是非常明确,但它成为 20 世纪许多经济学家在进一步阐述帕累托福利经济学时所持有的中心观点。然而,帕累托最优经历了很长一段时间才被确立为福利经济学的重要概念。直到 1947 年,保罗·萨缪尔森(Paul Samuelson)在陈述帕累托最优的定义之后,这样写道:"经济学家们还没有给予这一概念足够的重视,这与帕累托赋予它的重要性不相称"(Samuelson,1947)。

1.3.3　功利主义和再分配经济学

　　瓦尔拉斯强调功利主义带有主观性,帕累托强调得更甚,这让人们预计收入分配规范分析会完全将功利主义哲学排除在外。然而,事实并非如此,这可能有两方面的原因。一是瓦尔拉斯的著作,以及特别是帕累托的著作,在当时并没有受到国际社会经济学家的广泛关注,直到进入 20 世纪才开始受到关注。另一个原因是功利主义对经济学家们探索平等主义思想和再分配政策设计的哲学基础仍具有强大的吸引力,尤其是在税收领域。

---

① 为了将这个概念同基数效用概念区别开来,他甚至生造了一个新词"满足度"(ophélimité)来代表它,这个词从未流行起来。在后面的引文中,我用"效用"一词来替代帕累托的"满足度"。

1.3.3.1　总效用最大化

效用经济学家的一个典型代表是弗朗西斯·伊西德罗·埃奇沃思。他认同的是传统功利主义者的观点，即社会福利应该被视为个体效用的总和，但对功利主义者利用社会福利的方式感到不满。他指出，在数理形式化缺失的情况下，很难弄清楚他们是如何以道德为前提得出结论的。他在《伦理学的新旧方法》（Edgeworth, 1877）一书中基于心理学的韦伯—费希纳定律（Weber-Fechner law）进行类比分析。韦伯—费希纳定律表明，对感官刺激的感知并不是完全随着刺激的强度增加而成比例增加，埃奇沃思因此认为，效用也不是完全随着收入的增加而成比例地增加。他以此为基础在社会最优收入分配方面得出了强有力的结论。假定所有个体成员的收入效用函数都是相同的，给定总收入在所有社会成员中分配，那么最优分配方式就是完全平等的分配方式。同时他还分析了可变工作量投入的案例，发现在某些假定的情况下，能力越强的人完成的工作量越多。

相关的方法庇古也采用过，他在《福利经济学》（Pigou, 1920）一书中采纳了一项明确的功利主义论点——尽管没有提及韦伯—费希纳定律——来支持将富人的收入再分配给穷人：

> ……把收入从一个相对富裕的人转移到一个与其秉性相同的相对贫穷的人，由于这在牺牲较小需求的情况下满足了更大的需求，这必然会增加总体满意度。"边际效用递减规律"可以有把握地得出这一命题：任何能增加穷人实际收入的绝对份额的因素，只要从任何角度看都不会缩减国民总体红利，通常来说都能够增加经济福利。

Pigou（1920）

换言之，庇古假设收入效用函数存在凹性，且对每个人而言都是相同的。接下来的内容将会进一步说明"相同秉性"的限制条件。庇古承认，在现有的社会条件下，实际上一个富人与一个穷人相比，能从既定的收入中创造出更多的效用。但是产生这种优势源于过去的收入和生活水平不平衡，因此也就不能用来反驳收入均等化：从长远来看，收入有所增加的穷人也会同如今的富人一样有能力从他们的收入中创造效益。引文的最后一部分引入了一项重要限制条件：旨在将富人的收入再分配给穷人的政策可能会对激励机制产生不利影响，尤其不利于对工作和储蓄的激励。这有可能会导致国民总红利或者国民总收入减少，因此可再分配的收入也就更少。

在分析方面，我们须重申这一观点，如果再分配不存在激励效应，那么再分配应该一直进行下去，直到收入的边际效用对所有人都是相同的；至于同质性品味，像埃奇沃思分析中提到的，这意味着收入的完全平等化。如果激励效应存在，那么再分配的最佳数量在这里就有待商榷了，富人和穷人之间的收入边际效用差距将由再分配激励效应的强度大小来决定。

1.3.3.2　对功利主义的批判

随着帕累托著作中的需求理论和福利经济学为越来越多的人所熟知，同质性效用函数、边际效用递减、效用的人际可比性等假设全都成了被批判审视的对象，因为这些假设在消费者需求研究中被认为是不必要的，在做出社会福利判定时也被认为是不恰当的。庇古提出的收入再分配的合理性观点逐渐被视为不科学的，仅仅是对收入平等的个人偏好的主观表达。在再分配的可取性问题上，作为一门科学的经济学不得不对此保持沉默。罗宾斯在其极具影响力的著作中十分有力地陈述了这一观点（Robbins，1932）。

莱昂内尔·罗宾斯（Lionel Robbins）的影响力可清晰见于 20 世纪 30—40 年代一些经济学家提出的新福利经济学。在 Bergson（1938）和 Samuelson（1947）重构的福利理论中，社会福利函数发挥了至关重要的作用，社会福利被看作一项以序数效用函数为代表的个体效用水平递增函数。社会福利最大化的条件也被分为两组，一组描述了对于生产要素和消费品的帕累托最优分配条件，另一组则呈现了消费者之间的最优分配条件，要求收入的社会边际效用相等——个体的收入增长带动社会福利的增长。① 尽管这一新理论清晰地区分了与效率相关的福利判定和与公平分配相关的福利判定之间的差别，Samuelson（1947）提及的条件一般性，指的是人际分配最优条件，几乎不可能从社会认可的收入再分配形式中得出任何结论。在最普遍的分析层次当中，能得出的唯一结论就是再分配的理想状态是由一个人的伦理信念所决定的。然而，就再分配形式而言，此分析具有强烈的暗示：为了实现全面的社会福利最优，再分配的实施需要借助不违反效率条件的办法。能够有助于实现这一目标的唯一办法就是个体化的一次性税和转移支付［尽管有些经济学家，如 Hotelling（1938）含蓄地指出，所得税应该至少约等于一次性税］。

1.3.3.3　功利主义的回归

尽管新福利经济学帮助厘清了经济学家们有关效率和公平分配观点之间的关系，也许仍会有人质疑新方法的代表者在反对旧福利经济学的道路上走得太远，后者以基数效用定义和人际效用对比为基础。Cooter 和 Rappoport（1984）对此进行了探讨，认为后帕累托序数效用学派所采用的效用概念和他们称为物质福利学派的老派经济学家采用的效用概念存在本质区别。物质福利学派采用的效用概念不是要代表个人偏好，而是要代表个人需求，这些需求从客观上是可观察的，譬如身体健康的形式。运用这一概念进行人际比较并不涉及主观偏好比较，而涉及实际可观察的生活水平比较。一个人以其收入可以购买的商品形成他的生活水平，但同其他生产要素一样，商品遵从的是收益递减规律，在这种情况下，这种规律就会被转化为收入边际效用递减概念。像埃奇沃思②和庇古这样的经济学家正是利用这一概念说明向穷人转移支付和采用累进税制的提议是合理的。这一概念的具体内容从 Dalton（1920）对 Jevons（1871）发现边际效用递减规律③所作的评论中可以知晓：

---

① 这里暗示了帕累托最优是社会福利函数最大化的必要但不充分条件，这是直接从社会福利效用是随个人效用增长的假设中得出来的。

② 萨缪尔森（1947）说过，埃奇沃思这样的人沉浸在功利主义传统中无法自拔，个人效用乃至社会效用就如同他早餐的果酱一般真实。

③ 杰文斯（Jevons）事实上并不是第一个提出这项规律的人。正如他后来承认的，Gossen（1854）在他之前就提出过。甚至更早的 Bernoulli（1738）也提出过，只是语境不同。更多探讨及相关文献见 Sandmo（2011）。

根据这一规律得出了一项最为重要的实用性结论,即收入极大不平等带来经济福利的极端浪费。仅从这一点看,很明显对现代经济学家而言,只要生产不受干扰,收入大规模平等化是值得向往的。但在 Jevons(1871)发现这一规律之前,这绝不是显而易见的,或者说无论如何都是没有被广泛认知的。

Dalton(1920)

道尔顿使用"浪费"一词是具有暗示性的。在新福利经济学框架中,这一术语是毫无意义的,但在物质福利学派采用的方法中,这一字眼有具体的释义,指收入不平等造成了福利总量变小。给定收入分配方式,这导致产生的物质福利更少,生活水平更低,而没有平等分配所产生的物质福利多,生活水平高。

二战后初期,功利主义社会福利函数的合理性出现新解释,这始于威廉·维克里(William Vickrey)的一篇文章(Vickrey,1945),文章显然很关注以冯·诺依曼—摩根斯坦预期效用假设(von Neumann-Morgenstern expected utility hypothesis)为基础来测量收入边际效用的可能性,但在文章的中间部分,维克里的关注焦点转向了讨论社会最优收入分配的问题。其方法在下面陈述中做了很好的概括:

如果将效用定义为一个量,这个量的数学期望值通过个人做出有风险的决定达到最大化。要使整个群体的这一总效用达到最大化,就等于要让个体选择一种收入分配方式——若是个体被问及他在各种经济变体中想成为哪种中的一员,他愿意选择的正是这种分配方式——假设一旦选定了实行既定收入分配方式的既定经济体,他就有同等的机会设身处地地感受这个经济体中每个成员的处境。

Vickrey(1945)

这一观点得到一些经济学者的进一步发展,包括 Fleming(1952)和 Harsanyi(1955b)。然而,他们二人都没有提及维克里的著作。海萨尼(Harsanyi)的文章特别介绍了功利主义社会福利函数,即个人效用相加的总和是如何从一套支配个人与社会福利评定原理中产生的。通过这种方法,人们可以追溯到由早期的功利主义经济学家提出的那个问题,探寻哪一种既定收入分配才能实现社会福利最大化。如果社会福利可用不加权的个人效用函数总和来表达,并且函数是凹的(代表规避风险的态度倾向),答案依旧是最优分配一定是完全平等的分配。

海萨尼没有强调这一隐含信息,其主要精力放在这种特殊的社会福利函数的逻辑根据上,而不是社会组织和经济政策可能产生的影响。但是,维克里在某些细节方面对其可能造成的影响进行了扩展,指出当总收入为固定值时平等分配的最优化以及需要注意的细则,以防人们可能提出异议说收入总额实际上无法完全脱离分配方式。[①]因此,他指出,"为了满足

---

① 维克里的论点使人联想到庇古在《福利经济学》中的论点,但前者没有提及庇古或其他任何早期功利主义经济学家的观点。

生产过程中个体间高效合作需要的激励和刺激，某种程度的不平等是必要的"（Vickrey，1945）。根据这一观察结果，他试图利用变分法计算出最优所得税函数来确定福利再分配最大化。他成功地提出了针对这个问题的欧拉方程（Euler equation），但是指出"即使在这种简化的形式中，这一问题也没有任何简易的解决办法"（Vickrey，1945）。

现代最优所得税收理论直接承继了维克里的分析，其先驱人物是詹姆斯·莫里斯（James Mirrlees）。Mirrlees（1971）也采用功利主义假设，将社会福利视为个人效用函数总和（他认为二者是等同的），但是没有使用维克里和海萨尼采纳的选择理论基础。值得一提的是，他并未提及 Vickrey（1945）的文章。在莫里斯模型（Mirrlees model）中，个人效用函数取决于消费（或收入）和闲暇。一次性征税不可行，因而被排除，并且再分配必须借助非线性所得税来施行，而非线性所得税会扭曲在闲暇和消费之间做出的选择。最优所得税函数的形状因此得以相应反映平等与效率之间的权衡。莫里斯采用了一些与维克里的模型相关的附加假设，尽管有些笼统，实际上也能得出最优所得税函数。更多具体的结果通过他对特殊案例的模拟分析被推导出来。众多数值实验显示，最优税收计划有一个令人惊喜的特点，即尽管收入的平均税率依旧在增长，边际税率却趋于保持平稳状态，若有任何变化，则表现为随收入减少而降低。[①] 后人对莫里斯的贡献进行了一系列改进，对其分析进行了扩展，包括对社会福利函数的功利主义基础进行了批判性检验。20 世纪 70 年代，哲学家约翰·罗尔斯（John Rawls）的著作（Rawls，1972）引起了致力于公共政策分析的经济学家们的极大兴趣，即罗尔斯的"最小者最大化"准则，即福利最大化的标准依赖于社会最不幸者的效用。这一标准被 Atkinson（1973）用于分析最优所得税的问题，其数值结果显示，在这一标准下，边际所得税率和累进程度很有可能比莫里斯预计的情况要高得多。

此外，值得一提的是，拉格纳·弗里希（Ragnar Frisch）较早用挪威语发表的一篇文章对低边际税率提出了不同观点（Frisch，1948）。弗里希的论点依据是他所说的外部边际生产力与内部劳动边际生产力之间的差异。特定部门的外部边际生产力指的是在雇佣决策中没有考虑到的其他部门产出的效应。弗里希认为，这种效应一般是正效应，因此工作投入在市场经济中往往会太低，这就要求一种负边际税率[②]，但实际上并不可行，"至少现阶段行不通"。所以，他提出了对工作投入直接相关的收入实行零边际税率，对个人收入的剩余部分实行累进税制。

1.3.4　牺牲与受益理论

除了社会福利最大化，还可以通过其他方法来分析再分配的规范性问题，在本节中，我们会介绍两种方法。均等牺牲理论在 19 世纪末得到经济学家们的关注，并一度对政策辩论产生影响。在受益征税理论中，税收被视为从国家获取利益的回报，这一理论对于寻求个人与国家之间关系公平性的人来说一直具有强烈的吸引力。

1.3.4.1　均等牺牲

收入分配和税收的功利主义方法有时被认为是均等牺牲理论。以一个简单的情况为

---

① 一些经济学家后来的著作展示了在特定假设下，处于收入来源列表顶端项目的最优边际所得税率应该等于零。关于该结论的进一步说明和参考文献，参见 Sandmo（1999）等。

② 换言之，对工作投入给予庇古补贴，尽管弗里希没有使用这一术语。

例,作为功利主义分析的起点,税前收入是既定的,政府为了获得一定数量的国家税收,采用个体一次性定额税,从而实现同质的且为凹性的收入效用函数总和最大化。税后收入的最优分配是使收入完全平等,这也意味着收入边际效用对所有人是相同的。这种解决方案代表最小的整体牺牲,因为相同收入边际效用的结果就是能够获得与国家总税收相关的最大效用的总和。个人均等牺牲的这一解决方法仅仅是从均等边际牺牲的意义上来说的:牺牲最后一元钱用于付税对所有人而言都是一样的。

也许可以由此预测,考虑公平分配税负的一些经济学家开始认识到这种均等牺牲的观点没有太大吸引力。在税前收入严重不平等的情况下,从税前到税后减少的效用在个体之间差异明显,如果有人认为这不公平的话,他们自然会去寻求均等牺牲的替代性概念,以适用于收入分配的这些非边际变化。这使得均等牺牲理论在一些更具体的方面得到发展,尤其是绝对均等牺牲理论和比例均等牺牲理论,Cohen-Stuart(1889)和 Edgeworth(1897)最先分析了这些理论。绝对均等牺牲[1]的标准可以用以下公式表达:

$$U(Y) - U(Y - T) = k$$

此处,Y 表示税前收入,T 表示税额,k 是常量,对所有纳税人[2]都一样,那么因税收导致的效用牺牲对所有个体而言都相同。为了弄清税额是如何根据这一原则随收入变化而变化的,我们要对方程左边的 Y 进行求导,将 T 视为 Y 的函数。求解边际税率,我们得到了如下方程:

$$dT/dY = [U'(Y - T) - U'(Y)]/U'(Y - T)$$

我们很快发现,收入边际效用递减的假设意味着边际税率为正,但这一假设并没有进一步就累进税得出任何结论。为了研究累进税的影响,我们可以利用这一结论得出相对于税前收入的税后收入弹性。累进税弹性应该小于 1,但最终结果能否如此,取决于收入边际效用的弹性是小于-1 还是大于-1。Samuelson(1947)指出,对数函数的弹性正好为-1,这种情况下的均等牺牲意味着是比例税制而不是累进税制。从财政学史的角度来看,这一结论相当有趣,因为曾有一段时间人们普遍认为,均等牺牲原则与收入边际效用递减假设相结合就足以证明累进税的合理性。[3]

虽然均等牺牲原则或许对经济学存在一些吸引力,但它从现代最优分配的讨论中完全消失,主要原因定是其假设很难与社会福利函数最大化相调和。由此看来,直接明了的功利主义方法更具吸引力。此外,均等牺牲理论不太容易普遍化,很难结合劳动供给变量以及将莫里斯等在著作中引入的多个次优考虑因素纳入功利主义分析框架之中。从这一点来看,

---

[1] 科恩-斯图尔特(Cohen-Stuart)和埃奇沃思的主要贡献已经在 Musgrave 和 Peacock(1958)书中重印。相对均等牺牲或比例均等牺牲的标准(根据这个标准,效用差异与税前效用水平有关),导致累进税的条件有些许不同,但没有造成任何新的原则问题。参见 Musgrave(1959)。

[2] k 必须反映政府收入要求,因此,T 值越高,k 值也就越高。

[3] Cohen-Stuart(1889)调查了德国和荷兰学者早期进行的许多相关研究,他们认为,顺着这些研究脉络,累进税制就会被合理化。Blum 和 Kalven(1953)的著作强调源于均等牺牲理论的观点,也对有关累进税的经济和法律讨论进行了考查。

收入再分配中的均等牺牲理论很难成为主流。[①]

1.3.4.2　受益课税原则

最优收入分配问题的功利主义及相关方法，只是孤立地考虑收入的公正或公平分配问题，没有考虑到财政支出的分配效应。在早期的文献中，我们了解到亚当·斯密提出了纳税人的贡献应当与"他们在国家保护下各自得到的收益"成正比，对这一法则的一种解释为：课税应该与人们从国家活动中获取的利益相对应。但是，对受益课税原则的进一步阐释主要出现在 19 世纪末到 20 世纪初欧洲大陆的经济学著述里。受益课税原则曾有两种不同类型的实践方案，第一种是根据从公共产品供应中获取的利益来对个人征税，这多少会为公共产品或者公共供给的物品建立一个价格系统，其价格与具有类似效率特性的私人物品的竞争性价格相对应。这一观点存在缺陷，至少对于真正意义上的公共产品而言，因为这些价格并不能激励个体显露其真正偏好，所以它们也就无法在经济体制中的私人商品部门发挥价格机制的作用。第二种与再分配政策的规范性分析相关，即受益原则代表了税收的公正性，因此在混合经济体中对收入分配的规范性评价十分重要，Wicksell（1896）对这种情况的陈述最为著名。[②]

维克塞尔使用的公平税收概念与功利主义传统下经济学家们采用的这一概念十分不同。维克塞尔认为，政府与人民之间的关系基本上是一种交换关系，应以公平为前提。他论证的出发点是，除非社会总体愿意支付的费用与公共项目的成本至少相当，这些项目才能付诸实施。假设这一条件得到满足，那么就应该使每个公民分摊成本费用并且都能从交换中受益。税收公平原则的实质就是："如果一个人认为他从中所获收益（大于或至少）等于他所付出的代价，那么就没人会抱怨了"（Wicksell，1896）。因此，他得出如下结论：任何关于公共项目的政策建议都应该作为一项"税收—支出平衡预算包"进行投票表决，只有在投票表决全体一致的情况下才能通过公共项目。

提倡政治激进主义的维克塞尔会支持一项通过公共预算来排除收入再分配可能性的体制似乎有些令人惊讶。这时候人们得将其"税收公平"的特殊定义牢记于心。维克塞尔曾明确表示，这一原则并未考虑分配问题。考虑到社会收入分配方面，此处维克塞尔的原则不过是要求保证采用任何新的公共项目都不会损害任何公民的利益。[③]他还强调，如果这一原则在他所处时代的瑞典社会实施，将会有利于底层人民，在他看来，那些高收入群体利用底层人民为公共项目做出了贡献，而这些项目对底层人民毫无益处或者益处很小。

然而，维克塞尔发现，要使这一原则从经济和伦理两方面都完全令人信服，就必须将其嵌入更大的分配公正框架之中："很明显税收公正预设了现有的财产和收入分配的公正"（Wicksell，1896）。但是，关于公正的这一广义概念，他几乎未做讨论，尽管他强调说再分配

[①] 或者说，正如 Edgeworth（1897）所说："……无论我们对纯粹的功利主义与牺牲原则之间的关系采取何种态度，这一最高准则的单独作用范围似乎都不太重要。"

[②] 由 Musgrave 和 Peacock（1958）编辑的译著包含德国、意大利和瑞典经济学家沿用这一分析方式做出的最重要贡献，其中包括维克塞尔著作的核心节选。

[③] 这一原则与帕累托法则紧密相关，帕累托法则将社会改善与没有人变得更糟的情况联系起来。维克塞尔随后对全体一致性要求做了修改，使其适用于群体而不是个人。

过多可能会在某种程度上伤害上层阶级,这也对整个社会不利,因为这些阶级"毋庸置疑拥有相当多的国民才智和经济积极性"(Wicksell,1896)。

维克塞尔的同胞艾瑞克·林达尔(Erik Lindah)继续跟进维克塞尔的分析,其关于税收理论的专著介绍了后来广为人知的概念——"林达尔价格"(Lindah,1919)。在后来的一篇文章中,他更为详细地论证了受益原则有理由成为税收公平的标准,他还着重强调分配公平的广义概念必须嵌入受益原则[①]:

> ……税收公平不可避免地与财产分配公平紧密相连,因为提及"一个不公的整体中存在公正的一部分"很明显是无稽之谈。

Lindah(1928)

另外,林达尔也认为,受益原则和支付能力之间不必然存在矛盾,因为支付能力经常被视为从公共支出中获利的标志。在这一点上,林达尔的论点让人想起亚当·斯密的税收第一准则,该准则表明,税收可能会同时反映纳税人个体的支付能力以及他们在国家保护下获得的利益。

1.4 结论性反思

作为关于收入分配理论的经济思想史的一个章节,本章很难用几个主要结论进行概括。但回顾过去 200 年的历史,这确实能引发人们对该领域的性质与发展进行一般性的反思。因此,我将就两个一般性的问题发表几点意见。第一点关注经济理论与实证性证据之间的关系,特别是在计量经济学被确定为实证研究主要框架之前的时期。第二点涉及李嘉图将收入分配视为经济学的首要问题:经济思想史是否证实了他对这一问题重要性的看法?

1.4.1 理论与实证

本章主要是对收入分配理论的介绍,其中如果要包括两个世纪以来的调查统计和实证研究,在一篇论文里涵盖所有内容是不可能的。不过,对这一时期的理论与实证研究之间的联系做一个简短的讨论还是可行的。我们需要考虑一个有趣的问题:收入分配理论家在多大程度上意识到并且受到了当时所进行的实证研究的影响。特别是在 19 世纪,涉及国民收入的发展及其分配的官方统计数据出现了增长。

有关实证研究带来的认知和影响的问题非常宏大,我们很难做出简单明了的回答。原因之一就是实证知识对经济理论家的影响可能是非常间接的;实体经济的一些特征可能被认为是常识,所以理论家们认为没有必要提供确切的文献资料。但是人们应该意识到,人们对常识实际上指的是什么,看法并不一致,一个典型的例子是穆勒对亚当·斯密提出的工资结构的概念有不同意见。正如我们所见,斯密认为,劳动市场竞争可确保职业工资率倾向于

---

① 这里的"财产"一词包含了所有的个人经济资源,包括收入,因而在此处采用的是广义的概念。

抵消非经济的优势和不利，但穆勒则相反，他认为工资差别加强了不同工作环境所带来的不平等现象。在 18 世纪，关于这一问题的实证数据很难获得；然而，斯密确实以经验观察来支持他的假设，尽管以现代标准来看，这些实证参考既不完整也不系统。到 19 世纪中叶之前，情况已经改变，穆勒本来可以至少提供一些实证性的说明（如果不是直接证据的话），来揭示这一问题或者更为宏观的收入分配问题，但他显然认为没必要这样做。进入 20 世纪，Hicks（1932）讨论竞争对工资结构的影响时几乎没有提到任何实证关系。事实上，他提到实证证据的唯一例子是他在 1794 年提到兰开夏郡农业劳动者的工资数据，后者说明工资如何随与最近的制造中心的距离的不同而变化。①

当然，指责 18—19 世纪的经济学家不为他们的理论提供正式的统计检验毫无意义，因为那时计量经济学甚至还没有起步（Morgan，1990）。然而，我们也可能已经猜到，那时人们更大的兴趣在于利用数据来说明理论推理的重要性和相关性。

从这个角度来看，更著名的理论和实证研究之间缺乏联系的例子是克努特·维克塞尔的著作，他认为实际工资在 1901 年之前的两个世纪里没有显著增加。但那时已经有大量的统计数据记载，在德国、意大利、英国、美国（Bresciani-Turroni，1939）以及斯堪的纳维亚国家，人们的实际工资有了显著的提升。德国的数据尤其丰富，并且在维克塞尔时代已被一些德国的经济学家用于学术研究。维克塞尔懂德语（并且也用德语写作），但不知为何，这些研究对他的想法几乎没有造成任何影响。他若使用了实证法，就会认识到他的观点与实证证据格格不入。② 至少在这个特定的问题上，他当时肯定认为没有必要用统计证据来挑战他的理论结果。③

在收入分配研究中，理论家和实证研究者之间相互作用（或缺乏相互作用）的历史本身就是一个很大的话题，不可能在这里说清楚，特别是因为讨论理论与实证研究的关系不能脱离更广泛的经济学问题。目前这些缺乏联系的例子只应该被看作是前计量经济学时代的特征，当时理论和实证见解之间有时会存在很大差距。

1.4.2　政治经济学的首要问题？

在结束对收入分配理论发展的回顾之际，我们自然又回到开始时引用的李嘉图的言论。李嘉图的观点能否反映收入分配理论在经济学史中的实际重要性？不妨说李嘉图以这样的方式表达了他对经济学本质的认识，但他的观点必须根据他生活的那个时代的科学状态以及社会本质来解释。对于现代经济学家来说，工人、资本家和地主之间的功能性收入分配被认为是经济学中最重要的问题，这样的说法恐难令人信服。李嘉图对这个问题给予优先重视的一个原因可能是，他相信对这一问题的分析进一步解释了社会中的个人收入分配情况，当时的社会和经济阶层之间的流动性不强。另一个原因可能是他没有把他那个时代的经济理论看作一套分析工具和概念，即，能够用来更加详细地分类分析个人的收入分配情况。

---

① 这些数据来自 Redford（1926）。
② 就瑞典而言，后来的经济史学家发现实际工资在 1860—1895 年的年增长率超过 2％（Phelps Brown and Browne，1968）。尽管维克塞尔那时无法得到这一特定的数据，但生活在那个时代的人若要忽视这一增长是很难的。
③ 维克塞尔应该认识一些有使用实证研究方法的经验的经济学家和统计学家。他与挪威的经济学家有着广泛的接触，其中安德斯·尼克莱·凯尔（Anders Nicolai Kiær）就是一个公认的收入和财富方面的统计学家。

现在所有这一切当然已经改变。随着19世纪末的边际革命,经济学家们获取了一套理论工具,也逐渐获得更多机会去分析收入分配的实证性和规范性,但是他们在多大程度上利用了这些机会?阅读早期边际主义经济学家的著作,可以明显发现他们将新的理论主要用于解释商品的市场价格形成,而很少用于解释市场上生产要素的价格形成。当瓦尔拉斯的一般均衡理论的继承者为新古典主义的竞争市场理论做最后的修改润色时,商品和要素被看作是对称的,结果人们对劳动力、资本和自然资源市场的特殊性很少关注。劳动经济学长期以来被认为是理论经济学的一个边缘领域,有关金融市场的文献过去很少或没有关注,而且现在仍很少(甚至没有)关注收入和财富的个人分配。只有最近几十年,正式经济理论才开始扭转对收入分配测定研究的忽视,但这种忽视在微观经济学入门教程和理论书籍的内容篇幅分配上依然可见。

这些评述与收入分配的实证经济学的关系尤为密切,但对规范性问题的关注的波动更大。古典经济学家当然讨论了分配公正的问题,但没有提供正式的理论构架。随着对边际效用理论的突破,情况发生了变化,许多经济学家并不反对利用边际效用递减假设来解释消费者需求,论证支持收入平等的功利主义观点的合理性。这种方法因序数效用论的引入和价值中立的科学观念在19世纪初遭受了挫折,后来再次被接受,是因为福利经济学能够在区分事实陈述和价值陈述之间的边界上做出重要贡献,然而从20世纪60年代起,正如阿特金森(2001)所说,许多现代经济学教科书似乎已经采纳这样的观点:福利经济学的基本要素不能成为培养现代经济学家的核心内容。至于收入分配理论,许多经济学家似乎不愿再讨论分配公正问题,或许是因为这样做会把他们带入一个领域,而在这个领域里他们必须得面对道德性质或哲学性质的问题。[①]

更好地了解收入分配思想史,有助于我们更好地认识收入分配问题的实证性方法和规范性方法之间的关系,其进步空间肯定是有的。显然,在没有弄清早期经济学家做了哪些工作的情况下就提出新的理论,这样的例子历史上有很多。举例来说,如果现代最优所得税理论能够置于早期的功利主义经济学家如埃奇沃思和庇古的研究背景之下,其理论发展与呈现对一般经济学界的吸引力可能更大。不可否认,经济学具有许多累积性科学的特征,新理论因具有较强的解释力或者有助于更好地理解经济政策设计中出现的问题而替代旧理论。但是,即使是累积性科学,我们也可从认识其根源中获益。

致谢

我非常感谢托尼·阿特金森、布兰科·米兰诺维克和马丁·拉瓦雷,以及其他参加了作者在巴黎举行的经济学会议的学者们,感谢他们提出宝贵评论和建议。

[①] 一位评论者对我写的一本有关经济思想史的著作(Sandmo,2011)评论道:"我讨厌社会正义这个词,因为我不知道它到底指的是什么意思。"

参考文献

Arrow, K. J., Hahn, F. H., 1971. General Competitive Analysis. Holden-Day, San Francisco.

Asimakopulos, A. (Ed.), 1987. Theories of Income Distribution. Kluwer Academic Publishers, Boston.

Atkinson, A. B., 1970. On the measurement of inequality. J. Econ. Theory 2, 244-263.

Atkinson, A. B., 1973. How progressive should income tax be? In: Parkin, M., Nobay, A. R. (Eds.), Essays in Modern Economics. Longman, London, pp. 90-109, Reprinted in: Atkinson, A. B. Social Justice and Public Policy. Wheatsheaf Books, Brighton, 1983, pp. 295-314.

Atkinson, A. B., 1975. The Economics of Inequality. Oxford University Press, Oxford.

Atkinson, A. B., 2001. The strange disappearance of welfare economics. Kyklos 54, 193-206.

Atkinson, A. B., Bourguignon, F., 2000. Income distribution and economics. In: Atkinson, A. B., Bourguignon, F. (Eds.), Handbook of Income Distribution, vol. 1. Elsevier North-Holland, Amsterdam, pp. 1-58.

Becker, G. S., 1957. The Economics of Discrimination. University of Chicago Press, Chicago, second ed., 1971.

Becker, G. S., 1962. Investment in human capital: a theoretical analysis. J. Polit. Econ. 70 (5, part 2), 9-49.

Becker, G. S., 1964. Human Capital. Columbia University Press, New York, second ed., 1975.

Becker, G. S., Chiswick, B. R., 1966. Education and the distribution of earnings. Am. Econ. Rev. 56, 358-369.

Becker, G. S., Tomes, N., 1979. An equilibrium theory of the distribution of income and intergenerational mobility. J. Polit. Econ. 87, 1153-1189.

Bergson, A., 1938. A reformulation of certain aspects of welfare economics. Q. J. Econ. 52, 310-334.

Bernoulli, D., 1738. Specimen theoriae novae de mensura sortis. Commentarii Academiae Scientarium Imperiales Petropolitanae, Translated as: Exposition of a new theory on the measurement of risk. Econometrica 22, 23-36 (1954).

Blum, W. J., Kalven Jr., H., 1953. The Uneasy Case for Progressive Taxation. University of Chicago Press, Chicago.

Böhm-Bawerk, E. v., 1884-1889. Kapital und Kapitalzins. Fischer, Jena, Translated as:

Capital and Interest. Libertarian Press, South Holland, IL, 1959.

Bresciani-Turroni, C. , 1939. Annual survey of statistical data: Pareto's Law and the index of inequality of incomes. Econometrica 7, 107-133.

Cairnes, J. E. , 1874. Some Leading Principles of Political Economy Newly Expounded. Macmillan, London.

Cannan, E. , 1893. A History of the Theories of Production and Distribution in English Political Economy from 1776 to 1848, third ed. , 1917. Reprint: Routledge/Thoemmes Press, London, 1997.

Cannan, E. , 1914. Wealth. A Brief Explanation of the Causes of Economic Welfare, third ed. , 1928. Reprint: Routledge/Thoemmes Press, London, 1997.

Cantillon, R. , 1755. Essai sur la nature de la commerce en général. Translated as: Essay on the Nature of Commerce. Macmillan, London, 1931.

Chamberlin, E. H. , 1933. The Theory of Monopolistic Competition. Harvard University Press, Cambridge, MA.

Champernowne, D. G. , 1953. A model of income distribution. Econ. J. 63, 318-351.

Chipman, J. S. , 1974. The welfare ranking of Pareto distributions. J. Econ. Theory 9, 275-282.

Chipman, J. S. , 1976. The Paretian heritage. Revue Européenne des Sciences Sociales 14 (37), 65-173.

Clark, J. B. , 1899. The Distribution of Wealth. A Theory of Wages, Interest and Profits. Macmillan, New York.

Cohen-Stuart, A. J. , 1889. Bijdrage Tot De Theorie Der Progressieve Inkomstenbelasting. Martinus Nijhoff, The Hague, Translated in part as: On progressive taxation. In Musgrave, R. A. , Peacock, Alan T. (Eds.), 1958. Classics in the Theory of Public Finance. Macmillan, London, pp. 48-71.

Cooter, R. , Rappoport, P. , 1984. Were the ordinalists wrong about welfare economics? J. Econ. Lit. 22, 507-530.

Dalton, H. , 1920. Some Aspects of the Inequality of Incomes in Modern Communities. Routledge, London.

Debreu, G. , 1959. Theory of Value. Wiley, New York.

Domar, E. D. , Musgrave, R. A. , 1944. Proportional income taxation and risk-taking. Q. J. Econ. 58, 388-422.

Dunlop, J. T. , 1944. Wage Determination under Trade Unions. Macmillan, New York.

Dunlop, J. T. , 1958. Industrial Relations Systems, second revised ed. , Harvard Business School Press, 1993.

Edgeworth, F. Y. , 1877. New and Old Methods of Ethics. James Parker, Oxford.

Edgeworth, F. Y., 1896. Supplementary notes on statistics. J. R. Stat. Soc. 59, 529-539.

Edgeworth, F. Y., 1897. The pure theory of taxation III. Econ. J. 7, 550-571.

Edgeworth, F. Y., 1926. Pareto's Law. Palgrave's Dictionary of Political Economy, vol. III, Appendix, 712-713. Reprinted in: Newman, P. (Ed.), F. Y. Edgeworth: Mathematical Psychics and Further Papers on Political Economy. Oxford University Press, Oxford, 2003, pp. 491-494.

Engel, E., 1883. Der Wert des Menschen. 1. Theil: Der Kostenwerth des Menschen. Verlag von Leonhard Simion, Berlin.

Engels, F., 1845. Die Lage der arbeitenden Klassen in England, Translated as: The Condition of the Working Class in England. Oxford University Press, Oxford, 1993.

Fleming, M., 1952. A cardinal concept of welfare. Q. J. Econ. 66, 366-384.

Friedman, M., 1953. Choice, chance, and the personal distribution of income. J. Polit. Econ. 61, 277-290.

Friedman, M., Kuznets, S., 1945. Income from Independent Professional Practice. National Bureau of Economic Research, New York.

Friedman, M., Savage, L. J., 1948. The utility analysis of choices involving risk. J. Polit. Econ. 56, 279-304.

Frisch, R., 1948. Den optimale arbeidsinnsats (The optimal work effort). Ekonomisk Tidskrift 50, 63-80.

Galbraith, J. K., 1958. The Affluent Society. Houghton Mifflin, Boston.

Goldfarb, R. S., Leonard, T. C., 2005. Inequality of what among whom? Rival conceptions of distribution in the 20th century. Research in the History of Economic Thought and Methodology 23-A, 75-118.

Gossen, H. H., 1854. Entwickelung der Gesetze des menschlichen Verkehrs und der daraus fliessenden Regeln für menschliches Handeln. Friedrich Vieweg & Sohn, Braunschweig, Translated as: The Laws of Human Relations and the Rules of Human Action Derived Therefrom. MIT Press, Cambridge, MA, 1983.

Harberger, A. C., 1962. The incidence of the corporation income tax. J. Polit. Econ. 70, 215-240.

Harsanyi, J. C., 1955a. Approaches to the bargaining problem before and after the theory of games: a critical discussion of Zeuthen's, Hicks's and Nash's theories. Econometrica 24, 144-157.

Harsanyi, J. C., 1955b. Cardinal welfare, individualistic ethics, and interpersonal comparisons of utility. J. Polit. Econ. 63, 309-321.

Hayek, F. A., 1973. Law, Legislation and Liberty. University of Chicago Press, Chicago.

Hicks, J. R., 1932. The Theory of Wages. Macmillan, London.

Hotelling, H., 1938. The general welfare in relation to problems of taxation and of railway and utility rates. Econometrica 6, 242-269.

Jaffé, W. (Ed.), 1965. Correspondence of Léon Walras and Related Papers, vols. I-III. North-Holland, Amsterdam.

Jevons, W. S., 1871. The Theory of Political Economy. Macmillan, London, Pelican Classics Edition, edited by R. D. Collison Black. Penguin Books, Harmondsworth, 1970.

Kanbur, S. M., 1979. Of risk taking and the personal distribution of incomes. J. Polit. Econ. 87, 769-797.

Kanbur, S. M., 1981. Risk taking and taxation: an alternative perspective. J. Public Econ. 15, 163-184.

Kuznets, S., 1955. Economic growth and income inequality. Am. Econ. Rev. 45, 1-28.

Lindahl, E., 1919. Die Gerechtigkeit der Besteuerung. Gleerup, Lund, Translated in part as: Just taxation—A positive solution. In: Musgrave, R. A., Peacock, A. T. (Eds.), 1958. Classics in the Theory of Public Finance. Macmillan, London, pp. 168-176.

Lindahl, E., 1928. Einige strittige Fragen der Steuertheorie. In: Mayer, H. (Ed.), Die Wirtschaftstheorie der Gegenwart, vol. IV. Julius Springer, Vienna, pp. 282-304. Translated as: Some controversial questions in the theory of taxation. Musgrave, R. A. Peacock, A. T. (Eds), 1958. Classics in the Theory of Public Finance. Macmillan, London, pp. 214-232.

Lydall, H. F., 1959. The distribution of employment incomes. Econometrica 27, 110-115.

Malthus, T. R., 1798. An Essay on the Principle of Population. J. Johnson, London, Pelican Classics Edition, edited by Anthony Flew. Penguin Books, Harmondsworth, 1970. ("First Essay.").

Malthus, T. R., 1803. An Essay on the Principle of Population. J. Johnson, London, Cambridge Texts in the History of Political Thought, edited by Donald Winch, Cambridge University Press, Cambridge, 1992. ("Second Essay.").

Marshall, A., 1890. Principles of Economics, eighth ed. Macmillan, London, 1920.

Marshall, A., 1919. Industry and Trade. Macmillan, London.

Marx, Karl (1867-1894), Das Kapital. vol. 1, 1867, vol. 2, 1885, vol. 3, 1894. Hamburg, Meissner. Abridged translation as Capital. Oxford World Classics, Oxford (1995).

Meade, J. E., 1964. Efficiency, Equality and the Ownership of Property. Allen & Unwin, London.

Menger, C., 1871. Grundsätze der Volkswirtschaftslehre. Braumüller, Wien. Translated as: Principles of Economics. Free Press, Glencoe, IL, 1950.

Mill, J. S., 1848. Principles of Political Economy, Collected Works of John Stuart Mill, vols. 2-3. University of Toronto Press, Toronto, 1965.

Mill, J. S., 1863. Utilitarianism, Collected Works of John Stuart Mill, vol. 10, Essays on Ethics, Religion, and Society. University of Toronto Press, Toronto, 1969.

Mill, J. S., 1869. On the subjection of women, Collected Works of John Stuart Mill, vol. 21,

Essays on Equality, Law, and Education. University of Toronto Press, Toronto, 1984.

Mirrlees, J. A., 1971. An exploration in the theory of optimum income taxation. Rev. Econ. Stud. 38, 175-208.

Morgan, M. S., 1990. The History of Econometric Ideas. Cambridge University Press, Cambridge.

Mossin, J., 1968. Taxation and risk-taking: an expected utility approach. Economica 35, 74-82.

Musgrave, R. A., 1959. The Theory of Public Finance. McGraw-Hill, New York.

Musgrave, R. A., Peacock, A. T. (Eds.), 1958. Classics in the Theory of Public Finance. Macmillan, London.

Nash Jr., J. F., 1950. The bargaining problem. Econometrica 18, 155-162.

Nozick, R., 1974. Anarchy, State, and Utopia. Basic Books, New York.

O'Brien, D. P., 2004. The Classical Economists Revisited. Princeton University Press, Princeton.

Pareto, V., 1895. La legge della domanda. Giornale degli Economisti 2 (10), 59-68.

Pareto, V., 1896a. La curva delle entrate e le osservazioni del prof. Edgeworth. G. Econ. Ann. Econ. 2 (13), 439-448.

Pareto, V., 1896-1897b. Cours d'économie politique. Rouge, Lausanne.

Pareto, V., 1909. Manuel d'économie politique. Giard & Brière, Paris, Translated as: Manual of Political Economy. Macmillan, London, 1971.

Phelps Brown, H., 1977. The Inequality of Pay. Oxford University Press, Oxford.

Phelps Brown, E. H., Browne, M. H., 1968. A Century of Pay. Macmillan, London.

Pigou, A. C., 1920. The Economics of Welfare, fourth ed. Macmillan, London, 1952.

Ranadive, K. R., 1978. Income Distribution. The Unsolved Puzzle. Oxford University Press, Bombay.

Rawls, J., 1972. A Theory of Justice. Oxford University Press, Oxford.

Redford, A., 1926. Labour Migration in England. Manchester University Press, Manchester.

Ricardo, D., 1817. On the Principles of Political Economy and Taxation, third ed. John Murray, London, 1821. The Works and Correspondence of David Ricardo, edited by Piero Sraffa, vol 1. Cambridge University Press, Cambridge, 1951.

Robbins, L., 1932. An Essay on the Nature and Significance of Economic Science. Macmillan, London.

Robinson, J., 1933. The Economics of Imperfect Competition, second ed. Macmillan, London, 1969.

Roy, A. D., 1950. The distribution of earnings and of individual output. Econ. J. 60, 489-505.

Roy, A. D., 1951. Some thoughts on the distribution of earnings. Oxf. Econ. Pap. 3,

135-146.

Sahota, G. S. , 1978. Theories of personal income distribution: a survey. J. Econ. Lit. 16, 1-55.

Samuelson, P. A. , 1947. Foundations of Economic Analysis. Harvard University Press, Cambridge, MA.

Samuelson, P. A. , 1953. Prices of factors and goods in general equilibrium. Rev. Econ. Stud. 21, 1-20.

Sandmo, A. , 1999. Asymmetric information and public economics: The Mirrlees-Vickrey Nobel Prize. J. Econ. Perspect. 13 (1), 165-180.

Sandmo, A. , 2011. Economics Evolving. Princeton University Press, Princeton, NJ.

Schultz, T. W. , 1961. Investment in human capital. Am. Econ. Rev. 51, 1-17.

Sen, A. , 1973. On Economic Inequality. Oxford University Press, Oxford.

Senior, N. W. , 1836. An Outline of the Science of Political Economy. Clowes, London.

Simon, H. A. , 1957. The compensation of executives. Sociometry 20, 32-35.

Smith, A. , 1759. The Theory of Moral Sentiments. A. Millar, London, Edinburgh: A. Kincaid and J. Bell. Glasgow Bicentenary Edition, edited by D. D. Raphael and A. L. Macfie. Oxford University Press, Oxford, 1976.

Smith, A. , 1776. An Inquiry into the Nature and Causes of the Wealth of Nations. Strahan and Cadell, London, Glasgow Bicentenary Edition, edited by R. H. Campbell and A. S. Skinner. Oxford University Press, Oxford, 1976.

Stigler, G. J. , 1941. Production and Distribution Theories: The Formative Period. Macmillan, New York.

Stiglitz, J. E. , 1969. Distribution of income and wealth among individuals. Econometrica 37, 382-397.

Stolper, W. F. , Samuelson, P. A. , 1941. Protection and real wages. Rev. Econ. Stud. 9, 58-73.

Veblen, T. , 1899. The Theory of the Leisure Class. Macmillan, New York.

Veblen, T. , 1904. The Theory of Business Enterprise. Scribner, New York.

Vickrey, W. , 1945. Measuring marginal utility by reactions to risk. Econometrica 13, 319-333.

von Neumann, J. , Morgenstern, O. , 1947. Theory of Games and Economic Behavior, second ed. Princeton University Press, Princeton.

von Thünen, J. H. , 1826, 1850, vols. 1-2. Translated in part as *von Thünen's Isolated State*. Pergamon Press, Oxford, 1966.

Walras, L. , 1874-1877. Éléments d'économie politique pure. L. Corbaz, Lausanne, Translated and with an introduction by William Jaffé as Elements of Pure Economics. Irwin,

Homewood, IL, 1954.

Whitaker, J. K., 1988. The distribution theory of Marshall's Principles. In: Asimakopulos, A. (Ed.), Theories of Income Distribution. Kluwer Academic Publishers, Boston, pp. 105-132.

Whitaker, J. K., 1990. What happened to the second volume of the *Principles*? The thorny path to Marshall's last books. In: Whitaker, J. K. (Ed.), Centenary Essays on Alfred Marshall. Cambridge University Press, Cambridge, pp. 193-222.

Wicksell, K., 1896. Finanztheoretische Untersuchungen. Fischer, Jena, Translated in part as: A new principle of just taxation. In: Musgrave, R. A., Peacock, A. T. (Eds.), 1958. Classics in the Theory of Public Finance. Macmillan, London, pp. 72-118.

Wicksell, Knut (1901-1906), Föreläsningar i nationalekonomi. vol. 1 (1901), vol. 2 (1906). Lund: Gleerup. Translated as: Lectures on Political Economy. vol. 1, General Theory (1934), vol. 2, Money (1935). Routledge and Kegan Paul, London.

Wicksteed, P., 1894. An Essay on the Co-Ordination of the Laws of Distribution. Macmillan, London.

Zeuthen, F., 1928. Den økonomiske fordeling (The Economic Distribution). Nyt Nordisk Forlag, Copenhagen.

Zeuthen, F., 1930. Problems of Monopoly and Economic Warfare. Routledge, London.

第 2 章　不平等、收入与幸福

科恩·德坎克(Koen Decancq) [*,†,‡],马克·弗勒拜伊(Marc Fleurbaey) [§],
埃里克·斯科凯特(Erik Schokkaert) [†,‡]

[*] 安特卫普大学赫尔曼·德莱克社会政策中心,比利时安特卫普市

[†] 荷语鲁汶天主教大学经济系,比利时鲁汶市

[‡] 法语鲁汶天主教大学运筹学与计量经济学研究中心(CORE),比利时新鲁汶市

[§] 普林斯顿大学,美国普林斯顿市

目　录

摘要：个人福利不仅取决于收入，还取决于生活的其他方面，如健康、社会关系、环境质量、就业和工作满意度。在本章中，我们回顾关于如何构建幸福的整体衡量标准的经济学文献，区分出三种方法：能力（和功效）方法、使用主观生活满意度测量方法和计算等效收入方法。我们讨论这三种方法背后的规范性假设，重点关注两个问题：对个人偏好的尊重程度以及各种方法中个人责任边界的界定。我们比较使用多维不平等测度对幸福不平等的测量结果，阐明三个应用领域的一般理论问题：衡量文献中家庭规模和组成对等价尺度的影响，对公共产品和服务进行估值，应用国际购买力平价比较等方法进行国际幸福指数比较。

关键词：幸福；能力方法；生活满意度；等价收入；多维不平等；等价尺度；公共服务；购买力平价

JEL 分类代码：D31，D63，I30

2.1　引言

不平等相关的经济学文献传统上一直关注收入不平等。人们对收入不平等感兴趣的一个原因是，收入不平等可能关系到潜在经济增长、总消费以及经济周期的发生及其规模（见本手册第 14 章）。从这个角度来看，收入是否平等对其他社会目标是否能实现起到重要作用。第二个原因是规范性问题,认为分配本身就是社会应当关注的问题,与分配对其他变量的影响无关。本章将把重点放在第二个原因上,而不考虑分配对实现其他社会目标的作用问题。

我们关注收入分配的一个规范性理由是,我们最终感兴趣的是幸福的分配,认为收入代表了幸福。一个相关的论点强调,人人有权获得最低水平的资源,而收入则是衡量这些资源的指标。如果我们直接用资源来定义幸福,则这两种方法密切相关;但如果采用幸福的其他定义,例如功效或能力,或主观满意度,则可能会有所不同。人们对收入分配感兴趣的第三个规范性原因与获得收入过程的公平性有关。一些社会声音坚信,应该以公平的方式支付个人报酬,并且应该以某种方式奖励这种努力。还有更多人讨论由天生的才干差异或社会经济背景差异造成的生产力差异,对此进行补偿从伦理上是否具有可取性。这些争论涉及什么是"应得惩罚"、什么是"应得奖励"的问题,以及它们与收入分配评价有哪些相关性。乍一看,对收入形成过程的关注不同于对最终幸福分配的关注。不过,虽然后者是贯穿本章的主线,但公平判断在我们讨论的某些方面也会发挥重要作用。

显然,收入确实不能充分代表幸福。人们普遍认同这样的观点,同等金额的收入对于具有不同需求的人而言或许会产生不同程度的幸福感。而且,人们不只关心收入,似乎也在达成这样一种共识,即应将生活中其他方面的信息(如健康、工作质量、人们生存的自然环境和社会环境)都纳入更丰富的幸福观念之中[参见 Stiglitz 等(2009)及其参考文献]。从广义角度来理解幸福的含义使人们对使用(哪怕是"修正的"或是"扩展的")收入指标来衡量幸福的行为越发感到厌恶,因为这反映出一种"资源崇拜"。但从应用角度来看,货币衡量能提供可操作的基本测度,具有明显的优势。

这带来本章的主要问题:是否有可能创造一个具有伦理吸引力的个人幸福概念,比货币收入的概念丰富,并且仍有足够的可操作性可用于应用福利分析?①

个人"幸福"的概念可以从许多不同的角度来探讨。例如,我们可以从心理学角度探讨描述和解释让人"感觉良好"的幸福的最佳测度是什么(Kahneman and Krueger, 2006)。然而,按照本章福利经济学的视角,选择个人幸福的适当测度不是一个心理学问题,而是一个规范性问题。幸福的适当测度涉及人际对比,从社会福利角度来看,富有者与穷苦者之间的再分配会使情况更好。② 换言之,幸福的适当测度对于平等主义政策来说就相当于均等原则。

对特定幸福度量标准的选择必然是一个价值判断问题。不论是将收入作为唯一的幸福测度还是将收入作为多项幸福测度中的一项,都是规范性选择。我们应该考虑收入之外的其他层面,因为人们关心这些层面,诚然,这一观点成立的前提是我们接受社会应该关心人

---

① 在宏观环境下,对"收入崇拜"的批评声远高于反对使用 GDP(增长)作为福利指数的声音,我们在此不对可持续性或"纠正"GDP 使其包含分配问题的各种方法进行深入探讨。Fleurbaey 和 Blanchet(2013)给出了对各种不同方法的批评性讨论。本章重点关注一种个人幸福测度的产生,但在 2.5 节我们也会探讨国际福利对比讨论所产生的一些影响。

② 此处所说的再分配,是指幸福的再分配。这并不仅限于收入的再分配,也可能包括对整体中的某些特殊群体在医疗与教育上支出得更多或者更少。

们所关心的这一规范性立场。

给幸福下一个适当的定义是一项规范性选择,那么对幸福最佳测度的标准各有不同就不足为奇了。一旦有人超越单一的收入维度来描述幸福,就会面临两组问题。首先,其他维度应该包括哪些内容? 或者从根本上来说,为什么选择这些维度? 有什么理由选择这些维度? 其次,这些不同的维度是否可以测定? 或者是否有可能将这些维度集合成个人幸福的一项测度? 如果采用第一种立场并坚持用某种向量代表幸福,那么该如何进行人际比较,如何权衡所涉及的不同变量呢? 如果采取第二种立场,那么集合这些不同维度背后的规范性逻辑又是什么呢?

本章将揭晓不同方法对这两组问题给出的答案,还将讨论它们的规范性意义。我们将特别从两个具体的角度来考虑这些不同的方法。我们首先关注的是个人幸福测度对个人偏好的重视程度。个人主权原则一直是经济学的主要原则之一,但它仍然是一个争议较大的问题(例如,可参见 Hausman and McPherson,2009)。争论的一个难点是对偏好概念有不同的解释。在本章中,我们把偏好解释为反映人们在信息完备、充分思考的情况下对什么是美好生活的看法。最近的文献记录了许多行为异常情况,足以表明这些信息完备的偏好在实际选择行为中并不能始终展现出来(概述见 Della Vigna,2009)。因此,偏好作为生活计划的代表与传统经济学中的显示性偏好概念并不一致。我们稍后会讨论二者之间的区别。

其次,我们会重点关注选择某项具体的幸福测度对描述个体责任方面的影响。假如我们从这样一个观点出发,即认为将(资源从)幸福水平较高的人向幸福水平较低的人进行重新分配是一项社会进步,那么这意味着(即使没有明确说明这一点)幸福水平偏低的人对自己偏低的幸福水平并不负有责任。这种责任观有助于我们认识不同方法中的一些规范性差异,因为责任和自由是紧密相连的概念,对责任的关注也使我们能够评价各种方法中所蕴含的对自由的理解。

本章结构如下,2.2 节梳理文献,简要概述其发展历史。2.3 节是本章的核心,它包括对从非收入维度测定幸福的三种主要方法的提议的批判性讨论,这三种方法分别是能力方法、主观幸福感方法以及等价收入方法。在 2.4 节,我们从多维度不平等测度与多维度随机支配两方面的文献进行探讨,这些文献直接关注多维度分配,却没有对个人幸福测度给予详细的介绍。我们将在本卷第 3 章更详细地讨论学者已经提出的各种指数,还将根据我们的规范性标准集中讨论这些指数背后的理论基础。在 2.5 节,我们将把 2.3 节和 2.4 节中的一般性观点用于分析在应用文献中扮演重要角色的一系列问题,包括:如何用等价尺度处理异质性家庭问题,不平等测度中包含的公共产品和服务的价值以及非市场产品和服务的价值,还有世界范围内的不平等程度的测量问题。最后一点我们将在讨论国内生产总值(GDP)作为综合社会福利测度存在的局限性时,与前面几节讨论过的规范性问题联系起来。

正式讨论前,我们首先说明两点。第一,本章是对有关幸福状况的评价。对如此宽泛的评价而言,仅包含收入分配是远远不够的,还必须有更加广义的幸福概念。这并不表示它与支持收入再分配的论点没有关联。事实上,一旦我们定义的幸福概念中包含个人属性的不可转移的特征(如健康),那么就无法对幸福进行直接再分配。如果收入对幸福有积极影响,那么收入再分配就会对实现更加公平的幸福分配产生积极影响。但是,这并不代表再分配必然是从(收入)高的人流向(收入)低的人,因为低收入人群的幸福水平可能会比高收入人群更强。这正说明了不同的幸福测量方式会产生不同的结果。

第二,我们关注的焦点是不平等,而不是贫穷,这两个概念是互补的,但也可能会涉及不同的伦理直觉,尤其是在人们认为贫穷包含某种绝对成分的情况下会如此。多维度匮乏概念在贫穷研究中发挥的传统作用比其在不平等研究中发挥的作用更大,这可能并不是一种巧合。贫困研究者一般会更赞同以权利为基础的方法,不愿意接受在不同生活维度之间可以权衡的观点。我们将在必要时对这些问题进行讨论。

2.2 简要历史概括

我们把最终对幸福测度的探求看作对极具吸引力的平等主义政策的均等原则的探求,因此我们的探讨关涉大量的福利经济学文献,这些文献采用结果论或者非结果论的方法,抑或在结果论方法中采用福利标准或非福利标准。尽管这些文献十分丰富,发人深思,但也造成一些术语上的混乱。比如,"福利主义"(welfarism)这一概念(就我们的根本目的来说)问题十分严重。因此,我们会简单地将我们的话题置于围绕 Arrow(1951)提出的不可能定理的争论的背景之下。我们不会深入讨论技术细节,只进行非正式的探讨。①

事实上,最初对阿罗(Arrow)不可能定理的主导性认识是,要满足尊重个人偏好的帕累托定律,就不可能对一个非专制社会的社会状况进行排序。但很快就有人意识到,达到不可能结果所需的独立性条件是强条件,这基本上表明,对任意一对选择的社会排序只应取决于这两种选择涉及的人际不可比个人序数偏好。所谓的社会选择的信息方法(d' Aspremont and Gevers,1977;Sen,1970)②表明,一旦人们接受运用具有人际可比性的效用函数来表示个人偏好是有意义的,那么不可能性也就被消除。基于研究者所做的特定信息假设,整个社会排序从功利主义的总效用到穷人优先的字典排序最小化(leximin ordering)都能得到定义。从中所得的教训似乎是,避免阿罗不可能定理的唯一方法就是使用效用这一人际可比概念(即超越人际不可比的个人序数偏好)。

阿马蒂亚·森(Amartya Sen)是本书的主要贡献者之一,后来成为"福利主义"的主要批评者之一("福利主义"是他生造的一个词,指单纯基于个人但也是人际可比的主观幸福程度来进行社会评价的方法;如 Sen and Williams,1982)。许多重要的社会哲学家已经拒绝使用福利主义的方法。罗尔斯(Rawls,1971,1982)指出,每个人都有自己的生活计划,而这些生活计划应该受到尊重,削减这些生活计划以达到福利最大化的目标是毫无意义的。对个人而言,重要的是他们生活计划中所包含的内容,而不是这些计划实现之后的满足感。这些计划的价值是无从比较的。德沃金(Dworkin,1981a)强调了"昂贵品味"的问题;他认为,品味昂贵的人[如 Arrow(1973)提到的著名例子:爱好葡萄根瘤蚜未出现之前的红酒和珩科鸟蛋的

---

① Pattanaik 和 Xu(2012)提出了一个概念性框架以整合各种不同的方法。更正式的讨论可见 Fleurbaey(2003)。
② 见 d' Aspremont 和 Gevers(2002)所做的回顾。

人]不可能提出要求让那些消费适中的人牺牲利益来补偿他们以满足他们的愿望。森(Sen,1985)巧妙地重新表达了类似的观点,指出主观福利主义存在两个问题。他把第一个问题叫作"身体状况忽视":效用只是建立在个人的心理态度上,没有充分考虑到个人的实际身体状况。它包含两个方面,一是品味昂贵的问题,二是人们可以适应客观环境或现实的期望:"一个食不果腹、营养不良、居无定所且疾病缠身的人,如果已经懂得保持'现实的'欲望并能从小恩惠中获得快乐,那么他或她仍然能够获得很高的幸福指数和愿望满足度。"(Sen,1985)第二个问题是"评价忽视"。评估生活是一种反思性活动,在某种程度上这种反思性并不必内含于感到"快乐"或"渴望"(Sen,1985)。测量幸福的一种可取方法应当明确考虑个人自身对幸福的评估活动。

森在一系列的书和论文中提出了自己对幸福所发挥的功能以及能力"优势"方面的见解,这是我们在 2.3 节会详细讨论的第一个幸福概念,森自己对"幸福"一词最初的定义肯定是非福利主义的,因为他没有用主观福利来解释幸福,甚至明确将幸福概念视为主观福利概念的替代品。但是,他确实从社会状态中的个人成就(个人优势水平)来评价这些社会状况,因此,他的幸福概念更具结果论和个人主义色彩。术语混乱由此开始。一些学者(如Pattanaik and Xu,2012)认为将术语"福利主义者"同样用于以个人幸福为中心的方法之中是很自然的事情,即使他们所指的幸福概念并不包含主观效用。虽然我们更偏向于森对"福利主义"这一术语最初的(狭义的)用法,为尽量避免混乱,每当我们使用这个最初意义上的福利主义概念时,都会在前面增加"主观"一词以避免造成困惑。

随着福利经济学家对主观福利主义的批评愈来愈强烈,在经济学的其他领域中,对幸福测度的研究兴趣出现惊人增长。调查研究的进展越来越令人信服地说明,幸福和/或生活满意度是可以被测量的,对这些被测量概念的人际比较产生了富有意义的成果。大量迅速涌现的实证论文显示,生活满意度并不完全取决于收入,还受非货币经济生活层面因素(如健康、社会交往和就业市场状况)的强烈影响。计量经济学的结果相当稳健,虽然其中很大一部分文献只起解释性的作用,但其隐含的观点"增强快乐的因素自身必须是有益的"非常稳健。此外,一些学者(Frey and Stutzer,2002;Kahneman et al.,1997,2004;Layared,2005)已经明确提出实证研究的规范性意义:既然我们知道如何衡量效用,为什么不回归到边沁(Bentham)呢? 这一观点反映出主观福利主义的伟大复兴。令人惊讶的是,幸福研究文献在很大程度上忽视了哲学和福利经济学文献对主观福利主义的批评。生活满意度是我们在2.3 节将要讨论的第二个幸福概念。

我们将详细讨论的第三个幸福概念是"等价收入"或货币计量效用,其发展历史也有些许令人惊讶。Samuelson(1974)以及 Samuelson 和 Swamy(1974)认为,货币计量效用就代表偏好,这对 20 世纪 80 年代的应用福利经济学文献产生了一定的影响(如 Deaton and Muellbauer,1980;King,1983)。然而,随着更多学者认为该理论中参照值的选择具有任意性,可能产生非平等主义的影响,货币计量效用因此丧失了吸引力(Blackorby and Donaldson,1988)。尽管它逐渐淡出了应用福利经济学文献,却(多少独立地)在社会选择文献中的所谓的公平分配理论中得到发展。该理论寻求一种仅依赖于不可比的序数偏好的社会排序(即不可比生活计划),这种尝试乍一看希望渺茫,因为它违反了阿罗的不可能定律的结论。然而,更深入的研究表明,阿罗的独立性公理可以被分成两部分(Fleurbaey and Mongin,2005; Roemer,1996):第一部分是"序数的不可比性",它指出唯一可利用的信息是个人的序数偏好信息;第二部分是"二元独立",要求两个选项的排序只应该依赖于对这两个选项的各自评价(见 Fleurbaey and Blanchet,2013)。福利主义方法放宽了第一部分,公平分配方法则放宽了第二部分。超越"二元独立"使得研究者可以利用两种选项的无差异曲线信息。此外,结果表明,公平分配理论(或多或少有说服力地)回应了之前出现的对使用货币计量效用的批评。我们将在 2.3 节对这场争论进行概述总结。

要注意的是,等价收入是关乎个人幸福的另一概念,虽与主观福利不一致,但以个人偏好为依据。同样,也有学者将"尊重个人偏好"归结为福利主义,这就成了福利主义的第三种可能的解释(第一种与可比主观效用水平有关,第二种与对个人幸福的任意测度有关)。正如上文所述,我们不会跟随这一思路,仍将坚持使用(非)主观福利主义这个术语的原意。

截至目前,虽然以上描述的三种方法可以说在幸福测度方面或多或少与福利经济学文献明确相关,但对于另一派经济研究思路来说,情况远非如此。另一派思路旨在扩展收入不平等的研究范围以包括其他维度,这一派文献仍然对如何形成一项个人幸福测度持怀疑态度,并且直接将注意力集中于多维空间的庇古—道尔顿公理(Pigou-Dalton axioms)。我们将在 2.4 节讨论这种方法与福利经济学文献之间的关系。

2.3　什么存在不平等?

我们首先讨论从功效和能力两个方面来定义幸福的研究进路,然后考虑对幸福和生活满意度数据的规范性解释,最后转向等价收入方法。在每一种情况下,我们都会考察幸福的概念是否尊重个人偏好,以及对个体责任的(隐含或明确的)界定依据是什么。

我们可利用一些符号提供帮助。用 ℓ_i 表示包含 m 个生活面向的向量,这些面向可能会对个人 i 产生影响,例如消费或收入、健康、寿命、闲暇、地位和工作特性。ℓ_i 中包含的变量之一为收入(或消费)y_i。每个人都有各自的生活计划(即对什么是美好或糟糕的生活有明确的判断)——我们借助对向量 ℓ_i 的偏好排序 R_i 来表示:$\ell_i R_i \ell_i{}'$ 代表个人 i 对 ℓ_i 描述的生活弱偏好于 $\ell_i{}'$,$\ell_i P_i \ell_i{}'$ 表示严格偏好,$\ell_i I_i \ell_i{}'$ 表示无差异。这些明确的偏好都具有个体性特征,但我们并不认为这些偏好会在实际选择中都表现出来。个人主观满意度用"满意度函数"$S_i(\ell_i)$ 表示。[1]

从规范性视角来看,我们认为用一组包含三个要素的集合 (ℓ_i, R_i, S_i) 可以完全描述个人 i 的情况,集合中包括生活维度向量 ℓ_i、偏好序列 R_i 和满意度函数 S_i。这表明个人特征(如认知能力)只有对偏好或满意度有影响时,或者说个人特征是个人 i 的相关生活维度向量的重要部分时,才具有相关性。人际幸福比较的方法须能对 (ℓ_i, R_i, S_i) 三要素集合进行排

---

[1] 我们在此不使用"效用函数"一词,因为它可以代表序数偏好排序的任意一种呈现。"满意度函数"则是所有可能的效用函数中的一种。正如我们即将看到的,等价收入函数是另外一种。

序,因为 ℓ_i 按照定义可描述对个人 i 产生影响的所有生活维度,测定 i 的幸福度需要设立一项人际可比指数,指数对 ℓ_i 的各种要素都需加权。不同的幸福概念用幸福测度 WB 来表示。$WB(\ell_i,R_i,S_i)$ 的值则被定义为生活维度为 ℓ_i、偏好排序为 R_i 和满意度函数为 S_i 的个人 i 的幸福值。

2.3.1　功效和能力

福利经济学的"能力方法"源于 20 世纪 80 年代森所著的一系列很有影响力的论文和专著(Sen,1980, 1985;Sen et al. ,1987)。他在一些影响广泛的著作中发展了这一方法,对其做了深入的讨论(Nussbaum and Sen, 1993; Sen, 1992, 1999, 2009)。努斯鲍姆(Nussbaum, 2000,2006,2011)则在哲学层面对其做出许多重要贡献,之后的许多论文跟随他们的脚步,也明确地提出该方法的规范性目的。这些研究的目的在于使用一种更有意义的方法来定义个人幸福,从而使其能够作为均等原则被运用到平等主义政策中。关键的问题是:"关于什么的平等?"(Sen,1980)

森本人对这一问题给出的答案从反对其他两种极端方法开始。我们在上一节中已提到,森认为主观福利学不可接受,因为存在"身体状况忽视"和"评价忽视"两个问题。但他也认为,仅仅关注收入或物质资源无法公正对待人类的异质性。真正对幸福定义产生影响的是一个人的各种功效(即成就)的向量:这个人设法做到的事情或者成为的人物(例如,营养良好、穿着得体、行动灵活或者能毫无羞愧地出现在公共场合)。

这些功效必须与用于实现这些功效的资源或商品区分开。个人特征和环境特征在很大程度上决定人们使用既定资源所能实现功效的程度。一个人的营养程度有多好不仅取决于他吃了多少食物,还与其身体机能状况和从事的工作有关;书籍对于文盲的个人发展不会有多大帮助;一个人的行动是否灵活自由也不仅取决于这个人是否拥有车辆,还与道路安全、基础设施的建设有关;等等。个人 i 的幸福可被视为对功效向量 ℓ_i 的具体个人化估值,用公式表达为:

$$WB^F(\ell_i,R_i,S_i) = v_i(\ell_i) \tag{2.1}$$

其中,上标 F 为功效方法。关键问题当然在于如何解释估值函数 v_i,我们在本章后面会对这个问题进行讨论。

森在进一步的研究中指出,仅关乎功效的幸福概念是不完整的,因为它并没有结合自由这一基本概念。森举了一个经典的例子:对两个营养不良的人进行比较。对第一个人而言,营养不良是极度匮乏造成的;相反,第二个人很富有,营养不良是因为他自愿选择斋戒。就"营养良好"程度而言,尽管他们达到的功效相同,但我们可以感觉到二者的"幸福"程度不同。因此,森引入"能力"概念来体现人们的真实机会。个人 i 的能力由该个人可获得的功效向量集合而定(即可供个人选择的集合)。我们可将此集合大致表示为 $Q_i = \{\ell_i \mid$ 个人 i 可用的 $\ell_i\}$,个人 i 的"优势"就是对其能力集合 Q_i 的评价。

我们现在首先讨论从功效转向能力(即从成就转向机会)的潜在意义。[①] 这将允许我们

---

① 文献中存在术语混乱。尽管在森使用的方法中,"功效"与"能力"之间的区别十分明显,但其他学者后来使用"(基本)能力"来指代"功效"。在本章中,我们尽可能地保持贴近这些术语的原意。

在"能力方法"之下讨论对自由与责任的理解。然后,我们将继续讨论向量 ℓ_i 中应包含的相关维度的选择问题,是否应该以及如何将这些相关维度集合在一项幸福指标中。这将清楚地说明能力方法相对于其他规范标准(即尊重个人偏好)所处的位置。

2.3.1.1 能力、责任与自由

能力指可供人们选择的机会集合,是个人真正(积极)自由的反映,绝对局限于保护消极自由。人们不仅要有为自己提供食物的合法权利,而且也应该在经济上有这样做的可能性。能力平等化需超越消除歧视,尽管消除歧视是能力平等化的一个重要因素。在幸福测度中加入积极自由问题是很吸引人的想法,同时也产生了一些难题。

第一个问题是 Basu(1987)在评论 Sen(1985)时提出的,Basu 和 Lopez-Calva(2011)再次重申了这一问题。通常来说,采用两个人、两种商品交换经济的埃奇沃斯盒状图可以对此进行最好的说明(参见图 2.1)。该图描绘了一般均衡状态(点 e),其中相对价格为 AB 直线的斜率,a 点为个人 1 和个人 2 的初始禀赋。在这种情况下,似乎可以直接说,个人分别在他们的预算集内进行选择(即个人 1 在 O_1CAB 区域内进行选择,个人 2 在 O_2DBA 区域内进行选择)。但该图立即显示出他们在预算范围内的选择自由是种幻觉:一个人能得到什么取决于另一个人选择什么。如果个人 2 坚持选择 e 点的商品集,个人 1 就不可能选择 b 商品集。事实上,在这种情况下,个人 1 只能从矩形 O_1FeG 中选择商品集。一般来说,一个人的选择变化(例如,由偏好的变化而引起变化)将会引起相对价格的变化,从而改变另一个人的机会集。图 2.1 呈现的正是两人、两种商品交换经济的特殊情况,但巴苏(Basu)给出的论点更具普遍性。任何人实现的功效不仅取决于其自身的个人选择,还取决于其他人所采取的行动。这种情况下应如何定义任意一人的能力集?[①]

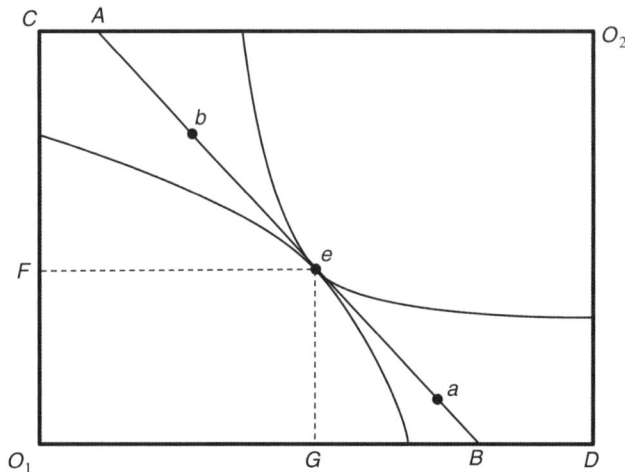

图 2.1 能力和社会互动

一般来说,根据机会集合来定义幸福需要赋予这些集合一定的价值,使其具有规范性吸

---

① 巴苏所举的埃奇沃斯盒状图的例子在多人社会中失去了一些适切性,但社会相互依赖性问题似乎更为常见。参见 Pattanaik 和 Xu(2009)的讨论,该文得出的结论是关于这个问题的所有解决方案都不尽如人意。

引力。这是一个难题,形式化的(和抽象的)相关文献均阐明了这一点(如 Barbera et al.,1998;Foster,2010)。如果机会集合评估方案中没有包含偏好信息,一组合理的公理集合将只计算集合中的要素数量而没有考虑这些要素的"质量",这就会使该评估方案很快失去吸引力(Pattanaik and Xu,1990)。然而,引入偏好也不能带来便利的解决方案。Sen(1985)提出一个建议,用集合中最佳要素的值来进行评估,他称之为"要素评估",但随即承认这种方法并没有公平对待选择自由。另有提议指出,如果所有人都公认集合 Q 中存在的一个要素优于集合 Q' 中的所有要素,那么就可以说集合 Q "优于"集合 Q'。当偏好存在足够的人际差异时,这一严格的标准就使得许多集合不具可比性。目前,似乎没有一个提议能获得足够的理论支持,使其成为应用研究实施的首选方案。事实上,除了要素评价这种简单的提议,研究者提出的所有方法中没有哪一种容易实施。如果我们倾向于选择"优势"作为测度幸福的首选标准,其缺乏实际可操作性就会令人不安。

到目前为止,这些文献提出的有关价值集合的方案中,更根本的问题在于所提方案违背了补偿原则,而补偿原则一直是机会均等理论的重要部分(Fleurbaey and Blanchet,2013)。这一原则表示,个体责任(如努力)在同一水平的个人也应该获得具有同等价值的结果。第 4 章将考察机会均等的有关文献。

接下来讨论另一个重要问题。如果我们想测度幸福,那么我们有充足的理由只讨论机会或能力集合而完全忽略已经实现的成就或功效吗? Fleurbaey(2006a)认为,只专注于能力集合会面临两个问题。首先,这会导致信息丢失。考虑下面的例子。安和鲍勃两个人,分别对应能力集合 Q 和 Q',并且集合 Q 包含于集合 $Q'(Q \subset Q')$,鲍勃拥有安所拥有的一切机会,他甚至拥有一些安所没有的机会。在这种情况下,似乎有理由说鲍勃的机会至少和安的一样好。但是,假设安现在选择集合 Q 中的 a 项,而鲍勃选择集合 Q' 中的 b 项,且 $a \gg b$,那么,说安的成就比鲍勃"更高"似乎是合理的。这样一个例子在能力方法中并非毫不相关,因为许多支持"能力方法"的学者强调,个人并不一定会在他们的能力范围内选择使他们能够获得最大个人幸福的功效向量。无论人们从这个例子中得出结论说明谁的状况更糟,显而易见的是,如果我们仅仅将注意力放在集合上而忽略实际成效,就会导致信息丢失。比较集合且了解个体所选的选项与比较集合却了解不了个体所选选项,二者截然不同。

其次,鉴于有大量文献详细记述了个人决策能力的局限性,只依据能力集合进行评价也许反映了对个体责任的严苛态度。以能力来衡量幸福时,人们应对自己在能力集合中做出特定选项时出现的错误负责。在面临整个生命周期的选择时,这个问题显得更加紧迫。老年人的机会集合取决于年轻时的决定,而问题是,人们为他们早期在生活中犯下的潜在"错误"到底需要承担多久的责任。

前面的讨论引出了一个问题:专注于能力集合是将自由因素纳入幸福测度的最佳方式吗? 森在他最初的相关著作中已经暗示,一个替代性选择是使用所谓的"完善功效"或"综合结果",其中"完善"是指对可使用的选项或选择过程本身进行附加信息的操作。让我们重新考虑正在斋戒和挨饿的两个人的例子。斋戒的人选择吃得更少,而可怜挨饿的人根本没有选择的余地,这可看作两种不同的"完善"功效,即选择 a 时 b 仍是可选项,与选择 a 时 b 不是可选项,二者显然是不相同的(Sen et al. ,1987)。此外,除了营养良好的功效,还可以考虑另一种功效,即"对吃什么进行选择"。

Fleurbaey(2009)对这一想法进行了延伸,认为与自由相关的一切方面都可以通过完善功效来体现。基本的思想、言论、政治活动、旅行等自由很明显都是功效向量的一部分。避免患病的自由可大约被视为所取得的健康功效、可利用的保健系统以及受公共卫生政策影响的环境与社会因素。这些例子直接说明完善功效的方法也面临着严峻的挑战。理解"选择的过程"并不简单,只要我们必须诉诸间接指标(如教育、收入、社会关系、卫生保健系统的可及性),就必须认真考虑决定这些指标影响的一些社会、环境和个人层面的具体变量。在从"能力集合"转向"完善功效"的过程中,我们用认识"实现"完善功效过程所面临的挑战来代替评价集合所遇到的问题。不过,完善功效的概念似乎更适合细致的实证分析:研究者需要以此来回答有关选择、幸福和机会差异的问题。

2.3.1.2 维度的选择

无论我们倾向于根据能力定义幸福还是基于(完善)功效来定义幸福,都不可避免地会面临如何选择相关维度的列表的问题。关注自由和能动作用带来的结果是,只有人们有理由重视的那些维度才应该被选择进入列表。然而,"有理由重视"这一概念可以有多种不同的解释。

从自由角度做出的一个自然选择便是将个人自认为与其个人生活计划相关的所有维度都囊括其中,这符合尊重个人偏好的规范性目的。然而,从应用的角度来看,这涉及另一个问题:人们应该如何收集有关这些偏好的必要信息? 在非常具体的维度(如"没有患疟疾")和更宽泛的维度(如"良好的整体健康状况")之间具有概念性差异。虽然我们就更宽泛层面上的相关维度可能达成共识,但在更具体的层面上,对于应该包含哪些维度,可能仍存在实质性分歧。因此研究者必须仔细地组织安排直接调查。[①]

基于能力方法的大多数研究者并不使用基于偏好的方法,他们对偏好存有怀疑,至少部分原因是文献中共存的多种偏好概念。如果认为偏好是通过实际选择行为呈现出来的,大量文献中记录的真实生活中个人选择所表现出的行为异常便给了人们怀疑的理由。然而,在着重强调自由和自主能力的方法中,要抛弃那些被认为是反映了个人深思熟虑的生活计划的偏好似乎不太容易,一种对此的辩护可能是人们认为假定个人具有如此清晰明确的偏好是不现实的。我们将在本章后文中讨论这一观点。

我们现在先对努斯鲍姆和森提出的选择相关维度列表的两种方式分别进行描述。受亚里士多德的启发,Nussbaum(2000, 2006, 2011)从什么构成了人类繁荣的"客观"看法开始,对一系列抽象的基本能力(或功效)进行了界定。她认为这一列表是通用的,但也清楚地意识到这个事实:如何将抽象能力转换为可操作的内容将取决于具体的社会、文化和经济背

---

① 克拉克通过少量高质量的采访对南非的穷人如何理解"发展"(一种良好形式的生活)做了调查。他得出的结论是,物质财富的内在价值很重要。一个具有挑战性的例子是可口可乐,结果显示它对许多被调查的穷人而言十分重要。尽管可口可乐的营养价值不高,却被认为是"世界一流的高质量产品"(Clark, 2005),还在实现诸如放松、促进社会生活和增进友谊等其他重要功效上发挥重要作用(Clark, 2005)。但是"有机会喝可口可乐"真的是生活的关键维度吗?

景。然而,森倾向于让功效列表的定义刻意保持开放的状态,因为他认为这项清单的制定应该通过公共理性在一个民主的进程中完成(如 Sen,2004)。这一动态进程为有关人士的参与创造了空间,这本身就是一项至关重要的功效。森对公众理性的关注受积极行动观点的启发,旨在通过社会变革使基于能力的方法得以实施。然而从分析和伦理的角度来看,似乎也产生了许多问题。如果人们通过公共审议过程达成协议,那么这一协议是否为不同个人的偏好之间的一种折中妥协呢? 如果是这样的话,该如何解释这种妥协? 这一过程没有诱发让最大胆直言的人专政的风险吗? 如果我们拟接受这些偏好并未事先就确定,而是通过这个审议过程形成,那么我们或许更期望这种偏好是真正达成的共识,而不是一种折中妥协。然而,如果不能很好地理解这些公共审议(以及对其施加按理说是明确定义的各种条件),那么这种共识的规范性地位就是不明确的。

虽然这些不同方法之间的概念差异很重要,但到实际应用时,差异问题似乎并不那么尖锐。Alkire(2002)广泛回顾了既有文献中已经提出的不同维度列表,并且得出了如下可能令人惊讶的结论。尽管方法各异,基础逻辑观点不同,但具体的提案惊人地相似。事实上,经济合作与发展组织(OECD,2011)、欧洲统计系统(2011)或 Stiglitz 等(2009)为实际应用提出的维度列表都是如此。所有提议都包括物质消费和住房质量、健康、就业市场现状和闲暇、社会交往的质量以及自然环境的质量。确切地说,这一共识在第一层面的宽泛维度达成,却在转向第二层面更具体的维度时逐渐消散。不过,即使相似水平较低,如果人们接受最终目标是达成一项幸福综合指标,这些相似性也就足够可靠。事实上,(部分)重叠可以通过选择不同的权重来进行处理,以达成幸福综合指标[见 Decancq 和 Lugo(2013)对幸福综合指标权重设置的综述]。现在让我们转向聚合这一步骤。

2.3.1.3 聚合与尊重偏好

首先注意,如果分析的目的是构建对个人幸福更为丰富的描述,而不是通过某种货币收入的一维方法来实现,则没有必要构建一个幸福综合指标。事实上,对向量 ℓ_i 进行简单观察足以达到前一个目的,而任何聚合过程都可能被认为会导致信息丢失。然而,一旦人们想对社会所有个体之间的幸福程度进行人际比较(如计算不平等时),就必须超越对向量的简单描述。因此,这一节着重关注幸福综合指标的构建。我们将在本章 2.4 节讨论将多维版本的庇古—道尔顿转移原则直接引入不同生活维度相关向量的多种研究方法。

基于"能力方法"的一个很有影响力的学派强烈反对不同的生活维度是可比较的这一观点。努斯鲍姆(Nussbaum,2000,2006,2011)同样是该观点的主要倡导者。这一观点有其直接的规范性理由。她把能力看作基本需求,也接受对多维贫困测量的"联合"识别策略,将至少在一个维度没有达到最低标准的人视为贫穷的人。运用联合方法来鉴别多维贫困与以权利为基础的贫困测量观点密切相关,我们可以把前者看作对个体排序的一种很简单的划分,只需划分出两个群体——穷人和非穷人,这两个群体内无须做进一步比较。这种方法足以满足某些目的(例如识别穷人),但如果要以此得出关于社会不平等的结论,则显得太过粗糙。

如果想得到能用来测量不平等的一项个人幸福测度,那么不同维度之间可能存在的权衡不容忽视，这将我们带回表达式(1)中对估值函数 v_i 的阐释。如果个体在生活维度上确实有连续偏好排序，并且人们接受这种偏好排序的规范性联系，那么 v_i 可以呈现他们的偏好排序：

$$\ell_i R_i \ell_i' \Leftrightarrow v_i(\ell_i) \geqslant v_i(\ell_i')$$

需要注意的是，不同的个体可能有不同的估值函数（分别代表他们对什么是美好生活的个人偏好排序），还要注意的是，对每个偏好排序而言，都有无穷多的估值函数可以呈现（事实上，v_i 的任意单调递增变换也是对 R_i 变化的表示）。这产生了一个人际可比性的基本问题，我们在 2.3.3 会对这个问题进行详细讨论。

另外，在能力方法中，研究人员通常旨在使用对所有人而言都相同的一个通用的估值函数 v（带着对个人偏好的顾虑）。如果我们不依赖个人偏好，该怎么建立这样一个函数呢？同样地，我们可以依赖于公共审议，但这又会产生与讨论相关维度选择时类似的问题。Sen (1985)已经讨论了其他一些更具分析性的提议，其中最为突出的是利用优势原则的被称作"交叉法"的提议。我们可以用本节开头介绍的符号表示这个原则[1]：

> 优势原则：如果对所有 R 有 $\ell' R \ell''$，(ℓ', R', S') 至少与 (ℓ'', R'', S'') 一样好；如果对所有 R 有 $\ell' P \ell''$，(ℓ', R', S') 则严格优于 (ℓ'', R'', S'')。

这一原则表明，如果对于所有可接受的个人偏好排序，情况 ℓ' 优于情况 ℓ''（因此这也是社会中所有个体的偏好），那么我们认为，处于 ℓ' 情况的人（从规范的角度来看）比处于 ℓ'' 情况的人过得更好，不管个体在实际中的偏好排序或是满意度函数方面有何差异。[2] 带有单调偏好排序的优势原则意味着，当 $\ell' \gg \ell''$ 时，(ℓ', R', S') 严格优于 (ℓ'', R'', S'')。

使用这种方法的一个直接问题是（森已明确地承认）由此产生的偏序关系可能非常粗糙。在幸福方面，没有多少三要素的集合能够得到有效的排序。然而，更深层次的问题是为什么很难获得更完整的排序。一种回答是，幸福和优势是客观概念，而什么是美好的生活从内在本质上很难定义，不完整（排序）也就随着这一事实而自然产生。我们在上文中已经提到，完美主义概念在遵从亚里士多德传统的哲学家（尤其是玛莎·努斯鲍姆）的著作中十分突出。另一种回答是，对功效束的评估应该至少部分基于人们自己所做的评估（这似乎更加符合自由理念），而且很难界定一个共同的价值函数 v 也反映出一个事实，即并不能直接明了地就什么是美好的生活达成某种"交叠的共识"（例如，可参见 Sugden，1993）。

这种困难确实是根本性的。优势原则初看似乎与尊重个人偏好相一致，但这种第一印象具有误导性，Brun 和 Tungodden(2004)、Fleurbaey(2007)以及 Pattanaik 和 Xu (2007)已经证实了这一点[见 Weymark(2013)的一项回顾]。其基本看法是，对于所有 ℓ 和所有 R、R'、S、S'，优势原则意味着 (ℓ, R, S) 至少与 (ℓ, R', S') 一样好，这样，偏好在对 (ℓ, R, S) 的评估中

---

[1] 通过假定匿名性，我们省去下标以简化标记法。
[2] 后面得出的结论很自然，因为如果主观满意度不是向量 ℓ 的一部分，基于能力的方法在幸福水平排序中就不会考虑它。

并不起任何作用。我们进一步利用下面的原则来说明这一难题：

> 个人偏好原则：如果有 $\ell\,R\,\ell'$，则 (ℓ,R,S) 至少与 (ℓ',R,S) 一样好；如果有 $\ell\,P\,\ell'$，
> 则 (ℓ,R,S) 严格优于 (ℓ',R,S)。

个人偏好原则要求对幸福的（规范性）评价在两种情况下都应遵循所涉及的个人偏好。由于这种原则只涉及个人内心的比较，因此是对偏好尊重的弱要求，但即便是这种弱要求，也已经与优势原则的弱形式不相容了。优势原则的弱形式表明：当 $\ell \gg \ell'$ 时，(ℓ,R,S) 都严格优于 (ℓ',R',S')。这种不相容性在下面的例子中有所体现。如图 2.2 所示，令 ℓ_i、ℓ_j、ℓ_i'、ℓ_j' 和 R_i、R_j 满足 $\ell_i \gg \ell_j$，$\ell_j' \gg \ell_i'$，$\ell_i\,P_i\,\ell_i$ 和 $\ell_j P_j \ell_j'$。个人偏好原则意味着 (ℓ_i',R_i,S_i) 严格优于 (ℓ_i,S_i,R_i) 并且 (ℓ_j,R_j,S_j) 严格优于 (ℓ_j',R_j,S_j)，而优势原则意味着 (ℓ_i,R_i,S_i) 严格优于 (ℓ_j,R_j,S_j)，以及 (ℓ_j',R_j,S_j) 严格优于 (ℓ_i',R_i,S_i)。但就传递性而言，这是不可能的。

这种不相容性使我们面临两种不同规范原则之间的严重碰撞。如果人们根据优势原则思想（或共识）构建一个局部幸福排序，哪怕是对个人偏好最低的尊重形式，都可能马上与之发生冲突。我们将在本章的后面部分展示，采用尊重偏好的评估函数概念是可能的，因此这就必然会违反优势原则。如果人们赞同对幸福更客观的看法，那么它似乎超出了可行的范围。

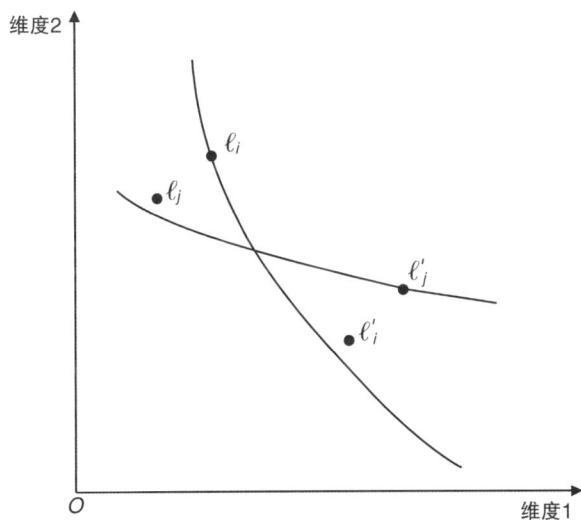

图 2.2　优势原则与个人偏好原则不相容

从基本理论到应用研究，大量实证应用只专注于对各种功效向量的描述。从另一个极端来看，我们也能找到一些例子，其中明确构建了综合幸福指数。最著名的一项（国别级）综合幸福指数是联合国开发计划署（UNDP）制定的人类发展指数（HDI），在 2.5 节将会有对其更详细的描述。事实上，我们认为，这种流行的测度方式是对客观方法所产生的问题的有力说明。

2.3.2 效用和快乐

近几十年来掀起了一股对快乐的经济学研究热潮。经济学家一直以来不太愿意通过问卷调查的方式来获取主观信息,这一现象多少让人感到有些惊讶。目前,对世界各地数千受访者进行的大型调查已经收集了关于主观幸福的数据,人们对主观幸福的许多变种问题进行了研究,但这些问题都相对比较简单。[①]

区分主观幸福的两大类问题是非常有用的,我们用欧洲社会调查来对这两大问题进行说明。第一个问题是关于生活满意度的,问题如下:"总体而言,你对自己现在的生活满意吗?请用这张卡做出回答,其中0表示非常不满意,10表示非常满意。"第二个问题与快乐有关:"总的来看,你觉得自己有多快乐?请使用这张卡做出回答。"分析表明,这两个问题的结果通常情况下是高度相关的,在很大程度上使用同一组相关要素就可以对其进行解释。许多经济学家得出结论,认为这两类问题揭示了一个相同的基本概念,并将之等同于传统上的效用概念。然而,心理学家并不支持这种认识,他们会明确区分对生活满意经验的认知成分和情感成分。事实上,有越来越多的证据表明,情感评分对诸如收入这种客观生活条件的敏感度低,而对适应性的敏感度高。[②]我们将在下一小节回到这一区别及其规范性结果。目前,我们假设两个问题反映的是相同的基本概念,既能通过与快乐相关的问题进行测量,也能通过生活满意度的问题进行测量,我们就将其统称为"主观幸福"。

我们并不打算在此就这一话题的大量实证文献广泛进行综述(见第14章)。我们只重点关注三个重要发现,这些发现与我们探求一种很有吸引力的个人幸福衡量标准相关。第一,对主观幸福问题的答案具有实证稳健性,呈现出直观合理的规律性。相对于传统的主导观点,即认为人际效用比较一定是规范性的,不能以实证为基础,这可是一个不小的发现(Robbins,1938)。

第二,文献令人信服地表明,主观幸福问题的答案不仅是由货币收入或物质消费来决定的,这也许甚至不是主要决定因素。与主观幸福相关的生活维度几乎和之前章节中描述的功效列表完全一致:除收入外,健康、就业市场现状、关系质量和社会交往,甚至政治权利和言论自由都已被证明有显著的影响(Frey and Stutzer,2002)。经济学对主观幸福产生最初的研究兴趣,在很大程度上受到Easterlin(1974)惊人发现的驱动,其发现表明,尽管二战以来经济一直在持续强劲增长,但人们的主观幸福感几乎一直保持不变。最近的研究(如Stevenson and Wolfers,2008)对所谓的伊斯特林悖论的实证有效性提出了疑问,但并未动摇主观幸福主要是受到非物质因素的影响这一共识。

第三个发现也与伊斯特林悖论有关。受访者通过对照真实的处境与一系列的变量参照标准来划分自己的主观幸福等级,他们把自己的生活条件与他们的参照群体进行对比。此外,还有一个适应标准的动态变化过程。在这一过程中,遇到事情不顺时,人们会降低他们的期望;而当事情进展顺利时,人们又会提高他们的标准。对主观幸福的实证研究文献给出

---

① 我们在本章中关注的是"整体"满意度或快乐生活的相关问题。许多调查还包含了具体生活领域满意度的一些问题,例如健康问题或是就业市场状况。

② 对此问题更加完整的讨论,参见Fleurbaey和Blanchet(2013)第四章。

的许多例证表明,这种适应现象确实在现实世界非常普遍,最为突出的适应性例子表现在健康领域,但在生活的其他维度也有发生。Deaton(2008)发现,艾滋病发病率较高的国家并没有系统呈现较低的生活(甚至是健康)满意度的报告,虽然个人(和国家)都比较关心艾滋病,都不愿意受到艾滋病的侵害。那些失去肢体的人,经过一段时间的适应之后,也可以恢复到很好的主观幸福感——但仍对残疾表示强烈反感(Loewenstein and Ubel,2008;Oswald and Powdthavee,2008)。有趣的是,近期关于主观幸福的研究已经产生了令人信服的证据,证实了森对忽视身体状况的担忧。

关于主观幸福的文献主要是描述性的,很少涉及明确的规范性讨论。然而,即使没有得出明确的规范性结论,人们往往也会深信,主观幸福感更强当然更好。考虑到主观福利主义在(应用)经济学中的支配地位,用主观幸福感作为个人幸福的衡量标准是可以理解的。成功的效用测量方式允许简化使用其不完美货币近似值(如消费者剩余)。此外,生活满意度的数据随时可得,易于收集。[1] 如果人们愿意将问题的答案视为一项人际可比的效用测度,就拥有了一项易于表达的随时可用的单维幸福测度,而且可以将之接入社会福利函数中,所有相关的非货币维度均以个人对自身的评价为基础,都包含在这一测度中。根据此前的标记法,这一方法采用主观幸福评分将生活的各个维度聚合起来,由此成为个人福利的测度:

$$\mathrm{WB}^{\mathrm{SA}}(\ell_i, R_i, S_i) = S_i(\ell_i) \tag{2.2}$$

其中,上标 SA 表示满意度。

用主观幸福作为幸福感的衡量标准(即回到主观福利主义)暗含的意思是,从主观幸福感水平高的人那里重新分配给主观幸福感水平低的人在伦理上是可取的。遗憾的是,快乐经济学和福利经济学文献的发展在很大程度上是分道扬镳的,因此,在以往的文献中没有人对森提出的这一独特而又非常热门的论点表示争议,森认为主观福利主义具有"忽视身体状况"和"忽视评价"的问题,因而反对这一观点(见 2.2 节)。出现这种分道而行的情况,部分原因可能是关注焦点不同,因为快乐经济学文献更关注整个社会的"平均"或"聚合"情况,而很少关注不平等和再分配的情况。然而,这种关注焦点的不同仅提供了部分原因,因为目前越来越多的论文开始关注幸福不平等(见 Dutta and Foster,2013;Van Praag and Ferrer-i-Carbonell,2009)。

在进入本章的核心问题——尊重偏好与责任——之前,我们首先要回归到快乐和生活满意度是否能够真正测量出效用这一概念的问题。

2.3.2.1　快乐感和享乐福利主义

在快乐和生活满意度两个衡量标准的背后存在一个效用概念,这一结论为大多数心理学家所质疑。他们强调,"幸福"是一种多方面的综合体验,至少由两个部分组成:感情(情感、情绪)和认知(Diener et al.,1999;Kahneman and Krueger,2006)。对于认知成分,人们可以退后一步对自己的生活做出客观判断,而只要人们是清醒的,积极和消极的情绪就会源源不断地涌现,这两种情绪都与边沁的欢乐与痛苦理论相关。如果人们接受这种区别,那么关于幸福问题的答案和生活满意度问题的答案高度相关这一发现就会令人担忧,而不是让人放

---

[1] 例如,Oswald(1997)强调了实用主义观点。

心。这表明,通过调查问卷得到的测试答案是一种情感和认知的混合体,与心理因素关系不大。事实上,这正是像卡尼曼(Kahneman)这样的心理学家做出的判断,他们认为,应该使用其他方法(如经验取样法或日重现法)测量快乐的情感体验(Kahneman and Kruege,2006)。对这些方法的应用表明,适应性对情感的评判比对满意度的评判影响更大。每个人似乎都有一条(很大程度上由基因决定的)快乐水平的基准线,在经历过正面或负面的冲击后,其快乐水平会回到这一基准线上来。

情感和认知之间的区别不仅与心理学相关,而且与福利经济学观点产生共鸣。对福利主义两个变量的区分是很常见的做法,"享乐福利主义"将对个体幸福的评价建立在快乐感之上;"偏好福利主义"始于评判什么才是有价值的生活并且旨在尊重这些偏好。这与情感和认知之间的区别有明显的联系。

我们先说一说"享乐福利主义",这是传统的边沁功利主义的现代版。Kahneman 等(1997, 2004)和 Layard(2005)大力提倡这种福利主义的变体,认为只有快乐感对幸福而言才是重要的。[①] 采用享乐福利主义的一项主要原因是怀疑对生活维度的偏好能否被有意义地界定,这种对偏好福利主义的怀疑使得享乐福利主义对那些视个人幸福为个人自身体验的人而言成了唯一可行的方法。然而,若说人类对自己的生活中"什么是有价值的"没有一点概念,似乎也过于激进。[②]抛开这种极端的立场,我们转向本章关注的核心问题——尊重偏好与责任。

只考虑快乐感来定义个人幸福没有尊重个人偏好,这些情感对个人而言可能是非常重要的,但是它们并不是生活评价中应该考虑的唯一因素(Benjamin et al.,2012;Nussbaum,2008)。人们可能认为凡·高(Vincent van Gogh)的生活比其他生活中只有愉快的感受但在死后并没有留下任何痕迹的人的生活更有价值。此外,将快乐感作为幸福的衡量标准来衡量不平等,意味着个人不必为这些(毕竟非常主观的)情感的任何影响因素负责。人们就会立刻想到高品味的问题,森采用一个不快乐的百万富翁的生动故事对此做了很好的解释:

> 实际上,自从我被赶出学校之后,这么多年我就再也没见过你。有一天,我在伦敦西区与你相遇,你的司机开着劳斯莱斯带着你,你在车里冲我挥手,看上去非常富有,穿着考究。你送了我一程,并邀请我去你在切尔西的宅邸参观。我表示很乐意去看看你现在享受的生活标准到底有多高。"一点也不高,"你回答说,"我的生活水平很低。我是一个非常不快乐的人。""怎么会这样呢?"我必须弄清楚。你回答道:"因为我是个诗人,写了很多倍儿棒的好诗,但没人喜欢,就连我妻子也不喜欢。我对这种不公一直感到沮丧,为世上人们的品味如此可悲感到痛苦,所以我很悲惨,生活水平很低。"现在,我相信你是真的不开心,但是我不得不告诉你,你并不知道"生活标准"的意义。所以你在下一个地铁站让我下了车(评论:"我的生活

---

① Layard (2005)写道:"伦理学理论应该关注人们的感觉是什么,而不是关注在别人看来什么对他们而言是好的。"
② 人们能够轻易地承认偏好关系 R_i 是不完整的,或者承认不同人对什么是美好生活的评价可能不一致。我们将在下一节回到这些问题。

标准高/庸俗谎言惹人笑!"不太欣赏你诗歌的人又多了一个)。

Sen(1984)

可以说,从伦理道德上讲,弥补感到不快乐的百万富翁的较低主观幸福感并不具有吸引力。事实上,考虑到快乐感的极强适应性,任何形式的收入再分配都无助于提高社会福利水平,因此,享乐福利主义者强调在人们的心理健康上多投资的重要性(如 Layard,2005),也许应该做到让这名感到不快乐的百万富翁认识到他走错了方向。

虽然"享乐福利主义"把个人幸福的范围缩小至快乐感,但幸福更广阔的范围未必一定要完全抛弃这些情感。确实,"如果一个人被痛苦和不幸摧残,人们还说他过得很好,那就太奇怪了"(Sen,1985)。通过把情绪看作生活中个体会产生偏好的一部分,我们很容易将这种直觉融合于幸福的其他方法之中,我们在形式化标记中把它们视为向量 ℓ_i 的一个(但绝对不是唯一的)组成部分。① 在这一解释中,只有在假定个体最终关心的唯一要素就是自己的情感(即 ℓ_i 的一个子集)这一不现实的条件下,享乐福利主义才是尊重偏好的。然而,在生活维度列表中包括情感会产生另外一些难题。这里有一些例子。一家大公司的首席执行官可能"需要"凭借某种物质生活方式来赢得同龄群体的尊重,而哲学系或福利经济学系的一位大学教授可能通过严肃的生活方式来获得威望(Robeyns,2006)。我们在对幸福的定义中认可这些"需求"吗?此外,我们能接受那些与身体状况明显无关的抑郁感吗?我们应该从哪儿划清界限以区分真正的精神疾病(大多数观察者会将其纳入对幸福的定义之中)与过于主观的反应?后者易于被操纵且属于私人信息领域。我们将这些问题按下不表,现在先讨论"偏好福利主义"。

2.3.2.2　生活满意度、体验效用和决策效用

除了把主观幸福感解释为情感的表达,还可以把它看作个人对生活美好程度的认知判断。满意度函数 S_i 基本上是一个聚合函数,是对多个相关生命维度的完整向量 ℓ_i 的综合评价(如我们所见,这个向量可能包含一些愉快和不愉快的情感)。学界有许多作者认为,使用满意度函数就意味着采用受访者自己使用的价值体系来评价幸福。Layard(2005)的观点直截了当:如果我们关注人们到底关心什么,我们就应该关心人们自己对生活满意度的看法。即使这种推理初看的确令人信服,也仍需做进一步审查。

为此,我们首先考虑满意度函数 S_i 与偏好关系 R_i 之间的关系。显然,尊重个人偏好的观点只有在接受个人对美好生活有深思熟虑的认识的时候才有意义,而这种对美好生活深思熟虑的认识可以由一个(可能不完全的)偏好关系 R_i 来体现,尽管对 R_i 的明确解释在既有文献中有些模糊。快乐感研究者已经提到"体验效用"和"决策效用"之间的一项区别(Kahneman and Sugden,2005;Kahneman et al.,1997)。虽然决策效用与前瞻性选择相关联,但体验效用在事后回答调查问题时能得到更好的反映。人们发现体验效用和决策效用之间经常存在差异,因为个人显然会误判自己的选择对未来体验效用的影响(如 Gruber and Mullainathan,2005;Layard,2005;Stutzer and Frey,2008)。在这种情况下,人们有理由认为,应

---

① 可参见 Kimball 和 Willis(2006)、Loewenstein 和 Ubel(2008)、Rayo 和 Becker(2007),以及其他人的观点。

该将重点放在体验效用上。

可以用两种不同的方法来解释决策效用的局限性。第一种解释是,稳定的偏好并不存在,那么偏好福利主义就没有多大意义,我们只能重新采用上一节的享乐福利主义方法,尽管可能还会面临令人不快的某种感情和认知之间的混淆。第二种解释是,相关生活维度偏好应该涉及确切的信息和适当的考虑,但它们并不总能在实际选择行为中呈现出来,因而也不会在决策效用中显示出来。决策效用和体验效用之间的差异使我们有理由对使用显示性偏好作为衡量幸福的标准产生怀疑,并且不排除 S_i 可代表真实的个人潜在偏好这种解释。上文已经强调,R_i 并不一定与我们的形式化框架中的显示性偏好一致。事实上,如果快乐的心理感受是 ℓ_i 的重要部分,而决策效用仍然面临对选择的心理影响的不完美预测问题,那么我们就认为,R_i 不应等同于决策效用,而应该对其错误和误解进行纠正。

考虑到这一局限性,我们现在可以提出一个明确的观点:S_i 尊重偏好的一个必要条件是 S_i 成为偏好排序 R_i 的一种体现:

一致性假设:当且仅当 $\ell_i R_i \ell_i'$ 时,有 $S_i(\ell_i) \geq S_i(\ell_i')$。

前面提到的满意度函数 S_i 和估值函数 ν_i 之间的形式类推十分明显。然而,把满意度看作可测量的基数变量和人际可比变量,在应用研究文献中很常见,这意味着满意度函数不止于成为序数偏好的一般性表现,满意度评分正是从一组表现相同偏好排序的正单调转换集合中选择了一个特定的"效用"函数。

给有序变量赋予一个特定的基数值必须先确定一个特定的缩放标准,能够反映出各类参照情况之间的对比状况,如最坏情况和最好情况、生命早期阶段对未来的预期情况(抱负与期望)、父母的情况以及同辈或同胞等参考组的情况。我们可以把所有与此类似的评判成分称为缩放因子。显然,缩放因子可能会因人而异,且随时间的推移会有所变化,因为愿望和参照组的选择也会发生变化。此外,具体的缩放可能取决于满意度问题的设置方式,甚至取决于该满意度问题在整个问卷中的位置。必须认识到一致性假设只针对有序偏好,并不针对这些缩放因子,这正如上文所述,说明偏好 R_i 不一定与显示性偏好一致,也不一定与体验效用相符。体验效用一般是通过实证方法观察到的,并且可能包含缩放因子的某个位移,因此导致初始函数 S_i 转变成另一个函数 S_i',这种一致性假设并未涉及 $S_i(\ell_i) \geq S_i'(\ell_i')$ 不等式。我们将在下一小节探讨这种认识的深层含义。

对一致性假设进行实证检验是很困难的,因为当一个人从 ℓ_i 移动到 ℓ_i' 时,在实践中要确保偏好和缩放因子保持不变几乎是不可能的,我们建议将这种假设看成对 $S_i(\ell_i)$ 进行测量的必要条件。换言之,我们假设满意度问题是精心设计的,其答案也如 R_i 所体现的那样,能反映出个人对什么是美好生活的看法。这并不是一个完全无害的假设[1],但从现在起,我们认为它是成立的,因为它是尊重偏好的主观幸福测度的必要条件。

---

[1] 参见 Fleurbaey 和 Blanchet(2013)的讨论。该文讨论了与范围(ℓ_i 的哪些部分是相关的)、排序(ℓ_i 在一个相关可能的生活集合中是如何定位的)以及标度(排序中的位置如何转换成问卷类目)有关的问题。

2.3.2.3　尊重偏好

只要一致性假设成立,将生活满意度作为个人幸福的衡量标准就是尊重偏好的。事实上,将后面这个假设与表达式(2)结合起来,立即证实了直接基于 $S_i(\ell_i)$ 的幸福测度满足了上一节中介绍的个人偏好原则。注意,这也必然暗示了这一测度将不能满足优势原则。

然而,人们可以争辩说,幸福测量中尊重偏好需要超越在某个时间点的个人内心比较(这属于个人偏好原则范围),为了评价不平等,尊重偏好的想法应该延伸到各种缩放因子的不同情况,这些情况能够反映出拥有共同偏好但有不同缩放因子的两个人之间的比较,或是一个偏好稳定但缩放因子在改变的人在不同时段的比较。考虑两组三要素集合 (ℓ_i, R_i, S_i) 和 $(\ell_i' R_i, S_i')$,满足 $\ell_i P_i \ell_i'$,但不满足 $S_i(\ell_i) \leqslant S_i'(\ell_i')$,存在一个偏好更青睐 ℓ_i 而非 ℓ_i',但是 (ℓ_i', R_i, S_i') 情况表现出更高或至少相等水平的满意度。这种设定不仅仅是在理论上的奇特现象(curiosum),有关快乐的实证研究文献中包含了许多变换缩放因子的实例。回想一下前面举过的一个例子,人们表达出不希望残疾的偏好,但是因为失去双腿或双手后,人们的期望已经被调节到与实际情况相适应的水平,因而后来可以恢复到较高的满意度评分(Loewenstein and Ubel,2008;Oswald and Powdthavee,2008)。Graham(2009)坚持认为,不同个体间缩放因子的多样性产生了"快乐的农民和悲惨的百万富翁"。她的发现并不意味着穷人宁愿保持贫穷而不愿致富,也不意味富人愿意陷入贫穷。所有这些例子都可以理解为在具有共同偏好的背景下缩放因子的变化或差异所产生的情况。这些例子明显是在呼应森对主观福利主义中对"身体状况的忽视"的批评。

因此,用生活满意度作为幸福的衡量标准是否需要尊重偏好,这一点并不是显而易见的。如果有人赞同快乐的穷人比不快乐的百万富翁生活得更糟的这种价值判断,因而也认为从百万富翁到穷人的再分配从社会福利的角度会带来改进,那么其还是得优先考虑有关满意度信息的(共同)偏好信息,这一理念体现在以下原则上,这些原则从逻辑上强化了个人偏好原则:

> 同等偏好原则:如果有 $\ell R \ell'$,则 (ℓ, R, S) 至少与 (ℓ', R, S') 一样好;如果有 $\ell P \ell'$,则 (ℓ, R, S) 会严格优于 (ℓ', R, S')。

显然,使用生活满意度评分作为个人幸福衡量标准的方案并不能满足同等偏好原则。

2.3.2.4　责任与自由

我们在上一节的讨论中提及了关于责任和自由的第二个中心问题。将生活满意度看作幸福的唯一衡量标准和平等主义政策中的均等原则,意味着如果 $S_i(\ell_i) > S_j(\ell_j)$,那么从 i 到 j 的重新分配在道德上是可取的。然而我们已经看到,在这种情况下,两个人都偏好 ℓ_j 而不是 ℓ_i,这样生活满意度评分之间的差异只反映了一种缩放因子差异,如愿望。通过选择这种幸福测度,个体不必为他们的愿望负责,且还能因此得到补偿。如果一个百万富翁对生活更不满意,那么从一个贫穷的农民到一个百万富翁的重新分配从道德上说就是可取的,因为百万富翁对其雄心壮志不负有责任。

再举一个例子,假设两个人从事相同的工作。第一个人来自贫困家庭,受教育程度不高:他对找到的工作感到很满意。另一个人家庭富有,并且拥有大学学历:他对自己的工作不满意,因为他相信自己有资格得到一份"更好"的工作。[①] 因为使用生活满意度分数作为幸福的衡量标准并不会质疑富人更远大的抱负是否合理,所以从有一般抱负的人向有远大抱负的人进行收入再分配,从社会角度来说也是可取的。这一结论对许多人来说显然是不合乎直觉判断的。

2.3.3 尊重偏好:等价收入

我们已知,无论是能力方法还是在享乐主义或满意度解释下的快乐方法,都没有遵从相同的偏好原则。本章回顾所包含的第三种方法,即等价收入方法或货币计量效用方法也是如此。[②] 这一概念的提出及其发展多少让人有些惊讶,我们已经在 2.2 节对此有所勾勒。首先我们将对此方法进行介绍,之后回归到最重要的几点批判性分析。

2.3.3.1 等价收入

我们将个人 i 的相关生活维度向量记为 $\ell_i = (y_i, x_i)$,其中 x_i 涵盖其所有非收入维度,y_i 则涵盖其所有收入维度。[③] 现在,$\tilde{x}$ 为所有非收入维度的选择参考值。参考值的选择对我们接下来将要讨论的部分而言至关重要,但首先我们还是假设这些参考值都是既定的,个人 i 的等价收入 y_i^* 于是可以定义为如下方程的解:

$$(y_i, x_i) I_i (y_i^*, \tilde{x}) \tag{2.3}$$

换言之,等价收入是在个人的实际状况与假设的参考状况之间(根据个人偏好判断)无差异的收入水平,在假设的参考状况中,个人的所有非收入维度将处于参考值水平,那么我们就把这一等价收入定义为个人幸福测度:

$$\mathrm{WB}^{\mathrm{EI}}[(y_i, x_i), R_i, S_i] = y_i^*$$

这一函数给出每个 (y_i, x_i) 组合中的个人 i 的等价收入,即所谓的等价收入函数 $y_i^*(y_i, x_i)$。[④]

这一概念在图 2.3 收入—健康组合案例中有所说明。假设我们将安(以 A 表示)与鲍勃(以 B 表示)的境况进行对比。现将身体正常健康作为健康维度的参考值(在下一节我们就会明白,这确实是一项具有吸引力的选择),我们可以将安的等价收入 y_A^* 定义为让她进入 A' 处境的收入(即该收入与正常健康束),这对于她和她的实际束 A 一样好。同样地,我们得到鲍勃的等价收入为 y_B^*,我们发现,正如 y_B^* 所测结果,鲍勃(以 B 表示)的幸福大于安(以 A 表示)的幸福 y_A^*。比较便利的是,等价收入能以货币的形式表示,这使得它拥有基数的人际可

[①] 这个例子的经验相关性得到 Schokkaert 等(2011)中的比利时毕业生数据的支持。

[②] 这种在近期福利经济学文献中介绍过的等价方法比本章我们关注的等价收入(见 Fleurbaey and Blanchet, 2013; Fleurbaey and Maniquet, 2011)的概念更广泛。首先,对各非收入维度的具有参考值的等价收入的选择是方法的一种特殊情况,在这种方法中,个人的幸福水平根据他具有任意单调路径的无差异曲线的交集(见 Fleurbaey et al.,2009)进行了排序。其次,这种模式甚至可以进一步延展,将等价集合的概念包含于其中。在本章,我们不会对这些一般化研究进行详细说明。

[③] 关于货币计量效用的初始文献所关注的重点在于比较消费束、非收入变量(诉诸价格向量 $\bar{p}$)。这只是我们运用的方法中出现的特殊情况。向量 x 确实有可能包含商品的价格,将其作为个人环境的某个特征。

[④] 从表达式(2.3)中可以看出,等价收入取决于参考值 $\tilde{x}$ 的选择。但是,为了避免出现标记混乱,我们将这种依赖性限制在符号标记范围内。

比效用测度方法的所有操作便利,因此也被用于传统的不平等测量。不过,它将向量 ℓ_i 中所有的相关维度都囊括其中,并依据个人 i 本身的偏好增加权重。

　　要弄清这一点,首先要注意等价收入只是偏好排序的一种表现形式。如果偏好在收入中确定为单调,那么立刻可得如下结果:

$$\ell_i R_i \ell_i' \Leftrightarrow y_i^* \geq y_i^{*'}$$

这就表明,像在一致性假设下的主观幸福感一样,等价收入函数只是表现相同偏好排序的所有正单调转换集合中的一个可能的"效用"函数。但是,与生活满意度得分相反的是,对这种效用函数的具体基数赋值也遵循了相同偏好原则。参见图 2.3 便一目了然。等价收入仅使用无差异曲线形状的序数信息,且对满意度函数 S 所包含的抱负与期望之间的差别并不敏感。

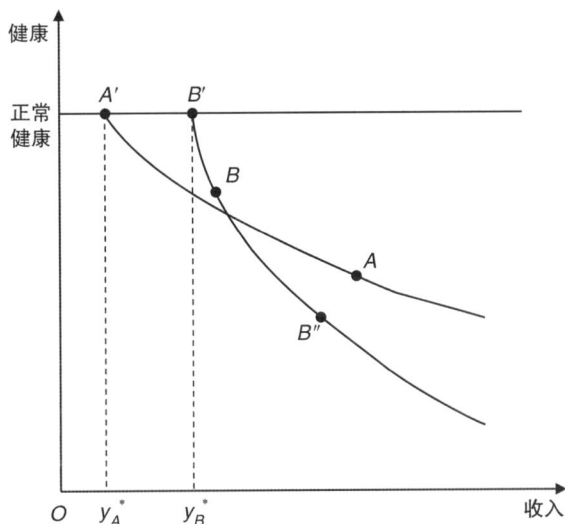

图 2.3　等价收入

　　回想一下,有一种测度能满足个人偏好原则(更不必说相同偏好原则)却并不满足优势原则。在图 2.3 中,假如鲍勃处于 B'' 境遇而不是 B 境遇之中,他的等价收入不变(因为 B 与 B'' 在同一条无差异曲线上)。即使 B'' 受到安的境遇 A 支配,他的处境仍然比安好。该图还表明了产生这种结果的原因:在鲍勃"更加陡峭的"无差异曲线上,他对健康维度所加的权重小于安,因此,健康未达到给出的参考值的这一实际情况对他影响较小。

　　另一种方法就是将等价收入解释为支付意愿,从表达式(2.3)中可以得出:

$$y_i^* = y_i - \text{WTP}_i(x_i \to \tilde{x}; y_i, x_i) \tag{2.4}$$

其中, $\text{WTP}_i(x_i \to \tilde{x}; y_i, x_i)$ 表示个人 i 从 x_i 移动到 $\tilde{x}$ 的支付意愿,很显然它取决于实际收入水平 y_i 以及 x_i 所涵盖的其他生活维度水平,因为这种支付意愿有可能很大,从表达式(2.4)中可以明显看出,基于等价收入的个人排序与基于其收入的个人排序是有差异的。这在图 2.3 中也有显示,尽管鲍勃的实际收入低于安,他的等价收入却高于安。

2.3.3.2　凹性失灵与参考值选择

等价收入方法不受应用福利经济学文献青睐的原因之一来自 Blackorby 和 Donaldson

(1988)的研究发现:等价收入函数 $y_i^*(y_i, x_i)$ 并不一定关于收入是凹的。如表达式(2.4)所示,如果 $\partial^2 WTP_i / \partial y_i^2 < 0$,这种情况就会发生。一般来说,如果偏好是位似的,就能避免这一问题。Blackorby 和 Donaldson(1988)后来争论道,将 y_i^* 作为社会福利函数中个人幸福的一项指标结果可能会引发令人不快的再分配,收入累退转移(即从等价收入低的人向等价收入高的人进行收入转移)可能会被视为福利的改善提升。当然,这一点仅与收入转移有关:一项等价收入"转移"本身将促使就等价收入呈凹形的任意社会福利函数的值增大(并且促使满足庇古—道尔顿转移支付原理的所有不平等测度下的不平等程度的降低)。

人们在公平分配理论中也发现了相似的结果,结果表明,任何方法——并不只是基于等价收入函数的方法——基于个人无差异曲线来衡量幸福都有可能与多维庇古—道尔顿转移支付原理发生冲突(见 Fleurbaey and Maniquet, 2011)。我们将在 2.4 节回到该问题上来,但是请注意,我们已经指出避免出现这一问题的唯一办法就是采用字母最小化类型的社会福利函数(即绝对优先考虑境况更差的人)。

第二点批评与等价收入方法对引用参数值 $\tilde{x}$ 的选择的依赖程度有关,这种依赖是显而易见的:如果将图 2.3 中的参照线向下移动足够多,那么安和鲍勃的相对幸福地位就会发生改变。然而事实上,选定参考值并不意味着这些数值就一定是任意选定的[这就是 Blackorby 和 Donaldson(1988)及 Donaldson(1992)所持有的观点]。假定我们正在寻找规范性问题的答案,回答"关于什么的平等",那么规范性选择是不可避免的。于是,我们最好将这些选择具体化,以便它们在争论中得到认真审视。这正是公平分配中所采用的方法。Fleurbaey 和 Maniquet(2011)给出了许多货币计量效用方法的具体应用,其中的参考值都是根据明确的规范性原则所选择的。这里我们将主要关注对等价收入计算参考值的选择。

假如我们想比较两个个体之间在所有非收入维度状况下的幸福感(例如,在图 2.3 中我们将艾丽丝视为处于 A' 点,伯特处于 B' 点)。那么根据定义,他们的等价收入与他们的实际收入相吻合——这表明艾丽丝与伯特之间幸福水平的比较简化为他们二人实际收入之间的比较,尽管事实是他们的偏好并不相同(伯特不太关心健康因素)。这个例子反映了选择参考状况的一般标准。参考值应以如下方式设定,当所有个人都处于非收入维度的参考状况时,偏好差异对于谁的生活更好或者谁的生活更糟并不产生影响,也就是说,如果所有个人都处于参考状况,那么我们只需要考虑收入因素。

当存在所有个人都渴望一种非收入维度的"正常"水平时,人们自然会将这种正常值视为参照。健康就是一个非常明显的例子,因为我们或许可以认为尽管人与人之间的情况不尽相同,但对于什么是一种正常的真正的健康水平,在某种程度上人们还是能达成共识的。回到艾丽丝与伯特的例子,有人认为根据庇古—道尔顿转移支付原理,伯特的收入向艾丽丝的收入转移将会导致更不公的收入分配,说这是伯特不太关心自己的健康造成的。这似乎有些不符合逻辑,因为伯特与艾丽丝的健康都处于正常水平。相反,在同一健康水平上将两个个体进行对比,若这一健康水平并不处于正常状态,则对其进行收入再分配可能会使不公平现象恶化。确实,富裕的人更加注重身体健康,因而在健康状况上的花费自然就比贫穷的人多,这是可能发生的。回想一下,类似的推理已经让我们得出以下结论:当偏好不同时,对优势原则产生的偏差是合理的。在这种参数的选择下,等价收入测量的是由偏离"正常"水平导致的福利损失,并且这种损失取决于偏好因素,这一点在表达式(2.4)中也可以看出。

然而,将生活中的所有维度都考虑到,我们不可能定义哪种水平才是人们渴望达到的标准或"正常"水平。首先,不同的人对"正常"水平这个概念的理解不同。闲暇(或工作时间)就是一个十分具有挑战性的例子。尽管我们可以大胆地说,每个人都渴望就业(那么作为参考,有一份工作是个不错的偏好选择),但每个人对于什么是正常的工作时间(闲暇时间也是如此)很可能都有自己的见解。一些人(学者)热爱他们的工作,而另外一些人从事自己并不喜欢的工作——尽管他们为了不失业而找到一份自己并不喜欢的工作,但还是希望尽可能缩短工作时长。正如 Fleurbaey 和 Blanchet(2013)所证实的,这些差异都会通过挑选特定的"正常"数值作为参考值而得到解决。尽管这样做会使计算变得复杂,但对这一现象的解释仍然成立,等价收入与收入之间的差异是由正常水平偏差带来的福利损失。

其次,当非收入维度不受限制且人们对其具有单调偏好时,这种个性化的方法也不是太有效。在这种情况下,取"最好的"或很大的参考值也没什么意义,因为这种做法会得到极小的等价收入。实际的解决办法就是取某个上限(或者取一个变量,例如一个中位数)作为参考值,但这仍然相当随意。所以这个问题还有待更多理论研究来解决。①

2.3.3.3 自由与责任

正如上文所强调的,等价收入方法最显著的特征是它满足相同偏好原则。需要重点注意的是,这种对偏好的尊重与一些著名社会哲学家提出的个人责任的观点不谋而合。Rawls(1971,1982)认为,将人视为具有自主性的道德个体必然意味着人们需要对其追求的目标以及其对美好生活的概念负起相应的责任。Dworkin(1981a,1981b,2000)强调,人们必须对其偏好负责。他认为,一个人如果不能明智地确定自己对生活方式的偏好是什么,那么就无法以其偏好处于某种缺憾状态为基础来要求赔偿。

然而,这种对偏好负责的观点受到人们的指责。在有关机会均等和责任敏感的平等主义文献中,Arneson(1989)、Cohen(1989),以及 Roemer(1998)等一些学者对此都有批评。他们称偏好是教养与社会影响的产物,因此人们不应该为此负责,相反他们宣扬一种"常识"观念,认为个人应该只需要为自己真正所做的选择负责。但是,这又碰到与我们之前讨论的能力与机会集合方法相同的问题,即选择也取决于不受人们控制的因素。把选择看作责任这个很有吸引力的理论,似乎要求对环境的人际差异以及对个人决定的能力差异做出修正调整。但是,这样会出现滑坡谬误。如果我们能够不断对行为进行更好的理解和解释,那么在一个决定论的世界里,是否还有个人责任的一席之地?在理性选择的范式中(Fleurbaey,2008),这个问题尤为尖锐。在理性选择范式中,真正的选择是捉摸不定的,因为个人选择源

---

① 如果商品价格是向量 x 的一部分,那么同样会产生难题。Fleurbaey 与 Blanchet(2013)表示,能有一个与人们面临的真实市场境况尽可能相似的参考境况会好很多。这种直观判断着实与对"正常"值的直观判断是紧密相关的。他们表明,将所谓的西托夫斯基参考价格作为参考值,将消费束 λX(此处的 X 表示总体实际消费向量)的支持价格解释为西托夫斯基集合(其中包括可以使所有人保持在其当前的无差异曲线上的总体消费向量)的下边界。尽管他们有许多选择这个参考的充分理由,但其规范性论证也许并没有健康或(失)就业情况的案例那般令人信服。

于一项机械的最优化操作,基于一个既定主体(偏好)以及一套选项集合(取决于预算集合以及可能附加限制),此外,等价收入方法利用了偏好这个经济模型的基本组成部分。然而要记住,我们在把"显示性"偏好与需要受到尊重的美好生活的真正概念等同起来的时候必须十分小心。

Rawls(1971)早已将尊重对美好生活的不同见解与真正的自由概念联系起来。本着相同的精神,Fleurbaey(2008)提倡个体应该在自主与自由的良好环境中生活,这样才能掌控自己的人生,才能充分参与社会互动。他强调,对自由的尊重意味着对个人偏好的尊重。这样看来,一项成功减少幸福(被定义为等价收入)不平等的政策,也可以被视为减少了个体真正自由的不平等。

2.3.3.4 偏好测度

相比本节提出的其他方法,等价收入方法需要额外的信息。具体来说,就生活相关维度 ℓ_i 而言,每个人不仅需要知道自身的实际情况,还要知道自己的偏好 R_i。尽管考虑所有这些信息或许有些困难,但也不是完全没有办法完成,而这也不是个新问题。经济学中有一种识别偏好的悠久传统,既包括市场偏好,也包括非市场偏好。等价收入相关文献中已经介绍且运用了三种方法来识别偏好,每种方法各有其优缺点。

2.3.3.4.1 显示性偏好

第一种方法运用了显示性偏好(即来源于观察到的选择行为的偏好)。这种方法在消费与劳动力供给分析中十分常见。事实上,货币计量效用初试啼声时就运用到了这种方法。作为范例,King(1983)对观察住宅市场选择所得到的等价收入对住房补贴的福利影响进行了分析。近来,Descoster 与 Haan(2013)以及 Bargain 等(2013)对基于一项连续劳动力供给模型的消费—闲暇组合偏好做出了评估,然后从对参考值的不同选择中估算等价收入。

从对等价收入进行测量的角度来看,我们面临的一个重要挑战是如何将偏好差异充分地整合起来。更普遍地说,这种方法只在人们做出真实且理性的选择时才有效。这种观察法暴露出两点局限性。首先,显示性偏好并不能提供基于个人未选维度的相对值。与此相关的例子就是健康:在某些程度上,尽管它会受到生活方式选择的影响,但健康在很大程度上并不受个人决策的限制。其次,选择行为并不总能够显示人们的知情偏好和真实偏好。人类会在不完全信息或处于社会压力之下犯错或做出决策。行为经济学研究显示,我们在这些情况下并不总能完全判断出一个人的偏好,因为(处于不同的潜在偏好关系下的)两种不同的行为模式的结果,就观察到的选择而言可能是相同的(Bernheim,2009;Bernheim and Rangel,2009)。

2.3.3.4.2 陈述性偏好

第二种方法以陈述性偏好为依据,使用在环境经济学和健康经济学中普遍采用的条件价值评估法来测量对市场上无法购得物品的主观支付意愿。[1] 这种条件价值评估法包括让人们对各种不同的参照情境下能够像现在一样富裕地生活所需的收入进行评估。如表达式(2.4)所示,一旦个人在参照情境下的实际收入和他们的支付意愿已知,就可以轻松计算出

---

[1] 其他陈述性偏好方法(例如离散选择分析)在原则上也可以用来估测偏好。

等价收入。这种方法确实是使得等价收入概念实际可行的最直接方法。

为了分析政策,一般而言,仅记录下支付意愿和个人的等价收入是不够的,还需要有完整的无差异曲线图的信息,因为等价收入函数 $y_i^*(y_i, x_i)$ 只是偏好排序的一种表现形式,对 y_i^*(或 WTP_i)的观察可以用来预测效用函数的参数值。Fleurbaey 等(2013)已经运用这一方法对在法国马塞调查所得的数据组成的收入—健康组合进行了等价收入计算[1],还运用估算的参数值获得了一组适用于医疗干预的成本收益分析的分配权重集合。

我们完全可以说在经济学文献中,对这些陈述性偏好方法有效性的说法仍莫衷一是:有人对此坚信不疑,也有人对此无情批判。最近一次的《经济展望杂志》学术研讨会上的两篇论文对此争论做了总结。Carson(2012)称,当价格未知时,条件价值评估法是一项具有实际意义的选择,而 Hausman(2012)认为,该方法的结果有的让人半信半疑,有的让人嗤之以鼻。此处我们并不旨在解决这一争论。我们只是稍微提一点,它在等价收入环境下的应用也许是最没有争议的,因为这些应用都是以现实的无可争议的选择为基础,受访者对此多少已有些经验(如身体状况是否良好),而不是让人们做一些并不熟悉的深奥的选择(如某头鲸鱼的存活情况)。

2.3.3.4.3　运用满意度数据

第三种估测偏好的方法运用了人们对"生活满意度"(或者"幸福度")问题的回答。初看之下,考虑到我们之前强调的对于满意度问题所给出的答案并不能满足相同偏好原则这一事实,这样做似乎有些冒险。然而,如果一致性假设成立,我们认为就可以将满意度函数 S_i 理解为一项代表个人偏好排序的效用函数。通过对作用于主观幸福感的期望与抱负的效用进行精确模拟,我们就能提取满意度问题答案中所体现的偏好的序数信息。这种方法与越来越多的研究所用方式相一致,即通过非市场商品对主观满意度的影响来测算人们对非市场商品的支付意愿(如 Clark and Oswald,2002;Van Praag and Ferrer-i-Carbonell,2007)。

令个人 i 的个体特征用 π_i 表示,这些特征并不是生活维度,而是影响生活满意度的因子(缩放因子),由此我们可以将满意度函数改写为 $S(y_i, x_i; \pi_i)$。对如下方程求得 y_i^*,便可算出等价收入:

$$S(y_i, x_i; \pi_i) = S(y_i^*, \tilde{x}; \pi_i)$$

如果我们采用一项对数线性近似(经验主义幸福文献中的主导模型),就会得到

$$\ln y_i^* = \ln y_i - \sum_j \left(\frac{\partial S/\partial x_{ij}}{\partial S/\partial \ln y_i} \right) (\tilde{x}_j - x_{ij}) \tag{2.5}$$

其中,下标 j 表示不同的生活维度。表达式(2.5)表示,如果心理特征 π_i 对边际替代率产生影响,那么其人际差异将只会影响等价收入的值。仅对满意度水平产生影响的缩放因子在不影响各维度相对权重的情况下,也不会影响估计值 y_i^*。Fleurbaey 等(2009)和 Schokkaert 等(2011)就是运用这种满意度的方法计算出了等价收入的值。两篇文献都表明,以主观满意度为依据进行的幸福排序与等价收入的排序存在明显差别。

同陈述性偏好方法一样,满意度数据的使用也考虑到了测评中非选择维度因素的整合。

---

[1] Fleurbaey 等(2012)中有基于在法国进行的一项代表性调查所得数据的相似分析。

然而，函数 $S(y_i, x_i; \pi_i)$ 的精确设定以及 x_i 与 π_i 相对影响的识别也产生了严重的问题。[①] 最重要的一点就是，这一方法取决于一致性假设的可行性。为了发挥效用，满意度问题的设置应该捕捉受访者对于美好生活构成的认知取向。[②]

2.3.3.5 偏好不完整时情况会如何？

上文指出，等价收入方法基于明确的个人偏好假设成立。许多研究者对偏好的用途持怀疑态度。我们已经看到，根据"决策效用"（基于感知效用所做的决策）与"经验效用"（真正的决策产生的效用）之间的差异的许多例证，支持使用主观幸福感方法的研究者们建议，为了避免冲突，应将研究重点放在后者。他们的怀疑似乎得到了行为经济学最新发现的支持——大量的"行为异常"使得人们很难将个人选择行为理解成明确偏好的最大化。我们之前已经说过，后者要求将重点放在"真实"的偏好上，而不是显示性偏好。

其他一些研究者反对人类比其他任何可能存在的生命体更加"真切"地拥有一套完整的偏好关系这一观点。完整偏好关系的假设性很强，它暗示个体能够对自己所处的甚至不熟悉的状态进行控制。关于偏好的心理不确定性预计可能会比实际情况大出许多。例如，按照图 2.3 所示的方式计算健康等价收入，人们需要无差异曲线上的非局部信息。有哪位久病不愈（或者先天残疾）的人有能力估计在正常健康状态下的选择？即使个体很清楚什么是美好生活，用以恢复这些偏好的可行性技术也还处于萌芽阶段，很不完备。事实上，不同的方法很可能会得到矛盾的结果。

如果有人不相信真实偏好确实存在或者认为真实偏好不可能得到，他就会认为使用等价收入的方法衡量幸福毫无意义，必须重新回到能力方法"更客观"的应用上或者直接使用主观满意度的测量方法。另一种方法将个人偏好视为测量个人幸福的支撑基础，并且在选择（或陈述性偏好）出现矛盾时或依存于环境时，接受偏好关系不完整的情况。Bernheim 和 Rangel（2009）在测量个人幸福的语境下提到了不完整偏好（或选择）的概念，Fleurbaey 和 Schokkaert（2013）探索了这一概念，并对此方法进行了实践。他们表示，为等价收入引入适当的上下界就能接受不完整偏好。图 2.4 显示了针对图 2.3 中的例子建议使用的方法。假设将个人的健康与收入组合记为 Z，同时他的偏好关系不完整，即，在他看来，UC 区域的束优于 LC 区域的束，但 NC 区域的束与 Z 束并不具有可比性。这种模拟偏好的方法反映了在对相近的选项做比较时，个人会有更精细的偏好这一自然假设。我们从图 2.4 很快就能看出（使用与之前讨论过的参考状况选择的相同假设），可以为等价收入推导一个上限值 $y_i^{*\,\sup}$ 和一个下限值 $y_i^{*\,\inf}$。有人可能会说，如果下限值 $y_i^{*\,\inf}$ 大于上限值 $y_i^{*\,\sup}$，那么个人 i 的状况就比个人 j 的好。可以说，这种状况是严苛的，但 Fleurbaey 和 Schokkaert（2013）指出了如何使之弱化以便能够对更多的个人情况进行比较。在人际比较中弱严格的状况并不排除误差的存在，但

[①] 对教育的待遇说明了这个问题，接受良好的教育或许可以视为生活中的一项重要维度［Nussbaum（2000）曾强调过这一点］。但是，同时，教育也可能对愿望产生直接的影响［例如职业取向，参见 Schokkaert 等（2011）］。利用满意度方法区分这两种影响是不可能的。

[②] 见 Fleurbaey 与 Blanchet（2013）关于主观幸福感问题的表述问题的讨论。

它们会防止评估人员在评估过程中漏掉任何一个状况更差的人是真正贫困潦倒者的情况。[①]

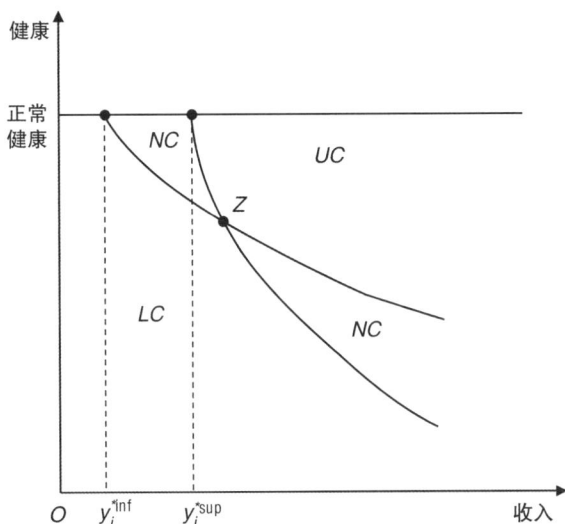

图 2.4　不完整偏好下的等价收入

2.3.4　结论

为分析不平等选择一项合适的个人幸福衡量标准是一种规范性活动。其潜在价值评判是这样的：何种情况下某个人说自己的生活比另一个人潦倒才能为道德所接受？即，从社会的角度出发说再分配是合宜的？

在本节，我们主要关注了多维环境下最受欢迎的三种衡量幸福方法的规范性基础：能力方法、客观幸福测量方法（利用其自身的两个变体：享乐福利主义和偏好福利主义），以及等价收入方法。如果有人从（完善的）功效角度来解释能力方法，并且选择利用尊重偏好的测量工具，那么他运用的是等价收入方法。但是，大多数支持使用能力方法的人对于尊重偏好以及权衡不同生活维度的观点表示怀疑。在下面的结论中，我们会遵从源于能力方法的主要观点。

对幸福测度提出的第一个道德要求可能是，如果个人 i 所有生活维度水平都高于个人 j，那么可以说个人 i 比 j 过得好，这就是所谓的优势原则。我们知道，这种看似无伤大雅的原则并不能与对偏好的尊重相提并论，因此，它也无法通过幸福或等价收入的方法来实现。但如果能力方法通过给所有维度增加客观权重的聚合过程进行，那么优势原则就可以通过其实现。这一观察立刻暗示出，这一解释下的能力方法无法尊重偏好。

对偏好的尊重有弱偏好和强偏好形式。个人偏好原则通过主观幸福感方法得以实现，前提是满意度调查的答案与偏好是一致的。个人偏好原则也可以通过等价收入实现。只有等价收入方法才能满足更强的相同偏好原则，这就将尊重偏好的范围扩展到人际比较。这两种方法的主要差别在于对待抱负和期望的方式以及对待适应的方式。这些现象在幸福的

[①] 如果评估人员在成对的比较中对于谁是更惨的人做出错误判断，那么真正处于更差处境的人不会像相反的错误判断发生时那么惨。

生活满意度测量时出现,但后来在等价收入方法中得到修正。主观幸福感方法的享乐主义版本,提出只有事后感觉才能决定谁过得不好的观点,排斥偏好的关联性。这一观点显得非常极端,我们容易观察发现人们在意的不只是自己的主观感受。

对幸福计量标准的选择暗含个人与社会责任之间是有分界的。对机会集合的解释中,能力方法主张人们对其选择负责,但考虑到个人的决策能力之间的巨大差异,这样做很苛刻。当我们转向完善功效来解释能力方法时,修正这些差异可能更容易一些。满意度方法给有昂贵品味(理想远大)的人提供补偿,但对已经适应糟糕的身体状况的人不提供补偿。等价收入方法需要评估个人成就,然而,因为这种方法需要以个人对美好生活的理解为基础来评估其成就,所以这些个体就需要对美好生活的这些概念负责。

就实践目的而言,对幸福的不同观点也要求不同的信息,认识到这一点十分重要。如果有人认为生活满意度调查能得到许多有意义的答案,那么这种方法最易实施。理想的享乐主义方法要求人们运用日重现法或经验取样法来记录自己的感受。能力与等价收入两种方法都需要来自个人的不同生活维度的相关信息。此外,为计算出等价收入,人们必须了解自己的个人偏好。我们讨论了三种方法来追踪这些偏好。

最后需要注意的是,快乐经济学文献已经考查了经济不平等对生活满意度的影响(也见第 13 章)。举例来说,Alesina 等(2004)表示,当不平等现象十分严重时,受访者表现的快乐感就更低。据统计,这种影响在欧洲比在美国更大,统计显著性更高。令人惊讶的是,组间差异也存在。在欧洲,主要是左翼分子和穷人遭受不平等,而在美国,最强大的负面效应源于一些左翼富人组成的亚组。感知到的流动性差异或许能对这一有趣的结果做出解释。然而,为达到我们的研究目的,弄清楚这些研究发现的规范性地位十分重要。一种观点认为,人们很重视自身所处的社会环境,也就是说感知到的不平等(或不公正)是对他们生活质量产生影响的一个相关维度,这一点很容易整合到本节所介绍的三种方法之中。然而,只有满意度方法能够更进一步,指出如果不平等对满意度产生影响的话,只有从道德的角度考虑它才有重要意义——这意味着,事实上美国对道德角度的重视程度不高,就说明了道德角度确实没有那么重要。这种结论对另外两种方法而言是不可接受的。对于能力方法和等价收入方法而言,不平等是有关公正的问题,而就道德而言,公正仍十分重要,哪怕人们(似乎)对此并不关心。

2.4 多维不平等与优势

大多数福利经济学家估算多维幸福分配的路径一般由两部分组成。第一步从回答"什么方面存在不平等"这个问题中得到适当的幸福测度。在上一节,我们研究了这一问题的三个重要答案。第二步,运用类似于在幸福测度空间中定义的庇古—道尔顿转移原则(第一步中已经获得)来测量社会福利或不平等。因此,庇古—道尔顿转移原则的道德吸引力与幸福测度是密切相关的。

近期的多维不平等文献采用的是另一种更直接的方法,包括两步:第一步是将庇古—道尔顿转移原则推广到多维框架,第二步是在取得成就的多维空间中直接实施这一转换原则。初看之下,这种方法似乎简化了在第一步建立幸福测度的问题。我们确实也发现使用能力方法的许多学者不愿意构建一个幸福指数。我们将会考察多维不平等文献中形成的方法,在不构建这一指数的情况下,是否能够研究多维幸福分配的问题。

在这一节,我们增添一些信息。与上一节一致,我们假定社会状况可以被描述为 $(\ell_i, R_i, S_i)_{i=1}^n$。此外,利用所谓的分布矩阵来概括所有个人成就将对我们十分便利。接下来,我们举一个含 n 个个体和 m 个生活维度的社会分布矩阵 L 的例子。令 ℓ_i^k 为个人 i 在维度 k 上取得的成就,同之前一样,ℓ_i 为个人 i 的所有成就组成的 m 维度的向量(矩阵的行),ℓ^k 则为在维度 k 上所有人的成就组成的 n 维度的向量(矩阵的列)。

$$L = \begin{bmatrix} \ell_1^1 & \cdots & \ell_1^m \\ \ell_2^1 & \cdots & \ell_2^m \\ \vdots & \vdots & \vdots \\ \ell_n^1 & \cdots & \ell_n^m \end{bmatrix} \quad \begin{matrix} \leftarrow 个人\ 1 \\ \leftarrow 个人\ 2 \\ \vdots \\ \leftarrow 个人\ n \end{matrix} \tag{2.6}$$

$$\uparrow \quad \cdots \quad \uparrow$$
$$维度\ 1 \quad \cdots \quad 维度\ m$$

多维不平等的文献研究了如何利用单一数值概括一个分布矩阵中的信息。[①] 以分布矩阵为唯一的信息基础,可以清楚地看到,文献中提出的标准多维社会福利测度对社会所持的偏好并不敏感。我们将在下一小节中来讨论这个问题。

2.4.1　两步聚合与累积匮乏

尽管分布矩阵聚合成一个数值并不总是由两步清晰的演算过程得出,但大多数现有的多维测度都是由两个单一维度聚合而成的。一个聚合包含了社会中的 n 个个体,另一个聚合包含幸福的 m 个维度。社会福利的不同多维测度在两个聚合的功能设定与两个步骤的顺序上都不相同。

我们对这两种过程进行描述,以便确定这两步聚合的顺序。在第一种中,我们首先将对每个维度中的不同个体进行聚合。在这一步中,我们获取每个维度的单一概括统计,由此生成 m 维向量的概括统计。在第二步中,这个向量就各维度进一步聚合。Kolm(1977)将第一种过程称为特定的过程。Pattanik 等(2012)称之为列优先的二步聚合过程。第二种过程顺序相反:在第一步中,聚合了个人 i 所有的幸福维度,由此形成一个对幸福的测度。获得的所有幸福测度聚合成为 n 维向量的个人幸福测度。在第二步中,这一向量在所有个人中聚合。根据 Kolm(1977)的观点,这第二种过程被称为一项个性化的过程,或是根据 Pattanik 等(2012),被称为行优先聚合过程。

总而言之,这两种过程会导致不同的结果(见 Decancq and Lugo,2012;Duttadeng,2003;

---

① 我们建议读者参考一下第 3 章或者 Weymark(2006)以获得关于多维不平等文献的详细回顾。根据 Kolm(1977),一项多维不平等的测度可以源于作为各维度总量一小部分的多维福利测度,如果矩阵的每个维度都是平衡的且保证结果矩阵与初始矩阵在社会角度无差异,那么这些维度都可以被破坏。我们本章主要关注社会福利的测度。

Kolm,1977)。许多理论性的多维不平等测度都是按照个性化的过程进行的,并且是首先聚合不同维度的个人,再聚合不同个人的维度。但是还有一些研究者遵循了其他的原则。一个突出的例子是 Gajdos 与 Weymark(2005)提出的维度可分性,实施这种要求使他们进入一个特定过程。特定过程具有操作上的优势,可以使用不同的信息资源来获取幸福的不同维度。一项维度的概括统计可能仅来自一项调查,而另一项维度的概括统计也许是基于另一个不同的调查。这一方法最突出的例子是 HDI(人类发展指数),我们会在下一节对此进行详细讨论。

然而,考虑数据来源,特定过程的灵活性要付出(极大)代价。在特定过程中使用的第二种聚合函数是跨不同维度统计汇总聚合形成的,这种聚合显得很任意。与跨个人层面的幸福维度的聚合相反,概括统计聚合的理论框架的确缺失了。这种任意性也许说明了为什么许多研究者与统计机构不情愿对概括统计进行汇总。独立概括统计以汇总表或合订本的方式被呈现,每一个都可以被独立检测到,常常可以呈现为另一种选择。这种方法认同不同生活维度之间无法进行比较,我们在上文概述能力方法时已提过。

不论选择是什么,概括统计是否或如何在第二步中进行聚合,一项特定过程都会有另外的缺点。幸福信息的一个重要方面已经丢失,也就是说个人在不同维度上所处位置之间的相关性已不存在[见 Decancq(2013)的有关讨论]。当生活的各维度相互关联时,某一维度的匮乏将会与其他维度的匮乏累积起来。例如,比较以下两个分布矩阵 L 与 L':

$$L = \begin{bmatrix} 10 & 10 \\ 20 & 70 \\ 70 & 20 \end{bmatrix} \quad L' = \begin{bmatrix} 10 & 10 \\ 20 & 20 \\ 70 & 70 \end{bmatrix}$$

在这两个矩阵中,有两个生活维度(列)以及三个个体(行)。很容易看出每个人的四维分布都是一样的,因此每个个体之间的具体聚合都应该产生相同的结果。但是在分布矩阵 L' 中,有一个人在两个生活维度中都处于最后一位,而有一位是在所有生活维度中排在第二,还有一位在所有生活维度中排第一。可以说,这个社会比矩阵 L 呈现出的社会更加不平等,而它们在每个维度的分布形态都相同,但 L 中,个体 2 和个体 3 的成就更为调和。要求多维评估至少对跨维度的累积匮乏程度感到敏感,这似乎是很自然的。例如,Pogge (2002)写道:"考虑社会体制中一半人口处于贫困状态,一半人口无法获得高等教育。我们很有可能会认为这两组人群重合的情形比两组人群穿插的情形(这样没有人同时承受两种困苦)更为不公。"

这一例子已经说明通过特定过程得到的所有测度都忽视了生活维度之间的相关性。由此可知,关注相关性或从厌恶累积匮乏会排除特定的(或列优先的)聚合方法以及汇总表方法。[1] 这使得我们选择另一种个性化的顺序方法,首先逐一聚合每个人的生活维度,然后聚合所有个体的维度。有趣的是,这个过程与之前调查的福利经济学方法是一致的。尽管多维不平等测度文献为不同测度的函数设定提供了连贯一致的公理性证明,但是,人们使用过的正式公理(如同位相似性或可分性)与隐含的幸福测度的规范性基础之间的关联往往没有

---

[1] 见 Dardanoni(1995)、Gajdo 与 Weymark(2005),以及 Pattanaik 等(2012)的正式讨论。

得到详细的解释。

2.4.2　多维庇古—道尔顿转移原则与对偏好的尊重

多维不平等文献中的核心问题涉及单维庇古—道尔顿转移原则标准的一般化,以及每一种一般化对维度之间与个体之间的聚合函数设定实行的限制。[①] 在本节,我们特别关注这些一般化是否与对个人偏好的一般化尊重相协调。

2.4.2.1　多维庇古—道尔顿转移原则

在单维情境中,庇古—道尔顿转移原则是在不违逆两个人排序的情况下,将富人持有的一笔颇高的收入转移到穷人手中。以下就是一项多维框架的自然一般化(参见 Fleurbaey,2006b;Fleurbaey and Maniquet,2011)。

庇古—道尔顿转移原则 $(\ell_i, R_i, S_i)_{i=1}^{n}$ 严格优于 $(\ell'_i, R_i, S_i)_{i=1}^{n}$,如果对于所有个体 $k \neq i, j$,我们有 $\ell'_k = \ell_k$,且对于个体 i 和 j,对于 $\delta \in \mathbb{R}^m_+ \setminus \{0\}$

我们有

$$\ell'_i = \ell_i + \delta \leqslant \ell_j - \delta = \ell'_j \tag{2.7}$$

一个正值的束 δ 从供给者 j 转换至接受者 i,其中供给者在生活各维度所取得的成就至少与接受者一样好。另外,在多维社会福利的公理文献中,被转移的束为供给者与转移接受者的成就向量差异的一小部分,这种情况更加普遍,因此可得 $\delta = \lambda(\ell_j - \ell_i)$。此外,通常可以用以下表达式来代替表达式(7):

$$\ell'_i = \ell_i + \lambda(\ell_j - \ell_i) \text{ 与 } \ell'_j = \ell_j + \lambda(\ell_j - \ell_i) \tag{2.8}$$

其中 $\lambda \in (0,1)$。[②]表达式(2.7)与(2.8)之间最大的区别就在于,在生活的所有维度上,转移供给者的成就将不再必然高于接受者的成就。因此,对于不同维度,转移可能会朝着反方向进行。以下列分布矩阵 L 与 L'' 为例,其中

$$L = \begin{bmatrix} 10 & 10 \\ 20 & 70 \\ 70 & 20 \end{bmatrix} \quad L'' = \begin{bmatrix} 10 & 10 \\ 50 & 40 \\ 40 & 50 \end{bmatrix} \tag{2.9}$$

我们可以很轻易检验,分布矩阵 L 中的个体 2 与个体 3 之间存在着 30 个单位的转移,以实现矩阵 L''。在第一维度中,存在从个体 3 向个体 2 的转移;而在第二维度中,30 个单位以相反的方向由个体 2 转移至个体 3。

这个例子说明了在复杂设定的情境中使用表达式(2.8)带来一个根本性问题,因为在这种情境中人们可能有不同的偏好(Fleurbaey,2006b)。分布矩阵 L'' 可以通过多维转移由矩阵

---

① 见 Weymark(2006)与 Fleurbaey(2006b)的回顾。

② 这种转移的任何后果都可以记为一个二维随机矩阵[见 Weymark(2006)获取更多细节]。这一陈述的逆命题并不是一直成立的。当 $n \geqslant 3$ 或 $n \geqslant 2$ 时,并不是所有的二维随机矩阵都可以得到表达式(8)中所描述的转移能得到的结果(Marshell and Olkin,1979)。可以通过二维随机矩阵表示的多维转移的类别是许多(基于逻辑公理之上的)多维不平等研究的主心骨。它对跨维度与跨个人聚合的函数设定有一个明确的结构框架(见 Kolm,1977;Tsui,1995)。

L 取得。然而,个体 2 也许偏向在矩阵 L 中的束而不是矩阵 L'' 中的束,因为他给第二维度的权重更多。个体 3 如果在第一维度对自身的成就给予更多关心,那么他可能倾向在矩阵分布 L 中自己的束。因此,这些转移也许会与人们对幸福变化的一致观点背道而驰。初看之下,通过将转移限制在供给者向量优于接受者的情况之下,这个问题似乎可以避免,正如表达式 (2.7) 对多维庇古—道尔顿转移原则的定义所述,这样就会有一位确定的接受者从转移中获益,也有一位明确的供给者,其幸福程度降低。但是,我们下面将会看到,即使是这些转移也与对偏好的尊重不相容。

2.4.2.2 帕累托平等主义的不可能性

同上节一样,我们假设所有个体对什么是美好的生活有着明确的判断。在这种情况下,对这些个体观点的尊重可以用以下帕累托条件来表达。

弱帕累托法则:如果对于所有 i,有 $\ell_i P_i \ell'_i$,$(\ell_i, R_i, S_i)_{i=1}^n$ 严格优于 $(\ell'_i, R_i, S_i)_{i=1}^n$。

一旦至少两个人的偏好出现差异,那么(弱)帕累托法则就会与多维庇古—道尔顿转移原则发生冲突。这种冲突是很直观的。帕累托法则要求尊重个人偏好,而多维庇古—道尔顿转移原则提倡无视个人偏好的转移。图 2.5 就是一个简单的图证(参见 Fleurbaey and Maniquet,2001,定理 2.1;Fleurbaey and Trnnoy,2003)。帕累托法则要求分布矩阵 L^1 严格优于 L^4,因为对所有人而言,矩阵 L^4 中的成就向量位于包含矩阵 L^1 中的成就向量的无差异曲线下方。同样,矩阵 L^3 要严格优于 L^2。然而,多维庇古—道尔顿转移原则要求 L^2 严格优于 L^1,L^4 严格优于 L^3,这就形成一个循环。

这种不可能性反映出理解尊重一致性偏好的意义的两种方式之间存在严重矛盾。由于转移中的供给者在所有生活维度的成就都高于接受者,因而所有具有单调偏好的人就会认为供给者的境况确实更好,因此从供给者到接受者的转换就可以视为一种社会进步。然而,也有可能是这种情况:所有人在现有分配与新的分配之间都保持无差异,在这种情况下,初始供给者的成就在所有生活维度下都低于初始接受者的成就。值得注意的是,个人偏好原则与在前一节讨论的优势原则之间的不相容性也存在相同的矛盾。

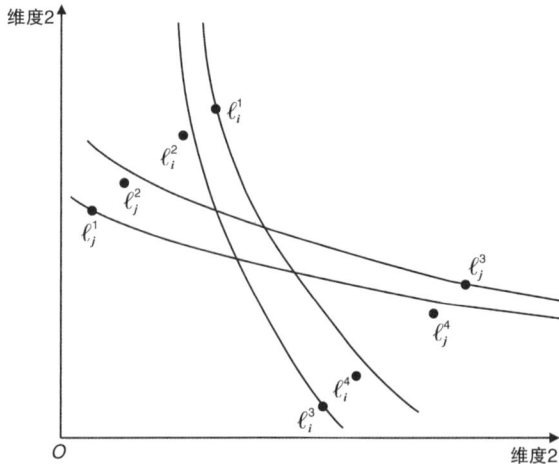

图 2.5　弱帕累托法则与多维庇古—道尔顿转移原则不相容

这种不可能性结果让我们在十字交叉路口徘徊。摆在我们面前的有两条路。一条是我们优先考虑帕累托法则,找出适当的多维庇古—道尔顿转移弱式原则,Fleurbaey 与 Maniquet (2011)采用的就是这种方法。对多维庇古—道尔顿转移原则的一个自然弱化就是实行附加要求,即转移中的供应者与接受者应该具有相同的偏好(即对美好生活的认同)。可以说,这种受限的转移原则是一种弱式转移原则(因为它在供给者与接受者对美好生活产生分歧的所有转移评价上缄默不语),但是就社会福利函数的意义而言,这种转移原则有强式表现。该转移原则与帕累托法则一起,并且要求两种分配的比较仅取决于这两种分配的无差异曲线,在个体间直接实施字母排序最小化聚合,优先考虑更穷的人。这个结果也印证了我们在上一节描述等价收入非凹性问题时的发现。

另一条路,我们也可以优先考虑多维庇古—道尔顿转移原则,这意味着由此带来的社会评估程序将不能尊重偏好,多维不平等测度的文献采取的是第二种方法。假设社会幸福可以仅仅采用成就方面的信息(即分布矩阵)来描述,无视有关人们自身的偏好信息。[①] 这种假设要求社会福利函数在成就空间上匿名(如 Kolm,1977;Tusi,1995;Weymark,2006)。每当个人成就向量的排序与社会无关时,社会福利函数在成就空间中就是匿名的。因此,用作跨维度聚合的幸福测度对所有人来说都是一样的。这种假设受到人们拥护的原因是它要求用相同的成就束 ℓ_i 来平等对待所有的个人 i,不管是因为观察者无法区分可能存在的另一个人的特征(如个人对美好生活构成的看法),还是因为观察者认为另一个人的个体特征是道德不相关的。

Kolm(1977)这篇开创性的文章指出,一种共同的幸福测度可以被视为"观察者对个人幸福的评价"。或者说,这种关于幸福的共同客观性观点深深植根于某种合理的社会一致性,即,对幸福的基本组成以及对不同物质要求的相对"紧急性"的社会一致性(Scanlon,1975)。这些选择都与完美主义方法和我们分别在努斯鲍姆与森的能力方法中发现的对公共理性的关注紧密相关。

2.4.3 关于偏好的优势与不可知论

幸福组成成分是否能够达成社会的一致认同,这点让人感到怀疑。但是,即使很难在使用何种幸福测度上达成共识,我们仍有可能对它的一些基本特征达成共识,并保持其他特征的不可知性。这种不可知性是要付出代价的,因为社会评估标准会变得不完整,并且对一些社会状况的比较也将变得无力决断。

优势方法研究了这些不完整的排序。Atkinson 和 Bourguignon(1982)在他们开创性的贡献中将现存的一维优势方法扩展成为一个多维框架。[②] 如果对于每一项幸福测度,一种分配的幸福测度总和大于能够满足自身偏导数的某些符号限制的既定幸福测度集,我们就说这种分配矩阵优于另外一种矩阵。

---

① 见 Sprumont(2012)中更微妙的弱化方案。

② 相关的方法重点关注的是不平等的测度,而不是社会福利的测度。这些方法以所谓的齐诺多面体(Koshevoy,1995)为基础,开始于洛伦兹标准的多维概括。不幸的是,二阶随机占优与洛伦兹标准的等价性在多维情况下不成立。

一般而言,满足既定符号限制的这类测度包含无数项,因此检验优势包括对无数个不等式的检验。幸运的是,针对类别的幸福测度的优势显示能够与可实施的标准等同。例如,在一个二维框架中,Atkinson 和 Bourguignon(1982)指出,带有一个负交叉导数的针对类别的递增幸福测度函数的优势,相当于与分布矩阵对应的联合分布函数的一阶随机优势。各种统计测试已经被开发,用于检验一个分布函数是否一阶随机优于另一个(见第 6 章)。通过一个负交叉导数,幸福的边际增长在第一个维度的成就有少许增长,到第二个维度的成就水平有所下降。换句话说,如果在第一个维度中有意想不到的利益产生,那么社会规划者就期望将这一利益在第二个维度中落在穷人头上,这一限制再次引入对幸福两个维度之间的相关性以及累积性匮乏的某种厌恶。阿特金森和布吉尼翁二人也寻求过进一步附加条件于偏导数的结果,后来他们对这些结果进行了扩展[见 Trannoy(2006)及其中的参考文献]。符号限制越多,排序就会越完整。然而,其得到的结果可以说是越来越难以解释,因为其中包含了高阶交叉导数。

优势方法将我们的注意力从完美主义上移开。完美主义暗含了一些根本方法:为所有个人提供一种单一的幸福测度。然而,对一类社会福利函数的一致性评价依然基于所有个人的共同幸福函数,因此,优势方法忽视了个人偏好的差异。这是否会成为问题,取决于对尊重偏好观点采取的态度:如果一个人坚信人们对美好生活没有明确的定义,或者尽管有明确的定义,也无法为人们知晓,又或者有明确的定义,人们可以逼近它们,但人们假装不知道,转而采用美好生活的某个客观概念,那么多维不平等测度与优势方法可以说是可以继续进行的最佳方法。重申一下,这从根本上说仍是一项规范性争论。

2.5 应用

尽管到目前为止,我们的讨论还停留在比较抽象的层面,但是前文描述的不同立场表明,针对不同的应用问题采取不同的方法对测量不平等是异常重要的。一项重要的应用就是正在井喷的大量关于社会经济不平等以及健康度的种族差异的文献,其中累积匮乏(有关收入和健康)起到了至关重要的作用。因为 Fleurbaey 和 Schokkaert (2012)对这路文献做了细致深入的讨论,我们不再对此进行重复说明。我们会通过关注三类应用来阐述前面几节的实际关联性。首先,我们要讨论的是家庭等价尺度问题以及(与此相关的)家庭内部不平等的测度问题。其次,我们会讨论将公共品和服务价值纳入不平等分析的不同方法。最后,我们的第三类应用是对世界不平等的分析,包括对购买力平价指数(PPP)的讨论。在每一小节中,我们不会详谈技术层面,但会重点关注内容与前面几节中的规范性分析之间的关系。

2.5.1 家庭等价尺度

人们普遍认为社会关系的质量是生活中最重要的一个维度。对有些人而言,他们与伴侣之间的关系以及家庭生活的质量才是最重要的。孩子的出现也会使生活发生翻天覆地的改变(变好或者变坏)。因此,将这些家庭相关的维度纳入一个更加广泛的幸福观念之中似乎很自然。能力方法中就引入了家庭关系,并且常常关注性别问题(如可参见 Nussbaum,2000;Robeyns,2003)。此外,家庭关系被证实对快乐或生活满意度有强烈的影响。Blanchflower 和 Oswald(2004)对此给出了一个著名的例子。学者们认为一段持久的婚姻(与寡居相比的一项自然实验)每年价值 10 万美元。据我们所知,(家庭关系)目前还没有在等价收入传统中应用。① 但是,以生活满意度方程为基础计算等价收入并不困难。Blanchflower 和 Oswald(2004)估算的边际替代率表明,对良好家庭生活的支付意愿很可能是相当可观的。

在这些研究中,最终目标是将幸福当作多维度的聚合来测定,这也一直是 2.3 节的观点。将这一观点与大量力图计算所谓的等价尺度的文献所采用的观点进行比较,是非常具有启发性的。该方法回答的一个基本问题是,"一个具有 z 特征的家庭需要收入多少才能达到参考家庭的同等幸福水平?"后者通常但不总是被视为单一家庭。因此,这些文献所宣称的目的也是将不同家庭的幸福程度进行对比。这一领域的研究人员想要解决的一个问题就是,收入(和消费)通常是以家庭的层级来报告的,不是以个人水平报告的。但很显然,在家庭中生活就会涉及规模报酬,包括家庭公共品的消费,例如住房或者汽车。我们很自然会认为一对夫妻不需要有一个人的双倍收入就能达到相同的幸福程度。那么,我们面临的挑战就是修正从家庭层面上报的收入,以便将家庭内部差异纳入考虑范围。

这是一个非常老套的问题,研究者尚未就此达成共识。事实上,尽管有许多与此相关的学术文献,但许多实践者仍然在没有连贯理论基础的前提下使用等价尺度。欧盟统计局(Eurostat)使用的所谓修正过的经济合作与发展组织(OECD)尺度就是一个典型的例子。其中,第一个成年人的价值记为 1,第二个成年人及其以后的每一个年龄大于或等于 14 岁的人的价值记为 0.5,此后每加一个年龄低于 14 岁的孩子就增加 0.3。按照这样的尺度来划分家庭收入,就得到"同值化的收入"。② 此外,OECD 还通过提取家庭人数的平方根来划分家庭收入。以上两种情况中的参考家庭(同值化的收入与原收入是相同的)都是单一家庭。因为人们对具体使用多大的尺度无法达成一致意见,所以这促成人们使用随机优势方法(Atkinson and Bourguignon,1987;Bourguignon,1989;Fleurbaey et al.,2003;Ooghe and Lambert,2006)。我们在此不会对与等价尺度有关的大量文献做出总结,但是我们会关注其与本章焦点——幸福测度方法——的异同。

用成本函数 $C(u,p,z)$ 来表示当价格为 p 时,一个具有 z 特征的家庭达到效用水平 u 所需的最小开支,用 $\bar{z}$ 表示参考家庭的特征,那么等价尺度就可以表示为

$$\text{ES}(u,p,z) = \frac{C(u,p;z)}{C(u,p;\bar{z})} \tag{2.10}$$

同值化的收入则表示为

$$yE(u,p,z) \equiv \frac{y}{\text{ES}(u,p,z)} = y\frac{C(u,p;\bar{z})}{C(u,p;z)} = C(u,p;\bar{z})$$

到目前为止,我们将大部分的精力都放在分析可观察到的消费行为产生的规模尺度上。

---

① 家庭规模在 Fleurbaey 与 Gaulier(2009)的应用中发挥了重要作用,但这种应用只是国家层面的——见 2.5.3。

② 我们用"同值化(equivalized)的收入"一词来表示利用等价尺度划分的收入。这与 2.3 节中介绍的等价(equivalent)收入有区别。

对消费行为的分析历来都是以"统一的"家庭这个假设为基础的，并以偏好和在家庭层面定义的最优化行为为条件。为了超越家庭层面并计算出个人的幸福，人们就普遍认为，家庭中所有成员的幸福水平一样。很明显在这种方法中，计算等价尺度需要在不同规模的家庭之间对每个人的幸福进行比较。但是，在家庭层面对幸福做出一个具有直观吸引力的解释并不容易。更具体地说，（在某种条件下）我们能够确定的就是一连串的无差异曲线（每个家庭类型为一条曲线），但是观察到的消费行为并没有告诉我们如何将这些无差异曲线与效用水平联系起来。更形式化地，成本函数 $C(u,p,z)$ 和 $C[\delta(u,z),p,z]$ 将会导致一模一样的消费行为——其中转换式 $\delta(u,z)$ 也许取决于 z 的值。

等价尺度的识别只有通过引入附加假设才能实现。最著名的附加假设就是所谓的 IB 假设，这里的 IB 表示"基数独立性"（independence of base）（参见 Lewbel, 1989）。[①] 这个假设表示等价尺度并不取决于效用，也就是说 $C(u,p;z)=C(u,p;\bar{z})\,EB(p,z)$，其中 $EB(p,z)$ 指的是满足 IB 假设的一项等价尺度。这个假设暗示了一项对成本函数的限制，因此就形成了不同家庭消费行为的可检验性约束。然而，确定识别假设成立最关键的部分是不可检验的，尤其是所有对 $y/EB(p,z)$ 具有相同价值的家庭确实达到了同样的效用水平这种假设。

如何在更宽泛的幸福相关问题的前提下解释这种方法？首先，现在使用的幸福概念是受到限制的。事实上，正如 Pollak 和 Wales（1979）在简短但非常有影响力的一篇论文中的观点，根据消费行为得出的等价尺度并不包括 z 在效用上的直接影响——并且除非研究者将家庭规模选择纳入分析，否则选择行为绝对不会显露出任何与家庭规模偏好相关的信息。波拉克（Pollak）和威尔士（Wales）在情境对比与福利对比之间画出了一条清晰的界线。情境对比以假定的成本函数为基础，最小支出需要达到既定的效用水平 u，并取决于是否有特征 z。而福利对比要求对绝对成本函数进行预估，最小支出需要达到既定的效用水平 u，并对特征 z 对效用的直接影响加以考虑。事实上，波拉克和威尔士对传统的方法是批判的，他们表示"根据具有不同人口结构的家庭的消费模式观察到的差异预测得到的有条件的等价尺度，并不能用来进行福利对比（Pollak and Wales, 1979）。绝对效用（或成本）函数表现出人们对所有生活维度束的偏好，其中特征 z 是这些束中的要素。因此，波拉克和威尔士反对传统的等价尺度的实用性，提倡使用之前几节中提到的方法。

许多（甚至绝大多数）研究等价尺度的学者持较少的负面态度，认为情境对比尽管都存在局限性，但对比本身是有意义的。这些对比并没有产生真正的福利对比，因为它们并没有考虑到家庭生活（有了配偶或孩子）对幸福的直接影响。然而，它们在以资源为基础的方法中是有意义的，该方法只关注收入与物质消费。有些人甚至会说，相比总体幸福中的不平等，这种利用同值化收入测得的物质福利中的不平等与政策目的关联更紧密，因为根据诸如家庭有无小孩的事实来决定补偿与否的说法，并不为人们所普遍接受，那么相关的问题就变成了支持等价尺度与效用无关的 IB 假设从规范性角度而言是否具有吸引力的问题。结果表明这个问题是难以回答的，因为在家庭层面上使用偏好与效用的概念时，它们是很难被解释清楚的。

[①] Blackorby 与 Donaldson（1993）也提出过类似的假设，名为"等价尺度的精确性"，后来 Donaldson 与 Pendakur（2003）对此做了一般化，但是这一一般化并未解决此处所描述的问题。

事实上,这个问题已经超越了修正家庭规模的问题。同样地,人们可以为其他的 z 特征计算出其等价尺度。Jones 和 O'Donnell(1995)使用残疾状况的等价尺度作为一个例子,该文重点关注:"一个有一位残疾人的家庭需要多少额外支出才能达到没有残疾人的参考家庭的福利水平?"在这个有关残疾的状况下,情境与福利对比之间的差别似乎更具有重大意义,尽管(正如该文作者提到的)在这种设定下,人们可以将这些额外支出看作由残疾因素造成的福利损失的一个下界。

传统方法的一个弊病是其假设能够从家庭的层面定义偏好和福利。而将家庭视为个体成员的集合体更为自然,每个成员都有自己的偏好并共同决定家庭消费。[①] 在这方面,家庭行为模式从"统一的"变为"集体的"可谓是近来的一项重要突破(Apps and Rees,1988;Chiappori,1988)。有些物品(如食物或衣物)是纯私人的,有些是公共的,还有一些是公私混用的(汽车就可以供全体家庭成员外出旅游使用,也可以供某一个家庭成员使用)。家庭资源将根据共享原则分配给每个家庭成员消费,这一规则反映了不同家庭成员的相对权力地位。识别确认每个家庭成员的个人偏好与共享原则所需要的限制,是一个相当活跃且迅速扩展的研究领域,这种研究基于具有共同消费和外部性的设定下观察到的消费行为。这类文献在第 16 章中有广泛的分析,此处我们关注的是这项工作与测量个人幸福的关键的相关性。就这一点而言,从单一模型变为集合模型确实是一项重大进步。

第一种测量个人幸福的方法关注的重点是共享原则。如果在一种以资源为基础的方法中进行推理,那么服务于个人 i 消费的资源分配(受到家庭成员权力分配的影响)就是他的相对幸福水平的一项重要指标。确定共享原则的水平并不简单,需要附加的限制条件,但是Cherchye 等(2013)表示可以在一个非参数环境中确定上界值与下界值,并将他们的方法运用到 1999—2009 年的丁克家庭动态收入面板研究的观察当中,且因此得到了一些有趣的发现。丁克家庭的情况为夫妇双方都有工作。限制样本中有 11% 的收入在双人贫困线以下;却有 16%—20% 的人收入低于个人贫困线。Dunbar 等(2013)使用半参数限制确定了包括孩子在内的含不同数量成员的家庭之间的资源共享。通过使用在马拉维收集的数据,他们发现以家庭为单位统计家庭的总体贫困率低估了儿童的贫困率。

共享原则方法从收入的角度定义幸福。但是,就我们的目的而言,集体方式的另一种应用更加相关。鉴于(在某些假设下)个人偏好是可以确定的,我们就可以回答这样一个问题:"一个独居的人需要多少收入才能使其在物质上的无差异曲线与他作为家庭中的某位成员的曲线相同?"(例如可参见 Brownin et al.,2013;Lewbel et al.,2003)这个问题与之前在传统等价尺度情况下提出的问题之间的根本差异在于,为了回答这个问题,只需要个人的无差异曲线图的相关信息,也没必要对其标注。最后所得的所谓个人无差异尺度与等价收入的概念紧密相关,因为很明显,它们只是仅依据序数偏好信息计算出的货币计量效用的一种形式。无差异尺度将取决于这些偏好、家庭使用的"消费技术"(就私人、公共与混合用品而言),以及共享原则,也就是家庭成员之间权力的分配。对这种方法的应用聚焦于对非正常死亡(Lewbel,2003)以及老人贫困的适当补偿问题(Cherchye et al.,2012)。

---

① 使用这一方法早期的例子就是 Manser 和 Brown(1980)及 McElroy 和 Horney(1981)。

尽管对集合模型的介绍相当于向前迈进了一大步,但这并没有弥补福利对比与情境对比之间的鸿沟。无差异尺度不能获取伴侣与孩子所产生的直接效用影响,因此仍处于以资源为基础的方法之中。所以,它们并没有给出一个能考虑到生活所有相关维度的完整的幸福测度。这是否会构成问题,取决于人们从政策角度出发是否认为以资源(情境)为基础的对比足够相关。

到目前为止,我们已经讨论了聚焦于可观察到的消费行为的等价尺度方法,因为这种方法的重点是确定个人偏好,它接近于等价收入方法背后的直觉。我们现在讨论另外两种测量幸福的方法如何应用于解决等价尺度问题。

等价尺度在能力方法的框架中几乎没有应用。Lelli(2005)将一个具有特征 z 的家庭的等价尺度计算为达到与参照家庭同样功效水平(作者用的是住房)所需的收入。因此,其应用仍限于一种功效,而且此分析蕴含以资源为基础的观点,这事实上与能力方法的根本目标相冲突。

主观(或满意度)方法在等价尺度的构建中得到越来越广泛的运用,Van Praag(1971)以及 Kapteyn 与 Van Praag(1976)已经在这一领域做出创举。最初,这些学者假设存在一项收入基数效用函数 $U(y;z)$,其中 z 跟之前一样,表示所有非收入维度变量。他们(基于一项理论性的推理)认为,这种效用函数的形式为对数正态分布函数 $U[y;\mu(y^A,z),\sigma(y^A,z)]$,其均值与标准差取决于 z 和家庭的实际收入 y^A。这个函数的参数值需根据"收入评估问题"(Van Praag,1977)的答案来估计。这个问题如下:

请试着为以下情形标出你认为合适的收入值。根据我(我们)的情况,我会认为家庭纯收入(周/月/年):

大约 _____ 是非常差的

大约 _____ 是有些差的

大约 _____ 是不足够的

大约 _____ 是足够的

大约 _____ 是好的

大约 _____ 是非常好的

给每个标签都附上具体的值可以让他们估算出效用函数,从而得到如表达式(2.10)所示的等价尺度。这种原始的范·普拉格(Van Praag)方法从未得到广泛使用,部分原因可能是对数正态性和基数效用的假设过于严格。

后来的研究(如 Van Praag and van der Sar,1988)放弃了基数效用假设,唯一保留的假设就是不同的标签(从"非常差"到"非常好")对应所有人的相同效用值(具有人际可比性的效用值)。指定个人 i 对标签 k 的赋值为 c_{ik},Van Praag 与 van der Sar(1988)对一个(对数线性)函数 $c_{ik}(y_i,z_i)$ 进行了详细设定与估测:

$$\ln c_{ik} = \beta_{0k} + \beta_{1k}\ln z_i + \beta_{2k}\ln y_i + \epsilon_{ik}$$

其中,z_i 表示个人 i 的家庭规模,ϵ_{ik} 为误差项。结果显示,系数 β_{2k} 是相当显著的。收入较高的受访者估测自己达到既定效用水平所需的收入比收入较低的人预估的要高出很多。范·

普拉格谈到了"偏好漂移"效应,这与我们之前已经讨论过的适应现象有一种明确的呼应。考虑到这种偏好漂移,当 $c_{ik} = y_i$ 时,我们就可以提取出达到效用水平 k 所需要的"真正"成本水平,即:

$$\hat{c}_k(z) = \exp\left[\left(\beta_{0k} + \beta_{1k}\ln z_i\right)/\left(1 - \beta_{2k}\right)\right]$$

处于 k 水平的等价尺度通过计算可得 $\hat{c}_k(z)/\hat{c}_k(\bar{z})$,此处 $\bar{z}$ 再次表示参考家庭。在八个欧洲国家以及美国的取样中,等价尺度在不同的 k 水平却相当类似,这支持了消费方法中使用的 IB 假设。

其他学者(如 Koulovatianos et al. ,2005)通过制定不同的主观问题实施了类似的方法。一些论文(de Ree et al. ,2013;Kapteyn,1994)结合了假设数据与主观问题,这是一种颇有希望的方法,因为它识别了主观信息基础上的偏好参数。举个例子来说,de Ree 等(2013)拒绝对印度尼西亚家庭的样本使用 IB 假设(及其一般化)。

这时出现了主观方法是否会产生福利对比或情境对比的问题。当然,我们在本节开始时讨论的基于整体生活满意度的分析产生了福利对比。但是,对于在等价尺度文献中使用的主观问题而言是否能行就比较模糊了。受试者对收入评估问题做出回答时是否考虑到了家庭规模对幸福的直接影响? 很可能没有,但是前述的收入评价问题是否考虑过这一点并不十分明确。Koulovatianos 等(2005)就假设的家庭情况与受访者进行面谈,并询问他们:"假如一个家庭中多养了一个孩子,那么他们的收入需要达到多少才能达到幸福家庭的水平?"作者认为这产生了一个条件尺度。de Ree 等(2013)使用的主观信息与资源的充足性更为相关。因此,等价尺度评估使用的主观方法同样仅产生了情境对比——这是刻意安排的结果。

我们可以得出这样的结论,使用等价尺度方法进行的大部分研究同时考虑到收入与家庭生活质量因素的影响,其目的不是进行幸福比较,相反,其目的是根据需要修正收入值,也就是有条件限制的幸福比较。因此,他们的观点植根于资源主义的幸福观。但是,用来计算等价尺度的方法与我们在 2.3 节中叙述的方法很相似,在这种情况下几乎没有用到能力方法。由消费行为得到的等价尺度是以偏好为基础的。尽管基于单一模型的传统文献需要对人际可比性进行武断假设,但近来的集合模型研究仅仅依靠序数偏好信息得到无差异曲线尺寸,这种方法蕴含的直觉与等价收入概念背后的理念紧密相关。主观评价也得到运用,在一些研究中,人们清楚地考虑了其适用性情况。我们将在下一节看到,讨论福利对比与情境对比问题,这也与解释有关公共服务和利益的文献紧密联系。

2.5.2　公共服务与利益

不同国家提供的服务程度各不相同,有些国家提供公共服务,而有些国家的服务是通过私人市场提供的。将健康服务基本需个人买单的国家与免费提供健康服务的两个国家进行对比,从社会福利角度来看,得到的很可能是有关哪个国家的福利状况更好的误导性结论。此外,在一个国家中,公共服务与福利也许会对不平等产生影响。[①]

[①] 公共服务通常出现在与教育资助、医疗、社会住房、食物来源以及儿童保育相关的应用文献中。就 OECD 国家的平均值而言,首先列入清单的两项服务的平均值预计将会为国内生产总值增加 13% 的收入,土耳其的这一数值为 8%,丹麦与瑞典是 20%(Verbist et al. ,2012)。

作为出发点,回顾功效与资源的差异是非常有意义的。我们认为,定义幸福最重要的是一个人所具有的功效,即一个人的"存在"与"行为"。资源则可以用来实现某些功效。正如不同个人在将资源转换成功效的过程中表现出差异性,这两个概念是有区别的。使用广泛功效集作为幸福相关空间的一项幸福不平等分析,自动包含公共服务的内容,只要它们有助于个人功效的实现。从本章讨论的观点来看,这种方法似乎很自然。但是,据我们所知,这种将公共服务纳入贡献分析的直接方法的例子是很少见的。相反,以资源为基础的方法却是文献中使用的标准惯例。在这种方法中,可支配收入扩展到对公共服务的货币化评估,得到的扩展收入的货币评估使用了外部资源,个体通过支配这些外部资源以实现功效,获得幸福。因此,这一方法给人的启示与之前提到的等价尺度息息相关。

在本节中,我们将首先对最受欢迎的方法做一项回顾,并利用公共服务的相关信息来对可支配收入进行扩展。然后,我们会探讨公共服务的价值以及在本章讨论的规范性问题视角下需要进行的调整。[①]

2.5.2.1 扩展收入的方法

扩展收入的方法有三步。第一步,选择要纳入的政府服务;第二步,按政府的服务提供成本为它们估值;第三步,根据受益人的实际消费或保险价值,按其当前的利益将这些服务的价值分配给受益人。[②] 公共服务的货币化价值附加在家庭的可支配收入之上,以达到扩展收入的目的。后面我们会用标准的不平等测度对这种扩展收入的分配进行分析。

对于扩展收入方法的应用,OECD 的旗舰报告《扩大的不平等》(OECD, 2008)获得如下发现。首先,公共服务减少了国内的不平等现象,因为这些服务具有显著统一的特征。然而,公共服务减少不平等的程度低于税收与现金福利通常能够减少不平等的程度。其次,各国之间收入不平等情况的差异也在减少,但是根据扩展收入不平等做出的国家排序仍然与根据收入不平等做出的国家排序相似[印证了 Seemding 等(1993)的早先发现]。

扩展收入的方法具有在多国都可实行的优势,我们需要获取标准家庭调查中已经公开的收入数据及公共服务生产成本的一些附加的宏观估测。但是,根据本章提出的规范性问题的观点,扩展收入的方法似乎以一种过于实用主义的态度看待公共服务对幸福的贡献价值。

2.5.2.2 评价公共服务与尊重偏好

如何测量一项公共服务所具有的价值可以说在很大程度上取决于这种评价活动的目的。虽然通过生产成本来计算福利也许会对其预算成本有一个很好的估算,但这种估算法似乎对本章讨论的目的(即对个人幸福分配的分析)来说并不太合适。[③]

一个例子就可以说明为什么会出现这种情况。试想一下,公开提供的教育福利的价值

---

① 在 Smeeding(1982)与 Marical(2008)以及 Verbist(2012)中可以找到更多广泛的回顾,在本节中,我们不会对与公共服务相关的代际公平进行讨论。

② 保险价值方法在健康护理服务中经常用到,其中分配是基于相关年龄、性别群体的平均开支,不管他们把构成这项服务的开支做何实际用处。这种方法将健康护理解释成所有受益成员所得到的保险利益。保险价值的额度接近精算公平保险费,该保险费假设所有年龄、性别特征相同的人都有相同的保险费。

③ 注意,在利用生产成本计算公共服务价值的方法中,有限的生产率增长总是 0(因为生产率就是产出与投入的比值)。所谓的阿特金森审查(Atkinson review)(参见 Atkinson, 2005;Pont, 2008)为测量生产力与质量的提升以完善对政府总产出的测量提供了一些基本原则。

是由其生产成本所决定的。教师工资的上涨会增加生产成本,但是若说因为生产成本增加了,接受者所接受的服务价值也增加了,这似乎背离直觉。确实,这种测算方法忽视了生产过程的效率,以及同样昂贵的服务之间存在潜在质量的差别。因此,当其他信息不可用时,利用生产成本的测算方法最多只可以被视为一种近似的方法。也有学者已经提出其他可供替代的与群体偏好关系更加紧密的估值法。[①]

第一种估值法是使用公共服务的市场价值而不是生产成本。在某些环境下,市场价格确实会对支付意愿产生影响。当然,这种方法只能用于存在私有市场的公共服务。举个例子,食品券与社会福利住房的市场价值可以直接推断出来,或者由享乐回归直接获得。但是,私人提供服务的价格也并不总能反映接受者的估值。Stiglitz 等(2009)曾给出一个关于私人提供的医疗服务市场的例子,该市场中的信息不对称隔断了边际估值和偏好与市场价格的联系。

第二种估值方法直接取决于接受者的偏好以及通过所谓现金等价物测算出的公共服务价值。所谓现金等价物就是用来吸引个体放弃某种特定公共服务的一笔现金(例如,可参见 Smeeding et al.,1977)。若个人偏好(她的支付意愿)被用来计算这些现金等价物,则这种方法尊重相同偏好原则。图 2.6 呈现了在收入与健康的空间中现金等价物的估算方法。试想,亚历山德拉(Alexandra)和班尼(Benny)两个人同样富裕(其收入均为图中的 OA)。亚历山德拉比班尼身体更健康(其健康程度分别是 OG 和 OE)。二人都接受了私人提供的健康服务,否则亚历山德拉的健康将会是 OF,而班尼的则会是 OD。从图中能够清晰地看出,相比亚历山德拉而言,公共服务对班尼的健康起更大作用。但是,班尼不如亚历山德拉那样在意自己的健康(班尼的无差异曲线"更陡")。班尼的健康服务的现金等价物就是 AB,因为他愿意为了得到额外的收入 AB 而放弃公共服务。然而,亚历山德拉的现金等价物是 AC。虽然健康服务对亚历山德拉起到的作用比较小,但其现金等价物更多,因为她比班尼更加注重健康。

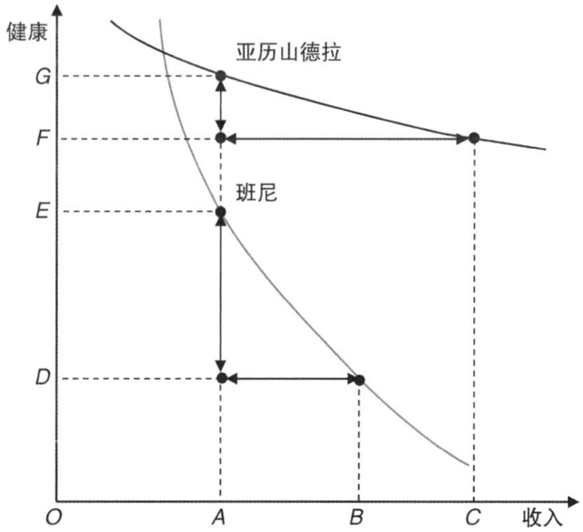

图 2.6　现金等价收入

---

① 见 Smeeding(1982)获取更详细的回顾。在 20 世纪 80 年代,市场评价与现金等值评价在美国人口统计局进行的一项"实验性"贫困测度的计算中发挥了重要作用,这项计算包括公共服务价值的计算(Fisher,1997)。近来,生产成本方法似乎已经成为应用文献中的模范标准,这一点可以在 Marical 等(2008)所做的回顾中看到。

测算现金等价物与生产成本方法相比,要求附加信息。如上文的例子所示,首先要知道班尼和亚历山德拉的偏好,因为其现金等价物的数量是由无差异曲线图的形状决定的。为了获取关于偏好的必要信息,我们可以使用 2.3 节中的方法,即显示性偏好、陈述性偏好以及满意度数据。应用文献似乎倾向于使用显示性偏好的方法。偏好通常通过估算的需求方程体系从消费行为中获得(Slesnick,1996;Smolensky et al.,1977)。生活满意度数据也可以用于测算人们对公共服务的支付意愿。例如,Levinson(2012)测算出了人们对空气质量的支付意愿并计算出了空气污染的补偿性变动。

通常现金等价物的方法不是在功能空间(或生活维度)中制定的,它不会产生基于连贯道德推理所获得的整体幸福测度。在接下来的章节我们会回到这一问题,但是,本节的主要焦点在于个人支付意愿,其给人的启示与 2.3.3 中所定义的等价收入方法对幸福的启示是一致的。其他方法则完全拒绝个人偏好与支付意愿能为计算公共服务价值提供最佳指导的观点。

政府机构也许会提供这些实物性的服务,这完全出于家长式动机的影响或是对消费外部性因素的担忧[见 Currie 和 Gahvari(2008)及其参考文献中的讨论细节]。家长式动机反映出 Musgrave(1959)的观点,也就是有些商品是优质商品(merit goods),这一观点与尊重个人偏好的观点会立刻发生冲突。一个家长式的政府机构通过客观评价函数计算出公共服务的价值,可以说这需要一个完美主义的或客观的幸福理论才能做到。正如我们之前建议的,这两种方法之间的鸿沟在某种程度上可以通过引入知情偏好与非知情偏好的差异来弥合。

2.5.2.3 需求调整与个人责任

由于扩展收入的重点在于对服务的支付意愿,因此其根本没有考虑到个人在不享受任何公共服务时获得的功效水平。这一点可以在图 2.7 中看到,此图描述了亚历山德拉与夏洛特在收入与健康组合空间的功效与无差异曲线。亚历山德拉与夏洛特(Charlotte)拥有同样的收入(OA),从公共健康服务中获得相同的健康水平提升($ED=FG$)。此外,她们二人拥有相同的偏好,因此她们的现金等价物等于 AC。[①] 因此,两人的扩展收入值也相同(OC)。所以,当扩展收入值作为幸福的一种测度时,可以说二人的生活一样好。但是,这并没有考虑到个人在公共服务欠奉时的健康水平也许会不同(亚历山德拉比夏洛特健康得多,$OF>OD$)的事实。Rander(1997)通过展示老年人(图 2.7 中的夏洛特)的幸福值如何被高估,来说明一个相似的问题,因为人们没有考虑老年人的需求而将公共服务纳入其扩展收入值。这一观察使得 Paulus 等(2010)怀疑利用扩展收入方法得到的结果能否给出一个直接的福利解释。

---

① 这一论点并不取决于选择何种特殊的公共服务评价方法。

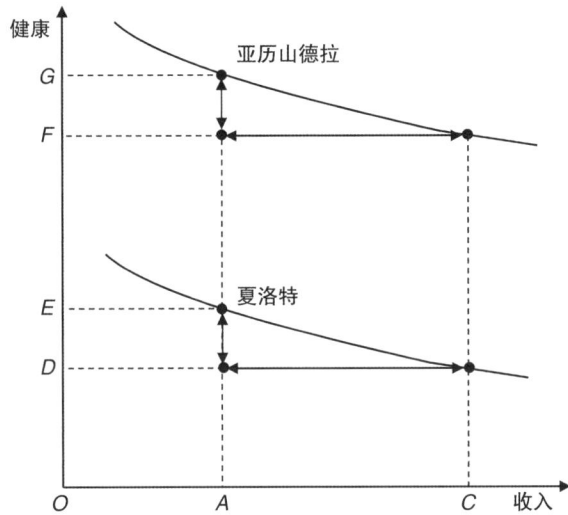

图 2.7　现金等价收入与需要

　　这一讨论也回应了上一节中介绍过的福利比较与情境比较之间的区别。事实上,在近来的应用文献中,寻求的解决方法在于调整接受者的等价尺度来符合需求差异。[①] Paulus 等 (2010)使用了一种"固定成本"的方法,把接受者的需求看作一笔具体的固定货币量,特别是假设接受公共服务的特定年龄群体的人均开支精确描述了这个群体的相应需求。在这种假设中,每个家庭的扩展收入值的等价尺度都可以被推断出来。然后,作者又通过将接收到的公共服务数量变为欧洲特定年龄群体的平均开支,对公共服务带来的不平等减少进行了灵敏度分析。

　　Aaberge 等(2010)提出了按需调整的等价尺度,这与跨目标群体的生产成本的优选分配方式(当地政府机构的一种消费模式)相一致。非现金收入的等价尺度是从目标群体的相对需求估测所得。这些目标群体又是从消费模式中识别的最小支出所得。他们使用从挪威调查的数据发现,公共服务很大程度上减少了收入不平等,但也发现按需调整将会把不平等减少的情况抵消约一半。

　　这种方法若要解释地方政府的消费模式,需要两项强假设作为基础(Aaberge et al. , 2010)。第一,估测的最小开支被解释成源于各地政府对不同目标群体需要的最少开支数目的潜在共识。第二,源于公共服务的个人幸福测度的函数形式被看作与地方政府用来决定公共服务开支的函数形式一致。先验地看,似乎很难使这种(大胆的)假设与尊重个人偏好的观点相一致。

　　两种方法在计算按需调整的扩展收入时都要走两步程序。在第一步中,扩展收入通过将公共服务的货币价值加入个人的可支配收入中来计算。然后在第二步中,这些扩展收入根据不同的个人需求通过等价尺度的方式进行调整。一种自然的选择就是通过理想的空间

[①] 值得注意的是,斯米丁将不同的等价尺度运用到可支配收入与公共服务的价值当中。基于家庭规模和子女数量的标准,等价尺度被用于计算可支配收入。而家庭所接受的公共服务个人为单位分摊到所有家庭成员身上。

(即功效或能力自身)直接对幸福进行测量。出于这个目的,我们应该沿着本章 2.3 节所描述的方法来开发一种幸福测度。这些更为广泛的测度与现在被普遍采用的以资源为基础的测度之间的关系需要更深入的探索。

2.5.3　国际比较

对比世界各国之间的生活标准困难重重(另见第 11 章),因为这些文献关注的重点通常是对比实际收入。首先我们会对因市场商品价格不同导致的困难进行讨论,并讨论这些困难与之前说过的规范性问题有什么关联。然后,我们会展示将非市场维度引入生活标准评价的适切性。

2.5.3.1　购买力评价指数

国际生活标准比较包括寻找价格平减指数,以计算可比的实际收入。[①] 为使用方便,我们可采用直接根据价格和数量计算出指数的方法,而不需要依靠对消费者偏好的估算。指数理论由 Fisher (1922)首次提出,经 Diewert (1976,1992a,1992b)发展,对我们而言,这类指数是重要的灵感来源。为实际使用方便起见,我们也可以寻求不依靠第三方国家的数据对两国进行比较的方法。

一致性与实际收入比较中的传递性是相似的,但我们想要的似乎是传递性的基数形式(包含数量级),而不仅仅是序数形式。例如,如果 Q_{ij} 是国家 i 与国家 j 通过实际收入比较所得的数量指数,当连锁关系式 $Q_{ij} = Q_{ik}Q_{kj}$ 对任何第三方国家 k 都成立时便可获得一致性。实现一致性的一种常用方法是把实际收入计算为参考价格为 $\bar{p}$ 时所消费的数量值,所以 $Q_{ij} = \bar{p}q_i/\bar{p}q_j$,其中 q_i 表示在国家 i 中的总消费向量。

所有方法都与消费者偏好有关,但所需要的限制条件多少有些差异,因此,关系紧密度也多少有些差异。有关购买力平价(PPP)的文献几乎达成了一种共识:只要真实收入数据有意义,那么其意义就是回答了这样一个问题:"同一参照消费者在不同国家中的生活状况是什么样的,有多好?"(Neary,2004)换言之,尽管异质性偏好可能是事实,但没有人真正愿意尝试设立指数来反映偏好差异。其潜在的主要观点似乎是,除非进行武断的假设,否则序数偏好无法考虑人际可比性,尤其是货币计量效用不会被看作一种可能的选择,尽管有时人们用到了一些非常相似的概念(这一点我们稍后会做解释)。这种观察结果再次表明,重点并不在福利比较,而在于情境比较。

首先让我们简要介绍两种最受欢迎的购买力平价方法。OECD 与欧盟统计局(Eurostat)使用的 Eltetö-köves-Szulc(EKS)数量指数,实质是费雪指数的多边扩展:

$$Q_{ij}^{\text{EKS}} = \prod_{k=1}^{n} (Q_{ik}^{F} Q_{kj}^{F})^{1/n}$$

$$Q_{ik}^{F} = \sqrt{\frac{p_i q_i}{p_i q_k} \frac{p_k q_i}{p_k q_k}}$$

它们满足连锁关系式中的一致性,但取决于第三方国家的数据信息。它们不要求对偏好进行估测,并且与消费者偏好之间的联系通常是通过参考 Diewert(1976)的观点建立起来的,即

---

① Neary(2004)、Deaton(2010)、Deaton 和 Heston(2010)对这一领域做了很好的介绍。

费雪数量指数 Q_{ik}^F 就等于一项可变支出函数 $e(p,u)$ 的指数 $e[p_k,u(q_i)]/e[p_k,u(q_k)]$，而 $e(p,u)$ 函数就是将任意二次微分支出函数近似成二阶函数。沿着相似的脉络，Neary(2004) 证明，对于某个适当挑选的对称矩阵 A 而言，当效用为 $u = \sqrt{q'Aq}$ 的二次函数时，Q_{ij}^{EKS} 与效用比率相等。这再次说明，二次效用的形式是可变的。但是，这些近似结果与有时在一阶出现错误，甚至因一些细小的变化而出现错误的指数是相容的，因为任何忽视偏好的指数都有可能出现这样的情况。[①]

另一种受欢迎的方法为联合国国际比较项目与宾夕法尼亚大学世界数据库(PWT)常用方法，它取决于 Geary-Khamis(GK)指数，该指数计算参考价格下的消费值作为购买力平价支出，即 $\bar{p}q_i$，我们从如下系统得出参考价格：

$$\bar{p}_k = \frac{\sum_i s_{ik}\bar{p}q_i}{\sum_i q_{ik}} \tag{2.11}$$

其中，s_{ik} 表示在国家 i 中商品 k 的预算份额。如果有人认为 $\bar{s}_{ik} = \bar{p}_k q_{ik}/\bar{p}q_i$，那么 GK 体系就可以写成：

$$\sum_i \bar{s}_{ik}\bar{p}q_i = \sum_i s_{ik}\bar{p}q_i$$

这种方法显然满足一致性原则。它需要第三方国家的数据，且仅用于 $\bar{p}$ 的计算。它与消费者偏好的联系并不紧密，因为 $\bar{p}q_i$ 只为里昂惕夫(Leontief)偏好(这种偏好表明所有国家的消费向量之间必须成正比)提供了一个良好的指数。Neary(2004)后来提出了一个变式，来估测世界消费者偏好，并且用实际数量 q_i 的补偿需求 q_i^* 代替计算体系(2.11)中的参考价格。因此，将 $\bar{p}q_i^* = e[\bar{p},u(q_i)]$ 作为实际的收入值，这对估测偏好是完全可靠的——但如果这些偏好是异质性的，就不必然对群体的实际偏好来说可靠，正如 van Vaeelen 和 van der Weide (2008)所指出的那样。

有趣的是，尼瑞(Neary)改良后的表达式(2.11)并不需要完全相同的偏好，所以人们可以将尼瑞的方法用于具有特定国家估测偏好的群体，这种情况下的实际收入 $\bar{p}q_i^* = e_i[\bar{p}, u_i(q_i)]$ 就是国家层面的货币计量效用。van Vaeelen 和 van der Weide(2008)并未考虑这种想法，Crawford 和 Neary(2008)也并未提及。我们之前提到过，Fleurbaey 和 Blanchet(2013)提出用其他参考价格来计算货币计量效用，也就是说用价格 $\bar{p}$ 使 $\sum_i e_i[\bar{p}, u_i(q_i)]/\sum_i \bar{p}q_i$ 的值最大化，这使得格申克龙(Gershenkron)聚合效应[②]最小化，并且使 $\sum_i q_i^*$ 与 $\sum_i q_i$ 成比例。

van Veelen(2002)证明了一项不可能定理，该定理与本章之前讨论的个人偏好原则与优势原则之间的不可比性类似。这个定理表明，没有一种实际收入测度(基于所有国家的价格与数量)是连续、取决于价格且能满足优势关系的($q_i > q_j$ 表示实际收入在 i 国更高)，因此这种成对的比较与第三方国家无关。[③] ESK 与 GK 方法满足所有条件，但最后一个除外。此外，

---

① 参见 Fleurbaey 和 Blanchet(2013)获取更多详细内容。
② 格申克龙效应就是当 p_i 与 $\bar{p}$ 的差异越大，q_i 与 q_i^* 的差异越大，则 $\bar{p}q_i$ 对 $\bar{p}q_i^* = e_i[\bar{p},u_i(q_i)]$ 的估测值就越偏高。
③ 见 Quiggin 和 Veelen(2007)获取对相似观点的进一步分析。

一项以同样数据估测偏好的货币计量效用也许并不满足异质性估测偏好情况下的优势关系。我们知道,这是尊重异质性偏好的必然结果。[①]

Almas(2012)在最近的一篇论文中,考虑从家庭调查中通过估测预算系数来利用偏好数据,但仍保留相同偏好的假设。她没有估测需求函数的整套体系以计算支出函数与货币计量效用,而是将重点放在了食物上,并且假设以人口学特征为条件,世界各地的食物份额方程相同。她利用 PWT 中的购买力平价价格指数来估算需求食物的份额方程,并纳入了国家虚拟变量,并用这些国家虚拟变量吸收购买力平价指数上的偏差。这种方法取决于一种假设,认为全世界对食物或其他物品的偏好都是相同的,而且它不代表福利,因为随着修正指数下降的收入并不等于估测出的 AIDS 模型的货币计量效用。[②]

事实上,生活标准严重不同的国家之间差异巨大,消费的商品清单不同,给研究造成了困难,Deaton(2010)以及 Deaton 和 Heston(2010)对此进行了研究。当然,最糟糕的情形是每个国家消费自己特定的商品清单,与其他国家的清单并无交集。在这种情况下,很难想象如何根据观察所得的市场需求数据来进行比较。尽管所有进行比较的成对国家的消费清单并非没有交集,但是不完美重叠情况仍会产生困难。挑选出相同但不太具有代表性的商品清单这种务实的方法并不能让人满意[但一个常用的例子就是《经济学人》每年发表的所谓的"巨无霸指数"(Big Mac Index)]。用相近国家计算的连锁指数用于对比差距较大的国家时,可能会导致复合性错误。Deaton(2010)表示,如幸福调查问卷一类的非需求数据,可能会为跨国比较提供有效的附加信息。就理论方面而言,Fleurbaey 和 Tadenuma(2007)表示,商品清单的不完全重叠产生了阿罗不可能定理,即使仅靠弱独立公理,即规定对两种分配的评价只能取决于对其中单独一种分配中的商品偏好,也是如此。Fleurbaey 和 Tadenuma(2007)给出的建议是聚焦于含有共同核心成分集合的功效列表,这与 Deaton(2010)提出的超越市场数据的建议并无不同。当然,这些建议立刻将我们带入非市场维度这一更普遍的话题。

2.5.3.2 非市场维度

生活标准包含许多公共物品(例如环境),还有非市场物品和"功效"(例如健康),认识到这一点在推动"超越 GDP"方面起到重要作用,这种作用不仅体现在对既定国家的经济增长与公共政策的评估上,更体现在国际比较中。事实上,我们在 2.3 节中回顾的三种方法已经运用到国际比较的实证研究中。

最简单的方法就是将不同生活维度的指数聚合成一个单项综合指标,这种方法遵循了对能力方法的客观解释。最常用的例子就是聚合了国家收入、平均寿命以及教育三个指数的 HDI(世界各国所取得的这些成绩,已被标准化为 0 到 1 之间的指数)。尽管这一指数的最初形式构成了一个线性聚合(UNDP,1990),从而说明各维度间的完全可替代性,但当某一维度水平低于其他维度时,人们最近已采用几何平均数来反映这一维度的重要性(UNDP,2010)。在这个新指数的一项变体中,每个值域的平均指数可以根据不平等进行调整,以便

---

① 需注意的是,如果根据其他数据可以知道偏好,那么取固定值的货币计量方法将会满足最后一个条件而不满足价格独立条件,因为数量会提供所有需要的福利信息。

② 事实上,她并未对 AIDS 模型进行估测,仅对实物分配方程进行了测算,该方程中,收入的平减指数是 PWT 购买力平价指数,而不是 AIDS 平减指数。

每一项指数都成为个人成就的几何平均数。这样,根据下面的恒等式(其中 I_i、L_i、E_i 分别表示个人 i 的收入、平均寿命以及教育),总体指数也可以表达成个人的柯布-道格拉斯指数(Cobb-Douglas indexes)的几何平均数:

$$\prod_i \sqrt[3]{I_i L_i E_i} \equiv \sqrt[3]{\left(\prod_i I_i\right)\left(\prod_i L_i\right)\left(\prod_i E_i\right)}$$

这一变体缓和了人们对具体幸福综合指数的批判[人们批评它从单个维度逐一进行概括统计开始,没有考虑各维度之间的关联,或没有考虑多维累积匮乏(见 2.4 节)]。前面的公式在跨维度聚合与个体间聚合中使用了相同的替代弹性,所以这两种聚合的测序都不重要。这使得指数不受到各维度之间相关性的影响。此外,据说 HDI 的当前版本很明显就是一种客观指数,有人认为它暗含了在各维度之间令人不安的取舍(见 Ravallion,2012)。

世上存在许多效仿 HDI 方法的综合指数。[①] 有些是关于社会问题的,而另外一些关于持续性问题。这些指数所面临的最严重的难题就是如何选择各种维度的权重体系。常见做法是实施敏感性分析以确保加权后所得结论的可靠性(Decancq and Ooghe,2010,Foster et al.,2013),这被归结为优势分析。另一种方法是放弃所有聚合指数并直接将多维不平等指数用于相同的数据中(Decancq et al.,2009)。当然,正如 2.4 节所展示的,这些方法中没有一个尊重了国际偏好中的异质性。

快乐测量方法也被用于国际比较中,尽管许多与跨国数据相关的文献已经重点关注了快乐与收入之间的关联(Deaton,2008;Diener et al.,2010;Stevenson and Wolfers,2008)。任何既定收入水平下的平均生活满意度的巨大差异,也许反映了生活中的非市场维度差异以及文化差异。Helliwell 等(2010)对许多国家的样本进行了研究,并得出两个结论。第一,非市场维度在生活满意度的计量经济学回归中发挥了极大的作用,这些维度包括拥有一个伴侣、可以信任朋友、有选择自由、认为自己身边没有腐败现象、一直都很慷慨等。这些维度在个人生活层面发挥了积极的作用,但其中的一些维度在国家层面也发挥了作用(包括健康寿命,这在个人水平是观察不到的)。第二,一旦有人将这些社会维度融入分析中,融入所有国家拥有相同系数的单一满意度方程中,那么每个国家的平均满意度预测值与实际值之间的差异对大多数国家而言都很小,不存在系统的规律,除了一个例外:总的来说,拉美国家幸福感的实际值比预计值要高出许多。

但是,国家与地区方程式的结果也表明了收入系数与社会维度系数存在天壤之别,揭示了全世界的生活满意度与生活各种维度之间的联系各不相同。人们可以怀疑,人际差异可能更为重要。如果生活满意度方程式能够被看作为群体偏好提供了证明,那么这又引发了另一个有趣的问题,即对比不同偏好群体的情况,这也是本章的核心问题。Helliwell 等(2010)曾提出利用社会维度系数与收入系数的比值来计算等价收入变异。这种方法是我们在 2.3 节中介绍的估测计算等价收入所需偏好的众多方法的一种。

Becker 等(2005)使用了等价收入变异法估算收入增长,这种收入增长本该与观察到的世界各国的预期寿命的增长相等。其主要发现是发展中国家大幅增加的预期寿命一旦转换

[①] Garey 与 Jany-Catrice (2006)、Stiglitz 等(2009),以及 Fleurbaey 和 Blanchet(2013)给出了相关回顾。

成货币等价物,世界上的不平等现象将会比标准收入测度得到的轻微许多,世界将看上去更加美好。他们假设了世界上的同质偏好,且他们对偏好的估测都取决于基于美国就业风险的显示性偏好得到的经济数据。

Jones 和 Klenow(2010)使用了等价变异与补偿变异的组合,其偏好关系与 Becker 等(2002)使用的偏好关系相似,但是对非收入维度的清单进行了扩充,并将闲暇时间与不平等囊括其中。用 I 和 Q 分别表示收入与生活质量(预期寿命、闲暇、不平等),用 V 表示一项代表偏好排序的效用函数(假设在世界各国都相同),那么使用等价变异方法就可以对每个国家 i 求解出如下方程:

$$V(I_i, Q_i) = V(\lambda_i^{EV} I_{USA}, Q_{USA})$$

而使用补偿变量方法可以求解出如下方程:

$$V(I_{USA}, Q_{USA}) = V(I_i/\lambda_i^{CV}, Q_i)$$

他们随后提议将 $\sqrt{\lambda_i^{CV} \lambda_i^{EV}}$ 作为各国之间的对比指数。在使用补偿变异方法时存在一个问题,即我们可能会得到 $V(I_i, Q_i) > V(I_j, Q_j)$,而 $\lambda_i^{CV} < \lambda_j^{CV}$。使用等价变异方法就可以避免这个问题,因为 $\lambda_i^{EV} I_{USA}$ 只是以美国的生活质量为参照的一项货币计量指数。

一般而言,随着比较对象的变化而不断变换参考值的时候,补偿变异与等价变异方法都存在问题。货币计量指数通过设定固定参考值避免了这个问题。Fleuurabaey 和 Gaulier(2009)在 OECD 国家之间进行的国际比较中采用了货币计量法,比较的都是非收入维度,如闲暇、寿命、失业风险、家庭组成以及收入不平等。他们仅允许闲暇中存在异质性偏好,其他偏好以 Becker 等(2005)的偏好排序为基础。尽管这种方法在理论上可以与个人层面的异质性偏好以及每个国家内部的等价收入分配的计算兼容,但他们关注的也只是每个国家的平均水平。Decancq 与 Schokkaert(2013)根据欧洲社会调查,从非收入维度的生活满意度调查所得的数据计算出个人等价收入,其中非收入维度包括健康、就业状况、社会互动质量以及个人安全。他们将这些等价收入引入一项凹的社会福利函数中,并对 2008—2010 年 18 个欧洲国家的社会福利做了比较,考虑个人福利的分配问题。不同国家的等价收入排序与不同国家的收入排序是不相同的,一个突出的例子就是,由于经济危机,希腊与西班牙两国的幸福感大幅下降。Bargain 等(2013)对欧洲各国及美国的闲暇和消费的异质性偏好进行了研究,并为福利水平以及不平等分析计算出一些货币计量指数。在他们的分析中,偏好异质性同样在福利排序中发挥了重要作用。

2.6 结论

平等主义思想家通常关心福利的分配。个人福利不仅取决于收入,还取决于生活的其他方面,如健康、社会关系和环境质量、就业和工作满意度。我们在本章考查了关于如何构建这种整体福利测度的经济学文献。我们区分了三种方法:能力(和功效)方法、主观生活满意度测量的使用和等价收入的计算。我们认为,测度的选择最终是一个规范性问题,我们讨论了个人幸福感测量背后的规范性假设,侧重于两个问题:尊重个人偏好的程度,以及每种方法中个人责任的界限。在这些问题上,这三种方法采取了不同的立场。我们也将福利不平等的测量与使用多维不平等的测度进行了比较。后者只适合完美主义者的观点,完全忽略了人际偏好的差异。

　　在关于不平等测量的大多数应用研究中,追求的目标更加有限。人们继续关注以资源为基础的测度,然后将其扩展到考虑其他因素:等价尺度文献中的家庭规模和构成(和其他需求),公共物品和服务的价值,亦或是国际 PPP 比较中的价格差异。在每一种情况下,人们通常都不想构建一种全面的幸福测度。人们忽略了家庭关系对幸福的直接影响,因提供公共品及服务而产生的一些功效,以及国际偏好异质性的影响。在所有这三个领域中,我们关注的是情况比较而不是福利比较。然而即使从这个更有限的角度来看,最常用的方法往往还是不尽如人意,关于改进这些现有测度的建议(无差异尺度的构建,主观满意度信息的使用,引入支付意愿和提供公共服务背景下的需求差异,引入国际比较中的偏好差异),将这些方法推向了建设更多全球性幸福测度的方向,并且采用了为构建更多全球性幸福测度而进行探索和开发的研究方法。事实上,在某些情况下,信息要求变得非常相似。分析"扩展(或修正)的收入"与幸福的总体测度之间的确切关系,将是进一步研究的一个富有成效的领域。

致谢

　　我们对本书的主编及约翰·罗默、蒂姆·斯米丁等人为本章早期版本提出的宝贵评价与建议表示由衷的感谢。

参考文献

Aaberge, R., Bhuller, M., Langørgen, A., Mogstadt, M., 2010. The distributional impact of public services when needs differ. J. Pub. Econ. 94, 549-562.

Alesina, A., Di Tella, R., MacCulloch, R., 2004. Inequality and happiness: are Europeans and Americans different? J. Pub. Econ. 88, 2009-2042.

Alkire, S., 2002. Dimensions of human development. World Dev. 30, 181-205.

Almas, I., 2012. International income inequality: measuring PPP bias by estimating Engel curves for food. Am. Econ. Rev. 102, 1093-1117.

Apps, P., Rees, R., 1988. Taxation and the household. J. Pub. Econ. 35, 355-369.

Arneson, R., 1989. Equality and equal opportunity for welfare. Philos. Stud. 56, 77-93.

Arrow, K., 1951. Social Choice and Individual Values. Wiley, New York.

Arrow, K., 1973. Some ordinalist-utilitarian notes on Rawls's theory of justice. J. Philos. 70, 245-263.

Atkinson, A., 2005. Atkinson Review: Measurement of Government Output and Productivity for the National Accounts. Final Report. Palgrave Macmillan, Basingstoke.

Atkinson, A. , Bourguignon, F. , 1982. The comparison of multi-dimensioned distributions of economic status. Rev. Econ. Stud. 49, 183-201.

Atkinson, A. , Bourguignon, F. , 1987. Income distribution and differences in needs. In: Feiwel, G. F. (Ed.), Arrow and the Foundation of the Theory of Economic Policy. Macmillan, London, pp. 350-370.

Barbera, S. , Bossert,W. , Pattanaik, P. , 1998. Ranking sets of objects. In: Barbera, S. , Hammond, P. , Seidl, C. (Eds.), Handbook of Utility Theory. Kluwer Academic Press, Dordrecht, Chapter 17.

Bargain,O. , Decoster, A. , Dolls,M. , Neumann, D. , Peichl, A. , Siegloch, S. , 2013. Welfare, labor supply and heterogeneous preferences: evidence for Europe and the US. Soc. Choice Welfare 41, 789-817.

Basu, K. , 1987. Achievements, capabilities and the concept of well-being. Soc. Choice Welfare 4, 69-76.

Basu, K. , Lopez-Calva, L. , 2011. Functionings and capabilities. In: Arrow, K. , Sen, A. , Suzumura, K. (Eds.), Handbook of Social Choice and Welfare. Elsevier, Amsterdam, pp. 153-187.

Becker, G. , Philipson, T. , Soares, R. , 2005. The quantity and quality of life and the evolution of world inequality. Am. Econ. Rev. 95, 277-291.

Benjamin, D. , Heffetz, O. , Kimball, M. , Rees-Jones, A. , 2012. What do you think would make you happier? What do you think you would choose? Am. Econ. Rev. 102, 2083-2110.

Bernheim, D. , 2009. Behavioral welfare economics. J. Eur. Econ. Assoc. 7, 267-319.

Bernheim, D. , Rangel, A. , 2009. Beyond revealed preference: choice theoretic foundations for behavioral welfare economics. Q. J. Econ. 124, 51-104.

Blackorby, C. , Donaldson, D. , 1988. Money metric utility: a harmless normalization? J. Econ. Theory 46, 120-129.

Blackorby, C. , Donaldson, D. , 1993. Adult-equivalence scales and the economic implementation of inter-personal comparisons of well-being. Soc. Choice Welfare 10, 335-361.

Blanchflower, D. , Oswald, A. , 2004. Well-being over time in Britain and the USA. J. Pub. Econ. 88, 1359-1386.

Bourguignon, F. , 1989. Family size and social utility: income distribution dominance criteria. J. Econ. 42, 67-80.

Bourguignon, F. , Rogers, H. , 2007. Distributional effects of educational improvements: are we using the wrong model? Econ. Educ. Rev. 26, 735-746.

Browning, M. , Chiappori, P. -A. , Lewbel, A. , 2013. Estimating consumption economies of scale, adult equivalence scales, and household bargaining power. Rev. Econ. Stud. 80, 1267-1303.

Brun, B., Tungodden, B., 2004. Non-welfaristic theories of justice: is the "intersection approach" a solution to the indexing impasse? Soc. Choice Welfare 22, 49-60.

Carson, R., 2012. Contingent valuation: a practical alternative when prices aren't available. J. Econ. Perspect. 26, 27-42.

Cherchye, L., De Rock, B., Vermeulen, F., 2012. Economic well-being and poverty among the elderly: an analysis based on a collective consumption model. Eur. Econ. Rev. 56, 985-1000.

Cherchye, L., De Rock, B., Lewbel, A., Vermeulen, F., 2013. Sharing Rule Identification for General Collective Consumption Models, Mimeo.

Chiappori, P.-A., 1988. Rational household labor supply. Econometrica 56, 63-89.

Clark, D., 2005. Sen's capability approach and the many spaces of human well-being. J. Dev. Stud. 41, 1339-1368.

Clark, A., Oswald, A., 2002. A simple statistical method for measuring how life events affect happiness. Int. J. Epidemiol. 31, 1139-1144.

Cohen, G., 1989. On the currency of egalitarian justice. Ethics 99, 906-944.

Crawford, I., Neary, P., 2008. Testing for a reference consumer in international comparisons of living standards. Am. Econ. Rev. 98, 1731-1732.

Currie, J., Gahvari, F., 2008. Transfers in cash and in-kind: theory meets the data. J. Econ. Lit. 46, 333-383.

d'Aspremont, C., Gevers, L., 1977. Equity and the informational basis of collective choice. Rev. Econ. Stud 44, 199-209.

d'Aspremont, C., Gevers, L., 2002. Social welfare functionals and interpersonal comparability. In: Arrow, K., Sen, A., Suzumura, K. (Eds.), In: Handbook of Social Choice and Welfare, vol. 1 Elsevier, Amsterdam, pp. 459-541.

Dardanoni, V., 1995. On multidimensional inequality measurement. In: Dagum, C., Lemmi, A. (Eds.) In: Research on Economic Inequality, vol. 6. JAI Press, London, pp. 201-207.

Deaton, A., 2008. Income, health, and well-being around the world: evidence from the Gallup World Poll J. Econ. Perspect. 22, 53-72.

Deaton, A., 2010. Price indexes, inequality, and the measurement of world poverty. Am. Econ. Rev 100, 5-34.

Deaton, A., Heston, A., 2010. Understanding PPPs and PPP-based national accounts. Am. Econ. J. Macroecon. 2, 1-35.

Deaton, A., Muellbauer, J., 1980. Economics and Consumer Behaviour. Cambridge University Press, Cambridge.

Decancq, K., 2013. Copula-based measurement of dependence between dimensions of well-being. Oxf. Econ. Pap. 66 (3), 681-701.

Decancq, K., Lugo, M. A., 2012. Inequality of well-being: a multidimensional approach. Economica 79, 721-746.

Decancq, K., Lugo, M. A., 2013. Weights in multidimensional indices of well-being: an overview. Econom. Rev. 32, 7-34.

Decancq, K., Ooghe, E., 2010. Has the world moved forward? A robust multidimensional evaluation. Econ. Lett. 107, 266-269.

Decancq, K., Schokkaert, E., 2013. Beyond GDP: Measuring Social Progress in Europe. KU Leuven, Leuven. Mimeo.

Decancq, K., Decoster, A., Schokkaert, E., 2009. The evolution of world inequality in well-being. World Dev. 37, 11-25.

Decoster, A., Haan, P., 2013. Empirical welfare analysis in random utility models of labour supply. Int. Tax Pub. Finance, forthcoming.

Della Vigna, S., 2009. Psychology and economics: evidence from the field. J. Econ. Lit. 47, 315-372.

de Ree, J., Alessie, R., Pradhan, M., 2013. The price and utility dependence of equivalence scales: evidence from Indonesia. J. Pub. Econ. 97, 272-281.

Diener, E., Suh, E., Lucas, R., Smith, H., 1999. Subjective well-being: three decades of progress. Psychol. Bull. 125, 276-302.

Diener, E., Helliwell, J., Kahneman, D. (Eds.), 2010. International Differences in Wellbeing. Oxford University Press, Oxford.

Diewert, W., 1976. Exact and superlative index numbers. J. Econ. 4, 115-145.

Diewert, W., 1992a. Exact and superlative welfare change indicators. Econ. Inq. 30, 565-583.

Diewert, W., 1992b. Fisher ideal output, input, and productivity indexes revisited. J. Prod. Anal. 3, 211-248.

Donaldson, D., 1992. On the aggregation of money measures of well-being in applied welfare economics. J. Agric. Resour. Econ. 17, 88-102.

Donaldson, D., Pendakur, K., 2003. Equivalent-expenditure functions and expenditure-dependent equivalence scales. J. Pub. Econ. 88, 175-208.

Dunbar, G., Lewbel, A., Pendakur, K., 2013. Children's resources in collective households: identification, estimation, and an application to child poverty in Malawi. Am. Econ. Rev. 103, 438-471.

Dutta, I., Foster, J., 2013. Inequality of happiness in the U. S.: 1972-2010. Rev. Income Wealth 59, 393-415.

Dutta, I., Pattanaik, P., Xu, Y., 2003. On measuring deprivation and the standard of living in a multidimensional framework on the basis of aggregate data. Economica 70, 197-221.

Dworkin, R., 1981a. What is equality? Part 1: equality of welfare. Philos. Pub. Aff. 10, 185-246.

Dworkin, R., 1981b. What is equality? Part 2: equality of resources. Philos. Pub. Aff. 10, 283-345.

Dworkin, R., 2000. Sovereign Virtue. Cambridge University Press, Cambridge.

Easterlin, R., 1974. Does economic growth improve the human lot? Some empirical evidence. In: David, P., Reder, M. (Eds.), Nations and Households in Economic Growth: Essays in Honor of Moses Abramovitz. Academic Press, New York, pp. 89-125.

European Statistical System, 2011. Sponsorshop Group on Measuring Progress, Wellbeing and Sustainable Development: Final Report. http://epp. eurostat. ec. europa. eu/portal/page/portal/pgp_ess/0_DOCS/estat/SpG_progress_wellbeing_report_after_ESSC_adoption_22Nov1. pdf.

Fisher, I., 1922. The Making of Index Numbers. Houghton Mifflin, Boston.

Fisher, G. M., 1997. The development of the Orshansky poverty thresholds and their subsequent history as the official U. S. Poverty Measure. Mimeo on, http://www. census. gov/hhes/povmeas/publications/orshansky. html.

Fleurbaey, M., 2003. On the informational basis of social choice. Soc. Choice Welfare 21, 347-384.

Fleurbaey, M., 2006a. Capabilities, functionings and refined functionings. J. Hum. Dev. 7, 299-310.

Fleurbaey, M., 2006b. Social welfare, priority to the worst-off and the dimensions of individual well-being. In: Farina, F., Savaglio, E. (Eds.), Inequality and Economic Integration. Routledge, London, pp. 225-268.

Fleurbaey, M., 2007. Social choice and the indexing dilemma. Soc. Choice Welfare 29, 633-648.

Fleurbaey, M., 2008. Fairness, Responsibility and Welfare. Oxford University Press, Oxford.

Fleurbaey, M., 2009. Equality of functionings. Социальные проблемы, http://socprob. ru/2009/equality-of-functionings-mark-flerbe. html.

Fleurbaey, M., Blanchet, D., 2013. Beyond GDP. Measuring Welfare and Assessing Sustainability. Oxford University Press, Oxford.

Fleurbaey, M., Gaulier, G., 2009. International comparisons of living standards by equivalent incomes. Scand. J. Econ. 111, 597-624.

Fleurbaey, M., Maniquet, F., 2011. A Theory of Fairness and Social Welfare. Cambridge University Press, Cambridge.

Fleurbaey, M., Mongin, P., 2005. The news of the death of welfare economics is greatly exaggerated. Soc. Choice Welfare 25, 381-418.

Fleurbaey, M., Schokkaert, E., 2012. Inequity in health and health care. In: Barros, P., McGuire, T., Pauly, M. (Eds.), Handbook of Health Economics, vol. 2. Elsevier, New York, pp. 1003-1092.

Fleurbaey, M., Schokkaert, E., 2013. Behavioral welfare economics and redistribution. Am. Econ. J. Microecon. 5, 180-205.

Fleurbaey, M., Tadenuma, K., 2007. Do irrelevant commodities matter? Econometrica 75, 1143-1174.

Fleurbaey, M., Trannoy, A., 2003. The impossibility of a Paretian egalitarian. Soc. Choice Welfare 21, 243-263.

Fleurbaey, M., Hagneré, C., Trannoy, A., 2003. Welfare comparisons with bounded equivalence scales. J. Econ. Theory 110, 309-336.

Fleurbaey, M., Schokkaert, E., Decancq, K., 2009. What Good Is Happiness?, CORE: Discussion Paper 2009/17.

Fleurbaey, M., Luchini, S., Schokkaert, E., Van de Voorde, C., 2012. Evaluation des politiques de santé: pour une prise en compte équitable des interest des populations. Econ. Stat. 455-456, 11-36.

Fleurbaey, M., Luchini, S., Muller, C., Schokkaert, E., 2013. Equivalent income and the economic evaluation of health care. Health Econ. 22, 711-729.

Foster, J., 2010. Freedom, opportunity, and well-being. In: Arrow, K. J., Sen, A. K., Suzumura, K. (Eds.), Handbook of Social Choice and Welfare, vol. 2. North Holland, Amsterdam, pp. 687-728.

Foster, J., McGillivray, M., Seth, S., 2013. Composite indices. Rank robustness, statistical association and redundancy. Econom. Surv. 32, 35-56.

Frey, B., Stutzer, A., 2002. What can economists learn from happiness research? J. Econ. Lit. 40, 402-435.

Gadrey, J., Jany-Catrice, F., 2006. The New Indicators of Well-Being and Development. Macmillan, London.

Gajdos, T., Weymark, J., 2005. Multidimensional generalized Gini indices. Econ. Theory 26, 471-496.

Graham, C., 2009. Happiness Around the World: The Paradox of Happy Peasants and Miserable Millionaires. Oxford University Press, Oxford.

Gruber, J., Mullainathan, S., 2005. Do cigarette taxes make smokers happier? Adv. Econ. Anal. Pol. 5, Article 4. Www. Bepress. Com.

Hausman, J., 2012. Contingent valuation: from dubious to hopeless. J. Econ. Perspect. 26, 43-56.

Hausman, D., McPherson, M., 2009. Preference satisfaction and welfare economics. Econ.

Philos. 25, 1-25.

Helliwell, J., Barrington-Leigh, C., Harris, A., Huang, H., 2010. International evidence on the social context of well-being. In: Diener, E., Helliwell, J., Kahneman, D. (Eds.), International Differences in Well-Being. Oxford University Press, Oxford.

Jones, C., Klenow, P., 2010. Beyond GDP? Welfare Across Countries and Time. NBER: Working Paper 16352.

Jones, A., O'Donnell, O., 1995. Equivalence scales and the costs of disability. J. Pub. Econ. 56, 273-289.

Kahneman, D., Krueger, A., 2006. Developments in the measurement of subjective well-being. J. Econ. Perspect. 20, 3-24.

Kahneman, D., Sugden, R., 2005. Experienced utility as a standard of policy evaluation. Environ. Resour. Econ. 32, 161-181.

Kahneman, D., Wakker, P., Sarin, R., 1997. Back to Bentham? Explorations of experienced utility. Q. J. Econ. 112, 375-406.

Kahneman, D., Krueger, A., Schkade, D., Schwarz, N., Stone, A., 2004. Toward national well-being accounts. Am. Econ. Rev. 94, 429-434, Papers and Proceedings.

Kapteyn, A., 1994. The measurement of household cost functions: revealed preference versus subjective measures. J. Popul. Econ. 4, 333-350.

Kapteyn, A., Van Praag, B., 1976. A new approach to the construction of family equivalence scales. Eur. Econ. Rev. 7, 313-335.

Kimball, M., Willis, R., 2006. Utility and Happiness. Mimeo.

King, M., 1983. Welfare analysis of tax reforms using household data. J. Pub. Econ. 23, 183-214.

Kolm, S. -Chr., 1977. Multidimensional egalitarianisms. Q. J. Econ. 91, 1-13.

Koshevoy, G., 1995. Multivariate Lorenz majorization. Soc. Choice Welfare 12, 93-102.

Koulovatianos, C., Schröder, C., Schmidt, U., 2005. On the income dependence of equivalence scales J. Pub. Econ. 89, 967-996.

Layard, R., 2005. Happiness: Lessons from a New Science. Allan Lane, London.

Lelli, S., 2005. Using functionings to estimate equivalence scales. Rev. Income Wealth 51, 255-284.

Levinson, A., 2012. Valuing public goods using happiness data: the case of air quality. J. Pub. Econ 96, 869-880.

Lewbel, A., 1989. Household equivalence scales and welfare comparisons. J. Pub. Econ. 39, 377-391.

Lewbel, A., 2003. Calculating compensation in cases of wrongful death. J. Econ. 113, 115-128.

Loewenstein, G., Ubel, P., 2008. Hedonic adaptation and the role of decision and experienced utility in public policy. J. Pub. Econ. 92, 1795-1810.

Manser, M., Brown, M., 1980. Marriage and household-decision making: a bargaining analysis. Int. Econ. Rev. 21, 31-44.

Marical, F., Mira d'Ercole, M., Vaalavuo, M., Verbist, G., 2008. Publicly Provided Services and the Distribution of Households' Economic Resources. OECD Economic Studies No. 44, 2008/1.

Marshall, A., Olkin, I., 1979. Inequalities: Theory of Majorization and Its Applications. Academic Press, New York.

McElroy, M., Horney, J., 1981. Nash-bargained household decisions: towards a generalization of the theory of demand. Int. Econ. Rev. 22, 333-349.

Musgrave, R.A., 1959. The Theory of Public Finance. McGraw-Hill, New York.

Neary, P., 2004. Rationalizing the Penn world table: true multilateral indices for international comparisons of real income. Am. Econ. Rev. 94, 1411-1428.

Nussbaum, M., 2000. Women and Human Development: The Capabilities Approach. Cambridge University Press, Cambridge.

Nussbaum, M., 2006. Frontiers of Justice: Disability, Nationality, Species Membership. Harvard University Press, Cambridge, MA.

Nussbaum, M., 2008. Who is the happy warrior? Philosophy poses questions to psychology. J. Legal Stud. 37, S81-S113.

Nussbaum, M., 2011. Creating Capabilities: The Human Development Approach. Belknap Press of Harvard University Press, Cambridge, MA.

Nussbaum, M., Sen, A. (Eds.), 1993. The Quality of Life. Clarendon Press, Oxford.

OECD, 2008. Growing Unequal? Income Distribution and Poverty in OECD Countries. OECD Publishing, Paris.

OECD, 2011. How's Life? Measuring Well-Being. OECD Publishing, Paris. http://dx.doi.org/10.1787/9789264121164-en.

Ooghe, E., Lambert, P., 2006. On bounded dominance criteria. Math. Soc. Sci. 52, 15-30.

Oswald, A., 1997. Happiness and economic performance. Econ. J. 107, 1815-1831.

Oswald, A., Powdthavee, N., 2008. Does happiness adapt? A longitudinal study of disability with implications for economists and judges. J. Pub. Econ. 92, 1061-1077.

Pattanaik, P., Xu, Y., 1990. On ranking opportunity sets in terms of freedom of choice. Rech. Econ. Louvain 56, 383-390.

Pattanaik, P., Xu, Y., 2007. Minimal relativism, dominance, and standard of living comparisons based on functionings. Oxf. Econ. Pap. 59, 354-374.

Pattanaik, P., Xu, Y., 2009. Conceptions of individual rights and freedom in welfare economics: a reexamination. In: Gotoh, R., Dumouchel, P. (Eds.), Against Injustice: The New Economics of Amartya Sen. Cambridge University Press, Cambridge, pp. 187-218.

Pattanaik, P., Xu, Y., 2012. The Ethical Bases of Public Policies: A Conceptual Framework, Mimeo.

Pattanaik, P., Reddy, S., Xu, Y., 2012. On measuring deprivation and living standards of societies in a multi-attribute framework. Oxf. Econ. Pap. 64, 43-56.

Paulus, A., Sutherland, H., Tsakloglou, P., 2010. The distributional impact of in-kind public benefits in European countries. J. Policy Anal. Manage. 29, 243-266.

Pogge, T., 2002. Can the capability approach be justified? Philos. Top. 30, 167-228.

Pollak, R., Wales, T., 1979. Welfare comparisons and equivalence scales. Am. Econ. Rev. 62, 216-221, Papers and Proceedings.

Pont, M., 2008. Improvements to the measurement of government output in the national accounts. Econ. Labour Mark. Rev. 2, 17-22.

Quiggin, J., van Veelen, M., 2007. Multilateral indices: conflicting approaches? Rev. Income Wealth 53, 372-378.

Radner, D. B., 1997. Noncash income, equivalence scales, and the measurement of economic well-being. Rev. Income Wealth 43, 71-88.

Ravallion, M., 2012. Troubling tradeoffs in the human development index. J. Dev. Econ. 99, 201-209.

Rawls, J., 1971. A Theory of Justice. Harvard University Press, Cambridge, MA.

Rawls, J., 1982. Social unity and primary goods. In: Sen, A., Williams, B. (Eds.), Utilitarianism and Beyond. Cambridge University Press, Cambridge, pp. 159-185.

Rayo, L., Becker, G., 2007. Habits, peers and happiness: an evolutionary perspective. Am. Econ. Rev. 97, 487-491. Papers and Proceedings.

Robbins, L., 1938. Interpersonal comparisons of utility: a comment. Econ. J. 48, 635-641.

Robeyns, I., 2003. Sen's capability approach and gender inequality: selecting relevant capabilities. Fem. Econ. 9, 61-92.

Robeyns, I., 2006. The capability theory in practice. J. Polit. Philos. 14, 351-376.

Roemer, J., 1996. Theories of Distributive Justice. Harvard University Press, Cambridge.

Roemer, J., 1998. Equality of Opportunity. Harvard University Press, Cambridge, MA.

Samuelson, P., 1974. Complementarity: an essay on the 40th anniversary of the Hicks-Allen revolution in demand theory. J. Econ. Lit. 12, 1255-1289.

Samuelson, P., Swamy, S., 1974. Invariant economic index numbers and canonical duality: survey and synthesis. Am. Econ. Rev. 64, 566-593.

Scanlon, T., 1975. Preference and urgency. J. Philos. 72, 655-669.

Schokkaert, E. , Van Ootegem, L. , Verhofstadt, E. , 2011. Preferences and subjective job satisfaction: measuring well-being on the job for policy evaluation. CESifo Econ. Stud. 57, 683-714.

Sen, A. , 1970. Collective Choice and Social Welfare. Holden Day, San Francisco.

Sen, A. , 1980. Equality of what? In: Sen, A. (Ed.), Choice, Welfare and Measurement. Blackwell, Oxford, pp. 353-369.

Sen, A. , 1984. The living standard. Oxf. Econ. Pap. 36, 74-90.

Sen, A. , 1985. Commodities and Capabilities. North-Holland, Amsterdam.

Sen, A. , 1992. Inequality Re-Examined. Clarendon Press, Oxford.

Sen, A. , 1999. Development as Freedom. Knopf, New York.

Sen, A. , 2004. Capabilities, lists, and public reason: continuing the conversation. Fem. Econ. 10, 77-80.

Sen, A. , 2009. The Idea of Justice. Allen Lane, London.

Sen, A. , Williams, B. (Eds.), 1982. Utilitarianism and Beyond. Cambridge University Press, Cambridge.

Sen, A. , Muellbauer, J. , Kanbur, R. , Hart, K. , Williams, B. , 1987. The Standard of Living. Cambridge University Press, Cambridge.

Slesnick, D. T. , 1996. Consumption and poverty: how effective are in-kind transfers? Econ. J. 106, 1527-1545.

Smeeding, T. , 1977. The antipoverty effectiveness of in-kind transfers. J. Hum. Resour. 12, 360-378.

Smeeding, T. , 1982. Alternative Methods for Valuing In-Kind Transfer Benefits and Measuring Their Impact on Poverty: Technical Report 50. U. S. Bureau of the Census, Washington, DC.

Smeeding, T. , Coder Saunders, P. , Jenkins, S. , Fritzell, J. , Haagenaars, A. J. M. , Hauser, R. , Wolfson, M. , 1993. Poverty, inequality, and family living standards impact across seven nations: the effect of noncash subsidies for health, education and housing. Rev. Income Wealth 39, 229-256.

Smolensky, E. , Stiefel, L. , Schmundt, M. , 1977. Adding in-kind transfers to the personal income and outlay account: implications for the size distribution of income. In: Juster, T. F. (Ed.), Distribution of Economic Well-Being. NBER, Cambridge, MA, pp. 9-50.

Sprumont, Y. , 2012. Resource egalitarianism with a dash of efficiency. J. Econ. Theory 147, 1602-1613.

Stevenson, B. , Wolfers, J. , 2008. Economic growth and subjective well-being: reassessing the Easterlin paradox. Brook. Pap. Econ. Act. 1, 1-97.

Stiglitz, J. , Sen, A. , Fitoussi, J. -P. , 2009. Report by the Commission on the Measurement of Economic Performance and Social Progress, Paris.

Stutzer, A., Frey, B., 2008. Stress that doesn't pay: the commuting paradox. Scand. J. Econ. 110, 339-366.

Sugden, R., 1993. Welfare, resources and capabilities: a review of "Inequality Reexamined" by Amartya Sen. J. Econ. Lit. 31, 1947-1962.

Trannoy, A., 2006. Multidimensional egalitarianism and the dominance approach: a lost paradise? In: Farina, F., Savaglio, E. (Eds.), Inequality and Economic Integration. Routledge, London, pp. 284-302.

Tsui, K.-Y., 1995. Multidimensional generalizations of the relative and absolute inequality indices: the Atkinson-Kolm-Sen-approach. J. Econ. Theory 67, 251-265.

UNDP, 1990. Human Development Report 1990. Oxford University Press, New York.

UNDP, 2010. The Real Wealth of Nations: Pathways to Human Development. Oxford University Press, New York.

Van Praag, B., 1971. The welfare function of income in Belgium: an empirical investigation. Eur. Econ. Rev. 2, 337-369.

Van Praag, B., Ferrer-i-Carbonell, A., 2007. Happiness Quantified: A Satisfaction Calculus Approach. Oxford University Press, Oxford.

Van Praag, B., Ferrer-i-Carbonell, A., 2009. Inequality and happiness. In: Salverda, W., Nolan, B., Smeeding, T. (Eds.), Oxford Handbook of Economic Inequality. Oxford University Press, Oxford, Chapter 17.

Van Praag, B., van der Sar, N., 1988. Household cost functions and equivalence scales. J. Hum. Resour. 23, 193-210.

van Veelen, M., 2002. An impossibility theorem concerning multilateral international comparisons of volume. Econometrica 70, 369-375.

van Veelen, M., van der Weide, R., 2008. A note on different approaches to index number theory. Am. Econ. Rev. 98, 1722-1730.

Verbist, G., Förster, M. F., Vaalavuo, M., 2012. The Impact of Publicly Provided Services on the Distribution of Resources: Review of New Results and Methods, OECD Social, Employment and Migration Working Papers, No. 130.

Weymark, J., 2006. The normative approach to the measurement of multidimensional inequality. In: Farina, F., Savaglio, E. (Eds.), Inequality and Economic Integration. Routledge, London, pp. 303-328.

Weymark, J., 2013. Conundrums for Nonconsequentialists, Vanderbilt University Department of Economics Working Papers 13-00010.

第 3 章 多维贫困与不平等

罗尔夫·阿伯奇(Rolf Aaberge)＊,

安德烈·布兰多里尼(Andrea Brandolini)†

＊挪威统计局研究部,奥斯陆大学经济学系平等、社会组织和表现中心(ESOP),挪威奥斯陆市

†意大利银行,经济、统计和研究总局,意大利罗马市

目　录

摘要:本章讨论对多维不平等和贫困的几种测量方法。我们首先概括了进行任何多维研究之前应考虑的三个方面:相关维度的选取、相关维度的测量指标及测量这些维度的加权过程。其次考察贫困测量中的计量方法和公理化处理。最后回顾不平等分析的公理化方法。本章还带着双重目的,对数量增长快速的一些理论文献进行了选择性的回顾:一是为了凸显未来研究领域,二是对如何在实证性和政策性应用中使用多维方法提供一些指导。

关键词:不平等;贫困;匮乏;多维生活幸福;能力和功效

JEL 分类代码:D3,D63,I30,I32

3.1 引言

幸福取决于生活中的多种不同因素,而收入水平或支出仅仅是对一个人能够享受的生活质量的一个粗略代表①,很少有人会质疑这一观点。我们在对社会不平等和贫困进行评估时是否应该考虑生活幸福的各个方面? 如果确实如此,那么应该怎么做?

幸福具有多维度的属性并不意味着社会评估也必须是多维度的。有人认为单一变量也可能涉及生活幸福的所有不同因素,功利主义方法尤为如此。这种方法把"效用"看作唯一的衡量指标,抑或通过个体来评估幸福水平。个体会将构成幸福的不同成分从向量 x 减少到效用 $\mu(x)$ 的水平,之后社会评估很可能会将估算的效用水平等同于个体揭示的水平,要么直接通过个体回答主观幸福感和生活满意度问卷来呈现,如快乐(经济学)研究文献②所示,要么间接通过分析个体的消费方式来体现,如 Jorgenson 和 Slesnick(1984a,1984b)所述。除

---

① 本章中,我们交替使用词语"生活幸福""生活质量""生活标准"等,旨在关注其多维本质,并不采用其任何确切定义。由此造成的模棱两可的情况对我们的表述不会构成问题,但可能会在不同的语境下出现问题。对这一点的讨论,见 Williams(1987)、Sen(1987)和 Sen(1993)之间的争论。同理,我们也使用了"属性""维度""领域"来表示匮乏或幸福这些多元概念的不同成分,我们也知道它们在有关社会指数文献中的某些特定领域也可能用于指代不同的概念。

② 在经济学家对快乐研究的兴趣与日俱增之前,"莱顿法"被用于测量贫困问题,它利用人们对自身经济情况的主观评价的信息来确定贫困线,可参见 Goedhart 等(1977)、van Praag 等(1980)、Danziger 等(1984)、van Praag 等(2003)、van Praag 和 Ferrer-i-Carbonell(2008)。

了需要分析限制条件(比如间接效用函数的形状,需求函数的可积性条件),使用这些方法还面临一个问题——每个人的效用都需要通过人与人之间的比较才能衡量。另外,把多维指数减少到一个单项指标可以被认为是通过一个社会评价者来完成的。如 Maasoumi(1986)指出,这种综合指标可以看作代表"所有所得属性的类似效用函数"(utility-like function),标准的单变量技术可用于其中。Maasoumi(1986)提出运用信息理论找到类似效用函数,使其分布尽可能地接近各种构成属性的分布。可是,其他方式也可以确定类似于个体层面的函数。一种常规做法是用一种等价尺度(equivalence scale)依据家庭人口数量和年龄构成来调整家庭收入,这也是这种多维分析法的另一个实例,因为对资源的掌握(收入)和个体的需要(依据年龄和生活安排的变化而变化)是评估幸福感的相关的两个不同维度。选定的等价尺度被认为可显示社会评估者的偏好。

然而,也有人从哲学和实践基础上提出了截然不同的看法,他们认为,不同维度必须在社会评估中清晰地区分开来。如果人们可以用特定的标准和(生活)安排来界定幸福的多维特征,那么一些人会支持 Walzer(1983)提出的"复合平等"(complex equality)的观点,换言之,"一位公民在一个领域的地位不会因为他在其他领域的地位而受影响,他在某方面的社会福利也不能因为他在其他方面的社会福利而受影响"。如果某些方面的不平等(如基本的生计或健康)比其他方面的不平等(如奢侈品)更无法让人接受,这时采用渐进方法(piecemeal approach)可能更合理,这种方法源于 Tobin(1970)提出的"特定平等主义"(specific egalitarianism)[1]。各维度之间的这种固有的不可通约的属性,意味着"不可能构建任何有序的衡量生活水平的参数标准,无论是在个体层面还是在社会整体层面",这是 Erikson(1993)在总结瑞典福利研究方案时做出的论断。也许有必要避免"临时聚合"和各种领域之间的未被解释的取舍(这在任何综合性指数或者聚合指数中都是固有的),这一必要性或许建议我们尽可能去给每一组逻辑合理的测量维度制定最佳的测量方案,如"收入贫困""健康贫困""教育贫困"等(见 Ravallion,2011a,2012a)。在所有这些情况下,我们对每个维度的固有自治性的认知,无论源于何种动机,都会产生局部的社会性评估,而我们不必对人们的幸福做出任何整体评价。人们会一个接一个地对幸福的属性向量 x 中的元素进行检测,而不试图用一个概括性指数来降低其复杂性。这是"汇总表"式的方法。这种方法很直接,的确具有吸引力,但在信息集合非常丰富的情况下,也会让我们陷入不能绘制整体图像的困境。

然而,我们也有理由在这两个极端情况中找到平衡点,这可能是因为上文所描述的将幸福的多个维度降低到单一变量的情况站不住脚:我们对什么才是合适的等价尺度可能有不同的看法,或者对不同的商品有不同的权衡,我们也可能无法对个人幸福的多个测度进行评估,或者我们也可能完全排斥个人幸福评价。或者,我们也可能会担心不平等现象在不同的领域积累,多种匮乏的组合相比匮乏的加总让生活更加艰辛。在这些情况下,我们可能需要对贫困和不平等进行多维社会评估,解释幸福属性向量 x 中所有元素的联合分布情况。

本章的目的在于探索这条中间路线。我们不对是否应该进行多维社会评估做进一步讨

---

[1] Slesnick(1989)通过对比主要消费成分的不平等和整体支出水平的不平等,评估追求个体维度平等化会如何影响整体效用的不平等(特定平等主义和普遍平等主义)。

论。我们当然认为应该用合适的方法来进行多维评估。更确切地说,我们要考察不平等和贫困的多维测量方法在分析和伦理道德上的理论基础,无论其目的是描述性的、规范性的,还是为制定政策所用,所有这些方法都需要大量武断的因而也是有争议的假设,阐明其依据能够帮助我们认清这些假设,了解它们的规范性内容。从这个角度来看,我们有意忽略大量的在统计和有效分析方面已经发展成熟的多元统计方法,它们虽能给我们提供很多有价值的信息,但是它们对多元属性的整合是基于经验观察到的变量之间的关系模式,因而缺少清晰的道德诠释。我们有理由对本质上带有规范性任务的数学算法慎之又慎,比如设定一项幸福指数。

20 世纪的最后 25 年里,关于不平等和贫困的多维测量的理论文献一直不断涌现,至今也远远没有停顿下来。我们并不系统探索文献的合理性,而是带着双重目的选择性地进行文献阅读:一是为了确定值得进一步研究的领域,二是为如何将现有的丰富而复杂的体系用于实证和政策导向分析应用提供一些指导建议。因为幸福的多维观点在政策论述中已获得巨大势头,其具体实施方法已变成了一个活跃的战场,竞争者在此为截然相反的方法进行激烈的辩论,极好的一个例子便是《经济不平等杂志》(2011 年卷)的多维贫困专题论坛[对其介绍参见 Lustig(2011)]。我们竭力对不同的立场和观点给予均衡的论述,同时考虑其利弊。

本章分为三个部分,外加一个小结。在下一节中,我们会简单回顾任何幸福的多维分析必须准备回答的三个问题:相关维度的选择、选定测量维度的参数、衡量维度的过程。这些问题在实证分析中非常重要,在理论上也引人入胜,不过我们只能概括性描述其主要特征。重要的是,就这些问题做出的选择可能会限制后面回顾的分析方法。比如,用于多维贫困分析的许多变量都是二分法的,这种情况表明分析者特别强调以计算匮乏为基础的那些方法。不平等的情况并不随着考查变量的比例变化而改变(即尺度不变性),这种假设对于收入方面是合理的,但很难适用于衡量预期寿命,所以它会影响到多维不平等的公理化测量。接下来,在 3.3 节和 3.4 节中,我们将分别讨论本章的核心问题:贫困的多维变量分析方法和不平等的多维变量分析方法。引言的剩余部分,我们将概述这两节中涉及的研究的历史发展情况,同时也梳理本章所讨论的主要议题。

3.1.1　历史发展和主要议题

经济学的多维研究文献始于两篇影响深远的论文,分别是由 Kolm(1977)、Atkinson 和 Bourguignon(1982)发表的有关多变量分布排序的优势条件的文章。数年之后,Atkinson 和 Bourguignon(1987)提出了收入和家庭组成二元空间的序列优势标准(sequential dominance criteria),旨在减少对社会偏好的假设,而不是构成等价收入标准方法中的那些隐含假设。标准方法需要说明一种家庭类型比另一种家庭类型更加贫困的程度具体有多大,而序列优势准则只需要根据贫困程度对不同的家庭类型进行排序,尽管其代价是排名不完整。这种方法为一系列具体而丰富的研究做了铺垫,这类研究着重于用一种属性(如收入)用于补偿另一种不可转换的属性(如需求、健康)的可能性。

Maasoumi(1986,1989)是个例外,他通过类似效用函数把多维分析法投射到一维空间。到 20 世纪 90 年代中期,Tsui(1995,1999)又继续使用公理化方法分析不平等指数以获取完整的序列。Chakravarty 等(1998)、Bourguignon 和 Chakravarty(1999,2003,2009)、Tsui(2002)大约在同一时期分别提出了局部的以及整体的贫困序列的公理化分析基础。值得注意的是,不平等和贫困多维指数将真实的数字与每一项多元分布结合起来,就像幸福综合指数进行的单一变量分析那样。但一个关键的不同之处在于,多维指数不需要在个体层面对幸福属性特征进行整合。这样,多维贫困指数计算了每一个属性特征的临界值,而类似效用指数通常在幸福空间内只有一个临界值。后一种方法根据前一种方法中的维度权重构成,对构成类似效用指数的不同属性特征进行权衡取舍。

在 21 世纪之交,贫困和不平等的多维研究文献仍处于起步阶段,《收入分配手册》第一卷(Atkinson and Bourguignon,2000)没有专辟章节来着重谈这个话题,而且该卷中 Cowell(2000)撰写的对不平等测量的综合性分析章节中也仅用了三页来介绍多维方法。然而自那以后,理论性文献迅速增加,我们可以从中找到两条研究主线。

第一条主线是努力发展测量贫困和不平等的公理化方法,研究人员用不同方式深入研究如何模拟变量之间的关系模式(这是区分多维分析与单维分析的唯一特征),继而详细论述不同的公理化原则。他们也开始意识到,在通常情况下,在单变量收入分配分析方法中对属性进行机械转换可能并不直接明了,而且有时甚至不太恰当。一个典型的例子就是刚刚提到的将衡量不平等的尺度不变性沿用到预期寿命的例子,更有说服力的实例是庇古—道尔顿转移原则,后来阿特金森和布兰多利尼称其为一条衡量收入不平等的核心原则。这条定理阐释了通过富人向穷人的均值保留转移来减少不平等现象的观点。一方面,这个定理即便对于收入来说是可行的,从某个维度上看,人际传递也可能是行不通的,甚至可能与道德伦理冲突,比如说身体状况维度。另一方面,这个定理向多变量框架的一般化应用情况还不明确,我们会在 3.4.1 对此做具体论述。

第二条主线是着重研究 Atkinson(2003)对"计算方法"的分类情况,这种多维方法既是新颖的,也是古老的,前者是从理论阐述角度来讲,后者是从实践经验来讲。例如,在 20 世纪50 年代早期,意大利议会委员进行的贫困调查采用的主要贫困统计数据来自对那些衣食住行等方面没有达到最低水平的家庭数量做的一个加权计算(Cao-Pinna,1953)。英国的Townsend(1979)及 Mack 和 Lansley(1985)的开拓性研究成果对于物质匮乏的现代应用研究发展起到很大的推动作用。[①] 他们的研究成果公之于众以后,对爱尔兰、英联邦和后来欧盟

[①] 有趣的是,汤森德(Townsend)阐释匮乏数值体现出来的兴趣很大程度是工具性的,将之看作弱化固定收入门槛任意性的一种方式,"在较低的水平下,我们假设匮乏指数不能与总的资源量完全对应,会有一个资源量的'门槛',低于这个'门槛'的值我们会标注为匮乏"(Townsend,1970)。现在关于这个问题的文献极为丰富,一些发达国家的研究实例可见 Mayer 和 Jencks(1989)、Federman 等(1996)、Nolan 和 Whelan(1996a,1996b,2007,2010,2011)、Whelan 等(2001)、Hallelöd 等(2006)、Guio(2005)、Cappellari 和 Jenkins(2007)、Fusco 和 Dickes(2008)、Fusco 等(2010)及 Figari(2012)。

的社会政策辩论产生了巨大的影响。[①] 即便如此,我们关于计算方法的规范性依据的理论处理仍有待完善。Alkire 和 Foster(2011a,2011b)的近期著作对家庭贫困多维指数统计进行了公理化描述,在某种程度上填补了这方面的空白。然而,Atkinson(2003)提出的有关社会福利途径与统计方法之间如何协调的难题至今悬而未决。其部分原因可能在于对福利标准的定义问题,福利标准是依据关键性连续变量分布情况来设定的,而不是依据匮乏数值的分布情况,但匮乏数值正是统计方法中要考虑到的一个最关键的变量。匮乏数值的分布情况涵盖了统计方法中所有相关的信息,这意味着其从结构上就忽略了原始变量的成就水平。关于这一点的争议和其中潜在的信息损失,从某种意义上解释了当前围绕统计方法展开的争论。

统计方法在应用性研究领域十分普遍,而分析结构却发展缓慢,这就是本章采用较大篇幅来讨论统计方法的主要原因。然而,计算匮乏数值也是把个人层面的维度和整体的匮乏指数联系起来最简单的方法。解释清楚在本章中反复出现的多维测量方法的两个方面非常必要。第一个方面是集合的顺序。在统计方法中,有效信息的合成始于对个体的单个维度的聚合,然后是对不同个体的聚合。也可以颠倒聚合顺序,先计算在每个维度上贫困人口的比例,然后把这些比例值聚合到一个极端贫困综合指数中,二者只有在幸福的各个维度相互独立的情况下,才可能产生相同的结果。如果情况并非如此,匮乏综合指数在多个维度的情况下会出现累积失灵。第二个方面是对"单一标准"和"交叉标准"进行对比,Atkinson(2003)强调,这种对比在多维贫困测量中起根本性作用。在某些维度出现匮乏并不一定会造成整体匮乏的状况。无论人们是在一个维度处于匮乏(也就是单一标准),还是在所有维度中处于匮乏(也就是交叉标准),或者在多个分析维度中存在部分匮乏,我们都将其定义为贫困人口。选择一定关键数量的维度来确定贫困身份,需要在每个维度上已经设定的那些匮乏临界值的基础上引入一个额外的临界值。这就是 Alkire 和 Foster(2011a,2011b)提出的"双截点"(dual cut-off)的核心内容。

在 3.3 节和 3.4 节,我们会首先讨论统计方法,然后是关于贫困的公理化处理,最后探讨不平等的公理化处理。这个顺序反映出对数据的要求复杂度越来越高,不再按照时间先后排序。在这一章中,我们先不考虑对数据质量的评估问题,也不对推理手段进行解释说明,尽管二者在实证分析中都是公认的关键问题。

---

① 从 1997 年开始,爱尔兰政府推行的官方贫困数据统计是"持续性贫困",即收入低且缺乏基本生活标准要求的两三种物品的人群被认定为处于持续贫困(Social Inclusion Division,2014)。英国 2010 年的儿童扶贫计划提出了四个目标,其中就有低收入且物质匮乏的目标对象(The Child Poverty Unit,2014)。"欧洲 2020"战略以"智慧发展、可持续发展、融合发展"为主题,制定了欧盟的五个核心目标,其中之一就是关注处于贫困和在社会中受排挤的群体的利益(European Commission,2010)。这个指数把低收入、失业家庭、严峻的物质匮乏情况结合起来。无论在什么时候,当一个人无法负担家里至少九分之四的基本设施时,他就面临严峻的物质匮乏问题。有关物质匮乏指数的讨论,或者对欧盟所采用的社会发展政策评估的多维视角的更普遍的论述,请见 Atkinson 等(2002)、Marlier 等(2007)、Maquet 和 Stanton(2012)、Marlier 等(2012)。

3.2 准备工作:维度、指数和权重

任何对贫困和不平等多变量分析方法的探讨中,有三个问题是最基本的:一是幸福相关维度的选取;二是用来衡量人们在这些维度上所达到的水平指数,以及贫困分析中对匮乏临界值的确立;三是分配到每个维度的权重。对这些问题深层次的探讨超出了本章的范围,本节的主要目的是突出说明这些问题如何影响接下来要讨论的多变量分析方法。然而,针对这些问题的实际解决方案可能会影响实证研究结果及对它们的实质性解释,因此有必要考虑其稳健性和灵敏度。

3.2.1 维度的选取

对贫困问题进行研究有一个约定俗成的传统,即可以依据个体由于缺乏经济资源,无力消费社会公认的必需品来认识其困难程度,这比依据收入的多少而定更具合理性。这种方法的典型做法是考虑有关耐用品所有权的一系列指标;考虑开展某些活动的可能性,如和朋友一起出去吃饭,或承担租金、抵押贷款或者水电费的能力。在当下,无论是在欧盟还是在爱尔兰和英国,在监测这些地区社会状况的过程中,物质匮乏指标已正式确立下来。然而,社会评估的目的可能比评估物质生活条件更为广泛,还可能涉及"社会排斥"。[①]Burchardt 等(1999)指出,社会排斥涉及无法实现合理的生活水平,不能获得某种程度上的安全感,不能参加某些他人看重的活动,没有决策权,以及得不到亲戚朋友支持等多种困难。用于定义整体生活质量的维度可能会更加广泛多样。斯堪的纳维亚福利模式研究是北欧国家长期以来的一项研究计划,它考虑了人类生活的九个方面:健康和卫生医疗保健、就业和工作条件、经济资源、教育和技能、家庭和社会融合、住房条件、人身安全和财产安全、娱乐和文化,以及政治资源(例如,Erikson,1993;Erikson and Uusitalo,1986-1987)。在"能力方法"中,Nussbaum(2003)提出了一个具体的列表,包括十大"人类核心能力":生命,身体健康,身体完整性,感官、想象力和思维,情绪,实践理性,依附关系,与其他物种共处,玩耍,以及对个人生活环境的总体控制能力。根据一项法国政府的提案,该国在 2008 年初成立了经济绩效和社会进步衡量委员会。委员会确定了八个关键维度:物质生活水平,健康,教育,包括工作、政治发言权和治理能力的个人活动,社会网络关系,环境(现在和未来的条件)以及经济和物质条件的安全性(Stiglitz et al. ,2009)。

上述这些例子说明了在不平等和贫困多维分析中考虑的方面是广泛多样的。维度的选择主要是根据专家学者的提议,有些可能基于现有的数据、惯例和统计技术[②],也可能通过与公民价值观相关的实证依据产生,或者也可能是一个协商过程的产物,是焦点组织、社会代表以及大众之间协商的结果(Alkire,2007)。在所有情况下,贫困和收入不平等指标的选择

[①] 有关一些难以捉摸的社会排斥概念及其与贫困的关系,见 Atkinson(1998)。Ruggeri Laderchi 等(2003)比较了社会排斥和能力方法的实证结果。Poggi(2007a,2007b)、Devicienti 和 Poggi(2011)实证性地研究了社会排斥的持续性,Poggi 和 Ramos(2011)通过随机传染病模型研究了社会排斥的维度间的相互依赖关系。

[②] 例如,Fusco 和 Dickes(2008)认为,贫困是一个潜在的情况,可以通过应用心理测量模型,从一些贫困指数中选择相关领域来判定。

都是最基本的环节,必须将理论严谨性、政治突显性、实证可测量性和数据可用性相结合。

在本章中,我们权且假设预定义的 r 要素列表完全描述了在分析贫困和不平等现象时所使用的幸福概念。我们不考虑关于属性选择的所有问题,读者可回顾第 2 章中更为全面的探讨。[①] 然而,需要注意的是,所选要素的性质可能会限定测量工具,正如引言中所提到的,我们不能生搬硬套庇古—道尔顿转移原则,尽管该原则对于收入不平等的分析至关重要,但不能机械地用于其他幸福维度的分析,如健康(Bleichrodt and van Doorslaer, 2006)、快乐(Kalmijn and Veenhoven, 2005)和读写能力(Denny, 2002)。就算撇开一个实际问题,即如何将一个健康单位从一个人转移给另一个人,我们也很可能会怀疑将这个转移原则运用在健康领域是否合乎伦理道德。我们在 3.4.1 将探讨这个问题。

3.2.2 指数

用于衡量人们在各个方面取得成绩的指数不计其数,可以理解各种不同的指数自然也有着不同的计量单位。收入、财富、消费量和购买量都是连续变量,但是拥有的耐用品数量和使用消费服务的频率是离散变量。教育可以通过一个分类变量来衡量,比方说一个人的最高学历,可将其转化为实现每个学历水平所必需的最低学年数,为各个层次的学历水平提供一个客观的量化评估方法,但我们可能会想,完成 14 年学业的人真的比那些只完成了 7 年学业的人受教育程度高了一倍吗?而且,这类转换变量只有在非常宽泛的意义上才可算作真正的连续变量。人们的技能和解决问题的能力越来越多地通过复杂任务进行测试评估,通常将人们的读写能力、算术能力或技能分数分配于 0 到 500 的范围内。这些数值是有界的连续序数变量。[②] 个体健康状况和身体状况是通过多种指标进行衡量的:自我报告的健康状况衡量标准是序数变量,但特定慢性疾病发病率的信息是二分变量;人体测量指标如身高、体重和身体质量指数都是连续变量。通常情况下,对幸福的主观衡量标准是通过询问受试者的个人满意度来确定的,这个满意度或来自既定的数值表,或来自口头评价,通常是在“不太满意”到“非常满意”之间做评价。无论哪种情况,结果都是一个序数变量,仅为不同的评级做了排序,但对于一个级别比另一个级别到底好多少或差多少不能提供任何相关信息。

收入这样的基数连续变量可能代表了少数可用于衡量幸福的指标,因此,收入分配分析中标准化的测量工具如果要应用到非货币领域,则需要被重新慎重考虑。[③] 这一提醒也适用于多维分析,但显然不仅仅适用于多维分析。在这种情况下会产生一个具体问题——当多个指标合并为单一指标时,需要考虑到它们之间的可通约性。一般来说,我们可以通过采用

① 这个话题在“能力方法”相关文献中获得了相当大的关注,尤其可以参见 Sen(1985,1992)、Alkire(2002,2007)、Nussbaum(1990,1993,2003)、Kuklys(2005)、Robeyns(2005,2006)以及 Basu 和 Lopez-Calva(2011)。

② 众所周知的例子是针对 15 岁孩子的国际学生评估项目(PISA)以及国际成人能力评估计划(PIAAC),这两个项目都由 OECD 协办。Micklewright 和 Schnepf(2007)比较了全国范围内学习成绩分数的不平等现象,并且呼吁在使用收入不平等测量工具箱时要小心谨慎,因为“评分的测量结果是否符合比例尺度是值得怀疑的。因此,它们的性质与收入或高度数据的性质截然不同”。

③ 研究人员在使用定性序数变量过程中渐渐探索出了对贫困的测量方法,这些变量如自我报告的健康状况(例如,Abul Naga and Yalcin,2008;Allison and Foster,2004;Bleichrodt and van Doorslaer,2006;van Doorslaer and Jones,2003)和幸福(例如,Dutta and Foster,2013;Kalmijn and Veenhoven,2005)。Cowell 和 Flachaire(2012)已经公理性地发展了分类数据的一系列不平等指标,条件是要基于一个参考点,后者是每个人在分配中的位置。Zheng(2008)提出,当数据是序数形式的,随机优势在社会福利排名中的适用性有限,不适用于对不平等进行排序。

标准化程序来解决这个问题。例如,通过使用变量与基准值之间的(标准化)距离来转换原始变量(对于这些转换的实例,可见 Decancq and Lugo,2013)。另外,序数法也适用于定量变量(例如,根据变量所在的分位数对其单位进行分类)。[①]无论我们采用的具体程序如何,对原始变量的转换都会对结果产生重大影响。

根据定义或个体水平与一些社会规范的比较,许多变量是二分的或二进制的:例如,我们可以将那些家庭中人均不足一个房间的每个人看作住房匮乏的人,这就将"人均房间"变量变成二进制的。采用二分变量正是下文要探讨的计数方法的核心内容。

在贫困评估中,各种指标的选择同时与各种贫困最低临界值的确定交织在一起。这个问题与单变量分析中的收入或消费问题比较相似,绝对的、相对的、主观的和法律的标准是主要的可选标准(如 Callan and Nolan,1991)。在多变量分析中,这些问题可能会因为考虑了无形的维度而被放大,因为这些维度对于确定最低临界值会引发更多的争议(Thorbecke,2007)。然而,与单变量类似,"状态坏"和"状态好"之间的二元区别可能也非常大,因为贫困可能会有不同层次的分级。沿着这些路线继续发展,Desai 和 Shah(1988)着重研究了每个维度中每个人达到的水平与被看作社会规范代表的众数值(modal value)之间的距离,而大量的文献关注"模糊集合方法"(fuzzy sets approach),通过"隶属度"函数(membership function),形成了贫困等级的连续统。[②] 这一隶属度函数假定将任一数值置于 0 到 1 之间:连续统的两端极值为 0 和 1,分别表示一个人为非匮乏(0)或为匮乏(1),所有其他值则表示部分地隶属于贫困集合。隶属度函数的形成在建立模糊匮乏测量方面起着至关重要的作用,虽然它在多变量的匮乏分析中被认为是一个非常独特的方法,但在模糊集合理论中,没有什么事物被看作天生就是多维的。

3.2.3 维度的权重

权重与用于聚合各个维度的函数形式相互作用,决定所选属性对幸福的作用程度以及我们可以在多大程度上将一个属性替换为另一个属性。从下面的公式中可以很容易地认识到这一点,即,将个人幸福 S_β 定义为在 γ 维度取得的成绩序数 β 的加权平均值。例如,Maasoumi(1986)提出

$$S_\beta = \begin{cases} \left[\sum_{k=1}^{r} w_k x_k^{\beta} \right]^{1/\beta} & \beta \neq 0 \\ \prod_{k=1}^{r} x_k^{w_k} & \beta = 0 \end{cases} \tag{3.1}$$

其中,x_k 是非负数,表示属性 k 的级别,其中 $k = 1,2,\cdots,r$,w_k 是相应的权重。注意,如果 r 属

[①] Qizilbash(2004)应用波尔达计数法将多项指数从基数转换为序数,讨论了南非贫困的实证性评估对指标转换的灵敏度,及其对限定贫困的阈值变化的敏感度。

[②] 参见 Cerioli 和 Zani(1990)、Cheli 等(1994)、Cheli(1995)、Cheli 和 Lemmi(1995)、Chiappero Martinetti(1994,2000)、Betti 等(2002)、Dagum 和 Costa(2004)、Qizilbash 和 Clark(2005)、Betti 和 Verma(2008)、Betti 等(2008)、Belhadj(2012)以及 Belhadj 和 Limam(2012)。Deutsch 和 Silber(2005)、Pérez-Mayo(2007)和 D'Ambrosio 等(2011)将使用模糊集合方法对贫困多维度测量的实证结果与其他方法(包括公式方法、信息理论、效率分析、潜在类别分析)做了比较。Kim(2014)研究了对贫困模糊度测量的统计行为。

性测量的是困难程度,则表达式(3.1)将表示匮乏指数。权重 w_k 和参数 β 共同决定任何一对基数属性之间的可替代程度。实际上,属性 b 和 a 之间的边际替代率是在保持幸福水平不发生变化的情况下,增加一个单位 a 需要放弃的 b 的数量,这等于:

$$MRS_{b,a} = \frac{\mathrm{d}x_{bi}}{\mathrm{d}x_{ai}} = -\left(\frac{w_a}{w_b}\right)\left(\frac{x_a}{x_b}\right)^{\beta-1} \tag{3.2}$$

如果 $\beta=1$,幸福就是所有维度成绩的(加权)算术平均值,而且维度之间实现完全替代的比率就等于它们各自权重之间的比值。其他所有情况中,边际替代率也取决于相对成绩:β 值距离 1 越远,两个维度中的那个不平衡成绩就越重要。当 β 趋近于无穷大(负无穷大)时,那些属性起完全互补作用,幸福水平取决于最高(最低)的成绩,分配给权重的值则无关紧要。

当幸福聚合维度的函数形式比式(3.1)中的情况更复杂时,各种属性之间的转换方式会比式(3.2)中的情况更混乱,但是它一定会极其依赖权重,在多维属性相互完全补充的极端情况下除外。权重的选择可能对不平等和贫困的多维分析结果产生重大影响。例如,Decancq 等(2013)发现,在他们抽样调查的一群佛兰德人(Flemish)中,对各类属性使用不同的权重方案对识别生活最糟糕的人群产生了很大的影响。Brandolini (2009)在比较 2000—2001 年选定的一些欧洲国家的收入与健康贫困发生率时发现,随着权重从一个维度转移到另一个维度,意大利和德国的排名情况发生了逆转,然而法国和英国的排名几乎不变。在这里,我们根据 Brandolini 和 D'Alessio(1998)的研究概述加权的方法,并参考 Decancq 和 Lugo (2013)的研究进行更全面的讨论。

设定权重一种常用的方法就是对所有属性一视同仁。人类发展指数(Human Development Index)的设定就是这样:将相同的权重(三分之一)分配到三个被考虑的基本维度中:长期健康的生活、获取知识的渠道和体面的生活标准(联合国开发计划署 UNDP,2013)。相等的权重可能来自某种"不可知论"的态度,希望将干扰降低到最低限度,或者是因为缺乏某种"共识"观点的信息。例如,Mayer 和 Jencks(1989)称"在理想情况下,我们当然希望根据立法议员和公众眼中这 10 种生活艰难的相对重要性来进行加权,但我们又缺少这样做的可靠依据",于是就选择了相等的权重(事实上,立法议员和公众之间可能存在分歧,更不用说公众内部也可能存在分歧)。

Atkinson 等(2002)以及 Marlier 和 Atkinson(2010)设想了偏离相等权重的情况。他们提出了一系列原则用于根据不同的政策目的来设计社会指标,其中的一个原则是权重应该是"成比例的",这样各个维度的"重要程度,虽不必完全相同,但也不会有太大差异"(Marlier and Atkinson,2010)。该标准仅划定了一些合理的边界,而未具体提出如何确定不相等的权重。

社会评估者可以直接从专家小组或从广大公众的协商结果中得出加权结构,也可以从被调查者认为幸福维度的重要性来得出这种结构,抑或间接地通过对幸福方程的估算得出加权结构。① Decancq 等(2014)采用的是最后一个方法,他们公理化地概括了一批多维贫困指数,这些指数在不同维度的聚合过程中与个人偏好相一致。除了标准公理,他们还提出了人际贫困比较原则,从而用贫困线向量的分数的函数来测量个人贫困状况,其中被测个人不受贫困线向量的影响,因此,贫困临界值是根据幸福采用个人特定权重来确定的。一些实践允许统计数据的使用者根据需要设置他们自己的权重。例如,OECD 的"美好生活指数"允许人们通过平均分配 11 项生活质量指标的权重来比较不同国家之间的幸福情况,也可以根据个人偏好进行权重分配来比较不同国家之间的幸福情况[见 Boarini 和 Mira D'Ercole (2013)]。所有上述情况中,权重的选择依赖于某种隐含的或明晰的规范性标准。

在某些假设下,市场价格提供了权重,这些权重可以在与消费者福利相一致的维度之间取得平衡。Sugden(1993)和 Srinivasan(1994)认为,获得这种"可操作的商品加权标准"可以在实践中使得传统的实际收入比较优于森(Sen)提出的能力方法。Ravallion(2011a)认为,主要的多维度贫困指数在某种程度上聚合了极端贫困情况,"基本无视在市场经济中消费者选择对福利测量的意义",虽然其意义在福利测量中不一定是决定性的,但如果构成贫困测度的任何两种市场商品之间的隐性权衡(implicit tradeoff)与"处于贫困线的某个人"所面临的权衡差距太大,则显然会令人担忧。另外,市场价格可能因为市场的缺陷和外部情况而扭曲,它们对于很多幸福构成成分来说并不存在,尽管人们可以采用各种方法来估算"支付意愿",以便将非收入维度的货币价值增加到收入中,但是其价格估算可能是十分艰难的(例如 Becker et al. ,2005;Fleurbaey and Gaulier,2009;见第 2 章)。更重要的是,它们从概念上来说可能不适用于福利比较,因为它们并不是为此而设计的(Foster and Sen,1997;Thorbecke, 2007)。

另一种广泛应用的主要方法是"让数据自己说话"。尽管方法各异,但我们可以将其归纳为两大类:基于频率的方法和多变量统计技术。从 Desai 和 Shah(1988)以及 Cerioli 和 Zani(1990)开始,许多研究人员认为,贫困人口所占的比例越小,分配给贫困人口的权重应该越高,因为极少数人遭受的艰难困苦要比多数人共同面对的困苦更重要。这种方法产生了两个问题:第一,它可能会因导致不平衡的权重结构而引起争议。如 Brandolini 和 D'Alessio (1998)观察发现,1995 年意大利健康和教育水平过低的人在总人口中所占的比例分别为 19.5% 和 8.6%,按照这些比例,教育不足的情况将比健康不足的情况权重更高:根据 Desai 和 Shah(1988)的公式,权重差异超过十分之一;根据 Cerioli 和 Zani(1990)的公式,权重差异超过二分之一。教育权重是否应该比健康权重高出这么多显然是一个有争议的问题。第二,该标准还使得权重关系内生于所研究的分配之中,这就意味着除非我们使用一组共同的(但武断设定的)权重,否则我们在进行国际多维贫困的对比分析中采用的权重都是根据各个特定国家而定的。这个观察同样适用于 Betti 等(2008)、Velez 和 Robles(2008)提出的建议。Betti 等(2008)认为,权重应该与群体中不同属性的离散情况成正比(根据属性的双边相关性进行调整以避免冗余),Velez 和 Robles(2008)选择的权重使一组多维贫困测度能够更

---

① 参见 Decancq 和 Lugo(2013)的探讨,以及 Bellani(2013)、Bellani 等(2013)、Cavapozz 等(2013)、Decancq 等(2013) 及 Mitra 等(2013)中的例子。

好地追踪到自我感知幸福的动态变化。

有几种多变量统计技术可以用来聚合维度。[①] Maasoumi 和 Nickelsburg（1988）、Klasen（2000）以及 Lelli（2005）使用了主成分分析法，因为这种方法"在实证上揭示了个体组成部分之间的共性，根据匮乏测度与个体能力之间的实证关系强度来确定这些组成部分的权重"（Klasen，2000）。Schokkaert 和 Van Ootegem（1990）、Nolan 和 Whelan（1996a，1996b）以及 Whelan 等（2001）使用要素分析法将基本指标聚合到幸福测度或者匮乏测度中，这些论文往往使用这一技巧来识别幸福的几个明显组成部分，然而，正如 Schokkaert 和 Van Ootegem（1990）所指出的，要素分析方法的应用技术"仅仅能减少数据"，并没有对每个属性的相对估值提供任何指示。一些学者应用潜变量模型或结构方程模型，将多重指标分解到总体匮乏指数或特定领域匮乏指数当中（Ayala et al.，2011；Di Tommaso，2007；Krishnakumar，2008；Krishnakumar and Ballon，2008；Krishnakumar and Nagar，2008；Kuklys，2005；Navarro and Ayala，2008；Pérez-Mayo，2005，2007；Tomlinson et al.，2008；Wagle，2005，2008a，2008b）。Dewilde（2004）采用两步潜在类别分析法，即第一步评估特定领域的匮乏情况，第二步评估整体匮乏的潜在概念。Lovell 等（1994）、Deutsch 和 Silber（2005）、Ramos 和 Silber（2005）、Anderson 等（2008）、Ramos（2008），以及 Jurado 和 Pérez-Mayo（2012）运用了效率分析方法聚合幸福的各个属性。这些方法可以估算与前沿成绩相对的个人成绩水平，为权重值提供了隐含估计。Cherchye 等（2004）用相关的一种方法，建立了一个综合指标，来评估欧洲国家在实现社会融合方面的表现，各种权重可以发生变化，以便为每个国家提供最合适的评估。他们认为，这种方法保留了各国在实现自己的政策意图方面的"合法多样性"，因为在某个特定维度上表现相对较好，会被认为表现出了政策优先性。

下一节讨论的方法一般会允许在对贫困和不平等的社会评估中考虑不同维度权重存在差异的可能性。我们简要概述界定它们的一些方法。对此有两种评论。第一，多元统计技术与其他方法的不同之处在于，其目的是估算个人成绩水平；权重是聚合程序的必要部分，没有任何实际的独立意义。我们因此可能会怀疑将权重与下面要讨论的许多方法结合起来使用的做法是否合理。第二，由于权重结构涵盖了分配给每个属性的重要性，因此必然会反映不同的观点。一方面，它暗含了对一些技术使用的质疑，尽管这些技术从数据的角度来看是有说服力的，但它们没有考虑到权重选择的内在规范性。另一方面，它暗示了解释这种观点多元化的一个方法是明确划定不同权重的范围，而不是仅仅提出一组权重，尽管这种方法可能导致偏序关系，正如 Sen（1987）所指出的。另可参见 Foster 和 Sen（1997）。[②]

3.3　多维贫困测量

社会科学在很久以来就有一个传统，即通过一些生活条件指标来测量物质匮乏情况，例

[①] 关于应用多变量技术的探讨，请参见 Sharma（1996）。更多内容可参见 Ferro Luzzi 等（2008）、Pisati 等（2010）、Whelan 等（2010）、Lucchini 和 Assi（2013），以及 Caruso 等（2014），这些研究应用群体分析，通过幸福或匮乏水平来鉴别具有同质性的各群体小组。Hirschberg 等（1991）在各国之间做了类似的比较，Asselin 和 Anh（2008）以及 Coromaldi 和 Zoli（2012）分别应用了多重对应分析法和非线性主成分分析法。

[②] Cherchye 等（2008）提出了一种方法，将一系列的权重方案整合到不同属性的向量排序中。

如耐用品所有权,或者参加某些活动的可能性,如与朋友一起外出吃饭。汇总信息采用的典型方法是计算人们未能达到其最低标准的维度数量,因此,这个方法被称为"计数法",它是把个人层面的匮乏融入整体匮乏指数的一种最简单的方式。

在计数法中,可用信息的汇总首先是聚合每个人的各个单项维度,然后是聚合所有个体的维度。但是,我们也可以颠倒聚合的顺序,首先计算每个维度中遭受匮乏的人口比例,然后将这些比例聚合成一个综合的匮乏指数。这种不同的聚合顺序具有很大优势,它让我们能够从各种不同来源的数据中得到这些比例。这一特征使这种综合指数法更容易理解,该方法非常受欢迎,特别是在公共辩论中需要从不同的指标聚合中概括出主要信息。如果幸福维度之间彼此独立,那么聚合的顺序并不重要,而且两种方法的结果相同。但是如果幸福维度之间相互依存,并且多重匮乏对人们的幸福产生重大影响,那么无视各种维度之间的关联造成的冲击,就像无视综合指数法的关联一样,可能意味着忽略困苦的某个重要方面。对于"欧洲 2020"战略中的物质匮乏指标来说,情况并非如此,因为它对有一人遭受四维匮乏而另外三人没有遭受任何匮乏的社会和有四人每人分别遭受一个维度匮乏的社会进行了区分。

通过考虑仅存在两个维度的简单情况,我们可以更好地理解两种方法之间的关系。如果一个人仅在维度 k 中遭受匮乏,在其他维度没有遭受匮乏,那么我们假设 X_k 等于 1,否则为 0,其中 $k = 1, 2$。令 $p_{ij} = \Pr[(X_1 = i) \cap (X_2 = j)]$, $p_{i+} = \Pr(X_1 = i)$, $p_{+j} = \Pr(X_2 = j)$, 然后,对两个匮乏指标给予相同的权重,并定义匮乏得分 $X = X_1 + X_2$, 取值选择为 $(0, 1, 2)$, 相关概率为 (q_0, q_1, q_2)。计数分布 X 的参数 (q_0, q_1, q_2) 由两个原始维度联合分布的参数确定如下: $q_0 = p_{00}$, $q_1 = p_{10} + p_{01}$, $q_2 = p_{11}$。原始和衍生的分布情况总结在表 3.1 中。

只要表 3.1 左边表格中的边际分布已知,则总体匮乏指数 P 只能表示为 p_{1+} 和 p_{+1} 的函数 g, 即 $P = g(p_{1+}, p_{+1})$, 它是综合贫困指数的一个例子。如果联合分布已知,我们可在表 3.1 的右边表格中找到 X 的分布情况,整个指数可以说明每一个人所遭受的匮乏维度数量。匮乏计数法可以凸显某人为贫困情况的两种方法,该个体要么在一个维度 $(X = 1)$ 贫困,要么在两个维度 $(X = 2)$ 都贫困。第一种情况,我们采取统一标准:至少在一个维度存在贫困的为穷人, $P = g(1 - p_{00})$。第二种情况,我们采用交叉标准:在两个维度上遭受贫困的为穷人, $P = g(p_{11})$。统一标准和交叉标准之间的差异在测量多维匮乏中具有根本性的作用(见 Atkinson, 2003)。这也表明某些领域中的匮乏现象不会必然造成整体的贫困:如果我们采用交叉标准,只有那些在两个维度都遭受贫困的人才被视为穷人,而那些只在一个维度遭受贫困的人不被视为穷人。设一个关键的维度数量 c, $1 \leqslant c \leqslant r$, 要识别贫困身份需要在原来已设立的每个维度匮乏的临界值基础上增加一个临界值(见 Alkire and Foster, 2011a, 2011b)。我们将在 3.3.2.6 回到这一问题。

表 3.1　两个维度的匮乏分布及匮乏得分的衍生分布情况

	$X_2 = 0$	$X_2 = 1$				$X = X_1 + X_2$
$X_1 = 0$	p_{00}	p_{01}	p_{0+}	$X = 0$	$q_0 = p_{00}$	
$X_1 = 1$	p_{10}	p_{11}	p_{1+}	$X = 1$	$q_1 = p_{10} + p_{01}$	
				$X = 2$	$q_2 = p_{11}$	
	p_{+0}	p_{+1}	1		1	

然而,可获得的信息也可能是更丰富的,不只局限于了解人们在一些维度上是匮乏/不匮乏的状态。变量可以不是二分的,至少能在三个类别上呈现为连续变量或离散变量。我们也希望总体贫困指标不仅能呈现存在匮乏现象,即个人情况低于给定的特定维度临界值,而且还能解释其贫困程度,即个人情况与临界值相比缺口有多大。

这些观察结果表明,基础信息的范围会限制可以用来测量贫困的多维方法。无法获得个人的多个属性数据时,一个综合指数可能是计算贫困的唯一测度。当这些数据自身存在却未被公布于众的时候,如果统计局发布一些简单的表格,如 3.3.2 中所讨论的那些简单表格,那么采用计数方式进行多维贫困分析仍有可能实现。我们将信息需求的复杂性作为组织本节讨论的标准。我们从复合多维贫困指数开始,这些指数只需要边际分布的信息,可以通过收集不同来源的数据进行估算。其他所有的多维测度都需要一个综合的数据库,其中每个相关维度的信息均可供每个个体单元使用。我们首先考虑使用最小信息的计算方法:通过匮乏维度数量计算人口的分配情况。用维度数量 r 就足以知道 r 值(在 $0, 1, \cdots, r$ 个维度遭受匮乏的人口比例),尽管这是社会科学中最古老的多维方法,但从理论的角度来看,计数法是最不需要系统结构的,我们会用相对较多的篇幅来对它进行考察。计数法因其简单性,为其他聚合方法以及各种规范性的重新安排原则所起的作用提供了清楚透明的解释,有助于弄清匮乏和贫困之间的区别。随后,我们讨论多维贫困指数,要求了解个人在每个维度上的水平。最后,我们讨论偏序标准。

3.3.1　综合指数法

我们可以在任何时候通过聚合个体在 r 幸福维度遭受匮乏的比例来测量整个社会的贫困程度,只要个体在 r 幸福维度遭受的匮乏是我们可以得到的唯一信息。综合指数法的一个突出例子是联合国开发计划署 1997—2009 年(UNDP,1997)公布的人类贫困指数(HPI)。这一指数公式最初是由 Anand 和 Sen(1997)给出的,该指数含 r 个维度、权重为 w_k 时的公式为:

$$\text{HPI}_\beta = \zeta_1(p_1, p_2, \cdots, p_r) = \left(\sum_{k=1}^{r} w_k \, p_k{}^{\beta} \right)^{1/\beta} \tag{3.3}$$

其中, p_k 是在 k 维度遭受匮乏的人口比例(在表 3.1 两维度的情况中, $p_1 = p_{1+}, p_2 = p_{+1}$), $\beta > 0$, 对所有 k 而言, $w_k > 0$;如果 r 维度全部具有相同权重, $w_k = 1/r$ 。若 β 增加,则遭受更大匮乏的维度权重增大。UNDP(1997)对长寿、获得知识和体面的生活标准三个维度给予了特别的重视,后来对富裕国家又增加了第四个维度——社会排斥。不论是哪种情况, β 都设为 3, 以便给有较严重匮乏的情况附加权重但又不过分加权(UNDP,2005)。[①]

---

① Chakravarty 和 Majumder (2005) 给出的一般匮乏家庭指数特征包括一项序数上等同于 HPI 的指数。

Bossert 等(2013)基于属性的以及个体的加和可分解性条件提供了当 $\beta=1$ 时式(3.3)的公理特征(参见 Pattanaik et al.,2011)。这个案例让人感兴趣的是,它假定各组成部分之间可完美替代,并且指数 HPI_1 等于总人头指数在所有维度上的加权算术平均数,这意味着在 $0 \leq k \leq r$ 情况下,遭受 k 级匮乏的人通过指数 HPI_1 被计算了 k 次。这种方式虽然粗略,为特定而设,但也是能给遭受多重匮乏的人们增加权重的一个简单方式。其隐含的假设是,匮乏造成的影响是成正比的,遭受两种匮乏的人,其困难程度是遭受一种匮乏的人的两倍。若有理由质疑这一假设的话,那就是 HPI 型测度有一个严重的缺点,即它不能区分匮乏集中于少数几个人的情况和匮乏等量均匀分配于许多人的情况。

Dutta 等(2003)证明,仅在聚合函数受到严格限制的条件下,综合指数得出的结论与首先聚合多个维度然后将所有个体聚合所得到的结论相同。也就是说,"一个人的整体匮乏情况根据不同的属性必须是其匮乏情况的加权平均值(即与基准值的差额成正比),社会整体的匮乏状况必须是社会中所有个体的匮乏情况的一个简单的平均值"(Dutta et al.,2003)。两种情况都可能存在争议:第一种情况存在争议是因为它暗示任何一对属性之间的边际替代率对匮乏的程度是不敏感的;第二种情况存在争议是因为它可能会遭遇人们对 Sen(1976)的贫困差距概念提出的同样的批评。当等价条件按排序而不是指数来设定时,就能保持类似的结果。Pattanaik 等(2011)进一步探讨了 HPI 型测度的弱点。

虽然综合指数法可能与将社会整体贫困看作个体贫困水平函数这一方法并不一致,但正如标准福利经济学中的情况一样,这些综合指数采用了一套不同的伦理假设,可能仍有其合理之处。

3.3.2　计数法

在许多情况下,我们不仅知道每个维度的人口贫困率,我们还能观测有多少人在一个维度、两个维度以及更多维度上陷入匮乏。在社会科学的匮乏分析中,对没有达标的人数进行统计已根深蒂固,但是其背后社会评判的特点以及与标准福利方法的关系仍有待澄清。例如,Atkinson(2003)认为,计数法中无法得出优势条件的难题与人头贫困度量在一维情况下不能满足庇古—道尔顿转移原则的问题类似。然而,这个难题的根源在于福利标准是根据基础连续变量在人们之间的分布情况来界定的,而不是根据匮乏的分数分布情况来界定的。匮乏分数是指个人未能达到最低标准的维度数量,从定义上确定了它是一个离散变量,范围从 0 到纳入考虑的所有维度数量。匮乏分数的分布包含了计数法中的所有相关信息,这些信息从构成上暗示了其忽略了原始变量的成就水平。计数法中的优势条件可以根据这一推理来确定。在这一节中,我们讨论这些条件,展示它们如何产生计数方法,使其能包含 Atkinson(2003)、Chakravarty 和 D'Ambrosio(2006)以及 Alkire 和 Foster(2011a,2011b)提出的方法。

我们按照计数法文献中的标准方法,假定个体在 r 个不同的维度陷入匮乏,我们计算出实际匮乏的总数。[①] 如果一个人在维度 i 陷入匮乏,令 $X_i = 1$,否则 X_i 为 0,并且令

[①] Cappellari 和 Jenkins(2007)观察到,构建原始匮乏分数总和的做法"无处不在",但理论基础薄弱。他们建议使用另一个很好的方法来总括多种匮乏,即依靠心理测量学和教育测试中使用的项目反应建模方法,然而他们用两种方法比较了英国的数据后,发现结果类似。

$$X = \sum_{i=1}^{r} X_i$$

这是一个随机离散变量,其累积分布函数为 F,均值为 μ,令 F^{-1} 为 F 的左逆,那么 $X = 1$ 则指个体在一个维度陷入匮乏,$X = 2$ 则指个体在两个维度陷入匮乏,以此类推。我们称 X 为匮乏计数,F 为匮乏计数分布。此外,令 $q_k = Pr(X = k)$,则得到

$$F(k) = \sum_{j=0}^{k} q_j, k = 0, 1, \cdots, r \tag{3.4}$$

与

$$\mu = \sum_{k=1}^{r} k q_k \tag{3.5}$$

出于简便目的,我们给所有维度赋予同等权重,不过这一假设可以放宽(见 3.3.2.5)。

为了比较计数分布,我们引入适当的优势标准以获得偏序(见 3.3.2.1)和全序(见 3.3.2.2 至 3.3.2.4)。[1]尽管将在 3.3.3 讨论的多维方法重点关注人们的成就分布,计数法制定的优势标准是根据单离散变量 X 的 F 分布来界定的。

3.3.2.1 偏序

按照收入分配文献标准做法,第一个准则是一阶优势。[2]

定义 3.1

如果对所有 $k = 0, 1, \cdots, r$,$F_1(k) \geqslant F_2(k)$

那么匮乏计数分布 F_1 一阶优于匮乏计数分布 F_2,且至少存在某个 k 使得该不等式严格成立。

如果 F_1 一阶优于 F_2,那么 F_1 遭受的匮乏数要少于 F_2。图 3.1 的示例为 Eurostat (2014)统计的 2012 年 5 个欧洲国家的物质贫困指标,数据见表 3.2。图 3.1 中,横轴标示的是维度数,纵轴标示的是在横轴的最大维度数量上遭受匮乏的累积人口比例(图 3.1 考虑了最高 7 项匮乏指标,因为这些国家没有人遭受的匮乏指标超过 7 项)。左图显示挪威一阶优于英国和意大利,而后两个国家不能按照一阶优势标准排序,因为他们的分布相互交叉。英国有 5 项显然优于意大利,但在遭受 6 项或 7 项极端贫困的人口比例方面,英国是意大利的 2 倍多(1% 比 0.4%,见表 3.2)。图 3.1 的右图显示,法国和德国的累积匮乏数分布也相互交叉,但又非常接近。德国没有遭受匮乏的人口比例高于法国,把遭受 1 项、2 项和 3 项匮乏的人口依次相加,结果仍是如此;但在累加遭受 4 项匮乏的人口时,两国顺序颠倒了,考虑更加严重的情况的时候,法国则优于德国。[3]

---

① Lasso de la Vega (2010) 和 Yalonetzky (2014) 也明确了优势条件以划分匮乏计数分布的等级。

② Chakravarty 和 Zoli (2012) 对代表人们成就而非匮乏计数的整数变量之间的一阶随机优势关系进行了研究。

③ 在这个例子和所有后来的实证阐述中,我们看待统计数据仿佛它们是精确的,我们抛开了它们会受到抽样和其他类型错误的限制这些事实。对这些错误进行考虑可能会导致我们得出这样的结论:无论是法国和德国之间观察到的差异还是法国和挪威之间的右尾交叉,都没有显著的统计学意义。

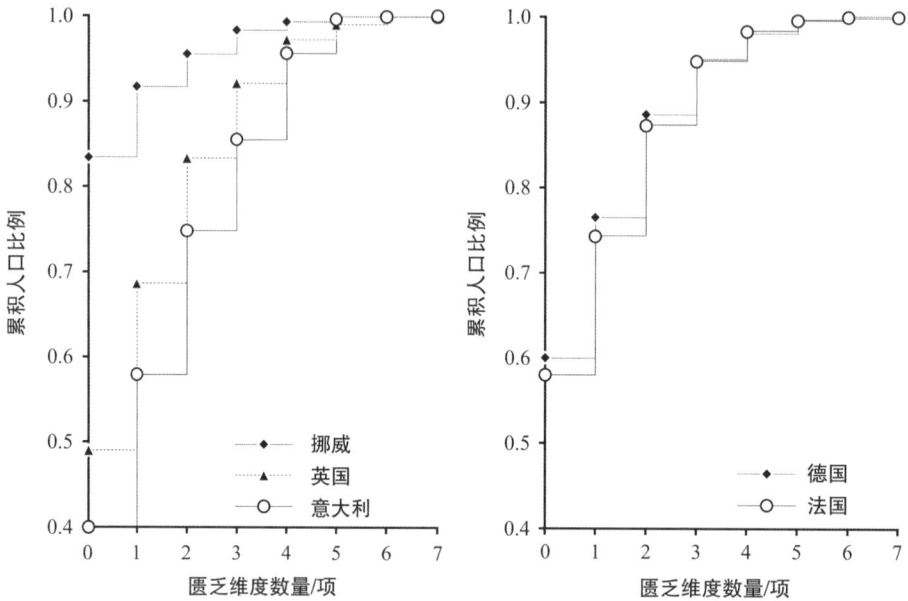

图 3.1　2012 年所选欧洲国家的物质匮乏值的累积分布情况

数据来源：Eurostat（2014）统计数据。

表 3.2　2012 年所选欧洲国家的物质匮乏分布情况（占总人口的百分比）　　　　单位：%

匮乏数量	法国	德国	意大利	挪威	英国
0	58.0	60.0	39.6	83.4	49.0
1 项	16.3	16.5	18.3	8.3	19.6
2 项	13.0	12.1	16.9	3.8	14.7
3 项	7.5	6.5	10.7	2.8	8.8
4 项	3.5	3.0	10.1	1.0	5.1
5 项	1.3	1.5	4.0	0.6	1.8
6 项	0.4	0.3	0.3	0.0	0.9
7 项	0.0	0.1	0.1	0.1	0.1
8 项	0.0	0.0	0.0	0.0	0.0
9 项	0.0	0.0	0.0	0.0	0.0
全部	100.0	100.0	100.0	100.0	100.0

来源：Eurostat（2014）。

　　这个例子表明，一阶优势在实践中可能要求太高：如果计数分布相交，那么它们只能通过定义较弱的优势标准来排序，这意味着我们必须对社会评价者的偏好排序施加更严格的条件，考虑到在匮乏研究中，我们可能要么倾向于相交，要么倾向于单一标准。在前一种情况下，我们会"自上而下"开始聚合，先看看那些在 r 维度遭受匮乏的人口比例，然后加总那些在 $r-1$ 维度遭受匮乏的人口比例，依次类推；在后一种情况下，我们将"自下而上"开始，这一区别自然会带来两个二阶优势准则的定义，正如 Aaberge 和 Peluso（2011）的建议：

定义 3.2A

如果对于所有 $s = 0, 1, \cdots, r$

$$\sum_{k=s}^{r} F_1(k) \geqslant \sum_{k=s}^{r} F_2(k)$$

那么贫困计数分配 F_1 二阶向下优于贫困计数分配 F_2，且对于某些 s，不等号严格成立。

定义 3.2B

如果对于所有 $s = 0, 1, \cdots, r$

$$\sum_{k=0}^{s} F_1(k) \geqslant \sum_{k=0}^{s} F_2(k)$$

那么贫困计数分配 F_1 二阶向上优于贫困计数分配 F_2，且对于某些 s，不等号严格成立。

如果 F_1 二阶优于 F_2，那么 F_1 遭受的匮乏数同前面一样，要少于 F_2，但获取这一结果的代价是实施了更严格的偏好排序条件，这将在下面的定理 3.1A 和定理 3.1B 中呈现。此外，在更加关注匮乏在群体中的扩散范围（合并标准）还是更加关注多重匮乏的发生（相交标准）二者之间，我们得做出选择。第一种情况，我们将采用二阶向上优势，我们从定义 3.2B 中可直观地看到这一点，我们比较（双重）累积人口比例，从考虑没有遭受任何匮乏的人口比例 $F(0)$ 开始，然后依次合计遭受 1 项匮乏人口的比例、遭受 2 项匮乏人口的比例，以此类推。在计算累积函数时我们"自下而上"。第二种情况正好相反，我们"自上而下"聚合，更关注遭受最严重匮乏的群体。二阶向上优势从形式上与 Atkinson（1970）在对收入分配进行分级时使用的优势标准相似，二阶向下优势在收入不平等相关文献中没有符合的情况，因为它与庇古—道尔顿转移原则不相符，不过，它与 Aaberge（2009）为洛伦兹曲线引入的准则有些类似。

我们在聚合极端贫困数值时同意采用向上（单一标准）或是向下（相交标准）就足以进行实证应用了吗？并不总是如此。重新考虑前面意大利和英国的比较以及法国和德国的比较，就可以看清这一点，这两组比较中没有一个国家一阶优于另一个国家。在图 3.2 中，我们通过定义 3.2A 和定义 3.2B 绘制出每组国家的整体累积分布差异。如果我们按定义 3.2B 向上聚合，英国和德国二阶（向上）分别优于意大利和法国：没有遭受匮乏的人口比例较低，这赋予前面两个国家一个优势，这一优势无法被它们在多维度遭受匮乏的人口比例较高的最严重情况所抵消。如果我们按定义 3.2A 向下合并，整体累积分布的差异由正转负，两组比较中没有一个国家二阶（向下）优于另一个。匮乏数的分布使得社会评论者支持单一视角，将英国和德国排在意大利和法国前面，却不允许社会评论者支持相交视角而得出含糊不清的结论。在这种情况下，需要设立高阶准则，尽管它们只能提供一个偏序。探讨更高阶的优势准则是我们需要进一步研究的话题，我们先转向讨论能产生全序的方法。

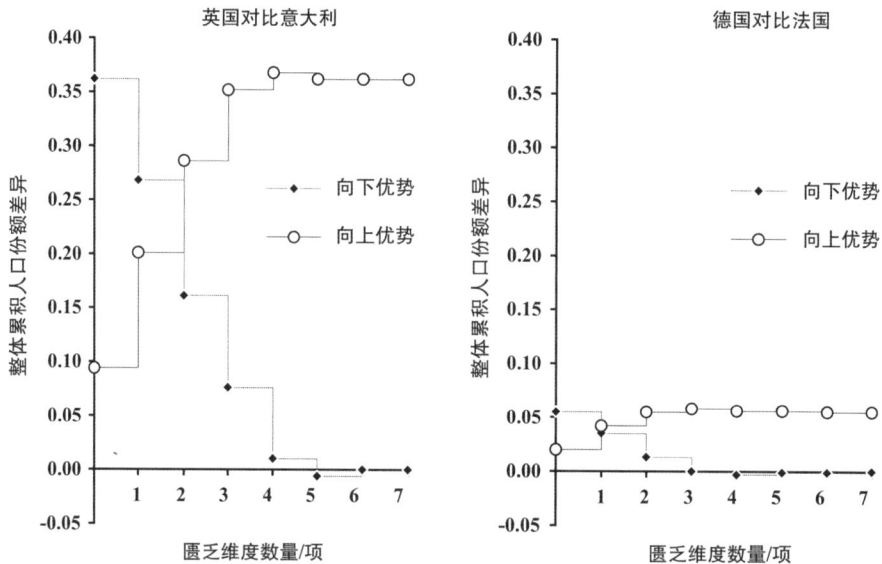

图 3.2 一些欧洲国家 2012 年物质匮乏得分的二阶优势情况

来源:Eurostat(2014)统计数据,由作者绘制。

3.3.2.2 全序:独立性公理

对偏好排序实施独立性公理则可获得全序,这就允许我们对分布的某些部分给予不同的加权,最终能够确定一项综合性匮乏测度。用由排序定义的一族匮乏计数分布情况 F 来代表社会偏好,假定这一偏好排序是连续、可传递、完整的且满足一阶计数分布优势条件。Debreu(1964)证明一个连续、可传递、完整的偏好排序可以用一个连续递增的偏好函数来表示,但我们需要进一步的条件才能为社会偏好赋予清晰的实证内容。因此,我们先引入两种不同的独立性条件,要求偏好排序在被比较的计数分布出现某些变化的时候保持不变:

公理(独立性):令 F_1 和 F_2 是 F 的成员,那么 $F_1 \geqslant F_2$ 意味着 $\alpha F_1 + (1-\alpha) F_3 \geqslant \alpha F_2 + (1-\alpha) F_3$,对于所有 $F_3 \in F$ 且 $\alpha \in [0,1]$。

这一公理注重遭受特定数量匮乏的人口比例。我们也可能想要关注的是占某个人口比例的匮乏数量,更技术化地说,是计数分布的排序位置 (F^{-1})。正如不确定性和不平等研究文献所表明的,这与另一个独立性公理相符:

公理(二元独立性):令 F_1 和 F_2 是 F 的成员,那么 $F_1 \geqslant F_2$ 意味着 $[\alpha F_1^{-1} + (1-\alpha) F_3^{-1}]^{-1} \geqslant [\alpha F_2^{-1} + (1-\alpha) F_3^{-1}]^{-1}$,对于所有 $F_3 \in F$ 且 $\alpha \in [0,1]$。

如果 F_1 弱优于 F_2,那么独立性公理(与预期效用理论相似)表明,F_1 的任何混合都弱优于 F_2 的相应混合:同质的计数分布混合介入(identical mixing interventions)不会影响它们的排序位置,其位置只依据混合计数分布之间的差异是如何被评判的来确定。这样,如果国家 1 的匮乏总数低于国家 2 的匮乏总数,即 $F_1 \geq F_2$,则给两国中的任何一国增加匮乏分布为 F_3 的相同移民群体,这一排序不会发生变化。因此,该排序关系不因人口依据匮乏的聚合而变化。

二元独立性公理向匮乏维度的跨人口比例子集聚合转移,假定只有收入和健康两种匮乏指标,两个不同的税收和福利体制产生两个不同的收入匮乏计数分布 F_1 和 F_2,接着让 F_1 和 F_3 的健康计数分布按以下方式匹配,收入匮乏最严重的也还是健康匮乏最严重的,收入匮乏第二严重的也还是健康匮乏第二严重的,以此类推。将 F_2 和 F_3 以同样的方式相匹配。如果匮乏计数分布 F_1 在收入上优于 F_2,那么体制 1 下的收入匮乏人口比例要低于体制 2 下相应的收入匮乏人口比例。二元独立性意味着,健康匮乏数分布 F_3 在任意情况下,将 F_1 和 F_2 与 F_3 匹配后,F_1 将继续优于 F_2。[①] 二元独立性公理具有不变性,不论健康匮乏数分布(F_3)和匹配所用的加权是多少,结果都不变。

两个公理的根本区别在于独立性公理处理某个匮乏数量与相应人口比例的加权平均值之间的关系,而二元独立性公理处理的是特定人口比例与相应的匮乏数量的加权平均值之间的关系。目前尚无人提供充分理由判定其中一个公理优于另一个,但某一公理的选择会产生不同分解性质的综合匮乏测度。例如,与独立性公理相一致的指数能够表达为针对相互排斥的人群亚组计算的对应指数加权平均值,而满足二元独立性公理的指数不能这样表达。相反,二元独立性测度通过不同匮乏来源提供更便捷的分解方式,而独立性公理的相关测度却做不到。此外,二元独立性测度作为收入不平等测度,具有便利性,可以表示为洛伦兹曲线的线性函数,而那些原始测度却不能。

"原始方式"基于独立性公理,类似于 Atkinson(1970)年提出的不平等框架,与 Aaberge 和 Atkinson (2013)对人头率曲线的讨论相符。"二元方式"基于二元独立性公理,类似于 Weymark(1981)和 Yaari(1988)引入的基本排序位置的不平等测量,与 Aaberge (2001)对洛伦兹曲线信息内容的概括方式一致。下文我们将基于 Aaberge 和 Peluso (2011)的研究讨论二元方式,以 Aaberge 和 Brandolini (2014)的研究为基础讨论原始方式。

3.3.2.3　全序:二元方式

二元独立性公理可以用来证明下面的贫困测度族:

$$D_{\Gamma}(F) = r - \sum_{k=0}^{r-1} \Gamma\Big(\sum_{j=0}^{k} q_j \Big) = \begin{cases} \mu + \Delta_{\Gamma}(F) & \text{当 } \Gamma \text{ 为凸函数} \\ \mu - \Delta_{\Gamma}(F) & \text{当 } \Gamma \text{ 为凹函数} \end{cases} \tag{3.6}$$

其中

$$\Delta_{\Gamma}(F) = \begin{cases} \sum_{k=0}^{r-1} \Big[\sum_{j=0}^{k} q_j - \Gamma\Big(\sum_{j=0}^{k} q_j \Big) \Big] & \text{当 } \Gamma \text{ 为凸函数} \\ \sum_{k=0}^{r-1} \Big[\Gamma\Big(\sum_{j=0}^{k} q_j \Big) - \sum_{j=0}^{k} q_j \Big] & \text{当 } \Gamma \text{ 为凹函数} \end{cases} \tag{3.7}$$

[①] 这一观点类似于 Weymark(1981)为其"收入来源的弱独立性"公理给出的理由:"如果两个收入分布中除一类收入之外的所有收入分布相同,那么对一种分布比另一种分布更不均匀的整体论断,完全由比较该变量来源的收入分布来确定。"Gajdos 和 Weymark(2005)称其相应的多维条件为"弱共单调可加性"。

$\Gamma(0)=0$ 且 $\Gamma(1)=0$,而 Γ 是一个非负数非递减的连续函数。因为 F 表示匮乏计数分布,所以 $D_r(F)$ 可看作 F 分布表明的综合匮乏测度,也可以被看作与社会偏好相对应的社会评价函数,社会偏好关系将最受欢迎的 F 分布等同于 $D_r(F)$ 最小的分布。这些社会偏好关系由可以被看作匮乏强度函数的 Γ 函数的具体形式来呈现。$D_r(F)$ 能被分解为匮乏数量均值 μ 以及一个表示人口匮乏离散分布的项 Δ_r。定义 Δ_r 总是一个非负数,当 Γ 为凹函数时,Δ_r 呈左尾重心(左分布);当 Γ 为凸函数时,Δ_r 呈右尾重心(右分布)。这样,当 Γ 为凸函数时,$\mu \leqslant D_r(F) \leqslant r$;当 Γ 为凹函数时,$0 \leqslant D_r(F) \leqslant \mu$。若 Γ 为凸函数,当 $\Delta_r(F)=0$ 时,即当每个人遭受同样的匮乏数量 μ 时,$D_r(F)$ 的 μ 值达到最小。如果每个人遭受所有 r 维匮乏,那么 $\Delta_r(F)$ 仍等于 0,但 $D_r(F)$ 的 r 值达到最大。相反,若一半人口没有遭受匮乏而另一半遭受所有匮乏,则 $D_r(F)=r[1-\Gamma(0.5)]$,$\Delta_r(F)$ 达到最大值。对比后面两种情况可以说明该指数的运作方式:每个人都遭受所有 r 维匮乏的情况一定比只有一半的人遭受所有维匮乏 r 的情况更糟糕。但是在什么程度上两种情况应给予不同的重视程度依赖于 Γ 的凸性,Γ 越凸,多维匮乏会得到更大加权,$D_r(F)$ 也更接近 r。相似的推理在做对应的修改后也适用于凹函数 Γ。

表达式(3.6)表明,仅仅只关注匮乏平均数意味着线性的(凸性的和凹性的)社会偏好:$\Gamma(t)=t$。s 个人在一方面遭受匮乏的情况与一个人在 s 个方面遭受匮乏的情况之间无差异。我们通过应用3.3.1中讨论的综合指数法可以得到同样的结果,这也是在综合指数法中提高对社会偏好限制的另一种方式。当人们关注人口匮乏分布时,极为重要的判断是应该首先关注匮乏强度还是匮乏广度。若先关注强度,社会偏好更注重一个人遭受 s 维匮乏的情况,而不是 s 个人遭受一种匮乏的情况,测度 D_r 应呈现凸性 Γ。若先关注广度,社会偏好采取相反的立场,测度 D_r 应呈现凹性 Γ。对于某个 μ 值,Γ 为凹性,D_r 会随着 Δ_r 的增加而下降,因为人口匮乏分布向没有遭受或很少遭受匮乏的人口移动,换句话说,就是向分布的左尾移动。

这样,在一边存在凸性分布,与相交标准相对应;在另一边存在凹性分布,与单一标准相对应。我们从 Γ 函数的一些特定的具体实例可以明白这一点。按照单一标准,关注焦点是至少在一个维度遭受匮乏的人口比例 $(1-q_0)$,Γ 可具体表示为

$$\Gamma(t)=\begin{cases} q_0 & \text{如果 } t=q_0 \\ 1 & \text{如果 } q_0 < t \leqslant 1 \end{cases} \tag{3.8}$$

我们得出 $D_r(F)=1-q_0$,意味着可把单一方法看作 D_r 族匮乏测度在凹性情况下的极限情况。按照相交标准,我们关注的焦点在于所有维度均遭受匮乏的人口比例 (q_r),Γ 的另一种具体表达如下,

$$\Gamma(t)=\begin{cases} 0 & \text{如果 } 0 \leqslant t < 1-q_r \\ 1-q_r & \text{如果 } 1-q_r \leqslant t \leqslant 1 \end{cases} \tag{3.9}$$

由此得出 $D_r(F)=r-1+q_r$,意思是相交方法也代表 D_r 族匮乏测度在凸性情况下的极限情况。尽管单一方法和相交方法都不属于由连续 Γ 函数生成的 D_r 族,却可以接近于上述这一类[一般化的近似结果参见 Le Breton 和 Peluso(2010)]。

采用 $\Gamma(t)=2t-t^2$（凹性）或者 $\Gamma(t)=t^2$（凸性）可以得到 D_Γ 匮乏测度的基尼系数版本，这样 Δ_Γ 等于基尼均值差。与洛伦兹族不平等测度相关的一族匮乏测度可以通过对 $\Gamma(t)$ 进行设定得到，令 $\Gamma(t)=t^\tau$，其中参数 $\tau>0$，得到对匮乏不均等的关注结果：当 $0<\tau<1$ 时，对下尾区域更加关注；而当 $\tau>1$ 时，则对上尾区域更加关注（Aaberge and Peluso，2011）。

3.3.2.4　全序：原始方式

独立公理为下面的另一匮乏测度族提供了理由：

$$d_\gamma(F)=\sum_{k=0}^{r}\gamma(k)q_k=\begin{cases}\gamma(\mu)+\delta_\gamma(F)&\text{当}\gamma\text{是凸函数}\\\gamma(\mu)-\delta_\gamma(F)&\text{当}\gamma\text{是凹函数}\end{cases}\tag{3.10}$$

其中

$$\delta_\gamma(F)=\begin{cases}\sum_{k=0}^{r}\left[\gamma(k)-\gamma(\mu)\right]q_k&\text{当}\gamma\text{是凸函数}\\\sum_{k=0}^{r}\left[\gamma(\mu)-\gamma(k)\right]q_k&\text{当}\gamma\text{是凹函数}\end{cases}\tag{3.11}$$

并且，$\gamma(k)$ 是匮乏数 k 的非负数非递减的连续函数，其中 $\gamma(0)=0$。与二元方式中的 Γ 一样，γ 可被看作一个匮乏强度函数，其曲率决定我们对凸性情况下严重程度递增的匮乏情况或者凹性情况下扩散广度递增的匮乏情况的反感程度。这一族匮乏测度类似于 Kolm（1969）和 Atkinson（1970）引入的一族不平等测度。Chakravarty 和 D'Ambrosio（2006）用一个凸性 γ 来测量社会排斥，为式（3.10）提供了另一项公理性证明。[①]

与二元情况相似，原始测度 $d_r(F)$ 可被看作一个社会评价函数，各偏好赞成令 $d_r(F)$ 最小化的人头分配 F。$d_r(F)$ 可被分解的第一项是均值 μ 的转换形式，第二项是在 γ 为凹性或凸性时测量左尾重心或右尾重心的 $\delta_\gamma(F)$。通过在式（3.11）中代入 $\gamma(k)=2rk-k^2$（凹性）和 $\gamma(k)=k^2$（凸性），$\delta_\gamma(F)$ 等于方差。当对于所有 k，有 $\gamma(k)=k$ 时，$d_r(F)=\mu$ 且只有均值重要：社会偏好忽视匮乏的离散程度。[②]当离散程度很重要时，如在二元情况下，评价取决于社会偏好更重视 s 人每人遭受一种匮乏的情况还是更重视一个人遭受 s 种匮乏的情况，也意味着在第一种情况下选择凹函数 γ，在第二种情况下选择凸函数。实际上，单一标准是凹性

[①]　与本节的讨论不同，Chakravarty 和 D'Ambrosio（2006）关注匮乏得分在群体中的分布，而不是关注匮乏得分分布自身。他们也证明了二阶向下优势意味着一个凸性 γ，且在"有利综合变化"的条件下可以保持。"有利综合变化"是与庇古一道尔顿转移原则非常接近的干预原则，该原则不同于由多维匮乏测量驱动的关联重新安排原则（在 3.3.2.5 进行了讨论）。Bossert 等（2013）描述的指数是 Chakravarty 和 D'Ambrosio（2006）的社会排斥测度的一个特殊的（线性）例子。Bossert 等（2007）在相关文章中使用了计数法来推导出一项社会排斥的深入测度。他们定义了一些公理，如一个人的匮乏程度与那些比他遭受匮乏少的人能够享受的产品份额乘以他的匮乏成绩与更富裕人们的匮乏成绩之间的均值差的结果成正比，所有个体的这些个人函数的总和加上随时间的变化则分别得出整体匮乏指数和社会排斥指数。

[②]　正如我们所见，D_Γ 和 d_γ 对于社会偏好的具体情况 $\left[\Gamma(t)=t\text{ 和 }\gamma(k)=k\right]$ 均与均值 μ 相符合，根据 Aaberge（2001）对该文中第五定律的证明，可以得出均值是能够同时满足独立性公理和二元独立性公理的唯一测度。因此独立性公理和二元独立性公理在提供转换条件、完整性、连续性和一阶优势之外，还提供均值 μ 的全部公理特性。在 Bossert 等（2013）提供的另一种均值的公理化证明中，亚组可分解性的两个条件与两个独立性公理的作用相似。

γ 的 d_γ 族匮乏测度的极限情况,而相交标准是凸性 γ 的 d_γ 族匮乏测度的极限情况。[①] 当 γ 为凹性时,离散项从(转换后的)均值中去除,且 $0 \leqslant d_\gamma(F) \leqslant \gamma(\mu)$;而当 γ 为凸性时,相反的情况发生,且 $\gamma(\mu) \leqslant d_\gamma(F) \leqslant \gamma(r)$。

与二元测量方式不同,原始测量方式完全可以进行亚组分解,对总人口计算的指数与每个亚组计算的测度加权平均数相等,权重分别等于每个亚组各自所占的人口份额。需要指出的是,二元方式或许可以接受组内或组间组成部分的不同形式的分解,但须遵循 Ebert(2010)建议的路线进行。

对于二元分布($r=2$),测度 d_γ 将 Atkinson(2003)提出的计数法进行一般化,阿特金森的测度 A_θ 可写为:

$$A_\theta = 2^{-\theta}\left[p_{1+} + p_{+1} + 2(2^{\theta-1} - 1)p_{11}\right] = 2^{-\theta}(p_{1+} + p_{+1}) + (1 - 2^{1-\theta})p_{11}$$
$$= 2^{-\theta}q_1 + q_2 \tag{3.12}$$

采用表 3.1 中的标记,将原公式全部除以 2^θ,我们通过代入 $\gamma(k) = (k/r)^\theta$ 和 $r = 2$ 可以由式(3.10)得到式(3.12),参数 θ 的范围从 0 到无穷大,是由阿特金森引入的,以捕捉有关多维匮乏重要性的不同观点(严格地讲,两个极限值与假定函数 γ 的连续性是不一致的,应该被看作极限情况)。当 $\theta \to 0$,指数计算至少遭受一种匮乏的人,不管每个人所遭受的匮乏数量:$A_0 = p_{1+} + p_{+1} - p_{11} = q_1 + q_2$。当 $\theta = 1$ 时,遭受两种匮乏的人被计算两次,A_1 给出遭受两维度匮乏人头率的简单平均数,提供的结果与综合指数得到的结果一样。随着 θ 趋于无穷大,该指数往往与遭受两维度匮乏的人口比例相一致:$A_\infty \to p_{11}$。与阿特金森最初的匮乏计数指数一样,该指数通过在式(3.10)中代入 $\gamma(k) = (k/r)^\theta$ 从而扩大到两个维度以上,作为极限情况,呈现的是单一标准(A_0)和相交标准(A_∞)。该指数描述的一族贫困测度可被看作与 Foster 等(1984)提出的贫困测度相类似,后者被称作 FGT 测度。

基于均值(或均值转换)和匮乏计数分布离散情况进行原始和二元匮乏测度的分解,与从基于排序的预期类效用理论派生出的社会效用函数的均值与不平等分解相类似(参见Atkinson,1970;Yaari,1988)。然而与收入不平等分析不同的是,匮乏测度的分解结构依赖于社会偏好是与单一标准相关还是与相交标准相关。在前一种情况下,匮乏测度下降,社会福利上升,这时人口的匮乏离散度上升,也就是说更多的人没有或者很少遭受匮乏。尽管原始和二元综合测度将平均匮乏离散情况考虑在内,但是它们对单个维度的作用没有给出任何说明,因此这些综合方式提供的信息,需要通过估算每一个维度上遭受匮乏的人口比例来进行补充,补充信息显示匮乏集中于很少维度还是很多维度。

表 3.3 显示了前面提到的欧洲五国的一些匮乏指数估算(有些指数将在下节讨论)。我们认为,二元方式中的这一类指数与洛伦兹族不平等测度相关。对于 τ 参数的各种不同值,有

$$D_\tau^{GG} = r - \sum_{k=0}^{r-1}\left(\sum_{j=0}^{k} q_j\right)^\tau$$

[①] 将凹函数 γ 逼近于 $\gamma(k) = 1, k = 1, 2, \cdots, r$,将凸函数 γ 逼近于 $\gamma(k) = 0, k = 1, 2, \cdots, r-1$,且 $\gamma(r) = 1$,这样分别得出 $d_\gamma(F) = 1 - q_0$ 和 $d_\gamma(F) = q_r$,就可以看出这一点。

$\tau = 2$ 时,上述表达式给出匮乏测度的基尼系数类凸性表达。其凹性表达式则为:

$$D_2^{G,\text{凹性}} = 2\mu - r + \sum_{k=0}^{r-1} \Big(\sum_{j=0}^{k} q_j \Big)^2 = 2\mu - D_2^{GG} = 2\mu - D_2^{G,\text{凸性}}$$

在原始测度中,对于参数 θ 的各种不同值,我们认为,对阿特金森类一般化得到的一类指数为

$$d_\theta^{GA} = r^{-\theta} \sum_{k=1}^{r} k^\theta q_k$$

$\theta = 1$ 时,这一个表达式给出人头率的平均值,等于 μ/r 比率。$\theta = 2$ 时,它与凸性变异类型贫困测度 $d_2^{V,\text{凸性}}$ 乘以 r^{-2} 的结果一致,而凹性类 $[\gamma(k) = 2rk - k^2]$ 则为:

$$d_2^{V,\text{凹性}} = 2r\mu - \sum_{k=1}^{r} k^2 q_k = 2r\mu - r^2 d_2^{GA} = 2r\mu - d_2^{V,\text{凸性}}$$

挪威的匮乏平均数最低,其次是德国和法国,二者十分接近,再次是英国,最后为意大利。平均人头率范围从挪威的 3.6% 延伸至意大利的 16.3%。一方面,凹性指数中,我们发现德国的匮乏指数总是低于法国,英国的也总是低于意大利,根据 3.3.2.1 中报告的二阶向上优势结果,这一点也不奇怪。另一方面,函数变成凸性时排序会颠倒过来,使同样的比较中缺乏二阶向下优势的情况显现出来。例如,当 θ 值大于 4 时,法国的阿特金森类一般化的匮乏指数低于德国的。任何时候只要我们偏好相交标准,给予某个遭受 $2h$ 匮乏数的人的加权值是某个遭受 h 匮乏数的人的 16 倍$(= 2^4)$,法国的总体匮乏就会低于德国(因为 d_4^{GA} 给予每个遭受 h 匮乏数的人的加权值等于 h^4)。英国的情况比意大利好许多,除了非常严重的匮乏情况(6 项匮乏或以上),二者之间的排序仅在 θ 或 τ 的值很高时才会发生变化,这符合对最糟糕的匮乏状况极端憎恶的情况。最后需要注意的是,阿特金森类一般化的匮乏指数在 θ 趋于 0 时,接近于遭受至少一项匮乏的人口比例(单一标准);而当 θ 趋于无穷大时,接近于遭受最大数量匮乏的人口比例。既然没有人遭受的匮乏数超过 9 项,那么在后面这种情况下,所有国家的指数一致收敛于 0。

表 3.3　2012 年部分欧洲国家的物质匮乏指数

指数		德国	法国	意大利	英国	挪威	德国对比法国(1)	英国对比意大利(1)
线性指数								
平均匮乏数		0.822	0.877	1.471	1.109	0.320	−6.3	−24.6
平均人头率		0.091	0.097	0.163	0.123	0.036	−6.3	−24.6
凹性指数								
D_τ^{GG}	$\tau = 0.1$	0.096	0.103	0.191	0.136	0.034	−7.3	−28.7
	$\tau = 0.5$	0.446	0.479	0.845	0.619	0.165	−6.8	−26.7
	$\tau = 0.9$	0.752	0.803	1.360	1.020	0.290	−6.4	−25.0
$D_2^{G,\text{凹性}}$		0.231	0.262	0.629	0.394	0.037	−11.7	−37.4
d_θ^{GA}	$\theta \to 0$	0.400	0.420	0.604	0.510	0.166	−4.8	−15.6
	$\theta = 0.1$	0.340	0.358	0.523	0.436	0.140	−5.0	−16.6
	$\theta = 0.5$	0.184	0.195	0.303	0.241	0.074	−5.7	−20.4
	$\theta = 0.9$	0.104	0.111	0.184	0.140	0.041	−6.2	−23.8
$d_2^{V,\text{凹性}}$		12.550	13.399	21.883	16.747	4.914	−6.3	−23.5

续 表

指数		德国	法国	意大利	英国	挪威	德国对比法国(1)	英国对比意大利(1)
凸性指数								
D_τ^{GG}	$\tau = 1.1$	0.890	0.948	1.576	1.195	0.350	−6.2	−24.2
	$\tau = 5$	2.453	2.537	3.460	2.942	1.280	−3.3	−15.0
	$\tau = 19$	3.906	3.910	4.612	4.368	2.799	−0.1	−5.3
	$\tau = 21$	4.003	3.998	4.673	4.461	2.917	0.1	−4.5
	$\tau = 40$	4.581	4.522	5.020	5.011	3.629	1.3	−0.2
	$\tau = 42$	4.622	4.559	5.044	5.050	3.680	1.4	0.1
	$\tau = 100$	5.272	5.145	5.414	5.670	4.505	2.5	4.7
$D_2^{G,凸性} = D_2^{GG}$		1.413	1.492	2.313	1.824	0.603	−5.3	−21.1
d_θ^{GA}	$\theta = 1.1$	0.080	0.086	0.146	0.109	0.031	−6.3	−25.3
	$\theta = 2$	0.028	0.029	0.057	0.040	0.010	−5.9	−30.0
	$\theta = 3$	0.011	0.011	0.023	0.016	0.004	−3.6	−31.6
	$\theta = 4$	0.005	0.005	0.010	0.007	0.002	0.4	−30.1
	$\theta = 8$	0.001	0.001	0.001	0.001	0.000	20.6	−13.5
	$\theta = 9$	0.0003	0.0002	0.0005	0.0005	0.0001	42.8	2.3
	$\theta = 20$	7.6×10^{-06}	1.3×10^{-06}	7.8×10^{-06}	9.4×10^{-06}	6.6×10^{-06}	479.9	20.9
$d_2^{V,凸性} = r^2 d_2^{GA}$		2.246	2.387	4.595	3.215	0.846	−5.9	−30.0
其他指数								
Eurostat SMD(2)		0.049	0.052	0.145	0.079	0.017	−5.8	−45.5

注:(1)第一个国家的数字与第二个国家的数字之间的百分比相对偏差。(2)数据是根据表3.2 计算得出的,因四舍五入可能与已公布的统计数据不一样。

来源:作者对 Eurostat(2014)数据的阐释。

3.3.2.5 关联重排

当前的讨论在许多层面上都是在单变量情况下进行的,然而多变量情况的关键特征是多个维度之间的关联模式。尽管遭受匮乏的总数不变,但人口匮乏分布发生了变化,因此提出社会福利该如何应对这一问题是十分自然的。标准方式是考虑社会福利如何跟随两个变量之间关联的"无边际变化"而变化,其中"无边际变化"也就是不影响边际分布的变化。在与多维列联表(由两个或者多个二元变量组成)中关联测量相关的统计学文献中,我们识别出分布的关联重排要么是正相关要么是负相关的。对无边际关联重排的解释详见表3.4 和表3.5。表3.4 中的每一格是由对面的表格通过无边际正关联递增(递减)重排而得出的,而表3.5 中的每一格是由对面的表格通过无边际负关联递增(递减)重排而得出的。

表3.4 无边际正关联递增重排示例

	$X_2 = 0$	$X_2 = 1$				$X_2 = 0$	$X_2 = 1$	
$X_1 = 0$	0.35	0.20	0.55		$X_1 = 0$	0.36	0.19	0.55
$X_1 = 1$	0.20	0.25	0.45		$X_1 = 1$	0.19	0.26	0.45
	0.55	0.45	1			0.55	0.45	1

来源:作者的说明。

表 3.5　无边际负关联递增重排示例

	$X_2=0$	$X_2=1$				$X_2=0$	$X_2=1$	
$X_1=0$	0.20	0.25	0.45		$X_1=0$	0.19	0.26	0.45
$X_1=1$	0.35	0.20	0.55		$X_1=1$	0.36	0.19	0.55
	0.55	0.45	1			0.55	0.45	1

来源:作者的说明。

无边际重排已经被广泛用作贫困和不平等多维测度的评价基础。[①] Bourguignon 和 Chakravarty (1999，2003，2009) 以及 Atkinson (2003) 采用无边际相关递增转换原则作为基础,对来自连续变量(属性)而非源于匮乏分数的贫困测度进行了规范性评价。他们区分是否相关递增转换使贫困测度是上升或下降,认为关联属性在前一种情况下可以相互替代(一种属性可以对另一种属性的缺失进行补偿),在后一种情况下可以相互补充。

考虑无边际转换能简便地突出一个事实,即贫困和不平等多维分析意味着需要对不同的属性之间一种属性可以在多大程度上替代另一种属性做出假设。在现实世界中,无边际转换的条件可能非常严格,因为政策可能会以增加某一维度的匮乏为代价来减少另一维度的匮乏,因此我们要采用一个更普遍的方法,要求只保持匮乏的平均数不变,而不要求边际分布不变(后者暗含了前者,反之不然)。我们因而需要一个不同于相关系数的关联测度,能在边际分布转换中保持不变。这就是 Yule (1900)引入的交叉积 k 的情况。在表 3.1 的 2×2 分布中,尤尔(Yule)将其测度定义为:

$$\kappa = \frac{p_{00}p_{11}}{p_{01}p_{10}} \tag{3.13}$$

对于 $p_{ij} \to a_i b_j p_{ij}$ 的转换它能保持不变。该相关测度与边际分布 (p_{0+}, p_{1+}) 和 (p_{+0}, p_{+1}) 一同提供分布的整体信息,而且在边际分布变化的情况下能保持不变。[②]注意 $\kappa \in [0, \infty)$,如果 X_1 和 X_2 是相互独立的,$\kappa=1$;如果二者完全是负关联的($p_{00}=0$ 和／或 $p_{11}=0$),$\kappa=0$;如果二者完全是正关联的($p_{01}=0$ 和／或 $p_{10}=0$),$\kappa \to \infty$。

我们遵循 Aaberge 和 Peluso (2011) 以及 Aaberge 和 Brandolini (2014)的研究,通过引入一个关联递增/关联递减重排原则以放开无边际限制条件,该原则依赖于固定的总体匮乏平均数条件而不是依赖于固定的遭受每一种匮乏的人口比例条件。如表 3.4 和表 3.5 所示,无边际重排是这一不同的排序原则的特例。[③]

[①] 关于基于相关系数的关联递增重排的定义,我们参考了 Epstein 和 Tanny (1980)、Atkinson 和 Bourguignon (1982)、Boland 和 Proschan (1988)、Dardanoni (1995)、Tsui (1995，1999，2002)、Bourguignon 和 Chakravarty (2003),以及 Duclos 等 (2006a)。也可参见 Tchen (1980) 对二元概率测度间的正关联(或一致性)的讨论。

[②] 尤尔的关联测度与斯皮尔曼和肯达尔引入的用于连续变量以连接函数(copula)为基础的关联测度相关,见 Nelsen (1998)。Decancq (2014) 引入了用于连续变量以连接函数为基础的重排原则的一般化,并用随机优势对它们的关联进行了分析。如果 X_1 和 X_2 代表两个社会类别,而个体在 1 和 2 时刻属于该类别,尤尔的关联测度也与社会流动研究中使用的优势比相一致。可参见 Erikson 和 Goldthorpe (1993)和本手册第 10 章。

[③] 注意由参数 p_{00}、p_{10}、p_{01} 和 $p_{11}(=1-p_{00}-p_{10}-p_{01})$ 定义的多项分布也可用边际分布($p_{0+}, p_{1+}=1-p_{0+}$)和 $(p_{+0}, p_{+1}=1-p_{+0})$ 以及交叉积 κ 来描述。

定义 3.3

考虑一个 2×2 的表格,有四个参数 $(p_{00} \smallsetminus p_{01} \smallsetminus p_{10}$ 和 $p_{11})$,其中 $\sum_i \sum_j p_{ij} = 1$。如果 $\varepsilon > 0$ $(\varepsilon < 0)$ 且 $\kappa > 1$,$(p_{00} + \varepsilon, p_{01}, p_{10} - 2\varepsilon, p_{11} + \varepsilon)$ 这种变化可以提供一项均值保留正关联递增 (递减)重排,如果 $\varepsilon < 0 (\varepsilon > 0)$ 且 $\kappa < 1$,则可以提供一项均值保留负关联递增(递减)重排。

从定义 3.3 可知,当 $\varepsilon > 0$ 时,均值保留重排会减少根据指标 X_1 得到的遭受匮乏人数,代价是会增加根据指标 X_2 得到的遭受匮乏人数;当 $\varepsilon < 0$ 时,情况相反。表 3.6 说明了这一点,显示均值等于 1 时负关联($\kappa < 1$)的两种分布情况。每一表格的数据是由其对面表格中的数据通过均值保留负关联递增(递减)重排而来,其中 $\varepsilon = 0.01$。

Aaberge 和 Peluso(2011)展示了如何将定义 3.3 扩展到 r 维度,因为超过两个维度的标准的下表符号会变得很复杂,所以将其简化成 p_{ijm},其中 i 和 j 代表任意选择的两个匮乏维度,m 代表其余的 $r-2$ 维度。尤尔的测度 κ_{ijm} 则被定义为:

$$\kappa_{ijm} = \frac{p_{iim} p_{jjm}}{p_{ijm} p_{jim}} \tag{3.14}$$

其中,m 是一个由 0 和 1 任意组合的 $(r-2)$ 维度向量,这种情况下,定义关联为 $r(r-1)/2$ 的交叉积。Aaberge 和 Peluso(2011)引入了定义 3.3 的一般化定义如下:

定义 3.4A

考虑一个 $2 \times 2 \times \cdots \times 2$ 的表格,由 s 二分变量构成,含参数 $(p_{iim}, p_{ijm}, p_{jim}, p_{jjm})$,其中 $\sum_i \sum_j \sum_m p_{ijm} = 1$ 且 $\kappa_{ijm} > 1$。如果 $\varepsilon > 0 (\varepsilon < 0)$,$(p_{iim} + \varepsilon, p_{ijm}, p_{jim} - 2\varepsilon, p_{jjm} + \varepsilon)$ 这种变化便可提供一项均值保留正关联递增(递减)重排。

定义 3.4B

考虑一个 $2 \times 2 \times \cdots \times 2$ 的表格,由 s 二分变量构成,参数为 $(p_{iim}, p_{ijm}, p_{jim}, p_{jjm})$,其中 $\sum_i \sum_j \sum_m p_{ijm} = 1$ 且 $\kappa_{ijm} < 1$。如果 $\varepsilon < 0 (\varepsilon > 0)$,$(p_{iim} + \varepsilon, p_{ijm}, p_{jim} - 2\varepsilon, p_{jjm} + \varepsilon)$ 这种变化便可提供一项均值保留负关联递增(递减)重排。

表 3.6 均值保留负关联递减重排示例

	$X_2 = 0$	$X_2 = 1$				$X_2 = 0$	$X_2 = 1$	
$X_1 = 0$	0.20	0.30	0.50		$X_1 = 0$	0.21	0.30	0.51
$X_1 = 1$	0.30	0.20	0.50		$X_1 = 1$	0.28	0.21	0.49
	0.50	0.50	1			0.49	0.51	1

来源:作者的说明。

定理 3.1A 显示,支持二阶向下优势的社会偏好意味着无论偏好与原始方式还是与二元方式一致,整体匮乏在均值保留正关联递增重排后会上升,而在均值保留负关联递减重排后会下降。相反,定理 3.1B 证明,支持二阶向上优势的偏好认为,这样重排会降低整体匮乏。此外,从分解式(3.6)和(3.10)可以直接得出,均值保留关联递增/递减原则等价于均值保留展延/收缩,后者定义如下:

定义 3.5

令 F_1 和 F_2 是基于 r 维匮乏 $\boldsymbol{F}$ 族计数分布成员,假定其均值相等,那么 F_2 被认为在均值保留展延(收缩)方面不同于 F_1,如果对于所有凸函数 Γ,$\Delta_\Gamma(F_2) > \Delta_\Gamma(F_1)$,或者对于所有凸函数 γ,$\delta_\gamma(F_2) > \delta_\gamma(F_1)$ [对于所有凹函数 Γ,$\Delta_\Gamma(F_2) < \Delta_\Gamma(F_1)$ 或者对于所有凹函数 γ,$\delta_\gamma(F_2) < \delta_\gamma(F_1)$]。

注意,定义 3.5 等同于 Rothschild 和 Stiglitz(1970)引入的均值保留展延序列。

令 Ω_1 和 Ω_2 是 Γ 族的子集,分别被定义为:

$$\Omega_1 = \{\Gamma : \Gamma'(t) > 0, \Gamma''(t) > 0, \text{对于所有 } t \in \langle 0, 1\,], \text{且 } \Gamma'(0) = 0\}$$

以及

$$\Omega_2 = \{\Gamma : \Gamma'(t) > 0, \Gamma''(t) < 0, \text{对于 } t \in \langle 0, 1\rangle, \text{且 } \Gamma'(1) = 0\}$$

令 ω_1 和 ω_2 是 γ 族的子集,分别被定义为:

$$\omega_1 = \{\gamma : \gamma'(k) > 0, \gamma''(k) > 0, \text{对于所有 } k > 0, \text{且 } \gamma'(0) = 0\}$$

以及

$$\omega_2 = \{\gamma : \gamma'(k) > 0, \gamma''(k) < 0, \text{对于 } k > 0, \text{且 } \gamma'(r) = 0\}$$

Ω_1 与 ω_1 集所有成员都是递增凸函数,Ω_2 与 ω_2 集所有成员都是递增凹函数。

定理 3.1A

令 F_1 和 F_2 是基于 r 维匮乏 $\boldsymbol{F}$ 族计数分布的成员,假定其均值相等,则下列陈述等价:

(i) F_1 二阶向下优于 F_2。

(ii) $D_\Gamma(F_1) < D_\Gamma(F_2)$,对于所有 $\Gamma \in \Omega_1$。

(iii) $d_\gamma(F_1) < d_\gamma(F_2)$,对于所有 $\gamma \in \omega_1$。

(iv)对于 F_1 和 F_2,κ 均 > 1,可以通过均值保留正关联递增重排序列从 F_1 得到 F_2;对于 F_1 和 F_2,κ 均 < 1,通过均值保留负关联递减重排序列可以从 F_1 得到 F_2;对 F_1 或者 F_2,$\kappa > 1$,通过均值保留正关联递增和负关联递减重排二者的结合可以从 F_1 得到 F_2。

(v)通过均值保留展延可以从 F_1 得到 F_2。

定理 3.1B

令 F_1 和 F_2 是基于 r 维匮乏 $\boldsymbol{F}$ 族计数分配的成员,假定其均值相等,则下列陈述等价:

(i) F_1 二阶向上优于 F_2。

(ii) $D_\Gamma(F_1) < D_\Gamma(F_2)$,对于所有 $\Gamma \in \Omega_2$。

(iii) $d_\gamma(F_1) < d_\gamma(F_2)$,对于所有 $\gamma \in \omega_2$。

(iv) 对于 F_1 和 F_2,κ 均 > 1,可以通过均值保留正关联递减重排序列从 F_1 得到 F_2;对于 F_1 和 F_2,κ 均 < 1,通过均值保留负关联递增重排序列可以从 F_1 得到 F_2;对于 F_1 或者 F_2,$\kappa > 1$,通过均值保留正关联递减和负关联递增重排二者的结合可以从 F_1 得到 F_2。

(v)通过均值保留收缩可以从 F_1 得到 F_2。

定理 3.1A 与定理 3.1B 中,(i)、(ii)、(iv)之间的等价性证明见 Aaberge 和 Peluso(2011),(i)、(iii)之间的等价性证明见 Aaberge 和 Brandolini(2014)。(v)、(ii)、(iii)之间的等价性证明可以直接从式(3.6)和式(3.10)的第二项得出。

根据 Bourguignon 和 Chakravarty（2003，2009）以及 Atkinson（2003）所做的区分,定理 3.1A(3.1B)的结果证实了,当与匮乏指标相关的属性能被看作相互替代（互为补充）时,用 D_Γ 和 d_γ 来代表凸性 Γ 和凸性 γ（凹性 Γ 和凹性 γ）的可行性。定理 3.1A 与定理 3.1B 显示, D_Γ 和 d_γ 满足均值保留关联重排原则,只要事先已区分关联重排是来自正关联分配还是负关联分配。考虑 Atkinson(2003)讨论过并由式(3.12)界定的二维匮乏测度的具体次族,假定两个匮乏维度之间为正关联（$\kappa > 1$）。与 A_θ 族相关的 d_γ 函数,当 $\theta < 1$ 时为凹性,当 $\theta > 1$ 时为凸性,当 $\theta \to 0$ 时接近于单一情况,当 $\theta \to \infty$ 时接近于相交情况。定理 3.1B 指出,如果 $\theta < 1$,均值保留正关联递减重排会增加整体匮乏 A_θ。那么我们是否也可以假设,当我们发现两个匮乏属性之间的正相关性减弱时,整体匮乏会上升呢? 毕竟当遭受两种匮乏属性的人口份额下降时,匮乏总数并不改变。如果我们把两者属性看作互为补充,那么答案是肯定的,也就是说我们排除了二者之间相互抵消的可能性,与更少的人遭受更多匮乏相比,我们更不喜欢更多的人遭受匮乏。

到目前为止,我们还没有考虑不同维度之间的权重不等问题,但是定理 3.1A 与定理 3.1B 概括的所有结果对加权匮乏计数分布是有效的。对于二元方式,Aaberge 和 Peluso（2011）通过考虑加权匮乏计数 $X = \sum_{i=1}^{r} w_i X_i$ 以及关联分布 F（其中 $w_1 \leqslant w_2 \leqslant \cdots \leqslant w_r$）来解释不同的加权。而对于原始方式,我们可以应用 Alkire 和 Foster（2011a,2011b）建议的程序,用关联权重的总数来替代每个人的匮乏计数。

3.3.2.6　匮乏计数对贫困测量

我们目前一直在关注贫困计数分配,没有考虑当匮乏和贫困被看作两个不同的概念时,有多少人被视为穷人。按照 Sen(1976)的经典区分,我们仅仅关注了将匮乏的多个特征整合成一项整体匮乏测度,却忽视了识别穷人的第一步。然而,前一节强调的单一标准与相交标准之间的对比显示,定义穷人仍有一些余地。例如,Brandolini 和 D'Alessio（1998）、Bourguignon 和 Chakravarty（1999，2003）、Tsui（2002）以及 Bossert 等(2013)采用的是更广泛的单一标准,定义至少在一个（多个）维度遭受匮乏的人为穷人。在这种情况下,匮乏和贫困完全吻合。同时,欧盟把遭受多重匮乏且 9 项生活基本设施中至少有 4 项担负不起的人看作穷人,在合并方式与（严格）相交方式之间选择了中间道路。Alkire 和 Foster（2011a,2011b）将他们称为"双截点"的识别系统公式化,其中具体维度临界值被并入一个更深层次的临界值,在后者中,一个人遭受的匮乏必须达到一个最低值才能被确定为穷人。如果一个人至少在 c 个维度遭受匮乏才被确定为穷人, $1 \leqslant c \leqslant r$,那么人头率由计数分布 F 单独决定,定义为

$$\widetilde{H}(c) = 1 - F(c-1) = \sum_{k=c}^{r} q_k \tag{3.15}$$

对于欧盟的严重物质匮乏指标来说, c 等于 4。因为具体的截点选择 c 是任意的,控制分布排序敏感度到 c 的一个办法是使用 $\widetilde{H}(c)$ 作为 c 的一个函数,此后称作总数曲线（headcount curve）。式(3.15)中已明确指出,总数曲线的一阶优势条件等价于关联计数分布的一阶优势。如果 $c > 1$,总数曲线的一阶优势条件要求比整体计数分布的条件要低,因为它忽视了那

些遭受匮乏维度少于 c 个的人的情况。此外,定理 3.1A 和定理 3.1B 的二阶优势结果对总数曲线也是有效的,也就是说,$\tilde{H}(c)$ 满足关联递增/递减重排原则,只要将该原则严格应用于穷人。

为了弥补只可获得序数数据时仅有人头率提供的信息,我们可以采用式(3.6)和式(3.10)定义的测度作为条件计数分布 $\tilde{F}$ 的整体贫困测度,定义如下:

$$\tilde{F}(k;c) = \Pr(X \leqslant k \mid X \geqslant c) = \frac{F(k) - F(c-1)}{1 - F(c-1)} = \frac{\sum_{j=c}^{k} q_j}{\sum_{j=c}^{r} q_j}, \ k = c, c+1, \cdots, r$$

$$(3.16)$$

其均值确定为

$$\tilde{\mu}(c) = \frac{\sum_{j=c}^{r} j q_j}{\sum_{j=c}^{r} q_j} \tag{3.17}$$

表达式(3.6)和式(3.10)显示,$\tilde{F}$ 的整体贫困测度可以分解为均值(或均值函数)和离散测度。通过在表达式(3.10)中代入 $\gamma(k) = k^\theta$,可以得到类似于 FGT 族贫困测度的表达式。

Alkire 和 Foster (2011a) 提出另一方法,将人头率 $\tilde{H}(c)$ 和条件均值 $\tilde{\mu}(c)$ 结合起来,引入一个调整的人头率,定义为:

$$\tilde{M}_1(c) = \frac{\tilde{H}(c) \tilde{\mu}(c)}{r} = \frac{1}{r} \sum_{j=c}^{r} j q_j \tag{3.18}$$

上式指的是穷人遭受的匮乏总数与整个人口可能遭受的最大匮乏数量之间的比率。当 $c = 1$ 时,$\tilde{M}_1(c)$ 与阿特金森类原始贫困测度 d_1^{GA} 相一致。表达式(3.18)通过用关联权重的总数来简单替代每个人的匮乏计数,能够解释多种不同匮乏的不同加权。Alkire 和 Foster (2011a) 强调,穷人的识别和调整的人头率对于应用于匮乏变量的单调转换及其各自的临界值来说,都是保持不变的。而且,如果一个穷人的匮乏维度又增加了一项,$\tilde{M}_1(c)$ 指数则会增加(维度单调性),它还可进行人口亚组分解。因此,该指数还可根据指标进行分解,因为它计算每个维度的匮乏人头率(加权)平均数,只考虑把穷人做分子(所谓的"经审查的人头率")。此外,该指数相对于穷人的匮乏分布中的变化也能保持不变。[①]

一族调整后的匮乏测度不仅考虑穷人遭受的平均匮乏情况 $\tilde{\mu}(c)$,而且考虑穷人的匮乏分布情况,它可以通过式(3.10)定义的 d 测度得出来,其表达式如下:

$$\tilde{M}_\gamma(c) = \frac{\tilde{H}(c) \tilde{d}_\gamma(c)}{r} \tag{3.19}$$

其中,$\tilde{d}_\gamma(c)$ 代表 $\tilde{F}$ 的 d 指数,该测度能根据穷人遭受的匮乏数量来赋予穷人不同的加权。在式(3.19)的 $\tilde{d}_\gamma(c)$ 中代入 $\gamma(k) = k^\theta$,得到一族调整后的计数数据 FGT 测度为:

$$\tilde{M}_\theta(c) = \frac{1}{r} \sum_{j=c}^{r} j^\theta q_j, \text{其中 } \theta > 0 \tag{3.20}$$

---

① 有关对 Alkire 和 Foster (2011a, 2011b)提出的一类多维指数的评论和批评,见 Birdsall (2011)、Rippin (2010)、Ferreira (2011)、Ravallion (2011a, 2012a)、Silber (2011)、Thorbecke (2011)、Ferreira 和 Lugo (2013)及其他文献,以及 Alkire 等(2011)的回应。

这包含式(3.18)中 $\theta = 1$ 的情况。当 $\theta \to 0$ 时,调整后的 FGT 测度达到其最小值 $\tilde{H}(c)/r$,它忽视全部的多维匮乏的累积影响。随着 θ 上升,遭受多维匮乏的人会得到更大的加权。

图 3.3 显示,我们将匮乏指标用于前面讨论的 5 个欧洲国家时,贫困人口比例如何随着贫困截点的改变而变化。当贫困截点从 1 种匮乏(单标准)上升到 4 种匮乏(欧洲标准)时,左上方小图中显示的贫困人口比例在意大利下降了 3/4,在其他国家下降了约 9/10。在 4 种匮乏上审查意味着从贫困测量中删去了遭受 1 种、2 种或 3 种匮乏人口的部分:挪威去掉了 15%,意大利去掉了 46%,分别占其总匮乏的 76% 和 57%,但是国家排名并未变化。然而,如果采用 5 种匮乏作为截点,情况就会发生变化,德国和法国的排序颠倒置换,若采用 6 种匮乏作为截点,英国就会成为穷人比例最高的国家。右上方的小图中对于调整后贫困人口比例 $\tilde{M}_1(c)$ 的排序仍是一样的,除了法国因其平均匮乏强度 $[\tilde{\mu}(c)/r]$ 较低,在 6 种匮乏作为截点的情况下排序位置略好些。下方两幅小图显示 FGT 测度 $\tilde{M}_\theta(c)$ 调整的结果:降低多维贫困的权重($\theta = 0.5$,左下图)时并不改变调整后贫困人口比例产生的分类结果,反而大幅提高多维匮乏的权重($\theta = 4$,右下图)则会稳定地改变德国与法国的排序位置,正如 3.3.2.4 所述。这一比较表明,改变贫困临界值对测量的贫困结果有重大影响,而改变穷人遭受的匮乏人头率的影响力似乎较弱,除非将其分布考虑入内。

Alkire 和 Foster(2011a,2011b)提出的调整后贫困人口比例 $\tilde{M}_1(c)$ 为 Alkire 和 Santos(2010,2013,2014)提出的多维贫困指数(MPI)提供了理论基础。[①] 2010 年,联合国发展计划署的报告中已用 MPI 替代了 HPI,以探究"多少人遭受多重匮乏以及人们平均面临多少种匮乏情况"(UNDP,2010)。MPI 考虑 3 个维度的 10 个二分指标:健康、教育和生活标准。不同维度和同一维度下的不同指标权重一样,(加权)匮乏数截点 c 为最大 10 项指标中的 3 项。评估阿尔基尔—福斯特(Alkire-Foster)的指数组类及 MPI 的应用研究正在快速增长。[②]

3.3.3 基于连续变量的贫困测量

计数法关注匮乏得分的分布,即对二元变量的概括,表现为拥有/不拥有物品,或者完成/未完成必要社会活动。当我们拥有基数(连续或者分类)变量时,我们能够使用多维贫困测度来充分利用可获得数据的丰富信息。[③] 我们可以利用计数法先整合各维度属性,再整合所有个体的属性。这一过程与先用人际可比的类效用函数代表每一个人的属性向量,再使用同样的工具在一个单变量空间评价个体幸福的分布相对应。消费者理论(Slesnick, 1993)或者信息论(Maasoumi and Lugo, 2008)为推导类效用函数提供了分析框架,该函数又可被用

[①] Peichl 和 Pestel(2013a,2013b)使用阿尔基尔和福斯特的方法得出一个多维度富有的调整后贫困人口比例。该指数表明了在最低数量维度上非常富有的个体人数以及他们在这些维度上的平均成绩。

[②] 例如,见 Roelen 等(2010)对越南,Khan 等(2011)对巴基斯坦,Batana(2013)对撒哈拉沙漠以南的非洲国家,Battiston 等(2013)对拉美国家,Roche(2013)对孟加拉国,Trani 等(2013)对阿富汗,以及 Cavapozzi 等(2013)和 Whelan 等(2014)对欧洲国家的相关研究。还可参考 Mohanty(2011)对印度的匮乏得分的相关研究。Bennett 和 Mitra(2013)提出了对阿尔基尔—福斯特贫困测度族的多维数据测试。

[③] Bosmans 等(2013b)引入了一个方法处理基数变量和序数变量的联合整合问题。Yalonetzky(2013)推导出序数变量的随机优势条件。

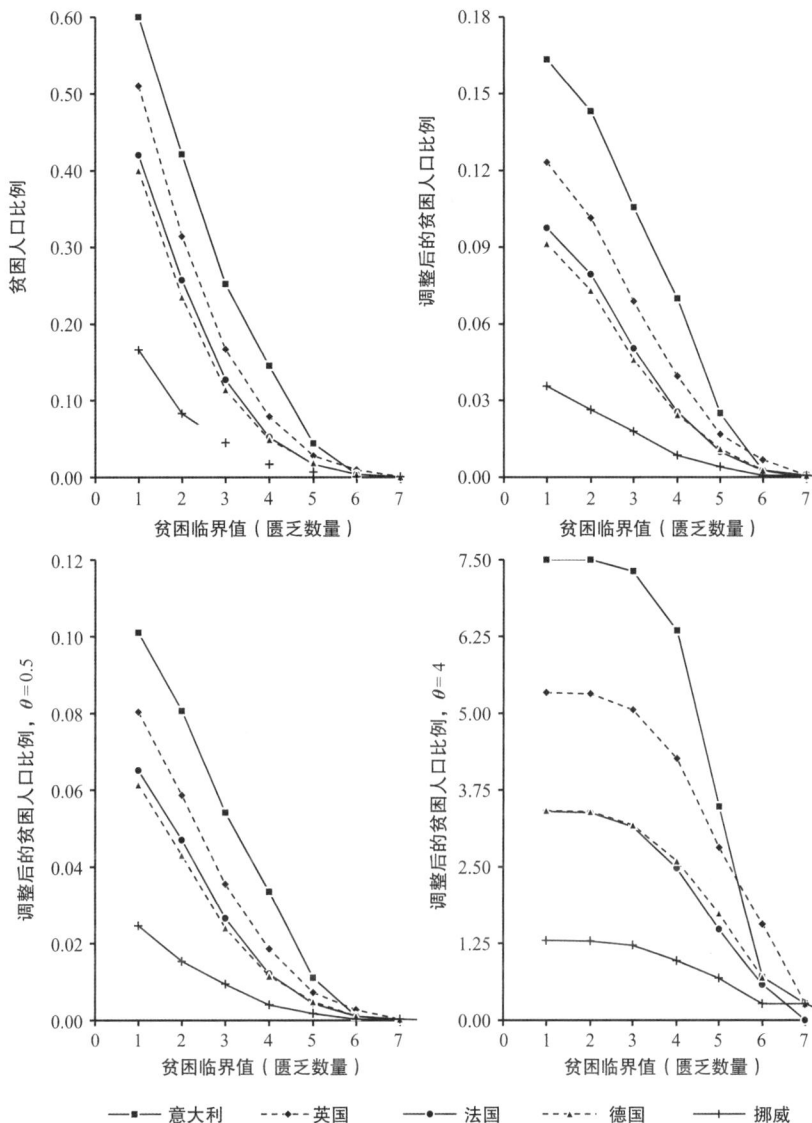

图 3.3 部分欧洲国家 2012 年的贫困人口比例和根据不同贫困截点值情况调整后的贫困人口比例

来源：作者根据 Eurostat（2014）统计数据的图示详解。

于整合具体属性截点以确定一个整体贫困临界值。[①]

另外，我们可以利用公理性同步整合的方法来测量多维贫困。Chakravarty 等（1998）、Bourguignon 和 Chakravarty（1999，2003）以及 Tsui（2002）将遭受至少一种匮乏的人看作穷

[①] Merz 和 Rathjen（2014a，2014b）应用马苏米（Maasoumi）的类效用方法，估算一个 CES 函数来进行等价收入和休闲时间的二维空间贫困研究。Maasoumi 和 Lugo（2008）表明，信息论方法能够体现具体属性阈值，如果类效用函数可被相关匮乏函数替代，其理由是阈值相关属性的相对短缺。在这种情况下，所有个体情况的整合必须限于那些至少遭受一个维度匮乏的人。

人(单一方法),而 Alkire 和 Foster (2011a)将那些至少遭受 c 种匮乏的人看作穷人,c 在 1 和 r 之间。这些论文将与具体维度临界值相关的个体匮乏整合到多维贫困测度中,贫困指数的具体函数表达由所选公理结合而定,而所选公理中的许多类似于那些在单变量分析中考虑到的指数(如 Zheng,1997)。在接下来的一节中,我们将选择性地回顾这些指数,说明其中一些指数的属性。我们将参考 Chakravarty 等(1998)、Bourguignon 和 Chakravarty (1999, 2003)、Tsui (2002)以及 Chakravarty 和 Silber (2008) 的证明,并对公理加以进一步讨论。

3.3.3.1 多维贫困测度

令 y_i 代表个体 i 的属性向量,$i=1,2,\cdots,n$,其中 $y_{ij} \geq 0$ 是在 j 维度的得分,令 z 为具体属性贫困临界值的一个向量。Bourguignon 和 Chakravarty (1999, 2003)引入与 FGT 族贫困指数类似的多维测度如下:

$$P_\theta(y;z) = \frac{1}{nr}\sum_{i=1}^{n}\sum_{j=1}^{r}a_{ij}\left(1-\frac{y_{ij}}{z_j}\right)^{\theta_j}, \theta_j > 1 \tag{3.21}$$

其中,a_{ij} 在 $y_{ij} < z_j$ 时等于赋予 i 属性的权重 w_j,在其他情况下等于 0;a_{ij} 和 θ_j 共同决定赋予贫困指数中 i 属性的权重。[①]

除显示单调性、连续性与标度不变性外,$P_\theta(y;z)$ 族成员满足的三个公理也值得一提。次组可分解性要求整体贫困可表示为加权次组贫困率总和,也意味着贫困指数在个体间可被分离。得益于这一贫困测度,贫困指数可以明确一个个体的贫困函数。单维庇古—道尔顿转移原则要求在一个单元属性 j 从一个穷人向另一个更穷的人逐步转移的情况下贫困程度不能加剧。该公理决定了式(3.21)在属性之间的可加性。要素可分解性或许是一个有用的特征,因为它可以识别一个属性对整体贫困程度的贡献。

焦点公理强调了多维分析的更大的复杂性。在单变量收入情况下,焦点公理必然要求贫困指数与非穷人的收入分配无关,在多维收入情况下,如果对于所有 i,$y_{ij} > z_j$,无论 i 是穷人还是非穷人都一样(强焦点),在 y_{ij} 增大时,焦点公理可能要求贫困测度保持不变,或者只在非穷人的属性分布改变时,要求贫困测度保持不变(弱焦点)。强焦点公理意味着个体在某一维度的更好成绩不能为其在另一维度低于临界值的成绩进行补偿,这排除了用一种属性与另一种属性交换的可能性。这正是式(3.21)的情况,即如果 $y_{ij} > z_j$,a_{ij} 等于 0。[②]

$P_\theta(y;z)$ 族贫困测度是 Chakravarty 等(1998) 及 Bourguignon 和 Chakravarty (1999, 2003) 描述的更普遍的一类测度的具体特殊情况,其中的幂函数被连续的非递增函数替代。假设所有属性都是正数,设定一个特定的函数是对数的负数,Chakravarty 和 Silber (2008) 及 Chakravarty 等(2008)从 Watts(1968)提出的并被 Zheng (1993) 形式化的贫困指数中得出贫困指数的多维版本如下:

$$P_W(y;z) = \frac{1}{nr}\sum_{i=1}^{n}\sum_{j=1}^{r}a_{ij}\ln\left(\frac{z_j}{y_{ij}}\right) \tag{3.22}$$

[①] 见 Lasso de la Vega 和 Urrutia (2011) 给出的一般化的 $P_\theta(y;z)$ 的公理化特征。

[②] Permanyer (2014)展示了如何改变人们经常使用的大部分多维贫困指数来满足弱焦点公理而不是满足强焦点公理。Esposito 和 Chiappero Martinetti (2010) 考察了体现幸福维度等级排序的贫困指数。

正如 Bourguignon 和 Chakravarty（2003）以及 Pattanaik 等（2011）表明的,式（3.21）定义的测度对关联重排干预不敏感。这是因为 $P_\theta(y;z)$ 是由 r 属性及关联的具体属性贫困临界值的边际分布单独确定的。Alkire 和 Foster（2011a）通过施加一个被称作贫困焦点公理的附加条件,为一个类似于 $P_\theta(y;z)$ 的中等贫困测度提供了证明:

$$P_\theta(y,z,c) = \frac{1}{nr}\sum_{i=1}^{n} a_i(c)\sum_{j=1}^{r} a_{ij}\left(1-\frac{y_{ij}}{z_j}\right)^{\theta},\ \theta \geqslant 1 \qquad (3.23)$$

其中,如果 $\{j:y_{ij}<z_j\} \geqslant c, a_i(c)=1$;其他情况下, $a_i(c)=0$。也就是说, $a_i(c)$ 的作用在于仅仅选择穷人个体:指至少在 c 维度遭到匮乏的所有人,对于 $c>1$,这是单一标准下的在任何维度遭受匮乏的那些人的一个次组,因此 $P_\theta(y;z,1)=P_\theta(y;z)$。当一个或多个属性是二分变量时, $P_\theta(y;z,c)$ 只对 $\theta=0$ 有效。这种情况下,我们只能利用

$$P_0(y;z,c) = \frac{1}{nr}\sum_{i=1}^{n} a_i(c)\sum_{j=1}^{r} a_{ij} \qquad (3.24)$$

这等于穷人遭受的平均匮乏数量(通过最大数量 r 归一化)或者至少在 c 维度遭受匮乏的所有个体的标准平均数。注意当对于所有 j 有 $w_j=1$ 时, $P_0(y;z,c)$ 等于式(3.18)定义的 $\tilde{M}_1(c)$。当 $c=1$ 时, $P_0(y;z,1)$ 等于至少在 1 个维度遭受匮乏的人们的(相对于 r 的)平均匮乏数。正如 Alkire 和 Foster（2011a）所证明的, $\theta \geqslant 1$ 时, $P_\theta(y;z,c)$ 满足基于二分随机转移的多维转移原则,条件是只应用于穷人。此外,式(3.24)定义的测度满足 Alkire 和 Foster（2011a）讨论的关联重排原则,即使这些测度可被次组分解。但这只是在 $c>1$ 时才成立,其原因在于由式(3.23)中的计数项 $a_j(c)$ 获取的多维信息。[①] 相反,Bourguignon 和 Chakravarty（1999,2003）为了解释 $c=1$ 时各属性之间的相关性,引入一组非可加的贫困测度,但他们的讨论却局限于两维的情况。[②] $P_\theta(y;z)$ 的这一次族被定义为:

$$p_{\alpha,\beta}^{*}(y;z) = \frac{1}{nr}\sum_{i=1}^{n}\left[\sum_{j=1}^{2} a_{ij}\left(1-\frac{y_{ij}}{z_j}\right)^{\beta}\right]^{\alpha/\beta} \qquad (3.25)$$

其中, α 和 β 是非负参数,Bourguignon 和 Chakravarty（1999,2003）以及 Atkinson（2003）以此为基础来说明一项递增关联(相关)重排的效果依赖于属性之间是相互替代还是互为补充的,这与选择 $\alpha>\beta$ 还是 $\alpha<\beta$ 相对应。[③] 此外,Atkinson（2003）证明了式(3.12)定义的 A_θ 一族计数测度可被看作式(3.25)在 α 和 β 趋于 0, $\theta=\alpha/\beta$,且 $w_1=w_2=1$ 时的极限情况。

3.3.3.2　偏序

大多数实证研究在进行多维分布函数排序时几乎不考虑贫困测度,人们自然会担心这

---

① 如前文所述,引入临界值这一做法可能会受到批评,因为它意味着忽视那些遭受匮乏维度少于 c 的人的情况,以及对 c 的选择的任意性。

② 对于其他族多维贫困测度及其特征描述,我们参考了 Kolm（1977）、Chakravarty 等（1998）、Tsui（2002）、Deutsch 和 Silber（2005）、Duclos 等（2006a,2007,2008）、Chakravarty 和 Silber（2008）,以及 Lasso de la Vega 和 Urrutia（2011）。Diez 等（2008）以及 Chakravarty 和 D'Ambrosio（2013）推导出单位一致的次组可分解多维贫困指数,即这些指数提供的贫困排序不受维度测量单位变化的影响。

③ Brandolini（2009）以及 Madden（2011）使用该指数来研究一些欧洲国家的收入和健康贫困,他们分析了不同结果对 α 和 β 参数不同值的敏感度。也可参见 Bibi 和 El Lahga（2008）。

些研究得出的结论对具体测度的选择而言会十分敏感。[①] Bourguignon 和 Chakravarty (2009) 借助于 Atkinson 和 Bourguignon (1982)的成果,考查了两种不同的一阶随机优势条件对一族二维贫困测度的限制情况,对其定义如下:

$$\prod_p (H;z) = \int_0^{z_2} \int_0^{z_1} p(x_1, x_2; z_1, z_2) \mathrm{d}H(x_1, x_2) \tag{3.26}$$

其中,H 是作者讨论的两种属性的两维分布,$p(x_1, x_2; z_1, z_2)$ 是与属性水平 (x_1, x_2) 和贫困临界值 (z_1, z_2) 相关联的贫困水平。[②] 令 p'_i 代表与 x_i 相关的 p 的导数,令 p''_{12} 代表与 x_1 和 x_2 相关的 p 的二阶导数,下面是对 Bourguignon 和 Chakravarty (2009)结果的呈现,提供三个等价的陈述如下:

定理 3.2A

令 H 和 H^* 是 (X_1, X_2) 二元分布属性 **H** 族的成员,令 H_1、H_1^*、H_2、H_2^* 是 X_1 和 X_2 的关联边际分布,则下列陈述等价:

(i)对于所有 $x_i < z_i$, $i=1,2$ 时,有 $H_i(x_i) \leqslant H_i^*(x_i)$,对于所有 $x_1 < z_1$ 且 $x_2 < z_2$ 时,有 $H(x_1, x_2) \leqslant H^*(x_1, x_2)$;

(ii)对于所有 p,只要对于 $x_i < z_i$, $i=1,2$,有 $p'_i(x_1, x_2) \leqslant 0$,且对于 $x_1 < z_1$ 和 $x_2 < z_2$,有 $p''_{12}(x_1, x_2) \geqslant 0$,则 $\prod_p (H;z) < \prod_p (H^*;z)$;

(iii)通过庇古—道尔顿回归转移序列和/或无边际(边际分布保留)相关递增重排序列,可从 H 得出 H^*。

Bourguignon 和 Chakravarty (2009)证明(i)和(ii)等价,Atkinson 和 Bourguignon (1982)证明(ii)和(iii)等价。

定理 3.2A 显示,满足条件(ii)的 $\prod_p$ 贫困测度根据一阶随机优势对每个维度低于贫困临界值的属性价值进行二元分布排列,根据一阶二维随机优势对低于两个维度贫困临界值的属性价值进行二元分布排列。Bourguignon 和 Chakravarty (2003, 2009)已表明,定理 3.2A 也已说明,相关递增重排(固定边际分布条件限制)与 $H(x_1, x_2)$ 交集相关。此外,定理 3.2A 显示,如果 p 与 x_1、x_2 的交叉导数为非负数,则相关递增重排会使 $\prod_p$ 上升,这是 Bourguignon 和 Chakravarty(2003,2009)在这种情况下把属性看作互相替代的原因。交叉导数为负数的情况在相关递增重排情况下与非递增贫困关联的互相补充相符。下面的定理给出这一结果的另一种表述。

定理 3.2B

令 H 和 H^* 是 (X_1, X_2) 二元分布属性 **H** 族的成员,令 H_1、H_1^*、H_2、H_2^* 是 X_1 和 X_2 的关联边际分布,则下列陈述等价:

[①] 单维情况下的相似担忧,参见 Atkinson (1987)、Zheng (1999)、Spencer 和 Fisher (1992)、Jenkins 和 Lambert (1997),Aaberge 和 Atkinson (2013)引入了贫困优势标准作为获得更稳健结论的基础。

[②] Gravel 和 Moyes (2012) 研究了贫困的二元分布排序,基于一种属性是基数的,可在个体中转移,而另一种属性是序数的不可转移的假设。Garcia-Diaz (2013)也做了相关研究,基于 Muller 和 Trannoy (2012)提出的属性之间不对称处理的假设。

（ⅰ）对于所有 $x_1 < z_1$ 和/或 $x_2 < z_2$，有 $H_1(x_1) + H_2(x_2) - H(x_1,x_2) \leqslant H_1^*(x_1) + H_2^*(x_2) - H^*(x_1,x_2)$；

（ⅱ）对于所有 p，只要对于 $x_i < z_i, i = 1,2$，有 $p'_i(x_1,x_2) \leqslant 0$，且对于 $x_1 < z_1$ 和 $x_2 < z_2$，有 $p''_{12}(x_1,x_2) \leqslant 0$，则 $\prod_p(H;z) < \prod_p(H^*;z)$；

（ⅲ）通过庇古—道尔顿回归转移序列和/或无边际（边际分布保留）相关递减重排序列，可从 H 得出 H^*。

我们参考了 Atkinson 和 Bourguignon（1982）以及 Bourguignon 和 Chakravarty（2009），对定理 3.2B 加以证明。注意，严格地说，定理 3.2A 和定理 3.2B 仅在 X_1 和 X_2 之间的关联（相关）为正时才有效。然而就像计数法所表明的那样（见定理 3.1A 和定理 3.1B），可以直接将定理 3.2A 和定理 3.2B 扩展以覆盖关联（相关）为负的情况。

实际上，多元分布可能经常相交。例如，Arndt 等（2012）和 Nanivazo（2014）分别在越南和莫桑比克以及刚果民主共和国进行的一阶优势儿童贫困多维分析中均呈现了这一点。因此引入弱标准比一阶优势更有帮助。Duclos 等（2006a，2007，2008）考察了当属性被看作相互替代时二阶优势以及更高优势的条件。一个很好的例子就是在我们同时考察与收入和健康相关的贫困的时候，收入和健康是很好的或者非常接近的替代品（不完美的可替代性可能来自较低的资产折现度）。在这些实际操作中，资产贫困线往往参考收入贫困线而定，因为对于一个没有其他任何经济来源的人来说，收入是其维持一定时间的社会定义的最低生活标准所必需的财富（例如 Brandolini et al.，2010；Haveman and Wolff，2004）。Bourguignon 和 Chakravarty（2009）指出，这一方法与单维方法非常接近，因为一种属性的贫困线被看作另一种属性的贫困线的函数。

3.4　多维不平等测量

有关多维不平等测量的大量研究是最近才涌现出来的，但其中心问题并不是新鲜话题。费雪（Fisher）所著的《收入分配、价值判断和福利》一书感兴趣的话题不是货币收入，不是一个"标量"，而是"真正"的收入，即"由不同商品组成的一个向量"（Fisher，1956）。他通过使用固定价格或通过个人效用函数来整合商品进行分析，其中前者没有给价格赋予"特别的重要性……作为商品的市场评价"（Fisher，1956）。社会福利由此被看作个体偏好的聚合，这按照 Sen（1977）的传统被称为"福利主义"。测量多维不平等的现代经济学方法一般会从区别该做法开始，把个人效用函数看作"观察者对个人福利的评价"（Kolm，1977），这样"社会标准不使用个人 i 对不同要素（个人 i 获得的物品的向量）的相对评价信息"（Atkinson and Bourguignon，1982）。

正如 Kolm（1969）和 Atkinson（1970）的开拓性单变量研究中进行的分析，通过对聚合顺序和社会福利函数的形状，或者对期望的不平等指数性质进行不同的假设，学者们得以考察多元分布排序能够得出的结论。我们先考虑庇古—道尔顿转移原则的扩展，然后继续讨论偏序和序列优势标准,最后讨论不平等指数。[①]

3.4.1 庇古—道尔顿转移原则的多维扩展

单变量情况下的一些典型的具体要求可以直接移用到多维情况。例如,社会评价应不考虑属性向量所包括的特征之外的任何其他个人特征,即"匿名原则"不会构成任何问题,事实上,在多维情况下,其限制性可能还显得不足。然而庇古—道尔顿转移原则的多维扩展不够直截了当。其最初的构想表明,收入从一个富人向一个穷人转移,而不改变他们的相对排序,这时不平等程度应该随之下降(如果假定匿名原则,第二个条件是不必要的)。在两维或者多维的情况下,无法找到重新制定该原则的独特方法(Kolm, 1977)。[②]

第一个可能的一般化方法是上文讨论过的费雪提出的方法。假设有 n 个人和 r 属性, $n \times r$ 矩阵代表其分布, $X = [x_{ij}]$, $i = 1, 2, \cdots, n$ 且 $j = 1, 2, \cdots, r$,其中 x_{ij} 是个人 i 具备的属性 j, $x_i = (x_{i1}, x_{i2}, \cdots, x_{ir})$ 是个人 i 的属性向量。如果每个人的属性被整合到一个加权(价格)向量 $\boldsymbol{p}$,那么对两个不同的分布 X 和 Y 之间的比较则可简化成两个合成的单变量分配 $\boldsymbol{Xp}$ 和 $\boldsymbol{Yp}$ 之间的比较:如果对于任何 $\boldsymbol{p}$, $\boldsymbol{Yp}$ 洛伦兹优于 $\boldsymbol{Xp}$,则与 X 相比,社会偏好倾向于 Y。这一优势标准是大家所熟知的"价格优化""预算优化"或"方向优化"。用市场价格来衡量像健康状况这样的属性在多大程度上是合适的,这样的问题以及其他原因可能让人质疑该优势标准的道德伦理基础(Trannoy, 2006)。

第二个可能的方法是在多维情况下进行实验构想,将庇古—道尔顿转移同时同等地用于所有属性。假设有 3 个人和 2 种属性。个人 1 和个人 2 之间(严格的)一项庇古—道尔顿(PD)转移可以被定义为将富人持有属性 j 的额外数量向穷人转移 λ 部分,或者说 $\lambda \mid x_{2j} - x_{1j} \mid$,其中 $0 < \lambda < 1$。这样该 PD 转移产生了新的向量 $\boldsymbol{x'}_1 = (1 - \lambda)\boldsymbol{x}_1 + \lambda \boldsymbol{x}_2$ 和 $\boldsymbol{x'}_2 = \lambda \boldsymbol{x}_1 + (1 - \lambda)\boldsymbol{x}_2$,而 $\boldsymbol{x}_3$ 保持不变。图 3.4 的左上方图所示就是一例,其中的空心方块与新的分布对应。这一新的分布相比由实心方块指示的原始分布更受到社会偏好,因为它是由 1 和 2 之间通过 PD 转移得到的,没有改变个人 3。更一般地说,PD 转移可被描述为 $\boldsymbol{Y} = \boldsymbol{TX}$,其中 $\boldsymbol{T}$ 是 $n \times n$ 矩阵, $\boldsymbol{T} = \lambda \boldsymbol{I} + (1 - \lambda) \prod_{h,k}$, $\boldsymbol{I}$ 是 $n \times n$ 单位矩阵, $\prod_{h,k}$ 是 $n \times n$ 置换矩阵,负责 h 和 k 置换(参见 Weymark, 2006)。与 X 相比,从 X 通过 PD 转移序列得到的 Y 分布受到社会偏好。这一优势标准就是众所周知的"统一庇古—道尔顿优化",或者 Marshall 和 Olkin(1979)所说的"连锁优化"。

PD 转移矩阵序列 $\boldsymbol{T}$ 产生一个二分随机矩阵。它是一个非负数的方阵,每排和每列之和均为 1。尽管并非所有二分随机矩阵都可从 PD 转移序列中得到,但将一个二分随机矩阵乘以 X 是降低离散分布的一种平均化形式。另一种优势标准的公式化则要求,若存在一个二分随机 $n \times n$ 矩阵 $\boldsymbol{B}$,使 $\boldsymbol{Y} = \boldsymbol{BX}$("统一优化"),则与 X 相比,社会偏好倾向于 Y。图 3.4 右上方的图是这种类型的再分配示例,它并不能通过(严格的)庇古—道尔顿(PD)转移序列获得。直接目测即可清晰看出,矩阵 $\boldsymbol{B}$ 经平均化形式之后,这 3 个人彼此状况更近了;个人 3 的

[①] 参见 Bradburd 和 Ross(1988)以及 Fluckiger 和 Silber(1994)早期对多维不平等指数的建议。

[②] 也可参见 Das Gupta 和 Bhandari(1989)、Dardanoni(1995)、Fleurbaey 和 Trannoy(2003)、Mosler(2004)、Fleurbaey(2006)、Savaglio(2006a, 2006b)、Diez 等(2007)、Nakamura(2012),以及 Banerjee(2014a, 2014b)。

情况恶化由于匿名原则为社会所接受。

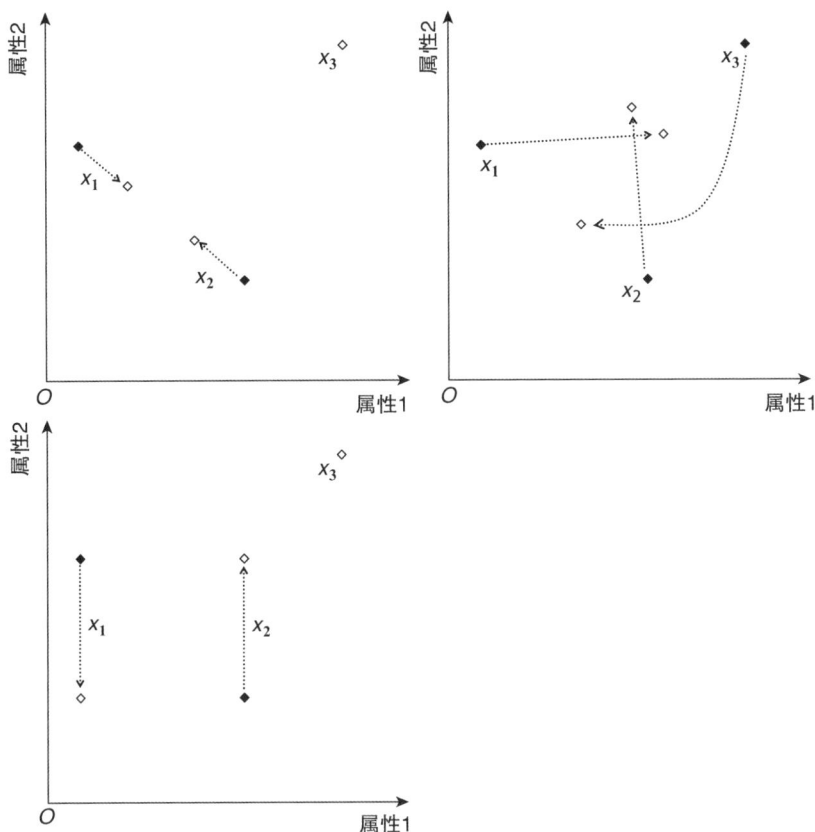

图 3.4　优化标准示例

对这些标准可能会有两种反对意见。第一种反对意见是,一种属性的改变不会影响其他属性对幸福的贡献。但是,我们可以假设属性之间的相关性很重要。Tsui（1999）引入相关递增转移概念,指的是在两个人之间互换所有属性,互换之后一个人在每个属性方面拥有最低值,而另一个在每个属性方面都拥有最高值。通过集中属性特征,这一类的转移会导致转移后的分配与原始分配相比,不被社会所偏好。图 3.4 的左下方图显示的是一个"相关递增优化"的例子。图 3.5 对优势标准进行了概括总结。

第二种反对意见是,与收入不同,许多人类福利组成部分是不可转移的。一般来说,谈论从一个更健康的人向一个病人的"健康转移"是无意义的,除非是(如肾脏和骨髓)器官移植的例外情况。这促成 Bosmans 等(2009)考察制定只能应用于可转移属性的庇古—道尔顿原则的意义。这也促成 Muller 和 Trannoy (2012)考察了属性不对称的优势条件,属性不对称的意思是一种属性(典型为收入)可以被用来补偿其他更低水平的属性(如需求、健康等)。

3.4.2　偏序和序列优势标准

在单变量情况下,基于多维不平等的综合测度得出的结论可能遭到质疑,因此使用偏序如随机优势标准有助于考察其可靠性。Atkinson 和 Bourguignon（1982）考虑的一阶优势标准我们在 3.3.3.2 已做了简要讨论。我们同样参考 Atkinson 和 Bourguignon（1982），讨论二阶多维随机优势以及该标准对预期效用类社会福利函数和相关的不平等测度施加的条件。Trannoy（2006）和 Duclos 等（2011）给出 Atkinson 和 Bourguignon（1982）提供的结果的拓展形式。Koshevoy（1995, 1998）以及 Koshevoy 和 Mosler（1996, 1997, 2007）引入基于对洛伦兹曲线多维一般化的另一种方法。注意，二阶随机优势和固定均值的一阶洛伦兹优势的等价性在多维情况下并不成立。

统一庇古—道尔顿优化（UPD）：$Y >_{UPD} X$，当且仅当对一些矩阵 $T, Y = TX$ 时，矩阵 T 是一个 PD 转移矩阵的有限积，而且不是一个置换矩阵。

统一优化（UM）：$Y >_{UM} X$，只要 $Y = BX$，其中 B 是一个二分随机矩阵，Y 不能通过置换 X 列获得。

方向优化（DM）：$Y >_{DM} X$，当且仅当 Yp 对于任何 $p \in R^m$ 严格洛伦兹优于 Xp。

正方向优化（PDM）：$Y >_{PDM} X$，当且仅当 Yp 对于任何 $p \in R_{++}{}^m$ 严格洛伦兹优于 Xp。

相关递增优化（CIM）：$Y >_{CIM} X$，只要可从 Y 通过置换列和有限序列相关递增转移（至少一项必须为严格）得到 X。

图 3.5　优化标准

资料来源：Tsui（1999），有改动。

对收入和家庭组成两维不对称空间的序列优势标准的阐释，从早期到现在一直都是多维框架下偏序研究的话题。Atkinson 和 Bourguignon（1987）以及之后许多学者已经看到，这一方法与标准收入均等化程序相比，优势在于前者只要求根据需求对家庭类型进行分级，不具体要求一个家庭类型的需求程度到底比另一个家庭类型的需求程度高多少。Bourguignon（1989）、Atkinson（1992）、Jenkins 和 Lambert（1993）、Moyes（2012）、Chambaz 和 Maurin（1998）、Ok 和 Lambert（1999）、Ebert（2000）、Lambert 和 Ramos（2002）、Duclos 和 Makdissi（2005）、Decoster 和 Ooghe（2006），以及 Zoli 和 Lambert（2012）属于这一研究分支，研究重点关注贫困或者不平等。序列优势分析可用于其他二元分布。Brandolini 和 D'Alessio（1998）早期将该方法应用于意大利的等价收入和健康的联合分布研究，而 Duclos 和 Échevin（2011）以及 Madden（2014）以类似的操作比较了加拿大和美国的情况。Duclos 等（2006b）研究了加纳、马达加斯加和乌干达的家庭费用支出和儿童身高的联合分布。Bérenger 和 Bresson（2012）使用序列优势，通过收入与其他非连续幸福属性来测量贫困时，验证增长是否会"亲穷人"。Gravel 等（2009）、Gravel 和 Mukhopadhyay（2010），以及 Muller 和 Trannoy（2011）呈现了超过两种属性时的序列优势标准。McCaig 和 Yatchew（2007）及 Batana 和 Duclos（2011）完善统计推断技术对优势进行验证。

3.4.3　多维不平等测度

聚合顺序定义的信息基础不仅对于多维匮乏和贫困的测量起到关键作用，而且对于多维不平等的测量同样起着非常关键的作用。因此，对于不平等多维测度也有必要区分聚合顺序是从所有个体在每一个属性上的情况开始聚合，还是从所有属性在每一个个体的情况开始聚合。在前一种情况下，我们获得的是聚合了每一个属性不平等情况的整体不平等的测度,如果我们将聚合顺序反过来,我们得到的则是聚合了所有个体之间的属性的合成函数的一项整体不平等测度。后一种方法将各个不同维度的成绩之间的关联嵌入一项含所有个体成绩的综合指标。

3.4.3.1　两阶段方法:首先跨个体聚合

两阶段方法的一种是先聚合所有个体在每一个维度上的成绩,然后在 r 维度上聚合得到的具体属性指标。另一种是先将单个的属性聚合为具体个人的幸福指标,然后将这些所有个人的指标聚合到一项多维不平等的综合测度中。前者是不平等调整后人类发展指数(IHDI;如 UNDP,2013)的基础,属于 Foster 等(2005)提出的一类分布敏感的综合指数,也属于 Gajdos 和 Weymark(2005)提出的多维一般化基尼系数的一族:

$$J_{\tau w}(F) = 1 - \frac{W_{\tau w}(F)}{W_{\tau w}(F_{\text{equal}})} \tag{3.27}$$

其中, $W_{\tau w}(F)$ 与 $W_{\tau w}(F_{\text{equal}})$ 分别被定义为:

$$W_{\tau w}(F) = \begin{cases} \left[\sum_{j=1}^{r} \tau_j \left(\sum_{i=1}^{n} w_{ij} x_{ij} \right)^{\alpha} \right]^{1/\alpha} & \text{当 } \alpha \neq 0 \\ \prod_{j=1}^{r} \left(\sum_{i=1}^{n} w_{ij} x_{ij} \right)^{\tau_j} & \text{当 } \alpha = 0 \end{cases} \tag{3.28}$$

和

$$W_{\tau w}(F_{\text{equal}}) = \begin{cases} \left[\sum_{j=1}^{r} \tau_j \mu_j^{\alpha} \right]^{1/\alpha} & \text{当 } \alpha \neq 0 \\ \prod_{j=1}^{r} \mu_j^{\tau_j} & \text{当 } \alpha = 0 \end{cases} \tag{3.29}$$

其中, μ_j 是属性 j 的均值。

Gajdos 和 Weymark(2005)证明, $W_{\tau w}(F)$ 族社会评价函数的特征可由下面一套分布关联的公理描述:统一庇古—道尔顿优化原则(UPD)、强属性可分离性(SAS)、弱共单调可加性(WCA)、位似性(HOM),以及有序性、连续性和单调性这些传统非分配的公理。UPD 是多维庇古—道尔顿转移原则;SAS 要求属性的任何子集独立于其他属性;WCA 是 Weymark(1981)对单变量收入分配排序施加的收入来源弱独立公理的多维扩展,等价于 3.3 节讨论的二元独立公理;HOM 是对单维不平等测度的标度不变性公理的拓展,要求属性测量单位的共同比例改变不能影响社会评价排序。[①]

若在式(3.28)和式(3.29)中明确 $\alpha = 1$, $\tau_j = 1/r$, $J_{\tau w}(F)$ 则是 Donaldson 和 Weymark(1980)引入的具体属性的一般化基尼系数加权平均数。或者,若选择 $\tau_j = 1/\mu_j$, $J_{\tau w}(F)$ 则等于之前 Koshevoy 和 Mosler(1997)提出的具体属性的一般化基尼系数的算术平均值。[②] 将 WCA 替换为独立性公理的一个多维拓展,则会给多维阿特金森族类似于一般化基尼系数族

---

① 参见 Gajdos 和 Weymark(2005)对加强标尺不变性公理以允许属性测量单位的独立比例改变的讨论,当人们同时考虑货币和非货币属性时,必须符合这一公理。

② Okamoto(2009)提供了这类多变量基尼指数的分解,满足完全同分布条件,因此,如果所有人口亚组内的分布一样,则组间不平等等于零。

式(3.27)的一个规范性论证。

这些类别的多维不平等测度忽视了属性之间的关联对整体不平等的影响,因此它们不能在多属性的个人层面数据可获得的情况下利用所有的信息。

3.4.3.2 两阶段方法:首先跨属性聚合

属性之间关联的测度既可以通过两阶段聚合方法获得,也可以从直接的单阶段方法中获得。两阶段方法最初由 Maasoumi (1986,1989,1999)提出,使用(共同的)类效用函数(幸福测度)在第一阶段聚合每一个个体的所有属性,使用单变量不平等测度在第二阶段聚合所有个体的类效用值。Seth (2013)和 Bosmans 等(2013a)给予两阶段方法一个规范性论证。令与两阶段方法关联的社会价值(或福利)函数 W 被定义为

$$W(F) = v[u(x_1),u(x_2),\cdots,u(x_n)] \tag{3.30}$$

其中, $x_i = (x_{i1},x_{i2},\cdots,x_{ir})$ 是个体 i 的属性束, $i=1,2,\cdots,n$; F 是 r 个属性的多维分布; u 是共同类效用函数。Bosmans 等(2013a)证明 $W(F)$ 具有以下公理性特征[①]:单调性、连续性、规范性(提供对社会评价函数的基数化)、匿名性(让效用函数为所有个体共有)、位似性[在每一个属性以共同比例改变时 $W(F)$ 保持不变]、弱统一优化[统一应用于每个属性的渐进转移不会降低 $W(F)$],以及个人主义(社会评价分两个步骤:第一步聚合每个个体的所有属性,第二步聚合所有个体的聚合属性)。

这样,作者提出的几族多维不平等测度,通过借鉴 Bosmans 等(2013a)的分析结果均能在道德上得到证成。例如,共同类效用函数可被具体表示为:

$$u(x_i) = \sum_j w_j x_{ij} \tag{3.31}$$

其中, w_j 是与属性 j 关联的权重,每个人的权重相同,权重标准化后合为单位 1。式(3.31)中使用的可加可分离性假设排除了那些是不完美替代物的属性。遵循 Maasoumi (1986)的建议,式(3.31)的简单一般化可通过具有不变替代弹性(CES)的一类效用函数给出:

$$u(x_i) = \begin{cases} \left(\sum_j w_j x_{ij}^{-\beta}\right)^{\frac{1}{\beta}} & \beta \neq 0 \\ \prod_j x_{ij}^{w_j} & \beta = 0 \end{cases} \tag{3.32}$$

其中, β 是一个控制属性间替代程度的参数, β 趋于无穷大时,属性之间完全互补,而在 $\beta = -1$ 时,属性之间完全替代。Maasoumi (1986)为聚合 $u(x_i)$ 分布,提出使用熵族或者阿特金森族不平等测度。[②] 或者说,在第二个聚合阶段,我们可以使用一族依赖排序的测度,包括一般化基尼系数族。List (1999)、Banerjee (2010)以及 Decancq 和 Lugo (2012)描述了先聚合所有属性再聚合所有个体的多维基尼系数特征。

Tsui (1995,1999)采用直接单阶段方法,Tsui (1995)把 Kolm(1969)和 Atkinson (1970)将不平等看作等同于社会福利损失的分析[有关对道德不平等指数的批评,见 Sen(1978,

---

① Seth (2013)提供了两阶段方法的一个公理化特征,推广均值形成每个阶段的聚合基础。也可见 Lasso de la Vega 等(2010)考虑两阶段推广均值方法来分析多维匮乏分布。

② 例如,在应用 Maasoumi(1986)的方法时,Nilsson (2010)、Justino (2012)以及 Rohde 和 Guest (2013)使用了泰尔指数。

1992)〕推广到多变量情况。将这类社会评价函数限制为连续、严格递增、匿名、严格拟凹、可分离以及尺度不变的函数之后,Tsui(1995)推导出以下两个多维(相关的)不平等指数[①]:

$$I_1 = 1 - \left[\frac{1}{n} \sum_i \prod_j \left(\frac{x_{ij}}{\mu_j} \right)^{r_j} \right]^{1/\sum_k r_k} \tag{3.33a}$$

$$I_2 = 1 - \prod_i \left[\prod_j \left(\frac{x_{ij}}{\mu_j} \right)^{r_j / \sum_k r_k} \right]^{1/n} \tag{3.33b}$$

其中,μ_j 是所有人的 j 属性的均值,参数 r_j 必须满足一定的限制条件。可分离条件意味着每个人 i 的各项属性能够聚合成一项幸福指标 $u(x_i) = \prod_j x_{ij}^{w_j}$,其中 $w_j = r_j / \sum_k r_k$ 可以看作属性 j 的标准化权重。通过用 ε 替代 $\sum_k r_k$,式(3.33a)和式(3.33b)可以被重写为:

$$I = \begin{cases} 1 - \left(\frac{1}{n} \sum_i \left[\frac{u(x_i)}{u(\mu)} \right]^{1-\varepsilon} \right)^{1/1-\varepsilon} & \varepsilon \neq 1 \\ 1 - \prod_i \left[\frac{u(x_i)}{u(\mu)} \right]^{1/n} & \varepsilon = 1 \end{cases} \tag{3.34}$$

其中,$u(\mu) = \prod_j \mu_j^{w_j}$ 是社会幸福的"代表",或者换句话说,是某个人的幸福,若该人具备每个属性的平均成绩。对于 r_j 向 w_j 和 ε 转移的限制,在二元变量的情况下,$\varepsilon > 0$ 和 $0 < w_1 = 1 - w_2 < 1$ 为充分条件。

　　重写后的公式有四种优势。第一,它说明式(3.33a)和式(3.33b)定义的一族也可以通过两阶段方法得到论证。第二,它显示崔(Tsui)的多维不平等测度与阿特金森应用于 $u(x_i)$ 的单变量指数之间有密切的关联,唯一区别在于用幸福代表替代了幸福均值,这实际上是恰当的标准化,因为"在固定的总属性资源的限制条件下最大化社会福利……要求给予每个人平均可获得数量的属性"(Bourguignon,1999)。遵从这一限制显露出直接单阶段方法和两阶段方法之间的理念差异:前者通过幸福代表 $u(\mu) = \prod_j \mu_j^{w_j}$ 进行标准化,而后者通过幸福均值 $(1/n) \sum_i \prod_j x_{ij}^{w_j}$ 标准化(当然,这两个指数在单变量情况下是一致的)。第三,式(3.34)显示出 ε 或者原始公式中 $\sum_k r_k$ 的作用,该参数控制凹度,因此会控制社会评价函数的不平等厌恶度。在单变量收入空间下,ε 的经济合理价值范围可以基于对再分配偏好的考虑而受到限制。相似的分析尚未在幸福的多元变量空间下进行,但是"仅仅因为我们采用更多维度,不必然就有任何理由来改变我们对价值(ε)的看法"(Atkinson,2003)。[②]第四,式(3.34)显示崔指数允许对不同属性(通过 w_j)赋予不同的权重,但是不允许属性之间的替代程度存在差异:幸福指标下的柯布-道格拉斯函数形式意味着属性之间的替代弹性都统一为

[①] Abul Naga 和 Geoffard(2006)、Brambilla 和 Peluso(2010),以及 Croci Angelini 和 Michelangeli(2012)将这类指数分解成有关属性的单变量不平等指数,以及一个捕捉它们的联合分布的剩余项。也见 Kobus(2012)对按属性分解的更强定义。Diez 等(2008)提出单位一致性多维不平等指数。Gigliarano 和 Mosler(2009)构建了极化多维指数。Abul Naga(2010)推导出包括崔指数的一类多维不平等指数的大样本分布。

[②] Atkinson 和 Brandolini(2010)在分析收入不平等时建议,ε 的可行价值在 0.3 和 3 之间。这样范围包括 Lugo(2007)和 Brandolini(2009)在他们的实证分析中使用的值。Aristei 和 Perugini(2010)在多维不平等多国交叉比较中根据国家税收结构做出估计,不同国家使用了具体不同的 ε,范围从 1.04 到 1.77。

单位1。在二元变量的情况下，一个简单的一般化是Bourguignon（1999）通过对幸福指数假设一个CES函数形式得出的，崔指数是其中一个特例（Lugo,2007）。Tsui（1999）考察了能够描述一类多维一般化熵测度的其他公理。

3.4.3.3 二元变量指数

如果信息局限于0/1变量的边际分布，整体不平等测度是具有属性值在每一个具体属性临界值之上的人们（意思是说他们在这些维度没有遭受匮乏）所占比例的函数。

相反，当观察相同个体的多个属性时，令p_j是具有j属性的人们所占的比例，j属性的值超过各具体属性的临界值水平，$G(k) = \sum_{j=0}^{k} p_j$可以表示具有$k$属性或者更少属性的值超过特定属性临界水平的人们所占的累积比例。那么与3.3.1对匮乏计数分布的讨论相似，从社会评价函数

$$W_\Psi(G) = r - \sum_{k=0}^{r-1} \Psi\left(\sum_{j=0}^{k} p_j \right) \tag{3.35}$$

可以产生下面的二元多维不平等测度：

$$I_\Psi(G) = r - \frac{W_\Psi(G)}{\nu} = 1 - \frac{r - \sum_{k=0}^{r-1} \Psi\left(\sum_{j=0}^{k} p_j \right)}{\nu} \tag{3.36}$$

其中，ν是个人属性成绩在临界值之上的平均数量，Ψ在$\Psi(0) = 0$和$\Psi(1) = 1$时，是一个非负非递减凹函数，捕捉了该社会评价者的偏好，该社会评价者支持的公理近似于构成Yaari（1987）的依赖排序的效用理论基础的公理。

注意，$G(k) = 1 - F(r - k - 1)$，其中F和μ分别是3.3.1讨论的匮乏计数函数和匮乏数量均值，也就是说$\nu + \mu = r$。换句话说，匮乏数量均值和成绩数量均值之和必须等于属性数量。给定$\Psi(t) = 1 - \Gamma(1 - t)$，可以论证匮乏测度$D$和社会评价函数$W$之和可以满足这一加总条件，即

$$W_\Psi(G) = W_{1-\Gamma}[1 - F(r - k - 1)]$$

$$= r - \sum_{k=0}^{r-1} \left[1 - \Gamma\left(1 - \sum_{j=0}^{r-k-1} p_j \right) \right] = \sum_{k=0}^{r-1} \left[\Gamma\left(\sum_{j=0}^{k} q_j \right) \right] = r - D_\Gamma(F)$$

这样，可以用下面的另一个表达式给出成绩计数分布的不平等，而不是匮乏的不平等：

$$I_\Psi(G) = 1 - \frac{r - D_\Gamma(F)}{r - \mu} = \frac{D_\Gamma(F) - \mu}{r - \mu} = \frac{\Delta_\Gamma(F)}{r - \mu} \tag{3.37}$$

其中，Γ是一个非递减凸函数。不平等在成绩的分布等价于匮乏的相对延展（除以匮乏和成绩的均值差）。注意不平等概念与3.3节讨论的相交方法密切相关，而单一方法与不平等概念相冲突。

式（3.10）定义的$W_\Psi(G)$和$I_\Psi(G)$的原始同型表达以及$d_\gamma(F)$的对应表达分别呈现为：

$$w_\xi(G) = \sum_{k=0}^{r} \xi(k) p_k \tag{3.38}$$

和

$$J_\xi(G) = 1 - \frac{w_\xi(G)}{\xi(\nu)} = 1 - \frac{\sum_{k=0}^{r} \xi(k) p_k}{\xi(\nu)} \tag{3.39}$$

其中,ξ 是一个非负非递减凹函数,捕捉了社会评价者的偏好,社会评价者支持独立性公理(针对由 G 分布集合确定的排序)。定义 $\xi(k) = \gamma(r) - \gamma(r-k)$,代入 $p_k = q_{r-k}$,我们得到

$$w_\xi(G) = \sum_{k=0}^{r} \xi(k) \, p_k = \sum_{k=0}^{r} \xi(k) \, q_{r-k} = \sum_{k=0}^{r} \xi(r-k) \, q_k = \sum_{k=0}^{r} [\gamma(r) - \gamma(k)] q_k = \gamma(r) - d_\gamma(F)$$

以及 $\xi(\nu) = \gamma(r) - \gamma(\mu)$,由此产生下面另一个 J_ξ 的表达式:

$$J_\xi(G) = 1 - \frac{\gamma(r) - d_\gamma(F)}{\xi(\nu)} = \frac{d_\gamma(F) - \gamma(\mu)}{\gamma(r) - \gamma(\mu)} = \frac{\delta_\gamma(F)}{\gamma(r) - \gamma(\mu)} \tag{3.40}$$

其中,$\delta_\gamma(F)$ 由式(3.11)定义,γ 是一个非递减凸函数,使得 $\gamma(\mu) \leqslant d_\gamma(F) \leqslant \gamma(r)$。

3.5 总结与结论

自 20 世纪 90 年代以来,多维不平等和贫困的测量成为一个蓬勃发展的研究领域。新的分析结果也伴随着大量的应用研究成果一同涌现。资源丰富的可利用数据库日益增多,这推动了相关研究的发展。倘若没有新的幸福概念的形成和传播,特别是基于能力的方法以及更倾向于考虑人类幸福细微差异的政策导向,这一过程是不可能实现的。当然其发展进程也并非一直是连贯一致的:应用研究者有时局限于可利用的数据,没有意识到分析方法的发展;而理论研究者有时忽视了其研究结果有关真实数据的可应用性。当发展非常迅速的时候,这一点变得很常见,这也有助于解释为什么我们的工具箱里虽然增添了这么多的新工具,但我们对要不要用或者怎么使用它们仍意见不一。本章的目的是为这个工具箱提供一个手册,把不同思路的文献关联起来,澄清一些模糊问题,揭示分析工具之间的严格联系以及分析可用的数据特征。

分析的信息基础的确很关键:针对基数变量或者分类变量的工具未必适宜用于二分变量,但二分变量往往反映大量的可利用信息。这是我们特别重视计数方法的一个原因,另一个原因是为了解释方便:对于二分变量,特别是两维情况,边际分布的作用和属性之间的关联特别明了,尽管其描述性、规范性问题与连续变量的问题相似。不过,这一选择的主要动机是我们一直力图缩小丰富的实证文献与相对不足的分析阐释之间的差距。我们利用计数匮乏将我们带回单变量空间这一事实得出优势标准和匮乏测度,这样,匮乏计数的社会评价分布在很多方面类似于收入分布的社会评价,尽管它含蓄地解释了匮乏指标之间的关联。当然,收入空间的凹性偏好与匮乏计数空间的凸性偏好一致,后者反映出"坏的方面"(福利损失)而不是"好的方面"(收入增加)。然而,尽管凸性偏好在收入分布分析中被排除,因为它们会产生一个违反庇古—道尔顿转移原则的社会评价函数,凹性偏好在匮乏计数中是完全合理的。当我们倾向于单一标准时,这种情况就会发生,而凸性偏好与相交标准关联。这个例子表明,多维情况带来了在单变量情况下未知的一些新方面,但同时也恰好显露了不同价值判断(出现多维匮乏时应在哪里划定贫困界限)以及分析工具(对社会偏好的凹度/凸度)之间的严格联系。显然我们仍需在匮乏成绩分布的社会评价的分析基础方面进行深入研究。

相对立的情形出现在针对连续变量和分类变量的贫困和不平等的公理化处理之中:相

当丰富的理论工具似乎尚未对实证调查产生影响,除了零星的应用,这也许是因为缺乏合适的变量和数据库,但这也可能反映了很难在许多同样合理的工具中进行区分选择的问题。在这种情况下,除了要进一步发展完善理论分析,实证研究或许将在筛选最有效的工具方面发挥重要作用。无论采用哪种方法,数据库的质量和可靠性以及对推理工具的阐释(我们在本章中实际忽略的两个方面)都是保证实证分析有效性的根本要素,尤其是用作政策参考的时候。

然而,费这么多的功夫来发展贫困和不平等多维分析真的值得吗?在本章快要结束的时候提出这一问题显得有些奇怪,但是正如引言中所讨论的,人们广泛认同的观点是幸福和贫困是多维的,这并不一定意味着社会评价自身也必须是多维的。这也许是出于哲学原因,或者更实际地说,是因为在聚合过程中丢失了太多信息。Sen (1987) 曾经指出,"对聚合的热情在许多情况下很有意义,但在另一些情况下毫无用处或者没有意义……当我们得悉多样性时,不必一律都去找聚合工具"。然而,人类发展指数"引人注目的性质"被 Streeten (1994) 称赞,后者认为通过公众论争而确定的指数具有强大的力量,尽管一些批评者指出其理论上的缺陷。[①] 以下三点或许有助于我们找到这一问题的答案。

第一,媒体评论者和政策决策者对多维分析有普遍需求,而这些需求必须得到满足,至少是因为要避免把这样的分析留给一些从业者,后者认为,多维分析通过使用统计学和计量经济学里唾手可得的一些简单平均和单变量技术,就能把生活标准指标聚在一起。实证研究证实,扩大评价空间,吸纳除收入之外的其他变量,能改变仅仅基于收入得到的整体情况,采用多维方法明显具有信息价值。本章考察的理论研究有利于解释实证发现,引发对一些隐含的测量假设及其经济意义的关注。我们在 3.3.2.4 中指出,如果我们采用凹性社会偏好,估算出英国的匮乏指数低于意大利,那是因为我们赞成单一标准,因此相对于少数人遭受更严重的匮乏集中情况,我们倾向于更加关注某一匮乏数量在许多人中的广泛分布情况。相反,如果我们采用凸性社会偏好,则会特别担心那些遭受严重匮乏的人们。我们并不能完全笃定地将一个国家排在另一个国家之前。

第二,多维测量的难度不应被过于夸大。在单变量的情况下,我们不太熟悉的选择贫困程度或不平等厌恶程度问题以及指标的准确定义问题也会出现,而在多变量情况下的新问题是属性的加权结构和属性的可替代程度,这两方面不是技术性难题,而是内在价值评判的表达问题。对不同假设的研究远非多维方法的弱点,而是允许社会存在不同观点所必需的,这也是我们不把这些测量问题的解决办法丢给某个统计运算法则的一个充分理由。

第三,我们工具箱里的这套工具充足。我们如果不想用贫困或者不平等综合指数,那么可以用序列优势分析得到满意的结果:这可能产生偏序,但它可能有时足以做出评价,譬如评价不同政策对幸福分配的影响。Ferreira 和 Lugo (2013)强调,我们的工具箱里应有尽有意味着在多维综合指数和汇总表方法之间存在中间地带。

上述都是支持多维社会评价的观点,这些观点是否非常有力,足以推动我们接受综合指

---

① 最近的例子参见 Klugman 等(2011a, 2011b) 与 Ravallion (2011b, 2012a, 2012b) 的争论,也可参见 Chakravarty (2011)。

数呢?很可能不会,但需要两方面的深入评价。第一是 Bourguignon(1999)提出的实用性建议:当这些指数的建设性假设能够被正确理解时,如果"更多地用作优势工具而不是严格的基数比较",那么它们能够提供很有价值的见解。第二点在某种程度上是更深层次的一点。经济学专业领域对这样一个综合指数的担忧,从某种意义上说,是源于这些经济学家不愿放弃以效用为基础的幸福观念。只有个体能够评价幸福的不同成分之间的权衡,而价格是显示这些权衡的最便于利用的方式,因为价格来自市场经济中个体之间的互动。如果外部性、扭曲和市场缺失阻止我们依靠价格作为幸福维度的聚合工具,那么汇总表方法可以成为不错的选择,因为它不必施加任意的权重。多维幸福研究至今形成的最深入的概念是能力方法,它确实源于对以效用为基础的概念的排斥:"评价一个人的生活与测量这个人的生活带来的快乐是两种完全不同的做法。"(Sen,1985)如果这是建立多维分析的基础,那么给不同维度加权则是评价操作中不可或缺的部分,诉诸市场价格则会让它失去很大的吸引力。社会评价可能会更重视工作投入而不是薪水,因为会加强社会整合也是工作的可能属性。从这一视角来看,当前实际操作中赋予属性的权重,常常最后还是选择同等的权重,这可能会遗漏评价中的关键部分。如果这一设想是正确的,那么我们永远也不可能在汇总表方法和综合指数法之间找到平衡,平息争议。

致谢

我们非常感谢托尼·阿特金森和弗朗索瓦·布吉尼翁的启发性讨论、非常有见地的评价以及极大的耐心。我们也非常感谢萨比娜·阿尔基尔(Sabina Alkire)、肯奇塔·丹布罗西奥,让-伊夫思·杜克洛、斯蒂芬·詹金斯、欧金尼奥·佩鲁索(Eugenio Peluso)、路易吉·费德里科·西尼奥里尼(Luigi Federico Signorini)、亨里克·西格斯戴德(Henrick Sigstad)和克劳迪奥·佐莉(Claudio Zoli)提出的宝贵评论。文中表达的仅仅是我们自己的观点,并不代表意大利银行和挪威统计局的观点。

参考文献

Aaberge, R., 2000. Characterizations of Lorenz curves and income distributions. Soc. Choice Welf. 17, 639-653.

Aaberge, R., 2001. Axiomatic characterization of the Gini coefficient and Lorenz curve orderings. J. Econ. Theory 101, 115-132.

Aaberge, R., 2009. Ranking intersecting Lorenz curves. Soc. Choice Welf. 33, 235-259.

Aaberge, R., Atkinson, A. B., 2013. The Median as Watershed, Discussion Paper No. 749, Statistics Norway.

Aaberge, R., Brandolini, A., 2014. Social Evaluation of Multidimensional Count Distributions. Working Paper No. 2014-342, Society for the Study of Economic Inequality-

ECINEQ, Verona.

Aaberge, R., Peluso, E., 2011. A Counting Approach for Measuring Multidimensional Deprivation, Working Papers no. 07/2011, Università di Verona, Dipartimento di Scienze economiche.

Abul Naga, R. H., 2010. Statistical inference for multidimensional inequality indices. Econ. Lett. 107, 49-51.

Abul Naga, R. H., Geoffard, P. Y., 2006. Decomposition of bivariate inequality indices by attributes. Econ. Lett. 90, 362-367.

Abul Naga, R. H., Yalcin, T., 2008. Inequality measurement for ordered response health data. J. Health Econ. 27, 1614-1625.

Alkire, S., 2002. Valuing Freedoms: Sen's Capability Approach and Poverty Reduction. Oxford University Press, Oxford.

Alkire, S., 2007. Choosing dimensions: the capability approach and multidimensional poverty. In: Kakwani, N., Silber, J. (Eds.), The Many Dimensions of Poverty. Palgrave Macmillan, Basingstoke, pp. 89-119.

Alkire, S., Foster, J., 2011a. Counting and multidimensional poverty measurement. J. Public Econ. 95, 476-487.

Alkire, S., Foster, J., 2011b. Understandings and misunderstandings of multidimensional poverty measurement. J. Econ. Inequal. 9, 289-314.

Alkire, S., Santos, M. E., 2010. Acute Multidimensional Poverty: A New Index for Developing Countries, United Nations Development Programme, Human Development Reports, Research Paper 2010/11, New York.

Alkire, S., Santos, M. E., 2013. A multidimensional approach: poverty measurement & beyond. Soc. Indic. Res. 112, 239-257.

Alkire, S., Santos, M. E., 2014. Measuring acute poverty in the developing world: robustness and scope of the multidimensional poverty index. World Dev. 59, 251-274.

Alkire, S., Foster, J., Santos, M. E., 2011. Where did identification go? J. Econ. Inequal. 9, 501-505.

Allison, R. A., Foster, J. E., 2004. Measuring health inequality using qualitative data. J. Health Econ. 23, 505-524.

Anand, S., Sen, A. K., 1997. Concepts of Human Development and Poverty: A Multi-Dimensional Perspective, United Nations Development Programme, Human Development Report 1997 Background Paper, New York.

Anderson, G., Crawford, I., Leicester, A., 2008. Efficiency analysis and the lower convex hull. In: Kakwani, N., Silber, J. (Eds.), Quantitative Approaches to Multidimensional Poverty Measurement. Palgrave-Macmillan, Basingstoke, pp. 176-191.

Aristei, D. , Perugini, C. , 2010. Preferences for redistribution and inequality in well-being across Europe. J. Policy Model. 32, 176-195.

Arndt, C. , Distante, R. , Hussain, M. A. , Østerdal, L. P. , Pham Lan, H. , Ibraimo, M. , 2012. Ordinal welfare comparisons with multiple discrete indicators: a first order dominance approach and application to child poverty. World Dev. 40, 2290-2301.

Asselin, L. M. , Anh, V. T. , 2008. Multidimensional poverty and multiple correspondence analysis. In: Kakwani, N. , Silber, J. (Eds.), Quantitative Approaches to Multidimensional Poverty Measurement. Palgrave-Macmillan, Basingstoke, pp. 80-103.

Atkinson, A. B. , 1970. On the measurement of inequality. J. Econ. Theory 2, 244-263.

Atkinson, A. B. , 1987. On the measurement of poverty. Econometrica 55, 749-764.

Atkinson, A. B. , 1992. Measuring poverty and differences in family composition. Economica 59, 1-16.

Atkinson, A. B. , 1998. Social exclusion, poverty, and unemployment. In: Atkinson, A. B. , Hills, J. (Eds.), Exclusion, Employment and Opportunity. pp. 1-20, London School of Economics, Centre for Analysis of Social Exclusion, CASE paper 4.

Atkinson, A. B. , 2003. Multidimensional deprivation: contrasting social welfare and counting approaches. J. Econ. Inequal. 1, 51-65.

Atkinson, A. B. , Bourguignon, F. , 1982. The comparison of multi-dimensioned distributions of economic status. Rev. Econ. Stud. 49, 183-201.

Atkinson, A. B. , Bourguignon, F. , 1987. Income distribution and differences in needs. In: Feiwel, G. R. (Ed.), Arrow and the Foundations of the Theory of Economic Policy. Macmillan, Basingstoke, pp. 350-370.

Atkinson, A. B. , Bourguignon, F. (Eds.), 2000. In: Handbook of Income Distribution, vol. 1. North-Holland, Amsterdam.

Atkinson, A. B. , Brandolini, A. , 2010. On analyzing the world distribution of income. World Bank Econ. Rev. 24, 1-37.

Atkinson, A. B. , Brandolini, A. , forthcoming. Unveiling the ethics behind inequality measurement: Dalton's contribution to economics. Econ. J.

Atkinson, T. , Cantillon, B. , Marlier, E. , Nolan, B. , 2002. Social Indicators: The EU and Social Inclusion. Oxford University Press, Oxford.

Ayala, L. , Jurado, A. , Perez-Mayo, J. , 2011. Income poverty and multidimensional deprivation: lessons from cross-regional analysis. Rev. Income Wealth 57, 40-60.

Banerjee, A. K. , 2010. A multidimensional Gini index. Math. Soc. Sci. 60, 87-93.

Banerjee, A. K. , 2014a. A multidimensional Lorenz dominance relation. Soc. Choice Welf. 42, 171-191.

Banerjee, A. K. , 2014b. A multidimensional Lorenz dominance relation: some corrections.

Soc. Choice Welf. http://dx. doi. org/10. 1007/s00355-014-0808-9.

Basu, K., López-Calva, L. F., 2011. Functionings and capabilities. In: Arrow, K. J., Sen, A. K., Suzumura, K. (Eds.), Handbook of Social Choice and Welfare, vol. 2. Elsevier, Amsterdam, pp. 153-187.

Batana, Y. M., 2013. Multidimensional measurement of poverty among women in sub-Saharan Africa. Soc. Indic. Res. 112, 337-362.

Batana, Y. M., Duclos, J.-Y., 2011. Comparing multidimensional poverty with qualitative indicators of well-being. In: Deutsch, J., Silber, J. (Eds.), The Measurement of Individual Well-Being and Group Inequalities. Essays in Memory of Z. M. Berrebi. Routledge, Abingdon, pp. 280-297.

Battiston, D., Cruces, G., Lopez-Calva, L. F., Lugo, M. A., Santos, M. E., 2013. Income and beyond: multi-dimensional poverty in six Latin American Countries. Soc. Indic. Res. 112, 291-314.

Becker, G. S., Philipson, T. J., Soares, R. R., 2005. The quantity and quality of life and the evolution of World inequality. Am. Econ. Rev. 95, 277-291.

Belhadj, B., 2012. New weighing scheme for the dimensions in multidimensional poverty indices. Econ. Lett. 116, 304-307.

Belhadj, B., Limam, M., 2012. Unidimensional and multidimensional fuzzy poverty measures: new approach. Econ. Model. 29, 995-1002.

Bellani, L., 2013. Multidimensional indices of deprivation: the introduction of reference groups weights. J. Econ. Inequal. 11, 495-515.

Bellani, L., Hunter, G., Anand, P., 2013. Multidimensional welfare: do groups vary in their priorities and behaviours? Fisc. Stud. 34, 333-354.

Bennett, C. J., Mitra, S., 2013. Multidimensional poverty: measurement, estimation, and inference. Econ. Rev. 32, 57-83.

Bérenger, V., Bresson, F., 2012. On the "pro-poorness" of growth in a multidimensional context. Rev. Income Wealth 58, 457-480.

Betti, G., Verma, V., 2008. Fuzzy measures of the incidence of relative poverty and deprivation: a multi-dimensional perspective. JISS 17, 225-250.

Betti, G., D'Agostino, A., Neri, L., 2002. Panel regression models for measuring multidimensional poverty dynamics. JISS 11, 359-369.

Betti, G., Cheli, B., Lemmi, A., Verma, V., 2008. The fuzzy set approach to multidimensional poverty: the case of Italy in the 1990s. In: Kakwani, N., Silber, J. (Eds.), Quantitative Approaches to Multidimensional Poverty Measurement. Palgrave-Macmillan, Basingstoke, pp. 30-48.

Bibi, S., El Lahga, A. R., 2008. Robust ordinal comparisons of multidimensional poverty between South Africa and Egypt. Rev. Econ. Dev. 22, 37-65.

Birdsall, N., 2011. Comment on multi-dimensional indices. J. Econ. Inequal. 9, 489-491.

Bleichrodt, H., van Doorslaer, E., 2006. A welfare economics foundation for health inequality measurement. J. Health Econ. 25, 945-957.

Boarini, R., Mira D'Ercole, M., 2013. Going beyond GDP: an OECD perspective. Fisc. Stud. 34, 289-314.

Boland, P. J., Prochan, F., 1988. Multivariate arrangement increasing functions with applications in probability and statistics. J. Multivariate Anal. 25, 286-298.

Bosmans, K., Lauwers, L., Ooghe, E., 2009. A consistent multidimensional Pigou-Dalton transfer principle. J. Econ. Theory 144, 1358-1371.

Bosmans, K., Decancq, K., Ooghe, E., 2013a. What Do Normative Indices of Multidimensional Inequality Really Measure? CORE discussion paper 2013/35, Katholieke Universiteit Leuven.

Bosmans, K., Lauwers, L., Ooghe, E., 2013b. Prioritarian Poverty Comparisons with Cardinal and Ordinal Attributes, Center for Economic Studies discussion papers 13.10, Katholieke Universiteit Leuven.

Bossert, W., D'Ambrosio, C., Peragine, V., 2007. Deprivation and social exclusion. Economica 74, 777-803.

Bossert, W., Chakravarty, S. R., D'Ambrosio, C., 2013. Multidimensional poverty and material deprivation with discrete data. Rev. Income Wealth 59, 29-43.

Bourguignon, F., 1989. Family size and social utility. Income dominance criteria. J. Econ. 42, 67-80.

Bourguignon, F., 1999. Comment on 'multidimensioned approaches to welfare analysis' by E. Maasoumi. In: Silber, J. (Ed.), Handbook of Income Inequality Measurement. Kluwer, Boston, pp. 477-484.

Bourguignon, F., Chakravarty, S. R., 1999. A family of multidimensional poverty measures. In: Slottje, D. J. (Ed.), Advances in Econometrics, Income Distribution and Scientific Methodology. Essays in Honor of Camilo Dagum. Physica, Heidelberg, pp. 331-344.

Bourguignon, F., Chakravarty, S. R., 2003. The measurement of multidimensional poverty. J. Econ. Inequal. 1, 25-49.

Bourguignon, F., Chakravarty, S. R., 2009. Multi-dimensional poverty orderings. Theory and applications. In: Basu, K., Kanbur, R. (Eds.), Arguments for a Better World: Essays in Honor of Amartya Sen. In: Ethics, Welfare, and Measurement, vol. I. Oxford University Press, Oxford.

Bradburd, R. M., Ross, D. R., 1988. A general measure of multidimensional inequality. Oxf. Bull. Econ. Stat. 50, 429-433.

Brambilla, M. R. , Peluso, E. , 2010. A remark on 'decomposition of bivariate inequality indices by attributes' by Abul Naga and Geoffard. Econ. Lett. 108, 100.

Brandolini, A. , 2009. On applying synthetic indices of multidimensional well-being: health and income inequalities in France, Germany, Italy, and the United Kingdom. In: Gotoh, R. , Dumouchel, P. (Eds.), Against Injustice. The New Economics of Amartya Sen. Cambridge University Press, Cambridge, pp. 221-251.

Brandolini, A. , D'Alessio, G. , 1998. Measuring well-being in the functioning space. In: Chiappero Martinetti, E. (Ed.), Debating Global Society: Reach and Limits of the Capability Approach. Mimeo, Bank of Italy, Roma, pp. 91-156, Fondazione Giangiacomo Feltrinelli, Milano, 2009.

Brandolini, A. , Magri, S. , Smeeding, T. M. , 2010. Asset-based measurement of poverty. J. Policy Anal. Manage. 29, 267-284.

Burchardt, T. , Le Grand, J. , Piachaud, D. , 1999. Social exclusion in Britain 1991-1995. Soc. Policy Adm. 33, 227-244.

Callan, T. , Nolan, B. , 1991. Concepts of poverty and the poverty line. J. Econ. Surv. 5, 243-261.

Cao-Pinna, M. , 1953. Le classi povere. In: Camera dei Deputati (Ed.), Atti della Commissione parlamentare di inchiesta sulla miseria in Italia e sui mezzi per combatterla. In: Indagini tecniche. Condizioni di vita delle classi misere, vol. II. Camera dei Deputati, Roma.

Cappellari, L. , Jenkins, S. P. , 2007. Summarising multiple deprivation indicators. In: Micklewright, J. , Jenkins, S. P. (Eds.), Poverty and Inequality: New Directions. Oxford University Press, Oxford, pp. 166-184.

Caruso, G. , Sosa-Escudero, W. , Svarc, M. , 2014. Deprivation and the dimensionality of welfare: a variable-selection cluster-analysis approach. Rev. Income Wealth. http://dx. doi. org/ 10. 1111/roiw. 12127.

Cavapozzi, D. , Han, W. , Miniaci, R. , 2013. Alternative Weighting Structures for Multidimensional Poverty Assessment: Research Report 13018-EEF. University of Groningen.

Cerioli, A. , Zani, S. , 1990. A fuzzy approach to the measurement of poverty. In: Dagum, C. , Zenga, M. (Eds.), Income and Wealth Distribution, Inequality and Poverty. Springer, Berlin, pp. 272-284.

Chakravarty, S. R. , 2011. A reconsideration of the tradeoffs in the new human development index. J. Econ. Inequal. 9, 471-474.

Chakravarty, S. R. , D'Ambrosio, C. , 2006. The measurement of social exclusion. Rev. Income Wealth 52, 377-398.

Chakravarty, S. R. , D'Ambrosio, C. , 2013. A family of unit consistent multidimensional poverty indices. In: Berenger, V. , Bresson, F. (Eds.), Poverty and Social Exclusion Around the

Mediterranean Sea. Springer, New York, pp. 75-88.

Chakravarty, S. R., Majumder, A., 2005. Measuring human poverty: a generalized index and an application using basic dimensions of life and some anthropometric indicators. J. Hum. Dev. 6, 275-299.

Chakravarty, S. R., Silber, J., 2008. Measuring multidimensional poverty: the axiomatic approach. In: Kakwani, N., Silber, J. (Eds.), Quantitative Approaches to Multidimensional Poverty Measurement. Palgrave-Macmillan, Basingstoke, pp. 192-209.

Chakravarty, S. R., Zoli, C., 2012. Stochastic dominance relations for integer variables. J. Econ. Theor. 147, 1331-1341.

Chakravarty, S. R., Mukherjee, D., Ranade, R. R., 1998. On the family of subgroup and factor decomposable measures of multidimensional poverty. In: Slottje, D. (Ed.), Research on Economic Inequality, vol. 8. JAI Press, Greenwich, pp. 175-194.

Chakravarty, S. R., Deutsch, J., Silber, J., 2008. On the Watts multidimensional poverty index and its decomposition. World Dev. 36, 1067-1077.

Coromaldi, M., Zoli, M., 2012. Deriving multidimensional poverty indicators: methodological issues and an empirical analysis for Italy. Soc. Indicat. Res. 107, 37-54.

Chambaz, C., Maurin, E., 1998. Atkinson and Bourguignon's dominance criteria: extended and applied to the measurement of poverty in France. Rev. Income Wealth 44, 497-513.

Cheli, B., 1995. Totally fuzzy and relative measures of poverty in dynamic context: an application to the British Household Panel Survey, 1991-1992. Metron 53, 115-134.

Cheli, B., Lemmi, A., 1995. A 'totally' fuzzy and relative approach to the multidimensional analysis of poverty. Econ. Notes 24, 115-134.

Cheli, B., Ghellini, G., Lemmi, A., Pannuzi, N., 1994. Measuring poverty in the countries in transition via TFR method: the case of Poland in 1990-1991. Stat. Trans. 1, 585-636.

Cherchye, L., Moesen, W., Van Puyenbroeck, T., 2004. Legitimately diverse, yet comparable: on synthesizing social inclusion performance in the EU. J. Common Mark. Stud. 42, 919-955.

Cherchye, L., Ooghe, E., Van Puyenbroeck, T., 2008. Robust human development rankings. J. Econ. Inequal. 6, 287-321.

Chiappero Martinetti, E., 1994. A new approach to evaluation of well-being and poverty by fuzzy set theory. G. Econ. Ann. Econ. 53 (n. s.), 367-388.

Chiappero Martinetti, E., 2000. A multidimensional assessment of well-being based on Sen's functioning approach. Riv. Int. Sci. Sociali 2, 207-239.

Cowell, F. A., 2000. Measurement of inequality. In: Atkinson, A. B., Bourguignon, F. (Eds.), Handbook of Income Distribution, pp. 87-166.

Cowell, F. A., Flachaire, E., 2012. Inequality with Ordinal Data. London School of

Economics, London, and GREQAM, Marseille. Mimeo.

Croci Angelini, E., Michelangeli, A., 2012. Axiomatic measurement of multidimensional well-being inequality: some distributional questions. J. Socio Econ. 41, 548-557.

D'Ambrosio, C., Deutsch, J., Silber, J., 2011. Multidimensional approaches to poverty measurement: an empirical analysis of poverty in Belgium, France, Germany, Italy and Spain, based on the European panel. Appl. Econ. 43, 951-961.

Dagum, C., Costa, M., 2004. Analysis and measurement of poverty. Univariate and multivariate approaches and their policy implications. A case study: Italy. In: Dagum, C., Ferrari, G. (Eds.), Household Behaviour, Equivalence Scales, Welfare and Poverty. Physica, Heidelberg, pp. 221-271.

Danziger, S., van der Gaag, J., Taussig, M. K., Smolensky, E., 1984. The direct measurement of welfare levels: how much does it cost to make ends meet? Rev. Econ. Stat. 66, 500-505.

Dardanoni, V., 1995. On multidimensional inequality measurement. In: Dagum, C., Lemmi, A. (Eds.), Income Distribution, Social Welfare, Inequality, and Poverty, Research on Economic Inequality, vol. 6. JAI Press, Greenwich, pp. 201-207.

Das Gupta, S., Bhandari, S. K., 1989. Multivariate majorization. In: Gleser, L. J., Perlman, M. D., Press, S. J., Sampson, A. R. (Eds.), Contributions to Probability and Statistics. Essays in Honor of Ingram Olkin. Springer, New York, pp. 63-74.

Debreu, G., 1964. Continuity properties of Paretian utility. Int. Econ. Rev. 5, 285-293.

Decancq, K., 2014. Copula-based measurement of dependence between dimensions of well-being. Oxf. Econ. Pap. 66, 681-701.

Decancq, K., Lugo, M. A., 2012. Inequality of well-being: a multidimensional approach. Economica 79, 721-746.

Decancq, K., Lugo, M. A., 2013. Weights in multidimensional indices of well-being: an overview. Econ. Rev. 32, 7-34.

Decancq, K., Van Ootegem, L., Verhofstadt, E., 2013. What if we voted on the weights of a multidimensional well-being index? an illustration with Flemish data. Fisc. Stud. 34, 315-332.

Decancq, K., Fleurbaey, M., Maniquet, F., 2014. Multidimensional Poverty Measurement with Individual Preferences. Princeton University, William S. Dietrich II Economic Theory Center, Research Paper 058-2014.

Decoster, A., Ooghe, E., 2006. A bounded index test to make robust heterogeneous welfare comparisons. Rev. Income Wealth 52, 361-376.

Denny, K., 2002. New methods for comparing literacy across populations: insights from the measurement of poverty. J. R. Stat. Soc. 165, 481-493 Part 3.

Desai, M., Shah, A., 1988. An econometric approach to the measurement of poverty. Oxf.

Econ. Pap. 40, 505-522.

Deutsch, J., Silber, J., 2005. Measuring multidimensional poverty: an empirical comparison of various approaches. Rev. Income Wealth 51, 145-174.

Devicienti, F., Poggi, A., 2011. Poverty and social exclusion: two sides of the same coin or dynamically interrelated processes? Appl. Econ. 43, 3549-3571.

Dewilde, C., 2004. The multidimensional measurement of poverty in Belgium and Britain: a categorical approach. Soc. Indic. Res. 68, 331-369.

Di Tommaso, M. L., 2007. Children capabilities: a structural equation model for India. J. Socio Econ. 36, 436-450.

Diez, H., Lasso de la Vega, C., de Sarachu, A., Urrutia, A. M., 2007. A consistent multidimensional generalization of the Pigou-Dalton transfer principle: an analysis. B. E. J. Theor. Econ. 7,(Topics), art. 45.

Diez, H., Lasso de la Vega, C., Urrutia, A. M., 2008. Multidimensional unit-and subgroup-consistent inequality and poverty measures: some characterizations. In: Bishop, J., Zheng, B. (Eds.), Inequality and Opportunity: Papers from the Second ECINEQ Society Meeting, Research on Economic Inequality, vol. 16. Emerald Group Publishing Limited, Bingley, pp. 189-211.

Donaldson, D., Weymark, J. A., 1980. A single parameter generalization of the Gini indices of inequality. J. Econ. Theory 22, 67-86.

Duclos, J. -Y., Echevin, D., 2011. Health and income: a robust comparison of Canada and the US. J. Health Econ. 30, 293-302.

Duclos, J. -Y., Makdissi, P., 2005. Sequential stochastic dominance and the robustness of poverty orderings. Rev. Income Wealth 51, 63-88.

Duclos, J. -Y., Sahn, D. E., Younger, S. D., 2006a. Robust multidimensional poverty comparisons. Econ. J. 116, 943-968.

Duclos, J. -Y., Sahn, D. E., Younger, S. D., 2006b. Robust multidimensional spatial poverty comparisons in Ghana, Madagascar, and Uganda. World Bank Econ. Rev. 20, 91-113.

Duclos, J. -Y., Sahn, D. E., Younger, S. D., 2007. Robust multidimensional poverty comparisons with discrete indicators of well-being. In: Micklewright, J., Jenkins, S. P. (Eds.), Poverty and Inequality: New Directions. Oxford University Press, Oxford, pp. 185-206.

Duclos, J. -Y., Sahn, D. E., Younger, S. D., 2008. Using an Ordinal Approach to Multidimensional Poverty Analysis. In: Kakwani, N., Silber, J. (Eds.), Quantitative Approaches to Multidimensional Poverty Measurement. Palgrave-Macmillan, Basingstoke, pp. 244-261.

Duclos, J. -Y., Sahn, D. E., Younger, S. D., 2011. Partial multidimensional inequality orderings. J. Publ. Econ. 95, 225-238.

Duclos, J.-Y., Tiberti, L., forthcoming. Multidimensional poverty indices: a critical assessment. In: Adler, M., Fleurbaey, M. (Eds.), Oxford Handbook of Well-Being and Public Policy. Oxford University Press, Oxford.

Dutta, I., Foster, J., 2013. Inequality of happiness in the U.S.: 1972-2010. Rev. Income Wealth 59, 393-415.

Dutta, I., Pattanaik, P.K., Xu, Y., 2003. On measuring deprivation and the standard of living in a multidimensional framework on the basis of aggregate data. Economica 70, 197-221.

Ebert, U., 2000. Sequential generalized Lorenz dominance and transfer principles. Bull. Econ. Res. 52, 113-122.

Ebert, U., 2010. The decomposition of inequality reconsidered: weakly decomposable measures. Math. Soc. Sci. 60, 94-103.

Epstein, L., Tanny, S.M., 1980. Increasing generalized correlation: a definition and some economic consequences. Can. J. Econ. 13, 16-34.

Erikson, R., 1993. Description of inequality: the Swedish approach to welfare research. In: Nussbaum, M.C., Sen, A.K. (Eds.), The Quality of Life. Clarendon Press, Oxford, pp. 66-83.

Erikson, R., Goldthorpe, J.H., 1993. The Constant Flux. A Study of Class Mobility in Industrial Societies. Clarendon Press, Oxford.

Erikson, R., Uusitalo, H., 1986-1987. The Scandinavian approach to welfare research. Int. J. Sociol. 16, 177-193.

Esposito, L., Chiappero Martinetti, E., 2010. Multidimensional poverty: restricted and unrestricted hierarchy among poverty dimensions. J. Appl. Econ. 13, 181-204.

European Commission, 2010. Europe 2020: A strategy for Smart, Sustainable and Inclusive Growth, COM (2010) 2020. final, Brussels, 3 March 2010.

Eurostat, 2014. Material Deprivation Rate—Economic Strain and Durables Dimension (Source: SILC) (ilc_-sip8). http://epp. eurostat. ec. europa. eu/portal/ page/portal/income_ social_inclusion_living_conditions/data/database.

Federman, M., Garner, T.I., Short, K., Cutter IV, W.B., Kiely, J., Levine, D., McGough, D., McMillen, M., 1996. What does it mean to be poor in America? Mon. Labor Rev. 119 (5), 3-17.

Ferreira, F.H.G., 2011. Poverty is multidimensional. But what are we going to do about it? J. Econ. Inequal. 9, 493-495.

Ferreira, F.H.G., Lugo, M.A., 2013. Multidimensional poverty analysis: looking for a middle ground. World Bank Res. Obs. 28, 220-235.

Ferro Luzzi, G., Fluckiger, Y., Weber, S., 2008. Multidimensional poverty: factor and cluster analysis. In: Kakwani, N., Silber, J. (Eds.), Quantitative Approaches to

Multidimensional Poverty Measurement. Palgrave-Macmillan, Basingstoke, pp. 63-79.

Figari, F., 2012. Cross-national differences in determinants of multiple deprivation in Europe. J. Econ. Inequal. 10, 397-418.

Fisher, F. M., 1956. Income distribution, value judgments, and welfare. Q. J. Econ. 70, 380-424.

Fleurbaey, M., 2006. Social welfare, priority to the worst-off and the dimensions of individual well-being. In: Farina, F., Savaglio, E. (Eds.), Inequality and Economic Integration. Routledge, London, pp. 222-263.

Fleurbaey, M., Gaulier, G., 2009. International comparisons of living standards by equivalent incomes. Scand. J. Econ. 111, 597-624.

Fleurbaey, M., Trannoy, A., 2003. The impossibility of a Paretian egalitarian. Soc. Choice Welf. 21, 243-263.

Fluckiger, Y., Silber, J., 1994. The Gini index and the measurement of multidimensional inequality. Oxf. Bull. Econ. Stat. 56, 225-228.

Foster, J. E., Sen, A. K., 1997. On Economic Inequality after a Quarter Century. In: Sen, A. K. (Ed.), On Economic Inequality. Clarendon Press, Oxford, pp. 107-219 Expanded edition with a substantial annex by J. E. Foster and A. K. Sen.

Foster, J. E., Greer, J., Thorbecke, E., 1984. A class of decomposable poverty measures. Econometrica 52, 761-766.

Foster, J. E., López-Calva, L. F., Szekely, M., 2005. Measuring the distribution of human development: methodology and an application to Mexico. J. Hum. Dev. 6, 5-29.

Fusco, A., Dickes, P., 2008. The Rasch model and multidimensional poverty measurement. In: Kakwani, N., Silber, J. (Eds.), Quantitative Approaches to Multidimensional Poverty Measurement. Palgrave-Macmillan, Basingstoke, pp. 49-62.

Fusco, A., Guio, A.-C., Marlier, E., 2010. Characterising the income poor and the materially deprived in European countries. In: Atkinson, A. B., Marlier, E. (Eds.), Income and Living Conditions in Europe. Publications Office of the European Union, Luxembourg, pp. 133-153.

Gajdos, T., Weymark, J. A., 2005. Multidimensional generalized Gini indices. Economic Theory 26, 471-496.

Garcia-Diaz, R., 2013. Poverty orderings with asymmetric attributes. B. E. J. Theor. Econ. 13, 347-361.

Gigliarano, C., Mosler, K., 2009. Constructing indices of multivariate polarization. J. Econ. Inequal. 7, 435-460.

Goedhart, T., Halberstadt, V., Kapteyn, A., van Praag, B. M. S., 1977. The poverty line: concept and measurement. J. Hum. Resour. 12, 503-520.

Gravel, N., Moyes, P., 2012. Ethically robust comparisons of bidimensional distributions with an ordinal attribute. J. Econ. Theory 147, 1384-1426.

Gravel, N., Mukhopadhyay, A., 2010. Is India better off today than 15 years ago? A robust multidimensional answer. J. Econ. Inequal. 8, 173-195.

Gravel, N., Moyes, P., Tarroux, B., 2009. Robust international comparisons of distributions of disposable income and regional public goods. Economica 76, 432-461.

Guio, A. C., 2005. Material deprivation in the EU. Eurostat, Statistics in Focus, Population and Social Conditions 21. Office for Official Publications of the European Communities, Luxembourg.

Halleröd, B., Larsson, D., Gordon, D., Ritakallio, V.-M., 2006. Relative deprivation: a comparative analysis of Britain, Finland and Sweden. J. Eur. Soc. Policy 16, 328-345.

Haveman, R., Wolff, E. N., 2004. The concept and measurement of asset poverty: levels, trends and composition for the U. S., 1983-2001. J. Econ. Inequal. 2, 145-169.

Hirschberg, J. G., Maasoumi, E., Slottje, D. J., 1991. Cluster analysis for measuring welfare and quality of life across countries. J. Econ. 50, 131-150.

Jenkins, S. P., Lambert, P. J., 1993. Ranking income distributions when needs differ. Rev. Income Wealth 39, 337-356.

Jenkins, S. P., Lambert, P. J., 1997. Three 'I's of poverty curves, with an analysis of UK poverty trends. Oxf. Econ. Pap. 49, 317-327.

Jorgenson, D. W., Slesnick, D. T., 1984a. Inequality in the distribution of individual welfare. In: Basmann, R. L., Rhodes, G. F. (Eds.), Advances in Econometrics, vol. 3. JAI Press, Greenwich, pp. 67-130.

Jorgenson, D. W., Slesnick, D. T., 1984b. Aggregate consumer behaviour and the measurement of inequality. Rev. Econ. Stud. 51, 369-392.

Jurado, A., Pérez-Mayo, J., 2012. Construction and evolution of a multidimensional well-being index for the Spanish regions. Soc. Indic. Res. 107, 259-279.

Justino, P., 2012. Multidimensional welfare distributions: empirical application to household panel data from Vietnam. Appl. Econ. 44, 3391-3405.

Kalmijn, W., Veenhoven, R., 2005. Measuring inequality of happiness in nations: in search for proper statistics. J. Happiness Stud. 6, 357-396.

Khan, A., Saboor, A., Ahmad, S., Ali, I., 2011. Mapping and measuring of multidimensional poverty in Pakistan: empirical investigations. Pak. J. Life Soc. Sci. 9, 121-127.

Kim, S. -G., 2014. Fuzzy multidimensional poverty measurement: an analysis of statistical behaviors. Soc. Indic. Res. http://dx.doi.org/10.1007/s11205-014-0616-8.

Klasen, S., 2000. Measuring poverty and deprivation in South Africa. Rev. Income Wealth

46，33-58.

Klugman, J., Rodriguez, F., Choi, H.-J., 2011a. The HDI 2010: new controversies, old critiques. J. Econ. Inequal. 9, 249-288.

Klugman, J., Rodriguez, F., Choi, H.-J., 2011b. Response to Martin Ravallion. J. Econ. Inequal. 9, 497-499.

Kobus, M., 2012. Attribute decomposition of multidimensional inequality indices. Econ. Lett. 117, 189-191.

Kolm, S.-C., 1969. The optimal production of social justice. In: Margolis, J., Guitton, H. (Eds.), Public Economics. An Analysis of Public Production and Consumption and Their Relations to the Private Sectors. Macmillan, London, pp. 145-200.

Kolm, S.-C., 1977. Multidimensional egalitarianisms. Q. J. Econ. 91, 1-13.

Koshevoy, G. A., 1995. Multivariate Lorenz majorization. Soc. Choice Welf. 12, 93-102.

Koshevoy, G. A., 1998. The Lorenz zonotope and multivariate majorizations. Soc. Choice Welf. 15, 1-14.

Koshevoy, G. A., Mosler, K., 1996. The Lorenz zonoid of a multivariate distribution. J. Am. Stat. Assoc. 91, 873-882.

Koshevoy, G. A., Mosler, K., 1997. Multivariate Gini indices. J. Multivar. Anal. 60, 252-276.

Koshevoy, G. A., Mosler, K., 2007. Multivariate Lorenz dominance based on zonoids. AStA Adv. Stat. Anal. 91, 57-76.

Krishnakumar, J., 2008. Multidimensional measures of poverty and well-being based on latent variable models. In: Kakwani, N., Silber, J. (Eds.), Quantitative Approaches to Multidimensional Poverty Measurement. Palgrave-Macmillan, Basingstoke, pp. 118-134.

Krishnakumar, J., Ballon, P., 2008. Estimating basic capabilities: a structural equation model applied to Bolivia. World Dev. 36, 992-1010.

Krishnakumar, J., Nagar, A. L., 2008. On exact statistical properties of multidimensional indices based on principal components, factor analysis, MIMIC and structural equation models. Soc. Indic. Res. 86, 481-496.

Kuklys, W., 2005. Amartya Sen's Capability Approach. Springer, Berlin.

Lambert, P. J., Ramos, X., 2002. Welfare comparisons: sequential procedures for heterogenous populations. Economica 69, 549-562.

Lasso de la Vega, C., 2010. Counting poverty orderings and deprivation curves. In: Bishop, J. A. (Ed.), Studies in Applied Welfare Analysis: Papers from the Third ECINEQ Meeting, Research on Economic Inequality, vol. 18. Emerald Group Publishing Limited, Bingley, pp. 153-172.

Lasso de la Vega, C., Urrutia, A. M., 2011. Characterizing how to aggregate the individuals' deprivations in a multidimensional framework. J. Econ. Inequal. 9, 183-194.

Lasso de la Vega, C., Urrutia, A. M., De Sarachu, A., 2010. Characterizing multidimensional inequality measures which fulfil the Pigou-Dalton bundle principle. Soc. Choice Welf. 35, 319-329.

Le Breton, M., Peluso, E., 2010. Smooth inequality measurement: approximation theorems. J. Math. Econ. 46, 405-415.

Lelli, S., 2005. Using functionings to estimate equivalence scales. Rev. Income Wealth 51, 255-284.

List, C., 1999. Multidimensional Inequality Measurement: A Proposal. Nuffield College Working Paper in Economics, Nuffield College, Oxford.

Lovell, C. A. K., Richardson, S., Travers, P., Wood, L., 1994. Resources and functionings: a new view of inequality in Australia. In: Eichhorn, W. (Ed.), Models and Measurement of Welfare and Inequality. Springer, Heidelberg, pp. 787-807.

Lucchini, M., Assi, J., 2013. Mapping patterns of multiple deprivation and well-being using self-organizing maps: an application to Swiss household panel data. Soc. Indic. Res. 112, 129-149.

Lugo, M. A., 2007. Comparing multidimensional indices of inequality: methods and application. In: Bishop, J., Amiel, Y. (Eds.), Inequality and Poverty: Papers from the Society for the Study of Economic Inequality's Inaugural Meeting, Research on Economic Inequality, vol. 14. Elsevier JAI, Amsterdam, pp. 213-236.

Lustig, N., 2011. Multidimensional indices of achievements and poverty: What do we gain and what do we lose? An introduction to JOEI forum on multidimensional poverty. J. Econ. Inequal. 9, 227-234.

Maasoumi, E., 1986. The measurement and decomposition of multi-dimensional inequality. Econometrica 54, 991-997.

Maasoumi, E., 1989. Continuously distributed attributes and measures of multivariate inequality. J. Econ. 42, 131-144.

Maasoumi, E., 1999. Multidimensioned approaches to welfare analysis. In: Silber, J. (Ed.), Handbook of Income Inequality Measurement. Kluwer, Boston, pp. 437-477.

Maasoumi, E., Lugo, M. A., 2008. The information basis of multivariate poverty assessments. In: Kakwani, N., Silber, J. (Eds.), Quantitative Approaches to Multidimensional Poverty Measurement. Palgrave-Macmillan, Basingstoke, pp. 1-29.

Maasoumi, E., Nickelsburg, G., 1988. Multivariate measures of well-being and an analysis of inequality in the Michigan data. J. Bus. Econ. Stat. 6, 327-334.

Mack, J., Lansley, S., 1985. Poor Britain. Allen and Unwin, London.

Madden, D., 2011. Health and income poverty in Ireland, 2003-2006. J. Econ. Inequal. 9,

23-33.

Madden, D. , 2014. Health and wealth on the roller-coaster: Ireland, 2003-2011. Soc. Indicat. Res. http:// dx. doi. org/10. 1007/s11205-014-0644-4.

Maquet, I. , Stanton, D. , 2012. Income indicators for the EU's social inclusion strategy. In: Besharov, D. J. , Couch, K. A. (Eds.), Counting the Poor. New Thinking about European Poverty Measures and Lessons for the United States. Oxford University Press, New York, pp. 59-77.

Marlier, E. , Atkinson, A. B. , 2010. Indicators of poverty and social exclusion in a global context. J. Policy Anal. Manage. 29, 285-304.

Marlier, E. , Atkinson, A. B. , Cantillon, B. , Nolan, B. , 2007. The EU and Social Inclusion: Facing the Challenges. Policy Press, Bristol.

Marlier, E. , Cantillon, B. , Nolan, B. , Van den Bosch, K. , Van Rie, T. , 2012. Developing and learning from EU measures of social inclusion. In: Besharov, D. J. , Couch, K. A. (Eds.), Counting the Poor. New Thinking about European Poverty Measures and Lessons for the United States. Oxford University Press, New York, pp. 299-341.

Marshall, A. W. , Olkin, I. , 1979. Inequalities: Theory of Majorization and Its Applications. Academic Press, New York.

Mayer, S. E. , Jencks, C. , 1989. Poverty and the distribution of material hardship. J. Hum. Resour. 21, 88-113.

McCaig, B. , Yatchew, A. , 2007. International welfare comparisons and nonparametric testing of multivariate stochastic dominance. J. Appl. Econometrics 22, 951-969.

Merz, J. , Rathjen, T. , 2014a. Multidimensional time and income poverty: well-being gap and minimum 2DGAP poverty intensity—German evidence. J. Econ. Inequal. http://dx. doi. org/ 10. 1007/s10888-013-9271-6.

Merz, J. , Rathjen,T. , 2014b. Time and income poverty: an interdependent multidimensional poverty approach with German time use diary data. Rev. Income Wealth 60, 450-479.

Micklewright, J. , Schnepf, S. V. , 2007. Inequality of learning in industrialized countries. In: Micklewright, J. , Jenkins, S. P. (Eds.), Poverty and Inequality: New Directions. Oxford University Press, Oxford, pp. 129-145.

Mitra, S. , Jones, K. , Vick, B. , Brown, D. , McGinn, E. , Alexander, M. J. , 2013. Implementing a multidimensional poverty measure using mixed methods and a participatory framework. Soc. Indicat. Res. 110, 1061-1081.

Mohanty, S. K. , 2011. Multidimensional poverty and child survival in India. PLoS One 6, e26857.

Mosler, K. , 2004. Restricted Lorenz dominance of economic inequality in one and many dimensions. J. Econ. Inequal. 2, 89-103.

Moyes, P., 2012. Comparisons of heterogenous distributions and dominance criteria. J. Econ. Theory 147, 1351-1383.

Muller, C., Trannoy, A., 2011. A dominance approach to the appraisal of the distribution of well-being across countries. J. Public Econ. 95, 239-246.

Muller, C., Trannoy, A., 2012. Multidimensional inequality comparisons: a compensation perspective. J. Econ. Theory 147, 1427-1449.

Nakamura, K., 2012. Extension of Generalized Lorenz Dominance Criterion to Multivariate Attributes. Faculty of Economics, University of Toyama, Working Paper 266.

Nanivazo, M., 2014. First order dominance analysis: child wellbeing in the democratic republic of Congo. Soc. Indicat. Res. http://dx.doi.org/10.1007/s11205-014-0673-z.

Navarro, C., Ayala, L., 2008. Multidimensional housing deprivation indices with application to Spain. Appl. Econ. 40, 597-611.

Nelsen, R. B., 1998. An Introduction to Copulas. Lecture Notes in Statistics. Springer, Heidelberg.

Nilsson, T., 2010. Health, wealth and wisdom: exploring multidimensional inequality in a developing country. Soc. Indicat. Res. 95, 299-323.

Nolan, B., Whelan, C. T., 1996a. Resources, Deprivation, and Poverty. Clarendon Press, Oxford.

Nolan, B., Whelan, C. T., 1996b. The relationship between income and deprivation: a dynamic perspective. Rev. Econ. 3, 709-717.

Nolan, B., Whelan, C. T., 2007. On the multidimensionality of poverty and social exclusion. In: Micklewright, J., Jenkins, S. P. (Eds.), Poverty and Inequality: New Directions. Oxford University Press, Oxford, pp. 146-165.

Nolan, B., Whelan, C. T., 2010. Using non-monetary deprivation indicators to analyze poverty and social exclusion: Lessons from Europe? J. Policy Anal. Manage. 29, 305-325.

Nolan, B., Whelan, C. T., 2011. Poverty and Deprivation in Europe. Oxford University Press, Oxford.

Nussbaum, M. C., 1990. Aristotelian social democracy. In: Douglass, R. B., Mara, G., Richardson, H. (Eds.), Liberalism and the Good. Routledge, New York, pp. 203-252.

Nussbaum, M. C., 1993. Non-relative virtues: an Aristotelian approach. In: Nussbaum, M. C., Sen, A. K. (Eds.), The Quality of Life. Clarendon Press, Oxford, pp. 242-269.

Nussbaum, M. C., 2003. Capabilities as fundamental entitlements: Sen and social justice. Fem. Econ. 9, 33-59.

Ok, E., Lambert, P., 1999. On evaluating social welfare by sequential generalized Lorenz dominance. Econ. Lett. 63, 45-53.

Okamoto, M., 2009. Decomposition of Gini and multivariate Gini indices. J. Econ. Inequal.

7, 153-177.

Pattanaik, P. , Reddy, S. G. , Xu, Y. , 2011. On measuring deprivation and living standards of societies in a multi-attribute framework. Oxf. Econ. Pap. 64, 43-56.

Peichl, A. , Pestel, N. , 2013a. Multidimensional affluence: theory and applications to Germany and the US. Appl. Econ. 45, 4591-4601.

Peichl, A. , Pestel, N. , 2013b. Multidimensional well-being at the top: evidence for Germany. Fisc. Stud. 34, 355-371.

Pérez-Mayo, J. , 2005. Identifying deprivation profiles in Spain: a new approach. Appl. Econ. 37, 943-955.

Pérez-Mayo, J. , 2007. Latent vs. fuzzy methodology in multidimensional poverty analysis. In: Bishop, J. , Amiel, Y. (Eds.), Inequality and Poverty: Papers from the Society for the Study of Economic Inequality's Inaugural Meeting, Research on Economic Inequality, vol. 14. Elsevier JAI, Amsterdam, pp. 95-117.

Permanyer, I. , 2014. Assessing individuals' deprivation in a multidimensional framework. J. Dev. Econ. 109, 1-16.

Pisati, M. , Whelan, C. T. , Lucchini, M. , Maître, B. , 2010. Mapping patterns of multiple deprivation using self-organising maps: an application to EU SILC data for Ireland. Soc. Sci. Res. 39, 405-418.

Poggi, A. , 2007a. Does persistence of social exclusion exist in Spain? J. Econ. Inequal. 5, 53-72.

Poggi, A. , 2007b. Social exclusion mobility in Spain, 1994-2001. In: Bishop, J. , Amiel, Y. (Eds.), Inequality and Poverty: Papers from the Society for the Study of Economic Inequality's Inaugural Meeting, Research on Economic Inequality, vol. 14. Elsevier JAI, Amsterdam, pp. 71-94.

Poggi, A. , Ramos, X. , 2011. Empirical modeling of deprivation contagion among social exclusion dimensions. In: Deutsch, J. , Silber, J. (Eds.), The Measurement of Individual Well-Being and Group Inequalities. Essays in Memory of Z. M. Berrebi. Routledge, Abingdon, pp. 298-311.

Qizilbash, M. , 2004. On the arbitrariness and robustness of multidimensional poverty rankings. J. Hum. Dev. 5, 355-375.

Qizilbash, M. , Clark, D. A. , 2005. The capability approach and fuzzy poverty measures: an application to the South African context. Soc. Indic. Res. 74, 103-139.

Ramos, X. , 2008. Using efficiency analysis to measure individual well-being with an illustration for Catalonia. In: Kakwani, N. , Silber, J. (Eds.), Quantitative Approaches to Multidimensional Poverty Measurement. Palgrave-Macmillan, Basingstoke, pp. 155-175.

Ramos, X. , Silber, J. , 2005. On the application of efficiency analysis to the study of the dimensions of human development. Rev. Income Wealth 51, 285-309.

Ravallion, M., 2011a. On multidimensional indices of poverty. J. Econ. Inequal. 9, 235-248.

Ravallion, M., 2011b. The human development index: a response to Klugman, Rodriguez and Choi. J. Econ. Inequal. 9, 475-478.

Ravallion, M., 2012a. Mashup indices of development. World Bank Res. Obs. 27, 1-32.

Ravallion, M., 2012b. Troubling tradeoffs in the human development index. J. Dev. Econ. 99, 201-209.

Rippin, N., 2010. Poverty Severity in a Multidimensional Framework: The Issue of Inequality Between Dimensions. Georg-August-Universitat Göttingen, Courant Research Centre, Poverty, Equity and Growth in Developing and Transition Countries: Statistical Methods and Empirical Analysis, Discussion Papers 47.

Robeyns, I., 2005. Selecting capabilities for quality of life measurement. Soc. Indic. Res. 74, 191-215.

Robeyns, I., 2006. The capability approach in practice. J. Polit. Philos. 14, 351-376.

Roche, J. M., 2013. Monitoring progress in child poverty reduction: methodological insights and illustration to the case study of Bangladesh. Soc. Indic. Res. 112, 363-390.

Roelen, K., Gassmann, F., de Neubourg, C., 2010. Child poverty in Vietnam: providing insights using a country-specific and multidimensional model. Soc. Indicat. Res. 98, 129-145.

Rohde, N., Guest, R., 2013. Multidimensional racial inequality in the United States. Soc. Indic. Res. 114, 591-605.

Rothschild, M., Stiglitz, J. E., 1970. Increasing risk: I. A definition. J. Econ. Theory 2, 225-243.

Ruggeri Laderchi, C., Saith, R., Stewart, F., 2003. Does it matter that we do not agree on the definition of poverty? A comparison of four approaches. Oxf. Dev. Stud. 31, 243-274.

Santos, M. E., 2013. Tracking poverty reduction in Bhutan: income deprivation alongside deprivation in other sources of happiness. Soc. Indic. Res. 112, 259-290.

Savaglio, E., 2006a. Multidimensional inequality with variable population size. Economic Theory 28, 85-94.

Savaglio, E., 2006b. Three approaches to the analysis of multidimensional inequality. In: Farina, F., Savaglio, E. (Eds.), Inequality and Economic Integration. Routledge, London, pp. 264-277.

Schokkaert, E., Van Ootegem, L., 1990. Sen's concept of the living standard applied to the Belgian unemployed. Rech. Econ. Louvain 56, 429-450.

Sen, A. K., 1976. Poverty: an ordinal approach to measurement. Econometrica 44, 219-231.

Sen, A. K., 1977. On weights and measures: informational constraints in social welfare analysis. Econometrica 45, 1539-1572.

Sen, A. K., 1978. Ethical measurement of inequality: some difficulties. In: Krelle, W., Shorrocks, A. F. (Eds.), Personal Income Distribution. North-Holland, Amsterdam, pp. 416-431.

Sen, A. K., 1985. Commodities and Capabilities. North Holland, Amsterdam.

Sen, A. K., 1987. The Standard of Living. With contributions by J. Muellbauer, R. Kanbur, K. Hart and B. Williams, edited by G. Hawthorn. Cambridge University Press, Cambridge.

Sen, A. K., 1992. Inequality Reexamined. Clarendon Press, Oxford.

Sen, A. K., 1993. Capability and well-being. In: Nussbaum, M. C., Sen, A. K. (Eds.), The Quality of Life. Clarendon Press, Oxford, pp. 30-53.

Seth, S., 2013. A class of distribution and association sensitive multidimensional welfare indices. J. Econ. Inequal. 11, 133-162.

Sharma, S., 1996. Applied Multivariate Techniques. Wiley, New York.

Silber, J., 2011. A comment on the MPI index. J. Econ. Inequal. 9, 479-481.

Slesnick, D. T., 1989. Specific Egalitarianism and total welfare inequality: a decompositional analysis. Rev. Econ. Stat. 71, 116-127.

Slesnick, D. T., 1993. Gaining ground: poverty in the postwar United States. J. Polit. Econ. 101, 1-38.

Social Inclusion Division, 2014. What is Poverty? http://www. socialinclusion. ie/poverty. html, accessed on 29 June 2014.

Spencer, B. D., Fisher, S., 1992. On comparing distributions of poverty gaps. Sankhyā: Ind. J. Stat. Ser. B 54, 114-126.

Srinivasan, T. N., 1994. Human development: a new paradigm or reinvention of the wheel? Am. Econ. Rev. Pap. Proc. 84, 238-243.

Stiglitz, J. E., Sen, A. K., Fitoussi, J. P., 2009. Report by the Commission on the Measurement of Economic Performance and Social Progress. www. stiglitz-sen-fitoussi. fr.

Streeten, P., 1994. Human development: means and ends. Am. Econ. Rev. Pap. Proc. 84, 232-237.

Sugden, R., 1993. Welfare, resources, and capabilities: a review of inequality reexamined by Amartya Sen. J. Econ. Lit. 31, 1947-1962.

Tchen, A. H., 1980. Inequality for distributions with given marginals. Ann. Probab. 8, 814-827.

The Child Poverty Unit, 2014. Child Poverty Act 2010. http://www. legislation. gov. uk/ukpga/2010/9/ contents, accessed on 29 June 2014.

Thorbecke, E., 2007. Multidimensional poverty: conceptual and measurement issues. In:

Kakwani, N. , Silber, J. (Eds.), The Many Dimensions of Poverty. Palgrave Macmillan, Basingstoke, pp. 3-19.

Thorbecke, E. , 2011. A comment on multidimensional poverty indices. J. Econ. Inequal. 9, 485-487.

Tobin, J. , 1970. On limiting the domain of inequality. J. Law Econ. 13, 263-277.

Tomlinson, M. , Walker, R. , Williams, G. , 2008. Measuring poverty in Britain as a multi-dimensional concept, 1991 to 2003. J. Soc. Policy 37, 597-620.

Townsend, P. , 1970. Measures and explanations of poverty in high income and low income countries: the problems of operationalizing the concepts of development, class and poverty. In: Townsend, P. (Ed.), The Concept of Poverty. Heinemann, London, pp. 1-45.

Townsend, P. , 1979. Poverty in the United Kingdom: A Survey of Household Resources and Standards of Living. Penguin, Harmondsworth.

Trani, J. -F. , Cannings, T. I. , 2013. Child poverty in an emergency and conflict context: a multidimensional profile and an identification of the poorest children in Western Darfur. World Dev. 48, 48-70.

Trani, J. -F. , Biggeri, M. , Mauro, V. , 2013. The multidimensionality of child poverty: evidence from Afghanistan. Soc. Indic. Res. 112, 391-416.

Trannoy, A. , 2006. Multidimensional egalitarianism and the dominance approach: a lost paradise? In: Farina, F. , Savaglio, E. (Eds.), Inequality and Economic Integration. Routledge, London, pp. 284-302.

Tsui, K. Y. , 1995. Multidimensional generalizations of the relative and absolute inequality indices: the Atkinson-Kolm-Sen approach. J. Econ. Theory 67, 251-265.

Tsui, K. Y. , 1999. Multidimensional inequality and multidimensional generalized entropy measures: an axiomatic derivation. Soc. Choice Welf. 16, 145-157.

Tsui, K. Y. , 2002. Multidimensional poverty indices. Soc. Choice Welf. 19, 69-93.

United Nations Development Programme (UNDP), 1997. Human Development to Eradicate Poverty: Human Development Report 1997. Oxford University Press, New York.

United Nations Development Programme (UNDP), 2005. International Cooperation at a Crossroads. Aid, Trade and Security in an Unequal World: Human Development Report 2005. United Nations Development Programme, New York.

United Nations Development Programme (UNDP), 2010. The Real Wealth of Nations: Pathways to Human Development: Human Development Report 2010. Palgrave Macmillan, Basingstoke.

United Nations Development Programme (UNDP), 2013. The Rise of the South: Human Progress in a Diverse World: Human Development Report 2013. United Nations Development Programme, New York.

van Doorslaer, E., Jones, A. M., 2003. Inequalities in self-reported health: validation of a new approach to measurement. J. Health Econ. 22, 61-87.

van Praag, B. M. S., Ferrer-i-Carbonell, A., 2008. A multidimensional approach to subjective poverty. In: Kakwani, N., Silber, J. (Eds.), Quantitative Approaches to Multidimensional Poverty Measurement. Palgrave-Macmillan, Basingstoke, pp. 135-154.

van Praag, B. M. S., Goedhart, T., Kapteyn, A., 1980. The poverty line—a pilot survey in Europe. Rev. Econ. Stat. 62, 461-465.

van Praag, B. M. S., Frijters, P., Ferrer-i-Carbonell, A., 2003. The anatomy of subjective well-being. J. Econ. Behav. Organ. 51, 29-49.

Vélez, C. E., Robles, M., 2008. Determining the parameters of axiomatically derived multidimensional poverty indices: an application based on reported well-being in Colombia. In: Kakwani, N., Silber, J. (Eds.), Quantitative Approaches to Multidimensional Poverty Measurement. Palgrave-Macmillan, Basingstoke, pp. 210-225.

Wagle, U., 2005. Multidimensional poverty measurement with economic well-being, capability, and social inclusion: a case from Kathmandu, Nepal. J. Hum. Dev. 6, 301-328.

Wagle, U., 2008a. Multidimensional poverty: an alternative measurement approach for the United States? Soc. Sci. Res. 37, 559-580.

Wagle, U., 2008b. Multidimensional Poverty Measurement: Concepts and Application. Springer, New York.

Walzer, M., 1983. Spheres of Justice: A Defense of Pluralism and Equality. Basic Books, New York.

Watts, H., 1968. An economic definition of poverty. In: Moynihan, D. P. (Ed.), On Understanding Poverty. Basic Books, New York, pp. 316-329.

Weymark, J. A., 1981. Generalized Gini inequality indices. Math. Soc. Sci. 1, 409-430.

Weymark, J. A., 2006. The normative approach to the measurement of multidimensional inequality. In: Farina, F., Savaglio, E. (Eds.), Inequality and Economic Integration. Routledge, London, pp. 303-328.

Whelan, C. T., Layte, R., Maître, B., Nolan, B., 2001. Income, deprivation, and economic strain. An analysis of the European community household panel. Eur. Sociol. Rev. 17, 357-372.

Whelan, C. T., Lucchini, M., Pisati, M., Maître, B., 2010. Understanding the socio-economic distribution of multiple deprivation: an application of self-organising maps. Res. Soc. Stratif. Mobil. 28, 325-342.

Whelan, C. T., Nolan, B., Maıtre, B., 2014. Multidimensional poverty measurement in Europe: an application of the adjusted headcount approach. J. Eur. Soc. Policy 24, 183-197.

Williams, B., 1987. The standard of living: interests and capabilities. In: Sen, A. K.

(Ed.), The Standard of Living. With contributions by J. Muellbauer, R. Kanbur, K. Hart and B. Williams, edited by G. Hawthorn. Cambridge University Press, Cambridge, pp. 94-102.

Yaari, M. E. , 1987. The dual theory of choice under risk. Econometrica 55, 95-115.

Yaari, M. E. , 1988. A controversial proposal concerning inequality measurement. J. Econ. Theor. 44, 381-397.

Yalonetzky, G. , 2013. Stochastic dominance with ordinal variables: conditions and a test. Econ. Rev. 32, 126-163.

Yalonetzky, G. , 2014. Conditions for the most robust multidimensional poverty comparisons using counting measures and ordinal variables. Soc. Choice Welf. http://dx. doi. org/10. 1007/s00355-014-0810-2.

Yu, J. , 2013. Multidimensional poverty in China: findings based on the CHNS. Soc. Indic. Res. 112, 315-336.

Yule, G. U. , 1900. On the association of attributes in statistics: with illustrations from the material of the childhood society, &c. Phil. Trans. Roy. Soc. A 194, 257-319.

Zheng, B. , 1993. An axiomatic characterization of the Watts poverty index. Econ. Lett. 42, 81-86.

Zheng, B. , 1997. Aggregate poverty measures. J. Econ. Surv. 11, 123-162.

Zheng, B. , 1999. On the power of poverty orderings. Soc. Choice Welfare 16, 349-371.

Zheng, B. , 2008. Measuring inequality with ordinal data: a note. In: Bishop, J. , Zheng, B. (Eds.), Inequality and Opportunity: Papers from the Second ECINEQ Society Meeting, Research on Economic Inequality, vol. 16. Emerald Group Publishing, Bingley, pp. 177-188.

Zoli, C. , Lambert, P. J. , 2012. Sequential procedures for poverty gap dominance. Soc. Choice Welf. 39, 649-673.

第4章　机会平等

约翰·E. 罗默(John E. Roemer) ＊ ,阿兰·特兰诺伊(Alain Trannoy)†

＊耶鲁大学,美国康涅狄格州纽黑文市

†法国艾克斯-马赛大学高等社会科学研究学院(EHESS)和国家科学研究中心(CNRS)

目　录

摘要:现代机会平等思想的形成始于 Rawls(1971)和 Dworkin(1981a,1981b)20 世纪下半叶进行的政治哲学讨论。当国家政策针对情况不利的个人进行补偿时,机会平等思想意味着人们所经历的结果差异仅取决于个人自身能负责的因素。重要的是,当个人的收入很大程度上取决于成长的家庭环境、父母的受教育程度以及家庭收入状况时,存在机会不平等。我们回顾相关的哲学辩论,从经济学者的视角对其进行审视,提出了几种机会平等(或不平等)的建模方法,指出机会平等的伦理观意味着以非福利主义的方式排序社会结果。我们提议,应把经济发展看作一国的收入机会平等化。我们以动态的视角看待机会平等化,回顾人们对分配公平的态度,发现民众极大地支持机会平等伦理观。我们探讨了机会不平等测量中出现的相关实证问题,也对测量各国在实现不同目标时存在的机会不平等程度的实证文献进行了综述。

关键词:机会平等;责任;环境;努力;补偿;分配公平

JEL 分类代码:D63,D3

4.1 引言

  按照社会选择理论的福利主义传统,平等主义意味着福利或效用的平等。[①] 保守派批评者对平等主义的批评是有道理的,他们认为这种平等在伦理上是否可取值得高度怀疑,因为这种平等并不认同人们应该为自己的选择或偏好负责,也不认同在讨论平等化时,这种平等将结果转化成人际可比的流通货币的方式。在政治哲学领域,这种批评从 Rawls(1958,1971)开始被严肃对待,因而出现了平等主义研究的新方法,它把个体责任看作在伦理道德上可取的衡量平等程度的重要指标。因此,自罗尔斯(Rawls)以来,平等主义理论的发展可概括为以机会平等取代结果平等,前者对机会的理解是多种多样的。与此观点相关的隐喻

---

① 福利主义指的是社会福利(或社会目标函数)只能通过个人的效用水平来进行预测;也就是说,对不同社会机会进行比较所需的唯一信息就是这些机会产生的效用可能性集合的信息。这是结果主义的一个特殊例子,详细讨论见第 2 章。

有"公平竞技场"和"同一起跑线"。在罗尔斯之后对这一讨论做出重要哲学贡献的包括 Sen（1980）、Dworkin（1981a，1981b）、Arneson（1989）和 Cohen（1989）。① 争论的重点是"在什么方面达到平等"，其哲学观点有时也被称为"运气平等主义"，这是 Anderson（1999）提出的一个术语。

自 1985 年以来，不少经济学家（包括森）一直在参与这项讨论。Roemer（1993，1998）提出了一种算法，帮助制定让某一群体享有某种机会平等从而实现某一既定目标的政策。马克·弗勒拜伊和弗朗索瓦·马尼凯（François Maniquet）从 20 世纪 90 年代开始致力于提出经济方面的建议，Fleurbaey（2008）对此进行了总结概括。其他学者对这一理论也做出了贡献，如 Van de gaer（1993）、Bossert（1995，1997）和 Peragine（2004）。实证文献不断涌现，计算各国在实现不同目标时的机会不平等程度，考察人们所持的公平观念与机会平等思想是否一致。

总结这些贡献对不平等经济学的重要意义可采用多种不同的方式。哲学的贡献激发了相关的经济学文献，即本章讨论的重点，但在此之前，人们已经对机会平等的实践意义有所争论。就在罗尔斯（1971）的巨著出版之前，Jensen（1969）和 Herrnstein（1971）提出不平等主要归因于智力差异，因此若要通过机会平等化（如对被剥夺教育权利的孩童进行教育补偿）实现更加平等的收入分配水平，实则为天方夜谭。经济学家 Bowels（1973）和 Conlisk（1974）不同意此类观点，鲍尔斯（Bowels）认为，收入不平等基本上是由机会不平等造成的，而不是因为遗传智商问题。尽管这一重要讨论围绕经济不平等在多大程度上无法改变而展开，在罗尔斯之前，经济学家们对不平等的讨论其实主要集中在数据统计方面，着力探讨衡量不平等的最佳方式。

罗尔斯和德沃金（Dworkin）之后的不平等著作改变了研究重心，指出只有部分种类的不平等在伦理上是不能接受的，但是经济学家在某种程度上忽视了这一区别，并且也许在衡量一些在伦理道德上并不重要的方面。不平等在伦理道德上可接受与不可接受之间的区别成为过去 40 年中哲学平等主义思想的最大贡献。从社会选择理论角度来看，机会平等理论对传统上普遍存在的福利假设提出了严峻的挑战，认为社会评判对不同政策的定位需要的是更多信息而不是最终的福利结果，尤其需要弄清个人对自身所获得的最终结果应负有多大责任，即这些结果是否由那些他们无法控制的社会外在因素（或遗传）所决定，而这些都是福利之外的信息。

必须提及的是，Nozick（1974）提出了另一个重要的非福利正义论，虽然是一个非平等主义论，认为正义不应该仅凭最终结果来评估，还必须了解产生这些结果的过程。他的新洛克（neo-Lockean）观秉承私有财产的道德合法性理论，认为能够通过了解财产产生的历史来评估最终结果的公正性，譬如了解这些财产获取的过程是否存在敲诈勒索、抢劫、奴役等因素。仅仅了解最终的结果分配（收入、福利或其他任何方面）不足以对分配的道德谱系做出判断，所以在政治哲学中，自 1970 年以降的这段时期里，非福利主义理论在政治光谱的左右两端都得到蓬勃发展。

---

① 这些哲学先驱们贡献的文献太多，不能一一列举。值得一提的一些著述包括 Rakowski（1993）、Van Parijs（1997），以及 Hurley（2003）。

本章首先总结自罗尔斯以来的有关平等的哲学辩论(见 4.2 节);给出制定机会平等化政策的经济学算法,或更通俗地说,根据机会平等化的效率对不同的社会政策进行排序的方法(见 4.3 节、4.4 节和 4.5 节);接着是这一方法对经济发展概念化的应用(4.6 节)以及对动态问题的讨论(4.7 节),作为实证研究讨论的绪论(4.8 节);接着是与平等概念相关的大众观点调查和实验证据(4.9 节);然后是对测量方面问题的讨论,以及对迄今为止机会不平等的实证研究文献的总结(4.11 节);最后我们提到一些对机会平等方法的批评,并进行了一些预测(4.12 节)。

4.2 自罗尔斯以来的平等主义政治哲学

早在 1958 年,罗尔斯就率先提出了他的平等观念,但相关专著直到 1971 年才出版。他希望打破功利主义理论在分配公正领域中的统治地位,从而以某种平等主义替代功利主义。他认为,公正不仅要求制度体系能确保公民自由最大化,还要求有一套制度能使分配给社会最贫困人群的"基本品"达到最大化,社会最贫困人群是得到这些基本品最少的人群。经济学家称之为基本品最大化最小值(maximin)原则,而罗尔斯称它为差别原则(difference principle)。在构建"无知之幕"或"原始状态"的基础上,他提出了这一建议并试图提供论证。决策者对自身状态信息的认识具有"道德任意性",但"无知之幕"或"原始状态"能使决策者不受其影响,进而对分配公正做出无偏见的决定。因此,Rawls(1971)的构想是从合理性和无偏性两方面得出公平原则。

罗尔斯并不提倡最大化最小效用(即使假定人际效用比较可行),而提倡将基本品(某个指数)做最大化最小值处理,这是他将个体责任嵌入该理论进行的部分尝试。对于罗尔斯来说,福利最好被衡量为一个人对其人生计划的完成程度,但他把人生计划的选择看作由个体自主决定,社会体制对此无权评价,基本品也被认为是任何人生计划成功所必须投入的那些资源,因此让每个人获得的基本品相等(或者转向最大最小化分配以支配要素得到均等分配)是让人们对其人生计划选择负责任的一种方式。但如何将各种不同的基本品束聚合为一个指数来进行批量比较,罗尔斯从未成功地解决这个问题(一些持怀疑态度的经济学家指出,主观效用函数是聚合基本品的明确方式)。

罗尔斯认为,理性且不了解自己真实状况的人很可能会选择差异原则。个体自身的真实状况包括身体禀赋、社会禀赋以及生物禀赋等,这些都属于运气问题,因此罗尔斯认为,其分配具有道德任意性。他将人们认真思考公正的场域称为"原始状态"。在原始状态下,人们被假定已了解经济学规律,而且自私自利,非常看重基本品的分配,因为他们不知道自己的生活计划是什么,甚至不知道在真实社会里生活计划的分配情况,也不知道身体禀赋和生物禀赋在社会的分配情况。

在这一点上,我们认为罗尔斯犯了一个重大的概念错误。如果无知之幕只是旨在不让决策者知道具有道德任意性的各种禀赋分配信息,那他们至少应该知道如下的一个面向,即他们的生活计划,这一点不应该假设为具有道德任意性,因为罗尔斯认为,人应该为其生活计划负责。再者,尽管说一个人自己的自然的和身体的禀赋资源可能具有道德任意性(这些运气都是由"出生彩票"决定的),但是这些资源的分配乃自然和社会事实,理应为原始状态的居民所知晓,就像假定认为他们知晓经济学规律一样。因此,考虑到上述两点,罗尔斯构建的哲学观点所强调的无知之幕"太厚"了。

鉴于处于原始状态的决策者所能获得的信息不足,因此人们很难利用经典决策理论解决基本品的分配问题。事实上,就处于原始状态时会选择差异原则这一结论而言,罗尔斯给出的唯一精确论证出现在 Rawls(1971)中,表明决策者其实极端地不愿意承担风险。例如:

> 第二个特点表明,最大化最小值原则是指:做选择的人知道什么是好的,他们也没有什么好在乎的,如果有的话,无非会关注所能拿到的最低薪酬罢了,而这一点可以通过遵循最大化最小值原则得到保证。对他们来说,不值得为更多的利益再冒险,特别是当某一冒险的情况衍变至最后,可能会令他们失去诸多重要的事物时。最后一点引出了第三个特点,即被拒绝的替代方案可能会造成令人难以承受的后果,这种情况涉及重大风险。

罗尔斯在此论证最大化最小值原则时,所依据的是"极端风险规避",这显然不具备合理性。

因此,尽管罗尔斯的观点在政治哲学方面具有巨大的影响力,但是他的最大化最小值原则在两方面存在缺陷:第一,该原则依赖于从原始状态推导出公正原则,而原始状态的严重缺陷是其剥夺居民对其自身特征(生活计划)的知情权以及对世界状况的了解(各种不同资源的分配,包括遗传方面的资源以及个体出生家庭拥有的资源),而这些都不具备道德任意性。①第二,该原则假设决策者都极端规避风险(尽管罗尔斯和其他人持相反的观点)。罗尔斯的贡献在于他针对运气,尤其是"出生彩票"中的运气所带来的资源不平等,提出了激进的平等主义观点,并且将平等原则从效用平等转向一种资源平等,即基本品的平等。然而,在我们看来,单从合理性和无偏性演绎推导出平等原则或最大化最小值原则,本身就是失败的。Moreno-Ternero 和 Roemer(2008)认为,要推断出最大化最小值原则或者其他某种更一般化的平等主义作为社会选择的排序原则,必须以某种团结性的假设为理论基础。平等主义者都希望能从普遍认同的假设中推导出自己的观点(如合理和无偏),但这并不现实。因此,倘若我们认为必要的团结性假设仍会引起争议,那么公正的平等主义理论不可能具有普遍吸引力。

尽管罗尔斯通常被视为 20 世纪最重要的平等主义政治哲学家,人们仍会质疑他的观点是平等主义观点的说法,也就是说,对于罗尔斯而言,公平的收入分配可以通过激励性报酬促进高技能型人才提高生产能力,即使这会产生不平等。罗尔斯接受了以激励为基础的收入不平等,对此表示质疑的一个主要哲学家是科恩(Cohen),我们将在下文对其进行讨论。

1981 年,罗纳德·德沃金(Ronald Dworkin)发表了两篇论文,基本讨论了上文所概述的

---

① 我们反复强调,这些特征的分配是自然事实,因此不是道德任意性的,而某个个体的禀赋若是由于运气得来的,倒是道德任意性的。

罗尔斯观点中的问题,尽管他使用的不是罗尔斯的原话(原始状态、基本品)。其研究是想定义一个在道德上健全的平等概念。他在第一篇文章中强调,"福利平等"不是一个健全的观点,主要是因为福利平等不支持个体应该为其偏好负责。德沃金特别强调,如果一个人具有昂贵的品味,他认同这些品味,但社会并不亏欠他,不会给他更多的补充资源来满足这些品味(德沃金指出,额外资源合理化的唯一的例外情况是成瘾性或者被迫执行的昂贵品味,这些品味并非这个人所"认同的",他宁愿没有这些品味)。德沃金在第二篇文章中提出"资源平等"说,其中资源包括(罗尔斯所说的)个人身体和生物环境各方面的情况,这些情况不由个体自己负责(正如由出生获得的那些资源那样)。

既然资源包括可转让的物品,如金钱,也包括不可转让分割的资源,如才干和家庭出身,甚至是基因,那么如何才能做到"资源平等"? 德沃金提出了一个精巧的设计,在无知之幕背后运作保险市场,在这个市场中,参与的"人们"代表实际的个体,知道他们所代表的个体的偏好,但不知道世界实际上赋予他们的资源是什么。在这个保险市场中,每个参与者持有相等数量的货币,并且能够用货币购买保险以避免在出生彩票中遇到厄运。德沃金认为,物品分配应在出生彩票发生之后进行,世界的状况已经呈现出来,德沃金之幕的保险政策也随之确定下来,这时采用的是"平等资源"分配。该分配认为,个体应该为其偏好负责,尤其是为他们的风险偏好负责。该分配还具有平等主义思想,因为幕后的所有人被赋予的用于购买保险的货币配额相同。不让人们知晓他们在真实世界与出生彩票相关的资源禀赋(基因及身体状况),则在道德任意性方面实现了资源分配的公正。这样,德沃金保留了罗尔斯有关才能、残疾、继承财富等各方面分配的道德任意性的激进平等主义观,但同时采用一个机制让个体为其品味负责,因而比罗尔斯提倡的依据基本品而无视偏好的做法更公平。

尽管德沃金的设计聪明精巧,但许多平等主义者仍认为其不合人意。下面的例子有助于说明这一问题。假设世上有两个人:安德烈娅和鲍勃。安德烈娅很幸运:她有强健的体质,能将资源(财富)高效地转化为福利。而鲍勃身患残疾,他的体质将财富转化为福利的效率只是安德烈娅的一半。我们特别假设安德烈娅和鲍勃具有人际可比福利,安德烈娅拥有的而鲍勃缺乏的内部资源就是良好的生物构造(如健康的内啡肽供应)。

我们假设鲍勃和安德烈娅对财富具有相同的风险偏好:他们都厌恶风险,且其财富都满足冯·诺依曼—摩根斯坦财富效用函数 $u(W) = \sqrt{W}$。假定经济中(安德烈娅和鲍勃)的(物质)财富分配是 (W^A, W^B),再没有其他要素介入,这样每个个体都被赋予了内部构造与外部资源。

我们将德沃金假设的保险市场构建如下[①]:无知之幕后,有一个人 α,代表安德烈娅,另一个人 β,代表鲍勃。这些人知道他们代表的人的风险偏好以及安德烈娅和鲍勃的体质,但他们不知道出生彩票会让其成为哪个人。这样,从他们各自的角度来看,两种可能的世界的实际情况如下:

---

① 德沃金没有提出一个正式的模型,而是依靠直觉,这里的模型是阿罗市场的或有求偿权的一种情况。

情况 1	α 成为安德烈娅	β 成为鲍勃
情况 2	α 成为鲍勃	β 成为安德烈娅

每种情况发生的概率是二分之一。我们知道情况 1 将会真实发生,但是代表人面临出生彩票的概率是相等的,他们都期望保险不遭受厄运(即不要成为鲍勃)。

在保险市场上有两种商品:商品 x_1,一个单位的商品 x_1 支付给保险持有者 1 美元,如果情况 1 发生;商品 x_2,一个单位的商品 x_2 支付给保险持有者 1 美元,如果情况 2 发生。每个人可以选择要么购买这些商品,要么出售这些商品:出售一个单位的第一种商品就必须承诺如果情况 1 发生,给出 1 美元。每个人最初拥有用以购买这些商品的收入都是 0(在幕后)。特别是,在幕后他们拥有相同的财富,其货币形式在该场合下是被认可的。这样,在真实世界中,保险市场将对有形财富重新分配,以期对自然资源不理想的人进行补偿,因为自然资源不可更改,补偿方式依据这些人的代表人的期望,如果他们能够免出生彩票中的厄运。这种机制将德沃金所说的"原生运气"转换成"选项运气",前者是一种不适合保险的运气,而后者的结果是可以通过保险来保护的,或者说是一个人选择赌运气的结果。

保险市场的均衡包括商品 (x_1, x_2) 的价格 $(1, p)$,对于两种或有商品,α 和 β 的需求 (x_1^α, x_2^α) (x_1^β, x_2^β) 如下:

(1) (x_1^α, x_2^α) 使 $\dfrac{1}{2}\sqrt{W^A + x_1^\alpha} + \dfrac{1}{2}\sqrt{\dfrac{W^B + x_2^\alpha}{2}}$ 最大化,服从 $x_1^\alpha + p x_2^\alpha = 0$ 条件

(2) (x_1^β, x_2^β) 使 $\dfrac{1}{2}\sqrt{W^B + x_1^\beta} + \dfrac{1}{2}\sqrt{2(W^A + x_2^\beta)}$ 最大化,服从 $x_1^\beta + p x_2^\beta = 0$ 条件

(3) $s = 1, 2$ 时,$x_s^\alpha + x_s^\beta = 0$

我们对这些条件先进行解释。条件(1)表示 α 最优选择她所需求的或有商品,只要服从她的预算限制条件,即最大化她的期望效用。如果她成为安德烈娅(情况 1),那么她的效用将是 $\sqrt{W_1^A + x_1^\alpha}$。如果 α 成为鲍勃(情况 2),那么她的财富将是 $W^B + x_2^\alpha$;但从安德烈娅的角度看,这只会带来一半的福利,因此她认为这一财富的效用值为 $\left(\dfrac{\sqrt{W^B + x_2^\alpha}}{2}\right)$。条件(2)的推导相似,但是这次 β 的基准情况是成为鲍勃。条件(3)表明两个市场都出清。

均衡式如下:

$$p = 1, \quad (x_1^\alpha, x_2^\alpha) = \left(\frac{2W^B - W^A}{3}, \frac{W^A - 2W^B}{3}\right),$$

$$(x_1^\beta, x_2^\beta) = \left(\frac{-2W^B + W^A}{3}, \frac{-W^A + 2W^B}{3}\right)。$$

当前发生情况 1,因此安德烈娅在保险合同结算以后,最终获得的财富为 $W^A + x_1^\alpha = \dfrac{2}{3}(W^A + W^B)$,是总财富的三分之二,而鲍勃最终获得总财富的三分之一。这一结果是不合人意的,因为鲍勃是那个获得自然禀赋较少的人,将金钱转变成福利的能力较低,人们一般推定认为

鲍勃是资源平等原则应该补偿的人,但安德烈娅成了拥有更多财富的人。[①] 即使是情况 2 发生,结果仍然如此,三分之二的财富将会属于安德烈娅。

为什么会发生这样的情况呢? 因为即使两个人都厌恶风险,也不会厌恶到将自身的财富变到糟糕的状况(成为鲍勃);(就预期效用而言)使用财富让它能够带来很多福利的做法才是更值得的(最终成为安德烈娅)。如果代理人都十分厌恶风险,这种情况就不会发生[如果效用函数为 $u(W) = W^c/c$ 且 $c < 0$,那么参保后,鲍勃获得的最终财富应该多于安德烈娅。如果效用函数为 $u(W) = \log W$,那么两个代理人获得的最终财富相同]。但是上述例子显示,对于遭遇内部资源损失即遭受道德任意性厄运的鲍勃来说,保险假设在一般情况下并未执行德沃金所期望的补偿。德沃金的保险市场若要避免这样的情况,个体必须足够厌恶风险,但这种假设并不合理,因为在所有代理人具有同等偏好的特殊情况下,该理论也必须确保产生合意的结果(对内部资源亏损的人们加以补偿)。[②]

注意,上面假设的保险市场模型必须进行人际福利比较。安德烈娅的代理人 α 需要思考,如果她生为鲍勃,拥有既定数量的财富,她将会有何感受,她在这一过程中把鲍勃的财富转换成对安德烈娅来说福利相等的财富。代理人 β 也需要进行类似的人际比较。我们认为,如果不做这些人际比较,不可能建构出无知之幕思想实验。观点很明确:如果一个代理人必须比较在化为不同的两个人时,其感受将如何,就必须具备进行人际福利比较的能力。若没有能力对不同环境的不同个人的生活进行比较,那么保险投资就失去了依据。[③]

尽管我们呈现了德沃金理论中的这一问题,用科恩的话来说,该理论仍是革命性的,它将个体责任的重要性——右翼学者最具影响力的反平等主义工具,带入平等主义理论当中。经过上文的阐释,人们可能会认为,德沃金的保险市场是个很不错的思想实验,因此应该放弃平等主义观念的冲动,拒绝对那些不对自己所处情况负责的人给予补偿;也就是说,人们不应该因为德沃金的模型存在不足而排斥它,而应排斥他的平等主义期冀。Moreno-Ternero 和 Roemer (2008)考虑到这一点,提出在弄清"公正要求的是什么"这一问题上,无知之幕是不合适的思想实验。尽管他们在这一点上的论据很新颖,但这一论点并不算首创,Barry (1991)早就提出了这种看法。

在我们上文所给的例子当中,平等主义者面临一项道德要求,即将有形财富从安德烈娅转移给鲍勃,因为鲍勃缺乏安德烈娅所拥有的不可转移的资源,缺乏这种将商品有效地转换成福利的能力,这种缺陷超出了他自身的控制范围,完全是由运气决定的。德沃金也注意到可能造成福利不平等的另一个原因,即一些人有昂贵的品味而另一些人的要求则比较朴实。

---

① 德沃金的保险机制不合人意是由 Roemer (1985)首次指出的。德沃金从未提出一个保险市场模型,却设想它将重新分配财富以对那些缺乏不可转让资源的人们进行补偿。他使用保险市场思想实验来证明社会政策的合理性(例如美国国家健康保险),尽管他的思想实验未必能产生他认为将执行的补偿性再分配。

② 1985 年,德沃金在哈利法克斯会议上遇到这个例子时,回应说他不会在产生"病态"结果的条件下使用保险设想。但这一立场恐怕并不可行,因为人们怎么能够先验地描述可接纳的经济环境呢? 这并不是偏好凹度不足第一次造成经济分析困难的情况。可参见本书第 1 章对货币计量效用的讨论。

③ 读者可能会想起 Harsanyi (1955) 的不进行人际比较而构建功利主义无知之幕的观点。但是他的观点不是作为一个正式的数学陈述不成立,而是因为其中的效用主义被证明是合理的这种观点而不成立[早期的讨论可见 Weymark(1991);近期的讨论见 Moreno-Ternero 和 Roemer(2008)]。

那些具有昂贵品味的人并不值得被给予更多的财富来满足他们,只要这些人对他们的品味感到满意或者说认同他们昂贵的品味。若世界上的财富是平等的,这个世界就是公平的。然而,因为同等财富所允许消费的香槟和啤酒的数量有差异,与爱喝啤酒的人相比,爱喝香槟的人会感到痛苦。因此我们用安德烈娅和鲍勃的例子说明的这种"病态",是基于鲍勃的自身缺陷(他没有能力将财富转换成福利),而不是基于昂贵的品味。

比德沃金论文发表时间略早一点,Sen(1980)在一次讲座中提出,罗尔斯将焦点放在基本品上是错误的。他批评罗尔斯是"恋物癖者",认为焦点不应放在物品上,而应放在物品能给人们提供什么,即"功效"之上——能够四处活动,能够工作,身体健康,等等。森把一个人的"能力"定义为他可以利用的一组功效向量,而且他要求能力平等。[1]这样,尽管一位绝食的富人和一位挨饿的穷人可能有相同的(低)功效,但他们的能力是全然不同的。森并没有直接提出效用应该相等,而是定义了一个新的概念,即介于物品与福利之间的功效概念——Cohen(1993)后来将其描述为提供一种"中间福利"的状态。在森看来,该理论中的机会成分不是通过评价一个人的实际功效水平来体现,而是通过评价哪些功效可以为他所用来显示,后者也就是这个人的"能力"。

森的贡献带来了理论与实践两方面的发展。在理论层面,它激发了文献研究去探讨机会(或可行机会)集的比较:要想使能力平等,就需要对不同的机会集进行排序。参见 Foster(2011)对这类文献的概述。在实践层面,它也促成了 UNDP 每年发布人类发展指数。有关森提出的能力方法的进展,请参见第 2 章。

20 世纪 80 年代后期,对德沃金观点的进一步回应来自哲学家,特别是 Arneson(1989)和 Cohen(1989)。阿勒森(Arneson)认为,德沃金反对福利平等提出的"昂贵品味"的论点是正确的,但他提出的寻求资源平等的选择并不是唯一选择:人们可以转向寻求福利机会平等,阿勒森认为这能够对付昂贵品味的问题。阿勒森不提倡基于保险机制来定义资源平等主义的意义,而是主张资源分配应让所有人得到相同福利水平的机会,尽管实际福利水平会有所差异,因为人们做出的选择不同。把阿勒森的提议形式化会遇到一些问题(见 Roemer,1996),但是与罗尔斯和德沃金的提议不同,他不依赖某种无知之幕的观点值得我们注意。

Cohen(1989)批评德沃金错误地"分割"资源和偏好,并认为问题在于什么是人们应该负责的,什么是不该负责的。显然,一个人不应该为他天生的才能和继承的资源负责,也不能为他的各种偏好负全部责任,因为不同偏好在一定(或者很大)程度上是在具体环境中(特别是儿童时期的环境)形成的,受资源可得程度的影响巨大。的确,如果一个人对香槟的昂贵品味来源于基因变异,他可能在平等主义的道德伦理下是值得获取补偿的。[2] 科恩的观点是,当且仅当不平等是因为个人行为以及其明确负责的选择所造成的,不平等才是合理的。因此,如果一个人在贫穷的环境下长大,形成了排斥教育的"品味",又因为他缺乏充足的资源,没有能力在学校完成学业,他甚至还"认同"自己的这个品味,那么科恩可能认为他不应

---

[1] 森没有提出通过集合排序以帮助人们进行能力比较。
[2] 这不是一个奇怪的例子。有医学上认可的综合征使某些遭受某种脑部受伤疾患的人渴望昂贵的食物[见 Otsuka(2011)]。

该为他的低工资造成的低收入负责,但德沃金可能认为他该为此负责。科恩没有提出一个机制或者运算法则来找到公平的资源分配,而是提供了许多给人启发的例子[如可参见 Cohen(1989,2004)]。他把自己采用的方法称为"获得优势的平等途径"。

除批评德沃金把属性和行为空间划分为补偿是应得的和不应得的部分之外,更重要的是 Cohen(1997)对罗尔斯的差异原则提出了批评,认为它不够平等,其论据是基于罗尔斯把公正的范围局限于社会制度设计,特别是该范围不包括个人行为。因此,基于个体选择劳动力供给从而使其个体的效用最大化的假设,罗尔斯主义的税收制度应该力图让社会最贫困群体获得最大化的福利。假定高级技能人才声称,如果他们的赋税从 30% 上升到 50%,他们将大幅减少劳动力供给,这样,贫困群体的状况将比税收为 30% 的时候更差。如果 30% 的税率使最贫困人群的福利(或收入)最大化,鉴于高级技能人才的利己行为,那么这就是罗尔斯主义所说的公平税率。但是科恩的回应是,在税率为 50% 的情况下,只要高级技能人才的富裕程度至少与最贫困者的富裕程度相齐平,则公平就要求 50% 的税率。罗尔斯与科恩之间的观点产生差异,是因为科恩要求个体按照差异原则根据个人自身的选择采取行动(即采取行动使那些最贫困的人能够尽可能好过些),而罗尔斯并无这样的要求。实际上,罗尔斯明确地提出对公平社会的一项要求是社会成员都赞同公平这一概念。科恩评论说,公平概念只适用于社会制度设计,而不适用于个人行为,这是十分奇特的想法。

在对责任的讨论中出现了一个问题,即责任与意志自由之间的关系。如果责任是正义平等概念化的核心,人们在阐明公平分配理论之前需要解决自由意志的问题吗? 有多种答案可供选择。我们相信最实际的答案是将个体的责任程度看作平等理论的一个参数,这对实证经济学家来说足矣。一旦我们给这个参数分配一个值,那么我们就有了一个特定的 EOp(机会平等)理论,因为我们知道个体应该对什么负责。每个社会都能提供这项缺失的参数,即,该社会认同公民应该对什么负责的概念;因此 EOp 理论是针对每一个社会的具体理论,也就是说,该理论将提供与社会认同的责任理论相一致的政策建议。这是一种政治方法,不是形而上的方法。

解决质疑自由意志的另一种办法是对哲学家们做个普遍区分。"相容论者"指那些相信决定论(相信一切行为的自然因果制约性)和责任可能性之间能够协调一致的哲学家;"不相容论者"指那些相信决定论将排除责任的哲学家。大多数考虑这一问题的哲学家,在目前看来很可能都是相容论者。例如,Scanlon (1986)相信决定论的自然因果制约性是真实的,但也认为个体对其行为应该负责,只要他们对自己的行为进行了思考,对选择进行了权衡,等等(充分思考的问题与上面提及的昂贵品味成因的问题不相关)。从实证角度来看,自由意志问题对政策设计不会造成影响,政策设计的动机源于个体不应为其自身条件的各方面负责的观点,只要这些方面的条件是由不受他们控制的环境造成的。

研究"责任敏感型平等主义"的哲学文献远远超出这里简短回顾的内容,但是我们在上面进行的总结足以支撑下面对经济模型的讨论。

4.3 机会平等政策模型与算法

考虑将一个群体的成员划分为含若干类型的有限集合的情形,一个类型包括情况相同的一组个体。这里所说的情况指环境的许多方面(或许还包括一个人的生物特征),它们是超出个人控制能力范围的方面,会影响人们关注的结果。用 $t = 1, \cdots, T$ 代表类型,用 f^t 表示该群体中类型 t 的部分人口,规划者希望达到人们机会平等的目标。一个人能够实现目标的程度是她的环境、努力和社会政策共同形成的一个函数:我们将目标值写为 $u^t(e, \varphi)$,其中 e 是努力测度,$\varphi \in \Phi$ 是社会政策的集合。实际上 $u^t(e, \varphi)$ 表示的是当政策为 φ,t 型人口做出的努力为 e 时,目标的平均实现水平。我们认为这里的努力是一个非负数的真实数字。稍后,我们将把运气引入这一问题。

一般来说,u^t 不是一个主观效用函数:实际上 u^t 在努力方面被认为是单调递增的,而主观效用就努力的标准概念而言通常被看作是递减的。这样 u 可能是成人的工资,周围环境可能包括儿童时期和家庭环境中的一些方面,e 可能是受教育年限。努力被认为是个人的选择变量,尽管其选择可能受到环境的严重限制,这一点会在下文进一步讨论。这一问题的最终数据由作为政策函数的类型内努力分配组成:对于政策 φ,类型 t 内的努力分配函数表示为 $G_\varphi^t(\cdot)$。我们通常会说,努力是个体按照最大化偏好顺序进行的选择,但是偏好不是该理论的基础;相反,数据是 $\{T, G_\varphi^t, f^t, u, \Phi\}$,其中我们用 T 表示多个类型的集合。

对不同类型的集合和努力概念进行定义,需要假定当前讨论的社会对负责行为和环境二者有概念区分,我们期望据此计算出一个与机会平等相一致的方法。我们在此描述 Roemer(1993, 1998)的方法,该方法对目标的字面表述是找到某项政策,能最大限度让环境对结果的影响无效,却又允许结果对努力敏感。努力包括被看作个体负责任的这些选择。但需要注意,某个政策下,一种类型的努力分配 G_φ^t 不是任何个人行为产生的结果(假定这里是一个连续统的个体),而是这个类型的一个特征。如果要保护个体免受环境影响而遭受损失,若他们属于不善于分配努力的类型的成员,就一定不能让他们为此负责。

我们需要一个尺度来测量对结果负有责任的(accountable)努力,因为努力受环境影响,它不可能是原始(raw)努力 e(试想教育年限,该原始努力肯定主要受社会环境的影响)。罗默(Roemer)提出把对结果负有责任的努力看作个体在其所属类型努力分配中的位置:这样,对于一个人付出的努力 e 来说,$G_\varphi^t(e) = \pi$,我们说个人付出的努力程度(degree)为 π,与努力水平(level)e 相对应。这一位置提供了一种能让个体付出的努力在类型内进行比较的方式。评判一个人是否应对结果负责,依据是把她的行为和相同环境下的其他人进行比较。在进行不同类型之间的努力程度比较时,我们采用位置测度(rank measure),以消除环境对原始努力分配的影响。[①]

---

① 一些学者(Ramos and Van de gaer, 2012)已经把这种将努力程度识别为个人在他所属类型目标分布上的位置的做法称作罗默识别公理(RIA)。尽管这个名字听上去很大,其观点却十分简单:个体对他们所属类型的努力分布特征不负有责任,因为这个分布就是一种环境。

因为函数 u^t 被设定为在 e 内严格单调递增,因此一个人在其类型的目标分配中的位置将与他在类型内努力分配中的位置一样。[①] 定义:

$$v^t(\pi,\varphi) = u^t[e^t(\pi),\varphi]$$

其中, $e^t(\pi)$ 是努力水平在 G_φ^t 分配上的第 π 个分位数,即 $G_\varphi^t[e^t(\pi)]:=\pi$。$v^t(\cdot,\varphi)$ 则是政策 φ 下的,按类型的目标分配函数的逆函数[在这一点上,v^t 像潘氏分布(Pen's parade)一样,后者也是分配函数的反函数]。当这些函数不同质时,机会不平等成立。尤其是,因为我们把处于某个 π 位置的所有个体看作对努力选择负有相同的责任,函数 $\{v^t(\cdot,\varphi)\}$ 之间的垂直差是对机会不平等程度的测度(累积分布函数的水平差也是如此)。

鉴于这一概念,什么政策才是最好的? 我们并不单纯想使 v^t 函数在低水平同质,所以需要采用某种概念,能让这些函数最大最小化。我们想选择那个能最大化提高 v^t 最小函数的政策,正如罗尔斯的最大化最小值原则一样,这个"最小"函数可能自身就是这个政策的函数。因此,一个自然的方法就是使低于 v^t 最小函数的区域最大化,更精确地说是找到那个能够使低于 $\{v^t\}$ 函数集下包络的区域最大化的政策。其表达式为:

$$\max_{\varphi \in \Phi} \int_0^1 \min_t v^t(\pi,\varphi) \mathrm{d}\pi \tag{4.1}$$

我们把这一项目的解决办法称为机会平等化政策 φ^{EOp}[计算操作(4.1)等于将目标类型分布左包络以左的区域最大化,上界为高度为 1 单位的水平线]。

在 $\{v^t\}$ 函数集的下包络是单一类型函数的情况下(这无疑是最不利的类型),我们已做的不过是让最不利类型的目标平均值最大化,因为 $\int_0^1 v^t(\pi,\varphi)\mathrm{d}\pi$ 也就是政策 φ 下 t 类型的目标均值。

这样,该方法暗含的理念是个人之间由他们的环境造成的差别在道德上是不可接受的,但个人之间因不同的努力程度产生的差别是可以接受的。最大程度的 EOp 不是在所有人的目标价值相等的时候达到的,而是在每个类型成员在面对相同机会的时候达到的,并由他们面对的目标分布函数来测定。

这个方法的一个优点是易于用图表进行说明。在图 4.1 中,我们给出两条曲线来说明匈牙利和丹麦的机会不平等情况。每张图中有三条累计收入分配曲线,对应三种类型的男性工作者:父母中受教育程度较高的一方受教育程度不超过初中,父母中受教育程度较高的一方仅完成了高中教育,父母中受教育程度较高的一方至少完成了某种高等教育(数据来自EU-SILC-2005)。这些分配函数的反函数是上文定义的 $v^t(\cdot,\varphi)$,政策是当前的实际政策。可以明显看出,就这一单维环境(父母教育)而言,收入机会在丹麦比在匈牙利得到更有效的平等化。[②] 这些图表来自 Roemer (2013)。

式(4.1)的固有方式是将一切个人类型无法解释的不平等原因都归于努力。如图 4.1 所示,影响结果的许多环境成分在类型的界定中都没有得到解释,所以图中展示的机会不平

---

① 如果实际努力是一个向量,那么单维测度 e 可以被建构,例如通过目标值对多维度回归,可以计算出赋予原始努力各维度的权重。

② 我们说"似乎"很明显,是因为横轴的欧元标准在两个图中是有区别的。

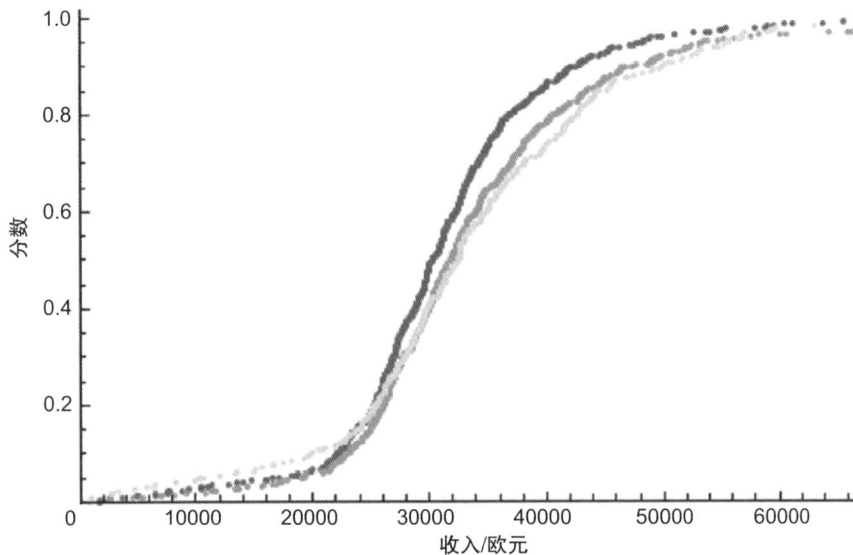

（a）丹麦男性工作者的收入分配函数

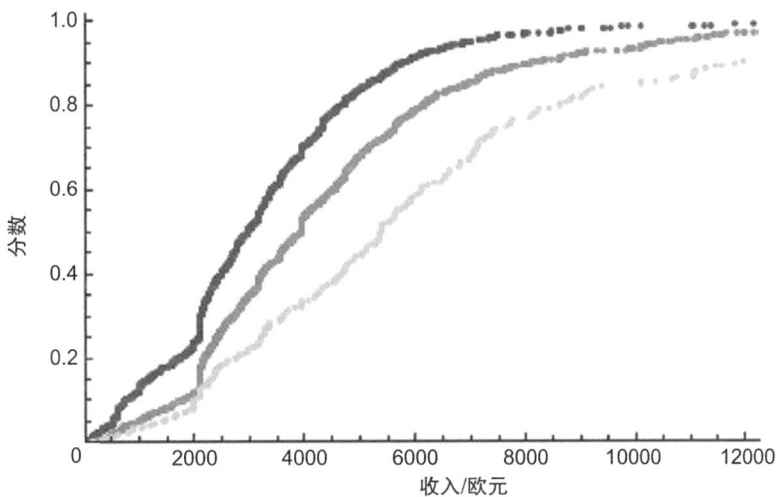

（b）匈牙利男性工作者的收入分配函数

图 4.1　丹麦和匈牙利男性工作者的收入分配函数（按照父母的受教育程度分为三类）

注：颜色最深的为父母受教育程度最低的男性工作者的收入分配曲线，颜色最浅的是父母受教育程度最高的男性工作者的收入分配曲线。

等应该被看作真实的机会不平等的下界。然而事实往往是只需描述几项环境条件就足够说明显然存在的机会不平等，而且人们可以说社会政策应该至少试图减缓这一不平等。

我们要注意，机会平等方法是非福利主义的，更确切地说是非结果主义的。按照福利主义的程序对社会政策进行排序，只会使用该群体的与这些程序关联的客观可能性集合中的信息，例如在收入分配中，它只会使用该群体的收入分配信息，忽略这些个体是谁、属于什么类型等数据。环境是非福利（或非客观）信息。通俗地说，结果主义只会考虑政策（收入）带来的最终结果,不考虑造成这些结果的原因。我们在这里说,环境和努力是两种不同结果的成因,有着不同的道德地位,我们必须区分这些成因,且社会政策应该试图减缓其中一种成因所造成的不平等,却不一定需要减少另一种成因造成的不平等。

现在,我们再来简要回顾对这一方法的哲学批评,它实际批评的是责任敏感的平等主义的普遍发展(在 4.1 节已经回顾)。Hurley（2002）写道:"罗默的解释没有说明让运气的影响无效这一目标如何能构成平等主义的基础。"Hurley（2002）指出,若没有运气的影响,或许会产生许多可能的目标分配,不能说让运气的影响"无效"就意味着能使结果只对努力程度敏感。此外,她还指出,EOp 使运气的影响无效也不能成为支持它的一个论据。

EOp 观点的道德前提是,回报只能因个体的自主努力而变化。这是根据应得回报观点的一种特殊例子。根据 EOp 观点,人们应该实现与他们的努力成正比的目标,所以严格地讲,EOp 观点的根本原始目标不是平等,而是应得回报以及如下规范性主题:不平等是应得回报的写照。非努力程度不同造成的不平等被界定为是运气不同造成的,也就是说,运气作为回报的成因从 EOp 的观点来看是不合理的。因此"EOp 倾向于抵消运气对结果的影响"这一论断等于是说"EOp 旨在使结果只对努力敏感"。

举一个例子来说明,假如一个孩子 A 过得很好,因为他的父母有钱,而不是因为他付出了极大的努力,而另一个孩子 B 生于贫穷人家,但通过极大的努力也过得很好。有人或许会说 B 是那种努力工作的人,与 A 有富有的双亲同样都是运气问题,但是不管其优点是什么,这种看法表达的并不是关注责任的平等主义者所用的"运气"的意思。在我们看来,运气的意思是不劳而获的优势来源。的确,抵消运气的影响不是 EOp 的一个论据,而是对 EOp 观点的定义。支撑 EOp 的论据必须是使结果只对努力敏感是正当的。[1]

再举一个假设的例子来说明机会平等方法与功利主义这个在许多社会政策领域采用的传统方法之间的区别。功利主义政策最大化一个群体目标的平均值,功利主义是福利主义的一个特殊情况,尽管福利主义的政策偏好排序有很多。

我们将一个群体分为 T 类型,其中 t 类型的频次为 f^t。该群体遭受 I 种疾病,遗传性疾病用 i 表示。不同类型可能由社会经济特征界定[2],卫生部想减轻社会经济特征对健康的影响,卫生部门可利用的资源(金钱)人均数量为 $\bar{R}$,我们在此不讨论一个社会产出的多少应该用于卫生健康,只关注如何花费这一笔可用资源。努力在这里被看作生活方式的质量(运动、抽烟行为等)。我们把政策空间定义为治疗各种疾病的资源分配,即向量 $R = (R^1, \cdots, R^I)$,它受到预算条件的限制,其中 R^i 是用于治疗疾病 i 的每一例病患所花费的资源数量,不管患了该病的个体特征是什么。这样,从定义上,我们严格遵从横向公平的政策:不论其类型和生活方式如何,任何遭受病 i 的病患都将接受同样的治疗,因为治疗费用不是这些变量的一个函数。一个更加高度清晰的政策空间也可以按照病人的类型和病人的生活方式来分配预期的医药资源,但是在卫生部门,这么做会引发病人与资源提供者关系的对立,并会妨碍

---

① 这一观点来自 Cohen（2006）。
② 当然,个体应当对其社会经济环境负部分责任,但卫生部的任务可能是消除由这些环境造成的健康不平等,因此正式情况下,应该考虑把家庭的社会经济方面看作环境。

我们所坚持的其他价值,因此我们决定尊重横向平等。这一点将在下文继续讨论。

对于任意一个向量,$R = (R^1, \cdots, R^I)$ 会产生每个类型 t 的生活方式质量分布以及相应的每个类型的疾病发病分布情况。生活方式质量或许不受政策的影响,但是我们考虑生活方式质量受政策影响的一般情况。我们用 $p^{it}(R)$ 代表政策为 R 时患疾病 i 的 t 类型个体比例,那么该政策是可行的,当

$$\sum_{i,t} f_t^i p^{it}(R) \ x^i \leqslant \overline{R}$$

该政策会正好将预算用尽,当

$$\sum_{i,t} f_t^i p^{it}(R) \ x^i = \overline{R} \tag{4.2}$$

可接受政策的集合包括对于(4.2)成立的一切政策,即集合 Φ。

然后,假设我们知道每一个类型的健康生产函数,这些函数给出 t 类型的生活方式质量为 q 的个人患疾病 i 的概率。令 $i = 0$ 代表没有感染任何疾病,$s^{it}(\cdot)$ 代表这些函数,这样,$s^{it}(q)$ 代表 t 类型的生活方式质量为 q 的个体患上疾病 i 的概率。我们假定对 $i > 0$,$\{s^{it}\}$ 是单调递增函数,即提高生活方式质量会降低患病概率。

我们还可以将政策空间 Φ 与非负真实数字的累积分布函数映射,作为这个问题的数据,用 Γ 代表这类分布函数,映射

$$F^t : \Phi \to \Gamma$$

显示在 Φ 内的任何 R 政策下,类型 t 的生活方式质量分布。我们写作 $F_R^t = F^t(R)$,这样,当 $F_R^t(q) = \pi$,政策是 R 时,t 类型生活方式质量为 q 的个人在她同类型的努力分布函数中的位置在 π 处,我们用 $q_R^t(\pi)$ 来代表 q 的价值。

最后,我们需要假定疾病治疗与健康结果之间的关系,让我们采用预期寿命作为结果。因此,可以假设我们知道感染了疾病 i 且指定治疗资源花费为 R 的 t 类人的预期寿命,用 $\lambda^{it}(R)$ 表示(λ^{0t} 则代表无疾病的 t 类人的预期寿命)。我们虽然可以在此进一步将其复杂化,把预期寿命看作个人生活方式质量的一个函数,但决定还是不这样做。

现在考虑一个政策 $R = (x^1, \cdots, x^I)$,它引出每一个类型的生活方式质量的分布情况。考虑 t 类型和生活方式质量分布处于 π 位置的所有 t 类型的人,假定每一个类型有大量人,这样一个类型中感染疾病的人口比率等于这一类人患病的概率。那么[1],这类人的平均预期寿命[即 (t, π) 这群人]则是

$$s^{0t}[q_R^t(\pi)] \lambda^{0t} + \sum_{i=1}^{I} s^{it}[q_R^t(\pi)] \lambda^{it}(R) \equiv L^t(\pi, R)$$

我们现在能够界定 EOp 政策为:

$$R^{EOp} = \arg \max_R \int_0^1 \min_t L^t(\pi, R) \, d\pi \tag{4.3}$$

尽管我们计算 EOp 政策需要许多数据,但只有卫生部需要这些数据:一旦制定出政策,医院只需要诊断病人确定什么治疗方法合适(即需要花费多少钱来治病)。根本不需要询问病人

---

[1] 在下面的公式里,为了简便起见,我们假定一个人要么没有病,要么仅患一种病。当然这个公式也可推广到其他不受当前假定限制的情况,就像后面的数值示例一样。

她是哪种类型,也无须知道她的生活方式特征。也就是说,应用这一政策时,没有任何必要侵犯个人隐私,除了最初在研究调查时要对人口样本收集数据集来计算健康生产函数。该政策是横向公平的,这一点非常重要,因为一些哲学家错误地认为,应用机会平等方法必然会侵犯个人隐私。在资源分配问题上对不同个体进行区别对待要么很困难,要么在某种程度上令社会反感(见 Anderson,1999)。然而,这并不正确:设计者可以选择一种政策空间,使之以某种方式让个体差别不与政策执行相关联,也就是说,不仅对环境的描述是一种政治/社会决策,会随不同的社会而变化,而且政策空间的制定也必须考虑社会对隐私和公平的看法。

让我们来看一个数值示例。假定一个社会有两种类型的人——穷人和富人。穷人生活方式的质量 q 平均分布在 $[0,1]$ 区间,而富人生活方式的质量平均分布在 $[0.5,1.5]$ 区间。患上癌症的概率作为一个生活方式质量函数 (q) 对两种类型是相同的,表示为:

$$s^{CP}(q) = s^{CR}(q) = 1 - \frac{2q}{3}$$

只有穷人有患肺结核(TB)的危险;他们患上 TB 的概率为:

$$s^{TB}(q) = 1 - \frac{q}{3}$$

假设一个富人,没有患癌症的预期寿命为 70 岁,患了癌症的预期寿命为 $60 + 10\frac{x_C - 1}{x_C + 1}$,$x_C$ 用于癌症治疗。那么,如果患上疾病,其预期寿命将在 50 岁至 70 岁之间,取决于用于治疗的费用有多少(从 0 到无穷大)。这个建模方法简单地形成这样的事实:没有人在 50 岁之前死亡。

假设一个穷人,若两种病都没有患,其预期寿命为 70 岁;若患了癌症,预期寿命为 $60 + 10\frac{x_C - 1}{x_C + 1}$,$x_C$ 用于癌症治疗;若患了肺结核,预期寿命为 $50 + 20\frac{0.1x_{TB} - 1}{0.1x_{TB} + 1}$,$x_{TB}$ 用于肺结核治疗。于是,穷人若患了肺结核,不进行治疗,可能在 30 岁死亡。若花费大量钱财治疗,那么即使患了肺结核,也能活到 70 岁。此外,患了肺结核,要想提高预期寿命,让它超过 30 岁,代价是昂贵的。我们进一步假定,如果一个穷人同时患了癌症和肺结核,那么她的预期寿命将会是上面两个数值中较小的一个。

最后,假定 25% 的人口为穷人,75% 为富人,国民健康预算为 $\bar{R} = 3000$ 美元,人均 3000 美元。

从这些数据中我们可以算出,33% 的富人会患癌症,9.3% 的穷人只患上癌症,26% 的穷人只患上肺结核,而 56% 的穷人会患两种疾病(此处,我们并不排除一个人患上两种疾病的可能性)。

我们的政策为 $R = (x_C, x_{TB})$,它是将多少钱用于治疗每一例疾病的计划表,其目标是让穷人和富人的预期寿命的机会平等。

一个富人的预期寿命表示如下:

$$L^R(\pi, x_C) = \frac{2}{3}(\pi + 0.5)70 + \left[1 - \frac{2}{3}(\pi + 0.5)\right]\left(60 + 10\frac{x_C - 1}{x_C + 1}\right)$$

而一个穷人的预期寿命如下：

$$L^P(\pi, x_C, x_T) = \frac{\pi}{3}\frac{2\pi}{3}70 + \frac{\pi}{3}\left(1 - \frac{2\pi}{3}\right)\left(60 + 10\frac{x_C - 1}{x_C + 1}\right)$$

$$+ \left(1 - \frac{\pi}{3}\right)\frac{2\pi}{3}\left(50 + 20\frac{0.1x_{TB} - 1}{0.1x_{TB} + 1}\right)$$

$$+ \left(1 - \frac{\pi}{3}\right)\left(1 - \frac{2\pi}{3}\right)\min\left[\left(50 + 20\frac{0.1x_{TB} - 1}{0.1x_{TB} + 1}\right), \left(60 + 10\frac{x_C - 1}{x_C + 1}\right)\right]$$

该系统的求解办法是最大化两种类型的最低预期寿命，并服从预算限制 $x_C = 686$ 美元，$x_{TB} = 13027$ 美元。图 4.2 呈现的是穷人和富人的预期寿命，即这种求解办法下他们各自类型的努力（生活方式）分布的位置函数。较高的曲线代表富人。可以看出，采用 EOp 解决方法，富人的预期寿命仍然高于穷人，尽管大量的钱财被用于治疗肺结核①，不过两者差距不超过一年。此外，预期寿命随着生活方式质量的上升而上升，这种结果上的不平等不是 EOp 试图消除的一个方面。

我们将这种方法与功利主义方法来做个对比。功利主义方法中的支付计划是将总体人口的预期寿命最大化，解决方式最终为 $x_C = 1915$ 美元，$x_{TB} = 10571$ 美元，治疗癌症的花费是 EOp 办法的 3 倍。图 4.3 呈现的是功利主义方法（虚线）和 EOp 方法（实线）之下两种类型的预期寿命。

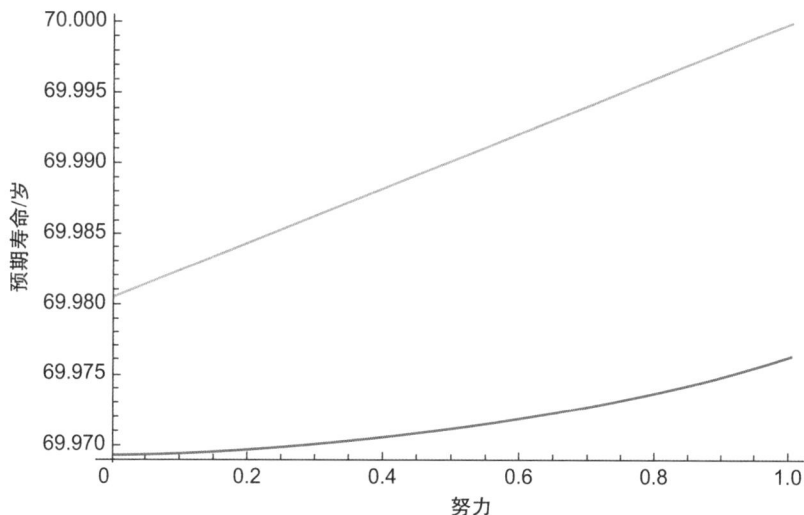

图 4.2　EOp 政策：由穷人和富人两种类型的努力函数呈现的预期寿命

我们可以看出，功利主义方法减少穷富两类人群之间预期寿命差异的幅度小于 EOp 方法（尽管从绝对值上看，这一例中的差异不是很大）。EOp 方法比功利主义方法更加倾向于

① 如果我们愿意针对一个人的类型和疾病预测钱财支出政策，那么我们可以更进一步地缩小两种类型之间的预期寿命差距。但是我们选择了一个尊重横向公平的社会规范的政策空间，在疾病治疗中不对类型进行区分。

在不同类型之间实现平等。功利主义方法只关注整体的平均预期寿命,不关注不同类别之间的预期寿命分布。

很显然,不同的目标函数将产生不同的最佳解决方法,但在政策圈中有一种令人遗憾的习惯几乎无处不在,就是将功利主义方法等同于唯一有效的方法。EOp 方法的批评者会说该方法无效,因为所产生的人口平均预期寿命低于功利主义方法。但是这会让人产生混淆,两种方法均为帕累托有效,因为两种方法中没有哪一种可能找到一种政策能够微小地提高每个人的预期寿命。将功利主义的社会目标等同于有效性是个不幸的做法,其根源在于功利主义在经济学中有着根深蒂固的基础。无论社会目标是什么,社会效率都是根据它来界定的,除了社会平均,还有许多其他可能的选择方法来达到这一目标。我们将在 4.5 节讨论衡量经济发展的有关内容时再次讨论这一点。

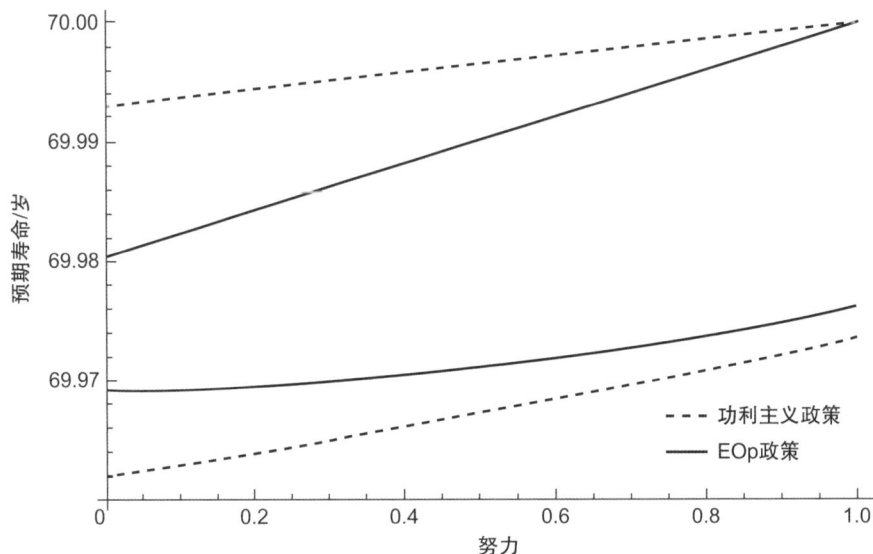

图 4.3　穷人和富人的预期寿命

4.4　一种更一般化的方法

公式(4.1)呈现的是对不同政策的排序,即根据所描述的环境,对多个政策的机会平等化程度进行排序。其依据的理念是,付出努力程度相同但由环境差异造成的不平等是不可接受的。然而,这里存在概念不对称:虽然消除由环境差异造成的不平等的要求非常清晰,但允许因努力差异产生不同结果的概念含糊不清,努力值得获取多少回报没有明确的答案。为了给出一个社会福利函数(或者政策的偏好顺序),这一问题必须得到回答,或至少得到隐含的回答。公式(4.1)的偏好顺序可描述如下:如果一个社会只有一种类型,那么将根据对这个社会的平均效果的大小进行政策排序。Fleurbaey(2008)因此称公式(4.1)是 EOp 的"功利主义方法"。

其他方法有哪些? 在政策为 $\varphi \in \varPhi$ 的情况下,目标函数 $v^{t}(\cdot,\varphi)$ 的下包络定义为:

$$\theta(\pi,\varphi)=\min_t v^t(\pi,\varphi) \tag{4.4}$$

我们希望使函数 θ 尽可能"大"：公式 (4.4) 通过 θ 位于 $[0,1]$ 区间内的积分来测定其"大小"。更一般地说，把非负数弱递增函数在 $[0,1]$ 区间内的集合定义为 Θ；我们希望如果 $\theta(\cdot) \geqslant \theta^*(\cdot)$，$\Theta$ 的排序为 $\geqslant$ 是递增的，那么如果 $\theta(\cdot) > \theta^*(\cdot)$ 在正测度集合里具有严格偏好，则 $\theta \geqslant \theta^*$。公式 (4.4) 中 $\theta d\pi$ 的积分提供了这样一个排序。但还有许多其他选择。例如，考虑到 $\Theta \to R$ 的映射由下式给出：

$$\Gamma(\theta;\varphi)\left[\int_0^1 \theta(\pi,\varphi)^p d\pi\right]^{1/p} \quad 对 -\infty < p \leqslant 1 \tag{4.5}$$

其中的每一项政策在 Θ 上呈递增顺序。随着 p 越来越小，我们就对因努力造成的不平等更加厌恶，随着 p 越来越接近负无穷，顺序就变成最大最小化顺序，这种情况下努力却无回报是可以接受的。

对努力的真正回报包含什么，我们没有明确认识，因此对下包络 $\theta(\cdot,\varphi)$ 排序方式的选择保持不可知。努力回报问题可以追溯到亚里士多德，他提出"比例原则"，其中努力的回报取决于努力和结果的测量单位，这一观点与我们的问题并无逻辑关联。由于关于努力的真正回报没有任何定论，因此可以说回报理论具有开放性的一面。我们相信，必须在 EOp 领域之外进行思考，以决定允许努力差异在多大程度上造成不平等。例如，Cohen（2009）建议，如果机会平等理论可以允许的不平等程度太高，则应该通过要求社会统一体（他称为"共同体"）价值使之降低，这样，如果结果显示的不平等程度太高，则会受到控制。

我们对努力究竟应获取多大回报持不可知论，这与 Fleurbaey（2008）的看法相反，弗勒拜伊提倡"自然回报"公理，对努力回报实行校准。这一点将在 4.5 节进行讨论。

各种政策的机会平等排序必须在 Θ 定义域上最大化某个递增偏好顺序，我们可以为这一观点提供更坚实的基础。第一步要注意函数 θ 下包络的重要性：某种政策下受到最不公平待遇的人群，在每一个努力层面也是那些不同类型中获取最低结果的人群（因此，他们就是下包络所代表的人群），这是因为 EOp 观点认为，付出同样努力的人因环境差异而得到不同的结果是不公平的。第二步是阐述能够概括 Θ 的 EOp 排序（$\geqslant$）要求的公理。

DOM 公理

A. 对于任意两项政策 $\varphi, \hat{\varphi} \in \Phi$，若 $\varphi \geqslant \hat{\varphi}$，存在一个正测度集合 S，使 $\pi \in S \Rightarrow \theta(\pi,\varphi) > \theta(\pi,\hat{\varphi})$。

B. 对于任意 $\varphi, \hat{\varphi} \in \Phi$，使 $\varphi \sim \hat{\varphi}$，要么 $\theta(\cdot,\varphi) = \theta(\cdot,\hat{\varphi})$，要么存在一个正测度集合 Y，使 $y \in Y \Rightarrow \theta(y,\varphi) > \theta(y,\hat{\varphi})$ 和存在一个正 Y' 测度，使 $y \in Y' \Rightarrow \theta(y,\varphi) < \theta(y,\hat{\varphi})$。

DOM 公理的 A 部分表明，如果一项政策优于另一项，它必须比另一项政策更能够使受到最不公平待遇的一部分人过得更好，B 部分也有相似的正当性。因此，DOM 公理成为人们有时称作"尊重个人原则"的特殊情况（见 Temkin，1993）：一个社会选择比另一个更好，条件只能是前一个选择与第二个选择相比能使一些人过得更好。

我们不难看出（见 Roemer，2012）：

命题

令 $\geqslant$ 是 Θ 满足 DOM 公理的一个顺序，于是 $\geqslant$ 由一个在 Θ 上递增的运算符 Γ 代表，并

且,如果 ≥ 是一个连续顺序,则 Γ 也可以成为一个连续递增的运算符。

这样,在下包络函数 Θ 具有任何连续顺序的情况下,我们都可以将相关联的 EOp 系统写为:

$$\max \; \Gamma \; (\theta)$$
$$\text{s. t.}$$
$$\theta(\pi, \varphi) \equiv \min_t v^t(\pi, \varphi) \tag{GEOp}$$
$$\hat{\varphi} \in \Phi$$

对于某递增运算符 $\Gamma : \Theta \to R$。缩略词 GEOp 代表"广义机会平等"。

我们再次强调本节的主要观点。因为努力的公平回报包括什么没有公认理论,因此不应该就政策排序的实际方式持偏执意见。我们已经提出政策排序必须来自下包络函数集合 Θ 的递增顺序,在方程式(4.5)中已给出实施政策 φ 时的下包络函数。该理论的模糊性产生了(GEOp)系统,其自由度在于对运算符 Γ 的选择。对机会平等理论之外的考虑可能会限制一个社会所期望的或者可接受的整体不平等程度,这会指导人们对运算符 Γ 的选择。

我们因此认为,机会不平等理论并非旨在成为一种完整的分配公平理论,有两个原因可以说明。第一,我们已经强调它的实用主义性质,我们对于人们实际上应对什么负责的问题没有完整的理论,提倡当前的方法是因为它为社会提供了政策推荐,而政策推荐与社会的责任概念相符。因此,类型集合的选择,甚至是政策空间的选择均为社会规范所支配(我们已经用健康支出的例子说明了政策空间问题)。第二,该理论观点不包含努力的真正回报应由什么构成,这一点在讨论(GEOp)系统内在的开放性时已经进行了反思。

由于我们认为这一方法是最有用的,当要考虑的目标是可以测量的元素时,如收入、预期寿命或者赚钱能力,我们避免采用包含一切的"效用"目标。我们认为,这一方法的用处是提供给特定部门的决策者,他们关注更小的目标而不是整体效用:卫生部的目标是预期寿命或者婴儿存活率,教育部的目标是中学毕业率,劳工部关注的是挣钱能力、工作机会等。所有这些目标都可以进行基数测量,而且运用方程式(4.5)中的任何一个运算符来产生政策排序都是有意义的。

然而,我们认为这一理论也可能应用于目标是"效用"的情况,只要效用是可进行基数测量的[事实上,使用方程式(4.5)中的运算符要求可基数测量以及比例尺度可比性]。当我们思考效用时,往往认为努力意味着反效用,我们现在来说明,为什么这在应用中并不是问题。假设我们给定消费和劳动的效用函数为 $u(x, L; w)$,其中 $w \in W$ 是个人的工资率,t 类型中 w 的分布函数由 F^t 给出。假定我们正在考虑线性税收政策空间,税后工资给定为 $(1 - \varphi)wL + b$,其中 b 是一次性付清全民补助,且 $\varphi \in [0, 1]$ 是税率(可以隐含假定,既然工资率是固定的,生产规模收益不变),那么效用最大化的个人选择其最佳劳动力供给,给定为 $L(\varphi, w)$,当然预算平衡要求 $b = \varphi \int wL(\varphi, w) \mathrm{d}F(w)$,其中 F 是 w 的人口分布,由 $F^t[w^t(\pi)] = \pi$ 定义 $w^t(\pi)$,则产出函数正好是间接效用函数:

$$v^t(\pi, \varphi) = u\{(1 - \varphi) \; w^t(\pi)L(w^t(\pi), \varphi] + b, L[w^t(\pi), \varphi]\}$$

我们即可准备算出 EOp 政策。这里"努力"不是被看作一个人的劳动力供给,而是被看作能够生成赚钱能力的个人行为。不同类型有不同的工资分布,反映了影响工资信息的环境差异,但在每种类型内部,工资差异来自我们看作代表努力和值得回报的自主因素。

4.5　弗勒拜伊—马尼凯方法

马克·弗勒拜伊(Marc Fleurbaey)和弗朗索瓦·马尼凯(François Maniquet)在其一系列研究中给出了大量的关于机会平等化程度的政策排序建议,其实质与上文讨论的方法相似,但在细节上有些差异,相关研究成果在 Fleurbaey (2008)一书中有概述;该理论的总体启示是无嫉妒性(envy-freeness),这一观点最早可见 Foley (1967)、Kolm (1972)和 Varian (1975)的著作,他们给出了多种重要建议。在此,我们陈述其中的一种,源自 Pazner 和 Schmeidler (1978),属于平等主义—等价提议族类。这一方法与4.3节概括的方法有巨大不同,因为前者认为机会平等化无须涉及将方程式(4.4)的下包络函数 θ 最大化。

假定一个群体的特征由产出函数 $u(c,r,\varphi)$ 描述,其中 c 是环境向量(个人特征或者不由个人负责的环境特征),r 是由个人负责的特征向量,φ 是政策。我们将案例具体确定为 φ 是该群体的某资源的分配,如金钱分配。我们进一步假设有某类型(即环境向量 c^*)可以描述最贫穷类型的特征。一些政策 φ 能够体现出个人不对其环境负责但必须对其选择 r 负责的观点,我们希望对这些政策 φ 进行排序。

Fleurbaey (2008)通过各种"补偿原则"描述了个人不应为其环境负责的观点。一个例子就是"同等责任获取同等幸福",指的是如果两个人有相同的 r 值,他们的结果也应相同(即独立于他们的环境),这样,政策排序应该反映这一迫切需求物。Fleurbaey 和 Bossert (1995)以及马尼凯也提倡各种"回报原则"。例如,如果所有个人具有同样的环境,那么资源应该在他们之间平均分配,这叫"自由回报原则",也就是说,如果每个人都是同一类型,也就没有理由需要任何的补偿政策。一些简单的例子可清楚地说明,一般情况下,只要环境足够富裕,我们不可能同时遵从自由回报原则和"同等责任获取同等幸福"原则。Fleurbaey (2008)的研究受到这些原则的启发,其社会政策排序满足这些原则的弱式假设。

我们来总结这种排序的一个典型例子。给定 φ,建构资源的另一种分配 $\hat{\varphi}$,这种分配不一定是可行的,鉴于预算已被如下公式定义:

$$u(c_i,r_i,\varphi_i) = u(c^*,r_i,\hat{\varphi}_i)$$

其中,i 表示个人,c^* 是一个环境参考集,比如最贫穷类型的环境,这样,在政策 $\hat{\varphi}_i$ 下,每个人得到的资源数量使她的生活质量与在 φ 政策的分配下一样好。但假定与事实情况相反,她是参考类型的一员,对其应负责的因素也维持同等的价值。在存在 $\hat{\varphi}$ 这种反事实情况的世界里,每个人都是同一类型(c^*),因此根据自由回报原则,从机会平等化的观点来看,不应对个人给予任何特殊的补偿。因此最理想的政策 φ 也就是其关联的政策 $\hat{\varphi}$ 是资源平均分配时的政策。这告诉我们应如何对实际政策 φ 排序:如果与事实情况相反的分配 $\hat{\varphi}$ 比 $\hat{\varphi}'$ "更平等",我们就认为 $\varphi \geq \varphi'$,确切地说:

$$\varphi \geqslant \hat{\varphi}' \Leftrightarrow \hat{\varphi} \geqslant_{\text{lex}} \hat{\varphi}'$$

其中，$\geqslant_{\text{lex}}$ 是字典序最小排序(leximin order)。

本章作者把按责任平等主义—等价方法的特殊形式称作零平均主义等价(ZEE)，因为标准化把与事实情况相反的每个人都认定为最贫困类型中的一员。当然，其他环境集合的标准化情况也是如此，尽管对标准化方式的每种选择(一般来说)都将产生不同的政策排序。该方法的优点是，只需要一个序数的产出函数 u，因为我们只需把不同个人的结果与他们自身(在不同环境下)的变化形式相比，这与 4.3 节讨论的方式不同，该方法不要求基数，更不要求比例尺度的可比性。

当然与 GEOp 方法相比，ZEE 方法总体上给出了一个不同的政策排序，对此 Roemer (2012) 用一些实例进行了估算。两种方法均不完整：如上文讨论的，GEOp 方法没有控制对运算符 Γ 的选择，而 ZEE 方法没有控制对环境标准化方式的选择。

平等主义—等价方法的一个基本特征是自由回报原则，如果每个人都是同一类型，则无须重新分配。具体来说，用 EOp 方法，罗默会闭合这一模型，认为每个人都是同一类型，产出平均结果更高的政策则更优。而弗勒拜伊和马尼凯却会说，越接近平等资源分配的政策越好。然而，我们在 4.4 节已经指出，闭合这一模型的正确方式仍不可知，因为我们认为 EOp 概念不包括努力公平回报理论，尤其是上文描述的自由回报原则有时或者经常会利用市场制度来闭合该模型。考虑这样一种情况，所有人都处于同等环境，但由于主动选择，偏好不同。自由回报原则可以被理解为产品分配应该服从财富平均划分，与竞争均衡相关联，但是这意味着个人福利由特定的一套制度(个人财产市场)来决定。我们反对自由回报原则，因为在某些情况下，不存在能被看成是"自然"的明确的基准来定义一套独特环境下的分布，这一观点要追溯到法律现实主义者，他们认为不存在没有道德偏见的自由放任主义(见 Fried，1998)，或者更明确地说，人们通常所说的自由放任主义是个使用不当的名称，因为它预设了国家政权保障的财产权。

平等主义—等价方法有一个缺点，人们所做的选择事实上会受到环境的影响，但其标记符号并未强制实践者去处理这一事实。回到 EOp 方法中，用来反映责任的，不是努力水平(level)，而是努力程度(degree)，区分这一点是因为努力水平分布受环境影响。当前也可将相同的观点构建到 ZEE 方法模型之中，但其标记符号并不支持这一点：实践者或许愿意用 r 表示观察到的努力水平和各种不同的选择，但是仍无法考虑这一事实：一个类型的选择分布 r 本身也是这个类型的特征，而这一点自身也有待补偿。因此，鉴于 ZEE 模型对这一事实不敏感，直接应用该模型可能会把因环境严重影响做出的选择归咎于个体责任，因此也需要修正。

作者们对平等主义—等价方法的创新应用之一是税收政策。在所有可行的税收政策中，被选择的那项政策应是根据 ZEE 偏好顺序做出的最优选择。我们已经指出，这一方法给出的最佳税收理论并不需要把效用函数基数化。因此，弗勒拜伊和马尼凯从对效用的基数测量中解脱出来(即从最大化某社会福利函数积分中解脱出来)，形成了相应的最佳税收理论。可参见 Fleurbaey 和 Maniquet (2006) 以及 Fleurbaey 和 Maniquet (2011)。

弗勒拜伊和马尼凯也提出了某种与 ZEE 一样的方法：即反事实地想象所有个体付出同

等的参照努力水平,但是保持其真实环境不变。这种情况下的分配最接近结果平等化,也最受偏好的分配(也就是说,每个人不在意自己的感受如何,如果自己的环境变为与其他任何人一样)。这一观点的基础是如果个体都付出同样价值的负责因素 r,那么给出的政策偏好顺序不用基数效用函数就能够定义,相反用的是平等主义—等价,我们把这一方法称作“有条件的平等”。

人们可以对罗默和弗勒拜伊—马尼凯的两种方法进行对比:弗勒拜伊—马尼凯偏好顺序能够作为系统(GEOp)的实例把某个选择 $\varGamma$ 合理化吗?结果发现,ZEE 方法可以,但有条件的平等方法不能[见 Roemer (2012) 与 Fleurbaey (2012)]。

Fleurbaey (2008) 报告称,弗勒拜伊和马尼凯采用了公理化方法,他们提出一些公理,对个人应为其自主行为负责而不应为其环境负责的观点进行建模。这些偏好强公理产生出我们上文所提及的不可能的结果(想想 4.3 节讨论的 EOp 模型即可明白,几乎不可能存在一个政策能够用尽所有可利用的预算,且对于所有 π,让所有不同类型之间的结果平等。这种情形从 EOp 的角度看是至善的,但对于任何复杂性问题都是不可能达到的,因而需要妥协)。他们的方法是一直弱化公理直到发现可能的政策偏好顺序,因此,他们分析中的重要部分包括对不同政策偏好顺序提供多个公理化方法,每一种都要反映出机会平等的观点。最终结果显示,平等主义—等价族类和有条件的平等族类公理化方法最为重要。

在结束本节之前,我们有必要提及 Van de gaer (1993) 首次提出的另一个政策偏好排序,它在实质上类似于 EOp 排序,根据下式

$$\min_t \int_0^1 v^t(\pi,\varphi)\,\mathrm{d}\pi \tag{4.6}$$

的值对政策进行排序,也就是说,最大化最贫困类型结果的平均值。从形式上看,这一提议与式(4.1)中罗默的方法相比只是变换了积分和“最小化”运算符,但其好处在于有时它比式(4.1)更方便计算。如果有一种毫无争议的最贫困类型[即存在一种类型 t,对于所有政策 φ、所有类型 t' 和所有 $\pi \in [0,1]$,我们均得到 $v^t(\pi,\varphi) \leqslant v^{t'}(\pi,\varphi)$],那么式(4.1)和式(4.6)等价。不幸的是,式(4.6)并不是系统(GEOp)的一个特例;不管考虑用什么方式来测量大小(即 $\varGamma$),它都不必最大化下包络函数 θ 的大小,见 Roemer (2012)。Ooghe 等(2007)通过引入一些公理对二者进行区分,对比式(4.6)和式(4.1)推导的社会政策排序,认为罗默的方法式(4.1)是“结果补偿”法,而 Van de gaer 的方法式(4.3)则是“机会集平等化”法,意思是积分 $\int_0^1 v^t(\pi,\varphi)\,\mathrm{d}\pi$ 可被看作类型 t 可利用机会程度的测度,因此这些学者将他们的方法同大量的有关机会集平等化的文献联系起来[如 Bossert(1997) 与 Foster(2011)],这些相关文献从森的能力方法中获得了启发。

本节讨论的最后一个问题试图将运气融入机会平等理论。当然,机会在某种程度上已经被融入,因为环境带有运气成分,比如出生彩票的运气就分配了基因、家庭和社会环境。除了环境固有的运气,另外两种运气也很重要:一种是可以被称作偶然的(episodic)运气,在个体间随机分配,而且第三方也常常察觉不到(在合适的时间合适的地点降临);另一种是赌博结果中的运气。德沃金认为,任何人因自主参与赌博而遭受极坏的结果都不应该得到补

偿,因为这样的"选项运气"是源于个体应负责的偏好行为。Fleurbaey(2008)却反驳这一观点,将赌博分为两部分:参与赌博的决定是个人应负的责任,赌博的结果则是运气的一个方面。让我们将个人的冒险偏好看作责任特征,把赌博结果看作环境,这是个体无法掌控的。弗勒拜伊提议对所有人的冒险倾向(即责任特征)赋予他们进行所有赌博的平均值,这样责任特征相同的每个人得到的结果相同。当然,实行这个计划的信息要求很严格,而且这一提议似乎背离了赌博的目的。如果赌博者要保护自己不遭受坏的结果,他们应该确保让自己能得到赌博的期望值。如果赌博者爱好冒险,那么他们应该确保让自己得到的比赌博的期望值略高,但这样的保险从财政上是不可行的。假定赌博者真的都热爱冒险[①],在满足他们这个冒险类型从参与的所有赌博中获取的期望值时,他们的福利会比从实际的赌博中获得的少。Le Grand(1991)最先提出的这个解决办法还有其他弱点。若执行弗勒拜伊的解决方法,提供给各个决策者的不同彩票无疑可以从最大利益到最小利益排序,实际上,既然所有风险都被排除了,彩票的差异仅在于平均结果有所不同。所有理性的决策者(愿意利大而不是利小)将会选择同样的彩票,那么完全平等将会在事后观察到。

Lefranc 等(2009)认为,将影响因素分为环境和努力的做法过于二元化,并将"剩余运气"称为第三种影响因素,建议对剩余运气的处理要弱于补偿,即消除这种运气和环境之间的相关性。看看以下例子:一些人因与另外一个人邂逅而获益;民众普遍支持生产能力极低的人应得到特别补偿;在国家彩票中获奖(比利时、法国和英国)往往不扣税。这些例子中的内在原生运气(特别是前两个)通常被看作生活的重要部分,是政策不能消除的。第一种例子可能是原生运气,或者出于特殊的努力;第二种例子就是原生运气;第三种是选项运气。这些学者认为,这些运气在不同类型之间的任何一个努力水平上都应该实现平均分布。

假设收入产生过程为:

$$y = g(c, e, l)$$

其中,c、e 和 l 分别是环境、努力和剩余运气。在 c、e 条件下的收入分配定义为:

$$H(y \mid c, e) = F_{c,e}\left[g^{-1}(y, c, e)\right]$$

其中,$F_{c,e}$ 是以 (c, e) 条件为特征的群体在因素上的运气分布,上述原则表明

$$\text{对任何 } (c, c'), H(\cdot \mid c, e) = H(\cdot \mid c', e) = K(\cdot \mid e)$$

这使得真实的运气分布依赖于努力而非环境。如果所有运气因素都被归为环境,那么 K 分布就只是一个质点。更一般地说,对于这一分布的支撑集,决策者希望有多小就可以有多小,这取决于决策者对不平等的厌恶程度。本章作者建议利用随机优势观点使之更完善。

4.6 经济发展

人均 GDP 是经济发展的标准测度,它受功利主义的伦理启发。如果我们将效用等同于

---

① Fleurbaey(2008)区分了爱冒险者和超级爱冒险者。如果赌博输了,前者事后会后悔自己参与了赌博,而后者不会后悔。根据 Kahneman 等(1997)引入的决策效用与经验效用的区别,值得得到尊重的偏好是"经验"偏好,在当前情形下即超级爱冒险者的偏好。弗勒拜伊建议不给他们提供补偿计划。

收入,则平均功利主义要求平均收入最大化。因此,经济发展这一概念是相应伦理观的必然结果。在 Rawls(1971)之前,功利主义普遍存在于经济学思维中,到罗尔斯之后,在经济学中也仍然极具影响力,特别是在经济增长理论和政策分析方面。因此,经济发展的核心测度立足于功利主义思想不足为奇。

立足于其他道德伦理观,可能以多种方式改变我们对经济发展的测度。实际上,有些改变发生在功利主义内部,我们认识到,某些需求比另一些更为紧迫,我们可以将凹变换应用于收入,比如对数变换,用 $\sum \log x_i$ 来衡量经济发展情况,其中 x_i 是收入,序数上等价于最大化 $\prod x_i$。当然,这将把更多政策重心放在避免贫穷方面,毕竟收入太低是社会灾难。另一个方法仍发生在功利主义内部,是将收入之外的其他方面纳入效用函数,如教育、健康等,但采用这些物品指数在全国的平均数,这就是 UNDP 的人类发展指数使用的方法。如果机会平等伦理观很有吸引力,那么我们可以构建与之相一致的经济发展测度。本节讨论就以此开始。

作为首先要考虑的问题,我们必须清除相反的立场,即认为经济发展是一个技术概念,而不是一个与社会福利相关的概念。这种立场是错误的。经济学不是工程学,其目标在于使社会福利最大化,不管人们怎么看待福利概念。即使对于那些放弃人际可比性的人来说,帕累托有效仍是一个社会福利概念。一个由奴隶为极少数上层人物生产巨额财富构成的社会,不应被看作高度发展的社会,无论其科技多么先进。经济发展必须是指人类的发展(可能还包括其他有感知能力的生物),如何认识它(经济发展)是良好生活和良好社会理论的必然推论。

如果 EOp 要替代功利主义成为被选择的伦理观,那么我们必须用某种机会平等测度替代人均 GDP 作为经济发展测度。我们在此基于 EOp 方法提出经济发展的一个两维指数,第一个维度是式(4.1)的值,第二个维度是机会不平等(相对于努力差异)对社会不平等影响程度的测度。[①]

定义第二个维度的方法有很多,这里仅提供一个。假设 H 是社会收入分布,让 H^t 为类型 t 的收入分布,又令 f^t 是 t 类型的频率分布,则 $H = \sum f^t H^t$。令 μ(相对应地,μ_t)是 H(相对应地,H^t)的均值。H 的变异系数平方被定义为:

$$C(H) = \frac{\mathrm{var}H}{\mu^2}$$

分布被定义为

$$在区间 \mu_k \leqslant x \leqslant \mu_{k+1} 有 \ \Phi^T(x) = \sum_{t=0}^{k} f^t \tag{4.7}$$

其中,$k = 0, \cdots, n, \mu_0 = 0, \mu_n = \infty, f^0 \equiv 0$。很显然 Φ^T 的均值为 μ。假如 Φ^T 是实际的社会目标分布,那么既定类型的每个人的收入值都应该完全一样,等于这一类型的平均收入(分布函数 Φ^T 是阶梯函数,具有相同的均值 H)。假如情况如此,则努力对不平等的影响为零,

---

① 例如,以收入为目标,根据父母的受教育程度来定义一种分类法。

在任何类型内部不存在目标变异。现在我们知道 $C(H)$ 可以分解如下:

$$C(H) = C(\Phi^T) + \sum f^t(p^t)^2 C(H^t) \tag{4.8}$$

其中,$p^t = \dfrac{\mu^t}{\mu}$。既然分解出的两个加项都是正数,我们自然可以把 $C(\Phi^T)$ 看作环境造成的不平等规模的下限,把 $\sum f^t(p^t)^2 C(H^t)$ 看作努力造成的不平等规模的上限。因此,我们提出努力造成的不平等程度的上限的测度指数为

$$\eta = 1 - \frac{C(\Phi^T)}{C(H)} \tag{4.9}$$

测度 η 只是努力造成的那部分不平等的上限,原因在于环境会继续影响式(4.8)分解中的第二项。有关与式(4.8)类似的所有可分解的不平等指数的描述,见 Shorrocks (1980)。

我们提议用顺序配对 $d = (W^{EO}, \eta)$ 来测定经济发展。用 W^{EO} 代替了人均 GDP:它指那些属于最贫困类型人口的平均收入。[①] 这样,d 既表示福利水平,也表示不平等程度。[②]

借助分解式(4.8)来衡量 EOp 的程度,这一提议并不是我们原创的,而是 Ferreira 和 Gignoux (2011) 定义的机会不平等率(IOR)的一个特殊情况,他们偏好的不平等测度不是变异系数的平方,而是平均对数偏差(MLD),Checchi 和 Peragine (2010)也提出了类似的观点来衡量环境造成的不平等程度。

图 4.4 呈现了一组欧洲国家 d 点图,数据来自 EU-SILC(2005)。其中的男性工作者基于父母中受教育程度更高一方的教育水平被分为三类(类型 1:父母中受教育程度更高的一方仅初中毕业;类型 2:父母中受教育程度更高的一方完成了高中学习;类型 3:父母中受教育程度更高的一方受过某种高等教育)。

下面进行几点说明:(1)总的来说,超过 80% 的收入不平等是来自"努力",但我们的分类法也非常粗糙:环境只有一项,即父母的受教育程度,分为三类。若更细化分解群体为更多类型,可能会降低因努力造成的不平等程度。(2)冰岛(IS)在福利水平上的位置很靠前,但必须指出的是,数据是在银行危机发生之前测定的。(3)没有任何一个国家在 d 点的两个维度同时优于其他国家,但是除了卢森堡(LU)和冰岛,丹麦(DK)在两个维度都优于其余的欧洲国家。(4)希腊的 η 成分(即不平等上限)很高,是由于样本绝大部分人都来自最不利的类型(他们的父母没有完成中学教育)。(5)东欧国家(立陶宛、拉脱维亚、爱沙尼亚、波兰、捷克及匈牙利)的表现相对较差。最后,要记得我们观测的是高度发达的国家,若我们去计算发展中国家的 d 点,差距可能会大得多[更多详细的计算结果,可见 Roemer(2013)]。

---

① 或者更一般地说,如我们上文所阐明的,这类型群体的目标平均值构成了目标类型分布的左包络。这一类型的收入累计分布函数的左包络也常常是一个单独类型的累计分布函数。

② 阿特金森向我们建议了机会平等程度的一个简单标准化测度,令 $\theta(\pi) = \min_t v^t(\pi)$,如方程式(4.1)中所示,定义机会平等程度为 $\int_0^1 \theta(\pi)\mathrm{d}\pi / \mu$,其中 μ 是平均目标值,即用我们的 EOp 测度 $\int_0^1 \theta(\pi)\mathrm{d}\pi$ 除以平均值。标准化的优势在于它的结果总是在 0 和 1 之间,如果 F 是目标人口分布函数,则 $\theta(\pi) \leqslant F^{-1}(\pi)$,于是有 $\int_0^1 \theta(\pi)\mathrm{d}\pi \leqslant \int_0^1 F^{-1}(\pi)\mathrm{d}\pi = \mu$。

水平与发展程度

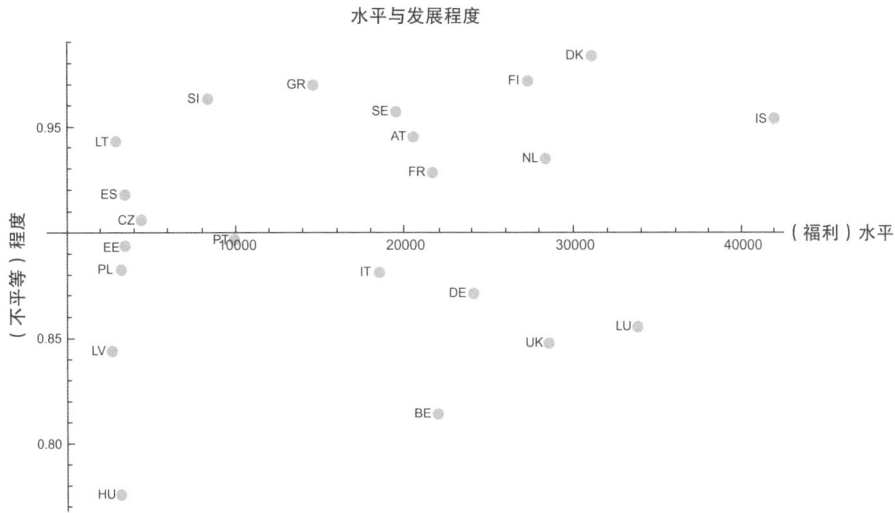

图 4.4　一组欧洲国家 *d* 点图, $d = (W^{EO}, \eta)$

Ferreira 和 Gignoux（2011）计算了六个拉美国家的 η 测度,他们的计算结果与这里呈现的 EU-SILC 数据存在两方面的差异:他们使用的是一组不同的环境,他们使用了不同的不平等测度。人们可能会预计到,拉美国家的机会平等化程度低于欧洲国家。

有一项瑞典研究,其中的男性工作者群体根据对 7 项环境指标的观察,被分解成为 1152 种类型（Björklund et al.,2012）。作者使用夏普利（Shapley）值方法根据各种不同的环境指标和努力来分配收入不平等程度,对于变异系数平方测度,因努力造成长期收入不平等的比例据估算在 59％与 80％之间,与 4.4 图显示的 96％相比大幅减少。这一证据证明了瑞典的 EOp 程度,对工作群体经过这种细化的类型分解之后,（只有）20％到 40％的收入不平等是环境造成的。

用两维数据报告经济发展水平的一个缺点是其复杂性,特别是这只能生成不同国家经济发展程度的偏序,对于 $\alpha \in (0,1)$, 可以通过下列聚合创建一个单一的指数:

$$\hat{d}_a = (W^{EO})^{\alpha} \eta^{1-\alpha} \tag{4.10}$$

柯布-道格拉斯聚合（Cobb-Douglas aggregation）的优点是它进行的国家排序不受 W 和 η 测度单位的影响,所以就算 W 数字大且 η 数字小,关系并不大。对于 4.4 图中的欧洲国家,绝大多数的 α 值在（0,1）区间,这使国家排序与第一个成分的水平排序高度相关。我们推测,对于更大的一组国家,在 η 测度变异更大的情况下,上述情况可能不会发生。

在经济发展中引入对机会平等的考虑方面,世界银行一直都是个重要的创新者。最近的两个重要报告包括《2006 年世界发展报告:公平与发展》以及《拉丁美洲和加勒比海地区机会不平等测量》（Paes de Barros et al.,2009）。更近期发布的信息包括大量有关社会环境对各种成就和结果测度产生影响的信息。

Paes de Barros 等（2009）提出了一种 EOp 测度,考虑一种特别的机会类型,如教育水平达到小学六年级。令一个国家所有上六年级的学生为 H,整个六年级适龄儿童的数量为 N,定

义 $\bar{p} = \dfrac{H}{N}$ 为儿童获取六年级教育的平均机会,$\bar{p}$ 测定了这个国家的机会水平,而不是测定了由儿童面临的社会环境的不同造成的不同儿童的机会不平等程度。他们使用 logit 模型估算对于该国每一个儿童 j 来说可以上六年级的概率,这个估算的概率是一个环境向量函数,定义为 $\hat{p}_j$。定义 $D = \dfrac{1}{2\bar{p}N} \sum |\hat{p}_j - \bar{p}|$,$D$ 测定该国儿童获取六年级教育机会的变异度,标准化处理确保了 $0 \leqslant D \leqslant 1$,现在定义人类机会指数为:

$$O = \bar{p}(1 - D)$$

并注意 $0 \leqslant O \leqslant \bar{p}$。

人类机会指数是一个非结果主义的发展测度,因为概率 $\hat{p}_j$ 只有在知晓儿童环境的情况下才能计算,该测度将机会提供水平与机会分配不平等两个关注点结合起来,这与将这两个关注点分别用两个测度来表示的顺序配对 $(\hat{W}^{EO}, \eta)$ 不同。显然,与采用两个测度相比,采用一个测度会丢失一些信息。

2009 年的报告给予儿童很大的关注,我们认为,就儿童而言,所有不平等都应看作环境而非努力造成的,因此人类机会指数没有对努力和环境进行清晰的区分是无可厚非的。[1] 但若用该测度处理成人机会不平等,这就是个缺点。

为弄清这一点,我们将成人机会(获得收入的能力)设为高于 M。假定三类工作者以其父母受教育程度较高一方的受教育程度来分类。指定类型 t 的收入分配为 F^t;令类型 t 的数量为 f^t,F 为整个社会的收入分配,那么 $\bar{p} = 1 - F(M)$ 是该国获取机会的平均数。现在对于类型 t 的所有成员 j,计算 $\hat{p}_j = 1 - F^t(M)$:这是因为概率 $\hat{p}_j$ 是通过把 logit 回归中的独立变量看作环境来计算的。这样,人类机会指数测度为:

$$
\begin{aligned}
O &= \bar{p}\left\{\left(1 - \frac{1}{2\bar{p}} \sum f^t \mid 1 - F^t(M) - [1 - F(M)] \mid\right\}\right. \\
&= [1 - F(M)] - \frac{1}{2} \sum f^t \mid F(M) - F^t(M) \mid
\end{aligned}
\tag{4.11}
$$

尽管努力在该指数的定义中没有明确提及,但在测度中已经反映出来,因为计算中使用了 F^t 分布。实际上,第一项 $1 - F(M)$ 测定该国的机会水平,而第二项是对与环境相关的机会不当分配程度的惩罚[例如,如果不存在机会不平等,则对于所有 t,$F^t(M) = F(M)$,惩罚为 0]。

在表达式(4.11)中,右边的第一项 $1 - F(M)$ 的作用相当于我们上文介绍的顺序配对测度中 $\hat{W}^{EO}$ 的作用:测量发展的水平。不同的是 $\hat{W}^{EO}$ 关注的是最贫困类型的生活情况,而 $1 - F(M)$ 是整个社会的发展水平。我们测度的第二个成分 η,显然是用来表示由环境造成的不平等程度,而表达式(4.11)右边的第二项是个方差形式。当然,这两个测度捕捉了相同的情况。我们略微偏向自己的提议,因为我们对其进行了更细致的合理化以便测量我们关注的

---

[1] 儿童只有在达到"法定自愿年龄"之后才应对其行为负责,这个年龄可能在不同的社会有所不同。天性和后天养育都应被看作儿童的环境。

问题。不过,这些都是些小的差异。O 测度考虑到了经济发展要求机会平等化。

我们最后考虑(从我们的视角来看)会影响"公平与发展"讨论的一个混乱之处,这与我们之前在健康和支出实例中提及的问题相似。人们往往认为公平与效率是两个相互竞争的目标,而且得到公平往往以效率为代价。这句话有两层意思,第一层意思是,只有付出帕累托无效的代价才能得到税收再分配,因为工人和公司面临不同的实际工资,这是正确的。第二层意思是,再分配可能会降低总产量。这两种说法原则上没有关联,也可能存在一些政策能更公平地进行收入再分配,降低总产量,但并不是帕累托无效的(例如,试想在一个贫穷的国家把高等教育的教育基金重新分配给中学教育,可能只是单纯产生一个再分配效果,对帕累托有效不会造成严重影响)。

我们想批评的是这句话的第二层意思。说公平和效率之间可能会相互抵消,并以总产量来衡量效率,这无异于说公平与对发展的功利主义测度之间也存在权衡,因为对发展的功利主义测度(以最简单的形式表达)由每个人的产量构成。看看下面的引文,其观点略有不同,来自世界银行发布的《2006 年世界发展报告:公平与发展》(以下简称《公平与发展》),引文中,公平与发展被看成是对立的:

> 因此,更大的公平对于减少贫困是好上加好(doubly good):对总体长期发展具有潜在的利益,也能为任何社会中的贫困群体提供更多的机会。
>
> 如果像 N 这样的孩子面临的机会比像 P 和 S 这样的孩子面临的机会要少得多,而且这会损害总体发展进程,那么公共行动就具有合法性来寻求扩大机会。
>
> 第三,把增长政策与专门针对公平的政策一分为二是错误的。

第一句引文说公平是"好上加好",因为这对穷人好,对长期发展也好,这只有在把公平和长期发展看作两个不同的目标时才有意义。而在我们看来,长期发展就意味着接近公平,即 EOp。我们相信作者在写这句话时,心里把人均 GDP 当作长期发展测度,对于倡导经济发展要求实现机会平等观的一份报告来说,这是十分奇特的。[①] 第二句引言里假设,在孩子们中间矫正机会不平等问题是合理的,因为不平等不利于发展;但从我们的角度看,正是不平等构成了发展不足,所以这句话是同义反复。在这里,作者脑中的想法是把功利主义概念看作经济发展的测度。最后,第三句引言对我们来说还是同义反复,但作者在该语境下想表达的是提高 EOp 的政策也会提高总收入(也就是说,第三句引言是一种经验观点,但在我们看来还是同义反复)。我们再一次看到,经济发展这个概念存在矛盾性:到底是指机会平等还是指人均产量的提高?

矫正机会不平等的政策将会同样提高总产量,在很多时候这将是实际情况,因为给最贫困的人提供更多机会,能够将之前没有利用的才能释放出来,当然,这也不一定是实情,但我们仍然认为矫正机会不平等的理由,不应该依赖于总产量是否实际上提高。社会中有些群体太过贫困,给他们补偿要付出高昂代价:每一笔投入的回报产量可能很小。只有通过把用

---

① 说发展"要求"机会平等化比说发展与机会平等同义要弱一些:本节提倡后面一种说法。

于产量高的投资转向用于产量较低的情况(特别是在短期内可能如此),才能推进公平。但就算事实如此,并不意味着公平政策就不应该执行,也不表示发展因此就会减少。

《公平与发展》中的矛盾反映了分别以功利主义和机会平等化为代表的两个竞争性公平概念。我们说过,功利主义在经济学中有着牢固的根基,从最初阶段到后来很长一段时间始终是唯一的选择,直到罗尔斯的著作出现(Rawls, 1958, 1971)。经济学家与数学家开发了最优化技术(如贝尔曼方程式),适用于解决人际效用加总的问题,但不适用于解决最大最小化的问题,因而采用功利主义的公式往往会方便一些。但是我们认为这是个坏习惯,应该停止。

如果采用我们的观点,政策评价可能产生意义重大的变化。对极其贫困的社会群体进行投资的合理性,不必通过该投资能提高总产量来证明。我们已经指出,这一冲突从长远来看并不存在,但在短期内,政策制定者常处于政治压力之下,人们需要评价其政策选择的结果。如果以顺序配对统计数据 $d = (W^{EO}, \eta)$ 为基础而不是以人均 GDP 为依据来评价一个国家,政策可能会大为不同。

4.7 动态法

EOp 要求我们采用动态的研究方法。如果我们今天应用一项 EOp 政策,它将对下一代的类型分布产生什么样的影响?人们希望持续应用 EOp 政策,可以创造一个社会,把大部分由环境造成的不平等都消除掉。研究这一问题的自然方式就是分析稳态,即政策应具有这种属性,能使在 $\tau + 1$ 时期生成的社会与 τ 时期存在的社会一模一样。

我们目前只发现一篇相关文章,是 Roemer 和 Ünveren (2012) 呈现的一个推广例子。在该文假定的社会里有两个经济群体——富人(R)和穷人(P),他们的税前(非弹性产出的)收入分别是 w_R 和 w_P,$w_R > w_P$。家庭与国家都在孩子们身上投入,令 J 类型家庭对其孩子的私人投入为 i_J,国家对 J 孩子的投入为 s_J,$J \in (P, R)$。在某个时间点,$R(P)$ 家庭的比例为 $f_R(f_P = 1 - f_R)$,这时的平均收入为 $\mu = f_R w_R + f_P w_P$。国家投入是由一个线性的税率 t 的所得税提供资金,这样有

$$t\mu = f_R s_R + (1 - f_R) s_P \tag{4.12}$$

令 $z_J = i_J + s_J$ 为对 J 孩子的总货币投入,$J \in (P, R)$。孩子成功的意思是成为 R 成人,其概率是其背景的函数。对于一个在 R 家庭长大成人的孩子来说,其成功的概率为

$$\pi_R(z_R, z_P) = \frac{e^{z_R}}{e^{z_R} + e^{z_P}} \tag{4.13a}$$

而这个 P 背景的孩子转换到 R 类型的概率是:

$$\pi_R(z_R, z_P) = \frac{ae^{z_P}}{e^{z_R} + e^{z_P}}, 0 < a < 1 \tag{4.13b}$$

$a < 1$ 模拟的是成长于 P 背景家庭(及邻区)的文化影响会降低孩子长大成为 R 成人的机会。转换概率的方程式是一个简化式,代表青年工人为"好"工作竞争的过程。

一个 J 成人的生活水平是他的税后收入,为 $y_J = (1 - t) w_J - i_J$。一个成人的效用是他的收入以及他的孩子成人后的预期收入函数。我们可以把 J 成人在 τ 时期的效用写为:

$$U_J^\tau = y_J + \varphi \left[\pi_J^\tau y_R^{\tau+1} + (1 - \pi_J^\tau) y_P^{\tau+1} \right] \tag{4.14}$$

一个稳态指的是一组稳定的政策和决定,包括政策 (t^*, s_P^*, s_R^*),家庭所做的最佳私人投资选择 (i_R^*, i_P^*),以及富有家庭的稳定比例 f_R^*,那么下列条件成立:

(1) $t^* \mu^* = t^* [f_R^* w_R + (1 - f_R^*) w_P] = f_R^* s_R^* + (1 - f_R^*) s_P^*$,

(2) i_R^* 最大化(对 i)

$$\left. \begin{array}{l} (1 - t^*) w_R - i + \\ \varphi \left(\pi_R(s_R^* + i, z_P^*) \left[(1 - t^*) w_R - i_R^* \right] + \left[1 - \pi_R(s_R^* + i, z_P^*) \right] \left[(1 - t^*) w_P - i_P^* \right] \right) \end{array} \right\} \text{系统 } P_R$$

(3) i_P^* 最大化(对 i)

$$\left. \begin{array}{l} (1 - t^*) w_P - i + \\ \varphi \left(\pi_P(z_R^*, s_P^* + i) \left[(1 - t^*) w_R - i_R^* \right] + \left[1 - \pi_P(z_R^*, s_P^* + i) \right] \left[(1 - t^*) w_P - i^* \right] \right) \end{array} \right\} \text{系统 } P_P$$

(4) $f_R^* \pi_R(z_R^*, z_P^*) + (1 - f_R^*) \pi_P(z_R^*, z_P^*) = f_R^*$

条件(1)是预算限制,条件(4)说明 R 家庭的比例稳定不变;条件(2)定义 R 家长在知晓下一个时期在孩子眼中跟当前时期一模一样时的最佳投资选择。条件(3)定义 P 家长在稳态下的最佳投资选择。

记:

$$I_J = \{ i_J \geq 0 : i_J \text{ 求解系统 } P_J \}, J = R, P。$$

一种环境由数据 (w_R, w_P, a, φ) 和代际传递函数 (π_R, π_P) 概括,对于这种环境,存在一组稳态集合,我们感兴趣的是从机会平等视角来看最好的稳态,我们在下面对其进行定义。稳态下的 J 儿童的预期生活标准是:

$$E_J = \pi_J \left[(1 - t) w_R - i_R \right] + (1 - \pi_J) \left[(1 - t) w_P - i_P \right]$$

机会平等伦理认为,我们应最大限度地提高贫困儿童的预期生活水平。那么,如果 ξ 和 ξ^* 代表两种稳态,与 ξ^* 相比,EOp 将弱偏向 ξ,如果:

$$\min_{J = P, R} E_J(\xi) \geq \min_{J = P, R} E_J(\xi^*) \tag{4.15}$$

显然,式(4.15)定义的稳态排序引入了政策排序。我们希望根据偏好顺序式(4.15)来计算最理想的政策。

求解最佳稳态很复杂,因为最优化系统由于激励相容约束呈非凸型。我们通过分析和模拟,为随机生成的一组经济体计算最佳政策,结果令人惊讶:对于 76% 的随机生成的经济体,EOp 视角下的最佳稳态为自由放任,即国家既不收税也不为孩子投资。原因在于,若国家对贫困儿童进行投资,富裕家庭就会对他们的孩子投资更多来进行补偿。

诚然,这只是一个例子。我们随后考虑第二种政策:对父母投资。从形式上看,这是通过国家投入以提高系数 a 来创建模型的[见方程式(4.13b)],这可减少贫困儿童因背景而面临的不利条件。在模拟的情况中,80% 的国家对父母投资(即提高 a),而不是对孩子投资。

这些结果让人想到 Heckman (2011) 的研究,赫克曼(Heckman)一直捍卫儿童早期教育的重要性,贫穷导致的不利状态大多似乎在 3 岁或 4 岁之前就出现了。基于这些结论,我们建议,从长远来看,对贫穷家庭投入或许会比直接对孩子投入的产出更大。

最后,富人父母的私人投资往往会削弱国家通过教育投资为儿童提供平等机会的努力。对于这个让人失望的结果,更加激进的一个解决办法是禁止私人教育投资。这正是北欧国家正在做的事,这些国家在社会流动性与机会平等方面有着较好的表现,或许并不是巧合。

对 EOp 中激励问题的第二个解决方案是 Calsamiglia (2009) 的研究,她指出,如果有几个部门试图让机会平等化来达到不同的目的,每个部门分别采取一种"局部"方法,结果可能是,不能从总体上实现机会平等。她的论文描述了能够带来全局 EOp 的一些局部 EOp 政策类型。

假设保罗和理查德偏好和技能都一模一样,二人都想成为职业篮球队员,都能上大学。他们在两个社区面临同样的篮球资源,但是理查德(富人)所在的社区有更好的学校,所以理查德因为幸运的环境在上大学的概率方面更有优势。他们能上大学并成为职业篮球队员的概率取决于他们在学校和篮球方面的努力以及他们所在社区的资源。[1] 假设一开始两位职业篮球经理和大学的招生负责人采用"市场"政策:他们只依据相关测试中的成绩来招收候选人,成绩取决于相关竞技场上的努力和环境函数。面对这些政策,保罗和理查德选择篮球上的努力和学习上的努力 (e_B, e_S) 以便使进入篮球队和大学的整体概率最大化(除去所有努力中的凸形成本费用)。对保罗来说,在学校努力效率相对低些,因而他投入在篮球上的努力会更多,在学校投入的努力少些。最终,理查德的效用更高,尽管两个男孩的偏好和技能水平一样。

现在篮球队和大学改变他们的政策以使机会平等化。假设球队的政策是只根据在篮球上付出的努力来招收队员,那么如果保罗和理查德在篮球上的努力 e_B 是一样的,他们被球队招收的概率也一样,这一点是公平的,因为他们打篮球的环境相同。假设大学招生人员决定给保罗的大学入校成绩加分作为补偿,因为理查德享受了更优环境:他直接给保罗的 SAT 分数加了一笔。这也是一个局部 EOp 政策。考虑到这两个政策,保罗和理查德不会改变其努力方式,因为给保罗的一笔加分使保罗和理查德将会有相同的大学入学概率(局部 EOp),但是保罗进入球队的概率更大,因为他在篮球上付出的努力更多。虽然两个政策都是局部 EOp,但总体结果不是机会平等化。

问题在于大学部门所给的 EOp 政策的这一笔加分的性质。Calsamiglia(2009)证明,在环境足够富裕的情况下,局部 EOp 政策聚合为一个机会平等化的全局政策,其充分必要条件是,努力的边际回报在每个方面对所有候选人都相同。因为保罗在学校的努力回报因学校较差而比理查德的回报少,正确的政策是根据期望的结果(大学入学概率)来增加保罗在学校的每单元努力的回报率。

当然,有许多扶持政策属于错误的一次性补偿类型。例如,学校常常考虑给来自贫困家庭的学生加分,帮助其入学。Calsamiglia(2009)的研究结果所具有的实证意义仍有待进一步检验。

---

[1] 我们忽略了美国大学不管职业篮球队员的学习成绩而招收明星球员的倾向。

4.8 实证分析的基础准备

分配正义文献出现两个分支,大的分支是规范性的,小的是描述性的。上一节讨论了 EOp 的规范性基础,本节和下一节回顾一些经验证据。证据显示,在许多社会中,一般人会区分造成不平等的两种原因:一种是不应该由个人负责的原因,另一种是应该由个人负责的原因。人们讨论不平等时,如果认清了这一区别,那么从政治上执行机会平等化政策或许比不清楚的情况下更可行。对这一原则的社会接受问题则显得更为重要,如果我们跟随 Roemer (1993) 的观点,对环境与努力的区分应该看作由社会文化决定,而不是某种形而上的决定。每一个社会都应该根据社会群体的观点来决定能够描述环境变量与努力变量的精确变量集合。社会偏好的跨文化差异将在 EOp 的这种实用主义观点中通行,将跨文化差异归因于责任的实证研究因此有相关性。我们在这些方面的认识仍然很薄弱。下面我们列出实证评价中最为明显的问题。

第一个问题关系到所谓的责任划分。在哲学文献中可见两派人士的论争,一派提倡人们应该对自己的偏好负责(例如,Dworkin, 1981a, 1981b; Fleurbaey, 2008),另一派认为责任变量应该是那些个体能够控制的变量(突出的有 Arneson, 1989; Cohen, 1989)。

第二个问题关系到努力和环境之间的相关性。生活方式选择(饮酒、运动锻炼、抽烟、饮食等习惯)都是接近于个人能够控制的变量例子,但是这些选择受到家庭和社会环境的影响。我们已经说过,该理论中的努力测度若要准确得当,必须消除环境的影响。Roemer (1998) 写道,"如果要在某种程度上将个体从环境中分离出来,那么对努力的偏好分布对每个类型都是一样的"。我们前面也提到过,罗默将努力从环境的影响中分离出来的办法是测量其自身的努力程度在其所属类型的努力分布上的排位。同样的问题也出现在偏好方面:如果某个类型的很多人都偏好,比如说贬低教育的价值,我们必须认识到这些人的教育选择是受了环境的影响,准确地说不是个人的自主选择。Dworkin (1981b) 反对这一看法,认为说个人的偏好不由个人自己负责是对当事人的不尊重。布莱恩·巴利(Brian Barry)是另一个反对将努力分布与其环境成因剥离的哲学家,认为个人的努力应该得到回报,即使努力出于家庭文化和压力的激励。

在不同种类的运气方面也必须进行责任分割。[①] 我们也提到过,Dworkin (1981b) 区分了原生运气和选项运气,一个典型的选项运气是有意的赌博结果。我们也说过 Fleurbaey (2008)不提倡让个人对全部选项运气负责,他试图将冒险从赌博的单纯随机性方面分离出来,认为后者是一种环境成分,针对这一区别他还提出了各种各样的补偿计划。

贯彻 EOp 可能会被看作弱化家庭的传统作用。Roemer (2004)提出,父母从四种渠道影响子女的机会:(C1)提供资源和社会关系,(C2)通过家庭文化和投资形成孩子的信仰和技能,(C3)能力的遗传传递,(C4)形成孩子的偏好和理想。他将前三种看作环境,这些方面的不足应该通过机会平等政策来进行补偿。如果一个煤矿工人热爱挖煤,把这种热爱灌输给

---

① Alesina 和 Angeletos (2005)认为,不同社会对运气在形成结果的过程中的重要性的认识也存在分歧。

孩子让其成为矿工,这无可厚非,也不要求补偿。还有什么不朽的概念能比自己给孩子传输的价值观更好呢? 但是如果父母因为没有其他可以给孩子的选择才将这一热爱灌输给孩子,也就是说偏好本身是由资源匮乏诱导的,就构成了补偿的基础。我们还没有发现任何研究试图以这种方式来分离父母传输给孩子的偏好种类。

把父母传输给孩子的(至少部分)偏好看作合乎伦理道德的一个结果就是认识到,即使是机会平等的完美体制也不应该试图将代际流动性矩阵的各行平等化。父母可以合法地给孩子传递不同的偏好,形成不同的结果,即使所有其他的环境影响都可神奇地得到补偿。如果不承认这一点,我们很难解释为什么不提倡集体养育孩子。有时,当一些不可接受的社会经济环境差异的影响在很大程度上被消除时,处理(C4)渠道讨论的差异就变得十分重要。

最后,必须考虑目标性质的重要性。实证讨论中频繁出现三个重要目标:第一个是教育,主要发生在童年和青少年时期;第二个是收入,与劳动市场条件密切关联;第三个是健康,对一生都很重要。教育的特别之处在于教育的最重要的部分发生在"法定自愿年龄"之前,即在这个年龄段,人们至少能够对其所做的各种选择负有部分责任。健康,在许多人看来是一项权利,不存在选择的问题。这样,机会平等政策的范围根据不同的目标性质可能出现重大的差异。①

4.9 人们拥护 EOp 吗? 来自问卷调查与实验的收获

这里回顾的信息来自问卷答复者的回复以及实验室或者田野试验受试者选择的行动。经济学家对使用问卷调查方法存在疑虑,然而问卷在心理学家和政治学家中却得到广泛使用(见第 13 章对该方法的更多讨论)。Gaertner 和 Schokkaert (2012)呼吁在社会选择和公平领域使用问卷,我们此处的讨论是基于他们的推理。我们想要的是一个程序或者计划,能帮助实验对象展现他们认同的公平分配标准。我们意识到受试者可能会撒谎,Gaertner 和 Schokkaert (2012) 则质疑受试者为什么会撒谎,他们表示,在不涉及自身利益的情况下,受试者会选择透露自己的真实标准(我们也常常假定,当说谎还是讲真话对一个个体来说没有分别时,他会讲真话)。问卷的主要风险在于,当问题太过复杂的时候,答题者可能随机回答,社会心理学家清楚地意识到了这一问题。

4.9.1 有关 EOp 实证效度的问卷

第一批信息来自民调公司或者像"世界价值观调查"这样的科研协会进行的价值观调查。这些信息在我们看来有些不尽如人意,因为调查的问题很模糊,没有关联到具体的规范性理论,只是调查受试者对决定国家成功的因素的看法。

自 Schokkaert 和 Lagrou (1983)的早期研究以来,人们进行了许多调查,其中大部分调查对生活的各个不同方面进行片断式介绍,以便探查个人对公平的看法是否与社会科学家提出的理论命题一致(参考文献与概述见 Gaertner and Schokkaert, 2012; Konow, 2003;

---

① 早期的调查实验显示,公平规范具有极大的差异,取决于分配实体(distribuendum)是什么,见 Yaari 和 Bar-Hillel (1984)的开创性论文。

Schokkaert，1999）。与我们的话题相关的文献可分为两部分，第一部分检验了原始的责任观，第二部分来源于罗默和弗勒拜伊提出的 EOp 理论。Konow（1996，2001）的研究虽然没有固定于一个理论，但是引入了自由处置变量和外生变量的区别，这与 Cohen（1989）考察的责任划分非常接近，虽然库努夫（Konow）显然不知道科恩的研究。自由处置变量影响结果而且能够受个人的控制和影响，而外生变量可以对结果的数量或质量产生影响，但常规情况下不受个人选择的影响。通过对洛杉矶成人群体的电话访问和大学生填写的问卷，他的发现支持这一结论：在获取收入方面，由个人控制的变量被认为是收入的合法影响因素，而外生变量不是。

或许，与 EOp 哲学性项目相关的最全面的实证研究是 Schokkaert 和 Devooght（2003）的研究（也可参见 Schokkaert and Capeau，1991；Schokkaert and Overlaet，1989）。首先，学者们检验了"完全补偿"和"自然回报"两种原则，这是弗勒拜伊方法的核心问题（Bossert and Fleurbaey，1996；Fleurbaey，1995）。完全补偿原则表明，付出同样努力的两个人应该享有同样的结果，因此环境差异造成的影响应该得到完全补偿。自然回报原则表明，如果个人具有相同的环境，没有理由在他们之间进行收入转移（因而努力负全部责任）。其次，该研究具有跨文化维度，作者在三个差异很大的国家中给一年级的大学生发放问卷：比利时（1996 年 4 月）、布基纳法索（1996 年 5 月）、印度尼西亚（1997 年 8 月）（另见 Gaertner and Schwettmann，2007）。最后，该研究凸显责任观是否对我们所定义的目标（或者机会平等）敏感，因为问卷涉及的是对于收入获取和健康方面的责任观。

研究对比了两人社会的四种情况。两人只有一个特征差异，两人之间的再分配可能性随后也提供出来，并让学生来选择他们认为公平的税后收入分配应该是什么。

第 1 种情况描述收入和娱乐空间的偏好差异，但没有提供任何解释来说明品味差异，而第 2 种情况假定这一差异来自不同背景，检验了罗默和巴利在消除环境对努力分布的影响方面存在的分歧。有一点很重要，这里的问题不是关于财富或社会关系的传递，而是关于价值观和偏好在不同辈分之间的传递。相信罗默推理的人们应该在第 2 种情况下比第 1 种情况下更倾向于从努力工作的伊丽莎白向生活轻松的凯瑟琳进行再分配。第 3 种和第 4 种情况关注生产率差异。第 3 种情况描述的差异源自过去的努力，而第 4 种情况描述的差异源自先天的才能。

结果很有启发意义，我们将对大多数人的投票选择进行汇报。比利时的样本给出的是最分明的选择：大多数人对第 1、2、3 种情况选择完全不补偿（不重新分配），对第 4 种情况采取完全补偿。由此可见，比利时人支持对娱乐的偏好是责任变量，他们同意布莱恩·巴利的观点，不考虑父母偏好的因果关系，但是先天的才能被看作一种环境。如果这些投票代表了比利时全体国民的选择，那么该社会将拥有执行机会平等政策的基础条件。

研究者发现，跨文化差异的影响比预想的要低得多，但文化差异也不能完全被忽视，因为就大多数人投票的标准而言，布基纳法索的样本在 4 种情况下都不明确。印度尼西亚的投票与比利时十分相似，前 3 种情况与比利时的一致，但是第 4 种情况没有形成大多数人的统一意见，尽管对先天才能进行完全补偿的票数居多。

话题至此,有必要问一问该目标是否重要。Schokkaert 和 Devooght(2003)试图将问卷中的问题挪用到医疗保健。首先必须注意到,收入情景的两个差异可能使比较变得界限不清。在收入案例中,利害关系在收益方面;而在保健案例中,利害关系在损失方面:健康案例描述的是疾病和如何应对保健支出的问题。自从 Tversky 和 Kahneman(1991)的研究问世,我们认识到,一个人往往具有更强烈的偏好去避免亏损而非获取利益,这或许可以解释为何在健康案例中人们对不平等的厌恶更强烈。此外,若问到在两个病人之间的预算资金分配问题,立刻会出现效率问题,由此很难推论出公平的观点。所有有关医疗保健公平问题的研究[Dolan 和 Tsuchiya(2009)、Ubel 等(1999),以及上文中引用的论文],都选择将情况置于资源匮乏的环境之下。当然,资源匮乏是健康领域(也是其他领域)的一个重要问题,但是采用某种两步顺序研究法或许能更好地推导出责任划分偏好。

以 Schokkaert 和 Devooght(2003)提出的 4 种情况中的 2 种情况为例,考虑卢克和马克都患有肺癌,他们具有相等的可支配财富,收入也一样,二人都需入院治疗。假设一切治疗均有效,这两种情况涉及了个人可控制因素(吸烟)或不可控制因素(遗传)与治疗肺癌所需费用之间的相关性。就公共资源的分配而言,调查对象有以下不同选择:两个病患平分资源;一切资源用于治疗马克的额外费用;以上两者之间的某种办法。

值得注意的是,在所有这三个社会中,在情况 1 之下,多数人选择平分;在遗传因素要求额外费用时,多数人选择中间解。该研究对社会政策的建议非常清楚:吸烟者应该为与吸烟相关的疾病购买个人保险,只要社会能够将此额外费用归咎于生活方式,这一结论就是合理的。这些结果显示,许多国家的福利状况没有显露出受到责任敏感型的平等主义的影响,其原因不在于人们的道德观念,而在于很难鉴别健康问题中不容置疑的因果关联。道外滑雪是"证明这一规则的例外情况",其事故费用一般由个人承担。有一个明显的问题仍未解决:我们没有发现任何问卷关注生活方式与家庭背景之间的关联。罗默和巴利之间的不同观点在有关健康公平问题的相关实证文献中也没有反映出来。

我们推测,教育可能是对责任持不同态度的另一领域。确实,中小学教育是在一个人到法定自愿年龄之前发生的。Arneson(1990)在平等主义争论中就以此为据。Lu 等(2013)已调查了初级教育是否会引发来自收入获得的不同反应(就人们对结果的负责程度而言),他们对比了两种情况得到的结果。

在销售情况下,售货员的销售报酬由两部分组成——薪水和奖金,问题在于奖金的公平性。销售取决于下面描述的情况特征,售货员的环境等同于其父母的熟人网络,努力为售货员的辛勤工作,才能为售货员的技能,售货员的原生运气为他被随机分配到的区域,选项运气是售货员所冒的风险:他必须选择销售老产品还是新产品,老产品上市的时间已久,为顾客所熟知,新产品还没有引起顾客反响。调查对象要回答,如果要给一个成功的售货员发奖金,怎样从环境、努力、才能、原生运气或者选项运气各方面来评价这个售货员才是公平的。调查对象需要从非常不公平、相当不公平、相当公平或者完全公平这些选项中选择一个答案。

在学校,学生可能会遇到困难,而补助费应该有助于学业。学业困难有 5 种相关因素,环境由父母能够帮助子女完成其家庭作业的能力而定；努力等同于孩子完成作业的热情；才能被定义为认知能力，准确地说被描述为集中注意力的能力；原生运气为孩子因病错过了上个学年的部分学习；选项运气是冒险。该学生想进快班，从而可以和朋友在一起，但是跟不上。调查对象需要评价补助费的公平性：由于环境、努力、才能、原生运气和选项运气等缘故，补助费是否必要。

图 4.5 呈现的是这两种情况的结果差异（来自马赛的 432 个调查对象）。在销售情况中，我们将"相当公平"或"完全公平"看作表示调查对象认为售货员应对因素负责。在学校情况中，我们把"非常不公平"或"相当不公平"看作表示调查对象认为学生应对因素负责。我们使用了拟合度的卡方检验，用于判断在两种情况下受试对象对每一个因素的处理是否相似。对两种情况下除环境之外的所有因果要素，调查对象对道德责任做出了不同的评价。具体来说，调查对象认为售货员应对才能负责，而几乎没有调查对象认为孩子应该为才能负责。仅有一小部分人认为小学生应为冒险负责，但是几乎所有人对售货员的评价是相反的。努力差异不是很突出，因为有一小部分调查对象仍同意孩子应对其努力完成作业负责。我们的结果只是初步的，因为结果也可能受到框架的影响。不过，该结果质疑孩子应对教育结果负责，至少在初级教育阶段如此。如果这一判定会得到执行，那么小学的学习成绩应被看作在后期生活结果中研究机会平等化的一项环境。

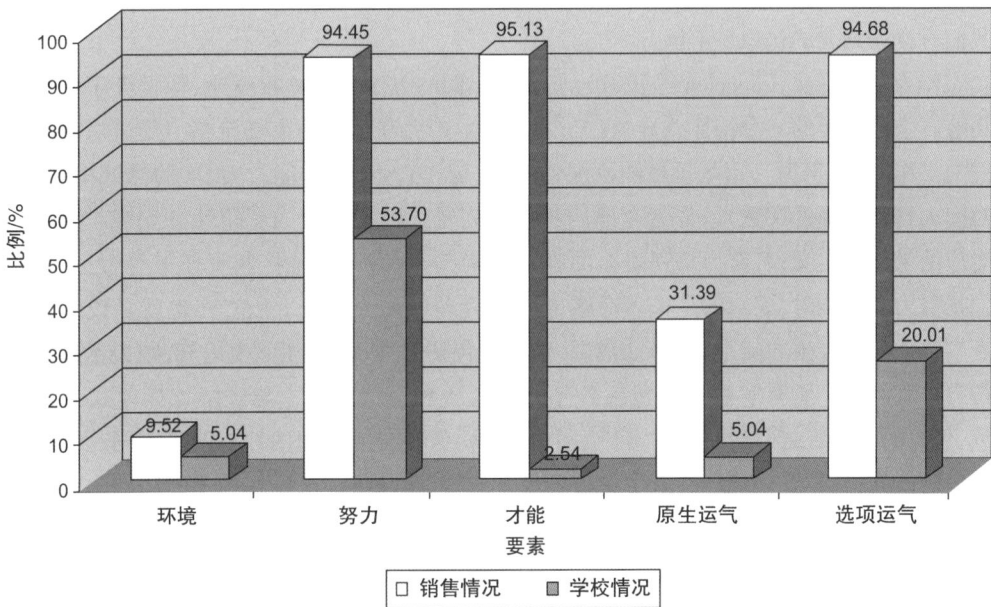

图 4.5　调查对象认为个人应该对每个要素负责的比例

资料来源：Lu 等（2013）。

4.9.2　实验

研究者对分蛋糕式的公平态度进行了实验室实验，包括最后通牒博弈和独裁者博弈实验（Camerer，2003），这为我们提供了很好的偏好启发。这些实验再现了天赐资源情况下的交换经济或分配经济。许多学者(Almås et al., 2010; Cappelen et al., 2007, 2010, 2013; Frohlich et al., 1987, 2004; Konow, 2000; Rutström and Williams, 2000)通过独裁者博弈实验研究,在分配阶段之前引入已挣得的收入或产出阶段,以便弄清人们的分配偏好。最近的一些论文考察了责任平等主义在分配正义理论研究中的普遍使用程度。更明确地说,这些论文考察了科恩倡导的责任控制观,其原则可概括为"只有个人控制范围内的因素造成的不平等才可以被接受"。①

Cappelen 等(2007)研究了个人在所处的环境和回报率两方面均有差异的情况。个体可选择投资数量,但回报率随机分配。前一个因素显然是努力变量,而回报率,像才能一样是原生运气。作者假定一个人赞同严格收入平等、自由放任主义、自由意志论和责任平等主义之一,最后一种情况下的总收入分配与投入成正比。分配阶段是一个两人情景下的一次性独裁者博弈,参数效用函数是纯粹利己成分和利他损失二次项的加权总和。根据个人的伦理观,实际分配与理想分配的差异越大,利他损失二次项越大。经济计量分析试图还原效用函数的参数、边际财富效用以及受试对象偏好的分配伦理观。作者推测 43.5% 的调查对象是严格平等主义者,38.1% 是责任平等主义支持者,18.4% 是自由意志论者。全部调查对象由近 100 名挪威经济与商业管理学院(NHH)的学生组成,该样本不足以代表整个挪威社会。此外,结果可能取决于具体权衡自我利益与公平的效用函数。然而,他们的研究结果证实,与自由意志论和结果平等主义相比,责任敏感的平等主义只受到一小部分群体的支持,可见我们对责任划分的认识还不够。

作为伴随论文,Cappelen 等(2010)使用了相同的方法和同一批学生,但扩大了公平观的集合。个体之间的三个特征差异为:工作时间、生产力和产品的市场价格。受试对象选择他们的工作时间(努力),市场价格随机配置(原生运气),生产力(能力)由实验测试决定(在短时间内打字正确的字数)。作者考虑四种由一列责任因素表示的竞争性分配观。空的列表对应结果平等主义;若努力是列表上的唯一因素,表示的观点是控制责任平等主义;列表上包括努力和才能时,表示的是作者命名的精英管理(meritocratic)观念②(也就是说人们可能有权从他们的天生才能中受益)。最后,列表上包括努力、才能和原生运气,则表示参与者支持自由意志论。所有实验对象包括各年级本科生和一些校友。与经济计量模式估算的一致,偏好的分配观之间的差异在本科生中不显著,但校友的伦理偏好有明显不同。无论是哪个年龄群体,精英管理观念在学生中是最受喜爱的,而自由意志论在校友的选择中略优于其他选项。一个惊人的事实是,EOp 控制观仅受到很小一部分的实验对象支持:在学生中占 6%,在校友中占 2%。目前,断言这些结果因受选择效应的影响而存在偏差还为时尚早,但是我们可以说商学院的学生和校友很可能是社会中最不愿支持平等主义的群体。

Almås 等(2010)使用了相同但方式更简便的框架,考察了学生从 5 年级到 13 年级随着思想成熟对分配正义观看法的变化。在初期阶段,学生们支持结果平等主义(三分之二)和自由意志论(三分之一)。随着年龄的增长,他们对机会平等的观点越来越有共鸣,到最高的

---

① Cappelen 等(2007)。
② 见 Arrow 等(2000)对精英管理观念的讨论。

年级阶段,精英管理观念①成为最受支持的观点,尽管得票没有超过一半。该研究中 13 年级学生的分配观与 Cappelen 等(2010)得到的大学一年级学生的观点几乎是一样的,这的确令人惊讶。

如果从这两项具有启发性的研究中同时汲取经验,我们可以推测出整个生命周期中最理想的分配的发展变化情况:从儿童时期简单朴素的结果平等主义和自由意志论开始,随着认知水平的发展,接受像 EOp 这样的更复杂、界限更模糊的观点。从高中结束到大学结束期间的观点似乎没有发生显著性变化。

在劳动市场,更成功的人更倾向于自由放任观点。若在真实世界这是真的,我们应该能发现大范围的利己倾向(Messick and Sentis,1983),也就是说,个体基于自己的成功程度,(往往)会赞成对自己最有利的公平观。从这个方面来说,实验优于调查和情况选择,因为实验能够测定利己倾向的程度。当实验对象还是学生的时候,这种现象是最少的。在成长阶段,实验对象能够理解所有公平理论,但他们仍然被无知之幕遮盖,不知道自己的成功程度(在美国,一代人中有 50% 能够获得高等教育)。我们可以预测,调查和实验之间的差异在成人群体中是最小的。

我们现在来检测关于选项运气的大众观点。Buchanan(1986)辨别出决定收入和财富分配的四个因素:运气、选择、努力和出生。他认为努力回报的可接受性是最没有争议的,而唯一与普遍认同的正义观相冲突的不平等,是由出生引起的不平等。选项运气的困难来自这个事实:它混合了两个更根本的因素,一个是选择,我们在研究中想让人们为其选择负责;另一个是运气,是外生的。才能方面存在的困难相似,才能混合了一个外生因子(即出生)和一个责任变量(即过去的努力)[才能是内生因子,而技能是努力对才能的运用,这个语义学传统布坎南(Buchanan)没有遵循]。

Cappelen 等(2013)和 Chanel 等(2013)这两篇论文考察了人们对选项运气和冒险与责任划分的关系的观点。第一篇文章努力阐明关于选项运气的三种相对流行的观点。第一种观点是德沃金提出的,认为从伦理上看不应对风险造成的收益或损失进行再分配。德沃金主张采取自由放任的态度,因为冒险的生活方式或从事冒险是某种偏好的显示。第二种观点认为,消除因冒险而产生的所有不平等是公正的。第三种观点介于前两者之间,支持对幸运和不幸的赌博者进行事后再分配,但不支持赌博者和非赌博者之间的再分配。这一观点让人想到 Le Grand(1991)最初为之辩护的立场,后来 Fleurbaey(2008)又对之加以完善。弗勒拜伊认为,人们应该完全参保,只承担就彩票的期望值所做决定带来的后果,赌博者将会得到与其风险等级相对应的预期收益。这个实验包括一个冒险阶段和一个分配阶段。在冒险阶段,受试者面对一系列有风险的和安全的选择,其中安全选择的价值是不同的。对选择模式的估算显示,受试者(卑尔根挪威商学院的学生)的观点各不相同,可大致平分成三组。总体上说,三分之二的总体受试对象认为人们应该为其冒险选择负责。相同的比例但不同的个体认为人们不应该承担运气的后果。如果我们把计量经济学结果看作投票结果,勒格兰

---

① 该研究没有区分控制责任平等主义和精英管理观念。

德—弗勒拜伊的观点是孔多塞胜者(the Condorcet winner),即在参与者提供的三个选择中胜出。但这个令人感兴趣的结果需要得到其他研究的证实。

Chanel 等(2013)在研究选项运气时没有那么精确,其目的是推断选项运气在个人应该负责的一系列因素中的相对重要性。他们进行了一个大规模实验,目的是揭示当环境、努力、原生运气和选项运气四个因素对收益都十分重要时,个体的偏好情况。实验有三个阶段,包括大约 100 个实验对象,研究者告诉这些实验对象,他们自己组成了一个小型社会。每一个阶段涉及一个赚钱阶段和一个收入再分配阶段,分配阶段的分配规则由多数票决定。在第一阶段,参与者可以通过四个不同的渠道赚钱,每个渠道反映一个具体的因素:一个人的出生地代表着一种环境;成功完成一项视觉空间注意力任务需要努力;原生运气和选项运气分别由随机抽取和下赌注来反映。对应一个既定因素的每一个步骤都要参与者组织投票决定是否进行重新分配。结果发现,利己投票是很普遍的(大约三分之一成功赚钱的样本投票赞成不进行重新分配)。研究者需要利用非参数计量经济学来还原选票之下的真正伦理偏好。全体实验对象的伦理偏好分布见图 4.6 中的描述。

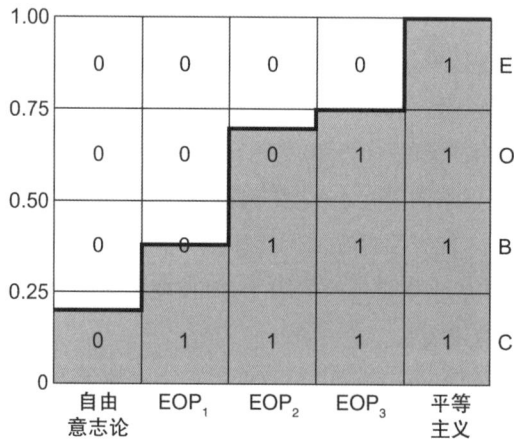

图 4.6 责任分割的伦理偏好分布

注:左边纵轴上的数字是比例。右边纵轴上,E 代表努力,O 代表选项运气,B 代表原生运气,C 代表环境。每个方格中的 0(或 1)表示没有补偿(或有补偿)。例如,平等主义者认为,无论收入来源是什么,分配都是强制性的。

来源:Chanel 等(2013)。

这里呈现了五种伦理观。[①] 两端分别是自由意志论和结果平等主义观,中间三种观点为:EOP_1,只有环境差异才应得到补偿;EOP_2,原生运气也应得到补偿;EOP_3,选项运气也加入补偿行列。两端的观点吸引了近四分之一的选票,这意味着 60% 的样本支持某种类型的机会平等(EOp)。意见分歧很大之处在于人们对责任划分核心的认识不同。总的来说,这个实验的结果支持德沃金的观点,根据这一观点,我们应该区分选项运气和原生运气,选项运气与努力一起属于责任方面,原生运气与环境一起属于应得到补偿的方面。然而,我们在形

---

① 不足 10% 的实验对象表达了不同于这里所列选项的伦理偏好。

成明确的结论之前需更加谨慎,因为许多方面存在的不确定性必须予以解决。具体来说,实验设计者是针对德沃金的立场来测试勒格兰德—弗勒拜伊的立场。从赌博者到非赌博者的收益重新分配问题没有被提出来供实验对象选择。

4.9.3　进展汇报

我们同意 Roemer (1993)的建议,认为理论研究与实证研究是互补性的而不是替代性的。Gaertner 和 Schokkaert (2012)指出,"EOp 理论提供了一个普遍的一致性的理论框架,可应用于努力与环境之间的任意划分,而实证研究提供了在不同社会中如何对此进行界限划分的必要信息"。

我们再回头来看布坎南确定的四个"主要因素"——出生、运气、选择和努力①——似乎无可争议的是,研究对象能够明显区分前两个因素和后两个因素。在问卷调查和实验中,选择和努力是受个人控制的,实验参与者对于行为的结果都十分清楚,这种假定是不可争辩的,因为实验条款已表述清楚。即使我们接受更多的研究,Konow(2001)得出的结论仍然有效:"总之,来自实验和调查的证据通常表明,贡献价值更大的人更值得拥有补偿,如果贡献是归因于这个人承担的责任而不是由于他或她控制之外的因素。"这是否意味着从实证观点来看,阿内森(Arneson)和科恩(Cohen)的控制观点比弗勒拜伊—马尼凯的偏好观点更具有优势呢? 不能这么说,因为还没有进行适当的检验。除了 Schokkaert 和 Devooght (2003),我们还不知道任何其他通过问卷调查和实验方法对这两种理论进行竞争性测试的研究。控制理论已经经过心理学家和经济学家反复试验检验,但未与偏好理论一起进行竞争性实验。我们观察的是选择,而不是偏好,经济学家热衷于在社会科学家中推广偏好概念;这个概念的主要缺点是偏好不容易为专家们所轻易揭示,更不要说被外行揭示。让偏好在分配正义理论中发挥关键作用,且能够获得大众的广泛认同,这有很多要求,而当前至多只能说,只有少数专家能够明确声称他们已经推断出人们具有什么偏好。

EOp 包括一个平等化面向和一个不平等化面向。② 对于被看作环境的因素,平等化或补偿才会发生;反过来说,如果不平等被认为是由个人负责的,那么这种不平等是不被补偿的。当促成理想目标成功或失败的某些原因涉及这两种元素的混合时,困难就会产生。技能是一种先天才能和后天努力的混合体,选项运气是选择和运气的混合体。Ehrlich 和 Becker (1972)所定义的自我保护是一种减少损失概率的支出,可以推广到有利于个体改变状态概率分布的任何努力。我们不知道人们对分配正义问题所持的不同观点,是真实生活中这两种因素的混合产生的分歧造成的,还是根本不同的伦理道德原则所造成的。

---

① 人们想知道为什么区分努力和选择很重要,答案之一是科恩提出的。科恩把困难(difficulty)和昂贵(costliness)区分开来。举重很困难,但并不昂贵;签一张大额支票是昂贵的,但并不难。努力是很困难的。选择通常是昂贵的(比如打赌),但这个选择在自然语义上不是困难的。巴利认为,努力应该得到报酬,即使努力不是出于个人的选择。如果一个人相信不管行动者的意图是什么,困难的行动都应该得到回报,巴利的观点就可以得到解释。

② 目前没有任何实证研究检验人们支持自由主义还是支持功利主义的奖励方式(就我们所知)。

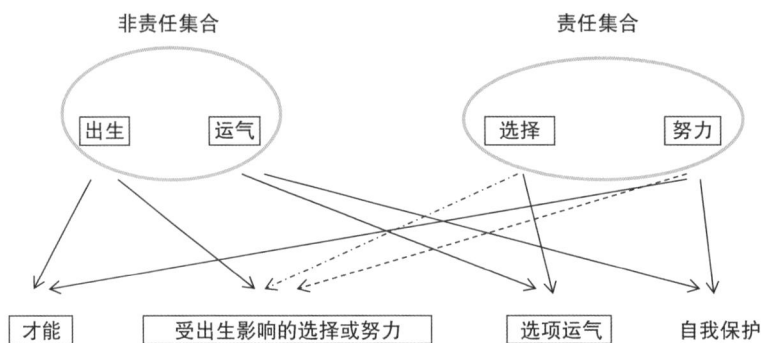

图4.7　主要因素的二元组合

4.10　机会不平等:测量问题和实证结果

本节将重点讨论该理论的方法论问题及其应用。本节所述的材料可参见 Ramos 和 Van de gaer (2012)[①]的一项杰出调查研究。

4.10.1　方法论问题:总体评述

我们首先进行总体性评述。读者对测量结果不平等的相关文献已比较熟悉,但测量机会不平等可能在多方面存在差异。在最基本的层面,我们可能想把机会不平等概括成一个指数,这和聚合结果不平等的基尼系数、阿特金森指数、泰尔指数以及其他指数一样。我们也可能只是想简单地对分配进行排序,满足于优势分析工具提供的不完整但稳健的排序,如洛伦兹曲线。环境、努力和运气都只是结果不平等的来源,我们可能希望追踪它们对整体不平等的贡献。对不平等来源的分解在 EOp 经验分析与结果不平等的分析中同样适用。量化、排序和分解是我们熟悉的三种操作方式,均可以应用于机会平等分析,这些工具主要从不平等测量文献借鉴而来。

4.10.1.1　EOp 测量作为多维问题

可以公允地说,因为 EOp 是多维的,其分析更为复杂。机会平等分析可能会用到由 Atkinson 和 Bourguignon(1987)在多维不平等领域提出的框架。这些作者关注的是当每个收入单元属于一个特定的需求组时,如何衡量收入不平等。其信息是两维的——每个家庭的收入和需求,分析目的是在考虑在需求向量所提供信息的基础上对收入分配进行排序。在 EOp 分析中,我们对 (收入、健康、教育)这些单维的结果分配进行排序,考虑环境向量、努力向量,或许还有剩余向量所提供的信息。当边际固定不变时,即包括在 EOp 评价中的很重要的非收入信息(环境、努力或许还有剩余)的边际固定不变时,EOp 测量就属于多维不平等问题这一类,目标中的不平等必须根据人口类型和努力来进行评价。

在这种情况下,直接应用连续洛伦兹拟排序是不合适的,探究其原因是很有趣的。当然,努力在分析中可以看作与需求类似,也就是说,在边际上一个人付出的努力越多,应得的

[①] 另见 Pignataro (2012)。

也越多。相反,环境可以被看成是负的需求,一个人的环境越好,应该得到的越少。但这两种说法都有一定的局限性。我们或许不希望对努力给予过多奖励,4.4 节已讨论其原因。对于环境,存在一种不对称性:我们想对不利的环境进行补偿,但并不认为优越的环境是邪恶的。而且,正是环境和努力之间的相互作用给随后的不平等评价带来了问题。我们需要知道额外的努力在跨环境维度应该如何得到回报;正如我们上文所述,在 EOp 理论中这个问题还没有明确的答案。进一步的讨论见 Bossert(1995)、Fleurbaey(1995),以及 Fleurbaey 和 Peragine(2013)。

4.10.1.2　EOp 作为过程

EOp 的实证分析与结果不平等分析的区别在于它具有两个阶段的性质:一个是一般要求经济计量评估的阶段,另一个是不平等测量阶段。重要的不是环境本身的差异,而是环境造成的影响不同。社会经济优势必须通过参数估计和非参数估计技术进行评估,通过线性模型中的环境变量系数对一组环境和努力变量上的结果进行回归分析来获取。评价不平等必须考虑产生不平等的过程,因而 Fleurbaey 和 Schokkaert(2009)提出的这一论断极具启发性:任何 EOp 实证分析都必须事先经过评估阶段以发现生成结果的最佳结构模型,只有在第二个阶段我们才应该对机会平等的测量感兴趣。

原则上我们同意上述观点。然而,说起来容易做起来难。首先我们可以观察到两个问题。任何因果调查的两个主要障碍是由于遗漏变量而产生的反向因果关系问题和内生变量问题。好的一面是,在环境方面,反向因果关系问题常常可被排除,因为环境经常是通过之前的存在状况(例如,父母的教育)来呈现的。但是内生变量问题不能这样得以解决,因为 EOp 测量一直被信息问题困扰。遗漏变量问题普遍存在,一个很好的例子是基因变量,Björklund 等(2012)发现,这一变量在收入获取中最为重要。EOp 实证分析中的遗漏变量问题,会引起人们对我们期望主张的因果关系论断的怀疑。当目标是收入时,情况就更糟。根据 Bourguignon 等(2007)的说法,"工具变量策略是不可能成功的,因为要说某个环境相关的变量本身不会对收入产生任何的直接影响,这样的观点是很难以想象的"。实验和准实验能够使人做出因果关系的陈述,但实验通常只能研究那些受限性较大的问题,其受限性远大于研究人员在这个领域感兴趣的那些问题。我们试图了解一个人达到某个收入水平、某种健康状况或受教育程度的整个过程。这些过程是动态的,涵盖了一个人生命跨度的重要部分,现在看来,要充分理解这些过程的因果关系似乎遥不可及。

我们应该担心无法给出因果解释吗? 当然,如果我们想为政策制定者提供关于公平竞争政策的真正效果的建议,影响评估必须是因果关系的。然而,如果一个人只想测量机会的不平等程度,即因环境造成的不平等,(过去发生的变量的)相关系数已经具有了适切性。

如果我们使用德沃金和弗勒拜伊提倡的对责任变量的偏好观点,挑战就更大。还原偏好的真正参数也许是计量经济学在鉴别条件方面最困难的问题。然而,我们仍可参考一些研究:Fleurbaey 等(2013)试图估算个体在健康和收入之间的权衡,Bargain 等(2013)对不同国家在消费—休闲权衡中的偏好异质性进行了估计。

4.10.1.3　缺乏相关信息

从上述讨论可以清晰地认识到,与纯粹的结果不平等分析相比,我们需要一个更丰富的数据库来进行 EOp 实证分析。我们应该有相关变量来描述家庭情况、社会背景以及努力情况。经常可见一些重要的背景变量缺失,由此我们对环境的描述就是不完整的。更重要的是,努力变量在一般情况下是缺失的,正如经济理论所强调的,努力是一项私人信息。因此我们必须使用代理变量,这就出现了问题。

如何测量努力取决于我们对责任的看法。一方面,有一种观点认为,测量努力需要考虑一个人能够采取哪些行动,能采取哪些行动不仅受物理条件约束,也是个心理问题,很可能由其环境来决定。另一方面,也有观点表明,一个人既然应该为自己的偏好负责,因此也应该为他根据自己的偏好所采取的行动负责。罗默对努力的测量就代表了这种获取(或者控制)观点,他通过一个人的努力在其所属类型的努力分布上的排位来测量努力:判断一个类型的成员是否具备某些行动的获取性(accessibility),是通过这一类型群体实际上是否从事了这些行动来进行判定的[Cohen(1989)所用的短语"获取优势"也反映了这一观点,他希望把能够获取的行动平等化]。德沃金和弗勒拜伊代表偏好观点,即一个人应对其选择负责,如果选择源于他们所认同的偏好。因为几乎所有的实证研究似乎都隐约地受到控制观点的指引(除了 Fleurbaey et al.,2013;García-Gómez et al.,2012),这些作者应该解释从什么意义上说选择变量是受个人控制的。Jusot 等(2013)认为,健康的生活方式(饮食、运动)变量是受个人控制的,在测量获得健康状态的机会不平等时应该考虑这一点。[①]

若试图通过获得的收入来测量 EOp,有几点关于实证分析中反复出现的变量问题应该加以说明:在控制观点之下,对于自我雇用者来说,工作时数是个很好的努力变量,但对于工薪阶层,显然就不太让人满意了。的确,工作时数与努力总量相对应:问题在于它们是否与期望的工作时数相一致。兼职工作可能是非自愿的;加班工作可能取决于公司的要求,而且很明显失业可能只是运气不好。因此,在很大程度上,使用既定时期内的工作时数作为一个努力变量对工薪阶层来说并不合理。但我们可以更确信地讲,在生命周期中的工作时数是受个人控制的,因为一个人可以通过在幸运时多工作,来补偿特定时期运气不好和工作时数不足造成的影响。然而,使用整个生命周期的全部数据的研究罕见(如 Aaberge et al.,2011;Björklund et al.,2012)。对于快照式分布,问题是如何排除运气不好时的工作量,而坏运气是不受个人控制的。区分选择性兼职和非自愿兼职是经济计量研究的一大难题。我们最多能估算个人自愿兼职的概率,将努力变量置于[0,1]区间。任何实证研究,若做不到这一点,就是不尊重弗勒拜伊和斯科凯特的方法论声明,即在测量机会不平等之前,应尽最大努力来预测最全面的结构模型。

在实证研究中,受教育年限也是一个很受欢迎的努力变量,但将其视为个人可控制的变量则有争议性,因为初级和中级教育发生在儿童和青少年时期,远早于相关的法定自愿年龄。如果一个孩子在学校里很懒,那么或许有他不可控的因素能解释他的懒惰。只有高等教育和终身学习可以免受这一批评。但高等教育的问题在于它的路径依赖性:一个人被大学录取的可能性取决于其中级教育的学习成绩,而这又取决于初级教育的成绩,这两个早期

---

① 测量健康中的机会不平等的有关论文,见 Rosa-Dias 和 Jones(2007)、Rosa-Dias(2009, 2010)、García-Gómez 等(2012),以及 Van de gaer 等(2012)。

教育阶段对是否能获得高等教育都会产生影响。

根据家庭环境来解释早期教育的成绩,也是个很好的出发点。社会经济环境或许能够提供数据集,但父母对孩子施加学习压力,也是教育结果的重要决定因素,但这通常没有得到测量。因此,我们对教育成绩通常也没有给出完整的解释。但是,如果将孩子的所有行为归于天性或归于培养,这两者按照假设在法定自愿年龄之前都不由孩子自己控制,那么人们应该简单地把孩子在自愿年龄之前取得的教育成绩看作能够决定他们后期生活结果的环境。家庭环境对解释自愿年龄之后的选择仍很重要:例如,一名青年没有上大学,一是可能因为中学成绩平庸(根据上述观点,这应被看作一种环境),二是因为其父母对高等教育不重视(也是一种环境)。面对这两种情况,如果其他条件相同,成绩不理想的 18 岁青年若通过参加补习课程成功进入大学,这将被归因于额外的努力。

在工作时数和教育这两个例子中,我们通常都无法得到准确的努力测度,测量中均带有错误和偏见。一般而言,研究者对这些问题没有给予足够的重视,忽视其实践意义。由于努力测量不具有与环境测量同等的稳健性,如果像层级方法一样把努力作为条件变量,则似乎有风险(例如可参见 Peragine,2004;Peragine and Serlenga,2008)。诚然,环境可能只得到了部分描述,但总体干扰不大。由于层级方法和类型方法并不兼容(见下文),因此对于测量误差问题,以类型为条件似乎比以层级为条件更好。

4.10.1.4　年龄与性别

年龄和性别信息不存在可得性的问题,问题在于如何处理这些变量。控制观下,年龄和性别是环境。偏好观下,因为年龄和性别是偏好的重要决定因素,因此被看作隐含的努力因素。因为在后一种观点之下,除没有被充分告知之外,无论偏好是什么都应该受到尊重,因此偏好被划入责任方面。[①] 当然,正如 Fleurbaey 和 Schokkaert(2009)指出的那样,一旦在经济计量中确定年龄和性别的真正影响之后,就能自由地测试,把年龄和性别看作环境还是看作偏好,哪一个会产生重要的影响(其应用见 Garía-Gómez et al.,2012)。我们解释健康问题时,发现 45% 的健康差异来自这两个人口统计变量(见 Jusot et al.,2013),而这并不让人惊讶。这不是 EOp 测量中最棘手的问题,但读者应该意识到机会不平等的程度可能取决于是否在责任集中包含这些变量。例如,Almås 等(2011)将年龄置于责任变量之中,其依据是我们应该关注终身收入的不平等。另一个解决方案是退出模型的双重世界,并承认有些变量既不受个人控制,也不应据此进行赔偿。健康领域给出了一个例子,即大多数人认为健康政策不能消除人口统计特征的影响(我们不应该因为先天的生物因素,如男性的预期寿命比女性短,就认为男性比女性更弱势)。就收入水平而言,我们也很难辩驳这种立场,因为与性别或许还有年龄相关的回报差异可能与歧视有关,这显然违背 EOp 原则。

正如在计量经济学的其他领域一样,如何处理数据短缺是一个大问题。需要避免的错误是:假装把贫乏的数据集看作丰富的。缺失的变量可借助一些创新的方法来处理。一个重要的方法论问题已经被人提出,并且得到了部分解决,那就是,当我们知道被观察的变量并不能还原目标实现的过程时,如何推导出关于机会不平等的解释。我们应该调整实证策

---

① 当然,如果年龄通过偏好直接或间接地确定了结果,那么这相机地将年龄的影响完全分配给环境或者努力。

略以适应数据库信息结构的丰富性。我们从基本上看可以将信息最好与信息最差的情况进行对比:在最好的情况下,对世界有很好的描述,也就是说,我们拥有一套相当全面的环境集和一些努力变量的候选项。在最差的情况下,没有可用的努力变量,我们可以将个体按大的类型分类进行排位。我们将对这两种方法进行相应的对比分析。

4.10.2 估计阶段

4.10.2.1 数据集丰富的情况

第一个选择涉及参数估计和非参数估计,因为假设我们有许多可观察的变量,参数估计将更适合所得数据[半参数估计可参见 Pistolesi(2009)]。Bourguignon 等(2007)在这种情况下率先考虑了计量经济学策略。我们应该估计一个联立方程组,第一个方程描述结果获得过程,在收入情形下,这可以被称为回归方程,每个因子的系数给出每个因子(在线性模型中)的边际回归,无论因子是一种环境、努力还是人口统计变量。另一个方程(每个努力变量都有一个方程)把努力变量与环境及其他控制变量联系起来。在责任变量控制观中,我们应该了解个人控制范围之外的变量如何影响其努力变量。在这些"反应方程"中必须引入环境,包括市场条件(价格、任何市场失衡,如本地职业决策中的失业率)和人口统计。假定个人对环境(市场和背景条件)的反应可能各有不同,我们应该根据人口统计数据的变化来调整这些系数。这些系数值之间的差异,如果存在的话,会根据控制观与偏好观以不同的方式得到解释:根据后者,系数值是偏好转移系数;而根据前者,它们受环境驱动,属于人们不应负责的方面。

我们引入一些标记符号。令 y_i 代表个人 i 的结果(原始结果变量或它的某个函数),C_i 代表环境向量,$E_i = (e_{i1}, \cdots, e_{ij}, \cdots, e_{ik})$ 代表维度 k 的努力向量,D_i 为人口统计特征向量,M_i 为普遍适用于 i 的市场条件,ε_i 为回归方程均值为零的残差,o_{ij} 是努力 j 的反应方程均值为零的残差。我们使用的其他字母包括两个回归的系数。在最简单的线性模型中,以下方程必须被估计出来:

$$y_i = \mu_{y1} + \alpha_c C_i + \alpha_d D_i + \alpha_e E_i + \varepsilon_i \tag{4.16}$$

$$e_{ij} = \mu_{ej} + \beta_c C_i + \beta_d D_i + \beta_m M_i + \gamma_{cd} C_i D_i + \gamma_{cm} M_i D_i + o_{ij}, \text{对于每个努力变量}$$

$$j = 1, \cdots, k \tag{4.17}$$

方程(4.16)是紧凑型:系数 β 描述调整努力适应外部条件的平均反应,而系数 γ 是"偏好转移系数",它允许个人根据不同的年龄和性别组群以不同的方式进行调整。

市场条件并不总是能够解释结果(例如,水果和蔬菜的价格可能会影响饮食,而对死亡率没有影响)。如果情况如此,我们可能会设置排除性限制,帮助识别系统。

被省略的变量(可能是智商或任何先天才能测度)可能会影响所有这些方程的残差,残差结构可能遵循一些常见模式,后者可以通过干扰项之间的相关性来捕捉[见 García-Gómez 等(2012)对死亡率结果的操作]。如果相关性显著,则显示存在一个被省略的协变量,对整个系统的估计非常重要。但是,我们无法确定显示出的省略变量是属于环境方面还是努力方面。

许多作者(如 Bourguignon et al. ,2007;Trannoy et al. ,2010)认为,如果我们只想确定环境

的全部影响,那么对整个系统的估计是不必要的。如果我们想要测量可观察到的环境的影响,估算简化式(4.18)即可:

$$y_i = \mu_{y3} + \delta_c C_i + \delta_d D_i + v_i \tag{4.18}$$

然而,这种表述要求某种限定条件。的确,忽略转移参数的话,根据弗里希—沃(Frisch-Waugh)定理,在线性模型 $\delta_c = \alpha_c + \alpha_e \beta_c$ 中,α_c 为环境的直接影响,$\alpha_e \beta_c$ 为通过努力获取的环境间接影响(人口统计特征也是如此)。但是,这种关系对非线性模型则不存在,如 logit 分对数或 probit 概率的模型设定,即使 Jusot 等(2013)发现 δ_c 和 $\alpha_e \beta_c$ 之间的差异相当小。更重要的是,简化式(4.18)已在实证研究中得到反复估计,不允许环境对结果的影响受到人口统计特征的调整。在反应方程式(4.17)中引入的偏好移位系数 γ 所提供的信息丢失,它将分裂成简化的环境系数、简化的人口统计特征系数,或许还有残差。解决办法是在简化的方程中引入环境和人口统计特征的交叉效应,但在某种程度上,人口统计特征的效应作为偏好转移工具将超越结构模型中的交叉效应。这里的基本信息是,使用简化的形式,我们不能把作为环境的人口统计特征效应与作为偏好转移工具的人口统计特征效应区分开来,因此需要责任变量。为此,我们需要对完整的结构模型进行估计。让我们回忆 Fleurbaey 和 Schokkaert(2009)的声明,缺乏结构模型估计将给测量阶段带来极大的限制。

现在谈谈省略变量对估计的影响,系数会有偏,不能被解释为因果关系。举个健康方面的例子,儿童家中的铅可能会给孩子和父母都带来健康问题。如果这个变量在数据集中缺失,儿童的健康状况和父母之间的相关性会被发现,但不构成因果关系。于是,以结构模型(4.16)和(4.17)或简化模型(4.18)的估计为依据提出政策建议就是不明智的。如果我们希望以这种方式使用估计值,必须实施其他实证策略。对于简化形式,必须明白估计值 $\hat{\delta}_c$[①] 表示的是与可观测环境相关却没有被察觉的任何变量的影响。如果这些变量是环境,从相关性的角度来看当然很好,我们可以说 $\hat{\delta}_c C_i$ 很好地说明了与可观测环境相关的所有因素对个人 i 收入的贡献。

如果所有与环境相关却未被察觉的因素都不被视作环境,解释就会变得更加困难。我们以先天才能为例,假设其准确测度是智商。我们已经主张把法定自愿年龄之前测量的智商看作一种环境,但从调查和问卷(见 4.8 节)中可以清楚地看到,对这个问题的看法存在分歧。如果我们遵循自我所有权(self-ownership)观,它应该是一个责任变量(即人们应该从他们的高智商中受益)。Ferreira 和 Gignoux(2011)认为简化形式(通过计算 $\hat{\delta}_c C_i$)将得出环境估计的一个下限,如果简化形式中的缺失变量被划分为努力,并且与智商等可观察的环境呈正相关,则结果正好相反。环境的影响不会偏低反而会偏高。补救措施并非无关紧要,因为任何其他简单的解决办法都无法解决这一问题。只用可观察的努力来估计简化模型,只能传达与努力相关的环境的影响,这与 EOp 的信息相冲突。这时,结构模型给出的估计将与 EOp 的伦理道德更加矛盾。不可观测智商的影响将被分解为在回归方程(4.16)中估计出的各种系数加上残差,这意味着一部分天赋将被责任特征吸收,还有一部分会被认为是非责任特征。在这个阶段,我们应该认识到,既然天赋是一种运气,参数估计受限太多,根本无法处

---

① 一个带有上标的变量被定义为一个估计值。

理运气(见下文)。

结构模型的优点之一是它能够(通过努力)将环境影响分解为一个直接项和一个间接项。Bourguignon 等(2007)以及 Ferreira 和 Gignoux(2011)承认,将环境影响再分解为直接或间接影响,或者再分解为个人环境的影响,会受到当前省略变量的强烈影响。Bourguignon 等(2013)表明,与其说是机会不平等的程度受到影响,不如说是直接效应和间接效应之间的分解受到影响,即在回归方程和反应方程中它们均会受到环境系数估计有偏的影响。

我们最后来解释各种不同方程式的残差。我们首先强调,残差不与含有省略变量的回归量正交,这一点令人担忧。这就是说,反应方程的残差与罗默所说的努力实质上非常接近,即消除环境和外部条件影响的努力。这促使 Jusot 等(2013)去估算一个方程,用罗默的努力替代方程(4.16)中的努力,即:

$$y_i = \mu_{y4} + \delta_c C_i + \delta_d D_i + \alpha_e O_i + \tau_i \qquad (4.19)$$

其中,O 表示方程式(4.17)的残差向量。由于弗里希—沃定理,罗默的努力系数将与真实努力的系数相同,而环境和人口统计的系数将通过努力产生的间接影响得以增加,等于在简化式(4.18)①中估计的系数。这使得这些研究者能提供一个分解,按照罗默的思路将不平等分解为责任、非责任和人口统计特征部分,它区别于按方程(4.16)得到的各个估值结果,后者的环境影响都是直接的,因此遵循布莱恩·巴利的建议(个人应该因其绝对努力而非相对努力得到回报)。

从上文的讨论中可清楚地看出,回归方程(4.16)的残差是误差项和省略变量的混合体,包括了环境、努力或运气变量。一般来说,误差项代表了大部分的方差,在 Björklund 等(2012)对简化式(4.18)的残差研究中,占比超过 70%。在横截面估计中,得到解释的部分仍然较小,这很正常:30% 已经是差强人意了。我们应该将残差分配给努力还是环境方面? 有几个相冲突的观点。罗默和他的合著者多年来都将简化方程的残差归于努力方面,而 Devooght(2008)和 Almås 等(2010)将结构回归方程的残差归于环境方面。② Lefranc 等(2009)和 Jusot 等(2013)认为这些解决方案是相机抉择的,他们宁愿坚持"不知道残差代表什么"这一观点。此外,当残差代表 50% 或更多的方差时,把它归于一方或是另一方,都将决定机会不平等的相对程度。因此,他们宁愿在任何的分解分析中将其抛开,继续从可被解释的结果部分(4.16)开始:

$$\hat{y}_i = \hat{\mu}_{y1} + \hat{\alpha}_c C_i + \hat{\alpha}_d D_i + \hat{\alpha}_e E_i \qquad (4.20)$$

参数方法试图估计条件期望 $E(y|C,E)$。③ 非参数法野心更大,因为它们试图估计条件分布 $F(y|C,E)$。O'Neill 等(2000)第一个使用核密度估算法来估计以父母收入为条件的收入分布,作者选择了一个连续变量(父母收入)来进行非参数分析,这不是偶然的。参数估计已经为离散变量提供了一些灵活性。Pistolesi(2009)借鉴了 Donald 等(2000)的半参数估计技术,简而言之,既然风险率被定义为:

---

① 事实上,如果式(4.17)中引入了市场条件和转移参数,这是不正确的。该表述仅对式(4.17)的简化形式有效。
② 它们也代表残差归于责任集时的稳健结果。Almås(2008)对两个方面都考虑到了。
③ E 代表期望运算符。

$$H(y) = f\frac{y}{1 - F(y)} = f\frac{y}{S(y \mid C,E)}$$

$S(.\mid.)$ 为条件存活函数,我们可以得出:

$$f(y \mid C,E) = H(y \mid C,E)[S(y \mid C,E)]$$

诀窍是首先估计一个基于风险函数的估计量,并使用比例—风险模型引入协变量。然后采用上面的方程进行必要的转换,从而得到与条件密度函数相关联的估计。众所周知,持续时间模型的估计比线性模型的估计更灵活。皮斯托莱西(Pistolesi)实质上使用了这种估计技术估计了与方程式(4.16)和(4.17)相应的条件分布。

4.10.2.2　数据集贫乏的情况

贫乏数据集的显著特点是无法获取努力变量,但我们仍然有丰富的环境集和大量的样本。我们可以建构类型,但不能先验地建立层级。这里的层级方法来自 Roemer(1993,1996,1998)和他的识别公理。这个唯一的假设使我们能够在信息贫乏的情况下仍对机会不平等有所解释,它在本质上是非参数的,因为努力是从一个类型的结果分布 $F(y \mid C)$ 中推导出来的。两个人在类型条件分布上位于相同的分位数,被定义为他们付出了相同的努力,记作 e_{RO}。 我们首先从形式上把收入产生过程表示为:

$$y = g(C,E)$$

罗默识别公理(简称 RIA)可写为:

$$F_y[g(C,E) \mid C] = F_y[g(C',E') \mid C'] \Rightarrow e_{RO} = e'_{RO}$$

通过建构,这种努力在所有类型上均匀分布于[0,1]区间。这种努力识别方式已被 O'Neill(2000)等在非参数情况下用来描绘一个继承人的机会集合,定义为她在[0,1]区间的所有级别的罗默努力可以达到的收入范围,机会集依据父母收入的十分位数呈现出的优势水平来进行对比。

Peragine(2004)也用这种努力识别方法来建立 EOp 的层级方法,其中多元分布由矩阵描述,而矩阵的典型元素是既定类型的收入和类型条件分布的百分位数。但是,这种方法也无法避免上面讨论过的省略变量问题。Ramos 和 Van de gaer(2012)已正确指出,省略的环境导致了对罗默努力的错误识别,除非在对观察到的环境进行限制之后,未被观察到的环境不会对收入有任何影响(见该文的命题6),这是在实证研究中很少能够被满足的一个强条件。

从分析角度来看,这个识别公理可能存在问题(见 Fleurbaey,1998),因为多维努力是如何被聚合成一个指标的,这一点并不清楚,运气因素能够以复杂的方式与努力相互作用。一种类型的特定努力分布是一种环境,这一观点在控制观中是有意义的,但在偏好观中无意义。让我们把这个公理当作独立于类型的努力分布:相关的标准努力分布应该与类型无关。这个公理明显弱于罗默的识别公理,它激发了在参数和非参数设定下一些富有成效的实证策略。在参数情况下,Björklund 等(2012)用 v_i 高斯白噪声(Gaussian white noise)估计了如式(4.18)的一个简化形式。他们把残差分布纳入努力分布,但是残差分布可以在不同类型之间变化,这种变化具有非责任性特征。通过在回归方程中加入和减去一个含有总方差的残差项,他们在二阶矩中已经修正了变异性。因此,每种类型的相关努力都被重新标准化以具有相同的方差。

在非参数情况下,Lefranc 等(2009)仍然认为努力是独立变量,这在罗默识别公理中已得到假设,但没有得到假设的是,我们可以用类型条件收入分布的分位数来识别努力。令以类型(假设是单维)为条件的努力分布由 $G(e \mid C)$ 给出,作者遵循罗默命题(见 4.3 节),负有责任的努力 π 由一个人在其所属类型的努力分布的分位数给出:

$$\pi = G(e \mid C) \tag{4.21}$$

有了这种努力概念,就能够把我们(在信息贫乏的情况下)能够检验的与我们若得到所有的努力信息后想要检验的这两者连接起来。我们能够检验的显然是可观察因素(在这里只有环境向量)条件下收入分配的平等性:

$$\text{对于任意} (C, C'), \text{有} F(\cdot \mid C) = F(\cdot \mid C') \quad (\text{条件分配平等}) \tag{4.22}$$

上文已经说过(见 4.5 节),我们希望在所有环境和努力都能被观察到的世界里,运气能够得到公平分配。

$$\text{对于任意} (C, C', e), \text{有} F(\cdot \mid C, e) = F(\cdot \mid C', e) = K(\cdot \mid e) \quad (\text{运气机会平等}) \tag{4.23}$$

这使偶发运气分配取决于努力而不是环境,其主要结果是,如果我们采用相对努力,运气机会平等得到满足的必要条件是条件分配平等。这在数学上显而易见,但在实践中具有重要意义。在数学上,如果我们在式(4.23)中用 e 取代 e_r,则式(4.23)意味着式(4.22)。Lefranc等(2009)证明了就算某些环境没有被观察到,情况仍是如此。依据所观察到的环境集来检验条件分配平等,这对于满足全局 EOp 条件仍然是必要的,这些结果为使用随机优势工具[1]来测量分配的不公平性铺平了道路,这一点将在下面进行讨论。

4.10.3 测量阶段

模型一旦被估计出来,人们应该如何使用在计量经济阶段得到的估值,这仍然是个开放性问题。研究者已提出多种不同选择,涉及三大问题:类型对层级方法、直接不公平(DU)对公平差距(FG)方法,以及不平等指数。我们将依次讨论这三种方法。

4.10.3.1 类型对层级

组织离散设定信息的一种方法是建构一个矩阵,矩阵的行是类型,列是努力。矩阵的元素 m_{ij} 是类型 i 和努力水平 j 的结果:

$$\text{类型 } i \begin{pmatrix} \square & \cdots & \square \\ \vdots & m_{ij} & \vdots \\ \square & \cdots & \square \end{pmatrix}$$

$$\text{努力水平 } j$$

有必要强调,当且仅当有关环境和努力的知识足以确定结果水平的时候,这种处理方式才是正确的。也就是说,就回归所允许的过程分解而言,残差要么分配给努力,要么分配给环境,除非其结果被预测的结果替代。在这种设定下,我们可以提出两种补偿原则。在此之前,我们将一个层级定义为付出同等努力程度的一组人。

---

[1] 超越随机优势来定义某种类型的相对优势是可能的[涉及矩阵特征值的一项提议参见 Herrero 等(2012)]。

分层补偿原则规定,每列越接近常数向量越好。如果对于某个努力(列),跨类型的结果不平等减少,其他一切保持不变,则 EOp 得到提高。

类型补偿原则规定,从优势类型向弱势类型转移是有益的,只要类型排序得到尊重。假设在两种类型之间,一种明显好于另一种,结果无疑可以根据一阶随机优势排名。那么在其他条件保持不变的情况下,从优势类型向弱势类型转移努力水平会提高 EOp。这一原则可以进一步扩展到二阶随机优势检验(Lefranc et al.,2009)。事实上,如果两种类型平均结果相同,但第一个结果的方差更大,那么任何风险规避决策者都宁愿属于第二种类型,因此不能说这两种类型就风险前景而言具有相同的机会,而需要考虑风险维度,这与 Björklund 等(2012)在参数情形下对残差的异方差性处理相一致。这种扩展产生了一个 EOp 弱标准,与缺少跨类型二阶随机优势的情况相对应。①

Fleurbaey 和 Peragine(2013)通过一个例子,展示了两种原则之间的冲突,即不存在同时尊重两种原则的(正)矩阵全域的全序。如果我们把这和 Lefranc 等(2009)得到的结果联系起来,就似乎意味着,运气机会平等与条件分配平等之间有冲突。② 研究者认为,应该在二者之间做出选择,这从逻辑上说是对的。对我们来说,在实证方面的冲突并不太大,因为这些原则在不同的信息环境中都有用。要么选择信任关于努力的信息,此时尊重层级补偿原则是合适的;要么缺乏关于努力的信息,或者因省略变量的问题认为信息不够可靠,此时则可遵从类型补偿原则。

Fleurbaey 和 Peragine(2013)也指出,层级补偿原则与两个回报原则相冲突,即前者与自然回报原则和功利回报原则相冲突。Ramos 和 Van de gaer(2012)表明,这种不相容性可扩展到另一个回报原则,这是受到罗默对自然回报原则的批评的启发。不平等逆回报原则要求类型内的庇古—道尔顿转移符合社会期望。③ 在我们看来,如果我们同意优先考虑这些原则,就不应该过分强调冲突。如果我们根据层级补偿原则消除环境造成的不平等,那么在每一列中,每个元素等于重新分配前的层级平均数。因此,这种根据层级补偿原则的再分配尊重一个简单的自然算数平均回报原则:因努力差异造成的算术平均收入差异对重新分配保持不变。在这一阶段,回报原则降为自然回报原则,不会要求再分配符合 EOp 的要求。

我们借用 Ramos 和 Van de gaer(2012)的观点做个总结:如果我们保留罗默努力,那么消除矩阵各列内的不平等意味着将每种类型的机会平均化,因为从结构上来说,罗默努力的分布对于每种类型都是一样的。

4.10.3.2 直接不公平(DU)对公平差距(FG)

如何测量因环境造成的不平等? Fleurbaey 和 Schokkaert(2009)以及 Pistolesi(2009)的论文对此给出了几乎相同的回答。我们这里会保留前文作者所用的术语名称,而我们的定义则更接近后文的作者。这些作者提出了两种方法。

通过抑制努力变量,或通过对每个人规定一个努力参考值,如平均值,来消除努力变量

---

① 这两个原则已被 Fleurbaey 和 Peragine(2013)命名为事前(类型)和事后(层级)方法。这些术语带有误导性,因为事后和事前通常指的是一种不确定的情况,但在这里不明确。

② 这种比较不是人为的,因为在某种程度上,这两个原则都可以看作根据式(4.22)和式(4.23)的排序版本。

③ 这一原则与层级补偿原则不相容,但与类型补偿原则不冲突。

的影响之后,DU 被计算为反事实的不平等分配。以下是几种 DU 的可能计算方式,其中 I 表示不平等指数。

对于简化形式(4.18),DU 的一个自然选择是计算不同类型的结果条件期望的不平等程度[Van de gaer(1993)首先提出了一种解决方案]。由于回归分解了条件期望,我们得到

$$I[\mathbf{E}(y \mid C_i, D_i)] = I(\hat{\mu}_{y3} + \hat{\delta}_c C_i + \hat{\delta}_d D_i) \tag{4.24}$$

这是 Ferreira 和 Gignoux(2011)选择的一个很好的解决方案。其中残差被设定为 0,即其平均值。

对于式(4.16)或式(4.19)等更结构化的模型,对努力变量影响的估计已经得到,所以可以将努力变量设定为 0 或者考虑将平均努力作为参考值。对于平均努力水平的结果条件期望的不平等由下式给出:

$$I[\mathbf{E}(y \mid C_i, D_i, \bar{E})] = I(\hat{\mu}_{y1} + \hat{\alpha}_c C_i + \hat{\alpha}_d D_i + \hat{\alpha}_e \bar{E}_i) \tag{4.25}$$

变量的上划线表示平均值。上述两个算式都存在一个潜在的问题,即各种类型的预估残差分布可能与类型密切相关。如果情况如此,那么应该考虑跨类型的估计残差之间的均值差异。

FG 测量的是实际分配不平等和与反事实的分配不平等之间的差距,在反事实的分配不平等中,我们通过抑制环境变量或者通过给每个人规定一个平均的环境参考值来消除环境变量的所有影响。下面给出一些例子。如果我们已经估计了只有努力变量的简化形式(目前还没有研究做过),我们可以用类似于(4.24)的公式,在环境是残差且已被消除的情况下,对跨层级的预期结果不平等进行估计。Checchi 和 Peragine(2010)直接用数据计算出那些具有同等努力水平者的平均结果,这是一种非参数方法。由此,FG 可通过下式给出[①]:

$$I(y) - I[\mathbf{E}(y \mid E_i)] \tag{4.26}$$

对于式(4.16)或式(4.19)等更结构化的模型,努力变量和环境变量作为回归量引入,我们可以做得更好,并在环境集被设定为一个参考值例如平均值时,预估反事实分配的 FG。由此,我们得到 FG 如下:

$$I(y) - I[\mathbf{E}(y \mid \bar{C}_i, \bar{D}_i, E_i)] = I(y) - I(\hat{\mu}_{y1} + \hat{\alpha}_c \bar{C}_i + \hat{\alpha}_d \bar{D}_i + \hat{\alpha}_e E_i) \tag{4.27}$$

Bourguignon 等(2007)提出了一个类似的测量办法,问题同样是如何分配残差。根据式(4.27),残差已被消除,且被看作对一项环境的测量。上述作者隐含地将残差视为努力。另一个解决办法是,用被解释的不平等来取代整体不平等,即,记住 $\hat{y}_i$ 是被解释的结果[见方程式(4.20)],可以计算:

$$I(\hat{y}_i) - I(\hat{\mu}_{y1} + \hat{\alpha}_c \bar{C}_i + \hat{\alpha}_d \bar{D}_i + \hat{\alpha}_e E_i) \tag{4.28}$$

这是 Jusot 等(2013)选择的解决办法。

式(4.26)和式(4.27)中的参考值有些武断,但我们可以计算不同参考值的方程式,然后采取算数平均值。以上定义的 DU 和 FG 都是以绝对值来定义的,它们当然也可以用相对值来定义,再除以整体的不平等。最近的几项实证研究(如 Aaberge et al.,2011;Checchi and

---

① Fleurbaey 和 Schokkaert(2009)是唯一提出将不平等指数应用于该差距的研究者。其他作者计算了总体不平等和反事实的分配不平等之间的差距。

Peragine,2010)对机会不平等进行了两种估计,作为稳健性检验。

使用 DU 对不公平的不平等进行测量与层级补偿原则的关联如下:如果对于某个矩阵 M 按公式(4.25)计算[1]的 DU,它在所有不平等指数上低于其他某个矩阵 M',那么根据层级补偿原则,M 优于 M',其中值得考虑的转移属于庇古—道尔顿类转移。同样,类型补偿原则和 FG 之间也有联系。事实上,按照式(4.27)在参考类型不同于庇古—道尔顿转移所涉及的两种类型的情况下对所有不平等指数进行计算,如果根据类型补偿原则 M 优于 M',那么 FG 对 M 来说要低于对 M' 的情况。由于我们不能扩展上述陈述,无论参考类型是哪种,其选择都是特定的,因此对于 FG 的陈述不如对于 DU 的陈述那样具有一般性。这促使一些作者会考虑使用 FG 的加权平均值。在这种情况下可以证明,按照式(4.27)对于属于熵类[2]的所有不等式指数进行计算,如果根据类型补偿原则 M 优于 M',那么所有 FG 的加权总和对于 M 来说要低于对于 M' 的情况。[3]

我们在此对有关 DU 和 FG 的讨论进行总结。作为对不平等来源的分解方法,这些概念在本质上并不新鲜。Shorrocks(1980)主张使用方差,他在结论中指出,当人们思考一个来源对不平等的贡献时,人们也会思考当这种不平等因素的影响被抵消时,剩下的不平等还有多少,或者思考当其他来源都平等化时,还存在多少不平等。这正是 EOp 测量文献中可利用的选择。Shorrocks(1980)还指出,当有两个来源时(这里指一组环境集和一组努力变量集),由来源与结果的协方差方程得出的方差的自然分解可以得到很好的解释:一个来源的协方差正好等于上述两个计算过程的算术平均值。在 EOp 情况下,这意味着当其他来源在计算中被删除时(不作为一个参考水平),环境与结果的协方差是 DU 和 FG 的算术平均值,这一点是由 Jusot 等(2013)以及 Ferreira 和 Gignoux(2011)提出来的(见两篇文献的附录)。

4.10.3.3　指数的选择

或许除了阿特金森指数,EOp 的研究者已经使用了不平等指数的整个谱系。之所以没有使用阿特金森指数,也许是因为 EOp 不是福利主义理论。Lefranc 等(2008)和 Almås 等(2011)使用了基尼指数,Aaberge 等(2011)使用基尼和其他依赖于排序的测度。Bourguignon 等(2007)选择了泰尔指数,也使用了熵族元素。Checchi 和 Peragine(2010)、Ferreira 和 Gignoux(2011)、Lefranc 等(2007,2012)使用了 MLD。Pistolesi(2009)和 Björklund 等(2012)属于折中派,使用了一系列的测度。这些例子表明,当测度目标是收入水平时,它们是相对的测度。当目标是健康状况时(自我评估的健康状况或死亡率),使用绝对测度如由 Jusot 等(2013)和 Bricard 等(2013)选择的方差则更有意义,该选择具有上文所提的分解特性。然而,方差对于收入水平来说并不是一个很好的选择,因为它不是相对的。对于收入来说,不存在最优选择。排序依赖型测度(其中包括基尼指数)的优势与随机优势相关联,与熵族的可分解特性相抵消。相关的分解对于不平等的来源而言很普遍,而对于亚群体的分解并不多,夏普利值分解(Chantreuil and Trannoy,2013;Shorrocks,2013)可以应用于任何一个不平等

---

[1] 以参数方式或者非参数方式计算。

[2] 有关层级/类型方法与 DU / FG 测量之间联系的进一步结论,请参见 Brunori 和 Peragine(2011)。

[3] 要想该陈述是真实的,权重不能任意选择。一种类型的权重是由这种类型在类型之间的权重来确定的。

指数。

Foster 和 Shneyerov(2000)指出了 MLD 的路径无关性,最近 Ferreira 和 Gignoux(2011)又单独强调了这一指数。事实上,在 EOp 背景下,路径无关很有趣,因为它可以被理解为由 DU 标准测量的不平等就等于由 FG 测量的不平等,这个命题必须得到限定。DU 是作为跨类型的平均结果不平等来计算的。通过平均收入与一种类型的平均收入的比率,重新调整因努力获取的收入分配,从而得到 FG,这是消除环境因素影响的众多可能方法之一,因此,如果我们发现这种抵消环境不平等影响的方式对 FG 有吸引力,那么我们不必担心计算 EOp 的两个测度,因为它们(在路径无关条件下)是等价的。我们因而得出结论,在健康领域,方差可能是更好的选择,而 MLD 对于获得收入则更重要。

4.11 结果

对所有实证结果进行统一处理已经超出了我们的论述范围。正如前文所说,对机会不平等的估计可能是在所有情况中真实数据的下限,而低估的程度则相反,后者与数据集的丰富性密切相关。因此,实证结果的重要性需要通过考虑用数据集可以定义的类型数量来进行判定。我们很容易识别出引起读者好奇的一些有趣的问题:EOp 在整体不平等方面的范围有多大?努力对不平等的贡献是多大,是否比环境的贡献更大?环境通过对努力的影响而产生的间接贡献是否很大?按照罗默的观点来测量努力会有很大的不同吗?采用努力的绝对测度会给出类似的结果吗?各类环境中什么是最重要的?在健康、教育和收入这三种不同目标之中,存在机会不平等的共同模式吗?发达国家与发展中国家之间的机会不平等程度存在差异吗?我们在考察机会不平等与考察结果不平等时,各国的排名会有所不同吗?在测量 EOp 时,税收和福利或其他工具会产生很大的差异吗(即财政政策前和财政政策后收入的机会不平等)?

Lefranc 等(2008)从非常粗略的类型定义开始(按父亲受教育程度分为三个等级,根据收入水平分为五个等级),发现瑞典和挪威差不多实现了收入 EOp,而位于另一个极端的西方国家是意大利和美国,其他欧洲国家居中。他们的一些定性结果与 Roemer 等(2003)的结果相似。在报告意大利和美国的结果之前,我们先仔细讨论北欧国家的情况。然后我们将把这些结果与拉丁美洲、非洲和土耳其的结果进行对比。

三项深入的实证研究已经研究了斯堪的纳维亚地区的收入 EOp:Aaberge 等(2011)和 Almås 等(2011)研究了挪威,Björklund 等(2012)研究了瑞典。先从后一项说起,作者声称他们有十分详细的分类(1152 种),根据不同的条件将样本分成不同的类型,包括:父母收入四分位(四组)、父母受教育程度(三组)、家庭结构/类型(两组)、兄弟姐妹数量(三组)、智商四分位(四组),以及 18 岁时的体质指数(BMI)四分位(四组)。① 随机样本由 35% 的 1955 年至 1967 年出生的瑞典男性组成,结果是 7 年间(年龄层次 32—38 岁)财政政策前收入的平均

---

① BMI 在年轻时测量。将 BMI 置于环境方面对老年人来说会引起很大的争议。当然,在一些受试者身上存在肥胖的遗传根源,但主要的决定因素是生活方式[参见 Bricard 等(2013)的讨论]。

值。其随机优势图显示了 Lefranc 等(2008)已经呈现的结果。不同受教育程度类型或父母收入类型的收入 CDF(累积分布函数)是相当接近的。不同智商类型的差异更为明显。参数结果显示,机会不平等的三个最重要的贡献因素是父母收入、智商和干扰的类型异质性(可能是努力、幸运或不可观测的类型异质性,因为父母收入和受教育程度分组规模依然很大)。从基尼系数(结果通常对测度有点敏感)来看,撇开智商不谈,另一个"社会"环境占总体基尼系数的 15.3％至 18.7％。这意味着在反事实的情况下,即在不平等的唯一因素就是这些社会环境因素的情况下,对于年龄最大的一组人来说,基尼系数将达到 0.043 的适度值,智商的贡献约占总体基尼系数的 12％。到目前为止,这些结果令人印象非常深刻,证实瑞典已接近机会平等的情况。但结果还有待进一步观察。如果将父母的连续性收入引入,或再加上父母双方的受教育程度,使分类更加精细,结果可能会有显著变化。

　　Aaberge 等(2011)获得的挪威的结果,建立在更粗糙的分类之上(三个级别的父母受教育程度、是否在大家庭里长大、是否生于大城市、出生队列)。层级依据罗默的识别公理进行定义。数据来自一个包含从 1967 年到 2006 年的每一个挪威人的记录的丰富纵向数据集,使研究者能够建立一个永久性的收入测度。永久性收入的基尼系数低至 0.17,作者为三个不同教育层级绘制潘氏分布图表(永久收入 CDF 的倒数),这些 CDF 的倒数非常接近。基尼系数对应于机会不平等大约为 0.05,这表明当分析基于永久收入时,机会不平等约占收入不平等的 28％。由于瑞典的分类比 Björklund 等(2012)的分类粗糙,其结果到目前为止与更大的机会不平等相一致,以及与导致整体不平等的更大的机会不平等贡献因素相一致。Almås 等(2010)使用了完全不同的方法,结果不易被拿来进行比较。尽管如此,我们可以观察到努力影响的上限。如果我们考虑努力变量的常见候选变量,如受教育年限、工作时数(对于有工作的人来说)、在公共部门工作、居住县和大学专业的选择,那么在 1986 年的挪威,努力对基尼系数的原始贡献在税前收入中约为 25.5％,如果我们不消除环境对努力变量的影响的话。但是,父母背景对努力变量的影响相当小。一般认为,不明原因的部分(由于环境或努力)在所有关于机会不平等的实证研究中仍然占相当大的部分,甚至占主导地位。

　　接下来,我们将回顾 EOp"成绩差"的这类发达国家——美国和意大利的结果。Pistolesi(2009)使用面板数据,即从 1968 年到 2001 年的美国收入动态追踪调查(Panel Study of Income Dynamics,PSID)数据。作者把年龄、种族、父母双方的受教育程度、出生地和父亲的职业都看作环境,两个责任变量为受教育年限和工作时数,条件分布由根据环境向量进行的非参数估计得出,然后作者预测了教育和工作时数两个方面的反事实分布。第一种情况消除了不平等环境的影响,而第二种情况假定每一个人付出的努力相同。环境对工作时数的影响比对教育的影响小,这是实证研究中的一个相当普遍的发现,也是合理的。基尼系数的结果可以与以前的研究进行比较,结果表明,由环境造成的 DU 不平等所占份额约为 5 年平均收入在分布平均值的 35％。这无疑高于瑞典,但在样本期间呈现出相当显著的下降趋势。如果该结果得到证实,那就意味着美国的不平等加剧并不是因为美国机会不平等加剧。Checchi 和 Peragine(2010)研究了意大利的机会不平等。其中有三种环境因素:父母的受教育程度(五种类型)、性别和地区(北部、南部)。令人惊讶的是,在这种粗糙的分类下,他们发现机会不平等约占意大利收入总不平等的 20%,高于瑞典的 16%,而瑞典的分类要精细得多。

也许收入和财富机会不平等的最尖锐表现是父亲和儿子的高度收入(财富)弹性。[1]Corak(2013)对高度发达国家的情况提供了优秀的评述。基尼系数与代际收入弹性之间存在强烈的正相关关系,被称为"了不起的盖茨比"曲线。对于一组 OECD 国家,美国、英国和意大利家庭可支配收入的基尼系数(约 0.35)和代际收入弹性的基尼系数(约 0.5)都是最高的;挪威、芬兰和丹麦的这两项测度最低(基尼系数约为 0.23,弹性低于 0.2)。根据 Corak(2013)的观点,高弹性的主要决定因素是分布顶部和底部的流动性行为。在美国,父亲收入排在前十分之一的,超过一半的儿子成年后位于前十分之三;同样地,父亲收入排在后十分之一的,约有一半的儿子成年后位于后十分之三的位置。在美国,高收入家庭将私人资源投在孩子身上,Corak(2013)报告称这些为"富裕支出"(书籍、电脑、夏令营、高质量的日托和私立学校)。收入在前五分之一的家庭中的每名儿童,每年的花费约 8900 美元,而收入在最底层的五分之一的家庭,每年在每个孩子身上的花费为 1300 美元(2006 年数据)。机会平等政策应该补偿低收入家庭儿童,由公共资助为他们提供类似的资源。让我们回忆,在北欧国家几乎不存在私立学校,这肯定有助于降低那里的代际收入弹性。

接下来,我们将转向欠发达国家。Ferreira 和 Gignoux(2011)对拉丁美洲的研究结果,可以与以往的研究进行比较。环境被作者定义为民族、父亲和母亲的职业以及出生地区,研究对象为巴西、厄瓜多尔、危地马拉、巴拿马、哥伦比亚和秘鲁。类型数量在前四个国家有 100 多种,在后两个国家约有 50 种。环境对不平等的影响很大,而且六个国家的差异很大。如果看收入,危地马拉和巴西有个共同点,即可观测的环境所解释的份额很高,约占三分之一,随后是巴拿马(30%)和厄瓜多尔(26%)。在机会不平等对社会总体不平等程度的贡献方面,秘鲁约为 28%,哥伦比亚只有 23%。但是,这两个国家的类型较少,这就使得估值相对于其他国家被低估了。作者还提供了非责任特征对人均消费不平等的贡献的估计,这可能与永久收入更为类似。机会不平等可用以解释整体不平等的程度,其结果在有些国家甚至更高,在危地马拉超过 50%。土耳其与巴西的发展水平大致相同,Ferreira 等(2011)研究发现,在土耳其 30—49 岁已婚女性的样本中,机会不平等在被估计的消费总体不平等中至少占 26%,这在总体上低于除哥伦比亚之外的其他拉丁美洲国家。对于非洲国家,我们将参考 Cogneau 和 Mesplé-somps(2008)的研究。他们所选的是非洲仅有的具有全国代表性的大型调查样本,包含成年受访者提供的有关父母背景的信息,涵盖曾经在英国殖民统治下的两个国家,加纳和乌干达,以及曾经在法国殖民统治下的三个国家,科特迪瓦、几内亚和马达加斯加。类型由职业、教育和地理等少数环境因素来定义。对于科特迪瓦和加纳,机会不平等的基尼系数约为 0.15(是瑞典的三倍),这占总体不平等的三分之一(0.45)。其他国家的信息不足,但是,鉴于之前得出的可比结果,人们可以猜测那些国家的机会不平等甚至更严重。

总而言之,收入的机会不平等似乎与收入不平等高度相关。用基尼系数测量出的西方

---

[1] 对于收入不平等、机会不平等和国际层面的代际流动性之间相关性的实证研究,见 Brunori 等(2013)。

国家的这两种不平等之间的高度相关性(0.67),证实了这一观察结果(Lefranc et al.,2008)。此外,这种强相关似乎是一种普遍模式,与被选择的结果无关。确实,基于 SHARELIFE 的回顾性调查(集中于 50 岁及以上的欧洲人的生活史),Bricard 等(2013)研究发现,健康的机会不平等和健康不平等之间的相关系数约为 0.39。此外,由于生活方式在这个数据集中有记录,作者能够证明,欧洲健康状况的机会不平等平均占了由环境和努力(生活方式)造成的健康不平等的一半。不过,各国之间存在很大差异。该研究中的健康指标是 SAH(自我评估健康),但使用的死亡率指标是 García-Gómez 等(2012)的指标,生活方式的重要性也是一个显著的特征。作者使用了荷兰的丰富数据集(1998—2007),把死亡率、健康情况和生活方式联系起来。他们估计了一个完整的结构模型,揭示了健康生活方式中的显著教育梯度,这反过来又对死亡率会产生预期影响。

从动态的角度看,代际流动显然是 EOp 的一个重要测度,几乎所有关于代际流动的研究都将存在不同阶层之间的流动性的阶层测定为收入阶层(对此请参阅第 9 章中有关文献的详细讨论)。我们在这里只提一项研究。Lefranc 等(2007)表明,在家长与子女收入之间的对数线性关系下,若 β 斜率为代际收入弹性,MLD 作为不平等指数,则下面的关系成立:

$$I_t^f = -\alpha_t + \beta_t I_t^p$$

其中,I_t^f 为后代之间的 MLD,可被写为在 t 日期父亲收入的平均 MLD 的仿射函数,I_t^p 是给儿童提供的环境。若父母收入不存在不平等,则常数 $-\alpha_t$ 可以被看作残差不平等。我们可以把 $\beta_t I_t^p$ 看作由父母收入情况造成的机会不平等。减少机会不平等可以通过两个方面来达成,一是让代际传递优势(β)下降,二是减少父母一代的收入不平等。以法国为例,作者发现机会不平等的减少只是减少父亲收入不平等的一个结果,而没有表现出任何明确的代际关系贡献。

对机会不平等进行可靠的实证分析处于刚刚起步的阶段。由于数据集的局限性以及问题的复杂性,当前分析均受到阻碍。自 Bourguignon 等(2007)开始,最近的每篇论文在引言中都约定俗成地给出了类似的说明,大意是“这套环境和努力的变量集,比现有的机会不平等的实证文献中所用的都要丰富”。如果照这种趋势继续下去,我们可以乐观地估计,未来数年里,随着问题变得越来越清晰,数据集也将会得到进一步改善。

4.12　结论

在大量的有关不平等的研究文献中,关于机会平等的文献的主要贡献在于指出从伦理角度看待不平等的根源十分重要。大多数人会同意,影响人的幸福感的环境因素超出了个人的控制范围,这部分因素应该予以纠正。与此同时,至少有一些因选择产生的不同结果在正义之门中不予补偿。因此,像这样的不平等测度并不是特别有用,除非人们是纯粹的结果平等主义者,认为一切不平等都是不公正的。经济学家若忽视了这一道德原则和人们的普遍观点,那么他们对不平等的测度就无法说服人们去将其纠正。

正如我们所说,机会平等理论涉及平等方面和不平等方面。一些哲学家在我们看来过分专注于不平等的方面,这引起了左翼对其方法的批评。我们提到了 Scheffler(2003)和 Anderson(1999)的研究,两人都批评了他们称之为"运气平等主义"的观点,认为它过于关注个人的选择。对此,他们提出一种"民主平等"的观点,这种观点要求以相同的尊严和尊重对待所有人。事实上,人们当然应该对他们的抱怨表示同情,如果整个机会平等的方法只限于昂贵品味的情况,例如社会是否应该支付摩托车手的住院费用——摩托车手选择了不戴头盔,却因撞车而住院;再如更重要的社会责任问题,如吸烟相关的疾病治疗。这些例子关注于机会平等观点的不平等方面,严格地讲,这种观点认为,不谨慎的选择所产生的影响是不应得到补偿的。但是,我们认为 EOp 的主要关注点在于要求将环境差异造成的结果平等化:在这个历史的节点,最迫切的是消除收入、健康和教育成绩方面的差异,而这些可归因于儿童成长的社会经济环境的巨大差异,很大程度上也可归因于资本主义社会制度。资产阶级革命消除了封建主义和由天生社会地位造成的机会不平等,尽管不彻底,这标志着机会平等化的巨大进步,但它用财富差异导致的机会不平等取代了封建社会的机会不平等。当然,以往由性别、民族和种族等原因造成的机会不平等形式仍然留了下来。北欧社会民主国家在消除由收入和财富而导致的机会不平等方面做得最多。①

我们早先把经济发展描述为消除由父母的社会经济地位造成的机会不平等。假设发展仍在全球范围内继续,根据这一衡量标准,我们推测,我们最终会用先天才能的不平等取代最重要的环境因素。参加了我们前面阐述的实验的许多人都支持精英管理观,这回归到天赋才能是公平的这一观点。也许,随着我们逐渐消除由财富差异导致的重要目标对象的不平等,接下来的重点将转向由于先天才能差异产生的不平等。有能力的人从行使他们的才能中获取的乐趣,是缺乏能力的那些人无法享受的,人们也未必会为此要求给缺乏能力的人以补偿,但这不妨碍要求有能力的人不应获得收入优势(税务人员不会因为你在浴室里唱歌获得了极大的快乐而向你收费)。想想"各尽所能,按需分配"的口号,这个口号毫不嫉妒人才心理上的愉悦和社会对人才的尊重,但主张收入和才能完全分离。

怀疑论者会说,在大型的复杂社会中,市场永远是必需的,如果收入与生产贡献距离太过悬殊,市场就无法高效运作。但是这个观点,毫无疑问接受了一个假设,即个人总是最大限度地自私地利用税收制度或者他们面临的其他再分配政策。换句话说,激励问题对当今的经济理论至关重要,研究者把这个问题当作自然界的事实,就像牛顿的万有引力定律一样。但它并不是这样的事实,而是人类某种心理的一种推论结果,这种特殊的人类心理是在物质稀缺在全球仍普遍存在的历史时期发展而来的,在此时期,资本主义经济关系几乎无处不在。②人类的物质需求是有限的,当人类或多或少能够感到普遍满意时,一个(新的)历史时期很快就要到来,这是很有可能的(我们认为它将如此)。事实上,凯恩斯(1930)认为,这样的一个时代实际上已经降临,至少在他所说的进步国家中已经来临,而且到 21 世纪,人们对

---

① 人们还应该询问那些主张"民主平等"的人对这里讨论的机会平等的看法,即,在因环境产生的让人厌恶的不平等被消除之前,是否可能存在他们想象的那种民主平等? 当由于运气不同,人们之间的巨大物质不平等仍继续存在时,他们如何能平等地对待彼此?

② 我们不是说人类没有自利倾向,而是认为这种倾向可能被大大高估了。随着物质稀缺状况的消失,很难弄清人们的心理将会如何变化。

物质获取的态度会从根本上发生改变。如果这种情况会发生,或当这种情况已经发生时,我们似乎有足够的理由推测,社会将试图消除才能差异产生的回报差异(如果已经消除了由封建主义地位和资本主义财富造成的不平等问题)。这个时代的经济学家遇到的中心问题,可能是如何使一个经济体制有效地完成这一目标。

致谢

我们非常感谢托尼·阿特金森、弗朗索瓦·布吉尼翁、马克·弗勒拜伊和埃里克·斯科凯特为本章的初稿提出了宝贵意见。阿兰·特兰诺伊在此感谢 A*MIDEX 项目的支持(n° ANR-11-IDEX-0001-02)。

参考文献

Aaberge, R., Mogstad, M., Peragine, V., 2011. Measuring long-term inequality of opportunity. J. Public Econ. 95, 193-204.

Alesina, A., Angeletos, G. M., 2005. Fairness and redistribution. Am. Econ. Rev. 95 (4), 960-980.

Almås, I., 2008. Equalizing income versus equalizing opportunity: a comparison of the United States and Germany. Res. Econ. Inequal. 16, 129-156.

Almås, I., Cappelen, A., Sorensen, E., Tungodden, B., 2010. Fairness and the development of inequality acceptance. Science 328 (5982), 1176-1178.

Almås, I., Cappelen, A. W., Lind, J. T., Sørensen, E. R., Tungodden, B., 2011. Measuring unfair (in)equality. J. Public Econ. 95 (7-8), 488-499.

Anderson, E., 1999. What is the point of equality? Ethics 109, 287-337.

Arneson, R., 1989. Equality and equal opportunity for welfare. Philos. Stud. 56, 77-93.

Arneson, R. J., 1990. Liberalism, distributive subjectivism, and equal opportunity for welfare. Philos. Public Aff. 19, 158-194.

Arrow, K., Bowles, S., Durlauf, S. (Eds.), 2000. Meritocracy and Economic Inequality. Princeton University Press, Princeton, NJ.

Atkinson, T., Bourguignon, F., 1987. Income distribution and differences in needs. In: Feiwel, G. F. (Ed.), Arrow and the Foundation of the Theory of Economic Policy. Macmillan, London.

Bargain, O., Decoster, A., Dolls, M., Neumann, D., Peichl, A., Siegloch, S., 2013. Welfare, labor supply and heterogeneous preferences: evidence for Europe and the United States. Soc. Choice Welf. 41, 789-817.

Barry, B., 1991. Theories of Justice. University of California Press, Berkeley.

Björklund, A., Jäntti, M., Roemer, J., 2012. Equality of opportunity and the distribution of long-run income in Sweden. Soc. Choice Welf. 39, 675-696.

Bossert, W., 1995. Redistribution mechanisms based on individual characteristics. Math. Soc. Sci. 29, 1-17.

Bossert, W., 1997. Opportunity sets and individual well-being. Soc. Choice Welf. 14, 97-112.

Bossert, W., Fleurbaey, M., 1996. Redistribution and compensation. Soc. Choice Welf. 13, 343-355.

Bourguignon, F., Ferreira, F. H. G., Menendez, M., 2007. Inequality of opportunity in Brazil. Rev. Income Wealth 53, 585-618.

Bourguignon, F., Ferreira, F. H. G., Menendez, M., 2013. Inequality of opportunity in Brazil: a corrigendum. Rev. Income Wealth 53, 551-555.

Bowles, S., 1973. Understanding economic opportunity. Am. Econ. Rev. 63, 346-356.

Bricard, D., Jusot, F., Trannoy, A., Tubeuf, S., 2013. Inequality of opportunity in health and the principle of natural reward: evidence from European countries. Res. Econ. Inequal. 21, 335-370.

Brunori, P., Peragine, V., 2011. Compensation, reward, and the measurement of unfair inequalities. Res. Econ. Inequal. 19, 1-21.

Brunori, P., Ferreira, F., Peragine, V., 2013. Inequality of Opportunity, Income Inequality and Economic Mobility: Some International Comparisons, IZA DP No. 7155.

Buchanan, J. M., 1986. Liberty, Market and State: Political Economy in the 1980s. New York University Press, New York.

Calsamiglia, C., 2009. Decentralizing equality of opportunity. Int. Econ. Rev. 50, 273-290.

Camerer, C. F., 2003. Behavioral Game Theory: Experiments in Strategic Interaction. Princeton University Press, Princeton.

Cappelen, A., Hole, A., Sorensen, E., Tungodden, B., 2007. The pluralism of fairness ideals: an experimental approach. Am. Econ. Rev. 97, 818-827.

Cappelen, A., Sorensen, E., Tungodden, B., 2010. Responsibility for what? Fairness and individual responsibility. Eur. Econ. Rev. 54, 429-441.

Cappelen, A., Konow, J., Sorensen, E., Tungodden, B., 2013. Just luck: an experimental study of risk taking and fairness. Am. Econ. Rev. 103, 1398-1413.

Chanel, O., Luchini, S., Teschl, M., Trannoy, A., 2013. Experimental Redistributive Justice: Disentangling Fairness Views about Responsibility Cut and Selfishness, WP Amse no. 2013-49.

Chantreuil, F., Trannoy, A., 2013. Inequality decomposition values: a trade-off between marginality and efficiency. J. Econ. Inequal. 11, 83-98.

Checchi, D., Peragine, V., 2010. Inequality of opportunity in Italy. J. Econ. Inequal. 8, 429-450.

Cogneau, D., Mesplé-Somps, S., 2008. Inequality of opportunity for income in five countries of Africa. Res. Econ. Inequal. 16, 99-128.

Cohen, G. A., 1989. On the currency of egalitarian justice. Ethics 99, 906-944.

Cohen, G. A., 1993. Equality of what? On welfare, goods, and capabilities. In: Nussbaum, M., Sen, A. (Eds.), The Quality of Life. Oxford University Press, Oxford.

Cohen, G. A., 1997. Where the action is: on the site of distributive justice. Philos. Public Aff. 26, 3-30.

Cohen, G. A., 2004. Expensive taste rides again. In: Burley, J. (Ed.), Dworkin and His Critics. Blackwell, Oxford.

Cohen, G. A., 2006. Luck and equality: a reply to Hurley. Philos. Phenomenol. Res. 70, 439-446.

Cohen, G. A., 2009. Why Not Socialism? Princeton University Press, Princeton.

Conlisk, J., 1974. Can equalization of opportunity reduce social mobility? Am. Econ. Rev. 64, 80-90.

Corak, M., 2013. Income inequality, equality of opportunity, and intergenerational mobility. J. Econ. Perspect. 27, 79-102.

Devooght, K., 2008. To each the same and to each his own: a proposal to measure responsibility-sensitive income inequality. Economica 75, 280-295.

Dolan, P., Tsuchiya, A., 2009. The social welfare function and individual responsibility: some theoretical issues and empirical evidence. J. Health Econ. 28, 210-220.

Donald, S. G., Green, D. A., Paarsch, H. J., 2000. Differences in wage distributions between Canada and the United States: an application of a flexible estimator of distribution functions in the presence of covariates. Rev. Econ. Stud. 67, 609-633.

Dworkin, R., 1981a. What is equality? Part 1: Equality of welfare. Philos. Public Aff. 10, 185-246.

Dworkin, R., 1981b. What is equality? Part 2: Equality of resources. Philos. Public Aff. 10, 283-345.

Ehrlich, I., Becker, G. S., 1972. Market insurance, self-insurance, and self-protection. J. Polit. Econ. 80, 632-648.

European Union Statistics on International Living Conditions (EU-SILC), 2005. epp. eurostat. ec. europa. eu.

Ferreira, F. H. G., Gignoux, J., 2011. The measurement of inequality of opportunity: theory and an application to Latin America. Rev. Income Wealth 57, 622-657.

Ferreira, F. H. G. , Gignoux, J. , Aran, M. , 2011. Measuring inequality of opportunity with imperfect data: the case of Turkey. J. Econ. Inequal. 9, 651-680.

Fleurbaey, M. , 1995. Three solutions for the compensation problem. J. Econ. Theory 65, 505-521.

Fleurbaey, M. , 1998. Equality among responsible individuals. In: Laslier, J. -F. , Fleurbaey, M. , Gravel, N. , Trannoy, A. (Eds.), Freedom in Economics: New Perspectives in Normative Economics. Routledge, London, pp. 206-234.

Fleurbaey, M. , 2008. Fairness, Responsibility, and Welfare. Oxford University Press, Oxford.

Fleurbaey, M. , 2012. Equal opportunity, reward and respect for preferences: reply to Roemer. Econ. Philos. 28, 201-216.

Fleurbaey, M. , Maniquet, F. , 2006. Fair income tax. Rev. Econ. Stud. 73, 55-83.

Fleurbaey, M. , Maniquet, F. , 2011. A Theory of Fairness and Social Welfare. Cambridge University Press, Cambridge UK.

Fleurbaey, M. , Peragine, V. , 2013. Ex ante versus ex post equality of opportunity. Economica 80, 118-130.

Fleurbaey, M. , Schokkaert, E. , 2009. Unfair inequalities in health and health care. J. Health Econ. 28, 73-90.

Fleurbaey, M. , Schokkaert, E. , Luchini, S. , Muller, C. , 2013. Equivalent incomes and the economic evaluation of health care. Health Econ. 22, 711-729.

Foley, D. , 1967. Resource allocation and the public sector. Yale Econ. Essays 7, 45-98.

Foster, J. , 2011. Freedom, opportunity and well-being. In: Arrow, K. , Sen, A. , Suzumura, K. (Eds.), Hand-book of Social Choice and Welfare, vol. 2. Elsevier, Amsterdam.

Foster, J. E. , Shneyerov, A. , 2000. Path independent inequality measures. J. Econ. Theory 91, 199-222.

Fried, B. H. , 1998. The Progressive Assault on Laissez-Faire: Robert Hale and the First Law and Economics Movement. Harvard University Press, Cambridge MA.

Frohlich, N. , Oppenheimer, J. , Eavey, C. , 1987. Choices of principles of distributive justice in experimental groups. Am. J. Pol. Sci. 31, 606-636.

Frohlich, N. , Oppenheimer, J. , Kurki, A. , 2004. Modeling other-regarding preferences and an experimental test. Public Choice 119, 91-117.

Gaertner, W. , Schokkaert, E. , 2012. Empirical Social Choice. Cambridge University Press, Cambridge.

Gaertner, W. , Schwettmann, L. , 2007. Equity, responsibility and the cultural dimension. Economica 74, 627-649.

García-Gómez, P. , Schokkaert, E. , Van Ourti, T. , Bago d'Uva, T. , 2012. Inequity in the

Face of Death. CORE Working Paper no. 2012/14.

Harsanyi, J., 1955. Cardinal welfare, individualistic ethics and interpersonal comparisons of utility. J. Polit. Econ. 63, 309-321.

Heckman, J., 2011. The American family in black and white: a post-racial strategy for improving skills to promote equality. Daedalus 140, 70-89.

Herrero, C., Mendez, I., Villar, A., 2012. Relative Equality of Opportunity: A Statistical Approach. https://editorialexpress.com/cgi-bin/conference/download.cgi? db_name=SAEe2012 &paper_id=169.

Herrnstein, R., 1971. IQ. Atlantic Monthly (September), 43-64.

Hurley, S., 2002. Roemer on responsibility. Law Philos. 21, 39-64.

Hurley, S., 2003. Justice, Luck and Knowledge. Harvard University Press, Cambridge MA.

Jensen, A., 1969. How much can we boost IQ and academic achievement? Harvard Ed. Rev. 39, 1-123.

Jusot, F., Tubeuf, S., Trannoy, A., 2013. Circumstances and efforts: how important is their correlation for the measurement of inequality of opportunity in health? Health Econ. 22 (12), 1470-1495.

Kahneman, D., Wakker, P., Sarin, R., 1997. Back to Bentham? Explorations of experienced utility. Q. J. Econ. 112, 375-406.

Keynes, J. M., 1930. Economic possibilities for our grandchildren. In: Keyes, J. M. (Ed.), Essays in Persuasion. W. W. Norton, New York, 1963.

Kolm, S.-C., 1972. Justice et équité. Ed. du CNRS, Paris.

Konow, J., 1996. A positive theory of economic fairness. J. Econ. Behav. Organ. 31, 13-35.

Konow, J., 2000. Fair shares: accountability and cognitive dissonance in allocation decisions. Am. Econ. Rev. 90 (4), 1072-1091.

Konow, J., 2001. Fair and square: the four sides of distributive justice. J. Econ. Behav. Organ. 46, 137-164.

Konow, J., 2003. Which is the fairest one of all? A positive analysis of justice theories. J. Econ. Lit. 41, 1188-1239.

Le Grand, J., 1991. Equity and Choice. Harper Collins Academic, London.

Lefranc, A., Pistolesi, N., Trannoy, A., 2007. Une réduction de l'inégalité des chances dans l'inégalité du revenu salarial en France? Rev. Econ. Polit. 117, 91-117.

Lefranc, A., Pistolesi, N., Trannoy, A., 2008. Inequality of opportunities vs. inequality of outcomes: are western societies all alike? Rev. Income Wealth 54, 513-546.

Lefranc, A., Pistolesi, N., Trannoy, A., 2009. Equality of opportunity and luck: definitions and testable conditions, with an application to income in France. J. Public Econ. 93,

1189-1207.

Lefranc, A., Pistolesi, N., Trannoy, A., 2012. Measuring circumstances: Francs or ranks, does it matter? In: Rodriguez, J. G. (Ed.), Inequality of Opportunity: Theory and Measurement. In: Research on Economic Inequality, 19, pp. 131-156, Chapter 6.

Lu, I., Chanel, O., Luchini, S., Trannoy, A., 2013. Responsibility cut in Education and Income acquisition: An Empirical Investigation, Amse WP no. 2013-47.

Messick, D. M., Sentis, K., 1983. Fairness, preference and fairness biases. In: Messick, D. M., Cook, K. S. (Eds.), Equity Theory: Psychological and Sociological Perspectives. Praeger, New York, pp. 61-94.

Moreno-Ternero, J., Roemer, J., 2008. The veil of ignorance violates priority. Econ. Philos. 24, 233-257.

Nozick, R., 1974. Anarchy, State and Utopia. Basic Books, New York.

O'Neill, D., Sweetman, O., Van de gaer, D., 2000. Equality of opportunity and kernel density estimation. In: Fomby, T. B., Hill, R. C. (Eds.), Advances in Econometrics, 14. JAI Press, Stamford, pp. 259-274.

Ooghe, E., Schokkaert, E., Van de gaer, D., 2007. Equality of opportunity vs. equality of opportunity sets. Soc. Choice Welfare 28, 209-230.

Otsuka, M., 2011. On the Currency of Egalitarian Justice and Other Essays in Political Philosophy. Princeton University Press, Princeton.

Paes de Barros, R., Ferreira, F. H. G., Molinas Vega, J. R., Chanduvi, J. S., 2009. Measuring Inequality of Opportunities in Latin America and the Caribbean. World Bank, Washington, DC.

Pazner, E., Schmeidler, D., 1978. Egalitarian equivalent allocations: a new concept of economic equity. Q. J. Econ. 92, 671-687.

Peragine, V., 2004. Ranking income distributions according to equality of opportunity. J. Econ. Inequal. 2, 11-30.

Peragine, V., Serlenga, L., 2008. Higher education and equality of opportunity in Italy. Res. Econ. Inequal. 16, 67-97.

Pignataro, G., 2012. Equality of opportunity: policy and measurement paradigms. J. Econ. Surv. 26, 800-834.

Pistolesi, N., 2009. Inequality of opportunity in the land of opportunities, 1968-2001. J. Econ. Inequal. 7, 411-433.

Rakowski, E., 1993. Equal Justice. Clarendon Press, Oxford.

Ramos, X., Van de gaer, D., 2012. Empirical Approaches to Inequality of Opportunity: Principles, Measures, and Evidence. Working Paper Universiteit Gent, 2012/792.

Rawls, J., 1958. Justice as fairness. Philos. Rev. 67, 164-194.

Rawls, J. , 1971. A Theory of Justice. Harvard University Press, Cambridge, MA.

Roemer, J. , 1985. Equality of talent. Econ. Philos. 1, 151-188.

Roemer, J. , 1993. A pragmatic theory of responsibility for the egalitarian planner. Philos. Public Aff. 22, 146-166.

Roemer, J. , 1996. Theories of Distributive Justice. Harvard University Press, Cambridge MA. Roemer, J. , 1998. Equality of Opportunity. Harvard University Press.

Roemer, J. , 2004. Equal opportunity and intergenerational mobility: going beyond intergenerational income transition matrices. In: Corak, M. (Ed.), Generational Income Mobility in North America and Europe. Cambridge University Press, New York.

Roemer, J. , 2012. On several approaches to equality of opportunity. Econ. Philos. 28, 165-200.

Roemer, J. , 2013. Economic development as opportunity equalization. World Bank Econ. Rev. 28, 189-209. http://dx. doi. org/10. 1093/wber/lht023.

Roemer, J. , Ünveren, B. , 2012. Dynamic Equality of Opportunity.

Roemer, J. E. , Aaberge, R. , Colombino, U. , Fritzell, J. , Jenkins, S. P. , Lefranc, A. , Marx, I. , Page, M. , Pommer, E. , Ruiz-Castillo, J. , San Segundo, M. J. , Tranaes, T. , Trannoy, A. , Wagner, G. , Zubiri, I. , 2003. To what extent do fiscal systems equalize opportunities for income acquisition among citizens? J. Public Econ. 87, 539-565.

Rosa-Dias, P. , 2009. Inequality of opportunity in health: evidence from the UK cohort study. Health Econ. 18, 1057-1074.

Rosa-Dias, P. , 2010. Modelling opportunity in health under partial observability of circumstances. Health Econ. 19, 252-264.

Rosa-Dias, P. , Jones, A. , 2007. Giving equality of opportunity fair innings. Health Econ. 16, 109-112.

Rutström, E. E. , Williams, M. B. , 2000. Entitlements and fairness: an experimental study of distributive preferences. J. Econ. Behav. Organ. 43, 75-89.

Scanlon, T. , 1986. The significance of choice. In: McMurrin, S. M. (Ed.), The Tanner Lectures on Human Values. University of Utah Press, Salt Lake City.

Scheffler, S. , 2003. What is egalitarianism? Philos. Public Aff. 31, 5-39.

Schokkaert, E. , 1999. Everyone is post-welfarist. Rev. Econ. 50, 811-831(In French).

Schokkaert, E. , Capeau, B. , 1991. Interindividual differences in opinions about distributive justice. Kyklos 44, 325-345.

Schokkaert, E. , Devooght, K. , 2003. Responsibility-sensitive fair compensation in different cultures. Soc. Choice Welf. 21, 207-242.

Schokkaert, E. , Lagrou, L. , 1983. An empirical approach to distributive justice. J. Public Econ. 21, 33-52.

Schokkaert, E. , Overlaet, B. , 1989. Moral intuitions and economic models of distributive justice. Soc. Choice Welf. 6, 19-31.

Sen, A. , 1980. Equality of what? In: McMurrin, S. (Ed.), The Tanner Lectures on Human Values. University of Utah Press, Salt Lake City.

Shorrocks, A. , 1980. The class of additively decomposable inequality measures. Econometrica 48, 613-625.

Shorrocks, A. , 2013. Decomposition procedures for distributional analysis: a unified framework based on the Shapley value. J. Econ. Inequal. 11, 99-126, as a Rediscovering Classics.

Temkin, L. , 1993. Inequality. Oxford University Press.

Trannoy, A. , Sandy, T. , Jusot, F. , Devaux, M. , 2010. Inequality of opportunities in health in France: a first pass. Health Econ. 19, 921-938.

Tversky, A. , Kahneman, D. , 1991. Loss aversion in riskless choice: a reference dependent model. Q. J. Econ. 106, 1039-1061.

Ubel, P. , Baron, J. , Asch, D. , 1999. Social responsibility, personal responsibility, and prognosis in public judgments about transplant allocation. Bioethics 13, 57-68.

Van de gaer, D. , 1993. Equality of Opportunity and Investment in Human Capital. Ph. D. dissertation, Leuven University.

Van de gaer, D. , Vandenbossche, J. , Figueroa, J. L. , 2012. Children's Health Opportunities and Project Evaluation: Mexico's Oportunidades Program, CORE DP 2012/15.

Van Parijs, P. , 1997. Real Freedom for All. Oxford University Press, New York.

Varian, H. R. , 1975. Distributive justice, welfare economics, and the theory of fairness. Philos. Public Aff. 4, 223-247.

Weymark, J. , 1991. A reconsideration of the Harsanyi-Sen debate on utilitarianism. In: Elster, J. , Roemer, J. (Eds.), Interpersonal Comparisons of Well-Being. Cambridge University Press, Cambridge.

World Bank, 2005. World Development Report 2006: Equity and Development. World Bank, Washington, DC.

Yaari, M. , Bar-Hillel, M. , 1984. On dividing justly. Soc. Choice Welf. 1, 1-24.

第 5 章 极化

让-伊夫·杜克洛(Jean-Yves Duclos) *

安德烈-玛丽·塔普埃(André-Marie Taptué) †

* 德国劳工经济学研究所(IZA),德国波恩市;拉瓦尔大学经济系与风险、政治经济学和就业跨学校研究中心(CIRPÉE),加拿大魁北克省魁北克市

† 拉瓦尔大学经济系与风险、政治经济学和就业跨学校研究中心(CIRPÉE),加拿大魁北克省魁北克市

目 录

　　摘要:本章回顾极化测度的一些基本概念原理及其起源,如何将极化与不平等以及其他认识个体之间距离和差异的方式相区别,如何从经济、社会以及社会和经济二者相结合的视角来测度极化现象。本章集中讨论极化的相关概念和测度,只简略地回顾极化实证研究文献和极化/冲突理论研究文献。本章区分了极化的五种类型:收入极化(目标极化变量是任意单一维度的基数变量)、收入两极化(群体分化成两个不同的组群,分布在收入中位数的两端的两极化程度)、社会极化(其中的目标变量是定性的且没有特定的数值)、社会经济极化(一些收入群体按照社会特征而分化)和多维极化(指认同与距离/疏远是通过几个不同的目标变量来测定的)。

　　关键词:极化;两极化;不平等;中产阶级;疏远;认同;社会冲突

　　JEL 分类代码:A33, D31, D63, D74

5.1　引言

本章回顾极化测度的一些基本概念原理及其起源,如何区别极化与不平等以及其他认识个体之间距离和差异的方式,如何从经济、社会以及社会和经济二者相结合的视角来测度极化现象。本章集中讨论极化的相关概念和测度,并简略地回顾极化实证研究文献和极化/冲突理论相关研究文献。

开篇有必要强调一点,"极化"一词对不同的人来说有不同的含义。第一,有人强调极化是出于道德原因,而有人认为极化是制造紧张和冲突的帮凶。第二,极化可分为不同的类型。本章区分了极化的五种类型:收入极化、两极化、社会极化、社会经济极化、多维极化。表 5.1 中列出了各种类型的主要特征——包括群体如何构成、距离如何测量,并列出了相关索引。

表 5.1　极化分类索引

极化类型	识别	距离	索引
收入极化(基数变量聚集在局部均值附近)	离散/连续	离散/连续	Esteban 和 Ray(1994), Duclos 等(2004), Esteban 等(2007)
两极化(基数变量分布于两个不同的群体)	离散/连续	离散/连续	Thurow(1984), Levy(1987), Leckie(1988), Foster 和 Wolfson(2010/1992), Blackburn 和 Bloom(1995), Apouey(2007), Duclos 和 Échevin(2005), Chakravarty 和 Maharaj(2013)
社会极化(非基数变量的极化)	定性	0/1	Reynal-Querol(2002), Duclos 等(2004), Chakravarty 和 Maharaj(2011b,2012)
社会经济极化(社会变量定义群体;经济变量产生距离)	定性	离散/连续	Zhang 和 Kanbur(2001), Gradín(2000), Duclos 等(2004), Permanyer(2010), Gigliarano 和 Mosler(2009), Permanyer 和 D'Ambrosio(2013)
多维极化(收入与社会经济极化的多维综合)	离散/连续	离散/连续	Anderson(2010,2011), Gigliarano 和 Mosler(2009)

5.1.1　收入极化

本章首先讨论收入极化。收入极化是指一个目标基数变量在单变量分布上的极化,把极化看作该变量在任意局部均值附近的聚集。这一情况下的目标变量通常是福利测度;收入极化则成为福利测度分布的极化,而对福利的测度通常是借助收入,这就解释了为什么"收入极化"一词被用来代表这类极化测度。目标变量也可能与福利无关。例如,人们可以从政治态度的分布或者地理位置的分布来考虑收入极化。只要这些变量有基数值,就可把这些变量的极化称为收入极化。

从文献来看,收入极化的形式化很大程度上依赖于认同/疏远框架。同一群体内的成员相互认同,不同群体的成员彼此感到疏远。从两个方面来看,收入极化均在加剧:群体认同度越高或者疏远程度越高,极化程度就越高。

5.1.2 两极化

有关目标基数变量的另一个极化概念是两极化。两极化体现了两个群体间的距离,这两个群体通常被定义为分布在中位数的任意一侧,而中位数被视为分布的中间部分。正是出于这一原因,两极化文献与中产阶级群体大小的研究文献密切关联。但是,也可以把两极化看作有关两个分离的不同收入群体之间的距离,比如穷人与富人之间或资产阶级与无产阶级之间的距离(然而,这两个群体只能通过目标变量来定义,不能通过目标变量之外的变量来定义;使用目标变量之外的变量来定义群体,会产生对社会经济极化的测度,这一点可参见后面的讨论)。

两极化的性质内在地含有两个概念:"偏离中线的跨幅变化"概念和"两极的多样性"概念。收入跨幅离中数位的距离增大,则两极性增大。两极性增大,即无论是收入高于中位数还是低于中位数的群体内部收入差距变小,都会加剧两极化。同理,任何两个群体之间的收入差距缩小,无论是都高于中位数的两个群体还是都低于中位数的两个群体,都会加剧两极化。

讨论至此,这一点已很明确,即两极化测度通常既包含不平等也包含平等的成分。平等成分构成不平等与两极化之间的概念根本差异的基础。两极化与不平等的根本差异在于不仅个体之间的异质性重要,极点(或群体)之间的同质性也很重要。不同群体中的个体之间的收入差距增加,不平等和极化都会加剧;同一群体的不同个体之间,聚集程度增加(对于收入极化)或者平等性增加(对于两极化),则不平等会减少,但极化会加剧。

不平等和极化之间存在什么差异,不平等和极化在解释冲突时分别存在什么可能的关联性,这些争论很大程度上依赖于庇古—道尔顿转移对收入分配的每一项测度所产生影响的性质。如果退化的庇古—道尔顿转移从中位数的一侧转向另一侧,则两极化会加剧;如果转移完全发生在中位数的同一侧[1],则不平等会增加,而两极化会减弱。上述转移中的一种(或两种)能否加大冲突仍是有争议性的问题。有关两极化的文献通常支持这种观点:回归转移发生在中位数的同一侧事实上会减少冲突。[2]

---

[1] 注意:也有福利经济学文献表明,在各类调查中,大多数受访者在被问及不平等时给予的答复是,他们相信这类中位数一侧的回归性转移应该也会减少不平等,参见 Amiel 和 Cowell(1992)。

[2] 例外情况可参见 Esteban 和 Ray(2011a),他们认为群内不平等现象的加剧可使冲突加剧,不平等的加剧也可能加大组内示威者因该组其他示威者付出了活动代价而得到赔偿的可能性。

5.1.3　社会极化

本章接着讨论社会极化。社会极化指定性变量的极化或者没有特定基数内容的变量的极化。社会极化不使用个人或群体之间的距离信息,只考虑群体的大小,并将群体间的距离设定为常数。这并不是说社会极化不能测定群体之间的张力或距离,这一测度可以通过关注群体规模的分布来实现。

对于社会极化来说,重要的不仅是群体有多少,还包括群体规模的大小。社会极化相关文献指出,其他条件不变的情况下,一个群体的规模越大,该群体让另一特定群体所感受到的威胁就越大(其威胁感受与该群体的规模大小成正比)。这就引入了 0/1 群体成员间的不平等(也称为群体分化)与社会极化之间的一个根本区别。当该群体分化为两个同质的群体时,由于此时群体成员间的不平等加剧,分化也随之加剧;随着这种变化的发生,社会极化程度会下降。

5.1.4　社会经济极化和多维极化

社会极化将群体认同建立在社会特征的基础上,它将群体距离设置为二进制的 0/1 变量,因而不使用数量距离信息。但对不同社会群体成员之间差异的更具体的分析,有时也可以通过联合使用社会和经济指标来进行,一些收入群体可能会随着某些社会特征而分化;社会群体在福利方面可能会表现出异质性。这些维度的联合引入产生两个理论概念:社会经济极化和多维极化。

社会经济极化不对称地使用这些维度。一组社会变量用于群体识别,另一组经济变量则确定群体距离。[1] 正因如此,收入极化和收入两极化设定下的常规属性并不适用,特别是跨幅扩大与两极性加剧这两种两极化属性,在社会经济极化的情况下并不适用。

人们还可以设计多维极化测度。[2] 群体成员关系可以基于整套社会和经济特征来测定;个体之间的距离也可这样来测定。这时就可得到一个与单维收入极化类似的多维分析模型。多维极化也可以是社会经济类型的,实现这一类型的方法通常是根据社会特征来确定社会成员关系,并根据福利指数的多元分布来测定距离。

5.2　动机

就不平等而言,研究极化的部分动机是伦理性的。然而,与不平等不同,其伦理动机来自这样一种观点:除了个人之间的不平等,不同群体之间的距离和差异也是在规范意义上不可欲的。例如,收入分配中,中产阶级的消失可能会造成社会分化更加严重。

极化研究的动机在很大程度上也基于这样的观点:极化与"紧张局势的产生,有组织的叛乱和造反的可能性,以及普遍存在的社会动荡"密切相关(Esteban and Ray,1994)。将群体构成与社会动荡爆发相关联的传统由来已久。亚里士多德在其著作《政治学》(*Politics*)中写

---

① 这让人联想到机会不平等测度涉及的一些问题,参见本书第 4 章。
② 有关比较多变量分布离散度所需的更多技巧,参见本书第 3 章。

道："显然,最佳政治团体是由中产阶级公民组成的,而且中产阶级群体规模大的这些国家很可能治理良好……"(Aristotle,350 B. C.)

再举一个历史上的经典范例,马克思主义者对黑格尔哲学的批判(例如,可参见 O'Malley and Blunden,1970)有力地论证了,两种截然不同的社会阶级的出现——资产阶级和无产阶级——随着社会工业化而逐渐导致了阶级斗争。更普遍地说,人类的历史经常被描述为一系列的群体斗争,不同群体根据其社会经济特征、利益和地位,通常有着相当典型和明确的定义。

现代经济极化概念沿着这种对立路线的正式形成,这在很大程度上归功于 Esteban 和 Ray(1994)——以下简称 ER。极化被定义为将人口分成规模显著的群集,且每个群集的成员具有相似的属性,不同群集的成员则具有不同的属性。但是,关于如何测定这种分类的重要性和相关性,却存在分歧。特别是在定义极化时,对于社会差异和经济差异哪个更为重要,其作用又是如何发挥的,存在意见分歧。对于经济差异和社会差异中哪一种更可能会导致冲突,也存在不同意见。[①]

首先考虑社会极化情况。民族划分(ethnicity,从广义上讲包括宗教、种族和语言身份)通常被认为是社会极化的一个重要来源。

民族身份带来的经济后果以及(潜在或实际)冲突产生的经济后果可能是多种多样的(Montalvo and Reynal-Querol,2005a)。信任和贸易可能只限于同一族群的个体之间,公共基础设施可能反映了民族偏见,政府转移可能在很大程度上偏袒某些族群,等等。

社会紧张局势的背后显然存在着经济地位和利益的多样性。实际上,人们常常认为,紧张局势的社会政治标志,是极化的更为根本的经济决定因素的合适代理变量(Creamer,2007)。例如,McCarty 等(2006)表明美国两大政党主要选区的经济利益分歧加剧,可能导致美国政治极化的加剧。

极化在政治和政府治理中的作用在理论上可表现为多种形式。不同群体寻租便是其中的一种表现形式。Montalvo 和 Reynal-Querol(2005b)提出了一个简单的纯粹竞赛博弈,在这个博弈中,个体通过将资源用于偏好的群体以寻租。我们把群体间的效用距离设定为常数,假设群体的大小相等。个体花费资源的多少会影响竞赛成功的概率,而成功的概率等于每个群体在总资源分配中用于竞赛的份额。由于群体规模和群体竞赛成功的概率之间的相互作用,分配给竞赛的总资源表示为方程(5.33)中所示的社会极化指数的函数。

极化也可以被构建为在群体差异极为关键的情况下导致冲突的原因,我们可将其简单地形式化,遵循如下形式:某些特定群体中的个体可从与他们"更接近"的群体所偏好的(理想)结果中获得更大效用,一个群体以牺牲其他群体的利益为代价来贯彻其理想结果的概率,取决于该群体使用的可控资源的多少,这些资源的总和也决定了群体冲突的重要性。

Esteban 和 Ray(1999)研究了这种博弈的结果。任何群体之间的效用距离增加都会导致社会冲突。冲突总是在人口总数呈对称双峰分布时最大化。但也有许多非线性情形。例

[①] 例如,可参见《和平研究杂志》2008 年的极化与冲突的关联性研究专刊。

如,在一个至少有三个社会群体的社会中,两个群体的合并可以增加或减少冲突,这取决于被合并群体的规模以及非合并群体中人口的分布情况。从三个相等规模群体的均衡分布转向两个群体的对称分布,起初会减少冲突,最终会增加冲突。除"偏离中线"的跨幅之外,集聚(bunching)也是冲突的重要决定因素。

Esteban 和 Ray(2008)提出了一个更完善的研究框架,用于研究冲突发生的频率和强度,以及极化和分化二者对冲突发生频率与强度的各自影响。在高度极化的社会里,冲突的成本很高,所以很少发生。但如果发生冲突,必是极为激烈的。在极化程度较低的社会,冲突成本也相对较低,社会动荡频率较高,但强度较为缓和。因此,频率和强度呈负相关;或许可以说,冲突的整体重要性(频率乘以强度)可以通过中等极化的水平得到。冲突的发生和强度也极大地取决于政治制度的性质。由于这些原因,即使在理论结构设定相对完备的环境下,极化和冲突之间的确切的整体关系也是复杂的、非线性的。

群体距离和群体认同对不平等、社会极化和收入极化产生不同的影响。在一个群体行为部分决定资源控制的环境中,群体的凝聚力和群体距离也会对冲突的大小产生不同的影响。Esteban 和 Ray(2011b)提出了冲突与群体距离、身份的多种特征之间关系的最精巧的模型。

博弈包含为预算进行斗争,其中一小部分用于公共品,其余部分用于私人商品。每个群体都有其最偏好的公共品配置方式。外生的一小部分预算用于公共品,该公共品的实际分配却是内生的,由获胜群体的身份来决定。群体凝聚力确保群体的收益最大化,而不是个人的收益最大化。例如,群体凝聚力可以被解释为利他主义的程度或者群体领导力的一个指标。这两个特征都能强化群体凝聚力,也为以下问题提供了可能的答案:为什么个人想要或需要在群体中行动?

群体成员对群体内部使用的资源做出贡献,以增加群体在博弈中胜出的概率,控制政府预算,选择公共品的分配。在均衡状态下,特定群体的所有成员应做出同样的贡献;在均衡状态下,这些群体的人均贡献程度可能会有差异,但研究表明,这并不会对冲突强度总值造成显著影响。Esteban 和 Ray(2011b)随后建立了均衡冲突强度、基尼系数、分化以及公共利益效用差异极化之间的近似线性关系,出现了四个有趣的极化情形。

第一,当一切都是私人商品时,不同群体对公共品配置选择之间的效用距离并不重要,这是因为效用距离只有在公共品配置对不同的群体十分重要时才具有重要性。只有群体规模(而不是群体距离)会导致私人商品分配的冲突,像不平等和极化这样的基于距离差异的指标不能预测冲突,只有那些完全基于群体大小差异的指标(即分化)才能够预测。

第二,当一切都是公共品时,偏好距离变得突出,而且受距离影响的极化和不平等的测度,作为冲突的决定因素主导了分化(组距变化时分化会保持不变)。作为冲突的决定因素之一,极化的主导程度取决于群体凝聚力的强弱,群体凝聚力越强,极化在决定冲突方面的重要性就越大,而极化的测度同时受到群体规模和群体距离的影响。

第三,极化与分化的相对重要性取决于公共品的重要性。如果公共品主导政府支出的分配,那么冲突完全取决于赢得公共品分配博弈的价值。极化的重要性(考虑了群体之间的效用距离)决定了分化作为冲突的决定因素时的重要性,因为只有极化考虑到了群体之间的公共品效用距离,因此就决定了为该物品实际分配而竞争的价值。

第四,当群体凝聚力具有重要意义时,或者更重要的是,当群体规模很大时(大量人口会降低个体行为有效性),不平等就显得微不足道了。更概括地说,只有在人口规模很小的情况下或者存在团队凝聚力的情况下,冲突才会产生。在人口规模很小的情况下,由于相互作用的个体数量很少,因此个体的行为非常重要,所以个体之间的不平等也十分重要;在团队凝聚力存在的情况下,极化和分化所起的作用比起不平等所起的作用更为重要。

5.3 符号

在继续讨论之前,有必要介绍以下各节使用的常见符号。我们用 y 来代表收入或代表任何其他的基数福利测度,或者更一般地说,我们将能够表示个体的"位置"因而可以用来测定不同个体之间距离的任何"位置"基数测度表示为 y。$F(y)$ 代表收入的累积分布函数(CDF)。$p = F(y)$,是收入水平小于或等于 y 的个体在总人口中所占的比例。我们通常会假设存在一个密度函数,它是一个连续的 CDF 的一阶导数,记为 $f(y) = F'(y)$。对于离散分布,我们把 $f(y)$ 看作某个收入值 y 的相对频率。

我们用 $Q(p)$ 表示分位数。对于一个严格连续递增的 $F(y)$,可以定义 $F[Q(p)] = p$,或用逆分布函数表示为 $Q(p) = F^{(-1)}(p)$。对于离散分布,$Q(p) = \inf\{y : p \leq F(y)\}$。这样,对于 N 个收入 y_i 的离散分布,按收入值递增排列为 $y_1 \leq y_2 \leq y_3 \cdots \leq y_{N-1} \leq y_N$,分位数由 $Q(p) = y_i$ 给出,若 $(i-1)/N < P \leq i/N$,对于 $i = 1, \cdots, N$。

中位数 $Q(0.5)$ 由 m 表示,收入平均值由 μ 表示。平均值与中位数比表示为 $\tilde{\mu} = \mu/m$,是对分布偏态的测量。令 $\tilde{Q}(q) = Q(q)/Q(0.5)$ 表示通过中位数标准化的分位数,令 $\tilde{F}(\cdot)$ 表示中位数标准化收入的 CDF。洛伦兹曲线 $L(p)$,对于 $0 \leq p \leq 1$,给出占总人口比例为 p 的最贫穷者的收入份额,其定义为 $L(p) = \int_0^p Q(q)\,\mathrm{d}q/\mu$,对于所有 $P \in [0,1]$。图 5.9 呈现的是一个洛伦兹曲线的示例,更多细节会在后文进行讨论。

我们常常需要把人口划分为 n 个独立的、排他的社会经济小组。我们将定义 **F** 为这些小组的非标准化 CDF 向量,每个小组 i 的非标准化向量由 $F_i(y)$ 定义,根据定义,$F(y) = \sum_{i=1}^n F_i(y)$。每个群体的人口总数用 n_i 表示,这些群体的人口规模向量由 **n** 标记,群体 i 的收入均值和相对人口份额分别表示为 μ_i 和 $\pi_i = n_i/n$(这些份额总和为 1)。

5.4 收入极化

5.4.1 离散收入极化

Esteban 和 Ray(1994)提出了经典且极具影响力的认同—疏离框架,也提出了极化的第一个公理化形式。每个人都有一个离散基数值(如离散收入水平);那些具有相同基数值的人相互认同为同一小组。不同的离散基数值会在不同的群体成员之间产生疏离。组内有高度的同质性(也称为"内部同质性"),组间有高度异质性(外部异质性),出现几个规模较大的群体会加剧极化。

更正式地说,假设收入分配可以被分解为一定数量的收入类别 $i = 1, \cdots, n$,每个人的收入正好等于 y_i(另一种阐释使用 μ_i 代替 y_i;见下文)。收入类别为 i 数量为 n_i 的个体感受到的认同是个递增函数 $I(n_i)$。认同的感觉仅仅取决于特定收入群体的个体数量(将此扩展到其他特征,属于社会经济极化)。个体 i 与另一个体 j 之间的距离用 $\delta(y_i, y_j)$ 表示,收入为 y_i 的个体对收入为 y_j 的另一个体感到的疏离为 $a[\delta(y_i, y_j)]$。i 对 j 感受到的有效对抗表现为连续函数 $T(I, a)$,其中 $a = a[\delta(y, y')]$,$I = I(n_i)$。

Esteban 和 Ray(1994)的极化指数 ER 的基本公式为:

$$ER(\mathbf{n}, \mathbf{y}) = \sum_{i=1}^{n} \sum_{j=1}^{n} n_i n_j T\{I(n_i), a[\delta(y_i, y_j)]\} \tag{5.1}$$

因此,一个社会内部的极化只取决于有效对抗的分布 $T\{I(n_i), a[\delta(y_i, y_j)]\}$,人们可根据 Harsanyi(1953)提出的思路对公式(5.1)给出可加性证明:公正的观察者可能希望使用有效对抗的期望值来判断总体极化。

Esteban 和 Ray(1994)通过对公式(5.1)施加一项条件和三个公理来缩小之前的一般化公式。这项条件是群体规模的不变性:如果群体规模全部乘以相同的数字,极化排序不应改变。这被称作条件 H(用于位似性)。

条件 H

考虑两个离散收入分配 $(\mathbf{n}, \mathbf{y})$ 和 $(\mathbf{n}', \mathbf{y}')$,如果 $ER(\mathbf{n}, \mathbf{y}) > ER(\mathbf{n}', \mathbf{y}')$,则 $ER(k\mathbf{n}, \mathbf{y}) > ER(k\mathbf{n}', \mathbf{y}')$,$\forall k > 0$。这一条件导致极化公式(5.1)相对于群体规模弹性不变,这是福利经济学中常见的条件,在极化文献中也很常见。

ER 认同—疏离框架还包括三个不同的公理。前两个公理涉及收入变动对极化的影响,有助于描述公式(5.1)中的 $T(I, a)$ 对疏离的依赖的结构。第三个公理考虑群体分组大小变化的影响,定义对抗对认同的敏感度。

公理 ER 1

考虑一个由三个收入小组组成的群体,如图 5.1 所示。如果两个较小且较接近的小组在其收入的平均水平处相结合,则极化会加剧。

公理 ER 1 考虑了减少局部疏离对总体极化的影响。最初在 x 和 y 处的两个组和在 0 处的一个组之间的平均距离不变。然而,平均疏离性确实会下降,因为 x 和 y 的收入更加接近。公理 ER 1 表明,右方两组提高认同的效应主导疏离性的下降。这也意味着极化指数在疏离性中应为凹性:收入在 0 处的组和收入(初始)在 x 处的组之间的较大疏离效应,支配了收入在 0 处的组和收入(初始)在 y 处的组之间的较小疏离效应。

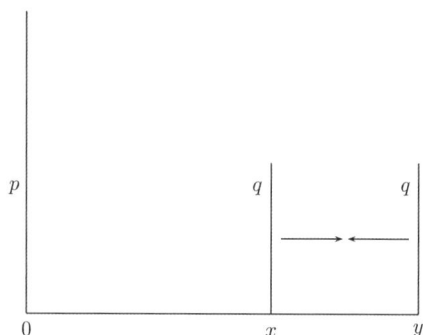

图 5.1 两个较小且较接近的小组在其收入的平均水平处相结合会加剧极化

注:收入为0的个体数为p,收入为x的个体数为q,收入为y的个体数为q。数量为$q+q$的个体的收入变为$(x+y)/2$。

公理 ER 2

考虑一个由三个收入小组组成的群体,如图5.2所示。如果x向右移向y,则极化加剧。

公理 ER 2 涉及疏离的两个变化。第一个变化是x和y之间的疏离性降低,第二个是x和0之间的疏离加剧。公理 ER 2 表示,x和y之间更加接近会加剧极化,这也意味着极化指数对疏离应为凹的。公理 ER 1 和公理 ER 2 结合意味着极化指数对疏离应为线性。

公理 ER 3

将中间聚集的q规模人口从中间分别向两边对称聚集的p规模小组等距移动所得到的任何新的分布都会加剧极化,如图5.3所示。

公理 ER 3 表示,中产阶级分化(或消失)了更加富有和更加贫困的阶级会加剧极化。它限定了极化测量中认同的相对重要性:与位于中产阶级两边的这些个体之间认同性上升的效应相比,图5.3中位于x处的中产阶级个体认同性下降的效应不应该太强。

Esteban 和 Ray(1994)随后表明,这个框架意味着等式(5.1)的一种特殊形式:

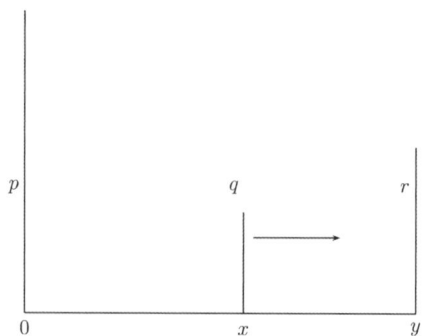

图 5.2 X 向 Y 移动会增加极化

注:收入为0的个体数为p,收入为x的个体数为q,收入为y的个体数为r。收入x上升。

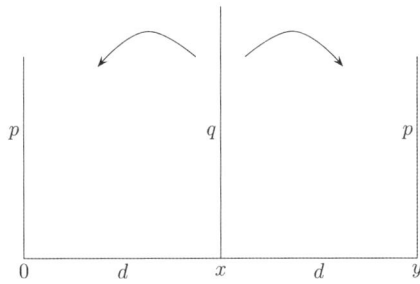

图 5.3　中产阶级分化到更加贫穷和更加富裕的阶层会加剧极化

注:收入为 0 的个体数为 p,收入为 x 的个体数为 q,收入为 $y=2x=2d$ 的个体数为 p。收入为 x,个体数为 q 中的一部分人分别向 0 和 y 两端均等移动。

定理 4.1

当且仅当等式(5.1)具有以下形式时,一类极化测度满足条件 H 及三个公理 ER 1、ER 2 和 ER 3:

$$\text{ER}(\alpha, \mathbf{F}) = K \sum_{i=1}^{n} \sum_{j=1}^{n} n_i^{1+\alpha} n_j \mid y_i - y_j \mid \tag{5.2}$$

其中,$K>0$ 是归一化常数,$\alpha \in (0, 1.6]$,且因此有 $T\{I(n_i), a[\delta(y_i, y_j)]\} = n_i^{\alpha} |y_i - y_j|$。

有必要说明几点。方程式(5.2)只有两个自由度,分别基于 K 和 α。K 是一个对分布排序没有影响的简单乘法常数,α 反映了认同和疏远的相对重要性,通常被称为"极化厌恶"参数。该极化测度与基尼系数相似,除了方程式(5.2)使用的是收入的对数(见下文),如果 α 等于零,它将等于基尼系数。事实上 α 可以超过零,这区分了收入极化和不平等。α 值越大,该测度离不平等测量的距离就越大,因为此时方程式(5.2)离单纯的收入距离也越大。

在 Esteban 和 Ray(1994)的公式中,方程式(5.2)中的 y_k 为收入对数(或相关基数变量的对数),一个理由是个人可能对收入的百分比差异很敏感,而对收入之间的绝对差异不敏感。另一个理由是,方程式(5.2)中的测度对所有收入的比例变化都保持不变。然而,收入对数的使用即使在 α 参数设定为零的情况下也会使极化测度与基尼系数不可比。此外,当公式中不使用收入对数或者非收入对数时,$K = \mu^{-1}$ 的使用可以使方程式(5.2)对比例变化和所有收入都保持不变。

5.4.2　连续收入极化

方程式(5.2)中的离散公式提供了一个指数,这个指数应用在福利指数中通常是连续的(例如收入),因此会提高难度。第一,收入组的数量和位置是已经设定/事先确定的(是潜在任意的)。第二,对于一些个体,y 值的边际变化可能导致极化指数的非边际变化(如收入的一个小变化使小组规模发生离散变化的情况),这种不连续的情况似乎有些令人懊恼。

Duclos 等(2004)(DER)在处理这两个问题时所用的框架,从表面上使人想到 Esteban 和 Ray(1994)的公式,但在更深层次上仍有分别。DER 假设其极化指数应该与一个连续分布中的所有有效对抗总和成比例,

$$\text{DER} = \iint T[f(x), \mid x - y \mid] f(x) f(y) \, \mathrm{d}x \mathrm{d}y \tag{5.3}$$

其中,$f(x)$ 是(非标准化的)密度函数,描述认同,$|x-y|=a$ 是收入为 x 和 y 个体之间的距离,描述疏离性。对抗函数 $T(I,a)$ 在第二个参数上是递增的,$T(I,0)=T(0,a)=0$。

方程式(5.3)的函数表达是通过公理公式来呈现的,它与 Esteban 和 Ray(1994)的公理类似,区别在于其收入空间是连续的。这些公理的域主要是一个或多个"基本密度"的联合,这些密度是对称的、单峰的,是根据群体规模标准化了的,有一个紧支撑(compact support)。当 $0<r<1$ 时,密度函数的 r 挤压(r-squeeze)定义为 $f'(x)=(1/r)f\{[x-(1-r)\mu]/r\}$ 形式的转换,使得 f' 是一个密度。转换使得分布均值保持不变,但是将其标准差减少到原来的 $1-r$ 倍。第一个公理考虑挤压基本密度极化的影响,第一个影响是局部的,第二个是对两个密度的影响,这两个密度分别位于中产阶级的两侧。这两个公理使我们能够定义对抗函数 $T(I,a)$ 中认同的作用。第三个公理侧重于疏远变化的影响,从而考虑了 a 在 $T(I,a)$ 中的作用。第四个公理是一个群体不变性公理。

公理 DER 1

仅由一个基本密度构成的分布挤压(如图5.4所示)不会加剧极化。

随着这种挤压,疏离性下降,认同性上升。尽管如此,认同性上升对极化的影响与疏离性下降的影响相抵消,这有效地限制了参数 a 不会大于1[后文将会介绍,见等式(5.4),这是对式(5.2)的离散形式中 a 的模拟],因为公理 DER 1 显示,极化不应该距离不平等测量太远。

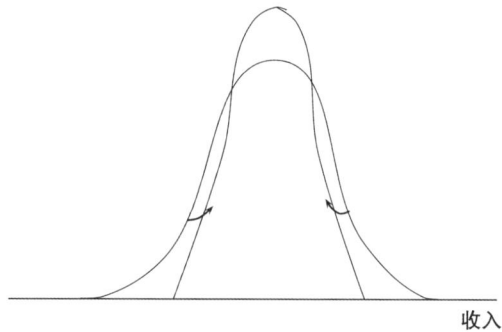

图5.4 仅有一个基本密度的挤压不会加剧极化

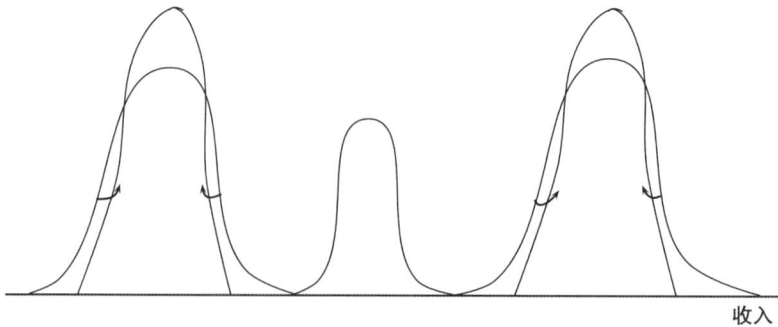

图5.5 挤压外侧两极不会减小极化

公理 DER 2

如果对称密度分布有三极(见图5.5),那么挤压外侧两极不会减小极化。

外部两极的组间疏离性下降被认同性上升抵消。公理 DER 2 是极化的"定义"公理:它将极化与不平等分开,还确定了等式(5.4)中参数 α 的下界——不应低于 0.25,因为局部疏离性下降(每个极端小组内部的疏离性)会小于认同性的上升。该公理也意味着极化指数对疏离性而言应该是凹的,因为疏离值下降幅度较大(挤压后离中间的极限距离下降幅度较大)对总极化不会产生太大的影响。

公理 DER 3

如图5.6所示,如果对称密度分布有四极,并且如果中间两极分别向外侧较近的一极移动,那么极化一定会加剧。

图5.6显示,局部疏离性下降的同时,疏离值增幅更大(组间距离的增幅更大)。这意味着极化对疏离性而言应该是弱凸的,较小距离减少的影响应该小于较大距离相似规模值增长的影响。公理 DER 2 和 DER 3 意味着极化对疏离性而言应该是线性的。

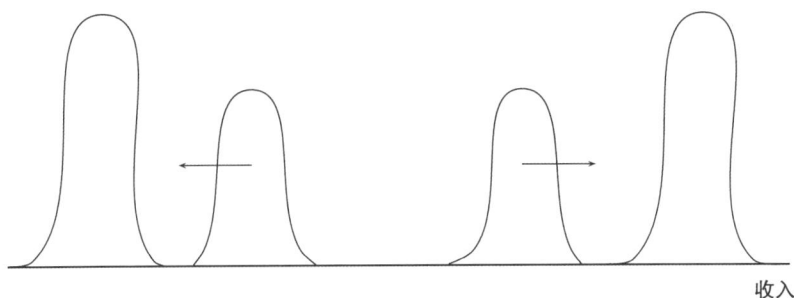

图5.6　对称分布的中间两极分别向外移动一定会加剧极化

公理 DER 4

如果一个分布的极化指数高于另一个分布的极化指数,那么当两个群体的规模变化相同时,该分布的极化指数仍然较高。

这个公理指出,极化排序不会随群体规模的变化而变化。它的作用类似于前面给出的离散收入极化的条件 H。它通过等式(5.4)中的一个常弹性函数将认同性和极化联系起来,DER 则显示:

定理 4.2

指数式(5.3)满足公理 DER 1、DER 2、DER 3 和 DER 4,当且仅当它与如下等式成正比:

$$\mathrm{DER}(\alpha) = \iint f(x)^{1+\alpha} f(y) \mid x - y \mid \mathrm{d}x\mathrm{d}y \tag{5.4}$$

对于 $\alpha \in [0.25,1]$,且因此有 $T[f(x),\mid x-y\mid] = f(x)^{\alpha}\mid x-y\mid$。

将 $\mathrm{DER}(\alpha)$ 乘以 $\mu^{\alpha-1}$ 即可使极化对于所有收入的比例变化保持不变。对 $\alpha=0$,测度将等于基尼系数。但须注意,定理 4.2 不包括基尼系数:经过图5.4的挤压后,基尼系数会下降,这将违反公理 DER 2。

$\mathrm{DER}(\alpha)$ 极化指数可被分解为认同成分和疏远成分。对于特定的 α 值,α 认同的平均水

平可表示为:

$$\bar{\iota}_a = \int f(y)^\alpha \, dF(y) = \int f(y)^{1+\alpha} dy \tag{5.5}$$

收入为 y 的个人所感到的平均疏离性给定为 $a(y) = \int |y - x| \, dF(x)$,总平均疏离性则为 $\bar{a} = \int a(y) \, dF(y) = \iint |y - x| \, dF(x) \, dF(y)$,与基尼系数成正比。令 $\rho_{i,a} = \dfrac{\mathrm{cov}[f(y)^\alpha, a(y)]}{\bar{\iota}_a \, \bar{a}}$ 为认同性和疏离性的标准化协方差,那么 $\mathrm{DER}(\alpha) = \bar{\iota}_a \bar{a}[1 + \rho_{i,a}]$。如果其他条件相同,这意味着密度多峰性变大可能转化为更大 $\bar{\iota}_a$ 和更大极化,当 α 较大时,这种效应变得更强。不平等程度更高,那么更高的平均疏离程度 $\bar{a}$ 也意味着极化更大。最后,认同性和疏离性的协方差 $\rho_{i,a}$ 更大也将加剧极化。

5.4.3 内生分组的离散收入极化

$\mathrm{DER}(\alpha)$ 指数有效地将可能产生的收入组数量设定为无穷大,每个组显示出完全的内在同质性,只与一个而且是唯一的一个收入水平关联,这就免除了在收入数字或收入组的位置之间进行选择的必要。

不过,我们也可能考虑以有限的、预先设定的收入组数量为基础,来测定收入极化,选择它们的位置以将组内的同质性最大化。选择位置以最大化内部同质化的优势在于局部认同最大化和局部疏离最小化,但因为某个既定组中的个体收入并不完全相同,其收入分组为离散状态,所以即使经过这样的最优化过程之后,也必然存在着内部异质性。

Esteban 等(2007)对 Esteban 和 Ray(1994)的指数使用了这种方法,该研究使用诸如收入一类的连续变量,并指定要使用的收入组数量,但没有给出它们的确切位置。聚类成有限数量的类别在连续收入极化的测度中会导致误差,这种聚类导致近似误差 $\varepsilon(\mathbf{F})$。误差越大,内部异质性程度越高,内部认同程度越低,局部疏离程度越高,并且使用 $\mathrm{ER}(a, \mathbf{F})$ 作为连续收入疏离指标的偏误可能性越大。一个旨在纠正这种偏误的"扩展的"的极化指数如下:

$$\mathrm{EGR}(\alpha, \sigma, \mathbf{F}) = \mathrm{ER}(a, \mathbf{F}) - \sigma \varepsilon(\mathbf{F}) \tag{5.6}$$

其中,α 是常用极化敏感度参数,σ 是测量误差的权重参数,近似误差被定义为

$$\varepsilon(\mathbf{F}) = \sum_i \int_x \int_y |x - y| \, dF_i(x) \, dF_i(y) \tag{5.7}$$

问题是使给定的 n 个小组的 $\varepsilon(\mathbf{F})$ 最小化,从等式(5.7)可以看出,$\varepsilon(\mathbf{F})$ 最小化等于最小化组内的基尼系数总和,或者最小化组内疏离总和,这一解决办法由 $\mathbf{F}^*$ 标记,而且有

$$\varepsilon(\mathbf{F}^*) = \mathrm{GB}(\mathbf{F}^*) \tag{5.8}$$

其中,$\mathrm{GB}(.)$ 是 $\mathbf{F}^*$ 的组间基尼系数。Esteban 等(2007)的指数则记为

$$\mathrm{EGR}(\alpha, \sigma, \mathbf{F}^*) = \mathrm{ER}(a, \mathbf{F}^*) - \sigma \mathrm{GB}(\mathbf{F}^*) \tag{5.9}$$

注意,$\sigma \mathrm{GB}(\mathbf{F}^*)$ 最初是为了获取一项误差的影响,即在收入被人为分组的情况下,$\mathrm{ER}(a, \mathbf{F}^*)$ 对收入认同的过高估计。但是,还存在另一个误差,来自通过收入分组离散形成使局部疏离消除的情况下,$\mathrm{ER}(a, \mathbf{F}^*)$ 对收入疏离的低估。Esteban 和 Ray(1994)的真实近似误差因此相当复杂,尤其是当它试图同时说明个体分组中的认同误差和疏离误差。误差的表述也应

该与 Esteban 和 Ray(1994)指数采用的特殊形式一致,每当 α 不等于零时,公式(5.9)呈现出不可比函数之间差异的奇怪形状。

Lasso de la Vega 和 Urrutia(2006)提出了由公式(5.9)形式产生的一个难题:在小组向彼此更远的距离移动时,Esteban 等(2007)的测度可能会下降,因为这时认同误差可能增加,随之公式(5.9)则会下降。Lasso de la Vega 和 Urrutia(2006)提出的替代指数如下:

$$CM(\alpha,\beta,F) = K \sum_i \sum_j \pi_i \pi_j \pi_i^{\alpha} (1 - G_i)^{\beta} \mid \ln\mu_i - \ln\mu_j \mid \tag{5.10}$$

其中,$\beta \geq 0$ 是对小组凝聚力的敏感度,G_i 为组 i 的基尼系数,K 为标准化常数,$1 - G_i$ 是组 i 的基尼平等系数。组 i 中每个成员的新的认同项则为 $\pi_i^{\alpha}(1 - G_i)^{\beta}$,它随着小组的基尼系数的上升而下降[可以考虑参考 Esteban 等(2007)的指数,对固定数量的小组进行 $CM(\alpha,\beta,F)$ 最大化,则得到 $CM(\alpha,\beta,F^*)$]。对于公式(5.9),公式(5.10)没有清楚地说明认同/疏离近似误差的双重属性。

5.5 两极化

5.5.1 中产阶级的规模测度

收入极化体现了任意数字的收入极的存在及其重要性,而两极化测定总人口可划分为两个独立群体的程度。两极化概念被提出的一个重要依据来自人们在 20 世纪 80 年代和 90 年代初的认识——参见 Kolm(1969)及 Love 和 Wolfson(1976)——"中产阶级"的规模可能会随着时间的变化而变化(特别是认为中产阶级可能会缩小)。这是因为中产阶级较小可能意味着收入分配的下半部分与上半部分人群之间的分离程度更大,群体之间的距离也更远(在规范意义上令人遗憾)。然而,中产阶级的测度所依赖的定义往往不精确而且多种多样。[①]

中产阶级的规模(和组成)对于经济和社会发展的几个方面都是很重要的。中产阶级是熟练劳动技能的主要提供者,是国内产品和服务的重要市场。中产阶级也直接或间接地为国家提供了很大一部分的税收。中产阶级的收入份额越高,从实证经验上来看关系着更高的收入和更高的经济增长(Easterly,2001)以及更高的教育水平、更好的医疗保健、更好的基础设施、更好的经济政策、更少的政治动荡、更少的内战和民族紧张,以及社会更加现代化、更加民主。对此的一个常见解释是,中产阶级的规模更大,意味着收入分配的两极更小,有利于促进政治与社会和谐,促进经济更加稳定健康发展。

在不平等研究文献中,大量的分析以指数构建为中心。该操作可分为四步:第一步,确定(人口或收入)从中间划分开的空间;第二步,对中间值(均值或某个中间的分位数,如中位数)进行界定;第三步,确定中产阶级范围;第四步,聚合数据。收入空间往往是通过月收入、年度支出或者其他单维福利指标来选取的。虽然以中位数为中间值很常见,但人们也可用

---

① 注意:我们在此没有清楚地讨论有关工资极化的近期文献,它们通常关注的是工资分布上半部分的不平等程度具有潜在的上升趋势,下半部分的不平等可能是稳定的或者呈减缩趋势。具体见 Autor 等(2008)、Acemoglu 和 Autor(2012),或 Mishel 等(2013)。

平均收入作为中间值,尽管平均收入两侧的人口比例通常都会偏离50%,尤其是两侧分布不对称的时候。[①]

对中产阶级的规模划分最初最具影响力的测度,依赖于中位数附近的两个收入分界点以及两个分界点内的收入人群所占总人口的比例。因此,Thurow(1984)将中产阶级界定为收入分布在中位数的75%—125%的人群;Blackburn 和 Bloom(1995)将中产阶级的范围扩大到收入中位数的60%—225%的人群;Leckie(1988)将中产阶级界定为收入中位数的85%—115%的人群。上述中产阶级指数用 M 表示,指收入在上述收入分界点之间的那部分人群。这一方法可通过收入分布的密度函数说明(见图5.7),或通过累积分布函数 F(见图5.8)说明。如果采用密度函数,指数 M 则是处于收入范围的下限和上限之间的曲线下区域。若采用累积分布函数,指数 M 则是在两个分界点估计的 CDF 值之间的垂直距离。

也可使用人口空间来界定中产阶级。Levy(1987)将中产阶级的规模界定为收入位于中部占总人口3/5的人群,中间值为第50个百分位数,第20—80个百分位数之间的范围被界定中产阶级,中产阶级指数则指中产阶级的收入份额,见图5.9中洛伦兹曲线 $L(0.8)$ 和 $L(0.2)$ 两个界点之差。在图5.10的分位数函数中也可见其测度分布,为图中分位数函数曲线下的阴影部分。

Levy(1987)指数受到 Foster 和 Wolfson(2010/1992)的批评,Foster 和 Wolfson(2010/1992)称其测定的是其他内容,而非中产阶级的规模或者两极化。Foster 和 Wolfson(2010/1992)认为,这一指数应是对收入分布偏态的合理测度,而不是中产阶级规模或者两极化程度的明确指数,因为这一指数未能测定中产阶级两侧的"分布范围"。发现这一问题的一个办法是,观察到利维(Levy)指数在任意对称分布中显示的都是同一个值。对于任意一个对称分布,所有 p 可由 $L(1-p)-L(p)=1-2p$ 得出。具体举例来说,如 $p=0.2$,得出指数的值为0.6,这是所有对称分布下利维指数的值,无论收入离中位数有多远,也无论收入的两极分化程度有多大,结果都是如此。

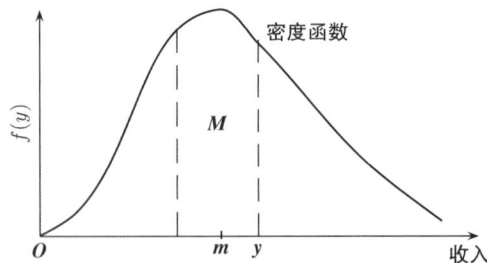

图5.7 密度函数中的中产阶级规模 M 的界定

[①] 中产阶级也可以不依靠"中间部分"来界定。最近一项影响较大的研究[Khara(2010)]提出,根据"能够过上舒服的生活"来估计"全球"的中产阶级,包括人均日消费在10美元至100美元(PPP)之间的家庭成员。

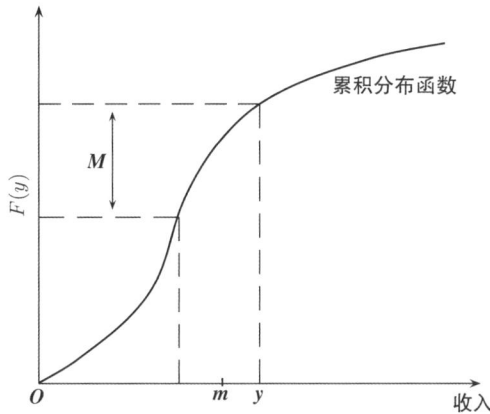

图 5.8　累积分布函数中的中产阶级规模 M 的界定

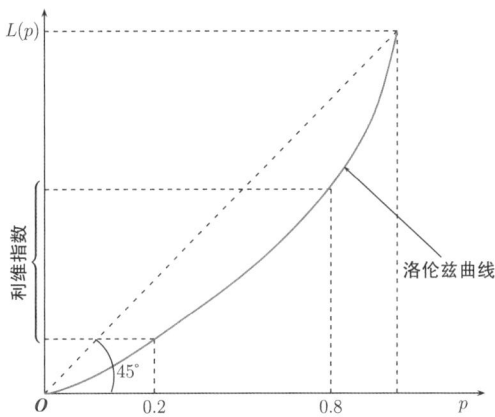

图 5.9　洛伦兹曲线（Lorenz curve）和
　　　　Levy(1987) 的中产阶级规模指数

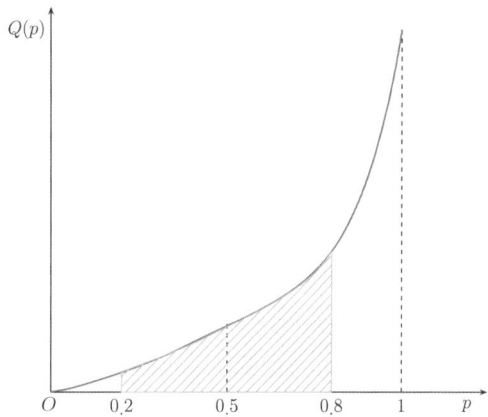

图 5.10　分位数函数

利维这类测度不能确定中位数两边任何一侧的跨幅，这一事实可通过几种方式进行说明。例如，对 $p \in [0.5, 0.8]$ 的任意一个分位数 $Q(p)$ 上升，对中产阶级规模的利维测度将会增大[因为 $L(0.8)$ 将上升，而 $L(0.2)$ 将下降]，但是这又将扩大中位数两侧的区间范围，可想而知也会加剧两极化。同理，$Q(0.1)$ 下降则会使 $L(0.2)$ 上升，对中产阶级规模的利维测度也会增大，尽管这也可能会导致两极化的加剧。在 $p \in [0.2, 0.8]$ 区间的两极化加剧并不会改变利维测度，尽管这肯定会对两极化造成影响。

5.5.2　两极化指数的两种基本属性

我们可以清楚地从上文看出，对两极化程度和中产阶级规模的量化水平从概念上和方法上都可能是不可靠的。为了部分解决其存在的模糊性，人们需要就方法操作中应遵循的基本性质达成一致。两极化测定的两种基本性质，就是"跨幅扩大"的效应和"两极性增大"

的效应[或是沃尔夫森(Wolfson)在 1997 年提出的双峰性增大的效应]①,大多数两极化的研究文献均持这一观点。

假设一个离散收入整体的两个不同的收入群体为 B 和 D,分布在收入中位数 C 的两侧,如图 5.11 所示。现在假设低于和高于中位数的群体向离中位数更远的方向移动,也就是说,收入较低的群体(B)变得越来越穷,直到其收入降至 A,而收入较高的群体(D)变得越来越富有,直到其收入达到 E。远离中位数的每一次移动均可看作一次"跨幅扩大"。这种情况发生时,两极化和不平等也会同时加剧。新的收入分布实际上由旧的收入分布通过跨中线的保留均值回归转移得出,这加大了个体之间的差距(因此也加剧了不平等),而且也增大了从中线偏离的距离(因此加剧了两极化)。正如不平等研究文献指出的,这些移动被认为是在道德上令人懊恼的。

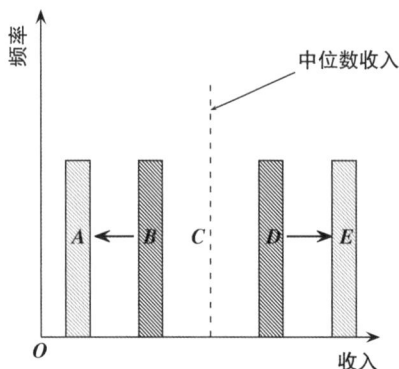

图 5.11　跨幅扩大(increased spread)

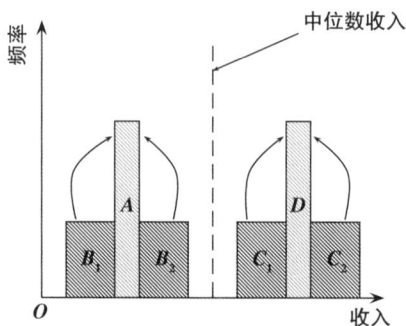

图 5.12　两极性增大(increased bipolarity)

图 5.12 说明了增大的两极性的属性。两极性的增大是由"跨幅扩大"和"跨幅缩小"两个"变幅"导致的。假设低于中位收入且收入为 B1 和 B2 的两个群体集中于平均收入 A,而高于中位收入且收入为 C1 和 C2 的群体集中于平均收入 D,则不平等程度下降了,但两极化可以说是加剧了。随着两极性的增大,中位收入两边群体的平均位置不变,中位收入的位置也没有改变,但中位收入两边的分布则紧缩了。在变化移动过程中,离中线较近的个体向远离中线的方向移动,而离中线较远的个体向靠近中线的位置移动。第一组群体的位移扩大了偏离中位数的跨幅,而第二组群体的位移缩小了这些跨幅。总的来说,两极化会加剧,因为第一组位移往往被认为比第二组位移的权重更大。

因此,两极性的增大从根本上把极化与不平等区分开来。无论转移的位置在哪里,任何累进转移都会导致不平等明确减少。当转移跨越中线,两极化会减弱。当转移在中线的某一侧发生时,两极化加剧。② 这样,关注两极化可能会让我们排斥某种能够减少不平等的转移,若这种转移会使人们离中位数收入更远。

很多关于两极化的文献都把这两种性质看作既定的,然后直接进入不同的方向。第一

---

① 对两极化文献的一项近期回顾可见 Nissanov 等(2010)。
② 见 Chakravarty(2009)的讨论。

个方向导致与这两个性质相一致的两极化指数构建。这些指数提供了完整的两极化分布序列。第二个方向提供了可供部分两极化排序的支配曲线。这些曲线都是来自不平等研究文献对众所周知的随机支配的应用。

Foster 和 Wolfson（2010/1992）（简称 FW）也是在这一基础上形成了他们卓有影响力的论文（该论文于 2010 年发表在《经济不平等》杂志上，作为一种"经典重温"，该论文此前一直作为 1992 年的一篇工作论文被传播）。FW 引入了两条两极化曲线以及一个新的两极化的近似基尼系数。第一条曲线显示，当中产阶级规模变小时，即群体收入与中位数收入之间的差距变大时，两极化就会加剧。第二条两极化曲线显示，当中位数两侧的收入离中位数收入的平均距离变大时，两极化就会加剧。

FW 提出的指数等于洛伦兹曲线与之在收入中位数的切线之间面积的两倍（即该面积乘以 $\bar{\mu}$）。该指数也可以表示为组内和组间的不平等函数：组间不平等的程度越高，两极化程度越高；组内不平等程度越高，两极化程度越低。现在我们来更详细地讨论这一点。

两个收入分位数在百分位 q^- 和 q^+ 之间的收入距离定义为：

$$S(q^-, q^+) = \tilde{Q}(q^+) - \tilde{Q}(q^-) \tag{5.11}$$

$S(q^-, q^+)$ 是两个分位数之间的一个中位数归一化的收入距离。如果 $[q^-, q^+]$ 与 0.5 重叠，它也可被看作对中产阶级规模的测量。当 S 很大时，有更少的个体靠近中间，因此中产阶级规模也就被认为是更小的，两极化则加剧。FW[另见 Wolfson（1994）]定义一阶极化曲线为：

$$S(p) = |S(p, 0.5)| \tag{5.12}$$

其中，$0 \leqslant p \leqslant 1$。对于每个 p，$S(p)$ 是位于第 p 个百分位的个体的收入与中位数收入之间的距离，如图 5.13 所示。上方图分别呈现了 $S(q^-)$ 和 $S(q^+)$ 离中位数的距离，下方图为上方图的镜像图，描绘了一阶两极化优势曲线，"看上去像个倾斜的海鸥"（Wolfson，1994）。

FW 也定义了二阶极化曲线为：

$$B(q) = \left| \int_q^{0.5} S(p) \, \mathrm{d}p \right| \tag{5.13}$$

其中，$0 \leqslant q \leqslant 1$。$B(q)$ 是 $S(p)$ 曲线下方 q 与 0.5 两点之间的区域。也可参见图 5.13，其中的阴影分别代表 $B(q^-)$ 和 $B(q^+)$。图 5.14 显示一个典型的 $B(p)$ 曲线形态，以及它的边值 $B(0)$ 和 $B(1)$ 如何能用洛伦兹点函数 $L(0.5)$ 来表示。重要的一点是，$B(q)$ 是通过（p 从 q 到 0.5）"向内积分"到中位数获取的，通常的随机优势曲线从 0 开始积分。

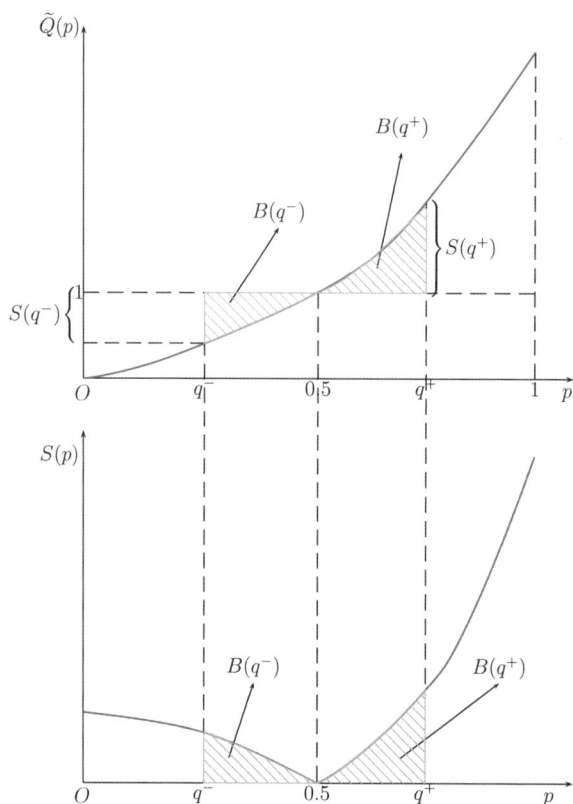

图 5.13 一阶两极化曲线

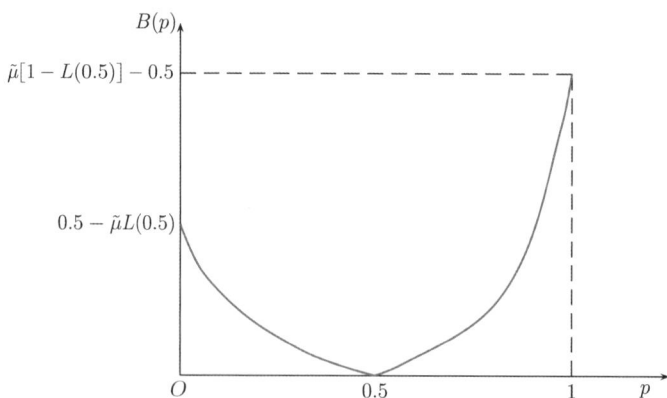

图 5.14 二阶两极化曲线

5.5.3 两极化优势

上文介绍的曲线可用于描述性和规范性目的。它们被称为对偶曲线,因为它们是百分位数 p 的函数。类似的对偶曲线在福利经济学中包括分位数、洛伦兹、广义洛伦兹、贫困差距和累积贫困差距曲线,参见 Duclos 和 Araar(2006)的定义和讨论。原始曲线也存在,这些原始曲线是收入水平的函数,这些收入需要用与中间(通常为中位数)的比例来表示,来进行两极化比较。一条进行这样比较的自然一阶原始曲线,对于 $\lambda > 1$,由 $F(\lambda m) - 0.5$ 给出,即在中位数自身和中位数的 λ 倍之间的群体的比重,或对于 $\lambda > 1$,表达式为 $0.5 - F(\lambda m)$,即在 λ 倍的中位数和中位数自身之间群体的比重。这两项测度都属于对中产阶级规模测量的群体特征,例如可参见 Morris 等(1994)。可参考图 5.15 中的解析$[$回想 $F(\lambda m) = \tilde{F}(\lambda)]$。

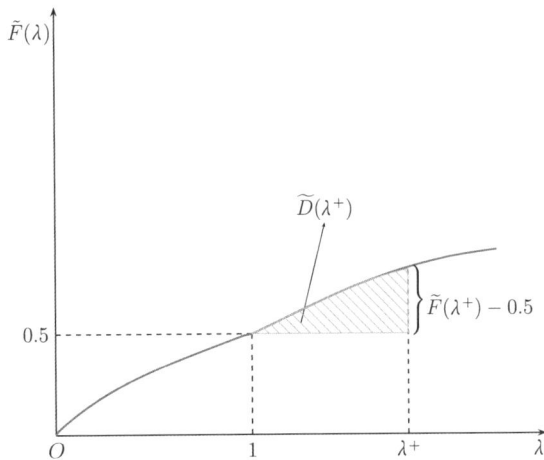

图 5.15　两极端点之间的平均距离

中位数的跨幅增大将会使这两个表达式 $F(\lambda m) - 0.5$ 和 $0.5 - F(\lambda m)$ 的值都减小。两极性增大将会使在 λ 的一些值上的表达式增加,而在 λ 的另一些值上的表达式减小。

令 Π^1 为一类 P 的两极化指数,是 $\tilde{F}$ 的泛函,群体规模保持不变,$\tilde{Q}(p)$ 在 $p > 0.5$ 时为单调递增,在 $p<0.5$ 时为单调递减,以下条件则显示为等价。

5.5.3.1　一阶两极化优势

1. 对于 Π^1 中的所有 P,$P_B \geqslant P_A$。

2. 对于所有 $0 \leqslant p \leqslant 1$,$S_A(p) \geqslant S_B(p)$。

3. 对于所有 $0 \leqslant p \leqslant 1$,$|\tilde{Q}_A(p) - 1| \leqslant |\tilde{Q}_B(p) - 1|$。

4. 对于所有 $\lambda > 0$,$|\tilde{F}_A(\lambda) - 0.5| \geqslant |\tilde{F}_B(\lambda) - 0.5|$。

5. 对于所有 $\lambda > 0$,$|F_A(\lambda m_A) - 0.5| \geqslant |F_B(\lambda m_B) - 0.5|$。

对于所有 $\lambda > 1$,条件 5.4 可以写作 $\tilde{F}_A(\lambda) \leqslant \tilde{F}_B(\lambda)$:要使 A 的两极化程度下降,收入小于 λ 倍中位数收入(常用的相对贫困线)的群体比例应该在 A 中下降。

这些结果可以延伸至在中位数两边的距离上的两极化指数对称的情况。令 Π^{S1} 为一类 P 的两极化指数,是 $\tilde{F}(y)$ 的泛函,对于群体变化保持不变,在 $|\tilde{Q}(p) - 1|$ 时为单调递增,则以下条件是等价的。

5.5.3.2　一阶对称两极化优势

1. 对于 Π^{S1} 中的所有 P,$P_B \geqslant P_A$。

2. 对于所有 $\lambda > 1$,$|\tilde{F}_A(\lambda) - \tilde{F}_A(2 - \lambda)| \geqslant |\tilde{F}_B(\lambda) - \tilde{F}_B(2 - \lambda)|$。

这等价于比较位于距离中位数 $\lambda - 1$ 范围之内的群体比例(Duclos and Échevin,2005),

这也是一个常用的对中产阶级规模的简单描述统计数据。

福利经济学文献经常强调这一观点,即收入分配中的一些收入水平比另一些更重要,因为这些收入的变化会引起社会评估函数的更大变化(如社会福利函数或不平等指数)。两极化文献通过应用增大的两极性属性提出了相同的观点。这从技术上是说,两极化指数对于到中位数的距离应该是凹的;从概念意义上是说,增加距离中位数较小的跨幅比增加距离中位数较大的跨幅对两极化造成的影响更大。用于建立优势的这些曲线以这些指数为基础,累计了与中位数的收入距离,以 $B(p)$ 的方式计算对偶曲线,以下面的方式计算原始曲线:

$$\widetilde{D}(\lambda) = \begin{cases} \int_{0.5}^{1} \left[\lambda - \widetilde{Q}(p)\right]_{+} \mathrm{d}p & \text{如果 } \lambda \geqslant 1 \\ \int_{0}^{0.5} \left[\widetilde{Q}(p) - \lambda\right]_{+} \mathrm{d}p & \text{如果 } \lambda < 1 \end{cases} \tag{5.14}$$

图 5.15 显示了 λ^{+} 的 $\widetilde{D}(\lambda)$,可以将其看作对 $F(\lambda m) - 0.5(\lambda > 1$ 时) 和 $0.5 - F(\lambda m)(\lambda < 1$ 时) 的积分。从式(5.14)中可以看出,$\widetilde{D}(\lambda)$ 可表示为中位数归一化的收入 $\widetilde{Q}$ 和阈值 λ 之间的距离总和。这类似于贫困文献中的贫困差距聚合:贫困差距总数越大,贫困越严重;在中位数的任何一侧,标准化收入和阈值的差距总和越大,两极化越严重。$\widetilde{D}(\lambda)$ 也可理解为距离中位数任何一侧的两极端点(λ)的平均距离。

令 Π^2 为一类 P 的两极化指数,是 $\widetilde{F}$ 的泛函,对于群体变化保持不变,$p > 0.5$ 时 $\widetilde{Q}(p)$ 为单调递增,$p < 0.5$ 时 $\widetilde{Q}(p)$ 为单调递减,且 $\widetilde{Q}(p)$ 为凹的,则以下条件是等价的。

5.5.3.3 二阶两极化优势

1. 对于 Π^2 中的所有 P,$P_B \geqslant P_A$。

2. 对于所有 $\lambda < 0$,$D_A(\lambda) \geqslant D_B(\lambda)$。

3. 对于所有 $0 \leqslant p \leqslant 1$,$B_A(p) \leqslant B_B(p)$。

正如上文已讨论的,这可以延伸至在中位数任意一侧的距离上的两极化指数对称的情况。令 Π^2 为一类 P 的两极化指数,是 $\widetilde{F}$ 的泛函,对于群体变化保持不变,在 $|\widetilde{Q}(p) - 1|$ 时为单调递增且为凹的,则以下条件是等价的。

5.5.3.4 二阶对称两极化优势

1. 对于 Π^{s2} 中的所有 P,$P_B \geqslant P_A$。

2. 对于所有 $\lambda > 1$,$D_A(\lambda) + D_A(2 - \lambda) \geqslant D_B(\lambda) + D_B(2 - \lambda)$。

一个自然的问题是,这些两极化偏序在实证研究中是否具有很大的影响力,也就是说,是否可以在利用它们的不同分布中对两极化进行排序。Duclos 和 Échevin(2005)在卢森堡收入研究(LIS)中对 29 个国家进行比较,发现了这方面的一些佐证。这些比较研究中,有的对这些曲线之间的差异采用了统计检验,有的则没有;从统计上对这些曲线进行区分比仅从数值上进行区分更困难。[①] 研究还对这些曲线进行了对称和不对称的两极化优势检验,对称检验自然会更有影响力。总的来说,Duclos 和 Échevin(2005)发现,在 406 个可能的成对比较中,32%的在统计上具有一阶优势。在一阶对称优势检验中,该百分比增加到 55%;二阶对

---

① 比较分布中的一些有关估计和推断问题,见本书的第 6 章。

称优势检验中,该百分比增加到 73%。

5.5.4 两极化指数

特定的数值指数常常被用来概括和比较收入分配,其优势是能够提供完整的分配排序。FW 提出的这一指数遵从了以下两个原则。

1. 该指数应符合被测定概念的基本理念。例如,不平等测度应该与洛伦兹曲线一致,洛伦兹曲线是不平等比较研究中稳健的图形化的黄金标准。在两极化情形中,FW 指数基于二阶两极化对偶曲线 $B(p)$,后者是洛伦兹曲线的两极化版本。

2. 指数应易于理解。例如,基尼系数可以表示为洛伦兹曲线和代表平等的对角线之间面积的两倍。FW 在提出指数时也遵循了类似的步骤。

Foster 和 Wolfson（2010/1992）将两极化指数定义为:

$$FW = 2\int_0^1 B(p)\,dp \tag{5.15}$$

这是二阶两极化曲线 $B(p)$ 下方区域的两倍,因此 FW 必然会与以 $B(q)$ 比较为基础的偏序保持一致。这也容易理解。

FW 还有其他一些有趣的特征。例如,它与基尼系数和洛伦兹曲线在中位收入处的切线相关联。令中位数以下的收入与中位数以上的收入之间的平均距离由下式给出:

$$T = (\mu^U - \mu^L)\,\frac{1}{\mu} = 1 - 2L(0.5) \tag{5.16}$$

其中,$\mu^U = [1 - L(0.5)]\mu$ 是中位数以上的平均收入,$\mu^L = L(0.5)\mu$ 是中位数以下的平均收入。FW 称 T 为相对中位差。[①] $T = 2V$ 是将中位数以下的收入提高到平均收入水平所需要的总收入份额 V 的两倍。因此,它可以被测量为在人口累积百分比等于 0.5 时从第一对角线到洛伦兹曲线的垂直距离的两倍,如图 5.17 所示。

T 的另一个表达式通过积分 $S(p)$ 给出:

$$T = \tilde{\mu}^{-1}\int_0^1 S(p)\,dp = \tilde{\mu}^{-1}[B(0) + B(1)] \tag{5.17}$$

这样 T 的面积是 $\tilde{\mu}$ 归一化后的一阶极化曲线之下面积的 2 倍,见图 5.13。

T 也是图 5.17 中四边形 $0ABC$ 面积的两倍,这会产生两个结果:第一,T 大于基尼系数 G;第二,当 G 不为零时,洛伦兹曲线和切线(图 5.17 中的浅灰色区域)之间的面积从不为零。

Foster 和 Wolfson（2010/1992）由此指出:

$$FW = (T - G)\,\tilde{\mu} \tag{5.18}$$

指数 FW 是[通过偏度测量 (μ/m)]对图 5.17 浅灰色区域按比例放大,因此以平均收入、收入中位数、基尼系数和相对中位数偏差等基本统计数据来构建它就很简单。

当一个分布完全呈双峰分布时,一半的人口收入为零,而另一半的收入等于 2μ。这个完全双峰的情况如图 5.16 所示。最大 FW 两极化是位于双峰分布的洛伦兹曲线与 45°线在 $p = 0.5$ 处与横轴的交点形成的三角形所覆盖面积的两倍,如图所示,每个三角形的面积为 0.125,这些

---

① 这不同于相对均值差,后者由 $2\{F(\mu) - L[F(\mu)]\}$ 给出。

区域面积的两倍等于 0.5,是 FW 获得的最大值。在完全平均分配的情况下,FW 等于零。Wolfson(1994,1997)倾向于通过将 FW 乘以 2 对其重新定义,这样新指数的范围则为从 0 到 1。

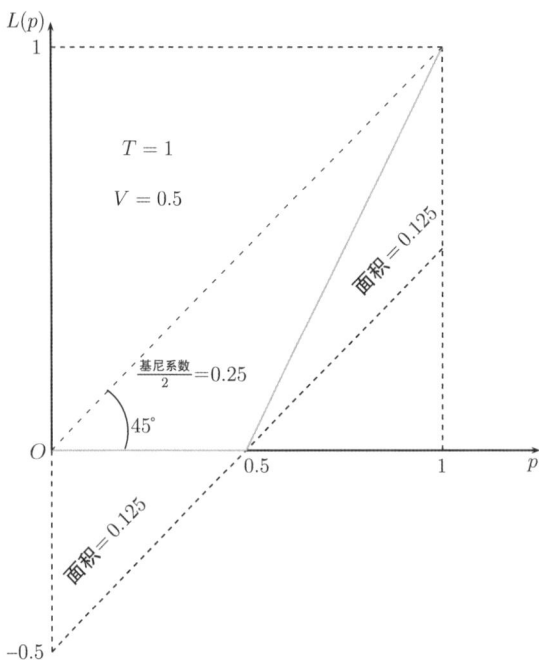

图 5.16 最大两极化

极化指数 FW 也可以表示为由基尼系数、组间不平等和组内不平等组成的函数。将群体分为两组,一组由收入低于中位数的个人组成,另一组由收入高于中位数的个人组成。把收入 μ^L 给收入在中位数以下的个体,把 μ^U 给收入在中位数以上的个体。GB(**F**)是这个新收入分配的组间基尼系数,该新收入分配不存在组内不平等。GW(**F**)= G(**F**)-GB(**F**),这个差值是一个组内不平等的测度,是两组内基尼系数的人口加权总和。

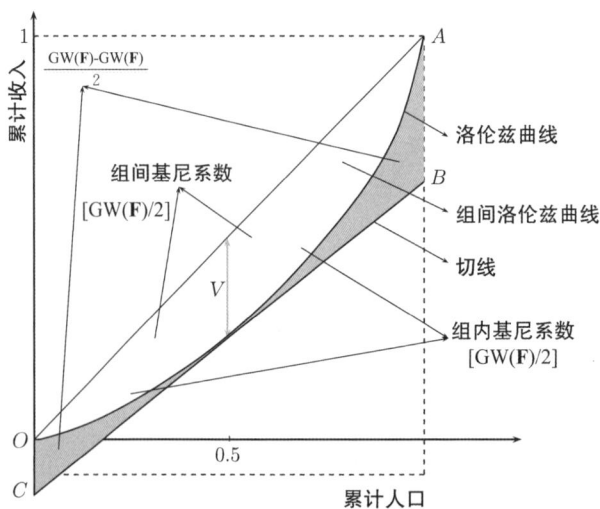

图 5.17 两极化、相对中位差、组内与组间不平等

图 5.17 呈现了这一分解。洛伦兹曲线在 0、0.5 和 1 处的三个值连接形成一个组间的洛伦兹曲线,它是一条分段线性曲线。GW(**F**)是原始洛伦兹曲线与新形成组间的洛伦兹曲线之间区域面积的两倍;GB(**F**)是组间洛伦兹曲线与 45°线之间覆盖面积的两倍。组间洛伦兹曲线与对角线形成的三角形面积等于[0.5 − L(0.5)]/2,因此组间不平等 GB(**F**) = 0.5−L(0.5),T = 2GB(**F**)是组间不平等项的两倍。由此可以得出 FW 指数的另一种表达式

$$\mathrm{FW} = [\mathrm{GB}(\mathbf{F}) - \mathrm{GW}(\mathbf{F})]\,\tilde{\mu} \tag{5.19}$$

式(5.19)是组间不平等减去组内不平等的函数,它由基尼系数和收入中位数以上、收入中位数以下的两组测量得到,这很好地显示了两极化指数 FW 如何受到距离中位数的跨幅大小以及两极性的影响,增大距离中位数的跨幅会增加 GW,增大两极性会减少 GW,这两种效应都会加剧两极化。当距离中位数的跨幅最初很小时,其变化对两极化的影响更大:扩大距离中位数的跨幅会加剧组间不平等,但当接近中位数的个体向距离中位数更远的两侧移动时,组内不平等程度确实会迅速下降。

我们使用来自卢森堡收入研究(LIS)中的 2004 年加拿大数据来说明上文的一些表述。中位数以下和以上的基尼系数估计值分别为 $G_L = 0.206$,$G_U = 0.213$;该数据又产生 $\tilde{\mu} = 1.165$,$L(0.5) = 0.286$,这导致 $T = 0.430$,即相对中位差以及将低于中位数的收入提高到平均收入水平所需的总收入份额的两倍。组间基尼系数[GB = 0.5 − L(0.5)]为 0.215,组内基尼系数[GW = 0.5L(0.5)G_L + 0.5[1 − L(0.5)]G_U]等于 0.332−0.215 = 0.117,整体基尼系数因此为 0.215+0.117 = 0.332。通过式(5.18),我们得到 FW = 0.114;通过式(5.19),我们也可以获得同样的结果:FW = (0.215 − 0.117)$\tilde{\mu}$ = 0.114。

如式(5.19)所示,两组之间的不平等加剧时,不平等和极化会同时加剧;组内不平等程度下降时,它们移动的方向则相反。当组间不平等加剧时,不平等和极化同时加剧,这与距离中位数跨幅扩大的结果相一致;当组内不平等程度[GW(**F**)]下降时,不平等程度也下降,但极化加剧,这一点与两极化加剧的结果相一致。

5.5.5 收入极化和两极化

注意,两极性增大能够使中位数任意一侧的不平等程度下降,但未必会使任意一侧的极点更加明确,如图 5.18 所示。最初的分布图(由 45°斜线的阴影矩形所示)有四个相同规模的组别,分别分布在中位数的两侧。现在将右侧的两组每组再分成更小的两组(得到 6 个45°斜线的阴影矩形,两个在左侧,四个在右侧),这样,右侧分布的两极化加剧,组内的不平等程度上升了,而组间的不平等程度保持不变。因此,可认为两极化加剧了。那么极化的情况也是如此吗?恰恰相反,我们可以认为,分布的极点现在已经变得不够明确,收入极化程度下降了。

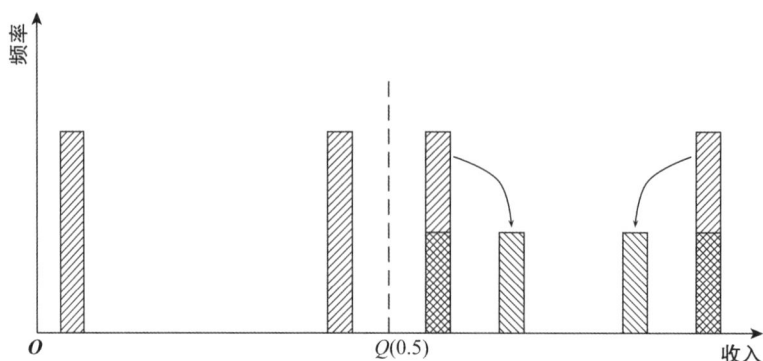

图 5.18　两极性增大会加剧极化吗?

我们还可以对收入极化与收入两极化之间的重要差异加以进一步研究。应该明确的是,收入极化和收入两极化的概念和测度既有关联又有不同。从概念上讲,收入极化涉及多个群体的存在,两极化涉及两个两极性群体的存在。从测度上看,函数限制的设定也不同。收入极化以认同与疏离的混合所产生的平均对抗为基础。两极化是离中位收入的距离的函数。因此,收入极化和收入两极化的排序可能存在冲突,这不足为奇。

当然,这两个模型框架之间有共同点,也有不同点。例如,两极化测度的一些属性也包含收入极化通常会使用的一些公理,扩大跨幅的属性暗含公理 DER 1 和 DER 3;增大两极性的属性暗含公理 DER 2。因此,像 FW 这样的两极化指数遵从公理 DER1、DER2 和 DER3(以及 DER4,因为人口规模总量不变),但反之并不成立。DER 公理并不暗含两极化测度的两个基本属性,这也表明[除了初始函数限制差异,见 Esteban 和 Ray(2012)]收入极化的模型框架比两极化的要更为灵活,正如直觉所表明的,这是因为收入极化的模型框架建立在任意数量的分组基础之上。

然而,正因为这一更大的灵活性,DER 指数也可能不遵从增大的跨幅和两极性增大的属性[同样参见 Esteban 和 Ray(2012)],这是因为涉及这些属性的位移能大幅降低认同度,导致平均对抗下降,从而导致收入极化程度下降。这一论述在图 5.18 中同样得到了说明,其中的位移加剧了两极化却减小了收入极化。

相反,随着局部差距的缩小和局部认同性的提高,两极化指数如 FW 会有所下降。例如,若有三个规模相同、分布等距对称、基本密度相同的组别,挤压其中每一个组别,都会降低 FW 指数,但总是会提高 DER(事实上,对任意奇数个这样的对称组群的挤压都是如此)。再者,冲突的源头来自概念上的区别,即对高度认同组别之间的距离还是这些组别与中位之间的距离的区别。

5.5.6　扩展

已有研究提出了 FW 指数的多种扩展,其中大多数扩展都依赖于对跨幅/两极性框架模型的直观替代应用。一种普遍的富有成效的做法是,将收入离中位数的差距看作规范性目标变量,并利用福利经济学中广为人知的聚合技术,以确保满足理想属性的方式来聚合这些差距。需要注意的是,对于极化测度,这些属性应用于收入离中位的距离:在福利经济学中,同样的属性通常也适用于收入离均值的距离或者离其他收入的距离——可参见 Duclos 和 Araar(2006)第 4 章的内容。

Wang 和 Tsui(2000)提出了两种类型的扩展,都具有公理化特征。两种情况下,相对于中位数的收入差距都是聚合的。第一种类型的聚合使用排名加权,以类似于 Donaldson 和 Weymark(1980)、Yitzhaki(1983)的方式聚合收入差距。该测度被定义为

$$\text{WT}_A = \int w(p) S(p) \, dp \tag{5.20}$$

其中,对于 $p \leqslant 0.5, w(p)$ 为正值递增,对于 $p > 0.5, w(p)$ 为正值递减,p 为正值对于保持跨幅扩大属性是必需的:任何 $S(p)$ 的增大都会提高 WT_A。$w(p)$ 对于 $p \leqslant 0.5$ 的递增性以及 $w(p)$ 对于 $p > 0.5$ 的递减性,对于保持两极性增大属性也是必需的。Makdissi 和 Mussard(2010)使用这些类别的指数来评估税制改革的影响。

Wang 和 Tsui(2000)也考虑将极化测度定义为对离中位数距离的转化,并按照当收入在所有人中平均分配时就没有极化的方式,对其进行标准化。这样一类的指数由下式给出:

$$\text{WT}_B = \int_0^1 \psi[S(p)] \, dp \tag{5.21}$$

其中,$\psi(u)$ 是一个连续函数,当且仅当 $\psi(u)$ 严格递增,严格凹,且 $\psi(0) = 0$ 时,这类极化指数 WT_B 满足跨幅扩大公理和两极化增大公理。如果非标准化的距离排序必须总是与标准化的离中位数的距离排序相同,则出现 ψ 的常弹性公式。这产生的一类极化指数为

$$\text{WT}_C = \int S(p)^r \, dp \tag{5.22}$$

其中,$r \in (0,1)$,r 值越大,极化指数对富人的收入离中位数的偏差就越敏感。

从不平等研究文献中得到的启示,也能用于概括收入离中位数的距离的聚合,Foster 和 Wolfson(2010/1992)以及随后的许多两极化文献均有采用。其中一个例子是 Chakravarty 和 Majumder(2001)将 Atkinson(1970)、Kolm(1969)和 Sen(1973)所使用的不平等指数用于两极化测度的研究,也可参见 Chakravarty(2009)。尤其是,通过收入低于和高于中位数的不同分布来构建"平均分布的等价收入",就有可能要考虑中位数任意一侧的不平等情况,以评估两组收入在整个收入分布中离中间的距离到底有多大。当福利评价函数为基尼系数型时,这些过程则简化为 Foster 和 Wolfson(2010/1992)的两极化测度。

Rodríguez 和 Salas(2003)跟随 FW 的路径,将一个敏感参数用于对基尼系数亚组分解得到的组间和组内的不平等的赋权。他们利用 Donaldson 和 Weymark(1980)和 Yitzhaki(1983)的单参数/拓展基尼系数,提出了如下两极化指数形式:

$$\text{RS}(\nu, \mathbf{F}) = \text{GB}(\nu, \mathbf{F}) - \text{GW}(\nu, \mathbf{F}) \tag{5.23}$$

其中,ν 是一个不平等厌恶参数,参见 Duclos 和 Araar(2006)的讨论。中位数任意一侧的两个组别在组内(或组间)的中位数保留渐进转移会加剧(或减小)极化。

5.5.7 绝对两极化指数与相对两极化指数

不平等文献给出了绝对不平等指数和相对不平等指数。绝对不平等指数在每项收入通过相同常数转换时保持不变,相对不平等指数对于所有收入的等比缩放变化都保持不变。

它们在所有收入中均为零次齐次的。

两极化文献中也可以(并已经)做出类似的区分。Chakravarty 等(2007)讨论了如何使 Foster 和 Wolfson(2010/1992)的二阶两极化曲线成为绝对指数,使之能在每项收入通过相同常量转换时保持不变。将这一绝对曲线之下的区域积分可得到 Foster 和 Wolfson(2010/1992)的相对两极化指数的绝对指数。Kolm(1969)、Donaldson 和 Weymark(1980)的一类绝对不平等指数可以用来对相对于中位数的绝对距离总和进行赋权。

Chakravarty 和 D'Ambrosio(2010)通过定义中间两极化指数进一步做了区分,即生成绝对和相对两极化指数的特殊情况的两极化指数。更确切地说,我们可能想要收入分配 y 和分配 $y+c[\gamma y+(1-\gamma)]$ 来展现相同程度的两极化,其中 $c>0$,是一个标量。这意味着在两极化的测度之中必须聚合距离 $S(p)m/[\gamma m+(1-\gamma)]$。式(5.12)和式(5.13)的极化曲线则变为中间极化曲线,后者由以下两个等式给出:

$$IS(p,\gamma) = \frac{S(p)}{\gamma + (1-\gamma)/m} \tag{5.24}$$

和

$$IB(p,\gamma) = \frac{B(p)}{\gamma + (1-\gamma)/m} \tag{5.25}$$

当 $\gamma = 0$ 时,得到一个绝对极化曲线;当 $\gamma = 1$ 时,得到一个相对极化曲线。这些曲线能用来产生类似于 Foster 和 Wolfson(2010/1992)的中间极化指数,它们由中间两极化曲线之下的区域给出,从而有:

$$IFW = \frac{FW}{\gamma + (1-\gamma)/m} \tag{5.26}$$

如果 $\gamma = 0$,中间极化指数 IFW 则成为一个绝对指数;如果 $\gamma = 1$,IFW 则成为一个相对指数。

我们也可能希望分布排序在选择不同测量单位时能够保持不变,这种不变属性(称为单位一致性)无须要求指数对货币单位的变化保持不变(如美分或美元),它只要求分布排序不受这些变化的影响。Zheng(2007)讨论了不平等测量中不变属性的意义,Lasso de la Vega 等(2010)探讨了两极化测量中不变属性的意义,其结果使用了克尔查(Krtscha)型中间极化指数(Krtscha,1994),即分布 A 和 B 的极化排序指数相同,当且仅当

$$对所有 p ,\frac{Q_A(p) - m_A}{m_A^\gamma} = \frac{Q_B(p) - m_B}{m_B^\gamma} \tag{5.27}$$

$\gamma \in [0, 1]$ 可被看作两极化的中间性程度。极值 γ 等于 0 和 1,分别对应绝对和相对极化测度以及排序。克尔查型两极化排序则可在 $m^{1-\gamma}S(p)$ 的基础上得出。Lasso de la Vega 等(2010)显示,唯一具有单位一致性的一类两极化排序就是克尔查型两极化排序。

5.5.8 序数数据的两极化

不难想到将两极化应用于福利变量是离散的和序数的情况。这些变量的例子包括教育、阶层和地位,以及健康指标。虽然这些指标具有序数属性(变量的值可以进行排序),但它们不是基数,难以像在不平等分析中的典型做法那样,用平均数或中位数将之标准化。

但是,我们仍然可能对这些变量分布的两极化程度进行比较。Apouey(2007)对离散的和序数的自我评估健康(SAH)数据分布进行了类似操作。[①] 首先假设当每个人的健康状况相同时,分布没有两极化,如果一半人口具有最低 SAH 指标,而另一半具有最高 SAH 指标,则分布的两极化最大。我们随后假定两极化可以表示为每一级别的类型 i ($i=1,\cdots,n$)的距离总和 $|F(i)-0.5|$,从最低值到最高值排列。

然后可以得到

$$\mathrm{Apo}(\eta,F)=K\left[(0.5)^{\eta}-\frac{1}{n-1}\sum_{i=1}^{n-1}|F(i)-0.5|^{\eta}\right] \tag{5.28}$$

其中,K 是一个严格正值常数,$\eta>0$ 是中位数类别的权重,这是满足群体不变公理和跨幅扩大公理的唯一一项两极化测度。当对于所有 $i<n$,有 $F(i)=0.5$ 时,两极化达到最大值。当且仅当 $\eta\in[0,1]$ 并且 $\mathrm{Apo}(\eta,F)$ 对 $F(i)$ 为凸的时,才会遵从两极性增大公理。

将 $F(i)$ 从最初更接近 0.5 的位置向更远处移动则会加剧两极化。增大两极性,会使接近 0.5 的 $F(i)$ 值距离它更远,把更大的 $F(i)$ 极值向更接近 0.5 的位置移动,这样增大两极性会加剧两极化。

5.6 社会极化

5.6.1 概念与动机

当人们根据社会特征聚集在一起,并对不具有这些特征的其他事物感到疏远时,社会极化就会产生。当决定个人身份的因素受文化、意识形态、历史、生物或社会因素驱动,而并不仅仅依赖于他们的收入水平时,我们就会使用社会极化这个词。宗教、种族、民族、语言、教育和职业都是可能产生社会极化的特征。社会极化研究通常由以下观点驱动:在许多情况下,收入可能不是唯一相关的(或者甚至是不相关的)可能会助长身份认同和差异,从而产生冲突的维度,正如 Esteban 和 Ray(1994)、Montalvo 和 Reynal-Querol(2005b)、Collier 和 Hoeffler(2004)、Easterly 和 Levine(1997)等许多研究所指出的那样。这促成几种社会极化测度的新近发展,如 Reynal-Querol(2002)、Apouey(2007)、Permanyer(2010),以及 Permanyer 和 D'Ambrosio(2013)提出的社会极化测度。在基数数据不可得以及必须基于定性变量和非有序变量建立极化的情况下,这些测度特别有用。

5.6.2 测量

为了弄清已有文献是如何测量社会极化的,我们先回忆等式(5.2)中的 Esteban 和 Ray(1994)指数:

$$\mathrm{ER}(\alpha,\mathbf{F})=K\sum_{i=1}^{n}\sum_{j=1}^{n}\pi_i^{1+\alpha}\pi_j|y_i-y_j| \tag{5.29}$$

在社会极化的情况下,收入不起作用,每个组的成员都认同组中其他的每个成员,疏离

① 使用广义的基尼系数的相关设定,可见 Chakravarty 和 Maharaj (2013)。

函数采用的是特定于组对的值,与收入无关。通过指定一对小组 j 和 k 的这一疏离值为 δ_{jk},Duclos 等(2004)提出了 ER 和 DER 极化测度的一个自然简化式如下:

$$\text{DER}_s(\alpha, \mathbf{F}) = \sum_{i=1}^{N} \sum_{k=1}^{N} \pi_j^{1+\alpha} \pi_k \delta_{jk} \tag{5.30}$$

用下面的离散距离替代欧几里得距离 $\delta(y_i, y_j) = | y_i - y_j |$

$$\delta(y_i, y_j) = \begin{cases} 0 & \text{如果 } y_i = y_j \\ 1 & \text{如果 } y_i \neq y_j \end{cases} \tag{5.31}$$

社会极化指数被定义为与下式成正比

$$\text{DP}(\alpha, \mathbf{F}) = \sum_{i=1}^{n} \sum_{j \neq 1}^{n} \pi_i^{1+\alpha} \pi_j \tag{5.32}$$

其中,$\alpha \in [0, \infty)$。疏离因此在属于同组的个体之间设定为 0,在属于不同社会群体的个体之间设定为 1。每个 α 值导致不同的社会极化指数,可以使用两个公理来限制这些值的范围,这些公理让人想到 Esteban 和 Ray(1994)使用的公理。

公理 MRQ 1

设有三个大小为 p、q 和 r 的群组,其中 $p > q > r$。如果两个较小的组合并成一个大小为 $\tilde{q} = q + r$ 的新组,则极化加剧。

Montalvo 和 Reynal-Querol(2002)[也可见 Montalvo 和 Reynal-Querol(2005a, 2005b, 2008)]表明社会极化指数 DP($\alpha, \mathbf{F}$)满足公理 MRQ 1 的条件是当且仅当 $\alpha \geq 1$。认同效应的重要性必须足够大。一个群组消失带来的影响会减少疏离组对的数量;当 $\alpha \geq 1$,这被形成较大群组产生的认同效应抵消。

公理 MRQ 2

将一个群体分成三个大小为 p、q 和 p 的组,如果组 q 的人口向其他两个组进行等量移动,则极化加剧。

满足公理 MRQ 2 的唯一社会极化指数 DP($\alpha, \mathbf{F}$)出现在 $\alpha = 1$ 时。DP($1, \mathbf{F}$)是 Reynal-Querol(2002)的极化指数:

$$\text{RQ} = 1 - \sum_{i=1}^{n} \frac{(0.5 - \pi_i)^2 \pi_i}{0.25} = 4 \sum_{i=1}^{n} \sum_{j \neq 1}^{n} \pi_i^2 \pi_j \tag{5.33}$$

如等式(5.33)所示,RQ 指数最初被阐释为 1 减去各组规模与 0.5 的距离平方的平均值。在这个公式中,规模相同的两个组的简单分布会被隐含地看作社会极化最严重的分布。各组规模与 0.5 的距离平方捕捉了各组规模之间的差距与对称的两组分布。群组成员数量增加或群组规模距离 0.5 的跨幅扩大会导致社会极化程度下降。

除了满足公理 MRQ 1 和公理 MRQ 2,RQ 指数还有另外两个有趣的属性。第一,设有四个群组,每个组规模相同时社会极化最小。第二,设有 n 组,群组相对规模大小相等,为 $1/n$,社会极化会随着 n 单调递减(见图 5.19)。

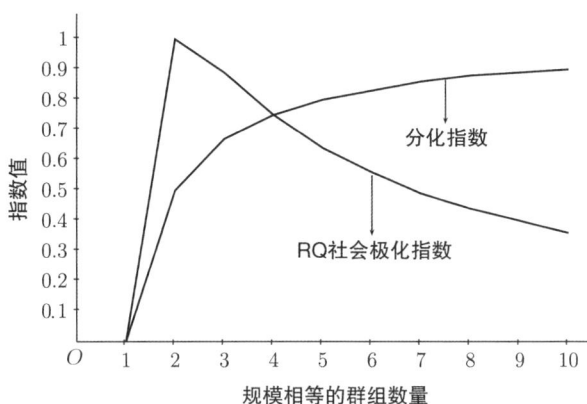

图 5.19　分化指数(FRAC) 和社会极化指数(RQ) 是一些规模相等的群组数量的函数

来源:Montalvo 和 Reynal-Querol (2008)。

Chakravarty 和 Maharaj(2011b)使用其他的一组独立公理描述了 Reynal-Querol(2002)的社会极化指数。Chakravarty 和 Maharaj(2012)进一步显示了累计人口份额相对于累计群组数量(从大到小排列)的图表,它可以对 RQ 类型的某些类别的社会极化指数进行排序,并在这一过程中构想了"θ 顺序的广义 RQ 指数",由下式给出:

$$RQ(\theta) = 4 \sum_{i=1}^{n} \pi_i^2 (1 - \pi_i) + \theta \sum_{1 \leqslant i_1 < i_2 < i_3 \leqslant n} \pi_{i_1} \pi_{i_2} \pi_{i_3} \tag{5.34}$$

其中,$\theta \in [0, 3]$ 且 $n \geqslant 3$。RQ(0)是通常的 RQ 指数。

在 Montalvo 和 Reynal-Querol(2002)之前的大部分文献已尝试通过社会(通常是民族语言学的)分化指数来解释冲突,其形式如下:

$$FRAC = 1 - \sum_{i=1}^{n} \pi_i^2 \tag{5.35}$$

FRAC 指数是对赫希曼-赫芬达尔(Hirschman-Herfindahl)联合指数(见 Herfindahl,1950;Hirschman,1980)的补充,可以被看作从一个特定社会随机抽取的两个人不属于同一社会群组的概率。随机抽取的两个个体属于同一群组的概率实际为 π_i^2,1 减去所有组间的这种概率总和得到 FRAC。

分化指数也可以从基尼系数中推导出来,它与等式(5.29)中的 ER$(0,\mathbf{F})$成正比。用等式(5.31)中的离散距离代替欧几里得距离$|y_i-y_j|$,我们得到

$$DP(1,\mathbf{F}) = \sum_{i=1}^{n} \sum_{j \neq i}^{n} \pi_i \pi_j = 1 - \sum_{i=1}^{n} \pi_i^2 = FRAC \tag{5.36}$$

FRAC 或 RQ 中的哪一个能更好地预测冲突,一直是个有争议的问题,二者之间的区别类似于不平等和极化之间的区别。Horowitz(1985)认为,在高度同质化和高度异质性的社会中较少发生冲突。社会异质性的增加会在初期加剧潜在冲突,但在某个点之后,更大的多样性最终意味着冲突的潜在可能性降低,也可见 Colomer(2001)以及 Collier 和 Hoeffler(2004)。如果这是正确的,那么社会极化指数应该比分化指数更能反映冲突的可能性或潜在冲突的强度。

实证文献为这一观点提供了一些支持。Collier 和 Hoeffler(2004)发现宗教分化对冲突风险没有任何影响。Montalvo 和 Reynal-Querol(2003,2008)几乎没有发现表明分化影响经济增长的实证证据,但确实报道了宗教和民族极化对内战、投资和 GDP 中政府支出份额的重要影响,进而影响经济增长。然而,Alesina 等(2003)指出,有证据表明分化能够更好地预测冲突。

更好地了解社会极化指数和分化指数之间区别的一种方法是考虑两个群体 A 和 B,每个群体分别由三个不同的群组构成[这个例子在 Montalvo 和 Reynal-Querol(2002)中讨论过]。群体 A 的三个组大小为 0.49、0.49 和 0.01,群体 B 的三个组大小为 0.33、0.33 和 0.34。这两个群体中的哪一个更可能会见证冲突?B 的分化指数更高,A 的社会极化程度更高。B 中抽取两个人属于两个不同群组的可能性确实更大,但是 A 更接近于具有两个相等大小群组的分布,因此更接近于社会极化的最大化。

不管任何时候,只要两组大小相等,分化指数就会增加;但只有两组在相对较大的时候,RQ 社会极化指数才会增大。但是,$DP(\alpha,\mathbf{F})$ 的值不能超过 1,因为当 $\alpha > 1$ 时,$DP(\alpha,\mathbf{F})$ 从 0、1 和 0 向 0.5、0 和 0.5 移动时不会单调递增,因此当 $\alpha > 1$ 时,$DP(\alpha,\mathbf{F})$ 不能满足公理 MRQ 2。

这个问题与之前给出的对公理 MRQ 2 的讨论相呼应。如果我们把群体人口从一个组平均转移到另外两个大小相同的组,那么根据这个公理,社会极化应该会加剧。如前所述,$DP(\alpha,\mathbf{F})$ 测度满足该公理的唯一可以接受的 α 值是 1。特别是当 $\alpha = 0$ 时,存在两个大小相同的组分布,分化却没有最大化。事实上,当群组数量为 n,小组相对规模同为 $1/n$ 时(见图 5.19),FRAC 会随着 n 单调递增。

5.7 社会经济极化

5.7.1 组间和组内收入不平等

不平等文献长期以来使用社会特征来分解收入不平等。基于此,Zhang 和 Kanbur(2001)建议使用这种组内不平等来测量内部异质性,使用组间不平等来衡量外部异质性。他们定义组间不平等与组内不平等的比例为如下社会经济极化指数[①]:

$$ZK = \frac{\text{组间不平等}}{\text{组内不平等}} \qquad (5.37)$$

这类构造的不平等指数的明显候选项是广义熵指数,众所周知,广义熵指数能够完全分解为组间和组内的成分。[②] 随着组内收入差异的缩小,也就是说,随着组内变得更加平等(尽管认同感不一定更强,见下文的讨论),相对而言,组间差异会变大,且极化程度上升。然而,对于给定的组内差异,随着组平均值分离,组间不平等增加,极化也会加剧。

利用组内不平等来测量内部同质性,这与收入极化文献中的认同框架不相容。要了解

[①] Chakravarty 和 Maharaj(2011a)考虑了基于这些组间和组内不平等项的极化指数的一般形式和排序,也可参见 Chakravarty 等(2010)。

[②] Deutsch 和 Silber(2010)使用基尼系数的组间和组内成分来测量社会经济极化。

其原因,须考虑上文讨论过的图 5.18。试想两个组,每个组都由分布在中线同一侧的两个亚组组成。如图 5.18 所示,右侧两个组分裂,会增加内部同质性,因此减少组内不平等。根据等式(5.37),这应该会加剧极化,尽管这不是认同—疏离框架必然得出的结论。

社会经济极化的另一个特征是它可能与收入极化、收入两极化相冲突,部分原因是社会经济极化不使用收入进行社会分组。出现同质群组可能会导致如 ZK 等指数没有显示任何社会经济极化,尽管收入分布可能表现出某种程度的收入极化和收入两极化。例如,图 5.23 中可能没有社会经济极化,却有显著的收入极化。

5.7.2 认同/疏离混合

认同/疏离指数的几种混合也可以容纳进来,认同不仅可以由小组成员自行形成,也可以由收入相似性来促成,而对抗函数仍然被定义为收入差异。例如, Duclos 等(2004)提出"社会极化指数带有收入促成认同":

$$\mathrm{DER}_{\mathrm{H1}} = \sum_{i=1}^{n} (1 - n_i) \int_x f_i(y)^\alpha \mathrm{d}F_i(y) \tag{5.38}$$

其中,α 是常用极化敏感度参数。

另一种混合则根据收入促成性考虑疏离和认同。两个人必须属于不同的组并且有不同的收入才能体验疏离,获得的极化测度是:

$$\mathrm{DER}_{\mathrm{H2}} = \sum_{j=1}^{n} \sum_{k \neq j}^{n} \iint_{x\,y} f_i(x)^a \mid x - y \mid \mathrm{d}F_j(x) \mathrm{d}F_k(y) \tag{5.39}$$

疏离性用收入差距表示,认同性则基于收入和相似的社会特征。

Permanyer(2010)提出了两个具有公理化特征的社会经济极化指数,包含一个疏离变量成分。其焦点首先关注组间疏离,之后又关注组内疏离,其出发点是构建认同—疏离框架。

假设有 n 个外生社会群体(例如基于宗教、种族或政治特征),它们可能会显示个人的身份认同感。每个人也感到某种程度的"激进主义"$y>0$。激进主义被定义为个人捍卫其所属群体的身份/利益/目标的程度。激进主义有两个目标,第一,y 测量个人将自身与不同社会群体中的其他人进行比较的能力。第二,y 可以强化个人对同一社会群体中其他人的认同感/差异感。

因此,存在两个潜在的认同来源和两个潜在的疏离基础。身份认同可以仅取决于个人所属社交群体的大小,或者取决于群体的大小以及个人在群体内部感受到的激进主义程度。个体对其他社会群体的成员感到疏离,疏离强度是不同群体的个人感受到的激进主义的总和;同一群体中个体之间的激进主义程度差异也会加剧同一群体成员之间的疏离。

这一设定不同于收入极化和社会极化框架。与收入极化不同,身份可以是收入和社会群体成员两者的函数,同一群体成员之间可能会有疏离,也可能不会有疏离。与社会极化不同,个人身份可以通过与所属群体的利益之间的联系程度来强化,而不是仅仅依赖纯粹的群体成员关系;疏离强度也可以被同等程度的激进主义影响。

Permanyer(2010)采用了疏离与认同框架,作者首先假设组内不存在疏离,身份仅取决于组的大小 n_i。个人感到完全认同自己所属群体的所有成员,群组凝聚力强,成员关系足以确定个人的认同感。激进主义程度分别为 x 和 y 的两个不同群体的成员之间的疏离被定义为

激进主义程度之和 $x+y$ 的单调递增函数。个人捍卫其群体利益的力量越大,对不同群体的个人感到的敌意越强,因此激进主义程度的总和成为不同群体个人之间的紧张关系的测度。这不同于通常的疏离框架,后者通常使用距离(而不是总和)来测量疏离。

使用疏离和认同的这些表述,我们可以得到

$$\mathrm{Per}(\mathbf{f}) = \sum_{i=1}^{n} \sum_{j\neq 1}^{n} \iint T(n_i, x+y) f_i(x) f_j(y) \mathrm{d}y \mathrm{d}x \tag{5.40}$$

剩余分析大致遵循 Duclos 等(2004)的公理框架,采用了三个组内和组间密度移动公理,以及一个群体不变性公理。图 5.20 是对第一条公理的阐释。

考虑一个给定的群组分为两个亚组,较大的亚组激进主义程度较低,较小的亚组激进主义程度较高。如果这两个亚组分别等量提高和降低激进主义程度,那么群组内的平均激进主义程度就会提高。第一条公理(组内公理)说明这应该会加剧整体社会经济极化,也意味着 T 在 $x+y$ 上为凹的。

第二条公理是基于较小的亚组激进程度下降而较大的亚组激进程度上升的净效应。这在图 5.21 中有所展示。这两个公理(组间公理)说明较大亚组激进程度上升的影响会大于较小亚组激进程度下降的影响,极化程度不会降低。这也意味着 T 在 $x+y$ 上为凸的。

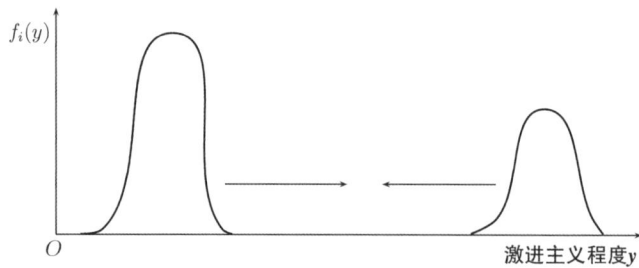

图 5.20 组内基本密度的移动加剧社会经济极化

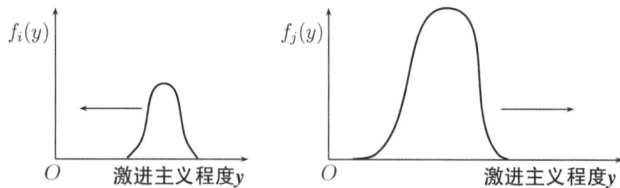

图 5.21 较小亚组激进程度下降及较大亚组激进程度上升不会降低社会经济极化程度

第三条公理说明人口从一个大组向两个大小相等的相同的标准化密度的小组流动,不会降低极化程度。这意味着认同效应不应该太大[这为等式(5.41)中的 α 施加一个上限]。激进主义分布相同的三个组之间人口规模的均等化将会使之比一个组规模最大的情况产生更严重的社会经济极化。加上常用的群体不变性属性,这必然带来如下指数:

$$\mathrm{Per}(\alpha, \mathbf{F}) = \sum_{i=1}^{n} \sum_{j\neq i}^{n} \pi_i^{1+\alpha} \pi_j (\mu_i + \mu_j) \tag{5.41}$$

其中,$\alpha \in (0,1]$。这种社会经济极化测度将形成社会极化 DP $(\alpha, \mathbf{F})$(因此也形成 RQ 指数),它没有将组间疏离设定为一个常数,而是设定为对激进主义程度和组间可能存在的不同敌意程度敏感。如果均值 μ_i 对于所有组都是相同的,那么 $\text{Per}(\alpha,\mathbf{F})$ 可简化为 $\text{DP}(\alpha,\mathbf{F})$ 的一部分。在 $\alpha = 0$ 的特定情况下, $\text{Per}(\alpha,\mathbf{F})$ 是分化指数 FRAC 的推广,并在 $\mu_i = \mu_j, \forall\ i \neq j$ 时,简化为经典分化指数。α 值也被解释为 Esteban 和 Ray(1994)中的极化敏感度参数。α 值越大,离(社会经济)不平等就越远。

如果我们要求极化随 n 个同质组(相对规模为 $1/n$)的增加而下降,则等式(5.41)中 α 的下界可以设定为大于零,由此将社会经济极化与分化、不平等区分开来。Permanyer(2010) 随后表明 α 的下界为 $(2 - \log_2 3)/(\log_2 3 - 1) = 0.71$。

前面忽略了社会经济极化中的组内疏离。如果激进主义程度不同,则同一组内不同成员之间可能会存在疏离;在同一组内,激进成员可能会疏离较温和的成员,反之亦然。Permanyer(2010)对这种情况做了调整,通过 $x+y$ 中的单调递增函数来测量组间疏离,但假设组内疏离可通过单调递增函数 $|x-y|$ 来测量,这正是认同—疏离框架中的通常做法。在此设定下,总极化变为

$$
\begin{aligned}
\text{Per}(\mathbf{f}) = & \sum_{i=1}^{n} \iint T[f_i(x), |x-y|]\, f_i(x)\, f_i(y)\,\mathrm{d}y\mathrm{d}x \\
& + \sum_{i=1}^{n} \sum_{j \neq i}^{n} \iint T(f_i(x), x+y)\, f_i(x)\, f_j(y)\,\mathrm{d}y\mathrm{d}x
\end{aligned}
\tag{5.42}
$$

等式(5.42)右边的第一项成分表示组内极化的贡献,第二项成分是组间极化的贡献,组内成分和组间成分加总得到总极化。

使用与公理 DER 2 和公理 DER 3 相似的群体不变性公理,以及使用"社会经济极化公理"(向最初相同的两个组进行人口转移将降低极化这一公理),该指数变成

$$
\begin{aligned}
\text{Per}(a,\mathbf{f}) = & \sum_{i=1}^{n} \iint f_i^{1+\alpha}(x)\, f_i(y)\, |x-y|\,\mathrm{d}y\mathrm{d}x \\
& + \sum_{i=1}^{n} \sum_{j \neq i}^{n} \iint f_i^{1+\alpha}(x) f_j(y)(x+y)\,\mathrm{d}y\mathrm{d}x
\end{aligned}
\tag{5.43}
$$

其中, $\alpha \in [1/(3n-2), 1]$,或者 $\alpha \in [0.5, 1]$,如果我们要求极化随着同质组的数量增加而下降。

社会极化和收入极化并不涉及社会可能被划分为几个变量的情况,有些是社会变量,有些是经济变量。例如,考虑个人可能是男性或女性,并且可能有不同健康状况的情况,这在图 5.22 和图 5.23 中有所说明。在通常的社会和收入极化背景下,所有男性(用黑色区域表示)健康状况不良而所有女性(用白色区域表示)健康状况良好,这样的情况(见图 5.22)导致的极化(和两极化)程度等同于图 5.23 中的极化(和两极化)程度,其中一半男性和一半女性的健康状况很差而另一半健康状况良好,这是因为收入极化没有考虑到社会特征分离的影响,且社会极化没有考虑组间的福利差异。然而,图 5.22 中的情况相比第二种男女健康混合的情况,紧张程度和极化程度可能更高,这看起来似乎是显而易见的。因此可以推断,极化应该对社会群体和福利状况的联合分布更敏感。

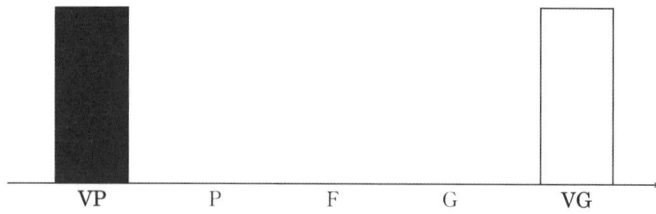

图 5.22　假设的两个不同社会群体(男性与女性)的健康状况分布

注:横轴字母分别表示非常差(VP)、差(P)、一般(F)、良好(G)、非常好(VG)。

资料来源:Permanyer 和 D'Ambrosio (2013)。

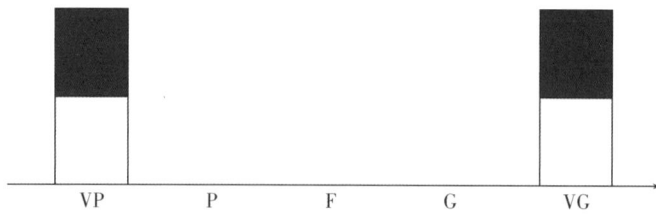

图 5.23　假设的两个不同社会群体(男性与女性)的健康状况分布

注:横轴字母分别表示非常差(VP)、差(P)、一般(F)、良好(G)、非常好(VG)。

资料来源:Permanyer 和 D'Ambrosio (2013)。

　　Permanyer 和 D'Ambrosio(2013)首先将群体中的个体划分成给定数量的外生组来探究这一问题。某个特定组的成员认同其组内的人,但对其他组的人感到疏远。对特定组 i 的成员身份认同取决于他们所属组的大小(n_i)。认同只是群组大小的函数。对于特定组的每个成员,疏离被认为是相同的,组间疏离比个体间的疏离更重要。

　　疏离通过重叠测度来捕捉,这与通常基于距离定义的疏离不同。令 $\theta_{i,j}$ 是组 i 和组 j 之间在分类福利数据情形下的重叠系数,共有 C 类,且 $\pi_i(y_C)$ 是福利水平等于 y_C 的组 i 中个体所占的比例:

$$\theta_{i,j} = \sum_{c=1}^{c} \min\{\pi_i(y_C), \pi_j(y_C)\} \tag{5.44}$$

另外,对于一个连续福利变量 y,我们有:

$$\theta_{i,j} = \int \min\{\bar{f}_i(y), \bar{f}_j(y)\} \, \mathrm{d}y \tag{5.45}$$

其中, $\bar{f}_i(y)$ 是 i 组在福利 y 的标准化密度。因此,在测量疏离性时,重要的不是距离而是各组在福利领域的某些区域聚集,这与社会极化和收入极化不同。根据等式(5.44)和等式(5.45), $0 \le \theta_{i,j} \le 1$ 。当群组不相交时, $\theta_{i,j} = 0$;当各组完全重叠时, $\theta_{i,j} = 1$ 。疏离被定义为 $1 - \theta_{i,j}$,在群组完全不相交的情况下为1,在完全重叠的情况下为0。

　　根据 Esteban 和 Ray(1994)的认同—疏离框架,极化可以被定义为所有有效对抗的总和,也就是

$$\mathrm{PD_S} = \sum_{i=1}^{n} \sum_{j=1}^{n} n_i n_j \, T(n_i, 1 - \theta_{ij}) \tag{5.46}$$

Permanyer 和 D'Ambrosio(2013)使用与 Duclos 等(2004)相似的公理,但将其调整以适应含多个社会群体的社会经济背景,发现一个等式为(5.46)形式的社会经济极化指数应与下式成正比:

$$PD_S = \sum_{i=1}^{n} \sum_{j=1}^{n} \pi_i^{1+\alpha} \pi_j (1 - \theta_{ij}) \tag{5.47}$$

其中,极化敏感度 α 位于 $[\alpha^*, 1]$,$\alpha^* = (2 - \log_2 3) / (\log_2 3 - 1) = 0.71$。

Esteban 等(2007)的收入极化指数的社会经济学扩展是 Gradín(2000)提供的,该扩展同时使用收入分布和社会差异来分组,与根据收入差距确定分组的 EGR($\alpha, \sigma, \mathbf{F}$)形成对比。其目标从根本上是评估社会极化与收入极化的关联程度,关联程度越高,收入与社会特征之间的极化关联就越强。

第一个社会经济极化指数(被称为"群体极化")考虑的是一个根据社会特征如受教育水平、肤色、性别、种族、地区来定义而不是根据收入来定义的含 n 个亚组的群体,类似于 ER 和 EGR 指数。社会经济分组带来由 $\mathbf{F}^g$ 给出的收入分布划分,由此带来如下社会经济极化指数:

$$EGR(\alpha, \sigma, \mathbf{F}^g) = ER(\alpha, \mathbf{F}^g) - \sigma \in (\mathbf{F}^g) \tag{5.48}$$

这种社会群体分类与"最优"EGR 收入划分 $\mathbf{F}^*$ 相比,其组间收入离散度更低,组内异质性更高,因此 EGR($\alpha, \sigma, \mathbf{F}^g$)预期会低于 EGR($\alpha, \sigma, \mathbf{F}^*$)。这两个表达式之间的差异越小,社会分组解释收入极化的能力就越强。

Gradín(2000)也提出了另一种对收入极化和社会经济极化(被称为"得到解释的极化")之间的关联的测度。其方法是考虑 $n+1$ 个收入截断值 $z = z_0, z_1, \cdots, z_n$,以及由平均收入在 $[z_{j-1}, z_j]$ 的那些社会分组 i 组成的组集 $\phi_j = \{i \mid m_i \in [z_{j-1}, z_j]\}$($j=1, \cdots, n$)。于是,$\mathbf{F}^e$ 含有 $F_j^e(y) = \sum_{i \in \phi_j} F_i(y)$ 给出的元素。$\mathbf{F}$ 是根据社会特征 $i = 1, \cdots, n$ 的群体分组;$\mathbf{F}^e$ 是根据个体所属组的平均收入,沿阈值 $z = z_0, z_1, \cdots, z_n$ 将个体重新分类的再分组,从 $\mathbf{F}$ 到 $\mathbf{F}^e$ 的移动是对社会群体的经济重新排序。EGR($\alpha, \sigma, \mathbf{F}^e$)即社会经济分组 $\mathbf{F}^e$ 的极化程度。

鉴于此,我们可能希望计算出 $\mathbf{F}^e$ 在多大程度上可以解释收入极化。Gradín(2000)通过定义得到解释的极化的比例来做到这一点:

$$EP(\alpha, \beta, \mathbf{F}, \mathbf{F}^e) = \frac{EGR(\alpha, \beta, \mathbf{F}^e) - EM(\mathbf{F}^e)}{EGR(\alpha, \beta, \mathbf{F}) - EM(\mathbf{F})} \tag{5.49}$$

其中,组间不存在异质性时,EM 即是 EGR。

5.8 多维极化

Gigliarano 和 Mosler(2009)假定极化应该具有内部同质性、外部异质性和相似的组规模,在此基础上构建了多元社会经济极化指数。与 Zhang 和 Kanbur(2001)相比,他们使用多元距离完善了对群体同质性和异质性的测量。然后,他们利用可分解为组内和组间的不平等成分的多元可分解性,构建了多维极化指数。

下面加以解释。考虑沿 C 种禀赋的 N 个人的分布,由矩阵 $\mathbf{X}$ 表示:

$$X = \begin{bmatrix} x_{11} & x_{12} & \cdots & x_{1C} \\ x_{21} & x_{22} & \cdots & x_{2C} \\ \vdots & & \ddots & \vdots \\ x_{N1} & x_{N2} & \cdots & x_{NC} \end{bmatrix}_{N \times C}$$

其中，x_{iq} 表示个人 i 的禀赋 q。使用不平等分解，多维极化指数由下式给出：

$$GM(X) = \zeta[GB(X), GW(X), S(X)] \tag{5.50}$$

其中，GB 和 GW 是分别测量组间和组内不平等的多元指数，ζ 是在 GB 和 S 上递增而在 GW 上递减的一个函数。$S(X)$ 是对规模相同群体的偏离测度，如果所有组规模相同，则 $S(X)$ 最大。该指数的特定形式由下式给出：

$$GM_1(X) = \phi\left[\frac{GB(X)}{GW(X) + c}\right] S(X) \tag{5.51}$$

$$GM_2(X) = \psi[GB(X) - GW(X)] S(X) \tag{5.52}$$

$$GM_3(X) = \tau\left[\frac{GB(X)}{GB(X) + GW(X) + c}\right] S(X) \tag{5.53}$$

常数 c 为正值，可能取决于 GB 和 GW 指数的选择。当 $\varphi(0) = \tau(0) = 0$ 时，函数 φ、ψ 和 τ 被假定为连续且严格递增的。这些形式随后被 Gigliarano 和 Mosler(2009) 使用可加性分解的多元不平等测度加以发展。乘法可分解的不平等测度也被提出了类似的步骤。除组规模 $S(X)$ 的明确作用和 X 是一个矩阵的事实之外，等式(5.51)类似于 Zhang 和 Kanbur(2001) 中的。等式(5.52)类似于 Foster 和 Wolfson(2010/1992) 的低于和高于中位数组的两极化测度，尽管多维设定中对"中位数边界"的定义不是直接定义。

另外有两种多元极化指数与群体分为两组的情况特别相关，它们由 Anderson(2010) 提出。当这两个组由贫困和非贫困个体组成时，这些指数可以用作基于它们之间距离的多变量相对贫困测度。现在考虑一个由穷人和非穷人这两个组构成的群体，假设它们为两个连续多元单峰分布：穷人的分布为 $f_p(x)$，非穷人为 $f_r(x)$，其中 x 是 $1 \times C$ 的特征向量。一种"重叠"测度被定义为：

$$OV = \int_x \min\{f_p(x)f_r(x)\} dx \tag{5.54}$$

这是对等式(5.45)的重叠测度的多维扩展。当个体具有许多特征时，评估两组之间的极化程度在这个公式中用来确定两个分布之间的共同程度。

Anderson(2010) 提出了一个替代指数，可以在属性互相排斥并且不重叠的情况下使用。令 x_{mp} 和 x_{mr} 分别为穷人和非穷人分布众数点的特征向量值。该指数是由密度的众数值和这两点之间的平均归一化欧几里得距离形成的不规则四边形的面积。令 μ_q 为合并群体的第 q 个特征的平均值。当穷人和非穷人分布分别在 C 维度上确定时，多维极化被写为：

$$BIPOL_1 = 0.5[f_p(x_{mp}) + f_r(x_{mr})] \frac{1}{\sqrt{C}} \sqrt{\sum_{q=1}^{C} \frac{(x_{mpq} - x_{mrq})^2}{\mu_q}} \tag{5.55}$$

这可以被看作一个没有正式贫困边界的多元相对贫困指数，该指数基于两个确定组，即贫穷组和非贫穷组之间的距离。但是须注意，穷人和非穷人的两种分布也许不能够分别确定，在这种情况下,人们可能难以应用与公式(5.55)类似的指数。穷人和非穷人之间也可能不存在唯一的众数距离。即使存在,我们也不清楚它们是否适合作为整个分布的匮乏测度:许多不同的多元分布能够显示这些众数之间的相似距离,但它们可能呈现出穷人和非穷人之间相当大的福利分配差异。

人们还可以设计 DER 的认同—疏离框架的多维扩展。Anderson(2011)提出了一个自然步骤,这种扩展是多维的,因为认同和疏离都取决于多个社会经济属性的联合分布。人们还可以在离散变量和连续变量的集合上定义多元分布。

其方式可被解释如下:令 u_i 和 v_j 分别是含维度 k(对于连续变量)和 h(对于离散变量)的连续变量和离散变量的堆栈向量,分别对应个体 i 和 j。同时考虑连续变量和离散变量的多元极化指数由下式给出:

$$\mathrm{AN}(a) = \int_u \int_v [f(u)^a \| \mathbf{u} - \mathbf{v} \| \, \mathrm{d}F(\mathbf{u}) \mathrm{d}F(\mathbf{v}) \tag{5.56}$$

其中,‖·‖代表一个 C 维度的欧几里得范数,其定义为

$$\| \mathbf{u}_i - \mathbf{v}_j \| = \frac{\sqrt{C \sum_{q=1} (u_{iq} - v_{jq})^2}}{C} \tag{5.57}$$

这是个体 i 和 j 之间的归一化欧几里得距离,其中 u_{iq} 是个体 i 的第 q 个变量,$C=k+h$。

5.9　实践中的极化

为说明已经被提出的各种指数的使用情况,并且推动极化研究,研究者已经进行了一些关于极化的实证研究(如通过考察极化、不平等和冲突之间的联系)。我们通过简要评论以下这些实证证据来结束这一章:第一,关于极化和不平等之间的联系; 第二,关于极化比较;第三,关于极化和冲突之间的联系。

5.9.1　极化和不平等

Wolfson(1994)利用从 1967 年到 1991 年的加拿大消费者金融调查的时间序列数据,实证研究了不平等和两极化之间的分歧。尽管不平等和极化往往朝着相同的方向发展,但从 1973 年到 1981 年,这两种趋势分道扬镳了。

Chakravarty 和 Majumder(2001)使用 1987 年至 1988 年和 1993 年至 1994 年间的印度家庭支出调查数据,比较了跨时间、跨邦以及跨城乡地区的不平等和极化情况。在印度乡村的一些邦,总体不平等程度下降。这两个时期各邦的不平等排名不变,但极化确实有所变化。在一些邦,无论极化参数值如何,极化和不平等移动方向相反,这强化了极化和不平等可能表现不同的观点。

Zhang 和 Zhang Kanbur(2001)利用 1983—1995 年中国 28 个省份的数据研究发现,与其他早期的实证证据相反,极化测度不会产生与标准不平等测度结果具有显著差异的结果。极化和不平等测度在他们所考察的时期内大幅吻合,这激励他们考虑了一种社会经济极化 ZK 的测量方法,他们发现这从实证上有助于检验美国的社会经济极化情况,以及中国的农

村与城市之间、沿海与内陆群体之间具有重要差异的情况。

在 Duclos 等(2004)的研究中可以找到一些关于不平等与极化之间关联的最广泛的实证证据。DER 使用几个来自 21 个国家的 LIS 数据波来分析极化。他们的实证分析表明,极化在实证上与不平等有所不同。DER($\alpha = 0$)指数和基尼系数从定义上是同质的,当 $\alpha = 0.25$ 时,基尼系数和极化指数产生的排名相似。当极化参数 α 变大时,不平等和极化排名之间的相关性下降。随着 α 增大到 1,许多国家的重新排名都发生在 α 较小的情况下。当 $\alpha = 1$ 时,基尼系数和极化指数之间的排名差异非常重要,皮尔逊秩相关系数通常低于 0.7。

图 5.24 显示了 Duclos 等(2004)在 $\alpha = 1$ 时对第 3 波 LIS 的 21 个国家进行的估计。对于这些国家,不平等对极化的线性回归的 R^2 为 0.8,这个值已相当大,但仍不完美。捷克的基尼系数在所有国家中是最低的,但在极化方面,它在 21 个国家中排第 11 位。与之相反,加拿大、澳大利亚和美国表现出巨大的不平等,但极化程度相对较低。大部分极化的跨国变异既来自显著的平均认同变异,也来自平均疏离的变异(而不是来自认同和疏离之间的协方差,回想 4.2 节结尾的讨论),这就解释了为什么不平等和极化是相关的,但在实证上仍然大相径庭。英国和美国也提供了一个有趣的比较,两者的平均疏离程度相似,但英国的密度峰值更高,美国的密度明显平坦且肥尾。英国最终显示了更高程度的极化,尤其是其 α 值更高。

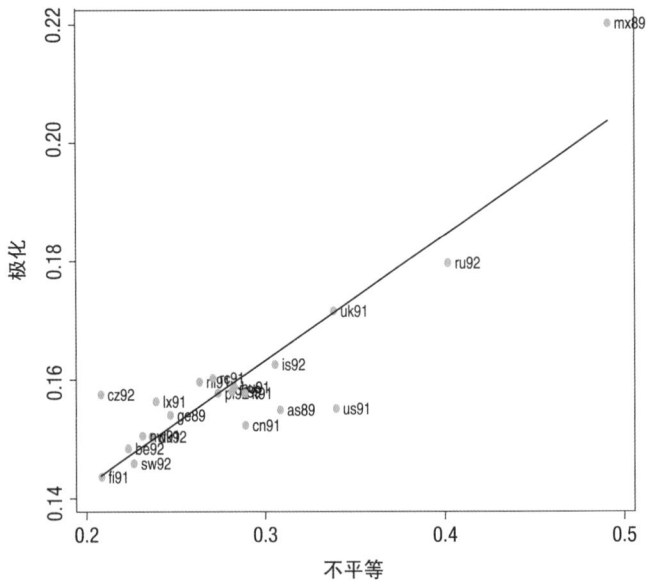

图 5.24 极化[由 DER($\alpha = 1$)指数测量]和 21 个国家第 3 波 LIS 的不平等

数据来源:Duclos 等(2004)。

5.9.2 实证性极化比较

Foster 和 Wolfson(2010/1992)利用他们的无测距优势技术,比较了 1979/1981—1988 年美国和加拿大的两极化情况。美国的极化和不平等情况在加剧,但加拿大保持稳定,美国比加拿大的极化和不平等程度更高。

Duclos 和 Echevin(2005)应用一阶两极化排序技术对 29 个国家进行排名。他们为 32% 的国家配对建立了两极化比较。当仅根据样本估计并忽略统计不确定性建立排名时,这个百分比增加到 57%。墨西哥在这 29 个国家中的极化程度最高,其排名在统计学意义上显著于 26 个国家,其次是俄罗斯和美国。

由 Esteban 等(2007)开发的扩展极化测度被用于考察 5 个 OECD 国家,即美国、英国、加拿大、德国和瑞典在 1974—2000 年的收入分配情况。被即时观察到的主要模式是 Esteban 和 Ray(1994)极化指数的下降,以及组内离散程度的温和下降。因为 Esteban 等(2007)的指数是这两个因素之间的差异,其净模式是 EGR 指数的下降,特别是在加拿大和德国。在 1974 年,即该时期之初,只有瑞典呈现出相对较低的极化程度,德国和英国的极化程度相似,几乎与加拿大、美国的一样。到 2000 年,相对于瑞典、德国和加拿大,美国和英国的极化程度更高。

Chakravarty 和 D'Ambrosio(2010)使用中间极化测度比较了 4 个南欧国家,即希腊、意大利、西班牙和葡萄牙的极化程度。就绝对极化而言,意大利是平均极化程度最高的国家,其次是西班牙。但是就相对中间极化而言,意大利是平均极化程度最低的国家,而葡萄牙则是极化程度最高的国家。

Anderson(2011)结合了 Esteban 和 Ray(1994)及 Duclos 等(2004)的指数,考虑离散和连续变量的极化。在 1990 年至 2001 年间,被测的 6 个中国省份的城市家庭分布分别在收入、居住空间和教育等方面的单维极化有所加剧。当这 3 个变量组合在一个多维空间中时,对于极化厌恶值较小的情况,极化程度在 1990 年至 2001 年间保持稳定;而当极化厌恶值较高时,极化程度则是下降的。

5.9.3　极化和冲突

Montalvo 和 Reynal-Querol(2005)进一步研究了极化与分化对内战和民族战争发生率的直接影响以及对经济增长的间接影响。他们在两个以上的群组之间没有发现分化和冲突之间有关系。分化和极化甚至在更高程度的分化出现时呈负相关。

Montalvo 和 Reynal-Querol(2003)进一步强化了[Montalvo 和 Reynal-Querol(2002)中提出的]证据,认为宗教极化比传统分化指数更适合测量潜在冲突对经济发展的影响。他们没有发现宗教分化和民族分化对民族战争和内战发生频率的影响,也未见其影响经济增长或投资。

与 Reynal-Querol(2002)的社会极化指数不同,Permanyer(2010)的社会经济极化指数考虑了个体间的疏离程度。利用来自 65 个国家的世界价值观调查数据,Reynal-Querol(2002)指数和 Permanyer(2010)指数被发现呈弱正相关。Permanyer(2010)的证据也表明,与纯粹社会极化指数相比,社会经济极化指数可以更好地预测冲突的发生。

最后,Esteban 等(2012a)(另见 Esteban et al.,2012b)评估了群体分化和群体离散的不同概念在解释不同类型冲突中的实证意义。冲突的类型会因争论的焦点是公共物品分配还是私人物品分配而有所不同,他们的结果也因群体凝聚力的不同而相异。这个研究有助于探索本章开头描述的理论模型的实证有效性(参阅第 2 节)。Esteban 等(2012a)发现,无论模型设定如何,社会极化和分化的程度在实证研究中总是很重要的,这表明,在解释冲突时,公共品和私人物品的争论来源十分重要。此外,正如理论模型预测的那样,冲突的相对公开程度越高,相对于分化(不考虑公共品效用的组间距离),极化(考虑公共品效用的组间距离)的重要性也越大。

5.10 结论

对极化的理解和测量的兴趣是相对晚近产生的。本章回顾了一些极化的概念基础,描述了如何从经济、社会和/或社会经济相混合的角度测量极化,简要回顾了实证性和理论性的极化/冲突极化文献,而且对极化与不平等以及考虑个体与群体之间距离的其他方式进行了区分。

鉴于人们对极化的原因和影响越来越感兴趣,人们对极化的认识也会进一步提高。就测量而言,人们可以设想,开发技术用于分解社会经济群体间的极化、分解福利的组成部分和福利分布的特征(如模态结构、不平等和重叠测度);对不同时期的社会极化进行稳健的比较;对极化水平和排名进行统计推断。人们还可以预见对极化水平和极化动态的认识取得的进展,例如,它们在社会经济变化中(如组规模和距离的影响)的作用和重要性,以及随着时间的推移,疏离和认同的差异影响。极化对紧张局势和冲突的动态影响以及反作用,似乎也是未来的极化研究的重要特征。最后,相对于收入分配的其他方面,经济增长、政策和(特别是)再分配对极化可能产生的影响,似乎也构成了未来极化研究的重要领域。

致谢

作者感谢托尼·阿特金森、弗朗索瓦·布吉尼翁、萨提亚·查克拉瓦蒂(Satya Chakravarty)、琼·埃斯特班(Joan Esteban)和伊格纳西奥·佩索曼耶·乌加特门迪亚(Ignacio Permanyer Ugartemendia)提供的宝贵意见。本章研究是在加拿大社会科学与人文科学研究理事会(SSHRC)和魁北克研究基金会社会与文化部(FRQSC)的支持下进行的。

参考文献

Acemoglu, D., Autor, D., 2012. What does human capital do? A review of Goldin and Katz's the race between education and technology. NBER Working Papers 17820, National Bureau of Economic Research, Inc.

Alesina, A., Devleeschauwer, A., Easterly, W., Kurlat, S., Wacziarg, R., 2003. Fractionalization. J. Econ. Growth 8, 155-194.

Amiel, Y., Cowell, F., 1992. Measurement of income inequality: experimental test by questionnaire. J. Public Econ. 47, 3-26.

Anderson, G. , 2010. Polarization of the poor: multivariate relative poverty measurement sans frontiers. Rev. Income Wealth 56, 84-101.

Anderson, G. , 2011. Polarization measurement and inference in many dimensions when subgroups cannot be identified. Economics: The Open-Access, Open-Assessment E-Journal. 5. http://dx. doi. org/10. 5018/economics-ejournal. ja. 2011-11.

Apouey, B. , 2007. Measuring health polarization with self-assessed health data. Health Econ. 16, 875-894.

Aristotle-350. Politics, vol. 4, Part XI.

Atkinson, A. , 1970. On the measurement of inequality. J. Econ. Theory 2, 244-263.

Autor, D. H. , Katz, L. F. , Kearney,M. S. , 2008. Trends in U. S. wage inequality: revising the revisionists. Rev. Econ. Stat. 90, 300-323.

Blackburn, M. , Bloom, D. , 1995. What is happening to the middle class? Am. Demograph. 7, 19-25.

Chakravarty, S. R. , 2009. Inequality, polarization and poverty. In: Advances in Distributional Analysis: Economic Studies in Inequality, Social Exclusion and Well-Being, vol. 6. Springer, New York.

Chakravarty, S. R. , D'Ambrosio, C. , 2010. Polarization ordering of income distributions. Rev. Income Wealth 56, 47-64.

Chakravarty, S. , Maharaj, B. , 2011a. Subgroup decomposable inequality indices and reduced-form indices of polarization. Keio Econ. Stud. 47, 57-83.

Chakravarty, S. R. , Maharaj, B. , 2011b. Measuring ethnic polarization. Soc. Choice Welfare 37, 431-452.

Chakravarty, S. R. , Maharaj, B. , 2012. Ethnic polarization orderings and indices. J. Econ. Interact. Coord. 7, 99-123.

Chakravarty, S. , Maharaj, B. , 2013. Generalized Gini polarization indices for an ordinal dimension of human well-being. In: Contemporary Issues and Ideas in Social Sciences, 6th Economic Theory and Policy Conference.

Chakravarty, S. R. ,Majumder, A. , 2001. Inequality, polarization and welfare: theory and applications. Aust. Econ. Pap. 40, 1-13.

Chakravarty, S. R. ,Majumder, A. , Roy, S. , 2007. A treatment of absolute indices of polarization. Jap. Econ. Rev. 58, 273-293.

Chakravarty, S. R. , Chattopadhyay, N. , Maharaj, B. , 2010. Inequality and polarization: an axiomatic approach. In: Deutsch, J. , Silber, J. (Eds.), The Measurement of Individual Well-Being and Group Inequalities: Essays in Memory of Z. M. Berrebi, Routledge, London (Chapter 4).

Collier, P., Hoeffler, A., 2004. Greed and grievance in civil war. Oxf. Econ. Pap. 56, 563-595.

Colomer, J. H., 2001. Political Institutions, Democracy and Social Choice. Comparative Politics. Oxford University Press, USA.

Creamer, R., 2007. Listen to Your Mother; Stand Up Straight: How Progressives Can Win. Seven Locks Press, Santa Ana, CA.

Deutsch, J., Silber, J., 2010. Analyzing the impact of income sources on changes in bi-polarization. In: Deutsch, J., Silber, J. (Eds.), The Measurement of Individual Well-Being and Group Inequalities: Essays in Memory of Z. M. Berrebi, Routledge, London (Chapter 6).

Donaldson, D., Weymark, J., 1980. A single-parameter generalization of the Gini indices of inequality J. Econ. Theory 22, 67-86.

Duclos, J.-Y., Araar, A., 2006. Poverty and Equity: Measurement, Policy, and Estimation with DAD. Springer and IDRC, Berlin and Ottawa.

Duclos, J.-Y., Echevin, D., 2005. Bi-polarization comparison. Econ. Lett. 87, 249-258.

Duclos, J.-Y., Esteban, J.-M., Ray, D., 2004. Polarization: concepts, measurement, estimation Econometrica 72, 1737-1772.

Easterly, W., 2001. The middle class consensus and economic development. J. Econ. Growth 6, 317-335.

Easterly, W., Levine, R., 1997. Africa's growth tragedy: policies and ethnic divisions. Q. J. Econ 112, 1203-1250.

Esteban, J., Ray, D., 2011a. A model of ethnic conflict. J. Eur. Econ. Assoc. 9, 496-521.

Esteban, J., Ray, D., 2012. Comparing Polarization Measures. Oxford University Press, Oxford.

Esteban, J.-M., Ray, D., 1994. On the measurement of polarization. Econometrica 62, 819-851.

Esteban, J.-M., Ray, D., 1999. Conflict and distribution. J. Econ. Theory 87, 379-415.

Esteban, J.-M., Ray, D., 2008. Polarization, fractionalization and conflict. J. Peace Res. 45, 163-182.

Esteban, J.-M., Ray, D., 2011b. Linking conflict to inequality and polarization. Am. Econ. Rev. 101, 1345-1374.

Esteban, J.-M., Gradín, C., Ray, D., 2007. An extension of a measure of polarization, with an application to the income distribution of five OECD countries. J. Econ. Inequal. 5, 1-19.

Esteban, J., Mayoral, L., Ray, D., 2012a. Ethnicity and conflict: an empirical study. Am. Econ. Rev. 102, 1310-1342.

Esteban, J., Mayoral, L., Ray, D., 2012b. Ethnicity and conflict: theory and facts. Science 336, 858-865.

Foster, J. E., Wolfson, M. C., 2010/1992. Polarization and the decline of the middle class: Canada and the U. S. J. Econ. Inequal. 8, 247-273.

Gigliarano, C., Mosler, K., 2009. Constructing indices of multivariate polarization. J. Econ. Inequal. 7, 435-460.

Glaeser, E. L., Ward, B. A., 2006. Myths and realities of American political geography. J. Econ. Perspect. 20, 119-144.

Gradín, C., 2000. Polarization by subpopulation in Spain: 1973-91. Rev. Income Wealth 46, 457-474.

Harsanyi, J. C., 1953. Cardinality utility in welfare economics and in the theory of risk-taking. J. Polit. Econ. 61, 434-435.

Herfindahl, O. C., 1950. Concentration in the U. S. steel industry. Ph. D. thesis, Columbia University.

Hirschman, A. O., 1980. National Power and the Structure of Foreign Trade. California Library reprint series. University of California Press, Berkeley, CA.

Horowitz, D. L., 1985. Ethnic Groups in Conflict. University of California Press, Berkeley, CA.

Kharas, H., 2010. The emerging middle class in developing countries. OECD Development Centre Working Papers, OECD Development Centre.

Kolm, S. -C., 1969. The optimal production of justice. In: Margolis, J., Guitton, S. (Eds.), Public Economics: An Analysis of Public Production and Consumption and Their Relations to the Private Sectors. MacMillan, London, pp. 145-200.

Krstcha, M., 1994. A new compromise measure of inequality. In: Eichhorn, W. (Ed.), Models and Measurement of Welfare and Inequality. Springer, Heidelberg.

Lasso de la Vega, C., Urrutia, A. M., 2006. An alternative formulation of the Esteban-Gradín-Ray extended measure of polarization. J. Income Distrib. 15, 42-56.

Lasso de la Vega, C., Urrutia, A. M., Henar, D., 2010. Unit consistency and bi-polarization of income distributions. Rev. Income Wealth 56, 65-83.

Leckie, N., 1988. The Declining Middle and Technological Change: Trends in the Distribution of Employment Income in Canada, 1971-84. Economic Council of Canada, Ottawa.

Levy, F., 1987. The middle class: is it really vanishing? Brookings Rev. 5, 17-21.

Love, R., Wolfson, M. C., 1976. Income Inequality: Statistical Methodology and Canadian Illustrations. Catalogue 13559 Occasional, Statistics Canada, Ottawa, Canada.

Makdissi, P., Mussard, S., 2010. Rank-dependent measures of bi-polarization and marginal tax reforms. In: Deutsch, J., Silber, J. (Eds.), The Measurement of Individual Well-Being and

Group Inequalities: Essays in Memory of Z. M. Berrebi. Routledge, London (Chapter 5).

Mauro, P., 1995. Corruption and growth. Q. J. Econ. 110, 681-712.

McCarty, N., Poole, K. T., Rosenthal, H., 2006. Polarized America: The Dance of Ideology and Unequal Riches. The MIT Press, Cambridge, MA.

Mishel, L., Schmitt, J., Shierholz, H., 2013. Assessing the job polarization explanation of growing wage inequality. Working Papers, Economic Policy Institute.

Montalvo, J. G., Reynal-Querol, M., 2002. Why ethnic fractionalization? Polarization, ethnic conflict and growth. Economics Working Paper 660, Universitat Pompeu, Fabra.

Montalvo, J. G., Reynal-Querol, M., 2003. Religious polarization and economic development. Econ. Lett. 80, 201-210.

Montalvo, J. G., Reynal-Querol, M., 2005. Ethnic polarization, potential conflict, and civils wars. Am. Econ. Rev. 95, 796-816.

Morris, M., Bernhardt, A., Handcock, M., 1994. Economic inequality: new methods for new trends. Am. Sociol. Rev. 59, 205-219.

Nissanov, Z., Poggi, Z., Silber, J., 2010. Measuring bi-polarization and polarization: a survey. In: Deutsch, J., Silber, J. (Eds.), The Measurement of Individual Well-Being and Group Inequalities: Essays in Memory of Z. M. Berrebi. Routledge, London (Chapter 3).

Omalley, J., Blunden, A., 1970. Works of Karl Marx 1843: Critique of Hegel's Philosophy of Right. Cambridge University Press, Cambridge.

Permanyer, I., 2010. The conceptualization and measurement of social polarization. J. Econ. Inequal. 10, 45-74.

Permanyer, I., D'Ambrosio, C., 2013. Measuring social polarization with ordinal and categorical data. J. Public Econ. Theory. http://dx.doi.org/10.1111/jpet.12093.

Porta, R. L., De Silanes Shleifer, F. L., Vishny, R., 1999. The quality of government. J. Law Econ. Org. 15, 222-279.

Rodríguez, J. G., Salas, R., 2003. Extended bi-polarization and inequality measures. In: Inequality, Welfare and Poverty: Theory and Measurement, vol. 9, pp. 69-83.

Sen, A. K., 1973. On Economic Inequality. Clarendon Press, Oxford.

Thurow, L. C., 1984. The disappearance of the middle class. New York Times, 2, February 5.

Wang, Y.-Q., Tsui, K.-Y., 2000. Polarization ordering and new classes of polarization indices. J. Public Econ. Theory 2, 349-363.

Wolfson, M. C., 1994. When inequalities diverge. Am. Econ. Rev. 84, 353-358.

Wolfson, M. C., 1997. Divergent inequalities: theory and empirical results. Rev. Income Wealth 43, 401-421.

Yitzhaki, S., 1983. On an extension of the Gini inequality index. Int. Econ. Rev. 24, 617-628.

Zhang, X., Kanbur, R., 2001. What difference do polarization measures make? An application to china. J. Dev. Stud. 37, 85-98.

Zheng, B., 2007. Unit-consistent decomposable inequality measures. Economica 74, 97-111.

第6章 收入分配分析的统计学方法

弗兰克·A.考威尔(Frank A. Cowell)＊，

伊曼纽尔·弗拉谢尔(Emmanuel Flachaire)†

＊ 伦敦经济学院三得利-丰田经济学及相关学科国际研究中心(STICERD)，英国伦敦市

† 艾克斯-马赛大学，经济学院(AMSE)与法国大学研究所(IUF)，法国马赛市

目 录

摘要:本章讨论了分布分析领域中常用于给出定量解答的正式和非正式技术。它们涉及不平等、贫困和收入分配建模等主题,此外还涉及参数和非参数方法,以及在实践中处理数据缺陷的可能方式。

关键词:拟合优度;参数模型;非参数方法;优势标准;福利指数;不平等测度;贫困测度;影响函数;假设检验;置信区间;自举法

JEL 分类代码:D31,D63,C10

6.1 引言

本章讨论在分布分析领域用于给出定量解答的常用的正式和非正式技术,涵盖诸如不平等、贫穷和收入分配建模等主题。

乍一看,这并不是最激动人心的话题。与分布分析中的重要问题比较而言,讨论统计技术和计量经济学技术似乎处于次要地位。但事实并非如此。就非常基础的层面而言,没有数据时我们可以做什么? 显然,如果有关收入和财富分配的量化信息完全缺乏,我们仍然可以谈论不平等、贫困和经济公正原则。但是,不平等和社会福利理论会停留在没有实际内容的理论之上。了解如何恰当使用实证证据对收入分配福利经济学和有关政策制定的讨论至关重要。此外,理解可用数据(或可能获得的数据)的性质和局限性,有助于人们形成对经济不平等和相关主题的深刻理解,定量分析的优良实践可以促进优质理论的发展。

6.1.1　为什么用统计方法?

如果我们简单计算来自两个不同样本的不平等或贫困度量值,我们通常会发现,即使两个样本来自同一总体,在某一个样本中不平等或贫困差异更大。仅凭简单计算不足以从原始数据中得出有用的结论:需要使用统计方法来检验这两个值在统计学上没有差异这一假设。例如,表 6.1 列出了从同一分布中抽取的含有 1000 个观测值的两个样本,由此计算出基尼不平等指数和泰尔不平等指数值[①],置信区间为 95%:这两个样本是独立的,按照参数 $a = 2.8, b = 0.193$ 和 $q = 1.7$ 从辛格-马达拉(Singh-Maddala)分布中独立抽取观测值,该分布以某个比例因子逼真模仿了德国家庭的净收入(Brachmann et al. ,1996)。显然,样本 1 中基尼系数和泰尔不平等指数大于样本 2 中的值。然而,两个不平等度量值的置信区间(括号内)相交,这让我们无法拒绝如下假设:两个样本的不平等程度相同。

表 6.1　置信区间为 95% 时的不平等指数

指数	样本 1	样本 2
基尼系数	0.303	0.285
	[0.286;0.320]	[0.271;0.299]
泰尔不平等指数	0.158	0.135
	[0.133;0.183]	[0.120;0.151]

常用的不平等指数形式繁多。不同的指数特性各异,可能导致在实践中得出相反的结论。对洛伦兹曲线进行比较非常有用,因为一条(相关的)洛伦兹曲线总是位于另一条洛伦兹曲线之上,所以任何对相关不平等测度的比较都会得出相似的结论,这一结果适用于任何满足匿名性、尺度不变性、复制不变性和传递性原则的不平等测度(Atkinson, 1970)。在实践中,若我们手头有一定数量的观测值,当两个样本来自同一总体时,实证性的洛伦兹优势可以通过多次观测得到。在从同一个辛格-马达拉分布中抽取 1000 个观测值的两个独立样本的情况下,我们在 22% 的情形中获得样本洛伦兹优势。Dardanoni 和 Forcina(1999)认为,由于实证洛伦兹曲线坐标通常强相关,获得洛伦兹优势的样本可能高达 50%,这说明使用统计方法的必要性。

简单计算存在不足,这一点从洛伦兹曲线的情况也很容易得到证明:图 6.1 显示了从相

---

① 有关其正式定义,请参阅式(6.51)、式(6.69)和式(6.70)。

同分布抽取的两条独立样本的实证洛伦兹曲线之间的差异,样本抽取方式在群体比例 q = $0.01,0.02,\cdots,0.99$ 处计算,置信区间为 95%。纵坐标总是正的,显然一条实证洛伦兹曲线总是占优于另一条洛伦兹曲线。然而,置信区间表明,每条洛伦兹曲线的纵坐标差异与零无显著差异;因此,总体中的样本洛伦兹优势并不像简单计算所表明的那样清晰。为了能够对优势或非优势做出结论,我们需要同时测试所有纵坐标差异在统计上都大于零或者都不小于零。需要使用适当的验证统计来进行这种多重比较。

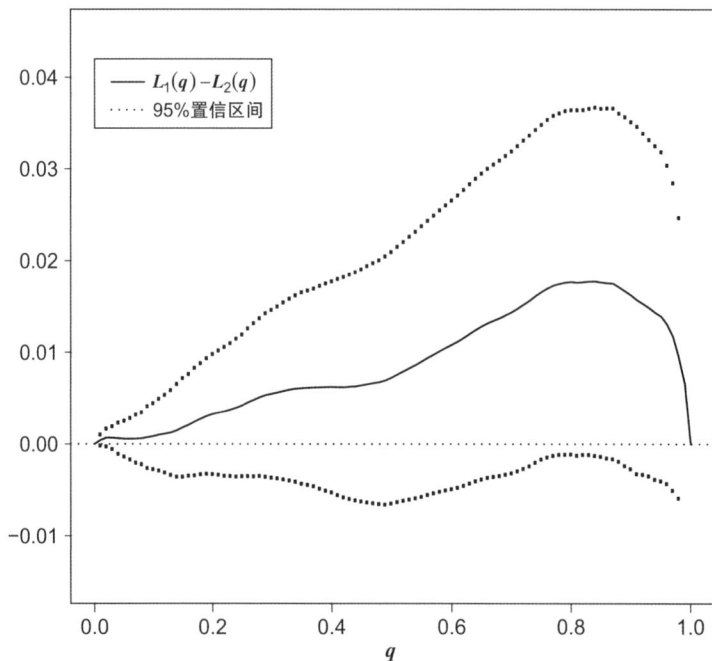

图 6.1 在 95% 的置信区间下,两条实证洛伦兹曲线之间的差异 $\hat{L}_1(q) - \hat{L}_2(q)$,抽样取自相同分布

在本章中,我们将对收入分配相关领域的统计分析中具有良好实践基础的理论和方法进行回顾,并且为该领域的研究人员提供可以使用的工具指南。

6.1.2 基本符号和术语

一些概念会在本章中反复使用,因此这里列出一些重复使用的术语会更方便。

• 收入 y:这里的"收入"只是一种方便的速记,在现实中可能是收入、财富、消费或其他东西。我们假设 y 属于一个集合 $\mathbb{Y} = [\underline{y}, \overline{y})$,该集合是实直线 $\mathbb{R}$ 上的一个区间。

• 群体比例 q:为了方便起见,我们写作 $q \in \mathbb{Q} := [0,1]$。

• 分布 F:这是累积分布函数(CDF),因此,对任何 $y \in \mathbb{Y}$,$F(y)$ 表示收入在 y 或 y 以下的群体比例。在需要定义密度的时候,我们将 $y \in \mathbb{Y}$ 时的密度写作 $f(y)$。所有分布函数集合用 $\mathbb{F}$ 表示。

• 指示函数 $\iota(\cdot)$:假设有某个逻辑条件 D,可能为真也可能不为真。则 $\iota(\cdot)$ 被定义为:

$$\iota(D) = \begin{cases} 1 & \text{如果 } D \text{ 为真} \\ 0 & \text{如果 } D \text{ 不为真} \end{cases} \tag{6.1}$$

6.1.3　章节指南

我们首先讨论研究人员应该牢记的一些一般数据问题(6.2 节)。6.3 节讨论了如果我们试图对收入分配进行"建模"则需要处理的问题:其研究动机是,分两个阶段来分析收入分配有时很有意义:(1)使用特定的函数形式或其他数学技术来捕捉显性模型中关于收入分配的证据,以及(2)根据对分配的建模进行不平等比较。6.4 节涉及表 6.1 所给例子的一般化问题类别:重点是使用样本数据的假设检验,涵盖了不平等和贫困指数。6.5 节对此做了进一步补充,讨论了图 6.1 中突显的问题类别:分析一些与该节描述过的洛伦兹问题相似的"优势"问题。6.6 节主要回答与数据相关的问题:如何处理与数据集不完善相关的一些实际问题。在最后的 6.7 节中,我们把在该领域调查中出现的一些主题汇总起来。

6.2　数据

6.2.1　数据来源

有这样一种情况并不难想象:已知一组收入接受者的有限集合,并且每个接受者相关的收入是可观测的(比如:若联邦有 50 个州,有人希望分析联邦政府公布授予的军事合约在这 50 个州的分布存在哪些变化)。在这些情况下,有关"总体"(50 个州)的完整列举是可能的,可以对这个"总体"中每个成员的收入(依据联邦政府的公告)进行完全准确的测量。统计分析几乎无事可做,数据毫无问题。但是这种样本在实践中极少遇到,还可能会被怀疑是人为构造的,从而被弃用。更为常见的情形是人们面临不可能完整列举的总体的情况,只能依靠抽取某种类型的样本。

6.2.1.1　行政数据

政府和政府机构长期以分组的形式公布收入分布概况,许多国家的官方数据提供者已经有所进步,向研究人员提供了官方数据来源的微数据,用于分析收入和财富分配。用这种方法提供的数据与抽样调查的大小相似(下文讨论)。然而,越来越普遍的情况是,大规模数据集已经对研究者开放使用,其数量级更大,收集的行政数据更有效、更完整,而不只是提供官方样本。从方法论上将其视作等同于前面所述的完整列举案例,的确很有吸引力。但是这样做会忽略两点。第一,行政数据只包含法律允许和政府机构方便发布的内容。例如,如果对个人收入的分配感兴趣,一个宏大的包含个人税收记录的数据集非常有用,但里面一定会缺失很多人的记录,因为这些人并没有被要求报送纳税申报表。第二,数据集的设计可能与社会科学家或经济学家所期望的并不匹配:例如,若希望根据每个人居住的家庭或家庭类型来调整数据以考虑家庭的需求差异,该数据集并没有呈现构建适当等效尺度所需的必要信息。

6.2.1.2　调查数据

行政数据中存在的问题很大程度上在于这些数据是为其他目的而收集的信息的副产

品。显然,专门设计的调查在这方面具有潜在的优势。然而,尽管调查通常是专门进行的(并且通常是根据社会科学家的建议设计的),但人们也必须对其局限性持谨慎态度,例如其规模可能比对应的行政数据更小,答复率更差。同样,调查设计可能会排除某些群体(基于家庭的调查显然会漏掉无家可归的人和收容所中的人)。此外,调查者在试图设计更长的系列调查时,其当下的调查设计可能遵循传统的惯例格式,而后者的适用性不强。

6.2.2 数据结构

实施本章讨论的统计标准,需要明确关于抽样方式的相关假设。

6.2.2.1 简单设计

在本章的大部分内容中,我们假定简单随机抽样较为合适。它的意思是,样本的设计方式使得每个成员都有相同的概率被纳入样本中,这可以作为一个理想的情形,使人们能够专注于统计推断的核心问题。如果抽样框架不恰当,那么即使是所谓的"理想"情形,在实践中也可能是不理想的,它可能已经过时,或者可以说部分群体被排除在外(见前面关于无家可归者的评论)。

6.2.2.2 复杂设计

在实践中,为什么研究者使用与简单随机抽样不同的设计,这往往有着简单的实际原因。[①] 样本设计中经常会加入两个特征:聚类和分层。按地理位置对观测数据进行聚类,这可以降低调查的运作成本,无论是初期的调查访问,还是在后续调查访问中进行监测和完成缺失信息;分层是一种常见的技术,它有意地对某些类别的受访者进行过度抽样,以确保某些特定类型的个人或住户在合并样本中有足够的代表性,这些样本是研究者特别感兴趣的,但可能相对较少出现,因为他们本身在群体中数量很少,或者因为他们不太愿意对调查做出回应(例如,研究者通常发现,富裕家庭在"无回应"类别中的比例过高,如果只是忽略这种可能性,就会存在样本有偏)。实际上,研究者可以将兴趣目标人群划分为亚群体,并以适当的抽样率为每个亚群体(每个层次)选择一个样本。

尽管简单随机样本假设将与调查设计相关的实际问题抛开,但这种理想化的情形为解释估计和推理中的核心问题奠定了良好的基础。我们将在6.4节和6.5节的某处对复杂数据案例的扩展以及其他相关问题进行评论。[②]

数据的其他相关问题也值得特别讨论。我们先简要地概述这些问题的性质,然后在广泛讨论常规推断问题之后,再回过头对它们进行正式分析(见6.6节)。

6.2.3 数据问题

6.2.3.1 测量误差和数据污染

收入分配分析中的测量误差可以通过类似于处理其他情况下的测量误差的方式来处理。被观察到的收入是通过误差项调整的真实收入(Chesher and Schluter,2002),相应模型模拟因素来源的分解问题;数据污染可以被看作真实分布和污染分布的混合,相应模型模拟群

---

① 对该问题的全面讨论见 Deaton(1997)。
② 例如,如果数据是基于对家庭的简单调查,但人们想推断个人的分配情况,就需要用与家庭人数成比例的数量对每个家庭的观察值进行加权,这种结构类似于分层法引入的权重。

体分组的分解问题(Cowell,2000；Cowell and Fiorio,2011)。不过,对分析狭窄的数据污染问题之外的其他问题很有用的工具,在分析上述第二类问题的适当模型中也得到使用,这将在6.4 节至 6.6 节中进行讨论。

6.2.3.2 不完全信息

在许多实际应用中,我们需要处理这样的情况:样本空间的某些部分在样本数据中被完全排除或者部分样本信息丢失。为方便起见,我们把这部分样本称为"被排除"子集,即使有些信息可能可得。信息排除可能是数据提供者施加的,例如出于保密原因,也可能是研究人员需要从实际出发处理数据中的其他问题,从而排除信息。

摘自 Cowell 和 Victoria-Feser(2003)的表 6.2 列出了一些相关的主要情形。研究人员需要考虑如下两个主要问题。

被排除子集的边界。什么因素决定了被排除的子样本空间的边界？表 6.2 的各行总结了两种可能的情况:(ⅰ)指定了 $\mathbb{Y}$ 的一个子集,或者(ⅱ)指定了 $\mathbb{Q}$ 的一个子集。在第一种情况下,被排斥的子集 $(\underline{z},\overline{z})$ 的收入边界是固定的,但被排斥的子集 $(\underline{\beta},\overline{\beta})$ 所占比例是未知的,尽管如果有足够的信息,这些比例也可以估计出来。在第二种情况下,被排除样本的边界通过修剪 $(\underline{\beta},\overline{\beta})$ 上下尾的比例加以固定,被排除样本 $(\underline{z},\overline{z})$ 的边界收入是未知的。

被排除子集中的信息。关于样本排除信息的可用性有几种假设,具体情况取决于特定的问题,表 6.2 的各列总结了主要情形。在极端情况下,被排除的子集只是"未知之地"(左侧列)。另一个极端下,数据提供者可能会提供几个与排除子集(右侧列)相关的概要统计信息。

表 6.2 不完全信息类型

假设	被排除的样本信息		
	无	样本比例	多重统计
$\underline{z}$ 以下和 $\overline{z}$ 以上的收入被排除	A	B	C
最低的 $100 \cdot \underline{\beta}$ % 和最高的 $100 \cdot \overline{\beta}$% 被排除	D	(E)	(F)

因此,理论上总共有六种可能的情形,但实际上仅有四个有意义[①]:

- 情形 A 是标准的截断形式。

- 情形 B 表示"删失"。在此情形中,$(\underline{z},\overline{z})$ 边界上的点质量可以估计出被排斥部分的群体份额。[②]

- 情形 C 是分组数据标准估计问题的延伸(Gastwirth et al.,1986)。

- 情形 D 代表修剪的情况。

本章 6.6.2 考虑了这些问题对分布分析的影响。

[①] 如果像通常一样,修剪是由用户自愿完成的,而不是由数据提供者强加的,则情况 E 和 F 在实践中无意义。

[②] 这是当前人口调查中一些收入组成部分的"顶端编码"的一个标准例子——给定值 $\overline{Z}$ 之上的观察值都记为 $\overline{Z}$ (Polivka, 1998)。在分布分析的实际应用中,如推断不平等趋势,研究人员采用了一些解决办法,例如用给定因子乘以顶端编码值(Autor et al., 2008；Lemieux,2006)或尝试对缺失数据加以推测(Burkhauser et al., 2010；Jenkins et al.,2011)。

6.2.4 分组数据

出于经济性和便利性的原因,统计部门通常以分组形式提供收入分配数据(见表6.2中的情况C)。通常情况下,这会涉及一个简单的表格,其中包含一组预先设定的收入区间,每个区间的个人或家庭数量,(有时)还有每个区间相关的平均收入。尽管研究人员越来越多地使用历史数据来构建长期时间序列,但表格数据在今天并不常见。因此,简要考虑与这类数据有关的分析问题即可。

有效利用这类数据的一种方法是使用参数化建模估计潜在的收入分配,这可通过在每个区间内使用插值方法来完成(例如参见 Cowell,2011),或者通过对大量数据进行拟合分布完成,其适合的参数化方法将在6.3.1中讨论。由于数据施加的限制[1],非参数方法必然非常受限。然而,任何类型的分组数据都呈现出的一个有趣的问题是计算不平等指数的边界。人们可以通过对数据在每个区间内的分布方式进行替代性的极端假设(Cowell,1991;Gastwirth,1972,1975),利用现有信息计算最大不平等分布和最小不平等分布。

6.3 密度估计

概率密度函数分析是描述研究者感兴趣变量的若干性质的有力工具。例如,图6.2显示了1988年全球121个国家人均GDP的估计密度函数。[2] 我们可以看到密度函数是双峰的,双峰的存在表明存在两个截然不同的群体:一个由"最富有"的国家组成,另一个由"最贫穷"的国家组成。第二个峰没有第一个峰明显,这表明两组群体的大小不同,"富有"国家相对较少,"贫穷"国家明显更多。此外,第一个峰值位于 X 轴数值0.5的左侧,而第二个峰值位于 X 轴数值3的附近。因此,从这个数字可以得出结论:平均而言,1988年"富裕"国家的人均国内生产总值水平大约是平均水平的三倍,而"贫穷"国家的人均水平仅为平均水平的一半。从这个例子可以清楚地看到,与标准描述性统计提供的限制性信息相比,从一个变量的全部分布可以得到更多的信息,如均值、方差、偏度或峰度,这些信息总结了单个值的分布的每一个有限性质。

在多变量情况下,条件密度函数可以提供关于几个变量之间关系的有用见解。例如,图6.3显示了相同教育水平下,个体工资的估计密度函数。[3] 我们可以看到,随着经验的增加,条件分布变成双峰,双峰之间的差距增大,表明人口由两个亚群组成,两个亚群的经验对工资的边际影响不尽相同。标准回归只追踪条件分布一阶的动态,不能凸显刚才已经描述过的特征。在这里,工资与经验的线性回归可以估计经验对所有个体工资平均值的边际影响,而图形分析表明,经验不会对个体工资产生同样的影响。在这种情况下,混合回归模型更合适。

---

[1] Hajargasht 等(2012)讨论了分组数据统计推断中的问题。

[2] 这些数据未加权(每个国家的权重相同),取自 Summers 和 Heston(1991)的宾夕法尼亚大学世界数据库。横轴是用所有国家的(未加权)平均值进行标准化了的每个国家的人均 GDP。

[3] 数据是模拟出来的。

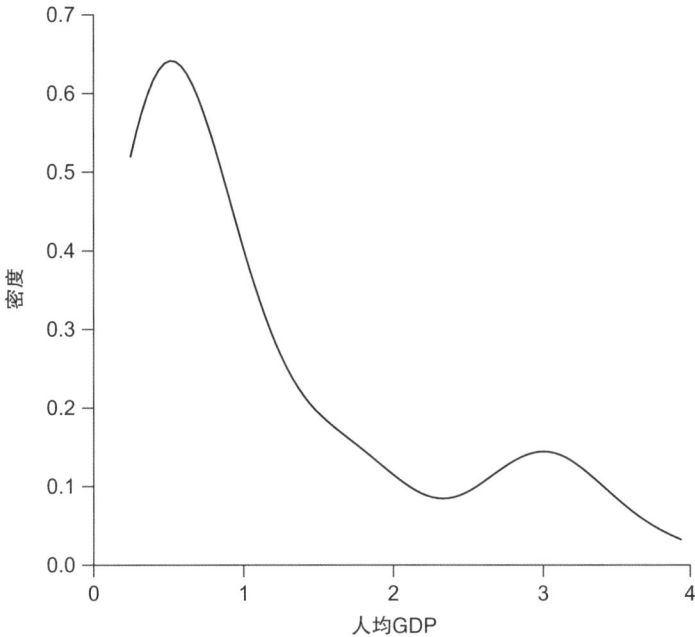

图 6.2 经全球均值标准化的 121 个国家人均 GDP 的核密度估计

在实践中,密度函数的函数形式往往是未知的,且必须加以估计。长期以来,主要的估计方法是参数化。然而,参数密度估计需要事先选择一个函数形式,而且它们大多数不适合多峰分布。在过去的 20 年中,非参数和半参数估计方法得到了广泛的发展,通常被用于现在的实证研究,它们允许我们放宽参数估计方法的具体假设,但一般需要获取更多的数据。

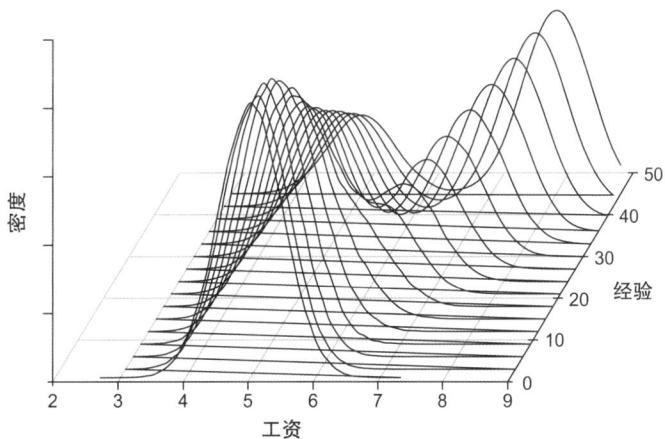

图 6.3 基于经验的工资条件密度估计

本节将介绍参数化、非参数化和半参数化的密度估计方法。6.3.1、6.3.2 和 6.3.3 将分别给出标准参数方法、核密度方法和有限混合模型。

6.3.1 参数估计

我们令一个随机变量 Y 有概率密度函数 f，如果 Y 落在 a 和 b 之间的概率被定义为：

$$\text{Prob}(a < Y < b) = \int_a^b f(y)\,\mathrm{d}y$$

其中，a 和 b 是实值，且 a 小于 b。密度函数 f 被定义为在任何时候都是非负数，并且其在整个空间上的积分等于 1。

参数估计需要事先指定密度函数的函数形式，即知道密度函数的某些参数。密度函数可被写为 $f(y;\theta)$，其中 θ 是 k 个未知参数的向量，y 是 n 个观测值的向量。估计 θ 的问题依然存在，这通常通过观察样本中的实际值，进行最大似然估计来完成。如果数据是独立同分布的（IID），则 n 个观测值 $y_1,\ y_2,\cdots,\ y_n$ 的联合密度函数等于单个密度的乘积：

$$f(y;\theta) = \prod_{i=1}^n f\left[y_i;\theta\right]$$

因此，密度函数的估计需要该函数相对于 θ 的最大化。由于对数函数是正的且为单调的，所以它相当于最大化

$$\ell(y;\theta) = \log f(y;\theta) = \sum_{i=1}^n \log f(y_i;\theta)$$

以此解决问题通常要简单得多。这种估算方法被称为最大似然法。

6.3.1.1 帕累托分布

帕累托（Pareto, 1895）开创了以概率密度函数[1]建模收入分配的方法，它如今仍然常用于构建收入和财富分配的上尾模型。除了极小的收入，他观察到收入高于一定水平的个体比例的对数与该给定收入水平的对数之间存在线性关系，这种观察结果在许多情况下出现，并且显示出一种像幂函数那样衰减的分布，这种行为具有重尾分布的特点。[2] 帕累托累积分布函数为

$$F(y;\alpha) = 1 - \left[\frac{y}{y_0}\right]^{-\alpha}, y > y_0 \tag{6.2}$$

其密度为

$$f(y;\alpha) = a y^{-\alpha-1} y_0^{a} \tag{6.3}$$

如果 p_y 表示具有大于或等于 y（对于 $y \geqslant y_0$）收入的人口比例，则我们有

$$\log p_y = \log A - \alpha \log y \tag{6.4}$$

其中，$A := y_0^{\alpha}$。帕累托指数 α 是向更高收入阶层转移时，收入单位数量减少的弹性。帕累托指数越大，高收入人群的比例越小。帕累托分布通常适用于财富分布和高收入水平（见图6.4），但它并不适用于低收入水平。既有文献因此提出了其他分布。

---

[1] 现在通常被描述为帕累托分布的情况，更精确地应被称为"帕累托类型Ⅰ"。对于帕累托引入的其他更一般的形式及其与帕累托类型Ⅰ的关系，见 Cowell（2011）及 Kleiber 和 Kotz（2003）。

[2] 一个"重尾"的 F 分布就是对于所有 $\lambda > 0$，$\lim\limits_{y \to \infty} e^{\lambda y}[1 - F(y)] = \infty$，它有一个比指数函数更重的尾部。

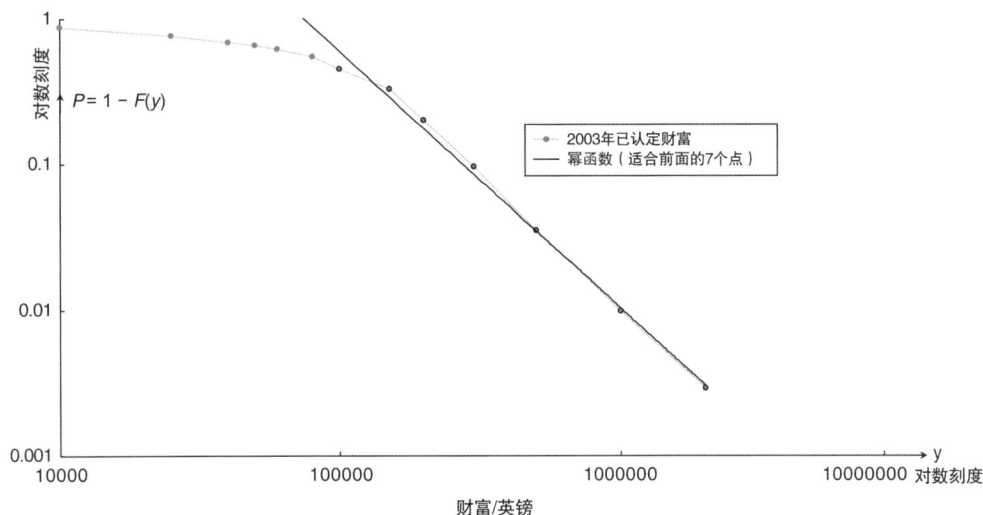

图 6.4　2003 年英国已认定财富的帕累托分布

资料来源：2006 年英国税收统计，表 13.1。

6.3.1.2　对数正态分布

　　Gibrat(1931)强调了对数正态分布在许多经济情形下的中心位置。他提出了比例效应定律,指如果变量在两个连续阶段之间的变化是第一阶段变量的随机比例,则变量服从对数正态分布。[1] 他成功地将对数正态分布与许多不同的数据集相匹配,例如收入、食品支出、工资、遗赠、租金、房地产、企业利润、企业规模、家庭规模和城市规模。对数正态分布在实证研究中非常流行[2],通常适用于工资研究,见图 6.5。然而,对基础更广泛的收入分布上尾的拟合相当有限。对数正态分布的尾部比帕累托分布衰减更快,速度服从指数函数而不是幂函数。这已经导致研究者使用具有两到五个参数的其他分布来更好地拟合数据的整体分布。

---

[1] 如果 $X_t - X_{t-1} = \varepsilon_t X_{t-1}$,则 $\sum_{i=1}^{n} \varepsilon_t = \sum_{i=1}^{n} \dfrac{X_t - (X_{t-1})}{X_{t-1}} \approx \log X_n - \log X_0$,从中心极限定理(CLT)出发,$\log X_n$ 渐近地遵循正态分布。

[2] 此外,它具有与测量不平等等有关的很好性质(Cowell,2011),它与正态分布密切相关,并且适合于同质亚群(Aitchison and Brown,1957)。

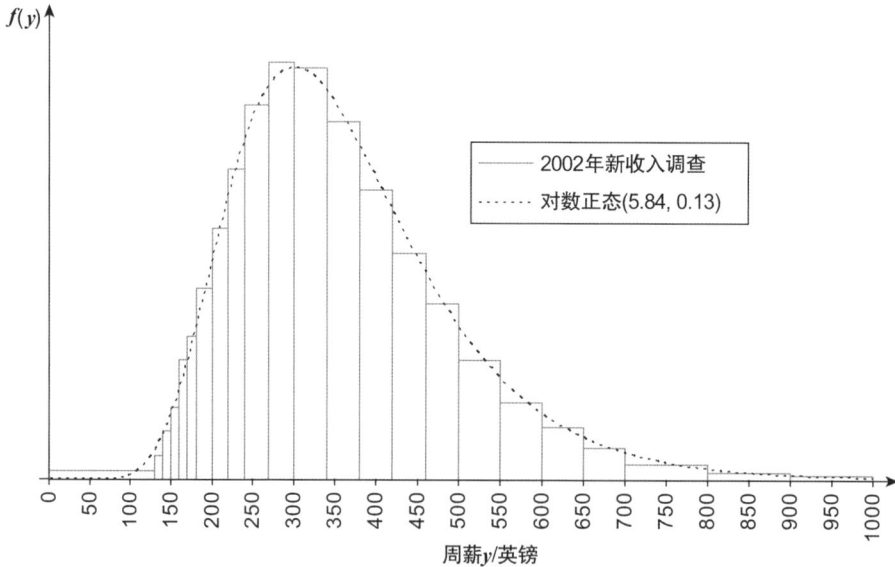

图 6.5 对数正态分布(英国男性体力劳动者的全职成人比率)

资料来源:2002 年新收入调查,表 A35 的 A 部分。

6.3.1.3 广义贝塔(Beta)分布

伽马(Gamma)和威布尔(Weibull)分布在实证研究中表现出很好的适应性。[①] 对数、伽马和威布尔密度函数是两参数分布,它们具有洛伦兹曲线不相交的特性,这与在几个数据集中观察到的情况相反。为了让洛伦兹曲线相交,应使用像广义伽马(GG),辛格-马达拉(SM)和达古姆(Dagum)分布[②]等具有三个参数的分布。如 McDonald 和 Xu (1995)所示,前面提到的所有分布都是五参数广义 Beta 分布的特例或极限情况,它由以下密度函数定义:

$$GB(y;a,b,c,p,q) = \frac{|a| \, y^{ap-1} \left[1 - (1-c)\left(\frac{y}{b}\right)^a \right]^{q-1}}{b^{ap} B(p,q) \left[1 + c\left(\frac{y}{b}\right)^a \right]^{p+q}} \tag{6.5}$$

对于 $0 < y^a < b^a/(1-c)$ 成立,否则等于零。$B(p,y) := \int_0^1 t^{p-1}(1-t)^{q-1}dt$ 是 Beta 函数,$0 \leq c \leq 1$,且 b、p 和 q 为正数。图 6.6 以图形方式显示了分布之间的关系。[③] 作为通过此图路径的示例,以式(6.5)中 $c=0$ 为例,我们发现第一种广义 Beta 分布:

[①] Salem 和 Mount (1974)表明,伽马分布比对数正态分布更适用于 1960 年至 1969 年美国的收入数据。Bandourian 等(2003)发现,威布尔分布是许多国家收入分布的最佳两参数分布拟合。

[②] 见 Stacy (1962)、Singh 和 Maddala (1976)、Dagum (1977)。辛格-马达拉和达古姆分布也分别被称为布尔(Burr) 12 和布尔 3 分布。

[③] GB1 和 GB2 分别是麦克唐纳(McDonald,1984)提出的第一类和第二类的广义 Beta。Beta1 和 Beta2 分别是第一类和第二类的 Beta 函数。帕累托-列维族给出了一个替代性的三参数方法(Dagsvik et al. ,2013;Mandelbrot,1960)。遗憾的是,除少数情况外,与这个族相关的概率分布不能以封闭的形式来表示。

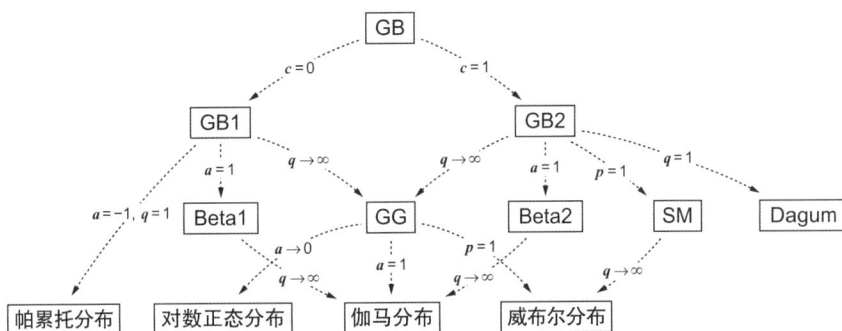

图 6.6　参数分布树形图

资料来源:Bandourian 等(2003)。

$$GB1(y;a,b,p,q) = \frac{|a| \, y^{ap-1} \left[1 - (y/b)^a \right]^{q-1}}{b^{ap} B(p,q)} \tag{6.6}$$

更进一步地,式(6.6)代入特例 $a=1$ 时,第一种 Beta 分布为:

$$B1(y;b,p,q) = \frac{y^{p-1} \left[1 - (y/b) \right]^{q-1}}{b^p B(p,q)} \tag{6.7}$$

作为式(6.6)的替代路线,设定 $a=-1$ 和 $q=1$,我们得到 $b^p y^{-p-1}$,符号虽然改变,但它显然是帕累托类型 Ⅰ 分布的密度函数[见式(6.3)]。关于连续单变量分布的更多细节,见 Johnson 等(1994)、Kleiber 和 Kotz(2003)。

既有文献中利用参数密度函数广泛估计收入分配。例如可参见 Singh 和 Maddala(1976)、Dagum(1977,1980,1983)、McDonald(1984)、Butler 和 McDonald(1989)、Majumder 和 Chakravarty(1990)、McDonald 和 Xu(1995)、Bantilan 等(1995)、Victoria-Feser(1995,2000)、Brachmann 等(1996)、Bordley 等(1997)、Tachibanaki 等(1997)和 Bandourian 等(2003)。在大多数实证研究中,第二类广义 Beta、辛格-马达拉和达古姆分布表现得比其他二参数或三参数分布要好。

6.3.1.4　拟合优度

拟合优度检验统计被用来检测一个给定的样本数据是不是从估计的概率分布中抽取的,以便研究者了解估计的密度函数是否适宜,是否很好地与数据相吻合。既有文献已经给出了若干统计值,著名的皮尔森卡方统计值被定义为 $\chi^2 = \sum_{i=1}^{m} (O_i - E_i)^2 / E_i$,其中 O_i 是在第 i 个柱状图区间中所观察到的百分比,E_i 是在第 i 个柱状图区间中的期望百分比,m 是柱状图区间的个数。这种测量总结了从数据中获得的直方图给出的频率和估计密度函数的期望频率之间的差异。若统计值与零没有显著差异,则表明估计密度函数与生成数据的未知密度函数拟合得很好。在有限样本里,这个统计值的有限样本的检验功率差,即当估计的密度函数不合适时,拒绝力度不足,参见 Stephens(1986)。此时人们通常不推荐采用皮尔森卡方检验进行拟合优度检验。基于经验分布函数(EDF)的统计量会表现得更好。给定一组观察结果 $\{y_1, y_2, \cdots, y_n\}$,EDF 被定义为:

$$F^n(y) = \frac{1}{n} \sum_{i=1}^{n} \iota(y_i \leqslant y) \tag{6.8}$$

其中,$\iota(\cdot)$是式(6.1)中定义的指示函数。当观测值是独立同分布时,$\iota(\cdot)$是 CDF 的一个一致性估计。基于经验分布函数(EDF)的统计值可测量 EDF 和估计 CDF 之间的差异,它们对皮尔森卡方统计直方图区间的选择不敏感。例如,柯尔莫戈洛夫-斯米尔诺夫(Kolmogorov-Smirnov)统计量等于

$$\sup_y | F^{(n)}(y) - F(y, \hat{\theta}) | \tag{6.9}$$

其中,$F(y, \hat{\theta})$ 来自具有参数 θ 的参数族函数的估计 CDF,其他统计值可以表示为

$$n \int_{-\infty}^{\infty} [F^{(n)}(y) - F(y, \hat{\theta})]^2 w(y) \mathrm{d}F(y, \hat{\theta}) \tag{6.10}$$

其中,$w(y)$是一个加权函数。克莱默-冯·米塞斯(Cramér-von Mises)统计量对应特殊情况 $w(y) = 1$,而安德森-达令(Anderson-Darling)统计量以 $w(y) = \{ F(y, \hat{\theta}) [1 - F(y, \hat{\theta})] \}^{-1}$ 把更多的权重放在双尾上。在有限样本里,安德森-达令检验统计值优于克莱默-冯·米塞斯统计值,后者反过来优于柯尔莫戈洛夫-斯米尔诺夫测验统计值, 见 Stephens(1986)。

在分布分析中,拟合优度检验统计值和不平等测验通常不具有相同的智识基础。前者基于纯粹的统计标准,而后者通常基于一个可能与社会福利分析或不平等的其他抽象形式表示有关的公理。Cowell 等(2014)基于收入分配经济分析的标准工具,开发了一系列拟合优度检验,定义如下:

$$G_\zeta = \frac{1}{(\zeta^2 - \zeta)} \sum_{i=1}^{n} \left[\left(\frac{u_i}{\mu_u} \right)^{\zeta} \left(\frac{2i}{n+1} \right)^{1-\zeta} - 1 \right] \tag{6.11}$$

其中,$\xi \in \mathbb{R} \setminus \{0,1\}$ 是一个参数,$u_i = F(y_{(i)}; \hat{\theta})$,$\mu_u = \frac{1}{n} \sum_{i=1}^{n} u_i$,$y_{(i)}$ 是第 i 阶统计量(第 i 小的观测值)。G_ξ 与广义熵(GE)不平等指数密切相关,见等式(6.49)至式(6.51)。广义熵(GE)不平等指数是 EDF 与最均匀分布(每个人都得到相同的收入)之间的趋异测度,告诉我们经验分布与最均匀分布之间的差异有多大。[1] 拟合优度检验统计量 G_ξ 是 EDF 和估计参数的 CDF 之间的趋异测度,告诉我们经验分布与估计参数分布之间的差异有多大[2],该检验与其他常用的拟合优度检验相比,在规模和力度方面具有出色的特性。它的另一个优点是,当该分布族具体信息描述错误时,作为 ξ 函数的 G_ξ 统计量可以提供与目标分布族的偏离性质相关的有用信息。

6.3.2 核方法

6.3.2.1 从直方图到核估计

直方图是应用最广泛的非参数密度估计方法,但存在几种缺点,通过核密度方法能够加

---

[1] 见 Cowell 等(2013)针对任何其他"参考"分布的选择进行的扩展,例如他们给出了不平等测度,告诉我们经验分布离最不均等分布有多远。

[2] 等式(6.11)第一个括号中的这一项与 CDF 相关,$u_i/\mu_u = F[y_{(i)}, \hat{\theta}]/\mu_u$,而第二个括号中的这一项与 EDF 相关,$2i/(n+1) = v_i/\mu_v$,其中 $v_i = F^{(n)}[y_{(i)}] = i/n, \mu_v = n^{-1} \sum_{i=1}^{n} v_i = \sum_{i=1}^{n} \frac{i}{n^2} = (n+1)/(2n)$。 使用最平均分布,并且通过 q 分位数的对应部分 $F^{-1}(q_i = i/n, \hat{\theta}) = \hat{\mu}_y$ 和 $F^{(n)^{-1}}(q_i = i/n) = y_{(i)}$,用 u_i 代替 v_i,即给出 GE 测度。注意 u_i 和 v_i 有有界支撑集($u_i, v_i \in [0,1]$),该属性显示存在 G_ξ 的渐进分布,见 Davidson(2012)。

以处理。

图 6.7 使用 121 个国家 1988 年（实线）的人均 GDP，说明了直方图产生的几个问题。左图有 5 个等宽的竖条，在 0 到 5 之间，中图相似，但各竖条的界限位改变了，在-0.5 和 4.5 之间。尽管这两幅图估计的是相同的分布，但差别很大。左图显示的是单峰分布，而中图显示的是双峰分布，因此可以看出直方图对开始绘制竖条的界点很敏感。右图在 0 和 5 之间有 10 个等宽的竖条，再次呈现了相同分布的不同画面，因此说明直方图对使用的组数也很敏感，也具有相对的任意性。此外，最明显的是，直方图的画面在每个竖条的边界呈现非连续性，这可能不是真正的潜在分布的适当属性。

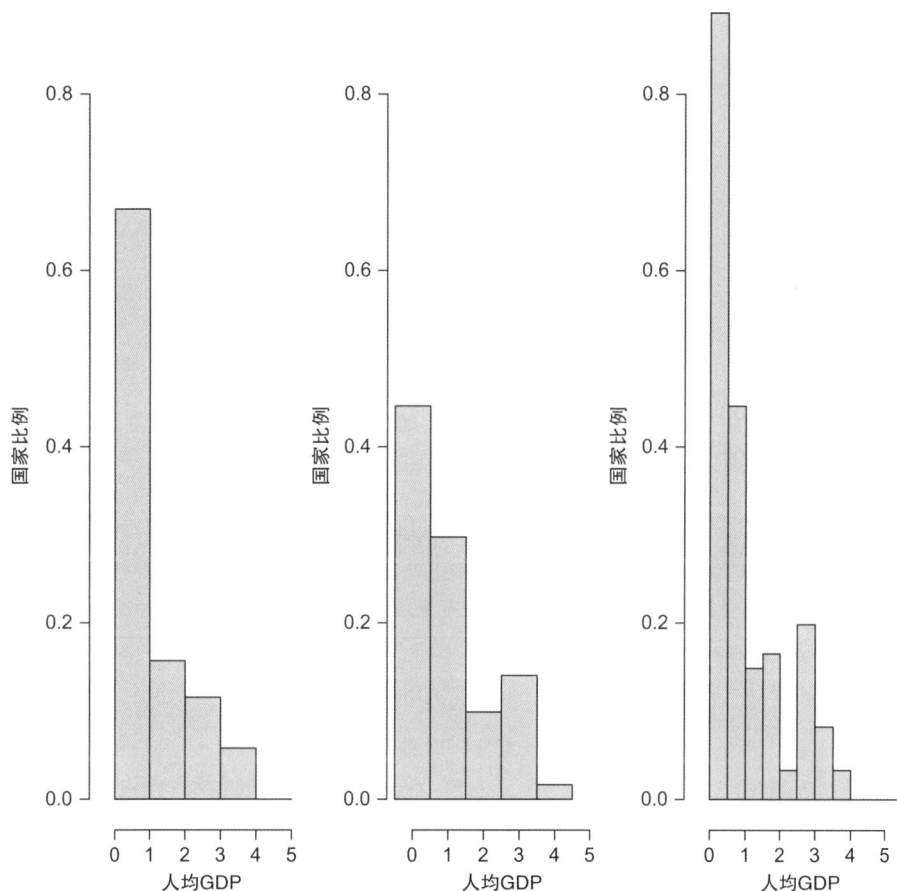

图 6.7　直方图对组界和组数的敏感度

为避免任意选择界限位和组数，我们可以使用重叠区间而不是彼此分离的区间，确定的原则是通过计算接近一个评估点的观测次数，来估计这个点的密度函数。对于 $y_1, \cdots, y_n$ 的 n 个观测样本，质朴密度估计量（naive density estimator）由下式给出：

$$\hat{f}(y) = \frac{1}{nh} \sum_{i=1}^{n} \iota\left(y - \frac{h}{2} < y_i < y + \frac{h}{2}\right) \tag{6.12}$$

其中，h 是组距的宽度，$\iota(\cdot)$ 是指示函数（6.1）。在此式中，y 点的密度估计按照距离 y 点 $h/2$ 或更短的观测值的比例给出，再沿着所有评估点滑动 h 组距的窗口得到全局密度。

图 6.8 给出了 1988 年不同国家人均 GDP 密度的质朴估计。相比于直方图,质朴估计值揭示了更多关于密度函数曲率的细节,但仍然存在不连续性。

核估计法是质朴估计法的一般化,有助于我们克服所有点的可微性问题。不连续性问题来自指示函数 $\iota(\cdot)$,它给所有以 y 为中心的区间观测值分配的权重为 1,给其他观测值分配的权重为 0。核估计的原理很简单:不是给区间内所有的观测值赋予相同的权重,而是观测值越接近 y,分配的权重越大。权重从 1 到 0 的转换是逐步进行的,不是突然进行的。通过用核函数 $K(\cdot)$ 替换指示函数可以得到核估计量:

$$\hat{f}(y) = \frac{1}{nh} \sum_{i=1}^{n} K\left(\frac{y - y_i}{h}\right) \tag{6.13}$$

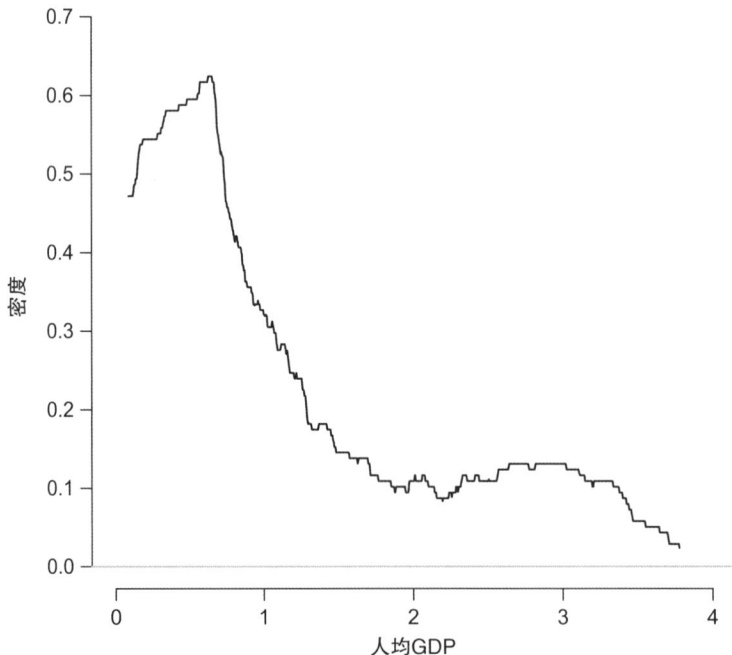

图 6.8　人均 GDP 的质朴估计值

为了使 $\hat{f}(y)$ 保留密度函数的性质,核函数在整个空间上的积分必须等于 1。由此,人们可以用任何概率分布作为核函数。在实践中,高斯分布(Gaussian distribution)和叶帕涅奇尼科夫(Epanechnikov)分布是两种常用的核分布。[1] 我们知道,核密度估计对带宽选择 h 很敏感,但不受核函数选择的影响。

6.3.2.2　带宽 h 选择

选择哪个 h 值最合适是一个尤其棘手的问题,即便人们在实践中经常采用自动带宽选择程序。西尔弗曼(Silverman)经验法则得到广泛使用,其定义如下[2]:

---

[1] 高斯核分布对应于标准正态分布的选择:$K(x) = e^{-x^2/2}/\sqrt{2\pi}$。Epanechnikov(1969)提出了一个二次多项式,经过调整可以满足密度函数的性质:如果 $|x| < \sqrt{5}$,$K(x) = 3(1 - x^2/5)/(4\sqrt{5})$;否则 $K(x) = 0$。

[2] 见 Silverman(1986)中的等式(3.31)。

$$\hat{h}_{\text{opt}} = 0.9 \min\left(\hat{\sigma}; \frac{\hat{q}_3 - \hat{q}_1}{1.349}\right) n^{-1/5} \tag{6.14}$$

其中,$\hat{\sigma}$ 是数据的标准差,$\hat{q}_3$ 和 $\hat{q}_1$ 分别是根据数据计算出的第三个和第一个四分位数。这一法则可归结于使用两种离散度的最小估计值:对异常值敏感的方差以及四分位距。该法则以高斯分布作为参考分布,通过把积分均方误差(MISE)的近似值最小化得到,MISE 是对估计密度与真实密度差异的测度。该法则在许多情况下很有效。但是当真实密度远离高斯分布时,例如,它是多峰和高度倾斜时,往往会使分布变得过度平滑。图 6.2 是使用西尔弗曼经验法则选择带宽得到的人均 GDP 的核密度估值,它看起来是图 6.8 中质朴估计的平滑版本。其他一些用于选择带宽的数据驱动方法也被开发出来,如交叉验证法(CV)(Bowman,1984;Rudemo,1982;Stone,1974)和插空方法(Ruppert et al.,1995;Sheather and Jones,1991)等。

不同于参考高斯分布取 MISE 近似值的方法,插空方法由先验非参数估计组成,然后选择使这个函数最小化的 h 值,因为这需要数值计算,带宽的选择并不像西尔弗曼所提出的经验法则那样简单。更多详细信息见 Sheather 和 Jones(1991)。

基于最小二乘法的交叉验证(CV)的基本思想,不是最小化积分均方误差(MISE),而是最小化积分平方误差(ISE)。换句话说,我们使用了相同的标准,但没有用期望值来表示。ISE 方法的优势在于它提供了给定样本 h 的最优方程式,对应的情况是,以相同密度抽取的两个样本将产生两种不同的最佳宽度选择。ISE 的解决方案包括找到 h 值,使 $\text{ISE}(h) = \int [\hat{f} - f]^2 \mathrm{d}y = \int \hat{f}^2 \mathrm{d}y - 2\int \hat{f}f\mathrm{d}y + \int f^2 \mathrm{d}y$ 最小化。其中,为简单起见,f 和 $\hat{f}$ 对应的是 $f(y)$ 和 $\hat{f}(y)$。等式中的最后一项不含有 h,因此在最小化中不起作用。而且,$\int \hat{f}f\mathrm{d}y$ 项正是 $E(\hat{f})$。

令 $\hat{f}_{-i}$ 为基于包含除 y_i 之外的所有观测样本的密度估计值,由 $n^{-1}\sum_{i=1}^{n}\hat{f}_{-i}$ 可以给出 $E(\hat{f})$ 的一个无偏估计量。因此积分平方误差 (ISE)的最小化要求对下式进行最小化:

$$\text{CV}(h) = \int \hat{f}^2(y)\mathrm{d}y - \frac{2}{n}\sum_{i=1}^{n}\hat{f}_{-i}(y_i)$$

这种方法也被称为无偏交叉验证,因为 $\text{CV}(h) + \int f^2$ 是最小化积分均方误差(MISE)的无偏估计量。使该表达式最小化的 h 值渐近收敛于使积分均方误差(MISE)最小化的值。

6.3.2.3　自适应核估计

前面介绍的核密度估计中,带宽在估计分布的所有点保持不变。当数据集中度在样本中明显不均匀时,这种约束可能特别麻烦。因此在分布的密集部分(中部)使用较窄的宽度,在分布稀疏的部分(双尾)使用较宽的组距,会更有利。自适应核估计量定义如下:

$$\hat{f}(y) = \frac{1}{n}\sum_{i=1}^{n}\frac{1}{h\lambda_i}K\left(\frac{y - y_i}{h\lambda_i}\right)$$

其中,λ_i 是一个随着数据的局部集中程度变化的参数。将在点 y_i 处的密度估计表示为 $\tilde{f}(y_i)$,测量在这一点周围的数据集中程度:$\tilde{f}(y_i)$ 的值越大表示数据越集中,值越小表示数据越不集中。因此参数 λ_i 可以被定义为与这个估计值成反比:$\lambda_i = [g/\tilde{f}(y_i)]^{\theta}$,其中,$g$ 是

$\bar{f}(y_i)$ 的几何平均数, θ 是一个取值在 0 到 1 之间的参数。[①] 参数 λ_i 在密度较大时较小(接近分布的中部更为明显),在密度较小时较大(在分布的尾部)。

图 6.9 显示了 1988 年不同国家人均 GDP 的自适应核密度估计。它与采用固定带宽(虚线)的简单核密度估计相比较。

收入分配的若干实证研究已经使用了核密度估计,其中包括 Marron 和 Schmitz(1992)、Jenkins(1995)、Cowell 等(1996)、Daly 等(1997)、Quah(1997)、Burkhauser 等(1999)、Bourguignon 和 Morrisson(2002)、Pittau 和 Zelli(2004)、Jenkins 和 Van Kerm(2005),以及 Sala-i-Martin(2006)。

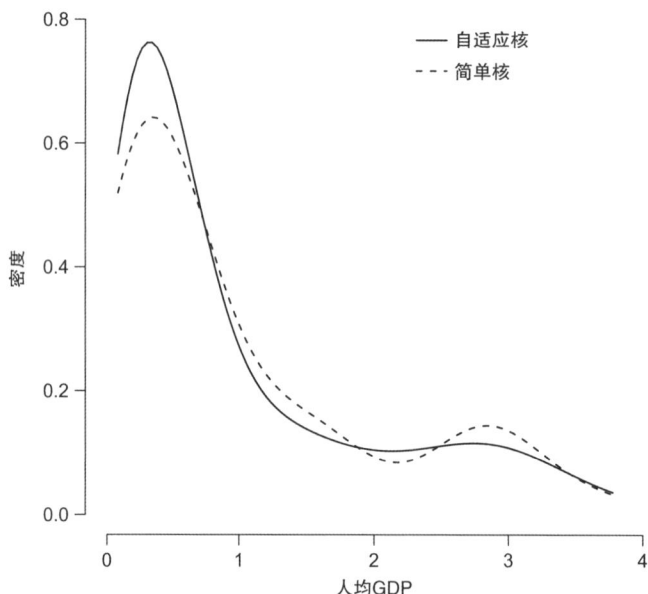

图 6.9 人均 GDP 的自适应核密度估计

6.3.2.4 多变量和条件密度

针对多变量情况加以扩展很简单。有 n 个观测值的两个变量 y 和 x 的联合密度,可以用下面二元核函数估计

$$\hat{f}(y,x) = \frac{1}{nh_1 h_2} \sum_{i=1}^{n} K\left(\frac{y_i - y}{h_1}; \frac{x_i - x}{h_2}\right) \tag{6.15}$$

这相当于高斯情形中两个单变量核的乘积。通过使用 d 维的多变量核,可以立即扩展到 d 维的情形。Scott(1992)将西尔弗曼经验法则扩展如下: $h_j = n^{-1/(d+4)} \hat{\sigma}_j$,其中, $\hat{\sigma}_1$ 和 $\hat{\sigma}_2$ 分别是 y 和 x 的样本标准差。 实际上,核密度估计很少用于两个以上的维度。具有三个或多个维度时,不仅图形表示可能有问题, 估计的精度也可能有问题。Silverman(1986)显示,要保证一定程度的可靠性,观测数量会随着维度的增加爆炸性地上升,这个问题被称为"维度灾难"。

条件密度函数等于联合分布与边际分布的比率, $f(y \mid x) = f(x,y)/f(x)$,核条件密度估

---

① 在实践中,初始固定带宽核估计可以用 $\bar{f}(y_i)$ 来表示,其中 $\theta = 1/2$, λ 由西尔弗曼经验法则获得。

计由下式给出：

$$\hat{f}(y \mid x) = \frac{\dfrac{1}{h_1 h_2} \sum_{i=1}^{n} K\left(\dfrac{y_i - y}{h_1}; \dfrac{x_i - x}{h_2}\right)}{\dfrac{1}{h_3} \sum_{i=1}^{n} K\left(\dfrac{x_i - x}{h_3}\right)} \tag{6.16}$$

当考虑几个条件变量时，如果其中有些是不相关的，通过交叉验证得到的带宽选择可以缓解维度灾难问题（Fan and Yim，2004；Hall et al.，2004）。最近的几项研究都集中在非参数框架下的条件分析。为了评估政策效果，DiNardo 等（1996）、Donald 等（2000）、Chernozhukov 等（2009）、Rothe（2010），以及 Donald 等（2012）研究了某些协变量分布的反事实变化对一些目标变量的无条件分布的影响。更多有关核密度估计的详细信息，参见 Silverman（1986）、Paul（1999）、Li 和 Racine（2006），以及 Ahamada 和 Flachaire（2010）。

6.3.3　有限混合模型

6.3.3.1　组分解方法

可以用不同的方式将一个群体分解成几个不同的组别。群体的密度函数则等于每个不同组别的相关密度之和。如果我们考虑有 κ 个组别，每个组的密度函数都是参数化的，对于 $k = 1, \cdots, \kappa$，$f_k(y; \theta_k)$，其中 θ 是一组参数，群体的密度函数则可以写为

$$f(y; \theta) = \sum_{k=1}^{n} \pi_k f_k(y; \theta_k) \tag{6.17}$$

其中，π_k 是属于子群 k 的群体比例。必须满足 $0 \leq \pi_k \leq 1$ 和 $\sum_{k=1}^{n} \pi_k = 1$ 两个条件，才能确保在支撑集的群体密度积分为 1。我们通过估计参数代替未知参数，得到混合模型的密度估计。在有限混合模型中，每一个体所属的组别没有被观测到。[①] 因此，它们能让我们捕捉到未观测的异质性影响。它们也可用于分类目的。贝叶斯定理让我们能推断一个 i 属于 k 组的后验概率：

$$\pi_{ik} = \frac{\pi_k f_k(y_i; \theta_k)}{\sum_{k=1}^{K} \pi_k f_k(y_i; \theta_k)} \tag{6.18}$$

用一致性估计代替未知参数，这些个体概率可用于将观测分为不同的组别。

用混合模型估计密度允许我们得出参数估计与非参数估计之间的联系。我们考虑一个单一的组（$\kappa = 1$），则混合模型只满足一个参数函数。添加额外的组别允许我们估计更复杂的，不能用一个唯一组来建模的密度，添加更多的组能够反映出群体的异质性，因此混合模型允许更大的建模灵活性。极端情况下，组数与观测值（$\kappa = n$）相同，混合模型估计的密度相当于核方法估计的密度（参考 6.3.2）。[②] 对于 κ 值在 1 和样本大小 n 之间，混合模型可以被看作参数估计与非参数核估计之间的半参数折中。体现参数的方面在于密度表示为参数密

---

① 当这些组已知并且密度与每个组相关时，混合模型是完全参数化的，并且可以通过最大似然法进行估计（见 6.3.1）。

② 如果 $K = n$ 和 $\pi_1 = \cdots = \pi_k = 1/n$，则等式（6.17）等于等式（6.13），其中，$f_k(\cdot)$ 函数是核函数 $K(\cdot)$。

度函数的总和,体现非参数的方面在于有许多不同的组别。

混合模型理论告诉我们,在规则条件下,任何概率密度都可以一致估计为正态分布的混合。[1]图 6.10 描绘了两种正态分布的多种不同混合,其中密度可以写成 $\pi_1\phi(y;\mu_1,\sigma_1) + \pi_2\phi(y;\mu_2,\sigma_2)$,其中对于 $k=1,2$,平均数为 μ_k,方差为 σ_k,$\phi(\cdot)$ 是正态分布的密度。整体密度与两个独立成分在同一个图中表示出来。[2] 从整体密度(实线)可以看到,各种密度仅用两个正态分布的混合就可以表示出来,如顶平(图 a)、双峰(图 b)、偏峰(图 c)和厚上尾(图 d)分布。我们还可提供更多的示例来说明,可以用 κ 正态分布的混合来表征各种各样的分布:其他的示例见 Marron 和 Wand(1992)。所有这些例子都揭示了有限混合模型在估计密度方面的巨大灵活性。

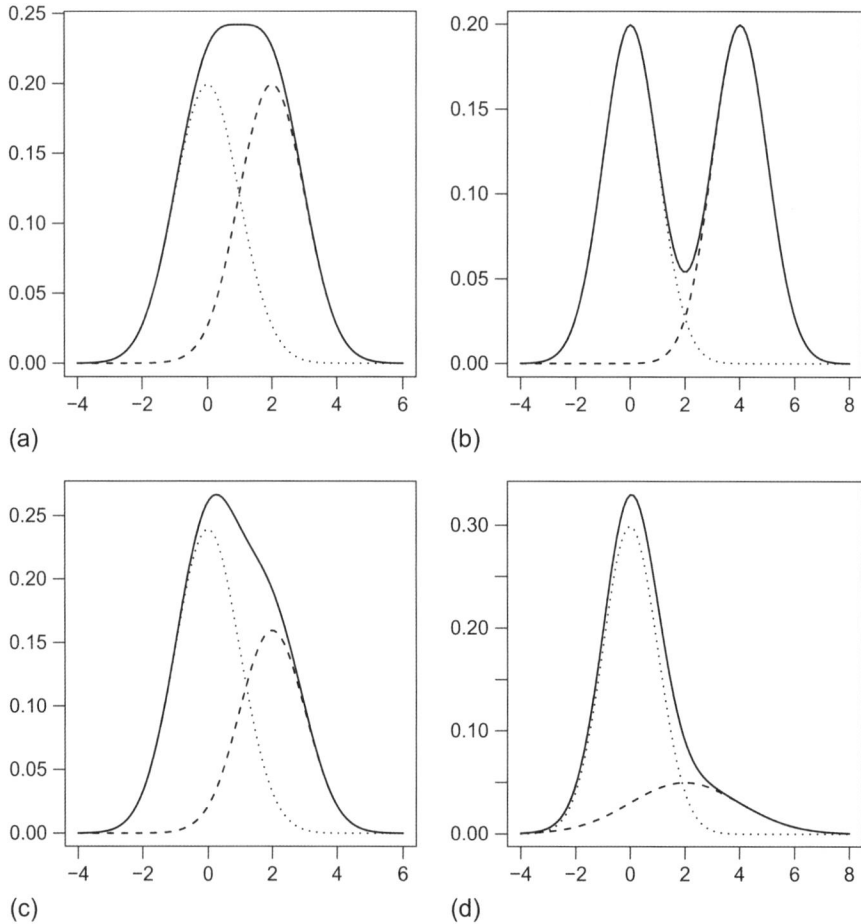

图 6.10 两个正态分布的混合

---

① 见 Escobar 和 West(1995)、Ferguson(1983)、Titterington、Makov 和 Smith(1985)、McLachlan 和 Peel(2000),以及 Ghosal 和 van der Vaart(2001).

② 在图(a)中,$\pi_1 = \pi_2 = 0.5, \sigma_1 = \sigma_2 = 1, \mu_1 = 0, \mu_2 = 2$。在图(b)中,$\pi_1 = \pi_2 = 0.5, \sigma_1 = \sigma_2 = 1, \mu_1 = 0, \mu_2 = 4$。在图(c)中,$\pi_1 = 0.6, \pi_2 = 0.4, \sigma_1 = \sigma_2 = 1, \mu_1 = 0, \mu_2 = 2$。在图(d)中,$\pi_1 = 0.75, \pi_2 = 0.25, \sigma_1 = 1, \sigma_2 = 2, \mu_1 = 0, \mu_2 = 2$。

6.3.3.2　成分数量和组数

对于给定的数量 κ，我们可以采用最大似然法来估计未知参数。[①] 可以通过最小化一个准则，如贝叶斯信息准则（BIC），来选择成分数量 κ，

$$BIC = -2\hat{\ell} + \#param \log n \tag{6.19}$$

其中，$\hat{\ell}$ 是已估计的对数似然，#param 是待估计的参数数量，n 是观测值数量。如果人们主要关注的是整体密度的最佳拟合，那么这个选择标准是适当的。但是，如果人们主要关注的是检测不同的组，κ 的选择就不那么简单了。事实上，在选择 κ 和群体中的潜在组数之间没有自动对应。例如，在图 6.10 中，图（d）显示要求第二个成分拟合厚右尾，但它从第一个成分并没有清晰地确定一个不同的组别。实际上，组别的两个分布有很多相交部分。在这里，成分 κ 的数量不一定等于组数，这说明在有限混合模型中，定义一个不同组别的构成以及检测一个不同的组别可能是一项艰巨的任务。[②]

图 6.11 显示的是 1973 年英国收入分配的核密度估计（左）和对数正态分布混合估计（右）。对数正态分布是重尾的，即它具有比指数更重的上尾。那么，使用对数正态分布的有限混合而不是正态分布的有限混合来拟合典型重尾的收入分布更为合适。使用对数正态分布混合的密度估计是从使用正态分布混合的对数收入密度估计得到的。[③] 根据西尔弗曼经验法则给出的带宽值（$h = 0.08559$）允许我们重现 Marron 和 Schmitz（1992）中的核密度估计结果。较小 h 值（0.01）的核估计呈现在同一幅图中。比较两种估计值，结果差异显著：当 $h = 0.08559$ 时，第一峰比第二峰小；而当 $h = 0.01$ 时，第二峰比第一峰小，这证实了当潜在分布是多峰且偏度很高时，采用西尔弗曼经验规则的核估计确实使函数倾向于过度平滑（见 6.3.2）。在我们的例子中，使用西尔弗曼选择办法，会使第一个峰相对于第二个峰来说相当平滑。右图中显示通过 BIC 最小化得到的对数正态分布混合的密度估计。总体分布似乎平滑地呈现了 $h = 0.01$ 时的核密度估计。此外，混合估计确定了三个独立成分。第一个和第三个重叠不多，可以分别与两个不同的峰相关联。第二个与第三个重叠程度相当大，与第一个重叠程度较小。第二个成分的出现允许我们更好地拟合分布的右侧尾，但不能明确地将其与一个独特的组别联系在一起。

用有限混合模型估计收入分配的实证研究非常少。Flachaire 和 Nunez（2007）采用对数正态分布混合模式对英国家庭收入的分配状况进行了研究。Pittau 和 Zelli（2006）以及 Pittau 等（2010）研究了跨越欧盟地区和国家的人均收入分配的演变。Chotikapanich 和 Griffiths（2008）使用伽马混合分布估计了加拿大的收入分配。Lubrano 和 Ndoye（2011）使用贝叶斯方法和对数正态密度混合对收入分配进行了建模。[④]

[①] 研究者经常使用 Dempster 等（1977）的最大期望（EM）算法。还可以使用贝叶斯方法，参阅 Robert 和 Casella（2005）及 Fru-Hirth-Schnatter（2006）。

[②] 更合适的方法可能是检验分配的众数的数量，参见 Ray 和 Lindsay（2005）。

[③] 从 $f(x;\Theta) = \sum_{k=1}^{K} \pi_k \phi(x;\mu_k,\sigma_k)$，我们得到 $f(y;\Theta) = \sum_{k=1}^{K} \pi_k \Lambda(y;\mu_k,\sigma_k)$，其中 $x = \log y$。

[④] Paap 和 Van Dijk（1998）使用正态分布、对数正态分布、伽马分布和威布尔分布考虑了两种分布的混合。然而，他们的方法是完全参数化的，每个成分的数量和密度都是事先确定好的。

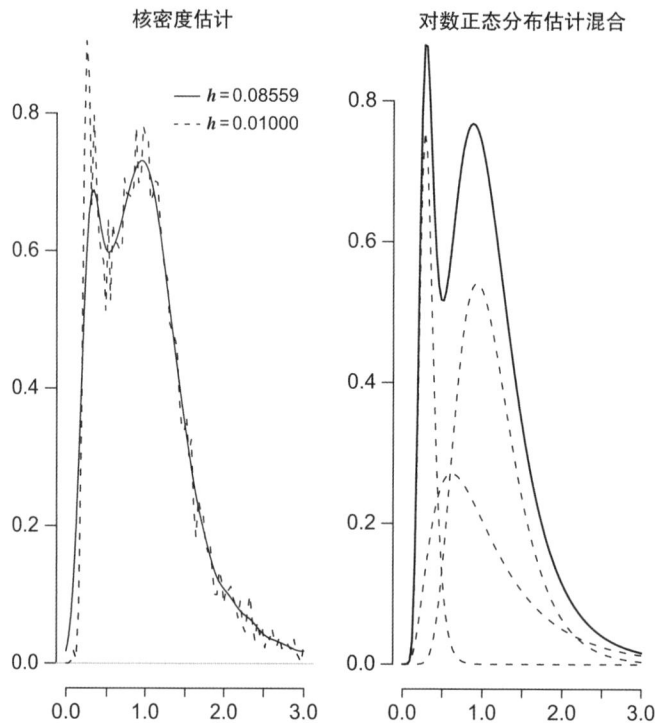

图 6.11 1973 年英国的收入分配(收入按周期均值标准化)

6.3.3.3 组概况说明

有限混合估计除了可以用于任何形式的密度函数估计,还可以用于解释总体人口背后的不同组别的概况,这可以通过在概率 π_k 中引入协变量来完成:

$$f(y \mid z; \Theta) = \sum_{k=1}^{k} \pi_k(z, \alpha_k) f_k(y_i; \theta_k) \tag{6.20}$$

其中, $z = \{z_1, \cdots, z_l\}$ 是观测变量 l 的向量, $\alpha_k = \{\alpha_{1k}, \cdots, \alpha_{lk}\}$ 是未知参数 l 的向量。该模型定义了条件密度函数,该函数直接考虑到组别成员的概率可能是个体特征的函数(白领工人比蓝领工人更有可能属于最富有家庭的组别)。协变量除了解释密度的非参数估计和分解成不同的组别,还解释了组间的变异性。π_k 概率与协变量 z 之间的关系可以用一个定序 logit/probit 模型或多项式回归模型予以指定,并且可以得到如下无条件密度:

$$f(y; \Theta) = \sum_{k=1}^{K} \overline{\pi}_k \phi(y; \mu_k, \sigma_k), \text{其中} \ \overline{\pi}_k = \frac{1}{n} \sum_{i=1}^{n} \pi_k(z_i, \alpha_k)$$

其中, z_i 表示第 i 个观测的特征向量, n 是观测值数量。换句话说, $\pi_k(z_i, \alpha_k)$ 是具有 z_i 特征的个体 i 属于 k 组别的概率。更多详细信息参考 Ahamada 和 Flachaire (2010)。

图 6.12 再现了 Flachaire 和 Nunez (2006)通过对数正态分布的混合得到的 1979 年和 1988 年英国家庭收入分配的估计结果。[①] 混合估计量的组别分解确实强调了随时间变化而

---

① 这里的分析使用了与 Marron 和 Schmitz(1992)相同的数据,不同之处在于这里为了考虑家庭规模的差异,通过等价标准对收入进行了标准化处理。

产生的明显变化,这从整体分布的比较中难以看出。组别分析表明,在 1988 年,在分布的极左端形成了一个独立的小组,而位于分布极右端的小组规模增加了。表 6.3 列出了与以下协变量相关的估计系数(括号中为标准误):z_1 表示退休家庭,z_2 表示单亲家庭,z_3 表示所有成年人都工作的家庭,z_4 表示(非退休家庭中)家里没有成年人在工作,z_5 表示儿童人数。

表 6.3　协变量的系数估计

年份	z_1	z_2	z_3	z_4	z_5
1979	$-1.77(0.059)$	$-0.67(0.106)$	$0.61(0.050)$	$-1.16(0.086)$	$-0.44(0.020)$
1988	$-1.33(0.058)$	$-0.69(0.106)$	$0.78(0.053)$	$-1.14(0.068)$	$-0.35(0.022)$

一个定序 probit 模型被用来指定概率和协变量之间的关系。如果系数为正(负),则随着变量 z_l 的增加,具有关联变量的观测值位移到分布的右侧(左侧)。与零值没有显著差异的 α_l 值表明,特征 z_l 不能帮助我们解释样本分解成不同的组别。从结果可以看到,退休家庭(z_1)和非工作家庭(z_4)更可能居于收入分配的底部,而所有成年人工作的家庭(z_3)相反,更可能趋于分配的右侧。此外,退休家庭在这一时期的地位有所改善,而没有人工作的家庭情况恶化。这些结果强调了混合模型的作用,它可用于全面了解收入分配情况,以及这些情况是如何随着时间而改变的,其结果比从其他常用技术中获得的结果更丰富。

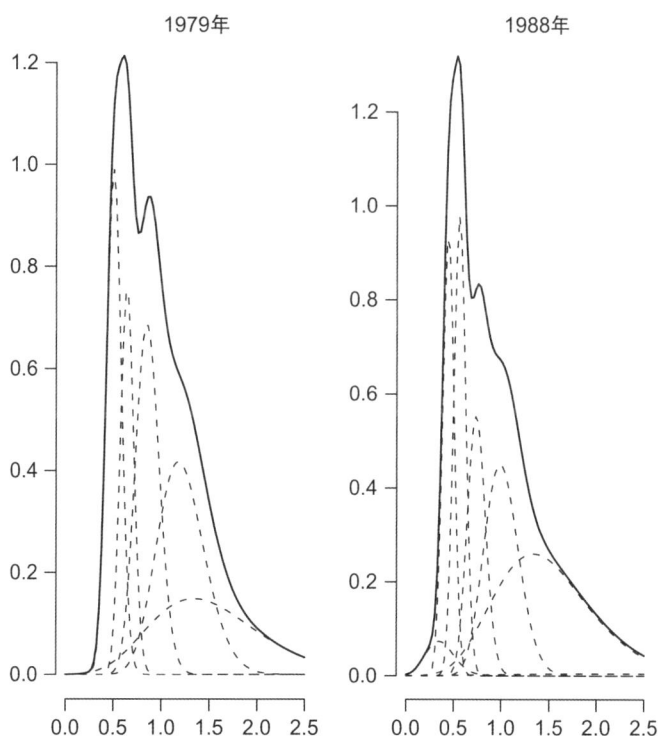

图 6.12　1979 年和 1988 年的英国收入分配(收入用同期均值进行了标准化)

6.3.3.4　有限混合回归

协变量已被引入概率中,以描述组别概况,还可以被引入对各组密度的建模中,引导我们考虑回归模型的混合。考虑方差为 σ_k^2 且均值以某些协变量为条件($\mu_k = x\beta_k$)的正态分布混合,可以写成:

$$f(y \mid x; \Theta) = \sum_{k=1}^{K} \bar{\pi}_k \phi(y \mid x; \beta_k, \sigma_k) \qquad (6.21)$$

如果有两组($K = 2$),人们只需要考虑下面的模型:

$$\text{组 1:} \quad y = x\beta_1 + \varepsilon_1, \varepsilon_1 \sim N(0, \sigma_1^2),$$
$$\text{组 2:} \quad y = x\beta_2 + \varepsilon_2, \varepsilon_2 \sim N(0, \sigma_2^2),$$

其中,ε_1 和 ε_2 是在每一组内的独立且同质的正态分布误差项,方差分别为 σ_1^2 和 σ_2^2。在这个模型中,群体包括两个不同的组,对这两个组来说,因变量和解释变量之间的关系不同,而观测值来自群体中比例未知的不同组别。如果我们假设在每个组中,协变量的边际影响可能不同,那么这个设定就特别适合,如图 6.3 所示。人们可以在概率中同时引入协变量来解释组概况。

举例说明,考虑一个简单的明瑟收入方程(Mincer earnings equation),用个人受教育年限和劳动力市场工作经验年限来解释个人工资的对数。检验男女工资差异的一种方法是用邹至庄检验(Chow, 1960),即检验个体不同的两组之间的工资方程参数是否在统计上有显著差异。表 6.4 使用 1985 年 5 月美国人口普查局的住户调查数据[1],显示了男性和女性组别的线性回归模型普通最小二乘法(OLS)估计结果(列 1 和列 2)。检验值为 14.19 的邹至庄检验拒绝了这两组系数是相同的零假设。因变量是工资的对数,估计结果表明,每增加 1 年教育,男性工资会平均增长大约 7.9%,女性工资平均增长 10.9%。作为劳动力市场经验函数的工资特征在两组之间不同。图 6.13 标出了教育年限为 8 年的情况,从中可以看到,在前 30 年随着劳动力市场的发展,性别差距急剧增加。[2]

表 6.4　明瑟收入方程

变量	线性模型		混合模型	
	男性	女性	组 1 $\pi_1 = 0.46$	组 2 $\pi_2 = 0.594$
解释变量				
常量	0.66194*	0.2225	0.67517*	0.34909*
教育	0.07941*	0.10915*	0.08202*	0.09844*
经验	0.04484*	0.02597*	0.05147*	0.02590*
(经验)^2	−0.00066*	−0.00038*	−0.00078*	−0.00040*
伴随变量				
常量			—	−0.49423*
女性			—	9.03215*
工会成员			—	8.16128†

注:* $p<0.05$,† $p=0.057$。

---

[1] 数据源自 Berndt(1990) 的第 5 章。

[2] 男性组别的曲线对应多项式 $y = 0.66194 + 8 \times 0.07941 + 0.04484x - 0.00066x^2$,女性组别的曲线对应多项式 $y = 0.22254 + 8 \times 0.10915 + 0.02597x - 0.00038x^2$。两条曲线之间的差距起先随着经验的增加而扩大,在获得了大约 30 年的劳动力市场工作经验后再次缩小。

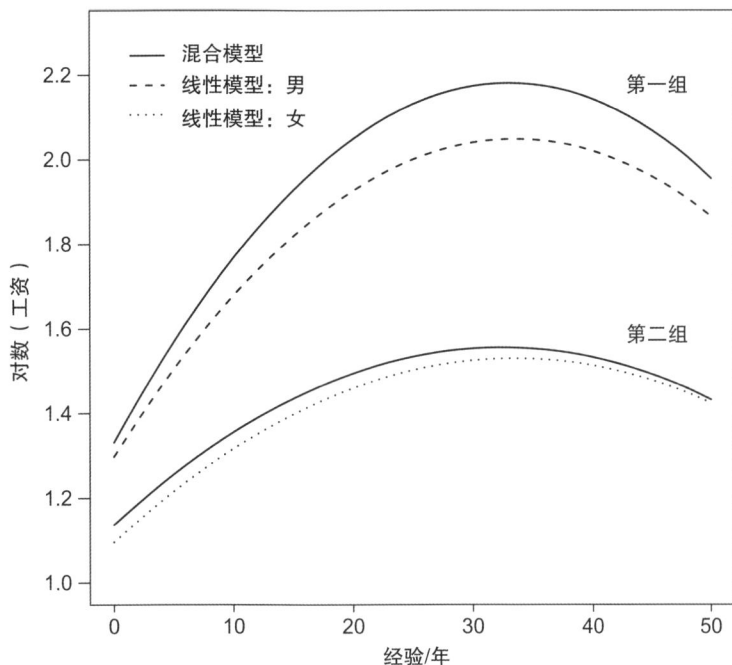

图 6.13 工资与劳动力市场经验之间的关系

在线性模型方法中,我们先验定义了男性和女性个体构成的两个组别。相比之下,在混合模型方法中,我们没有预先指定组别,而是依据因变量与解释变量之间的关系,让数据确定同质的组别。表 6.4 显示了混合模型的估计结果(列 3 和列 4);贝叶斯信息准则(BIC)表明有两个组,估计结果表明,增加 1 年的教育,第一组的个体工资平均会增长大约 8.2%,第二组的个体工资平均会增长大约 9.8%。图 6.13 显示了教育年限为 8 年时,经验对收入的影响(实线)。[①] 从图中可以看到,两组之间的差距远大于从线性模型中得到的男性组和女性组之间的差距。

混合模型中伴随变量的使用允许我们描述组概况。两个虚拟变量被看作伴随变量。第一个变量代表的个体是妇女(女性),第二个变量代表的个体是工会成员(工会成员)。在表 6.4 列 4 中,"女性"变量的显著正系数表明,妇女更有可能属于第二组而不是第一组。"工会成员"变量的显著负系数表明,加入工会的成员不太可能属于第二组,更可能属于第一组。[②] 分类显示,96.3% 的妇女属于第二组,而男性的类似百分比仅为 19%。[③] 同样,分类下的工会成员在第一组中所占的百分比是 80.2%。最后,该分析结果表明:在保持其他一切平等的情况下,工资与经验的关系对绝大多数妇女来说,比大多数男性和工会成员显得更平稳。混合模型所得到的差异比明确区分两个组别中所有的男性和女性得到的差异要大得多。

---

① 第一组的曲线对应于多项式 $y = 0.67517 + 8 \times 0.08202 + 0.05147x - 0.00078x^2$,第二组的曲线对应于多项式 $y = 0.34909 + 8 \times 0.09844 + 0.02590x - 0.00040x^2$。

② 根据似然比(LR)检验,这个系数在 1% 水平上是显著的。

③ 当个体属于某个群体的后验概率高于属于其他群体的概率时,个体被分配到该群体,见等式(6.18)。

关于回归混合模型的更多细节见 McLachlan 和 Peel(2000)、Frühwirth-Schnatter (2006),以及 Ahamada 和 Flachaire (2010)。

6.3.4 有限样本性质

在这一节,我们研究有限样本中非参数密度估计拟合的质量。为了评估密度估计的质量问题,在估计密度和真实密度之间,我们需要使用距离测度。我们使用平均积分绝对误差(MIAE)测度,

$$\text{MIAE} = E\left[\int_0^\infty |\hat{f}(y) - f(y)| \, \mathrm{d}y\right] \tag{6.22}$$

在我们的实践中,数据是由两个单峰分布产生的:对数正态分布 $A(y; 0, \sigma)$ 和辛格-马达拉分布 $\text{SM}(y; 2.8, 0.193, q)$。我们还使用双峰分布,即两个辛格-马达拉分布的混合:$\frac{2}{5}\text{SM}(y; 2.8, 0.193, 1.7) + \frac{3}{5}\text{SM}(y; 5.8, 0.593, q)$,见图6.14。随着 σ 的增大和 q 的下降,分布的上尾衰减更慢。样本大小为 $n = 500$,平均积分绝对误差准则被计算为1000个样本下的 $\int_0^\infty |\hat{f}(y) - f(y)| \, \mathrm{d}y$ 的平均值。

表6.5显示了几种密度估计方法的拟合质量。首先我们考虑标准核估计法,通过西尔弗曼经验法(Silv.)、交叉验证法(CV)和插空法(Plug-in)等选择固定带宽,然后考虑自适应核方法(基于先前的每一个固定带宽),最后基于对数正态分布的混合考虑密度估计。[①]

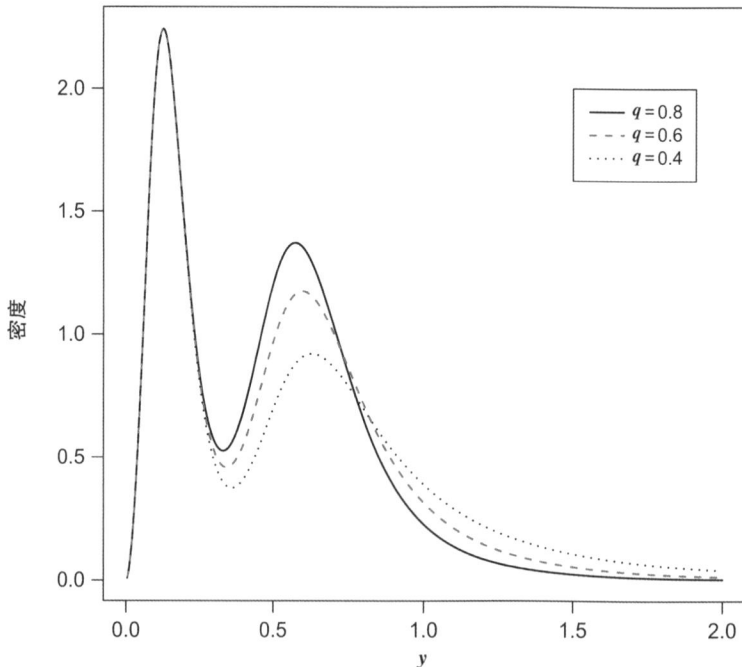

图6.14 两个辛格-马达拉分布的混合

[①] 通过正态分布的混合来估计数据对数变换的密度函数,并且用贝叶斯信息准则来选择成分的数量。

表 6.5　$n=500$ 时，MIAE 的密度估计质量

分布	标准核估计			自适应核估计			混合对数正态分布
	经验法	交叉验证法	插空法	经验法	交叉验证法	插空法	
对数正态分布							
$\sigma = 0.5$	0.1044	0.1094	0.1033	0.0982	0.1098	0.1028	0.0407
$\sigma = 0.75$	0.1326	0.1326	0.1252	0.1098	0.1283	0.1179	0.0407
$\sigma = 1$	0.1643	0.1716	0.1522	0.1262	0.1609	0.1362	0.0407
辛格-马达拉分布							
$q = 1.7$	0.0942	0.1009	0.0951	0.0915	0.0994	0.0934	0.0840
$q = 1.2$	0.1039	0.1100	0.1048	0.0947	0.1050	0.0994	0.0920
$q = 0.7$	0.1346	0.1482	0.1326	0.1049	0.1349	0.1175	0.0873
两个辛格-马达拉分布的混合							
$q = 0.8$	0.2080	0.1390	0.1328	0.1577	0.1356	0.1224	0.1367
$q = 0.6$	0.2458	0.1528	0.1463	0.1896	0.1457	0.1293	0.1464
$q = 0.4$	0.2885	0.1953	0.1733	0.2234	0.1812	0.1450	0.1366

表 6.5 中的结果表明，对于标准核方法和自适应核方法，随着上尾更重（随着 σ 增大和 q 减小，MIAE 增大），拟合质量变差。此外，当分布是多峰且偏度很高时（两个辛格-马达拉分布的情况），与其他方法相比，西尔弗曼经验法失灵。最后，我们的结果表明，在重尾分布的情况下，基于嵌入带宽的自适应核方法和对数正态分布混合的表现比标准核方法更好。

6.4　福利指数

我们可以使用"福利指数"这个术语，来涵盖经济学家和社会科学家感兴趣的一些分布分析的特定工具，包括社会福利函数、不平等测度和贫困指数。我们的方法是描述一些基本类别的指数，引入一些能够描述这些指数的统计特性的标准结果，然后将分析应用于那些收入分配研究者感兴趣的特定福利指数。我们在此应用的是不平等测度和贫困指数。

6.4.1　基本情形

我们从分位数与收入累积这两个最简单的福利指数开始。正如 6.1.2 部分的介绍，分位数与收入累积两者本身就是收入，属于区间 $\mathbb{Y} = (\underline{y}, \overline{y})$。我们同样使用分布函数 $F \in \mathbb{F}$，从而使分布中的总人口被隐含地标准化为 1。

让 $q \in \mathbb{Q}$ 表示任意群体比例，我们于是可以定义从 $\mathbb{F} \times \mathbb{Q}$ 到 $\mathbb{Y}$ 的分位数函数，其形式为：

$$Q\ (F;q) := \inf\{y \mid F(y) \geqslant q\} \tag{6.23}$$

（Gastwirth，1971）。对于任何分布 F，分位数函数给出了 $\mathbb{Y}$ 的最小收入，这样，百分之 $100q$ 的群体正好有这个收入或更少。在了解分布 F 的情况下，我们可以使用第 q 个分位数的速写形式

$$y_q := Q(F;q) \qquad (6.24)$$

泛函 Q 为几个收入分配分析的直观方法提供了基础。等式(6.23)采用如 y_{90}/y_{10}、y_{90}/y_{50} 等适当 q 值的成对实例,可以得到像"90/10"比率和"90/50"比率等常用的分位数比率(Alvaredo and Saez, 2009; Autor et al., 2008; Burkhauser et al., 2009)。

同样地,从 $\mathbb{F} \times \mathbb{Q}$ 到 $\mathbb{Y}$ 的累计收入泛函 C 被定义为

$$C(F;q) := \int_{\underline{Y}}^{y^q} y \, \mathrm{d}F(y) \qquad (6.25)$$

(Cowell and Victoria-Feser, 2002);对于任何分布 F,累计收入给出了最下方百分之 $100q$ 的群体总收入。同样,在了解分布 F 的情况下,我们对第 q 个累计收入可以用一个速写形式 $c_q := C(F;q)$。须谨慎的是,要牢记群体已经被标准化为 1,此惯例也用于累计收入式(6.25)中。特别是,当我们在等式(6.25)中设定 q 为 1 时,我们会得到分布 F 的平均值

$$c_1 = C(F;1) = \mu(F) \qquad (6.26)$$

我们可以找到其他直观方法来使用 C 分析收入分配:例如,从等式(6.25)中定义的两个累积量可以得到群体中最贫穷百分之 $100q$ 的个体的收入份额为:

$$\frac{c_q}{c_1} = \frac{C(F;q)}{C(F;1)} \qquad (6.27)$$

然而,这仅仅是开始。由等式(6.23)和等式(6.25)的 Q 和 C 产生的指数不过是众多福利指数中的两个著名例子,这些指数可以用加性分解形式表达:

$$W_{\mathrm{AD}}(F) := \int \phi(y) \, \mathrm{d}F(y) \qquad (6.28)$$

其中涉及一个 $\mu(F)$ 的转换,其中 $\phi: \mathbb{Y} \times \mathbb{Y} \to \mathbb{R}$ 是分段可微的。可分解性在这里指的是群体可以进行亚组分解(Cowell and Fiorio, 2011)。在离散分布的特殊情况下,可以更直观地看到此属性。如果 F 由质量包含收入位于 y_i ($i = 1, \cdots, m$) 的 f_i 的 m 个点质量构成,等式(6.28)则变为:

$$\sum_{i=1}^{m} f_i \phi(y_i) \qquad (6.29)$$

等式(6.29)表明,可以通过按组别人口加权和聚类评估 m 个独立组的每一个组的个体收入 y_i,得到福利指数。

当然,在分布分析中,有趣的不仅仅是限制相当严格的 W_{AD} 类福利指数。许多福利指数可以更方便地用广义准加性分解形式表示:

$$W_{\mathrm{QAD}}(F) := \int \varphi[y, \mu(F)] \, \mathrm{d}F(y) \qquad (6.30)$$

其中,$\varphi: \mathbb{Y} \times \mathbb{Y} \to \mathbb{R}$ 是分段可微的,大多数不能用等式(6.30)表达的其他常用福利指数可以用秩依赖形式进行表达

$$W_{\mathrm{RD}}(F) := \int \psi[y, \mu(F), F(y)] \, \mathrm{d}F(y) \qquad (6.31)$$

其中,ψ 是分段可微的。我们将在 6.4.3 和 6.4.4 中讨论 W_{QAD} 和 W_{RD} 指数类别中关于不平等测度和贫困测度的具体实例。

6.4.2 渐近推断

在本部分以及 6.4.3 和 6.4.4 中,我们专注于样本大小 n 可能被认为是任意大的情况下[①]出现的估计和推理问题。小样本问题在 6.4.5 中讨论。此外,目前我们只关注不需要任何密度函数估计、参数估计甚至非参数估计的无分布方法,我们将在 6.4.6 中考虑参数化方法。

有几种方法可以用来推导出我们需要的工具。在这里,我们将广泛使用一种方法,使我们能够快速简单地得出渐近结果,并为 6.6 节的进一步讨论其奠定基础。[②]

6.4.2.1 影响函数

这里采用的主要分析工具是影响函数(IF),它可以被用作一种手段来量化扰动对某些给定理论分布的影响。因此,假设 $F \in \mathbb{F}$ 是当前讨论的分布,且 $H^{(z)} \in \mathbb{F}$ 是仅包含 z 处单个点质量的另一个分布

$$H^{(z)}(y) = \iota\,(y \geqslant z) \tag{6.32}$$

其中,$\iota(\cdot)$ 是等式(6.1)中的指示函数,则混合分布

$$G := [1 - \delta]F + \delta H^{(z)}, \ 0 \leqslant \delta \leqslant 1 \tag{6.33}$$

可以表示点质量对分布 F 的扰动,其中 δ 表示扰动的相对大小。现在我们需要一种量化 F 扰动的重要性的方法,考虑一个代表我们感兴趣的一些统计数据的泛函 $T:\mathbb{F} \to \mathbb{R}^m$。影响函数 IF 测量扰动在无穷小 δ 的情况下对统计量 T 的影响,即

$$\mathrm{IF}(z;T,F) := \lim_{\delta \downarrow 0} \left[\frac{T(G) - T(F)}{\delta} \right] \tag{6.34}$$

如果 T 可微,上式变成 $\frac{\partial}{\partial \delta}T(G)\,|_{\delta \to 0}$。

影响函数在分析数据污染问题时特别有用(见 6.6.1)。但是影响函数还有其他方便的应用:与我们讨论的这一部分相关的应用在于,它可以用来推导渐近结果,如渐近协方差矩阵。如果分布 G"接近"分布 F[如等式(6.33)中的小 δ],那么在 G 中评估的 T 在 F 处的一阶冯·米塞斯扩展由下式给出

$$T(G) = T(F) + \int \mathrm{IF}(y;T,F)\mathrm{d}(G - F)(y) + 余数$$

当观察值按照分布 F 为独立同分布时,依据格利文科-坎泰利(Glivenko-Cantelli)定理,有经验分布 $F^{(n)} \to F$。当 n 足够大时,我们可以用 $F^{(n)}$ 替代 G,得到

$$T(F^{(n)}) \approx T(F) + \frac{1}{n}\sum_{i=1}^{n} \mathrm{IF}(y_i;T,F) + 余数$$

从中我们得到(见 Hampel et al. , 1986):

引理 1

当余数随着 $n \to \infty$ 可忽略不计时,依据 CLT,$\sqrt{n}\,[\,T(F^{(n)}) - T(F)\,]$ 服从具有渐近协方差

① 相关文献综述见 Cowell(1999)。
② 这种方法极大依赖于 Cowell 和 Victoria-Feser(2003)。

矩阵

$$\int \mathrm{IF}(y;T,F)\,\mathrm{IF}^{\top}(y;T,F)\,\mathrm{d}F(y) \tag{6.35}$$

的渐近正态分布。在 Reeds(1976)、Boos 和 Serfling(1980)以及 Fernholz(1983)中可以找到规律性条件。

引理 1 构成后续结果的基础。给定一个统计量 T,只需要计算它的影响函数(IF)就可以得到渐近协方差矩阵。对不平等测度和贫困测度(单维统计)而言,T 是 $\mathbb{F} \to \mathbb{R}$ 的泛函。在很多情况下,我们可以将影响函数表示为一个随机变量 Z 减去它的期望值,

$$\mathrm{IF}(y;T,F) = Z - E(Z) \tag{6.36}$$

对单维统计而言,根据引理 1,$\sqrt{n}\left[T(F^{(n)}) - T(F)\right]$ 则随着渐近方差

$$\int \mathrm{IF}(y;T,F)^2\,\mathrm{d}F(y) = \int \left[Z - E(Z)\right]^2 \mathrm{d}F(Z) \tag{6.37}$$

变为渐近正态。上式不过是 Z 的方差而已。这个结果允许我们通过

$$\widehat{\mathrm{var}}T(F^{(n)}) = \frac{1}{n}\widehat{\mathrm{var}}(Z) = \frac{1}{n^2}\sum_{i=1}^{n}(Z_i - \bar{Z})^2 \tag{6.38}$$

从一个样本中估计统计量的渐近方差。其中 Z_i,对 $i = 1,\cdots,n$ 是 Z 的抽样实现,且 $\bar{Z} = \frac{1}{n}\sum_{i=1}^{n}Z_i$。将 $Z_1,\cdots,Z_n$ 的经验方差除以 n,就很容易地从一个样本中估计出统计量的渐近方差。

这里的主要问题是为广泛的福利指数和排名工具以及不同形式的数据提供影响函数,以及将它们像等式(6.36)那样表示为 Z 的函数。此外,我们还将以分析为目的,为一些重要的情形开发等式(6.35)中的公式,由此可以将基于影响函数的计算渐近协方差矩阵的方法与文献中的其他方法进行比较。[①]

6.4.2.2 背景结果

从 IF 的简单应用中可以找到分布分析中的几个有用结果,特别是 6.4.1 介绍的基本函数的两个关键特性(Cowell and Victoria-Feser,2002)。将等式(6.23)应用于等式(6.33)中的分布,我们得到混合分布的第 q 个分位数:

$$Q(G,q) = Q\left[F,\frac{q - \iota(y_q \geq z)\delta}{1 - \delta}\right] \tag{6.39}$$

其中,$y_q = Q(F,q)$ 是(未混合)收入分配的第 q 个分位数。令 f 为分布函数 F 的密度函数,等式(6.39)对 δ 进行微分且设定 $\delta = 0$,我们得到如下结果。

引理 2

分位数泛函的影响函数为

$$\mathrm{IF}[z;Q(\cdot,q),F] = \frac{q - \iota[Q(F;q) \geq z]}{f[Q(F;q)]} = \frac{q - \iota(y_q \geq z)}{f(y_q)} \tag{6.40}$$

同样,如果将等式(6.25)用于等式(6.33)中的分布,我们可以得到混合分布的第 q 个收入

---

① 有关使用影响函数估计渐近方差的早期建议,可参见 Efron(1982)和 Deville(1999)。

累积：

$$C(G;q) = (1 - \delta) \int_Y^{Q(G;q)} y \mathrm{d}F(y) + \delta z \tag{6.41}$$

其中，$Q(G;q)$ 由等式(6.39)给出。同样，等式(6.41)对 δ 进行微分且设定 $\delta = 0$，我们得到另一个基本结论。

引理 3

累积收入泛函的影响函数为：

$$\begin{aligned}
\mathrm{IF}[z;C(\cdot;q),F] &= qQ(F;q) - C(F;q) + \iota[q \geq F(z)][z - Q(F;q)] \\
&= qy_q - c_q + \iota(y_q \geq z)(z - y_q)
\end{aligned} \tag{6.42}$$

我们将指出，这些结果不仅对本节所考虑的福利指数有用，也适用于 6.5 节处理的分布比较。

6.4.2.3 QAD 福利指数

让我们先处理广义 W_{QAD} 类福利指数，即准加性分解的福利指数，后文中再转向非常重要但更为困难的秩依赖类 W_{RD}。幸运的是，这个类别涉及了大量常用的分布分析工具，且属性也很简单。给定 $y_1,\cdots,y_m$ 样本，等式(6.30)中定义的 W_{QAD} 的样本类似物由下式给出

$$\hat{W}_{\mathrm{QAD}} := W_{\mathrm{QAD}}(F^{(n)}) = \frac{1}{n} \sum_{i=1}^n \varphi(y_i, \hat{\mu}) \tag{6.43}$$

其中，$F^{(n)}$ 是等式(6.8)中定义的 EDF，$\hat{\mu}$ 为样本均值：

$$\hat{\mu} := \mu(F^{(n)}) = \frac{1}{n} \sum_{i=1}^n y_i \tag{6.44}$$

将等式(6.33)中的混合分布代入等式(6.30)，对 δ 进行微分并在 $\delta=0$ 时进行评估，我们发现 QAD 类福利指数的影响函数为：

$$\mathrm{IF}(z;W_{\mathrm{QAD}},F) = \varphi[z,\mu(F)] - W_{\mathrm{QAD}}(F) + [z - \mu(F)]\int \varphi[z,\mu(F)]\mathrm{d}F(z) \tag{6.45}$$

其中，φ_μ 表示关于第二个参数的偏导数。这个影响函数可以用等式(6.36)表示，即写作一个随机变量 Z 减去它的期望值

$$\mathrm{IF}(y,W_{\mathrm{QAD}},F) = Z - E(Z) \tag{6.46}$$

其中

$$Z = \varphi[y,\mu(F)] + y \int \varphi_\mu[y,\mu(F)]\mathrm{d}F(y) \tag{6.47}$$

根据等式(6.36)和等式(6.37)，$\sqrt{n}(\hat{W}_{\mathrm{QAD}} - W_{\mathrm{QAD}})$ 的渐近方差等于 Z 的方差。根据等式(6.38)，$\hat{W}_{\mathrm{QAD}}$ 的渐近方差可以通过

$$\widehat{\mathrm{var}}(\hat{W}_{\mathrm{QAD}}) = \frac{1}{n}\widehat{\mathrm{var}}(Z) \tag{6.48}$$

从一个样本中估算出来。

6.4.3 应用：不平等测度

除基尼系数外，几乎所有常用的不平等指数都可以写成 $\Psi[W_{\mathrm{QAD}}(F), \mu(F)]$ 形式，其中 $\Psi: \mathbb{R}^2 \to \mathbb{R}$。因此我们可以使用广义 W_{QAD} 类福利指数中的结果，来推导大范围不平等测度的

抽样分布。我们将在 6.4.3.1 和 6.4.3.2 中考虑两个主要的例子。

6.4.3.1 广义熵类

我们首先考虑属于可加性分解类[等式(6.28)]的一个重要的不平等测度族。广义熵类(GE)的成员(由参数 ξ 表征)由等式(6.49)至等式(6.51)定义

$$I_{GE}^{\xi}(F) = \frac{1}{\xi^2 - \xi}\left\{\int_{\underline{y}}^{\bar{y}}\left[\frac{y}{\mu(F)}\right]^{\xi}dF(y) - 1\right\}, \quad \xi \in \mathbb{R}, \xi \neq 0,1 \tag{6.49}$$

$$I_{GE}^{0}(F) = -\int_{\underline{y}}^{\bar{y}}\log\left[\frac{y}{\mu(F)}\right]dF(y) \tag{6.50}$$

$$I_{GE}^{1}(F) = -\int_{\underline{y}}^{\bar{y}}\frac{y}{\mu(F)}\log\left[\frac{y}{\mu(F)}\right]dF(y) \tag{6.51}$$

显然,广义熵类属于等式(6.28)给出的可分解类指数,是广义 W_{QAD} 类福利指数的一个子集。广义熵类参数 ξ 描述了收入分布中不同部分对收入差异的敏感性。参数 ξ 的正值(负值)越大,不平等测度对分布顶部(底部)的收入差别就越敏感。当参数 ξ 为 0 时,$I_{GE}^{0}(F)$ 即平均对数偏差(MLD)为极限情况。当参数 ξ 为 1 时,$I_{GE}^{1}(F)$ 即泰尔指数为广义熵类(GE)的极限情况。下面等式给出了这些指数的样本类似物

$$I_{GE}^{\xi} := I_{GE}^{\xi}(F^{(n)}) = \begin{cases} \left[n(\xi^2 - \xi)\right]^{-1}\sum_{i=1}^{n}\left[(y_i/\hat{\mu})^{\xi} - 1\right] & \text{对 } \xi \neq 0,1 \\ -n^{-1}\sum_{i=1}^{n}\log(y_i/\hat{\mu}) & \text{对 } \xi = 0 \\ n^{-1}\sum_{i=1}^{n}(y_i/\hat{\mu})\log(y_i/\hat{\mu}) & \text{对 } \xi = 1 \end{cases} \tag{6.52}$$

我们利用等式(6.46)至等式(6.48),可以发现广义熵类测度的方差可以由下面等式估计出来

$$\widehat{\text{var}}(\hat{I}_{GE}^{\xi}) = \frac{1}{n^2}\sum_{i=1}^{n}(Z_i - \bar{Z})^2 \tag{6.53}$$

其中

$$Z_i = \begin{cases} (\xi^2 - \xi)^{-1}(y_i/\hat{\mu})^{\xi} - \xi(y_i/\hat{\mu})\left[\hat{I}_{GE}^{\xi} + (\xi^2 - \xi)^{-1}\right] & \text{对 } \xi \neq 0,1 \\ (y_i/\hat{\mu})\log y_i & \text{对 } \xi = 0 \\ (y_i/\hat{\mu})\left[\log(y_i/\hat{\mu}) - \hat{I}_{GE}^{1} - 1\right] & \text{对 } \xi = 1 \end{cases} \tag{6.54}$$

从 $y_1, \cdots, y_n$ 样本可以算出对应一个固定参数 ξ 的 $Z_1, \cdots, Z_n$ 值。广义指数的方差估计则可以计算为 $Z_1, \cdots, Z_n$ 的经验方差除以 n。

为了说明等式(6.54)中的结果,我们考虑参数 $\xi \neq 0,1$ 时的情形,有

$$\varphi[y, \mu(F)] = \frac{1}{\xi^2 - \xi}\left\{\left[\frac{y}{\mu}(F)\right]^{\xi} - 1\right\} \tag{6.55}$$

$$\varphi_{\mu}[y, \mu(F)] = \frac{-\xi}{\xi^2 - \xi}\left[\frac{y^{\xi}}{\mu(F)^{\xi+1}}\right] = -\frac{\xi}{\mu}\left\{\varphi[y, \mu(F)] + \frac{1}{\xi^2 - \xi}\right\} \tag{6.56}$$

将等式(6.55)和等式(6.56)代入等式(6.47),就可以得出等式(6.54)中的结果,其中 y 被它的样本实现值 y_i 替代。同样的方法可以应用于参数 ξ 分别为 0 和 1 时的情形。

显然,同样的方法也可以应用于如变异系数一类的分布矩函数。我们同样可以轻易地用等式(6.53)[1]推导出阿特金森类不平等指数的统计属性(Atkinson,1970)。

$$I_{\mathrm{Atk}}^{\xi}(F) = 1 - \left\{ \int_{\underline{y}}^{\bar{y}} \left[\frac{y}{\mu(F)} \right]^{\xi} \mathrm{d}F(y) \right\}^{\frac{1}{\xi}}, \xi < 1 \tag{6.57}$$

获得 GE 类及相关指数结果的标准方法是将指数表示为分布矩函数并使用 delta 法。我们可以证明影响函数(IF)法和 delta 方法给出相同的结果。实际上,依据等式(6.28)和等式(6.29),可分解的不平等测度可以被写成两个矩的函数

$$I = \psi(\nu;\mu), \text{其中} \mu = E(y) \text{ 且 } \nu = E[\phi(y)] \tag{6.58}$$

其中,ϕ 和 ψ 是 $\mathbb{R}^2 \to \mathbb{R}$ 的函数,ψ 对第一个参数单调递增,对 I_{GE}^{ξ} 和 I_{Atk}^{ξ} 族而言,尤其属实。通常人们用一致性估计代替分布矩而得到不平等指数估计,由它们的样本类似物直接估计矩。当 i 等于 $1,\cdots,n$,我们从 F 分布抽取一个 IID 观察样本来考虑 y_i。不平等测度估计值可以表示为两个一致性估计矩的非线性函数

$$\hat{I} = \psi(\hat{\nu};\hat{\mu}), \hat{\mu} = \frac{1}{n} \sum_{i=1}^{N} y_i \text{ 且 } \hat{\nu} = \frac{1}{n} \sum_{i=1}^{N} \phi(y_i) \tag{6.59}$$

根据中心极限定理(CLT),这个估计值也是一致且渐近正态的,其渐进方差可以用 delta 法计算出来。特别是当渐进方差等于

$$\mathrm{var}(\hat{I}) = \left(\frac{\partial \psi}{\partial \nu} \right)^2 \mathrm{var}(\hat{\nu}) + 2 \left(\frac{\partial \psi}{\partial \nu} \cdot \frac{\partial \psi}{\partial \mu} \right) \mathrm{cov}(\hat{\nu},\hat{\mu}) + \left(\frac{\partial \psi}{\partial \mu} \right)^2 \mathrm{var}(\hat{\mu}) \tag{6.60}$$

时,由一致估计值替代矩和它的方差及协方差得到渐进方差估计值。当参数 ξ 为 0 时,平均对数偏差(MLD)指数可以写成 $I_{\mathrm{GE}}^0 = \log\mu - \nu$,其中 $\nu = \int \log y \mathrm{d}F(y)$。依据等式(6.60),由 delta 法给出的渐进方差为

$$\frac{1}{\mu^2} \mathrm{var}(\hat{\mu}) - \frac{2}{\mu} \mathrm{cov}(\hat{\mu},\hat{\nu}) + \mathrm{var}(\hat{\nu}) \tag{6.61}$$

根据影响函数(IF)法,我们得到 $Z = y/\mu - \log y$,平均对数偏差指数的渐进方差等于 Z 的方差除以 n,

$$\frac{1}{n} \mathrm{var}(Z) = \frac{1}{n} \left[\frac{1}{\mu^2} \mathrm{var}(y) - \frac{2}{\mu} \mathrm{cov}(y,\log y) + \mathrm{var}(\log y) \right] \tag{6.62}$$

等式(6.61)和等式(6.62)是同质的,表明 delta 法和影响函数(IF)法给出了相同的结果。当参数 $\xi \neq 0$ 时,这一点可以得到证明。[2]

---

[1] 我们可以从等式(6.49)、等式(6.50)和等式(6.57)中得到 $I_{\mathrm{Atk}}^{\xi}(F) = 1 - [(\xi^2 - \xi)I_{\mathrm{GE}}^{\xi}(F) + 1]^{1/\xi}$, $\xi \neq 0$ 且 $I_{\mathrm{Atk}}^0(F) = 1 - \exp[-I_{\mathrm{GE}}^0(F)]$。因此我们可以用 delta 方法将阿特金森指数的方差写成 GE 指数方差的函数。

[2] 对于加权数据和复杂调查设计案例的扩展,见 Zheng 和 Cushing(2001)、Cowell 和 Jenkins(2003)、Biewen 和 Jenkins(2006)及 Verma 和 Betti(2011)。对于使用博克斯-考克斯变换估算阿特金森指数的替代方法,见 Guerrero(1987)。

6.4.3.2 平均偏差及其相关

现在考虑平均偏差,该不平等指数不属于等式(6.28)中的可分解指数类,但确实属于等式(6.30)中的准加性类。

$$I_{MD}(F) := \int |y - \mu(F)| \, dF(y)$$

注意 $I_{MD}(F)$ 可以改写为

$$I_{MD}(F) = 2\int \iota_y [y - \mu(F)] \, dF(y) \tag{6.63}$$

其中, $\iota_y := \iota[y \geq \mu(F)]$,影响函数为

$$IF(z; I_{MD}, F) = 2(\iota_z + \bar{q} - 1)[z - \mu(F)] - I_{MD}(F) \tag{6.64}$$

其中, $\bar{q} := F(\mu)$。可以得到 MD 指数的渐进方差,将影响函数重写为随机变量减去其期望值 $IF(y; I_{MD}, F) = Z - E(Z)$。我们依据等式(6.64)可以得到

$$Z = 2(\bar{q} - 1)y + 2\iota_y[y - \mu(F)] \tag{6.65}$$

依据引理1、等式(6.36)和等式(6.37),可得 $\sqrt{n}[I_{MD}(F^{(n)}) - I_{MD}(F)]$ 的渐进方差等于 Z 的方差。

样本 $(y_1, \cdots, y_n)$ 的平均偏差指数可以估计为:

$$\hat{I}_{MD} := I_{MD}(F^{(n)}) = \frac{1}{n} \sum_{i=1}^{n} |y_i - \hat{\mu}| \tag{6.66}$$

渐近方差可以估计为 $(Z_1, \cdots, Z_n)$ 的经验方差除以 n,

$$\widehat{var}(\hat{I}_{MD}) = \frac{1}{n^2} \sum_{i=1}^{n} (Z_i - \bar{Z})^2 \tag{6.67}$$

其中

$$Z_i = 2(\hat{q} - 1)y_i + 2(y_i - \hat{\mu})\iota(y_i \geq \hat{\mu}) \tag{6.68}$$

和

$$\hat{q} := F^{(n)}(\hat{\mu}) = n^{-1} \sum_i \iota(y_i \leq \hat{\mu})$$

同样的方法外加一些额外的术语,可以用来导出比较常用的相对平均偏差或彼得拉(Pietra)比率的渐近方差

$$\int \left| \frac{y}{\mu(F)} - 1 \right| dF(y)$$

在既有文献中,渐近方差通常是由影响函数方法获得的,而不用将它表示为一个随机变量的函数减去其期望值,影响函数给出的数值结果类似,但公式和运算更为复杂。比如用引理1和等式(6.64)及等式(6.63),均值偏差的渐近方差可以被推导如下:

$$\int IF(z; I_{MD}, F)^2 \, dF(z) = 4\int (\iota_z + \bar{q} - 1)^2 [z - \mu(F)]^2 \, dF(z) + I_{MD}(F)^2$$

$$- 2I_{MD}(F) \int 2\iota_z [z - \mu(F)] \, dF(z)$$

$$= 4(\bar{q} - 1)^2 \int_{\underline{y}}^{\mu(F)} [z - \mu(F)]^2 + 4\bar{q}^2 \int_{\mu(F)}^{\bar{y}} [z - \mu(F)]^2 - I_{MD}(F)^2$$

这个均值偏差指数的渐近方差公式与 Gastwirth(1974)推导的公式相同。

6.4.3.3 基尼系数

等式(6.31)的一般化形式比较麻烦,但我们可以相对轻易地得出这个类别的最重要成员即基尼系数的结果。

基尼系数可以用多种不同的形式来表达。让我们考虑以下表达式

$$I_{\text{Gini}}(F) = \frac{1}{2\mu} \iint |y - y'| \, \mathrm{d}F(y)\mathrm{d}F(y') \tag{6.69}$$

$$= 1 - 2\int_0^1 L(F;q)\mathrm{d}q \tag{6.70}$$

其中,$L(F;q) = C(F;q)/\mu(F)$ 是洛伦兹曲线的第 q 个坐标,见等式(6.122)。等式(6.69)将基尼系数作为群体中所有可能的成对收入之间标准化的平均绝对差,而等式(6.70)表明基尼系数是洛伦兹曲线和45°线之间面积的两倍。

将影响函数代入式(6.70)中,我们发现 I_{Gini} 的影响函数由 Monti(1991)给出:

$$\text{IF}(z;I_{\text{Gini}},F) = 1 - I_{\text{Gini}}(F) - \frac{2C[F;F(z)]}{\mu(F)} + z\frac{1 - I_{\text{Gini}}(F) - 2[1 - F(z)]}{\mu(F)} \tag{6.71}$$

基尼系数的渐近方差来源于 Cowell 和 Victoria-Feser(2003)、Bhattacharya(2007)、Barrett 和 Donald(2009)以及 Davidson(2009a,2010)的影响函数(IF)。注意到基尼系数的影响函数可以表示为一个随机变量减去它的期望值,就可以得到一个简单公式 $\text{IF}(z;I_{\text{Gini}},F) = [Z - E(Z)]/\mu(F)$, 其中[1]

$$Z = [1 - I_{\text{Gini}}(F)]z - 2\{C[F;F(z)] + z[1 - F(z)]\} \tag{6.72}$$

运用引理1、等式(6.36)和等式(6.37),可立即得到 $\sqrt{n}[I_{\text{Gini}}(F^{(n)}) - I_{\text{Gini}}(F)]$ 的渐近方差,它与 Z 的方差除以平均数的平方 $\text{var}(Z)/\mu(F)^2$ 相等。

在实践中很容易计算得到基尼系数及其方差。如果我们将"位置权重"定义为

$$\kappa(y) := \frac{F(y^-) + F(y^+) - 1}{\mu(F)}$$

其中,$F(y^-) := \lim_{x\uparrow y}F(x)$ 和 $F(y^+) := \lim_{x\downarrow y}F(x)$,则等式(6.69)的定义可以换用下式表示[2]:

$$I_{\text{Gini}}(F) = \int\kappa(y)y\mathrm{d}F(y) \tag{6.73}$$

$$= \frac{2}{\mu}\text{cov}[y, F(y)] \tag{6.74}$$

换句话说,基尼系数也等于使用等式(6.73)中的 κ 权重之后的加权总收入,等于等式(6.74)中 y 和 $F(y)$ 之间方差的 $2/\mu$ 倍。对于无分布方法,我们用等式(6.74)中的一个无偏估计替代方差,用样本平均数 $\hat{\mu}$ 代替 $\mu(F)$。这引导我们计算基尼系数为:

---

[1] 注意 $E\{C[F;F(z)]\} = E\{z[1 - F(z)]\} = [1 - I_{\text{Gini}}(F)]\mu(F)/2$。

[2] 使用式(6.70)中洛伦兹曲线的定义,交换积分顺序并简化结果(Davidson,2009a)。关于表示基尼系数——包括我们的式(6.69)、式(6.70)、式(6.73)和式(6.74)的替代等效方法的一个广泛列表,参见 Yitzhaki 和 Schechtman(2013)。

$$\hat{I}_{\text{Gini}}(F) = I_{\text{Gini}}(F^{(n)}) = \sum_{i=1}^{n} \kappa_i y_{(i)} \tag{6.75}$$

其中, $y_{(i)}, i = 1, \cdots, n$, 是顺序统计量 $(y_{(1)} \leqslant y_{(2)} \leqslant \cdots \leqslant y_{(n)})$ 且[1]

$$\kappa_i := \frac{2i - n - 1}{\hat{\mu} n(n-1)}$$

Davidson(2009a)表明,等式(6.75)是基尼系数的一个偏差矫正估计[2],并提出将基尼系数方差估计为:

$$\widehat{\text{var}}(\hat{I}_{\text{Gini}}) = \frac{1}{(n\hat{\mu})^2} \sum_{i=1}^{n} (Z_i - \bar{Z})^2 \tag{6.76}$$

其中

$$Z_i = -(\hat{I}_{\text{Gini}} + 1) y_{(i)} + \frac{2i - 1}{n} y_{(i)} - \frac{2}{n} \sum_{j=1}^{i} y_{(j)} \tag{6.77}$$

并且 $\bar{Z} = n^{-1} \sum_{i=1}^{n} Z_i$。 这里的 Z_i 项是对等式(6.72)中定义的 Z 实现的估计,其中 $F[y_{(i)}]$ 的值由 $F^{(n)}[y_{(i)}] = (2i-1)/(2n)$ [3]估计。Davidson(2010)将这种方法扩展用于推导S-基尼系数族的方差估计。

6.4.4 应用:贫困测度

就贫困指数而言,我们需要一个贫困线,它可能是外界给定的常数 ζ 或取决于收入分配 $\zeta(F)$。重要的一类贫困指数则可以被描述如下:

$$P(F) := \int p[y, \zeta(F)] dF(y) \tag{6.78}$$

其中, p 是对于 y 非增的一个贫困评估函数,且当 $y \geqslant \zeta(F)$ 时, p 值为0。我们同样需要由下式给出影响函数

$$\text{IF}(z; P, F) = p[z, \zeta(F)] - P(F) + \int p_\zeta(y, \zeta) dF(y) \text{IF}(z; \zeta, F) \tag{6.79}$$

其中, p_ζ 是对 p 的第二个参数的微分(Cowell and Victoria-Feser, 1996a)。等式(6.79)很清楚地表明,贫困指数渐近方差的形式将取决于贫困线以什么确切方式依赖于收入分配。以下设定几乎涵盖了在实践中遇到的所有形式

$$\zeta(F) = \zeta_0 + \gamma \mu(F) \tag{6.80}$$

或

---

[1] 等式(6.75)明显是等式(6.73)加权后的经验对应。同样地,使用等式(6.74)中的 $\text{Cov}[y, F(y)] = E[yF(y)] - E(y)E[F(y)]$,用 $(n-1)^{-1} \sum_{i=1}^{n} y_{(i)}(i/n)$ 替代 $E[yF(y)]$,用 $\hat{\mu}(n-1)^{-1} \sum_{i=1}^{n} (i/n)$ 替代 $E(y)E[F(y)]$ 可得到等式(6.75)。

[2] 等式(6.75)等于 Davidson(2009a)中式(6.5)的 $n/(n-1)$ 倍。

[3] 有关基尼系数方差的其他估计方法已经在既有文献中提出,但它们要么复杂,要么相当不可靠。Nygard 和 Sandstrom(1985)、Sandstrom 等(1988)、Cowell(1989)、Schechtman(1991)以及 Bhattacharya(2007)提出了不容易用于实践的公式。Ogwang(2000)和 Giles(2004)提出了一种基于 OLS 回归的简单方法,但是他们得到的标准误,如 Modarres 和 Gastwirth(2006)所示,是不可靠的。对这些文献的最近评论,见 Langel 和 Tille(2013)或 Yitzhaki 和 Schechtman(2013);有关复杂调查设计的应用见 Binder 和 Kovacevic(1995)以及 Kovacevic 和 Binder(1997)。

$$\zeta(F) = \zeta_0 + \gamma y_q, \ q \in \mathbb{Q} \tag{6.81}$$

其中，y_q 由等式(6.24)定义，其解释是贫困线可能与平均数关联。如在等式(6.80)的情形下，我们得到

$$IF(z;\zeta,F) = \gamma IF(z;\mu,F) = \gamma \left[z - \mu(F) \right] \tag{6.82}$$

或贫困线关联于等式(6.81)中的分位数，如中位数的情况下，我们得到

$$IF(z;\zeta,F) = \gamma \frac{q - \iota(y_q \geq z)}{f(y_q)} \tag{6.83}$$

渐近方差可以由等式(6.79)和等式(6.82)或等式(6.83)直接计算出来。我们来举个简单的例子，当 $\gamma = 0$ 时[1]，这样就有一个外生贫困线 ζ_0。等式(6.79)会得出 $IFp(z,\zeta_0) - P(F)$ 的影响函数，运用引理 1，我们发现等式(6.78)中 $P(F)$ 的渐近方差是

$$\int p(z, \zeta_0)^2 dF(z) - P(F)^2$$

贫困指数的渐近方差则等于贫困评估函数的方差 $\mathrm{var}[p(y,\zeta_0)]$。我们可以看到前面的影响函数可以表示为一个随机变量的函数减去它的期望值，

$$IF(y;P,F) = Z - E(Z)，其中 Z = p(y,\zeta_0) \tag{6.84}$$

从等式(6.36)和等式(6.37)得出，渐近方差是 Z 的方差。

第二类重要贫困指数由秩依赖形式的指数组成，相比于上面的等式(6.31)，此时可以用下式描述：

$$P_{RD}(F) := \int p[y,\zeta(F), \ F(y)] dF(y) \tag{6.85}$$

比较等式(6.78)与等式(6.85)，可以看到贫困评估函数 p 有一个额外参数，反映个人在群体中的秩。这类贫困测度的影响函数更复杂（Cowell and Victoria-Feser，1996a），我们将在 6.4.4.2 和 6.4.4.3 分别进行介绍。

6.4.4.1 福斯特-格里尔-托尔贝克（FGT）

固定贫困线 ζ_0 是由 Foster 等(1984，以下简称 FGT)引入的，使用广泛的贫穷指数类别，属于等式(6.78)类，其形式为

$$P_{FGT}^{\xi}(F) = \int_0^{\zeta_0} \left(\frac{\zeta_0 - y}{\zeta_0} \right)^{\xi} dF(y) \quad \xi \geq 0 \tag{6.86}$$

当 $\xi = 0$ 时，FGT 贫困测度等于贫困发生率，即生活在贫困中的个体比例 $F(\zeta_0)$。这个指数对穷人的收入分布不敏感，因此对贫困程度也不敏感。当 $\xi = 1$ 时，FGT 贫困测度是贫困差距指数，呈现穷人平均距离贫困线到底有多远，这个指数反映了贫困程度，但对穷人中的某些转移类型不敏感，因此对一些贫困的分布特征也不敏感。假定 $y_{(i)}, i = 1, \cdots, n$ 是来自分布 F 的一个 IID 样本，等式(6.86)的 FGT 贫穷指数可以被一致估计如下：

$$\hat{P}_{FGT}^{\xi} := P_{FGT}^{\xi}(F^{(n)}) = \frac{1}{n} \sum_{i=1}^{n_p} \left(\frac{\zeta_0 - y_{(i)}}{\zeta_0} \right)^{\xi} \tag{6.87}$$

---

[1] 请注意，如果 $\gamma > 0$，使用等式(6.82)估计 P 的渐近方差则需要有关整个分配的信息，使用等式(6.83)则需要对 y_q 的密度估计。

其中，n_P 是收入不高于贫困线的个体数，即贫困人口数，且 $y_{(i)}$，$i = 1, \cdots, n$ 是 $(y_{(1)} \leqslant y_{(2)} \leqslant \cdots \leqslant y_{(y)})$ 的顺序统计量。这个估计是渐近正态的，其方差可以被估计为[①]：

$$\widehat{\mathrm{var}}(\hat{P}_{\mathrm{FGT}}^{\xi}) = \frac{1}{n}[\hat{P}_{\mathrm{FGT}}^{2\xi} - (\hat{P}_{\mathrm{FGT}}^{\xi})^2] \qquad (6.88)$$

将影响函数表示为一个随机变量函数减去其期望值，我们也可以估计 FGT 指数的渐近方差。依据等式（6.78）、等式（6.84）和等式（6.86），得出影响函数 $\mathrm{IF}(y, P_{\mathrm{FGT}}^{\xi}, F) = Z - E(Z)$，其中

$$Z_i = \left| 1 - \frac{y}{\zeta_0} \right|^{\xi} \iota(y \leqslant \zeta_0) \qquad (6.89)$$

依据引理 1、等式（6.36）和等式（6.37），$\sqrt{n}[P_{\mathrm{FGT}}(F^{(n)}) - P_{\mathrm{FGT}}(F)]$ 的渐近方差等于 Z 的方差。根据样本 $(y_1, \cdots, y_n)$，我们定义

$$Z_i = \begin{cases} [(\zeta_0 - y_{(i)})/\zeta_0]^{\xi} & \text{对 } i \leqslant n_P \\ 0 & \text{对 } i > n_P \end{cases} \qquad (6.90)$$

其中，$y_{(i)}$，$i = 1, \cdots, n$ 是顺序统计量。我们可以看到

$$\hat{P}_{\mathrm{FGT}}^{\xi} = \frac{1}{n} \sum_{i=1}^{n} Z_i = \bar{Z}, \text{且} \widehat{\mathrm{var}}(\hat{P}_{\mathrm{FGT}}^{\xi}) = \frac{1}{n^2} \sum_{i=1}^{n} (Z_i - \bar{Z}) \qquad (6.91)$$

FGT 指数可以用 $i = 1, \cdots, n$ 的 Z_i 的平均数来估计，其方差估计值为 Z_i 的经验方差除以 n。等式（6.87）、等式（6.88）和等式（6.91）中给出的两种方法得出了类似的数值结果。[②]

6.4.4.2　森贫困指数

森贫困指数（Sen, 1976）属于等式（6.85）类别，可以表示为贫困发生率和贫困差距指数的平均，它使用基尼系数加权，

$$P_{\mathrm{Sen}}(F) = P_{\mathrm{FGT}}^0 I_{\mathrm{Gini}}^p + P_{\mathrm{FGT}}^1 (1 - I_{\mathrm{Gini}}^p) \qquad (6.92)$$

其中，I_{Gini}^p 是对低于贫困线收入计算出的基尼系数。当穷人之间的收入分配平等时，$I_{\mathrm{Gini}}^p = 0$，森指数等于贫困发生率（$P_{\mathrm{Sen}} = P_{\mathrm{FGT}}^0$）。当穷人之间的收入分配极为不平等时，$I_{\mathrm{Gini}}^p = 1$，森指数等于贫困差距指数（$P_{\mathrm{Sen}} = P_{\mathrm{FGT}}^1$）。森贫困测度可写成

$$P_{\mathrm{Sen}}(F) = \frac{2}{\zeta_0 F(\zeta_0)} \int_0^{\zeta_0} (\zeta_0 - y)[F(\zeta_0) - F(y)] \mathrm{d}F(y) \qquad (6.93)$$

依据 Davidson（2009a），我们可以推导出影响函数是一个随机变量的函数减去其期望值。

$\mathrm{IF}(z, P_{\mathrm{Sen}}, F) = \dfrac{2}{\zeta_0 F(\zeta_0)}[Z - E(Z)]$，其中[③]

$$Z = \left\{ \zeta_0 F(\zeta_0) - \frac{\zeta_0 P_S}{2} - z F(\zeta_0) + z F(z) - C[F; F(z)] \right\} \iota(z \leqslant \zeta_0) \qquad (6.94)$$

通过用等式（6.93）中的 $F^{(n)}$ 替代 F，可以得到森贫困指数的一致估计值[④]，

[①] 见 Kakwani（1993）。

[②] Howes 和 Lanjouw（1998）、Zheng（2001）、Berger 和 Skinner（2003）以及 Verma 和 Betti（2011）讨论了复杂调查设计中存在的估计问题。

[③] 对 Davidson（2009a）中的等式（6.50）用 z 替代求和表达式中的 y_i，可以得到影响函数。这一篇论文没有关联与影响函数的关系。Davidson（2010）则有所关联，其中的 S-基尼系数使用了相同的方法。

[④] 这个表达式并不完全符合森自己对离散人口的定义。对这一点的讨论参见 Davidson（2009a）附录 A。

$$\hat{P}_{\text{Sen}} : = P_{\text{Sen}}(F^{(n)}) = \frac{2}{nn_p\zeta_0} \sum_{i=1}^{n_p} (\zeta_0 - y_{(i)})\left(n_p - i + \frac{1}{2}\right) \tag{6.95}$$

其中，$F(y_{(i)})$ 的值由 $F^{(n)}(y_{(i)}) = (2i - 1)/(2n)$ 估计出来。这个估计是渐近正态的，其方差可以计算如下：

$$\widehat{\text{var}}(\hat{P}_{\text{Sen}}) = \frac{4}{(\zeta_0 n_p)^2} \sum_{i=1}^{n} (Z_i - \bar{Z})^2 \tag{6.96}$$

其中

$$Z_i = \frac{\zeta_0}{2}\left(\frac{2n_p}{n} - \hat{P}_{\text{Sen}}\right) - \frac{2n_p - 2i + 1}{2n}y_{(i)} - \frac{1}{n}\sum_{j=1}^{i} y_{(j)} \tag{6.97}$$

对于 $i = 1, \cdots, n_p$，且当 $i = n_p + 1, \cdots n$ 时，$Z_i = 0$，$\bar{Z} = n^{-1}\sum_{i=1}^{n} Z_i$。这里，$Z_i$ 是等式（6.94）中定义的 Z 实现的估计值。[1]

6.4.4.3　森-夏洛克斯-索恩贫困指数

森-夏洛克斯-索恩（Sen-Shorrocks-Thon，以下简称 SST）指数是森贫困指数的一个简易修订版，其定义如下

$$P_{\text{SST}}(F) = P_{\text{FGT}}^0 P_{\text{FGT}_g}^1 (1 + I_{\text{Gini}}^{pg}) \tag{6.98}$$

其中，$P_{\text{FGT}_g}^1$ 是对低于贫困线收入计算的贫困差距指数，I_{Gini}^{pg} 是以个人贫困差距比率计算而不是以个人收入计算的基尼系数，它是对于整个人口 $(\zeta_0 - y_{(i)})/\zeta_0$ 而言的，而不是对于 $i = 1, \cdots, n$ 时的 $y_{(i)}$ 而言的。[2] 贫困差距比率的基尼系数可以被视为衡量一个社会贫困不平等的测度。SST 指数满足传递性公理和连续性公理，而森指数则不满足。[3]

这个指数可以被分解为

$$\Delta\log P_{\text{SST}} = \Delta\log P_{\text{FGT}}^0 + \Delta P_{\text{FGT}_g}^1 + \Delta\log(1 + I_{\text{Gini}}^{pg}) \tag{6.99}$$

SST 的百分比变化则被看作穷人比例的百分比变化、穷人之间的平均不平等差距、群体贫困差距的基尼系数+1 这三者的总和。贫困被分解为三个面向：还有更多的穷人吗？穷人变得更穷吗？社会中存在着更严重的贫困不平等现象吗？

SST 贫困指数可以被写成

$$P_{\text{SST}}(F) = \frac{2}{\zeta_0}\int_0^{\zeta_0} (\zeta_0 - y)[1 - F(y)]\mathrm{d}F(y) \tag{6.100}$$

正如在 6.4.4.2 一样，我们可以得到影响函数是一个随机变量的函数减去其期望值，$\text{IF}(z, P_{\text{SST}}, F) = \frac{2}{\zeta_0}[Z - E(Z)]$，其中[4]

---

[1] Bishop 等（1997）提出了另一种方差估计量。

[2] 最初的指数由 Shorrocks（1995）提出。Xu 和 Osberg（2002）显示，它可以写成等式（6.98），还表明森指数等于 $S = P_{\text{FGT}}^0 P_{\text{FGT}_g}^1 (1 + I_{\text{Gini}}^{pg})$。SST 指数与森指数有所不同，因为前者使用整个人口的贫困差距基尼系数，而森指数使用的是穷人的贫困差距基尼系数。

[3] （强向上的）传递性公理指出，如果涉及向上转移收入的两个人中较穷的那个人是穷人，那么即使受益人跨越贫困线，贫困测度也应该变大。

[4] 在 Davidson（2009a）第 39 页中的第二列的第一个等式中用 z 替代求和的 y_i 可得到影响函数。该篇论文没有关联与影响函数的关系。在 Davidson（2010）中则有所关联，其中的 S-基尼系数使用了相同的方法。

$$Z = \{\zeta_0[1 - F(\zeta_0)] - z[1 - F(z)] + C[F;F(\zeta_0)] - C[F;F(z)]\}\iota(z \le \zeta_0)$$
$$(6.101)$$

SST 贫困指数可以一致地估计为[①]:

$$\hat{P}_{SST} := P_{SST}(F^{(n)}) = \frac{2}{\zeta_0 n(n-1)} \sum_{i=1}^{n_p} (\zeta_0 - y_{(i)})(n-1) \tag{6.102}$$

它是渐近正态的,其方差的估计值给出如下

$$\widehat{var}(\hat{P}_{SST}) = \frac{4}{\zeta_0^2(n-1)^2} \sum_{i=1}^{n} (Z_i - \bar{Z})^2 \tag{6.103}$$

其中

$$Z_i = \zeta\left(1 - \frac{n_p}{n}\right) - \frac{2n - 2i + 1}{2n} y_{(i)} + \frac{1}{n} \sum_{j=1}^{n_p} y_{(j)} - \frac{1}{n} \sum_{j=1}^{i} y_{(j)} \tag{6.104}$$

对于 $i = 1, \cdots, n_p$,且当 $i = n_p + 1, \cdots, n$ 时,$Z_i = 0$,$\bar{Z} = n^{-1} \sum_{i=1}^{n} Z_i$。这里,$Z_i$ 是等式(6.101)中定义的 Z 实现的估计值。

6.4.5　有限样本属性

6.4.5.1　渐近自举法

渐近正态性允许我们进行渐近推断。在实践中,我们考虑有限样本,渐近推断有可能是不可靠的。当渐近推断在有限样本中运作不佳时,自举法可用于精确推断。由于样本的观测值往往是独立同分布的,对于推导不平等指数和贫困指数而言,自举法显然是一种理想的方法。

让我们考虑一个福利指数 W 及其样本对应物 $\hat{W}$,其 95% 渐近置信区间被计算为

$$CI_{asym} = [\hat{W} - c_{0.975}\widehat{var}(\hat{W})^{1/2}; \hat{W} - c_{0.025}\widehat{var}(\hat{W})^{1/2}] \tag{6.105}$$

其中,$c_{0.025}$ 和 $c_{0.975}$ 是 t 统计量的渐近分布的第 2.5 个和第 97.5 个百分位数值,$t = (\hat{W} - W_0)/\sqrt{\widehat{var}(\hat{W})}$,其中 W_0 是福利指数的真实值。t 统计量的渐近分布一般来说是标准正态分布,从而得到 $c_{0.975} = -c_{0.025} \approx 1.96$。

把自举法与渐近方差估计结合起来使用时,渐近方法可以得到渐近改进。[②] 为了计算一个自举置信区间,我们可以通过重新采样置换观测样本,生成规模为 n 的 B 样本。对自举样本 b,我们计算出指数 $\hat{W}_b^*$、其方差估计值 $\widehat{var}(\hat{W}_b^*)$ 和 t 统计量 $t_b^* = (\hat{W}_b^* - \hat{W})/\widehat{var}(\hat{W}_b^*)^{1/2}$。95% 自举置信区间将被计算为

$$CI_{boot} = [\hat{W} - C_{0.975}^*\widehat{var}(\hat{W})^{1/2}; \hat{W} - C_{0.025}^*\widehat{var}(\hat{W})^{1/2}] \tag{6.106}$$

其中,$C_{0.025}^*$ 和 $C_{0.975}^*$ 是自举 t 统计量的经验分布函数(EDF)的第 2.5 个和第 97.5 个百分位数,即 t_b^* 的顺序统计量 $\lceil 0.025B \rceil$ 和 $\lceil 0.975B \rceil$,其中 $\lceil x \rceil$ 表示不小于 x 的最小整数。在这种方法中,群体的未知分布被原始样本的经验分布函数代替,由此我们生成自举样本,计算

[①] Shorrocks(1995)定义的 SST 指数是通过用等式(6.100)中的 $\hat{F}$ 替代 F 得到的,等式(6.102)是 Davidson(2009a)第 37 页中最后一个方程的偏差矫正估计量的简化版。对于复杂的调查数据的情形,参见 Osberg 和 Xu(2000)。

[②] 见 Beran(1988)。这意味着本节介绍的自举法提供了对 Mills 和 Zandvakili(1997)提出的百分位自举的渐进改进。

用于检验该指数等于 $\hat{W}$ 的(真)假设的 t 统计量。自举 t 统计量的模拟分布用作 t 的未知分布的近似值,由此来计算临界值。

自举法也可以用来检验假设以及计算 p 值。为了检验指数的群体值为 W_0 这一假设,在单尾检验中,自举 p 值与 t_b^* 成比例,后者与通过观测样本 t 计算得到的 t 统计量相比更极端。这里的自举检验也是基于自举 t 统计量 t_b^* 的经验分布函数,如果自举 p 值小于 0.05,则在 0.05 的显著性水平上拒绝原假设。为了检验来自两个群体的两个指数相同这一假设,当样本为独立样本时,一个适当的 t 统计量等于 $\tau = (\hat{W}_1 - \hat{W}_2)/[\widehat{\mathrm{var}}(\hat{W}_1) + \widehat{\mathrm{var}}(\hat{W}_2)]^{1/2}$。对自举样本 b,自举统计量则被计算为 $\tau_b^* = (\hat{W}_{1b}^* - \hat{W}_{2b}^* - \hat{W}_1 + \hat{W}_2)/[\widehat{\mathrm{var}}(\hat{W}_{1b}^*) + \widehat{\mathrm{var}}(\hat{W}_{2b}^*)]^{1/2}$。当样本不独立时,统计量应考虑协方差,自举样本应该通过使用重新抽样成对的替代观测值来生成。此时,自举 p 值与 τ_b^* 成比例,后者将比 τ 值更极端。

6.4.5.2　模拟证据

现在我们来讨论基于不平等测度和贫困测度的有限样本推断的情况。置信区间的覆盖率是随机区间必然包含或覆盖参数的真实值的概率。构造具有良好有限样本性质的置信区间的方法,应该提供接近名义置信水平的覆盖率。对于 95％ 的置信区间而言,名义覆盖率等于 95％。在本节,我们在几个实验设计中使用蒙特卡罗模拟方法来得到渐近自举置信区间的覆盖率的近似值。

在我们的实验中,数据产生于对数正态分布 $\Lambda(y; 0, \sigma)$ 以及辛格-马达拉分布 SM(y; 2.8, 0.193, q)。随着 σ 的增大和 q 的减小,分布的上尾衰减更慢。样本大小 $n = 500$,自举样本数为 $B = 499$,实验次数 $N = 10000$。[①] 当使用贫困指数时,贫困线被计算为中位数的一半。

表 6.6 显示了泰尔指数、MLD 指数、基尼系数和 SST 指数的 95％ 水平的渐近自举置信区间的覆盖率。结果显示,当我们考虑 SST 贫困指数时,渐近自举置信区间是可靠的。实际上,SST 指数的覆盖率总是接近 95％ 水平的名义覆盖率。相反,当我们考虑不平等测度时,自举置信区间胜过渐近置信区间,但其可靠性随着 σ 的增大和 q 的减小会变弱。换句话说,由于基本分布的上尾变重,渐近自举推断变差。比如,当基本分布是 $q = 0.7$ 的辛格-马达拉分布时,渐近置信区间覆盖泰尔指数真实值的比例为 64.7％。自举置信区间提供了更好的结果,其平均覆盖率为 80.2％,但与 95％ 的期望值仍有很大差距。值得注意的是,相比于 MLD 指数和基尼系数,泰尔指数对分布上尾更敏感,使用其计算出的置信区间的可靠性也略低一些。

---

① 由于众所周知的原因［见 Davison 和 Hinkley（1997）或 Davidson 和 MacKinnon（2000）］,我们应该选择自举法重新采样 B 的数量,使 $(B + 1)/100$ 是整数。

表6.6 $n=500$ 时泰尔指数、MLD 指数、基尼系数和 SST 指数在 95% 水平下的渐近自举置信区间的覆盖率

分布	泰尔指数		MLD 指数		基尼系数		SST 指数	
	渐进	自举	渐进	自举	渐进	自举	渐进	自举
对数正态分布								
$\sigma = 0.5$	0.927	0.936	0.936	0.942	0.942	0.943	0.926	0.952
$\sigma = 1.0$	0.871	0.913	0.922	0.936	0.922	0.936	0.945	0.940
$\sigma = 1.5$	0.746	0.854	0.888	0.921	0.876	0.920	0.964	0.937
辛格-马达拉分布								
$q = 1.7$	0.915	0.931	0.938	0.945	0.945	0.944	0.945	0.950
$q = 1.2$	0.856	0.905	0.913	0.930	0.925	0.934	0.945	0.951
$q = 0.7$	0.647	0.802	0.820	0.890	0.847	0.906	0.939	0.946

这些结果说明,不平等测度的渐近自举推断对收入分布上尾的确切性质是敏感的。若双尾不是太重[1],不平等测度的自举推断预计在中等样本和大样本中表现良好。此外,贫困测度的渐近自举推断在有限样本中表现良好。

6.4.5.3 重尾分布推理

我们知道,当分布上尾十分重时,渐近自举推断在有限样本中表现不佳。既有文献已经提出了几种方法用于获得更可靠的推断。

Schluter 和 van Garderen (2009)以及 Schluter (2012)提出,在使用自举之前,对指数进行标准化转换以便使用更为接近正态分布的统计量。让 g 表示指数 W 的转换;通过福利指数与参数之间的反向关系,可以得到被转换了的指数 $g(W)$ 的标准自举置信区间,由此,也可以得到未被转换指数的标准自举置信区间。令 $c_{0.025}^*$ 和 $c_{0.975}^*$ 分别为自举 t 统计量的经验分布函数的第2.5个和第97.5个百分位数

$$t_b^* = \frac{g(\hat{W}_b^*) - g(\hat{W})}{g'(\hat{W}_b^*)\ \widehat{\mathrm{var}}(\hat{W}_b^*)^{1/2}}$$

其中,g' 为 g 的一阶导数,W 在 95% 水平下的自举置信区间则被定义为

$$g^{-1}[g(\hat{W}) - C_{0.025}^* g'(\hat{W})\ \widehat{\mathrm{var}}(\hat{W})^{1/2}]\ ; g^{-1}[g(\hat{W}) - C_{0.975}^* g'(\hat{W})\ \widehat{\mathrm{var}}(\hat{W})^{1/2}]$$

g^{-1} 非递减,否则 $C_{0.025}^*$ 和 $C_{0.975}^*$ 应被互换。比如,Schluter (2012)利用不平等估计及其估计方差之间的系统关系提出指数的方差稳定转换。他建议基于下面的指数转换来计算置信区间

$$g(W) = -\frac{2}{\gamma_2}\exp\left(-\frac{\gamma_1}{2} - \frac{\gamma_2}{2}W\right) \qquad (6.107)$$

其中,γ_1 和 γ_2 是指数 $\hat{W}$ 及其方差估计 $\widehat{\mathrm{var}}(\hat{W})$ 的(对数转换之间的(系统)线性关系的截距和斜率,且 $\gamma_2 > 0$。参数 γ_1 和 γ_2 是借助普通最小二乘法 OLS 的回归估计得出来的

$$\mathrm{log}\widehat{\mathrm{var}}(\hat{W}) = \gamma_1 + \gamma_2\hat{W} + \varepsilon$$

---

[1] 在 Davidson 和 Flachaire (2007)、Cowell 和 Flachaire (2007),以及 Davidson (2009a, 2010, 2012)等文献中可以找到与其他分布、指数和假设检验有关的更多结果。

通过初步自举可得到 $\widehat{\mathrm{var}}(\hat{W})$ 和 $\hat{W}$ 的实现。对于等式(6.107)的特定转换,其反函数为

$$g^{-1}(x) = -\frac{2}{\gamma_2}\log\left(-\frac{\gamma_2}{2}x\right) - \frac{\gamma_1}{\gamma_2} \tag{6.108}$$

我们可以在先前定义的置信区间内,用等式(6.107)和等式(6.108)计算出 95% 水平下的自举置信区间。

Davidson 和 Flachaire(2007)以及 Cowell 和 Flachaire(2007)考虑了半参数自举法,即令一个分布结合分布上尾的参数估计和分布剩余部分的非参数估计,从这个分布中生成自举样本。上尾按照一个具有参数 α 的帕累托分布建模,参数 α 是通过对某些 $k \leq n$ 的整数,进行样本大小为 n、最大顺序统计量为 k 的希尔(Hill)估计来估算的,

$$\hat{\alpha} := \left(\frac{1}{k}\sum_{i=0}^{k-1}\log y_{(n-i)} - \log y_{n-k+1}\right)^{-1} \tag{6.109}$$

其中,$y_{(j)}$ 是该样本的第 j 个顺序统计量。每个具有 p_{tail} 概率的自举样本观测值都来自帕累托分布 $F(y) = 1 - (y/y_0)^{-\hat{\alpha}}$(其中 $y > y_0$) 的累积分布函数的一个抽样,其中 y_0 是秩 $n(1-p_{\mathrm{tail}})$ 的顺序统计量,且概率是 $1-p_{\mathrm{tail}}$,来自最小 $n(1-p_{\mathrm{tail}})$ 顺序统计量样本的经验分布的一个抽样。对于检验一个真实的零假设自举,我们需要计算先前定义的自举分布的福利指数值。自举分布的累积分布函数可以写成

$$F_s(y) = \frac{1}{n}\sum_{i=1}^{n(1-p_{\mathrm{tail}})} \iota\left[y_{(i)} \leq y\right] + \iota(y \geq y_0)p_{\mathrm{tail}}\left[1 - (y/y_0)^{-\hat{\alpha}}\right] \tag{6.110}$$

其中,$\iota(\cdot)$ 是等式(6.1)的指示函数。目标指数是收入分布的函数,因此可以计算出这个自举分布[1],也可以计算出等式(6.106)定义的自举置信区间,其中 $C_{0.025}^*$ 和 $C_{0.975}^*$ 分别为自举 t 统计量 $t_b^* = (\hat{W}_b^* - \hat{W}_s)/\widehat{\mathrm{var}}(\hat{W}_b^*)^{\frac{1}{2}}$ 经验分布函数的第 2.5 个和第 97.5 个百分位数。实践中,研究者先验选择了 k 和 p_{tail}。用于计算希尔估计量的观测数 k 的选择根据是:采取更多观测数时,$\hat{\alpha}$ 没有显著变化;p_{tail} 的选择则要注意做到,从帕累托分布重新采样,须基于比观测比例 k/n 更小的比例。这引导研究者在实验中选择 $k = n^{1/2}$,以及 $0 < h \leq 1$ 时的 $p_{\mathrm{tail}} = hk/n$。

另一种方法是从有限混合模型估计的一个分布中产生自举样本。它允许我们通过成分的数量变化来估计任何密度函数,一旦选择了成分数量,就使用参数分布产生自举样本(见 6.3.3)。对于检验一个真实零假设的自举,我们需要计算混合分布的福利指数值 $\hat{W}_m$。由于混合分布是按组分解的,计算具有加性分解的不平等测度混合分布的指数很容易。比如,广义熵类 GE 指数组可以表示为一个组内和组间不平等的简单加性函数。假如共有 K 组,落在组 k 里的群体比例为 p_k,GE 指数组等于[2]

$$I_{\mathrm{GE}}^{\xi} = \sum_{k=1}^{k} p_k\left(\frac{\bar{y}_k}{\bar{y}}\right)^{\xi} I_{\mathrm{GE},k}^{\xi} - \frac{1}{\xi^2-\xi}\left[\sum_{k=1}^{K} p_k\left(\frac{\bar{y}_k}{\bar{y}}\right)^{\xi} - 1\right] \tag{6.111}$$

---

[1] 例如,泰尔指数将等于 $\hat{I}_s = \nu_s/\mu_s - \log\mu_s$,其中 $\mu_s = n^{-1}\sum_{i=1}^{n(1-p_{\mathrm{tail}})} y_{(i)} + p_{\mathrm{tail}}\hat{\alpha}y_0/(\hat{\alpha}-1)$ 和 $\nu_s = n^{-1}\sum_{i=1}^{n(1-p_{\mathrm{tail}})} y_{(i)}\log y_{(i)} + p_{\mathrm{tail}}\left[\log y_0 + 1/(\hat{\alpha}-1)\right]\hat{\alpha}y_0/(\hat{\alpha}-1)$。

[2] 见 Cowell(2011)。

其中,$\bar{y}_k$ 是组 k 的平均收入,$\bar{y}$ 是群体的平均收入($\bar{y} = K^{-1} \sum_{k=1}^{k} p_k \bar{y}_k$),$I_{\mathrm{GE},k}^\xi$ 是组 k 的 GE 指数。对于已被估计为对数正态分布有限混合的收入分布,

$$F_m(y) = \sum_{k=1}^{K} \hat{\pi}_k \Lambda(y; \hat{\mu}_k, \hat{\sigma}_k) \tag{6.112}$$

当 $p_k = \hat{\pi}_k$ 且 $\bar{y}_k = \exp(\hat{\mu}_k + \hat{\sigma}_k^2/2)$,GE 指数值等于式(6.111)。基尼系数不是加性可分解的,但对数正态分布混合的相应公式可以在 Young(2011)中找到。自举样本由混合分布 $F_m(y)$ 产生,可以按等式(6.106)的定义计算出自举置信区间,其中 $C_{0.025}^*$ 和 $C_{0.975}^*$ 分别为自举 t 统计量 $t_b^* = (\hat{W}_b^* - \hat{W}_s)/\widehat{\mathrm{var}}(\hat{W}_b^*)^{1/2}$ 经验分布函数的第 2.5 个和第 97.5 个百分位数。

表 6.7 显示了 $n = 500$ 时,泰尔指数在 95% 水平下自举置信区间的渐近覆盖率。前两列对应的是渐近(asym)和标准自举(boot)方法,它们重现了表 6.6 中给出的结果,在这里作为基准。其他列显示了前文中替代自举方法的结果。在第三列(varstab)显示了对一个泰尔指数的方差稳定转换的自举,这是从 Schluter(2012)提出的方法得到的结果。在第四列,我们用 Davidson 和 Flachaire(2007)以及 Cowell 和 Flachaire(2007)提出的半参数自举法产生 $k = n^{1/2}$ 和 $h = 0.6$ 的自举样本(semip)。最后一列(mixture)是由对数正态分布混合产生的自举样本。模拟结果表明,面对极其重尾($\sigma = 1.5, q = 0.7$)的分布时,采用渐近方法和标准自举方法的替代方法可以得到显著的改进。但是,这些替代方法中没有一个在总体上提供非常好的结果。

表 6.7 $n = 500$ 时,几种自举法的泰尔指数在 95% 水平下自举置信区间的渐近覆盖率

分布	渐进	自举	稳定变量	半参数	混合
对数正态分布					
$\sigma = 0.5$	0.927	0.936	0.939	0.937	0.942
$\sigma = 1.0$	0.871	0.913	0.907	0.921	0.946
$\sigma = 1.5$	0.746	0.854	0.850	0.915	0.944
辛格 - 马达拉分布					
$q = 1.7$	0.915	0.931	0.933	0.926	0.928
$q = 1.2$	0.856	0.905	0.899	0.905	0.912
$q = 0.7$	0.647	0.802	0.796	0.871	0.789

6.4.5.4 不平等测度的平等性检验

置信区间通常用来进行两个或多个样本之间的比较。如果置信区间不相交,由独立样本计算的指数值会有统计学差异。因此,通过比较它们的置信区间,我们可以检验不平等测度或贫困测度在几个国家之间或在不同的时间段是否也不相同。不过,前文的结果表明,如果潜在分布的尾部很重,采用这种方法比较不平等测度,可靠性可能不足。

推断的另一种主要方式是进行假设检验。Dufour 等(2013)用 t 统计量检验了不平等测度的平等性,结果表明,如果样本的分布彼此距离不太远,即使重尾分布明显,样本非常小,用置换检验也可以得到几乎精确的推断。他们还表明,当分布距离很远时,这种方法优于其

他方法。

现在我们假定有来自分布 F_x 和 F_y 的两组包含 n 个和 m 个独立观测的 $X = \{x_1, x_2, \cdots, x_n\}$ 和 $Y = \{y_1, y_2, \cdots, y_m\}$ 的两个独立样本。不平等测度 W 在两个分布中是相同的这一零假设 $H_0 : W_x = W_y$，可以用下面的 t 统计量进行检验，

$$\tau = (\hat{W}_x - \hat{W}_y) / [\widehat{\text{var}}(\hat{W}_x) + \widehat{\text{var}}(\hat{W}_y)]^{1/2} \tag{6.113}$$

其中，τ 渐近符合标准正态分布。现在分别用来自 X 的 n 个观测值和来自 Y 的 m 个观测值通过替换进行重新抽样，标准自举法将生成自举样本 X^* 和 Y^*。自举样本是 x 和 y 的抽样，不平等测度将提供不同的数值结果。自举数据生成过程不会重视用原始样本检测的零假设。我们需要通过计算修正的 t 统计量来检验源自自举样本 (X_b^*, Y_b^*) 的真正的零假设，

$$\tau_b^* = [\hat{W}_{x_b^*} - \hat{W}_{y_b^*} - (\hat{W}_x - \hat{W}_y)] / [\widehat{\text{var}}(\hat{W}_{x_b^*}) + \widehat{\text{var}}(\hat{W}_{y_b^*})]^{1/2} \tag{6.114}$$

自举分布是 $b = 1, \cdots, B$ 的 B 自举统计量 τ_b^* 的经验分布函数，被用作 t 统计量 τ 真实分布的一个近似值。[1]

在置换检验法中，我们通过置换 N 个观测的综合样本来产生样本，

$$(X, Y) = \{x_1, \cdots, x_n, y_1, \cdots, y_m\} \tag{6.115}$$

其中，$N = n + m$。置换样本 X^* 和 Y^* 分别由置换综合样本中的起始 n 个观测样本和剩余 m 个观测样本所组成。请注意综合样本可以被置换，这是通过重新采样而不替换 (X, Y) 中的 N 个观测值进行的。

置换样本是从同样的观测值集里抽取的样本，根据原始样本检验的零假设则在数据生成过程中受到重视。源自置换样本 (X_p^*, Y_p^*) 的置换 t 统计量为

$$\tau_p^* = (\hat{W}_{x_p^*} - \hat{W}_{y_p^*}) / [\widehat{\text{var}}(\hat{W}_{x_p^*}) + \widehat{\text{var}}(\hat{W}_{y_p^*})]^{1/2} \tag{6.116}$$

置换分布是对于 $p = 1, \cdots, P$ 的 P 置换统计量 τ_p^* 的经验分布函数；同样，它也被用作 t 统计量 τ 的真实分布的一个近似值。如果潜在分布相同，置换检验在有限样本中会提供精确的推断。[2] Chung 和 Romano(2013) 表明，在比较估计值的弱假设下，当 $F_x \neq F_y$ 时，置换检验是渐近有效的；而当 $F_x = F_y$ 时[3]，在有限样本中精确保留了拒绝概率。Dufour 等（2013）检验了不平等测度的平等性，结果显示，如果样本来自彼此距离不太远的分布，在具有重尾分布的小样本中用置换检验可以得到几乎精确的推断。

举例说明，让我们考虑一个与检验基尼系数平等性相关的模拟实验，$H_0 : I_{\text{Gini}}(F_x) = I_{\text{Gini}}(F_y)$。数据是从辛格-马达拉分布 $\text{SM}(y; a, b, q)$ 中生成的，选择的参数使基尼系数在所有的分布中都相同。辛格-马达拉分布的上尾表现为具有形状参数 $\alpha = aq$ 的帕累托分布。[4]

---

[1] Davidson 和 Flachaire(2007) 考虑了用独立样本检验两种不平等测度的差异，但是他们的半参数自举法相对于标准自举法没有显著的改进。

[2] 见 Fisher(1935)、Dwass(1957)、Good（2000），以及 Dufour(2006)。

[3] 估计量必须是渐近线性的，并且使用等式(6.113)中定义的研究统计量对于置换方法的渐近有效性至关重要（这对于统计量 $\tau = \hat{W}_x - \hat{W}_y$ 是无效的）。

[4] 参数 (a, q) 等于（2.5, 2.640350）、（2.6, 2.218091）、（2.7, 1.920967）、（2.8, 1.7）、（3.0, 1.3921126）、（3.2, 1.1866026）、（3.4, 1.0388049）、（3.8, 0.8387663）、（4.8, 0.5784599）和（5.8, 0.4473111）的辛格-马达拉分布共享相同的（规模不变）基尼系数，其值为 0.2887138。尾部参数分别等于 6.6、5.77、5.19、4.76、4.18、3.80、3.53、3.19、2.78 和 2.59。

因此,α越小,上尾越重。样本量非常小,$n=m=50$,分布可能重尾非常显著,若以压力测试检验使用的方法。重复次数等于10000,自举和置换样本数为$B=P=999$。我们将拒绝概率或拒绝频率计为p值小于等于0.05的名义水平的比例。[①] 如果拒绝概率等于0.05,则推断是精确的。

表6.8 $n=50$,当潜在辛格-马达拉分布相同或不同时,
用于测试两个样本之间基尼系数平等性的渐近、自举和置换检验的拒绝频率

α_y	$\alpha_x = \alpha_y (F_x = F_y)$			$\alpha_x = 4.76 (F_x \neq F_y)$		
	渐近	自举	置换检验	渐近	自举	置换检验
6.60	0.0704	0.0609	0.0515	0.0752	0.0624	0.0510
5.77	0.0727	0.0609	0.0504	0.0762	0.0634	0.0515
5.19	0.0751	0.0606	0.0512	0.0761	0.0622	0.0508
4.76	0.0770	0.0614	0.0500	0.0770	0.0614	0.0500
4.18	0.0828	0.0636	0.0499	0.0796	0.0612	0.0498
3.80	0.0871	0.0656	0.0497	0.0825	0.0639	0.0503
3.53	0.0938	0.0664	0.0494	0.0865	0.0668	0.0518
3.19	0.1015	0.0686	0.0508	0.0956	0.0719	0.0565
2.78	0.1154	0.0685	0.0515	0.1138	0.0824	0.0707
2.59	0.1277	0.0693	0.0513	0.1289	0.0911	0.0800

表6.8显示了当潜在分布相同和不同时,用于检验两个样本之间的基尼系数平等性的渐近、自举和置换检验的实证拒绝频率。正如预期的那样,当分布相同,即$F_x = F_y$时,即使是非常小的样本且为重尾分布,置换检验也能提供精确的推断(列4:置换检验)。当分布不相同,即$F_x \neq F_y$时,除了F_y比F_x的重尾更严重的情况,置换检验提供接近精确的推断(列7:置换检验,当$\alpha_x = 4.76$且$\alpha_y \leq 2.78$)。总体而言,置换检验优于渐近检验、自举检验。

希尔(Hill)图可以用于研究实证研究中的尾部状态。对于$k \leq n$,可以用k最大顺序统计量的希尔估值量来估计一个样本大小为n的重尾分布的"尾部指数",见等式(6.109)。但是,估计结果对k的选择可能具有敏感性。希尔图显示了尾部指数的希尔估计值作为用于计算它的最大顺序统计量的k的函数。当希尔图在水平直线上变得稳定时,可以选定尾部指数的估计值。比如,图6.15显示的是从尾部参数分别等于4.76和2.59,最大顺序统计量在0.5%至25%的范围,置信区间95%(灰色)的两个辛格-马达拉分布$SM(y; 2.8, 0.193, 1.7)$和$SM(y; 5.8, 0.193, 0.447)$中抽取1000个观测样本获得的希尔图。从该图中可以清

---

① 对双尾测验而言,一个渐近p值被计算为$p_{as} = 2\min[\Phi(\tau); 1 - \Phi(\tau)]$。自举$p$值是相似的,但自举分布取代了渐近分布 $p_{boot} = 2\min\left[\dfrac{1}{B}\sum_{b=1}^{B}\iota(\tau_b^* \leq \tau); \dfrac{1}{B}\sum_{b=1}^{B}\iota(\tau_b^* > \tau)\right]$。置换$p$值与自举$p$值$p_{boot}$相似,只是用$P$和$\tau_p^*$替代$B$和$\tau_b^*$。如果$p$值小于名义水平,则拒绝零假设。

楚地看出,第二个样本(右图)分布的重尾远比第一个样本(左图)分布更突出。[1]

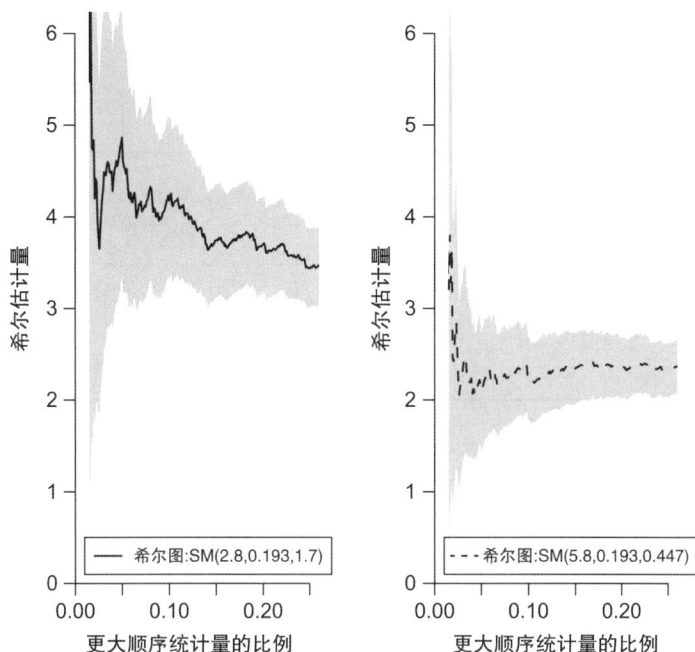

图 6.15　希尔图:从辛格-马达拉分布中抽取两个包含 1000 个样本观测值的尾部指数[式(6.109)]的希尔估计值图,将其作为最大顺序统计量的比例函数加以计算

6.4.6　参数方法

6.4.2 到 6.4.5 只涉及无分布方法,从某种意义上说,我们正在直接处理样本数据。另一种方法假定分布的某些参数是已知的[2],并且可以被一致地估计,这样我们可以获得分布的初步参数估计,并且估计出参数分布的矩。当分布参数化时,不平等指数可以用分布参数函数表示。表 6.9 呈现的是对数正态分布和帕累托分布的不平等测度的泰尔指数、平均对数偏差 MLD 和广义熵类 GE 的计算公式,第二类广义 Beta 分布(GB2)的相应公式也已给出。GB2 是等式(6.5)中定义的四参数分布,$C = 1$ 时,$\Gamma(\cdot)$ 为伽马函数,$\psi(\cdot) := \Gamma'(\cdot)/\Gamma(\cdot)$ 为双伽马(Digamma)函数(双 Γ 函数)。[3]

---

[1] 希尔图并不总是能够揭示信息。希尔估计量是为帕累托分布设计的。但当潜在分布的上尾远离帕累托分布时,希尔图可能非常不稳定,因此难以进行解释,参见 Resnick(1997,2007)。

[2] 6.3.1 中讨论了可能适用的一般函数形式。

[3] 见 Jenkins(2009)。

表6.9 对数正态分布(Λ)、帕累托分布(Π),以及第二类广义Beta分布(GB2)的参数广义熵不平等测度

$\Lambda(y;\mu,\sigma^2)$		$\Pi(y;\alpha)$	GB2$(y;a,b,p,q)$
I^1_{GE}	$\dfrac{\sigma^2}{2}$	$\dfrac{1}{\alpha-1}-\log\left(\dfrac{\alpha}{\alpha-1}\right)$	$-\log\left[\dfrac{\Gamma\left(p+\dfrac{1}{a}\right)\Gamma\left(q-\dfrac{1}{a}\right)}{\Gamma(p)\Gamma(q)}\right]+\dfrac{\psi\left(p+\dfrac{1}{a}\right)}{a}-\dfrac{\psi\left(q-\dfrac{1}{a}\right)}{a}$
I^0_{GE}	$\dfrac{\sigma^2}{2}$	$\log\left(\dfrac{\alpha}{\alpha-1}\right)-\dfrac{1}{\alpha}$	$\log\left[\dfrac{\Gamma\left(p+\dfrac{1}{a}\right)\Gamma\left(q-\dfrac{1}{a}\right)}{\Gamma(p)\Gamma(q)}\right]-\dfrac{\psi(p)}{a}+\dfrac{\psi(q)}{a}$
I^ξ_{GE}	$\dfrac{e^{\frac{(\xi^2-\xi)\sigma^2}{2}}-1}{\xi^2-\xi}$	$\dfrac{\dfrac{\alpha}{\alpha-\xi}\left(\dfrac{\alpha}{\alpha-1}\right)^{-\xi}-1}{\xi^2-\xi}$	$\dfrac{1}{\xi^2-\xi}\left[\dfrac{\Gamma\left(p+\dfrac{\xi}{a}\right)\Gamma\left(q-\dfrac{\xi}{a}\right)\Gamma^{\xi-1}(p)\Gamma^{\xi-1}(q)}{\Gamma^\xi\left(p+\dfrac{1}{a}\right)\Gamma^\xi\left(q-\dfrac{1}{a}\right)}-1\right]$

辛格-马达拉分布是第二类广义Beta分布(GB2)在$p=1$时的特例,达古姆分布是$q=1$时的特例(见图6.6)。要推导出辛格-马达拉和达古姆分布中泰尔指数、平均对数偏差MLD和广义熵类GE指数的公式,可对表6.9最后一列给出的等式设定$p=1$和$q=1$。通过用一致性参数估计替代未知参数,可以估计出不平等测度。不平等测度表示为一个或多个一致估计值的非线性函数。依据中心极限定理,不平等测度是渐近正态的,其渐近方差可以用delta方法推导出来。[①]

对几个标准参数分布来说,基尼系数也可以很容易地表示为潜在分布的未知参数函数。对数正态分布$\Lambda(y;\mu,\sigma^2)$和帕累托分布$\Pi(y;\alpha)$的基尼系数分别为

$$I_{Gini}\left[\Lambda(y;\mu,\sigma^2)\right]=2\Phi\left(\frac{\sigma}{\sqrt{2}}\right)-1 \tag{6.117}$$

和

$$I_{Gini}\left[\Pi(y;\alpha)\right]=\frac{1}{2\alpha-1} \tag{6.118}$$

就等式(6.5)中定义的辛格-马达拉分布和达古姆分布而言,当$c=1$且p和q分别等于1时,基尼系数等于

$$I_{Gini}\left[SM(y;a,b,q)\right]=1-\frac{\Gamma(q)\Gamma\left(2q-\dfrac{1}{a}\right)}{\Gamma\left(q-\dfrac{1}{a}\right)\Gamma(2q)} \tag{6.119}$$

和

$$I_{Gini}\left[D(y;a,b,q)\right]=\frac{\Gamma(p)\Gamma\left(2p+\dfrac{1}{a}\right)}{\Gamma(2p)\Gamma\left(p+\dfrac{1}{a}\right)}-1 \tag{6.120}$$

当$c=1$时,辛格-马达拉和达古姆分布包含在等式(6.5)定义的第二类广义Beta分布

---

① 当计算烦琐时可以使用软件集成的命令。Jenkins(2009)使用STATA中的nlcom命令计算了GB2分布下GE指数的标准误。

（GB2）中，此时也可以获得基尼系数的公式，但其表达冗长且涉及广义超几何函数，请参见 McDonald（1984）或 Kleiber 和 Kotz（2003）中的显示公式。由于基尼系数被定义为一个或几个一致估计的非线性函数，依据中心极限定理，它是渐近正态的并且可以用 delta 方法推导出渐近方差。

6.5　分配比较

除了 6.4 节讨论的简单福利指数，我们还需要能够应用排名工具。这些工具为研究人员进行分配提供了直观且具有吸引力的方法，并且与分析分配的福利经济学的重要研究结果密切相关。

6.5.1　排名与优势：原则

6.4.1 中定义的分位数和累积泛函 Q 和 C 可以用来确定收入分配比较中的福利或不平等的优势标准，并且相关概念可用于贫困比较。

6.5.1.1　优势和福利指数

6.5.1.1.1　一阶优势

对于给定的 $F \in \mathbb{F}$，使用等式（6.23），图 $\{q, Q(F, q) : q \in \mathbb{Q}\}$ 描述了潘氏列队（Pen's parade）（Pen，1974）。这是一阶分布优势（或一阶排序）结果的基础。优势概念可解释如下：考虑两个分布 $F, G \in F$。如果下列的一对条件成立，则 F 被认为是一阶占优于 G：

$$\left. \begin{array}{l} \forall_q \in \mathbb{Q} : Q(F, q) \geqslant Q(G, q) \\ \exists_q \in \mathbb{Q} : Q(F, q) > Q(G, q) \end{array} \right\} \tag{6.121}$$

为认识这个概念的重要性，假设所有这类指数可以用 $W_{AD}(F)$ 加性社会福利函数的形式进行表示[①]，呈现 $\phi(y)$ 聚合，其中 $\phi(\cdot)$ 是收入的二阶可微评估函数。我们特别考虑一个重要的子类，即福利遵循单调性原则的重要子类，此时收入评估在任何情况下都严格递增：

$$\mathbb{W}_1 := \left\{ W \mid W(F) = \int \phi(y) \, dF(y), \phi'(y) > 0 \right\}$$

"对任何 $W \in \mathbb{W}_1$，$W(F) \geqslant W(G)$"这一说法等价于"F 一阶占优于 G"的说法。对于任何遵循单调性的社会福利函数而言，如果 F 列队图位于 G 列队图之上的某处，无一处位于 G 列队图之下，则说明 F 中的福利水平一定高于 G 中的福利水平（Quirk and Saposnik，1962）。

6.5.1.1.2　二阶优势

等式（6.25）中的泛函可以用来描述许多与二阶优势有关的标准概念。

● 给定一个 $F \in \mathbb{F}$，图 $\{q, C(F, q) : q \in \mathbb{Q}\}$ 描述了广义洛伦兹曲线（GLC）。这是二阶分布优势结果的基础（Shorrocks，1983）。二阶优势的定义用累积函数 C 代替分位数函数 Q 即可从等式（6.121）中推导出来。我们同时关注福利函数的一个较窄的子类：

$$\mathbb{W}_2 := \left\{ W \mid W(F) = \int \phi(y) \, dF(y), \phi'(y) > 0, \phi''(y) \leqslant 0 \right\}$$

---

① 见等式（6.28）。

$\phi''(y) \le 0$ 的凹性限制说明将收入从贫穷者转移到富裕者从来不会增加社会福利,这是传递原则的一个弱形式(Dalton,1920)。"对任何 $W \in \mathbb{W}_2, W(F) \ge W(G)$"这一说法等价于"$F$ 二阶优于 G"的说法。对于任何遵循单调性和传递原则(Hadar and Russell, 1969)的社会福利函数而言,如果 F 的广义洛伦兹曲线位于 G 的广义洛伦兹曲线之上的某处,无一处位于 G 的广义洛伦兹曲线之下,则 F 中的福利水平一定高于 G 中的福利水平。然而,在分布分析中,我们不仅关注上文所述的二阶优势的基本原则,而且关注将 $\mathbb{F}$ 成员之间的等价关系结合起来的限制情况。

- 假设我们希望二阶优势比较不依赖于尺度,这就要求出于分配比较的目的,对任何 $F \in \mathbb{F}$ 和任何 $\lambda > 0$,我们将 y 和 y/λ 的分布视为等价;这说明在分配比较时,我们可以将收入除以任意的正数常量。分布的平均值是这个常数的自然选择。通过用等式(6.26)平均值对广义洛伦兹曲线进行规模标准化给出了(相对)洛伦兹泛函[1]:

$$L(F;q) := \frac{C(F;q)}{\mu(F)} \tag{6.122}$$

图 $\{ q, L(F;q): q \in \mathbb{Q} \}$ 绘出了相对洛伦兹曲线(RLC)。

- 我们可能会对分配比较的原始独立形式感兴趣,将其作为规模独立的替代方法,这要求对任何 $F \in \mathbb{F}$ 和 $\delta \in \mathbb{R}$ 而言,分布 y 和 $y + \delta$ 被视为等价。我们不用规模标准化定义相对洛伦兹曲线(RLC),而是强加一个"平移"标准化来定义绝对洛伦兹曲线,也就是图 $\{ q, A(F;q): q \in \mathbb{Q} \}$,其中

$$A(F;q) := C(F;q) - q\mu(F)$$

6.5.1.2 随机占优

先前定义的一阶优势和二阶优势可以包含于统一的方法,即随机占优之中,且可以扩展到高阶占优。[2] 让我们定义优势曲线如下:

$$D_F^s(y) := \frac{1}{(s-1)!} \int_0^y (y-t)^{s-1} dF(t) \tag{6.123}$$

如果下列一对条件成立,则分布 F 在 s 阶上随机占优于分布 G:

$$\left. \begin{array}{l} \forall y \in \mathbb{Y}: D_F^s(y) \le D_G^s(y) \\ \exists y \in \mathbb{Y}: D_F^s(y) > D_G^s(y) \end{array} \right\} \tag{6.124}$$

$s=1$ 的情形对应于先前等式(6.121)中定义的基于潘氏列队收入分配图的一阶占优。实际上,F 一阶随机占优于 G,即表明对所有的 y,$F(y) \le G(y)$,且 y 在某个区间存在严格不平等。这类似于用分位数函数而不是累积分布函数表示等式(6.121)。

$s=2$ 的情形对应先前基于广义洛伦兹曲线定义的二阶占优。实际上,根据等式(6.123)和等式(6.25),可以得到 $D_F^2(y_q) - D_G^2(y_q) = C(G;q) - C(F;q)$。等式(6.124)中的一对条件类似于用累积函数 C 代替分位数函数 Q 的等式(6.121)中的一对条件。

---

① 这相当于等式(6.27)中的收入份额。
② Fishburn(1980)、O'Brien(1984)、Stark 和 Yitzhaki(1988)、Thistle(1989)、O'Brien 和 Scarsim(1991)、Fishburn 和 Lavalle(1995)以及 Davidson(2008)。

优势和贫困之间有明显的关系。根据等式(6.86)和等式(6.123)可知, $D_F^s(\zeta_0)$ 等于 FGT 贫困指数(依比例因子)。如果对所有 $[\zeta_0^-;\zeta_0^+]$, $D_F^s(\zeta_0) < D_G^s(\zeta_0)$, 则可知对 $[\zeta_0^-;\zeta_0^+]$ 区间所有贫困线, F 中的 FGT 贫困指数要低于 G 中的 FGT 贫困指数。该贫困测度由此可被视为 F 在这一区间受限随机占优于 G。当我们允许贫困线在整个分布的支撑集上发生变化时,随机占优标准也可被看作贫困测度的一般化。[①]

6.5.2　排名优势:实践

要实践经验排名标准,一个标准方法如下[②]:

1. 选择有限的人口比例集合 $\Theta \subset \mathbb{Q}$。

2. 实践一阶和二阶经验排名,需针对每个 $q \in \Theta$ 计算出样本分位数 $\hat{y}_q$ 和收入累积 $\hat{c}_q$。为达到此目的,我们用等式(6.8)中提及的经验分布函数 $F^{(n)}$ 替代等式(6.23)和等式(6.25)中的 F,得到

$$\hat{y}_q := Q(F^{(n)};q) = y_{[\kappa(n,q)]} \tag{6.125}$$

其中

$$\kappa(n,q) := \lfloor nq - q + 1 \rfloor \tag{6.126}$$

且 $\lfloor x \rfloor$ 表示不大于 x 的最大整数;我们还得到

$$\hat{c}_q := C(F^{(n)};q) = \frac{1}{n}\sum_{i=1}^{\kappa(n,q)} y_{(i)} \tag{6.127}$$

3. 计算样本分位数(一阶)或收入累计(二阶)的方差和协方差。

4. 详细设定要检验的排名假设。

步骤 1 涉及在列队图形或洛伦兹曲线上要选取多少个点。步骤 2 很容易。步骤 3 在 6.5.2.1 中进行讨论,步骤 4 在 6.5.2.3 和 6.5.2.4 中进行讨论。

6.5.2.1　渐近分布

应用 6.4.2.2 中的引理可以得到主要结果。我们还需要定义另一个类似于等式(6.23)和等式(6.25)的泛函:

$$S(F;q) := \int_Y^{y_q} y^2 \mathrm{d}F(y) =: s_q \tag{6.128}$$

及其样本对应物:

$$\hat{s}_q := S(F^{(n)};q) = \frac{1}{n}\sum_{i=1}^{\kappa(n,q)} y_{(i)}^2 \tag{6.129}$$

由此得到以下两个定理。

定理 1

对任意 $q,q' \in \mathbb{Q}$, $\sqrt{n}\hat{y}_q$ 和 $\sqrt{n}\hat{y}_{q'}$ 是具有如下协方差的渐近正态分布[③]:

$$\frac{q(1-q')}{f(y_q)f(y_{q'})} \tag{6.130}$$

---

① 见 Atkinson(1987)及 Foster 和 Shorrocks(1988)。
② 我们考虑无分布方法。对参数洛伦兹曲线的比较,参见 Sarabia(2008)。
③ 见 Beach 和 Davidson(1983)的引理 1。

证明

可直接从引理1和引理2证明。

定理2

对任意 $q, q' \in \mathbb{Q}$，$\sqrt{n}\hat{c}_q$ 和 $\sqrt{n}\hat{c}_{q'}$ 是具有如下协方差的渐近正态分布[1]：

$$\omega_{qq'} := s_q + (qy_q - c_q)(y_{q'} - q' y_{q'} + c_{q'}) - y_q c_q, \text{对} q \leq q' \qquad (6.131)$$

证明

用引理1和引理3，$\sqrt{n}C(F^{(n)};q)$ 和 $\sqrt{n}C(F^{(n)};q')$ 的渐近协方差由下式给出

$$\omega_{qq'} = \int \mathrm{IF}[z; C(F;q), F] \mathrm{IF}[z; C(F;q'), F] \mathrm{d}F(z)$$

$$= \int [qy_q - c_q + \iota(y_q \geq z)(z - y_q)][q' y_{q'} - c_{q'} + \iota(y_{q'} \geq z)(z - y_{q'})] \mathrm{d}F(z)$$

$$(6.132)$$

假设只要 $\iota(x_q \geq z) = 1$ 就有 $\iota(x_{q'} \geq z) = 1$，则等式右边变成

$$(qy_q - c_q)(q' y_{q'} - c_{q'}) + \int_{\underline{Y}}^{y_{q'}} (qy_q - c_q)(z - y_{q'}) \mathrm{d}F(z)$$

$$+ \int_{\underline{Y}}^{y_q} (q' y_{q'} - c_{q'} + z - y_{q'})(z - y_q) \mathrm{d}F(z) \qquad (6.133)$$

使用等式(6.23)、等式(6.25)和等式(6.128)中的定义，我们发现等式(6.133)变为等式(6.131)。

我们也可以将影响函数重写为一个随机变量减去其期望值。依据引理3的等式(6.42)，我们得到

$$\mathrm{IF}[z; C(F, q), F] = Z_q - E(Z_q)，其中 Z_q = (z - y_q)\iota(z \leq y_q) \qquad (6.134)$$

从等式(6.132)，我们立刻发现 $\sqrt{n}\hat{c}_q$ 和 $\sqrt{n}\hat{c}_{q'}$ 的渐近协方差等于 Z_q 和 $Z_{q'}$ 的协方差：

$$\omega_{qq'} = \mathrm{cov}(Z_q, Z_{q'}) \qquad (6.135)$$

从样本 $y_i, i = 1, \cdots, n$ 中，我们可以估计广义洛伦兹曲线坐标 $\hat{c}_q$ 和 $\hat{c}_{q'}$ 的协方差为 Z_{iq} 和 $Z_{iq'}$ 的经验协方差除以 n：

$$\widehat{\mathrm{cov}}(\hat{c}_q, \hat{c}_{q'}) = \frac{1}{n}\hat{\omega}_{qq'} = \frac{1}{n^2}\sum_{i=1}^{n}(Z_{iq} - \overline{Z}_q)(Z_{iq'} - \overline{Z}_{q'}) \qquad (6.136)$$

其中

$$Z_{iq} = (y_i - \hat{y}_q)\iota(y_i \leq \hat{y}_q) \qquad (6.137)$$

且 $\overline{Z}_q = n^{-1}\sum_{i=1}^{n} Z_{iq}$，等式(6.125)给出了 $\hat{y}_q$。

在实际操作中，通过用样本对应物[2]替代等式(6.131)右边的单个成分获得 $\omega_{qq'}$ 的一致估计如下：

$$\hat{\omega}_{qq'} := \hat{s}_q + (q\hat{y}_q - \hat{c}_q)(\hat{y}_{q'} - q'\hat{y}_{q'} + \hat{c}_{q'}) - \hat{y}_q\hat{c}_q \qquad (6.138)$$

---

[1] 见 Beach 和 Davidson (1983)的定理1。

[2] 等式(6.125)、等式(6.127)和等式(6.129)分别给出了 $\hat{y}_q$、$\hat{c}_q$ 和 $\hat{s}_q$。

这些结果也可用于（相对）洛伦兹曲线的坐标。使用随机变量可微函数的极限分布的标准结果（Rao,1973），或使用等式(6.60)中的 delta 方法，$\sqrt{n}\hat{c}_q/\hat{\mu}$ 和 $\sqrt{n}\hat{c}_{q'}/\hat{\mu}$ 的渐近协方差可由下式给出：

$$\text{对于 } q \leqslant q', v_{qq'} = \frac{1}{\mu^4}(\mu^2\omega_{qq'} + c_q c_{q'}\omega_{11} - \mu c_q\omega_{g'1} - \mu c_{q'}\omega_{q1}) \tag{6.139}$$

其中，$\omega_{q1} := s_q + (qy_q - c_q)\mu - y_q c_q, \omega_{11} := s_1 - \mu^2$，且 $\mu = \mu(F)$。我们再一次在实际操作中，用各自的样本对应物替代等式(6.139)右边的成分。我们也可以用影响函数，把它表示为一个随机变量减去其期望值。洛伦兹曲线坐标(6.122)的影响函数如下[①]：

$$\text{IF}[z;L(F,q),F] = \frac{1}{\mu}\left[qy_q - \frac{zc_q}{\mu} + (z - y_q)\iota(z \leqslant y_q)\right] \tag{6.140}$$

我们可以将影响函数重写为 $\text{IF}[z;L(F,q),F] = Z_q - E(Z_q)$，其中

$$Z_q = \frac{1}{\mu^2}[\mu(z - y_q)\iota(z \leqslant y_q) - c_q z] \tag{6.141}$$

$\sqrt{n}\hat{c}_q/\hat{\mu}$ 和 $\sqrt{n}\hat{c}_{q'}/\hat{\mu}$ 的渐近协方差等于 Z_q 和 $Z_{q'}$ 的协方差。对于样本 $y_i, i = 1, \cdots, n$，我们可以估计（相对）洛伦兹曲线坐标 $\hat{c}_q/\hat{\mu}$ 和 $\hat{c}_{q'}/\hat{\mu}$ 的协方差为 Z_{iq} 和 $Z_{iq'}$ 的经验协方差除以 n：

$$\widehat{\text{cov}}\left(\frac{\hat{c}_q}{\hat{\mu}}, \frac{\hat{c}_{q'}}{\hat{\mu}}\right) = \frac{1}{n}\hat{v}_{qq'} = \frac{1}{n^2}\sum_{i=1}^{n}(Z_{iq} - \bar{Z}_q)(Z_{iq'} - \bar{Z}_{q'}) \tag{6.142}$$

其中

$$Z_{iq} = \frac{1}{\hat{\mu}^2}[\hat{\mu}(y_i - \hat{y}_q)\iota(y_i \leqslant \hat{y}_q) - \hat{c}_q y_i] \tag{6.143}$$

且 $\bar{Z}_q = n^{-1}\sum_{i=1}^{n}Z_{iq}, \hat{y}_q$ 和 $\hat{c}_q$ 分别由等式(6.125)和等式(6.127)给出。

随机占优的情况也可以考虑。对于给定的 z 值，一个一致估计量 $\hat{D}_F^s(z)$ 为

$$\hat{D}_F^s(z) = \frac{1}{n(s-1)!}\sum_{i=1}^{n}(z - y_i)^{s-1}\iota(y_i \leqslant z) \tag{6.144}$$

对于 $i = 1, \cdots, n, y_i$ 是 n 个独立观测值的随机样本。由于它是 IID 观察值的总和，该估计是一致且渐近正态的。渐近协方差也很容易计算。[②]

当我们比较两个分布时，随机样本可以从两个独立群体或相关群体中获得。当两个样本是同一个群体的独立成对抽样时，比如税前和税后的分布，后一种情况通常会发生。在独立样本和相关样本两种情况下，可以看出 $\hat{D}_F^s(z_q) - \hat{D}_G^s(z_{q'})$ 这个差值是渐近正态的，其渐近协方差等于

$$\frac{1}{[(s-1)!]^2}E[(z_q - y_F)_+^{s-1}(z_{q'} - y_G)_+^{s-1}] - D_F^s(z_q)D_G^s(z_{q'}) \tag{6.145}$$

其中，$(x)_+^{s-1} = x^{s-1}\iota(x \geqslant 0)$。假定每个分布的 $2s-2$ 阶总体矩存在，这个结果可以由中心极限

---

① 见 Cowell 和 Victoria-Feser(2002)以及 Donald 等(2012)。
② 它等于 $F = G$ 时的等式(6.145)。

定理得到。我们可以用样本对应物来估计渐近协方差,将等式(6.145)中的期望值替换为

$$\frac{1}{n}\sum_{i=1}^{n}(z_q - y_{F^{(n)},i})_+^{s-1}(z_{q'} - y_{G^{(n)},i})_+^{s-1} \qquad (6.146)$$

而且根据等式(6.144)定义可以估计出 $D^s(x)$。对 $s=2$,我们发现一个广义洛伦兹曲线坐标的协方差矩阵估计,它与等式(6.136)和等式(6.137)得到的近似。有关随机变量 z 以及贫困测度的更多细节和明确表述,可参考 Davidson 和 Duclos(2000)提出的随机占优推断的综合方法。[①]

6.5.2.2 占优:直观应用

有了定理1和定理2,我们可立即应用直观占优方法。我们可以用等式(6.127)绘出具有置信区间的经验广义洛伦兹曲线,可使用等式(6.136)和等式(6.137)在 $q = q'$ 时计算出广义洛伦兹曲线坐标方差的一致估计值。因此,我们可以立即构建一个信息丰富的分布比较图示 $(q,\hat{c}_q)$,其95%置信区间为 $[\hat{c}_q \pm 1.96 \times \widehat{\text{var}}(\hat{c}_q)]$。人们可以看出分布 F 的广义洛伦兹曲线位于分布 G 的广义洛伦兹曲线之上(二阶优势)这一结论是否合理。显然,同样的思路也可以用于经验分位数和列队收入分布图(一阶优势)的情况。

图6.16的左图(a)显示了两个独立样本的广义洛伦兹曲线,两个样本分别取自辛格-马达拉分布 F 和 G 的5000个观察值,位于95%置信区间,以百分位数 $q=0.01$, $0.02,\cdots$, 0.99 估计。F 是参数 $a = 2.8$, $b = 0.193$, $q = 1.7$ 的辛格-马达拉分布,G 是参数 $a = 3.8$,0.193 和 0.839 的辛格-马达拉分布;其均值分别为 0.169 和 0.240。该图显示,分布 G 二阶占优于分布 F,这表明基于贫困差距的贫困测度在 F 分布中表现出的贫困程度比 G 分布的更高(Jenkins and Lambert,1997)。表6.10显示了以95%置信区间从两个样本中计算出来的贫困测度(见6.4.4)。不出所料,F 的贫困指数显著高于 G。

我们还可以绘制带有置信区间的经验(相对)洛伦兹曲线。用等式(6.142)和等式(6.143)可以在 $q = q'$ 时计算出(相对)洛伦兹曲线坐标方差的一致估计值 $\widehat{\text{var}}(\hat{c}_q/\hat{\mu})$。因此,我们可以立即构建一个95%置信区间 $[\hat{c}_q/\hat{\mu} \pm 1.96 \times \widehat{\text{var}}(\hat{c}_q/\hat{\mu})]$ 的洛伦兹曲线 $(q, \hat{c}_q/\hat{\mu})$ 的图示。凭肉眼往往很难区分两条相对洛伦兹曲线,正因如此,两条相对洛伦兹曲线的差异的图示十分有用。当样本独立时,坐标间差异的方差是每个样本的方差之和。实践中,(相对)洛伦兹曲线常常交叉,在这些情况下,我们不能得到明确的排名。尽管如此,我们仍能从对洛伦兹曲线的比较中提取出关于不平等的有用信息。

图6.16的右图(b)显示了从左图(a)使用的两个样本得到的两个相对洛伦兹曲线之间的差异。两条曲线相交于上部。该图也表明,在图的下部,G 的经验洛伦兹曲线显著高于 F 的经验洛伦兹曲线,而在图的上部则相反。这表明,对收入分布底层敏感的不平等测度在 G 中比在 F 中要小些,反之,对收入分布上层更敏感的不平等测度在 F 中比在 G 中要小些。表6.10显示了在95%置信区间中从两个样本计算出来的不平等测度(见6.4.3)。注意 GE 测度

---

① 关于复杂样本设计的占优,参见 Beach 和 Kaliski(1986)及 Zheng(1999,2002)。对于侧重于洛伦兹曲线尾部交叉的另一种方法,参见 Schluter 和 Trede(2002)。对于贝叶斯方法,参见 Hasegawa 和 Kozumi(2003)。对绝对占优和极度贫困占优的延伸讨论,参见 Bishop 等(1988)以及 Xu 和 Osberg(1998);关于贫穷占优,参见 Chen 和 Duclos(2008)、Thuysbaert(2008)。

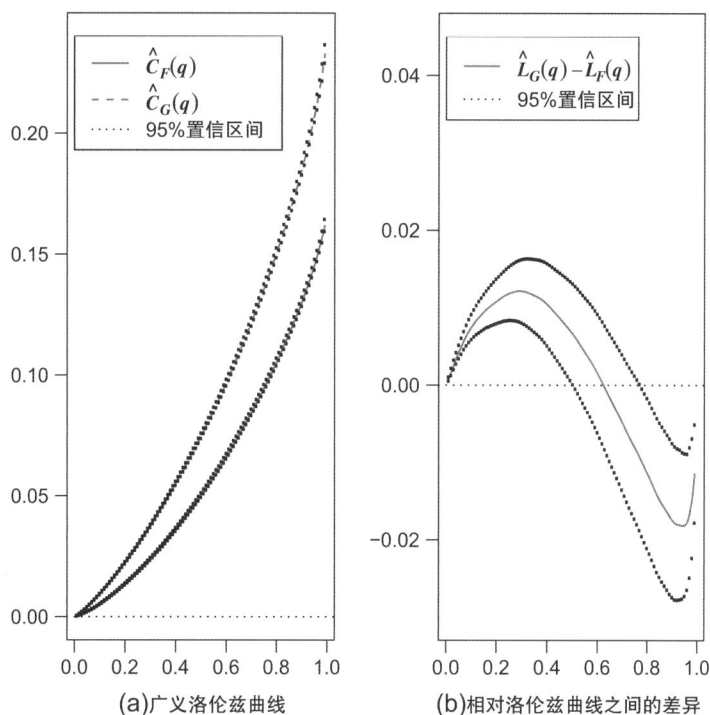

图 6.16　$n=5000$ 时的广义洛伦兹曲线以及洛伦兹曲线之间的差异

I_{GE}^{ξ} 对具有更小(更大)参数 ξ 的底(上)层收入分布更为敏感。我们发现,前文的洛伦兹曲线比较研究已经显示了这些结果。的确, G 的 I_{GE}^{-1} 显著小于 F 的,而 F 的 I_{GE}^{2} 则显著更小于 G 的。

表 6.10　从独立取自 F 和 G 分布的 5000 个观测值的两个样本中计算出的

不平等测度和贫困测度(置信区间为 95%)

测度	分布 F		分布 G	
	指数	95% 置信区间	指数	95% 置信区间
贫困测度				
P_{FGT}^{0}	0.1140	[0.1052;0.1228]	0.0180	[0.0143;0.0217]
P_{FGT}^{1}	0.0329	[0.0297;0.0360]	0.0038	[0.0028;0.0048]
P_{Sen}	0.0460	[0.0417;0.0503]	0.0055	[0.0041;0.0070]
P_{SST}	0.0635	[0.0575;0.0695]	0.0075	[0.0055;0.0096]
广义熵测度				
I_{GE}^{-1}	0.1998	[0.1858;0.2137]	0.1551	[0.1455;0.1647]
I_{GE}^{0}	0.1520	[0.1448;0.1591]	0.1418	[0.1331;0.1506]
I_{GE}^{1}	0.1458	[0.1376;0.1539]	0.1564	[0.1435;0.1693]
I_{GE}^{2}	0.1693	[0.1538;0.1847]	0.2164	[0.1863;0.2465]
I_{Gini}	0.2937	[0.2869;0.3005]	0.2920	[0.2833;0.3007]

注:贫困线是从分布 F 中抽取样本的中位数的一半: $\zeta_0 = 0.07517397$ 。

这种方法显然是临时性的,我们需要更仔细地研究所涉及的问题,这将在 6.5.2.3 和 6.5.2.4 进行讨论。含置信区间的两个经验洛伦兹曲线的图示有助于我们进行单独的比较。我们可以检验特定的洛伦兹曲线坐标在两条曲线之间是否有显著差异。为了能够得出占优或不占优的结论,我们需要同时检验一条曲线的所有坐标是否明显高于或不低于另外一条曲线的所有坐标。我们需要使用适当的检验统计量做多重比较,并同时检验几项不平等是否成立。此外,洛伦兹曲线坐标通常呈强正相关性,因此,检验统计量应考虑洛伦兹曲线坐标之间的协方差结构。

6.5.2.3 零假设:占优或不占优

对随机占优进行推断比推断单个福利指数更复杂。被检验的假设通常基于一组不平等指数。比如,一阶随机占优需符合条件

$$对于所有 y \geqslant 0, F(y) \leqslant G(y) \tag{6.147}$$

才能说分布 F 一阶随机占优于分布 G。理论文献也给出了等式(6.124)定义的一个条件,即对某些 $y, F(y) < G(y)$。但没有统计检验可以区分弱式占优和严格占优这两种形式。[1] 因为我们在下文对统计问题很感兴趣,我们对弱式占优和严格占优不做区分,把所有不平等都写为弱式占优。

对群体占优的推断将从相应的样本属性中得到。对于给定样本,我们可以通过两个分布的经验分布函数的对应函数 $F^{(n)}(x)$ 和 $G^{(n)}(x)$ 对这两个分布进行一致性估计,样本占优则可以被定义为对所有 $y, F^{(n)}(y) \leqslant G^{(n)}(y)$。很显然,如果样本具有优势,群体占优就不能被拒绝,只有样本不占优在统计学上十分显著时,群体占优才能被拒绝。同样的道理也适用于群体不占优。由此可见,为推断占优,我们应该检验不占优的零假设;为推断不占优,我们则应该检验占优的无效性。

可以用一个简单的例子来进行说明。考虑具有相同的支集和三点 $y_1 < y_2 < y_3$ 的两个分布。[2] 由于 $F(y_3) = G(y_3) = 1$,我们会说,对于 $i = 1,2$,如果 $d_i = G(y_i) - F(y_i) \geqslant 0$,则群体中的分布 F 占优于分布 G。图 6.17 显示了 $\hat{d}_1$ 和 $\hat{d}_2$ 的二维图,零假设分别为占优和不占优。对于 $i = 1,2, \hat{d}_i \geqslant 0$ 时,样本中分布 F 占优于分布 G,则在第一象限中记作 I(灰色区域),对应于样本占优,而象限 II、III 和 IV 对应于样本不占优。

首先,让我们来考虑如图 6.17(a)所示,显示占优的零假设。为了拒绝群体占优,样本中的不占优必须具有统计显著性,即拒绝区域必须足够远离占优区域,如在交叉影线区域。拒绝区域只在不占优区域,而(余下的)非拒绝区域对应于占优区域加上不占优区域内 L 形白色地带。拒绝占优的零假设则对应于不占优情形,而非拒绝的情况是不确定的。

其次,让我们来考虑如图 6.17(b)所示,在右边显示不占优的零假设。用类似的推理,我们可以看到拒绝区域是完全占优区域,而非拒绝区域由占优和不占优(L 形灰色地带)两种情况组成。拒绝不占优的无效假设则对应于占优情形,而非拒绝的情况是不确定的。

---

[1] 若一个方向的不平等维持零假设,则该检验不能拒绝平等。事实上,平等处于不平等假设的前沿,而且一项检验在统计上不能显著区分前沿和非常接近前沿这两种情况。

[2] 参见 Davidson 和 Duclos (2013)。

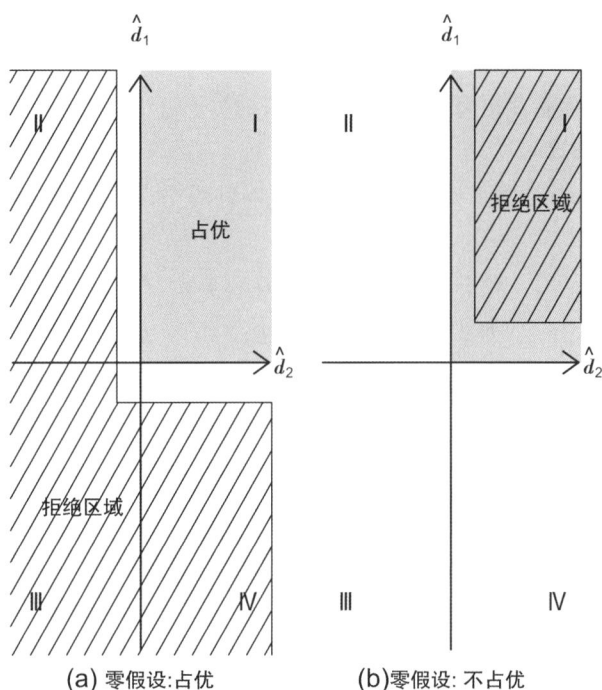

图 6.17　对占优和不占优的检验

注:第一象限 I 对应于样本(灰色区域)中 F 对 G 的占优。象限 II、III 和 IV 对应于不占优。

　　前面的例子说明了,假定不占优零假设是得出占优的有力结论的唯一方法,但需要付出代价:只有通过有力的证据支持,才能推断出占优。从图 6.17(b)中我们可以看出,拒绝不占优的零假设也相当苛刻,因为这要求统计量 $\hat{d}_1$ 和 $\hat{d}_2$ 都具有统计显著性。这可能过于苛刻,尤其是这要求两个分布的双尾倾向于相同的值,而我们通常对此获取的数据少,信息量小。Davidson 和 Duclos（2013）表明,双尾为连续分布的情况下,不可能拒绝对分布所有支集不占优的零假设,这促使他们发展受限随机占优,将注意力限制在分布中部的某个区间。

　　既有文献中最常用的方法发展了针对占优零假设的随机占优检验。[①] 前面的例子说明了统计的标准特征,不拒绝零假设并不意味着零假设就是真实的,所以选择零假设保留了允许在某种程度上出错的可能性[②],即可能错误地接受了零假设为不确定的情况[即图 6.17(a)和(b)中的 L 形地带],但是通过在有限的样本中使用属性更强大的统计检验,可以减少这种可能性。

　　最后,这两种方法可以看作是互补的。拒绝占优或不占优的零假设使我们能够通过比较两个分布分别推断出占优或不占优的情况。

---

① 参见 Beach 和 Richmond（1985）、McFadden（1989）、Bishop 等（1992）、Anderson（1996）、Schmid 和 Trede（1996）、Davidson 和 Duclos（2000）、Barrett 和 Donald（2003）、Linton 等 （2005）及 Maasoumi 和 Heshmati（2008）。

② 当系数在估计结果中不显著时,以及随后的分析基于选定的没有相关协变量的回归模型时,通常会这样做。

6.5.2.4　假设检验

对占优和不占优的零假设的统计学检验在文献中已经得到发展。我们将区分这两种情况,将它们分别解释为联合相交检验和相交联合检验。

占优零假设的情况

我们可以构建统计检验来检验占优零假设,以针对不占优替代假设。在 F 占优于 G 的零假设下,可得

$$对于一切 y \in \mathbb{Y}, H_0 : D_F^s(y) \leqslant D_G^s(y),$$

$$对于某些 y \in \mathbb{Y}, H_1 : D_F^s(y) > D_G^s(y) \tag{6.148}$$

其中,$\mathbb{Y}$ 表示包含在两个分布的支集联合中的一个给定集合。一种适当的检验统计可以被看作联合相交检验,因为零假设被表示为单个假设的相交,而替代假设被表示为单个假设的联合(Roy,1953)。自然检验是基于个体差异的上限,

$$\tau = \sup_{y \in \mathbb{Y}} [\hat{D}_F^s(y) - \hat{D}_G^s(y)] \tag{6.149}$$

如果 τ 是正值且显著,很显然零假设被拒绝。McFadden(1989)提出了基于等式(6.149)对两个独立同分布观测样本的测验。对于 $s=1$,它是具有已知属性的柯尔莫戈洛夫-斯米尔诺夫统计量的变体。对于 $s=2$,零假设下的渐近分布不易处理。Barrett 和 Donald(2003)提出了基于模拟的方法,用于估计临界值,他们考虑对比了支集(函数法)的所有点而不是某个固定数量的任意选择的点。Linton 等(2005)提出采用子抽样法,允许在一般设定中估计临界值,含任意阶 s、依赖观测值、连续支集和离散支集等。对限于固定点数($y_i, \cdots y_T$)的多重比较,也可以使用不平等限制的瓦尔德检验。注意 $\hat{D}_F^s$ 和 $\hat{D}_G^s$ 的协方差矩阵估计分别为 $\hat{\Omega}_F$ 和 $\hat{\Omega}_G$,通过求解

$$\min_{\delta \geqslant 0} (\hat{D}_F^s - \hat{D}_G^s - \delta)^\top (\hat{\Omega}_F + \hat{\Omega}_G) (\hat{D}_F^s - \hat{D}_G^s - \delta) \tag{6.150}$$

可以计算瓦尔德检验统计量。通过一种算法可以求解二次规划问题得到统计量。统计量分布是加权卡方的混合,并要求模拟方法为一致性估计(Dardanoni and Forcina,1999)。

人们可以用类似的方法检验洛伦兹占优。Bishop 等(1989)以及 Davidson 和 Duclos(1997)提出了一个固定点数的检验[1],而 Donald 和 Barrett(2004)以及 Bhattacharya(2007)已经考虑使用函数法的洛伦兹占优检测,考虑对比支集的所有点。

不占优零假设的情况

研究者已经开发其他统计检验来进行不占优零假设检验,以针对占优替代假设。在 F 不占优于 G 的零假设下,可得

$$对于某些 y \in \mathbb{Y}, H_0 : D_F^s(y) \geqslant D_G^s(y),$$

$$对于一切 y \in \mathbb{Y}, H_1 : D_F^s(y) < D_G^s(y) \tag{6.151}$$

适当的检验可以解释为相交联合检验,因为零假设被表示为单个假设的联合而替代假设被表示为单个假设的相交(Gleser,1973)。相交联合法背后的意义在于只有每一个假设都可以被拒绝时,才可以拒绝零假设。自然检验则是基于个体差异的下限,

---

[1] 另见 Bishop 等(1991a,1991b,1992)。

$$\tau' = \inf_{y \in \mathbb{Y}'}[\hat{D}_G^s(y) - \hat{D}_F^s(y)] \tag{6.152}$$

显然,如果 τ' 是正值且显著,则零假设被拒绝。统计量 τ' 必须被定义于 $\mathbb{Y}'$ 之上,即被包含在两个分布 $\mathbb{Y}$ 的联合支集内部的封闭区间,其主要原因是,如果我们考虑数据稀疏且两个分布之间差异趋于零的分布尾部时,零假设永远不会被拒绝。特别是,$\mathbb{Y}'$ 应该是去除了分布尾部的 $\mathbb{Y}$ 的限制区间。Kaur 等(1994)提出了一个基于等式(6.152)的检验:$s = 2$,具有独立样本和连续分布 F 和 G。临界值可以从正态分布中提取出来,使检验易于实现。但是,它可以具有低幂度属性(Dardanoni and Forcina, 1999)。Davidson 和 Duclos(2013)以及 Davidson(2009b)提出了针对相关样本和不相关样本,连续分布和离散分布的高阶检验,还表明了合适的自举方法允许研究者获得更好的有限样本属性。

6.6　其他估计问题

我们在 6.4 节和 6.5 节中假设数据总是取自整个群体的代表性样本。对于一些研究人员来说,这种情况是件奢侈的事情。在本节,我们将讨论在实际应用中需要考虑的一些常见问题以及处理这些问题的统计方法。

6.6.1　数据污染

数据污染指的是不属于样本的观测数据集,见 6.2.3。形式化方法的基本要素可以用基于分布函数的简单模型来解释(事实上,我们已经在不同的背景下看到了这个模型的各种元素,见 6.4.2),即不直接观测分布 $F \in \mathbb{F}$,而是在它与另一个呈现数据污染的分布混合之后再来观测。其基本模型可以用等式(6.33)表示,观察由下式给出的分布 G

$$G = (1 - \delta)F + \delta H^{(z)} \tag{6.153}$$

其中,δ 表示我们观测的混合分布的污染数据比例,$H^{(z)}$ 为基本的"污染分布"[等式(6.32)],这是在 $z \in \mathbb{Y}$ 处的单点质量。我们从这个极简的结构出发,使用比 $H^{(z)}$ 更丰富的分布与 F 分布混合,可以轻松得出对污染模型更有趣的详细描述。很多问题会立即得到显现:分析收入分配时,数据污染是否重要? 污染如何影响分布比较? 如果有理由相信污染是一个重要问题,那么如何恰当地估计收入分配模型呢?

6.6.1.1　稳健性概念

为了解决"多么重要"的问题,我们可以使用在渐近推断讨论中介绍的工具(6.4.2):精确设计影响函数来衡量统计对污染的敏感度。考虑某个统计量 T(如一个不平等测度,一个贫困指数,或一个洛伦兹坐标),则影响函数量化出无穷小的数据污染对统计量 T 的影响,即 $\frac{\partial}{\partial \delta}T(G)|_{\delta \to \infty}$(假设 T 可微分)——见 Hampel(1971, 1974)和 Hampel 等(1986)的研究。显然,这种微分的大小将取决于污染分布的精确设定:在基本模型[等式(6.153)]的背景下,这表示它将取决于点 z(污染集中地)在 $\mathbb{Y}$ 中的确切位置。特别有趣的情形是影响函数对于某些 z 值是无限的情况,对此的解释是,统计量 T 对 z 点的无穷小污染量高度敏感。目前的情况恰恰是我们所说的统计数据不稳健的情况。显然,如果统计量 T 的影响函数对于所有 z 值

是有限的,那么将 T 描述为一个稳健的统计量是有意义的。我们稍后将会参考一些稳健统计量和非稳健统计量的例子。但是在此之前,有个常识值得一提:即使我们在分析中仅使用稳健统计量,也不意味着我们可以忽略数据污染的可能性;在实践中,假定 δ 微乎其微可能是不合理的。

6.6.1.2 稳健性、福利指数与分布比较

污染问题对于我们在6.4节和6.5节讨论的工具是否重要?

基本案例。首先,采用两个属性很容易被推断出来的统计量:平均值和中位数。将式(6.32)点污染和平均值函数的线性代入式(6.153)的混合分布的定义,我们可以把观测到的混合分布的平均值写为

$$\mu(G) = \mu\left[(1-\delta)F + \delta H^{(z)}\right] = (1-\delta)\mu(F) + \delta\mu(H^{(z)}) \tag{6.154}$$

对基本点污染分布(6.32)评估(6.154),我们得到

$$\mu(G) = (1-\delta)\mu(F) + \delta z \tag{6.155}$$

观测到的均值是真实均值 $\mu(F)$ 和污染集中处 z 值的一个简单加权总和(权重为 $1-\delta$,δ)。对式(6.155)中的 δ 微分,我们得到泛函 μ 的影响函数如下:

$$\text{IF}(z;\mu,F) = z - \mu(F) \tag{6.156}$$

从等式(6.156)显而易见,随着 z 趋向于 $-\infty$ 或 $+\infty$,$\text{IF}(z;\mu,F)$ 是无界的,均值是一个非稳健统计量,因此如果想用平均数作为福利指数,那么引入一个离此分布双尾之一足够远的微小污染量,则将使均值的观测值远离其真实值。[①] 现在考虑中位数,作为(6.23)分位数函数的一个特例,设定 $q = 0.5$,用基本结果引理2得到中位数,则有

$$\text{IF}\left[z;Q(\cdot,0.5),F\right] = \frac{q - \iota[q \geq F(z)]}{f[Q(F,0.5)]} = \frac{q - \iota(y_{0.5} \geq z)}{f(y_{0.5})} \tag{6.157}$$

显然,只要在中位数 $y_{0.5}$ 有正密度,则等式(6.157)的影响函数是有界的(Cowell and Victoria-Feser, 2002),所以中位数与均值不同,是稳健统计量。其直觉很清楚:如果你把一个异常观测值放在均值的公式中,若该观测值足够大,它在与其他样本值平均时会产生巨大影响。不过,中位数仅仅标记分布的"中间"点:如果你把一个异常观测值放在中位数的右边,则该观测值的大小(在右边离中位数有多远)对观测中间点没有影响。

不平等。其实大多数常用的不平等指数的表现近似于平均值:它们是不稳健的(Cowell and Victoria-Feser, 1996b)。想知道原因,我们需检查等式(6.30)中 W_{QAD} 类福利指数的属性,而许多标准不平等测度是以此为基础的。这类指数的典型成员的影响函数为

$$\varphi[z,\mu(F)] - W_{\text{QAD}}(F) + [z - \mu(F)]\int \varphi_\mu[z,\mu(F)]\,\mathrm{d}F(z) \tag{6.158}$$

其中,$\varphi[y,\mu(F)]$ 是对方程(6.30)中的每一个个体收入 y 的估计。很明显,数据污染可能通过多条路径产生影响:一个途径是通过式(6.158)中第一项 z 的估值直接产生影响;另一个途径是通过式(6.158)的第三项即平均值产生间接影响。注意,这个间接途径包含等式(6.156)右边的表达式 $Z - \mu(F)$。由此我们可以看出,如果 $\varphi_\mu[z,\mu(F)]$ 并不是处处都为

[①] 使用等式(6.42),相同类型的推断可以用来表明洛伦兹坐标也是非稳健的(Cowell and Victoria-Feser, 2002)。

零,污染会导致准加性福利指标是非稳健的。现在考虑直接路径:显然,如果随着 z 接近无穷大时或接近零时, $\varphi[z,\mu(F)]$ 是无界的,那么 W_{QAD} 类特殊指数将会是不稳健的;对于几乎所有的常用不平等测度,情况都是如此。[1] 为什么会发生这样的事情?因为不平等测度通常被设计为对分布的一端或另一端的极端值十分敏感,因此在分布尾端置入微量的异常值污染,将对不平等实测值有很大的影响,这是因不平等测度的内嵌灵敏度而产生。以广义熵 GE 测度为例,从等式 (6.49) 至等式 (6.51) 我们可以得到:

$$\varphi[z,\mu(F)] = \frac{[z/\mu(F)]^{\xi} - 1}{\xi^2 - \xi}$$

显然,对于 $\xi \geqslant 0, z \to \infty$ 时,它是无界的;对于 $\xi \leqslant 0, z \to 0$ 时,它也是无界的。因此,就广义熵 GE 家族高敏感成员的情况而言,对于极高收入的污染,不平等指数是不稳健的;就广义熵 GE 家族低敏感成员的情况而言,对于接近零收入的污染,不平等测度也是不稳健的。[2]

贫困。相比之下,如果贫困线是外生的,或者是稳健统计量如中位数的函数(Cowell and Victoria-Feser, 1996a),那么传统贫困指数如式 (6.86) 的 FGT 类和式 (6.93) 的森指数就是稳健的。同样,其直觉是清楚明了的。依据式 (6.79),具有固定贫穷线 ζ_0 的加性分解贫困测度的影响函数为

$$\text{IF}(z;P,F) = p(z,\zeta_0) - P(F)$$

其中, $p(\cdot)$ 为贫困评估函数。从式 (6.86),我们可以得到 FGT 类贫困指数为

$$p(z,\zeta_0) = [\max(1 - z/\zeta_0, 0)]^{\xi}$$

所以 $p(0,\zeta_0) = 1$,对于 z 值, $z < \zeta_0$ 时, $p(z,\zeta_0)$ 非递增; $z \geqslant \zeta_0$ 时, $p(z,\zeta_0)$ 也非递增。简单地说,污染发生在分布的极低端(在贫困线以下),产生的影响必然在下方,但一个非常高的观测值对贫困指数没有影响,无论观测值是真正的高收入还是污染。贫困测度如 FGT 类指数在受到污染的情况下是稳健的。

6.6.1.3 模型估计

如果不平等测度通常是不稳健的,那么该做些什么来应对污染的可能性?一个可能有用的方法是使用参数化函数形式 $f(y;\theta)$ 对全部或部分收入分布进行建模,然后用模拟分布计算不平等。基于模拟分布的不平等指数的稳健性将取决于参数向量 $\theta \in R^p$ 的估计方式。比如,如果人们考虑使用最大似然估计值(MLEs),则依然存在着稳健性问题。尽管最大似然估计值在效率属性方面很有吸引力,但它们通常是不稳健的。如果我们考虑有如下特征的更宽泛的一类 M 估计量[3]

$$\sum_{i=1}^{n} \psi(y_i;\theta) = 0 \tag{6.159}$$

其中, ψ 是函数 $\mathbb{R} \times \mathbb{R}^p \to \mathbb{R}^p$,估计量具有适宜的稳健性。这些具有最小渐近协方差矩阵的

[1] 这意味着即使有比基本等式 (6.32) 更丰富的污染模型使平均值保持不变,准加性可分解的不平等指数也是非稳健的(Cowell and Victoria-Feser, 1996b)。

[2] 对数方差和基尼系数也是非稳健的,见式 (6.71),以及 Cowell 和 Victoria-Feser (1996b)、Cowell 和 Flachaire (2007)。

[3] 最大似然估计值属于等式 (6.159) 中的类型;在这种情形下, ψ 等于得分函数。

有界影响函数的 M 估计值，被称作最优偏差稳健估计值（OBRE）——见 Huber（1981）及 Hampel 等（1986）。可以将最优偏差稳健估计值看作在效率和稳健性之间进行权衡的解决方案。

定义最优偏差稳健估计值的标准方式如下：固定影响函数中的边界 $c \geqslant \sqrt{p}$；最优偏差稳健估计值则被定义为 θ 的解

$$\sum_{i=1}^{n} \psi\left(x_{i} ; \theta\right)=\sum_{i=1}^{n}\left[s\left(x_{i} ; \theta\right)-a(\theta)\right] \cdot W_{c}\left(x_{i} ; \theta\right)=0 \tag{6.160}$$

其中，得分函数 $s(x ; \theta)=\dfrac{\partial}{\partial \theta} \log f(x ; \theta)$，且

$$W_{c}(x ; \theta)=\min \left\{1 ; \frac{c}{\| A(\theta)[s(x ; \theta)-a(\theta)] \|}\right\} \tag{6.161}$$

$W_{c}(x ; \theta)$ 是根据其对估计量的影响对每个观测值进行的加权。$p \times p$ 矩阵 $A(\theta)$ 和 $a(\theta) \in \mathbb{R}^{p}$ 定义为

$$E\left[\psi(x ; \theta) \psi(x ; \theta)^{\mathrm{T}}\right]=\left[A(\theta)^{\mathrm{T}} A(\theta)\right]^{-1} \tag{6.162}$$

和

$$E[\psi(x ; \theta)]=0 \tag{6.163}$$

常数 c 是有效性（高值 c）和稳健性（低值 c）之间的调节器。等式（6.160）的求解方案通常必须通过迭代找到。[①]

6.6.2 不完整数据

我们现在转向某些信息在部分样本中无法获得的情况下如何估计和推断的问题。我们已在 6.2.3 中提到，这种情况有时是由数据提供者造成的，有时是由研究人员在试图解决 6.6.1 讨论的数据污染问题时产生的。

6.6.2.1 截尾和截断数据

在这里，我们处理 6.2.3 中把 $\underline{z}$ 和 $\bar{z}$ 作为固定边界的表 6.2 的第一行概括的情形。

截尾数据。对于表 6.2 中的情形 A 代表的数据，可以通过重新定义群体来推断完整信息情况：分布支集的界限 $(\underline{y}, \bar{y})$ 被更窄的截断界限 $(\underline{z}, \bar{z})$ 取代。如果我们想有更多发现，可以使用参数化方法来估计分布中被截断的部分。

最少信息截尾。现在考虑表 6.2 中的情形 B。显然，如果我们不使用 $\underline{z}$ 和 $\bar{z}$ 的观测点质量，这可以被视为情形 A。但如果我们想做更多处理，可以进行一阶比较。我们需要以下统计量：$\bar{n}$（完整的样本量）和 $\bar{n}$（观测值数量等于 $\underline{z}$）。

大量信息截尾。显然，在情形 C 中有可能比在前两种情形（A 和 B）中能处理的事务更多：可以处理更多的福利指数（对整个群体而言）。根据被截尾部分的信息丰富程度，有可能对洛伦兹曲线坐标和一些福利指数进行推断。首先，如果除了在讨论情形 B 时描述的信息，

---

① 见 Victoria-Feser 和 Ronchetti（1994）、Cowell 和 Victoria-Feser（1996b），对于分组数据，见 Victoria-Feser 和 Ronchetti（1997）。

样本截尾部分的均值已给出①,那么可以估计二阶排名和基尼系数。然后人们即可定义以下内容:

$$\hat{c}_{\text{low}} := \frac{1}{n} \sum_{i=1}^{n} y_{(i)}$$

$$\hat{c}_{\text{high}} := \frac{1}{n} \sum_{i=n-n+1}^{n} y_{(i)}$$

使用与完整数据情况相同的方法也可以进行推断。为此,我们还需要以下信息

$$\hat{s}_{\text{low}} := \frac{1}{n} \sum_{i=1}^{n} y_{(i)}^{2}$$

$$\hat{s}_{\text{high}} := \frac{1}{n} \sum_{i=n-n+1}^{n} y_{(i)}^{2}$$

如果样本中被排除部分的这些方差项也可得到,则对于 $q, q' \in (\underline{\beta}, \bar{\beta})$,收入累积(广义洛伦兹曲线坐标)的渐近方差和协方差被构建如下,通过以下各式分别替代式(6.127)和式(6.129)

$$\hat{c}_{q} := \hat{c}_{\text{low}} + \frac{1}{n} \sum_{i=\kappa(n,\beta)+1}^{\kappa(n,q)} y_{(i)} \tag{6.164}$$

$$\hat{s}_{q} := \hat{s}_{\text{low}} + \frac{1}{n} \sum_{i=\kappa(n,\beta)+1}^{\kappa(n,q)} y_{(i)}^{2} \tag{6.165}$$

并插入等式(6.138)。为了计算(相对)洛伦兹曲线和基尼系数的渐近方差,我们还需要以下信息:

$$\hat{\mu} = \hat{c}_{\bar{\beta}} + \hat{c}_{\text{high}}, \hat{s}_{1} := \hat{s}_{\bar{\beta}} + \hat{s}_{\text{high}}, \hat{\omega}_{q1} := \hat{s}_{q} + [q\hat{y}_{q} - \hat{c}_{q}] \hat{\mu} - y_{q}\hat{c}_{q}, \hat{\omega}_{11} := \hat{s}_{1} - \hat{\mu}^{2}$$

将这些计算结果与 6.5.2.1 中的完整信息情况进行比较,我们可以得出两个重要结论(Cowell and Victoria-Feser, 2003)。第一,如果使用了分布截尾部分的必要信息,标准误与完整信息的情况相同。第二,当截尾部分的信息不可用时,标准误较小。

6.6.2.2 修整数据

在修整数据的情况下,固定比例的样本被舍弃——见表 6.2 中的第二行。计算福利指数和进行分布比较的修整样本通常基于稳健性参数(Cowell and Victoria-Feser, 2006):异常值可能严重偏离点估计和目标分布统计量方差,见 6.6.1 中的讨论。

在这里,假定给定比例 $\underline{\beta}$ 已从分布底部移除,$1 - \bar{\beta}$ 已从分布顶部移除,如果 $(y_{\underline{\beta}}, y_{\bar{\beta}})$ 表示修整样本值的范围,则 $y_{\underline{\beta}}$ 和 $y_{\bar{\beta}}$ 是随机的。正因为如此,与对截断数据和截尾数据的讨论相反(6.6.2.1),表 6.2 中的 D 情形,需要对 6.5.2 中的完整信息分析进行更广泛的重新推断。

我们可以在已知双尾修剪比例的事实条件下,对完整分布②进行推断。截尾分布 $\bar{F}_{\beta}$ 被定义为:

---

① 在某些情况下,数据提供者可以给出这些均值。

② 已知影响函数 IF 的聚合,在整个分布上需要 IF^{T} 来导出渐近协方差矩阵,由于缺乏关于修整数据结构的信息,这看起来会使非参数技术的适用性无效。Cowell 和 Victoria-Feser(2003)表明,这种猜测是毫无根据的。

$$\tilde{F}_\beta(y) := \begin{cases} 0 & \text{如果 } y < Q(F\underline{\beta}) \\ b[F(y) - \underline{\beta}] & \text{如果 } Q(F,\underline{\beta}) \le y < Q(F,\overline{\beta}) \\ 1 & \text{如果 } y \ge Q(F,\overline{\beta}) \end{cases} \tag{6.166}$$

其中，$b := 1/[\underline{\beta} - \overline{\beta}]$。将式(6.166)的 β 截尾对应物代入式(6.25)和等式(6.128)，收入累积由下式给出：

$$c_{\beta,q} := C(\tilde{F}_{\beta;q}) = b\int_{y_{\underline{\beta}}}^{y_q} y\, dF(y) \tag{6.167}$$

$$s_{\beta,q} := S(\tilde{F}_{\beta;q}) = b\int_{y_{\underline{\beta}}}^{y_q} y^2\, dF(y) \tag{6.168}$$

式(6.26)的对应物由 $\mu_\beta := \mu(\tilde{F}_\beta)$ 给出。我们再次用经验分布 $F^{(n)}$ 替代 F，可以得到式(6.166)到式(6.168)的样本类似物。例如，用下式

$$\hat{c}_{\beta,q} := C(\tilde{F}_\beta^{(n)};q) = \frac{b}{n}\sum_{i=1}^{\kappa(n,q)} y_{(i)}\, \iota[i > \kappa(n,\underline{\beta}) + 1] \tag{6.169}$$

估计 $c_{\beta,q}$ [1]，其中 $\{y_i, i = 1,\cdots,n\}$ 是有序样本，通过截尾样本的平均值估计 μ_β：

$$\hat{\mu}_\beta := \mu(\tilde{F}_\beta^{(n)}) = \frac{b}{n}\sum_{i=1}^n y_{(i)}\, \iota[\kappa(n,\underline{\beta}) + 1 < i < \kappa(n,\overline{\beta})] \tag{6.170}$$

洛伦兹准则。应用二阶占优标准，我们需要知道截尾分布 $\tilde{F}_\beta$ 和它的经验对应分布 $\tilde{F}_\beta^{(n)}$ 的收入累积的属性。基于普通分布和截尾分布的收入累积相关表达如下：

$$C(\tilde{F}_{\beta;q}) = b[C(F;q) - C(F;\underline{\beta})] \tag{6.171}$$

从中可以清楚地发现，绘制洛伦兹曲线和广义洛伦兹曲线等都是很简单直观的。

对 $\sqrt{n}\hat{c}_{\beta,q}$ 和 $\sqrt{n}\hat{c}_{\beta,q'}$ 之间的渐近协方差估计也是同理，可应用影响函数。我们需要估计

$$\int \mathrm{IF}[z;C(\cdot;q),\tilde{F}_\beta]\mathrm{IF}[z;C(\cdot;q'),\tilde{F}_\beta]\,dF(z)$$

然后可以将这些结果与完整信息情况下的结果进行比较。[2] 使用影响函数的定义，等式(6.171)则意味着截尾数据的累积收入函数的影响函数为 [3]

$$\mathrm{IF}[z;C(\cdot;q),\tilde{F}_\beta] = -c_{\beta,q} + b[qy_q - \underline{\beta}y_{\underline{\beta}} + \iota(y_q \ge z)(z - y_q) - \iota(y_{\underline{\beta}} \ge z)(z - y_{\underline{\beta}})]$$
$$= -c_{\beta,q} + b[qy_q - \underline{\beta}y_{\underline{\beta}} - \iota(y_q \ge z)y_q + \iota(y_{\underline{\beta}} \ge z)y_{\underline{\beta}}] + b[\iota(y_q \ge z) - \iota(y_{\underline{\beta}} \ge z)]z \tag{6.172}$$

针对每一个 $z = y_i$，计算 $\mathrm{IF}[z;C(\cdot;q),\tilde{F}_\beta]\mathrm{IF}[z;C(\cdot;q'),\tilde{F}_\beta]$ 的平均值，很明显，没有 $z = y_i < y_{\underline{\beta}}$ 或者 $z = y_i > y_{\overline{\beta}}$ 的值会对计算等式(6.172)的值有帮助。

假设群体比例的集合满足 $\Theta \subset [\underline{\beta},\overline{\beta}]$，等式(6.172)则会产生以下结果(Cowell and Victoria-Feser,2003)。

---

① 请注意，在 $q = \overline{\beta}$ 时，可以得到 $\underline{\beta} = 1 - \overline{\beta}$ 的传统修剪均值，这将中位数一般化为位置的稳健估计。

② 在引理 1 中，$F(z)$ 由 $F^{(n)}$ 估计，使得积分减少到样本上的平均值。

③ 如前所述，$c_{\beta,q}$、$c_{\beta,q'}$、y_q、$y_{q'}$ 和 $y_{\underline{\beta}}$ 可以通过它们的样本对应物来估计。

定理 3

给定原始未被截尾样本大小为 n，左右两端截尾比例为 $\underline{\beta}$，$1 - \bar{\beta} \in \mathbb{Q}$，对于任何 $q, q' \in \Theta$，使 $q \leqslant q'$，下式给出 $\sqrt{n}\hat{c}_{\beta,q}$ 和 $\sqrt{n}\hat{c}_{\beta,q'}$ 的渐近协方差：

$$\varpi_{qq'} = b^2(\omega_{qq'} + \omega_{\underline{\beta}\underline{\beta}} + \omega_{\underline{\beta}q} - \omega_{\underline{\beta}q'})$$

其中，$\omega_{qq'}$ 在式（6.131）中已定义。

如果我们采取比例集合 $\Theta = \{q_i = \underline{\beta} + i/n : i = 1, \cdots, n/b\}$，可由下式估计 $\varpi_{qq'}$：

$$
\begin{aligned}
\hat{\varpi}_{q_i q_j} = & \left(q_i y_{(i)} - \underline{\beta}\, y_{(1)} - \sum_{k=1}^{i} \frac{y_{(k)}}{bn_\beta} \right) \times \left[(1 - q_j) y_{(j)} - (1 - \underline{\beta}) y_{(1)} + \sum_{k=1}^{j} \frac{y_{(k)}}{bn_\beta} \right] \\
& - \sum_{k=1}^{i} \frac{y_{(i)} y_{(k)} - y_{(k)}^2}{bn_\beta} + y_{(1)} \left(q_i y_{(i)} - \underline{\beta} y_{(i)} - \sum_{k=1}^{i} \frac{y_{(i)}}{bn_\beta} \right)
\end{aligned}
\tag{6.173}
$$

在洛伦兹曲线坐标的情形下，

$$v_{qq',\beta} = \frac{b^2}{\mu_\beta^4}(\mu_\beta^2 \varpi_{qq'} + c_{\beta,q} c_{\beta,q'} \varpi_{\bar{\beta}\bar{\beta}} - \mu_\beta c_{\beta,q} \varpi_{q'\bar{\beta}} - \mu_\beta c_{\beta,q'} \varpi_{q\bar{\beta}}) \tag{6.174}$$

给出了 $\sqrt{n}\hat{c}_{\beta,q}/\hat{\mu}_\beta$ 和 $\sqrt{n}\hat{c}_{\beta,q'}/\hat{\mu}_\beta$ 的渐近协方差，可将其与式（6.139）进行比较。

QAD 福利指数。评估不平等指数和贫困指数，我们可以再次采用 6.4 节中的方法，但此时执行式（6.166）中定义的截尾分布 $\tilde{F}_\beta$ 的计算，并再次忽略样本中被排除部分的信息。这意味着式（6.30）的截尾分布变成

$$W_{\mathrm{QAD}}(\tilde{F}_\beta) = b \int \varphi[x, \mu(\tilde{F}_\beta)] \mathrm{d}F(x) \tag{6.175}$$

下式则给出式（6.175）中 $W_{\mathrm{QAD}}(\tilde{F}_\beta)$ 的样本类似物：

$$\hat{w}_{\mathrm{QAD},\beta} := W_{\mathrm{QAD}}(\tilde{F}_\beta^{(n)}) := \frac{b}{n} \sum_{i=1}^{n} \varphi(y_{(i)}, \hat{\mu}_\beta) \iota[\kappa(n, \underline{\beta}) + 1 < i < \kappa(n, \bar{\beta})] \tag{6.176}$$

这是式（6.43）的对应，但被应用于截尾样本。估计影响函数可以得到[①]

$$
\begin{aligned}
\mathrm{IF}(z; W_{\mathrm{QAD}}, \tilde{F}_\beta) = & \, b\varphi\{\max[y_{\underline{\beta}}, \min(z, y_{\bar{\beta}})], \mu(\tilde{F}_\beta)\} - W_{\mathrm{QAD}}(\tilde{F}_\beta) + \\
& b\mathrm{IF}[z, C(\cdot; \bar{\beta}), \tilde{F}_\beta] \int_{Q(F, \underline{\beta})}^{Q(F, \bar{\beta})} \varphi_\mu[x, \mu(\tilde{F}_\beta)] \mathrm{d}F(x)
\end{aligned}
\tag{6.177}
$$

再次通过计算 $\mathrm{IF}(z; W_{\mathrm{QAD}}, \tilde{F}_\beta)$，$z = y_i, i = 1, \cdots, n$ 的平方均值[②]，可以轻易得到 $\sqrt{n} W_{\mathrm{QAD}}(\tilde{F}_\beta^{(n)})$ 的渐进方差。我们定义以下分布（对应于表 6.2 中的情形 E）：

---

① 要理解这一点，估计混合物分布和应用等式（6.34）得到

$$
\begin{aligned}
& - W_{\mathrm{QAD}}(\tilde{F}_\beta) + b\varphi[z, \mu(\tilde{F}_\beta)] \iota(z \leqslant y_{\bar{\beta}}) \iota(z \geqslant y_{\leftarrow\underline{\beta}}) - b\varphi[y_{\bar{\beta}}, \mu(\tilde{F}_\beta)] \iota(z \leqslant y_{\bar{\beta}}) \\
& + b\varphi[y_{\underline{\beta}}, \mu(\tilde{F}_\beta)] \iota(z \leqslant y_{\underline{\beta}}) + b\mathrm{IF}[z, C(\cdot; \bar{\beta}), \tilde{F}_\beta] \int_{Q(F, \underline{\beta})}^{Q(F, \bar{\beta})} \varphi_\mu[x, \mu(\tilde{F}_\beta)] \mathrm{d}F(x) \\
& + b\bar{\beta}\varphi[y_{\bar{\beta}}, \mu(\tilde{F}_\beta)] - b\underline{\beta}\varphi[y_{\underline{\beta}}, \mu(\tilde{F}_\beta)]
\end{aligned}
$$

前两行按等式（6.45）类推。第三行是通过考虑混合分布使用引理 2 影响等式（6.175）中积分极限的方式而找到的。重新排列上式给出了等式（6.177）。

② 请注意 $z = y_i < y_{\underline{\beta}}$ 或 $z = y_i > y_{\bar{\beta}}$ 对等式（6.177）的贡献度是零。

$$F_\beta^*(y) := \begin{cases} 0 & \text{如果 } y < Q(F, \underline{\beta}) \\ F(y) & \text{如果 } Q(F, \underline{\beta}) \leq y < Q(F, \bar{\beta}) \\ 1 & \text{如果 } y \geq Q(F, \bar{\beta}) \end{cases} \tag{6.178}$$

然后我们可以给出以下定理(Cowell and Victoria-Feser, 2003)。

定理 4

对截尾分布 $\tilde{F}_\beta$，$\sqrt{n} W_{\mathrm{QAD}}(\tilde{F}_\beta^{(n)})$ 的渐进方差为

$$\begin{aligned} & b^2 \mathrm{var}\{\varphi[x, \mu(\tilde{F}_\beta)]; F_\beta^*\} \\ & + 2b^3 \mathrm{cov}\{x, \varphi[x, \mu(\tilde{F}_\beta)]; F_\beta^*\} \int_{Q(F,\underline{\beta})}^{Q(F,\bar{\beta})} \varphi_\mu[x, \mu(\tilde{F}_\beta)] \mathrm{d}F(x) \\ & + b^4 \mathrm{var}(x; F_\beta^*) \left\{ \int_{Q(F,\underline{\beta})}^{Q(F,\bar{\beta})} \varphi_\mu[x, \mu(\tilde{F}_\beta)] \mathrm{d}F(x) \right\}^2 \end{aligned} \tag{6.179}$$

注意:在式(6.179)中,线性函数的方差项和协方差项是根据分布 F_β^* 定义的,与式(6.166)中的截尾分布相对。式(6.179)中的所有成分都可以从截尾样本中估算出来。

基尼系数。利用截尾数据,基尼系数可以表示为

$$I_{\mathrm{Gini}}(\tilde{F}_\beta) = 1 - 2 \int_{\underline{\beta}}^{\bar{\beta}} \frac{C(\tilde{F}_\beta, q)}{C(\tilde{F}_\beta, \bar{\beta})} \mathrm{d}q \tag{6.180}$$

使用与之前相同的过程,我们首先将截尾数据的基尼系数的影响函数估算为:

$$\begin{aligned} \mathrm{IF}(z; I_{\mathrm{Gini}}, \tilde{F}_\beta) = & \frac{2}{\mu_\beta} \int_{\underline{\beta}}^{\bar{\beta}} c_{\beta,q} \mathrm{d}q - \frac{2b}{\mu_\beta} \left[\int_{\underline{\beta}}^{\bar{\beta}} q y_q \mathrm{d}q + \int_{\underline{\beta}}^{\bar{\beta}} \iota(y_q \geq z)(z - y_q) \mathrm{d}q \right] \\ & + \frac{2}{\mu_\beta} [\iota(y_{\underline{\beta}} \geq z)(z - y_{\underline{\beta}}) + \underline{\beta} y_{\underline{\beta}}] \\ & + \frac{2}{\mu_\beta^2} \int_{\underline{\beta}}^{\bar{\beta}} c_{\beta,q} \mathrm{d}q \{ -\mu_\beta + b[\bar{\beta} y_{\bar{\beta}} - \underline{\beta} y_{\underline{\beta}} + \iota(y_{\bar{\beta}} \geq z)(z - y_{\bar{\beta}}) - \iota(y_{\underline{\beta}} \geq z)(z - y_{\underline{\beta}})] \} \end{aligned}$$

使用这一结果或定理 3 的结果,我们可以得到①

定理 5

$\sqrt{n} I_{\mathrm{Gini}}(\widehat{F}_\beta^{(n)})$ 的渐近方差为 $4b^2 \vartheta_\beta / \mu_\beta^4$，

其中

$$\vartheta_\beta = \mu_\beta^2 \int_{\underline{\beta}}^{\bar{\beta}} \int_{\underline{\beta}}^q \varpi_{q'q} \mathrm{d}q' \mathrm{d}q + \mu_\beta^2 \int_{\underline{\beta}}^{\bar{\beta}} \int_q^{\bar{\beta}} \varpi_{q'q} \mathrm{d}q \mathrm{d}q + \varpi_{\bar{\beta}\bar{\beta}} \left(\int_{\underline{\beta}}^{\bar{\beta}} c_{\beta,q} \mathrm{d}q \right)^2 - 2\mu_\beta \int_{\underline{\beta}}^{\bar{\beta}} c_{\beta,q} \mathrm{d}q \int_{\underline{\beta}}^{\bar{\beta}} \varpi_{q\bar{\beta}} \mathrm{d}q \tag{6.181}$$

以 $\hat{\mu}_\beta$ 为式(6.170)的样本均值,运用式(6.173)可以得到 ϑ_β 的估计值。

6.6.3 半参数方法

我们在这里提出的问题可能来自不同情形,如研究人员担忧数据污染和稳健性的情形

---

① 关于对影响函数 $\mathrm{IF}(z; I_{\mathrm{Gini}}, \tilde{F}_\beta)$ 和定理 5 的证明,参见 Cowell 和 Victoria-Feser(2003)。

(参见 6.6.1)或数据提供者存在截断、截尾数据的情况(参见 6.6.2)。[①]

如果我们把注意力限制在一个主要情形上,就可以简化需要分析的问题类型。如果收入分配支集的下界更低,则污染数据问题只在分布的上尾发生(Cowell and Victoria-Feser, 2002)。对分布的上尾部分使用参数模型[按较高收入的 β($\in Q$)比例建模],对分布的其余部分(较低收入的余下 $1 - \beta$ 比例)直接使用经验分布函数可能是合理的。有四个主要问题:

- 什么参数模型应该用于尾部?
- 此模型应该如何估计?
- 比例 β 应该如何选择?
- 对福利指数和占优标准有什么影响?

6.6.3.1　模型

最常用于上尾的参数模型是帕累托分布式(6.2),见 6.3.1.1 的讨论。原则上,帕累托模型有两个参数:在这里我们假定参数 y_0 是由式(6.23)定义的 $1 - \beta$ 分位数 $Q(F; 1 - \beta)$ 决定的,我们特别关注的离散参数 α 是从数据中估计出来的。[②]

半参数分布于是为

$$\tilde{F}(y) = \begin{cases} F(y) & y \leqslant Q(F; 1 - \beta) \\ 1 - \beta \left[\dfrac{y}{Q(F; 1 - \beta)} \right]^{-\alpha} & y > Q(F; 1 - \beta) \end{cases} \tag{6.182}$$

对于 $y > Q(F; 1 - \beta)$,密度 $\tilde{f}$ 为

$$\tilde{f}(y; \alpha) = \beta \alpha Q(F; 1 - \beta)^{\alpha} y^{-\alpha - 1}$$

特别是

$$\tilde{f}(y_{1-\beta}; \alpha) = \frac{\beta \alpha}{y_{1-\beta}} \tag{6.183}$$

6.6.3.2　模型估计

为了估计分布上尾的帕累托模型,人们当然可以使用极大似然估计值,但众所周知,帕累托模型的极大似然估计对数据污染很敏感(Victoria-Feser and Ronchetti, 1994)。作为代替,人们可以使用 6.6.1.3 中讨论过的最优偏差稳健估计值,取 $p = 1$。给定一个样本 $\{y_i, i = 1, \cdots, n\}$ 和影响函数的边界 $c \geqslant 1$,最优偏差稳健估计值由求解方案 $\hat{\alpha}(\tilde{F})$ 隐式定义为

$$\int_{Q(F; 1-\beta)}^{\infty} \psi[y; \hat{\alpha}(\tilde{F}), Q(F; 1 - \beta)] \mathrm{d}\tilde{F}(y) = 0$$

当 ψ 为得分函数 $s[y; \alpha, Q(F; 1 - \beta)] = \dfrac{1}{\alpha} - \log(y) + \log[Q(F; 1 - \beta)]$,我们可以得到最大似然估计值 MLE。当

$$\psi(y; \alpha) = [s(y; \alpha) - a(\alpha)] W_c(y; \alpha)$$

[①] 本节借鉴了 Cowell 和 Victoria-Feser(2007)。
[②] 对于下文的结果,须假设 α 大于 2 使方差存在。

且

$$W_c(y;\alpha) = \min\left\{1; \frac{c}{\| A(\alpha)[s(y;\alpha) - a(\alpha)] \|}\right\} \tag{6.184}$$

我们得到最优偏差稳健估计值。$A(\alpha)$ 和向量 $a(\alpha)$ 被隐式定义为

$$E[\psi(y;\alpha)\psi'(y;a)] = [A(\alpha)' A(\alpha)]^{-1}$$

$$E[\psi(y;a)] = 0$$

在6.6.1.3中已有解释,常量 c 使稳健性与效率的权衡参数化。一种常见的选择 c 的方法是选择一个效率水平(相对于最大似然估计值的效率水平),推导相应的 c 值:在帕累托模型中,$c=2$ 会导致最优偏差稳健估计值实现大约 85% 的效率。

6.6.3.3 β 的选择

很明显,我们可以通过直观地采用试探法来选择被替换的上尾比例 β。

我们也可采用 Dupuis 和 Victoria-Feser (2006) 所采用的稳健性方法进行选择,通过把帕累托模型看作一个回归模型,建立稳健的预测误差标准。通过重排等式(6.2)或等式(6.4),我们可以呈现出 y 的对数与逆 CDF 的对数间的线性关系:

$$\log\left(\frac{y}{y_0}\right) = -\frac{1}{\alpha}\log[1 - F(y;\alpha)]$$

给定一个有序数据的样本 $y_{(i)}$,与 $-\log\dfrac{n+1-i}{n+1}$, $i = 1, \cdots, n$ 相比较的帕累托回归 $\log(y_{(i)})$ 的图像可以用于图形化检测在回归图上生成的一条直线之上的那个点。

6.6.3.4 不平等和优势

半参数建模对不平等的影响显而易见。例如,如果我们想看看广义熵 GE 指数是如何受到影响的,通过将式(6.182)定义的 $\tilde{F}$ 替换到式(6.49)至式(6.51)中即可得到 $I_{GE}^{\xi}(\tilde{F})$。对于一阶和二阶占优结果,我们需要再看看分位数函数和累积收入函数。

使用式(6.182)得到的分位数函数由下式给出:

$$Q(\tilde{F},q) = \begin{cases} Q(F,q) & q \leq 1-\beta \\ Q(F;1-\beta)\left(\dfrac{1-q}{\beta}\right)^{-1/\hat{\alpha}(\tilde{F})} & q > 1-\beta \end{cases} \tag{6.185}$$

累积收入函数变为

$$C(\tilde{F};q) = \begin{cases} \displaystyle\int_{\underline{z}}^{Q(F,q)} y\,dF(y) & q \leq 1-\beta \\[2mm] \displaystyle\int_{\underline{z}}^{Q(F,1-\beta)} y\,dF(y) \\[2mm] \quad + \beta\dfrac{\hat{\alpha}(\tilde{F})}{1-\hat{\alpha}(\tilde{F})}Q(F;1-\beta)\left[\left(\dfrac{1-q}{\beta}\right)^{\frac{\hat{\alpha}(\tilde{F})-1}{\hat{\alpha}(\tilde{F})}} - 1\right] & q > 1-\beta \end{cases} \tag{6.186}$$

式(6.186)的图给出半参数广义洛伦兹曲线 GLC。半参数分布的均值由 $q=1$ 时的式(6.186)给出,即

$$\mu(\tilde{F}) = \int_{\underline{z}}^{Q(F,1-\beta)} y\,dF(y) - \beta Q(F;1-\beta)\frac{\hat{\alpha}(\tilde{F})}{1-\hat{\alpha}(\tilde{F})} = c_{1-\beta} - \beta y_{1-\beta}\frac{\hat{\alpha}}{1-\hat{\alpha}} \tag{6.187}$$

因此,运用式(6.186)和式(6.187),半参数洛伦兹曲线刚好是下式生成的图:

$$L(\bar{F};q) = \frac{C(\bar{F};q)}{\mu(\bar{F})} \qquad (6.188)$$

对半参数模型的广义洛伦兹曲线和洛伦兹曲线的估计,可以通过在式(6.182)中用 $F^{(n)}$ 替换 F,

$$\tilde{F}_{\beta}(y) = \begin{cases} F^{(n)}(y) & y \leqslant Q(F;1-\beta) \\ 1 - \beta \left[\dfrac{y}{Q(F;1-\beta)} \right]^{-\alpha} & y > Q(F;1-\beta) \end{cases} \qquad (6.189)$$

接着在式(6.186)到式(6.188)中用 $b\hat{F}_{\beta}$ 替换 $\bar{F}$ 而得到。

举例说明,考虑我们在进行各国财富分配比较时所担心的分布上尾可能受到某种污染。表 6.11 显示了在千禧年前后,对英国、瑞典和加拿大净值分布情况的一个帕累托尾部的估计结果,其中采用了两种不同方法估计 $\hat{\alpha}$(普通最小二乘估计和稳健性估计)和三个不同建模比例 β(前 10％、前 5％和前 1％)的值。[①] 很显然,计算 $\hat{\alpha}$ 的两种估计方法之间的差异很容易与国家之间的 $\hat{\alpha}$ 差异一样大。以下在 $\beta = 0.10$ 的情形下,将英国的普通最小二乘估计值、稳健性估计值与瑞典的普通最小二乘估计值进行比较。

图 6.18(a)显示了对于英国排名前 10％的情况,使用帕累托图来详细展示两种回归方法。很显然,有一些高净值观测值可以说"拉低"了普通最小二乘估计 OLS 回归线。如果像在稳健性回归中一样降低这些观测值的权重,会发现一个更平坦的回归线,对应到一个较低的 $\hat{\alpha}$ 值,因此,对前 10％群组内的不平等估计偏高。半参数模型中使用普通最小二乘估计和稳健性方法的结果,在图 6.18(b)中得到进一步说明,该图显示了由普通最小二乘估计和稳健性回归产生的原始数据洛伦兹曲线,以及半参数分布洛伦兹曲线。值得注意的是,如果认为稳健性方法适当,则整个分布的洛伦兹曲线将稳妥地位于原始数据洛伦兹曲线和普通最小二乘估计半参数分布的洛伦兹曲线的外侧。

注意普通最小二乘估计和稳健估计之间的对比在不同国家之间有很大差异。从表 6.11 中的英国与瑞典或者英国与加拿大的比较来看,差异显而易见。在瑞典和加拿大的比较中,异常值把回归线从与英国情况中的相反方向给拉了回来:稳健性估计估算出来的 $\hat{\alpha}$ 值相应地比普通最小二乘估计的 $\hat{\alpha}$ 值要高。图 6.18(c)和(d)显示了洛伦兹曲线的结果,很明显,对于瑞典与加拿大而言,稳健性估计得出的半参数洛伦兹曲线接近原始数据的洛伦兹曲线,但是普通最小二乘估计出来的洛伦兹曲线离得很远。

不同估计方法对最高的 100β％内的不平等的影响很明显,记住,参数为 α 的帕累托分布的基尼系数仅为 $1/(2\alpha - 1)$。表 6.12 显示了对整个分布的基尼系数产生的最终影响。尽管对于 $\beta = 0.10$,影响可能非常大,但在此建模的案例中,有关三个国家不平等排名的结论都没有任何改变。

---

① 数据来自卢森堡财富研究,这是一个便于国际比较的统一数据库。有关此示例的更多详细信息,请参阅 Cowell(2013)。

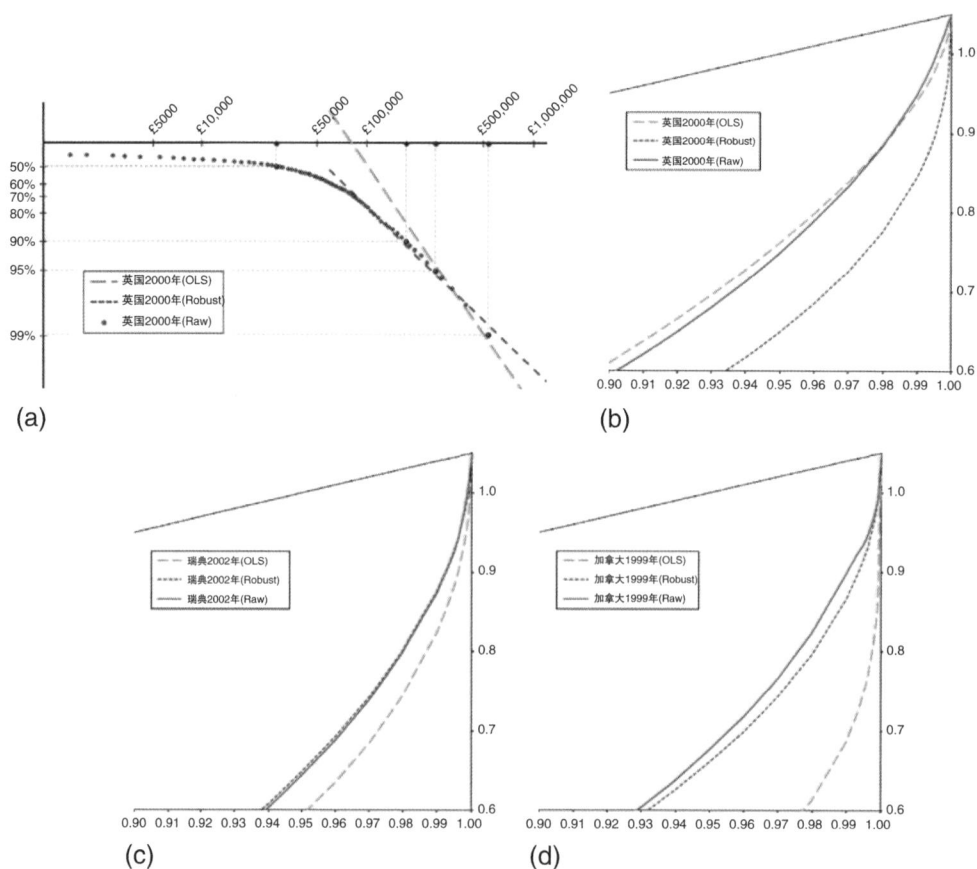

图 6.18　半参数模拟的净资产洛伦兹曲线

注:OLS 表示普通最小二乘估计;Robust 表示稳健估计;Raw 表示原始估计。

表 6.11　使用不同的 β 设定估算的净值的 α

估计	$\beta = 0.10$	$\beta = 0.05$	$\beta = 0.01$
普通最小二乘估计			
英国 2000 年	2.55	2.90	3.52
瑞典 2002 年	1.78	1.76	1.52
加拿大 1999 年	1.37	1.53	1.94
稳健性估计			
英国 2000 年	1.71	2.08	3.07
瑞典 2002 年	2.10	2.18	1.61
加拿大 1999 年	1.89	2.15	2.58

来源:卢森堡财富研究。

表 6.12　从原始数据和半参数分布估算的净值的基尼系数

估计	$\hat{I}_{Gini}$	$I_{Gini}(\hat{F}0.10)$	$I_{Gini}\hat{F}(0.05)$	$I_{Gini}(\hat{F}0.01)$
普通最小二乘估计				
英国 2000 年	0.665	0.657	0.660	0.665
瑞典 2002 年	0.893	0.901	0.901	0.902
加拿大 1999 年	0.747	0.820	0.788	0.754
稳健性估计				
英国 2000 年	0.665	0.711	0.683	0.667
瑞典 2002 年	0.893	0.893	0.892	0.900
加拿大 1999 年	0.747	0.752	0.747	0.745

来源:卢森堡财富研究。

6.7　结论

这一章篇幅长且技术性强。作者写到本章结尾时,承认有一种不安感:潜在读者中有一部分人可能没有精力来理解每一个方程和每一个脚注。因此,我们将为时间不够充裕的读者提供三类可以捕捉本章核心贡献的参考资料:

- 第一类是我们总结的希望对从业者和其他研究人员有用的经验教训;
- 第二类是包含我们讨论过的许多工具应用的一个工作实例;
- 第三类是一个对数据提供者和数据用户有用的主要公式一览表。

6.7.1　重要的经验教训:一个概述

参数的密度估计 (6.3.1)

(1)广义 Beta 分布包含收入分布的所有标准参数形式。(2)"良好"的拟合优度标准很重要:一定使用安德森-达令统计量、克莱默-冯·米塞斯统计量或 Cowell 等 (2014)的测度,勿用 χ^2 统计量。

半参数的和非参数密度估计 (6.3.2 至 6.3.4)

标准核密度方法对带宽的选择非常敏感。如果数据的集中度在样本中明显具有异质性,众所周知,标准方法 (西尔弗曼经验法则)在数据密集的分布部分往往会过于平滑,而在数据稀疏的分布部分不够平滑,但在其他情况下,表现良好。但是,这个标准方法通常可能不适合重尾的收入分布:这时使用自适应核方法或混合模型可能更合适。

福利测度(6.4 节)

(1)我们提出了一个全局性的方法来推导所有不平等测度的方差表达式。该方法使用影响函数(参考 6.4.2.1)为我们提供所需公式的捷径。(2)有必要分析双尾(希尔估计量图),使用适当的方法处理重尾分布 (参考 6.4.5.3)。

分布比较(6.5节)

(1)与福利测度一样,我们提出一个方法,再次使用影响函数的方差和协方差公式。(2)即使洛伦兹曲线出现交叉,洛伦兹曲线差异图也能提供有用的信息。

数据问题 (6.6节)

对于理解在可能存在数据污染或数据不完整的情况下我们能够做些什么,详细建模至关重要,影响函数再次成为一个很有价值的工具。(2)如果想用上尾参数模型"修正"经验分布,则需特别注意模型参数的估计方法。

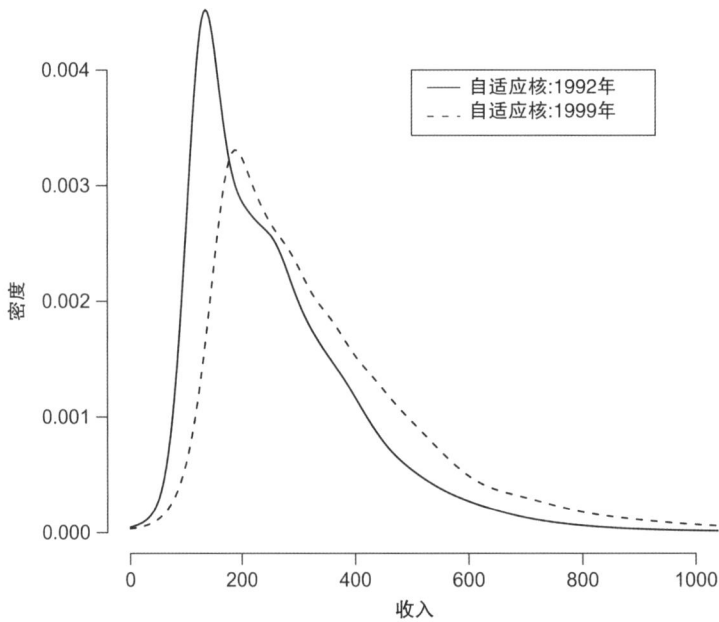

（a）自适应核密度估计

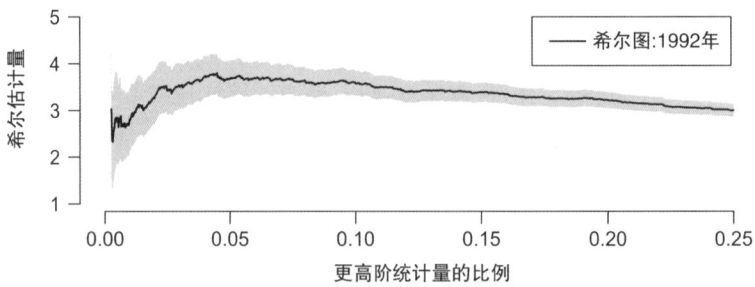

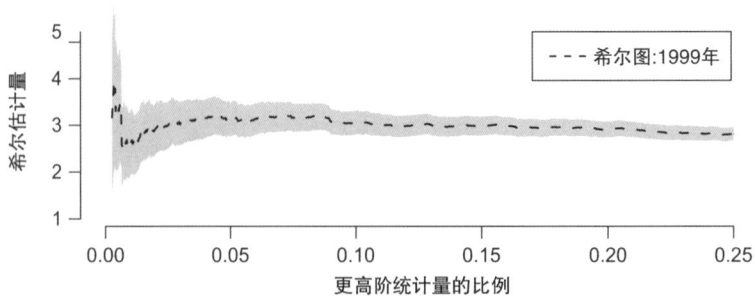

（b）尾部指数的希尔估计量（希尔图）

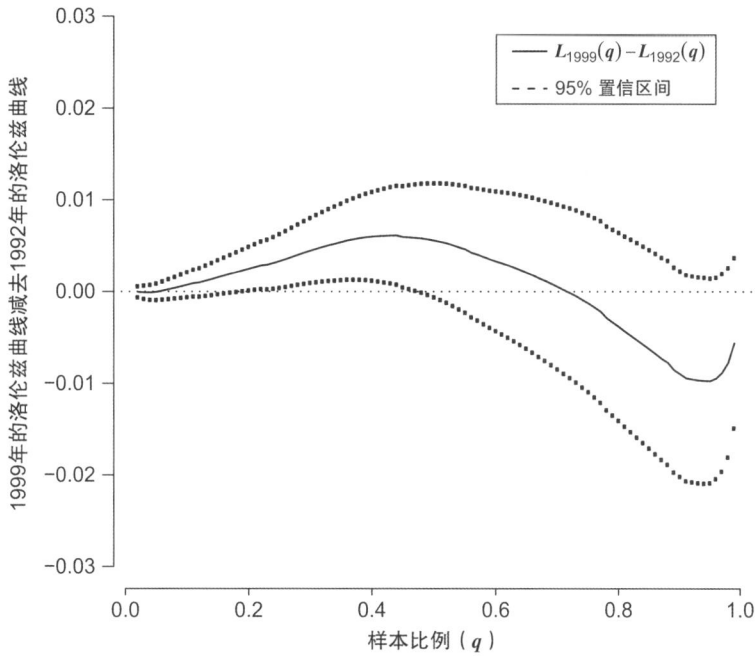

（c）洛伦兹曲线的差异

指数[a]	1992 年	1999 年	p 值[b]
I_{Gini}	0.3214	0.3200	0.7988
	[0.314;0.329]	[0.311;0.329]	
$I_{GE}^{-0.5}$	0.2279	0.2175	0.8288
	[0.190;0.369]	[0.186;0.378]	
I_{GE}^{0}	0.1742	0.1740	0.9529
	[0.166;0.184]	[0.163;0.185]	
I_{GE}^{1}	0.1794	0.1853	0.6006
	[0.167;0.194]	[0.170;0.203]	
I_{GE}^{2}	0.2415	0.2651	0.4244
	[0.210;0.288]	[0.227;0.336]	

[a] I_{GE}^{0}、I_{GE}^{1} 与 I_{GE}^{2} 分别是平均对数偏差（MLD）、泰尔指数，以及二分之一变异系数的平方。

[b] 系数相等置换检验 p 值。

（d）具有自举置信区间和系数相等置换检验 p 值的不平等测度

图 6.19　1992 年和 1999 年英国家庭收入不平等分析

6.7.2　一个工作示例

举例说明这些经验教训。我们考虑一个有关英国 1992 年和 1999 年收入分配不平等测度的经验分析。[①]

[①] 这些数据来自家庭支出调查，这是一项针对英国居民家庭样本进行的持续性调查。我们在扣除住房成本之前采用可支配住户收入，并按麦克莱门茨（McClements）定义的成人等价标准划分家庭收入，并排除自雇者。1992 年和 1999 年的观测数分别为 6597 和 5491。

1. 如 6.7.1 中所述,收入分布通常是偏态分布和重尾分布,因此依据西尔弗曼经验法则选择的固定带宽核密度估计可能不理想(参考 6.3.2)。图 6.19(a)显示了对推荐方法之一的应用,即自适应核密度(其中带宽随数据的集中程度而变化),并对 1992 年和 1999 年的收入分布进行估计。[①] 与 1992 年相比较,1999 年的收入分布的众数较小且向右移动。

2. 不平等测度的统计推断可能是不可靠的,尤其是当潜在分布相当重尾时(见 6.4.5.3 和 6.4.5.4)。希尔图在经验研究中研究尾部行为时是一个有用的工具:它呈现尾部参数的希尔估计值,这有别于用 k 阶最大顺序统计量计算的估计值。当希尔图沿着一条水平直线趋于稳定时,可以选择尾部参数估计。图 6.19(b)显示了 1992 年和 1999 年收入分布的希尔图,用于计算的顺序统计量范围为 0.25%—25%,置信区间为 95%(灰色)。1992 年的希尔估计值似乎略大于 3,而 1999 年的希尔估计值非常接近 3。这表明两者都相当重尾,但相比于 1992 年,1999 年的收入分布重尾程度更高些。[②]

3. 如果洛伦兹曲线不相交(见 6.5 节),则可以通过比较相对洛伦兹曲线(RLCs)得到有关不平等排序的有力结果。但是在经验研究中,相对洛伦兹曲线(RLCs)相交是寻常情况,我们所举的例子就是这种情况。图 6.19(c)呈现了两条洛伦兹曲线的差异。在分布的底部,1999 年的洛伦兹曲线高于 1992 年的洛伦兹曲线;在分布的顶部,情形则相反。这表明相比于 1992 年,1999 年的不平等测度对顶部(底部)分布的转移的敏感度更高(更低)。但是,95% 置信区间表明,洛伦兹曲线在每一个点上的差异在统计学意义上并不显著,因此 1992 年和 1999 年的不平等测度可能没有统计学意义上的差异。

表 6.13 用于计算不平等测度、贫困测度和(广义或相对)洛伦兹曲线坐标的系数估计和方差的公式

系数	方差:$\widehat{\mathrm{var}}(\mathrm{Coef}) = \dfrac{1}{n}\mathrm{var}(Z) = \dfrac{1}{n^2}\sum_{i=1}^{n}(Z_i - \bar{Z})^2$,其中 Z_i 等于
不平等测度	
$\hat{I}_{\mathrm{GE}}^{\xi} = \dfrac{1}{n(\xi^2 - \xi)}\sum_{i=1}^{n}\left[\left(\dfrac{y_i}{\hat{u}}\right)^{\xi} - 1\right]$	$Z_i = \dfrac{1}{\xi^2 - \xi}\left(\dfrac{y_i}{\hat{u}}\right)^{\xi} - \xi\dfrac{y_i}{\hat{\mu}}\left[\hat{I}_{\mathrm{GE}}^{\xi} + \dfrac{1}{\xi^2 - \xi}\right]$
$\hat{I}_{\mathrm{GE}}^{0} = -\dfrac{1}{n}\sum_{i=1}^{n}\log\left(\dfrac{y_i}{\hat{\mu}}\right)$	$Z_i = \dfrac{y_i}{\hat{\mu}} - \log y_i$
$\hat{I}_{\mathrm{GE}}^{1} = \dfrac{1}{n}\sum_{i=1}^{n}\left(\dfrac{y_i}{\hat{u}}\right)\log\left(\dfrac{y_i}{\hat{\mu}}\right)$	$Z_i = \dfrac{y_i}{\hat{\mu}}\left[\log\left(\dfrac{y_i}{\hat{\mu}}\right) - \hat{I}_{\mathrm{GE}}^{1} - 1\right]$
$\hat{I}_{\mathrm{MD}} = \dfrac{1}{n}\sum_{i=1}^{n}|y_i - \hat{\mu}|$	$Z_i = 2(\hat{q} - 1)y_i + 2(y_i - \hat{\mu})\iota(y_i \geq \hat{\mu})$
$\hat{I}_{\mathrm{Gini}} = \dfrac{2\sum_{i=1}^{n}iy_{(i)}}{\hat{\mu}n(n-1)} - \dfrac{n+1}{n-1}$	$Z_i = \dfrac{1}{\hat{\mu}}\left[-(\hat{I}_{\mathrm{Gini}} + 1)y_{(i)} + \dfrac{2i-1}{n}y_{(i)} - \dfrac{2}{n}\sum_{j=1}^{i}y_{(j)}\right]$

---

① 我们通过基于对数正态分布混合的估计获得了非常相似的数字。一个固定带宽的核密度估计给出了一个稍微不同的图像,其差异与图 6.9 中获得的差异非常相似。

② 请注意,如果帕累托指数>2,则帕累托分布存在方差。

续　表

系数	方差: $\widehat{\mathrm{var}}(\mathrm{Coef}) = \dfrac{1}{n}\mathrm{var}(Z) = \dfrac{1}{n^2}\sum_{i=1}^{n}(Z_i - \bar{Z})^2$,其中 Z_i 等于
贫困测度	
$\hat{P}_{\mathrm{FGT}}^{\xi} = \dfrac{1}{n}\sum_{i=1}^{n} Z_i = \bar{Z}$	$Z_i = \left\| 1 - \dfrac{y}{\zeta_0}\right\|^{\xi}\iota(y \leqslant \xi_0)$
$\hat{P}_{\mathrm{Sen}} = \dfrac{2}{m_p\zeta_0}\sum_{i=1}^{n_p}(\zeta_0 - y_{(i)})\left(n_p - i + \dfrac{1}{2}\right)$	$Z_i = \dfrac{2n}{\zeta_0 n_p}\left[\dfrac{\zeta_0}{2}\left(\dfrac{2n_p}{n} - \hat{P}_{\mathrm{Sen}}\right)\right.$ $\left. - \dfrac{2n_p - 2i + 1}{2n}y_{(i)} - \dfrac{1}{n}\sum_{j=1}^{i}y_{(j)}\right]\iota(y_{(i)} \leqslant \zeta_0)$
$\hat{P}_{\mathrm{SST}} = \dfrac{2}{\zeta_0 n(n-1)}\sum_{i=1}^{n_p}(\zeta_0 - y_{(i)})(n - i)$	$Z_i = \dfrac{2n}{\zeta_0(n-1)}\left[\zeta_0\left(1 - \dfrac{n_p}{n}\right) - \dfrac{2n - 2i + 1}{2n}y_{(i)}\right.$ $\left. + \dfrac{1}{n}\sum_{j=1}^{n_p}y_{(j)} - \dfrac{1}{n}\sum_{j=1}^{i}y_{(j)}\right]\iota(y_{(i)} \leqslant \zeta_0)$
洛伦兹曲线	
$\hat{c}_q = \dfrac{1}{n}\sum_{i=1}^{\kappa(n,q)}y_{(i)}$	$Z_{iq} = (y_i - \hat{y}_q)\iota(y_i \leqslant \hat{y}_q)$
$\hat{c}_q/\hat{\mu} = \dfrac{1}{\hat{\mu}n}\sum_{i=1}^{\kappa(n,q)}y_{(i)}$	$Z_{iq} = \dfrac{1}{\hat{\mu}^2}[\hat{\mu}(y_i - \hat{y}_q)\iota(y_i \leqslant \hat{y}_q) - \hat{c}_q y_i]$

$Z = \{Z_1, \cdots, Z_n\}$ 和 $\bar{Z} = \dfrac{1}{n}\sum_{i=1}^{n}Z_i$; $\hat{\mu} = \dfrac{1}{n}\sum_{i=1}^{n}y_i$ 为样本均值; $y_{(i)}$ 为样本的第 i 阶统计值; $\hat{q} = \dfrac{1}{n}\sum_{i=1}^{n}\iota(y_i \leqslant \hat{\mu})$; ζ_0 为贫困线; $n_p = \sum_{i=1}^{n}\iota(y_i \leqslant \zeta_0)$ 为贫困人口数; q 为样本比例; $\kappa[n,q] = \lfloor nq-q+1\rfloor$ 为不大于 $nq-q+1$ 的最大整数; $\hat{y}_q = y_{[k(n,q)]}$ 为样本分位数。$\hat{I}_{GE}^0$ 和 $\hat{I}_{GE}^1$ 分别为平均对数偏差和泰尔不平等指数。

4. 图 6. 19(d)中计算了几种不平等测度:灵敏度参数等于-0. 5、0、1 和 2 的基尼系数和广义熵类(GE)测度。众所周知,随着参数的增加(减少),广义熵类(GE)不平等测度对分布顶部(底部)的转移更敏感。此外,参数为 0、1 和 2 的广义熵类(GE)指数分别是平均对数偏差 MLD、泰尔指数、二分之一变异指标系数平方,括号内给出了标准自举置信区间。这两个分布非常重尾,但是尾部参数差别不大,可以通过置换检验获得用于检验系数相等的可靠推断(见 6. 4. 5. 4),p 值在最后一列中给出。结果表明,对分布顶部(底部)更敏感的 1999 年的不平等测度比 1992 年的要大些(小些)。但是,考虑到统计推断,我们无法拒绝 1992 年和 1999 年的不平等测度相同的假设。这些结果与之前洛伦兹曲线比较分析得出的结果是一致的。

6. 7. 3　一张一览表

最后,我们为时间不足或耐心不够的人们提供一些信息。我们在本章中提出了一个统一的方法,来计算许多不平等测度和贫困测度的方差、协方差,以及洛伦兹曲线坐标。这种统一的方法涉及一些非常简单或者说至少不是非常复杂的公式。一览表 6. 13 总结了关于分布分析中的主要统计任务的关键公式。

致谢

我们非常感谢罗素·戴维森(Russell Davidson)、斯蒂芬·詹金斯、米歇尔·卢布拉诺(Michel Lubrano)、安德烈-玛丽·塔普埃以及本书主编托尼·阿特金森和弗朗索瓦·布吉尼翁提供的宝贵意见。弗拉谢尔非常感谢麦吉尔大学和组织分析合作研究中心(CIRANO)的热情接待以及法国大学研究所和艾克斯-马赛大学经济学院的财政支持。

参考文献

Ahamada, I., Flachaire, E., 2010. Non-Parametric Econometrics. Oxford University Press, Oxford.

Aitchison, J., Brown, J. A. C., 1957. The Lognormal Distribution. Cambridge University Press, London.

Alvaredo, F., Saez, E., 2009. Income and wealth concentration in Spain from a historical and fiscal perspective. J. Eur. Econ. Assoc. 7 (5), 1140-1167.

Anderson, G., 1996. Nonparametric tests of stochastic dominance in income distributions. Econometrica 64, 1183-1193.

Atkinson, A. B., 1970. On the measurement of inequality. J. Econ. Theory 2, 244-263.

Atkinson, A. B., 1987. On the measurement of poverty. Econometrica 55, 749-764.

Autor, D. H., Katz, L. F., Kearney, M., 2008. Trends in U. S. wage inquality: revising the revisionists. Rev. Econ. Stat. 90 (2), 300-323.

Bandourian, R., McDonald, J. B., Turley, R. S., 2003. A comparison of parametric models of income distribution across countries and over time. Estadística 55, 135-152.

Bantilan, M. C. S., Bernal, N. B., de Castro, M. M., Pattugalan, J. M., 1995. Income distribution in the Philippines, 1957-1988: an application of the Dagum model to the family income and expenditure survey (FIES)data. In: Dagum, C., Lemmi, A. (Eds.), Income Distribution, Social Welfare, Inequality and Poverty. In: Research on Economic Inequality 6, JAI Press, Greenwich, pp. 11-43.

Barrett, G. F., Donald, S. G., 2003. Consistent tests for stochastic dominance. Econometrica 71, 71-104.

Barrett, G. F., Donald, S. G., 2009. Statistical inference with generalized Gini indices of inequality, poverty, and welfare. J. Bus. Econ. Stat. 27, 1-17.

Beach, C. M., Davidson, R., 1983. Distribution-free statistical inference with Lorenz curves and income shares. Rev. Econ. Stud. 50, 723-735.

Beach, C. M., Kaliski, S. F., 1986. Lorenz curve inference with sample weights: an application to the distribution of unemployment experience. Appl. Stat. 35 (1), 38-45.

Beach, C. M., Richmond, J., 1985. Joint confidence intervals for income shares and Lorenz curves. Int. Econ. Rev. 26 (6), 439-450.

Beran, R., 1988. Prepivoting test statistics: a bootstrap view of asymptotic refinements. J. Am. Stat. Assoc. 83, 687-697.

Berger, Y. G., Skinner, C. J., 2003. Variance estimation for a low income proportion. J. R. Stat. Soc.: Ser. C: Appl. Stat. 52 (4), 457-468.

Berndt, E. R., 1990. The Practice of Econometrics: Classic and Contemporary. Reading, Mass: Addison Wesley.

Bhattacharya, D., 2007. Inference on inequality from household survey data. J. Econ. 137, 674-707.

Biewen, M., Jenkins, S. P., 2006. Variance estimation for generalized entropy and atkinson inequality indices: the complex survey data case. Oxf. Bull. Econ. Stat. 68, 371-383.

Binder, D. A., Kovacevic, M. S., 1995. Estimating some measures of income inequality from survey data: an application of the estimating equations approach. Survey Methodol. 21 (2), 137-145.

Bishop, J. A., Chakraborti, S., Thistle, P. D., 1988. Large sample tests for absolute Lorenz dominance. Econ. Lett. 26, 291-294.

Bishop, J. A., Formby, J. P., Thistle, P. D., 1989. Statistical inference, income distributions and social welfare. In: Slottje, D. J. (Ed.), Research on Economic Inequality I. Connecticut: JAI Press, pp. 49-82.

Bishop, J. A., Formby, J. P., Smith, W. J., 1991a. International comparisons of income inequality: tests for Lorenz dominance across nine countries. Economica 58, 461-477.

Bishop, J. A., Formby, J. P., Smith, WJ., 1991b. Lorenz dominance and welfare: changes in the U.S. distribution of income, 1967-1986. Rev. Econ. Stat. 73, 134-139.

Bishop, J. A., Formby, J. P., Thistle, P., 1992. Convergence of the south and non-south income distributions, 1969-1979. Am. Econ. Rev. 82, 262-272.

Bishop, J. A., Formby, J. B., Zheng, B., 1997. Statistical inference and the Sen index of poverty. Int. Econ. Rev. 38, 381-387.

Boos, D. D., Serfling, R. J., 1980. A note on differential and the CLT and LIL for statistical functions, with application to m-estimates. Ann. Stat. 8, 618-624.

Bordley, R. F., McDonald, J. B., Mantrala, A., 1997. Something new, something old: parametric models for the size distribution of income. J. Income Distrib. 6, 91-103.

Bourguignon, F., Morrisson, C., 2002. Inequality among world citizens: 1820-1992. Am. Econ. Rev. 92, 727-744.

Bowman, A., 1984. An alternative method of cross-validation for the smoothing of kernel density estimates. Biometrika 71, 353-360.

Brachmann, K., Stich, A., Trede, M., 1996. Evaluating parametric income distribution models. Allg. Stat. Arch. 80, 285-298.

Burkhauser, R. V., Crews Cutts, A. D., Daly, M. C., Jenkins, S. P., 1999. Testing the significance of income distribution changes over the 1980s businesscycle: a cross-national comparison. J. Appl. Econ. 14, 253-272.

Burkhauser, R. V., Feng, S., Jenkins, S. P., 2009. Using the p90/p10 index to measure U. S. inequality trends with Current Population Survey data: a view from inside the Census Bureau vaults. Rev. Income Wealth 55 (1), 166-185.

Burkhauser, R. V., Feng, S., Larrimore, J., 2010. Improving imputations of top incomes in the public-use current population survey by using both cell-means and variances. Econ. Lett. 108 (1), 69-72.

Butler, R. J., McDonald, J. B., 1989. Using incomplete moments to measure inequality. J. Econ. 42, 109-119.

Chen, W., Duclos, J., 2008. Testing for Poverty Dominance: An Application to Canada, Discussion Paper 3829, IZA.

Chernozhukov, V., Fernandez-Val, I., Melly, B., 2009. Inference on Counterfactual Distributions, Working Paper.

Chesher, A., Schluter, C., 2002. Measurement error and inequality measurement. Rev. Econ. Stud. 69, 357-378.

Chotikapanich, D., Griffiths, W., 2008. Estimating income distributions using a mixture of gamma densities. In: Chotikapanich, D. (Ed.), Modelling Income Distributions and Lorenz Curves. Springer, New York, pp. 285-302, Chapter 16.

Chow, G. C., 1960. Tests of equality between sets of coefficients in two linear regressions. Econometrica 28:591-605.

Chung, E., Romano, J. P., 2013. Exact and asymptotically robust permutation tests. Ann. Stat. 41, 484-507.

Cowell, F. A., 1989. Sampling variance and decomposable inequality measures. J. Econ. 42, 27-41.

Cowell, F. A., 1991. Grouping bounds for inequality measures under alternative informational assumptions. J. Econ. 48, 1-14.

Cowell, F. A., 1999. Estimation of inequality indices. In: Silber, J. (Ed.), Handbook on Income Inequality Measurement. Dewenter/Kluwer, Norwell, MA, pp. 269-290.

Cowell, F. A., 2000. Measurement of inequality. In: Atkinson, A. B., Bourguignon, F. (Eds.), Handbook of Income Distribution. Elsevier Science B. V., New York, pp. 87-166, Chapter 2.

Cowell, F. A. , 2011. Measuring Inequality, third ed. Oxford University Press, Oxford.

Cowell, F. A. , 2013. UK wealth inequality in international context. In: Hills, J. R. (Ed.), Wealth in the UK. Oxford University Press, Oxford, pp. 35-62. Chapter 3.

Cowell, F. A. , Fiorio, C. , 2011. Inequality decompositions—a reconciliation. J. Econ. Inequal. 9 (99), 509-528.

Cowell, F. A. , Flachaire, E. , 2007. Income distribution and inequality measurement: the problem of extreme values. J. Econ. 141, 1044-1072.

Cowell, F. A. , Jenkins, S. P. , 2003. Estimating welfare indices: household sample design. Res. Econ. Inequal. 9, 147-172.

Cowell, F. A. , Victoria-Feser, M. -P. , 1996a. Poverty measurement with contaminated data: a robust approach. Eur. Econ. Rev. 40, 1761-1771.

Cowell, F. A. , Victoria-Feser, M. -P. , 1996b. Robustness properties of inequality measures. Econometrica 64, 77-101.

Cowell, F. A. , Victoria-Feser, M. -P. , 2002. Welfare rankings in the presence of contaminated data. Econometrica 70, 1221-1233.

Cowell, F. A. , Victoria-Feser, M. -P. , 2003. Distribution-free inference for welfare indices under complete and incomplete information. J. Econ. Inequal. 1, 191-219.

Cowell, F. A. , Victoria-Feser, M. -P. , 2006. Distributional dominance with trimmed data. J. Bus. Econ. Stat. 24, 291-300.

Cowell, F. A. , Victoria-Feser, M. -P. , 2007. Robust stochastic dominance: a semi-parametric approach. J. Econ. Inequal. 5, 21-37.

Cowell, F. A. , Jenkins, S. P. , Litchfied, J. A. , 1996. The changing shape of the UK income distribution: Kernel density estimates. In: Hills, J. R. (Ed.), New Inequalities: The Changing Distribution of Income and Wealth in the United Kingdom. Cambridge University Press, Cambridge, pp. 49-75, Chapter 3.

Cowell, F. A. , Davidson, R. , Flachaire, E. , 2014. Goodness of Fit: an Axiomatic approach. J. Bus. Econ. Stat. forthcoming.

Cowell, F. A. , Flachaire, E. , Bandyopadhyay, S. , 2013. Reference distributions and inequality measurement. J. Econ. Inequal. 11, 421-437.

Dagsvik, J. , Jia, Z. , Vatne, B. H. , Zhu, W. , 2013. Is the Pareto-Levy law a good representation of income distributions? Empir. Econ. 44, 719-737.

Dagum, C. , 1977. A new model of personal income distribution: specification and estimation. Econ. Appl. 30, 413-436.

Dagum, C. , 1980. The generation and distribution of income, the Lorenz curve and the Gini ratio. Econ. Appl. 33, 327-367.

Dagum, C. , 1983. Income distribution models. In: Banks, D. L. , Read, C. B. , Kotz, S.

(Eds.), Encyclopedia of Statistical Sciences, vol. 4. Chichester, Wiley, New York, pp. 27-34.

Dalton, H., 1920. Measurement of the inequality of incomes. Econ. J. 30, 348-361.

Daly, M. C., Crews, A. D., Burkhauser, R. V., 1997. A new look at the distributional effects of economic growth during the 1980s: a comparative study of the United States and Germany. Econ. Rev. 2, 18-31.

Dardanoni, V., Forcina, A., 1999. Inference for Lorenz curve orderings. Econ. J. 2, 49-75.

Davidson, R., 2008. Stochastic dominance. In: Durlauf, S. N., Blume, L. E. (Eds.), The New Palgrave Dictionary of Economics. second ed, vol. 7. Palgrave Macmillan, Basingstoke, pp. 921-925.

Davidson, R., 2009a. Reliable inference for the Gini index. J. Econ. 150 (1), 30-40.

Davidson, R., 2009b. Testing for restricted stochastic dominance: some further results. Rev. Econ. Anal. 1:34-59.

Davidson, R., 2010. Innis lecture: inference on income distributions. Can. J. Econ. 43, 1122-1148.

Davidson, R., 2012. Statistical inference in the presence of heavy tails. Econom. J. 15, C31-C53.

Davidson, R., Duclos, J.-Y., 1997. Statistical inference for the measurement of the incidence of taxes and transfers. Econometrica 65, 1453-1466.

Davidson, R., Duclos, J.-Y., 2000. Statistical inference for stochastic dominance and for the measurement of poverty and inequality. Econometrica 68, 1435-1464.

Davidson, R., Duclos, J.-Y., 2013. Testing for restricted stochastic dominance. Econ. Rev. 32, 84-125.

Davidson, R., Flachaire, E., 2007. Asymptotic and bootstrap inference for inequality and poverty measures. J. Econ. 141, 141-166.

Davidson, R., MacKinnon, J. G., 2000. Bootstrap tests: how many bootstraps? Econ. Rev. 19, 55-68.

Davison, A. C., Hinkley, D. V., 1997. Bootstrap Methods. Cambridge University Press, Cambridge.

Deaton, A. S., 1997. The Analysis of Household Surveys. Johns Hopkins Press for the World Bank, Baltimore, Maryland.

Dempster, A. P., Laird, N. M., Rubin, D. B., 1977. Maximum likelihood from incomplete data via EM algorithm (with discussion). J. R. Stat. Soc. B 39, 1-38.

Deville, J.-C., 1999. Variance estimation for complex statistics and estimators: linearization and residual techniques. Surv. Methodol. 25, 193-203.

DiNardo, J., Fortin, N. M., Lemieux, T., 1996. Labor market institutions and the distribution of wages, 1973-1992: a semiparametric approach. Econometrica 64, 1001-1044.

Donald, S. G. and G. F. Barrett (2004). Consistent nonparametric tests for Lorenz dominance. Econometric Society 2004 Australasian Meetings 321, Econometric Society.

Donald, S. G., Green, D. A., Paarsch, H. J., 2000. Differences in wage distributions between Canada and the United States: an application of a flexible estimator of distribution functions in the presence of covariates. Rev. Econ. Stud. 67, 609-633.

Donald, S. G., Hsu, Y. -C., Barrett, G. F., 2012. Incorporating covariates in the measurement of welfare and inequality: methods and applications. Econom. J. 15, C1-C30.

Dufour, J. -M., 2006. Monte Carlo tests with nuisance parameters: a general approach to finite-sample inference and nonstandard asymptotics in econometrics. J. Econ. 133, 443-477.

Dufour, J. -M., Flachaire, E., Khalaf, L., 2013. Permutation tests for comparing inequality measures with heavy-tailed distributions. Technical report. In: Paper Presented at the 53th Conference of the Societe Canadienne de Science Economique in Quebec.

Dupuis, D. J., Victoria-Feser, M. -P., 2006. A robust prediction error criterion for Pareto modeling of upper tails. Can. J. Stat. 34 (4), 639-658.

Dwass, M., 1957. Modified randomization tests for nonparametric hypotheses. Ann. Math. Stat. 28, 181-187.

Efron, B., 1982. The Jackknife, the Bootstrap and Other Resampling Plans, vol. 38. Society for Industrial and Applied Mathematics, Philadelphia.

Epanechnikov, V. A., 1969. Nonparametric estimation of a multidimensional probability density. Theory Probab. Appl. 14, 153-158.

Escobar, M. D., West, M., 1995. Bayesian density estimation and inference using mixtures. J. Am. Stat. Assoc. 90, 577-588.

Fan, J., Yim, T. H., 2004. A cross-validation method for estimating conditional densities. Biometrika 91, 819-834.

Ferguson, T. S., 1983. Bayesian density estimation by mixtures of normal distributions. In: Rizvi, M. H., Rustagi, J., Siegmund, D. (Eds.), Recent Advances in Statistics: Papers in Honor of Herman Chernoff on His Sixtieth Birthday. Academic Press, New York, pp. 287-302.

Fernholz, L. T., 1983. Von Mises Calculus for Statistical Functionals. Lecture Notes in Statistics, 19 Springer, New York.

Fishburn, P. C., 1980. Stochastic dominance and moments of distributions. Math. Oper. Res. 5, 94-100.

Fishburn, P. C., Lavalle, I. H., 1995. Stochastic dominance on unidimensional grids. Math. Oper. Res. 20: 513-525.

Fisher, R., 1935. The Design of Experiments. Oliver & Boyd, London.

Flachaire, E., Nunez, O., 2007. Estimation of income distribution and detection of subpopulations: an explanatory model. Comput. Stat. Data Anal. 51, 3368-3380.

Foster, J. E., Shorrocks, A. F., 1988. Poverty orderings. Econometrica 56 (1), 173-177.

Foster, J. E., Greer, J., Thorbecke, E., 1984. A class of decomposable poverty measures. Econometrica 52, 761-776.

Fruhwirth-Schnatter, S., 2006. Finite Mixture and Markov Switching Models. Springer, New York.

Gastwirth, J. L., 1971. A general definition of the Lorenz curve. Econometrica 39, 1037-1039.

Gastwirth, J. L., 1972. The estimation of the Lorenz curve and Gini index. Rev. Econ. Stat. 54, 306-316.

Gastwirth, J. L., 1974. Large-sample theory of some measures of inequality. Econometrica 42, 191-196.

Gastwirth, J. L., 1975. The estimation of a family of measures of economic inequality. J. Econ. 3, 61-70.

Gastwirth, J. L., Nayak, T. K., Krieger, A. N., 1986. Large sample theory for the bounds on the Gini and related indices from grouped data. J. Bus. Econ. Stat. 4, 269-273.

Ghosal, S., van der Vaart, A. W., 2001. Entropies and rates of convergence for maximum likelihood and bayes estimation for mixtures of normal densities. Ann. Stat. 29 (5), 1233-1263.

Gibrat, R., 1931. Les Inegalites Economiques. Sirey, Paris.

Giles, D. E. A., 2004. A convenient method of computing the Gini index and its standard error. Oxf. Bull. Econ. Stat. 66, 425-433.

Gleser, L. J., 1973. On a theory of intersection-union tests. Inst. Math. Stat. Bull. 2, 2330.

Good, P., 2000. Permutation Tests: A Practical Guide to Resampling Methods for Testing Hypotheses, second ed. Springer Series in Statistics. Springer, Heidelberg.

Guerrero, V. M., 1987. A note on the estimation of Atkinson's index of inequality. Econ. Lett. 25, 379-384.

Hadar, J., Russell, W. R., 1969. Rules for ordering uncertain prospects. Am. Econ. Rev. 79, 25-34.

Hajargasht, P., Griffiths, W. E., Brice, J., Rao, D. S. P., Chotikapanich, D., 2012. Inference for income distributions using grouped data. J. Bus. Econ. Stat. 30, 563-575.

Hall, P., Racine, J., Li, Q., 2004. Cross-validation and the estimation of conditional probability densities. J. Am. Stat. Assoc. 99, 1015-1026.

Hampel, F. R., 1971. A general qualitative definition of robustness. Ann. Math. Stat. 42, 1887-1896.

Hampel, F. R., 1974. The influence curve and its role in robust estimation. J. Am. Stat.

Assoc. 69, 383-393.

Hampel, F. R., Ronchetti, E. M., Rousseeuw, P. J., Stahel, W. A., 1986. Robust Statistics: The Approach Based on Influence Functions. John Wiley, New York.

Hasegawa, H., Kozumi, H., 2003. Estimation of Lorenz curves: a Bayesian nonparametric approach. J. Econ. 115, 277-291.

Howes, S. R., Lanjouw, J. O., 1998. Poverty comparisons and household survey design. Rev. Income Wealth. 44:99-108.

Huber, P. J., 1981. Robust Statistics. John Wiley, New York.

Jenkins, S. P., 1995. Did the middle class shrink during the 1980s? UK evidence from kernel density estimates. Econ. Lett. 49, 407-413.

Jenkins, S. P., 2009. Distributionally-sensitive inequality indices and the GB2 income distribution. Rev. Income Wealth 55, 392-398.

Jenkins, S. P., Lambert, P. J., 1997. Three ,Is of poverty curves, with an analysis of UK poverty trends. Oxf. Econ. Pap. 49, 317-327.

Jenkins, S. P., Van Kerm, P., 2005. Accounting for income distribution trends: a density function decomposition approach. J. Econ. Inequal. 3, 43-61.

Jenkins, S. P., Burkhauser, R. V., Feng, S., Larrimore, J., 2011. Measuring inequality using censored data: a multiple imputation approach. J. R. Stat. Soc. Ser. A 174 (866), 63-81.

Johnson, N. L., Kotz, S., Balakrishnan, N., 1994. Continuous Univariate Distributions, second ed. John Wiley Series in Probability and Mathematical Statistics, vol. 1. John Wiley, New York.

Kakwani, N., 1993. Statistical inference in the measurement of poverty. Rev. Econ. Stat. 75, 632-639.

Kaur, A., Prakasa Rao, B. L. S., Singh, H., 1994. Testing for second order stochastic dominance of two distributions. Econ. Theory 10, 849-866.

Kleiber, C., Kotz, S., 2003. Statistical Size Distributions in Economics and Actuarial Sciences. John Wiley, Hoboken, NJ.

Kovacevic, M. S., Binder, D. A., 1997. Variance estimation for measures of income inequality and polarization. J. Off. Stat. 13, 41-58.

Langel, M., Tille, Y., 2013. Variance estimation of the Gini index: revisiting a result several times published. J. R. Stat. Soc. A 176, 521-540.

Lemieux, T., 2006. Increasing residual wage inequality: composition effects, noisy data, or rising demand for skill? Am. Econ. Rev. 96, 461-498.

Li, J., Racine, J. S., 2006. Nonparametric Econometrics. Princeton University Press, Princeton, NJ.

Linton, O., Maasoumi, E., Whang, Y.-J., 2005. Consistent testing for stochastic dominance under general sampling schemes. Rev. Econ. Stud. 72, 735-765.

Lubrano, M., Ndoye, A. A. J., 2011. Inequality Decomposition Using the Gibbs Output of a Mixture of Lognormal Distributions, Working paper, Greqam 2011-19.

Maasoumi, E., Heshmati, A., 2008. Evaluating dominance ranking of PSID incomes by various household attributes. In: Betti, G., Lemmi, A. (Eds.), Advances on Income Inequality and Concentration Measures. Routledge Frontiers of Political Economy. Oxon, New York, pp. 47-69 (Chapter 4).

Majumder, A., Chakravarty, S. R., 1990. Distribution of personal income: development of a new model and its application to U. S. income data. J. Appl. Econ. 5, 189-196.

Mandelbrot, B., 1960. The Pareto-Levy law and the distribution of income. Int. Econ. Rev. 1 (2), 79-106.

Marron, J. S., Schmitz, H. P., 1992. Simultaneous density estimation of several income distributions. Econ. Theory 8, 476-488.

Marron, J. S., Wand, M. P., 1992. Exact mean integrated squared error. Ann. Stat. 20, 712-736.

McDonald, J. B., 1984. Some generalized functions for the size distribution of income. Econometrica 52, 647-664.

McDonald, J. B., Xu, Y. J., 1995. A generalization of the beta distribution with applications. J. Econ. 66, 133-152.

McFadden, D., 1989. Testing for stochastic dominance. In: Fomby, T. B., Seo, T. K. (Eds.), Studies in the Economics of Uncertainty. Springer-Verlag, New York, pp. 113-134.

McLachlan, G. J., Peel, D., 2000. Finite Mixture Models. Wiley, New York.

Mills, J. A., Zandvakili, S., 1997. Statistical inference via bootstrapping for measures of inequality. J. Appl. Econ. 12, 133-150.

Modarres, R., Gastwirth, J. L., 2006. A cautionary note on estimating the standard error of the Gini index of inequality. Oxf. Bull. Econ. Stat. 68, 385-390.

Monti, A. C., 1991. The study of the Gini concentration ratio by means ofthe influence function. Statistica 51, 561-577.

Nygard, F., Sandstrom, A., 1985. Estimating Gini and entropy inequality parameters. J. Off. Stat. 1, 399-412.

O'Brien, G. L., 1984. Stochastic dominance and moment inequalities. Math. Oper. Res. 9, 475-477.

O'Brien, G. L., Scarsini, M., 1991. Multivariate stochastic dominance and moments. Math. Oper. Res. 16, 382-389.

Ogwang, T., 2000. A convenient method of computing the Gini index and its standard error. Oxf. Bull. Econ. Stat. 62, 123-129.

Osberg, L., Xu, K., 2000. International comparisons of poverty intensity: index decomposition and bootstrap inference. J. Hum. Resour. 35, 51-81, Errata. Journal of Human Resources, 35(3), inside front cover page, 2000.

Paap, R., Van Dijk, H. K., 1998. Distribution and mobility of wealth of nations. Eur. Econ. Rev. 42, 1269-1293.

Pareto, V., 1895. La legge della domanda. G. Econ. Ann. Econ. 10, 59-68.

Paul, S., 1999. The population sub-group income effects on inequality: analytical framework and an empirical illustration. Econ. Rec. 75 (229), 149-155.

Pen, J., 1974. Income Distribution, second ed. Allen Lane, The Penguin Press, London, pp. 48-59, Chapter 3.

Pittau, M. G., Zelli, R., 2004. Testing for changes in the shape of income distribution: Italian evidence in the 1990s from kernel density estimates. Empir. Econ. 29, 415-430.

Pittau, M. G., Zelli, R., 2006. Empirical evidence of income dynamics across EU regions. J. Appl. Econ. 20:605-628.

Pittau, M. G., Zelli, R., Johnson, P. A., 2010. Mixture models, convergence clubs and polarization. Rev. Income Wealth 56, 102-122.

Polivka, A. E., 1998. Using Earnings Data for the Current Population Survey after the Redesign. Working Paper 306, US Bureau of Labour Statistics, Washington, DC.

Quah, D. T., 1997. Empirics for growth and distribution: stratification, polarization, and convergence clubs. J. Econ. Growth 2, 27-59.

Quirk, J. D., Saposnik, R., 1962. Admissibility and measurable utility functions. Rev. Econ. Stud. 28:140-146.

Rao, C. R., 1973. Linear Statistical Inference and Its Applications, second ed. John Wiley, New York. Ray, S., Lindsay, B. G., 2005. The topography of multivariate normal mixtures. Ann. Stat. 33, 2042-2065.

Reeds, J. A., 1976. On the Definition of von Mises Functionals: Research Report S 44. Department of Statistics, Harvard University, Cambridge, MA.

Resnick, S. I., 1997. Heavy tail modeling and teletraffic data. Ann. Stat. 25, 1805-1849.

Resnick, S. I., 2007. Heavy-Tail Phenomena: Probabilistic and Statistical Modeling. Springer Series in Operations Research and Financial Engineering. Springer, New York.

Robert, C. P., Casella, G., 2005. Monte Carlo Statistical Methods. Springer, New York.

Rothe, C., 2010. Nonparametric estimation of distributional policy effects. J. Econ. 155, 56-70.

Roy, S. N., 1953. On a heuristic method of test construction and its use in multivariate analysis. Ann. Math. Stat. 24, 220-238.

Rudemo, M., 1982. Empirical choice of histograms and kernel density estimators. Scand. J.

Stat. 9, 65-78.

Ruppert, D., Sheather, S. J., Wand, M. P., 1995. An effective bandwidth selector for local least squares regression. J. Am. Stat. Assoc. 90, 1257-1269.

Sala-i-Martin, X., 2006. The world distribution of income: falling poverty and ... convergence, period. Q. J. Econ. 121, 351-397.

Salem, A. B. Z., Mount, T. D., 1974. A convenient descriptive model of income distribution: the Gamma density. Econometrica 42, 1115-1127.

Sandstrom, A., Wretman, J. H., Walden, B., 1988. Variance estimators of the Gini coefficient: probability sampling. J. Bus. Econ. Stat. 6, 113-120.

Sarabia, J. M., 2008. Parametric Lorenz curves: models and applications. In: Chotikapanich, D. (Ed.), Modeling Income Distributions and Lorenz Curves. Springer, New York, pp. 167-190, Chapter 9.

Schechtman, A., 1991. On estimating the asymptotic variance of a function of U statistics. Am. Stat. 44:103-106.

Schluter, C., 2012. On the problem of inference for inequality measures for heavy-tailed distributions. Econom. J. 15, 125-153.

Schluter, C., Trede, M., 2002. Tails of Lorenz curves. J. Econ. 109, 151-166.

Schluter, C., van Garderen, K., 2009. Edgeworth expansions and normalizing transforms for inequality measures. J. Econ. 150, 16-29.

Schmid, F., Trede, M., 1996. Testing for first-order stochastic dominance: a new distribution-free test. Statistician 45, 371-380.

Scott, D. W., 1992. Multivariate Density Estimation: Theory, Practice, and Visualization. John Wiley & Sons, New York.

Sen, A. K., 1976. Poverty: an ordinal approach to measurement. Econometrica 44, 219-231.

Sheather, S. J., Jones, M. C., 1991. A reliable data-based bandwidth selection method for kernel density estimation. J. R. Stat. Soc. 53, 683-690.

Shorrocks, A. F., 1983. Ranking income distributions. Economica 50, 3-17.

Shorrocks, A. F., 1995. Revisiting the Sen poverty index. Econometrica 63, 1225-1230.

Silverman, B. W., 1986. Density Estimation for Statistics and Data Analysis. Chapman and Hall, London.

Singh, S. K., Maddala, G. S., 1976. A function for the size distribution of income. Econometrica 44, 963-970.

Stacy, E. W., 1962. A generalization of the gamma distribution. Ann. Math. Stat. 33, 1187-1192.

Stark, O., Yitzhaki, S., 1988. Merging populations, stochastic dominance and lorenz curves. J. Popul. Econ. 1, 157-161.

Stephens, M. A., 1986. Tests based on EDF statistics. In: d, Agostino, R. B., Stephens, M. A. (Eds.), Goodness- of-Fit Techniques. Marcel Dekker, New York, pp. 97-193.

Stone, M., 1974. Cross-validatory choice and assessment of statistical predictions (with discussion). J. R. Stat. Soc. B 36, 111-147.

Summers, R., Heston, A. W., 1991. The Penn world table (mark 5): an expanded set of international comparisons 1950-1988. Q. J. Econ. 106, 327-368.

Tachibanaki, T., Suruga, T., Atoda, N., 1997. Estimations of income distribution parameters for individual observations by maximum likelihood method. J. Japan Stat. Soc. 27, 191-203.

Thistle, P. D., 1989. Ranking distributions with generalized Lorenz curves. South. Econ. J. 56, 1-12.

Thuysbaert, B., 2008. Inference for the measurement of poverty in the presence of a stochastic weighting variable. J. Econ. Inequal. 6, 33-55.

Titterington, D. M., Makov, U. E., Smith, A. F. M., 1985. Statistical Analysis of Finite Mixture Distributions. Wiley, New York.

Verma, V., Betti, G., 2011. Taylor linearization sampling errors and design effects for poverty measures and other complex statistics. J. Appl. Stat. 38, 1549-1576.

Victoria-Feser, M. -P., 1995. Robust methods for personal income distribution models with application to Dagum,s model. In: Dagum, C., Lemmi, A. (Eds.), Income Distribution, Social Welfare, Inequality and Poverty. In: Research on Economic Inequality, 6, JAI Press, Greenwich, pp 225-239.

Victoria-Feser, M. -P., 2000. Robust methods for the analysis of income distribution, inequality and poverty. Int. Stat. Rev. 68, 277-293.

Victoria-Feser, M. -P., Ronchetti, E., 1994. Robust methods for personal income distribution models. Can. J. Stat. 22, 247-258.

Victoria-Feser, M. -P., Ronchetti, E., 1997. Robust estimation for grouped data. J. Am. Stat. Assoc. 92, 333-340.

Xu, K., Osberg, L., 1998. A distribution-free test for deprivation dominance. Econom. Rev. 17 (4), 415-429.

Xu, K., Osberg, L., 2002. The social welfare implications, decomposability, and geometry ofthe Sen family of poverty indices. Can. J. Econ. 35, 138-152.

Yitzhaki, S., Schechtman, E., 2013. The Gini Methodology: A Statistical Primer. Springer Series in Statistics, Springer, New York.

Young, A., 2011. The Gini Coefficient for a Mixture of Lognormal Population. Working Paper.

Zheng, B. , 1999. Statistical inferences for testing marginal rank and (generalized) Lorenz dominances. South. Econ. J. 65,557-570.

Zheng, B. , 2001. Statistical inference for poverty measures with relative poverty lines. J. Econ. 101, 337-356.

Zheng, B. , 2002. Testing Lorenz curves with non-simple random samples. Econometrica 70, 1235-1243.

Zheng, B. , Cushing, B. J. , 2001. Statistical inference for testing inequality indices with dependent samples. J. Econ. 101,315-335.

第二部分

证　据

第7章 收入与财富分配的长期趋势

杰斯珀·鲁瓦内 (Jesper Roine) *,

丹尼尔·瓦尔登斯特罗 (Daniel Waldenström) †

*斯德哥尔摩经济学院斯德哥尔摩转型经济研究所,瑞典斯德哥尔摩市

†乌普萨拉大学经济系,瑞典乌普萨拉市

目　录

摘要:本章回顾个人收入和财富分配的长期发展状况,讨论由观察到的发展模式得出的一些解释。我们试图回答如下问题:关于长期的收入财富分配,我们知道什么,又是如何得知的? 各个国家之间是否存在共同趋势,或者在其发展过程中是否存在共同趋势? 这些趋势又是如何与现有的不平等变化理论关联起来的呢? 本章呈现了不平等的主要趋势,在某些案例中,甚至从18世纪晚期开始。我们结合以前的研究成果与近期的研究发现,近期的发现主要与最高收入文献和财富集中的新证据相关。我们的阐述显示,在20世纪初,世界各地的不平等程度都处于历史高位,在一些国家,出现不平等之前存在持续加剧的财富集中情况,但是在大多数地方,不平等程度在19世纪一直保持着相对高的水平。在20世纪前80年里,不平等程度几乎在世界各地都有所下降,这很可能是由最高收入分配人群的财富集中度下降以及资本收入下降引起的。此后的趋势在不同国家间呈现更大差异,而且收入和财富分配也出现差异。长期经济计量证据表明,高收入分配人群的收入份额在高于平均增长速度的时期不断扩大,而民主和高边际税率均与较低的高收入分配人群的收入份额相关。

关键词:收入不平等;收入分配;财富分配;经济史;最高收入;福利制度;税收

JEL 分类代码:D31,H2,J3,N3

7.1　引言

本章回顾个人收入和财富分配的长期发展趋势的相关证据,聚焦于对个人收入分配和财富分配的实证估计,也会介绍旨在解释观察到的模式的一些观点。"长期"指的是从1750年左右英国工业起飞开始,一直延续到现在,但在很多案例中,时间跨度是从20世纪初期开始。基于可获取的数据,大多数证据来自当今的发达经济体,因此概括总结也偏向于此类国家,但这并不表示结论只与富裕国家相关。许多案例中,数据始于当今发达经济体的工业化初期,后来也加入了一些发展中国家的数据。[①]

本章试图回答的问题有:关于长期收入和财富分配,我们了解什么(怎么了解到的)? 国家间有共同的趋势吗,或者在发展进程中存在共同的趋势吗? 事实是如何与人们提出的不平等变化理论相联系的? 本章将主要利用过去十年中该领域所取得的进展,但在概述本章的主要内容和局限之前,我们首先回顾有关长期不平等的证据发展(直至近期研究)的几点内容。[②]

7.1.1　从库兹涅茨序列到住户调查,周而复始

1954年,西蒙·库兹涅茨(Simon Kuznets)在美国经济学会上做了著名的主席报告。在报告开头,他简要概括了研究不平等的长期变化必须得到的理想数据情况(Kuznets,1955)。他所描述的"经济学家的美梦"与我们今日称为"详尽个体面板数据集"的说法大体对应,数

---

① 关于发展中国家的详细处理方法,见 Alvaredo 和 Gasparini(2014)撰写的本书第9章。
② 在《收入分配手册》第一卷中,有两章涉及历史角度。其一,彼得·林德特(Peter Lindert)用英格兰和威尔士自1688年的估值来测算英国和美国两国的不平等(Lindert,2000);其二,克里斯蒂安·莫里森(Christian Morrison)用18世纪法国和瑞典的观测值探讨部分欧洲国家的发展(Morrisson,2000)。本章以这两章为基础,关注新发现,拓展这两章的研究成果。

据能够跨越好几代人则更好。他强调,应当根据家庭规模来调整收入,应当获取"一个国家所有的家庭数据而不只是顶端或底端部分的数据",他还强调控制暂时的收入波动性的重要性以及计算个人终身收入的重要性等。此外,他认为,收入和财富(积蓄)的关系对理解长期分配动态变化十分重要。

在库兹涅茨发表著名演讲后的很长一段时间里,不平等数据的各种发展都集中于这份"愿望清单"。尽管一些重要的改进都是有关历史数据的,但主要关注点还是构建当代全国住户调查和个人微观面板数据集。[①] 研究者付出很多努力让国家间的数据可用于比较,例如卢森堡收入研究(LIS)及其近期的配套项目卢森堡财富研究等。基于这些及其他类似的项目,其他数据汇编[如世界收入不平等数据库(WIID)]也都补充进来。[②] 这些发展着实推动了不平等理论的实证研究,并使之能解决若干重要的新问题。然而对微观数据的关注使我们忽略了一些问题,特别是关于长期发展的问题。鉴于大部分家庭调查的数据和整体的微观数据的特点,基于这些数据的"长期"就自然变得相当局限了,一般只能涵盖几十年。[③] 如此短的时间跨度令人遗憾,因为研究经济发展和结构变化相关的问题要求一个更长的时间跨度。

但近期的研究带来了翻天覆地的变化。Piketty(2001a,2003)的突破性研究拓展了Kuznets(1953)在其开创性作品中首次使用的一些方法,前者用所得税数据得出 20 世纪法国最高收入人群的收入份额的一个序列,自此许多国家采取了类似的方法。为了得到尽可能同质化的数据,新数据采用了类似的数据方法,这些数据目前可供 26 个国家使用。大部分新数据收录于 Atkinson 和 Piketty(2007,2010)编辑的两卷书中,书中还包含一些方法论和数据概括的章节。[④] 完整的数据库收录于该网站:http://g-mond. parisschoolofeconomics. eu/topincomes/。随着更多研究的进行,数据也在更新。

大多数数据序列跨越了整个 20 世纪,有的甚至更长,使得这些数据集在处理长期的问题上表现出独特的能力。当然这些数据还有其他特征,如相对较高的频率(通常以年为单位)、以来源分解收入的可能性,以及研究分配顶端人群变化的可能性。这些特征都很重要,为长期的不平等发展研究提供了新的视角,后文有更加详尽的讨论。对长期的重新关注和对不平等历史来源的再评估也促进了对财富分配的历史性趋势的研究(如 Dell et al.,2007;Kopczuk and Saez,2004;Piketty et al.,2006。详见 7.3 节)。

既有研究的主体部分扩展和总结了库兹涅茨的开拓性研究,并根据研究聚焦的分配顶

[①] 库兹涅茨(1963)更新了他的序列,并且加入了更多年份和国家的数据。其他研究者,如 Adelman 和 Taft Morris(1973),汇编了 19 世纪晚期收入分配的数据集,但是这些数据的可靠性备受争议(如 Paukert,1973)。关于财富不平等的长期发展,Atkinson 和 Harrison(1978)做出了综合性的探究,此外,Lampman(1962)、Atkinson 等(1989)、Soltow(1968,1971)、Lindert(1986,1987)、Wolff(1987)以及 Wolff 和 Marley(1989)也进行了研究。关于长期收入不平等研究,Soltow(1968,1969,1971)、Williamson 和 Lindert(1980a,1980b,1981)、Willliamson(1980)做出了各自的贡献。更多参考信息和综述,可以参见 Brenner 等(1991)的引言部分,或者 Lindert(2000)和 Morrison(2000)。

[②] 尽管研究者做出了努力,但对这些数据的使用仍然存在问题。Atkinson 和 Brandolini(2001)指出,这些不平等数据汇编来自不同的来源,使用这些数据存在隐患。

[③] 见托马斯·皮凯蒂(Thomas Piketty)在 Atkinson 和 Piketty(2007)中撰写的引言部分。

[④] 与此相关的文献,见 Piketty(2014)。

端人群的特点进行命名。这类文献只观察高收入人群(一般占据收入排名的前十分之一,有时会更少)并将他们的收入和总收入估计联系起来,因此可用"最高收入文献"来概括。最高收入人群的收入份额虽不能用于解释总人口中很大比例人群的变化,但并不表示此数据只适用于富人,最高收入文献既有助于我们理解整体不平等的长期变化,也有助于我们理解最高收入群体内部的更多发展细节,两方面都很重要,这在后文中会有更详尽的说明。

最后,我们应该明白问题的关键并不总是在于选择正确的不平等测度。事实上,在长期的不平等研究中,数据的可用性往往是一种强约束。在这种情况下,不同测度之间的关系变得重要,我们想知道如下问题的答案:"不同的不平等测度之间有什么关系? 这个测度在多大程度上可以代表我们最想观察的东西?"在探究长期的不平等发展时,已知的和应知的探究方法必须是务实的,这些方法需要的是谨慎阐释,而不是一味顺从。Kuznets (1955) 曾说,"收入结构的趋势可以识别,但非常模糊",我们由此应该继续改进这些有根据的猜测。这并不是说,我们能做到的最好的情况只是采用不同的来源和方法,将长期观察得到的零散结果黏合起来。实际上,许多的近期研究观点指向相反的方向。说到底,我们需要综合理解以下问题:我们实际上在观察什么? 不同的测度之间有什么联系? 这些测度和我们想要检验的模型或理论之间有什么联系?

7.1.2　本章框架

除引言以外,本章包含以下三个部分:一是收入长期不平等趋势,二是财富长期不平等趋势,三是对于这些趋势的可能解释,以及这些趋势和不平等决定因素理论间的联系。

7.1.2.1　最高收入人群的收入份额及其他长期收入不平等测度

7.2 节主要关注从最高收入研究项目中得出的长期收入不平等的新证据,其中包括一些新增数据点。[①] 这意味着收入不平等一般指的是总收入,也就是说包括所有的税前收入,不包括大部分转移资金。我们会先简要讨论本章中使用的方法和数据类型,然后概述最重要的发现成果。第一,我们回顾了普遍趋势,以及这些发展在多大程度上可以普遍地用于描述不同国家。[②] 第二,我们强调了研究最高十分之一收入人群内部多个不同面向的重要性,因为结果显示,这是一个异质性程度非常高的群体。在此,我们还提出了所谓的"份额内份额"测度,得出了不同的最高收入群体的相对发展状况。第三,我们还强调了根据收入来源分解收入的必要性,在过去的历史性不平等文献中,这方面没有受到多少关注,但是因为现在的收入具有所得税来源的特性,研究可以做得更仔细,这对于认识不平等的发展相当重要。我们还会讨论如何处理已实现资本收益的重要性。

之后,我们把基于最高收入人群的收入份额的研究结果与基于其他不平等来源和测度的研究结果联系起来,利用不同来源和方法考虑最高收入人群的收入份额测度,并且基于其他测度来测算其他历史不平等的估值(测度包括职业间工资差异、要素价格差异和生活前景

[①] 用近期发现的数据资源,我们计算出了芬兰 1865 年、1871 年、1877 年和 1881 年的最高收入份额。

[②] 各国研究中的大部分都收录于这两卷中(Atkinson and Piketty, 2007, 2010),所有的数据都能在世界最高收入数据库(WTID)中找到。越来越多的国家给出了可用的数据,这些新数据及其内容、来源和调整等都将增添到该数据库中。将 Atkinson 和 Piketty (2007, 2010) 与 WTID 结合起来,能提供更多关于数据特性的细节以及用于帮助理解各国发展的解释。

差异等),特别是,本章讨论和更新了最高收入人群的收入份额在多大程度上能准确地代表不平等的其他测度的相关证据。结合以上内容,我们试图总结出 1750 年至 2010 年间收入不平等的发展状况。

7.1.2.2 财富分配的长期趋势

7.3 节呈现了财富不平等长期发展的证据。与对收入不平等的趋势讨论相似,我们首先回顾不同的数据来源和以往预测财富分配的实验方法,大多数研究财富分配的方法和检测收入分配趋势的方法类似,尤其是,我们通常把一个定义保持不变的参照总人口的最高收入份额,及其在财富总额估值中所占的比重作为不平等的测度。在最高收入案例中,我们还强调了研究最高收入人群的内部小群体的重要性。

然而,对收入集中和财富集中的研究存在一些重要差异。定义和测量个人财富更为困难,且财富数据的性质与收入数据不同。尽管相关财富分配的信息在历史上一直都被收集(英国 1086 年的《末日审判书》是一个众所周知的早期例子),但财富持有者大多还没有被系统性地直接征税。被征税的大部分资产是转移财产,尤其是死后转移财产。实际上,已知的大多数分配信息来自继承税或遗产税数据,人口调查收集到的财富数据偶尔也能做补充。本章涵盖了以下内容:面对这些困难时,研究者是如何测量财富分配的,跨国数据对比在多大程度上是有意义的。

讨论完研究方法之后,我们进而呈现研究得到的大量结果。本研究涵盖了十个现代工业化国家从各自工业化的开端到当前的数据。对于其中一些国家(芬兰、荷兰、挪威和瑞典),本章还会呈现一些对财富集中度的新增估算。①

7.1.2.3 寻找解释

7.4 节探讨观察所得的事实背后的一些可能的解释。我们应该如何将长期的收入和财富分配方面的变化同社会其他发展联系起来?在多大程度上,存在全球性的因素和事件,能以类似的方式影响所有的国家(可能在国家间有时滞)?什么理论能阐明资本收益的转变?什么理论能够解释为何最高收入份额不断增长?对于源自工资和资本的总收入,我们应该如何衡量其发展?从回归分析中,又能得到什么证据?

我们先讨论一些宏观主题,这些主题常被作为不平等的原因(有时候是结果),然后简述这些因素的发展和我们的证据有什么联系。我们将会探讨我们的序列研究和广义的全球发展是如何相辅相成的,例如全球化、科技革命、战争、经济冲击和经济发展模式,然后关注一些更为具体的方面。首先,我们讨论一些强调资本收益的理论、劳动所得和资本间的相互作用以及累积税收效应,这些都是 20 世纪上半叶最高收入份额下降的关键影响因素,对二战后经济复苏迟缓也产生了重要的影响。其次,我们探讨一些可能解释最高工资上涨的机制,例如技能型科技变革、管理层薪酬的上涨以及相关的所谓超级明星理论,这些都被认为是众多国家最高收入份额近期上涨的重要因素。最后,我们回顾计量经济学研究的思路,这些研究试图利用新的长期不平等数据来揭示相关的发展情况。

---

① 我们增加了芬兰 1987 年到 2005 年、荷兰 1993 年到 2000 年以及 2006 年到 2011 年、挪威 21 世纪和瑞典 2007 年的最高财富份额的观测值(增加到以往研究中已经考察的观测中)。

本章可能涉及的理论显然具有选择性,并不完善,这是基于我们选择阅读有助于理解长期不平等发展的那部分材料,特别是过去十年产出的新证据。此外,本章大部分内容可见于前人的最高收入文献综述和调查(Atkinson and Piketty, 2007, 2010; Atkinson et al., 2010, 2011; Leigh, 2009; Piketty, 2005; Piketty and Saez, 2006)、变化中的收入分配综述(Atkinson, 2008a)以及财富集中趋势的综述(Atkinson, 2008b; Davies and Shorrocks, 2000; Ohlsson et al., 2008; Wolff, 1996)。总之,本章主要聚焦于如 Lindert (2000) 和 Morrison (2000)那样的立足于前人调查基础上的最新研究。

7.1.3　本章不涉及什么?

长期不平等现象中的许多研究和部分问题不在本章所述范围之内。有四个核心的主题本章未加以讨论,但它们仍然与本章讨论的内容密切相关。其中两个未讨论的主题与本章的描述范围相关,其他两个主题更多涉及如何理解发展问题。

首先,本章不涉及流动问题,而是重点关注重复横截面数据。[①] 在一种收入分配中,有个体不断出现和消失在分配顶部(或底部),根据个体上一年的分布位置,根本无法预测其下一年的位置,这种分配显然与那种每个个体长期固定其位置的收入分配存在显著差异。现实情况显然是处于这两个极端分布之间的,但重要的是,少数研究能够直接解决上述问题(或问题的某个方面),它们的结论是:截面数据的趋势不是由流动变化造成的,这个趋势能捕捉实际的不平等。[②] 总而言之,尽管从理论上看,不平等的重复截面可能会误导不平等的长期变化,但实际上不一定。

其次,研究的时间起点大概在英国工业革命开始之际(对于年代如此久远的数据,仅有少数国家能提供指标),20 世纪初期以后,数据会更加详尽。近期,很多研究都很有趣,开发了一些巧妙的方法来估算近代社会的分配结果。[③] 这些研究增进了我们对不平等的理解,包括其在历史事件和长期演进中的作用。然而,由于这些早期数据多基于职业分组或社会阶层,因此将本章的序列与早年估算联系起来时需要更加谨慎。

再者,本章不会回顾有关长期不平等发展的理论,无论是细节还是整体都不会涉及。我们使用的替代方法是,高度精练地概述一些想法和建议机制,这样有助于解释数据研究中取得的主要进步。[④]

最后,我们主要将不平等作为计量经济学方程式中的左侧变量来讨论,也就是说本章主要讨论如何理解不平等现象及其决定因素的发展,而不平等对其他发展的影响不会占用很多篇幅,例如经济增长、政治结果和健康。[⑤] 当然,这种区分在某种意义上说是人为的,任何

[①] 有关收入流动性的更多研究,可见马库斯·扬蒂和斯蒂芬·詹金斯撰写的本书第 10 章。关于最高收入分配流动性的更多研究,可见 Björklund 等 (2012)。

[②] 有些学者研究了 20 世纪的收入流动性,如 Kopczuk 等 (2010) 研究了美国的代内流动性,Björklund 等 (2009) 和 Lindahl 等 (2012) 研究了瑞典的代际收入流动性,此外,Long 和 Ferrie (2007) 研究了美国和英国自 19 世纪以来的职业流动性。

[③] 例子可见:Soltow 和 van Zanden (1998)、Milanovic (2006)、Borgerhoff Mulder 等 (2009)、Friesen 和 Scheidel (2009),以及 Milanovic 等 (2011)。

[④] 《收入分配手册》第一卷的第 5 章 (Piketty, 2000) 概述了长期不平等理论。第 14 章提到了宏观经济学理论中的不平等问题,第 15 章提到了继承流动和不平等的关系。

[⑤] 例如,Atkinson (1997) 和 Aghion 等 (1999) 综述了不平等和经济增长的关系,Leigh 等 (2011) 综述了收入和健康的关系。

程度的资源分配都会构成经济和政治决策的基础,从而决定了下一个时期的分配。[①] 因此,很多问题最终都不是单向因果关系,而是长期动态相互作用的结果。不过,根据我们对因果关系的理解来分解问题通常很有效。在这种分解中,我们的重点是弄清不平等现象是如何改变的,为何改变,而不平等对社会其他发展的影响结果不是我们研究的重点。

7.2　收入不平等的长期趋势

西蒙·库兹涅茨在其1953年的著作《高收入阶层在收入和储蓄中占有的份额》中提出了第一个可比的长期收入分配序列。[②] 他的主要创新是使用了1913年至1948年间美国所得税统计数据,并将纳税人(高收入者)的收入与所有个人收入的估值联系起来。[③] 用他的话说:

> 基本步骤是比较联邦所得税申报表上的人数、收入和全国总人口、总收入数据……除了近几年,纳税申报的人口仅占总人口的小部分——最高收入水平的那部分——收入份额的估值只适用于小部分上层人士。在一定的限制下,同一来源的各种类型的收入可以进行比较。

> Kuznets(1953)

美国的序列数据以及英国和德国的观察数据[④]表明,高收入人群所占份额一直在下降,至少从20世纪20年代以来就在下降,这些序列形成了著名的"库兹涅茨曲线"理论的实证基础。[⑤]

库兹涅茨的序列没有得到系统更新,即使税收数据和总收入来源都是可得的,且这些数据都在发展。[⑥] 不过近年来有一种现象,被称为库兹涅茨方法论再发现,这种再发现极大增进了关于收入分配的长期变化的认识。Piketty(2001a,2001b,2003)对法国长期不平等的研究非常有影响力,以此为开端,许多研究人员使用同样的方法论创造了各国(目前是26个国

---

① 例如,这一点在 Acemoglu 等(2005)的理论框架中有所解释。

② 如托马斯·皮凯蒂(Piketty, 2007)指出:"这应该是第一个长期收入分配序列(至少从里卡多和马克思的年代开始,收入分配就在推断性经济观点的中心,但是没多少数据)。"

③ 以往有研究用到税收数据,但没有和最高收入联系起来。例如,Bowley(1914)和 Stamp(1914, 1916)用到了英国的数据,Crum(1935)、Johnson(1935, 1937)和 Tucker(1938)用了美国的数据。在 Kuznets(1953)序列出现几年前,南非经济学家赫伯特·弗兰克尔(Herbert Frankel)和汉斯·赫茨菲尔德(Hans Herzfeld)在研究南非的欧洲人的收入分配时用了相似的方法(Frankel and Herzfeld, 1943)。

④ 他还比较了印度、斯里兰卡、波多黎各、肯尼亚和津巴布韦的观察结果,但是这些国家没有时间序列的数据。

⑤ 据此,收入不平等程度呈倒 U 形变化,随着工业化的进程而上升,因为起初只有少部分员工在高效率的部门工作,但是最终会下降趋势,因为生产技术逐渐在整个经济体中传播开来。值得注意的是他是如何得出这一结论的:库兹涅茨发现了不平等在下降之后,认为这种下降出现在众多相反作用的因素中是一个谜团,因而创建了这一理论。他尤其强调了存款集中的累积效应,随着时间发展,存款集中可能会加深不平等程度。7.4 节会再谈到库兹涅茨著作的这部分内容以及收入和财富的相互作用。

⑥ Kuznets(1963)再次研究了这个主题,并添加了一些年份和国家的数据。

家)收入不平等序列,其他国家也在开展这项研究。① 对于大多数国家而言,这些数据跨越了整个 20 世纪,有的甚至更长。托马斯·皮凯蒂在其两卷本著作的第一卷(Atkinson and Piketty,2007,2010)的导言中介绍了这项研究的大部分内容:"从某种意义上说,我们在这个项目中所做的就是扩展和类推库兹涅茨在 20 世纪 50 年代初做的工作,不同之处是,我们现在有 50 多年的数据,涵盖了 20 多个国家而不是一个国家。"

长时间的覆盖范围是这个项目最明显的数据优势。对于大多数国家来说,这个序列从 20 世纪初开始,有的甚至更早。当然,项目也有其他重要的方面。首先,数据的收集频率很高(以年为单位),这已被证明对于解释一些历史发展很重要,特别是世界大战和大萧条期间最高收入受到的短期性大冲击。其次,这些数据为跨国对比提供了支持,因为它们主要来源于各国的同类型数据,也就是所得税统计数据,并且这些数据通常没有顶层编码(top coding)。最后,也许也是最关键的,这些数据是根据收入来源(即工资或资本收入)进行分解的,而这对于了解不平等的长期发展来说至关重要,特别是收入和财富之间的相互作用。

当然,使用这些数据也有很大的局限性。第一,数据仅能反映最高收入人群的收入份额的发展,并不能反映分配中其他部分的情况(但是,正如 7.2.3 中所示,事实证明,与最高收入人群的收入份额更相关的是更加常规的分配测度,如基尼系数)。第二,税前收入和转移收入是研究重点。第三,分析单位和收入概念由税法确定,不同国家税法各异,有个别国家的税法随着时间的变迁而变化,这意味着我们不能对家庭规模进行调整。然而必须指出的是,针对这些变化,研究者已经做出了大量努力来调整,使国家序列至少在不同的时间能保持一致(但仍有一些跨国比较问题没有得到解决)。第四,考虑到大多数国家的避税和逃税问题,用税收统计数据作为收入的信息来源可能会有问题。

7.2.1　最高收入文献中的方法和数据

"部分人口获得的收入占总收入的份额有多少呢?"要回答这个基本问题,需要弄清三件事情。第一,我们需要知道总收入是什么、它是如何定义的、有多少。第二,我们需要决定探讨的是哪类人群(所有个体、所有成年人、所有家庭等)。第三,我们需要这类人群的收入和分类信息,再来比较他们的收入份额和总收入份额。Piketty(2001a)发展了 Kuznets(1953)的首创理论(该理论成为一种方法论被用于最高收入文献中),并将纳税人口的评估收入与所有家庭部门的收入联系起来。过去只有那些收入最高的人才被征税,他们有义务上交个人纳税申报表,所以他们的收入必须与参考总收入相关,应不仅适用于纳税人口中的每个人,还应对整个群体起参考作用,也就是说,参考总人口和收入还需要包括没有提交报税表和收入的个人。我们必须使用聚合数据来源来构建这些关系,如人口统计(数量很多)、人口普查数据(确实存在)和国民账户(历史数据很少)。用最高纳税单位数量及其收入除以参考税收人口和参考总收入,可以计算出最高收入人群的收入份额。假设最高收入接近帕累托分布,则可以使用标准插值技术和标准外推技术来计算各种顶端分位数的收入份额,如前 10%(即 P90—100)或前 0.01%(即 P99.99—100)。

---

① 表 7.3 列出了目前有数据的国家和时间范围。

在下一节中，我们会简述基本数据、同质性收入份额计算等相关问题，这就需要考虑以下方面：税收数据的性质、运用的典型调整方法、人口总数的构造、收入总额的构造、使用的插值技术、份额间估值的关系，还有一些其他方面，如部分年度收入。有关方法论更详细的讨论，请参见 Atkinson(2007)。

7.2.1.1　税收统计和收入定义

在 19 世纪晚期和 20 世纪初期，许多国家使用了累进的所得税制，税务机关公布了全部的个人纳税申报表。这些表格按年公布，将收入归于不同的收入等级中，每个级别会公布人口数量（一般是税收单位）和所评估的总收入。表 7.1 是 1951 年瑞典的情况，表中列举了通常可用的信息类型。

与大多数其他收入数据来源一样，列表的收入统计数据与任何理论上的收入全面定义都不相符，倒是和税法里的定义相符。[①] 更为重要的是，这一纳税收入概念中包含的内容经常随时间和国家而变化。在最高收入文献研究中，每个国家都想达到一个主要目标，就是使估计值尽可能具有可比性，这就需要定义收入概念，然后调整税收数据。几乎所有国家的最高收入研究采用的收入概念都是某种形式的总收入，其定义为所有来源的收入，就是除允许的扣除金额（主要是利息支付）以外的，在征税和转移支付之前发生的收入总和。因此，总收入包括要素收入（劳动所得和资本收入）和企业养老金，两部分加起来就等于市场收入，另外还包括应税转移收入（公共养老金和一些社会福利）。雇主和雇员支付的社会保障缴款一般不包括在内，因为它们不属于税基。[②]

表 7.1　税收统计中的分组收入数据（以瑞典为例，1951 年）

收入组别	纳税单位数量	收入/千瑞典克朗	平均收入/千瑞典克朗	累积纳税单位数量	累积纳税单位比例/%	累积收入/千瑞典克朗	累积收入比例/%
0—0.6	154414	43002	0.3	3969635	100.00	23274169	100.00
0.6—1.0	222940	111491	0.5	3815221	96.11	23231167	99.82
1.0—1.5	235230	261731	1.1	3592281	90.49	23119676	99.34
1.5—2.0	239850	392751	1.6	3357051	84.57	22857945	98.21
2.0—2.5	225110	503851	2.2	3117201	78.53	22465194	96.52
2.5—3.0	193550	552984	2.9	2892091	72.86	21961343	94.36
3.0—3.5	189590	591231	3.1	2698541	67.98	21408359	91.98
3.5—4.0	177800	682637	3.8	2508951	63.20	20817128	89.44
4.0—4.5	180030	761374	4.2	2331151	58.72	20134491	86.51
4.5—5.0	182160	917150	5.0	2151121	54.19	19373117	83.24

[①] 在海格-西蒙斯（Haig-Simons）对收入的著名定义中，包含了隐含租金、附加雇佣福利和资本收益等项目。应税收入中通常不包含这些项目。

[②] 从概念上讲，社会保障金纳入总收入可能是有理由的，因为研究发现，缴款人很大程度上是低工资的工人，这不仅影响到收入不平等的估值（程度变得更低），还会波及税收转移制度再分配效应的研究（参见 Bengtsson et al. , 2012；Piketty and Saez, 2007）。

续　表

收入组别	纳税单位数量	收入/千瑞典克朗	平均收入/千瑞典克朗	累积纳税单位数量	累积纳税单位比例/%	累积收入/千瑞典克朗	累积收入比例/%
5—6	373140	2144387	5.7	1968961	49.60	18455967	79.30
6—7	385710	2633731	6.8	1595821	40.20	16311580	70.08
7—8	345720	2753591	8.0	1210111	30.48	13677849	58.77
8—10	437440	4096471	9.4	864391	21.78	10924258	46.94
10—12	177860	1927328	10.8	426951	10.76	6827787	29.34
12—15	112370	1507572	13.4	249091	6.27	4900459	21.06
15—20	72140	1216108	16.9	136721	3.44	3392887	14.58
20—30	43010	1005136	23.4	64581	1.63	2176779	9.35
30—50	14958	621526	41.6	21571	0.54	1171643	5.03
50—100	5319	341690	64.2	6613	0.17	550117	2.36
100	1294	208427	161.1	1294	0.03	208427	0.90
总计	3969365	23274169	5.9				

数据来源：瑞典统计局（1956）。

即使总收入的概念似乎已经有一个明确的定义，收入仍有一些广泛的分类，这可能会随着时间和国家的差异而出现可比性问题，例如转移支付的税务处理（通常与工作相关，例如病假工资、失业保险和养老金等）有时就归在税基里，近几十年来，北欧国家都是如此。归于税基是因为它们不是"纯粹"的转移，而是集体保险计划的一部分，需要先工作才能得到这种转移。① 随着时间的推移，应税转移通常变得越来越重要，但在各国的规模也变得相差甚远。Roine 和 Waldenström（2008）分别计算了瑞典包括这种转移和不包括这种转移的最高收入份额，结论是，在 20 世纪的大部分时间里，两种最高份额的差异很小，但近年来最高收入人群的收入份额的增长受市场收入的影响显著大于总收入（包括应税转移）。在影响最大的一年中，两者差额几乎是 1%（约占收入份额的 15%），但主要趋势没有改变（考虑到这些系统在瑞典很重要，这很可能是该影响的上限）。

另一个领域是资本收入的纳入（或排除），特别是已实现的资本收益。许多国家已经逐渐将部分资本收入排除在税基以外，如果最高收入群体得到了这些收入，那么随着时间的推移，最高收入人群的收入份额会被低估。尽管有息银行存款和企业红利收入很容易被观察到，也包括在大多数国家的应纳税收入概念中，但有些资本收入仍是难以察觉的，如房屋隐含租金和已实现的资本收益。估算业主的住房收入需要住户层面的房屋存量信息，而这些信息不能持续获得。但如果能够预估房屋租金，我们相信这会加强在 20 世纪我们所观察到的平等现象，但其可能对早期的影响更为模糊。② 关于资本收益对长期趋势的影响，7.2.2.3

① 当然有其他的因素，如政治经济学解释了为什么政客要决定同时征收转移税和要素收入税。
② 在 20 世纪的大部分发达经济体中，房屋所有权遍布了全体人口，参见 Atkinson 和 Harrison（1978）对英国的研究和 Waldenström（2014）对瑞典的研究。

将做进一步讨论。

在许多国家,历史所得税数据还给出了收入分配中不同的收入来源,如工资收入、资本收入和营业收入。这些表格通常根据其总收入对收入获得者进行排序,于是任何一个来源的收入数额得以在每一个总收入阶层内部列出。表7.2是1951年瑞典的统计案例。如同总收入一样,通过来源统计的收入可能不遵循理论上最合适的概念,相反却能反映税法中的收入定义,这在1951年瑞典的例子中是相当明确的,该表由三四个收入来源组成,这些来源能反映资本收入,包括利息、股息(在税务数据中称为"资本收入")、(隐含)财产收入、已实现的资本收益和部分符合农业财产估算的农业收入。劳动收入在理论上不仅包含在目前定义的"劳动收入"中,而且也包含在商业(或企业)收入以及反映劳动力的农业收入中。

7.2.1.2 人口参考总量

基于"纳税单位"的概念,税收统计参考了全国纳税单位的总量,每个人都得提交报税表。在澳大利亚、加拿大、意大利和西班牙等国家,税款需个人提交,参考群体自然就是所有超过某个年龄段的居民。在法国、德国和美国这样的国家,税收以家庭为单位缴纳,家庭定义为已婚夫妇或单身成年人(或同父母住且有独立收入的成年子女),在这些情况下,参考人群就是成年人总数减去所有已婚妇女(她们与丈夫一起纳税),且"成年人"再次被定义为某一年龄以上的个人。在一些国家,如芬兰、瑞典和英国,税收单位的定义随时间而变化。例如在芬兰,1935年前的税收以家庭为单位,1935年之后对已婚夫妇实行了单独征税。1943年纳税单位又成了家庭,直到1976年重新引入个人所得税。在瑞典,1967年以前,纳税以家庭为单位,当时引入的是个人税收选择,直到1971年,个人税收成为强制性的规则。在英国,1991年以前,家庭是纳税单位,之后以个人为单位。[①] 以上案例中,人口总数都得做出相应的改变。偶尔存在重叠的时期或法律,同时允许对家庭或个人征税。在这些情况下,我们必须选择适当的参考总数来进行评判。表7.3概述了我们分析中涵盖的所有26个国家的最高收入数据的主要特征,以及对纳税单位的定义。

表7.2 收入来源(以瑞典为例,1951年)

收入组别	劳动	利息和股息	财产	实现资本收益	农业	商业	总收入
0—0.6	33(75)	6(14)	2(4)	1(1)	1(1)	1(2)	43(100)
0.6—1	99(88)	6(5)	2(1)	1(0)	2(1)	4(3)	111(100)
1—1.5	230(87)	15(5)	3(1)	1(0)	7(2)	7(2)	262(100)
1.5—2	339(86)	21(5)	5(1)	1(0)	17(4)	11(2)	393(100)
2—2.5	424(83)	22(4)	6(1)	2(0)	26(5)	25(4)	504(100)
2.5—3	470(84)	20(3)	7(1)	2(0)	36(6)	20(3)	553(100)
3—3.5	483(81)	16(2)	7(1)	2(0)	52(8)	33(5)	591(100)
3.5—4	546(79)	14(2)	4(0)	3(0)	79(11)	41(5)	683(100)

---

① 除了这些法律上的变化,数据的上报方式和税法也存在出入。例如在瑞典,1951年到1966年的数据是以个人的形式上报的,即使夫妻是共同征税。

续　表

收入组别	劳动	利息和股息	财产	实现资本收益	农业	商业	总收入
4—4.5	604(79)	13(1)	5(0)	1(0)	95(12)	45(5)	761(100)
4.5—5	750(81)	17(1)	2(0)	2(0)	95(10)	54(5)	917(100)
5—6	1772(82)	32(1)	7(0)	3(0)	221(10)	113(5)	2144(100)
6—7	2252(85)	27(1)	5(0)	3(0)	201(7)	150(5)	2634(100)
7—8	2403(87)	31(1)	4(0)	5(0)	181(6)	135(4)	2754(100)
8—10	3470(849)	56(1)	12(0)	10(0)	290(7)	270(6)	4096(100)
10—12	1550(80)	30(1)	13(0)	9(0)	167(8)	167(8)	1927(100)
12—15	1124(73)	31(2)	13(0)	13(0)	164(10)	177(11)	1508(100)
15—20	831(67)	53(4)	12(1)	12(0)	132(10)	187(15)	1216(100)
20—30	668(65)	48(4)	18(1)	14(1)	92(9)	180(17)	1005(100)
30—50	390(61)	40(6)	14(2)	11(1)	36(5)	142(22)	622(100)
50—100	207(60)	28(8)	12(3)	2(0)	16(4)	79(22)	342(100)
100	108(52)	29(13)	8(3)	1(0)	10(4)	53(25)	208(100)
总计	18753(80)	552(2)	162(0)	98(0)	1917(8)	1893(8)	23274(100)

注:收入单位为百万克朗,括号内为所占份额(单位为%)。

数据来源:瑞典统计局(1956)。

当然,纳税单位概念不同也带来了一个重要问题:"这种因时间和国家而异的管理机制,对于分析长期不平等趋势有多重要?"例如将成年人的年龄界限定在 15 岁或者 20 岁是否会产生影响? 基于合理的假设,Atkinson(2007)回答了这些问题。年龄界限为 15 岁或 20 岁(通常替代跨度会更小)最多会造成 6%(注意不是百分点)的差异。如果年龄起点为 20 岁,顶端的一个百分位数份额为 10%,那么起点为 15 岁时则为 10.6%。以个人或家庭(或住户)为纳税单位,会带来更宽的最大界限。对比一下两种极端的情况:最高收入的夫妻,一种是两人收入相同,另一种是一方的收入为零,前 1%的份额可以从 10%降低到 8.3%,或者从 10%增加到 11.8%(纳税由共同缴变成单独缴)。在可以计算出个人和夫妻最高收入人群的收入份额时,差异通常会更小。Leigh(2005)认为,一般来说,除非丈夫和妻子的收入相等,否则与家庭纳税的数据相比,基于个人的纳税数据可能会(但不应该)导致更不平等的收入分配。总体而言,纳税单位的变动和年龄限制的影响对下文讨论的长期趋势来说影响不大。

7.2.1.3　收入参考总额

通常有两种方式计算收入参考总额,无论是哪一种方式,都可以从个人报税表上的所有收入总和开始,再加上不包括在法定税基中的款项,以及不申报纳税的个人预估收入(不包括子女)。计算也可以从国民账户项目"个人部分总收入"开始,从这个广义概念中扣除那些没有包含在被偏好的收入定义中的所有项目(估值)。在数据允许的范围内,这两种算法都是可取的,均能呈现各自过程之间存在的潜在差异大小。实际上,由于缺乏数据,特别是早期的数据,这些计算可能遇到困难。鉴于此,通过对可获得数据的时间范围进行校准,参考收入总额通常设定为国内生产总值的一定份额（见表7.3）。

以下给出的不同部分之间的关系（引自 Atkinson，2007；Atkinson et al.，2011）能有效地解释这两种方式（不论是从最高份额扣除一些项目还是从最低份额增加一些项目）。

表7.3　最高收入数据的主要特征

国家	主要来源	覆盖年份	纳税单位，截至年龄	收入概念	参考收入的基础	是否包含资本收益
澳大利亚	Atkinson and Leigh（2007a）	1921—2002（82y）	Ind. 15+	GI	Nat. Acc.	包含，在应税部分
阿根廷	Alvaredo（2010）	1932—1973（39y）	Ind. 20+	GI	Nat. Acc.	不包含
加拿大	Sacz and Veall（2005）	1920—2000（81y）	Ind. 20+	GI	Nat. Acc.	不包含（但1971年以后包含）
中国	Piketty and Qian（2009）	1986—2003（18y）	Ind./Fam.	GI（包括转移支付）	Survcy	不包含
哥伦比亚	Alvaredo and Vélez（2013）	1993—2010（18y）	Ind. 20+	GI	Tax stat.	包含
丹麦	Atkinson and Søgaard（2013）	1870—2010（97y）	Fam. 18+（1969年以前）；Ind. 15+（1970年以后）	GI, AI	Tax stat.	包含
芬兰	Jäntti et al.（2010）	1920—2004（85y）	Ind. 16+	Gross/AI	Tax stat.	不包含
法国	Piketty（2001a，2003）	1900—2006（92y）	Fam.	GI	Nat. Acc.	不包含
德国	Dell（2007，2008）	1891—1918（57y）	Fam. 21+	GI	Nat. Acc.	包含，在应税部分
印度	Banerjee and Piketty（2009）	1922—1988（71y）	Ind.	GI	Nat. Acc.	不包含
印度尼西亚	Leigh and van der Eng（2009）	1920—1939，1982—2004（34y）	Fam.	NI（农业股份有限公司除外）	Nat. Acc. 至1939年；Survey（1982年以后）	不包含
爱尔兰	Nolan（2007）	1922—2000（68y）	Fam. 18+	NI	Nat. Acc.	不包含
意大利	Alvaredo and Pisano（2010）	1974—2004（29y）	Ind. 20+	GI	Nat. Acc.	不包含（但1981年以后包含）
日本	Moriguchi and Saez（2008）	1886—2005（119y）	Ind. 20+	GI	Nat. Acc.	不包含
毛里求斯	Atkinson（2011）	1933—2008（74y）	Fam. 15+	GI（经过调整）	Nat. Acc.	不包含
荷兰	Salverda and Atkinson（2007），Atkinson and Salverda（2005）	1914—1999（55y）	Fam. 15+	GI	Survey	不包含

续　表

国家	主要来源	覆盖年份	纳税单位，截至年龄	收入概念	参考收入的基础	是否包含资本收益
新西兰	Atkinson and Leigh（2007b）	1921—2002（79y）	Fam.（1952 年以前）；Ind.（1953 年以后）15+	AI（1940 年以前）；GI（1945 年以后）	Nat. Acc.	包含，在应税部分
挪威	Aaberge and Atkinson（2010）	1875—2006（67y）	Ind. 16+	GI	Nat. Acc.	包含
葡萄牙	Alvaredo（2010）	1936—2005（64y）	Fam. 20+	GI	Nat. Acc.	不包含
新加坡	Atkinson（2010）	1947—2005（57y）	Ind. 15+	GI	Nat. Acc.	不包含
西班牙	Alvaredo and Saez（2009）	1933—2005（49y）	Ind. 20+	GI	Nat. Acc.	不包含（但1981 年以后包含）
南非	Alvaredo and Atkinson（2011）	1913—2007（71y）	Fam. 15+（1989 年以前）；Ind. 15+（1990 年以后）	GI	Nat. Acc.	不包含（到2002 年）
瑞典	Roine and Waldenström（2008）	1903—2006（75y）	Fam.（1950 年以前）；Ind.（1951 年以后）16+	GI	Nat. Acc.（1950 年前）；Tax stat.（1951 年以后）	包含或不包含的数据都有
瑞士	Dell et al.（2007）	1933—1995/1996（31y）	Fam. 20+	GI	Nat. Acc.	不包含
英国	Atkinson（2005，2007a）	1908—2005（95y）	Fam.（1989 年以前）；Ind.（1990 年以后）15+	GI	Nat. Acc（1943 年以前）；Tax stat.（1944 年以后）	包含，在应税部分
美国	Piketty and Saez（2003）	1913—2007（96y）	Fam. 20+	GI	Nat. Acc.（1943 年前）；Tax stat.（1944 年后）	不包含

注：另见 Atkinson 和 Piketty（2007，2010）、Leigh（2009）、Atkinson 等（2011）和世界最高收入数据库以获得国家统计数据。具体来说，还有其他一些研究为部分国家的序列数据做出了贡献。在"覆盖年份"栏中，"y"表示年份观测值。纳税单位"Ind."和"Fam."分别代表个人和家庭。"GI"表示所有来源（劳动力、资本、企业）的包含所有扣除额的总收入，"AI"表示总收入，而"NI"表示扣除所有扣除额的收入。所有收入均为税前收入且（大多）未包含转移支付。"Nat. Acc."表示参考收入总额基于国民账户数据，通常是 GDP 的一部分或不同总收入组成部分的总和，而"Tax stat."表示参考总额来源于税收评估总和收入再加上一些额外的项目（例如，未评估的收入、自住房产的隐含收入）。

总计"个人部分总收入"−"非住户收入"（如慈善机构等非营利机构）

＝"住户部分总收入"−"不包括在税基中的项目"（如雇主的社会保险缴款和免税的转移支付）

＝"向税务机关报告的住户总收入"−"申报人未申报的应纳税所得"−"未提交纳税申报表者的应纳税所得"

＝纳税申报者申报的应纳税所得

使用不同的参考总额对收入份额可能有较大影响。计算参考总额有大量的备选方案,在研究者对这些备选方案的分析中,一些是基于不同的国民账户总量,一些采用国内生产总值的固定份额,其他的则使用税收评估加上预估纳税者未申报的收入,Roine 和 Waldenström (2010,附录 C)表明,确实存在单年或单个时期差异十分显著的情况。但总体而言,无论选择哪种替代方案,结论的主要趋势都是稳健的。

7.2.1.4 插值技术和帕累托系数诠释

历史所得税统计数据通常以分组观察的形式获取,不同收入阶层由均匀分布的收入阈值分开(见表 7.2)。相比之下,估计的高收入份额是指收入分配中特定的最高收入人群取得的总收入份额,如位于前 10 个百分位、前 5 个百分位、前 1 个百分位和前 0.1 个百分位的总收入份额。这些均匀分布的份额几乎从不会与税收数据中观察到的均匀收入阈值相对应。因此,为了获取这些最高收入份额,我们需要使用插值法。甚至在某些情况下,在最高的开放型收入区间内(见表 7.2)估测最高收入群体所占份额的时候,我们也可以采取插值法。

在有关最高收入的文献中,最常见的插值方法是假定最高收入符合帕累托分布,这可以追溯到 Pareto(1897)。帕累托是系统观察收入规模分布的第一人。鉴于数据的性质,他仅观察上尾,最初他认为帕累托函数能正确地描述整个分布(以"生理学最小值"大于零为界限),最终才认识到整个人口的收入分布函数可能是驼峰形,而不是帕累托分布的。[①]

帕累托法则指出,位于最高分布的收入可以用以下形式的幂函数来表征:

$$f(y) = ky^{-\alpha} \tag{7.1}$$

其中,y 指的是收入,k 和 α 都是常数。式(7.1)里的参数 α 被称为帕累托 α,或者被叫作"帕累托—洛伦兹系数",反映了不平等的程度或者说收入分配的陡峭程度;α 越大,不平等程度就越低。为了弄清这一点,我们可以将高于一定收入基础 b 的人群的平均收入 $\tilde{y}$ 表示为 α 的函数

$$\tilde{y} = \left(\frac{\alpha}{\alpha - 1}\right) b \tag{7.2}$$

就是说,对于任何收入水平 b,在此水平以上的平均收入是其 $\left(\dfrac{\alpha}{\alpha - 1}\right)$ 倍。当 α 趋近于无穷大时,b 和高于 b 等级的差别趋近于零;当 α 趋近于 1 时,分布将全部集中于顶部。更简洁直观的解释让这个比例有时被称为"反转的帕累托—洛伦兹 β 系数",$\beta = \dfrac{\alpha}{\alpha - 1}$。这个系数使得理论的不平等指数和实证估计的最高收入人群的收入份额之间有易于处理的关联。[②]

根据多年来的基于可用的个人微观数据的研究,对帕累托分布上尾高收入的假设已经得到了多项研究证实。[③] 不过,最高收入文献中的结果再一次没有依赖于这一假设。一些对

① 早期的研究顶端分配的参考资料以及最高收入文献的具体综述,可见于 Lydall (1968)和 Atkinson(2007)。一些学者质疑最高收入符合帕累托分布这个说法的准确性,因此采用了其他插值技术来构造精确的最高份额,例如平均分割直方图(Atkinson,2007; Atkinson et al.,2011)。
② β 的特点是在最高收入中保持不变,即不依赖于基本收入水平 b,然而大多数国家的实际情况并非如此。
③ 更多案例见 Feenberg 和 Poterba (1993, 2000)研究美国的文献,Piketty(2001a, 2001b)研究法国的文献以及 Atkinson 等(2011)的研究。

最高收入人群的收入份额的研究并没有采用帕累托插值技术,采用的是以平均分割直方图为主的稍微不同的技术,以此来估计最高份额(详见表 7.4,Atkinson et al.,2011)。

7.2.1.5 避税和逃税

基于个人纳税申报表的数据,所有收入不平等的研究都谈到了避税和逃税问题。[①] 但重要的是,低报总收入未必会改变收入份额。如果收入在分配中以相等比例缺失,且在参考总额中缺失,那么份额就不会受到影响。然而,如果收入在税收统计中等比缺失,而在参考总额中并未缺失(结合税务统计和国民经济核算统计数据可能会出现这种情况),那么我们将低估最高份额(并高估剩余人口所占份额),因为我们只是简单地把没有被观测到的最高收入者的收入分配给了其余的人。如果避税问题在最高收入人群中更普遍,那他们所占的份额肯定会被低估,而低报收入通常会影响到其他人并造成反向偏差,不过这也取决于参考总数的构成。

然而,趋势评估的主要潜在问题是各国避税和逃税的差异程度,或随着时间的推移系统变化的程度。例如,可以说,20 世纪以来的税率升高增强了纳税人的避税动机。但是我们可能会忽略另一点,税率升高也会激发税务机关增强征税的动机。宏观上讲,高税率国家的征税执行力也更高。[②] 在最近有关最高收入的文献中,几乎所有的研究都有章节描述避税和逃税问题。不令人意外的是,尽管研究都指明各个国家避税和逃税的形式多样,但总体来说这不大可能对整体趋势产生较大影响(详情请参见 Atkinson et al.,2011)。举例来说,意大利的逃税比其他 OECD 国家多得多,但 Alvaredo 和 Pisano(2010)仍总结说这不会改变不平等的主要发展趋势。Dell 等(2007)假设瑞士所有的国外收入都算在法国纳税人名下,然后研究得出结论,认为这对法国高收入份额产生的影响甚微。同样,Roine 和 Waldenström(2008)对瑞典资本外逃的影响做了估计,认为即使其绝对数量相当可观,且最高收入人群的收入份额受到的影响也不小,其影响也不会改变总体结论。考虑一种极端的假设:将 20 世纪 80 年代以来从瑞典流出的所有无法解释的剩余资本都归在前 1% 的收入群体中,此时最高收入人群的收入份额将增长约 25%。虽然这个影响很大,但瑞典的排名、趋势变化和其他国家相比,并没有多少改变。

避税和逃税反应最有可能产生重大影响的领域是短期波动,并且发生在区分收入来源的时候。Slemrod(1992,1996)在对税收政策的不同行为反应的重要性进行排名时,认为最高收入人群进行经济交易时最能响应税收激励机制。这方面的例子从某些年份飞速上升的交易量中可见一斑,特别是在包括已实现资本收益的时候(例如,与 1986 年美国的税收改革法令有关,与瑞典 1991 年和 1994 年的资本增值税变动以及挪威在 2006 年增加股息税的前一年有关)。斯莱姆罗德(Slemrod)把财务和会计回应看作第二大最能回应税收政策的重要因素,这可能以企业或个人之间收入转移的形式发生,也可能表现为报告的收入来源的转变。例如,双重税收制度中就有明确的激励措施,使个人将工资转变成资本收入的形式,而这种

[①] 关于逃税和避税的概述,参见 Slemrod 和 Yitzhaki(2002)。Slemrod(2000)概述了对富人征税的经济学问题。我们不会强调合法避税和非法逃税的区别,因为我们对所有遗漏的收入感兴趣。Seldon(1979)提出了"逃避税"这个术语来描述两者之间的模糊界限。

[②] 总的来说,有证据表明税收是政府行政能力的核心组成部分(Besley and Persson,2009,2013)。另可见 Friedman 等(2000)。

制度中资本税是低于工资税的。这种收入转变不会影响整体状况,但可以说在解释收入来源的转变时发挥了作用。

避税和逃税的问题显然非常重要,应当给予考虑。然而令人惊讶的是,即便是我们在评估我们完全有理由认为是更极端的情况时,我们也未发现能够显著改变总体趋势的影响。另外,正如 Atkinson 等(2011)提出的,(通常来自资本的)部分收入免税这一事实可能比收入申报不足对不平等状况的影响更大。

7.2.1.6 其他问题

除了上述问题,历史收入分配数据中还有许多其他细节需要注意,而且可能需要纠正。例如,任何一年,相关纳税单位人口都会有人员出入变动:有些人的年龄已"成年",有些人去世,有些人来到了这个国家,有些人又从这个国家搬走了,还有些人结婚了,有些人离婚了。这种流动性会影响相关人群,同时在数据中产生了较低的"部分年收入"。另一个潜在的问题是,纳税年度和日历年可能不完全对应。除了如何标记观测结果的问题,在日历年收集参考数据(通常如此)也可能会出现问题。幸好,这些问题从统计数量上来说不算多。[①]

7.2.1.7 我们可以信赖最高收入数据吗?

对于前述的历史所得税统计数据的相关问题,我们应该如何处理呢? 在过去的研究中,学者已经提出了不同的方法,包括计算潜在错误规模的理论范围和使用替代性数据来源,后者用于检查可能出错的估计值的数量级。但说到底,我们还是得判断和选择最终的首选方法。当然了,选择总会被质疑。话虽如此,每个国家都在这些方法上花了大量功夫,目标也十分明确,即尽可能将方法同质化。实际上,这类研究的一大特征就是重视数据质量问题,并且尽可能使得不同假设下的估计值对个体选择的影响都清楚易懂。在大多数情况下,如果有备选方法可以操作,那么所有的方法,以及它们对最终结果的影响都会被列入研究范围。我们可以认为,最终的结果将是一个包含稳健结论的数据集,这些结论对长期高收入份额的发展有重要支撑作用。

7.2.2 证据以及我们从证据中获取的信息

我们在实证结果中确定了三个主题,下面的三个小节以此为基础展开。第一个主题解释了收入差距的总体演变,这在上文所谈的 26 个国家的最高收入人群的收入份额中有所反映。第二个主题是关于收入最高群体内部存在较大异质性的实证结果,特别是处于最高收入群体中最高百分位数的顶层收入和处于该群体最高十分位数的较低层收入之间的差异。第三个主题考虑了根据来源分解总收入的作用,即评估所记录的趋势是否受到收入分配变化的驱动,或者是基于个人财富收益的变化。

7.2.2.1 普遍趋势还是特殊个例?

图 7.1 显示了我们在 1870 年至 2010 年期间观察到的前 1%收入份额。当然,这不代表

---

① 例如,Atkinson (2007b)称,从 1975 年到 1976 年,部分年收入中最高收入的前 10%份额降低了 0.3 个百分点(那年整体下降了 25%)。

各个国家的发展情况是有区分度的，而是说明在多大程度上存在真正的全球性趋势。[①]

呈现的总体情况是，在第一次世界大战前，前 1％的收入份额（在存在数据的少数几个国家中）居高不下，然后在 20 世纪初到 1980 年左右稳步下降。1980 年以后，各国收入份额的模式似乎更加分散。在一些国家，特别是在美国和英国，更一般地说是在盎格鲁-撒克逊国家，最高收入人群的收入份额大幅增加，而其他地方，特别是一些欧洲大陆国家的发展，在 1980 年以后却几乎持续平稳。

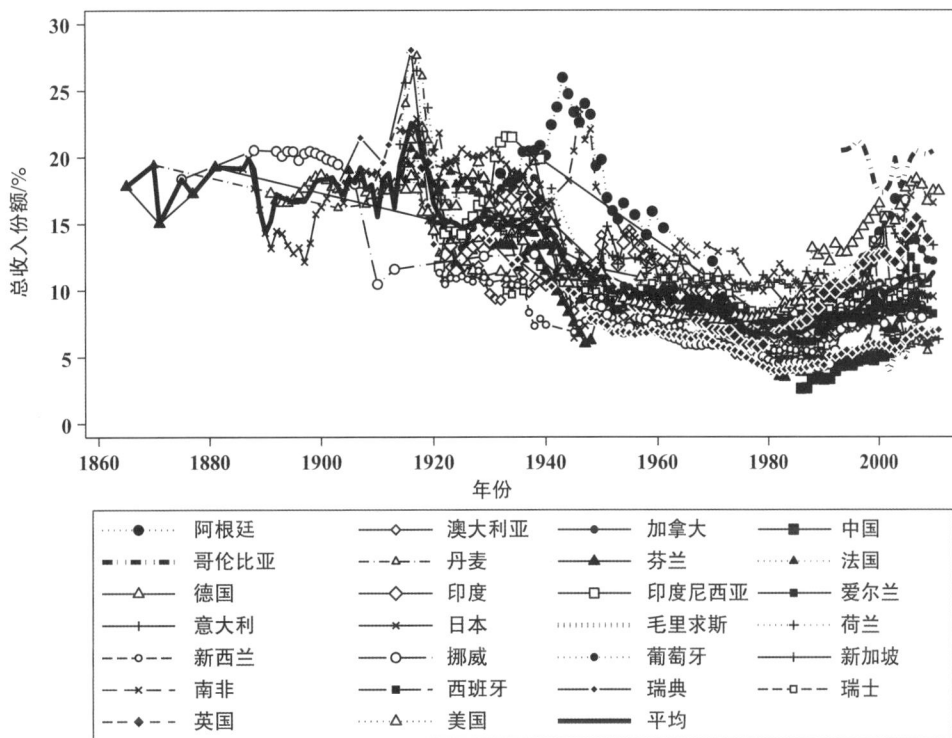

图 7.1　1870—2010 年 26 个国家收入最高的 1％人群的总收入所占份额

数据来源：参见有关该序列的正文描述和世界最高收入数据库。

在有关最高收入人群的收入份额的文献中，盎格鲁-撒克逊国家与欧洲大陆之间的分歧局面受到了很大关注。[②] 最近，世界上的其他国家补充了一些新证据，这让我们跨越了这种二分对比法，以吸纳世界其他地区的经验。[③] 我们扩大了分组，考察六个不同国家组别的不平等趋势：

- 盎格鲁-撒克逊国家（澳大利亚、加拿大、爱尔兰、新西兰、英国和美国）

[①] 这个问题还能以更加系统的方式进行研究，可以用计量经济学技术来确定序列中的共同趋势和结构性中断，详见 Roine 和 Waldenström（2011）。

[②] 这个分歧是近期的最高收入研究中的众多发现中的一个。事实上，Atkinson 和 Piketty（2007，2010）的两卷本著作的第一卷收录了这类研究中的大部分，该卷标题是《20 世纪最高收入：对比欧洲国家和英语国家》。

[③] 地理是划分国家分组的基本方式，除此之外还有其他选择。其中一个是根据国家是否参与第二次世界大战来划分。另一个是基于"福利国家制度"的类型，使用 Esping-Andersen（1990）的术语来划分。因此，日本的社团主义传统与欧洲大陆国家大致对应，尽管相比于整个 20 世纪，就晚近时期而言可能是更准确的。

- 欧洲大陆国家(法国、德国、意大利、荷兰、葡萄牙、西班牙和瑞士)
- 北欧国家(丹麦、芬兰、挪威和瑞典)
- 亚洲国家(中国、印度、印度尼西亚、日本和新加坡)
- 非洲国家(毛里求斯和南非)
- 拉丁美洲国家(阿根廷和哥伦比亚)

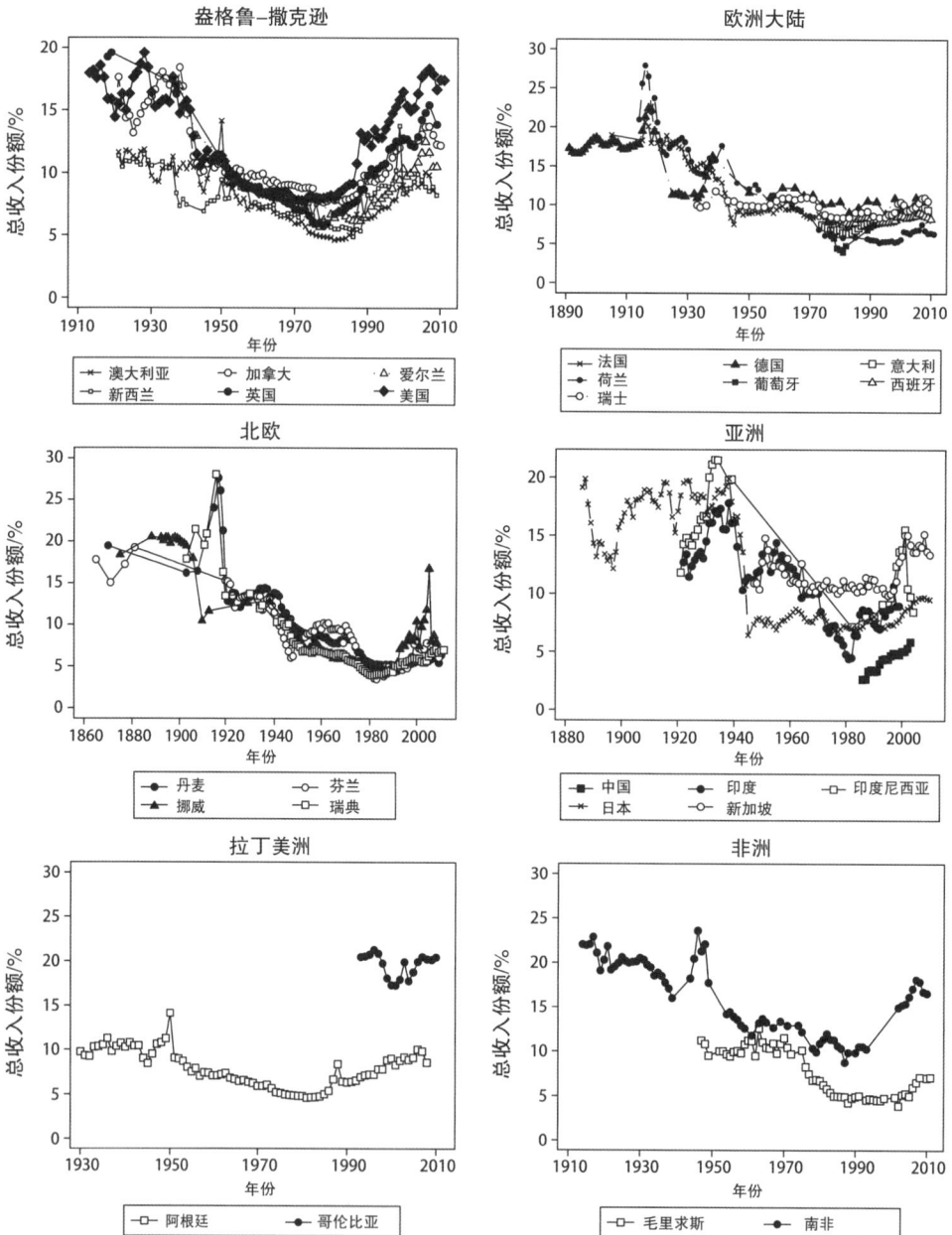

图 7.2　不同国家组别的前 1% 收入份额

数据来源:见图 7.1。

图 7.2 显示了这六组国家中最高百分位数收入份额的长期演进过程。① 从整体看,各组国家的长期发展间有明显的相似之处。在 20 世纪,各国的最高收入人群的收入份额都出现了大幅下滑,这种情况大致始于第一次世界大战,并在第二次世界大战之后进一步加剧。可见,战事冲击似乎对最高收入人群的收入份额产生了很大的影响。各国可能都受到了战时贸易中断,以及大部分商品和劳动力市场新规的影响。但当涉及财富和高收入的附加税,甚至工厂爆炸事件和类似资本破坏事件时,对富人收入的影响就会更大。话虽如此,1914 年至 1945 年期间,在高度扩张的财政政策和经济相对封闭的双重作用下,出现了周期性繁荣和资产价格泡沫的现象。实际上,丹麦和瑞典的最高收入人群的收入份额在第一次世界大战期间飙升,这通常被认为是繁荣和资产价格泡沫所致(Atkinson and Søgaard,2013;Roine and Waldenström,2008)。

20 世纪最高收入人群的收入份额的均衡趋势持续到 80 年代,此时有些国家呈现放缓状态,有些国家出现了最高收入人群的收入份额的攀升。近来,Roine 和 Waldenström(2011)研究了一些普遍和特殊的趋势,分析了最高收入人群的收入份额的结构性中断,他们发现,事实上,各国在 20 世纪的普遍趋势有着联合显著性。

尽管有相似之处,但证据也显示了前文所述地理分组中各国之间的差异。例如,最高收入人群的收入份额的上升趋势在美国、加拿大和英国始于 20 世纪 70 年代后期,但在澳大利亚、新西兰和爱尔兰约在 5—10 年后才开始(尽管爱尔兰在 1980 年左右有短时的高峰期)。在欧洲大陆,除了葡萄牙在 1980—2000 年翻了一番,绝大部分国家的最高百分位收入份额没有出现明显的增长。亚洲的数据不完整,因此不能得出关于国家差异的结论:随着时间的推移,日本和印度似乎遵循着大致相似的模式,两国在 20 世纪 40 年代发生重大转变前后,不平等水平是稳定的,在 40 年代发生巨变不仅是因为战争,巨大的制度变革也造成了很大的影响。自 1980 年以来,5 个亚洲国家的最高收入份额都在不断上升。拉丁美洲和非洲的变化很小,样本也很小。我们不能从这些结果中得出任何结论,除非增加观察的数量。

总而言之,分析表明,就不平等的发展而言,在 20 世纪,几乎所有国家的最高收入份额都出现了长期下滑,直到 1980 年左右。这个下降幅度很大:收入最高百分位数的份额从 20 世纪初占个人收入总额的 20% 左右,到 1980 年左右下降至占比 5%—10%。在许多国家,这个下降幅度大都集中在世界大战和大萧条期间。大约在 1980 年,最高收入份额停止下跌,然后在大多数国家开始增长。在西方的英语国家(澳大利亚、加拿大、新西兰、英国和美国)以及中国和印度,增长幅度较大。在北欧一些国家(瑞典、芬兰和挪威,但在丹麦不太明显)和南欧部分国家(意大利和葡萄牙,但在西班牙不太明显),这一增长更为平缓,但仍然很明显。然而,在另一些欧洲大陆国家(法国、德国、荷兰和瑞士)和日本,这种增长基本呈水平态势。

7.2.2.2 收入前十分位群体内部发展的重要性

在收入不平等研究中,高收入人群通常被定义为收入分配最高的前十分位数的人群

---

① 按地理划分国家群体是有问题的。例如,其中一些国家是相当同质化的,而另一些则更为多样化,特别是亚洲组。事实上,除了同属亚洲国家,很难找到其他归为相同国家组别的原因。此外,拉丁美洲和非洲国家的数量则不够有代表性。

(P90—100)。然而,Piketty(2001a)最近的研究表明,前十分位人群的收入是非常不均匀的。[①] 例如在20世纪,和波动幅度相当大的最高百分位(P99—100)收入所占份额相比,前十分位数的底部百分之九十(P90—99)的收入份额非常稳定。此外,虽然较高的工薪阶层在前十分位数底部中占主导地位,但资本收入对于最高百分位数来说比较重要。图7.3显示了在1870年至2010年期间,前十分位数的底部百分之九十(P90—99)收入份额的发展。而在1980年之前,最高百分位收入份额下降到原先的1/4至1/2,之后在一些国家增长了1倍。在这期间,前十分位数的底部百分之九十(P90—99)收入份额长期平均稳定在20%—25%。

还有一种方法研究收入集中度,即把部分最高群体的收入份额放在一个更大的最高收入人群的收入份额中讨论。这种方法至少有两个优点:第一,它衡量顶层分配中的不平等,这与总体不平等不同,尤其是在考虑预测富人之间收入差距日益扩大的理论时。第二,用全部人口来估计参考总收入,最高收入人群的收入份额可能产生测量误差。通过将最高收入百分位数除以最高收入的十分位数(即 P99—100 / P90—100),我们得到一个"份额中的份额"比例,以消除参考总数的影响。[②]

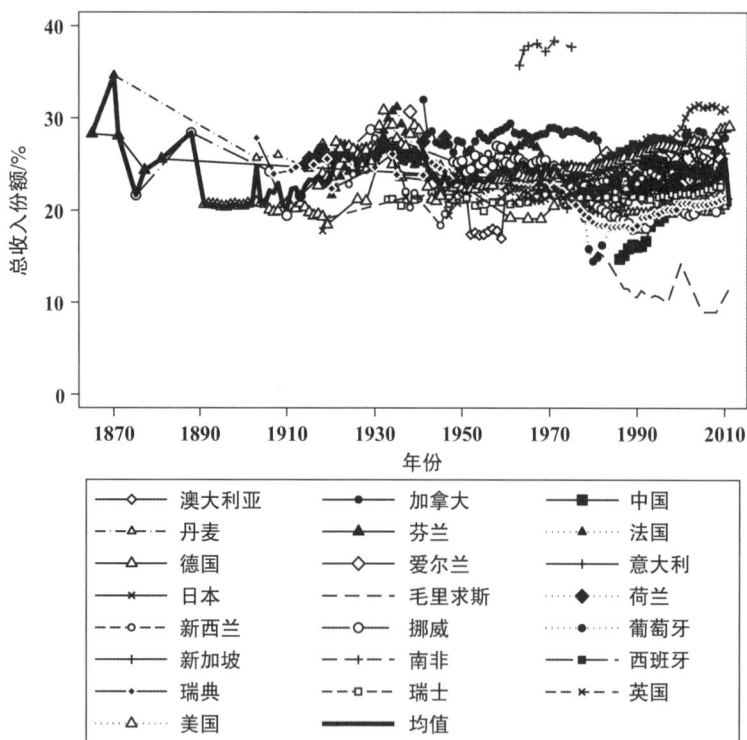

图7.3 26个国家中前10%收入者中的底部9%(P90—99)的趋势

数据来源:见图7.1。

---

① 见 Atkinson 和 Piketty(2007)。

② 为了看到这消除了参考总数的影响,请注意 P99—100 = Y_{Top1} / Y_{All}(Y 为收入)和 P90—100 = Y_{Top10}/ Y_{All}。因此,P99—100 / P90—100 =(Y_{Top1} / Y_{All})/(Y_{Top10}/ Y_{All})= Y_{Top1}/ Y_{Top10}。

图 7.4 显示了我们将最高收入百分位数除以最高收入十分位数得到的份额中的份额比率的趋势。它在很大程度上类似于图 7.1 所示的演变,其稳定且相对较高的水平持续到 20 世纪第二个 10 年,然后呈下降态势直到 1980 年,之后部分国家出现增长。这表明了前面显示的最高收入人群的收入份额整体趋势的稳健程度,此外最高收入集中度也随时间而改变。

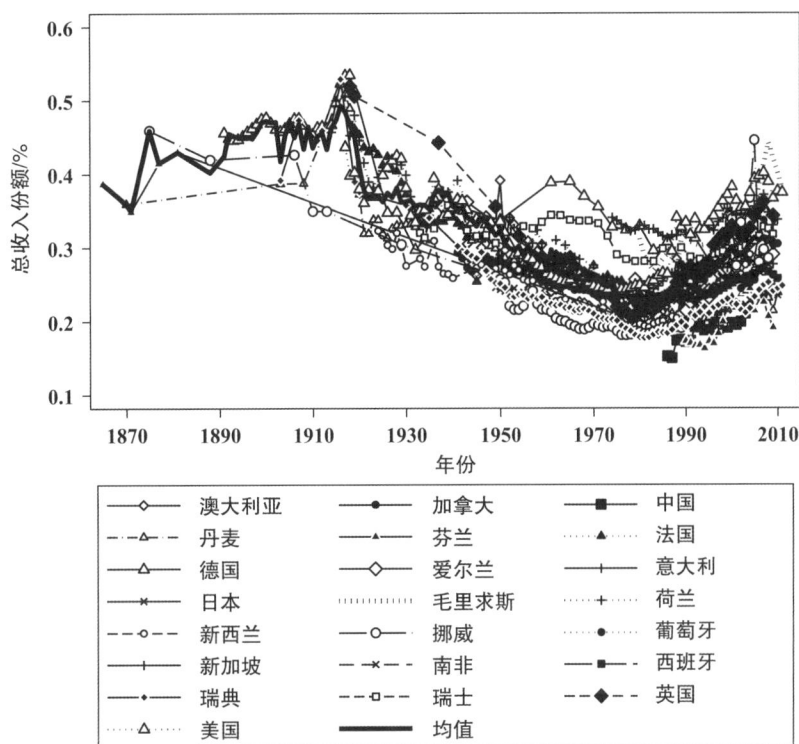

图 7.4 最高收入中"份额中的份额"(P99—100/P90—100)

数据来源:见图 7.1。

综合来看,证据显示,最高收入十分位数中的不同群体在长期发展中存在显著差异。事实上,大部分观察得到的不平等总体变化是由最高百分位群体(P99—100)收入份额的增减所致的。而在整个 20 世纪,大部分国家的剩余最高十分位数的收入份额保持不变。①

7.2.2.3 资本收入和资本收益的重要性

近来,有关最高收入的文献有一个主要发现,资本收入对于收入差距长期发展至关重要(Atkinson and Piketty,2007,2010; Atkinson et al.,2011)。虽然工资收入一直占人们收入中的大部分,但收入分配最高的部分同时来自劳动和资本。因此,最高收入人群的收入份额的变动有望在很大程度上反映资本收入流动的变化。这些资本收入,部分是企业的盈利,部分是固定利率证券的收益,而另一些则来自租户的租金支付、银行存款账户的利息收入,或者来自拥有或出售金融或非金融资产的资本收益。长期来看,理解不平等趋势需要仔细研究这

---

① 在最高十分位数的下半部分(P90—95),这种稳定性更加显著。例如,在整个 20 世纪,该份额在瑞士处于 9% 到 11%,在美国处于 10% 到 13%。

些资本收入的性质,特别是收入和个人财富分配之间的联系。

不幸的是,很少有国家按收入来源提供长期分配的证据。图 7.5 显示了自 1920 年以来,四个国家(加拿大、法国、瑞典和美国)中最高百分位数(P99—100)和最高十分位数的底部百分之九十(P90—99)的资本收入(不包括资本收益)占总收入的份额。一些显著的结果引人注目:第一,资本收入的重要性在收入水平层面上明显提高;在所有情况下,资本收入对于 P99—100 收入人群的重要性高于 P90—99 收入人群。第二,第二次世界大战期间,资本收入份额急剧下降,下降了近一半。无论是因为战时破坏、税收增加,还是监管压力,这个结果与战争时期的财富集中度下降的结果十分吻合(详情参见下一节)。① 第三,近几十年来没有明显的统一趋势;在美国,资本收入的重要性似乎在下降,法国和瑞典的情况恰恰相反,而在加拿大,则看不出什么明显的趋势。

对于瑞典这一类国家来说,历史性的所得税统计数据提供了一种可能性,即能将 20 世纪大部分时间内的财富和收入分配纳入应税财富和收入中(见 Roine and Waldenström, 2008, 2009)。

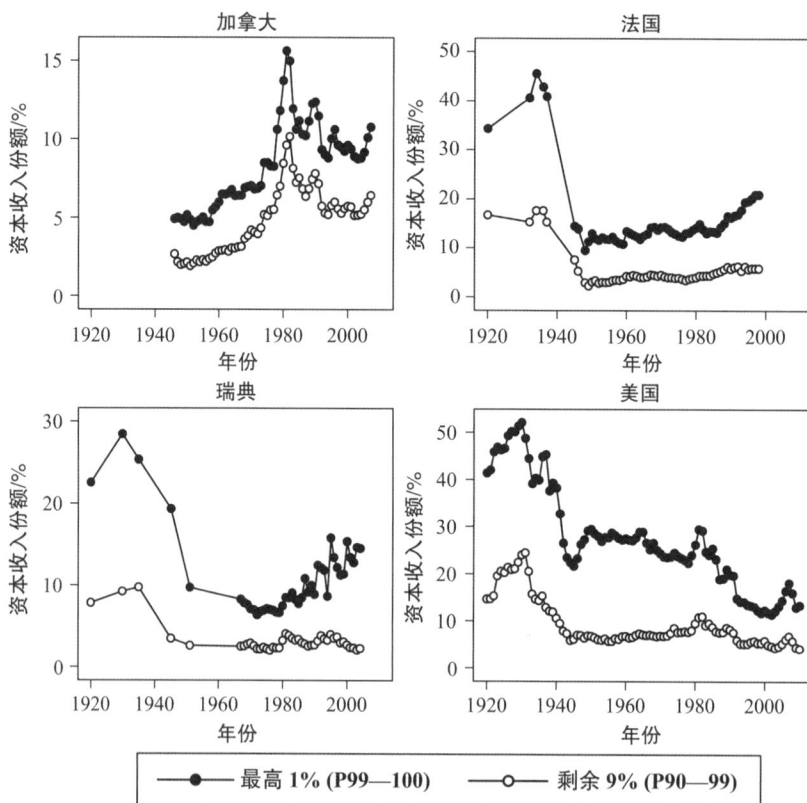

图 7.5 1920 年至 2010 年期间总收入中的资本收入份额

数据来源:加拿大为 Saez 和 Veall(2005)、Veall(2010);法国为 Piketty(2001b);瑞典为 Roine 和 Waldenström(2008,2010);美国为 Piketty 和 Saez(2003,更新中)。

---

① 值得注意的是,这种资本地位的下降在瑞典也十分显著,即使瑞典没有像法国和美国一样参战。

　　尽管数据来源不完整,但是这让我们可以更深入地了解收入与财富之间的相互关系,及其对收入不平等的长期演变有多大影响。瑞典的证据表明,1950 年以前,特别是在两次世界大战之间,最高收入百分位数人群的总财富占有率有所下降。同一时期内,相比之下,主要是在 20 世纪第二个 10 年和 30 年代,P90—95 收入分位区间中的“高工资”收入者的财富份额大大增加了。对这些变化有一个直白的解释:在这个时期,作为富人收入来源的财富在下降,与此同时,有着高收入的中等富裕群体积累了新的财富。然而,如图 7.5 所示,在 1930 年至 1950 年间,瑞典前十分位数的最高资本收入份额的急剧下降,并不反映在相对应的财富份额上,这可能是因为税法或避税的定义导致一些财富未能全部纳入应纳税财富中。

　　资本收益是另一个重要而有趣的问题。理论上,无论是已实现的资本收益还是未实现的,都属于经典的海格-西蒙斯定义中的收入来源。[①] 但实际上,资本收益是包括在个人收入中的一个非常复杂的收入组成部分。首先,在可观察的范围内,资本收益只在实现时才出现在报税单上,难以被及时妥善分配。根据许多国家的税法(例如 1991 年前的西班牙和瑞典),部分已实现的资本收益根据资产持有期间的长短获得免税。[②] 其次,如果数据在收入分类中以分组的形式存在,那么基本不可能将资本收益分配给确切的个人。在最坏的情况下,大量一次实现的资本收益可能使收入较低的个人迈入高收入阶层,扭曲了真实的分配。最后,对资本收益的经济解释取决于它属于哪种资产交易类型。例如,若事关房屋出售,不公共招股的公司的销售,或是执行工作相关的期权计划,那么对劳动或资本收入的解释就有所不同。税收数据通常将所有资本收益汇集在一起,为了弄清这些问题,Roine 和 Waldenström (2012)根据实现资本收益的收入特征,将最高百分点收入分为工作相关收入(由“工作的富人”赚取)和资本相关收入(由“租户”赚取)。他们发现“工作的富人”在收入和人数上都是最大的群体,但其份额自 1980 年就下降了。但是,如果已实现的资本收益来自工作相关的活动,抑或高收入者除了收入,还能实现资本收益,那么这个解释就行不通了。

　　由于观察和准确地衡量资本收益存在问题,许多研究人员干脆把已实现的资本收益完全排除在不平等收入外。[③] 然而,在最高收入文献中,对于资本收益的处理方式存在某种务实性,即出于不同可能性,被呈现的最高收入人群的收入份额中既有包含已实现的资本收益的,也有不包含已实现的资本收益的(当然,参考总额会做相应调整)。这些在加拿大、芬兰、西班牙、瑞典和美国都是可能的。在一些国家,如澳大利亚、新西兰和挪威,资本收益含在税基里,不做另行申报,而在其他国家(如英国、荷兰、瑞士和日本),已实现的资本收益不是在所得税项中征收的(随时间有些许变化),因此不纳入申报的总收入概念中。

　　图 7.6 显示了加入应税所实现的资本收益对最高收入人群的收入份额的影响。这张图首先解释了包括已实现的资本收益时常出现的问题,也就是说,当实现资本收益出于税收原因十分具有价值时,相应的年份可见明显的峰值。最明显的例子就是美国著名的《1986 年税

[①] 根据 Haig (1921)和 Simons(1938),收入是消费的价值加上实际净财富,也就是指收入应该包括所有资本收入,而不仅仅是已实现了的。

[②] 在瑞典,1976 年到 1990 年间,售卖持有超过两年的资产需要按税基的 60% 缴税。在此之前,售卖持有超过五年的资产是免税的。

[③] 例如,LIS 就是如此处理的。

收改革法案》：当包括已实现的资本收益时，当年的最高百分位的收入份额几乎高出一倍。瑞典 1991 年和 1994 年的高峰也受相似的税收激励影响。[①] 此外，即使人们无视这些高峰年，作为国家的收入来源，已实现的资本收益的重要性似乎也有明显的增长。Roine 和 Waldenström（2012）的研究表明了在瑞典，这种情况在多大程度上增加了人员流动，以及在多大程度上导致了不同个体在最高收入人群中的偶然出现。在微观数据中排除和包括资本收益，研究者得以计算更长阶段的个人平均收入。他们的主要发现是，依次出现在最高收入群体中的人大都相同，主要是高收入人士，他们除了其他收入，还能赚取大量的资本收益。Armour 等（2013）和 Burkhauser 等（2013）分别用美国和澳大利亚家庭面板数据的调查证据，来计算已实现和未实现的资本收益，并研究其对收入不平等的影响。将他们的结果与这两个国家的最高收入文献中的结果相比后，作者们认为，资本收益确实是不平等的重要影响因素，但仅使用应税的已实现的资本收益，可能会混淆不平等变化的时间，也往往会夸大最高收入人群的收入份额的提高。

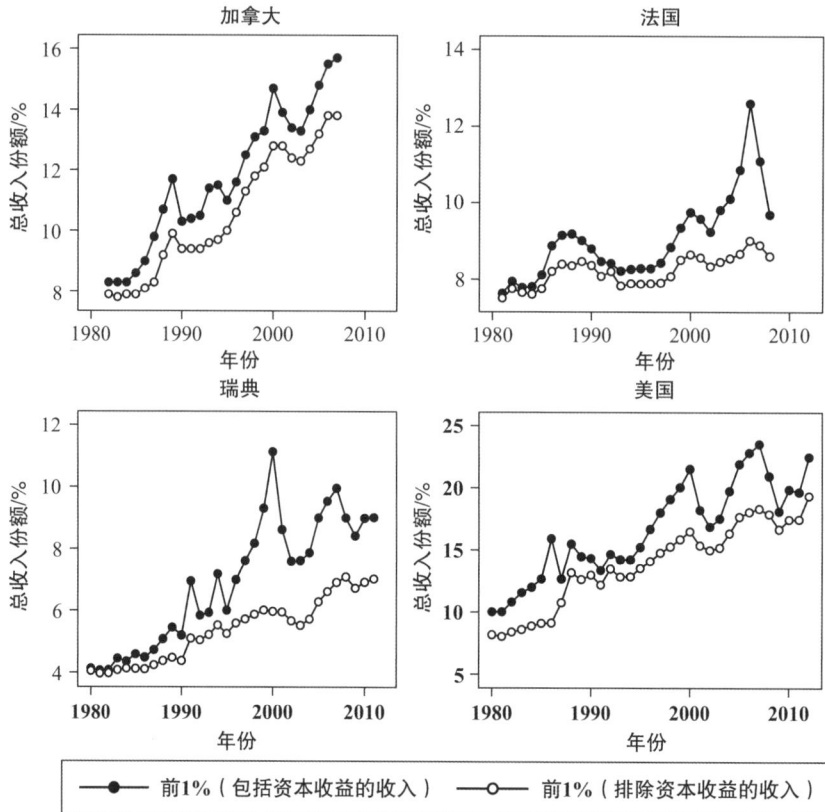

图 7.6　4 个国家最高收入百分位中的资本收益

注：按照每个收入概念分别对收入所得者进行排序。

[①] Auerbach（1989）展示了如何通过改变税收激励措施来制造一次性峰值。进一步参考可见 Saez 等（2012）。对于瑞典，Björklund（1998）指出，"……由于出售股票的动机发生了变化，所以 1991 年和 1994 年已实现的资本收益非常高"，作者将这些年份的不平等数值视为异常值。

　　总而言之,根据收入来源来分解收入不平等趋势对于了解不平等发展非常重要。尽管工资历来占据了大部分人收入的大头,但最高收入既来自劳动也源于资本,最高收入人群的收入份额的变化主要是受资本收入流动变化的影响。在 20 世纪初,最高收入主要是资本收入,最高收入下降的主要原因是资本收入的减少,部分原因是世界大战和大萧条时期财富存量受到了冲击,这清楚地解释了人们在 20 世纪上半叶观察到的一些最高收入的差异。相比之下,近期最高收入人群的收入份额的回升主要是由于最高工资和薪水的提高,特别是在美国和英国,但在一些国家中资本也有所回升。

7.2.3　最高收入数据与其他不平等测度之间的关系

　　我们在引言中指出,研究高收入的主要动机是对不平等数据集的不满。从长远来看,主要问题是缺乏可比的年度时间序列,而不是缺乏有关最高收入细节的数据。如前所述,最高收入的详细信息本身很重要,事实上,它们在许多方面对于了解整体发展也起重大作用。但是,最高份额和覆盖整个人口的其他不平等测度(比如基尼系数)之间的关系如何?基于税收数据的最高收入人群的收入份额和基于住户调查的同类最高份额之间的关系又是如何呢?本小节旨在回答这些问题。

7.2.3.1　比较基于税收和基于调查的最高收入人群的收入份额估算

　　分析收入不平等的常见来源是住户调查。与大多税收数据不同,该调查会考虑到住户人口的调整,有时还会考虑更全面的收入概念。最近有研究使用了美国最大的住户调查中的一些数据,即当前人口调查数据(CPS)(Burkhauser et al.,2012)和消费者财务状况调查数据(SCF)(Kennickell,2009;Wolff and Zacharias,2009),以此重新计算了 Piketty 和 Saez(2003)的美国最高收入人群的收入份额。虽然这些研究只能计算自 20 世纪 70 年代以来的估算值,但仍为基于税收的最高收入人群的收入份额序列提供了宝贵的对比信息,尤其是考虑到存在避税的潜在问题以及与税务数据相关的其他问题。

　　基于 CPS 的分析得出的结果是:不平等水平整体较低,自 20 世纪 70 年代以来,最高份额呈现了较低的增长趋势。然而,Atkinson 等(2011)指出,这种差异很大程度上源于 CPS 数据在最高收入部分被暗藏了(top-coded),也就是说,最高收入是不完整的,进而可能低估了最高份额。此外,CPS 对资本收益的统计也偏低,考虑到它们在最高收入中的重要性(如本章前面所述),这种统计漏洞可能对差异造成了较大影响。相比于暗藏的最高收入,基于 SCF 的调查证据遗漏较少,因此更符合皮凯蒂和赛斯的基于税收的系列结果。在澳大利亚的一项类似的对比分析中,Burkhauser 等(2013)将澳大利亚"住户、收入和劳动力动态数据"调查中估算出的最高收入份额与基于税收的数据进行了对比。作者发现,基于调查证据使用理论上更合理的收入概念时,最高收入人群的收入份额略低。然而,就时间趋势和收入构成的总体模式而言,两个序列之间存在较高的一致性。换句话说,澳大利亚、美国或英国的住户调查数据与最高收入文献中的基本证据所呈现的结果并没有本质上的差异。

7.2.3.2　最高收入人群的收入份额与总体不平等测度之间的理论和实证关系

　　最高收入人群的收入份额在多大程度上可以视为衡量总体收入不平等的一个指标?要解答这个问题,可以参考不平等测度的理想性质(例如参见 Cowell,2011),参考最高份额和其他不平等测度之间的理论关系,或者参考基于实际观察数据的不同的不平等测度之间的统计关联。

Leigh(2007)指出,所有不平等测度都应该满足最高收入人群的收入份额的四个基本特征:除了收入,不受任何其他人口特征的影响(匿名性原则),当所有收入乘以相同数量,最高收入人群的收入份额保持不变(总体独立性原则),如果人口相同,最高份额保持不变(人口原则)。此外,只有在最高收入人群的收入份额水平较低时,才满足转移性原则,因为高收入者变成低收入者时,测度结果并不会变大。最高收入群体转移到其他群体时,最高收入群体的份额会下降,但在各个群体内部进行转移时,这个测度值保持不变。当然,直接的后果就是,最高收入人群的收入份额将无法捕捉到最高收入分配内部收入偏低群体中所发生的变化。

最高收入人群的收入份额的变化对基尼系数有什么定量影响? Atkinson(2007)提出了一个有用的近似值。如果我们假定最高收入份额的人口规模可以忽略,收入份额为 S,则总基尼系数(G)的近似值可以写为 $G = S + (1 - S)G'$,其中 G' 表示除去最高收入群体人口的基尼系数。从 Atkinson(2007)提出的例子来看,如果剩余人口的基尼系数保持在 0.4,而最高百分位群体的收入份额增长了 14 个百分点(例如 1976 年到 2006 年的美国),总基尼系数便会增长 8.4 个百分点。

最高收入人群的收入份额与基尼系数在数据上的相关性如何? 图 7.7 显示了在 16 个发达国家中两者之间的总体平均关系。左图显示了不平等程度之间有高度正相关关系,相关系数为 0.86。右图显示,1985—2005 年期间平均年度不平等的变化之间的相关性较低,但仍然是高度正相关,相关系数为 0.57。

表 7.4 能更系统地显示两者间的关系,它给出了最高收入人群的收入份额和更多的收入不平等测度之间的相关性矩阵。该表运用了过去 30 年里的 LIS、WIID 和 WTID 的数据,使用两个不平等厌恶参数,呈现了三个最高收入人群的收入份额(最高收入百分位数,最高收入十分位数和最高收入十分位数中的底部百分之九十)之间的皮尔逊相关系数、基尼系数和阿特金森指数,以及第 90 百分位和第 10 百分位之间的收入比(P90 / P10)、第 90 百分位和中位数之间的收入比(P90 / P50)。WIID 基尼系数的相关性最低,后两个最高份额指标的 WIID 相关系数分别为 0.25 和 0.42。使用 LIS 数据的相关性明显较高,最高百分位的相关性在 0.53 和 0.57 之间,其他两个收入份额在 0.64 和 0.74 之间。[①]

---

① 我们使用回归分析时发现了较强的"条件相关性",其中我们考虑了时间趋势和国别效应,这与 Leigh(2007)的研究以及 Smeeding(2014)等在本书的第 8 章中所做的相似。

不平等级别（2005年）

不平等变化（1985—2005年）

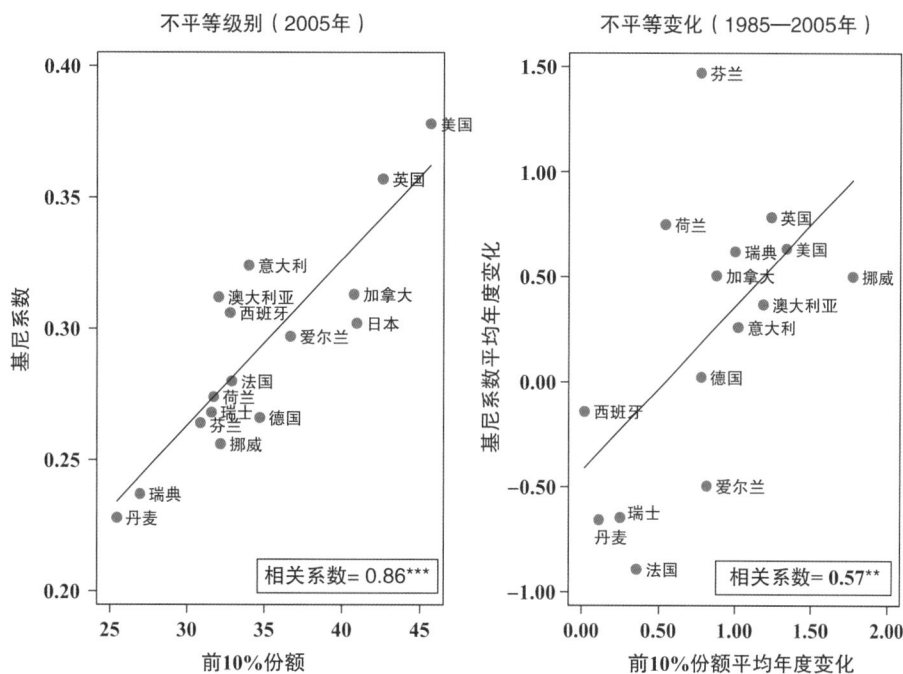

图 7.7　最高收入十分位数和基尼系数

　　数据来源：从卢森堡收入研究数据中心（www. lisdatacenter. org）和世界最高收入数据库中的最高十分之一总收入份额中提取的等价家庭可支配收入的基尼系数。皮尔逊相关系数在 1％（***）和 5％ 水平（**）上分别都具有统计显著性。

表 7.4　最高收入份额和其他不平等测量方法之间的关系

项目	前 1％（P99—100）	前 10％—1％（P90—99）	前 10％（P90—100）
世界收入不平等数据库（WIID）			
基尼系数	0.50	0.25	0.42
卢森堡收入研究（LIS）			
基尼系数	0.62	0.69	0.73
阿特金森指数（ε＝0.5）	0.61	0.65	0.70
阿特金森指数（ε＝1）	0.53	0.61	0.64
P90/10	0.59	0.70	0.72
P90/50	0.57	0.65	0.68

　　注：相关系数在 1％ 的水平上全都具有统计显著性。WIID 变量的观测数量为前 1％ 为 300，前 1％—10％和前 10％ 为 263。所有 LIS 变量的观测值为 63。

　　最后，我们从长期的角度，考察了最高收入人群的收入份额与基尼系数之间的关系。我们对两个国家（英国和美国）绘制了序列图，其基尼系数覆盖了从工业化开始到现在的整个时期，而最高收入百分位数只覆盖了 20 世纪。图 7.8 的结果表明，在 20 世纪，两个不平等指标非常相似。在英国和美国，在两个测度上所记录的均衡测算值仅存在很小的偏差。这些观察结果表明，如果我们获取了 18 世纪和 19 世纪的最高收入数据，那么结果可能会和图 7.8 描绘的 18 世纪以来的长期趋势类似,但由于我们没有确凿的证据,当然还不能下任何定论。①

  总的来说,本部分显示,无论是从理论方面还是实证方面看,最高收入人群的收入份额与经典的总体收入不平等指标都有关,例如基尼系数、阿特金森指数或收入比率。最高收入人群的收入份额具备不平等测度的性质。最高收入份额数量上的变化对基尼系数影响不小,且与总体的不平等测度也显著相关,虽然(根据定义)从数量上不能反映最高收入分配内部较低部分的份额。这是否意味着我们可以不加批判地认为最高收入人群的收入份额能成为一种代理变量,比如说代理基尼系数?不,当然不能。我们所呈现的相关性来源于对一个时段的观察证据,即在该时段通过观察最高份额和足够的数据来计算其他不平等测度。事实上,这些数据就是 20 世纪 70 年代以来的数据。在少数有更长时期数据的情况下,这些数据能证实不同时期内两者间的密切关系。但是,如 Smeeding 等(2014)在本书第 8 章所示,由于住户调查未充分反映最高收入分配群体的发展情况,近几十年来,这种关系变得越发脆弱。那么,如何利用最高收入份额(或任何其他汇总统计数据)来描述总体收入不平等,就是一个判断问题。据我们所掌握的证据,尤其是考虑到替代方案的限制,我们认为,最高收入份额不应该被视为"仅仅关乎最高收入群体"而不予考虑,最高收入份额对于不平等随着时间的推移的普遍测度是很有帮助的。

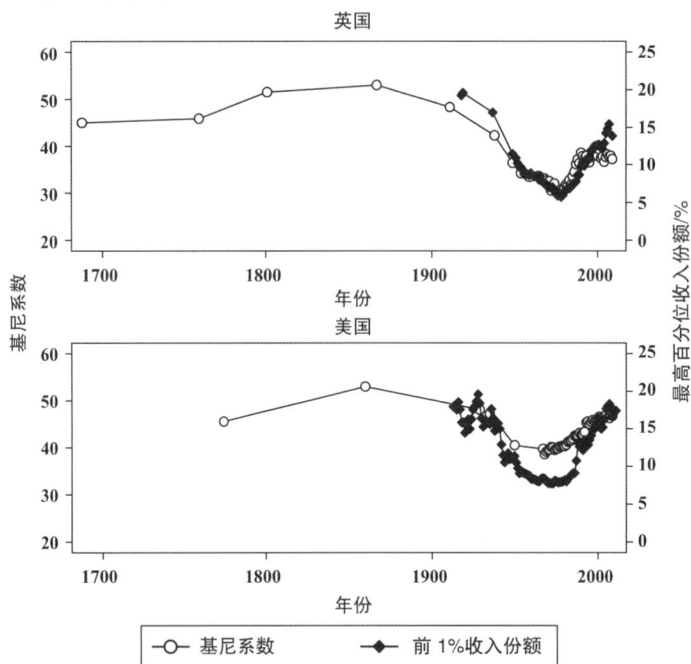

图 7.8　利用基尼系数和最高收入百分比份额得到的长期不平等趋势

  数据来源:英国基尼系数来自 Lindert(2000,表 1)、Milanovic(2013,表 1)、Office for National Statistics(2011,表 5),美国基尼系数来自 Lindert(2000)和 Milanovic(2013)以及 U. S. Census Bureau(2011,表 A-3)。世界最高收入数据库给出了两国的最高收入份额。

———————————

① 实际上,Lindert(2000)和 van Zanden(1998a,1998b)似乎都发现,英国和荷兰的不平等趋势,至少在部分情况下,分别在精英地位和全民范围的测度上出现偏离。相似的证据可参见 Lindert 和 Williamson(2014)对美国收入不平等趋势的研究。

7.2.3.3　长期不平等的其他系列：工资、要素价格和生活前景

本章中所写的大部分内容都是基于这样一种认识：收入不平等的长期演变在最高收入份额的演变中得到了很有意义的呈现，也就是说，在重复的年度截面收入分配中形成最高分位数的那部分收入份额中有着重要的呈现。尽管前面章节中得出了一些结论，但最高收入数据仍然存在很大的局限性，因此使用其他一些测度来补充这些序列会很有帮助。首先，1900 年之前对穷人的数据覆盖率不足。只有少数几个国家存在最高收入数据，而且其中没有 19 世纪 60 年代之前的数据，大多数情况下仅是一些零散年份的观察数据。其次，最高收入数据对于研究不平等和经济发展、工业化之间的动态关系来说并不很理想，而一些理论以此为特点，如库兹涅茨假说。最后，使用重复的年收入分配可以避免对终身的收入分配趋势下定论，即人们寿命的长短和生活质量的变化反映不平等的整体趋势是减缓还是加剧了，这取决于穷人的生活质量是得到了最大限度还是最低程度的改善。

本部分呈现了能够影响上述问题的，与长期不平等相关的一些更新的证据，我们通过研究既有文献中普遍使用的其他一些测度的趋势来做到这一点，包括研究跨职业（和地区）的工资差距、要素价格差异以及生活前景差异。

第一个测度是工资差异，通常是农村工人和城市工人的工资比或专业人员（熟练工）与蓝领（非熟练工）的工资比。这些测度不仅在很长时间范围内（通常远在工业化之前）都能获取到，还与最初的库兹涅茨猜想具有紧密的联系，即工业化道路上的国家的城乡工人工资不平等的变化。大量的研究使用不同类型的工资比率来仔细分析这个猜想，并提供了有些相互矛盾的证据（参见 7.4.1）。Lindert（2000）对大量文献进行了综述，他断言，至少在英国和美国，历史序列仍然远不完整，不能得出任何确定的结论，历史序列至少没有明显数据支撑库兹涅茨所断言的部门或职业工资差别存在强增长趋势。[①] 在一项关于整个西方世界前现代时期到 20 世纪初的职业技能溢价演变的研究中，van Zanden（2009）没有发现工业化过程中工资差距扩大的证据。相反，到 20 世纪，西方国家的工资比几乎全部一致性地下降，这一变化不仅符合库兹涅茨曲线所推崇的下滑趋势，而且与最高收入人群的收入份额下降所表明的不平等趋势呈正相关。正如 Lindert（2000）所强调的那样，20 世纪薪酬差异减少似乎并不由库兹涅茨认为的那种力量所驱动。相反，压缩工资比率的一些因素与制度的发展相当吻合，如劳动力市场监管与工会规模扩大，以及大众人口受教育程度提高等（Goldin and Katz，2008）。

根据 Söderberg（1991）关于部门工资差异的调查，瑞典在过去的文献中被称为"库兹涅茨曲线的典型例子"（Morrison，2000）。在瑞典，熟练工人和非熟练工人间的工资差距，在第一次世界大战期间急剧下降，在 1870 年到 1930 年有所上升，然后又转而下跌直至 1950 年。瑞典的工业化可以说是从 1870 年左右开始的，在 20 世纪初达到顶峰，技能工资的差异确实与

---

① 研究者已经处理了很多测量问题。包括如何处理农业领域中极常见的非货币偿付问题，以及如何处理城市和乡村的工人的生活条件和健康风险问题。具体而言，Lindert（2000）指出，只要贫富者的生活成本差异很大，实际工资的分散与名义工资的分散就会是相异的。Lindert（2000）运用 18 世纪英格兰的证据指出，相比于收入前 20% 的人群来说，收入排名中后 80% 的人，其生活成本下降的速度更慢。这表明实际的不平等加剧超过了名义上的不平等。

库兹涅茨模式相符。然而,更近时期的一些研究运用农村工人和城市工人间的工资差异(Bohlin et al. ,2011)以及运用不同职业间的工资差异(Ljungberg,2006)的一些新证据,都无法复制出同样的结果。它们要么根本没有发现任何趋势,要么发现从19世纪开始已经出现相反趋势,这甚至让人怀疑瑞典的库兹涅茨曲线是否真实存在。①

相对要素价格通常表示为地租与实际工资的比率,是不平等趋势信息的另一种反映,虽然它主要被应用于贸易理论。Lindert(1986,2000)提出了一个解释不平等的基础性观点,认为19世纪土地所有权高度集中,于是与实际工资有关的收益变化可以反映总体收入不平等的变化。根据一些研究(Clark,2008;Lindert,2000;O'Rourke and Williamson,1999;van Zanden,2009),19世纪工业化进程中,工资与土地租金比率没有下降(即不平等没有加剧)。事实上,在第一次世界大战前的几十年内,工资租金比率在上升。这到底是反映了第二次工业革命中真正的均等化,还是仅仅反映了农村土地所有者的消亡,还很难下定论。②

最后,尽管单年内的收入差异分析往往在相关的时间框架内进行,但若要得到长期的结果,就应得到个人福利的相关维度。比如说,如果工业化让广大人民过得更好、吃得更健康、工作更安全,因此寿命更长,而不影响富人的生活,那么即使年收入分布根本没有变化,终身收入也会呈现均等化。研究长期的不同死亡率趋势及其对终身收入不平等趋势的影响意义的文献很少。Lindert(2000)在评论文章中提到,有关英国的研究似乎得出了相互矛盾的结论,有些研究发现,已经富裕的人获得了预期寿命的最大收益,而另一些研究却发现了相反的结果。Clark(2008)研究了工业化前后"富"与"贫"之间的生活前景差异。他发现,男性贫富差距从3%下降到1%,预期寿命差异从18%下降到9%,儿童存活率差异从99%下降到-19%,识字率差异从183%下降到14%。③ 然而近来对社会经济不平等中的死亡差异的长期研究发现,工业化的作用尚有待商榷。学者们利用了来自多个国家的历史纵向微观数据,旨在揭示工业化对社会死亡率差异的因果影响,却没有发现与工业化相一致的明显趋势,概括来说:收入对死亡率没有清晰的影响。④

总之,本小节提出的证据已经扩大到了对长期趋势的关注,包括其他一些不平等测度,如职业工资比率、要素价格差异和修正终身的收入不平等。这些其他分布数据来源加深了人们对以下问题的认识:对1900年以前的不平等趋势的认识,对与库兹涅茨猜想更密切相关的经济动态的认识,以及对终身福利不平等的发展的认识,而最高收入数据无法令人满意地解决所有这些问题(其他1900年以前的收入不平等数据更无法解决)。这些研究主要表明,在19世纪,基本没有迹象显示不平等现象出现了加剧,而大多数西方国家在19世纪经历了

---

① 具体而言,Bohlin等(2011)比较了1860年到1945年农业(农村)工人和工程(城市)工人之间的工资差距,控制了非工资补偿和生活费用的差异。他们发现,1950年以前的工资差距没有长期的趋势,但是对冲击有较强烈的短期响应,比如当地的生活成本冲击。Ljungberg(2006)将制造业男性工人的工资与1870年至2000年间的毕业工程师、学院工程师和中学教师的工资进行了比较,发现未经调整的工资差距有下降趋势,但对整个劳动力队伍的人力资本增长进行控制后,第一次世界大战前的趋势很大程度上就消失了。
② O'Rourke等(1996)建构了工资租金比率的整体趋势,认为贸易开放是推动均等化的关键,而Clark(2008)强调了土地所有者跟不上工业部门生产效率攀升的步伐。
③ 参见Clark(2008,表14.4),该研究基于大量不同的资料来源。
④ 见Bengtsson和van Poppel(2011)以及其中引用的参考文献。

工业腾飞。因此,库兹涅茨倒 U 曲线的第一部分没有实证支持。我们仍会犹豫是否要将最高收入人群的收入份额根据薪酬比率的证据推回 19 世纪。就终身收入不平等的变动而言,它仍没有明显偏离最高收入人群的收入份额所提供的趋势。事实上,只要处理了整个分布上的寿命差异的变化,20 世纪的平等化趋势可能更为显著,但这个结论依靠的只是初步证据,有待进一步确认。

7.2.4 长期的收入不平等——估量我们所知道的

把以前的所有信息结合起来看,自西方工业化开始以来,似乎有三种可能的总体趋势序列。若我们用英语字母来描述不平等趋势形状,问题就在于我们能否(用些许想象力)看到一个 N 形、一个 U 形或一个 L 形。N 形对应的是不平等程度在整个工业化时代初期为上升趋势,之后在 20 世纪下降,直到 1980 年左右再次上升。U 形对应的是不平等程度在工业化之前和工业化期间均较高的情况,而在 20 世纪开始下降,到 1980 年左右再次开始上升。L 形与 U 形类似,不同的是,L 形在 1980 年左右没有转为上升的趋势。

因此,问题的关键就在于,在工业化过程中,不平等程度是否有所上升,上升的幅度如何,以及近几十年来的上升幅度如何。因为缺乏确凿的证据,我们难以回答第一个问题。工业化过程中存在不平等加剧的迹象,但许多研究也指出,不平等程度在 20 世纪下降之前,已经达到了相对稳定且较高的水平。

第二个问题是自 1980 年左右以来不平等程度的上升情况,证据十分确凿且答案很清楚,即情况取决于所涉及的国家。[①] 在一些国家,特别是美国和英国,不平等程度出现了急剧上升,在不平等程度开始上升之前,这些国家的不平等程度本就高于其他国家。在瑞典和芬兰这样的国家,不平等程度上升的幅度也很大,但它们是从国际上较低的不平等程度上升了一个较显著的幅度,其不平等程度仍然属于国际上较低的水平。换句话说,瑞典和芬兰的不平等程度按百分比增幅来看,几乎与美国和英国的增幅相当,但它们的不平等的实际程度差异非常显著。在其他一些国家,例如法国、德国和日本,没有明显的上升趋势,但从绝对值来看,其不平等程度仍然高于北欧国家。

这些证据与最高收入文献中提供的情况以及过去十年的其他发现有什么不同? 实际上,就整体的宏观发展而言,可能没有太大的差别。还有更多其他的研究表明,不平等程度在工业化过程中上升的情况并不那么明显,而在近期的上升趋势则更加显著。当然,关于长期的最高收入人群的收入份额的不平等情况,我们还有很多数据。但总体而言,从长远来看,不平等的实际趋势并无戏剧性的新变化。

不过,确实有一项新变化,即最高收入数据中的一些特征使得我们对这些趋势的理解发生了变化。首先,详细分析最高收入分配人群内部的变化,显示了最高收入分配数据的发展在多大程度上受到前 1% 最高收入人群收入的影响,以及相反地,在最高收入人群内部,收入份额处于后一半的群体在长期发展中极其稳定。其次,按来源分解收入,使我们更加认识到计算所有收入来源的重要性,也使我们更加理解,同样大小的趋势是如何可能

---

① 关于对工业化国家 1970 年后不平等趋势的详细分析,见本书第 8 章(Smeeding et al. , 2014)。

分别根据资本和工资的发展这两个完全不同的机制来实现的。这既适用于整体经济,也适用于整个收入分配中不同的群体。再次,通常以年度为单位观察的数据显示了高频数据的重要性。尤其是,新序列数据的这一方面,已经成为研究者对20世纪上半叶的冲击和战争影响的主要关注部分,这至少为20世纪上半叶不平等程度的下降趋势提供了部分新解释。最后,最高收入与其他不平等测度之间的关系,不仅说明了这些研究对于我们理解最高收入人群内部发展情况的重要性,也呈现了这些测度作为总体不平等的衡量指标的可能性。

7.3　财富不平等的长期趋势

可以说,经济不平等研究大部分都集中在收入方面。然而不幸的是,由于多种原因,财富在经济不平等中的作用受到较少关注。个人财富决定了人们的消费可能性,两者具有一阶相关性。海格-西蒙斯的经典收入定义指出,收入让我们能够消费,而且能保持我们的真实财富不受影响。财富还能决定个人有哪些机会进行投资,去追求不同的职业,特别是在受到信贷限制的情况下。财富分配和发展之间的相互作用也是许多理论的核心,这些理论试图解释不同国家之间的长期发展差异。

本节介绍并讨论了关于财富不平等长期演变的现有研究,旨在把相关纲要与上一节关于收入不平等的长期趋势协调起来。首先,我们讨论如何衡量财富和财富不平等,如何应对研究历史趋势的相关挑战,介绍一些核心方法和数据问题。其次,我们呈现十个国家的案例研究,有关这些国家的财富集中情况至少有长达一个世纪的充足完整的数据,有些案例的数据是从这些国家各自的工业化进程开始的。最后,我们汇集这些证据来观察跨国趋势,寻找一个共同的模式,来帮助我们解决经济发展与不平等的关系问题。

7.3.1　数据和测量

尽管有研究财富和财富分配的理由,关于财富不平等的实证文献仍然很有限,特别是长期视角的研究。这一点在过去被忽视有很多原因,不过最重要的问题是,我们首先需要统一一个可处理的财富定义,然后解决与实证测量相关的实际问题。

研究长期财富的数据来源有不同的种类。Davies 和 Shorrocks(2000)在分析财富分配的研究中指出了五种最常见的财富数据来源:财富纳税申报、遗产税纳税申报(或遗嘱检验记录)、投资收益法(使用资本收入和假设或观察到的净回报率)、住户调查,以及媒体公布的富豪榜。在长期模式的调查中,也许前后数据最为一致的是遗嘱记录。几个世纪前就有遗嘱记录,其基本结构包括死者的资产和债务,长期以来基本相同。不幸的是,随着时间的推移,大多数国家遗嘱记录的汇编寥寥无几,这就是为什么这个数据来源中仍然缺乏财富分配数据。只有少数国家有与遗产税汇编相关的遗产记录表。财富纳税申报统计是另一个常见的来源,长期可得,并且在不同的国家中以一种相对同质化的方式存在。然而,税基由哪些部分组成,或统计数据中覆盖的人口比例有多大,是更为紧迫的问题。调查研究最终构成了财富分配证据的最新来源。

财富分配数据的历史证据主要是基于财富和遗产税收的统计数据。这些财政工具已经使用了几个世纪，能提供一致的原始材料。当局通常不仅收集税收，还计算每个税基的规模以及各自的规模分布。在下文呈现的历史证据中，法国、英国和美国部分地区的数据序列都来自遗产税，特别是个人遗产纳税申报样本。美国 20 世纪后期和 21 世纪初的财富分配数据也可以从住户调查中得到。丹麦、荷兰、挪威和瑞士的财富分配数据都是以财富税的统计数据为基础，大部分情况下由各国税务机关发布税收分布表。芬兰和瑞典的大部分数据来自财富税统计数据，但也有一些补充性的观察数据来自遗产纳税申报。在澳大利亚，最后的观察结果来自遗产税数据、财富调查，甚至是媒体公布的富豪榜。

7.3.1.1　财富持有单位

本章涉及的不同的实证研究对财富所有者的概念定义有所不同，取决于研究所使用的数据来源的性质。在荷兰、瑞士和北欧国家的财富税收数据中，最常见的是以住户为观察单位。多数情况下，将纳税住户如已婚夫妇（及其未成年子女）看作一个单位，把在家中居住的 18 周岁及以上的子女也看作一个单位。然而，近几十年来，许多以调查为基础的财富记录都把住户定义为以支出为基础的住户，其主要区别在于把在家居住的成年子女纳入父母的住户中，整体看作一个纳税单位。从长期跨度研究来看，住户有时还包括仆人、父母或祖父母、奴隶或未登记注册的移民。Shammas（1993）的研究表明，将这些不同的小群体纳入整体税收参考人口，会影响美国的历史财富集中度。[①] 与此相别，法国、英国和美国的遗产税数据和遗嘱认证清单是基于（已故）个体统计的。[②] 大多数的研究数据集中于成年个体，因此采用了较低的年龄截点，通常在 15—25 岁。[③]

将对财富持有单位的界定统一起来对分配估计来说至关重要。在前文讨论收入分配时我们已经指出，以个人为单位的数据往往（但并不一定会）比以住户为单位的数据呈现出更为严重的财富分配不平等（Atkinson，2007）。Roine 和 Waldenström（2009）采用以住户为单位的财富分配数据和以个人为基础的财富分配数据，对比了瑞典收入最顶端的富人所占财富份额的变化情况，发现两者差异不大。Kopczuk 和 Saez（2004）在分析美国财富分配趋势时也得出了相同的结论。

7.3.1.2　财富定义

在财富分配研究中，个人财富最常用的定义是净财富，也称净值或净可交易财富。净财富包括所有非人力的实物资产和金融资产的总和减去债务。实物（或非金融的）资产主要包括住房和土地，但也可能包括耐用消费品（见后面的讨论），例如汽车、船只、家具，以及古董、珠宝和艺术品等贵重物品。在很久以前，甚至诸如服装和其他半耐用消费品一类的物品往往也都是继承性的（特别是在较不富裕的人家），这些可能也包括在非金融资产之内。金融资产包括现金、银行存款、公司股票、债券和其他债权，以及保险储蓄，现在还包括一部分专项养老金资产。最后是债务，它是住房抵押贷款和消费、投资或教育贷款的总和。

---

① 作者表明，将奴隶归在财富持有者内时，最高百分位数的财富份额会增加 15%（Shammas，1993，表 1）。

② 在部分遗产报告中，如果有在世的配偶且已故配偶的财产在其生前未转移给继承人，那么共同财产包括在内。

③ 不同国家间的年龄截止点差异，甚至是一个国家的年龄截止点的因时而变，都会导致可比性的问题（Atkinson and Harrison，1978）。

　　如前所述,此处对财富的定义不包括人们固有和获得的技能或人力资本。这个财富的定义从一开始关注的对象就是可交易资产,即可以在市场上出售或购买的资产。[①] 从历史上看,这样的人类财富市场早已经存在,并与奴隶制相关联。就总财富而言,"奴隶资产"的总值约占全国财富总额的15%至30%(Piketty and Zucman,2014;Soltow,1989)。

　　测量净财富易受资产评估的影响。理想情况下,资产应以现行市场价格计算,扣除税收和交易成本,理论上要考虑到将财富转化为消费的可能性。然而,历史不平等的估算大多数使用的数据是基于税收评估的资产数据,而不是基于市场价值报告的资产数据。税法通常旨在平衡政府的税收需求和税务机关的税收可采集性,因此有关资产覆盖或评估标准的规则对于研究者来说并不理想。但是,如果税收评估价值和市场价值之间的出入在整个收入分配中相似(可以说历史上这种情况很常见),那么对相对财富份额的估值偏差应该很小。只有少数研究探讨了这些问题。例如,Williamson 和 Lindert(1980a,1980b)以及 Wolffand Marley(1989)在分析美国的不平等趋势时,研究了税收驱动避税是否扭曲了税收数据在分配分析中的使用(答案通常是没有扭曲)。Atkinson 和 Harrison(1978)研究了纳税资产的估值如何影响不平等,例如人寿保单和海外资产。[②] Roine 和 Waldenström(2009)研究估值的影响时采用了以下方法:用几种不同的方法来估算总财富(基于税收价值或市场价值和未征税的项目),并研究其影响,探讨有关这些不同方法的参考总额与基准设定之间的分布差异的各种假设。他们发现,这段时期不同财富份额有一定差异,但财富集中的趋势不变。总而言之,我们相信本章所提出的估值份额的可比性是长期可行的。

　　在分析个人财富时,有些因素尤为困难。虽然一些因素只出现在几个国家和几个不同时间段的财富数据中,但它们的存在与估值和概念是否恰当的不确定性有关。下面会讨论三个最重要的"问题资产"及其在历史来源中通常是如何被处理的。但是最终,这些"问题资产"对后来公布的长期平均趋势的主要结论并没有影响。

　　(i)养老金和社会保障财富。它是个人应享净现值的合成项,包括未来私人和公共养老金,以及其他社会支出。这些资产大部分不涵盖在历史不平等估计中。从概念上看,研究者认为,对未来公共养老金的期望降低了积累私人财富的积极性(参见 Berg,1983;Feldstein,1976;Gale,1998),因此比较不同公共养老金覆盖率体系下的私人财富可能产生误导,除非退休财富被计入。研究者有时会把社会保障财富添加到净可交易的住户财富中,从而产生了一个通常被称为扩大财富(augmented wealth)的概念。对扩大财富集中度的研究通常发现,它大大低于可交易财富的集中度。例如,Wolff(2007)发现,美国 2001 年的基尼系数从净值变为扩大财富时下降了五分之一,而 Frick 和 Grabka(2013)发现,德国在 2007 年也出现了类似的下降。英国税务局公布了多年的财富分配序列以及基尼系数,包括可交易财富分配序列(序列 C),以及包括公共和私人养老金在内的应享财富分配序列(序列 E),结果表明,

---

[①] 一些学者还试图量化个人一生的人力资本价值及其分布特征。Williamson 和 Lindert (1980b)回顾了这些估计值及其长期趋势,他们认为:"我们有两个理由相信传统财富分配的趋势低估了财富分配的总体水平。"这个结果在各国间是否稳定,随时间变化是否稳定,都值得进行进一步的调查研究。

[②] 本章后面的章节讨论了避税和逃税的作用。

包含养老金的基尼系数降低了三分之一。①

然而,将养老金资产或社会保障体系中的其他"提款权"定义为私人财产是存在很多问题的,只有这些问题被解决了,我们才能详尽地论述养老金、社会保障财富、净可交易的实物资产和金融资产。主要的问题是,如何判断以下事实:一方面,若没有公共体系,这会要求人们自己存钱,从而减少消费的可能性;另一方面,"提款权"不是可交易的财富,不能自由转化为个人的其他消费。②

(ⅱ)耐用消费品。它并不总是包含在财富数据中,而且估值时也很麻烦。首先,财富纳税申报表或行政税收登记册中通常不含这类资产,主要是出于逃税的目的。因此,它不属于本章所讨论的分配估算部分。然而,若该数据是基于遗嘱检验、遗产纳税申报或住户调查的,逃税可能性较小(且动机较小),则耐用品更有可能被纳入财富研究中。③ Atkinson 和 Harrison(1978)指出,很难对消费品进行估值,它们在遗产数据中的价值比例往往太低了。总的来说,耐用消费品究竟是否应该包含在家庭资产负债表中仍没有定论。国民账户体系认为不该将其纳入,因为人们通常认为所有消费品在 1 年内都会贬值,无法构成任何形式的固定资产。④ 然而,许多耐用品(如汽车、船只和一些电子设备)的使用期都超过了 1 年,为此,一些国家(如美国)将其纳入住户资产负债表。历史上,瓷器、家具,甚至服装等消费品都是住户财产清单的重要组成部分,并与其他资产一起被继承。Waldenström(2014)估算了瑞典 1810 年以来的住户资产负债表,发现从那时起,耐用消费品一直占非金融资产的 10％ 至 20％。有趣的是,在 20 世纪中期,耐用消费品变得更为重要,这与受过教育的中产阶级家庭的潜在收入增长有关(Roine and Waldenström,2009)。

(ⅲ)外国财富持有量。在许多国家,特别是法国和英国这样的国家,外国财富持有量历来是相当可观的。Piketty 和 Zucman(2014,表 A27)的调查发现,从 19 世纪中叶到第一次世界大战,这两个国家的国外财富净额占全国财富总额的十分之一至四分之一。个体层面来看,有关外国政府股票、债券和不动产的国外资产信息很可能完全没有被纳入国内财富纳税申报表,但原则上应在财产数据中明显地呈现出来。正如 Atkinson 和 Harrison(1978)所指出的那样,海外不动产在 1962 年以前是不被征税的,因此在此之前都不包括在财富不平等估算中。20 世纪 70 年代至 21 世纪期间,瑞典存在税收驱动下的资本外逃,为了测量这类资本外逃的影响,Roine 和 Waldenström(2009)使用国际收支和财务报表中的剩余项流量来估算并汇

---

① 见英国文书局公布的 1985 年伦敦地区的英国税务局统计数据。

② 例如,养老金资产在任何时候都不能完全按需提供给其持有者(退休前不可能实现)。此外,部分养老金资产以集体形式进行界定,因此即使在体制内也不是对所有个人(或家庭)都有明确界定的。目前对未来养老金的计算需要对人们的预期寿命、资本市场的未来回报率等变量做出一些复杂的假设。此外还有公共和私人养老金的混合形式:一些人能得到资助,而另一些得不到。最后,在评估公民在公共领域的权利问题上,尚未有明确的界限:在托儿、养老、失业保险,甚至公共道路上自由行进或受到国家军事防御保护等方面的公民的权利需求之间,到底该如何权衡?

③ 例子可见瑞典公众调查 Kapitalskatteberedningen(SOU,1969),该调查显示了一个与死者个人最后财富纳税申报表(生前最后一年)相匹配的样本。"其他资产"(*Övriga tillgångar*)是遗产税纳税申报表数据的四倍,其中最大的组成部分"内部明细"(*Inre inventarier for personligt bruk*;包括耐用消费品、艺术品、古董等)在财富纳税申报中完全缺失。

④ 在企业领域,消费被视为企业的经营费用,而不是投资;其中只有后者才能形成资产储备。

总居民持有的海外财富。假设这笔财富主要属于最富裕的居民,作者发现最高百分位的财富份额从 21 世纪前 10 年的 20％左右上升到 30％以上,这取决于对外资利率的假设以及其中是否包括极富有瑞典人的非公开上市公司。[①] Lane 和 Milesi-Feretti(2001,2007)对 1970 年以来国家的外部财富进行了估计。由于我们对海外财富在历史上的作用知之甚少,所以也就无法连贯一致地解释其在长期不平等趋势中的作用。

7.3.1.3 衡量历史财富不平等

估算财富集中采用的方法与估算最高财富持有人群的收入份额的方法类似。也就是说,我们将观察到的最高财富持有的特定群体(分位数)的财富持有总量除以经济体中所有个体财富的参考总量,来估算出总人口中不同群体所持有的财富份额。就像历史收入分配数据一样,历史财富分配数据通常也以分组数据表格的形式呈现。这意味着我们所观察的是将财富持有者和他们的净财富分成不同的财富大小等级的组别。为了获得占特定比例的某些最高财富持有群体所积累的确切财富份额(比如最高财富持有的财富份额达到经济总量的百分位数或十分位数),我们采用前面提到过的帕累托插值技术。

用最高财富份额衡量不平等,有一些优势。[②] 大多数历史财富数据来源于财富纳税申报和遗产纳税申报,这些历史税收清单里始终存在的组别是富人组(即财富聚集的组别),使这些富人成为长期以来可观察到的同质化最高的群体。此外,与收入分配相比,财富分配倾斜更为严重,最高财富持有者往往占据个人财富总量的绝大多数,在第二次世界大战之前占70％—90％,二战之后占 50％—70％。因此,研究最高财富持有人群和他们的财富意味着研究几乎所有的个人财富。研究者过去对历史财富不平等的衡量大都是以最高财富持有人群所占财富份额的形式来估计的,特别是最高财富持有群体的财富份额在前百分之一的情况,这个衡量指标对于我们而言是最合适的。

估算最高财富持有群体所占的财富份额面临一个具体的难点,即测量总人口的净财富的参考总量。财富税数据通常只包括已经缴纳了财富税的最高财富持有住户,因此研究人员必须把观察期限控制在特定的年份之内,例如在这一期间进行了总的人口普查或特定的公共调查,测算出了对应的总人口的财富总量。举例来看,瑞典有数年的最高财富数据列表,但是缺少参考财富总量的可靠信息。遗产数据在人口组成方面也存在问题,但情况略有不同。在这个领域,研究人员通常试图收集能够代表总人口财富的遗产数据样本,这让他们能够仅凭手头的样本来测算相关的不平等估值。然而,大多数时候,遗产数据来源本身并不能完全代表总人口数据,因为财富水平较低的人群的信息大多是缺失的。[③]

不同的财富数据来源显示的是不同实体的财富分布情况。财富税数据和调查反映的是在世人口的财富分布情况,而遗产税数据和遗嘱清单则反映的是离世人口的财富分布情况。

[①] Zucman (2013)提出了另一种估算国家隐性财富的方法,该方法使用 21 世纪前 10 年的国家证券投资的资产负债表来检测可以被解释为(富人的)在逃资本的系统性错配。然而,Zucman(2013)没有给出估算结果所蕴含的任何分配意义。

[②] 话虽如此,其他衡量财富不平等的方法也许适用于可得的长期证据。特别是,Atkinson(2008b)提出了一个基于一定分割线以上的富裕群体人数的衡量标准,可以被定义为平均收入的某个倍数。

[③] 用于计算 20 世纪美国财富份额的遗产税纳税申报表只覆盖了全部人口中最富有的前两个百分位数,其参考的财富总额来自国民资产负债表(Kopczuk and Saez,2004)。

由于在一年内离世的那些人的样本并不能代表在世人口(因为老年人被过度代表了),这两种财富分布情况不具备直接的可比性。为了比较这两种财富分布,研究人员通常使用所谓的死亡率乘数法,这是一种针对不同年龄、性别或社会地位的群体的死亡率的倒数。① 通过这种转化,遗产税分布能够反映在世人口的财富分配情况。

7.3.1.4 避税和逃税

前文提过,若利用以税收为基础的行政性税收统计数据来计算财富分配,会出现一些与逃税和避税相关的问题。但是,与收入分配情况一样,这类测量会导致财富份额估算产生误差,但误差程度并不明确。如果不照章纳税以及避税计划在财富分布各个部分中的普遍程度相同(当然形式上可能各不相同),那么受影响的是财富的申报水平,而不是财富分配份额。不同时间和不同国家间的比较也是如此(更多细节,请参见 7.2.1.5)。遗憾的是,这方面没有什么系统的证据。只有一些主要关于个人所得税的综述,表明了尽管避税和逃税的规模很重要,但研究者对其总体的发生率没有明确的结论,也没有清晰的结论表明此类行为的影响会随着时间的推移变得更大还是越来越小。②

此外,在税率较高的国家,人们尚不清楚避税和逃税行为是多还是少。一般来说,税收若增加,避税和逃税的动机会随之增强,税务机关管控的动力也会增强。③ 至于财富税和遗产税,我们通常认为后者的数据更可靠,因为准确估算遗产的价值对于继承人是有利的。④ 在美国及其他地区,制定旨在规避遗产税的避税计划是很重要的一个产业,它可能会影响数据的可靠性。财富税收数据的低报问题可能与收入数据的低报问题类似,重复申报的部分很容易找出来,而其他的项目则很难。

最后,"避税天堂"也可能是一个问题。正如前面讨论的,有迹象表明,过去几十年存在大量的隐藏资金[例子可参见 Johannessen 和 Zucman(2014)以及其中的参考文献]。考虑到先进的避税计划背后是大量的固定成本,避税天堂可能仅仅适用于分配顶端的人群。如果避税天堂在过去几十年里变得越来越重要(其实很有可能),那么近期的财富集中度估值可能会低估最高财富持有人群的财富持有量,特别是近几十年的最高财富份额,且该估值不能与 21 世纪前几年的估值进行直接比较。

7.3.2 关于财富不平等长期演变趋势的证据

本小节中,我们对西方 10 个国家财富不平等的演变历程进行实证分析。虽然各个序列的长度与具体细节有所不同,但是大多数案例中的首次观察研究都始于 1800 年前后,并且在整个 20 世纪,观察研究都相对频繁。对于我们拥有数据的数量相对较少的国家,我们能够对各个国家的具体情况进行深入探究,从而可以对与国家历史及历史财富分配证据结构相关

---

① 使用死亡率倒数法时最好根据性别和社会阶层进行调整,这种方法由 Coghlan(1906)和 Mallet(1908),以及瑞典统计学家伊西多尔·福罗德斯特罗姆(Isidor Flodström,参见 Finandepartementet,1910)开创。有关死亡率乘数法及其理论基础的详细说明,请参见 Atkinson 和 Harrison(1978,第 3 章)。
② 见 Andreoni 等(1998)以及 Slemrod 和 Yitzhaki(2002)。
③ Friedman 等(2000)提供了证据支持这个观点,即税收越高,管理越严。他们在广泛的国家样本中发现更高的税收与更少的非官方活动相关联。
④ 2001 年是美国国税局提供统计数字的最后年份,该年美国的税收差距(即所欠税款和纳税额之间的差额)在 16% 左右。在弥补税收差距的 3450 亿美元中,仅有约 40 亿美元与遗产税和消费税有关。

的具体情况进行调查。在分析具体国家的案例之后,我们对各序列进行汇总,并对不同时期存在多大程度的共同模式进行研究。需要注意的是:我们重点关注各国 20 世纪、21 世纪的数据,以便观测这一时段的不同趋势,但在对几个国家的数据进行汇编时(见图 7.19 至图7.21),我们展示了包括 18 世纪、19 世纪在内的全部观察结果。①

7.3.2.1 国别案例

7.3.2.1.1 澳大利亚

Katic 和 Leigh(2013)开展了一项关于澳大利亚财富集中度的调查,这是自 20 世纪初期以来有关该国的最近一次调查。作者通过以下三种不同的资料来源对最高财富份额进行估计:遗产税申报表、家庭调查表、财富排行榜。研究主要侧重于利用前两种资料,但财富排行榜也可用于研究最近的发展趋势。

最早的观察数据来自 1915 年由英联邦人口普查和统计局开展的一项关于战争财富的调查。20 世纪 50 年代至 70 年代,依照年龄、性别和社会地位,通过死亡率倒数法进行调整,研究者收集和调整了遗产税申报表数据。自 20 世纪 80 年代以来,研究者们也采用了由不同实体发布的财富调查数据,并通过澳大利亚《商业评论周刊》(*Business Review Weekly*)刊登的富豪财富份额的年度观察数据对调查结果进行了补充。

这些资料来源体现了一个共同的主题:财富持有者的覆盖面并不广。除少数例外情况,这些调查只覆盖了那些最富有的公民。因此,历史数据中唯一长期的是前 1% 和 0.5% 的最高财富持有人群的财富份额的系列数据。

图 7.9 显示了 1915—2008 年澳大利亚最高财富集中度的发展趋势。第一次世界大战期间至 20 世纪 50 年代初期,最高财富持有人群所拥有的财富占总财富的份额从 35% 下降至不足 15%。在此期间,由于对这些数据缺少相关观察研究,我们无法确定财富份额减少是由第一次世界大战的战后动乱所致,还是因为受到 20 世纪 30 年代经济大萧条或者第二次世界大战期间的重大事件的影响。从 20 世纪 50 年代开始,最高财富持有人群所占总财富的份额徘徊在 10%—15%。国际比较来看,该财富份额非常低,而且这在本章提到的所有国家中,也是最低的。就这一点来看,关于澳大利亚最高财富份额低的原因尚未得到详细研究。

---

① 本节部分基于 Ohlsson 等(2008)的跨国分析。

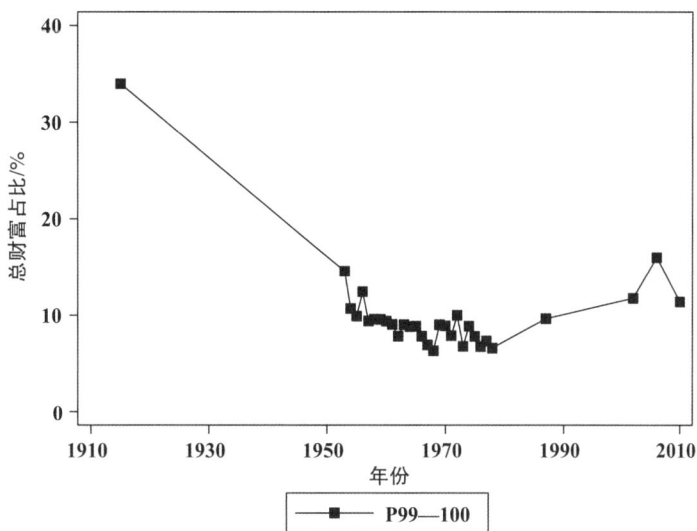

图 7.9　1915—2010 年澳大利亚财富集中度

资料来源:资料来源和数据详情请参阅附录。

7.3.2.1.2　丹麦

丹麦的历史财富集中数据最早可追溯至 1789 年,20 世纪的数据记录更为频繁。1789 年,丹麦对国家财富税进行了全面评估,这是最早的一次历史调查,Soltow(1981a,1981b,1981c)从这次调查中,收集了大量的住户总财富的个体样本。① 然而,在一个多世纪以后,丹麦才开始第二次的调查,此时引进了现代财富税。Zeuthen(1928)列出了 1908—1925 年丹麦住户的财富分配表(不同财富规模的住户数量及其财富总额),并加以调整,将不拥有应税财富的住户包括进去。类似的财富税收数据列表在 Bjerke(1956)的研究中也可以找到,包括 1939 年、1944 年和 1949 年的数据,之后多年的数据在丹麦统计局的几个官方统计出版物中也有公布,直到 1997 年财富税被废除。②

图 7.10 显示了 1908—1996 年位于最高十个百分位数的最高财富持有群体财富份额,而图 7.19 和图 7.20 显示了回溯到 1789 年的趋势。最高十个百分位数中的后五个百分位数(P90—95)一直到 1908 年都呈现稳定的趋势,到了 20 世纪,其份额从 10% 上升到 20%。前四个百分位数(P95—99)在整个财富总额中保持在 25% 至 30%,而排名最高的百分位数的最高财富持有群体财富份额(P99—100)在整个时期都有明显下降,两次世界大战后下降更为显著。就最高财富持有分布中最顶端的 0.1 个百分位数(P99.9—100)而言,一直到 1915 年并没有下降,但在 1915 年至 1925 年之间,财富份额下降了近三分之二。总体而言,丹麦的财富集中度在工业化进程中不断下降,而且在整个 20 世纪,丹麦的财富集中度也在持续下降,尽管不同时期各个群体的进程并不统一。

---

① 见 Soltow(1981a-c,表 2)。

② 1995 年和 1996 年的估计是从仅列出住户数量的财富(家庭)和全国净财富的证据来构建的。Bentzen 和 Schmidt-Sørensen(1994)对 20 世纪 80 年代丹麦最高财富份额的情况进行了补充,但不幸的是,财富规模在其数据中已经被高估了,因此估计的结果与其他基于税收的数据并不完全相符。

通过比较丹麦最高财富持有者在 19 世纪末期前后身份的变化,我们可以了解丹麦工业化的财富变化状况。1789 年财富分配最高的主要群体是大型农业地产的所有者。Soltow(1981a,1981b,1981c)引用了一个历史证据:"300 位丹麦地主拥有着 90% 左右的丹麦土地。"相比之下,1925 年,私人财富最多的群体是经纪人,地主阶层仍然很富有,这两个群体的平均财富水平比全国的平均水平高出 50 倍以上。[1]

在两次世界大战之后,最高财富份额下降的部分原因是战时财富税急剧增加。[2] 然而,Bjerke(1956)认为,第二次世界大战以后,最高财富份额下降很大程度上是由于税收机关对财富信息的收集和估值的新惯例,这使得中产阶级的财富更加凸显。直到 20 世纪 80 年代,财富集中度都在持续下降,这主要是由于总投资组合中相对平均分配的房屋所有权份额的提升(Lavindkomstkommissionen,1979),但此后财富集中度开始上升,持续到 20 世纪 90 年代中期。

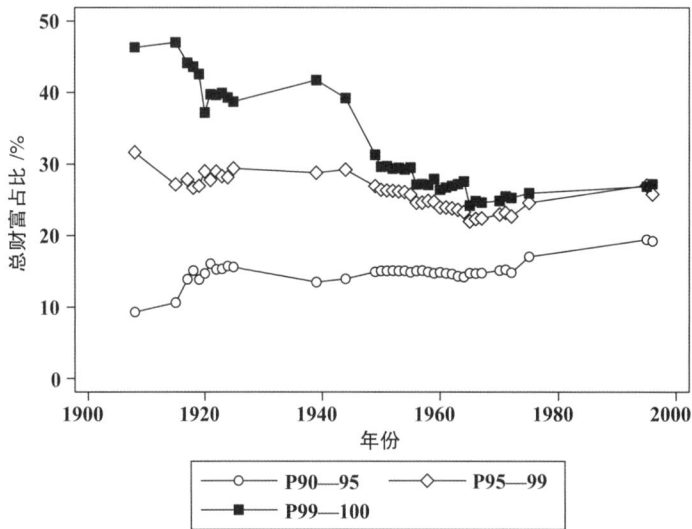

图 7.10　1908—1996 年丹麦财富集中度

资料来源:资料来源和数据详情请参阅附录。

7.3.2.1.3　芬兰

芬兰是另一个北欧国家,它从农业时代到 20 世纪的大多数年份都存在财富分配数据。芬兰的工业化进程相对较晚,甚至从第一次世界大战结束到第二次世界大战开始之前,芬兰都还是一个以森林工业、小规模农业为主导的农业经济国家。从政治意义上来讲,在 1809 年以前的一段时期,芬兰是瑞典的一部分,而后前者又被俄国统治,直到 1917 年,芬兰才获得独立(Eloranta et al. ,2006)。

---

[1] 1925 年,丹麦人均净个人财富为 6826 丹麦克朗(DKR),经纪人为 366000 丹麦克朗,大地主为 359000 丹麦克朗(Zeuthen,1928)。

[2] 关于丹麦财富税的历史发展,见 Christensen(2003)。

我们对芬兰历史财富分配的估计主要以财富税收统计为基础。① 已知的芬兰最早的财富分配观测是在 1800 年,源于瑞典和芬兰征收的财富税。Jutikkala(1953)和 Soltow(1980)收集了近 2000 名男户主财富的代表性样本,并对此进行调查。被征税的家庭占人口的三分之一左右,而其他三分之二的人口因为缺乏足够的个人应税财富而被免除纳税。随后的一组估计数据来自芬兰统计局在 1907—1909 年、1914 年和 1915 年编制并公布的统计数据。② 我们计算已故者的最高财富份额,但是会参照瑞典在同一时间内观察到的类似差异,来调整已故者的最高财富份额和在世人口的最高财富份额之间可能存在的差异。③ 对 20 世纪初的情况,我们使用 Soltow(1980)1922 年、1926 年和 1967 年财富税评估的估计数据。所有这些样本包括根据没有征收财富税的无财富人群份额而做出的调整。最后,我们使用从芬兰统计局直接获取的净可交易财富数据,得到 1987—2005 年的财富税表。④

图 7. 11 显示了芬兰从 1908 年到 2005 年的财富集中度演变情况,图 7.19 和 7.20 显示了回溯至 1800 年的趋势。最高十分位数所占的财富在 1800 年占国内净财富的 46％,到 1909 年达到 70％。在此期间,芬兰最高百分位数的份额呈现出倒 U 形模式,1800 年的份额相对较低,而在一战后的一个世纪中,该比例翻了一番。20 世纪 20 年代,由于发生了内战,最高百分位数的份额大幅下降。在 20 世纪后期,最高百分位数的份额进一步下降,降至 1990 年左右的全局最低点,所占份额低于个人财富总量的 14％。然而,之后芬兰经历了信息技术繁荣,手机制造商诺基亚带来了巨大的成功,在 20 世纪 90 年代和 21 世纪前十年,芬兰最高百分位数财富持有群体的财富所占的份额迅速增长,2005 年达到了 22％(Eloranta et al.,2006)。至于前十个最高百分位数中底部的情况,芬兰模式与大多数其他国家的模式在此研究中的结果相似。较高的前四个百分位数(P95—99)也呈现出倒 U 形,在 20 世纪 60 年代达到高峰之后,其份额开始下降。最高十分位数的下半部分占据了总财富的 10％—15％。

总的来说,芬兰历史财富集中遵循倒 U 形结构。富人(最高百分位数)持有的总财富份额在 19 世纪增加,到 20 世纪减少。然而,在研究涉及的两个世纪中,上层中产阶级(除去最高百分位数的前十个百分位数中的剩余部分)的相对位置并未有太大变化。此外,值得注意的是,在 1800 年以及 20 世纪,芬兰的相对财富集中度都相对较低。

① 之前有一些研究,例如 Tuomala 和 Vilmunen(1988),利用 1968—1983 年的税收数据对财富分配进行分析。Jäntti (2006)主要利用调查证据资料,分析了 20 世纪 80 年代后期和 90 年代的发展情况。在 20 世纪 80 年代,芬兰统计局每十年会对财富进行两次调查。但是出于对税务数据可比性和对财富份额覆盖率的担忧,我们并没有使用这些数据。该数据参见芬兰统计局(2006,2007)。例如,在调查数据中,1987 年最高十分位数的财富份额低至 35％,而在财富税统计中则为 51％。后者相当于最高百分位数数据中 16％ 的份额,但这在西方国家中仍处于较低水平。

② 芬兰统计局(1911)。

③ 瑞典财政部(1910)对 1906—1908 年的财富份额进行了详细计算,其中不仅包括了死亡人口(通过遗产份额计算),也包括了居住人口(使用死亡率倒数调整的证据)。调查显示,死亡人口的最高财富份额比在世人口的最高财富份额高 10％(最高十分位数)至 40％(最高 0.01 百分位数)。

④ 芬兰统计局提交的数据显示,应纳税财富根据 8 个级别中的年龄和净财富等级进行划分,从 5000 欧元到 50 万欧元不等。

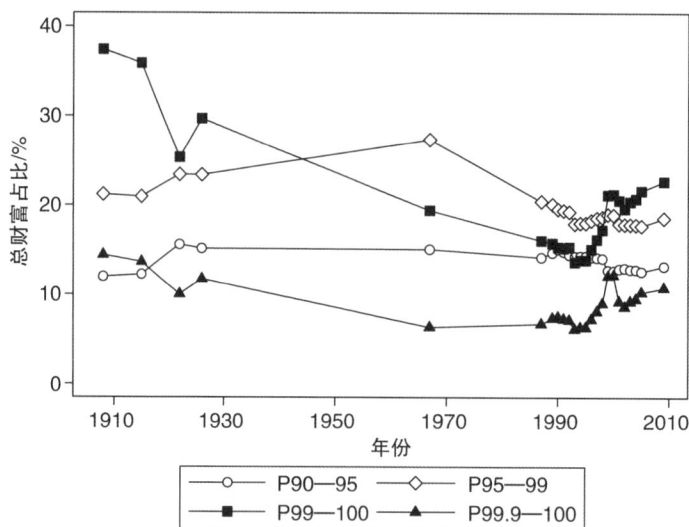

图 7.11 1908—2009 年芬兰财富集中度

资料来源:资料来源和数据详情请参阅附录。

7.3.2.1.4 法国

鉴于法国在欧洲经济与政治的发展中发挥着重要作用,因此,研究法国财富不平等的长期演化趋势很有意义。Piketty 等(2006)和 Piketty(2014)对相关数据进行了更新,展示了巴黎和整个法国从拿破仑时期到现在约 200 年的财富集中发展趋势。此前,对于任何国家的研究都没有得出过如此长时间的同质性时间序列,它提供了涵盖工业化时期的完整的财富不平等状况。法国的财富数据源于遗产税收入,税收额根据 1791 年开征的遗产税加以确定,该遗产税的实施历经了两个多世纪。1807 年至 1902 年,研究者每隔 10 年就会对巴黎市所有的遗产税报表数据进行人工收集。他们之所以选取巴黎进行研究,主要是出于以下考虑:第一,现实操作性原因。第二,巴黎富人的数量在整个法国中占据巨大比重。研究者通过对遗产税报表进行国家层面的概括统计,将巴黎最高财富份额"推算"到国家层面。1902 年以后,研究者使用由法国税务机关公布的财产规模分布表。

图 7.12 显示了 1900 年以来,法国财富份额演化历程中的多个分位数,这些分位数位于法国最高财富十分位数以内。而图 7.19 和图 7.20 则显示了 19 世纪初期以来的演化趋势。虽然这些估算源于人口死亡数,也就是说,直接来自遗产税报表,但通过与在世人口(财产乘数统计)分布的等价财富份额进行对比,可以得出几乎相同的趋势和水平。[①] 这些数据显示,19 世纪的财富集中度在最高百分位数和最高 0.1 百分位数上显著上升。19 世纪 70 年代前缓慢上升,之后快速上升,直到第一次世界大战前夕发展到顶峰。相比之下,在此时期,前十分位数的两个底部群体发展缺少活力。下半部分(P90—95)在总财富中约占 9%,直至第一次世界大战,其份额才开始缓慢上升,到 20 世纪 80 年代实现了翻番。接下来的四个百分位

[①] 使用 Piketty 等(2004)的数据(巴黎和法国的死亡人口、在世人口的最高财富份额)可以发现,显然,随着时间的推移,财富份额的变化趋势在所有分位数中几乎相同,甚至水平差异也不显著,最上层十分位数平均差异为 0.4%,百分位数为 5.1%。

（P95—99）在总财富中占比 27％左右,并在整个期间保持该水平。这些模式表明:19 世纪 50 年代,法国的工业化进程迅速推进,这在很大程度上影响了个人财富。几十年之后,它同样也带来了巨大影响,但仅在最上层阶级中体现。另外两个观察也进一步证实了该结论。第一,最高财富的组成从 19 世纪上半叶以房地产资产（主要是土地和豪宅）为主导,转变为以金融资产（现金、股票和债券）为主导,人们普遍认为后者都为成功实业家、金融家所持有。第二,同一时期,高层财富持有者中,贵族的份额从 40％左右下降至 10％左右。[①] 从第一次世界大战到第二次世界大战结束,最高财富份额大幅下滑,Piketty（2003）认为这与通货膨胀、破产、破坏造成的最高资本冲击直接相关。战后,财富集中度变化不是特别显著,虽然其持续下降,但这在很大程度上与税收增加有关（Piketty et al.,2006）。

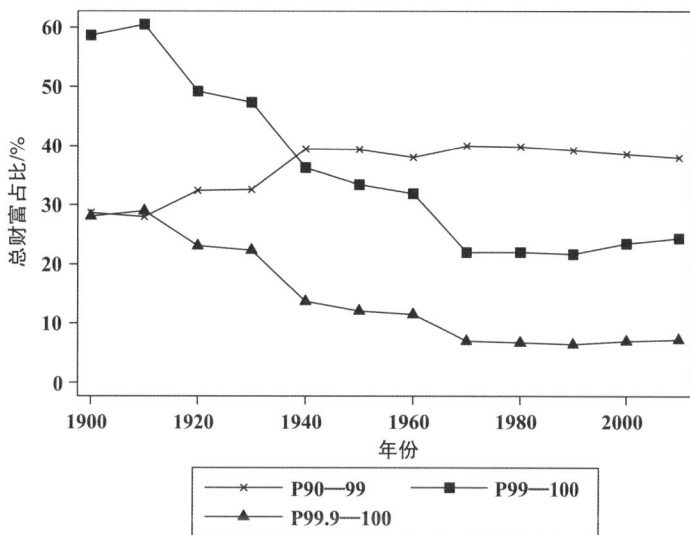

图 7.12 1900—2010 年法国财富集中度

资料来源:资料来源和数据详情请参阅附录。

7.3.2.1.5 荷兰

就分析西方经济财富不平等的长期趋势来讲,对荷兰进行研究具有重大的参考意义。19 世纪中期以前,荷兰虽然没有经历传统意义上的工业化,但 16 世纪兴起的全球贸易扩张早已促进其经济的发展。van Zanden（1998b）认为,这也许可以解释,工业革命之后不平等的现象没有显著加剧。前工业化时代,增长率虽高,但实际收入停滞不前,财富不平等仍然加剧。但此后,工业化不仅增加了富人的财富,而且加大了对各类劳动力的需求,既包括技术型劳工,也包括普通劳工。

关于荷兰历史上财富不平等的既有文献比较丰富。Soltow（1998）和 Vermaas 等（1998）就 19 世纪初期以来荷兰不同地区财产继承和住房不均的情况进行了一系列估计。但是,对整个 19 世纪的发展趋势进行总结就比较困难。1808 年、1880 年和 1908 年之间唯一可以比较的信息来自继承税记录,覆盖由远亲继承人继承的遗产,即不是由配偶及子女继承的遗

[①] 这些论据参见 Piketty 等（2006）。

产。数据显示,财富不平等现象稍有加剧。[1]

财富税统计资料提供了最全面的纵向数据,这可以用来估计1894年以来的最高财富持有群体所占的财富份额。这些调查研究主要来自 Wilterdink(1984),文中详细介绍了1894—1974年具体的最高财富持有群体所占的财富份额。这些估计源于财富税记录,它显示了财富税纳税单位(主要是个人)的分布情况,而最近的财富调查数据则显示了住户的财富分布情况。最近几年,荷兰统计局汇编了1993—2000年、2006—2011年的财富税分布数据。[2]

图7.13显示了1894—2011年荷兰的最高财富份额。1900年世纪之交前后,财富集中度较高且稳定。此后,最高百分位数的财富份额开始下降。Wilterdink(1984)和 van Zanden(1998a)都强调了地缘政治事件的作用,在两次世界大战和20世纪30年代经济大萧条期间,这些事件显然对最高百分位收入份额的下降有影响。然而,研究者也强调了政府再分配的作用,特别是在1946年以后,政府为了支撑战后重建工作而征收较重的财富税。

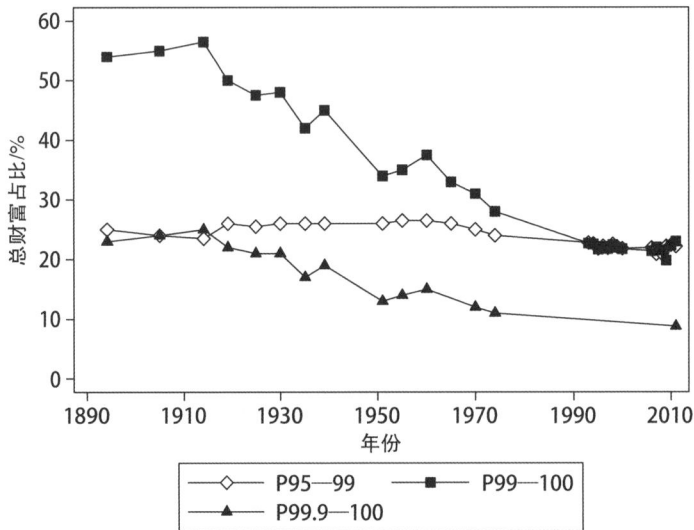

图7.13 1894—2011年荷兰财富集中度

资料来源:资料来源和数据详情请参阅附录。

7.3.2.1.6 挪威

挪威财富集中数据主要来自各种财富税。总体来讲,这些数据可能是本章节中最不确定的,所以对于本章提出的最高财富份额估计必须谨慎解读。观测值最早源于1789年实施的财富税评估,此时丹麦也开始了财富税评估(这段时间丹麦与挪威是政治同盟关系)。与丹麦一样,挪威对实物和金融资产都要征税,包括土地、房屋或农场、工厂、牲畜、磨坊、商店

---

[1] 参见 Vermaas 等(1998)。

[2] 数据来自荷兰统计局,由维默尔·萨尔韦达向我们提供(参见 Salverda et al.,2013;关于进一步的数据说明,参见 Statistics Netherlands,2010)。2001年税收改革引入了一种稍微不同的财富税收模式,该模式降低了数据的可比性。此外,我们仅对1993—2003年的前5%的百分位数(并假设最高十分位数在2006—2011年是相同的)和2011年的前0.1%的百分位数的财富份额进行研究。

库存和金融工具。由于没有扣除债务,因此财富的概念就是总财富。① 第二次调查始于 1868 年,挪威政府开始进行国家财富税评估。Mohn(1873)提供了财富总和与住户总量,并给出了占所有住户中前 0.27%(P99.73—100)的财富汇总,其中包括财富总量最高的前 15 个住户的财富详细列表。② 对于 1912 年的数据,我们利用挪威统计局(1915b)提供的 1913—1914 年度税收(扣除金融财富)财富报税表来计算。③ 类似地,对于 1930 年的数据,我们利用挪威统计局(1934)提供的财富分布表(含富有阶层中财富持有者的人数以及财富总量、税收单位总额)来计算。

1948 年以后,我们使用每年出版的《挪威统计年鉴》中财富持有人和按净资产类别列出的财富总额表。20 世纪 80 年代初,财富统计数据开始根据个人纳税报告,不再像以前是以住户为单位报告。为了使我们的序列尽可能保持一致,我们通过挪威统计局 1979 年的个人和住户两种类型的统计数据,对 1982 年以后仅反映个人纳税分布情况的结果进行转换,以试图反映出全体住户的财富分布情况。④

1993 年以后,我们使用挪威统计局网站上公布的财富分布表。⑤ 由于资产覆盖率与估值都存在问题,因此这些数据可能最具不确定性,这听上去有点儿讽刺的意味。例如,住房的应税评估价值大打折扣,平均不超过其真实市场价值的五分之一,而那些比较昂贵的住房,其偏差则更大(Epland and Kirkeberg,2012)。鉴于此,住户的应税评估净财富对于所有的挪威住户几乎都为负。此外,如果存在住房的市值税收趋势的话,那么应税评估净资产的分布趋势与市值资产的分布趋势应该相同,但这并不明显。

为进一步分析该问题,我们参考 Epland 和 Kirkeberg(2012)给出的挪威净财富分布数据,我们认为这是当前最可靠的估计。这项调查研究汇总了大量的关于 2009 年微观数据的资料,仔细估计了资产与负债的市场价值,并估算了挪威的财富不平等状况。该研究发现:在所有净财富中,收入前 10% 的富人拥有的财富约占总量的 53%,前 1% 的富人约占总量的 21%(Epland and Kirkeberg,2012,表 8)。有趣的是,虽然上述应税净财富列表没有多大意义,但财富总分配似乎不那么难以估量,2009 年收入前 10% 的富人拥有的财富占总量的 54%,前 1% 的富人拥有的财富占总量的 26%。鉴于此,我们借助挪威统计局提供的总财富列表所

---

① 我们使用 Soltow(1980)基于"26 岁及以上男性或家庭"的分布估计数据,这与后来年份的情况有所不同,可能意味着 1789 年的财富不平等应该向上调整,使其更具有可比性。

② 没有关于被征税的是财富还是净财富的信息。

③ 我们使用挪威统计局(1915b:20-21)关于财富各阶层中财富持有者的表格,这些数据从挪威统计局(1915a:13f)的参考财富与税收单位总额以及 Kiær(1917:22)提供的信息中得到了证实。1922 年以前,挪威财富中扣除了金融资产,挪威统计局(1934:1)就这一事实进行了讨论。

④ 1981 年的《挪威统计年鉴》(Statistical Yearbook of Norway)同时列出了住户(表 380:316)和纳税个人(表 368:306)的净财富数据。然而,对于纳税个体数据,我们没有关于各个财富阶层的所有财富持有者的财富总和数据。因此,我们将住户案例中所观察到的财富总和嵌入相应财富类别的个案中。比较个人和住户财富份额分配,我们发现:收入前 10%、5%、1%、0.1%、0.01% 富人的个人财富占总财富的份额依次分别比对应分位数的住户所占的份额高 25%、21%、30%、44%、60%。

⑤ 1993—1999 年的数据,见表" Tabell:08575: Fordeling av skattepliktig brutto-og nettoformue for busette personar 17 år og eldre, etter talet på personar og gjennomsnitt i kroner (avslutta serie)"。2000—2011 年的数据,见表"Tabell:08532: Fordeling av skattepliktig brutto-og nettoformue for bosatte personer 17 år og eldre, etter antall personer og gjennomsnitt"。

呈现的时间序列模式,将财富份额按比例压缩,以匹配 Epland 和 Kirkeberg(2012)所给出的2009 年的参考水平。

总而言之,对挪威的长期财富集中度的估计,在很多方面都存在很大的问题。然而,从挪威的财富集中度的整体趋势来看,它似乎对我们假设中的变化而言相对稳健,且与其他国家的长期不平等趋势没有太大差别。

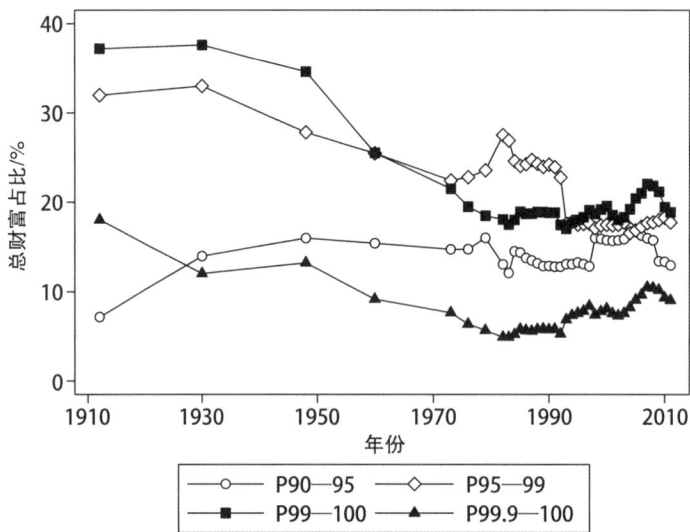

图 7.14　1912—2011 年挪威财富集中度

资料来源:资料来源和数据详情请参阅附录。

图 7.14 显示了 1912—2002 年挪威财富集中的趋势,而图 7.19 和图 7.20 显示了回溯到1789 年的财富集中趋势。收入前 10％的部分被再分为:后 5％(P90—95)、中间 4％(P95—99)、前 1％以及前 0.1％的百分位数。在此时期,挪威最高财富持有者的相对位置的发展趋势是截然不同的。后 5％的份额在 1789—1912 年下降,而后在 1912—1930 年急剧上升,之后又趋于相对稳定的水平(尽管出现过缓慢下降)。中间 4％的财富份额发展呈现倒 U 形模式,其在 19 世纪有所上升(由于缺乏数据,具体时间不得而知),1930 年达到顶峰,在随后的70 年间里,几乎是单调递减的趋势。最后,早在挪威工业化时期之前,1789—1868 年前 1％的份额显著下降,在 1912 年略有上升,之后又开始下降。战后发生了最大幅度的下滑,1948—1983 年从 34.6％下降至 17.5％。同期,前 0.1％的份额则从 13.2％下降至 5.7％。20世纪 90 年代,经济迅速复苏,这可能与这一时期石油财富增加以及世界股票市场价格上涨有关。股票价格上涨也导致了这一时期最高收入人群的收入份额的上升(Aaberge and Atkinson,2010)。1997—1998 年的大幅度上升也可以通过挪威税法改革来解释,后者规定了增加个人纳税申报表中公司的股票评估值。[①]

尽管挪威最大财富持有者之间存在不同的趋势,挪威财富税的数据序列存在潜在问题,

---

① 1998 年,奥斯陆证券交易所上市股票的应税评估价值从市场价值的 75％上升到 100％,非上市股票的应税评估价值从规定的市场价值的 30％上升到 65％。

但是鉴于挪威在此时期的经济和政治历史情况,图7.14、图7.19和图7.20所示的数据与我们的预期相当吻合。拿破仑战争之后,挪威经济受到经济危机的严重打击,政治权力从大地主和贵族转移到公务员阶层。[①] 1850年以后,商船运输在世界范围内扩展,挪威船主和制造商经历了巨大发展。查阅Mohn(1873:24)列出的1868年各种职业的平均财富后,我们可以发现,最富有的四个群体是制造商(拥有财富是全国住户平均水平的160倍)、商人(124倍)、船主(96倍)和公务员(87倍)。半个世纪之后的1930年,统计部门对最高收入群体的财富与国家平均水平也进行了类似的比较(Statistics Norway,1934),结果显示:较其他人群来讲,只有船主保持以往的水平(拥有的财富是全国平均财富水平的119倍),而商人(22倍)和制造商(19倍)相对于全国平均水平来讲,已经失去了原有的财富地位。

7.3.2.1.7　瑞典

最近的一项研究中,Roine和Waldenström(2009)搜集了瑞典历史财富分配数据的可得证据,构建了19世纪末工业起飞到21世纪初同质性序列的最高财富份额。[②] 这主要依据各种途径发布的财富税统计数据,包括财政部或税务机关进行的人口财产调查和专项公开调查。在这些途径中,财富通常被看作应税评估价值的净财富。不过,最先由Ohlsson等(2008)提供的1873—1877年、1906—1908年、1954年、1955年、1967年和2002—2003年这几个时间段的遗产税资料对此数据进行了补充。在整个20世纪,财富税和遗产税的数据显示出惊人的相似性。除了这些资料,还存在早期的调查研究。Soltow(1985)从国家税收评估中收集证据,对1800年瑞典总体财富不平等的状况进行了调查研究。[③] 这一研究是基于1800年的人口财产调查,并对20岁及以上男性人口的总财富分配状况进行了描述。[④]

图7.15显示了自1908年以来最高财富份额的演变,而图7.19和图7.20展示了过去两个世纪的变化趋势。首先看19世纪的模式,我们的观察结果表明,该时期财富分配相对稳定,虽然按今天的标准来看,这是极其不平等的。鉴于缺少对1800年至1873年(或实际上是1908年)的调查研究,我们对19世纪的发展状况并不清楚。然而,Soltow(1989a)利用1805—1855年四个特定社会阶层("极度贫困""贫困""中等富裕""富裕")的公共报告以及其他一些财富分配资料来源,对19世纪的发展状况进行了估计。关于财富不平等的趋势,他认为19世纪不平等状况似乎有所缓解,并且一直持续到20世纪。[⑤] 然而,Soltow(1989a)承认,他的计算并没有排除这种可能性:最高的1%或2%的财富持有者实际上可能提升了他们在私人财富总量中所占的份额。

---

① 历史资料节选自"不列颠百科全书在线"(Encylopædia Britannica Online)里"拿破仑战争及19世纪"这一部分中有关挪威的资料。

② Spant(1979,1982)研究了瑞典财富不平等的长期演变过程。这早于Ohlsson等(2008)的序列研究,以及Roine和Waldenström(2009)的研究。

③ 细心的读者可以发现:在同一年,芬兰存在类似的税收。因为芬兰在此时期仍然是瑞典的一部分,所以这些税是相同评估的一部分。然而,我们的分析仅限于目前的瑞典地区。

④ 大约三分之一的男性是财富持有者,我们在计算不平等估计值时对余下的三分之二进行了调整[使用Soltow(1985)的数据]。

⑤ 详见Soltow(1989b)。

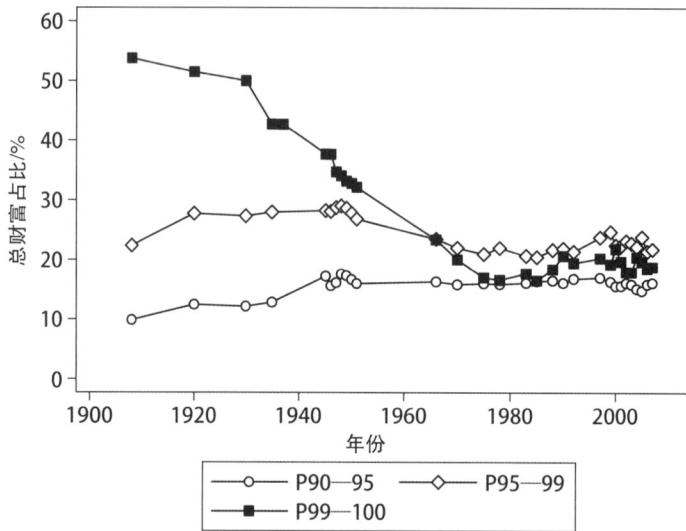

图 7.15　1908—2007 年瑞典财富集中度

资料来源:资料来源和数据详情请参阅附录。

20 世纪的财富分配情况更加明晰。我们可以使用同时期多个重叠来源,即使不同时期的水平仍然存在不确定性,但其发展趋势似乎能相对确定。瑞典 20 世纪财富集中的长期发展呈现出以下趋势:收入前 10％的富人所占的财富份额从 20 世纪初的 90％左右大幅下降至 1980 年前后的 53％左右,之后略有回升,近年来保持在 60％左右的水平。瑞典财富分配中处于底端的这半部分,有相当一部分住户的净财富为负,部分原因是国家广泛发放大学生助学贷款,还有部分原因是一些重要的资产并没有完全涵盖在官方的财富统计中,例如公寓、私人养老金储蓄及公共养老金储蓄。

然而,如果想要真正理解财富集中的演变,观察这一总趋势远远不够。对图 7.15 中的收入前 10％的富人所占财富进行分解,我们可以发现,在 20 世纪上半叶,收入在前 10％的大多数富人所占的财富份额实际上都有大幅增长。收入在前 10％的富人所占财富份额总体呈下降趋势,可以被理解为收入前 1％的富人所占财富份额的显著下降,其下降幅度大大超过了前 10％的富人中收入处于较低水平的群体的增长幅度。1950—1980 年,收入在前 5％的富人所占的财富份额有所下降,但是收入前 1％的富人所占的财富份额下降幅度更大,1980 年之后,这两个群体的趋势相同,但是现在收入前 1％的富人所占的财富份额增长幅度较大。

我们如何解释这些发展变化? 首先关注 20 世纪上半叶的最高财富分配,我们可以发现:大部分下降发生在 1930—1950 年,其中,20 世纪 30 年代初期和第二次世界大战之后出现了急剧下降。20 世纪 30 年代是一个金融动荡的时期,克罗格(Kreuger)公司在那时崩塌了。[①] 1945 年以后,原本在 20 世纪 30 年代被讨论过的许多改革因战争而被搁置。特别是在战争期间,累进税被推得水涨船高,这也影响了财富持有,因为瑞典在 1948 年之前一直联合征收

---

① 尽管瑞典并不像许多其他国家那样受到大萧条的影响,但是在 1932 年发生了"克罗格崩塌",即伊瓦尔·克罗格的工业帝国破产了,这导致瑞典财富大量减少。

所得税和财富税。

　　然而,收入最顶端的富人所占的财富份额下降,主要原因可能是在收入前 10％的富人中,收入相对靠后的这部分富人所占的份额越来越大,这反过来又可能增加了收入相对较高的个人的财富积累。1945 年后,个人财富积累增加的趋势持续减弱。此后 30 年发生了重要变化,在考虑自住公寓和房屋以及度假住宅之后,私有住房在财富总量中的份额大幅上升,从 17％上升到 1975 年的 45％,并且直到 1997 年都几乎保持着同一水平(Roine and Waldenström,2009)。虽然在整个分布中,这种类型的财富积累非常不均衡,但是其分布于相对较大的群体导致了财富集中度的不断下降。如今,瑞典约一半的家庭拥有自己的房屋。[①] 过去几十年里,财富份额的波动主要取决于房地产价格和股价的变化。房地产价格的上涨倾向于推高财富分布中上半部分的份额,并以牺牲最顶端群体的收入为代价,使得不平等程度下降。然而,股票价格上涨提高了最顶端群体的收入比重,因为股权仍然非常集中,所以不平等程度上升。[②] 1997 年,收入前 1％的富人持有的股份在全部私人持股中占比 62％,收入前 5％的富人则占 90％。[③]

7.3.2.1.8　瑞士

　　瑞士财富集中度的有关数据源于 1913—1997 年的财富报税表,该数据经税务机关编制,并由 Dell 等(2007)分析。由于瑞士物业税不定期征收,所以为了得到全国大致连续的序列,作者从地方和联邦的估计中,拼合了几个不同点的估计值。

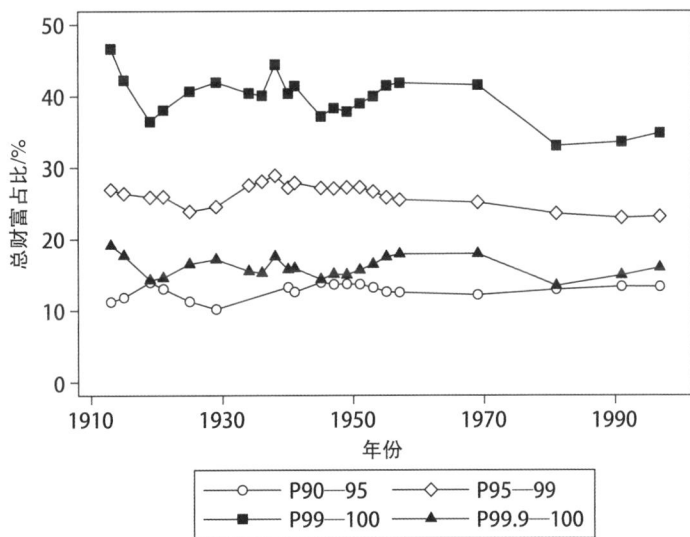

图 7.16　1900—1996 年瑞士财富集中度

资料来源:资料来源和数据详情请参阅附录。

[①] 近几十年来,瑞典财富分配的特点是负净财富持有者占比很大,几乎占成年人口的三分之一。有几个因素可以解释此特点,其中包括广泛用于高等教育的国家贷款,以及漏报重要资产,例如公寓和私人、公共保险储蓄(可进一步参见 Cowell,2013;Jansson and Johansson,2000)。

[②] Roine 和 Waldenström(2012)研究了资本收益的作用,讨论了 20 世纪 80 年代以来瑞典的一些总资产的发展情况。该研究表明,金融资产价值的激增远大于整体的房地产价值。

[③] 参见 Jansson 和 Johansson (2000)。

图7.16显示了20世纪瑞士财富持有前10%的富人所占的财富份额。在整个期间,瑞士财富集中度似乎基本保持不变,这与本研究调查中的其他国家形成鲜明对比。分布在顶端的财富份额有所下降,但与其他所有被研究的国家相比,这种变化是很小的。[①] 这不仅发生于收入前10%的富人与其余人口相比的情况,更引人注目的是,最高收入群体内部的财富集中度情况也是如此。与财富持有前10%的富人中的底部9%相比,财富持有最高的前1%和0.1%人群的财富持有份额,除了一些短期的波动,没有呈现出明显的增减。

对瑞士财富不等的长期稳定性进行解释并不容易。一个可能性就是该国的财富税水平相对较低,这表明再分配率低,对积累新财富的激励影响较小。20世纪征收高额的财富税和继承税的实践似乎促使一些国家的最高收入群体的收入和财富份额下降,正如我们在本章的其他部分所讨论的那样。但是,瑞士未涉入两次世界大战的事实并不能完全解释其财富分配的稳定性。瑞典也未涉入两次世界大战,但其发展模式与瑞士并不相同。无论如何,瑞士的最高收入群体的财富份额序列数据都会使我们质疑这一假设:由于收入重新分配或中产阶级收入住户财富的相对快速积累,重大的经济发展随着时间的推移会降低财富不平等程度。

7.3.2.1.9 英国

许多关于英国财富集中度的估计,可以追溯到18世纪中期英国的工业化。1900年以前,财富分配数据性质不同,且源于分散的遗嘱认证记录及少量的纳税评估样本(见 Lindert,1986,2000;Soltow,1981a,1981b,1981c)。直到第一次世界大战之后,税务统计局开始汇编发布财产税报表,这些数据序列才完全可靠(见 Atkinson and Harrison,1978;Atkinson et al.,1989)。[②] 但即便是这些数据,也有明显断点。例如,随着时间的推移,分析的地理单元发生了变化,二战前的数据几乎都是有关英格兰和威尔士的情况,而二战后的数据反映的是整个英国的情况。然而,Atkinson 等(1989,表1)的数据表明,这些实体之间的差异相当小。更重要的是,税务机关改变了一些最高财富份额的计算方法,这导致时间序列在第二次世界大战前后、1960年以及1980年左右出现了大量的数据断点。其中的一些重要变化包括降低年龄界限、对人寿保险单的不同处理、对耐用消费品的评估,以及税务机关采用更严谨的税收程序。[③]

---

① 一个简单的趋势回归分析得出了负的系数,虽然很小,但显著。
② 实际上,税务局于1896年开始发布遗产税数据,但该数据没有按年龄划分,而是采用死亡率乘数法来估计财富分配。还要注意的是,税收所使用的死亡乘数是根据年龄确定的,直到1923年才根据年龄和性别两者共同确定。
③ 关于这些数据断点的广泛讨论,请参见 Atkinson 和 Harrison(1978)及 Atkinson 等(1989)。

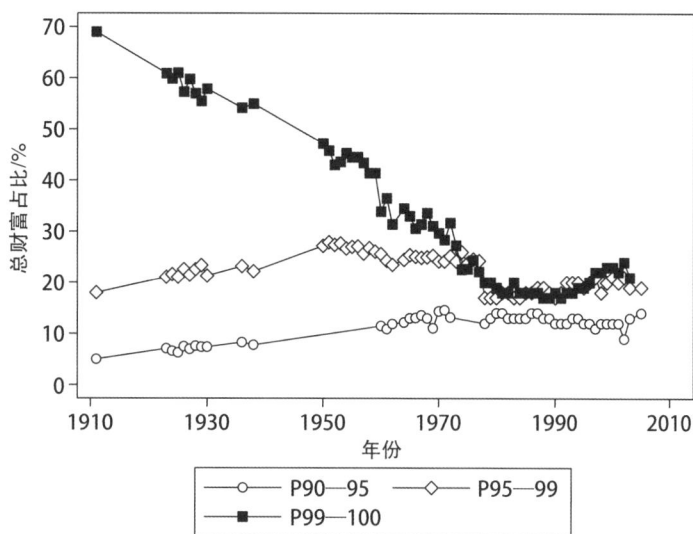

图 7.17 1911—2005 年英国财富集中度

注:直到 1960 年,都只包括英格兰和威尔士的数据,其后则包括整个英国。资料来源和数据详情请参阅附录。

18 世纪下半叶,工业革命在英国兴起,其个人财富积累也发生了变化。纵观图 7.17 中 1911 年以来的财富集中度以及图 7.19 和图 7.20 中回溯到 1740 年的财富集中情况,我们可以明显看出,财富持有前 5% 的群体内部的分布存在极大的异质性。[①] 显然,财富持有前 1% 的富人的财富集中度上升了,而相比之下,随后 4% 的财富份额在同一时期的占比出现下降。Lindert(1986,2000)通过补充个人财富数据进行了研究,结果表明,19 世纪位于绝对顶端的富人之间的财富差距确实在扩大,大地主和商人的财富在增加。与此同时,Lindert(1986,2000)指出,中产阶级(财富份额在 60%—95% 的人)也在不断积累个人财富,这可能是图 7.17 中随后 4% 富人的财富份额下降的原因。

第一次世界大战以后,这种格局发生了逆转。虽然最高 1% 富人的财富占比从 1913 年的接近 70% 大幅降至 1980 年的 20% 以下,但是最高财富持有的随后 4% 富人的财富占比保持稳定,甚至相对于其他人口而言还有所上升。Atkinson 等(1989a,1989b)认为,这种发展是受多种因素推动的,其中最重要的因素有股价演变、耐用消费品及自有住房(所谓的大众财富)相对于其他财富价值的占比变化。税务局的统计数据显示,1990—2003 年,财富持有前 1% 富人的财富份额增长了约三分之一,但是研究人员尚未对这一增长做出解释。这可能是股价飙升带来的结果,因为 20 世纪 80 年代金融市场放松管制,而金融财富主要集中在位于财富分配绝对顶端的富人手中。[②]

---

① 读者应该记住,该数据及本研究中的其他几个数据包含不同来源的数据序列,随着时间的推移,这自然会影响数据同质性的程度。

② 对于许多发达国家来说,这是一个典型的事实(例如,参见 Davies and Shorrocks,2000)。

7.3.2.1.10 美国

许多经济学家和历史学家对美国财富集中度的历史发展进行了广泛研究,研究可以追溯到美国独立战争时期。在本部分研究中,我们结合不同的证据,以提供一个长期相对同质性的财富不平等序列数据。其他学者之前发现了这一问题:长期来看,数据的一致性存在问题,这引起了一些争论,包括对数据的定义以及对结论的争论。鉴于这些原因,我们使用不同来源的数据以及对财富的不同定义,对一些互补的序列数据进行比较,以了解这些问题的严重程度。

我们关注的焦点是美国从殖民时期至今的最高财富份额的演变历程。主要数据序列是住户的净财富分配,我们也会给出财富持有前10%的富人内部的分位数财富份额演变情况。此外,数据还显示了成人分布中最顶端1%富人的财富占比,特别是20世纪以来的大量可使用的年度数据。1900年以前,以住户为单位的最高财富分配占比数据几乎没有,但它至关重要,因为它决定了我们对于美国工业化与不平等之间关系的理解。学者对于1900年以前的不平等趋势存在一些分歧,一些学者认为,前工业时代,美国不平等程度很高,而且在19世纪基本保持稳定(Soltow,1971,1989),而另一些学者认为,从美国独立战争到19世纪下半叶,不平等显著加剧(如Lindert,2000;Williamson and Lindert,1980a,1980b)。我们在本章中使用Lindert(2000)的调查研究结果,这些结果主要来自爱丽丝·汉森·琼斯(Alice Hanson Jones)的开创性研究贡献中的估计值(参见Jones,1970,1972,1980)。

20世纪的可得证据更加统一,长期数据系列综合了遗产税报税表和调查数据(参见Lampman,1962;Smith,1984;Wolff and Marley,1989)。对于1958年以前的情况,我们使用Wolff(1996)的资料汇编,1958年之后我们使用Kennickell(2009,2011)提供的美国消费者金融调查报告及其之前的调查数据。[①] 在成年人口方面,我们首选林德(Lindert)提供的1774年的人口估计数据(Lindert,2000)。[②] 遗憾的是,19世纪的数据仅有成年人口的财富估计数据(见Lindert,2000),因此接下来的证据是由Kopczuk和Saez(2004)提供的1916—2000年的数据,它是用死亡率乘数调整法得到联邦遗产税纳税申报表。

图7.18显示了1916年以来美国的财富分布情况,图7.19和图7.20显示了1774年以来的分布情况。在最开始的时间段内,后两图中的最高1%富人的财富占比序列数据均呈现倒U形,在18世纪晚期到19世纪中叶,财富份额增长缓慢,但在1860—1929年增长迅速,几乎增长了一倍多。然而,前10%的富人中位于后9%人群的财富占比呈现长期稳定甚至下降的趋势(虽然这基于相当少的调查研究)。位于绝对顶端的富人之间的财富不平等加剧,与19世纪中期美国工业化时代相吻合。虽然第一次世界大战之前的少数估计存在不确定性,但是研究人员通过其他数据来源证实了这些基本发现。例如,Rosenbloom和Stutes(2008)在他

---

① Wolff(2012)也使用美国消费者金融调查报告的数据,计算美国自1962年以来财富集中度的演变历程,但是他的序列与Kennickell(2009,2011)的数据不同。就这一点,沃尔夫(Wolff)进行了解释:由于这些财富既不易于交易,也不被纳入国民账户对住户财富的定义中,所以他将财富概念中的耐用消费品排除在外。在本章中,我们采用肯尼克尔(Kennickell)的序列,因为它们与美国的调查和房地产中的早期证据相吻合,这些证据一直包括住户资产中的耐用消费品。

② 正如Lindert(2000,表3脚注)指出,这个估计与Shammas(1993)给出的略有不同,因为后者也包含了那些生活在美国殖民地的英国居民的财富。

们对 1870 年人口普查的截面个体分析中发现,制造业劳动力比重较高的地区,其财富分配相对不平等(另见 Moehling and Steckel,2001)。证明工业化与不平等加剧之间存在联系的另一个有趣佐证是,1915 年最富有的 15 位美国人大多是石油、钢铁、铁路行业的实业家,还有一些是为他们提供资金的金融家。[①]

图 7.18 中的 20 世纪发展情况表明,财富集中度几乎在大萧条之前达到顶峰,当时富人的金融资产的市场估价很高。然而,在经济萧条时期,由于股票几乎失去了三分之二的实际价值,所以最高财富占比一落千丈。Kopczuk 和 Saez(2004)的研究表明,1929 年,财富持有占比前 0.1% 的财富持有人持有的企业股权占其净财富的一半以上。当然,新政的再分配政策是财富压缩的另一个促成因素。第二次世界大战之后,财富持有前 1% 的富人的财富份额一直保持较低水平,直到 20 世纪 80 年代,财富持有前 1% 的住户所占财富份额显著提升,在 20 世纪 90 年代中后期达到顶峰,然后在 2001 年有所下降。相比之下,Kopczuk 和 Saez(2004)的房地产序列数据没有呈现类似的提升,这令人惊讶,因为这一时期显示出美国最高收入的激增(Piketty and Saez,2003)。以住户为财富持有单位的财富分布和以成人为单位的财富分布之间存在趋势差异,这是反映了数据自身的不一致,还是反映了收入和财富积累之间存在某种更深层次的差异性,有待于人们在未来的研究中进行检验。

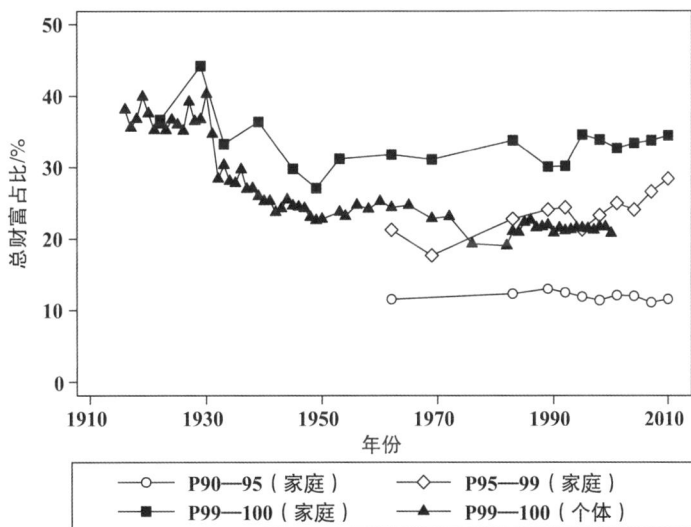

图 7.18 1916—2010 年美国财富集中度

资料来源:"家庭"和"个体"指不同的财富持有人群。资料来源和数据详情请参阅附录。

[①] 见 De Long(1996)列出的 1915 年排名前 20 的富豪榜单。

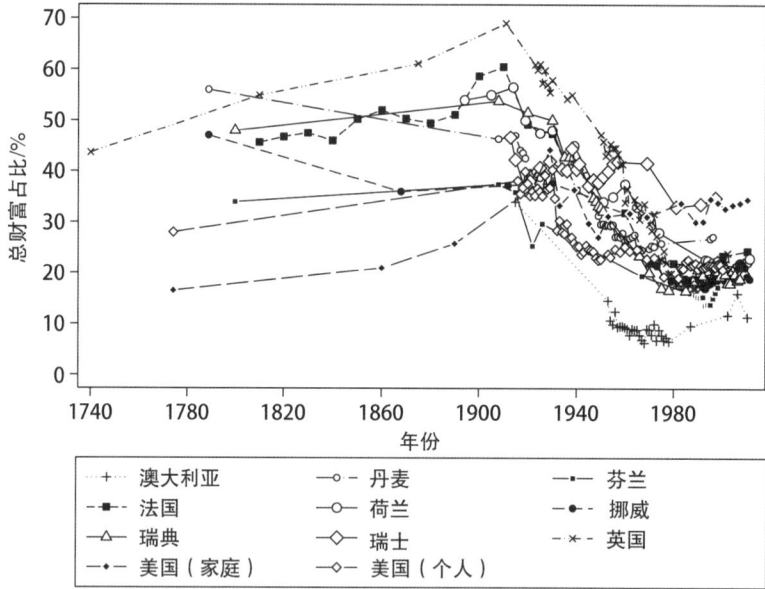

图7.19 1740—2011 年 10 个国家的财富集中度

资料来源:图表显示了各国最高百分位数(P99—100)财富持有者的财富占比演变情况。资料来源和数据详情请参阅附录。

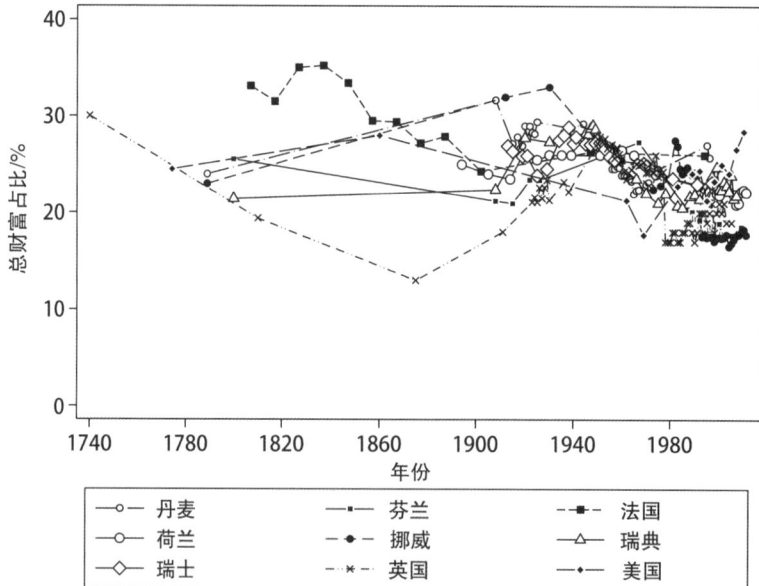

图7.20 9 个国家的"随后 4 个百分位数"(P95—99)的财富份额

资料来源:资料来源和数据详情请参阅附录。

7.3.2.2 长期财富集中的跨国趋势

前文中,我们汇集了有关西方 10 个国家(澳大利亚、丹麦、芬兰、法国、荷兰、挪威、瑞典、瑞士、英国和美国)财富不平等长期演变的一些近期的和最新的证据。正如我们所述,不同国家间的数据性质差别很大,甚至同一国家在不同时期的差别也很大。同许多以前的研究人员一样,我们也试图对这些序列进行调整,使其在同一时间段内保持一致,具有可比性,但是这仍存在着一些问题。尽管如此,我们试图将这些序列(国家)的数据按性质分成不同的小组,以便对同质性更显著的子集进行分析,而在长期财富集中趋势这一点上,这些尝试并没有产生任何显著不同的结论。[①]

图 7.19 显示了这些国家在 1740—2011 年不同时期的财富前 1％人群的演变情况。此外,图 7.20 对比了财富前 1％的富人与前 5％中的后 4％(P95—99)的富人的财富占比的变化趋势。尽管对该序列进行对比应十分谨慎,但是对于这些国家过去 200 年里财富不平等的发展情况,我们坚信可以得出一些结论。

从表 7.5 中我们可以得出两个宽泛的结论。第一,已有证据无法明确地证实财富不平等在工业化初期会加剧。通过对各国收入前 1％的富人在全国总财富中所占份额的发展情况进行分析,调查研究显示,北欧在工业化初始阶段(19 世纪末),不平等程度相当稳定。两次工业革命时期(1740—1911 年),英国(英格兰和威尔士)序列数据中前 1％富人的财富份额明显上升,19 世纪美国和法国的序列数据也是如此。荷兰在 19 世纪的数据不太明朗,呈现出平稳的态势,抑或是略微的上升(van Zanden,1998b;Vermaas et al. ,1998)。总的来说,这表明从农业社会过渡到工业社会时创造了新的股票财富和其他不同的财富类型,可能会但不是必然会导致财富集中度的大幅增长。这也表明,同收入不平等序列研究一样,对财富分布进一步做子集分析研究很有必要,这将有利于我们获得更全面的发展演变情况。

表 7.5　10 个西方国家不同时代的财富不平等趋势变化

国家	工业革命腾飞时期至第一次世界大战		第一次世界大战至 2000 年	
	P99—100(前 1％)	P95—99	P99—100(前 1％)	P95—99
澳大利亚	—	—	下降	—
丹麦	下降	不变	下降	不变
芬兰	不变	不变	下降	不变
法国	上升	不变	下降	不变
荷兰	不变?	不变?	下降	不变
挪威	不变	上升	下降	下降
瑞典	不变	不变	下降	不变
瑞士	—	—	不变	不变
英国	上升	下降	下降	不变
美国	上升	不变?	不变/下降	不变?

注:19 世纪荷兰不平等的趋势无法被直接观察,但各种资料显示,自 20 世纪中叶以来,荷兰工业化过程中,不平等程度几乎没有上升(关于荷兰的情况,详见 7.3.2.1.5)。

第二,虽然在 19 世纪工业化时期(首先发生在英国,之后发生在美国、法国以及荷兰,最后于 19 世纪末发生在北欧国家),这些数据序列并没有呈现出一个明显的共同发展模式,但

[①] 例如,有些国家的数据在数据来源、资产覆盖面等方面相当复杂(例如,澳大利亚、荷兰和挪威),但是从分析中删除这些数据并不会改变整体趋势的图景。对各国不同时期内的质性断点进行调整则更加困难,20 世纪挪威和英国的数据序列在数据定义和质性方面都存在一些重要的断点。然而,即使采用不同的方式将各国断点造成的数据片段连接起来,我们仍会发现这些国家存在明显的长期财富压缩的趋势。

是在 20 世纪其发展趋势似乎更加统一。本章研究的所有国家的顶端财富占比都大幅下降,除了瑞士(也可能包含美国在内),美国的财富集中度下降幅度很小,但其历史财富集中水平本就低于欧洲的大多数国家。下降的幅度似乎呈现出这样的态势:收入前 1%的富人在整个财富中所占的份额平均下降至原先的 1/2(从 20 世纪初的 40%—50%下降至当前的 20%—25%)。在大多数国家,财富持有前 1%的富人在整个国家财富中所占的份额似乎在 1980 年左右到达最低谷,之后都有所上升。财富持有在前 5%中的后 4%(P95—99)的富人在整个国家财富中的占比并没有出现任何明显下降的迹象,这一点相当有趣。实际上,还有一些显著的平等化时期,也影响了后 4%富人的发展趋势,但从 20 世纪的整个发展过程来看,表 7.5清楚地表明,这个相当富裕的群体保持了他们在财富总量中的份额。也就是说,随着时间的推移,不同经济团体和人群类型之间可能会有替代性变化(如之前的国家案例研究所述),这表明截面数据还需要相关分配内部的流动性数据加以补充。①

我们采用类似于最高收入群体长期财富占比的分析方法,可以对最高财富持有群体进行细化,对其内部顶端、中端和底端不同子集的财富集中度的演变历程进行仔细研究。这种方法对不平等的衡量方式略有不同,因为它研究的是财富分配顶端内部存在的不平等,而不是财富分配总体上存在的不平等。一些理论特别关注富人之间的财富差距变化,而调查富人之间的不平等也很有意义。② 此外,估算总人口所持有的参考总财富也可能造成潜在的误差。采用"份额内份额"的估算方法,将占比前 1%群体的财富除以前 10%群体的财富,即P99—100/P90—100,我们得到的这个比率有效地去除了所需的参考总财富。③

图 7.21 描述了使用"份额内份额"的估算得到的财富集中度的演变历程。由于缺乏关于前 10%群体的财富的长期数据,我们放弃了对澳大利亚和荷兰这两个国家的这方面研究,尽管有关对比中的这些国家的相关研究也较少,但该模式仍然证实了我们之前的发现。除了瑞士(可能还有美国)的情况,20 世纪的财富平等化明显可见。由于缺乏数据,19 世纪财富集中度的发展演变情况较为模糊。对于北欧国家的研究也表现出与之前相似的不平等趋势:芬兰和瑞典有所上升,丹麦和挪威则有所下降。法国实际顶层财富份额的研究结果也非常相似。总的来说,尽管存在一些变数,但在很大程度上,形成长期财富不平等趋势的内因不是最高财富群体内部顶层富人相对于底层富人的财富比变化,而是最高财富群体相对于总人口中的剩余群体的财富比变化。

---

① 例如,Edlund 和 Kopczuk(2009)的研究发现,女性在美国财富中的份额波动很大,这表明家族财富与创业致富的相对重要性发生了变化。

② 许多理论以各种各样的形式证明了分布顶端的优势。例如 Rosen(1981)的超级巨星模型,更多相关信息请参阅本章 7.4 节。

③ 与计算最高收入份额的结果类似,我们可以通过公式计算出前 1%的富人在前 10%的富人中的财富占比:前 1%的富人在总财富中的占比是 P99—100 = W_{Top1} / W_{All}(W=财富),前 10%的富人在总财富中的占比是 P90—100 = W_{Top10}/W_{All},通过 P99—100/ P90—100 = (W_{Top1}/W_{All})/(W_{Top10}/W_{All}) = W_{Top1} / W_{Top10} 可得到这一结果。

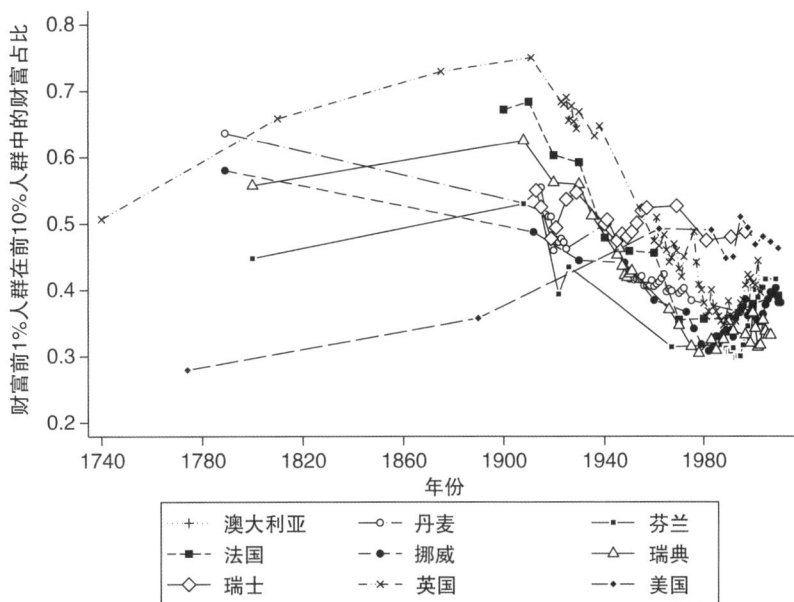

图 7.21　1740—2011 年 9 个国家的"份额内份额"的估算结果

资料来源："份额内份额"的估算方法是将占比前 1％人群的财富（P99—100）除以前 10％人群的财富（P90—100）。这一方法去除了（单独估算的）参考总财富，因此得到的总体趋势更稳健。此外，这一估算也提供了最高财富群体内部存在的财富不平等。资料来源和数据详情请参阅附录。

7.3.3　财富构成

到目前为止，我们的分析主要针对的是总体净财富分配。然而，财富由哪些资产类型（和债务）构成也与财富不平等趋势有关，正如前面章节所示，劳动和资本收入的构成在收入不平等的趋势中起着重要的作用。不幸的是，有关财富分配数据中的财富构成，我们几乎没有找到任何相关的历史证据。对于私人财富的总体构成，我们有一些了解，这得益于我们找到的一些新、旧证据。[①] 这些证据表明：在过去的两个世纪里，农业资产所占份额几乎消失。相比之下，私人住房在国家财富总量中的占比在 19 世纪和 20 世纪初仅为五分之一，如今增加到五分之三，这在很大程度上印证了前文的情况记载，即对众多阶层群体而言，战后的"大众财富"、住宅以及消费品大幅增长了。[②]

在极少数包含了不同财富持有者的财富构成数据的研究中，仅有少数几项研究提供了某种形式的历史数据。然而无论在哪个时期，似乎都存在一个典型的事实：与其他群体的财富构成相比，在富人的财富构成中，最重要的一般是金融资产，尤其是公司证券。例如，Kennickell（2009）和 Cowell（2013）指出，财富前 10％的富人的基础金融资产占比高于整个人口的金融资产占比（除储蓄之外，储蓄对财富位于中位数至第 90 个百分位数的中产阶级住户来说至关重要）。Kopczuk 和 Saez（2004）指出，1916—2000 年，在收入前 0.5％的美国财富

---

① 参见本书第 15 章及其后的参考文献。
② 参见 Piketty 和 Zucman（2013），关于战后大众财富兴起的早期调查研究请参见 Atkinson 和 Harrison（1978）。

持有者(利用遗产税数据估计)的财富构成中,公司股票占比在 40%—60%,这远远高于总人口(利用国民财富估计)持有的股票水平。[1]

在对法国财富集中趋势的研究中,Piketty 等(2006)对 19 世纪法国的类似模式进行了考察。具体而言,他们调查了包含所有非实物资产的个人财产在总资产中的比例后发现,收入为前 0.1% 的富人的非实物资产在其总资产中的占比要高于其他收入位于前 10% 的中等富裕阶层的占比。然而,在众多阶层群体(财富位于最底部 9% 的穷人)中,非实物资产所占的比例也非常高。他们对这一 U 形模式的解释是"房地产是中产阶级的资产,穷人根本无法拥有土地或房屋等不动产,他们仅有的少量资产就是家具、现金或其他动产。富人则相反,拥有的大部分财富都是股票和债券"。

总而言之,整个财富分配中的财富构成的历史数据表明:在更大范围的人口中,住房财富更为重要,而在富人群体中,金融资产更重要。此外,有关私人部门财富总额长期发展的新证据显示,第二次世界大战以后,住房财富在全国财富总量中变得更为重要,这一事实可以对此时期西方各经济体所记录的财富压缩的大部分情况进行解释。

7.3.4 总结性讨论:长期财富不平等趋势告诉我们什么?

基于本章所报告的数据,我们该如何表述财富集中度与经济发展的关系?人们能否谈论各国发展道路上的共同模式?或者说不同国家的发展道路有迥然不同的历程?初始财富不平等是被放大了还是被缩小了?上文中对数据的分析表明:工业化并没有明显加剧财富不平等。尽管在英国、美国和法国,财富不平等的确有所加剧,但是在荷兰、芬兰、挪威和瑞典,变化或许不大,甚至丹麦的财富不平等情况还有所缓和。我们应注意到,第一组国家都是大中型经济体,这些国家很早就实现了工业化,而荷兰和北欧国家是较小经济体,工业化较晚,可能形成了不同的发展路径,但是后者并没有改变这一事实:工业化并没有提高任何地方的财富集中度。

20 世纪各国的历程似乎更加同质化。随着国家的不断发展,财富集中度也大幅下降。通过对最高财富持有者的不同子集的财富份额变化模式进行研究可以发现,财富集中度大幅下降源于财富在总人口中的逐渐扩散,这证实了 Atkinson 和 Harrison(1978)所发现的日益增长的"大众财富"的作用。从某种意义上说,这种模式与库兹涅茨类型过程(Kuznets-type process)相一致,在这个过程中,随着整体经济的发展,不平等程度最终会下降。然而,库兹涅茨类型过程也许并没有促进经济发展,而该发展主要由其他因素所致,比如政治干预和外部冲击。Piketty 等(2006)认为,1914—1945 年,战时冲击给最高财富持有者带来了不利冲击,降低了法国的财富不平等程度,并且随后引入的再分配政策阻止了其财富恢复。Piketty(2011)、Piketty 和 Zucman(2014)则指出,战时对资本的冲击只是在一定程度上直接破坏了工厂、建筑或基础设施,相反,他们强调了资本税收与监管的重要性。Kopczuk 和 Saez(2004)也对美国的情况进行了类似解释。[2] 瑞士并没有卷入任何一场世界大战,因此其最高财富持有群体所占财富份额相对稳定,这一事实也证明上述推论。瑞典也没有参加任何世界大战,

---

[1] 相对差异变化显著,从至少两倍(20 世纪 30 年代至 80 年代)变化至不足 10%(2000 年)。
[2] Scheve 和 Stasavage(2010,2012)认为,资本税和高收入税收的增加确实与伴随战时事件的政治发展有关。

其相关数据是一个例证,说明在外部冲击的驱动下,平等化出现时并没有伴随最高财富持有群体所占财富份额减少的现象。尽管像 1932 年克罗格破产一类的事件会冲击瑞典最高财富持有者,但是这并不能解释整个最高财富持有群体财富占比下降的现象。也许至少在瑞典,政策在财富平等化方面发挥的作用,比起阻碍二战后新财富产生方面的作用可能更大。这表明,增加税收、加大再分配对于降低财富不平等程度至关重要,这与斯堪的纳维亚地区国家出现的最大幅度的不平等程度下降是一致的,与政府规模较小的瑞士出现的小幅下降也是一致的。

总而言之,上述的这些数据表明:(1)工业化既产生了积极的影响,也产生了消极的影响。(2)各国步入工业化的后期阶段,大量财富扩散到更广泛的群体,财富不平等程度下降。就财富不平等变化过程中经常被讨论的倒 U 形而言,虽然第一次增长并没有发生在所有国家,但是后来的财富不平等程度降低出现在我们研究的所有国家之中。我们需要对此做一个重要的补充说明,即这个类比忽视了序列数据中所呈现的重要一点。虽然倒 U 形表明财富分配从非工业化社会的某个水平开始,然后上升,之后又回到类似的不平等水平,但我们研究的所有数据序列都表明,社会经济发展显然降低了财富集中度。因此,到目前为止,发展道路上财富不平等的特征,似乎呈现的是一种倒 J 形,即如今的财富分配比工业化开始之前更加平等。但是,未来不平等的发展方向仍有待观察。

7.4　长期不平等趋势的决定因素

对于前文讲述的收入和财富分配趋势,我们应该如何理解?这些序列数据与被认为会影响不平等的社会的其他发展是否具有系统相关性?如果是这样,又是以何种方式对其产生影响的?我们如何将被观察到的长期趋势与现有的不平等理论相联系?这些就是本节所要讨论的问题。

在前几节中,我们提到了一些重要的事实,并描述了趋势特征。第一,发展既包括工资收入,也包括资本收入,因此经济发展动态至少部分由收入和财富分配共同决定。例如,在20 世纪上半叶,最高财富占比下降主要是因为顶层人群资本收入的下降,反过来,这主要又是由于该群体财富份额下降。二战后的几十年里,高边际税率使财富积累困难,导致最高收入群体所占财富份额进一步下降。在 7.4.2 中,我们将对此加以明确解释。

最高收入人群所占的财富份额大约从 1980 年开始持续上升,这似乎主要与最高工资的增长有关,在美国表现得尤为显著。但是,特别是在 1990 年左右以后,最高收入群体中资本收入的增加在许多国家都发挥着一定的作用(例如瑞典)。[1] 收入差距的扩大往往归因于全球化和技术变革。许多人指出,技术变化主要是一些偏向技能的变化,通常等同于提高教育溢价,这可能是工资差距扩大的一个原因。但技能偏向型技术进步并不一定会自动导致"技术人员"的工资上涨。对工资差距的冲击取决于几个方面,如生产函数的结构、受过教育的

---

[1] 有关 1970 年以来的不平等发展的详细观点,请参阅第 8 章。需要注意的是,顶端资本收入发挥的作用越来越大。

工人的供给变化。[1] 除非技术和教育之间的"竞争"动态非常明确,否则技能偏向型技术进步可以与任何数量的"教育溢价"情形保持一致。[2] 即使人们将注意力集中于某一种模型的情形:对技能的需求加大实际上导致了工资差距的扩大,但是大幅增长集中在一个相对较小的最高收入群体中,很难对此现象进行解释。要对此进行解释,有必要找到这一小部分"技术人员"在可观察的方面与其他受过同等教育的人群之间的区别。有些理论对此做出解释,包括所谓的"超级明星"理论,认为由于各种不同的原因,技术和全球化为那些在某些领域最受欢迎的人带来了好处。其他理论则强调了改变规范可能起到的作用。7.4.3 将主要讨论研究者提出的一些理论,以了解过去几十年来最高收入群体的财富增长。

最后,在 7.4.4 中,我们将概述一些最近的有关长期相关性的计量经济学证据。虽然这些回归分析不能被视为对任何特定理论的检验,但是它们对于数据中似乎存在的关系给出了一些见解。

然而,我们将从本节开始,首先对影响收入分配的重大事件和社会趋势做出全面概述,并对这些趋势如何与长期最高收入群体的财富占比模式相对应进行阐述。我们还将讨论新数据序列对于我们理解库兹涅茨曲线的意义。我们的结论是,即使一些广泛的趋势与被提出的广泛解释相一致,我们也不能仅仅根据不平等发展状况进行判定。相反,我们需要更仔细地研究分布中不同部分的情况和收入来源的发展情况,特别是收入和财富如何相互关联,以及这些方面与理论预测之间如何联系。

7.4.1 初探不平等趋势、结构变化和经济冲击

最高收入人群的收入份额与可能影响分配结果的广泛社会变化之间有什么关系? 这些基本模式匹配程度如何? 接下来我们将对以下问题进行探讨:与全球化趋势相关的不平等发展,改变社会生产的技术突破(通常指通用技术)引起的不平等,与战争相关的不平等,经济冲击带来的不平等,最后将探讨与经济增长相关的不平等。

有人认为全球化以多种方式影响不平等。伊莱·赫克歇尔(Eli F. Heckscher)和伯蒂尔·俄林(Bertil Ohlin)的古典贸易理论对不平等有着清晰的预测:在技能型劳动力和资本相对丰富的国家(发达国家),不平等程度上升了;相反在低技能劳动力丰富的发展中国家,不平等程度则下降了。[3] 但是,现代贸易理论对此则不太明确。尽管一些效应似乎表明,最高收入群体的收入在递增,例如生产率最高的大型企业的收益在递增(Melitz, 2003; Melitz and Ottaviano, 2008);有的研究指出,全球化对最顶层和最底层的人最为有利,但是损害了收入分配中间阶层的人的利益(如 Leamer, 2007; Venables, 2008)。还有一些研究指出,全球化大幅提高了效率提高的可能性,从而弥补了离岸外包业务造成的损失(Grossman and Rossi-

---

[1] 技术可以提高技术工人的生产率,虽然降低了技能的单位工资,但增加了技术工人的相对需求。仅此一项就可以推动技术工人的工资升降。另外,技能供给的反应(及其速度)将决定技术人员和非技术人员相对工资的变化。

[2] 有关对教科书模型的解释,以及对需要考虑的其他方面的深入讨论,参见 Atkinson(2008a)。关于动态的重要性,作者指出:"令人惊讶的是,近年来的文献中似乎没有讨论过工资差异的动态。但是,相关讨论有很好的历史先例。1959 年,阿罗(Arrow)和卡普伦(Capron)发表了一篇关于动态短缺和价格上涨的论文,这适用于对当时工程师和科学家短缺现象的分析,似乎也适用于分析当代社会相关问题。"

[3] 这些效应在多种版本的赫克歇尔-俄林模型中都存在。可参见 Wood(1994)对这一基本论点的总结。

Hansberg,2008)。

从全球化浪潮的不同阶段对不平等情况的发展进行考察。在第一阶段(1870—1914年),不平等程度呈现出持平或上升的情况。随后在反全球化时期(1914—1950年),不平等程度有所下降。[1]由于我们掌握数据的多数国家的技术和资本相对丰富,因此这可以被视为符合理论的预测。[2] 从全球化的第二阶段中很难发现一致性。1950—1980年,全球化的各项衡量指标(贸易流量/国内生产总值,外资占国内生产总值的比重)明显上升,不平等程度明显下降。也存在一些论据明显地驳斥这一点。第一,人们可能会认为,全球化水平还不够高,还不足以展现预测的结果。第二,人们可能会认为,此时期的资本流动和贸易大部分发生在发达国家之间。[3] 如果把近年来日益扩大的全球化设定为从1980年前后开始,则该模式更为可信,因为这一时间点之后的不平等加剧。当然,也存在如下问题:此时期发展中国家的不平等现象也在不断加剧,这与赫克歇尔-俄林的基本模型相悖。[4]

创新带来的技能偏向型技术进步情况如何?大量文献讨论了这些创新性变革,力图以此解释最近收入分配中的变化。以 Tinbergen(1974,1975)的开创性工作为基础建立的模型表明,技能回报取决于教育与技术之间的竞争,教育创造了技术工人的供给,而技术指代了技能补充型技术。技术变革推动技能型工资和非技能型工资之间的差距扩大,只有继续加强教育,增加技能型工人供给,才能缩小工资差距。Goldin 和 Katz(2008)将大部分研究纳入统一的框架中。Acemoglu 和 Autor(2012,2013)综述了相关文献的大部分内容,指出这些模型主要是基于美国数据(例如 Autor et al.,2006;Katz and Autor,1999;Katz and Murphy,1992),并以实证数据成功地解释了近期美国的工资离散现象。

但是,正如上文所述,技能偏向型技术进步并不一定会导致工资差距的扩大(甚至不一定加剧不平等状况)。即使在最简单的模型中,结果也取决于供给的响应速度,以及技能供需的相对变化,而由此产生的各群体间的工资差异可能会有所不同。这尤其意味着,即使各国受到同样的技术变革的影响,工资分配受到的影响可能也会有很大差异,这取决于各国在提高人口技能方面做出的回应。关于简单模型的更多细节及其他注意事项,请参见 Atkinson(2008a,2008b)。[5]

Caselli(1999)指出了技术进步的另一历史特征:技术进步并不总是技能偏向型的。实际上,18世纪晚期和19世纪早期的一些技术进步取代了熟练工人(并不是对他们构成补充),提高了低技术工人的生产率(Mokyr,1990)。后来的技术进步,如19世纪末期的工业电气化,似乎更偏向技能。那些使用更多电力的公司需要向工人支付更高的工资,工人们的受教

---

[1] 显然,人们对全球化时期的定义或多或少有些随意。大多数作者似乎都认为,1914年以前有一个全球化的时期,尽管对其开始的时间存在分歧。人们普遍认为,1914—1945年,保护主义日益加剧,国家之间的经济流动大大减少。1945年后这一趋势逐渐逆转。为了强调全球化强度的差异,有人称1945—1980年为第二次全球化浪潮(此时全球化逐渐加剧),该时期与1980年后全球化的真正起飞不同。关于全球化时期的不同观点,请参见 Lindert 和 Williamson(2003)和世界银行(2002)。

[2] 然而,请注意 Williamson(2006)提出的重要观点:这种影响取决于国家的相对富裕度而不是绝对富裕或贫穷。在边缘国家,不平等朝着相反的方向发展,这取决于劳动力的丰富性或稀缺性。

[3] 该观察是20世纪70年代末期以来贸易理论发展的基础。

[4] 关于全球化与不平等之间的关系,请参见 Freeman(2011)。

[5] 对于过于简化的技能偏向解释的早期批判,请参见 Atkinson(1999)。

育程度也更高,这些公司也拥有更高的资本比率(Goldin and Katz,1998)。但是不久之后,1913 年,福特公司在美国高地公园的工厂引入生产线,这似乎成为另一项技术变革,它提高了非技术工人的相对生产率。

我们这里提出一个(巨大的)假设,如果人们接受这一假设——技能偏向型技术进步总会导致不平等加剧,不偏向技能的技术进步总会减少不平等——那么基本历史模式看起来更为可信。具有技能偏向的电气化与不断加剧或至少保持不变的不平等状况相吻合,流水线的引入时间与不平等程度开始长期下降的时间点相吻合。20 世纪 70 年代和 80 年代开始的信息通信技术革命,也与不平等再次抬头的时间点相吻合。但显然这并不意味我们可以从中得出任何关于两者关系的结论。对于技术变化驱动不平等的简单描述来说,除了需要许多假设,还有一些其他可能存在问题的因素。首先,不同地方的技术进步并不是同时发生的。Comin 和 Mestieri(2013)给出了技术应用滞后的概述,并且说明滞后时间可能会很长。其次,我们知道资本在解释 20 世纪上半叶不平等程度下降方面发挥了作用,这似乎与强调技能回报和收入离散加剧的解释相背离。最后,也许是最为重要的,高等教育回报肯定至少囊括收入在前 10% 的富人中的每个人。正如高等教育无法解释最高收入群体财富的巨大变化,它也无法解释这一事实:最近的大部分财富增长仅局限于收入在前 1% 的富人,而不是更广泛的整个收入在前 10% 的富人群体。

另一大类解释是战争和重大金融危机形式的冲击。正如上文所述,这些事件肯定对最高收入人群所占财富份额产生了影响,特别是在一些国家对资本收入方面的影响。战后的平等程度上升究竟是由于富人持有的资本遭到彻底破坏,还是缘于税收和法规对财富的重新分配,抑或是因为社会经济整体流动性的增加,在各国之间似乎都有所不同。我们稍后将对此问题进行讨论。

另一个广泛的话题涉及不平等与经济增长之间的关系。我们基于总体不平等趋势,可以将 1870 年以来的历史发展划分为四大时期,并对相应时期的平均年增长率进行计算,从而可以对两者间的关系做出粗略阐述。自 1870 年以来,样本国家平均增长率为 1.82%。我们可以把整个时期划分为四个子时期:1870—1914 年,该时期的特点是不平等加剧(或不变);1914—1950 年,其特点为不平等程度迅速下降;1950—1980 年,不平等程度持续下降,但速度有所放缓;最后是 1980 年至今,此时期不平等现象不断加剧。通过对四个时期的平均增长率进行调查研究,我们可以发现:其中只有 1950—1980 年的平均增长率高于长期平均值 1.82%,该阶段的平均增长率为 3.18%,该时期的特点是最高收入人群所占财富份额下降。19 世纪末期和 20 世纪初期,经济增长率最低,此时不平等程度相对持平(或上升)。经济增长率在 1980—2010 年居中,不平等程度有所上升;而在 1920—1950 年,经济增长率在这 30 年间也居中,但最高收入人群所占财富份额有所下降。基于此,我们很难看出不平等与经济增长之间存在任何明显的长期(二元)关系。

7.4.1.1 库兹涅茨曲线怎么样?

虽然 Lindert(2000)敦促经济学者"对任何不定期的动态变化直接进行解释探索,不必将其与库兹涅茨曲线联系起来",但我们发现,在本章中,我们很难避免讨论库兹涅茨曲线。然而得益于我们得到的新证据,得出的结论可能会与之相同。[①]

最粗略的理解是,把库兹涅茨曲线等同于一个问题:"随着国家的经济发展,不平等程度先上升而后降低,这是真的吗?"答案肯定是"不是"。事实上,不平等程度降低的大趋势持续到 1980 年前后,之后一些国家(但不是全部)的不平等程度出现急剧上升,显然表明该模式与倒 U 形模式并不吻合,与发展水平相似的国家的不平等程度变化发展规律也不吻合。对广泛的跨国样本,特别是发展中国家的样本,进行假设检验,其证据具有混合性及不确定性(Kanbur,2000)。更笼统的解释可以说:事实上,最近几十年的不平等加剧意味着新的库兹涅茨曲线的开始。兴起于 20 世纪 70 年代的技术发展构成了新的转变的开始,不像原始库兹涅茨曲线呈现的那样,是从农业到工业的转变,而是从传统工业到信息通信技术密集部门工业的转变,这一转变最初只惠及小部分人口,但最终会扩展开来,促使不平等程度下降。在一些假设下,这一观点可以更好地符合一般模式。

但即使是更笼统的解释在许多方面也不符合库兹涅茨曲线假说。第一,就 20 世纪上半叶而言,近期有关最高收入的文献中有一个主要发现:大部分收入下降是资本收入下降。即使农业劳动力比重不断下降,农民大量流入城市,其对工资不平等的影响也很小,工资低的农村工人大部分成为工资低的城市工人(相关讨论参见 7.2.3.3;Piketty,2006,2007)。从不平等程度下降的时间可知:不平等程度下降的主要原因是收入来源减少以及占最高收入前百分之一的富人财富占比下降,后者是由战争、经济萧条和反资本政策对财富持有者造成的冲击。[②]第二,1980 年左右以来的最近一次增长与分配中预测的收入动态的情况不符。随着越来越多的人劳动技术变得熟练,收入分配顶层人群之间的收入差距应该缩小,而不应像现在这样有所扩大。[③]

综上所述,不平等与工业化或技术进步之间没有机械关系。正如在引进新技术的早期阶段,不平等现象会加剧是无法避免的,不平等最终也会自动消失。在研究长期不平等的变化方面,库兹涅茨曲线假设确实发挥了巨大的作用,但最近的研究更清楚地表明,如今我们应该遵循 Lindert(2000)的观点,即研究长期变化时,"不必将其与库兹涅茨曲线相联系"。从某种意义上说,部分证据表明,Kuznets(1955)提出的其他方面也值得更多关注。毕竟,他提出了著名的库兹涅茨曲线,是为了解释他所看到的不平等程度下降之谜。之所以称之为一个谜,是因为他看到某些明显的力量使国家的不平等在加剧:"在发达国家长期发展中,至少有两组力量加剧了收入分配上的不平等……"(Kuznets,1955)第一组力量有关储蓄集中度及其长期对资本收入的影响与收入不平等三者之间的相互作用。他指出,政治决策和税收能够遏制财富集中的这种机械性动力。我们将在下一部分讨论这些具有潜在解释力的特征。

7.4.2　工资收入与财富相结合

Kuznets(1955)在讨论储蓄、收入和财富之间的关系时指出,需要一种理论使个人能够以

---

① 关于近期关于高收入的文献如何影响库兹涅茨曲线的观点,参见 Piketty(2006,2007)。

② Piketty(2011)指出:"实际上,1914—1945 年的政治和军事冲击产生了前所未有的反资本政策浪潮,这对私人财富的影响远大于战争本身。"

③ 关于本观点的更多信息,请参见 Atkinson(2008a,2008b)。

不同的比例既从工作中也从资本中获得收入。Meade(1964)提出了这一理论,在其理论框架中,个人持有的财富随储蓄(s)和资本回报(r)的增长而增长,但随着每个时期的财富在以 $1+n$ 倍速度增长的人口中进行分配,个人持有财富随着代际更迭减少。如果 $sr \geq n$,财富无限增长;如果 $sr < n$,财富分配超过了财富增长,财富持有量收敛为工资收入的倍数。

Stiglitz(1969)在一般均衡模型中嵌入了 Meade(1964)的理论框架。假设个人的产出是 $f(k)$,k 表示每个工人的资本,r 表示竞争收益率,并且每个人的 r 一样,都等于 $f'(k)$;人口以速率 n 增长,总资本收敛至稳态水平时,$sf(k)/k = n$。反过来看,如果 $sr < n$,资本增长则呈现出均衡分配的态势,最终,收入差异成为决定财富不平等的唯一因素。然而,该结果取决于遗产能否被平均分配。如果人们认为财富是由一个孩子继承(如长子继承制),那么财富就不会被分割,长期财富不平等则与 $sr < n$ 的情况保持一致。

此外,由此产生的分配结果将出现帕累托上尾,其中帕累托系数 $\alpha = \dfrac{\ln(1+n)}{\ln[1+sr(1+t)]}$,而 $sr(1-t)$ 是税后财富(税率为 t)的累积率(参见 Atkinson and Harrison,1978,第 8 章)。这同时说明一个实证规范,即可从 $1/\alpha$ 回归到 $sr(1-t)/n$。[①] 然而,即使过去存在长子继承制(至今仍然存在),假设继承财富不会被分割也是不合理的。事实上,如今长子继承制在大多数欧洲国家甚至是不合法的。即使收入相同,财富不平等仍会保持均衡,这一结果可以让其他一些假设发生改变。Bourguignon(1981)表明,凸储蓄函数可以达到多个局部均衡稳定的状态。在不完全资本市场,初始财富水平低下的个人可能会陷入"贫困陷阱"。引入随机因素可以避免该陷阱,但同时也会引发新来源产生的财富不平等。Benhabib 和 Bisin(2007)展示了如何引入一种特定收益率,使财富的帕累托分布同时依赖资本收入和遗产税。[②]

Meade(1964)除了首次提供模型来处理个人收入(由工资收入和财富共同决定),还为研究财富集中度变化和收入分配要素份额变化的共同影响提供了相关论据和基础。我们使用收入最高 1% 的群体来进行说明,他们的收入在总收入中的份额可以按照以下方式分为两个组成部分:基于工资收入的部分和基于财富持有量的部分。

收入前 1% 的富人财富占比＝其工资收入比例×前 1% 的工资收入占比×工资收入校准系数＋其资本收入比例×前 1% 的资本收入占比×资本收入校准系数

工资收入校准系数是收入前 1% 的人的工资收入所占份额除以工资收入前 1% 的人所占的工资收入份额,资本收入校准系数以相应的方式定义得出。这反映了工资收入最高者和资本收入最高者在总体收入分配中位居前列的程度。在工人和资本家完全分离的阶层模式中,存在一种"零校准",工人只有工资收入,而资本家只有资本收入。另外,在一个没有继承

[①] 用 n 近似估算 $\ln(1+n)$;用 $sr(1-t)$ 估算 $\ln[1+sr(1-t)]$。相关信息可参见 Atkinson 等(2011),也可参见 Atkinson(2007)。

[②] Piketty(2000)对财富持续不平等模型进行了概述。最近也出现了许多针对模型中最优税收的重要研究,这些模型认为:收入不仅来源于一生中的个人行为,而且来自上一代的遗赠。总的来说,这在很大程度上改变了许多标准结果。参见 Piketty 和 Saez(2013a,2013b)。同样也可以参见本书第 15 章的相关内容及其参考文献。

收入的生命周期储蓄模型中,同一批人在工资收入和资本收入分配中都居于顶端,则校准系数为单位 1。

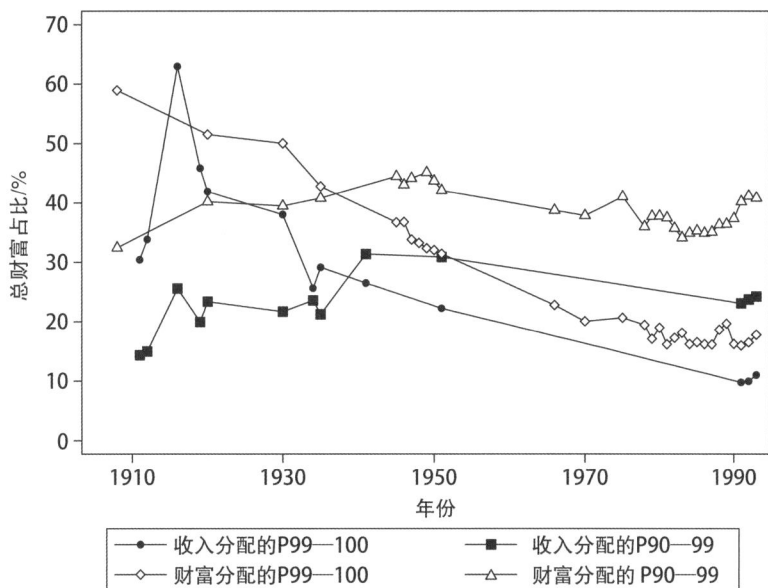

图 7.22　1908—2004 年瑞典最高财富收入与财富的分位数

资料来源:详细信息,参阅正文以及 Roine 和 Waldenström(2008)。

原则上讲,通过对劳动力资本进行分解,可以将最高收入人群的收入份额变化归因于最高收入人群的工资收入份额的变化、最高资本收入份额的变化以及要素份额的变化。然而,存在一个实际的实证问题:在大多数情况下,我们缺乏长期交叉分布数据。Roine 和Waldenström(2008)研究的瑞典情况是一个例外。得益于联合使用工资所得税和财富税的特殊形式,他们分别根据财富和总收入来计算财富分布。[①] 从图 7.22 可以看出,按总收入计算的总财富占比份额比按财富计算的总财富占比要低一些,但这两个序列数据密切相关,表明这两个分布之间存在显著的重叠。

7.4.2.1　对 20 世纪上半叶最高财富份额下降的解释:财富冲击与累积税收效应

虽然在大多数情况下我们无法全面了解工资收入、资本收入和总收入的分配情况,但是最高收入数据有一个关键性的特征,即能根据来源对收入进行分解。正如 7.2 节所讨论的:显然,20 世纪上半叶的不平等程度下降主要是种资本收入现象。结合我们所了解的情况:根据收入来源(几乎全部由资本收入驱动)、时间(大多数国家集中在战时和大萧条时期)以及财富集中度的发展情况(财富集中度大幅下降),我们可以认为,高收入人群资本收入下降是其财富份额下降的主要原因。

有趣的是,我们注意到这种情况甚至出现在并没有直接遭遇到 20 世纪的所有巨大冲击的国家。瑞典就是一个例子。世界大战确实影响了瑞典的经济,但是这个国家没有直接参

[①] 1910—1948 年,瑞典有一种财富税,它将个人财富的一部分(最初是 1/60,后来是 1/100)加到其他收入上。因此,收入表中也包含了收入群体的财富。另外,在那些年,财富和所得税数据可以在个人层面上进行匹配。

与过两次世界大战。对相应时期的相关细节进行研究,我们可以明显发现,两次世界大战并没有对瑞典财富持有者造成直接冲击。如果要提及一些个别事件,那么 20 世纪 20 年代初期的经济危机,大萧条(对瑞典 1931 年的经济)造成的间接影响,特别是 1932 年瑞典工业家伊瓦尔·克罗格的工业帝国的急剧崩溃(即"克罗格崩塌"事件),对瑞典经济造成了严重影响。然而,这些还不足以解释瑞典最高收入份额的下降。相反,资本增值所占份额的下降趋势与最高收入人群的收入份额的下降相呼应。政策,特别是大幅提高的最高收入税率,对于解释二战后不平等程度的下降也十分重要。

因此,总体情况似乎是,宏观经济冲击可以解释大部分的不平等程度下降,但是政策转变也发挥了一定作用,另一可能的原因是资本回报与劳动力回报之间的平衡在整个经济体中的转变。①

假设我们对于最高收入人群的财富份额下降的解释感到满意,那么我们就面临另一个挑战:解释为什么在二战后的几十年里,各国的最高收入份额不但没有回升,反而出现了继续下降的问题。这里似乎存在着一个关键因素,最高收入人群面临的边际税率很高。图 7.23 展示了法定最高边际税率的长期演变趋势。对其发展趋势我们可以进行一般性概括:20 世纪 30 年代,最高收入人群面临的边际税率开始迅速上升,在二战期间以及战后,许多国家达到了很高的水平。② 正如 Piketty(2001a,2001b,2003)所示,在资本持有率和高边际税率的共同冲击下,最高收入份额需要很长时间才能恢复。除非对消费进行调整,否则当前的消费水平仍会持续一段时间,从而进一步减少财富持有,而且这会降低财富的未来收益。有一点至关重要,在这些过程中,税收的短期效应看起来很小,但随着时间的推移,其累积效应十分重要。③

---

① 在这个时期,宏观经济冲击和金融危机导致了最高份额下降,但这一事实并非一般金融危机的预期结果。当财富集中度很高时,其价值急剧下降,这就意味着收入下降。但是,如果最高收入主要基于工资收入(如同近几十年来的许多国家一样),那么影响不一定很大。此外,当金融市场比较发达时,富裕的财富持有者也可以使用各种手段来保护自己免受冲击,甚至可以通过改变游戏规则来为自己谋利[相关讨论请参阅 Reich(2010)]。Jenkins 等(2013)概述了最近发生的金融危机对各国不平等的不同影响。

② 然而,最高收入者缴纳的法定税额和实际税额并不相同,对此我们需要注意。特别是在 20 世纪 50 年代和 60 年代,相关证据表明:最高税率仅适用于远高于 P99 水平的人群[参见 Roine 等(2009)及其参考文献]。Scheve 和 Stasavage(2010,2012)认为,增加富人的战时税收可能与均等牺牲的政治过程有关,在这个过程中,战争迫使人民群众忍受贫困,而富人则被迫接受其财富带来的结果。

③ Roine 等(2009)也发现,在其计量经济分析中,相对较小的短期税收的累积影响与随着时间的推移而产生的更大影响相一致。

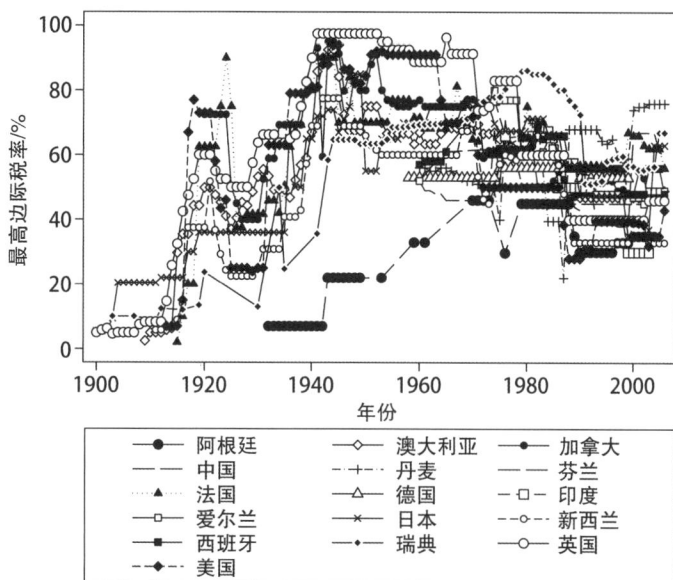

图 7.23 1900—2006 年的最高边际税率趋势

资料来源:请参阅正文。

税收在多大程度上妨碍资本积累和最高收入人群的财富份额回升?为了说明这一程度,我们用两组收入者的简单例子进行假设。一组是最高收入人群,他们从资本中获得一半的收入(回报率假定为 5%),从工资中获得另一半的收入;而另一组是剩余的所有人,他们只有工资收入。起初,最高收入人群的收入占比是所有收入的 15%,而他们的消费按照资本存量不变来估算。当然,这些假设并不适合任何一个特定的经济体,但是无论从资本(广义概念)的重要性还是从二战时期的收入份额来看,这些数值能够很接近地呈现收入前 1% 的人群和其余人口之间的关系。

税收综合效应从 30% 增加到 60%,冲击使最高收入群体的收入从初始财富降至原来的 70%,在工资和消费不变的情况下,二者的共同作用导致收入的逐步下降:最高收入群体的资本收入份额 5 年内由 50% 降至 37%,10 年内降至 30%;总收入份额 5 年内从 15% 降至 12.3%,10 年内降至 11.1%。尽管设定具有程式化性质,但从 20 世纪 30 年代和第二次世界大战之后的数据来看,这些数值是合理的。在不改变消费的情况下,最终财富耗尽,资本收入为零。过少地改变消费使得这个过程更长,但最终的结果一样。然而如果做出的调整足够充分,可能长期会有财富积累。[①]

7.4.3 关于最高收入人群工资增长的解释:高管薪酬、巨星效应及改变规范的可能性

尽管高边际税收的累积与资本收入冲击对解释第一次世界大战到 1980 年前后的经济发展变化至关重要,但我们对之后日益严重的不平等现象仍需给出其他解释。要理解最高收

[①] 相关内容请参见:Piketty(2001a,2001b)4.4 节,第 20—24 页;Roine 等(2009)的附录 A。

入的变化,这一点尤其重要,尤其是它在美国变化显著,在许多其他国家也很明显(参见 Atkinson,2008a,第 4 章)。[1] 正如 7. 4. 1 所述,有人认为,工资离散增加可以用技能偏向型技术进步理论来解释(Acemoglu and Autor,2012,2013),但这些理论存在一些问题。特别是,我们很难弄清楚技术人员的显著优势(往往会等同于受过良好教育)与不平等在总人口中普遍加剧以及不平等在最高收入群体内部加剧的情况是如何相辅相成的。

有几类文献深入分析了为什么工资收入分配中的最高收入人群可能与其他人有所不同,哪些因素可以影响最高收入人群的报酬。决定工资收入的理论包括层级制组织理论、锦标赛理论、超级巨星效应。相关研究基于这些观点,有时将这些观点结合起来,试图对近几十年来最高收入人群工资急剧增长的现象进行解释。

在 Simon(1957)和 Lydall(1968)首次发展出的模型中,工资与个人监管的人数以及在层级组织中每一次提升一个层级所增加的薪水(常量)有关。他们假设,首先,在每一级组织层面,个人监管低一级别的人数不变。其次,各级"管理人员"的工资占其直接监管人员总薪金的比例是固定的。更确切地来讲,在每个层级 i 上,有 y_i 名被雇佣的管理人员,那么低于该层级的一个层级被雇佣的人数为 $y_{i-1} = sy_i$。于是,任何层级 i 的薪资 $w_i{}'$ 在其下一层级人员薪资总和中占有一个固定的比例 p,用公式表示为:$w_i = nw_{i-1}p$。基于这些假设,工资收入分配上尾近似为帕累托分布,其中指数 $\alpha = \dfrac{\log s}{\log(1 + p)}$。[2] 对于该组织中的任何一个层级,该层级之上的管理人员获得的薪资一般为该层级的总工资水平的一个常数倍,其倍数为 $\alpha/(\alpha - 1)$。

在该层级组织中,提升一级的管理人员的加薪幅度不仅取决于其监管人数的多少以及每个级别增加的薪资是多少,还取决于该组织的规模大小。如果企业的员工总数增加,那么高层管理人员的工资预计也会增加。Mayer(1960)提出一种基本见解,即大公司向高层管理人员支付的费用高于小公司,这也是首席执行官(CEO)薪酬分配数据中的一个突出事实[例如,参见 Murphy(1999)的综述]。但是层级模型存在其他实证性问题,特别是在最顶层的薪资解释方面存在问题。正如 Brown(1977)所指出的,控制范围的合理值(层级组织中每个级别直接监管的下属数量)和层级组织中每升一级增加的薪酬与所观察到的帕累托指数并不匹配(参见 Atkinson, 2008a)。组织中的最顶层获得的收入显然要比模型预测的收入高。

在分层级模型中,个人不是基于"能力"而是基于"责任"而获得报酬。[3] 但是,如果"能力"决定企业的成长和经营规模,那么"责任"是内生的,能力和地位之间的合理匹配就变得

---

① 有必要回顾一点:在一些国家,最高收入群体所占的财富份额上升的主要原因并不是工资离散度的增加,而是源于最高收入群体的资本回报。部分原因可能在于与工作相关的报酬出于税收的原因采取了资本收入的形式,还可能在于资本确实变得更加重要了。在本小节中,我们将重点放在理论上,旨在对最高收入群体的收入集中度的上升进行解释。

② 更多细节,请参见 Lydall(1968)以及 7. 2. 1. 4 的内容。

③ 然而,企业成功、企业成长以及企业规模之间的关系与管理能力间接相关,参见 Lydall(1968,第 4 章)。此外 Baumol(1959)在当时提出:"与公司盈利能力相比,高管薪酬似乎与运营规模更相关。"

尤为重要。① Rosen（1981）根据企业规模、管控范围以及管理人员收入的分布情况建模，将之看作市场分配员工到各级职位的共同结果。假设这个过程把最有能力的人分配到最高职位，而这些人的才干也在整个组织中成倍增长，这将促使那些有更多更有能力的经理人的公司规模更大，对这些经理人的工资回报也更高。② 特别是，这表明公司规模的分布和薪酬分布是向基本能力分布倾斜的。Terviö（2008）针对不同公司首席执行官（CEO）的薪酬问题，建立了这种管理型人才的分配模型，其中公司规模不同不仅仅是由于管理能力的差异，还有其他原因。假设雇佣最佳经理人时大公司从中受益最多，那么企业的个人薪酬水平将由企业规模及管理人才分布共同决定。在这种情况下，对于规模最大的企业来说，顶级人才的价值至关重要。基于类似想法，Gabaix 和 Landier（2008）认为，即使是很小的能力差异，也会对企业价值产生巨大的影响。他们发现，1980 年至 2003 年间，首席执行官的薪酬增长了 6 倍，这完全可以归因于大公司市值在此时期也增长了 6 倍。

这些模型（和许多其他模型）有一个共同特征，即（外生的或内生的）某种因素将基本能力上的细微差异转化为巨大的结果差异。Lazear 和 Rosen（1981）指出，在只有锦标赛获胜者才能获得薪酬的情况下，基于锦标赛结果的薪酬能够在一定的假设条件下激发出最大的努力。③ 总体来说，依据成绩表现的薪酬方案，已经在许多领域使绩效工资有所增长。这些机制的典型作用是增加对"最佳绩效者"的个人回报。但是，这个结果对于整体经济甚至只是该公司是否有利，目前尚不清楚。④ 继 Rosen（1981）之后的许多模型，将技术进步（使得重复性的生产更加容易，例如印刷、录制）与市场规模相结合，给予"最有能力者"更高比例的巨大回报。⑤ 随着所谓的"超级巨星"市场覆盖率的提高，最顶尖人才的回报也在上升；与此同时，那些位于能力分布底端者的收入就会下降。"全球领导者"把那些曾经在本地更具竞争力的个人或企业驱逐出去，从而提高了最高收入人群的报酬的集中度。Frank 和 Cook（1995）认为，越来越多的市场已经形成了符合超级巨星模型的特征，它们已经成为所谓的"赢家通吃市场"。这样的例子数不胜数，既包括那些传媒能扩大市场的活动（例如体育明星、艺术家、作家的市场），也包括那些"超级巨星"的雇主，因为他们业绩的增长决定了律师、投资银行家、首席执行官的收入增长，还包括一些更标准的产品市场，运输及其他交易成本降低从而

---

① 在许多所谓的分配模型中，有一个问题备受关注，即在与完全竞争市场相匹配的一般性研究中，研究者侧重于市场双方的不可分割性和异质性的综合效应。在劳动力市场上，当各种工作类型和员工类型之间存在互补性时，这些特征就很重要（例如可参见 Sattinger，1979）。另参见 Sattinger（1993）的评论。

② 将最顶尖人才分配到最高职位的这个过程的假设是具有争议的，关于高管薪酬的文献很多，许多学者都注意到，高管薪酬并不总是以绩效为基础，例如 Bertrand 和 Mullainathan（2001）、Bebchuk 和 Fried（2004）。

③ 但是，这也可能是不正确的。例如，竞争对手之间的差异过大。更多案例请参见 Freeman 和 Gelber（2010）。

④ 对于金融部门绩效薪酬的概述，请参见 Fahlenbrach 和 Stulz（2009）、Bebchuck 和 Spamann（2010）。Cahuc 和 Challe（2009）展示了绩效工资如何吸引人才进入某个部门，同时也说明了这种人才在经济中可能会错配。Agarwal 和 Wang（2009）指出，向绩效工资转变不仅会导致收入差距的扩大，而且风险承担的增加也会对总体业绩产生负面影响。

⑤ 正如罗森（Rosen）在其论文中所指出的那样，马歇尔（Marshall，1890，1920）已经明确了这个基本思想。另一位早期观察者沃特金斯（Watkins，1907）写道："任何行业的商人都有机会通过增值来获利，而机会来源于交易范围和交易次数的提升。"他指出："随着全球市场的现代化，个人交易规模空前，即使是微小的价格变化，也可能造成巨大的收益或损失。"

扩大了潜在市场。①

那么,最高收入人群在多大程度上由超级巨星构成呢? Kaplan 和 Rauh(2010)研究了位于美国收入分配顶层的四个部门的代表人物:非金融公司的高管、金融部门(投资银行、对冲基金、私募股权)的顶尖雇员、律师、专业运动员和名人。他们发现,金融部门的员工比其他部门的高管人员所占收入份额更大,而且在过去的几十年中,他们的收入份额也有所增长。②虽然运动员和名人以及律师都属于最高收入人群,但是他们起到的作用相对较小。有一点值得注意,这四个群体的总人数在最高收入人群中的占比不到25%,一是因为这四个群体中缺少最高收入的个体,二是因为收入分配顶端所包含的人物远远超过这些代表性群体。

总的来说,上述理论关注了许多方面。就最高收入而言,潜在的能力分布可能会被放大,而这些理论有助于我们理解最高收入人群所占财富份额在近期的增长。在过去的几十年中,这些影响似乎已经清楚地显现出来。但也有一些变化研究表明,这些理论不太可能给出完整的解释,特别对长期发展变化的研究而言。Frydman 和 Saks(2007)研究了美国 1936—2005 年首席执行官与工人的薪酬比。他们认为,20 世纪 30 年代至 1970 年,虽然此时期企业规模确实有所增长,但是该比率在下降。在这段较长的时期内,他们认为薪酬与企业成长之间的关系是很弱的。在图 7.24 中,我们用 1950—2011 年瑞典的相应数据补充说明美国的数据。长期发展情况与 1980 年左右的比率下降非常相似,之后则有明显上升。然而,这两个国家之间的水平差异是显著的,因为美国最近的增长幅度比瑞典高很多。

Phillippon 和 Reshef(2012)对金融部门工资的长期发展特点进行了研究,发现在这一领域,细微的能力差异被放大。他们发现,放松对金融市场的管制、教育水平及创新能力与薪酬水平密切相关。在 20 世纪 30 年代,以及 20 世纪 90 年代以来,该部门的工资似乎远高于可观察因素所能够解释的(比如任务复杂性与教育水平的提高)。有趣的是,如图 7.25 所示,把金融部门的相对薪酬与整个美国的最高收入人群的收入份额进行比较时,我们可以发现,二者有惊人的相似度。20 世纪 30 年代大萧条之后,两者的收入份额下降几乎同时发生,在 70 年代后期的强劲增长时期也是如此。

---

① Gersbach 和 Schmutzler(2007)、Manasse 和 Turrini(2001)对市场规模扩大如何导致分配顶部工资不平等加剧进行了研究。

② Bell 和 van Reenen(2010)也发现:英国收入分配顶端的金融部门人员明显偏多。

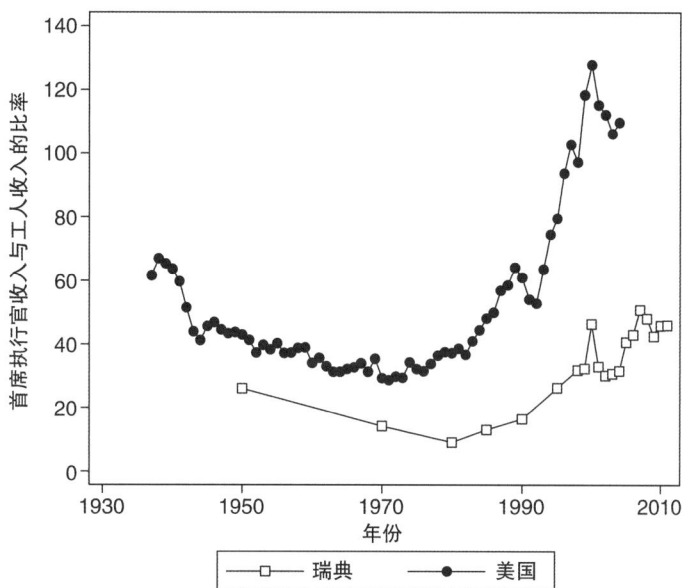

图 7.24 1936—2011 年瑞典和美国首席执行官与工人收入之比

资料来源:该比率基于以下序列。美国首席执行官收入按 2005 年美元计算,对应于 Frydnan 和 Saks (2007)使用的 ExecuConp 数据库中的最大 500 家公司的首席执行官的收入(包括工资、奖金、长期支付、授予期权)。卡罗拉·费莱德曼(Carola Frydman)无私分享了该数据。平均收入对应于社会保障局数据库中的劳动者收入,这些数据由 Kopczu 等(2007,表 A2)收集。瑞典收入是指 50 家瑞典最大公司的首席执行官的收入;男性产业工人数据取自 LO(2013,2013,bilaga 2,"Naringslivet")。

最后,为什么最高收入者的工资在最近几十年中增长如此迅速? 对于该问题,一些学者认为,社会规范的改变可能可以对此给出合理的解释(例如 Levy and Temin,2007;Piketty and Saez,2003)。Atkinson(2008a,第 8 章)的相关论述表明,在个人效用取决于收入并且个人效用遵循公平报酬的社会规范(对市场中的雇主和雇员双方都有效)的情况下,对于既定的潜在能力分布,如何可以存在多个均衡。① 当个人效用不遵循社会规范时,个人的效用损失取决于其他有多少人也这么做。因此,市场力量本身并不是能够确定结果的唯一要素。可能出现这样一种情况,当大多数人遵守规范时,工资是由能力和固定数额共同决定的;当少数人遵守规范时,薪酬则是由个人生产力决定的。立足于自身的初始情况,不同国家可能出现不同薪酬标准的趋同,而经济的"外生冲击"可能导致一个均衡转向另一个均衡。

---

① 与 Akerlof(1980)的模型相类似。

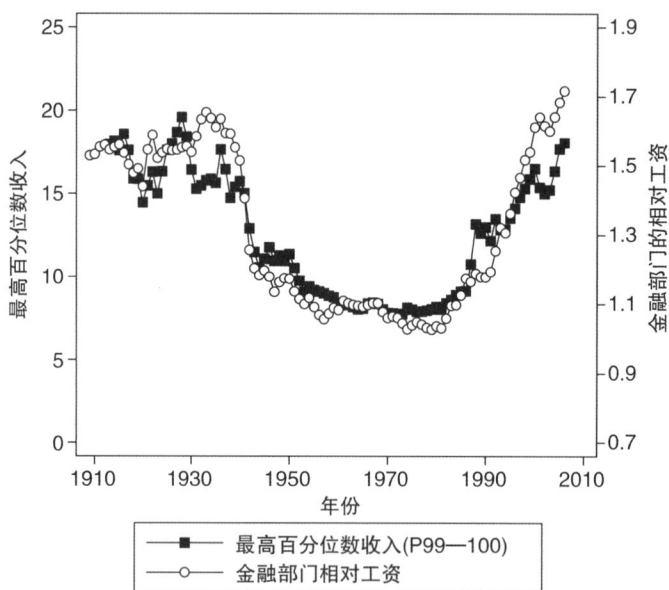

图 7.25　金融部门相对工资与美国 1909—2006 年最高百分位数收入对比

资料来源:金融部门工资与农业、工业部门工资的比率来自 Phillippon 和 Reshef (2012),美国最高收入份额(不包括实际资本收益)来自 Piketty 和 Saez (2003,及其后续更新)。

7.4.4　最高收入人群的收入份额影响因素的计量经济学证据

最高收入研究项目的关键目标是:创建一个足够丰富的跨国面板数据库,以便对不平等的决定因素进行经济计量检验。[①] 在这一小节中,我们将对此类研究结果进行汇报。

7.4.4.1　不平等的决定因素:长期相关性

Roine 等(2009)将最高收入人群的收入份额与一些已经被认为影响不平等的变量相结合。这种方法不是用来测试一个特定的理论,而是利用大量模型,以探索性的方式得出一个相关变量列表(有关该方法的明显局限性的讨论,请参见 Atkinson and Brandolini,2006)。计量经济学采用的方法是分析一阶差分法[同时使用一阶差分广义最小二乘法和动态一阶差分法(含滞后因变量)],假定至少在这一具体设定下存在线性关系。面板数据估计使我们能够解释所有不可观测的非时变因子,还可以对共同趋势、特定国家趋势进行解释。对关系随时间改变的这种潜在可能性进行间接处理,允许不同的国家群体产生不同的发展效果,这显然不同于测试各种变量对不平等的长期影响,而是一种从长远角度对短期效应进行的测试。

分析中主要包含以下变量:金融发展通过将股票市值与银行存款总额相加,再除以国内生产总值的方法进行计算;贸易开放程度可以通过国内生产总值中的实际贸易份额来测量,也可以通过法律上平均关税税率(缴纳的总关税除以交易量)来衡量。中央政府在国内生产总值支出中的份额以及最高边际税率可以用来表示公共部门的影响力。最后,当然还包括

[①] 如前所述,我们关注不平等问题的决定因素,但显然,最高收入群体的数据集也能应用于研究不平等产生的影响。

人均国内生产总值和人口数量。[①] 鉴于最高收入群体内部财富份额变化的重要性,我们对以下三组人群的收入份额进行分析:顶层富人(P99—100)、上层中产阶级(P90—99)以及其余人口(P0—P90)。[②]

表 7.6 报告了回归结果,在所有特定的设定下,有一些基本关系表现为持续稳健的,十分突出。[③] 第一,经济增长,即人均国内生产总值的变化在 20 世纪似乎是向富人倾斜的。在经济增长水平高于平均增速的时期,顶端收入人群受益也远超其正常比例。[④] 形成该结果的原因可能是,与其他收入相比,顶端收入(一直以来)与绩效关系更为密切。该结果在不同发展水平上是相似的,在盎格鲁-撒克逊国家和其他国家之间也没有什么不同。然而,"上层中产阶级"(P90—99)的收入份额与经济增长之间的关系似乎相反。在高速增长时期,这个群体相对而言收益减少了,这再一次印证了对收入在前 10% 的群体进行再分组的重要性。第二,在盎格鲁-撒克逊国家以及其他地方,无论是使用银行存款还是股票市值来测算(通常被视为欧洲大陆和盎格鲁-撒克逊国家之间的差异),20 世纪的金融发展似乎都是向富人倾斜的。[⑤]高边际税率对高收入具有稳健的负效应,而政府支出更高似乎与 P0—P90 组的收入份额增长相关。从长远来看,没有什么证据表明贸易开放对富人财富份额有明显的影响,这也许会使人感到惊讶。我们通常用政体工具变量(Polity IV)的得分来衡量民主程度,民主程度与富人财富份额呈负相关,而且随着国家富有程度的提高,这种效应变大,说明民主与发展具有均等化效应。下文将对这些关系进行更详细的介绍。

表 7.6　最高收入份额的长期决定因素

变量	(1) ΔTop1	(2) ΔTop1	(3) ΔTop10-1	(4) ΔTop10-1	(5) ΔTop1	(6) ΔTop1	(7) ΔTop1	(8) ΔTop1
ΔGDPpc	4.4*** (0.850)	3.00*** (1.150)	-8.24*** (1.421)	-8.58*** (1.652)	4.28*** (0.827)	6.87*** (1.674)	2.76** (1.164)	2.80** (1.186)
ΔPop	-8.75** (3.576)	-6.07 (4.687)	-8.93 (5.470)	-7.30 (6.752)	-6.55* (3.470)	-3.31 (3.940)	3.53 (4.250)	3.59 (4.257)
ΔGovspend	-0.49 (3.599)	5.75 (3.958)	-7.68* (4.641)	-9.97* (5.091)	1.67 (3.489)	2.12 (3.453)	1.55 (4.697)	1.51 (4.735)

[①] 另外还有一些其他变量,比如民主程度(政体)、技术发展指标(农业在国内生产总值的份额、专利数量),这些变量在稳健性检验部分被采用。具体细节请参见 Roine 等(2009)。

[②] 虽然该划分具有任意性,但是其结果对于收入顶层群体的确切定义并没有太大影响,这是显而易见的。定义为最高 0.5% 或最高 1.5% 对回归结果没有任何定性影响。通过查看收入构成的详细信息,我们发现最高 1% 总体上与最高十分数中的剩余部分相差甚远,尤其是在资本收入份额方面。这可以证明门槛设置在 1% 左右是合理的。Hoffman 等(2007)在财富分配中也有类似分类。

[③] Roine 等(2009)测试的国家数目在 12—14 个。此后,最高收入数据已经可以用于更多的国家,我们已经重新运行了回归。结果在很多国家适用(大概 15—20 个国家)。在这里,我们也报告了一些额外变量的结果,如政体,但是 Roine 等(2009)并没有涵盖此结果。

[④] Dew-Becker 和 Gordon(2005)发现:在美国战后时期,高生产力的增长主要使富人受益。

[⑤] 该发现认为,金融是亲富人的,但这并不排除它也可以是亲穷人的,就像在以前的研究中发现的那样(Beck et al., 2007),但是中间群体似乎从金融发展中受益最少。

续　表

变量	(1)	(2)	(3)	(4)	(5)	(6)	(7)	(8)
	ΔTop1	ΔTop1	ΔTop10-1	ΔTop10-1	ΔTop1	ΔTop1	ΔTop1	ΔTop1
ΔFindev	0.90*** (0.197)	0.94*** (0.295)	-0.25 (0.214)	-0.10 (0.318)	0.87*** (0.232)	0.79*** (0.177)		
ΔOpenness	-5.59*** (1.550)	-4.86** (2.022)	1.51 (2.190)	4.88* (2.515)	-4.78*** (1.539)	-5.15*** (1.437)	-0.42 (1.233)	-0.43 (1.235)
ΔMarginaltax		-1.41* (0.758)		-0.68 (0.761)				
ΔDemocracy					-0.82*** (0.278)	-0.54* (0.325)		
ΔDemo.×GDPpc						-2.71* (1.525)		
Bank crisis							-1.13*** (0.426)	-1.12*** (0.431)
Currency crisis								0.03 (0.502)
观察数	173	145	147	128	166	166	180	180
国家数	20	20	18	17	19	19	17	17

注:回归方法和基础数据在 7.4.4.1 和 Roine 等(2009)中都有描述,"Δ"表示 5 年期的对数变化,"GDPpc"是实际人均国内生产总值,"Pop"是人口,"Govspend"是中央政府支出占国内生产总值的比率,"Findev"是银行存款和股票市场资本总额占国内生产总值的比率,"Openness"(开放度)是国内生产总值中的贸易份额,"Marginaltax"是法定最高边际所得税税率,"Democracy"(民生)是政体工具变量得分,"Bank crisis"(银行危机)和"Currency crisis"(货币危机)是危机发生年份的虚拟变量,括号内是稳健标准误。* 为 $p<0.1$,** 为 $p<0.05$,*** 为 $p<0.01$。

7.4.4.2　最高收入税率对最高收入的影响

理论上,税收对最高收入的影响并不明显。最近,最优税收研究领域取得了很大的进展,主要集中在以最高收入反应为焦点的最优劳动收入(Piketty et al.,2013),动态设定方面也取得了很大进展,其中收入是由劳动、资本决定的,同时也受到代际遗赠的影响(Piketty and Saez,2013a,2013b)。[1] 综合考虑,增加最高收入税率的预期效应是降低高收入人群所占的财富份额。这似乎与最近实证研究中的发现相一致。Saez(2004)指出,1960—2000 年,边际税率的变化可以用于解释美国最高收入人群的收入份额变化,但是该效应似乎只在最高百分之一收入的群体中体现出来。Saez 和 Veall(2005)表明,加拿大最高收入人群的收入份额与最高边际所得税税率呈负相关。Roine 和 Waldenström(2008)使用类似标准得出的结论是,瑞典最高收入的税率变化对瑞典 20 世纪的发展有重要影响。Jäntti 等(2010)得出以下结论,最高收入税率下降对芬兰收入最高人群的财富份额提高发挥着关键性作用。Atkinson 和 Leigh(2013)发现,最高收入人群的收入份额在盎格鲁-撒克逊国家之间具有高度相关性,而且最高收入人群的收入份额对边际税率变化非常敏感。据估计,1970—2000 年,最高收入税

---

[1] Persson 和 Sandmo(2005)研究了一个锦标赛的情形,并且表明在某些情况下,增加税收会导致不平等加剧。

率下降可以解释最高收入前 1% 群体的份额增长的 1/3 至 1/2。Atkinson 和 Leigh(2013)也试图对累积效应进行估计,他们发现投资收益边际税率下降(基于滞后移动平均值)与最高收入前 1% 群体的份额上升有关。最后,Piketty 等(2013)指出,自 1960 年以来,在 OECD 的 18 个国家中,最高收入税率与最高收入前 1% 群体的收入份额之间存在强烈的负相关关系,但没有证据显示最高收入份额上升与经济增长之间有对应关系。

7.4.4.3　政治、体制因素与危机影响

最高收入的新数据具有潜在优势,它跨越的时期相当长,在民主程度和其他体制变量方面,可以呈现充分的变化。其跨越周期较长,也使其可以尽可能呈现足够多的危机事件,从而人们可以对这些危机的影响进行计量经济学检验。

表 7.6 中的结果包括众所周知的政体指数所呈现的民主的作用。结果表明,民主确实具有均等化效应,但似乎只限于降低最高收入在前 1% 的富人的收入份额,而最高收入在前 10% 的其余富人的收入份额则大体保持不变。Scheve 和 Stasavage(2009)研究了 20 世纪制度差异造成的影响,涉及 13 个国家在集中工资谈判和党派方面的差异,但没有发现任何清晰的影响。

表 7.6 也讨论了金融危机的影响,Roine 等(2009)借助于 Bordo 等(2001)的数据,最先对此进行了相关研究。[①] Laeven 和 Valencia(2008)的研究表明,银行业危机对最高收入前 1% 富人的收入份额会产生负面影响,但货币危机不会。然而,Atkinson 和 Morelli(2011)指出,当人们尝试对这些危机事件之后的发展变化特征进行概括时,很难找到一个清晰的模式。在许多情况下,数据不足以清楚地说明发展变化方向。[②]

7.4.5　我们学到了什么?

显然,财富与收入不平等的长期发展是各自分配变化共同作用的结果。从任何一点来看,经济、社会、技术发展与冲击、危机、政策之间相互作用,共同确定了二者的演变趋势。从不同的时间范围来看,动态变化产生的影响是双向的。外生事件或政策都可能导致财富集中度上升或下降,使得资本收入在解释收入不平等方面具有或大或小的重要性。但是,由于外生因素或政策的影响,高收入者在总收入中所占份额较大时,也会导致财富集中度提高。随着时间的推移,这又导致资本的收益回报提高。此外,除非个人在其一生中消耗了所有的收入,否则代际继承也会成为一个影响因子。

为了理解本章研究的 20 世纪一些国家的不平等发展情况,我们有必要对一些主题进行重述。20 世纪上半叶的不平等下降,主要原因是最高财富持有者的财富份额下降从而导致其资本收入下降。然而,高收入者的工资份额通常看起来非常稳定。财富持有量和资本收入下降似乎是世界大战和金融危机等宏观冲击的结果,也是许多国家采取的税收政策的结果。在这些冲击之后,高额边际税率使得富人很难迅速积累新财富,不平等程度趋于平稳或继续下降。这种发展变化可以用资本与工资收入相结合的简单模型进行解释,此模型还可

① 然而,货币危机和银行危机似乎没有产生任何明显影响。
② Bordo 和 Meissner(2012)使用最高收入数据,对不平等是否与信用扩张有关这一问题进行研究。信用扩张被认为是危机预测的良好指标,对于这种关系,他们没有发现任何支持证据。

以研究外生冲击对资本存量和税收的影响。

近期不平等加剧的原因似乎主要是最高工资的增长，这在很多国家（但并不是所有国家）都可以观察到。为了解释这一点，我们需要把焦点转向其他因素，这些因素强调劳动力市场给予一些群体（基于更高的能力、技能、努力、教育等）更高的回报。为了更好地理解这一变化，两个关键事实似乎很重要。首先，大部分增长主要集中在最高收入人群中的一小部分富人，这意味着，侧重于研究更广泛群体（如"技术"和"非技术"员工）发展变化的理论，至少还需要一个机制来解释最高收入人群内部的增长，以进行理论补充。其次，相对于平均水平，各国顶端收入的增长程度差异很大。因此，基于某种全球共同变化的理论，至少还需要用能够解释跨国差异的机制进行补充。

最后，计量经济分析的初步证据表明，税收对于解释发展变化很重要。尽管短期内影响幅度可能看起来很小，但将长期的动态影响纳入考虑十分重要。在整个 20 世纪，金融发展和经济增长都有助于富人的财富份额提升，这一点也表现出明确而稳健的相关性。但当前，我们使用这些数据进行系统的跨国分析仍处于起步阶段。

7.5 总结和结束语

在本章中，我们概述了收入分配和财富分配的长期趋势的大体情况，主要讨论了最高收入研究文献和最近的财富集中研究中的发现，这些发现是从历史税收和遗产税的数据中得出的。不过，我们也试图将这些最新的研究结果与之前经济增长、经济史研究中的观察结果联系起来。最终的结果总是带有主观性的，因此我们尽量清楚地呈现在研究发展的哪些方面存在分歧。

我们在 7.2 节中对 26 个国家的收入不平等总体发展进行描述时，有效地区分出三个大的时期：第一个时期是第一次世界大战之前；第二个时期从 1914 年前后一直到 1980 年；第三个时期是 1980 年之后。在第一个时期，不平等程度在 20 世纪初达到历史高峰，这一事实显而易见。这么高程度的不平等在 19 世纪的整体情况如何？它是逐渐上升最后达到这么高的程度吗？由于缺乏数据，我们对此尚不清楚。有一些迹象表明不平等现象加剧，但也有许多研究指出，在 20 世纪之前，不平等已经达到很高的程度和相对稳定的水平。

1914—1980 年，数据所涵盖的几乎所有国家的最高收入人群的收入份额均呈现大幅下降。1914 年以前，最顶端 1％富人的财富占比约为 20％，而到了 1980 年前后，降至 5％至 10％。前 10％富人中的较低收入富人的收入份额下降幅度较小。事实上，在整个 20 世纪，在一些国家中，前 10％富人中的较低收入富人（P90—95）的收入份额几乎保持不变。因此，对收入在前 10％的富人内部的财富份额发展变化进行区分似乎很重要。最高收入份额的下降似乎多是缘于冲击，如世界大战、大萧条等冲击。但值得注意的是，最高收入份额在那些未参加战争的国家中也出现了下降，如瑞典。在 20 世纪 50 年代和 60 年代的高增长时期，这种下降还在继续。就收入构成而言，这种下降似乎大多与资本收入下降有关。

1980 年以后的发展不太一致。在一些国家，特别是美国和英国，不平等程度急剧上升。

这种上升是从一个与其他国家相比已经很高的不平等程度开始的。对其他国家来说,如瑞典和芬兰等国家,不平等程度的上升幅度也相当大,但从国际水平来看,其上升是从一个低水平上升到较高的水平,但总体仍然处于低水平行列。在法国、德国和日本,不平等程度的上升趋势不明显,但从绝对值上来看,不平等程度仍然高于北欧国家。

在 7.3 节我们对有长期数据的 10 个国家的财富分配发展情况进行了描述,该发展趋势与收入情况相似。在大多数地方(除美国之外),20 世纪之前的财富集中度相对稳定,且处于历史最高水平。尽管我们对于跨国比较需要持谨慎的态度,但是国家之间似乎存在着重要的不平等程度差异。20 世纪初期,英国和法国的最高财富份额估计值明显高于其他国家,比如美国、瑞士、芬兰、挪威、丹麦、瑞典和荷兰。从第一次世界大战开始,最高收入顶端 1% 富人的财富份额大幅下降,一直持续到 1980 年前后。此后,不平等的发展变化再次呈现出多样化的趋势,但与收入的发展变化相比,更具不确定性,也存在更多争议。

我们在 7.4 节中讨论了一些用以理解这些发展变化的理论和实证规律,旨在对各个方面进行解释。理解财富与收入以及不平等下降的共同发展,对于理解 20 世纪上半叶的发展变化很重要,这与最高收入人群的资本收入急剧下降有关。税收累积的长期效应也很重要,特别是对于我们理解二战后几十年间最高收入人群的收入份额为什么长期无法恢复。1980 年以后的不同发展情况,可能是很多因素相互作用的结果。影响不平等的技术变革和全球化可能发生重大变化,但各国之间的差异也表明,影响取决于个别国家的特点(如劳动力市场运作、教育制度和其他政策)。在大多数国家,不平等的增长大部分都是由最高收入人群内部变化所驱动的,这表明一种理论性解释必须包括一个机制,这种机制给予最高收入人群能够增加收入的优势,而不仅仅是用有技术和无技术这样大的分类来宽泛地解释群体之间的差异。另外,就收入构成而言,最近的收入增长是异质性的。在一些国家(美国),工资差距扩大可对近期大部分的增长进行解释,而在其他国家(瑞典),资本似乎更为重要。最后,我们还注意到,在有些情况下,数据和解释似乎符合我们自 20 世纪 80 年代以来所观察到的情况,但是如果用长期视角对该理论进行检验,它似乎不够成功(例如根据企业发展来解释高管薪酬)。这并不意味着 1980 年以后的解释不正确,但这也确实表明,大多数的解释很可能对随着不同时间和国家的变化而变化的各方面之间的相互作用过于敏感。

7.5.1　展望

我们对未来研究进行一些展望。第一,无论是在增加国家数量方面,还是在增加新数据方面,扩展最高收入数据库的工作显然很重要。例如,至少在一些国家可以允许研究者对 20 世纪大部分时间里的男性和女性收入进行区分,构建长期财富不平等趋势的类似数据集也具有重要意义。

第二,利用最高收入数据库似乎很重要。对于之前缺少系统性不平等数据的诸多方面,我们现在可以对其进行长期发展研究,像 Atkinson 和 Brandolini(2006)强调的那样,采取综合的理论和估计方法并采用适当的计量经济学技术至关重要,这样可以解决数据中的缺陷问题。

第三,最高收入人群内部的收入份额变化的重要性所呈现的结果说明,只着眼于总体的不平等状况研究,会错过或误解一些不平等发展的相关信息,这些结果对一些试图对最近收入不平等的激增进行解释的理论提出了挑战。一般来说,不同的解释只适用于分配中的不同部分。

第四,最近的一些研究阐释了财富与工作之间的相互作用在确定总收入方面的重要性。收入不仅仅是由一个人一生的行为所决定的,继承也起了重要的作用。后者对于许多问题都产生了重要影响,例如最优税收(Piketty and Saez,2013b)和继承财富流动性的未来发展趋势(Piketty,2011)。

这些研究领域对我们理解长期不平等的趋势、原因及结果都至关重要。

致谢

2013 年 4 月,巴黎经济学院举办了"收入分配经济学的最新进展"会议,收到了安东尼·阿特金森和与会者们提出的许多宝贵意见。我们感谢维默尔·萨尔维达分享了荷兰的财富分配数据。本章中所有图表数据都可以在作者的网站上找到,也可以向作者提出请求获取相关数据。

附录

表 7. A1　历史财富不平等数据的来源

国家	年份	财富持有者	来源
澳大利亚	1915, 1987, 2002,2006, 2010	家庭	Katic 和 Leigh（2013,表 A2）
	1953—1979	成人	Katic 和 Leigh（2013，表 A1）
丹麦	1789 1908—1975	19 岁以上的男性 家庭	Soltow（1985：表 4） Zeuthen（1928：表 IV 4），1908—1925 年； Bjerke（1956：表 32），1939—1945 年；丹麦统计局 1950—1975 年的《统计年鉴》。另请参阅 Alvaredo 等（2013），它使用了大致相同的来源
	1995—1996	家庭	Statistics Denmark（1995, 1996：表 2）
芬兰	1800 1922 1926 1967 1987—2005	19 岁以上的男性 家庭 家庭 家庭 成人	Soltow（1980, 表 3） Soltow（1980, 表 3） Soltow（1980, 表 3） Soltow（1980, 表 3） 芬兰统计局,税收统计
法国	1807—2010	成人	Piketty 等（2004：表 A4, 2006）, Piketty（2014）
荷兰	1894—1974 1993—2011	成人 家庭（调查）	Wilterdink（1984） Statistics Netherlands（2010）, Salverda 等（2013） 序列由维默尔·萨尔维达提供

续　表

国家	年份	财富持有者	来源
挪威	1789	家庭	Soltow（1980：表 3）
	1868	家庭(?)	Mohn（1873：10，30）
	1912	家庭	Statistics Norway（1915a：6*，20*-21*）
	1930	家庭	Statistics Norway（1934：63*f）
	1948—2011	家庭（如文中所述，1983—1993 年为调整后个人的数据）	挪威统计局,《统计年鉴》和统计数据库（见正文）
	2009	家庭	Epland 和 Kirkeberg（2012,表 8）
瑞典*	1800	19 岁以上的男性	Soltow（1985：表 4、表 5）
	1908	家庭	Finansdepartementet（1910：31）
	1920	家庭	Statistics Sweden（1927）
	1930	家庭	Statistics Sweden（1937，1938）
	1935	家庭	Statistics Sweden（1940）
	1937	家庭	SOU（1942：52）
	1945	家庭	Statistics Sweden（1951）
	1946—1950	家庭	SOS 税务评估（Skattetaxeringarna）
	1951	家庭	Statistics Sweden（1956）
	1966	家庭	SOU（1969：54）
	1970	家庭	SOS Inkomst och Förmögenhet 1970,预算查询（Budgetundersökningen）
	1975	家庭	Spånt（1979）
	1978—1998	家庭	Jansson 和 Johansson（2000，表 15）
	1999—2007	家庭	作者自己的计算,根据从瑞典统计局的财富登记册中检索到的家庭分布表（详见 Roine and Waldenström，2009）
	1873—1877	个人	Finansdepartementet（1879）
	1906—1908	个人	Finansdepartementet（1910）. 1908 年也有基于遗产乘数法的财富数据（Finansdepartementet，1910：14-34）
	1954	个人	SOU（1957），详见 Roine 和 Waldenstrom（2009）
	1967	个人	SOU（1969），详见 Roine 和 Waldenstrom（2009）
	2002—2003	个人	SOU（2004），详见 Roine 和 Waldenstrom（2009）
瑞士	1913—1997	家庭	Dell 等（2007：表 3）
英国（1938 年以前只包括英格兰和威尔士）	1740,1810,1875	成人	Lindert（2000：表 2）
	1911—1913	成人	Atkinson 和 Harrison（1978：表 6.1）
	1923—1977	成人	Atkinson 等（1989a,1989b：表 1）
	1978—2005	成人	Inland Revenue Statistics（2006：表 13.5）

续 表

国家	年份	财富持有者	来源
美国	1774	19 岁以上的成人	Shammas（1993：表 2）
	1916—2000	19 岁以上的成人	Kopczuk 和 Saez（2004：表 3）
	1774	家庭（自由成年男子、未婚妇女）	Lindert（2000，表 3）
	1860	家庭（自由成年男性户主）	Shammas（1993：表 2）
	1890	家庭	Lindert（2000：表 3）
	1922—1958	家庭	Wolff（1996：表 1）
	1962—2010	家庭	Kennickell（2009，表 4；2011，表 1）

注:本表给出了本章中使用的财富分配数据的来源和定义。有关数据的进一步描述,请参阅正文。这里使用的家庭定义在各国样本中(有时甚至是在一国样本内)不完全相同。基本概念是个人(18 岁或以上)和已婚夫妇统计为一户人士(详见有关瑞典情况的 7.3.2.1.7)。星号表示页面在原始出版物中的编号/索引方式。

表 7. A2　10 个国家的最高财富百分位数(P99—100) 占私人财富总额的比例

年份	澳大利亚	丹麦	芬兰	法国	荷兰	挪威	瑞典	瑞士	英国	美国(hh)	美国(ind)
1740									43.6		
1774										16.5	28.0
1789		56.0				47.0					
1800			34.0				48.0				
1810				45.6					54.9		
1820				46.7							
1830				47.5							
1840				46.0							
1850				50.3							
1860				52.0						21.0	
1868						36.0					
1870				50.4							
1875									61.1		
1880				49.5							
1890				51.1						25.8	
1894					54.0						
1900				58.7							
1905					55.0						
1908		46.3					53.8				
1909			37.4								
1910				60.5							
1911									69.0		
1912						37.2					
1914					56.5						
1915	33.9	47.0	35.9					42.3			
1916											35.6
1917		44.1									35.6
1918		43.6									36.8
1919		42.6			50.0				36.4		39.9
1920		37.2		49.2			51.5				37.6

年份	澳大利亚	丹麦	芬兰	法国	荷兰	挪威	瑞典	瑞士	英国	美国（hh）	美国（ind）
1921		39.7						38.1			35.2
1922		39.6	25.4							36.7	36.0
1923		39.9							60.9		35.2
1924		39.3							59.9		36.7
1925		38.7		47.5				40.7	61.0		36.0
1926			29.7						57.3		35.1
1927									59.8		39.2
1928									57.0		36.5
1929								42.0	55.5	44.2	36.8
1930				47.4	48.0	37.6	50.0		57.9		40.3
1931											34.7
1932											28.4
1933									33.3		30.3
1934								40.4			28.1
1935						42.0	42.8				27.8
1936								40.1	54.2		29.7
1937							42.7				27.0
1938								44.4	55.0		27.1
1939		41.7			45.0					36.4	26.0
1940				36.3				40.4			25.3
1941								41.5			25.3
1942											23.7
1943											24.3
1944		39.2									25.5
1945							37.7	37.1		29.8	24.7
1946							37.7				24.5
1947							34.7	38.3			24.3
1948						34.6	34.1				23.0
1949		31.3					33.2	37.8		27.1	22.6
1950		29.6		33.4			32.8		47.2		22.8
1951		29.7			34.0		32.2	39.0	45.8		
1952		29.4							43.0		
1953	14.6	29.5						40.0	43.6	31.2	23.8
1954	10.7	29.3							45.3		23.2
1955	9.9	29.5			35.0			41.5	44.5		
1956	12.4	27.1							44.5		24.7
1957	9.4	27.2						41.9	43.4		
1958	9.6	27.1							41.4		24.2
1959	9.6	27.9							41.4		
1960	9.4	26.4		31.9	37.5	25.5			33.9		25.2
1961	9.0	26.7							36.5		
1962	7.8	26.9							31.4	31.8	24.4
1963	9.0	27.2									
1964	8.8	27.6							34.5		
1965	8.9	24.2			33.0				33.0		24.7

续　表

年份	澳大利亚	丹麦	芬兰	法国	荷兰	挪威	瑞典	瑞士	英国	美国(hh)	美国(ind)
1966	7.8	24.8					23.4		30.6		
1967	6.9	24.6	19.4						31.4		
1968	6.3								33.6		
1969	9.0							41.6	31.1	31.1	22.9
1970	8.9	24.8		22.0	31.0		20.1		29.7		
1971	7.9	25.5							28.4		
1972	10.0	25.3							31.7		23.1
1973	6.8					21.5			27.3		
1974	8.9				28.0				22.6		
1975	7.8	25.9					17.0		22.7		
1976	6.8					19.5			24.4		19.3
1977	7.4								22.1		
1978	6.6						16.6		20.0		
1979						18.5			20.0		
1980				22.0					19.0		
1981								33.0	18.0		
1982						18.0			18.0		19.1
1983						17.5	17.7		20.0	33.8	21.1
1984						18.0			18.0		21.0
1985						18.9	16.5		18.0		22.4
1986						18.7			18.0		22.7
1987	9.7		16.1			18.7			18.0		21.6
1988						18.9	18.4		17.0		21.7
1989			15.8			18.9			17.0	30.1	22.0
1990			15.3	21.7		18.8	20.7		18.0		20.9
1991			15.2			18.8		33.6	17.0		21.5
1992			15.3			17.5	19.5		18.0	30.2	21.2
1993			13.7		22.1	17.0			18.0		21.3
1994			13.9		22.5	17.7	19.0	21.6			
1995		26.9	13.9	20.7	18.0				19.0	34.6	21.5
1996		27.2	15.1	23.0	18.3				20.0		21.4
1997			16.2		22.2	19.1	20.3	34.8	22.0		21.2
1998			17.3		23.6	18.7			22.0	33.9	21.7
1999			21.2		22.2	19.2	19.3		23.0		21.7
2000			21.2	23.5	22.2	19.6	21.9		23.0		20.8
2001			20.6			18.5	19.7		22.0	32.7	
2002	11.8		19.6			18.0	18.0		24.0		
2003			20.4			18.3	17.9		21.0		
2004			20.7			19.2	20.5			33.4	
2005			21.6			20.4	19.7				
2006	16.0					21.4	21.0	18.5			
2007						22.0	22.1	18.8		33.8	
2008						21.5	21.9				
2009			22.7			19.8	21.2				
2010	11.4			24.4	22.3	19.4				34.5	

年份	澳大利亚	丹麦	芬兰	法国	荷兰	挪威	瑞典	瑞士	英国	美国（hh）	美国（ind）
2011					23.0	18.9					

注：以下事项需要注意：许多序列在数据定义中包含若干数据断点，这些数据断点可能会严重影响各国不同时期的可比性。相关来源参阅表 7. A1，具体细节参阅 7.3 节。"美国（hh）"表示美国家庭分布中的最高财富份额（有一些例外），"美国（ind）"代表美国成年个体分布中的最高财富份额。

表 7. A3　9 个国家的前 5 个财富百分位数中的底部 4 个百分位数（P95—99）占私人财富总额的比例

年份	丹麦	芬兰	法国	荷兰	挪威	瑞典	瑞士	英国	美国
1740								30.0	
1774									24.5
1789	24.0				23.0				
1800		25.5				21.4			
1807			33.1						
1810								19.4	
1817			31.5						
1827			35.0						
1837			35.2						
1847			33.4						
1857			29.5						
1860									28.0
1867			29.4						
1875								13.0	
1877			27.2						
1887			27.9						
1902			24.3						
1908	31.7					22.4			
1909		21.2							
1911								18.0	
1912				32.0					
1913							26.9		
1914									
1915	27.2	20.9		24.0			26.4		
1917	27.9								
1918	26.7								
1919	26.9						25.9		
1920	29.0					27.7			
1921	27.8			26.0			25.9		
1922	29.0	23.4							
1923	28.3							21.1	
1924	28.2							21.6	
1925	29.4			25.0			23.9	21.1	
1926		23.4						22.6	
1927								21.5	
1928								22.6	
1929							24.6	23.4	
1930				26.0	33.0	27.3		21.3	

续 表

年份	丹麦	芬兰	法国	荷兰	挪威	瑞典	瑞士	英国	美国
1934							27.5		
1935				26.0		28.0			
1936							28.0	23.2	
1938							28.9	22.2	
1939	28.8			26.0					
1940							27.2		
1941							27.9		
1944	29.2								
1945						28.3	27.2		
1946						28.1			
1947			26.3			28.7	27.1		
1948					27.8	29.0			
1949	26.9					28.7	27.2		
1950	26.4			26.0		27.8		27.2	
1951	26.3					26.8	27.3	27.9	
1952	26.3							27.4	
1953	26.2						26.6	27.7	
1954	26.1			26.0				26.7	
1955	25.7						25.8	27.0	
1956	24.6							27.1	
1957	24.6						25.5	25.7	
1958	24.8							26.8	
1959	24.7							26.1	
1960	23.9			27.0	25.5			25.6	
1961	23.9							24.3	
1962	23.8							23.5	21.3
1963	23.6								
1964	23.3							24.5	
1965	22.0							25.4	
1966	22.3			26.0		23.5		25.1	
1967	22.4	27.3						24.9	
1968								25.0	
1969							25.2	25.3	17.7
1970	22.9			25.0		22.0		24.2	
1971	23.2							24.2	
1972	22.7							25.2	
1973	22.5							24.2	
1974								26.0	
1975	24.6			26.0		21.0		23.8	
1976					22.8			24.6	
1977								24.3	
1978						22.0		17.0	
1979					23.6			17.0	
1980								17.0	
1981							23.6	18.0	

续　表

年份	丹麦	芬兰	法国	荷兰	挪威	瑞典	瑞士	英国	美国
1982					27.5			18.0	
1983					26.9	20.7		17.0	22.8
1984					24.6			17.0	
1985					24.1	20.5		18.0	
1986					24.3			18.0	
1987		20.4			24.7			19.0	
1988					24.3	21.7		19.0	
1989		20.1			24.0			18.0	24.1
1990		19.6			24.2	21.9		17.0	
1991		19.4			23.9		23.0	18.0	
1992		19.3			22.8	21.4		20.0	24.4
1993		17.9		23.7	17.6			20.0	
1994		18.0	26.0	22.8	17.8			20.0	
1995	27.0	18.0		22.4	17.5			19.0	21.3
1996	25.8	18.3		22.2	17.6			20.0	
1997		18.6		21.8	17.6	23.8	23.2	21.0	
1998		18.7		22.1	17.1			18.0	23.3
1999		19.0		21.9	17.4	24.7		20.0	
2000		18.9		21.4	17.5	22.5		21.0	
2001		17.9			17.4	22.4		20.0	25.0
2002		17.9			17.5	23.2		21.0	
2003		17.9			17.7	22.8		19.0	
2004		17.8			16.5	22.2			24.1
2005		17.7			16.9	23.9		19.0	
2006				21.9	17.2	21.5			
2007				20.9	17.7	21.8			26.6
2008				21.0	17.7				
2009		18.6		22.2	18.0				
2010				22.4	18.3				28.4
2011				22.2	17.7				

注:以下事项需要注意:许多序列在数据定义中包含若干数据断点,这些数据断点可能会严重影响各国不同时期的可比性。对于美国来说,该序列主要基于家庭分布估计。相关来源参阅表 7. A1,具体细节参阅7.3 节。

表 7. A4　8 个国家的最高财富十分位数(P90—100) 占私人财富总额的比例

年份	丹麦	芬兰	法国	挪威	瑞典	瑞士	英国	美国
1740							86.0	
1774								59.0
1789	88.0			81.0				
1800		75.8			86.0			
1810			79.9				83.4	
1820			81.8					
1830			83.2					
1840			80.4					
1850			82.4					

续　表

年份	丹麦	芬兰	法国	挪威	瑞典	瑞士	英国	美国
1860			83.7					
1870			81.8					
1875							83.8	
1880			84.6					
1890			84.7					72.2
1908	87.3				86.0			
1909		70.6						
1910			88.5					
1911							92.0	
1912				76.3				
1913						84.8		
1915	84.8	69.1				80.5		
1917	85.9							
1918	85.4							
1919	83.4					76.3		
1920	80.9		81.7		91.7			
1921	83.6					77.0		
1922	83.9	64.4						
1923	83.6						89.1	
1924	83.2						88.1	
1925	83.7					75.8	88.4	
1926		68.3					87.4	
1927							88.3	
1928							87.2	
1929						76.7	86.3	
1930			80.0	84.6	89.5		86.6	
1935					83.6			
1936							85.7	
1938							85.0	
1939	84.0							
1940			75.8			80.8		
1941						81.9		
1944	82.4							
1945					83.2	78.3		
1946					81.4			
1947					79.6	79.0		
1948				78.4	80.7			
1949	73.2				79.1	78.8		
1950	71.1		72.8		77.3			
1951	71.1				75.0	79.9		
1952	70.7							
1953	70.7					79.9		
1954	70.5							
1955	70.1					79.9		
1956	66.8							

续 表

年份	丹麦	芬兰	法国	挪威	瑞典	瑞士	英国	美国
1957	66.9					79.9		
1958	66.8							
1959	67.4							
1960	65.2		69.9	66.4			71.5	
1961	65.4						71.7	
1962	65.4						67.3	64.6
1963	65.1							
1964	65.1						71.4	
1965	60.9						71.7	
1966	61.9				63.2		69.2	
1967	61.8	61.9					70.0	
1968							71.6	
1969						78.9	67.7	
1970	62.9		62.0		57.9		68.7	
1971	63.9						67.6	
1972	62.8						70.4	
1973				58.7				
1975	67.5				54.0			
1976				57.1			50.0	
1977							50.0	
1978					54.5		49.0	
1979				58.1			50.0	
1980			61.8				50.0	
1981						69.6	50.0	
1982				58.6			49.0	
1983				56.5	54.5		50.0	68.9
1984				57.1			48.0	
1985				57.4	53.4		49.0	
1986				56.7			50.0	
1987		50.7		56.9			51.0	
1988				56.4	56.6		49.0	
1989		50.6		55.7			48.0	67.2
1990		50.0	61.0	55.9			58.7	47.0
1991		49.5		55.5		69.9	47.0	
1992		49.1		53.0	57.7		50.0	67.1
1993		45.9		47.7			51.0	
1994		46.2		48.6			52.0	
1995	73.3	46.2		48.7			50.0	67.8
1996	72.2	47.6		48.9			52.0	
1997		49.0		49.5	61.1	71.3	54.0	
1998		50.0		51.7			52.0	68.6
1999		52.9		52.5	60.3		55.0	
2000		52.8	62.1	52.8	59.9		56.0	
2001		51.4		51.6	57.7		54.0	69.8
2002		50.5		51.2	57.3		54.0	

续 表

年份	丹麦	芬兰	法国	挪威	瑞典	瑞士	英国	美国
2003		51.1		51.9	56.6		53.0	
2004		51.4		52.9	57.8			69.5
2005		51.9		54.2	58.4		54.0	
2006				54.6	55.9			
2007				55.7	56.7			71.5
2008				55.3				
2009		54.4		52.6				
2010			62.4	51.1				74.5
2011				49.5				

注:以下事项需要注意:许多序列在数据定义中包含若干数据断点,这些数据断点可能会严重影响各国不同时期的可比性。对于美国来说,该序列主要基于家庭分布估计。相关来源参阅表 7. A1,具体细节参阅 7.3 节。

参考文献

Aaberge, R., Atkinson, A. B., 2010. Top incomes in Norway. In: Atkinson, A. B., Piketty, T. (Eds.), Top Incomes over the Twentieth Century: A Global Perspective. Oxford University Press, Oxford.

Acemoglu, D., Autor, D. H., 2012. What does human capital do? A review of Goldin and Katz's race between education and technology. J. Econ. Lit. 50 (2), 426-463.

Acemoglu, D., Autor, D. H., 2013. Skills, tasks and technologies: implications for employment and earnings. In: Ashenfelter, O., Card, D. E. (Eds.), Handbook of Labor Economics, vol. 4. North-Holland, Amsterdam.

Acemoglu, D., Johnson, S., Robinson, J. A., 2005. Institutions as the fundamental cause of long-run growth. In: Aghion, P., Durlauf, S. (Eds.), Handbook of Economic Growth. North-Holland, Amsterdam.

Acemoglu, D., Naidu, S., Restrepo, P., Robinson, J. A., 2013. Democracy, redistribution and inequality. In: Atkinson, A. B., Bourguinon, F. (Eds.), Handbook of Income Distribution. In: vol. 2. North-Holland, Amsterdam.

Adelman, I., Taft Morris, C., 1973. Economic Growth and Social Equity in Developing Countries. Stanford University Press, Stanford.

Agarwal, S., Wang, F. H., 2009. Perverse incentives at the banks? Evidence from a natural experiment. Working Paper Series WP-09-08, Federal Reserve Bank of Chicago.

Aghion, P., Caroli, E., Garcia-Penalosa, C., 1999. Inequality and economic growth: the perspective of the new growth theories. J. Econ. Lit. 37 (4), 1615-1660.

Akerlof, G. A., 1980. A theory of social custom, of which unemployment may be one consequence. Q. J. Econ. 94 (4), 749-775.

Alvaredo, F., 2010. The rich in Argentina over the twentieth century: 1932-2004. In: Atkinson, A. B., Piketty, T. (Eds.), Top Incomes: A Global Perspective, vol. 2. Oxford University Press, Oxford.

Alvaredo, F., Atkinson, A. B., 2011. Colonial rule, apartheid and natural resources: top incomes in South Africa, 1903-2007. CEPR Working Paper No. 8155, Centre for Economic Policy Research, London.

Alvaredo, F., Gasparini, L., 2014. Post-1970 trends in inequality and poverty in developing and emerging countries. In: Atkinson, A. B., Bourguinon, F. (Eds.), Handbook of Income Distribution. In: vol. 2. North-Holland, Amsterdam.

Alvaredo, F., Pisano, E., 2010. Top incomes in Italy, 1974-2004. In: Atkinson, A. B., Piketty, T. (Eds.), Top Incomes: A Global Perspective, vol. 2. Oxford University Press, Oxford.

Alvaredo, F., Saez, E., 2009. Income and wealth concentration in Spain from a historical and fiscal perspective. J. Eur. Econ. Assoc. 7 (5), 1140-1167.

Alvaredo, F., Vélez, L. J., 2013. High incomes and personal taxation in a developing economy: Colombia 1993-2010: CEQ Working Paper No. 12, Commitment to Equity.

Alvaredo, F., Sandholt Jensen, P., Sharp, P., 2013. Inheritance and Wealth in Denmark. Mimeo.

Andreoni, J., Erard, B., Feinstein, J., 1998. Tax compliance. J. Econ. Lit. 36 (2), 818-860.

Armour, P., Burkhauser, R. V., Larrimore, J., 2013. Deconstructing income inequality measures: a crosswalk from market income to comprehensive income. Am. Econ. Rev. Papers Proc. 103 (3), 173-177.

Atkinson, A. B., 1997. Bringing income distribution in from the cold. Econ. J. 107 (441), 297-321.

Atkinson, A. B., 1999. Is Rising Income Inequality Inevitable? A Critique of the Transatlantic Consensus WIDER Annual Lecture, vol 3. UNU-WIDER.

Atkinson, A. B., 2005. Top incomes in the UK over the 20th century. J. Roy. Stat. Soc. A Stat. Soc. 168 (2), 325-343.

Atkinson, A. B., 2007a. Methodological issues. In: Atkinson, A. B., Piketty, T. (Eds.), Top Incomes over the Twentieth Century: A Contrast Between European and English-Speaking Countries. Oxford University Press, Oxford.

Atkinson, A. B., 2007b. The distribution of top incomes in the United Kingdom, 1908-2000. In: Atkinson, A. B., Piketty, T. (Eds.), Top Incomes over the Twentieth Century: A Contrast Between Continental European and English-Speaking Countries. Oxford University Press, Oxford.

Atkinson, A. B., 2008a. The Changing Distribution of Earnings in OECD Countries Oxford and New York. Oxford University Press, Oxford.

Atkinson, A. B., 2008b. Concentration among the rich. In: Davies, J. B. (Ed.), Personal Wealth from a Global Perspective. Oxford University Press, Oxford.

Atkinson, A. B., 2010. Top incomes in a rapidly growing economy: Singapore. In: Atkinson, A. B., Piketty, T. (Eds.), Top Incomes: A Global Perspective, vol. 2. Oxford University Press, Oxford.

Atkinson, A. B., 2011. Income Distribution and Taxation in Mauritius: A Seventy-five Year History of Top Incomes. Mimeo.

Atkinson, A. B., Brandolini, A., 2001. Promise and pitfalls in the use of 'Secondary' data-sets: income inequality in OECD countries as a case study. J. Econ. Lit. 39, 771-799.

Atkinson, A. B., Brandolini, A., 2006. The panel-of-countries approach to explaining income inequality: an interdisciplinary research agenda. In: Morgan, S. L., Grusky, D. B., Fields, G. S. (Eds.), Mobility and Inequality: Frontiers of Research in Sociology and Economics. Stanford University Press, Stanford.

Atkinson, A. B., Harrison, A., 1978. The Distribution of Personal Wealth in Britain. Cambridge University Press, Cambridge.

Atkinson, A. B., Leigh, A., 2007a. The distribution of top incomes in Australia. In: Atkinson, A. B., Piketty, T. (Eds.), Top Incomes over the Twentieth Century: A Contrast Between European and English-Speaking Countries. Oxford University Press, Oxford.

Atkinson, A. B., Leigh, A., 2007b. The distribution of top incomes in New Zealand. In: Atkinson, A. B., Piketty, T. (Eds.), Top Incomes over the Twentieth Century: A Contrast Between European and English-Speaking Countries. Oxford University Press, Oxford.

Atkinson, A. B., Leigh, A., 2013. The distribution of top incomes in five Anglo-Saxon countries over the long run. Econ. Rec. 89 (Suppl. S1), 31-47.

Atkinson, A. B., Morelli, S., 2011. Economic Crises and Inequality. Human Development Reports Research Paper 2011/06. UNDP.

Atkinson, A. B., Piketty, T. (Eds.), 2007. Top Incomes over the Twentieth Century: A Contrast Between European and English-Speaking Countries. Oxford University Press, Oxford.

Atkinson, A. B., Piketty, T. (Eds.), 2010. Top Incomes: A Global Perspective. Oxford University Press, Oxford.

Atkinson, A. B., Salverda, W., 2005. Top incomes in the Netherlands and the United Kingdom over the 20th century. J. Eur. Econ. Assoc. 3 (4), 883-913.

Atkinson, A. B., Søgaard, J., 2013. The long-run history of income inequality in Denmark: top incomes from 1870 to 2010, EPRU Working Paper 2013-01.

Atkinson, A. B., Gordon, J. P. F., Harrison, A., 1989. Trends in the shares of top wealth-holders in Britain: 1923-1989. Oxf. Bull. Econ. Stat. 51 (3), 315-332.

Atkinson, A. B. , Piketty, T. , Saez, E. , 2010. Top Incomes in the Long Run of History. In: Atkinson, A. B. , Piketty, T. (Eds.), Top Incomes: A Global Perspective, vol. II. Oxford University Press, Oxford.

Atkinson, A. B. , Piketty, T. , Saez, E. , 2011. Top incomes in the long run of history. J. Econ. Lit. 49 (1), 3-71.

Auerbach, A. J. , 1989. Capital gains taxation and tax reform. Natl. Tax J. 42, 391-401.

Autor, D. , Katz, L. F. , Kearney, M. , 2006. The polarization of the U. S. labor market. Am. Econ. Rev. Papers Proc. 96 (2), 189-194.

Banerjee, A. , Piketty, T. , 2009. Top Indian incomes, 1922-2000. In: Atkinson, A. B. , Piketty, T. (Eds.), Top Incomes: A Global Perspective. In: vol. 2. Oxford University Press, Oxford.

Baumol, W. , 1959. Business Behavior, Value and Growth. Macmillan, New York, 1959.

Bebchuck, L. A. , Spamann, H. , 2010. Regulating bankers' pay. Georgetown Law J. 98 (2), 247-287.

Bebchuk, L. A. , Fried, J. , 2004. Pay Without Performance: The Unfulfilled Promise of Executive Compensation. Harvard University Press, Cambridge.

Beck, T. , Demirgüç-Kunt, A. , Levine, R. , 2007. Finance, inequality and the poor. J. Econ. Growth 12 (1), 27-49.

Bell, B. , van Reenen, J. , 2010. Bankers' pay and extreme wage inequality in the UK. CEP Special Report.

Bengtsson, T. , van Poppel, F. , 2011. Socioeconomic inequalities in death from past to present: an introduction. Explor. Econ. Hist. 48, 343-356.

Bengtsson, N. , Holmlund, B. , Waldenström, D. , 2012. Lifetime versus annual tax progressivity: Sweden, 1968-2009. UCFS Working Paper, Uppsala University.

Benhabib, J. , Bisin, A. , 2007. The distribution of wealth and redistributive policies, Meeting Papers 368, Society for Economic Dynamics.

Bentzel, R. , 1953. Inkomstfördelningen i Sverige. Almqvist & Wiksell, Uppsala.

Bentzen, J. , Schmidt-Sørensen, J. B. , 1994. Wealth distribution and mobility in Denmark: a longitudinal study. CLS Working Paper 4, Aarhus School of Business, Aarhus.

Berg, L. , 1983. Konsumtion och sparande—en studie av hushallens beteende. Ph. D. Dissertation, Department of Economics, Uppsala University.

Bertrand, M. , Mullainathan, S. , 2001. Are CEOs rewarded for luck? The ones without principals are. Q. J. Econ. 116 (3), 901-932.

Besley, T. , Persson, T. , 2009. The origins of state capacity: property rights, taxation, and policy. Am. Econ. Rev. 99, 1218-1244.

Besley, T. , Persson, T. , 2013. Taxation and development. In: Auerbach, A. , Chetty, R. ,

Feldstein, M. , Saez, E. (Eds.), Handbook of Public Economics. North-Holland, Amsterdam.

Bjerke, K. , 1956. Changes in Danish income distribution 1939-52. Income Wealth IV, 98-154.

Björklund, A. , 1998. Income distribution in Sweden: what is the achievement of the welfare state? Swed. Econ. Policy Rev. 5, 39-80.

Björklund, A. , Jäntti, M. , Lindquist, M. J. , 2009. Family background and income during the rise of the welfare state: brother correlations in income for Swedish men born 1932-1968. J. Public Econ. 93 (5-6), 671-680.

Björklund, A. , Roine, J. , Waldenström, D. , 2012. Intergenerational top income mobility in Sweden: capitalist dynasties in the land of equal opportunity? J. Publ. Econ. 96 (5-6), 474-484.

Bohlin, J. , Lundh, C. , Prado, S. , 2011. Marketsor politics? The Swedish urban-rural wage gap, 1865-1945. Unpublished manuscript, Gothenburg University.

Bordo, M. D. , Meissner, C. H. , 2012. Does inequality lead to a financial crisis?. NBER Working Paper 17896, National Bureau of Economic Research.

Bordo, M. D. , Eichengreen, B. , Klingebiel, D. , Soledad Martinez-Peria, M. , 2001. Is the crisis problem growing more severe? Econ. Policy 16 (32), 51-82.

Borgerhoff Mulder, M. , Bowles, S. , Hertz, T. , Bell, A. , Beise, J. , Clark, G. , Fazzio, I. , Gurven, M. , Hill, K. , Hooper, P. , Irons, W. , Kaplan, H. , Leonetti, D. L. , Marlowe, F. , Naidu, S. , Nolin, D. , Piraino, P. , Quinlan, R. J. , Sear, R. , Shenk, P. , Smith, E. A. , Wiessner, P. , 2009. The intergenerational transmission of wealth and the dynamics of inequality in pre-modern societies. Science 326, 682-688.

Bourguignon, F. , 1981. Pareto superiority of unegalitarian equilibria in Stiglitz'model of wealth distribution with convex saving function. Econometrica 49 (6), 1469-1475.

Bowley, A. L. , 1914. The British super-tax and the distribution of income. Q. J. Econ. 28 (2), 255-268.

Brenner, Y. , Kaelble, H. , Thomas, M. (Eds.), 1991. Income Distribution in Historical Perspective. Cambridge University Press, Cambridge.

Burkhauser, R. V. , Feng, S. , Jenkins, S. , Larrimore, J. , 2012. Recent trends in top income shares in the USA: reconciling estimates from March CPS and IRS tax return data. Rev. Econ. Stat. 94 (2), 371-388.

Burkhauser, R. V. , Hahn, M. , Wilkins, R. , 2013. Measuring top incomesusing tax record data: a cautionary tale from Australia. NBER Working Paper No. 19121.

Cahuc, P. , Challe, E. , 2009. Produce or speculate? Asset bubbles, occupational choice and efficiency. IZA Discussion Paper 4630.

Caselli, F. , 1999. Technological revolutions. Am. Econ. Rev. 89 (1), 78-102.

Christensen, H. M. , 2003. Skatteberegningsreglerne gennem 100 ar. Skatteministeriet,

Copenhagen.

Clark, G., 2008. A Farewell to Alms. A Brief History of the World. Princeton University Press, Princeton, NJ.

Coghlan, T., 1906. Discussion. J. Roy. Stat. Soc. 69, 735-736.

Comin, D., Mestieri, M., 2013. If technology has arrived everywhere, why has income diverged?. NBER Working Papers 19010, National Bureau of Economic Research.

Cowell, F., 2011. Measuring inequality. Oxford University Press, Oxford.

Cowell, F., 2013. UK wealth inequality in an international context. In: Hills, J. (Ed.), Wealth in the UK. Oxford University Press, Oxford.

Crum, W. L., 1935. Individual shares in the national income. Rev. Econ. Stat. 17 (6), 116-130.

Davies, J. B., Shorrocks, A. F., 2000. The distribution of wealth. In: Atkinson, A. B., Bourguignon, F. (Eds.), Handbook of Income Distribution, vol. 1. North-Holland, Amsterdam.

De Long, J. B., 1996. Billionaires. www.j-bradford-delong.net/ Econ$_{Articles}$/ billionaires.html (accessed 10.07.06).

Dell, F., 2007. Top incomes in Germany throughout the twentieth century. In: Atkinson, A. B., Piketty, T. (Eds.), Top Incomes over the Twentieth Century: A Contrast Between European and English-Speaking Countries. Oxford University Press, Oxford.

Dell, F., Piketty, T., Saez, E., 2007. Income and wealth concentration in Switzerland over the twentieth century. In: Atkinson, A. B., Piketty, T. (Eds.), Top Incomes over the Twentieth Century: A Contrast Between European and English-Speaking Countries. Oxford University Press, Oxford.

Dew-Becker, I., Gordon, R. J., 2005. Where did the productivity growth go? Inflation dynamics and the distribution of income. Brooking Papers Econ. Act. 2, 67-127.

Edlund, L., Kopczuk, W., 2009. Women, wealth and mobility. Am. Econ. Rev. 99 (1), 146-178.

Eloranta, J., García-Iglesias, C., Jalava, J., Ojala, J., 2006. On the road to prosperity: an introduction. In: Ojala, J., Eloranta, J., Jalava, J. (Eds.), On the Road to Prosperity. An Economic History of Finland. SKS, Helsinki.

Epland, J., Kirkeberg, M. I., 2012. Wealth distribution in Norway: evidence from a new register-based data. Statistics Norway, Report 35/ 2012.

Esping-Andersen, G., 1990. The Three Worlds of Welfare Capitalism. Princeton University Press, Princeton, NJ.

Fahlenbrach, R., Stulz, R., 2009. Bank CEO incentives and the credit crisis. J. Financ. Econ. 99 (1), 11-26.

Feenberg, D. R., Poterba, J. M., 1993. Income inequality and the incomes of very high-income taxpayers: evidence from tax returns. In: Poterba, J. M. (Ed.), Tax Policy and the Economy, vol. 7. MIT Press, Cambridge and London, pp. 145-177.

Feldstein, M., 1976. Social security and the distribution of wealth. J. Am. Stat. Assoc. 71, 800-807.

Finansdepartementet, 1879. Sammandrag öfver stämpelafgifterna för lagfarter, inteckningar, äktenskapsförord, morgongåfvobref och afhandlingar om lösöresköp under år 1877 samt för bouppteckningar under åren 1873-1877. Finansdepartementet, Stockholm.

Finansdepartementet, 1910. Bouppteckningar efter aflidna, inregistrerade vid vederbörande domstolar åren 1906-1908. Finansdepartementet, Stockholm.

Frank, R., Cook, P. J., 1995. The Winner-Take-All Society: How More and More Americans Compete for Ever Fewer and Bigger Prizes, Encouraging Economic Waste, Income Inequality, and an Impoverished Cultural Life. Free Press, New York.

Frankel, S. H., Herzfeld, H., 1943. European income distribution in the Union of South Africa and the effect thereon of income taxation. S. Afr. J. Econ. 11 (2), 121-136.

Freeman, R., 2011. Globalization and inequality. In: Salverda, W., Nolan, B., Smeeding, T. M. (Eds.), The Oxford Handbook on Economic Inequality. Oxford University Press, Oxford.

Freeman, R., Gelber, A. M., 2010. Prize structure and information in tournaments: experimental evidence. Am. Econ. J. 2 (1), 149-164.

Frick, J., Grabka, M., 2013. Public pension entitlement and the distribution of wealth. In: Gornick, J. C., Jäntti, M. (Eds.), Income Inequality. Economic Disparities and the Middle Class in Affluent Countries. Stanford University Press, Stanford.

Friedman, E., Johnson, S., Kaufman, D., Zoido-Lobaton, P., 2000. Dodging the grabbing hand: the determinants of unofficial activity in 69 countries. J. Public Econ. 76 (3), 459-493.

Friesen, S. J., Scheidel, W., 2009. The Size of the Economy and the Distribution of Income in the Roman Empire.

Frydman, C., Saks, R. E., 2007. Executive compensation: a new view from a long-term perspective, 1936-2005. Rev. Financ. Stud. 23 (5), 2099-2138.

Gabaix, X., Landier, A., 2008. Why has CEO pay increased so much? Q. J. Econ. 123 (1), 49-100.

Gale, W. G., 1998. The effects of pensions on household wealth: a reevaluation of theory and evidence. J. Polit. Econ. 106 (4), 706-723.

Gersbach, H., Schmutzler, A., 2007. Does globalization create superstars?. CEPR Discussion Papers 6222, Centre for Economic Policy Research, London.

Goldin, C., Katz, L., 1998. The origins of technology-skill complementarity. Q. J. Econ. 113 (3), 693-732.

Goldin, C., Katz, L. F., 2008. The Race Between Education and Technology. The Belknap

Press of Harvard University Press, Cambridge, MA.

Grossman, G. M., Rossi-Hansberg, E., 2008. Trading tasks: a simple theory of offshoring. Am. Econ. Rev. 98 (5), 1978-1997.

Haig, R. M., 1921. The Federal Income Tax. Columbia University Press, New York.

Hoffman, P. T., Postel-Vinay, G., Rosenthal, J.-L., 2007. Surviving Large Losses: Financial Crises, the Middle Class, and the Development of Capital Markets. Harvard University Press, Cambridge, MA.

Inland Revenue Statistics, 2006. Distribution among the adult population of marketable wealth. http://www.hmrc.gov.uk/stats/personal_wealth/table13_5.xls (accessed 22.06.06).

Jansson, K., Johansson, L., 2000. Förmögenhetsfördelningen i Sverige 1997 med tillbakablick till 1975. Statistics Sweden, Stockholm.

Jenkins, S., Brandolini, A., Micklewright, J., Nolan, B., 2013. The Great Recession and the Distribution of Household Income. Oxford University Press, Oxford.

Jäntti, M., 2006. Trends in the distribution of income and wealth: Finland 1987-1998. In: Wolff, E. N. (Ed.), International Perspectives on Household Wealth. Edward Elgar, Northampton.

Jäntti, M., Riihela, M., Sullstrom, R., Tuomala, M., 2010. Trends in top income shares in Finland. In: Atkinson, A. B., Piketty, T. (Eds.), Top Incomes: A Global Perspective, vol. 2. Oxford University Press, Oxford.

Johannessen, N., Zucman, G., 2014. The end of bank secrecy? an evaluation of the G20 tax haven crack-down. Am. Econ. J. Econ. Pol. 6 (1), 65-69.

Johansson, F., Klevmarken, A. N., 2007. Comparing survey and register wealth data. In: Essayson Measurement Error and Nonresponse. Uppsala University Economic Studies 103, Uppsala University, Uppsala.

Johnson, N. O., 1935. The brookings report on inequality in income distribution. Q. J. Econ. 49 (4), 718-724.

Johnson, N. O., 1937. The pareto law. Rev. Econ. Stat. 19, 20-26.

Jones, A. H., 1970. Wealth estimates for the American middle colonies, 1774. Econ. Dev. Cult. Change (4), Part 2, pp. i-x+ 1-172.

Jones, A. H., 1972. Wealth estimates for the New England colonies about 1770. J. Econ. Hist. 32, 98-127.

Jones, A. H., 1980. Wealth of a Nation to Be: The American Colonies on the Eve of the American Revolution. Columbia University Press, New York. Journal of Roman Studies, 99, 61-91.

Jutikkala, E., 1953. The distribution of wealth in Finland in 1800. Scand. Econ. Hist. Rev. 1 (1), 81-103.

Kanbur, R., 2000. Income distribution and development. In: Atkinson, A. B., Bourguignon, F. (Eds.), Handbook of Income Distribution, vol. 1. North-Holland, Amsterdam.

Kaplan, S., Rauh, J., 2010. Wall street and main street: what contributes to the rise in the highest incomes? Rev. Financ. Stud. 23 (3), 1004-1050.

Katic, P., Leigh, A., 2013. Top wealth shares in Australia 1915-2012. Working Paper, International Water Management Institute.

Katz, L., Autor, D., 1999. Changes in the wage structure and earnings inequality. In: Ashenfelter, O., Card, D. (Eds.), Handbook of Labor Economics, vol. 3. North-Holland, Amsterdam.

Katz, L., Murphy, K., 1992. Changes in relative wages: supply and demand factors. Q. J. Econ. 107, 35-78.

Kennickell, A., 2009. Ponds and Streams: Wealth and Income in the U. S., 1989 to 2007. Finance and Economics Discussion Series 2009-2013, Board of Governors of the Federal Reserve System (U. S.), Washington, D. C.

Kennickell, A., 2011. Tossed and Turned: Wealth Dynamics of U. S. Households 2007-2009. Finance and Economics Discussion Series 2011-51, Board of Governors of the Federal Reserve System (U. S.), Washington, D. C.

Kiær, A. N., 1917. Indtaegts-og formuesforhold efter skatteligningerne for 1913/14 sammenignet med tidli-gere og senere aar. Departementet for Sociale Saker, Kristiania.

Kopczuk, W., Saez, E., 2004. Top wealth shares in the United States, 1916-2000: evidence from estate tax returns. Natl. Tax J. 57 (2), 445-487.

Kopczuk, W., Saez, E., Song, J., 2007. The American Dream: Inequality and Mobility in Social Security Earnings Data Since 1937, NBER Working Paper No. 13345. National Bureau of Economic Research.

Kopczuk, W., Saez, E., Song, J., 2010. Earnings inequality and mobility in the United States: evidence from social security data since 1937. Q. J. Econ. 125 (1), 91-128.

Kuznets, S., 1953. Shares of Upper Income Groups in Income and Savings. National Bureau of Economic Research, Cambridge, Mass.

Kuznets, S., 1955. Economic growth and income inequality. Am. Econ. Rev. 45 (1), 1-28.

Kuznets, S., 1963. Quantitative aspects of the economic growth of nations: VIII. Distribution of income by size. Econ. Dev. Cult. Change 11 (2, part 2), 1-80.

Laeven, L., Valencia, F., 2008. Systemic banking crises: a new database. IMF Working Paper No. 08/ 224.

Lampman, R. J., 1962. The Share of Top Wealth-Holders in National Wealth: 1922-56. Princeton University Press, Princeton, NJ.

Lane, P. R. , Milesi-Feretti, G. M. , 2001. The external wealth of nations: measures of foreign assets and liabilities for industrial and developing countries. J. Int. Econ. 55, 263-294.

Lane, P. R. , Milesi-Feretti, G. M. , 2007. The external wealth of nations mark II. J. Int. Econ. 73, 223-250.

Lavindkomstkommissionen, 1979. Udviklingen i formuefordelingen 1960-1977. Delrapport 2, Lavind komstkommissionen, København.

Lazear, E. P. , Rosen, S. , 1981. Rank-order tournaments as optimum labor contracts. J. Polit. Econ. 89, 841-864.

Leamer, E. E. , 2007. A flat world, a level playing field, a small world after all, or none of the above? A review of Thomas L Friedman's the World is flat. J. Econ. Lit. 45 (1), 83-126.

Leigh, A. , 2005. Deriving long-run inequality series from tax data. Econ. Rec. 81 (255), 58-70.

Leigh, A. , 2007. How closely do top income shares track other measures of inequality? Econ. J. 117 (524), F619-F633.

Leigh, A. , 2009. Top incomes. In: Salverda, W. , Nolan, B. , Smeeding, T. (Eds.), The Oxford Handbook of Economic Inequality. Oxford University Press, Oxford.

Leigh, A. , van der Eng, P. , 2009. Top incomes in Indonesia: 1920-2004. In: Atkinson, A. B. , Piketty, T. (Eds.), Top Incomes: A Global Perspective, vol. 2. Oxford University Press, Oxford.

Leigh, A. , Jencks, C. , Smeeding, T. M. , 2011. Health and economic inequality. In: Nolan, B. , Salverda, W. , Smeeding, T. M. (Eds.), The Oxford Handbook of Economic Inequality. Oxford University Press, Oxford.

Levy, P. , Temin, P. , 2007. Inequality and institutions in 20th century America. NBER Working Paper No. 13106.

Lindahl, M. , Palme, M. , Sandgren-Massih, S. , Sjögren, A. , 2012. Dynastic capital and long-term intergenerational persistence of earnings and educational attainment. Working Paper, Uppsala University.

Lindert, P. H. , 1986. Unequal English wealth since 1670. J. Polit. Econ. 94 (6), 1127-1162.

Lindert, P. H. , 2000. Three centuries of inequality in Britain and America. In: Atkinson, A. B. , Bourguignon, F. (Eds.), Handbook of Income Distribution, vol. 1. North-Holland, Amsterdam.

Lindert, P. , Williamson, J. G. , 2003. Does globalization make the world more unequal? In: Bordo, M. , Taylor, A. , Williamson, J. G. (Eds.), Globalization in Historical Perspective. University of Chicago Press and National Bureau of Economic Research.

Lindert, P. H. , Williamson, J. G. , 2014. American incomes since the seventeenth century:

gaining world leadership and losing equality. Princeton University Press, Princeton, NJ.

Ljungberg, J., 2006. The secular decline of professional relative earnings in Sweden. Evidence and explanation. Unpublished manuscript, Lund University.

LO, 2013. Makteliten—klyftorna bestar. En studie av inkomstutvecklingen för makteliten perioden 1950 till 2011. Landsorganisationen, Stockholm.

Long, J., Ferrie, J., 2007. The path to convergence: intergenerational occupational mobility in Britain and the US in three eras. Econ. J. 117, C61-C71.

Lydall, H., 1968. The Structure of Earnings. Oxford University Press, London.

Mallet, B., 1908. A method of estimating capital wealth from the estate duty statistics. J. Roy. Stat. Soc. 71, 65-84.

Manasse, P., Turrini, A., 2001. Trade, wages, and 'superstars'. J. Int. Econ. 54 (1), 97-117.

Marshall, A., 1920. Principles of Economics, eighth ed. Macmillan, London.

Mayer, T., 1960. Distribution of ability and earnings. Rev. Econ. Stat. 42 (2), 189-195.

Meade, J. E., 1964. Efficiency, Equality, and the Ownership of Property. Allen and Unwin, London.

Melitz, M. J., 2003. The impact of trade on intra-industry reallocations and aggregate industry productivity. Econometrica 71 (6), 1695-1725.

Melitz, M. J., Ottaviano, G., 2008. Market size, trade, and productivity. Rev. Econ. Stud. 75, 295-316.

Milanovic, B., 2006. An estimate of average income and inequality in Byzantium around year 1000. Rev. Income Wealth 52 (3), 449-470.

Milanovic, B., 2013. The Inequality Possibility Frontier: The Extensions and New Applications. Mimeo, World Bank.

Milanovic, B., Lindert, P., Williamson, J. G., 2011. Pre-industrial inequality. Econ. J. 121, 255-272.

Moehling, C. M., Steckel, R., 2001. Rising inequality: trends in the distribution of wealth in industrializing New England. J. Econ. Hist. 61 (1), 160-183.

Mohn, J. R., 1873. Statistiske bidrag til belysning af privatformuens fordeling i Norge. Norsk Retstidende 1-2, 1-32.

Mokyr, J., 1990. The Lever of Riches: Technological Creativity and Economic Progress. Oxford University Press, Oxford.

Moriguchi, C., Saez, E., 2008. The evolution of income concentration in Japan, 1885-2002: evidence from income tax statistics. Rev. Econ. Stat. 90, 713-734.

Morrisson, C., 2000. Historical perspectiveson income distribution: the case of Europe. In: Atkinson, A. B., Bourguignon, F. (Eds.), Handbook of Income Distribution, vol 1. Elsevier,

North-Holland, Amsterdam, pp. 217-260.

Murphy, K. J. , 1999. Executive compensation. In: Ashenfelter, O. , Card, D. (Eds.), Handbook of Labor Economics, vol. 3. North-Holland, Amsterdam.

Nolan, B. , 2007. Long term trends in top income shares in Ireland. In: Atkinson, A. B. , Piketty, T. (Eds.), Top Incomes over the Twentieth Century: A Contrast Between European and English-Speaking Countries. Oxford University Press, Oxford.

Office for National Statistics, 2011. The Effects of Taxes and Benefits on Household Income, 2009/10. Further Analysis and Methodology. Office for National Statistics, London, UK.

Ohlsson, H. , Roine, J. , Waldenström, D. , 2008. Long-run changes in the concentration of wealth: an over-view of recent findings. In: Davies, J. B. (Ed.), Personal Wealth from a Global Perspective. Oxford University Press, Oxford.

O'Rourke, K. H. , Williamson, J. G. , 1999. Globalization and History. The Evolution of the 19th Century Atlantic Economy. MIT Press, Cambridge, MA.

O'Rourke, K. H. , Taylor, A. , Williamson, J. G. , 1996. Factor price convergence in the late nineteenth century. Int. Econ. Rev. 37, 499-530.

Pareto, V. , 1897. Cours d'economie politique, vol. ii, F. Rouge, Lausanne.

Paukert, F. , 1973. Income distribution at different levels of development: a survey of evidence. Int. Lab. Rev. 108, 97-125.

Persson, M. , Sandmo, A. , 2005. Taxation and tournaments. J. Public Econ. Theory 7 (4), 543-559.

Phelps Brown, H. , 1977. The Inequality of Pay. University of California Press, Berkeley.

Phillippon, T. , Reshef, A. , 2012. Wages and human capital in the U. S. financial industry: 1909-2006. Q. J. Econ. 127 (4), 1551-1609.

Piketty, T. , 2000. Theories of persistent inequality and intergenerational mobility. In: Atkinson, A. B. , Bourguignon, F. (Eds.), Handbook of Income Distribution, vol. 1. North-Holland, Amsterdam.

Piketty, T. , 2001a. Les hauts revenus en France au 20ème siècle. Grasset, Paris.

Piketty, T. , 2001b. Income inequality in France, 1900-1998. CEPR Discussion Paper No. 2876, Centre for Economic Policy Research, London.

Piketty, T. , 2003. Income inequality in France, 1901-1998. J. Polit. Econ. 111 (5), 1004-1042.

Piketty, T. , 2005. Top income shares in the long run: an overview. J. Eur. Econ. Assoc. 3 (2-3), 1-11.

Piketty, T. , 2006. The Kuznets' curve, yesterday and tomorrow. In: Banerjee, A. , Benabou, R. , Mookerhee, D. (Eds.), Understanding Poverty. Oxford University Press, Oxford.

Piketty, T. , 2007. Income inequality in France, 1900-1998. In: Atkinson, A. B. , Piketty,

T. (Eds.), Top Incomes over the Twentieth Century: A Contrast Between European and English-Speaking Countries. Oxford University Press, Oxford.

Piketty, T., 2011. On the long-run evolution of inheritance: France 1820-2050. Q. J. Econ. 126 (3), 1071-1131.

Piketty, T., 2014. Capital in the 21st Century. Harvard University Press, Cambridge, MA.

Piketty, T., Qian, N., 2009. Income inequality and progressive income taxation in China and India, 1986-2015. Am. Econ. J. Appl. Econ. 1 (2), 53-63.

Piketty, T., Saez, E., 2003. Income inequality in the United States, 1913-1998. Q. J. Econ. 118 (1), 1-39.

Piketty, T., Saez, E., 2006. The evolution of top incomes: a historical and international perspective. Am. Econ. Rev. Papers Proc. 96 (2), 200-205.

Piketty, T., Saez, E., 2007. How progressive is the U.S. federal tax system? A historical and international perspective. J. Econ. Perspect. 21 (1), 3-24.

Piketty, T., Saez, E., 2013a. Optimal labor income taxation. In: Handbook of Public Economics. vol. 5. North-Holland, Amsterdam.

Piketty, T., Saez, E., 2013b. A theory of optimal inheritance taxation. Econometrica 81 (5), 1851-1886.

Piketty, T., Zucman, G., 2013. Capital is back: wealth-income ratios in rich countries, 1700-2010. Working PaperParis, School of Economics.

Piketty, T., Zucman, G., 2014. Capital is back: wealth-income ratios in rich countries, 1700-2010. Q. J. Econ. 129 (3), 1255-1310.

Piketty, T., Postel-Vinay, G., Rosenthal, J.-L., 2004. Wealth concentration in a developing economy: Paris and France, 1807-1994. CEPR Working Paper 4631 Centre for Economic Policy Research, London.

Piketty, T., Postel-Vinay, G., Rosenthal, J.-L., 2006. Wealth concentration in a developing economy: Paris and France, 1807-1994. Am. Econ. Rev. 96 (1), 236-256.

Piketty, T., Saez, E., Stantcheva, S., 2013. Optimal taxation of top incomes: a tale of three elasticities. Am. Econ. J. Econ. Pol. 6 (1), 230-271.

Poterba, J. M., Feenberg, D. R., 2000. The income and tax share of very high-income households, 1960-1995. Am. Econ. Rev. 90 (2), 264-270.

Reich, R., 2010. Aftershock. The Next Economy and America's Future. Alfred A. Knopf.

Roine, J., Waldenström, D., 2008. The evolution of top incomes in an egalitarian society: Sweden, 1903-2004. J. Public Econ. 92, 366-387.

Roine, J., Waldenström, D., 2009. Wealth concentration over the path of development: Sweden, 1873-2006. Scand. J. Econ. 111 (1), 151-187.

Roine, J., Waldenström, D., 2010. Top incomes in Sweden over the twentieth century. In:

Atkinson, A. B. , Piketty, T. （Eds. ）, Top Incomes： A Global Perspective, vol. 2. Oxford University Press, Oxford.

Roine, J. , Waldenström, D. , 2011. Common trendsand shocks to top incomes： a structural breaks approach. Rev. Econ. Stat. 93 （3）, 832-846.

Roine, J. , Waldenström, D. , 2012. On the role of capital gains in Swedish income inequality. Rev. Income Wealth 58 （3）, 569-587.

Roine, J. , Vlachos, J. , Waldenström, D. , 2009. The long-run determinants of inequality： what can we learn from top income data? J. Public Econ. 93 （7-8）, 974-988.

Rosen, S. , 1981. The economics of superstars. Am. Econ. Rev. 71 （5）, 845-858.

Rosenbloom, J. L. , Stutes, G. W. , 2008. Reexamining the distribution of wealth in 1870. In： Rosenbloom, J. L. （Ed. ）, Quantitative Economic History： The Good of Counting. Routledge, London.

Saez, E. , 2004. Reported incomes and marginal tax rates, 1960-2000： evidence and policy implications. In： Poterba, J. （Ed. ）, Tax Policy and the Economy. In： vol. 18. MIT Press, Cambridge, MA.

Saez, E. , Veall, M. R. , 2005. The evolution of high incomes in Northern America： lessons from Canadian evidence. Am. Econ. Rev. 95, 831-849.

Saez, E. , Slemrod, J. , Giertz, E. , 2012. The elasticity of taxable income with respect to marginal tax rates： a critical review. J. Econ. Lit. 50, 3-50.

Salverda, W. , 7, A. B. , 2007. Top incomes in the Netherlands over the twentieth century. In： Atkinson, A. B. , Piketty, T. （Eds. ）, Top Incomes Over the Twentieth Century： A Contrast Between Continental European and English-Speaking Countries. Oxford University Press, Oxford.

Salverda, W. , Haas, C. , de Graaf-Zijl, M. , Lancee, B. , Notten, N. , Ooms, T. , 2013. Country Report for the Netherlands： Growing Inequalities and Their Impacts in the Netherlands. GINI Project, Amsterdam.

Sattinger, M. , 1979. Differential rents and the distribution of earnings. Oxford Econ. Papers 31, 60-71.

Sattinger, M. , 1993. Assignment models of the distribution of earnings. J. Econ. Lit. 31, 831-880.

Scheve, K. F. , Stasavage, D. , 2009. Institutions, partisanship, and inequality in the long run. World Polit. 61 （2）, 215-253.

Scheve, K. F. , Stasavage, D. , 2010. The conscription of wealth： mass warfare and the demand for progressive taxation. Int. Org. 64 （3）, 529-561.

Scheve, K. F. , Stasavage, D. , 2012. Democracy, war, and wealth： evidence from two centuries of inheritance taxation. Am. Polit. Sci. Rev. 106 （1）, 82-102.

Seldon, A. , 1979. Tax Avoision： The Economic, Legal and Moral Inter-relationships Between

Avoidance and Evasion. Institute of Public Affairs, London.

Shammas, C., 1993. A new look at long-term trends in wealth inequality in the United States. Am. Hist. Rev. 98 (4), 412-432.

Simon, H. A., 1957. The compensation of executives. Sociometry 20 (I), 32-35.

Simons, H., 1938. Personal Income Taxation: The Definition of Income as a Problem of Fiscal Policy. University of Chicago Press, Chicago.

Slemrod, J., 1992. Why People Pay Taxes: Tax Compliance and Enforcement. University of Michigan Press, Ann Arbor.

Slemrod, J., 1996. High-income families and the tax changes of the 1980s: the anatomy of behavioral response. In: Feldstein, M., Poterba, J. (Eds.), Empirical Foundations of Household Taxation. University of Chicago Press and the National Bureau of Economic Research, pp. 169-188.

Slemrod, J., 2000. The economics of taxing the rich. In: Slemrod, J. (Ed.), Does Atlas Shrug? The Economic Consequences of Taxing the Rich. Russell Sage Foundation and Harvard University Press.

Slemrod, J., Yitzhaki, S., 2002. Tax avoidance, evasion, and administration. In: Auerbach, A. J., Feldstein, M. (Eds.), Handbook of Public Economics. In: vol. 3. North-Holland, Amsterdam.

Smeeding, T., Thompson, J., Morelli, S., 2014. Post-1970 trends in within-country inequality and poverty. In: Atkinson, A. B., Bourguignon, F. (Eds.), Handbook of Income Distribution. In: vol. 2. North-Holland, Amsterdam (Chapter 9).

Smith, J. D., 1984. Trends in the concentration of personal wealth in the United States, 1958 to 1976. Rev. Income Wealth 30 (4), 419-428.

Söderberg, J., 1991. Wage differentials in Sweden, 1725-1950. In: Brenner, Y. S., Kaelble, H., Mark, T. (Eds.), Income Distribution in Historical Perspective. Cambridge University Press, Cambridge.

Soltow, L., 1968. Long-run changes in British income inequality. Econ. Hist. Rev. 21 (1), 17-29.

Soltow, L., 1971. Economic inequality in the United States in the period from 1790 to 1860. J. Econ. Hist. 31, 822-839.

Soltow, L., 1980. Wealth distribution in Norway and Denmark in 1789. Hist. Tidsskr. 59, 221-235.

Soltow, L., 1981a. Wealth distribution in Finland in 1800. Scand. Econ. Hist. Rev. 27 (1), 21-32.

Soltow, L., 1981b. Wealth distribution in Denmark in 1789. Scand. Econ. Hist. Rev. 27 (2), 121-138.

Soltow, L. , 1981c. The distribution of property values in England and Wales in 1798. Econ. Hist. Rev. 34 (2), 60-70.

Soltow, L. , 1985. The Swedish census of wealth at the beginning of the 19th century. Scand. Econ. Hist. Rev. 33 (1), 1-24.

Soltow, L. , 1989. Distribution of Wealth and Income in the United States in 1798. University of Pittsburgh Press, Pittsburgh, PA.

Soltow, L. , 1998. Inequality of income and wealth at the beginning of the 19th century. In: Soltow, L. , van Zanden, J. L. (Eds.), Income & Wealth Inequality in the Netherlands 16th-20th Century. Het Spinhuis, Amsterdam.

Soltow, L. , van Zanden, J. L. , 1998. Income & Wealth Inequality in the Netherlands 16th-20th Century. Het Spinhuis, Amsterdam.

SOU, 1942. Förutsättningarna för och verkningarna av en engångsskatt å förmögenhet i Sverige. SOU 1942:52, Finansdepartementet, Stockholm.

SOU, 1957. Arvsbeskattning, betänkande av Arvsskattesakkunniga. SOU 1957: 48, Finansdepartementet, Stockholm.

SOU, 1969. Kapitalbeskattningen, betänkande av Kapitalskatteberedningen. SOU 1969:54, Norstedt, Stockholm.

SOU, 2004. Egendomsskatter: reform av arvs-och gåvoskatter. Slutbetänkande av Egendomsskattekommittén. SOU 2004:66, Fritzes, Stockholm.

Spånt, R. , 1979. Den svenska förmögenhetsfördelningens utveckling. SOU 1979:9, Fritzes, Stockholm.

Spånt, R. , 1982. The distribution of household wealth in some developed countries. A comparative study of Sweden, Denmark, France, Germany, United Kingdom and United States. In: Kessler, D. , Masson, A. , Strauss-Kahn, D. (Eds.), Accumulation et Répartition de Patrimoines. CNRS and Economica, Paris.

Stamp, J. C. , 1914. A new illustration of Pareto's law. J. Roy. Stat. Soc. 77, 200-204.

Stamp, J. C. , 1916. British Incomes and Property: The Application of Official Statistics to Economic Problems. P. S. King, London.

Statistics Denmark, 1995. Indkomster og Formuer 1995. Copenhagen.

Statistics Denmark, 1996. Indkomster og Formuer 1996. Copenhagen.

Statistics Finland, 1911. Bidrag till Finlands officiella statistik, IV. Förmögenhetsförhallanden. Kungliga senatens tryckeri, Helsingfors.

Statistics Finland, 2006. Tulo- ja varallisuustilasto 2004. Statistics Finland, Helsinki.

Statistics Finland, 2007. Kotitalouksien varallisuus 1988-2004. Statistics Finland, Helsinki.

Statistics Netherlands, 2010. Procesbeschrijving statistiek Vermogens huishoudens, Vermogensstatistiek. Centraal Bureau voor de Statistiek, Den Haag/ Heerlen.

Statistics Norway, 1915a. Indtaegs og formuesforhold efter skatteligningen 1911 i forbindelse med Folke-tællingen 1910, Kristiania.

Statistics Norway, 1915b. Indtaegt, formue og fordelingen av den kommunale skat ifølge skatteligningen for 1913-1914, Kristiania.

Statistics Norway, 1934. Folketellingen i Norge 1 desember 1930. 7 hefte. Inntekt og formue efter skatte-ligningen 1930-31, Oslo.

Statistics Norway (various years), Statistisk Årbok, Oslo.

Statistics Sweden, 1927. Folkräkningen den 31 december 1920. V. Yrkesräkningen, 2：yrke, inkomst och förmögenhet kombinerade inbördes samt med kön, civilstand och alder. P. A. Norstedt & Söner, Stockholm.

Statistics Sweden, 1937. Folkräkningen den 31 december 1930. VII. Folkmängden efter yrke, inkomst och förmögenhet：2 avd. P. A. Norstedt & Söner, Stockholm.

Statistics Sweden, 1938. Folkräkningen den 31 december 1930. VIII. Folkmängden efter yrke, inkomst och förmögenhet：3 avd. P. A. Norstedt & Söner, Stockholm.

Statistics Sweden, 1940. Särskilda folkräkningen 1935/ 36. VIII. Partiella folkräkningen i mars 1936：Yrke. Yrkesväxling. Skol-och yrkesutbildning. Inkomst och förmögenhet. P. A. Norstedt & Söner, Stock-holm, Stockholm.

Statistics Sweden, 1951. Folkräkningen den 31 december 1945. VIII：1. Partiella undersökningar (bottensam-plingen). Behandlar delar av statistiken över inkomst. Sveriges Officiella Statistik：Folkmängden och dess förändringar. K. L. Beckmans Boktryckeri, Stockholm.

Statistics Sweden, 1956. Folkräkningen den 31 december 1950. VII. Urvalsundersökningar. Statistiken över inkomst. Sveriges Officiella Statistik：Folkmängden och dess förändringar. Statistiska Centalbyran, Stockholm.

Steinmo, S., 1993. Taxation and Democracy. Yale University Press, New Haven.

Stiglitz, J. E., 1969. Distribution of income and wealth among individuals. Econometrica 37 (3), 382-397.

Terviö, M., 2008. The difference that CEOs make：an assignment model approach. Am. Econ. Rev. 98 (3), 642-668.

Tinbergen, J., 1974. Substitution of graduate by other labor. Kyklos 27, 217-226.

Tinbergen, J., 1975. Income Distribution：Analysis and Policies. North-Holland, Amsterdam.

Tucker, R. S., 1938. The distribution of income among income taxpayers in the United States, 1863-1935. Q. J. Econ. 52 (4), 547-587.

Tuomala, M., Vilmunen, J., 1988. On the trends over time in the degree of concentration of wealth in Finland. Finnish Econ. Papers 1, 184-190.

U. S. Census Bureau, 2011. Income, Poverty, and Health Insurance Coverage in the United

States：2010. U. S. Census Bureau, Washington, DC.

van Zanden, J. L. , 1998a. The egalitarian revolution of the 20th century. In：Soltow, L. , van Zanden, J. L. （Eds. ）, Income & Wealth Inequality in the Netherlands 16th-20th Century. Het Spinhuis, Amsterdam.

van Zanden, J. L. , 1998b. In conclusion. In：Soltow, L. , van Zanden, J. L. （Eds. ）, Income & Wealth Inequality in the Netherlands 16th-20th Century. Het Spinhuis, Amsterdam.

van Zanden, J. L. , 2009. The Long Road to the Industrial Revolution：The European Economy in a Global Perspective, 1000-1800. Brill, Leiden.

Veall, M. , 2010. Topincomesharesin Canada：updatesand extensions. Working Paper, McMaster University.

Venables, A. J. , 2008. Rethinking economic growth in a globalizing world：an economic geography lens. Working Paper No. 18, The International Bank for Reconstruction and Development∕ World Bank, on behalf of the Commission on Growth and Development.

Vermaas, A. , Verstegen, S. W. , van Zanden, J. L. , 1998. Income inequality in the 19th century：evidence for a Kuznetscurve? In：Soltow, L. , van Zanden, J. L. （Eds. ）, Income & Wealth Inequality in the Netherlands 16th-20th Century. Het Spinhuis, Amsterdam.

Waldenström, D. , 2014. Wealth-income ratios in a small, late-industrializing, welfare-state economy：Sweden, 1810-2010. Working Paper, Uppsala University.

Watkins, G. , 1907. The Growth of Large Fortunes：A Study of Economic Causes Affecting the Acquisition and Distribution of Property. Macmillan, New York.

Williamson, J. , 1980. Earnings inequality in nineteenth-century Britain. J. Econ. Hist. 45 （3）, 457-476.

Williamson, J. G. , 2006. Globalization and the Poor Periphery Before 1950：The 2004 Ohlin Lectures. MIT Press.

Williamson, J. G. , Lindert, P. , 1980a. American Inequality：A Macroeconomic History. Academic Press, New York.

Williamson, J. G. , Lindert, P. , 1980b. Long-term trends in American wealth inequality. In：Smith, J. D. （Ed. ）, Modeling the Distribution and Intergenerational Transmission of Wealth. University of Chicago Press, Chicago.

Wilterdink, N. , 1984. Vermogensverhoudingen in Nederland. Ontwikkelingen sindsde negentiende eeuw. De Arbeiderspers, Amsterdam.

Wolff, E. N. , 1987. Estimates of household wealth inequality in the U. S. 1962-1983. Rev. Income Wealth 33 （3）, 231-256.

Wolff, E. N. , 1996. International comparisons of wealth inequality. Rev. Income Wealth 42 （4）, 433-451.

Wolff, E. N. , 2007. The retirement wealth of the baby boom generation. J. Monetary Econ.

54 (1), 1-40.

Wolff, E. N., 2012. The Asset Price Meltdown and the Wealth of the Middle Class. Unpublished manuscript, New York University.

Wolff, E. N., Marley, M., 1989. Long-term trends in U. S. wealth inequality: methodological issues and results. In: Lipsey, R. E., Tice, H. S. (Eds.), The Measurement of Saving. University of Chicago Press, Chicago, IL.

Wolff, E. N., Zacharias, A., 2009. Household Wealth and the Measurement of Economic Well-Being in the United States. J. Econ. Inequal. 7 (2), 83-115.

Wood, A., 1994. North-South Trade, Employment and Inequality: Changing Fortunes in a Skill-Driven World. Clarendon Press, Oxford.

World Bank, 2002. Globalization, Growth, and Poverty. World Bank and Oxford University Press, Washington D. C.

Zeuthen, F., 1928. Den Økonomiske Fordeling. Nyt Nordisk Forlag Arnold Busck, Copenhagen.

Zucman, G., 2013. The missing wealth of nations, are Europe and the U. S. net debtors or net creditors? Q. J. Econ. 128 (3), 1321-1364.

第 8 章 1970 年后中高等收入国家的国内不平等与贫困趋势

萨尔瓦托·莫雷利(Salvatore Morelli) [*,†],

蒂莫西·斯米丁(Timothy Smeeding) [♂],

杰弗里·汤普森(Jeffrey Thompson) [♀]

[*] 那不勒斯费德里科二世大学经济与金融研究中心,意大利那不勒斯市

[†] 牛津大学新经济思维研究所,英国牛津市

[♂] 威斯康星大学麦迪逊分校,美国威斯康星州麦迪逊市

[♀] 美国联邦储备委员会理事会,美国华盛顿哥伦比亚特区

目 录

摘要:本章的目的与此卷《收入分配手册》及其上一版的其他章节一样,是对一个特定研究领域的全面综述,考察从1970年到2010年或2011年间大多数国家有关贫困和收入分配不平等趋势的研究文献,为各领域的研究水平和研究趋势提供不同的测量标准,并综合讨论在测量贫困、总体收入分配不平等以及最高收入群体中的不平等方面所做的经验性选择。

JEL分类代码:D30,D31,D63,H23,I30,I32,N30,O15

关键词:收入分配不平等趋势;贫困;基尼系数;顶层收入份额;不平等

8.1 引言

《收入分配手册》第一卷出版时(Gottschalk and Smeeding, 2000),关于"1970年后国内不平等与贫困趋势"的章节的内容还非常粗略,还有一章专门讨论了贫困测量(Jantti and Danziger, 2000),关于收入分配国际标准的第一份堪培拉报告(2001年)尚未出版,更不用说第二份报告(2011年)了,而卢森堡收入研究(LIS)数据库中关于不到20个富裕国家的贫困与不平等问题方面的可比数据不足15年,只有1980年到1995年的趋势数据可用。OECD收集可比收入分配数据的方法尚处于起步阶段,最高收入数据库更不成熟。Piketty(2001)刚刚发表了有关法国最高收入长期分配的论文。

到2014年,数据库建设已经取得了长足的发展。现在有多种来源的可比(调整)家庭收入数据(总收入和最高收入)、财富数据及贫困数据。尽管对二级数据进行可比性调整存在风险(Atkinson and Brandolini, 2001),但我们还是建设了很多更加具有可比性的数据库,这些都是跨国家且长久的可比数据,不过就数据比较而言,仍然存在很多局限。在本书中,我们使用的是20世纪70年代至今的收入和收入贫困的高质量的可比水平和趋势的数据。尽管我们的测量主要集中在OECD国家,特别是其中最富有的国家,利用了LIS和OECD的最新数据,但越来越多的可用数据库使我们能够增加一些有关"发展中国家"与中等收入国家(MICs)的数据。①

本卷的另外两章讨论了不平等的长期趋势和发展中国家的不平等问题(第 7 章和第 9 章),第 22 章着重讨论了政策对贫困的影响。我们的数据在一定程度上与这些章节重叠。如下文所述,我们对于收入和贫困的测量是基于普遍定义、测量的可支配收入和用于税收记录的税前收入。消费数据的可比性还不足以用于跨国分析,财富数据可比性尚在起步阶段,关于财富资产贫困的跨国研究还比较零散。虽然欧盟和 OECD 的一些研究考虑了物质剥夺指数,但是这些测量标准在世界其他地方不够标准化,无法在这里进行检验,这在下一节测量工具的选择中会详述。

接下来我们将讨论收入贫困的测量标准,主要根据 LIS 和 OECD 的数据,研究了贫困的水平、贫困的趋势以及固定贫困和相对贫困。然后讨论基于这些相同来源的总收入不平等水平和趋势,再讨论收入顶端的不平等测量标准。通过这样,我们试图弥补来自调查和登记册的家庭收入分配数据与基于应纳税所得额和所得税单位的最高收入数据的差距,突出两者之间的互补性和替代性。最后一节总结了我们的观点和所得出的结论。

8.2　测量尺度及其构成要素的选择

可以从不同角度评估社会中生活水平的分配情况。Sen(1992)提出,这些变量包括支出、收入和财富等货币性指标,以及物质生活水平、幸福感和生活满意度、功能和能力等非货币指标。可支配收入被视为衡量总体不平等和贫困趋势的核心变量,纳税申报单位的应税收入记录可以用于长期而准确地调查社会上层人士的收入。

收入在个人或家庭之间的分配至少在格雷戈里·金(Gregory King)发表的 1688 年社会表格(1688 social tables)之后就引起了社会科学家的注意,"该表格提供了在统计黑暗时代关于社会结构和收入分配的独特的定量观点"(Lindert and Williamson,1982),帕累托(Pareto)在 1897 年对收入曲线的分析是对这一关注更为近期的形式化描述。收入仍然是测量富国经济资源最常见的指标,但是在发展中国家最常见的指标是消费支出。但希克斯—汉森(Hicks-Hansen)对收入(或潜在消费)的定义是实际消费加上在某一时期变化的净值②,这一定义理想地将收入和消费紧密地结合在一起。但是,在任何一个国家,没有一个数据集包含了三种成分的可比测量标准,这主要是因为净值的变化难以测量(另见 Brandolini and Smeeding,2009;Fisher et al.,2012)。

8.2.1　消费或收入?

可支配收入与消费或消费支出最为接近,这一变量在较不发达的国家往往是首选,因为在这些地方更容易测量。随着时间的推移,消费会趋于平稳,因此比收入波动更小,对季节

---

① 基于 LIS 数据或 OECD 数据库,我们分析了包括巴西、保加利亚、中国、智利、印度、匈牙利、罗马尼亚、南非、土耳其和一些其他国家。

② 净值变化可以是正(净收入储存)或负(净债务)。

的依赖性也更小,特别是在农业社会(Deaton and Grosh,2000)。除了这一实际原因,许多经济学家认为,消费比起收入更能反映人们的幸福指数(Fisher et al.,2012)。有一种说法是幸福(效用)是对商品和服务的实际消费功能,而不仅仅是那些拥有的商品和服务的函数(Slesnick,1994)。然而注重购买商品的现有手段(收入),而不是实际购买的商品(支出),可以使幸福感的评估不再依赖购买选择。Sen(1992)举例说"一个人有能力购买,却选择绝食,而另一个因为没钱挨饿"。Hagenaars 等(1994)认为,收入可以帮助我们避免陷入将自愿的低消费水平与物质匮乏相混淆的陷阱。

赞成消费的第二个论点是消费与人均收入或终身资源的关系比当前收入更为密切。如Friedman(1957)所述:"当前收入的分配情况反映了个人之间收入的永久性成分与暂时性成分。这两种成分的意义不同,一种是根深蒂固的长期不平等的反映,另一种是动态变化和流动性的反映。"如果对"根深蒂固的长期不平等"感兴趣,那么持久收入和消费就会很重要。如果一些基本假设是宽泛的并利用一些简单的个人异质性形式(例如积累或继承财富的影响、代际利他主义程度、不确定的劳动收入和借款能力等),基准的跨期消费者优化问题中的消费与持久收入之间的简单比例关系就不再成立,因此日常消费可能不是很好的,甚至不是最可用的持久收入替代指标。此外"根深蒂固的长期不平等"才应该是我们最关心的问题,但这个理念还不清晰,尽管这个理念有一定的吸引力:一个大学生目前的收入可能低于同龄的体力劳动者,但她可能会在未来几年甚至一生的大部分时间都过得更好。然而,"未来的资源承诺可能不能付今天的账单"(Deaton and Grosh, 2000)。在现实世界中,资本市场是不完善的,各单位面临借贷约束,使得实际生活水平依赖于现有资源。相反,"事实上,一位老人 30 年前就拥有了高收入,这也并不能弥补他现在养老金无法完全满足其需求的不足"(Atkinson,1983)。

最后,还有一个测量富人社会"真实"消费的问题。消费支出数据的收集主要是为了提供测量消费物价指数的权重和价格,而不是为了测量消费。很少有调查真正试图测量实际消费,因为购买耐用物品,如大家电、汽车,特别是住房,都必须在商品的使用寿命内进行分配,也就是在一个时期购买,但在另一时期消费。事实上,消费支出与测得消费有时大相径庭,比如老年人居住在自己无须偿还贷款的房屋里,其消费支出与测得消费就有很大区别(Fisher et al.,2012;Johnson et al., 2005;Meyer and Sullivan,2012a,2012b)。

简而言之,我们没有把消费算作收入或者把持久收入算作当前收入。的确,Haig(1921)和 Simons(1938)认为,收入可能代表消费能力,因此提出著名的收入定义,即收入等于消费加上或减去净资产的变化。大多数情况下,这一选择是由现有信息驱动的,富裕国家显然倾向于依靠收入而不是消费。中等收入国家越来越可能以收入来测量生活水平,尤其是在收入快速增长的城市地区,收入是更好的测量生活标准的指标。事实上,如果计入非正规劳动的价值(包括用于个人消费的生产),那么收入和消费的差异仅在于净资产的变化。而在中等收入国家的欠发达地区,净资产的变化可能很小。我们下面提供的关于中等收入国家的收入数据是基于这种收入定义的,当前收入似乎是测量人们(物质)生活水平的一个令人满意的指标。

然而在将收入作为焦点变量之后,一些重要的概念问题和数据问题仍然存在。除了历时数据的可用性及各国数据的可比性问题,对分配方式的分析还需要就收入概念、收入分配单位、计量期间以及测量贫穷和物质困难的统计数字作出决定和假设(Johnson and Smeeding, 2013;Smeeding and Weinberg,2001)。

8.2.2　收入和其他基本要素的定义

由国家统计机构收集并被研究人员使用的最基本的收入概念是市场(要素)或税前收入和转移收入以及可支配收入。根据家庭收入统计专家组堪培拉小组报告(Canberra Group, 2001,2011)中的建议,市场收入应包括员工缴纳社会保险的收入总额、自营职业净收入①、所有类型的资本收入[包括利息、租金或收到的股息(不累计)],并减去已支付的利息再加上私人养老金。

可支配收入是以市场收入减去直接税收(包括员工缴纳的社会保险)来计算的,但这一算法忽略了其他"间接"税(财产税、财富税和增值税),然后再加上家庭间定期现金转移(扣除已支付的现金),以及所有形式的现金和类现金公共收入转移,包括社会保险福利(用于社会退休、残疾和失业补贴),普遍的社会援助福利和有针对性的收入转账项目,如社会维护费,包括住房津贴或食品券形式的现金福利,以及负税(例如,许多发达国家盛行的在职福利制度)。②

不管这些定义多么宽泛,它们都排除了估算租金、资本收益及亏损与其他未实现的资本收入、家庭生产和实物补贴福利,如教育和医疗保险。由于这些可能占家庭可支配经济资源的重要份额,将其纳入收入定义中可能会对不平等测量产生影响。事实上,针对美国的研究表明,资本增加产生的未实现收入和未实现的平均值分别超过 40％和 20％(Smeeding and Thompson,2011)。

业主自住住房的估算租金往往有利于广泛的低收入到高收入群体,特别是老年人,但其总体效果可能因国家而异,这取决于住房价格水平和住房所有权的分散程度(Frick and Grabka,2003)。未实现升值和未缴税的资本收入以及资本收益主要惠及高收入群体。间接税对较低收入群体的预算会产生相对较大的影响(Newman and O'Brien,2011),但直接税则对医疗、住房、教育价值成本等实物公益的填补产生相对较大的影响。由于这些福利的价值在受益人之间或多或少地平均分配(如医疗保险的"潜在"受益者),因此典型的方法是增加固定数额的收入,这在较低收入水平的收入中占较大比例(Burkhauser et al. ,2012b)。一般来说,老年家庭和有子女的家庭分别是通过医疗保险和教育津贴进行估算的净受益者,而中年还没有孩子的家庭是净损失者(Garfinkel et al. ,2006,2010)。这些结果对估算假设非常敏感:根据支付意愿对福利进行估值和对服务质量进行核算都会减少穷人福利(Smeeding,

---

① 所有的调查均不包括生产性自营收入的成本,也不包括收入性工资收入成本,如儿童保健。更为普遍的是,传统的家庭收入数据无法解释过去的家庭生产成本,特别是当父母工作,其收入从家庭收入转向市场收入时,自 20 世纪 70 年代起,这种情况就在发达国家中广泛存在。由于生产方式的改变以及并没有考虑到盈利收入的直接成本和机会成本,在有孩子的家庭中,次要收入者的收入增长可能会被高估,尤其是在双方都工作的情况下。

② 实际上,许多调查还排除了市场收入的各种因素,如向其他家庭支付的利息或私人转账,因此这些因素往往被忽视。

1982）。

正如第一份堪培拉小组报告（Canberra Group，2001）所强调的那样，财产和自营职业收入、个人账户生产覆盖率不高。业主自用住房估算租金、社会实物转让、资本收益和其他未实现的财富收入是扩大国际可比收入测度所要解决的主要问题。但在国家层面上，对扩大的收入概念的分析也很少见，尽管存在这些疏漏和不足，市场收入和家庭可支配收入（DHI）仍是国家统计机构和研究机构测量和公布的标准概念。

8.2.2.1 基准期、收入单位和资源共享

收入是人们在一定时期内获得的一种流动资源。统一的收入概念可以用来比较不同国家的收入分布情况。分析收入趋势需要统一单位来描述收入获得的时期以及分享收入的人群。

根据惯例和数据可用性，本节分析的统计数据和趋势都以年度数据为基础。然而，不论在任何给定的时间点测量，基准期的选择都会对分配不平等程度产生影响。在存在收入波动的情况下，一些家庭会经历正面或负面的冲击或不稳定的收入的流入。基准期越短，收入分配就会越不平等（Atkinson，1983；Atkinson et al.，1995）。基准期少于一年，收入可能会因为季节性因素（如在农业中）、工人入职和离职或付款时间而波动（如金融资产或负债利息、股票红利）。尽管这对不平等测量的整体影响可能很小，但这一年的调整意味着将这些差异平均化（Böheim and Jenkins，2006）。同样，通过平滑商业周期和生命周期引起的变化，将参考期延长到一年之后可以减少所测量的不平等（例如 Björklund，1993；Björklund and Palme，2002）。基准期越长的数据可能与一些经济学家偏爱的"终身收入"概念更为接近，但实际上这些数据非常罕见。使用瑞典的数据，Björklund（1993）发现，个人累计收入数据的离散度比标准横截面测量的离散度低40％。

收入通常由家庭或家庭单位共享。跨国和一段时间内的收入分配分析需要根据与收入共享相关的规模经济进行调整，还要用到可比收入单位。典型的收入接收单位是家庭，但一些数据来源报告个人、家庭或纳税单位收入，这些单位可能包括个人、家庭和子家庭单位。家庭的定义越广泛，测量不平等越趋于减少，因为假设在全体成员收入平等分配的情况下，个人收入的分散与整个家庭收入聚集互补（Redmond，1998）。下文8.3节讨论的贫穷趋势和8.4.1讨论的全体人口的分配测量以家庭收入调查为基础，并以家庭为收入单位。8.4.2讨论的高收入份额趋势通常基于纳税单位，它们通常基于国民所得税统计数据，一个家庭可能包含多个纳税单位。

人们普遍认为高消费与大家庭、同居产生的消费规模经济有关。一个有两个孩子的家庭比只有一个孩子的家庭面临更大的开销，因为食品、服装、教育、交通和住房开销更大，因此同一水平的税后收入意味着大家庭的物质生活水平较低。不过由于家庭规模经济，抚养第二个孩子的费用不会像抚养第一个孩子那么高。同样，一对夫妻共同生活，在住房、水电、食品和交通方面的开销也会比一个人更多，但他们不需要花费两倍的钱就能获得同样的生活水平，其他则都是一样的。

为了核算与家庭人数、相关规模经济有关的费用，研究人员已提出不同的"等价尺度"，

以创造不同家庭规模和组成的可比性收入。最常用的等价尺度按家庭大小的平方根来划分家庭收入,这一尺度是 Buhmann 等(1988)提出的,后由 Atkinson 等(1995)进一步发展,获得了堪培拉小组的认可。使用平方根尺度,成本随家庭规模的增加而增加,但增加的速度在下降。然而,平方根尺度模糊了成人和儿童之间生活费用的差异。该项目使用的是平方根尺度,OECD 自 1995 年以来一直在其出版物中使用平方根尺度。在计算分布统计时,欧盟使用了另一种尺度——收入和生活条件统计(SILC)数据。欧盟使用的尺度将家庭收入按家庭成员的加权数划分。成人和儿童用不同尺度来测量。假设家庭总权重为 1,每一位成年家庭成员占 0.5,每个孩子占 0.3。[1] 美国人口普查局采用了三参数等价量表,进一步区分不同家庭类型子女的差异。人口统计表在 Short(2001)中被讨论,反映了单亲家庭的孩子比双亲家庭的孩子花费更大。

等价尺度的选择影响着不平等比较,也影响贫困比较,特别是影响那些住在小单位(老年人)或大单位(有孩子的家庭或几代同堂的单位)的人的贫困程度(Buhmann et al. , 1988;Coulter et al. , 1992)。

最后,单一观测值的福利权重可能有所不同。每个观测权重可达到 1(家庭权重),可以根据其大小(个人权重)或大小和组成(相当于成人权重)进行加权,再一次提出了贫困和不平等结果的差异(Danziger and Taussig,1979;Ebert , 1997)。

8.2.3　数据源可比性:调查、税务记录和富人

可比性有限的最后一个原因可能是数据来源的差异。收入数据可从全国住户调查和行政档案中获得,在行政档案中最重要的是所得税记录,这在历史上有连续数据的记录,并在关于最高收入的文献中得到了利用(Atkinson and Piketty, 2007)。所得税记录面临潜在的严重问题,包括收入低于个税起征点的人的覆盖不完全,无法根据家庭规模进行调整以及某些类型的收入有漏报的趋势。8.4.2 更详细地讨论了与税务、最高收入份额计算相关的问题。

住户调查也有问题,包括抽样误差,误差取决于样本的范围和结构以及无回应和漏报造成的非抽样误差。由于这些原因,收入分配的右尾往往未被抽样调查覆盖,除非富人过度抽样,报告错误被最小化。本章后面讨论的基于调查的证据可以被看作关于 95%—99% 的底层人口的收入。根据本章最后一节报告的税务记录,它是互补的,但并不总是可以与高收入的结果相比较。[2] 计算贫困的具体统计数字以及利用住户调查数据的收入不平等在下文 8.3 节和 8.4.1 中讨论。

在分析收入不平等的国家趋势或进行跨国比较时,必须牢记所有这些因素。虽然数据中包含了大量的"干扰因素"及可能存在的未知错误,但重要的假设是,我们要进行最仔细的分析,使分析的结果超越干扰因素,其中还包括敏感性假设试验(Atkinson et al. , 1995;Gottschalk and Smeeding, 2000)。在审查趋势时,我们得到这样一个事实,即在同一调查的不同轮次中,误差可能更为一致,因此,趋势可能比不平等程度更具跨国可靠性和可比性

---

[1] 欧盟统计局的数据等价尺度有时被称为"改良"OECD 等价尺度,因为它取代了 OECD 以前使用的一个尺度。

[2] 数据可能是上下限的编码,要么是在数据采集的过程中完成的,就如美国的当前人口调查(Ryscavage,1995),要么是研究人员决定减少通常集中分布在尾部的噪声(Burkhauser et al. , 2009;Cowell and Victoria-Feser,1996)。

(Gottschalk and Smeeding,1997)。但即便如此,几乎所有的调查都经历了几十年的实质性变化,产生了因抽样的变化、调查模式或其他程序变化而导致结果的人为变化。

最后,完全可比性是不可能实现的目标。各国内部以及跨国的调查方法都不同,在抽样和非抽样误差上也有不同的特点。研究人员可以在国家档案馆或在国际数据库获得家庭收入数据并进行观察,这样可比性会大大增加,这里的原始数据库是统一的,比如卢森堡收入研究(LIS)、欧盟的收入和生活条件统计(SILC),水平和趋势比其他方法更具有可比性。OECO(2008,2011,2013)也可提供计算一系列统一数据的事前指示。

自 1983 以来,LIS 跨国家数据中心一直致力于为越来越多的国家创建"统一"收入数据集。LIS 与不同国家现有的收入调查相配合,并将其转化为具有一致定义和概念的格式,这使跨国比较成为可能。通过保密协议、安全远程访问服务器等方式,LIS 还使研究人员能够访问一些传统上不共享其基本数据的国家的收入调查。这些国家调查传统上不共享其基础数据。截至 2012 年,LIS 共有 8 种不同的统一数据,涵盖了各国在 1967 年至 2010 年间大致相同的时间点。最初的 LIS 浪潮包括 7 个国家,但是这一数字一直在稳步增长,最近已经达到近 40 个国家了。

欧盟统计机构、欧盟统计局,为欧盟成员国提供可比收入调查统计数据。欧盟统计局最初在欧洲国家使用常见的测量仪器,但此后又改用"事前协调"的框架(Atkinson et al.,2010a,2010b)。从 1994 年至 2001 年,欧洲共同体住户小组调查覆盖了 15 个国家,这一小组后被 SILC 取代。SILC 通过欧盟不同成员国的统计机构开展工作,通过采用共同定义及概念实现了跨国家的可比性,这些定义及概念对欧盟各国收入可比性和其他政策相关事项至关重要。[①] 最初有 13 个国家,到 2000 年扩大到 22 个,2005 年扩大到 30 个。欧盟统计局产生的收入分配测量现在已经覆盖了 32 个不同的国家。与 LIS 相比,1995—2011 年,欧盟统计局每年都产生分布统计数据,有 380 个年份—国家观测值。

OECD 还定期发布其成员国的收入分配和贫困测量数据,包括《日益增长的不平等》(2008)、《我们立场的分裂》(2011)、《危机压榨收入给不平等和贫困造成压力》(2013)等在内的各大出版物中都突出强调了这些数据。这些数据也可在 OECD 的居民收入分配与贫困在线数据库(www.oecd.org/social/inequality.htm)中查询。OECD 的数据来源于国家统计机构住户调查结果,由使用共性指标的国家专家网络建立。[②] 由于这些数字是从不同年份的国别调查中计算出来的,因此这些数据并不总是基于同一年份。在这些出版物中,与 LIS 数据

---

① 即使在这个共同框架内,欧盟的不同国家在其 SILC 的收入调查中使用的方法也差异巨大,如 Iacovou 等(2012)详细讨论欧盟 SILC 数据的缺点以及使用这些数据进行跨国分析的潜在问题。几个欧盟国家(芬兰、荷兰、斯洛文尼亚和瑞典)使用行政记录以补充对有代表性的家庭成员的采访结果。大多数国家使用轮换面板住户调查法。但是在轮换组的数量和面板时间的长度上差异巨大。大多数国家面板数据的时间跨度为 4 年,其中一个轮换组被取消,但挪威和法国分别为 8 年和 9 年,卢森堡使用的是一个传统面板。西班牙和爱尔兰在住户调查中使用替代品来代替无应答者。2008 年之前,德国使用的是配额和随机抽样调查相结合的方法。

② 至少,OECD 和 LIS 都采用住户调查,并结合了北欧国家、奥地利、法国和丹麦的行政登记册中提取的样本。这些数据,比起大多数住户调查,项目无应答情况和报告错误较少,而且这些数据涵盖所有家庭的完全随机抽样,包括前 1%,从而也改善了无应答情况和提高了数据质量。由于过去 20 年的收入增长中有很大一部分集中在收入分配的顶端,这些国家登记数据可能与这些数据库中的一般调查数据存在系统差异。见 OECO(2012)与其他类型的抽样调查相比,基于登记册进行的调查清单。另见 Atkinson 等(1995)第 2 章的更全面的讨论。

相比,同一年份的 OECD 的数据较好,OECD 增加了许多更新数据。在 20 世纪 70 年代中期,有 8 个国家参加了分配统计,但到 21 世纪第一个 10 年末,国家的数量已增长至 34 个。由于这些数据往往更直接,而且比起 LIS 数据,可以更新不一致的事后数据,我们使用 OECD (2013)贫困数据以评估大衰退对贫困的影响。

8.3　贫困测量和趋势

在这一节中,我们从贫穷的起源到目前的实践审查贫穷测量的复杂性。我们主要根据 LIS 数据和 OECD 数据来考察整体贫困水平和趋势,同时也参阅相关儿童和老年人贫困的文献。在实证考察中同时考察富裕国家和中等收入国家的情况,比较不同时期相对贫困的趋势,比较经济大衰退时期相对贫困和固定贫困的情况,最后分析相对贫困水平与不平等程度之间的相关性并以此引入 8.4 节关于总体收入不平等的讨论。

8.3.1　贫困测量的起源及发展

贫困的基本定义是资源过少或不具备充分参与社会活动的能力。正如 Blank (2008)提醒我们的那样,"贫困本身是一个固有的模糊概念,制定贫困测量标准涉及一些比较主观的假设"。社会科学家必须首先确定这种叫作"贫困"的社会现象的广度和深度,然后才能对此进行充分分析,探索其最终原因及补救措施。因此我们先考察经济学家和其他社会科学家所做的国内和跨国贫困测量、比较研究。

我们的讨论以图 8.1 为框架,图 8.1 回顾了贫困概念和测量的大部分可能性。在这里,根据方法与资源的一些标准定义,我们最感兴趣的是客观贫困测量的概念。[①]

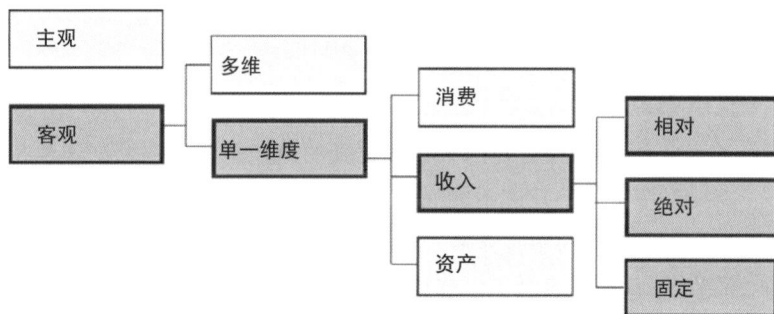

图 8.1　贫困概念及其测量

来源:改编自 Dhongde(2013)。

在本章中,我们专注于客观贫困测量,利用的是"资源"、收入的单一维度和包括相对的、绝对的、密切相关的固定贫困线等"需求"标准的几个概念来测量客观贫困。我们之所以选择收入贫困,是因为它在现代 (20 世纪 60 年代后)贫困研究中占主导地位,而且它与随后的收入不平等文献有联系。本章中还提到了其他贫困测量标准和概念,但没有进行实证研究。

[①] 另外参阅 Ravallion(2014)第 22 章关于经济思想贫困的起源,以及反贫困政策和社会保护在满足人类基本需求上所起的作用方面的内容。

收入或生活水平贫困测量始于盎格鲁-撒克逊国家。至少可以追溯到 Rowntree（1901），他是第一个在英格兰约克的实证研究中使用贫困线概念的人。由于他的贡献,以及 Booth（1903）提出的伦敦贫困线的概念,我们现在才有了一个有意义的社会基本需求指标(例如,Piachaud, 1987；Ravallion, 2014；Ringen, 1985；Townsend, 1979, 1993)。我们也注意到,官方贫困测量开始作为一个英美社会指标。此后,贫困的"官方"测量(或"低收入"的测量)存在于 100 多个国家和整个欧洲(Eurostat, 2005)。美国(DeNavas-Walt et al., 2012)和英国(Department for Work and Pensions, 2012)长期存在"官方"贫困系列数据。加拿大统计局不定期公布低于"低收入门槛"的家庭户数。澳大利亚政府也不定期公布低于"亨德森线"的家庭数量。在北欧,争论的焦点不是社会福利的最低限度应该设定在哪个收入水平上。换言之,他们关于"低收入"不足的概念直接被纳入针对社会需要的应对方案中（Björklund and Freeman, 1997；Marx and Nelson, 2013；Ravallion, 2014）。[①]

贫困测量在英语国家中特别盛行,大多数发达国家都与盎格鲁-撒克逊人一样关注分配结果和低收入人口的福祉。关于测量贫困的准则,国际上没有达成共识。但一些国际机构,如联合国儿童基金会(UNICEF, 2000)、联合国开发计划署(UNDP, 1999)、OECD(2008, 2013)和欧盟统计局(Eurostat, 1998, 2005)等国际机构,都发表了若干有关发达国家贫困率的跨国研究报告。这些研究大部分都是基于 LIS 数据库进行的,可以在 www.lisdatacenter.org 上访问该数据库。这些研究的一些例子包括 Förster、Jäntti 和 Danziger（2000）, Smeeding 等（2000）, Kenworthy（1998）, Smeeding 等（1990）和 Smeeding（2006）。最近,欧盟与 OECD 已将贫困计量正规化,但使用了不同的标准和数据源。如今,人们可以在 100 多个国家找到贫困测量法和世界银行的一些统一测量法,世界银行使用二次数据(已发布)和微观数据的消费和收入测度,以确定生活在某一特定收入下人群的人均日收入——1.25 美元到 2 美元(Chen and Ravallion, 2012；Ravallion and Chen, 2011b)。

8.3.2　贫困测量

从最广泛的意义上讲,测量富裕国家贫困程度的方法是将一些家庭幸福指数与家庭需求进行比较。当对经济资源的控制不能满足需求时,一个家庭(或个人)就被归类为穷人。幸福感是指一个家庭可获得的物质资源。大多数社会科学家对这些资源的关注一般不在物质消耗本身,而是在于这种资源赋予家庭成员充分参与社会的能力。这些能力是对社会活动的投入,参与社会活动会产生某种程度的幸福感(Coleman and Rainwater, 1978；Rainwater, 1990)。测量一个人或一个家庭能力的方法因评估他们的背景不同而不同,这种背景不同可以表现在时间跨度上或者国家之间,或者在一个国家内的亚群体之间,例如中国的农村与城市之间。

所有的先进社会都是高度分层的,有些人比其他人拥有更多的资源。社会参与的机会受到家庭配置资源的影响,尤其是在美国等国家,在这些国家,人们严重依赖市场诸如医疗

---

① 除了这些客观贫困测量标准,一些经济学家已经使用测量贫困和富裕的主观指标,包括收入充足(Groedhart et al., 1977；Hagenaars and van Praag, 1985；Ravallion, 2012；van Praag, 1968)。然而,本卷不包括这些测量类型,本卷后面有类似的关于主观幸福感和不平等的章节（Clark and D'Ambrosio, 2014）。

保健、高等教育以及儿童保健等基本服务。因此,货币收入是一种至关重要的资源。当然,还有其他重要的资源,如社会资本、财富、非现金福利、初等教育和获得基本卫生保健途径的机会,所有这一切都提高了人的能力(Coleman,1988)。在某些社会中,不论人们的货币收入如何,这些资源对所有人来说或多或少是平等的。在富裕社会中,有许多力量限制了人们充分参与社会的能力,包括人们居住的社区的不足之处、种族和族裔歧视、社区暴力、低质量的公立学校和其他社会服务、缺乏高薪工作机会以及工作不稳定等,这些力量都增加了经济上的不安全,降低了人类的能力,增加了贫困人口数量。

社会科学没有一种普遍接受的测量贫困的方法,人们希望超越以下常用的收入贫困定义,各种各样的额外的贫困测量标准可以替代或补充定量社会学家和经济学家所使用的以收入为基础的主要测量方法(参见例如,Boltvinik,2000;Haveman,2009;Ruggles,1990)。原则上,贫困是一个多维的概念,应该能够反映个人幸福的几个方面,如图 8.1 所示,除了经济困难,其他形式的物质匮乏肯定与贫困测量以及反贫困政策的制定有关。很多人建议应针对不同的商品和服务制定不同的需求测量标准(Aaron,1985),例如人们经常提到的住房和医疗保险。当然,在医疗方面,我们特别关注像美国这样的医疗不平等的国家;在住房方面,我们则更聚焦于英国(United Kingdom Department of Social Security,1993)。

多维贫困的概念也在蓬勃发展。例如主要存在于欧洲的官方社会排斥、物质匮乏和物质困苦,但它们超出了本章的实证范围。欧洲于 1995 年采纳了一套正式的拉肯社会指标,包括贫困风险指标,其明确目标是减少贫困和社会排斥(Marlier et al.,2007)。物质匮乏指标已成为欧洲 2020 年减贫目标的一部分(Atkinson and Marlier,2010)。

在发达国家,人们建议用消费贫困和资产贫困替代收入贫困(Brandolini et al.,2010;Meyer and Sullivan,2012a,2012b)。少数国家把资产贫困和收入贫困合并为一项联合测量贫困的方式,就如同消费和资产贫困那样(Meyer and Sullivan,2012a,2012b)。虽然在一些测量贫困的指标中,消费和资产贫困的处理方式很有用,但在目前跨国家测量上还没有得到广泛使用(例如由于动用储蓄和资产支出,许多收入贫困老年人的消费超过他们的收入)。

总之,我们主要关注的是收入方面的可比跨国贫困测量,这不仅是因为基于收入的跨国贫困测量标准在各国之间更具有可比性,还因为基于收入的贫困可以使我们把实证工作和发达国家、中等收入国家总体不平等本身联系起来,这在本章中也有所提及。如上所述,在发达国家,收入通常是测量资源的好指标。在快速发展的中等收入国家,城乡人口之间生活水平的差异造成了对过度消费与收入贫困的最大担忧。国家越富裕,收入就越多,测量也就更具可比性。在这类比较的前沿,LIS 在"生产自用消费"和"非正式劳动"收入上所做的工作有助于简化国家间不同区域的比较。

8.3.3　发达国家和选定中等收入国家的绝对、相对、固定贫困测量

绝对贫困标准是基于在某一特定时间点购买一组固定基本生活必需品的购买力水平来定义的,而相对贫困标准是基于更广泛的社会中典型的收入或消费水平来定义的。相对贫困标准的购买力会随着社会范围内收入和消费水平的变化而变化,而绝对贫困标准只会随着其能够买的商品价格的变化而变化。大多数跨国比较使用相对贫困的定义,特别是因为

购买力平价将任何绝对计量换算成国家货币都会受到波动的影响,有时还会产生严重的测量误差(Jantti and Danziger, 2000)。

从最广泛的意义上来说,所有测量贫困或经济需求的指标都是相对的,因为背景对需求的定义非常重要。世界银行对非洲、中亚或拉丁美洲发展中国家采用每天每人1.25—2美元或每年每个三口之家1095—2190美元的贫困测量标准。美国2011年的"绝对"贫困线,对于一个三口之家而言约为18000美元,是世界银行贫困线的8—17倍。中位数收入的一半,即美国偏爱的相对贫困标准,会比这个贫困线高出额外的25%,或者说是贫困国家的贫困标准的10到21倍。此外,由于过去20年来大多数富裕社会的经济不平等现象有所加剧,相对贫困和贫困的研究开启了新篇章(Gornick and Jäntti , 2013; Gottschalk and Smeeding, 2000; OECD, 2011, 2013)。

因此,对发达国家间的跨国贫困比较在很大程度上依赖于贫困的相关概念,这反映了贫困标准或最低收入标准应该反映社会生活的整体水平的事实。贫困线标准正式化的一个早期来源(Abel-Smith and Townsend, 1965)以英国的"国家援助规模"为代表,是在讨论英国官方定义的最低收入水平时提出的,应随着生活水平的提高而提高,而不仅仅是随着消费价格的变化而变化。这是汤森(Townsend)在20世纪60年代初开始的工作,并在其1979年的著作中得到完善,真正在更大的范围内推广了相对贫困的测量方法。

正如Townsend(1979)所写:

> 当个人、家庭和群体无法获得各种食物资源,不能参加活动,没有基本生活条件和设施,或者至少在他们所属的社会中一致被认为贫困的情况下,他们可以说是处于贫困状态。

相对贫困的测量最近已普遍付诸实施,将贫困线定义为中位数收入的一个比例。跨国研究通常比较收入低于家庭规模调整后的国家中位数收入部分的人所占的百分比。

美国的相对贫困的测量始于20世纪60年代,最先由Fuchs(1967)开创,继承了汤森和亚伯·史密斯(Abel Smith)的思想,把相对和绝对收入贫困测量联系起来。当富克斯(Fuchs)开始研究时,Lampman(1964)和Orshansky(1965)也开始了以四口之家约3000美元为贫困线的美国绝对贫困测量。富克斯指出,这一贫困线是那个时期中位数收入的一半,与绝对贫困相比,人们对相对贫困持有不同的看法(Gilbert, 2008)。①

相对贫困测量标准的比较也符合公认的贫困理论观点(Sen, 1983, 1992; Townsend, 1979)。然而,贫困线应该设定的收入比例尚无定论。大多数跨国研究(LIS、OECD)都采纳了Fuchs(1967)等的观点,集中关注中位数收入的一半,但是很多人认为中位数标准的50%

---

① 兰普曼的章节"美国的贫困问题"(作为1964年总统经济报告的一部分),在约翰逊总统于1964年在国情咨文演说中宣布"向贫困宣战"之前发表。尽管兰普曼以3000美元的货币收入为测量标准,但并没有根据家庭规模进行调整。Orshansky(1965)提出了一项跟四人家庭的贫穷数和贫困线相似但因家庭规模不同而不同的测量法。在20世纪60年代末,奥珊斯基(Orshansky)的测量标准成为美国官方测量贫困的标准。

的贫困线太低了,这意味着贫困线远远低于不平等社会的平均水平的一半[1],这也影响到国家排名。[2] 欧盟统计局测量贫困工作组已将国民收入中位数的 60％作为欧洲共同体在新千年的贫困研究中的共同贫困线(Eurostat, 2005, 2011)。

　　完全相对的贫困测量标准随着收入中位数的变化而变化,而绝对的测量标准只随着价格的变化而变化,因此,贫困线的收入弹性在绝对测量值 0 和完全相对测量值 1 之间。在一些国家,例如美国,贫困测量是"半相对"的,因为贫困线只与底层分配人群而非全部人的生活水平相联系(Short, 2012)。Ravallion 和 Chen(2011a)提到"弱相对测度",其特点是贫困线不会按比例上升到中位数或平均数,但收入弹性小于整体。在美国新的"补充贫困标准"中,这些标准也被称为准相对贫困标准,根据低收入家庭基本需求的支出的不同以及这些支出随时间的变化而有所不同。

　　了解绝对贫困和相对贫困的测量标准是有意义的,它能显示人们的生活水平和贫困的不同情况。"固定"贫困测量也变得越来越重要,它可以用来表示一个特定国家的相对(或弱相对)和绝对贫困趋势。固定贫困测量从第 1 年(t)内相同的充分或弱相对测量标准开始,然后将未来某一年(比如 t+10 年)的相对贫困与针对仅在 t 年和 t+10 年之间价格变化的贫困线的贫困测量标准进行比较,这种测量在经济快速扩张或收缩时期尤其有用,那时相对贫困可能不会发生很大变化,但是绝对贫困会因为经济增长或收缩而发生变化(见 Atkinson et al., 2002; Johnson and Smeeding, 2012; OECD, 2013; Smeeding, 2006)。因此任何绝对贫困线也都是一条固定贫困线,不同之处在于根据分析结果可以将固定贫困线更新到与政策有关的任何时期。如上所述,20 世纪 60 年代的绝对(或固定)美国奥珊斯基(Orshansky)贫困线差不多与当时完全相对的中位数收入的一半相同。从那时起,美国一直将官方的贫困线水平固定在这个水平,60 年后的今天,美国的贫困线只有中位数收入的 30％,而不是开始的 50％,因此分析师更倾向于将美国的贫困研究固定在半相对测量上(Johnson and Smeeding, 2012)。

　　为了保证测量广度和简便性,我们在这里专注于贫困"人数"的衡量指标,即低于某个确定的贫困指数的人口比例。这种方法无法测量经济需求的深度、贫富差距或贫困的严重程度,穷人可以变得富一些或更贫穷,但贫困人数可能没有变化。使用贫富差距的一个实际原因是,如果出现统一的社会转移支付,如最低社会退休水平(或最低工资的变动)[3],分配出现高峰,则人数可能相当敏感。其他研究(尤其见 Foster et al., 1984; Sen, 1976)重点关注贫困测量,审查贫困在穷人中的分布情况,同时考虑到贫困的深度和严重程度。这种测量方法与其他更复杂的度量方法相比,在测量人员数量时更容易进行数据比较,便于理解,操作性强。

---

[1] 大多数相对贫困和剥夺测量都依赖于中位数,而不是平均收入,尤其是在跨国家的研究中,因为后者可能会受到不同调查中的抽样和非抽样误差的影响。此外,中等或普通家庭享有的生活水平指的是中位数家庭。见 Smeeding 等（1990）。

[2] 关于国家贫困率为 40％、50％和 60％的关键数据,请参见 LIS 关键数据,并将其排名与 2012 年欧盟统计局网络数据中的欧洲社区贫困率进行比较。

[3] 不使用贫困差距的一个实际原因,尤其是在跨国家的研究中,是收入少报问题,收入的定义和编辑项目无应答等因素可能会影响最低收入,从而夸大贫富差距。

　　我们使用的数据有的来自 LIS，有的来自 OECD，这些数据主要局限于富国和中等收入国家。OECD 成员国包括许多富裕国家以及智利、墨西哥和土耳其。LIS 和 OECD 都对金砖国家（巴西、俄罗斯、印度、中国和南非）感兴趣。LIS 数据还扩展到其他拉丁美洲国家和墨西哥。然而，要确定收入水平趋势，就必须有至少 10 年或 20 年的数据，因此我们可以审查的中等收入国家（MICs）的数量非常有限。[①]

8.3.4　贫困水平及趋势

　　我们用一组图和一张表来研究贫困水平及趋势，都是基于 LIS 的关键图表数据集，再加上一些特殊的表格，利用卢森堡收入研究（LIS）和 OECD 数据来确定固定贫困的程度。利用 LIS 数据，测量 38 个国家中生活在中位数贫困线以下的人口百分比（见图 8.2）。用浅灰色矩形柱代表的 28 个国家，是盎格鲁-撒克逊国家、欧盟国家和 OECD 国家等富裕国家。用深灰色矩形柱代表的 10 个国家是中等收入国家，包括俄罗斯、金砖国家和几个南美国家。[②]

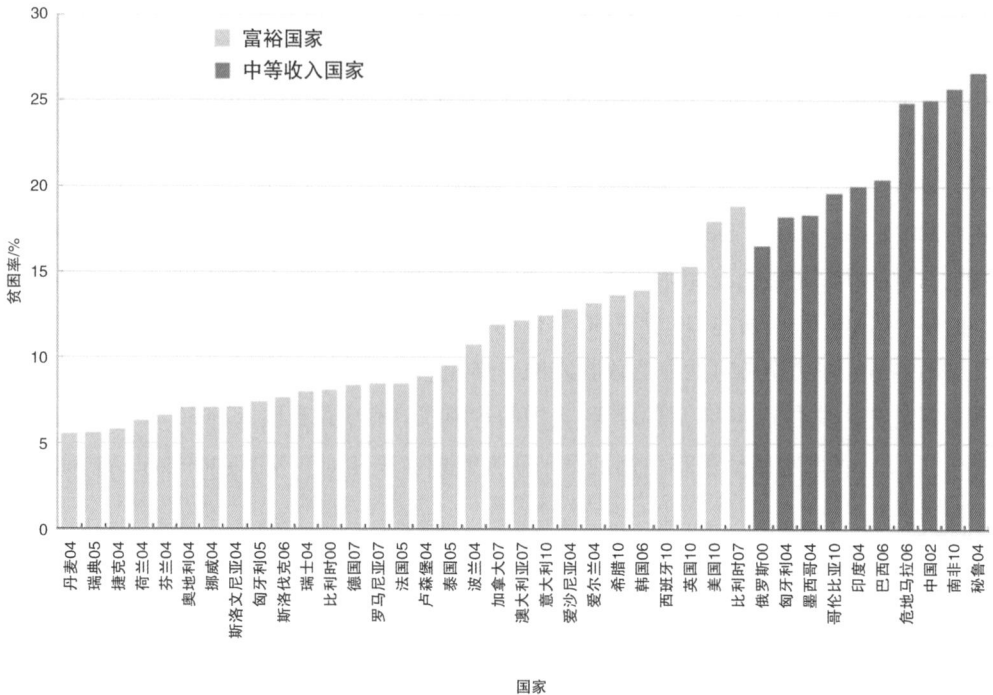

图 8.2　LIS 数据显示的总人口相对贫困率（21 世纪第一个 10 年中后期）

　　注：贫困率是按照收入低于国民收入中位数一半的家庭中的人所占的百分比来测量的（根据家庭规模调整）。

　　资料来源：LIS 关键数据。

　　如果一个"不那么穷"的国家是指贫困率为个位数的国家（人口贫困率在 5％到 10％之

[①] 事实上，我们不用 Eurostat（2012）的贫困测量出于以下两方面考虑。第一，LIS 和 OECD 测量都依靠同样的欧盟大多数国家的 SILC 数据；第二，因为 SILC 数据很新，最早的数据是 2005 年的。

[②] Eurostat（2005）为所有 27 个欧盟国家制定了贫穷测量标准，包括一些在 OECD 或 LIS 数据中未被纳入的数据，以及贫困深度和严重程度的测量标准。但他们的数据占贫困水平的 60％，无法与 LIS、OECD 中位数的一半相比较。

间），那么基于 LIS 数据，17 个国家在 21 世纪第一个 10 年中后期达到了这一目标，如图 8.2 所示。北欧国家普遍较低，同时还有一些加入欧盟 27 国行列的"中"西欧、中欧和东欧国家（从比利时和荷兰向西到卢森堡、德国、法国、奥地利，再加上瑞士、捷克、斯洛伐克、匈牙利、斯洛文尼亚和罗马尼亚）。自 20—25 年前第一项 LIS 测量出现以来，这种模式大致相同（Atkinson et al.，1995；Smeeding et al.，1990），但现在的国家数量已经大大增加。9 个国家的相对贫困率在 10％—15％，其中包括意大利、西班牙、希腊、波兰、爱沙尼亚、加拿大、澳大利亚、爱尔兰和韩国。3 个富裕国家的相对贫困率在 15％—19％：英国（15％）、美国（18％）和以色列（19％）。至于中等收入国家，6 个国家在 15％—20％的范围内与 3 个富裕国家重叠；俄罗斯的贫困率低于美国和以色列，乌拉圭和墨西哥大致与美国持平。最后，哥伦比亚、印度和巴西的贫困率均为 20％。危地马拉、中国、南非和秘鲁的贫困率在 25％以上。简而言之，现在最具有可比性来源的可比贫困率变化了 5 倍。

图 8.3 中的 OECD 数据提供了基本相同的图片，但与 2002—2010 年相比，2010 年对所有国家进行了衡量，如图 8.2 所示。OECD 数据还增加了图 8.2 中未包含的一些国家（冰岛、智利和土耳其），并提供了一些关于贫困的 15 年趋势的数据（如果有的话）。数据显示，以色列在贫困榜上排名靠前，贫困人数比例超过 20％。OECD 数据的优势在于其观察的及时性，而且从 15 年的发展趋势来看，很显然，相对贫困率在短时间内可能发生重大变化。

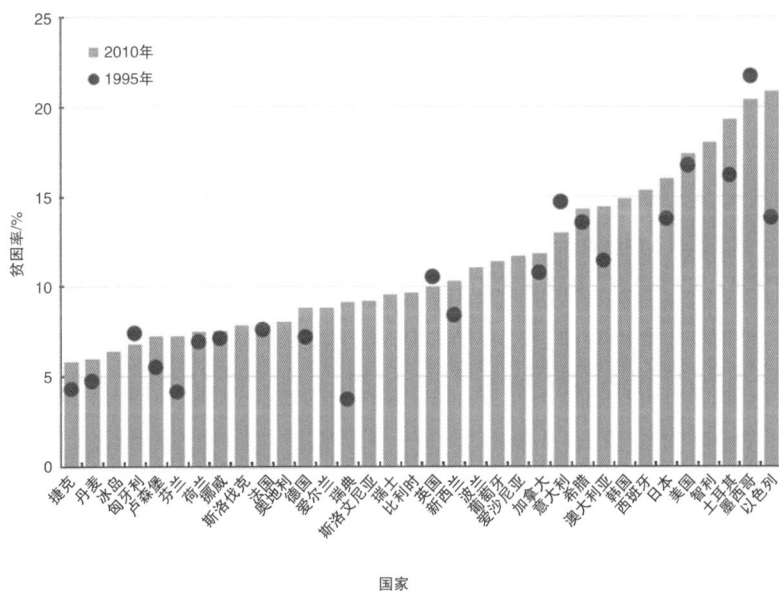

图 8.3 OECD 国家贫困的程度和趋势（1995—2010 年）

注：贫困率是按照收入低于国民收入中位数一半的家庭（根据家庭规模调整）中人的百分比来测量的。

资料来源：OECD 收入分配数据库。

在 LIS 贫困数据中（见图 8.4），儿童贫困率通常较高。在所有国家中，贫困人口所占比例平均为 13.5％，而儿童贫困率为 16.5％。如图 8.4 所示，儿童贫困率与总体贫困率之间的相关系数竟然高达 0.91，图 8.4 的回归线斜率为 1.32，表明这些国家的儿童贫困率的增长速度比总体贫困率快三分之一左右。在图 8.2 和图 8.3 中,高、中、低贫困率国家的同一组儿童贫困率也处于同一相对位置,但乌拉圭和巴西等国家的儿童贫困率高于总体贫困率。在韩国,儿童贫困率大大低于总体贫困率。在其他国家,儿童贫困率和总体贫困率密切相关。总的来说,在大多数国家,老年人的贫困率较低,而且保持下降,而儿童的贫困率更高,而且还在上升[LIS 关键数据和 OECD(2013)]。

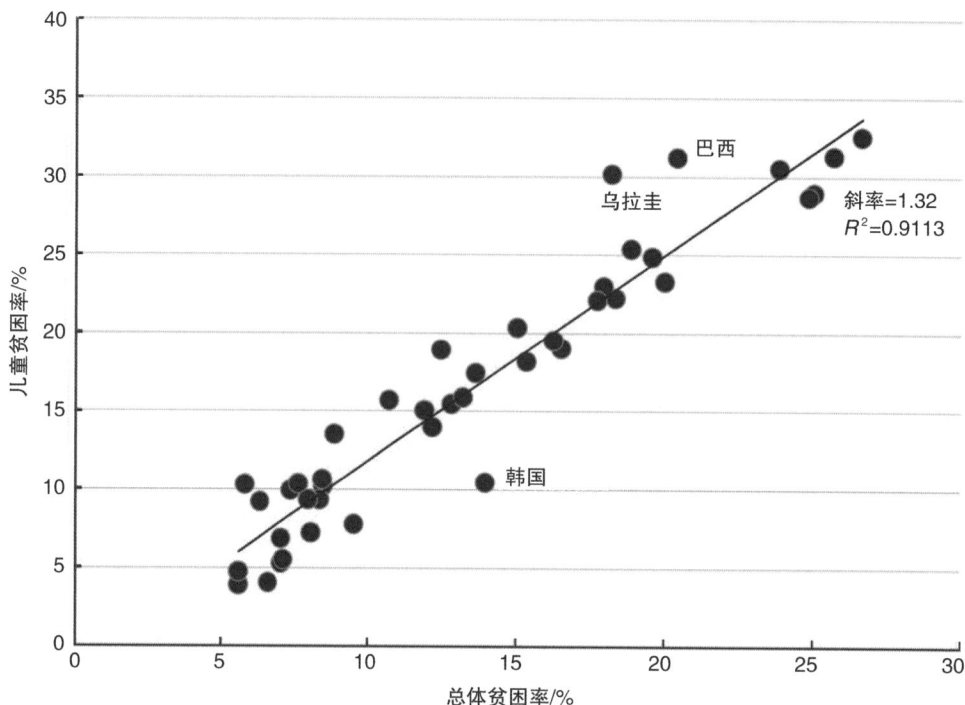

图 8.4 **38 个富裕国家和中等收入国家(21 世纪第一个 10 年后期)的总体贫困率与儿童贫困率之间的关系**

注:将家庭收入(根据家庭规模调整)低于国民收入中位数群体的占比作为测量贫困的标准。

资料来源:LIS 关键数据。

利用同一数据可以评估贫困趋势,基于数据可用性和地理/机构可比性的范围,可以把国家分成几个不同的组。图 8.5 显示了 1979 年以来 13 个国家的长期发展趋势,这在 LIS 数据中存在时间最长。所有这些数字包括截至 2010 年的最新数据(或最近一年)。图 8.3 中的 OECD 数据包含 21 个国家(有 1995 年数据)的数据,最能够说明 1995—2010 年的趋势。

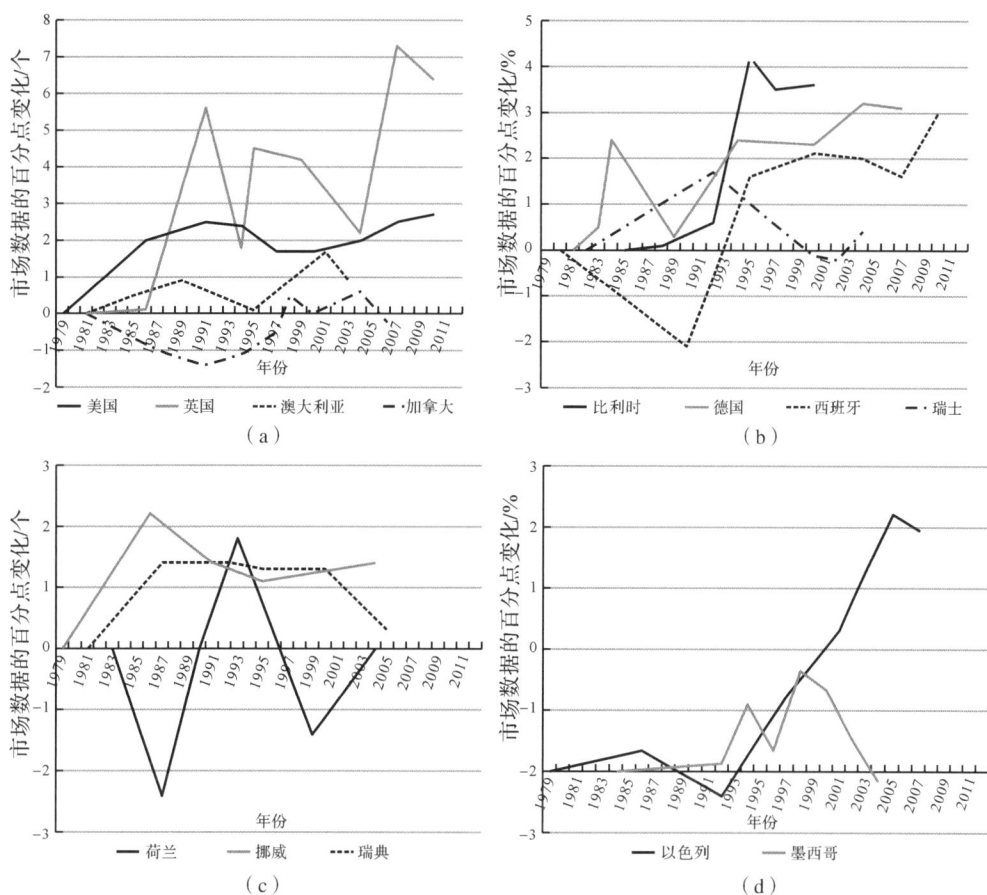

图 8.5　1979—2010 年 14 个富裕及中等收入国家的中位数一半贫困趋势

注：(a)英语国家,(b)欧洲大陆/欧洲南部,(c)北欧国家和荷兰,(d)其他国家。贫困率是按照收入低于国民收入中位数一半的家庭(根据家庭大小调整)中人的百分比来测量的。

在分析贫困趋势时,我们既关注变化的方向,也关注变化的幅度。我们发现,图 8.5 中(那些拥有最长数据序列的国家)没有一个国家最近一年的贫困率比 20 世纪 70 年代或 80 年代初的数据低 3 个百分点以上。[①] 加拿大[图 8.5(a)]和墨西哥[图 8.5(d)]贫困率较低,但是每个国家的差异非常小(分别是 0.5 个百分点和 0.3 个百分点,这两个系列分别延伸至 21 世纪第一个 10 年中期——2007 年和 2004 年)。OECD 的趋势数据(图 8.3 中的 1995—2010 年)表明,在这一时期,意大利和墨西哥的相对贫困率都有所下降,尽管下降不到 3 个百分点。

图 8.5 中每一个有长期趋势的其他国家的贫困率都有所上升或保持平稳。有两个国家的上升幅度特别大,其中包括以色列[图 8.5(d)]和英国[图 8.5(a)],而北欧国家作为一个

---

① 这里明显意味着超过 3 个百分点的变化。Atkinson 和 Morelli (2012)探讨了贫困率百分比显著变化的定义,阐释了既有供应(抽样误差和其他设计元素)和需求因素(数据使用)。他们最终采用了 2 个百分点的变化标准。这里所考察的周期要长得多,所以我们选择 3 个百分点作为截止点。图 8.5 中的线条显示了每幅图片的 3 个百分点界限。

整体,基于 LIS 数据,其贫困率变化很小[图 8.5(c)]。相比之下,在图 8.3 中,OECD 数据显示,瑞典的贫困人口大幅增加,主要是在 2005 年以后[与图 8.5(c)中瑞典贫困人口指数趋势相比],1995—2010 年,英国的贫困人口几乎没有变化。[①] 虽然瑞典的相对贫困人口增加了一倍多,但在 1995—2010 年,澳大利亚、芬兰、以色列和土耳其的贫困率也有大幅度上升(见图 8.3)。

回到图 8.5,基于 LIS 的数据,在一些国家,如荷兰和西班牙,在 20 世纪 80 年代,贫困率有所下降,但后来又回到以前的水平(荷兰)或达到新的高度(西班牙)。墨西哥的贫困率虽然在 1997 年上升了,但随后又在 2004 年回落到之前的水平。到 21 世纪第一个 10 年后期,以色列和英国的贫困率比 20 世纪末高出 6 个百分点以上。从最初到 20 世纪末,美国和德国的贫困率稳步上升,分别上升了约 3 个百分点,比利时上升了 3 个百分点以上。从最初至最后一年,其余国家的变动一般在 3 个百分点范围内。

虽然可以从波动性方面得出关于开始和结束日期重要性的经验教训,以及图 8.3 和图 8.4 中数据源之间的差异,但还有一些其他的经验教训。这些趋势表明,在过去的 20 年至 30 年里,相对贫穷的进展是不平衡的。这在富裕国家中是罕见的。除墨西哥外,在过去的 25 年里,我们所考察的所有国家的贫困率都没有不断下降的情况。[②]

8.3.5 相对贫困与固定贫困和大衰退时期

研究减贫进展的另一种方法是采用一组 OECD 国家的数据,并利用 LIS 数据(表 8.1)对 12 个国家 8—15 年间的相对贫困和固定贫困变化进行研究,或者获取 2005—2010 年(或 2007—2010 年)经济衰退短期数据(图 8.6)。平均而言,LIS 数据显示,相对贫困率变化不大,但在 20 世纪 90 年代中期至最近观察的一年期间,固定贫困率从 11.7% 下降到 8.0%,下降了三分之一左右(表 8.1)。表明在最初阶段被视为贫困的收入群体的生活水平有所提高。事实上,每个国家的固定贫困率都有所下降,这反映了欧洲和其他富裕国家以及中等收入国家的生活水平不断提高。相比之下,同期相对贫困率的变化很小。平均而言,在 LIS 数据中,英国上升了 4.6 个百分点,匈牙利和墨西哥下降了 2.5 个百分点。在此期间,所有其他国家相对贫困率的变化都不到 2 个百分点。

[①] 有趣的是,瑞典相对贫困率的上升与收入不平等的迅速加剧相吻合(见 8.3.5 部分)。由于瑞典是少数使用注册数据的国家之一,注册数据包含了所有的最高收入,瑞典中等收入的迅速增长可能在某种程度上推动了这一趋势。

[②] Ferreira de Souza(2012)也表明,巴西贫困和不平等现象在 1995—2009 年有所改善。

表 8.1　相对贫困和固定贫困趋势

国家	年份	贫困率/%			与最初年份相比的百分点变化/个	
		初始年度	截止年度			
		相对	相对	固定	相对	固定
捷克	1996—2004	5.1	5.8	3.4	0.7	1.7
德国	1994—2007	7.7	8.4	7.3	0.7	0.4
法国	1994—2005	8.0	8.5	7.2	0.5	0.8
荷兰	1993—2004	8.1	6.3	4.4	1.8	3.7
匈牙利	1994—2005	9.9	7.4	4.8	2.5	5.1
英国	**1994—2010**	**10.8**	**15.4**	**7.2**	**4.6**	**3.6**
加拿大	1994—2007	11.3	11.9	7.6	0.6	3.7
澳大利亚	1995—2003	11.4	12.2	7.8	0.8	3.6
意大利	**1995—2010**	**14.1**	**12.5**	**9.5**	**1.6**	**4.6**
希腊	**1995—2010**	**15.4**	**13.6**	**6.4**	**1.8**	**9.0**
美国	**1994—2010**	**17.6**	**17.9**	**14.5**	**0.3**	**3.1**
墨西哥	1994—2004	20.8	18.3	16.5	2.5	4.3
平均		11.7	11.5	8.0	0.2	3.6

注:数据基于作者对 LIS 微观数据文件的计算。贫困率是按照收入低于国民收入中位数的一半的家庭(根据家庭规模调整)中人的百分比来测量的。

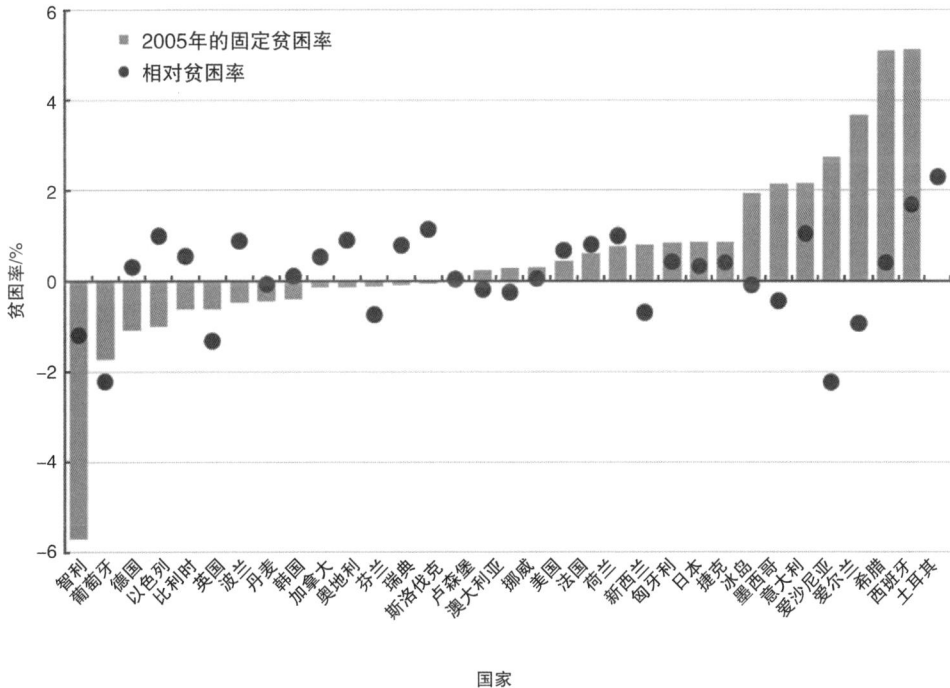

图 8.6　OECD 国家的固定贫困情况(2007—2010 年)

资料来源:OECD 收入分配数据库。

大衰退的影响包含表 8.1 中美国、英国、意大利和希腊的 4 份 LIS 数据集,这些数据以粗体形式标注。表中提供每个国家 2007 年的数据(只有意大利有 2008 年的数据)。2010 年,各国的相对贫困率上升了 0.2—2.2 个百分点,这表明在大衰退时期,与富人相比,穷人的相对收入损失更大。尽管每个国家总体趋势变化不大,但在 2007/2008—2010 年,固定贫困现象有所增加。美国的固定贫困率上升了 1.2 个百分点,意大利上升了 1.9 个百分点,希腊上升了 2.6 个百分点,英国上升了 3 个百分点。因此,每一个国家,尽管在表 8.1 中固定贫困总体上有所减少,但在大衰退时期,在相对和真实的条件下,穷人处于劣势。

OECD 的数据(图 8.6)表明,这 4 个国家的模式大致相同,但也增加了许多其他国家。冰岛、墨西哥、西班牙、爱沙尼亚和爱尔兰也加入了上述列表,在大衰退时期,这些国家的生活水平下降,固定贫困比相对贫困增长得快得多。事实上,相对贫困在大衰退时期没有增加多少,甚至在爱沙尼亚和爱尔兰也有所下降。在波兰、比利时和德国,固定贫困现象减少,但相对贫困没有多大变化。在葡萄牙和智利,固定和相对贫困在大衰退时期都有所减少。其他国家的变化则更小。

我们的结论是,在过去的二三十年里,几乎所有发达国家在减少相对贫困方面都进展甚微。从 20 世纪 90 年代到 2007 年大衰退时期,几乎所有富裕国家的固定贫困都有所改善。然而,自大衰退开始以来,固定贫困率呈上升趋势,在过去的 20 年里,大多数国家固定贫困加剧,抵消了低收入家庭实际生活水平的部分改善,尤其是在受经济大衰退影响最严重的国家,相对贫困率变化不大。

最后,图 8.7 显示了部分国家相对贫困与收入不平等之间的关系(使用 LIS 项目中 DHI 的基尼系数)。这种相关性高得惊人——超过了 91%。这个斜率是 0.632,这表明基尼系数相差 10 个百分点,比如从 0.20 到 0.30,与相对贫困率上升了 6 个百分点以上有关。尽管如此,在不平等水平约为 0.27 和 0.32 的情况下,在总体水平相同的国家,贫困率可能高达 4 个百分点。4 个国家表现出高于平均水平的贫富差距:危地马拉、以色列、韩国和美国。在捷克、荷兰、奥地利和匈牙利,相对贫困水平明显低于不平等水平。

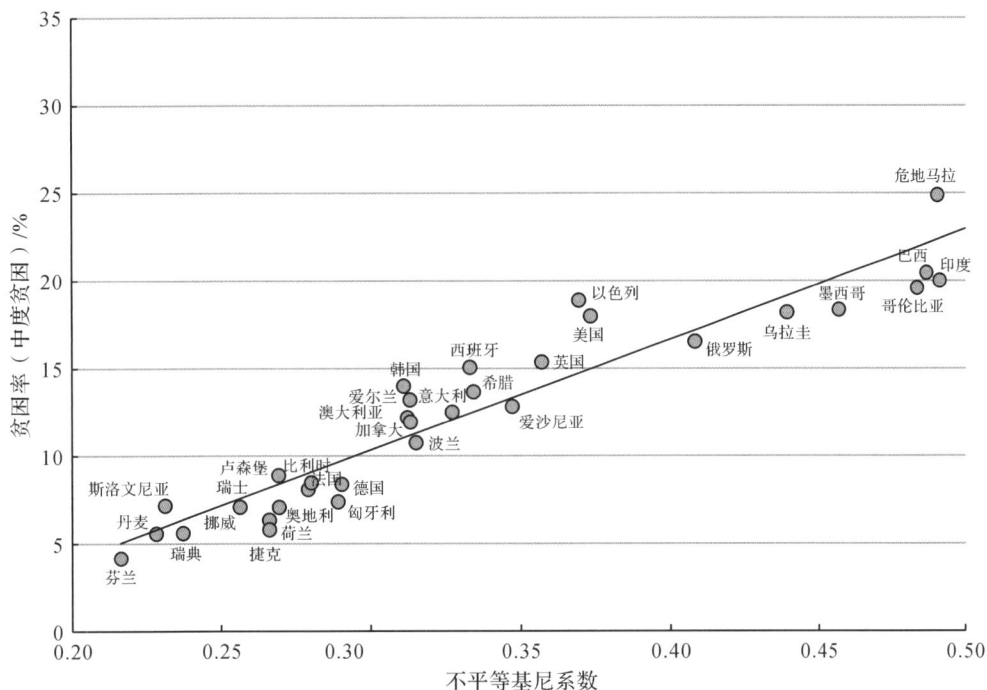

图 8.7 部分国家相对贫困与收入不平等之间的关系(LIS)

资料来源:LIS 关键数据。

8.4 收入不平等

8.4.1 总体分布不平等的测量

8.4.1.1 引言

本节着重介绍高收入国家和部分中等收入国家以及发展中国家的总体收入分配测量标准。与下一节(仅关注税前收入分配的顶部)不同的是,本节包含了各种统计数据,这些数据要么明确排除分配的顶部(和底部),要么使用了完整的分配数据,但用的数据不一定代表最顶部的情况。本节大部分内容介绍了 1970 年以来的趋势,但我们也注意到较短时期内可用的数据序列,以及对现有最新可用收入数据进行了单年的相关分析,这使我们能够讨论更广泛的不平等指标和更多国家的情况。

关于家庭收入的广泛分配的总体结论如下。

*分配最平等的国家是北欧(瑞典、挪威、丹麦和芬兰)和比荷卢(比利时、荷兰、卢森堡)经济联盟以及奥地利和一些东欧国家。

*无论是在中等收入国家还是发达国家,不平等现象广泛存在。在大多数情况下,美国的收入分配最不平等,与其他几个范围狭窄的发达国家相比,美国的收入分配也是最不平等的。然而,许多中等收入国家和发展中国家的收入分配比美国更不平等。

*税收和转移支付改善了所有国家的不平等状况,但是在再分配的程度上,国家间差异

巨大。在一些高度不平等的国家和一些较不平等的国家,税收和转移支付的影响非常小。在一些国家,税收和转移支付对收入分配产生了巨大影响;芬兰的市场收入分配最不均衡,但因其福利分配广泛,家庭可支配收入分配却是最平等的。美国市场收入的不平等程度较高,而其税收和转移支付的再分配程度很低,因此其在富裕国家中有着最高的家庭可支配收入不平等水平。

* 自 20 世纪 70 年代以来,大多数国家的收入分配不平等情况加剧了。长期以来,法国是唯一一个不平等趋势良好的发达国家。然而,即使是法国,自 21 世纪以来,其不平等现象也有所增加。

* 许多国家的收入分配呈 U 形分布(瑞典、芬兰和加拿大),在 20 世纪 70 年代或 80 年代下降,而在 90 年代有所上升。

* 美国和英国是两个分配最不平等的发达国家,在 20 世纪 70 年代末和 80 年代其不平等程度大幅上升,而在 20 世纪 90 年代后半期则略有上升。但在这两个国家,2010 年的不平等水平与 20 世纪 90 年代初的水平差别不大。

* 20 世纪 80 年代中期至 21 世纪第一个 10 年中期,德国、意大利、日本和北欧的一些国家市场收入分配越来越不平等,现在这些国家,其税前和转移支付前收入分配不平等程度几乎与美国、以色列和英国一样了。

* 在几乎所有国家,不平等的长期趋势在劳动适龄人口中更为明显。

8.4.1.2 分配统计

为分析收入分配情况,我们提出了许多统计方法,最常用的统计指标是基尼系数,但是利用近几十年的数据,很多其他测量方法也被广泛应用于许多国家。下面阐述的统计方法包括洛伦兹曲线、基尼系数、阿特金森指数(ATK)、十分位法(P90/P50 和 P90/P10)、五分位法(S80/S20)和帕尔马指数[可参见 Allison(1978)、Atkinson(1970)、Cowell(2000)、Heshmati(2004)等关于利用各种汇总统计数据来描述分配不平等情况的研究]。

洛伦兹曲线本身不是统计数据,而是表示收入累积分布的图形。洛伦兹曲线使用有序的收入数据,并显示每一点在家庭分配中所占的收入累计份额。

为了将洛伦兹曲线中包含的信息减少到单个数量,人们提出了各种汇总统计方法。基尼系数与洛伦兹曲线有直接联系。基尼系数可以用多种方法计算,视觉上可以表示为洛伦兹曲线与绝对平等线之间的面积与绝对平等线下的总面积之比。在家庭总收入份额的有序数据中,45 度线代表完全平等;每个家庭都有相同的收入,家庭总户数的每一个点在家庭总收入的分配上都是相同的(例如,最底层的 45% 家庭获得总收入的 45%)。基尼系数从 0(完全相等)到 1(最极端的不平等),在所有收入都由一个家庭持有的情况下是 1。

使用无序数据,家庭收入的基尼系数可以计算为相对平均差,或者所有家庭对收入的平均绝对差除以平均收入的两倍。

$$\text{Gini} = \frac{\sum_{i=1}^{N}\sum_{i=1}^{N}|x_i - x_j|}{2N^2\bar{x}} \tag{8.1}$$

其中,N 代表家庭总数,i 和 j 在每个可能的家庭配对中对每个家庭进行索引,x 是家庭收入,$\bar{x}$ 是样本的平均收入。

基尼系数是代表整个收入分配情况的诸多统计法之一。其他常用的不平等测量集中于分布的特定点或区域。下面我们利用最新数据,使用 P90 / P10 和 P90 / P50 十分位法,这种测量法会呈现"高"收入水平(从本次分配的第 90 个百分位数)的"低"收入(分配的第 10 个百分位数)或"中等"收入(中位数)。一个类似的测量,S80 / S20,代表家庭总收入份额中的分配在顶部五分之一和那些在底部的五分之一的比例。帕尔马指数,由 Palma(2011)推广开来,在更常见的 S80 / S20 基础上稍加修改得来,将分配最高的 10% 的收入份额除以最低收入 40% 的分配所得份额。

本节的最后一个测量法是 ATK。[①] 与基尼系数类似,ATK 总结整个分布情况。然而,与基尼系数不同的是,ATK 可以通过分解来识别不同的群体或收入来源对不平等的不同贡献。ATK 与以前的测量标准不同,它明确地包含了一个加权变量,可以选择该变量将更多的权重放在分配的顶部或底部。

$$ATK(\varepsilon) = 1 - \frac{1}{\bar{x}}\left(\frac{1}{N}\sum_{i=1}^{N} x_i^{1-\varepsilon}\right)^{\frac{1}{(1-\varepsilon)}} \tag{8.2}$$

加权变量(ε)通常是 0 到 2 之间的值,尽管可以使用任何正值。权重的较高值,称为不平等规避测量标准,更好地反映了对分配低端收入的敏感性。ATK 在 0 至 1 之间,在完全平等的情况下等于 0,越分散,其值越高。

8.4.1.3　21 世纪第一个 10 年后期发达国家和中等收入国家的不平等程度

随着人们对收入分配越来越感兴趣,现在可获取的收入跨国比较数据比以往任何时候都多。本节利用以上描述的所有分配统计法回顾了一系列发达国家和发展中国家的证据。下一节侧重于一组范围较窄的国家,并用更为有限的一组统计数据来审查收入分配的趋势。这些部分的所有分析主要基于部分富裕国家的统计机构、欧盟统计局、OECD 和 LIS 提供的数据。

8.4.1.3.1　洛伦兹曲线

与大多数不平等分析中使用的汇总统计数据不同,洛伦兹曲线直观地呈现了整个分布情况。通过分析这些绘制的累积分布函数可以看到对应的国家是否按标准优势进行排序。[②] 图 8.8 包含了不同在地理上或制度上具有连贯性的国家集群的一系列洛伦兹曲线,每个图上都有美国的洛伦兹曲线,以提高不同曲线之间的可比性。该图利用了每个国家最近的 LIS 波形数据(在单个图中标识),呈现了等价家庭可支配收入情况。[③]

[①] 平均对数偏差(MLD)是另一个统计法,采用全分布但往往产生与基尼系数非常相似的结果。由于篇幅有限,在这里就不对 MLD 统计做过多的介绍,但过去,OECD 曾用 MLD 计算,在《分则能成》(*Divided We Stand*)(2011)中也有相关内容。同时,方差平方系数(SCV)已应用于收入分配的分析,包括 OECD(2011)也在使用,但使用这一测量的排名非常敏感。Deding 和 Dall Schmidt(2002)发现,相比于基尼系数,SCV 在不平等方面每年都会产生较大幅度的变化,尤其是在顶层分配上对税收和转移支付特别敏感。基于这些原因,我们在本次综述中未纳入 SCV 指标。

[②] 参见 Cowell(2000)关于洛伦兹曲线的性质和支配标准的讨论。

[③] 这里显示的洛伦兹曲线基于:底部收入设定为平均收入的 1%,顶部收入设定为家庭收入中位数的 10 倍。

欧洲大陆国家(包括奥地利、比利时、法国、德国、卢森堡和瑞士)以及日本[图 8.8(a)所示]和北欧国家[图 8.8(b)所示的丹麦、芬兰、挪威]的收入分配不平等程度比美国要小得多。因为洛伦兹曲线在任何一点都不相交,我们可以说,这些国家中的每一个都有比美国"优越"的洛伦兹曲线。北欧国家之间差异略为明显,但与美国的差异相比,就很小了。

美国的分配比大多数欧洲国家更不平等,但在很大程度上并不是这样的。就盎格鲁-撒克逊国家[图 8.8(c)]而言,澳大利亚、加拿大和爱尔兰的洛伦兹曲线高于美国的洛伦兹曲线,尽管美国和英国的洛伦兹曲线没有交点,但在这点上它们几乎没有区别。与南欧国家[图 8.8(d)所示的西班牙、意大利和希腊]相比,美国的洛伦兹曲线也较低,但差距远不及北欧或欧洲大陆国家。当洛伦兹曲线在分配的顶部和底部相交时,南欧国家中没有一个国家的分配比其他国家优越。

即使在东欧[图 8.8(e)],每个国家的洛伦兹曲线都优于美国。爱沙尼亚(2004)和俄罗斯联邦分布非常相似,尤其是在上三分之一,但洛伦兹曲线在任何时候都不相交。与东欧邻国相比,斯洛伐克、斯洛文尼亚和捷克(2004)的分配,与欧洲大陆国家的情况更相似。

只有当我们把一组国家扩大到欧洲以外,包括中等收入国家和发展中国家时,我们才能发现比美国更不平等的收入分配[如图 8.8(f)[1]所示,"其他国家"包括韩国、印度、中国、巴西和以色列]。巴西、印度、中国和南非的最新 LIS 数据显示,这些国家的洛伦兹曲线低于美国。在这 4 个国家中,南非是分配最不平等的国家。以色列和美国的洛伦兹曲线几乎无法区分,而这两条曲线都低于韩国的洛伦兹曲线。

---

[1] 译者注:图 8.8(f)疑似原文有误,不应与图 8.8(e)相同。

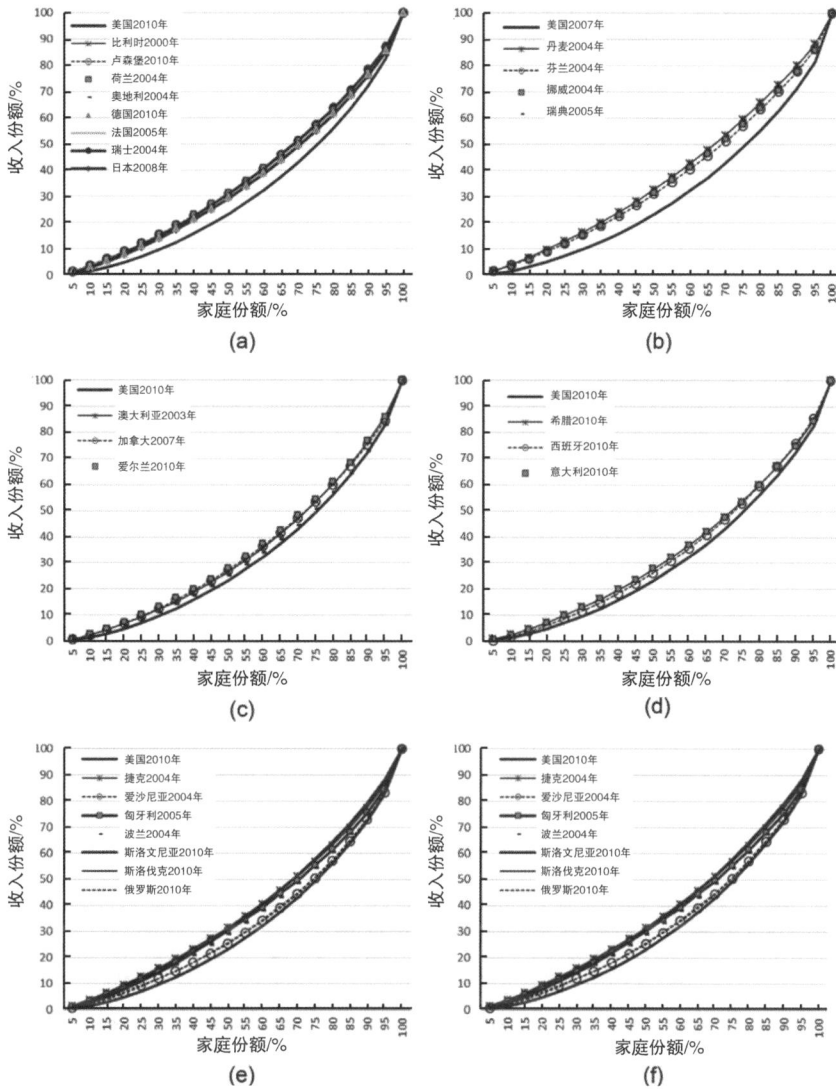

图 8.8　21 世纪第一个 10 年的中后期等价家庭可支配收入

注:(a)欧洲大陆国家(和日本)、(b)北欧国家;(c)盎格鲁-撒克逊国家;(d)南欧国家;(e)东欧国家;
(f)其他国家。

资料来源:基于作者对 LIS 数据的分析。

8.4.1.3.2　欧盟和 OECD 国家汇总统计和排名

近年来,欧盟和 OECD 及时计算了成员国的汇总分配统计数据。这些数据基于欧盟的
2010 年至 2011 年家庭可支配收入(DHI)数据和非欧盟国家"2010 年前后"的数据计算而
成。[①] 两个实体的统计数据使用略有不同的等值尺度对家庭规模进行调整。

图 8.9 包括欧盟和 OECD 成员国 23 个最富有国家三个不同的汇总统计数据,基于基尼

[①] 所有数字均按收入年份而非调查年份进行报告。欧盟统计局的数字最初是由调查年份公布的,但是我们按收入
年份来报告。有关数据时间安排的详细信息在表 8.2 和图 8.9 中可以查询。

系数排序整理而成。① 在富裕国家中,美国分配最不平等,基尼系数为 0.38。在另一个极端,基尼系数在 0.23 和 0.28 之间,北欧和比荷卢经济联盟以及奥地利的收入分配依次最为平等,以挪威为首。大陆大国经济体和盎格鲁-撒克逊国家位于中间位置,德国和法国的基尼系数分别在 0.28 和 0.31 之间,澳大利亚、加拿大和英国在 0.32 和 0.33 之间。

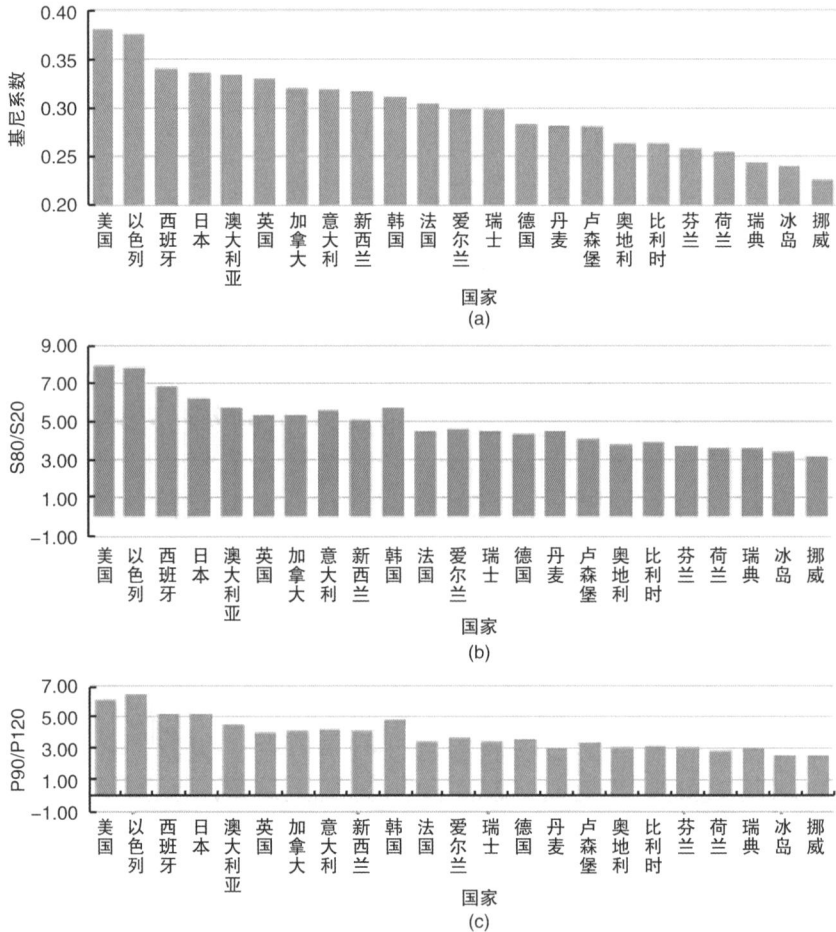

图 8.9 2010—2011 年最富有的欧盟和 OECD 成员国等价家庭可支配收入汇总分配统计

注:(a)基尼系数,(b)五分位数比率②(S80／S20),(c)十分位数比率(P90／P120)。欧盟成员国数据主要是 2011 年或 2010 年的;非欧盟 OECD 成员国数据主要 2010 年的。基尼系数、S80／S20 比率和欧盟成员国 P90／P10 比率数字主要是基于 2010 年欧盟统计局的数据。一些欧洲国家有 2011 年的数据,包括丹麦、芬兰、法国、德国、冰岛、卢森堡、荷兰。非欧盟 OECD 成员国的基尼系数、S80／S20 和 P90／P10 数据主要来自 2010 年,也有一些例外:韩国,2011 年;日本、新西兰和瑞士,2009 年。

资料来源:欧盟统计局和 OECD。

---

① 2012 年,这些国家人均国内生产总值超过 29000 美元(PPP),占世界 31 个最富裕国家中的 23 个(International Monetcary Fund,2013)。

② 译者注:原文为"inter quartile share ratio",为"四分位数比率",根据上下文,应更正为"interquintile share ratio",即"五分位数比率"。

虽然他们是基于小范围分配,S80／S20 五分位数比率[图 8.9(b)]和 P90／P10 十分位数比率[图 8.9(c)]分别产生与基尼系数相似的排名。在 S80／S20 最高的富裕国家中,美国和以色列的最高家庭平均收入的第五名是倒数第五平均收入的 7.8 倍。在较平等的北欧国家和比荷卢经济联盟的国家,比率介于 3.2 和 3.9 之间。以色列的 P90／P10 为 6.4,紧随其后的是美国,为 6.1。使用 P90／P10 的排名大多类似于 S80／S20 的排名,与基尼系数排名不同,但富裕的亚洲国家在某种程度上脱颖而出。在基尼系数排名中,日本、韩国与许多盎格鲁-撒克逊国家、南欧国家相似,相对来说更平等。在利用 P90／P10 的情况下,日本和韩国分配更不平等,分别以 5.2 排在第三,以 4.8 排在第六。在北欧国家和比荷卢经济联盟的国家,P90／P10 介于 2.6 和 3.2 之间。

表 8.2　2010—2011 年及 21 世纪第一个 10 年末欧盟和 OECD 等价家庭可支配收入分布统计汇总

国家	基尼系数	五分位数比率 （S80/S20）	十分位数比率 （P90/P10）
澳大利亚	0.334	5.7	4.5
奥地利	0.263	3.8	3.1
比利时	0.263	3.9	3.2
保加利亚	0.336	6.1	4.9
加拿大	0.320	5.3	4.1
克罗地亚	0.310	5.4	4.5
塞浦路斯	0.310	4.7	3.7
捷克	0.249	3.5	2.9
丹麦	0.281	4.5	3.0
爱沙尼亚	0.325	5.4	4.4
芬兰	0.259	3.7	3.1
法国	0.305	4.5	3.5
德国	0.283	4.3	3.6
希腊	0.343	6.6	4.9
匈牙利	0.269	4.0	3.3
冰岛	0.240	3.4	2.6
爱尔兰	0.298	4.6	3.7
以色列	0.376	7.8	6.4
意大利	0.319	5.6	4.2
日本	0.336	6.2	5.2
拉脱维亚	0.359	6.5	5.1
立陶宛	0.32	5.3	4.4
卢森堡	0.280	4.1	3.4
马耳他	0.272	3.9	3.3

续 表

国家	基尼系数	五分位数比率 （S80/S20）	十分位数比率 （P90/P10）
荷兰	0.226	3.6	2.9
新西兰	0.317	5.1	4.1
挪威	0.226	3.2	2.6
波兰	0.309	4.9	4.0
葡萄牙	0.345	5.8	4.6
罗马尼亚	0.332	6.2	5.2
俄罗斯	0.428	9.0	6.9
斯洛伐克	0.257	3.8	3.1
斯洛文尼亚	0.237	3.4	3.0
韩国	0.311	5.7	4.8
西班牙	0.340	6.8	5.2
瑞典	0.244	3.6	3.0
瑞士	0.297	4.5	3.5
土耳其	0.448	11.3	8.5
英国	0.330	5.3	4.0
美国	0.380	7.9	6.1

注:欧盟统计局的数据用于OECD成员国的欧盟国家。欧盟成员国数据主要是2011年或2010年的,非欧盟OECD成员国数据主要是2010年的。欧盟成员国的基尼系数、S80／S20和P90／P10是基于2010年欧盟统计局的数据。许多欧盟国家的数据是2011年的,包括保加利亚、塞浦路斯、捷克、丹麦、爱沙尼亚、芬兰、法国、德国、希腊、匈牙利、冰岛、卢森堡、荷兰、波兰、葡萄牙和斯洛文尼亚。非欧盟OECD成员国的基尼系数、S80／S20和P90／P10主要是2010年的,也有一些例外:韩国是2011年的,日本、新西兰和瑞士是2009年的,俄罗斯是2008年的。所有国家的方差平方系数(SCV)都来自OECD的《分则能成》,而且除了匈牙利、土耳其(2007)和日本(2006),其他国家主要是2008年的数据。OECD不再收集这些统计数据。

资料来源:欧盟统计局和经合组织。

当然,被视为"最不平等"或"最平等"的国家名单,在某种程度上取决于纳入比较范围的国家。图8.10代表了一组国家有序的基尼系数,其中包括图8.9所示的23个富裕国家,另有17个高收入国家,其国内总产值的人均产值超过12500美元[International Monetary Fund,2013],这些国家也是欧盟和OECD成员国的一部分。在图8.10中,基于基尼系数,可以看出俄罗斯和土耳其成为分配最不平等的国家。分配较为平等的国家名单同样有北欧国家和比荷卢经济联盟的国家,也包括斯洛文尼亚和捷克等几个中欧国家。表8.9和图8.10的汇总统计数据可以在表8.2中找到。

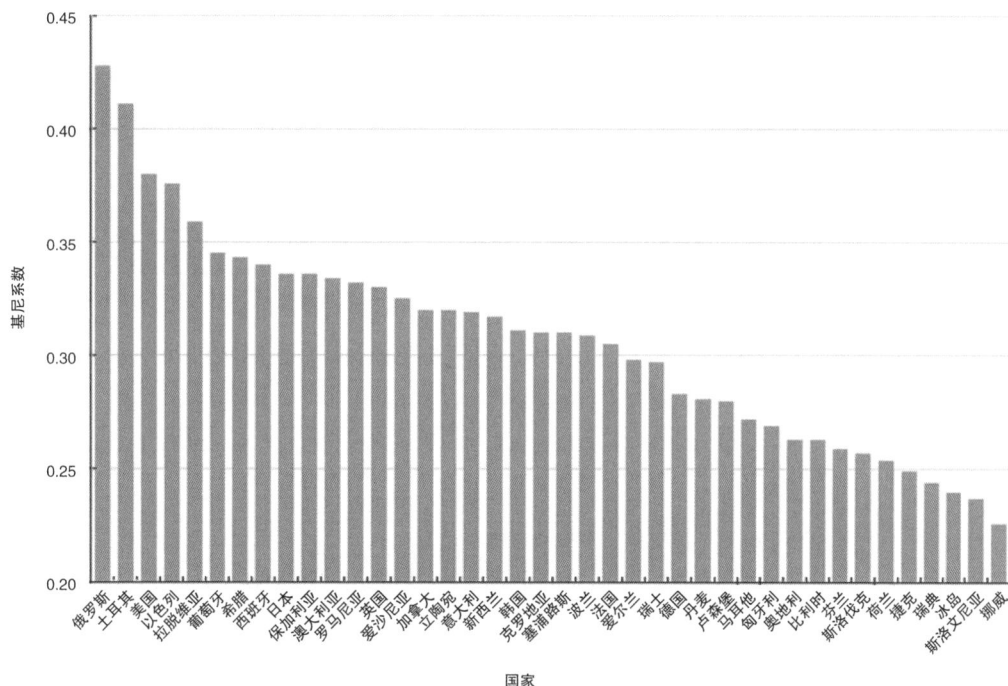

图 8.10　2010—2011 年等价家庭可支配收入基尼系数,包括欧盟和 OECD 的中等收入和发展中国家

资料来源:欧盟和生活条件统计(SILC),欧盟统计局公布的数据(欧盟成员国 2010 年/2011 年的数据)。OECD 的数据主要来自 2010 年;例外情况包括韩国(2011)新西兰和土耳其(2009)。

8.4.1.3.3　LIS 国家汇总统计和排名

正如上文的洛伦兹曲线所示,LIS 项目包含了一些不属于欧盟和 OECD 国家的数据,LIS 还定期计算一些欧盟和 OECD 通常不报告的分配统计数据。图 8.11 包括两种不同的 ATK 测量法($\varepsilon=0.5,1$)、P90 / P50 十分位法和帕尔马指数[图 8.11(d)],33 个国家的数值在最近 3 次 LIS 调查中都被报道(涵盖 21 世纪的第一个 10 年)。这些图表中所用的数据在表 8.3 中可以找到。

图 8.11 中的替代汇总统计数据保持了图 8.9 所示的富裕国家之间基本的排序,比荷卢经济联盟和北欧国家的分配最为平等,美国、以色列和英国的分配最不平等。如果把中等收入国家和发展中国家包括在 LIS 项目中,则排名会发生显著变化。迄今为止,在 33 个国家中,南非的不平等程度较高,ATK 指数为 0.29。使用较大的不平等规避参数($\varepsilon=1$)会得到更高的 ATK 指数,但大体上国家排序不变[图 8.11(a)]。由于收入对分配底部更加敏感,捷克的排名(从最不平等到最平等)下降了 3 个名次,瑞士上升了 5 个,但总的来说,我们对哪些国家收入分配是更平等还是更不平等的理解基本上没有改变,因为不平等规避系数的变化不大。

P90 / P50 十分位法[图 8.11(c)]表明,富裕的欧盟、OECD 国家与中等收入国家、发展中国家相比,在 LIS 项目中的分配存在巨大差异。以色列是一个发达国家,其 P90 / P50 最高,等价家庭可支配收入为 90%,是中位数的 2.3 倍。4 个 LIS 低收入国家的 P90 / P50 比值至少比以色列高出 40%。

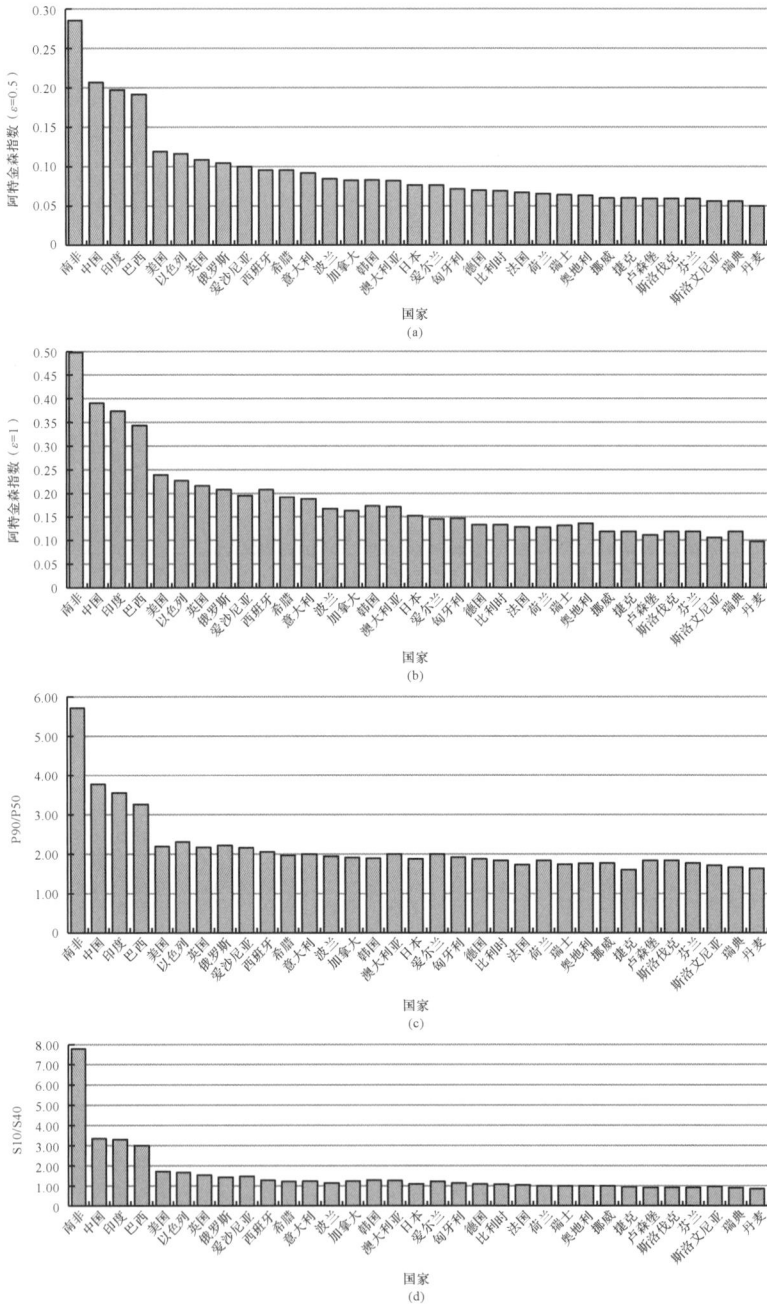

图 8.11 LIS 国家在 21 世纪初使用等价家庭收入的分配汇总统计

注:LIS 第六、七、八波数据:(a)阿特金森指数(ε=0.5),(b)阿特金森指数(ε=1),(c)P90 / P50 比值,(d)帕尔马指数(S10 /S40 比值)。样本年份从 2002 年到 2010 年不等。

资料来源:作者对 LIS 数据的分析。(a)至(c)的数据来自 LIS 发布的"关键数据",(d)基于作者对 LIS 数据的分析。

　　帕尔马指数的支持者们认为,该指数可以将收入分配中因时间和跨国导致的最不稳定的部分隔离开来(Cobham and Sumner, 2013)。与基尼指数(和 ATK)相比,帕尔马指数也是透明的,可以说明分配的哪些部分决定了不平等的测量标准。P90/P10、P90/P50 和 S80/S20 测量法也有同样的特点。基于帕尔马指数的国家排名,利用 LIS 数据计算,与使用更常见的测量法得到的结果非常相似。北欧国家分配最为平等,数值范围在 0.82(丹麦)与 0.98(挪威)之间,而南非却是分配最不平等的,其帕尔马指数为 7.81。在发达国家中,美国的帕尔马指数最高,为 1.75。

　　图 8.11 表明,在所有四项不平等测量指标中,国家排名都是相似的。不管用哪种测量,在 LIS 数据中,南非是所有国家中最不平等的,而丹麦是最平等的。利用其中三种测量法,美国在最不平等排名中为第五,使用另外一种测量法排第七(P90/P50)。

表 8.3　使用等价家庭可支配收入从 LIS 获得的分布统计汇总

国家和年份	阿特金森指数 ($\varepsilon=0.5$)	阿特金森指数 ($\varepsilon=1$)	百分比(P90/P50)	帕尔马指数(S90/S40)
澳大利亚,2003	0.082	0.172	1.98	1.28
奥地利,2004	0.061	0.120	1.79	1.00
比利时,2000	0.068	0.129	1.74	1.08
巴西,2006	0.192	0.345	3.27	3.00
加拿大,2007	0.083	0.164	1.93	1.28
中国,2002	0.208	0.392	3.77	3.33
捷克,2004	0.060	0.113	1.85	0.96
丹麦,2004	0.045	0.092	1.56	0.82
爱沙尼亚,2004	0.100	0.197	2.17	1.49
芬兰,2004	0.056	0.108	1.71	0.98
法国,2005	0.066	0.128	1.84	1.04
德国,2010	0.069	0.133	1.85	1.10
希腊,2010	0.096	0.194	1.97	1.26
匈牙利,2005	0.071	0.134	1.87	1.10
印度,2004	0.198	0.375	3.56	3.29
爱尔兰,2010	0.072	0.147	1.92	1.14
以色列,2010	0.117	0.228	2.30	1.69
意大利,2010	0.092	0.189	1.99	1.26
日本,2008	0.077	0.154	1.88	1.13
卢森堡,2010	0.060	0.120	1.85	0.96
荷兰,2004	0.065	0.133	1.74	0.98
挪威,2004	0.061	0.119	1.60	0.98
波兰,2004	0.085	0.169	1.96	1.17

续 表

国家和年份	阿特金森指数 ($\varepsilon=0.5$)	阿特金森指数 ($\varepsilon=1$)	百分比(P90/P50)	帕尔马指数(S90/S40)
俄罗斯,2010	0.105	0.210	2.24	1.45
斯洛伐克,2010	0.060	0.120	1.77	0.93
斯洛文尼亚,2010	0.056	0.119	1.66	0.95
南非,2010	0.287	0.505	5.70	7.81
韩国	0.083	0.173	1.895	1.31
西班牙,2010	0.096	0.209	2.06	1.32
瑞典,2005	0.049	0.097	1.63	0.85
瑞士,2004	0.064	0.137	1.76	0.97
英国,2010	0.109	0.216	2.13	1.56
美国,2010	0.119	0.241	2.19	1.75

资料来源:作者对 LIS 项目数据的分析。作者利用 LIS 项目数据、LIS 发表的图表、阿特金森指数和 P90/P50 比值,计算了帕尔马指数。

8.4.1.3.4 税前收入、转移支付收入与家庭可支配收入的现行分配比较

几乎在每一个国家,尤其是富裕国家,税收和转移支付都会缩小收入差距,无论是高收入家庭以较高的税率缴税,还是福利和转移支付不成比例地向低收入家庭倾斜,或者两者兼而有之,比起市场收入,家庭可支配收入的不平等程度较低。对于税收和转移支付在多大程度上降低了测量的不平等程度,各国之间差别很大。图 8.12 显示了 31 个 OECD 国家在家庭可支配收入、税前收入和转移收入的分配情况,以及税收和转移支付在多大程度上减少了不平等现象。图中显示了所有年龄段[图 8.12(a)]、工作年龄(18—65 岁)人群[图 8.12(b)]的家庭可支配收入、税前收入和转移收入(按后者排序)的基尼系数。

按所有年龄段的税前收入和转移收入不平等[图 8.12(a)]得来的国家排名,与先前按家庭可支配收入得来的排名差异巨大。在税前收入和转移收入分配上,美国并不是最不平等的国家,即使在发达国家中,也在爱尔兰、以色列、英国和南欧国家之后,排名第九。意大利税前收入和转移收入基尼系数为 0.50,比韩国高出 47%,在这组国家中,其基尼系数最低。此外,基于税前收入和转移收入的基尼系数,三国排名相差甚远,不是都聚集在末尾,至少芬兰这个北欧国家排在中间位置。

图 8.12 强调的另外一个特征是,税收和转移支付在减少不平等程度上存在着巨大的跨国差异。在一些国家,特别是俄罗斯和韩国,税收和转移支付制度对收入分配的影响不大,家庭可支配收入的基尼系数比税前收入和转移收入的基尼系数稍小。与其他国家相比,俄罗斯再分配水平低使得其家庭可支配收入不平等程度非常高。在韩国,再分配相对较少,但是其税前收入和转移收入的分配比大多数国家均匀,所以其家庭可支配收入排在中间位置。

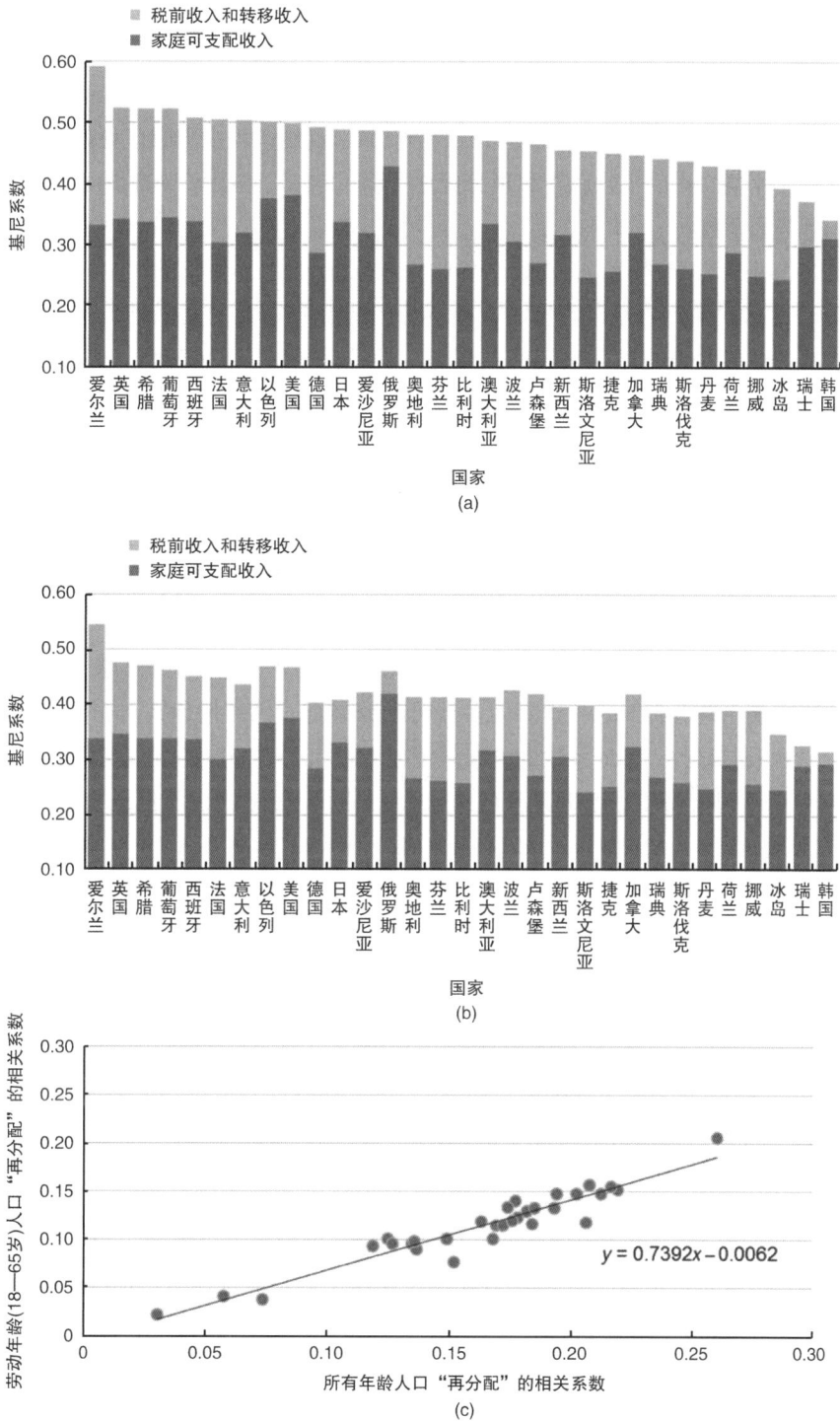

■ 税前收入和转移收入
■ 家庭可支配收入

(a)

■ 税前收入和转移收入
■ 家庭可支配收入

(b)

$y = 0.7392x - 0.0062$

(c)

图 8.12 2010 年左右税前和转移收入基尼系数及家庭可支配收入基尼系数

注:(a)所有年龄人口,(b)劳动年龄人口,(c)所有年龄人口"再分配"(税前收入和转移收入的基尼系数减去家庭可支配收入基尼系数)与劳动年龄人口"再分配"的相关系数。OECD 成员国的数据主要是 2010 年的,但也有些例外:韩国(2011),日本、新西兰和瑞士(2009),俄罗斯(2008)。

在其他国家,税收和转移支付对收入分配有相当大的影响。11个国家的家庭可支配收入(DHI)基尼系数比市场收入的基尼系数至少低40％。这对于北欧、比荷卢三国以及爱尔兰、德国和一些东欧国家都是如此。这些国家的大量税收和转移再分配使它们的家庭可支配收入(DHI)分配最为平等。就美国和以色列而言,高于平均水平的市场收入分配不平等程度加上低于平均水平的税收和转移再分配水平,使其在发达国家中有最高的家庭可支配收入(DHI)基尼系数。

在本节中,我们说明税前收入、转移收入和家庭可支配收入(DHI)作为测量一个国家再分配程度基尼系数的差异。然而这种再分配测量有很大的局限性,应该引起我们的注意。首先是这两个基尼系数之间的差距是一种扭曲的"再分配"测量,因为实行再分配的税收和转移政策会给家庭与企业经济行为带来一些变化,这会反映在税前收入和转移收入上。另外,根据不同的制度安排和政策选择,在某些国家类似的收入类型被归类为转移支付,而有些国家不是。退休收入制度至关重要,更加依赖公共部门直接提供的养老金的国家,似乎比通过雇主和私人账户(税收优惠和潜在法规支持)资助退休计划的国家再分配程度更大。[①] 一个必然结果是,人口老龄化的国家(以及其他类似的养老金制度)似乎再分配程度更高。

我们可以通过利用劳动适龄人口的收入[图8.12(b)],比较不同国家的再分配程度,以此至少来避免一些分类问题。排除大多数依靠养老金收入的退休人员,并没有显著改变基于税前收入和转移收入基尼系数的国家排序或者国家间再分配的程度。美国、盎格鲁-撒克逊国家和南欧国家仍然是最不平等的国家,而北欧和比荷卢三国仍然是最平等的。然而在一些国家,当老年人被排除在外时,税前收入和转移收入不平等的国家排序有很大变化,例如美国、加拿大、以色列和俄罗斯的排序会显著上升。

所有国家的再分配程度在总人口中比在劳动年龄人口中要高。在典型国家,劳动年龄的再分配水平几乎可以是总人口的四分之三[图8.12(c)]。所有年龄段和工作年龄段人口的再分配的相关性很高,两个不同年龄组的再分配测量之间的简单相关系数为0.95。在总人口(包括老年人)中进行较高水平再分配的国家,也往往倾向于在劳动年龄人口中进行较高水平的再分配。表8.4包含图8.12中的所有数据。

8.4.1.4 1970年以来的收入分配趋势

由于一些国家的收入分配数据和统计数据在最近几年才可以获取,因此我们只能分析20世纪70年代以来一组比前一节更为有限的国家的收入分配的趋势。在这里,我们首先描述自20世纪70年代中期以来10个富裕国家等价家庭可支配收入(DHI)的基尼系数趋势。接着我们介绍S80／S20和P90/P10测量的趋势,在20世纪80年代中期,S80／S20和P90/P10测量可用于更多的OECD国家。但有几个国家的数据可以追溯到20世纪70年代。[②] 我们讨论税前收入和转移收入基尼系数的趋势,以及在更多的OECD国家中税收和转移收入降

---

① 即使养老金福利水平相同,情况也是如此。为私人养老金计划提供资金的储蓄水平相当于为公共养老金计划提供资金的税收。

② OECD的14个成员国有从20世纪80年代中期或之前开始的S80／S20和P90／P10可用统计数据。在5个国家中,有一些数据是20世纪70年代的。对其中的几个国家来说,20世纪70年代的这些指标数据只有1年可用。

低基尼系数的程度。最后,我们利用了劳动年龄人口和所有年龄人口的三种分配统计数据,比较 20 世纪 80 年代中期以来的不平等趋势。

表 8.4　家庭市场收入与家庭可支配收入比较:2010 年前后 OECD 国家的基尼系数

国家	所有年龄人口			劳动年龄人口(18—65 岁)		
	税前收入和转移收入	家庭可支配收入	由税收和转移支付制度导致的基尼系数的下降	税前收入和转移收入	家庭可支配收入	由税收和转移支付制度导致的基尼系数的下降
澳大利亚	0.469	0.334	0.135	0.414	0.318	0.096
奥地利	0.479	0.267	0.212	0.414	0.266	0.148
比利时	0.478	0.262	0.216	0.413	0.258	0.155
加拿大	0.447	0.320	0.127	0.420	0.324	0.096
捷克	0.449	0.256	0.193	0.386	0.253	0.133
丹麦	0.429	0.252	0.177	0.388	0.248	0.140
爱沙尼亚	0.487	0.319	0.168	0.423	0.322	0.101
芬兰	0.479	0.260	0.219	0.415	0.263	0.152
法国	0.505	0.303	0.202	0.449	0.301	0.148
德国	0.492	0.286	0.206	0.403	0.285	0.118
希腊	0.522	0.337	0.185	0.471	0.338	0.133
冰岛	0.393	0.244	0.149	0.348	0.247	0.101
爱尔兰	0.591	0.331	0.260	0.545	0.339	0.206
以色列	0.501	0.376	0.125	0.469	0.368	0.101
意大利	0.503	0.319	0.184	0.437	0.321	0.116
日本	0.488	0.336	0.152	0.409	0.332	0.077
卢森堡	0.464	0.270	0.194	0.420	0.272	0.148
荷兰	0.424	0.288	0.136	0.391	0.293	0.098
新西兰	0.454	0.317	0.137	0.396	0.306	0.090
挪威	0.423	0.249	0.174	0.391	0.257	0.134
波兰	0.468	0.305	0.163	0.427	0.308	0.119
葡萄牙	0.522	0.344	0.178	0.462	0.339	0.123
俄罗斯	0.486	0.428	0.058	0.461	0.420	0.041
斯洛伐克	0.437	0.261	0.176	0.380	0.260	0.120
斯洛文尼亚	0.453	0.246	0.207	0.399	0.242	0.157
韩国	0.342	0.311	0.031	0.316	0.294	0.022
西班牙	0.507	0.338	0.169	0.452	0.337	0.115
瑞典	0.441	0.269	0.172	0.385	0.270	0.115
瑞士	0.372	0.298	0.074	0.328	0.290	0.038

续　表

国家	所有年龄人口			劳动年龄人口(18—65 岁)		
	税前收入和转移收入	家庭可支配收入	由税收和转移支付制度导致的基尼系数的下降	税前收入和转移收入	家庭可支配收入	由税收和转移支付制度导致的基尼系数的下降
英国	0.523	0.341	0.182	0.477	0.347	0.130
美国	0.499	0.380	0.119	0.468	0.375	0.093

资料来源:OECD 不平等数据库,2013 年 10 月 23 日访问。大多数 OECD 国家的数据是 2010 年的。也有些例外:韩国(2011),爱尔兰、日本、新西兰和瑞士(2009),俄罗斯(2008)。

8.4.1.4.1　10 个发达国家等价家庭可支配收入基尼系数的趋势

自 20 世纪 70 年代初以来,收集了可比数据(大多是年度数据)的大部分富有国家都经历了基尼系数的大幅上升(图 8.13)。[①] 有的国家(美国、英国和荷兰)的上升发生在 20 世纪 80 年代,有的国家(加拿大、北欧国家和德国)的上升出现在 20 世纪 90 年代和 21 世纪初。这些国家的不平等趋势呈现出不同程度的 J 形或 U 形(进一步讨论见 Gottschalk and Smeeding,2000)。

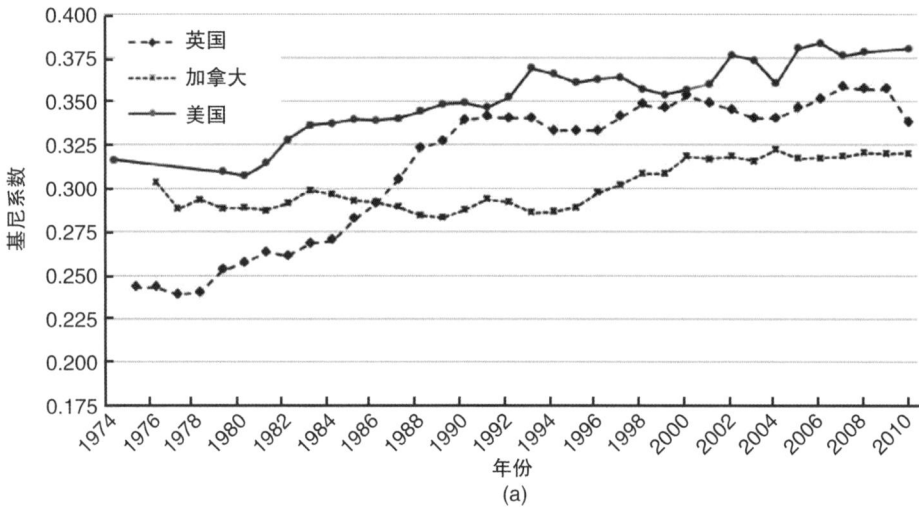

(a)

[①] 这些国家的数据由 OECD(见其收入分配数据库)和一些国家的统计机构收集。英国、芬兰、挪威、法国、德国数据都来源于国家统计机构和发表在 Atkinson 和 Morelli (2012, 2014)(由作者更新)上的文章,它提供了关于来源的进一步细节。意大利的数据发表在 Brandolini 和 Smeeding(2008, 2009)上,由 Brandolini (个人通信)更新。

(b)

(c)

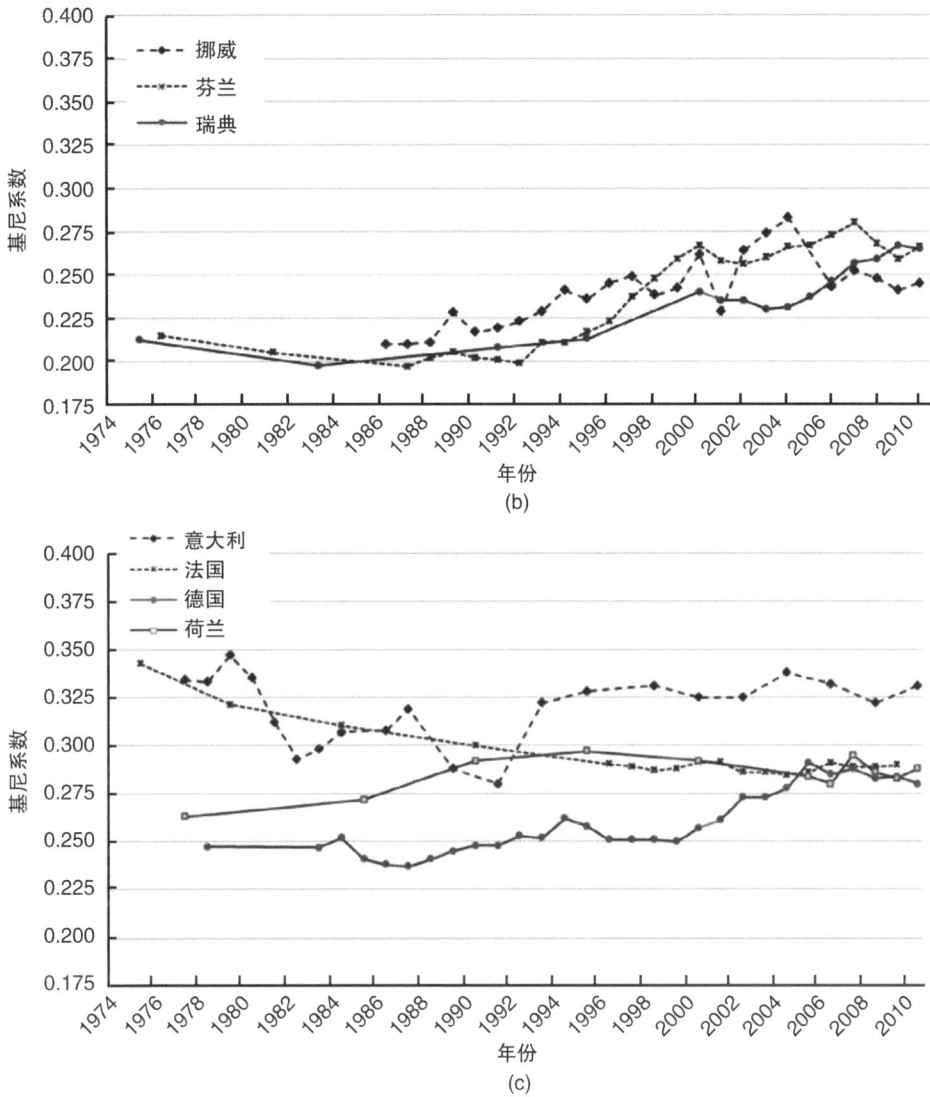

图 8.13　按国家组、OECD 和统计机构数据分列的发达国家数据在等价家庭可支配收入（DHI）基尼系数的趋势

注：盎格鲁-撒克逊国家和美国（a）、北欧国家（b）、欧洲大陆和南欧国家（c）。

资料来源：加拿大、瑞典和美国的数据来自 OECD 收入分配数据。《不平等图册》（Atkinson and Morelli，2012，2014），该图册基于统计机构公布的其他国家的数据并由作者进行了更新。意大利数据来源于 Smeeding 和 Brandolini（2009），由 Brandolini 更新。

　　意大利和法国的不平等现象在 20 世纪 80 年代有所减少，自 20 世纪 90 年代中期以来，两个国家的基尼系数几乎没有什么变化。然而，意大利在 20 世纪 80 年代初的下降被 90 年代初的增长所抵消（Brandolini and Vecchi，2011）。如图 8.6 所示，过去的 10 年或 20 年中，大多数富裕国家的等价家庭可支配收入（DHI）经历了相对较小的变化，但许多国家都经历了明显的周期性波动，特别是美国、英国和北欧国家。

近 40 年来,大多数国家的不平等程度有所上升,各国的排名顺序基本保持不变。最剧烈的转变发生在法国。20 世纪 70 年代中期,法国的分配最不平衡(在这些富裕国家中),现在其基尼系数仅略高于北欧国家。此外,英国在 20 世纪 70 年代中期是收入分配最均衡的国家之一,但在 20 世纪 90 年代以来成为分配最不平等的国家之一。20 世纪 80 年代初以来,美国在富裕国家中的收入分配最不平等。

北欧国家日益加剧的不平等也产生了相对但显著的变化。在 20 世纪 90 年代初,北欧国家的收入分配不平等程度大大低于其他国家,从那时起,北欧国家的不平等程度不断上升,其他国家的不平等程度保持稳定(法国和荷兰)或小幅增加(德国),这使欧洲大陆和北欧国家的不平等程度产生了某种程度的趋同。在此期间,德国家庭可支配收入(DHI)基尼系数上升了 14%(从 0.25 到 0.28)。[①] 虽然收入分配在民主德国较为平等[1991 年,民主德国家庭可支配收入(DHI)基尼系数为 0.20,联邦德国为 0.25],其统一对德国的不平等趋势影响不大(Fuchs-Schündeln and Schündeln, 2009; Grabka and Kuhn, 2012)。

与 20 世纪 80 年代初相比,这 10 个富裕国家的不平等测度的范围有所缩小。瑞典和芬兰曾经是分配最平等的两个国家,后来不平等程度大幅度上升。1980 年前后,这 10 个富裕国家的人均家庭可支配收入基尼系数为 0.265,方差为 0.0022;2010 年左右的平均数上升到 0.30,而方差缩小到 0.0017。

8.4.1.4.2 14 个 OECD 国家 S80 / S20 和 P90 / P10 测量等价家庭可支配收入(DHI)的发展趋势

自 20 世纪 80 年代初以来,更多的国家开始收集可比较的收入数据(除了上节讨论的 10 个发达国家,丹麦、以色列、日本、卢森堡和新西兰也加入进来)。[②] OECD 分析了这些国家的收入调查,计算了 S80 / S20 和 P90 / P10。这两种测量方法得出的收入不平等的趋势与我们在图 8.13 中看到的基尼系数大致相同。

自 20 世纪 80 年代初以来,这些国家顶部五分之一的收入除以底部五分之一的收入所占的份额(S80/S20)都有所增加。但有些国家的不平等现象有所增加,排名也有所变化(图 8.14)。在这期间,以色列经历了最大的绝对变化,其 S80 / S20 上升了 2.5,基本上与美国的排名相当,收入最高的五分之一家庭所获收入是收入最低的五分之一的家庭的 7.8 倍,以色列的不平等在 20 世纪 90 年代末和 21 世纪初有所加剧。在同一时期,瑞典也经历了最大的相对增长,其 S80 / S20 增长了 48%。加拿大是这些国家中增长幅度最小的国家,S80 / S20 增幅比在 20 世纪 80 年代的最低点增加不到 10%。

---

① 德国不平等趋势的进一步分析见 Grabka 和 Kuhn (2012)、Faik (2012) 和 Goebel 等 (2010)。
② 法国不包括在 OECD 系列范围内,不能计算 S80 / S20 和 P90 / P10。

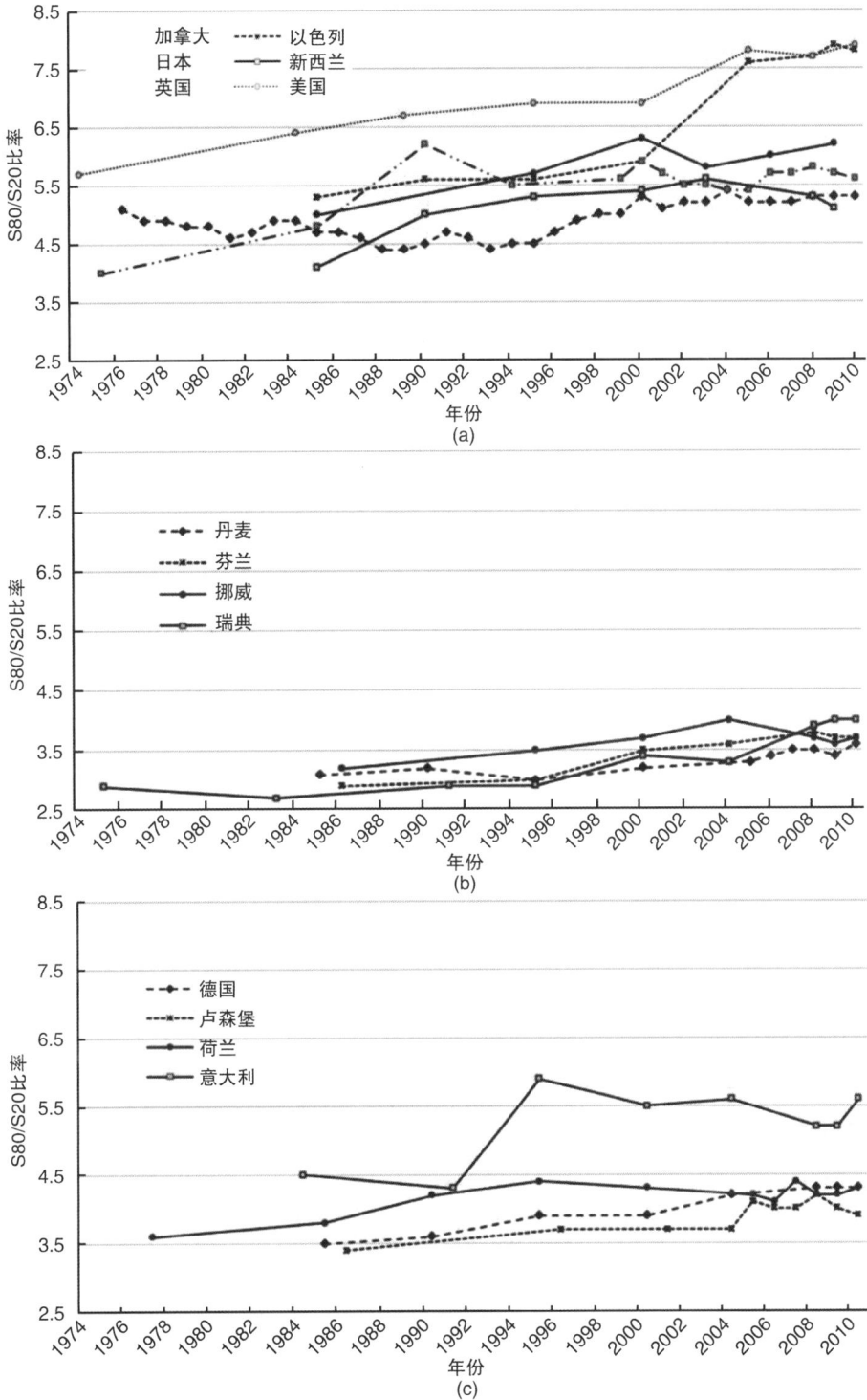

图 8.14　基于 OECD 国家组数据的等价家庭可支配收入 S80 / S20 比率趋势

注：（a）盎格鲁-撒克逊国家、美国和其他国家，（b）北欧国家，以及（c）欧洲大陆和南欧国家。

数据来源：OECD 收入分配数据。

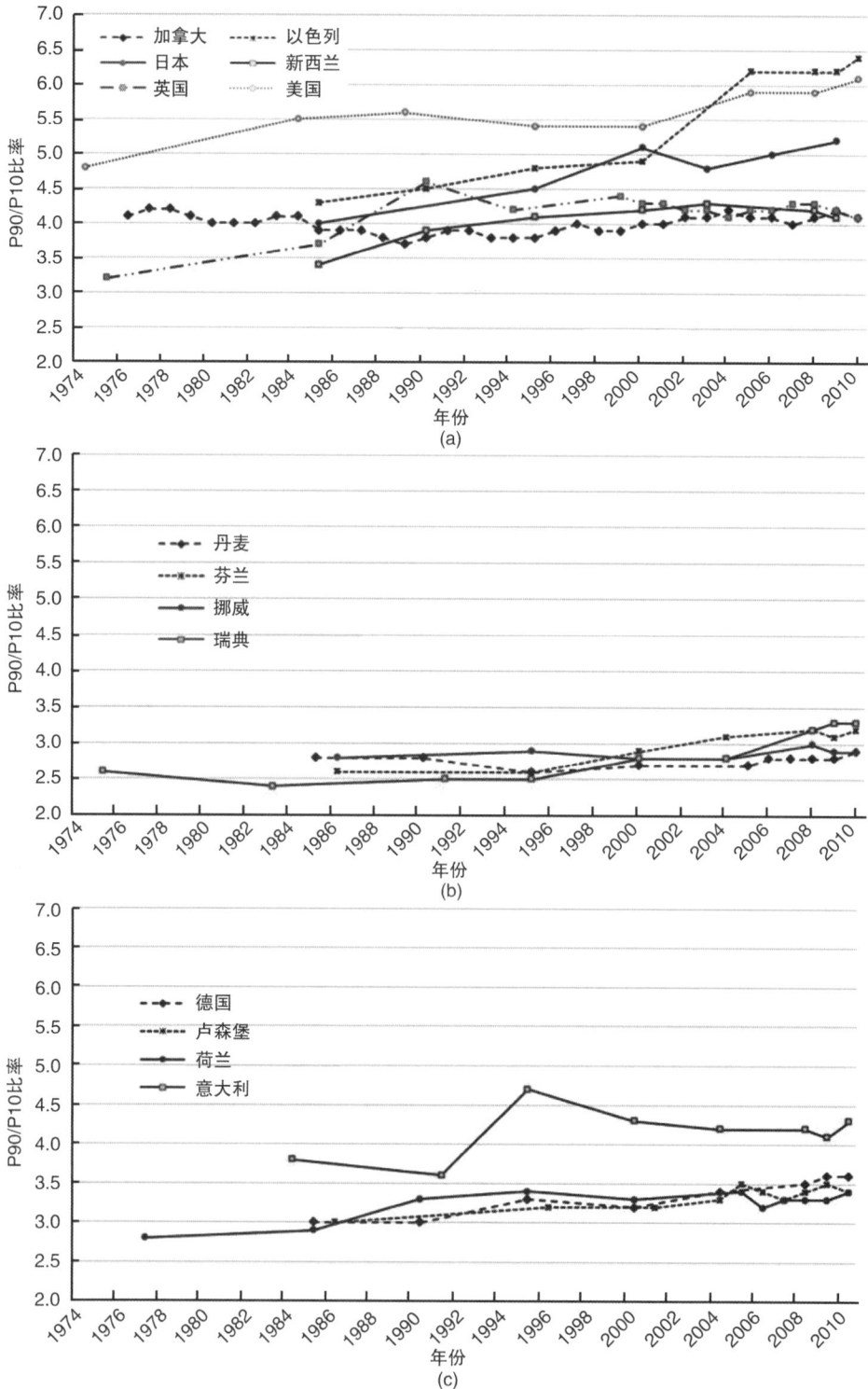

图 8.15　基于 OECD 国家组数据的等价家庭可支配收入 P90 / P10 比率趋势

注:(a)盎格鲁-撒克逊国家、美国和其他国家,(b)北欧国家,以及(c)欧洲大陆和南欧国家。

数据来源:OECD 收入分配数据。

利用 P90 / P10 来突出收入分配顶部和底部之间对比的不平等测量,显示 P90 / P10 十分位数比率对不平等趋势几乎没有什么影响(图 8.15)。类似于 S80 / S20 测量,在这期间,所有国家收入不平等现象有所增长。对以色列和日本来说,用 P90/P10 比率测量,收入分配似乎会变得更加不平等。到 21 世纪第一个 10 年中期,以色列取代美国成为最不平等的富裕国家,第 90 百分位的家庭可支配收入是第 10 百分位的家庭的 6.4 倍。在过去的 30 年,日本的 P90 / P10 比率上升了 30%。

然而,在大多数情况下,自 20 世纪 80 年代初以来,不平等现象的增加相当于或稍小于 S80 / S20 比率的趋势。以加拿大为例,2010 年 P90 / P10 比率等于其在 1983 年的数值,但是比 20 世纪 80 年代的最低点高出 0.4。在所有的北欧国家和欧洲大陆国家(除了荷兰),P90 / P10 比率的百分比上升幅度低于同期的 S80 / S20 比率。

8.4.1.4.3 OECD 国家税前和转移基尼系数的趋势以及再分配程度

税前收入和转移收入的分配趋势(利用基尼系数)以及再分配程度可以使用相同的数据进行探讨,这些数据也适用于扩展后的 OECD 国家,尽管有些数据是从 20 世纪 90 年代中期才开始收集的。

在这些高收入国家中,日本是税前收入和转移收入不平等程度增幅最大的国家,增长率超过 40%,从 20 世纪 80 年代中期再分配最平等的国家之一,到 2010 年变成收入分配最不平等的国家之一[图 8.16(a)](图 8.16 和图 8.17 只包括 20 世纪 80 年代中期可用数据的国家,并显示相对于 20 世纪 80 年代中期基数的百分比变化)。在此期间,意大利的不平等现象也大幅度增加,其税前和转移基尼系数增加了 30%[图 8.16(c)]。在这些国家中,大多数国家的税前和转移不平等现象有所加剧,在盎格鲁-撒克逊国家和美国,增长集中在 20 世纪 80 年代和 90 年代初,在北欧和欧洲大陆国家,基尼系数在 90 年代初上升最快。荷兰似乎是唯一避免税前和转移不平等加剧的国家,在 20 世纪 90 年代末,芬兰的税前和转移基尼系数实际上下跌超过 10%。然而,美国、荷兰和芬兰只有自 20 世纪 90 年代中期以来的数据。在荷兰,税前和转移基尼系数在 20 世纪 80 年代的上升与 90 年代后期的下降相抵消。在 21 世纪,新西兰的不平等现象不断缓和。在过去 15 年中,一些国家(包括芬兰、以色列和瑞典)税前不平等的变化很少,基尼系数在 20 世纪 90 年代中期至 2010 年间略有波动。[①]

结合税收和转移支付的影响可能会产生不平等趋势,在某些情况下,这种趋势与我们在市场或税前和转移收入中所看到的完全不同[20 世纪 90 年代该问题的分析见 Deding 和 Dall Schmidt(2002)]。同一国家同一时期等价家庭可支配收入在基尼系数的变化趋势如图 8.17 所示。对于一些国家来说,家庭可支配收入(DHI)、税前和转移基尼系数的趋势非常相似,例如,美国在 20 世纪 80 年代中期至 2010 年间,税前和转移基尼系数上升了 14%,而其家庭可支配收入(DHI)基尼系数上升了 12%。一些国家因为不包含 20 世纪 70 年代的趋势,不平等程度的上升被大大低估了,美国就是如此,在 20 世纪 70 年代中期和 2010 年间,美国税前和转移基尼系数上升了 23%,家庭可支配收入基尼系数上升了 20%。

[①] 至少对一些国家来说,这一发现只适用于不包括资本收益的收入。例如,在此期间,在瑞典,将资本收益收入包括在内,会使税前和转移基尼系数大幅上升(Atkinson and Morelli, 2012)。

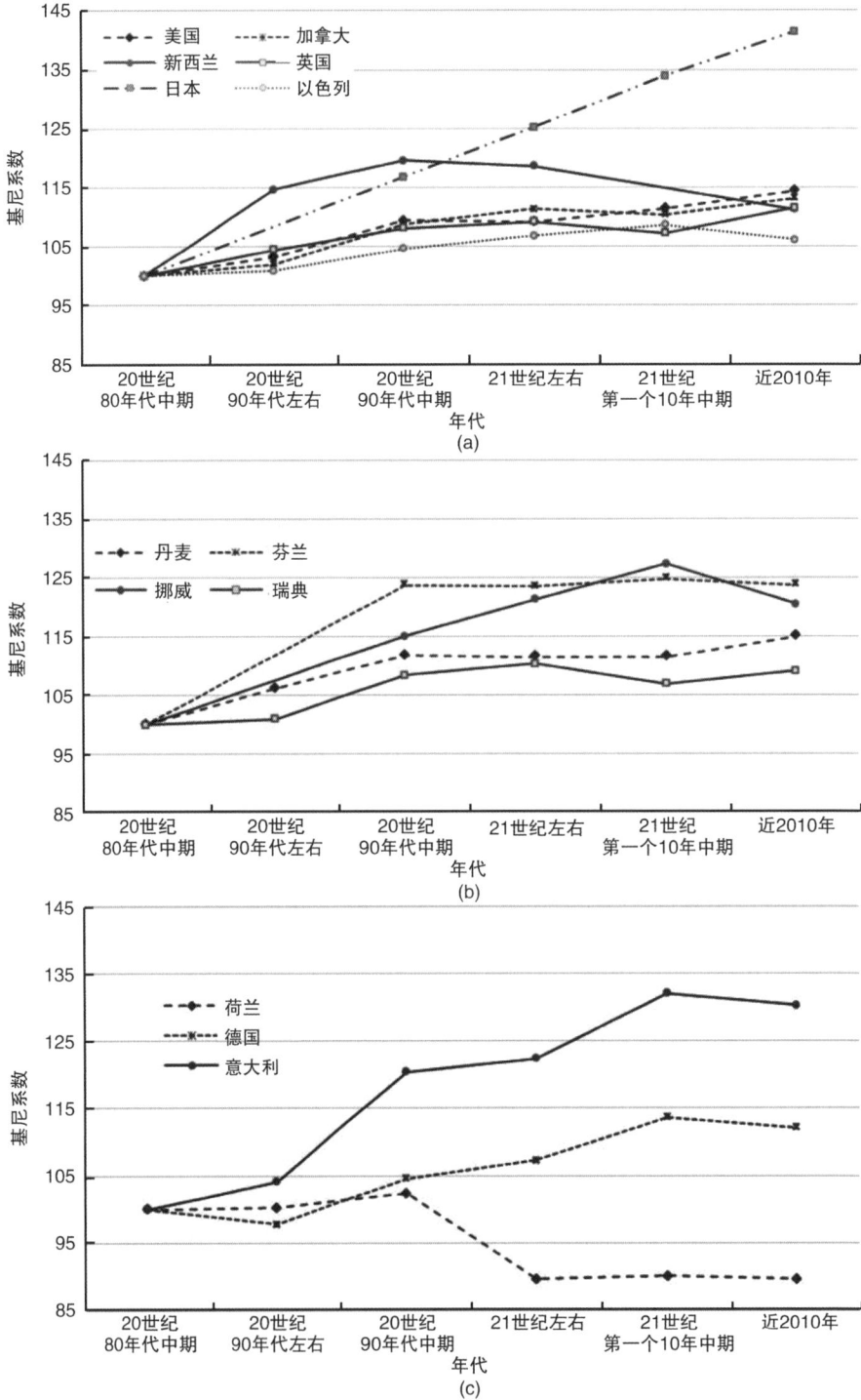

图8.16 OECD国家按国家分组的税前和转移收入基尼系数(以19世纪90年代中期基尼系数为基准值100)的变化

注:(a)盎格鲁-撒克逊国家、美国和其他国家,(b)北欧国家,以及(c)欧洲大陆和南欧国家。

数据来源:OECD不平等数据库,2013年10月23日访问。

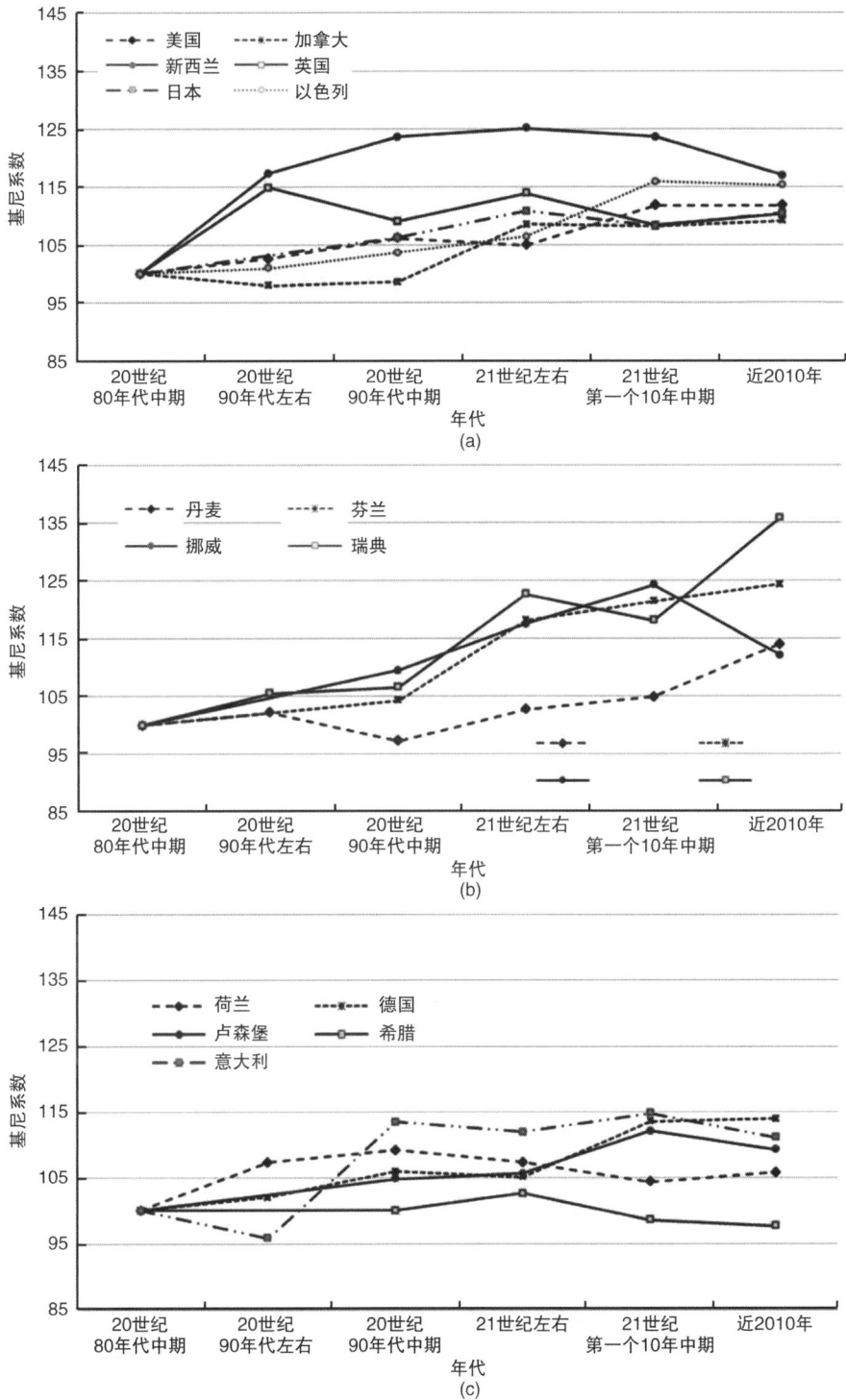

图 8.17　OECD 国家按国家分组的家庭可支配收入基尼系数(以 19 世纪 90 年代中期基尼系数为基准值 100)的变化

注:(a)盎格鲁-撒克逊国家、美国和其他国家,(b)北欧国家,以及(c)欧洲大陆和南欧国家。

数据来源:OECD 不平等数据库,2013 年 10 月 23 日访问。

丹麦、芬兰[图8.17(b)]和德国[图8.17(c)]的基尼系数在纳入税收和转移支付前后出现了类似的上升。然而对许多国家而言,纳入税收和转移支付后,其不平等趋势明显不同。对加拿大、日本、意大利、挪威和英国来说,一旦将税收和转移支付包括在内,收入分配方面日益加剧的不平等现象就会得到缓解。在图8.16 中,日本和意大利是税前和转移支付前不平等程度上升幅度最大的国家,但他们的家庭可支配收入(DHI)不平等程度分别只上升了四分之一和三分之一。瑞典、荷兰、以色列和新西兰的情况恰恰相反,从20 世纪80 年代中期到2010 年,瑞典税前和转移支付前的收入基尼系数上升了10%(从0.40 到0.44),而家庭可支配收入(DHI)基尼系数上升了42%(从0.19 到0.27)。

图8.16 和图8.17 所示趋势的差异部分源于这些国家税收和转移支付制度的演变(如前所述,人口年龄的变化以及其他人口和政策因素也会影响这些趋势)。图8.18 显示了在此期间税收和转移支付在多大程度上降低了税前和转移支付前的收入基尼系数。在图8.18 中,从20 世纪70 年代中期到90 年代中期,最引人注目的是大多数富裕国家税收和转移支付的"再分配"作用持续增强,此后的15 年中稳步下降。特别是盎格鲁-撒克逊国家[图8.18(a)]和北欧国家[图8.18(b)]遵循了一种"倒U 形模式",在70 年代中期到90 年代中期,再分配力度有所增强,但在那之后有所下降。从2000 年左右起,税收和转移支付在减少以色列市场收入不平等方面也发挥了较小的作用。

在一些国家,再分配的影响在20 世纪90 年代并没有减弱。日本[图8.18(a)]和意大利[图8.18(c)]都经历了从20 世纪90 年代到21 世纪第一个10 年末再分配的稳步增长。美国再分配的影响波动比其他大多数高收入国家小。不过,加拿大和日本不断增加的再分配,使美国从再分配水平最低的国家之一转变成富裕国家中再分配水平最低的国家(见Caminada et al. , 2012;Immervoll and Rihardson, 2011;Wang and Caminada, 2011。接上文讨论了具体政策及其对减少OECD 和LIS 国家市场不平等的贡献)。税前收入和转移收入基尼系数、家庭可支配收入以及OECD 国家之间的两者差异如表8.5 所示。

8.4.1.4.4 所有年龄和劳动年龄人口家庭可支配收入(DHI)不平等的比较趋势

我们先前描述了年龄构成对理解税收和转移支付如何影响收入不平等的跨国排名至关重要。我们可以使用同样的OECD 的数据来评估劳动年龄人口的收入分配统计趋势,并将它们与总体人口趋势进行对比。表8.6 列出了20 世纪80 年代中期至2010 年间部分年份高收入OECD 国家的S80 / S20 和P90/ P10 比率,以及使用等价家庭可支配收入(DHI)计算的基尼系数。

在整个25 年期间,几乎所有国家的劳动年龄人口的收入分配不平等现象都变得更加严重了。北欧国家之间的差异最大。20 世纪80 年代中期至2010 年间,挪威和瑞典劳动适龄人口的P90/P10 比率分别比总人口高出20%和15%(面板A)。美国、英国和加拿大的差别较小,这些国家的不平等现象在工作年龄段的增长率比所有年龄段的总和都高出了4%到8%。虽然新西兰在20 世纪90 年代中期以后的总人口不平等程度也有较大幅度的上升,但是以色列是唯一一个总人口不平等程度的上升幅度比劳动年龄人口大的国家。对于一些国家来说,在任何时候,劳动年龄人口和总人口之间的不平等趋势并没有明显的差别。至少在最近几年是这样。

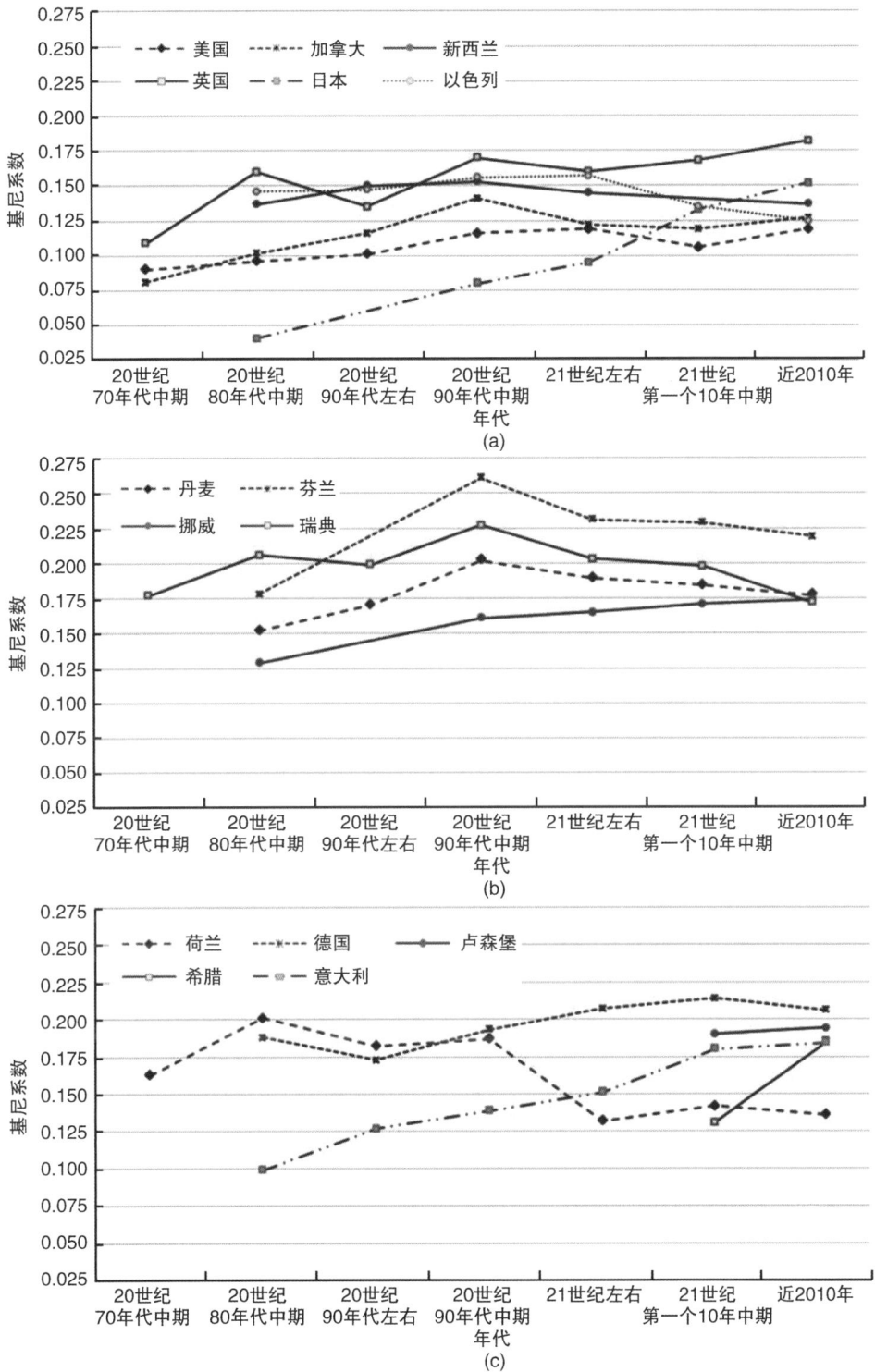

图 8.18　OECD 国家按国家分组的由税收和转移支付制度的演变导致的基尼系数下降

注：（a）盎格鲁-撒克逊国家、美国和其他国家，（b）北欧国家，以及（c）欧洲大陆、南欧和东欧国家。

数据来源：OECD 不平等数据库，2013 年 10 月 23 日访问。

S80／S20 比率测量得出了一个与P90／P10比率惊人相似的结果模式(面板B),但是其年龄组之间(面板C)的基尼系数趋势的差异更缓和。1985年至2010年,挪威和丹麦劳动年龄人口的家庭可支配收入(DHI)基尼系数分别比总人口高出10％和5％。在大多数国家,劳动年龄人口的基尼系数趋势仅略高于总人口。分布的尾端对S80／S20和P90／P10指标的测量比起对基尼系数的影响更大,这似乎对理解不同年龄组不平等趋势的差异尤为重要。

8.4.2 顶层收入

8.4.2.1 引言

本章第一个实证部分主要研究的是贫困线以下最底部的收入分配关系。前面讨论的整体收入分配趋势(基尼系数)表明,从19世纪70年代以来,大部分国家的收入分配日渐不平衡。本节我们将注意力转移到收入分配的顶层上来,顶层收入应该单独讨论,因为顶层收入数据来源于家庭问卷调查,问卷调查存在抽样误差和非抽样误差,会导致其准确度有所降低。

表8.5 市场收入和税后/转移支付后收入的基尼系数以及再分配的程度

国家	20世纪70年代中期	20世纪80年代中期	近20世纪90年代	20世纪90年代中期	近21世纪	21世纪第一个10年中期	近2010年
面板1:市场收入							
澳大利亚				0.467	0.476	0.465	0.469
奥地利						0.464	0.479
比利时						0.482	0.478
加拿大	0.385	0.395	0.403	0.43	0.44	0.436	0.447
捷克				0.442	0.472	0.461	0.449
丹麦		0.373	0.396	0.417	0.416	0.416	0.429
爱沙尼亚						0.485	0.487
芬兰		0.387		0.479	0.478	0.483	0.479
法国				0.473	0.49	0.485	0.505
德国		0.439	0.429	0.459	0.471	0.499	0.492
希腊						0.471	0.522
匈牙利							
冰岛						0.373	0.393
爱尔兰						0.504	0.591
以色列		0.472	0.476	0.494	0.504	0.513	0.501
意大利		0.386	0.402	0.465	0.472	0.51	0.503
日本		0.345		0.403	0.432	0.462	0.488
卢森堡						0.467	0.464
荷兰	0.426	0.473	0.474	0.484	0.424	0.426	0.424

续　表

国家	20 世纪 70 年代中期	20 世纪 80 年代中期	近 20 世纪 90 年代	20 世纪 90 年代中期	近 21 世纪	21 世纪第一个 10 年中期	近 2010 年
新西兰		0.408	0.468	0.488	0.484	0.454	
挪威		0.351		0.404	0.426	0.447	0.423
波兰						0.521	0.468
葡萄牙						0.498	0.522
斯洛伐克						0.462	0.437
斯洛文尼亚						0.448	0.453
韩国						0.33	0.342
西班牙						0.463	0.507
瑞典	0.389	0.404	0.408	0.438	0.446	0.432	0.441
瑞士							0.372
土耳其							
英国	0.378	0.469	0.49	0.507	0.512	0.503	0.523
美国	0.406	0.436	0.45	0.477	0.476	0.486	0.499
俄罗斯							0.486
面板 2:税后和转移支付后（DHI）							
澳大利亚				0.309	0.317	0.315	0.334
奥地利						0.26	0.267
比利时						0.269	0.262
加拿大	0.304	0.293	0.287	0.289	0.318	0.317	0.32
捷克			0.232	0.257	0.26	0.259	0.256
丹麦		0.221	0.226	0.215	0.227	0.232	0.252
爱沙尼亚						0.337	0.319
芬兰		0.209		0.218	0.247	0.254	0.26
法国				0.277	0.287	0.288	0.303
德国		0.251	0.256	0.266	0.264	0.285	0.286
希腊	0.424	0.345		0.345	0.354	0.34	0.337
匈牙利			0.273	0.294	0.293	0.291	0.272
冰岛						0.269	0.244
爱尔兰						0.315	0.331
以色列		0.326	0.329	0.338	0.347	0.378	0.376
意大利		0.287	0.275	0.326	0.321	0.33	0.319
日本		0.304		0.323	0.337	0.329	0.336
卢森堡		0.247		0.259	0.261	0.277	0.27

续 表

国家	20世纪70年代中期	20世纪80年代中期	近20世纪90年代	20世纪90年代中期	近21世纪	21世纪第一个10年中期	近2010年
荷兰	0.263	0.272	0.292	0.297	0.292	0.284	0.288
新西兰		0.271	0.318	0.335	0.339	0.335	0.317
挪威		0.222		0.243	0.261	0.276	0.249
波兰						0.326	0.305
葡萄牙						0.373	0.344
斯洛伐克						0.275	0.261
斯洛文尼亚	0.245	0.246					
韩国						0.306	0.311
西班牙						0.324	0.338
瑞典	0.212	0.198	0.209	0.211	0.243	0.234	0.269
瑞士							0.298
土耳其		0.434		0.49		0.43	0.411
英国	0.269	0.309	0.355	0.337	0.352	0.335	0.341
美国	0.316	0.34	0.349	0.361	0.357	0.38	0.38
俄罗斯						0.428	

面板3:再分配(市场基尼系数减DHI基尼系数)

澳大利亚				0.158	0.159	0.15	0.135
奥地利						0.204	0.212
比利时						0.213	0.216
加拿大	0.081	0.102	0.116	0.141	0.122	0.119	0.127
捷克				0.185	0.212	0.202	0.193
丹麦		0.152	0.17	0.202	0.189	0.184	0.177
爱沙尼亚						0.148	0.168
芬兰		0.178		0.261	0.231	0.229	0.219
法国				0.196	0.203	0.197	0.202
德国		0.188	0.173	0.193	0.207	0.214	0.206
希腊						0.131	0.185
匈牙利							
冰岛						0.104	0.149
爱尔兰						0.189	0.26
以色列		0.146	0.147	0.156	0.157	0.135	0.125
意大利		0.099	0.127	0.139	0.151	0.18	0.184
日本		0.041		0.08	0.095	0.133	0.152

续　表

国家	20 世纪 70 年代中期	20 世纪 80 年代中期	近 20 世纪 90 年代	20 世纪 90 年代中期	近 21 世纪	21 世纪第一个 10 年中期	近 2010 年
卢森堡						0.19	0.194
荷兰	0.163	0.201	0.182	0.187	0.132	0.142	0.136
新西兰		0.137	0.15	0.153	0.145		0.137
挪威		0.129		0.161	0.165	0.171	0.174
波兰						0.195	0.163
葡萄牙						0.125	0.178
斯洛伐克						0.187	0.176
斯洛文尼亚						0.203	0.207
韩国						0.024	0.031
西班牙						0.139	0.169
瑞典	0.177	0.206	0.199	0.227	0.203	0.198	0.172
瑞士							0.074
土耳其							
英国	0.109	0.16	0.135	0.17	0.16	0.168	0.182
美国	0.09	0.096	0.101	0.116	0.119	0.106	0.119
俄罗斯							0.058

注:对于大多数 OECD 国家来说,"2010 年左右"就是指 2010 年,但是也有些例外:例如韩国的数据来源于 2011 年;匈牙利、爱尔兰、日本、新西兰、瑞士、土耳其的数据则来源于 2009 年;俄罗斯的数据来源于 2008 年。

资料来源:OECD 不平等数据库,2013 年 10 月 23 日访问。

本节主要讨论顶层收入份额的趋势,所需数据是根据行政税收统计资料计算出来的。与第 7 章不同,本章我们将侧重于对 1970 年以来近 40 年的情况进行调查研究。此外,我们会重点描述顶层收入份额的趋势,但是对造成此种趋势的因素将不做说明(见本卷的第三部分)。随着时间的推移,方法论问题会影响趋势之间的对比,并且很多国家都对本节里的一些实质性内容做了定义。首先是对这些数据的主要特征以及局限性进行描述,目的在于强调后者如何随着时间的推移以及不同国家间的转变来影响顶层收入份额的可比性。我们将尽可能说明如何通过不同的来源分解顶层收入份额,突出资本和薪资收入的作用。我们会简要描述财政政策对税后顶层收入份额的影响。不同的税收制度会对各国顶层收入份额的水平以及趋势产生不同的影响。最后,我们将讨论如何补充这两种信息来源(税收和调查统计),进而加深我们对收入不平等现象演化过程的理解。

表8.6 以国家变化为测量标准,所有年龄层和劳动年龄人口的等价家庭可支配收入不平等趋势比较

国家	数值								变化/%					
	所有年龄层				劳动年龄人口				20世纪80年代中期至2010年		1995—2010年		2005—2010年	
	1985年	1995年	2005年	2010年	1985年	1995年	2005年	2010年	所有年龄层	劳动年龄人口	所有年龄层	劳动年龄人口	所有年龄层	劳动年龄人口
面板A:P90/P10比率														
加拿大	3.9	3.8	4.1	4.1	4	4	4.4	4.4	5	10	8	10	0	0
丹麦	2.8	2.6	2.7	2.9	2.5	2.5	2.7	2.9	4	16	12	16	7	7
芬兰	2.6	2.6	3.1	3.2	2.6	2.7	3.1	3.3	23	27	23	22	3	6
德国	3.0	3.3	3.4	3.6	2.9	3.2	3.5	3.6	20	24	9	13	6	3
以色列	4.3	4.8	6.2	6.4	4.4	4.8	6.1	6.1	49	39	33	27	3	0
意大利	3.8	4.7	4.2	4.3	3.6	4.6	4.0	4.5	13	25	9	2	2	13
日本	4.0	4.5	5.0	5.2	4.0	4.5	4.9	5.3	30	33	16	18	4	8
卢森堡	3.0	3.2	3.5	3.4	2.9	3.2	3.6	3.4	13	17	6	6	3	6
荷兰	2.9	3.4	3.4	3.4	3.0	3.5	3.5	3.6	17	20	0	3	0	3
新西兰	3.4	4.1	4.3	4.1	3.4	4.3	4.6	4.1	21	21	0	5	5	11
挪威	2.8	2.9	2.8	2.9	2.6	2.8	2.9	3.2	4	23	0	14	4	10
瑞典	2.4	2.5	2.8	3.3	2.3	2.6	2.9	3.5	38	52	32	35	18	21
英国	3.7	4.2	4.2	4.1	3.7	4.1	4.4	4.4	11	19	2	7	2	0
美国	5.5	5.4	5.9	6.1	5.3	5.3	5.7	6.1	11	15	13	15	3	7
面板B:S80/S20比率														
加拿大	4.7	4.5	5.2	5.3	4.8	4.8	5.6	5.6	13	17	18	17	2	0
丹麦	3.1	3.0	3.3	3.6	3.0	2.9	3.3	3.7	16	23	20	28	9	12
芬兰	2.9	3.0	3.6	3.7	2.9	3.1	3.7	3.9	28	34	23	26	3	5
德国	3.5	3.9	4.2	4.3	3.5	3.9	4.4	4.4	23	26	10	13	2	0
希腊	6.2	6.2	5.8	6.0	6.1	5.8	5.9	6.1	3	0	3	5	3	3
以色列	5.3	5.6	7.6	7.8	5.4	5.6	7.5	7.6	47	41	39	36	3	1
意大利	4.5	5.9	5.6	5.6	4.4	5.9	5.5	5.8	24	32	5	2	0	5
日本	5.0	5.7	6.0	6.2	5.0	5.5	5.9	6.2	24	24	9	13	3	5
卢森堡	3.4	3.7	4.1	3.9	3.4	3.7	4.3	4.0	15	18	5	8	5	7
荷兰	3.8	4.4	4.2	4.3	3.9	4.5	4.3	4.6	13	18	2	2	2	7
新西兰	4.1	5.3	5.6	5.1	4.0	5.4	5.9	5.0	24	25	4	7	9	15
挪威	3.2	3.5	4.0	3.7	3.0	3.5	4.2	4.0	16	33	6	14	8	5
瑞典	2.7	2.9	3.3	4.0	2.6	3.1	3.4	4.3	48	65	38	39	21	26
英国	4.8	5.5	5.4	5.6	5.0	5.4	5.8	6.2	17	24	2	7	4	7

续　表

| 国家 | 数值 | | | | | | | | 变化/% | | | | | |
| | 所有年龄层 | | | | 劳动年龄人口 | | | | 20 世纪 80 年代中期至 2010 年 | | 1995—2010 年 | | 2005—2010 年 | |
	1985年	1995年	2005年	2010年	1985年	1995年	2005年	2010年	所有年龄层	劳动年龄人口	所有年龄层	劳动年龄人口	所有年龄层	劳动年龄人口
美国	6.4	6.9	7.8	7.9	6.1	6.7	7.6	7.9	23	30	14	18	1	4

面板 C：基尼系数

国家	所有年龄层				劳动年龄人口				所有年龄层	劳动年龄人口	所有年龄层	劳动年龄人口	所有年龄层	劳动年龄人口
加拿大	0.293	0.289	0.317	0.320	0.291	0.293	0.322	0.324	9	11	11	11	1	1
丹麦	0.221	0.215	0.232	0.252	0.209	0.206	0.227	0.248	14	19	17	20	9	9
芬兰	0.209	0.218	0.254	0.26	0.206	0.224	0.253	0.263	24	28	19	17	2	4
德国	0.251	0.266	0.285	0.286	0.246	0.267	0.288	0.285	14	16	8	7	0	1
希腊	0.345	0.345	0.340	0.337	0.344	0.336	0.337	0.338	2	2	2	1	1	0
以色列	0.326	0.338	0.378	0.376	0.317	0.329	0.374	0.368	15	16	11	12	1	2
意大利	0.287	0.326	0.330	0.319	0.284	0.324	0.3243	0.321	11	13	1	1	3	1
日本	0.304	0.323	0.329	0.336	0.304	0.319	0.323	0.332	11	9	4	4	2	3
卢森堡	0.247	0.259	0.277	0.270	0.239	0.261	0.281	0.272	9	14	4	4	3	3
荷兰	0.272	0.297	0.284	0.288	0.273	0.298	0.285	0.293	6	7	3	2	1	3
新西兰	0.271	0.335	0.335	0.317	0.264	0.329	0.329	0.306	17	16	5	7	5	7
挪威	0.222	0.243	0.276	0.249	0.211	0.237	0.284	0.257	12	22	2	2	10	10
瑞典	0.198	0.211	0.234	0.269	0.195	0.216	0.236	0.270	36	38	27	25	15	14
英国	0.309	0.337	0.335	0.341	0.305	0.334	0.335	0.347	10	14	1	4	2	4
美国	0.340	0.361	0.380	0.380	0.329	0.351	0.373	0.375	12	14	5	7	0	1

数据来源：OECD 收入分配数据库，2013 年 8 月访问。一些国家的数据来源于以下年份：芬兰,1986 年、2004 年；希腊,1986 年、1994 年；意大利,1984 年、2004 年；日本,2006 年、2009 年；卢森堡,1986 年、1996 年；新西兰,2003 年、2009 年；挪威,1986 年、2004 年；瑞典,1983 年、2004 年；英国,1994 年；美国,1984 年。

本节的分析将基于家庭、纳税单位和收入在前 1% 的个人的总收入数据,不同于第 7 章,本章不会聚焦与研究前十分之一的不同收入群体。这些数据来源于税务统计,可以从 Alvaredo 等(2012)建立的世界顶层收入数据库中获取。该数据库由 Frankel 和 Herzfeld (1943)[1]以及 Kuznets(1953)经过多年的研究创建,其后由 Piketty(2001)重新推动建设,后来在 Atkinson 和 Piketty(2007,2010)的指导下将不同作者贡献的数据收集起来而继续发展。[2]

对顶层收入分配大量关注的动机多种多样。一方面,世界顶层收入数据库构建了一个

---

① 虽然大家都认为库兹涅茨是这一研究领域的先行者,但是 Alvaredo 和 Atkinson(2010)说:"在南非的时候,Frankel 和 Herzfeld(1943)根据所得税申报表出版了一份对欧洲收入分配的评估报告,但是这份评估报告所使用的总额控制来源于人口普查以及国民核算。他们使用外部信息来补充所得税数据的行为要比 Kuznets(1953)对美国高收入群体的研究早十年。"
② 读者可以访问世界顶层收入数据库的网站获取数据来源的完整列表。

独特的信息来源,这些信息来源涉及很多19世纪的信息(少数情况下也涉及21世纪初的信息)。在第7章我们阐述得很详细,这对研究收入分配来说是一个至关重要的优势,虽然数据限制通常会对这一问题的研究产生阻碍。

另一方面,对顶层收入份额的分析有助于我们更好地理解1970年后收入分配的动态及其决定因素。首先,自20世纪80年代以来,很多发达国家的小部分人口占有的总收入份额一直在不断增长,这激发了人们对经济增长社会包容性的关注。1976年至2007年之间,美国收入前1%的人口拿走了58%的经济增长(Atkinson et al., 2011)。诸如此类的发现使时任国际货币基金组织总裁克里斯蒂娜·拉加德(Christine Lagarde)把不平等现象和增长的包容性当作国际货币基金组织要解决的未来全球经济发展面临的三大挑战之一。[①] 其次,对于高收入人群的总收入份额变动机制的理解对我们理解总收入分配的变化至关重要。Leigh(2007)、Smeeding和Thompson(2011)的实证研究证明了这一点,Atkinson(2007)和Alvaredo(2011)的规范研究也讨论了这一点。我们认识到顶层收入份额与其他收入不平等的关系可能会随着时间发生改变,我们所找到的不同时期的分解证据表明,这种关系自20世纪90年代起就开始减弱了,这与我们在第7章所得出的结论有所不同,所以在使用由家庭问卷调查得出的总收入分配关系作为顶层收入份额的代理变量时,我们需要更加谨慎。此外,学术研究表明,标准调查包含的信息很难包含前1%群体的收入,以便顶层收入分配可能用于调整基尼系数等总体不平等指标,这一点在前面有讨论过。再次,顶层收入份额对公共经济学一些重要命题的研究尤为有用,例如上报收入对税收改变的弹性、收入转移和避税的严重程度,以及更广泛意义上的税收变化的行为反应。最后,与顶层收入份额相关的最新实证研究发现给经济学专业提出了新的挑战:自布雷顿森林体系解体后,造成收入不平等现象不断增加的传统原因(例如技术偏向性的技术变迁及全球化趋势)已不能充分解释不同的发达国家顶层收入份额的演变过程。

8.4.2.2 数据和方法

如上所述,我们的分析使用了世界顶层收入数据库提供的自20世纪70年代以来的21个国家[②]的数据。这个数据库总体上是由税收统计数据构建的,并且他们利用的是总收入(例如,美国对市场总收入的定义是在扣除个人所得税、工资税和各种政府转移收入之前进行的)。

顶层收入份额主要是根据历年详细的个人所得税统计表计算而来的,同时税务管理微观数据也使用得越来越多,特别是在20世纪90年代。税务统计数据里面包含的信息与人口及收入总数相结合。税收统计数据应该可以反映出总收入和总纳税单位的数量,从而使我们能够将这些价值量与经济总量做对比。[③] 值得注意的是,当使用分组整理的数据时,通过插值技术可以获得精确的收入份额,此收入份额与前十分之一的特定百分位数相关,因为分

---

① "一个更好的金融体系"以及克服经济危机和金融危机是另外两点。这是指2012年10月12日在东京举办的年度会议上的演讲内容。
② 这些国家分别是澳大利亚、加拿大、中国、丹麦、芬兰、法国、德国、印度、爱尔兰、意大利、日本、荷兰、新西兰、挪威、葡萄牙、南非、西班牙、瑞典、瑞士、英国以及美国。
③ 这只指那些纳税人,这些人可能只是人口的一小部分,特别是在20世纪的前几年。我们假设分配的顶层总是被充分覆盖。

组整理的数据中,税收单位的范围不一定与我们想要收集的人口百分比数据相一致。插值通常通过使用收入分配顶端的分布假设(例如帕累托分布),或者通过计算每份份额的上限和下限得到应用[例如使用均值分解柱状图可以得出实际份额,正如 Atkinson(2005)所使用的一样]。

对这两种不同插值技术的选择通常并不会影响结果的实质,并且研究已证实,插值错误是可以忽略不计的,尤其是当分组整理的数据信息十分详细且质量很高时。[1] 当插值技术的选择不那么重要时,其他因素可能会很大程度地影响顶层收入份额估算的精确度以及不同国家间水平及趋势的可比性。[2]

8.4.2.2.1　数据警告与限制

虽然顶层收入份额是通过不同国家间的相似方法计算得来的,但是仍然有很多需要我们考虑的重要警告。[3] 与之前出版的文献相比,本节进一步讨论了顶层收入份额数据的方法论,方法论的不同和改变可能会(也可能不会)影响不同国家不同时期数据的可比性,即使是各个国家的特定系列也是如此。下面各小节研究的重点是理解这些问题的相关性。

对税收统计的依赖带来了很多与顶层收入份额结构相关的问题。首先,我们对收入的定义进行了修改以便适应管理要求,这意味着无论是收入的定义、收入单位的定义还是其他东西的定义,都没有必要与用于研究的首选定义相一致。[4] 管理标准也可能会因国而异或者随时间而改变,从而产生一些可比性问题(例如税收立法的变化,如应纳税的收入来源、纳税单位等)。

其次,计算可比较的顶层收入份额系列时,需要分子和分母之间具有一致性。然而收入总额的计算因国而异、因时而异,转而影响数据的可比性。除此之外,经济代理人可能会去改变自己的行为,以便将自己的纳税义务降到最低值,并且他们在申报收入的时候可能会少报(例如避税、逃税、转移收入),这些行为因收入的高低和税收体系的不同而各异。

最后,这些系列的关注点主要是在税前总收入上,顶层收入系列有效税率的改变能决定税后收入不平等程度的有效改变。随着时间的推移,这一现象确实得到了显著的改变,并且在不同的国家中以不同的模式呈现。虽然数据的限制导致对其讨论很少,但是它仍然是一个至关重要的问题,本节会对相关问题进行探讨。

虽然存在这些问题,但与顶层收入份额相关的文献也强调了这些数据的潜力和重要性,这些文献大都认为这些问题会得到缓解。特定国家的系列数据通常从一段时间内相同的来源获得,我们可以轻易识别出可能影响测量结果的问题,并指出潜在变化的方向和程度。此外,对 1970 年以后时期的关注使我们能够获得更完整的数据和更详尽的资料去解决这些问题,从而达到令人满意的水平。更长期的分析(自 1750 年以来)请阅读第 7 章。

8.4.2.2.2　收入控制总量的定义

顶层份额是特定顶层收入群体的收入与该经济体总收入之间的比值,对这两种收入的

---

[1] 见 Atkinson(2005)所做的详细讨论。
[2] 2011 年,阿特金森(Atkinson)等发表在《经济文献杂志》上的一篇文章广泛地谈论了这些问题。
[3] Leigh(2009)、Atkinson 等(2009,2011)、Burkhauser 等(2012b)对个人所得税的极限性进行了讨论。
[4] 海格-西蒙斯(Haig-Simons)对收入的定义在理论上应该是首选。他的定义包含日积月累的资本利得与资本损失、估算租金、附加就业福利。

定义必须一致,因为我们有很多方式估算税前总收入。

正如 Atkinson 等(2011)详细描述的以及前面章节阐明的那样,一个可能有效的方法是从国民账户里的个人总收入中减去特定类型的收入,这是为了尽可能地接近税收统计中的收入定义(偶尔也会按比例调整)。这是 Frankel 和 Herzfeld(1943)首创的方法,随后库兹涅茨(Kuznets)在 1953 年也提出了此方法,2001 年,皮凯蒂(Piketty)采用了此方法,而后这种方法被大部分国家采用。① 另一种方法是将税务统计得出的总收入扩大,以弥补那些没有报税的遗漏收入(英国、芬兰、荷兰相继采用了这种方法,瑞典于 1942 年后采用,瑞士于 1971 年后采用,美国于 1944 年后采用)。第一种方法是对国民账户收入的外部控制,第二种方法是对税务统计内部的收入来源的处理。② 国民账户在少数情况下无法获取(在早些年尤其如此),总收入是根据家庭人口调查估算出来的(例如中国),或者将总收入看作国内生产总值的一部分(例如对西班牙和葡萄牙最高收入最初的统计)。

正如我们预计的,这些方法的不同可能会影响这些系列的等级和发展趋势。特别是当这些不同的方法被不同的国家系统地运用后,可能会影响跨国趋势的比较。至于英国,Atkinson(2007)论证了来源于税务统计的总收入与来源于国民账户③的总收入之间的比例是如何随着时间的推移而降低的,这一比例从 20 世纪之初的 0.9 降到了 20 世纪末的 0.85。假设这一比例以恒定速度增长,通过使用国民账户,我们可以粗略估算出基于控制总收入的顶层收入份额的变动轨迹。尽管这些微小的改变已被记录下来,但顶层收入份额趋势所受到的影响还是显而易见。世界高收入数据库(WTID)显示的顶层收入份额(基于税收统计估算的控制总量)同基于不同的控制总计而估算出来的顶层收入份额之间的差距,从 1970 年的 1 个百分点扩大到 2000 年的 2 个百分点。在英国,随着时间的推移,这两种不同的方法产生了非常相似的趋势,而且增长的幅度对控制总量的定义十分敏感,无论前 1% 顶层收入份额增长了 5 个百分点还是 6 个百分点。随着时间的推移或在某个时间点,这种差异可能会潜在地影响同一国家或不同国家之间的顶层收入份额的比较。④

8.4.2.2.3 顶层收入份额的定义

如上所述,为了方便税务统计,对收入的定义都会遵循管理要求,并且不同时期和不同国家之间的情况各异。特别是世界高收入数据库(WTID)尽可能采用与全国市场总收入定义(扣除政府转移支付、税收和扣除项)相近的收入定义。税收立法的改变可能会在所申报的收入范围内包含或者排除特定的收入来源(例如资本利得、红利、收益扣减)。换句话说,这些改变可能会导致课税基础的增加或者减少。我们在下文会讨论三种特定类型的税收制

---

① 澳大利亚、加拿大、德国、印度、爱尔兰、意大利、日本、新西兰、挪威、南非、瑞典是在 1942 年之前,瑞士是在 1971 年之前,美国是在 1944 年之前。

② 值得注意的是,额外信息(税源外部信息)也可以被用来估计未申报者的收入[例如 Atkinson(2005)年描述的英国就是这种情况]。

③ 个人收入减去转移收入。

④ 然而总的来说,我们还是有一些可以避免控制总量问题的方法。一方面,前 1% 顶层收入人群的资源再分配可以解释日益增加的不平等性现象(顶层收入份额的增加)。另一方面,这种情况与收入的再分配相伴而生,有利于顶层百分位内的富人。帕累托系数或所谓的股票份额可以解释后来发生的顶层收入范围内的不平等性增长。通过构建,这些变量独立于外部控制总量。

度的改变和结构突变,这些改变可能会给顶层收入份额估算的一致性制造出严重的问题。但是我们也指出,这些改变并不会总是导致顶层收入份额系列的实际变化(无论是水平或趋势)。

第一种课税变化应对的是在税务统计范围内扣除问题的处理。例如英国,从 1976 年开始就将扣减项算在了收入里面,在这之前是不包含在收入里面的[①]:"(i)免税的利息支付,例如用于购房的利息,(ii)赡养费和抚养费,(iii)退休年金保险费,(iv)其他免税的年度支付。"(Atkinson and Salverda,2005)然而这种改变并没有使顶层收入份额产生实质性的变化:前 1% 顶层收入份额从 5.6% 上升到 5.7%,并且前 10% 高收入人群的收入份额从 25.8% 增长到了 26.2%(Atkinson and Salverda,2005)。

第二种相关类型的课税变化关系到税基范围内资本收入的处理。Atkinson 等(2001)将这一问题列为世界高收入数据库(WTID)数据主要的缺点,因为它破坏了顶层收入份额的可比性。出于课税目的,通过对申报收入的观察,可以估算出顶层收入份额、税基的限制或扩张可能会对顶层收入群体总收入的真实改变做出误导性表述。

一方面,很多来自资本(利息收益、养老基金回报率、估算资金等)的收入来源都随着时间的推移从所得税税基中消失了,因为他们要么被完全免税,要么被分税了。正如 Iwamoto 等(1995)以及 Moriguchi 和 Saez(2008)所报道的那样,相当份额的资本收入自 1947 年起就从日本的自评所得税里消失了,因为几乎所有的利息收益要么被免税了,要么被分税并从源头扣缴了……因此从 1965 年开始实行大额分红。然而正如 Moriguchi 和 Saez(2008)所提到的,在日本,利息和分红仅占个人总收入的 3% 左右,即使假设顶层收入人群吸收了这些来源的全部收入,顶层 1% 收入人群的收入份额仍然远远低于 1945 年前的水平,并低于美国顶层 1% 收入人群的收入份额。类似地,正如 Piketty(2001,2003)报告的,法国在去除房产拥有者的估算租金后,税基出现了萎缩,皮凯蒂(Piketty)提供的那些保守预算表明,法国顶层收入份额的急剧减少完全归咎于免税的资金收入。

另一方面,税基扩大产生与前面所讨论的问题类似却相反的问题。例如 Burkhauser(2013)等所描述的,澳大利亚在 1985 年提出了税收改革(1987 年正式通过),"目的在于扩大税基以便提高公平和效率"。

最重要的是,税收改革包括个人所得税税基范围内已实现的资本利得,因为"在 1985 年之前,澳大利亚没有对资本利得征税",并且澳大利亚通过引进所谓的全额抵免制度,从实质上降低了红利的边际税率,这一税制不再允许红利受制于公司税务和收入税。[②] 更明确地说,一方面,所有的税收干预(分别于 1986 年和 1987 年通过)允许"无论资产持有多长时间,将大多数实现的资本利得"纳入所得税税基。但是为了缓和其影响,1985 年 9 月 19 日后,改革只实行了资产购买。某些类型的资产继续被免税,其中最重要的是业主自持住房。另一

[①] 那些可以根据收入水平获得扣减信息的国家,可以在源头处调整收入。这是由 Piketty 和 Saez(2006)展示的美国的情况。

[②] 1987 年,澳大利亚的股息税改革使得公司利得税税率提高到了顶层收入边际税率的水平(从 46% 到 49%)。然而,正如 Burkhauser 等(2013)所提到的那样,改革立法后,在这种新的百分之百的税收归集制下,这些公司税实际上变成了代扣所得税,自从他们能用付款抵消股利个人所得税和其他个人所得税时,情况就变成了这样。

方面,向全额抵免制度的转变使申报的红利收入迅猛增长。① 然而 Burkhauser 等(2013)进一步解释道:税法在红利收入上所做的改变会对份额水平产生影响,资本利得税改变对自1985 年 9 月 19 日后购买的资产存量和进入税基的已实现资本收益份额产生了影响。Burkhauser 等(2013)指出,这些议题并不是由 Atkinson 和 Leigh(2007)直接提出来的,这导致他们俩夸大了澳大利亚顶层收入份额的实际增长趋势。②

第三种类型的税收变化与收入定义内的资本利得处理有关。这可能会带来更多的问题,因为收入源对顶层收入人群特别重要,并且这种情况越来越明显,因为在大部分发达国家的股息类型的收入中,资本利得已经采用了有利的税务处理方式。在进行分配时,公司利润变得不那么有利了(股息通常以收入税率进行征税,并且从公司层面和个人层面来说,要对股息双重征税),因此纳入资本利得对于评估公司留存利润对个人顶层收入的影响非常关键(Atkinson et al. , 2001)。此外,由于税收优惠,投资者更愿意持有那些潜在的股息支付率低的股票,而不是通过股息获利(例如客户追随者效应)。假定资本利得的相关性和动态变化因国而异,这些考虑表明,剔除掉资本利得可能会使较富裕纳税单位的收入大幅减少,从而使不同国家有效顶层收入份额之间的静态对比以及时间对比变得更加困难。

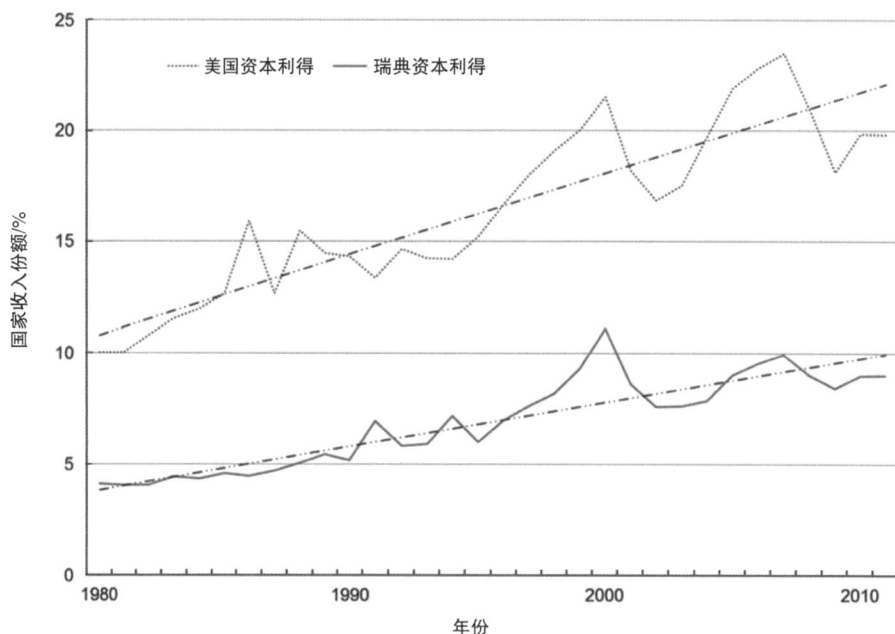

图 8.19 美国和瑞典前 1%顶层收入份额的趋势(包含资本利得)

注:此图表明,尽管包含了资本利得,但这两个国家的顶层收入份额水平存在实质上的区别,不过随着时间的推移,两者日趋相似。

数据来源:世界顶层收入数据库,2013 年 8 月访问。

---

① 实行完全归集抵免制使得申报收入呈机械式增长,为了帮助大家更好地理解这一现象,我们推荐感兴趣的学者去读一读 Burkhauser 等(2013)。
② 这可能是正确的,特别是阿特金森(Atkinson)和利(Leigh)的著作里包含了资本利得。

为了阐明上述论据的有效性,我们会在下文谈论,当考虑资本利得时,顶层收入份额是怎样改变的。然而,我们仅仅选取了 6 个国家进行研究,分别是加拿大、德国、日本、西班牙、瑞典以及美国。[①]

对于瑞典的情况,Roine 和 Waldenströmm(2012)论述了顶层收入份额里资本利得的作用,他们认为,剔除掉资本利得的行为"严重低估了社会不平等性的严峻性,特别是在最近几十年里,顶层收入份额持续走高"。图 8.19 表明,当瑞典添加资本利得后,其顶层收入份额的发展趋势与美国前 1% 顶层收入份额的发展趋势相似,然而两国顶层收入份额的水平存在实质性的差别。图 8.20 描述了那些相关数据存在的国家前 1% 顶层收入份额在包含资本利得和不包含资本利得情况下的变动轨迹,表明资本利得的重要性因国而异,且差异巨大。就德国而言,包含资本利得收入并未对前 1% 顶层收入份额产生实质性的影响。资本利得似乎影响了日本顶层收入份额的周期性,它对顶层收入的水平或者说趋势产生了暂时性改变。在 1980 年或 1990 年之前,瑞典、加拿大、西班牙都包含了资本利得收入,但是没有对前 1% 顶层收入份额产生明显影响,而从 20 世纪 80 年代开始,资本利得的影响变得越来越大,从而影响了顶层收入份额增加的表象。在美国,包含资本利得收入造成了整个时期顶层收入份额系统性偏高。需要注意的是,此处讨论的资本利得的相关概念被看作出于税收目的"已实现"部分,已实现的资本利得指资产售卖价与购买价之间的差额。出于征税目的,从实际增益中减去已实现亏损是为了获得实际净资本利得的有效测量方法。这与应计的资本利得是完全不同的一个概念,应计的资本利得只反映当前的市场价与购买价之间的差别。由于征税,个人可能会蒙受资本亏损,因此包含资本利得的一系列数据不一定比剔除了资本利得的一系列数据更有效、更具信息量、更完整。

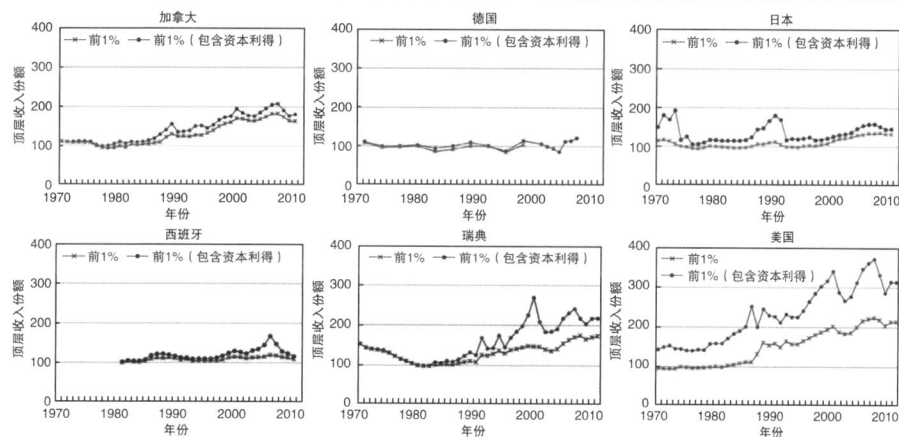

图 8.20　资本利得收入对前 1% 顶层收入份额趋势影响的跨国变化情况

注:1980 年,剔除了资本利得收入的国家,它们的顶层收入份额都被设定为 100;包含了资本利得的国家,其 1% 顶层收入份额都按如下方式计算:top1cg = 100×top1cg/top1。

数据来源:世界顶层收入数据库,2013 年 9 月访问。

[①] 实际上,世界不平等收入数据库(WTID)内的大部分顶层收入份额序列完全不包括资本利得,而在少数国家,资本利得仅在纳税时才将其包括在内。然而,无法将资本利得与总收入分开,因为没有提供收入来源的分解数据。英国(在引入单独的资本利得税之前)、澳大利亚、新西兰和挪威就是这种情况。

税收制度的改变也可能影响参照单位(例如纳税单位的改变)、避税(逃税)程度,包括收入转移的现象(例如用免税的非现金补偿代替工资)、预支或者延缓收入回报。这些问题十分重要,我们将在下文中进行讨论。

8.4.2.2.4 避税与逃税的变化

本部分我们会讨论(非法)逃税、(合法)避税的影响以及其他因税收改变而产生的行为反应。

使用税务数据来估算顶层收入份额,可能会因人们少报收入、调整收入申报时间和转移收入(取决于税收便利性)而带来一些潜在的严重问题。我们在这里讨论这些重要问题的目的是了解它们是如何影响一段时间内及各个国家的顶层份额序列的可比性的。[1]

Piketty 等(2012)的研究表明,大多数被调查国家的顶层边际税率都有所下降,这与布雷顿森林体系结束后 30 年观察到的顶层收入份额激增有关(见图 8.21)。顶层边际税率的下降确实可以降低逃税和避税的倾向,使税收增加,从而提高高收入人群的申报收入。因此不平等现象的增加可能是避税现象的减少造成的,因为较富裕群体缴纳的税率较低。[2] 实际上,图 8.21 显示了被调查国家的样本中的顶层边际税率是如何随时间而变化的,突出显示了随着时间的推移,总体税制的累进性下降。

但一些研究者对这方面给予了大量关注,并指出很多国家收入不平等在水平上的差异以及增长趋势是相当稳健和真实的,而不仅仅是由避税和逃税所导致的虚假结果(Alvaredo, 2010;Alvaredo and Saez, 2009;Banerjee and Piketty, 2005;Leigh, 2009;Leigh and van der Eng, 2009;Moriguchi and Saez, 2008;Roine and Waldenström, 2008)。

首先,根据 Leigh (2009)的报告,有证据表明,低报收入(税收缺口的规模)在不同国家之间并没有实质性的差异,差异大的是税收制度。此外,由于收入来源的公开性以及税务机关的有效执法力度,最顶层收入群体的避税(逃税)程度不一定高于其他收入群体(Alvaredo, 2010;Alvaredo and Saez, 2009;Leigh and van der Eng, 2009)。

其次,尽管税收的累进性下降了,但是几乎没有证据可以证明最富裕家庭的避税(逃税)程度随着时间的推移发生了显著变化,至少那些税收遵从度较高的国家没有发生显著变化[3][有关美国的证据请参阅 Internal Revenue Service(1996, 2006);瑞典的情况见 Roine 和 Waldenström(2008)[4]]。即使情况并非如此,顶层收入群体的避税(逃税)程度应该比其他人的下降幅度大得多,这样才能对顶层收入份额产生积极的影响。[5]

---

[1] 报告总收入(例如资本与工资)的明确构成也可能会受税收便利性的影响。换句话说,在某种程度上,资本收入和工资收入是可以相互替代和互换的。然而,在本节我们不会讨论这个问题,因为我们倾向于设想收入来源的"可替代性"不会影响报告总收入,只会影响到报告总收入的构成。在 8.4.2.5 中,我们会明确地讨论顶层收入的构成。

[2] 这个案例是 Reynolds(2007)为美国制作的。

[3] 这可能是因为当处于顶点的总体边际利率开始下降时,政府和税务部门有强大的激励机制和能力去执行税务法规。但是,对于美国和瑞典以外的国家,目前尚无相关证据,因此任何进一步的推断都是不审慎的。

[4] 作者认为,高收入者低报收入的动机以及税务部门监督纳税合规性的效益和能力有可能同时上升。

[5] Williamson 和 Lindert(1980)持有同样的论点。

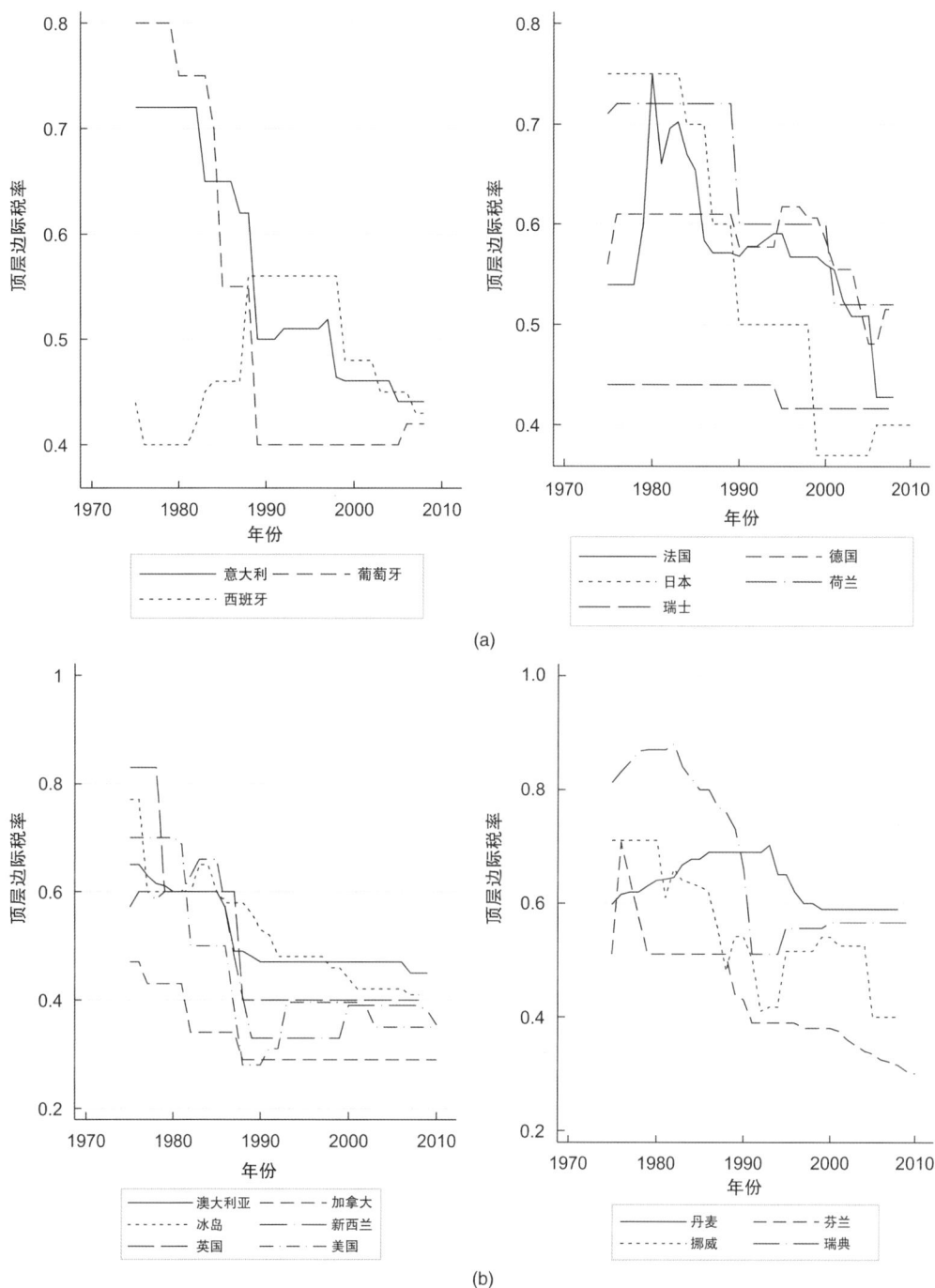

图 8.21　1970—2010 年各国的顶层边际税率

注：(a)欧洲南部和欧洲大陆国家(以及日本)，(b)英语国家和北欧国家。该图描绘了 1970—2010 年的顶层收入税率(包括中央政府和地方政府的个人所得税)。

数据来源：Piketty 等（2012）。

再次，特定国家的顶层工资份额通常紧随整体顶层收入份额的演变而演变。这些结果与不平等性的演变完全受时变的避税与逃税现象的牵制这一假设完全不符。事实上,工资和薪金税——与农场收入和营业收入相比——通常在源头上就被扣除了,因此工资和薪金税几乎不可能脱离税务机关的监管(Alvaredo,2010;Banerjee and Piketty,2005;Moriguchi and Saez,2008)。

最后,Piketty 等(2012)开发并测试了一个模型,将顶层收入份额的增长与税收累进性的降低联系起来,主要有三个动机:工作时间的增加(如供应方理论)、寻租活动的增加(例如,高级管理人员对薪水的控制使得他们有更多的动机去影响薪酬,获取公司利润的更大份额)、避税行为的减少。然而,由避税行为导致的申报收入对税率变化的弹性被认为是最不重要的因素。Piketty 等(2012)还指出,尽管挪威、芬兰以及所有发达的英语语系国家经历了相似的顶层税率削减,但有些国家(例如意大利、日本、瑞典和荷兰)顶层收入份额的增加相当有限。

总之,几乎没有证据表明,与顶层边际税率下降相关的避税行为是顶层收入份额长期激增的关联性特别强的解释性因素。但是其他类型的税收法规的变化可能会对顶层收入份额产生重大影响。下面我们将区分造成永久性收入变化或临时性行为反应的变化。

理论和实证研究结果都强调了避税行为(特别是收入随时间或者跨税基的转移)是如何利用税收机会对申报收入的短期变化产生关联性的[Saez 等(2012)对这一文献做了一个全面的调查并提供了有趣的实证结果]。顶层收入文献中讨论的典型例子来源于 1986 年颁布的《税收改革法案》,其中包括大幅度降低个人收入的顶层边际税率,提高资本利得税税率,降低公司所得税税率但将公司所得税税率设定在高于个人所得税最高税率的水平上。这些政策变化强烈激励着代理商在短期内实现资本利得,并将收入从公司转移到个人收入上来(Gordon and Slemrod,2000;Slemrod,1996)。值得注意的是,营业收入从企业税基向个人税基的转移为美国顶层收入份额带来了永久性的转变(如果不包括资本利得)。这些法律变化使美国总收入(最高的 0.01%)中的最高分位数份额在 1986 年至 1987 年(股市崩盘的一年)增长了 30%,在 1987 年至 1988 年增长了 53%(那时遭受了系统性银行危机的袭击)。然而,正如 Atkinson 等(2011)所主张的那样,税收政策的变化并不会影响包含资本利得的序列。[①]因为在 1986 年的《税收改革法案》颁布前,小企业的留存收益和留存利润归于股东,资本利得最终是通过个人纳税申报单实现并申报的。因此含有资本利得的收入在 1986 年版的《税收改革法案》颁布前后,没有表现出不连续性(见图 8.5 的注释)。同样的,税收的变化似乎也没有影响份额的长期走势。

还有一些其他讨论较少但必须考虑的例子,可以阐明税收统计的各种变化(及其复杂性)。例如 1987 年澳大利亚通过实行全额抵免制度(在股息收入缴纳公司税和收入所得税之前)[②],大幅度降低了股息边际税率。Atkinson 和 Leigh(2007)指出,"1987 年澳大利亚采用全额抵免制度对统计数据的影响是显而易见的"。税制改革是在 1985 年宣布的,此条法律

---

① 唯一被文件记载下来的影响,是 1986 年资本利得实现额的人为性增长,并且 1987 年,税率有望像官方宣布的那样上升。

② 1987 年,澳大利亚的股息税改革将公司利润税率从 46% 提升到了 49%,使之变为了最高收入边际税率。然而,正如 Burkhauser 等(2013)所指出的那样,在改革立法中的新的百分百全额抵免制度下,这些公司税实际上转变成了预扣所得税。这是因为他们的付款可以用来抵扣股息个人所得税以及其他税款。

于 1987 年一经通过就对股息分配产生了短期影响,这与最优收入申报时间调整一致。此外,股息边际税率的大幅下降也可能引起更多的企业分配更大份额的利润(改变份额水平)。[1]

1993 年转变为全额抵免制度对芬兰的顶层收入份额的构成产生了长期的影响[正如 Jantti 等(2010)所报告的]。[2] 1989 年,新西兰也经历了同样的变革。然而,就在同一年,新西兰政府宣布了一项将于 1990 年实施的减税政策(最高的个人税率被降低到公司税率的水平),导致公司延迟向高级管理人员支付薪酬。此外,正如 Atkinson 和 Leigh(2005)所讨论的那样,"相似的税收变化预期可能会导致 1998 年至 1999 年期间顶层收入份额的急剧上涨,并且会导致 2000 年的相关数据呈下降趋势"。[3] 2005 年,挪威宣布永久性提高股息税(在 2006 年实施),也标志着顶层收入份额达到了一个显著的高峰,因为个人和企业为了避免即将到来的税率上调的影响(Aaberge and Atkinson,2008)[4],会随着时间的推移将收入进行转移。

8.4.2.2.5　纳税单位的定义

不同的特定国家系列是基于纳税单位的不同定义。有些国家的参照单位是家庭(例如,互为家属的夫妻双方或没有家属的单身人士),美国和大部分欧洲大陆的国家都是如此。其他国家根据个人来定义纳税单位,例如澳大利亚、加拿大、新西兰、日本、印度、意大利、西班牙就是这种情况。[5]

最重要的是随着税收制度从以家庭为基础转移到以个人为基础,一些国家的税基发生了变化。幸运的是,只有英国在我们分析的这一时期经历了这样的转变(这一变化发生在 1990 年)。[6] 纳税单位的改变造成比较问题的原因至少有两个。[7]

第一,顶层份额的水平受到了影响,并且这种改变的方向和幅度分别取决于高收入家庭收入的联合分配、个人数量以及纳税单位数量的实际比例差异,以及对帕累托系数的具体假设。[8] 正如 Atkinson 等(2011)所讨论的那样,如果最富有家庭的收入分配不均(例如一家之长聚集大部分家庭收入),那么在具体假设下,我们期望从家庭纳税单位到个人纳税单位的

---

[1] 值得注意的是,正如 Burkhauser 等(2013)指出的那样,税收制度的改变也给高收入阶层的申报收入带来了显著且持久的影响,尽管高收入阶层不会通过避税来规避税收制度的变化给他们带来的影响。前面的部分讨论了税收改革是如何通过纳入股息和资本利得(可能更加缓慢)来扩大个人所得税税基的,而此前这些收益未被申报。一旦这些问题得到了适当的考虑,澳大利亚顶层收入份额的实际增长趋势就会下降,特别是在使用包括资本利得的序列。实际上,正如前面所讨论的那样,考虑到税收改革的具体章程,被纳入个人所得税税基的资本利得可能会随着时间的推移而逐渐增加。

[2] 有利于资本收入的双重课税制度的应用,促进了股息收入的激增,不过这一激增是以牺牲企业收入为代价的。

[3] 作者指出,政府在 1998 年宣布:"收入超过 6 万美元的边际税率将会在 2000 纳税年度从 33％ 提高到 39％,很多纳税人会借此机会在 1999 纳税年度实现营业收益,这会大幅促进 1999 年顶层收入份额的增加,或许在 1998 年纳税年度也有较小幅度的增加。"

[4] Aaberge 和 Atkinson(2008)也通过使用"希克斯"方法估算出持有股票的资本收入,从而提出了一套新的挪威顶层份额估值。换句话说,他们通过将"家庭份额的估计市场价值"与"奥斯陆证券交易所的长期平均回报率(8.9％)"相乘,计算出股票的收益。此外,他们认为,"希克斯"方法对股票收益的测量,对收入申报行为的改变比传统的收入定义更加不敏感,因此为分析改革前和改革后的顶层收入趋势提供了更好的基础。

[5] 对新西兰纳税单位的分析是以 1953 年前的家庭为基础的。

[6] 1988 年,西班牙也从征收家庭税改为征收个人税,但是它是在原来的计算序列中得到修正了的。见 Alvaredo 和 Saez(2009)。第 7 章讨论了 1970 年之前发生的其他纳税单位的变化情况。特别是作者讨论了瑞典的"临界个案",其中写着:"1967 年之前,以家庭为纳税单位,那时引入了个人申报的选择。一直到 1971 年个税终于具有强制性时,这条规定仍然存在。"

[7] 我们没有明确地讨论人口控制总量的变化,因此必须通过税收单位的定义进行相应的调整。

[8] 见 Atkinson 和 Harrison(1978)。

转变能对顶层收入份额序列产生积极影响。如果收入在顶层税收单位内平均分配,就会对份额产生消极影响。例如英国,由于家庭单位向个人单位的转变,1990 年的纳税单位从 33000 个增长到了 46000 个,并且顶层的 1% 序列经历了 1 个百分点的大幅上升。

第二,也是最重要的,纳税单位构成的变化可能也会影响该序列的发展趋势,而不仅仅是影响其发展水平。前面讨论过的影响份额水平的因素会因时而异,这不是不合理的,例如最富裕家庭的收入可能会分配得更均匀,纳税单位的增长率可能远远超过过去几十年的人口增长速度。另外,随着时间点的推移,顶层收入分配的变化(以帕累托系数变化的形式)已被 Atkinson 等(2011)详细地报告并讨论。然而现有的针对具体国家(如加拿大)的证据表明,使用不同的单位基础可能只会影响份额的水平(见 Saez and Veall,2005)。

8.4.2.2.6 总顶层收入份额及可支配的顶层收入份额

总收入数据可以通过政府转移支付信息和税收信息得以补充,以获得可支配收入差距的测量方法,最终成为一个对个人而言可取的收入定义。税前顶层收入份额可以表现出与税后顶层其份额不同的情况,这取决于具体税收制度的累进程度以及再分配程度。如前所述,在这里讨论的大多数国家的税收制度都已随着时间的推移发生了巨大的改变,并且已经降低了其累进性,这些税收政策的变化既可以影响对经济不平等性的认知,又可以影响不同时期不同国家之间不平等性的对比。净顶层收入份额纳税的发生率因国而异,进而影响各国之间顶层份额趋势的可比性程度。

我们只能获取少数几个国家的顶层可支配收入份额数据。在本部分,我们将讨论荷兰、英国(Atkinson and Salverda,2005)、加拿大(Veall,2012)、美国、法国(Piketty and Saez,2006)这几个案例。

虽然这些作者所采用的方法不同,收入定义也不能直接进行比较,但获取税收对顶层收入份额产生直接影响的测度很有意思。

基于 Atkinson 和 Salverda(2005)所做的工作,我们将税前收入份额除以税后收入份额,以测量所谓的相对隐性税率。我们将后者定义为对顶层收入份额的"税收算数影响",计算方法为 1−税前份额 / 税后份额,这又等于 1−(1−顶层平均税率)/ (1−总体平均税率)。图 8.22 展示了加拿大、荷兰、美国及英国[1]的隐性税率,表明除加拿大以外,这些国家税收制度的累进性降低了,顶层 1% 的反向隐性税率从 1970 年的 35% 下降到了 2000 年的 20%。然而在 20 世纪 80 年代,美国的隐性税率下降得更多,1990 年下降到了 10%,后来又回升到了 20% 左右。而加拿大的模式却截然相反,20 世纪 80 年代,加拿大的隐性税率平均低于 20%,在 20 世纪 90 年代上升了 10 个百分点,最后逐渐降到 25% 左右,这就是净顶层收入份额可以显示出加拿大不平等程度的上升有所缓和的原因,如图 8.23 所示。然而美国和英国的顶层 1% 份额的税前和税后趋势基本上是相同的。

---

① 法国只有两项观测数据,一个在 1970 年,一个在 2005 年,图中没有显示出来。为了计算出法国的顶层 1% 份额而使用的隐性税率相对比较温和,并且随着时间的推移略微有所上升——从 1970 年的 8% 上升到了 2005 年的 10% [结果是通过计算 Piketty 和 Saez(2006)的数据得来的]。换句话说,顶层 1% 份额的纳税后净要比 1970 年和 2005 年的总份额分别低 8% 和 10% 左右。需要提醒读者的是,计算出的隐性税率不能在各国之间直接比较。

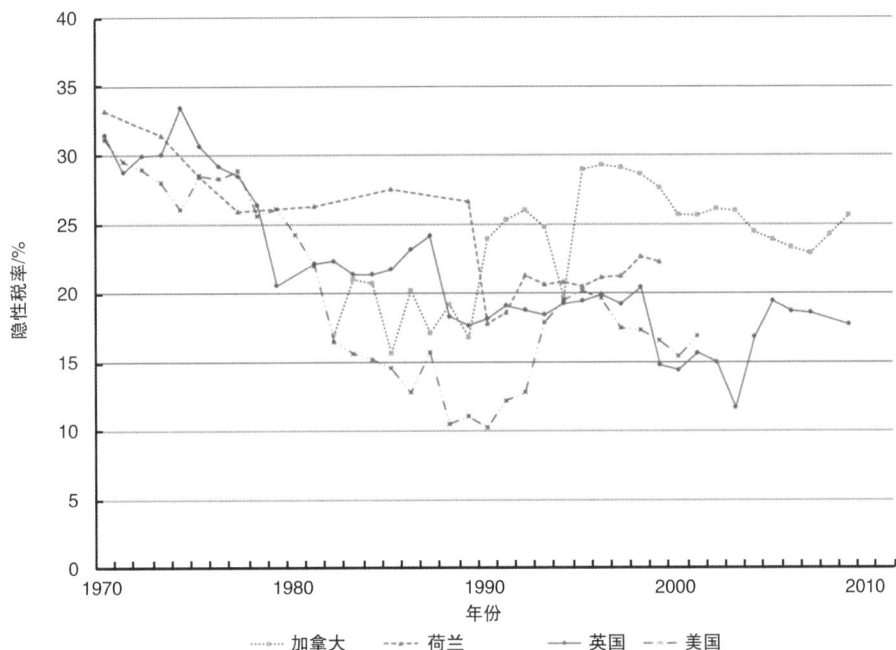

图 8.22　一组选定国家的隐性税率

注：此图显示了从 1970 年开始，美国、英国、加拿大以及新西兰的相对隐性税率的动态变化。隐性税率代表对顶层份额征税的算术影响，其计算公式为［1−税前份额/税后份额］，又等于［1−(1−顶层平均税率)/(1−总体平均税率)］。

资料来源：作者通过具体国家的文献数据计算得出，例如英国、新西兰（Atkinson and Salverda，2005）、加拿大（Veall，2012），以及美国和法国（Piketty and Saez，2006）。

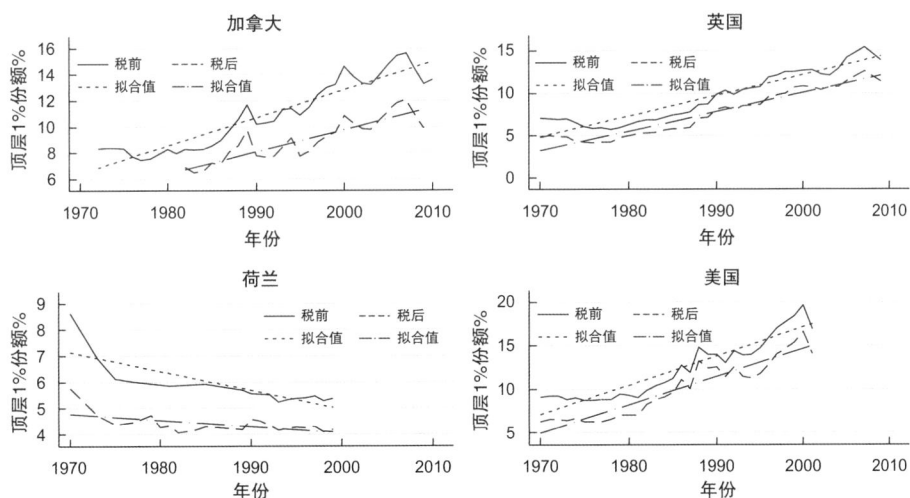

图 8.23　所选国家的税前和税后顶层 1% 份额

注：此图反映了以总收入（纳税后净额以及净转移）和净收入为基础的顶层 1% 份额。

资料来源：作者所做的详细阐述基于具体国家的文献数据，如英国、新西兰（Atkinson and Salverda，2005）、加拿大（Veall，2012）以及美国和法国（Piketty and Saez，2006）。

8.4.2.3 21 世纪第一个 10 年后期的顶层份额

世界顶层收入数据库包含 25 个国家的顶层收入份额信息。除了上面描述的所有需要注意的事项,在不同国家之间进行比较仅限于可获得数据的年份。尽管这些国家中有 19 个在 21 世纪第一个 10 年后期(2009 年、2010 年或 2011 年)确实有数据,还有几个国家至少有 21 世纪第一个 10 年中期(2003—2008 年)的数据。图 8.24 展示了 21 世纪第一个 10 年中期和 21 世纪第一个 10 年后期的顶层 1% 份额数据。使用这些国家的顶层份额数据来比较不同国家之间的不平等程度可能会因上述讨论的原因而出现问题。收入和收入申报单位定义的差异,以及不同收入类型的税务处理,纳税申报、避税和逃税的潜在差异,都会影响不同时期的顶层收入份额水平。

虽然有上述这些告诫,但值得注意的是,基于顶层收入份额的国家排名仍然与 8.4.1 中使用整个分布的不平等测量方法观察到的情况类似。在富裕国家中,英语国家的不平等程度高于北欧国家。2010 年,美国的顶层 1% 份额接近 18%,瑞典和丹麦不足 7%。从本章我们所研究的中等收入国家和发展中国家以及我们所掌握的相关数据来看,南非的不平等程度最高。

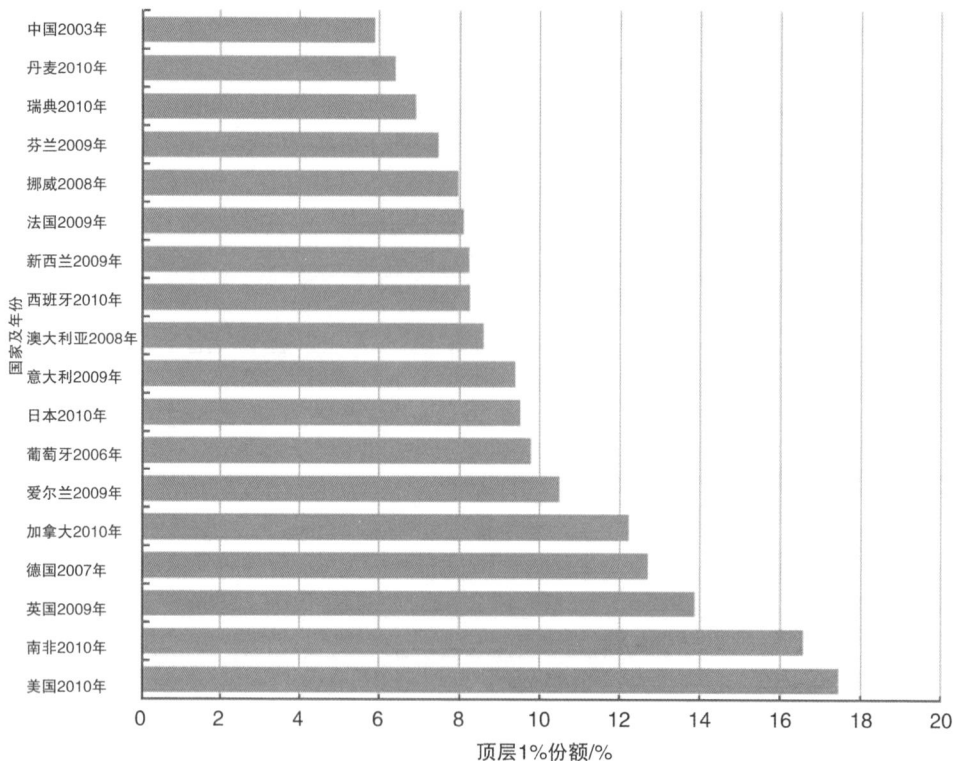

图 8.24 21 世纪第一个 10 年后期的顶层 1% 份额

资料来源:世界顶层收入数据库,2013 年 9 月访问。

8.4.2.4 不同国家群体趋势的比较

本部分主要探讨 1970—2010 年各国数据趋势的共性和差异,前面的部分重点探讨了不同的来源、方法、收入税的定义是如何影响各国顶层收入份额的估算的,而并非所有的方法上的改变或者数据序列的中断都会造成可比性问题。

Gottschalk 和 Smeeding（2000）指出,特定份额的时变和时不变因素要在各国之间相同才能进行有意义的跨国对比。为了减轻探索趋势差异的工作量,我们忽略了特定国家和时间不变的因素,即水平的差异。更精确的,我们将 1980 年份额值标准化为 100,由于数据的可得性问题,新兴国家的标准化基准年份为 1990 年。我们需注意不同时期不同国家的顶层份额计算方法的测量误差和方法差异。

我们将收集到数据的国家分为以下几组:北欧国家（丹麦、芬兰、挪威和瑞典）、南欧国家（意大利、葡萄牙、西班牙）、西方英语国家（澳大利亚、加拿大、爱尔兰、新西兰、英国和美国）,以及欧洲大陆国家（法国、德国、荷兰和瑞士）与日本。其余的国家（中国、印度和南非）被划归为新兴国家或者中等收入国家。这种分类与前面讨论整个分配中不平等性的部分略有不同,但是与 Atkinson 等（2011）使用的分组一致。据 Atkinson 等（2011）反映,这些分组不仅是根据文化和地理邻近来划分的,而且是根据这些国家的顶层收入份额历史演变的相似性来划分的。

图 8.25 中的各张分图表明,许多国家的顶层收入份额正在增长,不平等加剧现象并不局限于少数国家或任何明显的国家子集。世界不平等收入数据库（WTID）统计的大部分国家的相同模式表明,自 1970 年以来的一二十年里,顶层收入份额都在下降,随后到 2010 年又开始稳步上升。不同国家顶层份额"U 形转变"的确切时间和程度各异,以下是不同国家群体的顶层份额动态的主要特征。

自 1980 年以来,所有南欧国家的顶层 1％份额都有所上升,但是葡萄牙的增幅更为明显,它在 1980 年至 2010 年之间翻了一番多,而意大利仅增长了 40％,西班牙仅增长了 15％ [图 8.25（a）]。欧洲大陆国家的顶层份额趋势、商业周期模式与南欧国家相比波动更大。尽管如此,顶层份额序列的模式仍然与 U 形基本一致,从 20 世纪 70 年代到 20 世纪 80 年代早期,顶层 1％份额下跌,直到 20 世纪第一个 10 年中期才略微稳定下来,2007 年至 2008 年金融危机的爆发使得它略有反弹。事实上,在过去的 10 年里,大部分的欧洲大陆国家都缺少顶层份额数据,这使得我们目前想分析这一时期的想法完全不可行。法国和日本是这个群组中的两个国家,它们拥有整个时期的数据,都遵循这一模式。从 20 世纪 90 年代中期到 21 世纪第一个 10 年中期,日本的顶层份额增长了 30％左右,法国增长了 15％。2007 年至 2010 年,日本的顶层份额保持稳定,但是法国的顶层份额大幅下降。

英语国家的顶层份额也随商业周期而波动,但是自 20 世纪 80 年代早期或中期以来,呈现出比欧洲大陆国家更明显的上升趋势 [图 8.25（c）]。除新西兰之外,所有的英语国家[1]自 20 世纪 80 年代末以来都有相似的趋势[2]。从 1990 年到 2007 年金融危机爆发之前,澳大利

---

[1] 新西兰的证据表明,从 1980 年到经济危机爆发前,顶层 1％份额增长了 50％,这是由于 1989 年转变为全额抵免制度,导致申报收入发生变化,正像前面详细描述的那样。一旦我们忽视申报收入的持续增长（由于收入转移,1998—1999 年出现了暂时的高峰）,新西兰的顶层份额趋势几乎是平稳的。Atkinson 和 Leigh（2005）已经记录了这一点。

[2] 如前所述,这可以消除税制变化造成的一些结构性影响。

亚、加拿大、英国和美国的顶层 1%份额增长了 60% 至 70%,爱尔兰增长了 90% 左右。英语国家的这一趋势显示了经济危机产生了影响的证据,在 2007 年至 2010—2011 年期间,顶层份额有所下降。

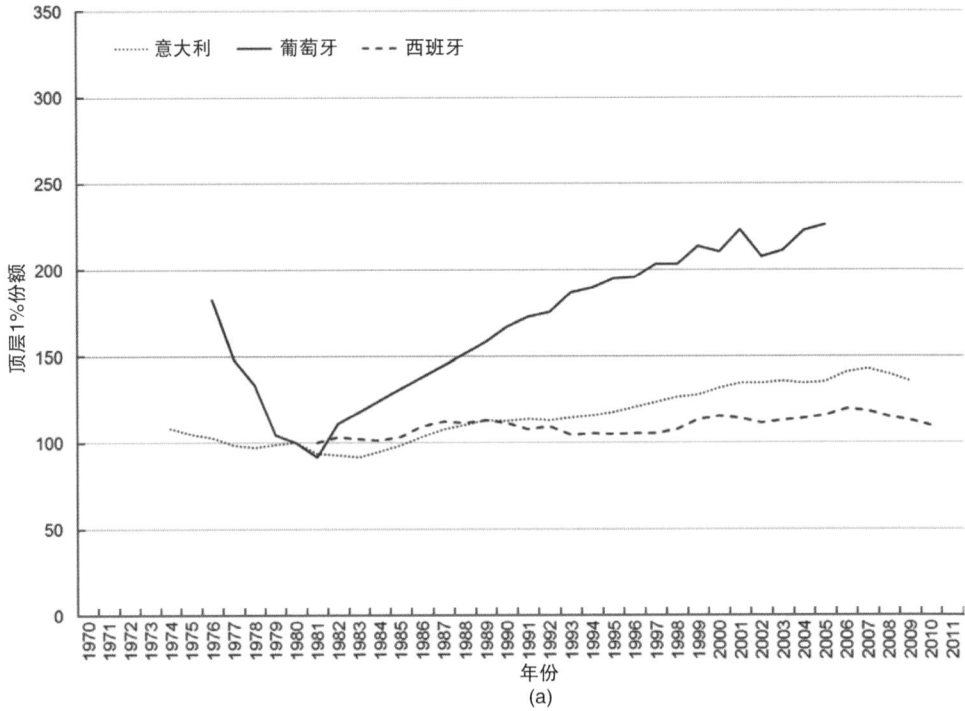

(a)

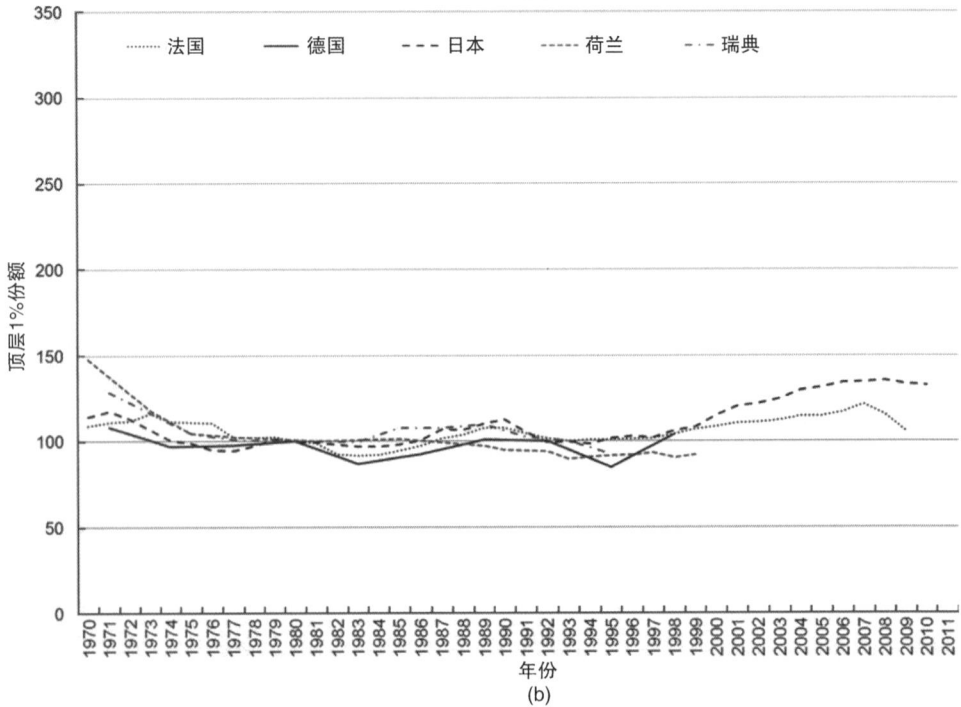

(b)

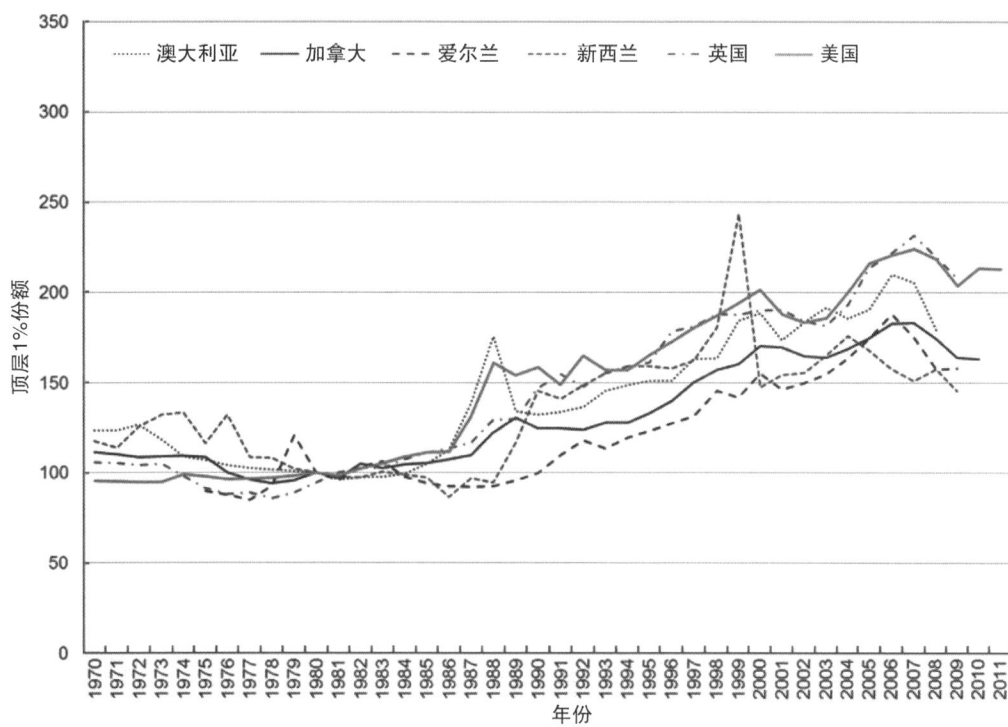

(c)

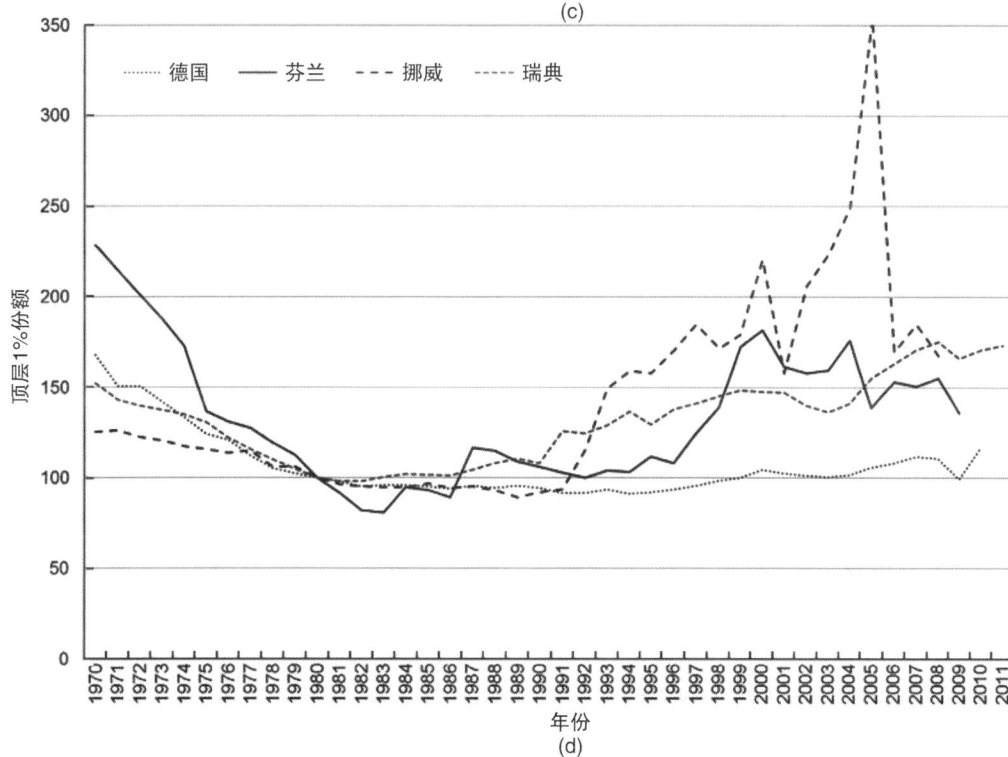

(d)

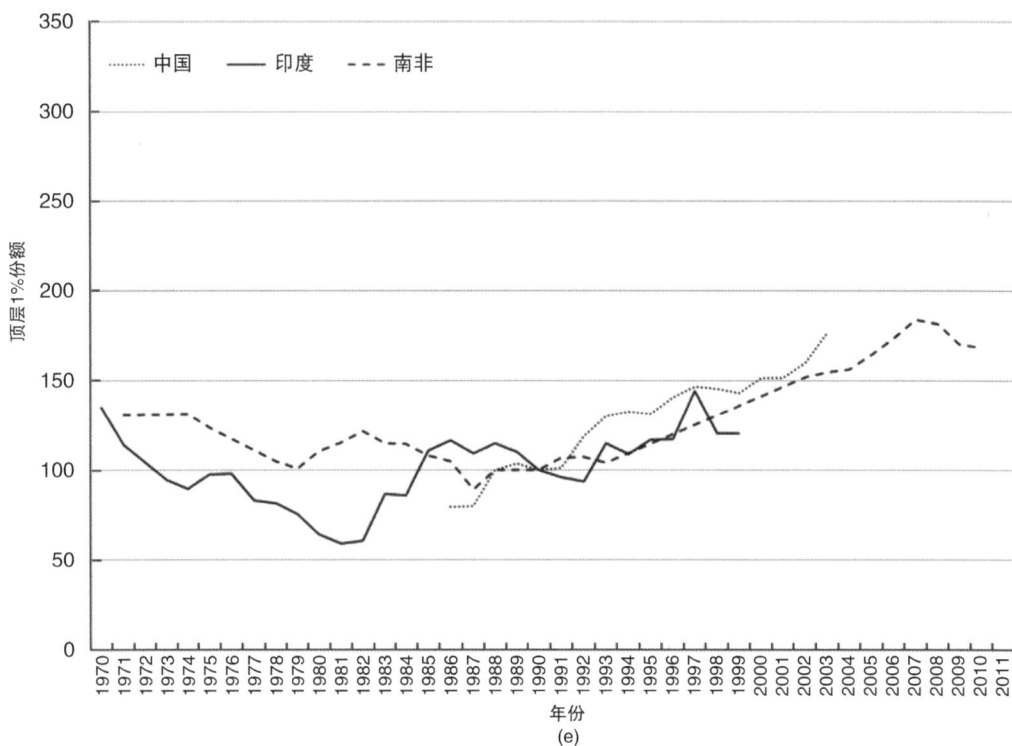

图 8.25　1970 年至 2011 年国家组的顶层 1％份额趋势

注：(a)南欧(1980 年＝100)，(b)欧洲大陆和日本(1980 年＝100)，(c)英语国家(1980 年＝100)，(d)北欧国家(1980 年＝100)，(e)发展中国家(1990 年＝100)。分图(a)至(d)中，1980 年被算为 100，分图(e)中 1990 年被算为 100。

资料来源：世界顶层收入数据库，2013 年 9 月访问。由作者加工。

在北欧国家，20 世纪 80 年代的顶层份额基本持平，直到 1990 年或之后才开始上升[图 8.25(d)]。挪威的情况尤其明显，1980 年至 1990 年之间，顶层 1％份额保持不变，但是在 1990 年至 2000 年间翻了一番。其他北欧国家，尤其是丹麦，1990 年以后的增长幅度较小，顶层收入份额在 20 世纪 80 年代晚期至 20 世纪 90 年代晚期仅增长了 15％，然后从 20 世纪 90 年代末和 21 世纪第一个 10 年初开始下滑。尽管瑞典的顶层份额持续增长，但是 1990 年以后，芬兰顶层份额的增长趋势在 2000 年的时候戛然而止或者说被逆转了，21 世纪第一个 10 年中期，挪威也出现了这种情况。如前所述，2005 年挪威顶层 1％份额的异常大幅增长，归结于预期 2006 年税收政策将发生改变而提前支付的红利。

世界不平等收入数据库(WTID)中的发展中国家，顶层份额的趋势似乎与英语国家的趋势最相似也最接近。20 世纪 80 年代早期，印度的顶层份额开始增长，20 世纪 80 年代晚期，中国、南非的顶层份额开始增长[图 8.25(e)]。20 世纪 90 年代后，这 3 个发展中国家的顶层 1％收入份额开始呈现出长期的增长趋势。

1980 年至 2009—2011 年之间，美国和英国的顶层份额翻了一番多，在 2007 年、2008 年全球经济衰退的浪潮袭击大部分发达国家之前，澳大利亚和爱尔兰的顶层份额在急剧下降之前有过加倍增长。在整个 1980 年后的时期,英语国家的顶层份额实现了最大幅度的增长,1980 年以及 2000 年后,它们占了顶层 1％份额的累计变化最大的 5 个国家中的 3 个席位[图 8.26(a)]。大部分英语国家顶层份额的增长发生在 20 世纪 80 年代。关注 1990 年以来的顶层份额的变化,顶层份额增长幅度最大的一组国家尤为显眼。1990 年以来,顶层 1％份额累计变化最大的 4 个国家中,有 2 个是北欧国家(芬兰和挪威),另外 2 个是发展中国家(中国和南非)[图 8.26(b)]。1990 年后,英语国家和发展中国家的顶层份额累计增幅大致相当。必须指出的是,这一结论是剔除了挪威的顶层收入份额的异常增长得来的,其异常增长主要是由预期的股息税变动所致。①

图 8.25 中的各幅曲线图追踪了 1970 年后 10 年或 20 年里顶层收入份额的下降情况,这取决于国家;接着是在 1980 年或 1990 年左右,顶层收入份额开始增长,这同样取决于国家。这些长期趋势是否会一直存在还是个未知数。世界不平等收入数据库(WTID)中的大多数国家在 2007 年与 2010 年见证了最高份额的下降,但是许多国家缺乏这些年的数据。在这段发生金融危机与经济衰退的时期,不平等状况日益加剧的长期趋势是否被扭转了?Morelli(2014)通过分析银行业受到冲击时的顶层份额的脉冲响应函数,利用美国的顶层收入份额数据回答了这个问题。该文的主要研究结果表明,系统性银行危机对收入分配中的高收入阶层的短期影响在收入分配的最高点呈负数(例如高于第 99 百分位),在最低点呈正数(例如在第 90 百分位和第 99 百分位之间)。换句话说,考虑到高收入群体的异质性,他们对系统性银行危机的相关反应是不同的。

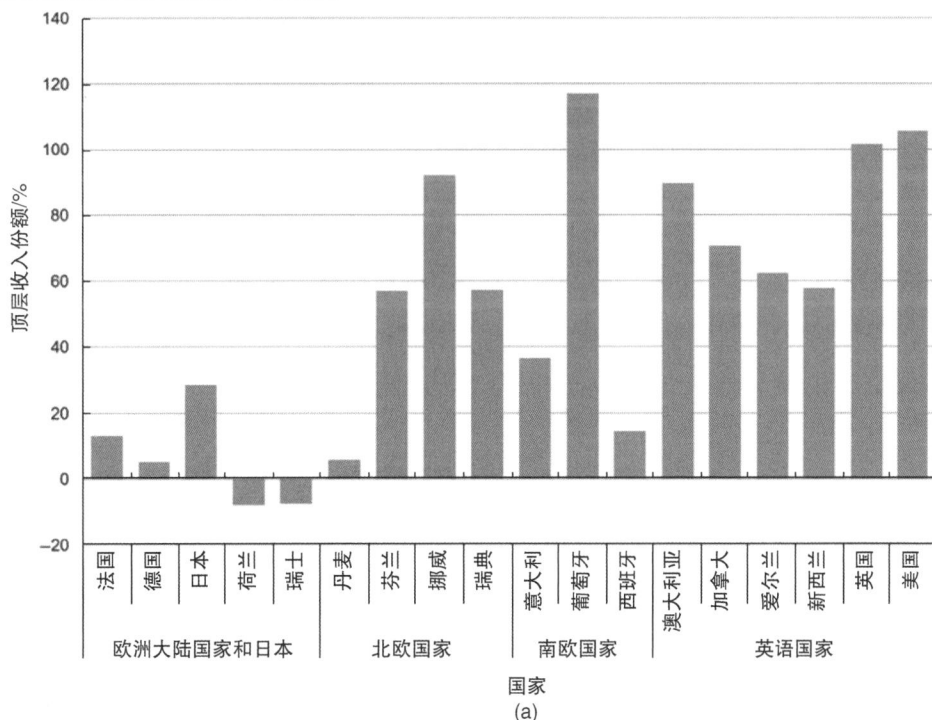

(a)

----

① 如前所述,2005 年挪威宣布永久性增加股息税(2006 年起生效),这是顶层收入份额的一个显著高峰,因为个人和公司为了避免即将发生的税率上调,会进行收入转移(Aaberge and Atkinson,2008)。

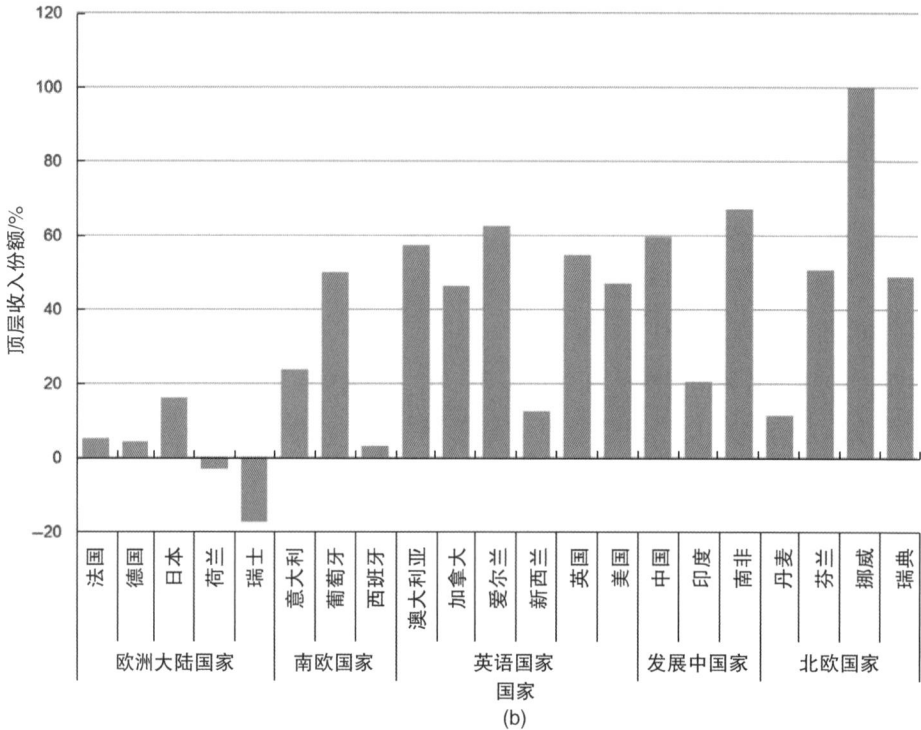

图 8.26　按国家和国家组分列的顶层收入份额累计变化

注:(a)从 1980 年到 2000 年的平均累计变化。(b)从 1990 年到 2000 年以后的平均累计变化。数据是根据国家组顶层 1% 份额的平均累计变化来分类的。就德国而言,我们从包含资本利得的顶层份额里提取信息。累计变化自 1990 年以来就为发展中国家而计算。由于缺乏信息,2000 年后的时期相当于 1995 年的瑞士、1999 年的印度和荷兰。获得的结果不包括挪威 2004 年和 2005 年的顶层 1% 份额的最高值。

资料来源:世界顶层收入数据库,2013 年 9 月访问。由作者加工。

　　但最重要的是系统性银行危机并不会对顶层收入份额产生实质性的影响,它们动态反应的估计值相对较小。[①] 此外,本文的研究结果还表明,危机的影响也可能是暂时的,因为在没有危机的情况下,高收入份额可能很快会回到预期的路径。

　　与 Atkinson 等(2011)、Saez(2013)以及 Piketty 和 Saez(2012)非正式性的报告和建议一致,这些结果表明,即使是重大的颠覆性危机,例如 2007 年、2008 年的金融风暴,也不能代表顶层份额序列的结构性突破,除非可以预计出政治以及体制框架会发生重大变革,否则我们不应该期望收入集中度的上升趋势会发生逆转(例如税收制度、薪酬惯例以及监管政策的变化)。

8.4.2.5　收入分解

　　我们在前面描述了大多数国家顶层收入份额的增长趋势。是什么在推动这些趋势?为了更好地了解导致我们所调查的大多数国家不平等加剧的机制,我们可以使用所得税统计

---

① 我们发现,无论我们所考察的国家的顶层收入份额是多少或者这个国家属于哪一个国家组,危机的预估影响都远远低于一个标准差。

的组成数据,但是只有少数几个国家可以按来源分解收入。我们想知道每种收入来源的边际分布以及它们的联合分布是如何影响收入分配的右尾动态的。Atkinson 等(2011)和 Alvaredo 等(2013)通过美国的工资和资本两种收入来源讨论了这个问题,他们的研究结果表明,高收入阶层的两种收入来源的联系日益增加。但是想要了解这个重要的问题(要求每个国家每年都有微观数据),则远远超出了本章的范围。我们可以用一种不那么严谨的方法,简单地将顶层收入分解成两个主要来源(工资和资本收入),以了解它们在总收入中所占的比重。

下面我们介绍澳大利亚、加拿大、法国、日本、意大利、荷兰、西班牙和美国等 8 个国家的资本收入份额(包括建筑物租金收入、利息收入和股息,但是不包括已实现的资本利得),以及自营收入份额(工资、薪金、奖金、津贴和养老金),因为这些国家有数据进行计算。总体而言,工资收入在高于第 99 百分位的顶层总收入内比重高于其他收入(前 1%)。只有意大利和澳大利亚的工资收入占总收入的比例相对较低(图 8.26)。[1] 但高于第 99.99 百分位的顶层收入阶层(前 0.01%)的情况相反,他们的资本收入比重通常要高于劳动收入(加拿大和美国例外)[2],如图 8.27 所示。

不同收入来源的相对份额也随着时间的推移而变化,各国的情况也不尽相同。就顶层 1%份额而言,拥有收入份额数据的国家,其劳力型收入份额随着时间的推移略有上升[图 8.27(a)]。西班牙和澳大利亚是例外,从 20 世纪 90 年代到 21 世纪第一个 10 年中期,这两个国家的工资份额都在下降。[3] 日本和美国的工资份额在 1990 年前略有上升,但此后基本保持不变。其他国家,包括法国和意大利,几乎没有任何关于工资份额趋势的证据。工资份额上升最典型的例子是 1990 年后的荷兰和 1980 年后的加拿大。

---

① 澳大利亚的数据只能分解为工资和非工资收入。后者代表我们对资本收入的定义,以及包括已实现的资本利得和营业收入(自营职业收入、非法人企业利润和农业收入)。

② 已实现的资本利得不包括在分析的标准顶层收入份额中。

③ 需要指出的是,西班牙的数据包括资本收入定义中的资本利得。这解释了工资份额的非周期性,在 21 世纪第一个 10 年末,西班牙工资份额大幅回升,澳大利亚也出现了类似但相对来说较为温和的趋势。同样需要注意的是,澳大利亚仍然是世界收入最高的前 1%国家群体中,唯一一个资本收入比例高于工资份额的国家。这主要有两个原因。一是营业收入完全被包含于"非工资收入"之中。二是澳大利亚的数据将资本利得纳入了应纳税范围(不同时期的程度不一样)。事实上正如 Burkhauser 等(2013)回忆的那样:"1985 年之前,澳大利亚的资本利得中不包含一般税。因此税收记录数据中基本上没有记载资本利得,因为大部分资本利得都在个人所得税税基中被剔除了。直到 1972 年,大部分资产的资本利得才被纳入税法第 26AAA 条的税基之中,但仅限于短期资本利得(持有这些资产,并获得资本利得不超过一年),不包括自住房。虽然早在 20 世纪 20 年代就存在对基于投机的资产实现的资本利得进行征税的规定,但该税种并未得到系统的执行,因而产生的税收也很少。"

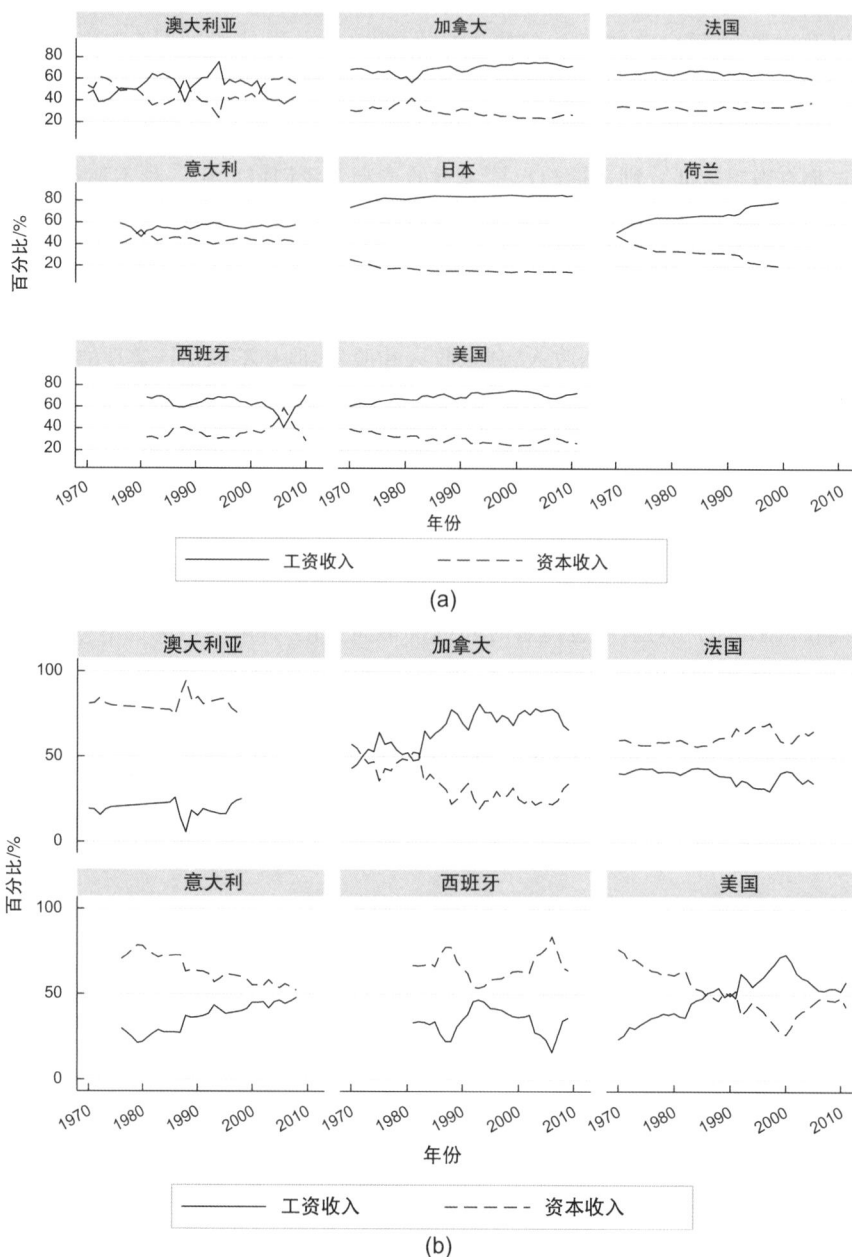

图 8.27 顶层收入的劳动收入和资本收入构成

注:(a)顶层 1%群组的收入构成。(b)顶层 0.01%群组的收入构成。这些图描绘了顶层 1%总收入的不同来源情况。特别是这些图显示了在能够进行此类计算的 8 个国家(澳大利亚、加拿大、法国、日本、意大利、荷兰、西班牙以及美国)中,资本收入(如果可能的话,包括租金收入、利息收入和股息,但是不包括已实现的资本利得)和工资收入(工资、薪水、津贴、奖金和养老金)所占的份额。值得注意的是,澳大利亚和西班牙的数据包括已实现的资本利得,其在应纳税的范围内。此外,澳大利亚的数据只能分解为工资收入和非工资收入("资本"收入包括已实现的资本利得、商业收入、自营收入、非法人企业利润以及农业收入)。

资料来源:世界顶层收入数据库,2013 年 9 月访问。由作者加工。

对于顶层 0.01% 份额而言,最高工资收入增长的证据没有那么明确[图 8.27(b)]。意大利、加拿大以及美国的工资收入随着时间的推移明显增加(直到 2000 年左右,之后出现显著逆转)。澳大利亚和法国的工资收入份额相对来说比较稳定。

不过需要注意的是,收入来源的定义在各国之间并不一定具有可比性,而且不同国家的不同税收制度可能会促使人们出于更大税收便利的考虑而申报某种特定的收入来源(见 8.4.2.2.4)。因此我们并不很清楚该如何解释顶层收入人群的工资和资本收入百分比发生率,本节讨论的结果没有考虑这些重要问题。

8.4.2.6　填补税收统计数据与调查数据之间的缺口:基尼数据与顶层份额

在本章的第二节,我们通过使用各种汇总统计数据,包括基尼系数、十分位数比率和其他数据等,探讨了总收入不平等的动态发展。这些变量通常是根据住户调查构建的。一些国家越来越多地使用登记数据(例如斯堪的纳维亚国家)或将综合调查数据与登记数据相结合(例如 2008 年以来的英国和法国),试图克服标准住户调查的限制。

实际上住户调查通常不是按收入分层,因此受到限制,尤其对高收入人群而言(测量误差、无反应或者非完整性反应)。这些调查通常采用顶级编码方法,构建限制收入分配右尾的信息。[1] 这些限制通常使我们不可能获得分配最顶端的个人收入的稳健定量数据。[2]

同时,顶层收入份额是通过税收管理微观数据或分组汇总数据构建的,特别适合估算收入分配的右尾,但它们并没有提供任何令人信服的分配底部信息。

这两种不同的来源是否提供了替代性或者补充性的信息? 换句话说,将顶层收入份额与调查数据结合起来,是否能更全面地了解该国经济不平等的情况? 或者,顶层份额是否嵌入了足够的信息来代表整个收入分配? 接下来,我们会分别讨论这些重要问题。

8.4.2.7　顶层收入份额是否为家庭调查数据的补充?

Burkhauser 等(2012a)用美国调查数据[内部来源的当前人口调查(CPS)数据]得出的顶层收入份额的演变过程,与 Piketty 和 Saez(2006)使用行政税收数据(来自国内税收服务)得出的顶层收入份额的演变过程做对比。[3] Burkhauser 等(2012a)的研究表明,基于 CPS 的顶层收入份额紧紧跟随基于税收的顶层收入份额,直至第 99 个百分位。重要的是,这种比较考虑了跟 Piketty 和 Saez(2006)相同的参考单位(税收单位)和相似的收入定义。然而正如 Burkhauser 等(2012a)估计的那样,美国的顶层 1% 收入份额并不与 Piketty 和 Saez(2006)获得的顶层 1% 份额一样精确。Piketty 等(2011)指出,一旦收入定义包含资本利得,这一点就更加明显。[4] 如前所述,资本利得是高收入的一个重要组成部分,并且可能会对收入不平等

---

① 通常有两个级别的顶层编码。第一级保证数据的私密性,第二级(即使统计机构内部专门提供的数据也是如此)可以避免异常值对总体统计数据产生影响。

② Brewer 等(2008)指出了英国的情况,统计局通常使用个人收入调查提供的数据来调整在家庭资源调查中发现的富裕个人的收入衡量值。反过来,后者的收入样本信息是通过设计、细分采样富人群体的信息,从而获得英国税务海关总署(HMRC)的税收管理数据。同样的,Moriguchi 和 Saez(2008)讨论了"全国家庭收入和支出调查"(NSFIE)的局限性,该调查收集了大约 1 万个家庭的代表性样本,由于位于收入分配顶层的观察数据很少,因此使用 NSFIE 数据很难为顶层 0.5% 以上的收入群体提供精确的估算数据。

③ 与公众能获得的 CPS 相比,内部 CPS 文件所包含的顶层收入覆盖范围更广,尤其是非顶层收入水平。

④ CPS 不记录资本利得。此外,CPS 数据也不包括股票期权收益信息,股票期权收益信息被记录在 IRS 税收数据中。

的程度和趋势产生重要影响。此外,包含资本利得可以提供一个更有经济意义的收入分配度量。[①]

Atkinson 等(2011)考虑到利用调查和税收数据(包括资本利得)估计出的顶层 1% 份额存在差异性,因此对官方的当前人口调查(CPS)数据基尼系数进行了初步调整。结果表明,用调整后的基尼系数测量,官方的当前人口调查(CPS)数据基尼系数未能涵盖美国整体不平等增长的一半。

这些调查结果似乎表明,税收数据能够获取统计调查中没有的数据信息。需要强调的是,通过赋税统计并基于调查数据的估算值可以调整,然而调整程度还未完全得到理解和研究。而且所需的调整在各国之间可能会不同。在文献中也越来越多地采用这种调整。

Atkinson(2007)提供了顶层份额和基尼系数之间直观的形式近似关系,$G=(1-S)G^*+S$,其中,G 代表整体基尼系数,S 代表顶层份额,G 是排除了最高个人收入后剩下的人口基尼系数。然而,上述推导基于一个假设:高收入群体指的是微不足道的人口份额(例如顶层 1%、顶层 0.1% 或者顶层 0.01%)。Alvaredo(2011)随后得出了更为普遍的推导,对于非无限顶层收入群也是有效的,即 $G=(1-S)(1-P)G^*+S-P+G^{**}PS$,$P$ 是被调查的顶层收入群体的人口份额,G^{**} 是与顶层群体内的收入分配相关的基尼系数[G^{**} 可以进一步简化为 $1/(2-\alpha)$,假设右尾是帕累托分配系数 α]。

假设所观察到的基尼系数(从标准调查数据中获得)可以更好地反映底层收入群(G^*)内的不平等现象,我们可以使用上面的结果来获得总人口(G)调整后的基尼系数估计值。利用与顶层收入份额有关的有效附加信息,可以看作是校正不平等程度总体测量方法的第一次尝试[例如,Alvaredo(2011)对阿根廷情况的分析就表明了这一点]。从以上的讨论中可以看出,调整了的基尼系数的实际值取决于顶层份额的选择。

假设从全国住户调查中排除最高百分位,我们可以从美国的当前人口调查(CPS)数据中阐明家庭总均衡收入(包括现金转移)官方基尼系数的调整情况。使用上面提到过的Atkinson(2007)原始数据,来源于世界顶层收入数据库的顶层 1% 份额(包括资本利得),可以得出 1970 年的调整幅度为 5 个百分点,2006 年超过 10 个百分点(图 8.28)。如果我们使用剔除了资本利得的顶层 1% 人群,那么调整幅度大约会降低 1 个百分点。此外,使用Alvaredo(2011)普及性更高的公式,调整幅度还会再降低 1 个百分点。

然而,这种调整取决于一个与国民收入确切份额有关的强有力的假设(不一定正确),那就是国民收入份额应当从家庭调查统计数据中剔除。在对份额进行修正前,必须对这一假设进行仔细评估。实际上,通过使用调查数据和税收行政数据,采用同质方法(例如分析单位、收入定义和控制总量)估算出顶层份额,通过这种稍显复杂的方式,我们可以获得调整后的基尼系数。通过使用不同数据源的顶层份额估计值的差异 D 值,上面提到的公式将被用

[①] 此外,包括资本利得在内的一系列收入数据对 1986 年《税收改革法案》颁布后的避税变化不那么敏感。事实上,正如我们前面所讨论的那样,1986 年《税收改革法案》的颁布主要刺激了"企业收入向个人业务收入的转变"。然而,正如 Atkinson 等(2011)提到的那样,小型公司留存盈余和利润,因为资本利得最终是通过个人纳税申报表来实现并申报的。因此,包括资本利得在内的收入在 1986 年《税收改革法案》颁布前后,并没有显示出不连续性(1987 年资本利得税率上调,并且在此之前实现了高资本利得,因此 1986 年属于人为上升)。

来调整调查数据的基尼系数：$G=(1-D)G^*+D$。美国进行了相似的调整（前面讨论过的），并由 Atkinson 等（2007）进行了说明。[①] 图 8.28 所示的调整，是通过使用包括资本利得在内的顶层收入份额进行的，与前面讨论过的情况相比，此处对基尼系数的调整要小得多（基于总收入的实际基准基尼系数，在 1970 年的时候变化了 1.5 个百分点，2006 年变化了 5 个百分点）。这表明从 1970 年到 2006 年，超过一半的不平等增长不是由不平等指标来测量的（基于住户调查），这一指标不包括占国民收入相当大一部分的顶层 1% 份额，是与税收数据一起计算的。[②]

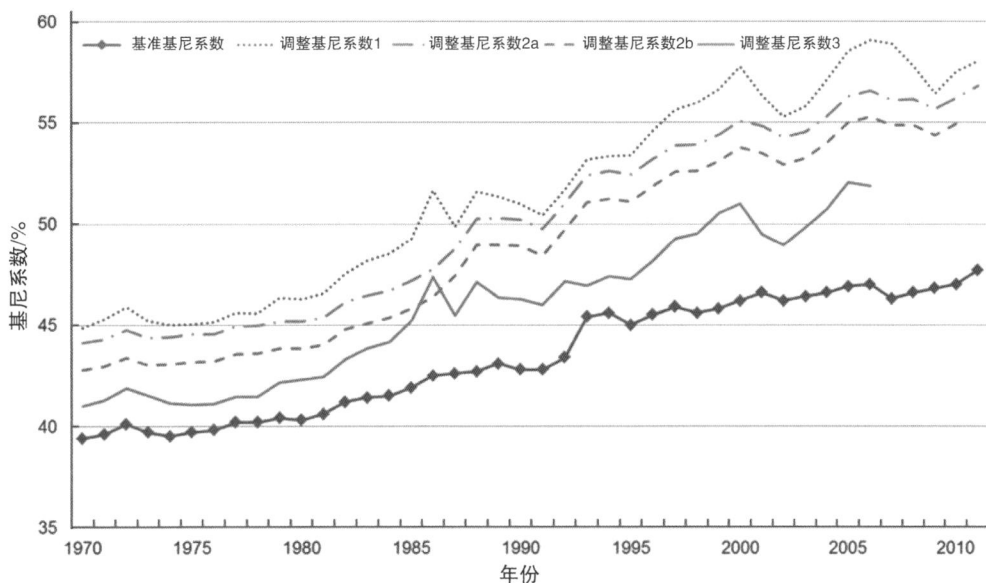

图 8.28　使用顶层收入份额调整美国基尼系数

注：基准基尼系数代表以家庭总均衡收入为基础的美国当前人口调查（CPS）的主流系列。Piketty 和 Saez（2003）、Saez（2013）以及 Burkhauser 等（2009）估算的顶层收入份额，被用来计算调整后的基尼系数。我们实施了四种不同的调整。调整方案 1 假定家庭调查统计数据没有获得顶层 1% 数据（包括资本利得），然后我们使用 Atkinson（2007）描述过的公式来推导"真正的"基尼系数：$G=(1-S)G^*+S$。其中，G 代表总基尼系数，S 是顶层份额，G^* 代表排除了顶层最高收入后剩下人口的基尼系数。调整方案 2a 使用与上面相同的公式，但是顶层 1% 份额不包括资本利得。调整方案 2b 使用了 Alvaredo（2011）强调过的更具普及性的公式：$G=(1-S)(1-P)G^*+S-P+G^{**}PS$。其中，$P$ 是调查下的顶层收入群体的人口份额，G^{**} 是与顶层收入群体的收入分配相关的基尼系数[G 可以进一步简化为 $1/(2-\alpha)$，假设右尾是帕累托分布系数 α]。最后，调整方案 3 假定，顶层 1% 份额是通过全国调查获得的。差异 D 代表通过使用调查数据中的税收统计数据而得出的顶层 1% 份额的估计值；以下修正被应用到以下校正公式中：$G=(1-D)G^*+D$。

数据来源：Burkhauser 等（2012）、Atkinson（2011）等以及作者的计算。

最后，通过使用覆盖全部人口的管理数据，将个人信息与调查信息相匹配，可以超越前

[①] Atkinson 等（2011）使用的基尼系数测量方法，主要作用是修正，并且不是通过调查计算出来的（这个调查使用的方法与统计数据使用的方法相当）。相反，为了达到说明的目的，他们仅拿出了 CPS 数据的官方出版物中的基准基尼系数。

[②] Atkinson 等（2011）也回顾了这一点。

面讨论过的第一次近似调整。现阶段对此方面的研究还不多,这仍然是未来几年吸引经济学家和统计学家关注的一个重要的开放性问题。

总而言之,在住户调查中(特别是第 99 百分位以上),顶层收入份额往往会被低估,税收数据在某些情况下可以为我们提供许多其他记录不到的额外信息和补充信息。鉴于许多发达国家和发展中国家的顶层收入份额不断增加,官方收入不平等指标可能会大大低估实际收入分配差异的变化程度。但正如我们在本章广泛讨论的那样,出于征税目的的申报收入数据并不是无限制的,对严重依赖任意选择的基尼系数进行修正时,我们需要谨慎对待。

8.4.2.8 作为总收入分配情况代理指标的顶层收入份额的变化

前面我们讨论了为什么用税收统计数据来测量得到的最高收入份额可能无法在家庭调查数据中得到完全体现。然而顶层收入份额的变化仍然对总收入分配的动态性起了作用,特别是如果大部分措施是针对顶层收入份额的,正如关于顶层收入的大量文献所示。

本章对数据的分析突出显示了不平等程度的不同测量方法是如何产生类似的效果的,不平等程度是如何变化的,以及哪个国家的收入分配最不公平,无论其收入分配是基于整体分配还是仅仅基于高收入家庭。例如顶层 1% 人群收入所占份额较大的国家确实有更高的基尼系数、S80/S20 比率、P90/P10 比率,尽管相关系数远远低于 1。顶层 1% 份额(使用纳税单位的税前收入)和基尼系数[使用家庭可支配收入(DHI)]的相关系数是 0.65,使用 S80/S20 比率的相关系数是 0.65,使用 P90/P10 比率的相关系数是 0.72。[1]

与这些证据一致的是,Leigh(2007)的一项重要研究发现,顶层份额与基尼系数[2]的相关性不仅仅在截面数据上很强,而且在控制了国家的固定效应和共同时间效应后也很强。这表明国内顶层收入份额的变化和基尼系数也是密切相关的。

鉴于 Leigh(2007)所做研究的重要性,以及类似于第 7 章所做的工作,我们通过使用利(Leigh)自发表其研究成果以来提供的最新的顶层收入份额和基尼系数数据,扩展了他的分析。[3] 我们从几个方面进一步扩展了这项工作:首先,我们使用了两个额外的基尼系数序列。具体来说,我们使用的基尼系数序列[与等值化的家庭可支配收入(DHI)有关]是从 Atkinson 和 Morelli(2012,2014)汇编的《经济不平等图集》[4]中而来的,我们利用了总/市场收入的基尼系数序列[5],它可以与顶层收入份额序列进行更直接的比较。虽然 Leigh(2007)的分析可以追溯到 20 世纪早期,但是在这里我们只关注 1970 年之后的时期。

其次,也是最重要的一点,Leigh(2007)最初将顶层收入份额视作因变量。如果我们要分析总收入分配法中顶层收入份额的相关信息,那么这并不一定是首选方法。[6] 因此,我们

---

[1] 通过使用表 8.2 和图 8.24 的信息,我们计算出了不同的不等式之间的简单配对关系。

[2] Leigh(2007)的研究利用了来源于卢森堡收入研究(LIS)和世界收入不平等数据库(WIID)的基尼系数。

[3] 想了解发展中国家基尼系数和顶层收入份额之间关系的证据,读者可见第 9 章。

[4] 《经济不平等图集》涵盖了自 1990 年起 25 个不同国家在 100 多年内的情况,这些国家的人口占世界人口的三分之一以上。该数据库收集了 5 种不同的年度"经济不平等"衡量指标,其中包括等效 DHI 的基尼系数(剩下的衡量指标是顶层收入份额、基于收入或者消费的贫困测度、收入差异指标以及顶层财富份额)。

[5] 除了少数例外,这些序列大部分是从 OECD 的不平等数据库中检索出来的,2013 年 10 月 1 日访问。

[6] 只有被考察的变量经过标准化处理后,这两个变量的回归顺序才是无关紧要的。此外,回归顺序的选择本质上是一个科学问题,反映了经验规范隐含的理论本质。

通过将基尼系数的对数作为因变量,将顶层收入份额的对数作为自变量进行回归,来逆转回归变量的顺序,以便获得与基尼系数弹性相关的更直接的信息,因为这与顶层份额的变化有关。如表 8.7 所示,基尼系数对顶层收入份额变化的弹性估值在 10％—40％,如果我们将 1970 年之后所有时期都考虑进去,那么就具有很强的统计显著性。

表 8.7　基尼系数对顶层 1％收入份额变化的弹性评估

变量	OLS 汇总 回归		国家固定效应下 的 OLS 回归		国家和时间效应下 的 OLS 回归	
对数回归(基尼系数)(前 1％)1970—2011 年的数据						
基尼系数(可支配 收入)——LIS	0.3* (0.03)		0.2* (0.03)		0.2* (0.1)	
基尼系数(可支配 收入)——WIID		0.2* (0.04)		0.2* (0.03)		0.2* (0.1)
R^2	0.50	0.13	0.91	0.65	0.93	0.80
N	103	373	103	373	103	373
基尼系数(可支配收入) ——《经济不平等图集》	0.4* (0.02)		0.3* (0.01)		0.3* (0.03)	
基尼系数(总收入) ——OECD		0.1* (0.02)		0.2* (0.01)		0.01 (0.03)
R^2	0.45	0.05	0.93	0.80	0.93	0.91
N	343	245	343	245	343	245

注:* 表示 1％的显著性水平。

再次,我们估算了三个不同时期基尼系数对顶层 1％收入份额变化的弹性:1970—1985 年、1986—2000 年以及 2001—2012 年。这样我们就能够研究基尼系数对顶层 1％收入份额变化的弹性随时间推移而演变的情况。[1]　调查结果显示,最近一段时期内(表 8.8)[2],顶层收入份额的变化与基尼系数变化之间的关系趋于消失,这与前面观察到的事实一致,没有迹象表明顶层收入份额已达到"顶峰",20 世纪 80 年代或 90 年代以来,许多国家的基尼系数增长速度放缓。正如之前所讨论的,这可能是因为家庭收入调查难以准确测量顶层收入份额。[3]

---

[1]　与 Leigh(2007)不同的是,我们专注研究顶层 1％收入份额而不是顶层 10％收入份额。此外,我们只检验顶层 1％收入份额与基尼系数之间的关系,不考虑其他类型的不平等测度,例如阿特金森指数和分位数比率。

[2]　值得注意的是,利用《经济不平等图集》中的数据计算,可以发现顶层 1％收入份额与基尼系数之间的关系更稳健。为简单起见,表 8.8 仅呈现基于 OECD 的总收入和基于 LIS 数据的净收入获取的基尼系数数据。

[3]　例如在美国,Kenworthy 和 Smeeding(2013)表明,从 20 世纪 90 年代中期起,一旦从调查数据中剔除顶层百分位数,收入的不平等程度就会上升得更缓慢。这些研究表明,从截面数据来看,高收入人群的增长促进了美国的收入分配。

表8.8 基尼系数对顶层1%收入份额变化的弹性评估

变量	时期1:1970—1985年	时期2:1986—2000年	时期3:2001—2012年
基尼系数(可支配收入)——LIS	0.2* (0.07)	0.2* (0.05)	0.1 (0.2)
R^2	0.95	0.60	0.93
N	22	60	60
基尼系数(总收入)——OECD	0.1* (0.04)	0.2* (0.04)	0.03 (0.05)
R^2	0.85	0.98	0.90
N	61	98	86

注:*表示1%的显著性水平。通过固定效应回归并采用稳健标准误,对基尼系数的对数与顶层收入份额的对数进行回归。

最后,我们还在这里再现了[1] Leigh(2007)的原始模型(对基尼系数的对数与顶层收入份额的对数进行回归),结果如表8.9所示,Leigh(2007)(面板A)的原始结果与使用了最新数据(面板B)而得出的结果做了比较,还和基于两组不同的基尼系数(面板C)得出的结果做了比较。

值得注意的是,使用最新的不平等数据和调整后的不平等数据,以及1970年后的限制,都没有对Leigh(2007)所做调查的有效性产生影响(面板B)。同样的,对两个不同序列的基尼系数的使用证实了Leigh(2007)的发现(面板C)。[2] 后一个结果是相关的,因为基于税前收入和转移前收入的基尼系数与顶层收入份额比起来,是更适合的数据序列。[3]

总而言之,Leigh(2007)报告的顶层收入份额与基尼系数变化之间的关系,对于控制更新信息、受限期样本和不同的基尼系数指标,包括以税前和转移前收入为基础的基尼系数来说,都是稳健的。因此,在上文记录的统计调查数据中,尽管高收入阶层的真实情况被歪曲,但是总的来说顶层收入份额的变化仍然是总收入分配的良好替代指标。然而有证据表明,在21世纪的第一个10年里,基尼系数和顶层收入份额之间的关系变得越来越弱了,这说明家庭调查可能无法完全反映顶层收入的动态性。根据对顶层收入份额的分析直接计算总收入分配,再以此为基础推断出结果的有效性时,需要我们更加谨慎。[4]

---

[1] 我们感谢安德鲁·利(Andrew Leigh)慷慨地提供了原始代码,这一行为使我们避免了做重复的调查。

[2] 一旦分析仅限于使用以总收入定义为基础的基尼系数,并且在使用时间效应和固定效应模型的情况下,只有顶层1%份额的变动与基尼系数之间的强烈关联会减弱。实际上,基于双向固定效应回归模型的顶层1%份额与总基尼系数之间的弹性系数从统计学层面来说,已不再显著异于0。

[3] 结果与使用前10%份额的结果相一致,虽然结果没有以表的形式呈现出来。如若需要,可以提供调查结果。

[4] 这个结论似乎与第7章中讨论的不同,第7章重点关注的是顶层份额与基尼系数之间的长期关系,但是在21世纪第一个10年并不能识别出这种关系的弱化。

表 8.9　评估顶层 1% 收入份额与基尼系数之间的关联,再现 Leigh(2007)已发现的调查结果

变量	OLS 汇总回归		国家固定效益下的 OLS 回归		国家和时间效益下的 OLS 回归	
面板 A:Leigh(2007)的最初发现						
基尼系数(可支配收入)——LIS	1.45* (0.203)		1.19* (0.298)		0.797 (0.62)	
基尼系数(可支配收入)——WIID		0.799* (0.086)		0.693* (0.1)		0.422* (0.07)
R^2	0.44	0.29	0.83	0.67	0.96	0.89
N	63	300	63	300	63	300
面板 B:Leigh(2007)的原始模型重新运行,使用最新观测结果						
基尼系数(可支配收入)——LIS	1.5* (0.1)		2.1* (0.3)		0.7* (0.3)	
基尼系数(可支配收入)——WIID		0.6* (0.1)		0.4* (0.1)		0.2* (0.1)
R^2	0.50	0.13	0.77	0.66	0.93	0.85
N	103	373	103	373	103	373
面板 C:Leigh(2007)的原始模型重新运行,使用不同的基尼系数						
基尼系数(可支配收入)——《经济不平等图集》	1.0* (0.1)		1.9* (0.1)		1.0* (0.04)	
基尼系数(可支配收入)——OECD		0.7* (0.2)		2.3* (0.2)		0.1 (0.3)
R^2	0.45	0.02	0.82	0.81	0.90	0.93
N	343	245	343	245	343	245

注:* 表示 1% 的显著性水平。
[a] 所有观察结果都来自 1886—2004 年——对基尼系数的对数与顶层收入份额的对数进行回归。
[b] 1970—2011 年的数据——对基尼系数的对数与顶层收入份额的对数进行回归。

8.5　总结与结论

本章重点介绍了自 2000 年以来在细节、形式和重要性方面出现的大量不平等数据。除了卢森堡收入研究[Gottschalk 和 Smeeding(2000)所进行的基础性工作],OECD、欧盟收入和生活条件统计(SILC)和一系列国家趋势数据[部分由 Atkinson 和 Morelli(2012,2014)以及 Brandolini 和 Smeeding(2008,2009)维护]对我们所了解的关于过去 30 年不平等和贫穷程度、趋势的知识产生了巨大影响。重要的是,一组新的世界不平等收入数据库数据激增,为处于分配顶端的税收单位提供了长期的不平等趋势。所有的这些新数据都具有新的复杂性和需要注意的地方,这些在前面的章节中已经讨论过了。尽管有这些需要注意的地方,但这些数据确实使我们能够对过去 30 年以来贫困和不平等的程度、趋势进行一些全面的总结性研究。

可能的结论包括以下内容。

1. 在 21 世纪第一个 10 年末的 28 个高收入国家和中等收入国家中,有 17 个国家成功将贫困率降到了个位数(通过中位数相对贫困测量,国家中的 5%—10% 的人口为贫困人口)。富裕国家的贫困率变动范围是 4 倍,如果加上中等收入国家,则变动范围是 5 倍,因此在这些国家中,相对贫困率差别很大。我们的趋势数据表明,过去二三十年间,发达国家在脱贫计划方面进展很小且不平衡,除了墨西哥,我们研究的任何一个国家在过去 15—20 年的相对贫困率都没有持续下降。

2. 虽然在过去的二三十年里(直到 2010 年),我们所研究的这些发达国家在减少相对贫困上的进展都很小,但在同一时期,穷人的真实生活水平已经发生了变化。固定贫困是一个越来越有用的概念,它可以确定实际中位收入的上下变化是如何影响贫困的,这与单纯的相对测量有所区别。从 20 世纪 90 年代到 2007 年,几乎所有发达国家的固定贫困率都有所下降,因为到目前为止,大多数发达国家的生活水平都一直在提高。然而大衰退以来固定贫困率的上升削弱了低收入家庭过去 15 年在实际生活水平中取得的一些改善成果。

3. 1970—2010 年,世界各地的不平等现象都有所加剧,尽管在大衰退期间有所缓和,但这种增长的长期趋势仍在继续。每年的微小变化可能会对未来 20—30 年的趋势产生强烈影响。基尼系数、P90/P10 比率、S80/S20 比率的长期上升趋势非常明显。

4. 一些不平等指标的周期性——特别是顶层收入份额——在世界顶层收入数据库所反映的趋势中已经清楚地显示出来了。经济衰退使富人的收入大幅减少,但是在 20 世纪最后几十年里,当经济不景气时期过去后,富人的收入又强烈地反弹回来了。初步证据显示,未来的大衰退也会呈现同样的模式。

5. 1950—1980 年对西方发达国家的劳动力来说是“黄金时期”,因为不平等程度越来越低或者保持平稳不变的状态。目前又有几个国家呈现出了 U 形不平等模式,自 14 年前对这一现象进行研究以来,不平等性的增长幅度最大(Gottschalk and Smeeding, 1997, 2000;OECD, 2011)。世界顶层收入数据库的更长时间系列的数据表现出了更陡的 U 形。

6. 最新的跨国性不平等排名在很大程度上与 15 年前或者 30 年前的排名相似。英语国家(以美国和英国为主导)的不平等状况最为严重,北欧国家的不平等程度最低。还有一些重要的改变需要我们注意,新数据显示,以色列和南非也可以排进最不平等国家行列。不平等程度最高的发达国家与不平等程度最低的发达国家之间的差距已经有所缩小,这是因为一些不平等程度最低的国家的不平等程度急剧上升。

7. 人们需要在考虑劳动收入的同时越来越多地考虑资本收入。20 世纪 90 年代以来和大衰退过后,很多国家的世界不平等收入数据库显示,日益增长的资本收入更多地集中在收入分配的顶端。

8. 广基指数测量的不平等(取决于具体国家)在 20 世纪 70 年代、80 年代或 90 年代增长得最多,但是在 21 世纪第一个 10 年增长放缓,有时甚至保持不变。而从顶层收入份额指标来看,不平等程度还在继续上升,而且没有显示出要升到顶点的迹象,这种模式还能持续多久,目前尚无定论。

9.顶层收入份额的持续增长给不同的收入不平等指标表达的信息带来了新的挑战。一方面,现有家庭调查的内在局限性并不能涵盖包括顶层收入人群的所有收入项。这表明基尼系数等传统测量指标可能会越来越无法准确反映收入不平等的实际变化程度。另一方面,有证据表明,在过去的十年里,基尼系数与顶层收入份额之间的关系有所弱化,从而需要我们更加谨慎地将基于顶层收入份额分析的结果直接推断到总体收入分配中。

未来关于不平等和贫困的实证研究的议题十分丰富,可能会为许多目前尚不清楚的问题提供答案。我们还需要进一步研究不平等与经济增长的关系,以及是哪些人获得了增长红利。在一个富裕但老龄化的世界里,年龄分布的变化是如何影响不平等的? 另外,也可能是最重要的一点,中等收入国家数据的可获得性和实用性日益增长,我们可以以将这些国家和较贫穷国家的生活水平进行对比。随着大多数富裕国家的不平等现象加剧,以及覆盖到越来越广的前 1%高收入人群和越来越多的中等收入国家,对于不平等仍然有很多东西需要我们去了解,比如它的来源、它最初的形式,以及它对社会和经济的影响。正如 Atkinson(1997)所建议的那样,现在是时候让不平等问题重返主流经济领域了。

致谢

非常感谢我们各自所在机构对本研究的支持。感谢信息资源规划部(IRP)的大卫·钱塞勒(David Chancellor)和丹·杜伦(Dawn Duren)在图表以及手稿方面提供的帮助,彼得·弗拉赛(Peter Frase)在研究方面提供的帮助。感谢托尼·阿特金森、弗朗索瓦·布吉尼翁、迈克尔·福斯特、安德鲁·利、麦克斯·罗瑟(Max Roser)、斯蒂芬·詹金斯和编辑人员对初稿的修改意见,感谢安德烈·布兰多利尼提供的很多有用的不平等趋势数据。作者对本章中的所有观点、遗漏或疏忽负有全责(机构不负有责任)。

参考文献

Aaberge, R., Atkinson, A. B., 2008. Top incomes in Norway, Statistics Norway Discussion Paper Series n. 552.

Aaron, H., 1985. Comments on methods of measuring noncash benefits. In: Reported in Noncash Benefits: An Evaluation of the Census Bureau's Measurement Conference, PEMD-86-8BR. U.S. General Accounting Office, Washington, DC, April.

Abel-Smith, B., Townsend, P., 1965. The Poor and the Poorest. Bell, London.

Allison, P., 1978. Measures of inequality. Am. Sociol. Rev. 43 (6), 865-880.

Alvaredo, F., 2010. The Rich in Argentina over the Twentieth Century, 1932-2004. In: Atkinson, A. B., Piketty, T. (Eds.), Top Incomes: A Global Perspective. Oxford University Press, Oxford and New York.

Alvaredo, F., 2011. A note on the relationship between top income shares and the Gini coefficient. Econ. Lett. 110 (3), 274-277.

Alvaredo, F., Atkinson, A. B., 2010. Colonial Rule, Apartheid and Natural Resources: Top Incomes in South Africa, 1903-2007. CEPR Discussion Paper No. DP8155.

Alvaredo, F., Saez, E., 2009. Income and wealth concentration in Spain from a historical and fiscal perspective. J. Eur. Econ. Assoc. 7 (5), 1140-1167.

Alvaredo, F., Atkinson, A. B., Piketty, T., Saez, E., 2012. The World Top Incomes Database. Accessed in September 2013, http://topincomes. g-mond. parisschoolofeconomics. eu/.

Alvaredo, F., Atkinson, A. B., Piketty, T., Saez, E., 2013. The top 1 percent in international and historical perspective. J. Econ. Perspect. 27 (3), 3-20.

Atkinson, A. B., 1970. On the measurement of inequality. J. Econ. Theory 2, 244-263.

Atkinson, A. B., 1983. The Economics of Inequality, second ed. Clarendon Press, Oxford.

Atkinson, A. B., 1997. Bringing income distribution in from the cold. The Economic Journal, No. 107, March, pp. 297321.

Atkinson, A. B., 2005. Top incomes in the UK over the 20th century. J. R. Stat. Soc. A. Stat. Soc. 168 (2), 325-343.

Atkinson, A. B., 2007. Measuring top incomes: methodological issues. In: Atkinson, A. B., Piketty, T. (Eds.), Top Incomes over the Twentieth Century: A Contrast Between Continental European and English-Speaking Countries. Oxford University Press, Oxford, pp. 18-42.

Atkinson, A. B., Brandolini, A., 2001. Promises and pitfalls in the use of secondary datasets: income inequality in OECD countries as a case study. J. Econ. Lit. 39, 771-800.

Atkinson, A. B., Harrison, A. J., 1978. The Distribution of Personal Wealth in Britain. Cambridge University Press Cambridge, MA.

Atkinson, A. B., Leigh, A., 2005. The distribution of top incomes in New Zealand, Australian National University CEPR Discussion Paper 503.

Atkinson, A. B., Leigh, A., 2007. The distribution of top incomes in Australia. Econ. Rec. 83 (262), 247-261.

Atkinson, A. B., Marlier, E., 2010. Income and Living Conditions in Europe. Eurostat at, http://epp. eurostat. ec. europa. eu/cache/ITY _ OFFPUB/KS-31-10-555/EN/KS-31-10-555-EN. PDF.

Atkinson, A. B., Morelli, S., 2012. Chartbook of economic inequality: 25 countries 1911-2010. INET Research Note #15, Institute for New Economic Thinking, New York October.

Atkinson, A. B., Morelli, S., 2014. Chartbook of Economic Inequality. www. chartbookofeconomicinequality. com.

Atkinson, A. B., Piketty, T., 2007. Top Incomes over the 20th Century: A Contrast Between Continental European and English-Speaking Countries. Oxford University Press, Oxford.

Atkinson, A. B., Piketty, T., Saez, E., 2009. Top Incomes in the Long Run of History.

NBER Working Paper No. 15408 Issued in October 2009.

Atkinson, A. B. , Piketty, T. , 2010. Top Incomes：A Global Perspective. Oxford University Press, Oxford and New York.

Atkinson, A. B. , Salverda, W. , 2005. Top incomes in the Netherlands and the United Kingdom over the 20th century. J. Eur. Econ. Assoc. 3 (4), 883-913.

Atkinson, A. B. , Rainwater, L. , Smeeding, T. M. , 1995. Income Distribution in OECD Countries：The Evidence from the Luxembourg Income Study (LIS). Organization for Economic Cooperation and Development, Paris.

Atkinson, A. B. , Cantillon, B. , Marlier, E. , Nolan, B. , 2002. Social Indicators：The EU and Social Inclusion. Oxford University Press, Oxford.

Atkinson, A. B. , Piketty, T. , Saez, E. , 2010a. Top incomes in the long run of history. In：Atkinson, A. B. , Piketty, T. (Eds.), Top Incomes：A Global Perspective. Oxford University Press, Oxford and New York, pp. 664-759.

Atkinson, A. B. , Marlier, E. , Montaigne, F. , Reinstadler, A. , 2010b. Income poverty and income inequality. In：Atkinson, A. B. , Marlier, E. (Eds.), Income and Living Conditions in Europe. Publications Office of the European Union, Luxembourg.

Atkinson, A. B. , Piketty, T. , Saez, E. , 2011. Top incomes in the long run of history. J. Econ. Lit. 49 (1), 3-71.

Banerjee, A. , Piketty, T. , 2005. Top Indian incomes, 1922-2000. World Bank Econ. Rev. 19 (1), 1-20.

Björklund, A. , 1993. A comparison between actual distributions of annual and lifetime income：Sweden 1951-89. Rev. Income Wealth 39, 377-386.

Björklund, A. , Freeman, R. , 1997. Generating equality and eliminating poverty—the Swedish way. In：Freeman, R. B. , Topel, R. , Swedenborg, B. (Eds.), The Welfare State in Transition：Reforming the Swedish Model. University of Chicago Press, Chicago.

Björklund, A. , Palme, M. , 2002. Income redistribution within the life cycle versus between individuals：empirical evidence using Swedish panel data. In：Cohen, D. , Piketty, T. , Saint-Paul, G. (Eds.), The Economics of Rising Inequalities. Oxford University Press, Oxford, pp. 205-223.

Blank, R. , 2008. How to improve poverty measurement in the United States. J. Policy Anal. Manage. 27 (2), 233-254.

Böheim, R. , Jenkins, S. P. , 2006. A comparison of current and annual measures of income in the British Household Panel Survey. J. Off. Stat. 22, 733-758.

Boltvinik, J. , 2000. Poverty Measurement and Trends. United Nations Development Programme, SEPED Series on Poverty Reduction. United Nations, New York. www. undp. org/ poverty/publications/pov_red.

Booth, C., 1903. Life and Labour of the People of London. Second Series, Industry, vol. 5. Macmillan and Co., London

Brandolini, A., Smeeding, T. M., 2008. Inequality patterns in western-type democracies: cross-country differences and time changes. In: Beramendi, P., Anderson, C. J. (Eds.), Democracy, Inequality and Representation. Russell Sage Foundation, New York.

Brandolini, A., Smeeding, T. M., 2009. Income inequality in richer and OECD countries. In: Salverda, W., Nolan, B., Smeeding, T. M. (Eds.), Oxford Handbook of Economic Inequality. Oxford University Press, Oxford, pp. 71-100.

Brandolini, A., Vecchi, G., 2011. The well-being of Italians: a comparative historical approach, Bank of Italy Quaderni di Storia Economica No. 19, October.

Brandolini, A., Magri, S., Smeeding, T. M., 2010. Asset-based measurement of poverty. J. Policy Anal. Manage. 29 (2), 267-284.

Brewer, M., Muriel, A., Phillips, D., Sibieta, D., 2008. Poverty and Inequality in the UK: 2008. Institute for Fiscal Studies, London.

Buhmann, B., Rainwater, L., Schmaus, G., Smeeding, T. M., 1988. Equivalence scales, well-being, inequality, and poverty: sensitivity estimates across ten countries using the Luxembourg Income Study (LIS) Database. Rev. Income Wealth 34, 115-142.

Burkhauser, R. V., Feng, S., Jenkins, S. P., 2009. Using the P90/P10 index to measure US inequality trends with current population survey data: a view from inside the Census Bureau vaults. Rev. Income Wealth 55 (1), 166-185.

Burkhauser, R. V., Feng, S., Jenkins, S. P., Larrimore, J., 2012a. Recent trends in top income shares in the USA: reconciling estimates from March CPS and IRS tax return data. Rev. Econ. Stat. 94 (2), 371-388.

Burkhauser, R. V., Larrimore, J., Simon, K., 2012b. A second opinion on the economic health of the American middle class and why it matters in gauging the impact of government policy. Natl. Tax J. 65, 7-32.

Burkhauser, R. V., Hahn, M. H., Wilkins, R., 2013. Measuring top incomes using tax record data: a cautionary tale from Australia, Melbourne Institute Working Paper Series, Working Paper No. 24/13.

Caminada, K., Goudswaard, K., Wang, C., 2012. Disentangling income inequality and the redistributive effect of taxes and transfers in 20 LIS countries over time, Luxembourg Income Study Working Paper No. 581, September.

Canberra Group, 2001. Final Report and Recommendations of the Canberra Expert Group on Household Income Statistics, Ottawa, Canada.

Canberra Group, 2011. Canberra Group Handbook on Household Income Statistics, second ed. Canberra Group, Geneva. athttp://www. unece. org/fileadmin/DAM/stats/groups/cgh/

Canbera_Handbook_2011_WEB. pdf.

Chen, S. , Ravallion, M. , 2012. Absolute poverty measures for the developing world. In: Measuring the Real Size of the World Economy. World Bank, Washington, DC (Chapter 20).

Clark, A. , d'Ambrosio, C. , 2014. Attitudes to income inequality: experimental and survey evidence. In: Atkinson, A. B. , Bourguignon, F. (Eds.), Handbook of Income Distribution. In: vol. 2A. Elsevier B. V. (Chapter 13), December.

Cobham, A. , Sumner, A. , 2013. Is it all about the tails? The Palma measure of income inequality, Center for Global Development, Working Paper 343, September 2013.

Coleman, J. , 1988. Social capital in the creation of human capital. Am. J. Sociol. 94, S95-S120.

Coleman, J. , Rainwater, L. , 1978. Social Standing in America. Basic Books, New York.

Coulter, F. A. E. , Cowell, F. A. , Jenkins, S. P. , 1992. Equivalence scale relativities and the extent of inequality and poverty. Econ. J. 102, 1067-1082.

Cowell, F. A. , 2000. Measurement of inequality. In: Atkinson, A. B. , Bourguignon, F. (Eds.), Handbook of Income Distribution, vol. 1. North Holland, Amsterdam, pp. 87-166.

Cowell, F. A. , Victoria-Feser, M. P. , 1996. Robustness properties of inequality measures. Econometrica 64, 77-101.

Danziger, S. , Taussig, M. K. , 1979. The income unit and the anatomy of income distribution. Rev. Income Wealth 25, 365-375.

Deaton, A. , Grosh, M. , 2000. Consumption. In: Grosh, M. , Glewwe, P. (Eds.), Designing Household Survey Questionnaires for Developing Countries. Lessons from 15 Years of the Living Standards Measurement Study. In: vol. 1. World Bank, Washington, DC, pp. 91-133.

Deding, M. C. , Dall Schmidt, T. , 2002. Differences in income inequality across Europe—market driven or . . . ? European Panel Analysis Group Working Paper 2002-37, December.

DeNavas-Walt, C. , Proctor, B. D. , Smith, J. C. , 2012. Income, Poverty, and Health Insurance: 2011. Current Population Reports, P60-243, U. S. Census Bureau, at http://www. census. gov/prod/2012pubs/p60-243. pdf.

Department for Work and Pensions (UK), 2012. Households below average income. Available at, http://research. dwp. gov. uk/asd/index. php? page = hbai.

Dhongde, S. , 2013. Measuring multidimensional poverty in the U. S. Presentation at Institute for Research on Poverty, University of Wisconsin, Madison, March 20.

Ebert, U. , 1997. Social welfare when needs differ: an axiomatic approach. Economica 64, 233-244.

Eurostat, 1998. Recommendations of the Task Force on Statistics on Social Exclusion and Poverty. European Statistical Office, Luxembourg, October.

Eurostat, 2005. Income Poverty and Social Exclusion in the EU25, Statistics in Focus 03/

2005. Official Publications of the European Communities, Luxembourg.

Eurostat, 2011. Social protection and social exclusion—the social dimension of the Europe 2020 strategy. Available at http://ec. europa. eu/social/main. jsp? catId=750&langId=en&pubId= 5976&type=2&furtherPubs=yes.

Faik, J. , 2012. Income inequality and poverty in front of and during the economic crisis—an empirical investigation for Germany, 2002-2010, SOEP Paper #450, DIW Berlin.

Ferreira de Souza, P. H. G. , 2012. Poverty, inequality, and social policies in Brazil, 1995-2009, Working Paper No. 87, International Policy Centre for Inclusive Growth United Nations Development Programme, February.

Fisher, J. , Johnson, D. , Smeeding, T. M. , 2012. Inequality of income and consumption: measuring the trends in inequality from 1985-2010 for the same individuals. In: Paper prepared for the 32nd General Conference of the International Association for Research in Income and Wealth, August.

Förster, M. , 1993. Comparing poverty in 13 OECD countries: traditional and synthetic approaches. Studies in Social Policy 10. OECD, Paris, October.

Foster, J. , Greer, J. , Thorbecke, E. , 1984. A class of decomposable poverty measures. Econometrica 3 (52), 761-766.

Frankel, S. H. , Herzfeld, H. , 1943. European income distribution in the Union of South Africa and the effect thereon of income taxation. S. AFR. J. Econ. 11 (2), 121-136.

Frick, J. R. , Grabka, M. M. , 2003. Imputed rent and income inequality: a decomposition analysis for Great Britain, West Germany, and the U. S. Rev. Income Wealth 49, 513-537.

Friedman, M. , 1957. A Theory of the Consumption Function. Princeton University Press, Princeton, NJ. Fuchs, V. R. , 1967. Redefining poverty and redistributing income. Public Interest 8, 88-95.

Fuchs-Schündeln, N. , Schündeln, M. , 2009. Who stays, who goes, who returns? East-West migration within Germany since reunification. Econ. Transit. 17 (4), 703-738.

Garfinkel, I. , Rainwater, L. , Smeeding, T. M. , 2006. A reexamination of welfare state and inequality in rich nations: how in-kind transfers and indirect taxes change the story. J. Policy Anal. Manage. 25, 855-919.

Garfinkel, I. , Rainwater, L. , Smeeding, T. M. , 2010. Wealth and Welfare States: Is America a Laggard or Leader? Oxford University Press, Oxford.

Gilbert, G. , 2008. Rich and Poor in America: A Reference Handbook. ABC-CLIO Press, New York.

Goebel, J. , Gornig, M. , Haubermann, H. , 2010. Income polarization in Germany is rising. Weekly Rep. 6 (26)DIW Berlin.

Gordon, R. H. , Slemrod, J. B. , 2000. Are 'real' responses to taxes simply income shifting between corporate and personal tax bases? In: Slemrod, J. B. (Ed.), Does Atlas Shrug? The Economic Consequences of Taxing the Rich. Russell Sage Foundation, New York, pp. 240-280 Cambridge and London: Harvard University Press.

Gornick, J. C., Jäntti, M., 2013. Inequality and the Status of the Middle Class. Cambridge University Press, Cambridge, MA.

Gornick, J. C., Sierminska, E., Smeeding, T. M., 2009. The income and wealth packages of older women in cross-national perspective. J. Gerontol. 64B (3), 402-414.

Gottschalk, P., Smeeding, T. M., 1997. Cross-national comparisons of earnings and income inequality. J. Econ. Lit. 35, 633-687.

Gottschalk, P., Smeeding, T. M., 2000. Empirical evidence on income inequality in industrialized countries. In: Atkinson, A. B., Bourguignon, F. (Eds.), Handbook of Income Distribution, vol. 1. North-Holland, Amsterdam, pp. 261-308.

Grabka, M., Kuhn, U., 2012. The evolution of income inequality in Germany and Switzerland since the turn of the millennium, SOEP Paper #464, DIW Berlin.

Groedhart, T., Halberstadt, V., Kapteyn, A., Van Praag, B., 1977. The poverty line: concept and measurement. J. Hum. Resour. 12, 503-520.

Hagenaars, A. J. M., van Praag, B. M. S., 1985. A synthesis of poverty line definitions. Rev. Income Wealth 31 (2), 139-154.

Hagenaars, A. J. M., de Vos, K., Zaidi, M. A., 1994. Poverty Statistics in the Late 1980s: Research Based on Micro-Data. Eurostat, Luxembourg.

Haig, R. M., 1921. The concept of income: economic and legal aspects. In: Haig, R. M. (Ed.), The Federal Income Tax. Columbia University Press, New York, pp. 1-28.

Haveman, R., 2009. What does it mean to be poor in a rich society? In: Cancian, M., Danziger, S. (Eds.), Changing Poverty, Changing Policies. Russell Sage Foundation, New York.

Heshmati, A., 2004. Inequalities and their measurement. IZA Discussion Paper No. 1219, July.

Iacovou, M., Kaminska, O., Levy, H., 2012. Using EU-SILC data for cross-national analysis: strengths, problems, and recommendations, ISER Working Paper No. 2012-03.

Immervoll, H., Richardson, L., 2011. Redistribution policy and inequality reduction in OECD countries: what has changed in two decades? Luxembourg Income Study Working Paper No. 571, October.

Internal Revenue Service, U. S. Department of the Treasury, 1996. Federal Tax Compliance Research: Individual Income Tax Gap Estimates for 1985, 1988, and 1992, Pub. 1415 (rev. 4-96), April, Washington, DC.

Internal Revenue Service, U. S. Department of the Treasury, 2006. Updated Estimates of the TY 2001 Individual Income Tax Underreporting Gap, Overview. Office of Research, Analysis, and

Statistics, Washington, DC, February 22.

International Monetary Fund, 2013. World Economic Outlook, April 2013 ed. International Monetary Fund, Washington, DC. Data available at http://www. imf. org/external/pubs/ft/weo/2013/01/.

Iwamoto, Y. , Fujishima, Y. , Akiyama, N. , 1995. Rishi haito kazei no hyoka to kadai (Evaluating interest and dividends taxation). Finansharu Rebyu 35, 27-50.

Jäntti , M. , Danziger, S. , 2000. Income poverty in advanced countries. In: Atkinson, A. B. , Bourguignon, F. (Eds.), Handbook of Income Distribution, vol. 1. North-Holland, Amsterdam, pp. 309-378.

Jäntti , M. , Riihelä, M. , Sullstrom, R. , Tuomala, M. , 2010. Trends in top income shares in Finland. In: Atkinson, A. B. , Piketty, T. (Eds.), Top Incomes: A Global Perspective. Oxford University Press, Oxford and New York.

Johnson, D. S. , Smeeding, T. M. , 2012. A consumer's guide to interpreting various U. S. poverty measures. In: Fast Focus 14-2012. Institute for Research on Poverty, Madison, WI Available at, http://www. irp. wisc. edu/publications/fastfocus. htm.

Johnson, D. S. , Smeeding, T. M. , 2013. Inequality measurement, International Encyclopedia of the Social and Behavioral Sciences, second ed. Elsevier B. V.

Johnson, D. S. , Smeeding, T. M. , Torrey, B. B. , 2005. Economic inequality through the prisms of income and consumption. Mon. Labor Rev. 128 (4), 11-24.

Kenworthy, L. , 1998. Do social-welfare policies reduce poverty? A cross-national assessment. Luxembourg Income Study Working Paper #188Center for Policy Research, Syracuse University, Syracuse, NY. September, http://lissy. ceps. lu/wpapersd. htm.

Kenworthy, L. , Smeeding, T. M. , 2013. The United States: high and rapidly rising inequality. U. S, country chapter prepared for 2013 GINI Project, January.

Kuznets, S. , 1953. Shares of Upper Income Groups in Income and Savings. National Bureau of Economic Research, New York.

Lampman, R. , 1964. The problem of poverty in America. In: Economic Report of the President, 1964. U. S. Government Printing Office, Washington, DC (Chapter 2).

Leigh, A. , 2007. How closely do top income shares track other measures of inequality? Econ. J. 117 (524), 619-633.

Leigh, A. , 2009. Top incomes. In: Salverda, W. , Nolan, B. , Smeeding, T. M. (Eds.), The Oxford Handbook of Economic Inequality. Oxford University Press, Oxford and New York.

Leigh, A. , van der Eng, P. , 2009. Inequality in Indonesia: what can we learn from top incomes? J. Publ. Econ. 93 (1-2), 209-212.

Lindert, P. H. , Williamson, J. G. , 1982. Revising England's social tables 1688-1812. Explor. Econ. Hist. 19 (4), 385-408, Elsevier.

Marlier, E. , Atkinson, A. B. , Cantillon, B. , Nolan, B. , 2007. The EU and social inclusion: facing the challenges. J. Common Market Stud. 45 (2), 518-533.

Marx, I. , Nelson, K. , 2013. Minimum Income Protection in Flux. Palgrave Macmillan, Basingstoke.

Meyer, B. D. , Sullivan, J. X. , 2012a. Identifying the disadvantaged: official poverty, consumption poverty, and the new Supplemental Poverty Measure. J. Econ. Perspect. 26 (3), 111-136.

Meyer, B. D. , Sullivan, J. X. , 2012b. Winning the war: poverty from the great society to the great recession. Brookings Papers on Economic Activity 45 (2), 133-200, Economic Studies Program, The Brookings Institution.

Morelli, S. , 2014. Banking crises in the US. : the response of top income shares in historical perspective. CSEF Working Papers N 359, Centre for Studies in Economics and Finance (CSEF), University of Naples, Italy.

Moriguchi, C. , Saez, E. , 2008. The evolution of income concentration in Japan, 1886-2005: evidence from income tax statistics. Rev. Econ. Stat. 90 (4), 713-734.

Newman, K. S. , O'Brien, R. , 2011. Taxing the Poor: Doing Damage to the Truly Disadvantaged. University of California Press, Berkeley.

OECD, 2008. Growing Unequal? Income Distribution and Poverty in OECD Countries. OECD Publishing, Paris.

OECD, 2011. Divided We Stand: Why Inequality Keeps Rising. OECD Publishing, Paris.

OECD, 2012. Quality review of the OECD database on household incomes and poverty and the OECD earnings database, Part I. 20 December 2012 at, http://www. oecd. org/els/soc/income-distributiondatabase. htm, and http://www. oecd. org/els/soc/OECDIncomeDistributionQuality Review_PartI. pdf; Table 3.

OECD, 2013. Crisis Squeezes Income Puts Pressure on Inequality and Poverty. OECD Publishing, Paris.

Orshansky, M. , 1965. Counting the poor: another look at the poverty profile. Soc. Secur. Bull. 28 (1), 3-29.

Palma, J. G. , 2011. Homogeneous middles vs. heterogeneous tails, and the end of the 'inverted-u': it's all about the share of the rich. Dev. Change 42 (1), 87-153.

Pareto, V. , 1897. Cours d'économie politique, Lausanne and Paris, Rouge and Pichon. Reprinted in: Oeuvres Complètes. Bousquet, G. -H. , Busino, G. (Eds). Genève: Librairie Droz (1964).

Piachaud, D. , 1987. Problems in the definition and measurement of poverty. J. Soc. Policy 16 (2), 147-164.

Piketty, T. , 2001. Les Hauts Revenus en France au Xxe Siècle: Inegalites et Redistributions

1901-1998. Grasset, Paris.

Piketty, T., 2003. Income inequality in France, 1901-1998. J. Polit. Econ. 111 (5), 1004-1042.

Piketty, T., Saez, E., 2003. Income inequality in the United States, 1913-1998. Q. J. Econ. 118 (1), 1-39.

Piketty, T., Saez, E., 2006. The evolution of top incomes: a historical and international perspective. Am. Econ. Rev. 96 (2), 200-205.

Piketty, T., Saez, E., 2012. Top incomes and the Great Recession: recent evolutions and policy implications. In: Draft for the Thirteenth Jacques Polak Annual Research Conference, Washington, DC.

Piketty, T., Saez, E., Stantcheva, S., 2012. Optimal taxation of top labor incomes: a tale of three elasticities, NBER Working Paper No. 17616, November 2011, revised October 2012.

Rainwater, L., 1990. Poverty and equivalence as social constructions. Luxembourg Income Study Working Paper #91, Center for Policy Research, Syracuse University, Syracuse, NY.

Ravallion, M., 2012. Poor, or just feeling poor? On using subjective data in measuring poverty. Policy Research Working Paper Series 5968, The World Bank, Washington, DC.

Ravallion, M., 2014. The idea of antipoverty policy. In: Atkinson, A. B., Bourguignon, F. (Eds.), Handbook of Income Distribution. In: vol. 2B. Elsevier, (Chapter 22), December.

Ravallion, M., Chen, S., 2011a. Weakly relative poverty. Rev. Econ. Stat. 93 (4), 1251-1261.

Ravallion, M., Chen, S., 2011b. Developing world is poorer than we thought, but no less successful in the fight against poverty. Q. J. Econ. 125 (4), 1577-1625.

Redmond, G., 1998. Households, families, and the distribution of income. Soc. Policy Res. Centre Newslett. 71 (1), 4-5.

Reynolds, A., 2007. Has U.S. income inequality really increased? Policy Anal. 586, 1-24.

Ringen, S., 1985. Toward a third stage in the measurement of poverty. Acta Sociol. 28, 99-113.

Roine, J., Waldenstrom, D., 2008. The evolution of top incomes in an egalitarian society: Sweden, 1903-2004. J. Publ. Econ. 92 (1-2), 366-387.

Roine, J., Waldenstromm, D., 2012. On the role of capital gains in Swedish income inequality. Rev. Income Wealth 58 (3), 569-587.

Rowntree, B.S., 1901. Poverty: A Study of Town Life. Macmillan, London.

Ruggles, P., 1990. Drawing the Line: Alternative Poverty Measures and Their Implications for Public Policy. Urban Institute Press, Washington, DC.

Ryscavage, P., 1995. A surge in growing income inequality? Mon. Labor Rev. 118 (8), 51-61.

Saez, E., 2013. Striking it richer: the evolution of top incomes in the United States. at, http://elsa. berkeley. edu/saez/.

Saez, E. , Veall, M. , 2005. The evolution of high incomes in Northern America: lessons from Canadian evidence. Am. Econ. Rev. 95 (3), 831-849.

Saez, E. , Slemrod, J. B. , Giertz, S. H. , 2012. The elasticity of taxable income with respect to marginal tax rates: a critical review. J. Econ. Lit. 50, 3-50.

Sen, A. K. , 1976. Poverty: an ordinal approach to measurement. Econometrica 46, 437-446.

Sen, A. K. , 1983. Poor, relatively speaking. Oxf. Econ. Papers 35, 153-169.

Sen, A. K. , 1992. Inequality Reexamined. Clarendon Press, Oxford.

Short, K. , 2001. Experimental Poverty Measures: 1999, P60-216. US Census Bureau, Washington, DC.

Short, K. , 2012. The Research Supplemental Poverty Measure: 2011, Current Population Reports: P60-244. U. S. Census Bureau, Washington, DC. November at, http://www. census. gov/prod/2012pubs/p60-244. pdf.

Simons, H. C. , 1938. Personal Income Taxation: The Definition of Income as a Problem of Fiscal Policy. University of Chicago Press, Chicago.

Slemrod, J. , 1996. High-income families and the tax changes of the 1980s: the anatomy of behavioral response. In: Feldstein, M. , Poterba, J. M. (Eds.), Empirical Foundations of Household Taxation. University of Chicago Press, Chicago and London, pp. 169-189.

Slesnick, D. T. , 1994. Consumption, needs and inequality. Int. Econ. Rev. 35, 677-703.

Smeeding, T. M. , 1982. Alternative methods for valuing selected in-kind transfer benefits and measuring their effect on poverty. US Bureau of Census Technical Paper no. 50, US Government Printing Office, Washington, DC.

Smeeding, T. M. , 2006. Poor people in rich nations: the United States in comparative perspective. J. Econ. Perspect. 20, 69-90.

Smeeding, T. M. , Thompson, J. , 2011. Recent trends in income inequality: labor, wealth, and more complete measures of income. Res. Labor Econ. 32, 1-50.

Smeeding, T. M. , Weinberg, D. H. , 2001. Toward a uniform definition of household income. Rev. Income Wealth 47, 1-24.

Smeeding, T. M. , O'Higgins, M. , Rainwater, L. , 1990. Poverty, Inequality and the Distribution of Income in an International Context: Initial Research from the Luxembourg Income Study (LIS) Project. Wheatsheaf Books, London Washington, DC: Urban Institute Press.

Smeeding, T. M. , Rainwater, L. , Burtless, G. , 2000. United States poverty in a cross-national context. Mimeo, Center for Policy Research, Syracuse University, Syracuse, NY, August.

Townsend, P. , 1979. Poverty in the United Kingdom. Penguin, Harmondsworth.

Townsend, P. , 1993. The International Analysis of Poverty. Harvester Wheatsheaf, London.

UNICEF Innocenti Research Centre, 2000. A League Table of Child Poverty in Rich Nations. Innocenti Report Card 1. UNICEF, Florence. June, http://www. unicef-icdc. org.

United Kingdom Department of Social Security, 1993. Households Below Average Income. Government Statistical Service, London.

United Nations Development Programme, 1999. Human Development Report. United Nations, New York July.

Van Praag, B. , 1968. Individual Welfare Functions and Consumer Behavior. North-Holland, Amsterdam.

Veall, M. , 2012. Top income shares in Canada: recent trends and policy implications. Can. J. Econ. 45 (4), 1247-1272.

Wang, C. , Caminada, K. , 2011. Disentangling income inequality and the redistributive effect of social transfers and taxes in 36 LIS countries, Luxembourg Income Study Working Paper No. 567, July.

Williamson, J. G. , Lindert, P. H. , 1980. American Inequality: A Macroeconomic History. Academic Press, New York.

第9章 发展中国家不平等和贫穷的近期发展趋势

法昆多·阿尔瓦雷多（Facundo Alvaredo）[*]，

莱昂纳多·加斯帕里尼（Leonardo Gasparini）[δ]

[*] 牛津大学经济建模/量化金融研究所（EMod/OMI）、巴黎经济学院、阿根廷国家科学技术研究理事会（CONICET），英国牛津市

[δ] 阿根廷拉普拉塔国立大学经济学院—分配、劳工和社会研究中心（CEDLAS-FCE），阿根廷国家科学与技术研究委员会（CONICET），阿根廷拉普拉塔市

目 录

摘要：本章回顾了有关发展中国家收入/消费不平等以及贫困水平和趋势的实证性证据，包括对数据来源和测量问题的讨论、对不同国家和地区不平等和贫困状况的实证、对20世纪80年代初以来这些变量趋势的评估，以及对决定性因素的一般性讨论。虽然目前仍然存在关于一致性和可比性的严重问题，但我们在衡量发展中国家的不平等和贫困水平方面已取得了巨大进展。现有的证据表明，发展中国家的国民收入不平等水平在20世纪80年代和90年代上升，在21世纪有所下降。自20世纪80年代初以来，由于中国在整个时期的卓越表现，以及21世纪发展中国家所有地区生活水平的普遍提高，贫困状况得到显著缓解。

关键词：不平等；贫困；收入；消费；发展中国家
JEL 分类代码：D31，I32

9.1　引言

第三世界的主要担忧必然是贫困和不平等。一个典型的发展中国家，其特点是物质匮乏程度高，个人福利大程度分散，至少与典型的高收入经济体相比是如此，因此第三世界的首要任务就是要消除贫困、将不平等状况最小化。在《千年发展目标》的宣言中，联合国提议将 1990—2015 年收入贫困减少一半作为首要目标。虽然减少不平等并没有在议程中占据同等重要的位置，但大多数国家都将其列为社会中心问题。

本书第 8 章论述了发达经济体的贫困和不平等问题，本章将论述发展中国家的发展模式和改变，本书专门用一章来讨论这个问题是必要的：发展中国家人口占世界总人口的 85％，贫困和不平等的程度高于发达国家。就典型的发展中国家而言，每天靠不到 2 美元艰难生存的人所占的比例超过 30％，在工业化国家中，这一比例接近于零。事实上，鉴于此基础，贫困成了第三世界独有的问题。收入不平等的差异也可能很大，但由于各国的家庭调查通常只反映了发达国家的收入和发展中国家的消费支出，因此很难进行比较。

第三世界的普遍特征就是高贫困率和不平等，然而这些特征并不是不可改变的。目前可靠的证据指出，过去几十年里，收入贫困状况已显著缓解，在减少各种非货币层面的贫困方面也取得了重大进展，例如教育、健康、卫生和基础设施的可及性。一些国家的相对不平等现象有所恶化，而其他国家则有所缓解，收入不平等的变化已经不那么明显。事实证据表明，平均而言，2014 年发展中国家的不平等问题比 30 年前更严重。

本章回顾了发展中国家收入/消费以及贫困水平和趋势的实证证据。我们重点分析收入/消费与福利间的相关性，尤其讨论了个人在家庭人均消费支出方面的相对不平等，以及在福利变量上定义的绝对贫困，并考虑根据购买力平价（PPP）的调整，以美元作为替代性的国际基准；这样的选择是受空间限制的，但对贫困和不平等的总体评估还需要考虑其他非货币性因素（如卫生、教育）和其他货币变量（如财富）。此手册中的其他章节会填补这一空白。

本章的分析内容主要集中在国家内部的不平等和贫困方面，而不是超越国家区域或世界范围内的不平等和贫困。① 虽然全球不平等的问题越来越重要，但不平等仍然还是一个国家层面的问题，人们通常担忧自己国家内部的不平等。公共政策通常旨在减少国家范围内个人之间的差异。

本章所显示的经验证据来自学术文献、区域和国别研究论文以及开放性数据库，特别是世界银行开发的 PovcalNet 项目。虽然大部分的证据来自国家家庭调查数据，我们也会参考税收记录（世界顶层收入数据库）和国际调查（盖洛普世界民意调查）的数据来得出结论。虽然本章的主要目的是为分析不平等和贫困水平及发展趋势提供基本依据，但我们也简要回顾有关近期不平等和贫困变化决定因素的讨论。

---

① 本书第 11 章分析了全球不平等状况。

本章剩余的内容如下:9.2 节简要介绍第三世界国家的特点,讨论数据来源和一些测量问题。接下来的两节将会介绍主要话题——不平等。9.3 节论述第三世界收入不平等的等级,9.4 节总结20 世纪80 年代初期以来与发展趋势相关的依据。9.5 节和9.6 节将会再次论述贫穷状况:9.5 节比较各个国家之间的差异,9.6 节总结发展趋势并讨论区域层面的证据。[①] 9.7 节将会做出总结和最终评价。

9.2 第三世界:特点和数据

在这一小节,我们简要论述第三世界国家的特点,并回顾数据来源,分析贫穷和不平等状况。

9.2.1 发展中国家

将世界分为发达国家和发展中国家两大类既简洁又实用,具体方法有很多种,本质上都是武断的。本章我们将遵循世界银行基于人均国民总收入(GNI)所制定的主要标准:国民生产总收入低于一定阈值(2011 年为12276 美元)的国家被认定为发展中国家。所有国家通常分为六个地理区域:东亚和太平洋地区(EAP)、东欧和中亚(ECA)、拉丁美洲和加勒比地区(LAC)、中东和北非(MENA)、南亚(SA)及撒哈拉以南非洲(SSA)。附录中列出了每个区域所有发展中国家的名单以及所在国的人口数。[②] 发展中国家面积约占世界总土地面积的75%,人口占世界总人口的85%。表9.1 总结了部分基本人口普查和经济数据。

根据这些指标,东欧和中亚是这个小组中最发达的地区:人均国民总收入几乎是发展中国家人均国民总收入的两倍,并且人类发展指数(HDI)也明显更高。拉丁美洲和加勒比地区位居第二,中东和北非名列第三,虽然亚洲的经济在过去的几十年里增长显著,但人均国民总收入和其他发展指标值仍低于发展中国家的平均值。

表 9.1　2010 年按地区划分的发展中国家人口、人均国民收入和人类发展指数

国家所属类型	国家数/个	人口/百万人	人均国民总收入/美元		人类发展指数
			购买力平价	图谱法	
发展中国家	153	5840	7023	4291	0.608
东亚和太平洋地区	24	1961	4911	2992	0.619
东欧和中亚	30	478	12558	7815	0.751
拉丁美洲和加勒比地区	31	584	9789	6433	0.706
中东和北非	13	331	6462	3647	0.636
南亚	8	1633	3429	1704	0.535

① 对不平等和贫困分别进行处理是不科学的,因为它们是同一收入分配方式的两个不同特点,但我们还是倾向于遵循大多数文献的研究方法并分别讨论这两个概念,尽管存在一些可能的重叠。
② 在本章中,我们将新兴经济体列为发展中世界的一部分,这一决定意味着本章与第8 章有些重叠。在分析过程中,一些国家不再属于发展中国家的范围,为了避免选择偏倚,我们没有从分析中删除它们。

国家所属类型	国家数/个	人口/百万人	人均国民总收入/美元		人类发展指数
			购买力平价	图谱法	
撒哈拉以南非洲	47	853	3288	1798	0.450
发达国家	62	1055	37303	38818	0.857
合计	216	6894	15682	14181	0.663

资料来源:人口资料取自《联合国人口年鉴》。人均国民总收入(GNI)按购买力平价(PPP)调整的国际美元和按现行美元(图谱法)计算的国际美元均取自世界发展指标。人类发展指数(HDI)来自联合国开发计划署的人类发展报告。国民总收入和人类发展指数是各国的未加权平均值。

南亚明显落后于东亚和太平洋地区。撒哈拉以南非洲是世界上最贫穷和最不发达的地区,该区域国家人均国民总收入的平均值不到第三世界平均值的50%,也不到工业化经济平均值的10%。

9.2.2　数据来源

全国住户调查是分配分析的主要信息来源。调查的中心目标之一是衡量生活水平,因此调查通常用货币来衡量人们的幸福感:收入和/或消费品的支出。虽然一些发展中国家在第二次世界大战后开始实施全国家庭调查,但直到最近,各国政府在一些国际组织的帮助下才定期通过家庭调查收集信息。发展中国家的分配统计在 20 世纪 70 年代之前很罕见,而直到 90 年代才发展起来。在过去的几十年里,全国家庭调查的数量有了显著的增长。本章对发展中国家收入不平等和贫困进行了广泛的评估,在 20 年前这样的章节几乎不可能写成,这标志着在数据收集方面取得的巨大进展。然而严格的数据限制导致人们对不平等和贫困的描述仍然模糊不清,之后我们将对这一方面进行讨论。

世界各国分配的分析数据库可以分为两类:一类是来自调查或行政记录的数据统计,另一类是收集、组织、报告总结性数据。第一类包括世界银行的贫困计算网(PocalNet)、卢森堡收入研究(LIS)、世界收入分配数据库(WYD)、世界最高收入数据库和一些区域倡议。第二类包括 Deininger 和 Squire(1996)的开创性工作及其后来发展起来的 WIDER 世界收入不平等数据库(WIID)、全基尼系数数据库(All the Ginis,AIG)和其他一些项目等。

世界银行的 PovcalNet 是发展中国家进行大规模国际贫困和不平等分析的主要信息来源,全国家庭调查汇编分配数据一般由国家统计局提供。PovcalNet 为世界银行提供发展指标数据,包括家庭调查微观数据和一些国家通过分组表格编制的统计数据。此数据库的编写涵盖了 1979—2011 年近 130 个国家的 850 多项调查,覆盖了发展中国家 90% 以上的人口。PovcalNet 网站提供了公众获取数据的途径,以便从分组数据中生成选定国家和不同贫困线的估算。[①] PovcalNet 的开发者马丁·拉瓦雷(Martin Ravallion)和陈少华(Shaohua Chen)利用该数据集发表了多篇论文(Chen and Ravallion,2001,2010,2012;Ravallion and Chen,1997)。这一项目对研究人员和政策执行人员评估发展中国家的不平等,特别是贫穷的影响越来越

---

① 统计数据来自一般的二次和贝塔洛伦兹曲线从分组数据中生成的估计。Shorrocks 和 Wan(2008)提出了一个算法,再现了个人数据分组统计,具有较高的准确度。

大,例如它被用于监测联合国千年发展目标中的减贫目标(MDGS),本章主要利用 PovcalNet 项目中计算的统计数据。

一些旨在根据统一的家庭调查微观数据估计社会统计数字的区域倡议,有助于研究特定地理区域的分布问题并为世界数据库提供信息,例如,拉丁美洲和加勒比社会经济数据库(SEDLAC)由阿根廷拉普拉塔国立大学的分配、劳工和社会研究中心(CEDLAS)及世界银行拉丁美洲和加勒比贫困署联合开发,包括使用国家和年份的一致标准来构建拉丁美洲和加勒比地区的分配和劳动统计。由联合国拉加经委会开发的 BADEINSO 也是拉丁美洲和加勒比地区一个大型、高质量的社会变量数据库。在东欧和中欧,世界银行非洲经委会数据库(ECA)包括 1990 年以来 28 个国家的统计数据,这些数据是根据家庭调查计算得出的。由世界银行经济学家布兰科·米拉诺维奇(Branko Milanovic)建立的发展中国家家庭开支及收入数据库是该数据库的前身。米拉诺维奇还建立了世界收入分配数据库,其中包括来自 146 个国家五个基准年(1988 年、1993 年、1998 年、2002 年、2005 年)的数据,75% 直接来自家庭调查。这组数据曾在多个关于全球不平等状况的研究中出现过(Milanovic,2002,2005,2012)。本卷第 8 章所述的卢森堡收入研究包括从家庭调查微数据中计算出的关于发展中国家的分配情况。卢森堡收入研究还公布了东欧几个转型经济体的统计数据。最近又增加了一些拉丁美洲发展中国家(巴西、哥伦比亚、危地马拉、墨西哥、秘鲁和乌拉圭)的数据。

可获取的分配统计数据的增长使人们开始更努力地收集和整理这些数据。Deininger 和 Squire(1996)从不同的研究和国家报告中收集和整理了二战以来大多数国家的五分位数份额和基尼系数的大数据集。[1] 这个数据库极大地促进了关于不平等情况和其他经济变量之间的联系的实证研究,联合国大学/联合国开发计划署世界收入不平等数据库(WIID;WIDER,2008)[2]更新和扩展了这个面板数据库,极大地促进了对不平等与其他经济变量之间联系的实证研究。世界收入不平等数据库包括基尼系数、五分位数和十分位数份额,以及收入最高的 5% 和收入最低的 5% 的收入份额。这些信息来源不同,引发了人们对其可比性的担忧。[3] 为了提供数据库使用的指导,将根据调查质量、覆盖范围和原始来源提供的信息的质量对观察结果进行评级。标准化世界收入不平等数据库(SWIID)就是为了提高世界收入不平等数据库信息的合理性及可比性所做出的努力(Solt,2009)。[4]

由米拉诺维奇(Milanovic)组建的全基尼系数数据库,是对从五个数据库检索出的基尼系数的汇编和调整:卢森堡收入研究、拉丁美洲和加勒比社会经济数据库、世界收入分配数据库、世界银行非洲经委会数据库和世界收入不平等数据库。除了将所有信息集中在一个

---

[1] 邓宁格(Deininger)和斯夸尔(Squire)的数据集比一些联合国机构、世界银行、国际劳工组织及其他组织早期的数据集出现时间更早。参考文献见 Paukert(1973)、Jain(1975)、Atkinson 和 Brandolini(2001)。

[2] WIID 最初被收录在 UNU/ WIDER-UNDP1997-1999 的项目"不断加剧的收入不平等和扶贫:二者是相协调的吗?"中,该项目由乔瓦尼·安德里亚·科尔尼亚(Giovanni Andrea Cornia)主持。

[3] 在分析邓宁格和斯夸尔数据集时,Atkinson 和 Brandolini(2001)总结道:"如果用户只下载'接受'系列(即'高质量的子集'),用户可能会受到严重的误导。"虽然 WIID 意味着原始数据集的一个重大的改进,但这也只是一个很谨慎的说法。

[4] SWIID 也应接受严格审查。在许多情况下,它需要逐一进行分析,这标志着我们还需要付出很多精力去整合这些比较统计数据。由于它基于次级数据集,因此很多外部问题被不经意地纳入了。

文件中,全基尼系数数据库也很实用,因为它提供了有关福利概念和基尼系数报告所指的接收单位的信息,便于进行比较。

Atkinson 和 Morelli(2012)汇编的《经济不平等图集》(Chartbook of Economic Inequality)对 25 个国家 1911—2010 年经济不平等(收入/消费、收入和财富)的变化进行了总结。数据库中 7 个发展中国家(阿根廷、巴西、印度、印度尼西亚、马来西亚、毛里求斯和南非)从家庭调查中获得的信息始于 20 世纪 50 年代。

前面提到的所有数据集都是基于全国家庭调查的数据。[1]即使它们是分配分析的最佳可用信息源,家庭调查依然受到国际比较研究问题的困扰,这是因为调查问卷和收入/消费计算程序在国家与国家之间不同,甚至在同一个国家也随时间的变化而变化。[2] 一些调查询问有关消费收入和其他关于消费的问题,也有一些关注净收入和总收入;有的变量建立在周报基础上,有的建立在月报基础上;作为估算租金的项目,有些调查把业主自用住房算在调查范围内,一些则没有;[3]甚至那些致力于解决这些问题的项目也无法缩减这样的差异,因为源于调查表差异的问题很难完全克服,可比性问题依然存在。这些限制在文献中得到了很好的确认。Chen 和 Ravallion(2012)说:"有些问题是我们无法解决的。例如,人们知道调查方法的不同(如问卷设计)可以为消费或收入的估计创造不可忽略的差异。"对全球收入不平等的调查,Anand 和 Segal(2008)表达了同样的担忧。

有一些替代方案可以减少可比性问题,尽管都有代价。盖洛普用完全相同的问卷在全世界几乎所有的国家进行了调查。盖洛普世界民意调查在自我报告的生活质量、观点和看法方面内容特别丰富,同时也包括一些基本问题,如人口统计、教育和就业以及家庭收入问题。基于同一收入问题,盖洛普世界民意调查原则上几乎对所有的国家进行了分配分析。其缺点是,如果报告的收入只基于一个问题,而且每个国家的样本量只有大约 1000 个观察值,那么测量误差可能会非常大。[4]

由德克萨斯大学不平等项目得出的家庭收入不平等估计数据集(EHII)是以德克斯大学不平等项目——联合国工业发展组织(UTIP-UNIDO)为基础的,该全球数据集核算了 156 个国家在 1963 年至 2003 年间的工业收入不平等程度,利用泰尔指数组间差异,在制造业的不同产业类别中进行测量(Galbraith and KUM,2005)。具体而言,家庭收入不平等估计(EHII)是根据 Deininger 和 Squire (DS)不平等衡量指标与德克斯大学不平等项目——联合国工业发展组织(UTIP-UNIDO)制造业薪酬不平等衡量指标并采用普通最小二乘法(OLS)回归计算出的家庭收入不平等总量估计值。[5] 虽然原则上使用工业薪酬信息可以给比较带来一些同

---

① 《经济不平等图集》是一个例外,这本书运用了很多数据来源,包括税收数据,在某些情况下,这本书允许进行比家庭调查数据更深刻的分析。

② 这些事件在本书的第 11 章也有提及。

③ 另外,漏报和选择性符合的典型问题,在某些情况下是可以忽略的,在有些地方则十分常见。见 Deaton(2003, 2005)和 Korinek 等(2006)。

④ Gasparini 和 Gluzmann(2012)将盖洛普民意调查得出的基本统计数据与 2006 年的拉丁美洲和加勒比地区国家的家庭调查数据进行了比较并得出结论,在大多数国家,盖洛普民意调查得出的统计数据,包括收入贫困和不平等数据,与那些从全国家庭调查中得到的数据大体一致。

⑤ 回归通常包括对不平等数据(收入/支出、总额/净额和家庭/人均)中信息来源的控制、制造业就业人数在总就业人数中所占的比重。

质性。但由于基础数据不涉及个人,没有分配方面的内容,因此这种方法可以看作是 DS 的扩展。

9.3　不平等:程度

本节主要介绍关于发展中国家不平等程度的研究结果,下节讨论发展中国家不平等状况的趋势。本节的大部分内容通过计算人均家庭消费的分布、使用 PovcalNet 中的数据来衡量不平等状况。[①] 从理论和实践的角度来看,消费通常被认为是衡量当前福利状况的更好指标,尤其是在发展中国家(Deaton and Zaidi,2002)。因此在本文中,我们经常提到收入不平等,尽管统计数据是根据消费支出的分配得来的。

如前所述,本章主要关注国家内部的不平等问题,因此在国家内部衡量个人福利差异。尽管全球化使人们越来越关注全球不平等的问题,但不平等主要还是一个国家内部的问题。这一观点也让我们大多数人都在记录不同国家关于不平等状况的未加权统计数据,这一做法与关于发展的文献中的典型跨国评估的方法是一致的。人口加权将意味着对一个地区或世界的不平等程度进行评估,这些国家受到一些人口密集国家的强烈影响,如亚洲的中国、印度、印度尼西亚,或者拉丁美洲的巴西、墨西哥,以至于几乎忽略了其他人口较少的国家的情况。但把每一个政治实体作为一个单位来分析肯定是值得商榷的,因此我们使用未加权和人口加权统计来显示一些结果。[②]

9.3.1　发展中国家的不平等状况

我们首先基于 2010 年度人均家庭消费分配的基尼系数比较发展中国家的不平等程度,这些数据是从 PovcalNet 中计算得来的,大多来自家庭调查的微观数据。其他不平等的衡量标准与基尼系数高度相关。例如,在 PovcalNet 和世界收入不平等数据库(WIID)数据集中,基尼系数和一些极端的不平等衡量标准(例如 90/10 和 80/20 的收入份额比率)的皮尔逊相关系数和斯皮尔曼相关系数超过 0.9。

PovcalNet 包括人均消费支出分配信息(几乎所有拉丁美洲国家和加勒比少数几个国家除外),以此报告收入不平等的统计数据。在随后的分析中,我们调整了这个地区的收入基尼系数,以反映收入消费不平等评估之间的差距。具体而言,我们选择了七个拉丁美洲国家,其中的家庭调查包括数年内合理的消费和收入数据。[③] 消费/收入平均基尼系数为 0.861(标准差为 0.046)。我们将这个系数应用于 22 个拉丁美洲和加勒比地区国家,并用收入数

[①] 计算消费或人均收入分配的不平等的缺点已被广泛承认。除其他限制外,它还是一维的方法,它关注的是结果而不是机会,它忽略了公共资源的价值,例如教育和医疗服务,并且采用一种简化版的人口统计方法,忽略了家庭内部的不平等、规模经济和需求差异(Ferreira and Ravallion,2009)。然而,通过增加不平等状况的衡量标准来缓解这种方法的局限性,进而保持国家之间对比的可行性,这种做法是非常难以完成的。

[②] Bourguignon 等(2004)关于此话题的一些论点可以看出这一点。

[③] 这些国家包括阿根廷、哥斯达黎加、厄瓜多尔、墨西哥、尼加拉瓜、巴拿马和秘鲁。

据去估计他们的消费基尼系数。[1][2]

在大多数情况下,观测值对应于 2010 年或相邻年份。然而一些国家缺少近期的家庭调查数据(或由于质量问题而被去掉)。事实上,在 24 个国家中,用于估计 2010 年的不平等现象的调查是在 2000—2005 年进行的,而对其中 6 个国家(其中 5 个是加勒比地区国家)的观察对应于 20 世纪 90 年代。考虑到这一点,PovcalNet 包含了发展中国家 82% 的最新分布信息,占发展中国家总人口的 97%(见附录表 A.1)。这个跨区域的统计包含各种国家,在东亚和太平洋地区 24 个发展国家中,PovcalNet 涉及的国家有 12 个,其人口占该地区总人口的 96%。在东欧和中亚的覆盖面几乎是百分之百。拉美国家覆盖率极高,在加勒比地区相对较弱。无论如何,国家信息覆盖了拉美国家总人口的 98%(从人口方面来看,古巴没有被计算在内)。中东和北非的数据不包括黎巴嫩和利比亚的,这两个国家的人口只占中东和北非总人口的 3%。在南亚,唯一缺失数据的国家是阿富汗;而在撒哈拉以南非洲,47 个国家中有42 个国家的信息,占人口总数的 95%,但这些信息在某些情况下相对有些陈旧。

图 9.1 显示了 122 个国家 2010 年左右的基尼系数范围,从最平等国家(乌克兰,25.6)到最不平等国家(南非,63.1)[3],平均值为 39.8,中位数为 39.2,超过一半的观测值在[35, 45]范围内,只有 7 个东欧国家基尼系数低于 30,5 个撒哈拉以南非洲国家的基尼系数高于 55。人口稠密的印度和印度尼西亚的不平等程度较低,在此影响下,人口加权平均数与简单平均数(39.1)的差值不足一个点。图 9.1 显示了一些人口众多的国家的不平等程度的相对位置:在发展中国家中,巴西不平等程度较高,中国和俄罗斯为中间值,印度和印度尼西亚的不平等程度相对较低。

跨国基尼系数的变化与国内随着时间推移的变化相比是比较大的,至少在我们拥有更可靠的信息的时期(自 20 世纪 80 年代初)以来的情况是这样的。Li 等研究人员(1998)发现,在 Deininger 和 Squire(1996)的数据集中,基尼系数总方差的 90% 由各国间的方差来解释,而只有一小部分是随着时间的变化而变化的。根据这一观察结果,Li 等(1998)得出结论,不平等状况主要源于国家间的巨大差异,但在国家内部则倾向于相对稳定。我们在1981—2010 年的一个发展中国家的面板数据(PovcalNet)中也发现了类似的结果,该面板数据中 88.5% 的差异是由国家间的差异造成的。

不平等程度的排名随着时间的推移相对稳定。基尼系数的斯皮尔曼等级相关系数在 1981 年和 2010 年是 0.68,而在 1990 年和 2010 年上升到 0.74,显著性水平均为 1%。过去几十年,发展中国家发生了巨大的经济、社会和政治方面的变化,尽管收入分配受各种因素影响,但世界不平等状况的排名并没有变化很多,表明一些潜在因素对不平等状况的影响更大。

---

[1] 因为无法发现样本中 7 个国家的消费/收入基尼系数和其他可观测变量之间明显的规律,我们决定将同样的系数应用到所有拉丁美洲和加勒比地区国家。世界银行(2006a)报告了拉丁美洲 4 个国家的消费和收入基尼系数;平均基尼比率为 0.81。样本中 8 个非拉美国家的这一比率略低(0.77)。

[2] 我们也尝试了做加法而不是乘法运算,但结果没有显著的变化。

[3] 据 PovcalNet 报告,科摩罗和塞舌尔的基尼系数在 63.1 以上,这是印度洋上的两个岛国。然而,调查结果还没有完全公布。例如,塞舌尔报道其基尼系数在 2000 年为 42.7,而到 2007 年变为了 65.8,仅仅 7 年就发生了难以置信的变化。

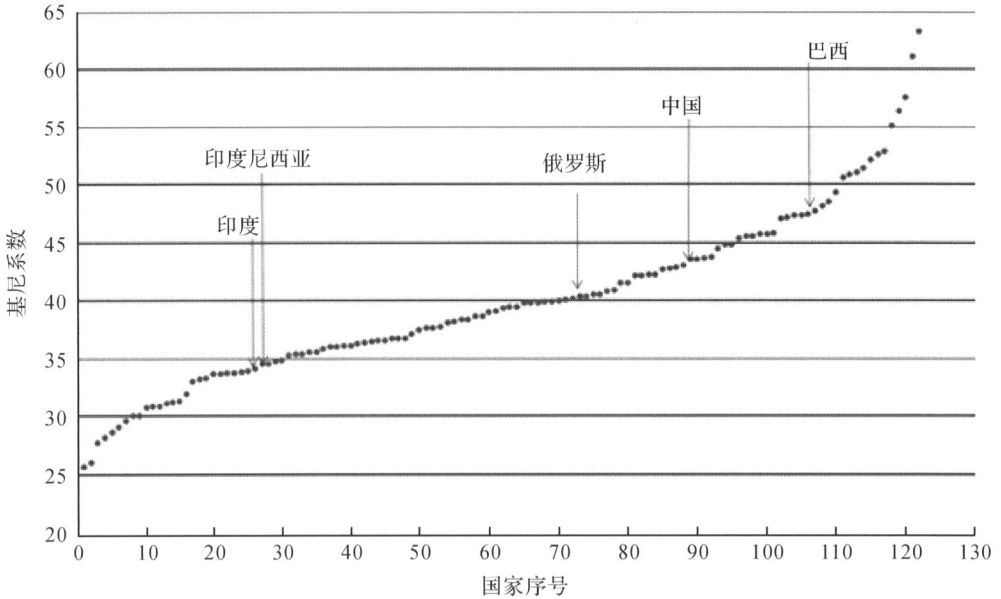

图 9.1 2010 年发展中国家人均家庭消费分布的基尼系数

注:国家按其基尼系数排序。

资料来源:基于 PovcalNet(2013)的数据自行计算。

在图 9.2 中,发展中国家按区域分组。撒哈拉以南非洲是包含最不平等国家的地理区域,但也是分散程度最高的区域,这可能部分是由测量误差造成的(见表 9.2)。虽然在基尼系数最高的 10 个国家中,有 8 个位于撒哈拉以南非洲,且该地区的基尼系数算术平均值也是世界上最高的,然而其中位数比拉丁美洲低。

Deininger 和 Squire(1996)指出,他们的数据证实"拉丁美洲的不平等程度远高于世界上其他地区"[1]。然而这种类型的评估通常是将拉丁美洲和加勒比地区的国家的收入基尼系数和其他地区的消费基尼系数放在一起得出的,并且可能忽视了撒哈拉以南非洲地区。前面提到的调整考虑到消费/收入差距(因子 0.861),拉丁美洲和加勒比地区国家基尼系数的平均值是 43.8,略低于撒哈拉以南非洲(44.4),但中位数较高(拉丁美洲和加勒比地区的国家为 44.8,撒哈拉以南非洲为 42.1)。为了使比拉丁美洲和加勒比地区的国家平均基尼系数高于撒哈拉以南非洲地区,我们需要一个高于 0.92 的调整参数,这个值比我们在样本中所有拉丁美洲国家估计的数值要大(除墨西哥以外)。

---

[1] 在 López Calva 和 Lustig (2010)以及 Chen 和 Ravallion(2012)中也可以看到。

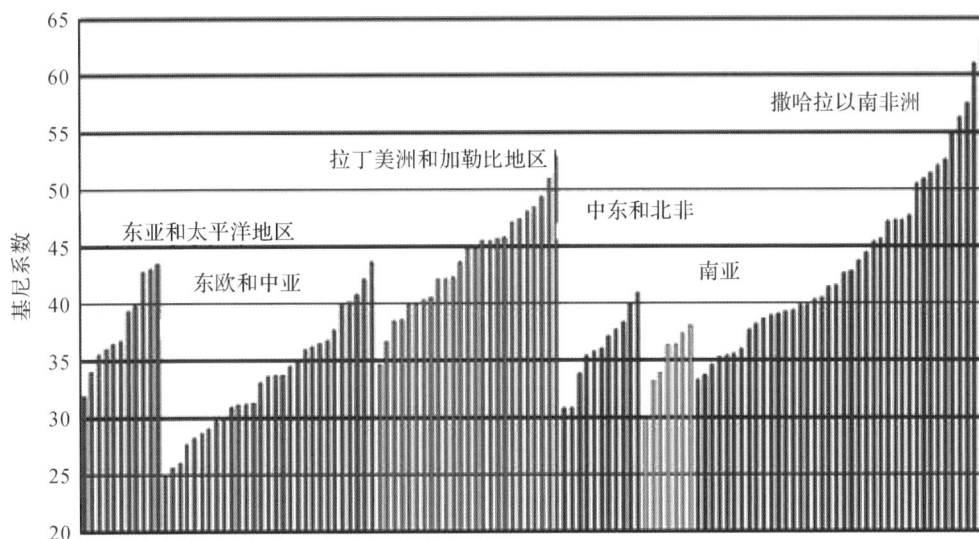

图 9.2　2010 年发展中国家人均家庭消费分配的基尼系数

注:每根矩形条代表一个特定的地理区域中的一个发展中国家。

资料来源:基于 PovcalNet(2013)的数据自行计算。

表 9.2　2010 年发展中国家人均家庭消费分配的基尼系数

所属地区	平均数	中位数	变量系数	最小值	最大值
东亚和太平洋地区	38.1	36.7	0.101	31.9	43.5
东欧和中亚	33.6	33.7	0.144	25.6	43.6
拉丁美洲和加勒比地区	43.8	44.8	0.104	34.7	52.8
中东和北非	36.0	36.1	0.091	30.8	40.9
南亚	35.0	36.3	0.081	30.0	38.1
撒哈拉以南非洲	44.4	42.1	0.175	33.3	63.1
发展中国家	39.8	39.2	0.181	25.6	63.1

注:非加权数据。

资料来源:基于 PovcalNet(2013)的数据自行计算。

　　发展中世界的其他地区基尼系数大多低于 40,东亚和太平洋地区的算术平均值为 38.1,中东和北非为 36.0,南亚为 35.0。中东和北非的不平等程度可能会更高,因为有几个高收入经济体石油生产国被排除在外(也因为缺乏信息)。[①] 东欧和中亚是不平等程度最低的地区,平均基尼系数为 33.6。值得一提的是,以变异系数衡量的离差高于除撒哈拉以南非洲外的其余地区。

　　几乎所有高度不平等的国家(基尼系数在 50 以上)都在撒哈拉以南非洲(表 9.3)。然而,该地区也有国家处于中高不平等程度。相比之下,拉丁美洲和加勒比地区的大多数国家

---

① 巴林、科威特、阿曼、卡塔尔、沙特阿拉伯、阿联酋都在那一组。由于是发达国家,马耳他和以色列也没有在样本内,黎巴嫩和利比亚因缺乏信息而被排除在外。

不平等程度很高,而在东亚和太平洋地区、中东和北非、南亚国家中,大多数国家属于中度不平等。只有东欧和中亚有不平等程度低的国家(基尼系数低于30)。

我们从全基尼系数数据库中选择了2005年或相近年份的消费基尼系数,并对拉丁美洲和加勒比地区国家进行了之前提到过的相似的调整,即仅考虑收入基尼系数。得到的基本结果和PovcalNet中的数据相似。数据源之间的基尼系数的线性相关系数为0.763,而斯皮尔曼秩相关系数为0.771,均在1%。在全基尼系数数据库中,基尼系数从23.1(捷克共和国)到62.9(科摩罗)不等。平均数和中位数均为40.1。同样,超过一半的观测值在35—45范围内。只有几个东欧国家基尼系数在30以下,而只有四个撒哈拉以南非洲国家的基尼系数大于55。

表9.3　2010年发展中国家按不平等程度和按区域划分的国家分类　　　单位:个

所属地区	不平等程度				合计
	非常高 [50—70]	高 [40—50]	中等 [30—40]	低 [20—30]	
东亚和太平洋地区	0	3	8	0	11
东欧和中亚	0	5	16	7	28
拉丁美洲和加勒比地区	2	17	6	0	25
中东和北非	0	1	10	0	11
南亚	0	0	7	0	7
撒哈拉以南非洲	10	14	16	0	40
合计	12	40	63	7	122

注:按基尼系数的大小对各国按人均家庭消费分配进行分类。
资料来源:基于PovcalNet(2013)的数据自行计算。

来自世界收入不平等数据库关于发展中国家不平等程度的证据与此类似。例如,基于收入的基尼系数样本取自2005年左右,Gasparini等(2013)发现,6个撒哈拉以南非洲国家的平均基尼系数为56.5,紧随其后的是拉丁美洲国家(52.9)、亚洲(44.7),以及东欧和中亚(34.7)。[①] 2005年PovcalNet和世界收入不平等数据库基尼系数的线性相关系数为0.871,而斯皮尔曼秩相关系数为0.820。

卢森堡收入研究数据库(见本卷第8章)覆盖36个国家,包括拉丁美洲的6个国家,在所有收入不平等排名中排在较为靠前的位置。[②] 东欧国家的平均基尼系数略高于高收入经济体的平均水平。世界发展指标的数据还表明,发展中国家的不平等程度明显高于OECD成员中的高收入国家。后者的收入基尼系数的平均值为32.2,低于世界上任何其他地区。

家庭收入不平等数据库(EHII)证实了撒哈拉以南非洲和拉丁美洲的不平等程度很高,

[①] OECD成员中的高收入国家是世界上收入不平等程度较低的国家,其平均收入基尼系数为32.8。
[②] 拉丁美洲国家的基尼系数从50.6(哥伦比亚)到43.9(乌拉圭)不等;非拉美国家中,收入不平等程度最高的国家是俄罗斯,其基尼系数为40.8,而其他LIS国家的基尼系数从37(美国)到22.8(丹麦)不等。

但令人惊讶的是,南亚、中东和北非的不平等程度类似(基尼系数在 47 左右)。[1] 根据数据集,东亚和太平洋地区、东欧和中亚地区的不平等程度相对较低。发达经济体的基尼系数估计水平相当低,平均值为 36.5。[2] 家庭收入不平等数据库(EHII)和 PovcalNet 基尼系数间的皮尔逊相关系数以及斯皮尔曼相关系数分别是 0.642 和 0.603,这一数值比用 PovcalNet 与世界收入不平等数据库或全基尼系数数据库比较时略低,但仍在 1％ 的水平上显著。

大多数国际数据库没有为分配测量的点估计值提供置信区间,因此无法评估国家之间不平等程度差异统计的显著性。然而,鉴于指标是从大型全国家庭调查中计算出来的,置信区间通常比较窄。拉丁美洲和加勒比地区社会经济数据库为拉丁美洲所有基尼系数提供了置信区间,例如阿根廷 2010 年的收入基尼系数的 95％ 置信区间是[43.9,44.7],巴西 2009 年为[53.5,54.0],墨西哥 2010 年为[47.0,47.9]。即使只超过 1 个基尼点,其差异在统计上也是显著的(见图 9.3)。

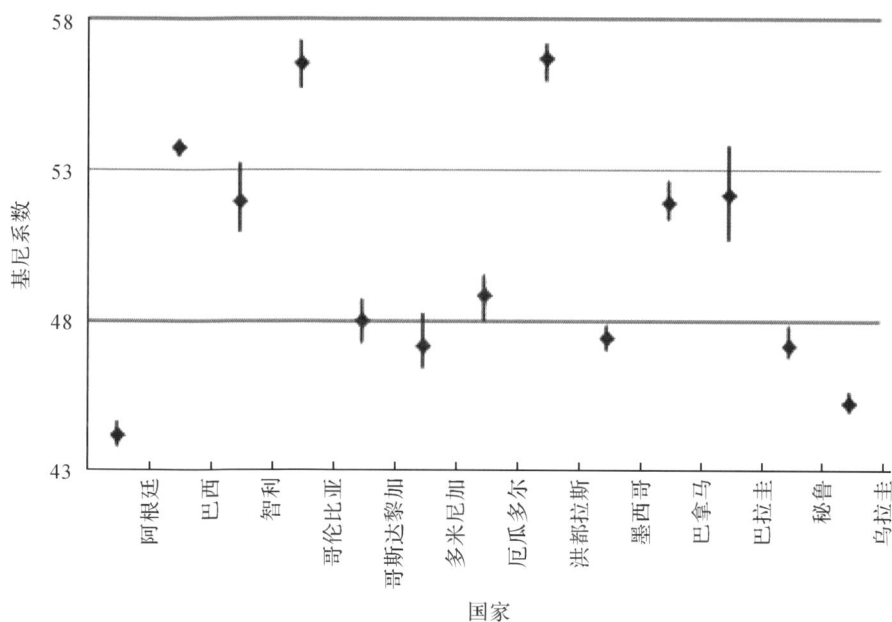

图 9.3　2010 年拉丁美洲国家家庭人均收入分配基尼系数和置信区间(95％)

资料来源:根据拉丁美洲和加勒比地区社会经济数据库(CEDLAS 和世界银行)的数据自行计算。

9.3.2　基尼系数无法衡量的不平等

国际数据库通常能让我们超越单个参数,更仔细地了解世界的分配情况,比如基尼系数。表 9.4 报告了 2010 年前后 120 个国家前后十分位数的份额的一些基本统计数据。[3] 平均而言(未加权),一个国家最贫穷的 10％ 人口的消费占调查报告总消费的 2.6％;收入最高的 10％ 人口的消费占总消费的 31.5％。在一个典型的发展中国家,最贫穷的 60％ 人口的总

---

[1] 在 Galbraith 和 Kum(2005)中可以看到。

[2] 这个平均值不包括盛产石油的阿拉伯国家。当样本包括这些国家时,平均基尼系数上升到了 39。

[3] 再次强调,拉丁美洲和加勒比地区国家的一些数据是基于收入和在该地区的 7 个国家的消费数据估计的比较。

消费量与收入前 10％人口的总消费量相似。

值得注意的是,各国十分位数消费份额的变异系数在上升到最高十分位之前一直在下降,之后则大幅上升。世界各国的穷人和富人在消费份额上似乎大不相同,但中间阶层,特别是中上阶层极为相近。[①]

前十分之五至十分之九的总消费份额平均约为 50％,并且非常稳定。Palma(2011)称这一现象为"同质化的中间阶层"。实际上,各国在中上层十分位(前十分之七至十分之九)的差异较小。该群体的消费总量占总消费量的比例在世界各地都非常接近,从东欧和中亚的35.9％到撒哈拉以南非洲的 37.3％不等。不同地区之间的主要差异在于排名后 60％人群与排名前 10％人群所占份额的对比。例如,虽然在东欧和中亚以及拉丁美洲和加勒比地区前十分之七至十分之九人群的总消费量份额几乎相同(分别为 37.3％和 37.1％),但前者的后60％人群所占份额比后者高出 7 个百分点以上(分别为 36.4％和 29.1％)。

表 9.4　2010 年发展中国家十分位份额家庭人均消费分配

十分位数	平均值	标准偏差	变量系数	最小值	最大值
1	2.6	0.81	0.31	1.0	4.4
2	3.8	0.86	0.23	1.5	5.8
3	4.8	0.90	0.19	2.0	6.8
4	5.8	0.92	0.16	2.6	7.8
5	6.8	0.92	0.13	3.5	8.8
6	8.1	0.87	0.11	4.7	9.9
7	9.6	0.80	0.08	6.6	11.0
8	11.7	0.65	0.06	9.0	12.7
9	15.3	0.84	0.05	12.7	17.6
10	31.5	6.12	0.19	19.5	51.7

注:未加权数据。
资料来源:基于 PovcalNet(2013)的数据自行计算。

总消费中十分位份额的相关系数提供了有关各国之间分配结构的信息(见表 9.5)。前8 个十分位数的收益是高度正相关的;第 10 个十分位数的相关系数都是负值且绝对值较大,除了与第 9 个十分位数的相关系数(且该系数不显著)。最富有的 10％人群消费份额的增加与最贫穷的 80％人群消费份额的减少紧密相关。该表表明,当我们根据最低十分位的份额在各国间进行排序时,我们预计最低阶层的收益主要来自前 20％人群所占份额的减少(比如说,不是来自中间阶层,也非与最富裕的人结盟)。

[①] 这一观察可以简单地与以下事实相联系,即两种收入分布的累积分布函数最常(在均值保留展型的情况下)在分布的中间附近相交,而不是在分布的两端。

表 9.5 2010 年发展中国家十分位消费份额跨国相关系数

	d1	d2	d3	d4	d5	d6	d7	d8	d9	d10
d1	1									
d2	0.9355*	1								
d3	0.8930*	0.9883*	1							
d4	0.8421*	0.9624*	0.9910*	1						
d5	0.8042*	0.9273*	0.9647*	0.9787*	1					
d6	0.7336*	0.8739*	0.9291*	0.9623*	0.9847*	1				
d7	0.6310*	0.7734*	0.8436*	0.8950*	0.938*	0.9736*	1			
d8	0.3127*	0.4711*	0.5624*	0.6446*	0.7253*	0.8085*	0.8982*	1		
d9	−0.5793*	−0.4905*	−0.4112*	−0.3258*	−0.2389*	−0.1232*	0.0527*	0.4390*	1	
d10	−0.7844*	−0.9032*	−0.9452*	−0.9689*	−0.9844*	−0.9891*	−0.9650*	−0.7962*	0.118	1

注:* 表示在 1% 的水平上显著。
数据来源:基于 PovcalNet(2013)的数据自行计算。

9.3.3 盖洛普世界民意调查中的不平等

盖洛普世界民意调查为国际收入不平等的比较提供了新的证据,因为它将相同的收入和人口问题应用到了 132 个国家样本中。当然,盖洛普全国不平等状况评估的可靠性要低于家庭调查所得的可靠性,因为其只用收入问题来衡量财富,并且样本量相对较小。然而,Gluzman(2012)发现,用盖洛普微观数据计算的基尼系数与以人均收入为基础的世界发展指标(WDI)报告的基尼系数之间的相关系数很高(0.85)。[①]运用相似调查问卷的国际调查,如盖洛普世界民意调查,并不能替代家庭调查作为分析国家层面分配状况的主要数据来源,但它们在社会变量的国际比较方面可能有很大的潜力。今后这些调查质量的提高可以使它们成为比较国际研究的一个非常有价值的来源。

Gasparini 和 Gluzmann(2012)使用 2006 年盖洛普世界民意调查的微观数据来计算世界各地区的不平等程度。根据各国国民收入基尼系数的未加权平均值,拉丁美洲是世界上最不平等的地区(不包括非洲,非洲不在样本中)。拉丁美洲的平均基尼系数为 49.9,略高于南亚(48.9)、东亚和太平洋地区(47.1)、东欧和中亚(41.8)、北美洲(39.2),特别是西欧(34.0)。

另一种方法是,将每个地区视为一个单一的单元,在将其收入换算成一种共同货币之后(这一概念通常被称为全球不平等),计算该单元内所有个人之间的不平等,以此来衡量地区不平等(见本手册第 11 章)。全球基尼系数在拉丁美洲为 52.5,比西欧(40.2)、北美洲(43.8)、东欧和中亚(49.8)高,但低于南亚(53.2)、东亚和太平洋地区(59.4)。两种不平等概念之间的排名变化是由各国之间在平均收入方面的异质性差异造成的。Gasparini 和 Gluzmann(2012)报告称,在泰尔指数分解中,组间成分占拉丁美洲地区总不平等程度的 8%,

---

① 有趣的是,盖洛普世界民意调查中的收入基尼系数和 WDI 消费基尼系数之间的关系更弱,线性相关系数为 0.21,在 10% 的水平上不显著。

占东亚和太平洋地区的 32.4%。

9.3.4 最高收入

在基于税收记录的有关高收入的文献有新进展之前(Atkinson and Piketty,2007,2010;参见本书第8章),关于不平等状况的研究主要是基于家庭调查,这在关注高收入群体时有一些局限性。家庭调查远非研究最高份额的理想方法:富人通常不会参与调查,要么是出于抽样原因,要么是因为他们拒绝配合填写或回答耗时长的问卷调查表。由于极端的观测数据有时被视为数据"污染",因此富人可能有意被排除在样本之外,以减少由不太可靠的异常值所产生的偏差问题。此外,调查数据存在严重的低估富人收入的问题;最富有的人更不愿意透露他们的收入或是多样化的投资组合,其价值难以估计。

Székely 和 Hilgert(1999)研究了 18 个拉丁美洲国家的家庭调查数据,确定下来十个最高收入者,这十个人的收入并不比一个普通经理的工资高太多。总的来说,收入分布前 10% 的普通人的收入分配更接近于受教育程度较高的专家的劳动报酬,而不是资本所有者。在这个特定的问题上,来自调查的数据信息质量在过去几年并没有得到改善。因此,就水平和变化趋势而论,在这些问题或时期下,我们通过家庭调查衡量的不平等状况会受到严重影响。

在研究高收入人群收入分配问题时,人们对使用税务和登记数据的倾向性高过调查数据。事实上,在某些条件下,登记数据可以提供有价值的数据,改善基于调查的评估。通常情况下,对调查报告的收入会用登记数据进行核对,或直接从行政来源获取样本中个人的收入。即使将调查数据和行政数据结合起来也可以看作是一种改进,但仍然存在分配顶部的抽样结构问题。① 无论如何,发展中国家的统计局尚未利用登记数据来补充调查结果。

使用税收统计数据并非没有缺点。第一,因为只有部分人申报纳税,利用税收数据进行的研究仅限于测量最上层的份额,而对分布位于中下层的变化只字不提。第二,税收数据是作为行政程序的一部分收集起来的,没有考虑研究的需要;收入和纳税单位由税法规定,在不同时间和国家差别很大。第三点也是最重要的一点,估算会受到避税和逃税行为的影响;富人有强烈的动机少报应税收入。这些问题在所有国家都存在,在发展中国家尤其如此,其可能存在税收执法力度低和存在多种合法避税途径的特征。②

许多研究人员探讨了税收数据和调查数据在反映收入不平等方面的能力差异,一些研究人员试图协同利用这两种数据来源[见 Alvaredo(2011) 和 Burkhauser 等(2012)对于美国的研究]。遗憾的是,在撰写本章之际,只有少数发展中国家提供了个人所得税的微观数据(即哥伦比亚、厄瓜多尔、乌拉圭)。Alvaredo 和 Londoño(2013)、Alvaredo 和 Cano(即将出版)表明,对比基于调查的结果,高收入的人从本质上来看就是食利者和资本所有者。这一特点不同于几十年来在发达国家发现的模式,在这一模式中,最高收入人群收入份额的大幅增加主要是由于高管薪酬和高薪收入的快速增长,并在较小程度上是由于资本收入的部分恢复。

---

① 如果在样本框架中没有正确地确定高收入者,那么将报告中的收入与登记册中的收入进行比较只是一个部分的改进。例如,在英国,国家统计局会按比例上调调查所得的收入,以使调查所得的平均收入与税收数据中的平均收入相匹配。

② 在发展中国家,有钱人尤其可能不愿披露他们的财富和收入情况,这可能不仅仅是出于对纳税问题的考虑,其还担心所披露的信息会落入坏人之手。

虽然在美国和其他英语国家,工作的富人已经与资本所有者一道跻身收入阶层的顶端,但在哥伦比亚和厄瓜多尔这两个仍然比较传统的社会,最高收入者仍然是资本存量的所有者。

研究结果虽然是零碎的,但依然证实了向税务机关报告的顶层收入要比在调查所得的顶层收入高得多。例如,根据家庭调查数据(PovcalNet),2007 年阿根廷收入最高的 1％人群所获得的收入所占份额为 8.8％,而根据所得税数据(世界最高收入数据),所占份额为 13.4％。在乌拉圭,2010 年的相应比例分别为 8.2％和 14.3％,2010 年哥伦比亚的相应比例分别为 13.9％和 20.4％。即使那些数字没有直接的可比性(调查所得是税前收入),但它们表明,如果孤立地呈现衡量不平等的综合指标,可能掩盖了低得可能不切实际的调查份额。在这个意义上,应该将各种不平等指数和顶层收入份额放在一起系统地展现,让用户自行判断估算值的质量。[①]

最近备受关注的一个问题是,在研究发展中国家的不平等程度时,税收数据能在多大程度上对家庭调查数据进行补充? Alvaredo 和 Londoño(2013)比较了 2007 年至 2010 年哥伦比亚的家庭调查与税收数据。调查所得的家庭总收入是国民账户(NAS)中可支配收入的 60％至 65％。[②] 这种差距不能被视为家庭调查中总收入遗漏的精确衡量,因为两者的来源不同,但一部分原因可能来自顶层分配的问题,这些作者如果在调查中没有完整获取收入前 1％的人的数据,他们会用税收得到的数据代替 99％以上的收入人群(税收和社会保险捐款使两个来源可比)的调查数据。有两件事值得一提。第一,国民账户(NAS)数据与调查所得的 99％人群以下的收入加上 99％以上的税收数据的净收入之间的差距从 35％—40％下降到 20％—25％。第二,个人收入的基尼系数从 55 上升到 2010 年的 61。[③]

这些发现挑战了人们对利用发展中国家税收数据研究不平等状况的做法的普遍怀疑。考虑到逃税和漏报的影响,这样的估算值应该算是一个下限。然而在某些需要个案分析的情况下,向税务机关报告的收入可以作为一个有价值的信息来源。

9.3.5　不平等和发展

一个国家的不平等程度与其发展阶段有关吗? 本节将利用 2010 年度国家基尼系数的截面数据来研究这个问题。当然这个主题与 Lewis(1954) 和 Kuznets(1955)的开创性贡献所引发的长期争论有关,他们认为工业化进程将意味着不平等程度呈倒 U 形变化。然而库兹涅茨曲线的实证检验需要时间序列或面板数据,而不仅仅是截面数据,因为这是关于一个经济体在其发展过程中的动态假设。发展与不平等之间的因果关系是一个大的研究主题,不得不面对众多的实证问题,因此远未有定论(相关评估见 Anand and Kanbur, 1993; Banerjee and Duflo, 2003; Fields, 2002; Voitchovsky, 2009)。在本节中,我们只是简单地报告最近一个时间点各国这两个变量之间的实证关系,而没有探讨因果关系这一难题。

图 9.4 中的第一幅图展示了基于人均国民总收入的人均消费分配基尼系数,该图似乎揭

[①] PovcalNet 遵循这种做法,提供了洛伦兹曲线的估计,详细程度视国家而定。

[②] 以国民账户为基础的家庭可支配收入计量方法定义为:家庭基本收入＋社会福利(社会转移除外)的余额－雇主实际社会缴款－估算的社会缴款－保险投保人的财产性收入－估算的自有住房租金－固定资本消费－职工社会保障缴费－家庭缴纳的收入和财富税。

[③] 这些结果仍然是近似的,因为从哥伦比亚的税收记录中定义个人实际收入并不总是直截了当的。

示了不平等和发展之间的反比关系。① 基尼系数和人均国民收入之间的线性相关系数为 0.56（在 1% 的水平上显著）。当对人均国民总收入取对数时，图 9.4 的第二幅分图中出现了倒 U 形。然而，曲线的增长部分只覆盖了撒哈拉沙漠以南非洲国家。对于世界上大多数国家来说，基尼系数和国民总收入呈反向增长关系。

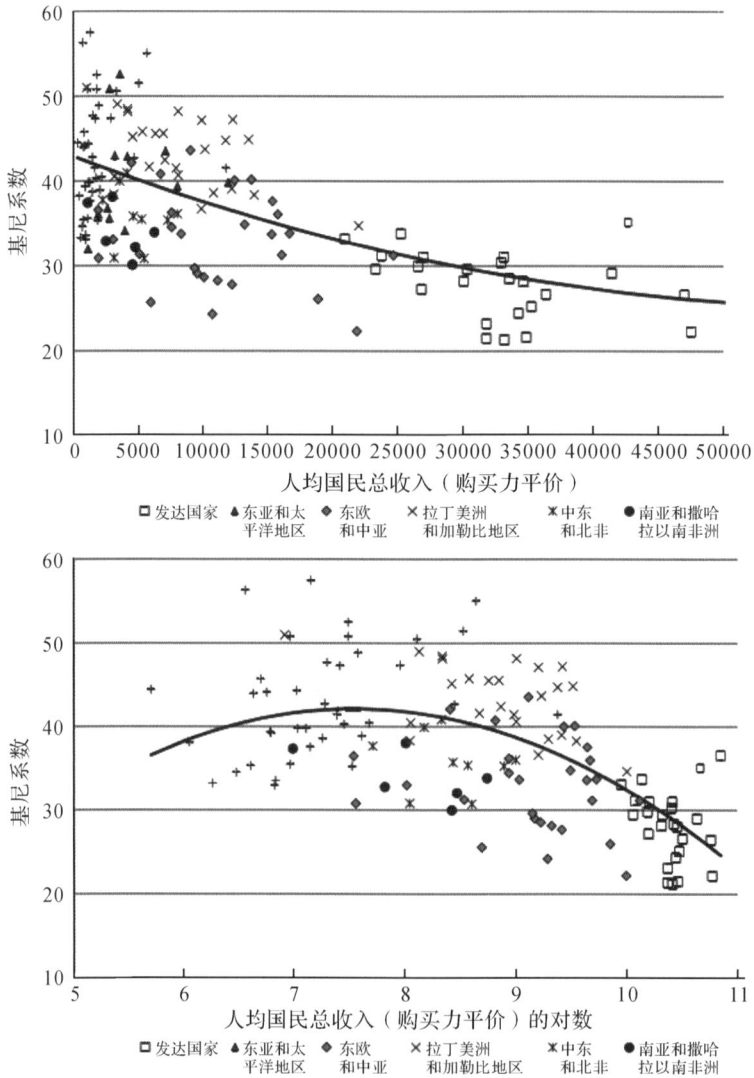

图 9.4　以 2010 年人均国民总收入（GNI）和基尼系数表示不平等与发展情况

数据来源：基于世界发展指数和 PovcalNet（2013）自行计算。

　　表 9.6 中的回归结果与 Lind 和 Mehlum（2010）的检验证实了基尼系数和人均国民收入之间的倒 U 形关系。② 虽然当我们把样本限制在发展中国家时，这一关系变得相对较弱，但这一结果似乎是有效的。应该强调的是，回归中的转折点对应的数值约为 1800 美元，这一数

---

① 发达国家的基尼系数计算的是人均收入的分配，而不是人均消费，这一事实可能低估了曲线的斜率。
② 这也印证了用阿特拉斯的方法估算 GDP，并使用了世界银行的 All the Ginis 数据库。

值低于大多数发展中国家的人均国民收入,除撒哈拉以南非洲的一些国家。[①]控制区域效应虚拟变量的纳入揭示了在东亚,以及尤其是拉丁美洲和撒哈拉以南非洲,即使在控制其经济发展水平的情况下,也是特别不平等的。[②]

表 9.6　基尼系数对人均国民总收入的对数和区域虚拟变量的回归分析

变量	所有国家		仅限发展国家	
	（ⅰ）	（ⅱ）	（ⅲ）	（ⅳ）
人均国民总收入的对数	24.24** (9.52)	24.44*** (4.48)	18.01* (8.23)	26.54** (6.58)
人均国民总收入对数的平方	−1.606** (0.552)	−1.409*** (0.34)	−1.202* (0.53)	−1.541** (0.48)
发达国家		−1.416 (2.76)		
东亚和太平洋地区	7.352*** (1.43)		7.170*** (1.62)	
东欧和中亚		10.238*** (0.53)		10.157*** (0.62)
拉丁美洲和加勒比地区		2.334 (1.28)		2.144 (1.48)
南亚		1.705 (1.79)		1.515 (1.97)
撒哈拉以南非洲		13.749*** (2.33)		13.660*** (2.34)
常量	−49.34 (38.69)	−72.10*** (13.17)	−61.67** (28.64)	−80.27** (20.06)
观测值	146	146	121	121
R^2	0.31	0.58	0.07	0.45
Lind 和 Mehlum(2010)对倒 U 形的检验				
$|t|$	2.72	2.31	1.35	2.0
p 值	0.004	0.011	0.089	0.024

注:括号内为聚类稳健标准误。

省略的类别:东欧和中亚。

Lind 和 Mehlum(2010)检验:H0 为单调或 U 形;H1 为倒 U 形。

* 表示在 10% 的水平上显著; ** 表示在 5% 的水平上显著; *** 表示在 1% 的水平上显著。

[①] 撒哈拉以南非洲国家较大的测量误差可能是因为曲线的增加部分,也可能是经济计量模型在更高的收入水平上发现了这种关系的凹性。

[②] Londoño 和 Székely(2000),Gasparini、Cruces 和 Tornarolli(2011a)及其他一些著作记录了拉丁美洲的"过度不平等"。

9.4 不平等:趋势

本节将报告发展中国家收入不平等的最新趋势。我们先概述总体的模式,然后深入挖掘每个区域的证据。大部分章节讨论的是相对的不平等,我们单独用一节来探讨绝对不平等的模式,另外一节专门描述总体福利变化。[①] 最后我们简要总结发展中国家中关于不平等决定因素的不同观点和主要问题。

9.4.1 总体变化

现有证据表明,发展中国家平均国民收入不平等程度在 20 世纪 80 年代和 90 年代有所上升,而在 2000 年有所下降。

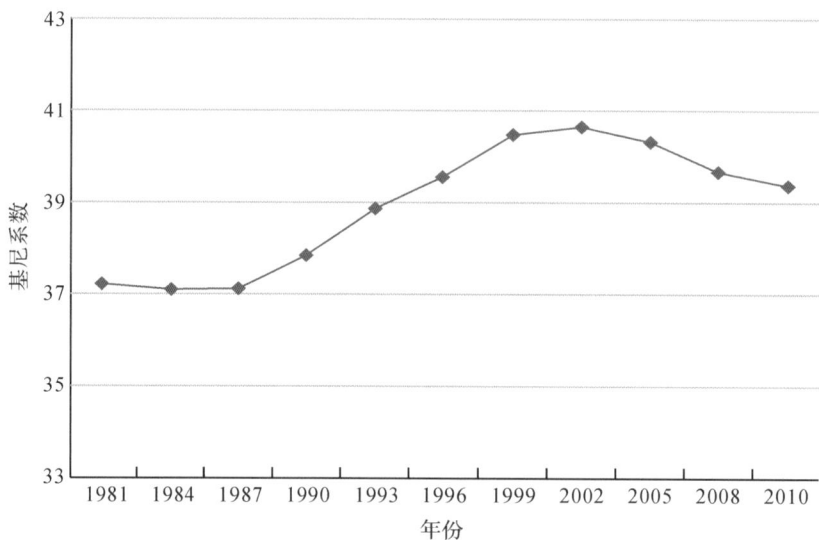

图 9.5 基尼系数(1981—2010 年发展中国家的未加权平均数)

注:国家基尼系数是根据家庭人均消费分配计算得来的。

数据来源:基于 PovcalNet(2013)的数据自行计算。

使用来自 PovcalNet 的数据,人均消费支出分配的平均基尼系数从 1981 年的 37.2 上升到 2010 年的 39.4(图 9.5)。[②] 平均值在 1981—1987 年基本保持不变[③],然后在 1999 年上升超过 3 个百分点达到 40.5,从 2002 年开始下降,虽然下降速度缓慢(从 2002 年的 40.6 下降

[①] 相对不平等的衡量尺度是不变的,但绝对衡量标准是平移不变的。因此,人口总收入 $x\%$ 的总体增长不会改变相对不平等程度,但会导致绝对不平等程度上升。

[②] 为了计算变化,我们舍弃了 PovcalNet 中在 1981—2010 年观测值少于 4 个或者观测值集中在较短时间段内的国家。我们用于计算趋势的样本包括 76 个国家,这些国家的总人口占发展中国家总人口的 88%。为了建立一个样本,在某些情况下,国家组成保持不变,基尼系数被假定为常数不等式。如前文所述,对拉丁美洲和加勒比地区的收入基尼系数进行了调整。

[③] 产生这一结果部分是由于缺乏若干发展中国家在这一时期的不平等变化情况的资料。见下文。

到 2010 年的 39. 4）。[①]

　　图 9.6 是不同百分位数的基尼系数分布变化图。该图表明,在过去几十年中,与不同经济体之间基尼系数的变化程度相比,基尼系数在时间上的变化不大。[②] 该图还表明,20 世纪 80 年代末和 90 年代末基尼系数的增长主要是由于不平等程度较低的国家的大量增加,特别是东欧和中亚经济体,以及处于经济起飞初期的一些亚洲经济体。然而,21 世纪初的下降则较为普遍,尽管这在高于中位数的国家中更为明显,例如拉丁美洲的一些国家。这一观察表明,发展中经济体的不平等程度趋同。事实上,基尼系数分布的标准差随着时间的推移而大幅下降:1981 年为 11. 2,1990 年为 10. 1,1999 年为 7. 4,2010 年为 7. 2。发展中国家在收入不平等方面仍存在很大差异,但在过去的 30 年里,差异已大大缩小。

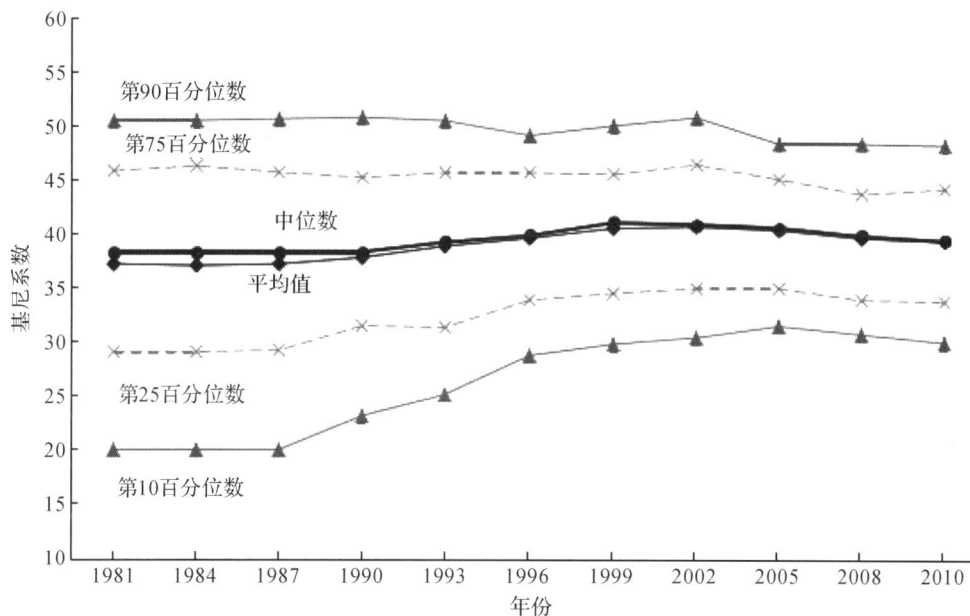

图 9.6　基尼系数的分布情况(1981—2010 年发展中国家的加权统计)

注:国家基尼系数是根据人均家庭消费分布计算得来的。

数据来源:基于 PovcalNet(2013)的数据自行计算。

　　对这些数据进行更仔细的检查后发现,在 20 世纪 80 年代大部分时间里基尼系数保持稳定这一结果是由于若干国家缺乏资料和资料变动的重大异质性(表 9.7)。[③] 20 世纪 90 年代基尼系数的大幅上升,与很多国家在信息大幅改善下贫富差距日益扩大有关。这一趋势似

[①] 对经济不平等的显著性随时间变化的评估是有争议的,因为它既涉及数据的准确性,也考虑到使用不平等统计数据的目的。在 OECD 国家中,Atkinson 和 Marlier(2010)提出了使用 2％的标准来评估基尼系数变化的显著性。在此基础上,从 1981 年到 2010 年发展中国家的不平等状况显著加剧。

[②] 这一观察并不意味着变化的社会意义不大;同其他国家的差异相比,某一国家的不平等程度增加可能幅度很小,但仍然是引起担忧的主要原因。

[③] 我们根据基尼系数在一段时间内上升或下降幅度超过或低于 2.5％来对国家进行分组。2.5％的变化适用于发展中国家的平均基尼系数,即 40 左右,代表 1 个基尼点。根据全国住户抽样调查的样本量,基尼系数的 1 个点的变化在统计上是显著的。

乎在21世纪初发生了转变,当时样本中的大多数国家的不平等程度在下降。但即便是在社会状况普遍获得改善的这10年里,各国在减少不平等方面的表现也相当参差不齐。事实上,在发展中国家中,有20%的国家的基尼系数在2002—2010年有所上升,而有15%的国家的基尼系数的变化幅度小于2.5%。

表 9.7　按基尼系数变化分组的国家比例　　　　　　　　　　　　　　　　单位:%

变化情况	1981—1990 年	1990—2002 年	2002—2010 年
下降	14.7	22.7	65.3
无变化	21.3	16.0	14.7
上升	34.7	60.0	20.0
无信息	29.3	1.3	0.0
合计	100.0	100.0	100.0

注:"下降"包括基尼系数在这一期间下降超过2.5%的国家;"上升"包括基尼系数上升超过2.5%的国家;"无变化"的国家包括基尼系数变化幅度小于2.5%的国家;"无信息"包括每个时期没有两个独立观测值的国家。

数据来源:基于PovalNet(2013)的数据自行计算。

样本中大部分(62%)国家在世纪之交前后经历了不平等模式的改变,从无变化到不平等状况缓解,只有少数国家的不平等程度持续上升(15%)或持续下降(12%)。事实上,许多经济体(样本中的45%)的不平等程度呈倒U形变化,这一事实可能与库兹涅茨的经济增长的国家位于曲线转折点附近的结论一致。然而,我们未能发现不平等模式的类型与发展和增长的不同措施之间有显著相关性。倒U形模式在1981—2010年对各经济体来说是一个共同点。

发展中国家基尼系数的人口加权平均数的增长幅度大于未加权平均数的增长(见图9.7),在1981—2010年,后者增加了2.2个百分点,而前者猛增7.5个百分点。两者之间的差距从20世纪80年代初的5.4个百分点缩小至21世纪第一个10年的几乎为0。有趣的是,21世纪第一个10年未加权平均基尼系数的下降并没有出现在加权平均基尼系数中;虽然典型发展中国家的基尼系数在21世纪第一个10年显著下降,但发展中国家的人均基尼系数并没有下降。

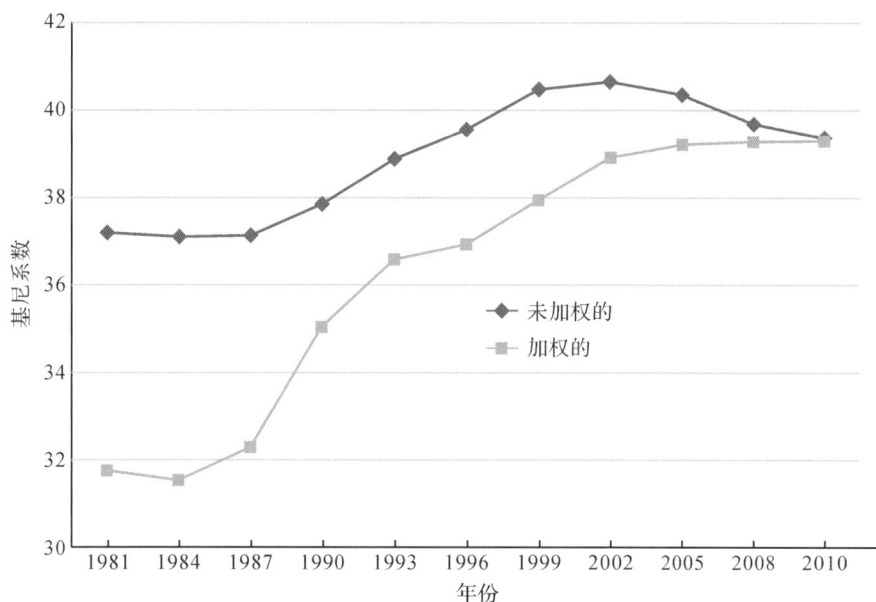

图 9.7　1981—2010 年发展中国家基尼系数(加权和未加权平均值)

注:基尼系数是由家庭人均消费分配计算得出的。

数据来源:基于 PovcalNet (2013)的数据自行计算。

在本节的其余部分,我们将超越基尼系数而追踪分配的变化。图 9.8 中的每个点的增长发生率曲线(GIC)表明对于国家分配每个给定十分位,人均实际消费(以购买力平价美元)的年增长率的跨国未加权均值。[①] GIC 在 20 世纪 90 年代和 21 世纪第一个 10 个有一个鲜明的对比。前者明显上升,表明不平等现象加剧,而后者下降(和保持不变),表明在 21 世纪第一个 10 年里,幸福感差距在缩小。平均而言,在这 10 年中,在国家分配的三个最低十分位数中,人均消费以每年 4% 的速度增长,而在最高十分位数中则增长了 3%。

---

① 图 9.8 中的 GIC 描述的不是全球增长发生率曲线,在全球增长发生率曲线中,第一个十分位数包括了全球人口中最贫穷的 10% 人口。

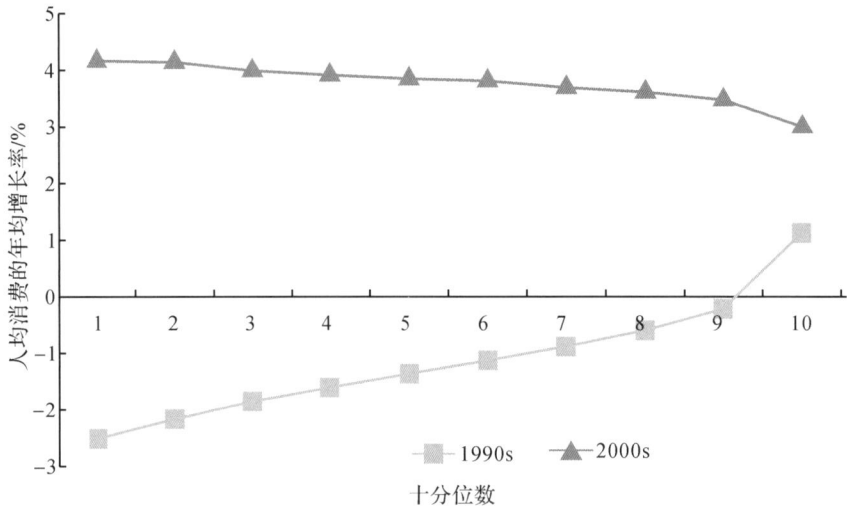

图 9.8 增长发生率曲线（发展中国家未加权平均数十分位人均消费年增长率）

注：人均消费每年的变化（美元购买力平价）。1990s = 1990—2002 年，2000s = 2002—2010 年。

数据来源：基于 PovcalNet（2013）的数据自行计算。

当然，从收入份额来看，几十年之间的对比也很明显。结果总结在图 9.9 中：在 20 世纪 90 年代，底层 60％ 人群的份额下降了 2 个百分点，在 21 世纪第一个 10 年上升了 0.9 个百分点，而顶层 10％ 人群的表现几乎是完全相同的。在过去的 20 年里，中间阶层的份额（第 7—9 十分位数）一直保持稳定（1990 年为 36.9％，1999 年为 36.5％，2010 年为 36.6％）。这一阶层似乎不仅在各个国家都是一样的，而且不随时间的推移发生变化（Palma，2011）。

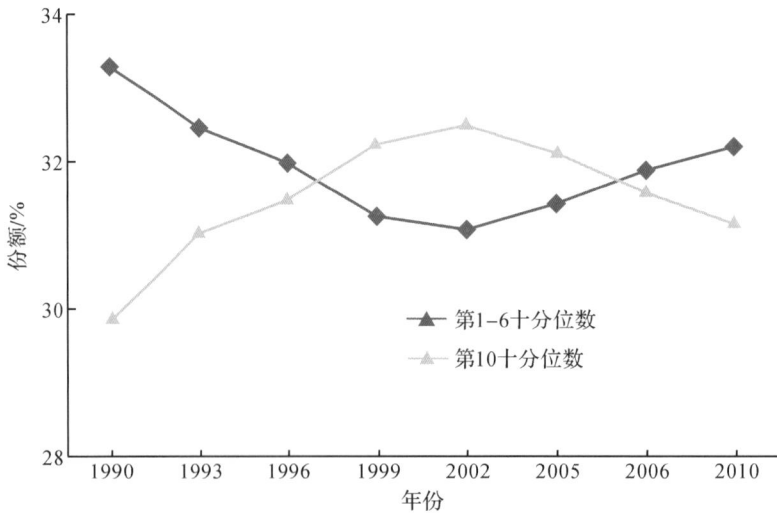

图 9.9 1990—2010 年发展中国家十分位数份额（未加权平均值）

注：十分位数份额是由家庭人均消费分配计算得出的。

数据来源：基于 PovcalNet（2013）的数据自行计算。

9.4.2　各地区的不平等变化

在发展中国家的 6 个地区,存在着不同的不平等变化模式(见图 9.10)。[①]　在 20 世纪 90 年代,拉丁美洲的平均基尼系数上升了超过两个百分点,而在 21 世纪第一个 10 年则骤降。这些数据显示,在过去的 20 年里,撒哈拉以南非洲地区的不平等程度几乎没有变化,而样本中的 5 个中东和北非国家却有些许下降。基尼系数在亚洲增加了超过 2 个百分点,在东欧和中亚增加了超过 6 个百分点。图 9.10 也显示出了某种趋同的模式;发展中国家地区不平等的差距要比 20 年前的差距要小,例如,在 20 世纪 90 年代早期,拉丁美洲以及东欧和中亚国家的基尼系数之间的差距是 18 个百分点,而在 21 世纪第一个 10 年末,这个差距缩小到 11 个百分点。

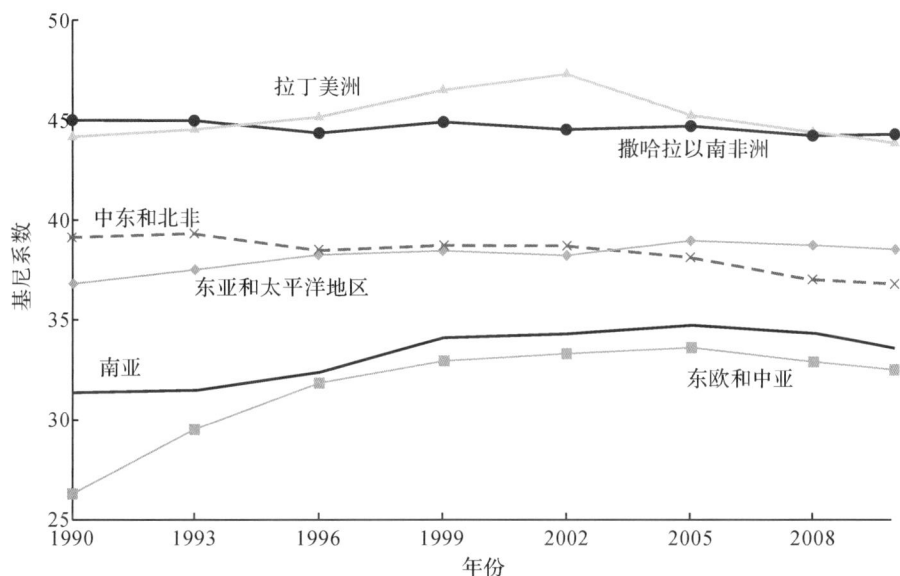

图 9.10　1990—2010 年各地区基尼系数

注:基尼系数是根据家庭人均消费的分布计算得出的。

资料来源:基于 PovcalNet(2013)的数据自行计算。

与 20 世纪 90 年代相比,在这些地区中,收入不平等处于下降趋势的国家占比在 21 世纪第一个 10 年有所上升。拉丁美洲、东欧和中亚地区变化最显著。20 世纪 90 年代,在拉丁美洲经济体中,基尼系数下降的比例为 26%,而在 21 世纪第一个 10 年,这一比例增加到 95%。在 20 世纪 90 年代,东欧和中亚国家的不平等程度普遍上升,但超过半数的国家在 21 世纪第一个 10 年不平等程度有所下降。

Chen 和 Ravallion(2012)使用了 PovcalNet 中的数据,报告了 1981—2008 年全球平均对数偏差成分内的变化,这种成分内是对国家不平等的人口加权测度。他们发现,不平等程度在

[①] 我们倾向于不报告 1990 年之前的区域情况,这是因为在一些地区观测量很少。在我们用来评估不平等趋势的样本中,有 8 个东亚和太平洋地区国家、20 个东欧和中亚国家、19 个拉丁美洲国家(都来自拉丁美洲地区,没有加勒比地区)、5 个中东和北非国家、4 个南亚国家和 20 个位于撒哈拉以南非洲地区的国家。

东亚和太平洋地区(从 0.125 到 0.256)、东欧和中亚地区(从 0.128 到 0.225)大幅增加,在南亚(从 0.156 到 0.181)、拉丁美洲和加勒比地区(从 0.541 到 0.561)、撒哈拉以南非洲(从 0.338 到 0.347)、中东和北非(从 0.256 到 0.256)小幅增加。此外,Bastagli 等(2012)也使用了 PovcalNet、拉丁美洲和加勒比地区社会经济数据库,以及卢森堡收入研究数据做出了类似的分析。

在使用其他数据库时,发展中国家的国家不平等状况与此类似。例如,在米拉诺维奇建立的全基尼数据库中,未加权平均基尼系数从 1990 年的 36.2 上升到 1999 年的 40.7,然后在 2005 年降至 39.7。在 20 世纪 90 年代,在全基尼系数数据库中,有 63%的经济体的不平等程度上升,而在 21 世纪第一个 10 年,这一比例下降到 35%。20 世纪 90 年代各个地区的数据都有所增长,尤其是东欧和中亚地区(9 个基尼点),而在 21 世纪第一个 10 年,中东、北非和拉丁美洲的下降幅度更大。Cornia 和 Kiiski(2001)、Cornia(2011)、Dhongde 和 Miao(2013)使用世界收入不平等数据库得到了类似的结果。我们发现,在 PovcalNet 和世界收入不平等数据库中记录的 1990—2005 年基尼系数的线性(秩)相关系数为 0.776(0.868),在 1%的水平上显著。PovcalNet 和全基尼系数数据库比较的对应值是 0.721 和 0.765。

从家庭收入不平等估计(EHII)数据库中得到的结果也与前面讨论的模式基本相一致。发展中国家的平均基尼系数在 20 世纪 80 年代几乎没有变化,但在 90 年代从 1990 年的 42.5 上升到 1999 年的 47.0,2002 年又降至 46.5(可获取的最新数据)。[①] 在 20 世纪 90 年代初,62%的国家不平等程度有所上升,这个比例在 1993—1999 年降至 55%,在 1999—2002 年降至 49%,变化区域与前述大致一致。最主要的区别在于,家庭收入不平等估计(EHII)揭示了中东和北非地区的不平等程度显著上升(7 个基尼点),但家庭调查所得的结果中没有出现这种情况。

接下来,我们将简要回顾发展中国家各个地区不平等变化的相关文献,同时我们将深入探讨巴西、中国、印度、印度尼西亚和南非的具体情况。

9.4.2.1 东亚和太平洋地区

研究东亚和太平洋地区的不平等现象,主要基于该地区 8 个国家的信息,因为这 8 个国家的人口总量占该地区总人口的 96%。这些国家分别是柬埔寨、中国、印度尼西亚、老挝、马来西亚、菲律宾、泰国和越南。斐济、密克罗尼西亚联邦、蒙古和东帝汶等国的信息较为零散。基里巴斯、朝鲜、韩国、马绍尔群岛、缅甸、帕劳、巴布亚新几内亚、萨摩亚、所罗门群岛、汤加、图瓦卢和瓦努阿图等地区的信息,要么缺失,要么不足。

图 9.10 中东亚和太平洋地区消费基尼系数的非加权平均值小幅上升掩盖了各国之间的重要差异(ADB,2012;Chusseau and Hellier,2012;Ravallion and Chen,2007;Sharma et al.,2011;Solt,2009;Zin,2005)。20 世纪 90 年代,除泰国和马来西亚外,亚洲多数经济体的消费不平等加剧,这一增长在中国尤为明显,在那 10 年里,中国的基尼系数上升了 7 个百分点。21 世纪第一个 10 年,各国的变化趋势各有不同,中国、老挝、印度尼西亚和马来西亚的不平

---

① 计算的是该时期不平衡处于下降趋势的国家,这些国家很少受到关注。

等程度持续上升,但有证据表明,柬埔寨、菲律宾、泰国和越南的消费不平等程度有所下降。

从总体上来看,在这 20 年间,东亚和太平洋地区国家不平等程度持续上升(中国、印度尼西亚、老挝),在这些国家中,不平等现象具有周期性,在 2010 年达到与 1990 年(柬埔寨、马来西亚、菲律宾和越南)相似的程度。此外,只有一个成功降低消费不平等程度的案例——泰国,其基尼系数的下降幅度超过了 5 个百分点——20 年里从 45.3% 降至 39.4%。许多作者强调,包括基础教育和卫生在内的普遍社会政策是导致这一下降的重要因素(Jomo and Baudot,2007)。

在东亚和太平洋地区国家不平等现象中,可能令人印象最深的是该地区两个人口最多的国家——中国和印度尼西亚的不平等程度大幅上升:20 年里,印度尼西亚的基尼系数上升了 5 个百分点,中国则上升了超过 10 个百分点。这种情况一般发生在人口高增长和贫困减少的条件下,其中最显著的是中国。Sharma 等(2011)总结了这些变化背后的主要因素:(1)国内经济活动从农业向工业和服务业转移;(2)对技能的需求不断增长导致技能溢价上升以及技术工人的移民;(3)中等和高等教育中受教育程度的不平等加剧;(4)缺乏将城市地区与农村地区联系起来的基础设施以及存在其他劳工流动障碍。

中国

1978 年以来,中国实施了市场化改革,国内生产总值年均增长率接近 10%,家庭人均年收入年均增长 7% 以上。同时,中国不平等和贫困状况也发生着重大变化,中国成功实现了绝对贫困的减少(Minoiu and Reddy,2008;Ravallion and Chen,2007,2008;World Bank,2009)。

Ravallion 和 Chen(2007)及 World Bank(2009)报告,从 20 世纪 80 年代中期到 1994 年,中国的收入不平等程度持续上升,随后在 20 世纪 90 年代末略有下降,此后又逐渐上升。在 21 世纪第一个 10 年,城乡收入差距不断扩大和随着城镇居民房地产市场的发展、股票和资本市场的扩张、私营企业的增长以及其他产权所带来的资产收入的增加,导致了收入不平等的加剧(Li et al.,2013)。

中国存在的大部分收入不平等主要是因为城乡收入水平差异。经济增长主要集中在城市,这就在就业和收入方面造成了城乡差距,而沿海城市的快速发展更加剧了这种状况。值得一提的是,中国农村地区的相对不平等程度高于城市地区,这与大多数发展中国家明显不同。然而,随着时间的推移,城市中不平等现象加剧的趋势趋于一致。

印度尼西亚

在 1997—1998 年亚洲金融危机之前的 30 年中,印度尼西亚的国内生产总值年均增长率为 7%。印度尼西亚的经济发展并不顺利,经历了不同的阶段,也进行了一些较大的结构性改革。尽管研究数据存在问题,但学者们认为,1976—1997 年,贫困率有所下降。与此同时,印度尼西亚的整体消费不平等状况并没有改变,直到 20 世纪 80 年代后期,不平等程度开始上升,而这是由城市收入差距不断扩大所致。Alatas 和 Bourguignon(2000)分析了消费不平等的加剧及其相关的收入结构变化、职业选择变化和社会人口结构变化。他们发现,出现这种情况的主要原因是人们从农村向城市流动和非农就业工作的增加。消费不平等程度的上升也有一部分被农村收入差距的缩小所抵消(Cameron,2002)。Alatas 和 Bourguignon(2000)发现 1980—1996 年,土地规模的回报率有所下降。而农村非农收入的就业机会也导致了农村不平等程度的下降。

印度尼西亚遭受 1997—1998 年之金融危机的严重影响,国内生产总值下降了 15%,不平等现象随之急剧减少,贫困加剧。Skoufias 和 Suryahadi(2000)发现,这种情况可能是由地区不平等程度的下降造成的。城市地区(往往比邻近的农村更加富裕)受到的影响更为严重,尤其是城市中产阶级,他们失去了自己正规的工作岗位。金融危机同时还降低了家庭人均开支,更贫困人口降低家庭人均开支的百分比较不贫困人口要小。自 2001 年以来,随着权力下放给地方当局,消费不平等也不断加剧。Miranti 等(2013)认为,近期不平等程度的上升可能与非正规部门就业人员的比例较高(70%)有关,这些劳动者不在最低工资法案或就业保护政策的覆盖范围内。

9.4.2.2 东欧和中亚

东欧国家的经济体制从中央计划经济转变到市场经济对社会经济产生了深厚的影响,得益于新政府在信息收集与发布方面的改进,这些影响得以更充分地被记录下来(相对于几十年前)(Milanovic,1998)。[1] 苏联解体之后,几乎所有国家的不平等现象都大幅增加。[2] 根据 PovcalNet 的数据,人均消费支出的平均基尼系数从 1990 年的 26.4 上升到 1996 年的 31.9。20 世纪 90 年代初,在欧洲东南部的国家,该数据的上升尤为显著,而欧盟国家的这一趋势稍温和一些,该发展态势与私有化进程有关,私有化意味着与国有企业的压制工资结构相比,收入差距有所扩大。计划经济的一个主要特征是实行工资等级制,这一制度强制压缩了工资差距;而从工资等级制下的工资设定快速转变为监管更少的劳动力市场,会引发教育回报率的上升,从而导致不平等加剧。[3][4] 经济自由化也引发了经济部门结构的变化;特别是在转型过程中随之而来的去工业化也与不平等的加剧有关(Birdsall and Nellis,2003;Ferreira,1999;Ivaschenko,2002;Milanovic,1999)。Milanovic 和 Ersado(2010)强调了公用事业中增加关税所起的作用,而 Standing 和 Vaughan-Whitehead(1995)指出,最低工资制度的弱化是导致不平等加剧的关键因素。

在 20 世纪 90 年代初消费收入不平等首次大幅增长之后,20 世纪 90 年代后期,该地区的不平等现象继续加剧,尽管增速有所放缓。在 21 世纪初,该现象更加多样化;一些经济体的不平等程度有所上升,但大多数国家的不平等程度有所下降(World Bank,2005)。21 世纪第一个 10 年末,东欧和中亚地区的平均基尼系数低于 20 世纪 90 年代末,但仍远高于转型前的水平(大约 7 个基尼点)。[5]

---

① 许多数据是关于 1990 年之前捷克斯洛伐克、匈牙利和波兰的家庭月收入的(Atkinson and Micklewright,1992)。
② Milanovic 和 Ersado(2010);Ivaschenko(2002);Ferreira(1999);Milanovic(1998);Cornia(1996);Cornia 和 Reddy(2001);Mitra 和 Yemtsov(2006)。
③ 参考 Fleisher 等(2005)对于 10 个转型经济体的研究以及 Gorodnichenko 和 Sabirianova(2005)对于俄罗斯和乌克兰案例的研究。
④ 例如,匈牙利 1992—2009 年收入前 1%人口的收入占比几乎翻了一番,从 6%—7%上升到 12%。其中一半的增长源于资本的收入,而另一半源于收入的增加(Mosberger,2014)。
⑤ 读者可参阅第 19 章,了解关于造成 OECD 组织中不平等的多种原因的跨国研究调查,其中包括许多东欧国家。

9.4.2.3 拉丁美洲和加勒比地区

所有拉丁美洲国家都会定期开展包括收入问题在内的全国家庭调查,其中一些还调查了消费支出。[①] 相比之下,由于加勒比地区的调查较为分散,信息不易获取,因此该地区的调查情况不佳。事实上,文献和这一节所表现出来的数据趋势都仅适用于拉丁美洲,其人口占拉丁美洲和加勒比地区总人口的 94%。

拉丁美洲在过去的 30 年里经历了两种截然不同的分配模式(De Ferranti et al.,2004;Gasparini et al.,2011a,2011b;IDB,1999;López Calva and Lustig, 2010)。在 20 世纪 80 年代、90 年代以及 21 世纪初的危机中,大多数国家的收入不平等程度都大幅度上升,因此,这些国家的数据可以用来比较。各个年份的家庭人均收入分配的平均基尼系数如下所示:1980 年为 50.1,1986 年为 51.5,1992 年为 51.9,1998 年为 53.0,2002 年为 53.4,呈逐渐上升的趋势(Gasparini et al.,2013)。在那个时期频繁发生的宏观经济危机之所以加剧了不平等,是因为穷人无法免受高通胀和失控的通货膨胀的影响,而实施的调整手段经常伤害穷人和中产阶级的利益(Lustig,1995)。20 世纪 70 年代始于智利的市场化改革在 20 世纪 90 年代时在该地区得到广泛普及,这个改革与日益加剧的不平等有关,然而巴西是一个例外(López Calva and Lustig,2010)。在大多数国家,贸易自由化带来的就业重新分配,以及与经济现代化相关的技能偏向型技术进步,意味着非技术劳动力的需求大幅减少,这导致了不平等现象的加剧。在一些国家,劳动力需求的缩减给非技术工人带来了很大的影响。这些变化都发生在劳动制度薄弱和保障网不健全的背景下,对社会环境造成了多方面的影响(Gasparini and Lustig,2011)。

从 20 世纪 90 年代末开始到 21 世纪初,一些国家的不平等趋势开始下降。家庭人均收入分配的平均基尼系数从 2002 年的 53.4 降至 2008 年的 50.9(Gasparini et al.,2013)。更新后的拉丁美洲和加勒比社会经济数据库和社会指标和统计数据库的统计数据表明,这种下降趋势还在继续。事实上,有证据表明,2002—2013 年,拉丁美洲各经济体的收入不平等程度都有所下降。这种情况可能是由一系列因素共同驱动的,包括促进就业的宏观经济条件有所改善,20 世纪 90 年代改革所带来的不平等现象逐渐减少,基础教育得到广泛普及,劳动机构更加强大,一些国家也从不平等危机中走出来,以及政府支出分配方式更合理,尤其是在转移支付方面。然而,关于近期不平等程度下降的驱动因素的实证证据仍然较少(Cornia,2011;Gasparin and Lustig,2011;López Calva and Lustig,2010)。

巴西

几十年来,巴西一直被视为拉丁美洲不平等程度较高的经济体,在某些排名中甚至是最不平等的经济体。20 世纪 80 年代末,巴西家庭人均收入分配的基尼系数达到了 60 以上。但从那时起,不平等现象开始减少,起初是从 20 世纪 90 年代开始减少,然后在 21 世纪第一个 10 年便大幅度减少[②],到 2011 年,基尼系数达到了前所未有的 52.7,比其他一些拉美经济

[①] 越来越多的对拉丁美洲的调查使得建立数据库成为可能,以此标准化贫困和不平等统计数据,同时可以对该地区的社会和劳动力状况进行密切监测(拉丁美洲和加勒比社会经济数据库由分配、劳动与社会研究中心和世界银行联合创建,联合国加勒比经济委员会则创建了社会指标和统计数据库)。

[②] See Barros 等(2010)、Ferreira 等(2007)、Foguel 和 Azevedo(2007)、Hoffmann(2006)及 Langoni(2005)。

体低了几个百分点(例如洪都拉斯、哥伦比亚、玻利维亚)①。巴西是世界第五大人口大国(截至英文原著出版时),它仍然是一个高度不平等的国家,但它也是一个成功缩小收入差距的国家。

巴西全国家庭调查(普查)的数据显示,20 世纪 70 年代末,其基尼系数下降了 2 个百分点,在 20 世纪 80 年代基本没有出现系统性的变化,直到一场严重的宏观经济危机席卷全国,全国不平等程度达到了前所未有的水平。基尼系数从 1986 年的 59.2 上升到 1989 年的 62.8,并在 1993 年回升至 59.9。在 20 世纪 90 年代,基尼系数下降缓慢,1993 年至 2001 年,仅下降了 1 个百分点。21 世纪第一个 10 年,基尼系数下降速度加快,从 2001 年的 58.8 降至 2011 年的 52.7,平均每年下降 0.6 个百分点。10 年间,巴西人均收入最低的 10% 人口的人均收入年均增长 7%,这几乎是全国平均增长水平的三倍。

Barros 等(2010)深入研究了巴西不平等变化的决定因素,强调造成收入差距缩小的两个直接因素是劳动收入不平等程度的急剧下降和公共转移支付的大幅增加。② 他们发现,劳动收入不平等的减少有一半与过去 10 年发生的教育进步有关,教育的进步显著提高了技术工人和非技术工人的比例。21 世纪第一个 10 年,成年人口的平均受教育年限增长 22%,基于该变量的分布计算出的基尼系数下降了 23%,低于拉丁美洲的平均基尼系数(Cruces et al.,2014)。Barros 等(2010)和 Azevedo 等(2011)运用不同的分析方法发现,教育回报率的下降对收入不平等有相当大的影响,一些研究员还发现空间和产业的劳动力市场分割有所减少。在 2002 年和 2010 年之间,按实值计算的最低工资增加了 68%,这是造成家庭收入不平等下降的重要因素,因为最低工资为非技术工人的收入和社会保障福利设置了底线。

公共转移支付的大量增加是巴西收入不平等程度大幅下降的主要原因(Azevedo et al.,2011;Barros et al.,2010;Alejo et al.,2013;Lustig et al.,2012),主要是由于政府针对贫困群体的现金转移支付覆盖范围的迅速扩大,主要包括面向老年人和残疾人(Benefício de Prestaçaõ Continuada)的持续性福利,以及巴西标志性的有条件的现金转移支付计划——"家庭补助金"(Bolsa Família)。③

9.4.2.4 中东和北非

数据约束限制了对中东和北非的收入分配问题的分析。由于缺乏可获取且具有可比性的家庭调查数据,因此很难确定这些国家的贫困和不平等程度。石油资源丰富的经济体(如巴林、科威特、阿曼、卡塔尔、阿拉伯联合酋长国和沙特阿拉伯)人均收入水平较高,通常在分析发展中国家时,不考虑这些国家。无论如何,这些经济体的收入分配数据很少能获取到。第二组是中等收入国家,是目前人口最多的群体,在这个群体中,黎巴嫩和利比亚没有公开的信息,吉布提、伊拉克、叙利亚只有一个数据点,阿尔及利亚和也门只有部分信息。总而言之,只能追踪埃及、伊朗、约旦、摩洛哥和突尼斯这些国家的贫困和不平等状况随时间的变

---

① 这些数据来源于 SEDLAC(2013),所有获取的信息都表明了巴西的不平等程度呈显著下降趋势。
② 关于 20 世纪 90 年代不平等现象的证据和讨论,可参考 Ferreira 和 Paes de Barros(1999)以及 Ferreira 等(2006)的论述。
③ 参考 Fiszbein 和 Schady(2009)以及 VerasSoares 等(2007)的论述。

化,但即便在这些国家,数据也是分散的,而且往往质量不高。中东和北非要建立一个可靠的、可比较的、可持续的家庭调查和收入分配统计体系,还有很长的路要走。

尽管有这样的限制,一些研究还是发现了这个地区的不平等。[①]一些作者在把过去 40 年划分为三个时期,第一个时期是 1985 年之前,这时候经济快速增长。据 Page(2007)报道,在 20 世纪 70 年代中期到 90 年代早期,收入不平等情况显著减少。[②] PovcalNet 的数据证实了这一点,尽管其下降幅度要小一些。第二个时期是从 20 世纪 80 年代末至 90 年代,该时期经济增速较低,社会收益微薄;实际人均收入年均增长幅度小于 1.5%,而收入分配趋势比较稳定。第三个时期是从 2000 年开始到 2010 年,不平等程度似乎开始下降,尽管下降速度缓慢。根据我们基于 PovcalNet 的数据估计,平均基尼系数从 2002 年的 38.7 降到了 2010 年的 36.8。

Alvaredo 和 Piketty(2014)从地区的角度分析了这个问题,他们的研究显示,不考虑国内差距的不确定性,中东地区整体而言收入不平等程度相当高,这是因为人均国民生产总值的地区不平等性特别大。在合理的假设下,收入前 10% 的家庭可能会超过 60%,而收入前 1% 的家庭可能会超过 25%(美国为 20%,西欧为 9%,南非为 18%)。这些作者得出的结论是,导致公众普遍不满可能反映了一个事实:不平等和(非公平)公平分配是由区域(或全球)不平等所决定的,而不仅仅是由国家不平等决定的。

9.4.2.5 南亚

南亚一直是发展中国家中收入不平等程度较低的地区,尽管自 20 世纪 90 年代初以来,不平等程度不断上升。就拿印度来说,从 1993 年到 2010 年,消费基尼系数从 30.8 升至 33.9。孟加拉国的不平等程度在 20 世纪 80 年代相对较低(1984 年的基尼系数为 26.1),但 20 世纪 90 年代初开始,基尼系数不断上升,到 2010 年升至 32.1。Khan(2008)指出,非农源收入和高度集中的土地使用权,都是导致不平等的因素。农场收入分配比较均衡,然而其被总收入下降的份额所抵消。

学者们对于巴基斯坦的分配变化没有一致的结论;根据 PovcalNet 的数据可得其变化趋势,1990 年、1996 年和 2008 年,其消费基尼系数分别为 33.2、28.7 和 30.0。20 世纪 80 年代的经济高速增长导致了贫困人口的急剧减少,但随之而来的是不平等程度微增。20 世纪 90 年代,经济增速的下降导致了贫困人口的增加,而不平等程度则略有下降。

1985—2007 年,斯里兰卡不平等程度处于上升的趋势(1985 年基尼系数为 32.5,2007 年基尼系数为 40.3)——在自由市场改革时期,该地区与世界接轨,经济不断增长,是基尼系数增幅最高的地区之一——但到 2010 年(基尼系数为 38.3)这一趋势有所逆转,一些矛盾导致不断产生区域性差异。尼泊尔也出现了类似的情况。Gosh(2012)指出,不平等的加剧反映了两个情况:第一,现代工业部门的技能回报,使其纵向不平等程度不断上升;第二,快速增长的工业行业与传统的农业活动之间的差距越来越大。

[①] 参考 Acar 和 Dogruel(2012)、Adams 和 Page(2003)、Bibi 和 Nabli(2010)、Iqbal(2006)、Page(2007)以及 Salehi-Isfahanid(2010)的论述。

[②] 根据 Iqbal(2006),1985 年的家庭调查只针对突尼斯和埃及两个地区。

印度

Chakravarty(1987)认为,即使印度决策者在独立后的 40 年内采取中央计划发展战略,只要该战略不极端,同时可以带动更高的经济增长,对收入不平等是可以忍受的。然而从 20 世纪 80 年代中期开始,印度逐渐采用了市场化的经济改革,改革初期往往采取扩张性财政政策,包括对农村地区的分配,以抵消自由化带来的一些再分配的负面影响。20 世纪 90 年代初,改革的速度加快,改革重点从国家干预转向自由化、私有化和全球化。

在过去的 30 年里,对印度不平等情况的分析都是基于 1983 年、1988 年、1993 年、2004 年、2005 年和 2009 年的对城市和农村地区的支出调查,这些数据展现了改革前和改革后的收入不平等情况。自由化以后,不平等现象显著增加,尤其是在城市地区;但根据估算,自 1983 年以来,绝对贫困程度不断下降。Mazundar(2012)总结了出现这些变化的主要因素:(1)就业和产出增长的领先优势并非由制造业取代,而是由第三产业取代,而第三产业表现出较高的收入不平等;(2)从农业重新分配的大部分劳动力都涌向非正规部门,这些劳动力收入仅仅略高于贫困线;(3)虽然已经建立了许多社会保险方案,但是这些方案带来的实际影响有限,同时还产生了一些不利影响,而只有小规模部门的工人受益,且受益不均;(4)社会部门开支有所增加,但经常受到预算赤字的威胁;(5)多年来推行的教育政策,偏向推行高等教育,忽视基本的小学教育和初中教育。

Banerjee 和 Piketty(2010)从另一个角度研究了高收入人群的税收份额。他们的研究结果表明,印度经济的逐步自由化使得最富有的 1% 人群在总收入中占据更多的份额,从 1980 年的 4.7% 上升到 1999 年的 8.9%。虽然在 20 世纪 80 年代,最富有的 1% 人群都从中获益,但在 20 世纪 90 年代,只有最富有的 0.1% 人群获益。[1]

9.4.2.6 撒哈拉以南非洲

尽管最近对撒哈拉以南非洲地区的家庭调查有许多改善,但长期调查的缺乏降低了该地区收入不平等评估的准确性。大多数撒哈拉以南非洲地区国家严重缺乏关于不平等的时间序列数据,从而阻碍了对该地区趋势的推断。例如,PovcalNet 数据库中缺少一些撒哈拉以南非洲地区国家(赤道几内亚、厄立特里亚、毛里求斯、索马里、津巴布韦)的数据,而对于其中的 13 个国家,拥有 1981—2010 年整个时期数据的只有一个国家。事实上,20 世纪 80 年代,这些国家的调查基本都不可靠,直到 20 世纪 90 年代中期,该地区才开始进行准确的调查。

区域研究的结果比较复杂,既有不平等的增加,也有不平等的减少,这一事实可能反映了该地区的不均衡,但也可能是由国家估算错误(Christiansen et al.,2002;Okojie Shimeles,2006)所致。例如 Bigsten 和 Shimeles(2003)报告说,17 个非洲国家的不平等趋势在短时间内呈现出显著变化,这引起了人们对测算的关注。

现有的证据都证实了撒哈拉以南非洲国家的消费不平等。第一,该地区不平等程度都

---

[1] 作者强调,这些结果可能与 20 世纪 90 年代有关印度增长悖论的争论有关。全国抽样调查(NSS)进行的家庭支出调查显示,20 世纪 90 年代实际人均增长相当有限,与国民账户测算出的快速增长形成鲜明对比。有人认为,这种增长大部分可能已经转移到了富人身上。Banerjee 和 Piketty(2010)得出结论,最高收入只能解释这个疑问的 20%—40%,但仍然有很多无法解释的差异。

很高,这与很长时间以来人们根据类似库兹涅茨模型以及为数不多的数据预测撒哈拉以南非洲地区不平等程度较低的假设形成了鲜明的对比。[①] 第二,在 20 世纪 90 年代和 21 世纪初,该地区的平均不平等程度似乎没有多大变化。来自 PovcalNet 和其他来源的数据表明,不平等趋势呈现出一种缓慢的下行模式;但不管怎样,这些结果都是不确定的。第三,各国在不平等程度和模式上的差异很大,这在一定程度上可能是各种测量误差造成的。很难在这些国家中分析出一个不平等模式的原型,就跟拉丁美洲以及东欧和中亚这些地区的国家一样。此外,少量关于撒哈拉以南非洲地区不平等的文献与这些观察结果是一致的。Go 等(2007)称,在过去的 40 年里,撒哈拉以南非洲地区的高度收入不平等程度一直保持稳定。Okojie 和 Shimeles(2006)强调,撒哈拉以南非洲地区是世界上较不平等的地区,而且这种差距会持续存在。相比之下,Sala-i-Martin 和 Pinkovskiy(2010)则描绘了一种更为乐观的情形:在经济增长期间(1995—2006 年),撒哈拉以南非洲地区不平等程度显著下降。

9.4.3　不平等趋同

如上所述,发展中国家之间存在着不平等趋同的迹象。例如,在 PovcalNet 的样本中,1981 年 20 个最不平等国家的平均基尼系数在后来的 30 年里下降了 11%,而 20 个最平等的经济体的平均基尼系数上升了 58%。Bénabou(1996)在 1970—1990 年从迪宁格(Deininger)和斯奎尔(Squire)数据库中找到关于跨国收入不平等趋同的经验证据,这些证据与新古典增长模型的预测是一致的,这种模型预测了整个收入分配的收敛趋势,而不只有第一时刻的收入分配。[②] Ravallion(2003)使用更新后的数据库也发现了不平等趋同现象:Ravallion(2003)使用的是 PovcalNet 数据库,Bleaney 和 Nishiyama(2003)用的是世界收入不平等数据库,Dandde 和 Miao(2013)用的是 PovcalNet 和世界收入不平等数据库。尽管存在差异,这里是一个典型的不平等趋同研究估计函数:

$$对于 \ t = 2, \cdots, T; i = 1, \cdots, N, G_{it} - G_{i1} = (\alpha + \beta G_{i1})(t - 1) + e_{it}$$

其中,G_{it} 为第 t 年 i 国家的基尼系数,e_{it} 是一个异方差的误差项。参数 β 测量变化与初始基尼系数之间的联系,因此 $\beta < 0$ 表明不平等趋同,可以用基尼系数水平值或对数值来估计模型。在 Bénabou(1996)早期的研究中,发现一个约 30 个国家的小样本的 β 系数为 -0.039,β 的估算值还因数据、时期、时间范围以及回归模型的变化而变化。Ravallion(2003)在 20 世纪 90 年代的估计出来的 β 值为 -0.028,在 1965—1990 年,Bleany 和 Nishiyama(2003)的估计的 β 值为 -0.0125,而 1980—2005 年,Dandde 和 Miao(2013)估计的 β 值为 -0.022,该研究还发现,在较长的时间范围内,初始基尼系数对不平等的影响会逐渐减弱,而且不平等的趋同速度要高于人均收入的趋同速度。

我们在本章中增加了我们自己的估计,利用了在本节使用的 1981—2010 年 76 个国家

[①] 一些研究试图解释撒哈拉以南非洲国家高度不平等带来的意外结果(Milanovic,2003；Moradi and Baten,2005；Okojie and Shimeles,2006；van de Walle,2008)。

[②] Bénabou(1996)的模型可能不是严格意义上的新古典主义模型,因为它涉及市场的不完善和内部的再分配(见本手册第 14 章)。

PovcalNet 数据库数据。表9.8 显示了不同初始年份 α 和 β 的 OLS 和 IVE 估计值[1],在所有的变化中,参数 β 均为负值且显著,这表明了不平等趋同。估计的基尼系数也在文献中估计的范围内。

尽管过去几十年已经确立了不平等趋同的证据,但形成这种模式的原因仍不清楚。如前所述,Bénabou(1996)发现不平等趋同的证据和增长模型的框架是一致的。Ravallion (2003)的研究表明,1990 年社会主义计划经济变得更加市场化,非社会主义经济体采取了市场改革,这种政策和制度融合,造成了无条件不平等趋同。

表 9.8　不平等趋同基尼系数变化模型

变量	初始年 1981 年			初始年 1990 年		
	截距(α)	斜率(β)	R^2	截距(α)	斜率(β)	R^2
基尼系数						
OLS 模型	1.098*** (18.90)	−0.026*** (20.38)	0.49	0.908*** (11.20)	−0.023*** (10.97)	0.35
IVE 模型	1.271*** (17.91)	−0.031*** (17.61)	0.47	0.855*** (9.83)	−0.021*** (9.90)	0.35
差值	0.173	−0.005		−0.053	0.002	
豪斯曼检验	(4.26)***	(4.03)***		(1.69)**	(2.61)***	
基尼系数对数						
OLS 模型	0.118*** (28.41)	−0.032*** (28.11)	0.65	0.105*** (15.53)	−0.029*** (15.14)	0.27
IVE 模型	0.135*** (25.79)	−0.037*** (24.75)	0.63	0.104*** (14.07)	−0.028*** (13.66)	0.27
差值	0.017	−0.005		−0.001	0.001	
豪斯曼检验	(5.30)***	(5.01)***		(0.49)	(0.48)	

注:括号里是稳健 t 统计量;** 表示在 5% 的水平上显著;*** 表示在 1% 的水平上显著;采用了异方差一致的协方差矩阵估计(HCL)。IVE 模型是使用初始值作为第二次调查衡量不平等的工具。第一组的观测数据是 456 个,第二组是 281 个。

9.4.4　绝对不平等

尽管相对不平等一直是发展经济学中实证研究的首选概念,但绝对不平等的观点还是有一定吸引力的(Amiel and Cowell,1999;Atkinson and Brandolini,2004)。有趣的是,在过去的几十年里,这两个概念在发展中国家有着不同的发展趋势。[2] 大多数国家在经济增长的同时,相对不平等程度并没有下降,这意味着绝对收入差距的扩大。20 年来,各个国家收入最高 10% 与收入最低 10% 的人均月消费的绝对差额有所增加,从 1990 年的 415 美元(购买力平价调整后)上升到 2002 年的 497 美元,2010 年为 646 美元,样本国家中超过 90% 的国家 2010 年的绝对差额比 1990 年高。

---

[1] Caselli 等(1996)以及 Dhongde 和 Miao(2013)讨论了 OLS 模型中可能出现的偏差。但是,在 IVE 模型中,用于校正测量误差的工具可能本身就存在测量误差。

[2] 参考 Atkinson 和 Lugo(2010)对坦桑尼亚的分析。

如图 9.11 为发展中国家近期的绝对和相对不平等趋势对比。在 20 世纪 80 年代末和 20 世纪 90 年代初,相对不平等程度有所上升,但由于平均收入减少,绝对不平等程度有所下降。自 20 世纪 90 年代中期以来,发展中国家经历了绝对不平等程度的大幅上升,尽管在 21 世纪第一个 10 年采取了一些措施缩小了相对差距,但不足以缩小在经济增长情况下的绝对差距,因此,Ravallion(2004)认为,世界范围内的不平等是否加剧或缓解在一定程度上取决于国家如何看待绝对不平等和相对不平等的重要性。

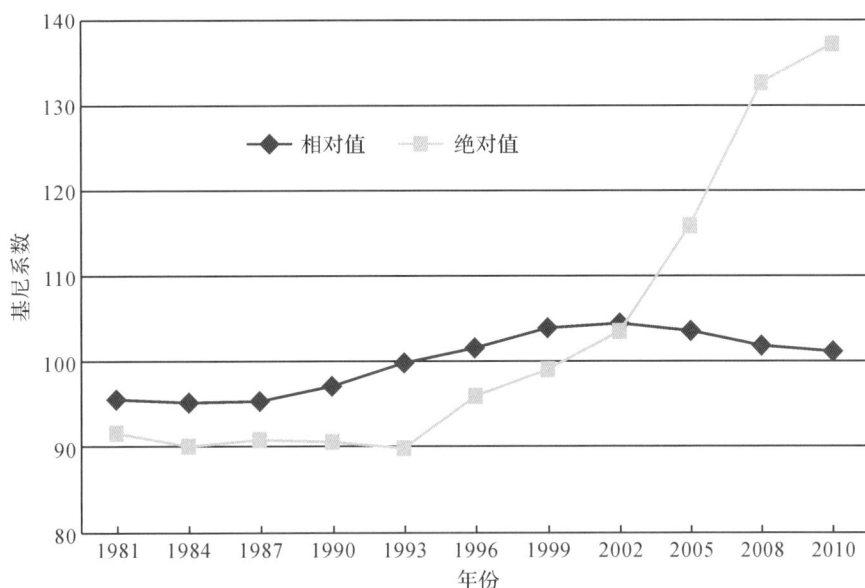

图 9.11　1981—2010 年发展中国家绝对不平等和相对不平等的基尼系数
注:归一化为 100 = 1981—2010 年的平均值。基尼系数是根据家庭人均消费分布计算出来的。
数据来源:根据 PovcalNet(2013)估算。

9.4.5　总福利

衡量一个国家的经济运行的方法是衡量该国的人均收入或产出。然而,只有当评估者使用的福利函数是效用主义的,这种方法才有用。除了这种特例,衡量社会总福利不仅可以通过人均收入,还可以利用收入分配的其他因素,尤其是该国的不平等程度。尽管社会福利函数一般没有固定形式,这是因为它取决于分析人员的价值判断,在文献中社会福利函数通常使用匿名的满足帕累托分布、对称的和拟凹的函数。为了简单起见,我们参考了由 Sen (1976)提出的简化福利函数, $W_S = \mu(1 - G)$,其中 μ 是分布的均值,G 是基尼系数。图 9.12 是发展中国家在 1990—2010 年 W_S 的未加权平均数,该数值是根据住户调查数据计算得出的。总之,总福利根据人均消费的变化而变化,20 世纪 90 年代初期不平等的加剧使平均消费下降(主要是由于东欧和中亚国家经济疲软),福利下降大约 15%。从 1993 年到 2002 年,平均消费上涨,而基尼系数上升,两者相抵消,福利大致保持不变。21 世纪第一个 10 年,平均消费强劲增长,不平等程度有所下降,从而,2002—2010 年总福利增长了 40%。据此,发展中国家 2010 年的平均总福利比 1990 年的平均总福利高 22%,每年增长大约 1%。

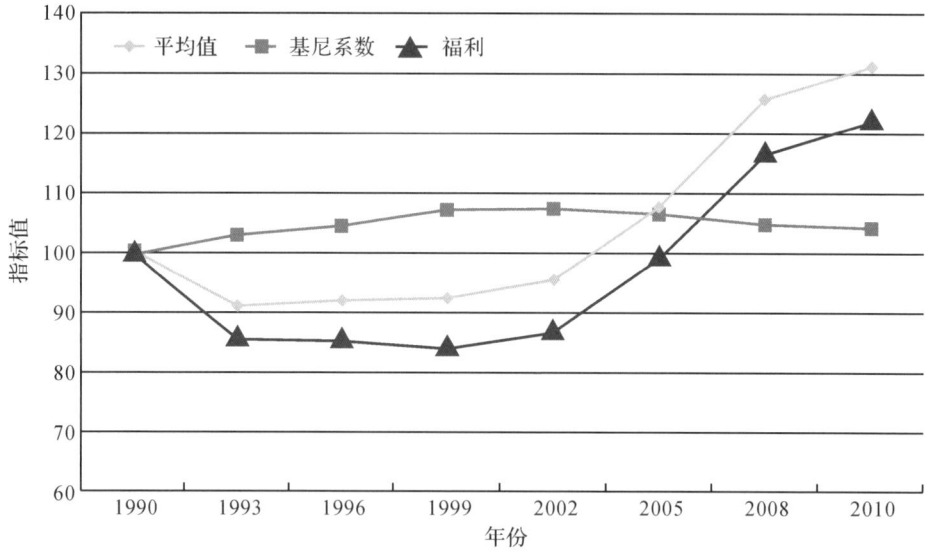

图 9. 12　总福利[Sen(1976)的福利函数,1981—2010 年发展中国家未加权平均数]

注:归一化为 100=1990 年的值。

数据来源:根据 PovcalNet(2013)估算。

　　福利计算中有必要对平均收入和不平等程度进行估算,这两个参数最好来源相同,一般通过家庭调查得出,这也是我们一直以来的做法。有些作者采取了不同的方法,将平均收入与国民经济核算中的变量挂钩,如人均国内生产总值或家庭总消费支出,而出于多种原因,住户调查的平均收入变化趋势显著不同于人均国内生产总值的变化(Anand and Segal,2008;Deaton,2003,2005),有些不同是本身就存在的,因为人均收入和国内生产总值是两个不同的概念,还有些不同是存在于家庭调查和国民账户中的测量误差。一些作者使用了这两种不同的数据来源,而其存在的不一致性也导致了不同,使用这两种数据来源主要是为了:(i)避免和国民账户数据的典型增长类型以及发展文献中的所述不一致。(ii)可以减少家庭调查中的漏报问题。(iii)避免一些国家多年来无法进行家庭调查的问题(Ahluwalia et al.,1979;Bhalla,2002;Bourguignon and Morrison,2002;Sala-i-Martin,2006)。

　　图 9.13 显示了发展中国家未加权平均总福利,通过替代平均收入变量计算得出。根据这些估算,1990—2010 年,根据家庭调查人均消费得出发展中国家的平均福利每年增长 1%,使用世界发展指数(WDI)的人均国民总收入,平均福利每年增长 1.6%,而使用佩恩表(PWI)的人均国内生产总值,平均福利则是 2.1%(PWI,Heston et al.,2012)。[①] 计算出来的差异令人担忧,因此要明白数据来源的差距,进而缩小这些差距。

[①] 实际上,这种差异是源于 20 世纪 90 年代国民经济核算记录的增长比家庭调查的结果要高,而 21 世纪第一个 10 年的结果相反。例如,虽然 2008—2010 年人均国内生产总值略有下降,但家庭调查的平均消费年均增长 2%。

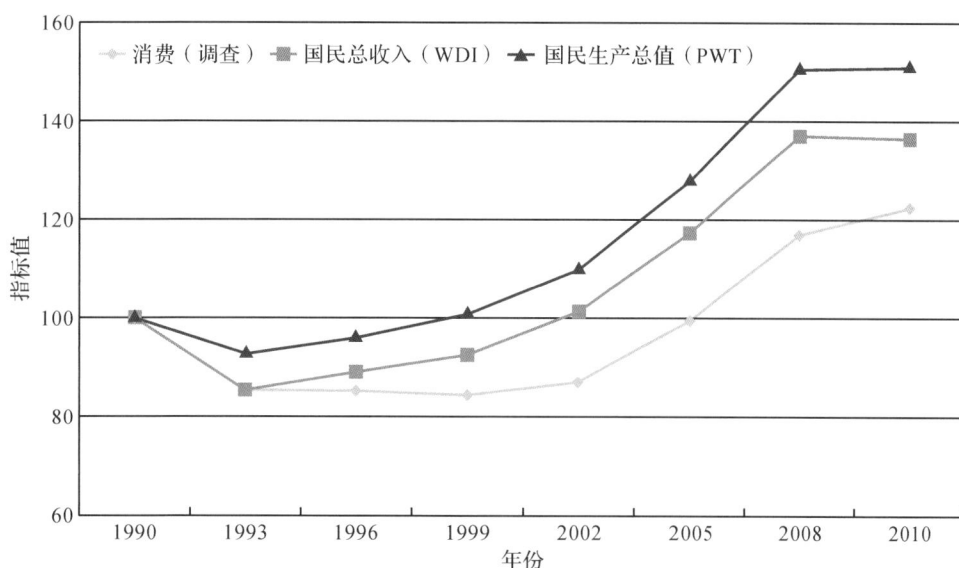

图 9.13　总福利和平均收入的变化趋势[Sen(1976)的福利函数,1990—2010 年发展中国家未加权平均数]

注:平均收入和人均消费(PovcalNet)、人均国民总收入(WDI)以及人均国内生产总值(PWT)相关。

数据来源:基于 PovcalNet(2013)、WDI、PWT 估算。

由于一些大国经济运行情况较好,人口加权的平均福利增长率更高。[①] 使用家庭调查数据可得,1990—2010 年的增长率为 2.3%,将平均收入与世界发展指数的人均国民总收入挂钩的增长率为 3%,使用佩恩表得出的增长率为 3.3%。

9.4.6　税收记录的变化趋势

在撰写本手册时(2014 年),世界最高收入数据库(WTID)估算了少数发展中国家(阿根廷、哥伦比亚、印度、马来西亚、毛里求斯、乌拉圭和南非)最高收入的税收份额。[②] 正在进行的研究分析了巴西、智利和厄瓜多尔这几个国家过去几十年间的案例。而这方面的数据仍然较少,因为这个研究项目最近才在发展中国家实施,而且还缺乏税收数据。

图 9.14 给出了 6 个发展中国家最高 1%收入份额的结果,以及各国的基尼系数。其中,几点值得一提。首先,两个数据来源不能直接进行比较,我们在 9.3 节已经讨论过其原因。此外,分析单位一般都不匹配。其次,与第 8 章发达国家中讨论的情况相比,这些国家在发展水平和动态方面都不一致。要知道,各国税收体系的差异决定了各国的收入不同,这一点我们一定要铭记于心。第三,Leigh(2007)分析了 13 个发达国家的情况,发现最高收入份额和更大多数不平等措施之间存在一种牢固而显著的关系,他得出结论:"当收入分配措施效果

---

① 一些作者计算了全球福利,却忽略了国家之间的不同。有证据表明,发展中国家在过去几十年的总福利有所增加(Atkinson and Brandolini,2010;Pinkovskiy,2013;Pinkovskiy and Sala-i-Martin,2009)。

② 可以从 WTID 知道中国(1986—2003 年)和印度尼西亚(1982—2004 年)的情况,这是基于家庭调查而不是税务记录得出。最高收入份额估值低于大多数平均主义的发达国家,因而人们更加不信任这种方法。中国的上升趋势较为强劲,可以作为衡量最高收入份额的真实的动态指标。Piketty 和 Qian(2010)指出,其间最高收入急剧增长,这与 9.4 节所讨论的是一致的。最高 10%收入群体的占比从 1986 年的 17%上升到 2003 年的 28%,超过 60%。1986—2001 年,最高 1%收入群体的占比由 1968 年的 2.6%上升至 2003 年的 5.9%。

较差或不可用时,最高收入份额也可以用来衡量不平等程度。"

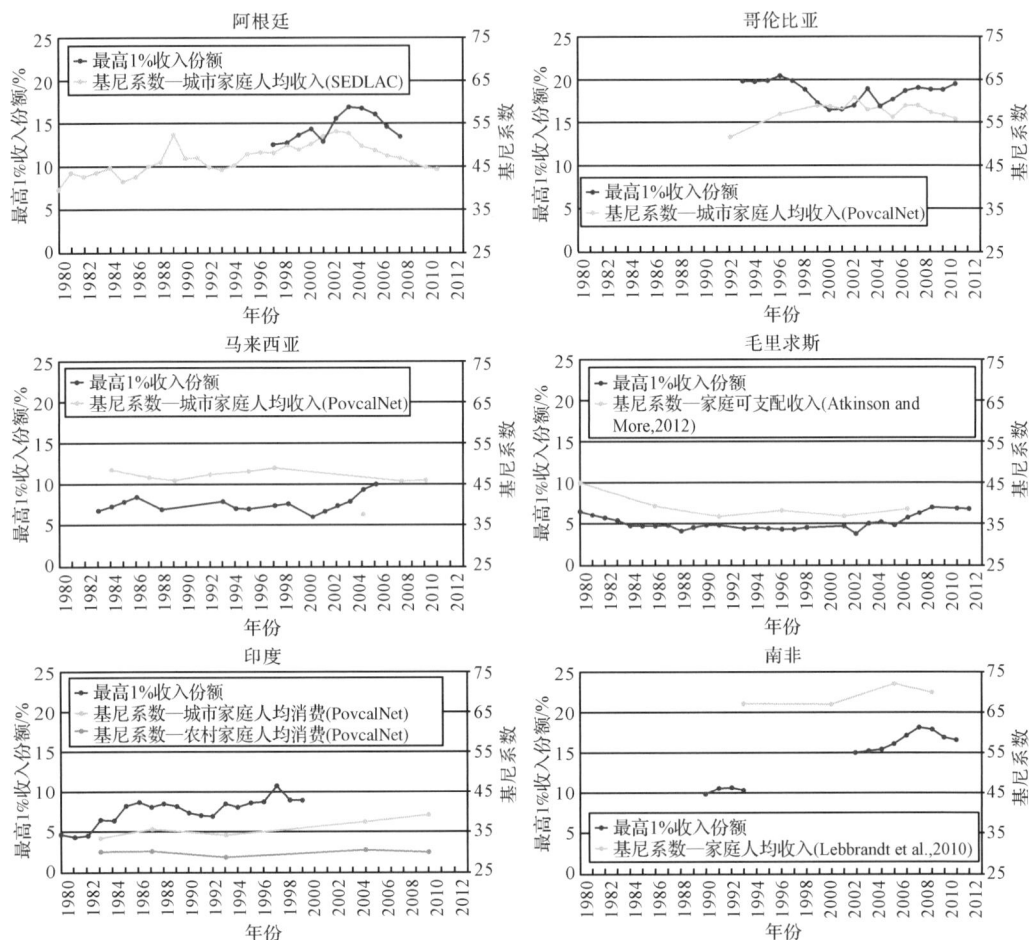

图 9.14 阿根廷、哥伦比亚、马来西亚、毛里求斯、印度和南非最高 1% 收入份额和基尼系数

注:2004 年马来西亚的基尼系数为异常值。

数据来源:基于世界最高收入数据库和 PovcalNet 估算。

图 9.14 显示的情况有的和 Leigh(2007)的分析一致,有的则不一致。例如,哥伦比亚的基尼系数变化趋势和最高 1% 收入份额趋势非常不同,但毛里求斯的则非常相似。最高收入占比和应对不平等的措施清晰地表现出了不同的变化趋势。最高收入是影响不平等变化的主要因素,而调查数据没有最高收入的具体信息,这时就会产生一些问题。

9.4.7 不平等变化的原因

解释收入分配变化是一项非常困难和具有挑战性的任务,这不在本章的讨论范围内。这一节,我们简要回顾一些研究收入分配变化因素的方法,主要阐述发展中国家的结果。[①]当然,该研究已经取得了一些进展,但是文献中的结论仍是众多假设的拼凑,没有确凿的实证。此外,各国收入分配变化的因素及实际影响各不同。

---

① Bourguignon 等(2008a,2008b)和 Ferreira(2010)不平等决定因素研究是极好的参考例子。

分解法是用来描述收入分配变化最广泛的方法之一。通常,估算收入模型,模拟反事实分布调整估算收入模型的变量(如参数或可观测因素的分布),同时保持其余部分不变。实际分布和模拟分布之间的差异反映了该研究中第一轮变化的局部均衡影响。[①] 该方法形成的是完全反事实分布,因此可以研究出收入分配的不同的影响。这些分解方法通常用来研究教育收益率、人口统计、部门、职业和教育的人口构成以及劳动和社会政策改变所带来的影响。这些分解方法不允许鉴别因果效应,也不考虑平衡不一致和路径依赖的常见问题。尽管如此,这些类型研究更加充分证明了一些决定分配变化的因素,因此可以确定研究的重点方向。

理想情况下,应该在一个均衡框架下研究收入分配变化,收入分配变化源于复杂的过程,这个过程涉及经济的各类影响和相互作用。可计算一般均衡模型可以用来研究发展中国家收入分配的变化。然而,这些研究主要依赖一些变化的参数和函数以及简化假设。最近宏观—微观方法把可计算一般均衡模型(宏观)与微观模拟(微观)结合在一起。可计算一般均衡模型可以评估策略选项的一致性,但是缺乏分析分配问题的分解方法,而这一点是由微观模拟提供的。该方法的宏观和微观部分通过就业水平、工资率这类汇总变量联系在一起,汇总变量由可计算一般均衡模型产生,是微观模拟的输入部分(Bourguignon and Bussolo, 2012;Bourguignon et al. ,2008a,2008b)。在另一种方法中,研究者并没有建立一个完整的可计算一般均衡模型,他们主要用了一组观测的外生变量(如关税税率的变化)和一组层级变量(如行业技能工资溢价)的简化关系,作为微观模拟的输入部分。[②]

另外一类不同的研究角度是利用跨国回归估计,一般采用的是面板数据,研究总体不平等的综合测度(例如基尼系数)与各种潜在因素间的关系(例如 Anderson,2005;Li et al. ,1998)。因此,这种方法存在很多内生性问题,可以描述变量间的相关性,但不能准确地分析因果关系。

大多数研究采取的是比较保守但更有成效的方法,侧重于特定冲击和政策变动的局部均衡影响,根据冲击/政策的特点和数据变量使用了不同的识别策略。这些方法的例子有:(1)供需方法,通过控制相对供应量来研究贸易、技术或其他因素对技术工人和非技术工人的相对工资的影响;(2)成本函数方法,通过成本函数来估计几个指标对技术工人工资总额占比的影响;(3)规定工资回归。[③] 进行随机分配实验的话,因果联系就会更加明确。例如,墨西哥"进步"项目的实施最初是通过随机处理和控制农村村庄,这一项目就得到了严格的影响评估。Todd 和 Wolpin(2006)利用这一方法研究出了一种完整的行为结构模型,这一模型包括教育、生育和劳动力供应决策,这也可以用来模拟政策和冲击对收入分配的影响。[④]

对发展中国家的收入分配分析主要是分析劳动力市场以及公共和私人转移支付,而不

[①] 参考 Bourguignon 等(2005)、Barros 等(2006)和 Bourguignon 等(2008a,2008b)方法;Bourguignon 等(2005)研究了亚洲和拉丁美洲的情况;Inchauste 等(2012)最近调查了孟加拉国、秘鲁和泰国的减贫进程。Fortin 等(2011)和 Essama-Nssah(2012)对分解法方面的经济文献进行了综述。

[②] Ferreira 等(2010)采用这种方法来估计贸易自由化对巴西工资和家庭收入分配的影响。

[③] 见 Anderson(2005)。

[④] 另见 Parker 和 Skoufias(2001)以及 Gertler(2004)对墨西哥有条件现金转移支付方案影响的评估研究。

考虑资本、地租和企业利润等收入来源的作用。不考虑这些因素主要是由于家庭调查不能准确地调查出收入来源。[1] 例如,这一缺陷严重阻碍了自然资源开发对不平等的影响的研究,这是几个发展中国家讨论的话题。[2] 大多数的研究仅限于分析劳动力市场里的几个特定指标,比如技术工人和非技术工人之间的工资差距(工资溢价)或者教育回报率。例如,Bourguignon 等(2005)的研究表明,20 世纪 90 年代,教育回报率的提高是导致东亚和拉丁美洲不平等加剧的主要因素。

在接下来的内容中,我们将回顾一些关于最近导致不平等变化的因素研究。

增长与发展。如 9.3.5 所示,在不同国家间,不平等与发展(如人均国民总收入)之间存在显著的负相关关系。据此,Ferreira 和 Ravallion(2009)得出结论,"高度不平等是不发达国家的特征之一"。但是,难以确定不平等与发展的短期关系或中期关系。近几十年来,也没有证据表明经济增长率与不平等变化之间存在显著的相关性(Dollar and Kraay,2002;Ferreira and Ravallion,2009;Ravallion,2001;Ravallion and Chen,1997)。[3] 例如,Ravallion(2007)分析了 1980—2000 年 80 个国家的 290 个案例,发现基尼系数对数变化与家庭调查计算得出的平均收入对数变化之间的相关系数在 10% 水平上不显著。分析 PovcalNet 近期数据可以得出同样的结论,我们使用了 1981—2010 年的 473 个期间数据,发现两者的相关系数为 -0.0094,且不显著。将样本限制到 1990 年以后或者 2000 年以后,或者使用更长的考察期间时,也产生了同样的结果。[4] 数据显示,无论是不断增长的经济体还是紧缩的经济体,不平等程度都会有增也有减,增减频率趋于平衡。在过去的几十年里,发展中国家的经济增长平均而言对不平等没有影响。[5]

全球化。最近公众和学术界关于不平等变化的讨论都涉及全球化的兴起。近几十年来,大多数发展中国家积极参与国际贸易、资本市场流动和对外直接投资。将这些变化与不平等联系起来的理论分析众多而复杂,这说明还没有结论性的实证研究结果(Anderson,2005;Goldberg and Pavcnik,2007;Harrison et al. ,2011;Rama,2003;Winters et al. ,2004;Wood,1997)。尽管发展中国家不平等受全球化影响的横向研究结论还不确定,但是把各个国家拆分成个体或小组进行的纵向分析发现,对外开放和对技术劳动力的相对需求之间存在正相关关系(Anderson,2005;Chusseau and Hellier,2012;Goldberg and Pavcnik,2007;Harrison et al. ,2011)。贸易的开放可能会在各种方面影响收入分配。传统的斯托尔珀—萨缪尔森定理预测,由于发展中国家缺乏技术劳动力,其技术溢价会下降。然而,这一预测似乎并未得到证实(Feenstra,2008;Goldberg and Pavcnik,2007)。尽管一些研究把不平等变化归于一些非贸易因素,如技能偏向型技术进步和劳动力制度,但近些年来探讨了一些新的机制,贸易可

---

[1] 例如,根据拉丁美洲和加勒比社会经济数据库的数据,2010 年拉丁美洲平均劳动收入在家庭总收入中占 82.3%,转移支付(包括养老金)占 13.9%,其余来源仅占 3.8%。

[2] 参考 Caselli 和 Michaels(2013)。

[3] 相关文献里没有具有纵向数据的库兹涅茨曲线(Fields,2002;Hellier and Lambrecht,2012)。

[4] 当把实际人均国内生产总值(佩恩表)或人均国民总收入(世界发展指标)作为衡量增长的指标时,其相关系数是负值,显著性水平不是很高。

[5] Ravallion(2004)认为,经济增长与相对不平等的加剧没有关联,但与绝对不平等相关,"富"与"贫"之间的这种绝对不平等差距的扩大,会使人们产生经济增长过程不平等的感知。

以通过这些机制导致收入不平等,包括异构公司和谈判、任务贸易、劳资摩擦和不完全契约(Harrison et al. ,2011)。此外,发展中国家之间的竞争可能会加剧与低收入经济体竞争的中等收入国家(如拉丁美洲)的不平等。[①] 同时,随着新兴国家进入世界市场,发展中世界的规模越来越大,世界非技术劳动力随之增加,从而导致收入不平等。研究发现,全球化对收入分配的影响机制因国家、时期和具体情况的不同而不同,因此需要结合其他同期进行的政策改革来判断贸易自由化所带来的影响(Goldberg and Pavcnik,2007)。此外,由于各种限制,该研究主要关注的是全球化与收入分配之间的静态联系,这种联系通常源于相对价格变动和工资变动,而没有探讨从贸易到增长,再到贫穷和不平等的动态的、不那么直接的联系。

技术和教育。在发达国家,一般认为是技能偏向型技术变革导致不平等的增加。技术变革,例如计算机的使用,增加了对技术工人的相对需求,从而推高了技能溢价。这个假设也存在于发展中国家,全球化促进了北方的技能密集型技术的转移,加快了资本货物的进口,这与技术工人的互补性很强(Conte and Vivarelli,2007)。一些研究发现,这种能促进技术转移的开放模式会加剧新兴国家的不平等(Conte and Vivarelli,2007)。工资溢价及技能溢价的增加可能是暂时的,因为引进新技术需要一个过渡期,该时期公司会聘用技术工人来让公司适应新的技术(Helpman and Trajtenberg,1998;Pissarides,1997)。实证研究通常会反映出改革所带来的短期和中期影响,而没有反映出其长期影响。21 世纪第一个 10 年,发展中国家的不平等程度普遍下降,可能是因为许多国家在 20 世纪 90 年代的自由化改革和技术冲击的初始不平等化影响的逐渐消失。

根据 Tinbergen(1975)的教育和技术竞赛理论,提高教育水平可能会抵消技术变革带来的影响。[②] 事实上, 在过去几十年中, 发展中国家的教育水平快速提升,从而减轻了导致增加工资溢价的其他因素的影响。[③] 然而,教育与收入不平等之间的关系没有这么简单,考虑到教育有回报凸性的特征,即使是学校教育的均衡增加,也可能导致收入分配不平等。Bourguignon 等(2005)将这一现象称为"进步的悖论",即教育进步反而会加剧不平等。[④]

市场改革。一些发展中国家在过去几十年里实行了市场改革,减少了很多规定并对企业进行了私有化。典型的例子包括东欧和中亚曾经实行社会主义计划经济的国家,一些非洲和亚洲国家的经济体制也从计划经济转变为了市场经济。有证据表明,经济转型时期的不平等程度明显上升,这种激增与私有化进程有关,与紧缩的国有企业的工资结构相比,私有化会拉大收入差距,制度改革和管制革新加剧了产品市场和要素市场的竞争,降低了劳动力的议价能力。[⑤] 其他非社会主义经济体也采取了市场化的改革措施,Ravallion(2003)认为,在某些情况下(如巴西),改革前的管理措施有利于富人,不平等程度也居高不下,而改革有助于降低不平等程度,另一些国家(例如印度)采取的管理措施(和改革方式)产生了相反

---

① 一般认为,拉丁美洲是自然资源相对丰富的地区,从而导致了不平等增加,而亚洲国家刚开始自由化时非技术劳动相对较多(Wood,1997)。
② Tinbergen(1975)认为,技术进步提升技能,普及教育提供技能,收入不平等发生变化便是这两者"竞赛"的结果。
③ 参考 Gasparini 等(2011a,2011b)关于拉丁美洲的研究。
④ 普及教育之后,不平等程度也可能会上升,因为在教育水平较高的情况下,工资差距更大(Alejo,2012)。
⑤ 参考 Cornia(1996)、Milanovic(1998)、Ferreira(1999)、Cornia 和 Reddy(2001)以及 Milanovic 和 Ersado(2010)。

的效果。

财政政策和社会政策。发展中国家税收水平相对较低且过度依赖累退性税收手段，转移支付的覆盖面较窄且效益较低（World Bank，2006a，2006b）。这种结构限制了财政政策的再分配，在某些情况下甚至扩大了市场收入差距。① 发达经济体的平均税率超过国内生产总值的 30％，而发展中经济体（不包括欧洲的新兴国家）的比例一般在国内生产总值的 15％——20％（Bastagli et al.，2012）。发展中国家税收不仅比发达国家低，而且更具累退性。征收更多的累进税是一项困难的事情，因为有大量的自我雇佣和非正规部门，这妨碍了税务机构去核实纳税人的收入和资产。在支出方面，大多数发展中国家的社会支出相对较低，社会保险计划的参与者仅限于正规部门的高收入工人和公共部门职员②，由此财政政策的再分配影响微乎其微。例如，Goñi 等（2008）和 Lustig（2012）发现，拉丁美洲的税收和转移支付制度导致基尼系数下降了 2 个百分点，与推测的 15 个欧洲经济体下降 20 个百分点相比，这种影响几乎可以忽略不计。

自 20 世纪 90 年代中期以来，出现了一些好转的迹象，特别是在社会政策的普及和精准性方面。最近有条件现金转移支付项目（CCTs）的大量推广表明，这可能是发展中国家提高公共开支对分配影响的一个可行的方法。有条件现金转移支付项目通常将收入转移到贫困家庭，前提是这些家庭为提升子女的教育和健康水平对人力资本进行投资。尽管该项目普及规模较小，但在许多发展中国家，包括一些撒哈拉以南非洲国家，已经将该项目付诸实践（Fiszbein and Schady，2009；Garcia and Moore，2012）。在拉丁美洲国家，有条件现金转移支付项目特别受欢迎：到 2010 年，有 18 个拉丁美洲和加勒比地区国家实施了该项目，普及人口占拉丁美洲国家总人口的 20％，平均支出占国内生产总值的 0.40％（Cruces and Gasparini，2012）。Soares 等（2009）预测，巴西和墨西哥实施了该项目后，可支配收入的基尼系数将下降2.7 个百分点，在 20 世纪 90 年代中期至 21 世纪第一个 10 年中期，这一数据占基尼系数下降的五分之一。

宏观经济危机。近期（撰写本手册时）宏观经济危机规模较大，收入分配受到了一定的影响。银行出现危机，股市和房地产市场崩溃，国内生产总值受到冲击，这些都对收入分配都产生了巨大影响。Atkinson 和 Morelli（2011）发表了第一篇从经验、历史和全球的角度来分析该问题的论文，他们研究了经济危机对不平等的影响以及不平等对经济危机的影响，主要是通过分析 25 个国家 100 年来的银行业、消费和国内生产总值崩溃的发展状况，其中只有 6 个是发展中国家，这些作者观察了经济危机发生前 5 年和后 5 年的收入分配变量的变化，根据不平等程度在经济危机前后是上升、不变还是下降来对此进行分类。③ 表 9.9 中的 A 部分是他们的研究结果，主要根据国内生产总值的崩溃情况编制。④ 他们分析得出有 103 次危

---

① 例如，Lustig（2012）发现，一些拉丁美洲国家若把间接税考虑在内，则贫困和近贫人口的净收入低于税前和现金转移支付前的收入。

② 国际劳工组织报告说，在 21 世纪初，发展中经济体可拿退休金的法定退休年龄以上人口比例平均为 40％左右，而欧洲经济体的这一比例为 90％，参见 ILD（2010）。

③ 基尼系数高于 0.7％（即 2 个基尼百分点的 1/3）时，这个变化则是显著的。

④ GDP 崩溃即 1911—1950 年人均国内生产总值（从高峰到低谷）累计下降百分比至少为 9.5％，1950 年后则为 5％。当银行危机或者消费崩溃时，其结果会有些许不同，但并不是绝对的。

机,但只有三分之一与不平等变化有关。阴影对角线表明轨迹未改变;对角线上方轨迹"向下弯曲";对角线下方轨迹"向上弯曲"。显而易见,人们不能得出确切的结论:(1)原始数据显示,大多数经济危机和不平等的变化无关;(2)对角线以上的情况较少,与对角线以下的情况差别不大,这意味着国内生产总值危机并不一定与不平等变化的具体方向相关;(3)倒 V 形(不平等程度上升然后降低)这种情况并不普遍。Atkinson 和 Morelli(2011)总结认为:"很难确定经济危机是否发生在不平等程度上升之后,而且即使是有这种情况存在,两者也难以建立因果关系。"当对银行业危机进行分析,而不是分析国内生产总值下降时,更多的情况是危机后不平等程度会上升。

我们把这种方法用到分析 1980—2010 年发展中国家的情况,此次研究结果显示,在表 9.9 的 B 部分中[1],即使我们的结果不够详尽,还有很大的空间提高,但我们至少发现了 67 次危机的情况。一般情况下,这些危机发生在 20 世纪 80 年代或 90 年代初,在大多数情况下,由于缺乏数据,若在危机之前不平等发生变化,我们无从可知,这也并不会出乎意料。在国内生产总值崩溃(10 个案例)之后,不平等的趋势会上升,但这些数字太小,无法得出结论,这可能只是前期趋势的延续。这不一定与 Atkinson 和 Morelli(2011)的分析相互矛盾,其中主要有两个原因:(1)发展中国家的国内生产总值危机很可能与金融危机相关联;(2)这样的结论深受柏林墙倒塌后转型经济体的影响。我们还应该注意到,20 世纪 80 年代和 90 年代出现了几次拉美汇率危机,阿根廷和巴西除外(Atkinson and Morelli,2011),而这种危机不属于我们所定义的崩溃,从这个意义上讲,关于危机强度及其对不平等的双向关系的敏感度的研究还远远不够。在任何情况下,拉丁美洲的情况都表明了,在崩溃(累退性通货膨胀税、贸易开放导致的失业率上升、汇率管理不善导致的竞争力丧失)前,不平等程度处于上升趋势;在实施稳定措施之后,不平等程度暂时降低。[2]

表 9.9　不平等和国内生产总值下降　　　　　　　　　　　　单位:次

A 部分(Atkinson and Morelli, 2011)						B 部分(发展中国家, 1980—2010 年)					
变化情况		危机后				变化情况		危机后			
		下降	无改变	上升	未知/排除	合计			下降	无改变	上升	未知/排除	合计
危机前	下降	1	3	2	3	9	危机前	下降	0	2	1	0	3
	无改变	1	4	1	9	15		无改变	0	0	1	0	1
	上升	1	1	0	1	3		上升	0	1	0	0	1
	未知/排除	1	8	3	64	76		未知/排除	3	3	10	46	62
	合计	4	16	6	77	103		合计	3	6	12	46	67

来源:基于 PovcalNet(2013)和世界发展指标估算。

---

[1] 鉴于发展中国家人均国内生产总值的波动较大,我们一直把下降 9.5% 作为 1980—2010 年经济危机发生的判断依据。这些数据来自世界银行发展指标。基尼系数的来源为 PovcalNet。

[2] 有很多研究案例,例如,见 Forbes(2011)和 Lustig(1990)。

其他因素。这篇简短的分析并没有囊括导致发展中国家分配变化的各种因素。任何冲击或政策都可能影响收入分配,例如人口因素,如生育率的下降、预期寿命的增加、婚姻匹配和单亲家庭重要性的日益上升,这些都是导致不平等程度上升的因素。劳工政策也是研究的重要对象。一些研究发现,工会等劳工机构的削弱以及最低工资实际价值的下降,都是导致一些发展中国家收入不平等加剧的原因,尤其是在 20 世纪 90 年代。21 世纪第一个 10 年实施的激进劳动政策使不平等程度有所下降。移民和行业变化也是不平等变化的决定因素,Lewis(1954)和 Kuznets(1955)曾在这两个方面做出了开创性的研究。不平等的变化与地理和经济增长模式有关(Loayza and Raddatz,2010)。例如,Ferreira 和 Ravallion(2009)报告指出,在印度尼西亚,不平等现象增加的很大一部分与农业工资性就业向城市自营职业的迁移有关。[①]

9.5 贫困:等级划分

大量关于贫困测量的文献表明,没有标准或客观的论据可以用来确定区分贫穷与否的明确界限(Deaton,1997)。尽管该界限定义模糊不清,但减贫仍是世界各国政府的明确目标。因此,国际社会已经采取了措施,在第一个千年发展目标中包括一项内容:全球贫困水平在 2015 年之前降低一半。在本节中,我们主要依据按购买力平价调整的美元国际贫困线从收入和消费方面讨论贫困测量,这种方法尽管只考虑到金钱这个单一维度,静态而绝对,存在许多局限性与缺点,但仍然是目前能够总结全球贫穷水平的最好方式。

按照购买力平价计算出的贫困标准是每人日均消费 1 美元,该标准是衡量人们是否能支付粮食开支的国际标准。它由 Ravallion 等(1991)提出并于 1990 年在世界银行中使用,选择了 1 美元作为低收入国家的国家贫困线。该贫困线在 1993 年进行了二次计算,根据当年的购买力平价计算出的数值为日均 1.0763 美元(Chen and Ravallion,2001),最近的一次数据是 2005 年计算出的 1.25 美元(Ravallion et al. ,2009)

为了进行国际经济总量比较,研究人员一般倾向于使用购买力平价转换率,而不是市场汇率,目的是确保在国际贸易和非贸易商品上的购买力平等。然而,简单地对购买力平价进行调整会显露出国际贫困标准比较的潜在缺点,这一点在文献中得到了广泛的讨论。[②] 例如,其中一个令人担忧的问题是,按传统购买力平价转换率计算出的大宗商品的权重可能不适用于穷人。[③] 用来计算购买力平价的主要数据来源是国际比较项目对各国进行的价格调查。尽管在过去的几十年里,计算购买力平价转换率的能力有了很大的提高,但是它仍然有很多限制,比如可变性太大;从 1993 年到 2005 年,购买力平价数值的变化导致了一些国家绝

[①] 移民与全球不平等尤为相关(Milanovic,2012)。

[②] 参考 Anand 和 Segal(2008)、Deaton 和 Dupriez(2008)、Deaton 和 Heston(2010)、Ravallion(2010)以及 Chen 和 Ravallion(2001)。

[③] Deaton 和 Dupriez(2008)估算了一部分国家的贫困人口的购买力平价,但结果并不意味着二次计算对转换率有很大的影响。

对贫困指标的显著变化。[1]

　　1.25 美元的国家贫困线对于中等收入国家而言过低。因此,采用日均 2 美元的标准衡量贫困较有代表性,约为发展中国家所选的官方贫困线的中间值。这些国际贫困线仍存在一些争议,但它们成为国际贫困比较标准的缘由是其较为简单,缺乏合适、易于实施的替代方案。[2] 尽管利用国家贫困线衡量贫困时考虑到了不同社会在划分贫困标准方面存在差异,但国际贫困线仍是一种必需的工具——比较各国的绝对贫困水平和趋势,提供地区和世界的贫困水平。

　　世界银行会定期提供发展中国家贫困测量信息,这些信息是从家庭调查的原始微观数据中得出的。[3] 2013 年,世界银行发布了 1981—2010 年发展中国家贫困信息的最新情况。新的贫困估算主要是利用购买力平价汇率计算 2005 年国际比较计划中各个家庭的消费,此次计算了来自 127 个发展中国家的 850 多个家庭的数据。本节的讨论主要依赖于这个数据库(PovcalNet)。

　　在 9.3 节,我们曾讨论过不平等中的选择福利变量问题,而这也同样可以应用于贫困测量。尽管 PovcalNet 是通过消费贫困来进行贫困估算,但在大部分的拉丁美洲国家以及其他国家,它们都是用的收入贫困数值。此前,我们用 2 美元的标准计算了 7 个拉丁美洲国家 22 个家庭的消费贫困和收入贫困,我们发现平均而言,消费贫困和收入贫困的比率是 0.97,各国之间的差异也很小。因此,我们决定在接下来的分析中不对收入贫困数值进行调整。

9.5.1　发展中国家的收入贫困

　　尽管贫穷是发展中经济体的普遍特征,但各国的贫困程度各不相同。图 9.15 是世界上大多数发展中国家的贫困发生率,该结果是根据每天 2 美元的贫困线计算得出的。这个数字揭示了发展中国家货币贫困的巨大差异。尽管不到 2% 的经济体的人口生活在贫困线以下,但在某些国家,这样的人口比例超过 80%。在一些国家,绝对收入贫困的规模相比其他国家大不相同,甚至发展中国家也是如此。

---

[1] 可能下一轮购买力平价指标(2011 年)将受到同样类型问题的影响。

[2] 关于衡量国际贫困问题的讨论,请参阅本书的 Reddy 和 Pogge(2010)、Deaton(2010)和第 11 章。Gentilini 和 Sumner(2012)利用各国宣布的国家贫困线来计算全球贫困,他没有使用国际贫困标准。

[3] 早期是 Ahluwalia 等(1979)衡量发展中国家的贫困程度。

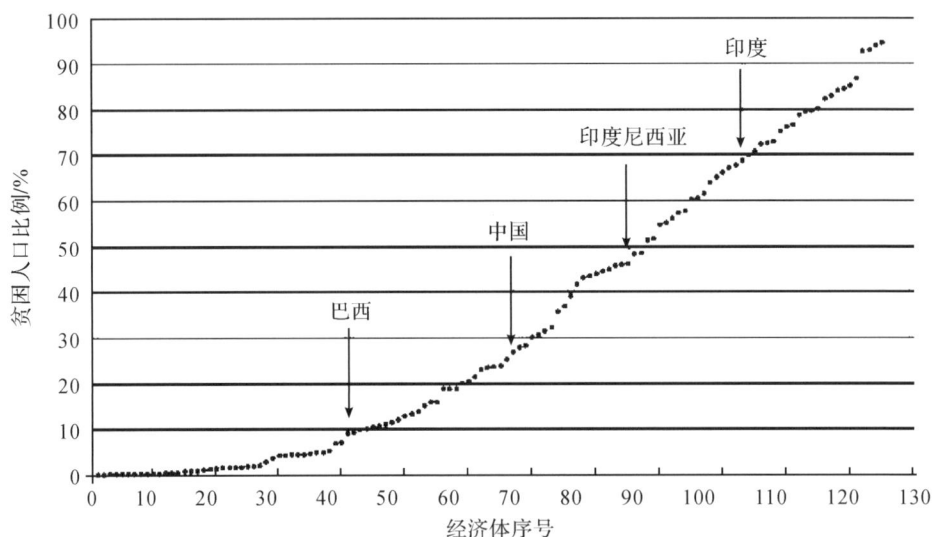

图9.15 2010年发展中国家贫困人口比例

注:贫困程度根据人均消费/收入分布并通过购买力平价每天2美元的线计算得出。

数据来源:基于PovcalNet(2013)估算。

2010年,发展中国家41%的人口日生活费不足2美元。未加权平均贫困人口比例要显著低些:若按照这个标准计算,一个典型的发展中国家33%的人口是穷人。加权平均数与未加权平均数之间的差异不是由中国决定的,因为该国的贫困人口比例与发展中国家的平均水平相似;而是由印度(一定意义上也有印度尼西亚和巴基斯坦的影响)决定的,因为其贫困程度要高得多。若不考虑印度,加权和未加权贫困人口比例非常接近(33.3%和32.7%)。贫困人口比例中位数也低于均值(2美元贫困线的值是23.5)。表9.10显示的是其他指标和贫困线的结果。有趣的是,在使用1.25美元贫困线时,贫困差距和贫困差距平方的加权平均值低于未加权平均值,这是由于中国和印度尼西亚的这些指标相对较低。

表9.10 2010年发展中国家贫困衡量指标

指标	加权平均值	未加权		
		平均值	标准偏差	中位数
1.25美元贫困线				
总人数	21.4	19.6	22.9	9.3
贫富差距	6.5	7.5	10.7	2.9
贫富差距平方	3.0	4.0	6.5	1.0
2美元贫困线				
总人数	41.0	33.0	30.1	23.5
贫富差距	15.8	14.5	16.4	7.1
贫富差距平方	8.1	8.3	10.9	4.0

续　表

指标	加权平均值	未加权		
		平均值	标准偏差	中位数
4 美元贫困线				
总人数	66.7	54.8	33.6	59.3
贫富差距	35.9	29.6	24.0	25.4
贫富差距平方	22.9	19.5	18.5	13.2

注:贫困程度是根据人均消费/收入分布计算出来的。
数据来源:基于 PovcalNet(2013)估算。

　　发展中国家的贫困状况不会因改变贫穷指标或贫困线而受到影响。在给定贫困线下,使用人口数(H)、贫困差距(PG)和贫困差距平方(SPG)等变量,各国之间的相关性均高于 0.9。[①] 对于固定指标,改变贫困线时,相关性高于 0.95。当同时改变指标和贫困线时,相关性会有些许下降(例如,贫困线为 1.25 美元时)。

　　若以 2 美元的贫困线为标准,则贫困率最高的 10 个国家全部位于撒哈拉以南非洲地区[②],后 10 名除了加勒比国家(海地)和南亚国家(孟加拉国),其他 8 个仍是撒哈拉以南非洲的国家。但是,就规模来说,印度是贫困人口最多的国家。这两个国家的贫困人口占据世界上 52% 的贫困人口,而尼日利亚、孟加拉国、印度尼西亚和巴基斯坦这四个国家的贫困人口占 19%。当然,这些数据是根据收入贫困的定义得出的,但其主要结果也适用于指数变化和贫困线变化的情况。

　　正如我们所预期的那样,平均消费水平与贫困水平之间有着十分紧密的关系[图 9.16(a)]。2010 年,发展中国家的基于对数人均消费的人口比例(2 美元贫困线)横向估计简单模型可以解释数据变化的 70% 以上。各国贫困水平与不平等程度之间的关系较为松散[图 9.16(b)]。人数(2 美元贫困线)与基尼系数的相关系数为 0.17(关系不显著,仅为 5%)。贫困水平还与其他贫困指数有着较为紧密的关系,但贫困水平与各个指数的相关系数都低于 0.3。若把衡量不平等程度的收入情况考虑进去,则各个指数的相关程度基本类似。

---

① 该结果对其他贫困测度方法[如森(Sen)和沃茨(Watts)指数]同样具有稳健性。
② 卢旺达、莫桑比克、马拉维、尼日利亚、坦桑尼亚、赞比亚、马达加斯加、布隆迪、刚果民主共和国和利比里亚。

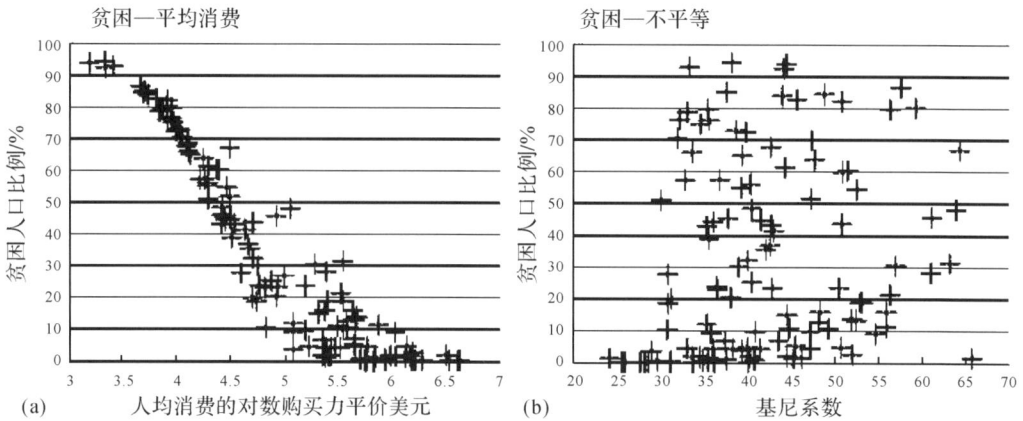

图 9.16　2010 年发展中国家贫困水平、平均消费水平和不平等程度

注:贫困程度是根据人均消费/收入分布并通过购买力平价每天 2 美元的贫困线计算得出。

数据来源:基于 PovcalNet(2013)估算。

表 9.11 是对相对基尼系数和绝对基尼系数的回归分析,描述了部分发展中国家的贫困程度、平均消费水平和不平等程度之间的关系。结果显示,这三个变量之间没有任何的因果关系,对具体的政策毫无帮助,但说明了这三个变量之间的经验关系。平均消费水平每提高 1%(跨国),贫困人口比例下降约 2%;而基尼系数每下降 1%,贫困人口减少 3.3%。用贫富差距的平方衡量贫困程度时,结果也类似。

表 9.11　2010 年发展中国家贫困指标的回归分析

指标	贫困人口比例对数				贫富差距平方的对数			
	(i)	(ii)	(iii)	(iv)	(v)	(vi)	(vii)	(viii)
$\ln y$	-2.0^{***} (0.114)	-2.0^{***} (0.085)	-2.1^{***} (0.086)	-2.0^{***} (0.086)	-2.1^{***} (0.127)	-2.0^{***} (0.092)	-2.2^{***} (0.084)	-2.1^{***} (0.091)
基尼系数取自然对数		3.32^{***} (0.329)				3.76^{***} (0.349)		
d1 份额			-0.74^{***} (0.073)				-0.91^{***} (0.071)	
d1—d6 份额				-0.12^{***} (0.011)				-0.13^{***} (0.012)
常量	12.6^{***} (0.577)	0.1 (1.30)	14.8^{***} (0.484)	16.1^{***} (0.561)	11.0^{***} (0.64)	-3.1 (1.39)	13.8^{***} (0.473)	15.1^{***} (0.586)
R^2	0.72	0.85	0.85	0.85	0.68	0.84	0.87	0.85

注:贫困程度根据人均消费/收入分布并通过购买力平价每天 2 美元的线计算得出。$\ln y$=平均家庭消费/人均收入的对数;d1 份额=第 1 个十分位数的家庭消费/人均收入分布;d1—d6 份额=第 1—6 个十分位数的累积份额。相关系数下面的数字是稳健标准差。*** 表示在 1% 的水平上显著。

数据来源:基于 PovcalNet(2013)计算。

9.5.2　不同地区的不平等程度

贫困具有明显的区域特征:表 9.12 表明,东欧和中亚一直是收入最低的地区,其次是中东和北非以及拉丁美洲和加勒比地区。南亚的贫困人口占比远高于东亚,若不考虑权重,则大致相同。撒哈拉以南非洲地区的所有收入贫困指标都远高于其他发展中国家。

表 9.12　2010 年发展中国家不同地区的贫困指数

指标	东亚和太平洋地区	东欧和中亚	拉丁美洲和加勒比地区	中东和北非	南亚	撒哈拉以南非洲
加权的						
1.25 美元贫困线						
总人数	12.5	1.0	5.5	2.4	31.0	48.5
贫富差距	2.8	0.3	2.9	0.6	7.1	20.9
贫富差距平方	0.9	0.2	2.1	0.2	2.4	11.8
2 美元贫困线						
总人数	29.7	2.4	10.4	12.0	66.7	69.9
贫富差距	9.7	0.7	4.7	2.8	23.4	35.7
贫富差距平方	4.2	0.3	3.2	1.0	10.5	22.4
未加权的						
1.25 美元贫困线						
总人数	17.9	1.6	8.6	3.5	17.6	41.5
贫富差距	5.1	0.5	4.0	0.9	3.9	16.6
贫富差距平方	2.3	0.2	2.6	0.3	1.3	8.8
2 美元贫困线						
总人数	38.4	5.2	15.6	13.5	43.5	62.2
贫富差距	13.8	1.5	7.0	3.5	14.1	30.2
贫富差距平方	6.7	0.6	4.4	1.4	6.1	18.1

注:贫困程度根据人均消费/收入分配计算得出。
数据来源:基于 PovcalNet(2013)计算。

从图 9.17 可得,各个地理区域内部的贫困程度差距很大。若按照 2 美元的贫困线标准,中亚和太平洋地区国家的贫困人口比例从 1.4%(马来西亚)到 70.6%(东帝汶)不等,东欧和中亚国家从 0.1%(斯洛文尼亚)到 35.6%(格鲁吉亚)不等,拉丁美洲国家从 1.2%(乌拉圭)到 80.1%(海地)不等,中东和北非地区从 1.6%(约旦)到 45.6%(也门)不等,南非国家从 6.8%(马尔代夫)到 76.5%(孟加拉国)不等,撒哈拉以南非洲国家从 1.5%(塞舌尔)到 94.5%(利比里亚)不等。

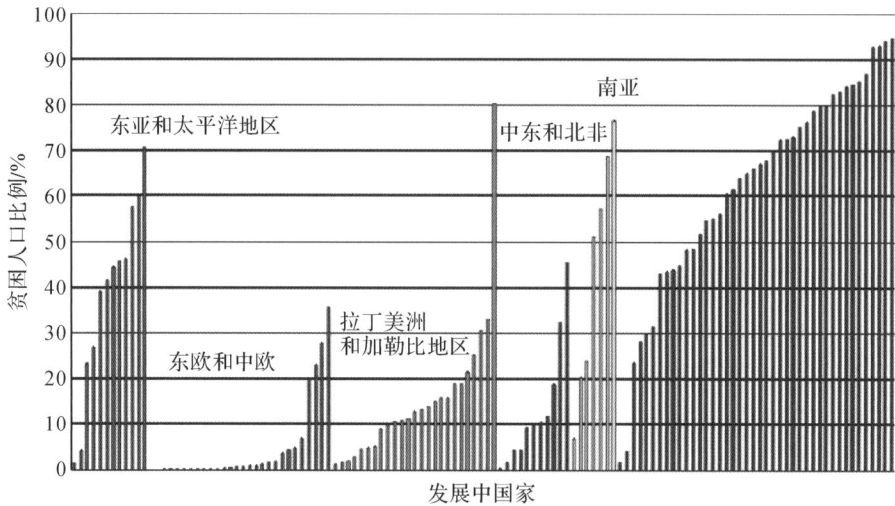

图 9.17　2010 年发展中国家贫困人口比例

注:贫困程度根据人均消费/收入分配并通过购买力平价每天 2 美元的线计算得出。

数据来源:基于 PovcalNet(2013)计算。

各国贫困程度存在相当大的空间相关性。莫兰散点图可以用来说明空间相关性(图 9.18)。横轴表示一个国家的标准化贫困率(2 美元贫困线),而纵轴表示邻国的标准化贫困率的加权平均值,其中邻国是根据地理邻近性来规定的。该图显示,国家的贫困率与邻国贫困率呈显著正相关(莫兰相关系数为 0.507,在 1% 的水平上显著)。几乎 80% 的国家要么属于高高板块(该国及其邻国贫困人口比例都高),要么属于低低板块(该国及其邻国贫困人口比例都低)。

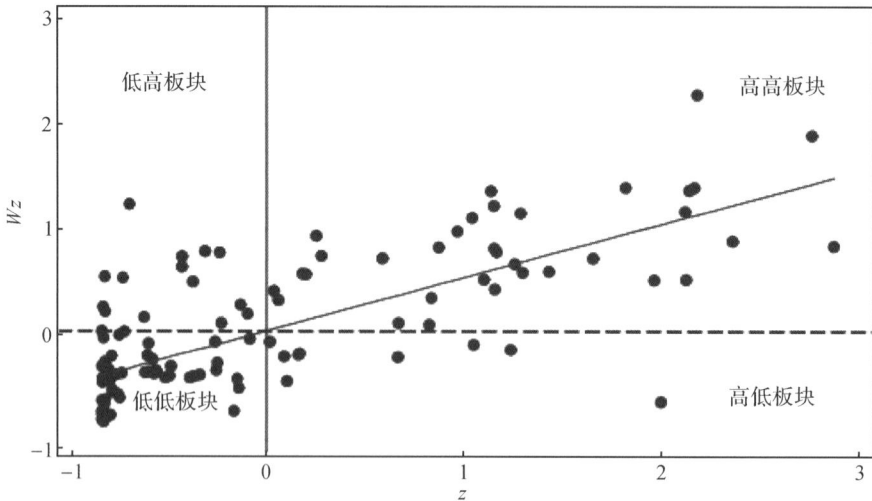

图 9.18　2010 年发展中国家贫困人口比例的空间相关性莫兰散点图

注:贫困程度根据人均消费/收入分配并通过购买力平价每天 2 美元的线计算得出。z 是标准化贫困发生率(数值减去平均值除以标准偏差)。Wz 是一个国家邻国的标准化贫困发生率的加权平均值,其中权重 W 是邻近值。

数据来源:基于 PovcalNet(2013)计算。

　　根据贫困差距指标可得,当用贫困线和一个国家的总人口标准化衡量时,就可以知道消除贫困所需的总成本,尤其在现金转移支付以达到贫困线的目标精准数额适用于穷人且人们的行为没有发生变化的情况下。表 9.13 是各个区域消除贫困成本占国内生产总值的百分比的非加权平均值,虽然这样给定的条件不大切合实际,但这些数字大致也说明了各个发展中国家在现有的经济资源条件下消除贫穷的努力程度。在这种情况下,若以 2 美元贫困线的水平消除贫困,则东欧和中亚国家需要低于 1 个国内生产总值百分点,中东和北非以及拉丁美洲国家需要 1—2 个点,但是亚洲及撒哈拉以南非洲地区就要付出更多努力。

　　盖洛普世界民意调查等国际调查避免了住户调查中一些典型的可比性问题,因为各国的调查设计和问卷调查是相同的。然而正如前面所讨论的,这些调查的样本过少,而且只考虑到收入问题,测量误差可能较大。盖洛普世界民意调查与 PovcalNet 计算的人数比率之间的相关性为 0.32,在 2% 的水平上显著,而斯皮尔曼等级相关系数为 0.61,显著性水平为 1%。

表 9.13　2010 年消除贫困的成本(总贫困差距占国内生产总值的百分比,不同地区的非加权平均值)

地区	贫困线	
	1.25 美元贫困线	2 美元贫困线
东亚和太平洋地区	0.6	2.9
东欧和中亚	0.1	0.3
拉丁美洲和加勒比地区	0.7	1.7
中东和北非	0.2	1.0
南亚	1.2	6.6
撒哈拉以南非洲	8.1	23.0

注:贫困程度根据人均消费/收入分配计算得出。
数据来源:基于 PovcalNet(2013)计算。

　　图 9.19 展示了基于盖洛普世界民意调查的世界部分地区的累积分布函数。西欧的分布处于该地区的一阶随机占优,而南亚的分布与其他地区相比则处于被占优地位。[①] 东欧和中亚地区以及东亚和太平洋地区的曲线相互交叉,尽管是在高收入水平上交叉。

---

① 一阶随机优势确保西欧贫困,这对贫困线的选择具有很大的作用,并且适用于广泛的贫困衡量指标(Atkinson,1987)。

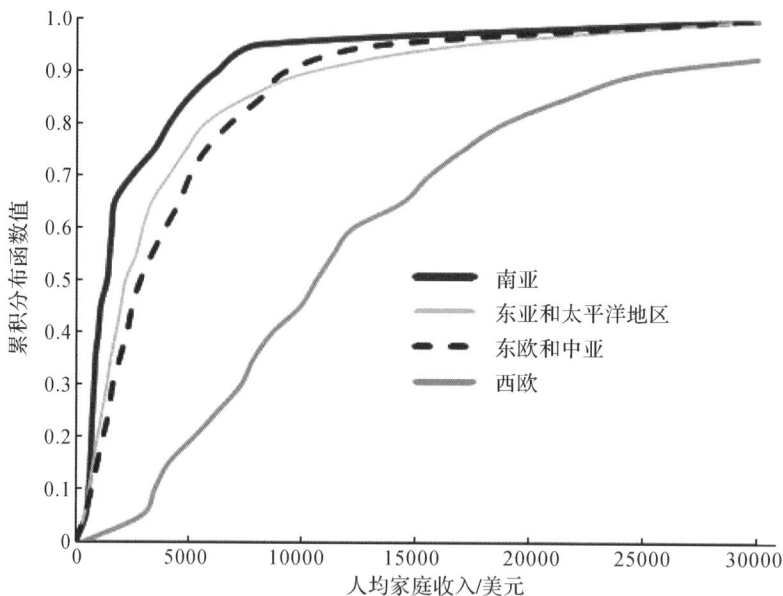

图 9.19　累积分布函数

注:人均家庭收入的累积分布函数。

数据来源:基于 2006 年盖洛普世界民意调查的微数据计算。

9.6　贫困:趋势

在过去的几十年中,发展中世界在实现消除绝对贫困的目标方面取得了不可否认的进展。有证据表明,2010 年,发展中国家总体已经实现了千年发展目标的第一个目标,即将1990—2015 年的极端贫困的人数减半。然而全球绝对贫困的大幅减少掩盖了经济体之间和时间推移的巨大异质性。本节将报告自 20 世纪 80 年代初到 2010 年以来发展中国家收入贫困的趋势,并追溯经济增长和分配变化对贫困变化的影响。[①]

关于国际贫困趋势的文献可以分为两大类型。第一类是基于家庭调查微观数据进行比较。这种大规模的方式需要获取大量国家长时间的调查数据,已经被一些研究者在地区层面和世界银行在全球层面所应用,主要是通过马丁·拉瓦雷和陈少华的工作。第二类是将国民收入分配与国民总收入的估计值与国内生产总值或从国民账户中抽取的总消费数据相结合来统计均值。Bourguignon 和 Morrison(2002)、Bhalla(2002)、Karshenas(2003)以及Sala-i-Martin(2006)都是这类文献的例子。本节主要介绍第一种类型的结果。

9.6.1　收入贫困趋势

PovcalNet 的数据显示,过去 30 年来,发展中国家绝对收入贫困大幅减少(图 9.20)。只有少数几个国家 2010 年的贫困程度不低于 1981 年,该群体包括东欧、中亚和撒哈拉以南非

[①] 本卷第 11 章还涉及发展中世界的全球贫困问题。在本章中,关注点更侧重于国家趋势,同时我们更多地利用未加权的统计数据。

洲的一些经济体、拉丁美洲和加勒比地区的少数经济体。21 世纪第一个 10 年的贫困人口比例下降更加普遍：在 121 个国家中，只有 8 个国家在 1999 年至 2010 年贫困人口比例上升了（撒哈拉以南非洲有 5 个）。

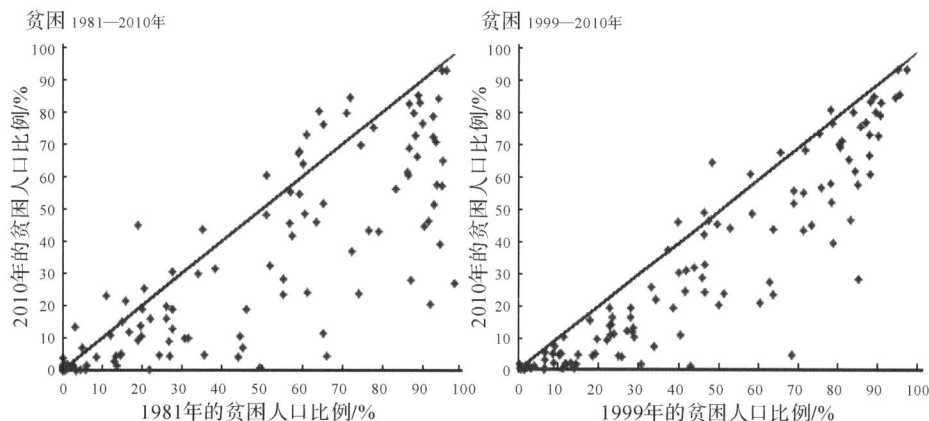

图 9.20　发展中国家贫困人口比例

注：贫困程度根据人均消费/收入分配并通过购买力平价每天 2 美元的线计算得出。

数据来源：基于 PovcalNet(2013)计算。

发展中国家每天生活费不足 1.25 美元的人口比例从 1981 年的 52％降至 2010 年的 20.8％，这意味着每年下降约 1 个百分点（见图 9.21）。[1] 这是一个不容忽视的卓越成就。在很短的时间内，如此大幅地降低极端贫困的程度，在历史上也是罕见的。

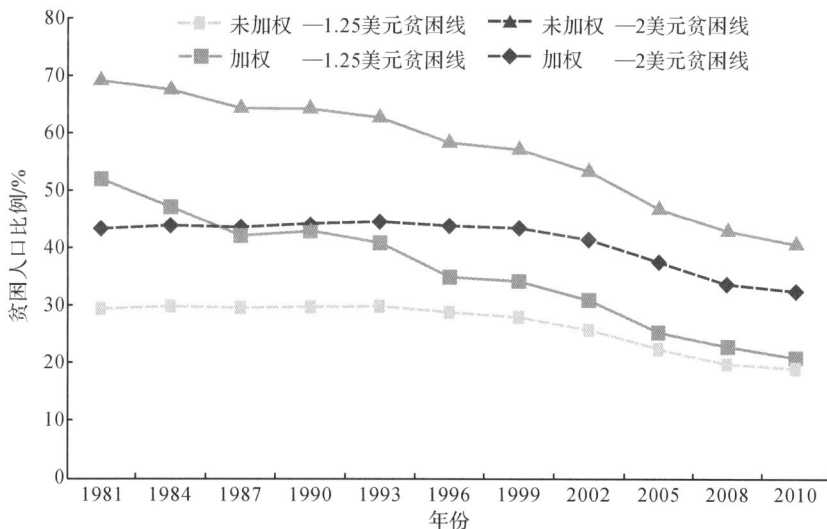

图 9.21　1981—2010 年发展中国家贫困人口比例(加权和未加权均值)

注：贫困程度根据人均消费/收入分配计算得出。

数据来源：基于 PovcalNet(2013)计算。

---

[1] 2010 年的累积分布函数总是低于所有前几年的函数（一阶随机优势）。

然而,我们应该客观看待这个非同寻常的结果。

第一,即使在全球社会改善之后,发展中国家仍有五分之一的人处于非常贫困的状况(每天不到 1.25 美元),40％的住户人均消费水平低于每天 2 美元的基本生活水平。

第二,中国的积极表现是全球成就的关键。如果不包括中国,这 30 年的贫困率下降程度会是 16 个百分点,而不是现在的 31 个百分点,全球贫困下降程度不会如此显著(表 9.14)。[①]事实上,如果没有中国的贡献,发展中世界在 2015 年实现千年发展目标的减贫目标是不明确的。虽然人口加权平均数在 1981—2010 年下降了 31 个百分点,但未加权平均数下降了约 10 个百分点,中位数仅下降了 8 个百分点。典型发展中国家的极端贫困率(1.25 美元)从 1981 年的 29.5％降至 2010 年的 19％,这代表着平均每年下降约 0.36 个百分点,这个数字与对应的全球贫困率(一年一个百分点)相比就不是很理想了,事实上这种下降在 20 世纪 90 年代后期才发生。典型发展中国家有近 20 年没有发生任何改善:1981 年发展中国家未加权贫困率为 29.5％,1990 年为 29.8％,1996 年为 28.8％。从 1996 年起,贫困率下降更为持续一些,特别是在 2002—2008 年,典型发展中经济体的减贫率几乎是每年一个百分点。

如果将贫困线提高,则贫困率的下降程度没有这么明显。如果贫困线是 1.25 美元,贫困率从 1981 年到 2010 年下降了 60％;如果贫困线是 2 美元,贫困率下降了 41％;如果贫困线是 2 美元,贫困率下降了 20％。事实上,千年发展目标中将贫困率减少为 1990 年的一半(贫困线为每天 1.25 美元)的目标在 2010 年就实现了,但是如果贫困线是 2 美元,情况就不一样了,2010 年的贫困率是 1990 年的三分之二。

表 9.14　1981—2010 年发展中国家贫困测量(点)的变化

贫困衡量	1981—1990 年	1990—1999 年	1999—2010 年	1981—2010 年	贫困衡量	1981—1990 年	1990—1999 年	1999—2010 年	1981—2010 年
总人数—1.25 美元贫困线					贫富差距—1.25 美元贫困线				
未加权					未加权				
平均值	0.3	-1.9	-8.9	-10.5	平均值	0.2	-1.6	-4.2	-5.7
中位数	4.9	0.0	-12.9	-8.0	中位数	0.3	0.3	-4.0	-3.4
加权					加权				
平均值	-9.0	-8.9	-13.4	-31.2	平均值	-6.4	-3.7	-4.8	-14.9
中国除外	-2.8	-3.1	-10.0	-15.9	中国除外	-1.6	-1.5	-3.7	-6.8
总人数—2 美元贫困线					贫富差距—2 美元贫困线				
未加权					未加权				
平均值	0.7	-0.6	-11.0	-11.0	平均值	0.3	-1.5	-6.5	-7.7
中位数	-0.3	-3.4	-17.1	-20.7	中位数	2.3	0.8	-9.2	-6.1

---

① 当忽略中国时,2010 年的分布仍然高于 1981 年(一阶随机优势),尽管两个累积分布之间的差距较小。1999 年的曲线低于 1981 年和 1990 年,但仅限于每天低于 3 美元的贫困线。

续　表

贫困衡量	1981—1990 年	1990—1999 年	1999—2010 年	1981—2010 年	贫困衡量	1981—1990 年	1990—1999 年	1999—2010 年	1981—2010 年
加权					加权				
平均值	-4.9	-7.1	-16.6	-28.5	平均值	-6.6	-5.4	-8.8	-20.8
中国除外	-1.2	-1.1	-10.9	-13.1	中国除外	-1.7	-1.8	-6.4	-9.9
总人数—4 美元贫困线					贫富差距—4 美元贫困线				
未加权					未加权				
平均值	0.9	2.2	-11.4	-8.3	平均值	0.4	-0.4	-9.0	-9.0
中位数	2.1	-2.1	-16.3	-16.3	中位数	-0.4	-1.4	-12.3	-14.1
加权					加权				
平均值	-1.7	-1.3	-14.0	-17.0	平均值	-8.4	-4.6	-12.1	-25.1
中国除外	-1.2	1.7	-8.3	-7.8	中国除外	-1.4	-0.5	-7.8	-9.7

注:贫困程度根据人均消费/收入分配计算得出。
数据来源:基于 PovcalNet(2013)计算。

如果考虑贫困人数,而不是那些不随人口规模变化的参数,则发展中世界在减贫方面的表现看起来不会如此乐观。事实上,对于大多数发展中国家(63%),2010 年的贫困人口比 1981 年更多。即使在 21 世纪第一个 10 年蓬勃发展的时期,30% 的国家贫困人数也增加了。21 世纪第一个 10 年,穷人人数只是略低于 20 世纪 80 年代(以 2 美元为贫困线,1981 年为 25.85 亿人,而 2010 年为 23.94 亿人),如果不包括中国,贫困人数实际上增加了 4.22 亿人(从 16.13 亿人到 20.35 亿人)。有作者认为,在测量世界贫困率时,对于使用人数比率还是使用贫困人口数量的选择,可能是过去几十年对于世界全球化与社会绩效的公开讨论有矛盾结论的原因。[①]

用微观数据计算全球贫困率是非常麻烦的,需要大量可比较的家庭调查,一些研究者根据国民账户数据估计贫困状况的变化,将收入分配的平均值固定为从国民账户中获得的产出或国内消费,使用次级分配数据并对收入分配的功能形式做出假设,通常是对数正态参数化(Ahluwalia et al. , 1979;Bhalla, 2002;Chotikapanich et al. , 1997;Pinkovskiy and Sala-i-Martin, 2009;Sala-i-Martin, 2006)。[②] 这种方法可以覆盖很多内容,但是需要警惕的是,国民账户总量的变化有时可能并不能反映家庭人均收入变化,并且通常用于估计的二手分配数据存在是否具有可比性的问题。[③]

根据 Pinkovskiy 和 Sala-i-Martin(2009)(PSM)使用 191 个国家样本和世界收入不平等分配数据的估计,世界贫困率(2 美元贫困线)从 1970 年的 45.2% 下降到 1981 年的 37.8%、

---

① 参见 Reddy 和 Pogge(2010)、Chen 和 Ravallion(2012)以及 Cockburn 等(2012)。
② 应该注意的是,尽管在有限的程度上,世界银行贫困估计也使用了国民账户(NAS)数据。例如,对于只有一次家庭调查的国家,假设洛伦兹曲线仍然是固定的,则通过将 NAS 消费估计应用于可用的分布数据来估计贫困。
③ Karshenas(2003)提出了一种中间替代方案,他们使用国民账户统计数据校正了调查意义。根据 NAS 平均值,校准调查手段将根据住户调查消费平均值拟合曲线。

1990年的24.9％、1999年的16.8％和2006年的13％。这种模式意味着世界贫困率下降的速度比20世纪80年代和20世纪90年代的家庭调查数据估计的快得多,但在21世纪第一个10年较慢。[①] 例如,虽然在2008年,3美元贫困线下的PSM贫困线的幅度与PovcalNet的1.25美元贫困线相似,但是下降幅度不一。在PSM中,贫困率在20世纪80年代和20世纪90年代分别下降了2.6％和3.5％,而PovcalNet的数据分别下降了2.1％和2.5％。相反,在21世纪第一个10年,PSM中的贫困率下降了3.1％,PovcalNet年均下降4.4％。

9.6.2 分解贫困变化

研究人员经常将贫困变化分解为增长和再分配效应,以表征贫困趋势。[②] 增长效应是指两年之间平均收入发生变化但分配的方式保持不变而导致的贫困变化。再分配效应是两年之间分配的方式发生变化但平均收入保持不变所导致的贫困变化。当然这只是一种机械的方式,因为经济增长、不平等与贫困的变化等指标只是三种关于收入动态的不同的总体信息方式,它们都是由经济的一般均衡共同决定的。在这个意义上,分解有助于说明收入变化并影响贫困的方式,但他们没有涉及改变贫困的根本因素以及更有效减少贫困的政策。

在21世纪第一个10年,增长、不平等、贫困三者之间的变化与过去十年相比差异非常大。表9.15显示了这一差异,展示了76个发展中国家样本中贫困变化的增长和再分配效应的未加权平均值,利用的是这些国家在PovcalNet数据库中的十分位份额信息。[③] 20世纪90年代贫困人数比例(2美元贫困线)的轻微下降可以分解为减贫增长效应,超过了增加贫穷的再分配效应。平均而言(未加权)消费年均增长0.2％,基尼点每年增长约0.3个点,这意味着贫困率的小幅下降。相比之下,在21世纪第一个10年,这两个因素都造成了贫困率的下降。平均消费量(每年超过3％)的强劲增长和不平等程度的缓慢下降(每年约0.1个基尼点)大大降低了物质贫困的指标。增长效应特别大,占贫困率下降的90％(2美元贫困线),这一结果并不意味着分配变化并不重要,而是其过去没有成为减贫的主要驱动因素。

表 9.15　1990—2010年发展中国家贫穷变化的分解情况

年份	实际变化	效应	
		增长	再分配
1990—1999	−0.3	−1.5	1.2
1999—2010	−10.1	−9.0	−1.1
1990—2010	−10.5	−10.4	0.1

注:各列显示的是76个发展中国家样本中贫困人口比例(2美元贫困线)变化以及贫困变化分解的增长和再分配效应的未加权均值。

数据来源:基于PovcalNet(2013)计算。

[①] Dandde 和 Minoui(2010)探讨了 Chen 和 Ravallion(2010)以及 Pinkovskiy 和 Sala-i-Martin(2009)的不同结果背后的几个因素。

[②] 参见 Datt 和 Ravallion(1992)、Kakwani 和 Subbarao(1990)、Kakwani(2000)以及 Mahmoudi(2001),他们提出了不同的建议。

[③] 由于可以在基准年度进行分解,表中显示了两次测算中的平均值。为了获得结果,我们使用基于 PovcalNet 的十分位数人均消费的信息对潘氏曲线(Pen curve)进行线性逼近。

9.6.3　消除贫困差距的成本

尽管消除绝对极端收入贫困仍然是一个具有挑战性的问题,但是现在应该是一个越来越能够达到的目标。根据 PovcalNet 的数据,我们计算出发展中国家人口加权贫困差距指数占全球国内生产总值(GDP)的比例,这个比例表明,在精准除贫且无行为反应的情况下,消除贫困所需的财政努力,伴随着贫困率的下降和全球 GDP 的上升而一直在大幅减少。以1.25 美元为贫困线,按照全球 GDP 的份额来计算,弥补贫困差距所需要的资源从 1981 年的1.3% 下降到 2010 年的 0.2%(以 2 美元为贫困线,则是从 3.6% 下降到 1%)。[①] 而对于发展中国家来说,按照全球 GDP 的份额计算,弥补贫困差距所需要的资源从 1981 年的 1.9% 下降到 2010 年的 0.4%(以 2 美元为贫困线,则是从 5.4% 下降到 1.8%)。

Kanbur 和 Sumner(2011)强调,在 1990 年,超过 90% 的世界极端贫困人口(1.25 美元贫困线)居住在分类为低收入国家(LIC)的国家,到 21 世纪第一个 10 年末,这一比例下降到不到 30%。由于大多数世界贫困人口生活在中等收入国家,国内财政能力至少可以消除极端贫困,Sumner(2012)得出结论,减贫越来越成为国民分配和国内政治经济的国内问题,而不再主要是援助和国际问题。表 9.16 表明,平均(未加权)而言,发展中国家在精准扶贫下消除极端贫困的国家再分配努力从 1981 年占 GDP 的 8.2% 下降到 2010 年的 4%。中位值低得多,从 1981 年的 1.9% 下降到 2010 年的 0.5%。第三栏显示了消除极端收入贫困的成本低于 GDP 的 1% 的国家的份额,这一比例在 21 世纪第一个 10 年大幅增加,由 1999 年的 41.3%上升至 2010 年的 55.4%。同样,在缩小贫困差距财政投入很大(占 GDP 的 3% 以上)的国家的比例从 1990 年的 50% 下降到 2010 年的 30% 左右。Sumner(2012)报告了类似的趋势,贫困差距/国内生产总值的国家比例在他的报告中更低,低于 1%。Ravallion(2010)还指出,大多数中等收入国家需要很少的额外税收来消除贫困。

表 9.16　1981—2010 年发展中国家贫困差距占国内生产总值比重

(平均数、中位数、差距/GDP 小于 1% 和大于 3% 的国家比例)　　　　单位:%

年份	1.25 美元贫困线				2 美元贫困线			
	平均值	中位数	国内生产总值百分比不足 1 个点	国内生产总值百分比多于 3 个点	平均值	中位数	国内生产总值百分比不足 1 个点	国内生产总值百分比多于 3 个点
1981	8.2	1.9	42.4	45.7	19.9	5.4	22.9	60.4
1984	8.4	2.2	41.3	45.7	20.5	6.6	19.8	60.4
1987	8.2	2.3	39.1	46.7	19.9	7.1	20.8	60.4
1990	8.1	3.3	39.1	51.1	19.6	7.0	24.0	59.4
1993	9.2	2.4	40.2	47.8	22.0	7.5	25.0	59.4
1996	9.2	2.0	40.2	42.4	21.6	7.3	24.0	60.4
1999	6.9	2.0	41.3	39.1	17.9	5.9	25.0	60.4

---

① 该计算假定使用国际贫困线来测量贫困时,高收入国家的贫困率为零。

续　表

年份	1.25 美元贫困线				2 美元贫困线			
	平均值	中位数	国内生产总值百分比不足 1 个点	国内生产总值百分比多于 3 个点	平均值	中位数	国内生产总值百分比不足 1 个点	国内生产总值百分比多于 3 个点
2002	5.9	1.4	41.3	40.2	15.7	4.8	27.1	58.3
2005	5.2	1.0	48.9	35.9	14.0	3.7	32.3	55.2
2008	4.3	0.7	50.0	33.7	11.6	3.0	40.6	50.0
2010	4.0	0.5	55.4	31.5	11.1	3.0	42.7	50.0

注:以人均消费/收入分配计算贫困。未加权统计资料。
数据来源:基于 PovcalNet(2013)计算。

9.6.4　区域趋势

收入贫困的形成模式在发展中国家的地理区域是不均匀的(见表 9.17)。至少有三个事实值得强调:(i)1981—2010 年,亚洲的贫困程度显著下降,(ii)20 世纪 80 年代和 90 年代,其他地区缺乏重大进展,(iii)20 世纪第一个 10 年贫困程度的普遍下降。

可以说,1981—2010 年,关于贫困状况的主要事实是亚洲贫困程度的显著下降。1981—2010 年,东亚和太平洋地区每天生活费不足 2 美元的人口比例从 92.4% 下降到 29.7%,南亚则从 87.2% 下降到 66.7%。由于中国的存在,东亚和太平洋地区经济效益得到提升,而且这一地区的未加权平均值也大幅下降(从 1981 年的 70.4% 到 2010 年的 38.4%)。未加权平均值的下降在南亚类似(从 80.3% 下降到 43.5%)。几乎所有亚洲国家在 1981—2010 年都有收入贫困程度的下降。21 世纪第一个 10 年的降幅平均大于前几十年。例如,在南亚,未加权平均指数在 20 世纪 80 年代下降了 5.6 个百分点,在 20 世纪 90 年代下降了 10.9 个百分点,在 21 世纪第一个 10 年下降了 20.4 个百分点。

其他发展中国家在 20 世纪 80 年代和 90 年代的表现则不令人满意,甚至较差。20 世纪 80 年代的拉丁美洲、20 世纪 90 年代的东欧和中亚,以及这两个年代的撒哈拉以南非洲地区的收入贫困程度都在上升。相比之下,所有地区在 21 世纪第一个 10 年都出现了贫困的减少,且减少幅度很大,总体来说超额抵消了前 20 年的贫困增长。例如东欧和中亚的平均(未加权)收入贫困率(2 美元贫困线)下降了 72%,中东和北非下降了 43%,拉丁美洲和加勒比地区下降了 34%,撒哈拉以南非洲地区下降了 12%。所有这些地区,超过 90% 的国家贫困率下降超过 5%(除撒哈拉以南非洲外,这个地区的贫困人口比例为 66%)。

表 9.17 1981—2010 年发展中国家贫困人口比例(加权平均值和未加权平均值)

贫困衡量	1981 年	1990 年	1999 年	2010 年
未加权平均值;1.25 美元贫困线				
东亚和太平洋地区	53.4	44.3	33.3	17.9
东欧和中亚	4.0	4.5	7.5	1.4
拉丁美洲和加勒比地区	13.2	14.4	13.7	8.6
中东和北非	10.3	7.2	6.8	3.5
南亚	59.7	51.3	37.8	17.6
撒哈拉以南非洲	49.3	54.0	52.2	41.5
未加权平均值;2 美元贫困线				
东亚和太平洋地区	70.4	65.8	56.2	38.4
东欧和中亚	10.1	10.2	17.0	4.8
拉丁美洲和加勒比地区	24.3	25.9	23.8	15.6
中东和北非	28.6	24.0	23.5	13.5
南亚	80.3	74.7	63.9	43.5
撒哈拉以南非洲	67.1	71.5	71.0	62.2
人口加权平均值;1.25 美元贫困线				
东亚和太平洋地区	77.2	56.2	35.6	12.5
东欧和中亚	1.9	1.9	3.8	0.7
拉丁美洲和加勒比地区	11.9	12.3	11.9	5.5
中东和北非	9.6	5.7	5.0	2.4
南亚	61.1	53.8	45.1	31.0
撒哈拉以南非洲	51.4	56.5	57.9	48.5
人口加权平均值;2 美元贫困线				
东亚和太平洋地区	92.4	81.0	61.7	29.7
东欧和中亚	8.3	6.9	12.1	2.3
拉丁美洲和加勒比地区	23.7	22.5	22.0	10.4
中东和北非	30.0	23.4	21.9	12.0
南亚	87.2	83.6	77.8	66.7
撒哈拉以南非洲	72.2	75.9	77.5	69.9

数据来源:基于 PovcalNet(2013)计算。

如果将收入分配平均值基于国民账户中国内生产总值进行计算,亚洲与其他发展中国家在减贫方面的对比会更加明显。图 9.22 显示了 Pinkovskiy 和 Sala-i-Martin(2009)得出的区域估计,可以看出东亚和南亚的贫困程度大幅下降。根据这些估计,除了撒哈拉以南非洲,发展中世界各地区之间出现了贫穷程度的趋同。

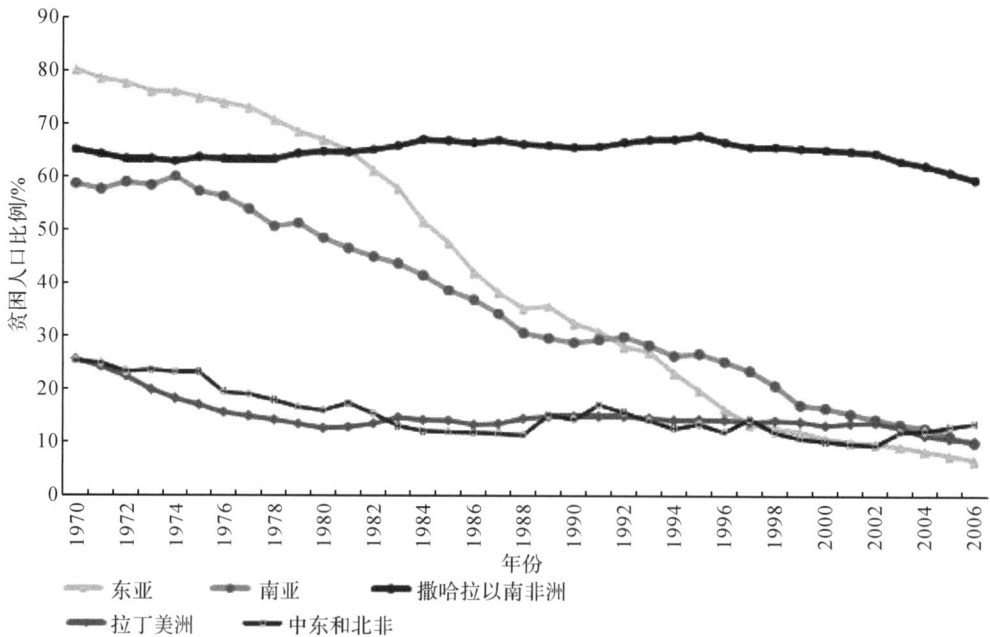

图 9.22　1970—2006 年发展中国家贫困人口比例

注:2 美元贫困线。

数据来源:Pinkovskiy 和 Sala-i-Martin(2009)。

不同的地区在增长、不平等和贫困三角关系方面的表现各不相同(见表 9.18)。亚洲的增长效应强劲,远远超过(有时是贫困增长)再分配效应。20 世纪 90 年代东欧及中亚地区的贫困程度上升与经济负增长和不平等上升有关,而在接下来的十年中,贫困程度的下降主要是由中性的正增长所致。拉丁美洲在这 20 年的贫困变化主要来自经济增长状况的变化,到 21 世纪第一个 10 年,再分配效应才开始减轻贫困。最后,在非洲(中东和北非以及撒哈拉以南非洲),21 世纪第一个 10 年的增长效应是造成贫困程度下降的主要原因。

在本节的其余部分,我们仔细研究发展中国家每个地理区域文献报告的贫困变化。

9.6.4.1　东亚和太平洋地区

如前所述,东亚和太平洋地区在减贫方面取得了令人印象深刻的成就。物质匮乏方面的各项指标的下降一直很强劲,在过去 20 年持续保持并在各国普遍存在。[1] 2 美元贫困线的贫困人口比例从 1981 年的 92.4％下降到 1990 年的 81％、1999 年的 61.7％和 2010 年的 29.7％。

---

[1] 大量文献的例子,参见 Ahuja 等(1997)、Nissanke 和 Thorbecke(2010)。

表 9.18 发展中国家贫穷变化的分解

地区	实际改变	效应		地区	实际改变	效应	
		增长	再分配			增长	再分配
东亚和太平洋地区				中东和北非			
1990—1999 年	−10.5	−10.7	0.2	1990—1999 年	−1.5	−0.6	1.0
1999—2010 年	−19.4	−19.2	0.2	1999—2010 年	−10.1	−8.0	−2.1
1990—2010 年	−30.0	−30.3	0.3	1990—2010 年	−11.6	−8.4	−3.3
东欧和中亚				南亚			
1990—1999 年	8.6	6.1	2.5	1990—1999 年	−9.0	−10.9	2.0
1999—2010 年	−11.5	−10.5	−1.0	1999—2010 年	−13.2	−12.0	−1.1
1990—2010 年	−2.9	3.9	1.0	1990—2010 年	−22.1	−23.3	1.2
拉丁美洲和加勒比地区				撒哈拉以南非洲			
1990—1999 年	−3.2	−5.3	2.1	1990—1999 年	−1.8	−1.4	−0.4
1999—2010 年	−7.9	−5.3	−2.6	1999—2010 年	−5.9	−6.0	0.0
1990—2010 年	−11.1	−10.2	−0.9	1990—2010 年	−7.7	−7.8	0.0

  注:列表显示了贫困人口比例变化的未加权均值,以及贫困变化分解的增长和再分配效应。基于 PovcalNet 中 76 个国家的子样本,所有分解所需的数据都可用。

  数据来源:根据 PovcalNet 的数据计算。

  中国在消除绝对贫困方面的进展是这一发展背后的关键因素(Minoiu and Reddy,2008;Ravallion and Chen,2007;World Bank,2009)。尽管向城市地区的移民发挥了一些作用,但主要还是农村地区大部分穷人的收益大幅增长;农业在 GDP 中发挥的作用超过第二产业和第三产业,主要是由于非集体化进程后的效率增长。Ravallion 和 Chen(2007)声称,20 世纪 80 年代前几年国家贫困率的减半主要来自土地改革。在一开始不平等程度相对较高的省份,减贫进展缓慢,主要是由于较低的经济增长率和较低的减贫增长弹性。1990 年,中国的贫困率比其他发展中国家高出约 25 个百分点,但到 21 世纪第一个 10 年末,其贫困率比平均水平低 10 多个百分点。[①]

  1990—2010 年,印度尼西亚的贫困率从 54% 下降到 18%(1.25 美元线贫困线)。其他东亚经济体也有类似的模式。柬埔寨从 58% 下降到 15%,泰国从 12% 下降到 0.4%,越南从 73% 下降到 14%。东亚和太平洋地区国家(密克罗尼西亚联邦、菲律宾、巴布亚新几内亚、东帝汶)下降幅度没有那么大,但也非常明显。根据亚洲开发银行(2012a,2012b)的数据,如果使用国家贫困线为标准,除了蒙古、密克罗尼西亚联邦、萨摩亚、东帝汶、汤加和图瓦卢,所有东亚与太平洋地区经济体的贫困率都下降了。就千年发展目标的减贫目标而言,在提供数据的 10 个经济体中,有 6 个已经实现了减贫目标,柬埔寨在 2015 年之前已经接近达成目标。

[①] 20 世纪 90 年代初期和 90 年代中期,贫困人数大幅度下降,但随后在 20 世纪 90 年代末至 21 世纪初,下降趋势停滞不前。Li 等(2013)认为,由于一些因素,例如,剩余贫困的很大一部分在地理上分散并且是暂时的,以及贫困对宏观经济增长的反应变得不那么敏感,进一步减贫变得更具挑战性(World Bank,2009)。2002 年以后采取的政策,如最低生活保障方案、新型农村合作医疗制度和新型农村养老保险制度等,都解决了其中一些因素。

老挝、菲律宾和东帝汶也在以相对较慢的速度朝着这一目标前进。

9.6.4.2 东欧和中亚

有证据显示,东欧和中亚的贫困在 20 世纪 90 年代有所加剧,在 21 世纪第一个 10 年则有所缓解。在苏联解体后,这些国家中的许多国家产出崩溃,加上恶性通货膨胀吞噬了储蓄,使大多数人的生活水平大幅度下降,贫困成为一个主要问题。[①] 但据 Simai(2006)的统计,该地区的贫困不是新现象,大多数国家早就存在广泛隐蔽失业,至少有十分之一的人口的收入低于生活水平。这种转变也涉及非货币性福祉方面的退步。过去的社会福利成就也受到挑战,最引人注目的是预期寿命的下降:1995 年,俄罗斯联邦男性的预期寿命仅为 58 岁,比中国男性少了 10 岁。

表 9.17 显示,无论使用何种贫困线、加权平均或未加权平均数,这些国家的贫困率一直远低于其他发展中地区,尽管低收入的独联体国家(乌兹别克斯坦、摩尔多瓦、亚美尼亚、吉尔吉斯斯坦、塔吉克斯坦)的数字远高于区域平均水平。1998 年俄罗斯金融危机爆发后,该地区经济恢复增长,贫困率开始下降。[②] 到 2004 年,该地区整体恢复到 1990 年的国内生产总值水平(World Bank,2005)。大多数减贫最初发生在人口众多的中等收入国家(哈萨克斯坦、俄罗斯联邦、乌克兰),最终发展到几乎遍布各地。学者们确定了贫困动态变化的四个主要(非独立)解释:(i)产出和工资的正增长;(ii)不平等的下降,一些国家(独联体国家)较贫困家庭的收入增长快于平均水平,而在其他国家(波兰、罗马尼亚)则不高于平均水平;(iii)公共转移的作用越来越大,覆盖面和充分性有所改善;(iv)私人汇款,很多情况下远远超过公共资金。

9.6.4.3 拉丁美洲和加勒比地区

自 20 世纪 70 年代以来,拉丁美洲的贫困估计总是主要基于收入而不是消费。[③] 尽管统计数据显示最初时减贫效果很弱,但研究人员也一致认为,在 20 世纪 70 年代,经济增长推动了该地区减贫(Altimir,1979,1996)。相比之下,20 世纪 80 年代的"失落的十年"的特点是经常性危机和产出停滞,导致社会绩效薄弱。拉丁美洲经济增长在 20 世纪 90 年代恢复,不平等程度上升,但是贫困下降幅度不大(Londonõ、Székely,2000 年)。21 世纪第一个 10 年的特殊经济状况和更加雄心勃勃的社会政策使这个十年的贫困指标大幅下降。Gasparini 等(2013)估计收入贫困人口比例(2.5 美元贫困线)从 20 世纪 70 年代初期的 36% 下降到 1980 年的 27.3%,在 1992 年缓慢上升到 27.8%,在 2003 年轻微下降到 24.9%,并在 2009 年大幅下降到 16.3%。[④] 该地区的穷人人数估计从 1992 年的 1.19 亿人下降到 2009 年的 0.89 亿人(Gasparini et al.,2013)。其他收入贫困和各种物质匮乏指标与这些结果一致,拉丁美洲和加勒比社会经济数据库的数据证实,尽管在 2009—2013 年国内生产总值增长率下降,但贫困率仍持续下降。21 世纪第一个 10 年社会指标的改善与至少两个因素有关:一方面,大部分地

---

① 1990 年前东欧和苏联加盟共和国的贫困问题在 Atkinson 和 Micklewright(1992)中有所讨论。
② 对于减贫增长弹性的分析,参见 World Bank(2005)第 1 章。
③ 在加勒比地区,贫困是根据消费支出估算的,但调查仍然很少,因此贫困变化很难监测。
④ 估计是基于 SEDLAC 的统计数据,Londonõ 和 Székely(2000),Wodon 等(2001),以及拉丁美洲所有国家的官方贫困估计数。

区经济增长强劲,就业率和劳动收入上升;另一方面,所有国家都促进了社会支出,并制定了雄心勃勃的社会保护体系,或扩大了现有社会保护体系的范围(Cruces and Gasparini,2012;López Calva and Lustig,2010)。

拉丁美洲地区各国在减贫方面的表现各有不同。虽然过去 20 年来,中美洲的收入贫困程度缓慢下降,但其他地区 21 世纪第一个 10 年的快速减贫,与 20 世纪 90 年代的低落甚至负面表现形成鲜明对比。[①] 拉丁美洲有一半以上人口居住在巴西或墨西哥。巴西的收入贫困率在 20 世纪 90 年代初期下降之后,有 10 年左右保持稳定,2.5 美元贫困线的贫困率在 1995 年为 27.8％,2003 年为 27.1％。此后,该国收入贫困率持续下降,2010 年降到 13.9％。20 世纪 90 年代中期,墨西哥经历了严重的经济危机(即所谓的"龙舌兰"危机),收入贫困率从 1992 年的 17.8％上升到 1995 年的 43.4％(SEDLAC 数据,2.5 美元贫困线)。到达这个最高点后,收入贫困率持续下降,于 2006 年降至 12％,在 21 世纪第一个 10 年后半期则没有进一步改善。

9.6.4.4　中东和北非

如 9.4 节所述,将中东和北非过去 40 年分为三个时期是有意义的。第一个时期持续到 20 世纪 80 年代中期,其经济增长强劲,1975—1984 年,该地区的平均人均收入增长率超过 4.5％。Adams 和 Page(2003)认为,鉴于中东和北非的收入分配相对平等,经济增长对该地区的减贫产生了强大的影响。然而很难对这个进展进行评估,因为 1985 年前只有突尼斯和埃及有家庭调查数据。Iqbal(2006)报告称,在突尼斯,贫困率从 1965 年的 51％下降到 1985 年的 16％,而埃及的成就也令人印象深刻,1975—1985 年,贫困率从 82％下降到 53％。Page(2007)估计,该地区的贫困率(2 美元贫困线)从 20 世纪 70 年代末的 57％下降到 20 世纪 90 年代初的 22％。

第二个时期指 20 世纪 80 年代末期和 20 世纪 90 年代的大部分时期,经济表现不佳,部分原因是碳氢化合物(油气)价格低廉,汇款和援助资金减少,以及改革成效甚微。平均来说,发展中的中东和北非国家的人均实际收入每年增长不到 1.5％。每天生活费低于 2 美元的人口比例在 10 年来大致保持在 22％左右(PovcalNet)。Iqbal(2006)报告说,"到 2001 年,约有 5200 万人是穷人,与 1987 年的情况相比,绝对数量增加了大约 1150 万人"。20 世纪 90 年代是中东和北非地区发展中经济体经济增长和减贫的"失去的十年"(Page,2007)。

贫困率的下降模式似乎在 21 世纪第一个 10 年已经恢复。贫困率(2 美元贫困线)从 1999 年的 22％下降到 2010 年的 12％。据 PovcalNet 的数据,20 世纪 90 年代,每天生活费不到 2 美元的人数增加了 700 万人,然后在 21 世纪第一个 10 年减少了 2000 万人(从 6000 万到 4000 万)。在 20 世纪 90 年代,三分之一的中东和北非国家的贫困率下降,但在 21 世纪第一个 10 年,所有经济体的贫困率都有所下降(可能要排除也门)。

[①] SEDLAC 的数据显示,使用 2.5 美元的国际贫困线,南美洲南部的平均(未加权)贫困率从 1992 年的 17.7％上升到 2003 年的 18.5％,到 2010 年下降到 9.1％。同期安第斯地区平均贫困率首次从 30.2％上升至 33％,然后下降至 17.5％。相比之下,20 年间,中美洲的贫困率下降得更为均匀:1992 年为 33.3％,2003 年为 28.6％,2010 年为 23.1％。

9.6.4.5 南亚

南亚在过去15年中取得了令人瞩目的经济增长。自1996年以来到最近的全球危机,该地区的国内生产总值增长率每年超过5%,因此贫困率大大降低。孟加拉国、印度和尼泊尔1996—2010年的绝对贫困率(贫困人口比例,1.25美元线)分别下降了18个百分点、15个百分点和43个百分点。巴基斯坦的绝对贫困率在2002—2010年下降了22个百分点。Devarajan和Nabi(2006)乐观地预期,如果增长率每年提高到10%,则该地区在2015年的贫困率将会降到一位数。这实际上已经在斯里兰卡(贫困率从1996年的17%下降到2010年的4%)以及马尔代夫(根据2006年人口普查,大约只有1%的人每天的生活费不到1美元)发生了。

经济增长有助于降低贫困率,但Ghani(2010)从悲观的角度指出,贫困率的下降速度并没有快到足以减少贫困人口的总数。那些每天的生活费不到1.25美元的人从1981年的5.49亿人增加到2005年的5.95亿人。在印度,这些穷人中有四分之三居住在这个国家,这个数字从1981年的4.2亿人增加到2005年的4.55亿人(Ravallion et al.,2009)。根据最近的观察,情况似乎略有改善。

9.6.4.6 撒哈拉以南非洲

撒哈拉以南非洲国家的经济和社会表现令人沮丧。大多数国家获得独立50年后,撒哈拉以南非洲国家的贫困程度仍然很高,实际上是世界上最高的。幸运的是,经过多年的经济疲软,最后10年似乎有一些改善的迹象。根据PovcalNet的数据,1981—1999年,每日1.25美元贫困线的贫困率从51%上升到58%,而2美元线的贫困率从72%上升到77%(未加权统计数据区别并不是很大)。① 由于人口的增加,这些年在撒哈拉以南非洲地区,每日生活费不到1.25美元的人口几乎翻了一番,从2.05亿人增加到3.77亿人。与其他发展中国家相比,这些结果确实令人失望。生活在撒哈拉以南非洲地区的世界贫困人口比例从1981年的11%上升到1999年的22%。Artadi和Sala-i-Martin(2003)发现,20世纪70年代,随着该地区人均收入情况的恶化,撒哈拉以南非洲地区的贫困率一直在49%左右,并在20世纪80年代和90年代初飙升,1995年达到60%。他们报告说,1980—2000年,全球贫困率下降了近50%,而撒哈拉以南非洲地区上升了27%。

继20世纪80年代到90年代初令人沮丧的表现之后,撒哈拉以南非洲地区开始有了一些经济和社会方面的进步。20世纪90年代中期以来,贫困程度从高点大幅度下降;事实上,从那个时期到21世纪第一个10年末,赤贫的减少与发展中国家的其他国家相似。Chen和Ravallion(2012)强调,撒哈拉以南非洲自1981年以来每日生活费低于1.25美元的人口份额首次下降到50%以下。贫困的变化与经济增长密切相关。据Fosu(2010)的统计,自20世纪90年代中期以来,撒哈拉以南非洲的贫困率每年下降约0.5个百分点,与南亚的记录相当。Sala-i-Martin和Pinkovskiy(2010)估计,自1995年以来,非洲的贫困率一直在稳步下降。根据这些作者的研究,2006年非洲贫困率为31.8%,比1995年下降30%,比1990年下降28%。

---

① 根据4美元线,撒哈拉以南非洲国家超过90%的人口实际上被认为是穷人。

21 世纪第一个 10 年的贫困程度下降得相当广泛:如前所述,根据 PovcalNet 的数据,三分之二的撒哈拉以南非洲国家的贫困率下降超过 5%。Sala-i-Martin 和 Pinkovskiy(2010)发现,无论是内陆国家还是沿海国家,矿产资源丰富的国家还是矿产资源匮乏的国家,农业发达的国家还是农业条件不利的国家,其贫困率都在下降。因此贫困率的大幅度下降不是由任何特定的国家或一组国家驱动的。然而,Fosu(2009)强调了跨国经验的巨大异质性。例如,虽然博茨瓦纳的经济高速发展,但贫困率的下降幅度非常小,但加纳在其相对一般的经济增长下完成了相当大幅度的减贫,Fosu(2009)将这种对比归因于两国间收入不平等水平的差异。

尽管在撒哈拉以南非洲地区的反贫困斗争取得了令人鼓舞的进展,但 Chen 和 Ravallion(2012)警告说,调查数据的可用性滞后、数据可比性和覆盖率等问题引起了人们对这一积极趋势到底有多强劲的关注。

9.6.5　贫困趋同

鉴于经济体在社会改善方面的异质性,一个自然的问题是,物质贫乏率高的国家是否有较高的减贫率,即是否存在贫困趋同(Ravallion,2012)。[①] 图 9.23 显示,在绝对值意义上存在一定的贫困趋同迹象,但在相对意义上则不明显。[②] 1981 年的贫困程度(2 美元线)与 1981—2010 年的年度变化呈负相关,但不是按比例变化(年度对数差异)。在图 9.23 的左图中,基于稳健(White)标准误差,回归线的斜率为 -0.009,t 比率为 -4.51。这一结果意味着,平均而言,贫困率较高的国家的贫困程度绝对下降幅度较大,但由于国家间的差异很小,因此贫困趋同度不成比例。

其他贫困指标、贫困线和贫困时间段的结果也类似(见表 9.19)。贫困的绝对变化的系数是负数,但是很小,而比例变化的系数总体上是正的,尽管在大多数情况下是非显著的。[③]

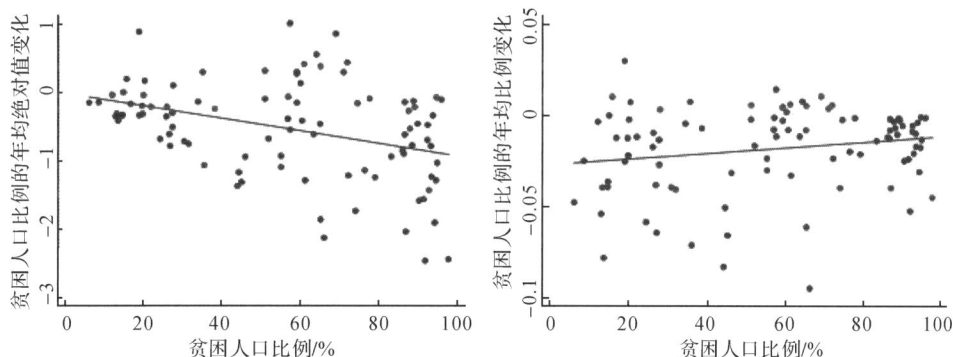

图 9.23 1981—2010 年发展中国家之间的贫困趋同

注:贫困程度根据人均消费/收入分配并通过购买力平价每天 2 美元的线计算得出。

数据来源:基于 PovcalNet(2013)计算。

[①] 在这种情况下使用"贫困趋同"一词并不完全透明。另一种(更为微不足道)替代方案是评估贫困率是否趋于零,检查贫困变化是否为负。

[②] 分析仅限于初始贫困率在 5% 以上的国家。

[③] 图 9.23 中的第一个小组意味着,在初始贫困程度较高的情况下,绝对变化的分散程度将会增加。分位数回归分析证实,回归线的斜率对于较低的分位数(在减贫方面是高绩效者)是负面的和显著的,对于较高的分位数来说,统计学上不显著。跨位数斜率的系统差异表明,贫困趋同取决于超出初始贫困程度的因素。

Ravallion(2012)认为,尽管有平均收入趋同和经济增长对减贫的影响等方面的证据,但按比例贫困趋同的缺乏表明增长和减贫的动态过程直接取决于初始的贫困水平。他列举了作为一个贫困程度高的国家的两个不利影响的证据:首先,这些国家往往以较慢的速度增长,受制于起初平均水平,第二,高贫困率意味着经济增长在减贫方面的"生产力"降低(贫困增长弹性较低)。

表 9.19　发展中国家间的贫穷趋同(贫困变化回归的初始贫困系数)

指标	贫困线	1981—2010 年		1990—2010 年		1999—2010 年	
		绝对变化	比例变化	绝对变化	比例变化	绝对变化	比例变化
总人数	1.25 美元	−0.017*** (0.002)	0.001 (0.004)	−0.018*** (0.003)	0.010* (0.004)	−0.016*** (0.004)	0.023*** (0.006)
总人数	2 美元	−0.009*** (0.002)	0.006 (0.004)	−0.008*** (0.002)	0.016** (0.004)	−0.008** (0.004)	0.028*** (0.007)
贫富差距	1.25 美元	−0.021*** (0.002)	−0.007 (0.004)	−0.026*** (0.003)	−0.001 (0.005)	−0.024*** (0.005)	0.014** (0.007)
贫富差距	2 美元	−0.016*** (0.002)	0.001 (0.004)	−0.018*** (0.003)	0.010* (0.005)	−0.016*** (0.004)	0.024*** (0.008)
贫富差距平方	1.25 美元	−0.024*** (0.002)	−0.013** (0.004)	−0.032*** (0.004)	−0.008 (0.006)	−0.030*** (0.007)	0.006 (0.006)
贫富差距平方	2 美元	−0.020*** (0.002)	−0.005 (0.004)	−0.024*** (0.003)	0.002 (0.004)	−0.022*** (0.005)	0.014*** (0.005)

注:括号中为标准误。* 表示在 10% 的水平上显著,** 表示在 5% 的水平上显著,*** 表示在 1% 的水平上显著。

数据来源:基于 PovcalNet(2013)计算。

9.6.6　贫困与增长

贫困的变化与收入增长密切相关。大量经济文献证明,随着经济的增长,绝对贫困率趋于下降。[1] 考虑的增长周期越长,增长因素对贫困变化的影响比例越大(Ferreira,2010)。图 9.24 说明了这种关系,显示出贫困与两种平均收入的关系:国民账户中获得的人均国民总收入和家庭调查中获得的人均消费。该图显示了 1981—2010 年发展中国家的这些变量的未加权平均值。平均而言,20 世纪 80 年代和 90 年代初,发展中国家疲软的经济表现阻碍了减贫发展。自 20 世纪 90 年代中期以来,发展中世界大多数国家的经济增长有所恢复,这一进程在 21 世纪第一个 10 年加速,导致所有收入贫困指标持续下降。在这 10 年结束时,由于与国际危机有关的几个发展中国家的经济表现不佳,这种下降模式有所减缓,但没有停止。

---

[1] 大量文献的例子,参见 Chen 和 Ravallion(1997)、World Bank(2000)、Ravallion(2001,2007,2002)、Dollar 和 Kraay(2002)、Fields(2002)、Bourguignon(2003)、Besley 和 Burgess(2003)、Kraay 和 Fosu(2011)。

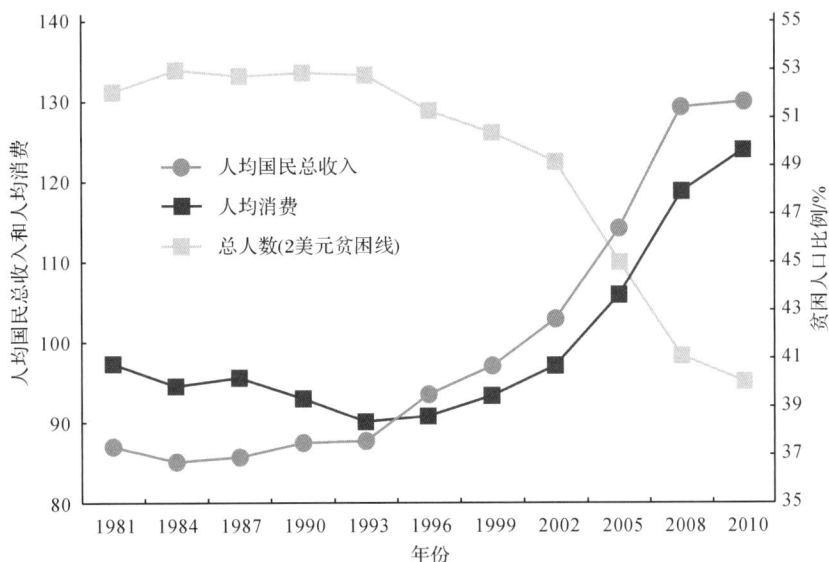

图 9.24　1981—2010 年发展中国家人均国民收入、人均消费和贫困人口比例(未加权平均数)

注:按 2005 年购买力平价不变价美元计算人均国民总收入,按 2005 年不变价美元计算家庭调查人均消费。发展中国家的未加权平均值,显示以 100 为平均值的系列。贫困率基于每日 2 美元贫困线来计算发展中国家未加权平均值。

数据来源:基于 PovcalNet(2013)计算。

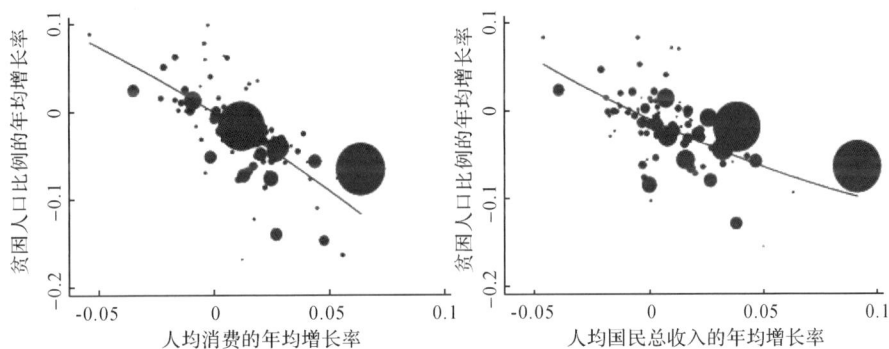

图 9.25　1981—2010 年发展中国家的增长和减贫

注:横轴显示 1981—2010 年家庭调查以 2005 年不变价美元衡量的人均消费的年均增长率(面板 1)和以 2005 年不变购买力平价美元衡量的人均国民总收入的年均增长率(面板 2);纵轴显示同期贫困人口比例的年均增长率(1.25 美元贫困线)。每个圆圈的大小与 2010 年的国家人口成正比。

数据来源:基于 PovcalNet(2013)计算。

图 9.25 是减贫与经济增长之间关系的另一个例证。这个数字表明,无论是从住户调查中获取的人均消费支出还是来自国民账户的国民总收入来看,贫困的变化与经济增长呈密切负相关。请注意两个分图的拟合线近似通过(0,0)点。

由于减贫与增长之间存在正相关关系已经成为共识,所以这一领域的研究主要集中在估计相应弹性的大小方面,这一问题可能具有相关的政策含义。如果(弹性)相当高,那么几乎完全依赖经济增长的减贫战略可能是合理的。然而如果弹性较低,减贫战略可能要兼顾经济增长和一定的再分配(Bourguignon,2003)。减贫的增长弹性通常是将样本期间的贫困指标中的年比例变化与平均收入年增长率(调查的人均收入或消费,以及人均国内生产总值、国民总收入或国民账户的总私人消费)进行回归估计的。在没有控制的回归中,所得到的系数是总弹性,而通过保持不等和其他因子恒定可以获得部分弹性。

根据 1981—1994 年 67 个国家的数据,利用 1 美元贫困线,Ravallion 和 Chen(1997)发现贫困增长弹性的中心估计值为-3.1。其他研究者估计的价值略低(绝对值):World Bank(2000)约为-2,Bourguignon(2003)为-1.6,Adams(2004)为-2.6,Ferreira 和 Ravallion(2009)为-1.8。最近,Ravallion(2012)报道 1.25 美元线的弹性为-1.4。使用国民账户人均消费增长率时,弹性较低(-0.8),使用较高的贫困线时,弹性较低。回归系数的置信区间通常较宽。Ravallion(2007)报道,95%的置信区间意味着在贫困程度为 40%的情况下,2%的年均增长率可能使贫困率下降 1%—7%。

使用最新版本的 PovcalNet 数据获得的 1981—2010 年减贫总增长弹性的估计如表 9.20 所示。[①] 所有弹性为负,显著性水平为 1%。按照每天 1.25 美元以下的人口比例衡量,减贫的增长弹性约为-1.5。表 9.20 的结果表明,考虑到更高的贫困线时,弹性的绝对值较低。使用国民账户的国民总收入,弹性在 21 世纪第一个 10 年前一直较低,表明家庭调查中报告的消费与国民账户(NAS)估计的产出之间有相对趋势的变化。一般来说,与前几十年相比,两个来源估计的弹性绝对值在 21 世纪第一个 10 年都有所增加,表明这个期间不平等程度在下降,增长更好地转化为穷人的福利。例如,虽然在 1981—2010 年使用 1.25 美元线和人均消费得到的弹性为-1.53,但将分析限于 21 世纪第一个 10 年时,弹性为-1.83。

表 9.20 发展中国家总贫困增长弹性

指标	贫困线	人均消费			人均国民总收入		
		1981—2010 年	1990—2010 年	1999—2010 年	1981—2010 年	1990—2010 年	1999—2010 年
总人口	1.25 美元	-1.53	-1.56	-1.83	-1.46	-1.51	2.16
	2 美元	-1.39	-1.41	-1.68	-1.17	-1.19	-1.91
	4 美元	-1.30	-1.38	-1.10	-0.78	-0.81	-1.21
贫富差距	1.25 美元	-1.75	-1.77	-1.87	-1.44	-1.47	-2.09
	2 美元	-1.50	-1.47	-1.85	-1.35	-1.30	-1.83
	4 美元	-1.41	-1.47	-1.39	-0.95	-0.98	-1.54
贫富差距平均	1.25 美元	-2.18	-2.25	-1.87	-1.50	-1.52	-1.87
	2 美元	-1.60	-1.52	-1.86	-1.44	-1.29	-1.91
	4 美元	-1.40	-1.43	-1.54	-1.04	-1.04	-1.71

注:所有弹性在 1%的水平上是显著的。

数据来源:基于 PovcalNet(2013)计算。

[①] 该样本包括 76 个国家的 725 个样本,可以为整个期间提供一致的信息。当我们将分析限制到更近的时期时,结果不会有很大变化,这表示允许更大的国家样本。

到目前为止,我们已经报告了总体弹性,这可以看作是贫困与增长相互作用的总结性测量。文献通过在分析中增加其他变量,通常是不平等和发展指标,试图改进这种表征。实证证据支持了这样的直觉:更高的不平等程度倾向于通过让穷人不能享受增长的收益来降低弹性的绝对值(Kraay,2006;Ravallion,1997,2001)。[1] 例如,根据 1981—2005 年 65 个国家的样本,并使用 1 美元的贫困线,World Bank(2005)报告说,低不平等国家的贫困增长弹性最高(约为-4.0,包括 20 年代中期有基尼数据的国家),高不平等国家的贫困增长弹性最低(基尼系数在 60 左右的国家,弹性接近-1.0)。不平等的变化也被认为是弹性的重要直接决定因素。例如,Ravallion(2001)发现,在增长的经济体中,不平等程度日益下降的国家的贫困率(1 美元贫困线)的中位数是每年 10%,而不平等现象日益加剧的国家的值为 1%。

利用在 20 世纪 80 年代中期到 20 世纪 90 年代中期 26 个发展中国家的 114 个增长期的样本,Bourguignon(2003)发现,在没有控制的模型中,弹性为-1.6,而在控制基尼系数的变化时,则为-2。后一种模型将 R^2 从 0.266 增加到 0.419,表明分配变化的异质性和增长速度的异质性一样会导致增长期间的贫困变化的不同情况。Bourguignon(2003)也发现,增长率与初始不平等水平以及发展水平(由平均收入贫困线代表)这两者的交互项系数为正且显著。他还报告了基尼系数改变与这两个变量的交互项系数为负。表 9.21 中的前四列使用了 30 年的更大的数据集,总体上证实了 Bourguignon(2003)的结果。[2]

结果表明,减少不平等可能带来双重红利:第一,在给定增长率水平下,较低的不平等程度与较低的贫困程度直接相关;第二,较低的不平等意味着贫困对特定增长率的反应更灵敏,也就是在一定的经济增长率下,减贫更快。Ravallion(2007)解释了较低的不平等程度对于减贫的影响,假设有一个贫困发生率为 40%、每年增长率为 2% 的国家,如果初始基尼系数为 30,则将贫困减少一半需要 11 年,如果基尼系数为 60,则需要 35 年。

Ravallion(2012)的研究发现,初始贫困率较高的国家(参见表 9.21 中的最后两列),减贫的(绝对)增长弹性往往较低。Ravallion(2012)发现,初始贫困率较高的弹性具有较大的衰减效应:初始贫困率为 10%,弹性为-2.2,而贫困率为 80% 时弹性为-0.5。这一结果在多种条件下都具有稳健性,包含考虑初始基尼系数的交互效应、不变洛伦兹曲线条件下的减贫部分弹性、小学入学率、预期寿命、投资品价格和区域虚拟变量等因素。

遗憾的是,尽管本节讨论的减贫增长弹性的特征是有用的,但文献仍然远远不能清楚地确定弹性差异背后的结构因素,因此关于可能促进经济增长对贫困的更大影响的具体政策的探讨相对来说还远远不够。

---

[1] 虽然直觉是引人注目的,但结果在理论上是模糊的。参见 Ravallion(2007)的一个证明,Bourguignon(2003)提出了假设对数正态性的产生明确结果的情况。

[2] 相反,与 Bourguignon(2003)不同,在对数正态假设下,对于增长率与贫困增长弹性的理论值之间的相互作用,我们没有找到接近-1 的系数。

表 9.21　1981—2010 年发展中国家贫困人口比例的年化比例变化回归

指标	以……为条件					
	无条件	不平等与发展			贫困	
	(1)	(2)	(3)	(4)	(5)	(6)
g = 人均消费增长率	-1.391*** (0.147)	-1.467*** (0.144)	-2.879*** (0.570)	-2.910*** (0.590)	-2.111*** (0.206)	-2.073*** (0.188)
dGini = 基尼系数的变化		1.488*** (0.265)	1.566*** (0.279)	3.195*** (1.206)		
人均消费增长量×初始基尼系数			0.022* (0.013)	0.023* (0.014)		
人均消费增长量×(贫困线/平均消费)			0.903*** (0.094)	0.879*** (0.101)		
基尼系数的变化×初始基尼系数				-0.019 (0.027)		
基尼系数的变化×(贫困线/平均消费)				-1.666*** (0.345)		
人均消费增长率×初始贫困率					0.021*** (0.003)	0.021*** (0.003)
初始贫困率对数						-1.559* (0.927)
截距	0.150 (0.225)	-0.008 (0.203)	0.187 (0.154)	0.064 (0.208)	-0.255** (0.122)	4.108 (2.655)
观测值	725	695	695	695	725	725
R^2	0.414	0.502	0.583	0.610	0.508	0.516

注:1981—2010 年 76 个样本国家信息。贫困指标=贫困率,每天 2 美元贫困线。利用家庭调查中人均消费计算增长率。* 表示在 10% 的水平上显著,** 表示在 5% 的水平上显著,*** 表示在 1% 的水平上显著。

数据来源:基于 PovcalNet(2013)计算。

9.6.7　相对贫困

到目前为止,我们已经讨论了绝对贫困,即维持贫困线的实际值在一定时间内不变。另外一种衡量方式是相对贫困,即调整贫困线的实际值以反映经济福利一般指标的变化。尽管发展中国家相对贫困的测量并不普遍,但持续的经济增长也引发了一些国家(如中国和印度)绝对贫困线的更新,促进了相对贫困问题的讨论。对相对贫困的测量有两个意义,第一,贫困的定义依赖于一定的社会规范,而这些规范会因国家不同、发展过程不同而不同;第二,即使社会规范保持不变,如果个人福利水平取决于与社会其他人比较而言的相对消费水平,那么在福利领域的绝对贫困线也需要参考消费领域的相对贫困线。

典型的相对贫困线定义为分配平均值的不变比例,意味着当所有收入以相同的速度增长时,贫困程度不会下降。这个结果被许多作者认为是有问题的,他们喜欢"弱相对"的衡量方式,即贫困线不再是平均收入的固定比例。例如,在 Atkinson 和 Bourguignon(2001)之后,

Ravallion 和 Chen(2011)提出:当平均值低于某一临界水平时,贫困线保持不变;当超过这一水平时,贫困线以小于 1 的弹性随之上升。具体而言,他们将时间 t 的国家 i 的线设为 $z_{it} = \max[\,\$1.25\,,\,(\$1.25+M_{it})/2\,]$,其中 M_{it} 是具体国家日期的平均值。图 9.26 显示了发展中国家弱相对贫困人口比例的总体趋势下降。这种下降幅度相对较小,因此这一变量的贫困人口实际从 1981 年的 23 亿人增加到 2008 年的 27 亿人。虽然最小二乘法(OLS)回归中的贫困比例(日志年化差异)与平均增长率之间的系数在绝对贫困变量下为-1.89(标准误差 = 0.23),在相对贫困变量下为-0.38(标准误差 = 0.08)。只有东亚地区相对贫困人口比例明显下降:从 1981 年的 81％降至 2008 年的 42％。事实上,这是唯一根据这个指标测算的贫困人口比例下降的地区。20 世纪 90 年代,大部分地区的弱相对贫困人口比例上涨或保持不变,21 世纪第一个 10 年开始缓慢下降。

图 9.26　1981—2008 年发展中国家贫困人口比例与绝对和弱相对贫困线

资料来源:Ravallion 和 Chen(2011)。

　　在表 9.22 中,我们将 Ravallion 和 Chen(2011)的估计扩展到 2010 年,并增加了强相对贫困(平均收入的 50％)和固定值贫困的估计,通过将相对线(平均收入的 50％)"锚定"到 1990 年的值计算,仅通过国内价格变动来更新(参见本卷第 8 章)。我们对贫困趋势的理解因方法不同而不同:1990—2010 年,虽然未加权固定贫困率下降了 32％,但相对贫困率强劲上升了 2％。在考虑人口加权统计数据时,差异甚至更大。

表 9.22　1990—2010 年发展中国家绝对贫困和相对贫困

年份	未加权				加权			
	绝对(2 美元贫困线)	弱相关(RC)	强相关	固定值	绝对(2 美元贫困线)	弱相关(RC)	强相关	固定值
1990	40.6	46.5	28.0	28.0	64.7	54.1	19.7	19.7
1993	39.8	47.9	29.0	32.9	62.7	53.7	21.1	19.1

续　表

年份	未加权				加权			
	绝对(2美元贫困线)	弱相关(RC)	强相关	固定值	绝对(2美元贫困线)	弱相关(RC)	强相关	固定值
1996	38.6	47.4	29.1	32.1	58.0	51.4	22.0	17.1
1999	38.3	47.5	30.1	31.9	56.7	50.2	22.9	16.9
2002	36.7	46.9	30.1	29.6	52.5	49.5	23.7	15.2
2005	32.3	45.0	29.5	24.8	45.6	46.5	23.7	12.3
2008	28.7	43.2	29.0	19.9	42.1	46.1	24.9	9.9
2010	27.7	42.4	28.6	18.9	39.4	45.6	26.6	9.5

注:根据 Ravallion 和 Chen(2011)计算的弱相对贫困。强相对线定为平均收入的50%。通过将相对线(平均收入的50%)"固定"到1990年的值中来计算的固定值贫困,仅通过国内价格变动更新贫困程度。

数据来源:根据 PovcalNet 数据(76个国家样本)进行计算。

9.7　结束语

由于研究人员、各国政府和国际组织越来越多的努力,最近几十年的分配分析信息的可用性有了显著的改善。可以肯定的是,现在对于发展中世界的不平等和贫困状况的理解比20世纪90年代末本手册第一卷撰写时的清晰得多。然而仍然存在巨大的数据限制,这种理解还只是非常粗略地近似现实,一些国家缺乏家庭调查,还有一些国家的调查没有持续性。随着时间的推移,方法的变化是频繁的,这通常意味着数据收集的改进,但同时引入了难以应对的与以往调查的可比性问题。家庭调查在捕获一些收入和消费项目、处理选择性遵守和报告不足方面存在地方性问题。与国民账户总额的差距(通常随时间而变化)表明了存在令人不安的测量误差。国家之间的可比性是另一大问题;国家机构之间几乎没有努力来规范调查或至少规范一些收集和处理信息的标准。另一个值得关注的问题是难以获得分配统计数据的统计置信区间,因为代理机构未报告它们,或者未提供有关抽样问题的信息,或者未发布微观数据。[①] 总之,为了更准确地描述和跟踪分配变化,我们需要更多的努力来扩大家庭调查的覆盖面,提高其频率,提高他们在各国的可靠性和可比性。对发展中国家贫困与不平等的准确评估还有很长的路要走。

从现有的数据中可以得到一些普遍的事实,高贫困率和不平等是发展中世界的普遍特征,但也不是不可改变的。有证据表明,发展中国家的绝对收入贫困程度大幅度下降,主要由20世纪80年代和20世纪90年代的东亚驱动,并在21世纪第一个10年扩展到其他发展中国家。大多数国家和整个世界的收入贫困已经减少,使得实现第一个千年发展目标成为可能。尽管取得了这些积极的成果,但仍有值得担忧的地方。消除贫穷的任务仍然是非常具有挑战性的:约有12亿人每天的生活费不到1.25美元,标准极低。此外,在过去几十年

———————————

① 计算统计置信区间的方法很容易实现,见本书第6章。

里,大多数成功越过1.25美元大关的人,按中等收入发展中国家的标准衡量,仍然很贫穷,而且如果经济形势继续恶化,他们仍然高度脆弱。此外由于经济增长,对相对贫困的关注可能越来越重要,在这个意义上的证据不那么乐观。

有关相对收入不平等的证据表明,发展中国家的平均收入不平等程度比30年前有所加剧。这些模式因时期和地区的不同而有所不同。不平等在20世纪80年代末和90年代加剧,东欧和中亚的变化更大,这可能是从中央计划经济向市场经济转变的结果;在东亚可能是经济腾飞的结果;在拉丁美洲可能是不断发生的宏观经济危机和一些结构性转变的结果。在21世纪第一个10年,分配的变化变得更加均衡,但相当温和,而且国家之间存在相当大的异质性。事实上,在这个社会广泛改善的10年中,约有三分之一的国家的不平等程度并没有降低,减少不平等现象无疑仍然是发展中国家的首要关切。

致谢

法昆多·阿尔瓦雷多来自牛津大学经济建模/量化金融研究所、巴黎经济学院、阿根廷国家科学技术研究理事会;莱昂纳多·加斯帕里尼来自阿根廷拉普拉塔国立大学经济学院—分配、劳工和社会研究中心、阿根廷国家科学与技术研究委员会。本章是莱昂纳多·加斯帕里尼在哥伦比亚大学做访问教授时完成的。我们非常感谢参加"巴黎收入分配经济学最新进展"会议的参会者,参加AAEP会议(Rosario)的参会者,感谢托马斯·皮凯蒂,特别是安东尼·阿特金森和弗朗索瓦·布吉尼翁提出的宝贵意见和建议。我们还感谢大卫·若姆(David Jaume)、达里奥·托尔塔罗洛(Darío Tortarolo)、卡罗莱娜·洛佩斯(Carolina López)、朱利安·阿门多拉金(Julian Amendolaggine)、圣地亚哥·加甘塔(Santiago Garganta)、弗洛伦西亚·平托(Florencia Pinto)、巴勃罗·格鲁兹曼(Pablo Gluzmann)、利奥波多·托尔纳罗利(Leopoldo Tornarolli)、哈维尔·阿莱霍(Javier Alejo)、胡安·佐洛亚(Juan Zoloa)和卡罗莱娜·加西亚·多梅奇(Carolina García Domench)(都来自分配、劳动和社会研究中心)出色的研究帮助。文责自负。非常感谢ESRC-DFID联合基金和INET的财务支持。

附录

表1 按地区和人口列出的发展中国家名单

地区及国家	人口/百万人	数据
东亚和太平洋地区		
柬埔寨	13.823	X
中国	1324.655	X
斐济	0.844	X
印度尼西亚	234.951	X
基里巴斯	0.097	

续　表

地区及国家	人口/百万人	数据
韩国	24.126	
老挝	6.022	X
马来西亚	27.502	X
马绍尔群岛	0.053	
密克罗尼西亚联邦	0.110	X
蒙古	2.667	X
缅甸	47.250	
帕劳	0.020	
巴布亚新几内亚	6.549	
菲律宾	90.173	X
萨摩亚	0.182	
所罗门群岛	0.510	
泰国	68.268	X
东帝汶	1.078	X
汤加	0.103	
图瓦卢	0.010	
瓦努阿图	0.228	
越南	85.122	X
东欧和中亚		
阿尔巴尼亚	3.181	X
亚美尼亚	3.079	X
阿塞拜疆	8.763	X
白俄罗斯	9.602	X
波黑	3.774	X
保加利亚	7.623	X
克罗地亚	4.434	X
捷克	10.424	X
爱沙尼亚	1.341	X
格鲁吉亚	4.384	X
匈牙利	10.038	X
哈萨克斯坦	15.674	X
吉尔吉斯斯坦	5.319	X
拉脱维亚	2.266	X
立陶宛	3.358	X

续 表

地区及国家	人口/百万人	数据
马其顿	2.053	X
摩尔多瓦	3.570	X
黑山	0.629	X
波兰	38.126	X
罗马尼亚	21.514	X
俄罗斯联邦	141.950	X
塞尔维亚	7.350	X
斯洛伐克	5.407	X
斯洛文尼亚	2.021	X
塔吉克斯坦	6.691	X
土耳其	70.924	X
土库曼斯坦	4.918	X
乌克兰	46.258	X
乌兹别克斯坦	27.303	X
拉丁美洲和加勒比地区		
安提瓜和巴布达	0.087	
阿根廷	39.714	X
伯利兹	0.322	X
玻利维亚	9.618	X
巴西	191.543	X
智利	16.796	X
哥伦比亚	45.006	X
哥斯达黎加	4.522	X
古巴	11.267	
多米尼克	0.068	
多米尼加	9.665	X
厄瓜多尔	14.057	X
萨尔瓦多	6.130	X
格林纳达	0.104	
危地马拉	13.691	X
圭亚那	0.752	X
海地	9.736	X
洪都拉斯	7.303	X
牙买加	2.687	X

续　表

地区及国家	人口/百万人	数据
墨西哥	110.627	X
尼加拉瓜	5.636	X
巴拿马	3.406	X
巴拉圭	6.230	X
秘鲁	28.463	X
圣基茨和尼维斯	0.051	
圣卢西亚	0.170	X
圣文森特和洛林纳丁森	0.109	
苏里南	0.515	X
特立尼达和多巴哥	1.331	X
乌拉圭	3.334	X
委内瑞拉	27.935	X
中东和北非		
阿尔及利亚	34.428	X
吉布提	0.856	X
埃及	78.323	X
伊朗	72.289	X
伊拉克	30.178	X
约旦	5.787	X
黎巴嫩	4.167	
利比亚	6.150	
摩洛哥	31.321	X
叙利亚	19.638	X
突尼斯	10.329	X
也门	22.627	X
南亚		
阿富汗	32.518	
孟加拉国	145.478	X
不丹	0.701	X
印度	1190.864	X
马尔代夫	0.308	X
尼泊尔	28.905	X
巴基斯坦	167.442	X
斯里兰卡	20.217	X

续　表

地区及国家	人口/百万人	数据
撒哈拉以南非洲		
安哥拉	18.038	X
贝宁	8.356	X
博茨瓦纳	1.955	X
布基纳法索	15.515	X
布隆迪	7.943	X
喀麦隆	18.759	X
佛得角	0.487	X
中非	4.238	X
乍得	10.654	X
科摩罗	0.697	X
刚果民主共和国	62.475	X
刚果共和国	3.836	X
科特迪瓦	18.987	X
厄立特里亚	4.948	
埃塞俄比亚	79.446	X
加蓬	1.450	X
冈比亚	1.636	X
加纳	23.264	X
几内亚	9.559	X
几内亚比绍	1.454	X
肯尼亚	38.455	X
莱索托	2.127	X
利比里亚	3.658	X
马达加斯加	19.546	X
马拉维	14.005	X
马里	14.460	X
毛里塔尼亚	3.295	X
毛里求斯	1.269	
莫桑比克	22.333	X
纳米比亚	2.200	X
尼日尔	14.450	X
尼日利亚	150.666	X
卢旺达	10.004	X

续　表

地区及国家	人口/百万人	数据
圣多美和普林西比	0.160	X
塞内加尔	11.787	X
塞舌尔	0.087	X
塞拉利昂	5.612	X
索马里	8.922	
南非	48.793	X
南苏丹	8.977	
苏丹	32.438	X
斯威士兰	1.032	X
坦桑尼亚	42.268	X
多哥	5.777	X
乌干达	31.339	X
赞比亚	12.380	X
津巴布韦	12.452	

注:数据列中的"X"表示该国在 PovcalNet 中有分配信息。

数据来源:人口数据来自《联合国人口年鉴》。

参考文献

Acar, S., Dogruel, F., 2012. Sources of inequality in selected MENA countries. Struct. Chang. Econ. Dyn. 23 (3), 276-285.

Adams, R., 2004. Economic growth, inequality and poverty: estimating the growth elasticity of poverty. World Dev. 32 (12), 1989-2014.

Adams Jr., R., Page, J., 2003. Poverty, inequality and growth in selected Middle East and North Africa countries, 1980-2000. World Dev. 31 (12), 2027-2048.

Ahluwalia, M., Cartner, N., Chenery, H., 1979. Growth and poverty in developing countries. J. Dev. Econ. 6 (3), 299-341.

Ahuja, V., Bidani, B., Ferreira, F., Walton, M., 1997. Everyone's miracle? Revisiting poverty and inequality in East Asia. Directions in Development. The World Bank, Washington, D.C.

Alatas, V., Bourguignon, F., 2000. The evolution of the distribution of income during Indonesian fast growth: 1980-1996. Princeton University, Princeton (unpublished).

Alejo, J., 2012. Educación y Desigualdad: una metodología de descomposición basada en dos interpretaciones de la ecuación de Mincer. Evidencia para Argentina. In: Anales de la XLVII

Reunión Annual de la Asociación Argentina de Economía Política, Trelew, Argentina.

Alejo, J., Bérgolo, M., Carbajal, F., 2013. Las Transferencias Públicas y su impacto distributivo: La Experiencia de los Países del Cono Sur en la década de 2000. CEDLAS working paper 141 (February, 2013).

Altimir, O., 1979. La Dimensión de la pobreza en América Latina. Cuadernos de la CEPAL, vol. 27. United Nations, Santiago.

Altimir, O., 1996. Cambios de la desigualdad y la pobreza en la América Latina. Trimest. Econ. 61 (1), 85-133.

Alvaredo, F., Cano, L., Can personal tax records be used to study income concentration in Ecuador? (Forthcoming).

Alvaredo, F., 2011. A note on the relationship between top income shares and the gini coefficient. Econ. Lett. 110 (3), 274-277.

Alvaredo, F., Atkinson, A. B., 2010. Colonial Rule, Apartheid and Natural Resources: Top Incomes in South Africa 1903-2007, CEPR DP 8155; series updated in the World Top Incomes Database.

Alvaredo, F., Londoñõ, J. V., 2013. High Incomes and Personal Taxation in a Developing Economy: Colombia 1993-2013, Commitment to Equity-CEQ Working Paper n. 12.

Alvaredo, F., Piketty, T., 2014. Measuring Top Incomes and Inequality in the Middle East: Data Limitations and Illustration with the Case of Egypt. Working paper 832, The Economic Research Forum (ERF) 2014, Egypt.

Amiel, Y., Cowell, F., 1999. Thinking About Inequality: Personal Judgment and Income Distributions. Cambridge University Press, Cambridge.

Anand, S., Kanbur, R., 1993. The Kuznets process and the inequality-development relationship. J. Dev. Econ. 40, 25-52.

Anand, S., Segal, P., 2008. What do we know about global income inequality? J. Econ. Lit. 46 (1), 57-94.

Anderson, E., 2005. Openness and inequality in developing countries: a review of theory and recent evidence. World Dev. 33 (7), 1045-1063.

Aron, J., Kahn, B., Kingdon, G., 2009. South Africa Economic Policy under Democracy. Oxford University Press, Oxford.

Artadi, E., Sala-i-Martin, X., 2003. The Economic Tragedy of the XXth Century: Growth in Africa, NBER Working Paper 9865.

Asian Development Bank (ADB), 2012. Asian Development Outlook 2012. Confronting Rising Inequality in Asia. ADB, Mandaluyong City, Philippines.

Asian Development Bank, 2012a. Key Indicators for Asia and the Pacific 2012, 43rd ed. Asian Development Bank, Mandaluyong City, Philippines.

Asian Development Bank, 2012b. Asian Development Outlook 2012. Confronting Rising Inequality in Asia. ADB. Mandaluyong City, Philippines

Atkinson, A., 1987. On the measurement of poverty. Econometrica 55 (4), 749-764.

Atkinson, A., Bourguignon, F., 2001. Poverty and inclusion from a world perspective. In: Stiglitz, J. E., Muet, P. A. (Eds.), Governance, Equity and Global Markets. Oxford University Press, Oxford.

Atkinson, A., Brandolini, A., 2001. Promise and pitfalls in the use of "secondary" data-sets: income inequality in OECD countries as a case study. J. Econ. Lit. 39 (3), 771-799.

Atkinson, A., Brandolini, A., 2004. Global world inequality: absolute, relative or intermediate? In: Paper Presented for the 28th Generation Conference of the International Association for Research in Income and Wealth, Cork, Ireland.

Atkinson, A., Brandolini, A., 2010. On analyzing the world distribution of income. World Bank Econ. Rev. 24 (1), 1-37.

Atkinson, A. B., Lugo, M. A., 2010. Growth, Poverty and Distribution in Tanzania, LSE Research Online Documents on Economics. London School of Economics and Political Science, LSE Library.

Atkinson, A., Marlier, E., 2010. Income and Living Conditions in Europe. Eurostat Statistical Books, Publication Office of European Union, Luxembourg.

Atkinson, A. B., Micklewright, J., 1992. Economic Transformation in Eastern Europe and the Distribution of Income. Cambridge University Press, Cambridge. Cambridge Books.

Atkinson, A. B., Morelli, S., 2011. Economic Crisis and Inequality, Human Development Research Paper 2011/06, UNDP.

Atkinson, A. B., Morelli, S., 2012. Chartbook of Economic Inequality: 25 Countries 1911-2010. No 15, INET Research Notes. Institute for New Economic Thinking (INET).

Atkinson, A. B., Piketty, T., 2007. Top Incomes Over the Twentieth Century: A Contrast Between Continental European and English-Speaking Countries. Oxford University Press, Oxford, UK.

Atkinson, A. B., Piketty, T. (Eds.), 2010. Top Incomes: A Global Perspective. Oxford University Press, Oxford.

Azevedo, J., Inchauste, G., Sanfelice, V., 2011. Decomposing the Recent Inequality Decline in Latin America. World Bank, manuscript.

Banerjee, A., Duflo, E., 2003. Inequality and growth: what can the data say? J. Econ. Growth 8 (3), 267-299.

Banerjee, A., Piketty, T., 2010. Top Indian incomes 1922-2000. In: Atkinson, A. B., Piketty, T. (Eds.), Top Incomes: A Global Perspective. Oxford University Press, Oxford, pp. 1-39, Chapter 1.

Barros, R. P. , Carvalho, M. , Franco, S. , Mendoça, R. , 2006. Uma análise das principais causas da queda recente na desigualdade de renda brasileira. Rev. Econ. 8 (1), 117-147.

Barros, R. , de Carvalho, M. , Franco, S. , Mendonça, R. , 2010. Markets, the state, and the dynamics of inequality in Brazil. In: López Calva, L. , Lustig, N. (Eds.), Declining inequality in Latin America: A decade of progress?. Brookings Institution and UNDP.

Bastagli, F. , Coady, D. , Gupta, S. , 2012. Income Inequality and Fiscal Policy, IMF Staff Discussion Note, SDN/12/08, June.

Bénabou, R. , 1996. Inequality and growth. NBER macroeconomics annual 1996, vol. 11, NBER. (Chapter in NBER book NBER Macroeconomics Annual 1996, Volume 11 (1996), Ben S. Bernanke and Julio J. Rotemberg, Editors (p. 11-92), Conference held March 8-9, 1996, Published in January 1996 by MIT Press, in NBER Book Series NBER Macroeconomics Annual.).

Besley, T. , Burgess, R. , 2003. Halving global poverty. J. Econ. Perspect. 17 (3), 3-22.

Bhalla, S. , 2002. Imagine There's No Country: Poverty, Inequality and Growth in the Era of Globalization. Institute for International Economics. Washington, D. C.

Bibi, S. , Nabli, M. , 2010. Equity and inequality in the Arab Region: Policy Research Report 33. Economic Research Forum. Cairo, Egypt.

Bigsten, A. , Shimeles, A. , 2003. Prospect for Pro-Poor Growth Strategies in Africa, WIDER Research Paper 42/2004.

Birdsall, N. , Nellis, J. , 2003. Winners and losers: assessing the distributional impact of privatization. World Dev. 31 (10), 1617-1633.

Bleaney, M. , Nishiyama, A. , 2003. Convergence in inequality: differences between advanced and developing countries. Econ. Bull. 4, 1-10.

Bourguignon, F. , 2003. The growth elasticity of poverty reduction: explaining heterogeneity across countries and time periods. In: Eichler, T. , Turnovsky, S. (Eds.), Inequality and Growth: Theory and Policy Implications. MIT Press, Cambridge, MA, pp. 2-26.

Bourguignon, F. , Bussolo, M. , 2012. Income distribution and computable general equilibrium models: macro-micro modelling. In: Dixon, Peter B. , Jorgenson, Dale W. (Eds.), In: Handbook of Computable General Equilibrium Modeling, vol. 1A. North Holland Press.

Bourguignon, F. , Morrison, C. , 2002. Inequality among world citizens: 1820-1992. Am. Econ. Rev. 92 (4), 727-744.

Bourguignon, F. , Levin, V. , Rosenblatt, D. , 2004. Declining international inequality and economic divergence: reviewing the evidence through different lenses. Econ. Int. 100, 13-25.

Bourguignon, F. , Ferreira, F. , Lustig, N. , 2005. The Microeconomics of Income Distribution Dynamics in East Asia and Latin America. The World Bank, Washington, DC.

Bourguignon, F. , Bussolo, M. , Pereira da Silva, L. , 2008a. The Impact of Macroeconomic Policies on Poverty and Income Distribution. Macro-Micro Evaluation Techniques and Tools. The

World Bank, Washington, DC.

Bourguignon, F., Ferreira, F., Leite, P., 2008b. Beyond Oaxaca Blinder: accounting for differences in households income distributions. J. Econ. Inequal. 6 (2), 117-148.

Burkhauser, R., Feng, S., Jenkins, S., Larrimore, J., 2012. Recent trends in top income shares in the United States: reconciling estimates from March CPS and IRS Tax Return Data. Rev. Econ. Stat. 94 (2), 371-388.

Cameron, L., 2002. Growth with or without equity? The distributional impact of Indonesian development. Asia. Pac. Econ. Lit. 16, 1-17.

Caselli, F., Michaels, G., 2013. Do oil windfalls improve living standards? Evidence from Brazil. Am. Econ. J. 5 (1), 208-238.

Caselli, F., Esquivel, G., Lefort, F., 1996. Reopening the convergence debate: a new look at cross-country growth empirics. J. Econ. Growth 1, 363-389.

Chakravarty, S., 1987. Development Planning: The Indian Experience. Oxford University Press, New Delhi.

Chen, S., Ravallion, M., 2001. How did the world's poorest fare in the 1990s? Rev. Income Wealth 47 (3), 283-300.

Chen, S., Ravallion, M., 2010. The developing world is poorer than we thought, but no less successful in the fight against poverty. Q. J. Econ. 125 (4), 1577-1625.

Chen, S., Ravallion, M., 2012. More Relatively-Poor People in a Less Absolutely-Poor World, The World Bank Policy Research Working Paper 6114.

Chotikapanich, D., Valenzuela, R., Prasada Rao, D., 1997. Global and regional inequality in the distribution of income: estimation with limited and incomplete data. Empir. Econ. 22 (4), 533-546.

Christiansen, L., Demery, L., Paternostro, S., 2002. Growth, Distribution and Poverty in Africa: Messages from the 1990s, The World Bank Policy Research Paper 2810.

Chusseau, N., Hellier, J., 2012. Globalization and Inequality: Where do We Stand? ECINEQ Working Paper 279.

Cockburn, J., Duclos, J., Zabsonré, A., 2012. Is the Value of Humanity Increasing? A Critical-Level Enquiry, FERDI Working Paper 52.

Conte, A., Vivarelli, M., 2007. Globalization and Employment: Imported Skill Biased Technological Change in Developing Countries, IZA Discussion Paper 2797.

Cornia, G., 1996. Transition and Income Distribution: Theory, Evidence and Initial Interpretation, UNUWIDER Research in Progress 1.

Cornia, G., 2011. Economic integration, inequality and growth: Latin America vs. the European economies in transition. Rev. Econ. Inst. 2 (2), 1-31

Cornia, G., Kiiski, S., 2001. Trends in Income Distribution in the Post-World War II

Period: Evidence and Interpretation, UNU-WIDER Discussion Paper, 2001/89.

Cornia, G., Reddy, S., 2001. The Impact of Adjustment Related Social Funds on Income Distribution and Poverty, UNU/WIDER Discussion Paper 2001/1.

Cruces, G., Gasparini, L. 2012. Políticas sociales para la reducción de la desigualdad y la pobreza en América Latina y el Caribe. Diagnóstico, propuesta y proyecciones en base a la experiencia reciente. Premio Fundación Vidanta 2012, Contribuciones a la reducción de la pobreza y la desigualdad en América Latina y el Caribe, Fundación Vidanta, México.

Cruces, G., García Domench, C., Gasparini, L., 2014. Inequality in education: evidence for Latin America. In: Cornia, G. (Ed.), Falling Inequality in Latin America. Policy Changes and Lessons. Oxford University Press, pp. 318-339.

Datt, G., Ravallion, M., 1992. Growth and redistribution components of changes in poverty measures: a decomposition with applications to Brazil and India in the 1980s. J. Dev. Econ. 38 (2), 275-295.

Deaton, A., 1997. The Analysis of Household Surveys: A Microeconometric Approach to Development Policy. The World Bank, Washington, DC.

Deaton, A., 2003. How to monitor poverty for the millennium development goals. J. Hum. Dev. 4 (3), 353-378.

Deaton, A., 2005. Measuring poverty in a growing world (or measuring growth in a poor world). Rev. Econ. Stat. 87 (1), 1-19.

Deaton, A., 2010. Price indexes, inequality, and the measurement of world poverty. Am. Econ. Rev. 100 (1), 5-34.

Deaton, A., Dupriez, O., 2008. Poverty PPPs Around the World: An Update and Progress Report. Development Data Group, World Bank, Washington, D.C.

Deaton, A., Heston, A., 2010. Understanding PPPs and PPP-based national accounts. Macroeconomics 2 (4), 1-35.

Deaton, A., Zaidi, S., 2002. Guidelines for Constructing Consumption Aggregates for Welfare Analysis. The World Bank, Living Standards Measurement Study Working Paper 135.

De Ferranti, D., Perry, G., Ferreira, F., Walton, M., 2004. Inequality in Latin America, Breaking with History? The World Bank, Washington, DC.

Deininger, K., Squire, L., 1996. A new data set measuring income inequality. World Bank Econ. Rev. 10 (3), 565-591.

Devarajan, S., Nabi, I., 2006. Economic Growth in South Asia: Promising, Un-Equalizing, … Sustainable? The World Bank South Asia Region, Washington, D.C.

Dhongde, S., Miao, X., 2013. Cross-Country Convergence in Income Inequality, ECINEQ Working Papers 290.

Dhongde, S., Minoui, C., 2010. Global Poverty Estimates: Present and Future, ECINEQ

Working Papers 181.

Dollar, D., Kraay, A., 2002. Growth is good for the poor. J. Econ. Growth 7 (3), 195-225.

Dollery, B., 2003. A history of inequality in South Africa, 1652-2002. South African Journal of Economics, Economic Society of South Africa 71 (3), 595-610, 09.

Essama-Nssah, B., 2012. Identification of Sources of Variation in Poverty Outcomes, The World Bank Policy Research Working Papers 5954.

Feenstra, R., 2008. Offshoring in the global economy: lecture 1: microeconomic structure; lecture 2: macroeconomic implications. In: The Ohlin Lectures, presented at the Stockholm School of Economics on September 17-18, 2008.

Ferreira, F., 1999. Economic transition and the distributions of income and wealth. Econ. Transit. 7 (2), 377-410.

Ferreira, F., 2010. Distributions in Motion: Economic Growth, Inequality, and Poverty Dynamics, The World Bank Policy Research Working Paper 5424.

Ferreira, F. H. G., Paes de Barros, R., 1999. The slippery slope: explaining the increase in extreme poverty in Urban Brazil, 1976-1996. Brazilian Review of Econometrics 19 (2), 211-296.

Ferreira, F. H. G., Leite, P. G., Litchfield, J. A., 2006. The Rise and Fall of Brazilian Inequality: 1981-2004. World Bank Policy Research Working Paper 3867. World Bank, Washington, DC.

Ferreira, F. H. G., Leite, P. G., Wai-Poi, M., 2007. Trade Liberalization, Employment Flows and Wage Inequality in Brazil. Research Paper, UNUWIDER, United Nations University (UNU), No. 2007/58.

Ferreira, F., Ravallion, M., 2009. Poverty and inequality: the global context. The Oxford Handbook of Economic Inequality. Oxford University Press, Oxford.

Ferreira, F., Leite, P., Wai-Poi, M., 2010. Trade liberalization, employment flows, and wage inequality in Brazil. In: Nissanke, M., Thorbecke, E. (Eds.), The Poor Under Globalization in Asia, Latin America and Africa. Oxford University Press, Oxford.

Fields, G., 2002. Distribution and Development: A New Look at the Developing World. MIT Press, Cambridge.

Fiszbein, A., Schady, N., 2009. Conditional cash transfers. Reducing present and future poverty: The World Bank Policy Research Report.

Fleisher, B. M., Sabirianova, K., Wang, X., 2005. Returns to skills and the speed of reforms: evidence from Central and Eastern Europe, China, and Russia. J. Comp. Econ. 33 (2), 351-370.

Foguel, M., Azevedo, J. P., 2007. Uma decomposição da desigualdade de rendimentos no Brasil: 1984-2005. In: Barros, R., Foguel, M., Ulyssea, G. (Eds.), Desigualdade de Renda no Brasil: uma análise da queda recente. IPEA, Brasília.

Forbes, K., 2011. Inequality in Crisis and Recovery: Revealing the Divides: The Case of Brazil. International Labour Organization, ILO Working Papers 469849.

Fortin, N., Lemieux, T., Firpo, S., 2011. Decomposition methods in economics. In: Ashenfelter, O., Card, D. (Eds.), In: Handbook of Labor Economics, vol. 4, Part A.

Fosu, A., 2009. Inequality and the impact of growth on poverty: comparative evidence for Sub-Saharan Africa. J. Dev. Stud. 45 (5), 726-745.

Fosu, A., 2010. The Global Financial Crisis and Development: Whither Africa? UNU-WIDER Working Paper 2010/124.

Fosu, A., 2011. Growth, Inequality, and Poverty Reduction in Developing Countries. Recent Global Evidence, UNU-WIDER Working Paper 2011/1.

Galbraith, J., Kum, H., 2005. Estimating the inequality of household incomes: toward a dense and consistent global data set. Rev. Income Wealth 51 (1), 115-143.

Garcia, M., Moore, C., 2012. The Cash Dividend: The Rise of Cash Transfer Programs in Sub-Saharan Africa. The World Bank, Washington, DC.

Gasparini, L., Gluzmann, P., 2012. Estimating income poverty and inequality from the Gallup World Poll: the case of Latin America and the Caribbean. J. Income Distrib. 21 (1), 3-27.

Gasparini, L., Lustig, N., 2011. The rise and fall of income inequality in Latin America. In: Ocampo, J. A., Ros, J. (Eds.), The Oxford Handbook of Latin American Economics. Oxford University Press, Oxford, Chapter 27.

Gasparini, L., Cruces, G., Tornarolli, L., 2011a. Recent trends in income inequality in Latin America. Economia 10 (2), 147-201.

Gasparini, L., Galiani, S., Cruces, G., Acosta, P., 2011b. Educational Upgrading and Returns to Skills in Latin America: Evidence from a Supply-Demand Framework, 1990-2010, IZA Discussion paper 6244.

Gasparini, L., Cicowiez, M., Sosa Escudero, W., 2013. Pobreza y desigualdad en América Latina. Conceptos, herramientas y aplicaciones. Editorial Temas. Buenos Aires, Argentina.

Gentilini, U., Sumner, A., 2012. Poverty Where People Live: What do National Poverty Lines Tell Us About Global Poverty? International Policy Centre for Inclusive Growth Working Paper 98.

Gertler, P., 2004. Do conditional cash transfers improve child health? Evidence from PROGRESA's control randomized experiment. Am. Econ. Rev. 94 (2), 336-341.

Ghani, E., 2010. The Poor Half Billion in South Asia. What is Holding Back Lagging Regions? Oxford University Press, Published in India by Oxford University Press, New Delhi.

Gluzmann, P., 2012. Desigualdad del ingreso y del bienestar subjetivo. Análisis y comparaciones internacionales. PhD dissertation, Universidad Nacional de La Plata.

Go, D., Nikitin, D., Wang, X., Zou, H., 2007. Poverty and inequality in Sub-Saharan Africa: literature survey and empirical assessment. Ann. Econ. Fin. Soc. 8 (2), 251-304.

Goñi, E., López, H., Servén, L., 2008. Fiscal Redistribution and Income inequality in Latin America. Policy Research Working Paper 4487, World Bank.

Goldberg, P., Pavcnik, N., 2007. Distributional effects of globalization in developing countries. J. Econ. Lit. 45 (1), 39-82.

Gorodnichenko, Y., Sabirianova, K., 2005. Returns to schooling in Russia and Ukraine: a semiparametric approach to cross-country comparative analysis. J. Comp. Econ. 33 (2), 324-350.

Gosh, J., 2012. Unequal in Asia. Frontline 29 (15), 127-128, Jul 28-Aug 10.

Harrison, A., McLaren, J., McMillan, M., 2011. Recent perspectives on trade and inequality. Annu. Rev. Econom. 3 (1), 261-289.

Hellier, J., Lambrecht, S., 2012. Inequality, Growth and Welfare: The Main Links, ECINEQ Working Paper 258.

Helpman, E., Trajtenberg, M., 1998. A time to sow and a time to reap: growth based on general purpose technologies. In: Helpman, E. (Ed.), General Purpose Technologies and Economic Growth. MIT Press, Cambridge.

Heston, A., Summers, R., Aten, B., 2012. Penn World Table Version 7. 1, Center for International Comparisons of Production, Income and Prices at the University of Pennsylvania, July.

Hoffmann, R., 2006. Queda da desigualdade da distribuiçaõ de renda no Brasil, de 1995 a 2005, e delimitação dos relativamente ricos em 2005. In: Barros, R., Foguel, M., Ulyssea, G. (Eds.), Desigualdade de Renda no Brasil: uma análise da queda recente. IPEA, Brasília.

Hussain, A., 2008. Power Dynamics, Institutional Instability and Economic Growth: The Case of Pakistan. The Asia Foundation.

IDB, 1999. América Latina frente a la desigualdad. Informe de Progreso Económico y Social, Banco Interamericano de Desarrollo.

ILO, 2010. World Social Security Report 2010/11: Providing Coverage in Times of Crisis and Beyond. International Labour Office, Geneva.

Inchauste, G., Olivieri, S., Saavedra, J., Winkler, H., 2012. What is Behind the Decline in Poverty Since 2000? Evidence from Bangladesh, Peru and Thailand, The World Bank Policy Research Working Paper 6199.

Iqbal, F., 2006. Sustaining Gains in Poverty Reduction and Human Development in the Middle East and North Africa. The World Bank, Washington, DC.

Ivaschenko, O., 2002. Growth and Inequality: Evidence from Transitional Economies, CESIFO Working Paper 746.

Jain, S., 1975. Size Distribution of Income. A Compilation of Data. The World Bank, Washington, DC.

Jomo, K. S., Baudot, J., 2007. Flat World, Big Gaps. Economic Liberalization, Globalization and Inequality. Zed Books, London.

Kakwani, N., 2000. On measuring growth and inequality components of poverty with application to Thailand. J. Quant. Econ. 16, 67-68.

Kakwani, N., Subbarao, K., 1990. Rural poverty and its alleviation in India. Econ. Polit. Wkly. 25 (3), 2-16

Kanbur, R., Sumner, A., 2011. Poor Countries or Poor People? Development Assistance and the New Geography of Global Poverty, Cornell University Working Paper 2011-08.

Karshenas, M., 2003. Global poverty: national accounts based versus survey based estimates. Dev. Chang. 34 (4), 683-712.

Khan, A. R., 2008. Measuring inequality and poverty in Bangladesh: an assessment of the survey data. Bangl. Dev. Stud. 31 (3/4), 1-34.

Klasen, S., 1997. Poverty, inequality and deprivation in South Africa: an analysis of the 1993 SALDRU survey. Soc. Indic. Res. 41 (1-3), 51-94.

Klasen, S., 2005. Measuring poverty and deprivation in South Africa. Rev. Income Wealth 46 (1),33-58.

Korinek, A., Mistiaen, J., Ravallion, M., 2006. Survey nonresponse and the distribution of income. J. Econ. Inequal. 4 (2), 33-55

Kraay, A., 2006. When is growth pro-poor? Evidence from a panel of countries. J. Dev. Econ. 80 (1),198-227.

Kuznets, S., 1955. Economic growth and income inequality. Am. Econ. Rev. 45 (1), 1-28.

Langoni, C. G., 2005. Distribuiçaõ de Renda e Desenvolvimento Econômico no Brasil. Editora FGV, Rio de Janeiro.

Leibbrandt, M., Woolard, I., Woolard, C., 2009. A long-run perspective on contemporary poverty and inequality dynamics. In: Aron, J., Kahn, B., Kingdon, G. (Eds.), South Africa Economic Policy Under Democracy. Oxford University Press, Oxford, Chapter 10.

Leibbrandt, M., Woolard, I., McEwen, H., Koep, C., 2010a. Better employment to reduce inequality further in South Africa. In: OECD, Tackling Inequalities in Brazil, China, India and South Africa: The Role of Labour Market and Social Policies. OECD Publishing.

Leibbrandt, M., Woolard, I., Finn, A., Argent, J., 2010b. Trends in South African Income Distribution and Poverty since the Fall of Apartheid, OECD Social, Employment and Migration Working Papers n. 101.

Leigh, A., 2007. How closely do top income shares track other measures of inequality? Econ.

J. 117, F619-F633.

Lewis, A., 1954. Economic development with unlimited supplies of labor. Manch. Sch. Econ. Soc. Stud. 22, 139-192.

Li, H., Squire, L., Zou, H., 1998. Explaining international and intertemporal variations in income inequality. Econ. J. 108 (446), 26-43.

Li, S., Chuliang, L., Sicular, T., 2013. Overview: income inequality and poverty in China, 2002-2007. In: Shi, L., Sato, H., Sicular, T. (Eds.), Rising Inequality in China: Challenge to the Harmonious Society. Cambridge University Press, New York.

Lind, J., Mehlum, H., 2010. With or without U? The appropriate test for a U shaped relationship. Oxf. Bull. Econ. Stat. 72 (1), 109-118.

Loayza, N., Raddatz, C., 2010. The composition of growth matters for poverty alleviation. J. Dev. Econ. 93 (1), 137-151.

Londoño, J., Székely, M., 2000. Persistent poverty and excess inequality: Latin America, 1970-1995. J. Appl. Econ. 3 (1), 93-134.

López Calva, L., Lustig, N. (Eds.), 2010. Declining Iinequality in Latin America: A Decade of Progress? Brookings Institution and UNDP.

Lustig, N., 1990. Economic crisis, adjustment and living standards in Mexico, 1982-85. World Dev. 18 (10), 1325-1342.

Lustig, N., 1995. Coping with Austerity: Poverty and Inequality in Latin America. Brookings Institution, Washington, DC.

Lustig, N., 2012. Fiscal Policy and Income Redistribution in Latin America: Challenging the Conventional Wisdom, Tulane University Economics Working Paper 1124.

Lustig, N., Lopez-Calva, F., Ortiz-Juarez, E., 2012. Declining Inequality in Latin America in the 2000s: The Cases of Argentina, Brazil, and Mexico. Working paper 307, Center for Global Development.

Mahmoudi, V., 2001. Growth-Equity Decomposition of a Change in Poverty: An Application to Iran. University of Essex, Colchester, UK.

Mazundar, D., 2012. Decreasing poverty and increasing inequality in India. In: OECD, (Ed.), Tackling Inequalities in Brazil, China, India and South Africa: The Role of Labour Market and Social Policies. OECD Publishing, pp. 157-207, Chapter 4.

McGrath, M. D., 1983. The Distribution of Personal Income in South Africa in Selected Years over the Period from 1945 to 1980. PhD thesis, University of Natal, Durban.

McGrath, M. D., Whiteford, A., 1994. The Distribution of Income in South Africa. Human Science Research Council, Pretoria.

Milanovic, B., 1998. Income, Inequality, and Poverty During the Transition from Planned to Market Economy. World Bank Regional and Sectoral Studies, The World Bank, Washington, DC.

Milanovic, B. , 1999. Explaining the increase in inequality during transition. Econ. Transit. 7 (2), 299-341.

Milanovic, B. , 2002. True world income distribution, 1988 and 1993: first calculation based on household surveys alone. Econ. J. 112 (476), 51-92.

Milanovic, B. , 2003. Is Inequality in Africa Really Different? The World Bank Policy Research Working Paper 3169.

Milanovic, B. , 2005. Worlds Apart: Measuring International and Global Inequality. Princeton University Press, Princeton.

Milanovic, B. , 2012. Global Income Inequality by the Numbers: History and Now. An Overview, The World Bank Policy Research Working Paper 6259.

Milanovic, B. , Ersado, L. , 2010. Reform and Inequality During the Transition. An Analysis using Panel Household Survey Data, 1990-2005. UNU/WIDER Working Paper 62.

Minoiu, C. , Reddy, S. G. , 2008. Chinese poverty: assessing the impact of alternative assumptions. Rev. Income Wealth 54 (4), 572-596.

Miranti, R. , Vidyattama, Y. , Hansnata, E. , Cassells, R. , Duncan, A. , 2013. Trends in Poverty and Inequality in Decentralising Indonesia, OECD Social, Employment and Migration Working Papers No. 148.

Mitra, P. , Yemtsov, R. , 2006. Increasing Inequality in Transition Economies: Is There More to Come? The World Bank Policy Research Working Paper 4007.

Moradi, A. , Baten, J. , 2005. Inequality in Sub-Saharan Africa: new data and new insights from anthropometric estimates. World Dev. 33 (8), 1233-1265.

Mosberger, P. , 2014. Capital and Labor: Top Income Shares in Hungary, 1915-2010. PhD thesis.

Nattrass, N. , Seekings, J. , 1997. Citizenship and welfare in South Africa: deracialisation and inequality in a labour-surplus economy. Can. J. Afr. Stud. 31 (3), 452-481.

Nissanke, M. , Thorbecke, E. (Eds.), 2010. The Poor Under Globalization in Asia, Latin America and Africa. Oxford University Press, Oxford, UK.

Okojie, C. , Shimeles, A. , 2006. Inequality in Sub-Saharan Africa. The Inter-Regional Inequality Facility. DFID, London.

Page, J. , 2007. Boom, bust, and the poor: poverty dynamics in the Middle East and North Africa, 1970-1999. Q. Rev. Econ. Finance 46 (5), 832-851.

Palma, J. , 2011. Homogeneous Middles vs. Heterogeneous Tails, and the End of the "Inverted-U": the Share of the Rich is What it's all About, Cambridge Working Papers in Economics 1111.

Parker, S. , Skoufias, E. , 2001. Conditional cash transfers and their impact on child work and school enrollment: evidence from the PROGRESA program in Mexico. Economia 2 (1),

45-96.

Paukert, F., 1973. Income distribution at different levels of development: a survey of evidence. Int. Labour Rev. 108, 97-125.

Piketty, T., Qian, N., 2010. Income inequality and progressive income taxation in China and India, 1986-2015. In: Atkinson, A. B., Piketty, T. (Eds.), Top Incomes: A Global Perspective. Oxford University Press, Oxford and New York.

Pinkovskiy, M., 2013. World welfare is rising: estimation using nonparametric bounds on welfare measures. J. Public Econ. 97 (1), 176-195.

Pinkovskiy, M., Sala-i-Martin, X., 2009. Parametric Estimations of the World Distribution of Income, NBER Working Paper 1543.

Pissarides, C., 1997. Learning by trading and the returns to human capital in developing countries. World Bank Econ. Rev. 11 (1), 17-32.

PovcalNet, 2013. PovcalNet: An Online Poverty Analysis Tool. The World Bank. http://go. worldbank. org/WE8P1I8250.

Rama, M., 2003. Globalization and Workers in Developing Countries, The World Bank Policy Research Working Paper 2958.

Ravallion, M., 1997. Can high-inequality developing countries escape absolute poverty? Econ. Lett. 56 (1), 51-57.

Ravallion, M., 2001. Growth, inequality and poverty: looking beyond averages. World Dev. 29 (11),1803-1815.

Ravallion, M., 2003. Inequality convergence. Econ. Lett. 80 (3), 351-356.

Ravallion, M., 2004. Competing Concepts of Inequality in the Globalization Debate, The World Bank Policy Research Working Paper 3243.

Ravallion, M., 2007. Inequality is bad for the poor. In: Jenkins, S., Micklewright, J. (Eds.), Inequality and Poverty Re-Examined. Oxford University Press, Oxford

Ravallion, M., 2010. Price Levels and Economic Growth: Making Sense of the PPP Changes Between ICP Rounds, The World Bank Policy Research Working Paper 5229.

Ravallion, M., 2012. Why don't we see poverty convergence? Am. Econ. Rev. 102 (1), 504-523.

Ravallion, M., Chen, S., 1997. What can new survey data tell us about recent changes in distribution and poverty? World Bank Econ. Rev. 11 (2), 357-382.

Ravallion, M., Chen, S., 2007. China's (uneven) progress against poverty. J. Dev. Econ. 82 (1), 1-42.

Ravallion, M., Chen, S., 2011. Weakly relative poverty. Rev. Econ. Stat. 93 (4), 1251-1261.

Ravallion, M., Datt, G., van de Walle, D., 1991. Quantifying absolute poverty in the developing world. Rev. Income Wealth 37（4），345-361.

Ravallion, M., Chen, S., Sangraula, P., 2009. Dollar a day revisited. World Bank Econ. Rev. 23（2），163-184.

Reddy, S., Pogge, T., 2010. How not to count the poor. In：Anand, S., Segal, P., Stiglitz, J.（Eds.），Debates on the Measurement of Poverty. Oxford University Press, Oxford.

Robinson, J., 2009. The Political Economy of Inequality, ERF Working Paper 493.

Sala-i-Martin, X., 2006. The world distribution of income：falling poverty and ... convergence, period. Q. J. Econ. 121（2），351-397.

Sala-i-Martin, X., Pinkovskiy, M., 2010. African Poverty is Falling ... Much Faster than You Think！NBER Working Paper 15775.

Salehi-Isfahani, D., 2010. Human Development in the Middle East and North Africa, UNDP Human Development Research Paper 2010/26.

SEDLAC, 2013. Socio-Economic Database for Latin America and the Caribbean. CEDLAS and the World Bank. http：//sedlac. econo. unlp. edu. ar/eng/index. php.

Sen, A., 1976. Real national income. Rev. Econ. Stud. 43（1），19-39.

Sen, A., 1983. Poor, relatively speaking. Oxf. Econ. Pap. 35（2），153-169.

Sharma, M., Inchauste, G., Feng, J., 2011. Rising Inequality with High Growth and Falling Poverty. An Eye on East Asia and Pacific, vol. 9, The World Bank, Washington, D. C.

Shorrocks, A., Wan, G., 2008. Ungrouping income distributions：synthesising samples for inequality and poverty analysis. In：Basu, K., Kanbur, R.（Eds.），The Oxford Handbook of Arguments for a Better World：Essays in Honor of Amartya Sen. In：Ethics, Welfare and Measurement, vol. I. Oxford University Press, Oxford.

Simai, M., 2006. Poverty and Inequality in Eastern Europe and the CIS Transition Economies, DESA Working Paper No. 17.

Simkins, C., 1991. The Urban Foundation Income Distribution Model：Phase One. Urban Foundation, Johannesburg, Mimeo.

Skoufias, E., Suryahadi, A., 2000. Changes in Regional Inequality and Social Welfare in Indonesia Between 1996 and 1999, Working Paper, Social Monitoring and Early Response Unit（SMERU）Research Institute, Jakarta.

Soares, S., Guerreiro Osório, R., Veras Soares, F., Medeiros, M., Zepeda, E., 2009. Conditional cash transfers in Brazil, Chile and Mexico：impacts upon inequality. Estudios Económicos, número extraordinario 0（Special issue），207-224.

Solt, F., 2009. Standardizing the world income inequality database. Soc. Sci. Q. 90（2），231-242.

Standing, G., Vaughan-Whitehead, D., 1995. Minimum Wages in Central and Eastern Europe：From Protection to Destitution. International Labour Office. Central and Eastern European

Team, Budapest, Central European University Press.

Sumner, A., 2012. From Deprivation to Distribution: Is Global Poverty Becoming a Matter of National Inequality? IDS Working Paper 2012-394.

Székely, M., Hilgert, M., 1999. What's Behind the Inequality We Measure: An Investigation using Latin American Data, Inter-American Development Bank, Research Department Working Paper.

Terreblanche, S., 2002. A History of Inequality in South Africa, 1652-2002. University of Natal Press, Pietermaritzburg.

Tinbergen, J., 1975. Income Differences: Recent Research. North Holland Press, Amsterdam.

Todd, P., Wolpin, K., 2006. Assessing the impact of a school subsidy program in Mexico: using a social experiment to validate a dynamic behavioral model of child schooling and fertility. Am. Econ. Assoc. 96 (5), 1384-1417.

van der Berg, S., Louw, M., 2004. Changing patterns of South African income distribution: towards time series estimates of distribution and poverty. S. Afr. J. Econ. 72 (3), 546-572.

Van de Walle, N., 2008. The Institutional Origins of Inequality in Sub-Saharan Africa, Cornell University Mario Einaudi Center for International Studies Working Paper 6-08.

Veras Soares, F., Perez Ribas, R., Guerreiro Osório, R., 2007. Evaluating the Impact of Brazil's Bolsa Família: Cash Transfer Programmes in Comparative Perspective. International Poverty Centre, IPC Evaluation Note 1, 2007.

Voitchovsky, S., 2009. Inequality, growth and sectoral change. In: Salverda, W., Nolan, B., Smeeding, T. M. (Eds.), Oxford Handbook of Economic Inequality. Chapter 22.

Whiteford, A., Van Seventer, D., 2000. South Africa's changing income distribution in the 1990s. Stud. Econ. Econ. 24 (3), 7-30.

WIDER, 2008. World Income Inequality Database. User Guide and Data Sources. UNU-WIDER, Helsinki.

Winters, A., McCulloch, N., McKay, A., 2004. Trade liberalization and poverty: the evidence so far. J. Econ. Lit. 42, 72-115.

Wodon, Q., Castro, R., Lee, K., 2001. Poverty in Latin America: trends (1986-1998) and determinants. Cuad. Econ. 38 (114).

Wood, A., 1997. Openness and wage inequality in developing countries: the Latin American challenge to East Asian conventional wisdom. World Bank Econ. Rev. 11 (1), 33-57.

World Bank, 1990. World Development Report 1990: Poverty. The World Bank, Washington D. C.

World Bank, 2000. World Development Report: Attacking Poverty. Oxford University Press, New York.

World Bank，2005. ECAPOV II. Growth，Poverty and Inequality in Eastern Europe and Former Soviet Union. The World Bank，Washington，DC.

World Bank，2006a. World Development Report：Equity and Development. World Bank and Oxford University Press. Washington，D. C.

World Bank，2006b. Can South Asia Reduce Poverty in a Generation? http：//go. worldbank. org/NF9FFJTM20.

World Bank，2008. Global purchasing power parities and real expenditures. In：2005 International Comparison Program. The World Bank，Washington，DC.

World Bank，2009. The World Development Report 2009：Reshaping Economic Geography. The World Bank，Washington，DC.

Zin，R. H. M. ，2005. Income distribution in East Asian developing countries：recent trends. Asia. Pac. Econ. Lit. 19（2），36-54.

第 10 章　收入流动性

马库斯·扬蒂(Markus Jäntti) [*],

斯蒂芬·P. 詹金斯(Stephen P. Jenkins) [†,‡,§]

[*] 斯德哥尔摩大学瑞典社会研究院(SOFI),瑞典斯德哥尔摩市

[†] 伦敦政治经济学院社会政策系,英国伦敦市

[‡] 埃塞克斯大学社会与经济学研究所(ISER),英国科尔切斯特市

[§] 德国劳工经济学研究所(IZA),德国波恩市

目　录

摘要：本章回顾了收入流动性文献，旨在对代内和代际流动性进行综合讨论，介绍流动性概念、描述性方法、度量方法、数据来源和最新实证证据。

关键词：代内流动性；代际流动性；收入流动性；工资报酬流动性

JEL 分类代码：D31，I30

10.1　引言

本质上，我们所掌握的大部分收入分配信息，比如特定年份或者连续多年的收入水平、贫困率、不平等程度等统计数据，均为截面数据。数据来源可提供不同年份的估值，指的是多个个体的不同抽样。在本章中，我们从不同于截面研究但又与之互补的一个视角来讨论收入分配，即采用明确的纵向研究视角追踪调查同一群个体不同时间的财富状况。大体上讲，我们的兴趣在于研究在社会上个人收入是如何随着时间推移而变化的。这一话题可以概括成"收入流动性"。在本章中，我们讨论的问题包括：究竟什么是流动性？为何我们要研究流动性？如何度量流动性？发达工业国家中有什么关于收入流动性的证据？

根本问题在于确定收入流动性的评估时间段。选择不同的时间段，已经产出了两组相对不同的文献。一方面，可以研究个人收入在一生中是如何逐年变化的；另一方面，也可研究父母和子女两代人之间的收入变化。本章将分别讨论代内与代际的收入流动的差异，以说明现有文献的差别，但我们还将试图归纳出两组研究所共有的收入流动性的度量方法的特点，同时也强调两组研究的不同维度，对此采用哪些不同的分析方法比较合适。

首先需要解决概念问题，因为清楚地阐释概念是讨论度量原则、数据来源和实证证据评估等一切问题的基础。在 10.2 节中，我们回顾了收入流动性为何又如何成为我们的兴趣焦点。显然原因有几点，之前提到流动性有着诸多不同的定义，每个定义大概都有效。而这种情况不同于对某一时间点收入分配的评估，因为在收入不平等的概念含义以及在社会福利评价中如何解释收入不平等问题上，人们已达成更多的共识。

我们在 10.3 节回顾了收入流动性的度量方法，一般情况下侧重于两个时间点的收入数据。最常见的情况是，这两个时间节点是两个年份（如代内流动性文献中所采用数据）或者（如代际流动性文献中的）两代人。因此，我们不仅乐于总结单一的收入分配二元联合分布情况，而且还比较了不同时间或不同国家之间的收入分配情况以度量收入流动性的大小。

对于连续收入数据或者分类收入数据,我们阐释了所适用的不同描述性方法。第一,我们讨论了可用于比较收入流动性的图形工具和方法,而无须选择特定的流动性指标(所谓的占优检验)。第二,我们考虑了流动性的标量指标,其范围包括回归系数和关联其他更专业化的发展动态。

我们从一般性视角考虑度量方法,目的在于说明代内和代际收入流动文献采用的度量方法也许可以交叉融合。同时,我们还强调不同的度量方法与 10.2 节中提到的不同流动性概念之间存在关联。

后面两个小节探讨了收入流动性的证据:10.4 节讨论代内流动性;10.5 节讨论代际流动性。在每一节中,我们的策略是建立一座桥梁,将这些概念、度量原则与实证证据联系起来:首先讨论数据来源,以及实施实证研究中的问题,通常包括数据可比性和数据质量。

最后一节 10.6 节做了简要总结,并就未来的研究工作从何处入手可获最大回报提出了建议。

收入流动性的早期研究通常侧重于代内或代际的流动性问题。本书对于代内度量问题的调查是基于 Jenkins(2011a)的研究。他的研究在很大程度上也借鉴了他人的调查结果,如 Atkinson 等(1992)、Burkhauser 和 Couch(2009)、Fields 和 Ok(1999a)、Jenkins 和 van Kerm(2009),以及 Maasoumi(1998)。先前,Solon(1999)、Björklund 和 Jäntti(2009)、Black 和 Devereux(2011),以及 Piketty(2000)等都发表了有关代际流动的重要综述。刚才引用的许多研究综述都被收录在标题含有"手册"二字的卷册中。事实上,《收入分配手册》第一卷(Atkinson and Bourguignon, 2000)提供了大量的收入分配截面数据调查,应及时并适当关注收入流动性。

虽然本章参考了很多他人的研究成果,但除了内容更新之外,也有着一些独特之处。一方面,我们试图将代内和代际流动性的讨论融合在一起,同时强调两者在哪些方面具有本质的差异,值得单独关注。另一方面,本章还覆盖了概念问题、数据、实证研究实施中的问题以及证据等多个方面。

本章的研究重点是广义定义的收入流动性度量。当然,我们不仅描述个人收入从一个时间段到另一个时间段是如何变化的,而且注重对所观察到的变化模式做出解释。为了能够完成目标任务,我们特地选择不对流动性模型做系统性综述。

此外,10.3 节中还有一些关于代内收入动态模型的讨论,因为"方差分量"模型估值已经用来推导收入风险形式的收入流动性度量。Jenkins(2000)回顾了其他类型的收入流动性建模方法,并且讨论了关于代内收入动态建模更为普遍的问题。Jenkins(2011a)对此做了进一步的阐述。

简化式模型和结构实证模型之间有着重大区别,每个模型都有不同的优缺点。前者以实证为基础,而非来自完备的理论模型。理论模型则暗示了规范和基于数据估计的参数。结构化方法的优点在于参数估值和行为模型参数之间有着密切的关系,所以解释更加合理,并且人们可以讲出更多潜在原因。结构化方法的问题在于,模型规范和关系证明的明确含义往往只有通过大量的简化才能得出。这种简化不利于模型描述经验现实的主张。简化式和结构化方法之间的矛盾已经存在了很长一段时间,而且可能会延续下去。原因显而易见:很难找到把结构化、实用性和可行性相结合的方法。问题在于,不仅需要个人劳动报酬的动态模型,还需要多成员家庭中他人的工资报酬和其他收入来源的动态模型,而家庭结构的动态变化也需要建模(Jenkins, 2011a)。

代际收入动态的经验建模中出现了完全相同的矛盾关系,不仅需要考虑多种收入来源,还需要考虑人口因素。Becker 和 Tomes(1986)提出了结构化("优化")的方法,Conlisk(1974, 1977, 1984)的一系列论文提出了简化的("机械的")方法。[①] Becker(1989)提出疑问,而 Goldberger(1989)在《答复质疑者》中对两者的相对优点进行了清晰的讨论。

10.2 流动性概念

长久以来,收入流动性文献的作者强调流动性有着多种维度。例如十年前的一项重要调查曾指出:

> 可能由于收入流动性的概念并不好定义,对于这个多面概念,不同研究关注的方面也不同。流动性文献并未提供统一的分析话语。基本可以确切地说,该领域的新手对此都非常困惑。
>
> Fields 和 Ok(1999a)

Fields 和 Ok(1999a)及他人的系统性综述大大地减少了可能的困惑,却不能改变流动性的多面性。新手仍需要对概念与文献的导读。本节解释了流动性的多个维度是什么,探讨了每种情况下,流动性更大是否是社会所希望的问题,并认为这个答案取决于所侧重的是哪个流动性概念。本节回顾了流动性对社会福利各个方面的影响,以说明不同类型流动性之间的权衡。我们还指出,不同的概念如何在代内或代际流动性的研究中受到不同的重视。

10.2.1 流动性的多元维度

首先考虑所观察的两个阶段 N 个个体的收入情况。时期 1 的收入分布为 x,时期 2 的收入分布为 y;存在二元联合密度函数 $f(x, y)$。人口的总体流动可以视为是连接边缘分布 x 与边缘分布 y 的变换。

在本节中,我们要区分流动性的四种概念(Jenkins, 2011a):位置变动(有两种方式)、个人收入增长、长期不平等的减少以及收入风险。[②] 不同概念以不同方式对边缘分布 x 和 y 进行标准化,并关注 $x \to y$ 的关联本质。

位置变动指每个阶段边缘分布的形状变化所单独引起的流动性。例如,平均收入的上涨或收入不平等;另外,更常见的是与 x 相比,边缘分布 y 中收入值域的各个节点上个人集中

---

① 参见 Solon(2004)用一个简单的模型突出优化模型的关键因素,以及 Mulligan(1997)用整本专著的篇幅讨论理论文献的处理。

② 此分类与 Fields 和 Ok(1999a)以及 Fields(2006)类似。也可见 Van degaer 等(2001)。

度的变化。利用人口规模归一化处理的总体中的秩而非收入本身来确定每个人的位置，可以较容易地得出位置变动的标准化（这些分数秩或归一化秩的边缘分布就是 x 和 y 的标准均匀分布）。从每年特定位置的人口集中度的变化中获取数据时，位置变动的流动性是指个人位置互换的类型。后一种变化叫"结构流动性"，而前一种叫"交换流动性"，参考 Markandya（1984）所述。收入变化影响着位置的流动性，基于这些变化改变了每个人的相对位置。等比例的收入增长或同等的绝对收入增长时，每个人的收入提高了，但位置不变。

位置变动的流动性概念有些明显的特征。第一，任何个体的流动性必然取决于他人的收入位置。而接下来我们会看到这并不适用于任何流动性概念。每个人的初始位置和最终位置取决于他人在社会中的位置，这些都决定着收入位置的阶层。第二，相关性问题，如果一个人的位置变化，那么至少有另外一个人的位置也会变化，不可能每个人都向上流动，也不可能都向下流动。第三，与"无流动性"相对应的情况，可直接定义为：每个人在 x 与 y 中位置相同时，流动性最小。如果收入流动性以转移矩阵来计算（见 10.3 节），其中单元格的元素 a_{jk} 表明，在时期 1 处于收入阶层 j 的个人，可能在时期 2 出现在收入阶层 k，那么对于所有收入阶层（所有个体都在主对角线），当 $a_{jk}=1$ 时，流动性最小。第四，当流动性存在时，采用什么参照点有着两种不同的考虑。一种考虑缺少依赖关系，另一种注重位置变动。

一种情况是一个人的末期收入与初期收入（"非初始依赖"）无关。例如对于在第一时期收入最低者中排名第十位的个体和在第一时期收入最高者中排名第十位的个体，他们在第二时期成为在最富有者中排名第十位的机会完全一致。在转移矩阵的术语里，这就是对于初始阶层 j 或 m（每一行转移矩阵有着完全相同的元素），都存在 $a_{jk}=a_{mk}$。另一种观点参考的情况是，当流动性存在时，最终位置是否与初始位置完全逆转（排序逆转），强调位置变动本身。例如，第一时期最穷困的个体在第二时期最富有，而第一时期最富有的个体在第二时期最穷困，等等。转移矩阵的所有元素都出现在从左下角（初始最富阶层、最终最穷阶层）到右上角（初始最穷阶层、最终最富阶层）的对角线上。[①]

个人收入增长的流动性指的是在社会中，每个人在两个时间点内所有的收入变化总量。其间个人收入或增或减。每个人的收入增长都是明确的。整个社会的收入流动性由每个个体的流动性累加而来。[②] 这一流动性概念与位置变化流动性在许多方面形成强烈的反差。没有区分结构流动性和交换流动性，所描述的是总体流动性。每个人都可能向上流动，也可能向下流动。即使相对位置不变，每个人的收入正增长都可视为流动性。因此，边缘分布的标准化并不是这个概念的本质特征。

在个人收入增长的情况下，自然而然地根据初期收入和末期收入之间的"差距"来定义每个人的流动性。并且对于每个人来说，当收入差距为零时（对于所有 i 为 $x_i=y_i$），流动性最小。当其他条件相同时，任何个体的初期收入和末期收入之间的差距越大，流动性也越大。与之类似的是，根据位置流动性的"逆转"情况，位置变动更大意味着流动性也更大。同

---

① 这两个参考点有时称为"完全"或"最大"流动性，但我们反对这种说法。前一种情况的语言是对特定流动性阵列优化的无理假设（将在下文中进行讨论），并且很难说非初始依赖，从字面意义上代表着流动性"最大"。

② 这个假设很常见，即 Fields 和 Ok（1996）所称的"个人主义贡献"公理。

样,由于收入差距没有明显的上界,因此没有天然的最大流动性参考点。[①] 当然,根据每个个体的收入变化来确定"差距"的度量对这个概念非常重要,主要区别在于"方向性"和"非方向性"增长的度量。第一种情况,区别对待不同时期的收入增加与收入减少。第二种情况,把同等幅度的收入增长和减少归于同等收入差距。该度量方法概括了收入"波动"(稍后将详细介绍)。有关更准确的定义,请参阅 Fields 和 Ok(1999a)。

第三种流动性概念则是根据收入流动性对长期收入不平等的影响来界定的。每个个体的长期收入被定义为每个时期收入的纵向平均值(稍后考虑这个变动)。在两个时期的情况下,长期收入等于 $1/2(x_i + y_i)$ (对每个 i)。长时间取平均数,平滑了每个人的纵向收入波动,此外,个人纵向平均收入的不平等将低于任何单个时期内的个人收入离差。因此,流动性可以用长期收入不平等低于特定时期收入边缘分布不平等的程度来表征,参见 Shorrocks(1978a),后面会有更详细的讨论。零流动性参照点是指每个时期每个人的收入等于其长期收入,这个概念极其苛刻。在另一个极端情况下,如果每个时期收入不平等,但长期收入没有不平等,则此时流动性最大。这个流动性概念由于运用不平等的对比来定义流动性,而不平等的测量则建立在总体(人口)水平上,因此不涉及每个人是否可以向上(或向下)流动的问题。该流动性概念和位置变化概念的序位逆转之间有相似之处,因为两者都与变动有关,但是它们分别使用了不同的参考点来评估(长期收入与基期位置)。下文会继续探讨这个话题。

流动性的第四种概念,即收入风险,与第三种概念有关。前一段用"永久性"收入(长期平均收入)和"暂时性"收入(特定时期内平均收入的偏差)之和来表示每个人特定时期的收入。假设现在这样解释:鉴于第一时期关于未来收入的信息,长期平均收入是每个时期的预期未来收入。从这个事先视角来看,暂时性成分表示对收入产生了意想不到的特殊冲击,而且每个时期个体之间的离散程度越大,这个总体的收入风险就越大。前段所述的流动性度量(即与纵向的收入平均相关的不平等减少),现在又成为收入风险的度量,并且具有不同的规范性影响(见下文)。随时间推移的收入变动代表着不可预测性。这本质上就是 Fields 和 Ok(1999a)所说的收入"波动"(非方向性收入变动)。尽管概念构建有着明显的相似之处,但在实践中,侧重不平等减少和收入风险的流动性概念存在着分歧。描述收入阶层的过程并不是对个人固定的永久性收入和特殊的暂时性收入的简单相加。计量经济模型已经变得更为复杂,描述了永久性收入和暂时性收入如何随着时间的推移演变,而反过来,这又意味着对预期收入和暂时性偏差的计算不同。然而,可预测的相对固定的收入要素与不可预测的暂时性收入要素之间的区别仍然存在,因此暂时性变动与收入风险的两种流动性概念之间的联系也依然存在。

10.2.2　收入流动性是社会所期许的吗?

涉及公共利益的多种流动性概念描述的内容在哪些方面有用呢?流动性更大能说明社

[①] 个人收入增长不能用转移矩阵来表示,因为这种情况下的流动性概念本质上是基于个体而非群体。然而,收入增长可以用流动性矩阵表示,其中类别边界是根据实际收入项来定义的。

会进步了吗?还是社会不希望流动性变大?这一答案取决于所采用的流动性概念。所评估的是代内还是代际流动性决定了对不同概念的支持。

初始和末期收入相关性越小,流动性越大。一直以来,社会越开放,流动性也越大;如果人们最终的生活状况并不取决于出身,那么机会就会更加均等。例如,Tawney(1964)发表了对机会均等的经典论述:

> 社会的每一位成员,不论出身、职业或社会地位,不论是在形式上还是事实上,都具有充分利用自然赋予的体格、品质和智力的平等机会。
>
> Tawney (1964)

近期,英国政府顾问在关于社会流动性的报告中指出,"社会流动性很重要,因为机会平等是整个政治领域的愿望。缺乏社会流动性意味着机会不均等"(Aldridge,2001)。想更多了解机会均等,请参阅第5章。

从这个角度来看,不管对结果不均等的态度如何,社会期望流动性更大,因为机会平等原则赢得了广泛的支持。两者的关系在于初始与末期收入的独立与相对平等或不平等的结果不平等是一致的。然而,刚才推理的观点通常出现在对代际流动性而非代内流动性的讨论中,初始位置是指其父母的境况,如Tawney(1964)所提出的"出身、职业或社会地位"。在这种背景下,对公平的呼吁建立在优绩思想的基础上,即人生机遇应该取决于自身的能力和努力,而非取决于父母的身份。同时,重要的是要认识到,代际关联程度并不能完全代表机会不均等的程度。

只有在两种特别的条件下,初始独立程度才能直接测度机会不均等(Roemer,2004)。第一种条件是父母的收入完全体现了父母的背景优势(假定个人无法选择)。天生能力差异(可能有部分基因遗传)会造成子女的收入差异。但在第二种条件中,所采用的机会均等概念却不能接受子女的任何收入差异。Swift(2006)称之为机会均等原则的"激进"解释,可能要比他所说的"最小"和"传统"定义获得的认同感更低(一个定义是指人生机会的获取和招聘过程中没有偏见与歧视;另一个定义指所取得的结果取决于"能力"和"努力",而不是家庭背景)。

初始独立流动性的社会期许在代内语境下影响力较小。原因在于,收入是在生命历程中的一个点测量的。到那个阶段,第一时期的收入很可能反映出人们的能力和努力(除家庭背景等因素之外)的差异,第二时期的收入反映了这些因素的持续影响。如果能力和努力确实(或被视为)发挥了作用,而且也被认为是奖惩公平,那么作为社会正义的原则,降低初始和最终之间的依赖关系就没有那么吸引人了。

通常,在代内语境下,因为可以减少长期收入不平等,收入流动性更为社会所期许。在这一点上,最有名的是Friedman(1962)在《资本主义与自由》中的陈述(尽管在代内语境下是指机会均等):

解释收入分配证据的一个主要问题是需要区分两种基本不同的不均等：暂时的、短期的收入差异和长期收入身份的差异。设两个社会的年收入分配相同。其中一个社会的流动性和变化很大，使得收入阶层中特定家庭的位置每年都很不一样。另一个社会僵化，每个家庭年复一年都处于相同的位置。一种不均等代表着动态变化、社会流动性、机会均等，另一种不均等则是身份社会的标志。

Friedman(1962)

在美国的政治领域也有着类似的观点，美国前总统奥巴马的经济顾问委员会主席曾表示：

如果低收入者在职业生涯的某个时间点成为高收入者，或者低收入父母的子女长大后有机会大大提高收入层次，那么高收入不平等受到的关注会减少。换句话说，如果收入流动性大，就会减少对任何既定年份不均等程度的担心。

Krueger（2012）

尽管两位作者都提到了代际收入分配，但可以将同样的减少不平等的概念延伸到代际间的情况）。可以根据年代不平等（指同一个家庭几代人的平均收入）低于任何一代人不平等的程度来归纳流动性。但很少这样来归纳，也许是因为年代平均收入的归一吸引力远远低于同一代人多时期平均收入的吸引力，而且很难找到两代人以上的数据。

根据减少长期不平等的观点，收入流动性符合社会期许的原因在于工具理性而非自身原因。即假设社会关注收入不平等（在其他方面都一样的情况下，收入不平等程度越低越好），但不平等是根据长期收入来估算的。每年的流动性意味着，在任何一年中，分配不平等是低于收入不平等的。因此，流动性原则的规范内容取决于有关长期收入分配所提供基准的性质和有效性的看法。Shorrocks(1978a)[1]指出，

有人设想个人对两种有着相同实际现值的收入流无动于衷。如果资本市场完美（或如果时期之间的收入完全可替代），那么这种假设可能是真实的。但很可能个人关心平均投资收入率和不同时间的投资收入模式。我们可以更进一步并建议个人应倾向于持续或是稳步增长的收入流，而不是持续波动的收入流。

Shorrocks(1978a)

因此，这一观点不仅与平滑收入达到长期平均的可行性有关，也涉及社会不期许与收入波动相关的不确定性。

这就带来了收入流动性的第四种概念——收入风险。为了说明这一点，Shorrocks（1978a）为每个人明确了"产生投资收入的持续收入流量率"，提供相同的福利水平，作为当

---

[1] Shorrocks(1978a)还提出，在假设中注意使用相同度量来归纳长期收入和每一期收入的离差。

前面对的收入流,他认为:

> 用不平等值计算中的另一种收入概念来替换实际核算收入时,引入一个新维度来讨论流动性。流动性不再一定是社会所期许的,随着时间的推移,相对收入的变化还会使总投资收入的分配均等,并达到福利改善的程度。但在同样的平均收入水平下,人们厌恶大的变化,他们更喜欢稳定的收入流动。所以在某种程度上,流动性会导致更明显的收入变化和更多的不确定性,这并不是社会所期许的。更详细考查流动性的这两个方面将有助于更好地了解收入变化的影响和社会福利的启示。
>
> Shorrocks (1978a)

因此,尽管收入流动性能降低不平等程度,但倘若流动性只是短暂的冲击,那么流动性并不一定是社会所期望的。在这种情况下,流动性不仅意味着收入波动,也代表着不可预测和经济不安全。收入波动是不受欢迎的,因为在其他方面相当的情况下,大多数人为了更容易和更好地规划未来,宁愿选择更稳定的收入流动。但除此之外,从定义上看,暂时性的收入变化是个人层面无法预测的特殊冲击;暂时性变化越大,收入风险也越高。厌恶风险的个人不愿意看到更高的风险。我们再回到这点,暂时性冲击所偏离的"其他收入概念"当然非常关键。

那么个人收入增长是不是社会所期许的呢(第二个流动性概念)?答案并不明确,因为这取决于收入增长的本质和群体。对于任何特定个体,收入增加代表着社会进步,收入下降则是社会所不愿意的。接下来的主要问题是如何计算社会演算中的得与失。评估个人收入增长对整个社会福利的影响,需要权衡不同人群的得失,而对于如何做到这一点,人们的意见可能并不统一。相对于起初是富人的收入所得,平等主义者可能会更重视最初是穷人的收入所得,因为这将有助于减少他们之间随着时间推移的收入差距[对收入增长的累进度,请参阅 Benabou and Ok(2000)以及 Jenkins 和 Van Kerm(2006)]。

也可能会产生运用赏罚或激励原则的相反观点。例如,有人可能会认为,如果富人的收入所得反映了对创业或者突出人才的适当回报,差别收入增长率就不那么令人担忧了。近年来,在许多以英语为母语的国家,银行家奖金的增加可能不能佐证第一种观点。但关于第二个观点,我们注意到,在英国前首相托尼·布莱尔的一次采访中,当问到他贫富差距不断扩大是否可以接受的问题,他表达了看法。但他的回应是关于个人收入增长的:

> 对于我来说,真正的公正是提高那些没有体面收入的穷人的收入。我并不急切地要让大卫·贝克汉姆少赚些钱,……实际上,问题不在于最富有的人是否最终变得更富有……最重要的是把收入向上拉平,而不是下拉达到同等水平。
>
> 英国 BBC 晚间新闻的采访(2001 年 6 月 5 日)

估算流动性时,另一个奖惩概念也可能相关。这就是关于"苦恼的名门世家"的观点,他们以前生活富裕,不是因为自身的过错,但财力明显下滑。因此,个人收入得失的估算可能会不平衡,但又与收入变化的原因有关(参见下文对"损失厌恶"的讨论)。

本节最后介绍两个观察数据。首先,我们对社会期许或收入流动性的讨论,是指对全过程收入变动的探讨,即探讨从基期的初期收入到所有潜在的末期收入。一直没有特别关注收入底层或顶层的持久性。一部分是因为除了如何划分贫困和非贫困人口、富裕或不富裕人口的界限,可能不会提及额外的概念问题。事实上,如果用转移矩阵对二元联合分布进行归纳,那么适当的收入群体定义会显示顶层和底层的流动。在接下来的两节中,我们讨论了高收入和低收入持久性测度的一些方面。

其次,我们集中讨论了流动性的社会期许性的规范性方面,忽略了公众支持流动性的正面政治经济观点[可参考如 Benabou 和 Ok(2001)分析的"向上流动前景"(POUM)假设,即当前的低收入者,可能并不支持高水平再分配,因为他们期望自己或子女将来会成为富人]。

10.2.3　收入流动性与社会福利

到目前为止的讨论表明,收入流动性增强对社会福利的影响并不明确,这取决于所强调的流动性概念。经济学家自然会提出一个疑问:目前已经讨论过的不同流动性概念是否有明确的福利依据。对于不平等的测量,人们知道使用显性社会福利模式会带来红利;特别参阅 Atkinson(1970)的研究,如何用社会福利来体现收入不平等"成本",以及基于洛伦兹曲线的不平等比较如何与加性、递增和个人收入凹函数的社会福利函数(SWF)的排序密切相关。相应的流动性测量的社会福利依据文献数量不多,包括 Atkinson(1981a)、Atkinson(1983)、Atkinson 和 Bourguignon(1982)、Markandya(1984)、Gottschalk 和 Spolaore(2002)。在这一节,我们重点讨论在流动性语境下社会福利函数的性质;之后将讨论这些函数如何关联流动性占优结果。

在多期语境下使用的社会福利函数是对 Atkinson(1970)讨论过的单期情况的简单概括。社会整体福利 W,是个人收入效用函数的期望值(平均值)。在两期的情况下,收入效用函数为 $U(x,y)$ 和基于联合概率密度 $f(x,y)$ 进行加权。即

$$W = \int_0^{a_y} \int_0^{a_x} U(x,y)f(x,y)\,\mathrm{d}x\mathrm{d}y \tag{10.1}$$

这里,$U(x,y)$ 是可微函数,a_x 和 a_y 是在时期 1 和时期 2 的最高收入。假定其他条件相同时,两个时期的收入增加都符合期许(因此收入的正向增长会提高效用):$U_1 \geqslant 0, U_2 \geqslant 0$。

传统上,研究主要聚焦在边缘分布 x 和 y 完全相同的情况。换句话说,其经济学语境与早些描述位置流动性的语境相同。当把个人收入分成离散的收入阶层时,所有相关的流动性都由个人排序的变化或转移矩阵来概括。Atkinson 和 Bourguignon (1982)表示,如果社会福利函数在不同时期是加法可分的(所以 $U_{12}=0$),那么收入流动性与社会福利无关;只有边缘分布有意义。[①] 相反,如果 $U(x,y)$ 是每期效用总和的一个凹变换,那么 $U_{12}<0$。

如何解释这一符号? Atkinson 和 Bourguignon(1982)讨论了一类与特定偏好顺序和位似

---

① 参见 Markandya(1984)以及 Kanbur 和 Stiglitz(1986)。

偏好的特殊情况关联的最小凹函数。在这种情况下,效用函数 $U(.)$ 正好由两个参数表征: $\varepsilon > 0$ 概括对多期效用不平等的厌恶,$\rho > 0$ 概括各个时期收入之间替代性的逆弹性(即对跨期收入波动的厌恶程度;Gottschalk and Spolaore,2002)。$U_{12} < 0$ 相当于 $\varepsilon > \rho$ 的情况,即在社会福利评价中,多期不平等的厌恶抵消了对跨期波动的厌恶(当然这在降低多期不平等的程度)。当 $P = 0$ 时,增加收入流动性必然会增加社会福利。由于不同时期之间收入的完全替代性,人们只对多时期不平等减少有兴趣。

Gottschalk 和 Spolaore(2002)指出,在 Atkinson-Bourguignon(1982)模型中,出身依赖不起作用。[1] 转移矩阵术语中,如果有任何收入逆转偏好($\varepsilon > \rho$),则不仅流动性的增加代表着社会福利的增长,而且完全逆转的情况优于出身依赖的情况。这一特性与流动性测量中社会福利框架的应用有关,测量使用了随机占优检查(在下一节中讨论)。出身依赖不起作用说明,这种方法不太适用于代际流动性的比较,因为出身独立是在该语境下最被普遍支持的原则(见上文中的讨论)。

然而,Gottschalk 和 Spolaore(2002)的重要贡献在于指出:如果引入社会福利函数来考虑对未来收入风险的厌恶,则更强的出身独立性能够改善社会福利。在两期的情况下,他们放弃了阿特金森—布吉尼翁的假设,即利用时期 1 能确定了解时期 2 的收入。在观测到的时期 1 收入和结果联合密度的基础上,个人对时期 2 的收入有着条件期望。现在有着位似偏好的效用函数通过第三个参数 γ 表征,归纳了对时期 2 风险的厌恶程度。Gottschalk 和 Spolaore(2002)证明,

> 出身独立降低了多期的不平等程度和跨期波动性,但会增加未来的风险。只有对多周期不平等和波动的厌恶超过对未来风险的厌恶(ε 和 ρ 不小于 γ,至少有一个大于 γ),个人才会对出身独立做出正面的评价。
>
> Gottschalk 和 Spolaore(2002)

总之,从社会福利方面来看,收入流动性评价是有回报的。单一的统一社会福利框架是存在的。在这个框架内,收入流动性的增加能否改善社会福利,则取决于对不同流动性概念的优先考虑。例如,如对跨期波动和未来收入风险的厌恶越大,越不太可能重视逆转,但是对多期不平等的厌恶越大,则越重视逆转。但到目前为止,社会福利框架的局限在于:除了与其他概念重叠,未以个人收入增长的形式纳入对流动性的评价。Bourguignon(2011)的研究是例外,他发现 Atkinson 和 Bourguignon(1982)的研究结果可应用于其他"增长过程"的比较,在该情况下,与时期 1 相关的两种边缘分布是相同的。然而,这严重限制了结果的适用性。

另一种策略是根据收入流动性即收入的变化而不是收入水平来明确定义社会福利函数。例如,人们可以假设个体的流动性是根据每个个体 i 的时期 1 和时期 2 收入之间的"差距"来度量的,即 $d(x_i, y_i)$,其中差距函数对所有个体都是通用的,并且是一个社会权重。社

---

[1] 也可参见 Field 和 Ok(1999a)类似的说法。

会整体福利是个人福利 d_i 的加权求和。King（1983）和 Chakravarty（1984）假设 d_i 是（位置流动的情况下）时期 1 和时期 2 的收入排序函数，期许的重新排序是 $\partial W / \partial d_i > 0$，时期 2 收入中的社会权重在增加。相反，对于 Van Kerm（2006，2009）及 Jenkins 和 Van Kerm（2011），d_i 是个人收入增长的方向性测度，社会权重取决于基准年的收入排序。更全面的讨论，可查阅 Bourguignon（2011）讨论的阿特金森—布吉尼翁的收入效用函数 $U(x,y)$，可以改写为 $V(x, y - x)$，有着第二个观点（收入变化）差异的相同属性。这个框架可能会引起争议，例如在 Fields 等（2002）的方法中，社会福利函数是 d_i（社会权重等式）的简单平均数。因此 $\partial V / \partial x = 0$ 的流动性评价完全不依赖初期收入。

根据流动性直接定义社会福利函数的主要优势在于，差距函数 d_i 的说明有很大的灵活性。该方法的缺点是，它不像 Atkinson 和 Bourguignon（1982）的整体统一框架，而是冒着特别风险。特别是，应如何具体说明社会权重？不幸的是，Bourguignon（2011）框架没有给出一个简单的回复。

目前所描述的社会福利方法，虽然根据情况有所修正，但仍假设 W 是一个预期效用评价的形式：Atkinson 和 Bourguignon（1982）纳入了非时间加性的偏好，此外，Gottschalk 和 Spolaore（2002）舍弃了收入的完全可预见性。其采用了整个完全不同的方法，假设评价不是基于预期效用而是基于前景理论。Jäntti 等（2014）利用包含参照收入依赖和损失厌恶的效用函数，探讨了这一思想。后者的特点是，除了偏好平滑收入而非随时间推移的收入波动，因损失会超过同规模的收益，波动就会直接降低个人的福利。因此，对收入减少和增加的处理是不对称的——这与前文提到的"落魄的名门世家"的说法是出于不同的动机。这种方法是一个很有前途的研究领域，与更受欢迎的关于增长的收入风险问题表述相吻合。例如 Hacker 与 Jacobs（2008）曾特别指出，损失厌恶是美国收入风险增长的一个相关因素。

10.3 流动性的度量

这一节介绍流动性的度量。第一，我们讨论描述方法，即归纳流动性模式的图表方法。我们认为"让数据说话"很重要（尽管仍有不足之处），所以相比其他调查，我们的描述方法更详细。第二，我们解释了描述方法具有规范性意义，这关系着流动性对比的优势检测。第三，我们考虑到了流动性的标量指标。在这一节中，我们把描述性方法与之前确定的多种流动性概念相关联。我们举的大部分例子，出自代内文献，反映出代内语境中描述性方法的使用更广泛。但得出的一个经验就是，同样的方法也适用于代际语境。

10.3.1 描述流动性

在两期的情况下，收入的二元联合分布包含了有关流动性的所有信息。因此，我们从归纳图表形式中的联合分布开始讨论。① 流动性的度量方法取决于手头数据的性质和感兴趣的流动性概念。我们一直假设收入分配是连续的，但在实践中以分组形式来表示数据往往

———————————

① 在下一小节中有更多两期的情况，我们把流动性的归纳方法视为长期收入的均等化。

很方便,或者数据可能本质上是离散的,比如"社会阶层"。此外,描述方法的信息内容与分析者对任何一个二元分布的边缘分布进行标准化的方式(如果有的话)有关,在对二元分布进行比较时,还需做进一步的调整(例如对两个国家二元分布之间的平均收入差异的控制)。如果一个人只对纯交换流动性感兴趣(相对位置的变化),那么两个问题都可以利用个人收入所暗含的分数秩次进行处理而非收入本身。在这种情况下,所有的边缘分布是标准的统一变量,在不同时间和不同国家也一样。[①] 但如果重点是其他的流动性概念,那么也可以使用其他标准化方法。

一个流动性矩阵,M,是首先将每个边缘分布的收入值域分成多个类别(不需要每一个时期类别相同但通常如此),交叉列出每个矩阵单元格观察值的相对频率的列表:典型元素 m_{ij} 表示第 1 期收入处于值域(组)i 且第 2 期收入处于值域 j 的观察值的相对频率。离散联合概率密度函数的图示是二元直方图,流动性过程也可以用转移矩阵和边缘分布来表示。借用 Atkinson(1981a)的符号,假设有 n 个收入值域,时期 1 中 k 组观测的相对数字是 m_1^k,$k = 1, \cdots, n$,在时期 2 也是相对应的。时期 1 的边缘(离散)分布可用矢量 $m_1 = (m_1^1, m_1^2, \cdots, m_1^n)$ 来归纳,在时期 2 也是相对应的。由此,

$$m_1^k = m_2^k A \tag{10.2}$$

当焦点放在纯粹交换流动性时,值域通常指的是分位数组。例如,在十分位组别,每组包含十分之一的人群,转移矩阵因此为双随机矩阵,流动性完全以转移矩阵 A 为表征。

表 10.1 举例说明:流动性是指在 1979—1988 年以及 1989—1998 年美国相对位置的变化,每一个人的收入定义为每个个体所在家庭每年可支配的等值化收入。20 世纪 80 年代和 90 年代的美国还远远达不到完全不流动性的情况(所有元素的百分比都为零,除了主对角线上的那些百分比为 100%)。显然,也没有原点独立性(每个单元格的元素等于 10%),也没有完全位置逆转。一般为短差距的流动性,长差距流动性很罕见。例如,对于 1989 年最贫困的第 10 个十分位组别,到 1998 年大约 42% 的人口仍处于最贫穷的组别,只有不到 1% 的人进入最富有的第 10 个十分位组别。在 1989 年最富有的第 10 个十分位组别中,到 1998 年约有 46% 的人口仍处于该组别,只有不到 2% 在 1998 年落入最贫困的第 10 个十分位组别。更普遍的是,最大的转移比率位于或接近矩阵对角线。Hungerford(2011)指出,73% 的人口仍处于同样的十分位组别或最多移动两个十分位组别),与向上和向下的流动性似乎大体对称。由于表 10.1 中描述的美国情况与标准流动性参考点不太接近,因此不能简单地说是否有大量或少量的流动性。评价从 20 世纪 80 年代到 20 世纪 90 年代流动性是否增加也很有意义。本章在下面度量方法的小节中,讨论了流动性比较的方法。10.4 节还进一步展示了代内流动性的经验证据。

如果兴趣在于流动性,而不是位置流动性,那么边缘分布的变化也值得关注。有个特殊的例子:当收入阶层边界确定为收入中位数或者贫困线的一部分时,人们也有兴趣去研究贫

[①] 分数(或"归一化")秩次介于 0 和 1 之间,平均为 0.5。当收入相当来确保满足这些条件时,要特别注意估算。参见 Lerman 和 Yitzhaki (1989)。

困率趋势以及低收入的流入和流出。[①] 通常来说,收入群体边界在不同时间的实际收入中是固定的,对边界进行定义,可以提供有着不同出身的个人的收入增长的指征;如果每期的收入是由每期平均收入进行标准化处理,信息指的是与平均收入相关的收入增长[②](我们所说的"指征"与这个流动性概念有关,因为该概念本质上指的是个人的收入变化,而不是群体层面的收入变化)。同样,个人不同初始组别的离散可能代表着收入风险,但并没有明显关联。因为长期不平等的减少,这种流动性矩阵和传统的转移矩阵都不能直接提供流动性的有用信息。

表 10.1　十分位转移矩阵:美国,1979—1988 年和 1989—1998 年　　　　单位:%

初始组	目标组									
	1	2	3	4	5	6	7	8	9	10
1979—1988 年										
1	44.3	18.3	12.4	9.2	7.1	3.0	1.8	2.0	0.7	1.3
2	18.1	25.3	21.0	11.7	7.5	5.4	4.7	3.2	1.9	1.1
3	10.6	18.2	15.3	16.8	11.6	9.0	8.8	4.9	3.1	1.7
4	7.2	8.9	14.0	14.0	14.7	15.7	12.0	5.6	6.0	2.1
5	6.1	9.2	10.9	12.8	13.3	16.9	12.3	7.5	7.7	3.4
6	4.1	5.2	8.8	10.3	11.8	10.0	14.2	16.9	12.6	6.2
7	3.5	6.5	6.9	8.6	10.4	13.4	13.3	16.8	13.4	7.2
8	3.1	4.6	3.2	7.7	12.3	9.5	12.6	15.7	17.7	13.6
9	1.2	2.2	4.8	6.3	6.9	10.2	12.2	14.7	18.0	23.5
10	2.1	1.5	2.8	2.5	4.2	7.0	8.5	12.8	18.6	40.0
1989—1998 年										
1	41.9	21.6	13.7	7.0	4.6	3.7	2.7	2.2	1.9	0.7
2	20.4	22.5	15.4	11.6	11.0	8.1	4.0	4.0	1.7	1.2
3	12.5	20.8	17.1	16.4	10.9	10.3	5.2	3.2	1.7	1.9
4	6.9	11.6	15.5	16.9	14.5	11.4	10.1	7.7	2.3	3.1
5	4.8	6.2	12.2	13.8	16.0	14.2	12.4	7.1	7.5	5.8
6	3.2	3.7	9.1	11.6	16.0	14.4	15.7	11.7	7.7	6.9
7	3.2	4.5	7.6	9.3	8.7	12.2	16.3	15.6	16.8	5.8
8	3.0	4.7	5.2	5.4	7.9	12.1	17.2	17.0	19.3	8.3
9	2.5	3.1	4.0	4.9	7.5	7.1	10.7	18.2	21.8	20.3
10	1.7	1.0	0.4	3.2	3.0	6.3	6.0	13.1	19.3	46.1

注:收入是指等值化的每年家庭可支配收入,包含所有成员(成人和儿童)。十分位组别从最贫穷(1)到最富有(10)依次排序。

数据来源:Hungerford(2011),基于 PSID 数据计算。

[①] 例如,参见美国的 Hungerford(1993,2011)以及英国的 Jarvis 和 Jenkins(1998)。
[②] 例如,参见 Hungerford(1993)、Hungerford(2011)以及 Jarvis 和 Jenkins(1998)。

图式总结可以进行补充说明,有时比表格列报更有效,视觉效果更好,甚至还能可视化展示及对比转移矩阵。举例来说,我们谈到 Van Kerm(2011)提出使用彩色转移概率图。假设在每个时期 1 和时期 2 把个人划分为 20 个分位组。为了可视化展示,按照时期 2 的收入组别把个人分类排成行,最贫困的第 20 个二十分位组别排在最上面一行,第 19 个二十分位组别排在接下来的一行,一直到最富裕的第 20 个二十分位组别排在最下面一行。使用颜色编码系统,标注上每个人在时期 1 的组别。假设一期最贫困的第 20 个二十分位组别是蓝色,最富有的第 20 个二十分位组别是红色,而中间的分位组则以彩虹中间的颜色来表示。如果随着时间的推移,相对位置没有变化,那么每个人仍留在时期 1 的收入组别;行与颜色会有一一对应的关系(行包含相同颜色的完整色块)。如果初期收入和末期收入之间没有关联,则每一种颜色将在所有行中组成同等大小的色块。如果排序完全逆转,原来的配色会颠倒过来,那么时期 1 最富有的组别(红色)排在最上面一行,时期 1 最贫困的组别(蓝色)排在最下面一行。

这种图形表述的例子出自 Van Kerm(2011),图 10.1 描述了在德国(左,两德统一前为联邦德国的数据)和美国(右),个人在 1985 年到 1997 年的家庭收入流动性。显而易见,这 12 年,在两个国家和整个收入分配过程中,收入流动性都相当大,其中包括最富有的第 20 个二十分位组别变成最贫困的第 20 个二十分位组别,反之亦然。但是两国显然没有初始独立性,更不用说排序完全逆转了。然而有意思的是,流动性模式的主要差异显然在于收入分配的底层(德国比美国的相对位置变化更大)。我们在下一节再来介绍这一研究发现。转移矩阵彩色图的独特优点在于其直观的视觉效果。但是,不一定总能用到色彩。Jenkins(2011a,图 5.1)在书中把概括收入流动性的彩色转移矩阵图改成黑白两色后,效果降低了。

德国(两德统一前为联邦德国的数据)1985—1997年   美国1985—1997年

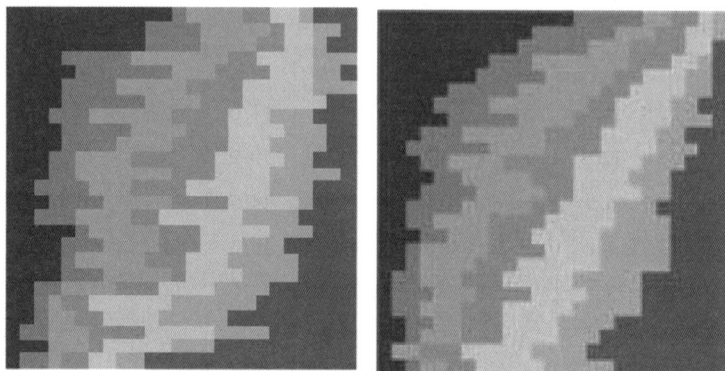

图 10.1 转移矩阵颜色图示例

资料来源:Van Kerm(2011)。对于此图的彩色版本,读者可参考本书英文原版的电子书。

其他描述性方法的效果如何呢? 也许最能直接概括双变量联合分布的方法是使用时期 1 收入与时期 2 收入相对比的散点图。图 10.2 是使用 1991 年和 1992 年英国收入数据的代内流动性的例子。

散点图的优点在于很容易制作,并且对收入不流动的程度(45°线附近的聚集情况)以及边缘分布的性质提供直观的印象。如果关注相对位置的变化,相应的散点图将展示个人每

期的归一排序。由于没有预计双变量密度,主要缺点在于可能丢失重要细节;时期 1 和时期 2
收入组合的 10 个观察值和具有相同收入对的 100 个观察值之间没有差异。

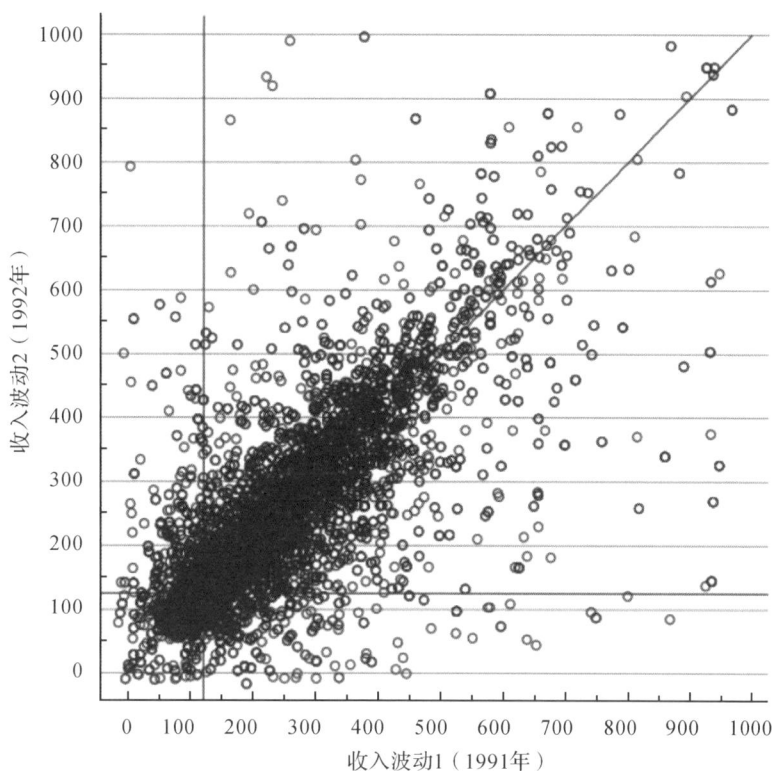

图 10.2　散点图示例

资料来源:Jenkins(2011a)。

　　一种绘制方法是导出并绘制联合密度。绘制最简单的估计值是双变量离散密度(基本
上绘制双变量直方图,见上图)。然而,这样的离散化存在明显的缺点:如在单变量分布情况
下,估计值对收入级别边界的选择是敏感的,当然,区间内的信息会随着分组丢失。核密度
估计方法避免了这个问题,因为它们在一个移动的窗口内而不是在固定区间内平滑数据。
图 10.3 显示了 1983—1989 年[①]连续 2 年联邦德国家庭收入的"典型"联合双变量密度。每
年的收入用同期中位数归一,否则,不认为边缘分布是相同的(所以这只是交换流动性的表
示)。与散点图相比,显而易见,个体集中于 45 度和 45 度附近表示完全不流动。

　　然而,细节仍然难以确定,一部分是因为三维图示必须使用特定的投影。如果从另一个
角度来看待估值,读者的感受可能会变化。另外边缘分布的差异很难研究;个人收入增长也
是如此。与散点图和双变量柱状图一样,还有一个问题:即使要比较的图表放在旁边,也很
难比较两种二维分布(例如针对两个不同的国家)。平面图叠加过于凌乱,但缺少某种形式
的叠加,详细的比较也会受限。

　　使用轮廓线图来概括密度估值,轮廓线连接相同密度的收入对,这两个问题在一定程度上

―――――――――――――――

① 资料来源没有说明计算的是 1983—1989 年哪两个特定年份。

得到解决。图 10.4 以 1984 年和 1993 年美国和(联邦)德国的收入数据为例。收入指等值化家庭收入的对数,用同时期的全国平均值的偏差来表示。按照每个国家五分位分组(第 20 个、40 个、60 个和 80 个百分位组)的值绘制轮廓线。实线代表美国,虚线代表联邦德国(WG)。

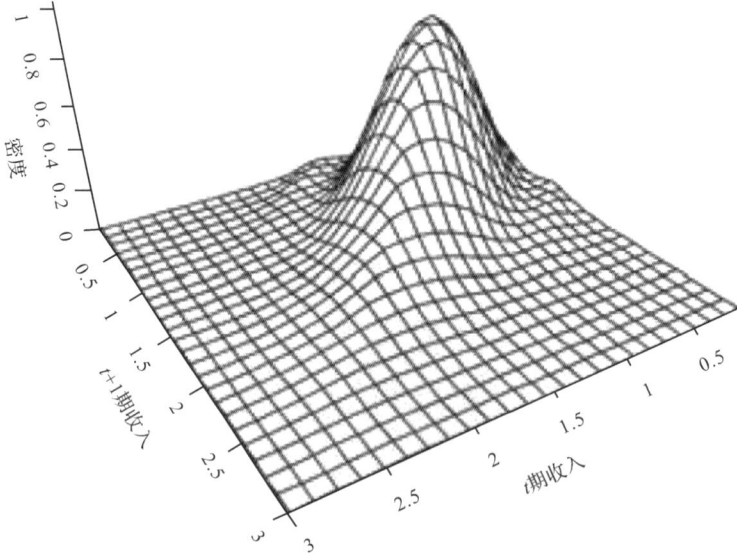

图 10.3　双变量密度图示例

注:该图显示了两个连续时期收入的"典型"核密度估值。

资料来源:Schluter(1998,图 1)。

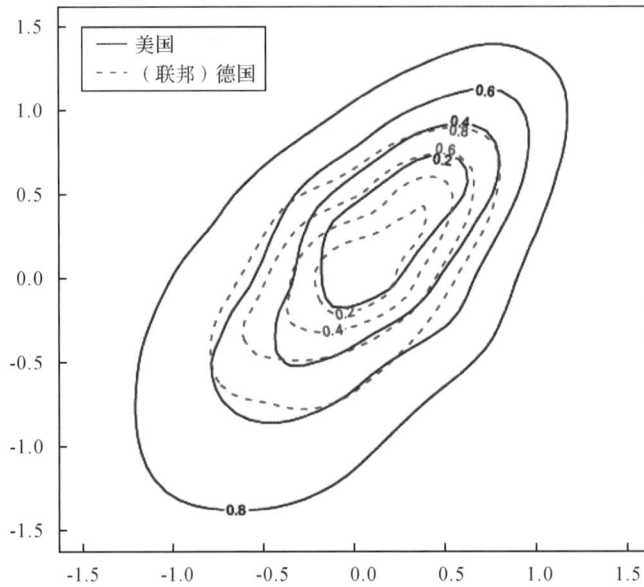

图 10.4　轮廓线示例

注:该图显示了 1984 年和 1993 年美国和(联邦)德国收入的核平滑联合密度,其中收入是经过 PSID 等效量表的等值化处理的税后且转移支付后的家庭收入,每年收入用特定一年平均值的偏差来表示。

资料来源:Gottschalk 和 Spolaore(2002),由作者重新绘制。

正如 Gottschalk 和 Spolaore(2002)所评论的那样,平面图体现了联合分布的多重特征。(联邦)德国的每一条轮廓线都位于美国轮廓线之内,表明美国的截面不平等程度更高。对于两个国家来说,45 度不流动性线的聚集都是显而易见的,但美国更明显。此外,(联邦)德国的轮廓线通常更为平缓,意味着与美国相比,联邦德国时期 2 的预期收入(以时期 1 收入为条件)和时期 1 收入的变化要小。Gottschalk 和 Spolaore(2002)认为,这表明美国的跨期相关性较低,而且他们也指出,美国条件均值的变化更大。Schluter 和 Van de gaer(2011,图 2)在美国和(联邦)德国的比较中也使用了轮廓线图。

连续收入分配的轮廓线图复合流动性矩阵,同样复合转移矩阵的连续收入也有描述工具。我们需要条件密度 $f(y|x)$ 的估值,大体上使用事实 $f(y|x)=f(y,x)/f(x)$ 进行简单估计。使用核密度估计,根据 x 和 y 值的网格可以得出分子和分母的估值。参见 Quah(1996),他把这个概念称为"随机核",把其应用到收入流动性的研究者包括 Schluter 和 Van de gaer(2011)。与无条件联合密度图相比,条件密度图允许对基准年收入值域内的预期收入增长进行更加直接的比较。根据美国(上图)和联邦德国(下图)1987 年和 1988 年的数据,图 10.5 提供了一些示例。收入是相对 1987 年中位数显示的等值化净家庭收入。Schluter 和 Van de gaer(2011)不仅指出轮廓线图在美国的传播更广,表明边缘分布存在差异,而且还指出条件密度的特殊性在于低收入的联邦德国人比低收入的美国人向上流动性更大。注意与美国相比,联邦德国左上角轮廓线的向上趋势更明显。

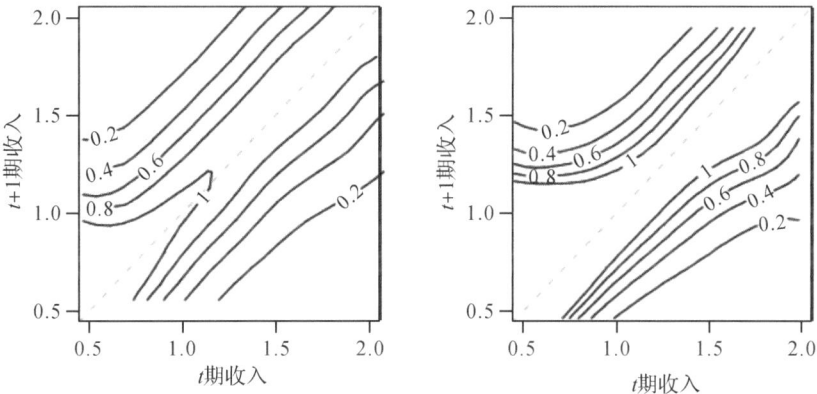

图 10.5 条件密度图示例

注:t 年是指 1987 年;$t+1$ 年指 1988 年。上图表是指美国;下图代表联邦德国。

资料来源:Schluter 和 Van de gaer(2011)。

条件密度与条件概率不一样,后者构成转移矩阵。对条件(累积)概率密度 $F(y|x)$ 的估计需要对边缘分布 y 积分。正如 Trede(1998)所解释的那样,$F(y|x)$ 的估值可以根据时期 1 的收入("p 分位数")的特定值,颠倒过来给出时期 2 收入的概率。Trede(1998)的方法是使用相对于时期 1 收入值的 p 分位数图,"让流动性可见"。图 10.6 显示了其中一个非参数转移矩阵概率图,使用了联邦德国 1984 年和 1985 年的等值化家庭收入数据。在初始独立的极端情况下,每个转换概率轮廓线都是水平的。相反,如果完全不流动,时期 2 的收入完全由时期 1 的收入决定,那么轮廓线就会相互重叠(特别是如果收入中位数没有变化,轮廓线将位

于 45 度线上)。

轮廓线之间的差距越大,时期 2 的不平等程度就越高。轮廓线的斜率一般小于 45 度,表明中位数有所回归。图 10.6 显示,在 1984 年有着收入中位数的个人中,10%左右人群的收入低于中位数的 0.7,而 1985 年约有 10%个人的收入至少是 1984 年中位数的 1.7 倍。

Buchinsky 和 Hunt(1999)用与 Trede(1998)紧密相关联的方法推导转移概率估值的非参数估值,但他们不用图,而是用表格来报告估值。

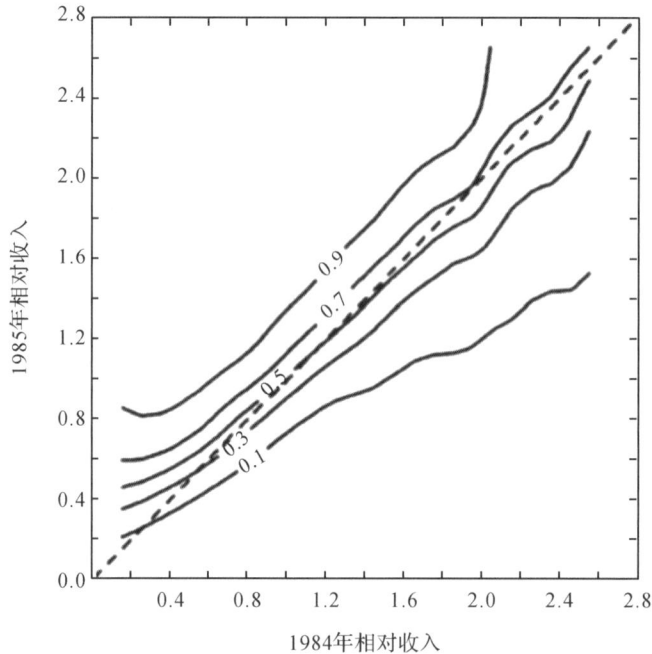

图 10.6 非参数转移概率示例

注:每年的相对收入等于收入除以 1984 年收入中位数。

资料来源:Trede(1998)。

到目前为止所讨论的描述方法中,并没有直接显示个人收入增长形式的流动性模式。关注这方面最简单的方法是使用方向性收入增长的某种度量,定义两个时期间的个人收入增长(Fields and Ok,1999b),从而将二元联合分布转换为收入变化的单变量分布。那么归纳单变量收入分配的所有常用方法都有一个重要的附带条件。收入变化可能为负或零,不限定为正(平均变化也可能是零或负值)。然而,时期 2 收入与时期 1 收入的比率为正(假设收入为正),使用这个度量方法往往很方便。Schluter 和 Van de gaer(2011)提出了收入比率分布的核密度估计。Chen(2009)以及 Demuynck 和 Van de gaer(2012)也都比较了基于收入变化分布的累积分布函数(CDF)平面图。

这种类型的 CDF 平面图是基于个人的收入变化,从最小(最小的负数)到最大进行排序。人们往往对个人收入增长"有利于穷人"的程度感兴趣,即相比顶层的人群,处于时期 1 收入分配底层人群的收入增长程度是否更明显。尤其与时期 1 的收入相比,两个时期之间"有利于穷人"的增长是降低时期 2 收入的不平等程度的一个因素。[①] 另见 10.2 节关于社会福利函数的讨论。Fields 等(2003)根据基准年收入,绘制了四个国家在两个时间点人均收入对数的平均变化情况。横轴(基准年收入)上的收入值域变化非常大,因此各国之间的比较受到限制。相反,如果根据基准年分配(从最穷到最富进行排序)的归一化(分数)轶次,绘制出个人的平均收入变动,则会提高可比性。在这种情况下,横轴以 0 和 1 为界。此类平面图分别由 Van Kerm(2006, 2009)和 Grimm(2007)独立开发。从图 10.7 中可以看出,Jenkins 和 Van Kerm(2011)提供了在英国 20 世纪 90 年代和 21 世纪初 4 个 5 年期的大量实例(个人收入增长是指两年内个人家庭收入变化的对数)。显然,在每个子时期,尤其是 1998—2002 年,收入增长是对穷人有利的。[②]

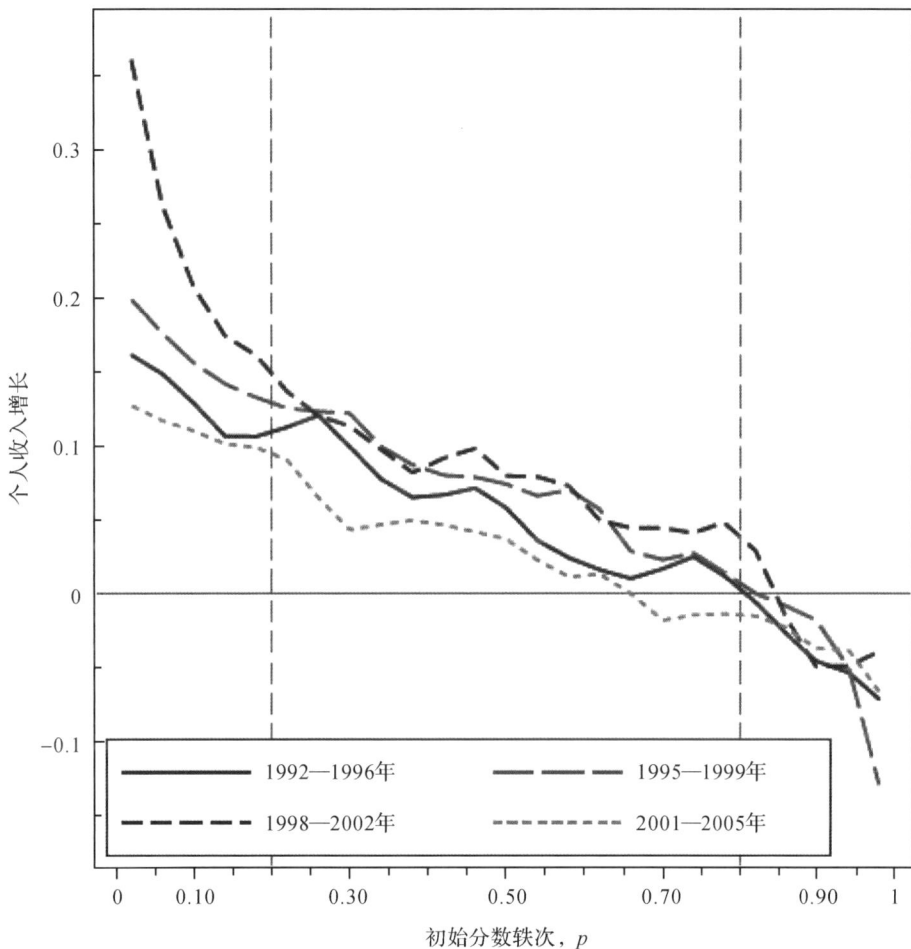

图 10.7 个人收入增长和流动性轮廓

资料来源:Jenkins 和 Van Kerm(2011)。

[①] 但对穷人有利的增长并不能保证不等的减少。随之而来的重新排名可能有抵消作用。参见 Jenkins 和 Van Kerm(2006)更全面的解释和实例。

[②] 作者解释,每条曲线的负斜率都由"均值回归"驱动,所以实质性利益主要在于曲线斜率的变化,而不是斜率本身(以及斜率的大小)。

总之,我们回顾了一系列用于归纳两个时期之间收入流动性的图表描述方法。通过不同方式对边缘分布进行标准化,我们可以聚焦流动性过程的不同方面;而个人收入增长则有着单独的描述方法。

代内收入流动性分析更倾向于使用图表归纳和比较的方法,而代际流动性分析主要依赖转移矩阵图表对流动性过程进行详细归纳。部分原因在于,与代际流动性最为相关的流动性概念是纯粹的位置变化,完全独立于边缘分布的任何变化。然而,这放弃了使用其他方法来描述分配的机会。

最后一点想法,似乎缺乏简单的描述性归纳,可以直接凸显基于长期不平等减少或者基于收入风险的流动性概念。我们稍后会关注基于长期不平等减少的流动性概念。在收入风险的流动性概念中,人们想要的是类似于流动性轮廓图,而不是归纳以基准年收入或收入位置为条件的预期(平均)收入增长,这样会得出条件收入离差。

10.3.2　流动性占优

占优检验是分析人员广泛使用的工具之一,用于比较单变量收入分布,在多大程度上可以并且应该用于流动性比较呢? 我们确定了三种主要方法。

Atkinson 和 Bourguignon(1982)的占优分析结果最为著名,参照了前面讨论过的社会福利框架。社会福利是根据时期 1 和时期 2 收入来定义的个人收入效用函数的预期值,其中个人效用是每期收入效用的凹变换,每期收入的个人效用也在增加。

对于二维分布 f 和 f^* 流动性差异的福利比较是基于差异:

$$\Delta W = \Delta \int_0^{a_y} \int_0^{a_x} U(x,y) \Delta f(x,y) \, \mathrm{d}x\mathrm{d}y \qquad (10.3)$$

其中, $\Delta f(x,y) = f - f^*$ 是二维密度的差异,相同的 $U(.)$ 用于每个分布的社会评价(参见方程式 10.3)。

分析的重点在于边缘分布 x 和 y 相同的情况,并且社会福利函数满足条件 $U_1 \geqslant 0, U_2 \geqslant 0$ 以及 $U_{12} < 0$ [如果 $U(x,y)$ 是每期效用总和的凹变换,则条件成立]。Atkinson 和 Bourguignon(1982)指出,福利改善 $\Delta W \geqslant 0$ 的充分必要条件是,对于所有 x 和 y, $\Delta f(x,y) \leqslant 0$,也就是说,累积二维分布的差异在每个点都更小(一阶随机占优条件)。

联合分布之间的何种差异与满足的条件相关呢? Atkinson 和 Bourguignon(1982)讨论了,在"相关性降低的变换"的情况下,边缘分布保持不变,但 x 和 y 之间的相关性降低了:

$$\begin{cases} & x & x+h \\ y & \text{密度被 } \eta \text{ 降低} & \text{密度被 } \eta \text{ 提高} \\ y+k & \text{密度被 } \eta \text{ 降低} & \text{密度被 } \eta \text{ 提高} \end{cases}, \text{其中 } \eta, h, k > 0$$

如使用转移矩阵来表示二维分布,则该变换等同于将概率质量移出矩阵对角线。[①] 可通过始于最低的初期和末期组别的转移矩阵单元格的累积,直接推导出累积密度。为了比较两个转移矩阵,当相应单元格的累积密度差异具有相同符号时,存在一阶福利占优。

---

① 也可以参考 Jenkins(1994)以及 Fields 和 Ok(1999a)。如果是非对角转换的话,这两篇文章都质疑,把降低相关性的变换与更大的流动性关联起来的直观吸引力。

Atkinson(1981a,1981b)展示了英国实际使用的代际收入数据方法。本章后面会介绍更多例子。

占优检验结果是对二维分布比较工具的一个有效补充。奇怪的是,它并没有得到广泛使用。这有几个原因。第一,尽管与纯粹位置变动流动性的评估有关,但相对于看作初期收入依赖的流动性,Atkinson 和 Bourguignon(1982)的社会福利函数通常对视为逆转的流动性更敏感(见前面的讨论)。[①]

第二,一阶占优检验没有提供明确的实际排序 (参见 Atkinson,1981a,1981b)。在这种情况下,自然就会使用二阶和更高阶占优检验,根据更多的社会福利函数限制类去求一致的流动性排序。Atkinson 和 Bourguignon(1982)给出了理论结果,但问题是难以解释对社会福利函数的附加约束。它们涉及 $U(x,y)$ 三阶和四阶偏导数的符号。虽然阿特金森和布吉尼翁指出,在同构偏好的情况下,"高阶导数的符号取决于不同时期之间'不平等厌恶'的程度和替换程度之间的关系"(Atkinson and Bourguignon,1982)。也就是说,前面所讨论的参数 ε 和 ρ 之间的关系,他们并未详细说明。符号条件在日常用语中的含义很难理解。

第三个原因,分析人员可能对位置变化之外的其他流动性概念感兴趣。例如考虑个人收入增长的流动性概念最为突出。如前文讨论,研究人员已经使用社会评价函数,即,每个人 $i,d(x_i,y_i)$ 的时期 1 和时期 2 收入之间的"差距"度量的递增函数,将社会福利定义为对个人 d_i 的社会加权总和。例如,Fields 等(2002)通过比较成对的 d_i 累积分布函数,进行了占优检验,其中在实证应用中以六种不同的方式对 d_i 进行了定义。不过,如前所述,他们的社会福利函数属性没有吸引力。Mitra 和 Ok(1998)讨论了 Fields 和 Ok(1999b)在对方向性收入变动度量的随机占优结果的推导过程中所面临的挑战。Van Kerm(2006,2009)明确导出根据 d_i 定义的两类社会福利函数的占优结果。前者简单假定社会权重为正。Van Kerm(2006,2009)表明,这个评估函数的一致排序相当于流动性图(前面讨论过的图表描述方法)之间的非交集,这是一阶占优结果。如果假设社会权重是基年收入排名的非递增函数(越穷的人权重越高),那么一致的社会福利排序就相当于累积流动性图表之间的非交集。Bourguignon(2011)指出,可以得出与 Atkinson 和 Bourguignon(1982)更密切相关的社会福利函数的占优条件,但是这些条件难以直观解释,而且在任何情况下,起始年的边缘分布相同。

Dardanoni(1993)根据转移矩阵概括了流动性过程排序的随机占优结果,重点关注具有相同稳态收入分布的单调矩阵对。[②] 社会福利函数根据包含每个人一生期望效用的矢量来定义(即每期效用值的贴现值总和,其中每个收入阶层都有一个相关的共同效用值;效用中没有阶层内部不平等)。总体社会福利不是个人一生期望效用的平均值,因为线性与匿名相结合意味着流动性与社会福利评估无关(如前所述)。相反,Dardanoni(1993)的社会福利指标是"个人预期福利的加权总和,对社会出身较低的个人权重更大"。因此,这与 Van Kerm(2006,2009)的福利函数中所使用的社会权重体系具有直接的相似之处。

---

① Gottschalk 和 Spolaore(2002)修改了社会福利函数,但没有推导出占优结果。
② 单调转移矩阵中,每一行比上面一行随机占优。基本上,时期 1 处于较高收入阶层,意味着时期 2 有改善的前景。大多数实证观察到的转移矩阵为单调矩阵或类单调矩阵(Dardanoni,1993)。如果一个正则转移矩阵表现出一阶马尔可夫链,那么存在着对应该矩阵的恒定长期稳态边缘分布。

Dardanoni(1993)表示,通过比较两个转移矩阵对应的终身交换矩阵的累积总和可以检验这个评估函数的一致社会福利排序(终身交换矩阵概括了个人收入阶层最初为 i 中在终身收入阶层为 j 的联合概率)。这些矩阵取决于背后的贴现因子:在一般流动性过程中,虽然改善初始较为贫穷个体的位置更受重视,但是效用接收的时机也很重要。对于贴现因子的选择,Dardanoni(1993)提供了占优结果的稳健性检验的额外结果。事实上,实际社会可能并非稳态,转移矩阵可能意味着不同的稳态分布限制了占优结果的适用范围。Dardanoni(1993)承认这一点,但同时指出,这可通过关注双随机分位数转移矩阵来弥补(如 Atkinson,1981a,1981b),在这种情况下,重点仅在于相对位置的变化。但由于社会福利函数不同,所得出的顺序与 Atkinson(1981a,1981b)不同。例如,Dardanoni(1993)指出,根据他的排序,流动性最大对应的是初始独立而不是排名逆转。最后,我们注意到 Dardanoni(1993)的占优结果似乎很少有人使用。我们猜想,这是因为应用研究人员发现,解释和实施 Dardanoni(1993)的结果与 Atkinson 和 Bourguignon(1982)的结果一样,都相对复杂。

总之,这表明流动性的比较存在占优结果。但是相比单变量收入分布的比较而言,"工具箱"不那么明确。可能一部分(重新)归因于存在多种流动性概念。与此相关,在二元情况下,人们对详细说明社会福利函数缺乏共识。

10.3.3 流动性指标

在本节中,我们将回顾可能用于归纳代内和代际收入流动性的指标。首先简单讨论下指标的通用性质,然后讨论一些常用的双变量相关的度量方法[Atkinson 等(1992)称为"直观"测度[1]](接下来探讨更专业化的指标,即与之前定义的各种流动性概念更为直接对应)。一个指标是否关注位置变化、个人收入增长、长期不平等减少抑或收入风险,可说明其多个属性。指标的对比有一些普遍特征。

第一,归一化不同。尽管所有指标在完全不流动的情况下均为零,但流动性最大值不同,实际上一些指标(主要是收入增长和收入风险指标)没有设置最大值。

第二,位置变化与其他指标的"纯粹"度量有所区别。前者的交换流动性指标只对个人的(重新)排序敏感,因此其值不受时间段之间每次收入的任何单调变换影响(或者等同于不受收入边缘分布变化的影响)。相比之下,即使排序固定,结构性的测度也能说明流动性,但与这些位置相关的收入值随时间推移而变化。

第三,无论是按相同的比例还是按相同的绝对数量,相关指标反映所有人共同收入变化的方式有所不同。如果等比例收入增长不影响流动性评估,那么这些测度就是"强相关"("跨期标度不变")。如果测度的收入单位不相关,那么测度就是"弱相关"(或"标度不变"),但与"强相关"的测度相比,等比例的收入增长可以算作流动性。[2] 这些属性还有相应的平移不变性,主要区别同样在于纯粹位置变动(交换流动性)的度量,既满足跨期平移,又满足标度不变及其他指标。例如,长期不平等减少的大多数指标的标度不变,并不是跨期标度不变。个人收入增长的大多数指标既非跨期标度不变,也非平移不变。

---

① 讨论借鉴了 Jenkins 和 Van Kerm(2009)。
② 关于这个区分,请参阅 Fields 和 Ok(1999a)。

第四,方向性问题,即基准年和本年度在流动性评估中所起的作用。不论特定的收入变化是指从基准年到本年度的变化,还是从本年度到基准年的变化,只要收入变化不容忽视,那么指标就是方向性的。如果希望把变化的时间顺序考虑在内,那就是相关的。这对于个人收入增长的测度尤为重要,因为人们想对从 100 增加到 150 和从 150 减少到 100 的收入变化区别对待,希望前者代表处境改善,而后者代表恶化。

第五,指标可以满足各种可分解特性。一是流动性指标可以通过人口子群分解。不平等指标可根据一些特征(例如性别、年龄或教育程度)对人口进行完全、不重叠地划分,总体流动性可以表示为子群中流动性的加权总和,外加一个代表群体间流动性的项。大多数长期不平等减少的指标可以分解,尽管在这种情况下通常没有组间流动性的术语,个人收入增长的指标也可分解。① 一般来说,子群中的个人排序与总体排序之间并不是一一对应,因此基于排名变化的测度不可分解。二是结构和交换成分可分解。与总体子群分解不同,这些分解不可加并依赖使用反事实收入分布来推导,表明没有交换流动性或结构流动性时的情况。对此,请参阅 Markandya(1984)和 Ruiz-Castillo(2004),特别是 Van Kerm(2004)。三是指跨时期一致性,在个人收入增长或收入变动度量中最常用,即时间 t 和 $t+s$ 之间收入变化的流动性是否时间 t 和 $t+r$ 之间、$t+r$ 和 $t+s(r<s)$ 之间流动性的总和,或者是乘积。这一概念具有加性(或者倍增)路径可分性或路径独立性。四是把由广义基尼系数变化测度的两年间不平等的变化与两个流动性指标之和关联起来,一个指标为累进所得个人收入增长,另一个指标为重新排序。详情请参阅 Jenkins 和 Van Kerm(2006)。

我们参考以下几点特征。现在要考虑(不)流动性的最常用的"统计"或"直观"度量。两个时间点收入对数之间的皮尔森积矩相关系数 r 或其相近的同胞系数 β。β(时期 1 收入)对数与(时期 2 收入)对数的最小二乘线性回归的斜率系数为:

$$r = \beta \frac{\sigma_1}{\sigma_2} \tag{10.4}$$

其中, σ_1 和 σ_2 是时期 1 和时期 2 对数收入的标准差。换句话说,用对数方差的不平等指标来评估边缘分布,r 则是边缘分布不平等的变化所度量的 β。r 测量了时期 1 和时期 2 之间收入(几何)均值回归的程度。$H = 1 - r$ 是 Hart(1976)的流动性指标,其性质在 Shorrocks(1993)中有详细的讨论,并经常用于代际流动性的情况。H 处于在 -1 和 1 之间,而在完全不流动的情况下,$H = 0$。

β 已经用于几乎所有代际收入流动性的实证研究(1-β 是一个流动性指标),我们将在后面再讨论。因为这是位置流动性概念,在这种情况下最受关注。令人惊讶的是,β 和 r(或 H)既反映了结构性流动性,也反映了交换流动性。时期 2 和时期 1 收入($r=1$,$H=0$)之间完全的线性关系与不变的排序和收入增长保持一致。有人认为(参见 10.5 节),进行跨国比较时,因 r 控制了边缘分布的差异,所以 r 比 β 更适合作为收入(流动性)的测度。但是限制的范围相当有限,这是因为不平等的变化只是一种分布特征(并且使用了一种特殊的不平等度

---

① 这种分解多用于单个时间段内提供流动性的剖析,而不是根据子群的大小、流动性和组间流动性变化的相对重要性说明两个时间段内流动性变化的关联。

量)。如果分析人员采用斯皮尔曼秩相关系数而不是 r,则边缘分布的差异将被完全控制(因为边缘分布是标准的均匀分布)。这在侧重位置变化的代际情况中具有优势。还要注意 D'Agostino 和 Dardanoni(2009a)提供了斯皮尔曼秩相关系数的公理化表征作为度量交换流动性的指标,从而不仅仅将其视为"统计"指标。

关于 β 和 r 的第二个问题是为什么应该使用对数收入而不是收入来计算。可以肯定的是,β 是一个无单位的指标(弹性),但是这引出了我们是否因为缺乏线性或对数线性关系,才对不流动性感兴趣的问题。[①]

总而言之,β 和 r 在代际流动性文献中的广泛使用,可能有两个原因。第一,在 10.5 节也讨论过,评估度量误差影响的各种方法,以及对 β、r 和同胞相关系数之间关系的讨论都依赖于回归和矩的性质。第二,仅出于惯性,研究人员想对之前和现在的估值进行比较,所以继续使用 β。代际流动性的研究者们已经注意到,β 的主要问题是其标量性质,而不是对所反映出的流动性概念的更根本关注。随着"矢量"度量的发展,我们再来看前面讨论过的详细二维分布图表总结。

例如,研究人员没有拟合单一的重对数回归,而是预估了时期 1 收入与时期 2 收入的分位数回归(参见 Eide and Showalter,1999)(这些时期指子女和父母两代,而不是同代人的年份)。目前还不清楚这些估值能说明(流动性)的什么问题。从方法层面看,答案很明确。例如,在儿子收入对父亲收入的第 10 个百分位的分位数回归中,研究者可以将儿子收入的第 10 个百分位表示为父亲收入函数。父亲对数收入的分位数回归系数则度量了与父亲收入相关的儿子收入特定分位数的弹性。从分位数的估值差异可以看出,以父亲收入为条件的儿子收入分布的不同部分对父亲收入的微小变化有多敏感。但是以条件分位数斜率度量的边际变化引起关注的原因并不明确。

一种解释分位数回归系数矢量信息的方法是根据儿子收入的完全条件分布。在大多数回归分析的学习者都熟悉的一张拟合回归线图片中,回归有一个不同水平的解释变量,误差项分布在该回归线的周围。在经典情况中,所有这些分布相同,或者至少方差相同(即误差项为同方差)。如果 y_2(儿子)的分布取决于 y_1(父亲),则为同方差,所有预估的分位数都有相同的斜率系数(除了随机误差)。如果儿子分布的百分位数值越高,回归斜率越大,则表明儿子收入的条件方差可能随着父亲收入的增加而增大。

将分位数回归估值与对数线性回归的 β 值进行比较,也可以揭示以时期 1 收入为条件的时期 2 收入的其他一些方面。对数线性回归线给出了条件期望值,第 50 个百分位数的回归斜率则给出了预期的中位数。如果在父亲收入的大部分范围内,儿子的条件均值低于其父亲的收入,则表明,以父亲的收入为条件,儿子收入向左倾斜,而不向右倾斜(收入分布通常如此)。也可以使用父亲收入不同值的预期百分数,以生成条件分布的概括性分布统计。例如,可以根据时期 1(父亲)的一组收入百分位数来推导时期 2(儿子)收入的(离散)累积分布函数。然后可以检验,例如,一阶分布是否随机相互占优[这涉及 Benabou 和 Ok(2000)的单调性假设]。这样可以生成任何条件概括性统计,包括如百分位数比例的不平等统计。

---

① 也可能将对数(收入)看作收入效用的度量,但是我们并没有看到收入流动性文献明确提出这种观点。

图 10.7 中的个人收入增长概括是指分布的条件期望(均值)(除非一贯根据不同的基准年排序绘制,而非不同的基准年收入水平)。总之,一些流动性的"矢量"度量和前面讨论的图表描述方法之间有着密切的关系。接下来,我们再重点探讨标度度量。

第二种最常见的直观度量类是惯性率(IR)。其概括了在转移矩阵的主对角线上有多少聚类(或者有时也在其周围),从而归纳位置变化。例如,对于一个十分位数转移矩阵,惯性率可能被定义为两个时期之间仍在同一个十分位组别中所有人数的百分比(一个变式是计算仍在同一个或者相邻的十分位组别的百分比)。显然,在完全不流动的情况下,惯性率等于 100％。反之,如果完全初始独立,十分位数转移矩阵的惯性率等于 20％(变式中为52％)。流动性指标可以简单计算为 1−IR(惯性率)。

Shorrocks(1978b)提出了一个与惯性率密切相关的流动性指标,即归一化迹度量,等于$[n − 迹(A)]/(n − 1)$。其中 A 包含 n 个收入阶层的转移矩阵。迹(A)是 A 的主对角线上转移比率的总和。这就提供了一个整齐的归一化指标:收入完全不流动时,迹(A) = n,归一化迹等于 0;完全初始独立时,迹(A) = 1,所以归一化迹等于 1。

通过构建指标,除了各自对角线的差异,惯性率和归一化迹对于转移矩阵之间的任何差异并不敏感。Bartholomew(1973)的平均跳跃指数是解决这一问题的位置流动性度量。它相当于个人跨越收入阶层界限(不论是向上还是向下)的数量,取所有个体的平均数(在收入完全不流动的情况下等于 0)。平均跳跃指数的特征之一在于,推广到研究人员有个人层面的收入数据而不是简单的分组数据(转移矩阵)的情况。那么这个指数就是分数排序绝对变化的总体平均数(即排序归一化从 0 到 1,而不是从 0 到总体大小波动)。

转移矩阵还附带提供了根据排序不流动性定义的低收入和高收入持久性的度量。在实际收入条件下,也提供了定义阶层界限的流动性矩。例如,如果每个时期的最低收入界限都是贫困线,那么流动性矩阵就会显示基期贫困人口在后期仍然贫穷(或脱贫)的比例。而对于多个时期的重复纵向数据,可以直接定义"生存概率",即一个人在 τ 年内保持贫困的可能性,其中 τ = 1, 2,…。人们也可以定义高收入持久性的度量(我们在下一节会介绍一些估值)。

对低收入持久性的思维方法与其他人们更熟知的贫困持久性文献有关。特别是根据Bane 和 Ellwood(1986)开创的方法,连续的贫穷时期合计成一段时间(总贫困时长)。可以不看贫穷(或富裕)的时长,而简单地计算每个人在某个固定时间范围内处于贫穷(或富裕)状态的次数,并概述这种分布。此类低收入持久性的统计数据是由例如英国工作与养老金部(Department for Work and Pensions,2009)和欧洲共同体统计局(欧盟统计局)等部门发布的。

还有新文献提出了贫困持久性的指数,重点关注了如何聚集人们长期的贫困经历,以及由此如何比较连续 3 年贫困和 3 年非贫困的经历和个人在 6 年内每隔一年陷于贫困的经历。关于该话题的研究可以参阅 Foster(2009),Gradín 等(2012)、Mendola 等(2011)、Mendola 和Busetta(2012)以及 Porter 和 Quinn(2012),这些文献以固定长度的评价周期为基础,合计了个体在该时间窗口内的经历,忽略了在窗口初期是否已经贫困,还是在窗口结束时仍然贫困。如果想要推导出贫困时长分布在总体(而不仅仅样本)中的形状,就需要考虑贫困时长数据中普遍存在的左截断、右删失问题。继 Bane 和 Ellwood(1986)之后,以时长为基础的贫困持久性文献对这一问题非常关注,但另一方面又忽略了纵向聚合问题。

我们现在转而选择一些迄今为止较少用到,也更为专业化的位置变化指标。首先是 Yitzhaki 和 Wodon(2005)提出的基尼流动性指标,流动性概念作为(缺乏)相关系数,没有采用皮尔森或斯皮尔曼相关系数,而使用基尼相关系数,因此类似其他基于基尼系数的测度,它更侧重排序而不是收入水平本身。时期 1 和时期 2 收入分配的基尼系数为:

$$\Gamma_{12} = \frac{\text{cov}\left(\dfrac{y_1}{\mu_1}, F_2\right)}{\text{cov}\left(\dfrac{y_1}{\mu_1}, F_1\right)} \qquad (10.5)$$

在时期 1 和时期 2 收入分配之间的基尼系数中,y_1/μ_1 是时期 1 的相对收入(即收入除以特定阶段的平均收入),$F1$ 和 $F2$ 是两个时期的分数排序,cov(.)指协方差。因为 $1 - \Gamma_{12}$ 是流动性的方向性测度(一般而言 $\Gamma_{12} \neq \Gamma_{21}$),所以总基尼流动性指标定义为两种可能方向性测度的加权平均值,其中权重取决于用基尼系数(G)度量的每个边缘分布不平等,即

$$\text{基尼流动性指数(Gini mobility index)} = \frac{G_1(1 - \Gamma_{12}) + G_2(1 - \Gamma_{21})}{G_1 + G_2} \qquad (10.6)$$

Yitzhaki 和 Wodon(2005)的研究表明,如果没有位置变化,基尼流动性指标等于 0;完全初始独立性的情况下,等于 1;如果出现完全排序逆转,则等于 2。[①]

基尼流动性指标在聚集个人排序变化时使用了特定的权重函数,但尚不明确。相比之下,King(1983)指标采用明确的福利主义路径,其中定义和参数化地调整了各阶层社会权重的差异。基本构建模块是对于每个个体 i 的"缩放顺序统计量"s_i,倘若他/她在时期 1 保持在相同的收入等级,s_i 则等于个体 i 的时期 2 收入与本应有的时期 2 收入之间差异的绝对量级,均与时期 2 的平均收入相关。如果所有个体的 $s_i = 0$,则收入完全不流动。King(1983)采用类似于 Atkinson(1970)的路径,他将流动性指标定义为时期 2 总收入的比例。在这一时期,社会准备放弃观察流动性而非完全不流动性(位置变化是社会所看重的)。假设社会福利函数的位似形式导致流动性指标取决于两个参数,一个是对时期 2 收入不平等的厌恶程度,另一个是对收入不流动性的厌恶程度(其他条件相当时,收入不流动值越大,对流动性赋予的社会权重也越大)。对 King(1983)的概括和评论,请参见 Chakravarty(1984)和 Jenkins(1994)。

一方面,King(1983)的指标(和其他类似指标)所采用的系统福利主义路径非常值得推荐。另一方面,它依赖于对个人层面(缩放顺序统计量)流动性的一个特殊表征,其中通过收入值和无流动性的思维实验对阶层变化的社会福利影响进行了概述。社会福利函数除非表征 s_i,也不直接依赖时期 1 的收入。将此与前面讨论的 Atkinson 和 Bourguignon(1982)根据时期 1 和时期 2 收入定义的社会福利函数相比较,Gottschalk 和 Spolaore(2002)在他们文章的第一部分接受(并延伸)了后者,但是后来定义特定流动性指标时,他们采用了一种类似于

[①] Jenkins 和 Van Kerm(2006)把不平等的变化分解成了重新排序和收入增长成分,其中所使用的重新排序指数是一个方向性的基尼相关系数。

King(1983)的路径,因为与 King(1983)的指标的定义方法相同,流动性的社会收益都是相对于完全不流动性的一个参考点而言的。Gottschalk 和 Spolaore(2002)为了改进指标,在社会福利函数中也假定了位似性。因此最终的收入阶层有三个参数,分别代表对多时期不平等的厌恶、排序逆转和初始依赖。尽管每个参数在单独使用时都有明确的解释,但不同值的不同组合的含义考虑则更为复杂。我们注意到,除作者本人外,并没有人使用 Gottschalk 和 Spolaore(2002)的指标。

现在来看个人收入增长的度量。引言中提到过,这些度量包含了两个基本思想:(i)社会计算中个人收入增加为正,收入减少为负;(ii)总收入增长是每个人收入增长值的函数(每个人收入增长的度量只取决于两个时期的收入,而非他人收入)。第一个思想指收入增长度量的方向性。第二个是个人之间的一种可分解性,并且也带来按照总体子群可以分解的聚合度量。虽然这些度量实际上已应用于代内收入流动性,但关注超越交换流动性的结构流动性时,这些指标也可应用于代际收入流动性。

Fields 和 Ok(1999b)提出了著名的方向性收入增长的聚合度量。[①] 他们指出,如要满足标度不变性、子群可分解性和倍增路径可分性的性质,则个人收入增长的方向性测度必须采取以下形式:

$$D1 = c\left[\frac{1}{N}\sum_{i=1}^{N}\left(\log(y_i) - \log(x_i)\right)\right] \tag{10.7}$$

其中,c 是归一化常数,可设定为等于 1,并且 N 是总体大小,也就是说,总体收入增长是对个人比例收入增长的平均。该情况下,收入之间的(方向性)差距 $d(x_i, y_i) = \log(y_i) - \log(x_i)$。无论他们的基准年收入或人均收入增长是多少,社会加权机制对所有个人都一样。后面会融入这两个方面以及其他方面的研究。

Demuynck 和 Van de gaer(2012)使用了类似于 Fields 和 Ok(1999b)的公理,但是探讨了假设加性和倍增路径可分性的含义,并且探讨了强加"优先考虑低收入者"的公理,在个人收入增长率中加入对不平等的厌恶。公理指出,"当额外收入增长分配给较低收入增长的个人时,聚合收入会比分配给更高收入增长的个人时增长更多"(Demuynck and Van de gaer, 2012)。作者证明,满足其公理的度量形式为:

$$S = \frac{1}{N^{\delta}}\sum_{i=1}^{N}\left[i^{\delta} - (i-1)^{\delta}\right]\widetilde{d_i},\ 其中\ \delta \geqslant 1 \tag{10.8}$$

每个人的个人收入增长度量为 d_i,$\widetilde{\mathbf{d}}$ 是按从最大到最小排列的收入"差距"向量。如果倍增路径可分性为公理之一,那么假设 $d_i = (y_i/x_i)^{\pi}$,或者如果假设可加路径可分性,则在这两种情况下,$d_i = \pi[\log(y_i) - \log(x_i)]$,其中 $\pi > 0$。

当 $\delta = 1$ 时,一般指标在第一种情况下降为 Schluter 和 Van de gaer(2011)的方向性度量,在第二种情况下降为前面描述的 Fields 和 Ok(1999b)度量(用 $\pi = c$,并且归一化为 1)。在 Schluter 和 Van de gaer(2011)的指标中,π 是一个敏感性参数,较高值增加了时期 1 和时期 2 收入之间所测量的"差距",但排序仍然相同。Demuynck 和 Van de gaer(2012)指出,当 $\delta = 1$

---

① 我们之后回顾收入流的非方向性指标。

时,根据 S,相关减小转换成前面讨论过的任何一个这种时期的收入都会增加流动性,但 $D1$ 对该变化并不敏感。通常情况下,当 $\delta>1$ 时,对 d_i 值较低的个体给予更多的权重。当 $\delta=2$ 时,权重就像用来表征不平等的基尼系数权重。当 $\delta\to\infty$ 时,只有最小 d_i 值重要。更常见情况下,S 不可再通过总体子群进行加性分解,并且降低相关性的转换可能会降低流动性。然而,更大问题在于"收入较低者增长优先"的社会期许:我们为什么脱离初期或末期收入,而只关心个人增长率的不平等呢?因为这个问题,使用双参数指标会更复杂,我们推测实证研究人员更倾向于使用 $\delta=1$ 的 S 而不是更常见的情况。

Jenkins 和 Van Kerm(2011)用不同的方法构建收入增长的方向性测度,使用了单参数广义基尼组合进行定义,并与定义为 d_i 的加权平均值的社会福利函数有关(见 10.2 节),其中社会权重是时期 1 收入排序的递减函数。[1] 换言之,Jenkins 和 Van Kerm(2011)内置了益贫式收入增长的社会偏好,并且选择不同的参数值提供了极限情况下的多种指标,如总增长是 d_i 值的简单平均值(与 $D1$ 一样)或其中只有初始年最贫穷时期的增长率重要。[2] Palmisano 和 Van de gaer(2013)提供了 Jenkins 和 Van Kerm(2011)的一类度量的公理化表征。这些指标的实用性主要取决于扶贫收入概念在多大程度上被视为理想的规范性原则:请参见 10.2 节关于收入增长与不平等减少之间关系的讨论。

Shorrocks(1978a)的论文开创性地提出将流动性看作长期收入不平等程度的降低。其核心观点是,倘若纵向平均每个人的多年(比如 T)收入,那么平均收入的不平等程度将低于平均年收入的不平等程度。因为可以对每个人的收入波动进行平滑处理,不会再造成 T 年会计期总收入的截面离差。Shorrocks(1978a)定义了一个收入僵化的度量 $R(T)$,相当于 T 年平均收入("长期"不平等)与单年不平等加权平均值之间的不平等比率:

$$R(T) = \frac{I[Y(T)]}{\sum_{K=1}^{k=T} w_k I[Y^k]} \tag{10.9}$$

$I[Y(T)]$ 是 T 平均收入的不平等程度,$I[Y^k]$ 是使用相同的不平等指标计算的 k 期收入的不平等程度(例如,$I[Y^1]$ 是时期 1 收入的不平等程度)。权重 w_k 为第 k 期收入占 T 年平均总收入的比例(即 $w_k = \mu_k/\mu$),权重和为 1。Shorrocks(1978a)表示,如果仅关注传统相对不平等指标,那么 R 上界为 1。当相对收入完全僵化时,每个时期的不平等程度相当于较长会计期间的不平等程度。[3] 收入变化越频繁或幅度越大,收入制度就越不僵化,因此可以定义一种流动性度量:$M(T)=1-R(T)$。

Shorrocks(1978a)指出,"流动性是随着观察期延长而均等化的程度"。依据前面讨论的性质,$M(T)$ 是一个非方向性指标(因其根据相对收入来定义)且标度不变(考虑到每个时期权重的定义方式),但不是跨期标度不变。尽管 R 和 M 通常用于描述代内流动性,但原则上也可用来描述代际流动性。不同的是,如有多个时期的数据,则 R 和 M 都很明确;但如果只

---

[1] 这与 Demuynck 和 Van de gaer(2012)的度量组合类似,不同之处在于权重适用于时期 1 的排序,而不适用于 d_i 值。

[2] Jenkins 和 Van Kerm(2011)的度量类重点关注以比例项或绝对项[即 $d_i = \log(y_i) - \log(x_i)$ 或者 $d_i = y_i - x_i$]定义收入增长率的情况。

[3] 我们用传统的相对不平等指标,指所有指标都是相对收入的凸函数(相对于平均收入表示的收入),也就是所有指标都满足转移原则。这排除了诸如对数收入方差之类的指标。假设所有收入均为正值,则 R 下限为零。

有两期数据(典型的代际数据情况),也可以计算出 R 和 M。

Shorrocks(1978a)的方法有一个优点:可以以两种方式使用。第一种方式可计算以 T(和不平等指标)特殊值为条件的单一指标值。这种固定窗口计算可用于调查一个使用移动固定窗宽的国家随时间推移的收入流动性趋势。第二种方式可以研究随着 T 从最小值 1 增加到某个更大的最大值(窗宽可改变)时,$R(T)$ 如何变化的。由此产生的刚性和流动性图表为比较一个国家内部流动性的程度提供了一个直观的图表描述方法,并且还可以比较总体子群和国家之间的流动性程度。图 10.8 所示的美国和联邦德国的刚性图表是一个开创性的跨国收入流动性研究,下一节将进一步讨论。联邦德国的曲线位于美国的下面:无论采用何种会计期间,联邦德国的流动性都比美国的大。

很显然,Shorrocks(1978a)指标的数值取决于计算中使用的不平等指标。众所周知,在收入分布的不同部分,不平等指标对收入差异的敏感性不同(Atkinson,1970)。因此,了解刚性和流动性的估值与不平等指标选择的关系,不平等指标敏感性的差异如何转化为流动性指标敏感度非常重要。从 Shorrocks(1981)开始,经验规律证明,使用不同指标可以对 R 的估值产生很大的影响。而且比起其他不平等指标,基尼系数的 R 值可能更大。他的解释是,"[因为]累积收入的主效应是对暂时高或低的收入取平均值,尾部的平均主义倾向最强。相对收入分配在中间区域内并未因长期的累积收入而受到显著影响"(Shorrocks,1981)。再结合基尼系数对收入分布尾部的收入转移相对不敏感的事实,可得到结论。

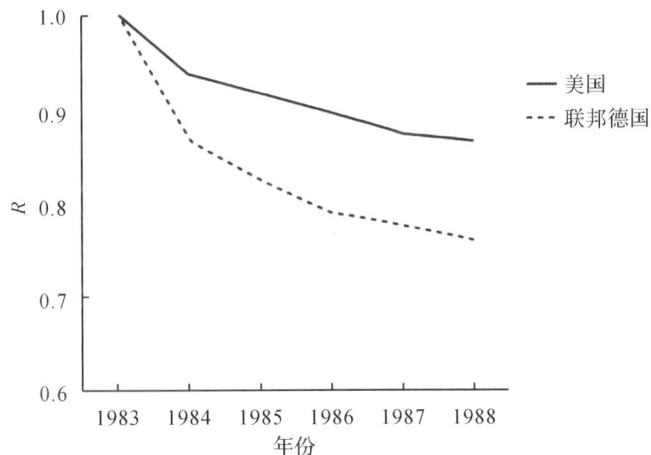

图 10.8 (长期不平等表示为总不平等的一部分)收入刚性随着时间段的延长而降低

注意:收入是税后转移支付后收入。使用泰尔不平等指标计算 Shorrocks(1981)的刚性指标 R。

资料来源:Burkhauser 和 Poupore(1997)。

Schluter 和 Trede(2003)较为系统地研究了 R 对不平等指标选择的敏感性。他们表明,在两个时期的情况中,为充分逼近,整体刚性度量 R 可以表示为在长期平均收入值的收入值域内的每个点上的"局部"刚性比较的加权平均值,以及每个时期分布的平均值。由于不同的不平等指标对收入值域内每个点的局部比较的概括方式不同,以及这些指标所包含的不同加权体系的差异,因此出现了整体度量的差异。Schluter 和 Trede(2003)表明,流动性测度对不平等指标选择的敏感性部分取决于数据,但也显示出一些明显的实证规律。例如,常用的广义熵指标和基尼系数的加权函数在分布中间(相对收入 = 1)附近大体一致,并倾向于在分布尾部赋予流动性更大的权重。此外,基尼系数加权函数的整个 U 形比其他指标明显更浅[Shorrocks(1978a,1981)曾提过]。鉴于现在收入纵向数据容易获得(见后面两节),研究人员可以直接进行敏感度的实证研究。

对 Shorrocks(1978a,1981)的方法的改进现在主要有两个方向。第一个方向是论证个人能持续平滑收入的假设:参见 10.2 节中的讨论。Maasoumi 和 Zandvakili(1990)以及 Zandvakili(1992)在 Maasoumi 和 Zandvakili(1986)的基础上放宽了这个方面。另见 Maasoumi(1998)的调查。基本思想是考虑不同时期收入之间有不同程度的可替换性。因此,不把每个人的长期收入定义为简单的算术平均值,而是将其定义为广义平均值,此参数的选择会调整可替换的程度。每个人都使用一个共同的参数,然而人们期待持续平滑收入的能力会根据收入水平而不同。但据我们所知,将这种异质性纳入指标将是一项相当复杂的工作,尚未有人涉猎。实际上,想在 R 上运用马苏米—赞德瓦基利(Maasoumi-Zandvakili)变量的研究人员,应选择一个可替换性参数以及不平等指标。当然,可以很容易推导出大量的指标组合的估值,但是产生的结果数量可能是该方法不常用的一个原因。此外,由 Maasoumi 和 Zandvakili(1990)及 Zandvakili(1992)提供的实证解释也可表明,更通用的指标倾向于提供与 Shorrocks(1978a,1981)的方法相似的定性结论。[①]

第二个方向是重新考虑与长期不平等值比较的参考点。Fields(2010)的主要论点是"我们作为实证研究人员,在特定情况下想知道的是,在多大程度上产生的流动性可以使长期收入与基期收入均等或者没有使之均等,或没有影响(原文重点)"。因此 Fields(2010)提议,将 R 表达式中的分母从每时期不平等的加权平均值变为时期 1 收入的不平等。Chakravarty 等(1985)强调了流动性指标推导的不同方面,即他们关心相对收入流动性的"伦理"指标。这些指标可以根据社会福利函数推导出,可以测度福利的变化。流动性指的是纵向平均收入的实际分布占社会福利的变化百分比[通过 Atkinson(1970)定义的均分位配的等价收入来测量],而不是完全不流动的基准分布(视为观察到的时期 1 分配)中的社会福利情况。

如果使用相同的福利函数来评估这两种分配,并且社会福利函数为位似函数,那么流动性度量"有一个自然的解释:它是相对于时期 1 基准分配的总分配等式的百分比变化"(Chakravarty et al., 1985)。尽管作者继续说到,似乎没有让人信服的伦理观点,将相同的福利函数应用于两种分配,但我们注意到所有实证应用都采用了相同的福利函数,随后将两期情况的流动性指标类定义为(Chakravarty et al., 1985):

$$C = \frac{1 - I[Y(T)]}{1 - I[Y^1]} - 1 \tag{10.10}$$

其中 I 是一个相对不平等指标,相当于 1 减去相对平等指标[Atkinson(1970)曾提到不平等指

① Maasoumi 和 Zandvakili(1990)以及 Zandvakili(1992)也是第一个对代表组内流动性和组间流动性的成分使用 Shorrocks-Maasoumi-Zandvakili 指标,提供计算的总流动性分解。但他们没有提供分解公式。相关内容请参阅 Buchinsky 和 Hunt(1999)。

标类的情况]。事实证明,Fields(2010)的流动性指标 $1-[I[Y(T)]=I[Y^1]$ 等于 κC,其中 $\kappa=(1-I[Y(T)])= I[Y^1]$。所以这些度量密切相关(假设在每种情况下都使用了相同的不平等指标)。但是这些指标在流动性是否增加方面可能存在差异:κ 值很重要。简而言之,伦理指标 C 总是将流动性评价成(程度不同的)福利提高,而更具描述性的 Fields(2010)指标则允许流动性为正值或负值。对两个指标来说,一个更根本的共同问题是,相对于其他时期的收入,是否同意给予时期 1 收入特殊规范地位的提议——这也是其他流动性度量所面对的问题。

比较短期和长期收入的概念已用于贫困持续性的特定研究以及收入流动性的一般调查。其基本构成要素仍是测量每个个体纵向平均收入的指标——"长期收入"。如果长期收入低于贫困线,则定义为慢性贫困人口。慢性贫困是指使用人口和时间上加性分解的贫困指标[例如 Foster 等(1984)]计算出的总体贫困。暂时性贫困是总贫困(根据个人和独立时间段计算的贫困)减去慢性贫困。迄今为止,这样的论文主要来自 Rodgers 和 Rodgers(1993,2009)、Chadhuri 和 Ravallion(1994)以及 Jalan 和 Ravallion(1998)。另见 Duclos 等(2010),其进一步采取更明确的福利主义路径。与 Shorrocks(1978a,1981)的流动性度量一样,也存在一个重要问题,即关于如何计算长期收入以及关于收入平滑能力的假设(相关)。参见如 Rodgers 和 Rodgers(1993)的讨论。

我们讨论的最后一组更为特殊的流动性指标是这些概括收入风险概念的指标,可以分为两种主要方法。一种是(对数)收入暂时性方差的度量,运用任一基于模型的或非参数的计算方法,通常需要多个时期的收入数据。另一种为收入流、收入变动和波动的度量,通常仅根据两个时期内的收入来确定。我们反过来考虑这些方法,并探讨两种方法和长期不平等减少度量的关系。

为确定这些想法[1],假设每个人的收入动态都可以使用典型随机效应模型来描述:

$$\log y_{it} = u_i + v_{it} \qquad (10.11)$$

y_{it} 现在指的是个人 i 在 t 年的收入,它包含一个固定的永久性随机个体成分 u_i,其零均值和常数方差 σ_u^2(对所有个人都一样),以及一个年特质随机成分,其零均值和常数方差为 σ_v^2(对所有个人都一样)与 u_i 不相关。因此,以对数收入方差测量的总体不平等相当于永久个体差异的方差与暂时性冲击方差之和:

$$\sigma_t^2 = \sigma_u^2 + \sigma_v^2 \qquad (10.12)$$

假设永久性差异随时间推移相对固定,造成收入不平等(σ_t^2)随时间而变化的主要是暂时性成分方差的变化。暂时性成分变化可解释为特异性、不可预知的收入变化,会导致方差变化与收入风险变化相关联。

这个典型模型在几个方面都显然不现实,并且已包含三种外延类型。[2] 由于第一个附加因素允许随着日历时间推移,永久性和暂时性成分的总体不平等的相对重要性也随之变化。

---

[1] 接下来几段论述主要出自 Jenkins(2011a)。
[2] 尤其是 Baker 和 Solon(2003)、Guvenen(2009)、Meghir 和 Pistaferri(2011)、Haider(2001)、Shin 和 Solon(2011)、Moffitt 和 Gottschalk(2012),以及 10.4 节中引用的参考文献等,对模型说明和预估方法进行了调查。注意,这些方差分量模型通常应用于个人收入数据,而很少应用于家庭收入数据。具体细节参见 Jenkins(2011a)。

例如,如果对熟练劳动力的需求上升,并且收入的永久性成分表示与技能相关的相对固定个人特征(例如各种人力资本),那么时间越长,熟练与非熟练劳动力的差异加大,从而不平等程度也会上升,其可以表示为永久性成分日益增长的重要性。相比之下,劳动力市场更加灵活的长期趋势可表示为短暂性变化重要性的增加。第二个附加特征为短暂性冲击的持久性。导致一年内收入暂时下降(或上升)因素的影响很可能会持续一年以上:短暂性冲击持续存在,但影响逐渐减弱并最终消失。例如意外伤害逐渐恢复,但导致工作时间逐渐减少。该情况通常使用自回归滑动平均过程 v_{it} 来表征。

典型模型的第三种修正允许固定的单个成分随时间而变化,主要有两种修正方法,最初有着明显的区别但现在通常结合使用。第一种方法是允许 u_i 通过"随机游走"随时间而变化:今年的值等于去年的值加上或减去随机元素。第二种方法考虑了个人的收入增长率("随机增长"模型)。修正永久性成分的表达式,使其也随着时间而非斜率异质性发生线性变化。在其他条件相同的情况下,"随机游走"和"随机增长"都会导致收入分配随着时间而外展。收入排名得以保持:底层的人仍留在底层,但更加落后于处于顶层的人。从重新排序的意义上,暂时性方差的增大也提高了流动性。

使用这些模型预估暂时性方差(流动性)和永久方差很常见,但也因估值对所采用的特定模型设定敏感而遭受批评,并且用来预估模型的相对较短的家庭面板数据有着潜在的认同问题(Doris et al.,2013;Guvenen,2009;Shin and Solon,2011),这导致经常使用更简单的非参数方法。

最常用于推导方差分量估值的非参数方法是 Gottschalk 和 Moffitt(1994)首次采用的窗口平均法,也称为 BPEA 方法(为其发表期刊的缩写)。BPEA 方法首先计算每个人对数收入在固定宽度的时间窗(如 T 年)的纵向平均值。可得出该时期个人"永久性"收入的估值。除了它指的是对数收入求平均值,与用于推导 R 的长期收入概念直接类似(如方程 10.11 描述了收入产生的过程,纵向平均值则为 u_i 的估值)。窗口内每个人的暂时性收入都是根据这个永久性收入与观测到的对数收入之间的差异推导出的,从中可以计算出个人的暂时性方差。整体样本的暂时性方差是这些方差的平均值。每个窗口的样本永久性方差是根据每个人的永久性收入与样本总平均值之间的差异来计算的,并且进行调整以说明这样一个事实,即平均值包含在 T 年窗口中尚未完全平均到为零的短暂成分。请参阅 Gottschalk 和 Moffitt(2009)了解该公式的详细信息。Kopczuk 等(2010)对同一主题做了小改动。如果永久性成分的贡献随时间发生变化(Shin and Solon,2011),那么众所周知,BPEA 方法可对暂时性方差及其趋势进行偏差估计。使用较窄宽度的窗口进行计算(T 更小)会减少此问题的潜在影响,但代价是降低每个人的永久收入估值的统计可靠性。

使用类似 BPEA 方法得出的度量不可避免地会反映出永久性冲击带来的变化,而不仅仅是暂时性冲击。Shin 和 Solon(2011)认为,这是该度量的优点:"主要是由于对工资报酬风险是否增加的担忧引起了近期对波动趋势的兴趣,因为永久性冲击(如许多失业工人所经历的冲击)比暂时性冲击的影响更大,因此将其纳入工资报酬波动性的测度很有意义。"他们计算所使用的波动性度量将在后面讨论。

预估暂时性方差的两种主要方法都有潜在的弱点,并且使用这两种方法以及其他度量(如波动性)作为敏感度分析(下一节会提到,敏感度分析越来越频繁)有优势。无论何种预估方法,基于暂时性方差本身的流动性度量和基于表示为总方差比例的暂时性(或永久性)方差的度量之间存在着差异。大多数讨论使用前者,侧重收入风险形式的流动性定义。

一些作者还提出永久性方差的估值,表示为永久性方差比例,注意,如果使用 BPEA 方法预估,则与收入刚性 R 的肖罗克斯(Shorrocks)度量估值有着密切的关系,例如,Burkhauser 和 Couch(2009)以及 Chen 和 Couch(2013)证明"使用 Gottschalk 和 Moffitt(1994)的方法,在一项可测试的条件下,经济流动性的度量为永久性方差与总方差的比率,等同于融合泰尔广义熵指标的 Shorrocks R"。这显然一定有某种联系,但我们认为关系没有那些学者们所说的那么密切,原因很简单。因为 BPEA 方法计算使用对数收入,并且 R 的计算总是使用收入水平而不是对数收入。Bayaz-Ozturk 等(2014)证明,BPEA 方法估计的永久性方差与总体方差之比与基于泰尔指标的 R 估值情况相反。相关讨论另见 Shorrocks(1981),在考虑 $M(T)$ 的图形时,其中收入而非对数收入遵循了基本的典型随机效应模型(参见公式 10.11)并且使用半个变异平方的系数来计算不平等程度。他表示,如模型有效,$M(T)$ 模型能够很快收敛到其限值,收敛缓慢证明典型模型不适用。

某一年 t 的收入波动性 V_t 通常用在一年和前一年间个人对数收入变化的分布标准差(SD)来测量[①]:

$$V_t = \mathrm{SD}\big[\log(y_{it+\tau}) - \log(y_{it})\big] \tag{10.13}$$

通常在一年或两年内测量变化:$\tau = 1$ 或 2。Field 和 Ok(1999b)的个人收入增长指标(前面讨论过的 D1)是对数收入变化分布的均值。因此,波动性是运用一个特定不平等指标的同一分布离散度量。还有其他关联:如果使用 Gottschalk-Moffitt(2012)的 BPEA 方法来计算两期情况下的暂时性方差,则所得估值等于工资报酬变化方差的四分之一(即 $T = 2$ 的 V_T^2)。参见 Moffitt 和 Gottschalk(2012)指出的,如果数据窗口多于两个时期,则没有关联。

随之而来的收入流度量,通常容易让人联想到 Fields 和 Ok(1996,1999b)。他们提出了两期情况下非方向性收入变动的很多度量。虽然与迄今讨论过的收入风险指标不大相关,但他们还考虑到要把这些指标应用到收入风险中,"收入变动的度量……确定了在整个时间段内个人收入的不稳定程度。由于收入不稳定可能导致经济不安全……收入变动度量是对传统相对收入流动性度量的有益补充"(Fields and Ok,1999b)。Fields 和 Ok(1996)讨论了他们认为的收入变动的绝对度量。他们提出了许多公理来描述 N 个人的固定总体度量:线性同质性(在基准年和最后一年之间所有收入的等比例增长使得度量同等比例增加);平移不变性;归一化公理;可分解性(N 个人的总体流动性是每个人收入变化的对称函数);增长敏感性(如果两个二维分布相同,除非个人在一个分布比另一个分布中经历更多的收入变动,则两个分布中的总体流动性不同);个人主义贡献的公理(每个人的流动性对总流动性的贡献并不取决于他人的收入变化)。

---

① 参见例如 Shin 和 Solon(2011)。其他变体使用不同的比例收入变化定义,最常见的是弧线百分比变化,例如 Dynan 等(2012),优点是在波动性估计中允许收入值为零。

Fields 和 Ok(1996)证明满足这七个公理的度量是时期 1 和时期 2 之间 N 个人收入绝对差异的总和(即,对于每个人 $i = 1, \cdots, N$),$| y_i - x_i |$。最后一步是考虑度量的版本,以便能够在不同规模的总体中进行比较。具体而言,绝对收入变动的绝对度量的人均度量为

$$D2 = \frac{1}{N} \sum_{i=1}^{N} | y_i - x_i | \qquad (10.14)$$

他们的"百分比"度量与 $D2$ 相同,只是分母为时期 1 的总收入而不是总体大小,并且由于不清楚基准年是否应作为参考点,因而不常用(见前文讨论)。

Fields 和 Ok(1999)采用了一组类似的公理,但也考虑了移动度量的标度不变以及平移不变度量,从而引出了人均相对移动指标,表示为

$$D3 = \frac{1}{N} \sum_{i=1}^{N} | \log(y_i) - \log(x_i) | \qquad (10.15)$$

$D2$ 和 $D3$ 都可以通过总体子群进行加性分解:总收入变动可表示为每个子群内移动的加权和,其中权重为子群的总体份额。Fields 和 Ok(1996,1999b)表明,$D2$ 和 $D3$ 也满足不同的分解:在每种情况下,总收入变动可以表示为个人收入"增长"的成分和可理解为个人之间收入"转移"的剩余成分总和(根据第一种成分的平均值为正值还是负值,应用的分解版本略有不同)。$D3$ 的情况发现,这种分解的增长成分是之前讨论过的成比例收入增长的方向性度量($D1$)。

回到前面谈到的收入流度量和其他收入风险度量之间的关系,我们发现两个时期之间对数收入变化的方差可以写成 $E(d_i)^2 - E^2(d_i)$,其中 E 是期望算子,$d_i = \log(y_{it+\tau}) - \log(y_{it})$。也就是说,波动性平方等于对数收入变化平方的平均值,减去平均对数收入变化的平方。第一个术语为收入流的度量,其中用于记录收入变化的差距概念就是欧几里得差距。因此,根据该度量的排序与当平均对数收入变化"小"时的波动性度量有着密切关系。欧几里得差距度量由 D'Agostino 和 Dardanoni(2009b)用公理表征,他们也将这一方法与 Fields 和 Ok(1996, 1999b)的方法进行比较,包含欧几里得差距概念的度量在 Cowell(1985)另一篇有关收入变动度量的开创性论文中也使用了公理化表征(另见 Cowell and Flachaire, 2011)。Cowell(1985)的论文中的公理集很不一样,而且还产生了"分布变化"的子群可分解度量的参数类。然而,这些指标在实证中很少应用,可能是因为与 $D2$ 和 $D3$ 等非常透明的度量相比,它们的性质(特别是选择不同参数的含义)相当不透明。

在回顾许多收入风险度量之后,我们可能会提出一个问题:这些度量是否真正测量了更根本意义上的收入"风险",即 Gottschalk 和 Spolaore(2002)提及的事前不确定性方面。Creedy 等(2013)提醒我们,这需要基于观测到的收入动态的预期信息模型。福利评估还有额外的复杂因素,例如观察到的收入变化反映个人与家庭自发决定的程度,以及这些变化适合保险的程度(以及这些方面对不同人有何差异)。我们所讨论的度量缺乏复杂的基础。另一个极端,如 Blundell 等(2008)和 Cunha 等(2005)提出的更多结构性模型。整体上我们认为,尽管我们所讨论的度量有一些缺陷,但仍是有用的描述性度量,它们相对简单透明,便于解释以及实证应用,但解释仍应谨慎。

最后谈谈流动性度量在代内和代际数据中的适用性。我们已经指出,不同的流动性概

念可能在一种情况比另一种情况下更为相关。例如,位置流动性似乎与代际流动性探论的关系更大,而收入增长与代内流动性的讨论特别相关。我们关注结构性的代际流动性,还对收入增长确定代内重新排序也感兴趣。我们希望通过对流动性度量进行统一处理,使其能有利于交叉兼容。原则上(和数据允许下),我们所讨论的所有度量在任何情况下都可以使用。在接下来的两节中,通过回顾代内和代际流动性的经验性证据,我们展示迄今为止使用过的多种度量。

10.4　代内流动性:证据

本节评估代内收入流动性的证据。首先考虑定义话题如纵向可用数据的本质以及实证实施等问题,然后探讨证据本身。我们有选择性地回顾了这些话题,广泛参考了其他文献,借鉴并引荐读者参考 Jenkins(2011a)对代内流动性和相关实证问题的数据来源进行更广泛的讨论。我们对证据的调查集中在过去 20 年新出现的研究结果上,其中对美国的关注最多,但其他国家也在考虑之内,研究了时间趋势并对美国与(联邦)德国进行了跨国比较。我们主要反映迄今为止的研究焦点,这反过来又与可用的(如我们所解释的)合适数据有关。此外,为了便于对综述进行梳理(尽管参考了一些工资报酬的研究),我们的研究重点关注家庭收入的流动性,而非个人劳动报酬的流动性,旨在说明时间趋势和跨国差异的相关结论是如何根据其所选择的流动性概念而变化的。

在此忽略统计推断的问题,具体请参阅 Biewen(2002)和第 7 章。

10.4.1　实证实施的数据和问题

任何收入流动性研究都面临着三个问题,即"什么"的流动、在"谁"之间流动,以及"何时"流动。跨时间或跨国的趋势研究又提出了另外一个问题,即可比性。研究人员在这些标题下的可选项受到现有纵向数据来源的限制,但过去 20 年来的数据情况已大幅改善[对比后面的描述和 Atkinson 等(1992)第 3 章关于工资报酬的讨论]。虽然收入分配的任何研究都有许多与这三方面核心相关的问题,但是看流动性使得截面分析产生的问题又增加了一些额外的变化。

"什么"的流动是指"收入"的定义中包括哪些收入来源。通常定义既可以是唯一收入来源的度量(通常是工作的工资报酬),也可能包含更宽泛的度量,如有着多种收入来源的家庭收入。也可能有多种变体(例如劳动报酬可能仅仅指工资报酬,或个人所有工作的报酬,虽然不经常但也可能包含自营的工作收入)。收入也有多种定义。实证工作中最常见的区别在于税前转移支付前收入、税前转移支付后收入和税后转移支付前收入(通常被分别称为原始收入、市场收入或政府前收入;总收入;净收入;可支配收入或政府后收入)之间的度量。政府前收入一般包括劳动报酬、储蓄和投资收益,以及非政府来源的转移收入。税收通常指所得税(通常是国税,有时也包括地税)以及缴纳的公共养老金。"转移收入"通常指从国家获得的现金福利。①

在"谁"之间流动指的是对收入接收单位的定义。这显然与"什么"的流动问题有着紧密关系,例如,收到劳动报酬的是个人,而评估福利和征收所得税面向的是家庭或住户。没有从事有偿工作的个人如全职妈妈或子女,通常自身没有收入,但可以从与家人和住户的收入中分享受益。换一种说法,重点是工资报酬流动性的分析通常仅限于有收入的人员,并不包括没有收入的个体,其中很多是妇女、儿童或已到退休年龄的人。相反,通常假设每个人都会收到他或她所属的家庭(或住户)的所有(等价)收入,由于住户总收入很少为零,因此所有个人,不论年龄或与劳动力市场的联系,原则上都可以纳入收入流动性分析。无法定义绝对正确的收入单位,应该使用哪种定义取决于流动性研究者的目标。例如,在对劳动力市场灵活性的研究中,适合关注个人工资报酬(尽管仍然存在关于女性是否可以并且应该纳入这种分析的问题,许多实证分析仍仅限于男性)。同时,如果出于想对整个社会的重要特征进行描述和概括,而对流动性感兴趣,那么使用更具包容性的样本就是一个很好的理由。我们后面会介绍,一些实证研究聚焦于处于工作年龄的个人(有多种定义),而其他研究关注的是所有个体,这就可能会使交叉研究对比复杂化。

"何时"流动的问题涉及与时间相关的两个方面。首先是参考的收入时期长短。例如,是小时、周、月还是年?经济学家经常争论说,参考时期越长(例如一年)可以消除暂时性变化和度量误差,从而为生活水平提供更准确的度量。因为研究人员很少能获得同一人群在短期和长期的收入数据,目前关于这一假设准确性的实证证据相对较少。Boheim 和 Jenkins (2006)查阅文献并分析认为,使用当前(月度)和年收入定义计算的收入流动性颇为相似,并解释了大量与数据相关的原因。Cantó 等(2006)的分析更全面。根据西班牙季度和年度收入数据的比较,他们认为,评估时期变长会导致贫困发生率的估值更高,以及不平等程度和流动性变低。

第二个"何时"流动的问题,尤其与流动性分析有关,而不是通常的收入分布分析。对于很多流动性分析,数据指的是二维收入分布,其中边缘分布指 2 年,t 和 $t + \tau$,而长期不平等减少的实证分析则需要定义长期是多少年。在这两种情况下,基准年和末年的间隔会影响结论,因为时间间隔越长,流动的可能性就越大(我们稍后会说明)。② 因为数据集涵盖了特定时长的时期(很少超过 20 年或 30 年),选择使用多长间隔会影响所进行的分析,所以研究人员只能使用相对短的时间窗口度量,来研究流动性趋势。纵向数据集如 EU-SILC(稍后讨论)的最长时间段为 4 年,约束变得很多。

研究人员如何解决这三个核心问题,大大受到可用数据的约束,也带来了不同时间和国家的可比性问题。适用于代内收入流动性分析的纵向数据源主要有两种类型。

首先是住户小组调查,在这些调查中,在初始年份对于私人住户总体的全国代表性样本就他们的收入和他们生活中的许多其他方面进行访谈,然后常规间隔(通常为一年)后重新进行访谈。其次是有着个人纵向收入记录的行政登记簿(如税务档案)。住户小组调查通常

---

① 关于测量的各种定义和建议的全面讨论,请参考家庭收入统计专家组(The Canberra Group,2001)。
② 当然,这个问题与前面讨论的收入参考期的问题密切相关。

利用收入的定义(即解决"什么"和"谁"的问题),这与大型截面调查中设计良好的定义保持一致。相比之下,行政记录数据通常是为税收管理和福利制度而设计的,其使用的收入、收入接收单位以及所代表总体的定义则按照行政管理而非研究的需要来定。但相对于调查,登记数据也有优势:他们的样本较大,调查对象中途退出或测量误差的问题不会以同样的方式出现(见后面的讨论),最富裕收入群体的覆盖范围要更大(通常很难调查到这些人)。

相比行政登记簿,实证研究人员更赞成使用住户小组调查。赞成的理由在于,许多国家都广泛开展了这一调查,特别是从 20 世纪 80 年代中期开始,在数年后又采用了跨国的统一数据版本。但除了斯堪的纳维亚国家使用行政登记簿的历史相对较长,在大多数国家,包含纵向收入数据的登记簿直到最近仍然很少见。

持续时间最长的住户小组调查是美国收入动态研究小组(PSID),该研究始于 1968 年,1997 年以后,访谈从一年一次改为两年一次,但仍在继续。20 世纪 80 年代初,小组调查在荷兰和瑞典出现,但欧洲最著名的小组是德国社会经济调查小组(SOEP),开始于 1984 年,目前仍在运行。其他国家小组包括英国住户小组调查(BHPS),始于 1991 年,并于 2008 年结束。[在中断之后,BHPS 最近由一个更大型的全新小组(了解社会)研究所取代,该调查纳入了大多数 BHPS 的原始样本。]澳大利亚的家庭、收入和劳动力动态(HILDA)调查始于 2001 年,目前正在进行中。还有一项针对加拿大的劳动力和收入动态调查(SLID),为 1998—2011 年运作的巡回调查。

后面将会谈到,不管是原生格式(通常用于研究一个国家内的时间趋势)或统一格式(进行跨国比较),最后一段引用的住户小组已经提供了过去二三十年间收入流动性的绝大部分实证证据。跨国可比性住户小组数据有着统一的劳动报酬和住户收入变量,这是过去的几十年中社会研究基础创新中的一大成功。跨国等价档案(CNEF)始于 1991 年,旨在统一美国 PSID 和德国 SOEP 数据,并于 1999 年合并了 BHPS 和 SLID,2007 年合并了 HILDA(随后增加了更多国家的数据)。该项目强调不仅仅简单地统一变量,值也增加了。例如推导出了税后转移性支出后住户收入的可比变量。最初的 PSID 家庭收入变量仅指税前转移性支出后收入,政府转移性支出不包括不可退还的税收抵免(EITC)或食品券形式的近似现金补贴收入(现称为 SNAP)。CNEF 使用美国国家经济研究局(NBER)的 TAXSIM 模型来模拟税收。同样,参与 CNEF 项目也是对 SOEP 在开发和维护类似内部模型的一种激励(其他 CNEF 成员也使用此类模型)。有关 CNEF 的更详细讨论,请参见 Frick 等(2007)。

另一个重要的项目是前欧共体住户追踪调查(ECHP),其提供了跨国可比收入的面板数据。但与 CNEF 及其组成的面板相比,其数据在流动性分析中使用较少。ECHP 依赖"输入"统一,而 CNEF 为"输出"统一。也就是说,住户小组调查在一些国家使用设计相同、变量也相同的问卷调查,从一开始就使用了统一数据。1994—2001 年,每年最多有八轮采访数据可供使用。最初有十二个欧盟成员国参加了 ECHP,后来又有两个国家加入。多年以来,研究人员访问数据受限,并且费用昂贵,因此 ECHP 从未发挥出全部潜力。但 CNEF 最初就实行开放获取政策,吸引了更多研究人员。①

相隔几年,从2005年开始,欧洲收入和生活条件统计(EU-SILC)取代了ECHP。EU-SILC明显旨在提供包括收入分布统计数据在内的一系列社会指标数据。尽管目标变量是根据欧盟政策制定而非研究人员的需求来预先确定的,但仍然是"输出"统一。有些成员国使用行政登记簿;而有些国家使用追踪调查来生成数据,这就带来了数据可比性的问题(见后文)。公开发布的EU-SILC数据集里的纵向数据对个人追踪最长有4年(根据设计),因此就排除了长期流动性的分析范围。欧盟SILC纵向数据的很大优势在于数据成熟时会涵盖所有欧盟成员国。可以理解,目前欧盟SILC还没有广泛应用于收入流动性,我们后面的证据回顾也可以反映出这一点。

回顾数据来源可以看出,过去30年来,研究人员获取的高质量纵向数据量大幅增加,但评估特定流动性研究的价值时,需要注意实证方法存在的一些重要问题。因此,在讨论实证证据之前,我们先简要回顾以下这些问题。

纵向调查存在一些普遍问题,特别是调查损耗的潜在问题。随着时间的推移,一些调查对象中途退出调查,要么不想继续参与或不能参加追踪访谈。损耗有两种潜在的不利影响。首先样本容量减小,影响估值的精确度。更为频繁讨论的是第二种潜在影响:样本的代表性。年轻人等特定群体往往更容易退出,在这种情况下,估值可能会有偏差。②

差别损耗可能与观测到的和未观测到的个人和家庭特征有关。对于前一种情况,数据生产者会照常生成和发布可保证估值代表性的权重集合,但实际上我们的证据综述中引用的所有研究都使用了这些权重。从定义来看,难以评估对未观测到特征有关的差别退出的估值的影响,它要求对损耗过程建模。对有关美国住户追踪调查中损耗的广泛讨论,请参见Fitzgerald等(1998)以及《人力资源》1998年夏季刊上的其他论文。

损耗的潜在影响与流动性分析的类型有关。除了第一波与第二波之间的退出率明显较高,连续几波住户追踪调查数据之间的样本流失率一般相对较低(约5%)。短期内(例如1年或2年)的流动性估值可能比长期数据估值受到样本流失的影响更小。

虽然调查对象可能仍然参与纵向调查,但对特定问题不能提供完整的答复。要么是因为他们不理解问题,不知道怎么回答,要么不想回答。选项无应答的问题造成缺少某些调查对象的数据。这与消耗一样,可能与观测到的和未观测到的受访者特征有关。例如与受访者的年龄等选项相比,当提问收入来源时,选项无应答的情况特别普遍。在流动性研究人员使用的公用小组数据集中,缺失的收入值常替换为使用程序分配的估算值(加上识别此类观测值的标记),该程序通过将相似值配置给具有(观测到的)相似特征集合的受访者。推算对分析人员非常有用,但可能会对分析产生一些影响。因为通过与未经推算的数据进行比较,

---

① 欧洲健康、老龄化和退休调查(SHARE)是另一个以研究为驱动的多国纵向研究,可提供"输入"统一的收入数据。但其重点在于老年人,因此不能用于研究更广泛总体的收入流动性。

② 代表性通常是指样本在第一波追踪调查数据中代表个人住户总体的能力。如果一个国家出现大量移出移民或移入移民,该面板必定不能代表之后几年的总体,那么样本更新可以解决这个问题。但如果要求流动性估值能涵盖新旧总体结构的时间点,那么样本更新也不会提高其代表性。

不尽完善的推算过程中不可避免会增加额外的"噪音"。[①] 这些噪音可能会对流动性分析产生特殊影响,因为一些个人收入随着时间的变化,可能仅仅反映了不同年份的估算过程。但是,如果轻易地放弃了估算的观测值,那么样本容量可能会严重受损,并且会使用潜在的非代表性子样本。在后面讨论的大多数收入流动性研究中,分析人员例行使用了住户收入的估算数据。相反,放弃估算的观测值,在工资报酬的波动性研究中更为常见。研究人员容易发现这可以降低观测到的波动性,但影响相对较小。此外,可能的影响将取决于所采用的特定流动性度量是否需要相对临近的两年,或者需要较长间隔的年数。

　　估算中的问题与更常见的工资报酬和收入数据中的测量误差密切相关。即使调查参与者回答问题,他们的答案也可能不正确,要么因为受访者不想给出正确答案,要么他们不懂这个问题。关键问题是观测到的回复是否系统地报高或报低了(未观测到的)真值或仅仅是随机回答,以及同一受访者连续多年数据的误差之间有何关联。显然,这些问题的答案根据收入来源可能有所不同。测量误差研究最主要是对劳动报酬和所使用的有效性研究,其中使用相关的行政记录数据呈现了每位劳动者的"真实"工资报酬[例如参见 Bound 等(2001)的调查]。很少有研究关注测量误差对工资报酬流动性度量的影响。

　　Gottschalk 和 Huynh(2010)有惊人发现,在调查数据和行政数据集中,男性工资报酬流动性的估值(根据第一年和下一年工资报酬对数之间的皮尔逊相关系数来定义)大致相同,不是因为测量误差不重要才产生这样的结果;相反,是因为在本质上它们都是"非经典"的数据(即多年均值回归和相关系数),并且这些特征恰巧相互抵消。另见 Fields 等(2003),他们使用类似于 Gottschalk 和 Huynh(2010)的非经典测量误差模型来对收入变化的估值设置界限。对以上情况,他们认为测量误差的影响"相对较小"(Fields et al. ,2003)。Dragoset 和 Fields(2006)根据调查数据和有关的美国男性工资报酬行政记录数据,计算出了庞大的流动性度量组合。他们的结论是,大多数定性结果在两个数据源中都相同,而行政来源数据的估值并没有系统地高于或低于相应的调查估值。总的来说,这一小部分研究可能意味着,测量误差对实践中的流动性度量有着相对不重要的影响。尽管对实证研究人员来说很方便,但我们告诫不要使用这种解释。目前的情况我们所知甚少。所有引用的研究都考虑了美国男性的工资报酬,但住户收入和其他国家的结果可能会不同[我们所知道的唯一的类似住户收入研究出自 Rendtel 等(2004),他们也报告发现了均值回归和序列相关性]。还有一个更基本的问题,就是行政记录数据是否可以假定为代表了没有误差的真值(Abowd and Stinson,2013)。[②]

　　异常值观测的情况下会出现非常不一样的测量误差,例如观测值非常高或非常低。可能是真实数值,但也可能是誊写错误,例如多写了几个零。问题是,即使这类数据的观测数量非常少,它们也可能对产生的估值有很大影响。缺乏稳健性就不合需要。可以查阅 Cowell 和

[①] 在推导税后转移性支出后收入的度量时,例如住户纳税的估算也很有用,但也可能会增加噪音。
[②] 除基于有效性研究的分析之外,还有少量基于模型的评估了测量误差对贫困转移率估值的影响,参见例如 Breen 和 Moisio(2004)及其参考文献。观察到的转变纵向数据与"真实"转移概率随时间稳定的假设相结合,因此它们之间的差异归因于测量误差。用术语来说,统计方法会用到有着马尔科夫结构的拟合潜类别模型。更多讨论请参阅 Jenkins(2011a)。

Schluter(1999)在收入流动性分析的背景下对这个问题的讨论。对于这个问题,实证分析人员针对这一问题的常见应对方法通常是剔除一部分(如1‰)每年最富有人口和最贫困人口的收入值。这一过程就称为数据"修整",或者类似算法的目标在于清除潜在的异常值,事实上已经应用到我们讨论实证证据时引用的每一项研究当中。

最后一个实证问题是,收入随着时间而变化是否代表真正的流动性,或者相反随着年龄的增长,与这种工资报酬的生命周期模式相关联的系统性变化会呈现倒U形。许多收入流动性研究并未针对这一因素进行调整;他们考虑的是观测到的收入。大多数工资报酬流动性的研究已经用年龄等变量对观测到的收入进行回归,流动性分析就是对收入残差的分析,后面会继续讨论。

10.4.2 美国的代内收入流动性:水平和趋势

Hungerford(2017)使用了PSID高质量的可比数据(通过CNEF发布),并提供了一系列流动性概括,因此我们将其提供的美国收入流动性估值作为我们的初始参考点(前面的表10.1呈现了研究中的转移矩阵)。Hungerford(2017)比较了1979—1988年("80年代")和1989—1998年("90年代")两个10年间隔的流动性。收入度量是每年可支配(税后转移性支出后)家庭收入,并根据住户规模和成分的差异,使用Citro和Michael(1995)提出的等值算子进行了调整。他的样本包括住户内部的所有个人。在20世纪80年代的样本中,1997年大约删除了一半的SEO样本。使用PSID权重推导出所有的估值。我们之前注意到,在这两个时期内,似乎在10年内都有大量的短差距流动,但长差距流动相对较少。此外,底层的向上流动性和顶层的向下流动性的机会看起来是对称的。我们现在更加详细地比较了两个10年中的流动性,根据各种流动性概念和度量,特别考虑了流动性是增加了还是减少了。

为了评估位置流动性的变化,自然而然第一种方法是基于表10.1中十分位转移矩阵隐含的离散累积密度的差异,应用Atkinson和Bourguignon(1982)的占优检验。估值差异见表10.2。一阶占优不成立,正负差异都有。[①] 然而一个模式很有趣。在矩阵单元格中发现,大部分正差值(20世纪80年代的累积密度更大)对应的是分布中最贫困的五分之一人群流入和流出。换言之,概括来说,最富有的80%人群的流入和流出在20世纪80年代比20世纪90年代更普遍。

要确切地说出美国在20世纪80年代到20世纪90年代之间的流动性的变化及其变化的幅度,需要对分布不同部分的流动性加权进行额外的假设。答案也取决于流动性概念。Hungerford(2011)提出的流动性指标估值说明了这点,并在表10.3中进行了概括。表格前三行提供了位置流动性(重新排序)的估值,所有指标在20世纪80年代到20世纪90年代之间均出现小幅下降。相比之下,Shorrocks(1978a)和Fields(2010)等值化指标却显示有所增长,最下面两行所显示的两个收入流指标同样有所增长。对于最后四项指标,除了Fields(2010)等值化度量,估值的增长很小,大的变化反映了该时期(截面)收入不平等的加剧。总之,关

---

① 由此得出的密度估值和结论需要谨慎解释,根本不是因为它们容易受到测量误差和抽样变异性的影响。如果为了反映出这一点(而不是所报告的小数点后三位),表10.2中的估值四舍五入为小数点后两位,那么许多矩阵单元格数值变为零,目前有占优;20世纪80年代的位置流动性比20世纪90年代的更大。

于 20 世纪 80 年代到 90 年代之间流动性是增加还是减少的结论取决于所采用的流动性指标。

表 10.2 累积密度差异:美国 1979—1988 年与 1989—1998 年

初始组	最终组									
	1	2	3	4	5	6	7	8	9	10
1	0.2	−0.1	−0.2	0.0	0.3	0.2	0.1	0.1	−0.1	0.0
2	0.0	0.0	0.4	0.6	0.5	0.2	0.2	0.1	0.0	0.0
3	−0.2	−0.5	−0.2	0.0	0.0	−0.5	−0.1	−0.1	0.0	0.0
4	−0.2	−0.7	−0.6	−0.6	−0.7	−0.7	−0.2	−0.3	0.1	0.0
5	0.0	−0.3	−0.3	−0.5	−0.7	−0.5	−0.1	0.4	0.0	0.0
6	0.1	−0.1	−0.1	−0.4	−1.1	−1.3	−0.9	−0.5	0.4	0.0
7	0.1	0.2	0.0	−0.3	−0.8	−0.9	−0.8	−0.3	0.3	0.0
8	0.1	0.2	−0.2	−0.2	−0.3	−0.7	−1.1	−0.7	−0.3	0.0
9	0.0	−0.1	−0.3	−0.2	−0.4	−0.4	−0.7	−0.6	−0.6	0.0
10	0.0	0.0	0.0	0.0	0.0	0.0	0.0	0.0	0.0	0.0

注:估值以百分比为单位,四舍五入到小数点后一位,并在每个单元格显示 20 世纪 80 年代的累积离散密度减去相应的 20 世纪 90 年代累积离散密度。

资料来源:作者根据 Hungerford(2011,表 2 和表 3)计算,基于 PSID 数据。

表 10.3 部分流动性指标(%):美国,1979—1988 年与 1989—1998 年

指标	1979—1988 年	1989—1998 年
十分位流动性	79.1	77.0
归一化迹	87.9	85.6
基尼流动性	36.2	34.4
平等化指数[Shorrocks(1978a),基于基尼系数]	10.9	11.1
平等化指数[Fields(2010),基于基尼系数]	2.1	8.2
绝对收入变化均值(Dl)	11368	13878
绝对收入份额变化均值	0.421	0.459

注:除了最后两行(以不变价值美元计),估值以百分比为单位,四舍五入至小数点后一位。十分位流动性是指至少一个十分位组人数改变的比例。归一化迹是由十分位转移矩阵计算出的 Shorrocks(1978b)指标。基尼流动性指标是 Yitzhaki 和 Wodon(2005)的指标。平等化指数是 Shorrocks(1978a)和 Fields(2010)的指标。绝对收入和收入份额变化的平均值见 Fields 和 Ok(1996)及 Fields(2010)。详情请参阅文本。

资料来源:作者基于 PSID 数据,根据 Hungerford(2011)计算。

图 10.9 也概括了个人收入增长的流动性,该图显示了按期计算的每个基年十分位组别的实际收入增长中位数(这是上一节讨论的图 10.7 的分组数据版本)。显然,美国的收入增长是益贫的(与回归均值一致),但是在 20 世纪 80 年代和 20 世纪 90 年代的模式不同。对于最富有的 8 个基年十分位组别,20 世纪 90 年代比 20 世纪 80 年代的收入增长更多,但对于两个最贫困的基年十分位组别,收入增长没有区别。

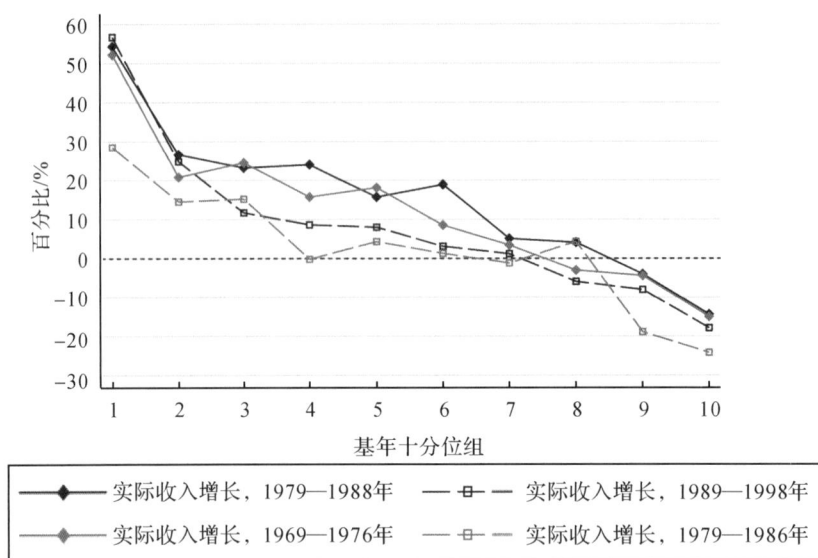

图 10.9 基年十分位组别的实际收入增长中位数:美国,按时期

注:估值显示每个基年十分位组别在相关时期的收入增长中位数。

资料来源:Hungerford(1993,表9)和 Hungerford(2011,表5和表6)。

美国流动性比较可以扩大到 20 世纪 80 年代之前和 20 世纪 90 年代之后的时期。比较程度受到可用的数据限制(例如,PSID 仅开始于 1968 年),因为不同的研究使用不同的收入变量和估计样本,并且经常不会报告相同的流动性统计数据。

例如,Hungerford(1993)提供了很多关于美国 20 世纪 70 年代和 20 世纪 80 年代收入流动性的信息,但这些估值与 Hungerford(2011)的估值并不完全可比,因为早期的研究使用的收入定义不同(税前转移性支出后收入而不是等值化税后转移性支出后收入)以及基年和终年之间的间隔不同(8 年而不是 10 年,例如 1979—1986 年而不是 1979—1988 年)。在这两项研究中,20 世纪 80 年代的估值说明了定义差异的相关性。根据 Hungerford(2011)的研究,仍处于最贫困的 10% 和最富有的 10% 的人口比例为 44.3% 和 40.0%,但根据 Hungerford(1993),比例为 49.0% 和 42.1%。请看图 10.9 中两个时期 20 世纪 80 年代实际收入增长率的不同估值。根据 Hungerford(1993)的定义,20 世纪 80 年代的整体增长率较低[这并不奇怪,因为 80 年代中期总收入增长为正值;Hungerford(2011),表 1],但请注意,收入增长的益贫估值也有所不同(两项研究的收入增长曲线的斜率不同)。

然而,人们可以比较 20 世纪 70 年代和 20 世纪 80 年代的流动性。如果我们使用 Hungerford(1993)的估值来研究累积密度的差异,还是没有明确的流动性排序(作者本人的计算),并且与前面描述的密度差异模式大致相似。Hungerford(1993)没有使用综合指标来与表 3 中的结果进行比较,但是基于转移矩阵(克莱姆相关系数)和列联系数的"两个统计数据相同。这表明在 20 世纪 70 年代和 80 年代,一个人在两个年份的十分位排序的关联程度相当"(Hungerford,1993)。Fields 和 Ok(1999a)使用了与 Hungerford(1993)完全相同的数据,并报告称他们的收入流度量和对数收入绝对变化的均值从 20 世纪 70 年代的 0.498 增加到 80 年代的 0.528。[1] 因此,改变流动性概念再次得出不同的流动性趋势结论。

Hungerford(1993)的研究分析了估算的流动性模式对暂时性收入变化的调整是否具有稳健性,也很有意义。具体而言,Hungerford(1993)计算了每个人 5 年纵向平均收入(以所讨论的年份为中心),并使用这些"永久"收入而不是单年收入来确定基年和终年的收入位置。有趣的是,尽管在分布的顶层和底层收入变动可能较少,但流动性模式非常相似。[2] 例如,根据 1979—1986 年的年收入计算,收入最低的五分之一人口中的 12.9% 仍留在该组别,收入最高的五分之一人口中有 11.0% 位置不变。而根据永久收入计算,相应的估值为 11.5% 和 9.6%[Hungerford(1993)计算,表 2 和表 4]。

为了进一步研究美国收入流动性的趋势,我们转向 Bradbury(2011),她的估值使用了对 1969—2006 年和庞大的流动性指标组合的一致性定义。然而,她的估值与 Hungerford(1993) 的估值并非完全可比,虽然她和 Hungerford(2011)都使用 PSID 的 CNEF 版本中的税后转移性支出后的实际家庭收入度量,但他们使用了不同的样本。Bradbury(2011)并不关注家庭中的所有成员,而是关注户主或其配偶。户主和配偶(如有配偶)要求都处于工作年龄(16—62岁),时间间隔跨度为 11 年而不是 10 年。她使用的是住户规模平方根的等值算子,而不是 Citro 和 Michael(1995)的算子。

图 10.10 显示了位置流动性趋势的三个一般指标:改变十分位组别的个人的分数("十分位流动性"),1 减去斯皮尔曼秩相关系数,以及 Yitzhaki 和 Wodon(2005)的基尼流动性指标。在 20 世纪 70 年代,所有这三个指标都大致保持不变,并且在 20 世纪 80 年代期间下降(从 20 世纪 70 年代末开始的 11 年间隔时间),减少的速度可能从 20 世纪 80 年代后期开始放缓。20 世纪 80 年代流动性的下降与 Hungerford(2011)在这一时期只基于两个时间间隔的趋势估值一致,但幅度相当大。基尼流动性指标在 1979—1989 年的间隔期间下降了约六分之一[但根据 Hungerford(2011),只有约 5%]。1 减去秩相关系数在同一时期下降了大约五分之一,因此位置流动性的下降幅度相对较大。目前尚不清楚流动性长期下降的背后原因是什么,但我们注意到,在 20 世纪 70 年代末,美国家庭收入不平等也开始增加(Burkhauser et al.,2011),这表明不平等和位置流动性有着一些共同的驱动因素。数列转折点和经济周期之间并没有非常明显的联系(在 20 世纪 70 年代和 20 世纪 80 年代初期出现了衰退)。

目前所引用的有关趋势的结论都是指 10 年或 11 年间的收入变化,如果使用截然不同的时间间隔,知道结果如何变化就很重要。Gittleman 和 Joyce(1999)的研究表明存在某种敏感性。使用 1967—1991 年的 PSID 数据,和 Bradbury(2011)一样,侧重于处于工作年龄的成年人并采用大致相似的收入定义。[3] 计算了变量 IR,其定义为:当时间间隔为 1 年、5 年、10 年时,仍然位于同一个五分位组别个人的百分比。Gittleman 和 Joyce(1999)表明,随着时间间隔的加大,位置流动性水平有所上升(IR 降低)。但关于流动趋势的结论也受到影响。在 10 年间隔的情况下,IR 在 20 世纪 80 年代有小幅的下滑趋势,与 Bradbury(2011)的估值一致。然

---

[1] Fields 和 Ok(1999a)的分解表明,收入变动的增加完全归结于受过高中及以上教育的人群,青年人而非中年人。

[2] 一个潜在的不可比性是估计样本略有不同,永久收入估值均以相关期间内所有 5 年的有效数据为平衡样本。

[3] 但稍后会看到有关差异的更多信息。

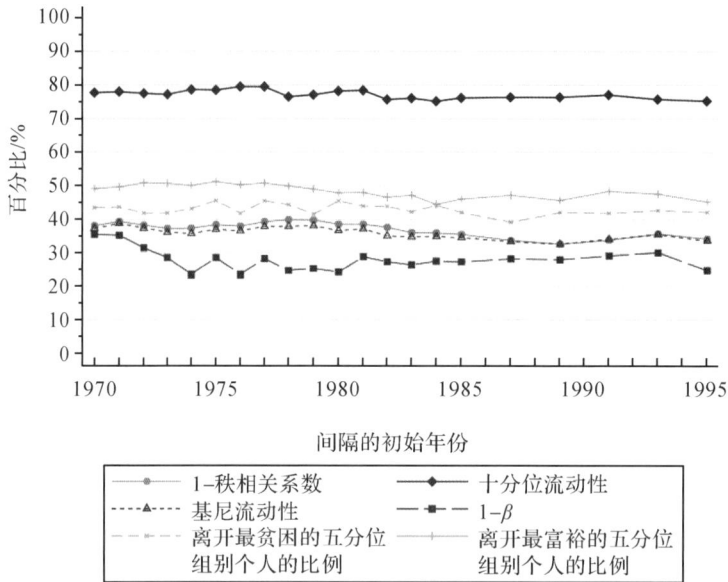

图 10.10　位置收入流动性指标：美国，1970—1995 年

注：估值以 11 年为间隔，平均为 2 年的基年和末年的收入。例如，1970 年的估值是指 1969 年到 1970 年（基年）和 1979 年到 1980 年（末年）的纵向平均收入。指标的定义请阅读正文。

资料来源：Bradbury（2011）。

而，5 年间隔的 IR 并未呈现类似趋势，1 年间隔的 IR 一般从 20 世纪 60 年代末到 20 世纪 70 年代末有所下降，并在接下来的 10 年中有所增加（虽然绝对量级变化并不大）。

为了与另一个常用的流动性指标进行比较，我们还证明了 1−β 的趋势。因为它不是一种纯粹的位置度量（参见 10.3 节），其所遵循的趋势不同，这也不奇怪。与三个位置指标所显示的趋势相比，这一指标 20 世纪 70 年代的下降出现得更早，也更急剧，但在 20 世纪 80 年代并未下降。

图 10.10 所示的最后两项度量来自五分位转移矩阵的两个"角点概率"（参见 10.3 节）。具体而言，就是基年处于最贫困的五分位组别中的个人，在末年处于不同的五分位组别的比例。与此类似，还有在相关时间间隔内，离开最富裕的五分位组别个人的比例。这些统计数字关注到了位置流动性的特定方面。有趣的是，似乎离开最富有五分位组别个人的百分比趋势紧跟总体位置流动性的趋势，比离开最贫困的五分位组别比例的趋势要好。这些估值也与我们先前的评论有关，即 20 世纪 80 年代和 20 世纪 90 年代的美国十分位转移矩阵表明，向上和向下的流动性大体对称。我们现在看到，如果流动性是使用五分位组别而不是十分位组别来概括，那么不对称性会更明显。特别是，根据 Bradbury（2011）的估值，从顶部（最富有的五分位组别）向下流动的概率通常比从底部向上流动的概率要高出几个百分点。

结果不对称也可能取决于特定样本和所使用的其他定义。例如，Bradbury 和 Katz（2002，附录 A）使用与 Bradbury（2011）类似的 PSID 样本，报告了 1969—1979 年、1979—1989 年和 1988—1998 年的五分位转移矩阵。除了现在"工作年龄"的范围更广[户主和配偶（如有配偶)小于 66 岁],家庭收入为税前转移性支出后家庭收入,按照 PSID 量表进行等值化计算。两个概率在每个矩阵中大约相等(在前两个时间段为 50％,在后一个时间段为 47％)。相反,Gittleman 和 Joyce(1999)使用类似(但运用美国贫困线等值化处理)的收入定义,报告了 1967—1979 年和 1979—1991 年的五分位转移矩阵,而"工作年龄"是指户主和配偶在 25 岁到 65 岁之间。根据这项研究,离开最贫困的五分位组别的概率明显低于离开最富有五分位组别的概率(前者概率约为 50％,后者约为 60％)。

流动性趋势定义为长期收入的均等长期收入化,图 10.11 使用 Shorrocks(1978b)的度量 $M=1-R$ 来概括这一趋势。长系列(图中黑色趋势)来自 Bradbury(2011),我们很快就会讨论这个灰色系列。尽管流动性水平在很大程度上取决于所使用的不平等指标,与基尼系数相

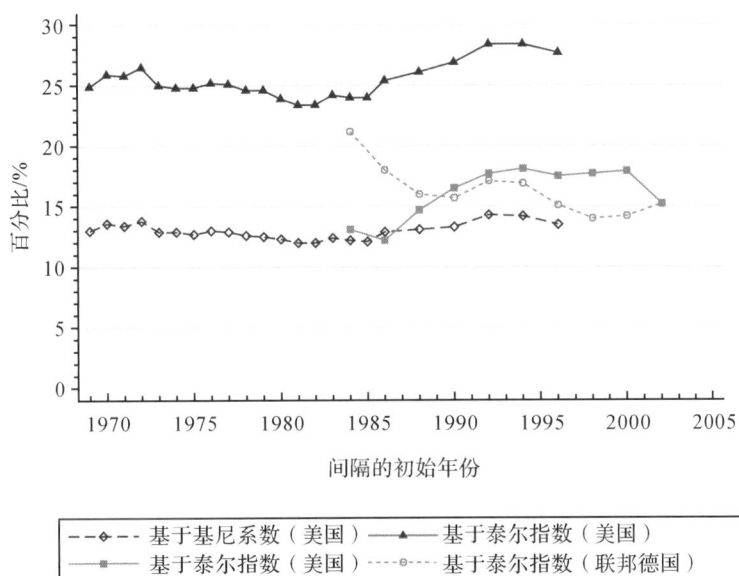

图 10.11 侧重长期收入不平等减少的流动性:美国,1970—1995 年

注:这些估值指的是,使用基尼系数和泰尔不平等指标计算的 Shorrocks(1978b)等值化度量,$M=1-R$。Bradbury(2011)的计算基于 11 年的时间间隔,其中使用每隔一年的收入计算长期平均收入,以应对 PSID 在 20 世纪 90 年代后期隔年调查的变化。Bayaz-Ozturk 等(2014)的计算使用了 5 年间隔,间隔基年隔开 2 年。

资料来源:Bradbury(2011)为图中的黑色系列和 Bayaz-Ozturk 等(2014)为图中的灰色系列。两者都使用 PSID(CNEF)数据。

比,根据泰尔指标得出的流动性大大增加;根据这两个系列,随时间变化的模式相同。从 20 世纪 70 年代初期到 20 世纪 80 年代中期,流动性有所下降,随后的 10 年有所上升,并在 20 世纪 90 年代中期趋于平稳。虽然这些变化的绝对值很小,但比例相对较大。例如,在 20 世纪 80 年代中期至 20 世纪 90 年代中期,基于泰尔指标的测度增加了约 15％,而基于基尼系数的测度则增加了近 13％。这一结果与 Hungerford(2011)的研究结果相一致,这与 20 世纪 80 年代至 20 世纪 90 年代的基尼系数的测度相比,仅略有增加,但图 10.11 显示,一部分是由测量的时间点造成的;Hungerford(2011)的两个时间间隔位于 U 形系列底部的两侧。此外,这

两个系列的转折点与图 10.10 所示的位置度量转折点不同,这表明流动性不同方面有不同的深层原因。另外,根据 Shorrocks(1978b)测度的流动性在 20 世纪 90 年代中期和 20 世纪 70 年代初与基于基尼系数的指标相同,高于基于泰尔指标的测度。而根据图 10.10 中的位置流动性指标,流动性则更低。

Bayaz-Ozturk 等(2014)的研究考虑到 20 世纪 90 年代中期之后,侧重等值化的流动性发生了什么问题。虽然他们也使用基于泰尔指标的度量、相似的收入度量以及相同的数据来源,但他们的系列并不能直接与分析样本中的所有家庭成员(不仅是处于工作年龄的成年人)进行比较,而且他们使用 5 年而不是 11 年的时间间隔。因此,所有年份流动性水平的估值都要低得多(比较美国的灰色系列和黑色系列)。然而令人欣慰的是,该系列在它们重叠的时期显示出了大致相似的趋势(和转折点)。Bayaz-Ozturk 等(2014)的估值表明,20 世纪 90 年代后半期的流动性变化不大,并且他们认为在 2002—2006 年流动性会再次下降。

本节中所有家庭收入流动性趋势的估值均基于 PSID 数据,并且了解来源于其他数据的证据是否相似也很有意义。这个问题的主要参照标准为 Auten 和 Gee(2009)的研究,其基于 1987—2005 年近 20 年间税务管理记录的收入数据。所使用的数据和定义与 PSID 研究中的数据和定义并非完全可比,但优势在于样本容量要大得多,以及覆盖了更多的高收入人群。分析重点为纳税人及其配偶(如有配偶),但不包括年龄在 25 岁以下的纳税人。个人的收入为他/她的纳税单位的收入除以住户规模的平方根。收入是税前收入的度量,包括所得税申报表上所有应纳税的收入来源,另外还有提供给美国国内收入署的社会保障福利收入数据。

Auten 和 Gee(2009)文章第一部分描述了 1996—2005 年根据位置流动性(转换比例)和收入增长(基年收入组别)的流动性。结果与之前引用的研究大体一致:其指出五分位组之间存在大量流动,但是短差距的流动最为普遍,而且基年收入组别越贫困,实际收入增长幅度越大。该研究的独特特征在于有着分布中极高收入群体的流动性信息,也为极高收入组别提供了流动性的统计数据。作者指出,高收入群体经常变更,"许多极高收入纳税人的收入反复无常"(Auten and Gee,2009)。例如,在 1996 年最富裕的 0.01% 人群中,到 2005 年只有 23% 仍留在该组别。虽然超过 80% 的高收入人群仍然为最富有的 1%,但 6% 的高收入者不再位于最富有的五分位组别(Auten and Gee,2009)。

Auten 和 Gee(2009)文章的第二部分采用相同的度量,评估了 1987—1996 年以及 1996—2005 年流动性的变化。关于位置流动性,作者提出了"基本结论是上个 10 年……与之前的 10 年相比几乎一致"(Auten and Gee,2009)。此外,第一个 10 年的整体实际收入增长了 23% 左右,而第二个 10 年的实际收入增长率为 8%,但在大多数分布中,益贫模式相似(前四个五分位组别的实际收入中位数增长了约 15%,基年最贫困的五分位组别的实际收入增长了约 10%)。然而,高收入者的情况不同。1987 年收入最高 1% 的人口实际收入增长为 32%,1987 年则增长了 31%(Auten and Gee,2009)。

对于 25—60 岁的纳税申报人,Auten 等(2013)提供了更多关于收入前 1% 人群的持久性信息。其表 10.3 显示了收入前 1% 人群的留存率[即以该组别的纳税人在某一年 t 为基准率,计算在每一年和随后每年 $t+\tau$(其中 $\tau = 1, 2, 3, 4, 5$)他们仍留在该组的比例]。基准年从

1991 年持续到 2009 年,5 年留存率在 21%—36%,1 年留存率在 52%—70%。作者指出,经济衰退期持久率往往较低(1991 年、1999—2001 年,以及 2007 年),并且他们认为对于最富有的人群来说,与资本收益和净营业收入特别相关的收入来源,对经济周期要相对敏感。

　　侧重家庭收入风险的流动性度量的趋势证据主体比其他流动性概念要少得多,而且由于广泛采用了描述性和基于模型的度量,所以很难综合。Gottschalk 和 Moffitt(2009)推导出的一组基于 PSID 的估值如图 10.12 所示。估值是指家庭中的所有成员,收入是对所讨论的家庭类型根据美国贫困线等值化进行的 PSID 税前转移后度量。该图显示,每年家庭收入对数的短期方差从 20 世纪 70 年代中期到 2000 年大幅增加了约 70%,其中 20 世纪 80 年代几乎没有变化。其他基于 PSID 的研究报告表明,尽管使用的度量、时间段和分析样本不同,整个时期(与 20 世纪 90 年代一致)仍有着类似的增长趋势。参阅 Hacker 和 Jacobs(2008),尤其是 Dynan 等(2012),他们对美国早期研究的综述很有价值。

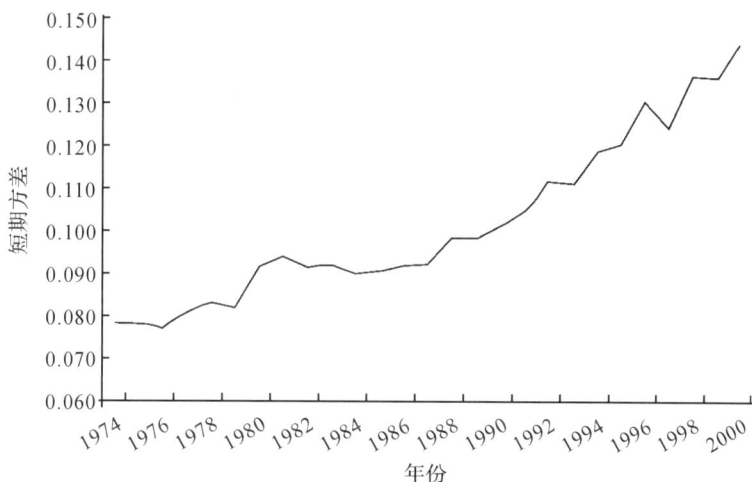

图 10.12　美国,1974—2000 年:年度家庭收入对数的短期方差

注:使用 Gottschalk 和 Moffitt(1994)有着 9 年滚动窗口的窗口平均法计算的短期方差。

资料来源:Gottschalk 和 Moffitt(2009),基于 PSID 数据。

　　特别是 20 世纪 90 年代以后,关于基于 PSID 的估值的稳健性的争论不断。Dahl 等(2011)的调查结果也说明了这一点。他们使用数据来评估家庭收入的波动性,其中对项目参与调查的回应与社会保障局记录中的工资报酬数据相关联(SIPP-SSA 数据)。[1] 住户收入是根据 SSA 记录加上非劳动报酬的调查报告(但收入显然没有等值化)计算的家庭成员工资报酬的总和,分析样本是指户主年龄在 25—55 岁的家庭中的个体。使用多个 SIPP 小组调查数据,作者推导出了 1985—2005 年八个时间点的 1 年波动性估值。主要发现在于波动性没有上升趋势,特别是在 20 世纪 90 年代几乎没有变化。Dahl 等(2011)的结论认为,他们不能把结果与 PSID 和其他调查数据来源的不同结果进行核对,但要注意数据本身差异的潜在作

———————————

[1]　10%—20% 的受访者与 SSA 记录不匹配,2001 年 SIPP 小组调查中受访者不匹配的比例高达 40%(Dahl et al.,2011)。这可能是作者也无法解决的潜在偏差源头。

用（而不是所应用的综合度量）。核对结果是未来研究的一项重要任务。DeBacker 等（2013）的研究对结果核对有一定的贡献。基于美国纳税人口的 1/5000 的样本，小组数据涵盖 1987—2009 年，分析对象为 25—60 岁的个人。不存在 SIPP-SSA 数据中缺失值的匹配或处理的潜在问题。住户收入的定义与 Auten 和 Gee（2009）的定义类似（见前文）。作者使用描述性和基于模型的估值，计算了 1 年和 2 年的波动性测度和暂时方差。根据所有的三种度量，在这个时间段有小幅上升 [图 Ⅵ、图 Ⅶ、A.1（e）]。DeBacker 等（2013）将短期方差变大归因于配偶劳动报酬和投资收入的变化。[①]

我们参考有关个人劳动报酬流动性的证据，完成了对美国流动性趋势的讨论。最近关于趋势的文献主要是通过分析我们所描述过的收入"风险"度量，即工资报酬的短期方差和波动性所概括的那样，而且几乎完全是关于男性的工资报酬（之前引用的家庭收入风险估值通常是该分析的副产品）。大多数分析都是关于工资报酬的残差而非原始工资报酬。也就是说，研究人员首先运行回归来控制教育、年龄和工作经历中的差异，并使用拟合模型的残差进行处理。

大多数研究表明，20 世纪 70 年代男性工资报酬的不稳定性增加，但之后到 20 世纪 80 年代初至中期趋于平缓或略有下降。20 世纪 90 年代和 21 世纪前 10 年的调查结果取决于所使用的数据集和度量。使用波动性度量时尤为如此。PSID 的估值表明波动性上升（Celik et al.，2012；Shin and Solon，2011；Moffitt and Gottschalk，2012]，而使用 CPS 关联数据，税收管理数据或与行政记录数据相关的调查数据，表明波动性要么保持平稳（Celik et al.，2012；Dahl et al.，2011；DeBacker et al.，2013；Ziliak et al.，2011），要么至少没有明显上升（Juhn and McCue，2010）。关于 20 世纪 90 年代及以后，如果焦点在于男性工资报酬的短期方差而不是波动性，即之前的增加在 20 世纪 90 年代及之后趋于平稳，那么不同的研究和数据集之间似乎有更多的一致性。可参阅例如，Gottschalk 和 Moffitt（2009）、Moffitt 和 Gottschalk（2012），以及 DeBacker 等（2013）。有个类似的研究发现，即这一时期男性工资报酬的永久性成分的方差增长最快。注意短期波动性的度量反映了永久性冲击和瞬时性冲击。如需进一步讨论度量和数据集的不同研究结果，请参阅 Moffitt 和 Gottschalk（2012）。

我们参考了 Buchinsky 和 Hunt（1999）及 Kopczuk 等（2010），使用其他度量来分析工资报酬流动性的趋势（其他相对较新的研究几乎没有）。Buchinsky 和 Hunt（1999）详细研究了 1981—1991 年工人工资和年度劳动报酬的流动性情况，研究对象为"美国青年纵向研究"项目中的年轻人群体（1979 年年龄在 14—24 岁），不包括军人和自主创业或仍在接受教育的人群。使用 Shorrocks（1978b）等值化度量（M，使用多个不平等指标）和运用 10.3 节中引用的非参数密度方法所估算的转移概率来概括流动性。关于趋势的主要结论：当不平等指标 M 用 1 年、4 年或 6 年的窗口长度计算时，1981—1991 年流动性都在下降（Buchinsky and Hunt，1999）。位置流动性也在下降，留在同一个五分位数组的可能性、平均跳跃以及归一化迹指标也下降了。等值化的流动性下降与我们之前讨论过的家庭收入趋势相反。可能因为研究对象为青年群体，Buchinsky 和 Hunt（1999）讨论了单独确认时间效应和年龄效应的困难。

---

① 尽管短期方差增加了，但 DeBacker 等（2013）强调说，这一时期不平等加剧的主要原因在于永久性方差的增加。

Kopczuk 等（2010）因其丰富的数据成为工资报酬流动性研究的一项里程碑。他们使用了社会保障局从 1937 年起到 2004 年的纵向工资报酬数据。重点研究年龄在 25—60 岁从事工商行业的男性和女性，其每年的工资报酬高于最低门槛（2004 年编入索引前后的全职全年最低工资的四分之一）。[①] Kopczuk 等（2010）使用长系列，运用长期或者短期的度量对流动性的趋势进行了研究。他们使用了 5 年和 11 年窗口的不同纵向平均工资报酬，并且研究了基年和末年之间不同时间间隔所定义的度量。凭借其丰富的样本和税务数据覆盖范围，他们还可以分析高收入者工资报酬分布的流动性。

短期流动性通过三种方法进行概括：每隔 1 年的工资报酬秩相关系数、基于基尼系数的 Shorrocks（1978b）刚性度量（$R = 1 - M$）和工资报酬对数的短期方差（使用类似于 BPEA 的方法计算），利用 5 年移动窗口的平均收入计算流动性。根据前两种度量（Kopczuk et al. , 2010），所有工人的工资报酬流动性在第二次世界大战期间急剧上升，之后下降，约在 1960 年恢复战前水平。此后，变化不大。从 1960 年左右到 21 世纪第一个 10 年中期，对数收入的短期方差也大致不变。这一结果与之前讨论的 20 世纪 70 年代 PSID 的估值不一致［例如 Gottschalk 和 Moffitt（2009）中的图 1 所示的增长情况］，但与 DeBacker 等（2013）自 1987 年以来基于 IRS 数据的研究一致［与 Kopczuk 等（2010）的研究一样，强调永久性而非短期方差的增加］。

从 1978 年起，当对工资报酬数据不再进行最高标准化处理时，Kopczuk 等（2010）研究了在 1 年、3 年和 5 年间隔仍然处于最高 1‰ 收入的概率。这些系列的稳定性显著（例如，1 年内的概率在 72％—79％，5 年间隔的概率在 60％—65％）。对于税前收入，这些留存概率比 Auten 等（2013，表 3）的研究要大（1991—2009 年）。除劳动报酬外，其他税前收入构成部分显然对经济周期较为敏感［还注意到 Kopczuk 等（2010）系列出现在 2007—2008 年经济危机之前］。[②]

为了概括长期（不）流动性，Kopczuk 等（2010）使用 t 年和 $t + \tau$ 年的长期工资报酬之间的秩相关系数，其中 $\tau = 10, 15, 20$。每年工资报酬的位置都以该年为中心的 11 年平均工资报酬来衡量。结果表明，首先，T 越大，流动性越高。这并不奇怪，但即便在 20 年后，秩相关系数也相对较大（所有工人约为 0.5）。其次，对于所有工人来说，20 世纪 50 年代初至 70 年代初之间的秩相关系数降低（流动性上升），之后大体保持不变。对男性与所有工人来说，趋势不同：流动性上升不明显，从 20 世纪 70 年代初开始似乎又略有上升（Kopczuk et al. , 2010，图 8）。

10. 4. 3　美国的收入流动性比（联邦）德国更高吗？

"德国的收入流动性比美国更高"也许是最著名的"典型事实"。许多人认为美国的收入流动性更高，因为与德国相比，美国有着更加灵活的劳动力市场，社会保障体系并不完善，不能缓冲收入冲击。但人们常常忽略的是，最初的研究是指一种特殊的流动性概念（长期收入

---

① 作者对其研究结果对样本选择，最高标准收入处理，各种行政来源的覆盖等不同假设的敏感性进行了广泛检测，并确认其得出的结论。

② Auten 等（2013）给出的 t 至 $t+\tau$ 年（$\tau > 1$）的留存概率也高于对应的 Kopczuk 等的估值（2010）。因为后者不仅仅是指基年和末年，而是每年出现在收入最高 1‰ 人群的概率。有关加拿大收入分配处于前 1‰ 的人群的持续性问题的简短探讨，请参见 Saez 和 Veall（2005）。

的均等化),是针对一个特定时期(1990 年德国统一之前的 20 世纪 80 年代)。

在本节中,我们将回顾与(联邦)德国相比的美国收入流动性方面的证据。除非另有说明,美国的数据来源均为 PSID。我们使用术语"联邦德国"来指代在统一之前德意志联邦共和国的各州。德国的数据来源 SOEP 从 1990 年开始对原民主德国各州进行研究,但迄今为止很少有流动性研究包含这些数据(参见后面的讨论)。我们将重点放在住户收入流动性的研究上(美国—联邦德国比较分析的主要内容)。在表 10.4 中,我们参考了 11 项研究,并根据所涵盖的时间段、所使用的流动性度量,以及与我们问题相关的主要研究结果对其进行了概括。

表 10.4 美国和(联邦)德国住户收入流动性的比较研究

研究	时间段	(不)流动性度量	备注
Burkhauser 和 Poupore(1997)	1983—1988 年	Shorrocks R	第一次发现联邦德国的流动性比美国高
Burkhauser 等 (1998)	年份对为 $t, t+\tau, \tau=1,\cdots,$ 5:1983—1988 年	五分位转移矩阵	联邦德国的收入流动性略高
Maasoumi 和 Trede(2001)	1984—1989 年	Maasoumi-Shorrocks R	联邦德国的流动性更高;统计显著
Gottschalk 和 Spolaore(2002)	1983 年、1993 年	基于社会福利函数的指标	(联邦)德国与美国的差异取决于指标参数
Schluter 和 Trede(2003)	年份对为 $t, t+1$:1984—1992 年	Shorrocks R	(联邦)德国的流动性更高,源于低收入者的流动性更高
Van Kerm(2004)	1985 年、1997 年	指标组合	美国的收入流动性更高;其他根据指标有所不同
Jenkins 和 Van Kerm(2006)	年份对为 $t, t+5$:美国 1981—1993 年,联邦(德国)1985—1999 年	重排序、累进性指标	(联邦)德国收入增长的重排序和益贫性更高
Schluter 和 Van de gaer(2011)	年份对为 $t, t+1$:1984—1992 年	对向上结构流动性敏感的指标	美国"通常"流动性更高
Allanson(2012)	年份对为 $t, t+5$:美国 1981—1996 年,(联邦)德国 1985—2004 年	重排序和结构流动性指标	(联邦)德国收入增长的重排序和益贫性更高
Demuynck 和 Van de gaer(2012)	1984—1985 年,1996—1997 年	校正不平等的收入增长指标	美国与(联邦)德国的排序取决于低收入增长个人的权重
Bayaz-Ozturk 等 (2014)	5 年窗口,每隔一年,1984—2006 年	Shorrocks R、永久方差与总方差比率、对数收入	大约在 1990 年之后,美国的流动性上升

注意:研究按发表(出版)年份排序。(使用各种等值算子)每项研究都将收入测度为税后转移性支出后的等值住户收入,分析样本均为住户中的个人[除 Burkhauser 等(1998)之外,所有年龄在 25—55 岁的个人]。

数据来源:PSID 和 SOEP。

我们前面提到的"典型事实"来自 Burkhauser 和 Poupore(1997)的开创性研究。在 20 世纪 90 年代,可以使用新一代可比住户小组调查数据,对于住户收入流动性的主要研究,也是第一次交叉比较研究。[①] 所涵盖的时期为 1983—1988 年,也是两国经济周期上升的时期。根据长期收入的均等化,通过使用由三个不平等指标(基尼系数和两个泰尔指标)计算得出的 Shorrocks R 来测度收入不流动性。基年为 1983 年,时间段从一年延长到最多五年(对应 1988 年)计算出 R。主要结果在前面的图 10.8 中进行了总结,并参考了基于泰尔指标的估值[另外两个指标的图表和排列类似,参见 Burkhauser 和 Poupore(1997)]。

　　每年联邦德国的长期收入均等化(刚性较低,R 较低)比美国更高:美国的曲线要高于联邦德国的曲线。用数字表示,6 年平均收入的不平等程度是美国平均年度不平等程度的 86%,而联邦德国为 76%(即大约高出 13%)。作者指出,如果采用不同的收入概念和分析样本,包括劳动报酬(对于所有工人,25—50 岁的工人和每种情况中的全职工人子集)以及等价税前转移性支出前("政府前")住户收入,则会保留流动性排列。[②] 例如,在 25—50 岁的全职工人中,美国年度劳动报酬的 6 年 R 为 88%,联邦德国为 79%。对于男性子集,相应的估值分别为 86% 和 78%;女性为 87% 和 66%(Burkhauser and Poupore,1997)。

　　Burkhauser 等(1997)更加详细地分析了同一时期劳动报酬的流动性。其使用的概括方法有:基于五分位转移矩阵的统计、秩相关系数和基于回归的方差分量建模。有趣的是,鉴于之后的研究人员关注了美国与联邦德国在住户收入流动性方面的差异,Burkhauser 等(1997)强调工资报酬流动性的相似性:

> 　　尽管我们发现了有关美国和联邦德国工人的动态工资报酬移动存在差异的证据,但或许正是这两个劳动力市场在制度上存在巨大差异的情况下,其"最终结果"的相似性凸显了我们对这两个工业大国的多期研究。
>
> Burkhauser 等(1997)

Burkhauser 等(1998)对团队的两项早期研究做了补充。在第一项研究中,他们使用了多种收入度量(和相关样本),但分析了年龄在 25—55 岁的个体;与第二项研究一样,(非)流动性根据位置术语使用五分位转移矩阵而非 R 进行概括。同样,结论更证实了跨国相似性而非差异性:"这两个国家的个体流动性模式明显类似。"(Burkhauser et al.,1998)例如,在 1983 年和 1988 年,美国税后转移性支出后住户收入在同一个五分位组别的个体比例为 44.7%,而在联邦德国为 41.4%。劳动报酬流动性的对应比例分别为 52.6% 和 53.8%(Burkhauser et al.,1998)。

　　在后来的研究中,R 的跨国差异受到的关注最多。大多数作者关心使用不同流动性指标的结论的稳健性。我们注意到所有的后续研究都聚焦住户收入,而不是劳动报酬。Schluter 和 Trede(2003)的文章截然不同,在于其旨在更详细地研究 Burkhauser 和 Poupore(1997)的结

[①] Duncan 等(1993)和 Fritzell(1990)较早进行了贫困动态和收入流动性的跨国研究,但使用的数据不具可比性。关于包含 8 个国家工资报酬流动性的早期跨国研究,请参见 OECD(1996)。

[②] 根据美国官方的贫困线门槛,推导出本研究中住户收入所有度量的等值算子。

果。正如前面所讨论的那样,他们的方法论贡献在于解释了 R 如何反映不同加权的分布变化在收入值域内从最贫穷到最富裕在每个点上的聚合,并探索了聚合函数如何因不平等指标而不同。在 1984—1992 年使用移动的 2 年窗口计算 R,Schluter 和 Trede(2003)证实,(联邦)德国比美国的流动性更高。但他们真正的主要贡献在于发现,这种总体差异既反映了低收入值域的流动性更高,又能反映流动性指标赋予这些变化更大的局部权重。底层流动性的跨国差异,虽然时间段不同(1985 年与 1997 年相比),但让人联想到 10.3 节中通过图表如转移矩阵色度图(见图 10.1)描述的流动性差异。

Maasoumi 和 Trede(2001)的文章在 Maasoumi 和 Zandvakili(1986)早期研究的基础上,修正了 Shorrocks R 使用不同的长期收入(实质上是广义平均值而不是简单的算术平均值)的度量。Maasoumi 和 Trede(2001)使用马苏米-赞德瓦基利-肖罗克斯(Maasoumi-Zandvakili-Shorrocks)指标和本质上与 Burkhauser 和 Poupore(1997)相同的住户收入数据,研究了美国与联邦德国之间的流动性差异,并且还推导了指标的抽样分布,进而思考了流动性差异是否具有统计显著性。主要发现有三点:无论什么指标(即不管是长期收入的度量或不平等指标),联邦德国的流动性都高于美国;跨国差异具有统计显著性;16—25 岁人群的流动性最高,但对于所有六个年龄组而言,联邦德国的流动性在统计上明显高于美国。

Gottschalk 和 Spolaore(2002)是我们所知道的使用基于社会福利函数的显式方法对美国与(联邦)德国进行比较的第一(也是唯一)篇文章(研究了 1984—1993 年的流动性)。如 10.2 节所述,他们的方法允许将不同权重放在侧重逆转和非时间依赖的流动性上(以及体现了不同程度的跨期不平等厌恶)。如果忽视逆转和非时间依赖,那么社会福利函数只反映不平等厌恶的考虑因素,Gottschalk 和 Spolaore(2002)指出,美国比(联邦)德国从流动性中获益更多。但是"这反映了两国从逆转中的获益相似,但从初始独立来说,美国收益更大。引入对跨期波动和对未来风险的厌恶使流动性对两国的影响更加类似"(Gottschalk and Spolaore,2002)。简而言之,流动性差异的结论取决于所采用的流动性概念以及如何对其进行加权。[①]

在住户收入流动性的组合度量中,Van Kerm(2004)首次使用 Fields 和 Ok(1999b)的收入变动指标对美国和(联邦)德国进行比较(他还研究了比利时)。改变流动性概念导致国家排序的逆转:1985—1997 年,对数收入的平均绝对变化在美国为 0.523,而(联邦)德国仅为 0.392(在比利时为 0.335)。Van Kerm(2004)表示:"流动性的不同概念可能确实会导致经济体的排名完全不同……在所有情况下,(联邦)德国的流动性都高于比利时,但根据所研究的指标,美国可以排在三个位置中的任何一个"(Van Kerm,2004)。Van Kerm(2004)的分解强调了对位置变化敏感的流动性度量和反映个人收入增长和边缘分布中变化的流动性度量的区分很重要。与美国相比,(联邦)德国分布变化的"交换"因子更大,而美国的"增长"和"离散"因子更大(Van Kerm,2004)。

Formby 等(2004)的平行研究比较了 1985—1990 年联邦德国和美国个人年度劳动报酬的流动性,强调了流动性和所选用的收入概念的相关性。采用基于五分位数转移矩阵的度

---

① Gottschalk 和 Spolaore(2002)提供了"与其他研究相比较的五分位数转移矩阵"。但是,例如占优检验的范围受到矩阵非双随机的事实限制。在一些情况下,列数与 100% 差别很大。

量,作者发现,根据五个指标中的四个指标,美国比联邦德国的位置流动性要高,并且在 Atkinson 和 Bourguignon(1982)的意义上并不占优。然而,当初始和末期工资报酬组别被定义为平均工资报酬或工资报酬中位数的分数时(所以流动性矩阵也反映了实际收入增长),所有五个概括指标都表明美国的流动性更高。与住户收入相比,对于个人工资报酬,美国与联邦德国的位置流动性差异不太显著(或颠倒)。这一事实也突显了 Burkhauser 等(1997)的结论。[①]

表 10.4 中引用的其他研究中使用了一系列不同的流动性指标和时间段。Jenkins 和 van Kerm(2006)指出,联邦德国两种重新排序的指标和累进个人收入增长指标比美国要大。联邦德国的调整和个人收入增长的增长幅度更大。Allanson(2012)使用相关方法和数据证实了联邦德国的重新排序更多,但也突出了流动性差异的其他方面。Schluter 和 Van de gaer(2011)以及 Demuynck 和 Van de gaer(2012)指出了对个人收入增长敏感的流动性指标类别,不同指标反映了收入不同变化的权重差异。毫不意外(根据我们之前的讨论),两篇论文都指出,从这个角度来看,美国的流动性通常比联邦德国大,但是对于某些权重函数,排序也可以逆转。

表 10.4 中引用的最后一篇文章给我们带来了一个全面的总结,Bayaz-Ozturk 等(2014)的研究实际上是对最初的 Burkhauser 和 Poupore(1997)研究的再分析,但是使用了更新的(1984—2006 年)数据。[②] 主要的流动性指标是使用泰尔不平等指标计算的 Shorrocks R,但现在还补充了对数收入的短期方差估值,可表示为总方差的比例[计算使用 Gottschalk 和 Moffitt (1994)的"BPEA"方法]。如果这两个指标是以 1984 年为基年计算,并且将计算长期收入的时间延长到整整 23 年(即限制分析结构固定的样本),那么每年联邦德国的收入流动性要大于美国。美国的 R(和其他度量)图表虽然仍位于联邦德国上方,但它们之间的差距随时间变小(Bayaz-Ozturk et al., 2014)。从这个意义上说,结果与 Burkhauser 和 Poupore(1997)的研究发现一致(参见图 10.8)。但当使用移动的 5 年窗口(因此还有不同的样本)计算指标并用来研究流动性趋势时,如图 10.11 所示,会出现一个有趣的结果。我们之前曾经谈论过,在 20 世纪 80 年代后期,美国的流动性明显上升[尽管 Bayaz-Ozturk 等(2014)指出,他们的估值变化在统计上并不显著]。图 10.11 显示,联邦德国的流动性在 20 世纪 80 年代末和 90 年代之间下降(变化具有统计显著性)。美国与联邦德国的流动性差异在 20 世纪 80 年代后期具有统计显著性,之后差异并不显著。

一个有趣的实质性问题是,联邦德国的流动性为什么下降以及它在多大程度上反映了联邦德国劳动力市场和与统一或其他结构性因素相关的经济变化(观测到下降趋势明显在 1990 年之前开始)。Bayaz-Ozturk 等(2014)指出,当他们应用自己的方法和样本来检验 25—59 岁男性的劳动报酬流动性时,发现了类似的时间变化模式,并引用了 Aretz(2013)的研究,该研究也发现使用涵盖 1975—2008 年的行政记录数据时,工资报酬的流动性有下降趋势。

---

① Formby 等(2004)的文章的主要焦点是方法论——推导转移矩阵的统计推断过程和基于此的流动性综合指标。
② 交替年份用于说明与 PSID 中每两年进行访谈的不同。作者认为,使用可行时间段内的连续年份会得出类似的结果。

有趣的是，Aretz（2013）的研究表明，在 20 世纪 70 年代中期和 20 世纪 80 年代后期之间，联邦德国的流动性下降趋势大致呈 U 形，但从 1990 年左右开始急剧下降。原民主德国（仅测度 1990 年以后）的流动性下降速度更快，到 21 世纪第一个 10 年中期，约降至（联邦）德国水平。[①]

总之，尽管美国和联邦德国的收入流动性受到了很多关注，但仍有很多需要了解。跨国差异结论的敏感性表明，需要在同一研究中使用组合度量并使用最新数据进行更全面的分析。收入概念也很重要；研究人员已经强调了美国与联邦德国住户收入流动性的差异，却很少关注收入流动性的相似性。研究工资报酬流动性，同样有助于追溯住户收入流动性变化的源头。

10.4.4 代内收入流动性：其他证据

我们对代内收入流动性证据的讨论，还将回顾多国的跨国比较研究和对某些国家时间趋势的分析研究。我们关注过去 20 年而非更早期的研究情况。重点仍是住户收入流动性。

先来分析 Aaberge 等（2002）和 Chen（2009）的研究。因为两者都比较了美国与其他国家的流动性。前一个研究对 20 世纪 80 年代的美国和三个斯堪的纳维亚国家（丹麦、挪威和瑞典）进行了比较。后一个比较了 20 世纪 90 年代的美国与加拿大、德国和英国。Chen（2009）也提供了一些关于流动性趋势的信息。

Aaberge 等（2002）的研究基于不同的纵向数据来源：丹麦和挪威的收入数据和样本直接来自登记簿；瑞典的收入数据来自"生活水平调查"受访对象的登记数据（分析样本基于调查而不是基于登记）；美国的数据来源于 PSID 调查（样本和收入数据来源于调查）。为寻求可比性，多种收入来源必然要妥协。例如，主要分析中的税后转移性支出后收入概念指的不是住户总收入，而是指两个成年人（如合法夫妻的情况）或一个成年人（其他情况下）的总和，并根据成年人的人数（分别为两个或一个）等值化处理。瑞典的数据可能存在限制：不考虑同居，并且不知道儿童的人数。碰巧当作者使用更传统的定义（但不包括瑞典）重新进行分析时，所有国家的流动性水平都发生了变化，但"各国的流动性排序不受该敏感性检测的影响"（Aaberge et al. , 2002）。

Aaberge 等（2002）的研究分析了 1986—1991 年和 1990—1991 年，原因是 1991 年瑞典的一项重大税制改革使后来的收入数据不具可比性（登记簿涵盖了不同的收入来源组合）。流动性是通过基于基尼系数的 Shorrocks M 指标以及 Fields 和 Ok（1999b）的方向性收入变动的概述来测量的。可能令人惊讶的是，在这四个国家中，尽管美国的截面收入不平等程度大大超过了三个斯堪的纳维亚国家，"就延长收入会计期间会使不平等程度按比例降低而言，流动性模式变得非常相似"（Aaberge et al. ,2002）。不管是个人劳动报酬分析还是可支配收入分析，都有同样的研究发现。Fritzell（1990）在早期瑞典和美国的收入流动性研究中也指出了这种"惊人的相似性"。但是，当 Aaberge 等（2002）研究了样本期间一年与下一年之间相对收入变化的分布变化时（相对收入是收入与特定年收入平均值的比率，相对收入变化是个人收

---

① 这对于男性和女性都适用，并且同时使用位置流动性的平均跳跃指标以及 Shorrocks R。

入变动的方向性概述),发现跨国差异更明显。实际上,对于个人工资报酬和可支配收入来说,美国相对收入变化的分布比斯堪的纳维亚国家更为离散。同样,有关流动性的结论取决于所使用的度量。

Chen(2009)的文章使用了从 20 世纪 90 年代初起的 10 年内的 CNEF 数据。收入指使用平方根标度等值化处理的税后转移性支出后住户收入,分析对象为所有收入为正的住户中的个人。德国在这里指的是统一后的国家,而不是之前的联邦德国。PSID 的交替年份访谈使比较 20 世纪 90 年代后期的美国变得很复杂。

Chen(2009)按移动时间窗口计算,概括了下降转移矩阵的 2 年和 5 年 IR 的短期位置流动性。度量的选择很重要。例如,在 20 世纪 90 年代,大约有 40％的英国人在一年和下一年间保持在同一个十分位组别,而在加拿大,这一比例接近 50％,德国则介于两者之间。在 5 年的间隔内,跨国差异更小,所有国家留在相同十分位组别的比例都下降到 25％—30％。Chen(2009)总结称"各国间相对收入流动性有着高度相似性",而不是差异性。

收入流指 1991—2002 年 5 年间隔期内计算的平均绝对对数收入的变化。Chen(2009)给出了 Fields 和 Ok(1999b)收入流指标的估值。美国和英国在该时间段内的收入流大致相同,德国最低,加拿大居中。只有美国有着随时间变化的趋势(略微上升)。估值反映了国民总体收入增长率的差异以及收入增长益贫的变化程度,因此评估这些模式很复杂。Chen(2009)显示,经济增长对每个国家总收入流的贡献越来越大(这四个国家在该时间段都处于经济上升期),但没有讨论益贫情况。

Chen(2009)的最后一组估值指侧重长期收入均等化的流动性,使用 Shorrocks(1978b)指标 $M = 1 - R$ 进行概括,以 1993 年为基年,加拿大时间段长达 6 年,英国和德国 10 年,美国 8 年(不包括 1995 年和 1997 年)。研究结果显示,在所有时间段内,英国的流动性最高,加拿大最低,德国和美国流动性居中,彼此非常相似。Chen(2009)表示,使用平均对数偏离指标计算 M 会出现该情况。但表 A2 显示,如果使用泰尔指数或基尼系数计算,结果也一样(如果使用半变异平方系数,美国的图表更接近于英国)。这印证了 Bayaz-Ozturk 等(2014)的研究结果,即美国和德国在 1990 年之后的长期收入均等化类似(见前文)。Chen(2009)在讨论 Burkhauser 和 Poupore(1997)的研究结果时评论说,他的研究结果表明,"20 世纪 80 年代到 20 世纪 90 年代,美国的收入流动性大幅上升,而德国的收入流动性却有所下降"。

Leigh(2009)继而对比了澳大利亚,其中使用 2 年和 3 年时间段的 R 估值,并使用了英国、德国和美国的 CNEF 数据以及澳大利亚家庭小组 HILDA 的数据(CNEF 在当时并不包含 HILDA 数据)。Leigh(2009)发现,"在 1990 年前后,美国的流动性低于英国和德国……在 20 世纪 90 年代,德国的流动性略低,美国的流动性略高",并且在 21 世纪第一个 10 年,澳大利亚的流动性高于其他三个国家。

根据包含 1993—1997 年数据的 ECHP 数据,Ayala 和 Sastre(2008)的跨国分析涉及一些不同的国家:英国、法国、德国、意大利和西班牙。收入是指用改良的 OECD 的标度进行等值化处理的税后转移性支出后住户收入。使用平衡五波追踪调查的数据考察每个国家所有个人的流动性。根据 Fields 和 Ok(1999b)的收入流指标(Ayala and Sastre,2008)、平均绝对对数收入变化以及 1993—1997 年的收入变化,西班牙、英国和意大利的收入流相对较高(指标值分别为 0.390、0.373 和 0.360),而德国和法国为低收入流国家(指标值分别为 0.309 和 0.250)。单亲家庭中的个人收入流动性更高,而老年人的收入相对稳定(这在意料之中)。第二组估值与侧重长期收入均等化的流动性有关,使用了 Chakravarty 等(1985)提出的伦理指标评估,并使用多个不平等指标计算,并且间隔期仅为 2 年(个人基年收入是其 1993 年和 1994 年收入的平均值;他们最后一年的收入是 1995 年和 1996 年收入的平均值)。无论使用何种不平等指标,意大利的流动性最高,但西班牙排名下滑,德国升至第二位。作者曾对此评论,"结果表明,收入流动性的跨国比较取决于所使用的方法"(Ayala and Sastre,2008)。他们还提到与国家样本差异有关的潜在问题(如西班牙数据中相对较高的损耗率)以及特定的时间段。

Gangl(2005)目标高远,他的流动性比较涉及了 11 个欧盟国家(ECHP 数据)和美国(PSID)。时期涵盖了 1994—1999 年(ECHP)和 1992—1997 年(PSID)。住户收入样本仅限于年龄在 25—54 岁的个人,收入为等值化处理后的税后转移性支出后收入。冈格尔(Gangl)计算了两项主要度量,即 6 年时期的 Shorrocks R 和对数收入的短期方差。后者表示为用回归分解推导出的总体不平等比例。讨论 R 时,Gangl(2005)强调了各国之间的相似性,而不是差异性。例如,使用泰尔指标,"在大多数国家,75%—80% 的收入不平等在 6 年的观察期内是永久性的"。但德国、爱尔兰和美国相对不流动,荷兰和丹麦流动性最高。有趣的是,"在低收入不平等的国家……随时间推移的收入不平等持久性的程度也往往最低"(Gangl,2005)。德国是个例外:它是一个相对的低不平等程度国家,但也具有相对较高的不流动性。对德国的描述也符合 Aaberge 等(2002)早些时候讨论的研究结果。总之,截面不平等水平与长期收入僵化之间是否存在正相关尚不清楚。

Gangl(2005)的住户收入研究结果与 Gregg 和 Vittori(2009)的结果一致,他们也使用 ECHP 数据研究了丹麦、英国、德国、意大利和西班牙的 20—64 岁个人劳动报酬的流动性。他们发现,用 R 计算不同的不平等指标,丹麦的长期工资报酬不平等程度的下降最明显,其次是意大利,德国流动性最低,英国和西班牙居中。运用 Schluter 和 Trede(2003)的方法,Gregg 和 Vittori(2009)也发现,最低工资报酬值域内的不同流动性模式能解释大多数的跨国流动性差异。

Gangl(2005)运用方差成分度量,发现

> 在大多数情况下,单个国家大多数(即 65%—70%)的总体收入不平等为永久性的收入不平等,不管在标度低端国家如丹麦、荷兰、西班牙或意大利或者爱尔兰、葡萄牙、美国和德国等标度高端国家。但收入持久性的跨国差异相对较小,因此该国在永久性收入不平等的排名几乎完全反映出了该国在总体收入不平等方面的排名。

Gangl (2005)

然而,如果只关注绝对水平的方差成分,而忽视表示为总方差份额的方差成分,情况就会有所变化。例如,短期方差最小的国家为丹麦、德国和爱尔兰,而意大利、美国和西班牙的短期方差最大。[①]

Van Kerm 和 Pi Alperin(2013)使用了新的 EU-SILC 纵向数据对收入流动性进行了最全面的分析。他还指出了一些有关数据来源构成的跨国可比性以及数据覆盖时间短的重要问题。具体问题,另请参阅 Jenkins 和 Van Kerm(2014)。

我们现在来看注重趋势的收入流动性的国别研究。Jenkins(2011a)的书中使用覆盖了 1991—2006 年的 BHPS 数据对英国进行了全面的研究,并研究了各种流动性概念中的趋势。[②] 主要发现在于,除流动性概念外,整个时间段内流动性几乎没有变化。一系列度量都没有变化,包括 1 年位置流动性、移动 6 年窗口计算的 Shorrocks R 度量以及住户对数收入的短期方差[Gottschalk 和 Moffitt(1994),"BPEA"方法,使用移动的 7 年窗口]。[③]

Jenkins(2011a)指出,如果我们看一下黄金年龄段男性和女性的工资报酬情况,同样缺乏趋势;另见 Jenkins(2011b)以及 Cappellari 和 Jenkins(2014)(这些研究还慎重提到,英国住户收入和男性工资报酬的短期方差都大于美国的数据)。Dickens 和 McKnight(2008)使用了 1978—1979 年和 2005—2006 年财政年度之间的行政记录数据,发现在 20 世纪 90 年代,BHPS 数据中工资报酬的流动性也缺乏变化。[④] 他们运用多个不平等指标计算 R,采用了 2 年、4 年、6 年、8 年和 10 年的移动窗口,使用 Shorrocks(1978b)均等化度量 $M=1-R$ 来归纳流动性,但每个系列结果都一样。有趣的是,Dickens 和 McKnight(2008)的研究也发现,在 1978—1979 年以及 20 世纪 90 年代初期,流动性呈下降趋势(尽管这种趋势对女性而言比男性更不明显)。

Jenkins(2011a)惊讶地发现,20 世纪 90 年代初到 21 世纪第一个 10 年中期,英国收入流动性没有变化。而同期英国税收福利政策发生显著变化,以及宏观经济从低谷上升到高峰。Jenkins(2011a)引用证据表明,总体趋势的缺乏可能反映了流动性变化之间的平衡,流动性与包含住户总体收入的不同收入来源相关,但他承认这是探索性的分析。

在个人收入增长的模式中,观测了一些变化(相对较小)的特殊度量。Jenkins 和 van Kerm(2011)指出,1998—2002 年的收入增长比早期(1992—1996 年和 1995—1999 年)更有利于穷人,但 2001—2005 年更加益贫(他们结果的摘录见图 10.7)。作者认为,1998—2002 年个人收入增长的益贫性是因为经济活跃;20 世纪 90 年代初期处于失业的高峰期,之后失业率下降相对较快。与之前的保守党政府不同,新上任的工党政府提出了明确的反贫困计

[①] 由于 Gangl(2005)的分解使用了非标准的模型说明,因此估值与之前的美国估值不能直接比较。例如,他未考虑暂时性冲击在时间上的持久性。此外,Gangl(2005)还包含了暂时性成分中异质收入趋势的方差,而不是永久性成分。

[②] 该书还回顾了英国早期的收入流动性研究,其中大部分是由詹金斯及其合作者完成的,并且基于时间跨度较短的 BHPS 数据。例如,Jarvis 和 Jenkins(1998)使用了四波追踪调查;Jenkins(2000)使用了六波追踪调查。

[③] 使用 Jenkins(2011a)的数据,我们比较了 1991—1998 年和 1999—2006 年的十分位转移矩阵,发现没有随机占优。如果我们将 1991—1998 年的英国矩阵与表 10.1 中所示的 1989—1998 年美国十分位转移矩阵进行比较,结果也是如此。

[④] 他们开创性地使用了终身劳动力市场数据库(LLMDB)进行研究,这是由英国国家保险(NI)号确定的 1% 个人样本,最初旨在评估工人的国家保险金和国家退休养老金权利。

划。据推测,随后收入增长的累进性下降与 2000 年左右的经济放缓有关。

Bartels 和 Bönke(2013)根据 1984—2009 年年龄在 20—59 岁的男性样本,使用 Gottschalk(2013)和 Moffitt(1994)的"BPEA"方法(使用移动 5 年窗口)计算方差成分,对(联邦)德国工资报酬的暂时性(和永久性)收入方差的趋势进行了研究。令人惊讶的是,该研究表明,尽管在整个时间段内,工资报酬对数的短期方差有所上升,但相同样本中等值化处理的税后转移性支出后家庭收入的短期方差在整个期间内并未发生变化,说明德国福利制度和家庭在抵消男性工资报酬的冲击中发挥着重要的作用。Bartels 和 Bonke(2013)发现,与 Jenkins(2011a)一样,当采用相同方法来研究英国时(1991—2006 年的 BHPS 数据),发现等值化处理后的税后转移性支出后家庭收入的短期方差并没有随时间变化;不一样的是,Bartels 和 Bonke(2013)还指出,男性工资报酬(和更高收入)的暂时性差异有所上升。差异的原因在于样本不同,Jenkins(2011a)研究得出,暂时性工资报酬冲击对 25—59 岁的男性群体(如同大多数类似的美国研究)更为重要。但总的来说,作者在分析中得出结论:"福利制度提供的再分配和风险保险在德国比在英国更为明显。"(Bartels and Bonke,2013)这是否也适用于除黄金年龄男性以外的其他群体,还需要进一步讨论。

Jenderny(2013)使用税务行政数据(这些年间所有纳税申报人的 5% 平衡样本)对 2001—2006 年德国高收入的流动性进行了研究。收入是税收单位的税前总收入(即包括免税收入,但不包括已实现的资本收益)。一年内收入仍保持在前 1% 的概率约为 78%,因此大于 Auten 等(2013)对美国非衰退期(见前面的讨论)约 70% 的估值。德国的五年留存率也高于美国。[①] Jenderny(2013)的结论在于,Bach 等(2009)描述的德国自 20 世纪 90 年代以来高收入集中度的上升不太可能被高收入或上升的高收入流动性所抵消。

10.4.5 总结和结论

收入流动性的实证研究表明,在所有国家中,无论是相隔 1 年、5 年还是 10 年,收入纵向流在很大程度上导致相对位置的变化和长期收入不平等的减少。但明确的是,大多数收入变化相对较小,因此即使在多年以后,相对位置仍高度相关,而长期收入的实质性不平等依然存在。

对于 A 国的收入流动性随着时间推移是增加还是减少,或者大于还是小于 B 国(或 C 或 D 或……),我们很少有定论——除了一般认为问题的答案取决于所使用的流动性概念,其他问题还与如选择的时间段和收入的度量等问题相关。

通过美国与联邦德国的比较可以看出。早期的研究表明,当以长期收入均等化来衡量流动性时,联邦德国 20 世纪 80 年代的收入流动性(出人意料地)比美国更高(Burkhauser and Poupore,1997)。但是 Bayaz-Ozturk 等(2014)的研究使用相同的度量表明,这两个国家现在的流动性相似。人们经常忘记伯克豪瑟(Burkhauser)团队长期以来认为联邦德国和美国的收入流动性非常相似。此外,当人们将流动性概念转换为收入变动(或个人收入增长)时,美国比其他大多数国家的流动性更高,鉴于美国经济、劳动力市场和福利制度的性质,排名与

---

① 前 0.1% 的留存率也略高于 Saez 和 Veall(2005,图 2)得出的加拿大估值。

众人的预期一致。

收入流动性水平和截面收入不平等水平之间是否存在系统性的跨国关系仍然是一个悬而未决的问题。证据混杂,这个问题值得重新审视(请注意,人们对于代际收入流动性是否存在相应的关系也很感兴趣——请参见 10.5 节对"了不起的盖茨比"曲线的讨论)。我们所回顾的证据表明,各国在流动性程度(位置流动性和长期收入平衡化)方面存在相似之处,并没有显著差异,因不平等的跨国差异显而易见,我们倾向于认为流动性与不平等之间无明显关联。

纵观各国内部收入流动性的时间趋势,根据流动性概念和趋势评估的时间长短,情况各异。美国在 20 世纪 70 年代初以来的 30 年间以及德国在 20 世纪 80 年代末到 20 世纪 90 年代,流动性都出现了变化,但这些变化在不同人看来有大有小。对于英国而言,可以确定在 20 世纪 90 年代和 21 世纪第一个 10 年,其收入流动性几乎没有变化(除个人收入增长的流动性之外)。评估相对较长时期的趋势时,大多数人更清楚地看到流动性变化相对较大。Kopczuk 等(2010)使用追溯到 1937 年的数据,对美国工资报酬流动性的研究最能说明这种情况。

总之,我们对收入流动性证据的回顾表明,还有很多需要学习。过去 30 年跨国可比的家庭追踪调查的出现推动了代内流动性分析的相对繁荣。有迹象表明,下一代研究,至少在时间趋势分析中,将更多利用行政登记数据或与行政数据相关的调查。正如我们所讨论的,一方面,税收行政记录等数据来源具有样本量巨大、对高收入人群的覆盖率高并且可以提供很长的历史序列的优势。另一方面,这些优点也有着潜在的代价。对流动性分析而言,这些收入定义不如现在比较调查(如 CNEF)的收入定义(随着税法的变化可能会有变化)有用,而且数据访问和分析也不是小事。对于跨国比较,行政记录数据也有潜在问题,但可比性的问题更严重,并且对于重点关注的国家而言,数据可能根本无法获取。

10.5　代际流动性:证据

通过 10.3 节提出的一系列衡量指标,我们既可以描述一个社会的代内关联,也可以描述代际关联。本节将回顾这些关联的证据。

已有几篇关于代际收入流动性的综述。Solon(1999)回顾了代际劳动力市场,重点关注长期工资报酬,而 Solon(2002)则关注了这一文献的一部分,即流动性的跨国差异。Björklund 和 Jäntti(2009)在之前的基础上扩展了 Solon(1999)收集的实证证据。Black 和 Devereux(2011)研究了收入和教育的代际关系,强调了代际流动性中因果关系的证据。Blanden(2013)对社会阶层流动性中的跨代收入、工资报酬和教育流动性的证据进行了对比。Corak(2006,2013a)转而强调了政策的含义。Corak(2013a)也利用了有关儿童发展的社会经济梯度和劳动力市场经济持续性的研究。

最近的几篇综述介绍了关于散点图中代际收入持续性的国际证据,在纵轴上绘制出不同国家的持续性估值,横轴表示(通常父代的)收入不平等程度的估值,并增加了双变量线性回归线(Björklund and Jäntti, 2009;Blanden, 2013;Corak, 2013a)。时任美国经济顾问委员会主席(Krueger,2012)把这样的散点图称为"了不起的盖茨比"曲线,解释说明了在持续性越高的国家,不平等程度也越高。图 10.13 再现了 Corak(2013a)最新的图表。虽然不同作者使用的精确估值有所不同,但结果大致相同。北欧国家的持续性低,不平等程度低;美国、英国与法国和意大利都具有高持续性和相应的高不平等程度。

理论模型可以解释不平等和持续性之间的正向关联。例如,Solon(2004)根据 Becker 和 Tomes(1979,1986)模型,推断出代际持续性的因素,如人力资本禀赋的遗传性、教育回报和公共教育支出的累进性,都同样影响了截面不平等。Hassler 等(2007)的模型研究了不同类型的劳动力市场制度下不平等和流动性之间的关系,一些制度安排使得流动性和不平等呈逆相关(也就是持续性和不平等正相关)。Checchi 等(1999)关于自身能力、教育选择和流动性的信念模型也可以根据模型参数使得不平等和流动性呈正或负相关。然而,尚未清楚,代际持续性和不平等事实上有着与如图 10.13 所示的正向相关。

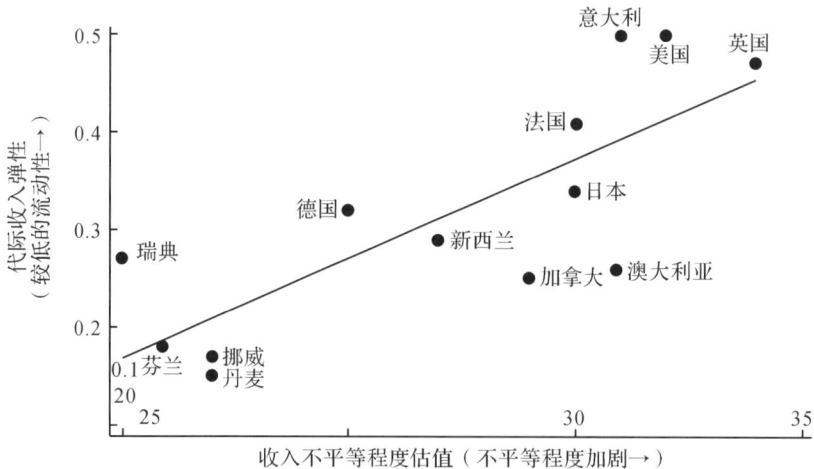

图 10.13 了不起的盖茨比曲线:代际工资报酬持续性与截面收入不平等之间的关系

注:收入不平等根据 1985 年 OECD 的可支配家庭收入的基尼系数计算得出。持续性以父母和子女的工资报酬的 β 来测度。儿子出生于 20 世纪 60 年代初期,他们的收入测量于 20 世纪 90 年代后期。更多详细信息,请参阅 Corak(2013a,2013b)。

资料来源:Corak(2013a,图 1)。

本章的这一部分将包含以下内容。在 10.5.1 中,我们讨论评估代际和家庭关联时出现的数据要求和特殊问题。在 10.5.2 中,我们回顾美国代际持续性和流动性的研究。与代内流动性的情况一样,对这个国家的关注完全是因为相对于其他国家,美国有着大量的流动性证据。我们首先研究父子代际的工资报酬或收入的代际弹性(IGE)水平的证据,其次扩大范围探讨更广泛的父母和子女代际的关系——然后研究 IGE 随时间变化趋势的证据(IGE 为10.3 节中讨论的 β 度量;这两个术语在本节中可以互换使用)。接下来,我们研究基于超出简单对数线性高尔顿回归 β(代际弹性)的度量,积矩相关系数 r,例如十分位数回归、转移矩阵、非参数条件平均函数。在 10.5.3 中,我们研究了其他国家的代际流动性证据,其结构与美国相同。在 10.5.4 中,我们研究另一种证据来测度家庭背景的重要性,即同胞相关系数;在 10.5.5 中,我们讨论了其他研究代际流动性的新旧方法。10.5.6 为总结。

10.5.1 实证实施的数据与问题

正如 10.4.1 所讨论的,有关收入流动性的任何研究都面临着三个"W"问题:什么流动性,谁的流动性,什么时间的流动性。对于代际流动性来说,每个问题都必须回答两次,父母和子女两代都要回答。与代内流动性一样,研究人员的选择受到可用数据的限制。

在一个层面上,就像代际收入流动性一样,"什么"流动性指所使用的收入概念。我们回顾到,绝大多数研究使用了 10.4.1 中讨论过的父母和子女的劳动力市场报酬以及几个变体。其他选择可能会增加市场的非劳动收入来源,如资本收入以测度因素或市场收入。如果目标在于研究生活标准的代际关联,研究可支配收入(即增加公共转移和扣除所支付的收入所得税)就有意义。关于两代人的"什么"问题,答案相同似乎合理。但现有数据通常不支持这种选择,"收入"是父母一代的家庭收入并且是子女的工资报酬并不罕见。①

早期对这个话题进行研究的目的是测量"永久性"收入的代际关联,这一收入可以很好地用劳动力市场报酬来体现。人们早已认识到(见 Atkinson,1981b),因暂时性波动,短期收入度量与长期度量不同,而且代际关联性是更稳定或永久的生活标准度量。

与代内流动性一样,"谁"是指父母和子女两代收入接收单位的定义。大多数以 Solon(1992)为模型的研究考察了父子配对的流动性,忽视了其他家庭成员的收入。许多偏离是因为数据。例如,Zimmerman(1992)的研究依赖美国全国青年纵向调查(NLSY)数据,使用父母一代的家庭收入,因为这是该数据来源中唯一可用的收入概念。②

当研究女性收入的代际关联,并与男性收入的代际关联进行比较时,"谁"的问题就变得更加复杂。在过去的四五十年里,大多数发达国家女性与劳动市场的联系已经大幅增加了。与男性相似,女性的劳动力市场参与率逐渐上升。然而,在通常认为适合测度男性长期收入(40 岁左右)的年龄段,女性却经常因分娩和照顾孩子而中断就业。调查妇女代际流动性的研究,可能更适合将家庭或住户收入而不是个人收入作为测度其生活水平的判断标准。比较男性和女性的流动性自然也需要调查男性的家庭或住户的收入(Chadwick and Solon,2002;Raaum et al.,2007)。

对于"谁"的问题还有个额外维度,即父母与子女关系的本质。在 Atkinson(1981b)、Solon(1992)和 Zimmerman(1992)的早期代际研究中,父母与子女的关系或多或少受调查设计的影响,即随访已成年的父母,"子女"是样本父母的子女。但是,除了生身父母,孩子可能有多个父母,如继父母、养父母和寄养父母。一般情况下,会选择观测在某个年龄段(比如 10 岁或 16 岁)与父母或者生身父母一起生活的父母—子女对。这个维度的一个方面是离异家庭的角色。我们应该重点关注子女收入与单亲家庭户主的关联,还是父亲与孩子之间的关

---

① 这就是美国研究依赖 NLSY,英国研究依赖于英国儿童纵向研究(BCS)和全国儿童发展研究(NCDS)的情况。注意,儿童身高与父母身高的高尔顿回归在右侧也使用了父母平均身高,见 Galton(1886)和 Goldberger(1989)。
② 高尔顿回归 β 是最常用的(非)流动性度量,最初把子女身高和父母平均身高联系起来。见 Goldberger(1989)和 Galton(1886)。

联？特别是基于登记数据的一些研究,已经调查了父母与子女关系总体的敏感性,发现定义和家族类型之间的差异相对较小。[①]

与其他两个"W"问题一样,代际流动性分析的问题大多是代内流动性分析问题的超集。父母和子女两代人都需要解决 10.4.1 中提到的大多数同样的问题。特定时间段的潜在数据记录收入:通常只能找到年收入数据,但某些情况下可以找到"当前"收入数据。但与代内流动性相反的是,短期波动是噪音,发现更加有趣的潜在长期收入变得更困难。这直接导致了应该研究(并聚合)什么时间段以及什么年龄段的收入,才能对长期经济状况进行合理测度的问题。如因数据限制,无法进行理想测度,那么流动性的测量会受到怎样的影响?已经解决的两个主要问题是观测到的收入度量和"生命周期"偏差的暂时变化(Jenkins,1987;Grawe,2006)。我们将逐一讨论。

至少自 Atkinson(1981b)以来,人们已经认识到,父母收入的暂时性误差会导致估计的代际弹性出现变量误差(向下)的不一致性。自从以实证解决这个问题的开创性论文发表后(Solon,1992),许多研究都运用了这一结果。[②] Solon(1992)根据 5 年父母收入的平均值估计美国代际收入的持久性,得出 β 点估值比使用单年父母收入所推导出的估值大 10%—70%。

近年来,有关所谓的广义变量误差(GEIV)模型质疑,暂时性收入变化与经典测量误差具有相同性质的假设(Bohlmark and Lindquist,2006;Haider and Solon,2006)。年龄为 t 的第 j 代家庭 i(=子女、父)中个人年收入过程的 GEIV 模型将永久性收入 y 和暂时性误差 v 与年度或当期收入相关联(Haider and Solon,2006)

$$y_{ijt} = \lambda_{jt} y_{ij} + v_{ijt}, j = O, P \tag{10.16}$$

关键进展在于引入了年龄相关参数 λ,它将潜在永久性收入"加载"到年收入上,并假设其低于生命周期早期的收入,在某一点等于 1,之后高于 1。注意,我们允许 λ 参数在不同年代有所不同。[③]

方程式(10.16)中的测量误差模型与经典测量误差模型相同,如果(i)$\lambda_{jt} \equiv 1$,(ii)随机波动 v 与真实长期收入($y \perp v$)正交,而且这些 v 在同代中是完全相同和独立分布的。使用父母和子女年收入的代际收入弹性系数估值 β 有概率极限

$$\begin{aligned}
\text{plim}\hat{\beta} &= \frac{\text{Cov}[y_{iOt}, y_{iPt}]}{\text{Var}[y_{iPt}]} \\
&= \frac{\text{Cov}[y_{iO}, y_{iP}] + \text{Cov}[v_{iOt}, y_{iP}] + \text{Cov}[y_{iO}, v_{iPt}] + \text{Cov}[v_{iOt}, v_{iPt}]}{\text{Var}[y_{iP}] + \text{Var}[v_{iPt}] + 2\text{Cov}[y_{iP}, v_{iPt}]}
\end{aligned} \tag{10.17}$$

对于经典测量误差模型(并且假设随机波动 v 在各代间不相关),方程式(10.17)中分子的后三项全部为零。Atkinson(1981b)首先提出了在这种情况下,分母中的第三项也是零,并且分母中只有父母收入随机波动的存在才会导致向下的不一致性。用 $\text{Var}[y_{jit}] = \sigma_{yj}^2$,表示第 $j =$

---

① 参见 Björklund 和 Chadwick(2003),以及在教育中使用流动性的 Holmlund 等(2011)和 Björklund 等(2007b)。

② 评估流动性时,以其他方式来纠正测量误差(例如转移矩阵)不太常见。有关计量经济学和基于模拟的证据,请参见 O'Neill 等(2007)。

③ 目前的说明将把暂时性误差视为白噪声。如果暂时性误差自相关,则衰减因子也涉及该过程的参数。如果 v 遵循 AR(1)过程,则这种自相关会恶化变量误差的不一致性。例如参见 Mazumder(2005b)。

0，P 代永久性收入的方差。与此类似，暂时性收入方差 $\mathrm{Var}[v_{jit}] = \sigma_{vj}^2$。解决不一致性最常见的实证方法是取父母收入的多年平均数减去不一致性，在这种情况下，分母的测量误差方差是 $\sigma_{yP}^2/T < \sigma_{vP}^2$。Solon(1989，1992) 和 Zimmerman(1992) 首先使用这个方法，现在成为文献中的标准做法。[①]

然而，年龄或时间依赖因子负荷 λ_{jt} 导致代际收入弹性的另外两种偏差来源，即度量儿童收入的年龄/时间点——导致对 $\mathrm{Cov}[y_{iO}, y_{iP}]$ 的偏差估计，以及当度量父母收入时——导致 $\mathrm{Cov}[y_{iO}, y_{iP}]$ 和 $\mathrm{Var}[y_{iP}]$ 的偏差估计。

只要父母收入的测量有误差，那么我们就会有

$$\mathrm{plim}\hat{\beta} = \frac{\mathrm{Cov}[y_{Oit}, y_{Pi}]}{\sigma_{yP}^2} = \theta_{Ps}\beta \qquad (10.18)$$

其中，s 是度量父母收入时的年龄，

$$\theta_{Ps} = \frac{\mathrm{Cov}[y_{Pis}, y_{Pi}]}{\mathrm{Var}[y_{Pis}]} = \frac{\lambda_{Ps}\sigma_{yP}^2}{\lambda_{Ps}^2\sigma_{yP}^2 + \sigma_{vP}^2} \qquad (10.19)$$

而 s 是 y_{Pi} 在 y_{Pis} 上的线性投影系数(Haider and Solon, 2006)。如果在 $\lambda_{Ps} \approx 1$ 的年龄测量父母收入，则 θ 是标准变量误差的衰减因子。如果只有子女收入表征为广义变量误差过程，那么使用年收入估算的代际收入弹性系数的概率极限为

$$\mathrm{plim}\hat{\beta} = \frac{\mathrm{Cov}[y_{Oit}, y_{Pi}]}{\sigma_{yP}^2} = \lambda_{Ot}\beta \qquad (10.20)$$

无论何时 $\lambda_{Ot} \neq 1$，代际收入弹性系数估计都不一致(Haider and Solon, 2006)。因此，当生命周期中子女收入是估计代际持久性的度量项时，这就是"生命周期偏差"的问题。

如果子女和父母的收入都用 GEIV 模型来表征是合理的，则代际收入弹性的估值为(Gouskova et al. , 2010；Haider and Solon, 2003)

$$\mathrm{plim}\hat{\beta} = \lambda_{Ot}\theta_{Ps}\beta \qquad (10.21)$$

注意 λ 可以低于或高于 1，并且 θ 被约束在单位区间内，所以当 $\lambda < 1$ 时可以低估 β，当 $\lambda_{Ot}\theta_{Ps} \approx 1$ 时可以正确估计 β，当 $\lambda_{Ot}\theta_{Ps} > 1$ 时可以高估。最后，皮尔逊相关系数 r 在这种情况下是概率极限

$$\mathrm{plim}\hat{r} = \theta_{Ot} = \frac{\sqrt{\lambda_{Ot}^2\sigma_{yO}^2 + \sigma_{vO}^2}}{\sigma_{yO}}\theta_{Ps}\frac{\sqrt{\lambda_{Ps}^2\sigma_{yP}^2 + \sigma_{vP}^2}}{\sigma_{yP}}r \qquad (10.22)$$

相关系数的概率极限取决于两代中的 θ，观察到的两代标准差与长期收入的比率，当然也取决于真实的 r。

基于 GEIV 模型的年龄结构 λ_t 的美国和瑞典经验证据，表明早年的工资报酬(甚至从总体年龄—工资报酬轮廓中提取出来)是一个终身工资报酬向下不一致性的度量，后期是一个向上不一致性的度量(Bohmark and Lindquist, 2006；Haider and Solon, 2006)。大约 40 岁时，至少对于美国和瑞典的男性来说，$\lambda_t \approx 1$，多年平均数的偏差接近经典情形，因此有助于分析

[①] 如果有一个有效的永久性收入工具，也可以构建一个相容估计量，这一方法也已被使用(例如，参见 Dearden et al. , 1997)。

长期收入的代际关联,并假定两代的 λ 大致相等,即 $\lambda_{Pt} \approx \lambda_{Ot}$(或者至少年龄相同时,二者相等)。

Grawe(2006)基于 Jenkins 的见解(1987)研究了几个不同的国家和数据集中 β 的衰减和生命周期偏差的程度。他使用加拿大、德国和美国的数据研究发现,父亲年龄的生命周期偏差是偏差的重要来源,并提出了若干减少偏差的经验法则:要么如前所述使用测量误差大致经典的时间点,或者至少在家庭和儿童生命周期中的类似点上使用收入的观察值。

但是有几个注意事项。第一,如前所述,可能从一代到另一代会发生很大的变化。第二,适用于,例如,劳动报酬的 λ 可能与适用于可支配住户收入的 λ 不同。第三,适用于男性的 λ 可能与适用于女性的 λ 大不相同,例如取决于由生育导致的劳动力退出和再进入模式。最后,不同国家的 λ 可能会有很大差异。如果无法获得这些估值,代际收入弹性系数的跨国差异可能不是由潜在的 β 差异造成的,而是由 λ_{Ot} 和 θ_{Ps} 的不同值造成,即使测度收入的年龄保持不变。[1]

可能有意思的是,了解 β 或 r 在特定总体中的偏差究竟有多大。然而,我们通常对在两个不同总体中比较这些参数感兴趣,例如,一个国家或两个国家之间的跨时比较,以 A 和 B 表示这两个总体,并着重于 β,并且为了简单起见,我们测度在相同年龄时的父母和子女,我们有

$$\hat{\beta}^A - \hat{\beta}^B \approx \lambda_{Ot}^A \theta_{Ps}^A \beta^A - \lambda_{Ot}^B \theta_{Ps}^B \beta^B \qquad (10.23)$$

除非我们在两个国家都有 λ 和 θ 的估计,否则我们必须假设能够从估值的差异中推断出潜在的 β 的差异。当然,类似的观点适用于 r。在这种情况下,我们可以在没有偏差的情况下推断出差异的迹象(但除非我们知道 λ 和 θ,否则不知道差异的大小),或者我们可以估计其比率。

根据连接短期与长期收入的更为复杂的测量模型,对永久性收入(从某种意义上说,涉及什么和什么时候的问题)几乎排他性的关注可能会被质疑。对永久性收入的关注基于这样一种概念,即短期和长期收入之间的差异是暂时的,而且主要是经典差异,即正面和负面冲击大体相似(低自相关或非自相关),而冲击的幅度确实不因永久性收入或其他特征而变化(冲击是同方差的并与永久性收入正交)。如果资本市场运转良好,个人对其永久性收入有着公正的认识(这样他们知道是否受到了负面或正面的冲击),他们依靠储蓄和借款来平滑消费。这些苛刻的条件将证明关注永久性收入是正当的(见 10.2 节的讨论)。根据这个观点,永久性收入而非短期波动最能反映福利的分布。

于是出现了这样的结果:如果违反了这些假设,从福利的角度来看,甚至短期的波动也很有趣。Jäntti 和 Lindahl(2012)表示,瑞典的收入波动强烈,但与长期收入水平非单调相关。此外,对收入代际关联的分析表明,不仅长期收入,而且收入波动在不同年代间都有关联(Jantti and Lindahl, 2012; Shore, 2011)。因此,只关注长期收入可能会低估经济福利与不同世

---

[1] 此外,Nybom 和 Stuhler(2011)使用了几乎完整的父亲和儿子实际终身收入。通过比较基于儿子收入多年平均数的回归系数和基于他们整个人生收入的回归系数,他们发现代际弹性估值的偏差仍然相当可观。可能意味着需要探索将短期收入与永久性收入联系起来的更复杂的模型。

代关联的程度。

在我们讨论代际分析的常用数据来源之前,我们指出了解释证据的另一个复杂因素。最常用的代际流动性度量是以 β(代际收入弹性)测度的持续性。可以说,我们想从子女的边缘分布中提取,并根据父母对子女标准差的比率得出 β,使用与其相关的关联 r[见公式(10.4)]。在稳定状态下,两者相等,但是,如果不平等在不同世代间加剧(改善),则 r 比 β 更低(更高)。因此,在比较各国的 β 时应特别小心,因为不同的 β 可能与相同或至少更相似的 r 一致,取决于两个国家跨越几代人的边缘分布如何变化。Björklund 和 Jäntti(2009)提出的证据表明,美国的 σ_P/σ_0 比率小于 1,不平等加剧;瑞典大于 1,不平等改善。这表明 r 可能会低于 β(但要注意,只有边缘分布受到控制时,不平等才以特别的方式有所变化)。

用于代际分析的合适数据需要满足两个基本标准。数据需要能够识别和连接父母和子女对。[1] 还需要在生命周期中可比较的时间点对两代人的收入进行测度,并且考虑到测量误差的影响,最好进行多次测量。

使用的数据有三种主要类型。许多研究依赖长时间运行的纵向家庭收入调查,才可以观测与父母共同生活的幼年或少年子女,然后长成成年人,有自己的家庭。10.4.1 中详细讨论过这些数据来源,其中包括 PSID 和 SOEP。英国的 BHPS 最近才被用于代际分析。队列研究是常用于代际分析的另一种数据类型。这样的数据集,包括青少年的美国国家纵向研究(NLSY)和英国全国儿童发展调查研究(NCDS,1958)及英国队列研究(BCS,1970),专门设计并已用于收集儿童和随着年龄增长的跟踪数据。所使用的收入和其他信息大多是通过对研究中与父母和子女的访谈收集而来,并且根据出生和生活安排的信息确定父母与子女的联系。

英国有另一种基于调查的路径,Atkinson(1981b,1983)使用 Rowntree 和 Lavers(1951)最初为研究约克郡的截面贫困而收集的数据,并通过采访原始调查住户的成年子女建立了一个代际数据集,根据最初的截面数据集创建了纵向数据集。

基于登记的数据集是另一个重要的数据来源。这些数据成为加拿大、北欧国家以及越来越多美国代际流动性估计的基础,依靠行政记录(通常最初为税收或社会保障所收集的数据)来测度收入。要么基于将父母与儿童联系起来的行政记录,要么基于人口普查数据确定父母与子女的联系。[2] 使用这些数据的关键是使用个人身份识别码和可靠的亲子关系。

第三种数据研究路径是使用合成的父子连接。一种是使用双样本方法(即基于不同数据集使用经验矩来估计 β 值)。需要一个"父母"样本来提供有关父母一代的无条件收入分布的信息,以一些关键的收入预测因子为条件的分布,以及提供他们的收入分布信息和他们父母的预测因子信息的"子女"样本。Björklund 和 Jäntti(1997)第一次在美国和瑞典的代际比较中运用双样本方法,后来也用在包括英国、意大利、法国、巴西和澳大利亚等一些国家。[3]

---

[1] 我们将在后面讨论,代际持久性可以使用双样本方法估计(Björklund and Jäntti,1997)。

[2] 例如,如 Corak 和 Heisz(1999)等研究的加拿大的父子配对时,不仅依靠税收记录,还运用了父子关系来收集收入信息。在北欧国家,亲子关系来自人口普查数据或出生记录(Bratsberg et al.,2007)。

[3] Angrist 和 Krueger(1992)以及 Arellano 和 Meghir(1992)分别独立开发了双样本方法。Inoue 和 Solon(2011)推导了估计此类估计量方差的方法。

三种数据中的每一种都会碰到测量上的挑战(见 10.4 节)。无论在基于调查还是注册的数据来源中,分析中使用的收入和其他数据的测量误差都是个问题,尽管误差的性质可能不同(例如,调查数据中的召回错误和出于逃税在登记数据中少报)。[1] 损耗,尤其是选择性损耗对纵向调查尤为重要,这个问题在代际后续调查中可能更为复杂。当使用行政数据完成研究时,父母和子女的识别和联系信度也成为一个关注点。

在我们深入研究证据之前,我们应该注意到绝大多数研究在美国以及其他国家都估计了弹性(即在 10.3 节中讨论的 β 度量的估计)。当相关系数可用时[作者直接指出,或基于 β 和标准偏差使用方程式(10.4)推导出],相关系数就是(皮尔森)积矩相关系数而非(斯皮尔曼)秩相关系数。完全控制边缘分布需要的是后者。此外,我们还注意到没有任何研究明确认识到 GEIV 模型对试图控制这些效应的弹性估计的影响。

大多数分析人员对 β 而不是皮尔森或斯皮尔曼相关系数或转移矩阵进行估计,一个可能的原因在于其便利性:在多元回归框架中,可以简单控制两代人的系统生命周期效应。此外,已很好地理解经典暂时性误差的影响并且易于缓解。与 β 一样,皮尔森相关系数受到同样的误差变量不一致性的影响,但子女和父母收入的暂时性误差都导致 r 被低估,因此降低不一致性需要两代人的按时间平均的收入。暂时性误差也导致秩相关系数的不一致估计。O'Neill 等(2007)提出了基于二元正态分布的父母—子女收入的模拟证据,这些证据受到一系列不同类型的测量误差的影响,坚持指出在出现测量误差的情况下,代际持续性被低估而流动性被高估。最后,在许多情况下,使用工具变量估计 β 和 r,通常使用来自不同样本的样本矩。这些方法在基于矩的估计中很好理解,但对于秩相关系数和非参数方法则不那么好理解。

10.5.2 美国的代际持续性

尽管有许多关于美国及其他国家代际流动性的研究,但文献总有太多的疏漏。例如,我们一直不能为不同队列的父母子女对确定转移矩阵,因此无法使用占优方法来研究流动性随时间的变化。[2] 大多数美国研究人员仅报告 β,而不是 r 或秩相关系数,所以工资报酬或收入边缘分布变化的标准化充其量是不完整的。然而,这是美国(以及其他许多国家)不平等明显加剧的一个时期。

到 20 世纪 80 年代后期,美国的两个纵向数据集——美国家庭经济动态调查(PSID)和全国青年纵向研究(NLSY)——已经运行了相当长时间,以研究父母和子女在经济活跃年龄段的收入。那段时间前后,Solon(1992)、Zimmerman(1992),以及 Altonji 和 Dunn(1991)利用这些数据,短时间内相继发表了三篇论文。Solon(1992)和 Zimmerman(1992)的论文有两大贡献,都发表在同一期《美国经济评论》的显著位置。[3] 首先,他们指出估计同一个家庭成员的"长期"收入之间关系的一些统计问题。之前大多数研究基于非代表性的同质样本,使用了永久性收入的单年度量。他们的分析表明,在以往的研究中,代际相关系数的估值很可能存在明显的向下偏倚。通过使用父亲的多年工资报酬,可以减少向下偏倚。Solon(1992)还

---

① 有关讨论,请参阅例如 Ehling 和 Rendtel(2004)。
② Fertig(2003)展示了基于多个子女队列的转移矩阵证据,但没有报告完整的转移矩阵。
③ Altonji 和 Dunn(1991)受到的关注要少得多,一部分是因为发表在知名度较低的期刊。

提出了一个很可能高估了相关系数的估计量,从而产生了真正相关系数存在的一个值域。其次,他们的研究结果表明,父亲与儿子的长期收入之间的 β 高达 0.4 或 0.5,大大高于 Becker 和 Tomes(1986)先前的调查研究。Solon(1992)和 Zimmerman(1992)使用两个不同的数据集得出了类似的结果,这就增加了研究结果的信度。

Solon(1992)通过工具变量(IV)估计了相关系数,发现了向上的不一致 β 估值。简而言之,他将父母的教育视为遗漏变量,但也将父母教育作为工具变量,因此是一种无效工具。如果父母教育的真正直接效应为正面效应,并且与父母收入正相关,那么工具变量估值会高估代际收入弹性。因此,使用父母按时间平均收入的最小二乘法估计量低估了弹性,IV 估计量高估了弹性,定界参数的上下界。此外,在指出使用 IV 估计量的可能性时,在实际父子配对不可用的情况下,Solon(1992)也开启了估计弹性的大门,结果可信。[①]

Mazumder(2005b)利用美国社会保障总署(SSA)的工资报酬信息,检验了美国与父亲工资报酬有关的儿女代际工资报酬 β。他关注父亲平均工资报酬年数的变化,还有一些其他的测度问题,例如是否要求父亲在所有年份中的工资报酬都为正;工资报酬为零,是否因为不在社会保险登记簿中而没有估算。除了其他方面,结果显示,即使取父亲 16 年的平均工资报酬,工资暂时性变动的衰减幅度依然很大,特别是如果暂时性误差表征为自相关误差。Mazumder(2005b)充分论证了对父母收入多年平均的影响,当使用父亲仅 2 年(1984—1985 年)的平均收入时,弹性为 0.253(标准误为 0.043);而当平均 1976—1985 年和 1970—1985 年的收入时,弹性则分别增加到 0.553(标准误为 0.099)和 0.613(标准误为 0.096)。因此,他所提出的美国估值包含了图 10.13 中的大部分估值,仅不包括顶端的秘鲁和底端的加拿大、芬兰、挪威和丹麦。但要注意,在延长平均父亲收入的时间段时,两种效应会合并,即暂时性误差(方差减小)和生命周期效应(平均化)。在没有 λ_{P_S} 和 θ_{P_S} 估值的情况下,很难明确哪种效应在经验上造成了弹性的变化。

Dahl 和 DeLeire(2008)使用 SSA 的数据,但也使用了未覆盖年份的数据,并且使用了甚至比 Mazumder(2005b)更长的父亲工资报酬时间跨度,来估计父子配对和父女配对的 β。父子估值在 0.259 到 0.632 之间变动,又一次跨越了图 10.13 显示的跨国证据大部分的观测值域。父女 β 的值域为 0.041(与零相差很小)到 0.269。Naga(2002)使用生命周期中同一点观测到的父子配对,并使用三种方法来估计弹性(按时均数据的最小二乘法、工具变量和 MIMIC 潜变量估计量),发现弹性的值域为 0.297 到 0.7。

Chadwick 和 Solon(2002)、Minicozzi(2002)及 Fertig(2003)也研究了女性 β。Chadwick 和 Solon(2002)强调了在比较男性和女性的 β 时使用家庭收入的重要性(两个 β 非常相似的情况;在使用个人工资报酬时,女性的 β 往往要低得多)。Couch 和 Lillard(1998)和 Minicozzi(2003)研究了 β 对样本选取规则的敏感性。在这两篇论文中,样本选取问题对 β 都非常重要。Hertz(2005)研究了弹性的种族差异。在比较或主要关于其他国家的其他流动性研究中,

---

[①] 该工作的第一个例子是 Björklund 和 Jantntti(1997)使用基于两个独立样本的工具变量估计量来估计瑞典的代际弹性,并为美国构建了一个类似的估计。使用真实瑞典父子配对的 β 估计与双样本工具变量估计几乎完全相同。后来有大量研究使用了双样本工具变量估计,包括对意大利(Checchi et al., 1999)、巴西(Dunn, 2007)、澳大利亚(Leigh,2007)和法国(Lefranc et al., 2009)等国的研究。

也常常可以看到美国的 β 估值,例如 Couch 和 Dunn(1997)对德国的研究、Leigh(2007)对澳大利亚的研究、Björklund 和 Jäntti(1997)对瑞典的研究,以及 Ng 等(2009)对新加坡的研究。

美国的 Buron(1994)和 Reville(1995)有两篇论文很早就关注到,代际持续性的估值不仅可能受到父亲工资报酬或收入暂时性误差的衰减不一致性的影响,还可能受子女生命周期效应的影响。Buron(1994)并没有对平均生命周期效应进行调整,而是允许不同人口群体的工资报酬轮廓有所不同。这导致比使用相同调整时,估计的持续性更高。Reville(1995)转而研究了改变儿子的年龄和结果年份如何改变估计的持续性。例如,通过跟踪年龄在 26—30 岁和 34—38 岁子女的相同队列,使用他们 4 年工资报酬的平均值(保持父亲的工资报酬不变),皮尔森相关系数 r 从 0.296 增加到了 0.423(Reville,1995)。Hertz(2007)、Lee 和 Solon (2009)、Gouskova 等(2010),以及 Chau(2012)都试图考虑暂时性误差和生命周期效应所造成的偏差。

Gouskova 等(2010)运用了 Haider 和 Solon(2006)及 Grawe(2006)的观点,使用 PSID 中的数据估计了父子配对的工资报酬弹性,其中采用了父亲和儿子相同年龄时的工资报酬。他们使用了 25—34 岁、35—44 岁、45—54 岁的年龄范围,回归了父亲 5 年平均工资报酬与儿子 3 年平均工资报酬的相关性,发现了弹性分别为 0.29、0.41 和 0.42。这些估值,特别是 25—34 岁年龄段的低值,与 Haider 和 Solon(2006)的 λ 模型一致。最近的另一项研究考虑到了 Haider 和 Solon(2006)以及 Chau(2012)结果的含义,使用了异质增长轮廓和自相关误差为父亲和儿子的收入过程建模。然后基于使用参数估值模拟的数据来估计代际弹性。基于 PSID 数据对美国的估计显示中文,β 估值为 0.392,但当允许儿子和父亲的工资报酬过程不同时,弹性高达 0.662。

Muller(2010)解决了永久性收入测量估计中的另一个难题,即当子女居住在父母家中时,倘若父母收入受到冲击,弹性是否变化。与孩子出生前或离家后相比,子女童年时期的父母收入弹性要高很多。关于测度两代收入的生命周期阶段的标准化,这一结果基本稳健。这与童年时期的暂时性冲击确实会影响子女的收入的观点一致。尽管这里回顾代际流动性文献的目的并不是要揭示收入的因果效应,但这一发现使 10.5.1 讨论的收入风险也可能代际相关的观点更加可信。

Hertz(2007)、Mayer 和 Lopoo(2005)、Lee 和 Solon(2009)及 Aaronson 和 Mazumder(2008)运用双样本方法,应用 β 变化的测量以估计美国代际流动性中随着时间推移的变化趋势。图 10.14 中显示了一系列估计值,以子女的出生年份为索引,范围包含 20 世纪 20 年代出生的男性和 20 世纪 70 年代初出生的男女。评估不同年龄的弹性,出现的情况是男性几乎没有系统性趋势,除了在 20 世纪 40 年代到 20 世纪 60 年代之间,男性收入的持续性可能有所增加。主要佐证为 Aaronson 和 Mazumder(2008)的估计、Hertz(2007)以及 Lee 和 Solon(2009)的些许支持。Hertz(2007)以及 Lee 和 Solon(2009)对女性的估计表明,早期队列的持续性有所提高,但从 1960 年开始变化不大。不同研究之间的差异表明,必须注意基于几个数据点和一组定义来诠释趋势。围绕每个点估计的大置信区间也显示了统计推断的重要性。事实上,Hertz(2007)、Lee 和 Solon(2009)以及 Mayer 和 Lopoo(2005),这一系列的所有置信区间都有重叠。虽然这并不意味着点估值之间不能有显著差异,但确实得谨慎。

代际收入弹性(β)与"全局"对数线性回归有关,迫使子女对数收入条件期望的斜率成为父母对数收入的线性函数。有很多方法可以放宽每个地方斜率相同的假设。理论关注点可以激发不同父母收入水平的斜率差异。经常引用的关注点是,在父母对儿童人力资本进行投资时存在潜在的借贷约束(Becker and Tomes,1986;Bratsberg et al.,2007;Grawe,2004b)。考虑到子女与父母收入之间关系的灵活形态,Bratsberg 等(2007)将父母收入的多项式与从NLSY 中抽取的美国数据拟合。他们发现,父母收入的二阶多项式为美国数据提供了一个合理的拟合。基于重对数回归的代际收入弹性为 0.542,而基于多项式的 IGE 的第 10 个、第 50个和第 90 个百分位父母收入的弹性分别为 0.489、0.575 和 0.646。Couch 和 Lillard(2004)证明,这些结果对应用的过程高度敏感。在父母收入的对数和水平上使用二阶和三阶多项式,他们使用二次方程估计父亲收入的第一个、第三个和第五个五分位组别的弹性,分别为0.124、0.234 和 0.292;使用三次多项式时,与重对数弹性的 0.158 相比,弹性分别为 0.219、0.230 和 0.171。因此,使用二阶多项式时,父亲的收入弹性单调递增,但使用三阶多项式,弹性增加到较高水平上而后下降。另一种选择是估计非参数条件均值(以及隐式斜率),例如使用核回归。

弹性是测度收入平均持久性而非流动性的一个度量。换句话说,父亲的对数(永久)工资报酬的回归系数可以说明,子女的平均经济地位与其父母的经济地位密切相关。极有可能,两种分配的平均持久性高度类似。但对于平均持久性来说,一种分配的流动性显然更大。因此弹性可以是相同的,但可以证明,分配的残余变异(平均持久性的变异)越大,流动性也越大[参见 10.3 节中关于戈特沙尔克(Gottschalk)和莫菲特(Moffitt)"BPEA"度量的讨论]。此外,两个具有相同回归斜率的分配可能差别很大,根据斜率的方差而变化。例如,分配中父亲低工资报酬水平的方差"凸出",即梨形二维分布,相对于持续条件方差,其在分配的低端表现出相对更多的流动性。

一种方法是研究回归系数和残差。原则上可以采用其他方法,如非参数二元密度估计,类似于 10.3 节代内情况的图 10.4(Bowles and Gintis,2002)。然而,很少有研究采用这种方法。分位数回归(Koenker,2005)也可用来研究以父母收入为条件的子女收入的条件分配。尽管子女收入的条件分位数斜率本身很重要,但我们倾向于认为他们对满条件分布比对个人分位数的斜率更感兴趣(参见 10.3.3 的讨论)。在原型同方差回归中,残差的方差(或事实上任何高阶矩)不取决于解释变量,分位数回归斜率都应该是斜率等于条件平均值和中位数的直线。这些模式的偏差说明了条件分布形状的变化。

Eide 和 Showalter(1999)使用父母收入的 3 年平均值和儿子工资报酬的 7 年平均值,根据儿子在 25—34 岁的 PSID 父子配对数据估计了几个百分位数值的分位数回归。发现 β 值为0.34,条件分位数相对于父母收入的斜率在第 5 个百分位为 0.77,在第 10 个百分位为 0.47,第 50 个百分位(中位数)为 0.37,在第 90 个百分位为 0.17,在第 95 个百分位为 0.19。也就是说,他们(通常)发现斜率在百分位下降,而且 β 低于第 75 个百分位的斜率。[①]

---

① 其他美国估计另见 Grawe(2004a)。

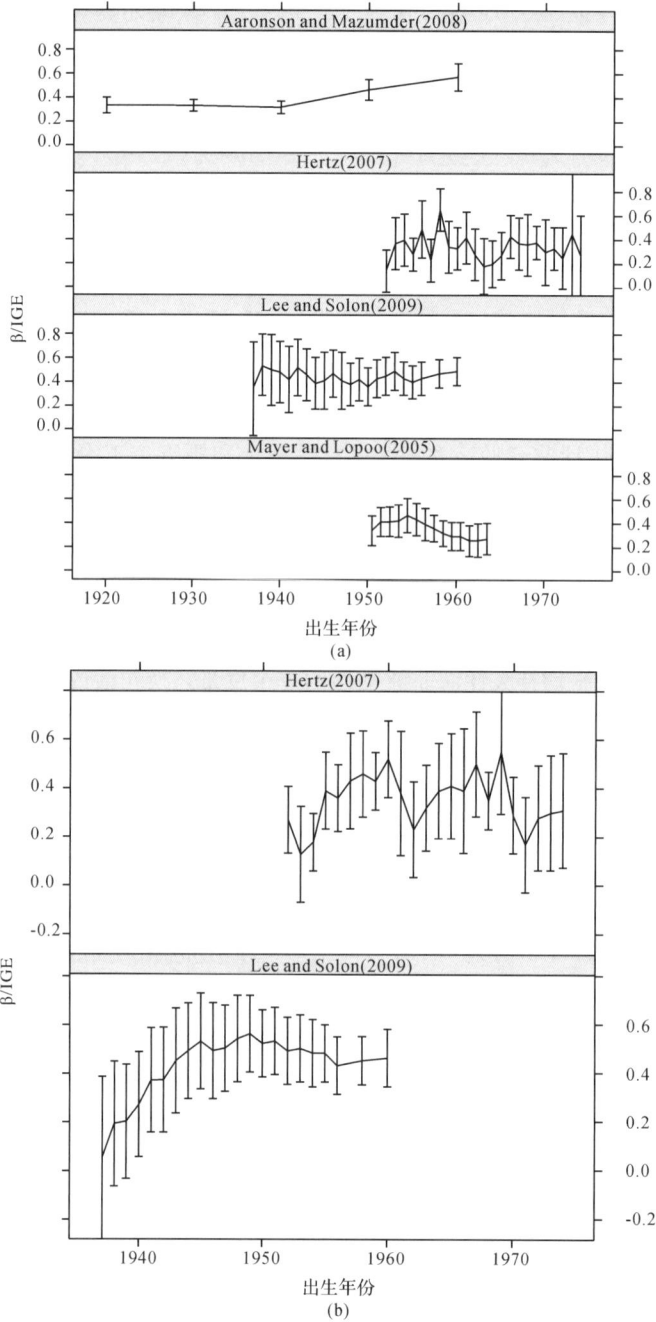

图 10.14　美国代际收入持续性趋势

　　注:Lee 和 Solon(2009)的估值是 40 岁时不同结果年份的弹性,这里是从结果年减去 40,并平均父母 3 年收入得出的。Mayer 和 Lopoo(2005)估算了 4 年出生队列的弹性,以此为中心,并使用 7 年平均父母(19—25 岁的)收入观测 30 岁时的子女收入。Hertz(2007)提出了 25 岁时的弹性,并使用 3 年平均收入。他的估计进一步控制了小组调查的损耗。Aaronson 和 Mazumder(2008)使用应用于(IPUMS)人口普查数据的双样本方法和应用于 35—44 岁人群(集中在 40 岁)的弹性。

　　资料来源:Aaronson 和 Mazumder(2008)、Hertz(2007)、Mayer 和 Lopoo(2005)以及 Lee 和 Solon(2009)。

条件分位数可以与非参数方法相结合,使得斜率可以灵活地改变。我们在 Lee 等(2009)的图 10.15 中对此进行了说明,他使用 PSID 的美国儿子和父亲数据,非参数估计了以父亲为条件的儿子收入条件分位数。我们可以看出,相比更高的分位数,较低分位数的斜率在父母收入较低时更陡峭,并且随着父母收入的增加,斜率趋向平稳。

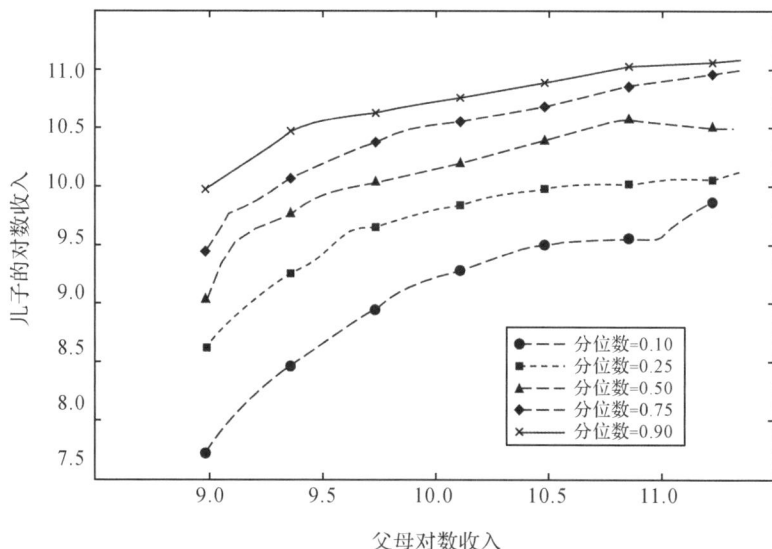

图 10.15　代际收入持久性:美国父子配对的非参数分位数回归

注:根据 Minicozzi(2003)编制的基于 PSID 父子配对的估计。根据 Minicozzi(2003)的定义,儿子的收入是 28 岁和 29 岁时劳动报酬的平均值,父母收入是父母收入的预测值。

资料来源:Lee 等(2009)。

代际流动性中的不对称可以使用转移矩阵直接描述。这是解释代际流动性的一个简单但未充分利用的手段。考虑到相当普遍的流动性模式,流动性或转移矩阵有着考虑不对称模式的其他优势,例如顶部的流动性高于底部的流动性。为了说明这一点,我们在表 10.5 的 A 小组中展示了美国父亲和儿子的一个十分位转移矩阵。

对于每个十分位数的初始组别(即父亲的十分位组别),元素表示每个最终十分位组中儿子的百分比。往往强调转移矩阵的特定方面。例如,主对角线显示了仍留在父亲十分位组别中儿子的百分比。描述性统计数值是主对角线概率(矩阵迹)的总和,在此情况下为 165。对于 10 个收入类别,如果表格中的每项均为 10％,则表明存在初始独立。相对于 6.5％的初始独立性,这意味着存在平均“过度”不流动性。相反,美国 83.5％的儿子与其父亲不在同一个十分位组。这一矩阵的归一化迹指标(Shorrocks,1978b)为(10−165/100)/(10−1)＝ 0.93。

角概率通常也特别引人关注。在这种情况下,处于最贫穷的第 10 个十分位组别的父亲中,有 22％的儿子仍处在最贫穷的十分位数组,而最富有的第 10 个十分位数组的父亲中,有 26％的儿子仍处在最富有的第 10 个十分位数组。相反,最低的第 10 个十分位数组的向上流动性是 100％−22％＝78％,而收入最高的第 10 个十分位数组的向下流动性是 100％−26％＝74％。相比之下,最贫穷父亲的 7％的儿子和最富有父亲的 3％的儿子最后处在顶部和底部的十分位数组。令我们意外的是,我们无法解释,应用占优分析可以说明研究美国代际流动性中队列的变化。我们并不知道之前或之后队列的可比转移矩阵。

最后观察下转移矩阵的"形状"。双变量标准数据的转移矩阵,如 O'Neill 等(2007)的模拟数据或者 Björklund 和 Jäntti(1997)的不同 r 结果的解释是对称的。例如,主对角线上的两个角与反对角线上的角相同,而上三角形是下三角形的镜像。美国父子转移矩阵清楚呈现出这种极小的对称性。缺乏对称性意味着在整个分配中流动性和持续性可能不同,当然这些数据不可能很好地通过二元对数正态分布来描述。

表 10.5 工资报酬、父子配对、加拿大和美国的代际十分位转移矩阵

父亲	A. 美国										B. 加拿大									
	儿子										儿子									
	1	2	3	4	5	6	7	8	9	10	1	2	3	4	5	6	7	8	9	10
1	22	18	10	10	11	11	5	5	2	7	16	14	12	11	10	9	8	7	7	7
2	9	15	16	15	9	9	9	5	9	5	13	13	12	12	11	10	9	8	7	6
3	9	10	12	17	15	9	9	7	7	5	11	11	12	12	12	11	10	8	8	7
4	17	9	10	3	15	9	11	7	7	7	10	10	11	11	11	11	11	8	7	7
5	12	7	12	6	14	9	10	12	12	8	9	10	10	10	11	11	11	11	10	8
6	7	11	6	10	11	13	13	11	7	11	9	9	10	10	10	11	11	11	10	9
7	8	7	12	9	11	16	13	9	5	8	8	9	10	10	10	10	11	11	11	11
8	8	8	8	11	10	7	11	15	3	8	8	8	9	9	10	11	11	12	12	12
9	4	8	7	5	11	9	9	20	19	8	8	8	8	9	10	10	12	13	13	15
10	3	8	6	7	7	5	10	16	11	26	8	8	8	8	9	10	11	13	13	18

注:对于每个十分位初始组别(指父亲),元素表示每个十分位组中儿子的百分比。美国的估计是基于与社会保障收入相匹配的 SIPP。父亲的工资报酬是 1979—1985 年的平均值,儿子的收入是 1995—1998 年的平均值。加拿大的数据基于税收记录。父亲的工资报酬是 1978—1982 年的平均值,儿子的收入是 1993—1995 年的平均值。

资料来源:Mazumder(2005a,表 2.2)及 Corak 和 Heisz(1999,表 6)。

10.5.3 跨国代际关系的跨国比较证据

我们现在转向研究其他(主要是富裕国家)代际收入流动性的证据。为了说明流动性如何测度跨国排序的重要性,本小节开始,我们先介绍两篇论文的研究结果,每篇论文比较了三个国家。Corak 等(2013)比较了加拿大、瑞典和美国的父亲和儿子之间的工资报酬流动性。他们关注对向上和向下流动性的比较,但我们根据他们在表 10.6 中报告的三种持久性估计:β(代际收入弹性)、皮尔逊相关系数 r 和斯皮尔曼秩相关系数,还有每种情况下的三个国家排序。估计的 β 符合先前研究中的发现,并显示美国的代际收入持续性最大,其次是加拿大和瑞典。皮尔逊相关系数 r 的排序相同,但现在美国的点估计与加拿大和瑞典的估计更为接近。相比之下,根据秩相关系数,加拿大的持续性最低,而瑞典和美国持平。这可以说是持续性的首选标量指标(因为可以从边缘分布的差异中最清楚地提取出来)表明,在代际流动性方面,国家排序与图 10.13 中"了不起的盖茨比"曲线显示的

排序不同。

表 10.6 加拿大、瑞典和美国的代际工资报酬流动性:β、r 和秩相关系数

国家	β		r		秩相关系数	
	估计	秩	估计	秩	估计	秩
加拿大	0.26	(2)	0.23	(2)	0.24	(1)
瑞典	0.25	(1)	0.21	(1)	0.30	(2)
美国	0.40	(3)	0.26	(3)	0.30	(2)

注:加拿大的估值依赖税收记录。父亲的工资报酬是 5 年平均收入,儿子是 1997—1999 年的 3 年平均工资报酬,年龄均在 31—36 岁。瑞典的估值也基于收入税收记录,父亲 30—60 岁之间的 20 年和儿子 30—40 岁之间 11 年的平均工资报酬数据。美国估值来源于美国收入和项目参与调查(SIPP)和社会保险记录的工资报酬。父亲的工资报酬是从 1979 年到 1986 年,30—60 岁之间的 9 年平均工资报酬。儿子的工资报酬是 2003—2007 年间 28 岁及以上的 5 年平均工资报酬。

资料来源:Corak 等 (2013)。

Eberharter(2013)使用美国 PSID、德国 SOEP 和英国 BHPS 的数据,估计了德国、英国和美国男性和女性可支配收入 β 的持续性。弹性估计在图 10.16 的左侧和 95% 的置信区间报告。这项研究很罕见,因为它提出使用可支配收入度量对几个国家进行估计。集中儿子和女儿的数据也不寻常,尽管为了研究生活水平的持续性,这种选择按理有着充分的动机。

虽然 Eberharter(2013)没有报告秩相关系数,但这些结果非常有力地说明了对整个队列边缘分布变化保持谨慎的重要性,特别是比较不同国家的估值。[1] 通过比较图 10.16 中左侧面板绘制的弹性,右侧面板显示了隐含的皮尔逊相关系数 r,结果在两种情况下显著不同。美国的弹性大大高于德国和英国(0.68 而不是 0.48 和 0.50),但是当我们推导出相关系数,英国的相关系数高于美国,而德国大大低于任何一个国家。[2] 当然,不可能从 β 和 r 推断出秩相关系数。

因此,即使仅限于流动性的标量测量,β 与两个相关性系数之间的切换也会导致排序逆转。尤其值得注意的是,瑞典和美国在"了不起的盖茨比"曲线图中占据不同位置,但秩相关测出两国具有相同的流动性。

代际收入持续性和流动性的大多数研究都受到美国 Solon(1992)、Zimmerman(1992)以及 Altonji 和 Dunn(1991)研究的启发。Atkinson(1981b)和 Atkinson 等(1983)的英国代际流动性研究是个例外,被 Solon(1989,1992)数次引用,可能启发了美国研究。英国代际收入持续性,特别是其是否已经发生变化的问题,最近受到了很大争议。因此,我们用英国的证据开始讨论单个国家的研究。

Atkinson(1981b)和 Atkinson 等(1983)使用了地理受限的截尾样本,其早期父子 β 估值约为 0.44。Atkinson 等(1983)讨论了测量误差对父母收入的影响,发现对于信噪比的似真值,真实的 β 可能至少为 0.5。Dearden 等(1997)使用 1958 年出生的儿童(NCDS)队列研究

---

[1] 参见例如 Björklund 和 Jäntti (2009)。

[2] 这些顺序在统计上是稳健的:美国弹性的置信区间与德国或英国的置信区间并不重叠,并且德国与美国和英国之间的相关系数区间也不重叠,成对的 t 检验拒绝相同相关系数的空值。

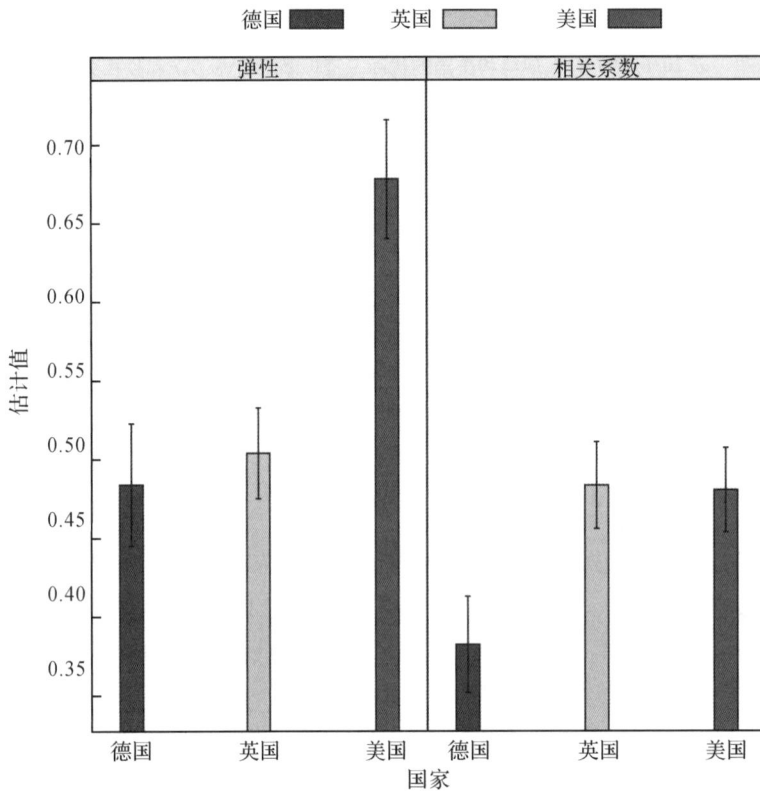

图 10.16 可支配收入的代际持续性:弹性与相关系数

注:误差线显示95%的置信区间。估计值是所有个人的税后转移性支出后收入(儿子和女儿一起)。对于不再接受全日制教育的24岁以上人群,所观测到的子女收入为在2005—2009年(德国)、2003—2007年(美国)和2004—2008年(英国)的平均值。子女14—20岁时,父母收入的观测结果为1988—1992年(德国)、1987—1991年(美国)和1991—1995年(英国)的平均值。Eberharter(2013)提出了完整样本而非估计样本的父代和子代标准差,所以使用 $\rho = \sigma_P / \sigma_0 \beta$ 得出的估计隐式相关系数只是近似值。

资料来源:作者基于 Eberharter(2013)的阐述。

的数据,β 的估值介于0.29(OLS)和0.58(2SLS)之间。之后 Blanden 和 Machin(2008)、Blanden 等(2010,2013)研究产生的英国估值已经有着相当大的值域。

出生于1958年的队列(NCDS)的代际收入弹性估计大于1970年出生的队列(BCS)。基于此,英国的研究结果显示流动性下降,受到了广泛的争议。根据估计方法,弹性从0.31增加到0.33(OLS)或从0.33增加到0.50(2SLS),两者都是对儿子34岁时的测度(Blanden and Machin,2007)。Blanden 等(2013)利用父母收入的单年度量和不控制父母年龄,报告父子配对 NCDS 和 BCS 队列之间的代际收入弹性从0.211增加到0.278,对应0.067(标准误为0.034)的差异。Goldthorpe(2013)在探讨有关社会流动性的英国公共政策辩论中,经常会提到这些估值。

英国的辩论得出几个教训。第一,两个估值几乎没有趋势存在的证据。美国对不同出生队列的估计变化很大,没有明显的趋势,见图10.14。而且,不同的数据来源和估算方法可能会产生不同的结果。例如,Nicoletti 和 Ermisch(2007)使用适用于 BHPS 数据的双样本方法推导出英国的 β。他们估计了 1950—1960 年出生队列的相对稳定的弹性和相关系数。对 1961—1972 年出生的队列,弹性随着时间推移有所增加,但相关系数保持稳定。这些结果与 BCS 和 NCDS 队列推导出的估值仅部分一致。第二,数据质量对公共政策有着重要影响。英国的一部分争议围绕着两个队列研究 NCDS 和 BCS 是否具有充分的可比数据。第三,代际收入流动性的度量可能会随着时间的推移而改变,与代际经济和社会流动性其他概念的度量不同。这些差异反过来可以说明有关社会变革的性质。

英国代际收入持续性的可能性增加了,但是阶层流动性并没有使 Erikson 和 Goldthorpe (2010)去研究工资报酬/收入和阶层空间的流动性。他们的结论认为,父代收入的测量问题增加了对收入持续性的怀疑。他们强调社会阶层随时间推移的流动性具有稳定性,指出英国的代际流动性几乎没有发生变化。

Blanden 等(2013)采用 Björklund 和 Jäntti (2000)提出的方法将 r(严格来说,偏相关)分解为"阶层预测"收入的相关性、阶层预测收入的实际偏差相关及其互相关。他们的结果与稳定的阶层流动性一致,正如"阶层预测"收入与变化相关没有贡献(但实际上有小的负面影响)所表明的一样,而涉及残差的所有三种相关对偏相关的增长都有所贡献。结果可以解释为收入和阶层流动性同等减少现象的出现,因为收入和阶层之间的关系似乎在之前和之后的队列中有所不同。Blanden 等(2013)、Erikson 和 Goldthorpe(2010)以及 Goldthorpe(2013)关于这些结果的讨论,对有关社会和经济流动性的科学和公共辩论提出了宝贵的见解。

我们得出有关英国的辩论的一个关键结论,尤其是考虑到美国对这两种水平和趋势的不同估值,即对英国收入流动性的水平和趋势得出确切的结论,需要提供比 NCDS 和 BCS 队列研究更加丰富的数据。[①] 阶层和收入流动性的差异,可能是因为产生暂时性误差的过程正在发生变化,这表明代际优势越来越多地通过偏离收入的系统成分而传播。我们认为,英国的辩论强调了,这个社会关注的重大问题需要利用高质量的数据来解决。

Corak 和 Heisz(1999)使用父母(至多)5 年的平均收入和 1995 年 29—32 岁儿子的单年收入,计算出加拿大父子配对的工资报酬和全部市场收入 β。他们发现工资报酬的弹性为 0.131,市场收入的弹性为 0.194。除了后面讨论的转移矩阵,他们还估计了关于父亲的儿子收入的非参数化条件期望值及其斜率。他们发现,父亲的收入分配弹性有大幅度并且非单调的变化。

Leigh(2007)使用双样本方法估计了澳大利亚男性的代际工资报酬弹性。对于 1949—1979 年出生的男人,他估计的弹性为 0.181。相比之下,使用相似估计方法得出美国的儿子类似队列的弹性为 0.325。差异在统计上不显著,但仍然表明澳大利亚的持续性更低。然而,老年队列的结果差异很大。对于出生于 1911—1940 年和 1919—1943 年的男性,点估计值为 0.26,但对于 1933—1962 年出生的男性,估计值为 0.413。Gibbons(2010)估计,新西兰

---

① 顺便说一下,我们注意到由 Blanden 等(2010,表 3)报告我们对 NCDS 和 BCS 收入五分位转移矩阵进行的占优分析。这表明除了单元格(5, 3)和(5, 4)以外,累积矩阵中的所有 BCS-NCDS 差异均为正值(但这些数据均为负值)。因此,这两个队列之间没有占优。

父子和父女配对的代际流动性分别为 0.25 和 0.17。

Lefranc(2011)使用双样本方法来估计在法国出生于 1931—1975 年的男性队列的 β。出生于 1931—1935 年的男性的估计值从 0.626 开始下降到 1956—1960 年出生队列的 0.441,而随后增长,1971—1975 年队列估计值则为 0.559。Cervini-Plá(2009)统计出西班牙的估值,而 Mocetti(2007)提出意大利的估值,按照国际标准分别高达 0.4 和 0.5。

Pekkala 和 Lucas(2007)使用父母家庭收入和子女每年工资报酬的人口普查数据,估计了出生于 1930—1970 年的芬兰队列的代际弹性。代际弹性显著下降,儿子的代际弹性从大于 0.30 到 0.20 左右,从 1930 年女儿队列的 0.25 下降到 1950 年以后出生队列的 0.15 左右。特别值得注意的是,Pekkarinen 等(2009)发现,把学校整体改革视为准实验后,芬兰的 β 降低了近三分之一。挪威趋势研究集中在 1950 年以后出生的队列。Bratberg 等(2007)发现,在 1950—1965 年的队列中,父子和父女配对的弹性略有下降。然而,Hansen(2010)指出,使用父母双方的收入时,这一结果并不成立。相反,她发现 1955—1970 年队列的弹性略有上升。这种差异表明母亲的作用越来越大,但这在文献中探讨并不多。瑞典父子配对的 β 值大约为 0.25(Björklund and Chadwick,2003),但比分配的顶层要高得多(Björklund et al.,2012)。丹麦的估计值表明持续性水平相当低(Bonke et al.,2005)。

Lefranc 等(2013)使用两步抽样法估计了日本儿子和女儿的 β。男性的估计值都十分接近 0.35。女儿的估计值在 0.182 和 0.367 之间。关于年轻队列的 β 是否增加的证据混杂。Ueda(2009)使用工具变量的方法来估计日本男性和女性的弹性,并根据婚姻状况和家庭或个人收入的使用情况,发现男性的弹性为 0.411—0.458,女性为 0.229—0.361。

Bratsberg 等(2007)在一项多国研究中探讨了父母—孩子条件收入预期的非线性关系。发现美国、英国、丹麦、挪威和芬兰的数据均表明这种关系呈凸关系,在父母收入水平较低的情况下,弹性较低,随后增加。在所有父母收入的分位数中,北欧国家的弹性都低于英国和美国。从对儿童人力资本投资的借贷约束条件进行解释,结果表明,资本市场不完善与其说是父母收入处于分配底层的问题,更可能是中层的问题。

Raaum 等(2007)在多国研究中解决了另一个问题,即如何跨国比较女儿与儿子的流动性。他们利用 Chadwick 和 Solon(2002)以及 Björklund 和 Chadwick(2003)的研究发现,仅依赖个人工资报酬,不同国家女性的代际收入持续性非常相似。当家庭工资报酬都用于男性和女性时,女性代际持续性的国家排序与男性排序非常相似。他们使用的框架涉及人力资本禀赋的代际传递、选型交配以及响应自己和配偶工资的劳动力供给,他们推断女性劳动力供给可能在英国,尤其是在美国,比北欧国家会更多(负向)响应丈夫的工资报酬。

我们继续比较各国的转移矩阵。为了说明这一点,请思考表 10.5 中 Mazumder(2005a)以及 Corak 和 Heisz(1999)所推导的美国和加拿大的十分位组别转移矩阵。使用 10.3.2 讨论的占优方法,我们可以累积转移矩阵并采用美国与加拿大的差异。其结果如表 10.7 所示。绝大多数元素为正,表明加拿大比美国占优。但是,如果单元格(10,1)和(10,9)为负数,严格来说,结果不成立。①

表 10.7　加拿大和美国的父子配对十分位组别工资报酬之间代际流动性表的累积差异(美国—加拿大)

父亲	儿子									
	1	2	3	4	5	6	7	8	9	10
1	6	10	9	8	9	11	8	6	1	1
2	2	9	11	13	12	14	11	6	3	2
3	1	6	8	16	18	18	15	8	4	2
4	8	11	13	21	16	20	15	10	4	2
5	10	12	15	19	17	19	15	9	4	4
6	9	12	11	15	14	19	17	11	5	4
7	8	9	12	15	15	18	22	18	10	3
8	8	9	11	17	17	17	21	21	13	2
9	4	5	7	9	10	12	12	9	9	2
10	−1	0	0	2	2	0	0	2	−1	0

注:元素以百分比为单位。参见表 10.5 的注释。
资料来源:作者推导使用了 Mazumder(2005a)以及 Corak 和 Heisz(1999)表 5 中所示的转移矩阵。

从图 10.16 中可以看出,美国和英国可支配收入的 β 和 r 被重新排序,而德国的两种持续性都最低。在表 10.8 中,我们使用 Eberharter(2013)的五分位组别转移矩阵,再次解释了占优法的使用。累积转移矩阵的差异表明德国比英国和美国占优(美国—德国和英国—德国矩阵的所有项均为正),但美国和英国无法排序。请注意,单元格(3,2)中只有一项严格为正,这表明美国接近比英国占优。

表 10.8　德国、英国和美国所有人可支配收入的代际转移矩阵的累积差异

A. 美国—德国					B. 美国—英国					C. 英国—德国				
父亲	子女					父亲	子女					父亲	子女			
	1	2	3	4	5		1	2	3	4	5		1	2	3	4	5
1	3	5	5	1	0	1	−10	−1	−1	0	0	1	14	6	7	2	0
2	9	11	4	2	0	2	−11	−5	−2	−6	0	2	20	16	6	8	0
3	9	18	6	2	0	3	−11	1	−4	−9	0	3	20	18	11	11	0
4	9	18	9	2	0	4	−8	−3	−12	−10	−1	4	17	20	21	19	1
5	4	13	1	2	0	5	−10	−11	−21	−20	−1	5	15	24	22	23	1

注:元素以百分比为单位。参见图 10.16 的注释。
资料来源:作者的计算结果来自 Eberharter(2013,表 3)。

10.5.4　同胞相关的证据

在本节中,我们展示了同胞相关的证据,并将它们与代际相关系数关联。为什么代际收入流动性的研究中对同胞相关感兴趣呢? 一种激发对代际流动性兴趣的方法在于提出这与

---

① 我们并没有因为双随机矩阵中行或列总和必须为 1,强迫任何一个转移矩阵总和为 1。尤其是美国矩阵不符合这种情况(很可能是由于样本量较小和舍入误差)。如果我们强迫这些行总和为 1,那么负值项就会消失,而且我们会占优。

机会均等有关(见10.2节)。社会中个人地位严重依赖于他/她出生的家庭,其机会均等的可能性比低代际持续性的社会要小。[①] 但是,如果我们想要了解家庭背景对于经济地位的分布有多重要,关注父母与孩子的关系只是这一关联的一部分。通过比较同胞的经济状况,可以对家庭背景的重要性进行更全面的(但仍不完整的)解释说明。事实证明,同胞相关可以视为是家庭背景的 R^2,从而描述同胞在对数收入或工资报酬方差中共有(最常见)因子的重要性。虽然部分的同胞共有因子为父母收入,但很大一部分并不是。这就是为什么同胞相关系数有助于评估家庭背景在经济地位分布中的重要性。

为了阐明同胞相关系数的解释,我们遵循 Solon 等(1991)的论述。假设我们观测到的年收入等于长期收入加暂时性误差(假定为经典误差)。为了简洁起见,t 年家庭 i 中同胞 j 收入的自然对数假设为与 z 总体平均的偏差,被模型化为

$$y_{ijt} = a_i + b_{ij} + v_{ijt} \qquad (10.24)$$

其中,a_i 是家庭 i 中所有同胞共有的永久性成分,b_{ij} 是个人 j 特有的永久性成分,可以描述个人与家庭成分的偏差。误差项 v_{ijt} 揭示了年收入与长期收入的偏差。家庭和个人成分通过构造而正交,所以长期收入方差是家庭和个人成分方差的总和,即 $\sigma_a^2 + \sigma_b^2$。可归因于家庭背景的长期收入方差的共享为

$$\rho = \frac{\sigma_a^2}{\sigma_a^2 + \sigma_b^2} \qquad (10.25)$$

这一共享与随机抽取的兄弟配对的长期收入皮尔逊相关系数一致,这就是为什么 ρ 被称为同胞相关。由于代表同胞相关的概念模型根据方差来定义,因此它只能在 0 和 1 之间变动(即排除负相关)。

同胞相关可以视为家庭和社区影响重要性的聚合度量。它包括兄弟姐妹共享的任何东西——父母的收入和父母的影响,如愿望和文化传承,以及来自学校和同伴的邻体影响。同胞不共有的遗传特性、对同胞的差别待遇、邻体的时间依赖性变化等都由个体成分 b_{ij} 表示。兄弟共享的影响越重要,兄弟间的相关性越大。

a 中部分同胞共享父母的收入。一个有用的分析观点是(为了便于说明,假设边缘分布处于稳态),收入的兄弟相关性可以认为是代际收入相关平方和同胞共享的其他因子相关的总和,但是与收入正交:

$$\rho = r^2 + 其他共享因子相关 \qquad (10.26)$$

当稳态假设不正确时,方程(10.26)右边总和的第一部分也涉及两代收入的边缘分布。这种分解使得我们可以将 ρ 所代表的家庭背景总体重要性分摊到一部分;这个部分可解释代际持续性,由 β 或 r 以及影响收入的其他同胞共享因子测度。

Solon(1999)、Björklund 和 Jäntti(2009)以及 Schnitzlein(2014)调查了关于工资报酬(和收入)同胞相关的证据,他们为丹麦、德国和美国提供了新的估值。我们在表 10.9 中展示的证据基于大部分而不仅限于几个国家的长期工资报酬。证据是基于估计构成同胞相关的方差分量的三种主要方法:(不平衡的)ANOVA 方差分析、限制性最大似然估计法(REML)和广

[①] 正如我们前面的论述,为了强调文献中多次提出的观点,代际流动性与机会均等之间并不直接关联。

义矩估计法。正如 Björklund 等(2009)所指出的,是否允许暂时性误差自相关,对估计同胞相关有很大影响。允许误差自相关可能会减少个人方差,从而增加同胞相关的估计,因此跨国比较应该在定义类似的模型中进行。

虽然一些国家有多种估计,但我们有不超过 6 个国家的工资报酬或收入的兄弟同胞相关,不超过 6 个国家有姐妹同胞相关。北欧国家的估值低(挪威最低),德国和美国的量级相似。对于男性来说,德国和美国长期工资报酬方差的 43%—49% 可以从家庭背景来解释。相比之下,挪威为 14%,其他北欧国家为 20%—25%。排序相似,但妇女的相关程度整体更低。家庭背景占德国和美国长期工资报酬的 30%—39%,占北欧国家的 11%—23%。

同胞相关是收入家庭成分方差与长期收入方差之比。根据图 10.13 所示的"了不起的盖茨比"曲线,将持续性的另一种度量(同胞相关)与另一种截面不平等的度量(永久性工资报酬或收入标准度量)进行比较是有意义的。我们在图 10.17 中绘制了兄弟和姐妹之间的相关系数,并与表 10.9 中列出的那些情况下的(自然对数)永久性工资报酬/收入的标准差进行比较,可以找到所有的方差成分。[①] 在每个面板中,我们绘制了最小二乘回归线。

尽管表中涉及的国家数量不多,但我们还是可以获得一些启示。在男性中,永久性收入不平等的估计水平与家庭背景对长期工资报酬不同的影响程度一致。与德国和美国一样,芬兰、丹麦和挪威的对数永久性工资报酬的标准差均为 0.4 左右。但在前一组国家中,同胞相关系数在 0.14 和 0.25 之间。在后一组中,相关系数为 0.43 和高达 0.49。对于低兄弟相关系数,男性的回归线具有所有的负偏差;对于高相关系数,回归线具有所有正偏差,表明最小二乘线不适合。事实上,如果我们看一下每个小组中的两个"聚集"——北欧国家为一体,德国和美国为另一个,可能仅仅是北欧国家与美国和德国不同。因此,尽管两个小组中的最小二乘曲线都有正斜率,但谈论同胞相关的"了不起的盖茨比"曲线可能为时过早。

表 10.9　工资报酬和收入同胞相关系数

兄弟					姐妹				
丹麦	0.23	1951—1968 年	ANOVA	Björklund 等 (2002)	丹麦	0.19	1958—1971 年	REML	Schnitzlein (2013)
丹麦	0.20	1958—1971 年	REML	Schnitzlein (2013)	芬兰	0.13	1950—1960 年	ANOVA	Österbacka (2001)
芬兰	0.26	1953—1965 年	ANOVA	Björklund 等 (2002)	芬兰	0.11	1955—1965 年	ANOVA	Björklund 等 (2004)
芬兰	0.26	1950—1960 年	ANOVA	Österbacka (2001)	德国	0.39	1958—1971 年	REML	Schnitzlein (2013)
芬兰	0.24	1955—1965 年	ANOVA	Björklund 等 (2004)	瑞典	0.15	1951—1968 年	ANOVA	Björklund 等 (2004)
德国	0.43	1958—1971 年	REML	Schnitzlein (2013)	瑞典	0.23	1953 年	REML	Björklund 等 (2010)

[①] 图 10.13 对于每个国家都有单独的点,而在某些情况下,图 10.17 中包含了对一个国家的重复观测。

续 表

兄弟					姐妹				
挪威	0.14	1950—1970 年	ANOVA	Björklund 等(2002)	挪威	0.12	1953—1969 年	ANOVA	Björklund 等(2004)
挪威	0.14	1953—1969 年	ANOVA	Björklund 等(2004)	美国	0.34	1947—1955 年	REML	Mazumder(2008)
瑞典	0.37	1962—1968 年	GMM	Björklund 等(2009)	美国	0.28	1951—1958 年	ANOVA	Solon 等(1991)
瑞典	0.25	1953 年	REML	Björklund 等(2010)	美国	0.29	1958—1971 年	REML	Schnitzlein(2013)
瑞典	0.25	1948—1965 年	ANOVA	Björklund 等(2002)					
瑞典	0.22	1962—1968 年	REML	Björklund 等(2007a)					
瑞典	0.19	1951—1968 年	ANOVA	Björklund 等(2004)					
美国	0.49	1947—1955 年	REML	Mazumder(2008)					
美国	0.45	1944—1952 年	REML	Levine 和 Mazumder(2007)					
美国	0.45	1951—1958 年	ANOVA	Solon 等(1991)					
美国	0.43	1951—1967 年	ANOVA	Björklund 等(2002)					
美国	0.45	1958—1971 年	REML	Schnitzlein(2013)					

注:估值全部基于多年平均工资报酬或收入,并根据生命周期阶段进行调整。我们部分依靠 Schnitzlein(2013)的证据编制本表。

资料来源:Schnitzlein(2013)和作者在最后一栏中列出的来源汇编。

有一些证据表明,美国和瑞典的兄弟相关系数随时间而变化。Levine 和 Mazumder(2007)研究了 1942—1952 年出生和 1957—1965 年出生的两个队列的工资报酬、家庭收入和计时工资之间的兄弟相关性。工资报酬的兄弟相关系数从 0.263 增加到 0.452,家庭收入的兄弟相关系数从 0.207 增加到 0.415,计时工资的兄弟相关系数从 0.277 增加到 0.472。在传统的 5% 水平上,统计上绝对没有显著变化,但综合起来看,估值显示,家庭背景的重要性可能已经大幅提升。相反,Björklund 等(2009)研究了瑞典从 1932—1938 年出生队列到 1962—1968 年出生队列的兄弟相关系数的变化,发现家庭背景在男性长期收入中的重要性下降了大约 13%。虽然作者无法准确描述降低的原因,但与各种福利制度体系的发展一致。

最后我们要注意,与代际相关一样,未来有关同胞相关的研究应该提供更多估值,以便能够得出对家庭背景重要性的有力结论。除为什么同胞之间如此相似(家庭起了什么作用

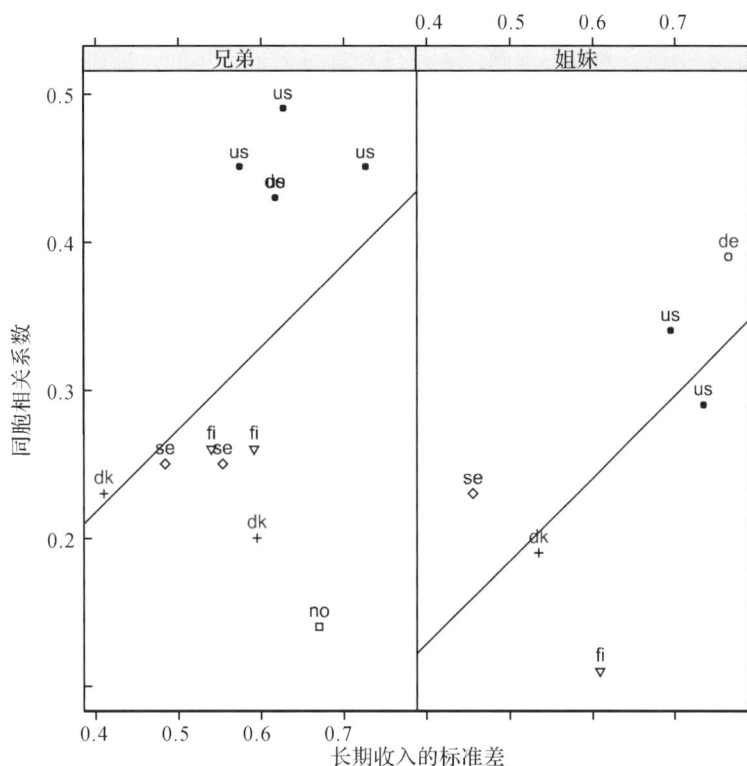

图 10.17　同胞相关和长期工资报酬不平等

注:我们在横轴上绘制了家庭和个人成分的总和,描述长期工资报酬或收入的方差。纵轴显示同胞相关系数的估值水平。每个小组中还显示最小二乘回归线。

资料来源:见表 10.9。

呢)这个显而易见的问题之外,我们希望除了现在已经掌握信息的 7 个国家,还可以看到使用相同的方法和定义来估计更大范围国家的同胞相关系数。①

我们还希望看到轶相关(不仅是皮尔森相关系数),以便能够长时间、多国家比较,以及既有女性也有男性的估计时,对边缘分布进行完全标准化。关于估计还有一个小问题。表 10.9 中的大多数同胞相关估计依赖于非平衡的 ANOVA 或 REML 来估计方差成分。虽然 REML 估计原则上可以定义为跟踪任意分布的数据,但实际上因为 a 和 b 都被模型化为条件正态分布变量,所以可能是正态分布。虽然这可能对工资报酬或收入对数得出合理准确的估计,但如果将 REML 应用于按定义统一分布的排序,则 REML 不太可能得出好的估值。因此,同胞轶相关估计的最可行方法是使用同胞配对,而非多层次模型。

10.5.5　代际流动性的其他研究方法

在本部分中,我们将讨论代际流动性的其他研究方法。其中两个方法是基于职业和姓氏分析,最近应用于研究无法获得收入信息的长期代际流动性趋势。第三种方法关注跨越两代以上代际关系的新文献。

––––––––––––––

① 请注意,表 10.9 中所报告的基于 GMM 的瑞典估值也依赖于兄弟配对。

涉及代际流动性的研究时,经济学家有很多要向社会学家学习。社会经济优势代际传递的研究是社会学研究的核心问题之一。已经进行了近百年的实证研究,理论探讨也很丰富。毫不奇怪,基于现有数据和统计方法,使用统计方法处理大型数据集的可能性在过去几十年中显著提高。因此,基于合理可比数据的比较研究前景有所好转。然而在我们碰到的文献中,可比性是一个主要关注点。

人们可以区分现代社会学中的两个方向的代际研究。[1] 其中一种研究侧重于两代人,一般是父亲与儿子的地位或声望的关系。职业用作定义身份以及替代量表的基础,该领域的文献已经提出将地位附加到职业的替代量表。例如,著名的邓肯地位指标(Duncan,1961)使用了每个职业类别的平均教育水平和收入水平。Treiman(1977)根据人们对不同职业平均声望的调查数据构建了声望量表。

另一种研究从社会阶层的角度界定了社会经济地位,但强调社会阶层本质上是离散和无序的。因此,分析的任务在于测度阶层之间的流动性。社会学研究界对两种代际流动性研究方法的优缺点进行了热烈的讨论。两种方法都很普遍,都有强有力的支持。[2] 关于社会流动性的社会学文献浩如烟海,无法一一回顾。Erikson 和 Goldthorpe(1992b)是一部里程碑式的巨著,例如 Erikson 和 Goldthorpe(1992a)、Hout 和 Hauser(1992)以及 Sorensen(1992)都对其进行过讨论。这是一个非常成熟的领域,对代际流动性有着深刻的洞察力。

事实上,为了研究代际流动性的长期变化,阶层流动性可能是唯一的选择。Ferrie(2005)以及 Long 和 Ferrie(2007,2013a)利用包含姓名和职业信息的人口普查数据,在美国和英国的后期人口普查中,通过追踪特定父亲的儿子来确定父子配对。Ferrie(2005)研究了美国职业流动性的长期趋势,Long 和 Ferrie(2007,2013a)比较了美国和英国的长期趋势。他们发现,19 世纪后期的美国比英国和 1950—1975 年美国的流动性更大,对农业职业变化的发现很重要。著名社会学家 Xie 和 Killewald(2013)以及 Hout 和 Guest(2013)对论文发表了两个重要的评论,他们也做出了回应(Long and Ferrie,2013b)。综合起来,这些论文成功引入历史人口普查数据来研究长期的代际流动性。

另一种新文献基于姓氏,因为事实上姓氏能传递社会地位信息。格雷戈里·克拉克(Gregory Clark)和合作者利用瑞典、美国、英国、日本和印度的姓氏数据研究了社会流动性。[3] Guell 等(2007)和 Collado 等(2012)使用姓氏研究了西班牙的代际流动性。这种方法很有前景,但如果能够运用包含职业或收入的数据经过验证,则会更加有说服力,因此可以对使用姓名的流动性研究和其他更传统的方法进行比较。[4]

最后,还有一些论文研究了超过两代人的代际持续性。Mare(2011)很清楚地探讨了多代人的视角。至少 Marchon(2008)和 Lindahl 等(2012)估计了多代人的收入持续性。在这两

---

① Ganzeboom 等(1991)对这些文献的调查信息量大。
② 相关讨论,请参阅例如 Ganzeboom 等(1992)、Erikson 和 Goldthorpe(1992a)、Hout 和 Hauser(1992)以及 Sorensen(1992)。
③ 参见例如 Clark(2012)、Clark(2010)、Clark 和 Cummins(2012)、Clark 和 Ishii(2012)、Clark 和 Landes(2012)、Clark 等(2012)以及 Hao 和 Clark(2012)。
④ Long 和 Ferrie(2013a)使用的英国和美国数据将是验证姓名使用的理想选择,因为父子关系最初就是通过姓名来确立的。

篇论文中,父母和祖父母的收入都影响后代的收入,这表明简单的代际传递模型"AR(1)"并不完整。这些论文提供了在代际流动性文献中很少提及的一个视角,即依赖于父母与孩子关联的"朝代"视角。一旦分析中包含了祖父母,就必须注意区分外祖父母和祖父母。

10.5.6 总结和结论

本节所回顾的关于代际收入流动性的大量文献表明,收入实际上有代际持续性。从中有什么可借鉴呢?

主要启示在于数据的差异(10.5.1 中讨论的三个"W")可能解释了估值中的许多差异。换言之,由于生命周期效应及父母和子女两代的暂时性方差的影响,加上其他数据问题,我们对于各国的收入持续性如何变化或者在本国内如何随着时间推移而变化知之甚少。我们对交换流动性了解很少(边缘分布差异的完全标准化)。

因此,尽管"了不起的盖茨比"曲线已为公众所熟知,但人们很少了解各国的代际收入持续性和流动性如何变化以及这与截面不平等之间的关系。需要更多的研究,使用多个国家的多个父母和子女队列的可比数据。在掌握了一系列关于流动性差异和趋势的典型事实后,我们就可以开始着手尝试解释这些事实。

10.6 结论

本章表明,在过去几十年间,收入流动性分析取得了实质性进展,其中大多是因为可用的合适的纵向数据不断增加。关于代内分析,与 Atkinson 等(1992)描述的情况相比,新的住户追踪数据和行政记录数据比比皆是。对于代际分析,合适数据集的数量也大幅增加,但增长幅度没有前者大(原因显而易见)。相比而言,数据的质量问题仍然更重要。换句话说,在相对更多的富裕国家中,可用的优质代内收入数据集普遍增加。用于分析代际收入流动性的优质数据集中在少数几个国家。大多数纵向数据(无论在哪种情况下)都适用于富裕的工业化国家,研究发现的这些模式,在多大程度上可以延伸到中低收入国家,这个问题会很有意思。

虽然可用的优质数据大幅增加,但许多实质性问题尚未解决。关于代内流动性的讨论显示,对于流动性是否随着时间的推移而增加或在特定情况下减少,以及流动性是否在一个国家比另一个国家更大,几乎没有明确结论。关于代际收入流动性的证据也存在类似问题。总之,系统的实证分析还有很大的空间。

我们指出,流动性度量本身的数量也大幅增加,但文献还没有像(截面)收入不平等的测量那样成熟。个人收入增长的度量,尤其是收入风险度量还有待开发。我们希望看到实证研究人员能更多地使用我们概述的描述性方法,为了尽可能显示数据的"实际情况",同时仔细选择反映特定流动性概念的综合度量。例如,在代际流动性的情况下,我们建议使用更多位置变化的度量,减少对 β 的依赖。更常见的是,未充分利用转移矩阵。

我们关于收入流动性的探讨侧重于两个时间点之间的流动性(除讨论侧重长期不平等减少的流动性之外)。这大大简化了测量任务,但并没有消除开发用于描述多个时期的个人收入轨迹的方法的需要。在代际情境中,目标不仅仅是父母和子女收入之间的相似性或差异性,而且还涉及与其他模式相比,"三代人从贫穷到富裕或者返贫"的普遍轨迹。在代内语境中,我们不仅仅对每个人一生的总收入感兴趣,还对日历时间和年龄变化的模式,以及这些模式在个人之间的差异感兴趣。

利用多维(多时期)数据,大多数研究人员自然会使用拟合模型,并用少量参数概括轨迹模式之间的关键差异。在引言中,我们简单引用了有关代际或代内收入建模的文献。收入流动性研究人员面临的最大挑战之一是开发容易处理的代内或代际的住户收入动态模型(不仅仅是个人工资报酬动态)。与我们在本章中回顾的流动性测度领域相比,流动性建模尚有待探索,未来应给予更多的关注。

致 谢

我们要感谢丹尼尔·切基,菲利普·范·克姆(Philippe Van Kerm),特别是安东尼·阿特金森和弗朗索瓦·布吉尼翁对本章草稿的意见和建议。斯蒂芬·P.詹金斯要感谢英国经济和社会研究理事会的微观社会变革研究中心(项目编号 RES-518-28-001)和埃塞克斯大学的核心基金为其研究提供了部分资助。

参考文献

Aaberge, R., Björklund, A., Jäntti, M., Palme, M., Pedersen, P., Smith, N., Wennemo, T., 2002. Income inequality and income mobility in the Scandinavian countries compared to the United States. Rev. Income Wealth 48 (4), 443-469.

Aaronson, D., Mazumder, B., 2008. Intergenerational economic mobility in the United States, 1940 to 2000. J. Hum. Resour. 43 (1), 139-172.

Abowd, J.M., Stinson, M.H., 2013. Estimating measurement error in annual job earnings: a comparison of survey and administrative data. Rev. Econ. Stat. 95 (5), 1451-1467.

Aldridge, S., 2001. Social Mobility: A Discussion Paper. Cabinet Office, Performance and Evaluation Unit, London.

Allanson, P.F., 2012. On the characterization and economic evaluation of income mobility as a process of distributional change. J. Econ. Inequal. 10 (4), 505-528.

Altonji, J.G., Dunn, T.A., 1991. Relationships among the family incomes and labor market outcomes of relatives. Res. Labor Econ. 12, 269-310.

Angrist, J.D., Krueger, A.B., 1992. The effect of age at school entry on educational attainment: an application of instrumental variables with moments from two samples. J. Am. Stat. Assoc. 87 (418), 328-336.

Arellano, M., Meghir, C., 1992. Female labour supply and on-the-job search: an empirical model estimated using complementary data sets. Rev. Econ. Stud. 59 (3), 537-559.

Aretz, B., 2013. Gender Differences in German Wage Mobility. Discussion Paper 13-003, Zentrum für Europäische Wirtschaftsforschung, Mannheim. http://hdl. handle. net/10419/68221.

Atkinson, A. B., 1970. On the measurement of inequality. J. Econ. Theory 2 (3), 244-263.

Atkinson, A. B., 1981a. The measurement of economic mobility. In: Eigjelshoven, P. J., van Gemerden, L. J. (Eds.), Essays in Honor of Jan Pen. Het Spectrum, Utrecht.

Atkinson, A. B., 1981b. On intergenerational income mobility in Britain. J. Post Keynes. Econ. 13 (2), 194-218.

Atkinson, A. B., 1983. The measurement of economic mobility. In: Atkinson, A. B. (Ed.), Social Justice and Public Policy. MIT Press, Cambridge, MA, pp. 61-76 (Chapter 3).

Atkinson, A. B., Bourguignon, F., 1982. The comparison of multi-dimensioned distributions of economic status. Rev. Econ. Stud. 49 (2), 183-201.

Atkinson, A. B., Bourguignon, F. (Eds.), 2000. Handbook of Income Distribution, Volume 1. Elsevier, Amsterdam.

Atkinson, A. B., Maynard, A. K., Trinder, C. G., 1983. Parents and Children: Incomes in Two Generations. Heinemann Educational Books, London.

Atkinson, A. B., Bourguignon, F., Morrisson, C., 1992. Empirical Studies of Earnings Mobility. Fundamentals in Pure and Applied Economics. Harwood Academic Publisher, Chur.

Auten, G., Gee, G., 2009. Income mobility in the United States: new evidence from tax data. Natl. Tax J. 62 (2), 301-328.

Auten, G., Gee, G., Turner, N., 2013. Income inequality, mobility, and turnover at the top in the US, 1987-2010. Am. Econ. Rev. 103 (3), 168-172.

Ayala, L., Sastre, M., 2008. The structure of income mobility: empirical evidence from five UE countries. Empir. Econ. 35 (4),451-473.

Bach, S., Corneo, G., Steiner, V., 2009. From bottom to top: the entire income distribution in Germany. Rev. Income Wealth 55 (2), 303-330.

Baker, M., Solon, G., 2003. Earnings dynamics and inequality among Canadian men, 1976-1992: evidence from longitudinal income tax records. J. Labor Econ. 21 (2), 267-288.

Bane, M., Ellwood, D., 1986. Slipping into and out of poverty: the dynamics of spells. J. Hum. Resour. 21 (1), 1-23.

Bartels, C., Bönke, T., 2013. Can households and welfare states mitigate rising earnings instability? Rev. Income Wealth 59 (2),250-282.

Bartholomew, D. J., 1973. Stochastic Models for Social Processes, second ed. Wiley, Chichester.

Bayaz-Ozturk, G., Burkhauser, R. V., Couch, K. A., 2014. Consolidating the evidence on income mobility in the Western states of Germany and the U. S. from 1984-2006. Econ. Inq. 52 (1), 431-443.

Becker, G. S. , 1989. On the economics of the family: reply to a skeptic. Am. Econ. Rev. 79 (3), 514-518.

Becker, G. S. , Tomes, N. , 1979. An equilibrium theory of the distribution of income and intergenerational mobility. J. Polit. Econ. 87 (6), 1153-1189.

Becker, G. S. , Tomes, N. , 1986. Human capital and the rise and fall of families. J. Labor Econ. 4 (3), S1-S39.

Benabou, R. , Ok, E. A. , 2000. Mobility as Progressivity: Ranking Income Processes According to Equality of Opportunity. Working Paper w8431, National Bureau of Economic Research, Cambridge, MA. http://www. nber. org/papers/w8431.

Benabou, R. , Ok, E. A. , 2001. Social mobility and the demand for redistribution: the POUM hypothesis. Q. J. Econ. 116 (2), 447-487.

Bhattacharya, D. , Mazumder, B. , 2011. A nonparametric analysis of black-white differences in intergenerational income mobility in the United States. Quant. Econ. 2 (3), 335-379.

Biewen, M. , 2002. Bootstrap inference for inequality, mobility and poverty measurement. J. Econ. 108 (2), 317-342.

Björklund, A. , Chadwick, L. , 2003. Intergenerational income mobility in permanent and separated families. Econ. Lett. 80 (2), 239-246.

Björklund, A. , Jäntti, M. , 1997. Intergenerational income mobility in Sweden compared to the United States. Am. Econ. Rev. 87 (4), 1009-1018.

Björklund, A. , Jäntti, M. , 2000. Intergenerational mobility of socio-economic status in comparative perspective. Nord. J. Polit. Econ. 26 (1), 3-32.

Björklund, A. , Jäntti, M. , 2009. Intergenerational income mobility and the role of family background. In: Salverda, W. , Nolan, B. , Smeeding, T. M. (Eds.), Oxford Handbook of Economic Inequality. Oxford University Press, Oxford, pp. 491-521 (Chapter 20).

Björklund, A. , Eriksson, T. , Jäntti, M. , Raaum, O. , Österbacka, E. , 2002. Brother correlations in earnings in Denmark, Finland, Norway and Sweden compared to the United States. J. Popul. Econ. 15 (4), 757-772.

Björklund, A. , Eriksson, T. , Jäntti, M. , Raaum, O. , Österbacka, E. , 2004. Family structure and labour market success: the influence of siblings and birth order on the earnings of young adults in Norway, Finland and Sweden. In: Corak, M. (Ed.), Generational Income Mobility in North America and Europe. Cambridge University Press, Cambridge, pp. 207-225 (Chapter 9).

Björklund, A. , Jäntti, M. , Lindquist, M. J. , 2007a. Family Background and Income During the Rise of the Welfare State: Brother Correlations in Income for Swedish Men Born 1932-1968.

IZA Discussion Paper 3000, IZA, Bonn. http://ftp. iza. org/dp3000. pdf.

Björklund, A. , Jäntti, M. , Solon, G. , 2007b. Nature and nurture in the intergenerational transmission of socioeconomic status: evidence from Swedish children and their biological and rearing parents. B. E. J. Econ. Anal. Policy 7 (2), Article 4.

Björklund, A. , Jäntti, M. , Lindquist, M. J. , 2009. Family background and income during the rise of the welfare state: brother correlations in income for Swedish men born 1932-1968. J. Public Econ. 93 (5-6), 671-680.

Björklund, A. , Lindahl, L. , Lindquist, M. J. , 2010. What more than parental income, education and occupation? An exploration of what Swedish siblings get from their parents. B. E. J. Econ. Anal. Policy 10 (1), Article 102.

Björklund, A. , Roine, J. , Waldenström, D. , 2012. Intergenerational top income mobility in Sweden: capitalist dynasties in the land of equal opportunity? J. Public Econ. 96 (5), 474-484.

Black, S. E. , Devereux, P. J. , 2011. Recent developments in intergenerational mobility. In: Ashenfelter, O. , Card, D. (Eds.), In: Handbook of Labor Economics, vol. 4B. Elsevier, Amsterdam, pp. 1487-1541 (Chapter 16).

Blanden, J. , 2013. Cross-country rankings in intergenerational mobility: a comparison of approaches from economics and sociology. J. Econ. Surv. 27 (1), 38-73.

Blanden, J. , Machin, S. , 2007. Recent Changes in Intergenerational Mobility in Britain. The Sutton Trust, London.

Blanden, J. , Machin, S. , 2008. Up and down the generational income ladder in Britain: past changes and future prospects. Natl. Inst. Econ. Rev. 205 (1), 101-106.

Blanden, J. , Gregg, P. , Macmillan, L. , 2010. Intergenerational Persistence in Income and Social Class: The Impact of Within-Group Inequality. Working Paper 10/230, Centre for Market and Public Organisation, University of Bristol. http://www. bristol. ac. uk/cmpo/publications/papers/2010/wp230. pdf.

Blanden, J. , Gregg, P. , Macmillan, L. , 2013. Intergenerational persistence in income and social class: the effect of within-group inequality. J. R. Stat. Soc. Ser. A Stat. Soc. 176 (2), 541-563.

Blundell, R. , Pistaferri, L. , Preston, I. , 2008. Consumption inequality and partial insurance. Am. Econ. Rev. 98 (5), 1887-1921.

Böheim, R. , Jenkins, S. P. , 2006. A comparison of current and annual measures of income in the British Household Panel Survey. J. Off. Stat. 22 (4), 733-758.

Böhlmark, A. , Lindquist, M. J. , 2006. Life-cycle variations in the association between current and lifetime income: replication and extension for Sweden. J. Labor Econ. 24 (4), 879-896.

Bonke, J. , Hussain, M. A. , Munk, M. D. , 2005. A Comparison of Danish and International

Findings on Intergenerational Earnings Mobility. Danish National Institute of Social Research, Copenhagen. unpublished manuscript, https://www.pisa2012.dk/Files/Filer/SFI/Pdf/Arbejdspapirer/ Arbejdspapirer/ 2005_11_WorkingPaper.pdf.

Bossert, W., Chakravarty, S., D'Ambrosio, C., 2012. Poverty and time. J. Econ. Inequal. 10 (2), 145-162.

Bound, J., Brown, C., Mathiowetz, N., 2001. Measurement error in survey data. In: Heckman, J. J., Leamer, E. (Eds.), Handbook of Econometrics, vol. 5. Elsevier Science, Amsterdam, pp. 3707-3745.

Bourguignon, F., 2011. Non-anonymous growth incidence curves, income mobility and social welfare dominance. J. Econ. Inequal. 9 (4), 605-627.

Bowles, S., Gintis, H., 2002. The inheritance of inequality. J. Econ. Perspect. 16(3), 3-30.

Bradbury, K., 2011. Trends in U. S. Family Income Mobility, 1969-2006. Working Paper 11-10, Federal Reserve Bank of Boston, Boston, MA. http://www.bos.frb.org/economic/wp/ wp2011/wp1110.pdf.

Bradbury, K., Katz, J., 2002. Are lifetime incomes growing more unequal? Looking at new evidence on family income mobility. Fed. Reserve Bank Boston Reg. Rev. Q4, 3-5.

Bratberg, E., Nielsen, Ø. A., Vaage, K., 2007. Trends in intergenerational mobility across offspring's earnings distribution in Norway. Ind. Relat. 46 (1), 112-128.

Bratsberg, B., Røed, K., Raaum, O., Naylor, R., Jäntti, M., Eriksson, T., Österbacka, E., 2007. Nonlinearities in intergenerational earnings mobility: consequences for cross-country comparisons. Econ. J. 117 (519), C72-C92.

Breen, R., Moisio, P., 2004. Poverty dynamics corrected for measurement error. J. Econ. Inequal. 2 (3), 171-191.

Buchinsky, M., Hunt, J., 1999. Wage mobility in the United States. Rev. Econ. Stat. 81 (3), 351-368.

Burkhauser, R., Couch, K., 2009. Intragenerational inequality and intertemporal mobility. In: Salverda, W., Nolan, B., Smeeding, T. M. (Eds.), Oxford Handbook of Economic Inequality. Oxford University Press, Oxford, pp. 522-548 (Chapter 21).

Burkhauser, R. V., Poupore, J., 1997. A cross-national comparison of permanent income inequality. Rev. Econ. Stat. 79 (1), 10-17.

Burkhauser, R. V., Holtz Eakin, D., Rhody, S. E., 1997. Labor earnings, mobility, and equality in the United States and Germany during the growth years of the 1980s. Int. Econ. Rev. 38 (4), 775-794.

Burkhauser, R. V., Holtz Eakin, D., Rhody, S. E., 1998. Mobility and inequality in the 1980s: a cross-national comparison of the United States and Germany. In: Jenkins, S. P., Kapteyn, A., van Praag, B. M. S. (Eds.), The Distribution of Welfare and Household

Production: International Perspectives. Cambridge University Press, Cambridge, pp. 111-175 (Chapter 6).

Burkhauser, R. V., Feng, S., Jenkins, S. P., Larrimore, J., 2011. Estimating trends in US income inequality using the Current Population Survey: the importance of controlling for censoring. J. Econ. Inequal. 9 (1), 393-415.

Buron, L., 1994. A Study of the Magnitude and Determinants of Intergenerational Earnings Mobility. Ph. D. thesis, University of Wisconsin-Madison, Madison, WI.

Cantó, O., Gradín, C., Del Río, C., 2006. Poverty statics and dynamics: does the accounting period matter? Int. J. Soc. Welf. 15, 209-218.

Cappellari, L., Jenkins, S. P., 2014. Earnings and Labor Market Volatility in Britain. Labour Econ. forthcoming. http://dx. doi. org/10. 1016/j. labeco. 2014. 03. 012.

Celik, S., Juhn, C., McCue, K., Thompson, J., 2012. Recent trends in earnings volatility: evidence from survey and administrative data. B. E. J. Econ. Anal. Policy. 12 (2), Article 1.

Cervini-Plá, M., 2009. Measuring Intergenerational Earnings Mobility in Spain: A Selection-Bias-Free Approach. Working Paper 0904, Department of Applied Economics at Universitat Autonoma of Barcelona. http://EconPapers. repec. org/RePEc:uab:wprdea:wpdea0904.

Chadhuri, S., Ravallion, M., 1994. How well do static indicators identify the chronically poor? J. Public Econ. 53 (3), 367-394.

Chadwick, L., Solon, G., 2002. Intergenerational income mobility among daughters. Am. Econ. Rev. 92 (1), 335-344.

Chakravarty, S. R., 1984. Normative indices for measuring social mobility. Econ. Lett. 15 (1-2), 175-180.

Chakravarty, S., Dutta, J., Weymark, J., 1985. Ethical indices of income mobility. Soc. Choice Welf. 2 (2), 1-21.

Chau, T. W., 2012. Intergenerational income mobility revisited: estimation with an income dynamic model with heterogeneous age profile. Econ. Lett. 117 (3), 770-773.

Checchi, D., Ichino, A., Rustichini, A., 1999. More equal but less mobile? Education financing and intergenerational mobility in Italy and in the US. J. Public Econ. 74 (3), 351-393.

Chen, W. -H., 2009. Cross-national differences in income mobility: evidence from Canada, the United States, Great Britain and Germany. Rev. Income Wealth 55 (1), 75-100.

Chen, T., Couch, K. A., 2013. Permanent and transitory inequality and intragenerational mobility. Econ. Lett. 120 (2), 200-202.

Citro, C. F., Michael, R. T., 1995. Measuring Poverty: A New Approach. National Academy Press, Washington, DC.

Clark, G., 2010. Measuring inequality through the strength of inheritance. Curr. Anthropol.

51 (1), 101-102.

Clark, G., 2012. What is the True Rate of Social Mobility in Sweden? A Surname Analysis, 1700-2012. UC Davis. unpublished manuscript, http://www. econ. ucdavis. edu/faculty/gclark/ research. html.

Clark, G., Cummins, N., 2012. What is the True Rate of Social Mobility? Surnames and Social Mobility, England 1800-2012. UC Davis. unpublished manuscript, http://www. econ. ucdavis. edu/faculty/gclark/research. html.

Clark, G., Ishii, T., 2012. Social Mobility in Japan, 1868-2012: The Surprising Persistence of the Samurai. UC Davis. unpublished manuscript, http://www. econ. ucdavis. edu/faculty/ gclark/research. html.

Clark, G., Landes, Z., 2012. Caste Versus Class: Social Mobility in India, 1860-2012. UC Davis. unpublished manuscript, http://www. econ. ucdavis. edu/faculty/gclark/research. html.

Clark, G., Marcin, D., Abu-Sneneh, F., Chow, W. M., Jung, K. M., Marek, A. M., Williams, K. M., 2012. Social Mobility Rates in the USA, 1920-2010: A Surname Analysis. UC Davis. unpublished manuscript, http://www. econ. ucdavis. edu/faculty/gclark/research. html.

Collado, M. D., Ortuño-Ortín, I., Romeu, A., 2012. Long-run Intergenerational Social Mobility and the Distribution of Surnames. University of Alicante, Alicante. Unpublished paper, http://www. eco. uc3m. es/personal/iortuno/mob11Febrero. pdf.

Conlisk, J., 1974. Can equalization of opportunity reduce social mobility? Am. Econ. Rev. 64 (1), 80-90.

Conlisk, J., 1977. An exploratory model of the size distribution of income. Econ. Inq. 15 (3), 345-366.

Conlisk, J., 1984. Four invalid propositions about equality, efficiency, and intergenerational transfers through schooling. J. Hum. Resour. 19 (1), 3-21.

Corak, M., 2006. Do Poor Children Become Poor Adults? Lessons for Public Policy from a Cross Country Comparison of Generational Earnings Mobility. Discussion Paper 1993, IZA, Bonn.

Corak, M., 2013a. Income inequality, equality of opportunity, and intergenerational mobility. J. Econ. Perspect. 27 (3), 79-102.

Corak, M., 2013b. Inequality from generation to generation: the United States in comparison. In: Rycroft, R. S. (Ed.), The Economics of Inequality, Poverty, and Discrimination in the 21st Century. ABC-CLIO, Santa Barbara, CA (Chapter 6).

Corak, M., Heisz, A., 1999. The intergenerational earnings and income mobility of Canadian men: evidence from longitudinal income tax data. J. Hum. Resour. 34 (3), 504-556.

Corak, M., Lindquist, M. J., Mazumder, B., 2013. A comparison of upward and downward intergenera-tional mobility in Canada, Sweden and the United States. In: Paper presented at the 2013 EALE Conference, Turin, http://www. eale. nl/Conference2013/program/Parallel%20session

%20A/add215310_konuoeQdIq. pdf.

Couch, K. A., Dunn, T. A., 1997. Intergenerational correlations in labor market status: a comparison of the United States and Germany. J. Hum. Resour. 32 (1), 210-232.

Couch, K. A., Lillard, D. R., 1998. Sample selection rules and the intergenerational correlation of earnings. Labour Econ. 5 (3), 313-329.

Couch, K. A., Lillard, D. R., 2004. Nonlinearities in intergenerational mobility: a comparison of Germany and the United States. In: Corak, M. (Ed.), Generational Income Mobility in North America and Europe. Cambridge University Press, Cambridge, pp. 190-206 (Chapter 8).

Cowell, F. A., 1985. Measures of distributional change: an axiomatic approach. Rev. Econ. Stud. 52 (1), 135-151.

Cowell, F. A., Flachaire, E., 2011. Measuring Mobility. Discussion Paper PEP09, STICERD, London School of Economics. http://sticerd. lse. ac. uk/dps/pep/pep09. pdf.

Cowell, F. A., Schluter, C., 1999. Income mobility: a robust approach. In: Silber, J. (Ed.), Income Inequality Measurement: From Theory to Practice. Kluwer, Dewenter.

Creedy, J., Halvorsen, E., Thoresen, T. O., 2013. Inequality comparisons in a multi-period framework: the role of alternative welfare metrics. Rev. Income Wealth 59 (2), 235-249.

Cunha, F., Heckman, J., Navarro, S., 2005. Separating uncertainty from heterogeneity in life cycle earnings. Oxf. Econ. Pap. 57 (2), 191-261.

D'Agostino, M., Dardanoni, V., 2009a. The measurement of rank mobility. J. Econ. Theory 144 (4), 1783-1803.

D'Agostino, M., Dardanoni, V., 2009b. What's so special about Euclidean distance? A characterization with applications to mobility and spatial voting. Soc. Choice Welf. 33 (2), 211-233.

Dahl, M., DeLeire, T., 2008. The Association Between Children's Earnings and Fathers' Lifetime Earnings: Estimates using Administrative Data. Discussion Paper 1342-08, Institute for Research on Poverty, University of Wisconsin-Madison. http://www. irp. wisc. edu/publications/dps/pdfs/dp134208. pdf.

Dahl, M., DeLeire, T., Schwabisch, J. A., 2011. Estimates of year-to-year volatility in earnings and in household incomes from administrative, survey, and matched data. J. Hum. Resour. 46 (4), 750-774.

Dardanoni, V., 1993. Measuring social mobility. J. Econ. Theory 61 (2), 372-394.

Dearden, L., Machin, S., Reed, H., 1997. Intergenerational mobility in Britain. Econ. J. 107 (1), 47-66.

DeBacker, J., Heim, B., Panousi, V., Ramnath, S., Vidangos, I., 2013. Rising inequality: transitory or permanent? New evidence from a panel of U. S. tax returns. Brookings

Papers on Economic Activity 46 (1) ,67-122.

Demuynck, T., Van de gaer, D., 2012. Inequality adjusted income growth. Economica 79 (316), 747-765.

Department for Work and Pensions, 2009. Low Income Dynamics, 1991-2007. Department for Work and Pensions, London.

Dickens, R., McKnight, A., 2008. Changes in Earnings Inequality and Mobility in Great Britain 1978/9-2005/6. CASEpaper 132, Centre for the Analysis of Social Exclusion, London School of Economics, London. http://sticerd.lse.ac.uk/dps/case/cp/CASEpaper132.pdf.

Doris, A., O'Neill, D., Sweetman, O., 2013. Identification of the covariance structure of earnings using the GMM estimator. J. Econ. Inequal. 11 (3), 343-372.

Dragoset, L. M., Fields, G. S., 2006. U. S. Earnings Mobility: Comparing Survey-Based and Administrative-Based Estimates. ECINEQ Working Paper 2006-55, Society for the Study of Economic Inequality, Milan. http://www.ecineq.org/milano/WP/ECINEQ2006-55.pdf.

Duclos, J. Y., Araar, A., Giles, J., 2010. Chronic and transient poverty: measurement and estimation, with evidence from China. J. Dev. Econ. 91 (2), 266-277.

Duncan, O. D., 1961. A socio-economic index for all occupations and properties and characteristics of occupational status. In: Reiss, A. J. J. (Ed.), Occupations and Social Status. Free Press of Glencoe, New York.

Duncan, G., Gustafsson, B., Hauser, R., Shmauss, G., Messinger, H., Muffels, R., Nolan, B., Ray, J.-C.,1993. Poverty dynamics in eight countries. J. Popul. Econ. 6 (3), 215-234.

Dunn, C. E., 2007. The intergenerational transmission of lifetime earnings: evidence from Brazil. B. E. J. Econ. Anal. Policy 7 (2), 1-42.

Dutta, I., Roope, L., Zank, H., 2013. On intertemporal poverty measures: the role of affluence and want. Soc. Choice Welf. 41 (4), 721-740.

Dynan, K. E., Elmendorf, D., Sichel, D. E., 2012. The evolution of household income volatility. B. E. J. Econ. Anal. Policy 12 (2), Article 3.

Eberharter, V. V., 2013. The intergenerational dynamics of social inequality—empirical evidence from Europe and the United States. In: Paper presented at the ECINEQ Conference, Bari, July 2013. http://www.ecineq.org/ecineq_bari13/FILESxBari13/CR2/p118.pdf.

Ehling, M., Rendtel, U. (Eds.), 2004. Harmonisation of panel surveys and data quality. The Change from Input Harmonization to Ex-post Harmonization in National Samples of the European Community Household Panel—Implications on Data Quality, Statistisches Bundesamt, Wiesbaden, CHINTEX.

Eide, E., Showalter, M., 1999. Factors affecting the transmission of earnings across generations: a quantile regression approach. J. Hum. Resour. 34 (2), 253-267.

Erikson, R., Goldthorpe, J. H., 1992a. The CASMIN project and the American Dream. Eur. Sociol. Rev. 8 (3), 283-305.

Erikson, R., Goldthorpe, J. H., 1992b. The Constant Flux—A Study of Class Mobility in Industrial Societies. Clarendon Press, Oxford.

Erikson, R., Goldthorpe, J. H., 2010. Income and class mobility between generations in Great Britain: the problem of divergent findings from the data-sets of birth cohort studies. Br. J. Sociol. 61 (2), 211-230.

Eriksson, T., Zhang, Y., 2012. The role of family background for earnings in rural china. Front. Econ. China 7 (3), 465-477.

Expert Group on Household Income Statistics (The Canberra Group), 2001. Final Report and Recommendations. Ottawa, http://www.lisproject.org/links/canberra/finalreport.pdf.

Ferrie, J. P., 2005. History lessons: the end of American exceptionalism? Mobility in the United States since 1850. J. Econ. Perspect. 19 (3), 199-215.

Fertig, A. M., 2003. Trends in intergenerational earnings mobility in the U. S. J. Income Distribution 12 (3-4), 108-130.

Fields, G. S., 2006. The many facets of economic mobility. In: McGillivray, M. (Ed.), Inequality, Poverty, and Well-Being. Palgrave Macmillan, Houndmills, pp. 123-142.

Fields, G. S., 2010. Does income mobility equalize longer-term incomes? New measures of an old concept. J. Econ. Inequal. 8 (4), 409-427.

Fields, G. S., Ok, E. A., 1996. The meaning and measurement of income mobility. J. Econ. Theory 71 (2), 349-377.

Fields, G. S., Ok, E. A., 1999a. The measurement of income mobility: an introduction to the literature. In: Silber, J. (Ed.), Handbook of Income Inequality Measurement. Series on Recent Economic Thought, vol. 71. Kluwer Academic Publishers, Boston, pp. 557-598 (Chapter 19).

Fields, G. S., Ok, E. A., 1999b. Measuring movement of incomes. Economica 66 (264), 455-471.

Fields, G. S., Leary, J. B., Ok, E. A., 2002. Stochastic dominance in mobility analysis. Econ. Lett. 75 (3), 333-339.

Fields, G. S., Cichello, P. L., Freije, S., Menédez, M., Newhouse, D., 2003. For richer or for poorer? Evidence from Indonesia, South Africa, Spain, and Venezuela. J. Econ. Inequal. 1 (1), 67-99.

Fitzgerald, J., Gottschalk, P., Moffitt, R., 1998. An analysis of attrition in panel data: the Michigan Panel Study of Income Dynamics. J. Hum. Resour. 33 (2), 251-299.

Formby, J. P., Smith, W. J., Zheng, B., 2004. Mobility measurement, transition matrices and statistical inference. J. Econ. 120 (1), 181-205.

Foster, J. E., 2009. A class of chronic poverty measures. In: Addison, T., Hulme, D.,

Kanbur, R. (Eds.), Poverty Dynamics: Interdisciplinary Perspectives. Oxford University Press, Oxford, pp. 59-76.

Foster, J. E., Greer, J., Thorbecke, E., 1984. A class of decomposable poverty indices. Econometrica 52 (3), 761-766.

Frick, J. R., Jenkins, S. P., Lillard, D. R., Lipps, O., Wooden, M., 2007. The Cross-National Equivalent File (CNEF) and its member country household panel studies. Schmollers Jahrbuch: Journal of Applied Social Sciences Studies 127 (4), 627-654.

Friedman, M., 1962. Capitalism and Freedom. Chicago University Press, Chicago.

Fritzell, J., 1990. The dynamics of income distribution: economic mobility in Sweden in comparison with the United States. Soc. Sci. Res. 19 (1), 17-46.

Galton, F., 1886. Regression towards mediocrity in hereditary stature. J. Anthropol. Inst. 15, 246-263.

Gangl, M., 2005. Income inequality, permanent incomes, and income dynamics. Comparing Europe to the United States. Work. Occup. 37 (2), 140-162.

Ganzeboom, H. B., Treiman, D. J., Ultee, W. C., 1991. Comparative intergenerational stratification research: three generations and beyond. Annu. Rev. Sociol. 17, 277-302.

Ganzeboom, H., Graaf, P. M. D., Treiman, D. J., Leeuw, J. D., 1992. A standard international socio-economic index of occupational status. Soc. Sci. Res. 21 (1), 1-56.

Gibbons, M., 2010. Income and Occupational Intergenerational Mobility in New Zealand. Working Paper 10/06New Zealand Treasury, Wellington. http://www. treasury. govt. nz/publications/research-policy/wp/2010/10-06.

Gittleman, M., Joyce, M., 1999. Have family income mobility patterns changed? Demography 36 (3), 299-314.

Goldberger, A. S., 1989. Economic and mechanical models of intergenerational transmission. Am. Econ. Rev. 79 (3), 504-513.

Goldthorpe, J. H., 2013. Entry of the economists, the confusion of politicians and the limits of educational policy. J. Soc. Policy 42 (3), 431-450.

Gottschalk, P., Huynh, M., 2010. Are earnings inequality and mobility overstated? The impact of nonclassical measurement error. Rev. Econ. Stat. 92, 302-315.

Gottschalk, P., Moffitt, R., 1994. The growth of earnings instability in the U. S. labor market. Brook. Pap. Econ. Act. 1994 (2), 217-272.

Gottschalk, P., Moffitt, R. A., 2009. The rising instability of U. S. earnings. J. Econ. Perspect. 23, 3-24.

Gottschalk, P., Spolaore, E., 2002. On the evaluation of economic mobility. Rev. Econ. Stud. 69, 191-208.

Gouskova, E., Chiteji, N., Stafford, F., 2010. Estimating the intergenerational persistence of lifetime earnings with life course matching: evidence from the PSID. Labour Econ. 17 (3), 592-597.

Gradín, C., Del Río, C., Cantó, O., 2012. Measuring poverty accounting for time. Rev. Income Wealth 58 (3), 330-354.

Grawe, N. D., 2004a. Intergenerational mobility for whom? The experience of high-and low-earnings sons in international perspective. In: Corak, M. (Ed.), Generational Income Mobility in North America and Europe. Cambridge University Press, Cambridge, pp. 58-89 (Chapter 4).

Grawe, N. D., 2004b. Reconsidering the use of nonlinearities in intergenerational earnings mobility as a test for credit constraints. J. Hum. Resour. 39 (3), 813-827.

Grawe, N. D., 2006. Lifecycle bias in estimates of intergenerational earnings persistence. Labour Econ. 13 (5), 519-664.

Gregg, P., Vittori, C., 2009. Earnings mobility in Europe: Global and disaggregate measures. CMPO, University of Bristol, unpublished paper.

Grimm, M., 2007. Removing the anonymity axiom in assessing pro-poor growth. J. Econ. Inequal. 5 (2), 179-197.

Güell, M., Mora, J. V. R., Telmer, C., 2007. Intergenerational Mobility and the Informative Content of Sur-names. CEP Discussion Paper 0810, Centre for Economic Performance, LSE. http://ideas. repec. org/p/ cep/cepdps/dp0810. html.

Guvenen, F., 2009. An empirical investigation of labor income processes. Rev. Econ. Dyn. 12 (1), 58-79.

Hacker, J. S., Jacobs, E., 2008. The Rising Instability of American Family Incomes, 1969-2004. Evidence from the Panel Study of Income Dynamics. Briefing Paper 213, Economic Policy Institute, Washington, DC. http://www. epi. org/content. cfm/bp213.

Haider, S. J., 2001. Earnings instability and earnings inequality of males in the United States: 1967-1991. J. Labor Econ. 19 (4), 799-836.

Haider, S., Solon, G., 2003. Life-Cycle Variation in the Association Between Current and Lifetime Earnings. Unpublished manuscript, Department of Economics, Michigan State University, East Lansing, MI.

Haider, S., Solon, G., 2006. Life-cycle variation in the association between current and lifetime earnings. Am. Econ. Rev. 96 (4), 1308-1320.

Hansen, M. N., 2010. Change in intergenerational economic mobility in Norway. Conventional versus joint classifications of economic origin. J. Econ. Inequal. 8 (2), 133-151.

Hao, Y., Clark, G., 2012. Social Mobility in China, 1645-2012: A Surname Study. UC Davis. unpublished manuscript, http://www. econ. ucdavis. edu/faculty/gclark/research. html.

Hart, P. E., 1976. The comparative statics and dynamics of income distributions. J. R. Stat. Soc. Ser. A 139 (1), 108-125.

Hassler, J. , Rodrigues, J. V. , Zeira, J. , 2007. Inequality and mobility. J. Econ. Growth 12 (3), 221-259.

Hertz, T. , 2005. Rags, riches, and race: the intergenerational economic mobility of black and white families in the United States. In: Bowles, S. , Gintis, H. , Osborne, M. (Eds.), Unequal Chances: Family Back-ground and Economic Success. Russell Sage Foundation, New York, pp. 165-191 (Chapter 5).

Hertz, T. , 2007. Trends in the intergenerational elasticity of family income in the United States. Ind. Relat. 46 (1), 22-50.

Holmlund, H. , Lindahl, M. , Plug, E. , 2011. The causal effect of parents' schooling on children's schooling: a comparison of estimation methods. J. Econ. Lit. 49 (3), 615-651.

Hout, M. , Guest, A. M. , 2013. Intergenerational occupational mobility in Great Britain and the United States since 1850: comment. Am. Econ. Rev. 103 (5), 2021-2040.

Hout, M. , Hauser, R. M. , 1992. Symmetry and hierarchy in social mobility: a methodological analysis of the CASMIN model of class mobility. Eur. Sociol. Rev. 8 (3), 239-266.

Hungerford, T. L. , 1993. Income mobility in the Seventies and Eighties. Rev. Income Wealth 39, 403-417.

Hungerford, T. L. , 2011. How income mobility affects income inequality: US evidence in the 1980s and 1990s. J. Income Distribution 20 (1), 83-103.

Inoue, A. , Solon, G. , 2010. Two-sample instrumental variables estimators. Rev. Econ. Stat. 92 (3), 557-561.

Jalan, J. , Ravallion, M. , 1998. Transient poverty in postreform rural China. J. Comp. Econ. 26 (2), 338-357.

Jäntti, M. , Lindahl, L. , 2012. On the variability of income within and across generations. Econ. Lett. 117 (1), 165-167.

Jäntti, M. , Kanbur, R. , Nyyssölä, M. , Pirttilä, J. , 2014. Poverty and welfare measurement on the basis of prospect theory. Rev. Income Wealth 60 (1), 182-205.

Jarvis, S. , Jenkins, S. P. , 1998. How much income mobility is there in Britain? Econ. J. 108 (447), 428-443.

Jenderny, K. , 2013. Mobility of Top Incomes in Germany. Discussion Paper 2013/7, School of Business and Economics, Free University of Berlin. http://www. wiwiss. fu-berlin. de/institute/ finanzen/schoeb/ lehrstuhl/jenderny/discpaper7_2013. pdf? 1370475263.

Jenkins, S. P. , 1987. Snapshots versus movies: ' lifecycle biases ' and the estimation of intergenerational earnings inheritance. Eur. Econ. Rev. 31 (5), 1149-1158.

Jenkins, S. P. , 1994. ' Social welfare function ' measures of horizontal inequity. In: Eichhorn, W. (Ed.), Models and Measurement of Welfare and Inequality. Springer-Verlag,

Berlin, pp. 725-751.

Jenkins, S. P. , 2000. Modelling household income dynamics. J. Popul. Econ. 13 (4), 529-567.

Jenkins, S. P. , 2011a. Changing Fortunes: Income Mobility and Poverty Dynamics in Britain. Oxford University Press, Oxford.

Jenkins, S. P. , 2011b. Has the instability of personal incomes been increasing? Natl. Inst. Econ. Rev. 218 (1), R33-R43.

Jenkins, S. P. , Van Kerm, P. , 2006. Trends in income inequality, pro-poor income growth, and income mobility. Oxf. Econ. Pap. 58 (3), 531-548.

Jenkins, S. P. , Van Kerm, P. , 2009. The measurement of economic inequality. In: Salverda, W. , Nolan, B. , Smeeding, T. M. (Eds.), The Oxford Handbook on Economic Inequality. Oxford University Press, Oxford, pp. 40-67.

Jenkins, S. P. , Van Kerm, P. , 2011. Trends in Individual Income Growth: Measurement Methods and British Evidence. ISER Working Paper Series 2011-06, Institute for Social and Economic Research, University of Essex, Colchester. http://ideas. repec. org/p/ese/iserwp/2011-06. html.

Jenkins, S. P. , Van Kerm, P. , 2014. The relationship between EU indicators of persistent and current poverty. Soc. Indic. Res. 116 (2), 611-638.

Juhn, C. , McCue, K. , 2010. Comparing Estimates of Earnings Instability Based on Survey and Administrative Reports. Working Paper CES 2010-15, Bureau of the Census, Washington, DC. ftp://ftp2. census. gov/ces/wp/2010/CES-WP-10-15. pdf.

Kanbur, S. M. R. , Stiglitz, J. E. , 1986. Intergenerational Mobility and Dynastic Inequality. Research Memorandum 324, Econometric Research Program, Princeton University, Princeton, NJ. http://www. princeton. edu/~erp/ERParchives/archivepdfs/M324. pdf.

King, M. A. , 1983. An index of inequality: with applications to horizontal equity and social mobility. Econometrica 51 (1), 99-115.

Koenker, R. , 2005. Quantile Regression. Cambridge University Press, Cambridge, UK.

Kopczuk, W. , Saez, E. , Song, J. , 2010. Earnings inequality and mobility in the United States: evidence from Social Security data since 1937. Q. J. Econ. 125 (1), 91-128.

Krueger, A. B. , 2012. The rise and consequences of inequality in the United States, http:// www. whitehouse. gov/sites/default/files/krueger_cap speech final remarks. pdf.

Lee, C. -I. , Solon, G. M. , 2009. Trends in intergenerational income mobility. Rev. Econ. Stat. 91 (4), 766-772.

Lee, S. , Linton, O. , Whang, Y. -J. , 2009. Testing for stochastic monotonicity. Econometrica 77 (2), 585-602.

Lefranc, A. , 2011. Educational Expansion, Earnings Compression and Changes in

Intergenerational Economic Mobility: Evidence from French Cohorts, 1931-1976. THEMA Working Paper 2011-11, Université de Cergy-Pontoise. http://www. u-cergy. fr/thema/repec/2011-11. pdf.

Lefranc, A. , Pistolesi, N. , Trannoy, A. , 2009. Equality of opportunity and luck: definitions and testable conditions, with an application to income in France. J. Public Econ. 93 (11-12), 1189-1207.

Lefranc, A. , Ojima, F. , Yoshida, T. , 2013. Intergenerational earnings mobility in Japan among sons and daughters: levels and trends. J. Popul. Econ. 27 (1), 91-134.

Leigh, A. , 2007. Intergenerational mobility in Australia. B. E. J. Econ. Anal. Policy 7 (2), Article 6.

Leigh, A. , 2009. Permanent Income Inequality: Australia, Britain, Germany, and the United States Compared. Discussion Paper 628, Australian National University, Canberra, ACT. http://econrsss. anu. edu. au/pdf/DP628. pdf.

Lerman, J. I. , Yitzhaki, S. , 1989. Improving the accuracy of estimates of Gini coeffcients. J. Econ. 42, 43-47. Levine, D. , Mazumder, B. , 2007. The growing importance of family: evidence from brothers' earnings. Ind. Relat. 46 (1), 7-21.

Lindahl, M. , Palme, M. , Massih, S. S. , Sjögren, A. , 2012. Transmission of Human Capital Across Four Generations: Intergenerational Correlations and a Test of the Becker-Tomes Model. Discussion Paper 6463, IZA, Bonn. http://ftp. iza. org/dp6463. pdf.

Long, J. , Ferrie, J. , 2007. The path to convergence: intergenerational occupational mobility in Britain and the US in three eras. Econ. J. 117 (519), C61-C71.

Long, J. , Ferrie, J. , 2013a. Intergenerational occupational mobility in Great Britain and the United States since 1850. Am. Econ. Rev. 103 (4), 1109-1137.

Long, J. , Ferrie, J. , 2013b. Intergenerational occupational mobility in Great Britain and the United States since 1850: reply. Am. Econ. Rev. 103 (5), 2041-2049.

Maasoumi, E. , 1998. On mobility. In: Giles, D. , Ullah, A. (Eds.), Handbook of Applied Economic Statistics. Marcel Dekker, New York, pp. 119-175.

Maasoumi, E. , Trede, M. , 2001. Comparing income mobility in Germany and the United States using generalized entropy mobility measures. Rev. Econ. Stat. 83 (3), 551-559.

Maasoumi, E. , Zandvakili, S. , 1986. A class of generalized measures of mobility with applications. Econ. Lett. 22 (1), 97-102.

Maasoumi, E. , Zandvakili, S. , 1990. Generalized entropy measures of mobility for different sexes and income levels. J. Econ. 43 (1), 121-133.

Marchon, C. H. , 2008. Intergenerational Mobility in Earnings in Brazil Spanning Three Generations and Optimal Investment in Electricity Generation in Texas. Ph. D. thesis, A&M University, Texas. http://hdl. handle. net/1969. 1/86018.

Mare, R. , 2011. A multigenerational view of inequality. Demography 48 (1), 1-23.

Markandya, A., 1984. The welfare measurement of changes in economic mobility. Economica 51 (204), 457-471.

Mayer, S. E., Lopoo, L. M., 2005. Has the intergenerational transmission of economic status changed? J. Hum. Resour. 40 (1), 170-185.

Mazumder, B., 2005a. The apple falls even closer to the tree than we thought: new and revised estimates of the intergenerational inheritance of earnings. In: Bowles, S., Gintis, H., Groves, M. O. (Eds.), Unequal Chances: Family Background and Economic Success. Princeton University Press, Princeton, NJ, pp. 80-99 (Chapter 2).

Mazumder, B., 2005b. Fortunate sons: new estimates of intergenerational mobility in the United States using social security earnings data. Rev. Econ. Stat. 87 (2), 235-255.

Mazumder, B., 2008. Sibling similarities and economic inequality in the US. J. Popul. Econ. 21 (3), 685-701.

Meghir, C., Pistaferri, L., 2011. Earnings, consumption and lifecycle choices. In: Ashenfelter, O., Card, D. (Eds.), In: Handbook of Labor Economics, vol. 4B. Elsevier, pp. 773-854.

Mendola, D., Busetta, A., 2012. The importance of consecutive spells of poverty: a path-dependent index of longitudinal poverty. Rev. Income Wealth 58 (2), 355-374.

Mendola, D., Busetta, A., Milito, A., 2011. Combining the intensity and sequencing of the poverty experience: a class of longitudinal poverty indices. J. R. Stat. Soc. Ser. A 174 (4), 953-973.

Minicozzi, A. L., 2002. Estimating Intergenerational Earnings Mobility for Daughters. University of Texas at Austin, unpublished manuscript.

Minicozzi, A. L., 2003. Estimation of sons' intergenerational earnings mobility in the presence of censoring. J. Appl. Econ. 18 (3), 291-314.

Mitra, T., Ok, E., 1998. The measurement of income mobility: a partial ordering approach. Econ. Theory 12 (1), 77-102.

Mocetti, S., 2007. Intergenerational earnings mobility in Italy. B. E. J. Econ. Anal. Policy 7 (2), Article 5.

Moffitt, R. A., Gottschalk, P., 2012. Trends in the transitory variance of male earnings: methods and evidence. J. Hum. Resour. 47 (1), 204-236.

Muller, S. M., 2010. Another problem in the estimation of intergenerational income mobility. Econ. Lett. 108 (3), 291-295.

Mulligan, C. B., 1997. Parental Priorities and Economic Inequality. Chicago University Press, Chicago and London.

Naga, R. H. A., 2002. Estimating the intergenerational correlation of incomes: an errors-in-variables framework. Economica 69 (273), 69-92.

Ng, I. Y., Shen, X., Ho, K. W., 2009. Intergenerational earnings mobility in Singapore and the United States. J. Asian Econ. 20(2), 110-119.

Nicoletti, C., Ermisch, J. F., 2007. Intergenerational earnings mobility: changes across cohorts in Britain. B. E. J. Econ. Anal. Policy 7 (2), Article 9.

Nybom, M., Stuhler, J., 2011. Heterogeneous Income Profiles and Life-Cycle Bias in Intergenerational Mobility Estimation. Discussion Paper 5697, IZA, Bonn. http://ftp. iza. org/ dp5697. pdf.

OECD, 1996. Earnings inequality, low paid employment, and earnings mobility. In: Economic Outlook. OECD, Paris, pp. 59-99.

O'Neill, D., Sweetman, O., Van de gaer, D., 2007. The effects of measurement error and omitted variables when using transition matrices to measure intergenerational mobility. J. Econ. Inequal. 5 (2), 159-178.

Österbacka, E., 2001. Family background and economic status in Finland. Scand. J. Econ. 103 (3), 467-484.

Palmisano, F., Van de gaer, D., 2013. History Dependent Growth Incidence: A Characterization and an Application to the Economic Crisis in Italy. SERIES Working Paper 45, University of Bari, Bari. http://ssrn. com/abstract = 2231927.

Pekkala, S., Lucas, R. E. B., 2007. Differences across cohorts in Finnish intergenerational income mobility. Ind. Relat. 46 (1), 81-111.

Pekkarinen, T., Uusitalo, R., Kerr, S., 2009. School tracking and intergenerational income mobility: evidence from the Finnish comprehensive school reform. J. Public Econ. 93 (7-8), 965-973.

Piketty, T., 2000. Theories of persistent inequality and intergenerational mobility. In: Atkinson, A. B., Bourguignon, F. (Eds.), In: Handbook of Income Distribution, vol. 1. Elsevier, Amsterdam, pp. 429-476 (Chapter 8).

Porter, C., Quinn, N. N., 2012. Normative Choices and Tradeoffs When Measuring Poverty Over Time. Working Paper 56, OPHI, University of Oxford. http://www. ophi. org. uk/wp-content/uploads/ ophi-wp-56. pdf.

Quah, D. T., 1996. Convergence empirics across economies with (some) capital mobility. J. Econ. Growth 1 (1), 95-124.

Raaum, O., Bratsberg, B., Røed, K., Österbacka, E., Eriksson, T., Jäntti, M., Naylor, R., 2007. Marital sorting, household labor supply and intergenerational earnings mobility across countries. B. E. J. Econ. Anal. Policy 7 (2), Article 7.

Rendtel, U., Nordberg, L., Jäntti, M., Hanisch, J., Basic, E., 2004. Report on quality of income data. CHINTEX Working Paper 21, http://www. destatis. de/jetspeed/portal/cms/Sites/ destatis/Internet/DE/Content/Wissenschaftsforum/Chintex/ResearchResults/Einfuehrung, templateId

=renderPrint. psml.

Reville, R. T., 1995. Intertemporal and Life Cycle Variation in Measured Intergenerational Earnings Mobility. RAND, Santa Monica, CA, unpublished manuscript.

Riphahn, R., Schnitzlein, D., 2011. Wage Mobility in East and West Germany. Discussion Paper 6246, IZA, Bonn. http://ftp. iza. org/dp6246. pdf.

Rodgers, J. R., Rodgers, J. L., 1993. Chronic poverty in the United States. J. Hum. Resour. 28, 25-54.

Rodgers, J. R., Rodgers, J. L., 2009. Contributions of longitudinal data to poverty measurement in Australia. Econ. Rec. 85, S35-S47.

Roemer, J. E., 2004. Equal opportunity and intergenerational mobility: going beyond intergenerational transition matrices. In: Corak, M. (Ed.), Generational Income Mobility in North America and Europe. Cambridge University Press, Cambridge, pp. 48-57 (Chapter 3).

Rowntree, S., Lavers, G. R., 1951. Poverty and the Welfare State. Longman Green, London.

Ruiz-Castillo, J., 2004. The measurement of structural and exchange income mobility. J. Econ. Inequal. 2, 219-228.

Saez, E., Veall, M. R., 2005. The evolution of high incomes in Northern America: lessons from Canadian evidence. Am. Econ. Rev. 95 (3), 831-849.

Schluter, C., 1998. Statistical inference with mobility indices. Econ. Lett. 59, 157-162.

Schluter, C., Trede, M., 2003. Local versus global assessments of mobility. Int. Econ. Rev. 44, 1313-1335.

Schluter, C., Van de gaer, D., 2011. Upward structural mobility, exchange mobility, and subgroup consistent mobility measurement: US-German mobility rankings revisited. Rev. Income Wealth 57 (1), 1-22.

Schnitzlein, D. D., 2014. How important is the family? Evidence from sibling correlations in permanent earnings in the USA, Germany, and Denmark. J. Popul. Econ. 27 (1), 69-89.

Shin, D., Solon, G., 2011. Trends in men's earnings volatility: what does the Panel Study of Income Dynamics show? J. Public Econ. 95, 973-982.

Shore, S. H., 2011. The intergenerational transmission of income volatility: is riskiness inherited? J. Bus. Econ. Stat. 29 (3), 372-381.

Shorrocks, A. F., 1978a. Income inequality and income mobility. J. Econ. Theory 19 (2), 376-393.

Shorrocks, A. F., 1978b. The measurement of mobility. Econometrica 46 (5), 1013-1024.

Shorrocks, A. F., 1981. Income stability in the United States. In: Klevmarken, N. A., Lybeck, J. A. (Eds.), The Statics and Dynamics of Income. Tieto, Clevedon, Avon, pp. 175-194.

Shorrocks, A. F. , 1993. On the Hart masure of income mobility. In: Casson, M. , Creedy, J. (Eds.), Industrial Concentration and Economic Inequality: Essays in Honour of Peter Hart. Edward Elgar, Aldershot.

Solon, G. , 1989. Biases in the estimation of intergenerational earnings correlations. Rev. Econ. Stat. 71 (1), 172-174.

Solon, G. , 1992. Intergenerational income mobility in the United States. Am. Econ. Rev. 82 (3), 393-408.

Solon, G. , 1999. Intergenerational mobility in the labor market. In: Ashenfelter, O. , Card, D. (Eds.), Handbook of Labor Economics, vol. 3. Elsevier Science B. V, New York, pp. 1761-1800.

Solon, G. M. , 2002. Cross-country differences in intergenerational earnings mobility. J. Econ. Perspect. 16 (3), 59-66.

Solon, G. , 2004. A model of intergenerational mobility variation over time and place. In: Corak, M. (Ed.), Generational Income Mobility in North America and Europe. Cambridge University Press, Cambridge, pp. 38-47 (Chapter 2).

Solon, G. , Corcoran, M. , Gordon, R. , Laren, D. , 1991. A longitudinal analysis of sibling correlation in economic status. J. Hum. Resour. 26 (3), 509-534.

Sorensen, J. B. , 1992. Locating class cleavages in inter-generational mobility: cross-national commonalities and variations in mobility patterns. Eur. Sociol. Rev. 8 (3), 267-281.

Swift, A. , 2006. Political Philosophy: A Beginners' Guide for Students and Politicians, revised ed. Polity Press, Cambridge.

Tawney, R. H. , 1964. Equality. George Allen and Unwin, London.

Trede, M. , 1998. Making mobility visible: a graphical device. Econ. Lett. 59 (1), 79-82.

Treiman, D. J. , 1977. Occupational Prestige in Comparative Perspective. Academic Press, New York. Ueda, A. , 2009. Intergenerational mobility of earnings and income in Japan. B. E. J. Econ. Anal. Policy 9 (1),1-27.

Van de gaer, D. , Schokkaert, E. , Martinez, M. , 2001. Three meanings of intergenerational mobility. Economica 68 (272), 519-537.

Van Kerm, P. , 2004. What lies behind income mobility? Reranking and distributional change in Belgium, Western Germany and the USA. Economica 71 (282), 223-239.

Van Kerm, P. , 2006. Comparisons of Income Mobility Profiles. ISER Working Paper 2006-36, ISER, Uni-versity of Essex, Colchester. http://www. iser. essex. ac. uk/publications/working-papers/iser/2006-36. pdf.

Van Kerm, P. , 2009. Income mobility profiles. Econ. Lett. 102 (2), 93-95.

Van Kerm, P. , 2011. Picturing mobility: Transition probability color plots. In: Presentation to 2011 London Stata Users Group meeting, London. http://www. stata. com/meeting/uk11/

abstracts/UK11_vankerm. pdf.

Van Kerm, P., Pi Alperin, M. N., 2013. Inequality, growth and mobility: the intertemporal distribution of income in European countries 2003-2007. Econ. Model. 35, 931-939.

Xie, Y., Killewald, A., 2013. Intergenerational occupational mobility in Great Britain and the United States since 1850: comment. Am. Econ. Rev. 103 (5), 2003-2020.

Yitzhaki, S., Wodon, Q., 2005. Mobility, inequality, and horizontal inequity. In: Amiel, Y., Bishop, J. (Eds.), In: Research on Economic Inequality, Studies on Economic Well-Being: Essays in Honor of John Formby, vol. 12. Emerald, Bingley, pp. 177-198.

Zandvakili, S., 1992. Generalized entropy measures of long-run inequality and stability among male headed households. Empir. Econ. 17 (4), 565-581.

Ziliak, J. P., Hardy, B., Bollinger, C., 2011. Earnings volatility in America: evidence from matched CPS. Labour Econ. 18 (6), 742-754.

Zimmerman, D. J., 1992. Regression toward mediocrity in economic stature. Am. Econ. Rev. 82 (3), 409-429.

第 11 章　全球收入分配

苏迪尔·阿南德(Sudhir Anand) [*],保罗·西格尔(Paul Segal) [†]

[*] 牛津大学经济系,英国牛津市;哈佛大学公共卫生学院全球卫生与人口系,美国波士顿市
[†] 伦敦国王学院国王国际发展研究所,英国伦敦市

目　录

摘要:本章回顾了全球收入分配研究的最新进展,并把各国前百分之一的收入数据考虑进来,首次对全球不平等进行估计。我们讨论了概念和方法问题,包括其他全球收入分配的定义、住户调查数据和国民核算数据的使用、购买力平价汇率的使用,以及所得税记录中近期可用的顶层收入数据。我们还回顾了近年来全球收入分配估计的一些尝试。我们自己的估计结合了住户调查数据和顶层收入数据,分析了分配的各个方面,包括国内和国际分配组成,以及相对与绝对全球不平等的变化。最后,我们通过辨别全球收入分配的底层,以研究全球贫困。

关键词:全球不平等;购买力平价汇率;住户调查;国民核算;顶层收入;全球贫困

JEL 分类代码:D63,E01,I32

11.1　引言

随着贸易、投资、移民和通信的发展,世界的联系越来越紧密,人们对比较全球生活水平的兴趣和认识也不断提升。同样,全球收入分配已成为众多论文以及媒体评论的主题。有趣的是,在大众的想象中,极其富裕和极度贫困在世界上共存似乎不言自明。在本章中,我们将研究全球不平等的概念、全球不平等研究的规范动机以及全球收入分配的现有证据。目前已经发表了各种差异很大的全球收入不平等估计研究,使用的数据和研究方法也很多样。我们批判性地讨论了估值差异背后的不同方法和假设,以期确定我们所认为的最佳做法。我们还使用住户调查和税收数据中的高收入数据构建了全球收入分配。

不平等是一个宽泛的概念,全球收入分配可以有各种解释。为此,我们首先明确全球收入分配的不同概念。对我们来说,分配的首要意义以及本章的主要内容是,世界上每个人都分配了他或她的人均住户收入。这就是我们所说的全球收入分配。但是,对于某些问题,全球收入的其他分配也很有意义。例如,经济增长和趋同的研究,是基于各国人均国民收入分配的变化。人均国民收入是一种全球收入分配,仅与个人全球收入分配间接相关。

由于全世界的个人根据居住国的不同而自然相隔,因此我们研究了全球不平等的国家间和国内组分。所采用的不平等度量不同,全球不平等的定义也不同。我们虽没有讨论全球收入不平等变化的原因,但这种分解可以对这些变化进行细分,使我们能够区分各国人均收入差异增长的贡献以及各国内部不平等变化的贡献。人们会期待用不同的机制解释这两个组成部分,因此这种分解是任何因果解释的必要前提。

研究全球收入分配提出了不同的实证和测量难题。为了比较不同国家的实际收入,人们需要使用购买力平价(PPP)汇率而不是市场汇率来转换,以说明各国之间的总体价格差异。计算购买力平价汇率有不同的方法,这些方法各有优缺点,并被应用于不同的研究。所有方法都取决于国际比较项目(ICP)实施的价格调查。在某些情况下,这些价格调查本身就有争议。我们不详细讨论购买力平价汇率(参见 Anand and Segal,2008),但我们强调与全球收入分配研究最为相关的一些特征和争议。

另一个实证争议是关于国内平均收入的测度。任何全球收入分配必须依靠国家住户调查来估计国内不平等。但一些研究并没有使用这些调查记录的平均收入,而是采用了其所暗含的相对分配,并将它们"缩放"为人均国内生产总值(GDP)的国民核算估值或住户消费支出的估值。我们认为扩大到 GDP 的理由不充分,但是大多数国家可以从可用的国民核算中使用住户最终消费支出(HFCE),这可能会提供有用的稳健性检验。使用 HFCE 而不是住户调查的平均收入改变了全球不平等估计的水平和趋势。

在回顾全球收入分配研究的基本概念和测度问题之外,本章的实证目的为利用现有的最佳数据来构建全球收入分配,这些分配基于合乎情理的替代假设。其主要创新之处在于补充住户调查数据,并使用多个国家的税务数据推导出现有的最新高收入部分的估计。这些数据极大地深化了我们对国内和全球收入分配的理解,因为身居收入分配顶端的个人在住户调查中未曾或未被充分表示出来。毫不奇怪,包含高收入数据会导致全球不平等的估值大幅提高。

本章将包含以下内容。11.2 节讨论全球收入不平等研究的动机。11.3 节分析全球收入分配的不同概念。11.4 节讨论研究方法并描述包含高收入数据的可用数据。11.5 节介绍我们构建的全球收入分配和相应的全球不平等估值。11.6 节将全球收入不平等分解为国家间和国内的不平等,并讨论其意义和演变。11.7 节探讨相对和绝对不平等之间的区别,并提出了一些绝对全球不平等的初步估值。11.8 节开始讨论全球贫困的估计,并说明了其水平、趋势和区域集中度。11.9 节为结语部分。

11.2　为什么研究全球收入分配?

近年来对全球不平等感兴趣的群体范围远远超出了学术界,活动人士和非政府组织、新闻媒体,国内和国际机构,以及政策制定者对其的兴趣也急剧上升。一部分是因为人们认为近几十年来经济快速增长的好处与快速全球化时期相吻合,并且分配极度不均。因此,2011年的"占领华尔街"运动提出"我们是 99％"的口号,关注了相对于 99％的人群,收入和财富日益高度集中到收入前 1％的高收入者。在新闻媒体中,《经济学家》称日益严重的不平等是"我们这个时代最大的社会、经济和政治挑战之一"(Beddoes,2012)。在 2012 年达沃斯世界经济论坛会议上,"严重的收入不平等"被认为是唯一一个可能性最大的全球风险,并且是潜在影响最大的一个风险。[①] 2013 年同样在达沃斯,时任国际货币基金组织总裁的克里斯蒂娜·拉加德(Christine Lagarde)称,"过度不平等会'腐蚀'增长和社会。我相信经济学界和政策社群长期以来一直低估了不平等"(Lagarde,2013)。

关注不平等对经济增长和社会凝聚力的影响,确实有积极的案例;例如,犯罪率和人口健康与国家内部的收入不平等有关。[②] 如果(国内)不平等导致全球不平等,就会相应产生对全球不平等的担忧。人们同样可能会关心全球不平等本身的"腐蚀"效应。拉加德在评论中提到,达沃斯是全球精英(即这些人处于全球收入而非仅处于各自国家分配的顶端)齐聚的地方。

---

① Tett(2012)对世界经济论坛(2012)的报道。
② 例如参见 Pickett 和 Wilkinson(2010)。

　　研究全球不平等的规范情况对一些人来说似乎是显而易见的,但哲学家则认为,只有在单一政府的情况下,个人收入分配才会关系到公正。甚至哲学家也普遍认同,"我们缺乏对那些忍受饥饿、严重营养不良或者容易预防疾病导致的早逝人群的关心",因此"当前世界经济中最紧迫的问题是如何减少全球极端贫困"(Nagel,2005)。这本身就有必要研究全球收入分配的低端人群。

　　对公平的另一种理解可能会带来对全球不平等的常规关注。一些大都会政治理论家认为,平等主义原则同样适用于全球层面和国家层面,因为所有人都有权获得平等的尊重和关注。① 在这一观点中,国界与不平等的伦理视角无关。

　　也可以说,即使没有全球政府,全球经济中管理货物、资本和国家之间劳动力流通的国际规则和组织的制度安排足以对世界上个人之间的不平等产生规范性的关注。这些社会安排很大程度上由富裕国家来决定,并倾向于牺牲穷国公民的利益而造福富国公民。因此,或许富国对全球不平等负有一定责任。Sen(2009)谈到该问题时说:"全球关系利益的分配不仅取决于国内政策,还取决于各种国际社会安排,包括贸易协定、专利法、全球卫生倡议、国际教育条款、技术传播设施、生态和环境约束、累积债务处理(往往是过去不负责任的军事统治者造成的),以及冲突和局部战争的限制。"

　　在研究全球收入分配时,我们需要将认可不平等与减少不平等的义务和能力区别开来。与全球不平等相比,主权国家可通过国内政策更多地影响国内的不平等。也许说明从政策角度来看,我们应该对国内不平等和国家间的不平等区别评估(见 11.6 节),特别是如果国际机构解决国与国之间不平等的权力有限。无论如何,随着我们加深对全球不平等的理解,我们将能更好地判断其原因并讨论缓解的方法。

　　在本章中,我们将全球收入分配视为基本目标。我们将分析全球收入分配的各个方面,包括国内和国家之间的组分,也包括确定全球贫困所需的分配底端。第一步是构建全球收入分配,最终我们可以研究全球不平等的许多不同方面——例如性别、种族、教育和造成全球不平等的其他社会经济变量、全球贫困人口的特点,以及全球收入前 1％ 人群的构成。

11.3　什么是全球收入分配?

　　我们一开始必须澄清什么是全球收入分配。继 Milanovic(2005)以及 Anand 和 Segal(2008)之后,根据总体单位和收益概念(可为消费支出的度量),我们可以定义全球收入分配及相关的不平等水平的四个概念。全球收入分配的四个概念关系着解决我们在本节中所讨论的截然不同的问题。我们还必须决定使用货币兑换率计价物来使各国的收益概念具有可比性,可选择市场汇率或 PPP 汇率。PPP 汇率说明美元通常在美国的购买力低于一美元的价值,例如在货币市场购买的印度卢比在印度的使用情况。之后我们将讨论 PPP 汇率的不同计算方法以及在估计和使用汇率时出现的一些复杂情况。选择哪种汇率取决于所提到的问题。

————————————

① 讨论参见 Sen(2000)和 Bernstein(2011)。

我们的第一个全球收入分配的概念用概念 0 表示,为各国的全球收入分配。换句话说,"总体单位"为国家,"收益概念"是各国(全部)国民收入。因此,尽管印度人口为 12.37 亿人,加拿大人口仅为 3500 万人,但印度和加拿大在 2012 年的国内生产总值均为 1.8 万亿美元,视为相等。概念 0 全球收入分配与地缘政治和市场准入问题最为相关。在有关贸易规则和宏观经济政策的国际谈判中,一个国家的总经济规模往往决定其议价能力。对于类似问题,一个国家在国际市场上的影响力很重要,即对国际贸易商品、服务或金融资产的掌控,因此按市场汇率计算的收益可能相关。当然,可以根据当前的地缘政治问题来修正这一度量。例如涉及全球能源市场时,经济体量相对较小但燃料出口量较大的国家往往很重要。

其次,全球收入分配的概念 1 再次将国家作为总体单位,但现在收益概念指各国的人均国民收入,而非国民总收入。[①] 这一概念通常被用于分析经济增长,尤其是经济收敛,问题是与特定国家相关的一系列特征与政策如何影响其人均收入增长率。因为在这种情况下,关注的是实际产出,所以收入水平将根据 PPP 汇率来测量。

在全球收入分配的概念 2 中,总体单位是个人,而收益概念又是国民(住户)人均收入(这相当于概念 1 将国家作为总体单位,但按照人口规模对每个国家进行加权)。尚不清楚,为什么这种"全球不平等"概念本质上有趣,但主要是因为现成的国民收入或人均 GDP 数据,一些较早的研究分析了随时间推移的概念演变(Boltho and Toniolo, 1999; Firebaugh, 1999, 2003; Melchior et al., 2000)。然而,概念 2 具有重要的工具性意义,它与概念 3 的关系是本章的重点。

概念 3 也将个人作为总体单位,但收益概念为住户人均收入,即假设住户收入(或消费支出)在住户成员间平均分配(摊)。这一概念是通常用于计算国内不平等的分配类型的全局模拟。[②] 之后,我们将无条件使用"全球收入分配"和"全球不平等"这两个术语来指代概念 3 的对应术语。因为我们感兴趣的是实际收入或消费,所以各国货币将使用 PPP 汇率进行比较。概念 3 也是唯一能直接说明全球福利的概念。

全球不平等的概念 2 可以看作概念 3 的国家间组分。如果国内没有不平等并且每个人的收入都相当于该国人均国民(住户)收入,那么不平等的概念 2 告诉我们不平等的概念 3 是什么。对于不平等的可分解测度,概念 3 不平等将等于概念 2 不平等加上国内不平等的加权平均值(概念 3 不平等的国内组分)。在本章后面呈现计算结果时,我们将进一步讨论这些区别。

表 11.1 概括了分别以分析单位(总体单位)、相关的等级变量(收益概念)和计价物界定的四种全球收入分配。必须强调的是,四种不同的全球不平等概念可以朝不同的方向发展。从刚才提到的分解中应该很快看出,概念 2 和概念 3 可以朝不同的方向发展:如果国内不平

[①] 因此,全球收入分配的概念 1,不像概念 0,不是"全球(总)收入在各国之间的分配"。

[②] 在关于收入不平等的国别研究中,有时通过考虑住户规模以及住户的年龄和性别构成,来调整住户消费的差别需求和规模经济。"等值算子"允许计算住户中"等同于成人"的数量,来实现调整。然后,分配住户中的每个人等同于成人的住户收入。鉴于我们掌握的调查数据类型,不可能估计每个住户中等同于成人的数量,也不可能根据每个等同于成人的住户收入对个人进行排序。因此,与其他人际全球不平等的研究一样,我们仅根据其人均住户收入对个人进行排序。

等加剧,国家间(即概念 2)不平等程度的小幅下降可能与概念 3 全球不平等程度的上升共存。

表 11.1 全球收入分配和全球不平等的概念

概念	分析单位	等级变量	计价物界定
概念 0	国家	国民收入	美元或者 PPP 美元
概念 1	国家	人均国民收入	PPP 美元
概念 2	个人	人均国民(住户)收入	PPP 美元
概念 3	个人	个人人均住户收入	PPP 美元

而且,国民收入的同等变化对不同的不平等概念可能会产生相反的效果。例如,无论按 PPP 平价还是现值美元计算,中国都是世界第二大经济体。但 2012 年中国按 PPP 计算的人均 GDP 为 7960 美元,均低于按 PPP 计算的各国人均 GDP 的未加权平均值 1.23 万美元和人均 GDP 的人口加权平均值 10260 美元。[①] 中国高于平均水平的国民总收入的增长速度远高于世界平均水平,这意味着中国是一个不平等概念 0 中的不均等力量。然而,人均 GDP 低于全球平均水平,但增速高于未加权和人口加权的人均 GDP 的世界均值。这一事实说明分别对概念 1 和概念 2 的全球不平等产生均等化的作用。后者意味着它也是概念 3 全球不平等的均等化力量。

现在探讨经济增长文献中的"收敛"概念,这一概念与许多经济学家思考的全球不平等最为接近。两种常用的"收敛"定义为 beta 收敛和 sigma 收敛。beta 收敛意味着一个国家的增长率由人均国民收入回归时,收入系数为负值且显著。[②] 因此,平均而言,人均国民收入越高的国家(人均 GDP 是这些研究的通用度量),增长率越低。sigma 收敛意味着各国人均国民收入的离差随着时间的推移而下降,通常以人均国民收入对数的标准差来测度。因此,两者都指的是概念 1 全球分配,其中国家为总体单位,人均国民收入为收益概念。

在对增长计量经济学的综述中,Durlauf 等(2009)指出,sigma 收敛与"各国间的不平等是在扩大还是缩小"的争论有着天然联系。如果"各国间的不平等"指的是概念 1 不平等,那么同样,sigma 收敛将测量"各国之间的不平等是在扩大还是缩小"。[③]然而,sigma 收敛或发散,与国家间其他任何不平等概念或不同总体单位(例如个人)的全球不平等没有必然联系。正如下面的例子所示,各国之间人均国民收入(概念 1 不平等)的离差增大可能与概念 2 和概念 3 的全球不平等程度的下降有关。

菲律宾人口为 9700 万人,按 PPP 计算的人均 GDP 为 3800 美元。其人均 GDP 分别低于前面提到的未加权均值的 12300 美元和人口加权均值的 10260 美元。有 35 个人口在 500 万人以下的国家,与菲律宾一样,人均 GDP 也均低于世界的未加权和人口加权均值。基于 sigma 收敛的目的,这 35 个小国家每个都与菲律宾拥有相同的权重,加起来人口总数达到

---

① PPP 美元为 2005 年的价格,数据来源于世界银行公开数据库的"世界发展指标"。
② 条件 beta 收敛意味着在回归中控制其他变量时,收入系数为负数且显著。
③ 关于这一观点的一个担忧是对数收入的标准差并不是一个很好的不平等度量,因为它不符合收入分配顶端的转移原则(Sen,1973)。

5700万人,仍低于菲律宾的人口总数。① 现在想象一下,sigma收敛中其他所有国家都以同样的速度增长,但菲律宾增长速度更快,35个小国的增长速度低于这一速度。根据概念1,全球不平等程度不断上升,因为虽然一个国家(菲律宾)的人均GDP低于世界未加权平均值,正收敛到世界平均值,但其他35个人均GDP低于世界平均水平的国家从世界平均值发散。然而,根据概念2,全球不平等程度可能会降低,因为菲律宾庞大的人口向加权世界平均值收敛的程度,超过了35个小国人口对世界加权平均值的发散程度。假设国家内部的不平等程度不变,根据概念3,全球不平等程度也因此可能会降低。

我们的结论是,简单来说,全球不平等是一个尚待明确的概念,全球不平等不同定义的估计可能会朝不同的方向发展——与我们在11.5节和11.6节实证估计的研究发现一致。

11.4 数据

11.4.1 住户调查和国民核算

住户调查是估计各国内部收入分配中运用最广泛的可用数据来源,而且全球覆盖范围的扩大使其可以用来估计全球不平等。原则上可以使用人口普查数据或其他数据来源——但实际上,这些数据所覆盖的国家—年份远远少于住户调查。过去30年里,调查的覆盖范围已经显著扩大;世界银行1981年估计全球贫困时使用的调查数据仅仅覆盖了发展中国家51.3%的人口,而在2005年则覆盖了90.6%的人口(Chen and Ravallion,2008)。

尽管目前还没有比住户调查更可靠的估计全球不平等的替代方法,但其确实存在局限性。除了明显的抽样和测量误差,调查还可能因富人低报收入以及对非常贫困和非常富裕住户的欠采样而产生偏差。对我们的研究目的而言最重要的是,定义和覆盖范围的不同意味着不同的调查通常并不具有严格可比性(参见Anand and Kanbur,1993)。Atkinson和Brandolini(2001)在Deininger和Squire(1996)不平等数据库中描述了这些问题,该数据库核对了各国内部不平等的估值;Anand和Segal(2008)在测度全球不平等的背景下讨论了这些问题,注意到在一些调查中,收入为应税总额,其他收入是纳税后净额;有些是指现金收入;而其他收入包括某些实物收入项目;一些是估计了自住房屋的租赁价值,而另一些则没有。此外,全球所有的住户调查数据集综合了对收入和消费支出的调查。没有可靠的方法可以从支出分配中推断出收入分配,反之亦然,所以人们只能接受这种不可比性。为了简洁起见,我们将"收入或消费支出分配"称为"收入分配"。

世界银行生活水平衡量调查始于1980年,对提高调查数据的可用数量和质量起到了重要作用。卢森堡收入研究(LIS)特意尝试协调调查数据以确保其可比性,而LIS数据集目前涵盖47个国家。但覆盖世界绝大多数人口的住户调查全球数据集的不可比性仍不可避免。

尽管所有最近有关全球不平等的研究,均使用调查数据来估计国内不平等,但大多数接着把国内分配"按比例缩放"为对平均收入或消费支出的国民核算估计。例如,Chotikapanich

---

① 国内生产总值和人口数据来自世界发展指标。

等(1997)、Dowrick 和 Akmal(2005)、Sala-i-Martín(2006)以及 Schultz(1998)使用 Deininger 和 Squire(1996)不平等数据库来估计国内相对不平等,限定相对分配在国民核算的绝对均值附近。[1] 据我们所知,只有 Milanovic(2002,2005,2012)以及 Lakner 和 Milanovic(2013)的研究不把相对分配缩放为 NA(国民账户)均值,而直接使用调查中的收入或支出水平来估计全球收入不平等[尽管我们在后面会讨论 Lakner 和 Milanovic(2013)使用 NA 均值来推算高收入]。世界银行也使用住户调查的绝对收入来估计全球贫困(Chen and Ravallion, 2001, 2008, 2012)。[2] 直接使用调查数据和缩放为国民核算类型的差别之所以重要,是因为全球不平等和贫困变化的水平和比率可能有很大的不同(Deaton,2005)。

对于仅将住户调查用于其相对分配和缩放到国民核算的研究而言,广泛使用的 NA"平均收入"估计有两种:人均 GDP 和人均住户最终消费支出(HFCE)。原则上,人们希望使用个人收入类型,但国家通常没有这一类型的数据。大多数有关全球不平等的研究仅仅使用人均 GDP 作为个人平均(住户人均)收入的度量指标。[3]

正如 Anand 和 Segal(2008)所说,如果有人希望测量全国住户的消费支出,那么如果有 HFCE,就没有理由使用 GDP。此外,GDP 也不是一个测量住户收入的好度量:GDP 包括折旧、公司的留存收益和政府收入(税收)的一部分,并不会以现金转移的方式分配给住户。Deaton(2005)指出:"大部分储蓄可能并不来自住户,而是公司、政府或外国人,因此住户收入可能更接近住户消费而非国民收入。"美国是少数几个报告住户总收入(称为"个人收入")度量的国家之一,住户总收入仅占 GDP 的 70%左右。Deaton(2005)估计,在全世界 272 项住户收入调查中,调查住户收入平均仅占 GDP 的 57%,但相当于国民核算中 HFCE 的 90%(101%人口加权)。

然而,问题在于,当调查中的平均住户收入(或消费)可用时,人们是否希望使用各国收入(或消费)分配来源的任何国民核算数据。我们之前看到不同调查有着各自的问题。但调查至少是目标变量的直接度量。HFCE 包括"为住户服务的非营利机构"类型,并且受制于计算得出的减去企业和政府消费估值的总消费残差。后者任意幅度的估值误差都会转化为 HFCE 估计误差。[4]

低收入国家国民核算数据的新证据,对可靠性提出了更多的普遍疑问。Jerven(2013)特别提到,由于基年的变化[5],加纳在 2010 年 11 月将其 GDP 上调了 60.3%,并且认为在其他撒哈拉以南的非洲国家预计也会有类似的大幅调整。[6] Young(2012)也发现,对于撒哈拉以南的非洲国家,国民核算是个不好的增长度量,并根据人口与卫生调查的数据对消费增长提出

---

① 请参阅 Anand 和 Segal(2008)以了解其方法的详细描述。
② 世界银行自己的估计值是根据单位记录数据得出的。这些数据只能从世界银行的 Povcalnet 网站以较粗略的分组形式向公众公开。
③ 这些研究为 Bourguignon 和 Morrisson(2002)、Bourguignon(2011)、Sala-i-Martín(2006)、Dowrick 和 Akmal(2005)、Schultz(1998)、Chotikapanich 等(1997)以及 Korzeniewicz 和 Moran(1997)。Dikhanov 和 Ward(2002)提到的"个人消费支出",我们用来表示 HFCE。
④ 详细讨论见 Anand 和 Segal(2008)。
⑤ 1993 年的基年估值排除了 2006 年新基年中重要的经济部分(Jerven,2013)。
⑥ 这些国家是尼日利亚、乌干达、坦桑尼亚、肯尼亚、马拉维和赞比亚。Jerven(2013)的解释是,许多这些国家在 20 世纪 80 年代和 90 年代遭遇了统计服务的巨大削减。

独立的估值。[①]

我们接下来的大部分分析都是基于住户调查平均收入的全球分配,但也计算了全球不平等,其中人均住户收入被认为与国民核算中报告的人均 HFCE 相当,并比较了结果的差异。

11.4.2　顶层收入数据

近期国民收入不平等估计的最重要创新,也许是对所得税记录中顶层收入份额的数据进行资料整理。这些估值提出收入前 0.1%、前 1% 和前 10% 人群的收入为"控制"收入的部分,而控制收入是经济中个人总收入的估值(不只是应税收入)。这些估值之所以重要,主要在于它们对不平等估计产生的巨大影响。对最富百分位人口,住户调查通常会抽样不足(排除该人群),或者将他们的收入低报,或者两者兼而有之。例如,在 2006 年的美国,不包括资本收益的税收数据意味着顶层收入人口份额为 18.0%,而调查数据显示其份额仅占 13.7%。根据 2006 年的数据,基于住户调查数据(美国当前人口调查)的美国基尼系数为 0.470,而使用税务数据来纠正顶尖富人的收入,基尼系数增加了近 0.05,达到 0.519。此外,单凭调查数据(根据定义的变化修正),1976—2006 年美国基尼系数增加了 0.053;使用顶层收入数据,基尼系数不止翻了一番,增加了 0.108[包括资本收益;Atkinson 等(2011);参见 Burkhauser 等(2009)有关美国数据的进一步讨论]。

Atkinson 等(2011)详细描述了顶层收入数据,并讨论了其局限性。其中包括收入份额指税前总收入;数据因观察单位而异,有些数据是指个人,而其他数据指住户;在某些情况下,因为税收制度发生变化,不同时间的数据会不一致;由于避税和逃税,数据可能会有偏差。虽然这些数据通常比调查记录更多的资本收益,但这取决于有多少资本收益纳税并在税收记录中报告(Atkinson et al.,2011)。Alvaredo 和 Londoño Vélez(2013)对哥伦比亚顶层收入的研究指出,控制收入的不同定义(其中顶层收入的定义以份额表示)导致估值稍显不同。因此这些顶层收入份额的国际比较可能会受到不一致的影响。但我们将抛开这些担心,并将这些数据运用于推定,如果不包括这些数据会导致全球不平等估计的负偏差。很显然,这些不兼容性确实给估计带来了不确定性。

11.4.3　购买力平价汇率

国际上比较生活水平要求使用 PPP 汇率,将本国货币转换为常见的计价物。[②] 有两套公开的标准 PPP 可供使用,分别是世界银行(World Bank,2008)的国际比较项目(ICP)以及佩恩表(PWT),该数据库也使用 2005 年 ICP 收集的基础价格调查数据。[③] 2005 年"基准年"前后数年的 PPP 推导出各国的国内价格指数。

2005 年 ICP 进行的价格调查比前几轮更为详细,在全球范围内也更具代表性。中国在 2005 年调查之前从未参与过 ICP,印度 1985 年以来也没有参加,但两国都参与了 2005 年的国际比较项目调查。因此之前基于估算进行 PPP 估计。部分由于该原因,2005 年 ICP 的结

---

① 然而,请注意,Yang(2012)根据资产数据推断总消费的方法一直受到 Harttgen 等(2013)的诟病。

② 早期 Berry 等(1983)讨论过这个问题。

③ 以 2011 年为基年的新版 ICP 于 2014 年 6 月发布时,本章(英文原版)已付印。

果造成在某些情况下,GDP 估值发生了急剧的变化。因为发现价格比先前估计得要高,所以中国和印度的实际 GDP 比之前的估值低了接近 40％。[①] 就中国而言,至少部分的估值下调可归结于抽样的问题:价格调查并未覆盖农村地区,只涉及城市和郊区。因此可能高估了中国的价格,而低估了实际收入。继 Chen 和 Ravallion(2010)以及 Milanovic(2012)之后,我们对此进行了调整(稍后会加以说明)。Milanovic(2012)发现,2005 年 ICP 的修订对全球不平等的估计产生了不小的影响,基尼系数在 1988—2002 年上升了 4.4—6.1 个百分点,泰尔指数提高了 12.5—16.4 个百分点。Lakner 和 Milanovic(2013)以及 Bourguignon(2011)的研究也使用了 2005 年购买力平价,我们将在稍后讨论他们的研究结果。

刚开始 ICP 提供每个国家的价格向量,世界银行和 PWT 后来使用了不同的方法来计算购买力平价。世界银行的购买力平价是基于 Elteto-Koves-Szulc(EKS)方法,而 PWT 采用了 Geary-Khamis(GK)方法(两种方法在估计过程中进行了各种调整)。[②] EKS 方法源自 Deaton 和 Heston(2010)的指数统计方法,是两个国家费雪指数的多边概括(详细讨论请参阅 Anand and Segal,2008)。然而,在一定的假设条件下,EKS 方法应用于收入就会生成实际生活水平或效用的指数,因此 Neary(2004)将其作为指数"经济"方法的一个例子。"经济"方法假设观察到的数量来自具有明确定义的效用函数的某个代表性行为人的优化行为。使用 EKS 计算的购买力平价衡量的实际相对收入代表着二次效用时(即在这些情况下,它是个"真实"指数)的相对效用水平。

GK 方法是"检验"或"公理"方法的一个例子。GK 指数在优化行为方面没有任何解释,但其对于 EKS 的假定优势在于通过矩阵一致性的检验或服从这一公理。也就是说,GK 方法为个人商品提供了"国际价格"向量,把经济分解为子行业,其价格总和等于经济总值。EKS 法则不同,EKS 计算总收入的相对规模,但没有一套国际价格,因此经济不能一致分解。如有人对分析经济结构感兴趣,那么矩阵一致性的特性似乎有用。例如,当每个国家的制造业加上非制造业的总和并不是其经济的 100％时,很难解释两个不同国家的制造业相对规模。

然而,当我们关注生活水平的国际比较时,矩阵一致性似乎不太相关。在这种情况下,我们关心消费的总体价值,而不是其组成。我们更关心 GK 方法的缺点,即受制于格申克龙(或替代)偏差。由于消费者倾向于放弃相对昂贵的商品而用相对便宜的商品替代,因此按 B 国的价格对 A 国和 B 国的产出进行评估将导致 A 国相对于 B 国的收入被高估。由标准 GK 方法产生的相对价格与富国更类似,而不是穷国。这造成相对于富国,穷国的收入被高估,进而低估了各国之间的不平等。Ackland 等(2004)发现,与 EKS 相比,GK 方法高估了穷国的收入。他们从基于 EKS 方法的人均 GDP 对数中回归基于 GK 方法的人均 GDP 对数,发现斜率为 0.94,显著低于 1.0。Deaton 和 Heston(2010)发现,把人均 GDP 作为收益概念,使用

[①] 分别按照 1993 年和 2005 年的购买力平价,通过对 2005 年各国收入与美国收入进行比较计算得出。

[②] 参见 Anand 和 Segal(2008)了解这两种方法的细节,以及对 Dowrick 和 Akmal(2005)测量全球不平等的"阿弗里亚特(Afriat)方法"的讨论。世界银行在各国的地区使用 EKS 的方法测算购买力平价,然后使用 18 个国家的"环"连接各地区,每个地区至少两个国家。参见 Deaton 和 Heston(2010)有关世界银行和 PWT 的 PPP 方法的讨论。这些作者还指出,通过单一的全球 EKS 方法计算的结果与 ICP 的 PPP 相比有一些显著差异,其中包括中国的实际 GDP 高出 6.6％。

EKS 方法时的全球不平等概念 2(国与国之间)的基尼系数达到 0. 533,比使用 GK 方法的 0. 527 略高。

Almås(2012)还发现,说明替代偏差和各国商品质量差异时,PWT 购买力平价低估了全球不平等。然而,她的估计是基于一种强假设:"食品预算份额和住户收入之间存在稳定关系;也就是说,世界上有一种独特的食品恩格尔关系。"Deaton 和 Heston(2010)指出:"世界上有很多地方,比如印度北部和南部,尽管食品的相对价格差别不大,但消费模式有千差万别。"

Neary(2004)提出了一种构建 PPP 的方法,他称之为"盖里—艾伦(Geary-Allen)国际收支统计"(GAIA)方法,该方法是"经济的",基于优化行为的假设,因此不存在替代偏差,但也符合矩阵一致性的形式。但是,矩阵一致性符合的形式 GK 并不符合;总计等于整个经济总值的部门数量不是实际观测到的部门数量,而是参照消费者可以选择的虚拟数量,从数据估计其偏好。因此,根据 GAIA 方法,经济中观测到的制造业与非制造业相加一般不会为经济的 100%。

GAIA 方法优于 EKS 方法的理论优势在于,一方面,它是更广泛效用函数的一个"真实"指数(即对与优化行为一致的相对实际收入进行估计)。但是,由于所有这些指数错误假设全球所有国家的喜好相同,因此似乎用处不大。另一方面,EKS 方法具有相对透明的优点。尽管 GAIA 方法要求估计需求体系,但一个国家的 EKS 汇率只是该国相对于其他所有国家的费雪指数的几何平均数,而且如前所述,其自然统计解释即便不能吸引消费者理论家,也会对计算国民收入的会计人员具有吸引力(Deaton and Heston,2010)。

在我们之后的计算中,我们使用了基于 EKS 方法的 2005 年 ICP 的世界银行消费 PPP。继 Chen 和 Ravallion(2008,2010)之后,我们进行了以下调整。对于印度和中国,分别提供农村和城市阶层的调查数据。为了划定国内城乡贫困线,我们将根据农村收入相比缩减价格指数中的城市收入。对于印度,我们假设世界银行估计的 PPP 是城乡购买力平价的加权平均值。对于中国,我们假设所报告的购买力平价针对的是城市地区,并下调了农村价格。这是因为 2005 年中国的价格调查仅限于 11 个大城市,并没有覆盖农村地区(Chen and Ravallion,2010)。结果发现,比使用 2005 年 ICP 时,中国的整体物价水平要低,因此平均生活水平更高。

所有标准 PPP 估计的局限在于假设一个国家内所有住户的支出篮子都面临相同的价格水平。这一问题至少有两个原因。一是城市和农村地区的价格水平通常不同。虽然我们已经考虑了这一点,在中国和印度分别调查城市和农村的价格,但大多数国家做不到。二是国民收入分配的不同分位数通常会消耗不同篮子的商品和服务[1],因此生活成本也不同。例如,穷人因为只能少量购买,可能面临着更高的商品单位成本。此外,他们购买商品的比例与非贫困者不同,因此商品价格对他们而言具有不同的支出权重。在分配的另一端,超级富人(如顶层收入数据记录的人群)可能倾向于更多地从适用市场汇率的其他国家购买商品。但是,如果富人将收入用于非贸易商品和服务(例如乡村庄园、城市豪宅和居住国的劳动

---

[1] Deaton 和 Dupriez(2011)在穷人的案例中对此进行了讨论,并提出专门用于估计全球贫困的 PPP。

力），那么有着不同支出权重的购买力平价可能比市场汇率更合适。

11.4.4　估计误差

前面关于现有数据的讨论表明，对全球不平等的估计有多种误差，包括我们自身的误差。还包括源自不能代表世界人口的样本误差。我们把全球收入分配构建为国民收入分配的集合，每个分配基于全国住户收入（或支出）调查，有着不同的抽样框架和抽样误差（包括对国内富人和穷人的欠抽样）。我们并非根据世界人口的分层随机样本估计得出这种全球收入分配，因此没有使用标准方法来计算全球不平等估计的抽样误差或置信区间。

重要的是要区分抽样误差与其他类型的估计误差，估计误差往往是由数据不精确以及用于估计全球不平等的假设和方法无效或不准确造成的。例如，住户调查中的收入或支出数据（例如低报富人收入）和任何可能使用的国民核算数据都存在测量误差；用于根据国内分配构建全球收入分配的 PPP 汇率中也存在估计误差。在前面讨论过的 2005 年 ICP 中PPP 评估的重大修订表明，其对所采用的假设和方法非常敏感。考虑到这种不稳定性，我们预计在 2011 年 ICP 后的下一套 PPP 中会有进一步修订。[①] 此外，如前所述，一个国家的单一PPP 汇率可能无法记录位于收入分配的不同分位数或该国不同地理位置的住户所面临的价格水平差异。

通过使用不可避免的有限数据和多层假设，Bourguignon 和 Morrisson（2002）估计了1820—1992 年的全球不平等。鉴于其数据的局限性，他们模拟了平均收入（GDP）数量和国家—组分配（33 个国家或国家组中的 11 个数据点）的"不确定性"，并计算出在此基础上全球不平等的标准误差。在他们的模拟假设下，由此产生的全球基尼系数的标准误差变小：1820 年标准误差为 0.9 个基尼点，1950 年为 0.2 个基尼点，1992 年为 0.1 个基尼点（其中 1个基尼点在 0.00—1.00 基尼量表上为 0.01）。在我们看来，前面讨论的其他误差来源意味着比这些标准误差所说明的置信区间更大。

11.5　全球收入分配估计

在本节中，我们将针对结合了住户调查数据与顶层收入数据的全球收入分配提出新的估值。估值是由 Milanovic（2012）根据 1988—2005 年五个"基准"年份住户调查数据的全球分配数据集构建的，其中我们从所得税数据补充了顶层收入估值。Milanovic（2012）的数据为分位数形式，大多数情况下有 20 个收入组，每个占总人口的 5%。对于 Milanovic（2012）有单位记录数据的国家，他比较了基于个人记录的不平等和基于构建的二十分位数（5%）份额的不平等，并发现使用二十分位数，对基尼系数的估计降低了 0.001 到 0.006，平均值为 0.003。我们同意 Milanovic（2012）的观点，认为差异太小，不值一提。

在 1988 年、1993 年、1998 年、2002 年和 2005 年五个基准年份分别对 103—124 个国家进行调查，覆盖了 87%—92% 的世界人口以及根据 PPP 计算的 95%—98% 的全球 GDP。

---

① 在撰写本章时，这些 PPP 尚未提供。

Milanovic(2012)数据集提供了以本国货币计价的收入,我们使用世界银行 PPP 换算成为国际元的计价物。[①] 因此,我们拥有根据 PPP 计算出的住户调查收入,1988 年覆盖 87%的世界人口,之后年份覆盖 90%—92%的世界人口。其中,我们有着 67 个国家在五个基准年份的调查数据和购买力平价数据,我们称之为"随时间变化的共同样本"。

如表 11.2 所示,我们的数据集共有 537 个国家—年度数据。其中,有 104 个国家—年度数据(每年从 18 个国家到 23 个国家不等),也有我们从世界顶层收入数据库中下载的最富百分位人口份额的所得税数据。[②] 这些国家包含三个最大的发展中国家——中国、印度和印度尼西亚,一个拉丁美洲国家 —— 阿根廷,一个非洲国家——南非,以及七国集团的所有成员国。

将所得税数据用于最富百分位人口份额的基本原理是,住户调查中通常没有记录顶尖富人的收入。例如 Székely 和 Hilgert(1999)发现,在拉丁美洲的大多数调查中,最富有的个人收入不会高于跨国公司中层经理的预期收入。这表明非常富裕的住户确实被排除在调查之外,这也是我们将顶层收入数据纳入调查分配的假设。换句话说,我们假设 Milanovic(2012)数据集中的调查数据仅代表每个国家人口 99%底层的收入。因此,我们将调查中每个收入组中的人口乘以 0.99,并将税收数据中的收入份额插入最富百分位人口(假设其"控制"收入的份额等同于其调查收入的份额)。排除最富百分位数人口数意味着调查中的平均收入被低估,我们的步骤导致每个国家的平均收入相应增加。

表 11.2　1988—2005 年住户调查和 PPP 数据覆盖的国家和人口

年份	国家数量/个	人口/10 亿人(占世界人口的百分比/%)
1988	92	4.45 (87)
1993	104	5.06 (91)
1998	109	5.32 (90)
2002	113	5.78 (92)
2005	119	5.95 (92)
总计	537	—

对于那些不包含高收入数据的国家—年份观测值,我们根据回归来估计最富百分位人口的份额。Milanovic(2012)的住户调查数据中最高十分位数的收入份额与独立估计的顶层收入数据中最富百分位人口的收入份额密切相关。用 Milanovic(2012)的数据和顶层收入数据排除 104 个国家—年份观测值中的一个可见异常值[③],(其余 103 个数据点)上最富百分位人口的收入份额与最高十分位人口的收入份额之间的简单 OLS 回归系数,t 统计量为 7.46,

---

① 对于 1988 年的苏联加盟共和国,我们使用了 Milanovic(2012)基于 Milanovic(1998)的计算。该计算结果基于早期的一组价格调查,因此与世界银行的购买力平价并不具有严格可比性。在世界银行世界发展指数在线数据库中,其他一些国家没有 PPP 汇率,我们则根据世界银行的 PovcalNet 数据隐式推导出 PPP。
② 世界顶层收入数据库由法昆多·阿尔瓦雷多、托尼·阿特金森、托马斯·皮凯蒂和伊曼纽尔·赛斯共同创建。
③ 异常值为 1993 年的南非,其 Milanovic(2012)数据的最高十分位人口份额异常地高,达到 46%,而鉴于此,所得税数据的最富人口份额为 10.3%,远低于预期。

R^2 为 0.36。然后,我们增加调查的原始平均收入作为附加的回归元。发现平均收入非常显著,t 统计量为 6.69,最高十分位人口的份额变得更加显著,t 统计量为 10.33,回归 R^2 上升到 0.55。[1]我们使用后一种回归,针对没有税收数据的国家/地区,来生成最富百分位人口收入份额的预测值。

Lakner 和 Milanovic(2013)采用了一种不同的方法来推算 1988—2008 年全球不平等中的顶层收入份额。[2] 继 Banerjee 和 Piketty(2010)在印度的调查发现,国民核算和住户调查的消费支出估计之间的差距很大一部分可以通过顶层收入的缺失或低报来解释,Lakner 和 Milanovic(2013)将 HFCE 和调查收入(当前者大于后者时)之间的差异归因于在每个国家—年份国内分配的最高十分位数,并将此残差加到调查中报告的最高十分位收入中。然后,他们在第九个十分位数未调整的调查收入和最高十分位调整收入的基础上〔按照 Atkinson (2007)所述的步骤〕,计算了每个国家—年份分配的帕累托系数。假设这种帕累托分布适用于每个国家—年份分配的最高十分位数,他们估算了收入组 P90—P95(即第 90 至第 95 百分位)、P95—P99 和 P99—P100 的收入份额,得出每个国家—年份的 12 个收入组。

Lakner 和 Milanovic(2013)推算顶层收入的步骤背后的隐含假设是,当人均 HFCE 大于相应的调查平均数时,其就是测量平均消费支出(或收入)的正确度量。我们在 11.4 节以及 Anand 和 Segal(2008)的研究中反对使用国民核算均值。还应该指出的是,Milanovic(2002, 2005,2012)以前对"真实"全球不平等的估计是基于其假设,即调查均值优于国民核算均值。

11.5.1　包含或不包含顶层收入数据的全球不平等估计

我们全球不平等的结果见表 11.3 和图 11.1。第一个重要的发现是全球不平等程度非常高。考虑到 1988—2005 年包含顶层收入的全球分配,基尼系数在 0.722 和 0.735 之间,MLD 指数(或泰尔 L 指数)在 1.093 和 1.156 之间,泰尔 T 指数在 1.114 至 1.206 之间变化。世界上收入最高的百分位份额占全球收入的 17.3% 和 20.7%,最高十分位的份额占 58.5% 和 62.0%。世界上最富有百分位的平均收入几乎是 2005 年世界平均收入的 21 倍,2005 年的平均人均住户收入按照 PPP 计算约为 9 万美元。2005 年最富百分位人口的门槛按照 PPP 计算为 42000 美元。[3]

---

① 估计的回归方程是 topone=−6.8+0.51topten+0.30meaninc,其中 topone 和 topten 分别是最富百分位人口的份额和百分点的最高十分位数,meaninc 是平均调查收入,单位为 PPP 千美元。年度虚拟变量和人口统计变量不显著。

② 遗憾的是,我们没有拿到 2008 年基准年的 Lakner 和 Milanovic(2013)数据,因此不能自行计算全球不平等。

③ 相比之下,2005 年美国最富百分位人口的界定门槛为住户总收入按购买力平价计算的 34.2 万美元,对于有着四口人的住户来说,这意味着人均购买力平价为 85500 美元,约为全球门槛的两倍。

表 11.3 1988—2005 年包含和不包含顶层收入的全球不平等

年份	最高百分位收入份额/%	最高十分位收入份额/%	基尼系数	国家间基尼系数(占全球基尼系数的比重/%)	MLD指数	国家间MLD指数(占总体的比重/%)	国家间MLD指数(占总体的比重/%)	泰尔T指数	国家间泰尔T指数(占总体的比重/%)	国际泰尔T指数(占总体的比重/%)
包含顶层收入数据										
1988	17.3	58.5	0.726	0.649 (89)	1.136	0.886 (78)	0.250 (22)	1.114	0.780 (70)	0.334 (30)
1993	17.6	58.5	0.727	0.636 (88)	1.142	0.836 (73)	0.306 (27)	1.115	0.753 (68)	0.362 (32)
1998	19.0	59.5	0.722	0.632 (88)	1.093	0.780 (71)	0.314 (29)	1.145	0.750 (66)	0.395 (34)
2002	20.6	62.0	0.735	0.649 (88)	1.133	0.830 (73)	0.303 (27)	1.206	0.809 (67)	0.397 (33)
2005	20.7	60.0	0.727	0.633 (87)	1.156	0.806 (70)	0.349 (30)	1.188	0.755 (64)	0.433 (36)
不包含顶层收入数据										
1988	11.2	54.8	0.705	0.642 (91)	1.063	0.861 (81)	0.202 (19)	0.967	0.764 (79)	0.202 (21)
1993	11.6	54.9	0.707	0.632 (89)	1.069	0.819 (77)	0.250 (23)	0.976	0.745 (76)	0.231 (24)
1998	13.1	56.9	0.698	0.624 (89)	1.008	0.757 (75)	0.251 (25)	0.969	0.732 (76)	0.236 (24)
2002	14.1	58.5	0.711	0.640 (90)	1.046	0.801 (77)	0.245 (23)	1.027	0.788 (77)	0.239 (23)
2005	14.9	56.5	0.701	0.622 (89)	1.060	0.775 (73)	0.285 (27)	0.977	0.725 (74)	0.252 (26)

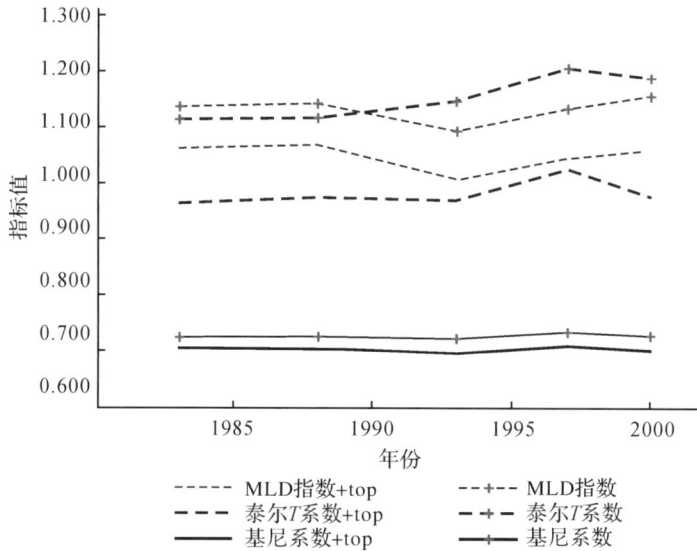

图 11.1 1988—2005 年包含和不包含顶层收入数据的全球不平等情况

注:包含顶层收入数据的估计标记为"+top"。

数据来源:表 11.3。

与预期一致,相对于不包含顶层收入数据的住户调查,纳入顶层收入数据提高了不平等程度的估计值。1988—2005 年,仅有调查数据时,最富人口的平均份额为 13.0%。纳入顶层收入数据后,最富人口的平均份额增加到 19.0%。与之相对应,仅基于调查数据时,这一时期平均最高十分位份额为 56.3%，增加顶层收入数据后为 59.7%。基尼系数在不同年份增长 3%—4%，MLD 指数（或泰尔 L 指数）增长了 7%—9%，泰尔 T 指数增幅最大，为 14%—22%。对于所有度量来说，2005 年的增幅最大，纳入顶层收入数据使得全球基尼系数提高了 4%，MLD 指数提高了 9%，泰尔 T 指数提高了 22%。这些差异反映了度量对分配顶端收入变化的敏感性不同。

再来看 1988—2005 年包含收入最高数据的不平等的变化，最富百分位人口的收入份额从 17.3% 单调上升到 20.7%。最高十分位数的份额从 1988 年的 58.5% 上升到 2005 年的 60.0%，2002 年达到 62.0% 的峰值。基尼系数在这一时期几乎没有发生变化：基尼系数最高为 0.735（2002 年），这仅仅比最低的 0.722（1998 年）高出 0.013，相差不到 2%。MLD 指数（或泰尔 L 指数）和泰尔 T 指数的变化更大，这两个度量的最高和最低年份之差分别为 6% 和 8%。MLD 指数的峰值出现在 2005 年，而泰尔 T 指数的峰值出现在 2002 年。对于这两种度量，不平等程度在 1988—2005 年上升——MLD 指数上升了 1.8%，泰尔 T 指数上升了 6.6%。

顶层收入数据修正了全球不平等的估计水平及其随时间推移的变化速度。1988—2005 年，尽管根据包含顶层收入数据的 MLD 指数和泰尔 T 指数，不平等程度上升，但当顶层收入数据不包含在内时，根据这三种测度，不平等程度几乎没有变化。在后一种情况下，1988 年基尼系数为 0.705，2005 年为 0.701，MLD 指数实际上保持在 1.060，泰尔 T 指数从 0.967 略微上升至 0.977；然而，顶层收入的百分位份额从 11.2% 上升到 14.9%。

与个别一些国家的变化相比，随着时间的推移，不平等的变化并不大。基尼系数尤其如此，其中包含顶层收入数据的峰谷差仅为 1.3 个基尼点，相比之下，1988—2005 年美国的基尼系数大约增长了 5 个基尼点。[1] 另外，鉴于我们在 11.4 节中描述的估计误差的不同来源，我们发现全球不平等指数中的小变化，尤其基尼系数和 MLD 指数可能在统计上并不显著，与 1998 年相比，2005 年的变化低于 2 个百分点。然而，1988—2005 年，全球收入最富人口的份额从 17.3% 小幅增长到 20.7%；这意味着相对于平均收入，最富人口的收入增加了 20%。但我们注意到，这也低于美国同期的最富人口份额，其从 15.5% 增长到 21.9%。[2]

在附录中，我们提供了类似于 67 个国家的"时间共同样本"的结果。鉴于前面所示的全样本在不同的基准年覆盖了世界人口的 87%—92%，时间共同样本覆盖了 79%—82% 的世界人口。从附录表 11.A2 中可以看出，全球不平等估计与前面的表 11.3 非常相似。共同样本的基尼系数与全样本的基尼系数相差不超过 1 个百分点，而 MLD 指数和泰尔 T 指数的差异不超过 3 个百分点。请注意，在每个基准年，时间共同样本不一定比全样本更能代表全球收入分配，并且基于共同样本的全球不平等变化水平或速度的估值并不一定更加准确。

我们使用顶层收入数据进行计算，是基于假设住户调查并未记录国民收入分配的最富

[1] 见 Atkinson 等（2011），税务数据调整的序列包含了资本收益。
[2] 这是指包括资本收益的顶层收入百分位份额，下载于世界顶端收入数据库。

人口百分位数。另一种囊括顶层收入数据的方法是假定调查确实代表所有住户,但是低报了全国分配中最富人口的收入。Alvaredo 和 Londoño Vélez(2013)做了后一种假设。他们需要不一样的计算方法,而不是将调查数据中每个收入组的人口乘以 0.99,然后将税务数据中的收入份额附加到最富人口上。在替代假设中,我们将调查数据中最富人口的收入替换成税收数据中的收入。我们也进行了这种计算,得出的全球不平等估计略低:在五个基准年中,全球基尼系数要低 0.4%,而 MLD 指数和泰尔 T 指数则低 1.2%。然而,对于后两个可分解指数,其国内组分明显要低,MLD 指数低 3.6%—5.2%,泰尔 T 指数低 2.4%—4.1%,但两个指数的国家间组分要高 0.5%左右。

11.5.2 全球不平等替代估计的比较

我们前面看到,以前只有三项研究使用 2005 年的 PPP 来估计全球不平等:Bourguignon(2011)、Milanovic(2012)以及 Lakner 和 Milanovic(2013)。因为基于相同的调查数据和方法,Milanovic(2012)对全球不平等的估计与我们在表 11.3 中不包含高收入数据的估计可直接进行比较。我们所知道的唯一实质性差别在于针对世界银行没有数据的国家的 PPP。Milanovic(2012)在 1988—2005 年发现基尼系数的变化区间为 0.684—0.707,而我们之前估计的区间为 0.698—0.711。尽管事实上 1988 年与 2005 年的泰尔 T 指数水平几乎相同,但他发现在同一时期,泰尔 T 指数从 0.875 上升到 0.982。

同样,Lakner 和 Milanovic(2013)在包含或不包含估计顶层收入的情况下,分别估计了全球收入不平等。他们不包含高收入的估算采用了与 Milanovic(2012)相同的方法,并且直接使用了调查数据。他们对不包含高收入的 1988—2008 年全球基尼系数的估值在 0.705 和 0.722 之间变化,与我们的估值相近。他们估算的泰尔 T 指数比我们的估值略高,介于 1.003 和 1.049 之间。值得注意的是,他们的 MLD 指数显著下降,从 1988 年的 1.142 降至 2008 年的 1.027。

Lakner 和 Milanovic(2013)同样发现推算顶层收入会导致对全球不平等的高估。之前讨论过,他们基于 HFCE 顶层收入的计算方法使全球基尼系数提高了 3.8—6.3 个基尼点,而且这一差异在 1988—2008 年不断上升。[①] 但他们的基尼系数水平在结束时和开始时几乎完全一样,从 1988 年的 0.763 略微下降到 2008 年的 0.759。这比我们发现的将顶层收入数据添加到调查数据的影响大得多。在表 11.3 中可以看到,我们的方法造成基尼系数每年大约高出 2 个基尼点。Lakner 和 Milanovic(2013)曾指出,在某些情况下,他们的推算假设很极端。例如,印度似乎刺激了他们的计算步骤,在 2008 年,他们发现调查的平均值仅为人均 HFCE 的 53%,因此他们将剩下的 47%的 HFCE 完全归因于最高十分位收入,并与调查中所报告的最高十分位收入相加。这种调整对我们来说似乎太大,难以置信。相反,在 1988 年和 2008 年的中国,HFCE 要低于调查收入,因此作者不会因对高收入人群低报或抽样不足进行调整。

最后一个使用 2005 年 PPP 计算全球不平等的研究来自 Bourguignon(2011),与本节提及

---

① Lakner 和 Milanovic(2013)并没有使用估算的顶层收入给出其他不分配平等度量的估计值。

的其他研究不同,该研究将国内分配缩放为人均 GDP。Bourguignon(2011)在 1989—2006 年,发现基尼系数从大约 0.70 下降到 0.66(从他的图 1 中可以读到这些数字)。这是个实质性的下降,而先前回顾的调查结果发现,不包含高收入数据的基尼系数几乎没有发生变化。Bourguignon(2011)的估计与其他不包含高收入的估计之间的主要区别在于 Bourguignon(2011)缩放到了国民核算数据。在 11.4 节中,我们认为如果使用国民核算数据,那么 HFCE 比 GDP 更适合作为住户收入的近似值,因此我们将基于调查均值的估计与下一节基于 HFCE 均值的估计进行了比较。

11.5.3 使用 NA 均值且不包含顶层收入数据的全球不平等估计

在本节中,我们报告了通过缩放住户调查收入来估计全球不平等的结果,因此缩放均值等于每个国家 NA 的人均 HFCE(相对于直接使用调查中的收入)。对于我们拥有住户调查数据的所有国家—年份,按 PPP 计算的 HFCE 数据均不可用。每一年我们都要区分全样本和共同样本,前者为有调查数据的国家集,后者定义为包含按 PPP 计算 HFCE 数据的全样本国家子集(注意,这不同于前面定义的"时间共同样本")。1988 年,共同样本和全样本完全不同:同时拥有调查数据和按照 PPP 计算的 HFCE 数据的国家仅占世界人口的 77%,而全样本中的国家人口占世界人口的 87%(见表 11.2)。[①] 在表 11.2 所示的其他年份中,共同样本比全样本覆盖的人口少 3%—4%。[②]

对于我们的每个指数,表 11.4 给出了不包含高收入数据的三种不同的全球不平等估值:第一,表 11.3 显示的全样本估值;第二,仅基于共同样本调查数据的估计;第三,基于人均 HFCE 的共同样本估计(如前所述)。我们将第一个称为全样本调查均值估计,第二个称为共同样本调查均值估计,第三个称为共同样本 HFCE 均值估计。实际上强调了对于前两个估值,每个国家的平均收入直接出自调查,而第三种估值的平均收入来自外部强加的 HFCE 数据。这些估值排除了顶层收入数据,因此我们可以利用调查和 NA 平均收入来关注全球不平等的差异。图 11.2 绘制了三组不同数据的基尼系数。

表 11.4　1988—2005 年使用不包含高收入数据的调查均值和 HFCE 均值的全球不平等估计

年份	基尼系数			MLD 指数			泰尔 T 指数		
	调查均值,全样本	调查均值,共同样本	HFCE均值,共同样本	调查均值,全样本	调查均值,共同样本	HFCE均值,共同样本	调查均值,全样本	调查均值,共同样本	HFCE均值,共同样本
1988	0.705	0.721	0.739	1.063	1.148	1.243	0.967	1.024	1.094
1993	0.707	0.706	0.721	1.069	1.074	1.133	0.976	0.970	1.036
1998	0.698	0.699	0.711	1.008	1.010	1.062	0.969	0.973	1.017

[①] 对于世界发展指数(WDI)中没有按 PPP 计算的 HFCE 数据的国家来说,仍然可以根据当地固定货币单位(LCUs)计算出 HFCE。根据定义,这些国家在 WDI 中没有 PPP 汇率,但我们有其中 11 个国家的 PPP,我们将其与调查数据一起使用。但几乎在所有情况下,使用这些 PPP 兑换率计算出的,HFCE 结果都不完全可信。因此,我们不使用这些数据。

[②] 在 1993 年、1998 年、2002 年和 2005 年,与表 11.2 中的全样本百分比相比,共同样本分别占世界人口的 87%、87%、89% 和 89%。

续 表

年份	基尼系数			MLD 指数			泰尔 T 指数		
	调查均值,全样本	调查均值,共同样本	HFCE均值,共同样本	调查均值,全样本	调查均值,共同样本	HFCE均值,共同样本	调查均值,全样本	调查均值,共同样本	HFCE均值,共同样本
2002	0.711	0.710	0.706	1.046	1.039	1.032	1.027	1.022	1.016
2005	0.701	0.698	0.698	1.060	1.044	1.024	0.977	0.967	0.984

注:如表 11.2 和 11.3 所示,全样本包括有户口调查数据可用的所有国家。特定年份的共同样本子集包含同时拥有该年按 PPP 计算的调查数据和 HFCE 数据的国家。

数据来源:作者计算。

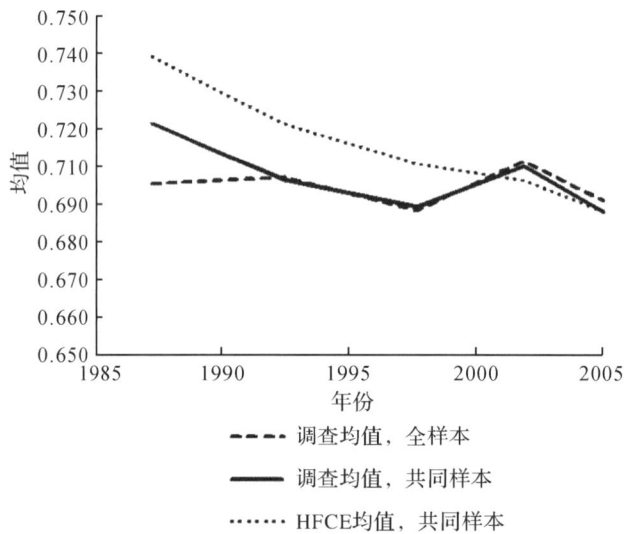

图 11.2 采用调查均值和 HFCE 均值,不包括顶层收入的 1988—2005 年全球基尼系数

注:共同样本包含仅限于有着 HFCE 数据的国家—年份的调查。

数据来源:表 11.4。

全样本调查均值估计和共同样本 HFCE 均值估计之间最显著的差异在于,前者相对平坦,后者有明显的下降趋势。这两个估计值在 2002 年和 2005 年大致相同,但由于 1988 年的起点不同,全样本调查均值的基尼系数在 1988—2005 年仅从 0.705 下降到 0.701,降低了 0.004,而共同样本 HFCE 均值的基尼系数从 0.739 下跌至 0.698,降低了 0.041。然而,共同样本调查均值估计表明,约一半的差异可以用全样本和共同样本之间的差异来解释:共同样本调查均值的基尼系数从 0.721 降至 0.698,降低了 0.023。

似乎可以解释 HFCE 均值的基尼系数和调查均值的基尼系数趋势差异的第二个因素是印度的调查均值和 HFCE 均值有着不同的趋势。Deaton 和 Kozel(2005)已经详细研究过这一现象。我们基于调查所得的数据显示,印度 1988—2005 年人均住户消费支出的平均年增长率为 2.8%,而根据国民核算 HFCE 的数据,其年均增长率达到 5.8%。当我们将估计限于共同样本,并将印度排除在外时,调查均值的基尼系数下降了 0.029,而 HFCE 均值的基尼系数下降了 0.034,下降幅度相近。① 因此,确保使用共同样本并排除印度,几乎消除了 HFCE 均值的基尼系数和调查均值的基尼系数之间的趋势差异。②

因此,在既有调查数据又有 HFCE 数据的共同样本中,多达 10% 世界人口的缺失以及印度的不同趋势似乎造成了 HFCE 均值和调查均值估计之间的差异。鉴于此,我们认为 HFCE 计算所暗示的全球不平等下降可能是个错觉。不同于 HFCE 均值,我们没有研究基于 GDP 均值的估值,原因我们已经解释过。但这些研究结果似乎并未证实前面讨论过的 Bourguignon(2011)基于 GDP 数据的结论,"1989—2006 年的不平等程度有所下降,而且下降速度非常快"。

11.6　国家间和国内的不平等

表 11.3 还显示了国家间和国内不平等的估值,图 11.3 绘制了这些估计。基于每个人都被分配了他或她国家的平均人均住户收入的假设性推定,国家间不平等被定义成全球不平等。这抑制了国内不平等,以及测度了世界公民在全球分配上的不平等。其中唯一的变动来源是各国人均收入的平均数(换句话说,国与国之间的不平等就是概念 2 的全球不平等)。任何不平等指数都明确界定了国家间的不平等,我们在表 11.3 中使用基尼系数、MLD 指数(或泰尔 L 指数)和泰尔 T 指数度量报告了不平等。对于可分解度量 MLD 指数和泰尔 T 指数,全球总体不平等程度与国家间不平等程度的差异就是每个国家不平等程度的加权平均值,即表示为国内不平等。就 MLD 指数而言(或泰尔 L 指数),国内不平等是每个国家 MLD 指数的人口份额加权平均值;就泰尔 T 指数而言,国内不平等是每个国家泰尔 T 指数的收入份额加权平均值(Anand,1983)。

在仅有 MLD 指数(泰尔 L 指数)的情况下,国内组分还可解释为:如假设各国人均收入的平均数是等价的,而相对不平等在每个国家保持不变,它就相当于全球不平等。从这个意义上来说,它是对国家间不平等定义的自然补充,因此我们认为 MLD 指数是严格可分解的,但是泰尔 T 指数只能弱分解(Anand,1983)。

---

① 但水平不同,调查均值的基尼系数从 0.701 下降到 0.671,HFCE 均值的基尼系数从 0.722 下降到 0.689。
② 这一步骤也大大减小了 MLD 指数和泰尔 T 指数的趋势差异,但并没有像基尼系数那样有效地消除差异。

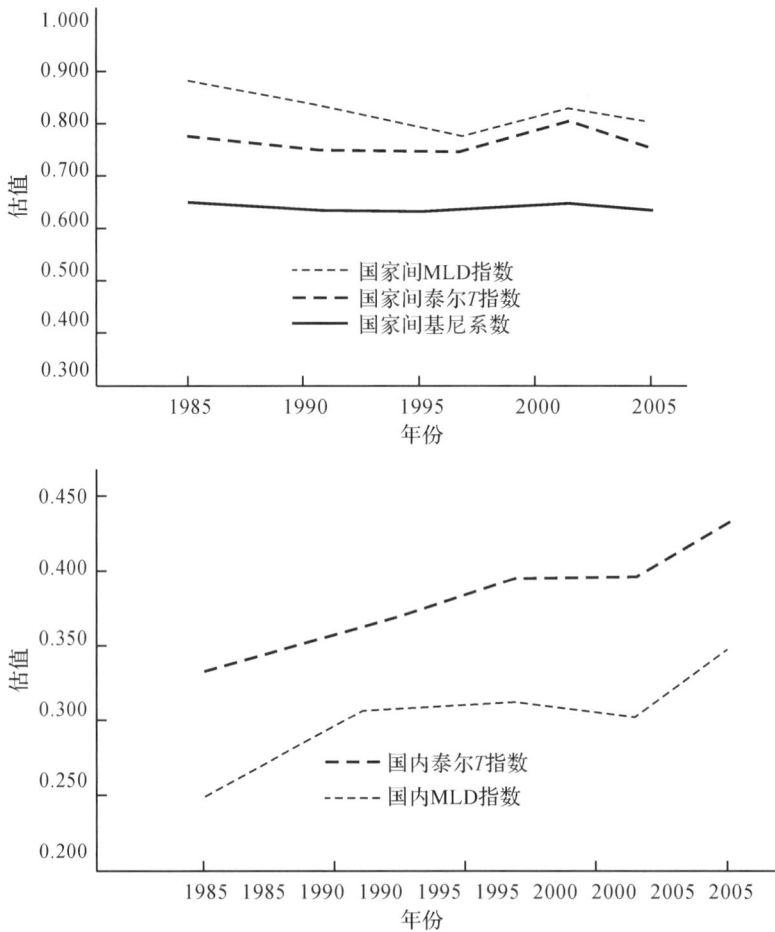

图 11.3 1988—2005 年包含高收入数据的国家间和国内全球不平等

数据来源:表11.3。

就包含顶层收入的全球不平等估计而言,我们通过观测表 11.3(图 11.3)得出四点发现。

第一,根据两种可分解指数,国家间不平等程度都高于国内不平等程度。根据 MLD 指数,国家间不平等占全球总体不平等的 70%—78%,根据泰尔 T 指数,国家间不平等占64%—70%。

第二,包含顶层收入数据会大幅增加国内组分,符合预期。对于 MLD 指数,国内组分上升 23%—25%,具体取决于年份,而对于泰尔 T 指数,则上升 57%—72%。国家间的组分也发生了变化,因为我们对最富人口收入份额的估计以不同比例增加了国家平均收入。

第三,如图 11.3 所示,1988—2005 年,不平等程度根据三个度量均有所下降。对于包含顶层收入的估计,国家间的基尼系数从 0.649 降至 0.633,下降了 2%,国家间的 MLD 指数从0.886 降至 0.806,下降了 9%,而国家间的泰尔 T 指数从 0.780 降至 0.755,下降了 3%。

第四,如图 11.3 所示,对于两种可分解指数,1988—2005 年的国内不平等程度明显上升。对于包含顶层收入数据的估计,国内 MLD 指数从 0.250 上升到 0.349,上升了 40%。国

内的泰尔 T 指数从 0. 334 上升到 0. 433,上升了 30％。[①]

　　基尼系数不是一个弱或强的可分解度量。我们可以直接界定国家间的基尼系数,但全球总体不平等的残差不能解释为国内不平等(Anand,1983)。与任何不平等指数一样,在国家平均收入等价,但每个国家相对不平等保持不变的情况下(Anand,1983),我们可以回答关于全球基尼系数和泰尔 T 指数发生了什么的问题。这个问题关系着对以下要求的评估。

　　基于国内不平等大于国内不平等的事实,Sala-i-Martín(2002)指出,"减少世界收入不平等的最佳策略是促成穷国的经济总量增长"。同样,Rodrik(2013)指出,"近期全球不平等下降的关键原因在于自 20 世纪 90 年代以来穷国增长更快",由此得出结论,"最贫困国家经济总量的增长是降低全球不平等程度的最有力手段"。对于穷国的经济增长以降低全球不平等来说,当然一定要比富裕国家的增长速度更快。在这种情况下,如果不解决国内不平等,也可能最大限度地减少全球不平等,这是通过消除国与国之间的收入差异,同时保持每个国家的不平等持续不变来计算的。根据 2005 年包含顶层收入数据的计算,基尼系数从 0. 727 下降到了 0. 437,泰尔 T 指数从 1. 188 下降到 0. 433;严格可分解的 MLD 指数从 1. 156 下降到国内组分的 0. 349。下降幅度很大,但全球不平等仍维持在一个高度不平等国家的水平。

　　在 11. 3 节中,我们指出,增长文献中 sigma 收敛的概念与任何其他全球不平等概念之间的关系不大。Bourguignon 等(2004)使用人均国民总收入,发现我们所说的概念 2 不平等在 1980—2002 年有所下降,而概念 1 不平等上升。同样,在我们的数据中,国家间不平等(即概念 2 全球不平等)在 1988—2005 年的所有度量均下降。而我们在计算概念 1 全球不平等时,发现"sigma 收敛"如表 11. 5 所示。当应用在概念 1 分配时,三种不平等度量增加:概念 1 基尼系数从 0. 501 增加到 0. 578,MLD 指数从 0. 538 增加到 0. 665,泰尔 T 指数从 0. 414 增加到 0. 580(未加权),对数平均收入的标准偏差也从 1. 15 上升到 1. 17。[②]

表 11. 5　根据包含顶层收入调查数据中人均收入计算的概念 1 不平等

年份	Gini 系数	MLD 指数	泰尔 T 指数	Sigma(对数收入标准差)	世界平均人均收入/PPP 美元	中国人均收入均值/PPP 美元
1988	0. 501	0. 538	0. 414	1. 15	3424	342
1993	0. 535	0. 574	0. 480	1. 12	3683	526
1998	0. 552	0. 594	0. 523	1. 11	3923	863
2002	0. 575	0. 655	0. 573	1. 15	4148	1042
2005	0. 578	0. 665	0. 580	1. 17	4364	1916

　　表 11. 5 还分别列出了世界和中国的人均调查收入。有几篇论文估计了不包括中国在内的全球不平等(例如 Milanovic, 2012;Sala-i-Martín,2006;Schultz, 1998),我们在图 11. 4 中给

[①] 应该指出的是,即使每个国家内的不平等保持不变,MLD 指数中的国家人口份额以及泰尔 T 指数中国家收入份额的时间变化也会带来"国内不平等"的变化。
[②] 这些数据使用了根据包含顶层收入的调查数据计算得出的人均收入。不包含高收入数据,调查本身就意味着与概念 1 不平等的趋势大致相同:基尼系数从 0. 503 上升到 0. 576,MLD 指数从 0. 543 上升到 0. 663,泰尔 T 指数从 0. 417 上升到 0. 576,sigma 再次从 1. 15 上升到 1. 17。

出了涵盖顶层收入数据的估值。数据表明,根据这三项度量,除中国外的全球不平等程度均有所上升:基尼系数上升了 0.050,MLD 指数上升了 0.217,泰尔 T 指数上升了 0.250。我们会注意到,虽然这些估计有助于解释全球不平等及其演变,但因为排除了约占世界五分之一的人口,所以对全球福利没有影响。

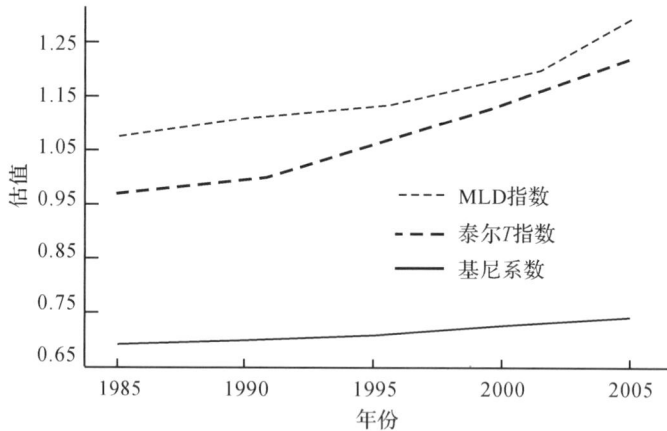

图 11.4　基于包含顶层收入的调查数据,除中国外的全球不平等

11.7　相对和绝对全球不平等

在一篇题为《我们努力测度什么》的文章中,发展经济学家 Dudley Seers(1972)对相对和绝对不平等做了生动的区分,并写道:"假设一项远景规划明确提出在未来 30 年中,巴西的人均收入翻一番,但同时假设分配或失业比例没有变化。然后在世纪之交,巴西马托格罗索州的一个大地主有四辆车而非两辆;而巴西东北部的一个农民每年可以吃两公斤肉,而不是一公斤肉。他的儿子可能仍在失业。我们真的可以称之为'发展'吗?"虽然这个例子中的相对不平等保持不变,但经济增长时,绝对差异也成比例扩大。因此除了考虑相对的全球不平等,显然还要研究例如 Ravallion(2004)指出的绝对全球不平等。

Atkinson 和 Brandolini(2010)首次对绝对全球不平等进行了深入研究。他们设定了"世界社会福利函数",该函数在全球收入分配的不同点显示收入变化的社会边际估值(另见 Anand and Sen,2000)。然后用 Atkinson(1970)关于这个社会福利函数的"平均分配的等价收入"的概念来表达不平等的绝对成本(参见 Kolm,1969)。对于任何收入分配,Atkinson(1970)将平均分配的等价收入定义为人均收入水平。如果平均分配的话,将产生与现有分配水平相同的社会福利。那么,不平等的绝对成本就是由于不平等而被"浪费"的人均收入(即平均收入减去平均分配的等价收入)[不平等的相对成本是绝对成本除以平均值,即 Atkinson(1970)相对收入不平等指数的定义]。

对于基尼福利函数,不平等的绝对成本是由基尼系数 G 乘以平均收入 μ,而相对成本为 G(Anand,1983;Sen,1973)。一般而言,平均收入 μ 乘以相对不平等度量得出相应的绝对不平等度量。对于全球相对不平等度量 G、MLD 指数和泰尔 T 指数,我们还分别估计了全球绝

对不平等度量 μG、μMLD 和 μT，其中 μ 为世界平均收入。按照 2005 年 PPP 计算的 1988—2005 年世界平均收入见表 11.6。

表 11.6　按照 2005 年 PPP 计算的世界平均收入，替代估计　　　　　单位：PPP 美元

年份	世界人均国民总收入	调查中包含顶层收入的世界平均收入	调查中不包含顶层收入世界平均收入
1988	6433	3424	3115
1993	6524	3683	3342
1998	7262	3923	3514
2002	7934	4148	3713
2005	8772	4364	3865

资料来源：世界发展指数的人均国民总收入。根据包含或不包含顶层收入数据的调查的世界平均收入估计，出自作者的计算。

表 11.7 显示了由绝对基尼系数、绝对 MLD 指数和绝对泰尔 T 指数测量的 1988—2005 年包含顶层收入的全球绝对不平等的演变，表示为根据包含顶层收入的调查数据计算的 2005 年世界平均收入（PPP 4364 美元）的比值。

表 11.7　根据包含顶层收入的调查数据计算的全球绝对不平等，

表示为 2005 年世界平均收入（PPP 4364 美元）的比值

年份	绝对基尼系数	绝对 MLD 指数	绝对泰尔 T 指数
1988	0.569	0.891	0.874
1993	0.614	0.964	0.941
1998	0.649	0.983	1.029
2002	0.698	1.077	1.146
2005	0.727	1.156	1.188

根据这三个度量，在 1988—2005 年的 17 年中，全球绝对不平等程度明显上升。鉴于这一时期世界平均收入的增长，这一结果并不令人惊讶。为了防止绝对不平等程度的上升，相对不平等程度下降的速度必须大于平均收入增长的速度——这对全球经济来说似乎不太可能。

在本章 11.2 节中，我们注意到并就其水平和变化讨论了对全球收入不平等的广泛关注。鉴于全球相对不平等程度似乎变化很小（见 11.5 节），而全球绝对不平等显著加剧（见表 11.7），对不平等的广泛关注可能是基于人们比较的是绝对而非相对的生活水平。

11.8　全球贫困

11.8.1　研究方法

与绝对的全球不平等一样，全球贫困也是基于绝对生活水平的度量。为了测量全球贫

困程度,将绝对贫困线应用于全球收入分配和计算出低于贫困线的人数。这一方式用于长期监测全球贫困情况,包括第一个千年发展目标。本卷第 9 章使用不同的贫穷线,讨论了发展中国家和区域的贫穷问题。世界银行的 Chen 和 Ravallion(2008,2012)提出的绝对贫困线,在估计全球贫困时被广泛引用。千年发展目标指消除贫困,但世界各地的调查有限,随着时间的推移,Chen 和 Ravallio(2008,2012)不得不混合使用(消费)支出和收入调查。

Chen 和 Ravallion(2008,2012)的世界银行估计使用了前面讨论的 2005 年 ICP 购买力平价,比基于之前 ICP 的购买力平价更可取。他们的数据是唯一根据调查的单位记录数据估计的全球贫困数据。这些数据没有公开发布,但明显优于其他研究人员可获得的分组数据。世界银行的方法因没有将调查数据扩大到 NA 均值而受到指责。[1]

在有关数据的 11.4 节中,我们讨论了在估计全球不平等的背景下是否使用 NA 均值或调查均值的问题。世界银行测度全球贫困的方法,与我们测度全球不平等的方法一样,使用调查数据直接估计收入(或消费)水平——把消费 PPP 换算成国际美元。至于全球不平等,一些作者通过使用国内相对分配的调查数据和国家平均收入的 NA 数据计算了全球贫困。[2]在全球不平等的情况下,我们认为直接使用调查均值优于将它们放大到 NA 水平。这些观点甚至更适用于测度全球贫困。

还有一个因素使得 NA 类型的估计不适用于估计全球贫困。我们知道调查倾向于排除非常富裕的住户和/或低报这些人的收入,因此可能会低估平均收入或消费。但这意味着扩大每户住户的收入(消费)以确保调查均值与 NA 均值相当,意味着高估了除最富有住户以外所有人的收入(消费)。换句话说,富人"缺失"的收入将在整个总体中不恰当地分配。因此,贫困状况将被低估(详细讨论见 Anand et al.,2010)。

谈到贫困线的选择,世界银行使用通常所说的"每天 1 美元"的贫困线。最初 World Bank(1990)定义为按照 1985 年 PPP 计算的每天 1 美元。这一贫困线被非正式地选定为代表最贫困国家的贫困线,换算成 1985 年购买力平价。

困难在于如何更新基于 1985 年的 PPP 值。[3] 在一个国家内,更新贫困线通常会使用基于所测度的通货膨胀的价格指数。由于国际 PPP 美元与 ICP 基准年美元挂钩,因此可能会认为我们所需要做的就是按照美国的通货膨胀率进行通货紧缩。但更新以 PPP 美元计价的贫困线并非如此简单。如前所述,计算一组购买力平价汇率涉及所有国家的价格,因此一国的 PPP 汇率变化将取决于所有国家的价格变化。1985 年,孟加拉国设定了根据 1985 年 PPP 美元计算的,并根据 1981—1993 年的美国通货膨胀率进行调整的贫困线,不同于 1993 年孟加拉国按 1993 年 PPP 美元计算的贫困线。[4]

世界银行按照 1993 年 PPP 计算更新了 1985 年的全球贫困线为 1.08 美元,现在按照 2005 年 PPP 计算的贫困线为每天 1.25 美元。这低于美国的通货膨胀率,但正如 Chen 和

---

① 例如,参见 Sala-i-Martín(2006)。
② 参见 Sala-i-Martín(2006)。
③ 该讨论借鉴了 Anand 等(2010)。
④ 一般来说,在 $t+n$ 以 PPP 计算的国民收入,不等于在 t 年以 PPP 计算的国民收入乘以其间的国内增长率并按其间的美国通货膨胀率缩减后的结果,见 Anand 等(2010)。

Ravallion(2001)所指出的:"1993 年 1.08 美元在美国的购买力低于 1985 年 1 美元的购买力,这一事实并不意味着贫困线的实际价值下降了。事实上,如果我们因 1985 年和 1993 年美国通货膨胀,简单地调整了每天 1 美元的贫困线,那么所得到的贫困线会远高于按照 1993 年 PPP 计算的十种最低贫困线的中位数。"世界银行把与国内贫困线的一致性作为确定全球贫困线最重要的标准。这可以通过国内贫困线将比其通过 PPP 通货膨胀调整后的度量更好地维持其在各自国家的实际价值来证明。因此,他们每次更新贫困线时,都将其数据集转换为最新 ICP 的 PPP 美元,从最低 10 条贫困线的中位数得出贫困线(Chen and Ravallion,2001,2008)。逻辑很清楚,但 Deaton(2010)指出,事实上贫困线最低的 10 个国家的构成会随着时间而变化,可能导致不一致:印度因增长速度相对较快,在 2005 年更新时从 10 个最低国家的数据集中退出,并且由于相对于收入水平,贫困线相对较低。相对于印度处于最低 10 个国家时,它的退出导致贫困线上升。矛盾的是,即印度收入的增加可能造成估计的全球贫困率上升。

Reddy 和 Pogge(2010)对按照 PPP 计算的每天 1 美元贫困线提出了更为根本性的疑问。他们反对采用货币计量法来度量全球贫困,并指出按照 PPP 计算的每天 1 美元贫困线不符合任何国家通用的"政绩观"或能力集。也就是说,没有理由认为一个国家按照 PPP 计算的每天 1 美元和另一个国家按照 PPP 计算的每天 1 美元能够实现同一套政绩,例如营养或住所方面。尽管国内的贫困线往往是根据一些政绩观设定的,但当使用标准的 PPP 汇率确定全球贫困线时,这种解释就失去了意义。Reddy 和 Pogge(2010)认为,应该采用明确基于政绩的门槛来界定全球贫困线。这需要在每个国家花费最小的基本能力集来制定以当地货币计价的货币计量贫困线。因此,全球以能力为基础的贫困门槛将通过这些国家贫困线在收入空间中表示,每个国家对应一种贫困线。[①] 虽然这具有理论上的吸引力,但还没有应用于实践。

11.8.2 贫困估计

更新全球贫困线的问题仍然存在争议,世界银行报告了按照不同贫困线的贫困人数。其贫困测度网站 PovcalNet 也允许用户选择一种贫困线,然后再给出估计值。最新正式公布的全球贫困人口数据(Chen and Ravallion,2012)显示,使用以下贫困线:按照 2005 年 PPP 计算的每天 1 美元,他们称之为"接近印度(旧)国家贫困线"和"即使按照世界上最贫困国家的标准都非常节俭"(Chen and Ravallion,2012);按照 PPP 计算的每天 1.25 美元的贫困线是前面描述贫困国家的国内贫困线;按照 PPP 计算的每天 2 美元。我们在表 11.8 和 11.9 中报告了世界银行的估计。

表 11.8 表明,第一个千年发展目标,即到 2015 年,将生活在"每天按照 1990 年 PPP 计算的 1 美元"(即 2005 年按照 PPP 计算的 1.25 美元)以下的人口比例减半,该目标在 2008 年已基本实现。这一比例从发展中国家的 43.1% 下降到 22.4%。Chen 和 Ravallion(2012)指出,尽管 2010 年的数据并不完全具有代表性,但实际上在 2010 年已经实现这一目标。如果

---

① 然后可以使用不同国家这个能力集的相对成本来推断隐含的 PPP 汇率。没有理由认为这种汇率会与现存的 PPP 汇率相似。

采用根据 2005 年价格的按照 PPP 计算的 1 美元的贫困线,那么目标在 2008 年已经完全实现,发展中国家的穷人比例从 1990 年的 30.8% 下降到 2008 年的 14.0%(见表 11.8)。

表 11.8 1981—2008 年世界银行全球贫困估计

年份	PPP1 美元贫困线		PPP1.25 美元贫困线			PPP2 美元贫困线	
	数量/百万人	发展中国家的比例/%	数量/百万人	发展中国家的比例%	除中国以外的数量/百万人	数量/百万人	发展中国家的比例%
1981	1545.3	41.6	1937.8	52.2	1102.8	2585.3	69.6
1984	1369.3	34.7	1857.7	47.1	1137.8	2680.0	68.0
1987	1258.9	30.1	1768.2	42.3	1182.5	2710.2	64.8
1990	1364.7	30.8	1908.6	43.1	1225.5	2864.1	64.6
1993	1338.1	28.7	1910.3	40.9	1277.6	2941.5	63.1
1996	1150.0	23.5	1704.0	34.8	1261.2	2864.8	58.6
1999	1181.9	23.1	1743.4	34.1	1297.0	2937.9	57.4
2002	1096.5	20.6	1639.3	30.8	1276.2	2848.4	53.5
2005	886.1	16.0	1389.6	25.1	1177.7	2595.8	46.9
2008	805.9	14.0	1289.0	22.4	1116.0	2471.4	43.0

注:PPP1 美元贫困线、PPP1.25 美元贫困线和 PPP2 美元贫困线这三条贫困线均按照 2005 年购买力平价计算。

资料来源:Chen 和 Ravallion (2012)。

从表 11.9 可以看出,贫困下降的分布极不均衡。在 2008 年撒哈拉以南非洲地区按照 PPP 计算的 1.25 美元贫困率,相比 1981 年的 51.5% 略降至 47.5%。2008 年这个地区的数字与 1993 年 59.4% 的峰值相比下降不少,但并没有让人感到欣慰。众所周知,全球贫困率下降的主要原因在于中国,中国的贫困率从 1981 年的 84.0% 下降到 1990 年的 60.2%,再到 2008 年的 13.1%。除中国以外,全世界也成功地减少了贫困,但速度要慢得多。除中国外的发展中国家,贫困率自 1990 年以来从 37.2% 下降到 2008 年的 25.2%,下降了不到三分之一。

表 11.9 按照 2005 年 PPP 计算的 1.25 美元的贫困线,按地区划分的 1981—2008 年贫困人头指数

单位:%

地区	1981 年	1984 年	1987 年	1990 年	1993 年	1996 年	1999 年	2002 年	2005 年	2008 年
东亚及太平洋地区	77.2	65.0	54.1	56.2	50.7	35.9	35.6	27.6	17.1	14.3
中国	84.0	69.4	54.0	60.2	53.7	36.4	35.6	28.4	16.3	13.1
东欧和中亚	1.9	1.6	1.5	1.9	2.9	3.9	3.8	2.3	1.3	0.5
拉丁美洲	11.9	13.6	12.0	12.2	11.4	11.1	11.9	11.9	8.7	6.5
中东和北非	9.6	8.0	7.1	5.8	4.8	4.8	5.0	4.2	3.5	2.7
南亚	61.1	57.4	55.3	53.8	51.7	48.6	45.1	44.3	39.4	36.0
撒哈拉以南非洲地区	51.5	55.2	54.4	56.5	59.4	58.1	58.0	55.7	52.3	47.5

续　表

地区	1981 年	1984 年	1987 年	1990 年	1993 年	1996 年	1999 年	2002 年	2005 年	2008 年
发展中国家	52.2	47.1	42.3	43.1	40.9	34.8	34.1	30.8	25.1	22.4
除中国外的发展中国家	40.5	39.1	38.1	37.2	36.6	34.3	33.6	31.5	27.8	25.2

资料来源：Chen 和 Ravallion（2012）。

全球贫困分布的一个显著特征是,大部分贫困发生在最贫困国家之外。例如,2008 年的印度是一个中低收入国家[1],然而大约有 3.8 亿印度人的生活标准低于按照 PPP 计算的 1.25 美元贫困线[2],或占全球贫困人口总数的 30%,大约相当于撒哈拉以南非洲的全部贫困人数。[3] 的确,Sumner(2012)指出,低于世界银行贫困线的多数人生活在中等收入国家。

在 11.6 节中,我们注意到国内不平等在过去 20 年中有所加剧,这表明全球贫困率的下降源自低收入和中等收入国家的总体增长的推动。然而,这并不意味着持续的总体增长是继续减少贫困的唯一途径。与富裕国家一样,国家内部的再分配也可以在减贫方面发挥重要作用。[4]

那些生活在按照 PPP 计算的每天 1.25 美元贫困线下的人口,在 2005 年的平均年收入按照 PPP 计算为 421 美元。[5] 使用我们之前所估计的全球收入分配,世界上最富有百分位数个人的年平均收入按照 PPP 计算为 9 万美元,因此比世界上最贫困的 21% 的个人富裕 214 倍。换句话说,世界上最富有的 1% 人口(6500 万人)的总收入是最贫困的 21% 人口(13.9 亿人)总收入的 10 倍多。

11.9　结语

许多国家的高收入份额不断攀升已经使不平等出现在了公共议程中,而全球化使得这一问题扩大到了全球:人们不再仅在国内比较自己的命运。而且,全球金融危机和经济衰退使全球人民的物质生活有着更加明显的关联性。因此,全球收入分配、全球不平等和全球贫困日益进入公众视野。

大量研究使用各种数据和方法估计了全球收入分配。最近在数据收集方面的进展为我

---

[1] 世界银行以美元而不是 PPP 美元定义中低收入国家。中低收入国家是指根据 2012 年价格,采用图表集法(Atlas method)计算的人均国民总收入在 1036 美元至 4085 美元之间的国家。2008 年印度的人均国民总收入按时价为 1050 美元,或按 2012 年价格为 1120 美元(按美国 CPI 上涨)。按 PPP 美元计算,2008 年的人均 GDP 按现价为 2900 美元。

[2] 这是通过将 PovcalNet(最近的可用年份)的 2009 年贫困人数应用于 2008 年人口来计算的。将表 11.9 中报告的贫困人口数量应用于 2008 年撒哈拉以南非洲的人口,意味着该地区有 3.89 亿贫困人口。

[3] 出于该原因,Collier(2007)的著作《最底层的十亿人》(The Bottom Billion)是关于人口总和约为 10 亿的一些贫穷国家。标题具有误导性:这 10 亿人并不是世界上最贫穷的 10 亿人口(Segal,2008)。

[4] 例如,在欧盟 15 国中,2003 年有 16% 的人口生活在各自国家贫困线以下,如果没有现金福利,这一数字估计将上升到 25%,总计占 GDP 的 6.6%(Guio,2005)。Ravallion(2009)研究了发展中国家内部所有针对性的再分配能力以消除贫困,想知道哪些国家可以仅通过对高于每天按照 PPP 计算的 13 美元人群征税就能消除贫困。Segal (2011)探讨了由一个国家自身自然资源租金资助的普遍无条件转移支付或"基本收入"对贫困的影响。

[5] 根据 PovcalNet 报告的 7.78% 的贫困距指数计算所得。

们提供了一个比10年前更为详细和准确的全球收入分配视角。住户调查现在覆盖了世界绝大多数人口,而跨国实际收入的比较随着2005年ICP的开展有了大大的改善。本章还强调并使用了不断扩大的税收记录高收入数据库提供的附加信息。由于调查数据通常低估或低报富人的收入,因此我们通过将顶层收入数据附加到现有的调查数据上来估计全球不平等。

本章介绍了分析全球收入分配的概念基础、不同的分配概念混为一谈而产生的困惑,以及这些概念表示出的不同不平等趋势。本章的重点在于全球人际收入分配或概念3的全球分配。这种分析隐含地假定了一个世界性的对称社会福利函数,根据这个函数,个人在世界上所在的国家或地点无关紧要。

我们的计算表明,当全球人际收入分配通过不包含高收入的住户调查数据估计时,这种分配的不平等程度非常高,但从1988年到2005年基本保持不变。基尼系数在1988年为0.705,在2005年为0.701,MLD指数从1.063略降至1.060,泰尔T指数从0.967略微上升至0.977。然而,最富人口的收入份额从11.2%上升到14.9%。Milanovic(2012)以及Lakner和Milanovic(2013)的等价估计数据也发现基尼系数基本没有变化,与我们的数据基本持平,但他们发现泰尔T指数升高,而我们发现MLD指数和泰尔T指数均有所降低。

我们认为,在所有这些估计方法中,直接从调查中获取住户收入数据比把国内分配"缩放"到NA均值的方法更为可取。此外,我们认为,如果以这种方式进行缩放,那么HFCE将优于GDP。Bourguignon(2011)将国内分配缩放到人均GDP后,发现1989—2006年全球基尼系数大幅下降,我们在使用HFCE时也有类似发现。然而,我们发现是相对于第一年即1988年,HFCE数据的调查数据覆盖范围的缩小以及调查均值和HFCE均值之间(尤其在印度)的显著分歧,造成了使用HFCE均值和调查均值估计全球不平等的差异。

当我们将顶层收入数据附加到调查分配中,涵盖对没有此类数据的国家的估算收入时,我们发现不平等程度更高,而且存在全球不平等加剧的某些迹象。基尼系数对分配顶端不平等的敏感性要低,在该情况下,基尼系数在这段时期内几乎保持不变,处于更高的水平0.722—0.735。但MLD和泰尔T指数在此期间上升,MLD仅从1.136略升至1.156,泰尔T指数从1.114升至1.188。考虑到全球收入分配的不同的潜在估计误差来源,这些变化可能在统计上并不显著。最富有百分位数人口的收入份额出现较大比例的上升——从17.3%上升到20.7%。因此,随着顶层收入数据的增加,所估计的全球不平等加剧,似乎是由于全球分配中最富有百分位人口的收入占比不断攀升。我们发现在2005年,世界上前1%最富人口的人均收入为9万PPP美元。这些人平均比世界上的最贫困人口富裕214倍,最贫困的21%人口生活在每天1.25PPP美元的贫困线以下。换句话说,世界上最富有的1%人口的总收入相当于最贫困的21%人口总收入的10倍。

利用可分解的不平等度量,全球分配中的不平等可以分解为国内和国家间的组分。我们发现国家间不平等程度在1988—2005年略有下降,而国内不平等则大幅加剧。国家间的不平等是全球不平等的较大组成部分,根据不平等度量(MLD指数或泰尔T指数)和年份,其占总体不平等的64%—81%。

虽然全球不平等增长的幅度取决于所使用的度量,但近几十年来,全球贫困率大幅度下降。考虑到国家内部不平等程度的上升趋势,正是中低收入国家的总体增长带来了这种下降。但这并不意味着持续的总体增长是继续减少全球贫困的唯一途径。通过抑制或扭转国内不平等的加剧而对国内收入进行再分配,也可以为减少全球贫困做出贡献。

致谢

我们非常感谢主编安东尼·阿特金森和弗朗索瓦·布吉尼翁详细的意见,并感谢布兰科·米兰诺维奇对数据讨论的建议。我们还要感谢安古斯·德亚顿(Angus Deaton)和 2013 年 4 月在巴黎经济学院举办的《收入分配手册》大会的参与者提出的宝贵建议。

附录:基于长期共同样本的全球不平等估计

在所有五个基准年,我们都有着覆盖 67 个国家调查和购买力平价数据的时间共同样本。表 11. A1 显示了这 67 个国家每年的总人口及该年度其占世界人口的比重。

表 11. A1　长期共同样本覆盖的国家和人口

年份	国家数/个	人口/10 亿人(占世界人口的比重/%)
1988	67	4. 16(82)
1993	67	4. 45(80)
1998	67	4. 76(80)
2002	67	4. 98(80)
2005	67	5. 13(79)

表 11. A2　1988—2005 年包含或不包含顶层收入的长期共同样本的全球不平等

年份	最高百分位的收入份额/%	最高十分位的收入份额/%	基尼系数	国家间基尼系数(占全球基尼系数的比重/%)	MLD 指数	国家间 MLD 指数(占总体的比重/%)	国内 MLD 指数(占总体的比重/%)	泰尔 T 指数	国家间泰尔 T 指数(占总体的比重/%)	国内泰尔 T 指数(占总体的比重/%)
包含顶层收入										
1988	17. 7	58. 8	0. 730	0. 653(89)	1. 159	0. 913(79)	0. 246(21)	1. 130	0. 796(70)	0. 334(30)
1993	16. 9	57. 4	0. 726	0. 634(87)	1. 155	0. 862(75)	0. 294(25)	1. 100	0. 747(68)	0. 353(32)
1998	18. 9	59. 1	0. 722	0. 632(88)	1. 093	0. 796(73)	0. 297(27)	1. 140	0. 754(66)	0. 386(34)
2002	21. 3	60. 2	0. 729	0. 642(88)	1. 115	0. 830(74)	0. 286(26)	1. 170	0. 781(67)	0. 389(33)
2005	21. 5	58. 3	0. 721	0. 624(87)	1. 141	0. 801(70)	0. 340(30)	1. 153	0. 722(63)	0. 431(37)
不含顶层收入										
1988	11. 4	54. 9	0. 710	0. 646(91)	1. 085	0. 886(82)	0. 198(18)	0. 980	0. 780(80)	0. 200(20)
1993	11. 6	54. 7	0. 706	0. 630(89)	1. 083	0. 843(78)	0. 239(22)	0. 962	0. 738(77)	0. 223(23)

续 表

年份	最高百分位的收入份额/%	最高十分位的收入份额/%	基尼系数	国家间基尼系数（占全球基尼系数的比重/%）	MLD 指数	国家间MLD 指数（占总体的比重/%）	国内MLD 指数（占总体的比重/%）	泰尔 T 指数	国家间泰尔 T 指数（占总体的比重/%）	国内泰尔 T 指数（占总体的比重/%）
1998	13.6	55.5	0.698	0.624 (89)	1.008	0.772 (77)	0.236 (23)	0.963	0.734 (76)	0.228 (24)
2002	13.3	56.0	0.705	0.633 (90)	1.029	0.798 (78)	0.231 (22)	0.991	0.760 (77)	0.231 (23)
2005	13.2	53.8	0.693	0.611 (88)	1.044	0.767 (73)	0.277 (27)	0.939	0.691 (74)	0.248 (26)

参考文献

Ackland, R., Dowrick, S., Freyens, B., 2004. Measuring Global Poverty: Why PPP Methods Matter. Paper presented at the 2004 Conference of the International Association for Research in Income and Wealth, Cork, Ireland, August. http://www.iariw.org/papers/2004/dowrick.pdf.

Almås, I., 2012. International income inequality: Measuring PPP bias by estimating Engel curves for food. Am. Econ. Rev 102 (1), 1093-1117.

Alvaredo, F., Londoño Vélez, J., 2013. High Incomes and Personal Taxation in a Developing Economy: Colombia 1993-2010, Commitment to Equity Working Paper 12.

Anand, S., 1983. Inequality and Poverty in Malaysia: Measurement and Decomposition. Oxford University Press, Oxford.

Anand, S., Kanbur, S.M.R., 1993. Inequality and development: a critique. J. Develop. Econ. 41 (1), 19-43.

Anand, S., Segal, P., 2008. What do we know about global income inequality? J. Econ. Lit. 46 (11), 57-94.

Anand, S., Sen, A., 2000. The income component of the human development index. J. Human Develop. 1 (1), 83-106.

Anand, S., Segal, P., Stiglitz, J.E., 2010. Introduction. In: Anand, S., Segal, P., Stiglitz, J.E. (Eds.), Debates on the Measurement of Global Poverty. Oxford University Press, Oxford.

Atkinson, A.B., 1970. On the measurement of inequality. J. Econ. Theory 2 (3), 244-263.

Atkinson, A.B., 2007. Measuring top incomes: methodological issues. In: Atkinson, A.B., Piketty, T. (Eds.), Top Incomes over the Twentieth Century: A Contrast between Continental European and English-Speaking Countries. Oxford University Press, Oxford.

Atkinson, A.B., Brandolini, A., 2001. Promise and pitfalls in the use of 'secondary' datasets：income inequality in OECD countries. J. Econ. Lit. 39（3），771-799.

Atkinson, A. B. , Brandolini, A. , 2010. On analyzing the world distribution of income. World Bank Econ. Rev. 24（1），1-37.

Atkinson, A. B. , Piketty, T. , Saez, E. , 2011. Top incomes in the long run of history. J. Econ. Lit. 49（1），3-71.

Banerjee, A. , Piketty, T. , 2010. Top Indian incomes, 1922-2000. In：Atkinson, A. B. , Piketty, T. （Eds. ）, Top Incomes：A Global Perspective. Oxford University Press, Oxford.

Beddoes, Z. M. , 2012. For Richer, For Poorer. The Economist. 13 October 2012, http：//www. economist. com/node/21564414.

Bernstein, A. R. , 2011. Political cosmopolitanism. In：Chatterjee, D. （Ed. ）, Encyclopedia of Global Justice. Springer, London.

Berry, A. , Bourguignon, F. , Morrisson, C. , 1983. The level of world inequality：how much can one say? Rev. Income Wealth 29（3），217-241.

Boltho, A. , Toniolo, G. , 1999. The assessment：the twentieth century—achievements, failures, lessons. Oxf. Rev. Econ. Pol. 15（4），1-17.

Bourguignon, F. , 2011. A turning point in global inequality ... and beyond. In：Krull, W. （Ed. ）, Research and Responsibility：Reflection on Our Common Future. CEP Europäische Verlaganstalt Leipzig Gmbh, Leipzig.

Bourguignon, F. , Morrisson, C. , 2002. Inequality among world citizens：1820-1992. Am. Econ. Rev. 92（4），727-744.

Bourguignon, F. , Levin, V. , Rosenblatt, D. , 2004. Declining international inequality and economic divergence：reviewing the evidence through different lenses. Econ. Intern. 100, 13-25.

Burkhauser, R. V. , Feng, S. , Jenkins, S. P. , Larrimore, J. , 2009. Recent Trends in Top Income Shares in the USA：Reconciling Estimates from March CPS and IRS Tax Return Data, NBER Working Paper 15320, Cambridge, MA.

Chen, S. , Ravallion, M. , 2001. How did the world's poorest fare in the 1990s? Rev. Income Wealth 47, 283-300.

Chen, S. , Ravallion, M. , 2008. The Developing World is Poorer than We Thought, but No Less Successful in the Fight against Poverty, World Bank Policy Research Working Paper 4703, Washington, DC.

Chen, S. , Ravallion, M. , 2010. China is poorer than we thought, but no less successful in the fight against poverty. In：Anand, S. , Segal, P. , Stiglitz, J. E. （Eds. ）, Debates on the Measurement of Global Poverty. Oxford University Press, Oxford, pp. 327-340.

Chen, S. , Ravallion, M. , 2012. An Update to the World Bank's Estimates of Consumption Poverty in the Developing World. Briefing note prepared by Shaohua Chen and Martin Ravallion, Development Research Group, World Bank, Washington, DC（03-01-12）.

Chotikapanich, D. , Valenzuela, R. , Prasada Rao, D. S. , 1997. Global and regional inequality in the distribution of income: estimation with limited and incomplete data. Emp. Econ. 22, 533-546.

Collier, P. , 2007. The Bottom Billion: Why the Poorest Countries are Failing and What Can Be Done About It. Oxford University Press, Oxford.

Deaton, A. , 2005. Measuring poverty in a growing world (or measuring growth in a poor world). Rev. Econ. Stat. 87 (1), 1-19.

Deaton, A. , 2010. Price indexes, inequality, and the measurement of world poverty. Am. Econ. Rev. 100 (1), 5-34.

Deaton, A. , Dupriez, O. , 2011. Purchasing power parity exchange rates for the global poor. Am. Econ. J. Appl. Econ. 3 (2), 137-166.

Deaton, A. , Heston, A. , 2010. Understanding PPPs and PPP-based national accounts. Am. Econ. J. Macro-econ. 2 (4), 1-35.

Deaton, A. , Kozel, V. (Eds.), 2005. The Great Indian Poverty Debate. Macmillan, New Delhi.

Deininger, K. , Squire, L. , 1996. A new data set measuring income inequality. World Bank Econ. Rev. 10 (3), 565-591.

Dikhanov, Y. , Ward, M. , 2002. Evolution of the Global Distribution of Income, 1970-99. Paper prepared for the 53rd Session of the International Statistical Institute held in Seoul, Republic of Korea, August 22-29, 2001 and updated for the 5th Conference on Globalization, Growth and (In)Equality held in Warwick, England, March 15-17, 2002.

Dowrick, S. , Akmal, M. , 2005. Contradictory trends in global income inequality: a tale of two biases. Rev. Income Wealth 51 (2), 201-229.

Durlauf, S. N. , Johnson, P. A. , Temple, J. R. W. , 2009. The econometrics of convergence. In: Mills, T. C. , Patterson, K. (Eds.), Palgrave Handbook of Econometrics, Volume 2: Applied Econometrics. Palgrave Macmillan, New York, NY.

Firebaugh, G. , 1999. Empirics of world income inequality. Am. J. of Sociol. 104 (6), 1597-1630.

Firebaugh, G. , 2003. The New Geography of Global Income Inequality. Harvard University Press, Cambridge, MA.

Guio, A. -C. , 2005. Income poverty and social exclusion in the EU25. In: Statistics in Focus, Population and Social Conditions. Eurostat, 13/2005.

Harttgen, K. , Klasen, S. , Vollmer, S. , 2013. An African growth miracle? Or: what do asset indices tell us about trends in economic performance? Rev. Income Wealth 59 (Special Issue), S37-S61.

Jerven, M. , 2013. Comparability of GDP estimates in sub-Saharan Africa: the effect of revisions in sources and methods since structural adjustment. Rev. Income Wealth 59 (Suppl. S1) , S16-S36.

Kolm, S. -C. , 1969. The optimal production of social justice. In: Margolis, J. , Guitton, H. (Eds.) , Public Economics. An Analysis of Public Production and Consumption and Their Relations to the Private Sectors. Macmillan, London.

Korzeniewicz, R. , Moran, T. , 1997. World-economic trends in the distribution of income, 1965-1992. Am. J. Sociol. 102 (4) , 1000-1039.

Lagarde, C. , 2013. A New Global Economy for a New Generation. Managing Director, International Monetary Fund, Speech as prepared for delivery, International Monetary Fund, Davos, Switzerland.

Lakner, C. , Milanovic, B. , 2013. Global Income Distribution: From the Fall of the Berlin Wall to the Great Recession. World Bank Policy Research Working Paper 6719, December, Washington, DC.

Melchior, A. , Telle, K. , Wiig, H. , 2000. Globalisation and Inequality: World Income Distribution and Living Standards, 1960-1998. Royal Norwegian Ministry of Foreign Affairs, Studies on Foreign Policy Issues, Report 6B.

Milanovic, B. , 1998. Income, Inequality and Poverty During the Transition from Planned to Market Economy. World Bank Regional and Sectoral Studies, Washington, DC.

Milanovic, B. , 2002. True world income distribution, 1988 and 1993: first calculation based on household surveys alone. Econ. J. 112 (476) , 51-92.

Milanovic, B. , 2005. Worlds Apart: Measuring International and Global Inequality. Princeton University Press, Princeton.

Milanovic, B. , 2012. Global inequality recalculated and updated: the effect of new PPP estimates on global inequality and 2005 estimates. J. Econ. Inequal. 10 (1) , 1-18.

Nagel, T. , 2005. The problem of global justice. Philos. Publ. Aff. 33, 113-147.

Neary, J. P. , 2004. Rationalizing the Penn World Table: true multilateral indices for international comparisons of real income. Am. Econ. Rev. 94 (5) , 1411-1428.

Pickett, K. , Wilkinson, R. , 2010. The Spirit Level: Why Greater Equality Makes Societies Stronger. Penguin, London.

Ravallion, M. , 2004. Competing concepts of inequality in the globalization debate. In: Collins, S. M. , Graham, C. (Eds.) , Brookings Trade Forum 2004. Globalization, Poverty, and Inequality. Brookings Institution Press, Washington, DC.

Ravallion, M. , 2009. Do Poorer Countries Have Less Capacity for Redistribution? World Bank Policy Research Working Paper 5046, Washington, DC.

Reddy, S. , Pogge, T. , 2010. How not to count the poor. In: Anand, S. , Segal, P. , Stiglitz, J. E. (Eds.) , Debates on the Measurement of Global Poverty. Oxford University Press,

Oxford.

Rodrik, D., 2013. The Past, Present, and Future of Economic Growth, Global Citizen Foundation. Working Paper 1, http://www. sss. ias. edu/files/pdfs/Rodrik/Research/GCF _ Rodrik-working-paper-1_-6-24-13. pdf.

Sala-i-Martín, X., 2002. The Disturbing 'Rise' of Global Income Inequality, NBER Working Paper 8904, Cambridge, MA.

Sala-i-Martín, X., 2006. The world distribution of income: falling poverty and ... convergence, period. Q. J. Econ. 121 (2), 351-397.

Schultz, T. P., 1998. Inequality in the distribution of personal income in the world: how it is changing and why. J. Popul. Econ. 11 (3), 307-344.

Seers, D., 1972. What are we trying to measure? J. Develop. Stud. 8 (3), 21-36.

Segal, P., 2008. Review of The Bottom Billion, by Paul Collier. Renewal 16 (3/4), 152-154.

Segal, P., 2011. Resource rents, redistribution, and halving global poverty: the resource dividend. World Dev. 39 (4), 475-489.

Sen, A., 1973. On Economic Inequality. Clarendon Press, Oxford.

Sen, A., 2000. Social justice and the distribution of income. In: Atkinson, A. B., Bourguignon, F. (Eds.), Handbook of Income Distribution, Volume 1. Elsevier, Amsterdam.

Sen, A., 2009. The Idea of Justice. Harvard University Press, Cambridge, MA.

Sumner, A., 2012. Where do the poor live? World Dev. 40 (5), 865-877.

Székely, M., Hilgert, M., 1999. What's Behind the Inequality We Measure: An Investigation Using Latin American Data, Inter-American Development Bank Working Paper #409, Washington, DC.

Tett, G., 2012. Income Inequality Comes Out of the Igloo at Davos. FT. com, 25 January 2012, http://blogs. ft. com/the-world/2012/01/income-inequality-comes-out-of-the-igloo-at-davos/.

World Bank, 1990. World Development Report 1990: Poverty. World Bank and Oxford University Press, Washington, DC.

World Bank, 2008. 2005 International Comparison Program: Tables of Final Results. World Bank, Washington, DC.

World Economic Forum, 2012. Global Risks 2012, seventh ed. World Economic Forum, Geneva.

Young, A., 2012. The African Growth Miracle, NBER Working Paper 18490, Cambridge, MA.

第 12 章 性别不平等

索菲·庞蒂厄(Sophie Ponthieux)＊,
多米尼克·默斯(Dominique Meurs)†

＊法国国家统计与经济研究所

†巴黎南泰尔大学,经济与人口研究所(INED),法国

目　录

摘要:本章考察了当今学术界是如何分析男女之间在各个维度存在的经济不平等的。除了聚焦性别工资差距这个核心问题(当然还有极其不平等的家务分担),本章还回顾了关于创业方面的性别不平等、养老金待遇上的性别差距以及新近出现的关于财富的性别差距等研究,并试图凸显两性不平等在各个方面的路径。在整个综述过程中,我们对测度问题、实证证据的范围以及因可比的大型数据集太少或者因常规方法限制性别比较的可能性等因素造成的局限性,都给予了极大关注。

关键词:性别;不平等;歧视;隔离;住户;家庭;劳动力参与;关爱家人的政策;收入;生活标准;工资;创业;养老金;财富;时间使用调查;有酬工作;家务;时间分配

JEL 分类代码:B54, D13, D14, D19, D31, I32, J16, J21, J22, J24, J26, J31, J32, J38, J71, J78, H31, H55, Z13

12.1　引言

尽管在 20 世纪下半叶,男女的经济地位有了很大的趋同,这的确是无可争辩的事实,但是还是有大量资料证明男女在经济地位方面仍然不平等:平均来说,妇女获得的就业收入低于男子,而且她们常常只能做兼职或根本没工作,她们在家里承担绝大多数的家务却无薪水可拿。但是,尽管有许多线索表明妇女的总收入低于男子,却没有直接的方法可以评估收入或经济福利方面性别差距的总体大小。研究主要的限制在于,在大多数收入数据集中,只有某些收入组成部分,而且基本上都是与工作有关的部分,能在个人层面上收集到;其他的组成部分要么是按户收集到的相关数据,要么被认为是按一户层面收集到的。这种按户收集的概念是基于这样一个假设:户中的多名成员可以从该户的共享资源中平等受益。这种关于收入分配的强假设是在缺乏家庭内实际分享程度的可靠指标的情况下做出的,因此收入或生活水平方面的性别不平等的指标即便不是存在偏差,也是有局限性的。那么,只要是不能衡量个人收入(衡量个人收入指的是能够分配一户成员之间的家庭收入),两性不平等现象最好由各种到手的收入如工资、养老金来评估,或者是用无偿工作所花费的时间来衡量,而不是基于通过假设所有生活在一个家庭里的个人都必须达到平等的经济福利水平得出的一个综合指标来评估。

家庭不仅是一个测度问题:许多男人和女人以夫妇形式组成家庭居住在一起,许多决定是以家庭为背景做出的。然后,家庭内部发生的情况,特别是有报酬和无报酬工作的时间分配情况,对于理解经济成果中的性别差距,尤其是收入、养老金和财富积累中的性别差距,是至关重要的。因此,在分析性别不平等的各个方面时,一再摆出育儿和家务的问题,这并不奇怪。劳动力市场机构、企业管理、公共政策和社会规范也在塑造行为、形成制约因素和影响机会等方面发挥了重要作用。反过来,劳动力市场地位、收入和职业前景影响着家庭内部的时间分配和相对议价能力。

换言之,研究性别不平等,如图12.1所示,需要考虑与家庭和公共领域有关的各种影响的相互作用。这样也使研究问题汇集起来,否则它们会散落在不同的文献中。

本章的目的是要对所知的内容和我们不知道的,至少不太清楚的关于性别经济不平等的最新情况进行回顾。回顾的重点是"西方"/工业化国家。这并不是因为其他国家的情况不那么有趣或不太容易出现性别不平等(这些国家这方面可能会呈现出更激进的形式),主要是因为选择其他国家会导致我们的讨论要涵盖太多其他问题,特别是经济发展和经济转型的问题。

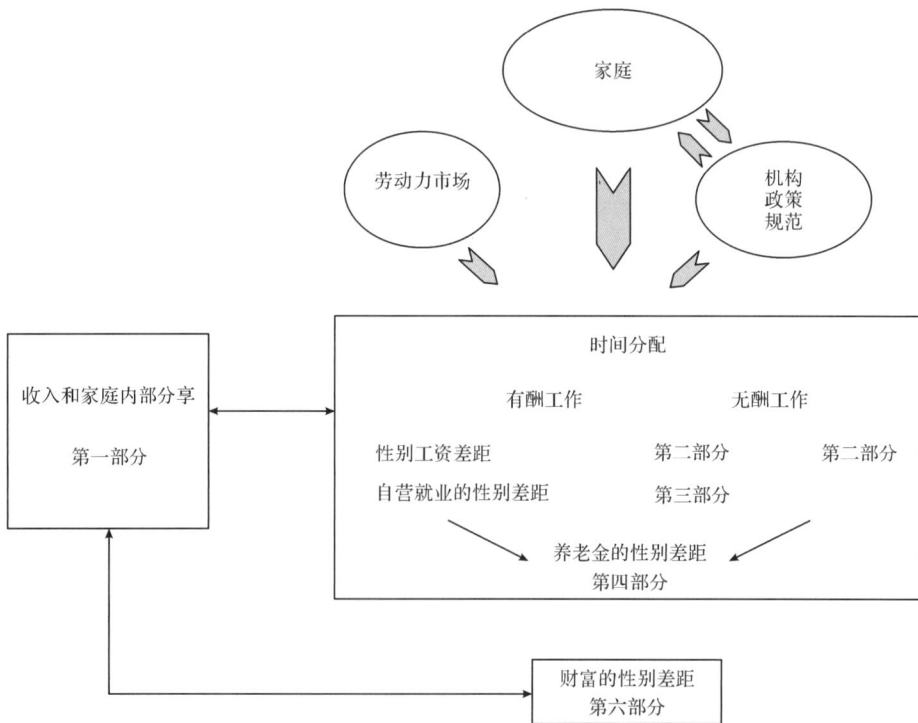

图 12.1　性别经济不平等的主要维度

本章的结构如下：12.2 节简要概述了统计资料中的收入和生活标准的现行统计办法，其中统计的基本单位是家庭，还有在测量和分析男女收入不平等情况后得出的结果。

12.3 节至 12.5 节概述性别收入差距。12.3 节专门讨论性别工资差距问题的核心问题，这一问题已得到广泛研究。12.4 节转向创业，关注女性在这个领域中参与人数不足的问题。养老金的性别差距是过去职业和家庭轨迹的结果，见 12.5 节。12.6 节讨论家庭中的"时间和金钱"问题，重点是男女之间有偿和无偿工作分配不均衡。12.7 节回顾有关财富性别不平等的相对较少但日益增多的文献。

12.2　个人和/或家庭收入与生活水平：从测度问题到概念问题，再回到测度问题

如何评估经济福利中两性不平等的程度？在富裕国家，最常见的经济福利指标是生活水准，这是一个基于收入的概念。但在收入统计中，许多收入构成只适用于家庭①，而非个人，而生活标准（即按家庭规模和组成而调整的家庭收入）是基于这样一个假设来进行测量的，即在某指定家庭中，所有收入都在家庭内分享，并对每个成员都是平等的。换句话说，常见的预设是在一个夫妻家庭中生活在一起的男人和女人之间没有任何不平等现象。如果收入没有汇集和充分共享，使用家庭层面的信息可能导致对收入和生活水平不平等的估计失之偏颇，在这样的基础上评估经济资源或福利方面的性别差距几乎是不可能的。但是偏颇会有多严重呢？问题在于人们对家庭收入的实际分配了解不多。因此，第一部分并不是关于收入中的性别不平等，而是关于测度的局限性、测度背后的方法论和概念化以及性别不平等分析所带来的影响。

根据堪培拉小组②确定的准则，收入统计没有系统地提供个人层面的收入构成，使之符合现行国际标准。虽然已经认识到经济福利相比集体概念更应为个人概念，但这些准则将家庭作为收入统计的最佳统计单位是出于务实的理由："起始单位是个人，但由于个人通常与他们所居住的其他人分享收入，因此大多数调查收集一个更大的统计单位的所有成员的收入流的信息，最常见的是家庭……对家庭内收入分配的全面评估需要收集关于家庭内部收入转移的数据，这显然很难执行。由于这些原因，选择家庭作为收集收入数据的基本单位仍然是最佳折中办法。"（Canberra Group，2011）

---

① 一个家庭被定义为"（a）一个独居者（……）或（b）两个或两个以上的人联合起来，占据一个住房单位的全部或部分，为他们自己提供食物和其他可能的生活必需品。该组合可由有关人士或无关人士或两者联合组成。该组合也可以汇集他们的收入"（Canberra Group，2011）。注意住宅、一户家庭、家庭和财政单位之间不一定有严格的对应关系。还有许多关于"一户家庭"范围定义的争论，特别是关于重组或多住户家庭的份额的增加（例如离异或分居父母的子女），使家庭收入统计进一步复杂化。

② 堪培拉小组是联合国统计方法专家组，也就是"城市小组"之一（http://unstats. un. org/UNSD/methods/citygroup/index. htm）。堪培拉小组是在 1996 年澳大利亚统计局的倡议下成立，汇集来自约 30 个国家统计机构和国际组织，如经济合作与发展组织、国际劳工组织和世界银行的代表。其目的是确定一个统一的收入统计框架，既符合国民核算的概念，又允许在微观层面上进行有关的跨国比较。这催生了第一版指南（Canberra Group，2001），并已成为国际参考（Smeeding and Weinberg，2001）。2011 年更新版指南中的概念和定义大致相同。"收入"一般被理解为一个人/一个家庭在一定时期内可以花费或储蓄的数量，而且在这个时期结束时不能比开始时期状况更糟。

为了支持实用主义,人们必须认识到,在个人之间"分配"所有的收入构成是非常困难的。第一,有些收入很难准确地归属于一个或另一个家庭成员,例如家庭获得的福利或配偶共同拥有的资产带来的收入。第二,家庭成员实际上可以分享全部或部分收入,并从住房等共享资产中获益;衡量个人的收入需要知道他/她从家庭中获得(或转移)另一个人的收入数额。此外,与他人同住会产生规模经济(共享住房、设备等)。虽然严格来说,这不是"收入",但在个人生活水平的比较中也必须考虑到这一点。所以,除了单身家庭,衡量个人层次的收入或生活水平,要么需将收入的概念限制在可以准确归属于一个或另一个家庭成员的组成部分上,要么需了解收入分享的程度和家庭内收入的分配情况。财富也是如此。但是,这种认知被两个关键的、截然不同的假设所取代:收入汇集和家庭中生活标准是平等的。就好像平等是收入汇集的自动结果,而这其实是一个独立的假设。正确的认知被假设所取代,是比较个体之间尤其是男女之间收入和生活水平的主要障碍。

本节首先简要介绍家庭收入的组成部分,重点是收入类别和收入单位之间的衔接和生活水平的标准测度方法。然后,转向了概念背景,提出了单一家庭模型及其局限性,概述了其他的非单一家庭模型,从对统计操作实践的影响的角度总结了用于家庭金融组织分析的社会经济方法。本章讨论了对个人层面缺乏了解和信息的后果,特别是对性别不平等分析的后果,重点讨论了对贫穷的评估和只考虑"单一家庭"模型对贫困政策的影响。

12.2.1 测量收入:组成部分和单位

家庭可支配收入——家庭在不动用资产的情况下可以消费或储蓄的数额——按家庭在一定时期内所收到的所有收入的总和,并扣除家庭支付的社会缴款和直接税的总和及向其他家庭的转移额来计算。在家庭中可以获得三种主要收入:工作收入/就业收入、产权收益、收入转移,有些来自其他家庭(离异后一方给另一方的赡养费、子女抚养费),大多数来自国家。[1]在这些组成部分中,主要收入单位是相当显而易见的:来自工作和就业的收入(包括工资、薪金、利润或创业的所得或损失)、一些与工作有关的国家收益转让(失业、疾病和产妇津贴、养恤金)、其他一些社会福利(如丧失能力获得的津贴或奖学金),以及一些来自其他家庭的收入转移(如离异赡养费),都是清楚地由个人获得的。至于扣减方面,和收入或养老金相关的社会缴款也是个人的。但有些其他的组成部分可以是个人的,也可以是集体的:例如,谁从房地产中获得收入取决于所有者是谁。将这种收入归于一个或另一个家庭成员,则需要有关所有权的详细信息,即谁持有房产,或在共同拥有的情况下,不同所有者持有的份额。然而,财富在家庭层面上可能比收入更为概念化;我们在本章后面(12.7 节)重新讨论这个问题。税收可以联合或分开。其他一些组成部分更有"集体性",例如家庭或住房福利。当然,在单人家庭,即家庭和个人收入相同的情况下,这些疑问都不会出现。

确定接收/支付的单位是一回事,但最重要的是统计数据集中可提供的信息在哪一个层

---

[1] 堪培拉小组还提到家庭为自己消费和实物社会转让所生产的商品和服务的价值。这些因素,虽不是货币收入,却增加了家庭的实际资源。然而,衡量家庭为自己消费所生产的商品和服务,或分配家庭间的国家实物转让价值,为预估设置了非常大的困难(尤其是预估假设的高度敏感性),而现有的家庭可支配收入的定义并没有包括它们(尽管某些数据集提供预估,例如估算租金)。本章将不会深入探讨这方面的收益的测量,这涉及关于收入概念的长期争论,斯蒂格利茨·森·菲图西(Stiglitz Sen Fitoussi)委员会的报告中也更新了相关内容(Stiglitz et al.,2009)。

面上;根据定义,严格的家庭层面的数据集不提供个人层面上的任何信息。个人的数据集通常提供的信息仅限收入部分(有时是养老金和社会福利);个人层面和家庭层面的信息都提供的数据集并不总是详细列举个人层面上收集的所有的相关组成部分。[①] 表 12.1 显示了对家庭收入组成部分按照主要的收入单位进行的一个初步分类,以及在大规模数据集(不包括偶尔调查)中最常采用的层面。它清楚地表明,根据数据集提供的信息,与就业有关的收入是唯一一个可以在个人层面上轻松计算的收入概念。因此,如果一个人不是单独生活,大多数大型数据集目前的收入统计信息不能帮助计算其个人层次的可支配收入。

表 12.1　统计数据集的收入构成、收入单位和可获得性

类别	收入组成	收入单位	数据集的获得层面
初次分配	1. 来自雇主的收入		
市场收入	a. 雇员收入(工资、薪金、奖金、遣散费/解雇费)	个人	个人层面 家庭层面
	b. 自营收入(非法人的利润/亏损)	个人[a]	个人层面 家庭层面
	2. 财产收入		
	c. 来自金融资产的收入(利息、股息)	户主(个人或家庭)	家庭层面
	d. 非金融收入资产(租金)		
	e. 特许权使用费		
再次分配	3. 目前的转移收入		
经常转账	f. 社会保障养老金/计划	个人	个人层面
	g. 其他保险利益(失业、疾病、丧失工作能力等)	个人	个人层面 家庭层面
	h. 家庭住房福利	家庭	家庭层面
	i. 其他社会福利(普遍的和经过经济调查的)	个人或家庭	家庭层面
	j. 目前来自别家的转账(离异赡养费、养育孩子和赡养父母的费用)	个人或家庭	家庭层面
	4. 目前的转移支付		
税收和缴费	k. 社会保险缴费	个人	个人层面 家庭层面
	l. 直接税收	财政单位(个人或家庭)	家庭层面
	m. 目前的家庭内转移支付	个人或家庭	家庭层面
	可支配收入 = 1+2+3-4	家庭	

a. 创业所得的"个人"性质在其是家庭生意的情况下是有疑问的。一般而言,在衡量创业的收入方面存在着众所周知的困难(见 Canberra Group, 2011)。一个特性是,创业收入包括就业和资本收入;它的收益通常是以一个会计结算期的利润额(或损失,也可能是负数)来衡量的。另一个特性就是它包括一个特定类别的就业即家庭工人,他们参与家庭成员的业务,但没有报酬。

---

① 例如,欧盟收入和生活条件统计(EU-SILC),欧洲关于收入和生活条件的统计来源,是计算指标体系的基础,它在这两个级别上提供了信息,但(在本章编写时)没有详细说明某些个人福利(产妇津贴或育儿假津贴,例如,在个人一级没有详细说明,并在家庭一级与家庭福利合并计算),也没有提供当家庭成员不是一对已婚夫妇或当征税是分开的情况下详细的税额。此外,它还在家庭一级合计税收和社会贡献。

12.2.2 从家庭的可支配收入到个人生活水准：统计方法

生活标准（或"同等收入"或"每消费单位收入"）的统计概念旨在使不同规模和组成的一户家庭的经济福利能相互比较。它的质量作为经济福利的指标是有争论的（Decancq et al.，2014；本卷第2章），但目前，它仍然是衡量"贫困门槛"最常用和最基本的依据（在美国称之为贫困线）。

当一户家庭中人数多于一人时，在测量时需要考虑这样一个事实，两个人（或三个等）生活在一起并不是一个人独居的所需的两倍或三倍，而是少于这个数量，因为他们享有分享居所和耐用消费品的规模经济以及家庭的生产带来的好处。当一户家庭中有更多的成员加入时，要使家庭保持同一水平的经济收入所需的额外收入很难衡量，因为个人在家庭中的消费没有被观察，往往是根据所观察到的不同规模和人口组成的家庭的支出进行估算的。这些估算产生了"等价尺度"，它能给出一个权重，被假定能反映相对于一个单人家庭，对每一个额外的家庭成员来说所需的额外收入。无论实际实现的等价尺度如何，任何额外成员的权重都小于1（因为如上所述，将第二个人添加到单人家庭中并不使家庭的需求增加一倍）。对生活标准主要的统计方法（或同等收入）目前使用的是所谓的"经合组织修正版"等值尺度[1]，一个额外的成人算作0.5的权重，一个额外的孩子算作0.3的权重（孩子的年龄应小于14岁）。

而在这一部分，我们对家庭生活标准的测度背后的假设和该假设在个人层面上的意义更感兴趣，这里值得简要说明的是家庭可支配收入（INC），"按人头"的方法（INC_{PH}）和生活标准或"等效"可支配收入（INC_{EQ}）之间的差异。当然，单人家庭在这方面是没有差异的：在这种情况下，$INC_{PH} = INC_{EQ} = INC/1$。如果家庭是由两个成年人组成的，那么 $INC_{PH} = INC/2$ 且 $INC_{EQ} = INC/(1 + 0.5)$；如果是有一个孩子的夫妇，$INC_{PH} = INC/3$ 且 $INC_{EQ} = INC/(1 + 0.5 + 0.3)$；$INC_{EQ}$ 总是比 INC_{PH} 高；这一差异说明了规模经济的存在。抛开对权重的争论，INC_{EQ} 比 INC 或 INC_{PH} 更好用作比较三种家庭中的经济福利水平的基础，这一点是合理的（且被广泛接受的）。但是，目前的统计做法更进一步，因为它认为，在既定家庭中的每一个人在他或她的收入等于家庭的同等收入的情况下独自生活，应该会达到他或她应有的经济福利水平；换言之，所有家庭成员都有相同的生活水准，即家庭的生活水准。正如 Woolley 和 Marshall（1994）指出的那样："常规方法通过忽略家庭内部资源分配的问题来解决测量它的问题。"反过来，这种做法对基于家庭等价收入的个体层面的指标（包括贫困指标）的实际意义提出了许多问题：如果一个家庭成员从公共池中拿回他或她的部分或全部的收入，或者家庭收入在家庭成员之间分配不均[或者等价尺度不允许规模经济在个人层面上"分配"；参见 Browning 等（2006a）]，那么方法相关度会差很多。这凸显了收入集中和家庭内平等分享的假设是使用等价尺度的必要条件（Lise and Seitz，2011），以及从家庭层面测量的变量推导个人层面的

---

[1] "经合组织修正版尺度"逐渐取代了"经合组织尺度"或"牛津尺度"（这种尺度给增加一个额外的成人0.7的权重，增加一个儿童则为0.5）。两者都没有得到一致的认可，而且还有其他各种可能的权重测量方式。关于等价尺度的许多争论在这里不会被详述[参见 Lechene（1993）、Van Praag 和 Warnaar（1997）、Lewbel 和 Pendakur（2008）、OECD（2013）关于统计实践的讨论]。请注意，美国的统计数字并没有明确地提到等价尺度，但官方的贫困线（用来衡量不同大小/组合的家庭和不同地点的家庭）其实是隐性的等价尺度。

指标是多么重要。常规方法还使得对个人幸福的衡量成为可能,这种方法通过构造,忽略了家庭内部不平等的可能性,通过构建,使得家庭内部的不平等几乎不可能评估。

12.2.3 统计方法背后:家庭"好似"个人

奇怪的是,默认家庭中每个个人都有相同生活标准的统计做法其实植根于这样一个概念:家庭"好似"单一的个人。家庭"作为个人",首先在消费理论的框架下发展起来,是一种单一家庭决策模式。这一模式极大地影响着对性别不平等的分析(见 12.4 节);这节的重点是关于收入测量实践在家庭概念上的假设和局限。

12.2.3.1 家庭行为的单一决策模型

单一决策模式包括将个人(消费者)行为转移到家庭层面:根据其喜好,家庭在单一预算约束下将单一效用函数最大化。对于一个家庭来说,要做到"好似"一个个体,需要两个主要的假设。

第一,个人偏好必须以一种或另一种方式趋同,这样家庭才能被视为一个单一的决策单位。考虑到消费者理论的实际代理人是一户住户(家庭),Samuelson(1956)提出,家庭就像是将一个基于共识的福利函数最大化,但这种说法没有解释产生共识的过程。Becker(1974a,1991)提供了将几个个体的偏好转变为单一的效用函数的另一个解决方案,即认为家庭由一个"头领"(或称为家长)——一个利他或"仁慈"的家庭成员(他关心其他家庭成员的福利)来管理。这与以共同利益(与未婚者相比已婚者所获得的收益)以及爱和关怀为基础的婚姻观是一致的——婚姻市场产生的最佳结合甚至使共享偏好成为合理的可能(Becker,1973,1974b)。在这种方法中,家长将资源转移给其他家庭成员;那么这个家庭就成为一个单一决策单位,因为家庭成员可以增加其效用的唯一方式是最大限度地发挥家长的效用,这样他反过来又会促进对家庭成员的转移。[1] 然而,这种方法已经被证明只能在非常严格的条件下进行(Bergstrom,1989);进一步的假设实际上是至关重要的,也是必要的:利他主义的家长必须能够控制资源的分配,这意味着他要么比其他家庭成员更富有(Ben-Porath,1982),要么他通过其他手段拥有了更多的权力(Folbre,1986;Pollak,1985)。

第二,家庭成员的收入必须完全汇集在一起,必须如此才能使一个家庭只有一个预算限制。收入的汇集意味着收入的(家庭的)使用方式,只取决于整个/汇集收入(和家庭的偏好)的水平,而不是收入的来源。

从收入测量的角度来看,单一决策模式告诉我们,没有必要将收入统计与个人水平的信息复杂化,因为只有家庭总收入才是有效参数,而不是每个人的具体收入状况。然而,家长不一定一视同仁地对待所有家庭成员;将所有家庭成员都输入同样的生活水平参数的统计实践可能会使这一方法更进一步。

12.2.3.2 方法论和实证问题

自 20 世纪 80 年代以来,单一决策模式在理论和实证上都受到了挑战。在理论层面上,这种方法与新古典理论基础上的个人主义的方法论原则相矛盾(Apps and Rees,1988;

---

[1] 请注意,"头领"不是明确的"他":贝克尔(Becker)在这里的表述是"性别中性"。然而,具体在贝克尔关于家庭的研究中(见 12.6.3),"头领"有很大可能是男性,根据经验,妇女的平均独立收入可能比她们的男性伴侣低。

Chiappori,1992)。按照这个原则,没有"团体行为"这样的事情,只有个人决定的结果。Folbre
(1986)也强调了"在市场上完全自私的个人(……)在家庭中则完全无私"这样一个悖论。
关于单一决策模式,连同 Becker(1974a,1991)关于婚姻和家庭内部的专业分工理论,女性主
义经济学家在考察其对性别平等分析的影响时也对它进行过很多的讨论。[①]

实证结果不能提供太多的支持。基本上,单一决策模式的检验包括验证家庭内非劳动
收入分配的变化不会改变家庭消费或劳动力供给行为的结构(因为预计这两者都只是家庭
的偏好和预算约束的结果,例如汇集的收入和价格的影响);简而言之,如何使用(汇集)的收
入应该与这是来自哪个成员的收入无关(Bourguignon et al.,1993;Browning et al.,1994;
Phipps and Burton,1998;Thomas,1990)。相反,这一结果表明,家庭成员个人收入水平的变
化会影响家庭的分配。在发展中国家开展的实证工作也使得我们对单一决策模式的有效性
产生怀疑(Kanbur and Haddad,1994),以至于到了20世纪90年代中期,一些经济学家认为现
在是时候将"举证责任"转移到单一决策模式上了(Alderman et al.,1995)。对家庭成员相对
收入外生变化影响的分析结果支持早期的结果,这样就有可能避免可能的内生性偏差(例
如,由劳动力供给变化导致的相对收入变化)。在这里,Lundberg 等(1997)做了一个有代表
性的研究;他们展示了一项英国的家庭津贴改革——钱最初是付给父亲的,改革后给了母
亲,结果家庭的童装开支增加了,这个结果显然不符合单一决策模式。[②]这种"自然实验"(更
准确地说,是由外部对家庭内部收入重新分配的变化)的条件很难找到,而且在富裕国家也
没有类似的研究。[③] 然而,考虑到1994—2008年在不同背景下的实证研究的结果和多种不
同方面的调查数据,例如劳动力供给、儿童健康、储蓄、衣着需求,以及对酒精和烟草的需求,
Browning 等(2011)得出的结论是:"证据似乎是压倒性的:单一决策模式无法合理解释一系
列结果范围广的数据集。"

12.2.4 家庭的其他模式

自20世纪80年代初以来,其他一些非单一家庭经济行为决策模式已经发展起来。与此
同时,社会学和经济心理学的一系列研究考察了家庭的金融结构。我们现在来看看这些另
外的经济模式[④]和社会经济学方法以及他们进行统计实践的其他方法。

12.2.4.1 家庭的非单一决策模式

与单一决策模式相反,非单一决策模式根据个人主义的方法论原则分析时,明确地将家
庭内的个人纳入考虑,同时也考虑到决策中相对权力的概念,分析家庭内部组织时会考虑性
别差异。非单一决策模式通常会考虑两个决策者(两者为配偶),其中每个决策者都有自己

---

① 参见 Nelson(1994)、Bergmann(1995)、Katz(1997)以及 Woolley(1996)。另见 Pollak(2003)对 Becker(1974a,1991)
的主要假设进行的深入的回顾。
② Ward-Batts(2008)使用不同类型的数据获得了相同的结果。
③ Attanasio 和 Lechene(2002)借助墨西哥福利计划(Progresa)开展分析,在这个计划中,福利只给予女性,这些改革
的结果与收入汇总假设不一致。这两项改革都做了有利于妇女的权力转移。比较 Progresa 和 Procampo(一项农
业补贴计划),后者是另一种针对男性(农民)的福利计划,Davis 等(2002)发现前者在教育支出和健康方面比后
者产生了更好的结果,但在家庭总支出和食品安全方面的结果没有差异(Ruiz-Arranz et al.,2006)。Rangel
(2006)在分析了巴西法律将离异赡养费权利扩大到同居者所带来的影响后,发现分配时间方面的决定权向妇女
转移,资源得到重新分配,向长女的教育支出倾斜。
④ 见 Browning 等(2011)对家庭行为模式和近期发展进行的深入的回顾,并参见 Donni 和 Chiappori(2011)的调查。

的效用函数①,并会考虑其外部效应,也就是说,在其效用函数中会包括伴侣的偏好。不论是每个伴侣在婚姻外获得的效用或两人共享的效用,伴侣在决策过程中的相对权力都会被考虑。两类财产被纳入考虑:私人财产,即只能由一个伴侣消费的财产(并且只包含在一个伴侣的效用函数中);可由双方同时消费的公共财产。儿童不直接影响家庭的决定,但他们的福祉被视为父母偏好中的公共财产。收入不一定被假定集中在一起(但它们的确可以),收入的来源情况影响了伴侣的相对权力,以及其他各种分配因素,即可能影响决策过程,但并不会改变预算约束的因素:通常是伴侣的非劳动收入、教育水平、健康状况、财富或社会资本。分配因素也可以与伴侣的特性无关:劳动力市场或婚姻市场的状态可能通过提供伴侣关系之外的机会来进行均势转移。Folbre(1997)也提到了"性别特定的环境参数",例如一般的妇女权利、婚姻法和离婚法,以及财产权。Agarwal(1997)将这种认识扩展到包括社会规范在内的这种环境对家庭内部议价的实际范围的影响。

除了这些广泛的特征,非单一模型在决策是否导致帕累托效率结果方面有所不同,即如果不减少其他人的福利就不可能改善一个伴侣的福利,同时其展现决策的过程的方式也不同。非单一决策模型主要有三种:合作议价模型(Manser and Brown,1980;McElroy and Horney,1981)、非合作议价模型(Ulph,1988;Woolley,1988),以及集体决策模型(Bourguignon and Chiappori,1992;Browning et al.,1994;Chiappori,1988)。基于博弈论的议价模型有一个相似的关于决策过程的假定,但不一定都要求结果是帕累托有效的;相反,集体模型并没有具体确定一个决策过程,而是假定了帕累托效率,该效率取决于关系的稳定性(Chiappori and Meghir,2014;Browning et al.,2006b;Donni and Chiappori,2011)。然而,当家庭环境不稳定时,例如,当决策改变了伴侣的相对议价能力,或者在特定背景下似乎是最优的可能却在情景发生变化时导致了非最佳结果时,帕累托效率就变得很难假定。对这些动态方面的探索是最近研究的方向之一(Basu,2006;Chiappori and Meghir,2014)。

议价模型引入了"威胁点"的概念;其基本的意思是,如果伴侣没有达成协议,伴侣双方都不会做一个导致个人效用水平较低的决定。个人效用水平(即在威胁点的效用)定义了伴侣的议价能力。Bergstrom(1996)强调,威胁点最初被定义是离婚威胁 这是一个相当激进的谈判论据。另一个是"两分领域"的模型(Lundberg and Pollak,1993);在这里,威胁并不是用婚姻解体来定义,而是定义为最低限度的合作,在合作中,每个伴侣都负责共同消费的特定领域(由社会性别规范界定)。②③ 议价方法关注于提供分析家庭内不平等权力关系的框架,以及关系是如何受到环境因素的影响。Folbre(1986)强调了这种不同于单一决策模型的重要性:"妇女经济力量的不足与家庭资源的不平等分配是相辅相成的,这使得议价能力方式有很大的说服力。"然而正如 Himmelweit 等(2013)所描述的那样,这些模型显示出了严重的预

---

① 将两个决策者自己的偏好考虑进来避免了单一模式的方法问题;然而,需要引入一定程度的"集体"理性来使结果具有帕累托效率(Bourguignon,1984)。

② 与外部威胁的不同之处在于,议价能力取决于伴侣在伙伴关系之外的效用,因为在 Lunderg 和 Pollak(1993)的设定下,它取决于伴侣为婚姻带来的资源。这两个关于威胁点的观点可能导致完全相反的政策意义。

③ 在这里没有详细论述的其他模型介绍了伴侣之间转移的可能性(Carter and Katz,1993;Chen and Woolley,2001)或者指定了几个威胁点(Bergstrom,1996)。

估困难,尤其是在需要确定一个威胁点时。

因为集体决策模型不涉及特定的决策过程,所以它们不会面对这个特殊的问题。它们可以被看作是一个大类的合作模型,现在,它们是家庭决策的主导方式。在这些模型中,伴侣最大化家庭效用函数,这可以被看作每个伴侣效用函数的加权平均;权重对应于分配规则,该规则取决于分配因素,反映了伴侣的相对权力(而不是婚姻或合作失败的"威胁点")。实证结果表明,正如预期的那样,共享规则受到家庭成员的各种特征和情境参数的影响(Browning et al.,2011)。然而,实证应用往往需要更多的假设,因为结果和共享规则都不可观察,而且统计信息往往只能在家庭层面上获得。另外,尽管可以估计共享规则的变化,但是获得预估的共享规则这件事本身要复杂得多①(Himmelweit et al.,2013)。

非单一模型为单一决策方式提供了一个概念上的替代方案,并且在家庭成员的家庭行为分析方面有了许多改进,但是从统计实践的角度来看,它们并不能提供可以比基于单一家庭决策模式而做出的方便的假设更可行的操作,部分是因为他们的预估需要额外的假设以减少其范围,部分是因为缺乏大规模的个人收入数据。

12.2.4.2 家庭内部财务:从社会经济视角看家庭收入

在社会学和经济心理学中,家庭(实际上在大多数经济模型里是夫妻家庭)被分析为权力不平等的伴侣之间议价的地方,并可能存在利益冲突。在资源交换理论的主要框架内对家庭的内部结构进行解析,可预测,伴侣中拥有更多资源(收入、教育和地位)的一方将拥有更多的权力(Blood and Wolfe,1960;Sabatelli and Shehan,1993)。资源的概念可能包括伴侣关系之外的机会和退出解决方案的成本——非常有趣,这个概念接近经济非单一模型的概念。

家庭内部收入分配问题,用金融组织术语来分析,其特点是由伴侣对货币进行管理和控制。另一个概念,它不是经济学中的概念,是不同类别的"钱",或者"钱们"〔这是由 Zelizer (1989,1994)提出的术语〕——取决于它是谁的钱,并将它与特定用途联系起来,其中一些是由性别规范塑造的:就像在劳动性别分工的情况下,金钱管理揭示了权利的性别关系(Tichenor,1999)。"钱"不是"收入",但是关于家庭中钱的问题与经济学中关于家庭收入分配的问题惊人地相似:金钱的来源是否重要? 在一个富裕的家庭里可能缺钱吗? 谁对什么钱有权利? 谁负责给定的支出? 谁对什么做什么决定?

Pahl(1983,1989)提出了一个非常有影响力的金钱管理系统分类,旨在反映对金钱控制的层次。②(1)"全部工资"系统。一个伴侣将所有工资(减去一笔"零用钱")交给另一个负责管理家庭财务的伴侣。这个伴侣可能有也可能没有个人收入。(2)"家务津贴"系统。一个伴侣交出一笔用于家政消费的金额,剩余的部分自己管理。在前两个系统中,只有一个伴侣可以控制家庭的资金。(3)"汇集"或共享系统。双方共同管理和使用共同或个人支出所需的资金。(4)"独立管理"系统。每个伴侣单独控制其收入。与其他三个系统不同,这个系统中没有家庭资金的概念,伴侣不能获得对方的钱。这个分类

---

① 这种预估的例子可以在 Couprie(2007)或 Kalugina 等(2009)中找到。他们使用的方法显然不可能被系统地实施。
② 进一步改进并区分了男性和女性对资源的控制(Pahl,1995)。

主要被运用于 20 世纪 90 年代定量社会学和社会经济学的许多专门研究中(Burgoyne,1990；Burgoyne and Morison,1997；Treas,1993；Vogler,1998)，并且仍然为最近的实证研究提供参考(Bennett,2013)。

　　Pahl(1983,1989)的分类的一个好处就是它提供了可用的调查问题①：通常，被调查者被问到他们是共同管理所有或部分收入，还是没有将收入放在一起使用，有时他们被问到将收入的多少份额投放到"共用"资金中，多少份额花在自己的私人消费上。② 实证研究发现，更经常采用共享系统的是已婚夫妇(Heimdal and Houseknecht,2003；Ludwig-Mayerhofer et al.,2006；Lyngstad et al.,2011)、有子女的伴侣(Hamplova and Le Bourdais,2009；Kenney,2006；Laporte and Schellenberg,2011；Vogler et al.,2008)、单收入家庭或者收入不平衡显著的家庭(Elizabeth,2001；Halleröd,2005)，以及经济紧张的家庭。当伴侣具有较高的教育水平(Laporte and Schellenberg,2011)、在伴侣关系已经成为过去式或者与其他家庭有财务联系时(Burgoyne and Morison,1997；Heimdal and Houseknecht,2003；Treas,1993)，比较少采用此系统。总之，考虑到不同的方法选项③和数据的限制，有时会使结果难以比较，持续时间、公共产品(特别是儿童)的存在、传统的分工以及监控低资源的需求，似乎对收入共享的可能性有积极的影响。除了这种一般模式，比较研究显示了明显的跨国变化的模式可能与不同制度和文化背景相关(Hamplova and Le Bourdais,2009；Heikel et al.,2010；Heimdal and Houseknecht,2003；Yodanis and Lauer,2007)。关于收入共享系统的总体发生率，主要结果是有相当比例的夫妇宣称他们至少为自己保留了一部分资金④，目前来说单一决策模式的另一个缺点是其概念在经济文献中与收入共享概念相同。

　　从适合研究个人收入差距的统计角度来看，用系统的"共享"问题来收集数据对研究者具有一定的吸引力。因为确定收入是否充分共享应该很简单。如果是这样，单一决策模式就会被论证可行；如果不是，一些关于家庭成员从"共享资金"中扣除的不同收入的份额的额外问题，将使得估计每个成员实际可获得或控制的收入数额成为可能。但是，由此又会提出如下几个问题。一个问题是，通过共享问题的答案，我们能真正掌握的是什么？ 是对集体金钱的认知，或是管理实践，还是如何实际控制自己或家庭的钱？ 从共享制度中推断家庭内部是否平等也很困难。伴侣之间的资产转移可以在没有收入共享的情况下进行，因此不存在收入共享并不意味着不共享；相反，收入共享不一定需要平等或公平的分享。另一个问题是

---

① Pahl(1983,1989)的分类中基于一个非常小数量(从统计的角度来看)的深入访谈大约有 120 个。

② 这些调查问卷的例子可见于 2010 年欧盟社会调查问卷的"家庭内资源分配"模块(Eurostat,2010)、加拿大统计局 2007 年综合社会调查(Laporte and Schellenberg,2011)或国际社会调查计划(1994,2002)。在 Woolley 和 Marshall (1994)的作品中可以找到一个较早的例子，他们使用 Pahl(1983,1989)的类别比较了测度家庭内不平等的各种方法。在其他的问卷中，被调查者被问到他们把他们的收入当作自己的钱还是家庭的钱，以及他们是否觉得可以自由地在未经允许的情况下利用公共收入。还设计了一些关于受访者对家庭收入的看法或满意度的问题；Kalugina 等(2009)以及 Bonke 和 Browning(2009)在预估共享规则时用到了这类信息。一些研究直接查看是否有联合银行账户的存在，而不是对家庭内的金融势力范围的问题进行提问(Woolley,2003)，但这两种方法是无法比较的，如 Burgoyne 等(2007)所示。

③ 选项包括是否合并 Pahl(1983,1989)的类别，尤其是部分共用和单独资金的部分。合并通常意在将集体系统(分配和集中系统)与所有其他被归类为个人化的系统进行对比(Vogler et al.,2008)。

④ 欧盟社会调查问卷 2010 年"家庭内资源分配"模块的主要结果显示，在欧盟 27 个成员国中，约 70%的家庭(至少有两名成人)(奥地利低至 50%，马耳他高达 85%)报告称所有收入都被视为共享(Eurostat,2012)。

受访者如何理解收入/金钱问题:与深度访谈相反,研究人员可以与受访者互动以确保达成共识,因为受访者对调查问题的解读可能与研究者预想表达的不同。最后,还有受访者的身份问题:是唯一的受访者代表整个家庭的受访者,还是夫妻双方? 如果只问一个家庭成员,他提供的信息可能有自己的演绎推断,但是询问伴侣双方可能会导致研究者必须处理相互矛盾的答案。[1][2] 除了"技术"问题,从关于共享领域的调查问题获得的信息的相关性在定性研究中也被质疑。例如,探讨部分集中和单独财务的情况时,Ashby 和 Burgoyne(2008)认为,他们(受访者)可能会在涉及感知所有权和关系承诺时隐瞒他们更复杂的实践行为,因此访问结果不能提供对伴侣生活水平或控制金钱的准确见解。

另一个问题是共享系统是否实际上符合收入共享假设。研究这个问题的几个研究似乎没有结果:Bonke 和 Uldall-Poulsen(2007)发现,共享系统和一个实验类型的测度之间有很高的相关性,这个测度是基于以下这个问题的答案——如果被调查者和他们的伴侣的收入情况发生转变,他们在自己身上的花费是否会发生变化;使用共享系统的伴侣更倾向不改变个人花费。这个结果表明,这两种方法对应相同的概念。但 Bonke(2013)使用相同的数据集(丹麦支出调查)和问题,允许家庭对大量的商品的消费进行分配,结果发现家庭支出结构似乎与收入分配相关,即使是在共享系统的家庭中也是如此。在这种情况下,共享系统将不符合共享收入的假设。

12.2.5　回到家庭内收入分配的测量和未解决问题：我们的立场、后果、性别化问题

对家庭收入分配的关注并不新鲜;1952 年,有关"家庭内部收入分配"(Young,1952)的文章开篇写道:"社会政策专业的学生感到非常痛苦,他们对家庭之间国民收入分配的认识不断增长,但其关于家庭成员间收入分配知识的增长远不能与前者相匹配。虽然没有明确提出,他们只能假设家庭……仍然可以作为一个消费单位。人们一度设定同一个家庭的成员,不能有些富有而有些贫穷……以确切统计信息来取代这些假设是很冒险的事。"60 多年过去了,我们痛苦地发现收入和经济福利的统计数据显而易见仍然是基于单一家庭决策模式[3],这似乎已经被概念化了,而这种概念化现在被广泛认为是不适当的。研究和统计实践之间的差距随着时间的推移而扩大。

当从家庭层面的变量中得出个人之间的不平等指标时,统计人员并没有意识到这个问题。尽管承认原则上利益单位是个人,但由于收入分配的相关单位是家庭,所以这一观点仍

---

[1] 在分析个人或家庭对经济福利问题的感受和回应时,Plug and Van Praag(1998)发现,当被问及维持一个像他们自己的家庭所需的最低收入时,只要伴侣之间收入差距不大,无论是单收入夫妻还是双收入夫妇,他们对此的分别的回应没有差别。

[2] 欧盟统计局关于家庭内资源共享的分析(EU-SILC,2010)显示,伴侣的反应并不一致的家庭比例很高,还有一些"全部收入共享"的家庭中,伴侣中至少有一方报告说他们保留了自己的部分收入(Ponthieux,2013)。

[3] 本章没有考察贫困的非货币指标,但值得一提的是,除了极个别的调查方式不同,衡量物质匮乏也常常是基于仅从一个受访者收集的信息,而这些信息是关于整个"家庭"的,(很少)是关于被访者及其伴侣或子女的。根据这些数据,比较家庭内个人的情况是不可能的[参见 Adelman 等(2002),他们比较了生活在不同家庭中的男性和女性]。Cantillon(2013)利用 1999 年爱尔兰的一项允许对家庭内部进行比较的调查,发现女性往往比其伴侣更贫困,尤其是某些特定的方面(例如不吃饭就离开),当衡量贫困的项目扩展到休闲活动或个人消费,特别是在有孩子的夫妻中时,这种情况就更明显了。经历贫困的夫妻比例相对较低,而且对访谈条件(对方是否在场)的反应敏感,无法得出有关明确模式的结论——这一点是 Cantillon 和 Nolan(1998)使用早期的调查做的一项研究得出的。

然站得住脚①（Canberra Group，2011），或者，最好假设收入是相互分享的而不是相反的情况（Forster and Mira d'Ercole，2009）。那么，目前如何更好地了解家庭内各成员生活水平的不平等问题仍然是一个悬而未决的问题。在收入数据概念上向前迈进一步，则需要从家庭一级的数据转向有系统地提供个人一级关于个人收到或向个人转让的收入组成部分的数据。当然，从数据收集的角度来看，这将增加研究成本，而这本身并不能解决家庭内实际共享程度的问题。但是能够尽可能地细分信息将会使测试关于收入共享的各种假设有更多的灵活性，并且也可以不在一开始就假定个人在所观察的家庭内是平等的，并在这个前提下衡量个人经济福利和分析个人之间不平等的情况。

12.2.5.1　"忽视家庭内部的不平等现象有多严重?"②

具有讽刺意味的是，评估忽视家庭内不平等的潜在后果的一个主要困难是缺乏有关个人收入的数据。然而，当设定一个家庭的每个成员都有相同的生活水平时，标准方法忽略了什么是可以弄清楚的。我们在这里引用 Jenkins（1991）提出的框架。对于夫妻家庭而言，作为家庭预算约束的生活标准（$Eq\text{-}Y$）的简化表述将其定义为夫妻各自的收入加上夫妻的非劳动收入净额（NL）之和除以等同的成年人数（n_{eq}）来说明规模经济③：

$$Eq - Y = \frac{(w_f LM_f + w_m LM_m + NL)}{n_{eq}} \tag{12.1}$$

其中，w 是收入率，LM 是花在劳动力市场的时间，f 和 m 分别表示女性和男性。

标准方法假设 $Eq\text{-}Y_f = Eq\text{-}Y_m$。这意味着 $w_f LM_f$ 和 $w_m LM_m$ 之间的任何差异都可以通过伴侣之间的隐性转移来抵消，NL 被共同或平等地分享，并且它假设规模经济在伴侣之间平均分配。考虑到其他被忽视的可能性，夫妻双方的总收入，包括规模经济（假设可分），公式可以改写为

$$Eq - Y = \left[a_1(w_f LM_f) + b_1(w_m LM_m) + a_2(NL_f) + b_2(NL_m) \right]$$
$$+ \left[\frac{(1+a_1)w_f LM_f}{n_{eq}} + \frac{(1-b_1)w_m LM_m}{n_{eq}} + \frac{(1-a_2)NL_f}{n_{eq}} + \frac{(1-b_2)NL_m}{n_{eq}} \right]$$

其中，右边的第一部分对应于未共享的收入数量，a_i 和 b_i 代表伴侣各方从共享资金中收回的收入份额。

与标准方法相比，假设任何 a_i，$b_i = 0$，并且 w_f 和 w_m 之间或 LM_f 和 LM_m 之间的任何差别都不计算，因为收入完全共享，导致 $Eq\text{-}Y_f = Eq\text{-}Y_m$，第二个表达式允许 $Eq\text{-}Y_f$ 和 $Eq\text{-}Y_m$ 之间的差值等于 $\left[b_1(w_m LM_m) - a_1(w_f LM_f) \right] + \left[b_2(NL_m) - a_2(NL_f) \right]$。

这一数额显示出夫妻之间可能被忽视的不平等现象；它涉及伴侣收入之间的不平等程度，是共同还是分开收取非劳动收入（如果是资本收入，就会出现多人家庭的资产所有权问

---

① 值得注意的是，Canberra Group（2001）最终提出的问题并不是收入集中和家庭内平等分享的假设，而是确定相关收入单位的问题，"那么相关的单位是一个人或一组相关人员，在一个家庭内，他们对收入的支配是共享的"，这是一个被认为是理所当然而不是需要被检查的条件。

② 这个标题是从 Haddad 和 Kanbur（1990）借来的。他们利用菲律宾营养状况不平等情况调查发现，忽视家庭内不平等会导致对不平等程度的严重低估，但并没有彻底改变除男女之间的不平等模式外有关不平等模式的结论。

③ 为了进一步简化，家务时间不被考虑在内。

题),当然,它还涉及伴侣双方从共享资金中取回的份额。这个份额是大还是小还不得而知。然而,欧盟"家庭内部资源分配"调查[欧盟"收入与生活条件统计"(SILC)2010 年特设模块]中的"共享问题"提供了一个个人和家庭比例的数量级,条件是这个份额不能为 0。超过 21个欧洲国家,居住在多人家庭、从共享资金中拿回一部分的成年人的平均百分比约为 47%。在家庭一级,包括一人家庭(这种情况下完全共享的假设永远成立),至少有一个家庭成员没有将全部收入放入共享资金的家庭占全部家庭的 38%(Ponthieux,2013)。尽管在解读"共享问题"时需要谨慎(见 12.2.4.2),但以上数据表明,如果在不是特别合理的设定下,假设完全共享的风险相当高。下一个问题是它对衡量男女经济不平等产生的影响。

在 20 世纪 90 年代,一些研究探讨了如果不是基于家庭内部平等的假设,男女的贫困率将与常规方式得出的有何不同(Borooah and McKee,1993;Davies and Joshi,1994;Findlay and Wright,1996;Fritzell,1999;Phipps and Burton,1995)。最普遍的原则包括采用"不平等"的收入分配,而不是由标准假设假定的平等分配;"个人"收入被计算,其中只有家庭非劳动收入是共享的,使用了关于如何分配这些收入的假设。① 不管年份、国家或方法如何,所有这些研究都发现,偏离标准假设的结果扩大了贫穷的性别差距(见表 12.2)。就已婚男女而言,不同于用传统方法获得的同等贫困率,妇女的收入贫困率明显较高,男子的收入贫困率明显降低;当所有住户都包括在内的时候,这种变化就不那么明显了,因为一人家庭(该假设对此种家庭无效)所占的相对份额削弱了它的程度。

Sutherland(1997)计算个人收入是基于如下假设:所有收入都由收入获得者保留,收入的集体组成部分由户主收取,而家庭收益则由母亲收取——Sutherland(1997)也分配给她们照顾孩子的责任。她表示,女性在个人收入分配的最低分位数中所占比例不均衡,而在家庭收入分配的每个分位数中,男性和女性所占比例却大致相同。Meulders 和 O'Dorchai(2010)的一项研究表明,基于家庭收入或"个人"收入的常规方法之间算出的差距仍然很大。利用2006 年欧盟统一的 9 个国家的数据(EU-SILC),他们将个人收入计算为成年男性和女性单独收入的总和,而对于居住在多人家庭的人,只有在家庭一级才可获得的收入组成部分相等。② 然后,他们计算个人收入中位数的 60%的门槛值,并测量出个人如果只靠自己的财力资源,就会面临低于这个门槛(称为"财务依赖")的风险。③ 两种方法的比较表明,传统方法对女性的影响大于男性:在 9 个国家中,男性的"财务依赖率"与贫困率的比率为 0.7—1.4,女性的比率从 1.7 变为 3.3。

---

① 这与"女性化贫困"文献中关于以单身男女为主的家庭的文献所形成的方法截然不同,这种观点认为夫妻家庭,根据定义,根本无法在性别上造成贫穷差距。这些方法的局限性在于,它们不允许将性别的影响和家庭组合的影响加以整合(Bennett and Daly,2014)。主要结果表明单身母亲和单身老年妇女面临的贫困风险高于平均水平。比较研究显示,与妇女参与就业和社会政策有关的跨国差异显著(Barcena-Martin and Moro-Egido,2013;Brady and Kall,2008;Gornick and Jantunt,2010;Kim and Choi,2013;Wiepking and Maas,2005)。

② 数据在个人层面上没有提供的收入构成部分是资本收入、净家庭间转移、家庭福利、税收和社会缴款。平均分配社会贡献(基于劳动收入)是有争议的,但这些数据确实只提供了税收和社会贡献的总和。

③ 这并非完全正确,因为计算"个人"收入包括对共同收入成分进行等分,这些成分可能至少部分与当前家庭组成(如国家转移和税收)有关,当家庭组成发生变化时,它也会随之变化。平均分配资本收入也许是不现实的,因为它不一定是共同的收入。另一个限制是,除非假定劳动力市场地位完全与个人在家庭中的地位无关,否则个人收入也可能不同。

表 12.2　性别分享假设和贫困风险　　　　　　　　　　　　单位:%

分享假设 作者,国家,年,人口	平分家庭收入		其他分享假设	
	男性	女性	男性	女性
女性获得伴侣双方市场收入的 30% Borooah 和 McKee(1993),英国,1985 年,夫妻 低于平均等价收入的三分之二的百分比	33	33	14	66
每个成年人掌握自己的收入[a] Phipps 和 Burton(1995),加拿大,1986 年,夫妻 低于 50% 的平均等价可支配收入的百分比	10.5	10.5	4.5	28
每个成年人掌握自己的收入[a] Davies 和 Joshi(1994),英国,1986 年,夫妻 等价可支配收入第二十百分位以下的百分比	15	15	11	52
女性获得比他们的等价收入低 20%[a] Findlay 和 Wright(1996),意大利, 1986 年,均为成人 低于 50% 的平均等价可支配收入的百分比	17.5	16.8	15.4	27.1
女性获得比他们的等价收入低 20%[a] Findlay 和 Wright(1996),美国,1985 年 1986 年,均为成人 低于 50% 的平均等价可支配收入的百分比	17.0	22.6	15.9	30.3
不分享[a] Fritzell(1999),瑞典,1991 年,年龄小于 65 岁的成年人 低于 50% 的平均等价可支配收入的百分比	4	3.9	4.5	9.6

注:[a] 表示作者还提出了没有包括在本表内的其他家庭人口构成的假设或计算。

这些结果似乎令人信服地回答了上面的问题:是的,忽视家庭内部的不平等的后果可能是严重的。[①] 但是,尽管他们清楚地表明假设很重要,但要根据个人生活水平得出结论的确非常困难;主要结论是生活水平是一个家庭层面的概念,家庭层面的信息不能说明家庭内部的个人情况。

12.2.5.2　性别经济不平等的标准假设与评价

如上所示,通过建构,家庭内部平等的标准假设严重限制了对性别不平等程度的评估。问题的关键在于家庭维度与个人特性纠缠在一起,不仅几乎不可能对性别经济不平等进行总体评估,而且还掩盖了家庭维度背后的性别不平等的因果关系的因素。这并不是说家庭维度对男性和女性的经济成果没有影响——这肯定会产生强烈的影响,这一点在接下来的章节中将会很明显,但传统的经济福利措施将个人和家庭混为一谈,使得对个人情况的评估很棘手。分析方面的挑战是将个人结果从家庭结果中分离出来,以了解"家庭维度"如何促成(因为是在家庭环境下做出的决定)和掩盖了(因为家庭内部不存在不平等的假设)性别不

[①] 标准方法也会出现各种偏差,因为等价可支配收入是直接测量独立生活的个人,而对其他个人的收入测量则需考虑很多假设。这些强大的假设本身可能会导致统计失真,通过比较两个伴侣分离前后的情况可以很容易地说明这一点[参见本书第 16 章对 Chiappori 和 Meghir(2014)的介绍]。

平等。反过来,这种理解可能会对旨在减少不平等的公共政策方面产生各种影响。

个体劳动力市场状况和结果与贫困风险的比较尤其明显。在劳动年龄人口中,尽管妇女参与劳动力市场的比例较低(见 12.3 节),而且如果她们工作,她们在低收入工人中的比例过高(Grimshaw,2011),但她们不会面对比男性明显更高的贫困率:英语国家的差距(女性—男性)在 2.2% 到 2.9% 之间,欧洲大陆和南欧国家在 0.9% 到 2.1% 之间,而在北欧国家则为负值[数字来自 Görnick 和 Jantii(2010)的表 1①]。此外,Görnick 和 Jantii(2010)表明,在低收入或无收入的劳动年龄人群中,女性比男性更不容易成为穷人。在一项包括 22 个欧盟国家的研究中,Maitre 等(2012)在低收入者中发现相同的模式:男性的贫困风险显著高于女性。在对贫困劳动者的实证研究中也强调了类似的"性别悖论"(Peña-Casas and Ghailani,2011;Ponthieux,2010)。这当然与这个事实有很大关系——在劳动年龄人口中,大部分男女生活在夫妻家庭,这种构成不存在架构不平等的情况。妇女经济福利的衡量标准与其个人经济活动的相关度,与男性相比似乎要小得多。但是,这正是因为他们的收入平均低于男性。由于这种不平等以及不独居的成年人所占比例较大,平均分享假设对妇女贫困率预估的影响最大。

这在公共政策方面意味着什么?许多社会转移以家庭(财政单位)为目标并根据家庭层面测量的结果评估其效率。其隐含的假设是,满足个人的需求是通过满足家庭的需求来实现的——这实则是另一种单一决策模式的形式。当个人利益受到家庭资源的限制时,情况也是如此,会假设在非贫困家庭中不存在有需要的个人。它是如何影响家庭内部个人的经济福利的,在结构上难以精确评估,因为传统的经济福利措施和政策目标是源于家庭层面的信息。虽然没有统计资料可以评估非贫困多人家庭的个人贫困发生率,但有理由相信,忽视家庭内部资源分配可能造成性别不平等的持续存在。将个人有权享有的权利与其家庭成员的行为或资源联系起来的政策,可能会加剧男女之间资源分配的不平衡以及女性的经济依赖。

然而,即使人们接受这样一个说法:家庭内部转移如此有效,即使个人资源不平等也可通过此法来实现平等的生活水平,住户内部资源的不平衡并不是一个问题,但这与实证结果相反,这种均衡可能是脆弱的。越来越多人不愿意结婚,而是更愿意同居,离婚率或分居率都呈现上升趋势,这将导致个人在其生命周期中所属的家庭数量和种类的增加。这表明,采取家庭结果来评估个人情况可能变得越来越不相关。从衡量和分析性别不平等的角度来看,这就要求改变框架;只要妇女的劳动力市场结果不如男性那么有利(现在情况依然如此),绕过家庭内不平等问题的这种标准方法,掩盖了市场与家庭之间的关系中的性别不对称以及自主性、风险和机会方面的不平等。

12.3 性别工资差距

女性在劳动力市场的参与度日益上升已成为 20 世纪下半叶的一个主要趋势。与此同

---

① 他们的估计是根据 21 世纪初的数据得出的,但数量级仍然可比(针对欧洲国家)以及欧盟统计局的最新统计数据。

时,女性的教育水平也赶上了男性,在几乎所有发达国家中,其平均水平甚至超越了男性;技术变革也让女性获得了更多的职业机会。自 20 世纪 70 年代以来,由 Goldin(2006)命名的"无声革命"影响深远,它不仅改变了女性对她们职业生涯和家庭生活的期望,也改变了公众对女性社会角色的态度。如今,在大多数工业化国家中,女性,特别是母亲,能够参加有偿就业几乎成了一种常态;双收入家庭多于"男性养家户"家庭;性别平等成为一项明确的政策目标,许多国家的法律明令禁止性别歧视。然而,女性在劳动力市场的成果仍然远低于男性。

本节概述了对工资中性别不平等的分析,其中特别侧重于近期对其持续性的新解释的研究。近几十年来,这种差距在许多经合组织国家已然缩小,但如今这种趋同似乎变得非常缓慢(如果不是静止不变的话)(Blau and Kahn,2006a,2006b)。自 20 世纪 70 年代初以来,男性平均工资水平高于女性,分析认为,该事实通常由两个主要因素导致:一是生产力方面的性别差距(由于女性工作时人力资本和/或付出努力水平较低),二是性别歧视(Altonji and Blank,1999)。随着女性人力资本(教育和经验)赶超男性,这些变量与解释性别工资差距的相关性越来越小。现今存在的典型事实是,性别工资不平等是由职业中的性别差异以及职场高层女性的缺失造成的。这就提出了一个问题,即为什么女性仍然无法获得和男性差不多的职业。大量的文献涌现,争相为此提出解释,这些解释都是复杂的,并且远远超出了标准人力资本模型的范围。这类文献不断增加,它们融合了心理因素和社会规范,并为个人行为与劳动力市场结果之间的关系提供了全新阐释(Bertrand,2010)。然而,这并不能排除无报酬工作的不平等份额在性别工资差距中所起的核心作用。子女仍然处于劳动力市场上性别不平等的核心地位,而家庭制约因素则会造成职业中断、兼职工作兴起、工作时间缩短,以及工资进展缓慢。在回顾这些发展之前,首先我们将简要回顾 20 世纪 90 年代以来的主要趋势和跨国差异。

12.3.1　性别劳动力市场结果的主要趋势和跨国差异

工资是按性别分列的最可用收入数据之一,但比较不同时间和国家之间的工资(以及性别工资差距)并不简单。理想情况下,性别工资差距的比较应当基于能够涵盖所有员工、部门和行业的数据以及一致的工资概念。然而,这样的数据根本不存在。由于可能的统计来源(自主报告或行政数据)种类繁多,范围(例如覆盖部分或全部部门及行业,包括或不包括兼职人员)及工资概念差异(尤其是它是否包括加班、奖金等)都存在差异,国家来源提供的信息并不一定可以直接用于比较。工资差距指标可以根据每时、每周、每月或每年的工资进行计算,当然各计算结果不尽相同;它们来源于所有员工或仅限全职员工,后者更为常见;它们可以被计算为平均工资或中位工资的级差。因此,即使在同一个国家和同一年内,性别工资差距的大小也可能不同,这一点不足为奇。正因如此,比较国家之间的性别工资差距更为棘手(关于在国际比较中可比数据用于测量工资差距的重要性,参见 Salverda and Checchi,2014)。

12.3.1.1　正在缩小,但各国速度不一,且不完全趋同

以下对趋势及跨国差异所作的概述也存在这些限制。信息来源于经合组织。经合组织

提供的信息具有范围和时间覆盖(1975 年至 2011 年,但并非所有国家)的优势;一个缺点是这些信息是基于国家来定义的;另一个缺点是它只涵盖全职工作(少数案例中是全职等效工作),因此无法评估兼职工作对性别工资差距的影响。图表是最容易"看到"一段时间里的趋势的方法,所以图 12.2 以经合组织国家为样本,呈现了 1975—2009 年的平均性别薪酬差距,并利用 4 年移动平均数使其变化趋于平滑。

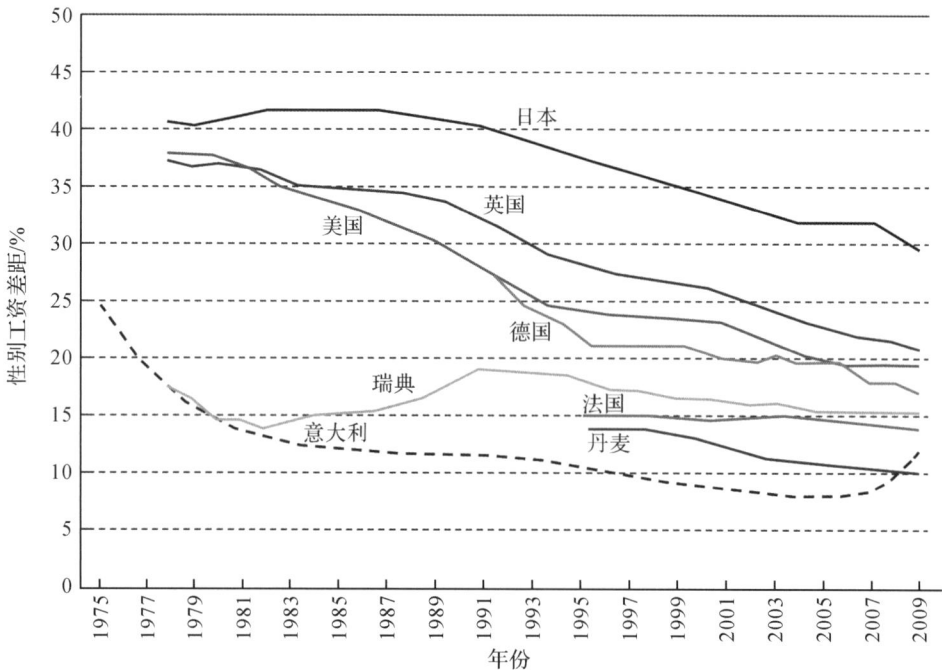

图 12.2 1975 年至 2007 年选取的经合组织(OECD)国家中的性别工资差距
(利用全职工人的 4 年移动平均数)

注:工资差距等于男性平均工资减去女性平均工资再除以男性平均工资。差距是根据各国的不同工资概念(年度,月度,小时)来衡量的。

资料来源:经合组织,2012 年就业数据库,国家定义和来源。

性别收入差距起初快速缩小随后速度愈缓这一普遍观点,在美国已被明确证实,然而其他经合组织国家的差距变化模式并没有那么统一。20 世纪 80 年代见证了美国历史上性别工资差距最为显著的一次缩减。此次缩减发生于美国劳动力市场不平等水平急剧上升的时期,因而更具非凡意义。这项变化在 Blau 和 Kahn(1997)的著名论文中被称为"逆流而上":日益提升的女性资历,特别是她们的经验和职业,缓解了不平等。在经合组织国家中,自 20 世纪 90 年代末以来,性别工资差距缩小的速度一直在减缓(英国和日本除外,其缩小速度始终不变),有的则停滞不动,意大利的甚至还在增加。

从历史角度看,性别工资差距普遍缩小,其背后的主要因素是女性受教育水平(Goldin et al. ,2006),劳动力市场经验以及相关收益(O'Neil and Polachek,1993)的提高。自 20 世纪 70 年代以来,我们可以观察到,在大多数经合组织国家,女性教育水平得到了显著提高,性别教育差距也发生了一定的扭转。在 32 个经合组织国家中,有 29 个国家其女性地位高于男性;

2009 年,大学毕业生中大约 60％是女性(OECD,2012)。然而,学位专业仍然具有高度的性别分化特点:工程、制造和建筑专业的毕业生中只有 26％是女性,而在健康和福利专业中,女性毕业生的比例超过 75％(OECD,2011a)。这对职业分割有非常重要的影响(见下文)。

　　劳动力需求和女性劳动力供给变化提高了女性对劳动力市场的参与度和依附性,且相应地增加了她们的工作经验。重大技术变化,如计算机化①和服务业的兴起,推动了需求变化。在供给方面,两种技术变革通过改善其限制因素,促使女性更深入地参与劳动力市场,这些改进手段包括:一是家用科技的进步,减少了家务劳动所需的时间(一个备受争议的因素,参见 12.6 节);二是避孕药的使用,Goldin 和 Katz(2002)强调了其在允许妇女推迟生育,将更多时间用于接受教育和工作,并"在结婚和组建家庭之前完成自我身份的形成"中所发挥的核心作用(Goldin,2006),这才是真正的文化变革。然而,这些变化的影响(发生在美国之外的延迟和强度各不相同)是一种一次性影响,它无法解释 20 世纪 90 年代和 21 世纪第一个 10 年男女参与率趋同的持久趋势。② 在大多数国家,这种趋势源于女性劳动力参与率的持续上升和男性劳动力参与率的轻微下降(图 12.3)。日本和美国是例外,其参与率都有所下降(但男性降幅大于女性);瑞典则几乎没有改变;西班牙的男性参与率有所上升,但增幅仍远低于女性。

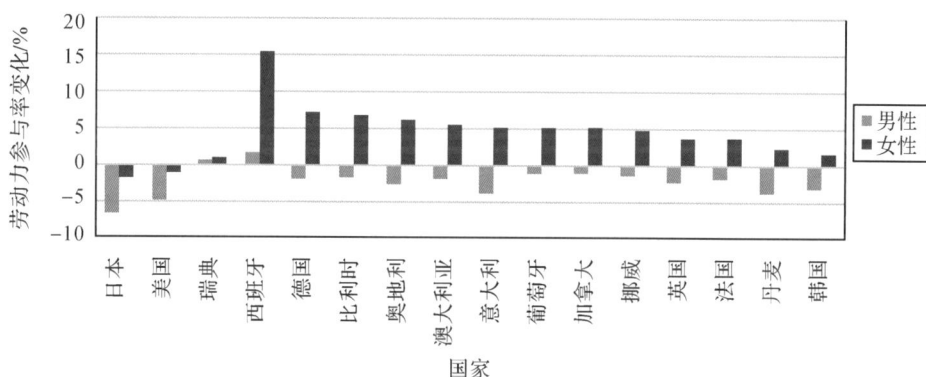

图 12.3　1990—2011 年男性和女性劳动力参与率的变化

资料来源:经合组织,2012 年就业数据库。

12.3.1.2　性别劳动力市场结果:经合组织国家概览

　　在 2010 年底,经合组织国家的平均性别工资差距约为 16％,但各国差异很大:3 个国家超过 25％,3 个国家处于 20％至 25％之间,9 个国家处于 15％至 20％之间,10 个国家处于 10％至 15％之间,剩余 8③ 个国家则不到 10％(见表 12.3)。

---

① Weinberg(2000)发现,计算机化可能占美国女性工人需求增长的一半以上。
② 妇女参与率的持续上升可能主要是由于大多数 OECD 国家扩展了工作与家庭间调解政策(Blau and Kahn,2013)。
③ 译者注:原文为 7 个国家,疑似有误,现更正为 8 个国家。

表 12.3　2010 年经济合作与发展组织国家按性别工资差距大小分组排列(在全职工人中)[a]

<10%	10%—15%	15%—20%	20%—25%	>25%
丹麦	斯洛伐克	英国	以色列	韩国
挪威	瑞典	奥地利	荷兰	爱沙尼亚
比利时	冰岛	芬兰	土耳其	日本
新西兰	法国	美国		
卢森堡	澳大利亚	加拿大		
匈牙利	葡萄牙	瑞士		
波兰	希腊	德国		
西班牙	斯洛文尼亚	智利(2011)		
	爱尔兰	捷克		
	意大利			

注:[a] 各组国家按差距由高到低依次排列。
资料来源:经合组织就业数据库。

有几个因素可以帮助解释这些差异。这些因素中最为重要的是国家工资结构中的不平等程度。其他可能的是就业率、兼职工作和失业率中的性别差异,但不甚重要。我们将简要回顾这些指标在各个国家间的差异。

12.3.1.2.1　工资结构

由于女性往往集中在工资分配的底层,更紧凑的男性工资结构缩小了性别工资差距,如 Blau 和 Kahn(1992,2003)所示:在工资分配不那么普遍的国家中,由于女性在男性工资分配中的排名不利,平均工资差距自然更小(Blau and Kahn,1996)。Blau(2012)为这种机制给出了一个典型例子,他将瑞典和美国进行比较。两国性别收入比率(调整为按工时)分别为 77.3% 和 65.4%,在瑞典,女性在男性工资分配[①]的平均排名为 28.2,在美国为 32.3。但是,因为瑞典的工资分配更为压缩,所以尽管瑞典女性在工资等级中地位相对不利,其收入差距却比美国更小。[②] 工资结构压缩本身在很大程度上取决于工资制定机构的差异:高度集中的工会工资设置可缩小工资差距,并对低收入工人产生积极影响,大部分低收入工人为女性;同样,最低工资的存在能够通过限制其最低可能水平[关于劳动力市场制度和工资分散,参见 Salverda 和 Checchi(2014)]提高女性的相对报酬。

12.3.1.2.2　就业中的性别差距

尽管存在趋同,但女性的就业率普遍仍远低于男性(图 12.4),并且可以发现性别工资差距可能与就业中的性别差距负相关。例如,英国的就业差距远小于意大利,而意大利的工资差距远小于英国(见表 12.3)。正如 Olivetti 和 Petrongolo(2008)所示,这是由就业选择的影

[①] 根据其工资,每位女性在男性工资分配中拥有一个特定排名。男性分配中的女性平均百分比就是这些排名的平均值。如果女性的工资分配与男性的工资分配完全相似,那么该平均值就等于50。女性的平均排名越低,她们在工资等级中的地位就越不利。

[②] 女性在男性工资分配中的排名作为一项能够衡量工资等级中性别差异的指标,非常有用,它还补充了平均性别工资差距,从而给出了排名不平等的货币效应。遗憾的是,这项指标在公开发布的统计数据中非常少见。

响造成的:受雇女性人数越少,她们被明确选中的概率越大,相对工资也越高。在一项关于两德统一对民主德国影响的研究中,Hunt(2002)也发现了类似的结果。她发现,在两德统一四年后,原民主德国的性别工资差距下降了 10 个百分点。但同时她也发现,由于对低技能工人的需求减少,女性的就业率比男性下降了 6%,而这种退出就业造成的差距则能够大致解释女性相对工资的增长。

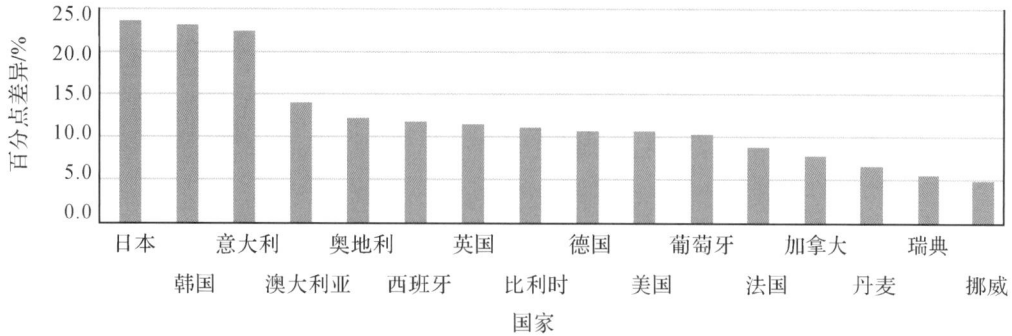

图 12.4　经合组织(OECD)国家 2011 年就业中的性别差距

资料来源:OECD(2012)。

　　然而,意大利和日本两国之间的对比表明,女性参与就业与性别工资差距之间的关系并不统一,两个国家的性别就业差距都很大(在图 12.4 所示国家中差距较大),但在性别工资差距方面,两者毫不相近(见表 12.3)。与"随机"雇佣的男性相比,意大利职业女性的技能水平日益提升,而日本的教育性别差距依然显著,就业女性大多集中于兼职或短期工作,男性则占据最佳和最高收入岗位[参见 Chang 和 England(2011)关于亚洲工业化国家内部性别不平等的异质性]。

12.3.1.2.3　兼职工作

　　兼职工作是女性就业的典型特征。男性在兼职工作中的比例略有增加,但在 21 世纪第一个 10 年末,在大多数经合组织国家中,平均比例仍远低于 10%(荷兰明显例外),但它表明女性的这个比例在 15% 至 40% 之间,荷兰的则高达 60%。比较就业总量或全职就业可能会导致对跨国差异产生截然不同的看法。图 12.5 显示了经合组织国家就业中的性别差距(OECD,2013),采用了两项衡量指标:就业总量差距和全职等效就业差距(兼职时间定义为每周少于 30 小时)。这两项指标之间的对比反映了男女兼职就业比例的差异。这种差距可能非常大,例如在荷兰、德国和瑞士;也可能较小,例如在奥地利、瑞士和英国。兼职工作有助于女性参与劳动力市场,特别是通过它使平衡工作和家庭约束更为简单(Jaumotte,2003),但可能会对妇女的职业和工资产生不利影响(见下文)。遗憾的是,如前所述,经合组织无法提供包括兼职就业在内的性别工资差距指标。

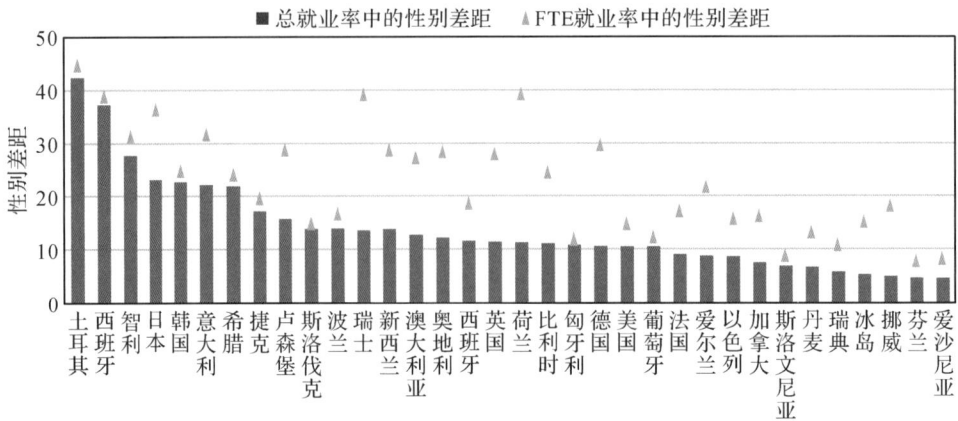

图12.5 2011年总就业率和全职等效(FTE)就业率中的性别差距

资料来源:(1)经合组织家庭数据库。(2)以色列统计数据,由以色列有关当局提供并负责。

12.3.1.2.4 失业中的性别差距

在大多数经合组织国家中,由于女性劳动力依附性增加,失业差距实际上已经不复存在(Albanesi and Sahin,2013)。在美国,自20世纪80年代以来,男女失业率始终没有差别,但在经济衰退时期,男性的失业率高于女性(但男性的复苏速度也更快)。自2000年以来,欧盟国家失业率趋同,可以说除了南部国家(希腊、意大利),失业差距多半可忽略(欧盟统计局),而这两国的女性对劳动力市场的依附程度相对较低,因而面临更大的失业风险。[①] Azmat等(2006)也发现了女性参与率对失业性别差距的显著影响,并通过性别差距与劳动力市场参与度和制度因素的互动,或许还有雇佣之间的相互作用来解释跨国差异。各种制度促使工资分配更加压缩(最低工资、工会),或促进劳动力流失减少(解雇成本和随后减少的雇佣率),或促成启用临时合同(难以继续就业)以增加低技术工人或对劳动力市场依附不强的工人的失业率。因此,女性(其就业流出率高于男性)比男性(更多的人从事长期工作)更容易受到裁员的影响。

总结:在21世纪的第一个10年结束之际,大多数工业化国家的原始性别工资差距在10%—20%,但自20世纪90年代中期以来一直处于该水平;男性和女性的就业率继续趋同,但女性仍然更有可能进行兼职工作。

12.3.2 劳动力市场性别隔离

不久之前,同一份工作中女性所获工资比男性低,或仅雇用男性或女性从事某些工作是合法的。在美国,招聘广告可以按性别分开发布,直到1963年《同酬法案》颁布,才禁止基于性别的工资差异。在1969年以前的澳大利亚,法律允许雇主为同一工作支付女性比男性低25%的工资。同样,在新西兰,法定工资差距于1903年定为50%,在第二次世界大战期间降至30%,最终在1972年废除。同工同酬如今已成为许多国家的明文律法,近几十年来反歧

---

① 但是,我们必须记住,整体失业率可能会影响是否参与劳动力市场的决策:对高失业风险的预期可能会像其他预期的工作中断一样,抑制劳动供给。由此产生的对劳动力供给的选择效应可能会缩小性别失业差距。

视法律也得到了进一步的加强。理论上，纯粹的工资歧视已不复可能。

因此，生产特征相似但性别不同的工人之间存在的性别工资差距具有一定的持久性，这一点着实令人困惑；它表明仍然可能存在歧视，但其不同于纯粹的工资歧视（即同工不同酬），并且难以评估。明显具有可比性的员工之间的工资差异主要是由于（实际上也是如此）男性和女性在不同职业、公司或部门之间的不平等分配，而不是同一家公司同岗位上的工资差异［参见 Blau(2012)，第一章"办公室中的同工同酬"］。在本节中，首先，我们将简要介绍两性工资差距的实证研究工具。其次，我们转而分析企业、行业和职业对性别隔离的影响。最后，我们列出了一系列重要文献，涵盖垂直隔离和有关"玻璃天花板效应"的争论。

12.3.2.1　如何分析性别工资差异

自 20 世纪 70 年代以来，许多关于性别工资差距的实证研究试图量化各种因素对男女之间差异的贡献或它们随时间变化的方式。从根本上讲，这意味着要区分两个部分，一个差距部分是由男性和女性可观察到的生产特性间存在差异而导致的，而另一部分则不是。

在大量研究中使用的标准方法正是由 Oaxaca(1973) 和 Blinder(1973) 所著论文提出的性别工资差距分解法，这两篇论文具有开创性意义。这项方法的基本原则是将性别工资差距改写为两个差异的总和，一个差异是男性和女性生产特征（即人力资本变量）"数量"上的差异，另一个是根据预计回报的差异来衡量的这些特征的价格差异。分解方法不断发展延伸，现已能够解释不明原因的工资差距随时间推移而产生的变化(Juhn et al., 1991, 1993)；能够整合分位数分析(Albrecht et al., 2003；Machado and Mata, 2005)；还能够处理二分法结果(Fairlie, 2005)、非线性模型、删失结果(Bauer and Sinning, 2008)和非参数设置(Ñopo, 2008a, 2008b)。在此框架中加入了除均值外的分布参数，并且已经提出了不同的方法来研究整个条件分布情况(Chernozhukov et al., 2013；DiNardo et al., 1996；Firpo et al., 2009；Fortin and Lemieux, 2000)。在计量经济学中，分解方法仍然是一个非常活跃的研究领域［参见 Fortin 等(2011)的调查］。

分解法能够有效评估各种因素对性别工资差距的影响，并判断哪一个因素在数量上最重要，但它们并没有对基本的经济机制做任何说明。例如，职业变量是造成性别工资差距的主要原因，但这种差异可能是由雇主对女性的歧视或职业选择中的性别差异造成的；因此，弄清这一点需要进一步的分析。

应用经济学家在分解性别工资差距时面临一些实际问题。一个典型的难点是对于一些关键变量的测量，关于女性的误差会比男性更明显。例如在衡量实际劳动力市场经验时，这种情况就很可能发生，因为在个人数据集中无法随时获取该经验数据，在这种情况下，则可以用一种潜在经验衡量标准（当前年龄减去离校年龄）来代替。因为女性比男性更有可能经历职业生涯中断，所以她们的潜在经验被高估了，从而使经验回报向下偏离，工资差距的不明原因部分则向上偏离［参见 Regan and Oaxaca(2009)，他们利用了 1979 年的全国青年纵向调查和收入动态追踪研究］。另一个难点在于选择工资公式，忽略与所包含变量相关的变量会带来一定风险，这种偏离方向是随机的(Neumark and Korenman, 1992)。

工人，特别是女性，通常不属于随机抽样的劳动年龄人口。某些未被观察到的因素可能决定一个人是否受雇,并且可能与个人的生产特征和工资相互关联。在 Heckman(1976,1979)之后,样本选择偏差通过引入一个校正项(逆米尔斯比率)进行处理,该校正项能够从被雇佣概率的概率模型中获得,并纳入工资方程(Neuman and Oaxaca,1998)。这种方法本身存在一个实际困难:需要找到至少一个与劳动力市场参与度相关但与工资不相关的解释变量[即一个排除变量;参见 Vella(1998)]。①

　　另一个标准问题是用于评估生产特性差异的"标准"(价格)问题。在 Oaxaca(1973)和 Blinder(1973)的初始公式中,用于估计男性的系数被用作价格标准,这是任意的(从技术上讲,同样可以使用女性的禀赋估计回报作为价格标准),但考虑到工资差距,这又是有逻辑可循的。然而,将男性或女性的系数作为价格标准会导致对可解释和无法解释的差距部分的估计不尽相同。Neumark(1988)以及 Oaxaca 和 Ransom(1994)都提出了一种广义法,即将通过估计男性和女性混合样本上的工资方程获得的系数作为标准[备选加权方案已由 Cotton(1988)和 Reimers(1983)提出]。Fortin(2008)更新了 Neumark(1988)或 Oaxaca-Ransom 方法(1994),将汇总回归中的性别截距变化与识别限制包括在一起,因此非歧视性工资结构可以使男性的优势与女性的劣势相等。②

　　这种分解技术已被广泛应用于处理来自不同国家、不同时期和不同工人样本的数据。考虑到所收集数据和采用的方法也可能存在差异,因而即使在同一国家内,处理结果也难以比较。Weichselbaumer 和 Winter-Ebmer(2005)对 20 世纪 60 年代至 90 年代的 63 个国家③的263 篇已发表论文进行了综合分析,概述了这些论文的成果和他们对所用方法的敏感度。最终来说,在工资差距分解中,数据限制(如何定义工资、研究哪个样本、自变量的质量)会比选择计量经济学方法更为重要。他们发现,性别工资差距总体上的下降(从 20 世纪 60 年代的65%降至 20 世纪 90 年代的 30%)主要得益于女性生产特征(教育、经验)的改善。可解释部分比例的下降并不令人意外;如上所述,经合组织国家女性的受教育水平与男性的水平相当,而且由于她们越来越多地参与劳动力市场,因此工作经验④水平也与男性非常相似,基本人力资本变量中的性别差异无法解释性别工资差距。其余组成部分主要是由职业隔离造成的:女性和男性不会做同样的工作(横向隔离)或者具有相同工资的职业(垂直隔离)。在这两种情况下,这些差异都不利于女性,但晋升和获得高层职位方面的性别差距一般被认为是性别报酬不平等的主要原因。

---

① Blundell 等(2007)在没有明确的识别策略时提出了处理非随机选择的方法;他们根据经济理论里的限制条件设定了界限(其中一个限制是工资较高的工人工作的概率也较高),并用他们的方法分析了英国性别工资不平等的变化。

② Oaxaca-Blinder(1994)分解法中存在的另一个著名问题是,性别工资差距中可解释部分能够分配给分类变量的比例取决于被省略的类别。为了解决这个问题,Gardeazabal 和 Ugidos(2004)建议在工资回归中包含全部类别,并将一系列指标变量的系数加总为零。Fortin(2008)提出的方法也包括了对每个分类变量的约束。

③ 所有这些论文全部使用了 Oaxaca-Blinder(1994)分解法。由于初期阶段来自美国的论文过多(65%的论文数据基于 20 世纪 60 年代),作者运用了一个加权方案来纠正这种偏离。

④ 工作经验中存在的性别差异主要是由于家庭的限制:因为女性更关心并照顾孩子(或需要赡养的成年人),相较于男性而言,她们工作经历的不连续性更强。因此,性别工资差距中有一部分与孩子对其职业生涯的影响以及她们平衡工作与家庭的机会有关。我们到后面关于家庭薪酬差距的部分再来分析职业中断及其对工资影响这一具体问题。

12.3.2.2　不同职业和部门的性别差异

我们在所有经合组织国家中都观察到了整个经济体中的职业性别隔离:在 2009 年,不到 10 种职业①吸纳了女性总就业人数的一半,而男性对应的这一职业数量为 12 种或更多 (OECD,2012)。在美国存在与之类似的模式,但程度低于大多数工业化国家(Anker,1998)。Dolado 等(2003)采用了一个常见的详细分类(108 种职业)来比较 1999 年美国和欧洲的横向隔离。美国的职业集中程度要低于欧洲②,但在这两个国家,女性都集中在类似的工作类型(销售人员、家庭助理、个人护理、秘书和教师)中。

12.3.2.2.1　职业性别差异的多重复杂原因

对于这个普遍结论,第一个解释是在学习领域长期存在的性别差异;简而言之,很少有女性会选择科学或技术专业,这将直接影响职业隔离③以及工资水平。因此,选择学习科目是一种进入劳动力市场前的决策行为,对最终收入有重大且持久的影响。现已有人针对美国大学专业对工资的影响做了研究(Black et al.,2008;Brown and Corcoran,1997;Loury,1997;Weinberger,1998,1999);这些研究总结发现,大学专业的确对早期职业工资有巨大影响。将学习领域包括在工资方程中可以大大改善性别工资差距中的可解释部分。Machin 和 Puhani (2003)在针对德国和英国所做的研究中得出了类似的结果:学位的选择解释了毕业生之间总体性别工资差距的一个重要部分(根据说明,比例在 8% 和 20% 之间)。这就引出了一个疑问,众所周知,职业选择会对女性未来收入产生直接影响,她们的在校表现也很好,为什么最终却不愿意选择科学方面的专业呢? 传统上,考虑到女性的外部选择,即家庭责任、学习科目的选择差异及其对最终职业选择的影响都是情有可原的。Polachek(1981)认为,女性倾向于选择职业中断成本较低的职业(以及相应的教育和培训投资)。然而现如今,女性对工作的投入度更高,职业生涯也更为连续,因此该解释的信服力不强。经济分析正在转向结合更多的心理学方法和性别成见,以求解释这个难题(参见 12.3.3)。环境条件如学校教育和同伴效应也会影响学习领域的选择。与教育学的研究相一致,近期的经济学论文检验了班级或教师中两性构成比例对选择学习领域时的因果影响。这是通过使用教师性别(Carrell et al.,2010)或班级男女比例(Schneeweis and Zweimüller,2012)这两种随机变量来完成的。结果趋向表明,女性主导的环境会鼓励女孩向男性主导的领域迈进。

除教育投资外,供求因素也会导致职业隔离。在供给方面,女性可能会因为一些非货币优势(灵活的工作时间、工作环境)而选择特定职业,这与亚当·斯密的补偿差别理论相一致,理论指出,在这种情况下,他们以低酬交换非货币优势。例如,Filer(1985)以及 MacPherson 和 Hirsch(1995)赞成职业特征偏好中存在性别差异,并发现将职业特征纳入考虑会大大减少性别工资差异中无法解释的部分。但是,正如教育选择的情况一样,女性也可能会选择特定职业来遵守社会规范和陈规旧俗。

在需求方面,对女性的歧视(品味歧视)或雇主认为女性的平均生产力和可靠性均低于

---

① 该指标取决于职业分类的选择和详细程度;这里使用了 3 位 ISCO88 职业分类,区分了 111 种职业。

② 三分之二的女性工人集中在美国的 21 种职业和欧盟的 18 种职业。

③ 对于女性来说,其学习领域与职业之间的联系比男性弱,例如,女性即使选择了科学、技术或数学领域,之后也不太可能从事科学相关职业(OECD,2012)。

男性(统计歧视)可能会影响职业的性别构成。匹配测试(Booth and Leigh,2010;Duguet et al.,2005;Petit,2007;Riach and Rich,2002)或审计研究[Neumark(1996)研究了男服务员和女服务员①]都观察到了雇佣歧视。匹配测试表明,女性接受高级职位和传统男性职业的面试机会的可能性更低;在女性占主导地位的职业(例如秘书)中,情况则相反。Weichselbaumer(2004)利用匹配测试调查性别成见是否会影响招聘过程。她搜罗了所有简历(兴趣爱好、照片)中给出的个人特征,但发现女性的男性化特征(通过男性化外表和爱好表现出来,如骑摩托车)并不能减少男性占主导地位的职业中对女性的不公平对待;她认为歧视是造成性别隔离的主要原因。在这种情况下,如果改善招聘过程使其更为公平公正,那么在特定职业中,女性的比例可能会发生变化。该机制有一个著名的案例,由 Goldin 和 Rouse(2000)提出。在该案例中,美国交响乐团在"屏幕"背后采用"盲选"试音方式招募音乐家。研究发现,"盲选"的试音程序明显提高了管弦乐队中女性的比例,这表明雇佣歧视确实是曾经管弦乐队中女性乐手几乎没有席位的原因之一。

12.3.2.2.2 职业隔离缓步下降

随着时间的推移,职业隔离也发生了变化。自 20 世纪 70 年代以来,女性受教育水平逐步提高,劳动力市场参与率不断上升,改变了女性劳动力供给的质量和数量。随着反歧视政策的一步步加强,招聘歧视也慢慢减少。相反,部分由家务劳动市场化推动的服务业的扩张(Ngai and Petrongolo,2013),以及偏重高技能工人的技术变革,也影响了女性就业及其任务的职业结构(Black and Spitz-Oener,2010)。美国的职业隔离在 20 世纪 60 年代,趋于缓慢下降(Blau and Hendricks,1979),在 20 世纪 70 年代这一趋势加剧(Bianchi and Rytina,1986)。职业隔离一直在下降,但是自 20 世纪 90 年代中期以来(Blau et al.,1998),其下降速度更为缓慢,甚至停滞不前(Hegewisch et al.,2010)。② Blau 等(2013)研究了 1970—2009 年美国的性别职业隔离,其间职业类别的划分和范围保持不变,此项研究证实了职业性别隔离的下降速度确在减缓。该研究还指出,职业隔离的下降与教育水平呈正相关。大学毕业生的下降幅度最大,而高中辍学者的降幅极其有限。这一结果与 Black 和 Juhn(2000)的结论是一致的,他们再次发现,在美国的高薪职业中,受过大学教育的女性比例大幅增加(从 1967 年的 8% 增加到 1997 年的 23.5%)。对此,他们分析,女性对企业需求的增长做出了积极回应,并越来越多地选择"职业工作",比如更多参与劳动力市场,或不再从事传统的"女性"职业(护理、教学)。

职业隔离与工作场所性别隔离之间存在着复杂的互动关系。Hellerstein 等(2007)利用互相匹配的雇员雇主数据,发现 1990—2000 年美国工作场所性别隔离有所下降,这与工作场所种族或民族隔离变化趋势恰恰相反。有趣的是,男女职业分布的变化并不是职场性别隔离下降的主要原因。其主要推动力是企业内部职业结构的变化,混合职业占比越来越大,而女性或男性占主导地位的职业减少。此外,服务业的兴起(绝大部分劳动力为女性)减缓了

---

① 他们发现女性在高价餐厅接受面试的可能性较低。
② Black 和 Spitz-Oener(2010)利用联邦德国数据库检验了随着技术进步和计算技术的普及,任务所发生的变化。他们发现,与男性相反,女性的日常工作任务数量(对工资有积极影响)大幅减少。

横向隔离的下降速度。

12.3.2.2.3　女性主导的职业是否在有系统地减少薪酬？

这种职业隔离会对性别工资差距造成什么后果？大家普遍认为以女性为主的职业薪酬较低,按照 Bergmann(1974)的"过度拥挤"模型:一些雇主的歧视行为造成了女性劳动力的过剩,对于类似的职业,她们的工资因此而降低。一项基于美国真实情况的广泛实证文献验证了这一预测:考虑工人的可衡量特征,女性主导的职业薪酬低于男性主导的职业。因此,职业性别隔离在一定程度上会导致性别工资差距(Bayard et al., 2003; Groshen, 1991; Killingsworth, 1990①)。Groshen(1991)认为,对美国而言,职业隔离对性别工资差距的重要性是支持可比价值政策(同工同酬)的有效证据,该政策是缩小性别工资差距的有力工具。Amuedo-Dorantes 和 De la Rica(2006)也发现,西班牙女性在低收入职位上的隔离对性别工资差距产生了显著影响。企业(尤其是小型企业;见 Carrington and Troske,1995)的性别隔离以及相应的工资惩罚可以扩大这种影响。由于女性更有可能在低工资岗位工作,因此,当工资方程中包含工作场所固定效应②时,性别工资差距中不可解释部分会相应减少(Drolet and Mumford,2012)。

但女性主导职业的惩罚并不是随处可见的,或者只是程度较轻。Baker 和 Fortin(1999)对美国和加拿大进行了比较研究,发现职业性别构成对加拿大女性工资的影响很小,而且没有统计学意义;他们将这一结果归因于加拿大的工会化率比美国高。Jurajda 和 Harmgart(2007)研究了联邦德国和民主德国的有趣案例,但并没有发现联邦德国中存在女工工资惩罚;而在民主德国,女性主导的职业提供的工资更高。③ 女性占主导地位的职业往往与为他人提供照料的工作有关,如托儿、护理、教学或社会工作。再者,我们可以发现,这些工作所附加的工资惩罚方式并不统一,且并不是所有国家都存在。Barron 和 West(2013)研究了英国护理职业中的性别工资惩罚,并发现这种惩罚发生于所需教育资质较低的职业(托儿所工作人员、护理助理、辅助人员),而非高资质要求的职业(医生、护士、学校教师)。

12.3.2.2.4　女性在公共部门的人数过多会缩小总体性别工资差距

护理职业的工资问题与一个有名的工业性别隔离现象有关:女性在公共部门的人数过多。根据 OECD(2012)的数据,女性约占公共部门劳动力总数的 58%,而公共部门约占经合组织国家总体就业人数的 20%。女性在公共部门的比例过高是几个非排他因素(Blank,1985)造成的:公共部门提供传统角度上女性主导的职业(教学、护理、行政任务);它往往是一个对兼顾家庭生活较为友好的工作场所,提供育儿、休假和灵活的工作时间,这些对女性而言非常珍贵;而就业安全可能会吸引更多的风险规避型工人(见 12.3.3.2)。

公共部门的薪酬构成受到监管(各国之间存在差异),公共部门工资结构比私营部门更

① Bayard 等(2003)也发现了职业内/公司内部性别工资差距很大;其部分原因是与其他研究相比,他的研究使用了更广的职业类别。
② 请注意,男性和女性的特定工作场所回报可能有所不同。Meng 和 Meurs(2004)在澳大利亚和法国,以及 Drolet 和 Mumford(2012)在英国和加拿大,发现女性的工作回报率高于男性。换言之,企业的政策倾向于缩小性别工资差距。也许是因为加拿大有薪酬公平法案,这种影响在其私营部门特别强烈。
③ 有人认为,只有素质更高的女性才能留在劳动力市场,所以这一结果应当来自劳动力市场上对女性的积极选择。

为紧缩(Gregory and Borland,1999)。由于工资结构的差异,公共部门的性别工资差距往往小于私营部门(Arulampalam et al.,2007;Chatterji et al.,2011;Lucifora and Meurs,2006)。另一个典型事实是,公私部门薪酬差距是正的[部分国家例外,如德国和瑞典;参见 Melly(2005)],特别是在工资分配的底层,但在顶层,薪酬差距不大,甚至有可能是负的(Depalo et al.,2011)。由于女性工资水平普遍较低,她们在公共部门待遇更好(Meurs and Ponthieux,2008);对于英国(Lucifora and Meurs,2006)和澳大利亚(Baro'n and Cobb-Clark,2010)尤其如此。因此,女性就职于公共部门能够缩小总体性别工资差距。然而,随着20世纪80年代以来的私有化趋势,加上近期的预算危机及其对公共工资的负面影响,这种保护效应一直在减弱(Castro et al.,2013)。

总而言之,职业中的横向性别隔离往往与女性工资惩罚有关,并且在一定程度上会对一些国家(美国)造成性别工资差距,但这种情况并不是随处都有,也不常发生在所有以女性为主的职业中。劳动力市场机制和工会密度可以减少或扭转这种惩罚。

12.3.2.3 纵向隔离和玻璃天花板

随着女性获得更多的教育和经验,她们在高级职位[①]上的相对缺席正引起越来越多的关注(OECD,2012),这被认定是对人力资本的潜在浪费。一般来说,如今大家认为纵向隔离,即女性在职业阶梯上上升的速度与男性不同,是用来了解性别工资差距持续性的关键因素。

12.3.2.3.1 测量促销活动中的性别差距和玻璃天花板

女性在工资等级中处于不利地位是由两种不同的非排他性机制造成的。第一种是女性的晋升率低于男性。Albrecht 等(2003)发表论文,将此称为"玻璃天花板效应",点出了女性与企业最高职位之间的无形障碍。如果在工资分配的上端,男女之间有条件的工资分配的差距变大,那么很有可能就是玻璃天花板效应。第二种机制发生的情况是,女性有可能像男性一样晋升,但从中所获得的收益比男性少。按 Booth 等(2003)[②]的说法,这被称为"黏性地板效应";黏性地板效应发生于工资分配底层的性别工资差距扩大时。

玻璃天花板效应的检测以分位数回归为基础,现已展开了大量的实证工作。Albrecht 等(2003)在瑞典发现了整个工资分配过程中性别差距持续性扩大和分配顶端急剧加速的初始模式,随后在许多其他国家也能观察到这种情况,但强度有所不同。Arulampalam 等(2007)对11个欧洲国家的性别工资分配进行了分析,证实了各国和各部门间的模式各有不同;这种多样性在26个欧洲国家(Christofides et al.,2013)之间更为显著。Kassenboehmer 和 Sinning(2014)利用 Firpo 等(2009)描述的方法对美国性别工资分配进行分解,研究了其随时间变化的情况。他们证实了工资分配方面的异质性,分配底层的性别工资差距大幅缩小,最高层的却变化不大。除西班牙外,大多数国家都能观察到玻璃天花板效应,但其幅度差异很大,这取决于劳动力市场机制和国家工资分配的压缩情况。拥有更多"慷慨"的工作—家庭调和政策的国家,在其工资分配底层中,工资差距的无法解释部分较小,而顶层的差距相对更

---

① 在整个经合组织中,平均而言,只有三分之一的经理是女性,各国之间差异很大。
② Booth 等(2003)分析了1991—1995年的英国家庭追踪调查数据集,发现男女晋升的可能性相同,但升职后女性的薪酬增幅要小于男性。

大——丹麦和荷兰的情况就是如此。有趣的是,我们仅能在西班牙受过教育的工人中观察到玻璃天花板效应(Amuedo-Dorantes and de la Rica,2006;DelRío et al.,2011)。

根据工作分配模型,Gobillon 等(2015)提出了另一种能用于测量玻璃天花板效应的实证工具。这个测量标准是在工资阶梯的每个等级男女能够获得工作的概率比。例如,向法国私营部门 40—45 岁的全职高管提出应聘申请,沿工资阶梯等级从低到高,受聘概率的性别差异从 9% 上升到 50%。

12.3.2.3.2 企业内部晋升的性别差异

现在我们来看看公司内部发生的事情以及男女在各工作岗位上的分布情况。长期以来人们观察到,在同一个公司内同样狭窄的职业类别中,薪酬率相等(Blau,1977,2012;Groshen,1991;Petersen and Morgan,1995)。这并不意味着在公司层面上没有工资差异(也没有歧视),而是说在这一层面观察到的性别工资差异主要是因为在公司内部工资等级中男性和女性的分配存在差异。这就提出了一个问题,劳动力供给因素、公司歧视或个人偏好对工作层面分配中性别差异影响的程度如何。

准确研究晋升的内部机制需要收集个人数据。这些数据很难获取,因此有关企业内部流动性和工作分配中所体现性别差异的论文数量有限。总而言之,他们总结得出,有很大一部分工作分配无法用可观察到的个人生产特征来解释。Malkiel 和 Malkiel(1973)将一家单一企业的专业员工作为样本,研究了 4 年中其性别工资差异。当 Oaxaca-Blinder(1994)分解法中只包含个别变量时,性别工资差异中的很大一部分无法解释;将工作水平(定义在 13 个类别中)纳入工资回归中可以使无法解释的性别工资差异下降到几近于零的值。作者表示,工作水平方面的性别差异有一半无法解释,这表明在工作分配中也存在性别歧视。[1]

Pekkarinen 和 Vartiainen(2006)通过研究芬兰金属工人在不同复杂工作岗位上工作人员分配的性别差异,提出了另一种解决玻璃天花板效应的方法。女性晋升的概率低于男性,晋升门槛高于男性。Ransom 和 Oaxaca(2005)调查了美国一家大型食品零售商 1976—1986 年的企业内流动性和性别工资差异。重要的是,对于小时工来说,根据性别中立的工会合同,某一特定职业中特定工龄的工资率是固定的。不过,雇主能够全权掌控工作分配和招聘过程(1982 年,没有女性就任高层职位)。对于小时薪酬工作(有工会合同),薪酬中的全部性别差异都可能与员工的工作分配有关,其中女性晋升的可能性低于男性。[2] Dina 等(2012)发现了这种情况的两个特点:没有"纯粹的歧视"——工会合同是性别中立的——所以工资差异完全是由职业隔离引起的,同时该公司存在性别歧视的过失,所以可以证明工作分配中有歧视女性现象。该论文中提出的方法进一步拓展了现有的性别工资差距分解,它将工作隔离所产生的影响进行分离,不管男性和女性职业之间是否重叠。

---

[1] 还须注意到,Bertrand 和 Hallock(2001)对美国的高层主管这一性质相同的小群体进行了研究分析,发现在这个群体中,性别薪酬差距巨大(45% 左右),我们完全能够用可观察到的特征(如年龄、资历、企业规模)和职业隔离(女性比男性更不可能就任首席执行官)对此进行解释。但是并不是每个国家都存在这样的情况。Smith 等(2013)就发现,在丹麦的高管群体中,向高层职位晋升的过程存在很大一部分无法解释的性别差距。

[2] 如果将一个概率单位模型中的年龄、平方年龄、资历和平方资历进行控制,那么在食品岗位上,一名男性职员晋升至管理岗、工资水平达店长级别的可能性比女性职员高六倍。

12.3.2.3.3 解释晋升中的性别差距

如何解释企业内部晋升中的性别差距? 一些研究认为,一旦考虑了退出率,所有差异都可以得到解释;女性高管离职的比例高于男性,同时,选择留下的高管会晋升得更快(Gayle et al.,2012)。年轻专员的晋升似乎也与工作时间较长有关(Gicheva,2013),由于家庭的限制,女性可能处于不利地位。根据劳动力市场投入中的性别差异,这些对纵向隔离的解释符合人力资本理论(Polachek,1981)。Lazear 和 Rosen(1990)提出的模型正式确定了外部机会与工资职业之间的联系。它假定沿工作阶梯由下往上的晋升差异是导致工资差异的唯一因素,其中阶梯的高层职位要求特定培训。男性和女性的劳动力市场能力分布相同,但女性在家庭工作方面的能力更强。因此,女性很有可能会离开劳动力市场。所以雇主不愿意过多投资培训女性,并在与男性同等的基础上提拔她们。由此可见,女性必须比男性具有更强的能力才能得以晋升(并被诱以高薪继续工作)。因此,她们在劳动力市场上所具有的生产力"优势"却成为其薪资职业发展中的绊脚石,还阻碍她们获得高薪职位。[①]

然而,这种解释并不排除歧视在职位晋升中可能发挥的作用[参见 Winter-Ebner 和 Zweimuller(1997)关于奥地利的研究,在该研究中,即使考虑了预期的工作分离概率,职位中的大部分性别差异仍然无法解释]。统计歧视(Arrow,1973;Phelps,1972)经常作为理解职业不平等和从事更高职位概率不平等的关键概念而提出。模型将工人的异质性,有关其生产特征的不完全信息,以及群体之间未发现的生产特征的明显分布情况作为基础。这包括两种情况:一种是当女性的平均能力水平低于男性时(这不算真正的歧视,因为工人的生产力不同);另一种是在同一组里,两性平均能力水平相同,但方差更大(Aigner and Cain,1977)。统计歧视案例中最常见的例子是,雇主认为女性更容易因为生育中断职业,和/或拥有较高缺勤率,或无法参加较晚的会议及公务出差,因为她们是或将会是母亲,所以,雇主通常不会选择雇佣或提拔女性员工。反馈效应会延续这种机制:如果由于雇主预期女性职业生涯容易中断而导致女性的晋升次数比男性少,她们可能会失去投身于职业生涯的动力。因此,她们需要确认雇主的先入之见。问题在于,这种反馈效应给区分统计歧视(即由雇主对劳动力供给行为的假设造成的不平等待遇)和不平等晋升的人力资本模型(以员工对工作—家庭的权衡决定为基础)带来了一定难度。

这两条解释都突出了职业中断(有效或潜在)对晋升中性别差距的关键作用。其他模型通过将工作行为和个体对同事性别构成的偏好纳入考量,在家庭限制因素的基础上完善了这些解释。这也意味着关注工人之间的关系可以促进性别平等。Baldwin 等(2001)将贝克尔的品味歧视模型拓展应用于不平等晋升中,其中他们假设男人不喜欢女性监督。Goldin (2013)提出了一个"污染模型",将品味和统计歧视模型相结合:女性进入男性主导的职业被视为该职业价值的负面信号,并损坏了它的声望。因此,男性员工会反对招募女性员工以维护自己的劳动地位。实证研究还考察了企业内部人际关系对于解释晋升中性别差异的作

---

① 需要注意的是,提高晋升所需生产力门槛的一个后果是,女性在良好工作岗位上的平均生产力高于男性。在 Lazear 和 Rosen(1990)的模型中,在高层岗位上,工资相同时,工作成果也相同,所以在这个层面上,女性工资存在溢价,这与 Lazear 和 Rosen(1990)本人强调的实证证据有分歧。

用。Cannings 和 Montmarquette(1990)发现,男性更常使用非正式网络咨询职业建议,而女性则更多地依靠正式的晋升招募信息,并且晋升前等待时间更长。

12.3.3　心理学、社会规范和性别工资差距

性别工资差距的持续存在,加上标准人力资本变量(教育、经验)的解释力减弱,使得经济学家越来越多地将心理因素和社会学方法整合到他们对劳动力市场上的性别差异的分析中(Bertrand,2010)。心理社会因素可以用于解释根据性别选择学习领域、工作和部门时产生的职业隔离。另外,由于晋升到最高职位时的工资分配差距属于最重要的两性不平等现象之一,所以大部分应用于经济学的心理学内容都着重关注女性在劳动力市场竞争中处于劣势的原因,这一点不足为奇。目前仍在争论的是这些研究发现在现实世界中的解释范围。毋庸置疑的是,这些心理特征会在减缓女性晋升速度方面起到一定的作用,但不可过高估计它们对性别工资差距的影响。

12.3.3.1　风险规避与竞争力的性别差异

女性的风险规避能力和竞争力缺失在实验(Croson and Gneezy,2009;Eckel and Grossman,2008)中得到了广泛研究,据说这些心理特征可以解释收入中的性别差异(Dohmen and Falk,2011;Gneezy and Rustichini,2004;Gneezy et al.,2009;Gneezy et al.,2003;Niederle and Vesterlund,2007,2011)。实验室和实地实验一致认为,女性比男性更厌恶风险且竞争性更弱。

我们仍然依据她们各自的文化角色[Gneezy 等(2009)发现母系社会中的女性比男性更具竞争力]、社会学习[Booth 和 Nolen(2012a,b)研究了男女同校教育的差异,发现全女孩组更喜欢冒险]或生物因素[关于激素的作用参见 Wozniak 等(2010)]剖析这些性别心理差异产生的原因。如果已知心理特征,下一个问题就是这些性别行为差异出现的年龄,因此实验研究考察了年轻人(Dreber et al.,2011;Gneezy and Rustichini,2004)或年少者[Sutter(2013)分析研究了 3 岁儿童]对竞争的态度。一般来说,在年轻人中都能观察到竞争力中的性别差距,但 Dreber 等(2011)的研究是个例外,他们的研究对象是瑞典儿童,在他们中并没有观察到性别差异。同样,即使在童年,社会环境的作用似乎仍是解释心理特征中性别差异的核心因素。

与之密切相关的一个问题是这些心理特征随时间变迁的稳定性如何。当人们成年时,其风险规避能力和对竞争的喜好也趋于稳定,不再变化。但新的证据表明,它们仍然有可能会随着时间和不同情况而发生改变。要测试这一点并不容易,因为这需要重复地收集个人偏好的信息,但是近期一些实证论文发现,随着时间的变化,风险规避能力也会相应发生变化:中年人的风险规避能力比青少年和老年人更强(Tymula et al.,2013)。风险承受能力也受到健康状况的积极影响(Hammit et al.,2009),而意外的负面冲击,如疾病,会改变人们对风险的态度(Tison et al.,2012)。

12.3.3.2　职业隔离、风险规避和性别认同

心理学方法已被多次应用于分析性别职业隔离,应用方式各有不同。例如,自尊、冲动或自我评估的智力等心理社会特征都有可能影响学习的科目和职业的选择(Antecol and

Cobb-Clark,2013)。风险规避也是职业选择中的一个重要特征,因为它可能促使人们选择更稳定但薪酬较低的职业(Bonin et al. ,2007)。由于公共部门能提供更多工作保障,它可能会吸引更多的风险规避型员工(Clark and Postel-Vinay,2009),因此这就解释了公共部门中女性比例过高的原因。少数关于这个问题①的实证研究证实了风险规避对是否选择进入公共部门的影响(Bellante and Link,1981,美国;Pfeifer,2011,德国)。对团队合作的偏好也可以解释行业隔离问题。Kuhn 和 Villeval(2013)在室内实验中发现,女性比男性更有可能选择以团队为单位的薪酬。他们总结得出,这种偏好可以解释女性在非营利部门和助理职业中的比例过高的原因,这些工作往往需要合作生产(但只有少量财务报酬)。

然而,最广泛用于理解职业选择方面性别差异的框架是 Akerlof 和 Kranton(2000,2010)提出的性别认同模型。他们的出发点在于,每个个体被冠以一个与规定行为相关的社会类别("男人"或"女人")。不遵守这些规定会对自己和其他人造成负面影响(负面外部因素)。单一行为的结果则取决于性别认同。因此,在以女性为主的职业(如护理)中工作的男性或在以男性为主的职业(法律)中工作的女性背离了各自预期的性别行为。他们会让同事感到不舒服;反过来,后者可能会做出消极反应并拒绝与他们合作。这两种负面收益(偏离社会规范的负担和同事带来的负面影响)有助于解释为什么女性(或男性)不愿意从事某些职业以及为什么职业隔离会长时间持续存在。这一框架不仅用来解释劳动力市场上的职业选择,还扩展到全球劳动力性别分工问题,特别适用于当家庭内的工作时间不能仅用专业化来解释,而且似乎也由社会规范所塑造时(见 12.6 节)。

12.3.3.3 女性缺乏竞争力对工资的影响

可以用两个主要的心理因素(不愿意提问,缺乏竞争力)来解释女性在晋升机会中的劣势。Babcock 和 Laschever(2003)研究了谈判能力方面的性别差异。在美国一所商学院的毕业生中,他们观察发现男性获得的第一份工作的收入比女性高 7.6%;然而,只有 7%的女性试图与她们的招聘人员进行协商,男性的这一比例则高达 57%。一项大型现场试验进一步证实了男性和女性在发起工资谈判方面的差异(Leibbrandt and List,2012)。作者收集了 2500 份来自求职者对美国各城市行政工作虚拟广告的回复;当广告中没有明确提到工资可议时,男性比女性更有可能发起谈判,但如果广告中明确表示工资可议,这种性别差异就消失了。这项测试的另一个重要结果是男性候选人更喜欢确定工资的规则含糊不清。

在室内实验中,Gneezy 等(2003)发现,在竞争激烈的环境中,女性比男性效率低,特别是当她们与男性直接竞争时,不过在非竞争性环境中,她们的表现则与男性同样出色。Niederle 和 Vesterlund(2007)的研究结果证实了女性不同于男性,她们更倾向于避免竞争[竞争规避和选择比赛,参见 Datta Gupta 等(2013)]。作者认为,男性的过度自信以及竞争品味中的性别差异导致了这些结果。这种行为减少了女性竞争就业或晋升的机会,尤其是当她们与男性直接竞争时。

Levitt 和 List(2007)研究了实验结果是否可以外推到现实生活中,Azmat 和 Petrongolo(2014)随后讨论了实验设计对理解劳动力市场结果中性别差异的作用和限制。一些研究证

---

① 很少有数据集能提供衡量个人风险规避程度以及公共部门与私营部门间选择倾向的方法。

实,我们不应高估女性避免竞争对解释工资提升中性别差异的影响。Garrat 等（2013）用了一种有趣的方法——通过设计一个跑步比赛来进行实验，实验中男性和女性参与者必须在两种竞争（有现金奖励的精英赛或"常规"赛）中做出选择。正如预期的那样，平均来说，女性对精英赛的兴趣低于男性。不过，速度最快的女性会关注财务激励，并且很可能会选择尝试精英赛。中层阶级的女性和男性之间差距最大：这个阶层的男性会高估自己的能力。作者得出的结论是，在劳动力市场上，有能力的女性选择规避风险，这所带来的经济影响十分有限。室内实验中的行为与现实世界中的行为有所不同，Lavy（2012）对此举了一个例子：以教师工资取决于绩效为前提，当排名赛决定财务奖励时，他发现绩效中不存在性别差异，这与室内和现场实验结果都相反。

最后两个例子都是基于案例研究的，因此很难推断它们对整个经济体的重要性。Manning 和 Saidi（2010）采用了一个通行的方法，使用了一个大型的个人数据集，为英国提供许多有关绩效工资合同的详细信息。他们还研究了竞争态度差异对实际性别工资差距的重要性。他们发现，正如实验研究所预测的那样，女性比男性更不愿意从事有绩效合同的工作，但绩效工资对收入的最终影响是有限的，并且不同性别的绩效工资相差不大。由此他们总结认为，竞争假设并不能有效解释观察到的性别薪酬差距。之前，有一项关于职业生涯早期工资增长中性别差距的研究（Manning and Swaffield，2008）也得出了类似的结论（即心理因素只能解释性别工资差距的一小部分）。

12.3.4　家庭限制、职业中断和家庭工资差距

女性越多参与劳动力市场，就越需要调和身为母亲的限制因素和职业生活间的矛盾。相比女性不喜竞争，也许无报酬工作和家庭责任的不平等分配（见 12.6 节）对性别收入不平等的影响更大。Fortin（2005）指出，文化、社会规范以及工作与家庭价值观之间的内在冲突是薪酬性别趋同速度渐缓（或近期停滞不前）的主要原因。

因此，家庭状况和家庭成员构成（特别是子女的数量和年龄）对性别工资差距至关重要。正如 Polachek（2004）曾说的那样，"不利的劳动力分工是几乎所有工资差距的根源"。在劳动力市场上，即使男女之间生产特征相似，家庭特征对他们的影响也有所不同。女性对家庭约束的适应（选择具有灵活工作时间的家庭友好职业，或选择兼职工作，又或中断就业）在多大程度上能解释男女平均工资差距和职业差异？在相似的女性中，为人母的工资惩罚有多大？

男性的工资也受家庭状况的影响，但影响方向与女性相反。他们的收入并不会因他们的子女数量而改变（成为父亲也不会改变男性的工作习惯，两者一致），但是，男性享有婚姻溢价，而已婚女性却没有这种正向的工资溢价。对于这种婚姻溢价有两种主要的假设：一是已婚男性是被（雇佣方）主动选择的；二是他们的生产力更高，这得归功于家庭分工专业化和配偶承担家务。最早对这个问题的研究是试图区分这两种假设；而近期研究的重点则在于，当标准家庭由单收入家庭变为双收入家庭、婚姻内部专业分工的好处逐渐减少，以及经合组织国家中传统类型的夫妻关系不再普遍时，婚姻溢价的预期会如何变化。

12.3.4.1　需求方面：女性劳动力供给缺乏弹性使得工资降低

由于家庭义务，（已婚）女性在选择劳动力供应时往往面临多重约束；在买方垄断型劳动

力市场上,这可以为雇主提供一定的市场支配力量。在这种情况下,雇主利用供给曲线的非弹性,向工人支付的工资低于竞争性工资。劳动力供给越缺乏弹性,工资越低[参见 Manning (2003)关于动态垄断,这一概念来源于 Burdett 和 Mortensen(1998)的搜索理论框架]。在这种方法中,由于已婚妇女或母亲在地理位置上的可移动性很低(甚至没有)或者因为她们需要在离家更近的地方办公以便履行其家庭责任,她们可能会遭受工资惩罚。因此,特定公司的女性劳动力的供应弹性将小于男性,并且,雇主可能向她们支付比相似岗位男性更低的工资。Ransom 和 Oaxaca(2010)在一家零售杂货店对该理论框架进行了测试,并发现男性和女性的劳动力供给弹性有所不同;这种差异与对女性的工资歧视是一致的。其他来自德国(Hirsch et al. ,2010)和挪威(Barth and Dale-Olsen,2009)的研究也发现,女性的劳动力供给弹性比男性的要低,且与工资歧视挂钩。

12. 3. 4. 2 供给方面:兼职工作和事业中断

由于家庭内部的劳动力性别分工,身为母亲也可能改变女性的劳动力供给(见 12.6.3)。兼职工作已成为母亲平衡工作和照看孩子的常用方式,这也被视为托儿所的替代品。[①] 与全职工作相比,兼职工作通常会导致薪酬惩罚(按小时收入)。在英国,薪酬惩罚带来约 25% 的工资损失,而且近几十年来其比例一直在扩大(Manning and Petrongolo,2008)。造成这种薪酬惩罚的一部分原因是个人特征(兼职者受教育程度较低),另一部分是职业隔离——转向兼职工作的女性往往在专业上降了级(即转向低技能工作[②])。职业降级的风险大大取决于女性(缺乏)当前职业中的兼职机会(Connolly and Gregory,2008)。

女性是否真正愿意选择兼职工作?她们是否对这种通过减少时间从而平衡工作与家庭的工作方式感到满意?或者,它是否是一种对女性劳动力供给的限制因素?答案在很大程度上取决于所涉及国家的体制背景和社会规范。在三个兼职工作比例很高的国家(澳大利亚、荷兰和英国),Booth 和 Van Ours(2008,2009,2013)发现,女性对工作时间减少表示高度满意,这与家庭内部劳动分工中存在明显的性别偏见有关。但英国的情况似乎略有不同;女性的满意度似乎不受其工作时间的影响,这至今仍是"一个未解之谜"。

为了满足家庭约束条件而中断职业,其实是一种较为激进的方式,还会对工资产生强烈而持久的负面影响。从 Mincer 和 Polachek(1974)以及 Mincer 和 Ofek(1982)所做的研究中我们可以发现,中断就业的同时会产生经验流失和人力资本贬值(技能萎缩),这通常是造成收入性别差异的原因。男性和女性之间因职业生涯中断而获得的(负)回报会存在差异吗?如果需要通过实证研究收集一个合适的数据集,其中包含雇用年限、离开劳动力市场的时间以及职业中断原因等的准确信息,那么这项研究具有相当大的难度。因此,与职业中断相关的惩罚程度根据研究和方法学的不同而不同也就不足为奇了,但通常都是显著的负面影响。在分析与职业中断有关的惩罚估算的过程中,Kim 和 Polachek(1994)发现了三种可能的偏差:异质性(动机等不可观察的特征会影响劳动力市场间歇性和收入)、内生性(工资水平低下可以说明其间歇性,但间歇性无法解释低工资水平)和选择性。在考虑这些偏差的前提

---

① 在澳大利亚、德国、日本、荷兰和英国等国家,超过 40% 的女性从事兼职工作(OECD,2007)。
② 在英国 Equal Opportunities Commission(2005)的报告中,这种现象被称为"隐藏的人才流失"。

下,他们分析追踪研究数据(收入动态追踪研究)并发现劳动力市场间歇性对工资的影响较大,但对男性和女性的影响没有差别;因此,无法解释的男女工资差距非常小。Albrecht 等(1999)还利用一套丰富的瑞典数据集分析了与离开劳动力市场总时长相关的系数,该数据集区分了离开的不同原因[正式育儿假(瑞典家庭政策的一个重要组成部分),对比家庭时间和其他职业生涯中断因素]。母亲育儿假相关的惩罚远低于父亲,这是因为父亲休育儿假相对罕见(相比于母亲休育儿假),所以雇主内心对这种行为产生负面看法;对于母亲来说,负系数恰能反映其人力资本的贬值。最后,Hotchkiss 和 Pitts(2007)还以美国退休人员为对象,其工作历史的详细信息为样本,评估了劳动力市场间歇性对性别工资差异的总体影响。他们发现间歇性就业差异占可解释部分[1]的 61%,最大限度地导致了可观察特征中的性别差异;不过在样本中退休人员所处的时代,劳动力市场中断非常普遍。

12.3.4.3　家庭工资差距

自 20 世纪 90 年代中期以来,人们越来越关注"家庭工资差距"或"母亲工资差距",即有子女和没有子女的女性之间的小时工资差异。这是因为在一些国家(如美国)中,具有不同家庭特征的女性,她们之间的工资差距扩大了,而性别工资差距却逐步缩小。由此,婚姻状况和子女对平均性别工资差距的影响也进一步扩大(Korenman and Neumark,1992;Waldfogel,1998a),然而没有子女的女性工资却接近于男性工资。家庭薪酬差距通常为负,但其程度因国家、期限长短和评估方法而异。

Budig 和 England(2001)的详细调查中提出了几个有关家庭薪资差距的非独家解释。第一个解释是,有工作的母亲比没有子女的女性更有可能把时间花费在劳动力市场外,因此她们积累的人力资本较少。除职业中断对工资的负面影响之外,照顾孩子可能会影响母亲的精力分配(Becker,1985)。母亲可能会将她们的职业选择限制在一些能与他们的家庭责任相兼容的岗位上——通过寻求"更方便、消耗更低精力的工作",或者单纯减少工作投入,又或是频繁旷工[Simonsen 和 Skipper(2012)找到了一些证据能够证明在丹麦旷工对工资惩罚的作用]。当前正在做或曾经做过兼职工作,抑或在更加"家庭友好"(或者离家庭或学校更近)的岗位或公司工作,这些形式中所体现的适应调整,可能会减少工作机会,或者根据补偿差距理论,降低工资以补偿更好的工作条件(Filer,1985)。最终,如果雇主认为已有子女的女性生产力较差,因而避免提拔或提供给她们快速发展的机会,那么母亲们就受到了歧视。

实证测量孩子对女性工资的影响并不简单。一种可能的方法是在横截面数据集的基础上将子女数量纳入标准工资方程;"母亲身份惩罚"则与预估系数相对应。然而,这种方法存在一些偏差,其中最严重的是母亲和非母亲之间未被察觉的异质性:非事业型女性可能有更多孩子,并造成母亲身份和工资间的虚假关联。因此,测量家庭薪酬差距最常用的方法是利用面板回归模型,将队列效应、个体未观察到的异质性、样本选择偏差(职业女性不是随机样本[2])列入考虑因素。然而,分组的一个问题是,通过构建,人们观察的是过去职业生涯的结果。由于过去几十年来教育、就业机会和家庭政策发生了深刻的变化,因此,我们所观察到

---

① 然而,可解释部分只占该样本总性别工资差距的 30%。
② 可用于纠正选择性的变量一般是家庭财富和非工资收入(Datta Gupta and Smith,2002)。

的家庭薪酬差距可能对下一代女性来说,并不算是一个准确的预测。[1]

　　大部分有关家庭薪酬差距的存在及程度的证据都是基于对英美国家的研究(Budig and England,2001;Joshi et al. ,1999;Lundberg and Rose,2000;Viitanen,2014;Waldfogel,1998b)。当然,也有一些研究结果是针对其他国家的,例如西班牙[Molina 和 Montuenga(2009)利用 ECHP[2]]和澳大利亚[Livermore 等(2011)基于澳大利亚对希尔达的面板研究]。以及一些比较研究:Harkness 和 Waldfogel(2003)研究了七个工业化国家;Davies 和 Pierre (2005)研究了欧盟;Gangl 和 Ziefle(2009)研究了美国、英国和德国;Sigle-Rushton 和 Waldfogel(2007)研究了八个西方工业化国家。除北欧国家外,所有国家中都常发生因身为母亲而遭受重大工资惩罚(一个孩子带来的工资惩罚约占工资的 2%—10%,两个及以上孩子 5%—15%)。

　　在英国和美国,工资惩罚完全可以用职业中断、工作时间变少以及母亲集中从事低收入兼职工作来解释(特别是在英国,家庭差距特别大)。Joshi 等(1999)发现英国的惩罚比例为33%(比较 30 岁女性中的母亲和非母亲),而 Waldfogel(1998b)发现英国和美国的惩罚比例为 20%(针对 1991 年时 30—33 岁的女性)。有趣的是,Viitanen(2014)选取了与 Waldfogel (1998b)研究的同一支英国队列,并采用了一种不同的方法(倾向评分),分析发现英国的结果相似,同时还发现出生于 1958 年的一代女性,在生育成为母亲 30 年后还遭受长期的(但很小的)薪酬惩罚(最后一次观察到的是 2008—2009 年时的 50—51 岁妇女)。针对美国,Kahn 等(2014)发现,除了有三个或更多孩子的女性,其他女性身为母亲对薪酬惩罚比例的影响随年龄增大而逐渐减弱,这与工作努力投入解释相一致(小孩比老年人要求更高)。Anderson 等(2003)提出了另一种替代解释:他们了解到在美国,中等技能的母亲比低等和高等技能的母亲受到的净工资惩罚更高,由此,他们认为中等技术工人面临更多的时间限制(办公时间需要定期出勤,不可在家工作),这些限制会对其工资产生负面影响。

　　近期大家在争论的话题是出生时间与家庭薪资差距之间的关系,其假设是女性推迟生育孩子以求积累工作经验并发展自己的事业;生育延迟似乎与收入增加具有相关性(Caucutt et al. ,2002)。[3] 实证研究的难点在于确定推迟生育对收入的因果效应,从而找到只影响母亲生育时间的有效变量。Miller(2011)利用在美国案例中的生育冲击,证实了延迟第一胎生育对工资有积极影响(且成为母亲后工资水平更高)。

　　因为缺乏合适的数据集,很少有针对欧洲大陆的研究。德国是一个例外,GSOEP(德国社会经济面板数据库)为能在德国进行与英美类似的研究提供了数据支持。Gangl 和 Ziefle (2009)观察分析了德国 1955—1969 年出生的一群人,发现职业母亲受到了纯粹且高昂的工资惩罚(这是在考虑到劳动力市场行为后的一项原因不明的差异)。Felfe(2012)证实了这一发现,她测试了德国工作便利程度对工资惩罚的影响。母亲的工资差距部分可以用补偿性

① 另一个实际问题是缺少国家纵向数据集,这就解释了为什么大多数研究都是在美国和英国完成的。
② ECHP(欧洲社区家庭面板调查)是一项面板研究,时间跨度是 1994 年至 2001 年,涵盖了与生活条件有关的各种议题。它在 2003/2004 年被欧盟 SILC 所取代。
③ 然而,高层职位为数不多,获得这些职位的机制有所不同。Smith 等(2013)发现,在年纪较小时就生完孩子能够增加女性在一群副总裁中脱颖而出并被选为 CEO 的可能性。对此,我们可以这样认为,这些被迫平衡工作和家庭的女性已经证明了她们强大的生产能力。

工资差距来解释,但既没有换工作也没有减少工作时间的妇女仍然面临 12% 的家庭工资惩罚。

北欧国家的家庭差距非常小,因此情况特殊[Harkness 和 Waldfogel(2003)比较了包括芬兰和瑞典在内的七个西方国家;Albrecht 等(1999)研究了瑞典;Datta Gupta 和 Smith(2002)研究了丹麦]。对这种独特性的一种可能解释是,北欧国家的产假和家庭政策非常慷慨,这影响了所有是或不是母亲的女性,因为无子女的妇女会期望成为母亲并休产假;这可能会造成对所有女性的统计歧视,无论她们有几个孩子(Datta Gupta and Smith,2002)。了解北欧国家母亲工资惩罚很小的另一个重要特征是自我选择进入公共部门所发挥的作用,这为母亲提供了更有利的条件。[1]

12.3.4.4　选择退出:高技能母亲会中断她们的职业生涯吗?

上述研究都发现了母亲身份带来的惩罚随着受教育程度的提高而增加(Anderson et al.,2002[2]),还发现由于高技能母亲中断职业的成本较高,她们的中断频率较低。然而,由于“母亲的愧疚感”,越来越多受过高等教育的女性“选择退出”自己的职业,去照顾孩子,这一现象有可能是文化和规范对劳动力供应的影响结果,抑或是对顶尖职位中女性数量稀少的解释,因而受到了媒体的广泛报道,还引起了经济学家的关注。为了验证这一猜想,各种研究相继出现,它们仔细调查了受过高等教育女性群体的职业情况,此外,还调查了她们暂时或永久离开工作和劳动力市场的倾向性。但这些研究都没有发现能够证明选择退出这一演变趋势的有力证据。与此相反,Goldin 和 Katz(2008)甚至发现最近一批女性对劳动力市场的依赖感愈来愈强,这些女性都是在 1970 年、1980 年和 1990 年毕业于顶尖大学的(哈佛大学/拉德克利夫学院),同时,他们还发现这批女性群体的生育率(在毕业 15 年后,每个群组中大约有38% 的女性仍未生育)没有大的变化。这些群体中有一半的母亲从未离开劳动力市场超过半年,而最近的毕业生分娩后的休假时间更少。

然而,技艺高超的工人,其工作投入各有不同。Bertrand 等(2010)的研究着重针对在1990 年至 2006 年毕业于美国顶尖商学院的女性,发现 MBA 毕业生似乎比医生、博士或律师更难以平衡职业和家庭。这与 Herr 和 Wolfram(2009)的研究结果一致,他们的研究调查了哈佛大学的女性毕业生,发现如果她们的工作单位缺乏家庭友好型政策,那么她们留在劳动力市场的可能性也随之降低。退出职场这一现象似乎在某些特定的女性群体中更为普遍,这些群体中的女性可能就职于一个非常容易得到的岗位,又或者在男性主导的职业中工作。因为一般观念和实验证据之间出现差异,所以媒体对这一群体相当关注(Antecol,2011)。这些研究结果的第二个意义在于,即使对于一些受过高等教育的女性来说,家庭限制因素对劳动力供应也有重大影响。为了深入研究这些分析结果,Goldin(2014)通过工作时间分配中存在差异,以及基于工时的收入具有非线性,来解释高素质女性的异质性。人们认为在组织管理、财务和法律岗位工作的人无法换班,并且他们需要长时间工作(并获得相应酬劳)。缺乏

---

[1] 我们将转而研究北欧的家庭友好政策对女性工资的不利影响。

[2] 利用美国国家纵向调查中 1968 年出生的年轻女性群体的劳动力市场经验数据,他们分析发现,只有技术娴熟的女性遭到了工资惩罚(对于有两个或以上孩子的女性,惩罚比例更高),对于白人母亲来说,完全可以用脱离劳动力市场的年数来解释这个结果。

灵活性会使孩子年龄较小的女性生活过于困难,这会促使她们选择离职。相反,药剂师既可以互相替换,也可以调节他们的工作时间,所以女性在这些职业中并不会处于不利地位。①

12.3.4.5 男性方面:婚姻溢价

家庭情况也会影响男性工资,但影响方向相反。一般来说,子女对男性工资没有直接影响,针对此问题的研究也很少(Loughran and Zissimopoulos,2009),但我们可以经常看到,已婚男性的收入与未婚男性的存在10%—20%的差异率(主要来源于美国的文献),同时还有丰富的文献能够帮助阐明这种工资优势的原因。

检验的两个主要假设是生产力和选择。更准确地说,男性的婚姻溢价可能是由于他们的妻子专门从事家庭生产,因而他们在工作上花了更多的精力(Becker,1974b)或时间(Korenman and Neumark,1991),从而提高了生产力。相较于未婚男性,雇主可能会更偏向于已婚男性,因为他们认为已婚者更为稳定(Hill,1979a)。婚姻溢价也可能是由选择机制造成的:劳动力市场中更有生产力的男性在婚姻市场上也更受青睐(Cornwell and Rupert,1997;Nakosteen and Zimmer,1997)。Bonilla 和 Kiraly(2013)最近提出了一个模型,在这个模型中,摩擦性劳动力和婚姻市场中的搜索均衡导致了婚姻溢价,但他们还未进行实证检测。

考虑到内生性问题、结果对方法论的敏感性、识别策略的多样性以及两个猜想相容的事实,实证分析提供了有关选择与生产力假设的混合证据,这一点并不意外。针对美国,Nakosteen 和 Zimmer(1997)观察了婚前收入,Dougherty(2006)利用了面板数据且考虑了婚姻的持续时间②,最终总结出,确实存在选择效应。相反,Chun 和 Lee(2001)则发现不存在选择效应,而且家庭内部专业化程度对婚姻溢价有正面影响。③利用美国海军军官的个人数据,并观察他们的绩效评估和晋升情况,Mehay 和 Bowman(2005)也得出了类似的结论。Korenman 和 Neumark(1991)采用了一个固定效应模型,发现当已婚员工在公司内部所任职位薪酬较高,且主管对他们的业绩评级也较高,从而为生产力效应解释提供支持时,婚姻溢价由此而生。"奉子成婚"是婚姻的一种潜在外生因素(因婚前怀孕而结婚),Ginther 和 Zavodny (2001)便针对这种婚姻调查了选择的影响,调查发现选择并不会导致婚姻溢价,这与Antonovics 和 Town(2004)研究同卵双胞胎的数据所得出的结论相同。除了美国的这些结果,Petersen 等(2011)在挪威发现了一个相反的结果,那里的婚姻溢价是由结婚前分配到高收入职业和职业建立单位造成的。更重要的是,近几十年来婚姻溢价似乎在不断下降(Blackburn and Korenman,1994),而且如果考虑未观察到的异质性的话,对于最近的一些美国男性群体(1979 年出生)而言,婚姻甚至会对他们的工资增长产生负面影响(Loughran and Zissimopoulos,2009)。这与婚姻以及双重收入家庭会限制男性职业发展这一观点一致。

到目前为止,我们还没有考虑到家庭状况变化所带来的影响以及同居在婚姻溢价中所占份额的增加。溢价是否会根据伴侣的法律地位而有所不同? Datta Gupta 等 (2007)对美国

---

① 需要注意的是,Goldin(2014)推断工资中的性别趋同可能来源于公司薪酬结构的变化,其中为了提高时间灵活性,薪酬工作时间更趋于线性。

② Dougherty(2006)还发现了一个微小且短暂的女性工资正溢价,这与专业化假设不相符。

③ Chun 和 Lee(2001)采用内生婚姻选择的转换回归模型;可识别变量是当地的婚姻市场紧张程度(各个州男女成年人之间的相对差异)。

和丹麦的情况进行了调查,在这两个国家中都发现婚姻比同居更具选择性①,因此在估算婚姻溢价时考虑同居因素非常重要。他们还在挪威发现父亲对工资存在很小的负面影响——父亲的工资增幅低于非父亲——并且通过假设父亲有可能会花更多时间照顾孩子而减少培训来解释这一点。Barg 和 Beblo(2009)使用非参数匹配模型来区分德国已婚和同居男性的工资溢价与单身男性之间的差异。同居和已婚男性中存在工资溢价,正是由于在步入婚姻和同居时进行了正选择。除上述研究外,Killewald(2013)在估算婚姻溢价时还考虑了不同类型的家庭(是否同住、是否为生父),并发现在不太常规的家庭结构(未婚父亲、非同住型父亲或继父)中,婚姻溢价正在逐渐消失。此外,当妻子全职工作时,已婚且享有住宅的父亲也不会获得高的工资溢价。

12.3.5　制度和政策问题

几乎所有经合组织国家都有明确立法,确保不分性别的同工同酬(OECD,2007)。但是,有证据表明,劳动力市场上仍存在工资歧视,这体现在性别工资差异中始终存在不明原因的部分。有关反对工资歧视,或更普遍地讲,反对工作中性别不平等的政策具体可以分为两大类:一是旨在规范企业行为(针对企业的政策),二是旨在改变妇女劳动力供给并促进工作与家庭间的平衡。

总体上来说,由于没有解决劳动力市场上不平等的主要根源,即家庭制约因素,那些试图改变企业招聘和晋升的政策看上去效果不大。因此,人们认为,公共政策,特别是家庭友好政策,是调和工作和家庭(OECD,2007,2012),以及减少劳动力市场上性别不平等的主要杠杆。一些鼓励女性参与劳动力市场的公共政策也被认为对经济增长、消除贫困以及维持经合组织国家的生育率至关重要。这些公共政策包括工作金钱奖励(税收/福利制度和托儿福利)和工作家庭调解政策(育儿假和公共托儿服务)。它们在提高女性劳动力市场参与度方面相当有效(根据一揽子政策,各国之间存在差异),但家庭友好的政策过于慷慨可能会产生"回旋效应"并危害女性的职业生涯。最终,越来越多人认为,通过产假奖励让父亲参与育儿可以直接解决性别不平等根源,但经验证据过少,且这些证据表明,育儿分担方面没有任何显著的变化。

12.3.5.1　针对公司的政策

除了颁布反歧视立法,还可以通过两种相反的方式来改变企业对待职业女性的行为:首先是通过竞争的压力,其次是通过调节劳动力的组成(平权行动和配额)。这两种方式都被大量研究过。在这两种情况下,都有经验证据可以体现它们对性别不平等的影响,这种影响通常是积极的,但程度有限,有时还有些可疑。

12.3.5.1.1　产品市场上竞争增加是否会减少工资歧视?

根据 Becker(1971)的品味歧视理论,对企业来说,歧视的代价高昂,性别歧视应该随着竞争的加剧而自发地消退:歧视性雇主无法在竞争激烈的市场中生存下去,因为他们必须支付比竞争对手更高的工资才能挽留他们偏爱类型的工人。那么政策建议就是单纯地让市场

---

① 但同居也会带来工资溢价。

淘汰歧视性雇主。近年来,在竞争日益激烈的背景下,一些实证研究通过分析性别工资差距的演变对这一假设进行了检验。这可能是特定行业放松管制的结果,如美国银行业(Black and Strahan,2001);他们发现男性的工资下降幅度高于女性,女性的职业状况有所改善。Heyman 等(2013)使用双重差分法,也发现收购和产品市场竞争对瑞典女性雇员的相对地位有积极(但有限)的影响。对于研究竞争冲击对性别工资差距的影响,一种更常见的方法是观察经济向国际贸易开放的后果。Black 和 Brainerd(2004)研究了全球化与美国各行业性别工资差距变化之间的关系,发现在激烈竞争后的集中性行业,剩余性别工资差距的下降速度要快于已然竞争激烈的行业。其他发达国家的研究也得到了类似的结果。据 Klein 等(2010)称,德国的出口型企业比非出口型企业工资歧视水平更低。Meng 和 Meurs(2004)也发现,在法国和澳大利亚,处于竞争更激烈环境中的公司,其性别工资差异有一小部分原因不明。这些论文都是基于国家案例研究的。

Zweimüller 等(2008)通过在上述荟萃分析(Weichselbaumer and Winter-Ebner,2005)中增加了每个国家竞争程度的指标("经济自由指数"),提出了一个更为概括性的观点。他们观察到竞争性市场与性别工资差距残差之间呈负相关。然而,他们承认,他们无法分辨这些减少的性别工资差距是女性的工资增长还是男性的工资下降造成的,并且还未考虑其对就业的影响。这些不同研究的总体结论是竞争的确缩小了工资差距(通常通过降低男性工资),但效果不够强烈,不足以深入改变公司的歧视行为。

12.3.5.1.2 平权法案与配额:对两性平等的影响

减少对所调查的劳动力市场歧视的另一种手段是直接调节企业的劳动力需求,并迫使他们遵守劳动力组成中的某些规则。美国 20 世纪 70 年代早期著名的平权法案[①]恰属于这一类反歧视政策,并在许多文献中被广泛地讨论(Fryer and Loury,2005)。这些讨论主要基于 Coate 和 Loury(1993)的理论框架,其中认为积极的歧视政策不会系统地消除负面的刻板印象。关于这项政策效果的大量研究致力于讨论美国的少数族裔就业情况[②],但它同时还延伸到了女性的就业上。Holzer 和 Neumark(2000)对平权法案政策有更积极的评估;他们认为公司如果采用了这一方案,不仅会改变他们的招聘和培训流程,减少统计歧视,还能吸引更多的少数族裔和女性求职者。Eberts 和 Stone(1985)着重讨论了 20 世纪 70 年代同等就业机会委员会在教育领域的促进作用,并且得出结论,认为对女教师的歧视有所减少。最后,实验证据表明,平权法案可以提高女性的竞争意愿(Niederle et al.,2013)和她们的自信心(Villeval,2012)。

最近,人们集中关注了高层管理中的性别配额政策及其对性别不平等的影响。这与以下分析一致:高层职位持续不平衡现象已是劳动力市场上男女不平等最重要的标志。这导致许多经合组织国家制定相关公共政策,以增加公司董事会中的女性比例(Pande and Ford,2012),但美国是个明显的例外,其非常抵触这种监管。挪威在这一领域处于领先地位,自

---

① 1964 年《民权法案》第七章禁止任何基于种族、肤色、宗教、性别或国籍的私人就业歧视。1972 年的《平等就业法案》随后巩固了这项政策。从那时起,所有联邦分包商均被要求为女性保留书面的平权法案计划。

② Blanchflower 和 Wainwright(2005)认为,尽管存在各种计划方案,但获取方式变化甚微,此外,Chatterji 等(2013)认为,与平权法案相比,小企业预留计划对少数群体就业的影响更为积极。

2003 年以来,它要求公司董事会中女性比例达到 40％,但现在法国、意大利、荷兰和比利时也是如此,强制配额从 30％ 到 40％ 不等。2012 年通过了一项欧洲指令,规定 2015 年所有成员国的企业董事会女性配额为 30％,到 2020 年为 40％。

女性在董事会中的比例通常是从公司财务业绩的角度来分析的,证据不一,更多的是正面的[分析美国可以参考 Carter 等(2007)、Erhardt 等(2003)、Miller 和 Carmen Triana(2009)、Shrader 等(1997)研究性别比例对创新的积极影响;也可以参考 Smith 等(2005)研究一组丹麦公司;Adams 等(2011)发现澳大利亚公司的股东对任命女董事的积极影响]。这一经验证据的问题在于董事会中女性比例的变化是内生的,因此很难证明其中的因果效应。挪威法律迫使企业改变其董事会组成,这就提供了一个有趣的自然实验。Ahern 和 Dittmar(2012)针对该情况研究发现,这种冲击对董事会组成有负面影响:股票价格和公司表现(以托宾 Q 理论衡量)均下降。他们认为这些结果是由缺乏经验的新任女董事取代了成熟且经验丰富的男董事造成的。这表明如果女性就任于能够获得管理技能的职位,这种负面影响可以是短暂的。

这就提出了董事会中的性别配额对人力资源实践的影响问题。高层女性已被巩固强化的地位是否会逐步降级? 这一假设背后的预期机制是双重的:高层女性可以直接促进女性晋升和/或充当积极的榜样。由于缺乏合适的数据,仍然很少有经济计量学研究能够测试高级管理人员对高管女性比例的影响。对美国专家组数据的少数研究发现,董事会或高级管理人员中女性比例的增加与性别工资差距的缩小(Cohen and Huffman,2007)、女性高管的薪酬优渥(Bell,2005)或高层管理人员中女性比例较高(Matsa and Miller,2011;对于挪威,Matsa and Miller,2013;Kurtulus and Tomaskovic-Devey,2012)之间存在正相关关系。然而,高层管理人员中女性比例与女性积极成果之间的正相关关系并不是处处可见;例如在丹麦,Smith 等(2013)发现管理层中有更多的女性并不能促进女性的晋升。因此,参与招聘过程的女性比例与玻璃天花板效应的中断之间所存在的联系可能不像这些调查结果所表明的那样直截了当。Bagues 和 Esteve-Volart(2010)[①]表示,招聘委员会中女性比例较高会导致高估男性候选人的相对质量,因而对他们十分有利。其他研究(基于匹配测试)发现,当招聘人员偏向于男性时,科学研究岗位招聘方面不存在性别差异(Moss-Racusin et al.,2012)。这使人们怀疑配额政策为女性职业生涯提供帮助的效力。总结这些混合调查结果,我们可以得出,女性就任高层职位并不能保证晋升的公平性,也不能确保高层职位中女性的缺乏情况会被很快解决。

自愿政策能够促进男女之间职业前景平等,这一缓和化的结果部分是由生育时间造成的。一些政策方案直接解决了女性在职业与生育兼顾方面("生物钟和终身职业钟的重叠"),特别是在学术界存在的困难。1971 年,斯坦福大学推出"停止时钟"政策,该政策在某些情况下会推迟晋升审查,它现在在美国的学术机构中被广泛采用。Manchester 等(2010)没有发现能证明该政策有效性的经验证据,他们甚至提出"停止时钟"政策可能会加剧学术界

---

① 这些调查结果是基于西班牙司法职业(治安法官)公开考试所提供的证据。15 万名候选人被随机分配到不同性别组成的陪审团。

的性别薪酬差距。最后一个例子表明，如果机会均等计划不能直接解决与劳动力供给有关的问题的话，其效果十分有限。

12.3.5.2 公共政策和妇女参与劳动力市场

（已婚）妇女劳动力供给的特殊性已经在劳动经济学中得到广泛研究（Heckman，1974；Killingsworth and Heckman，1986）。基本上，这取决于她们在市场活动（及相应的工资）和家庭生产之间的选择。然而，这一选择背后的机制似乎已经发生了戏剧性的变化。正如本节第一部分所强调的那样，自 20 世纪 70 年代以来，女性劳动力供给量一直在大幅增加，而这种趋势主要是由于已婚已育且孩子年龄较小的妇女行为发生了变化；近几十年来，退出劳动力市场照顾孩子的传统模式已经退出舞台。Olivetti（2006）通过（已婚）妇女经验回报的相对增加解释了这一令人印象深刻的变化。因此，工作中断会受到更严重的惩罚，特别是对于年轻女性的早期职业生涯而言。这些变化使已婚妇女劳动力供给的弹性向两个方向转移（至少针对 1980—2000 年的美国）：她们的工资弹性下降了一半，与男性的相差无几，她们的劳动力供应也对其丈夫的工资变得不那么敏感（Blau and Kahn，2007）。

女性总工作时间的增加可能是由于其在劳动力市场的参与度增加（广延边际）和/或工作强度的增加（集约边际）。在两篇相关论文中，Blundell 等（2011a，2011b）将 1975—2008 年三个国家（美国、法国和英国）总工作时数的演变分解为广延边际与集约边际。一个显著的结果是，就这三个国家中已婚已育妇女的劳动力供应而言，虽然其广延边际相似，但集约边际有所不同：美国已婚妇女的年平均工作时数增加，这与法国和英国相反，这两个国家的已婚妇女往往会减少工作时间。工业化国家之间的这些差异与制度和政策不同有关，例如国家是否鼓励母亲进行兼职工作。

这里我们将着重讨论影响女性劳动力供给的两个主要政策工具：收入税和家庭友好型政策（OECD，2007）。首先，我们简要总结了一些讨论，这些讨论的主题是征收所得税，劳动力供给会如何反应。目前的财政结构在多大程度上决定了男性和女性的劳动力供给？其次，经合组织国家在过去几十年中一直在扩展父母的育儿假，托儿补贴和家庭友好型公共政策的应用范围，但在不同国家扩展速度也不同。越来越多的研究集中详细地描述了它们对母亲劳动行为的影响。这些政策对女性劳动参与的积极影响已得到广泛认可，不过许多研究也突出强调，其中一些政策（尤其是育儿假）对女性工资职业可能会产生负面影响。最近，越来越多地人把父亲的育儿假当作一种杠杆，认为它可能可以改变工作态度并改善性别平等机会，但关于这一问题的经验证据（一直）非常稀少，因而并不能有效支持该观点。

12.3.5.2.1 婚姻、税收和劳动力供应

家庭中的第二个收入者在劳动力市场上工作是否需要交税？该问题的答案在很大程度上取决于家庭的税收制度以及平均有效税率和边际有效税率（METR）[①]。OECD（2012）概述了经合组织国家测试案例中的 METR。该测试案例的具体设计是观察两个年幼孩子（4 岁和6 岁）的父母从不工作到兼职工作，然后从兼职到全职工作的过渡。在 29 个经合组织国家中

[①] 平均有效税率指因就业总收入损失的比例（广延边际）。METR 测量已经工作的人员所交收入税增加和/或福利收入减少的比例（集约边际）。

的 16 个国家(特别是瑞典、瑞士、爱尔兰和挪威,其 METR> 100％),对于单一收入的夫妻而言,从事兼职工作的财务奖励非常低,而如果从兼职工作转入全职工作,则奖励强度较大。在这两种情况下(向兼职或全职工作过渡),对双职工夫妇的财务奖励会更大。

这些测试案例评估了国家税收制度对家庭收入的影响,但没有区分家庭内部的奖励措施。事实上,所得税既适用于个人,也适用于家庭,联合征税还是个人税收,如何选择一直是许多理论争辩的主题,这对女性劳动力参与度具有强烈的影响。根据 Ramsey(1927)法则,绝大多数作者支持以个人为税收单位,该法则是一项最优税收制度,它能够确保具有高劳动力供给弹性的个人相较于低弹性的个人面临的边际税率更低。如果将此法则应用于双职工已婚夫妇,并且当所得税为累进税时,对个人收入征税会比对家庭收入征税更可取(Boskin,1975);在征收个人所得税的情况下,一个家庭中劳动力供给弹性较高的次要工作者,其边际税率低于劳动力供给弹性较低的主要劳动者。根据这个推理,我们一般认为美国的税收制度(自 1948 年以来丈夫和妻子被允许合并收入并联名报税①)并不是最优的(Rosen,1977),因为它不鼓励第二收入者(在实践中是妻子)工作。

Boskin 和 Sheshinski(1983)的已婚夫妇征税模型依赖于个人和跨劳动力供给的弹性以及工资率的联合分配以求得出最优税收制度;根据美国参数,他们的数例表明,丈夫的最优比大约是妻子的两倍。这个计划的困难之一在于个人税收抵消了再分配的目的:如果政府重视再分配的话,那么当丈夫的收入不同时,两个劳动收入相同的已婚妇女不应该接受同样的税收待遇。Kleven 等(2009)研究了在考虑再分配目标的同时,单一个人的税率应该如何随着配偶的收入而变化。他们提出了一个复杂的夫妻最优收入征税模型,其中第二个收入者必须决定是否参加工作(二元选择)。最优税收公式是一个有关劳动力供给弹性、政府再分配倾向以及人口收入能力和工作成本分配的函数。因此,次要收益的最优税收(或补贴)会随着主要收入的增加而减少,最终趋于零。

以个人而不是家庭为单位的税收制度更有效,Piggott 和 Whalley(1996)对这一观点提出了疑问,为此,他们将家庭生产加入最优税收模型。在这种情况下,最佳税收制度不应歪曲家庭成员在家庭生产中的投入。对此,我们的直觉认为,征收所得税从个人转向家庭减少了次要工作的供应,但增加了家庭生产和休闲的时间,还可以改善福利。② 但 Apps 和 Rees(1999,2007)不赞同这种模型。与 Piggott 和 Whalley(1996)相反,他们也将家庭生产纳入了最优税收模型,却发现,个人分开纳税仍然是最优的,正如 Boskin 和 Sheshinski(1983)的模型所示。

另一场有关已婚夫妇最优税收模型的激烈辩论涉及了一个概念——基于性别的税收(GBT),即由于劳动力供给弹性较高,女性的税率较低。Alesina 等(2011)认为,这样的改革将会增强女性在家庭中的议价能力,使劳动力供给弹性内生化,还能缩小性别劳动力弹性差距。他们的想法是利用这种女性税收优势,取代有利于妇女的各种政策,例如配额、平权法案或托儿补贴。Saint-Paul(2008)对此表示强烈反对,认为这是歧视性的,而且由于 GBT 摒

---

① 在这种情况下,税收就按照好像他们各自赚取了一半的收入来计算。
② 注意,在此模型中,家庭被视为单一优化代理。

弃了法律面前人人平等的概念,人们会认为它有失公正。他赞成性别中立的税收制度(第二收入者不一定是女性),对个人收入的征税率相同。Guner 等(2012b)为这场辩论提供了一个实证性的视角。他们测试了在美国 GBT 的引入情况,并发现它可以改善福利,但如果用一种性别中立的比例所得税取代美国现在的税收制度,则福利收益会更高。

关于财政政策对女性实际劳动力供给的影响,目前相关实证研究相对较少。Guner 等(2012a)利用了一个具有异质性的动态模型,并量化了美国两种可能发生的税收改革的影响:比例所得税,以及已婚个人单独纳税的改革。他们的模型表明,第二种情况对已婚妇女工作时长的影响更大——其劳动力参与率提高的幅度是比例所得税改革情况下的两倍(分别为+ 10%和+ 5%)。对于有孩子的已婚妇女来说,其影响更加明显,不过,在这两种情况中,男性工时几乎保持不变。Kabátek 等(2014)研究了法国的案例,其特征是对已婚夫妇(但在调查时对同居夫妇不征税)共同征税,使用包含夫妻双方每个成员信息的个性化数据集。再次,通过模拟单独征税,我们可以得出这样的结论,即妻子的劳动力供给的确有所增加,但增幅有限。

日本的情况十分有趣,因为它的税收制度是这样的:如果主要收入者(通常是丈夫)的配偶收入低于阈值水平,那么他可以享受配偶税额扣除(配偶津贴)。由此可见,妻子收入增加会减少丈夫收入可扣除的金额。Akabayashi(2006)利用这种特殊性来评估女性劳动力供给的反应,并发现这种税收制度会强烈抑制女性劳动力供给,因为她们更看重配偶税额扣除的损失而不是她们自己有偿工作的潜在收益。因此,家庭内部的劳动力供给配置效率低下。

与日本一样,意大利的税收政策也不鼓励妇女参与劳动力市场:家庭中的主要收入者能够享受家属的税收抵免,这会鼓励人们建立单收入家庭。Figari(2011)受英国工作税收抵免的启发,研究了取消现有税收抵免并以工作福利取而代之的潜在影响,其中英国的这种抵免就是对所有每周工作 16 小时以上的个人进行收入补贴。他设想的第一种情况是在职工作中的家庭福利;第二种则是个人福利。Figari(2011)利用 EUROMOD(欧盟的税收利益微观模拟模型)①发现,在这两种情况下,女性劳动力供给都有所增加;以个人为基础的福利带来的效应更大,而且最贫穷家庭的劳动力供给变化特别显著。

Figari 等(2007)就 9 个欧洲国家的税收福利制度对已婚妇女劳动力供给的影响开展了综合比较研究。与意大利的案例研究一样,模拟以 EUROMOD 为基础,该模型允许根据每个国家人口的实际社会和人口特征进行计算。这项比较工作的第一个目的在于量化夫妻中男性和女性伴侣带入家庭的独立收入差异,并衡量国家税收和福利制度弥合差距的程度。② 在所有这 9 个国家中,女性所获得的夫妻税前福利收入的平均比例远低于 50%,其中希腊最低(18%),这主要是由于其女性参与率较低,而芬兰比例最高(37%)。不过,女性的收入高于伴侣,这种情况并不罕见(芬兰和英国中约 25%的夫妻情况如此)。在所有国家中,平均来说,税收福利制度能够缩小夫妻双方的收入差距:奥地利、芬兰、英国和法国(非收入调查型

---

① 请注意,该论文是基于家庭行为的统一模型(合并收入约束)。

② 独立收入分配给赚取或获得该收入的家庭成员。个人为补偿个人风险(生育、失业、残疾)而获得的福利只分配给有关个体。家庭或子女福利在两个伴侣之间平分。该公约存在一定问题,但作者认为在没有实际共享信息的情况下,采用这种假设更为清晰透明。

福利①对这些国家有均衡效应)降幅较大,而希腊则较低(该制度对女性在税收前后的份额影响不大)。德国和葡萄牙的均衡效应很小。这项研究的第二个目的是评估当伴侣通过加大工作量,以更高的工资率工作(集约边际)或通过自己从事有偿工作(广延边际)来增加收入时,其对女性的激励作用。不出所料,比较分析表明,联合税收制度(法国、德国和葡萄牙)对次要收入者工作激励的负面影响最大(评估基于边际有效税率)。

12.3.5.2.2 家庭政策工具与劳动力市场参与度

在概览了这些有关税收制度对女性劳动力市场参与度影响的争论之后,现在我们转而分析公共家庭政策及其对女性劳动力供给的影响。家庭政策工具涵盖了各种各样的方案(OECD,2013;Thévenon,2013)。通常情况下,它们将三种措施进行结合:夫妻有权在生育后休产假和育儿假,这为他们提供了就业保护,并且通常能获得公共收入支持;根据其工作时间,为有幼儿的父母提供托儿服务;采用包含工作激励的税收优惠制度。

近几十年来,所有国家都相继制定并推行了这些政策,但是程度及组合方式各有不同,因此要获得全套政策的整体情况并不容易。有一种较为便利的方法可以对家庭公共政策类型进行分类,即使用 Esping-Andersen(1999)框架。一般来说,国家可以分为三个类别(Thévenon,2011,2013)。北欧国家(丹麦、芬兰、冰岛、挪威和瑞典)倾向于双收入家庭模式。这些国家的特点是全面资助有幼童的在职父母。他们为在职父母提供与其子女出生有关的休假条件,这些条件相当慷慨宽容,还在幼儿上课时间外提供托儿及其他服务。英语国家(爱尔兰、英国、美国、澳大利亚、加拿大和新西兰)则为这些父母提供更多现金福利,而不是慷慨的实物资助,且这些资助通常针对低收入家庭。大陆国家形成了一个多元化的群体:南欧国家对工作家庭的资助非常有限,但法国是一个特例,它为职业女性兼顾工作和家庭提供了强有力的支持。有趣的是,福利国家制度的类型(按照以上陈述顺序,这些国家可以归类为社会民主型、自由型和保守型)也影响了家庭的劳动分工[参见 Geist(2005);另见 12.6 节关于家庭中的无酬工作的分析]。

12.3.5.2.2.1 "家庭友好型"政策对女性劳动力市场参与度的积极影响

过去 20 年来,欧洲(以及除美国外的其他经合组织国家)推行并扩展了"家庭友好型"政策,大大提高了女性劳动力参与率,这与近期美国的参与率停滞不前②(Blau and Kahn,2013)正好相反。欧洲内部政策的多样性催生了大量研究,试图在比较框架中评估其对女性劳动力参与度的影响。一般而言,通过对经合组织国家各组的宏观经济计量分析,我们可以发现,"家庭友好型"政策(特别是当它与女性教育、低失业率和有利的文化规范相结合时)对女性劳动力市场参与度有积极影响;不过,儿童福利政策是个例外,由于收入效应,这往往会降低女性的参与度(Jaumotte,2003)。Thévenom(2013)对 1980—2007 年 18 个经合组织国家中女性劳动参与度对政策变化的反应进行了宏观经济计量分析。他的研究结果证实了作为女性参与劳动力市场的推动因素,托儿服务对国家劳动力有着关键作用。他表示,如果考虑与其他政策的互补性,在就业保护程度高、带薪假期时间较长和对在职母亲的其他资助措施较

---

① 这些福利包括父母福利、失业福利,以及子女和家庭福利(假设平均分享)。

② 不过,美国女性的参与率一直稳定在相当高的水平(75%)。

多的国家中,这种影响有所加强。Del Boca 等(2009)通过分析 ECHP 数据,发现兼职工作机会(工资优厚时)、托儿服务、可选择的育儿假和子女津贴,对低教育水平女性参与选择的决定作用更强。他们还得出结论认为,欧洲各国社会政策的差异在很大程度上造成了这些国家女性劳动力市场参与度的差异。Gutierrez-Domenech(2005)研究了国家政策对工作生活中的一项具体活动(女性初次生育后从就业到失业的转变)的影响,并对1973—1993年期间的五个欧洲国家进行了比较。在此期间,与(联邦)德国相反,西班牙的母亲在分娩后就业机会增加。作者指出,向单独税收制度的偏移、教育水平的提高和兼职工作可以解释这些国家之间的差别。

12.3.5.2.2.2 母亲与父亲的育儿假:这些对参与率有什么影响?

在所有经合组织国家中,产假和育儿假(通常由母亲休)是家庭政策的一个关键组成部分(Thévenon and Solaz,2013)。但是,国家政策的目标和资源分配各不相同。第一批国家(北欧国家)倾向于高薪短假,以此长期维持母亲对工作的依赖感;其他国家则将育儿假作为正式托儿服务的替代品,并提供带有低税率(如果有的话)的长假;美国的情况比较特殊,因为它是1993年后(从那时起,《家庭和医疗休假法》批准母亲有12周的无薪产假)才实施国家产假政策的几个国家之一。

妇女在工作承诺方面对享有产假权利有何反应?调查结果普遍表明,产假会鼓励女性在怀孕前参与劳动力市场,这样她们就有资格享受假期福利,并加强工作依赖感,最后仍会选择回到原岗位(Ruhm,1998;Waldfogel,1998a)。但要研究产假对母亲劳动力供给影响的话,有一个实证问题在于我们需要找到休产假时的外源性变量。识别策略通常是利用各国在相关政策参数上的体制差异或由于某特定国家改革而发生的突变。至今已有许多人针对美国的情况开展了研究,因为尽管它没有全国性推行,但通过国家政策、工会化企业或自愿雇主条款还是有可能有差异地覆盖各地区。这些研究随后比较了有产假和没有产假女性的行为,并估量了她们各自返回有酬工作的可能性。[①]

相比无权休产假的母亲,有权休产假的女性更有可能休满规定的全部产假(12周),但休完后会更快返回岗位。她们也更有可能在分娩后回到以前的公司(Berger and Waldfogel,2004)[②],这样可以获得工资溢价,以抵消生育孩子带来的负面影响(Waldfogel,1998b)。Baker 和 Milligan(2008)利用并分析了加拿大各省产妇休假资格的变化,Joshi 等(1996)研究了英国1958年出生的一群人(这是第一代可以享受法定产假的人员),这两方都观察到了就业连续性方面的积极影响;产假和其他家庭友好型政策的好处分配不均,受过教育的妇女得到的好处更明显。

育儿假政策(休产假后)对分娩后重返工作的可能性有复杂的影响。两个法定组成部分,即工作保护的期限和休假期间的报酬,对重返工作产生的影响正好相反。长时间的工作保护会增加重返工作的可能性;带薪休假增加了休假并留在家中的可能性(Pronzato,2009)。

---

① 然而,仍然存在选择问题,因为这种优势不是由公司随机提供的。

② 需要注意的是,Klerman 和 Leibowitz(1999)认为,《家庭和医疗休假法》(1993)对工作连续性的影响很小,而且,新法律也并没有改变这种做法。

因此,根据具体假期条件的慷慨程度,育儿假的总体影响也会有所不同。Lalive 和 Zweimüller(2009)利用奥地利育儿假政策中两项截然相反的变化为父母休假对就业和收入的影响[1]提供了因果证据。1990 年的改革将育儿假的期限从 1 年增加到 2 年,而 1996 年的改革又将其减少到 18 个月(育儿假期间支付福利没有变化,始终相当于女性收入净额中位数的 40%)。他们发现,延长休假会导致就业和收入在短期内大幅下降,并推迟重返工作,甚至在产假结束后也是如此。但他们没有观察到产假延长对孩子出生 5 年后的收入有任何负面影响,即使是对非常称职的母亲也是如此(这与普遍观点相反,一般认为较长的育儿假对女性的职业生涯有负面影响;见 12.3.5.2)。Dustmann 和 Schonberg(2012)利用了德国产假覆盖率的变化情况[2]做研究;同 Lalive 和 Zweimüller(2009)一样,他们也发现延长假实际上会推迟母亲回归岗位的时间。

12.3.5.2.2.3　儿童照顾成本对母亲劳动供给的影响

上文我们已经提到过,托儿服务对于促使父母能够从事有偿工作至关重要,这已经成为共识。托儿费用也许严重阻碍了父母参与劳动力市场。如果把这些因素考虑在内,工作的经济动力就会减弱,对低收入家庭来说尤其如此。[3] 这种抑制作用对英语国家、日本、以色列和瑞士尤其强烈(OECD,2012)。因此,托儿成本较低能够促进女性就业,但估算儿童托管的价格弹性存在严重的困难(Blau,2003)。自然实验提供了一种较为便利的方式来确定托儿津贴对劳动力供应的影响。Baker 等(2005)研究了加拿大魁北克一项新的降低托儿费用的政策,并发现这对学龄前儿童母亲的劳动力供应产生了巨大的积极影响。[4] 相反,瑞典的儿童保育价格大幅下降,却没有发现这种影响(Lundin et al.,2008)。对此的解释是,改革前已经存在提供高额补贴的托儿服务,所以进一步的减免影响有限(不显著)。一些研究强调,对劳动力供给的影响还取决于可获得性[参见 Kreyenfeld 和 Hank(2000)对德国的研究]和托儿质量[参见 Hansen 等(2006)对英国的研究]。最后,在子女上小学时,校外照顾也是调和全职工作与母亲责任的一个重要因素,但这一公共政策在经合组织国家尚未得到很好的实施。

12.3.5.2.3　"家庭友好型"政策的回旋效应

许多实证研究证明,"家庭友好型"政策提高了女性劳动参与率。然而,这并不意味着妇女在劳动力市场中的地位有所改善,或者性别工资不平等程度有所降低。Blau 和 Kahn(2013)完成了他们对经合组织国家和美国的对比研究,发现相较于美国,经合组织国家的女性劳动力市场参与度(见上文)有相对优势,其工作质量则相对较差:美国女性比其他经合组织国家的女性更有可能参加全职工作,成为经理或专业人员。

长期育儿假是最受争议的一项家庭政策,在各国,这种休假通常伴随着母亲的工资惩罚[Ruhm(1998)]在其开创性的研究中分析了 9 个国家;Misra 等(2011)描述了欧洲国家;Phipps 等(2001b)描述了加拿大;Beblo 等(2009)描述了德国;Lequien(2012)描述了法国]。

---

① Lalive 和 Zweimüller(2009)也对奥地利育儿假改革后的生育反应进行了彻底研究。由于他们的研究结果不在本节研究范围内,我们不会在此提及。

② 他们的研究重点是孩子与母亲所处时间较父亲更长所带来的长期结果。

③ 低收入家庭托儿成本降低的好处并不能弥补收入增长的有限性。

④ 但作者还发现这项政策对儿童健康和行为有负面影响。

尽管育儿假维系了女性与其雇主之间的关系,从而鼓励女性参与劳动力市场,但是它减少了她们对职业生涯的奉献与投入。

通过"回旋效应",家庭政策的这些负面影响主要波及的就是高素质员工(Datta Gupta et al.,2006,2008)。"家庭友好型"计划的扩展①似乎对(有子女)妇女的工资有负面影响,因为这会导致职业长期中断的可能性增加,并对她们的职业生涯产生不利影响,尤其是对于资历最高的人来说。Mandel 和 Semyonov(2005,2006)在对工业化国家的比较分析中也得出了同样的结论:福利国家有利于促进妇女进入劳动力市场,而不是进入管理层。更为普遍的情况是,"家庭友好型"政策可能会阻碍女性(无论是否为母亲)的职业发展(Albrecht et al.,2003;Arulampalam et al.,2007;Christofides et al.,2013)。这些政策还吸引了更多女性进入公共部门,因为虽然公共部门的工资不高,但工作条件更为有利(Simonsen and Skipper,2006)。Datta Gupta 等(2008)总结说,在北欧国家,广泛的"家庭友好型"计划甚至可能创造了一种"以系统为单位的玻璃天花板,它会妨碍女性的职业发展"。

12.3.5.2.4 陪产假会改变父母的行为吗?

最近,陪产假作为一项直接解决劳动力市场性别不平等的主要原因(即母亲照顾孩子的时间)的政策引起了人们的关注。预期的效果有两方面:第一,通过共享育儿假来缩短产假;第二,改变心态,以期在长期内获得更公平的家务分工(Huerta et al.,2013;OECD,2012)。Nepomnyaschy 和 Waldfogel(2007)的研究发现,陪产假的长度对父亲参与育儿有积极影响,这构成了这方面的论点。然而,这个被研究的国家是没有陪产假政策的美国,尽管很大一部分父亲在孩子出生后会请一段时间的(无薪)假,所以我们可以认为,休更长的陪产假的父亲是被选定的组。

与美国的情况相反,欧洲国家在过去 20 年采取了各种有利于父亲休假的措施。北欧国家(挪威、瑞典、芬兰和冰岛)在这一领域最为先进,陪产假期间薪酬优厚,并且还为休陪产假的父亲提供强有力的激励,如果父亲不休假的话,部分育儿假就会受到损失。例如,冰岛的"3+3+3"系统经常被举例说明,这个系统是指三分之一的育儿假是留给父亲的(十三周),三分之一留给母亲,最后三分之一可以留给母亲或父亲(实际上,通常由母亲休)。

这项政策导致父亲行为发生了什么样的实际变化呢?受过高等教育的父亲更有可能休陪产假(Sundström and Duvander,2002);对于父亲来说,优渥的产假福利和长时间的独享育儿假似乎与父亲的育儿时间呈正相关[关于瑞典的情况见 Haas 和 Hwang(2008);Boll 等(2013)根据时间使用数据进行跨国比较]。但这些研究结果都是描述性的,无法确定陪产假对父亲行为的因果效应。Ekberg 等(2013)利用了瑞典的一项自然实验(1995 年"爸爸月"改革为孩子在 1 月 1 日以后出生的父亲提供了 1 个月的育儿假),以研究假期对父亲行为的短期和长期影响。他们观察到激励措施对男性育儿假有强烈的短期影响,但没有长期的行为影响(通过需要照顾 8 岁以下儿童所请的病假天数来衡量)。这种行为的持续性可能是由观察到的变化范围有限(仅 1 个月)所致。德国也有类似的情况;Kluve 和 Tamm(2013)利用的

---

① 公共部门的"家庭友好型"政策最为慷慨宽容,在丹麦的案例中,该部门的女性隔离加剧了这一因素。这在一定程度上解释了他们所观察到的性别工资差距停滞不变(甚至还有扩大的趋势)(Datta Gupta et al.,2006)。

自然实验是在 2007 年引入了更丰厚的育儿假福利和 2 个"爸爸月"［父母津贴（Elterngeld）改革］。像 Ekberg 等（2013）一样，他们发现那些历经改革的父亲照顾孩子所投入的时间长短没有明显变化（通过父亲在孩子出生后第一年期间对照顾孩子的相对贡献来衡量）。慷慨的育儿假会吸引父亲，从而影响产假时长，不过它对育儿分担影响甚微。

总结这些关于性别工资差距的调查结果，我们可以发现，其中最突出的事实是经合组织国家的性别工资在 20 世纪 70 年代和 20 世纪 80 年代急剧下降，随后，自 20 世纪 90 年代末以来已经不再下降。下降的原因非常明显：受教育水平和劳动力市场参与度的提高使妇女的人力资本趋近于男性。然而，近期停滞的原因却不甚明确。从描述性角度来看，男性和女性的职业结构差异很大，女性在职业生涯中不如男性成功。现今已有相当数量的研究对大量解释进行了检测，这些解释非常复杂，不具排他性，并且其解释能力难分上下。首先，企业可能会歧视女性，测试、自然实验和计量经济学研究表明，女性在招聘或晋升过程中并未得到同等对待。其次，女性的心理特征可能会阻碍她们像竞争对手一样积极进取或选择某些职业。再次，有室内实验证明，在风险规避和竞争力方面的确存在性别差异，但从心理学角度解释性别工资差距，其外部效度仍然值得商榷。最后，家庭制约因素以及孩子和家务劳动问题应该是理解性别工资差距的关键：年轻母亲，尤其是高素质女性，在职业生涯中会受到惩罚；女性可能会牺牲自己的职业生涯而选择一些"家庭友好型"的工作场所；如果公司认为现在还未生育的女性将来也会成为母亲，那么它们可能不愿意培训或提拔她们。因此，国家公共家庭政策在解释性别差距的国际差异方面发挥着重要作用。新的悖论在于，慷慨且有利于幼儿父母的制度对女性参与度有积极影响，但对她们的职业生涯有负面影响。

12.4　自营就业的案例

自营就业是劳动经济学中一个两面的概念。一方面，它被认为是经济活力的基础和资本主义的灵魂。根据熊彼特（Schumpeter）的理论，企业家是资本主义的核心人物：一个能够感知经济机会、结合各种资源并承担风险的个体。小企业对资本主义经济增长至关重要这一信念对政策很有影响，特别是在欧洲更是如此。里斯本战略（2000 年 3 月）确定的优先事项之一就是培育初创企业。2013 年 1 月，欧盟委员会提出了 2020 年创业行动计划，以"重振欧洲的创业精神"，并解决创业面临的构建、管理和文化性障碍。

另一方面，当今自营就业，被当作一种通过降低失业率（甚至是刻意人为地）来减轻经济危机的人为后果的方式。更泛义地说，自营就业被认为是失业或边缘人口摆脱贫困的途径。创业所允许的灵活性也被视为适应劳动力市场约束的一种便捷方式：它允许灵活的工作时间和日程安排，往往可以在家中完成工作，因此它提供了一种处于不工作状态和拿固定工资的工作之间的中间状态。因此，欧洲支持创业的计划表明，政策的目标应该是"采取具体行动来接触那些……在创业人口中代表性不足的人群"（OECD，2013），这些人群包括移民、老年人、失业者、年轻人和妇女。

有关自营就业的性别研究处于这两种方法的交叉点上。自营就业的性别差距是根据成为企业家所需的特点来进行分析的。自 Cantillon(1755)和 Knight(1921)以来,企业家一直被视为风险承担者或不确定性的承担者;这种风险态度,Lazear(2005)将均衡技能和不同背景作为影响创业选择的个人特征加入。因此,许多研究将人力资本、风险规避和自信方面的性别差距作为经营小企业的女性缺乏的主要解释因素。然而,一旦妇女是自营就业者,分析的重点就放在妇女将自营就业作为调和工作和家庭的手段上。通过对女性的表现和男性的表现的对比研究,能够解释我们观察到的男女差异,它们主要表现在工作时间,或者更普遍的业务目标方面:男性目标是利润,女性是寻求工作与生活的平衡。与性别工资差距一样,收入的性别差异往往与劳动力供给和家庭约束的差异有关。

在本节中,我们展示了经合组织国家自营就业率的统计数据[1],这些数据表明,在所有经合组织国家中,女性比男性更不可能自谋职业。为什么女性的创业率与男性不同?越来越多的研究在解释这种差距时,考察了心理特征(风险规避、自信和对经济机会的看法)在其中所起的作用。然后我们转向研究男性和女性经营企业的差异。一些研究调查了妇女在获得信贷方面面临歧视的可能性。但大多数分析都以家庭约束中的性别差异为核心,认为这是男性和女性表现不同的主要原因。

12.4.1 典型事实

12.4.1.1 自营就业的模糊范围

自营就业所涵盖的经济活动范围广泛,种类繁多,其中包括传统农民、法律或卫生行业等受规管行业、小型企业以及新兴企业等。经合组织对此采用了一个较为全面的定义:"自营就业是一种就业形式,人们在自己的企业、农场或专业实践中工作,并从中获得经济利益,如工资、利润、实物好处或(对于家庭工作者而言的)家庭收益。志愿工作不在此定义范围内。"(OECD,2013)自由职业者可以自己工作(如自有账户型自营就业),也可以雇佣职工。如果企业所有者不参与日常的业务活动,则也不属于自营职业者。

Ahmad 和 Seymour(2008)强调指出,创业不应与上述自营就业两相混淆。创业活动是"通过创造或扩大经济活动,通过识别和开发新产品、新流程或新市场来追求价值创造的一种企业人类行为"(OECD,2007)。因此,创业不只限于小型企业,还包括创新型大公司。在实践中,研究常将自营就业与创业混为一谈。这从性别分析中可见一斑,因其会将自营就业中妇女相对较少的问题与女性创业精神缺乏互相混淆。[2]

事实上,有关自营就业的可比数据是以国家劳动力调查结果为基础得出的。全球创业监测(GEM)通过对 54 个国家成年人口的年度住户调查来衡量自营就业,其中还包括一系列有关动机和愿望的问题。GEM 同样也是初创企业(企业成立时间长于 3 个月且短于 42 个

---

① 我们不考虑发展中国家的女性自营就业。关于小额信贷和自营业务是否为女性获得经济独立的有效途径这方面的争论很多,但这些问题与本章的关注范围相去甚远。本章主要关注经合组织国家的性别不平等。

② 另一个统计问题在于将被错误认为是自营职业者的人("虚假创业者"或"经济依赖性工人")计入自营就业统计数据。这相当于一种雇佣安排,在这种安排中,劳动者只有一个顾客,并且在税务机关登记为自雇职工,而不是雇主工资单上的雇员。当然,伪造自雇的比例很难评估。根据 Oostveen 等(2013 年)的研究,在 27 个欧盟国家中,这一数字还不足劳动人口的 1%。这在意大利和捷克等一些国家(Geissler,2012;Oostveen et al.,2013)似乎更为重要,占自雇人口(就业人口的 2%)的 10% 以上。在这种形式的自营就业中,男女之间没有显著差异。

月）信息的主要来源。

12.4.1.2 自营就业中的性别差异

在所有发达国家中，不论平均自营就业率高低，女性自营就业率（自雇者相对于所有就业人口的比例）均低于男性。

2011 年，在 27 个欧盟国家中，女性自营就业率为 9.7%，男性约为其两倍（18.3%）；平均比率为 15%，各国差异显著（OECD，2013）。丹麦、法国和德国等一些国家的女性自营就业率（5% 左右）远低于欧盟的平均水平，而意大利和希腊等其他国家的女性自营就业率（20% 左右）则要高得多。这些数字在每个国家内的演变形成鲜明对比。2000—2011 年，有 13 个欧盟国家的女性自营就业率有所上升；斯洛伐克、捷克和荷兰的增幅最为显著。其他 13 个欧盟国家（拉脱维亚）出现下滑（或停滞），立陶宛、葡萄牙和罗马尼亚下降最多（OECD，2013）。

美国的自营就业率相对较低，自 2003 年以来一直稳定，2009 年数据约为 11%［根据 Hipple（2010）的劳动统计局数字］。[1] 如预期的那样，女性的自营就业率接近男性（分别为 8% 和 14%）的一半，在自主就业方面的差距特别大（分别为 2% 和 5%）。

在所有国家中，自营就业中的行业性别隔离似乎与有薪酬的职业中的隔离类似。女性在制造业和建筑业中相对较少，约占男性自营就业的 25%。自营就业的女性更倾向于从事面向消费者的服务业（医疗、社会工作、艺术、教育）。这些行业约占女性自营职业的 40%（OECD，2013）。

12.4.2 为什么这么少的妇女在自营就业？

妇女创业的意向较低，这方面有很详细的记录［见 Allen 和 Langowitz（2013）；Koellinger 等（2013）；Langowitz 和 Minniti（2007）；OECD（2013）；最新的基于 GEM 数据库的参考文献；Anderson 和 Wadensjo（2008）关于瑞典的事例；Furdas 和 Kohn（2010）关于德国的事例］。一旦创业，在考虑到经济特征时，一般而言，不同性别的人创立的企业的生存率没有显著差异［美国，参见例如 Perry（2002）］。

为什么女性创业比男性少？观察到的人力资本的性别差异不足以解释自营就业中的性别差距（Minniti and Nardone，2007；Wagner，2007）。Furdas 和 Kohn（2010）使用关于德国创业的详细个人数据集，通过社会人口变量和人格特质分析了创业的概率。他们发现，当具有相似的社会人口变量（年龄、受教育程度、职业地位、地区、移民背景和家庭环境）时，与女性相比，男性更倾向于选择创业。性别差异在很大程度上是由于在性格特征方面（风险承受力、开放性、情绪稳定性、创造力、成就需要等），女性拥有不利于创业的特征。

大量文献试图解释自营就业女性在心理和社会因素方面的不足，这些因素可分为三大类：风险规避、对经济机会的认知和对自我雇佣的偏好。根据 Kihlstrom 和 Laffont（1979）提出的模型，个人通过比较创业风险回报和竞争性劳动力市场中非风险工资来做出职业决策，风

---

[1] 这种稳定性是由非合并自营营业的减少和合并自营营业率的上升的综合影响造成的。

险规避的①性别差异,很自然地可以被用来解释自营就业中的性别差距。风险规避也可以通过阻碍人们获得开办企业所需的资金来起作用; Sena 等(2012)利用 2003 年的英国家庭创业调查发现,女性比男性更不愿意从银行借钱,而这种寻求外部资金的性别差异降低了他们成为自营就业人士的可能性。除了风险规避,机会感知(Kirzner,1979)、自信,以及了解其他企业家是创业的关键特征。因此,女性缺乏自信心,经济环境认知上的性别差异(女性倾向于认为自己和创业环境比男性的差),对失败的更大恐惧降低了他们创业的意愿(Langowitz and Minniti,2007; Minniti and Nardone,2007; Koellinger et al.,2013; Wagner,2007)。此外,性别刻板印象(Gupta et al.,2009)以及自营就业的偏好可能会导致自营就业转型中的性别差距,并且还催生了大量心理学和经济学相结合的研究。例如,Verheul 等(2011)利用 29 个发达国家 8000 多人的代表性数据集,区分了创业过程中的两个阶段:自营就业的总体偏好——无论被调查个人的实际工作状况如何——以及实际参与自营就业。他们发现,女性创业倾向较低的原因解释了观察到的自营就业率性别差异的很大一部分,并得出结论认为,总体偏好似乎是女性自营就业率低的关键因素。

然而,最近的一些研究认为,不应高估社会和心理因素以及性别刻板印象的重要性,自主经营的决定也取决于女性和男性的经济机会。一个用于估计女性受经济因素影响的程度的英国纵向数据的宏观经济计量分析显示,经济因素[国内生产总值(GDP)、利率、房价、就业和自雇收入]同样地影响女性和男性的自营就业选择(Saridakis et al.,2013)。经济因素对创业决定的影响也有通过比较具有类似人力资本的个体行为,进行微观分析来研究的。一般来说,当人口同质化时,男性和女性倾向于自营就业的行为差异可能会大大减小。限于专业和管理的自营就业的分析表明,妇女选择自营就业是为了追求一种职业模式,并像男子一样获得工作自主权(Budig,2006a)。Leoni 和 Falk(2010)分析了奥地利大学毕业生的自营就业倾向,发现年龄和研究领域可以用来解释三分之二的自营就业中的性别差距。当研究对象仅限于医学毕业生时,他们不再观察到男女之间在自营就业倾向上的差异。②但是也可以这样来说,医学毕业生是一个自我选择的群体,它吸引女性加入成为持照专业人士。

12.4.3 自营就业妇女:工作时间和收入中的家庭限制和差异

鉴于女性创业的倾向较低,哪些因素可能会鼓励女性成为企业家?妇女成为创业者的一个动机可能是想避开她们在劳动力市场上面临的性别工资歧视③,并根据她们的生产力特点获得相应回报。然而,证据不是很有说服力:一旦生产力特点和工作时间得到考虑,实证研究往往会发现,自营就业人员的性别收入差距中仍有一小部分无法解释(Clain,2000; Leung,2006)。④尽管这些结果表明,妇女在自主创业时有较高的人力资本回报,但在向自主创业过渡的过程中,性别工资歧视的作用尚未得到充分证实(Leung,2006; Williams,2012)。

---

① 例如,Ekelund 等(2005)使用芬兰心理测量数据集测试了风险规避对自营就业的作用,并发现这种心理特征对自营就业的可能性具有相当大的负面影响。

② 但是,一般来说,在其他学科领域,女性自营就业的可能性仍然较低。

③ 请注意,如果顾客不喜欢被女性服务,那么自营女性可能遭受消费歧视。

④ 这组研究中的一个例外是 Lechmann 和 Schnabel(2012),他们在德国的案例中发现,比起拿薪水的工人,自营者有更多不能解释清楚的部分。

相反,人们普遍认为,家庭责任在妇女选择自营就业方面发挥主导作用,并且(已婚)妇女往往因为她们的家庭约束选择这种就业状态,以此作为更好地平衡工作与生活的一种方式(Carr,1996)。因此,家庭状况和幼儿的存在是解释自营就业选择的关键变量,因为工作时间的灵活性可以让家长降低儿童保育成本(Connelly,1992)。实证研究经常发现生育率对妇女进入创业的积极影响(Boden,1999;Macpherson,1988)。有年幼子女的妇女比男子更有可能宣布时间的灵活性和孩子的束缚是选择创业的主要原因(Boden,1999)。因此,自营就业似乎是兼职工作和劳动力市场不活跃的很好的替代品,特别是在公共托儿服务少的国家[参见 Georgellis 和 Wall(2004)的美国案例]。被丈夫的健康保险所覆盖也是女性自营就业的一个积极因素,尤其是在美国更是如此(Devine,1994)。Lombard(2001)对美国已婚妇女选择自由就业而非时薪/月薪工资就业进行了仔细的计量经济学研究。在第一阶段对妇女在货币(工资)和非货币工作属性(灵活性和非标准工作周)方面的要求进行了预估,并将这些预估与丈夫的健康保险结合在一起用于分析自营就业决定。结论是,这三个因素——自营就业者的相对收入潜力、对灵活性和非标准工作周的需求,以及丈夫的健康保险——正面影响着女性自营就业的可能性。

另一种证明工作—家庭时间在自我雇佣中扮演着关键角色的方法是比较自营就业人士和雇员对时间的使用情况。根据澳大利亚时间利用调查(Craig et al. ,2012)的一项研究,自营就业母亲花更多时间在家务劳动和托儿服务上,她们的带薪工作时间比授薪母亲短,而不同就业类型的父亲的时间差异不大。一些研究还发现,选择自营就业的妇女(母亲)可以获得积极的非金钱收入:自营就业已婚妇女报告的工作满意度更高,职业倦怠更少,从工作到家庭的负面溢出减少[基于 1997 年的美国调查,见 Hundley(2001)]。

鉴于工作承诺和工作时间的这些差异,自营就业女性经常被发现表现不如男性也就不足为奇了。原始性别收入差距(定义为男性和女性平均自营收入之差除以男性平均自营收入)对于经合组织国家整体而言约为 35%,各国之间差异很大。葡萄牙和波兰(农场依然重要的国家)的差距最大(60%),北欧国家(冰岛、瑞典、丹麦)的最小(10%),美国和大多数欧洲国家约为 40%(OECD,2013,性别数据门户)①但是,如上所述,这一差距的原因大体上很清楚:在大多数国家,如果把结构性差异(人力资本、金融资本、活动部门),尤其是妇女减少工作时间和对儿童和家务的承诺考虑在内,在收入上的这种性别差异通常完全消失(Budig, 2006b;Fairlie and Robb,2009;Marshall and Flaig,2014;Du Rietz and Henrekson,2000;Young and Wallace,2009)。Hundley(2000)根据创业的不同理由(与授薪工作相比),分析了自营就业的男/女收入差距。首先是自主创业比工薪工作提供更广泛的工作组织选择:自主创业与授薪工作相反,不受最低工作时间(和相应的最低工资)的限制,也不受最高工作时间的限制。与性别分工相结合(参见 12.6 节),这意味着自营就业的已婚女性比有工资的女性会做更多的家务劳动(而且市场工作也更少),相反,自营就业的男性的家务劳动时间少于授薪阶层(和更多的市场工作)。结果,自营就业中的性别收入差距大于授薪工作。基于美国收入

---

① 在收集自营就业收入数据方面存在特定的方法学困难:如何区分资本回报和工作时长的报酬,如何处理负收益、不完整报单导致的偏差等(见 12.2 节)。但是,这些偏差被认为会平等地影响男性和女性的收入。

动态追踪调查的实证分析证实，婚姻、家庭规模和家务时间对创业女性的收入有负面影响，并对自营就业男性产生正面影响。Hundley（2000）也认为，这种模式可能会成为有抱负的女性开始创业的障碍，因为她们担心自营就业会迫使她们承担大量的家务劳动。

12.4.4　妇女在获得信贷方面受到歧视吗？

关于创业中性别差异的另一个有据可查的典型事实是，自营就业的女性比男性更少地使用银行贷款。女性是否受到银行的歧视，经历了比男性更多的信用否认或更高的利率？还是她们只是申请较低的信用额度？这个问题在美国得到了很广泛的研究（Blanchard et al.，2008；Blanchflower et al.，2003）；研究经常发现，妇女在获得贷款方面没有受到歧视。Asiedu 等（2012）使用 2003 年最新的"小企业财务状况调查"确认了这些结果。2003 年，数据库允许他们将分析扩展到贷款续期（而不仅仅是新贷款）。

那么银行信贷的有限使用可能来自行为上的性别差异。虽然银行贷款的发放可能没有性别差异，但银行关系的认知和期望差异可能会对妇女的信贷需求产生负面影响。Saparito 等（2013）研究了银行关系认知中的性别差异；他们的研究基于对 696 对配对的企业所有者/经理和银行经理的调查，其中包括定性变量。他们发现，性别影响企业所有者和银行家之间关系的质量：男性配对（男性企业主和男性银行经理）对信用准入的信任度和满意度最高，女性配对的这些指标最低。有趣的是，在妇女获得天使资本的过程中也观察到了性别的影响。一般来说，妇女不大可能寻求天使融资，虽然她们从这个来源获得资金的可能性相同；她们也更有可能从女性天使那里寻求和获得融资（Becker-Blease and Sohl，2007）。

然而，在解释获得信贷准入方面的性别差异时，不应高估行为变量的作用；结构特征的差异解释了这个差距的很大一部分。Cole 和 Mehran（2009）对 20 年间的小企业财务状况进行了调查，总结了女性所有企业的主要特征如下：这些企业规模较小，年轻化，更倾向于从事零售贸易和商业服务，更有可能以独资形式而非企业的形式组织起来。女业主比男业主年轻，受教育程度低，经验不足。经济计量分析表明，这些结构性差异解释了为什么女性拥有的公司获得信贷的可能性低于男性拥有的公司。

上述关于不存在性别银行歧视的结论是针对美国的情况。这个结论是否适用于其他经合组织国家无法确定。事实上，Alesina 等（2013）提供了一个反例，在意大利，自营就业的比例很高，许多微型企业由女性所有。他们发现了强有力的证据，表明女性在信贷上支付的比男性更多，即使在考虑了与商业类型、借款人和信贷市场结构相关的大量特征之后也是如此。女性在男性主导的产业里信贷的劣势更大。作者对这一结果提出了两个解释：一是对女性的基于偏好的歧视，因为意大利社会对妇女在社会中的地位仍然秉承着非常传统的价值观，而要求贷款可能被认为是不合适的行为；二是与银行谈判达成交易的可能性更低，因为女性可能更不愿意竞争，也更不愿意主动争取。

总而言之，性别工资差距分析中已经强调的一些特征似乎也与自营就业中的性别差异有关，即研究领域的选择、行业隔离以及（再一次）家庭约束和对灵活的工作时间需求以协调儿童保育和专业活动。将工作与留在家中相结合的概率似乎与自营就业女性的相对稀缺性相矛盾。风险规避中的性别差异似乎为解释这种悖论提供了坚实的基础，但其重要性不应被高估。最后,自营就业是一个非常异质的领域,不同业务类型(如何比较律师和农民的行为)以及不同国家之间都存在巨大差异,并且要全面了解性别不平等现象,相关数据仍然过于有限(与授薪人员相比)。

12.5　养老金的性别差距

养老金是老年人退休收入的主要来源,众所周知,老年妇女的个人养老金收入远远低于老年男性。所有国家都采取了各种机制,尽量考虑妇女因家庭约束而丧失的工资,并降低老年妇女的贫困风险。然而,在 1990 年以前,性别养老金差距是一个盲点,在经济文献中几乎无人提及(Ginn,2001),并且它最近才引起人们的关注(Jefferson,2009;Folbre et al.,2005)。这个现象被忽视有两个原因。第一,由于退休金是以过去的收入为基础的,女性从事收入不高的职业自动导致了她们退休金的减少,性别养老金差距被视为这一事实的简单结果。第二,有人认为,几乎所有的女性都结婚了,而已婚女性从丈夫获得的所得中分享了好处,即使在丈夫去世后,女性也能通过遗属养老金计划获得利益。换句话说,关于退休人员夫妇的家庭内部的收入一定会共享的假说是大家明确认定的,研究性别不平等是没有意义的。因此,养老金的性别方面一般考虑的是寡妇和一生未婚的女性,因为她们较易陷入贫困。政策方面主要是为老年人和贫困(主要是妇女贫困)打造一个安全网和/或以或多或少慷慨的方式将养老金权利转让给遗属(妻子)。

最近对养老金性别差距的关注源于三个同时发生的社会变革。首先,20 世纪 60 年代男性养家模式的结束导致了如今几代女性大量进入退休体系,她们过去有过工作经历,也有自己的养老金权利。通常对性别工资差距的分析可以转化为性别养老金差距。类似的问题是:我们是否应该期望缩小与性别工资差距相似的性别养老金差距? 兼职、不完整的职业生涯、职业隔离、工资歧视等因素在多大程度上会对个人养老金产生不利影响? 其次,随着结婚率的下降、离婚率的上升以及同居和独身生活现象的增加,这种家庭历史的变化直接影响到性别养老金的差距。典型的单身退休妇女现在不太可能是寡妇,更有可能是离婚人士或大龄单身女性。这种变化让人质疑过去的遗属养老金计划的合理性,因为那时只有一名(男性)养家的人。

最后但同样重要的是,人口老龄化和抚养比的相应上升正在对所有国家的退休计划施加压力。改革的总体趋势是降低养老金水平,并将养老金福利与职业轨迹更紧密地结合起来。一种纯粹的缴费型制度——它被界定为一种养老金领取者领取的养老金总额与他或她的职业生涯中所缴款的折扣总额成正比的制度——由于以前职业上的性别不平等,这种制度会造成养老金性别不平等。养老金制度越是以缴款为基础,对女性来说就越不利。不过所有国家都保留或扩大了各种机制,以抵消这些(消极的)性别影响,例如非分摊式养恤金、使用男女通用死亡率表来计算缴款,以及福利或额外的家庭权利。

在本节中,我们将介绍性别养老金差距的(极少量的)统计数据。我们将看到,获得这一指标的可比较的国际数据比性别工资差距更难。然后,我们讨论确定养老金实际水平的主要机制,以及相同规则对男性和女性养老金的影响程度。最后,我们转向家庭历史及其对性别养老金差距的影响。这里主要关注的是如何弥补无偿工作,如照顾子女或其他家庭成员,以及新兴的一种重视家庭权利和弱化配偶权利的转型。

12.5.1 稀疏和不可比数据

人们普遍认为存在相当大的性别养老金差距,但没有统一的国际统计数据来比较各国之间的情况。各个国家会提供一些数据,但其计算方式主要取决于每个国家养老金计划的具体情况。

在试图获得可比数字时遇到不少问题,其一在测量性别工资差距时也会遇到,就是考虑哪些母体的问题。是否仅限于私人养老金领取者? 社会保障养老金是否包含在内? 但是也存在与国家养老金计划种类和养老金数据收集方式有关的问题。性别养老金差距是基于家庭层面衡量的,考虑了与收入构成有关的信息(直接养老金、派生养老金、储蓄收入),还是基于与家庭组成无关的个人行政数据的信息? 最后,性别问题有一个特定的困难。与工资不同,工资是以个人为基础定义的,是工作时间的报酬,养老金可能包括来自配偶的权利(支付给配偶或前配偶的养老金、遗属抚恤金)或家庭状况(家庭权利)。

关于此几乎没有可比的国际统计数据,甚至比性别工资差距的数据还要少。一个例外是 European Commission(2013)发布的一份文件,里面有基于 EU-SILC 2010 数据库提供的可比数据表格。据我们所知,这是 2014 年唯一公布的比较各国的统计数据,根据其框架可得知美国未被纳入比较中。被调查的总体定义为 65 岁以上不住在集体家庭中[①]并领取养老金的人。由于数据收集的方式,养老金的"两根支柱"——基于社会团结和按需支付的国家养老金以及基于职业团结和预付款的职业养老金(OPs)——并没有区别;只有第三个支柱(个人养老金计划)可以单立出来。这些数据的另一个特点是遗属抚恤金与其他养老金混合在一起。

根据这项研究,欧洲平均性别养老金差距[②]在 2009 年为 39%,约为这些国家的平均性别工资差距的两倍。[③] 德国、英国和荷兰的性别养老金差距超过 40%,而北欧国家(芬兰、丹麦)和东欧国家的差距不到 25%(图 12.6)。

对于美国而言,在社会保障体系(美国的第一支柱)和私人体系方面分别给出了稀少的数据。在这两种情况下,尽管女性的劳动力参与率有所提升,但性别养老金差距相当于社会保障体系(包括配偶的福利)的 35%,并在过去 50 年停滞不前。这种停滞主要归因于美国的配偶福利制度:额外的社会保障收入对社会保障福利没有影响,因为它们取代了配偶福利(见下文)。私人养老金的情况有所不同:从 1978 年到 2000 年,女性与男性的福利比率从 0.23 提高到了 0.29(Even and Macpherson,2004)。

获得相关数据的另一个困难是退休人员在工作经历和累积权益方面是非常不同质的,

[①] 这不包括住在养老院的人,他们在老年人中所占的比例很大。
[②] 平均差距等于 1 减去平均女性养老金的值与平均男性养老金的比值。
[③] 应该谨慎对待这一比较,因为平均性别工资差距是在特定时间点进行衡量的,而平均性别养老金差距是根据整个工作年限中累计的性别差距来计算的。

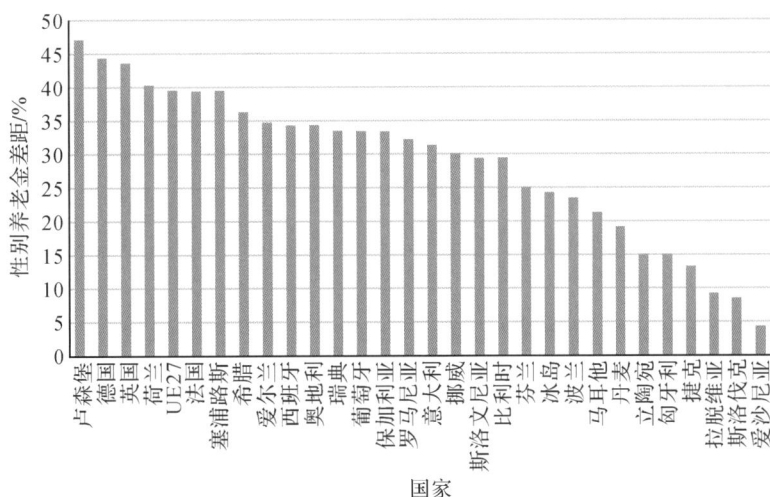

图 12.6　欧洲平均性别养老金差距(65 岁以上的养老金领取者)

资料来源:Bettio 等(2013)——基于 2010 年欧盟 SILC UDB 数据。

所以平均养老金并不能提供很多信息,特别是对于女性来说:现今的同龄人群的工作年限比老一辈的长,老一辈的家庭模式是单人赚钱。这意味着性别养老金差距正在缩小,反映了女性劳动力市场参与率的急剧上升。例如,在法国,2008 年,1924—1928 年出生的女性的个人养老金是男性的 44％,1939—1943 年出生的女性的个人养老金是男性的 56％(Andrieux and Chantel,2011)。然而,情形并不是如此清晰,还取决于一个人采用何种观点来分析。由于 SILC 关于养老金的统计数据不限于个人权利养老金,还包括遗属的养老金,所以同龄人中总的养老金的性别差距并未表现出缩小的趋势(Bettio et al. ,2013)。将 80 岁以上的人群与 65—79 岁的人群相比较,可以看出,年轻群体面临更大范围的性别养老金差距(41％对 33％)。这一令人惊讶的结果是接受遗属养老金的寡妇在大龄妇女中占比很大和选择效应共同导致的(曾经的合格工人的预期寿命较高,因此养老金待遇相对较高,而且群体更加均质)。因此,妇女劳动力市场参与的变化导致妇女福利变化不大;配偶权利所带来的利益被与个人职业相关的利益所取代。

12.5.2　养老金条例的性别影响

个人性别养老金差距反映了工作年限不平等:女性劳动力参与率下降,更多的兼职工作,更长的职业中断和较低的薪酬都会对她们的养老金权利和水平产生影响。大多数研究(Even and Macpherson,2004,美国;Bonnet and Geraci,2009,法国)结论认为,较高的劳动力参与率和缩小两性工资差距不足以在将来使养老金平等,与儿童有关的职业中断方面仍然需要采取补偿措施。法规差异(非缴费计划的范围、个人养老金计划的覆盖范围、确定权利所需的最短缴款期限和退休年龄)以及计算养老金福利的方法可能会扩大工作年限差异的性别影响[关于养老金渐进性的国际差异见 Aggarwal 和 Goodell(2013)]。

12.5.2.1　覆盖面和贡献:当前改革的性别影响

养老金计划通常首先就包括最低水平的养老金,它覆盖面广、条件要求较低,接近福利金的福利水平。非缴费计划是一种有效的方法,可以减少职业收入(以及相关缴费)和福利之间的联系(Bonnet and Geraci,2009)。它们是老年妇女脱贫的主要手段之一。斯堪的纳维亚国家提出最慷慨的计划,为所有居民提供普享式养老金。大多数国家提供一种安全网,有条件限定,通常还要检验收入水平;例如,加拿大的"老年保障",英国的基本国家养老金(但收益非常低),法国的"最低缴费"(与工作年限持续时间成正比,旨在补偿低工资人群而不是职业中断的人群),或澳大利亚的"养老金"。由于她们的职业中断和低工资,妇女占受益人的大多数。

除了这些最低养老金,退休收入制度通常是公共管理的社会保险(由雇主和雇员缴费筹资)和以个人储蓄为补充的私人养老金计划的组合。鉴于女性相比于男性工作年限较短,享受养老金所需的最短就业时间可能会比男性更多地受到影响。养老金改革倾向于延长规定的最短就业期限,但在某些情况下,妇女较高的劳动参与度抵消了这种负面影响,性别覆盖差距一般预计会缩小。例如,美国的公共计划(社会保障)现在需要 40 个季度(1971 年为 15个)的年限,但 1980—1999 年有权享受社会保障福利的妇女比例从 57% 增加到 65%(Even and Macpherson,2004)。在大多数国家,养老金改革也会倾向提高全额退休福利的法定年龄;例如在英国,到 2020 年,男女享受国家养老金的年龄(目前女性为 60 岁,男性为 65 岁)都会提高到 65 岁,跟男性相比,这对女性伤害更大,因为工作年限的延长可能不足以跟上退休年龄的增长。经合组织的养老金改革也往往倾向于让男女退休的法定年龄一致。过去,男性退休的法定年龄往往大于女性,作为补偿妇女所做的无偿照顾工作的办法。1995 年,经合组织 15 个国家的男性和女性的退休年龄相同,8 个国家不同;2013 年,只有 2 个国家(以色列和瑞士)男女的退休年龄不同(女性 64 岁,男性 65 岁)(OECD,2013)。法定退休年龄的一致是对从事高收入且全职工作的女性有利的,这使她们能够追求自己的事业,并获得更多的养老金权利(以及更高的养老金福利),但这会增加女性在不稳定就业形式下的收入不安全性(Luckhaus,2000)。

养老金改革的另一个显著趋势是给予通过雇主提供的个人私人养老金计划更大的权重,即主要是职业养老保险计划(OPs),换句话说,是从第一支柱到第二支柱养老金的转换(Behrendt,2000)。缴费与福利水平之间的联系比公共计划(第一支柱)更强,私人养老金被视为性别养老金差异的主要来源(Bardasi and Jenkins,2010)。在英国尤其如此,在 1993—1994 年,65 岁以上妇女中只有 33% 获得私人养老金,而男性的这一比例为 61%(Ginn et al.,2001)。因为这些计划是由雇主自愿提供的,所以从事兼职工作、工作不稳定和在小公司就业的人不太可能被职业养老保险计划所覆盖。Bardasi 和 Jenkins(2010)估计了不同变量对被OPs 覆盖概率的影响,并发现女性被 OPs 覆盖的概率与劳动状态(兼职雇佣、劳动力市场外的工作时间)之间存在显著相关性;婚姻和孩子只有通过工作年限产生间接影响。

美国 1974 年制定《就业退休收入保障法》后,工资率与养老保险覆盖率之间的相关性减弱,这限制了所有工人,包括低收入者都有资格参加的雇主计划的税收优惠。然而,女性被覆盖的比率往往较低,因为她们比男性更有可能在小公司工作,从事低薪或兼职工作(Bajtelsmit,2006)。欧洲也出台了类似的法规:1994 年欧洲法院的两项判决规定,兼职工作人员被排除在 OPs 方案之外是违反同工同酬法律的,可能是对女性的间接歧视。

修正养老金覆盖面和应享权利方面性别差距的另一种可能性是政府为低收入工作者提供配套政策(Jefferson,2009)。例如,澳大利亚试行了政府与个人退休金账户共同出资的计划。很大一部分女性参与了这项计划,并且认为它在鼓励妇女建立私人养老金储蓄方面是成功的,尽管这还不足以显著改善老年妇女的经济状况(Olsberg,2006)。此外,对低收入家庭的低收入者是否有钱进行储蓄也是存疑的。这些储蓄可能来自高收入家庭(家中妇女在兼职低收入的工作岗位),这些家庭可以利用这些有利可图的共同利益。在这种情况下,第一,政策目标被忽略;第二,它不是私人养老金储蓄的个人化,而是家庭层面的储蓄集中形式(在离婚的情况下具有可预见的困难)。

12.5.2.2 福利计算方法

男性和女性的福利计算方式是相同的,但工作年限和预期寿命的结构性差异对男性和女性的福利水平有不同的影响。在这里,我们考察计算方法中的三个主要特征的后果:参考收入年限、界定收益与界定缴款以及年金表的选择。

女性在职业生涯中的收入年限较短,因此计算收益时使用的参考时间越长,她们的处境就越不利。例如,法国 1993 年的改革将参考年数从 2008 年的 10 年增加到了 25 年。通过使用微观模拟模型,Bonnet 等(2006)计算出,这项改革将使 30% 以上的女性的参考工资(这是用于确定受益水平的)降低 20% 以上,而男性则只降低 12%。这项改革的另一个后果是扩大了妇女之间的养老金差距。

将重点从第一支柱转移到第二支柱的养老金改革通常与从固定收益计划到固定缴款计划的转变相结合(Mackenzie,2010;Orenstein,2013)。在固定收益计划中,福利是使用固定公式计算的,支付的金额风险由雇主和工人分担。在固定缴费计划中,支付额取决于向个人账户缴纳的金额和投资工具的表现。[①] 固定缴费计划得到更多采纳,它被认为是从雇主和工人向受益人转移风险。私营雇主在美国提供的大部分养老金现在都以固定缴款为基础(2001年超过 85%),而且这种方式被越来越多的经合组织国家采纳。在美国,它们的形式基本上是免税的储蓄账户[即像 401(k)这样的税收递延账户退休计划]。在这种计划中,员工选择是否参加退休计划以及为退休储蓄多少钱;它不像固定缴款那样惩罚退出计划者。

固定缴款提供了可转拨的优点,这是劳动者们所赞赏的。这对女性来说可能很重要,因为她们与劳动力市场的联系较弱。但是,也有可能女性在其职业生涯中不会积累足够的储蓄——她们在定额缴款计划中积累的金额往往较低(因为他们的工资较低),因此财务回报也较低。在与雇主分离的情况下,她们更有可能使用一次性付款来满足紧急财务需求,而不是将其转换为另一个符合税收要求的储蓄计划(Bajtelsmit,2006)。

这种向固定缴款转变的另一个日益严重的问题是,参与者必须积极参与其雇主的养老金计划。其实,我们一般观察到的是,员工是被动的,不会改变雇主提出的默认规则(参见Duflo and Saez,2003)。对于女性来说,因为她的金融知识与男性相比较弱,更愿意规避风险,所以这种被动行为的负面影响可能会加剧(Van Rooij et al.,2011;Fonseca et al.,2012)。

---

① 然而,这两种制度之间的差异已经被主权债务危机所模糊,导致在固定收益体系中大量削减养老金支付。

12. 5. 2. 3　预期寿命、性别和养老金

根据收益的设计方式,预期寿命中的性别差距也会影响到固定缴款计划中的个人缴款和收益。基于男女通用死亡率表的计算,对预期寿命较低的人(男性)和那些预期寿命较长的人(女性)有一个再分配效应。如果基于性别的保险精算因素计算养老金,则女性的养老金往往会低于男性,或者她们的缴款会更高(10%—15%)(Shilton,2012)。是该根据基于性别的精算因素还是男女通用表计算收益处于持续争论中;保险公司正在努力推动改革,希望能够按照性别(及其相关的死亡率表)进行差别对待,并采取基于性别的缴费或收益方式。1978 年美国最高法院裁定支持男女通用表,认为直接根据性别做出差别赔偿作为法定政策是不合法的(Luckhaus,2000),而且缴款和生命年金必须根据该表计算。其基本原理是,这确保了雇主向雇员支付的金额的公平性,而不是雇员的这种收益的终身价值的公平性(Jefferson,2005)。在 20 世纪 90 年代,欧洲举行了类似的辩论,根据反歧视法,禁止使用基于性别的死亡率表,这项禁令在 2004 年和 2011 年都再次得到确认(Shilton,2012)。

12. 5. 3　家庭也影响养老金

到目前为止,我们已经检查了个人养老金的性别差异。大致的情况是,个人性别养老金差距是由工作历史的差异造成的,而且"只要把有酬工作与父母角色(或其他关怀责任)结合起来会更多地影响女性"(Bajtelsmit,2006),劳动力市场参与率和工资差距的缩小就不足以减少养老金中的性别不平等。Bardasi 和 Jenkins(2010)对个人性别养老金差距中职业差异的作用进行了定量估计。通过对英国 66 岁及以上老年人的个人性别为养老金差距进行回归分解[①],他们发现个人特征收益差异至少占受益人个人养老金收入差距的五分之四。他们得出的结论是,这一结果可能是源于这些工人群体的工作性质(兼职和更短的工作时间)。但他们也表明,这些年龄段的女性可能选择不向个人养老金缴款,因为她们期望可以依靠自己丈夫的养老金权益。

婚姻和生育决定、退休金覆盖率,以及收益水平之间有很强的关联。从婚姻状况或家庭权利获得的权益是妇女养老金的重要组成部分,这也解释了为什么退休期间生活标准的差距相对于个人性别养老金差距比较小。以法国为例,2009 年老年妇女的平均生活水平比夫妇的低 10%(单身的)[②]至 19%(丧偶的)(Bonnet and Hourriez,2012)。

有许多来自婚姻状况的养老金权利。从这个角度来看,美国的制度特别慷慨。社会保障制度包括配偶退休福利,它相当于配偶(或前配偶)养老金福利的 50%,前提是婚姻至少维持 10 年,遗属的收益相当于 100% 的丈夫实际的收益。女性享受这些福利的资格取决于她们自己的收入历史;她们可选择自己的福利和派生的养老金之间收益较高的那一种。这一制度的一个副作用是,夫妻的替代率随着女性的劳动力市场活跃程度而机械地下降:单收入夫妻的最高替代率(月收入有上限)等于 60%(丈夫为 40%,配偶为 20%);双收入夫妻根据自己的工作年限计算个人福利,其最高社会保险替代率为 40%(婚姻状况没有带来额外收

---

① 所使用的数据集是 1991—2000 年英国家庭面板调查。
② 单身女性的性别养老金差距相对较低也是组合效应的结果;平均而言,离婚和未婚女性退休人员的受教育程度更高,积累了更多的个人退休金权利。

益）。实际上,已婚家庭的替代率从 50％(1931—1935 年出生)到 45％(1948—1953 年出生)随世代逐渐下降;这种下降的原因在于有自己收益的双收入夫妻人数的增加(Wu et al.,2013)。10 年婚姻的资格条件对婚姻的持续时间有副作用:Goda 等(2007)使用美国社会保障数据指出,夫妻往往会将本准备第 9 年离婚的决定延迟至第 10 年。

在德国和英国,还有另一种类型的配偶权利,即在离婚的情况下,配偶之间平等分配养老金权利。该机制旨在弥补妇女自身权利水平低下(因为无偿工作),并与丈夫和妻子在婚姻期间获得的养老金权利的完美汇集相对应(Bonnet and Geraci,2009)。丹麦在 2006 年采用完全相反的改革提供了一个有趣的案例研究:私人养老金储蓄(其构成养老金收入基础)不再被视为离婚时的集体财产,而是私人财产。这项改革将导致离婚妇女的养老金收入大幅减少,因为男性的养老金储蓄相比高了 30％。Amilon(2012)利用这种变化做了一个 7 个月的自然实验,其间夫妻可以不受改革影响而离婚,她观察到离婚率增加,夫妻中女性储蓄增加。与美国的情况一样,这往往证明家庭地位对法定养老金计划的敏感性。

最后,遗属的养老金(定义为已故配偶养老金的百分比)仍用于保证大多数经合组织国家的寡妇生活水平。这是为了弥补其配偶养老金的损失,并通过补偿寡妇因失去丈夫而带来的损失,来缩小有配偶家庭和寡妇之间生活水平的差距。在夫妻关系稳定的社会中,这种遗属养老计划平衡了退休时男女的生活水平(如果退休夫妇将收入共享)。

然而,关于这些配偶权的合法性和有效性,特别是遗属养老金,以及这些衍生利益的下降等方面,争议越来越多。在瑞典,遗属养老金逐渐被废除,最近在荷兰和德国,遗属的收益也有所减少(OECD,2007)。随着离婚数量的增加和结婚率的下降,婚姻史的变化解释了需要重新审视遗属养老计划的基本理据(Bonnet and Hourriez,2012)。在老年人单身家庭中,寡妇较少,未结婚妇女和离婚妇女较多,因此遗属养老金在保证老年妇女体面生活水平方面的有效性受到损害。事实上,现在抚养孩子的单亲母亲似乎比寡妇更容易陷入贫困。

由于儿童及其对母亲工作年限的影响是性别养老金差距的核心,家庭权利作为一种改善老年妇女状况的方法,取代了遗属养老金计划,具有越来越重要的意义。在过去的 20 年中,欧洲各国的家庭权利得到拓展(Bonnet and Geraci,2009;D'Addio,2013)。在意大利、德国和英国,家庭权利是有限的,最初只对没有工作的父母开放。法国有一个更慷慨的体系,它将不同的机制结合在一起:母亲的缴款抵免①、不工作父母的养老保险以及对三个或更多子女的父母的退休金奖金(这最后一项措施不专门针对女性)。从婚姻权转移到家庭权利的趋势反映了婚姻的衰落和夫妻关系持续时长的缩短,但也承认了持续的与家庭有关的性别工资差距。

12.6　非市场工作、性别分工和性别不平等

随着妇女越来越多地参与劳动力市场和承诺就业,20 世纪下半叶的另一个主要和相关

---

① 当养老金改革增加了必须为享有全额养老金而工作的季度数量时,母亲的缴款抵免对妇女来说是一种优势,但当改革涉及提高最低退休年龄时,它就不是优势了。

趋势是家务劳动时间的缩短,妇女在家里从事家务和照顾儿童或其他家庭成员的时间减少。例如,在美国,Bianchi 等(2012)报道,25 岁到 64 岁的女性从事家务劳动的时间有所下降,从 1965 年的每周平均 30 小时降至 2010 年的约 16 小时。[①] 在同一时期,男性花在家务上的时间从每周 4.9 小时增加到 10 时。其他西方/工业化国家也出现了类似的趋势(Gershuny and Robinson,1988;Sayer,2010;Sullivan and Gershuny,2001),但在幅度和时序上存在差异。最开始,在英美和北欧国家,女性的家务份额下降比欧洲大陆更加明显,自 20 世纪 90 年代以来,男性参与家务带来的变化似乎在"传统"国家比"平等主义"国家更大(Geist and Cohen,2011;Treas and Lui,2013),对男性参与家务的社会认知也日益正面(Geist and Cohen,2011)。

尽管存在这些趋势,但跨国差异仍然很大,21 世纪 10 年代末期,在经合组织国家,即使在大多数平等主义国家,全国的家务活动中存在的性别差距依然很大:在瑞典,妇女与男性日常家务劳动时间的最低比例约为 1.3;在许多其他国家,它在 1.5 到 1.8 之间,在一些国家如爱尔兰和意大利超过 2,在日本达到 5 左右。[②] 除家务以外,妇女还做更多的非市场工作,如志愿工作和照顾非家庭成员(Miranda,2011)。总而言之,在 21 世纪初,非市场工作在女性总工作时间中的比例(有薪和无薪)在 60%(加拿大)和 74%(意大利)之间。这意味着女性无偿工作对非市场服务的家庭生产的贡献最大。与 50 年前相比,女性做家务的时间减少(事实上,这种减少远远没有被男性时间的增加所抵消),也导致了花在家务上的总时间大大减少,进而减少了非市场服务的家庭生产。总结一下,尽管总无偿工作量减少了,但女性在无薪工作中的比例仍然高于男性,而男性在有偿工作中的比例仍高于女性,同时他们更多参与家务劳动。男性和女性的总工作时间差别很小(Burda et al.,2013;Folbre 2009),但这些总工作量的构成仍然存在显著的性别差异。

妇女占据非市场工作的最大份额,不仅在统计学和学术文献中有很好的记载,它也似乎如 Burda 等(2013)建议,是一个大家的共识。在一个小型的特别调查中[③],他们要求经济学和社会学领域的研究人员和学生自然地估计美国男性和女性的总工作量(包括有酬工作和任何与非市场工作有关的活动)之间的差异。约 57% 的受访者估计,男性的总工作量至少比女性低 5%,25% 的受访者认为差不多相等(相差不到 2.5%)。在问卷的开始就提到男性从事的市场工作多于女性这样一个事实,这意味着受访者估计女性的非市场工作量足够大,足以抵消她们较低的市场工作量。

至于总工作量的性别差距,Burda 等(2013)发现,在 27 个国家的样本中,这种差异几乎不存在("有利于"妇女的正差异有统计意义,但很小)。他们将这种状态标识为"等量工作",因此是"等量休闲"。然而,当男性在市场上工作更多,并且他们的收入——被认为会决定他们在决策中的相对权力——仍然明显高于女性时,研究者对"等量工作"这种说法感到

---

① 时间利用指标对定义和方法非常敏感,因此本说明中为说明目的提供的数字在不同参考文献间不一定可比。测量问题将在本节稍后讨论。

② 这些数字是利用经合组织关于时间利用的数据计算的。不同国家时间利用调查的原始数据来自 2001—2011 年的不同年份。

③ 受访者(不是最具代表性的)包括 663 名劳动经济学家、255 名其他经济学家、210 名社会学研究人员和研究生,以及 533 名选择微观经济学入门课程的学生。

困惑。"有三种逻辑上的可能。男性拥有更多的权力,但对配偶和女性一般都是无私的,并且没有利用手中的权力。另一个可能性是经济学家提出的家庭的模式是错误的,市场收益不会在家庭中产生权力。最后一种可能性是收入确实产生了权力,男人并不是利他主义者,但是一般男人从他的市场工作和家庭工作获得的效用超过了一般女性从同样总工作量中获得的效用"(Burda et al.,2013)。另一个令人困惑的问题是,"等量工作"以及由此得出的"等量休闲"在一定程度上与 Stevenson 和 Wolfers(2009)观察到的女性主观幸福感的下降相矛盾。女性主观幸福感,尤其是与男性相比,下降了,而目前男性和女性的相对机会已经趋同,而不是相反。妇女跟男性相比幸福感下降本身与 Krueger(2007)的"U 指数"一致[①],在过去的 40 年中,除了男性"远离与不愉快感觉相关的活动"(Krueger,2007),关于男女休闲时间并没有发生真正的大趋势的改变。[②] 这些结果以及 Burda 等(2013)提出的最终方案表明,男性比女性更能从市场和家务的更好结合中受益,或者说,正如我们后面将在本节中探讨的,休闲的质量更好。

除了了解"同量工作"(即男性和女性对生产活动的贡献是平等的)这个事实,还有必要考虑到"工作"的结构依然非常不平等,男性分配给市场工作的时间比女性多得多。这可能很重要:市场工作和非市场工作之间的根本区别在于,前者提供货币收入,而后者则不提供收入。分配给相对于有偿工作的无偿(非市场)工作的时间,导致对男性和女性产生不同结果,因此在性别不平等方面具有重要意义。

本节回顾了当今如何分析性别分工,重点放在无偿工作上。我们首先考察家庭非市场活动的生产维度,以及它在 20 世纪 60 年代与家庭行为和经济绩效衡量的并行研究中出现的方式。这导致我们研究在衡量和评估市场外发生的情况时遇到的一些方法上的困难,以及它可能如何影响对性别不平等的估计。然后,我们回顾一下非市场工作(主要是女性的时间)对经济和不平等的影响。本节的余下部分以分析家庭内部的专业化为中心,回顾了最近的实证研究如何分析性别不平等的这一持久维度。

12.6.1 非市场工作或家庭生产

标准消费者理论认为,家庭作为消费者将资源分配给消费和休闲,家庭成员参与劳动力市场,以获得收入用于消费;标准统计数据根据工作小时数、货币收入以及市场交换的商品和服务数量来衡量"经济"。家庭和市场通过劳动力供给和消费相互作用。在 20 世纪 60 年代末,这些观念表述在两个"革命"的结合作用下发生了很大变化——一个是一种将家庭作为生产者的新研究方法,另一个是将非市场活动视为经济的重要方面——而这些都发生在时间利用数据开始定期可用的时候(Juster and Stafford,1991)。这导致了宏观层面的经济表现的定义和分析、微观层面的个人和家庭行为的分析以及经济不平等的研究方法等方面都发生了显著变化,对性别不平等具有特殊影响。无论是在宏观还是微观层面,对家庭非市场生产(或其对应的个人非市场工作)的核算都需要时间利用数据。这提出了具体的方法论问

---

① "U 指数"基本上衡量的是花在与"不愉快的事情"相关的活动上的时间份额。

② 请注意,Aguiar 和 Hurst(2008)对美国的研究发现,1985—2005 年,女性休闲时间有所下降,自 1965 年以来,男性和女性闲暇时间增加的趋势持续到 1985 年以前。

题,特别是需要确定哪些非市场活动被视为生产活动,哪些被视为休闲活动,并找到评估这些活动所用时间的方法。

12.6.1.1 两次概念革命

第一次革命创建了"新家庭经济学",研究的是家庭行为,尤其是它的生产力方面。在20世纪60年代,对家庭生产活动的研究并不新鲜——早期的研究可以追溯到20世纪30年代[1],但其转折点是Becker(1965)的关于时间分配的理论,用他自己的话说,"这是一种关于选择的基本理论分析,其中把时间视作与市场货物一样,均为成本"。Becker(1965)的理论不是把家庭视为消费者,而是把家庭视为一家小公司,通过将时间(包括花费在消费上的时间)和市场商品结合在一起来生产一系列商品;正是这些商品,而不是产品或时间本身才提供效用。这种研究方法将消费转化为生产(并将效用最大化转化为成本最小化),也不同于将工作和休闲进行权衡的传统方法[2]:非市场和市场时间以及时间和商品之间的相互替代是可能的,并且"休闲"这个概念消失,而是成为非市场时间的一个类别。因此,代理人的约束或全额收入,是一种整合了货物约束和时间约束的整体资源,时间是根据其相对于商品生产中货物的成本分配的。在多人家庭中,家庭总时间的分配还包括一个额外维度,因为时间也必须分配到家庭成员之间,但这种分配仍然由商品生产中的成本最小化原则决定。那么,家庭成员的相对市场效率决定了他们如何被分配到市场或非市场活动中,如果家庭成员的相对市场效率发生变化,则需要重新分配。Becker(1965)的方法受到了各方面的批评[3],尤其是在家务劳动和休闲方面没有区别这一点上,"这与丈夫在家庭生产活动中扮演的角色非常接近,但对妻子严重不公正……因此,妻子的时间分配应该通过三方分工——市场工作、在家工作和休闲——来分析"(Gronau,1973)。[4] 按照Gronau(1977)的观点,根据比较优势原则在家庭内分配时间,家庭生产的新"标准"模式最后将休闲从家务劳动中分离出来,将其列入非市场时间;我们将在本节后面讨论这在男女分工方面的含义。

第二次"革命"发生在经济活动的测量中,研究者认识到需要考虑家庭的非市场活动来完善以市场货物和市场时间为重点的传统测量方法。在性别研究中需要强调的是传统测量的另一个限制是传统方法忽略了妇女对经济做出的很大比重的贡献。[5] 革命花费了一些时间,开始于20世纪60年代,当时人们越来越担心国内生产总值(GDP)的缺陷[当时叫国民

---

① Zick等(2008)提供了四篇1929—1954年的参考文献,其中包括作者玛格丽特·里德(Margaret Reid)。她最常被引用的理论是"家庭生产经济学"(Reid,1934)。

② Mincer(1962)已经在强调需要考虑非市场活动来理解女性劳动力供给的趋势,他将其描述为"美国劳动力史上最引人注目的现象……尽管实际收入增长,但女性,特别是已婚女性的参与率持续长期增加"(第64页);这实际上是一种与标准理论预测完全矛盾的趋势。

③ 关于理论所需的附加假设,见Pollak和Wachter(1975),特别是生产活动本身的直接效用这一块缺乏假设论证[或"过程收益";参见Juster等(1981)]。Gronau(1977)也认为Becker(1965)的模型是关于消费科技,而不是家庭生产的。

④ Mincer(1962)强调,在分析妇女劳动力供应和解析劳动力供应以及家庭生产和休闲的决策的家庭背景时,需要考虑用到"劳动世界中的国内市场二分法"。

⑤ Hill(1979a,1979b)强调了传统措施的这种不对称效应,他解释说,通常包含在国内生产总值中的"自产账户生产"中没有考虑到妇女通常进行的非市场活动的类型;因此,正如他所说的,这是一个"教科书上的笑话":当一个女管家和她的雇主结婚时,GDP会下降,因为产出不再被计算在内;而当一个机械师替换了家庭汽车的引擎时,产出才会被计算在内。

生产总值(GNP)〕,到了 1993 年,当时国民账户体系的修订引入了附属账户的概念,即"将生产概念扩大到包括为自用的家庭生产服务"(UN Statistical Commission,1993)。这个想法在 1995 年北京联合国大会上成为明确的提议(UN,1995)。

　　经济活动的传统测量方式的缺点是国家经济研究局(NBER)1971 年举行的"测量经济和社会绩效"会议的重点。在对贡献量的介绍中,Moss(1973)形容"国民生产总值"正"受到攻击",因为它忽视了增长的负外部性或未能提供"适当的家庭和政府经济表现措施"。这次会议上提出了一个主张,即根据家庭时间的测量和评估,为家庭的非市场生产活动进行核算。大家对此展开了激烈的争论。Gronau(1973)提出要对"家庭主妇时间"进行评估。Nordhaus 和 Tobin(1973)提出了包容性更大的一种扩展,即将非市场时间(包括休闲)纳入"经济福利测量"中。1965 年在美国,非市场活动的最低估值约占国民生产总值的 42%,其最低休闲估值约等于国民生产总值(Nordhaus and Tobin,1973)。正如"经济表现和社会进步测量委员会"报告所示(Stiglitz et al.,2009),40 年后,争论仍没有结束。在谈到与 1971 年 NBER 会议提到的传统测量的相同的缺点时,2009 年报告建议"对非市场活动进行收入测量"。大家持续讨论,希望观点更进一步,其实目的仍然是更好地描述福利,进一步"朝着'完全收入'的概念迈进"(Stiglitz et al.,2009),尤其是在休闲价值评估或主观幸福感测量的发展方面。[1] 该报告特别建议要考虑"家庭'对内'的服务,如儿童保育、烹饪或父母对儿童的教育服务"(Stiglitz et al.,2009)。但是,2009 年的报告并非 1971 年 NBER 会议的重复,至少有两点得到进一步的发展:第一,它强调需要解决时间利用方面的性别差异问题和无酬家务劳动分配的问题,这是 1971 年争论中没有提及的。第二,它包括对主观幸福感的调查,这项研究从 20 世纪 90 年代以来引起越来越多的关注,它超越了国内生产总值这个概念,不是通过制定扩展指标,而是通过改变计量单位来考虑个人的看法和影响——这是"福利账户"或"国家时间利用核算"背后的理念(Kahneman et al.,2004;Krueger et al.,2009)。

12. 6. 1. 2　测量和估值问题

　　这两次革命的范围和含义不同,但它们之间有着相同的"主体":家务劳动或它的产出,也就是家庭为自己提供的服务。但是,非市场劳动并没有被采集到参与劳动力的通常指标里。没有报酬,它不会出现在个人或家庭的收入中;其产出被消耗,但没有市场交易,因此它不出现在家庭的支出中。没有市场时间,没有工资,没有货币收入,没有价格,产出数量也难以观测:经济学家和统计学家失去了他们最喜欢的测量工具。问题的关键是要确定哪些非市场活动应该被视为有生产力,要衡量花在它们身上的时间[2],并将其转化为金钱。对这些问题的争论已经持续了几十年,重点是如何评估市场以外的"有生产力"的时间,这也是我们

---

[1]　见 Fleurbaey(2009)、Decancq 等(2014)以及本书第 2 章。

[2]　测量时间的普遍难题是如何获得详细和可靠的信息。时间利用调查的方法超出了本章的范围,但关于它的讨论可以在 Juster 和 Stafford(1991)、Hamermesh 等(2005)和国际准则(Eurostat,2008;UN,2005)中找到。一个重要的问题是数据收集模式(日志还是其他方法);长期以来专家们一致认为前者更可靠〔参见 Kan(2008)最近的比较〕。抽样是另一个问题:可以通过每户仅调查一个人来获得总体估计值,但是这并不能为分析家庭内部时间分配提供有用的数据(Apps,2003)。最后,时间利用估计以及时间利用中的性别差异对以下方面都非常敏感:家庭类型(独居或在家庭中生活,有子女)、年龄组和职业,以及测量的是家庭内男女还是平均男女之间的性别差距。

在这里讨论的重点。①

12.6.1.2.1 边界

哪些非市场活动是"生产性"的? 这没有明确的理论定义,实践取决于实施测量是来分析个人(家庭)的行为还是从国民核算的角度来看。从第一个角度来看,重点是个人(家庭)的活动,特别是在时间分配的选择方面;从第二个角度看,重点是这种活动的产出。

当重点是个人活动时,要解决的是在非市场时间内将休闲与生产活动区分开来。第一种方法是家庭生产模式——在 Gronau(1977)重审的版本中②,因为 Becker(1965)没有在非市场时间内区分出休闲:"一种直观的区别(……)是在家工作(像在市场工作)是一种人们宁愿找一个人代替自己做的事情(如果成本足够低的话),而通过这样的代工享受休闲几乎是不可能的。"在这个观点中,非市场工作与休闲不同,它不直接提供效用,而只是通过结果提供效用[条件是假定没有过程利益,如 Pollak 和 Wachter(1975)所强调的那样]。其他方法则与之相反,在福利经济学或时间利用研究中,强调各种活动的"情感"内容,即花费在其上的时间是享受抑或是愉快,更确切的说是过程中的喜好。Stiglitz 等(2009)重视这一研究,认为它有望能够区分家庭活动中的休闲和生产。③ Folbre(2004)提出了一种更加包容的非市场工作研究方法,认为时间的估值并不能完全解释来自家庭内部和外部的正外部性。

如何核算不取决于喜好或愉悦的概念,而是基于对产出和市场的参考;识别是否为非市场工作是看它能否提供可以在市场上购买的服务。根据文献(Ironmonger,1996,2000;Juster and Stafford,1991;Zick et al.,2008),Reid(1934)被认为是第一个提出所谓的"第三方"(或人)标准的人:"如果一项活动具有可以委托给有偿工作人员的特征,那么该活动就被认为是有生产力的。"(Ironmonger,2000)这使得一系列广泛的非市场活动得到识别,包括准备餐食、清洁和洗衣、照顾儿童或其他家庭成员、管理家务、修理房屋、园艺和照顾宠物,以及相关的购物和旅行。

各种方法并不一定不兼容,没有一个是能直接解决问题的。④ 经济或时间利用研究有时会限制非市场工作的边界,例如只保留日常或"核心"家务劳动,不包括园艺和宠物护理(其中可能具有休闲特征)或购物(可能难以查明它与生产活动直接相关)。儿童保育通常是区分对待的(一个原因是在没有子女的家庭里,不能把时间花在照顾自己的子女上),有时会被细分成"主动"和"被动"儿童保育(或主要和次要的,取决于是否同时执行另一项活动;参见

---

① 在对家庭生产的实验性记录中,测量方法一直是争论的焦点(Chadeau,1992;Landefeld and McCulla,2000)。参见 Eurostat(2003)对各种选项的评论以及 Poissonnier 和 Roy(2013)对这些方法论选项的讨论。请注意,家庭的附属核算账户包括非时间投入(资本服务的贡献)。我们还专注于"家内"工作,而不是"无偿工作"(参见 Miranda,2011),其中包括户外非市场活动(志愿者工作或提供给户外人员的服务)。

② Gronau(1977)的目标是解释为什么工资变化不会以同样的方式影响丈夫和妻子的工作/休闲权衡,这表明是其他因素在起作用:"工资增长不仅可能导致从在家工作转移到市场工作,而且还减少休闲——就业女性的闲暇时间比没有就业(……)的时间少。一个自然的问题是,一旦她们达到相似的劳动力参与率,已婚妇女的劳动供给功能在多大程度上与丈夫的劳动供给功能相似。目前,对这个问题的任何回答都应该被视为纯粹的猜测,因为这很大程度上取决于家庭内角色分化和家庭工作重新分配的变化。"

③ 这是否可以作为一个整体来运作是有争议的,因为它会涉及个体之间的不断变化的工作/休闲边界。例如,结合福利的物质方面来解释享受市场工作所花的时间和获得报酬的双重好处是很困难的。

④ Chadeau(1992)讨论了第三方标准无法解决的"边缘案例",例如关怀活动,尽管是同样的服务,这种活动只有在为病人或残疾人而不是为自己进行时被认为是有效的。

Allard et al. ,2007）。

当然,边界的变化(通常与分析的角度或解决的问题,以及时间利用信息的准确性有关)对测量非市场生产时间的"数量",和对估计男性和女性对此数量的贡献,或时间利用中的性别差距有很重要的影响。Poissonnier 和 Roy(2013)利用 2010 年的对 11 岁及以上人口进行的"法国时间利用调查"比较了三个边界。首先是严格限制定义的核心活动(烹饪、洗涤、清洁、积极护理儿童和不能自理的成年人,以及相关的旅行时间、家务管理),他们获得的数据是每天平均 2 小时 7 分钟;其次是一个比较居中的定义,增加购物、上门维修、园艺和与小孩玩耍——或"生产性休闲"——获得的结果增加了近一小时(3 小时 4 分钟);最后是一个广泛的定义,增加自驾和宠物护理,结果再增加了约 50 分钟(3 小时 53 分钟)。在这些日平均值中,当边界范围扩大时,女性的时间份额显著减少,分别为 72％、64％和 60％。Bianchi 等(2012)利用 2010 年对 25—64 岁人口进行的"美国时间利用调查",在女性与男性的非市场时间比例上也得到类似的模式,当其范围仅限于核心家务时,同样是完成全部家务工作,该比例从 2.9 下降到 1.6。

这些差异反映了一个事实,平均而言,男性和女性不会做同样的家务劳动。简而言之,OECD(2011b)说,"女性做饭、做清洁和照顾,而男性修造和修复"。除了平均值,男性和女性在家务和照顾上花费的时间也因家庭组成而异。当然,儿童的存在对护理总时间有重要影响,但并不是唯一的因素;在美国,已婚男性和已婚女性在家务劳动上花费的时间比平均的家务劳动时间要多,而且在核心家务上花费的时间更多,女性所花时间也多于男性;在这个边界范围里,性别比例(女性与男性的时间之比)平均为 3.4 比 2.9(Bianchi et al. ,2012)。父母们自然而然会花更多的时间照顾孩子,而母亲所花时间超过了父亲(比率为 1.9),他们在核心家务上所花费的时间比已婚男女的平均时间更多——而且母亲花费的时间比父亲多,这表明孩子的存在往往会加剧非市场工作中不平等的性别分工(Bianchi et al. ,2012)。这种差异在与儿童保育有关的具体活动中也很明显:母亲育儿时间的 60％专门用于身体护理和监护,而父亲只有 45％;反之,父亲育儿时间的 41％花在儿童教育和娱乐上,而母亲的则为 27％(Bianchi et al. ,2012)。此外,非市场工作中的男性和女性"专业化"可能会因为核心或其他家务的常规与偶发的不同性质而有所不同(Sayer,2010),或者由于活动的情感内容不同而不同——以上是 Stevenson 和 Wolfers(2009)的研究方向。如果可以同时进行多项活动(例如,烹饪、做菜和照顾孩子),"女性"的家务负担也仍然比男性更重,而且这些家务或会打断她们的闲暇时间(Bittman and Wajcman,2000;Sayer et al. , 2004)。从会计的角度来看,这种差异并不重要,但从衡量和分析性别不平等的角度来看,这种差异可能很重要——因此,超越简单的时间量衡量是很有意义的。

12.6.1.2.2　估值

一旦相关行为的类属得到确定,花费的时间可以测量,那么下一步就是获取时间或产品的价值。有两种主要方法来进行估值:"替代成本"方法包括估算家庭为在市场上获得相同服务而支付的价格(或者如果服务在家中产出而不是在市场上购买而省下的钱)。"机会成本"方法是估算,如果将专门从事家务的时间投入市场上工作,该人(或家庭)将得到的收入。跟边界定义问题一样,目前没有普遍认同的最佳方法,这两种方法看起来都或多或少有适用的情况。

机会成本法通常用于分析家庭内部的组织和决策以及家庭内部的不平等;这与用于休闲估值的方法是一致的。但是它在会计学角度上存在问题,因为不同的人花费相同的时间会具有不同的价值(Eurostat,2003;Landefeld and McCulla,2000)。当服务的生产者没有在市场上工作时,使用机会成本法也可能是有问题的。这个问题已经被详细讨论过了。Gronau(1973)根据另一种假设测试了两个估算方法,即假设那些不在市场工作的女性在家庭部门效率更高,或者在市场部门效率更低,导致时间价格高于或低于潜在工资率。Bonke(1992)采用的方法是对在市场工作的男性和女性设不同的个人工资率以及为那些不在市场上工作的人设保留工资。另一个讨论方向是机会—成本法,假设个人会为了薪酬选择工作而不做家务,但这种方法忽略了市场工作通常不是按小时提供的事实。这种选择可能在找工作与否,或全职或兼职工作之间进行,然后人们放弃更多的市场工作时间,但实际上这些时间并非都花在非市场工作上。我们不能排除这样的可能性,即在个人层面上,家务会耗费的休闲时间可能比耗费的收入更多,虽然这并没有改变家庭层面的估值,但个人福利可能已经改变。

重置成本法的优点是符合"第三人标准":市场上可获得的东西的成本不取决于购买者的工资(当然,这个工资与选择自制还是购买相关)。欧盟统计局(Eurostat,2003)区分了两种重置成本法:"专才"工资(领取专业工资的工人,例如餐馆的厨师、日托中心的护士等的工资,或用于家中的专业服务成本,例如私人护士、清洁工、水管工的工资[1])和"通才"工资(有时称为"管家"工资)。此外,还可以选择使用最低工资(如果有的话)。第一,这些解决方案都不能令人满意(Landefeld and McCulla,2000),因为在家庭中,可以同时执行几项任务,而相应的服务则需要几名专业化的工作人员;第二,一些任务不能由"通才"工作人员完成(例如固定屋顶)。重置成本法的另一个可能的缺点是需要为家庭提供给自己的所有服务找到市场替代品。[2] 这些服务中的一些可能会特殊到没有市场等价物。更一般说来,市场替代品可能比自制产品质量差(或更好)[更不用说某些家庭或护理任务的情感维度;参见 Folbre(2004)]。

就不同的边界而言,选择一种或另一种估值方法可能会导致很大的差异。与其他方法相比,机会成本对于非市场服务的家庭生产总是产生更高的价值。在 25 个国家的样本中,它至少是 7 个国家重置成本(管家费率)的两倍,在 10 个国家中为 1.5 倍到 2 倍,在其余 7 个国家中为 1.1 倍到 1.5 倍(Ahmad and Koh,2011;链接到 OECD 数据,2011b)。Landefeld 等(2009)使用各种方案估计了美国非市场家庭服务的价值。在 2004 年,使用最低工资获得最低价值;与此相比,"管家"工资的估值高出 54%,"专才"工资给出的估值高出 2 倍,而机会成本估值高出 5 倍。[3] 在个人(家庭)层面,两个价值(市场价格与机会成本)之间的差异说

---

① 这可能会导致比工资工人更高的估值,因为它包括其他非工资的成本。
② Gronau(1980)也反对说,当家庭不消费市场服务时,市场价格可能与家庭生产价格不相关,因为家庭不接受指定给它们的家庭生产价格。
③ 各种估值方法之间的差异在 1985 年并不明显,表明方案的选择也会影响随时间的比较。

明,从工作而非生产非市场服务赚取的收入增长可能高于家庭生产的价值下降。

12.6.2　将家庭生产和生产性时间考虑在内:它改变了什么?

如前所述,测量家庭生产的目的之一是回应关于测量经济活动①、收入或消费的常规总量限制的长期争论;是为了充分考虑经济和社会进步以及提供测量不平等的准确基础。在微观层面上,仅考虑货币收入(或支出)的传统方法并不能提供令人满意的家庭福利估值,这或者是因为它忽视了家庭生产增加而实际获得的物品和服务。考虑到男性和女性对非市场服务生产的平均贡献,将家庭生产纳入考虑也使人们能够充分考虑到妇女工作的影响,特别是其在有酬和无酬工作之间的分配对经济福利的影响。这种影响从不同的角度看是相当不同的:无偿工作减少了家庭之间的不平等,但是,因为这主要是妇女的工作,所以导致性别不平等。

12.6.2.1　家庭生产和市场

在宏观层面,已经证明了非市场服务的家庭生产占国内生产总值的重要份额:2008 年,以重置成本估值,加拿大为 15%,而英国为 26%;以机会成本法估算,加拿大为 40%,而英国则达到 68%(Ahmad and Koh,2011)。即使只是因为总时间受到限制,一般来说,家庭生产的份额往往与参与有偿工作负相关(Miranda,2011)。基本上,更多的有偿工作时间与更多的市场商品有关,而更少的有偿工作时间(因此更多的时间花在非市场生产)与更多的家庭生产有关——如果仅关注妇女的参与,则相互关联更多。因此,只要工作和休闲之间、工作内部、市场和非市场工作之间的时间分配存在显著的跨国差异,将家庭生产考虑在内,就会在经济福利的跨国比较中产生"均衡"效应。例如,美国人均可支配收入比法国高 21%,但考虑到家庭生产,便校正到只有 16%(Stiglitz et al. ,2009)。比较 1995 年到 2006 年的芬兰、法国和美国,Stiglitz 等(2009)也指出,家庭扩大收入的年增长率,即经家庭生产修正后的年增长率,明显小于未经此修正后的年增长率——换句话说,没有家庭生产修正会高估福祉的增长。Landefeld 等(2009)在更长时期(1965—2004 年)比较美国国内生产总值(GDP)增长率和包括非市场家庭服务在内的扩展指标时发现了同样的情况;他们解释说这种增长反映了女性进入劳动力市场,而这导致市场生产的增长率上升,但是他们忽略了与之相对应的家庭生产减少的方面,因而高估了生产的增加。

家庭生产(即花在家务劳动和照料上的无酬时间)与市场产品之间的关系首先取决于不同类型的家庭的人口分布情况(尤其是单身与家庭)以及家庭产品和市场产品之间的替代程度。这也取决于男性和女性的非市场时间是不是家庭效用函数的完美替代品,而实际情况并非如此。这是拒绝单一模型的测试和其他精确测试的结果[参见 Browning 和 Meghir(1991),他们发现替代假设遭到强烈拒绝]。对劳动力供给的前期分析也表明,男性以市场工作换休闲,而女性换来的是家务劳动和休闲(Killingsworth and Heckman,1986)。这种情况可能已经改变了,正如我们所看到的那样,男人的家务时间往往会增加(尽管缓慢),但总之,这表明妇女的时间分配是劳动力供应和家庭产品和市场产品相对份额变化的主要推动

---

① Gronau 和 Hamermesh(2006)也指出,时间和货物之间的相互作用及其变化(换句话说,对或多或少的商品密集型商品的需求)可能对国际上贸易商品的相对需求产生额外的影响。

力。反过来,对市场产品需求的变化也会对为家庭生产提供市场替代品的部门产生就业效应。

这就是"市场化假说"所解决的问题:Freeman 和 Schettkat(2005)将美国的工作时间比欧盟的长与美国更明显背离家庭生产关联起来,从"释放"时间和增加对市场替代品的需求两方面来看,这种从家庭生产到市场工作的转换激发了产生这些替代品的部门就业。反过来,这些部门创造的就业机会有助于女性就业的增加(尽管这主要是低技能的就业;参见 12.3节)。Freeman 和 Shettkat(2005)指出,美国和欧洲国家之间在此的差异主要在于妇女在有酬工作与家务劳动之间的时间分配的不同;正如作者所言,"男性在家务中替代女性的时间是较少的",对于男性来说,这种权衡主要在付酬工作和休闲之间。女性在照顾孩子上花费的时间的不同是一个显著的差异,在美国,这个时间相对来说少得多,在正规日托的 3 岁以下儿童的比例比欧盟国家样本的平均水平高两倍多。其他研究(Del Boca,2002;Jaumotte,2003;Wrohlich,2004)表明,儿童保育的便利性对于市场工作和家庭生产之间的平衡可能比成本更重要(连同其他有助于调和工作和家庭责任的安排;参见 12.3 节)。

目前还存在一个时间利用研究方面的争论,这项研究是关于女性离开家务劳动、进入有偿就业和节省时间的家用电器的支出("机械化"假说)或依赖市场替代品("买断"或"外包"假设)之间的相互作用关系。假定提高家务劳动生产率的新技术应该使妇女能够投入更多时间从事有偿就业,但各种研究发现,与假设相反,女性家务劳动时间保持不变,或者"技术越多,花费的时间越多"(Gershuny and Robinson,1988,1972)。同样,Bittman 等(2004)使用1997 年的"澳大利亚时间利用调查"提供的信息,没有发现拥有家电对家务劳动或性别分工的显著影响(甚至似乎在家务劳动中更加突出地表现出性别专业化)。至于节省时间的服务(家庭外的食物提供、托儿服务、带薪家政服务、洗衣服务等),Bellante 和 Foster(1984)发现,女性参与有偿工作与购买之间存在正相关关系,但与工作小时数无关,而且最重要的是与家庭收入关系密切。Killewald(2011)发现,根据少量双职工夫妻样本的时间利用数据,市场替代品和家务劳动时间(不包括儿童照顾)之间的关系非常小(例如增加 1% 在市场替代品方面的支出与每周减少 1 分钟用于烹饪和清洁的时间有关)。总而言之,研究提供不了确定的结果[参见 De Ruijter 等(2005)的综述],可能部分原因是存在数据质量和方法论的差异。

12.6.2.2 家庭生产和家庭间的不平等

研究发现,在家庭中,家庭生产的收入分配比货币收入分配公平一些(Aslaksen and Koren,1996;Bonke,1992;Frazis and Stewart,2011)。这与理论预测一致:如果没有过程偏好,高机会成本的个人会转向更多的商品密集型消费,相反,低机会成本的个人会转向更耗时的商品,因此花更多时间在家庭生产上。如果将非市场生产考虑在内,那么对经济不平等的估值往往比用传统收入衡量方法得到的要低。

正如过去 10 年左右所显示的那样,非市场工作的"均衡"力量可能会随着时间的推移而有所下降。① 回到女性分配市场工作时间或非市场工作时间之间的主要关联,它似乎显而易见,即妇女参与市场工作的增多伴随着家庭生产的减少。但是,这可能并不完全如此;人们必须假设非市场时间最初并不是完全分配给休闲的(时间利用证据证明了这一点),或者市场时间的增加不仅仅是增加到未变化的非市场工作量上(时间利用证据也证实了这一点,与"第二次转变"建议的概念相反②)。Zick 等(2008)发现,在美国,家庭生产产生的修正能力在 20 世纪 70 年代比 21 世纪初更大。他们认为,女性从无偿工作转向有偿工作有两个相反的效果:一方面,女性进入劳动力市场减缓了收入不平等的增加;另一方面,高工资女性比低工资女性更加减少了其家庭工作时间,因此造成家庭间的不平等加剧,高收入夫妇中的男性在家庭工作上的增加(即使是小的)会在一定程度上限制这种不平等。匹配的婚姻(高薪女性嫁给高薪男性)加剧了这些变化,导致夫妻家庭之间的不平等。与此同时,家庭组成的变化,特别是单亲家庭(通常以女性为首)的增加加剧了不平等[参见 Kollmeyer(2013)的讨论]。这些结果与 Gottschalk 和 Mayer(2002)获得的结果一致;比较 20 世纪 70 年代和 20 世纪 80 年代,他们还显示出这两个时期的家庭生产的均衡效应,尽管在分布底部较大。

这突出表明,均衡效应的大小还取决于家庭收入分配的不平等水平,而收入本身也受到女性收入的影响(女性无偿工作减少的对应情况)。这种影响基本上是通过反事实实验来研究的:如果女性没有收入,或者她们的收入不平等,那该怎么办? 比较夫妇 1979 年和 1989 年在美国的收入,Cancian 等(1998)发现,妻子的收入缓解了家庭收入的不平等,也就是说,如果妻子没有收入,不平等就会加剧。然而,如果妻子收入不存在不平等,则不平等程度会低于观察到的水平。③ 比较 21 世纪初 16 个国家的收入不平等状况,Harkness(2013)发现,尽管家庭就业结构以及女性兼职工作的发生率存在较大差异,女性收入对家庭收入的贡献在不同国家非常相似——美国除外,相比之下美国女性这一贡献最大,接近总收入的 30%。三个反事实被检验:如果没有女性工作,所有国家的家庭收入不平等将会加剧,尤其是在美国。如果所有女性都工作,收入不平等将会缓解。第三个反事实是缩小性别差距(其他都不变);在这里,不平等程度会有所下降,一些国家的不平等有所缓解,其他国家(特别是北欧国家)的不平等有所加剧,但在夫妻之间会缓解。分析还强调了不同类型家庭中女性收入的不同影响,特别是在单收入或双收入夫妇之间,以及夫妻和单人家庭之间,尤其是单身女性之间。除了普遍的结果,对意大利的案例研究(Del Boca and Pasqua,2003)也表明,女性收入的"修正效应"在很大程度上取决于已婚妇女参与有偿工作的水平。Del Boca 和 Pasqua(2003)发现,如果设置一个反事实——"没有女性工作",那么在意大利北部的收入差距会比观察到的

---

① 收入分配与扩大收入的大多数比较没有考虑家庭规模,或者只考虑了一对夫妻的家庭。但有些人提供了不同组合家庭的估算(Aslaksen and Koren,1996)。多人家庭和有子女的家庭的"均衡"效应的大小一般比较大。这为家庭生产均衡效应下降的趋势增加了一个人口学维度。请注意,将家庭生产纳入扩大收入的衡量标准可能会影响等价尺度。这主要通过儿童的成本对其进行检验(Apps and Rees,2002;Craig and Bittman,2008);Couprie 和 Ferrant(forthcoming)估计了家庭时间分配的规模经济。

② 《第二次转变》是 Hochschild 和 Machung(1989)所著的一本非常有影响力的书。它让人关注到 20 世纪 70 年代在家庭工作中需增加有偿工作,但它有点高估了男女工作总量的差距。

③ 男性的收入也起作用。Juhn 和 Murphy(1997)解说说,与 20 世纪 60 年代相比,高收入男性的妻子在 20 世纪 70 年代和 20 世纪 80 年代的就业参与率显著上升,同时,低收入男性的收入大幅下降,妻子参与劳动力市场的速度放缓(相反,20 世纪 60 年代,当她们的丈夫的收入快速增长时,她们参与的速度是最快的)。

要高得多(在1977年、1989年和1998年),那里妻子的就业率比较高,而相比之下,在意大利南部,已婚妇女工作较少的就业率较低。他们强调,意大利南部缺乏促进妇女就业的许多因素,特别是获得兼职工作和托儿设施的机会,这导致妇女收入存在严重的不平等。将这些结果与对非市场工作的修正效果的分析相结合将会特别有趣,因为意大利是经合组织国家中女性参与劳动力市场的比例最低、家务劳动量最大的国家之一(OECD,2011b)。遗憾的是,现在还没有这样的研究。

然而,尽管可能出现下滑,家庭生产的均衡效应仍然很大。Folbre等(2013)比较了夫妻的市场收益和扩展收入的测量结果,其中包括9个国家的非市场工作(以最低工资①计算)。结果显示,在大多数国家,与收益相比,扩大收益测度下的基尼系数下降了约三分之一。各国之间存在一些差异,但排名仍然相当稳定——除了美国②,它的均衡效应最低,因为它的非市场工作在总工作中的比例相对较低,最低工资也较低(这是9个国家中平均收入相对最低的国家)。③

12.6.2.3 家务和性别不平等

我们现在转向家务对性别不平等的影响。这个问题不仅在于男女之间的不平等分配,而且还在于其对其他社会经济结果的影响。其中一点,Becker(1985)指出,是它可能会影响女性的收入:"(……)即使她们参与的(有偿工作)是平等的,男性和女性的收入也不会相等。"这不是因为在工作场所受到的歧视,而是因为女性需要在家务劳动和儿童保育上花费如此多的精力,以至于剩不下什么精力去进行市场活动——这个假说用Becker(1985)的话来说,将会把人力资本理论从没有解释性别收入差距的"尴尬"中拯救出来[England(1982)称之为"失败"]。另一个是"时间压力"可能会影响女性,这些女性不得不兼顾有偿工作和家庭责任,在这方面她们做得远比男性多;那么"双重负担"或"第二次转变"就会导致休闲的性别差距(Hochschild and Machung,1989;Bryant and Zick,1996)。尽管就整体数量而言,这种差距几乎不存在(平均来说),但最近的研究指出,休闲时间质量存在性别差距。最终,这两种方法都表明,家务和家庭责任会影响在不做家务时关注某事和/或从中受益的能力。如果是这样的话,它可能会影响性别不平等,因为传统的测量方式不能记录个人生活水平或幸福感,并可能导致妇女在经济和社会结果方面的劣势。

12.6.2.3.1 家务和工资

根据Becker(1985)的观点,妇女的家庭责任会影响她们在工作中的潜力,因为这些家庭任务耗尽了她们的"能量"。花费在照顾儿童和家务上的"能量"越多(他将之形容为高能需),花在工作上的就越少。因此,从20世纪90年代中期以来有关家庭薪酬差距的文献(见12.3节)中可以看出,(妇女)选择要求较低,所以得到薪酬较低的工作或职业机会较低的工

---

① 使用最低工资是有争议的:它可能导致时间价值被低估或高估,这取决于其水平;如前所述,没有任何一种估值方法可以被证明比另一种方法更好,但是,因为目的是比较住户,所以测试其他方法(例如机会成本)是否会改变排序会很有趣。

② 芬兰、法国、德国、意大利、波兰、西班牙、瑞典、英国和美国。

③ 这和Harkness(2013)的研究结果表明,在美国观察到的情况与世界其他地方观察到的情况之间可能存在巨大差异。鉴于美国证据在文献中占有很大份额,应该谨慎对待在美国观察到的趋势,看其是否代表更普遍的趋势,不是从"大局"的角度,而是从变化的幅度和时间来看。

作。但严格来说,家庭工资差距是受家庭状况的影响,尤其是做母亲的影响,而不是家务劳动的影响(即便是家务上花费的时间也还是与家庭状况相关);此外,重点在于女性之间的差异。然后就出现了这样两个问题:家务的影响是否和因母亲身份或家庭状况产生的影响不同,家务的影响到底如何。根据 Becker(1985)的观点,这种影响应该对女性的工资产生负面影响;但是,稍微不清楚的是,这种影响是通过影响工作时间和类型(工作投入)来间接发挥作用,还是一旦把职业、工作时间等考虑进来,它们就通过影响工作表现(在工作上的努力)直接发挥作用。正如 Bielby 和 Bielby(1988)所强调的那样,"能量"的概念不是指时间或职业的数量,而是指工作所需的身体或精神努力的强度。对于男性来说,对 Becker(1985)主张的逻辑补充是,已婚男性(或者更一般地说有女性伴侣合住的男人)应该能够为自己的工作分配更多的"能量",因为他们不会像女性一样承担消耗"能量"的家务,而且他们从妻子做家务中受益。

测试家务劳动对工资的内在影响的假设很困难,因为人们必须能够测量家务劳动和有酬工作的"能量"消耗,或者考虑工作的实际需求(如集中、精确、可用性),并将其与准确的家务信息结合起来。它也会造成各种测量问题,特别是因为工资的潜在内生性(工资经常被发现对家庭工作时间产生负面影响)和未被观察到的异质性[Maani 和 Cruickshank(2010)对计量经济学问题进行了详细的回顾]。

第一个问题涉及家务劳动对工作"能量"支出的影响;这是 Bielby 和 Bielby(1988)提出的问题。他们的测试使用了基于自我报告的工作努力指数,这些信息包括工作需求(身体和心理),以及实际工作是否超出了要求范围。他们的指数是为了避免潜在的性别偏见,例如,筋疲力尽的女性会夸大工作的要求。然而,作者认为,社会心理学文献表明,女性往往倾向于低估她们自己的表现,所以如果存在偏差,那么它们更有可能是相反方向的。他们的主要结论是,如果考虑教育、职业、年龄和家庭构成、工作时间和工资、家庭责任(对子女的责任、育儿时间、家庭工作时间)以及配偶是否工作,妇女在工作上投入的努力不会比男性少。已婚妇女或母亲比单身妇女分配在工作上的努力少,但在这种情况下,她们也与男性保持相当的努力水平。就男性而言,相反,家务劳动的时间似乎稍微减少了他们在工作中的努力,这表明存在一种在女性身上未出现的权衡取舍:女性在有偿工作方面的努力并不取决于她们干几小时的家务劳动,而男性则会受到家务劳动时间的影响。然而,男性的结果可能存在反向因果关系,即男性在家务活中的努力可能取决于他们是否从事要求比较苛刻的工作。另一个更可能会影响妇女研究结果的局限性是这项测量(通过每周工作至少 20 小时的男性和女性的样本)没有考虑到进入有偿工作市场可能有挑选环节;最疲惫的女性可能并不在市场上工作。迄今为止,Bielby 和 Bielby(1988)的这项研究仍然是唯一直接关于努力分配问题的研究。

Hersch(1991)对美国的研究是最早研究家务劳动对工资影响的研究之一。她考虑了各种工作属性(困难、自主、压力),发现男女在这些属性的频率上存在实质性差异,但在回报率方面没有显著差异。家务劳动(来自自我报告的信息)对女性的工资(而非男性)有负面影响,但只有在工作属性没有被考虑的情况下才会发生。此外,只有工作日的家务劳动才会产生负面影响。从那以后,几乎所有的实证研究都发现,家务劳动和女性工资之间存在着负相关关系[参见 Maani 和 Cruickshank(2010)的实证研究的详细回顾]。Hersch 和 Stratton(2002)在研究美国时也发现,在分解性别工资差距时纳入家务劳动大大增加了差距的可解释部分。然而,所发现的效应量对测量策略非常敏感;Maani 和 Cruickshank(2010)对结果的回顾显示,使用普通最小二乘法(OLS)产生了最大的效应,使用工具和两阶段预估会严重降低效应(但令人满意的工具是很难发现的),并且使用固定效应会降低更多的效应。此外,一些结果与主要证据显著不同,没有发现家务劳动对工资的影响。McLennan(2000)发现,一旦把花在家务上的时间内生性考虑进来(使用她工具中理想的儿童数量,这种信息几乎无法获得),则没有显著的影响;但这一结果也可能是因为她的研究对象是比美国同类研究对象更年轻的男性和女性(平均年龄分别为 34 岁和 33 岁)。Hirsch 和 Konietzko(2013)在研究德国数据时发现,家务劳动对工资"毫无影响";与大多数依靠自我报告的家务时间的其他研究相反,他们使用与收入登记数据相匹配的详细日志数据。

21 世纪初的一些研究还考察了家务任务的类型,特别是它们的频率、灵活性和时间对工资的影响。Noonan(2001)以及 Hersch 和 Stratton(2002)发现,频繁的任务或刚性的任务——也就是那些不能推迟的任务(主要由女性执行)是家务劳动对工资的负面影响的主要驱动因素,它对女性的影响比对男性更强。当这些任务没有分解时,Noonan(2001)在负效应中没有发现任何性别差异。Bonke 等(2005)利用丹麦的数据研究发现,家务劳动的时间和灵活性对工资有影响;利用分位数回归来估计工资函数,他们还发现,家务劳动和工资分配的第 90 分位数中的女性工资之间存在惊人的正相关关系,并且对男性工资产生了负效应,这与其他分配的结果相反。家务活的影响似乎也会因工作时间的不同而有所不同;例如,Bryan 和 Sevilla-Sanz(2011)利用英国的数据研究发现,除了兼职女性,家务劳动对工资产生负效应,而 Bonke 等(2005)发现,对于工作时间表不灵活的工人来说,影响更大。

至于家务劳动和男性工资之间的关系,则不那么明确,而且即便发现了它对男性的影响,其影响也弱于对女性的影响。此外,例如 Hersch 和 Stratton(2002)发现,男性的家务时间不影响"婚姻溢价"(另见 12.3 节);但是 Gray(1997)以及 Chun 和 Lee(2001)都使用美国数据,发现妻子的有薪工作时间与男性的婚姻溢价之间存在负相关关系。初看时,这些结果似乎是相互矛盾的;仔细研究后他们认为,男性的工资受其妻子完成的而不是自己完成的家务量的影响。这符合女性专业做家务提高了男性市场工作生产率的观点。这也与男女所做家务构成的差异一致:日常的重复性任务(通常由女性承担)可能比偶尔的任务(通常由男性承担)或可推迟的任务造成更多的限制。但也有不支持这种影响的证据。Lincoln(2008)没有发现男性的婚姻工资溢价与家务分工之间的关系。更准确地说,妻子的市场工作时间和妻子的家务劳动时间都不会显著影响丈夫的工资,但 Lincoln(2008)发现,丈夫从事家务劳动的时间对妻子的工资有很小的正面影响。

最后,家务劳动对工资到底有无影响?实证结果表明,家务劳动对女性工资产生负面影响,而不是没有影响。Maani 和 Cruickshank(2010)认为,不能怀疑大部分结果仅受内生性偏见和未观察到的异质性驱动。家务劳动将成为解释性别工资差距时需要考虑的有用维度。

但是除了计量经济学问题,现有研究的主要局限性是,其中大部分研究,包括 2000 年出版的研究,都是基于美国 20 世纪 80 年代或 20 世纪 90 年代初的数据。最新数据和来自其他国家的证据将有助于厘清这个问题。更系统地分析男性的家务劳动与工资之间的关系,以及家务劳动对年轻男性和女性的影响,也会特别有趣,因为他们似乎更多地参与家务劳动。如上所述,Bryan 和 Sevilla-Sanz(2010)以及 Hirsch 和 Konietzko(2013)发现,在妇女兼职工作比例特别高的国家(德国和英国)没有发现家务劳动对工资的影响,这也还需要进一步调查。

12.6.2.3.2　市场工作、家务、休闲和幸福:同工平等吗?

关于家务劳动对时间利用的影响的大多数文献都强调,家务劳动之外的有偿工作特别增加了女性的负担;这就是《第二次转变》中的观念(Hochschild and Machung,1989),它吸引了人们的注意,即妇女额外的有酬工作时间和平均缩短的家务劳动时间并不能抵消,正如 Sayer 等(2009)强调的那样,尽管他们提供的数据表明,女性每周工作总时间(有偿加上无偿)平均超过男性约 15 小时,但事实上这种可能性极小。无论工作是在市场还是在家中进行,它减少剩余空闲时间的效果是相同的,但一些分析表明,家庭内的劳动(家务劳动和儿童保育)可能会影响这一剩余时间,从而影响男性和女性的主观幸福感,不过这并没有体现在影响休闲的时间量方面。第一个问题是工作总量不平等或平等的现实。利用经合组织提供的最新数据①,似乎许多国家实际上接近同工(见表 12.4);在所审查的 16 个国家中,仅有 5 个在总工作量上的性别差距每天超过 15 分钟(在瑞典、荷兰和丹麦,男性的总体工作量似乎比女性更大)。但是,同工在有偿工作和无偿工作中涵盖了截然不同的性别差距。总工作量差距最小的日本也是有偿工作和家务劳动中性别差距最大的国家。相反,如意大利与爱尔兰的情况所示,有偿工作中的大的性别差距并不一定会导致总体工作量的巨大差距。从这个国家样本可以得出的另一个观点是,在所有被调查的国家中,休闲的性别差距是负值,即女性的闲暇时间少于男性(在日本,这个时间差距量很小,比荷兰工作总量的两性差距还要小)。Burda 等(2006)利用 21 世纪初的数据也发现,女性的休闲时间较少,工作日和周末还有区别,周末休闲时间的性别差距更大。

第一,这表明,与本节前面隐含承认的内容相反(需要十分谨慎,因为计算是基于第二手数据的),所以同工并不一定意味着同休闲;换句话说,平均而言,女性从总工作时间中每小时获得的休闲时间比男性少(见图 12.7)。第二,工作日和周末之间的差异(在经济合作与发展组织的数据中无法检验)也表明,比较总时间并不能揭示时间利用中性别差异的所有维度。

---

① OECD(2012)提供的数据,2014 年 3 月更新。

表 12.4　部分 OECD 国家中工作和休闲方面的性别差距(女性—男性)(每天的小时数和分钟数)

国家(调查年份)	市场工作	家庭工作	总工作	休闲	Burda 等(2006)[a] 统计的年份	Burda 等(2006)[a] 统计的工作日	Burda 等(2006)[a] 统计的周末
瑞典(2010 年)	−0h58	0h27	−0h30	−0h41			
荷兰(2005—2006 年)	−2h11	1h48	−0h23	−0h17	2000 年	−0h02	−1h00
丹麦(2001 年)	−1h15	1h02	−0h13	−0h20			
日本(2011 年)	−3h49	3h48	−0h01	−0h04			
西班牙(2009—2010 年)	−1h35	1h38	0h03	−0h37			
澳大利亚(2006 年)	−2h13	2h16	0h03	−0h28			
德国(2001—2002 年)	−1h43	1h47	0h04	−0h25	2001—2002 年	−0h14	−1h07
加拿大(2010 年)	−1h18	1h30	0h12	−0h42			
奥地利(2008—2009 年)	−2h02	2h14	0h12	−0h36			
比利时(2005 年)	−1h25	1h38	0h13	−0h43			
英国(2005 年)	−1h42	1h56	0h14	−0h42			
美国(2010 年)	−1h08	1h23	0h15	−0h46	2003 年	−0h05	−1h01
爱尔兰(2005 年)	−2h24	2h49	0h15	−0h51			
芬兰(2009—2010 年)	−0h41	1h13	0h32	−0h50			
法国(2009—2010 年)	−0h59	1h31	0h32	−0h48			
意大利(2008—2009 年)	−1h45	2h56	1h01	−1h03	2002—2003 年	−0h54	−1h50

注:15—64 岁的人,除澳大利亚为 ≥15 岁,瑞典为 25—64 岁。有偿工作包括所有工种中的工作、求职和相关旅行;家务包括日常家务、购物、照顾家庭成员和相关旅行。这些数据不允许排除与学习有关的旅行或除家务劳动以外的无偿工作。

[a] 年龄在 20—74 岁。

资料来源:作者根据经济合作与发展组织的数据计算的结果。

　　然而,这些"平均"结果可能并不能精确地反映"双重负担"或"第二次转变"的概念,因为这一概念不是指一般男女,而是指夫妻,特别是父母,因此只有一小部分人被调查。人们可能会认为这些案例中的工作和休闲方面的性别差距比一般情况更为明显;在美国,已婚妇女承担(有或没有子女)的家务比平均女性更多,已婚男性比平均男性做更多的非核心家务(Bianchi et al.,2012)。已婚父亲和已婚母亲不仅比平均已婚男性和女性承担更多育儿工作,而且还有更多的核心家务(女性多于男性)。儿童的存在也会影响母亲而不是父亲分配付酬工作和家务的时间。Maume(2006)利用美国的数据,以及 Sayer 等(2009)利用澳大利亚和美国的 20 世纪 90 年代后期的数据研究发现,男性不会调整以适应其伴侣的工作时间;Gershuny 等(2005)利用英国、德国和美国的面板数据研究发现,男性会逐渐调整他们参与家务劳动的时间以适应配偶就业的变化,尽管这不会导致家务的完全重新分配。此外,各项研究发现,父母关系加强了配偶之间的传统分工[Sayer(2005)对美国的研究;Craig(2006)对澳大利亚的研究;Hallberg 和 Klevmarken(2003)对瑞典的研究;Régnier-Loilier(2009)对法国的研究;Craig 和 Mullan(2010)对美国、澳大利亚、丹麦、法国和意大利的研究]。Anxo 等(2011)

比较美国和三个欧洲国家后观察到,拥有孩子使"个人花费在无偿工作的时间产生最大的革命性的变化"。变化可能正在发生:Dribe 和 Stanfors(2009)发现在瑞典,儿童影响在 20 世纪 90 年代到 21 世纪第一个 10 年之间发生变化。从 1965 年到 2003 年的 20 个国家的比较中,Hook(2006)发现,男性在家务劳动和护理方面的重大变化与女性参与市场工作呈正相关,而且跨国差异受到女性兼职工作的比例、育儿假的长短(育儿假较长会阻碍男性的参与),以及男性是否有育儿假的影响。然而,目前所有的研究都发现,女性对时间的使用更多是受家庭状况而非男性的影响。

除了家务劳动时间的性别差异以及休闲量对性别差距可能产生的影响,一些研究强调,女性的闲暇时间也可能和男性的相比"没有那么悠闲"(Bittman and Wajcman,2000),或者更加分散和被其他任务"污染"(Mattingly and Blanchi,2003)。多任务处理在女性中比在男性中更普遍,大大增加了其家务时间(Craig 2007;Offer and Schneider,2011);虽然它可以将更多的活动压缩到同一时间段,但它可能会导致人们感觉到时间压力。所有这些分析都指出了"家庭责任"的普遍性,现在,承担更多责任的依然是母亲而不是父亲,这与 Becker(1965)的把家务看作能量消耗活动的观点相吻合,从某种意义上说,强调更多的是妇女(母亲)不能完全从她们的闲暇时间中受益,而不是家庭责任阻碍她们参与市场工作。

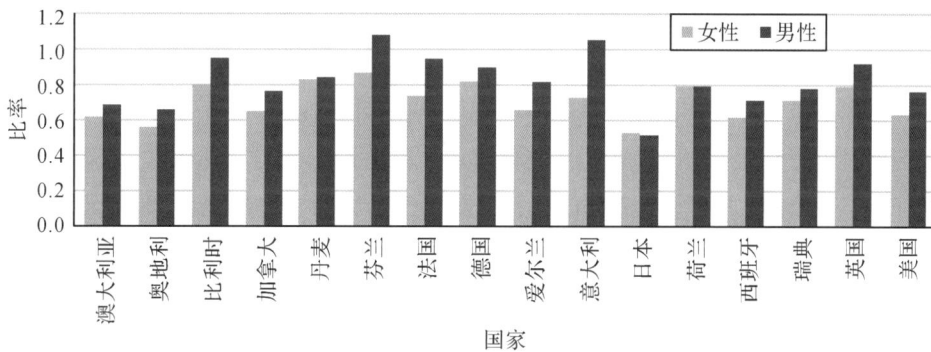

图 12.7　在选定的经济合作与发展国家组织中休闲时间与总工作时间之比

分析休闲的质量需要详细的数据,不仅涉及时间的主要用途,而且包括次要活动以检测同时发生的活动以及休闲是否实际上是一个没有限制的时间;它还需要可靠的测量,这些测量只能从详细的个人数据中获得[参见 Lee 和 Waite(2005)的测量比较和随后对谨慎的强调]。Bittman 和 Wajcman(2000)提出了"纯粹"和"成人"休闲的概念,即不包括次要的非休闲活动、休闲时段的长度和数量的测量,以及在这些时段中是否有儿童存在。他们利用 1992 年的澳大利亚日志数据发现,男性在休闲质量的所有指标上都占有优势,其中大部分与儿童的存在有关,父母专门从事不同类型的照料:母亲负责主要的照顾,而父亲则负责更加轻松的照顾(Miranda,2011)。Mattingly 和 Blanchi(2003)从 1999 年的美国日志数据中获得了类似的结果。他们还观察到,男性与儿童共度的闲暇时间里通常还有别人在,而女性往往是独自陪伴子女,男性比女性更能感受到休闲时间与时间压力感减少之间的关联。关于多任务处理,Offer 和 Schneider(2011)使用美国收集到的使用寻呼机的数据[1],认为它可能允许双收入家庭的配偶与子女共同度过更多的时间和更愉快的时间,但同样,与父亲相比,母亲在孩子面前更有可能同时处理多项任务。他们的数据不能准确代表美国所有家庭(并且构成一个相当小的样本),但他们的优势是包括在被调查的当天情绪状态的测量。考虑到工作和家庭特征,他们发现,在一个人的配偶在场的情况下,主观幸福感会受到积极的影响,而在孩子面前进行多任务处理时,母亲的工作—家庭冲突感会减少。

最后,家务劳动是否会影响男性和女性对幸福的感知?几乎没有数据集能够提供对时间利用和信息的可靠测量,使人们可以计算任何主观幸福感(压力感以及感知时间压力或不满)。因此,实证结果是通过使用因变量或关键的自变量的相对不可靠的测量来获得的,这使得回答家务劳动的影响问题很难。在少数对这个问题的研究中,有两个使用时间压力衡量标准(被访者多久会感到匆忙或被迫按时),尽管方法非常接近,但获得了相反的结果:Hamermesh 和 Lee(2007)对澳大利亚、德国、美国和韩国,使用提供自我报告(而非日志)的市场工作和家务劳动的小时数据,研究了夫妻中至少有一个在劳动力市场(他们提到了夫妻如果都赚钱,结果也相同)的情况。他们发现,更多的家务劳动时间只会增加女性的时间压力,但这只在澳大利亚和德国有很大的影响;对于伴侣的市场工作的效果也一样。一个人的市场工作增加了男性和女性的时间压力。伴侣之间的时间压力似乎也存在相关性。

Bonke 和 Gerstoft(2007)对丹麦的双收入家庭数据使用了相同的因变量(时间压力),发现个人和伴侣的家务时间或个人和伴侣的市场工作时间对时间压力没有显著影响。然而,家务劳动时长对女性和男性都有负面影响,Bonke 和 Gerstoft(2007)解释说,这表明家务是一个压抑因素。他们使用了一个额外的控制变量,他们称之为"高峰时段",即每天结束时市场工作和家务劳动之间的时间长度(不包括上下班时间);这段很短的时间被解释为时间压力的符号。当引入这个变量时,家务劳动的时间对女性来说意义重大。他们分析了这种出乎意料的影响,认为这可能反映了女性对家务的"偏好",因为她们"更注重家庭",并推测其支持了这样一种观点,即工作家庭冲突对女性的影响大于男性。这段市场工作和家务之间的时间的性质(不包括上下班时间在内),起初似乎不清晰;这并不是空闲时间——在这种情况下,结果只意味着不那么匆忙的女性(或有更多休闲时间的女性)不会因家务而感到更匆忙;唯一的另一种可能性是它对应于"生理上的时间"(例如,淋浴或吃零食)。[2]

所有对此检验的其他研究[MacDonald 等(2005)基于加拿大数据,使用时间压力和对工作与家庭平衡的满意度进行测量;Boye(2009)比较了 25 个欧洲国家并使用心理幸福感的综合测量;Mencarini 和 Sironi(2012)比较了 26 个欧洲国家,并使用对生活的满意度测量]都发现家务劳动对女性主观幸福感的负面影响。总体而言,除 Bonke 和 Gerstoft(2007)外,定期检验的研究获得家务劳动时间的显著系数(根据因变量的预期符号)。结果还强烈表明,虽然有报酬的工作时间增加了时间压力[再次,除了 Bonke 和 Gerstoft(2007)],他们与女性的心理

---

① 这种数据收集方法(经验抽样方法)为参与者提供程序化的寻呼机,随机询问受访者他们正在做什么、在哪里、与谁在一起,以及在这种情况下,他们的感受如何。这种询问每天几次,一共 7 天。

② 这种分析可能导致人们对休闲时间与生理时间之间的活动分类提出疑问。

健康或生活满意度呈正相关,尽管这些影响对男性而言均不显著。另一个有趣的结果是,一旦考虑家务劳动时间,孩子的存在没有显著影响(MacDonald et al.,2005;Mencarini and Sironi,2012)或有积极影响(Bonke and Gerstoft,2007)。然而,这些研究的一个弱点是它们的因变量(时间压力只是测量主观幸福感或对生活的满意度的一种片面的方法)或它们对家务量的衡量指标(最近三项研究并未使用来自日志的信息,而是根据受访者提供的有关家务劳动时间的信息以及他/她所占的份额来计算他们的家务量)。在此得重申,更多地使用适当的因变量和自变量数据的研究将提供更精确的结果。

12.6.3　家庭内:持续性的劳动性别分工

到目前为止,有偿工作和无偿工作的时间分配里的性别不平等问题被看成是理所当然的。在本节的最后,我们转向最后一个但并非不重要的问题:为什么女性比男性做更多的无报酬工作?我们首先概述了家庭内部分工的经济和社会学方法,然后考察了为何 20 世纪 90 年代以来的实证研究关注,在妇女市场活动发生了如此多的变化后,男性的家庭活动却似乎很少有变化的原因。最后一部分使用比较研究来解决"悄然发生"但尚未完成的革命问题。

12.6.3.1　理论背景概述:经济学和其他社会科学中的家庭分工方法

分析劳动分工的理论工具从不缺乏:经济理论重视合理性,其他社会科学注重权力关系,它们都运用社会规范来分析。无论是以经济理论还是其他社会科学为基础,它们都不是相互排斥的;超越不同的观点,会出现大量共同特征和预测。

12.6.3.1.1　经济方法:专业化和有酬和无酬工作时间分配

在经济学中,Becker(1965)的家庭生产理论(参见 12.6.1)介绍了基本框架,其中家庭成员(从此我们以中立的方式称呼配偶或伴侣)根据其相对市场生产率分配时间以最大化家庭的全部收入。如何分配时间不是性别问题(Becker,1985),而是效率问题,是一种技术选择(Lundberg,2008;Pollak,2013;Pollak and Wachter,1975)。每个配偶都专门从事他们具有相对优势的活动(市场工作或家务劳动)。此外,Becker(1965)认为,家庭中只有一个成员应该在市场上工作。这是一个相当极端的专业化观点,这可能是 20 世纪 60 年代早期美国家庭流行的想法,但现在这并不是非常可行(特别是,在这个概念框架下很难对兼职工作进行解释:是专业化还是非专业化?预计效率是低还是高?)。比较优势原则上不是"性别",但 Becker(1991)的分析在涉及女性"内在"优势时是不清晰的,她们"对生育和养育孩子的生物承诺",以理性的消费者行为完成,即期望自己的投资有回报,并增加了一个关于生产力的论点:在照顾已经出生的孩子的同时,很容易生育更多的孩子。

Becker(1965)对待家庭的研究方法受到了长时间的批评(见 12.2 节),我们不会进一步论证这一论点。但是,一个特别有问题的方面是,根据观点,配偶有时被认为是完美的替代品(如果他们在市场上同样具有生产力),有时则不会(因为女性在育儿方面具有"天然"优势)。从性别(平等)角度来看的一个关键点是[1],原则上说,如何将时间分配到市场工作或家务劳动上并不取决于该人是男性还是女性,而是要从整个家庭层面去思考分配时间和效

---

[1] 另一个是为了使结果高效而专业化的必要性。请参阅 Pollak(2013)的讨论。

率的联系。从个人角度来看,专门从事家务劳动是否合理? 这主要取决于收入汇集和分享是否能够使每个家庭成员获得公平的份额,以及他们是否在一起,或是另寻他家。婚姻作为正式的承诺是稳定的重要条件,家庭收入分配是另一个条件。Grossbard-Shechtman(1974)与Becker(1973)的观点一致,认为婚姻是基于伴侣的比较优势的家务交换;Grossbard-Shechtman(2003)引入了准工资的概念作为分享专业化收益的手段;在均衡状态下,丈夫的市场工作供给等于妻子的市场工作需求,这取决于她在家务时间中的机会成本。

在非单一模型中,收入[准确地说,工资作为价格;参见 Pollak(2005)]和相关收入是配偶议价能力或威胁点的决定因素之一,这取决于模型(参见 12. 2 节)。权力关系,而非技术,是显性的。引入家庭生产的概念不会从根本上改变基本原则(Apps and Rees,1997; Browning and Chiappori,1998; Chiappori,1997),但是无报酬的工作可以作为交换消费/资源的议价能力的来源进行分析。然而,这很难测试,因为没有关于个人消费/支出的数据。一种经验性的选择是将休闲视为结果(Beblo and Robledo,2008; Browning and Gørtz,2012; Couprie,2007; Datta Gupta and Stratton,2010)。

总而言之,对经济方法的主要预测是,无论如何,工资和家务劳动应该是负相关的,这或者是因为配偶收入的增加会导致从无偿工作到有偿工作的时间重新分配(耗时商品成本更高,家庭生产减少),或者配偶收入增加导致其相对权力增加。从工资到家务的这种关系,以及从家务劳动到工资的可能关系(参见 12.6.2.3.1)看起来像是一个"先有鸡还是先有蛋"的问题:如果家务劳动损害劳动力市场表现,那么糟糕的劳动力市场表现意味着更多的家务劳动,这从性别平等的角度来看更令人沮丧。这个问题已经在一些理论模型(Albanesi and Olivetti,2009; Attanasio et al. ,2008; Cigno,2008; Francois,1998; Ishida,2003)中得到了解决,所有这些都得出结论认为,政策干预可以打破恶性怪圈。

12. 6. 3. 1. 2　家务时间的社会学方法:依赖、权力和性别

经济方法和其他社会科学方法之间的主要区别在于它们的范围;虽然经济学方法提供了一个框架来分析有偿工作和无偿工作之间的时间分配,但这些方法试图解释家务劳动的时间。文献中通常确定了两种主要的理论方法:"时间可用性" 和"资源交换" 理论。

就时间可用性而言,这种方法(Coverman,1985; Hiller,1984;Shelton,1992)认为,家务劳动时间取决于每位配偶在扣除工作时间后剩余的时间。因此,它把有偿工作当作准外生的。基本模式是一种统一的模式,即配偶是受家庭利益驱使的。它的一个弱点是花在有偿工作上的时间可能取决于促成家务分工的因素,尤其是儿童的因素。

资源交换理论基本上认为,家庭的组织依赖于配偶的相对权力,而配偶的权力本身是由他们为婚姻带来的资源决定的(Coleman, 1988; Kamo, 1988; Safilios-Rothschild, 1970, 1976)。[①] 这种方法允许不平衡双方的相互依赖;换句话说,A 的效用可能依赖于 B 的资源,而 B 的效用取决于 A 的资源。此外,这种不平衡的关系使得 B 可以对 A 做出决定。从家务分配的角度来看,资源交换意味着带来更多资金收入(或其他资源)的配偶预期将提供经济

---

① 这里的重点是分配家务时间。资源交换理论并不局限于这个问题,在家庭组织和婚姻权力的社会学方法、女权主义理论以及一般性别不平等方面还有许多其他应用,这些超出了本章的研究范围。

支持,并且作为交换,将获得来自另一方的更多家务的支持,这就是"依赖"(Brines,1994)和"男性养家"模式的构成方式的基础。

虽然资源交换方式的范围与经济方法的范围不同,但资源交换、合理专业化和集体模式都以某种方式将家庭领域与市场联系起来。相互依赖的基本原则使集体方法和资源交换方法尤其紧密地结合在一起,并且两者都遵循以下两个基本原则:第一,时间分配(家务劳动)与合作伙伴的议价能力有关;第二,收入形式(收入、工资、可能的资产)在确定配偶各自的议价能力方面起着重要作用。至于家务时间的解释,这三种方法预测配偶相对资源之间的直接或间接的相互作用,更确切地说,如果一方的工资/收入/议价能力增强,那么其承担的家务劳动量应该减少,反之亦然。这种预测还没有得到系统的实证研究,从而促进了第三个方向的研究的产生:社会规范的影响。

12.6.3.1.3　社会规范:研究性别和身份

自从 Akerlof 和 Kranton(2000)发表了一篇被广泛引用的文章,用社会规范来解释经济行为变得越来越频繁(Davis,2006)。身份的概念有助于解释那些乍一看似乎偏离了经济理性的行为,即个人做出的选择导致的结果,明显比他们做出了其他可能的(理性的)选择的更差(参见 12.3 节)。从家务角度来看,如果社会规范规定男人应该比他的妻子挣得更多,并且不应该做女人的家务劳动,那么他们的身份模型允许有酬工作的份额与配偶从事无酬工作(即家务)的份额之间存在不对称关系。在这个框架内,收入低于妻子的"男性身份"的成本(偏离规范)有助于解释为什么低收入的男人比妻子做的家务少(相反地,为什么高收入女性仍然做比丈夫更多的家务)。

West 和 Zimmerman(1987)早些时候在一篇名为《做性别》的有影响力的文章中发表了同样的想法,尽管不是在效用函数方面,这篇文章几乎成了研究工资与家务劳动时间领域的一篇标志性文献(Coltrane,2000)。West 和 Zimmerman(1987)强调了性别角色的社会层面,并将家务劳动被社会上认为是"女性工作"的典型活动作为一个例子;因此,对于女性来说,做家务符合妇女应该做的社会规范,无论她的工资是多少[South 和 Spitze(1994)提供了首次定量应用之一]。《做性别》假设性别(被理解为社会定义的性别角色)即使在不存在不平等资源的情况下也能产生效果,就像身份模型所表明的那样,个人可以从经济结果的角度选择看似不合理的行为。直到最近,这两篇文章才开始在同一篇文章中被引用,这是另一种平行文献的例子,它们解决了相同的问题,但没有相互交流。

与社会规范相关的最后一种方法称为"性别意识形态",将家庭内部安排与对工作和家庭角色的态度联系起来。① 由这些态度产生的家务劳动的分配定义了从"传统"到"平等"的各种类别,以及预测了传统性别意识形态(即男性的养家模式)与女性家务时间(反之,与男性家务时间呈负相关)之间的正相关关系。

---

① 在 Hakim(1998,2000)的"偏好理论"中发展了一种相关的方法,但这主要是为了了解释妇女参与有偿工作。她特别提出,偏好可以解释为什么尽管欧洲各国的社会结构和社会政策不同,但妇女参与劳动力市场的模式如此相似。她提供了三组妇女的分类[以家庭为中心、适应性(大多数)以及以工作为中心],这引发了许多争论(McRae,2003)。

12.6.3.2 实证结果概述

正如我们所看到的,可用于实证工作的理论工具包提供了许多选择。然而,由于许多基本思想的相似性,这种选择的多样性可能成为一个问题。在相对资源、性别意识形态和时间可用性方面的社会学方法似乎在对美国的研究中找到了支持(Davis and Wills,2013);但是,在跨国家的比较中,经济依赖方面的解释似乎受到了挑战(Davis and Greenstein,2004)。所有配偶分配家务时间的假设都应该根据他们的相对市场生产率(以他们的相对工资来衡量)或他们的相对权力(通过他们的相对收入或议价能力来衡量)按照独特的模式而变化:更多的家务劳动应该表明更少的权力,更多的权力应该导致更少的家务劳动,夫妻的行为应该是对称的。但是,除了宽泛的模式,事情可能不那么简单。第一,从经济角度来看,夫妻的相对工资率或相对收益的变化不仅对权力产生影响,而且对替代效应和收入效应也有影响;第二,工资/收入与家务劳动之间的关系可以通过性别或身份效应来缓解。

12.6.3.2.1 一些方法论的问题

除了广泛的相似,实证研究在他们的方法上差异很大(见表 12.5),其中包括因变量,通常是家务工时数,但有时是家务劳动份额。家务的定义大多包括的内容很多。然而,大多数研究没有将育儿包括在内。主要利益的解释变量可以是夫妻的相对收入或妇女对夫妻收入贡献的衡量标准,通常作为衡量经济依赖性的指标[遵循 Sorensen 和 MacLanahan(1987)提出的测量方法][1],这个变量还可以是绝对收入或相对工资。夫妻样本可根据年龄或就业状况或多或少受到限制;有时,它并不是伴侣的样本,而是已婚男女的样本。大多数数据集是截面数据或使用面板数据的横截面。

表 12.5　调查家务劳动时间决定因素的方法学差异

作者(年份),国家	数据	数据来源	人口	界定范围	小时测量	主要自变量
Brines (1994),美国	截面 1983—1985 年	自我报告	夫妻 1983 年时年龄大于等于 18 岁	不养育孩子	周数量	依赖[a] (目前和长期)
Greenstein (2000), 美国	截面 1987—1988 年	自我报告	夫妻 年龄小于 65 岁	不养育孩子	周数量	依赖
Schneider (2011), 美国	截面 2003—2007 年	日志	已婚男性和女性 年龄在 18—65 岁	不养育孩子	日数量	依赖
Gupta (2007),美国	截面 1992—1994 年	自我报告	已婚妇女 年龄在 18—65 岁	不养育孩子	周数量	年收入 相关收入
Gupta 和 Ash(2008), 美国	截面 1992—1994 年	自我报告	夫妻 年龄在 18—65 岁	不养育孩子	周数量	年收入 相关收入 工资
Killewald 和 Gough (2010),美国	面板 1976—2003 年	自我报告	已婚男性和女性 年龄小于 60 岁 全职雇佣的	不养育孩子	周数量	年收入 收入份额

---

[1] (女性收入-男性收入)/(女性收入+男性收入)。

续　表

作者(年份),国家	数据	数据来源	人口	界定范围	小时测量	主要自变量
Bittman 等（2003），澳大利亚	截面 1992 年	日志	夫妻 年龄小于 55 岁	不养育孩子 不包括购物	日数量 转成按周数	依赖
Connelly 和 Kimmel (2009)，美国	截面 2003—2004 年	日志	子女小于 13 岁的 已婚夫妇	不花钱的 活动	工作日和周 末的日数量	工资 相关工资
Baxter 和 Hewitt (2013)，澳大利亚	面板 2001 年	自我报告	同居的两个女子	不养育孩子	周数量	绝对收入 相关收入
Halleröd（2005），瑞典	截面 1998 年	自我报告	双收入有孩子 的夫妻	—	共享家务和 儿童照料	依赖 相关工资
Evertsson 和 Nermo (2007)，瑞典	纵向 1991 年和 2000 年	自我报告	夫妻 1991 年时年龄 在 20—56 岁	不养育孩子	周数量	依赖
Alvarez 和 Miles (2003)，西班牙	截面 1991 年	自我报告	双收入的夫妻	不养育孩子	周数量	相关收入
Sevilla-Sanz 等（2010），西班牙	截面 2002—2003 年	日志	双收入的夫妻 都全职工作 年龄在 20—65 岁	—	日数量	相关工资
Kalenkoski 等 (2009)，英国	截面 2000—2001 年	日志	孩子小于 18 岁 的夫妻	只有养育孩子	日数量	工资 相关工资
Bloemen 和 Stancanelli (2014)，法国	截面 1998 年	日志	有孩子的夫妻		日数量	工资
Evertsson 和 Nermo (2004)，美国、瑞典	截面 1974—1999 年	自我报告	年龄在 18—65 岁 的夫妻	不养育孩子	周数量	依赖
Gershuny 等（2005），德国、英国、美国	截面 和纵向	自我报告	夫妻 出生早于 1932 年； 在 1932—1951 年； 在 1951 年或之后	不养育孩子	妻子的 每周份额	就业状况
Esping-Anderson 等 （2013），丹麦、英 国、西班牙	截面 21 世纪早期	日志	年龄在 25—60 岁 的夫妻	—	每日份额	相关工资

注：^aSorensen 和 McLanahan（1987）的测度。

与时间利用数据一样,测量是一个严重的问题(见本节前面部分),尤其是考虑到自报小时数和日志数据与家务劳动定义之间的差异(Coltrane,2000；Sullivan,2011)。测量误差也很可能发生,因为能同时提供关于时间利用和收入或工资的可靠信息的数据集很少(如果有的话)。特别是,许多结果都是基于自我报告的家务时间①,并且经常发现报告不足或过度报

---

① 有时甚至只有一位配偶代表双方向研究者报告。

告。最后,很可能出现未观察到的异质性问题。^① 最后要澄清的一点是,大多数实证工作都描述了不同夫妻间的差异,而不是夫妻内部的变化^②;相对权力或工资的影响是根据观察到的在某个时间点的分布推断出来的。

12.6.3.2.2 "研究性别"的案例

现有的大多数实证研究都可以与 Brines(1994)的发现相关。Brines(1994)发现,夫妻的相对资源与家务时间之间存在非线性关系。基本上,妻子的家务时间与她们的相对资源负相关(即她们对夫妻收入的贡献越大,她们的家务劳动时间越少),丈夫的家务劳动时间也没有受到影响,除非他们的妻子的相对资源变得比他们自己的多,多到他们依赖妻子的地步的那个点。过了这个点,丈夫比他们的妻子少做家务。Brines(1994)将这种不对称性分析为"性别展示"。从那时起,一大批研究集中在当妻子拥有比她的丈夫更多的资源时发生的事情,与"依赖"/"相对资源"方法和"做性别"/"性别展示"等方式打擂台。Brines(1994)观察到的这种类型的格局经常出现在美国(Bertrand et al. ,2013;Greenstein,2000;Evertsson and Nermo,2004;Schneider, Sanz et al. ,2010)、西班牙(Alvarez and Miles, 2003;Sevilla-Sanz et al. , 2010)、澳大利亚(Baxter and Hewitt,2013;Bittman et al. ,2003)和瑞典(Hallero,2005)。他给出的解释是,当妻子夸大她承担的"女性工作"或丈夫减少他的贡献("拐点"从50%增长到75%)时,就会出现偏差中和过程,丈夫或妻子对中和偏差都多多少少做了贡献。就美国而言,Brines(1994)和Greenstein(2000)发现,更多的是丈夫在贡献,但Schneider 等(2010)发现主要是妻子在贡献;对澳大利亚来说,似乎是妻子在贡献。

大致的情况是,丈夫和妻子的家务时间被认为是由相对资源和性别的综合作用造成的;只要妻子仍然是低收入者,相对资源就会运作,但主要是为了女性(男性的家务劳动时间通常被认为是相当平稳的)。越过偏差点,性别起作用,男人或女人都会采取行动来消除性别偏差。但似乎这个结果并不系统。例如,Evertsson 和 Nermo(2004)在1991年获得了美国的标准结果,但在1999年没有获得标准结果。对于瑞典,他们没有发现高收入的妻子做更多的家务劳动,做更多家务的是双收入有孩子的夫妻,Halleröd(2005)发现,依赖型的丈夫倾向于少做家务;此外,很多市场生产率低于妻子的丈夫的收入居然很高:他们做更长时间的工作,而不是承担更多的家务。

自21世纪第一个10年中期以来,人们从别的角度而不是从(稀疏的)各国间的证据来质疑"性别偏离中和效应"的范围,首先是从 Sullivan(2011)强调的严重的方法论缺陷开始。England(2011)根据后来对美国和澳大利亚的研究,认为把重点放在妻子收入超过丈夫的点上会导致"忽略了全局"。这一些局限被强调指出。^③ 第一,"性别偏离中和效应"充其量是非常小的,无论是数量还是因为在"拐点"之上的夫妻份额很小[例如,根据 Baxter 和 Hewitt(2013),澳大利亚仅为4%]。第二,忽视绝对收入会导致高收入的妻子和高收入女性之间的

---

① 例如,婚姻状况。各种研究表明,已婚或同居夫妇不采用同一个金融机构(见 12.2 节);同居和已婚夫妇在分工方面也有所不同(Baxter,2005;Davis et al. ,2007;Domíngengz-Folgueras,2012;South and Spitze,1994;Cohen,2002;Baxter et al. ,2010)。这表明选择效应(Barg and Beblo,2012)最常被忽略。
② 这意味着能够观察到,在伴侣内部,一方资源的变化是否会导致家务时间分配的变化。
③ 包括方法上的缺点(首先是测量),但也包括错误设定,这都可能导致虚假结果(Sullivan,2011)。

混淆（Gupta,2007）。第三,与忽视绝对收入相关的是,低收入的妻子和高收入的妻子的收入与家务劳动之间的关系并不相同,部分原因是高收入的妻子已经减少了家务劳动的时间并将许多基本任务外包(Killewald and Gough,2010)。

12.6.3.2.3　改变模式?

与以前的结果所呈现的大体情况相反,丈夫要么对其妻子的经济状况发生的变化无动于衷,要么丈夫或妻子通过承担家务劳动来抵制其被威胁的性别身份,其他基于纵向数据或使用工资而不是收入的研究提供了一个更为微妙的情况。

Esping-Andersen 等(2013)对丹麦、英国和西班牙进行比较后发现,在英国和西班牙,配偶的相对工资与男性的有酬和无酬工作之间存在显著的关系(带有预期的迹象),在丹麦则没有这种关系。西班牙和英国的夫妻分工比丹麦的分工更加多样化。他们并没有从"做性别"的角度给予例证解释,而是认为这与"正在进行的女性角色革命"的不同阶段的比较稳定和广泛的均衡有关。正在进行的革命也涉及男性角色的适应。Gershuny 等(2005)利用纵向数据分析了配偶分配家务时间是否对就业状况的变化做出反应;他们发现,当妻子开始全职工作时,妻子和丈夫(但更慢)调整家务时间,导致丈夫的家务劳动增加。Evertsson 和 Nermo (2007)也使用纵向数据发现,1991—2000 年配偶相对资源的变化对妻子分担家务的影响不大,这主要是因为丈夫在家务上花费的时间增加,导致男性在(较小的)家务总量中占较大的比例。

研究法国父母同步调整工资差异时,Bloemen 和 Stancanelli(2014)发现,对于父亲和母亲而言,自己的市场和非市场时间与他们自己的工资以预期的方式相关。他们还发现父亲的工资和母亲的市场时间之间存在负相关关系,但父亲的工资和母亲的非市场时间之间没有显著的关系。母亲的有偿工作时间似乎取决于伴侣的相对市场生产力,但她们的家务时间仅取决于她们自己的市场生产率,而他们的家长时间似乎并未受到他们工资的影响。然而,父亲的家长时间似乎跟妻子的工资相关;换句话说,母亲不能进一步增加家务/育儿时间,但父亲可以这样做,这表明持续缩小性别工资差距的趋势可能会导致性别家务和儿童照顾差距的缩小。Connelly 和 Kimmel(2009)重点关注美国的儿童保育,发现配偶双方似乎都根据另一方的工作日的有薪工作时间或相对工资对儿童保育时间进行调整,但在周末的日子并不会如此,这意味着替代效应。在英国,Kalenkoski 等(2009)没有发现这样的结果:男性的时间利用似乎跟妻子的甚至自己的工资没有相关,但是他们自己的工资和他们在周末的基本育儿时间之间有显著的正相关关系。

总之,这些结果表明,另一种社会规范可能正在出现,即家务或儿童保育不是性别身份的符号。这是对研究中配偶报告自己和伴侣家务时间差异的结果的可能解释。如前所述,自我报告的家务工作时间特别容易因过度报告而出现偏差,而且研究者经常发现男性和女性都倾向于过度报告(Coltrane,2000;Kamo,2000)。通过比较 35 个国家的个人和伴侣的报告,Geist(2010)指出,在男女家务劳动时间的报告差距方面存在着相当大的跨国差异,包括具体任务中的家务分工。她发现,男人的家务劳动时间差异比女人的更大:男人自我报告的家务时间比他们的伴侣说的他们做的时间多,而女性则差别不大。Kamo(2000)认为,这种差异与挫折和社会愿望有关,这将我们带回到规范。Geist(2010)认为,男性高估了自己的贡献"更符合一个支持型丈夫的模式,即使他们在家里没有做太多工作";然而,她还发现,在家务活总时间较长的国家,差异更大。Treas 和 Tai(2012)也发现男性强调家庭共同管理,但共同决策在更平等的国家更为普遍,这些国家的女性在劳动力市场的参与程度也更高。这些发现在滞后适应和均衡变化方面与 Gershuny 等(2005)或 Esping-Andersen 等(2013)的分析非常吻合。

12.6.3.2.4 变化的情境

虽然大多数关于家庭内部组织的实证研究都集中在个人层面(或家庭层面)的解释上,但只要采用比较视角,很明显情境就很重要。实际上,认为家庭内部发生的事情与更广泛的环境完全无关,或者"性别"现象全世界都一样是没有道理的。许多研究人员都认为,比较视角(跨越可比较的国家)对更好地理解是什么形成了家庭内分工模式至关重要。有些人甚至认为这比个人层面的因素更重要(Treas and Lui,2013)。对于其是否如此重要可以进行辩驳;然而,实际上所有的比较研究都指出,夫妻分工的模式在不同国家是不同的,一般与福利制度和公共政策对工作—家庭平衡的影响有关(Aassve et al. ,2014;de Henau et al. ,2013;Fuwa and Cohen,2007;Geist,2005;Gornick and Meyers,2003;Hook,2010;Ruppanner,2010;Sayer,2010)。无论是提及 Esping-Andersen(1990)的福利国家类型还是其他群体的类型,大家都发现,在劳动力市场参与和与家庭结构无关的个人权利的获取方面,更大程度的性别平等与夫妻更平等地(不平等程度较低地)分担家务有关。

在政策方面,要着重关注那些能帮助母亲参与就业的方面,主要是提供公共育儿[①]、产假政策以及旨在提高父亲参与育儿服务积极性的政策(见 12.3 节)。[②] 一般来说,育儿并不是家务劳动时间的最大组成部分,但除了造成即时变化(Anxo et al. ,2011),还有可能对形成日常家务组织产生全方位的影响。因此,儿童保育政策可以直接影响私人领域内发生的事情(针对父亲的政策可能会加强其影响),也可间接影响母亲参与就业和获得全职工作。

但是,育儿政策只是促成家庭性别平等的一个因素。Tavora(2012)分析了葡萄牙的情况,并与南欧国家进行了罕见的比较,表示葡萄牙的高就业率(欧洲国家中就业率最高的国家之一)可能与非常不平等的家务劳动相关(见 12.6.2)。除了儿童保育政策,税收和税收计划——通过它们对获得独立收入(de Henau et al. ,2013)或"第二收入者"的劳动力市场参与度的影响——改变了伴侣的相对资源,影响家务在家庭中的分配。然而,尽管家务劳动分担总体上取决于性别(不)平等(Fuwa,2004),但即使在大多数平等主义国家,家务劳动似乎也没有被平等分担(Aassve et al. ,2014;Geist and Cohen,2011)。这究竟是滞后适应(Gershuny

---

① 高昂的育儿费用引发了两个不同的问题。第一个问题涉及高收入家庭和低收入家庭之间的不平等,因为前者可以回避这个问题,而后者不能。第二个是一个挥之不去的问题,即谁为儿童保育买单(关于育儿服务外包,提出这样的问题可能更普遍);在机会成本方面,女性劳动力供给的结果被隐性加权,为她们的工资扣除育儿成本。女性实际上在多大程度上为允许她们做有偿工作的安排买单?

② 另一个相关问题在本章中没有提到,照顾老人问题已经被发现影响了妇女的就业参与度和工作时间(Kotsadam,2011;Lilly et al. ,2007;Spiess and Schneider,2003)。我们在这里没有对它进行检验,因为在时间利用研究中很少把老年人护理包括进去[并且通常不把它们当作家务劳动来衡量,因为这项服务通常是提供给不住在家中的人的(老人通常不与子女住在一起)]。

et al. , 2005)、不完全革命(Esping-Andersen, 2009)还是停滞的革命(England, 2010),仍然是一个悬而未决的问题。关于国家政策的影响,Dex(2010)强调,主要变化似乎导致了政策变化,而非相反。

本节考察了非市场工作中的性别不平等,妇女更多地参与劳动力市场带来的重大变化的另一面,以及近几十年来增加的对有偿工作的承诺。一方面,这些变化产生了被称为"第二次转变""双重负担"的紧张关系,然后越来越多地产生了"工作—家庭平衡"(或工作—家庭和解)。另一方面,它们也导致经济独立性增加,这改变了女性在家庭内外的机会集和婚姻的经济基础,因为结婚的经济动机变少了(Lundberg and Pollak, 2013)。这些变化在不同国家也或多或少地改变了性别(不)平等的条件和家庭内部分配时间和金钱的基础,并带来了一些更广泛的社会和经济后果。Breen 和 Cooke(2005)提出了一个博弈理论模型,其中威胁点可以是婚姻中的离婚或生育;结果取决于男性是更愿意与经济独立的女性共同生活(代价是承担更多家务),还是选择离婚。一些研究人员指出了性别不平等在生育率方面的后果(例如 Craig and Siminski, 2011; de Laat and Sevilla-Sanz, 2011; Haan and Wrohlich, 2011)。

将伴侣关系描绘成战场,各方努力维持或增加其相对力量/收入(可能导致他们两人过度工作)并不比描绘他们在洗碗问题上"做性别"更现实。一种可能性是女性的变化速度超过情境、规范和概念工具。正如 Gregory(2009)所强调的那样:"随着妇女在劳动力市场中的进步已经破坏了 Becker(1965)的家庭内部分工法的基础,经济分析将越来越需要一种分析性别不平等的新模式。"社会学分析也需要如此。

这是一个挑战,涉及分析观察"家庭内部"的困难程度、家庭内男女之间相互作用的概念化,以及社会规范与个人行为和背景之间的关系。在以下两个条件下,时间利用数据的可用性日益增加,对于这种进展至关重要:其一,这一点很重要,时间利用调查包括每户有不止一位答复者;其二是想方设法改善非时间利用信息,尤其是收入和工资的信息,以避免在可靠的时间利用信息或有关市场工资的可靠信息之间进行权衡。

12.7　财富和性别

财富不平等是经济不平等的一个重要方面,也是不平等的一个日益重要的驱动因素(Piketty, 2013)。然而,经济学研究很少考虑到男女之间的财富不平等问题,至少直到最近才有这种观点①——对此的研究很少,以至于在回顾 20 世纪 90 年代后期财富分配的实证研究时,Davies 和 Shorrocks(2000)仅引用了一篇提到性别差异的研究[Shorrocks(1982)对财富组合的分析]。这反映出对财富不平等的研究主要考虑家庭财富,几乎没有考虑家庭内部的财富所有权。但是,所有权在家庭中是否重要? 一些资产如家庭或汽车是效用的直接来源,而其他一些资产(如投资于生息资产的储蓄)则是收入来源;所有这些都是安全保障——可卖掉或利用储蓄来帮助应对收入变化。那么,有人可能会回答说,谁拥有什么并不重要,因为任何家庭成员都可以从其他人持有的资产中受益,至少在家庭成员在一起时,所有权问题跟

---

① 参见 Deere 和 Doss(2006)对现有研究的概述,包括法律和历史。

收入分享问题相比,没那么重要。但是配偶之间的资产分配可能会影响他们在决策和家庭内部收入分配方面的相对权力,而家庭关系破裂可能决定谁拥有这些财富,这是非常重要的。

财富方面的性别差距可能呈现何种状况?从财富积累的角度来看[1],不平等可能源自继承、收入水平的持续差异、收入(决定储蓄能力)的综合影响、偏好(影响储蓄率)和投资选择(决定储蓄的回报)。考虑到收入中的性别差距、男女不平等的劳动力市场关联以及在投资行为方面可能存在的差异,女性可能比男性更倾向于进行风险较低的投资,从而导致其理财的回报率更低,所以对性别财富差距一般有利于男性的预期是合理的。然而,由于大部分男女都生活在夫妻关系中,积累过程中也存在"婚姻"维度,这使预测和评估财富中的性别差距变得更为复杂。至于接收到的财产转移,虽然继承财富是总体财富不平等的一个重要因素,在检验的实证结果中,没有任何证据表明在继承(包括预期继承)的影响方面存在性别差异。[2] 但是,对于其他类型的与家庭破裂有关的财富转移,如离婚和寡居/鳏居(后者对已婚妇女有利),情况并非如此,因为她们往往比丈夫活得久。这说明了财富积累和性别的关系中一些复杂的婚姻维度的因素。[3]

最后一部分考察财富中性别不平等的实证研究的主要结果。除了少数例外情况外,大部分这种实证工作受到缺乏有关家庭内部"谁拥有"的信息的阻碍。正如我们先看到的,个人财富数据不完善和不准确,这是一个严重限制了评估性别差距的能力的缺陷。本节继续研究男女之间财富不平等的主要分析的结论,最后一部分回顾关于夫妻财富分配的一些结果。

12.7.1 在家庭内部谁拥有什么?

"谁"拥有家庭内的什么东西很难被确定,因为除了极少数例外情况,调查收集的是家庭财富信息[4];调查通常询问被调查者,他/她/其他家庭成员是否拥有这样或那样的物品(以及相关的债务),然后,如果这些物品在接受采访时被出售,或者允许价值被估算出来,那么

---

[1] 在积累模型上,请参阅 Davies 和 Shorrocks(2000)。

[2] 人们可以预料,至少现在在大多数富裕/西方国家,不应该给男人(儿子)更多或给女人(女儿)更少的遗产。在欧洲大陆,普遍的政策是平等的继承权(Pestieau,2003);在美国和英国有遗赠自由,但 Cox(2003)认为,大多数遗赠平均分配给了子女。然而,在礼物、经济支持等方面,对儿子的偏爱可能比女儿多(Cox,2003),但这种生前财富转移在统计数据中尤其难以得到全面反映。

[3] 婚姻维度的影响是复杂的。在家庭层面,由于规模经济,以伴侣形式生活在一起提高了储蓄和投资的能力(特别是在双收入夫妇中);因此,夫妻家庭可能会比两个单身家庭积累更多的财富。在个人层面上,在配偶/伴侣之间,财富所有权取决于婚姻状况和婚前安排,这决定了资产的共有/独立程度、妇女的财产权以及离婚和继承法。另外,"谁拥有什么"可能会受到税制的影响:在家庭中分配财富以避税或减少税收可能导致了到20世纪60年代在美国女性财富份额(Harbury and Hitchens,1977)中观察到的上升趋势;在税收独立的国家(例如加拿大、英国),将资产分配给配偶可能是有利的。

[4] 最常用的财富方法是"净值",即所有持有资产的总值减去相关债务。通常涵盖的资产包括当前银行账户、储蓄账户和储蓄计划、任何类型的金融产品、人寿保险、养老金计划、业主自住住宅和其他房地产物业、商业资产、耐用品(例如汽车),以及其他有形资产(如艺术收藏品、首饰等)。债务包括抵押贷款和其他财产债务、租赁合同、消费信贷等。在大多数研究中,这些项目分为四类:金融资产、住房财富、商业财富和养老金财富。

每个物品的价值如何。① 很少有调查提供关于所有家庭成员资产的详细信息,或者资产是单独拥有还是共同拥有的信息。

缺乏关于个人财富的数据可能是研究男女之间财富不平等问题最严重的局限之一。这就是为什么大多数现有的实证工作都是基于家庭层面的信息,或者比较不同类型家庭中的男性和女性(区分以男性或女性为首的单一家庭),将家庭财富分配给其成员或联合关于所有权的部分信息(可用时)并计算"个性化"财富的测量标准。在我们对关于性别差距问题的实证研究(1999—2013 年)的回顾中②,我们发现很少有研究能够在没有假设所有资产都是同等所有权的情况下,做出相对精确的个体估算。

除调查之外,还有其他财富信息来源,可能是财富税(存在这种税时)的注册数据,也可能是遗产税记录,但由于以下几种原因,它们不适合用来分析性别不平等。首先,由于豁免门槛,它们只覆盖了财富分配的上限,如果男性和女性在分布上没有平均代表性,则可能偏置估计数(相反,调查数据往往会低估这一上层部分,但这通常通过对分布顶部进行过度抽样来纠正)。此外,对财富征税不一定是对个人的纳税单位征收的。提供个人财富持有量信息的遗产税记录的主要缺点是,信息仅涵盖死者。然而,根据这些信息得出的估值③,20 世纪70 年代和 20 世纪 80 年代初,有少数研究提供了一些关于英国和美国按性别分配财富的证据。④ 他们观察到女性拥有的财富少于男性,但在财富分配的顶端存在较大的差距(Atkinson, 1971;Atkinson and Harrison, 1978;Smith, 1974);女性的财富集中度高于男性(Atkinson and Harrison,1978);资产构成存在不同,最富有的女性,其财富中的债务比最富有的男性更少(Smith,1974);资产来源存在差异(Harbury and Hitchens,1977);年龄和财富对男性和女性投资组合存在影响(Shorrocks,1982)。然而,这些结果虽然提供了不同财富积累模式的有价值的迹象(尽管仅限于最富有的人群中),描述了"无声革命"之前的世代(估计值来自 20 世纪 60 年代和 20 世纪 70 年代的房地产数据),当女性的财富更可能是依赖父亲或丈夫的财富而不是"自制"财富时(Harbury and Hitchens,1977),较少的女性拥有独立收入,婚姻关系比今天更稳定。就美国而言,由 Edlund 和 Kopczuk(2009)进行的一项以房地产为基础的研究对妇女经济地位变化的实际影响提出了一些疑问。他们表明,在 20 世纪 60 年代末达到顶峰后,女性在非常富裕阶层中所占的份额在 2000 年之前恢复到战前水平。他们对这一演变的分析是,财富分布顶端的女性比例反映了财富继承的比例与技术变化成反比:信息技

---

① 由于无应答和误报造成的测量误差是一个重要问题(Davies and Shorrocks,2000;Juster and Kuester,1991);受访者可能不愿意披露信息,遗漏报告某些资产或低估其价值,或难以评估持有资产的价值(例如房屋、金融投资组合)。为了帮助进行这种评估,调查问卷经常允许被访者圈出括号内的给出的数值而不是(自己估算的)数额——因此可以在缺乏精确性和缺少答复之间做出选择(Chand and Gan,2003)。为了避免那些对家庭资产知之甚少或根本不了解的受访者给出"不知道"答案(或者如果收集到这些资料的话,由谁来收集),调查往往从确定最可能了解这方面情况的家庭成员开始("最佳财务应答人"或"最有知识的应答人")。

② 因此,排除仅考虑女性财富的研究(Gornick et al.,2009;Sanders and Porterfield,2010)。在这篇综述中同样引人注目的是对非美国实证研究的少量研究。

③ 这些方法(死亡率乘数和产业乘数)基本上扩大了死者的信息,以估算生者的财富。这些方法由 Atkinson 和 Harrison(1978)以及 Davies 和 Shorrocks(2000)提出和讨论。

④ 这些研究首先旨在分析财富的分布、集中和代际转移。从某种意义上说,这些数据迫使研究人员将男性和女性分别考虑。其中一个问题是基于男性和女性的个人财富信息来估算家庭财富(Atkinson and Harrison,1978),这与今天面临的性别不平等问题研究恰恰相反,后者是从有关家庭财富的信息中分离出男性和女性的财富。

术革命(在革命里男性创造新财富)恰好与 20 世纪 70 年代妇女在富裕阶层中所占比例的转折点相吻合。Edlund 和 Kopczuk(2009)最后总结并指出这样一个趋势,在最富有的人群中,创业方面有持续存在的性别差距。

12.7.2 调查财富的性别差距

面对夫妻双人家庭(以及一般多人家庭)未解决的问题——"谁的资产",研究人员采取了各种策略,以这种或那种方式回避了家庭内部的财富分配问题。我们首先描述这些策略及其局限性,然后描述主要结果。

12.7.2.1 策略和局限

避免资产内部分配问题主要有两种方法。其中一种(最常见的)是比较生活在夫妻家庭中的男性和女性以及"非夫妻"家庭中的男性或女性的净值(即户主/参考人在调查时没有伴侣或配偶的一户),并将户主的性别和其他特征用作家庭财富的解释变量。另一种策略包括推算"个性化"财富水平(人均净值,向夫妻家庭中的各方分配平等份额,或者使用综合估计,增加具有个人级别信息的个人资产以及其他资产的平等份额①)。另外,一些研究侧重于一种单一的资产类型,其数据提供个人级别的信息。表 12.6 列出了结果审查中提到的研究选择。

虽然有总比没有好,但这些方法都不令人满意。首先,比较夫妇和单身人士明显地混淆了性别和家庭/家庭组成。大多数研究关注单身男性和女性户主之间的差距,但男性和女性有可能领导不同类型的家庭②,大多数由女性领导的家庭不包含成年男性,单身男性户主更可能很年轻和/或无子女。正如 Conley 和 Ryvicker(2005)强调的那样,以单身女性为首的家庭也可能比单身男性所领导的家庭更为混杂。以单身女性为主的家庭更有可能有孩子或更年长(和丧偶),因此这样比较不仅混淆了性别和家庭组成,而且还混淆了生命周期效应。"个体化"方法极有可能导致对个人财富持有量的估计有偏差。③ 对于夫妻家庭来说,将夫妻双方的资产相等分,意味着假设所有资产共同拥有,各方都拥有平等份额。在伴侣同居的情况下,这是一个强有力的假设;对于已婚夫妇而言,这是一个过于简化的假设。一些资产实际上可能是平等拥有的,但没有理由将共同所有权系统化,并且双方的资产份额可能根据婚姻状况和婚姻协议而有所不同。因此,在共同所有权和所有资产的平等分配假设下,分配配偶之间的夫妻共同财富很可能掩盖家庭内部的不平等,并且反过来使生活在不同类型家庭中的男女之间的比较有偏差。Frick 等(2007)利用适当的数据表明,当以个人层面的信息为基础,而不是根据家庭层面的人均信息来衡量时,财富在个人之间的分配更加不平等。

---

① 这种方法与 Meulders 和 O'Dorchai(2010)用来计算个人收入的方法接近(见 12.2 节)。

② 尽管存在跨国差异,但在调查中确定户主的方式通常是这样的:如果家庭中有一个男人,那么他最常被认定为户主[见 Cowell 等(2012)的统计实践综述]。

③ 人均估值提出了一个相应的等价比例尺用于比较不同规模家庭财富的问题;请参阅 Sierminska 和 Smeeding(2005)的讨论。因为基于家庭层面信息的研究比较不同规模的家庭,因此,根据其他家庭的规模,使用家庭净资产或人均或其他个性化衡量标准来衡量时,应缩小夫妇与其他类型的家庭之间的贫富差距。Schmidt 和 Sevak(2006)使用了人均测量的变体,它实际上影响系数的水平和意义;他们提到已经测试了各种不同的等价量表,结果相似。

表 12.6　研究策略、分析单位和财富衡量

作者(年份)	国家,数据来源,年份	分析单位(年龄组)	财富组成	财富衡量
A. 家庭财富				
Conley 和 Ryvicker（2005）	美国, PSID, 1984—1989 年	家庭里的单身户主（≥18 岁）	不包括养老金	家庭净值
Lupton 和 Smith（2003）	美国, HRS 波形 1992（1931—1941 年出生的人群）美国, PSID, 1984—1989—1994 年	夫妻和单身户主（≥18 岁）	总净值（不包括养老金）	家庭净值
Ozawa 和 Lee（2006）	美国, SCF, 1998 年	夫妻和单身户主（25—61 岁）	家庭净值	
Sedo 和 Kossoudji（2004）	美国, SIPP, 1996 年	个人(住房的参考人)（≥25 岁）	只有住房财富家庭住房财富	总价值和净资产
Schmidt 和 Sevak（2006）	美国, PSID, 2001 年	个体（已婚和单身）（年龄 18 岁以上和 25—39 岁的年轻群体）	不包括养老金	家庭净值
Ruel 和 Hauser（2013）	美国, WSL 波形 2004 年	个体（最佳财经报告者），毕业于 1957 年的群体		变量:人均家庭净值
Ulker（2009）	美国, HRS 波形 1992 年	夫妻和单身户主（出生于 1931—1941 年的群体）		家庭净值
Yamokoski 和 Keister（2006）US, NSLY1979		夫妻和单身户主（出生于 1957—1964 年的群体）		家庭净值
B. 家庭财富个体化				
Denton 和 Boos（2007）	加拿大, SFS, 1999 年	个人（≥45 岁）		人均净值
Warren（2006）	英国, FRS, 1995—1996 年	个人（≥18 岁）		单人:家庭净值 夫妻:自己的养老金财富+夫妇的财务和住房净值的一半
Wilmoth 和 Koso（2002）	美国, HRS 波形 1992 年	个人（1931—1941 年出生的群体）		人均净值

注:FRS,家庭资源调查;HRS,健康和退休调查;NLSY1979,1979 年全国青年纵向调查队列;PSID,收入动态小组调查;SCF,消费者财务状况调查;SFS,金融安全调查;SIPP,收入和计划参与调查;WLS,威斯康星州纵向调查。

　　最后,只拿一种资产对男性和女性的财富进行比较,显然只能部分测量性别财富不平等的程度。对于分析目的而言,这是一个有吸引力的选择［例如,所有权的选择;参见 Sedo and Kossoudji（2004）］,但它没有考虑替代投资之间的选择或总财富和家庭构成对资产构成的影响。

　　对障碍和限制的回顾可能有点令人沮丧。然而,在这些限制范围内开展研究也可以提

供一些证据,表明婚姻状况和历史在男女财富积累过程中的影响,并指出了财富所有权方面的一些性别差异。为了简单起见,我们用"已婚"男女指代伴侣家庭(包括同居伴侣,除非结果需要区分婚姻状况),用"单身"男性或女性指代单身家庭。

12.7.2.2 证据:性别和复合效应

正如所预期的那样,定期获得的结果是,一旦模型中考虑相关特征(最低设置包括年龄、教育程度、继承、种族、收入和/或当前劳动力市场状况①),已婚男女比单身男性和女性在财富积累方面具有优势,即"婚姻效应"(Denton and Boos,2007;Lupton and Smith,2003;Ozawa and Lee,2006;Schmidt and Sevak,2006;Wilmoth and Koso,2002;Yamokoski and Keister,2006)。第二个结果是单身男性比单身女性更有优势(Conley and Ryvicker,2005;Denton and Boos,2007;Lupton and Smith,2003;Ozawa and Lee,2006;Schmidt and Sevak,2006;Wilmoth and Koso,2002)。最后,几乎所有的结果都指出单身父母(主要是女性)与其他任何性别和家庭构成的组合相比,是处于最不利地位的群体。

除了与家庭构成有关的这个一般层次之外,还存在一些差异。一种是在财富水平之间:婚姻效应在分配的上部较大,单身男性和单身女性之间的差距在第75百分位消失(Schmidt and Sevak,2006)。Lupton 和 Smith(2003)通过对储蓄的衡量发现,拥有高资产水平的已婚夫妇具有更大的优势,并讨论了选择婚姻的可能影响(即"谨慎"的人更有可能结婚、维持婚姻或再婚,因为他们也发现离婚后再婚的人比离婚的人有更好的结果)。

另一个差异是在群体之间的差异。当他们将样本限制在21世纪初年龄在25—39岁的人群时,Schmidt 和 Sevak(2006)不再能获得家庭组成或性别的统计学差异效应,表明其中有群体效应或生命周期效应。在第一种情况下,这可能是由缩小了其他性别差距造成的;在第二种情况下,这将表明,由于财富不平等随着时间的推移而加剧,这些年轻的家庭还没有积累足够的性别和家庭差异。这些结果并不完全符合同一年龄段的另一群体研究结果:Yamokoski 和 Keister(2006)发现,未婚男女之间几乎没有差异,离婚的女性和有子女的男性之间没有显著差异,但他们发现了强烈的婚姻效应。老年人群体中也存在婚姻效应,尽管婚姻史会减轻这个影响。总之,持续婚姻的任何中断都会对积累的财富产生负面影响,而任何过去的婚姻解体都会产生负面影响[Ulker(2009)、Wilmoth 和 Koso(2002)都使用了1992年收集的1931—1941年的数据]。然而,对于男性和女性来说,这些影响会有所不同,这取决于导致婚姻中断的类型和当前的婚姻状况;与一直维持婚姻的男性相比,女性从未结婚、离婚一次或两次或在第二次婚姻后分居(最差情况)的影响显著大于男性(Wilmoth and Koso,2002)。

Ruel 和 Hauser(2013)研究了1957年毕业的男性和女性群体(财富是在2004年测量

---

① 评估性别/家庭组成对财富差异的影响会导致预估出现问题。特别是收入、劳动力市场状况、婚姻状况和婚姻史可能受到资产所有权和财富水平的影响。对于收入来说,许多研究只使用收入、非资产收入或"永久收入"的指标。与离婚(Ulker,2009)或婚姻(Ruel and Hauser,2013)有关的内生性问题被提及,但由于数据的限制而没有得到处理。财富也比收入或酬金分配得更不公平(正如提供关于因变量的描述性统计时,财富的平均值和中位数之间的巨大差距所说明的结论那样),这导致其他的偏差没有得到系统的承认。许多实证结果都面临着这些计量经济学问题。我们选择不去详述这些限制。

的）。在目前尚未结婚的人当中，他们发现性别对累积净资产没有真正的影响，男女之间的差异主要由劳动力市场历史、过去收入（非资产收入）和当前收入（考虑教育、社会出身和遗产）来解释。尽管如此，离婚对女性的净资产的负面影响不大，而影响主要来源于职业生涯周期中的性别收入差距。在目前已婚的人中，与多次结婚的男性相比，多次结婚的女性有着明显的劣势，离婚男性也是如此，而离婚女性更是如此。但他们的完整模型只解释了财富积累的一小部分，表明了未被观察到的异质性（例如，储蓄和投资的不同偏好）。对于目前已婚的男性和女性，他们讨论了将男性和女性比作"最佳财务应答者"的可能影响：如果男性更有可能成为富裕夫妇的最佳应答者，而女性是不太富裕夫妇的应答者，那么应答者的性别取决于家庭的财富水平。①

除了性别与家庭组成的相互作用，其他研究还更具体地研究了劳动力市场层面的影响。女性收入较低会影响她们的储蓄能力，而且她们的职业连续性较低。因此，她们可能比男性积累更少的资产（Denton and Boos，2007）和更少的养老金储蓄（Warren，2006）。其他职业差异也决定了积累资产的不同机会。例如，比女性更经常自谋职业的男性（见 12.4 节）更有可能持有商业资产。在 1998 年的美国，由单身男性领导的家庭拥有的资产大约是由单身女性领导的家庭的净值的三倍（Ozawa and Lee，2006）。在 2002 年的德国，男性与女性的商业资产（总值）的比值约为 5.5（Sierminska et al.，2010）。Ruel 和 Hauser（2013）在已婚男女的完整模型中得到关于自营就业男性的大量重要系数（和过去收入一起都在最大系数中）。

尽管家庭财富信息的实证工作受到了一些限制，但还是提供了两个主要结果：几乎所有的结果都显示出婚姻状况（理解为一种一户/家庭模式）的强大影响；婚姻历史的缓和效应以及与劳动力市场结果相关的显著差异，为性别经济不平等的两个基本维度，但两者并非彼此独立。主要的限制在于，由于因变量是一个家庭变量，而独立变量是家庭中一个人的变量，因此对具体单位的分析结果是不明确的。② 这种性别和婚姻状况/家庭构成的混合，以及最后的父母身份（由于缺乏适当的数据，这是次优的证明）有很多限制。

12.7.3　衡量财富及其组成部分的性别差距

到目前为止，只有两项研究，即 Sierminska 等（2010）和 Bonnet 等（2013）的研究，使用可以计算财富性别差距的数据来测量和调查性别差距，即他们考虑了任何类型家庭中的男性和女性。虽然他们使用的数据（分别是 2002 年的德国社会经济面板数据和 2003—2004 年的法国家庭财富调查"Enquête Patrimoines"数据）并不直接提供个人财富变量，但它们确实提供了允许计算个人财富的信息（在有关夫妻合伙人持有的共同财产份额的问题的基础上），而不是假设同等所有权。这两项研究都发现了严重的性别差距：德国男性的净资产比女性高出 45％，法国则高出 16％。考虑到这两个国家之间有一些巨大的差异，Bonnet 等（2013）在他

---

① 这与家庭内部资金管理的结果一致，表明女性更有可能管理紧张的资源（Kenney，2006；Vogler et al.，2008）。如 Zagorsky（2003）所建议的那样，如果出于某种原因存在系统的性别偏见，这就会产生测量误差问题。根据美国的数据，Zagorsky（2003）发现妻子或丈夫报告的夫妻净值的价值存在显著差异，因为丈夫报告的资产总值高于他们的妻子，而妻子报告的债务水平高于丈夫。

② 这个问题与 12.2 节关于贫困劳动者所强调的问题非常相似。

们对财富的定义中没有包含商业资产;在德国,商业财富方面的性别差距是组成部分①的差距中最大的一个(男女比例为5.5)。特别是,已婚夫妇的子样本总体性别差距大于德国平均水平(法国类似),同居伴侣子样本大于已婚子样本(表明了不同的财务安排),并且小于平均水平单身独居的子样本(2009—2010年法国不存在这类差异)。

把教育、永久性收入和社会出身考虑在内②,普通最小二乘法(OLS)回归显示了财富、婚姻状况和劳动力市场特征之间的所有预期关联。对两个国家来说,最有趣的结果是性别财富差距的分解,更是因为这两项研究使用相同的方法(DiNardo et al.,1996),尽管它们并不完全具有可比性,因为Sierminska等(2010)仅分析了限于已婚/同居男性和女性的样本中差距的构成,而Bonnet等(2013)分解了他们全部男性和女性样本的差距。在这两个国家,对性别差距的主要贡献是收入和一系列劳动力市场特征,特别是那些在分布的中位和高位的。③ 但是最显著的结果是性别差距中相对较大的比例并不是由市场特征来解释的,尤其是在两个国家的分配和符号(负)的较低位(在德国大于在法国)。④ 这些结果表明,在给定特征的情况下,妇女获得比男性更多的财富,也就是说,她们可以因这些特征获得更好的回报。但平均而言,男性比女性具有"更好"的特征,因此拥有更多财富。

在这两篇论文中,作者都对两条主要轨道上的这些"更好的回报"进行了推测。一个是"婚姻"轨道:女性从其伴侣/丈夫(也许是已故的丈夫)的相对较好的特征中获益;这个轨道符合"男性养家模式",对德国特别有吸引力(结果是针对已婚男性和女性的)。法国的结果只能是推测,但考虑到两国之间的主要差异之一是德国的劳动力市场特征和结果中性别不平等的程度更高,法国的结果可能不那么重要。

另一种调查涉及"偏好"中的性别差异,涉及风险偏好及其对储蓄和投资选择的影响。风险偏好决定了分配给风险资产的份额,这些风险资产被认为会产生更好的回报;收入取决于将储蓄分配给更多或更少风险的投资,从而决定未来投资的潜力。那么,从长远来看,风险偏好的性别差异有助于解释男女之间(两者具可比性)的贫富差距。性别影响风险容忍/厌恶的问题已被广泛研究(见12.3节),表明女性比男性更易厌恶风险,或者男性在此方面过于自信(Barber and Odean,2001)。然而,风险偏好可能不太能解释财富中的性别差异。Neelakantan(2010)估算风险资产的选择(在美国老年人个人退休账户中的股票份额)发现,风险承受能力方面的性别差异占10%,收入方面的性别差距占男性和女性积累的退休账户差异的51%。Barasinska和Schäfer(2013)也表明,在具有类似风险偏好的男性和女性之间(以其金融资产组合存在风险资产来衡量),分配决策没有显著差异(以高风险的金融投资来衡量),意大利除外——这些结果与高性别不平等背景下的身份选择有关。其他研究援引了

① 自雇人士不仅拥有员工无法积累的商业资产,而且还因私人养老金不在社会保障制度范围内而对私人养老金进行更多投资。
② 使用男性和女性的混合样本,Bonnet等(2013)在2003—2004年和2009—2010年这两个时段里获得了可比性很强的结果;除"同居"只有在2009—2010年才显著之外,几乎所有变量的符号和显著水平都保持不变。
③ 德国分解中的第75百分位数(Sierminska et al.,2010)令人费解;与其他任何观点相反,教育和代际特征都是负的,不明原因的差距是正的。
④ 这一结果在法国分布的任何一点都可获得,但在德国较高分布的下半部分不能得出(样本的限制可以解释这种差异)。

金融知识差异的可能影响(如 Van Rooij et al.,2011)。Dwyer 等(2002)发现考虑金融知识显著降低了性别对投资决策的影响,但这种影响在代表性样本中很难评估。

在男性和女性共同生活的情况下(在成年人口中占比很大的一部分),评估性别差异对投资选择的影响可能会更加复杂;储蓄和投资决策可能来自伴侣的偏好交互。最后,投资选择问题引发了家庭内部的财富不平等和决策权问题。

12.7.4 家庭中的财富与性别

由于缺乏关于个人财富的信息,家庭内部(伴侣之间)财富不平等以及伴侣偏好在储蓄和投资决策中的作用很少被分析。第一个问题是所有权(联合/分离)模式和配偶/伴侣之间的财富分配。Grabka 等(2013)使用 2007 年德国社会经济面板数据发现了伴侣间较大的性别贫富差距;平均而言,女性资产约占伴侣共同财富的 37%,与假定的平等完全不同,并且差距往往随着财富水平的上升而扩大。在 52% 的伴侣中,男性拥有比女性更多的财富;在 29% 的伴侣中,女性拥有更多;在剩下的 19% 中,男性和女性拥有同等份额。Kan 和 Laurie(2013)使用英国家庭调查(HPS)(收集了 1995 年、2000 年和 2005 年个人层面的储蓄、金融投资和债务数据)发现,储蓄比投资或债务更经常被共同持有,就所有权的控制而言,拥有这三种资产的共同所有权的可能性在同居夫妇中更低——这是一个已经确定的收入共享模式(例如,Vogler et al.,2006;另见 12.2 节)。[1]

下一个问题涉及性别、偏好、财务决策和夫妻财富之间的关系。从各种实证结果中得出的一般模式是他们之间存在关系,但这种关系是由收入水平、财富和情境调节的。在荷兰,Barasinska 和 Schäfer(2013)发现,当夫妻报告他们属于共同做出财务决定的一类时,性别对拥有风险资产的概率没有影响,但配偶之间风险承受能力的差异会产生影响:如果一方配偶的风险厌恶程度更高,则另一方配偶的任何风险承受能力都会降低。Love(2010)阐述了这种缓解效应。他对离婚后的财产分配进行了研究,结果表明,男性会比女性选择风险更大的投资,而从离婚到结婚的转变则产生了相反的影响。在美国,Neelakantan 等(2009)发现了支持集体模型的预测:家庭资产组合由具有更强的议价能力的配偶的风险偏好决定。这一结果与澳大利亚的 Gibson 等(2006)的研究结果有些矛盾;他们发现,当女性有更强的议价能力时(通过结合年龄、教育、继承财富和收入等指标综合衡量),退休前夫妇的累积财富水平并没有更高;原因在于澳大利亚的公共养老金制度更好地取代了女性的退休前收入而不是男性的。在加拿大,Phipps 和 Woolley(2008)采用各种货币控制措施,发现女性更强的控制力与男性和女性的私人储蓄计划贡献率降低有关。然而,妇女的控制在低收入阶层更为频繁,储蓄主要与收入相关。最后,在德国,Grabka 等(2013)发现,男性经常做出财务决策的夫妻之间的贫富差距往往较大,而在富裕夫妻中的男性更倾向于做出财务决策[Ruel 和 Hauser(2013)也提到了这个问题]。总而言之,事情很难分清,特别是因为共同所有权几乎从未被考虑列入模型,"谁做决定"是自我报告的,并且配偶双方对"谁决定"的看法[在美国的退休夫妇的情况见 Elder 和 Rudolph(2003)],或关于他们的财务困难[参见 Breunig 等(2007)的

---

[1] 他们还观察到 1995—2005 年共同所有权下降的趋势,这与英国和其他国家的婚姻与同居的趋势一致。

澳大利亚的数据]都可能存在分歧。考虑到已婚和同居夫妇之间可能存在差异,进一步研究也是有用的。

研究过去 10 年中的性别财富差距可以得出什么结论? 首先,财富方面似乎确实存在性别差距,但实证研究的数量太少,无法对其进行全面评估。目前,人们可以说,财富中的性别差距似乎比较容易解释,但不容易测量。至于解释,它们集中在性别收入差异的强大影响,虽然其已被婚姻状况和历史的强大影响所缓解,并且受到群组和财富总量的额外影响。此外,现有实证工作的很大一部分来自对美国的研究,样本中家庭结构特殊①,并基于不恰当的数据。毫不夸张地总结来说,我们需要更多的研究和比较工作,使通用方法能建立起来。

正如 Deere 和 Doss(2006)所强调的那样,确定谁拥有和控制家庭内的资产是获得对分析性别不平等具有重要影响的知识的先决条件。获取知识取决于利用适当的数据。对于统计来说,这是一个挑战,也是迄今为止很少被承认的一个挑战,欧洲中央银行最近提出的旨在发展统一的财富数据的举措就是一个例证。在堪培拉小组的模型中,中央银行似乎采用了标准的单一方法;在线提供的调查问卷无意收集有关个人或所有权状况的任何细节。卢森堡财富研究②是一项旨在建立以统一的国家数据为基础的数据集的项目,其似乎也忽略了这个问题[参见 Barasinska 和 Schäfer(2013),他们提到数据标准化会丢失个人信息]。正如我们在 12.2 节关于收入统计的讨论中所提到的,妇女财务独立性的增强以及家庭和家庭模式的变化提供了很好的理由来证明统计数据也必须改变。

12.8 结论

性别经济不平等包括一个大的研究领域,远远超出了性别工资差距(尽管这一问题是核心);由于过去几十年戏剧性的人口和经济变化以及长期性别不平等的困惑,相关文献已经过多且仍在增加。延迟的生育和婚姻已经改变了女性相对于男性的经济机会;教育不再是性别不平等的一个关键因素,而且做母亲与有偿工作不相矛盾。家庭结构在几个方面发生了变化。大多数伴侣家庭都有两个收入者,但婚姻变得比过去不稳定,同居是一个日益增加的形式。因此,妇女可能更少像传统的"男性养家"模式里一样依赖于丈夫的收入,而是更多地依靠自己的经济独立性。

但是,"无声革命"似乎没有将市场和非市场工作改变到可比的程度,过去 20 年来,性别工资差距基本没有变化。这不仅是一个学术难题,也是一个重大的政策问题。人们普遍认为,这种持续性与职业隔离和晋升中的性别差距有关,但其根本原因仍然存在争议。无论解释侧重于雇主歧视、性别心理差异和不利于妇女参与劳动力市场的社会规范,还是家庭对工作时间的限制,一个共同点是性别分工,尤其是无偿育儿的性别分工,这体现出对工作与家庭平衡问题的重视。正如 Craig(2006)所言:"在缺乏足够支持的情况下,解决方案中存在一个棘手的问题:照顾孩子。这意味着,男女之间生活机会最极端差异的标志可能不是性别本

---

① 如 Bover(2010)所示,西班牙与美国之间的比较。
② 卢森堡财富研究(2003 年)。

身,而是性别与父母身份相结合。"

虽然自 20 世纪 60 年代以来用于家务劳动的时间急剧减少,但女性仍然对家庭内的非市场工作做出重大贡献,而当作为母亲时,灵活工作时间的需求以多种方式影响其劳动力市场结果,包括不利的职业到较少的养老金,这是家庭生活中性别不对称效应的延迟表现。因此,近期解决性别工资不平等问题的公共政策指出,需要使男性和女性在家庭约束方面更加平等,除了为母亲提供平衡工作与家庭的常规措施,还应增加激励措施,让父亲更多地参与到育儿中来。

本章强调了对性别不平等了解的各种限制,并指出缺乏关于个人收入的适当数据。工作收入在个人层面上相当明确,但对于其他收入组成部分而言并非如此,许多数据集只能在家庭层面获得。它与时间使用调查完全相反,它提供了个人级别的信息,但据此计算可靠的家庭级别的变量并不总是可行,因为通常每个家庭只有一位应答者。数据的另一个问题是,研究时间利用、劳动力市场结果和家庭内权力问题之间关系的可能性是有限的。一方面,时间利用数据是分析时间分配的宝贵资源,但在描述工资和其他收入的变量时往往缺乏精确性;另一方面,收入和劳动力市场状况数据,若有的话,通常提供的不工作时间信息也不准确。最后,关于这一新兴的研究趋势,对于财富在性别不平等方面的研究,适当的统计数据来源很有必要。为了更好地理解性别经济不平等的各个方面,还需要跨国观察。这需要讨论并采取共同的方法,以便进行有意义的国际比较。协调显然是一个问题,但也需要就基本原则,特别是有关信息的基本原则达成协议。

更好地理解性别经济不平等,不仅是一个数据问题(尽管有更大规模和可比较的数据会更好),而且是一个概念和指标问题,可以用来比较男性和女性的经济成果。过去几十年来,妇女的经济和社会地位发生了巨大变化,这对许多理论方法提出了挑战。值得关注的是,作为一个稳定的汇集和共享单位,家庭的参考作用成为一个越来越不相关的概念,因家庭比过去更不稳定,个人更可能在一个生命周期中体验不同的家庭配置。这些都是重要的诱因,促使人们放弃这种研究范式,它总体来说会限制个体之间的不平等分析,尤其会限制对男女性别之间的不平等分析。

参考文献

Aassve, A., Fuochi, G., Mencarini, L., 2014. Desperate housework relative resources, time availability, economic dependency, and gender ideology across Europe. J. Fam. Issues 35 (8), 1000-1022. 15-635.

Adams, R., Gray, S., Nowland, J., 2011. Does gender matter in the boardroom? Evidence from the market reaction to mandatory new director announcements. Working Paper.

Adelman, L., Middleton, S., Ashworth, K., 2002. Intra-household distribution of poverty and social exclusion: evidence from the 1999 PSE survey of Britain. Centre for Research in Social Policy, Working Paper No. 23.

Agarwal, B., 1997. Bargaining and gender relations: within and beyond the household. Fem. Econ. 3 (1),1-51.

Aggarwal, R., Goodell, J. W., 2013. Political-economy of pension plans: impact of institutions, gender, and culture. J. Bank. Financ. 37 (6), 1860-1879.

Aguiar, M., Hurst, E., 2008. The increase in leisure inequality. National Bureau of Economic Research Working Paper No. w13837.

Ahern, K. R., Dittmar, A. K., 2012. The changing of the boards: the impact on firm valuation of mandated female board representation. Q. J. Econ. 127 (1), 137-197.

Ahmad, N., Koh, S., 2011. Incorporating estimates of household production of non-market services into international comparisons of material well-being. OECD Statistics Working Papers, 2011/07 OECD Publishing, http://dx. doi. org/10. 1787/5kg3h0jgk87g-en.

Ahmad, N., Seymour, R., 2008. Defining entrepreneurial activity: definitions supporting frameworks for data collection. Working Paper, STD/DOC(2008)/2, OECD.

Aigner, D. J., Cain, G. G., 1977. Statistical theories of discrimination in labor markets. Ind. Labor Relat. Rev. 30 (2), 175-187.

Akabayashi, H., 2006. The labor supply of married women and spousal tax deductions in Japan—a structural estimation. Rev. Econ. Househ. 4 (4), 349-378.

Akerlof, G. A., Kranton, R. E., 2000. Economics and identity. Q. J. Econ. 115 (3), 715-753.

Akerlof, G. A., Kranton, R. E., 2010. Identity Economics: How Our Identities Shape Our Work, Wages, and Well-Being. Princeton University Press, Princeton.

Albanesi, S., Olivetti, C., 2009. Home production, market production and the gender wage gap: incentives and expectations. Rev. Econ. Dyn. 12 (1), 80-107.

Albanesi, S., Sahin, A., 2013. The gender unemployment gap. Research Paper, No. 613, Federal Reserve Bank of New York.

Albrecht, J. W., Edin, P. -E., Sundström,M., Vroman, S. B., 1999. Career interruptions and subsequent earnings: a reexamination using Swedish data. J. Hum. Resour. 34 (2), 294-311.

Albrecht, J., Björklund, A., Vroman, S., 2003. Is there a glass ceiling in Sweden? J. Labour Econ. 21 (1),145-177.

Alderman, H., Chiappori, P. -A., Haddad, L., Hoddinott, J., Kanbur, R., 1995. Unitary versus collective models of the household: is it time to shift the burden of proof? World Bank Res. Obs. 10 (1), 1-19.

Alesina, A., Ichino, A., Karabarbounis, L., 2011. Gender-based taxation and the division of family chores. Am. Econ. J. 3 (2), 1-40.

Alesina, A. F., Lotti, F., Mistrulli, P. E., 2013. Do women pay more for credit? Evidence from Italy. J. Eur. Econ. Assoc. 11 (s1), 45-66.

Allard, M. D., Bianchi, S., Stewart, J., Wight, V. R., 2007. Comparing childcare measures in the ATUS and earlier time-diary studies. Mon. Labor Rev. 130, 27-36.

Allen, I. E., Langowitz, N. S., 2013. Understanding the gender gap in entrepreneurship: a multicountry examination. In: The Dynamics of Entrepreneurship: Evidence from Global Entrepreneurship Monitor Data. Oxford University Press, Oxford, pp. 31-57.

Altonji, J. G., Blank, R. M., 1999. Race and gender in the labor market. In: Ashenfelter, O., Card, D. (Eds.), Handbook of Labor Economics. vol. 3. Elsevier Science B. V., Amsterdam, pp. 3143-3259.

Alvarez, B., Miles, D., 2003. Gender effect on housework allocation: evidence from Spanish two-earner couples. J. Popul. Econ. 16 (2), 227-242.

Amuedo-Dorantes, C., De la Rica, S., 2006. The role of segregation and pay structure on the gender wage gap: evidence from matched employer-employee data for Spain. Contrib. Econ. Anal. Policy 5 (1),1498-1523.

Anderson, P., Wadensjo, E., 2008. A gender perspective on self-employment entry and performance as self-employed. IZA Discussion Paper no. 3581.

Anderson, D. J., Binder, M., Krause, K., 2002. The motherhood wage penalty: which mothers pay it and why? Am. Econ. Rev. 92 (2), 354-358.

Anderson, D. J., Binder, M., Krause, K., 2003. The motherhood wage penalty revisited: experience, heterogeneity, work effort, and work-schedule flexibility. Ind. Labor Relat. Rev. 56, 273-294.

Andrieux, V., Chantel, C., 2011. Les retraites perçues fin 2008. Etudes et résultats N° 758, Drees.

Anker, R., 1998. Gender and Jobs: Sex Segregation of Occupations in the World. International Labour Office, Geneva.

Antecol, H., 2011. The opt-out revolution: Recent trends in female labor supply. Research in labor economics 33, 45-83.

Antecol, H., Cobb-Clark, D. A., 2013. Do psychosocial traits help explain gender segregation in young people's occupations? Labour Econ. 21, 59-73.

Antonovics, K., Town, R., 2004. Are all the good men married? Uncovering the sources of the marital wage premium. Am. Econ. Rev. 94 (2), 317-321.

Anxo, D., Mencarini, L., Pailhé, A., Solaz, A., Tanturri, M. L., Flood, L., 2011. Gender differences in time use over the life course in France, Italy, Sweden, and the US. Fem. Econ. 17 (3), 159-195.

Apps, P. F., 2003. Gender, time use and models of the household. IZA DP No. 796.

Apps, P. F., Rees, R., 1988. Taxation and the household. J. Public Econ. 35, 355-369.

Apps, P. F. , Rees, R. , 1997. Collective labor supply and household production. J. Polit. Econ. 105 (1),178-190.

Apps, P. F. , Rees, R. , 1999. Individual versus joint taxation in models with household production. J. Polit. Econ. 107 (2), 393-403.

Apps, P. F. , Rees, R. , 2002. Household production, full consumption and the costs of children. Labour Econ. 8 (6), 621-648.

Apps, P. F. , Rees, R. , 2007. The taxation of couples. IZA Discussion Papers No. 2910.

Arrow, K. , 1973. The theory of discrimination. Working Paper No. 30 (A), Princeton University.

Arulampalam,W. , Booth, A. L. , Bryan, M. L. , 2007. Is there a glass ceiling over Europe? Exploring the gender pay gap across the wage distribution. Ind. Labor Relat. Rev. 60 (2), 163-186.

Ashby, K. J. , Burgoyne, C. B. , 2008. Separate financial entities? Beyond categories of money management. J. Socio-Econ. 37 (2), 458-480.

Asiedu, E. , Freeman, J. A. , Nti-Addae, A. , 2012. Access to credit by small businesses: how relevant are race,ethnicity, and gender? Am. Econ. Rev. 102 (3), 532-537.

Aslaksen, I. , Koren, C. , 1996. Unpaid household work and the distribution of extended income: the Norwegian experience. Fem. Econ. 2 (3), 65-80.

Atkinson, A. B. , 1971. The distribution of wealth and the individual life cycle. Oxf. Econ. Pap. 23 (2),239-254.

Atkinson, A. B. , Harrison, A. J. , 1978. Distribution of Personal Wealth in Britain. CUP Archive, Cambridge.

Attanasio, O. , Lechene, V. , 2002. Tests of income pooling in household decisions. Rev. Econ. Dyn. 5 (4),720-748.

Attanasio, O. , Low, H. , Sanchez-Marcos, V. , 2008. Explaining changes in female labor supply in a life-cycle model. Am. Econ. Rev. 98 (4), 1517-1552.

Azmat, G. , Petrongolo, B. , 2014. Gender and the labor market: what have we learned from field and lab experiments? WP40 CEPR.

Azmat, G. , Güell,M. ,Manning, A. , 2006. Gender gaps in unemployment rates in OECD countries. J. Labor Econ. 24 (1), 1-37.

Babcock, L. , Laschever, S. , 2003. Women Don't Ask. Negotiation and the Gender Divide. Princeton University Press, Princeton, NJ.

Bagues, M. , Esteve-Volart, B. , 2010. Can gender parity break the glass ceiling? Evidence from a repeated randomized experiment. Rev. Econ. Stud. 77, 1301-1328.

Bajtelsmit, V. , 2006. Gender, the family, and economy. In: Clark, G. L. , Munnell, A. H. , Orszag, J. M. (Eds.), The Oxford Handbook of Pensions and Retirement Income. Oxford

University Press, pp. 121-140.

Baker, M., Fortin, N. M., 1999. Women's wages in women's work: a US/Canada comparison of the roles of unions and "public goods" sector jobs. Am. Econ. Rev. 89 (2), 198-203.

Baker, M., Milligan, K., 2008. How does job-protected maternity leave affect mothers' employment? J. Labor Econ. 26 (4), 655-691.

Baker, M., Gruber, J., Milligan, K., 2005. Universal childcare, maternal labor supply, and family well-being. National Bureau of Economic Research, No. w11832.

Baldwin, M. L., Butler, R. J., Johnson, W. G., 2001. A hierarchical theory of occupational segregation and wage discrimination. Econ. Inq. 39 (1), 94-110.

Barasinska, N., Schäfer, D., 2013. Financial risk taking, gender and social identity—evidence from national surveys of household finance. LWS WP No. 15.

Barber, B. M., Odean, T., 2001. Boys will be boys: gender, overconfidence, and common stock investment. Q. J. Econ. 116 (1), 261-292.

Bárcena-Martín, E., Moro-Egido, A. I., 2013. Gender and poverty risk in Europe. Fem. Econ. 19 (2), 69-99.

Bardasi, E., Jenkins, S. P., 2010. The gender gap in private pensions. Bull. Econ. Res. 62, 343-363.

Barg, K., Beblo, M., 2009. Does marriage pay more than cohabitation? J. Econ. Stud. 36 (6), 552-570.

Barg, K., Beblo, M., 2012. Does sorting into specialization explain the differences in time use between married and cohabiting couples? An empirical application for Germany. Ann. Econ. Stat. 105-106, 127-154.

Barón, J. D., Cobb-Clark, D. A., 2010. Occupational segregation and the gender wage gap in private-and public-sector employment: a distributional analysis. Econ. Rec. 86 (273), 227-246.

Barron, D., West, E., 2013. The financial costs of caring in the British labour market: is there a wage penalty for workers in caring occupations? Br. J. Ind. Relat. 51 (1), 104-123.

Barth, E., Dale-Olsen, H., 2009. Monopsonistic discrimination, worker turnover, and the gender wage gap. Labour Econ. 16 (5), 589-597.

Basu, K., 2006. Gender and say: a model of household behaviour with endogenously determined balance of power. Econ. J. 116, 558-580.

Batalova, J. A., Cohen, P., 2002. Premarital cohabitation and housework: couples in cross-national perspective. J. Marriage Fam. 64, 743-755.

Bauer, T. K., Sinning, M., 2008. An extension of the Blinder-Oaxaca decomposition to nonlinear models. Adv. Stat. Anal. 92 (2), 197-206.

Baxter, J., 2005. To marry or not to marry. Marital status and the household division of labor. J. Fam. Issues 26, 300-321.

Baxter, J., Hewitt, B., 2013. Negotiating domestic labor: women's earnings and housework time in Australia. Fem. Econ. 19 (1), 29-53.

Baxter, J., Haynes, M., Hewitt, B., 2010. Pathways into marriage: cohabitation and the domestic division of labor. J. Fam. Issues 31 (11), 1507-1529.

Bayard, K., Hellerstein, J., Neumark, D., Troske, K., 2003. New evidence on sex segregation and sex differences in wages from matched employee-employer data. J. Labor Econ. 21 (4), 887-922.

Beblo, M., Robledo, J. R., 2008. The wage gap and the leisure gap for double-earner couples. J. Popul. Econ. 21 (2), 281-304.

Beblo, M., Bender, S., Wolf, E., 2009. Establishment-level wage effects of entering motherhood. Oxf. Econ. Pap. 61 (Suppl. 1), i11-i34.

Becker, G. S., 1965. A theory of the allocation of time. Econ. J. 75 (299), 493-517.

Becker, G. S., 1971. The Economics of Discrimination, second ed. University of Chicago Press, Chicago.

Becker, G. S., 1973. A theory of marriage: part I. J. Polit. Econ. 81 (4), 813-846.

Becker, G. S., 1974a. A theory of social interactions. J. Polit. Econ. 82 (6), 1063-1093.

Becker, G. S., 1974b. A theory of marriage, part 2. J. Polit. Econ. 82 (2), S11-S26.

Becker, G. S., 1985. Human capital, effort and the sexual division of labor. J. Labor Econ. 3 (1-part 2), S33-S58.

Becker, G. S., 1991. A Treatise on the Family, second ed. Cambridge University Press, Cambridge.

Becker-Blease, J. R., Sohl, J. E., 2007. Do women-owned businesses have equal access to angel capital? J. Bus. Ventur. 22, 503-521.

Behrendt, C., 2000. Private pensions—a viable alternative? Their distributive effects in a comparative perspective. Int. Soc. Secur. Rev. 53 (3), 3-26.

Bell, L. A., 2005. Women-led firms and the gender gap in top executive jobs. IZA Discussion Papers No. 1689.

Bellante, D., Foster, A. C., 1984. Working wives and expenditure on services. J. Consum. Res. 11 (2), 700-707.

Bellante, D., Link, A. N., 1981. Are public sector workers more risk averse than private sector workers? Ind. Labor Relat. Rev. 34 (3), 408-412.

Bennett, F., 2013. Researching within-household distribution: overview, developments, debates, and methodological challenges. J. Marriage Fam. 75, 582-597.

Bennett, F., Daly, M., 2014. Poverty through a gender lens: evidence and policy review on gender and poverty. Working Paper for the Joseph Rowntree Foundation, University of Oxford,

Department of Social Policy.

Ben-Porath, Y., 1982. Economics and the family—match or mismatch? A review of Becker's a treatise on the family. J. Econ. Lit. 20 (1), 52-64.

Berger, L., Waldfogel, J., 2004. Maternity leave and the employment of new mothers in the United States. J. Popul. Econ. 17 (2), 331-349.

Bergmann, B., 1974. Occupational segregation, wages, and profits when employers discriminate by race or sex. East. Econ. J. 1 (1-2), 103-110.

Bergmann, B., 1995. Becker's theory of the family: preposterous conclusions. Fem. Econ. 1 (1), 141-150.

Bergstrom, T., 1989. A fresh look at the rotten-kid theorem and other household mysteries. J. Polit. Econ. 97 (5), 1138-1159.

Bergstrom, T. C., 1996. Economics in a family way. J. Econ. Lit. 34 (4), 1903-1934.

Bertrand, M., 2010. New perspectives on gender. In: Ashenfelter, O., Card, D. (Eds.), Handbook of Labor Economics, North Holland, vol. 4b, pp. 1543-1590 (Chapter 17).

Bertrand, M., Hallock, K. F., 2001. The gender gap in top corporate jobs. Ind. Labor Relat. Rev. 55 (1),3-21.

Bertrand, M., Goldin, C., Katz, L. F., 2010. Dynamics of the gender gap for young professionals in the financial and corporate sectors. Am. Econ. J. 2 (3), 228-255.

Bertrand, M., Kamenika, E., Pan, J., 2013. Gender identity and relative income within households. Chicago Booth Working Paper No. 13-08.

Bettio, F., Tinios, P., Betti, G., 2013. The Gender Gap in Pensions in the EU. Publications Office of the European Union, Luxembourg.

Bianchi, S. M., Rytina, N., 1986. The decline in occupational sex segregation during the 19705: census and cps comparisons. Demography 23 (1), 79-86.

Bianchi, S. M., Sayer, L. C.,Milkie,M. A.,Robinson, J. P., 2012. Housework: who did, does or will do it, and how much does it matter? Soc. Forces 91 (1), 55-63.

Bielby, D. D., Bielby, W. T., 1988. She works hard for the money: household responsibilities and the allocation of work effort. Am. J. Sociol. 93, 1031-1059.

Bittman,M.,Wajcman, J., 2000. The rush hour: the character of leisure time and gender equity. Soc. Forces 79 (1), 165-189.

Bittman, M., England, P., Folbre, N., Sayer, L., Matheson, G., 2003. When does gender trump money? Bargaining and time in household work. Am. J. Sociol. 109 (1), 186-214.

Bittman, M., Rice, J. M.,Wajcman, J., 2004. Appliances and their impact: the ownership of domestic technology and time spent on household work. Br. J. Sociol. 55 (3), 401-423.

Black, S. E., Brainerd, E., 2004. The impact of globalization on gender discrimination. Ind. Labor Relat. Rev. 57, 540-559.

Black, S. E., Juhn, C., 2000. The rise of female professionals: women's response to rising skill demand. Am. Econ. Rev. 90 (2), 450-455.

Black, S., Strahan, P. E., 2001. The division of spoils—rent sharing and discrimination in a regulated industry. Am. Econ. Rev. 91 (4), 814-831.

Black, S. E., Spitz-Oener, A., 2010. Explaining women's success: technological change and the skill content of women's work. Rev. Econ. Stat. 92 (1), 187-194.

Black, D. A., Haviland, A. M., Sanders, S. G., Taylor, L. J., 2008. Gender wage disparities among the highly educated. J. Hum. Resour. 43 (3), 630-659.

Blackburn, M., Korenman, S., 1994. The declining marital-status earnings differential. J. Popul. Econ. 7, 249-270.

Blanchard, L., Zhao, Bo, Yinger, J., 2008. Do lenders discriminate against minority and woman entrepreneurs? J. Urban Econ. 63 (2), 467-497.

Blanchflower, D. G., Wainwright, J., 2005. An analysis of the impact of affirmative action programs on self-employment in the construction industry. National Bureau of Economic Research, Working Paper No. 11793.

Blanchflower, D. G., Levine, P. B., Zimmerman, D. J., 2003. Discrimination in the small-business credit market. Rev. Econ. Stat. 85 (4), 930-943.

Blank, R. M., 1985. An analysis of workers' choice between employment in the public and private sectors. Ind. Labor Relat. Rev. 38 (2), 211-224.

Blau, F. D., 1977. Equal Pay in the Office. Lexington Books, Lexington, MA.

Blau, D., 2003. Child care subsidy programs. In: Moffitt (Ed.), Means-Tested Transfer Programs in the United States. University of Chicago Press, pp. 443-516 (Chapter 7).

Blau, F. D., 2012. Gender, Inequality, and Wages. Oxford University Press, p. 576.

Blau, F. D., Hendricks, W. E., 1979. Occupational segregation by sex: trends and prospects. J. Hum. Resour. 14 (2), 197-210.

Blau, F. D., Kahn, L. M., 1992. The gender earnings gap: learning from international comparisons. Am. Econ. Rev. 82 (2), 533-538.

Blau, F. D., Kahn, L. M., 1996. Wage structure and gender earnings differentials: an international comparison. Economica 63, S29-S62.

Blau, F., Kahn, L. M., 1997. Swimming upstream: trends in the gender wage differential in the 1980s. J. Labor Econ. 15 (1), 1-42.

Blau, F., Kahn, L. M., 2003. Understanding international differences in the gender pay gap. J. Labor Econ. 21 (1), 106-144.

Blau, F. D., Kahn, L. M., 2006a. The gender pay gap: going, going, going, . . . but not gone. In: Blau, F. D., Brinton, M. C., Grugsky, D. B. (Eds.), The Declining Significance of Gender? Russell Sage Foundation, New York, NY, pp. 37-66 (Chapter 2).

Blau, F. D., Kahn, L. M., 2006b. The US gender pay gap in the 1990s: slowing convergence. Ind. Labor Relat. Rev. 60, 45-66.

Blau, F. D., Kahn, L. M., 2007. Changes in the labor supply behavior of married women: 1980-2000. J. Labor Econ. 25 (3), 393-438.

Blau, F. D., Kahn, L. M., 2013. Female labor supply: why is the United States falling behind? Am. Econ. Rev. 103 (3), 251-256.

Blau, F. D., Simpson, P., Anderson, D., 1998. Continuing progress? Trends in occupational segregation in the United States over the 1970s and 1980s. Fem. Econ. 4 (3), 29-71.

Blau, F. D., Brummund, P., Liu, A. Y. H., 2013. Trends in occupational segregation by gender 1970-2009: adjusting for the impact of changes in the occupational coding system. Demography 50 (2), 471-492.

Blinder, A. S., 1973. Wage discrimination: reduced form and structural estimates. J. Hum. Resour. 8 (4), 436-455.

Bloemen, H. G., Stancanelli, E. G., 2014. Market hours, household work, child care, and wage rates of partners: an empirical analysis. Rev. Econ. Househ. 12, 51-81. http://dx. doi. org/10. 1007/s11150-013-9219-4.

Blood, R. O., Wolfe, D. M., 1960. Husbands and Wives: The Dynamics of Married Living. Free Press, New York, NY.

Blundell, R., Gosling, A., Ichimura, H., Meghir, C., 2007. Changes in the distribution of female and male wages accounting for employment composition using bounds. Econometrica 75 (2), 323-363.

Blundell, R., Bozio, A., Laroque, G., 2011a. Labor supply and the extensive margin. Am. Econ. Rev. 101 (3), 482-486.

Blundell, R., Bozio, A., Laroque, G., 2011b. Extensive and intensive margins of labour supply: working hours in the US, UK and France. IFS Working Papers No. 11-01.

Boden, R. J., 1999. Flexible working hours, family responsibilities, and female self-employment. Am. J. Econ. Sociol. 58 (1), 71-83.

Bonilla, R., Kiraly, F., 2013. Marriage wage premium in a search equilibrium. Labour Econ. 24, 107-115.

Bonin, H., Dohmen, T., Falk, A., Huffman, D., Sunde, U., 2007. Cross-sectional earnings risk and occupational sorting: the role of risk attitudes. Labour Econ. 14 (6), 926-937.

Bonke, J., 1992. Distribution of economic resources: implications of including household production. Rev. Income Wealth 38 (3), 281-293.

Bonke, J., 2013. Pooling of income and sharing of consumption within households. Rev. Econ. Househ. http://dx. doi. org/10. 1007/s11150-013-9184-y.

Bonke, J. , Browning, M. , 2009. The distribution of financial well-being and income within the household. Rev. Econ. Househ. 7, 31-42.

Bonke, J. , Gerstoft, F. , 2007. Stress, time use and gender. Int. J. Time Use Res. 4 (1), 47-68.

Bonke, J. , Uldall-Poulsen, H. , 2007. Why do families actually pool their income? Evidence from Denmark. Rev. Econ. Househ. 5, 113-128.

Bonke, J. , Datta-Gupta, N. , Smith, N. , 2005. Timing and flexibility of housework and men and women's wages. In: Hamermesh, D. S. , Pfann, G. A. (Eds.), Contributions to Economic Analysis, vol. 271. Elsevier Press, Amsterdam, pp. 43-78.

Bonnet, C. , Geraci,M. , 2009. Correcting gender inequalities in pensions. The experience of five countries. INED Population and Societies, n°453.

Bonnet, C. , Hourriez, J. M. , 2012. Gender equality in pensions: what role for rights accrued as a spouse or a parent? Population (Engl. ed.) 67 (1), 123-146.

Bonnet, C. , Buffeteau, S. , Godefroy, P. , 2006. Effects of pension reforms on gender inequality in France. Population (Engl. ed.) 61 (1), 41-70.

Bonnet, C. , Keogh, A. , Rapoport, B. , 2013. How can we explain the gender wealth gap in France? Ined Working Paper No. 191.

Booth, A. , Leigh, A. , 2010. Do employers discriminate by gender? A field experiment in female-dominated occupations. Econ. Lett. 107 (2), 236-238.

Booth, A. ,Nolen, P. , 2012a. Choosing to compete: how different are girls and boys? J. Econ. Behav. Organ. 81 (2), 542-555.

Booth, A. L. , Nolen, P. , 2012b. Gender differences in risk behaviour: does nurture matter? Econ. J. 122 (558), F56-F78.

Booth, A. L. , Van Ours, J. C. , 2008. Job satisfaction and family happiness: the part-time work puzzle. Econ. J. 118 (526), F77-F99.

Booth, A. L. , van Ours, J. , 2009. Hours of work and gender identity: does part-time work make the family happier? Economica 76 (301), 176-196.

Booth, A. L. , van Ours, J. C. , 2013. Part-time jobs: what women want? J. Popul. Econ. 26 (1), 263-283.

Booth, A. L. , Francesconi, M. , Frank, J. , 2003. A sticky floors model of promotion, pay, and gender. Eur. Econ. Rev. 47 (2), 295-322.

Borooah, V. K. , McKee, P. M. , 1993. Intra-household income transfers and implications for poverty and inequality in the UK. In: Creedy, J. (Ed.), Taxation, Poverty and the Distribution of Income. Edward Elgar, London.

Boskin, M. J. , 1975. Efficiency aspects of the differential tax treatment of market and household economic activity. J. Public Econ. 4 (1), 1-25.

Boskin, M. J., Sheshinski, E., 1983. Optimal tax treatment of the family: married couples. J. Public Econ. 20 (3), 281-297.

Bourguignon, F., 1984. Rationalité individuelle ou rationalité stratégique: le cas de l'offre familiale de travail. Rev. Econ. 35 (1), 147-162.

Bourguignon, F., Chiappori, P.-A., 1992. Collective models of household behavior. Eur. Econ. Rev. 36 (2), 355-364.

Bourguignon, F., Browning, M., Chiappori, P.-A., Lechene, V., 1993. Intra household allocation of consumption: a model and some evidence from French data. Ann. Econ. Stat. 29, 137-156.

Bover, O., 2010. Wealth inequality and household structure: US vs. Spain. Rev. Income Wealth 56 (2), 259-290.

Boye, K., 2009. Relatively different? How do gender differences in well-being depend on paid and unpaid work in Europe? Soc. Indic. Res. 93 (3), 509-525.

Brady, D., Kall, D., 2008. Nearly universal, but somewhat distinct: the feminization of poverty in affluent Western democracies, 1969-2000. Soc. Sci. Res. 37 (3), 976-1007.

Breen, R., Cooke, L. P., 2005. The persistence of the gendered division of domestic labour. Eur. Sociol. Rev. 21 (1), 43-57.

Breunig, R., Cobb-Clark, D. A., Gong, X., Venn, D., 2007. Disagreement in Australian partners' reports of financial difficulty. Rev. Econ. Household 5 (1), 59-82.

Brines, J., 1994. Economic dependency, gender and the division of labor at home. Am. J. Sociol. 100 (3), 652-688.

Brown, C., Corcoran, M., 1997. Sex-based differences in school content and the male/female wage gap. J. Labor Econ. 15, 431-465.

Browning, M., Chiappori, P.-A., 1998. Efficient intra-household allocation: a characterisation and tests. Econometrica 66 (6), 1241-1278.

Browning, M., Gørtz, M., 2012. Spending time and money within the household. Scand. J. Econ. 114 (3), 681-704.

Browning, M., Meghir, C., 1991. The effects of male and female labor supply on commodity demands. Econometrica 59 (4), 925-951.

Browning, M., Bourguignon, F., Chiappori, P.-A., Lechene, V., 1994. Income and outcomes: a structural model of intrahousehold allocation. J. Polit. Econ. 102 (6), 1067-1096.

Browning, M., Chiappori, P.-A., Lewbel, A., 2006a. Estimating consumption economies of scale, adult equivalence scale, and household bargaining power. Oxford Department of Economics, Discussion Paper No. 289.

Browning, M., Chiappori, P.-A., Lechene, V., 2006b. Collective and unitary models: a clarification. Rev. Econ. Househ. 4 (1), 5-14.

Browning, M., Chiappori, P. A., Weiss, Y., 2011. Family Economics. CUP, Cambridge.

Bryan, M. L., Sevilla-Sanz, A., 2011. Does housework lower wages? Evidence for Britain. Oxf. Econ. Pap. 63 (1), 187-210.

Bryant, W. K., Zick, C. D., 1996. Are we investing less in the next generation? Historical trends in time spent caring for children. J. Fam. Econ. Iss. 17, 365-392.

Budig, M. J., 2006a. Intersections on the road to self-employment: gender, family and occupational class. Soc. Forces 84 (4), 2223-2239.

Budig, M. J., 2006b. Gender, self-employment, and earnings—the interlocking structures of family and professional status. Gend. Soc. 20 (6), 725-753.

Budig, M. T., England, P., 2001. The wage penalty for motherhood. Am. Sociol. Rev. 66 (2), 204-225.

Burda, M. C., Hamermesh, D. S., Weil, P., 2006. The distribution of total work in the EU and US. IZA Discussion Papers No. 2270.

Burda, M., Hamermesh, D. S., Weil, P., 2013. Total work and gender: facts and possible explanations. J. Popul. Econ. 26 (1), 239-261.

Burdett, K., Mortensen, D. T., 1998. Wage differentials, employer size, and unemployment. Int. Econ. Rev. 39 (2), 257-273.

Burgoyne, C. B., 1990. Money in marriage: how patterns of allocation both reflect and conceal power. Sociol. Rev. 38 (4), 634-665.

Burgoyne, C. B., Morison, V., 1997. Money in remarriage: keeping things simple-and separate. Sociol. Rev. 45 (3), 363-395.

Burgoyne, C. B., Reibstein, J., Edmunds, A., Dolman, V., 2007. Money management systems in early marriage: factors influencing change and stability. J. Econ. Psychol. 28, 214-228.

Canberra Group, 2001. Expert Group on Household Income Statistics: Final Report and Recommendations. Canberra Group, Ottawa.

Canberra Group, 2011. Handbook on Household Income Statistics, second ed. United Nations Economic Commission for Europe, Geneva.

Cannings, K., Montmarquette, C., 1990. Managerial momentum: a simultaneous model of the career progress of male and female managers. Indus. Lab. Rel. Rev 44 (2), 212.

Cantillon, R., 1952/1755. Essai sur la Nature du Commerce en General. Ined, Paris.

Cantillon, S., 2013. Measuring differences in living standards within households. J. Marriage Fam. 75, 598-610.

Cantillon, S., Nolan, B., 1998. Are married women more deprived than their husbands? J. Soc. Policy 27, 151-171.

Carr, D., 1996. Two paths to self-employment? Women's and men's self-employment in the

United States,1980. Work. Occup. 23 (1), 26-53.

Carrell, S. E., Page, M. E., West, J. E., 2010. Sex and science: how professor gender perpetuates the gender gap. Q. J. Econ. 125 (3), 1101-1144.

Carrington, W. J., Troske, K. R., 1995. Gender segregation in small firms. J. Hum. Res. 30 (3), 503-533.

Carter, M. R., Katz, E. G., 1993. Separate spheres and the conjugal contract: understanding the impact of gender-biased development. In: Haddad, et al. (Eds.), Intrahousehold Resource Allocation in Developing Countries: Methods, Models, and Policy, International Food Policy Research Institute,pp. 95-111.

Carter,D. A., D'Souza, F., Simkins, B. J., Simpson, W. G., 2007. The diversity of corporate board committees and financial performance. Oklahoma State University, Working Paper, 89-154.

Caucutt, E. M., Guner, N., Knowles, J., 2002. Why do women wait? Matching, wage inequality, and the incentives for fertility delay. Rev. Econ. Dyn. 5 (4), 815-855.

Chadeau, A., 1992. What is households' non-market production worth? OECD Econ. Stud. 18, 85-103.

Chand, H., Gan, L., 2003. The effects of bracketing in wealth estimation. Rev. Income Wealth 49 (2),273-287.

Chang, C. F., England, P., 2011. Gender inequality in earnings in industrialized East Asia. Soc. Sci. Res. 40 (1), 1-14.

Chatterji, M., Mumford, K., Smith, P. N., 2011. The public-private sector gender wage differential in Britain: evidence from matched employee-workplace data. Appl. Econ. 43 (26), 3819-3833.

Chatterji, A. K., Chay, K. Y., Fairlie, R. W., 2013. The impact of city contracting set-asides on black self-employment and employment. National Bureau of Economic Research No. w18884.

Chen, Z., Woolley, F., 2001. A Cournot-Nash model of family decision making. Econ. J. 111 (474),722-748.

Chernozhukov, V., Fernández-Val, I., Melly, B., 2013. Inference on counterfactual distributions. Econometrica 81 (6), 2205-2268.

Chiappori, P. -A., 1988. Rational household labor supply. Econometrica 56 (1), 63-90.

Chiappori, P. -A., 1992. Collective labor supply and welfare. J. Polit. Econ. 100 (3), 437-467.

Chiappori, P. -A., 1997. Introducing household production in collective models of labor supply. J. Polit. Econ. 105, 191-209.

Chiappori, P. -A., Meghir, C., 2014. Intrahousehold inequality. In: Atkinson, Bourguignon

(Eds.), Hand-book of Income Distribution, This volume (Chapter 16).

Christofides, L. N., Polycarpou, A., Vrachimis, K., 2013. Gender wage gaps, 'sticky floors' and 'glass ceilings' in Europe. Labour Econ. 21, 86-102.

Chun, H., Lee, I., 2001. Why do married men earn more: productivity or marriage selection? Econ. Inq. 39 (2), 307-319.

Cigno, A., 2008. A gender-neutral approach to gender issues. In: Dex, S., Scott, J. (Eds.), Frontiers in the Economics of Gender. Routledge, London, pp. 45-56.

Clain, S. H., 2000. Gender differences in full-time self-employment. J. Econ. Bus. 52 (6), 499-513.

Clark, A., Postel-Vinay, F., 2009. Job security and job protection. Oxf. Econ. Pap. 61 (2), 207-239.

Coate, S., Loury, G. C., 1993. Will affirmative-action policies eliminate negative stereotypes? Am. Econ. Rev. 83 (5), 1220.

Cohen, P. N., Huffman, M. L., 2007. Working for the woman? Female managers and the gender wage gap. Am. Sociol. Rev. 72 (5), 681-704.

Cole, R. A., Mehran, H., 2009. Gender and the availability of credit to privately held firms: evidence from the surveys of small business finances. Federal Reserve Bank of New York Staff.

Coleman, M. T., 1988. The division of household labor suggestions for future empirical consideration and theoretical development. J. Fam. Issues 9 (1), 132-148.

Coltrane, S., 2000. Research on household labor: modeling and measuring the social embeddedness of routine family work. J. Marriage Fam. 62 (4), 1208-1233.

Conley, D., Ryvicker, M., 2005. The price of female headship: gender, inheritance, and wealth accumulation in the United States. J. Income Distrib. 13, 41-56.

Connelly, R., 1992. Self-employment and providing child care. Demography 29 (1), 17-29.

Connelly, R., Kimmel, J., 2009. Spousal influences on parents' non-market time choices. Rev. Econ. Househ. 7 (4), 361-394.

Connolly, S., Gregory, M., 2008. Moving down: women's part-time work and occupational change in Britain 1991-2001. Econ. J. 118 (526), F52-F76.

Cornwell, C., Rupert, P., 1997. Unobservable individual effects, marriage and the earnings of young men. Econ. Inq. 35 (2), 285-294.

Cotton, J., 1988. On the decomposition of wage differentials. Rev. Econ. Stat. 70 (2), 236-243.

Couprie, H., 2007. Time allocation within the family: welfare implications of life in a couple. Econ. J. 117 (516), 287-305.

Couprie, H., Ferrant, G., 2014. Welfare comparisons, economies of scale and equivalence scale in time use. Ann. Econ. Stat. forthcoming.

Coverman, S., 1985. Explaining husbands' participation in domestic labor. Sociol. Q. 26, 81-97.

Cowell, F., Karagiannaki, E., McKnight, A., 2012. Mapping and measuring the distribution of household wealth: a cross-country analysis. Luxembourg Wealth Study WP Series 12.

Cox, D., 2003. Private transfers within the family: mothers, fathers, sons and daughters. In: Munnell, A., Sundén, A. (Eds.), Death and Dollars: The Role of Gifts and Bequests in America. Brookings Institution Press, Washington, DC, pp. 168-210.

Craig, L., 2006. Children and the revolution. A time-diary analysis of the impact of motherhood on daily workload. J. Sociol. 42 (2), 125-143.

Craig, L., 2007. Is there really a second shift, and if so, who does it? A time-diary investigation. Fem. Rev. 86 (1), 149-170.

Craig, L., Bittman, M., 2008. The incremental time costs of children: an analysis of children's impact on adult time use in Australia. Fem. Econ. 14 (2), 59-88.

Craig, L., Mullan, K., 2010. Parenthood, gender and work-family time in the United States, Australia, Italy, France, and Denmark. J. Marriage Fam. 72 (5), 1344-1361.

Craig, L., Siminski, P., 2011. If men do more housework, do their wives have more babies? Soc. Indic. Res. 101 (2), 255-258.

Craig, L., Powell, A., Cortis, N., 2012. Self-employment, work-family time and the gender division of labour. Work Employ. Soc. 26 (5), 716-734.

Croson, R., Gneezy, U., 2009. Gender differences in preferences. J. Econ. Lit. 47 (20), 448-474.

D'Addio, A. C., 2013. Pension entitlements of women with children: the role of credits within pension systems in OECD and EU countries. In: Holzmann, R., Palmer, E. E., Robalino, D. (Eds.), Pension Reform: Issues and Prospects for Non-Financial Defined Contribution (NDC) Schemes, vol. 2. Gender, Politics and Financial Stability. World Bank Publications, pp. 75-110.

Datta Gupta, N., Smith, N., 2002. Children and career interruptions: the family gap in Denmark. Economica 69 (276), 609-629.

Datta Gupta, N., Stratton, L. S., 2010. Examining the impact of alternative power measures on individual time use in American and Danish couple households. Rev. Econ. Househ. 8 (3), 325-343.

Datta Gupta, N. D., Oaxaca, R. L., Smith, N., 2006. Swimming upstream, floating downstream: comparing women's relative wage progress in the United States and Denmark. Ind. Labor Relat. Rev. 59 (2), 243-266.

Datta Gupta, N., Smith, N., Stratton, L. S., 2007. Is marriage poisonous? Are relationships taxing? An analysis of the male marital wage differential in Denmark. South. Econ. J. 74,

412-433.

Datta Gupta, N., Poulsen, A., Villeval, M. C., 2013. Gender matching and competitiveness: experimental evidence. Econ. Inq. 51 (1), 816-835.

Datta Gupta, N., Smith, N., Verner, M., 2008. The impact of Nordic countries family friendly policies on employment, wages and children. Rev. Econ. Househ. 6, 65-89.

Davies, H., Joshi, H., 1994. Sex, sharing and the distribution of income. J. Soc. Policy 23 (3), 301-340.

Davies, R., Pierre, G., 2005. The family gap in pay in Europe: a cross-country study. Labour Econ. 12 (4), 469-486.

Davies, J. B., Shorrocks, A. F., 2000. The distribution of wealth. In: Atkinson, A. B., Bourguignon, F. (Eds.), Handbook of Income Distribution. In: vol. 1. Elsevier, pp. 605-675.

Davis, J. B., 2006. Social identity strategies in recent economics. J. Econ. Methodol. 13 (3), 371-390.

Davis, S. N., Greenstein, T. N., 2004. Cross-national variations in the division of household labor. J. Marriage Fam. 66 (5), 1260-1271.

Davis, S. N., Wills, J. B., 2013. Theoretical explanations amid social change. A content analysis of housework research (1975-2012). J. Fam. Issues. 35 (6), 808-824.

Davis, B., Handa, S., Ruiz, M., Stampini, M., Winters, P., 2002. Conditionality and the impact of program design on household welfare: comparing two diverse cash transfer programs in rural Mexico. ESA/FAO WP 07-2002.

Davis, S., Greenstein, T., Marks, J., 2007. Effects of union type on division of household labor: do cohabiting men really perform more housework? J. Fam. Issues 28, 1246-1272.

de Castro, F., Salto, M., Steiner, H., 2013. The gap between public and private wages: new evidence for the EU (No. 508). Directorate General Economic and Monetary Affairs (DG ECFIN), European Commission.

De Henau, J., Himmelweit, S., Santos, C., Soobedar, Z., 2013. Comparing welfare regimes by their effects on intra-household inequalities. In: Garces, J., Monsonis-Paya, I. (Eds.), Sustainability and Transformation in European Social Policy. Peter Lang, Oxford, pp. 117-146.

De Laat, J., Sevilla-Sanz, A., 2011. The fertility and women's labor force participation puzzle in OECD countries: the role of men's home production. Fem. Econ. 17 (2), 87-119.

De Ruijter, E., Treas, J. K., Cohen, P. N., 2005. Outsourcing the gender factory: living arrangements and service expenditures on female and male tasks. Soc. Forces 84 (1), 305-322.

Decancq, K., Fleurbaey, M., Schokkaert, E., 2014. Inequality, income, and well-being. In: Atkinson, Bour-guignon (Eds.), Handbook of Income Distribution, This volume (Chapter 2).

Deere, C. D., Doss, C. R., 2006. The gender asset gap: what do we know and why does it matter? Fem. Econ. 12 (1-2), 1-50.

Del Boca, D., 2002. The effect of child care and part time opportunities on participation and fertility decisions in Italy. J. Popul. Econ. 15 (3), 549-573.

Del Boca, D., Pasqua, S., 2003. Employment patterns of husbands and wives and family income distribution in Italy (1977-98). Rev. Income Wealth 49 (2), 221-245.

Del Boca, D., Pasqua, S., Pronzato, C., 2009. Motherhood and market work decisions in institutional context: a European perspective. Oxf. Econ. Pap. 61 (Suppl. 1), i147-i171.

Del Río, C., Gradín, C., Cantó, O., 2011. The measurement of gender wage discrimination: the distributional approach revisited. J. Econ. Inequal. 9 (1), 57-86.

Denton, M., Boos, L., 2007. The gender wealth gap: structural and material constraints and implications for later life. J. Women Aging 19 (3-4), 105-120.

Depalo, D., Pereira, M. C., Euge `ne, B., Papapetrou, E., Perez, J. J., Reiss, L., Roter, M., 2011. The public sector pay gap in a selection of Euro area countries. Working Paper Series No. 1406. European Central Bank.

Devine, T. J., 1994. Changes in wage-and-salary returns to skill and the recent rise in female self-employment. Am. Econ. Rev. 84 (2), 108-113.

Dex, S., 2010. Can state policies produce equality in housework. In: Treas, J., Drobnic, S. (Eds.), Dividing the Domestic: Men, Women, and Household Work in Cross-National Perspective. Stanford University Press, pp. 79-104.

Dina, Shatnawi, Ronald, Oaxaca, Michael, Ransom, 2012. Movin' on up: hierarchical occupational segmentation and gender wage gaps. IZA DP No. 7011.

DiNardo, J., Fortin, N., Lemieux, T., 1996. Labour market institutions and the distribution of wages, 1973-1992: a semi-parametric approach. Econometrica 64 (5), 1001-1044.

Dohmen, T., Falk, A., 2011. Performance pay and multidimensional sorting: productivity, preferences, and gender. Am. Econ. Rev. 101 (2), 556-590.

Dolado, J. J., Felgueroso, F., Jimeno, J. F., 2003. Where do women work? Analysing patterns in occupational segregation by gender. Ann. Econ. Stat. 71-72, 293-315.

Domínguez-Folgueras, M., 2012. Is cohabitation more egalitarian? The division of household labor in five European countries. J. Fam. Issues 34 (12), 1623-1646.

Donni, O., Chiappori, P. -A., 2011. Nonunitary models of household behavior: a survey of the literature. In: Molina, J. A. (Ed.), Household Economics Behaviours, International Series on Consumer Science. Springer, New York, NY, pp. 1-40.

Dougherty, C., 2006. The marriage earnings premium as a distributed fixed effect. J. Hum. Resour. 41 (2),433-443.

Dreber, A., von Essen, E., Ranehill, E., 2011. Outrunning the gender gap—boys and girls compete equally. Exp. Econ. 14 (4), 567-582.

Dribe, M., Stanfors, M., 2009. Does parenthood strengthen a traditional household division of labor? Evidence from Sweden. J. Marriage Fam. 71 (1), 33-45.

Drolet, M., Mumford, K., 2012. The gender pay gap for private—sector employees in Canada and Britain. Br. J. Ind. Relat. 50 (3), 529-553.

Du Rietz, A., Henrekson, M., 2000. Testing the female underperformance hypothesis. Small Bus. Econ. 14 (1), 1-10.

Duflo, E., 2003. Grandmothers and granddaughters: old-age pensions and intrahousehold allocation in South Africa. World Bank Econ. Rev. 17, 1-25.

Duflo, E., Saez, E., 2003. The role of information and social interactions in retirement plan decisions: evidence from a randomized experiment. Q. J. Econ. 118, 815-842.

Duguet, E., Petit, P., Petit, P., 2005. Hiring discrimination in the French financial sector: an econometric analysis on field experiment data. Ann. Econ. Stat. 78, 79-102.

Dustmann, C., Schonberg, U., 2012. Expansions in maternity leave coverage and children's long-term outcomes. Am. Econ. J. 4 (3), 190-224.

Dwyer, P. D., Gilkenson, J. H., List, J. A., 2002. Gender differences in revealed risk taking, evidence from mutual fund investors. Econ. Lett. 76 (2), 151-158.

Eberts, R. W., Stone, J. A., 1985. Male female differences in promotions: EEO in public education. J. Hum. Resour. 20 (4), 504-521.

Eckel, C. C., Grossman, P. J., 2008. Sex and risk: experimental evidence. In: Plott, C., Smith, V. (Eds.), Handbook of Experimental Economics Results. In: vol. 1. Elsevier, New York, NY.

Edlund, L., Kopczuk, W., 2009. Women, wealth, and mobility. Am. Econ. Rev. 99 (1), 146-178.

Ekberg, J., Eriksson, R., Friebel, G., 2013. Parental leave—a policy evaluation of the Swedish "Daddy-Month" reform. J. Public Econ. 97, 131-143.

Ekelund, J., Johansson, E., Järvelin, M. R., Lichtermann, D., 2005. Self-employment and risk aversion-evidence from psychological test data. Labour Econ. 12 (5), 649-659.

Elder, H. W., Rudolph, P. M., 2003. Who makes the financial decisions in the households of older Americans? Finan. Serv. Rev. 12 (4), 293-308.

Elizabeth, V., 2001. Managing money, managing coupledom: a critical examination of cohabitants' money management practices. Sociol. Rev. 49 (3), 389-411.

England, P., 1982. The failure of human capital theory to explain occupational sex segregation. J. Hum. Resour. 17, 358-370.

England, P., 2010. The gender revolution: uneven and stalled. Gend. Soc. 24, 149-166.

England, P., 2011. Missing the big picture and making much ado about almost nothing: recent scholarship on gender and household work. J. Fam. Theory Rev. 3 (1), 23-26.

Equal Opportunities Commission, 2005. Britain's Hidden Brain Drain—Final Report. Equal Opportunities Commission, Manchester.

Erhardt, N. L., Werbel, J. D., Shrader, C. B., 2003. Board of director diversity and firm financial performance. Corp. Gov. 11 (2), 102-111.

Esping-Andersen, G., 1990. The three worlds of welfare capitalism. Princeton University Press.

Esping-Andersen, G., 1999. Social Foundations of Postindustrial Economics. Oxford University Press, Oxford.

Esping-Andersen, G., 2009. The Incomplete Revolution: Adapting Welfare States to Women's New Roles. Polity Press, Cambridge.

Esping-Andersen, G., Boertien, D., Bonke, J., Gracia, P., 2013. Couple specialization in multiple equilibria. Eur. Sociol. Rev. 29 (6), 373-385.

Eurostat, 2003. Household Production and Consumption. Proposal for a Methodology of Household Satellite Accounts. Office for Official Publications of the European Communities, Luxembourg.

Eurostat, 2008. Harmonised European Time Use Surveys. Eurostat Methodologies and Working Papers. Office for Official Publications of the European Communities, Luxembourg.

Eurostat, 2010. EU-Silc 2010 module "Intra-household allocation of resources", guidelines. http://epp. eurostat. ec. europa. eu/portal/page/portal/income_social_inclusion_living_conditions/documents/tab7/2010%20Module%20-%20Guidelines%20for%20Website. pdf.

Eurostat, 2012. Intra-household sharing of resources, statistics explained (2013/12/3). http://epp. eurostat. ec. europa. eu/statistics_explained/index. php/Intra-household_sharing_of_resources#Publications.

Even, W. E., Macpherson, D. A., 2004. When will the gender gap in retirement income narrow? South. Econ. J. 71 (1), 182-200.

Evertsson, M., Nermo, M., 2004. Dependence within families and the division of labor: comparing Sweden and the United States. J. Marriage Fam. 66 (5), 1272-1286.

Evertsson, M., Nermo, M., 2007. Changing resources and the division of housework: a longitudinal study of Swedish couples. Eur. Sociol. Rev. 23 (4), 455-470.

Fairlie, RobertW., 1999. The absence of the African-American owned business: an analysis of the dynamics of self-employment. J. Labor Econ. 17 (1), 80-108.

Fairlie, R. W., 2005. An extension of the Blinder-Oaxaca decomposition technique to logit and probit models. J. Econ. Soc. Meas. 30 (4), 305-316.

Fairlie, R. W., Robb, A. M., 2009. Gender differences in business performance: evidence from the characteristics of business owners survey. Small Bus. Econ. 33, 375-395.

Felfe, C., 2012. The motherhood wage gap: what about job amenities? Labour Econ. 19

(1), 59-67.

Figari, F., 2011. From housewives to independent earners: can the tax system help Italian women to work? ISER Working Paper Series 2011-15.

Figari, F., Immervoll, H., Levy, H., Sutherland, H., 2007. Inequalities within couples: market incomes and the role of taxes and benefits in Europe. EUROMOD Working Paper Series EM6/07.

Filer, R. K., 1985. Male-female wage differences: the importance of compensating differentials. Ind. Labor Relat. Rev. 38 (3), 426-437.

Findlay, J., Wright, R., 1996. Gender, poverty and the intra-household distribution of resources. Rev. Income Wealth 42 (3), 335-351.

Firpo, S., Fortin, N. M., Lemieux, T., 2009. Unconditional quantile regressions. Econometrica 77 (3),953-973.

Fleurbaey, M., 2009. Beyond GDP: the quest for a measure of social welfare. J. Econ. Lit. 47 (4),1029-1075.

Folbre, N., 1986. Hearts and spades: paradigms of household economics. World Dev. 14 (2), 245-255.

Folbre, N., 1997. Gender coalitions: extrafamily influences on intrafamily inequality. In: Haddad, L. et al.,(Ed.), Intrahousehold Resource Allocation in Developing Countries: Methods, Models and Policy. Johns Hopkins University Press, Baltimore, MD.

Folbre, N., 2004. A theory of the misallocation of time. In: Folbre, N., Bittman, M. (Eds.), Family Time: The Social Organization of Care. In: vol. 2. Routledge, London, pp. 7-24.

Folbre, N., 2009. Inequality and time use in the household. In: Salverda, W., Nolan, B., Smeeding, T. M. (Eds.), The Oxford Handbook of Economic Inequality. Oxford University Press, Oxford,pp. 342-363.

Folbre, N., Shaw, L., Stark, A., 2005. A special issue on gender and aging. Fem. Econ. 11 (2), 3-5.

Folbre, N., Gornick, J. C., Connolly, H., Munzi, T., 2013. Women's employment, unpaid work and economic inequality. In: Gornick, J. C., Jäntii, M. (Eds.), Income Inequality—Economic Disparities and the Middle Class in Affluent Countries. Stanford University Press, Stanford, CA, pp. 234-260 (Chapter 8).

Fonseca, R., Mullen, K. J., Zamarro, G., Zissimopoulos, J., 2012. What explains the gender gap in financial literacy? The role of household decision making. J. Consum. Aff. 46 (1), 90-106.

Fortin, N., 2005. Gender role attitudes and women's labour market outcomes across OECD countries. Oxf. Rev. Econ. Policy 21 (3), 416-438.

Fortin, N. M. , 2008. The gender wage gap among young adults in the United States. The importance of money versus people. J. Hum. Resour. 43 (4), 884-918.

Fortin, N. M. , Lemieux, T. , 2000. Are women's wage gains men's losses? A distributional test. Am. Econ. Rev. 90, 456-460.

Fortin, N. , Lemieux, T. , Firpo, S. , 2011. Decomposition methods in economics. In: Ashenfelter, O. , Card, D. E. (Eds.), Handbook of Labor Economics, vol. 4. North Holland, pp. 1-102.

Francois, P. , 1998. Gender discrimination without gender difference: theory and policy responses. J. Public Econ. 68 (1), 1-32.

Frazis, H. , Stewart, J. , 2011. How does household production affect measured income inequality? J. Popul. Econ. 24 (1), 3-22.

Freeman, R. B. , Schettkat, R. , 2005. Marketization of household production and the EU-US gap in work. Econ. Policy 20 (41), 6-50.

Frick, J. R. , Grabka, M. M. , Sierminska, E. M. , 2007. Representative wealth data for Germany from the German SOEP: the impact of methodological decisions around imputation and the choice of the aggregation unit. DIW Discussion Paper 672.

Fritzell, J. , 1999. Incorporating gender inequality into income distribution research. Int. J. Soc. Welf. 8, 56-66.

Förster, M. F. , Mira d'Ercole, M. , 2009. The OECD approach to measuring income distribution and poverty: strengths, limits and statistical issues. In: OECD Conference "Measuring Poverty, Income Inequality and Social Exclusion", Paris, 16-17, March.

Fryer Jr. , R. G. , Loury, G. C. , 2005. Affirmative action and its mythology. NBER Working Paper No. w11464.

Furdas, M. , Kohn, K. , 2010. What's the difference?! Gender, personality, and the propensity to start a business. IZA Discussion Paper No. 4778.

Fuwa, M. , 2004. Macro-level gender inequality and the division of household labor in 22 countries. Am. Sociol. Rev. 69 (6), 751-767.

Fuwa, M. , Cohen, P. N. , 2007. Housework and social policies. Soc. Sci. Res. 36, 512-530.

Gangl, M. , Ziefle, A. , 2009. Motherhood, labor force behavior and women's careers: an empirical assessment of the wage penalty for motherhood in Britain, Germany and the United-States. Demography 46 (2),341-369.

Gardeazabal, J. , Ugidos, A. , 2004. More on identification in detailed wage decompositions. Rev. Econ. Stat. 86 (4), 1034-1036.

Garrat, R. , Johnson, N. , Weinberger, C. , 2013. The state street mile: age and gender differences in competition-aversion in the field. Econ. Inq. 51 (1), 806-815.

Gayle, G. L., Golan, L., Miller, R. A., 2012. Gender differences in executive compensation and job mobility. J. Labor Econ. 30 (4), 829-872.

Geissler, H., 2012. New regulations aim to fight bogus self-employment. European Industrial Observatory Online.

Geist, C., 2005. The welfare state and the home: regime differences in the domestic division of labour. Eur. Sociol. Rev. 21 (1), 23-41.

Geist, C., 2010. Men's and women's reports about housework. In: Treas, J., Drobnic, S. (Eds.), Dividing the Domestic: Men, Women, and Household Work in Cross-National Perspective. Stanford UP, Stanford, Ca., pp. 217-240.

Geist, C., Cohen, P. N., 2011. Headed toward equality? Housework change in comparative perspective. J. Marriage Fam. 73 (4), 832-844.

Georgellis, Y., Wall, H. J., 2004. Gender differences in self-employment. Working Paper Series 1999-008C. Federal Reserve Bank of St Louis.

Gershuny, J., Robinson, J. P., 1988. Historical changes in the household division of labor. Demography 25 (4), 537-552.

Gershuny, J., Bittman, M., Brice, J., 2005. Exit, voice, and suffering: do couples adapt to changing employment patterns? J. Marriage Fam. 67, 656-665.

Gibson, J., Le, T., Scobie, G., 2006. Household bargaining over wealth and the adequacy of women's retirement incomes in New Zealand. Fem. Econ. 12 (1-2), 221-246.

Gicheva, D., 2013. Working long hours and early career outcomes in the high-end labor market. J. Labor Econ. 31 (4), 785-824.

Ginn, J., 2001. Risk of social exclusion in later life: how well do the pension systems of Britain and the US accommodate women's paid and unpaid work? Int. J. Sociol. Soc. Policy 21 (4-6), 212-244.

Ginn, Jay, Street, Debra, Arber, Sara, 2001. Women, Work, and Pensions: International Issues and Prospects. Open University Press, Philadelphia, PA.

Ginther, D. K., Zavodny, M., 2001. Is the male marriage premium due to selection? The effect of shotgun weddings on the return to marriage. J. Popul. Econ. 14 (2), 313-328.

Gneezy, U., Rustichini, A., 2004. Gender and competition at a young age. Am. Econ. Rev. 94 (2), 377-381.

Gneezy, U., Niederle, M., Rustichini, A., 2003. Performance in competitive environments: gender differences. Q. J. Econ. 118, 1049-1074.

Gneezy, U., Leonard, K. L., List, J. A., 2009. Gender differences in competition: evidence from a matrilineal and a patriarchal society. Econometrica 77 (5), 1637-1664.

Gobillon, L., Meurs, D., Roux, S., 2015. Estimating gender differences in access to jobs. J. Labor Econ. 33 (2). forthcoming.

Goda, G. , Shoven, J. , Slavov, S. , 2007. Social security and the timing of divorce. NBER Working Paper No. 13382.

Goldin, C. , 2006. The quiet revolution that transformed women's employment, education, and family. Am. Econ. Rev. 96 (2) , 1-21.

Goldin, C. , 2013. A pollution theory of discrimination: male and female differences in occupations and earnings. NBER Working Paper No. 8985.

Goldin, C. , 2014. A grand gender convergence: its last chapter. Am. Econ. Rev. 104 (4) , 1-30.

Goldin, C. , Katz, L. F. , 2002. The power of the pill: oral contraceptives and women's career and marriage decisions. J. Polit. Econ. 110 (4) , 730-770.

Goldin, C. , Katz, L. F. , 2008. Transitions: career and family life cycles of the educational elite. Am. Econ. Rev. 98 (2) , 363-369.

Goldin, C. ,Rouse, C. , 2000. Orchestrating impartiality: the impact of ' blind' auditions on female musicians. Am. Econ. Rev. 90, 715-741.

Goldin, C. , Katz, L. F. , Kuziemko, I. , 2006. The homecoming of American College Women: the reversal of the college gender gap. J. Econ. Perspect. 20 (4) , 133.

Gornick, J. C. , Jäntti, M. , 2010. Women, poverty, and social policy regimes: a cross-national analysis. LIS Working Paper 534.

Gornick, J. C. , Meyers, M. K. , 2003. Welfare regimes in relation to paid work and care. Adv. Life Course Res. 8, 45-67.

Gornick, J. C. , Sierminska, E. , Smeeding, T. M. , 2009. The income and wealth packages of older women in cross-national perspective. J. Gerontol. B Psychol. Sci. Soc. Sci. 64 (3) , 402-414.

Gottschalk, P. , Mayer, S. , 2002. Changes in home production and trends in economic inequality. In: Cohen, D. , Piketty, T. , Saint-Paul, G. (Eds.), The New Economics of Rising Inequalities. Oxford University Press, New York, NY, pp. 265-284.

Grabka, M. M. , Marcus, J. , Sierminska, E. , 2013. Wealth distribution within couples. Rev. Econ. Househ. online first, pp. 1-28.

Gray, J. S. , 1997. The fall in men's return to marriage: declining productivity effects or changing selection? J. Hum. Res. 32 (3) , 481-504.

Greenstein, T. N. , 2000. Economic dependence, gender and the division of labor at home: a replication and extension. J. Marriage Fam. 62 (2) , 322-335.

Gregory, M. , 2009. Gender and economic inequality. In: Salverda, W. , Nolan, B. , Smeeding, T. M. (Eds.),The Oxford Handbook of Economic Inequality. Oxford University Press, Oxford, pp. 284-312.

Gregory, R. G. , Borland, J. , 1999. Recent developments in public sector labour markets.

In: Ashenfelter, O. , Card, D. (Eds.), Handbook of Labor Economics, vol. 3C. North-Holland, Amsterdam, pp. 3573-3630.

Grimshaw, D. , 2011. What do we know about low-wage work and low-wage workers? Analysing the definitions, patterns, causes and consequences in international perspective. ILO, Conditions of Work and Employment Series No. 2828.

Gronau, J. , 1973. The intrafamily allocation of time: the value of the housewives' time. Am. Econ. Rev. 63 (4), 634-651.

Gronau, J. , 1977. Leisure, home production, and work—the theory of the allocation of time revisited. J. Polit. Econ. 85 (6), 1099-1123.

Gronau, R. , 1980. Home production—a forgotten industry. Rev. Econ. Stat. 62 (3), 408-416.

Gronau, R. , Hamermesh, D. S. , 2006. Time vs. goods: the value of measuring household production technologies. Rev. Income Wealth 52 (1), 1-16.

Groshen, E. L. , 1991. The structure of the female/male wage differential: is it who you are, what you do, or where you work? J. Hum. Resour. 16 (3), 457-472.

Grossbard-Shechtman, A. , 1974. A theory of allocation of time in markets for labour and marriage. Econ. J. 94, 863-882.

Grossbard-Shechtman, S. , 2003. A consumer theory with competitive markets for work in marriage. J. Socio-Econ. 31 (6), 609-645.

Guner, N. , Kaygusuz, R. , Ventura, G. , 2012a. Taxation and household labour supply. Rev. Econ. Stud. . .

Guner, N. , Kaygusuz, R. , Ventura, G. , 2012b. Taxing women: a macroeconomic analysis. J. Monet. Econ. 59 (1), 111-128.

Gupta, S. , 2007. Autonomy, dependence or display? The relationship between married women's earnings and housework. J. Marriage Fam. 69 (2), 399-417.

Gupta, S. , Ash, M. , 2008. Whose money, whose time? A nonparametric approach to modeling time spent on housework in the United States. Fem. Econ. 14 (1), 93-120.

Gupta, V. K. , Turban, D. B. , Wasti, S. A. , Sikdar, A. , 2009. The role of gender stereotypes in perceptions of entrepreneurs and intentions to become an entrepreneur. Enterp. Theory Pract. 33 (2), 397-417.

Gutierrez-Domenech, M. , 2005. Employment after motherhood: a European comparison. Labour Econ. 12 (1), 99-123.

Haan, P. , Wrohlich, K. , 2011. Can child care policy encourage employment and fertility? Evidence from a structural model. Labour Econ. 18 (4), 498-512.

Haas, L. , Hwang, C. P. , 2008. The impact of taking parental leave on fathers' participation in childcare and relationships with children: lessons from Sweden. Commun. Work Fam. 11 (1),

85-104.

Haddad, L. , Kanbur, R. , 1990. How serious is the neglect of intra-household inequality? Econ. J. 100 (402) ,866-881.

Hakim, C. , 1998. Developing a sociology for the 21st century. Br. J. Sociol. 49 (1) , 137-143.

Hakim, C. , 2000. Work-Lifestyle Choices in the 21st Century: Preference Theory. Oxford University Press,Oxford.

Hallberg, D. , Klevmarken, A. , 2003. Time for children: a study of parent's time allocation. J. Popul. Econ. 16 (2) , 205-226.

Halleröd, B. , 2005. Sharing of housework and money among Swedish couples: do they behave rationally? Eur. Sociol. Rev. 21 (3) , 273-288.

Hamermesh, D. S. , Lee, J. , 2007. Stressed out on four continents: time crunch or yuppie kvetch? Rev. Econ. Stat. 89 (2) , 374-383.

Hamermesh, D. S. , Frazis, H. , Stewart, J. , 2005. Data watch: the American time use survey. J. Econ. Perspect. 19 (1) , 221-232.

Hammitt, J. , et al. , 2009. The effect of health and longevity on financial risk tolerance. Geneva Risk Ins. Rev. 34, 117-139.

Hamplova, D. , Le Bourdais, C. , 2009. One or two pot strategies? Income pooling in married and unmarried households in comparative perspective. J. Comp. Fam. Stud. 40, 355-385.

Hansen, K. , Joshi, H. , Verropoulou, G. , 2006. Childcare and mothers' employment: approaching the millennium. Natl. Inst. Econ. Rev. 195, 84-102.

Harbury, C. D. , Hitchens, D. M. , 1977. Women, wealth and inheritance. Econ. J. 87 (345) , 124-131.

Harkness, S. , 2013. Women's employment and household income inequality. In: Gornick, J. , Jantii, M. (Eds.), Income Inequality: Economic Disparities and the Middle Class in Affluent Countries. Stanford University Press, Stanford, CA, pp. 207-233.

Harkness, S. , Waldfogel, J. , 2003. The family gap in pay: evidence from seven industrialized countries. Res. Labor Econ. 22, 369-413.

Heckman, J. , 1974. Shadow prices, market wages, and labor supply. Econometrica 42 (4) , 679-694.

Heckman, J. J. , 1976. The common structure of statistical models of truncation, sample selection and limited dependent variables and a simple estimator for such models. Ann. Econ. Soc. Meas. 5 (4) , 475-492.

Heckman, J. , 1979. Sample selection bias as a specification error. Econometrica 47 (1) , 153-161.

Hegewisch, A. , Liepmann, H. , Hayes, J. , Hartmann, H. , 2010. Separate and not equal?

Gender segregation in the labor market and the gender wage gap. Institute for Women's Policy Research Briefing Paper No. 377, Washington, DC.

Heikel, N., Liefbroer, A. C., Poortman, A. -R., 2010. Income pooling strategies among cohabiting and married couples: a comparative perspective. In: European Population Conference, Session 15, Vienna, 1-4, September.

Heimdal, K. R., Houseknecht, S. K., 2003. Cohabiting and married couples' income organization: approaches in Sweden and the United States. J. Marriage Fam. 65 (3), 525-538.

Hellerstein, J., Neumark, D., McInerney, M., 2007. Changes in workplace segregation in the United States between 1990 and 2000: evidence from matched employer-employee data. NBER Working Paper No. 13080.

Herr, J. L., Wolfram, C., 2009. Work environment and 'Opt-Out' rates at motherhood across high education career paths. NBER Working Paper No. w14717.

Hersch, J., 1991. Male-female differences in hourly wages: the role of human capital, working conditions, and housework. Ind. Labor Relat. Rev. 44 (4), 746-759.

Hersch, J., Stratton, L. S., 2002. Housework and wages. J. Hum. Resour. 37 (1), 217-229.

Heyman, F., Svaleryd, H., Vlachos, J., 2013. Competition, takeovers, and gender discrimination. Ind. Labor Relat. Rev. 66, 409-511.

Hill, M. S., 1979a. The wage effects of marital status and children. J. Hum. Resour. 14 (4), 579-594.

Hill, T. P., 1979b. Do-it-yourself and GDP. Rev. Income Wealth 25 (1), 31-39.

Hiller, D. V., 1984. Power, dependence and division of family work. Sex Roles 10, 1003-1019.

Himmelweit, S., Santos, C., Sevilla, A., Sofer, C., 2013. Sharing of resources within the family and the economics of household decision making. J. Marriage Fam. 75 (3), 625-639.

Hipple, S. F., 2010. Self-employment in the United States. Mon. Labor Rev. 133 (9), 17-32.

Hirsch, B., Konietzko, T., 2013. The effect of housework on wages in Germany: no impact at all. J. Labor Market Res. 46 (2), 103-118.

Hirsch, B., Schank, T., Schnabel, C., 2010. Differences in labor supply to monopsonistic firms and the gender pay gap: an empirical analysis using linked employer-employee data from Germany. J. Labor Econ. 28 (2), 291-330.

Hochschild, A., Machung, A., 1989. The Second Shift: Working Parents and the Revolution at Home. Viking, New York, NY.

Holzer, H. J., Neumark, D., 2000. What does affirmative action do? Ind. Labor Relat. Rev. 53 (2), 240-271.

Hook, J. L., 2006. Care in context: men's unpaid work in 20 countries, 1965-2003. Am.

Sociol. Rev. 71 (4), 639-660.

Hook, J. L., 2010. Gender inequality in the welfare state: sex segregation in housework, 1965-2003. Am. J. Sociol. 115, 1480-1523.

Hotchkiss, J. L., Pitts, M. M., 2007. The role of labor market intermittency in explaining gender wage differentials. Am. Econ. Rev. 97 (2), 417-421.

Huerta, M. D. C., Adema, W., Baxter, J., Han, W. J., Lausten, M., Lee, R., Waldfogel, J., 2013. Fathers' leave, fathers' involvement and child development: are they related? Evidence from four OECD countries. p. 2013OECD Social Employment and Migration Working Papers No. 140.

Hundley, G., 2000. Male/female earnings differences in self-employment: the effects of marriage, children, and the household division of labor. Ind. Labor Relat. Rev. 54 (1), 95-104.

Hundley, G., 2001. Domestic division of labor and self/organizationally employed differences in job attitudes and earnings. J. Fam. Econ. Iss. 22 (2), 121-139.

Hunt, J., 2002. The transition in East Germany: when is a ten-point fall in the gender wage gap bad news? J. Labor Econ. 20 (1), 148-169.

Ironmonger, D., 1996. Counting outputs, capital inputs and caring labor: estimating gross household product. Fem. Econ. 2 (3), 37-64.

Ironmonger, D., 2000. Household production and the household economy. Research Paper, Department of Economics, University of Melbourne.

Ishida, J., 2003. The role of intrahousehold bargaining in gender discrimination. Ration. Soc. 15 (3), 361-380.

Jaumotte, F., 2003. Female labour force participation: past trends and main determinants in OECD countries. OECD Economics Department Working Papers No. 376.

Jefferson, T., 2005. Women and retirement incomes in Australia: a review. Econ. Rec. 81 (254), 273-291.

Jefferson, T., 2009. Women and retirement pensions: a research review. Fem. Econ. 15 (4), 115-145.

Jenkins, S. P., 1991. Poverty measurement and the within-household distribution: agenda for action. J. Soc. Policy 20 (4), 457-483.

Joshi, H., Macran, S., Dex, S., 1996. Employment after childbearing and women's subsequent labour force participation: evidence from the British 1958 birth cohort. J. Popul. Econ. 9 (3), 325-348.

Joshi, H., Paci, P., Waldfogel, J., 1999. The wages of motherhood: better or worse? Camb. J. Econ. 23 (5), 543-564.

Juhn, C., Murphy, K. M., 1997. Wage inequality and family labor supply. J. Labor Econ. 15 (1), 72-97 (part 1).

Juhn, C. ,Murphy, K. M. , Pierce, B. , 1991. Accounting for the slowdown in black-white wage convergence. In: Kosters, M. H. (Ed.), Workers and Their Wages. AEI Press, Washington, DC, pp. 107-143.

Juhn, C. , Murphy, K. M. , Pierce, B. , 1993. Wage inequality and the rise in returns to skill. J. Polit. Econ. 101 (3), 410-442.

Jurajda, S ˇ. , Harmgart, H. , 2007. When do female occupations pay more? J. Comp. Econ. 35 (1), 170-187.

Juster, E. T. , Kuester, K. A. , 1991. Differences in the measurement of wealth, wealth inequality and wealth composition obtained from alternative US wealth surveys. Rev. Income Wealth 37, 33-62.

Juster, F. T. , Stafford, F. P. , 1991. The allocation of time: empirical findings, behavioral models, and problems of measurement. J. Econ. Lit. 29 (2), 471-522.

Juster, F. T. , Courant, P. N. , Dow, G. K. , 1981. A theoretical framework for the measurement of well-being. Rev. Income Wealth 27 (1), 1-31.

Kabátek, J. , van Soest, A. , Stancanelli, E. , 2014. Income taxation, labour supply and housework: a discrete choice model for French couples. Labour Econ. 27, 30-43.

Kahn, J. R. , García-Manglano, J. , Bianchi, S. M. , 2014. The motherhood penalty at midlife: long term effects of children on women's careers. J. Marriage Fam. 76 (1), 56-72.

Kahneman, D. , Krueger, A. B. , Schkade, D. A. , Schwarz, N. , Stone, A. A. , 2004. Toward national well-being accounts. Am. Econ. Rev. 94 (2), 429-434.

Kalenkoski, C. M. , Ribar, D. C. , Stratton, L. S. , 2009. The influence of wages on parents' allocations of time to child care and market work in the United Kingdom. J. Popul. Econ. 22 (2), 399-419.

Kalugina, E. ,Radtchenko,N. , Sofer, C. , 2009. How do spouses share their full income? Identification of the sharing rule using self-reported income. Rev. Income Wealth 55 (2), 360-391.

Kamo, Y. , 1988. Determinants of household division of labor resources, power, and ideology. J. Fam. Issues 9 (2), 177-200.

Kamo, Y. , 2000. He said, she said: assessing discrepancies in husbands' and wives' reports on the division of household labor. Soc. Sci. Res. 29, 459-476.

Kan, M. Y. , 2008. Measuring housework participation: the gap between ' stylised' questionnaire estimates and diary-based estimates. Soc. Indic. Res. 86 (3), 381-400.

Kan, M. Y. , Laurie, H. , 2013. Changing patterns in the allocation of savings, investments and debts within couple relationships. Sociol. Rev. 62 (2), 335-358.

Kanbur, R. , Haddad, L. , 1994. Are better off households more unequal or less unequal? Oxf. Econ. Pap. 46 (3), 445-458.

Kassenboehmer, S. C. , Sinning, M. G. , 2014. Distributional changes in the gender wage gap. Ind. Labor Relat. Rev. 67 (2), 335-361.

Katz, E. , 1997. The intra-household economics of voice and exit. Fem. Econ. 3 (3), 25-46.

Kenney, C. , 2006. The power of the purse: allocative systems and inequality in couple households. Gend. Soc. 20 (3), 354-381.

Kihlstrom, R. E. , Laffont, J. J. , 1979. A general equilibrium entrepreneurial theory of firm formation based on risk aversion. J. Polit. Econ. 87 (4), 719-748.

Killewald, A. , 2011. Opting out and buying out: wives' earnings and housework time. J. Marriage Fam. 73 (2), 459-471.

Killewald, A. , 2013. A reconsideration of the fatherhood premium marriage, coresidence, biology, and fathers' wages. Am. Sociol. Rev. 78 (1), 96-116.

Killewald, A. , Gough, M. , 2010. Money isn't everything: wives' earnings and housework time. Soc. Sci. Res. 39 (6), 987-1003.

Killingsworth, M. R. , 1990. The Economics of Comparable Worth. W. E. Upjohn Institute for Employment Research, Kalamazoo.

Killingsworth, M. R. , Heckman, J. J. , 1986. Female labor supply: a survey. In: Ashenfelter, O. , Layard, R. (Eds.), Handbook of Labor Economics, vol. 1. Elsevier Science, Amsterdam, pp. 103-204.

Kim, J. W. , Choi, Y. J. , 2013. Feminisation of poverty in 12 welfare states: consolidating cross-regime variations? Int. J. Soc. Welfare 22 (4), 347-359.

Kim, M. K. , Polachek, S. W. , 1994. Panel estimates of male-female earnings functions. J. Hum. Resour. 29 (2), 406-428.

Kirzner, I. M. , 1979. Perception, Opportunity, and Profit: Studies in the Theory of Entrepreneurship. University of Chicago Press, Chicago, IL.

Klein, M. W. , Moser, C. , Urban, D. M. , 2010. The contribution of trade to wage inequality: the role of skill, gender, and nationality. NBER Working Paper Series No. 15985.

Klerman, J. A. , Leibowitz, A. , 1999. Job continuity among new mothers. Demography 36 (2), 145-155.

Kleven, H. J. , Kreiner, C. T. , Saez, E. , 2009. The optimal income taxation of couples. Econometrica 77 (2), 537-560.

Kluve, J. , Tamm, M. , 2013. Parental leave regulations, mothers' labor force attachment and fathers' childcare involvement: evidence from a natural experiment. J. Popul. Econ. 26, 983-1005.

Knight, F. H. , 1921. Risk, Uncertainty and Profit. Houghton Mifflin, Boston, p. 381.

Koellinger, P. , Minniti, M. , Schade, C. , 2013. Gender differences in entrepreneurial propensity. Oxf. Bull. Econ. Stat. 75 (2), 213-234.

Kollmeyer, C., 2013. Family structure, female employment, and national income inequality: a cross-national study of 16 Western countries. Eur. Sociol. Rev. 29 (4), 816-827.

Korenman, S., Neumark, D., 1991. Does marriage really make men more productive? J. Hum. Resour. 16 (2), 282-307.

Korenman, S., Neumark, D., 1992. Marriage, motherhood, and wages. J. Hum. Resour. 27 (2), 233-255.

Kotsadam, A., 2011. Does informal eldercare impede women's employment? The case of European welfare states. Fem. Econ. 17 (2), 121-144.

Kreyenfeld, M., Hank, K., 2000. Does the availability of child care influence the employment of mothers? Findings from western Germany. Popul. Res. Policy Rev. 19 (4), 317-337.

Krueger, A. B., 2007. Are we having more fun yet? Categorizing and evaluating changes in time allocation. Brook. Pap. Econ. Act. 2007 (2), 193-215.

Krueger, A. B., Kahneman, D., Schkade, D. A., Schwarz, N., Stone, A. A., 2009. National time accounting: the currency of life. In: Krueger, A. B. (Ed.), Measuring the SubjectiveWell-Being of Nations: National Accounts of Time Use and Well-Being. NBER, pp. 9-86. Available from: http://www. nber. org/chapters/c5053.

Kuhn, P., Villeval, M. C., 2013. Are women more attracted to cooperation than men? NBER Working Paper No. 19277.

Kurtulus, F. A., Tomaskovic-Devey, D., 2012. Do female top managers help women to advance? A panel study using EEO-1 records. Ann. Am. Acad. Pol. Soc. Sci. 639 (1), 173-197.

Lalive, R., Zweimüller, J., 2009. How does parental leave affect fertility and return to work? Evidence from two natural experiments. Q. J. Econ. 124 (3), 1363-1402.

Landefeld, J. S., McCulla, S. H., 2000. Accounting for nonmarket household production within a national accounts framework. Rev. Income Wealth 46 (3), 289-307.

Landefeld, J. S., Fraumeni, B. M., Vojtech, C. M., 2009. Accounting for nonmarket production: a prototype satellite account using the American time use survey. Rev. Income Wealth 55 (2), 205-225.

Langowitz, N., Minniti, M., 2007. The entrepreneurial propensity of women. Enterp. Theory Pract. 31 (3), 341-364.

Laporte, C., Schellenberg, G., 2011. The income management strategies of older couples in Canada. Can. Stud. Popul. 38 (3-4), 1-22.

Lavy, V., 2012. Gender differences in market competitiveness in a real workplace: evidence from performance-based pay tournaments among teachers. NBER Working Paper No. 14338.

Lazear, E. P. , 2005. Entrepreneurship. J. Labor Econ. 23 (4) , 649-680.

Lazear, E. P. , Rosen, S. , 1990. Male-female wage differentials in job ladders. J. Labor Econ. 8 (1) , S106-S123.

Lechene, V. , 1993. Une revue de la littérature sur les échelles d'équivalence. Econ. Prevision 110-111, 169-182.

Lechmann, D. S. , Schnabel, C. , 2012. Why is there a gender earnings gap in self-employment? A decomposition analysis with German data. J. Eur. Labor Stud. 1 (1) , 1-25.

Lee, Y. S. , Waite, L. J. , 2005. Husbands' and wives' time spent on housework: a comparison of measures. J. Marriage Fam. 67 (2) , 328-336.

Leibbrandt, A. , List, J. , 2012. Do women avoid salary negotiations? Evidence from a large scale natural field experiment. NBER Working Paper No. 18511.

Leonard, J. , 1989. Women and affirmative action. J. Econ. Perspect. 3 (1) , 61-75.

Leoni, T. , Falk, M. , 2010. Gender and field of study as determinants of self-employment. Small Bus. Econ. 34 (2) , 167-185.

Lequien, L. , 2012. The impact of parental duration on later wages. Ann. Econ. Stat. 107, 267-286.

Leung, D. , 2006. The male/female earnings gap and female self-employment. J. Socio-Econ. 35 (5) ,759-779.

Levitt, S. D. , List, J. A. , 2007. What do laboratory experiments measuring social preferences reveal about the real world? J. Econ. Perspect. 21 (2) , 153-174.

Lewbel, A. , Pendakur, K. , 2008. Equivalence scales, second ed. The new palgrave dictionary of economics. In:Durlauf, S. N. , Blume, L. E. (Eds.), The New Palgrave Dictionary of Economics. Palgrave Macmillan, Basingstoke, Hampshire New York.

Lilly, M. B. , Laporte, A. , Coyte, P. C. , 2007. Labor market work and home care's unpaid caregivers: a systematic review of labor force participation rates, predictors of labor market withdrawal, and hours of work. Milbank Q. 85 (4) , 641-690.

Lincoln, A. E. , 2008. Gender, productivity, and the marital wage premium. J. Marriage Fam. 70 (3) ,806-814.

Lise, J. , Seitz, S. , 2011. Consumption inequality and intra-household allocations. Rev. Econ. Stud. 78, 328-355.

Livermore, T. , Rodgers, J. , Siminski, P. , 2011. The effect of motherhood on wages and wage growth: evidence for Australia. Econ. Rec. 87 (s1) , 80-91.

Lombard, K. V. , 2001. Female self-employment and demand for flexible, non-standard work schedules. Econ. Inq. 29 (2) , 214-317.

Loughran, D. S. , Zissimopoulos, J. M. , 2009. Why wait? The effect of marriage and childbearing on the wages of men and women. J. Hum. Resour. 44 (2) , 326-349.

Loury, L. D. , 1997. Gender earnings gap among college-educated workers. Ind. Labor Relat. Rev. 50 (4),580-593.

Love, D. A. , 2010. The effects of marital status and children on savings and portfolio choice. Rev. Financ. Stud. 23 (1), 385-432.

Lucifora, C. , Meurs, D. , 2006. The public sector pay gap in France, Great Britain and Italy. Rev. Income Wealth 52 (1), 43-59.

Luckhaus, L. , 2000. Equal treatment, social protection and income security for women. Int. Labor Rev. 139 (2), 149-178.

Ludwig-Mayerhofer,W. , Gartner, H. , Allmendinger, J. , 2006. The allocation of money in couples: the end of inequality? Zeisch. Soziol. 35 (3), 212-226.

Lundberg, S. , 2008. Gender and household decision making. In: Bettio, F. , Veraschagina, A. (Eds.), Frontiers in the Economics of Gender. Routledge, London, pp. 116-134.

Lundberg, S. , Pollak, R. A. , 1993. Separate spheres bargaining and the marriage market. J. Polit. Econ. 100 (6), 988-1010.

Lundberg, S. , Pollak,R. A. , 2013. Cohabitation and the uneven retreat from marriage in the US, 1950-2010. In: Human Capital in History: The American Record, NBER Working Papers No19413, National Bureau of Economic Research.

Lundberg, S. , Rose, E. , 2000. Parenthood and the earnings of married men and women. Labor Econ. 7 (6),689-710.

Lundberg, S. , Pollack, R. A. , Wales, T. , 1997. Do husbands and wives pool their resources? Evidence from the UK child benefit. J. Hum. Resour. 32 (3), 463-480.

Lundin, D. , Mörk, E. , Öckert, B. , 2008. How far can reduced childcare prices push female labour supply? Labour Econ. 15 (4), 647-659.

Lupton, J. P. , Smith, J. P. , 2003. Marriage, assets and savings. In: Grossbard-Shechtman, S. A. (Ed.), Marriage and the Economy: Theory and Evidence from Advanced Industrial Societies. Cambridge University Press, Cambridge, pp. 129-152.

Lyngstad, T. H. , Noack, T. , Tufte, P. A. , 2011. Pooling of economic resources: a comparison of Norwegian married and cohabiting couples. Eur. Sociol. Rev. 27 (5), 624-635.

Maani, A. A. , Cruickshank, A. A. , 2010. What is the effect of housework on the market wage, and can it explain the gender wage gap? J. Econ. Surv. 24 (3), 402-427.

MacDonald, M. , Phipps, S. , Lethbridge, L. , 2005. Taking its toll: the influence of paid and unpaid work on women's well-being. Fem. Econ. 11 (1), 63-94.

Machado, J. F. , Mata, J. , 2005. Counterfactual decomposition of changes in wage distributions using quantile regression. J. Appl. Econ. 20, 445-465.

Machin, S. , Puhani, P. A. , 2003. Subject of degree and the gender wage differential: evidence from the UK and Germany. Econ. Lett. 79 (3), 393-400.

Mackenzie, G. A. S. , 2010. The Decline of the Traditional Pension. Cambridge University Press, United States of America, p. 275.

MacPherson, D. A. , 1988. Self-employment and married women. Econ. Lett. 28 (3), 281-284.

MacPherson, D. A. , Hirsch, B. T. , 1995. Wages and gender composition: why do women's jobs pay less? J. Labor Econ. 13 (3), 426-471.

Maitre, B. , Nolan, B. , Whelan, C. T. , 2012. Low pay, in-work poverty and economic vulnerability: a comparative analysis using EU-SILC. Manch. Sch. 80 (1), 99-116.

Malkiel, B. G. , Malkiel, J. A. , 1973. Male-female pay differentials in professional employment. Am. Econ. Rev. 63 (4), 693-705.

Manchester, C. F. , Leslie, L. M. , Kramer, A. , 2010. Stop the clock policies and career success in academia. Am. Econ. Rev. 100 (2), 219-223.

Mandel, H. , Semyonov, M. , 2006. A welfare state paradox: state interventions and women's employment opportunities in 22 countries. Am. J. Sociol. 111 (6), 1910-1949.

Manning, A. , 2003. Monopsony in Motion. Princeton University Press, Princeton NJ, p. 416.

Manning, A. , Petrongolo, B. , 2008. The part-time pay penalty for women in Britain. Econ. J. 118 (526),F28-F51.

Manning, A. , Saidi, F. , 2010. Understanding the gender pay gap: what's competition got to do with it? Ind. Labor Relat. Rev. 63 (4), 681-698.

Manning, A. , Swaffield, J. , 2008. The gender gap in early-career wage growth. Econ. J. 118 (530),983-1024.

Manser, M. , Brown, M. , 1980. Marriage and household decision-making: a bargaining approach. Int. Econ. Rev. 21 (1), 31-44.

Marshall, M. I. , Flaig, A. , 2014. Marriage, children, and self-employment earnings: an analysis of self-employed women in the US. J. Fam. Econ. Iss. 35 (3), 313-322.

Matsa, D. , Miller, A. , 2011. Chipping away at the glass ceiling: gender spillovers in corporate leadership. Am. Econ. Rev. 101 (3), 635-639.

Matsa, D. A. ,Miller, A. R. , 2013. A female style in corporate leadership? Evidence from quotas. Am. Econ. J. 5 (3), 136-169.

Mattingly, M. J. , Blanchi, S. M. , 2003. Gender differences in the quantity and quality of free time: the US experience. Soc. Forces 81 (3), 999-1030.

Maume, D. J. , 2006. Gender differences in restricting work efforts because of family responsibilities. J. Marriage Fam. 68 (4), 859-869.

McElroy, M. B. , Horney, M. J. , 1981. Nash bargained household decisions: toward a generalization of the theory of demand. Int. Econ. Rev. 22 (2), 333-349.

McLennan, M. C. , 2000. Does household labour impact market wages? Appl. Econ. 32 (12), 1541-1557.

McRae, S. , 2003. Constraints and choice in mother's employment careers: a consideration of Hakim's preference theory. Br. J. Sociol. 54 (3), 317-388.

Mehay, S. L. , Bowman, W. R. , 2005. Marital status and productivity: evidence from personnel data. South. Econ. J. 72 (1), 63-77.

Melly, B. , 2005. Public-private sector wage differentials in Germany: evidence from quantile regression. Empir. Econ. 30 (2), 505-520.

Mencarini, L. , Sironi, M. , 2012. Happiness, housework and gender inequality in Europe. Eur. Sociol. Rev. 28 (2), 203-219.

Meng, X. , Meurs, D. , 2004. The gender earnings gap: effects of institutions and firms—a comparative study of French and Australian private firms. Oxf. Econ. Pap. 56 (2), 189-208.

Meulders, D. , O'Dorchai, S. , 2010. Revisiting poverty measures towards individualisation. ULB-Dulbea Working Paper No. 10-03.

Meurs, D. , Ponthieux, S. , 2008. Public and private employment and the gender wage gap in 8 European countries. In: ETUI, Privatisation and Marketisation of Services, pp. 261-283. Brussels, ETUI-REHS.

Miller, A. R. , 2011. The effects of motherhood timing on career path. J. Popul. Econ. 24 (3), 1071-1100.

Miller, T. , del Carmen Triana, M. , 2009. Demographic diversity in the boardroom: mediators of the board diversity-firm performance relationship. J. Manag. Stud. 46 (5), 755-786.

Mincer, J. , 1962. Labor force participation of married women: a study of labor supply. In: NBER Volume, (Ed.), Aspects of Labor, Economics, pp. 63-106. http://www. nber. org/ chapters/c0603.

Mincer, J. , Ofek, H. , 1982. Interrupted work careers: depreciation and restoration of human capital. J. Hum. Resour. 17 (1), 3-24.

Mincer, J. , Polachek, S. , 1974. Family investments in human capital: earnings of women. J. Polit. Econ. 82 (2), S76-S108.

Minniti, M. , Nardone, C. , 2007. Being in someone else's shoes: the role of gender in nascent entrepreneurship. Small Bus. Econ. 28 (2-3), 223-238.

Miranda, V. , 2011. Cooking, caring and volunteering: unpaid work around the world. OECD Social, Employment and Migration Working Papers 116. OECD Publishing.

Misra, J. , Budig, M. , Boeckmann, I. , 2011. Work-family policies and the effects of children on women's employment hours and wages. Commun. Work Fam. 14 (2), 139-157.

Molina, J. A. , Montuenga, V. M. , 2009. The motherhood wage penalty in Spain. J. Fam. Econ. Iss. 30 (3), 237-251.

Moss，M.，1973. Introduction. In：Moss，M.（Ed.），The Measurement of Economic and Social Performance. NBER，pp. 1-22.

Moss-Racusin，C.，Dovidio，J.，Brescoli，V.，Graham，M.，Handelsma，J.，2012. Science faculty's subtle gender biases favor male students. Proc. Natl. Acad. Sci. U. S. A. 109（41），16474-16479.

Nakosteen，R. A.，Zimmer，M. A.，1997. Men，money and marriage：are high earners more prone than low earners to marry? Soc. Sci. Q. 78（1），66-82.

Neelakantan，U.，2010. Estimation and impact of gender differences in risk tolerance. Econ. Inq. 48（1），228-233.

Neelakantan，U.，Lyons，A.，Nelson，C.，2009. Household bargaining and portfolio choice. Working Paper，University of Illinois at Urbana-Champaign. www. aeaweb. org/assa/2009/retrieve. php.

Nelson，J. A.，1994. I，thou and them：capabilities，altruism and norms in the economics of marriage. Am. Econ. Rev. 84（2），126-131.

Nepomnyaschy，L.，Waldfogel，J.，2007. Paternity leave and fathers' involvement with their young children：evidence from the American Ecls-B. Commun. Work Fam. 10（4），427-453.

Neuman，S.，Oaxaca，R. L.，1998. Estimating labour market discrimination with selectivity corrected wage equations：methodological considerations and an illustration from Israel. Centre for Economic Policy Research，Working Paper No. 1915.

Neumark，D.，1988. Employers' discriminatory behavior and the estimation of wage discrimination. J. Hum. Resour. 23（3），279-295.

Neumark，D. M.，1996. Sex discrimination in restaurant hiring：an audit study. Q. J. Econ. 111，915-941.

Neumark，D.，Korenman，S.，1992. Sources of bias in women's wage equations：results using sibling data. NBER Working Paper No. w4019.

Ngai，L. R.，Petrongolo，B.，2013. Gender gaps and the rise of the service economy. CEPR Discussion Paper 1204.

Niederle，M.，Vesterlund，L.，2007. Do women shy away from competition? Do men compete too much? Q. J. Econ. 122（3），1067-1101.

Niederle，M.，Vesterlund，L.，2011. Gender and competition. Annu. Rev. Econ. 3（1），601-630.

Niederle，M.，Segal，C.，Vesterlund，L.，2013. How costly is diversity? Affirmative action in light of gender differences in competitiveness. Manag. Sci. 59（1），1-16.

Noonan，M. C.，2001. The impact of domestic work on men's and women's wages. J. Marriage Fam. 63（4），1134-1145.

Ñopo，H.，2008a. Matching as a tool to decompose wage gaps. Rev. Econ. Stat. 90（2），

290-299.

Ñopo, H., 2008b. An extension of the Blinder-Oaxaca decomposition to a continuum of comparison groups. Econ. Lett. 100 (2), 292-296.

Nordhaus, W. D., Tobin, J., 1973. Is growth obsolete? In: Moss, M. (Ed.), The Measurement of Economic and Social Performance. NBER, pp. 509-564. http://www. nber. org/ chapters/c3621.

Oaxaca,R. L., 1973. Male-female wage differentials in urban labor markets. Int. Econ. Rev. 14 (3), 693-709.

Oaxaca, R. L., Ransom, M. R., 1994. On discrimination and the decomposition of wage differentials. J. Econ. 61 (1), 5-21.

OECD, 2007. Babies and Bosses: Reconciling Work and Family Life. A Synthesis of Findings for OECD Countries. OECD, Paris.

OECD, 2011a. Society at a Glance 2011: OECD Social Indicators. OECD Publishing, Paris.

OECD, 2011b. Doing Better for Families. OECD, Paris.

OECD, 2012. Closing the Gap—ActNow. OECD Publishing. Data available from, http:// www. oecd. org/gender/data/balancingpaidworkunpaidworkandleisure. htm.

OECD, 2013. The OECD Framework for Statistics on the Distribution of Household Income, Consumption and Wealth. OECD Publishing, Paris.

OECD/The European Commission, 2013. The Missing Entrepreneurs: Policies for Inclusive Entrepreneurship in Europe. OECD Publishing, Paris.

Offer, S., Schneider, B., 2011. Revisiting the gender gap in time-use patterns multitasking and well-being among mothers and fathers in dual-earner families. Am. Sociol. Rev. 76 (6), 809-833.

Olivetti, C., 2006. Changes in women's hours of market work: the role of returns to experience. Rev. Econ. Dyn. 9 (4), 557-587.

Olivetti, C., Petrongolo, B., 2008. Unequal pay or unequal employment? A cross-country analysis of gender gaps. J. Labor Econ. 26 (4), 621-654.

Olsberg, D., 2006. Major changes for super, but women are still Ms... ing out. Aust. Account. Rev. 16 (40),47-51.

O'Neil, J., Polacheck, S., 1993. Why the gender gap in wages narrowed in the 1980's. J. Labor Econ. 11 (1),205-208.

Oostveen, A., Biletta, I., Parent-Thirion, A., Vermeylen, G., 2013. Self-employed or not self-employed? Working conditions of economically dependent workers. Background Paper, Eurofound.

Orenstein, M. A., 2013. Pension privatization: evolution of a paradigm. Governance 26 (2), 259-281.

Ozawa, M. N. , Lee, Y. , 2006. The net worth of female-headed households: a comparison to other types of households. Fam. Relat. 55 (1), 132-145.

Pahl, J. , 1983. The allocation of money and the structuring of inequality within marriage. Sociol. Rev. 31, 235-262.

Pahl, J. , 1989. Money and Marriage. Macmillan Education, Basingstoke, UK.

Pahl, J. , 1995. His money, her money: recent research on financial organization in marriage. J. Econ. Psychol. 16, 361-376.

Pande, R. , Ford, D. , 2012. Gender quotas and female leadership. World Development Report, World Bank.

Peña-Casas, R. , Ghailani, D. , 2011. Towards individualizing gender in-work poverty risks. In: Fraser, N. et al. , (Ed.), Working Poverty in Europe: A Comparative Approach. Palgrave Macmillan, London.

Pekkarinen, T. , Vartiainen, J. , 2006. Gender differences in promotion on a job ladder: evidence from Finnish metalworkers. Ind. Labor Relat. Rev. 59 (2), 285-301.

Perry, S. C. , 2002. A comparison of failed and non-failed small business in the United States: do men and women use different planning and decision making strategies? J. Dev. Entrep. 7 (4), 415.

Pestieau, P. , 2003. The role of gift and estate transfers in the United States and in Europe. In: Munnell, A. , Sunden, A. (Eds.), Death and Dollars. The Brookings Institution Press, Washington, DC, pp. 64-85.

Petersen, T. , Morgan, L. A. , 1995. Separate and unequal: occupation-establishment sex segregation and the gender wage gap. Am. J. Sociol. 101 (2), 329-365.

Petersen, T. , Penner, A. M. , Hogsnes, G. , 2011. Male marital wage premium: sorting vs. differential pay. Ind. Labor Relat. Rev. 64 (2), 283-304.

Petit, P. , 2007. The effects of age and family constraints on gender hiring discrimination: a field experiment in the French financial sector. Labour Econ. 14 (3), 371-391.

Pfeifer, C. , 2011. Risk aversion and sorting into public sector employment. Ger. Econ. Rev. 12 (1), 85-99.

Phelps, E. S. , 1972. The statistical theory of racism and sexism. Am. Econ. Rev. 62 (4), 659-661.

Phipps, S. A. , Burton, P. S. , 1995. Sharing within families: implications for the measurement of poverty among individuals in Canada. Can. J. Econ. 28 (1), 177-204.

Phipps, S. A. , Burton, P. S. , 1998. What's mine is yours? The influence of male and female incomes on patterns of household expenditure. Economica 65 (260), 599-613.

Phipps, S. , Woolley, F. , 2008. Control over money and the savings decisions of Canadian households. J. Socio-Econ. 37 (2), 592-611.

Phipps, S. , Burton, P. , Osberg, L. , 2001a. Time as a source of inequality within marriage: are husbands more satisfied with time for themselves than wives? Fem. Econ. 7 (2) , 1-21.

Phipps, S. , Burton, P. , Lethbridge, L. , 2001b. In and out of the labour market: long-term consequences of child-related interruptions of women's paid work. Can. J. Econ. 34 (2) , 411-429.

Piggott, J. , Whalley, J. , 1996. The tax unit and household production. J. Polit. Econ. 104 (2) , 398-418.

Piketty, T. , 2013. Le capital au XXIe siècle. Editions du Seuil, Paris Also [2014]. Capital in the Twenty-First Century. Harvard University Press.

Plug, E. J. , Van Praag, B. M. , 1998. Similarity in response behavior between household members: an application to income evaluation. J. Econ. Psychol. 19, 497-513.

Poissonnier, A. , Roy, D. , 2013. Households satellite account for France in 2010. Methodological issues on the assessment of domestic production. INSEE Working Paper No. g2013-14.

Polachek, S. W. , 1981. Occupational self-selection: a human capital approach to sex differences in occupational structure. Rev. Econ. Stat. 63 (1) , 60-69.

Polachek, S. W. , 2004. How the human capital model explains why the gender wage gap narrowed. IZA Discussion Paper Series No. 1102.

Pollak, R. A. , 1985. A transaction cost approach to families and households. J. Econ. Lit. 23 (2) ,581-608.

Pollak, R. A. , 2003. Gary Becker's contributions to family and household economics. Rev. Econ. Househ. 1 (1) , 111-141.

Pollak, R. A. , 2005. Bargaining power in marriage: earnings, wage rates and household production. NBER Working Paper No. 11239.

Pollak, R. A. , 2013. Allocating household time: when does efficiency imply specialization? NBER Working Paper No. 19178.

Pollak,R. A. ,Wachter,M. L. , 1975. The relevance of the household production function and its implications for the allocation of time. J. Polit. Econ. 83 (2) , 255-278.

Ponthieux, S. , 2010. Assessing and analysing in-work poverty risk. In: Atkinson, A. B. , Marlier, E. (Eds.), Income and Living Conditions in Europe. EU Publications Office, Luxembourg.

Ponthieux, S. , 2013. Income pooling and equal sharing within the household—what can we learn from the 2010 EU-Silc module. Eurostat Working Papers and Methodological Series, Luxembourg.

Pronzato, C. D. , 2009. Return to work after childbirth: does parental leave matter in Europe? Rev. Econ. Househ. 7 (4) , 341-360.

Ramsey, F. P. , 1927. A contribution to the theory of taxation. Econ. J. 47-61.

Rangel, M. A. , 2006. Alimony rights and intrahousehold allocation of resources: evidence from Brazil. Econ. J. 116 (513) , 627-658.

Ransom, M. , Oaxaca, R. L. , 2005. Intrafirm mobility and sex differences in pay. Ind. Labor Relat. Rev. 28 (2) , 219-237.

Ransom, M. , Oaxaca, R. , 2010. New market power and sex differences in pay. J. Labor Econ. 28 (2) ,267-290.

Regan, T. L. , Oaxaca, R. L. , 2009. Work experience as a source of specification error in earnings models: implications for gender wage decompositions. J. Popul. Econ. 22 (2) , 463-499.

Reid, M. G. , 1934. Economics of Household Production. Wiley, New York.

Régnier-Loilier, A. , 2009. Does the birth of a child change the division of household tasks between partners? Population and Societies No. 461.

Riach, P. A. , Rich, J. , 2002. Field experiments of discrimination in the market place. Econ. J. 112 (483) ,480-518.

Rosen, H. S. , 1977. Is it time to abandon joint filing? Natl. Tax J. 30, 423-428.

Ruel, E. , Hauser, R. M. , 2013. Explaining the gender wealth gap. Demography 50 (4) , 1155-1176.

Ruhm, C. J. , 1998. The economic consequences of parental leave mandates: lessons from Europe. Q. J. Econ. 113 (1) , 287-317.

Ruiz-Arranz, M. , Davis, B. , Handa, S. , Stampini, M. , Winters, P. , 2006. Program conditionality and food security: the impact of PROGRESA and PROCAMPO transfers in rural Mexico. Rev. Econ. 7 (2) ,249-278.

Ruppanner, L. , 2010. Cross-national reports of housework: an investigation of the gender egalitarianism measure. Soc. Sci. Res. 39, 963-975.

Sabatelli, R. M. , Shehan, C. L. , 1993. Exchange and resource theories. In: Boss, P. G. et al. , (Ed.) , Sourcebook of Family Theories and Methods: A Contextual Approach. Plenum Press, New York, NY, pp. 385-411.

Safilios-Rothschild, C. , 1970. The study of family power structure: a review 1960-1969. J. Marriage Fam. 32 (4) , 539-552.

Safilios-Rothschild, C. , 1976. A macro-and micro-examination of family power and love: an exchange model. J. Marriage Fam. 38 (2) , 355-362.

Saint-Paul, G. , 2008. Against gender-based taxation. CEPR Document Paper 6582.

Salverda, W. , Checchi, D. , 2014. Labour-market institutions and the dispersion of wage earnings. In: Atkinson, Bourguignon (Eds.) , Handbook of Income Distribution, This volume (Chapter 18).

Samuelson, P. -A. , 1956. Social indifference curves. Q. J. Econ. 70 (1) , 1-22.

Sanders, C. K. , Porterfield, S. L. , 2010. The ownership society and women: exploring female householders' ability to accumulate assets. J. Fam. Econ. Iss. 31 (1), 90-106.

Saparito, P., Elam, A., Brush, C., 2013. Bank-firm relationships: do perceptions vary by gender? Enterp. Theory Pract. 37 (July), 837-858.

Saridakis, G., Marlow, S., Storey, D. J., 2013. Do different factors explain male and female self-employment rates? J. Bus. Ventur. 29 (3), 345-362.

Sayer, L. C., 2005. Gender, time and inequality: trends in women's and men's paid work, unpaid work and free time. Soc. Forces 84 (1), 285-303.

Sayer, L. C., 2010. Trends in housework. In: Treas, J., Drobnic, S. (Eds.), Dividing the Domestic-Men, Women, and Household Work in Cross-National Perspective. Stanford University Press, Stanford, CA, pp. 19-40.

Sayer, L. C., Bianchi, S. M., Robinson, J. P., 2004. Are parents investing less in children? Trends in mothers' and fathers' time with children. Am. J. Sociol. 110 (1), 1-43.

Sayer, L. C., England, P., Bittman, M., Bianchi, S. M., 2009. How long is the second (plus first) shift? Gender differences in paid, unpaid, and total work time in Australia and the United States. J. Comp. Fam. Stud. 40 (4), 523-545.

Schmidt, L., Sevak, P., 2006. Gender, marriage, and asset accumulation in the United States. Fem. Econ. 12 (1-2), 139-166.

Schneeweis, N., Zweimüller, M., 2012. Girls, girls, girls: gender composition and female school choice. Econ. Educ. Rev. 31 (4), 482-500.

Schneider, D., 2011. Market earnings and household work: new tests of gender performance theory. J. Marriage Fam. 73 (4), 845-860.

Sedo, S. A., Kossoudji, S. A., 2004. Rooms of one's own: gender, race and home ownership as wealth accumulation in the United States. IZA DP No. 1397.

Sena, V., Scott, J., Roper, S., 2012. Gender, borrowing patterns and self-employment: some evidence for England. Small Bus. Econ. 38 (4), 467-480.

Sevilla-Sanz, A., Gimenez-Nadal, J. I., Fernandez, C., 2010. Gender roles and the division of unpaid work in Spanish households. Fem. Econ. 16 (4), 137-184.

Shelton, B. A., 1992. Women, Men and Time: Gender Differences in Paid Work, Housework and Leisure. Greenwood Press, Westport, Conn.

Shilton, E., 2012. Insuring inequality: sex-based mortality tables and women's retirement income. Queen Law J. 37 (2), 383-731.

Shorrocks, A. F., 1982. The portfolio composition of asset holdings in the United Kingdom. Econ. J. 92 (366), 268-284.

Shrader, C. B., Blackburn, V. L., Iles, P., 1997. Women in management and firm financial performance: an exploratory study. J. Manage. Issues 9 (3), 355-372.

Sierminska, E., Smeeding, T., 2005. Measurement Issues: Equivalence Scales, Accounting

Framework and Reference Unit. Luxembourg Income Study, Luxembourg.

Sierminska, E. M. , Frick, J. R. , Grabka, M. M. , 2010. Examining the gender wealth gap. Oxf. Econ. Pap. 62 (4), 669-690.

Sigle-Rushton, W. , Waldfogel, J. , 2007. Motherhood and women's earnings in Anglo-American, Continental European, and Nordic countries. Fem. Econ. 13 (2), 55-91.

Simonsen, M. , Skipper, L. , 2006. The costs of motherhood: an analysis using matching estimators. J. Appl. Econ. 21 (7), 919-934.

Simonsen, M. , Skipper, L. , 2012. The family gap in wages: what wombmates reveal. Labour Econ. 19 (1),102-112.

Smeeding, T. M. ,Weinberg, D. H. , 2001. Toward a uniform definition of household income. Rev. Income Wealth 47 (1), 1-24.

Smith, J. D. , 1974. The concentration of personal wealth in America, 1969. Rev. Income Wealth 20 (2),143-180.

Smith, N. , Smith, V. , Verner, M. , 2005. Do women in top management affect firm performance? A panel study of 2500 Danish firms. IZA DP No. 1708, 2005.

Smith, N. , Smith, V. , Verner, M. , 2006. Do women in top management affect firm performance? A panel study of 2500 Danish firms. Int. J. Product. Perform. Manag. 55 (7), 569-593.

Smith, N. , Smith, V. , Verne, M. , 2011. The gender pay gap in top corporate jobs in Denmark: glass ceilings,sticky floors or both? Int. J. Manpow. 32 (2), 156-177.

Smith, N. , Smith, V. , Verner, M. , 2013. Why are so few females promoted into CEO and Vice President Positions: Danish Empirical evidence, 1997-2007. Ind. Labor Relat. Rev. 66 (2), 380-408.

Sorensen, A. , MacLanahan, S. , 1987. Married women's economic dependency, 1940-1980. Am. J. Sociol. 93 (3), 659-687.

South, S. J. , Spitze, G. , 1994. Housework in marital and non-marital households. Am. Sociol. Rev. 59, 327-347.

Spiess, C. K. , Schneider, A. U. , 2003. Interactions between care-giving and paid work hours among European midlife women, 1994 to 1996. Ageing Soc. 23 (1), 41-68. Westport, CT: Greenwood.

Stevenson, B. , Wolfers, J. , 2009. The paradox of declining female happiness. Am. Econ. J. 1 (2),190-225.

Stiglitz, J. , Sen, A. , Fitoussi, J. -P. , 2009. Report by the Commission on the Measurement of Economic Performance and Social Progress. www. stiglitz-sen-fitoussi. fr.

Sullivan, O. , 2011. An end to gender display through the performance of housework? A review and reassessment of the quantitative literature using insights from the qualitative literature.

J. Fam. Theory Rev. 3 (1), 1-13.

Sullivan, O., Gershuny, J., 2001. Cross-national changes in time-use: some sociological (hi)stories re-examined. Br. J. Sociol. 52 (2), 331-347.

Sundström, M., Duvander, A. Z. E., 2002. Gender division of childcare and the sharing of parental leave among new parents in Sweden. Eur. Sociol. Rev. 18 (4), 433-447.

Sutherland, H., 1997. Women, men and the redistribution of income. Fisc. Stud. 18 (1), 1-22.

Sutter, M., Kocher, M. G., Glatzle-Rutzler, D., Trautmann, S. T., 2013. Impatience and uncertainty: experimental decisions predict adolescents' field behavior. Am. Econ. Rev. 103 (1), 510-531.

Tavora, I., 2012. The southern European social model: familialism and the high rates of female employment in Portugal. J. Eur. Soc. Pol. 22 (1), 63-76.

Thomas, D., 1990. Intra-household resource allocation: an inferential approach. J. Hum. Resour. 24 (4),635-664.

Thévenon, O., 2011. Family policies in OECD countries: a comparative analysis. Popul. Dev. Rev. 37 (1),57-87.

Thévenon, O., 2013. Drivers of female labour force participation in the OECD. http://dx. doi. org/10. 1787/5k46cvrgnms6-en, OECD Social, Employment and Migration Working Papers No. 145,OECD Publishing.

Thévenon, O., Solaz, A., 2013. Labour market effects of parental leave policies in OECD countries. Directorate for Employment, Labour and Social Affairs, OECD.

Tichenor, V. J., 1999. Status and income as gendered resources. The case of marital power. J. Marriage Fam. 61 (3), 638-650.

Tison, A., Davin, B., Ventelou, B., Paraponaris, A., 2012. Influence of diseases on risk aversion through time. Working Paper, Aix Marseille School of Economics.

Treas, J., 1993. Money in the bank: transaction costs and the economic organization ofmarriage. Am. Sociol. Rev. 58, 723-734.

Treas, J., Lui, J., 2013. Studying housework across nations. J. Fam. Theory Rev. 5 (2), 135-149.

Treas, J., Tai, T. O., 2012. How couples manage the household: work and power in cross-national perspective. J. Fam. Issues 33 (8), 1088-1116.

Tymula, A., Belmaker, L. A. R., Ruderman, L., Glimcher, P. W., Levy, I., 2013. Like cognitive function, decision making across the life span shows profound age-related changes. Proc. Natl. Acad. Sci. U. S. A. 110 (42), 17143-17148.

Ulker, A., 2009. Wealth holdings and portfolio allocation of the elderly: the role of marital history. J. Fam. Econ. Iss. 30 (1), 90-108.

Ulph, D. T., 1988. A general non-cooperative Nash model of household consumption behaviour. University of Bristol Working Paper.

UN, 1995. Report of the Fourth World Conference on Women. United Nations, New York, NY.

U. N., 2005. Guide to Producing Statistics on Time-Use. Measuring Paid and Unpaid Work. UN Department of economic and social affairs, Statistics division, New York.

UN Statistical Commission, 1993. Report on the Twenty-seventh Session. Economic and Social Council Official Records, Supplement No. 6. United Nations, New York, NY.

Van Praag, B. M. S., Warnaar, M. F., 1997. The cost of children and the use of demographic variables in consumer demand. In: Rosenzweig, M. R., Stark, O. (Eds.), Handbook of Population and Family Economics. Elsevier, Amsterdam, pp. 241-274 (Chapter 6).

Van Rooij, M., Lusardi, A., Alessie, R., 2011. Financial literacy and stock market participation. J. Financ. Econ. 101 (2), 449-472.

Vella, F., 1998. Models with sample selection bias: a survey. J. Hum. Resour. 33 (1), 127-169.

Verheul, I., Thurik, R., Grilo, I., van der Zwan, P., 2011. Explaining preferences and actual involvement in self-employment: gender and the entrepreneurial personality. J. Econ. Psychol. 33 (2), 325-341.

Viitanen, T., 2014. The motherhood wage gap in the UK over the life cycle. Rev. Econ. Househ. 12 (2), 259-276.

Villeval, M. C., 2012. Steady, ready, compete. Science 335 (6068), 544-545.

Vogler, C., 1998. Money in the household: some underlying issues of power. Sociol. Rev. 46 (4), 687-713.

Vogler, C., Brockmann, M., Wiggins, R. D., 2006. Intimate relationships and changing patterns of money management at the beginning of the twenty-first century. Br. J. Sociol. 57 (3), 455-482.

Vogler, C., Lyonette, C., Wiggins, R. D., 2008. Money, power and spending decisions in intimate relationships. Sociol. Rev. 56 (1), 117-143.

Wagner, J., 2007. What a difference a Y makes—female and male nascent entrepreneurs in Germany. Small Bus. Econ. 28, 1-21. http://dx. doi. org/10. 1007/s11187-005-0259-x.

Waldfogel, J., 1998a. Understanding the "family gap" in pay for women with children. J. Econ. Perspect. 12 (1), 137-156.

Waldfogel, Jane, 1998b. The family gap for young women in the United States and Britain: can maternity leave make a difference? J. Labor Econ. 16 (3), 505-545.

Ward-Batts, J., 2008. Out of the wallet and into the purse—using micro data to test income pooling. J. Hum. Resour. 43 (2), 323-351.

Warren, T. , 2006. Moving beyond the gender wealth gap: on gender, class, ethnicity, and wealth inequalities in the United Kingdom. Fem. Econ. 12 (1-2), 195-219.

Weichselbaumer, D. , 2004. Is it sex or personality? The impact of sex stereotypes on discrimination in applicant selection. East. Econ. J. 30 (2), 159-186.

Weichselbaumer, D. , Winter-Ebmer, R. , 2005. A meta-analysis of the international gender wage gap. J. Econ. Survey 19 (3), 479-511.

Weinberg, B. , 2000. Computer use and the demand for female workers. Ind. Labor Relat. Rev. 53 (2),2290-3008.

Weinberger, C. J. , 1998. Race and gender wage gaps in the market for recent college graduates. Ind. Relat. 37 (1), 67-84.

Weinberger, C. J. , 1999. Mathematical college majors and the gender gap in wages. Ind. Relat. 38 (3),407-413.

West, C. , Zimmerman, D. H. , 1987. Doing gender. Gend. Soc. 1 (2), 125-151.

Wiepking, P. ,Maas, I. , 2005. Gender differences in poverty: a cross-national study. Eur. Socio. Rev. 21 (3),187-200.

Williams, D. R. , 2012. Gender discrimination and self-employment dynamics in Europe. J. Socio-Econ. 41 (2), 153-158.

Wilmoth, J. , Koso, G. , 2002. Does marital history matter? Marital status and wealth outcomes among pre-retirement adults. J. Marriage Fam. 64 (1), 254-268.

Winter-Ebmer, R. , Zweimüller, J. , 1997. Unequal assignment and unequal promotion in job ladders. J. Labor Econ. 15 (1), 43-71.

Woolley, F. , 1988. A non cooperative model of family decision making. LSE Working Paper tidi/125.

Woolley, F. , 1996. Getting the better of Becker. Fem. Econ. 1, 114-120.

Woolley, F. , 2003. Control over money inmarriage. In: Grossbard-Shechtman, S. A. (Ed.),Marriage and the Economy. Cambridge University Press, Cambridge, pp. 105-128.

Woolley, F. , Marshall, J. , 1994. Measuring inequality within the household. Rev. Income Wealth 40 (4),415-432.

Wozniak, D. , Harbaugh,W. T. ,Mayr, U. , 2010. Choices about competition: differences by gender and hormonal fluctuations, and the role of relative performance feedback. Working Paper, MPRA.

Wrohlich, K. , 2004. Child care costs and mothers' labor supply: an empirical analysis for Germany. DIW Discussion Paper No. 412.

Wu, A. Y. , Karamcheva, N. S. , Munnell, A. H. , Purcell, P. J. , 2013. How do trends in women's labor force activity and marriage patterns affect social security replacement rates? Soc. Secur. Bull. 73 (4), 1-24.

Yamokoski, A., Keister, L. A., 2006. The wealth of single women: marital status and parenthood in the asset accumulation of young baby boomers in the United States. Fem. Econ. 12 (1-2), 167-194.

Yodanis, C., Lauer, S., 2007. Economic inequality in and outside of marriage: individual resources and institutional context. Eur. Sociol. Rev. 23 (5), 573-583.

Young, M., 1952. Distribution of income within the family. Br. J. Sociol. 3 (4), 305-321.

Young, M. C., Wallace, J. E., 2009. Family responsibilities, productivity, and earnings: a study of gender differences among Canadian Lawyers. J. Fam. Econ. Iss. 30, 305-319.

Zagorsky, J., 2003. Husbands' and wives' view of the family finance. J. Socio-Econ. 32(2).

Zelizer, V. A., 1989. The social meaning of money: special monies. Am. J. Sociol. 92 (2), 342-377.

Zelizer, V. A., 1994. The creation of domestic currencies. Am. Econ. Rev. 84 (2), 138-142.

Zick, C. D., Bryant, W. K., Srisukhumbowornchai, S., 2008. Does housework matter anymore? The shifting impact of housework on economic inequality. Rev. Econ. Household 6 (1), 1-28.

Zweimüller, M., Winter Ebmer, R., Weichselbaumer, D., 2008. Market orientation and gender wage gaps: an international study. Kyklos 61 (4), 615-635.

第 13 章　对待收入不平等的态度：
实验证据和调查证据

安德鲁·E.克拉克(Andrew E. Clark) *,

孔奇塔·丹布罗西奥(Conchita D'Ambrosio)†

* 巴黎经济学院——法国国家科学研究中心(CNRS),法国巴黎市

† 卢森堡大学,卢森堡瓦尔弗当日市

目　录

摘要:我们回顾了与收入不平等态度相关文献中的调查发现和实验结果,认为收入不平等是个人之间的任何收入差距。我们将这些个人对社会收入分配的态度的研究发现分为两大类:规范性观点和比较性观点。第一类观点可以被看作个人对收入不平等的无利害关系评估;第二类观点与之相反,反映的是个人利益,因为个人对不平等的态度不仅取决于他们获得了多少收入,还取决于和他人相比他们获得的收入有多少。我们还总结了一些延伸的观点、突出的问题和对未来研究的建议。

关键词:态度;分配;实验;收入不平等;生活满意度;参照群体

JEL 分类代码:C91,D31,D63,I31

13.1 引言

经济学研究的许多领域也许有时不能通过"那又如何"的测试:我们真的关心这个问题吗? 不平等研究似乎并不存在这种问题,显然能顺利通过测试。收入不平等可能同失业问题一样,在经济学万神殿中占据着相似地位:人们几乎公认它是一件坏事。

既然大家有此公认,撰写关于个人对收入不平等态度的章节看似毫无道理;态度当然是否定的,这不是很清楚吗? 但我们觉得情况并不像想象得那么简单。首先,我们谈论收入不平等时,必须提出一个非常根本的问题:收入不平等是什么,为什么我们会预计任何衡量这种不平等的指标都与个人幸福感相关。其次,从这一背景出发继续追问,可发现有不少有待解决的问题:收入不平等对于每个人来说都是坏事吗? 从非常实用的层面上,我们如何分辨其好坏? 最后,在实证文献中,"不平等"这一术语可能被使用地太过随意。在这种情况下,试问哪些收入分配的指标对个人来说最具重要意义:(人们通常假定)是基尼系数,还是别的什么? 最近使用实验和调查方法的研究工作已经在回答这些问题中取得了相当大的进展,本章后面将会对此进行讨论。

我们首先要问的是,在什么情况下,别人的收入会影响我们的福祉。[①] 我们用"收入不平等"这个术语来指个人之间收入的任何差异(即有些人的收入不同于其他人的收入时的收入差距)。和许多与个人福祉有关的其他变量相反,收入分配并不存在于个人层面:收入不平等通常是从总体的社会层面来衡量的。衡量不平等的关键公理是庇古—道尔顿转移原则,根据这一原则,从较贫穷的个人向较富裕的个人发生任何收入转移时,不平等就会加剧。

我们认为人们对不平等的态度确实存在偏好,考虑个人对社会收入分配的两类态度有助于理解这一点。第一大观点可以被认为是个人对收入不平等的无利害关系评估:如果我在某些社会看到两种收入分配,我认为哪种分配更好? 我们将这称为对不平等的规范性评估。

[①] 我们在此仅讨论个人对收入不平等的评价。其他变量分配的不平等性也很重要,包括主观幸福感的不平等 (Clark et al.,2014)。

我们所分析的个人除了对收入不平等的无利害关系做出反应外,确实也生活在当前实验分析或调查分析讨论的社会中:他们的收入构成了我们讨论的收入分配的一部分。第二种不平等效应反映在个人层面上:收入不平等将直接影响个体所得到的绝对收入,以及与其他人相比,个体的富有程度和贫穷程度。这里所谈的对不平等的态度并不是与己无关的,而是与自己利益相关的,另外还可假设个人不仅关心他们获得的收入有多少,而且关心他们相对于其他人所获得的收入。我们称之为对不平等的比较性评估。

收入分配对个人福祉的影响可能会贯穿这两种评估途径。尽管社会中的收入不平等并不是个人层面的概念,但收入的任何分配都会产生个人层面上的影响,因为它会改变个人自身的收入,以及相较于更富裕者或更贫穷者个人自身的位置,这将在后面讨论。

在相对位置或进行比较方面,个人对待不平等的态度将严重依赖于个人头脑中比较的参照群体。Hyman(1942)在讨论个人对自己的排名进行自我评估时首次使用了这一术语,指的是个人在进行自我评估时拿来与自己进行比较参照的团体或个人。随后,该术语在社会科学界的众多论著中得到完善和扩展,现在学者们提出了对该术语的各种定义。Kelly(1965)区分了任何参照群体都可以发挥的两种作用,并提出了比较参照群体和规范参照群体的不同定义。

第一个比较参照群体,是依据 Hyman(1942)最初给出的解释而划定的,参照群体可作为自我评价的比较标准。规范性参照群体是有关个体的规范、态度和价值观的来源。根据相关个体是否为参照群体的成员,可以进一步区分两组。让我们来重新解释一下 Shibutani(1955)提出的这些术语概念,一个比较参照群体是比较的关键,它允许个体在成为参照群体的一员时[如 Hyman(1942)中的观点]计算出自己的相对位置。但是,个体并不需(或必)要成为参照群体的一员。当个体不是参照群体的一员,而渴望成为参照群体的一员时,参照群体就是一种相对愿望,也就是说,个体希望成为该参照群体的一员。规范性参照群体的观点构成了个体的参照系,并且可以对成员资格与非成员资格进行区分。在这种情况下,根据预期社会化结果,个体很可能会采取该参照群体的行为方式(Merton and Kitt,1950)。

关于本章的主题,个人对收入不平等的反应将取决于参照群体所承担的角色和群体中的成员身份。在比较参考群体中,个人是其成员,则个人的幸福感通常被认为受到群体中比个人收入更高者的负面影响,但受到收入更低者的正面影响。我们说,对比那些在群体中比他/她更富有的人,个人经历了来自收入差距的相对剥夺,但是对比那些在群体中比他/她更贫穷的人,他/她则经历了相对满意。相对剥夺和相对满意很可能取决于参照群体内收入不平等的程度。

即使个人目前不是该群体的成员,比较参照群体也可能很重要。如果个人渴望成为所讨论群体中的一员,那么与群体中较富有的人进行比较可能会产生积极的感受,因为个人预计,一旦他们加入该群体,就会与群体的成员一样富有。个人所向往的比较参照群体的概念与 Hirschman(1973)书中的隧道效应相类似,将在后面的 13.2.1 中提到。

参照群体的这种比较性观点背后的基本原理是:个人相对于群体其他人的位置很重要。我们并不认为这是个人看待他人成果的唯一方式。很可能,有些群体并不会被考虑为比较对象,而是成为广泛的同情对象。你所比较的人和你感到同情的人可能不是一样的。因此,我们很可能会看到一些个人,他们的地位相对于邻居或同事来说已经很高,但他们也会因为有人需要而投票支持社会计划,或是向国际慈善机构捐款,这时的个人更倾向于让别人过得更好。我们将在 13.4.4 更多地探讨这种同情或利他主义的想法。

与参照群体的比较性观点相反,参照群体的规范性观点中的不平等是由个体评估的,且不论其在分配中出现的位置,甚至也不管其是否出现在分配中。具体地说,一个人无论处于收入分配的顶端还是底层的四分位数,都将以同样的方式对给定的收入分配进行评估,因此,与规范性参照群体中较富裕和较贫穷的人进行比较没有任何意义。同理,我们现在都可以对 19 世纪的本国收入分配给出规范性的意见,即便我们并没有出现在该分配中。收入分配的规范性评估也可以被看作一种在无知之幕下(个人不知道她最终在分配中的位置)[①]对不平等态度偏好的反映。

收入不平等的规范性和比较性观点都可能取决于收入分配的方式。我们希望个人对努力带来的收入差距的容忍度要高于运气带来的收入差距。我们将在 13.4.3 中进一步讨论一些关于收入分配公平性的内容。

本章的其余部分安排如下:13.2 节通过比较参照群体的方法,考察了收入不平等影响的经验证据。我们采用两种不同的方法来评估收入不平等是否确实降低了个体的幸福感。第一种方法依赖于主观幸福感的各种衡量指标,将其作为个人效用的替代指标:这些指标用于确定收入差距是否确实与个人幸福感的衡量标准显著相关(如幸福感或生活满意度)。[②] 第二种方法是看个人的行为方式是否说明他们希望避免收入不平等,这相当于一个显性偏好的论点,显然必须要获得明确的行为测量标准并将其与该领域的收入不平等相匹配,所以我们转而寻求实验室中的实验技术以取得研究进展。13.3 节遵循相同的结构,但讨论的是收入分配的规范性评估。13.4 节提出了一些延伸的观点、突出的问题和对未来研究的建议。最后,13.5 节进行总结讨论。

13.2 比较性观点

当比较参照群体时,个人对其他人并非漠不关心,而是通过与他人比较来评估自己在社会中的地位。[③] 如果个人是这个参照群体的成员,那么其他人的收入较高会降低她的幸福感,而其他人的收入较低则效果相反。如果个人不在参照群体内,但想成为参照群体中的一员,那么其他人的高收入将对她的幸福产生积极影响。在这两种情况下,收入差距都会与个人幸福感相关。

---

① 如果只考虑个人的收入水平,收入超越平均值的"公正观察者",与其参与收入分配时相比,在不参与(这是纯粹的规范性偏好)时,会更加厌恶不平等。

② 过去几十年来,这种主观幸福感文献迅速增多。例如,过去 20 年在《经济日报》上发表的四篇引用最多的文章中,有三篇的标题中有"幸福"这个词。

③ 一般而言,个人对不平等的看法可能取决于她在收入分配中的位置。在这方面早期做出的贡献是 Van Praag (1977)。

在转向实验经济学的补充研究之前,我们首先考虑一些证据,能说明与他人比较具有重要性,这种比较以主观幸福测度为基础,在当前许多调查数据的来源里都可获取。

13.2.1 主观幸福感与他人的收入

可以说受 Easterlin(1974)提出的悖论①的显著影响,以及在大规模(包括面板)数据集中关于各种主观幸福感的信息的日益增多,现在已经有相当多的关于收入与幸福关系的研究。在这类文献中的一个关键问题是"金钱能买到幸福吗"。在标准经济理论中,个体的效用不应受他人行为或收入的影响,除非后者对个人施加外在的影响。

然而,在先前提到的比较参照群体中,参照群体其他人的收入确实只加强了这种外部性。他人收入的增加会降低个人的幸福感,通过提高相对剥夺感或降低相对满意度(取决于其他人增加后的收入比这个人的收入是高还是低),同理,他人收入的减少会增加个人的幸福感。

有很多方法试图证明,一个人的幸福感受到他人收入的负面影响。Clark 等(2008)对此进行了调查研究,因此本章只会提供对其相关调查结果的简要回顾。当然,比较不一定限定在收入上,还可以进行消费的比较,这正如 Veblen(1949)最初提出的那样,其他研究者如 Bloch 等(2004)、Brown 等(2011)及 Heffetz(2011)都通过实证研究进行了证明。比较还可以涵盖休闲(Frijters and Leigh,2008)或可以说是几乎任何其他可观察到的经济属性。

一些有关收入比较的实证研究使用了显示偏好法,其中观察到的对劳动力供给或消费的测量方法被认为更符合相对效用函数,其中无论是收入还是消费品,均与参照群体中的其他人进行比较。与之相符的一些证据可在 Frank(1999)、Layard(2005)及 Schor(1992)的研究中找到。

任何这样的相关性确实能够反映效用函数内的溢出效应,但并不能反映知晓他人收入信息的溢出效应,让怀疑论者相信这一观点总是困难的,因为知晓信息是参照群体内隐性的共同因素或者参照群体内的内生选择因素。这方面最严密的证据很可能来自自然实验,实验中参照群体收入或消费随机变化。本章在此描述这种为数不多的实验。

Card 等(2012)对预期结果没有兴趣,而是对揭示他人的收入信息感兴趣。这里的自然实验是法院做出的一项判决,该决定使得任何加利福尼亚州的员工工资都能为公众所知。当地的一家报纸设立了一个网站,可以很容易在上面找到这些信息。在此网站发布后,Card 等(2012)在加利福尼亚大学的三个校区里,随机抽取了一部分员工告知了他们该网址。几天后,三个校区的所有员工都接受了调查,将实验组(被通知网址的人群)与其他人进行比较,可以发现知晓他人工资信息的影响。这项研究中的参考群体定义为同一职业群体(教师与工作人员)和大学行政单位的同事。知晓他人的收入会影响个人自己的幸福感:如果在同一个参照群体中,其他人的收入比个人自己的薪酬高,则会降低此人的幸福感;如果个人发

---

① 这个悖论是基于对主观幸福感与收入之间关系的横截面和时间序列的估计的对立。在任何时候,富有的人通常比穷人更幸福。但随着人均 GDP 的不断增长,Easterlin(1974)认为,许多国家的平均主观幸福感仍然是持平的。主观幸福感实际上随着时间的推移而变得平缓的程度成为一个激烈辩论的主题(Easterlin et al.,2010;Stevenson and Wolfers,2008)。把我的收入或消费与他人(或过去的我)进行比较,经常被认为是对这一矛盾的一种解释。

现自己的薪酬相对较高,那么其幸福感就会增加。该调查的确发现,对于薪酬低于参考群体中位数的人来说,工作满意度较低,并且更愿意寻找新工作。对于那些薪酬相对较高的人来说,这两个变量的影响则微不足道。此外,还有一些证据表明,参考群体中被发现处于最低收入四分位数者,此信息对他们确实产生了影响,他们真的辞职了。

Kuhn 等(2011)观察到的近邻收入的巨大变化来自荷兰邮编彩票的设计。每个星期,这个彩票随机选择一个邮政编码,并分配 12500 欧元奖金给邮编区内的每个彩票购买者。另外,中奖邮编中的一户参与住户将收到一辆新的宝马。这些邮政编码涵盖区域很小,平均约有 20 户。不居住在获奖邮编区的个人,以及那些住在该区却没有购买彩票的人都没有收到任何东西。在赢得奖励后 6 个月,他们对中奖区域的住户进行调查。该论文的主要研究结果之一是,获奖邮编区域的彩票非参与者(住在中奖者隔壁的人)从抽签日期开始购买新车的可能性明显高于其他非参与者,似乎人们确实是在把自己的车与近邻的车进行比较。

自然实验的最近一个例子显示,与参考位置或期望位置进行比较(而不是与其他个体进行比较)对可观察行为(而不是主观幸福感)会产生影响。在新泽西州,警察工会与市政雇主就工资讨价还价,在发生争议时,外部仲裁员有最后的决定权。Mas(2006)发现,当工会胜诉时,人均结案(清算)的犯罪案例数量比失败时高 12%。他的结论是:"在仲裁失败后,警察的表现发生了变化,这不仅取决于加薪的金额大小,而且取决于警察要求的但从未得到实施的还盘。"

这种自然实验比较少见。大量的研究转而借助调查数据,将主观幸福感作为个人收入和合理参照群体收入的函数。研究者几乎总是使用该参照群体来衡量年龄、性别、教育程度类相仿者的收入,或居住在同一地区的人的收入,或衡量在同一家公司工作者所获得的收入[有雇主与雇员关联的数据情况,如 Brown 等(2008)、Clark 等(2009b)]。调查数据中谁是个体的参照群体中的人员,相关直接信息非常少[Clark 和 Senik(2010)是个例外]。

Clark 等(2008)研究中的 3.1 小节对现有的大量实证文献进行了调查。对于"与你相仿的人"的收入,Clark 和 Oswald(1996)使用第一波英国家庭追踪调查研究(BHPS)的数据进行研究后发现,在工作满意度方程中,个人收入和其他人收入的估计系数在统计上相等且符号相反,这与 Easterlin(1974)提出的悖论相一致。Cappelli 和 Sherer(1988)对此的早期研究考察了航空业的工人,作者呼吁对"他人的收入"进行职业定义,并表明个人薪酬满意度与外部"市场工资"呈负相关,而"市场工资"是其他航空公司行业内的平均工资。Ferrer-i-Carbonell(2005)在德国社会经济面板(SOEP)中将生活满意度与性别、年龄和教育所定义的平均收入相关联;Luttmer(2005)也考虑了生活满意度,在数波美国全国家庭和住户调查中,生活满意度被证明与当地的平均收入呈负相关。

除了将主观幸福感作为自己和他人收入的函数来建模,另一种方法是询问个人需要多少收入才能达到某种程度的幸福感,这是荷兰莱顿大学研究小组采用的估算收入福利函数的方法。这个项目要求个人用不同的语言标签(如"优秀""良好""足够"和"糟糕")来标记(每个时期的)收入水平,然后可以使用每个人的回答来估计收入的个体对数正态福利函数;这个函数显示每个人需要多少收入才能达到某种程度的幸福感。这些对数正态函数的估计均值(μ_i)可以用作回归分析的因变量,以解释哪些类型的个人需要较高的收入水平才能感到满意。平均值 μ 与参考群体收入(同年龄、教育以及其他个人或工作特征的平均收入)呈正相关;参见 Hagenaars(1986)和 Van de Stadt 等(1985)。换句话说,当参照群体的收入较高时,个人需要更多的钱才能达到一定的效用水平。

迄今为止,我们已经讨论了与个人作为比较参照群体中的一员的实证结果相一致的情况。13.1 节的讨论揭示了当个人渴望参加却没有加入的比较参照群体中的收入增加时,可能会产生抵消效应。一些研究确实发现,个人的幸福感与参照群体收入呈正相关,并试图根据意愿和未来结果来解释这种相关性。"我"自己的幸福感与"他人"收入之间的正相关与 Hirschman(1973)的隧道效应是一致的,即其他人的收入提供了关于我自己未来前景的信息。在 Manski(2000)的术语中,这些是期望交互,个体根据其他人的结果更新他们的信息集。隧道效应与有关"向上流动的前景"(POUM)的文献有关,其中当前和未来的收入都很重要。这将在 13.4.3 中进一步讨论。

Clark 等(2009b)指出,在典型的主观幸福感方程中,他人收入的估计系数可能会将比较元素(包括相对剥夺和相对满意,如前所述)和个人渴望加入的群体的相对渴望效应混合在一起。在相关文献中,个人渴望加入的群体的相对渴望效应通常被称为信息或信号效应(而比较元素被称为嫉妒效应或地位效应)。例如,Senik(2004)、Kingdon 和 Knight(2007)以及 Clark 等(2009b)发现了来自他人收入的积极主观幸福感效应。可以说在每一种情况下,保留他人收入测度包含了某种我可能想在未来得到的结果:他人收入的信息或愿望所起的作用使我更有可能加入有关参照群体。如 13.3.1 将讨论的那样,波兰的 Grosfeld 和 Senik(2010)提到的满意度与总收入不平等之间的反向关系可以根据这种隧道效应来解释。个人最初对其他人的高收入感到满意(朝向收入分配最高的那一端),因为人们认为这反映了他们未来的机会。一旦发现只有相对较少的人实际上能够获得这些收入,满意度的相关性就更有可比性,并且在样本后期会产生净负面影响。

在进一步描述文献结果之前,正式建立一个收入比较模型很有用。有一个集合 $N = \{1, \cdots, n\}$,其中 $n \geq 2$ 个体,他们的收入被记录在收入分配 $x = (x_1, \cdots, x_n) \in \mathbb{R}^n_+$ 中,其中 $\mathbb{R}^n_+$ 是一组具有非负分量的 n 维向量。x 的均值是 $\lambda(x)$。对于 $x \in \mathbb{R}^n_+$,$B_i(x) = \{j \in N \mid x_j > x_i\}$ 是收入大于 i 个体收入的集合,称为更富有的集合;同样 $W_i(x) = \{j \in N \mid x_j < x_i\}$ 是收入低于 i 个体收入的集合,即更贫困的集合。

在收入分配文献中,相对地位的最重要的作用是确定剥夺和满意度,这与我们稍后将看到的不平等的测量有关。与收入不平等的测度相反,剥夺和满意度是在个人层面上定义的,并且旨在得到个人在与具有不同收入水平(或其他变量)的其他人相比较时的反应。剥夺"涉及与其他人或团体的想象情况的比较。这个其他人或组是'参照群体',或者更准确地说是'比较参照群体'"(Runciman,1966)。在这类文献中,通常认为参照群体是整个社会。

相对剥夺的定义如下:"我们大致可以说,当(i)一个人没有 X 时,(ii)他看到其他人在之前或预期的某个时间有 X(无论事实是否如此),(iii)他想要 X,(iv)他认为他应该有 X 而且这是可行的,这个人被相对剥夺了 X。"(Runciman,1966)当我们将收入视为相对剥夺的对象时,即上述引用中的 X,那么个人剥夺就是个人收入和所有比个人更富有的个体收入之间的差距的总和。

Hey 和 Lambert(1980)从形式上明确了当与收入为 x_j 的人相比时,收入为 x_i 的人感受到的剥夺感,列式如下:

$$d_i(x) = (x_j - x_i),若 x_i < x_j$$
$$d_i(x) = 0,其他情况$$

在这种情况下,正如 Yitzhaki(1979)所建议的那样,收入为 x_i 的个人的剥夺函数,是指个人收入和所有比其更富有的个人收入之间的差距的总和除以社会上的个人数量:

$$D_i(x) = \sum_{j \in B_i(x)} \frac{x_j - x_i}{n}$$

集体剥夺,即社会层面的剥夺,则是所有个体剥夺的平均值。这种集体剥夺最终是绝对基尼系数,是最流行的收入不平等指数(基尼系数)乘以平均收入。

继这些早期的论著之后,Chakravarty(1997)提出将平均收入纳入个人剥夺测量。个人剥夺表示为 $d_i(x)/\lambda(x)$,即收入差距占平均收入的比例。这种归一化更适合用于同一社会在不同时间点的比较或者适合不同社会之间的比较。当我们使用这个公式时,集体剥夺等于基尼系数,即绝对基尼系数除以平均收入。同样可以将收入与那些所讨论的个人相比更差的人(即那些处于贫穷组的人)进行比较,这种比较产生了收入为 x_i 的个人的相对满意度函数 $S_i(x)$,由下式给出:

$$S_i(x) = \sum_{j \in W_i(x)} \frac{x_j - x_i}{n}$$

剥夺测度和满意度测度在 Fehr 和 Schmidt(1999)的效用函数中分别被称为不利的不平等和有利的不平等。在这一点上,Runciman(1966)写道:"如果人们没有理由期待或者希望拥有比他们能够获得更多的东西,他们就不会对自己所拥有的东西产生较多不满,甚至会因为能够一直拥有它而心存感激。相反,如果他们被引导并认识到有比自己更幸运的相对更加富足的某个社区,作为自己可以直接与之相比较的目标,那么他们将对自己的命运一直感到不满,直到他们成功赶上目标。"

尽管 Fehr 和 Schmidt(1999)认为个人对这两种不平等都很反感,但在收入分配的文献中,大多数情况下都是隐含假设个体的幸福与相对剥夺感是负相关的,而与相对满意度则是正相关的。个人对不平等并不感到厌恶的主要原因之一,正如下面一节所述,是因为真正的收入并不是天赐的,收入产生的方式才影响个人态度。

这种作为基尼系数核心的剥夺概念同样也出现在极化文献中(见第 5 章),剥夺在该章被称作异化。一般而言,异化被认为是对称的,然而只有与富裕个人相比较时,剥夺才很重要。异化与认同之间的相互作用是 Esteban 和 Ray(1994)提出的极化测量的基础。Bossert 等(2007)在分析功效失灵的多元背景下,从剥夺的角度重新解释了异化和(缺乏)认同。在这种背景下,个体剥夺是一种与被考虑的代理(缺乏身份识别)相比,具有较少功效失灵的代理所占的份额的倍数,也是个体与较富裕者之间的功效失灵差异的平均值(异化成分)。

本小节提到的主观幸福感的实证文献可以提醒社会科学家(尤其是经济学家),个人收入存在溢出效应。如果你在我的参照群体中,那么你挣得越多,我就越不开心。除非你在我所渴望的参照群体中,我的主观幸福感可能会更高(今天你的位置让我明白我明天可以追求什么)。

当然,消息并不总是好的,这些文献可以说有许多缺点。尤其是,就用于收入比较的个人自身的特定群体而言,相关的参照群体只是一个猜测,猜测参照群体中哪一个才是真正重要的。几乎在所有情况下,我们能做的最好选择是使用一系列可能的参照群体,并且表明他人的收入对这个特定群体成员的影响似乎是一致的。另一条可以算得上是有用的信息,即关于个人渴望参与的参照群体的身份确认信息(对此存在信息或信号效应):我们期待个人主观幸福感与这些群体中的他人收入之间的负相关性较弱,甚至可能呈现正相关。即便如此,在这两种情况下,我们只能推测出我们认为的正确的参照群体,这对准确衡量相关收入差距具有明显的影响。正如本节前面所提到的,我们实际上从来没有向个人询问他们的比较参照群体,并且就我们所知,也从来没有问过他们个人所渴望的参照群体。

在前文所述的对相对剥夺和相对满意度的分析中,这些文献也没有取得绝对的成功。这里的几乎每一篇论文都要求使用以他人收入为中心地位的单一衡量标准,而不依赖于所讨论的个人是高于还是低于这个水平。因此,几乎没有人试图区分相对剥夺和满足感。[①] 同样,知道我自己的收入和我的参考群体收入的平均值(或中位数),实际上几乎没有说明我和其他人之间的差距。比如说,如果一个人收入高于参照群平均或中位数值收入 1000 欧元,他的相对剥夺感和相对满意感可能会有很大的不同。

一系列明确地探讨剥夺和主观幸福感的实证研究并非完全言之无物。D'Ambrosio 和 Frick(2007)通过探讨自我报告的收入满意度与相对剥夺之间的关系,为前面提出的理论措施提供了一个对应的实证证明。利用德国社会经济面板数据(SOEP),他们发现主观幸福感更多地取决于对相对剥夺程度的衡量,而不是取决于绝对收入,因为收入满意度与绝对收入之间的相关性为 0.357,而满意度和相对剥夺之间的绝对值更大,为 -0.439。正如收入分配文献预测的那样,相对剥夺对幸福感的影响是负面的。即使在多元环境中考虑了其他有影响的幸福感决定因素后,这一发现仍然成立。Cojocaru(2014a)还使用 2006 年转型生活调查(LiTS)的数据,估算了个体幸福感回归结果:在参照群体中有利不平等和不利不平等的函数,不利的不平等与低生活满意度相关,但有利的不平等并不与之显著相关。

Bossert 和 D'Ambrosio(2007)将时间引入作为确定个人所感受到的剥夺程度的额外维度。他们认为,通常一个个体今天对相对剥夺的感受取决于他与今天收入状况更好者之间的比较。然后,他们提出了一个额外的考虑:若某人昨天的境况并不比他好,但今天比他收入更高,相对于收入更高的人来说,这种被剥夺感更明显。换句话说,相对于那些在昨日和今天之间收入分配超过了这个个体的人来说,相对剥夺感更强烈。这个框架中的个人相对剥夺

---

① 一个例外是 Loewenstein 等(1989)做的研究,它可以说确实属于满意度调查工作。在这个实验中,个人要评估一系列涉及两个人之间争议的假设情景,受试者被要求扮演其中一个人,并评估他们对每种情况下最终结果的满意程度。这些满意度分数被证明与自己和他人的收益有关。满意度与有利不平等的相关关系明显弱于与不利不平等的相关关系。

感是由两部分的相互作用决定的:个人收入与所有比他更富有者之间的平均收入差距(这是衡量剥夺的传统方式),以及在上一阶段的分配中排名低于或等于该个体但在当前收入分配中高于该个体的人数的函数。测量相对满意感可能会进行类似的调整,相对满意度会随着个体在昨天和今天之间的分配中所超过人数的增加而上升。

与 Bossert 和 D'ambrosio(2007)相似的是,D'ambrosio 和 Frick(2012)提出了一种包含动态考虑的效用函数,并在 SOEP 数据上对此进行了测试。以个人收入或生活满意度来测量的 SOEP 数据的个人幸福指数,取决于在时间 t 的四个不同要素:(1)绝对分量(即个人在时间 t 的生活水平);(2)绝对动态分量(即个人收入在 $t-1$ 和 t 之间如何变化);(3)相对分量(即与其他人在时间 t 的收入相比,个人在时间 t 的收入);(4)相对动态分量,揭示了(3)中个人收入比较的结果如何在 $t-1$ 和 t 之间变化。该效用函数是 Fehr 和 Schmidt(1999)提出的效用函数的泛化,增加了对个人的收入历史的考虑。[①]

将收入比较分为两类:与较富裕者相比和与较贫穷者相比,将其他人明确区分为收入已经超过该个体或收入已经被该个体超过,这种分法可以说有助于理解有关比较收入的潜在状态和信号效应的争论。

与那些长期富裕的人相比,个体的幸福感会受到负面影响(与长期比自己贫穷的人相比会产生正面影响),这完全符合相对收入的相关文献中的标准实证结果。与此同时,新兴富人和穷人的出现被认为可以扮演 Hirschman(1973)的隧道效应中所描述的信息角色。今天比我更富但昨天比我更穷的人,给我提供了一个关于我自己未来前景的积极信号。事实上,在 D'ambrosio 和 Frick(2012)的实证研究中,个人满意度与这类人的收入呈正相关。同理,与该个体相比现在落后但之前领先的人与该个体之间的收入差距会降低该个体的满意度,这与该个体明天很可能成为这个群体之一所释放的负面信号一致。在像德国这样的先进稳定经济体中发现这样的效应是新鲜的,有些出人意料,因为以前的文献研究往往强调隧道效应在处于波动的社会或与处于经济发展早期阶段的社会中的相关性。

从这项研究中得出的大体结论就是:其他人的收入在确定个人幸福感方面往往起到一定的作用。目前这个工作量太大,无法详细列出。随着与我相比的其他人的收入增加,我的幸福感会呈下降状态,但如果有一个信号效应告诉我,今天发生在其他人身上的情况也就是未来可能发生在我身上的情况,那么这种信号效应可能会减弱甚至完全抵消上述状态效应。

但是,一般来说,收入差距的正式模型(支持对不平等的测量)与主观幸福感文献中的实证研究之间的联系一直很弱。社会中的主观幸福感溢出由多对多的映射组成。随着社会收入的变化,我们需要知道谁受到个人 i 收入变动的影响,以及谁是个人 i 的参照群体。然后我们必须确定每一对之间关系的本质:相对剥夺、相对满意,或是期望?鉴于此,很明显,我们需要的是标准调查中所包含的大量信息,而所有这些调查在这方面都有重大的漏洞。我的幸福如何取决于我与你的收入之间的比较,为了补充说明对这一点的理解,我们转向实验经济学,可以说在实验经济学中,所有相关参数的比较过程是可控的。

[①] Senik(2009)使用 2006 年的 LiTS 数据,该数据涵盖了 28 个转型后国家(加上土耳其)。她总结说,动态收入数据的比较(与过去的自己比)比其他一些基准数据的比较更重要。

13. 2. 2 实验经济学

实验主义者借助于偏好中相互依存的概念来解释那些一再违反博弈论预测的主体行为。在 Fehr 和 Schmidt(2003)、Sobel(2005)以及 Camerer 和 Fehr(2006)中可以找到对这方面的大量调查。

相互依赖的偏好,即直接依赖于他人情况的偏好,在消费者需求理论中首次被正式建模。个人效用函数依赖于其他人的收入或消费的现象一般称为相对收入假说(Duesenberry, 1949)。这可以进一步分化为"与他人保持同步",即与他人的偏好互动取决于当前消费,以及"赶上他人步伐",即依赖于滞后的消费。Leibenstein(1950)是第一个引入需求函数的人,他明确地把对"赶时髦"的渴望、潮流和势利效应以及炫耀性消费考虑进来。自那时以来,文献已经发展到相当成熟的地步,探索了这些偏好在各个方面的影响意义,如资产定价理论(Abel,1990;Campbell and Cochrane,1999;Galí,1994)、帕累托最优(Collard,1975;Shall, 1972)、最优税收理论(Abel,2005;Aronsson and Johansson-Stenman,2008;Boskin and Sheshinki,1978;Dupor and Liu,2003;Ljungqvist and Uhlig,2000)、工作时间的确定(Bell and Freeman,2001;Bowles and Park,2005)、公共支出(Ng,1987)以及一般资源分配(Fershtman and Weiss,1993)。社会互动理论已经正式提出,采用不同的公式,其中偏好可以定义为对一般消费品的偏好,也可以定义为对个人身份的偏好。关于第一类偏好可参看 Becker(1974)以及 Stigler 和 Becker(1974),第二类则可参看 Akerlof 和 Kranton(2000)。Sobel(2005)对文献的两个方向的相似性和差异性做了发人深省的讨论。

实验研究对这一领域做出了重大贡献,特别是它能考虑到各个参与者的收入分配,并能区分做得比别人好和做得比别人差的不同情况。

13. 2. 2. 1 收入分配模式

Bolton(1991)的实验经济学文献首次将分配问题完全纳入效用函数,并建立了不平等模型或不平等规避模型。这两个术语经常被用作文献中的同义词来指代同一现象:"人们抵制不平等结果;即他们愿意放弃一些物质上的回报以向更加公平的结果前进的事实。"Fehr 和 Schmidt(1999)认为不平等规避的定义是合适的,所以进行了这样的表述。

不平等的影响显然来自与参照群体进行的一些比较。在这一点上,Fehr 和 Schmidt (1999)继续解释说:"如果人们不关心其他人存在的不平等现象,而只关心相对于其他人来说自己的物质收益的公平性,那么不平等规避就是以自我为中心的。"

Fehr 和 Schmidt(1999)通过把个人自身收入与其他收入之间的所有差异对都包括进来,将不平等纳入个人效用函数。Bolton 和 Ockenfels(2000)对 Bolton(1991)的早期工作进行了细化,他们提出了一个不平等规避效用函数,该函数取决于个人自己的收入和他们在总收入中的份额。Engelmann 和 Strobel(2007)的调查把这两种方法与 Charness 和 Rabin(2002)采用的方法进行了比较。Charness 和 Rabin(2002)的模型更多与社会福利相关,而不是与不平等规避相关,因此接下来不对该模型进行分析:Charness 和 Rabin(2002)所指的偏好仅仅结合了个体自身的收益以及情况最差的个人收益。

Fehr 和 Schmidt(1999),在后面我们称之为 FS,为个体 i 提出了一个效用函数,$i=1,\cdots,$

n,这取决于个人自己的结果,以及与 13.2.1 中定义的富裕人群和低收入人群之间的差距

$$U_i(x) = x_i + \alpha \sum_{j \in B_i(x)} \frac{x_j + x_i}{n} + \beta \sum_{j \in W_i(x)} \frac{x_j + x_i}{n} \tag{13.1}$$

其中,$\alpha \le \beta \le 0$。在这个公式中,个人的效用积极依赖于他们自己的收入,但消极依赖于他们的不利的不平等程度[与那些挣得比他们多得多的人的差距:方程(13.1)中的第二项]和有利的不平等程度[与那些挣得比他们少的人的差距:方程(13.1)中的第三项]。根据 Fehr 和 Schmidt(1999)的观点,人人都不喜欢不公平的分配。"如果他们比实验中的其他参与者在物质方面更糟糕,他们会感受到不公平,如果他们的状况变好,他们也会感到不公平。(……)但是,我们假设,一般来说,受试者感受到的不公平性更多来自他们的不利的物质条件,而不是他们有利的物质条件"(Fehr and Schmidt,1999)。因此,α 的绝对值比 β 大。

在 Bolton 和 Ockenfels(2000)采取的方法中,个体受到自身金钱收益和相对收益状况的激励。他们提出了一个公平、互惠和竞争的理论(ERC),其中个体效用函数由下式给出 $U_i(x) = U_i\left(x_i, \dfrac{x_i}{\sum_{j=1}^n x_j}\right)$。$U_i$ 相对于第二个参数的导数是非单调的,表现出驼峰形状。这个效用函数满足许多特性,在参与者 i 和 j 的双人博弈中,这种辅助可分离效用函数的一个例子是

$$U_i(x) = a_i x_i + \frac{b_i}{2}\left(\frac{x_i}{x_i + x_j} - \frac{1}{2}\right)^2 \tag{13.2}$$

其中,$a_i \ge 0$,$b_i < 0$。在等式(13.2)中,当其份额低于 50% 时,参与者 i 的效用随着其份额的增加而增加,当份额超过 50% 时,其份额下降。

在大多数实验中,这两个模型(FS 和 ERC)产生类似的预测。但是,对于有三个或三个以上参与者的博弈,预测结果可能会有所不同,因为 ERC 并不是对所有收益不平等都敏感。在 ERC 公式中,个人希望他人的平均收益尽可能接近他们自己,但并不讨厌本身富有和贫穷的个体的存在;Fehr 和 Schmidt(1999)认为,个人不喜欢所有结果中的不平等。Engelmann 和 Strobel(2000)进行的实验旨在比较这两个模型的性能:他们的结果表明,由 Fehr 和 Schmidt(1999)提出的公式表现比 ERC 更好。Dawes 等(2007)也得出了类似的结论:人类似乎受到平等主义偏好的强烈驱使。

我们将在后面描述实验经济学文献中通过许多其他方法在测量不平等规避方面做出的多种贡献。我们认为,在这里使用"不平等规避"才是真正意义上的准确术语,而不是最初提出这一术语时使用的情况。这里所有的实证方法都是基于这样一个假设,即收益平等是公平的,因而结果也是公平的,但情况并不一定总是如此。如果收入分配不是随机的,而是取决于(或被认为取决于)个人努力或某种其他优点的个人特征,那么个人对什么是公平的看法将取决于其自己的道德标准和规范性参照群体。关于什么样的收入分配是公平的观点很可能在不同的学科中有所不同(Güth et al.,2009;Tyran and Sausgruber,2006)。

实验研究已经测试了不平等规避的存在及其在多种不同环境下对经济结果的影响,如不平等规避在最后通牒博弈、独裁者博弈、动态议价博弈、有惩罚的公共物品博弈与再分配

博弈中的影响。①

13. 2. 2. 2 来自最后通牒、独裁者和动态议价博弈的实验证据

最后通牒博弈要求一些实验对象为提议者,在他们自己和其他他为回应者的实验对象之间划分一定数量金钱的方案,比如100。提议者建议一个分配方案,回应者可以接受或拒绝。如果后者接受该提议,则提议者和接收者都将按照提议的方案收到款项;如果回应者拒绝,则双方都不会收到任何东西。提议者和回应者都充分了解游戏的规则。基于子博弈精练的标准经济预测是,最后的结果非常不平等:提议者的提议只要超过零,回应者就会接受向他们提出的任何有利正面提议(因为有总比什么也没有好)。

这个预测并不是从实验室里实际观察到的行为孕育而生的。实验结果显示这个饼图的分配更加平等,回应者经常拒绝低于总价25%的报价[关于这些结果的一般异常情况的综合讨论参见 Camerer(2003)、Levitt 和 List(2007)、Thaler(1988)]。Bellemare 等(2008)为荷兰人提供了不平等规避的代表性估计,他们发现社会经济群体之间存在很大差异。不平等规避,特别是有利的不平等,随着年龄的增长而上升,随着教育水平的下降而下降。年轻的受过高等教育的参与者是被调查的人群中最自私的群体之一。Fehr 和 Schmidt(1999)在对通牒博弈实验结果的调查中指出,绝大多数报价都是介于总金额的40%到50%,没有报价低于20%。无论需要划分的总额是多少,这些结果似乎都成立,尤其是在高风险博弈中依然成立。

用于揭示不平等偏好的第二种实验是独裁者游戏。这是最后通牒博弈的一个简单变体,具有非战略性的优势。顾名思义,在这里提议者的行为就像是一个独裁者,他提出款项分割的方案,回应者不得不接受,因此回应者没有决定权。人们可能会预计,在独裁者博弈的实验中,提议者提供的金额更低,两个参与者的收入分配公平性要低于前面描述的最后通牒博弈。情况即便如此,即使没有遭遇拒绝的风险,提议者仍然提供了积极的分配数额。Engel(2011)对616个这样的实验进行了调查,得出的结论是独裁者平均会把28.35%的金额分配给回应者,这与根本不会提供任何金额的利己性经济预测相去甚远。

Abbink 等(2009)也考虑过独裁者博弈实验,但是在新情境下采用:破坏他人的收入。这种破坏既可能是在消极框架下,也可能是在积极框架下。在积极框架下,个人可以决定给他们的合作伙伴奖励50分,并由此获得10分。决定不给出这一奖励,将类似于自己以损失10分的成本破坏其合作伙伴的50分(这就是决策的消极框架)。Abbink 等(2009)发现两个框架的破坏率均约为25%。一个令人惊讶的发现是,最初的平等收入分配实际上更有可能会遭到破坏,作者得出结论认为,存在一定程度的公平厌恶情绪。对实验结果的一个潜在解读是,在他们的情景设置中,参与者只能从最初的公平分配中花钱才能获得地位(见他们的表1)。我们将回到13.4.2中收入的等级比较问题。

最后,在动态议价博弈中,谈判过程中议价提议的演变以及个人在议价过程中为其行为提供的理由可以结合起来进行验证。在这个框架下,Herreiner 和 Puppe(2010)的实验表明,由于参与者的不平等规避,存在帕累托次优。例如,大多数(51%)的议价合作伙伴拒绝不平

---

① 在卷尾猴(Brosnan and de Waal,2003)和19个月大的婴儿(Sloane et al.,2012)之间也进行了更多的这类非常规实验,也显示出对公平再分配的偏好(实验环境中,努力是可控的)。

等收益分配(46,75)而支持帕累托次优的平等分配(45,45)。

13.2.2.3　公益捐款和处罚

在公益博弈中,参与者获得捐赠,然后暗自决定希望将多少捐款投入公共筹资(以资助应该完成的公益项目,惠及每个人),将多少捐款留给自己。当所有参与者都做出了捐赠决定后,公共筹资总金额会乘以一个大于 1 的因子,所得结果将在所有参与者中平均分配。这场博弈中的纳什均衡是每个参与者对公益都没有贡献。然而,在实验中,研究发现受试者平均贡献他们所得捐赠的 40%—60%(Camerer and Fehr,2004)。

公益博弈可以通过引入第二阶段加以细化,在其中对参与者提供了他人贡献的信息,参与者可以相互惩罚。如 Fehr 和 Gächter(2000)所示,在第二阶段引入潜在惩罚会引发第一阶段公益博弈中合作的急剧增加。Masclet 和 Villeval(2008)评估了不平等规避在确定个人处罚决定中的作用。他们表明,即使这种惩罚不会立即影响收益分配,个体也会惩罚他人(在某些情况下惩罚者付出的一个惩罚点的成本与惩罚目标者付出的这一个点的成本相同)。与以前的研究一致,惩罚者的主要动机并不是想促进平等。个体间的比较结果在惩罚决策中起决定性作用;惩罚的力度与惩罚者和惩罚目标之间的贡献和工资收入的差异大小高度相关。这一结果表明,无论是否有直接减少收益差异的意愿,个体都可能愿意惩罚那些所做决定导致收益差异的人,并且这种差异会触发惩罚的情绪。惩罚对减少不平等的影响随着时间的推移会显示出来,因为它会激励潜在的搭便车者增加他们的贡献。

文献中一个悬而未决的问题是为什么个人决定花费自己的资源来惩罚他人,这个决定可能是以自我为中心的,因为今天的惩罚增强了我自己的未来利益,或者为了给我的亲属或者团体带来利益而进行了无私的行为(Van Veelen,2012)。当然,如果我们将非罚款的道德偏好包含在效用函数中,则任何亲社会行为都可能是自利的(Levitt and List,2007)。

序贯公益性博弈可以用来分别估算 Fehr 和 Schmidt(1999)提出的有利和不利的不平等规避。在这个有两名参与者的博弈中,先行者在战略不确定的情况下选择他对公益的贡献,因为他不知道后行者会做出什么决定。第二个行动者确实知道第一个行动者已经做了什么决定,并且可以选择与第一个行动者相同的数量或零。Teyssier(2012)证实了理论预测:风险厌恶程度更高或不利规避程度更高的先行者对公益的贡献小于其他人,而对有利不平等规避程度更高的后行者比其他人贡献更多(有关实验文献中的风险规避分析,请参阅 13.3.2)。

Fehr 和 Schmidt(1999)的不平等规避也被用于对再分配投票结果的分析。尽管传统的经济模型没有预测再分配,但 Tyran 和 Sausgruber(2006)的实验表明,不平等规避可以预测相反的结果。在他们的实验中,受试者拥有不同的捐赠,并通过多数投票来决定如何向富人和穷人进行再分配。关于这一点,请参阅 Farina 和 Grimalda(2011)。在税收博弈中,如 Engelmann 和 Strobel(2004)所示,Bolton 和 Ockenfels(2000)的 ERC 可以预测与 Fehr 和 Schmidt(1999)相反的分配结果,因为中产阶级将不再赞成重新分配。

13.2.2.4　"应得": 收入来源

对不平等规避模型和对测试不平等规避模型的实验的一项批评是它们经常忽视分配资金背后的过程。金钱,在这里表现为"天赐"。关于这一点,请参阅 Bergh(2008)和 Güth 等

(2009)及其他一些文献。在大多数实验中,收入是一种分配,因此拥有比他人更多的收入并不被认为是应得的。然而,在许多现实世界的情境中,个人可能认为自己比其他人赚得更多,因为这是他们应得的。可以想象,当收入被认为是反映努力而不是运气时,结果确实会改变。例如,Hoffman 等(1994)发现,当提议者在最后通牒博弈中的角色是挣得的而不是由随机分配得到时,提议者提供的数量较少,而反应者更能接受这种不平等的提议。Cherry 等(2002)也发现,当议价博弈中独裁者的资产是合法的时,也会得到类似的结果。在 13.4.3 中,当描述收入分配文献中关于结果公平性的一些证据时,我们将再讨论这一点。另一个批评是关于赌注的规模,并提出当赌注很高时,不平等规避程度可能会降低。关于这一点,Eckel 和 Gintis(2010)的讨论认为,这一事实并没有反驳这个理论,而是证明了那些把行为成本考虑在内的实验主体是理性的。

对 FS 更普遍的批评是质疑他们方法的科学基础。详细信息请参阅《经济行为与组织期刊》2010 年 1 月刊"实验经济学方法论"特刊。这一特刊包括 Binmore 和 Shaked(2010a)的评论,Fehr 和 Schmidt(2010)、Eckel 和 Gintis(2010)的回应,以及 Binmore 和 Shaked(2010b)的反驳。

Zizzo 和 Oswald(2001)发表了一项关于欲望改变收入分配和有关收入来源的新实验。在这个实验中,参与者不会从一个人那里拿走钱,然后给另一个人,而是被允许破坏彼此的收入(自己会为此付出代价),这是 Abbink 等(2009)描述的破坏性"消极架构"。参与者以四人一组进行比赛。每位参与者都有相同数量的初始资金,并可以尝试通过计算机随机选择的一个数字(1、2 或 3)进行 10 轮投注来增加资金。每轮可以下注最高金额。这个投注过程造成收入分配不均。在第二阶段,玩家可以花钱来消耗对方的收入,其代价为每消耗对方 1 个货币单位,自己也要消耗掉 0.01 个、0.02 个、0.05 个或 0.25 个货币单位。

尽管收入的初始分配是平等的,但每个组的四位参与者中,有两位受到青睐。这些参与者在每一轮投注阶段都可以比其他人投注更多,并且在投注阶段和消耗阶段之间还可以获得现金奖励,这是共识。

Zizzo 和 Oswald(2001)的研究结果显示了非常大的破坏。不足三分之二的参与者有少量的消耗,而一般参与者会避免消耗掉一半收入。这里的破坏率高于 Abbink 等(2009)实验中的破坏率,这很可能反映出这里的平均消耗代价较低。几乎没有证据显示消耗具有价格弹性,除非在最高消耗成本率为 0.25 的情况下。在该论文情景中,更富有的参与者被消耗得更多,尤其是获得不公平优势的两个参与者被消耗得更多。

13.2.2.5 假设偏好和神经证据

Bolton 和 Ockenfels(2000)指出,不平等规避与"个人追求地位"的假设背道而驰。对相对地位的关注是实验经济学中另一批研究的重点(Alpizar et al.,2005；Johansson-Stenman et al.,2002；Solnick and Hemenway,1998；Yamada and Sato,2013)。这里的方法是让个人在几种世界假设状态中做出选择,以了解绝对结果和相对结果对他们来说有多重要,在收入方面表现为自己的收入和平均社会收入,相对收入的重要性越高,个人就越愿意放弃自己的收入以获得更好的相对地位。

例如，在 Solnick 和 Hemenway(1998)中，要求个人在情况 A 和情况 B 之间进行选择，如下所示：

A：您目前的年收入是 5 万美元；其他人赚 25000 美元。

B：您目前的年收入是 10 万美元；其他人则赚取 20 万美元。

实验规定"其他人"是指社会中其他人的平均值，并强调"物价是目前的物价，物价(货币的购买力)在情况 A 和情况 B 是相同的"。

这些假设选择文献的关键是，受访者在绝对富裕的状态和相对他人更富裕的状态中做选择。引用的所有论文都证明了受访者对收入地位的强烈关注，根据个人报告，他们愿意放弃绝对收入以获得地位(选择 A 而不是 B)。表现出"相对"偏好的人可能占更大的百分比：一半的受访者表示他们更喜欢实际收入减少 50％，但相对收入更高[即他们更愿意选择 A；参见 Solnick 和 Hemenway(1998，2005)]。

这样的选择实验很容易在消费或其他生活领域进行，在收入领域则比较难做。在 Solnick 和 Hemenway(1998)中，对相对地位的偏好被认为在增加本人吸引力和赢得上司的赞美上作用最强，而在获得休闲时间上最弱；在 Alpizar 等(2005)看来，其对汽车和住房的影响更大，而对假期和保险则弱一些。Corazzini 等(2012)做了一个有用的扩展，只在富国以外的区域采取这种做法；在他们的研究中，高收入国家的受访者比低收入国家的受访者更关心相对的地位。

这些实验大部分都是与学生一起进行的，这是实验经济学的标准实践方式。Carlsson 等(2007)的研究是第一个基于整体人口随机样本的研究。他们的研究结果与 Alpizar 等(2005)的研究结果相似，Alpizar 等(2005)发现，平均而言，每多花一美元所获得的效用中，约有一半来自相对关注。Carlsson 等(2007)报告说，平均而言，45％的效用增长来自较高的相对收入，这个结果介于 100％(对应于只有相对收入重要的假设)和 0％(只有绝对收入重要的假设)之间。

最新的一组实验结果来自最近的神经经济学文献(NeuroEconomics)。Fließbach 等(2007)采用 MRI 技术，测量在不同扫描仪中执行相同评估任务的两个人的大脑活动。如果一个人成功完成任务(记住他们在一秒半的时间内看到的上一个屏幕上的蓝点数量)，他们将获得一定额度的金钱奖励，如他们的电脑屏幕上所示。屏幕上同时还显示另一位参与者的结果(他们是否成功，以及如果答案正确，他们所赢得的金额)。Fließbach(2007)和他的同事通过掌控一位参与者如果正确的话赢得的数额以及另一位参与者赢得的数额来创造多种对比条件。例如，在他们的设定条件 C6、C8 和 C11 中，如果一位参与者回答正确(所有参与者都是男性)，那么他总是赢得 60 欧元；而另一位参与者若回答正确，则根据不同设定条件分别赢得 120 欧元、60 欧元和 30 欧元。在实验结束后，会从每位受试者的许多次尝试结果中随机挑选一次用于支付金额。

结果显示，相对收入很重要。保持受试者自身收入不变，其他参与者获得的金额与腹侧纹状体中的血氧水平依赖性(BOLD)反应显著相关，这是参与奖励处理的已知大脑区域之一。Wu 等(2012)也发现了大脑活动中社会比较的证据，并提出它主要出现在后期的认知评估和再评估中,而不是在最初的评估阶段。Fließbach 等(2012)开展的后续工作重复了他们 2007 年的实验,但这次既有男性也有女性,区分了有利的不平等和不利的不平等。研究表明,不利的不平等对腹侧纹状体的大脑活动的影响远大于有利的不平等。[1] Dohmen 等(2011)也使用了相同的实验,并在回归分析中表明,自己和其他人的收入对腹侧纹状体激活的影响是大小相等且方向相反的(在 2007 年的实验中也是如此)。这对男性和女性都适用,尽管对两种收入变量的估算效应均显示对男性的影响较大。

在 Takahashi 等(2009)的实验里,被调查者个体阅读(虚构的)优秀于他的或者不如他优秀的人的书面报告,以及发生在那些人身上的好事或坏事。在意图上,它与前个实验也是类似的。

Dawes 等(2012)明确地研究了再分配和大脑活动。他们设定,个人决定支付一笔费用,以改变一组内的收入分配,后者的分配是随机确定的。再分配与已知反映社会偏好的区域中的大脑激活相关。此外,这种大脑的激活与扫描仪以外引发的平均偏好调查测量相关。Zaki 和 Mitchell(2011)表明,不公平的决策(在改良的独裁者博弈中,选择给自己一个较小的奖励,而不是给其他玩家一个较大的奖励)与大脑中一个与主观负效用相关的区域的活动有关。最后,Tricomi 等(2010)通过将参与者收到 30 美元的初始分配后,随机分配成对的"富人"(50 美元)或"穷人"(无美元)的实验,明确地讨论了有利和不利的不平等。当组员间财富进一步转移时,通过核磁共振成像(MRI)测量在已知的与刺激估值相关的区域内的大脑活动。结果显示,"穷人"对转移给自己的反应比转移给他人更强烈,而相比转移给自己,"富人"更关注转移给其他人。这被认为表明个人对有利和不利的不平等有社会偏好。[2]

本节的讨论表明,现在有相当多的证据表明,个人之间会互相比较收入。从这个意义上说,收入是社会福利。一定数量的研究表明,在这些比较中存在一种厌恶损失的情绪,因为从幸福感的角度来说,与比别人做得好相比,比别人做得差更重要。

因此,收入分配的任何变化,或直接通过个人收入的变化,或通过比较个人收入之间的各种差距,都将直接影响社会福祉。想象一下,一些高收入者收入的增加会导致不平等加剧。那些从高收入中受益的人将会有更高的幸福感,这是因为他们更富有,还因为他们与他人的差距已经加大(尽管这种影响可能只是次要的)。相反,那些收入还没有上涨的人,与那些比较富有的幸运者相比,现状相对较差,从而降低了他们的幸福感。整体效应是先验模糊的。

另外,由于分配底部的收入增加(例如通过提高最低工资水平),不平等程度可能会降低。再次,受益者的福祉上升,无论是通过增加自己的收入,还是通过与更富裕的人相比差距降低。但那些没有受益的人的福祉下降了,因为他们与穷人之间的优势差距现在缩小了。

---

[1] 在一个完全不同的背景下,Cohn 等(2014)还得出结论,在实验室实验中,不利的不平等相比有利的不平等对努力决策的影响更大。具体而言,在实地实验中,报告说初始阶段工资水平很低的个人,在小时工资上涨时提升了他们的表现;对于那些得到充分报酬或者报酬过高的人来说,则没有这种效果。Cohn 等(2014)进一步表明,这种对工资的努力反应的区别仅适用于在实验室实验中表现出正互惠作用的受试者。

[2] 在收入分配的生理反映这一广泛领域,Falk 等(2013)的研究做出了新的贡献。该论文首先表明,在实验环境中,感知到的工资不公平性(如未满足的预期收入份额)与测量的个体心率变异性有关。这也表明,2009 年的 SOEP 中对不公平薪酬问题的回答与自我报告的健康结果相关,特别是与心血管健康相关。

如果我们继续认为后一种效应是二阶的,那么我们可能期望社会幸福感在这里得到提升。

不幸的是,我们看到的收入分配的大部分变化都不是这种程式化的。要做出任何形式的福利状况评估,我们需要知道谁与谁比较,不同类型的收入差距有多重要,与绝对收入相比,相对收入有多大重要性。以现有数据的准确度来衡量这些数值,几乎是无望的。

即便如此,我们确实认为,比较参照群体是存在的,并且是经济中人们对不平等的态度的一个核心组成部分。这种态度的另一个主要部分来自收入分配不平等的规范性观点(如导言所定义的)。虽然大家花了相当多的工作时间用于比较参照群体,但可以证明,要评估对不平等的规范态度是相当困难的。我们将在 13.3 节中讨论这个问题。我们还将回顾一些试图分辨个人行为背后的各种动机的研究。

13.3 规范性观点

在参照群体的规范性观点中,个体评估参照群体中收入不平等的整体程度,但不与比自己更富有或更贫穷的个体进行比较。根据一个群体中普遍存在的态度和社会规范,个人可以将这些收入差距评价为公平或不公平。

如 13.2 节所述,关于参照群体的比较观点,从主观幸福感研究和实验分析两方面都有证据表明参照群体的规范性观点。

13.3.1 不平等与幸福感:人们说什么?

正如标题所示,本章我们关注的是个人对于不平等的态度或观点。很多方法都可以引出这个问题,包括直接提问、实验或从观察到的行为中进行推断。在这一小节中,我们研究了"幸福经济学"相关的论文,其中收入不平等在一定程度上与个人自我报告的幸福感有关。一般而言,估计如下式:

$$W_{ijt} = \alpha + \beta X_{it} + \gamma \text{Ineq}_{jt} + \varepsilon_{it} \tag{13.3}$$

在这种方法中,我们收集关于个体 i 的主观幸福感的调查信息,该个体于时间 t 生活在某个聚集区域 j(其中 j 通常但不总是一个国家)。这种主观幸福感与标准人口统计变量(年龄、性别、受教育程度、劳动力和婚姻状况以及通常存在的个体或住户收入)的矢量 β 有关。这里我们最感兴趣的是幸福感与不平等的总计量在区域 j 中的条件相关性(控制矢量 X 中的所有变量),即 Ineq_{jt}。参数 γ 的估计值向我们展示了,在其他条件相同的情况下,个体自我报告的幸福感分数是否会在收入不平等程度较高或较低的地区上升或下降。

式(13.3)这样的估算,使得研究者能从观察到的个体之间的不平等和他们报告的主观幸福感水平之间的经验关系中,推断出"不平等的价值"。后者通常是通过关于个体的幸福、生活、收入满意度或其他一般心理功能测度的问题来衡量的。多变量回归不仅可以建立收入不平等与主观幸福感之间的条件相关性的标志(前面已给出 γ),而且可以确定任何已确定关系的经济重要性(通过比较 γ 与一些其他变量的估计 β 系数,如收入或失业)。

这种衡量公共物品价值的"幸福"方法如今已在主观幸福感文献中出现过很多次。在这方面,一些著名的文献考虑到了通货膨胀和失业(Di Tella et al.,2001)、飞机噪音(Van Praag and Baarsma,2005)以及污染(Luechinger,2009),此外还有很多其他应用。

截面数据和面板数据可以测量数以万计甚至数十万人的幸福感或满意度。这里的自由度之大,可能很容易使人忘乎所以。除此之外,正如我们后面将提出的那样,这在很大程度上是虚幻的:虽然从理论上讲,每个人都可能面临不同的收入分配,但最常见的方法是采用跨国数据,通常是重复的横截面数据,并在满意度回归的右侧计入国家级的基尼系数(或其他)。在这种情况下,经验估计中自由度的有效量大部分仍维持在两位数水平。①

虽然到目前为止,社会科学领域有成千上万的实证研究将个人收入与某种程度的个人幸福感联系起来,但在现有研究中,确实只有一小部分考虑了收入不平等在其中所起的作用。即便如此,大规模数据集很容易获取,似乎随着时间的推移已促成该领域的研究相对持续增长。表13.1列出了在收入不平等和主观幸福感领域进行的一些研究的样本,虽然并不完整,但希望具有一定的代表性。正如幸福感数据所显示的那样,该表广泛地反映了研究者对该研究主题兴趣的增长,但对 γ 的估计值仍存在相当大的差异。

表 13.1　收入不平等和主观幸福感

作者	国家	数据	不平等测度	主观幸福感测度	不平等与主观幸福感的关系
Morawetz 等(1977)	以色列	两个不同社区	社区级别基尼系数	幸福感	负相关
Tomes(1986)	加拿大	1977 年生活质量调查	人口普查数据中200 个联邦选区中收入最低的 40% 的收入份额	满意度和幸福感	男性呈正相关
Hagerty(2000)	美国	美国综合社会调查(GSS)(1989—1996 年)	社区收入最大化和偏差	幸福感	负相关
Hagerty(2000)	跨国	八个国家	基尼系数	幸福感	负相关
Ball(2001)	跨国	1996 年世界价值观调查	按国家划分的基尼系数	生活满意度	原始数据为正相关,参照群体为正相关且不显著
Blanchflower 和 Oswald(2003)	美国	20 年的美国综合社会调查	按州和年份划分的D5/D1	生活满意度	负相关(只有女性、年轻人和教育程度低的人显著)
Clark （2003）	英国	第 1—11 轮英国家庭专题调查	按地区和年份划分的基尼系数	生活满意度	正相关,尤其对收入流动性强的人
Helliwell （2003）	跨国	第 1—3 轮全球价值调查	按国家和年份划分的基尼系数	生活满意度	无关
Senik （2004）	俄罗斯	五年俄罗斯纵向调查	按地区和年份划分的基尼系数	生活满意度	无关

① 由于在这些回归模型中,右边变量之一在高于因变量的水平上汇总,所以低估了标准误差,应该按照 Moulton(1990)提出的方法进行修正;这篇文献中是否采用了这种修正,这一点并不总是很清楚。

续　表

作者	国家	数据	不平等测度	主观幸福感测度	不平等与主观幸福感的关系
Alesina 等（2004）	美国	美国综合社会调查（1972—1997 年）	按年份划分的基尼系数	生活满意度	无关
Alesina 等（2004）	跨国	欧洲晴雨表（1975—1992 年）	按国家和年份划分的基尼系数	生活满意度	负相关
Graham 和 Felton（2006）	跨国	拉丁美洲晴雨表	按国家和年份划分的基尼系数	幸福感	无关
Schwarze 和 Härpfer（2007）	德国	德国社会经济面板	按地区和年份划分的基尼系数	生活满意度	负相关
Biancotti 和 D'Alessio（2008）	跨国	欧洲社会调查	按国家划分的四分位范围	幸福感	负相关，对包容性强、价值观温和的人
Bjørnskov 等（2008）	跨国	第三轮全球价值调查	按国家划分的基尼系数	生活满意度	无关
Di Tella 和 MacCulloch（2008）	跨国	欧洲晴雨表和美国综合社会调查（1975—1997 年）	按国家和年份划分的基尼系数	生活满意度	无关，但是取决于回归中包含的其他变量
Ebert 和 Welsch（2009）	跨国	欧洲晴雨表（1978—1997 年）	按国家和年份划分的基尼系数、阿特金森指数和混合指标	生活满意度	负相关
Knight 等（2009）	中国	2002 年全国家庭调查	按县划分的基尼系数	幸福感	正相关
Berg 和 Veenhoven（2010）	跨国	世界幸福数据库（2000—2006 年）	按国家和年份划分的基尼系数	幸福感	略正相关
Grosfeld 和 Senik（2010）	波兰	民意研究中心（CBOS）重复横截面（1992—2005 年）	按横截面划分的基尼系数	国家满意度	正相关，当过渡发生时为负相关（1996 年中断）。只对右翼人士有正相关性
Oshio 和 Kobayashi（2010）	日本	日本综合社会调查（JGSS：2000 年、2003 年和 2006 年）	按行政区和年份划分的基尼系数	幸福感	负相关
Winkelmann 和 Winkelmann（2010）	瑞士	瑞士家庭面板数据2002 年	按市镇/地区/州划分的基尼系数	金融满意度	负相关
Oishi 等（2011）	美国	美国综合社会调查（1972—2008 年）	按年度划分的基尼系数	幸福感	负相关，这一效应仅对处于收入分配底层五分之二的人群有显著影响。影响可以通过其他人感知的公平性以及个体是否认为他人值得信任来进行调节
Verme（2011）	跨国	第 1—4 轮全球价值调查	按国家和年份划分的基尼系数	生活满意度	负相关

续 表

作者	国家	数据	不平等测度	主观幸福感测度	不平等与主观幸福感的关系
Van de Werfhorst 和 Salverda(2012)	跨国	第四轮欧洲社会调查(ESS)	按国家划分的基尼系数	幸福感	负相关
Bjørnsko 等(2013)	跨国	第 2—5 轮全球价值调查	按国家和年份划分的基尼系数	生活满意度	个人越觉得社会公平,影响越正相关
Brodeur 和 Flèche(2013)	美国	美国行为风险因素检测系统(BRFSS)(2005—2010 年)	国家贫困率	生活满意度	与所有年龄段的贫困人口的百分比、贫困家庭中 5—17 岁的相关儿童百分比,以及该国 18 岁以下贫困人口的百分比呈负相关,条件是自己的收入和邻区的收入中位数
Rozer 和 Kraakyamp(2013)	跨国	第 1—5 轮全球价值调查	按国家和年份划分的基尼系数	平均生活满意度和幸福感	正相关
Cojocaru(2014a)	跨国	第一轮 LiTS	按人口普查地区划分的基尼系数	生活满意度	无关

也许在经济学上最早的贡献来自 Morawetz 等(1977)的研究,其对两个不同的以色列社区进行了对比,表明在收入分配比较平等的社区中,幸福程度更高。该结果虽然有趣,但主要依赖于两个观察结果,并不能控制两个社区之间可能存在差异的所有其他因素。Tomes(1986)的一篇创新文章更多着眼于回归框架,该文使用了加拿大约 200 个联邦选区的个人资料(来自 1977 年的生活质量调查)。根据人口普查收入分配数据,结果显示,40% 底层人口的收入份额与男性的满意度和幸福感呈负相关(在 10% 的显著性水平上)。女性的这种相关性并不显著。因此,不平等与男性的主观幸福感呈正相关。

Hagerty(2000)是众多论著中第一个使用美国综合社会调查(GSS)数据的。在其 1989—1996 年的 GSS 样本中,社区最大收入和社区收入偏差分别与幸福感得分呈负相关和正相关关系。Hagerty(2000)还利用来自八个不同国家的汇总数据表明,收入不平等程度较高的国家的平均幸福感较低。然而,最近使用 GSS 数据的研究得出的结果各不相同。Blanchflower 和 Oswald(2003)与 Oishi 等(2011)都认为生活满意度与收入不平等之间存在负相关关系,而 Alesina 等(2004)与 Di Tella 和 MacCulloch(2008)都没有发现 GSS 数据中两者存在显著关系。Alesina 等(2004)的成果在这里很受关注,因为他们分别明确地比较了来自 GSS(1972—1997 年)美国长期数据和来自欧洲晴雨表调查(1975—1992 年)的欧洲长期数据。在整个样本中,不平等降低了欧洲人的主观幸福感,但对美国人没有影响。作者认为,美国(可感知的)社会流动性较大,这一差异或许是一种潜在的原因。

Schwarze 和 Härpfer(2007)计算了第 14 轮德国 SOEP 数据在该地区和年份的总收入不平等,发现生活满意度与不平等呈负相关(虽然收入再分配的衡量并不重要)。Biancotti 和 D'Alessio(2008)、Brodeur 和 Flèche(2013)、Ebert 和 Welsch(2009)、Oshio 和 Kobayashi(2010)、

Verme(2011)、Van de Werfhorst 和 Salverda(2012)以及 Winkelmann 和 Winkelmann(2010)等做的研究也证明不平等和幸福感之间呈负相关,这些研究中使用的数据来自各个不同国家。

与上述观点相反,一些研究反而得出了正相关的结论。与 Tomes(1986)在加拿大数据中的发现一致,Ball(2001)也在 1996 年世界价值观调查(WVS)的原始数据中发现幸福和不平等呈正相关,尽管一些控制变量的引入使得这种正相关并不显著。在前 11 轮英国家庭小组调查(BHPS)中,γ 的估计值是正值(Clark,2003),与前 5 轮 WVS 的结果一致(Rozer and Kraaykamp,2013)。最后,Knight 等(2009)发现,在 2002 年中国的全国家庭调查中,县级收入不平等与幸福感呈正相关。

关于这个实证辩论,Grosfeld 和 Senik(2010)做了一个有趣的论述。与表 13.1 中的一些论述相反,由于研究的是波兰在过渡期时的数据,所以他们分析的完全是国内而不是国家之间的情况。他们利用 1992—2005 年重复的 CBOS 截面数据,确定了不平等与主观幸福感之间预估关系的一个转折点。这种相关性在过渡期后的头几年是明显的正相关,但随后转变为显著的负相关。最适合这一数据分歧的断点是 1996 年。作者给出的解释是,就不平等而言,首先将其视为未来更高的收入提供机会,从而导致对差距的比较评估更为负面,因为有一点十分清楚,即不是每个人都能从这种更大的不平等所承诺的机会中受益。

除了估计效应的标志和意义,我们也对效应量感兴趣。表 13.1 中引用的一些工作中确实包含关于边际效应的明确陈述。例如,Tomes(1986)写道:"贫困人口的比例每增加 10%,满意度就会降低约 60%。为了保持满意度不变,贫困人口比例每增加 1%,个人收入就必须增加 4200 美元。"后一数据比其数据集中的年收入 3860 加元更大(尽管必须指出,这些估计值的置信区间非常大)。Alesina 等(2004)发现,基尼系数每上升 1 个百分点,在美国,年收入要增加 2950 美元(年收入的 8.7%)予以补偿,在欧洲年收入要增加 474 美元(年收入的 4.2%)。在 Schwarze 和 Härpfer(2007)研究的 SOEP 中,效应量似乎更加温和:"如果收入不平等程度降低一半,要想不改变生活满意度,那么家庭收入可能会减少 10% 左右。"

尽管这种补偿性差异很吸引人,因为它很容易理解,但它显然也取决于主观幸福感等式中估计收入系数的大小。人们很容易认为,由于标准的内生性原因,自身收入的系数在这里实际上是被低估的,这就导致收入与过高的不平等之间的抵消。

作为替代方案,我们考虑到基尼系数上升一个百分点的幸福感效应,其效应大小以主观幸福感测量范围的百分比来表示。例如,SOEP 中使用的 0—10 生活满意度量表的范围为 10;BHPS 中相应的 1—7 表的范围为 6。使用此度量标准,要算出表 13.1 中的标准化的边际效应是不可能的。首先,这里的一些论著使用有序的概率或有序的逻辑估计,因此边际效应的数量和去掉主观幸福感类别的数量一样多。仅仅限于使用基尼系数的线性估计技术,可以产生显著的估计结果,将样本缩减至五个:Hagerty(2000)、Schwarze 和 Härpfer(2007)、Knight 等(2009)、Winkelmann 和 Winkelmann(2010)以及 Rozer 和 Kraaykamp(2013)。这些论文使用五种不同的数据集,可以在各种尺度上测量主观幸福感。

以量表范围百分比表示的话,基尼系数 10% 的变化主要产生一个规模范围在 2% 和 8% 之间的幸福感变动[Schwarze 和 Härpfer(2007)的研究是例外,这个数字更小]。在 SOEP 中,生活满意度的标准偏差约为刻度范围的18%(0—10分中为1.79),而在BHPS中的类似数字为21%(1—7分中为1.29)。由此得出一个广泛的结论,即非常大的基尼系数变化会在生活满意度中产生标准差为0.1—0.4的影响。通过比较,SOEP和BHPS中失业对生活满意度的影响大概在6%—10%的范围内,或者0.3—0.5的生活满意度标准差。①

这里,一些关于不平等和幸福感的研究探讨了调解变量或亚组回归的作用,以建立与不平等相关性最大的主观群体来揭示不平等影响主观幸福感的条件。在可能没有明确的中心倾向的情况下,出于政策目的,了解不平等在何时何地可能对主观幸福感有害,无疑是很有用的。

在这方面最著名的发现之一来自Alesina等(2004):在欧洲,相对于有钱人和右翼人士,不平等对穷人和左翼人士的伤害更大(就对幸福感得分有更大的负面影响这一意义而言)。这一研究发现由Vandendriessche(2012)根据(2009—2010年)欧洲晴雨表调查数据所做的研究得以证实。同样,Grosfeld和Senik(2010)提出,幸福感和不平等之间的初始正相关关系只能在右翼人士中找到。

其他研究工作考虑了个人收入的中介作用。Oishi等(2011)发现,不平等对幸福有显著的负面影响,而且只对收入分配最低的两个五分位数人群有显著影响。Schwarze和Härpfer(2007)发现,只有那些处于第一收入阶层的人受到后政府收入不平等的负面影响。Clark(2003)提出,区域收入不平等与个人幸福感之间的正相关性对于那些自己的收入随着时间的推移变得更加流动的个体而言更为明显。

Oshio和Kobayashi(2010)进行了一系列调解变量的测试,并得出结论认为,幸福感和不平等之间的负相关性对于女性、年轻人、在劳动力市场上处于不稳定地位的人以及那些在政治上处于中心的人(不是持进步或保守态度的人)更为明显。

一些研究工作考虑了个人价值而不是观察到的人口特征的调解作用。Biancotti和D'Alessio(2008)认为,不平等对于表现出更具包容性和中等价值的个人更具负面影响。Rozer和Kraaykamp(2013)发现,基尼系数对幸福感的影响对于欧洲人、那些拥有更多平等主义规范的人(相对偏好收入平等,而不是由于激励原因需要更大的收入差异)以及那些具有更高社会和制度信任程度的人来说更为消极(实际上是不太积极)。最后,Ferrer-i-Carbonell和Ramos(2014)认为,如果收入分布揭示个体自身未来潜在地位的信息,那么可以预期,不平等对于在1997—2007年SOEP数据中那些(据自我报告)具有较高风险厌恶度量的人的影响更大。相较而言,那些风险规避评分最高的人(以0—10分计)受到的地区—年份基尼系数对生活满意度的边际效应的负面影响是那些报告模态评分为5分的人的两倍。

---

① 将不平等系数的大小与个人失业情况进行比较可以说是有误导性的。如果有一半人口属于劳动力队伍,那么失业率上升1%,就相当于在200人的失业人口中再多一人失业,而非就业。假设失业只影响失业人员(因此没有溢出),基尼系数上升1个百分点大致相当于失业率上升10个百分点。例如,认为主观幸福感是1—10级,基尼系数的估计值是-5:这便确保基尼系数上升10个百分点会导致预测的幸福感下降0.5,这是刻度范围的5%(文中提到的数字的中点)。如果个体失业对个体幸福感的影响程度为刻度范围的8%(这也是中间数字),则其估计系数为-0.8。基尼系数增长1%,使幸福感降低0.05(=0.01×5)。失业率上升1%将导致社会的平均幸福感改变-0.8/200=0.004。在这个计算中,假定没有从失业者到非失业者的溢出效应,那么失业率上升超过10个百分点时(恰好为12.5点)对社会幸福感产生的影响相当于基尼系数上升1个百分点产生的影响。

本章中的一个重要的个体价值，我们稍后将继续谈到，是市场体系（即将个体投入转化为个体产出的体系）的感知公平性。Oishi 等（2011）认为，不平等对幸福的影响是由个人感知到的对他人的公平性以及个人是否相信他人值得信任来调节的。同样，Bjørnskov 等（2013）发现，收入生成过程的感知公平性影响收入不平等与主观幸福感之间的关联。

这项关于不平等和幸福感的新兴研究揭示了许多有趣的发现。不过，也许表 13.1 中最引人注目的一个方面是已经被发现的实证相关性研究的多样性。有什么方法可以理解这么多不同的估计结果吗？或者说由样本的可变性来决定（正相关、负相关和零相关的结果数量一样多）？

从表 13.1 的第四列可以看出，第一点是对于什么是最合适的不平等测度没有达成一致的实证意见。尽管大部分研究都涉及基尼系数（我们将在 13.4 节中回归到这一点），但就该系数在地理方面应该如何评估尚未达成共识。

大多数实证分析使用了仅包含收入分配的粗粒度信息数据（即在国家这个非常宏观的层面）。有关英国、日本、德国和俄罗斯数据的一些研究工作寻求在区域层面上测量不平等（Clark，2003；Oshio and Kobayashi，2010；Schwarze and Härpfer，2007；Senik，2004）。使用大规模数据和更多地方性不平等测度的少数研究之一是 Brodeur 和 Flèche（2013）的研究，其使用了来自美国行为风险因素检测系统（BRFSS）的县级信息。另一研究来自 Winkelmann 和 Winkelmann（2010），从 2002 年的瑞士家庭面板数据在所有层面（规模由小到大）包括市镇、地区和州层面匹配不平等测度。Knight 等（2009）的研究把对收入分配更具地方性的测度与非经济合作与发展组织国家（中国）的数据结合起来，发现县级基尼系数对受访者的幸福感有正效应（Jiang et al.，2012）。

数据汇聚程度十分重要的原因之一是 Graham 和 Felton（2006）提出基尼系数通常只随时间的推移有细微的移动。他们指出，智利在 21 世纪初的基尼系数与 20 世纪 60 年代的基尼系数没有太大差异，尽管在这段时间内社会和经济发生了相当大的变化。在计量经济学方面，很难将基尼系数和国家假设都引入回归中，从而导致基尼系数可能替代了与主观幸福感相关的其他固定国家特征。

总的来说，不平等测度缺乏变化并不能帮助我们减轻疑虑，我们怀疑还有其他变量对幸福感很重要，与其密切相关。例如，地区或国家水平上的收入不平等可能反映了工业结构或失业率，二者都可能对主观幸福感产生独立影响。假如有足够多的观察结果，应该有可能梳理出不平等以及其他变量的独立影响研究。但在国家总体层面，确实没有足够的观测资料可用。一般来说，具有潜在重要性的总体水平变量列表往往接近于分析中的自由度数量，风险性大。例如，Di Tella 和 MacCulloch（2008）认为，收入不平等在他们分析欧洲晴雨表调查和GSS 数据时产生了一个负向但无关紧要的系数。他们指出，这种情况的发生"部分是因为所包含变量之间存在某种程度的共线性。例如，如果我们不包括失业救济金这个与不平等高度相关的变量，我们就会发现关于不平等的系数变得显著负相关"。Verme（2011）同意基尼系数的调查测度缺乏可变性，这使得它特别容易与其他总收入层面的变量发生多重共线性（这是他通过一系列稳健性检验解决的问题，其中其他总体解释变量被一一丢弃）。

对于个人幸福感和总收入不平等之间的关系进行实证分析的另一个缺点是,没有充分区分参照群体的比较性和规范性方面。即使表 13.1 中的一些实证分析(虽然远非全部)确实将收入分配均值的一些测度引入分析中,但他们几乎无法通过构建来计算所使用的调查数据中的相对剥夺感和相对满意测度。因此,总收入不平等与个人主观幸福感之间的任何部分相关很可能将比较性和规范性参考群体的各个方面混合在了一起,这或许可以解释表 13.1 中存在的各种估计系数。

鉴于对总体不平等和个人主观幸福感之间的关系进行分析可能存在自然限制,因此,从这种分析中得到的任何证据都只能是维持其提示性。对于实验研究来说,情况可能并非如此,在实验研究中,参考群体和不平等程度都可以得到准确的处理,当前我们正转向这一点。当然,实验研究也并非不存在问题,因为人们在受控环境中所说的话可能与他们在现实中的行为方式有很大不同,并且他们对不平等的看法可能会受到很多因素的影响。有关这些方面和社会偏好实验存在问题的全面讨论,请参阅 Levitt 和 List(2007)。

13.3.2　实验经济学

从更为总体的角度来看,关于不平等规避的实验经济学研究主要采取了两种不同的方法:(1)不平等和风险规避带有社会福利参数函数;(2)一般社会福利函数。其中针对第一项已经开展了两种类型的实验。第一种类型类似于之前在 13.2.2 中讨论的关于地位或相对收入的实验,即在无知之幕背后,在收入分配不同的不同社会之间进行选择。第二种类型则是基于漏桶实验,我们稍后会对此进行介绍。

Johansson-Stenman 等(2002)进行了假想选择实验。从功利主义社会福利函数的视角,将个人的相对风险规避解读为对社会不平等的厌恶。从无知之幕背后,我们可以通过个人在两种社会类型之间的选择来评估不平等规避。实验中,个人被要求从福利方面考虑为他们想象的孙辈选择一个最好的社会(为了让选择脱离被调查者自己的社会和自然环境)。社会 A 和社会 B 的收入分配模式一致,此外,实验对象被告知他们的孙辈有相同的概率获得该范围内的任何一种收入水平。

例如,社会 A 的收入范围始终为 1 万—5 万瑞典克朗,而社会 B 的收入范围为 19400—38800 瑞典克朗。参与实验的学生被告知两个社会的物价是相同的,都没有福利制度,且不同的收入分配不存在增长效应。

对风险持中立态度的人会更喜欢社会 A,其预期收入相对更高。对两个社会的态度没有明显倾向性的人会有一个相对风险规避参数 η,我们可以通过假设一个常相对风险恶意(CRRA)效用函数[①]来计算该参数(参见他们的方程式 5)。在前面的例子中,对社会 A 和社会 B 没有明显倾向性的人,其 η 值为 0.5;同样,对于喜欢社会 A(B)胜于社会 B(A)的个体,其 η 值< (>)0.5。由此,他们的实验中存在八种不同的条件。社会 A 始终如前所述不变,而社会 B 有八种,按照对社会 A 和 B 之间无倾向性的中立态度会增加风险规避来进行排序(见他们的表 1)。η 值越高,社会越愿意放弃更多收入,以换取更加平等的收入分配,这与更凹

---

① 如果 $\eta \neq 1$,则 $U = y^{1-\eta}/(1-\eta)$,并且如果 $\eta = 1$,则 $U = \ln(y)$。

型的社会福利函数相一致。

这些实验中的不平等规避中位值均处于 2—3。受访者在这些类别之间的分配相当均匀,其中有 43％ 的受访者,其不平等规避值在 1—5。此外,相当数量的受访者(17％)表现出零或负向的不平等规避。此外,19％ 的受访者表现出极端厌恶情绪,这与罗尔斯的最小者最大化原则相一致,也就是实验中厌恶情绪最大的情况。Carlsson 等(2005)采用与此类似的实验设定,证实了相对风险规避的中位数值介于 2 和 3 之间,并发现受访者中有较大比例(63％)的人,他们的相对风险规避值在 1—5。此外,实验还发现有 8％ 的受访者喜欢风险。①

一些有关这方面的实验试图区分两种不同类型的不平等规避:第一种是个人的风险规避水平,前文已有解释,而第二种是个人为更平等的社会生活而付出的意愿程度。仅仅通过风险规避来估计个人不平等规避程度,忽视了个人对不平等本身的偏好。

为了厘清这两种态度,人们针对两种规避分别进行了两种实验,两者一一对应。为此,Carlsson 等(2005)扩展了 Johansson-Stenman 等(2002)的分析。如前所述,第一个实验涉及传统意义上想象中的孙辈,其中受访者不知道其孙辈在分配中的位置,只知道收入分配制度,因此也知道每个社会中的收入概率分布。在第二个实验中,受访者需在具有不同收入分配制度的假想社会之间进行选择,其中孙辈的收入已知并且等于社会平均收入。换句话说,"在第一个实验中,人们在假想彩票中进行选择,其结果决定了他们的孙辈在特定社会中的收入。通过这个实验,我们可以估计在社会不平等水平固定的情况下个人的风险规避程度。在第二个实验中,个人在收入分配制度不同的假想社会间做出选择,其中孙辈的收入已知且始终等于每个社会的平均收入。这个实验能够帮助我们估计无风险环境中个体对不平等规避程度的参数"(Carlsson et al.,2005)。

在第二个实验中,若个人不平等规避值为 0,那么他对收入不平等情况态度无倾向;若值等于 1,个人收入每增加 1％ 所产生的效用与不平等程度每下降 1％ 所产生的效用相同。实验显示,不平等规避的中间值介于 0.09 和 0.22 之间,且大多数结果反映了正的不平等规避值。其中,只有 7％ 的受访者表现为不平等爱好者,意思是他们愿意牺牲自己的收入以使社会更加不平等。6％ 的受访者表现出对不平等现象的极度厌恶。Kroll 和 Davidovitz(2003)也发现,实验对象更喜欢更平等的收入分配。但是,当他们不得不放弃部分奖励以换取更加平等的分配时,他们选择不这么做。

Amiel 等(1999)所做的实验属于方法(1)中的第二类,即通过漏桶实验来估计社会不平等规避值。他们将一群学生作为一个样本,并要求这些学生指出,当一个相对富有的人需要将一部分钱转给一个相对贫穷的人时,他们所能接受的这部分"损失的钱"的数额,这个损失可能是由诸如管理成本之类的原因造成的。Amiel 等(1999)预估不平等规避的中间值介于 0.1 和 0.22 之间,这远低于像 Johansson-Stenman 等(2002)所做的替代方案的现有预估值。不过,这两个实验的情况差异很大,因而明确比较两者的结果相当困难。

① 值得注意的是,在这个实验文献中发现的不平等厌恶程度的值远远高于实践中用于衡量不平等程度的值:美国人口普查局使用的值不到 1,而在卢森堡收入研究网站上所报告的关键不平等程度,作为他们的"关键数字",只使用了 0.5 和 1 的值。

Pirttilä 和 Uusitalo（2010）证实了由于测量技术不同，这些不平等规避值之间存在巨大差异。在一项有代表性的芬兰人调查中，作者使用问卷方法预估了不平等规避值。该问卷的优点是，同一个人被问到的问题都是基于两种不同的测量技术：漏桶问题和在无知之幕下的优选工资分配。从漏桶问题中得出的不平等规避参数的中位值低于 0.5。然而，优选分配问题的结果给出了一个更高的不平等规避值，其参数大于 3。因此，有相当数量的受访者愿意牺牲平均工资来实现更平等的工资分配制度，但同时又不愿意进行从富裕者到贫穷者的大额金钱转移。

Pirttilä 和 Uusitalo（2010）对这一结果的根本差异给予了一些解释。其中一种可能性是，人们在不同情况下对隐性的效率与公平权衡所持的态度不同。漏桶问题尤其侧重于再分配，而优选工资分配的变化则是谈判后的结果。这两个问题也可能在衡量一个相同的现象，只是尺度有所不同。此外，漏洞问题（即效率损失）在漏桶问题中显而易见，而受访者必须在工资分配问题中对此进行计算。他们也许在漏桶问题上考虑到了效率因素，同时，他们对效率的偏好也可以在一定程度上解释他们为何不支持金钱转移。

Pirttilä 和 Uusitalo（2010）还证实了 Beckman 等（2004）的结果：受访者在收入分配中的实际位置会影响他们在漏桶实验中给出的答案。不出所料，能够从中受益的个人对这种转移的支持程度更高。

在收入分配文献中，只有与洛伦兹优势标准相符的测度才适用于衡量不平等情况。这些测度满足四个基本原理：尺度不变性、对称性、群体原则以及庇古—道尔顿转移原则。要想了解关于这些特性和优势标准的近期调查，除其他文献外，请参阅 Chakravarty（2009）的精彩章节。大多数幸福指数通常会假定前三种特性；正如我们在前言中所提到的那样，只有转移原则是衡量不平等的核心。

普通大众（相对已知的一部分人）对这四种基本属性的反应能够揭示他们对不平等的态度，来自第（2）组实验的一些作者对此进行了解读。他们在论著中假设了一些一般社会福利函数，但没有任何先验函数形式。这部分文献中解决的主要问题是，对于普通大众而言，不平等现象究竟代表着什么，尤其是这四个基本原理是否在个体观念中有所反映。Amiel 和 Cowell（1999）的著作是这一领域的开创之作。鉴于庇古—道尔顿转移原则是不平等测量的关键概念，我们将只讨论那些涵盖该方面不平等的实验结果。

在 Amiel 和 Cowell（1992）的实验中，转移原则是作为数字问题和口头回答问题展示给受访者的。在前者中，受访者要求实验对象说出两种收入分配中的哪一种更为不平等：A ＝（1，4，7，10，13）与 B ＝（1，5，6，10，13）。

而对于口头回答问题，受访者被要求说出在下列情况下不平等现象会发生什么变化：
"假设我们将收入更多者的收入转移给收入更少者，但不改变其他人的收入。转移后，先前收入更多者的收入仍相对较多。"

在 Amiel 和 Cowell（1992）实验的学生样本中，近三分之二的人认为社会 B 中的不平等程度不会低于社会 A，而 40% 的人认为在上述情况下，不平等程度不会下降。这些数字的差异可能是由于在口头表述案例中的个体考虑了某种罗宾汉再分配效应，而实际的数字问题涉及的是从相当贫穷的人到更穷的人的再分配。Amiel 等(2012)研究了有关转移问题的许多"种类"或解释。只有 21.6% 的样本符合研究人员的标准观点。Jancewicz(2012)对这些问题的一些问询方式提出了批评。①

类似于 Kroll 和 Davidovitz(2003)以及 Carlsson 等(2005)的实验,Amiel 和 Cowell(2002)、Gaertner 和 Namazie(2003)以及 Cowell 和 Crosses(2004)利用方法(2)考察了评估不平等和风险规避的人在多大程度上遵循转移原则。在 Cowell 和 Crosses(2004)的实验中,大约 60% 的受访者认为均衡转移其实相当于降低不平等程度/风险,他们还认为,调查问卷在风险上的一致性高于在不平等中转移原则的一致性。Gaertner 和 Namazie(2003)以及 Amiel 和 Cowell(2002)证实了这一发现,其中风险问卷中的样本接受比例为 23%,不平等问卷中则为 17%。

总的来说,个人对收入分配有规范性偏好。然而,我们很难说这些偏好在幸福回归中是孤立的,因为后者无法分离对待不平等态度中的比较性和规范性组成部分。这方面的实验文献比较成功,但即便如此,各种不同的方法也导致不平等规避的估计值范围很大。这里的一部分症结在于,不同的方法会产生不同的偏好(如风险规避或效率偏好),且差异显著。另一个问题是,我们可以通过无数种方式改变收入分配中的不平等。即使对基尼系数的最终影响是相同的,人们对"取富济贫"的偏好,抑或是对从中层或中低收入阶层获得金钱并给予贫困者的偏好都有可能存在合理的差异。

13.4　突出问题

本节讨论了一些问题,对前面描述的有关收入差距和收入不平等的现有文献进行了扩展。

13.4.1　不平等及其他结果变量

迄今为止,有关个人收入与他人收入的关系的讨论,纯粹只是从"他们是否喜欢"这个意义上来考虑的,无论结果是通过主观幸福感的调查信息还是从实验中的行为来揭示的。这根本说不上是唯一令人关注的结果,我们可能会打开潘多拉魔盒,释放出许多其他可能的因变量,社会科学已经对其他一些可能的结果进行了调查。以下是该研究领域在这一方面的例子的简要介绍。

de Vries 等(2011)测试了这样一个假设:收入不平等可能会使个体更为好胜且对他人不友善。后者的这些态度可以用五大人格因素中的"讨人喜欢的程度"这一因素来解释,该因素现已广泛运用于许多调查中。② de Vries 等(2011)的回归分析以 2001—2009 年美国网络调查中近 70 万次的观察为基础,该调查旨在衡量人格。"讨人喜欢的程度"得分与州级的收入不平等呈显著的负相关(以 2000 年人口普查中的税前家庭收入基尼系数来衡量)。关于这种个人层面的人格发现被认为与大量有关总体不平等和暴力行为测量的证据相一致。具

---

① 例如,缺乏"不知道"这一回答类别,并且在数字问题中没有给出数额的自然单位。
② 通过对以下问题的回答来衡量:是否对他人感兴趣,是否为他人花时间,是否对他人的问题不感兴趣(后者被反向编码)。

体可参阅 Daly 等（2001）提供的关于加拿大省级谋杀率的证据。

Loughnan 等（2011）分析了自我拔高，这是一种认为自己优于平均水平的倾向。他们考虑了自我拔高与收入不平等之间的关系，认为在不平等程度更高的社会中，优于其他人所获的收益会更大。他们对 15 个国家的（主要是学生）样本进行了自我拔高问卷调查。在这些问卷中，被调查者需要回答 20 种不同的值得拥有的特质。对于每种特质，他们还需指出自己所拥有的该特质与普通学生（或非学生样本中的普通人）相比，是否更加突出，还是程度相同或者更不明显。Loughnan 等（2011）首先指出，在 15 个国家中，有 14 个国家（日本除外）的被调查者一般都认为他们的特质较平均水平更为突出。他们进一步证明，在基尼系数较高的国家，自我拔高的程度更高。这种关系阻碍了一系列个人层面心理变量的引入。

DeBruine 等（2011）研究了来自 30 个发达国家的近 1.6 万名年龄在 16—40 岁的女性，其数据显示，女性对面带刚毅男性气质的偏好与国民健康的综合衡量指标呈负相关：在平均健康状况较差的国家，男性气概作为发展健康指标的价值更大。Brooks 等（2011）以此为基础展开了进一步研究，他们注意到，面带刚毅的男性气质也可能通过传播其所赋予的好处而显得非常重要。同样的道理，在高尔夫比赛中，更高的排名意味着更高的奖金回报，这似乎会让球员付出更大的努力（Ehrenberg and Bognanno，1990），当奖励更为分散时，任何预测竞争成功的信号都更具价值。因此，他们将国家基尼系数（来源于联合国统计司）和 DeBruine 等（2011）的原始偏好数据相匹配，他们随后的实证分析表明，相较于预测国民健康，国民收入不平等能够更好地预测女性对面带刚毅的男性气质的偏好。

Van de Werfhorst 和 Salverda（2012）在《社会分流及流动研究》的专刊导言中指出，国家级的收入不平等与一些态度结果变量有关，这些变量均可观测到。该期专刊中的许多论文进一步详细研究了收入不平等与和他人的团结、对民主的支持和实际的政治参与等因素之间的负相关关系。

Rothstein 和 Uslaner（2005）同时预估了广义信任度和收入不平等（基尼系数）的测度，他们的结论是，不平等的确会大大降低信任度，而在收入不平等方程中，预估的信任系数为负相关，但并不显著。近期，Steijn 和 Lancee（2011）对这些研究结果进行了重新评估，特别强调了收入不平等程度很高的非西方国家的重要性，以及国家财富的混杂作用。他们对西方国家数据［来源于国际社会调查计划（ISSP）和欧洲社会调查（ESS）］的回归模型分析表明，收入不平等与信任度之间呈显著的二元负相关，但在多元分析中，一旦财富可控，这种负相关则变得不显著。

我们不必在此争论，说这些补充的对收入不平等的潜在态度①关联因素应该被分开考虑或孤立地考虑。相反，我们认为它们确实代表了一些渠道，收入不平等正是通过这些渠道影响整体幸福结果（以及那些关于个人健康的结果，其中有大量文献，我们在此没有涉及；可参见第 17 章）。

---

① 超越个人层面，我们还可以考虑其他社会行为者所表达的态度。Burgoon（2013）分析了 22 个不同国家近 50 年中政党立场的年度数据。净收入不平等与反全球化的立场呈显著正相关。

13.4.2 收入分配不同方面的其他测度

我们所有关于收入分配态度的讨论都是基于 13.2 节与参照群体中其他人的收入差距以及社会上所有差距的归一化总和，正如 13.3 节中以基尼系数作为讨论基础。我们推测这些确实是对他人收入的有效测度，但我们还无法就此下定论。①

如图 13.1 所示，仔细观察两个收入分配的对数正态分布，其中一个是另一个的水平位移，那么哪个分配更不平等呢？ 如果我们处于收入分配范围外，那么我们对这两条曲线中分散度的（规范性）评估就取决于我们选择以何种方法测量分配。在这两种分配方式下，不同方面的收入分配的一些测度是相同的；绝对基尼系数、方差、四分位距以及相对剥夺人口比例（定义为收入低于中位数的 60%）就是这种情况。不过，分配 1 和分配 2 中的其他测度却并不相同：绝对贫困的百分比、相对基尼系数以及 D9/D1 或 D5/D1 比率。

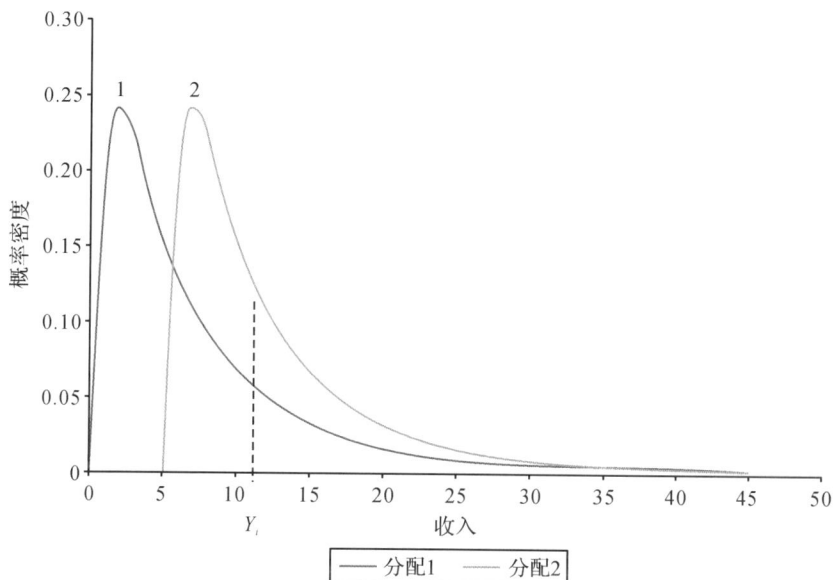

图 13.1 两个收入分配的对数正态分布，方差相同

如果进行评估的个人处于收入分配范围内，那么他们的评估也会取决于他们自己的收入状况；这就是比较性评估。当收入 $=Y_i$ 时，个人在分配 2 中会比在分配 1 中有更大的剥夺感；他们的相对剥夺程度会更高（超过他们的人越多），而他们的满意度会越来越低（低于他们的人也越少）。

我们已经考虑了不平等的客观测度（如基尼系数）和主观幸福感之间的关系。但是，人们是否真的知道区域基尼系数值或国家基尼系数值的含义到底是什么？ 基尼系数也许无法很好地反映个人对他们周围不平等程度的认识，同样他们也可能认为收入分配与统计数据中的实际测量的指标有所不同。

---

① 在此我们还有一个尚待解决的问题，即税前或税后收入分配是否与主观幸福感相关。一种解读是，税前收入分配决定了再分配的福利和偏好，后者影响了现行的税收制度，而税收制度又反过来决定了税后收入分配。在实践层面，并非所有的实证论文都明确说明他们所衡量的收入是净额还是总额。

Macunovich(2011)的实验非常有趣,利用第四轮 WVS(2005)的数据进行研究。她不仅分析了基尼系数,还分析了分布底层人群拥挤程度的两个测度:表示自己处于最低收入十分位数的人数与表示自己处于最高收入十分位数的人数之比,以及自我报告中认为自己处于社会最低阶层与处于社会最高阶层的人数之比。尽管基尼系数与幸福感和生活满意度都呈正相关关系,但这两个比率的预估系数都显著为负,这也许与分配底层的一部分人释放的负面信号相一致[如 D'Ambrosio 和 Frick(2012)的实验],或者更普遍地说,与社会中有关贫穷的一些负面外部效应相一致。

O'Connell(2004)采用了一个国家收入最高的 20% 人群与最低的 20% 人群的收入(取对数)之比的信息,在 1995—1998 年的欧洲晴雨表调查数据中,针对 15 个欧盟国家的总体水平分析表明,这一比率与生活满意度呈负相关。

表 13.1 中出现的一些实验采取了各种不同的收入分配计量法。Tomes(1986)以及 Brodeur 和 Flèche(2013)都考虑了分配底层的结果,其中前者的实验计算了收入最低的 40% 人群所获收入的份额,后者则根据三个单独的定义,测算了县级贫困比例。

然而,总的来说,这里很少有实验将不同的衡量方法放入同一个"选美式"竞争中相互比较,以测试其中究竟哪一个与主观幸福感的相关性最为显著。在此类文献中,Ebert 和 Welsch(2009)的实验论文相对与众不同,因为他们考虑了一系列不平等指数,包括作为特殊亚类的阿特金森指数和基尼系数系列(Ebert,1988)。同时,他们还评估了这些指数对 20 年中欧洲晴雨表调查数据所反映的个体自我报告生活满意度的影响。由于欧洲晴雨表调查中的自述收入数据不够充分,我们无法从数据集中准确推算出详细的计量法,因而我们将后者与卢森堡收入研究报告(LIS)相匹配,这在一定程度上减少了可用于实证分析的国家数量。[①]

Ebert 和 Welsch(2009)在实验一开始就考虑了基尼系数、阿特金森 0.5 指数和阿特金森 1.0 指数。实验表明,这三个指数均与有序概率回归模型中的生活满意度呈显著的相关性。随后他们考虑扩大这些指数的使用范围,对生活满意度的分析帮助他们得出结论:极端或平均的不平等规避的影响都很重大,且不平等规避的总体程度大于实证分析中采取的标准衡量法所体现的程度。[②]

最后一点关于"他人收入的测度"问题是,现有的实验完全集中于比较基本指标,如收入差距和基尼系数。虽然这种比较有一定的意义,但这也有可能是因为个人对等级比较敏感。以前的一些实验考虑了收入等级在确定幸福感方面的作用。Brown 等(2008)的实验证明,在三个满意度方程(对工作、成就和监督者的尊重这三者的影响)中,收入等级表现优于参照群体的平均收入:另请参见 Clark 等(2009a)有关经济满意度的研究和 Boyce 等(2010)有关生活满意度的实验。Card 等(2012)的现场实验表明,个人在收入分配中显示的等级信息比相对工资水平更能决定他们的满意度。为了搜集有关相对收入在决定工人付出努力水平上的证据,Clark 等(2010)借助了调查和实验两种方式。在这两种数据中,个人在收入分配中的

[①] 尽管 Jancewicz(2014)的实验主题与主观幸福感无关,但其分析了个体是根据什么标准将不同收入分配制度分类整理成具有相似不平等认知程度的群组的。该分析十分有趣。
[②] 评估收入分化与个人主观幸福感自述之间的关系也非常有意义。但我们目前还不了解有关这方面的研究成果。

排名比个人自身收入与参照群体收入之间的关系更能决定他们付出努力的多少（用对数似然衡量）。Mujcic 和 Frijters（2013）分析了 1000 多名澳大利亚学生样本的假设选择数据，并得出了同样的结论。最后，Clark 和 Senik（2014）研究了中国贵州省的面板数据，其中村里的所有家庭都参与了该调查，这个完整的数据可确定家庭在村级收入分配中的排名。处于收入分配顶部（最高十分位）或底部（最低 25%）的家庭似乎与其相应的收入满意度不成正比。

不过，也许并非所有等级都具有同等重要性，因此收入等级和主观幸福感之间的相关性是非线性的。Kuziemko 等（2014）的实验和调查结果强调了人们讨厌在分配中处于最后的重要作用。实验对象接受博弈，如果分配中还存在其他位置，那么他们很可能会离开自己排斥的最后位置。同样地，在改良的独裁者博弈中，被随机放置在倒数第二位的实验对象最有可能向其上一级的人提供资金，而不是下一级的人。对此，其中一个涵义是，如果再分配主要针对收入分配中恰好在他们的等级之下的人，那么这些相对贫穷的人可能会对此持反对意见。调查数据明确表明，工资刚刚超过最低水平的受访者最有可能反对任何形式的最低工资水平上涨。

这些等级比较其实非常有趣，能够体现不平等现象在决定个人生活幸福感方面的作用，因为若自己的收入已确定，参照群体中保持平均收入的宽度意味着其个人等级更低。但是，对于社会层面来说，这并不重要。通过构建模型，我们得出等级是零和关系：我的损失必须由其他人的收益来抵消。除非我们对等级的喜好存在异质性[如 Frank（1985）的实验]，否则不平等程度在此并不会以收入比较影响整体幸福感那样的方式产生影响。

13.4.3　再分配的公平性和偏好性

前面文献中使用的收入分配测度是客观的：用以测量社会中其他人实际获得的收入。这当然并不一定表示人们相信那就是别人所获得的实际收入，也有可能是后面这种情况，它表现了一种关系，与人们认为其他人应该获得收入之间的关系，这对于确定个人对不平等的态度来说最为重要。

在我们的社会中，几乎没有人认为每个人都应该得到相同的收入。存在收入差异的原因很多，例如工作小时数。总的来说，我们可以将收入分配的原因分解为个人需要负责的因素和不需要负责的因素（Fleurbaey，1995），这些因素在关于机会均等的文献中被称为个人努力和客观环境（参见本卷第 4 章的详细调查）。① Almås 等（2011）提出了测量"责任敏感"的公平收入分配的方法，被用于分析 1986—2005 年的挪威数据。他们表明，虽然基尼系数在这段时间内有所下降，但不公平的收入不平等情况实际增多了。此外，税前不公平收入基尼系数的上升幅度小于税后不公平收入基尼系数，因此税收制度变得不那么公平了。

衡量公平的另一种方法，不需要明确区分责任和非责任因素，而是明确询问个人，问他们认为其他人应该赚多少钱。例如，跨国 ISSP 调查多次直接询问有关收入的感知和公平分

---

① 我们可以预计，如果不平等不是由个人努力而是由机遇造成的，它就相对不太容易被人接受。在这种情况下，值得注意的是，没有特别措施对彩票获奖者施加压力让其重新分配。这可能反映出他们一般都缴了税，在彩票上花费的钱比所得的更多。例如，在英国国家彩票中，中奖的钱不及买彩票的钱的一半。

配的问题。每年 ISSP 调查都会列出一些核心问题,以及关于特定主题的轮换模块。这些模块在 1987 年、1992 年、1999 年和 2009 年都是关于社会不平等的。个人直接被问到他们认为某个工作类型的个人收入应是多少。例如,在 1987 年的那波调查中,变量 v26 指的是对以下问题的回答:

> 我们想知道您认为这些工作者实际上赚多少。请写下您认为他们通常每年在纳税前赚多少钱(很多人对此并不确定,但您的最佳猜测会足够接近,这可能很困难,但很重要,所以请试试)。首先,您认为瓦工的收入有多少?

变量 v27 是对同一个问题的回答,但现在是针对全科医生。接下来的 9 个问题涵盖了银行职员、小商店的所有者、大型国有企业的董事长、工厂的高级技工、农场工人、秘书、城市公交车司机、工厂的非熟练工人和国家政府内阁部长。

最后,个人被问到涉及同一职业的 11 个一系列问题,但是这次要求他们表明他们认为这些人每年应该在税前获得多少,而不管他们实际获得多少。

相同类型的问题在不同的社会不平等模块中重复出现,尽管到 2009 年,这些问题只涉及全科医生、大型国有企业的董事长、商店助理、工厂的非熟练工人和国家政府的内阁部长这五种职业。

其他一些调查也包含类似的问题,其中包括 2005 年的 SOEP,还可能问有关个人自己的实际和公平报酬问题,或者所问的实际和公平报酬问题是有关一个假设的具有一些特定人口统计学特征的第三者的情况(参见 Jasso,2007)。

对于这些问题的答案,一种是用于考虑对收入分配的顶端和底端职业的反应;例如,在前面的 ISSP 问题中调查的大型国有公司的董事长和工厂的非熟练工人的收入。这两者的比率表明了受访者感知到的收入不平等。同样,公平指数可以计算为个人认为这两种职业应该获得的收入之比。比较这两个比率可以显示个人认为二者之间的收入差距有多大算是公平的。

Schneider(2012)的研究对这种方法进行了实证应用,她利用 2006 年这一轮的国际社会正义项目中的德国数据来考虑主观幸福感与收入不平等之间的关系。她不是从数据集内计算基尼系数,也不是从外部数据源的某个层面匹配基尼系数,而是通过直接测量个人对收入分配公平性的感知来进行计算。

她通过对一名总经理(MD)和一名非熟练工人所感知的收入(PI)和公正的收入问题的回答,计算出收入不平等的总体合理性的衡量方法如下:

$$合理的不平等 = \ln\left[\left(PI_{总经理}/PI_{非熟练工人}\right)/\left(JI_{总经理}/JI_{非熟练工人}\right)\right]$$

有人认为目前的收入分配的合理不平等值恰好为零。那些认为收入差距应该更大的人会是负值,而那些认为报酬不平等的人会有正值。这种合理的不平等的衡量标准在个人层面上各不相同,因此与目前已讨论过的对收入不平等的总体测度相比,这一衡量标准提供了更大的潜在解释力。①

在 2006 年的数据中,Schneider(2012)报告了方括号中第一项的平均值,$PI_{总经理}/PI_{非熟练工人}$约为 644,$JI_{总经理}/JI_{非熟练工人}$的平均值略高于 300,由此产生的合理的不平等值约为 0.75。个体对不平等的感知程度与生活满意度呈负相关。与低收入群体相比,高收入群体的这种相关性更强。

Osberg 和 Smeeding(2006)在 1999 年的 ISSP 调查中研究了这些问题。然而,他们并没有关注排名中前几名职位和最后几名职位之间的差距,而是考虑了关于感知收入和公平收入的整套回答。通过假设在九种职业中每一种都有相同数量的人,他们可以计算出基尼系数,即个人相信的实际收入的基尼系数,以及个人认为应该与之相关的"公正的"收入的基尼系数。然后,他们计算了这两个基尼系数的比值:值小于 1 意味着个人认为不平等程度应该比他认为存在的不平等程度要小。②

大多数人赞成收入保持一定程度的平衡,然而很少有人认为所有的收入都应该是相同的。在 1999 年 ISSP 出现的 27 个国家中,基尼系数比值的平均值小于 1。所有国家的平均数字是 0.75。在一些国家,如美国和日本,这个数字在 0.8 左右;在其他国家如西班牙和瑞典,则低于 0.7。在再分配意愿的测量中,除了跨国差异,个体特征也存在系统性差异。尤其是 Osberg 和 Smeeding(2006)强调了年龄、受教育程度和家庭收入在这方面的重要性。

Smyth 和 Qian(2008)利用 2002 年对中国 31 个城市进行的调查得出的数据,采用了一种更直接的方法来研究感知的收入不平等及其与主观幸福感的关系。在这些数据中,按 1—5 的顺序量表,个人被直接询问他们对收入分配不平等的看法。研究显示,这些感知与个人幸福感得分相关③,这种相关性的符号取决于个人在收入分配中的位置,特别是,处于最低收入分配五分位数的人的收入差距与幸福感呈负相关,而对于处于最高收入分配五分位的人来说,这种相关关系为正相关。

实验文献中也讨论了投入和收入不平等的重要性:收入来源非常重要。Abeler 等(2010)发现,在礼物交换游戏中,与公司决定以不同方式支付员工工资相比,同等工资会导致员工的工作水平系统性降低。他们的解释是,工人不希望他们的工资与努力比低于他们的同事,因此他们工作没有以前努力。Clark 等(2010)还发现,在礼品交换游戏中向其他实验参与者提供的工资与工人提供的努力呈负相关。Krawczyk(2010)在实验研究中发现,机会平等缓和了再分配的愿望。

也许对不平等态度最直接的证据来自询问个人,问他们是否希望通过将富人的财富再

① 合理的不平等确实在个人之间有所不同,这很好。然而,这也可能是内生的,例如,不满意的人认为收入分配顶端的人们赚得更多(或者应该赚得更少)。

② Blanchflower 和 Freeman(1997)也是如此。他们使用 1987 年和 1992 年的 ISSP 调查和考虑了给予不同职业对数反应的标准差。对感知的分配和公平的分配(他们称之为感知和适当差异),他们均考虑了上述这一点。他们研究的主要结果是,与西方国家相比,前社会主义国家既意识到也考虑了适当的收入分配收紧,但在转型过程(即 1987 年至 1992 年)中,这一差距大幅缩小。

③ 这种相关性可以说规模很大。在他们的调查中,幸福度是 1—5 级,个人对不平等的看法也是如此。在他们的表 2 中,幸福感与公平感之间的整体偏相关是 0.09。因此,从感知收入不平等尺度的底部移动到顶部的效应为 0.36,这是尺度范围的 9%。我们不能直接将这个数字与 13.3.1 中的主观幸福感与基尼系数之间的相关性进行比较,因为我们无法将不平等的严重性映射到特定的基尼系数数值上。

分配给更穷的人,使得不平等现象更少。关于重新分配的愿望,有相当多的文献(参见 Förster and Tóth,2014)。Persson 和 Tabellini(1994)是最早对此进行论证的研究之一,他们都提出了一个关于中间选民定理的理论模型,并给出了一些实证结果。这里的个人纯粹关心自己的自身利益,没有社会偏好。这里的中位数是指一些变量的分布,例如收入或技能(以教育来衡量)的分布。个人的投票偏好将取决于他们在该分配中的位置。

第二个做出显著贡献的是 Piketty(1995),他发展了一个理论模型,以解释为什么从长远来看,下层阶级的左翼分子更支持再分配政策,而中上层阶级的右翼分子就不太支持。正如 Persson 和 Tabellini(1994)所述,此处个人收入与政治观点有关:收入较高的人更多是右翼分子,不太赞成再分配政策,而收入较低者更可能投票支持左派政党,赞成再分配。①

重要的不只是个人今天的处境,还有她认为明天她可能达到的最终处境。"向上流动的前景"(POUM)文献明确地关注个人未来的社会流动的前景。因此,仅凭个人当前的收入并不足以了解个人当前对再分配的偏好。如果目前的贫困人口预期自己的收入在未来会有所提高,那么他们可能会反对再分配[Benabou 和 Ok(2001)对 POUM 假设能够限制民主再分配的范围提供了有效的理论和实证证据]。POUM 假设和我们在 13.2.1 中提到的"他人收入的信号效应"之间存在明显的平行关系。

许多实证研究同样强调了当前和未来收入的重要性。根据这些理论,Ravallion 和 Lokshin(2000)使用俄罗斯微观数据首次表明,自我评估的预期的社会流动性,或者认为自己处于上升的收入轨迹的人,对再分配的需求会降低。Alesina 和 La Ferrara(2005)表明,偏好再分配对由此产生的客观衡量的未来收益和损失很敏感(这再次与纯粹的自我利益一致)。他们还强调,流动性的重要性是衡量再分配所造成的未来预期收益和损失的一个客观指标。特别是向上流动性(定义为个人本身的工作声望高于他们的父亲)和对再分配的偏好之间存在负相关关系。② 受访者是否会说他和他的家庭"有很大的机会提高生活水平",这一主观测度与对再分配的支持度呈非常强烈的负相关。Cojocaru(2014b)分析了来自 LiTS 第二轮调查的数据(数据来自 2010 年),并表明再分配偏好确实与未来的向上流动性有关。那些现在很穷但预计 4 年后会富裕的人,对再分配的要求比那些预计在这两个时间点上都很穷的人要低。③ 根据最初的 POUM 假设,这一发现仅适用于那些风险规避程度较低的人(信息来自个人是否会出售自己的汽车来购买应对灾难性干旱的保险的问题)。

Guillaud(2013)使用了涵盖 33 个国家的 2006 年 ISSP 数据,表明收入和职业是再分配偏好的重要预测因素。同样,向下的社会流动性(相对于 10 年前,在社会范围内的地位更低)增加了对再分配的需求,而向上的社会流动性降低了对再分配的需求。有证据表明,向下流动系数的尺度要大于向上流动系数,就好像个体对于地位采取损失规避一样。

Clark 和 D'Angelo(2013)分析了 18 轮 BHPS 数据。研究表明,社会地位越高,人们对再分

---

① 还有一类很生动的文献,强调不一定要我自己从重新分配中受益,但重要的是"像我这样的人"是否有可能也从中获益。Stichnoth 和 Van der Straeten(2013)提供了一项对再分配的种族多样性和偏好的调查。
② Alesina 和 Giuliano(2010)的调查强调了过去在总体上的作用,包括个人的过去和国家的历史。
③ 贫穷和富有(现在和未来)来源于个人对一个问题的回答,这个问题是关于他们现在在收入分配的哪个十分位数,以及四年后预期会在哪个十分位数。穷人(富人)是那些回答低于(超过)总体平均答案的人。

配和公共部门的态度就越不赞同，这是很普遍的现象。然而，他们还发现，向上流动（相对于父母）更多与左翼态度有关，这些态度被证明可以转化为实际报告的投票行为。

如 13.3.1 所述，Alesina 等（2004）表明，不平等对幸福的影响值在欧洲大于在美国，Alesina 等提出的解释是在美国比在欧洲可感知的社会流动性更大。

我们还可看到对再分配需求的测度与个人对收入分配公平性的看法相关（Corneo and Grüner，2002；Luttens and Valfort，2012）。前者通过回答 ISSP 问题的答案来检测公平在确定再分配偏好方面的重要性，问题是"辛勤工作对过上好日子有多重要"，其供选答案是"极其重要""非常重要""相当重要""不太重要"和"根本不重要"。答案表明，那些声称自己会从较低的不平等中受益的人确实赞成再分配，而那些收入较高的人反对再分配，这里有考虑自我利益的因素。其公平变量"艰苦工作是关键"的估计系数（定义为提供前面给出的三个回答中的一个），在对再分配偏好的回归中显著为负。

Luttens 和 Valfort（2012）采用 WVS 和 ESS 的数据表明，自己的收入和个人对公平的看法决定了再分配偏好。值得注意的是，与欧洲受访者相比，美国的个人在确定再分配方面似乎对公平性更为敏感。

Tóth 和 Keller（2011）考虑了来自 2009 年欧洲晴雨表中贫困和社会排斥模块的数据。他们使用主成分分析法计算了有关再分配的五个问题的再分配偏好指数（RPI），然后将这个指数的值与个人和国家一级的变量相关联，后者包括与 LIS 数据中匹配的收入分布预估系数。他们表明，物质条件较差者、预期在未来 12 个月内情况会恶化的人以及那些不认为穷人都懒惰的人的 RPI 较高。他们还考虑了许多百分比分布指标（P95／P5、P95／P50 和 P50／P5）以及基尼系数，所有这三个百分位数比率指标都出现显著的正估计系数，因此对再分配的愿望随着不平等的加剧而增强。顶层和底部分配的不平等似乎在这里扮演着相同的角色。Yamamura（2012）还表明，在 7 年的日本 GSS 数据中，地市级基尼系数与再分配偏好呈正相关，但仅对富裕人群有显著影响。

可能还有一点非常突出，用于确定再分配偏好的问题在不同的调查里是很不一样的，这妨碍了现有结果的可比性。在 BHPS 中，人们对收入不平等的态度是这样衡量的："人们对政府工作方式有不同的看法。政府应该对一个人可以赚取的金额设置一个上限。"这个问题的答案是从 1 递增到 5，其中 1 代表完全不同意，而 5 是完全同意。这不是关于再分配的一般问题，而是关于将分配的顶层拉低的问题。在 ISSP 中，被调查者被问到："总体而言，你认为应该还是不应该由政府负责缩小贫富人群之间的收入差距？"以 1—4 的等级回答。WVS 中的相关问题要求个人根据 1—10 的等级来表示他们最同意两个极端中的哪一个，"人们应该承担更多的责任来为自己提供服务"，还是"政府应该承担更多责任以确保每个人都有保障"。正如 Luttens 和 Valfort（2012）所指出的，这确实将对收入分配的担忧与对政府效率的看法混为一谈。最后，ESS 中的问题与 WVS 中的问题类似，要求个人在"政府应该大幅度降低税收，减少在社会福利和服务上的花费"和"政府应该增加税收并投入更多于社会福利和服务中"做选择。

与个人报告的再分配偏好一样，最近的一篇论文提供了有趣的证据，表明实际观察到的税收的累进性与全国的平均幸福感呈正相关。Oishi 等(2012)使用了 2007 年盖洛普世界民意调查中来自 54 个国家的数据,受访者在这里报告了三种不同类型的幸福测度:从最糟糕的生活到最美好生活的坎特里尔阶梯,以及正面和负面的日常体验,这些得分的国家平均值与网站 Worldwide-Tax.com 的国家税收系统的累进性相关(按最高减去最低边际税率计算,或者那些收入为国家平均收入的 67% 和 167% 之间的税率差异)。税收的累进性与主观幸福感呈正相关(见他们的图 1),这不是一个简单的收入效应,因为整体税率和政府支出在福利回归中都很重要。

13.4.4　只考虑自己的利益?

在参照群体的比较观点中,他人的观点可以说是令人沮丧的,他人的负外部性在于,$Y_i >Y_j$ 带给个人 i 相对满意感,$Y_i < Y_j$ 则为相对剥夺感。然而,存在某些他人可能与个人相关,但在这种比较观点中没有被考虑。相反,引言中有所透露,对某些群体可能存在一种延续的同情。在与比较参照群体平行的情况下,表现出利他行为的个体将被其他个体所选择,并可能排斥社会中的某些群体。

这就引出了对利他主义行为的讨论,即将自己的钱转移给他人不仅增加了接受者的幸福感,而且增加了捐助者的幸福感。尽管慷慨大方的人的幸福感得分较高是很常见的,但要证明前者与后者之间存在因果关系就比较困难了。① 幸运的是,有很多研究证明了这种因果关系。

建立因果关系的一种方法是进行实验。有种类似家庭手工业者的做法是使用随机分配或自然实验来研究自己的收入和主观幸福感之间的关系。Dunn 等(2008)通过一个迫使其中一些人慷慨大方的随机实验,观察到有利于社会的支出与主观幸福感之间呈正相关。具体来说,实验参与者首先报告了他们的幸福感,然后给他们一个装有 5 美元或 20 美元的信封来度过那一天。实验参与者被告知要将一半钱花在自己身上,另一半花在别人身上。当天晚些时候的幸福感记录表明,那些把钱花在别人身上的人有更显著的主观幸福感。重要的是,当被问及认为什么能让他们快乐时,另一组受访者认为把钱花在自己身上比花在别人身上更能让他们快乐;因此,个人不一定要事前意识到利他主义能带来幸福。

Aknin 等(2013)提出了同样的观点, 涵盖范围更广。根据盖洛普世界民意调查,他们首先报告了 136 个国家的有利于社会的支出与幸福感之间的正相关关系,他们也呼吁对此进行实验分析。在加拿大和乌干达,要求个人回顾过去一些有利于社会的支出,报告结果显示,他们的幸福感得分高于那些被要求回忆过去用于个人支出情况的人;同样,在印度,被要求回顾过去的一些有利于社会支出的人报告的幸福感得分高于那些没有被要求回忆过去有利于社会支出的人。最后,与 Dunn 等(2008)的研究结果一样,随机分配到慈善机构购买物品的加拿大和南非的参与者,比那些被指定购买相同物品给个人使用的人获得的正效应更大。

Boehm 和 Lyubomirsky(2009)表明,与参照群体相比,那些被告知每天进行三次善意行为的人感受到的幸福感会持续上升。

---

① Konow 和 Earley(2008)的实验方法表明,在独裁者博弈中,那些获得(之前得到的)幸福感得分的人在随后的游戏中更为慷慨。

从给他人捐钱到一般志愿服务只需一小步,Carpenter 和 Myers(2010)表明,这两者确实相关。Meier 和 Stutzer(2008)分析了德国统一时期的调查数据,统一导致了民主德国志愿服务机会的大幅减少。Meier 和 Stutzer(2008)指出,对于那些以前参与过自愿服务的人而言,主观幸福感的下降幅度要比那些没有做过志愿服务的人的下降幅度大:一个很自然的结论就是志愿服务造成了幸福感。

在这方面一个充满活力的研究领域是慈善捐赠。个人可能会捐赠给慈善机构,因为他们关心的是其慷慨行为的接受者,或者因为他们从捐赠行为中获得了一些过程效用,而这与捐赠礼物的用途无关[Andreoni(1989)将之称作"不纯的利他主义"]。① Konow(2010)进行一系列精心设计的实验,以表明"给予他人"不仅能用"温暖之光"的过程效用来解释,学生们对慈善机构的慷慨程度要比对其他学生的慷慨程度高,即使在慈善组织不为受试者所熟知的情况下亦是如此,从而避免因熟悉而扮演任何角色。Konow(2010)提出,在决定是否向他人捐赠时,情景依赖的规范应发挥主导作用,他在实验中将其定义为公平和需要。有关慈善捐赠的相关专题讨论可以在《公共经济学杂志》2011 年 6 月的"慈善捐赠与筹款"专刊及由 Fack 和 Landais(2014)编辑出版的著作中找到。

Clotfelter(2014)指出,慈善捐赠在美国比在其他 G7 国家更重要。但目前还不清楚,这样的捐赠是否总是对那些不太富裕的人进行再分配。第一点是,一些慈善捐赠尤其是更富有的人的慈善捐赠,将进入艺术或教育领域。也许更明显的是,美国的慈善捐款在捐赠收入的占比是递减的。

13.2.1 描述了有关比较参照群体的许多研究成果,这些研究表明,相关他人的收入越高,个体的主观幸福感水平越低。然而,这种相关性并不总是负向的。各种各样的研究成果发现,满意度和关系亲近的邻居的收入实际上是正相关的。在加拿大(Barrington-Leigh and Helliwell,2008)、中国(Kingdon and Knight,2007)和丹麦(Clark et al.,2009a)的调查数据中,情况也是如此。虽然这里的非实验协议使解释变得更加困难(人们与更富有的邻居在一起时更快乐的原因有很多,包括隧道效应或本地公共产品的提供),但这些发现与对关系亲近的邻居有同理心也是一致的。

Kranton 等(2013)也强调了个体对某些个体可以是利他的,但对于另一些个体而言则是与之比较的。在他们的实验中,个人对两个主体之间的收入分配做出了一系列选择,这些主体可以是一个个体、她自己所属群组的成员或另一个群组的成员。这些组群的划分要不就是由政治倾向决定的,或者根据对诗歌、风景图像和抽象绘画等几乎相同的偏好来定义的"最小群体"。研究者发现在社会偏好方面存在显著的异质性,并且指明,即使在组群基本上是随机形成的情况下,个体对组外的其他个体并不那么慷慨[或者甚至具有彻头彻尾的破坏性,见 Zizzo 和 Oswald(2001)]。

Hochman 和 Rogers(1969)分析了利他主义在再分配方面的理论含义。在这种情况下,一些再分配可以让每个人都过得更好。Hochman 和 Rogers(1969)认为,转移只能从较富裕的人到较贫穷的人,并且不会改变收入排名。转移是无成本的,不存在漏桶问题。他们分析的核

---

① 另外,如 Frank(2004)所述,慈善捐赠可以被认为是有益的,赋予了捐赠人身份地位。

心目标之一是确定转移的金额如何依赖于贫富之间的收入差距,他们区分了两个显著的取决于"转移弹性"的情况。当这个弹性为零时,总是转移相同的固定金额;当它等于1时,转移的金额与贫富人群之间的收入差距成正比。一项校准显示,与弹性为零时相比,美国实际的所得税税率在弹性为1时更具一致性。

13.5 结论

经济学中经常出现这样的情况,一个问题看似非常简单,回答起来却相当复杂微妙,收入不平等和个人态度之间的关系问题正是这种情况。

这里讨论了一个宏大的问题,即个人为什么应该关心社会收入分配问题。第一个有用的区别是个人是否被算入当前讨论的社会当中。在前一种情况下,个人算入当前讨论的社会当中,收入不平等将会影响个人自己的收入以及个人相对于他人的收入情况,这是收入分配的比较性观点;在后一种情况下,个人不算入当前讨论的社会当中,个人可以冷静地评估收入分配情况,因为这种分配对自己的绝对收入或其相对收入没有影响,这是收入分配的规范性观点。

我们的结论也比较笼统,现有的各类证据均显示,个人确实在意自己相对于他人的收入地位。就此而言,个人的确有社会偏好。值得强调的是,个人不喜欢收入低于其他人,这是一个高度一致的现象。这种"比较性"的反应,即争取比其他人获取更多的收入,仍存在争议。这里可能存在某种不对称现象,在绝对值上,收入比其他人高的幸福感优势小于收入比其他人低的幸福感损失(一种比较损失厌恶)。然而,这种厌恶的更极端版本——个人实际上不喜欢比其他人赚钱更多——尚未有定论。总的来说,在比较性观点下,不平等增加对幸福的影响是模棱两可的:有些人会比参照群体更富有,有些人会更穷。

与上述这些比较结果相反,关于收入分配规范性观点的幸福文献提供了广泛的研究结果。基于调查主观幸福感数据的任何方法都有一个明显的难点,即在估计幸福感与收入分配之间的相关性时,需要有效控制相对收入。很少有分析这样做,因此它们提供了某种复合关联,其中包括比较和规范要素,这里的实验方法在区分这两者方面具有显著的优势。

我们对许多实证分析的理解是,其他人的收入肯定会影响个人的幸福感,从比较性观点来看当然是这样的,从规范性观点来看也很可能是这样的。同时,即便是笼统的结论也需要考虑许多条件。首先,所考虑的收入来源是关键,有一项发现是一致的,即个人如果认为人们之间的收入差距是不应该的,则个人对这样的收入差距是很难接受的。其次,个人可以对不同的收入分配有不同的看法:对一个群体而言,很可能是利他的,但对另一个群体而言,则是与之相比较的。从这个意义上说,我们并不清楚,不平等是否只有一种"态度",也不清楚这种态度是否固定,不随时间变化。例如,对再分配的偏好取决于(以自我感兴趣的方式)个人在收入分配中的感知位置以及对其他人的同情程度。心理学研究表明,年轻队列更有可能将自己评为高于平均水平(Konrath et al.,2011),而且不太有同理心(Twenge et al.,2012)。过去在收入分配方面不可接受的东西也可能在未来变得无关紧要。

这一领域的研究已经包含来自经济学和社会科学里各种研究领域的论著。令人惊讶的是，这些不同领域之间的沟通却很少。试图整合至少部分已揭示的偏好、实验和幸福方法的任何尝试无疑都是很受欢迎的。

个人对待收入不平等的态度确实存在，不管这些态度是否从生理方面或神经方面得到阐述、揭示或测量。至少在这个意义上，人是一种社会动物。关于"正确"的不平等程度，任何时候都不可能很快达成一致，这将与社会中嫉妒心、利他主义、公平性和价值观等的程度紧密相连。这些概念中有很多都在社会科学领域引人关注，这对本手册的第三卷来说是个好兆头。

致谢

感谢托尼·阿特金森和弗朗索瓦·布吉尼翁仔细审阅我们之前的版本，也感谢迪米特里斯·亚历山大·马夫里迪斯（Dimitris Alexander Mavridis）积极提供研究协助。我们还要感谢迪米特里斯·巴拉斯（Dimitris Ballas）、克里斯蒂安·比约恩斯科夫（Christian Bjornskov）、弗雷德里克·卡尔松（Frederic Carlsson）、亚历山德鲁·科乔卡鲁（Alexandru Cojocaru）、阿迪蒂·迪姆里（Aditi Dimri）、卢西奥·埃斯波西托（Lucio Esposito）、弗朗切斯科·法里纳（Francesco Farina）、恩斯特·费尔（Ernst Fehr）、鲍勃·弗兰克（Bob Frank）、卡罗尔·格雷厄姆（Carol Graham）、约翰·海利韦尔（John Helliwell）、芭芭拉·扬切维奇（Barbara Jancewicz）、奥洛夫·约翰松-斯坦曼（Olof Johansson-Stenman）、詹姆斯·科诺（James Konow）、大卫·马斯克莱特（David Masclet）、阿格纳·桑德莫、克劳迪娅·塞尼克（Claudia Senik）、蒂姆·斯米丁、让·特温格（Jean Twenge）、贝尔纳·范普拉格（Bernard van Praag）、鲁特·费恩霍芬（Ruut Veenhoven）和山田胜典（Katsunori Yamada）提供的帮助和深刻评论。

参考文献

Abbink, K., Masclet, D., Van Veelen, M., 2009. Reference Point Effects in Antisocial Preferences, CBESS, Discussion Paper 09-03.

Abel, A. B., 1990. Asset prices under habit formation and catching up with the Joneses. Am. Econ. Rev. 80, 38-42.

Abel, A. B., 2005. Optimal taxation when consumers have endogenous benchmark levels of consumption. Rev. Econ. Stud. 72, 21-42.

Abeler, J., Altmann, S., Kube, S., Wibral, M., 2010. Gift exchange and Workers' fairness concerns: when equality is unfair. J. Eur. Econ. Assoc. 8, 1299-1324.

Akerlof, G. A., Kranton, R. E., 2000. Economics and identity. Q. J. Econ. 115, 715-753.

Aknin, L., Barrington-Leigh, C., Dunn, E., Helliwell, J., Burns, J., Biswas-Diener,

R., Kemeza, I., Nyende, P., Ashton-James, C., Norton, M., 2013. Prosocial spending and well-being: cross-cultural evidence for a psychological universal. J. Pers. Soc. Psychol. 104, 635-652.

Alesina, A., Giuliano, P., 2010. Preferences for redistribution. In: Benhabib, J., Jackson, M., Bisin, A. (Eds.), Handbook of Social Economics, vol. 1A. North Holland, Amsterdam, pp. 93-131.

Alesina, A., La Ferrara, E., 2005. Preferences for redistribution in the land of opportunities. J. Public Econ. 89, 897-931.

Alesina, A., Di Tella, R., MacCulloch, R., 2004. Inequality and happiness: are Europeans and Americans different? J. Public Econ. 88, 2009-2042.

Almås, I., Cappelen, A., Lind, J., Sørensen, E., Tungodden, B., 2011. Measuring unfair (in)equality. J. Public Econ. 95, 488-499.

Alpizar, F., Carlsson, F., Johansson-Stenman, O., 2005. How much do we care about absolute versus relative income and consumption? J. Econ. Behav. Org. 56, 405-421.

Amiel, Y., Cowell, F. A., 1992. Measurement of income inequality. Experimental test by questionnaire. J. Public Econ. 47, 3-26.

Amiel, Y., Cowell, F. A., 1999. Thinking About Inequality. Cambridge University Press, Cambridge.

Amiel, Y., Cowell, F. A., 2002. Attitudes towards risk and inequality: a questionnaire-experimental approach. In: Andersson, F., Holm, H. J. (Eds.), Experimental Economics: Financial Markets, Auctions, and Decision Making. Kluwer, Dewenter, pp. 85-115.

Amiel, Y., Creedy, J., Hurn, S., 1999. Measuring attitudes towards inequality. Scand. J. Econ. 101, 83-96.

Amiel, Y., Cowell, F. A., Gaertner, W., 2012. Distributional orderings: an approach with seven flavors. Theory Decis. 73, 381-399.

Andreoni, J., 1989. Giving with impure altruism: applications to charity and ricardian equivalence. J. Polit. Econ. 97, 1447-1458.

Aronsson, T., Johansson-Stenman, O., 2008. When the Joneses' consumption hurts: optimal public good provision and nonlinear income taxation. J. Public Econ. 92, 986-997.

Ball, R., 2001. Incomes, Inequality and Happiness: New Evidence, Haverford College, mimeo.

Barrington-Leigh, C., Helliwell, J., 2008. Empathy and Emulation: Life Satisfaction and the Urban Geography of Comparison Groups, NBER Working Paper 14593.

Becker, G. S., 1974. A theory of social interactions. J. Polit. Econ. 82, 1063-1093.

Beckman, S. R., Formby, J. P., Smith, W. J., 2004. Efficiency, equity and democracy: experimental evidence on Okun's leaky bucket. Res. Econ. Inequal. 11, 17-42.

Bell, L. , Freeman, R. , 2001. The incentive to work hard: explaining work hour differences in the US and Germany. Labour Econ. 8, 181-202.

Bellemare, C. , Kröger, S. , van Soest, A. , 2008. Measuring inequity aversion in a heterogeneous population using experimental decisions and subjective probabilities. Econometrica 76, 815-839.

Benabou, R. , Ok, E. , 2001. Social mobility and the demand for redistribution: the POUM hypothesis. Q. J. Econ. 116, 447-487.

Berg, M. , Veenhoven, R. , 2010. Income inequality and happiness in 119 nations. In: Greve, B. (Ed.), Social Policy and Happiness in Europe. Edward Elgar, Cheltenham, UK, pp. 174-194.

Bergh, A. , 2008. A critical note on the theory of inequity aversion. J. Soc. Econ. 37, 1789-1796.

Biancotti, C. , D'Alessio, G. , 2008. Values, Inequality and Happiness. Banca d'Italia, Economic Working Paper No. 669.

Binmore, K. , Shaked, A. , 2010a. Experimental economics: where next? J. Econ. Behav. Org. 73, 87-100.

Binmore, K. , Shaked, A. , 2010b. Experimental economics: where next? Rejoinder. J. Econ. Behav. Org. 73, 120-121.

Bjørnskov, C. , Dreher, A. , Fischer, J. , 2008. Cross-country determinants of life satisfaction: exploring different determinants across groups in society. Soc. Choice Welfare 30, 119-173.

Bjørnskov, C. , Dreher, A. , Fischer, J. , Schnellenbach, J. , Gehring, K. , 2013. Inequality and happiness: when perceived social mobility and economic reality do not match. J. Econ. Behav. Org. 91, 75-92.

Blanchflower, D. G. , Freeman, R. B. , 1997. The attitudinal legacy of communist labor relations. Ind. Labor Relat. Rev. 50, 438-459.

Blanchflower, D. G. , Oswald, A. J. , 2003. Does Inequality Reduce Happiness? Evidence from the States of the USA from the 1970s to the 1990s, Dartmouth College, mimeo.

Bloch, F. , Rao, V. , Desai, S. , 2004. Wedding celebrations as conspicuous consumption: signaling social status in rural India. J. Hum. Resour. 39, 675-695.

Boehm, J. K. , Lyubomirsky, S. , 2009. The promise of sustainable happiness. In: Lopez, S. (Ed.), Handbook of Positive Psychology. second ed. Oxford University Press, Oxford, pp. 667-677.

Bolton, G. E. , 1991. A comparative model of bargaining: theory and evidence. Am. Econ. Rev. 81, 1096-1136.

Bolton, G. E. , Ockenfels, A. , 2000. ERC: a theory of equity, reciprocity, and competition.

Am. Econ. Rev. 90, 166-193.

Boskin, M. J., Sheshinki, E., 1978. Optimal redistributive taxation when individual welfare depends upon relative income. Q. J. Econ. 92, 589-601.

Bossert, W., D'Ambrosio, C., 2007. Dynamic measures of individual deprivation. Soc. Choice Welfare 28, 77-88.

Bossert, W., D'Ambrosio, C., Peragine, V., 2007. Deprivation and social exclusion. Economica 74, 777-803.

Bowles, S., Park, Y., 2005. Emulation, inequality, and work hours: was Thorstein Veblen Right? Econ. J. 115, 397-412.

Boyce, C., Brown, G., Moore, S., 2010. Money and happiness: rank of income, not income, affects life satisfaction. Psychol. Sci. 21, 471-475.

Brodeur, A., Flèche, S., 2013. Where the Streets Have a Name: Income Comparisons in the US, IZA, Discussion Paper No. 7256.

Brooks, R., Scott, I., Maklakov, A., Kasumovic, M., Clark, A., Penton-Voak, I., 2011. National income inequality predicts women's preferences for masculinized faces better than health does. Proc. R. Soc. B Biol. Sci. 278, 810-812.

Brosnan, S., de Waal, F., 2003. Monkeys reject unequal pay. Nature 425, 297-299.

Brown, G., Gardner, J., Oswald, A. J., Qian, J., 2008. Does wage rank affect employees' wellbeing? Ind. Relat. 47, 355-389.

Brown, P., Bulte, E., Zhang, X., 2011. Positional spending and status seeking in rural China. J. Dev. Econ. 96, 139-149.

Burgoon, B., 2013. Inequality and anti-globalization backlash by political parties. Eur. Union Polit. 14, 408-435.

Camerer, C. F., 2003. Behavioural Game Theory. Princeton University Press, Princeton, NJ.

Camerer, C. F., Fehr, E., 2004. Measuring social norms and preferences using experimental games: a guide for social scientists. In: Henrich, J., Boyd, R., Bowles, S., Camerer, C., Fehr, E., Gintis, H., McElreath, R. (Eds.), Foundations of Human Sociality. Oxford University Press, Oxford, pp. 55-95.

Camerer, C. F., Fehr, E., 2006. When does "economic man" dominate social behavior? Science 311, 47-52.

Campbell, J. Y., Cochrane, J. H., 1999. By force of habit: a consumption-based explanation of aggregate stock market behavior. J. Polit. Econ. 107, 205-251.

Cappelli, P., Sherer, P. D., 1988. Satisfaction, market wages and labor relations: an airline study. Ind. Relat. 27, 56-73.

Card, D., Mas, A., Moretti, E., Saez, E., 2012. Inequality at work: the effect of peer salaries on job satisfaction. Am. Econ. Rev. 102, 2981-3003.

Carlsson, F., Daruvala, D., Johansson-Stenman, O., 2005. Are people inequality-averse, or just risk-averse? Economica 72, 375-396.

Carlsson, F., Johansson-Stenman, O., Martinsson, P., 2007. Do you enjoy having more than others? Survey evidence of positional goods. Economica 74, 586-598.

Carpenter, J. P., Myers, C. K., 2010. Why volunteer? Evidence on the role of altruism, reputation, and incentives. J. Public Econ. 94, 911-920.

Chakravarty, S. R., 1997. Relative deprivation and satisfaction orderings. Keio Econ. Stud. 34, 17-31.

Chakravarty, S. R., 2009. Inequality, Polarization and Poverty. Advances in Distributional Analysis. Springer, New York, NY.

Charness, G., Rabin, M., 2002. Understanding social preferences with simple tests. Q. J. Econ. 117, 817-869.

Cherry, T. L., Frykblom, P., Shogren, J. F., 2002. Hardnose the dictator. Am. Econ. Rev. 92, 1218-1221.

Clark, A. E., 2003. Inequality-Aversion and Income Mobility: A Direct Test, DELTA, Discussion Paper 2003-11.

Clark, A. E., D'Angelo, E., 2013. Social Mobility, Wellbeing and Redistribution, PSE, mimeo.

Clark, A. E., Flèche, S., Senik, C., 2014. The great happiness moderation. In: Clark, A. E., Senik, C. (Eds.), Happiness and Economic Growth: Lessons from Developing Countries. Oxford University Press, Oxford, pp. 32-139.

Clark, A. E., Frijters, P., Shields, M., 2008. Relative income, happiness and utility: an explanation for the Easterlin paradox and other puzzles. J. Econ. Lit. 46, 95-144.

Clark, A. E., Kristensen, N., Westergård-Nielsen, N., 2009a. Economic satisfaction and income rank in small neighbourhoods. J. Eur. Econ. Assoc. 7, 519-527.

Clark, A. E., Kristensen, N., Westergård-Nielsen, N., 2009b. Job satisfaction and co-worker wages: status or signal? Econ. J. 119, 430-447.

Clark, A. E., Masclet, D., Villeval, M.-C., 2010. Effort and comparison income. Ind. Labor Relat. Rev. 63, 407-426.

Clark, A. E., Oswald, A. J., 1996. Satisfaction and comparison income. J. Public Econ. 61, 359-381.

Clark, A. E., Senik, C., 2010. Who compares to whom? The anatomy of income comparisons in Europe. Econ. J. 120, 573-594.

Clark, A. E., Senik, C., 2014. Income comparisons in Chinese villages. In: Clark, A. E., Senik, C. (Eds.), Happiness and Economic Growth: Lessons from Developing Countries. Oxford

University Press, Oxford, pp. 216-233.

Clotfelter, C. , 2014. Charitable giving and tax policy in the U. S. In: Fack, G. , Landais, C. (Eds.), Charitable Giving and Tax Policy: A Historical and Comparative Perspective. Oxford University Press, Oxford, forthcoming.

Cohn, A. , Fehr, E. , Goette, L. , 2014. Fair wages and effort: evidence from a field experiment. Manag. Sci, forthcoming.

Cojocaru, A. , 2014a. Fairness and inequality tolerance: evidence from the Life in Transition survey. J. Comp. Econ. 42, 590-608.

Cojocaru, A. , 2014b. Prospects of upward mobility and preferences for redistribution: evidence from the Life in Transition Survey. Eur. J. Polit. Econ. 34, 300-314.

Collard, D. , 1975. Edgeworth's propositions on altruism. Q. J. Econ. 85, 355-360.

Corazzini, L. , Esposito, L. , Majorano, F. , 2012. Reign in hell or serve in heaven? A cross-country journey into the relative vs. absolute perceptions of wellbeing. J. Econ. Behav. Org. 81, 715-730.

Corneo, G. , Grü ner, H. -P. , 2002. Individual preferences for political redistribution. J. Public Econ. 83, 83-107.

Cowell, F. , Cruces, G. A. , 2004. Perceptions of inequality and risk. Res. Econ. Inequal. 12, 97-133.

Daly, M. , Wilson, M. , Vasdev, S. , 2001. Income inequality and homicide rates in Canada and the United States. Can. J. Criminol. 43, 219-236.

D'Ambrosio, C. , Frick, J. R. , 2007. Income satisfaction and relative deprivation: an empirical link. Soc. Indic. Res. 81, 497-519.

D'Ambrosio, C. , Frick, J. R. , 2012. Individual well-being in a dynamic perspective. Economica 79, 284-302.

Dawes, C. , Fowler, J. H. , Johnson, T. , McElreath, R. , Smirnov, O. , 2007. Egalitarian motives in humans Nature 446, 794-796.

Dawes, C. , Loewen, P. , Schreiber, D. , Simmons, A. , Flagand, T. , McElreath, R. , Bokemper, S. , Fowler, J. , Paulus, M. , 2012. Neural basis of egalitarian behaviour. Proc. Natl. Acad. Sci. U. S. A. 109, 6479-6483.

DeBruine, L. , Jones, B. , Crawford, J. , Welling, L. , Little, A. , 2011. The health of a nation predicts their mate preferences: cross-cultural variation in women's preferences for masculinized male faces. Proc. R. Soc. B Biol. Sci. 277, 2405-2410.

de Vries, R. , Gosling, S. , Potter, J. , 2011. Income inequality and personality: are less equal U. S. states less agreeable? Soc. Sci. Med. 72, 1978-1985.

Di Tella, R. , MacCulloch, R. , 2008. Gross national happiness as an answer to the Easterlin paradox? J. Dev. Econ. 86, 22-42.

Di Tella, R., MacCulloch, R. J., Oswald, A. J., 2001. Preferences over inflation and unemployment: evidence from surveys of happiness. Am. Econ. Rev. 91, 335-341.

Dohmen, T., Falk, A., Fliessbach, K., Sunde, U., Weber, B., 2011. Relative versus absolute income, joy of winning, and gender: brain imaging evidence. J. Public Econ. 95, 279-285.

Duesenberry, J. S., 1949. Income, Saving and the Theory of Consumer Behavior. Harvard University Press, Cambridge, MA.

Dunn, E., Aknin, L., Norton, M., 2008. Spending money on others promotes happiness. Science 319, 1687-1688.

Dupor, B., Liu, W.-F., 2003. Jealousy and equilibrium overconsumption. Am. Econ. Rev. 93, 423-428.

Easterlin, R. A., 1974. Does economic growth improve the human lot? In: David, P. A., Melvin, W. B. (Eds.), Nations and Households in Economic Growth. Stanford University Press, Palo Alto, pp. 89-125.

Easterlin, R., Angelescu-McVey, L., Switek, M., Sawangfa, O., Zweig, J., 2010. The happiness-income paradox revisited. Proc. Natl. Acad. Sci. 107, 22463-22468.

Ebert, U., 1988. Measurement of inequality: an attempt at unification and generalization. Soc. Choice Welfare 5, 147-169.

Ebert, U., Welsch, H., 2009. How do Europeans evaluate income distributions? An assessment based on happiness surveys. Rev. Income Wealth 55, 801-819.

Eckel, C., Gintis, H., 2010. Blaming the messenger: notes on the current state of experimental economics. J. Econ. Behav. Org. 73, 109-119.

Ehrenberg, R., Bognanno, M., 1990. Do tournaments have incentive effects? J. Polit. Econ. 98, 1307-1324.

Engel, C., 2011. Dictator games: a meta study. Exp. Econ. 14, 583-610.

Engelmann, D., Strobel, M., 2000. An Experimental Comparison of the Fairness Models by Bolton and Ockenfels and by Fehr and Schmidt, Econometric Society World Congress 2000 Contributed Papers 1229.

Engelmann, D., Strobel, M., 2004. Inequality aversion, efficiency, and maximin preferences in simple distribution experiments. Am. Econ. Rev. 94, 857-869.

Engelmann, D., Strobel, M., 2007. Preferences over income distributions. Experimental evidence. Public Finance Rev. 35, 285-310.

Esteban, J.-M., Ray, D., 1994. On the measurement of polarization. Econometrica 62, 819-851.

Fack, G., Landais, C. (Eds.), 2014. Charitable Giving and Tax Policy: A Historical and Comparative Perspective. Oxford University Press, Oxford.

Falk, A., Kosse, F., Menrath, I., Verde, P., Siegrist, J., 2013. Unfair Pay and Health, University of Bonn, mimeo.

Farina, F., Grimalda, G., 2011. A Cross-Country Experimental Comparison of Preferences for Redistribution, Department of Economic Policy, Finance and Development (DEPFID) University of Siena Working Paper No. 2/2011.

Fehr, E., Gächter, S., 2000. Cooperation and punishment in public goods experiments. Am. Econ. Rev. 90, 980-994.

Fehr, E., Schmidt, K. M., 1999. A theory of fairness, competition and co-operation. Q. J. Econ. 114, 817-868.

Fehr, E., Schmidt, K. M., 2003. Theories of fairness and reciprocity: evidence and economic applications. In: Dewatripont, M., Hansen, L. P., Turnovsky, S. J. (Eds.), Advances in Economic Theory, Eighth World Congress of the Econometric Society, vol. I. Cambridge University Press, Cambridge, pp. 208-257.

Fehr, E., Schmidt, K. M., 2010. On inequity aversion. A reply to Binmore and Shaked. J. Econ. Behav. Org. 73, 101-108.

Ferrer-i-Carbonell, A., 2005. Income and well-being: an empirical analysis of the comparison income effect. J. Public Econ. 89, 997-1019.

Ferrer-i-Carbonell, A., Ramos, X., 2014. Inequality aversion and risk attitudes. J. Econ. Surv, forthcoming.

Fershtman, C., Weiss, Y., 1993. Social status, culture and economic performance. Econ. J. 103, 946-959.

Fleurbaey, M., 1995. Equality and responsibility. Eur. Econ. Rev. 39, 683-689.

Fließbach, K., Weber, B., Trautner, P., Dohmen, T., Sunde, U., Elger, C., Falk, A., 2007. Social comparison affects reward-related brain activity in the human ventral striatum. Science 318, 1305-1308.

Fließbach, K., Phillipps, C., Trautner, P., Schnabel, M., Elger, C., Falk, A., Weber, B., 2012. Neural responses to advantageous and disadvantageous inequity. Front. Hum. Neurosci. 6, 165.

Förster, M., Tóth, I., 2014. Cross-country evidence of the multiple causes of inequality in the OECD area. In: Atkinson, A., Bourguignon, F. (Eds.), Handbook of Income Distribution In: vol. 2B. (Chapter 19), Elsevier, Amsterdam, pp. 1713-1827.

Frank, R. H., 1985. Choosing the Right Pond: Human Behaviour and the Quest for Status. Oxford University Press, London.

Frank, R. H., 1999. Luxury Fever. The Free Press, New York, NY.

Frank, R. H., 2004. What Price the Moral High Ground? Princeton University Press, Princeton, NJ.

Frijters, P., Leigh, A., 2008. Materialism on the march: from conspicuous leisure to conspicuous consumption? J. Soc. Econ. 37, 1937-1945.

Gaertner, W., Namazie, C., 2003. Income inequality, risk, and the transfer principle: a questionnaire-experimental investigation. Math. Soc. Sci. 45, 229-245.

Galí, J., 1994. Keeping up with the joneses: consumption externalities, portfolio choice, and asset prices. J. Money Credit Bank. 26, 1-8.

Graham, C., Felton, A., 2006. Inequality and happiness: insights from Latin America. J. Econ. Inequ. 4, 107-122.

Grosfeld, I., Senik, C., 2010. The emerging aversion to inequality. Evidence from Poland 1992-2005. Econ. Trans. 18, 1-26.

Guillaud, E., 2013. Preferences for redistribution: an empirical analysis over 33 countries. J. Econ. Inequ. 11, 57-78.

Güth, W., Kliemt, H., Levati, M. V., 2009. (Over-) stylizing experimental findings and theorizing with sweeping generality. Ration. Mark. Morals. 0, 239-249.

Hagenaars, A. J., 1986. The Perception of Poverty. North-Holland, Amsterdam.

Hagerty, M. R., 2000. Social comparisons of income in one's community: evidence from national surveys of income and happiness. J. Pers. Soc. Psychol. 78, 764-771.

Heffetz, O., 2011. A test of conspicuous consumption: visibility and income elasticities. Rev. Econ. Stat. 93, 1101-1117.

Helliwell, J. F., 2003. How's life? Combining individual and national variables to explain subjective well-being. Econ. Model. 20, 331-360.

Herreiner, D. K., Puppe, C., 2010. Inequality aversion and efficiency with ordinal and cardinal social preferences—an experimental study. J. Econ. Behav. Org. 76, 238-253.

Hey, J. D., Lambert, P. J., 1980. Relative deprivation and the Gini coefficient: comment. Q. J. Econ. 95, 567-573.

Hirschman, A., 1973. The changing tolerance for income inequality in the course of economic development. Q. J. Econ. 87, 544-566.

Hochman, H. M., Rogers, J. D., 1969. Pareto optimal redistribution. Am. Econ. Rev. 59, 542-557.

Hoffman, E., McCabe, K., Shachat, K., Smith, V., 1994. Preferences, property rights, and anonymity in bargaining games. Games Econ. Behav. 7, 346-380.

Hyman, H. H., 1942. The psychology of status. Arch. Psychol. 269, 5-91.

Jancewicz, B., 2012. Measurement of Income Inequality Re-Examined. Constructing Experimental Tests by Questionnaire. University of Warsaw, mimeo.

Jancewicz, B., 2014. Perception of income inequality: a multidimensional scaling study. Res. Econ. Inequal, 22, forthcoming.

Jasso, G., 2007. Studying justice: measurement, estimation, and analysis of the actual reward and the just reward. In: Törnblom, K., Vermunt, R. (Eds.), Distributive and Procedural Justice: Research and Social Applications. Ashgate, London, pp. 225-253.

Jiang, S., Lu, M., Sato, H., 2012. Identity, inequality, and happiness: evidence from urban China. World Dev. 40, 1190-1200.

Johansson-Stenman, O., Carlsson, F., Daruvala, D., 2002. Measuring future grandparents' preferences for equality and relative standing. Econ. J. 112, 362-383.

Kelley, H. H., 1965. Two functions of reference groups. In: Proshansky, H., Siedemberg, B. (Eds.), Basic Studies in Social Psychology. Holt, Rinehart, and Winston, New York, pp. 210-214.

Kingdon, G., Knight, J., 2007. Community, comparisons and subjective well-being in a divided society. J. Econ. Behav. Org. 64, 69-90.

Knight, J., Song, L., Gunatilaka, R., 2009. Subjective well-being and its determinants in rural China. China Econ. Rev. 20, 635-649.

Konow, J., 2010. Mixed feelings: theories of and evidence on giving. J. Public Econ. 94, 279-297.

Konow, J., Earley, J., 2008. The hedonistic paradox: is homo economicus happier? J. Public Econ. 92, 1-33.

Konrath, S., O'Brien, E., Hsing, C., 2011. Changes in dispositional empathy in American college students over time: a meta-analysis. Pers. Soc. Psychol. Rev. 15, 180-198.

Kranton, R., Pease, M., Sanders, S., Huettel, S., 2013. Identity, Groups, and Social Preferences, Duke University, mimeo.

Krawczyk, M., 2010. A glimpse through the veil of ignorance: equality of opportunity and support for redistribution. J. Public Econ. 94, 131-141.

Kroll, Y., Davidovitz, L., 2003. Inequality aversion versus risk aversion. Economica 70, 19-29.

Kuhn, P., Kooreman, P., Soetevent, A., Kapteyn, A., 2011. The effects of lottery prizes on winners and their neighbors: evidence from the Dutch postcode lottery. Am. Econ. Rev. 101, 2226-2247.

Kuziemko, I., Buell, R., Reich, T., Norton, M., 2014. "Last-place aversion": evidence and redistributive implications. Q. J. Econ. 129, 105-149.

Layard, R., 2005. Happiness: Lessons from a New Science. Penguin, London.

Leibenstein, H., 1950. Bandwagon, Snob and Veblen effects in the theory of consumers' demand. Q. J. Econ. 64, 183-207.

Levitt, S., List, J., 2007. What do laboratory experiments measuring social preferences reveal about the real world? J. Econ. Perspect. 21, 153-174.

Ljungqvist, L. , Uhlig, H. , 2000. Tax policy and aggregate demand management under catching up with the joneses. Am. Econ. Rev. 90, 356-366.

Loewenstein, G. , Thompson, L. , Bazerman, M. , 1989. Social utility and decision making in interpersonal contexts. J. Pers. Soc. Psychol. 57, 426-441.

Loughnan, S. , Kuppens, P. , Allik, J. , Balazs, K. , de Lemus, S. , Dumont, K. , Gargurevich, R. , Hidegkuti, I. , Leidner, B. , Matos, L. , Park, J. , Realo, A. , Shi, J. , Eduardo Sojo, V. , Tong, Y. , Vaes, J. , Verduyn, P. , Yeung, V. , Haslam, N. , 2011. Economic inequality is linked to biased self-perception. Psychol. Sci. 22, 1254-1258.

Luechinger, S. , 2009. Valuing air quality using the life satisfaction approach. Econ. J. 119, 482-515.

Luttens, R. , Valfort, M. -A. , 2012. Voting for redistribution under desert-sensitive altruism. Scand. J. Econ. 114, 881-907.

Luttmer, E. , 2005. Neighbors as negatives：relative earnings and well-being. Q. J. Econ. 120, 963-1002.

Manski, C. , 2000. Economic analysis of social interactions. J. Econ. Perspect. 14, 115-136.

Mas, A. , 2006. Pay, reference points, and police performance. Q. J. Econ. 121, 783-821.

Masclet, D. , Villeval, M. -C. , 2008. Punishment, inequality, and welfare：a public good experiment. Soc. Choice Welfare 31, 475-502.

Meier, S. , Stutzer, A. , 2008. Is volunteering rewarding in itself? Economica 75, 39-59.

Merton, R. K. , Kitt, A. S. , 1950. Contributions to the theory of reference group behaviour. In：Merton, R. K. , Lazersfeld, P. F. （Eds. ）, Continuities in Social Research. Studies in the Scope and Method of "The American Soldier". Free Press, New York, NY, pp. 42-53.

Morawetz, D. , Atia, E. , Bin-Nun, G. , Felous, L. , Gariplerden, Y. , Harris, E. , Soustiel, S. , Tombros, G. , Zarfaty, Y. , 1977. Income distribution and self-rated happiness：some empirical evidence. Econ. J. 87, 511-522.

Moulton, B. , 1990. An illustration of a pitfall in estimating the effects of aggregate variables on micro units. Rev. Econ. Stat. 72, 334-338.

Mujcic, R. , Frijters, P. , 2013. Economic choices and status：measuring preferences for income rank. Oxford Econ. Pap. 65, 47-73.

Ng, Y. -K. , 1987. Relative-income effects and the appropriate level of public expenditure. Oxford Econ. Pap. 39, 293-300.

O'Connell, M. , 2004. Fairly satisfied：economic equality, wealth and satisfaction. J. Econ. Psychol. 25, 297-305.

Oishi, S. , Kesebir, S. , Diener, E. , 2011. Income inequality and happiness. Psychol. Sci. 22, 1095-1100.

Oishi, S., Schimmack, U., Diener, E., 2012. Progressive taxation and the subjective well-being of nations. Psychol. Sci. 23, 86-92.

Osberg, L., Smeeding, T., 2006. "Fair inequality"? Attitudes toward pay differentials: the United States in comparative perspective. Am. Sociol. Rev. 71, 450-473.

Oshio, T., Kobayashi, M., 2010. Income inequality, perceived happiness, and self-rated health: evidence from nationwide surveys in Japan. Soc. Sci. Med. 70, 1358-1366.

Persson, T., Tabellini, G., 1994. Is inequality harmful for growth? Am. Econ. Rev. 84, 600-621.

Piketty, T., 1995. Social mobility and redistributive politics. Q. J. Econ. 110, 551-584.

Pirttilä, J., Uusitalo, R., 2010. A 'leaky bucket' in the real world: estimating inequality aversion using survey data. Economica 77, 60-76.

Ravallion, M., Lokshin, M., 2000. Who wants to redistribute? The tunnel effect in 1990's Russia. J. Public Econ. 76, 87-104.

Rothstein, B., Uslaner, E., 2005. All for all: equality, corruption, and social trust. World Polit. 58, 41-72.

Rozer, J., Kraaykamp, G., 2013. Income inequality and subjective well-being: a cross-national study on the conditional effects of individual and national characteristics. Soc. Indic. Res. 113, 1009-1023.

Runciman, W. G., 1966. Relative Deprivation and Social Justice. Routledge, London.

Schneider, S. M., 2012. Income inequality and its consequences for life satisfaction: what role do social cognitions play? Soc. Indic. Res. 106, 419-438.

Schor, J., 1992. The Overworked American: The Unexpected Decline of Leisure. Basic Books, New York, NY.

Schwarze, J., Härpfer, M., 2007. Are people inequality-averse, and do they prefer redistribution by the state? Evidence from German longitudinal data on life satisfaction. J. Soc. Econ. 36, 233-249.

Senik, C., 2004. When information dominates comparison. Learning from Russian subjective panel data. J. Public Econ. 88, 2099-2123.

Senik, C., 2009. Direct evidence on income comparisons and their welfare effects. J. Econ. Behav. Org. 72, 408-424.

Shall, L. D., 1972. Interdependent utilities and Pareto optimality. Q. J. Econ. 86, 19-24.

Shibutani, T., 1955. Reference groups as perspectives. Am. J. Sociol. 60, 562-569.

Sloane, S., Baillargeon, R., Premack, D., 2012. Do infants have a sense of fairness? Psychol. Sci. 23, 158-160.

Smyth, R., Qian, X., 2008. Inequality and happiness in urban China. Econ. Bull. 4, 1-10.

Sobel, J., 2005. Interdependent preferences and reciprocity. J. Econ. Lit. 43, 392-436.

Solnick, S., Hemenway, D., 1998. Is more always better? A survey on positional. Concerns. J. Econ. Behav. Org. 37, 373-383.

Solnick, S., Hemenway, D., 2005. Are positional concerns stronger in some domains than in others? Am. Econ. Rev. 95, 147-151.

Steijn, S., Lancee, B., 2011. Does Income Inequality Negatively Affect General Trust? Examining Three Potential Problems with the Inequality-Trust Hypothesis. University of Amsterdam, GINI Discussion Paper No. 20.

Stevenson, B., Wolfers, J., 2008. Economic growth and subjective well-being: reassessing the Easterlin par-adox. Brookings Pap. Econ. Act. Spring, 1-102.

Stichnoth, H., Van der Straeten, K., 2013. Ethnic diversity, public spending, and individual support for the welfare state: a review of the empirical literature. J. Econ. Surv. 27, 364-389.

Stigler, G. J., Becker, G. S., 1974. De Gustibus Non Est Disputandum. Am. Econ. Rev. 67, 76-90.

Takahashi, H., Kato, M., Matsuura, M., Mobbs, D., Suhara, T., Okubo, Y., 2009. When your gain is my pain and your pain is my gain: neural correlates of envy and schadenfreude. Science 323, 937-939.

Teyssier, S., 2012. Inequity and risk aversion in sequential public good games. Public Choice 151, 91-119.

Thaler, R. H., 1988. Anomalies: the ultimatum game. J. Econ. Perspect. 2, 195-206.

Tomes, N., 1986. Income distribution, happiness and satisfaction: a direct test of the interdependent preferences model. J. Econ. Psychol. 7, 425-446.

Tóth, I., Keller, T., 2011. Income Distributions, Inequality Perceptions and Redistributive Claims in European Societies, GINI Discussion Paper No. 7.

Tricomi, E., Rangel, A., Camerer, C., O'Doherty, J., 2010. Neural evidence for inequality-averse social preferences. Nature 463, 1089-1091.

Twenge, J., Campbell, W. K., Gentile, B., 2012. Generational increases in agentic self-evaluations among American college students, 1966-2009. Self Identity 11, 409-427.

Tyran, J.-R., Sausgruber, R., 2006. A little fairness may induce a lot of redistribution in democracy. Eur. Econ. Rev. 50, 469-485.

Van Praag, B. M. S., 1977. The perception of welfare inequality. Eur. Econ. Rev. 10, 189-207.

Van Praag, B. M. S., Baarsma, B. E., 2005. Using happiness surveys to value intangibles: the case of airport noise. Econ. J. 115, 224-246.

Van Veelen, M., 2012. Review of "A cooperative species: human reciprocity and its evolution" by Samuel Bowles and Herbert Gintis. J. Econ. Lit. 50, 797-803.

Vandendriessche, D., 2012. Inequality Aversion: Mediation of Needs and Social Comparisons. Masters thesis, Universite' de Paris 1.

Van de Stadt, H., Kapteyn, A., Van de Geer, S., 1985. The relativity of utility: evidence from panel data. Rev. Econ. Stat. 67, 179-187.

Van de Werfhorst, H. G., Salverda, W., 2012. Consequences of economic inequality: introduction to a special issue. Res. Soc. Stratif. Mobil. 30, 377-387.

Veblen, T., 1949. The Theory of the Leisure Class. George Allen and Unwin, London (Originally published 1899 by Macmillan New York).

Verme, P., 2011. Life satisfaction and income inequality. Rev. Income Wealth 57, 111-137.

Winkelmann, R., Winkelmann, L., 2010. Does inequality harm the middle-class? Evidence from Switzerland. Kyklos 63, 301-316.

Wu, Y., Zhang, D., Elieson, B., Zhou, X., 2012. Brain potentials in outcome evaluation: when social comparison takes effect. Int. J. Psychophysiol. 85, 145-152.

Yamada, K., Sato, M., 2013. Another avenue for anatomy of income comparisons: evidence from hypothetical choice experiments. J. Econ. Behav. Org. 89, 35-57.

Yamamura, E., 2012. Social capital, household income, and preferences for income redistribution. Eur. J. Polit. Econ. 28, 498-511.

Yitzhaki, S., 1979. Relative deprivation and the Gini coefficient. Q. J. Econ. 93, 321-324.

Zaki, J., Mitchell, J., 2011. Equitable decision making is associated with neural markers of intrinsic value. Proc. Natl. Acad. Sci. U. S. A. 108, 19761-19766.

Zizzo, D. J., Oswald, A. J., 2001. Are people willing to pay to reduce others' incomes? Ann. Econ. Stat. 63-64, 39-65.

受浙江大学文科高水平学术著作出版基金资助

总主编　黄先海　罗卫东

Volume 2B

收入分配手册 第2B卷

[英] 安东尼·B.阿特金森（Anthony B. Atkinson）
[法] 弗朗索瓦·布吉尼翁（François Bourguignon）　/ 主编

郭海燕　曾文华　汪晓燕　姚孝军　/ 译

Handbook of
Income Distribution

ZHEJIANG UNIVERSITY PRESS
浙江大学出版社
·杭州·

图书在版编目（CIP）数据

收入分配手册. 第 2B 卷 /（英）安东尼·B.阿特金森，
（法）弗朗索瓦·布吉尼翁主编；郭海燕等译. -- 杭州：
浙江大学出版社，2024.11. -- ISBN 978-7-308-25683
-4

Ⅰ. F014.4-62

中国国家版本馆 CIP 数据核字第 2024EZ5096 号

浙江省版权局著作权合作登记图字号：11-2024-464

This edition of Handbook of Income Distribution, 2A-2B SET, by Anthony B. Atkinson,
François Bourguignon is published by arrangement with ELSEVIER BV., of Radarweg 29,
1043NX Amsterdam, Netherlands.

收入分配手册

［英］安东尼·B.阿特金森（Anthony B. Atkinson）
　　　　　　　　　　　　　　　　　　　　　　　主编
［法］弗朗索瓦·布吉尼翁（François Bourguignon）

第 2A 卷　曾文华　郭海燕　姚孝军　汪晓燕 译
第 2B 卷　郭海燕　曾文华　汪晓燕　姚孝军 译

责任编辑	陈逸行
责任校对	汪　潇
封面设计	雷建军
出版发行	浙江大学出版社
	（杭州市天目山路 148 号　邮政编码310007）
	（网址：http://www.zjupress.com）
排　　版	杭州朝曦图文设计有限公司
印　　刷	杭州捷派印务有限公司
开　　本	787mm×1092mm　1/16
印　　张	118.75
字　　数	2736 千
版 印 次	2024 年 11 月第 1 版　2024 年 11 月第 1 次印刷
书　　号	ISBN 978-7-308-25683-4
定　　价	698.00 元

版权所有　侵权必究　印装差错　负责调换

浙江大学出版社市场运营中心联系方式：0571-88925591；http://zjdxcbs.tmall.com

译 者 序

收入分配被英国古典政治经济学的集大成者大卫·李嘉图视为经济学研究的首要问题。《收入分配手册》(第2卷)(以下简称本手册)自翻译项目启动到最终付梓出版,过程漫长而艰辛,由多人共同努力历时十年得以完成。

译者认为,本手册能够反映收入分配领域的最新研究成果。全书内容翔实,条理清晰,视野宽广,方法新颖。从回顾和总结收入分配研究中涉及的概念与方法,到研究和讨论收入(不)平等研究中的实证证据,再到分析和解释收入分配不平等的多重因素,本手册既具全球视野,亦有微观考察,举证丰富,论证充分。

本手册包含2A、2B两卷,分三大部分,共23章。

第一部分为概念与方法(第1—6章),集中讨论收入分配的实证理论、规范理论、再分配政策及其背后的伦理与价值观;深入分析了收入不平等的不同面向,如多维贫困与不平等、机会不平等、收入不平等与生活幸福指数,以及健康、教育、社会关系、环境质量、就业和工作满意度等其他维度对幸福指数的影响;详细探讨了收入分配分析的统计学方法,涉及不平等、贫困和收入分配建模等主题,参数和非参数方法,以及在实践中处理数据缺陷的可行方式。

第二部分为证据(第7—13章),基于大量的历时性与共时性的实证数据,探讨了收入不平等、财富不平等的长期趋势及其决定因素、20世纪70年代之后中高等收入国家的国内不平等与贫困趋势,以及第三世界发展中国家不平等和贫穷的近期发展趋势,并分析讨论了收入在代内和代际的流动性、全球收入分配中的不平等及全球贫困问题、财富与收入的性别差异,人们对待收入不平等的态度,以及国家和全球政策对收入不平等的回应等相关问题的调查统计与实证研究。

第三部分为解释(第14—23章),从宏观经济学视角探讨了地区、国家或家庭内部收入分配不平等的多重因素,如健康、财富继承、劳动力市场机制等,解释了全球化与不平等加剧的相关性;探究了把贫困视为社会发展的有利因素到不利因素的政策观念的变化,并介绍了近现代不同国家的福利制度和反贫困政策;概述了微观模拟方法在收入分配分析中的应用,并分析了该方法的局限性和未来发展方向。

本手册包含大量的经济学术语,以及有关学者姓名、机构名、研究成果的专有名词。术语翻译以及准确表达这些术语、专有名词串联起来的复杂的数理推断和深刻的学术思想,无疑是译者的工作重点。例如,本手册英文原书中5675个"distribution",哪些译为"分配"(如"收入分配""条件分配"),哪些译为"分布"(如"收入分布""条件分布""偏好分布""人口分布""类型分布""累计分布函数")?2755个"household",何时译为"住户",何时译为"家庭"?每一处都需要译者认真思考,仔细斟酌,借助语境进行准确判断,做出恰当的翻译选择。译者在翻译过程中常需查阅权威文献,请教专业人士,确保准确传达原作思想内容,同时保证其专业性、严谨性和可读性。

无论是本手册的翻译工作还是审校工作,其任务都是十分艰巨的,是对脑力、耐力与视力的综合考验。从思想内容的逻辑关联,到术语文字的表述呈现,从繁复的数学表达式,到细小的特殊字符、希腊字母或基础数学符号,都必须细致入微地认真对待。手册中成百上千的图表、脚注,成千上万的数学符号、方程式、表达式,为本就不易的翻译工作增加了难度,也延长了整个工作周期。

从翻译、审校到出版的过程中,译者们投入了大量的精力和时间,审校者也是不遗余力,坚持高标准、严要求,严格把控译文质量。手册的引进、策划和对译者水平的考察与甄选等前期筹备工作,得到了浙江大学姜井勇老师、杭州师范大学沈丽娟等老师的大力支持,浙江大学出版社对手册的编辑、校改及出版付出了很多心血,译者在此谨向他们表示衷心的感谢。

本手册共计270余万字,体量较大,译释不当和疏漏之处在所难免,敬请各位读者和同仁批评指正。

译者

于华中农业大学西苑

引言:当今收入分配

安东尼·B. 阿特金森(Anthony B. Atkinson)*,

弗朗索瓦·布吉尼翁(François Bourguignon)†

* 牛津大学纳菲尔德学院,牛津市,英国

† 巴黎经济学院,巴黎市,法国

1. 背景介绍

尽管早前就有领先的经济学家对收入不平等的议题进行了长时间的研究(见本卷第 1 章),但是当《收入分配手册》第一卷于 2000 年出版时,该议题还不在经济辩论的主流之列。15 年之后,不平等问题已成为人们关注的焦点。日益加剧的收入不平等引起了美国总统、国际货币基金组织(IMF)和经济合作与发展组织(OECD)等国际机构以及达沃斯论坛与会者的关注。

本卷手册旨在涵盖过去 15 年在不平等程度、原因和后果的研究上所取得的进展。从这个角度而言,第二卷应视为对第一卷的补充,而不是替代。我们鼓励作者专注于自 2000 年以来的进展,因此读者在阅读时应该与第一卷的相关章节联系起来。在本引言中,我们讨论对类似问题的看法,并对此议题的现状做出了一定的个人思考。

我们在手册第一卷的引言中提出,“收入分配可能被认为是典型的规范性经济问题”(Atkinson and Bourguignon,2000)。人们对经济不平等感到担忧,因为他们认为这是种社会不公正或不公平,它违反了社会正义的原则。这些原则的性质当然是备受争议的。对于什么是不可接受的不平等程度也存在分歧。人们侧重于不同的方面,但从本质上来说,其关注的是不平等现象。与此同时,对于不平等现象的后果的关注也是很重要的一个方面。约瑟夫·斯蒂格利茨(Joseph Stiglitz)在他 2012 年出版的《不平等的代价》一书中强调:“不平等现象对社会的影响越来越明确——更多的犯罪、健康问题和精神疾病,教育成就、社会凝聚力和预期寿命下降。”(参见该书封二)不平等现象的社会、政治和文化影响已经成为基尼系数研究项目的主题(Salverda et al.,2014;Nolan et al.,2014)。在手册第二卷(即本卷)中,不平等的一些后果得以呈现,尤其是第17章中所论述的健康方面的后果。但是,不平等的更加广泛的社会影响,并不是后面章节的重点,这仍然需要讨论。不平等在经济学领域本身具有重要的工具性意义。正如我们在第一卷中所说的,"收入分配有助于我们了解各个经济领域"(Atkinson and Bourguignon,2000)。现在与过去一样,我们认为对经济不平等的研究应该是经济分析的核心。

关于本卷所列问题,本引言对以下几个方面进行了介绍:(a)经济不平等测量的概念和方法,或不平等的各个面向(第2节);(b)以数据为基础的对不平等的关注(第3节);(c)对经济不平等的不同层面的变化的解释,特别是收入、工资和财富的分配以及与宏观经济学的联系(第4节);(d)可用于影响这些更改或纠正这些分配的政策(第5节)。

我们用图1来直奔主题。图1描绘的是过去一个世纪美国经济不平等的演变。数据来自《经济不平等图表》这本书(Atkinson and Morelli,2014)[①],但分四张小图展示,以突出收入分配的不同层面。[②] 这些图片为描述本手册涵盖的内容以及找出缺失的一些问题提供了良好的基础。事实上,不同图片所示的大部分线条向右上升是解决不平等问题被提上议程的主要原因。与此同时,长期以来关于不平等现象的历史数据显示,过去曾经出现不平等程度下降和贫困减少的时期。事实上,1913—2013年的不平等程度图呈U形。图1所示一系列图形也使我们能够首先强调和指出一个关键但经常被忽视的观点,即观察到的收入差异不一定是存在不平等现象的指标。例如,最高十分位数的收入[见图1(c)]可能由于获得教育资格的成本增加而上升,并不代表终身收入不平等性有任何上升。因此,弄清"不平等"的定义很重要。

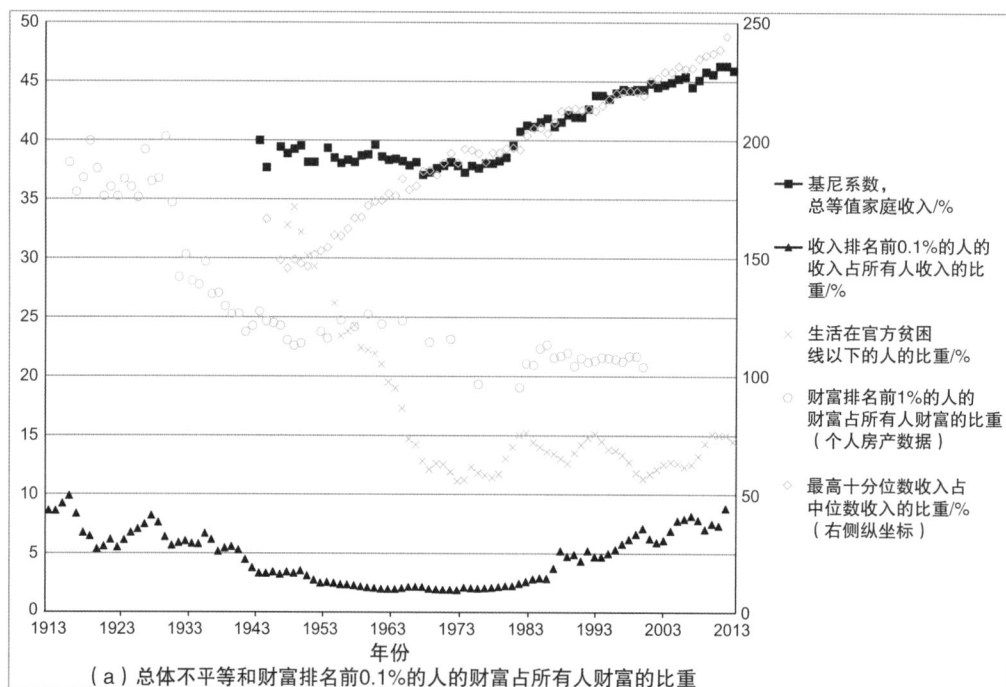

(a)总体不平等和财富排名前0.1%的人的财富占所有人财富的比重

图例:
- 基尼系数,总等值家庭收入/%
- 收入排名前0.1%的人的收入占所有人收入的比重/%
- 生活在官方贫困线以下的人的比重/%
- 财富排名前1%的人的财富占所有人财富的比重(个人房产数据)
- 最高十分位数收入占中位数收入的比重/%(右侧纵坐标)

[①] 可以参考另一种彩色图表:http://www.chartbookofeconomicinequality.com/wp-content/uploads/StaticGraphs/ USA_staticgraph_coloured.pdf。

[②] 此处我们依照Schwabish(2014)的建议,避免了"意大利面条式"的多线线路图。

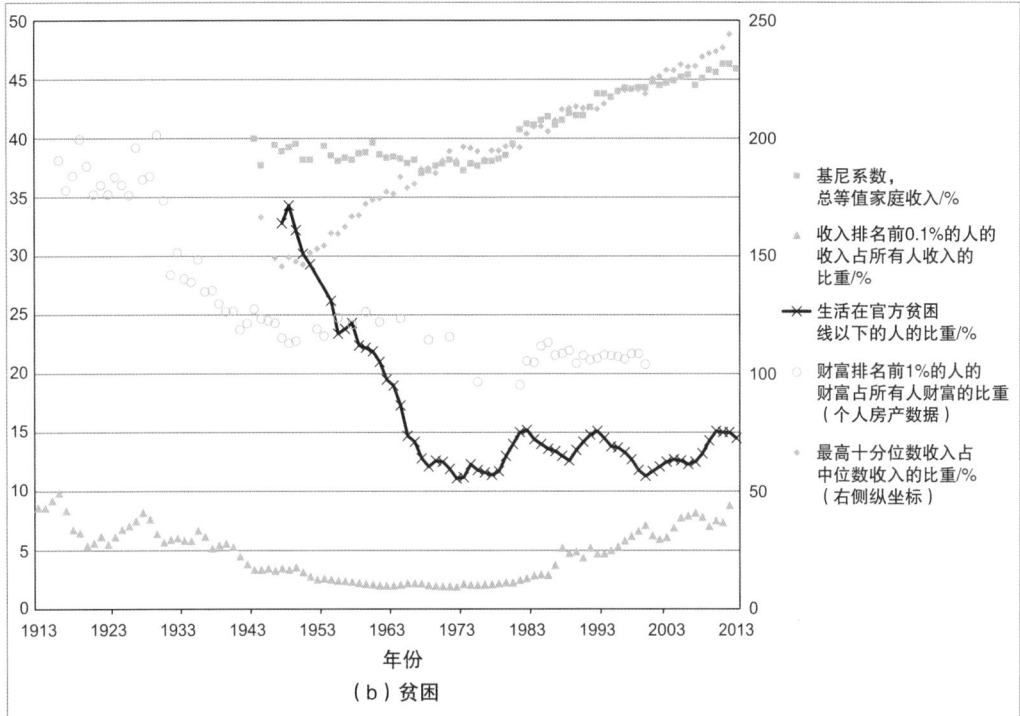

（b）贫困

图例：
- 基尼系数，总等值家庭收入/%
- 收入排名前0.1%的人的收入占所有人收入的比重/%
- 生活在官方贫困线以下的人的比重/%
- 财富排名前1%的人的财富占所有人财富的比重（个人房产数据）
- 最高十分位数收入占中位数收入的比重/%（右侧纵坐标）

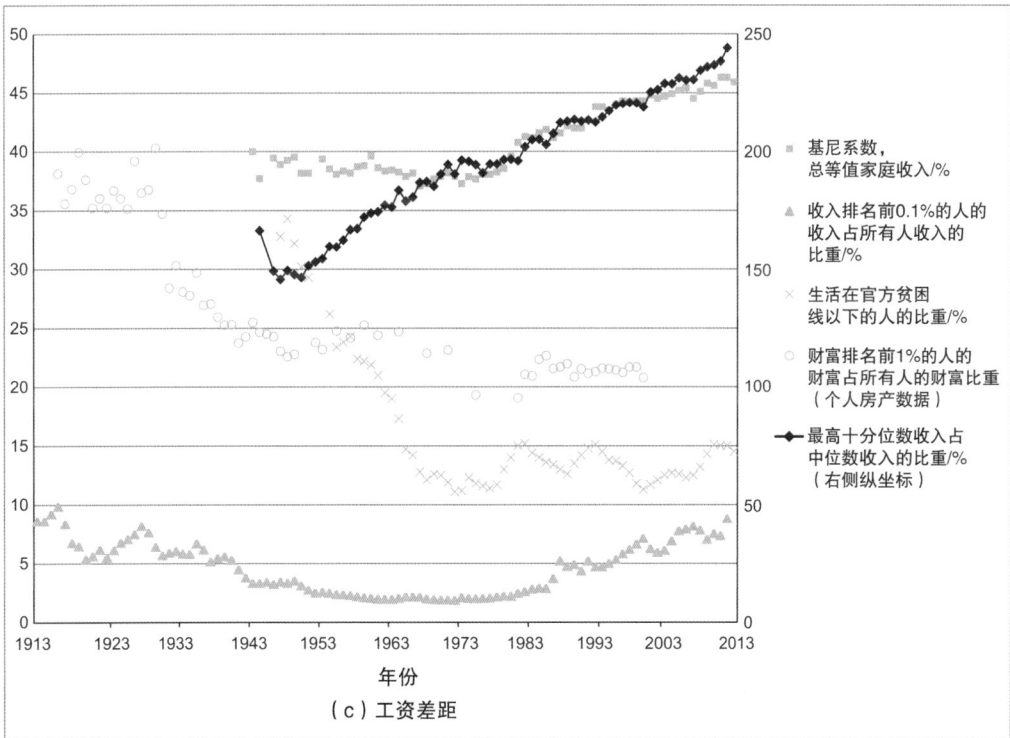

（c）工资差距

图例：
- 基尼系数，总等值家庭收入/%
- 收入排名前0.1%的人的收入占所有人收入的比重/%
- 生活在官方贫困线以下的人的比重/%
- 财富排名前1%的人的财富占所有人的财富比重（个人房产数据）
- 最高十分位数收入占中位数收入的比重/%（右侧纵坐标）

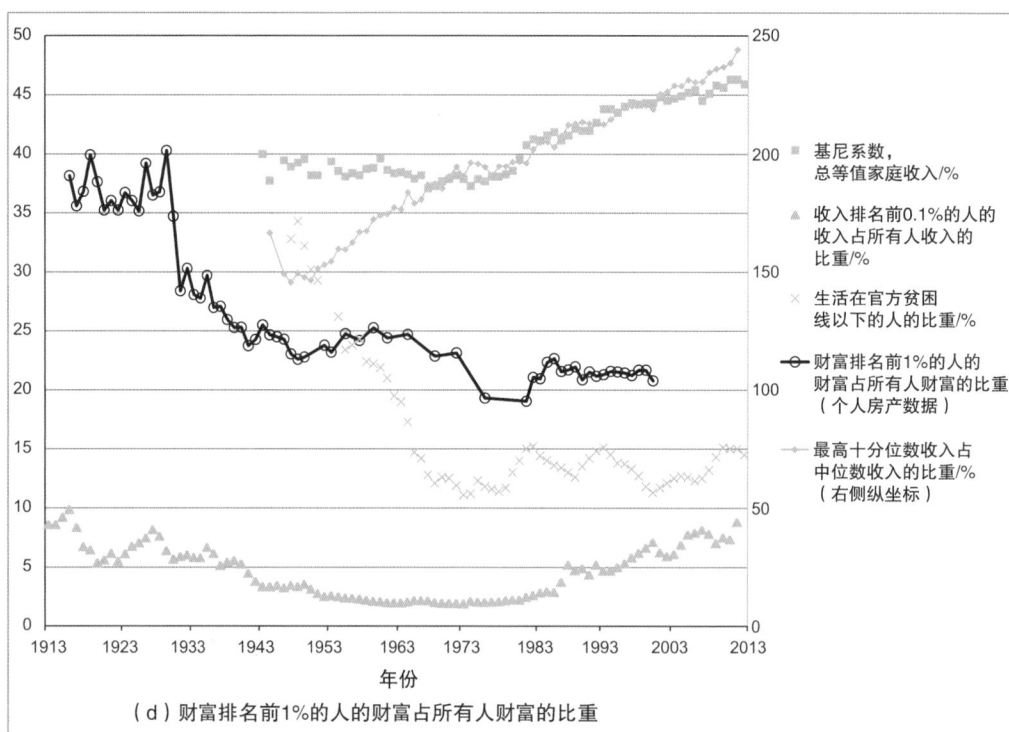

（d）财富排名前1%的人的财富占所有人财富的比重

图 1　美国从 1913 年起的收入分配不平等情况

注:右侧纵坐标是与最高十分位数的收入相关的,其他的系列都是在左侧纵坐标上衡量的。见 Atkinson 和 Morelli(2014)。

图一的数据来源:

总体不平等:总等值家庭收入基尼系数来自美国人口普查局的《美国收入、贫困、健康保险:2013》(表 A-3,等价调整收入差距的选择性测量),假定 1992—1993 年的这一变化有一半是因为方法的变化(因此, 1967—1992 年的变化比 1992—1993 年的变化小 1. 15 个百分点),这一序列数据和 Budd(1970,表 6)提供的 1944—1967 年的序列相关。

收入前 0.1%的人的收入占总收入的份额:收入前 0.1%的人的收入(不包括资本收益)占总收入的份额, 是基于 Piketty 和 Saez(2003)的研究提出的;更新的数字取自伊曼纽尔·塞茨(Emmanuel Saez)的网站: http://eml. berkeley. edu/saez/。

贫困:低于官方贫困线的人口比例数据,1959 年之前来自 Fisher(1986),1959 年后来自美国人口普查局网站,参见美国人口普查局的《美国收入、贫困、健康保险:2013》的历史贫困表、表 2 和表 B1。

个人收入:收入前 10%系列,以占中位数的百分比表示,是根据经济合作与发展组织在线图书馆的现行人口调查数据(CPS)整理而成,1973 年的数据与 Karoly(1992,表 2B. 2)的估算联系,1963 年的数据与 Atkinson (2008,表 T. 10)的估算联系。

财富:私人(成年人)财富前 1%占总私人财富份额,来自 Kopczuk 和 Saez(2004,表 B1)的房地产数据。

2. 不平等的不同面向

对不平等的讨论很多,但也比较混乱,因为对于这个术语,不同的人有不同的理解。不平等发生在人类活动的许多领域。人们的政治权力可能不平等,人们在法律面前可能不平等。在本手册的两卷中,我们关注的是它的一个特定面向:经济不平等。

研究者虽然对经济不平等的关注有限,但对经济不平等也有许多解释,当然这些解释必须仔细区分。比较容易的做法是先区分货币不平等和非货币不平等。前者是指与个人或家庭的经济活动相关的标准美元值(收益、收入、消费支出和财富)。非货币不平等在这里也被称为"收入外"不平等,涉及经济生活的更广泛的层面,例如幸福或才能。

2.1 货币不平等

将不平等局限于货币这一层面并不能防止对不平等概念的混淆。在媒体上,人们常常听到这样的言论:"某最富有的亿万富豪的财富足够为某一国家的所有穷人提供食物。"但这是把财富(存量概念)和收入、消费等流量概念混淆了。必须将流量定义为在一段时间内发生的情况,因此图1(a)中总体不平等的数字与年度收入有关。而财富,如图1(d)所示,是一个时点上的数值。如果亿万富豪今年放弃了自己所有的财富来养活贫穷家庭,那么明年他们就不会出现在福布斯榜上。而如果他们捐献的只是财富中的收入部分,那么捐赠的规模就会变小,但是他们可以年复一年地去做。

人们经常混淆收入和工资。一些学术论文的标题中可能包含"收入分配",但它们实际上通常是关于工资分配的,工资只是收入的一部分。而且这些文章通常也只涉及在工作的人,没有关注领取退休金人员或失业人员的收入不平等。本卷在第18章中明确了工资与收入之间的区别。该章作者观察到,有两类主要文献,一类关注工资,一类关注收入分配。这一章在弥合两类文献的分歧方面起着重要的作用。该章作者注意到,这不仅有"什么不平等"的问题,还有"在哪些人群中有不平等"的问题,工资通常是以个人为基础核算的。图1(c)中最高十分位数收入的人的工资是个体工人的工资,而总体不平等所衡量的收入是家庭总收入。

一个人可能零工资且没有其他收入,但生活在一个宽裕的家庭。这种情况无论是对不平等现象的分析,还是对现实生活中的分析都会引发有趣的思考。家庭内部的分配是怎样的?图1(a)上部突出的曲线指的是等值家庭收入的不平等,该收入归结于每个家庭成员的总收入除以家庭规模,并根据规模经济以及与年龄有关需求的因素,对数据进行了校正,这假设了所有家庭成员享有同样的福利。第16章讨论了家庭内不平等的话题,该章作者强调,无论是家庭内不平等程度还是其发展趋势,都可能会有很大的不同。这个问题尤其与性别不平等相关,而性别不平等是本卷第 12 章的主题。

　　总体不平等程度以基尼系数的形式呈现在图 1 中,这是统计机构最常公布的统计数据。这一系数的典型解释是几何图形:基尼系数等于洛伦兹曲线和对角线之间的面积与对角线下整个三角形面积的比率。如图 2 所示,洛伦兹曲线显示了收入最低的 $F\%$ 人口的收入占总收入的比重,它是 F 的函数。其中洛伦兹曲线越接近对角线(图 2 中的曲线 A),基尼系数越小;洛伦兹曲线越接近水平轴(曲线 B),系数越接近 1。如果我们比较两条不交叉的洛伦兹曲线,如 A 和 B,那么其中一条(在目前情况下,是 A)肯定具有较低的基尼系数。在这种情况下,我们有洛伦兹优势,因此 A 在各种各样的不平等变量上比 B 更好(Atkinson,1970)。反过来则不成立。基尼系数较低的事实并不意味着洛伦兹曲线总是较高:曲线可能相交。基尼系数也可以用均值差来描述。基尼系数中的 G 百分比意味着,如果我们随机抽取总体中的两个家庭,预期差异是 $2G\%$ 乘以均值。因此,基尼系数从 30% 上升到 40% 意味着预期差异从平均值的 60% 上升到 80%。Sen(1976)提出的另一种思路是"分配调整"的国民收入,其基尼系数是国民收入的 $100G\%$。基尼系数从 30% 上升到 40%,相当于将国民收入减少 14%〔即(100−40)÷(100−30)= 其先前值的 6/7〕。

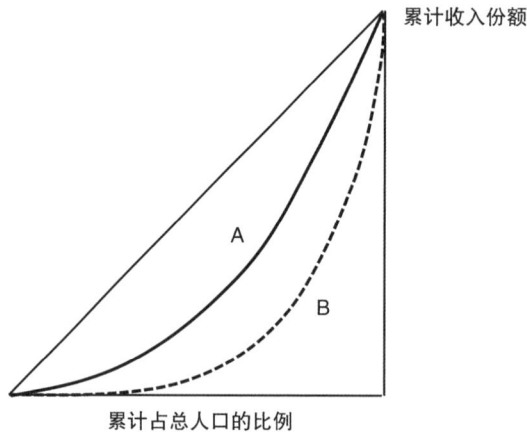

图 2　洛伦兹曲线

注:分布 A 的基尼系数等于曲线 A 和对角线之间的面积与整个三角形面积的比率。

　　我们可能不仅对整体的不平等感兴趣,而且对分配的顶部和底部也会感兴趣。图 1 中数据线最长的"收入前 0.1% 的人的收入占总收入的比重",可回溯到美国的 1913 年,显示的是前 0.1% 的人的收入占总收入的比重(扣除所得税之前的百分比)。这些数字,或"私人财富前 1% 的人的财富占总私人财富份额",出现在示威游行的标语牌上,例如(华尔街)占领运动。在标尺的底部,贫困线记录了生活在官方贫困线下的人数,这在美国可追溯到约翰逊总统 20 世纪 60 年代提出的"向贫穷宣战"。本卷第 7 章从长期趋势角度,特别讨论了最高收入份额的演变。第 8 章讨论了最高收入份额是否可以代表整体不平等。本章和关于 1970 年后趋势的第 9 章提供了收入分配顶部和底部的证据。在不同的意义上,收入分配的顶部和底部的人的集中,导致了"两极化"的概念,这是第 5 章讨论的另一个概念。除了基尼系数或份额百分比,衡量不平等现象还有许多其他方法,无论是涉及收入、工资、消费还是财富。同样,将一些不平等度量单位与人均收入相结合,来表示社会福利的方法有很多。这些在手册第一卷中已经进行了大量的回顾。

因此,图 1 中的图组呈现了美国在过去 100 多年里的不平等状态。但是还有很多缺失。图 1 是"一系列快照",而不是"电影"。1913 年,美国收入排名前 0.1% 的人是那一年的高收入群体;其中一些人可能在 1914 年就被淘汰了。图 1 中提供的统计数据无法告诉我们这种流动性,这是本卷第 10 章的主题。该章作者解释说,需考虑两个方面。一方面,个人收入在人一生中从这一年到下一年的变化如何?另一方面,父母和子女两代之间的收入变化又是怎样的?代内与代际收入流动之间的差异反映了现有文献中的分歧,但该章的特点之一就是提出两者共有的收入流动性测量要素。该章作者还提出了一段时间的收入的多维度信息的测量问题;这些问题中有许多是我们在某个时间点考虑多维度时也会碰到的问题(见下一节)。

图 1 显示了一个国家收入分配的数据,但不平等不仅是全国性的,也是地方性和全球性的。首先,货币收入有不同的购买力,这取决于当地的价格,而地理差异可能会产生重大的影响,如 Moretti(2013)关于美国大学工资溢价的文献所示。本卷第 20 章强调了空间不平等。该章作者指出:"不平等的空间层面是政治话语中的一个关键问题,因为它与地方实体和司法管辖区之间的差异相互交织并与之相互作用。这些实体有时候定义了种族或语言的特征,在联邦结构中具有宪法身份,自然导致了国家不平等的地方性视角。"不平等同样与全球化相关,这是第 20 章的主要议题。全球收入分配是本卷第 11 章的主题,也见 Bourguignon(2013)。

前面我们已经提到了性别不平等这一重要话题,这在第 12 章中会进行讨论,该章作者指出,大部分文献都涉及工资中的性别差距。正如他们所说,这是重要的,但只是这个主题的一部分,因为在其他形式的收入和无薪工作中也存在性别不平等,所有这些不平等之间也在相互影响。另外在第 20 章,作者讨论了全球化和性别不平等。

在引入诸如性别和种族等因素时,我们超越了图 1 所示的直接收入差距这一维度。我们放弃了基尼系数或前 1% 收入所占份额背后的匿名性。我们要问的是,不同群体之间的收入不平等有多严重。这为不平等的概念增加了一个维度。A 和 B 两个群体可能具有相同的总体工资收入不平等水平,但 A 中男性和女性的收入分配可能是完全相同的,而 B 中的男性在收入分配方面则可能更有优势。两个国家可能拥有相同的前 1% 收入所占份额,但在其中一个国家,最富有的 1% 人口可能都是男性。世界贫困人口可能减少了,但贫困线以下特定族群的数量可能会上升。

2.2 "收入外"不平等

2000—2015 年,对于不平等现象的大部分反思是将概念扩大到"收入外"的不平等现象。Sen 等(2010)提出,将非市场维度纳入社会进步的衡量标准,从而"超越"国内生产总值这一维度,同样,在衡量不平等时也要采取非收入维度。

除了提到两个世纪以来关于收入分配和再分配的卓越经济学思想,关于经济思想史的那一章(第 1 章)提醒我们,经济学家看待或考虑收入分配和不平等的方式可能存在历史偏见,这种偏见今天可能依然存在。古典经济学家关注的是土地、劳动和资本的功能性收入分配,因为他们认为他们所生活的社会是由通过不同要素获得收入的阶层组成的。这一观点并不完全适合我们的世界,尽管要素报酬和功能性收入分配在宏观经济分配理论中仍然是主流。第 1 章另一个有趣的特点是讲述了规范经济学对效用主义的长期依赖。直到 20 世纪 70 年代,在罗尔斯(Rawls)和森(Sen)的影响下,经济学家才开始放弃这种做法,并考虑替代方案。

值得注意的是,这一思路已经成为以前关于衡量收入不平等的文献的重大延伸,这些文献在历史上比较新。1920 年(Pigou,1920;Dalton,1920)[①]和 20 世纪 80 年代之间发展起来的收入不平等衡量"范式"的几个特点值得重视,因为它为寻求将这一范式扩展到更广泛意义上的经济不平等的定义的现代研究者提供了参考依据。第一个特点是,不平等指数的大多数属性、它们在社会福利方面的阐释以及与风险分析的类比现在已经被很好地理解了。可以肯定的是,在收入不平等测量方面的工作还有待完成,本手册的这一卷给出了两个例子:极化(第 5 章)和在衡量收入不平等方面统计方法的引入(第 6 章),但是相关工作还是取得了较大的进展。第二个特点是,在 Kolm(1966,1971)、Atkinson(1970)和 Sen(1973)的贡献之后,这一工作进展得相当快。第三个特点是,尽管可能被拿来与功利主义类比,但这种范式被明确地表达为非功利主义的(即使是在社会福利职能的广义意义上),从而与社会问题上一个重要而强大的经济思想学派分割开来。最后,随着该范式的发展,它的相关性受到怀疑。Sen(1980)提出了"是什么的平等"的问题。指出以收入为焦点的局限性太强,甚至质疑衡量不平等的福利基础。

本卷手册有四章以不同的方式处理收入不平等衡量范式的扩展。以下框架旨在帮助确定它们的主要贡献以及从收入转移到其他更普遍的经济不平等定义过程中的一般问题。我们首先从森的角度介绍个体 i 的"功能"的概念,由向量 a_i 表示。i 的功能包括生活享受的各个方面:物质消费、健康、就业市场状况、住房和环境质量等。其中,我们挑出物质消费,以货币收入 y_i 来衡量,从而使 $a_i = (y_i, x_i)$,其中 x_i 代表非物质消费功能。让这些功能中的个体 i 的偏好由一个序数效用 $u_i(y_i, x_i)$ 函数来描述,将一些参考束 a° 归一化为单位向量。让个体 i 的"满足"成为一个递增函数 $S[u_i(y_i, x_i), b_i]$,其中 b_i 代表可以影响个人从 (y_i, x_i) 得到的满意度的一组个体特征。最后,假设经济环境、技术和社会习惯使得功能向量必须属于由 y_i、x_i 和 z_i 定义的个体特定集合 Q_i,其中 z_i 是个体 i 的属性向量,它可能与 b_i 不同。例如,一个人可以在家中工作,但不能在正式的劳动力市场环境中工作,或者可能拥有能增加其经济机会的社会背景。鉴于她的特点,集合 Q_i 描述了该个体 i 可以达到的一组功能。这可能包括标准预算约束以及允许转换为在市场上购买的商品和服务功能的生产功能。令 (y_i^*, x_i^*) 为个

[①] 他们称之为庇古—道尔顿(Pigou-Dalton)转移支付原理,即如果分配是由一系列均值保留均衡收入转移实现的,该分配的不公平性就会小一些。

体 i 在可能性集合 Q_i 中优选的功能组,当然, y_i^* 和 x_i^* 都是 z_i 的个别特定函数,我们也可以很自然地假设这个优选向量也是观察到的功能向量。个体 i 的相应满意度为 $V_i = S[u_i(y_i^*, x_i^*), b_i]$,其中第二个参数允许两个个体从相同的功能束获得不同程度的满意度。

借助这种符号,我们可以描述最近文献中的不同方法,将不平等的衡量范围扩大到货币收入之外,并讨论它们的优缺点。[①] 本卷第 2 章讨论了不平等与幸福,第 3 章讨论了多维不平等,第 4 章讨论了机会不平等。

2.2.1　按功能定义不平等:多维不平等测量

用一系列向量 (y_i^*, x_i^*) 来定义不平等,然后根据不同程度的一般性使用不同的方法。最显著的进展是将各个维度聚合到单个标量中,并将标准单维不平等测量应用于该标量。被定义为 $A(x,y)$ 的聚合函数可以是任意的,它满足一些基本属性,或者它可能与 2.2 节中列出的框架有关,在这种情况下,相当于假设所有个体都具有相同的偏好 u 和相同的特征 b,使得他们具有相同的由功能组 (x_i, y_i) 决定的满足函数 $S[u(x_i, y_i), b]$。或者, (x_i, y_i) 的这个函数可以是社会评估者的偏好。在任何情况下,假设所有个人在各种功能中应用相同的权衡。正如 Maasoumi(1986) 所述,这种规范聚合方法存在于几个基于聚合函数的一些函数形式的具体的多维不平等测量之中。联合国开发计划署(UNDP)所采用的新的在不平等基础上扩展的人类发展指数(Foster et al.,2005; Alkire and Foster,2010),或 OECD 将不平等、失业和健康(OECD,2014)等因素考虑进来以衡量多维度生活水平的做法就是运用此方法的例子。最近的贫困测量文献基于对贫困的计数,遵循同样的逻辑。将贫困根据功能分类,然后将各种功能的贫困数量和贫困程度进行汇总,以便为个人 i 提供总体贫困指标,见 Alkire 和 Foster(2011)以及第 3 章中所述。

我们可以将收入不平等衡量中的社会福利优势分析一般化,它对应于收入分配的洛伦兹优势(Kolm,1977),而不是使用具体的变量和具体的聚合函数 $A(x,y)$ 或 $S[u(x,y), b]$。遵循 Atkinson 和 Bourguignon(1982),我们可以通过考虑某些类别函数内的所有聚合函数来获得群体中的束 (y_i^*, x_i^*) 的分布的偏序(例子可参见 Duclos et al.,2011)。然而,正如本卷第 3 章中提出的,将庇古—道尔顿转移支付原理推广到多维情形并不直观。此外,我们不应忽视非物质功能可能需要被区别对待的事实。聚合函数的选择必须反映变量的具体特征,例如健康作为一个变量,正如 Allison 和 Foster(2004)以及 Duclos 和 Echevin(2011)所讨论的,可能按序数而不是基数形式进行衡量。

2.2.2　个人偏好和收入等价方法

从个人偏好方面进行解释,前面的方法对所有个人都施加了相同的偏好。如果可以观察到序数偏好,则可以使用具有收入维度的特定个体聚合函数——参见 Fleurbaey 和 Blanchet(2013)的第 4 章。利用非收入功能的参考向量 x°,通过以下方程式 $u_i(y_i^\circ, x^\circ) = u_i(y_i, x_i)$ 的解 y_i° 得到对应于观察到的束 (y_i, x_i) 的等价收入。如果 $u_i(\ )$ 被合理地假定为连续且单调递

---

① 它还使我们能够区分不平等衡量文献中采用的方法和效用主义的方法:在不平等衡量文献中社会福利被定义为收入 y_i,效用主义的方法中社会福利被定义为 $u_i[$ 或 $S(u_i, b_i)]$。

增,则这个解确实存在。因此,等价收入是以 x° 为条件的束 (y_i, x_i) 的函数。它的处理方式与收入不平等变量中的收入相同。当然,问题是是否可以估计个人偏好 $u_i(y, x)$。Decancq 等(2014)使用主观满意度数据完成了这一估计,并将这些数据与 (b_i) 的某个子集中的具有共同特征的个体的收入和观察到的功能相关联。另一个问题是参考非收入束 x° 的选择,因为不平等变量将以该束为条件(见第 2 章)。

2.2.3　用主观满意度定义不平等

进一步沿着这条主线,衡量不平等的另一种方法是直接关注满意度水平,即满意度调查中直接观察到的满意度 $V_i = S[u_i(y_i{}^*, x_i{}^*), b_i]$。这相当于使用个人特定聚合函数 $u_i(y_i{}^*, x_i{}^*)$ 以及满足函数 $S(u_i, b_i)$。一些作者遵循这条路线发现,"幸福"的不平等在大多数发达国家中往往随着时间的推移而减少;与较贫穷的国家比起来,收入不平等在较富裕的国家中逐渐减少[见 Veenhoven(2005)、Stevenson 和 Wolfers(2008)关于美国的调查,Ovaska 和 Takashima(2010)、Becchetti 等(2011)和 Clark 等(2012)]。

由于生活满意度一般按序数尺度记录,因此将这些变量转化为基数尺度并采用标准的不平等指标存在明显的问题。因此,Dutta 和 Foster(2013)提出了基于优势标准的替代方法。在概念方面,对生活满意度数据的解释也是一个问题。特别是,它们实际上可能显示了一个人对于他或她过去的经验和未来期望的满意度,也可能显示了其与他人关系的满意度。如果是这样的话,用它们来衡量"经济不平等"是不合适的。就上文引用的符号而言,值得怀疑的是决定序数型偏好是否能够基数化为满意度的个体特征 b_i,是否应该在衡量经济不平等时加以考虑。具有相同偏好的两个人享有的相同的功能组可以产生不同程度的满意度,如果其中一个总体上对于生活具有相当积极的态度,而另一个则是消极的态度。本卷第 13 章提供了对主观满意度数据更详细的解释说明。

2.2.4　能力不平等

与其根据个体 i 在他/她的选择集 Q_i 上观察到的功能组 $(y_i{}^*, x_i{}^*)$ 定义不平等,不如追本溯源,考虑这些选择集的不平等,正如在能力方法(capability approach)里一样。第一步是识别这些集合,这与集合中实际实现的特定点 $(y_i{}^*, x_i{}^*)$ 不同。这大概可以通过考虑由具有同样属性 z 的向量的人观察到的所有功能束生成的集合来完成。假设已经进行了这种识别,第二步将包括在这些集合上定义一个不平等度量,而不是像收入那样的标量或者像多维不平等那样的向量。在实践中,基于能力的不平等的度量已经被减少到强调个体特征向量 z_i 的几个组成部分,这些组成部分间接地定义了集合的大小。通常,这些变量包括教育、健康或物质资源的可用性。这三个变量在总的国家水平上线性结合,以确定由联合国开发计划署采用的大家熟知的人类发展指数来衡量任何国家之间的功能不平等。一些研究者已经在特定国家中,在个人层面上纳入了更大的一组变量[例如,参见 Anand 等(2007)]。

2.2.5　机会不平等

机会的不平等被定义为最优功能 $(y_i{}^*, x_i{}^*)$ 中不平等的一部分,即源于个体特征 z_i 的差异或可能在这些变量的子集中的差异。在这些特征中,有不同的变量,一部分是个人无法控制的变量,这被称为个人所面临的"情境",而另一部分则假定为由他/她所能控制的变量。那么机会的不平等可以通过面临相同情境的群体中的(y,x)空间中存在的不平等来衡量。这些群体被 Roemer(1998)称为"类型"。通过考虑各种类型中的平均向量(y,x)的不平等来获得最简单的度量。更简单的度量将比较不同类型的分布(y,x),而不是平均值。在本卷第4章中,作者只在收入分配中讨论这样做的方法。这种方法的实施需要假设哪些可能被认为是"情境"(性别、民族、家庭背景……)变量,哪些是个人可控的变量(例如学业成绩)。此外,必定有不可观察的情境,这样我们最多可以测量由观察到的情境导致的收入差距。经常使用的一个特定情况是只考虑z_i的一个组成部分,如民族。在收入方面,机会的不平等与大家熟悉的工资歧视概念相对应,正如第12章中关于性别的讨论。

机会或能力方面的不平等的定义都是基于"事前基础"的,存在于具有一些共同特征的群体中,无关乎功能空间中的个体成就差异(相比之下,结果的不平等,无论是收入、消费支出,甚至是"满意度",都是一个事后不平等的概念)。实际上,衡量能力不平等与机会不平等的主要区别是前者的重点在于属性向量z_i的不平等,后者的最简单的方法考虑了由相同"情境"z定义的各种"类型"之间的平均结果(y,x)之间的不平等。第二个差异可能在于对个人进行区分的个体特征选取,在于能力方面的可能的功能集合的决定因素,以及在于机会一侧的个人控制之外的特定情境。有一些衡量多个国家机会不平等的研究,例如 Brunori 等(2013)用工资收入作为结果,用家庭背景作为情景,将一组来自40个国家的估算放在一起进行研究。还有一些文献(尽管前期有更多文献)讨论了代际收入和更普遍的社会流动性问题(见第10章)。这里的问题也是衡量一个观察到的情境的影响,即父母的社会地位、特定功能的不平等和孩子的社会地位。

总体而言,"收入外"不平等衡量涉及经济不平等的基本内容,而且自罗尔斯和森的开创性著作以来,已经出现了一些重要的概念性进展。数据限制、因将概念参数转化为实际数字而频现困难,以及经常性发生的分析工具的复杂性等限制了实证应用,但该领域未来的研究很有希望。我们首先应该寻求更简单的方法来运用概念上的进步,从而描述经济不平等的多个维度,而不是把它们降维到一个数字。

3. 不平等的数据

我们以图1的具体例子开始本章的阐述,以突出显示数据的中心地位。在所有经济领域中,数据都扮演着重要的角色,但在充满政治争议的不平等领域,尤其要注意数据质量。当遇到如图1所示的显示不平等演变情况的图表时,我们不应该简单地相信图中所示数据,而应该问:这些是什么数据? 它们来自哪里? 它们是否与目的相适应? 在后面的内容中,我们集中关注货币不平等,特别是有关收入的数据,但类似的问题出现在诸如物质贫困或幸福等非货币的数据上。

3.1 数据的谨慎处理

数据的处理有两个危险。一个危险是数据的不当使用。人们通常以比较不同日期的不具可比性的数据为基础,来声称不平等正在增加或减少,或者说 A 国的表现优于 B 国,但这个结论是基于从不具可比性的来源获取的统计数据。例如,私人财富前 10% 的人的财富占总财富的比重这个数据,在一个国家可能从家庭调查中获得,在另一个国家可能从财富税的管理记录中获得。另一个危险是走另一个极端,拒绝所有关于不平等的证据,因为它们只能以不完美的方式衡量,这当然就是自暴自弃了。

我们认为,应该展示一切形式的可能证据,但我们需要充分考虑它们的优点和缺点。这方面已经取得了显著进步。当我们(ABA)中的一位研究人员在 20 世纪 60 年代末开始研究英国的贫困问题时,英国政府不允许查阅家庭记录数据,唯一的材料是公开发布的表格。这种情况在 20 世纪 70 年代变了,2000 年出版的手册第一卷可以使用已经变得越来越容易获取的住户调查数据。不仅统计机构开展了更多的调查,研究人员也更普遍地获得了微观数据。虽然这种变化远非普遍,但它使学者们能够收集到国际上可比较的数据集,特别是 1983 年由蒂姆·斯米丁(Tim Smeeding)、李·雷沃特(Lee Rainwater)和加斯顿·夏贝尔(Gaston Schaber)启动的卢森堡收入研究(LIS),以及世界银行的涵盖了大约来自 127 个经济体的 850 项家庭调查的在线全球贫困监测数据库(PovcalNet)。

在本手册第一卷出版后的 15 年里,至少有四个主要进展。第一个是经济学实验研究的快速发展,以安德鲁·克拉克(Andrew Clark)和康西塔·安布罗西奥(Conchita d'Ambrosio)所著的第 13 章为代表,作者展示了实验中产生的数据以及调查证据,可以揭示出对不平等的态度的微妙之处。第二个是从管理记录中获取了更多的分配数据。当欧盟收入和生活条件统计(EU-SILC)从 2003 年起取代欧共体家庭追踪调查时,规则允许数据来源的灵活性,越来越多的会员国从行政部门获取信息。第三个是对历史数据的重新关注。受 Piketty(2001)的启发,人们对长期时间序列数据的建设进行了大量投入,特别是有关最高收入份额的,例如经济学家阿瓦列多管理的世界顶级收入数据库。第四个是越来越多的国家数据收集标准化,这允许更严格的比较工作。EU-SILC 是欧洲的一个例子;"拉丁美洲和加勒比地区生活条件调查和测量改善计划"是另一个例子。尽管还需要继续努力,但今天的跨国比较绝对比一二十年前的情况更有意义。

这些发展意味着我们现在更了解经济不平等程度以及一段时间的发展趋势。从阅读第二部分的证据调查中可以看出这一点。第 7 章有关历史研究的内容讨论了收入和财富分配的长期趋势,覆盖了 25 个国家,并在一些情况下可以追溯到 18 世纪。1970 年后的演变是第 8 章和第 9 章的主题。前者涵盖了 OECD 和中等收入国家的不平等和贫困,表明自 Gottschalk 和 Smeeding(2000)第一卷的相关章节以来,"数据已经取得了长足的进步";后者涉及发展中国家,在衡量不平等和贫穷方面也取得了很大进展。第 11 章研究了世界收入分配和全球贫困的分布情况。

此外，数据的可用性是研究经济不平等原因的一个关键因素，这是第三部分的重点。在许多情况下，这些调查是基于对不平等的国家面板数据集的统计分析（通过汇集一些国家的时间序列观察数据得出）。时间差异和国家之间的差异被用来探索不平等的多重原因。这在第 19 章得到了详细讨论，而且支撑了第 18 章关于工资收入分配的大部分分析。我们在本书中集中讨论的正是这些现在被广泛使用的国际数据库，因为它们能说明许多问题。

3.2 关于收入不平等的国际数据库

在考虑第 19 章所列和讨论的国际收入分配数据库时，第一个关键区别来自一级数据库和二级数据库。前者是直接依赖微观数据的数据库，尽可能标准化，以确保国家和时间段之间的可比性；后者汇总可用的公开发布的收入分配估算数据。前者的例子包括 LIS、EU-SILC（它同时还协调了相关国家的数据收集）、OECD 收入分配数据库、涵盖拉丁美洲和加勒比地区的 SEDLAC 以及世界银行的 POVCAL／WYD；后者包括由 UNU-WIDER 组建的世界收入不平等数据库（WIID）[Deininger 和 Squire（1996）最初在世界银行构建的数据集的更新版本]以及 Milanovic（2013）在世界银行的"所有你想要的基尼系数"数据库。Milanovic（2013）明确指出，"这个数据集只包括从实际家庭调查中计算的基尼系数"。第二个重要的区别来自仅限于实际观察的数据库，例如"所有你想要的基尼系数"数据库，和那些估计了一些国家和某些时期的具体指标缺失值的数据库。以获得跨越国家和时间的最大可能覆盖为目标，"标准化世界收入不平等数据库"（SWIID）采用自定义缺失数据算法来规范联合国大学的 WIID 和许多其他观测数据（参见 SWIID 网站和文档）。得克萨斯大学不平等计划（UTIP）估计的家庭收入不平等数据集来源于 UTIP-UNIDO 工业薪酬数据集、其他条件变量以及世界银行 Deininger-Squire 收入不平等数据集之间的计量经济关系。

Atkinson 和 Brandolini（2001）对 Deininger 和 Squire（1996）的世界银行数据库进行了仔细的审查，他们发现，使用二级数据库，或者更一般地说，比较依赖不同收入定义或统计单位的国家或时间段的收入分配指标，有结论不一致的风险。他们在承认这些数据库的价值的同时，也提醒大家不要不加批判地使用这些数据库，并提出一些次数据库建设的原则。此后又有一些进展，在 Ferreira 和 Lustig（2015）主编的关于收入差距数据库的《经济不平等学报》特刊的一篇回顾"WIID 数据库"的论文中，Jenkins（2014）重复了阿特金森和布兰多利尼在 20 世纪 90 年代初期使用 WIID 的 2c 版本（2008）获得的 LIS 数据库和一致估计值之间的比较，发现差异已经减少（新的 WIID 3.0B 版本随后于 2014 年发布）。然而，他重申："不能直接拿来就使用 WIID 数据。"对发展中国家来说，这类基准尚未制定，这种不一致的情况会更加频繁。若事先未进行仔细检查，不应该使用二级数据库中的数据。

3.3 问题清单

当使用收入不平等的数据时，应该问什么问题？在下面，我们给出了一些最重要的问题清单。《堪培拉小组家庭收入统计手册》(United Nations Economic Commission for Europe, 2011)讨论了这些问题和许多其他问题。这是 2001 年由国际家庭收入统计专家组编写的手册的第二版。国际家庭收入统计专家组由澳大利亚统计局倡议,在 1996 年成立。在将其描述为"问题清单"时,我们并不表示仅有一个正确的答案。适当的选择取决于具体环境,并且在不同发展阶段的国家之间可能有所不同,此种选择取决于分析的目的。但是,用户必须知道他们正在采用什么数据。

3.3.1 什么的不平等?

在一些国家,统计局收集家庭收入数据;而在其他国家,它们则收集消费支出数据。Povcal 数据库包括报告收入不平等的国家和其他报告消费支出不平等的国家。LIS 通过对所有国家使用收入调查来避免这种异质性。收入可以通过多种方式来定义:税后(或可支配)收入;允许扣除的税前收入,例如扣除支付的利息(令人困惑的是,这在官方统计中通常被称为"净收入");扣除前的税前收入。在实际操作中,收入概念可能或多或少地遵循国际劳工统计学家会议[和《堪培拉家庭收入统计小组手册》(第二版)]通过的定义,包括所有收入,无论是货币形式还是实物,除了非常规或意外的收入。这里的重要问题(对于消费的定义而言)是是否包括或排除自有住房能提供的租金、家庭生产和实物福利。

收入和支出通常与一年期相关,但可以在不同的时间段内进行衡量,这在工资收入方面尤为重要,如第 18 章所述。参考期可能是与正常月收入相关的最近薪酬发放期或最近收入获得期,不包括不定期奖金,所统计的收入也可能是年度总收入。收入也可能以小时计,这可能会导致工资和休闲不平等分解。时间问题也影响到覆盖的人口。有的人可能只是在一年的部分时间在此地,部分年收入或工资的纳入或者排除会影响衡量到的不平等程度。与各国收入数据的可比性有关的另一个问题是工资税和社会保险费的状况。在某些情况下,工资扣除了所有这些费用,在其他情况下,工资包含由员工支付的社会保险费,而由雇主支付的工资税很少记录在案。从这个角度来看,构建个人工资数据库方面的努力并没有同构建国际收入分配数据库的进程持平。

现有的收入差距数据集的另一个重要问题是同一国家不同地区生活成本的差异。所有国家都不存在此种数据。然而,这些差异可能是相当大的,可能对估计不平等有重大影响。农村、城市生活差距的不确定性导致世界银行 Povcal 数据库管理人员分别报告中国和印度农村与城市地区的收入分配情况,中国报告的收入差距估算差异往往是由于对农村/城市生活成本比例的不同假设。在发达国家的城市间,生活成本差异(如果只是在住房租金方面)产生了同样的不精确性[我们已经引用了 Moretti(2013)]。

3.3.2 哪些人之间存在不平等?

关于不平等的数据可能涉及家庭之间、家庭内部之间、纳税单位之间或个人之间的差异。许多实证证据与家庭有关,调查通常在此基础上进行。然而,该变量并未告诉我们家庭中不平等的分布情况,这也是第 16 章的主题。若住户中有几代成年人,则不平等可能被隐瞒。核心家庭内部也是如此,因为一对夫妇的收入(或消费)的总和隐藏了性别不平等,这是第 12 章的主题。在这种情况下,有趣的是,有一些国家根据个人所得税转移下的个人税收来获取不平等方面的数据。从这些行政数据可以看出,妇女在收入前 1% 的人中的比例严重不足。在加拿大,2010 年,在总收入前 1% 的群体中,妇女仅占 21%(Canada Statistios,2013)。在英国,2011 年,相应数字为 17%(Atkinson et al.,即将出版[①])。

家庭和其他单位的规模与组成不同,必须使用等价尺度进行调整。在这里有各种操作,对主数据库之间的一些协调比较常见。例如,LIS("关键值"网页)和 OECD 收入分配数据库之间的"等价"程序不同,其使用总体家庭大小的平方根作为等价尺度。Povcal 使用的是总体家庭规模,并将总体家庭人均算到具体每个家庭成员身上。换句话说,等价弹性在第一种情况下设定为 0.5,在第二种情况下设为 1。这些选择可能使发展中国家、新兴国家与发达国家相比显得更加不平等(如果这两组收入的定义相同)。为了重建可比性,所有数据库都不难提供具有等效弹性的收入分配指标的估计值——这是在拉丁美洲的 SEDLAC 数据库中完成的。同时,我们还不清楚不同发展水平的国家的消费规模经济是否应该是相同的,因此也不确定等价尺度是否应该相同。

除了参考单位是个人,还有另外一个观测权重的问题——一个经常被忽视的问题,且它并不总是被记录在案。如果我们在家庭层面观察到收入,那么并不能说每个家庭不论大小都应该被视为一个单位。权重是与等价尺度的选择相独立的一个问题。一个家庭的收入可以通过家庭经济规模的等价尺度来纠正,但这并不意味着应该按照等价单位的数量加权。根据家庭人数加权可能会更合适。当然,这样会导致多人口家庭的总收入更大。

3.3.3 数据来源

每个数据来源都有其优缺点。历史上关于收入不平等的证据,如库兹涅茨(Kuznets,1955)使用的证据,来自行政记录,其中最重要的是个人所得税统计。所得税数据有严重的局限性,包括低于税收限额的报告不完全、收入报告不足、合法避税和收入转移的影响,等等,这些都在第 7 章至第 9 章中进行了广泛讨论。因此我们必须谨慎使用数据。这同样适用于现在更广泛使用的数据来源:住户调查。

就住户调查而言,调查问卷的差异以及校正不回应或缺失观察值的方法的差异,会降低不平等指标的可比性。Ravallion(2014)在对 LIS 的回顾中强调了不回应和收入数据缺失的问题。在一些情况下,样本家庭的不回应在一些情况下通过重新调查同一层次的可比较家庭来处理,而在其他情况下,通过简单地重新加权回应家庭来处理。但是,如果不回应相对频繁,并且在收入方面不随机,则存在偏倚风险。如果分配的顶端根本没有被抽样,那么这种偏倚可能是很大的,发展中国家通常是这样(Korinek et al.,2006)。统计局可能会报告不回应的频率,这会很有作用。这同样适用于回应家庭的收入值缺失。在某些情况下,我们可以根据家庭和家庭成员的观察特征,估算总收入或收入分项的值;在其他情况下,我们没有对收入分配估计的样本的相应观察值缺失的影响进行修正。无论是哪种情况,如果缺失的值依赖于收入,则存在明显的问题。

3.3.4 与国民账户的关系

来自行政管理记录或住户调查的数据必须与国民收入账户联系起来看,国民收入账户

---

① 本书原文出版时的状况——译者注。

可以提供重要的参考依据。实际上,在所得税数据仅涵盖部分人口的情况下,国民账户是独立于收入控制总额的标准来源。就住户调查而言,问题可能出现在家庭总收入水平上,这在关于世界收入不平等的文献中已有广泛讨论(见第 11 章)。如果有一个完整的家庭账户,当调查中的一些平均收入组成部分与国民账户相比。相对于其他组成部分较为低估时,这个问题便会产生。在某些情况下,统计局扩大收入组成部分,以确保与国民账户总额的一致性。但是,如果这不是作为总收入分配,或者差异是由于少报以及不报产生的,那么这可能会大大改变大部分收入分配指标。这种修正现在在先进国家很少进行,但在一些新兴国家仍然适用,尤其是财产收入,在住户调查中其往往少报。由拉丁美洲和加勒比经济委员会管理的数据库就进行了调整。例如,在智利,CASEN 调查中的所有收入分项(薪资、自营收入、财产性收入、转移支付和估算租金)都按比例增加(或在估算租金的情况下下降),以符合国民账户体系。唯一的例外是财产收入,差距完全归结于五等分的顶层。由于调查和国民账户收入的定义存在差异,所以后来在跨国数据库的分配数据中引入了其他噪声加以修正。Bourguignon(2014)确实表明,调整的规模可能很大。

3.4 数据异质性的影响

跨国数据库中收入分配指标异质性的影响对经济分析和政策很重要。首先,它们使国家或时间段的基准模糊。我们无法明确地检查一个特定国家的不平等现象是否有所增加或减少,或将这种演变与邻国发生的情况进行比较,这是制定决策和进行民主辩论的严重障碍。依靠最透明和可比较的收入差距衡量手段是绝对必要的。

收入分配指标不精确和缺乏可比性的第二个结果是对收入不平等的标准计量经济学分析的削弱。有噪声的回归元在任何回归中都会导致偏差。在极限情况下,如果噪声太大,则回归系数估计为零,收入分配在解释经济增长速度、政治不稳定或犯罪方面被认为不重要。例如,Ostry 等(2014)被广泛引用的研究,用衡量总收入和净收入不平等在增长中的差额来衡量不平等的影响和再分配的程度。他们发现,"较低的净不平等与更快和更持久的增长强度相关,在给定的再分配水平上,再分配在其对经济增长的影响方面通常是良性的;只有在极端情况下才有证据表明它可能对增长有直接的负面影响。因此,再分配的直接和间接影响一起,包括由此产生的较低的不平等对增长的影响,平均而言是利于增长的"。正如作者明确承认的那样,如果人们预期在净收入与总收入不平等之间的差异中会出现重大的测量误差,那么对这些结论必须谨慎看待,因此应该考虑底层数据的来源。该研究利用了由 Solt(2009)创建的 SWIID 数据库 3.1 版本。SWIID 数据广泛,提供了 1960—2010 年大约 175 个国家和地区的总收入和净收入的基尼系数。该数据库 3.1 版本中有超过 4500 个观察结果。与此同时,许多观察值是推算出来的:样本中的许多国家和地区缺乏常规的总收入和净收入不平等观察数据。① SWIID 数据库的作者因提供估算值的标准差而应该被赞扬,但不丹的基尼系数的两倍标准差范围,例如 2012 年,为 24%—45%(SWIID 4.0 版),这意味着信息内容有限,正如 2012 年马来西亚的范围为 32%—61% 一样。这意味着用户需要考虑到底层数据质量,正如 Solt(2009)所强调的,没有考虑到这一点的研究是值得商榷的(SWIID 的 4.0 版是为了便于将多重推算方法应用于参数估计而设计的,而且我们了解到 5.0 版本在这方面有进一步提高)。②

跨国数据库中发现的收入分配指标不一致的另一个后果是全球收入分配指标可能不准确,这导致了国家收入分配指标中的测量误差。全球收入差距估计肯定是非常嘈杂的,正如第 11 章的讨论所提出的那样,尽管国家收入分配指标的不精确性只是问题的一部分。国家之间的不平等在全球不平等现象中占有很大的份额,因此另一个主要的含糊来源在于国家人口平均收入的相对估计。而且,在这两种情况下,大国显然发挥了重要作用,而不平等程度的不精确性或小国平均收入对全球不平等的影响却很小。这在第 11 章中得到很好的阐释。该章显示,住户调查和国民账户中报告的印度平均个人生活水平的增长率差异对全球不平等趋势有重大影响。我们需要更多的工作来评估不同原因导致的全球不平等估计的不精确程度(国家收入分配数据不精确,国家平均收入数据不精确,当然也有购买力平价估计),以便估计置信区间并能够检查估计的变化是否显著。这同样适用于全球贫困衡量,特别是在根据共同的绝对贫困线定义的情况下。

3.5　未来的道路

未来的道路是什么? 如何提高我们对分配和分配趋势进行国际比较的能力,无论是基准测试、计量经济学分析还是全球分布估算? 在比较跨越国界和时间的收入分配时,理想情况下,我们要访问微观数据并计算控制收入单位(家庭或个人)定义的适当概括性指标,即收入(毛额、净额、消费支出,包括或不包括实物转账、估算租金……)。但是,这将是一项艰巨的任务。因此,显然需要数据库管理者而不是数据库的每个用户对数据进行一次全面的初处理。这要求数据标准化,尽可能符合关于收入和收入单位定义的一致意见。LISWeb 站点上的"关键数据"遵循该逻辑,同时可以得到原始微观数据(以及生成关键数据的 STATA 或 SPSS 程序),允许用户脱离此核心定义。

按照国民账户的路线,以及正在开发的类似的联合国国民账户系统,以堪培拉家庭收入统计小组的工作和欧洲联盟社会指标(Atkinson and Marlier,2010)等区域性组织的努力为基础进一步展开工作,这是个很好的发展方向。然后我们可以就分配数据的汇编和分析商定一个准则。但是就收入分配分析而言,还需要进一步的工作,因为关键要素是要访问微数

---

① SWIID 提供了在源数据至少包含三个不平等观测值和至少三个市场不平等观测资料的国家(并排除了符合这一标准,但两者并非同时期的一些国家)的重新分配情况。Ostry 等(2014)还提供了对该样本的增长、不平等和再分配之间的关系的估计。

② 数据集的这种改进是非常受欢迎的。同时,这意味着我们应该重新审视基于早期版本的研究得出的结论。它还强调了记录所使用数据集的版本和维护档案的重要性。

据。所需要的是外部人员在保证机密性的情况下有访问微数据的可能性,例如 LIS 所做的那样。在其他地区或可能在像世界银行这样的国际机构中也可以开发同样的体系。然而,这种指导原则和商定的对收入分配微数据的访问不能解决数据固有的不可避免的不完备性问题。此外,这些问题,特别是确保适当答复率的问题,在未来可能会变得更加严重。从这个角度来看,近年来,以行政来源补充基于调查的标准调查分析证明是非常有前景的。一些欧洲国家已朝这个方向发展,其中 EU-SILC 数据是以这种方式收集的(尽管这确实产生了与仅依赖住户调查的数据的可比性的问题)。在发达国家基于税收数据的最高收入数据库中的使用,是使用补充数据的重要性的一个标志(参见第 8 章中的讨论)。结合这两个来源并不是一件容易的事情。参考单位并不总是一样的,有时是一个家庭,有时是纳税单位。两种类型的收入概念可能会有所不同。此外,高收入人士是否缺席住户调查(即上述无答复问题)或者参与了调查但低报了收入,这些都尚不清楚。在两种情况下,对不平等指标的修正是不一样的[参见 Alvaredo 和 Londoño Velez(2013)]。一般来说,所需的调整可能因国家而异。

根据第 2 节的讨论,人们可能还想知道,跨国不平等数据库是否不应该超出收入本身,纳入与经济不平等有关的其他方面。就算不对能力或机会不平等进行测量(这个比较困难),我们至少可以很容易地测量更广泛的不平等定义的一些组成部分,从而扩大不平等的维度,两性之间的不平等就是这种情况。基于劳动力调查的这样一个数据库在 OECD 中有关于新兴国家和 OECD 国家的数据,在 LIS 的"关键数据"中有一些新兴国家的数据。对于依靠住房调查或劳动力调查、涵盖更多国家的报告性别收入比率的概括性统计的大多数其他主数据库来说,工作难度并不大。在更普遍的意义上,主要数据库可能会通过报告关于收入变量和标准调查中可用的其他个人或家庭属性的联合分配的汇总统计数据来达到包含"收入外"不平等的目标。教育、性别和种族是最明显的例子。

过度使用标准的聚焦于收入的调查是有问题的,因为相关属性通常被包含在不同的调查中。例如,发展中国家的人口和健康调查(DHS)涵盖自我报告的健康状况、生育率、个人或家庭层面的婴儿死亡率。但是,他们不会收集关于货币资源的直接信息,所以非收入功能不能与收入共同考虑。与家庭收入或消费调查相匹配的技术可以用于 DHS 的家庭估算收入,但是很难处理固有的不精确性。另外,有许多国际数据库将收入不平等数据与其他功能维度相结合。在健康领域,这是由 Cornia(2008)等人整理的全球化健康关联数据库实现的。然而,这些数据库的问题是,非收入指标基本上是汇总的,因此这些数据库通常不会提供相关非收入属性不平等的信息,当然与其他收入或工资等属性联合分配的信息就更少了。从这个角度来看,普遍化和标准化的包括各类贫困问题的贫困问卷调查,可能是监测"收入外"不平等的某个方面的最简单的方法。

4. 严肃看待经济学理论

数据是研究经济不平等的第一个重要因素;第二个重要因素是经济理论,春为第三部分对不平等的解释提供支撑。我们再次呼吁读者认真对待利用理论构建板块这一问题。人们不能简单地把经济模型理论从书架子上取下,然后不加思考地应用于手头的问题。同样,理论家也必须注意基本的经验事实,并确保他们对多种经济机制结合在一起产生经济中不平等程度的特定属性的描述符合这些事实。接下来,我们通过在宏观经济框架内重点关注技术进步、人力资本和财富积累的作用来阐述和讨论确定维持或改变不平等的机制的双重要求。从第15章和第16章可以看出,包含这些特定机制的模型在当前关于经济不平等的理论思考中确实是至关重要的,包括最近对于高收入和财富分配的关注。最近对观察到的不平等程度上升的可能原因的许多反思实际上与宏观经济因素有关。

在本节中,我们关注市场收入的决定性因素:工资和资本收入。这些主题,特别是工资,在其他手册中广泛涉及,例如《劳动经济学手册》,在设计本卷时,我们设法避免重复。基于同样的原因,我们在本引言中为这一方面的讨论留足了篇幅,作为对经济学领域跨域搭桥的贡献。我们还应该强调,尽管工资和资本回报是决定家庭收入分配的重要因素,但它们的影响还取决于各种社会和体制机制,如家庭形成和人口结构,以及公共政策的再分配发生率(见第5节)。

4.1　技术/全球化与教育之间的竞赛

在本手册第一卷的引言中,我们阐述了如何利用供需分析(也许是最简单的经济理论)来解释工资差距的不断扩大。Tinbergen(1975)着重描述了对受过教育的工人的需求增加与受过教育的人口的扩张之间的"竞赛"。由新技术或全球化驱动的需求超过供应量,那么教育的溢价就会上升。如图3所示,供需平衡正在随着时间的推移而变化。受过高等教育的工人的工资水平正在上升,因为技术进步有利于他们[即技能偏向性技术进步(SBTC)假设],或者因为全球竞争的增加有利于受过更多教育的工人。在下文中,我们主要涉及SBTC假设,但这并不意味着我们轻视了国际贸易的作用。

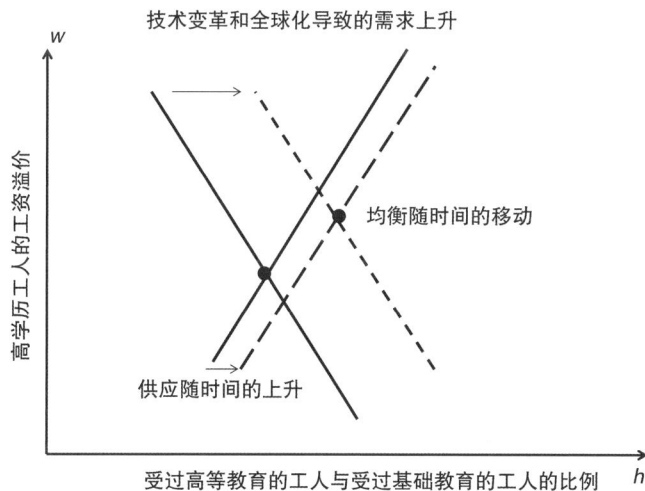

图3　技术/全球化与教育之间的"竞赛"

一年级的经济学似乎解释了现实世界中观察到的情况。然而,二年级的经济学教给我们:竞赛是一个动态的过程,其结果取决于如何指定基本的调整变量。假设(似乎也是合理的)在任意时刻t,受过高等教育与基础教育的工人的比例固定在$h(t)$,相对工资ω使劳动力市场出清。总产出是两种劳动的函数,具有不变的替代弹性σ,工资溢价取决于

$$\omega = A\left[\alpha_h/\alpha_b\right]^{(1-1/\sigma)h-1/\sigma} \tag{1}$$

其中,A是一个常数,α_i表示i类工人的生产率(下标h代表受过高等教育的人,b代表受过基础教育的人)。如果随着时间的推移,SBTC使方括号中的值变大,假设(通常被遗忘的条件)弹性σ大于1,则对于任何给定的$h(t)$,工资溢价都会上升。然而,一般来说,h将随着溢价的上涨而上升。如果变量x的增长率由$G(x)$表示,并且方括号的增长率是一个常数g,那么我们有

$$G(\omega) = (1 - 1/\sigma)g - (1/\sigma)G(h) \tag{2}$$

假设h的增长率对应于工资溢价与获得教育的成本之间的差异的弹性为β;此外,假设以接受基本教育的工人的工资定义的教育费用等于费用F,加上T年延迟收入的成本e^{rT},其中r是年度借款成本,即

$$G(h) = \beta\{\omega - F - e^{rT}\} \tag{3}$$

所以结合式(2)和式(3)有

$$G(\omega) = (1 - 1/\sigma)g - (1/\sigma)\beta\{\omega - F - e^{rT}\} \tag{4}$$

对于正ω,相对工资收敛于如下值

$$\omega^* = F + e^{rT} + g(\sigma - 1)/\beta \tag{5}$$

由此可以看出,SBTC(和$\sigma > 1$)并不会导致工资溢价永远不断上涨。持续的技术进步会导致工资差距的增加,但由于供应调整,我们不认为这会一直持续。

我们阐述该理论有两个原因。第一个原因是,在查看数据时,我们需要区分持续的上升趋势和工资差距程度的向上移动。如果从经验上看,工资差距不再增加,这并不意味着SBTC(或全球化)已经结束。① 实际上,从式(5)可以看出,g下降到零将意味着工资溢价回落到其早期的值。明确动态模型的第二个原因是,经济理论是有价值的,因为它指向可能是重要的其他机制。从式(5)可以看出,根据供应调整速度(通过β),同样的力量(SBTC或全球化)可以在不同的国家有不同的效果。这是Lemieux(2008)对SBTC解释受到的挑战的一个回应:"如果技术变革是对日益扩大的不平等现象的解释,那么为什么其他具有相同的技术变革的发达经济体没有经历不平等的增长呢?"劳动力市场越敏感的国家,工资差距的扩大幅度将会越小。从式(5)可以看出,由于教育成本的上涨,工资差距可能会扩大。通过这些市场反应,提高学费将导致更高的工资溢价。从一辈子的视角看,工资差距的这种扩大并不意味着不平等的加剧。

4.2　稳态和转移动态

对工资不平等的供需模式的简介显示了理论的力量。同时,它提出了一些问题,即现有

---

① 该模型已经对技术变革下的情况进行了讨论。同样地,全球化导致需求发生变化,也需要对其进行类似考虑。

模式是否真正捕获了被观察到的东西,并为预测未来发展和制定政策提供了合理依据。一方面,有同时发挥作用的各种机制的相对力量的问题,例如偏倚型技术变革、教育选择、技能供给、资本积累和分配等问题。另一方面,在讨论财富分配时,存在时间尺度等问题,这无论是在这里还是在后面的讨论中都是我们要强调的一个关键方面。

为了易于处理,分析通常侧重于这些模型的稳态或长期均衡性质,而不一定说明长期是指多长时间。在第 14 章中,作者提醒读者:"为了简化论述,我们将分析局限于稳态比较,但要小心的是在实际经济中,分配将需要很长时间收敛到一个新的稳定状态。"然而,为了使理论与所观察到的收入分配的演变和政策联系起来,对转移阶段的处理至关重要。在分配分析中,最有可能改变收入分配的因素,如人力资本和实物资本的积累,在个人和总体水平上都需要时间,这意味着经济体可能需要很长时间才能适应外来冲击。毕竟,如果一个冲击改变了获得高等教育的动机,那么将需要 40 年左右的时间或有活力的生命的时间,才能感觉到全面的效果,换句话说,劳动力中所有工人都面临着教育和工作之间的新的权衡,在这期间,许多其他的事情可能会改变。

为了说明这一点,考虑上一个模型动态调整到一个稳定的状态,我们再次集中于 SBTC。这需要对 h 的行为进行更详细的建模,即技术熟练的劳动力 L_h 与不熟练的劳动力 L_b 的比例。假设人口是平稳的,劳动力每年按比例 n 离开,而同等比例的劳动力进入。对于静态人口,n 将是有活力生命期的倒数,大约为 2.5%。重要的一点是,劳动力技能结构的大部分变化都是通过不断进入的劳动力的逐步更新和改变的教育选择实现的。更准确地说,假设劳动力技能结构的动态由下式给出:

$$\Delta L_h = n\left[\,1 + \beta(\omega - F - \mathrm{e}^{rT})\,\right]L_h - nL_h$$
$$\Delta L_b = nL - n\left[\,1 + \beta(\omega - F - \mathrm{e}^{rT})\,\right]L_h - nL_b$$

其中,L 是总劳动力($L_h + L_b$)。换句话说,技术劳动力的增长率取决于从更多的学业中获得技能的净收益,而非技术劳动力的增长是由决定不入学的进入者驱动的。将这两个方程分别除以 L_h 和 L_b,并将结果前后相减得出:

$$G(h) = n(1 + h)\beta(\omega - F - \mathrm{e}^{rT}) \tag{3'}$$

这是对式(3)的略微修改。当技能偏倚型技术变革(SBTC)发生、生产率(a_h/a_b)以恒定的速率 g 提高时,经济动态由式(3′)给出,并且有:

$$G(\omega) = (1 - 1/\sigma)g - (1/\sigma)G(h) \tag{2}$$

注意,通过对劳动供给动态的这种修改,只要 g 严格为正,在(2)—(3′)模型中不存在稳定状态。使 $\sigma = 1.2$,$h(0) = 3$,$n = 1/42$,$F = 1.9$,$r = 2.5\%$,$T = 4$,$\beta = 1$,无 SBTC($g = 0\%$)模拟该动态系统得到初始稳定状态。然后,在第 1 年,SBTC 的比率上升到 $g = 3\%$,经济根据图 4 所示的轨迹演变,其中工资技能比率或技能溢价为 w,技术劳动力的规模相对于非熟练工人的数量为 h。如前所述,工资技能比例上升,但是由于正值的 g 不会产生稳定的状态,它随后回落到起始水平。

图 4 中有三个有趣的特征。第一个特征是,正如预期的那样,工资技能比率一开始会上升,但随着技术劳动力的相对供应量的增加,它会回落。然而,这种稳定化大约需要 30 年的

时间。即使在 50 年后,曲线也才刚刚开始下降。第二个特征是,技能溢价的总体增长相当温和,在图 4 中为 3.1%。这种有限的增长当然归功于劳动力供给的反应或弹性值 β。没有这样的反应,30 年的,3% 的 SBTC 技术溢价将比初始值高出 12%。图 4 中的第三个有趣的特征是劳动力中的技术劳动力份额的变动,即使在工资技能溢价已经稳定的情况下,该份额也不断增加。在 SBTC 情景下,确实需要技术工人在劳动力中所占比例的这种持续增长来稳定工资技能溢价,而且这种增长也会出现,因为与不熟练工人的工资水平相比,长期均衡溢价高于获得技能的成本,这不同于初始均衡的情况。

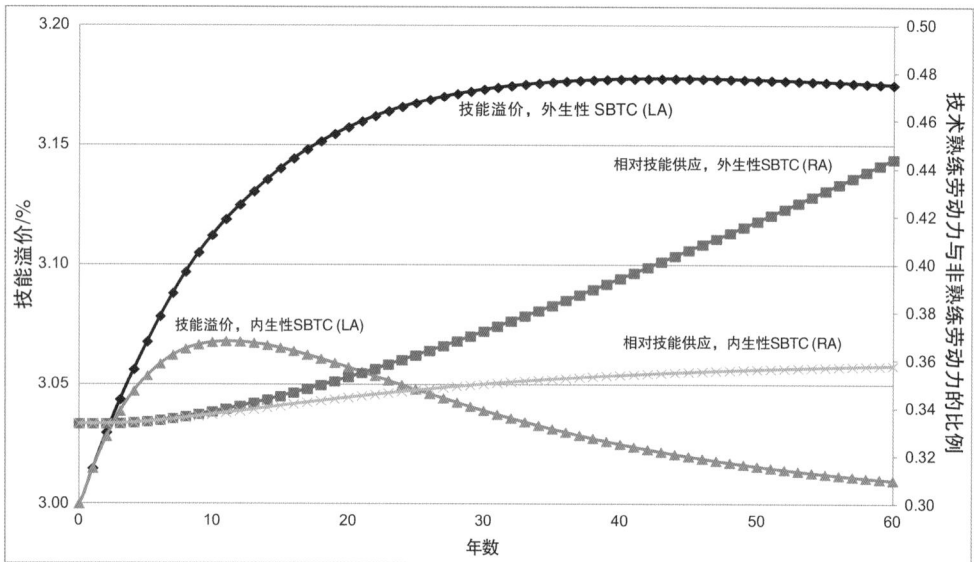

图 4 有技能偏倚的技术变革:技能溢价的模拟轨迹、熟练劳动力的相对供给与外部或内生技能偏差技术进步的速度

注:技能溢价显示在左侧纵坐标上,技术工人的相对供给显示在右侧纵坐标上。

因此,经济理论对于理解从一个长期均衡转向另一个以及非稳态行为非常重要。在这方面,需注意上述模型中的过渡期取决于预期形成的方式。公式(3)和(3')隐含地基于技能溢价的静态预期。在现行的框架内,理性预期在某种程度上是不合适的,因为技能溢价增加的原因不一定是经济主体所了解的,但适应性预期可能会产生另一个时间路线。同样,对技能溢价的变化的更强的供给反应 β 使得转换时间更短,新的长期工资技能比例也更小。

从工资不平等的角度来看,图 4 显示了两个力量正在发挥作用。一方面,工资差距的加大会加剧不平等,因为洛伦兹曲线向外移动。另一方面,越来越多的人技术变娴熟的事实对工资分配有着不明确的影响。随着平均收入的增加,无论是低技能人士还是高技能人士,相对于平均工资而言都有所失,洛伦兹曲线的底部向外移动,但顶部则相反。ω 和 h 这两个比率之间的关系以及基尼系数展现的总体不平等将在第 18 章中进行讨论。但是,注意这种分析针对的是工资分配。技术和教育对收入不平等的联合动态影响可能会有所不同,因为这包括同族婚姻、夫妻内部联合劳动力的参与或生育差异等各种机制。

4.3　内生性技术变革

到目前为止,技术变革被认为是外生性的,但相对工资的变化可能会导致偏向程度的变化。1932 年,约翰·希克斯爵士在他的《工资理论》一书中论证到,"生产要素的相对价格的变化本身就是发明的推动力,也是特定种类发明的动力,旨在减少使用已经变得相对昂贵的要素"(Hicks,1932)。之后,Kennedy(1964)、Samuelson(1965)、Drandakis 和 Phelps(1965)[①]用资本与劳动力扩张型技术变革之间的偏向将上述思想形式化。最近,这一思想在 Acemoglu(2002)中以"定向技术变革"的形式出现。

如果技术进步是内生性的,这可能会大大改变经济的发展轨迹。遵循 Acemoglu(2002),我们假设技术进步的偏向取决于两个生产要素生产率提高的相对盈利能力。这种盈利能力本身取决于两个效应:一种是价格效应,定义为技术偏向的价格[这里为比率 $\omega/(a_h/a_b)$];另一种是市场规模效应,技术进步应该有利于相对最丰富的要素,即技能劳工的相对供给 h。假设这两个效应相乘,并且在与式(1)中相同的 CES 框架内,投资于技术劳动生产力增长的相对盈利能力也就取决于(Acemoglu,2002):

$$\frac{h\omega}{a_h/a_b} = A\left(\frac{a_h}{a_b}\right)^{-1/\sigma} h^{1-(1/\sigma)}$$

那么,生产力差异的动态可以被指定为

$$\Delta\left(\frac{a_h}{a_b}\right) = g \cdot \left(\frac{a_h}{a_b}\right) = \gamma\left[A\left(\frac{a_h}{a_b}\right)^{-1/\sigma} h^{1-1/\sigma} - c\right] \tag{6}$$

其中,c 代表开发一种要素的技术进步与另外一种相比的相对成本,γ 为实际技术变革对经济激励的响应率。

在前面的模型(2)—(3′)中加入方程(6)可以大大修正技能溢价和相对劳动力供给的动态。在图 4 所示的模拟中,选择 c 使得(6)最初是静止的。那么第一年的成本参数 c 的外生性下降触发了 SBTC,最初的速度与前面的模拟中的外生速率 g 相同(响应率 γ 设定为 1)。如果新的轨迹最初类似于之前获得的轨迹,则其会在几年后发生分离。技能溢价的增长率下降,10 年后达到转折点。然后由于负价格效应,SBTC 减弱,技能溢价开始下降。如果熟练劳动力的相对供给不断增加(因为技能溢价保持高于其初始价值),其增长率远远小于以前的模拟。有趣的是,经济缓慢收敛的新稳态显示与初始状态相同的工资技能溢价,但技能的相对供给较大。换句话说,从长远来说,提高技术工人的相对生产力的成本下降会导致相对较多的技术人员的增加。但在短期内,技能溢价上升。

这一分析表明了理论对于我们理解一个简单的总体不平等指标的演变背后的机制如工资技能溢价的价值。它表明,我们需要考虑不同均衡之间的过渡路径,而不仅仅是稳态,以

[①] 我们可以注意到,引致型技术进步文献确定了替代弹性在确定控制偏向程度的动态过程的稳定性中的关键作用:Drandakis 和 Phelps(1965)模型中稳态的稳定性条件是资本与劳动之间的替代弹性小于 1。但薪资差距文献认为,该弹性大于 1,如果将相同的模型应用于熟练技术人员和非熟练工人之间的偏向,这将是适切的。

及影响特定经济规模大小的机制的多样性来解释观察到的发展。

4.4 供需之外

供需理论假定所有人都是价格接受者,即完全竞争。正如米哈尔·卡莱茨基(Michael Kalecki)所观察到的,"完全竞争,当人们忘记了它的真实性质只是一个趁手的模型时,会成为一个危险的神话"(Kalecki,1971)。在现实世界中,有一些具有市场力量的公司,以及工会这样的集体组织。市场力量会影响劳动力市场的运作。不同行为者的相对议价能力决定了经济租金分享的方式,从而决定了收入的分配。这种能力反过来又受到工人、其代表和雇主的合法权利的影响。这些考虑使政府成为焦点,最近几十年的趋势是工人的权利在减少,雇主的权利也在减少。如果雇主有市场力量,他们可以就其雇佣做法做出选择,例如采取支付"生活工资"的政策,或者限制其企业的最高和最低工资的范围。

议价能力不仅限于企业和工会,如涉及个体工人和雇主的劳动力市场的搜索和匹配模型所示。劳动力市场的摩擦意味着,虽然事前竞争可能会将填补职位空缺的预期价值降低到其创造成本,工人与职位空缺的事后匹配会产生正盈余。没有正盈余,就不能创造出工作。被提供工作的工人具有一定程度的议价能力,因为如果他或她拒绝工作机会,雇主要承担工人和岗位不匹配的风险。风险的大小以及相应的员工的筹码,取决于整体劳动力市场的紧张度;工人的筹码还取决于保持失业状态的成本。对工资分配的影响取决于不同工作岗位的议价能力是如何变化的,但重要的是,即使在全球化的世界,市场力量只会对差异施加上限和下限。当有多个可能的市场结果时,这一点尤为重要。Atkinson(2008)提出了改变薪酬规范的行为模式,其中有一个以上的局部稳定的均衡与雇主的利润最大化行为一致。近几十年来观察到的可能是从一个均衡转向另一个均衡,薪酬差距更大,特别是在顶部。

因此,如本卷第18章和第19章所讨论的,社会制度和社会规范在很大程度上可以影响薪酬差距的程度。在第19章中,作者指出,"虽然我们广泛认识到,制度是确定不平等多重原因的重要因素之一…… 但长时间以来计量经济学研究中赋予该因素的权重一直非常有限"。正如第18章中强调的那样,我们迫切需要汇集供需理论解释和制度等两个相对独立的领域的文献。

4.5 资本

SBTC 关于工资差距递增的解释关注于劳动力市场,但是方程(3)中存在的 e^{rT} 项提示我们,不仅要考虑劳动力市场,还要考虑资本市场。从总体生产函数来看,我们不仅要考虑 $F(L_b, L_h)$,其中 L_b 表示受过基础教育的劳动力,L_h 表示受过高等教育的劳动力,而且要考虑 $F(K, L_b, L_h)$,其中 K 是资本。我们不仅要考虑技术工人与非技术工人工资的比例,而且要考虑工资和利润的相对份额,这是经典的分配问题。实际上,像经典分析一样,我们应该把生产功能扩大到包括土地和自然资源 N 上,这样产出就应该是 $F(K, L_b, L_h, N)$。

扩展到三个或更多个因素意味着替代性和互补性变得更加复杂，收入分配的潜在结果也更丰富。有趣的可能性包括资本是受过基础教育的工人的替代，但是与受过高等教育的工人互补。本卷第 14 章对 Krusell 等（2000）提出的这些模型进行了讨论。萨默斯在他的费尔德斯坦讲座（Summers，2013）中提出了一种方案。正如萨默斯所说，资本现在可以看作是扮演两个角色：不仅直接作为生产函数的第一个自变量起作用，而且间接地通过机器人取代人力劳动起作用。K_1 表示资本的第一种用途，K_2 表示资本的第二种用途，总双要素生产函数为 $F(K_1, AL+BK_2)$，其中 A 和 B 取决于技术水平。在生产函数中，资本总是作为第一种用途，但也可以用来补充劳动。机器人或其他形式的自动化被用来取代人类劳动，如人们所期望的那样，其条件取决于劳动和资本的相对成本。在完全竞争中，如果工资 w 与收益率 r 之比小于 A/B，则 K_2 为零；如果 K_2 为正，那么 $w/r=A/B$。在后一种情况下，工资份额与资本份额的比例为 $(A/B)/(K/L)$，并与资本—劳动比率相关。

因此，我们可以讲述一个适用于最初的索洛模型的宏观经济发展的故事：资本存量低于 w/r 超过 A/B 时的水平。在这种情况下，资本劳动比率上升导致工资上涨和收益率下降。当且只有当资本和劳动力之间的替代弹性大于 1［对此也有争议，见 Acemoglu 和 Robinson（2014）］时，资本份额上升。然而，超过某一点，工资/收益率达到 A/B，K_2 开始是正的。随着经济的进一步增长，随着人均资本的增加，工资/收益率保持不变。因为工资收入者越来越多地被机器人/自动化取代，所以不再有收入。此外，资本份额上升，与替代的弹性无关。就好像替代的弹性不连续地增加到无穷大。通过这种方式，可以以简单的方式修改教科书式的索洛增长模型，以突出中央分配困境：增长的收益现在越来越依赖于利润的增长。这个结果在詹姆斯·米德（James Meade）的《效率、平等和财产所有权》（Meade，1964）一书中得到强调。该书前瞻性地认为，自动化将导致不平等的加剧。

4.6 财富分配

财富的分配是本卷第 7 章和第 15 章讨论的长期研究的主题。这两章都表明，在第一次世界大战之前的 18—19 世纪，财富集中度都很高，20 世纪有所下降，但到 20 世纪末和 21 世纪初又一直在上升。第 15 章显示，在法国、英国和其他一些国家，有遗产收益。

在第 15 章的开始，作者谈到

> 要正确分析财富的集中及其影响，非常关键的是将最高财富份额的研究与宏观经济中的财富/收入和继承/财富比率的研究放在一起进行。本章尝试建立收入分配与宏观经济之间的桥梁。

建立此桥梁确实是本书的目标之一，考虑到这一点，我们回到了宏观经济规模时间跨度的问题。用 w_t 表示总资本，y_t 表示总收入，β_t 表示两者比率，得到：

$$\beta_{t+1} = \frac{\beta_t + s_t}{1 + g_t} \tag{7}$$

其中,s_t 和 g_t 分别是净储蓄率和在时间 t 的收入增长率。假设这两个比率是不变的,经济的稳态均衡由 $\beta^* = s/g$ 给出。如果 s 等于 10%,g 等于每年 3%,则均衡资本收入比率为 3.33。但是,假设增长放缓,经济增长率下降到 2%,经济将趋向一个新的均衡,资本收入比率现在等于 5。要达到这个新的均衡需要多长时间?事实上,公式(7)描述的过程相当缓慢。一个简单的模拟显示,在从 3.33 到 5 的过程中,资本收入比率需要大约 30 年达到 4,达到 4.5 需要双倍的时间,需要一个多世纪达到 4.8。正如许多年前 Sato(1963)所表明的那样,新古典主义增长模式的调整时间可能非常长。① 在这样一个漫长的转换阶段,依靠理论模型给出的稳态属性,即使对十年期跨度的经济或政策分析也会产生误导。由于一些外部修改或一些政策变化,预期的均衡变化的方向最有可能沿着整个转换轨迹被感知,但是它们的大小可能在转换开始时必须大幅缩小。将储蓄率降低 1 个百分点(例如从 10% 降至 9%)的资本税将导致稳态资本收入比率下降 10%,但 10 年后只有 2.3%,20 年后为 4%。

现在让我们转向财富的分配。在这种情况下,关注稳定状态或黄金法则在某种意义上导致对分配问题的简单摒弃。第 14 章表明,财富分配与工作能力分配相结合,与考虑了代际因素的新古典主义模式稳态均衡一致,只要总体财富和总有效劳动满足一定的一致性关系。这种关系涉及个体的(共同)时间偏好率,同样的结果在 AK 型的内生增长模型中也存在,参见 Bertola 等(2006)。这种观点成立,但可能只有有限的实际相关性。假设一个最初处于财富分配 D 稳态的经济体确实受到一些冲击,例如技术冲击或征收所得税,从而改变其总体长期均衡。那么,在走向这个新的均衡的时候,分配 D 会发生变化,在新的均衡下,会有一个新的分配 D'。这个新的总体均衡可能由另一个分配来支持,而不是 D',这就是一个不相关点。我们关注的是从 D 到 D' 的变化,这肯定不是不确定的。同样,稳态中分配的不确定性并不意味着再分配没有宏观经济效应、对初次收入分配没有影响。只要重新分配不能一次性完成,就会改变稳态均衡以及初次收入和可支配收入的分配。

第 15 章的财富分配模型是与此不同的,具有不同的长期属性。再一次地,对于时间的处理是很重要的。精确地说,我们把终身作为时间单位(对所有人都相同),用 W_{it} 表示个人的遗传财富的现值 i。假设终身储蓄是财富和收入总额的不变比例:

$$w_{it+1} = S_{it}(w_{it} + y_{it}),\ 其中\ y_{it} = y_{Lt} + Rw_{it} \tag{8}$$

其中,y_{Lt} 是终身劳动收入,假设每个人都一样,R 是一生中的回报率,S_{it} 是财富加上终身收入的个人储蓄。S_{it} 被假定为独立地和相同地随机分布在一些不同时期的平均值 S 附近。加总一代人中所有个体的积累方程得出:

$$w_{t+1} = S(w_t + y_t),\ 其中\ y_t = y_{Lt} + Rw_t \tag{9}$$

结合式(8)和式(9),假设总体经济已经趋于稳态,第 15 章表明,相对于人口的平均财富 z_{it} 而言,个体 i 的财富的动态行为由以下乘法随机差分方程得出:

$$z_{it} = \frac{S_{it}}{S}(1 - \varphi + \varphi z_{it}),\ 其中\ \varphi = S\frac{1+R}{1+G} \tag{10}$$

---

① 正如 Sato(1966)所指出的,收敛时间的结论对于储蓄和技术变革的精确假设很敏感,关键的问题在于要检查转换路径。

其中,G 是一生中的增长率。[1] 在 $\varphi<1$ 的条件下,z_{it} 的稳态随机分布具有帕累托上尾,帕累托系数随 φ 减小,系数越小,表示财富越集中。用 r 表示年利率,g 表示年增长率,假设寿命为 H 年,φ 可以表示为 $Se^{(r-g)H}$。那么,长期财富集中度随着 $r-g$ 的增加而增加,同样清楚的是,集中度随着储蓄率 S 的增加而增加。两者都有作用。

假设我们采用代内视角,以年为时间单位,而不是一生,并假设人们当前收入中储蓄的比例为 s_{it},从一些预期值为 s 的分布中随机抽取,那么式(8)和式(9)转换为:

$$w_{it+1} = w_{it} + s_{it}(y_t + rw_{it})\;;\; w_{t+1} = w_t + s(y_t + rw_t) \tag{11}$$

其中,y_t 现在是普通年工资收入。假设有一个增长率为 g 的稳态,并使用与上述相同的推导,随机差分方程(10)变为[2]:

$$z_{it+1} = z_{it}\left[\frac{1}{1+g} + \frac{s_{it}}{s}\cdot\frac{rs}{1+g}\right] + \frac{s_{it}}{s}\cdot\frac{g-rs}{1+g} \tag{12}$$

在假设 $E[rs/(1+g)](s_{it}/s)+[1/(1+g)]<1$ 或 $rs<g$ 的情况下,z_{it} 的分布收敛于帕累托上尾的稳态分布,代入 $rs/(1+g)$,帕累托系数变小,财富集中度增加。这是指当前财富的分配,因为生命每一个阶段都有一个新的 S_{it} 值(独立性假设的含义因此有很大的不同)。在这个模型中,rs 和 g 之间的平衡决定了长期分配,就像 Meade(1964)的早期模型和 Stiglitz(1969)的长嗣继承制模型所阐述的。[3]

哪种模型最合适?从对第 7 章和第 15 章研究收入和财富分配演变研究的长期视角来看,似乎代际框架是最合适的。也可以说,不管持续一生的是好运或坏运,随机性的假设能更好地反映分配问题。我们观察到的是当前财富的分配(例如,在图 1 中显示的那样)。但是,Benhabib、Bisin 和 Zhu(2011)已经表明,当一生财富积累(任何家庭一生中都有一个固定值)的模型被嵌入当前财富分配的模型中时,"人口中财富稳定分布的幂尾"与世界财富年龄分布中最粗的粗尾一样粗。宽松地讲,目前分布的上尾趋向于以最不平等的一代为主导。但是,从现在开始,只有几代人才能观察到 $r-g$ 增加的全部影响。事实上,在第二代乃至第三代观察到的不平等的影响可能非常有限,而且在遥远的未来,$r-g$ 可能会再次发生变化。

我们得出的结论是双重的。第一,正如第 10 章对流动性的讨论一样,我们有必要考虑内部和跨代的层面,而在这两种情况下,更好地了解转换时期似乎至关重要。第二,财富分配的演变取决于储蓄行为、回报率和增长率。在这种情况下,我们不应该忘记,Kuznets(1955)的就职演讲有两大方面内容,演讲中他试图解释为什么不平等程度当时在下降,尽管存在导致更严重的不平等的长期力量。一方面是结构变化理论,这是他的方法的特点;而另一方面

---

[1] 该方程式推导如下。在稳态下,$w_{t+1}=(1+G)w_t$。根据式(8)和式(9),可以得到 $Z_{it+1}=(S_{it}/S)S(1+R)/(1+G)Z_{it}+S_{it}(y_{Lt}/W_{t+1})$。但是式(9)意味着在稳态下,$W_{t+1}=S[y_{Lt}+(1+R)\cdot(W_{t+1}/1+G)]$。于是可以得出方程(10)和 $S(y_{Lt}/W_{t+1})=1-S[(1+R)/(1+G)]$。

[2] 在稳态下,$w_{t+1}=(1+g)w_t$,从式(11)得到:$z_{it+1}=\dfrac{z_{it}}{1+g}+\dfrac{s_{it}}{s}\cdot\dfrac{rs}{1+g}z_{it}+\dfrac{s_{it}y_t}{w_{it+1}}$(13),式(11)的第二部分变成 $w_{t+1}=\dfrac{w_{t+1}}{1+g}+sr\dfrac{w_{t+1}}{1+g}+sy_t$。这意味着 $\dfrac{y_t}{w_{t+1}}=\dfrac{g-rs}{s(1+g)}$,然后将该表达式代入式(13)得到式(12)。

[3] $rs-g$ 形成了对 1923—1972 年英国财富占有率最高的 1% 人群的时间序列分析的基础,这个分析见 Atkinson 和 Harrison(1978)。他们展示了可能影响累积率(rs)的两个变量——股价指数和房地产税率——的重要性。

则是储蓄集中在高收入阶层。这使他得出结论:"限制由储蓄集中的累积效应产生的高收入份额上升的基本因素,是一个不断增长的自由经济社会的活力所在。"

5. 政策的作用

虽然许多章节都涉及政策的作用,但政策是本手册最后一部分明确的重点。

5.1 政策目标

在这里,我们首先应该指出,过去 15 年来,官方所接受的分配目标的程度发生了重大变化。这种发展是对政策态度的一系列转变的高潮,特别是在消除贫困方面。在第 21 章中,马丁·拉瓦里奥(Martin Ravallion)在广泛的地理和历史范围中追踪了贫穷与反贫穷政策思想的演变。

这一变化最明显的表现就是联合国千年发展目标(MDGs)的通过。2000 年,世界各国领导人在联合国千年大会上批准了这些目标,其中第一个是 1990 年至 2015 年间每天收入不到 1 美元的人口比例减半(后来改为每天 1.25 美元)。在国家层面,各国采取了自己的目标,例如旨在减少持续贫困的爱尔兰国家减贫目标。在英国,《2010 年儿童扶贫法》要求政府每 3 年制定一项扶贫战略,制定消除儿童贫困的行动措施。在区域层面,欧盟在 2010 年通过将处于贫困和社会排斥的风险中的人口减少 2000 万人的目标,这是"欧洲 2020 计划"的一部分。这些已经被不同程度地转化为国家目标(Social Protection Committee,2014)。

目前我们还不清楚在不平等减少政策领域是否发生同样的变化。由于不平等现象的加剧,也可能是近期的危机,公众的焦点集中在不平等上,政治家们已经表示要采取一些重要措施来打击不平等现象。然而,在发达国家,他们很少确定一个明确的目标,没有采取和认真考虑实施一些能够大大缓解现有收入不平等的有力措施。

5.2 迄今为止政策的影响

对于当前的经济不平等程度,人们有什么理由对此抱有乐观态度呢? 我们可以指出过去不平等现象已经减少了吗? 第一个显而易见但重要的观点是,不平等并不是在每个地方都在上升。在全球范围内,最近的进展更令人鼓舞,正如本手册第 9 章中总结的那样:

> 现有证据表明,20 世纪 80 年代和 90 年代,发展中国家的国民收入差距平均水平上升,而在 21 世纪第一个十年则有所下降。由于中国在整个时期的卓越表现以及 21 世纪第一个十年发展中国家所有地区的生活水平普遍提高,自 20 世纪 80 年

代初以来,收入贫困大幅度减少。

该章作者警告说,21世纪第一个十年基尼系数的下降并不普遍:15％的国家下降幅度不到2.5个百分点,而20％的国家的基尼系数则上升。后者包括两个人口众多的国家:中国和印度尼西亚。拉丁美洲的基尼系数下降最为明显,该章作者指出:

> 这一显著下降似乎是由一系列因素驱动的,其中包括促进就业的宏观经济状况有所改善,摆脱20世纪90年代改革的不平等的影响,扩大基础教育覆盖面,强化劳动力制度,一些国家从严重的不平等危机中复苏,政府支出分配更为优化,特别是货币转移支付。

换句话说,政策会影响市场收入和再分配。就巴西而言,作者发现有两个主要决定因素,一个是工资不平等程度的下降,这是由于受过教育的工人的供给不断扩大,最低工资大幅度提高;另外一个是现金转移支付的扩大,特别是家庭补贴政策(Bolsa Família)。然而,尽管取得了显著的进展,但是与其他大多数拉丁美洲国家一样,巴西与世界标准相比,不平等程度还是较高的(不包括非洲撒哈拉沙漠以南地区的几个国家)。在21世纪第一个十年观察到的不平等现象的减少抵消了20世纪80年代和90年代的增加。从长期来看,进展依然有限。此外,必须牢记的是,发展中国家的住户调查中的最高收入人口取样不足,报告的不平等数字可能没有显示许多发达国家所观察到的最高收入部分的不平等增长。①

虽然好于拉丁美洲,但许多新兴亚洲国家的不平等现象也相当严重,而且正在增加。在讨论拉丁美洲几个国家所采取的政策多大程度上可以在亚洲背景下使用时,本卷在第20章指出:

> 有条件现金转移支付的额外支出需要收入,税收制度的累进性是减轻与全球化相关的不平等加剧的另一重要决定因素。但是,累进税对于遏制全球极高收入者的增加也是重要的,尤其是在亚洲地区。亚洲税收制度通常在累进性上得分不高。事实上,有人认为,提高(亚洲)税收的累进性将产生比世界上其他地区更大的影响。

更富裕的国家呢?在减少市场收入不平等方面,标准的政策应对措施是教育扩张,如供给和需求解释工资差异上升所表明的(如第4节所述)。本卷第19章对跨国时间序列证据的回顾得出结论,大多数证据指向了教育扩张的均衡影响:

---

① 本手册第9章作者提醒读者,在他们利用的住户调查中,对最高收入者的描述严重不足。Cornia(2014)在分析拉丁美洲最近的分配变化时指出,"鉴于资本收入和住户调查中'富裕者'的收入信息的稀缺性,人们(不可能)正式确定分配变化⋯⋯收入分配的最高百分位也是如此"。

没有一项涉及 OECD/欧盟国家的研究表明,在过去 30 年中,平均受教育程度的上升是不平衡的,相反,在多数情况下,平均受教育程度是平衡的。人力资本可以被看作是对技术的补充。增加人力资本和提供技能是必要的,以减少并最终扭转由技术变革引起的更大的不平等的压力。

本手册在第 18 章中回顾了劳动力市场政策的影响,该章作者将他们的实证结果总结为:

与文献中的主要发现一致……这些文献确认,最低工资的存在和严格性会降低收入不平等,同时对工作时间的分配施加(隐含)控制,这似乎是工会议价活动减少不平等的主要渠道。在文献中较不常见的是发现主动和被动劳动力市场政策的负面影响。

本手册第 19 章在跨国分析中发现,劳动力市场法规和制度的整体分配效应可能不显著,原因是就业和工资差异效应可以在相反的方向运作。

关于再分配税收和转移支付政策,福斯特(Förster)和托特(Tóth)在第 19 章得出结论:

· 政策减少不平等,但在不同国家影响不同;

· 转移支付通常比税收更有效;

· 自 20 世纪 90 年代以来,再分配效应有所降低;

· 行为反应可能相抵消,但一般不超过第一轮效应。

最后一条结论尤为重要。由于可以理解的原因,近几十年来,经济学家对公共政策的大部分分析集中在消极的行为反应上。这是可以理解,因为经济学家的工具包旨在阐明这些反应,而在公开辩论中第二轮效应经常会缺失。同时,相关分析似乎往往忽视了转移支付的目的。正如本卷第 22 章所述,"没有先进经济体实现低水平的不平等和/或低社会支出水平的相对收入贫困,无论该国在涉及贫困问题,特别是就业的其他方面表现如何"。基尼系数项目得出以下结论:

富裕国家中,在就业和经济社会凝聚力方面表现较好的国家有一个共同点:大量的福利投资于国民,激励和支持他们积极生活,同时在其他一切事情失败的时候,至少能给予他们足够的保护。这继续为富裕国家追求公平增长提供了最好的前景。

Salverda 等(2014)

但是,正如这些作者所提出的那样,很清楚的是,重要的不仅是总体开支,而且包括开支的设计。正是由于这个原因,政策改革的建设必须基于对分配和效率目标的贡献的分析,正如本卷在第 23 章中所述,微观模拟模型的重要发展就是这样。这些模型基于第 1 节中描述的数据可用性改进(对它们的构建需要访问微观数据)。研究者还需要深入了解公共政策的制度细节及其在现实中的运作。正如第23章所讨论的那样,在不合规的建模和硬币的另一方面(不太得到普遍讨论),即人们未获取应得收益等方面,存在很大挑战。在融合微观数据和制度细节时,微观模拟模型为政策设计理论分析与立法、行政形式的政策实施提供了重要的桥梁。

5.3　未来政策展望

鉴于许多发展中国家的高度不平等和再分配发展有限,再分配政策和预先重新分配机会均等化政策的进展空间还很大。有能力管理有效再分配工具的中等收入国家或新兴国家尤其如此。

对于希望强化再分配体系的新光国家政府而言,一方面,其可以从发达国家的经验中学习;另一方面,现代技术允许其更好地监测和控制个人收入。超出一定程度的收入,如今在没有银行账户和信用卡/借记卡的情况下运作也是很困难的,因此个体交易都得到了记录。拉丁美洲接近50%的家庭持有银行账户,这个比例正在上升,因此税务机关对涉嫌报税不足的纳税人进行审计的能力也在提高。然而,大多数新兴国家的所得税严重滞后,往往不到国内生产总值的2%。巴西是一个例外,所得税占国内生产总值的6%,但仍低于OECD国家9%的平均水平。现代技术也使收入更容易转移到位于分配底部的人手中。智能支付卡特别有助于避免可能存在的泄露。因此我们需要进一步扩大再分配和利用教育、社会保护、最低养老金或最低工资等领域的政策,尽管这些政策在大多数国家具有巨大的平等化潜力,但目前很少被使用。因此,新兴国家的再分配程度,用与第23章所述相同的微观模拟工具进行评估,似乎比发达国家小得多。例如,在进行这种模拟的拉丁美洲国家(Lustig,2014)中,从市场收入(包括公共或私人养老金等替代收入)转到可支配收入时,基尼系数平均下降3个百分点,而在富裕国家,波动幅度约为10个百分点(Immervoll et al.,2009)。

相比之下,OECD国家可能更接近于它们在不平等程度较低和总体经济效率较高程度之间的权衡的边沿。然而,这种距离取决于税收和转移支付的制度特征[经济学家对此的关注太少(Atkinson,1999)],如本节最后部分所讨论的那样,还需要有新的和创新性的思想。这个边沿本身可能受到全球化进程、对更多的竞争力的要求,以及通过要素调动,对包括资本或资本收入的所得税累进制等再分配工具的削弱等的影响。与此同时,全球化这些影响可能会增加对社会保护的需求,就像在19世纪末对于早期福利状况的影响。今天,再分配发生的程度取决于政治环境。这有可能意味着今天社会对不平等现象的感觉与统计学家、经济学家衡量的不平等现象不一致。例如,在美国,感觉收入流动性比收入不平等更重要,以及与其他国家相比收入流动性仍然很高的(毫无根据的)信念,可能使舆论对日益加剧的收入和财富不平等的不断不敏感。显然,这种情况不可能永远持续下去。在某些阶段,信念会发生变化,而且这个过程可能已经开始,例如McCall(2013)似乎已经在美国媒体对不平等不断变化的话语中发现了这种变化。

5.4 创造性思考

在本引言的开始,我们旨在唤起政策制定者对收入不平等日益加剧的重视。迄今为止,政策性做法的回应一直沿用传统路线,特别是教育投资和再分配改革。在我们看来,这些都是重要的,但如果要取得进展,那么我们需要创造性思考。我们必须考虑不在当前政策议程上的想法(尽管它们并不是全新的)。

图 5 所示的标准劳动力市场政策显然可以发挥重要作用,政策已经采取措施支撑最低工资,以缩小工资差距。但是,正如我们所指出的那样,核心是工资和就业的结合,后者被证明是个巨大的难题。我们认为,关键要素之一是技术进步的方向。我们没有像大多数文献那样侧重于讨论要素扩张,而是将 4.3 节的讨论转向聚焦于劳动与资本之间的相互作用,特别是资本对劳动的挤占。鉴于大部分创新活动由公共机构直接资助,或通过税收或者其他授权进行补贴,因此有可能影响这种权衡。上面所述的是图 5 所示的“创造性”方案中的第一个。第二个事关公共就业。现在的市场经济没有充分就业的事实表明,我们应该从在其他市场失灵的情况下的政策反应中学习,特别是在金融市场。在金融市场中,政府作为最后贷款人进行干预,这明显对应的是,政府在就业领域应该是最后的雇主。国家要保证所有人能够以最低工资寻求就业。这样一个提议在有些读者看来似乎在财政上是荒唐而不可行的,但对其他人来说,这不会比金融机构因为太大而不能倒闭的政策更奇怪或在财政上更不负责任,毕竟,我们一直在追求这样的政策。这是印度政府在 2005 年启动《圣雄甘地国家农村就业保障法》时所采取的一项举措。公共就业已经成为许多国家的积极劳动力市场计划的一部分。在美国,它是根据 1978 年《汉弗莱—霍金斯充分就业和平衡增长法》授权的,该法案允许联邦政府创建一个“公共就业储备”,这些工作需要在较低的技能和工资要求范围内,减少与私人部门的竞争。

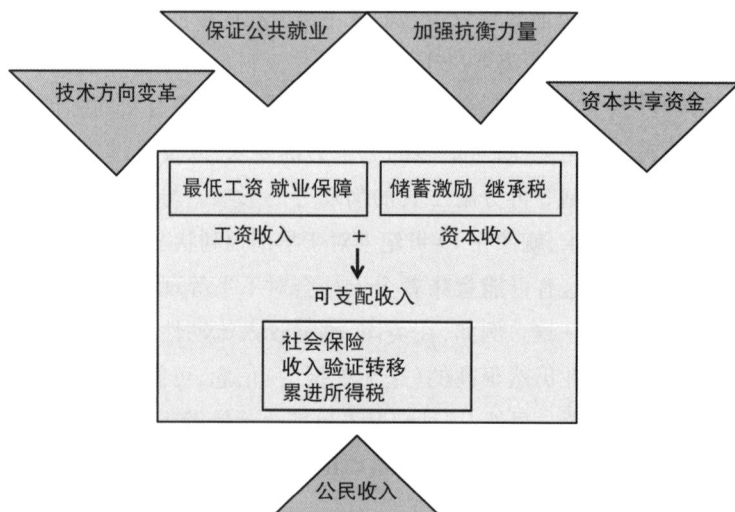

图 5　创造性思考

第三个提议可以参考 4.4 节对于议价能力的讨论。在一定程度上,不平等的加剧是市场议价力量平衡朝着有利于利润和资本方面移动的结果,其影响可以通过加强抗衡力量来抵消。这可能是以社会伙伴发挥更大作用的形式,也可能包括更坚定的行动来保护消费者免受垄断定价。这样的行为可能被认为太激进而受到拒绝,但是他们再也不会离开现行的政策。就欧盟来说,促进竞争和鼓励社会伙伴都是公认的目标。

第四个提议引起了人们对政策领域中一直缺失的一个方面的关注:资本市场,但是在 Piketty(2014)的辩论之后,这一方面受到越来越多的关注。由于 4.6 节中概述的宏观经济原因,并鉴于在一些较富裕国家继承资本的回报,资本收入和过去一样,潜在的意义越来越大。该具体建议确实远非新的,至少可以追溯到 18 世纪的托马斯·潘恩,他在《土地正义》(*Agrarian Justice*)一书中提出:①

> 设立一个国家基金,向每位年满 21 岁的人支付 15 英镑,以作为其因失去土地自然继承权而带来损失的部分补偿。

潘恩提出的达到相应年龄即支付的资本要素,在各种基于资产的平均主义计划(如 Ackerman and Alstott,1999)中都有现代对应。建立一个主权财富基金(许多国家已经建立起来了)将为所有人提供最低限度的遗产继承。

第五个提议也有潘恩的影响,它涉及公民的收入,即保证为所有人支付最低收入。这样的收入有时被称为"无条件"收入;然而,条件是自然而然存在的。如图 5 所示,条件将是公民身份。阿特金森(Atkinson,1995,1996)提出的替代方案是"参与收入",不是基于公民身份而是基于就业、过去就业(退休)、照料家属、在具备工作能力时失业、接受批准的教育或培训等条件参与到社会中,并为生病、受伤或残疾的人员提供适当的口粮。参与收入是与最近几十年来决策者关注的目标性收入验证转移的彻底分离。这是以个人为基础的,而不涉及家庭经济条件调查。它认识到 21 世纪劳动力市场中就业关系的流动性。

毫无疑问,这些最终政策建议将会有很多反对意见,但我们希望本手册中的相关章节能够促进这一重要领域新思路的产生。

致　谢

在撰写引言部分时,我们大量地利用了《收入分配手册》其他章节的内容。这一点可以从交叉引用的频率中看出,尽管我们已经尽力避免这种引用给读者带来的乏味感。非常感谢罗尔夫·阿伯奇、法昆多·阿尔瓦雷多、安德鲁·伯格(Andrew Berg)、安德烈·布兰多利尼、丹尼尔·切基、皮埃尔-安德烈·基亚波里、安德鲁·克拉克、科恩·德坎克、让-伊夫·杜克洛、弗朗切斯科·菲加里、迈克尔·福斯特、马可·弗勒拜伊、斯蒂芬·詹金斯、萨尔瓦托

---

① 该文可以从美国社会保障局官方网站下载。该网站标有警示:"这是一个档案或历史文件,可能不反映当前的政策或程序。"

·莫雷利、多米尼克·默斯、布莱恩·诺兰、乔纳森·奥斯特里、阿拉里·保卢斯、索菲·庞蒂厄、托马斯·皮凯蒂、维克多·里奥斯-鲁尔、维默尔·萨尔韦达、蒂姆·斯米丁、弗雷德里克·斯洛特(Frederick Solt)、霍莉·萨瑟兰、伊斯特万·托特、阿兰·特兰诺伊、丹尼尔·瓦尔登斯特罗等对引言草稿提出了非常有帮助的意见,但他们对任何内容都不负相关责任。感谢玛利特·基维洛(Maarit Kivilo)在参考书目上给予的帮助。阿特金森在引言部分的研究是作为由牛津大学马丁学院的 INET 支持的 EMoD 项目的一部分进行的。

参考文献

Acemoglu, D., 2002. Directed technical change. Rev. Econ. Stud. 69 (4), 781-809.

Acemoglu, D., Robinson, J. A., 2014. The Rise and Fall of General Laws of Capitalism. Working Paper, Cambridge, MA. http://economics. mit. edu/files/9834.

Ackerman, B., Alstott, A., 1999. The Stakeholder Society. Yale University Press, New Haven.

Alkire, S., Foster, J., 2010. Designing the Inequality-Adjusted Human Development Index (HDI): OPHI Working Paper 37. University of Oxford.

Alkire, S., Foster, J., 2011. Counting and multidimensional poverty measurement. J. Public Econ. 95 (7-8), 476-487.

Allison, R. A., Foster, J., 2004. Measuring health inequality using qualitative data. J. Health Econ. 23 (3), 505-524.

Alvaredo, F., Londoño Velez, J., 2013. High Incomes and Personal Taxation in a Developing Economy: Colombia 1993-2010: Center for Equity, Working Paper No. 12. Tulane University.

Anand, P., Santos, C., Smith, R., 2007. The Measurement of Capabilities: Discussion Paper 67. The Open University.

Atkinson, A. B., 1970. On the measurement of inequality. J. Econ. Theory 2, 244-263.

Atkinson, A. B., 1995. Beveridge, the national minimum and its future in a European Context. In: Atkinson, A. B. (Ed.), Incomes and the Welfare State. Cambridge University Press, Cambridge, pp. 290-304.

Atkinson, A. B., 1996. The case for a participation income. Polit. Q. 67 (1), 67-70.

Atkinson, A. B., 1999. The Economic Consequences of Rolling Back the Welfare State. MIT Press, Cambridge, MA.

Atkinson, A. B., 2008. The Changing Distribution of Earnings in OECD Countries. Oxford University Press, Oxford.

Atkinson, A. B., Bourguignon, F., 1982. The comparison of multi-dimensioned distributions of economic status. Rev. Econ. Stud. 49 (2), 183-201.

Atkinson, A. B. , Bourguignon, F. , 2000. Income distribution and economics. In: Atkinson, A. B. , Bourguignon, F. (Eds.), Handbook of Income Distribution, vol. 1. Elsevier, Amsterdam.

Atkinson, A. B. , Brandolini, A. , 2001. Promise and pitfalls in the use of "secondary" data-sets: income inequality in OECD countries as a case study. J. Econ. Lit. 34 (3), 771-799.

Atkinson, A. B. , Harrison, A. J. , 1978. Distribution of Personal Wealth in Britain. Cambridge University Press, Cambridge.

Atkinson, A. B. , Marlier, E. , 2010. Indicators of poverty and social exclusion in a global context. J. Policy Anal. Manage. 29 (2), 285-304.

Atkinson, A. B. , Morelli, S. , 2014. Chartbook of Economic Inequality: Economic Inequality Over the Long Run. INET Oxford. http://www. chartbookofeconomicinequality. com/.

Atkinson, A. B. , Casarico, A. , Voitchovsky, S. , forthcoming. Top incomes and the glass ceiling. Working Paper, INET Oxford.

Becchetti, L. , Massari, R. , Naticchioni, P. , 2011. The Drivers of Happiness Inequality: Suggestions for Promoting Social Cohesion: Working Papers 2011-06. Universita' di Cassino.

Benhabib, J. , Bisin, A. , Zhu, S. , 2011. The distribution of wealth and fiscal policy in economies with finitely lived agents. Econometrica 79 (1), 123-157.

Bertola, G. , Foellmi, R. , Zweimuller, J. , 2006. Income Distribution in Macroeconomic Models. Princeton University Press, Princeton.

Bourguignon, F. , 2014. Appraising income inequality databases in Latin America. mimeo, J. Econ. Inequal. (forthcoming).

Bourguignon, F. , 2013. La mondialisation de l'inégalité. Le Seuil, Paris (Expanded English version, The Globalization of Inequality, forthcoming, Princeton University Press).

Brunori, P. , Ferreira, F. , Peragine, V. , 2013. Inequality of Opportunity, Income Inequality and Economic Mobility: Some International Comparisons: IZA Discussion Paper 7155. Institute for the Study of Labor (IZA).

Budd, E. C. , 1970. Postwar changes in the size distribution of income in the US. Am. Econ. Rev. Pap. Proc. 60, 247-260.

Canada, Statistics, 2013. High-Income Trends Among Canadian Taxfilers, 1982 to 2010, Release January 28, 2013.

Clark, A. , Flèche, S. , Senik, C. , 2012. The Great Happiness Moderation: IZA Discussion Paper 6761. Institute for the Study of Labor (IZA).

Cornia, G. A. (Ed.), 2014. Falling Inequality in Latin America: Policy Changes and Lessons. Oxford University Press, Oxford.

Cornia, A. , Rosignoli, S. , Tiberti, L. , 2008. Globalization and Health Impact Pathways and Recent Evidence: Research Paper No. 2008/74. UNU-WIDER, Helsinki.

Dalton, H. , 1920. The measurement of the inequality of incomes. Econ. J. 30 (119), 348-461.

Decancq, K. , Fleurbaey, M. , Maniquet, F. , 2014. Multidimensional Poverty Measurement with Individual Preferences: Princeton University William S. Dietrich II Economic Theory Center Research Paper 058. Princeton University.

Deininger, K. , Squire, L. , 1996. A new data set measuring income inequality. World Bank Econ. Rev. 10 (3), 565-591.

Drandakis, E. , Phelps, E. S. , 1965. A model of induced invention, growth and distribution. Econ. J. 76 (304), 823-840.

Duclos, J. -Y. , Echevin, D. , 2011. Health and income: a robust comparison of Canada and the US. J. Health Econ. 30, 293-302.

Duclos, J. -Y. , Sahn, D. E. , Younger, S. D. , 2011. Partial multidimensional inequality orderings. J. Public Econ. 98, 225-238.

Dutta, I. , Foster, J. , 2013. Inequality of happiness in the US: 1972-2010. Rev. Income Wealth 59 (3), 393-415.

Ferreira, F. , Lustig, N. (Eds.), 2015. International databases on inequality. Special issue of the J. Econ. Inequal. , forthcoming.

Fisher, G. , 1986. Estimates of the Poverty Population Under the Current Official Definition for Years Before 1959. Office of the Assistant Secretary for Planning and Evaluation, U. S. Department of Health and Human Services (Mimeograph).

Fleurbaey, M. , Blanchet, D. , 2013. Beyond GDP: Measuring Welfare and Assessing Sustainability. Oxford University Press, Oxford.

Foster, J. , Lopez-Calva, L. , Szekely, M. , 2005. Measuring the distribution of human development: meth-odology and an application to Mexico. J. Hum. Dev. 6 (1), 5-29.

Hicks, J. R. , 1932. The Theory of Wages. Macmillan, London.

Immervoll, H. , Levy, H. , Nogueira, J. R. , O' Donoghue, D. , Bezera de Siqueira, R. , 2009. The impact of Brazil's tax and benefit system on inequality and poverty. In: Klasen, S. , Nowak-Lehmann, F. (Eds.), Poverty, Inequality and Policy in Latin America. In: CES-Ifo Seminar Series, The MIT Press, Cambridge, MA, pp. 271-302.

Jenkins, S. , 2014. World Income Inequality Database: an assessment, mimeo. Final version forthcoming in J. Econ. Inequal.

Kalecki, M. , 1971. Selected Essays on the Dynamics of the Capitalist Economy 1933-1970. Cambridge University Press, Cambridge.

Karoly, L. , 1992. The Trend in Inequality Among Families, Individuals, and Workers in the United States: A Twenty-Five-Year Perspective. Rand, Santa Monica.

Kennedy, C. , 1964. Induced bias in innovation and the theory of distribution. Econ. J. 74

(295), 541-547.

Kolm, S. -Ch, 1966. The optimal production of justice. In: Guitton, H., Margolis, J. (Eds.), Public Economics. Proceedings of an IEA conference held in Biarritz, published (1969). Macmillan, London, pp. 145-200.

Kolm, S. -Ch., 1971. Justice et équité. Cepremap, Paris (English translation, Justice and Equity, MIT Press, 1988).

Kolm, S. -Ch., 1977. Multi-dimensional Egalitarianism. Q. J. Econ. 91 (1), 1-13.

Kopczuk, W., Saez, E., 2004. Top wealth shares in the US, 1916-2000: evidence from the Estate Tax returns. Natl. Tax J. 57, 445-487 (longer version in NBER Working Paper 10399).

Korinek, A., Mistiaen, J., Ravallion, M., 2006. Survey nonresponse and the distribution of income. J. Econ. Inequal. 4 (1), 33-55.

Krusell, P., Ohanian, L., Rios-Rull, V., Violante, G., 2000. Capital skill complementarity and inequality: a macroeconomic analysis. Econometrica 68 (5), 1029-1053.

Kuznets, S., 1955. Economic growth and income inequality. Am. Econ. Rev. 45 (1), 1-28.

Lemieux, T., 2008. The changing nature of wage inequality. J. Popul. Econ. 21 (1), 21-48.

Lustig, N., 2014. Taxes, Transfers, Inequality and the Poor in the Developing World, Presentation at the USAID, Washington, DC, May 15, 2014.

Maasoumi, E., 1986. The measurement and decomposition of multi-dimensional inequality. Econometrica 54 (4), 991-997.

McCall, L., 2013. The Undeserving Rich: American Beliefs About Inequality, Opportunity, and Redistri-bution. Cambridge University Press, Cambridge.

Meade, J.E., 1964. Efficiency, Equality and the Ownership of Property. Allen and Unwin, London.

Milanovic, B., 2013. All the Ginis You Ever Wanted. World Bank website, http://econ. worldbank. org/WBSITE/EXTERNAL/EXTDEC/EXTRESEARCH/0, contentMDK: 22301380 ~ pagePK: 64214825~piPK:64214943~theSitePK:469382,00. html.

Moretti, E., 2013. Real wage inequality. Am. Econ. J. Appl. Econ. 5, 65-103.

Nolan, B., Salverda, W., Checchi, D., Marx, I., McKnight, A., Tóth, I., van de Werfhorst, H. (Eds.), 2014. Changing Inequalities and Societal Impacts in Rich Countries. Oxford University Press, Oxford.

OECD, 2014. All on Board: Making Inclusive Growth Happen. OECD, Paris.

Ostry, J., Berg, A., Tsangarides, C. G., 2014. Redistribution, Inequality, and Growth: IMF Discussion Note, SDN 14/02. International Monetary Fund, Washington, D. C.

Ovaska, T., Takashima, R., 2010. Does a rising tide lift all the boats? Explaining the national inequality of happiness. J. Econ. Issues 44 (1), 205-224.

Paine, T., 1797. Agrarian Justice, Printed by W. Adlard, Paris. Reprinted and sold by J. Adlard and J. Parsons, London.

Pigou, A. C., 1920. The Economics of Welfare. Macmillan and Co., London.

Piketty, T., 2001. Les hauts revenus en France. Grasset, Paris.

Piketty, T., 2014. Capital in the 21st Century. Harvard University Press, Cambridge, MA.

Piketty, T., Saez, E., 2003. Income inequality in the United States, 1913-1998. Q. J. Econ. 118, 1-39.

Ravallion, M., 2014. The Luxembourg Income Study. J. Econ. Inequal. (forthcoming).

Roemer, J., 1998. The Equality of Opportunities. Harvard University Press, Cambridge.

Salverda, W., Nolan, B., Checchi, D., Marx, I., McKnight, A., Tóth, I., van de Werfhorst, H. (Eds.), 2014. Changing Inequalities in Rich Countries. Oxford University Press, Oxford.

Samuelson, P. A., 1965. A theory of induced innovations along Kennedy-Weizsäcker lines. Rev. Econ. Stat. 47 (4), 444-464.

Sato, R., 1963. Fiscal policy in a neo-classical growth model: an analysis of the time required for equilibrating adjustment. Rev. Econ. Stud. 30 (1), 16-23.

Sato, K., 1966. On the adjustment time in neo-classical models. Rev. Econ. Stud. 33 (3), 263-268.

Schwabish, J. A., 2014. An economist's guide to visualizing data. J. Econ. Perspect. 28 (1), 209-234.

Sen, A., 1973. On Economic Inequality. Clarendon Press, Oxford (Expanded edition with a substantial annexe by James Foster and Amartya Sen, Oxford University Press, 1997).

Sen, A., 1976. Real national income. Rev. Econ. Stud. 43 (1), 19-39.

Sen, A., 1980. Equality of what? In: McMurrin, S. (Ed.), Tanner Lectures on Human Values, vol. 1. Cambridge University Press, Cambridge, pp. 195-220.

Sen, A., Stiglitz, J., Fitoussi, J.-P., 2010. Mismeasuring Our Lives: Why GDP Doesn't Add Up. The New Press, New York.

Social Protection Committee, 2014. Social Europe—Many Ways, One Objective. Publications Office of the European Union, Luxembourg.

Solt, F., 2009. Standardizing the World Income Inequality Database. Soc. Sci. Q. 90 (2), 231-242.

Stevenson, B., Wolfers, J., 2008. Happiness inequality in the US. J. Leg. Stud. 37, 33-79.

Stiglitz, J. E., 1969. Distribution of income and wealth among individuals. Econometrica 37 (3), 382-397.

Stiglitz, J. , 2012. The Price of Inequality. W. W. Norton & Company, New York.

Summers, L. , 2013. Economic possibilities for our children, pp. 1-13, The 2013 Martin Feldstein Lecture. NBER Reporter, No. 4.

Tinbergen, J. , 1975. Income Distribution: Analysis and Policies. North-Holland, Amsterdam.

United Nations Economic Commission for Europe, 2011. Canberra Group Handbook on Household Income Statistics, 2nd edition. United Nations, New York and Geneva.

Veenhoven, R. , 2005. Return of inequality in modern society? Test by dispersion of life-satisfaction across time and nations. J. Happiness Stud. 6, 457-487.

贡 献 者

罗尔夫·阿伯奇（Rolf Aaberge）
挪威统计局研究部,奥斯陆大学经济系平等、社会组织和表现中心(ESOP),挪威奥斯陆市

达隆·阿西莫格鲁（Daron Acemoglu）
麻省理工学院,美国马萨诸塞州剑桥市

法昆多·阿尔瓦雷多（Facundo Alvaredo）
牛津大学经济建模/量化金融研究所(EMod/OMI)、巴黎经济学院、阿根廷国家科学技术研究
理事会(CONICET),英国牛津市

苏迪尔·阿南德（Sudhir Anand）
牛津大学经济系,英国牛津市;哈佛大学公共卫生学院全球卫生与人口系,美国波士顿市

安德烈·布兰多利尼（Andrea Brandolini）
意大利银行,经济、统计和研究总局,意大利罗马市

丹尼尔·切基（Daniele Checchi）
米兰大学经济系,意大利米兰市;德国劳工经济学研究所(IZA),德国波恩市

皮埃尔-安德烈·基亚波里（Pierre-André Chiappori）
哥伦比亚大学经济系,美国纽约州纽约市

安德鲁·E.克拉克（Andrew E. Clark）
巴黎经济学院——法国国家科学研究中心(CNRS),法国巴黎市

弗兰克·A.考威尔（Frank A. Cowell）
伦敦经济学院三得利-丰田经济学及相关学科国际研究中心(STICERD),英国伦敦市

孔奇塔·丹布罗西奥（Conchita D'Ambrosio）
卢森堡大学,卢森堡瓦尔弗当日市

科恩·德坎克（Koen Decancq）

安特卫普大学赫尔曼·德莱克社会政策中心，比利时安特卫普市；荷语鲁汶天主教大学经济系，比利时鲁汶市；法语鲁汶天主教大学运筹学与计量经济学研究中心（CORE），比利时新鲁汶市

让-伊夫·杜克洛（Jean-Yves Duclos）

德国劳工经济学研究所（IZA），德国波恩市；拉瓦尔大学经济系与风险、政治经济学和就业跨学校研究中心（CIRPÉE），加拿大魁北克省魁北克市

弗朗切斯科·菲加里（Francesco Figari）

英苏布里亚大学，意大利瓦雷泽市；埃塞克斯大学社会经济研究所（ISER），英国科尔切斯特市

伊曼纽尔·弗拉谢尔（Emmanuel Flachaire）

艾克斯-马赛大学经济学院（AMSE）与法国大学研究所（IUF），法国马赛市

马克·弗勒拜伊（Marc Fleurbaey）

普林斯顿大学，美国新泽西州普林斯顿市

迈克尔·F. 福斯特（Michael F. Förster）

经济合作与发展组织（OECD），法国巴黎市

莱昂纳多·加斯帕里尼（Leonardo Gasparini）

阿根廷拉普拉塔国立大学经济学院—分配、劳工和社会研究中心（CEDLAS-FCE），阿根廷国家科学与技术研究委员会（CONICET），阿根廷拉普拉塔市

伊斯特万·捷尔吉·托特（István György Tóth）

塔尔基社会研究所，匈牙利布达佩斯市

马库斯·扬蒂（Markus Jäntti）

斯德哥尔摩大学瑞典社会研究所（SOFI），瑞典斯德哥尔摩市

斯蒂芬·P. 詹金斯（Stephen P. Jenkins）

伦敦政治经济学院社会政策系，英国伦敦市；埃塞克斯大学社会与经济学研究所，英国科尔切斯特市；德国劳工经济学研究所（IZA），德国波恩市

拉维·坎伯（Ravi Kanbur）

康奈尔大学，美国纽约州伊萨卡市

伊夫·马克思（Ive Marx）

安特卫普大学赫尔曼·德莱克社会政策中心，比利时安特卫普市；德国劳工经济学研究所（IZA），德国波恩市

科斯塔斯·梅吉尔（Costas Meghir）

耶鲁大学经济系，美国康涅狄格州纽黑文市

多米尼克·默斯（Dominique Meurs）
巴黎南泰尔大学，经济与人口研究所（INED），法国

萨尔瓦托·莫雷利（Salvatore Morelli）
那不勒斯费德里科二世大学经济与金融研究中心（CSEF），意大利那不勒斯市；牛津大学新经济思维研究所（INET），英国牛津市

苏雷什·奈杜（Suresh Naidu）
哥伦比亚大学，美国纽约州纽约市

布莱恩·诺兰（Brian Nolan）
英国牛津大学牛津马丁学院社会政策与干预系和新经济思维研究所

欧文·奥唐奈（Owen O'Donnell）
鹿特丹伊拉斯姆斯大学伊拉斯姆斯经济学院与丁伯根经济研究所，荷兰鹿特丹市；马其顿大学经济和区域研究学院，希腊塞萨洛尼基市

哈维尔·奥利维拉（Javier Olivera）
卢森堡大学社会经济不平等问题研究所，卢森堡卢森堡市

阿拉里·保卢斯（Alari Paulus）
埃塞克斯大学社会经济研究所，英国科尔切斯特市

托马斯·皮凯蒂（Thomas Piketty）
巴黎经济学院，法国巴黎市

索菲·庞蒂厄（Sophie Ponthieux）
法国国家统计和经济研究所

文森佐·夸德里尼（Vincenzo Quadrini）
南加利福尼亚大学经济政策研究中心（CEPR），美国加利福尼亚州洛杉矶市

马丁·拉瓦雷（Martin Ravallion）
乔治城大学经济学系，美国华盛顿哥伦比亚特区

帕斯夸尔·雷斯特雷波（Pascual Restrepo）
麻省理工学院，美国马萨诸塞州剑桥市

荷西·维多·里奥斯—鲁尔（José-Víctor Ríos-Rull）明尼苏达大学，明尼阿波利斯联邦储备银行，美国经济研究项目中心（CAERP），美国经济政策研究中心（CEPR），美国国家经济研究局（NBER），美国明尼苏达州明尼阿波利斯市

詹姆斯·A. 罗宾逊（James A. Robinson）
哈佛大学，美国马萨诸塞州剑桥市

约翰·E. 罗默（John E. Roemer）
耶鲁大学，美国康涅狄格州纽黑文市

杰斯珀·鲁瓦内(Jesper Roine)

斯德哥尔摩经济学院斯德哥尔摩转型经济研究所,瑞典斯德哥尔摩市

维默尔·萨尔韦达(Wiemer Salverda)

阿姆斯特丹大学阿姆斯特丹高级劳动研究所(AIAS)与阿姆斯特丹不平等研究中心(AMCIS),荷兰阿姆斯特丹市

阿格纳·桑德莫(Agnar Sandmo)

挪威经济学院经济系,挪威卑尔根市

埃里克·斯科凯特(Erik Schokkaert)

荷语鲁汶天主教大学经济系,比利时鲁汶市;法语鲁汶天主教大学运筹学与计量经济学研究中心(CORE),比利时新鲁汶市

保罗·西格尔(Paul Segal)

伦敦国王学院国王国际发展研究所,英国伦敦市

蒂莫西·斯米丁(Timothy Smeeding)

威斯康星大学麦迪逊分校,美国威斯康星州麦迪逊市

霍莉·萨瑟兰(Holly Sutherland)

埃塞克斯大学社会经济研究所,英国科尔切斯特市

安德烈-玛丽·塔普埃(André-Marie Taptué)

拉瓦尔大学经济系与风险、政治经济学和就业跨学校研究中心(CIRPÉE),加拿大魁北克省魁北克市

杰弗里·汤普森(Jeffrey Thompson)

美国联邦储备委员会理事会,美国华盛顿哥伦比亚特区

阿兰·特兰诺伊(Alain Trannoy)

法国艾克斯-马赛大学巴黎高等社会科学研究学院(EHESS)和国家科学研究中心(CNRS)

埃迪·范·多尔斯莱尔(Eddy Van Doorslaer)

鹿特丹伊拉斯姆斯大学伊拉斯姆斯经济学院、丁伯根经济研究所、卫生政策与管理研究所,荷兰鹿特丹市

汤姆·范·欧蒂(Tom Van Ourti)

鹿特丹伊拉斯姆斯大学伊拉斯姆斯经济学院与丁伯根经济研究所,荷兰鹿特丹市

丹尼尔·瓦尔登斯特罗(Daniel Waldenström)

乌普萨拉大学经济系,瑞典乌普萨拉市

加布里埃尔·祖克曼(Gabriel Zucman)

伦敦政治经济学院,英国伦敦市

Contents

目 录

第一部分　概念与方法

第二部分 证据

第三部分

解　释

第 14 章　宏观经济学中的不平等研究

文森佐·夸德里尼(Vincenzo Quadrini) [*],
荷西-维克多·里奥斯-鲁尔(José-Víctor-Ríos-Rull) [+]

[*] 南加利福尼亚大学经济政策研究中心(CEPR),美国加利福尼亚州洛杉矶市

[+] 明尼苏达大学,明尼阿波利斯联邦储备银行,美国经济研究项目中心(CAERP),美国经济政策研究中心(CEPR),美国国民经济研究局(NBER),美国明尼苏达州明尼阿波利斯市

目　录

摘要:我们修改了一些主要研究方法,这些方法使经济总体绩效研究与不平等研究之间能够交叠。

关键词:不平等的宏观模型;不平等的动态变化;不平等和金融市场;不平等的政治经济学

JEL 分类代码:E2,D31,B22

作为《收入分配手册》中的一章,要讨论宏观经济学,本章应该首先阐明宏观经济学的作用。宏观经济学关注的两个主要方面是总量分析和一般均衡。第一个方面是确保将经济的各个部分聚合汇总,即把所有家庭的收入、财富和其他经济变量加总起来,得出这些变量的总体经济价值。第二个方面是一般均衡,即一个经济体中任何一个部门的变化如何通过对价格和税率的隐性调整影响该经济体的其他部门,而价格和税率的隐性调整是市场出清和平衡政府预算限制所必需的。虽然有关宏观经济学的大量研究基于对个人和住户收入分配因素的考虑,但也有一些重要研究关注收入分配与经济总量结果之间的互动关系。本章将探讨经济分配与经济总体动态之间可能存在的相互作用。

自 Bertola(2000)以来(见《收入分配手册》系列第 1 卷中宏观经济学一章),宏观经济学家处理收入不平等的方式发生了许多变化。一个重要的变化就是:经济学家的研究兴趣已从不平等与经济长期增长之间的关系研究中转移,更加关注宏观经济绩效的其他方面。发生这一变化的主要原因或许在于,总体而言,经济学家对长期增长的关注减少了。现在,更流行的观点认为,所有发达经济体的年增长率在 2% 左右,而主要问题在于欠发达国家如何加速发展进程以加入富国集团。鉴于这些变化,宏观经济学家对不平等的研究主要关注两点:一是决定工资(或劳动收入)和财富联合分布的因素,二是对实证上合理的不平等现象进行清晰的描述如何影响对宏观经济学一些标准问题的回答。常用模型的主要特点是涉及大量的在工资、财富方面存在差异的个体,有时他们在其他方面也存在差异。因此,我们发现以这种方式将宏观经济研究的两个主要分支分开进行讨论较为方便:一个分支主要是关注不平等的根源或原因,另一个分支则是关注不平等对经济总体绩效的影响。这种区别并不总能适用于各种情况,但能为文献梳理提供一个很自然的结构。我们还发现,将关注经济增长的研究与关注商业周期的研究区分开来有时候较为方便。

本章的大纲内容如下:14.1 节介绍在宏观经济学视角下,美国收入和财富分配的一些事实。我们不仅介绍跨经济部门的实际情况,也讨论过去几十年中所观察到的变化。虽然本手册的其他章(如第 7—9 章)对其中的一些事实进行了更详细的分析,但在该小节对此进行总结也是必要的,因为这些事实为本章将要回顾的一些理论提供了参考。

14.2 节首先总结了有关收入和财富分配的主要实证数据,然后详细介绍了宏观经济学家是如何解读这些数据事实的。首先,我们展示了工资的外生过程是如何决定财富分配的。在回顾了宏观经济学家用于检测财富分配问题的各种模型,以及他们是否成功地复制出数据中观测到的财富分配情况之后,我们开始介绍工资的内生决定模型。通过探究人力资本投资的模式,我们得以确定为什么有些人比其他人更成功(成功在这里的意思是获取的劳动收入更高)。因此,我们认为工资不平等不是纯粹的随机过程(靠运气),而是不同机制带来的结果,如对人力资本的投资(例如教育)或对某些技能的相对需求较高(这会影响某些技能与其他技能的相对价格)。该小节最后总结了职业选择如何也能决定劳动工资收入。该小节将不平等视为一种长期或稳态的现象,而职业选择部分则是受到大萧条时期的糟糕就业表现的启发,其中包括商业周期特征。

接下来,我们将讨论不平等的动态变化。14.3 节讨论不平等情况随着商业周期以及长期投资是如何发生变化的。在这里,我们考虑一个简单模型,模型中的资本要素份额和劳动力要素份额都可以改变。

14.4 节论述的可能是宏观经济学和不平等相互作用的多种方式中最令人激动的一种:金融市场的作用,或者更具体地说,金融摩擦的作用。我们首先讨论借贷能力如何通过将投资资金重新分配给高效可靠的企业家们来决定收入和财富分配(以及分配效率)——尽管不是所有企业家都能做到既高效又可靠。然后,我们探讨借贷能力是如何造成财富不平等的,即使不同家庭的储蓄回报率是相等的。我们首先分析纯粹的借贷能力是如何塑造不平等的,然后探讨制度环境引发金融摩擦情况下的内生借贷理论,以及内生摩擦情况下对这些理论的多种扩充观点。除了探讨金融摩擦对不平等的影响,我们还讨论了它对经济绩效的长期影响,包括宏观经济学家已经关注的一些问题,如对全球经济失衡的影响。

14.5 节分析了政治制度与不平等之间如何相互作用以形成不同的政策,从而对经济总体绩效施加影响。根据个体收入在整个经济收入分配中的位置来确定不同经济政策的可取性,人们对此看法不一,个体偏好加总会导致人们选择特定的政策。随着收入分配发生变化,政策选择也会发生变化,这反过来又会影响经济总体绩效。

14.6 节对本章进行了总结,全面评估了过去几十年一些变化背后的原因。

最后是一份警告和一份免责声明。在这一章中,我们使用了各种理论模型,为了便于解释说明,我们对这些模型做了简化处理。虽然这使得基本机制很直观,易于理解,但也意味着这些模型可能不完全适于解决定量问题。因此,即使我们经常对模型的性质进行定量的说明,我们在解释模拟数字时也应该小心,因为这些数字往往是为了对模型进行定性的而非定量的评估。我们给出免责声明是由于本章必然是不完整的。尽管我们试图对宏观经济学中处理不平等问题的研究进行全面介绍,但要涵盖全部可能的主题是不可能的。有许多方面我们没有讨论,例如,在宏观经济分析中引入行为因素的研究。这是因为在某种程度上,我们在这些方面的专业知识有限。在大多数情况下,我们也回避了对发展中国家不平等问题的研究。我们只是稍微提及了其他的一些问题,如不平等加剧对美国经济的影响、不平等加剧的宏观经济原因、全球化和其他方面的不平等。更重要的也许是,收入不平等如何转化为消费不平等,这是大多数经济学家认为真正重要的问题,而我们对这个问题只研究了点皮毛。收入不平等这个话题很大,不同的作者会以不同的方式进行描述;事实上,本卷中托马斯·皮凯蒂(Thomas Piketty)编写的那一章里包含了一些财富分配的宏观模型,但与本章的风格极为不同。

14.1　收入和财富分配的一些相关事实

在此,我们将概述工资和财富的洛伦兹曲线的一般性特征,以及工资和财富对于个体和几代人在 5—10 年跨度期里显示的相关性和持续性。我们从 Díaz-Giménez 等(2001)、Kuhn(2014)和 Budría 等(2001)的研究中提取了美国的经济数据。[①] 这些数据来源于消费者财务调查(SCF),虽然这些是有关美国经济的事实,但可能在不同程度上亦适用于其他国家。总的来说,美国是发达国家中一个较为极端的例子,因为其不平等程度比较显著。

表 14.1 列出了工资(劳动所得的那部分收入)、收入(税前工资加上资本收入加上政府转移性支出)和财富(金融资产和实物资产,不含既定的福利养老金)这三项收益,这三个变量的定义详见 Díaz-Giménez 等(2011)。正如我们所见,许多家庭的工资收入为零或负数,所有收入的三分之二几乎都来自前五分之一的高收入家庭,而其中前 1% 的高收入家庭所得工资收入几乎占所有工资收入的 20%。我们对工资收入的定义包括以劳动收入来计算的那部

---

① Krueger 等(2010)的研究指出,不同的宏观经济学家在研究许多其他国家的不平等问题时,分析数据所用的方法与我们在本章中所用的相似。

分自谋职业收入。[①] 由于自谋职业收入可能为负,因此,我们的样本中有几个家庭的工资收入为零甚至为负。与文献中提到的其他衡量标准相比,如使用当前人口调查(CPS)的工资收入数据来衡量,则负工资收入会产生更高的基尼系数。然而,通过税收信息纠正 CPS 数据也可能会导致基尼系数超过 0.6[参见 Alvaredo(2011)和本卷第 9 章的讨论]。财富比总体收入更为集中,前五分之一最贫困的家庭拥有的财富为负。此外,超过 85% 的财富由前五分之一最富有的家庭所持有,超过三分之一的财富由前 1% 最富有的家庭持有。表 14.2 展示了一些值得关注的对离散程度的衡量。

工资、收入和财富总值(用 Wea 表示)以及不包括住房的财富(用 N-H-W 表示),这些收入分配的属性在过去几年中都发生了变化。表 14.3 至表 14.5 显示了 1998 年、2007 年和2010 年几项集中度的测量值。就工资收入而言,基尼系数、变异系数、包含中位数的各种比值和最高收入群体的份额都有所增加,且其中大多数是单调递增的。至于收入,SCF 提供的图景比较混乱,基尼系数似乎没有变化,一些指标表明不平等加剧了,而另一些指标则表明不平等减少了。财富总值情况类似于收入,但基尼系数、第 90 个百分位数与中位数的比值,以及平均值与中位数的比值都有所上升,但前 10%、1% 和 0.1% 样本的份额要么保持不变,要么已经下降。

表 14.1 美国经济中工资收入及净值分布

项目	最低/%			五分位					最高/%			总值
	0—1	1—5	5—10	第一组	第二组	第三组	第四组	第五组	90—95	95—99	99—100	0—100
按工资划分的总样本份额/%												
工资	-0.1	0.0	0.0	-0.1	3.5	11.0	20.6	65.0	12.1	18.3	18.0	100.0
收入	0.8	0.4	0.9	6.5	8.5	10.5	17.8	56.7	10.3	16.5	15.9	100.0
净值	4.5	0.5	0.7	11.6	13.0	6.3	9.9	59.1	8.6	21.2	20.2	100.0
按净值划分的总样本份额/%												
工资	0.9	2.8	2.3	8.4	10.7	14.6	17.5	48.8	10.3	15.7	10.8	100.0
收入	0.8	2.6	2.2	8.4	10.0	13.9	17.6	50.1	10.2	15.3	12.2	100.0
净值	-0.3	-0.3	-0.1	-0.7	0.7	3.3	10.0	86.7	13.5	26.8	34.1	100.0

注:数据源自 2010 年消费者财务调查。收入包括食品券在内的所有收入。工资指通过劳动获取的收入。农业和商业收入被分为劳动收入(93.4%)和资本收入(6.6%)(这一资本份额比其他年份低得多)。
资料来源:Kuhn(2014)。

[①] 事实上,由于经济衰退,2010 年归属于劳动所得的营业收入总体占比较大(93.4%),而在 SCF 的前几次调查中则为 85% 左右。有关如何计算此类比例的详细信息,见 Díaz-Giménez 等(2011)的研究。

表 14.2　2010 年集中度与偏离度的分布情况

统计指标	工资	收入	财富
变异系数	3.26	3.45	6.35
对数方差	1.41	0.92	4.65
基尼系数	0.65	0.55	0.85
最富有的 1%/最贫穷的 40%	210	67	47,534
平均值的位置/%	70	73	83
平均值/中位数	1.85	1.70	6.42

资料来源:Kuhn(2014)。

表 14.3　集中度的变化

年份	基尼系数				变异系数			
	工资	收入	财富	N-H-W	工资	收入	财富	N-H-W
1998	0.61	0.55	0.80	0.86	2.86	3.56	6.47	7.93
2007	0.64	0.57	0.82	0.88	3.60	4.32	6.01	7.59
2010	0.65	0.55	0.85	0.89	3.26	3.45	6.35	7.70

资料来源:Kuhn(2014)。

表 14.4　与中位数相关的比值的变化

年份	中位数与第 30 个百分位数之比				第 90 个百分位数与中位数之比				平均数与中位数之比			
	工资	收入	财富	N-H-W	工资	收入	财富	N-H-W	工资	收入	财富	N-H-W
1998	2.80	1.71	4.00	4.54	3.18	2.87	6.88	12.56	1.57	1.62	3.95	7.66
2007	2.77	1.68	4.54	4.73	3.41	3.00	7.55	15.73	1.72	1.77	4.60	10.39
2010	3.30	1.64	5.24	4.11	3.79	3.10	12.37	23.33	1.85	1.71	6.42	13.18

资料来源:Kuhn(2014)。

表 14.5　被选群体的总工资、收入和财富所占百分比　　　　　　　　　　单位:%

年份	SCF 工资			SCF 收入			SCF 财富		
	最高 10%	最高 1%	最高 0.1%	最高 10%	最高 1%	最高 0.1%	最高 10%	最高 1%	最高 0.1%
1998	43.5	16.1	1.7	42.8	17.4	6.1	68.6	33.9	12.5
2007	47.0	18.7	1.9	46.9	21.0	7.8	71.4	33.6	12.4
2010	48.4	18.0	1.7	44.5	17.2	5.6	74.4	34.1	12.3

资料来源:Kuhn(2014)。

　　收入和财富不平等加剧的基本数据与 Piketty 和 Saez(2003)、Piketty(2014)以及 Saez 和 Shareman(2014)报告的情况形成了鲜明对比,这些报告都使用了税收数据。根据他们的记录,在过去几年里,收入和财富不平等程度大幅度上升。收入不平等的证据明显,因为纳税申报表能直接呈现。而 Saez 和 Zucman (2014)给出的财富集中度的演变证据则不能直接呈现;这是因为生成报告中资本收益的资产价值是通过资本化方法计算的,每类资产的收益率都是在资金流动(flow of funds)中获得的。不过,这相当具有说服力。该文认为,使用 SCF 的数据和使用税收数据之间存在差异,这主要是由前 0.1％最富有的财富所有者的影响造成的。SCF 数据不包括最富有的 400 个家庭(《福布斯》最富有的 400 个家庭),况且,即使在同一收入阶层中,SCF 调查问卷的自愿答复率也很可能因收入不同而有所变化。这两组数据是互补的,SCF 致力于更好地呈现最富有者的情况。SCF 可能会在这些方面进行一次重大升级改进。在未来数月内,SCF 有希望在这几个方面获得进展,使我们能更好地了解非常富有人士的特点。

谈到消费不平等,有人怀疑这种不平等是否也有所加剧。Krueger 和 Perri(2006)利用消费者支出调查的数据证明,消费不平等仅略有增加。然而,Attanasio 等(2004)、Aguar 和 Bils(2011)声称消费不平等的加剧更为显著。这些研究得出了不同结论,原因之一是他们使用了不同的调查数据。Krueger 和 Perri(2006)使用的是从访谈调查中收集的消费数据,而 Attanasio 等(2004)使用的是日志数据。此外,Aguiar 和 Bils(2011)认为,从访谈里总体消费中被还原的部分可观察到消费数据的质量下降,这主要集中在富人和高收入群体所购买的商品中。这两个特征都表明,与使用未经过特别处理的数据所得到的结果相比,潜在的消费不平等程度更高。

总之,在过去的 10—20 年里,种种迹象表明,不平等现象大幅加剧。

14.2　对宏观经济不平等来源的建模

在本节中,我们将展示宏观经济学是怎样描述不平等的。在 14.2.1 中,我们首先探讨现有宏观经济模型对财富分配的影响。本节回顾的大多数模型基于的假设都是工资薪酬过程是外生的:可以是随机的,但不受个体决策的影响。在 14.2.1.3 中,我们描述的一些理论认为,工资薪酬过程从受个体决策影响的意义上说是内生的。因为个体决策也受不同政策的影响,所以这些模型对于经济政策对工资收入分配的影响做出了有趣的预测。

14.2.1　基于工资薪酬过程的财富分配不均等理论

在这一部分中,我们首先强调拥有无限寿命的个体和完全市场的新古典增长模型在预测财富不平等方面的局限性。回顾代际交叠模型的预测之后,我们将分析具有非完全市场的模型。正如我们将看到的,考虑市场的不完全性有助于更精确地预测个人工资薪酬在特定过程中的财富分配情况。

14.2.1.1　新古典模型中收入和财富不平等的无关性

基于确定性的新古典主义的增长模型对收入和财富不平等的描述很少。请注意,我们指的是现代意义上的新古典增长模型,纳入了充分最优化的储蓄行为。[①] 有种观点在 Chatterjee(1994)中提及过,并且后来 Caselli 和 Ventura(2000)也表达了这一观点:任何最初

---

① 因此,Stiglitz(1969)的标准分析并不适用,因为在那里,储蓄行为是假定得来的,而不是从第一原则推导而来的。

的财富分配本质上都是自我延续的。要理解这一点,需仔细考虑一个家庭中的典型问题 $i \in \{1, \cdots, I\}$。运用递归符号,用上标表示下一个周期的变量,该家庭问题可以写成

$$v^i(a) = \max_{c,d} u^i(c) + \beta_i v^i(a') \qquad (14.1)$$

$$\text{满足条件} \quad c + a' = a(1 + r) + \varepsilon_i w \qquad (14.2)$$

其中,$u^i(c)$ 为标准效用函数(可微,严格凹形),$\beta_i \in [0,1]$ 为贴现因子,ε_i 是家庭有效劳动单位禀赋(我们这里假定其为常数)。另外,最优化的必要条件如下:

$$u_c^i(C_i) = \beta_i(1 + r')u_c^i(c_i') \qquad (14.3)$$

其中,$u_c^i(C_i)$ 是消费的边际效用。在均衡状态下,分配不会随时间的推移而变化,$c_i = c_i'$ 且 $r = r'$,这要求储蓄的收益率等于每个时期的时间偏好率,即 $\beta_i = (1 + r)^{-1}$。一个隐含意义是,如果家庭具有内部一阶条件,即方程式(14.3)中的符号能够成立,那么无论 i 为何值,$\beta_i = \beta$ 都成立,否则,一些家庭的资产会不断减少,直到达到借贷能力所决定的某个下限。

因为在新古典增长模型中,回报率是由资本的边际生产率决定的,所以我们可得出下面的公式:

$$\beta^{-1} = 1 + r = F_K(K,N) - \delta \qquad (14.4)$$

其中,K 为总资本,$N = \sum_i \varepsilon_i$ 为总有效劳动(工时按其效率加权),F 为生产函数,δ 为恒定的资本折旧率。在新古典增长模型中,物质资本是唯一的财富形式,因此下式必须成立:

$$K = \sum_i a_i \qquad (14.5)$$

其中,a_i 是由家庭 i 持有的资产。请注意,只有上面的最后三个方程是该理论强加的几个方程。结果表明,任何满足方程(14.4)和方程(14.5)的财富分配 $\{a_i\}_{i=1}^I$ 都是这种经济的一种稳定状态,其中每个住户 i 消费他们的收入,即 $c_i = ar + \varepsilon_i w$。这意味着该理论对 a 的分布没有任何的限制。请注意,无论劳动的效率单位(和劳动所得的工资收入)在住户中是如何分配的,情况都是如此。消费和休闲之间的不可分性也不能改变这一结果。

一些小细节限定稳定状态之外的系统行为。在常相对风险厌恶(CRRA)偏好下,方程(14.3)可以写成 $\left(\dfrac{c_i'}{c_i}\right)^\sigma = \beta_i(1 + r')$,其中 $1/\sigma$ 是跨期替代弹性。根据工资和财富的联合分布,财富分配的演变是由这个方程和预算约束决定的。

新古典增长模型或其变体还提供了哪些其他的可能性?并不多。现在考虑每期效用函数的异质性,我们已经注意到,这不会改变任何稳态的考虑因素。在稳定状态之外,该模型只采用初始财富分配,并使用一阶条件和预算约束来影响未来的财富分配,该模型实质上是在没有受到多少内生作用的影响下分散或集中财富分配。

这些经济过程的随机情形又如何呢?在市场完全的情况下,所有特异的不确定性均消失了(确保其消失),而总体不确定性则由那些更愿意承受它的人承担。如果这种承受风险的能力随着财富的增加而增强,那么该模型可能会产生某种程度的再分配,以应对总体经济冲击。但是,我们分离总体不确定性时将会发现,当市场不完全时(个体继续面临特异性冲击时),收入和财富不相关的结论则不再适用。我们在探讨不完全市场的蕴义之前,先对代

际交叠模型进行简要回顾。

14.2.1.2　代际交叠模型和财富不平等

在代际交叠模型中,每个时代都有新的家庭产生,并且延续几个时期 J(他们也可能更早地死亡)。[①] 在下面的模型中,我们抛开处于任意一个时期内不同家庭之间的差异,假定只有不同时期的家庭之间存在异质性。时期 j 的住户工资收入为 ε_j,我们把它看作是外生的。这一规定适用于退休,在经过一些额外处理后,也适用于政府提供的社会保障金(有关确定特定时期工资收入的理论,见 14.2.2)。在稳定状态下,家庭解决以下问题:

$$\max_{\{c_j,a_{j+1}\}_{j=1}^J} \sum_{j=1}^J \beta_j u(c_j), \tag{14.6}$$

$$\text{须满足条件 } c_j + a_{j+1} = a_j(1 + r) + w\varepsilon_j, \tag{14.7}$$

$$a_1 = 0, \tag{14.8}$$

$$a_{J+1} \geq 0 \tag{14.9}$$

其中,β_j 是家庭在 j 时期效用中的具体权重。注意,家庭生来没有资产,死亦不能负债。稳态的要素价格分别是 r 和 w。解决这一问题的方案包括满足欧拉方程(Euler equation)的特定时期消费(c_j)和资产持有量(a_j):

$$u_c(c_j) = \frac{\beta_{j+1}}{\beta_j}(1 + r) u_c(c_{j+1}) \tag{14.10}$$

稳态要素价格等于新古典生产函数的边际生产率,与总资本 $K = \sum_{j=1}^J A_j$ 和劳动力 $N = \sum_{j=1}^J \varepsilon_j$ 有关。我们用大写字母 A_j 表示处于时期 j 的家庭资产,家庭有很多,所以 A_j 是一个汇总变量,这解释了为什么我们要使用大写字母。

在将这些模型映射到数据时,我们校准工资收入情况,使之与数据一样,呈倒 U 形(即使包含社会保障金之后也是如此)。如果我们采用一个恒定的贴现率(即像大多数研究人员一样),我们在方程(14.6)中用 β^j 代替 β_j,该模型生成的财富持有量呈倒 U 形,通常在 60 岁出头达到峰值。自这一点起,该模型预测资产会稳定缓慢损耗,到死亡时耗尽。由于在均衡状态下,住户财富必须合计成资本,所以住户必须在有限的生命期内储蓄,积累总资本存量。虽然代际交叠模型对终身财富的预测与数据基本一致,但对终身消费的预测则不然。强烈的储蓄动机和欧拉方程表明:无论 j 为何值,都满足 $c_{j+1} > c_j$。然而,在数据中,消费还是呈驼峰形的。既有文献提出了许多方法来克服这一缺点,包括人口结构转换、效用函数中不可分的休闲活动(Auerbach and Kotlikoff, 1987; Ríos-Rull, 1996)、耐用品和不完全金融市场(Fernandez-Villaverde and Krueger, 2011)、借款限制和低回报率(Gourinchas and Parker, 2002)等。

由于死亡率是随机的,因此只要存在养老金市场(即使很少被使用,也是可用的),该模型就会产生相同的预测结果。要了解其原因,需考虑时期 j 和时期 $j+1$ 之间的生存概率,我

[①] 有时,文献中使用术语"代际交叠模型"来描述这样的情况,即每个阶段都有新个体诞生并在未来任何时候以某种概率死亡。我们把这种特殊的情况称为 Blanchard-Yaari 模型(Blanchard, 1985; Yaari, 1965),它在数学上与无限寿命模型非常相似。

们用 φ_j 表示。生存概率乘以贴现因子 $\dfrac{\beta_{j+1}}{\beta_j}$，体现一个事实，即家庭只有在生存时才能获得效用。[①] 合理定价的养老金（即以零预期成本发行）意味着家庭通过购买养老金进行储蓄，如果家庭幸存，那么今天一个单位的储蓄在明天会产生 $\dfrac{1}{\varphi_j}$（$1+r$）个单位的商品，否则为零。显然，这种资产主导着非或有的储蓄投资，预算约束（14.7）变为

$$c_j + \frac{a_{j+1}}{\varphi_j} = a_j(1 + r) + w \tag{14.11}$$

可以核实，通过对折现和预算约束的修正，我们依然可以得到与方程（14.10）中相同的一阶条件。

如果我们像 Hansen 和 Imrohoroglu（2008）一样，假定没有养老金，那么我们必须对消亡家庭留下的资产分配做出一些假设，可以有多种选择。一种是假设任何家庭都像法老一样，资产与所有者一起埋葬。由于回报率较低，分配给年轻人的财富总量变小，该模型的预测与基本模型相比略有变化。其他选项则包括假设存在 100% 的遗产税（除使用公共收入外，其含义与法老模式相同）或假设消亡家庭的资产转移到某个年代组的人手中。如果资产在某些年代组的家庭中平均分配，则财富分配将在家庭继承财富的时间出现增长，数据并没有呈现这一特征。一个更具吸引力的尚未被直接探讨的选择是，在一个消亡家庭和一个被随机选择来继承资产的年轻家庭之间建立直接联系。在这种情况下，由死亡时间和祖先财富的差异而导致的组内不平等是有限的。

遭到总体冲击的代际交叠经济的情况又如何呢？由于总体冲击，即使存在提前一期的、状态依存型资产的市场，也可能存在不完全的保险，因为消亡的家庭无法互相承保。答案首先取决于冲击的大小。对于（小）商业周期类型的冲击，完全市场或不完全市场带来的分配差异不大。Ríos-Rull（1996）和 Ríos-Rull（1994）发现，无论是否存在典型的商业周期冲击，分配几乎相同。更大的持续性的冲击情况不同。例如，Krueger 和 Kubler（2006）研究了社会保障在减少代际市场不完全方面的作用，并未发现前者有大的影响。Glover 等（2011）研究了（最近的）经济衰退的再分配影响，发现产出损失和由此带来的资产价格下跌对年老一代的影响大于对年轻一代的影响。对这一结果的直观理解是，最近的危机与包括住房在内的资产价格大幅下跌有关，而年老一代拥有的资产多于年轻一代。

如果不存在针对特殊风险的保险市场，并且家庭只能通过持有非或有资产来储蓄，那么情况就会发生巨大变化，而且该模型的预测会非常严密。这一点我们将在下一节中讨论。

14.2.1.3 工资与财富不平等的定态理论

当家庭无法获得保险抵御冲击时，无风险资产的积累就会成为一种机制，使家庭能够采取平稳消费行为，在工资高于平均水平时储蓄，在经济困难的情况下不储蓄。这就是说，在家庭处于不可保风险的环境下，那些幸运且对冲击有良好认识的家庭比那些面临不利现实

---

① 在这个模型中，家庭没有什么可以影响生存的，所以活着或死亡的相对价值是不相关的。如果 CRRA 效用函数的曲率大于对数，则效用为负，并且我们的公式似乎暗示家庭宁愿消亡也不愿存在。

的住户更富有。有一些模型对这种事后不平等进行了广泛的研究,在这些模型中,风险来自禀赋或工资收入,且个体只能以非状态依存型资产的形式储蓄。这一基本理论最初是由 Bewley(1977)提出来的。随后,Ayse İmrohoroğlu(1989)、Huggett(1993)和 Aiyagari(1994)对一般均衡和数量特征进行了研究。这些思想在 Carroll(1997)与 Gourinchas 和 Parker(2002)的研究中有重要应用。

随后的研究扩展了这些模型,提高模型生成更大财富不平等的能力。这些方法包括增加特殊收入风险(Castañeda et al.,2003)、创业风险(Angeletos,2007;Buera,2009;Cagetti and De Nardi,2006;Quadrini,2000)、人力资本的内生积累(Terajima,2006),以及随机贴现(Krusell and Smith,1998)。在这些模型中,不平等是内生的,财富集中程度由此可能受到政策的影响。这为调查税收政策对财富不平等的重要性开辟了新的研究道路,可参见 Díaz-Giménez 和 Pijoan-Mas(2011)、Cagetti 和 De Nardi(2009)以及 Benhabib 等(2011)的研究。

我们首先回顾如何确定工资薪酬过程(见 14.2.1.3.1),然后介绍 Aiyagari(1994)模型的主要特征(见 14.2.1.3.2)。

14.2.1.3.1　工资的随机表达式

大量的文献试图简洁地呈现周薪或月薪工资收入的随机过程,这些文献使用面板数据来估算劳动收入或工资收入的单变量过程,有时是以个体工资收入为基础,有时是以家庭工资收入为基础(表 14.1 和表 14.2 中使用的数据以家庭收入为基础)。[①] 例如可参见 Guvenen(2009)或 Guvenen 和 Kuruscu(2010,2012)。

我们下面会看到一个需要考虑的重要特征,就是最常见的数据集不包括非常富有者的数据。SCF 设计旨在更好地描述富人的情况,但不幸的是,SCF 没有固定样本数据,因此不能用来区分冲击以及其他有趣的特征对个人产生的效应,而这些有趣的特征恰恰是对工资收入作为一个随机过程的最佳呈现方式。比较这两个数据集的横截面,可以看出样本的不同之处。就包含最高工资收入者以及他们的工资收入持续性情况而言,最近的研究者使用的是税收数据(如 Atkinson et al.,2011;DeBacker et al.,2011)或社会保障数据(如 Guvenen et al.,2012),这一研究状况看起来很有希望。

14.2.1.3.2　Aiyagari(1994)模型

考虑一个由许多人组成的经济体,该经济体实际上是由永生个体组成的一个连续统,这些个体又是由有限的多种类型 $i \in I$ 构成。他们受到的冲击无法投保。不失一般性地,我们认为冲击 $m \in M$ 存在有限多种的可能实现形式,并且遵循带有(可能是特定类型的)转移矩阵 $\Gamma^i_{m,m'}$ 的马尔可夫链(Markov chain)。为了简洁,我们用 Γ 来表示一个分块对角矩阵,其中每个块是 $\Gamma^i_{m,m'}$。在大多数情况下,冲击指的是个体的劳动效率单位禀赋,因此我们用 $s \in S = \{s^1, s^2, \cdots, s^M\}$ 来表示冲击。

家庭不喜欢休闲活动,通过每一时期的效用函数 $u^i(c)$ 以及跨越时期的贴现因子 β_i 来评估消费流。效用函数和贴现可以是特定类型附属的。

---

① 该过程也适用于周薪,但考虑到家庭主要经济来源的工作时间个人差异可变性低,周薪和工资具有相似性。

我们首先考虑最原始的财务结构,在这种结构中,家庭只能以一时期非或有资产储蓄,并且不能借钱。为了将模型映到实体经济并考虑其实证含义,我们在新古典增长模型的基础上增加外生劳动力供应构建了该经济模型。按照柯布-道格拉斯(Cobb-Douglas)生产函数,资本价格(资本租金)和劳动力价格(工资)仅取决于资本与劳动力的比率。因为总劳动力供应是恒定的,所以价格仅取决于总资本 K,我们可以将资本价格和劳动力价格分别表示为 $r(K)$ 和 $w(K)$。

我们只考虑稳态均衡的情况。在稳态均衡中,家庭面临一个恒定的利率 r 和一个固定的单位劳动效率工资 w。这种方法在这些类型的研究中很常见,因为它极大地简化了计算负担。事实上,在解决个体问题时,我们通过聚焦于稳态可以忽略总体情况的变化,而只需跟踪个体情况(家庭类型 i、资产状况 a 和特殊冲击 m 的实现)。当然,我们这样做,必须从分析中排除影响整个经济的变化,如总体生产率冲击或结构变化。对总体性和周期性冲击的考虑带来了主要的计算复杂性(例如,见 Krusell and Smith,1998)。然而,如果我们自己局限于探究一次性的完全在意料之外的冲击的意义(有点矛盾的一个表述)或者结构变化的意义,那么计算仍然是容易处理的。为了简明扼要,我们将此处的分析限制在稳态比较中,需要说明的是,在实体经济中,这种分布需要很长时间才可能收敛到一个新的稳态。

家庭的问题可以写成

$$v^i(m,a;K) = \max_{c,d'} u^i(c) + \beta_j \sum_{m'} \Gamma^i_{m,m'} v^i(m',a';K) \tag{14.12}$$

$$\text{s.t. } c + a' = ws^m + a(1+r) \tag{14.13}$$

$$a' \geqslant 0 \tag{14.14}$$

其中,上标 i 表示住户的类型,因为它不随时间变化而变化,所以把它列在价值函数的参数之外。其一阶条件由下式给出:

$$u^i_c(c) \geqslant \beta_i(1+r) \sum_{m'} \Gamma_{m,m'} u^i_c(c'),\text{如果 } a_i' > 0,\text{等式成立}。 \tag{14.15}$$

标准结果显示,该问题表现良好,解决方案由函数 $a_i'(m,a;K)$ 给出。此外,当 $\beta_i^{-1} < (1+r)$ 时,很容易证明,对于所有的 i 和 m,都有一个财富水平 $\bar{a}$ 使得 $a_i'(m,\bar{a}) < \bar{a}$。这就是说,一个家庭所积累的财富存在一个最高的水平。因此,可能持有的资产集合是紧集 $A = [0,\bar{a}]$。

要描述这个经济,我们可以使用一个家庭列表,列出家庭的类型、受到的不同冲击和配有他们名字的资产,但使用度量 x 更容易。这一度量告诉我们个体在空间 (i,m,a) 中如何具有某些特征。然后,总资本,即所有家庭资产的总和,可以写成

$$K = \int a\mathrm{d}x \tag{14.16}$$

度量 x 为我们提供了所需的所有信息。例如,劳动效率单位或劳动投入的总量等于

$$N = \int s^m \mathrm{d}x, \tag{14.17}$$

财富和工资的方差是

$$\sigma_k^2 = \int (a - K)^2 \mathrm{d}x \tag{14.18}$$

$$\sigma_N^2 = \int (s^m - N)^2 \mathrm{d}x \tag{14.19}$$

要计算财富的基尼系数,我们需要计算洛伦兹曲线,然后计算其积分。请注意,洛伦兹曲线上的任何一点,例如,0.99 的点上的取值,表示为 $\ell_{0.99}$,指的是 1 减去最富有 1％ 的人所持有的财富份额。要计算 $\ell_{0.99}$,我们首先要找到能把最富有的 1％ 与其余住户划分开来的财富阈值。一旦我们找到了阈值,我们就能计算出财富高于阈值的住户所拥有的财富在总财富中的比重。基尼系数就是洛伦兹曲线和 0 到 1 对角线以下三角形之间的面积的两倍(例子见图 14.4)。其他不平等统计数据也很容易从 x 中得到,这些数据包括与工资和财富的联合分布相关的数据,以及与工资和财富的跨期持久性有关的数据。

关于财富和收入不平等在特定工资薪酬过程中的情况,Aiyagari 模型有唯一的预测。因此,确定工资薪酬过程的性质成为该模型对数据应用的核心问题。我们是否应该认为所有人事先都是平等的? 也就是说所有人都属于一种类型——i 型,其区别仅在于对冲击的认识程度不同? 还是我们应该认定所有人事先是由不同的类型组成的? 对于每一种情况,我们如何确定应该使用哪个流程? 我们现在就来讨论这个问题。

正如 14.1 节中所说,美国的财富分配极不平衡,总财富的大约三分之一掌握在极少的 1％ 家庭手中。这些家庭是如何变得如此富裕的? 要想变得富裕,家庭既需要动机,也需要机会。需要机会的原因很明显:在某种程度上,家庭必须拥有足够高的工资,才能储蓄并积累大量的财富。动机也很重要:如果这些家庭没有耐心,为什么他们应该储蓄而不是消费? 如果工资高并不会永远存在,那么谨慎的家庭就会想要为未来可能面临的困难时期攒钱。问题在于动机和机会是否足够大,大到产生的财富集中程度足以在美国能观察到。

要对模型的工资薪酬过程进行确切的参数化,我们首先需要工资薪酬的马尔可夫过程。如果聚焦于美国经济,一种可能的方法是使用收入动态追踪调查(PSID)的数据估定一个具体过程,这就是 Aiyagari(1994)在他的开创性论文中使用的方法,该论文依赖于 Abowd 和 Card(1987)以及 Heaton 和 Lucas(1996)等已有的实证研究结果。

结果令人失望。表 14.6 的第一行显示了美国数据中关键组的财富份额,第二行显示的是同样的财富份额,但结果是用模型通过 PSID 数据对收入过程进行校准后预测得到的。图 14.4 中的红线代表了相关的洛伦兹曲线,预测结果几乎没有显示多少不平等现象,这与美国经济中实际观察到的不平等相比差别很大。该模型产生的前 1％ 和 20％ 最富有者所占的财富份额分别为 4％ 和 27％,而在美国,他们所占的实际份额分别为 34％ 和 87％。使用如 Storesletten 等(2001)提出的工资薪酬过程的替代性估值,也只能使该模型的预测结果略有改善。

由于许多可能的原因,该模型未能呈现出数据中所观察到的财富高度集中的现象。一个明显的解释是,该模型遗漏了重要的部分;例如,该模型忽视了生命周期的异质性,而实际生活的人口类型是复杂的。此外,它忽视了人的永久性特征以及教育和人力资本的获取。它还忽视了另外一个事实,生命受到许多其他类型冲击的影响,例如健康问题或意外开支。

Castañeda 等(2003)采取了一个不同的方法,把模型失败的原因归结为对工资薪酬过程的错误认识。PSID 样本不包括非常富有的住户,它与重点关注富人的 SCF 数据相比,显得极不匹配。PSID 数据更好地反映了前 10％以外的收入者和资产持有者的收入情况，但不适合表现收入最高者所得收入的动态属性。根据这一观察，Castañeda 等（2003）建议忽略 PSID 数据，只关注部门离散度与 SCF 相似的具体工资薪酬过程，其持久性是预先设计好的，因而能重现财富不平等的主要特征。

表 14.6 的第三行显示的是一个经济体的财富分配情况，该经济体的工资薪酬过程已经按照上述标准进行了校准。从表中我们可以看出，模型很好地重现了（通过构造）实证数据。比较两个工资薪酬过程［至少在 Díaz 等（2003）使用的简约呈现中］是非常有用的。Díaz 等（2003）的经济模式设计旨在复制 Aiyagari（1994）最初提到的经济模式，该经济模式有三项基本对称的工资薪酬值，工资薪酬过程的持续属性也是如此：位于中间和最高三分之一的个体工资，分别为位于最低三分之一家庭的工资的 1.28 倍和 1.63 倍。无论是最高还是最低三分之一的家庭，都有三分之一的可能性在下一周期摆脱目前的状况。这个社会是非常平等的。此外，不幸跌入最低三分之一的家庭，情况并没有那么糟糕。显然，因为该社会储蓄动机很弱，家庭很快就会不再存钱，把所有的收入都花光。

重现美国财富分配的过程与刚才描述的过程截然不同。如今美国社会底层几乎占所有家庭的一半。另外，一旦这些家庭进入底层，其每年上升到中层家庭的比例将不足 1％。

表 14.6 各经济体的财富集中度

经济体	第一组	第二组	第三组	第四组	第五组	前 10％	前 5％	前 1％	基尼系数
2010 年的美国数据	-0.7	0.7	3.3	10.0	86.7	74.4	60.9	34.1	0.85
PSID 收入—持续性	3.7	10.1	17.0	25.1	44.1	26.7	15.5	4.0	1.41
SCF 收入—财富	0.0	0.0	0.3	4.5	95.2	78.3	53.2	14.7	0.87
就业—失业	10.4	16.2	19.6	23.4	30.4	16.8	9.1	2.3	0.19
随机数 β	1.7	6.5	12.5	21.1	59.3	40.3	25.3	6.7	0.56

注：Aiyagari（1994）使用了 PSID 收入—持续性校准，Castañeda 等（2003）使用 SCF 收入—财富校准，Krusell 和 Smith（1998）使用了就业—失业和随机 β 校准。
美国数据来源于 Kuhn（2014）。

中产阶级家庭几乎占总人口的一半，他们的收入是处于底层家庭的 5 倍，但上升或下降到其他层级的机会同样很小（1％）。只有 6％的家庭属于工资收入最高群体，他们的工资收入很高：是穷人收入的 47 倍，是中产阶级收入的 9 倍。超过 8％的高收入家庭一年内的工资收入会下降。尽管这些特定的数值从某种程度上说有些武断，但它们让人明确地认识到，若在一个模型中，个体只在相同工资薪酬过程的实现方式上存在差异，这个模型要呈现美国的财富差距，动机和机会必须达到怎样的极端程度才可能实现。

Krusell 和 Smith（1998）采用了一种非常不同的方法来获得合适的财富分配。他们没有跟踪工资收入行为，而是提出了一个会产生工资收入不平等的简单的就业/失业过程，并假设单独个体的贴现率也是随机的。因此，除了对工资的特殊冲击，他们还考虑对贴现率的第二种特殊冲击。因为致富的唯一途径是保持就业，但工资收入不比其他就业人员更多，所以工资薪酬过程自身几乎不会产生不平等。他们在扩展随机贴现时，假设 β 可以取三个值

$\{0.9858, 0.9894, 0.9930\}$,其分布对称,且满足以下属性:(ⅰ)极值的平均持续时间为 50 年(因此它持续的长度相当于一个人的成年生命期);(ⅱ)从一个极端到另一极端的过渡需要一段时间;(ⅲ)中间组的(固定)规模为 80%。有趣的是,随机贴现模型产生了与数据较为相似的不平等指数(参见表 14.6 的最后一行)。

许多文献都使用具有特殊风险的生命周期模型,来研究财富不平等问题。早期的一个重要贡献是 Huggett(1996)。De Nardi(2004)、Cagetti 和 De Nardi(2006)以及 Cagetti 和 De Nardi(2009)研究了遗产税和创业精神在形成财富分配方面的作用。

14.2.2　工资不平等理论

到目前为止,我们已经描述了宏观经济学家如何根据工资分配来考虑财富分配。但工资分配自身情况如何? 工资分配来自哪里? 一般而言,我们可以认为工资收入差异是由多种异质性结合而成的,异质性包括:(ⅰ)先天能力或者个体的一生中先天就持续存在的运气;(ⅱ)不受个体控制的冲击实现过程中带来的后天运气;(ⅲ)努力或职业选择;(ⅳ)人力资本投资。在上一节所考虑的模型中,工资的异质性只是先天异质性(由于个体的类型造成)和后天运气(通过技能的马尔可夫过程形成)的结果。在本节中,我们通过人力资本投入和最优化努力选择将工资内生化。工资内生化的一个重要结果是工资分配可能受到若干因素的影响,这些因素包括金融市场发展和税收政策,例如,金融市场发展有助于获得人力资本投资的融资,税收政策会影响人力资本投资和努力的边际决策。

接下来,我们简要描述内生工资模型的三个方面:模型中,工资是在“干中学”还是不在“干中学”二者之间进行明确选择的结果,包括教育(见 14.2.2.1);模型中,并非所有类型的劳动都是完美替代品(见 14.2.2.3);在有职业选择的模型中,个体选择决定自己从事哪种职业(见 14.2.2.5)。

14.2.2.1　人力资本投资

工资过程内生化的一种常见方法是假设人力资本是内生的,并且取决于个体选择的个人投资。如果投资的回报是随机的,那么事后个体的特征就会呈现不同的人力资本水平,因此形成工资不平等。这种设定的一个有趣特点是它促成经济的总体表现和不平等程度之间呈正相关关系。更具体地说,人力资本投资增加会带来收入增加或经济增长,或两者同时增长,但由于投资扩大了特殊冲击的影响,也会导致不平等加重。

我们用一个简单的模型来说明这一点,而不讨论什么类型的投资能产生更高的人力资本这一问题。投资既可以是时间的结果,即放弃了产出或休闲,也可以是产生负效用的努力的结果,还可以是商品投资的结果。从这个意义上讲,在这个抽象层次上,它既包括直接投资于学校教育的学习,也包括更为普遍的像 Ben-Porath(1967)开创的人力资本投资。它还包括在最近研究中被形式化的关键机制,如 Guvenen 等(2009)、Manuelli 和 Seshadri(2010),以及 Huggett 等(2011)研究的关键机制。关于生命周期人力资本模型的详细讨论,见 von Weizsäcker(1993)。

设想一个经济体,拥有一个包括许多风险中立工作者的连续统,每个工作者拥有的人力资本用 h 表示。在这个简单的模型中,产出相当于工资,等于工作者的人力资本 h。个体人力资本可以通过投资变量 y 来增强。无论是从效用还是从产出来看,投资成本都很高(鉴于风险中性,它们基本上是一样的)。我们假设成本采用 $\frac{\alpha y^2 h}{2}$ 形式,人力资本的变化则依据

$$h' = h(1 + y\varepsilon')$$

其中,ε' 是满足 $\mathbb{E}\varepsilon' = \bar{\varepsilon}$ 的一个独立同分布(i.i.d.)随机变量。为了简化符号表示,我们用 $g(y, \varepsilon') = 1 + y\varepsilon'$ 表示人力资本的总增长率。

由于投资结果是随机的,该模型在工作者中生成了复杂的人力资本分配。从长远来看,由于在个体层面上 h 遵循随机游动,人力资本分布将会退化。为了使分布平稳,使模型简单,我们假设每个时期的工作者都以概率 λ 死亡,并被相同数量的新生个体所取代。考虑到事前的异质性或先天能力,我们还假设新生个体的初始人力资本是异质的。特别是,存在 I 个类型的新生个体,按照 $i \in \{1, \cdots, I\}$ 索引,每个个体规模为 x_0^i,初始人力资本为 h_0^i,新生个体的初始分布符合 $\sum_i x_0^i = \lambda$。

借助线性假设可以很方便地通过 h 将工作者要解决的最优化问题标准化。然后我们可以递归地将这个问题写成

$$\omega = \max_y \left\{ 1 - \frac{\alpha y^2}{2} + \beta(1 - \lambda)\mathbb{E}[g(y, \varepsilon')\omega'] \right\} \tag{14.20}$$

其中,ω 是由人力资本 h 标准化的预期终身效用。未标准化的终身效用是 ωh。当然,积累函数的线性在这里至关重要。如果新的人力资本是旧的人力资本的柯布-道格拉斯函数,就像 Ben-Porath(1967)模型中那样,分析将更加复杂。

一阶条件得到

$$\alpha y = \beta(1 - \lambda)\bar{\varepsilon}\omega' \tag{14.21}$$

其中,$\bar{\varepsilon}$ 是随机变量 ε 的平均值。

因为一阶条件与 h 无关,所以投资变量 y 随着时间的变化是恒定的,这反过来说明工作者的标准化终身效用(ω)是恒定的。因此,y 和 ω 可以由定义工作者价值和最优化投资的两个方程来确定,即

$$\omega = 1 - \frac{\alpha y^2}{2} + \beta(1 - \lambda)(1 + y\bar{\varepsilon})\omega \tag{14.22}$$

$$\alpha y = \beta(1 - \lambda)\omega\bar{\varepsilon} \tag{14.23}$$

给定新生个体 x_0 的人力资本分布和投资变量 y,我们可以确定整个经济的人力资本分配(等于工资收入分配),并计算出跨部门的不平等指数。我们关注的是变异系数的平方,即

$$不平等指数 \equiv \frac{\text{Var}(h)}{\text{Ave}(h)^2}$$

该式在稳态均衡中可准确计算。

计算此公式之前,请注意,年龄为 $j+1$ 的个体的数量或度量由 $\sum_i x_j^i = \sum_i x_0^i(1 - \lambda)^j$ 给出,并且平均人力资本等于

$$\text{Ave}(h) = \sum_i x_0^i \sum_{j=0}^{\infty} (1 - \lambda)^j \mathbb{E}_j h_j^i \tag{14.24}$$

指数 j 表示工作者的年代,i 表示人力资本为 h_0^i 的新生个体群体。i 类型的新生个体人口数量为 x_0^i,新生个体的总数为 $\sum_i x_0^i = \lambda$ 。因为工作者生存的概率为 $1-\lambda$,所以在 j 期之后仍然存活下来的那部分人是 $(1-\lambda)^j$ 。

用下面公式计算 h 的横截面方差

$$\mathrm{Var}(h) = \sum_i x_0^i \sum_{j=0}^{\infty} (1-\lambda)^j \mathbb{E}_j \big[h_j^i - \mathrm{Ave}(h) \big]^2 \tag{14.25}$$

其原理类似于用于计算平均数 h 的公式。当然,为了使方差有限,我们必须强加一些参数限制,尤其需要强加死亡概率 λ 足够大,而人力资本积累的回报 $\mathbb{E}[\varepsilon']$ 不能太大这两项限制条件。

附录 A 使用方程(14.24)和方程(14.25),得出平均人力资本和不平等指数的形式如下

$$\mathrm{Ave}(h) = \frac{\lambda \bar{h}_0}{1 - (1-\lambda)\mathbb{E}[g(y,\varepsilon)]} \tag{14.26}$$

$$\text{不平等指数} = \left[\frac{\sum_i x_0^i (h_0^i)^2}{\bar{h}_0^2} \right] \left[\frac{1 - (1-\lambda)\mathbb{E}g(y,\varepsilon)]^2}{1 - (1-\lambda)\mathbb{E}g(y,\varepsilon)^2} \right] - 1 \tag{14.27}$$

其中,$\bar{h}_0$ 是新生个体的人力资本总和。

从等式(14.26)可以看出,平均人力资本和总产出在投资变量 y 上严格递增,这一点可以直观地从模型的结构中看出来。

就不平等指数而言,等式(14.27)显示不平等指数是两项相乘的结果。括号中的第一项表示先天的不平等,即出生时人力资本的分配。如果所有个体生来都具有相同的人力资本,则该项为 1。然而,如果初始禀赋是异质的(先天能力的异质性),则该项大于 1。括号中的第二项表示投资产生的不平等。很容易看出,该项以及不平等指数在 y 上严格递增。由于 h 的平均值也在 y 上严格递增,我们已经确定宏观经济绩效与不平等之间存在正相关关系,这种相关关系直观明了。如果 $y=0$,所有工作者的人力资本将等于 h_0^i,不平等指数完全由先天异质性决定。当 y 为正值时,不平等加剧有两个原因。第一,因为增长率 $g(y,\varepsilon)$ 是随机的,人力资本在同年代工作者群体内部会有所不同。第二,由于每个年代的工作者群体都经历了经济增长,不同年代群体的平均人力资本之间会有所不同。[①] 人力资本的增长率放大了这两种机制,从而增加了投资 y。

利用这个模型,我们可以分析影响人力资本投资动机的一些变化是如何同时影响宏观经济绩效和不平等的。所得税的变化就是一个例子。

假设政府对收入的征税率为 τ。式(14.22)和式(14.23)的均衡条件变为

$$\omega = 1 - \tau - \frac{\alpha y^2}{2} + \beta(1-\lambda)(1+\bar{y\varepsilon})\omega \tag{14.28}$$

$$\alpha y = \beta(1-\lambda)\omega\bar{\varepsilon} \tag{14.29}$$

由代数运算可知,y 在 τ 上严格递减。实际上,税收减少了人力资本价值 ω,而人力资本的价值转而又必然关系到 y 的减少[见等式(14.29)]。然后,我们可以从方程(14.26)和方程

---

① 此外,Ⅰ 类型的新生个体在初始人力资本方面也存在差异。

(14.27)中看出,较高的税收不仅减少了不平等,也减少了平均人力资本。该机制从形式上表达了 Guvenen 等(2009)用于解释跨国工资不平等的观点。他们认为,与美国相比,较高的劳动税收导致欧洲工资压缩和生产率下降。还要注意的是,在这种环境中,短期较高劳动税收的影响将与长期较高劳动税收的影响不同。在这一特定的模型中,税收没有短期的抑制作用(但如果对闲暇进行估值,短期抑制作用就会存在)。税收确实会产生长期影响,因为个体会由此减少对人力资本的投资。仅基于短期数据的实证研究会忽略这些影响。

14.2.2.2 人力资本投资 vs"干中学"

在上一节中考虑的形式化模型可以轻易地扩展,引入"干中学"。为此,我们可以简单地将变量 y 看作(在人力资本上)的时间投资,并将变量 $1-y$ 看作生产所用时间。产出根据函数 $h(1 - \alpha y^2/2)$ 得到,该函数严格递减且在时间投资上呈凹型。确定人力资本演变的等式则为

$$h' = h(1 + y\varepsilon') + \chi(1 - y)$$

第一项表示时间投资,而第二项则是"在生产中学习"的结果。到目前为止,所进行的分析只涉及这个案例中的一些琐碎问题。特别是两个方程(14.22)和(14.23)变为

$$\omega = 1 - \frac{\alpha y^2}{2} + \beta(1 - \lambda)[(1 + y\bar{\varepsilon}) + \chi(1 - \gamma)]\omega \tag{14.30}$$

$$\alpha\gamma = \beta(1 - \lambda)\omega(\bar{\varepsilon} - \chi) \tag{14.31}$$

进一步扩展将假设"干中学"的回报是随机的,即 χ 是随机变量。此外,我们可以考虑一种特殊情况:人力资本的演变只能由"干中学"来确定。这一情况在 $\varepsilon = 0$ 时出现。这些扩展不会改变前一小节中所示模型的基本属性,包括对劳动所得税的短期、长期影响的分析。

14.2.2.3 技能价格

到目前为止,我们已经提出了一种模型,在这个模型中只有一种类型的人力资本或只有一种技能。由于个体拥有的人力资本水平不同,因而赚取的收入也不同。实际上,不同类型的技能与物质资本相结合,便能产生商品和服务。如果这些技能不可加总,那么它们的相对价格可能会发生变化,这意味着收入分配也取决于技能的相对价格,而相对价格反过来又取决于各种技能的相对供需情况。

为了修正这些观点,我们根据技能类型 H_1、H_2 和 H_3 将个体划分为三种类型。生产通过如下技术进行

$$(H_1 + AH_2)^\theta H_3^{1-\theta}$$

假设市场具有竞争性,这三种技能的价格等于其边际生产力,即

$$W_1 = \theta(H_1 + AH_2)^{\theta-1}H_3^{1-\theta},$$
$$W_2 = \theta A(H_1 + AH_2)^{\theta-1}H_3^{1-\theta},$$
$$W_3 = (1 - \theta)(H_1 + AH_2)^\theta H_3^{-\theta}。$$

在这个例子中,这三种技能的相对价格取决于三个因素:(i)技能类型的相对供给;(ii)决定 H_2 相对于 H_1 的生产率的参数 A;(iii)参数 θ 确定 H_1、H_2 的加总与 H_3 之间的相对生产率。例如,参数 A 增加可使三种技能的相对供应不变,H_2 和 H_3 的生产率提高,但 H_1 的边际生产率

会降低。这改变了三个群体之间的收入分配。A 的变化可能是特定技术进步的结果。正如我们将在 14.3 节中看到的那样,Krusell 等(2000)采用了类似的想法来解释 1980 年以来在美国观察到的技能溢价增加的现象。

14.2.2.4 寻找和不平等

员工的运气从哪里来? 一些经济学家认为,员工运气源自员工与工作相匹配过程的任意性。他们认为有些公司比其他公司更好,因为这些公司最终为技能基本相同的员工支付了更高的工资。该观点基于两个考虑因素:一是某些摩擦使得企业很难找到员工,二是工资取决于员工和企业双方的因素特征。

我们可以借助基本劳动力市场模型来讨论这些观点(参见 Pissarides,1990)。在这个模型中,企业是通过空缺职位和失业人员的随机匹配来创建的,工人的线性效用为 $\mathbb{E}_0 \sum_{t=0}^{\infty} \beta^t c_t$,风险中性意味着利率是恒定的,且等于 $r = 1/(\beta - 1)$。

公司通过支付成本 κ_0 创建,后者从分布 $F(z)$ 中提取出生产力水平 z。在初始提取后,z 不随时间而变化。然后,该公司必须以 κ_1 的价格发布一个空缺职位,如果该职位与失业人员匹配,公司将从下一阶段开始产出 z,直到出现外生概率 λ,使该匹配结束为止。该公司只能使用一名员工,新达成的匹配数量由函数 $M(v,u)$ 确定,其中 v 是职位空缺数,u 是失业人员的数目,填补空缺职位的概率为 $q = M(v,u)/v$,失业人员找到职位的概率为 $p = M(v,u)/u$。这个模型的第二个要素为工资是通过纳什谈判来决定的,这里我们用 η 来表示工人的议价能力。生产力为 z 的公司付给一名员工的工资是 $w(z)$,公司的盈利为 $z - w(z)$。

拥有一名员工的公司价值可以递归写为

$$J^1(z) = \{ z - w(z) + \beta(1 - \lambda) J^1(z) \} \tag{14.32}$$

这意味着它的价值是 $J^1(z) = \dfrac{z - w(z)}{1 - \beta(1 - \lambda)}$。一家新成立的公司的价值是:

$$J^0(z) = \{ -\kappa_1 + \beta(1 - \lambda) [qJ^1(z) + (1 - q) J^0(z)] \} \tag{14.33}$$

也可以表示为 $J^0(z) = \dfrac{-\kappa_1 + \beta(1 - \lambda) \dfrac{(z - w(z))q}{1 - \beta(1 - \lambda)}}{1 - \beta(1 - \lambda)(1 - q)}$。

生产力为 z 的公司雇用的员工的价值是

$$W(z) = w(z) + \beta [(1 - \lambda) W(z) + \lambda U] \tag{14.34}$$

其中,U 是员工没有工作时的价值。这个值由下式给出

$$U = \bar{u} + \beta \{ p \int W(z) F(\mathrm{d}z) + (1 - p) U \} \tag{14.35}$$

其中,$\bar{u}$ 是失业人员的流动性效用。

为了推导出议价问题,我们需要定义以下函数:

$$\hat{J}(z,w) = z - w + \beta(1 - \lambda) J^1(z) \tag{14.36}$$

$$\hat{W}(z,w) = w + \beta [(1 - \lambda) W(z) + \lambda U] \tag{14.37}$$

这些函数分别是公司的价值和受雇人员的价值,假定当前或未来支付的任意工资 w 由函数 $w(z)$ 确定。实际工资函数 $w(z)$ 是下面这个问题的解决方案:

$$\max_{w} [\hat{J}(z,w) - J^0(z)]^{1-\eta} [\hat{W}(z) - U]^{\eta} \qquad (14.38)$$

请注意,括号内的各项分别描述了如果公司和员工未达成协议并中断匹配将会遭受的损失。参数 η 表示工人的议价能力。要达到均衡,还需要几个附加条件。一是公司的自由进入,即新建公司的预期价值 $\int J^0(z)F(dz)$ 等于其成本 κ_0。为了达到稳态均衡,创建公司的总体情况必须能产生足够的空缺职位来填补失业员工的工作岗位数量。

很容易看出工资是 z 的增函数。在这种情况下,某种工资不平等的理论可能诉诸员工与高生产力公司的匹配运气,即使不同公司的两名员工本质上没有什么不同。Hornstein 等(2011)提出了一种新方法来量化评估寻找摩擦引起的薪资差异的重要性,发现其影响非常小。事实上,实际的差距比这里所描述的寻找摩擦所产生的差距大 20 倍。要理解这一发现,需要思考一下员工和公司得以匹配以及实际议价过程发生之前的一个中间步骤。在这个中间步骤中,员工可以预测工资是多少,并且可以选择接受工作还是继续寻找。最低工资使得员工在接受工作还是继续寻找工作之间做选择的时候是无差异的。比较最低工资与员工的平均工资后,Hornstein 等(2011)发现,对于合乎经验的参数值而言,寻找摩擦产生的平均工资与最低工资之间的差别很小。

14.2.2.5 职业选择和工资不平等

最近,工作职业选择已被认为是收入不平等的一个重要来源。收入不平等的产生不仅在于工作者积累的人力资本不等,还在于他们所从事的职业不同。Kambourov 和 Manovskii(2009b)等一些研究已证明,人力资本在很大程度上会随着不同的职业而有所变化。我们将讨论不同的职业选择如何会直接影响人力资本收益和工资增长。另外,一些职业可能会使从事这些职业的工作者对周期性动态和失业更加敏感。Wiczer(2013)的研究表明,人力资本具有的职业归属性会使工作者在应对商业周期内的特定冲击时不够灵活,从而导致不同职业在失业率、失业期和工资方面出现不平等。

想了解职业选择可能影响工资不平等的途径,需考虑一个简单的模型,其中职业表示为 $j = \{1, \cdots, J\}$,人力资本在不同职业之间只能不完全转移,因此,从事职业 j 当前人力资本为 h 的工作者,从职业 j 转换到职业 ℓ 后,其人力资本则变为 $h' = \omega(h, j, \ell)$。

这是 Kambourov 和 Manovskii(2009a)将职业流动与工资不平等联系起来的基本框架。一直从事同一职业的员工,工资增长情况一样。转换工作的员工失去人力资本,工资会出现负增长。将有经验的员工标准化为 $h = 1$,一名新员工到来时,人力资本是 $\omega_{j,l} = \omega(1, j, \ell)$,要成为有经验的员工还需要一段时间。设 $g(j, \ell)$ 是员工从 j 转换为 ℓ 的概率,x_j 是衡量从事职业 j 的员工的标准。工资的方差为

$$\text{var}(w) = \sum_j x_j \sum_\ell g(j, \ell)(\omega_{j,\ell} - \mathbb{E}w)^2$$

显然,如果没有职业转换,方差将为零。然而,职业转换很常见,实际上,随着近期工资不平等的加剧,转换职业的现象日益增多。从 20 世纪 70 年代到 90 年代,转换职业的概率增加了 19%。[①] Kambourov 和 Manovskii(2009a)将职业转换与收入不平等联系起来,提出两者的一

---

① 这种概率使用了 1970 年的三位数职业普查界定和 PSID 数据。

个共同原因。如果某职业受到的冲击正在增大,将通过两个渠道影响工资不平等,一是冲击会直接增加从事该职业员工的工资离散度,二是冲击也会增加职业转换,并使工资不平等加剧。由于这些冲击难以直接观察到,Kambourov 和 Manovskii(2009a)便通过员工的职业转换行为来显示产生这种行为的潜在过程;随着职业转换行为的增多,冲击必然已经增大。按照这种识别逻辑,职业转换造成的工资不平等上升占总体上升的 30%。

针对特定职业的难以观察到的冲击当然不是员工为什么要转向不同职业的唯一假设。Papageorgiou(2009)和 Yamaguchi(2012)等研究者提出,员工的工资取决于特定职业的匹配质量,而匹配质量只有在匹配的过程中才能了解到。这些研究论文表明,职业不匹配减缓了一些员工工资的增长速度,加剧了工资不平等。同时,商业周期压力和失业等综合因素也可能加剧职业转换。事实上,失业人员比在业人员转换职业的可能性高出两倍。沿着这一思路,我们引入一个简单的模型,将失业和寻找作为转换职业的动因。

在这种环境中要确定的关键对象是随机换职率 $\{p_{j,\ell}\}$,即职业为 j 的人员在职业 ℓ 中找到工作的概率。用 $P = \{p_{j,\ell}\}_{j,\ell \in \{1,\cdots,J\}}$ 表示这种环境中所有换职率的集合。用 $g(j,\ell)$ 表示先前职业为 j 的人员在寻找职业时所花费的时间。我们假设在某一特定领域找到工作得到的回报会以 $\varphi < 1$ 的速率下降,那么不是所有从事 j 职业的人都转向同一类型的新职业 ℓ。这样的简化可以替换模型中任意一个或多个更为实际的要素,比如不同的偏好。显然,寻找新职业的时间分配决定最终实现的换职率。

均衡的特征将取决于我们采用的工资设定规则类型,这里我们考虑的是员工赚取边际产品的最简单情况。因此,刚转行的人员工资是 $\omega_{j,\ell}$,而有经验的员工工资是 1。

设 W 是在业人员的价值函数,U 是失业工人的价值函数。这些函数以递归方式定义为

$$W(\ell,P) = \omega_{\ell,\ell} + \beta(1-\lambda)\mathbb{E}W(\ell,P') + \beta\lambda\mathbb{E}(\ell,P'),$$

$$U(j,P) = \max_{g(i,\ell)} \sum_{\ell=1,\cdots,J} g(j,\ell)^\varphi p_{j,\ell}(\omega_{j,\ell} + \beta\mathbb{E}(\ell,P')) + \left(1 - \sum_{\ell=1,\cdots,J} g(j,\ell)^\varphi p_{j,\ell}\right)$$
$$\times (\bar{u} + \beta\mathbb{E}U(j,P')).$$

在这种情况下,选择 $g(j,\ell)$,从而在工资和换职率既定的情况下,使寻找时间的边际收益满足下式:

$$g(j,j)^{\varphi-1} p_{j,j}\{1 - \bar{u} + \beta\mathbb{E}[W(j,P') - U(j,P')]\}$$
$$= g(j,\ell)^{\varphi-1} p_{j,\ell}\{w_{j,\ell} - \bar{u} + \beta\mathbb{E}[W(\ell,P') - U(j,P')]\}, \forall \ell$$

为获取动态体验,假定 $p_{j,j}$ 下降。无差别条件认为该职业寻找工作的时间减少,这样 $g(j,j)^{\varphi-1}$ 将增加,这将通过两个渠道加剧收入不平等:(1)提高 j 型工作者的失业率;(2)使更多人匹配进入产出仅为 $\omega_{j,\ell}$(< 1)的新职业。

上述模型包含 Wiczer(2013)探讨过的基本要素,他将数据应用于模型时发现,经济衰退往往会使 P 发生相应变化,这对某些职业的伤害大于对其他职业的伤害。在这种情况下,职业受到影响的人可能会失业很长一段时间,也会在很长一段时间内保持较高的失业率。考虑到这一结果,Wiczer(2013)在 Kambourov 和 Manovskii(2009a)的模型基础上引入了寻找摩擦,从而推导出换职率是内生的,并受商业周期条件的影响。如典型的匹配函数一样,换职

率会因拥挤(congestion)而降低。

为把分析框架扩展到内生匹配摩擦,我们根据 Wiczer(2013)的研究,令 $p_{j,\ell} = p(z_\ell, g(j,\ell))$,其中 z_ℓ 是一个影响职业 ℓ 招聘的冲击,并且寻找同一种工作的人越多,换职率就会相应地降低,$\frac{\partial p}{\partial g} < 0$。于是,当 $p_{j,j}$ 下降时,成功转换职业的概率也会下降。鉴于 Kambourov 和 Manovskii(2009a)发现招聘冲击可以调和转换行为,Wiczer(2013)便将他的冲击映射到职业增值的测量值。直接关注生产力使 Wiczer(2013)能够处理商业周期问题,周期内尽管寻找摩擦阻碍了人员大量转向新工作,但不同职业之间的失业离散度和工资离散度仍在增加。

如何鉴别数据中的"职业"仍然是一个悬而未决的问题。Wiczer(2013)使用了两位数的职业代码,Carrillo-Tudela 和 Visschers(2013)采用了类似的模式,但对职业的定义更加精细,后者的定义突出了特定职业技能与其他工作特征如工作地点等之间的相互作用。因此,底特律市的机械师的职位可能比一般机械师更不稳定。寻找模型是从职业异质性中抽取出来的,而这两篇论文都反映出失业和工资在寻找模型以外的商业周期中都产生了重大的波动。

14.3 不平等的动态变化

到目前为止,我们已经讨论如何构建工资和财富不平等的理论,并将之聚合成一个宏观模型。现在我们来分析影响不平等动态变化的因素,14.3.1 将讨论不平等在商业周期中发生的变化,14.3.2 将分析更大时间范围内的动态变化。

14.3.1 不平等和商业周期

商业周期有个被广泛认同的特征,就是收入中的劳动份额是高度逆周期的。如图 14.1 所示,在经济衰退期间,美国经济中劳动收入份额往往会增加。该图还表明,自 20 世纪 80 年代初以来,劳动收入份额呈下降趋势。在一定程度上,个体的收入来源是异质性的,即一些个体主要赚取的是资本收入,而另一些人主要赚取的是劳动收入,商业周期中存在重要的再分配。

为了获取劳动收入份额的周期性特征,我们必须偏离含柯布-道格拉斯生产函数的标准新古典模型,因为该模型中的劳动收入份额是恒定的。在本节中,我们将回顾一些模型,其中员工的薪酬是通过雇主和员工之间的议价谈判来确定的。由于员工的议价能力取决于宏观经济条件,因此这种机制有可能促成劳动收入份额在商业周期中发生变化。

从 14.3.1.1 开始,我们将使用 14.2.2.4 中提出的寻找和匹配模型,并做一定的改动,以便研究劳动收入份额的确定。这一改动可以将公司的创建与实际投资者联系起来,从而使劳动力和资本收入明确分离。我们看一下这个模型的两个版本:一个是简单版本,另一个版本中的投资者使用借贷和债券外部融资。该模型的一个重要特性是:影响工人议价谈判地位的冲击会影响收入分配,还会影响这些冲击对宏观经济的影响。我们将考虑两种类型的冲击:标准生产率冲击和影响获取信贷的冲击。14.3.1.2 将回顾金融加速器模型,其中分配与商业周期互相关联。本节最后讨论这些模型超越同期相关性复制数据的实证属性的能力。

商业部门：劳动收入份额

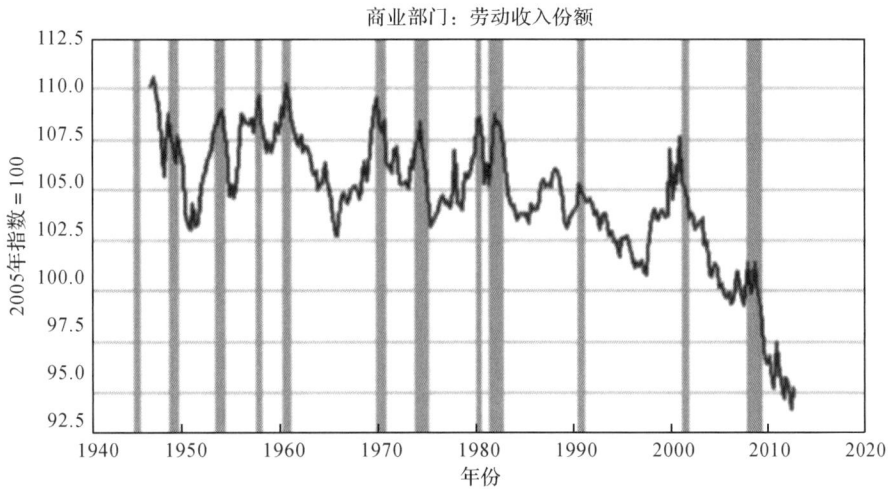

图 14.1 根据美国劳工统计局定义的美国商业部门的劳动收入份额

注：灰色区域是美国经济衰退期。

资料来源：美国劳工部的劳工统计局。

14.3.1.1 要素份额的确定：生产率冲击、议价能力冲击和金融冲击

在 14.2.2.4 中描述的寻找和匹配模型版本中（Pissarides，1987），公司的所有者或投资者与员工是区分开的，但在这种模式中，生产力是随机的，且是所有公司的共有特征。因此，z 对于各公司都是相同的，且随着时间的推移而随机变化。我们将重点关注投资者和员工之间的收入分配。这两类个体具有相同的效用 $\mathbb{E}_0 \sum_{t=0}^{\infty} \beta^t c_t$。

如前一样，职位空缺被失业人员填充时，公司成立。新公司就会有产出，除非现有匹配被外部破坏，这种情况发生的概率为 λ，但当前的产出水平会随时间的推移而变化。匹配数量由匹配函数 $M(v,u)$ 确定，其中 v 是职位空缺，u 是失业人员。空缺填补的概率为 $q = M(v,u)/v$，失业人员找到工作的概率为 $p = M(v,u)/u$。工资通过纳什谈判来确定，这里我们用 η 表示员工的议价能力。另外，我们还考虑到议价能力 η 可能是随机的。利用这些随机项，我们将投资者的价值函数改写为

$$J^1(z,\eta) = z - w(z,\eta) + \beta(1-\lambda)\mathbb{E}J^1(z',\eta' \mid z,\eta) \tag{14.39}$$

$$J^0(z,\eta) = -\kappa_1 + \beta(1-\lambda)[q\mathbb{E}J^1(z',\eta' \mid z,\eta) + (1-q)\mathbb{E}J^0(z',\eta' \mid z,\eta)] \tag{14.40}$$

工人的价值函数为

$$W(z,\eta) = w(z,\eta) + \beta\mathbb{E}[(1-\lambda)W(z',\eta') + \lambda U(z',\eta')] \tag{14.41}$$

$$U(z,\eta) = \bar{u} + \beta\mathbb{E}[pW(z',\eta') + (1-p)U(z',\eta')] \tag{14.42}$$

经过一些调整后，公司和员工的价值可写成

$$J^1(z,\eta) - J^0(z,\eta) = (1-\eta)S(z,\eta) \tag{14.43}$$

$$W(z,\eta) - U(z,\eta) = \eta S(z,\eta) \tag{14.44}$$

其中，$S(z,\eta) = J^1(z,\eta) - J^0(z,\eta) + W(z,\eta) - U(z,\eta)$ 是在合约双方之间分配的议价盈余，

与各自对应的议价能力成正比。盈余函数可递归地写成

$$S(z,\eta) = z - \bar{u} + (1-\lambda)\beta\mathbb{E}S(z',\eta') - \eta\beta p\mathbb{E}S(z'\eta') \tag{14.45}$$

使用自由进入条件 $\kappa_1 = q\beta\mathbb{E}S(z',\eta')$，分享规则(14.43)和(14.44)，以及函数(14.39)、(14.41)和(14.42)，可以推导出工资的表达式如下：

$$w(z,\eta) = (1-\eta)\bar{u} + \eta z + \frac{\eta p\kappa_1}{q}$$

14.3.1.1.1 生产率冲击

图 14.2 描绘的是基准模型下，就业和投资者的收入份额对正的生产率冲击的脉冲响应。经济繁荣的特点是更大的收入份额被分配给投资者，但对收入分配和就业方面的量化影响并不大。就业响应弱是匹配模型的一个显著特性(参见 Costain and Reiter, 2008；Shimer, 2005)。有趣的是，该模型无法产生大的就业波动，这与该模型无法在收入分配中产生大的变动有关。由于工资对生产率的反应过快，投资者的收入份额仅略有增加。因此，创造新空缺职位的动力不会有较大增长。但是，如果工资响应较小，那么投资者的收入份额增大，就业的增幅就会加大。

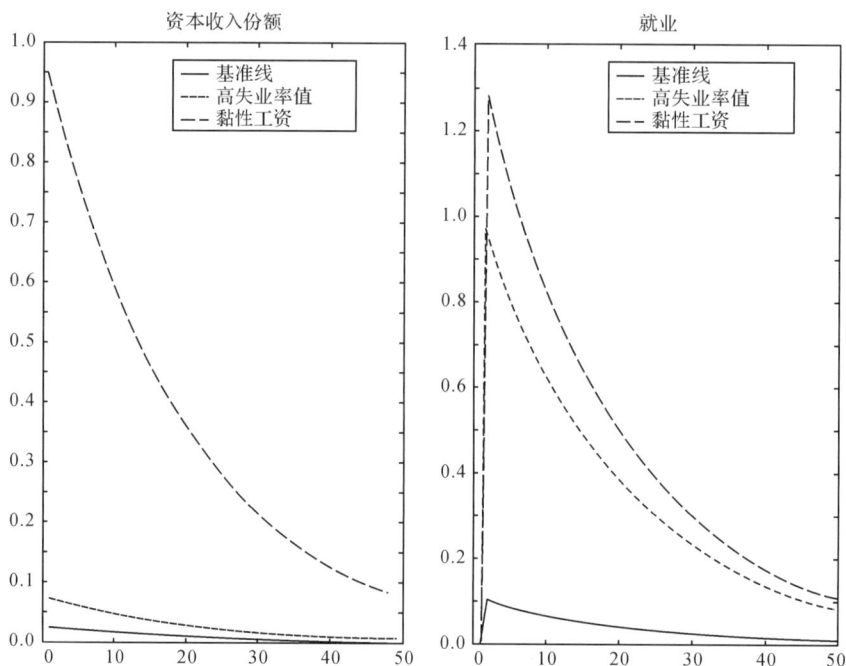

图 14.2 对生产率冲击的脉冲响应

注：该模型的所有版本的通用参数有 $\beta=0.985$，$\alpha=0.5$，$\mathbb{E}z=1$，$\rho_z=0.95$，$\sigma_z=0.01$。剩余参数 $\bar{u}$、κ、λ 和 A 用来实现以下稳态目标：失业替换率为50%(在高失业率值的模型中为95%)，失业率为10%，填补空缺的概率为93%，找到工作的概率为70%。结果值有 $\bar{u}=0.473$(在高失业率值的模型中为0.944)，$\kappa=0.316$(在高失业率值的模型中为0.034)，$\lambda=0.103$，$A=0.807$。

有几位学者认识到分配和就业之间的直接联系，提出了一些机制以生成更平稳的工资反应，从而使收入份额出现更大的波动。我们在这里总结了其中的三种方法。Hagedorn 和

Manovskii(2008)提出的第一种方法是假设工人失业时获得的流动效用与工作时的流动效用相差不大。就该模型而言,流动效用是通过为参数 $\bar{u}$ 选择一个较大值获得的,也就是失业状态下的流动效用。尽管许多人认为这种假设不可信,但该文阐述了这一特征如何使模型更接近于现实数据。Gertler 和 Trigari(2009)提出的第二种方法是假设工资是有黏性的。为了说明上述两种情况,我们首先赋予参数 $\bar{u}$ 一个较大值,从而得到失业替换率为95%。这种情况下的脉冲响应被标记为“高失业率值”,如图 14.2 所示。该图还绘制了当工资被外生固定为稳态弹性工资时的脉冲响应(弹性工资是工资刚性的一种极端情况)。可以看出,这两种假设都会使投资者与员工之间的雇佣关系和收入分配产生更大的波动,这表明,不平等与宏观经济波动密切相关:在整个商业周期中,收入分配波动越大,宏观经济波动就越大。Duras(2013)提出了第三种方法,其理念是在高生产率或高产出时期,员工打破匹配的成本比正常时期要高,这削弱了员工的议价地位,减轻了生产率上升时工资的上行压力。

14.3.1.1.2　对议价能力的冲击

尽管人们习惯于假定宏观经济波动是由生产率冲击引起的,但经济动荡还有可能是许多其他因素造成的。这里总结了直接影响收入分配的冲击效应,特别是直接影响工人议价能力,即议价份额 η 的冲击。当 η 下降时,更多收入将流入投资者手中,从而加剧收入不平等。与此同时,由于投资者占据了较大部分的盈余,他们有更高的积极性去雇用工人,从而导致宏观经济扩张。Ríos-Rull 和 Santaeulàlia-Llopis(2010)在新古典模型的背景下研究了一个类似的方法。

14.3.1.1.3　金融冲击

我们下面将说明,金融市场扩张和收缩产生的效应类似于议价能力受到冲击所产生的效应。对于这一情况的描述沿用了 Monacelli 等(2011)的观点。

我们对上文提到的寻找和匹配模型做另一个细微的修改,这样公司能够以毛利率 r 进行贷款。但是,贷款受到 $b' \leqslant \varphi \mathbb{E} J'(b')$ 的限制,其中 φ 是随机的,这一变量反映了信贷市场收紧的可能性。

公司进入该时期时,债务为 b。假定新债务为 b' 且工资为 w,支付给投资者的股息为 $d = z - w + b'/R - b$,其中 $R = (1 + r)/(1 - \lambda)$ 是公司在生存条件下支付的总利率。假设公司退出,那么公司就会拖欠巨额债务。考虑到这一点,贷出方收取的总利率则为 $R = (1 + r)/(1 - \lambda)$,贷款的预期收益为 r。请注意,投资者同时是股东和债券持有人。我们将价值函数仅仅设定为债务的函数,忽略生产率和议价能力的潜在变化(也就是说,现在我们假设 z 和 η 是不变的)。

公司的股权价值可以写成递归式

$$J(b) = \max_{b'} \left\{ z - g(b) - b + \frac{b'}{R} + \beta(1 - \lambda) \mathbb{E} J'(b') \right\} \tag{14.46}$$

$$\text{须满足 } b' \leqslant \varphi \mathbb{E} J'(b')$$

其中, $w = g(b)$ 表示付给工人的(待定)工资。我们可知,工资将由债务决定。请注意,我们还使用了一个上标来表示下一周期的股权价值,因为这也取决于下一周期的总体状态,尤其是取决于失业率和信贷市场状况。为了避免烦琐的记法,我们不把总体状态当成此处定义的函数的显式参数。相反,我们使用上标来区分当前函数和未来函数。

就业员工的价值是

$$W(b) = g(b) + \beta\mathbb{E}[(1-\lambda)W'(b') + \lambda U'] \tag{14.47}$$

给定工资 $g(b)$ 时,上式即可被定义。函数 U' 是失业的价值,其递归式定义为

$$U = \bar{u} + \beta\mathbb{E}[pW'(b') + (1-p)U']$$

其中,p 是失业人员找到工作的概率,$\bar{u}$ 是失业人员的流动效用。虽然就业人员的价值取决于总体状态和个人债务 b,但失业的价值只取决于总体状态,因为所有公司在均衡中选择的债务水平相同。因此,如果失业人员在下一周期找到工作,那么被雇用的价值就为 $W'(b')$。

确定当前工资能解决等式(14.38)中相同的问题。然而,我们应该考虑到,这一解决办法还取决于 b 和可决定未来工资的函数。因此,我们将议价问题的解写为 $w = \psi(g;b)$,其中 g 是可决定未来工资的函数。议价问题的均衡解是函数方程 $g(b) = \psi(g;b)$ 的固定点。

同样,在此情况下,公司和员工的价值满足

$$J(b) = (1-\eta)S(b) \tag{14.48}$$

$$W(b) - U = \eta S(b) \tag{14.49}$$

其中,盈余被定义为 $S(b) = J(b) + W(b) - U$,写成递归式为

$$S(b) = z - a - b + \frac{b'}{R} + (1-\lambda)\beta\mathbb{E}S'(b') - \eta\beta p\mathbb{E}S'(B') \tag{14.50}$$

当一个空缺被填补时,新成立的公司开始生产并能支付下一个周期的工资。当前时期唯一能确定的是债务 b'。因此,由一名员工刚刚填补的职位空缺的价值是

$$Q = \max_{b'}\left\{\frac{b'}{1+r} + \beta(1-\eta)ES'(b')\right\} \tag{14.51}$$

$$须满足 \ b' \leqslant \varphi(1-\eta)\mathbb{E}S'(b')$$

由于新公司从下一周期开始成为现有公司,因此 $S'(b')$ 是公式(14.50)中定义的现有公司的盈余。注意,在选择 b' 时,新公司面临着与现有公司类似的问题[见问题(14.46)]。即使新公司没有初始债务,也不支付工资,它也会选择与现有公司相同的债务存量 b'。现在关注一家具有典型"代表性"的公司,状态为均衡 $B = b$。

发布职位空缺的价值等于 $V = qQ - \kappa$。在这个版本的模型中没有公司特定的生产率抽取状况,所以有 $\kappa = \kappa_0 + \kappa_1$。只要职位空缺的价值为正,就会有更多空缺发布。自由进入意味着 $V = 0$,且在均衡中我们得到

$$qQ = \kappa \tag{14.52}$$

现在描述最佳的债务选择,也就是问题(14.46)。用 μ 表示与执行约束相关联的拉格朗日乘数(Lagrange multiplier),一阶条件是

$$\eta - R[1 + (1-\eta)\varphi]\mu = 0 \tag{14.53}$$

在推导这一表达式时,我们使用了该模型的这项属性,即 b' 的选择并不取决于现有的债务 b,因此,$\frac{\partial S(b)}{\partial b} = -1$。我们还使用了均衡条件 $\beta R(1-\lambda) = \beta(1+r) = 1$。

查看一阶条件可知,如果 $\eta \in (0,1)$,则强制约束束紧(即 $\mu > 0$)。因此,只要员工有一定的议价能力,企业就总是会选择最大债务,且借款限额就会具有约束力。这样,议价引入了一个机制,通过该机制可确定财务结构[Modigliani 和 Miller(1958)不适用]。原因很清楚:通过使用外部融资,公司能够减少需要与员工议价的盈余,增加可能的股权回报。

为了能直观地理解乘数 μ 的经济含义,可将一阶条件重新排列为

$$\mu = \underbrace{\left(\frac{1}{1 + (1 - \eta)\varphi} \right)}_{\text{债务总额变动}} \times \underbrace{\left(\frac{1}{R} - \frac{1 - \eta}{R} \right)}_{\text{借款边际收益}}$$

乘数是两项乘积的结果。第一项是强制约束的边际放宽所允许的下一期负债 b' 的变化,即 $b' = \varphi(1 - \eta)\mathbb{E}S(b') + \bar{a}$,其中 $\bar{a} = 0$ 是一个常数,略微改动 $\bar{a}$,便可得到这个结果。事实上,利用隐函数定理,可得到 $\frac{\partial b'}{\partial \bar{a}} = \frac{1}{1 + (1 - \eta)\varphi}$,即第一项。

第二项是给下一期负债 b' 增加一个单位(边际变化)而实现的净收益。如果公司每一单位增加 b',它当前就会以额外股息的形式获得 $1/R$ 的消费单位。下一周期,公司必须偿还一个单位。但是,公司的有效成本会低于 1,因为较高的负债使得公司将下一周期的工资减少 η,即流向工人的那部分盈余。因此,该公司产生的有效还款为 $1 - \eta$。此成本按 $R = (1 + r)/(1 - \lambda)$ 进行贴现,因为只有在匹配未分离的情况下才会偿还债务,这种情况发生的概率为 $1 - \lambda$。因此,乘数 μ 等于债务的总额变化(第一项)乘以借款的边际增长收益(第二项)。

使用强制约束具有约束力的属性,即 $\varphi EJ(b') = b'$,附录 B 显示工资可被写为

$$w = (1 - \eta)\bar{u} + \eta(Z - B) + \frac{\eta[p + (1 - \lambda)\varphi]\kappa}{q(1 + \varphi)} \tag{14.54}$$

这个等式清楚地表明,在确定工资时,初始债务 B 的作用类似于产出的减少。工人得到的不是产出的一部分 η,而是债务产出的"净值"的一部分 η。因此,对于给定的议价能力 η,债务越高,工人得到的工资就越低。正如从一阶条件中可看到的,这会促使公司将债务最大化。

图 14.3 描绘了对信贷冲击的脉冲响应,也就是说,冲击提高了 φ 并增加了公司可获得的信贷。信贷扩张导致资本收入份额增加及就业增加。因此,金融市场的变化可能改变收入分配,并随之影响创造就业机会的动因。这是收入分配和宏观经济绩效直接相关的另一例证。

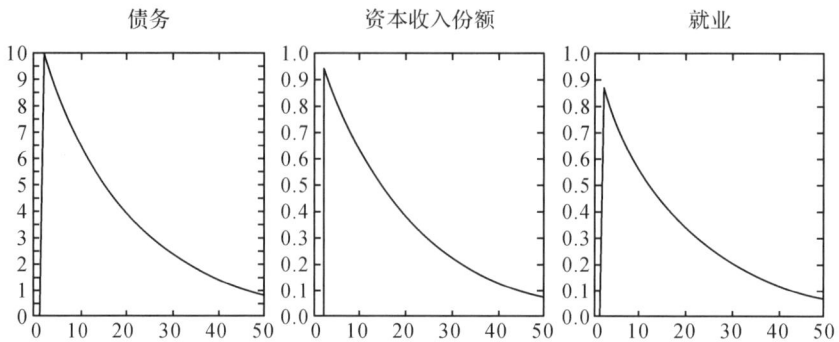

图 14.3 信贷冲击的脉冲响应

注:参数为 $\beta = 0.985, \alpha = 0.5, \mathbb{E}z = 1, \rho_z = 0.95, \sigma_z = 0.01, \bar{u} = 0.473, \kappa = 0.316, \lambda = 0.103,$
$A = 0.807, \bar{\varphi} = 0.0022, \rho_\varphi = 0.95, \sigma_\varphi = 100$。

14.3.1.2　金融加速器及不平等

宏观经济学的一个传统做法是将金融市场摩擦引入商业周期模型,其关键因素基于以下两种假设:市场的不完善和异质性。虽然如下这一点很少有人强调,但不平等在这些模型中的确占据中心地位,例如 Bernake 和 Gertler(1989)与 Kiyotaki 和 Moore(1997)这两篇奠基之作中就提及,企业净值是扩大商业聚合冲击的核心,当受约束的生产者掌握着更多资源时(即这些个体更加富有时),他们就能扩大生产,确保宏观经济活动的稳定性,这种情况很可能会出现,因为这能够给他们带来更高的利润或是他们的资产随着资产价格上涨而升值,因此,此类模型便在利润份额和商业周期之间建立了紧密联系。

这类模型与上文提及的匹配模型有类似之处,当大份额的产出涌入投资者或企业家的手中时,经济规模将会扩大,与此同时,随着经济规模的扩大,更大一部分的产出或财富(或两者同时)聚集到企业家手中,但两个模型的传输机制截然不同,匹配模型中的机制利于雇佣关系及投资活动,而在金融加速器模型中是放宽贷款限制。若要详细回顾探究金融摩擦在宏观经济波动中的重要性的文献中使用的最常用模型,可参见 Quadrini(2011)。[①]

14.3.2　不平等的低频变动

这里,我们讨论文献中提出的一些理论观点,这些观点试图解释 20 世纪 80 年代以来收入分配情况产生的趋势变化。14.3.2.1 讨论劳动收入份额的下降情况,接下来的两节讨论不平等在薪资中的增长情况。14.3.2.2 探讨人力资本竞争力上升所带来的潜在作用,14.3.2.3 节探讨技能导向的技术性变化引起的技能价格的变化。

14.3.2.1　自 20 世纪 80 年代初以来劳动份额的下降

Karabarbounis 和 Neiman(2014)在最近的一篇论文中指出,20 世纪 80 年代初以来,大多数国家和行业的劳动收入份额大幅下降。他们提出了一个恒定替代弹性(CES)生产函数,采

---

① 除了收入份额在劳动力和资本的周期性变动,也存在收入份额在不同住户群体的周期性变动。Castaneda 等(1998)发现,不同的技能组别的失业率以及要素份额的变动解释了不同组别的五分位住户的大部分的周期性收入份额。

用了劳动力和资本间的非单一替代弹性,认为显而易见的投资商品的相对价格下降是促使企业从劳动力转向资本的动因(参见 Cummins and Violante,2002；Gordon,1990；Krusell et al.,2000),其后果是劳动力价格下降。他们的结论是,在可观察到的劳动收入份额的下降中,大约有一半可归因于这一机制。

若想了解此机制的工作原理,可见如下总生产函数

$$Y_t = F(K_t, N_t) = \left[\alpha_k (A_{K_t} K_t)^{\frac{\sigma-1}{\sigma}} + (1-\alpha_k)(A_{N_t} N_t)^{\frac{\sigma-1}{\sigma}}\right]^{\frac{\sigma}{\sigma-1}} \qquad (14.55)$$

其中,σ 表示生产资本与劳动力之间的替代弹性,α_k 表示分配参数,A_{K_t} 和 A_{N_t} 分别代表资本扩张型技术过程与劳动扩张型技术过程,当 σ 接近于 1 时,CES 生产函数即为柯布-道格拉斯效用函数,在完全竞争情况下,边际生产力决定要素价格,我们很容易得出劳动份额的表达式,该表达式很大程度上取决于替代弹性 σ 的值。

Karabarbounis 和 Neiman（2014）仅利用不同国家相同部门的投资及劳动份额的相对价格趋势,估计了 σ 的取值为 1.25。当 σ 的值为 1.25 时,可见的投资相对价格下降导致可见的劳动份额下降 60%,其余的劳动份额下降归结于多个因素,包括相对于劳力扩张型技术而言,资本扩张型技术有大幅提升；非竞争性要素的变化(也许最重要的要素变化是前文讨论的模型中所述的工人议价能力相对于企业的永久性变化)；以及产出涌向资本份额较高行业的结构性变化(实际情况似乎并非如此),造成这种情况的部分原因是经济全球化,或者说和其他国家特别是发展中国家的贸易产品份额的增加。

14.3.2.2　薪资不平等加剧:技能竞争的作用

根据明确的文献记载,工资离散度一直以来大幅增长,如表 14.3 和表 14.4 所示。基于人力资本积累的背景下的技能竞争加剧,我们将对这一情况做出可能的解释。14.2.2.1 已经指出,人力资本积累是一个极为重要的机制,在这个机制下,收入具有异质性,投资人力资本的动机越强,收入的不平等就越严重。现在,来看另一个可以影响人力资本投资动机的机制:技能竞争。

要探究竞争的重要作用,我们需要在上文所述的匹配模型的另一个版本中增加人力资本投资。在此,我们忽略企业提高债务的可能性,分析仅限于该模型没有受到聚合冲击的版本,然而我们现在假设,产出取决于员工的人力资本,用 h 来表示,生产技术的结构与 14.2.2.1 所提出的模型相似,我们要探究的该模型的关键特征是,人力资本投资既产生企业的产出损失或金钱成本,用 y 来表示,也产生员工的效用成本,用二次函数 $\frac{\alpha \gamma^2 h}{2}$ 来表示。已知 y,人力资本会根据下式发生随机变化:

$$h' = h(1 + y\varepsilon')$$

其中,ε 是一个独立同分布随机变量,人力资本的总增长率表示为 $g(y, \varepsilon') = 1 + y\varepsilon'$。

因投资结果具有随机性,该模型计算出的员工的人力资本分布结果是复杂的,但最终,分布会退化,因为在个人层面,h 会随机变化。我们假设员工的死亡概率是 λ,匹配关系只有在员工死亡时才中断,因此,λ 同时代表员工的死亡率和匹配分离的概率。这样,分布达到一个静止而稳定的状态。

在工资议价之后,员工控制投资 y 的能力会衍生出合同摩擦力,实际上,员工单方面选择投资 y,这也许不同于匹配盈余最大化的投资,但这会是员工选择的投资,因为这是之前达成的承诺,当然,公司在对薪资进行议价时,期望员工在没有达成承诺的情况下选择投资。

首先,我们需要定义一些概念,将投资者和员工的价值写为标准化形式,即用人力资本 h 重新调整。投资者的价值则可被写为

$$j = h - y - w + \beta(1 - \lambda)\mathbb{E}g(\gamma, \varepsilon')j' \qquad (14.56)$$

其中,$j = J/h$,w 表示每单位人力资本的薪资,员工所获得的总薪资为 wh,员工的价值表示为

$$\omega = w - \frac{\alpha y^2}{2} + \beta(1 - \lambda)\mathbb{E}g(y, \varepsilon')\,\omega' \qquad (14.57)$$

其中,$\omega = W/h$。

失业的价值为

$$u = \bar{u} + \beta(1 - \lambda)[p\omega' + (1 - p)u'] \qquad (14.58)$$

其中,$u = U/h$。

即使在均衡状态下,在岗员工不会失业,u 也是一项极为重要的因素,因其会影响议价过程中的威胁力量,在稳态下,可以得到 $v = v'$,$\omega = \omega'$,$u = u'$。

由员工选择的最佳投资方式 y 最大化员工的价值,其公式表示为

$$\max_{y}\left\{w - \frac{\alpha y^2}{2} + \beta(1 - \lambda)\mathbb{E}g(y, \varepsilon')\omega'\right\}$$

其一阶条件是

$$y = \beta(1 - \lambda)\omega'\mathbb{E}\varepsilon' \qquad (14.59)$$

要特别注意的是议价发生在员工选择投资之前,也就是说投资 y 取得的盈余,是由(14.59)中的条件决定的,在条件公式中我们可以看到,y 取决于 ω',而非 ω 的当前值,也就是说 y 不受当前工资议价结果的影响,因此,在当前的议价问题中,y 的值被给定,需要求解

$$\max_{w}\{j^{1-\eta}(\omega - u)^{\eta}\} \qquad (14.60)$$

其一阶条件表明双方分摊净盈余额 $s = j + \omega - u$,根据议价权重 η,得出公式

$$j = (1 - \eta)s$$

$$\omega = \eta s + u$$

作为比较,在员工选择某一特定 λ 最大化匹配剩余时,我们可以描绘出最优投资。在此情况下,议价问题通过 ω 和 y 将目标值最大化[公式(14.60)]。关于 w 的一阶条件不变,而关于 y 的一阶条件变为

$$1 + \alpha y = \beta(1 - \lambda)(j' + \omega')\mathbb{E}\varepsilon' \qquad (14.61)$$

我们观察到,与由员工控制投资(14.59)的最优条件相比,公式(14.61)中等号左右两边的值都较大,因此,承诺达成的最优选择 y 可能更小,也可能更大。假设 α 的值足够小,即员工的成本不太高,没达成承诺的投资也将会更大。

14.3.2.2.1 一般均衡和竞争影响

到目前为止,我们并不担心匹配模型之外可能发生的情况,但有一个自由进入条件会决定需要有多少个空缺职位:

$$q\beta j = \kappa \tag{14.62}$$

κ 代表标准化的空缺成本[1]，竞争加剧的一个方式是进入成本 κ 更低，由此，可得出以下命题：

命题 3.1：竞争程度 κ 只有在员工没有达成承诺的环境下影响 y 的稳态值。

该结果有一个简单的理念：κ 值越低，则失业人员就职的概率越高，这样，失业的价值就上升，由于失业代表了议价过程中的威胁值，员工可以获得较高的工资 w，反过来又增加了投资的动力。

现在可知，竞争的增长（低 κ 值）如何同时影响不平等及总产出量，特别是，κ 值较低会造成：(1)更多冒险行为，收入不平等加剧；(2)总收入更高。前一个效应可以从一阶条件(14.59)中看出，较低的进入成本会增加职位的空缺数量，因此，如果员工辞职，找到另一职业的价值也会增加，这使员工能够讨价还价，获得更高工资，从而提高就业价值 ω。从方程(14.59)中可以看出，较高的 ω 值与较高的 y 相关联。从 14.2.2.1 可知，较高的 y 值意味着不平等更严重。第二个效应，总收入的增加是显而易见的，因为 y 值越高，人力资本总量就越高，因此在不平等和总收入之间存在一定的权衡。

Cooley 等(2012)使用一个具有类似特征的模型，但在该模型中，人力资本的积累发生在金融部门。该文发现，金融行业技能竞争加剧增加了人力资本投资的动机，也在部门内部和部门之间造成了更大的收入不平等，这似乎与最近不平等加剧的现象是一致的，收入集中在最高端，集中在某些职业，即金融部门的管理岗位。在英国也发现了这种集中模式，Bell 和 Vanreeren (2010)记录了这一点。

竞争可能加剧不平等的观点可能违背一条常识，即财富高度集中是因为财富的控制者能够通过限制竞争来保护财富，因此，需要加强竞争以减少不平等现象。当然这并不意味着上述理论是无效的，这取决于我们研究的某些特定的领域，在一些部门，竞争可能会导致更大的不平等，而在其他一些部门则会减少不平等。

当然，竞争程度只是影响总收入和不平等的均衡性的方式之一。税收也很重要。在这一模式中，较高的税收限制了人力资本投资（因为投资的税后回报率较低），但这可以通过投资的税收减免来缓解。由于成本（未来工资的减少）和收益（税收减免）发生在个人生活的不同阶段，而在不同阶段个体的收入也不同，因此，税收的累进程度比总税收更重要。不过，税收在减少了投资的同时也减少了不平等（因为减少投资也减少了个人收入的波动）。

14.3.2.3　技能偏向型技术进步

技能竞争更加激烈最终使那些技能更胜一筹的人受益，除此之外，对收入不平等加剧的另一个自然的解释是"技能偏向型技术进步"（Kats and Murphy，1992）。虽然这个术语通常指整个工资收入分配的变化，但往往具体地应用于受过大学教育的人群：与没有大学学位的人相比，前者掌握了更高的技能。事实上，与高中毕业生相比，大学毕业生的工资溢价，以平均对数工资计算，已从 0.3 增加到了 0.6（见 Goldin and Kats，2009 ）。

为了说明技能偏向型技术进步是如何导致工资不平等加剧的，请参考以下生产函数：

---

[1]　为了简单起见，我们假设空缺成本与人力资本的数量成正比。

$$Y_t = F(A_{s,t}S_t, A_{u,t}U_t) \tag{14.63}$$

其中,S 代表技能工作者的数量(受过大学教育),U 代表学历较低的工作者的数量(未受过大学教育),$A_{s,t}$ 和 $A_{u,t}$ 指外生技术系数,可随时间变化而变化。在完全竞争的劳动力市场中,工资等于边际生产力,由此得到以下函数:

$$w_{s,t} = A_{s,t} \frac{\partial F(A_{s,t}S_t, A_{u,t}U_t)}{\partial S_t} \tag{14.64}$$

$$w_{u,t} = A_{u,t} \frac{\partial F(A_{s,t}S_t, A_{u,t}U_t)}{\partial U_t} \tag{14.65}$$

技能工资溢价为:

$$\frac{w_{s,t}}{w_{u,t}} = \frac{A_{s,t} \frac{\partial F_t}{\partial S}}{A_{u,t} \frac{\partial F_t}{\partial U}} \tag{14.66}$$

在技术人员和非技术人员的相对数量没有发生很大变化的情况下,我们可以假设 $\frac{\partial F_{t+1}}{\partial S} / \frac{\partial F_{t+1}}{\partial U}$ 非常接近 $\frac{\partial F_t}{\partial S} / \frac{\partial F_t}{\partial U}$,非技术人员的边际生产率也是如此,因此,技能工资溢价的变化可表示为如下函数:

$$\frac{\frac{W_{s,t+1}}{W_{u,t+1}}}{\frac{W_{s,t}}{W_{u,t}}} \sim \frac{\frac{A_{s,t+1}}{A_{u,t+1}}}{\frac{A_{s,t}}{A_{u,t}}} = \frac{\frac{A_{s,t+1}}{A_{s,t}}}{\frac{A_{u,t+1}}{A_{u,t}}} \tag{14.67}$$

该公式表明,工资溢价的增长是由技能系数 $A_{s,t}$ 相对于 $A_{u,t}$ 的快速增长导致的,因而形成了这一广泛运用的术语"技能偏向型技术进步"。然而,是否存在一种比外生的很难观察到的技术进步更加具体有形的事物,或者我们能否追踪到可以观察到的现象来解释这一问题呢?

Krusell 等(2000)认为,我们可以将这些变化与可观察到的现象联系起来。Gordon (1990)及后来的 Cummins 和 Violant(2012)指出,相对于消费品,设备(资本的主要组成部分)的价格在技能溢价上升的时期急剧下降。与此同时,设备数量相对于产出显著增加,这是一种可测量的技术进步形式。设备或资本和技能型劳动力是互补品,而非技能型劳动力是一种替代品,把这一概念与上面一点结合起来,我们便获取一个真实的渠道,使得技术进步成为技能导向的。Krusell 等(2000)的公式中没有特定要素的技术进步,因为技能偏向型技术进步带来的所有效应都体现在增加设备数量上,公式表述为:

$$Y_t = K_t^a [\mu U_t^\sigma + (1-\mu)(\lambda E_t^\rho + (1-\lambda) S_t^\rho)^{\frac{\sigma}{\rho}}]^{\frac{1-\alpha}{\sigma}} \tag{14.68}$$

其中,K_t 代表结构(建筑物),在柯布-道格拉斯生产函数中没有起任何作用,U_t 和 S_t 分别指非技能型和技能型劳动力,而 E_t 是设备。该文通过可观测的投入量,估算了 ρ 和 σ 的替代弹性,以及份额参数 α、λ 和 μ,结果发现,非技能型劳动力事实上是设备和技能型劳动力的一种替代品,二者之间是互补的。作者还发现,在要素投入完全竞争的情况下,这一阐释很好地解释了所观察到的工资溢价。

其他形式的技术创新间接地产生了技能偏向型技术进步。假设技术进步比其他变化要剧烈得多,无论它对总生产力的最终影响如何。信息技术的引入可能是其中的一个例子,即使它对生产力的影响还不是那么明显(Solow,1987)。不过,对受过教育的人来说,适应这项新技术可能会更容易些,这是 Greenwood 和 Yorukoglu(1974)、Caselli(1999)以及 Galor 和 Moav(2000)采取的办法。另外,假设信息技术降低了公司内部的信息和监控成本,允许架构重组使纵向层次减少,并让员工执行更广泛的任务,这可以为受过教育的员工创造一个优势,例证见 Milgrom 和 Roberts(1990)以及 Garicano 和 Rossi-Hansberg(2004)。然而,另一种形式的技能偏向型技术进步增加了技能竞争,如上一节所述,这可能是技术变革的结果。在前面研究的模型中,技术进步可以采用较低的职位空缺成本 κ 的形式,较低的 κ 值增加了对技术人员的需求,这反过来又增加了积累技能的动力。

20 世纪 70 年代引进的技术革新,似乎在其他多个方面对经济都产生了影响。Greenwood 和 Jovanovic(1999)以及 Hobijn 和 Jovanovic(2001)认为,新信息技术要求一定程度的架构重组,这一重组现有公司无法面对,结果它们的股票市值下跌,这是另一种形式的重新分配,因为现有公司的所有者失去市值,新公司的所有者便会获得市值。Acemoglu(1998)提出了一种理论,认为技术进步本身就是大学毕业生激增的结果。

明星的崛起是增加收入集中度的另一种可能机制。Rosen(1981)认为,从事某些职业的人们的工资离散度增加,是由于他们接触到更多稀有技能使用者的能力增强了。虽然这种情况自然适用于艺术家和运动员,但是也更普遍地应用于其他类型的技能。例如,Gabaix 和 Landier(2008)提出了 CEO 薪酬的概念,即明星经纪公司的价值随着公司规模的扩大而增加。

14.3.2.3.1 技能偏向型技术进步和人力资本积累

人力资本投资如何与技能偏向型技术进步互动?Heckman 等(1998)提供的答案依赖于可观测的工资和技能价格之间的差异,而造成差异的原因是 Ben-Porath(1967)模型类型中的未支付薪酬的工作投资。他们没有发现资本在提高技能工资溢价方面有任何的特殊作用。相反,他们发现,更多受过大学教育的人员加入和投资时间于更多技能的内生响应,足以说明数据呈现的模式。Guvenen 和 Kuruscu(2010)还探讨了技能偏向型技术进步和人力资本积累的相互作用,强调人与人之间在获得人力资本能力方面的差异。Guvenen 和 Kuruscu(2010)认为,技能偏向型技术进步的增加直接导致对有才能的个人的投资增加,这会首先压低技能工资溢价,然后又提高这一溢价,这与观察到的中位数工资表现欠佳和消费不平等没有增长是一致的。

14.4 不平等与金融市场

很多研究从理论上把不平等与金融市场联系在一起。缺乏完全市场通过两个渠道形成不平等。在 14.4.1,我们研究有限的借款渠道如何阻止贫困家庭进行有价值的投资,这种机会受限使得他们及其后代无法提升社会阶层。在 14.4.2,我们研究在什么环境下获取贷款机会对不平等产生影响,即便没有特定于家庭的投资。

在前两节所研究的环境中,借款限额是外生设定的。14.4.3探索借款限额的内生理论,考察在什么环境下借款能力受到违约诱因的限制。因此我们采用 Kehoe 和 Levine(1993)提出的想法来操作。在14.4.4中,我们回顾了最近的一些论文,其中借款限额来源于美国破产法所允许的债务不履行的法律能力。在14.4.5中,我们探讨这些模型的各种扩展模型。最后,14.4.6简要讨论将总体经济的长期绩效与家庭借款能力关联起来的文献。

14.4.1 金融市场和投资可能性

拥有资金的个体不一定是那些拥有最佳机会使用资金的个体。因此,有渠道使资金从前者流向后者,从社会角度是可取的,也是金融市场发挥的主要作用。但是,金融市场不完善限制了可以转移的资金数量,结果导致资金配置效率低下。

金融市场不完善有多种表现形式。在一个简单代际交叠模型中,个体所做的唯一决定就是为他们孩子的教育投资多少,不具有借款的可能性就意味着,将不会进行收益率高于无风险利率的投资。当存在借款可能性但投资是有风险的,且不可能有保险时,类似的机制就会运作。这意味着如果投资个体运气不佳,他们的消费可能会很少。因此,规避风险的个体可能选择不进行投资。

为了说明金融市场摩擦的重要性,考虑一种类似于 Aiyagari(1994)在14.2.1.3.1中提出的环境:个体可以储蓄但不能借款的环境。现在的不同之处在于,劳动效率单位数量不是随机的,而是投资的结果,因此,可以利用两种不同的投资策略:家庭可以储蓄金融资产 a(在这个模型中是由实际资本支持的),或者可以投资于自己的人力资本,这样 $s' = \varphi(s, y)$,其中 y 是投资额。家庭投资问题可以写成:

$$v(s, a) = \max_{c, y, a'} u(c) + \beta v(s', a'; K) \tag{14.69}$$

$$受约束于 \quad c + a' + y = ws + a(1 + r) \tag{14.71}$$

$$s' = \varphi(s, y) \tag{14.72}$$

$$a' \geqslant 0 \tag{14.73}$$

如果约束(14.73)没有束紧,则此问题的一阶条件表明

$$w\varphi_y(s, y) = 1 + r \tag{14.74}$$

也就是说,这两类投资的回报率是相等的。为简单起见,设想 $\varphi(s, y) = \varphi(y)$;那么在稳态下,所有个体都有相同的劳动收入。这个模型呈现一个有趣的特点,即收敛会立即出现。也就是说,所有家庭在一段时间内都会有同样的劳动收入,因为所有个体都会对人力资本进行同等投资。但初始财富的差异是长期存在的。更一般化的人力资本生产函数,可以得到类似的结果,收敛的速度依赖于 s 而不是 y 的递减收益。

当约束(14.73)束紧时,分析过程将如何变化?这一切都取决于函数 $\varphi(s, y)$ 的形状。若我们从 $\varphi(s, y) = \varphi(y)$ 开始,假设函数 $\varphi(y)$ 严格凹,当 y 趋于零时,$\varphi_y(y)$ 趋于无穷大,所有家庭都会进行一定的投资,且一阶条件是:

$$u_c(c) = \beta\varphi_y(y)u_c(c')w' \tag{14.75}$$

这个方程看起来与具有标准代表性的个体增长模型中的欧拉方程非常类似,在这个模型中,

生产函数中有曲率。因此,不管住户一开始有多么贫穷,所有的个体都会缓慢而稳定地收敛到满足 $\varphi_y(y)w = \beta^{-1}$ 的人力资本水平,从而使经济收敛到同等的劳动力收入水平,即使财富分配非常不平等。政策可以补贴人力资本投资,加快均衡进程,但不会改变最终的收敛结果。

对贫困陷阱的关注仍然很多。贫困陷阱是指,最初资源不足的家庭永远不能摆脱其贫困状况。这种情况若要发生,需要一些特殊的假设,尤其是 $\varphi(y)$ 不能为严格的凹函数。典型的假设是它呈一种不连续的状态,例如增加人力资本所需的最小支出。教育提升所需的投资就是一个例子,在这种情况下,家庭会比较两种选择:投资教育或者不投资于教育。如果初始家庭财富很低,他们可能无法投资,但仍然有正的消费。然而,即使是初始财富略高的家庭也可能会认为,教育投资可行,但不值得,因为教育投资要求的初始消费太低,而效用成本太高。显然,在这种情况下,政府的干预是有成效的,因为它能够克服家庭无力贷款的问题。政府当前可以向较富裕的家庭征税,并将资源转移给较贫穷的家庭,政府也可以借钱,将资源转移给贫穷的家庭,在他们获得更多教育后再对他们征税。以当前严重的负效用为代价,强制性执行教育政策不是最佳选择,因为如果这种选择是可取的,贫困家庭自身也会选择去这么做。

金融市场结构的另一种重要可能性是对技术投资有随机的回报。参考等式(14.72),其中对 y 的较高投资产生了 s' 较高的期望值,也会有一个较高的方差。如果家庭能够进入保险市场,那么它将乐于进行投资;但如果不能,风险规避将阻止它这样做。同样,在这种情况下,政府的某些干预政策是可取的,例如提供某种保险。

14.4.2　借款限制的变化

评估金融约束作用的一种方式就是,看看放松限制后会发生什么情况。在 14.2.1.3.1 中,Aiyagari(1994)模型假定金融市场极度不发达:只有一种资产需要实物资本支持,没有借款的可能性。如果放松金融约束会发生什么?也就是说,如果允许一些非偶然性借款,会发生什么呢?

表 14.7 显示了不同借款限额下的稳态财富分配情况,这些限额从每户年度国内生产总值的四分之一增加到每户一年的国内生产总值。图 14.4 显示了相关的洛伦兹曲线。从图中可以看出,撇开对收入过程的校准,不平等程度随着借贷约束的放松而大幅上升,有时甚至达到难以置信的水平(我们无法想象一个实际经济体中有超过 60% 的人口拥有负金融资产),基尼系数大幅上升,在一个经济体中的值大于 1(在我们允许利率变量为负值时,这是有可能的)。宽松的借贷限制与严重不平等相关联,是因为家庭越贫穷,需要借贷越多,这一结果是由在一般均衡中家庭的缺乏耐心造成的。更具体地说,当市场不完全时,家庭有为未来储蓄的预防性动机,也就是说在一般情况下,他们永远不会停止储蓄,并将始终积累资产。但在一般均衡条件下,过剩储蓄在总体上会以较高的资本积累的形式出现,将降低资本的边际产出,从而降低储蓄的收益。因此,在稳态均衡中,我们得到 $\beta^{-1} > 1+r$,也就是说,家庭表现

得比储蓄的回报更没有耐心①,结果将会使消费者在工资较低时产生提前消费的动机,前提是可获取更多的信贷(较宽松的借贷限额),而这种机制会导致财富更加集中,如图 14.4 和表 14.7 所示。

表 14.7 不同借款限额的财富分配(按每户年产出计算)

借贷约束	五分位组					前 10%	前 5%	前 1%	基尼系数
	第一组	第二组	第三组	第四组	第五组				
财富集中度低的经济体(PSID)									
0.00	3.75	10.14	16.97	25.06	44.08	26.73	15.51	3.99	0.41
−0.25	2.39	8.82	15.21	24.10	49.48	30.90	17.81	4.44	0.46
−0.50	0.82	7.77	14.72	24.56	52.13	32.52	18.62	4.69	0.50
−1.00	−2.98	5.37	13.60	26.11	57.90	35.88	20.73	5.32	0.60
财富集中度高的艾亚加里(Aiyagari)型经济体(SCF)									
0.00	0.00	0.00	0.50	4.78	94.72	76.69	51.77	14.54	0.86
−0.25	−1.72	−1.72	−0.23	3.56	100.11	81.47	54.83	15.50	0.93
−0.50	−3.50	−3.50	−0.88	2.89	104.99	85.16	57.03	16.19	0.99
−1.0	−7.21	−7.10	−1.87	2.88	113.30	90.75	60.68	16.94	1.11

另一种可能性是改善金融市场不仅允许个体借入更多资金,还允许他们购买保险。在这种情况下,个体可以获得资产或依据特殊冲击的实现情况承担债务赔偿。一种结果是,家庭将不再因预防性动机而储蓄,因为他们可以完全担负起个人消费。此外,也不会出现像没有借贷保险的经济体中所出现的总储蓄量过大的情况。这样经济体会缓慢减少储蓄,直到利率与时间偏好率相等为止。个人消费水平可能因家庭而异,因为消费取决于物质财富和人力财富的初始分配,正如 Chatterjee(1994)所指出的(见 14.2.1.1)。

另一个重要的问题是,借贷多少能够具有可持续性? 在一个没有休闲选择的模型中,最大可持续债务是指在所有自然状态下都能够偿还的债务。当 s 处于最低值时,世界经济处于最低迷的状态,在此用 $\underline{s}$ 表示,一个工资持续最低的家庭有能力支付的最高数额利息记为 $\underline{s}w$,这样,最大可持续债务为 $\dfrac{\underline{s}w}{r}$,因为这笔债务的利息就是 $\underline{s}$,有时这被称为偿付能力约束,任何大于这一价值的债务都有可能不被偿付。

---

① 为了更好地理解 β^{-1} 为什么必须大于 $1+r$,需考虑以下几点。假设在稳态 $\beta^{-1} = 1+r$ 情况下,给定 r,可以从均衡条件中确定资本 K 的存量,使利率等于资本的边际产出。较低的利率必须与较高的资本存量相关联,因为资本的边际产出在 K 上递减,因为个体面临不可保的风险,储蓄是为了预防,当 $\beta^{-1} = 1+r$ 时,个体积累的平均财富不受约束地增长(虽然个人财富是随机上升和下降的,但平均增长是正值)。但在均衡状态下,积累的财富等于 K,因此,如果财富增加,K 也会增加,从而降低资本的边际产出,从而降低利率 r。随着利率的下降,家庭储蓄减少,直到总体经济的平均财富增长率为零。因此,我们得出的结论是,在稳态均衡中,$1+r$ 必须低于 β^{-1}。

财富集中度低的Aiyagari型经济体

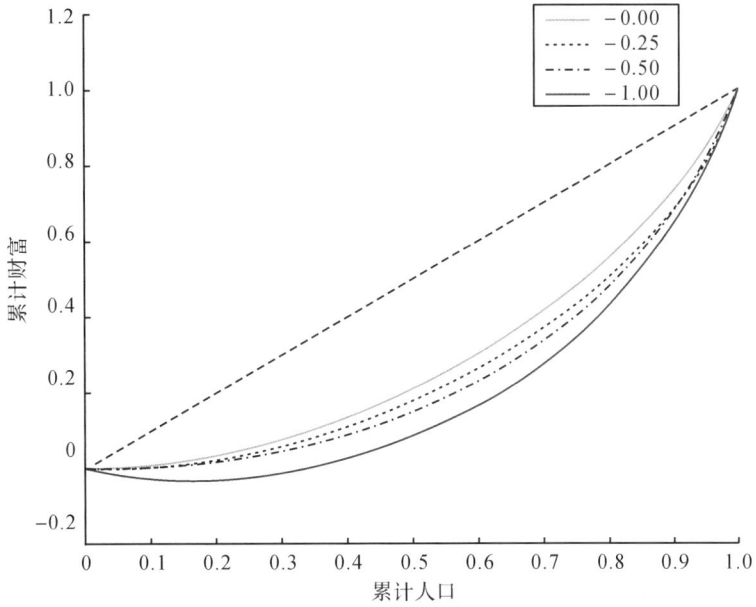

（a）财富集中度低的经济体（PSID），参考 Aiyagari（1994）的校准

财富集中度高的Aiyagari经济体

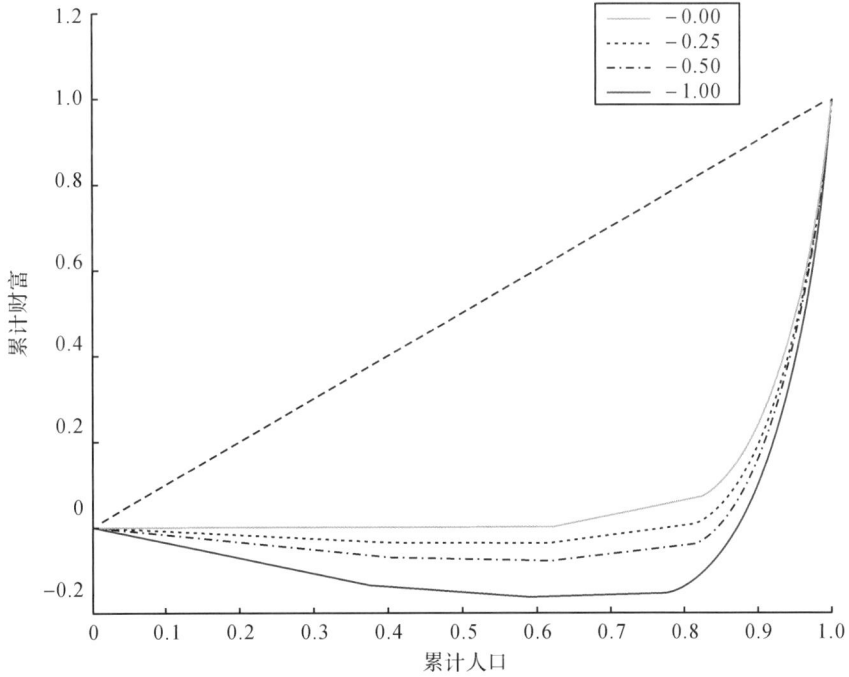

（b）财富集中度高的经济体（SCF），参考 Castañeda 等（2003）的校准

图 14.4　不同经济体及借款限额的洛伦兹曲线

14.4.3 借款能力限制

目前,我们已经考虑到在一些环境下进入信贷市场的机会受到任意限制,而且没有应急市场,但为什么没有应急市场呢?是什么限制了人们签订合同的可能性?

Kehoe 和 Levine(1993)在一篇很有影响力的论文中提出,家庭借款能力受到他们自身偿还贷款意愿的限制,而另一选择便是放弃进入信贷市场。此外,家庭的一部分资产(有形资产或人力资产或两者兼有)或家庭禀赋可能被没收,但未必会全部没收。例如,未来的劳动收入可能超出了债权人的没收范围。

他们的方法并不排除应急市场的存在。我们需要强调这一方法中的两个特点:第一个特点是,制度环境是决定可行的合同集的因素,我们认为,这与文献中讨论的外生借贷限制相比,是个巨大的进步。第二个特点是,只有事后能够强制执行的那些合同在市场上才可行。因此,一旦签署,这些合同就需完全遵守执行。这个特性可能并不太吸引人,因为我们见惯了正式合同上的解约条例。

为了展示上述方法的原理,我们可以对 Aiyagari 经济模型稍做修改,首先定义目标为:

$$\bar{V}(s,a) = \max_{a' \geq 0} u[a(1+r) + sw - a'] + \beta \sum_{s'} \Gamma_{s,s'} \bar{V}(s',a') \tag{14.76}$$

这是不能获得贷款家庭的价值。此外,通过符号标注将 $\bar{V}(s) = \bar{V}(s,0)$ 定义为家庭的初始资产为零时所能实现的值。很明显,这个限制取决于冲击 s 的大小。现在需考虑以下问题:

$$v(s,a) = \max_{c,y,a'} u(c) + \beta_i v(s',a';K) \tag{14.77}$$

$$\text{s.t.} \quad c + a' + y = ws + a(1+r) \tag{14.78}$$

$$a' \geq \underline{a}(s) \tag{14.79}$$

其中,$\underline{a}(s)$ 为

$$v(s,\underline{a}(s)) = \bar{V}(s) \tag{14.80}$$

换句话说,住户可以通过借款达到一种富足的生活状态,也就是说,从零资产的状态开始到不需要再借款的自给自足的状态。需要注意的是,在这种情况下,相对于高收入的人群而言,低收入人群的借贷相对容易,这是因为当 $s^H > s^\ell$ 时,$\bar{V}(s^H) > \bar{V}(s^\ell)$,还要注意 $\underline{a}(s)$ 是一个内生变量。在求出该经济体的均衡状态之前,目前尚不知道该变量的值。

我们已经在资产不能被没收的隐含假设下,写出问题(14.77)。如果法律制度允许在违反合同规定的情况下没收资产,则可用下式代替方程式(14.79):

$$a' \geq \underline{a}(s) \tag{14.81}$$

其中,$\underline{a}(s)$ 满足 $v(s,\underline{a}(s)) = \bar{V}(s)$ 且 $\bar{V}(s) = u(sw) + \beta \sum_{s'} \Gamma_{s,s'} \bar{V}(s')$。从根本上讲,借款限制可以是一个数额,一个让个体在选择偿还贷款还是选择不履行债务并由此永远不能储蓄或借款之间感到无差异的数额。

在这个模型中,所有的合同都可以被执行,也就是说,贷款合同和状态依存型合同都能被遵守履行。然而,在现实中,许多人申请破产。例如,在 2012 年 4 月 1 日至 2013 年 3 月 31 日的 12 个月当中,美国有 77 万 9306 人申请破产。在一些国家,包括美国和加拿大在内,在申请破产后债务通常就算清偿了,而在另一些国家,如匈牙利、罗马尼亚和西班牙,没有法律

程序来处理个人破产申请,人们一直需要承担破产之前的债务。其余的国家则介于这两个极端之间。

处理破产普遍性的一种方法是将破产作为各方事先谈判达成的一种应急措施。然而,这一方法的合理性很难得到证明,因为申请破产是债务人可以单方面完成的一项法律程序,因而是一项不可被剥夺的权利。那么,我们需要有清晰的模型将破产申请明确纳入其中。有一个方法,遵循最优合同传统,即像 Townsend(1979)那样假定信息不对称,且状态核实费用昂贵。代价高昂的状态核验模型在宏观经济学中得到了广泛的应用,例如 Bernanke 和 Gertler(1989)、Bernanke 等(1999)以及 Carlstrom 和 Fuerst(1995)。在这些模型中,即使个体签订了完全最优合同,均衡状态下仍有人不履行债务。在下一节中,我们将描述一些其他方法,这些方法与排除完全最优合同适用性的文献观点较为一致。

14.4.4　实际破产法下的内生金融市场

学者们在过去几年里已经做了大量工作,将不完全保险模型和允许代理人按照类似于美国破产法第七章规定的方式申请破产的法律制度模型结合在一起(Chatterjee et al.,2007;Livshits et al.,2007)。现在介绍这类模型的一个版本,描述这类模型与 Aiyagari 模型相比对收入和财富分配的影响是如何变化的。这些研究利用了法律制度的一个特点,即在公共记录中列出已申请破产若干年的人员名单。已有文献显示,公布人员名单意味着限制这些人员在公共记录存在期间获取借款的可能性。

考虑下面这个家庭问题,该问题是 Aiyagari 模型基本问题的一个变体:

$$v(s,a,1) = \max_{c,a' \geq 0} u[ws + a(1+r) - a']$$

$$+ \beta \sum_{s'} \Gamma_{s,s'} [(1-\delta)v(s',a',1) + \delta v(s',a',0)] \qquad (14.82)$$

$$v(s,a,0) = \max \left\{ u(sw) + \beta \sum_{s'} \Gamma_{s,s'} v(s',0,1), \max_{c,a'} u(c) + \beta \sum_{s'} \Gamma_{s,s'} v(s',a',0) \right\}$$

$$(14.83)$$

$$\text{s.t.} \quad c + q(s,a')\ a' = ws + a \qquad (14.84)$$

函数 $v(s,a,h)$ 是家庭的价值函数,最后一个参数 $h \in \{0,1\}$ 表示家庭的信用记录。当 $h=1$ 时,家庭的信用记录很差,因为个体在最近的一段时间里违约,无法获得信贷。问题(14.82)描述了这一情况,这也表明在接下来的一段时间里,信用记录可能会变好,当 $h=0$ 时,参数 δ 控制着市场排斥的预期持续时间。

信用记录很好的时候,当 $h=0$ 时,问题(14.83)是很值得研究的,如我们上文简要提到的,我们其实已经隐含地假设家庭已是负债状态,即 $a<0$。这时,个体有两个选择:申请破产或不申请破产。如果申请破产,则有以下三种情况:家庭消费等于当前的劳动收入 sw,信贷记录可能在下一个周期变差,即 $h'=1$,该家庭将无法储蓄,而不能储蓄则是破产法的一个特点,因为个体在申请破产后不允许保留资产。① 如果家庭不申请破产,则可以随意借贷或储蓄。但是,请注意,我们给出的预算约束(14.84)与以前的问题不同,等式左边的资金使用,

---

① 在美国,个体可以保留某项最大数量的资产,并且在不同的州这个数量也有所不同。这里我们假设可保留的资产为零。在我们提炼出来的讨论中,还有破产法中的其他细节,例如要求劳动收入低于州的中位数收入。

是下一个周期开始时的资产头寸乘以 $q(s,a')$,这是家庭特定利率的倒数。放款人准确地预测到,个体可能申请破产,于是收取额外的保险费,使他们在预期价值中得到市场回报,函数 $q(s,a')$ 是一个均衡对象。如果家庭选择储蓄, $a' \geq 0$,则利率的倒数是安全资产的倒数: $q(s,a') = (1 + r)^{-1}$。

负资产的家庭解决问题的最优方式是放弃一系列工资收入,违约家庭放弃的这些工资会随债务存量的增加而增加。

这一问题的最优解有两个有趣的特性。第一,由于违约的代价很高(家庭一段时间内不能借贷),如果债务很小,家庭就不会违约。第二,在某些情况下,家庭可能太穷,无法违约,而是选择借更多的钱,以满足最低生活收入需要。因此,该模型的均衡要求利率的倒数 $q(s,a')$ 使得放款人甚至在期望值实现时放弃交易,这反过来又意味着利率既随着借款数量的增加而上升,也随着实现不良收益的可能性的增加而上升。

事实证明,这一结构有助于人们同时了解美国无担保借款的程度以及破产申请的频率,特别是如果用支出冲击等补充设定来加强这一模型的话。

14.4.4.1 该方法的一个弱点

为什么有不良信用记录的家庭会被拒绝贷款? 法律上没有这方面的规定。而事实恰恰相反:在美国,根据破产法第七章的破产申请相关案例,在一段年限内借款人的其他破产申请会被阻止,使得一个近期申请人的信用记录看上去比那些从未申请过的人更好。

这个问题可能有三个解释,但没有一个能完全令人满意。首先,当放款人认为信用记录不良的贷款人不偿还贷款时,他们便不会放贷,此时,一个具有协调问题的纳什均衡便会形成,然而,潜在的借贷者也可能选择违约,因为他们得不到信贷。虽然纳什均衡的确存在,但总是发生在有贷款的情况中,而且没有任何人能对此给出理由,解释为什么纳什均衡只在信用记录不良的情况下发生。另一种可能性是构建一种触发策略,根据该策略,放贷者可以协调在违约情况的惩罚期间不放贷。但与所有触发因素一样,这并不是有限经济体所限制的均衡状态,因而不是马尔可夫均衡。许多经济学家对触发策略均衡感到满意,而有些经济学家则不然。最后一个排除那些信用不良者的方法是假定存在一个监管机构,阻止放贷者贷款给那些信用不良者,而实际上,没有哪一家银行业监管机构真正在这样操作。

14.4.5 信用评分

Chatterjee 等(2008)和 Chatterjee 等(2004)基于破产申请后的外生排斥提出了解决上述模型弱点的方案,作者指出,美国普遍使用信用评分,这是独立公司对可靠性做出的市场评估。作者提出了一个模型,模型中包含两种类型的人,他们在一些可靠性相关的基本属性方面具有差异,而这些属性是局外人无法直接观察到的。例如,耐心程度,甚至是良好的驾驶习惯。而后,公司将信用评分当作一种市场评估方式,评价为好的类型代表更有可能偿还债务或是可靠的类型。在这种情况下,这两种类型的个体都处于借贷类型多样的借款模式中,关键是这两类个体,不管是有耐心的还是没有耐心的,都想偿还债务,表明他们是有耐心的,从而使他们能够获得更好的借款条件。在这种情况下,申请破产会增加市场评估认为个体是不良类型的可能性,严重恶化其贷款条件,如果还没有到彻底排除其未来信贷的话。此外,因为市场评估要素不仅与信贷及偿还有关,还包括其他方面,如廉价的财产保险、获得租赁财产的机会、个人关系等。及时偿还债务具有很强的激励作用,可促使许多合同得以继续履行,即使法律缺乏强制执行这些合同的有效实施手段。

14.4.6　金融发展和长期动态

现在讨论金融市场准入能在多大程度上帮助我们了解经济的长期动态。14.4.6.1 主要集中讨论长期经济增长,14.4.6.2 讨论金融市场的演变如何帮助我们理解全球失衡的问题,即出现巨额的持续的国际收支赤字。

14.4.6.1　长期增长和金融发展

熊彼特主义者将企业家精神置于经济发展的中心舞台。然而,由于资金限制,加上缺乏保险市场,创业投资是次优的。当金融市场尚未充分发展时,从根本上讲,资源不能够得到再分配,不能从那些控制资源但没有最好利用这些资源的人重新分配给那些有最好的投资机会但缺乏资金的人。在资源分配特别集中的情况下,这一效率问题尤其严重。我们最终可能会陷入这样一种局面:穷人(相对)变得更穷,因为他们无法利用投资机会,于是整个经济增长被拖累。研究在财务约束的情况下,不平等对经济增长的重要性的文献有 Galor 和 Zeira(1993)、Banerjee 和 Newman(1993)以及 Aghion 和 Bolton(1997)。由于 Bertola(2000)在本手册的上一卷中已经对这些研究进行了描述,因此本章不再赘述。

然而,最近的一份文献也强调,市场不完全即国家或有债权交易有限的环境对资本积累产生的效应可能正负兼有。在像 Aiyagari(1994)那样只有不可保和外生工资冲击的环境中,市场不完全会带来更多的资本积累,从而促进经济增长。然而,当风险收益如 Angeletos(2007)所述是内生的时候,市场不完全可能会妨碍投资。另见 Meh 和 Quadrini(2006)。

另一组调查不平等与宏观经济绩效之间关系的研究,强调社会冲突和侵占的重要性,较高的不平等程度往往与欠发达的金融市场密切相关,这意味着与其余人口相比,大部分的个体都处于分配的底层,面临着较差的经济条件。面对恶劣的经济条件以及因财富过度集中而受损的经济前景,仇富心理便开始产生,这就产生了通过偷窃或革命来侵占财产的动机。侵占风险具有两方面的负面影响:第一,它类似征收投资税,会阻碍投资。第二,个体将更多的资源用于保护产权,而不是将资源用于促进增长的生产活动。Benhabib 和 Rustichini(1996)提出了一个模型,使这一猜想形式化,尽管他们的论文中并没有明确提出,但金融欠发达可能是造成这一现象的原因之一,因为它使穷人更难摆脱贫困。

Murphy 等(1989)提出了另一种影响增长的不平等理论。该文假设某些技术具有收益递增性。这些技术只有在国内市场足够大,即对使用新技术生产的产品有足够需求的情况下,才会有利可图。如果财富高度集中,国内市场仍然会很小(因为没有足够的消费者买得起这些商品),促进增长的技术将无法促进经济增长。该文并没有明确探讨金融市场的作用,但是金融欠发达的确在一定程度上能为财富集中创造条件,该文所述的机制对于金融结构相对欠发达的经济体来说适用性更强。

Kumhof 和 Ranciere(2010)根据收入分配的变化对最近的经济危机给出了解释,明确指出最近的经济危机与经济大萧条有相似之处。文章观点认为,由于外生冲击影响了富人攫取收益的能力,收入变得更加集中,结果穷人开始借贷更多,经济体中的债务与收入比加大,借款攀升最终引发这场危机。

最后,我们引用 Greenwood 和 Jovanovic(1990)的研究来结束本节的讨论,虽然该文没有直接讨论不平等问题,但是其表明改善金融市场(尤其是通过金融中介收集信息)对经济增长具有重要作用。正如前几章中讨论的,市场不完全也会造成不平等。因此,该文若与前面的分析相补充,也将有助于人们理解金融市场发展、不平等和经济增长之间的联系。Greenwood 等(2010)的研究也十分重要。

14.4.6.2 全球经济失衡

上文还没有讨论国际的不平等问题,因为这个问题通常是发展经济学家关心的问题。然而,不平等可能是贸易增长造成的,贸易增长一般被称作全球化,全球化的发展是因为技术和政策导致的贸易壁垒减少。我们已经间接提到过一种机制:更多的跨国贸易可能会造成更多的不平等,开放贸易会改变技能工作者的相对价格,这可能是最近工资与技能差距扩大的部分原因。但是,贸易增加还会通过其他更微妙的机制形成国内和国际的不平等。在这一节中,我们将展示不平等与全球化相关的一些潜在机制,第 20 章将进一步深入分析全球化对不平等的影响。

国际全球化进程的普遍表现形式是把更多份额的商品和服务(进出口)贸易纳入国内生产总值。但还出现了另一些情况。有些发达国家(尤其是美国)的进口大于出口,导致其国外资产净头寸持续恶化,国际收支赤字持续超过 30 年。同时,石油生产国和一些新兴国家(特别是中国)一直在积累国外资产净正头寸。"全球经济失衡"这一术语,常用于表示这样一种状况:一些国家在积累大量的国外资产净负头寸,而另一些国家却在积累国外资产净正头寸。这种状况会影响不平等,但要想对此深入了解,我们首先需要弄清楚,为何经济失衡会在全球化浪潮中产生。

Mendoza 等(2007)提出了一个理论,认为持续赤字不单单是因为传统贸易的影响(要素价格差异、技术优势或者更低的交通费用)。我们也需要了解不同国家的储蓄习惯,这在均衡状态下会形成不同的储蓄收益率(目前而言,国际金融市场在某种程度上是分离的),哪怕不同国家具有同样的储蓄偏好和生产技术,生活在不同国家的个体所能承受的个人风险也会有差异,这一点可以用现在我们熟悉的 Aiyagari 经济模型来阐释。

我们对比两个经济体,这两个经济体是对上述 Aiyagari 经济环境稍加改动的版本,区别仅仅在于获取工资的过程,二者在稳定性上有差异。需重点指出的是,对稳定性差异的假设,能让我们更容易地发现其他更多微观视角的差异。例如,Mendoza 等(2007)指出,不同国家之间在获取收益的潜在过程中无差异,但在金融市场的复杂程度上有差异。在金融市场更先进的国家,个体(消费者和公司)有更好的机会为其特异性风险投保。因为就储蓄而言,增加保险和降低收益波动性相类似,在此,我们通过假设收入的波动性更低来阐释这一机制。在一些实际运用过程中,更高的保险能力可以来自政府政策(例如,提供公费医疗保险)。有时候,获取工资收入的潜在过程存在更多的不确定性,也会产生差异。例如,一个处于改革进程中的国家,从个体层面来说,也可能具有更大的不确定性。需要说明的是:这里提供的例子只是为了方便阐释一些更为基础的问题,例如金融系统特征存在哪些区别,与实际资源无关(如更高的保险能力或者更大的潜在不确定性)。①

就此而言,我们采用了两种不同的工资收入途径。第一种途径是我们在上文中所采用的一种模式,被称作 PSID 经济或者低可变性经济。第二种途径是我们采用的高可变性经济,即略逊于极度完美状态的一种 SCF 经济。除了工资收入的途径不同,这两个经济体在其余层面均相同。

表 14.8 的前两列显示的是两个经济体在自给自足时的稳态。第一列中,低可变性经济的资本产出比为 3.34,意味着年利率为 4.02%。由于在该经济体中,财富只能以资本的形式出现,财富总值也是 3.34 倍产出,这是家庭在利率为 4.02% 时为应对工资收入的冲击而选择持有的财富额度。表 14.8 的第二列,呈现收入可变性更高的经济体自给自足的状态。家庭选择持有更多财产(3.88 倍产出)来抵御高风险。有两点需要注意,一是现在的利率降低至 1.27%,二是资本更多使产出也略高。

表 14.8 两个经济体能够相互借贷前后的变化

经济	前:自给自足		后:流动状态	
	低可变性	高可变性	低可变性	高可变性
资本产出比	3.34	3.88	3.67	3.67
利率/%	4.02	1.27	2.24	2.24
财富产出比	3.34	3.88	0.39	6.95
财富基尼系数	0.41	0.59	0.50	0.39
财富方差系数	0.76	1.09	0.88	0.96
第一分位数	3.40	0.00	0.40	0.00
第二分位数	10.21	0.69	6.06	3.35
第三分位数	17.11	15.50	17.58	17.45
第四分位数	25.16	30.21	25.94	21.00
第五分位数	44.15	53.60	50.01	58.20
前10%(累积)	26.73	33.28	30.37	29.63
前5%(累积)	15.51	19.72	18.09	17.21
前1%	3.99	5.19	4.25	4.32

图 14.5 中的(a)图呈现的是决定均衡的过程,该图将(稳态的)储蓄总供给绘制成利率的递增凹函数②,因为资本的边际生产力递减,储蓄需求曲线向下倾斜。国家 1 的个人工资收入的波动性较低,由此带来各利率下的低储蓄供给,因此,自给自足中的均衡意味着利率高,资本总额低。

① 参见 Mendoza 等(2007)对金融系统的差异如何导致投保能力降低的详述。
② 总储蓄向无限大收敛,随着利率趋近底部的时间偏好率,因为个体需要无限大的预防性储蓄来达到非随机的消费情况。

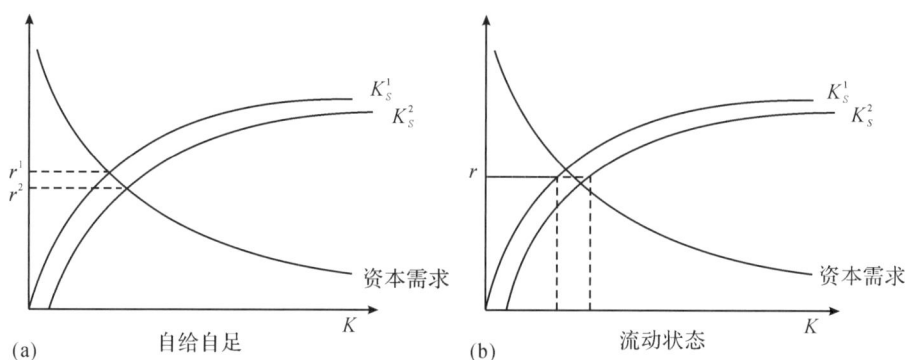

图 14.5　多种收入风险下的稳态平衡

假设现在这两个经济体中的家庭可以开始拥有另一个国家的资本,也就是说,这两个国家开始金融一体化。在短暂的过渡期之后,两国的利率将相等,过渡期的状况取决于有形资本能够流动或重新分配的容易程度,这意味着低可变性经济体的利率将会降低,而高可变性经济体的利率将会上升。然后,在利率会下降的国家(低可变性经济体),储蓄将会下降,而在利率会上升的国家(高可变性经济体),储蓄将会上升。结果,高可变性经济体中的家庭最终拥有置于低可变性经济体中的部分资本。通过这种方式,全球经济失衡也许会随着低可变性经济体的储蓄下降而出现。实际上,低可变性经济消费和投资量超过其产量,表现为进口超过出口(贸易逆差)。

这个过程需要很长时间,直到每个国家的家庭总储蓄量不再变化。这种新的稳态呈现在图 14.5 的(b)图中。世界利率介于两国利率自由化前的利率之间,与自给自足时期相比,利率和储蓄供给在国家 1 中下降而在国家 2 中上升,因此工资波动性较低的国家最终会出现负国外资产头寸。此外,国家 1 的资本存量相对于自给自足水平在上升,而国家 2 的则在下降。因此,金融全球化导致资本从风险较高的经济体流向风险较低的经济体。

为了便于分析,我们将这一过程当作收益风险不同的国家的结果来构建模型,但是正如上面所强调的,这只是为了捕捉最终导致各国遭受不同程度风险的其他差异类型的情况。情况很可能是,各国的潜在风险是相同的,一个国家风险较低只是金融市场更发达的结果,而金融市场更发达允许更高的风险可保性。从形式上看,第一个国家拥有更大的状态依存型债权市场,这是 Mendoza 等(2007)采用的方法,其最终结果和不同工资薪酬过程的例子相似:保险能力较高的国家比金融市场欠发达国家的储蓄率更低,利率更高。当这两个国家一体化时,金融市场较发达的国家积累国外资产负头寸,而金融欠发达的国家积累国外资产正头寸。

因此,金融市场差异可能会影响各国的财富分配:从长远来看,金融市场更复杂的国家相对于金融市场不复杂的国家(与自由化之前的时期相比)会变穷。但是,这并不意味着自由化会降低发达国家的福利,提升欠发达国家的福利。在 Mendoza 等(2007)的研究中,我们发现一个有些让人吃惊的情况:自由化能提升发达国家的福利,略微降低欠发达国家的福利(基于等权福利函数)。在表 14.8 中呈现的示例中,国际财富再分配的幅度巨大,低可变性国家最终仅占总财富的 5％。然而,起初低可变性国家的财富几乎占这个总量的一半。国际财富的大规模再分配源于假设两国之间存在巨大的风险差异。实际上,风险的差异可能不会太大,尤其是对于一体化后的国家来说。此外,当一个国家积累了太多的外债时,它可能会有不履行债务的倾向,这种机制会限制各国之间可能产生的财富再分配程度。然而,这个例子表明,储蓄差异可能会造成国家间的财富显著不平等。

跨国金融市场异质性在 Caballero 等(2008)的研究中也起着解释全球经济失衡的核心作用,该机制不取决于风险,而是取决于储蓄是否容易获取。作者认为,在某些国家,储户很难将储蓄投入高回报的资产中。不过,他们从全球经济失衡中获得的启示与 Mendoza 等(2007)相似。在考虑金融体系的特点如何能在全球化世界中塑造各国的财富分配方面,这两个机制是互补的。有趣的是,这些研究贡献也阐明了金融全球化重新分配财富的另一种机制。当生产性投入不能完全再生时(如土地),自由化也会导致这些资产价格的均等化。因为在自给自足的情况下,这些资产在金融市场发达的国家更便宜,所以这些国家会获得资本收益,而金融市场欠发达的国家则会遭受资本损失。

国际财富再分配的过程也会对每个国家内部的财富分配产生影响。不管是用财富变异系数的基尼系数还是最富裕家庭持有的财富份额来衡量(见表 14.8),我们能够看出低可变性国家的财富集中度是如何上升的。金融欠发达的国家则相反,在国际金融一体化之后,这些欠发达国家的财富分配变得更加平等。也许这一过程(至少在一定程度上)促成了之前所述的美国财富集中度不断上升的结果。

14.5　政治经济渠道

我们在前面的章节已经讨论,收入和财富的分配通过一些渠道与经济总体绩效发生关联。在本节中,我们将讨论不平等影响经济活动的一种特殊途径——政治和制度体系。由于许多政策会造成再分配效果,不平等程度在政策选择中起着核心作用,因为资源分配不均的社会可能需要更高程度的再分配。由于再分配政策往往是扭曲的,政策导致不平等更严重的社会往往会遭遇较低的收入或低经济增长(或二者皆有)。

继 Meltzer 和 Richard(1981)之后,许多文献都强调了政治经济机制,其中包括 Persson 和 Tabellini (1994)、Alesina 和 Rodrik (1994)、Krusell 和 Ríos-Rull(1996)以及 Krusell(1997)。然而,其中的许多文献忽视了个体的不确定性,这种不确定性在动态环境下可能会在很大程度上影响再分配的需求以及与再分配政策相关的扭曲。本节旨在提出一个简单的框架,阐释早期文献的中心观点,展示对特定不确定性的考虑如何使分析更为充实,并使不平等与再分配之间的关系比这些早期研究显示的更为复杂。

14.5.1　一个简单的两期模型

假设有一个个体连续统,生活跨越两个时期,都重视消费 c_t,不爱工作 h_t,服从效用函数:

$$u\left(c_t - \frac{h^2}{2}\right)$$

他们有两种收入来源，禀赋 η_t 和劳动力 h_t。个人禀赋根据如下公式变化：

$$\ln(\eta_{t+1}) = \rho \cdot \ln(\eta_t) + \eta_t + \varepsilon_{t+1}$$

其中，$\varepsilon_{t-1} \sim N(0, (1-\rho^2) \cdot \sigma^2)$。这意味着对数禀赋在整个经济范围内的分布是正态分布，均值为零且方差为 σ^2，即 $\ln(\eta_t) \sim N(0, \sigma^2)$。通过改变 ρ，可改变禀赋的持久性，但我们保持整个经济的分配（不平等）不变。该参数决定流动程度：ρ 值越高意味着流动性越低。

首先推导出部门间禀赋分布的一些关键矩，这有助于我们更好地进行下一步计算。因为禀赋为对数正态分布，即 $\eta \sim LN(0, \sigma^2)$，平均值和中位数分别是

$$\text{Mean}(\eta_t) = e^{\frac{\sigma^2}{2}}, \text{Median}(\eta_t) = 1$$

这些是无条件矩。同样可以用个体的当前禀赋 η_t^i 推导出个体下一时期的预期禀赋，条件均值是

$$\mathbb{E}[\eta_{t+1}^i \mid \eta_t^i] = e^{\rho \ln(\eta_t^i) + \frac{(1-\rho^2)\sigma^2}{2}}$$

该条件期望将在模型分析中发挥重要作用。我们观察到，如果 $\rho = 0$，下一时期的预期禀赋对于所有个体都是相同的。对于禀赋位于中位数的个体，即 $e_t^m = 1$，条件期望值为

$$\mathbb{E}[\eta_{t+1} \mid \eta_t^m] = e^{\frac{(1-\rho^2)\sigma^2}{2}}$$

然后，我们可以计算出下一时期的经济平均禀赋与当前禀赋为中位数的个体对下一时期的预期禀赋之间的比率，等于

$$\frac{\text{Mean}(\eta_{t+1})}{\mathbb{E}[\eta_{t+1} \mid \eta_t^m]} = e^{\frac{\rho^2 \sigma^2}{2}}$$

该表达式清楚地表明，下一时期的经济平均禀赋不同于当前时期禀赋为中位数的个体对下一时期的预期禀赋，这之间的差异取决于持续参数 ρ。如果没有持续性，则差值变为零，即 $\rho = 0$，当 $\rho = 1$ 时，差值为最大值。虽然参数 ρ 影响经济平均禀赋与当前禀赋为中位数的个体所预期的禀赋之间的比率，但 ρ 并不是事后不平等产生的原因。事实上，我们得到

$$\frac{\text{Mean}(\eta_{t+1})}{\eta_{t+1}^m} = e^{\frac{\sigma^2}{2}}$$

描述完模型之后，我们将会使用这些矩。

政府按照 τ_t 税率对禀赋和劳动征收所得税，并通过一次性转移对税收进行重新分配。政府的预算限制为

$$T_t = \tau_t \int_i (\eta_t^i + h_t^i) \, di$$

其中，i 是单一个体的编号。

这些个体不储蓄，不解决静态最优化问题。已知税率和转移支付，个体 i 通过选择劳动力供给 h_t^i 最大化时期效用，并服从以下预算约束：

$$c_t^i = (\eta_t^i + h_t^i)(1 - \tau_t) + T_t$$

把 h_t 的一阶条件当作一个个体工作者的禀赋 η_t^i，我们得到劳动供给 $h_t = 1 - \tau_t$。代入效用函数且使用定义政府转移的方程式，我们得到时期 t 的间接效用为

$$U^i(\tau_t) + u\left(\tau_t \int_\eta \eta \mathrm{d}F_t + \tau_t(1-\tau_t) + \eta_t^i(1-\tau_t) + \frac{(1-\tau_t)^2}{2}\right)$$

现在，假设个体投票赞成下一时期的税率为 τ_{t+1}，当前禀赋为 η_t^i 的个体的偏好税率将下一时期的预期间接效用最大化，即

$$\max_{\tau_{t+1}} \mathbb{E}_t\left[u\left(\tau_{t+1}\int_\eta \eta \mathrm{d}F_{t+1} + \tau_{t+1}(1-\tau_{t+1}) + \eta_{t+1}^i(1-\tau_{t+1}) + \frac{(1-\tau_{t+1})^2}{2}\right) \mid \eta_t^i\right]$$

我们用 $F(\eta)$ 表示禀赋的分布，因为对数禀赋为正态分布，所以 $F(\eta)$ 是对数正态分布。

需注意，投票人是基于当前禀赋形成了对未来禀赋的预期。当然，持久性越高时，预期禀赋值对当前禀赋值的依赖性就越高。

根据一阶条件，我们得出：

$$\tau_{t+1}^i = \int_\eta \eta \mathrm{d}F_{t+1} - \mathbb{E}[\eta_{t+1}^i \mid \eta_t^i] - \frac{\mathrm{Cov}(\mathrm{d}U_{t+1}^i, \eta_{t+1}^i \mid \eta_t^i)}{E[\mathrm{d}U_{t+1}^i \mid \eta_t^i]} \tag{14.85}$$

其中，$\mathrm{d}U_{t+1}^i$ 表示按照下一个时期的税率，个体 i 的间接效用的导数。需注意，该项也取决于税率。上述条件间接决定税率。

方程式（14.85）右边的第一项是整体经济禀赋的平均值，等于 $e^{\frac{\sigma^2}{2}}$，该项对于所有个体来说都是一样的。第二项是已知当前禀赋的个体 i 的预期禀赋，除非 $\rho \leqslant 0$，这一项在 η_t^i 会不断增加，但该情形在假设中已排除。因此，忽略第三项，偏好税率随着当前禀赋的增加而减少。

第三项反映风险规避的作用。因为效用函数为严格凹形，其导数则为严格递减。$\mathrm{d}U_{t+1}^i(.)$ 会随着下个时期禀赋 η_{t+1}^i 的实现而减小，表明协方差是负数。因此，税收偏好会随着效用函数凹度的增加而增长，这就是风险规避效应。

14.5.1.1 风险中立情况

因为一阶条件（14.85）中的第三项本身是 τ_{t+1}^i 的函数，我们难以得出税率的分析表达式。因此，我们首先要详细说明持风险中立态度的这些个体的情况，此时 $\mathrm{Cov}(\mathrm{d}U_{t+1}^i, \eta_{t+1}^i \mid \eta_t^i) = 0$，并且偏好税率减少至方程式（14.85）的前两项。然后，我们可得到偏好税率在当前禀赋 η_t^i 中单调递减，具有中位数禀赋的个体偏爱均衡税率。事实上，禀赋是呈对数正态分布的，具有中位数禀赋的投票者的对数禀赋为零，该投票者在下一周期的条件期望禀赋为 $\mathbb{E}[\eta_{t+1} \mid \eta_t^m] = e^{\frac{(1-\rho^2)\sigma^2}{2}}$，然而整个经济的平均值为 $\int_\eta \eta \mathrm{d}F_{t+1} = e^{\frac{\sigma^2}{2}}$。代入偏好税率，可得到均衡税率：

$$\tau_{t+1}(e_t^m) = e^{\frac{\sigma^2}{2}} - e^{\frac{(1-\rho^2)\sigma^2}{2}} \tag{14.86}$$

前两项符合标准政治经济学理论：因为平均禀赋 $e^{\frac{\sigma^2}{2}}$ 大于中位数禀赋 $e^{\frac{(1-\rho^2)\sigma^2}{2}}$，所以需要进行再分配。如果提高 σ，以加剧不均衡，再分配的需求就会增加，因为所有个体选择的最优努力是 $h = 1 - \tau$，增加税收会打击努力积极性，从而对总产量产生负面效应。在已有文献提出的一些模型中，税收会扭曲资本积累而不会加强努力程度，但理念上是共通的。

上述机制将不平衡与再分配及宏观经济活动联系起来,以捕捉 Meltzer 和 Richard(1981)研究模型的关键特征。除这一机制之外,该模型还强调了参数 ρ 所具有的流动性作用。如果我们降低 ρ 以使经济具有更高的流动性,那么部门间的不平等不会发生改变。实际上,平均禀赋与中位数禀赋的比率仍为 $e^{\frac{\sigma^2}{2}}$。然而,具有中位数禀赋的投票者所偏好的税率降低了,可从方程式(14.86)中看出这一情况。即使具有中位数禀赋的投票者在本期的禀赋很低,对下一期的税率产生影响的仍然是未来禀赋。如果流动性高,具有中位数禀赋的投票者就不会期待在未来保持低禀赋。因此,高税率就不是最佳选择。在 $\rho=0$ 的限制情况下,所有个体的未来预期禀赋将会是平均禀赋,而且在预期情况下,对所有个体而言,将来再分配的收益为零。

流动性对政治偏好的重要意义没有得到足够的关注,不如部门之间的不平等受到的关注多。但在此展示的简单模型表明,流动性也是决定政治偏好的重要因素。更重要的是,无论是跨国家还是跨时期,如果不平等和流动性相关,只关注不平等所得出的结论可能会不准确。例如,假设部门之间不平等程度 σ 的增加与 ρ 的下降有关,那么也就与流动性的增加有关。由此我们得到两个相反的效果: σ 增加导致税收增加,而 ρ 下降导致税收减少。

这个例子可能有助于解释为什么在某些不平等加剧的情况下,对重新分配的需求并无显著增加,在最近一次危机之前的美国就是这种情况,也许原因是投票人发现更高的流动性与更大的不平等会同时发生。由于流动性已被察觉,投票人便没有要求更高的税收,即使收入变得更加集中,经济仍然表现良好。然而,如果经济绩效发生变化,投票人开始察觉流动性较低,就会开始要求更多再分配,这将进一步损害经济绩效。Quadrini(1999)在一个具有两种均衡的模型中发展了这一看法,第一种均衡的特点是增长率高、不平等程度显著和再分配需求低。第二种均衡的特点是增长率低、不平等程度低和再分配需求高。[①] Benabou 和 Ok (2001)也对向上流动性的前景会减少再分配的需求进行了研究。

14.5.1.2 风险规避情况

我们现在假设效用函数是凹的,其形式如下:

$$u\left(c_t - \frac{h_t^2}{2}\right) = \frac{\left(c_t - \frac{h_t^2}{2}\right)^{1-\nu}}{1-\nu}$$

其中,参数 ν 表示效用函数的曲率。

图 14.6 绘制的是对于不同的 ν 值,当前禀赋函数 η_t^i 的偏好税率。从图中可以看出,偏好税率在当前禀赋中是单调递减的,因此,中位选民定理也适用于风险规避个体。此外还可以看到,对于每个禀赋水平 η_t^i,偏好税率随着风险规避程度的增加而增加。

图 14.7 绘制的是在不同流动性和风险规避程度下,当前禀赋函数的偏好税率。第一幅

---

① 美国不平等加剧的现象并非最近才出现。然而,在近期的经济危机之后,投票人和政治家们开始更多地关注这个问题。在状况好的时候,金融市场扩张,低收入家庭可以获得信贷,所以能买房。对许多人来说,这似乎是一个新的机会(流动性)。然而,随着危机、信贷市场和冻结等情况发生,这种机会难寻,许多家庭对改善现有地位(流动性)的可能性失去了信心。

图显示的是风险中立的情况,从图中可以看到,流动性越低(ρ 从 0.5 变为 0.9),均衡税率越高,即中位数禀赋个体所偏好的税率,在图中为垂直线。这些属性在前一小节中已经得到分析。然而,当代理人规避风险时,流动性降低也会使均衡税率降低,原因在于,在当前禀赋条件下,流动性较低意味着代理人面临的风险较低。事实上,当 $\rho = 1$ 时,下一时期的禀赋等于当前禀赋。因此,对保险的需求较少。

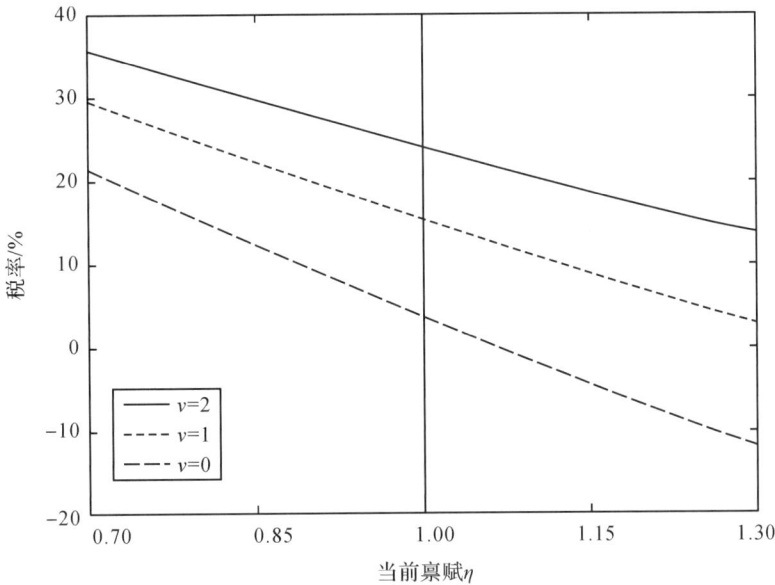

图 14.6　风险规避不同程度的偏好税率

注:不平等参数和流动性参数分别为 $\sigma = 0.5$ 和 $\rho = 0.5$。垂直线表示中位数禀赋。

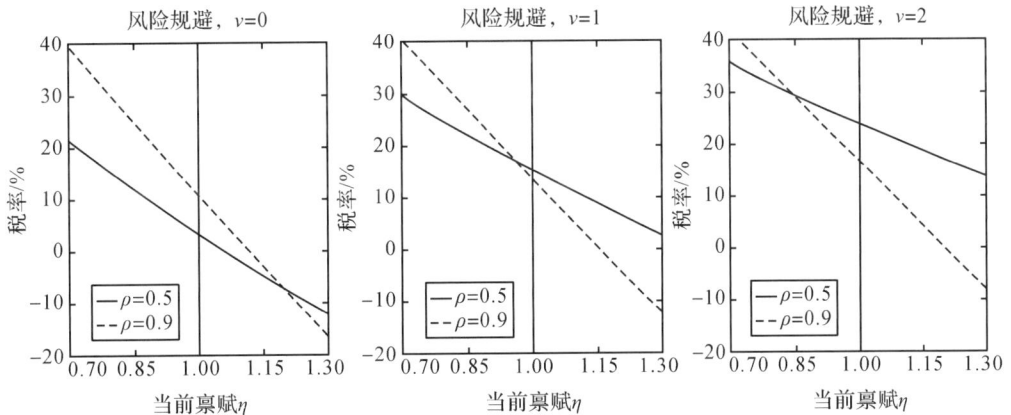

图 14.7　不同程度流动性的偏好税率

注: $\rho \in \{0.5, 0.9\}$,风险规避 $\nu \in \{0, 1, 2\}$。不平等参数 $\sigma = 0.5$。垂直线表示中位数禀赋。

这个例子表明,流动性通过两种机制影响均衡政策。第一种机制通过流动性影响下一期税收的再分配收益。当流动性较低时,预期再分配收益很高。当流动性达到完美状态时,这些收益就会消失,即 $\rho = 1$。第二种机制通过流动性影响个人风险。当前禀赋给定,流动性较高(ρ较低)会增加下一期禀赋的条件波动性,中位数个体面临的风险更大。这样,如果偏好为凹,则会偏向选择更大力度的再分配。当个体处于风险中立时,第二种机制无关紧要;但当个体规避风险时,这种机制就变得很重要。当风险规避达到很高的程度时,第二种机制占主导地位,均衡税率会随流动性下降而降低。

Corbae 等(2009)、Bachmann 和 Bai(2013)这两篇论文,用所得税和不可保险的特殊风险来研究无限时域的政治经济学模型。因此,这两篇论文潜在地能够展现本节所描述的机制。

14.5.2 政治经济渠道的更多信息

一些理论形成如下渠道:在金融约束的情况下,再分配税可对宏观经济产生积极的效应。例如,从熊彼特的观点来看,创新是经济增长的核心,而金融约束以及缺乏保险市场使得创业投资并不能达到最理想的状态。在这样的条件下,再分配可以为受到约束的企业家提供额外的资源,还可以为促进经济增长的活动提供投资便利。与此同时,再分配制度为消费平滑提供了一种隐含的保障机制(一个人在获得高额利润时支付高额税款,而在遭受损失的情况下则能收到补偿)。因此,如果企业家是风险规避者,再分配可激励投资。

类似的机制也适用于教育或人力资本投资。如果教育对经济增长很重要,但是父母由于经济拮据,选择的教育水平并不是最理想的,那么政府转移支付可能会带来更多的投资和增长。Glomm 和 Ravikumar(1992)已指出,一种更直接的机制可以通过对公共教育提供财政支持来实现。

政治经济力量对政府借贷的选择也很重要。Azzimonti 等(2014)提出了一种公共债务理论,如果更大程度的不平等与更高的个体风险相关,那么不平等加剧可能会促进政府增加借贷。这是因为风险上升会增加对安全资产的需求,而这些资产在市场不完全时供不应求。如果金融市场一体化,少数国家不平等(风险)加重可能会导致全球公共债务增加。通过这种方式,该文提出了一种可能的机制,它能对自 20 世纪 80 年代初以来大多数工业化国家出现的公共债务上升的情况做出解释。

在本节结尾之际,我们必须指出,尽管政治经济学文献中有很大一部分是建立在假设个体能够自我激励且对世界的看法达成一致的基础上,即他们对政策的评估基于自身的获益程度,但是一些研究者也提出了其他分析框架,尤为吸引人的是 Piketty(1995)的研究。这项研究提出了一个模型,模型中个体对政策的偏好不同,不是因为他们自私,而是因为他们的信念不同。所有投票人都关心社会福利,但有些人认为运气在创收方面更为重要,而另一些人则认为努力更为重要。这些信念会因个人的经验不同而变化,但永远不会趋同。因此,在任何时间点,偏好都是异质性的。虽然其原文没有明确地探讨可能改变信念分布的因素,但是引入这些因素以及它们对宏观经济的影响,可能是未来研究的一个有趣方向。

14.6 结论

在本章中,我们讨论了收入分配和宏观经济学之间的一些稍显模糊的领域中的多个不同主题。对这些主题和方法的选择是具有个性特征的,反映了我们的偏好、兴趣和专业知识。还有许多主题我们没有涉及,如各种考察发展问题的行为模型和非最优化模型,以及不平等加剧对美国经济的影响分析等。在另一些方面,我们也只涉及了一鳞半爪,例如全球化在经济中的作用。此外,我们只是略微提到收入不平等对消费不平等的影响,或者收入不平等对终身的不平等的影响①,而这才是最终决定不平等的福利成本的真正关键因素。

我们非常清楚,其他作者会在其他章节中讨论这些因素(实际上,下一章就有一个这样的例子,提供一些全然不同的财富分配宏观建模思想)。但我们希望本章能够让读者认识到一个观点,即宏观经济学如何明确地将不平等分析整合起来以提高我们对总体经济动态的理解,以及宏观经济学对不平等的阐释——所有经济组成元素应该相互协调一致,不平等的动态变化是经济学的核心问题——如何影响我们对收入不平等和财富不平等的思考。

致谢

我们非常感谢多年来收到的各种宝贵意见。许多人为本章的撰写(包括文中的一些观点和公式计算)做出了直接贡献,包括本手册的主编,还有中岛诚(Makoto Nakajima)、玛丽亚克里斯蒂娜·德纳尔迪(Mariacristina De Nardi)、何塞普·皮约安-马斯(Josep Pijoan-Mas)和托马斯·皮凯蒂。其他一些人,例如大卫·维策尔(David Wiczer)和莫里茨·库恩(Moritz Kuhn),做出了更为直接的贡献。我们得到了丁凯(Kai Ding)和格罗·多尔夫斯(Gero Dolfus)的研究协助,塞尔吉奥·萨尔加多(Sergio Salgado)和安纳莉娜·索伊卡内(Annaliina Soikkanen)的意见,以及琼·吉斯克(Joan Gieseke)在编辑方面的帮助。我们对他们的大力协助表示衷心的感谢。里奥斯-鲁尔感谢美国国家科学基金会项目的资助(项目编号:SES-1156228)。本章所表达的观点均为作者个人观点,不代表明尼阿波利斯联邦储备银行或联邦储备系统的观点。

附录 A　不等式指数的推导

每个时期都有不同的员工群体,他们受雇佣的时期为 j,他们在出生时的初始人力资本 h_0^k 也有所不同,因为员工的死亡概率为 λ,j 群体(由能在 j 时期生活的员工组成)的员工比例等于 $\sum_k x_0^k (1-\lambda)^j$。年龄为 $j+1$,初始人力资本为 h_0^k 的员工的人力资本表示为 h_j^k,因为人力资本以 $g(y,\varepsilon)$ 的总速率增长,我们有 $h_j^k = h_0^k \prod_{t=1}^{j} g(y,\varepsilon_t)$。当然,同一群体内员工情况不同,因为增长率是随机的。平均人力资本则为

$$\bar{h} = \sum_k x_0^k \sum_{j=0}^{\infty} (1-\lambda)^j \mathbb{E} h_j^k \tag{A1}$$

其中,$\mathbb{E}$ 呈现 $j-k$ 群体中所有个体的人力资本平均水平,因为增长率是连续独立变量,我们得到 $\mathbb{E} h_j^k = h_0^k \mathbb{E} g(y,\varepsilon)^j$,代入上式,可得到

---

① Pijoan-Mas 和 Ríos-Rull(2014)认为,贯穿一生的不平等的福利成本远远大于消费不平等的福利成本。

$$\overline{h} = \frac{\overline{h}_0}{1 - (1 - \lambda) \, \mathbb{E}g(y, \varepsilon)}$$

其中,$\overline{h}_0 = \sum_k x_0^k h_0^k$ 是新生个体的总人力资本。

我们现在可计算出方差为:

$$\mathrm{Var}(h) = \sum_k x_0^k \sum_{j=0}^{\infty} (1 - \lambda)^j \mathbb{E}(h_j^k - \overline{h})^2$$

该式可改写为:

$$\mathrm{Var}(h) = \sum_k x_0^k \sum_{j=0}^{\infty} (1 - \lambda)^j \left[\mathbb{E}(h_j^k)^2 - \overline{h}^2 \right]$$

可进一步改写为:

$$\mathrm{Var}(h) = \sum_k x_0^k (h_0^k)^2 \sum_{j=0}^{\infty} (1 - \lambda)^j \mathbb{E}\left(\frac{h_j^k}{h_0^k} \right)^2 - \overline{h}^2$$

h_j^k / h_0^k 项与初始人力资本 h_0^k 不相关。考虑到增长率的连续独立性,我们得到 $\mathbb{E}(h_j^k / h_0^k)^2 = [\mathbb{E}g(y, \varepsilon)^2]^j$,替换并求解,得到

$$\mathrm{Var}(h) = \left(\sum_k x_0^k (h_0^k)^2 \right) \left(\frac{1}{1 - (1 - \lambda) \, \mathbb{E}g(y, \varepsilon)^2} \right) - \overline{h}^2$$

为了计算不平等指数,我们简单用方差除以 $\overline{h}^2$,其中 $\overline{h}$ 由等式(A1)得出,这样,就得到了(14.27)的不平等指数。

附录 B 内生债务的工资方程式

考虑方程式(14.51)中定义的被填充空缺职位的价值。使用束紧的强制执行 $B' = \varphi(1 - \eta) \mathbb{E}S'(B')$ 来消除 B',该值变为

$$Q = (1 + \varphi)\beta(1 - \eta) \mathbb{E}S'(B')$$

请注意,在这个阶段,我们强制使 $b = B$ 和 $b' = B'$,由此产生对称均衡。

接下来我们使用自由进入条件 $V = qQ - \kappa = 0$。使用上述表达式消除 Q,并求解预期盈余价值,得到

$$\mathbb{E}S'(B') = \frac{\kappa}{q(1 + \varphi)\beta(1 - \eta)} \tag{B1}$$

代入盈余价值的定义方程式(14.50)中,并考虑 $b' = \varphi(1 - \eta) \mathbb{E}S'(B')$,得到

$$S(B) = z - \overline{u} - B + \frac{[1 - \lambda - p\eta + \varphi(1 - \lambda)(1 - \eta)]\kappa}{q(1 + \varphi)(1 - \eta)} \tag{B2}$$

现考虑一个员工的净价值,

$$W(B) - U = w - \overline{u} - \eta(1 - \lambda - p)\beta \mathbb{E}S'(B')$$

左边代入 $W(B) - U = \eta S(B)$,右边用方程式(B1)消除 $\mathbb{E}S'(B')$,得到

$$\eta S(B) = w - \overline{u} + \frac{\eta(1 - \lambda - P)\kappa}{q(1 + \varphi)(1 - \eta)} \tag{B3}$$

最后,将方程式(B2)和(B3)合并,得出其工资为

$$w = (1 - \eta)\bar{u} + \eta(z - b) + \frac{\eta[p + (1 - \lambda)\varphi]\kappa}{q(1 + \varphi)}$$

这就是(14.54)给出的表达式。

参考文献

Abowd, J. M., Card, D., 1987. Intertemporal labor supply and long-term employment contracts. Am. Econ. Rev. 77 (1), 50-68.

Acemoglu, D., 1998. Why do new technologies complement skills? Directed technical change and wage inequality. Q. J. Econ. 113 (4), 1055-1089.

Aghion, P., Bolton, P., 1997. A theory of trickle-down growth and development. Rev. Econ. Stud. 64 (2),151-172.

Aguiar, M. A., Bils, M., 2011. Has consumption inequality mirrored income inequality? Working Paper 16807, National Bureau of Economic Research.

Aiyagari, S. R., 1994. Uninsured idiosyncratic risk and aggregate saving. Q. J. Econ. 109 (3), 659-684.

Alesina, A., Rodrik, D., 1994. Distributive politics and economic growth. Q. J. Econ. 109 (2), 465-490.

Alvaredo, F., 2011. A note on the relationship between top income shares and the Gini coefficient. Econ. Lett. 110 (3), 274-277.

Angeletos, G. -M., 2007. Uninsured idiosyncratic investment risk and aggregate saving. Rev. Econ. Dyn. 10 (1), 1-30.

Atkinson, A. B., Piketty, T., Saez, E., 2011. Top incomes in the long run of history. J. Econ. Lit. 49 (1), 3-71.

Attanasio, O., Battistin, E., Ichimura, H., 2004. What really happened to consumption inequality in the U. S. ? Working Paper 10338, National Bureau of Economic Research.

Auerbach, A. J., Kotlikoff, L. J., 1987. Dynamic Fiscal Policy. Cambridge University Press, Cambridge.

Azzimonti, M., de Francisco, E., Quadrini, V., 2014. Financial globalization, inequality, and the rising public debt. Am. Econ. Rev. 104 (8), 2267-2302.

Bachmann, R., Bai, J. H., 2013. Politico-economic inequality and the comovement of government purchases. Rev. Econ. Dyn. 16 (4), 565-580.

Banerjee, A., Newman, A., 1993. Occupational choice and the process of development. J. Polit. Econ. 101 (2), 274-298.

Bell, B., Van Reenen, J., 2010. Bankers' pay and extreme wage inequality in the UK.

Economic Performance Special Papers CEPSP21, Centre for Economic Performance, London School of Economics and Political Science.

Benabou, R., Ok, E. A., 2001. Social mobility and the demand for redistribution: the Poum hypothesis. Q. J. Econ. 116 (2), 447-487.

Benhabib, J., Rustichini, A., 1996. Social conflict and growth. J. Econ. Growth 1 (1), 125-142.

Benhabib, J., Bisin, A., Zhu, S., 2011. The distribution of wealth and fiscal policy in economies with finitely lived agents. Econometrica 79 (1), 123-157.

Ben-Porath, Y., 1967. The production of human capital and the life cycle of earnings. J. Polit. Econ. 75 (4), 352-365.

Bernanke, B., Gertler, M., 1989. Agency costs, net worth, and business fluctuations. Am. Econ. Rev. 79 (1), 14-31.

Bernanke, B.S., Gertler, M., Gilchrist, S., 1999. The financial accelerator in a quantitative business-cycle framework. In: Taylor, J. B., Woodford, M. (Eds.), Handbook of Macroeconomics, vol. 1. Elsevier, Amsterdam, pp. 1341-1393 (Chapter 21).

Bertola, G., 2000. Macroeconomics of distribution and growth. In: Atkinson, A., Bourguignon, F. (Eds.), Handbook of Income Distribution, vol. 1. Elsevier, Amsterdam, pp. 477-540 (Chapter 9).

Bewley, T., 1977. The permanent income hypothesis: a theoretical formulation. J. Econ. Theory 16 (2), 252-292.

Blanchard, O. J., 1985. Debt, deficits, and finite horizons. J. Polit. Econ. 93 (2), 223-247.

Budría, S., Díaz-Gimenez, J., Quadrini, V., Ríos-Rull, J.-V., 2001. New facts on the U. S. distribution of earnings, income and wealth. Unpublished Manuscript.

Buera, F. J., 2009. A dynamic model of entrepreneurship with borrowing constraints: theory and evidence. Ann. Finance 5 (3), 443-464.

Caballero, R. J., Farhi, E., Gourinchas, P.-O., 2008. An equilibrium model of "global imbalances" and low interest rates. Am. Econ. Rev. 98 (1), 358-393.

Cagetti, M., De Nardi, M., 2006. Entrepreneurship, frictions, and wealth. J. Polit. Econ. 114 (5), 835-869.

Cagetti, M., De Nardi, M., 2009. Estate taxation, entrepreneurship, and wealth. Am. Econ. Rev. 99 (1), 85-111.

Carlstrom, C. T., Fuerst, T. S., 1995. Interest rate rules vs. money growth rules: a welfare comparison in acash-in-advance economy. J. Monet. Econ. 36 (2), 247-267.

Carrillo-Tudela, C., Visschers, L., 2013. Unemployment and endogenous reallocation over the business cycle. IZA Discussion Paper 7124, Institute for the Study of Labor (IZA).

Carroll, C. D. , 1997. Buffer-stock saving and the life-cycle/permanent income hypothesis. Q. J. Econ. 112 (1), 1-55.

Caselli, F. , 1999. Technological revolutions. Am. Econ. Rev. 89 (1), 78-102.

Caselli, F. , Ventura, J. , 2000. A representative consumer theory of distribution. Am. Econ. Rev. 90 (4),909-926.

Castañeda, A. , Díaz-Giménez, J. , Ríos-Rull, J. -V. , 1998. Exploring the income distribution business-cycle dynamics. J. Monet. Econ. 42 (1), 93-130.

Castañeda, A. , Díaz-Giménez, J. , Ríos-Rull, J. -V. , 2003. Accounting for the U. S. earnings and wealth inequality. J. Polit. Econ. 111 (4), 818-857.

Chatterjee, S. , 1994. Transitional dynamics and the distribution of wealth in a neoclassical growth model. J. Public Econ. 54 (1), 97-119.

Chatterjee, S. , Corbae, D. , Ríos-Rull, J. -V. , 2004. A Competitive Theory of Credit Scoring. University of Pennsylvania, CAERP.

Chatterjee, S. , Corbae, D. , Nakajima, M. , Ríos-Rull, J. -V. , 2007. A quantitative theory of unsecured consumer credit with risk of default. Econometrica 75 (6), 1525-1589.

Chatterjee, S. , Corbae, D. , Ríos-Rull, J. -V. , 2008. A finite-life private-information theory of unsecured consumer debt. J. Econ. Theory 142 (1), 149-177.

Cooley, T. , Marimon, R. , Quadrini, V. , 2012. Risky investments with limited commitment. Working Paper 19594, National Bureau of Economic Research.

Corbae, D. , D'Emsmo, P. , Kuruscu, B. , 2009. Politico-economic consequences of rising wage inequality. J. Monet. Econ. 56 (1), 43-61.

Costain, J. S. , Reiter, M. , 2008. Business cycles, unemployment insurance, and the calibration of matching models. J. Econ. Dyn. Control. 32 (4), 1120-1155.

Cummins, J. G. , Violante, G. L. , 2002. Investment-specific technical change in the United States(1947-2000): measurement and macroeconomic consequences. Rev. Econ. Dyn. 5 (2), 243-284.

De Nardi, M. , 2004. Wealth inequality and intergenerational links. Rev. Econ. Stud. 71 (3), 743-768.

DeBacker, J. , Heim, B. , Panousi, V. , Vidangos, I. , 2011. Rising inequality: transitory or permanent? New evidence from a panel of U. S. household income 1987-2006. Finance and Economics Discussion Series 2011-60, Board of Governors of the Federal Reserve System (U. S.).

Díaz, A. , Pijoan-Mas, J. , Ríos-Rull, J. -V. , 2003. Precautionary savings and wealth distribution under habit formation preferences. J. Monet. Econ. 50 (6), 1257-1291.

Díaz-Giménez, J. , Pijoan-Mas, J. , 2011. Flat tax reforms: investment expensing and progressivity. Discussion Paper No. 8238, Centre for Economic Policy Research.

Díaz-Giménez, J. , Glover, A. , Ríos-Rull, J. -V. , 2011. Facts on the distributions of earnings, income, and wealth in the United States: 2007 update. Q. Rev. (Federal Reserve Bank of Minneapolis) 34 (1), 2-31.

Duras, J., 2013. Amplification of Shocks in a Model with Labor and Goods Market Search. University ofMinnesota.

Fernandez-Villaverde, J., Krueger, D., 2011. Consumption and saving over the life cycle: how important are consumer durables? Macroecon. Dyn. 15 (5), 725-770.

Gabaix, X., Landier, A., 2008. Why has CEO pay increased so much? Q. J. Econ. 123 (1), 49-100.

Galor, O., Moav, O., 2000. Ability-biased technological transition, wage inequality, and economic growth. Q. J. Econ. 115 (2), 469-497.

Galor, O., Zeira, J., 1993. Income distribution and macroeconomics. Rev. Econ. Stud. 60 (1), 6035-6052.

Garicano, L., Rossi-Hansberg, E., 2004. Inequality and the organization of knowledge. Am. Econ. Rev. 94 (2), 197-202.

Gertler, M., Trigari, A., 2009. Unemployment fluctuations with staggered Nash wage bargaining. J. Polit. Econ. 117 (1), 38-86.

Glomm, G., Ravikumar, B., 1992. Public versus private investment in human capital: endogenous growth and income inequality. J. Polit. Econ. 100 (4), 818-834.

Glover, A., Heathcote, J., Krueger, D., Rios-Rull, J.-V., 2011. Inter-generational redistribution in the Great Recession. Working Paper 16924, National Bureau of Economic Research.

Goldin, C., Katz, L. F., 2009. The Race Between Education and Technology. Belknap Press, Cambridge, MA.

Gordon, R. J., 1990. The measurement of durable goods prices. National Bureau of Economic Research Monograph Series, University of Chicago Press, Chicago, IL.

Gourinchas, P.-O., Parker, J. A., 2002. Consumption over the life cycle. Econometrica 70 (1), 47-89.

Greenwood, J., Jovanovic, B., 1990. Financial development, growth, and the distribution of income. J. Polit. Econ. 98 (5), 1076-1107.

Greenwood, J., Jovanovic, B., 1999. The information-technology revolution and the stock market. Am. Econ. Rev. Pap. Proc. 89 (2), 116-122.

Greenwood, J., Yorukoglu, M., 1997. Carnegie-Rochester conference series on public policy. J. Monet. Econ. 46 (2), 49-95.

Greenwood, J., Sanchez, J. M., Wang, C., 2010. Financing development: the role of information costs. Am. Econ. Rev. 100 (4), 1875-1891.

Guvenen, F., 2009. An empirical investigation of labor income processes. Rev. Econ. Dyn.

12 (1), 58-79.

Guvenen, F., Kuruşçu, B., 2010. A quantitative analysis of the evolution of the U. S. wage distribution, 1970-2000. In: Acemoglu, D., Rogoff, K., Woodford, M. (Eds.), NBER Macroeconomics Annual, vol. 24, pp. 227-276.

Guvenen, F., Kuruşçu, B., 2012. Understanding the evolution of the U. S. wage distribution: a theoretical analysis. J. Eur. Econ. Assoc. 10 (3), 489-517.

Guvenen, F., Kuruşçu, B., Ozkan, S., 2009. Taxation of human capital and wage inequality: a cross-country analysis. Federal Reserve Bank of Minneapolis, Research Department Staff Report 438.

Guvenen, F., Ozkan, S., Song, J., 2012. The nature of countercyclical income risk. Working Paper 18035, National Bureau of Economic Research.

Hagedorn, M., Manovskii, I., 2008. The cyclical behavior of equilibrium unemployment and vacancies revisited. Am. Econ. Rev. 98 (4), 1692-1706.

Hansen, G. D., Imrohoroglu, S., 2008. Consumption over the life cycle: the role of annuities. Rev. Econ. Dyn. 11 (3), 566-583.

Heaton, J., Lucas, D. J., 1996. Evaluating the effects of incomplete markets on risk sharing and asset pricing. J. Polit. Econ. 104 (3), 443-487.

Heckman, J., Lochner, L., Taber, C., 1998. Explaining rising wage inequality: explorations with a dynamic general equilibrium model of labor earnings with heterogeneous agents. Rev. Econ. Dyn. 1 (1), 1-58.

Hobijn, B., Jovanovic, B., 2001. The information-technology revolution and the stock market: evidence. Am. Econ. Rev. 91 (5), 1203-1220.

Hornstein, A., Krusell, P., Violante, G., 2011. Frictional wage dispersion in search models: a quantitative assessment. Am. Econ. Rev. 101 (7), 2873-2898.

Huggett, M., 1993. The risk-free rate in heterogeneous-agent, incomplete-insurance economies. J. Econ. Dyn. Control. 17 (5), 953-969.

Huggett, M., 1996. Wealth distribution in life-cycle economies. J. Monet. Econ. 38 (3), 469-494.

Huggett, M., Ventura, G., Yaron, A., 2011. Sources of lifetime inequality. Am. Econ. Rev. 101 (7), 2923-2954.

İmrohoroğlu, A., 1989. Cost of business cycles with indivisibilities and liquidity constraints. J. Polit. Econ. 97 (6), 1364-1383.

Kambourov, G., Manovskii, I., 2009a. Occupational mobility and wage inequality. Rev. Econ. Stud. 76 (2), 731-759.

Kambourov, G., Manovskii, I., 2009b. Occupational specificity of human capital. Int. Econ. Rev. 50 (1), 63-115.

Karabarbounis, L. , Neiman, B. , 2014. The global decline of the labor share. Q. J. Econ. 129 (1), 61-103.

Katz, L. F. , Murphy, K. M. , 1992. Changes in relative wages, 1963-1987: supply and demand factors. Q. J. Econ. 107 (1), 35-78.

Kehoe, T. , Levine, D. , 1993. Debt-constrained asset markets. Rev. Econ. Stud. 60 (4), 865-888.

Kiyotaki, N. , Moore, J. , 1997. Credit cycles. J. Polit. Econ. 105 (2), 211-248.

Krueger, D. , Kubler, F. , 2006. Pareto-improving social security reform when financial markets are incomplete!? Am. Econ. Rev. 96 (3), 737-755.

Krueger, D. , Perri, F. , 2006. Does income inequality lead to consumption inequality? Evidence and theory. Rev. Econ. Stud. 73 (1), 163-193.

Krueger, D. , Perri, F. , Pistaferri, L. , Violante, G. L. , 2010. Cross-sectional facts for macroeconomists. Rev. Econ. Dyn. 13 (1), 1-14.

Krusell, P. , Ríos-Rull, J. -V. , 1996. Vested interests in a positive theory of stagnation and growth. Rev. Econ. Stud. 63 (215), 301-331.

Krusell, P. , Smith Jr. , A. A. , 1998. Income and wealth heterogeneity in the macroeconomy. J. Polit. Econ. 106 (5), 867-896.

Krusell, P. , Quadrini, V. , Ríos-Rull, J. -V. , 1997. Politico-economic equilibrium and economic growth. J. Econ. Dyn. Control. 21 (1), 243-272.

Krusell, P. , Ohanian, L. E. , Ríos-Rull, J. -V. , Violante, G. L. , 2000. Capital-skill complementarity and inequality: a macroeconomic analysis. Econometrica 68 (5), 1029-1054.

Kuhn, M. , 2014. Trends in income and wealth inequality. University of Bonn, Working Paper.

Kumhof, M. , Rancière, R. , 2010. Inequality, leverage and crises. IMF Working Paper WP/10/268.

Livshits, I. , MacGee, J. , Tertilt, M. , 2007. Consumer bankruptcy: a fresh start. Am. Econ. Rev. 97 (1),402-418.

Manuelli, R. E. , Seshadri, A. , 2010. Human capital and the wealth of nations. Unpublished Manuscript, University of Wisconsin-Madison.

Meh, C. A. , Quadrini, V. , 2006. Endogenous market incompleteness with investment risks. J. Econ. Dyn. Control 30 (11), 2143-2165.

Meltzer, A. H. , Richard, S. F. , 1981. A rational theory of the size of government. J. Polit. Econ. 89 (5),914-927.

Mendoza, E. G. , Quadrini, V. , Ríos-Rull, J. -V. , 2007. Financial integration, financial deepness and global imbalances. Working Paper 12909, National Bureau of Economic Research.

Milgrom, P. , Roberts, J. , 1990. The economics of modern manufacturing: technology, strategy, and organization. Am. Econ. Rev. 80 (3), 511-528.

Modigliani, F., Miller, M. H., 1958. The cost of capital, corporate finance and the theory of investment. Am. Econ. Rev. 48 (3), 261-279.

Monacelli, T., Quadrini, V., Trigari, A., 2011. Financial markets and unemployment. Working Paper 17389, National Bureau of Economic Research.

Murphy, K. M., Shleifer, A., Vishny, R., 1989. Income distribution, market size, and industrialization. Q. J. Econ. 104 (3), 537-564.

Papageorgiou, T., 2009. Learning your comparative advantages. 2009 Meeting Papers 1150, Society for Economic Dynamics.

Persson, T., Tabellini, G., 1994. Is inequality harmful for growth? Am. Econ. Rev. 84 (3), 600-621.

Pijoan-Mas, J., Ríos-Rull, J.-V., 2014. The Welfare Cost of Inequality in Life Expectancies. University of Minnesota.

Piketty, T., 1995. Social mobility and redistributive politics. Q. J. Econ. 110 (3), 551-584.

Piketty, T., 2014. Capital in the Twenty-First Century. Harvard University Press, Cambridge, MA. ISBN 9780674369559.

Piketty, T., Saez, E., 2003. Income inequality in the United States, 1913-1998. Q. J. Econ. 118 (1), 1-39. Longer updated version published in: Atkinson, A. B., Piketty, T. (Eds.), Top Incomes over the Twentieth Century: A Contrast between European and English-Speaking Countries. Oxford University Press, Oxford, 2007.

Pissarides, C. A., 1987. Search, wage bargains and cycles. Rev. Econ. Stud. 54 (3), 473-483.

Pissarides, C. A., 1990. Equilibrium Unemployment Theory. Basil Blackwell, Oxford.

Quadrini, V., 1999. Growth, learning and redistributive policies. J. Public Econ. 74 (2), 263-297.

Quadrini, V., 2000. Entrepreneurship, saving, and social mobility. Rev. Econ. Dyn. 3 (1), 1-40.

Quadrini, V., 2011. Financial frictions in macroeconomic fluctuations. Econ. Q. 97 (3Q), 209-254.

Ríos-Rull, J.-V., 1994. On the quantitative importance of market completeness. J. Monet. Econ. 34 (3), 463-496.

Ríos-Rull, J.-V., 1996. Life-cycle economies and aggregate fluctuations. Rev. Econ. Stud. 63 (3), 465-489.

Ríos-Rull, J.-V., Santaeulalia-Llopis, R., 2010. Redistributive shocks and productivity shocks. J. Monet. Econ. 57 (8), 931-948.

Rosen, S. , 1981. The economics of superstars. Am. Econ. Rev. 71 (5), 845-858.

Saez, E. , Zucman, G. , 2014. The distribution of US wealth, capital income and returns since 1913. Unpublished Manuscript, University of California, Berkeley.

Shimer, R. , 2005. The cyclical behavior of equilibrium unemployment and vacancies. Am. Econ. Rev. 95 (1), 25-49.

Solow, R. , 1987. We'd Better Watch Out. New York Times Book Review, p. 36, July.

Stiglitz, J. E. , 1969. Distribution of income and wealth among individuals. Econometrica 37 (3), 382-397.

Storesletten, K. , Telmer, C. I. , Yaron, A. , 2001. How important are idiosyncratic shocks? Evidence from labor supply. Am. Econ. Rev. Pap. Proc. 91 (2), 413-417.

Terajima, Y. , 2006. Education and self-employment: changes in earnings and wealth inequality. Bank of Canada Working Paper 2006-40.

Townsend, R. M. , 1979. Optimal contracts and competitive markets with costly state verification. J. Econ. Theory 21 (2), 265-293.

von Weizsäcker, R. K. , 1993. A Theory of Earnings Distribution. Cambridge University Press, Cambridge. Wiczer, D. , 2013. Long-term unemployment: attached and mismatched? Unpublished Manuscript, University of Minnesota.

Yaari, M. E. , 1965. Uncertain lifetime, life insurance and the theory of the consumer. Rev. Econ. Stud. 32 (2), 137-150.

Yamaguchi, S. , 2012. Tasks and heterogeneous human capital. J. Labor Econ. 30 (1), 1-53.

第 15 章 长期财富与继承

托马斯·皮凯蒂(Thomas Piketty)[*],

加布里埃尔·祖克曼(Gabriel Zucman)[†]

[*] 巴黎经济学院,法国巴黎市

[†] 伦敦政治经济学院,英国伦敦市

目　录

摘要:本章概述了财富与继承长期演化的实证研究及理论研究。从18—19世纪到第一次世界大战,财富收入比较高,财富继承和财富不平等现象严重。20世纪,受到两次世界大战的冲击,财富收入比急剧下降,财富继承和不平等现象大幅减少,但在20世纪末至21世纪初,财富收入比再度升高,财富继承和财富不平等再次加剧。本章旨在用一系列模型揭示这类现象的起因。在本章中,我们将讨论可以解释这些事实的模型。结果显示,在大量模型中,财富和继承的长期规模和集中度是 $\bar{r} - g$ 递增函数,其中 $\bar{r}$ 是税后净财富回报率,g 是经济增长率。结果显示,在21世纪,由于人口增长、生产率增长放缓以及国际引资竞争加剧,当前财富收入比上升和财富不平等的趋势仍会持续。

关键词:财富;继承;分配;增长;回报率;帕累托系数

JEL 分类代码:E10, D30, D31, D32

15.1 引言

经济学家早就认识到财富的规模和分配在收入分配中扮演着重要的角色——包括生产

要素(劳动力和资本)的分配和个人的分配。在这一章中,我们提出三个简单的问题:(1)对于财富和遗产相对于收入的规模大小的历史模式,我们了解多少? (2)从长远来看,财富分配在各国之间是如何变化的? (3)解释这类现象的模型有哪些?

我们查阅了此类问题的有关文献,将重点分析三个相互关联的比率。第一个是总财富与总收入的比率,即市场化的、非人力财富与国民总收入的比率。第二个是最富有(比如最富有的前 10％或前 1％)的个人所持有的总财富份额。第三个是继承的财富存量与总财富(或遗产年流量与国民总收入)之间的比率。要正确分析财富的集中度及其影响,有必要将宏观经济的财富收入和继承财富比与最富有人群所拥有的财富份额研究结合起来。本章试图以此构架起收入分配和宏观经济学之间的桥梁。

经济中的财富收入比、最富有人群所拥有的财富份额以及遗产份额,都是备受关注和具有争议的话题——但通常基于有限的数据。很长一段时间以来,经济学教科书认为,财富收入比是长期稳定不变的,这也是卡尔多事实[①]之一。然而,并没有什么强有力的理论来解释为何本该如此:在一个灵活的生产函数中,任何比率都可以是稳态的。直到现在,我们依然缺乏综合性的国家资产负债表,缺乏对财富的统一定义,而这些定义可以用来证明恒定比率理论的正确性。实际上,最近的研究表明:从长远来看,财富收入比以及资本在国民收入中所占份额远不如人们通常认为的那样稳定。

继 20 世纪 50 年代首次提出库兹涅茨曲线假说之后,经济学家们现在又形成另一共识:随着越来越多的人加入高生产率行业并从工业增长中获益,收入不平等——可能还有财富不平等——也会随着经济的发展首先加剧,然后再有所缓和。[②] 然而,自 20 世纪 70—80 年代以来,大多数发达国家的不平等状况都在加剧,大多数人不再认同这种乐观的观点。[③] 因此,大多数经济学家现在对关于不平等长期演变的普遍规律持怀疑态度。

最后,关于继承的财富在总财富积累中所占份额的问题,似乎存在一种普遍假定:继承的财富在总财富积累中所占的份额应该会随时间的推移而日趋下降。很少有人明确地阐述这一点。很可能的一个原因就是人力资本的增加(可能导致劳动收入在收入和储蓄中所占比例的增加)或生命周期内财富积累变多(这很可能是因为预期寿命变长)。然而,直到现在,关于继承财富份额的实证证据仍十分有限,不足以验证这些假设。

20 世纪 80 年代,莫迪利亚尼和科特利克夫—萨默斯之间发生了一场著名的争论,莫迪利亚尼倡导生命周期论,他认为美国的继承财富只占美国总财富的 20％—30％,而科特利克夫和萨默斯认为继承财富至少占美国总财富的 80％。令人格外困惑的是,双方声称研究的是同一组数据,即美国在 20 世纪 60—70 年代的数据。[④]

由于对于财富和继承权的许多重要预测是在很久之前提出的,基本是在 20 世纪 50—60年代或是 70—80 年代提出的,并且是基于少量的长期证据得出的结论,现在理应根据更可靠

---

① 参见 Kaldor(1961)及 Jones 和 Romer(2010)。
② 参见 Kuznets(1953)。
③ 参见 Atkinson 等(2011)。也可参见收入分配手册 2A 卷第 7 章及 Waldenstrom(2015)。
④ 参见 Kotlikoff 和 Summers(1981,1988)。莫迪利亚尼在 20 世纪 50—60 年代首次提出关于储蓄的生命周期理论;
　参见 Modigliani(1986)中列出的参考文献。

的证据来重新审视这些推测。

在15.2节,本章首先回顾了财富收入比 β 的历史演变。在大多数国家,财富收入比在1910—2010年呈现U形走势,在1910—1950年大幅下降,1950年后才逐渐有所回升。这一趋势在欧洲体现得尤为明显。在18世纪、19世纪和20世纪初,欧洲的整体财富收入比高达600%—700%,在20世纪中期则降至200%—300%。在21世纪早期,这一比率已经回升到500%—600%。尽管日本的相关历史数据不如欧洲的数据完整,但也体现了这种U形走势。美国也存在这种走势,但比起上述国家相对不明显。

15.3节的重点转向财富集中的长期变化。我们发现,财富集中在过去的一个世纪里也呈现出这种U形变化,但欧洲和美国的变化趋势存在很大差异。在欧洲,近期整体财富收入比仍有所上升,相比之下财富不平等差距变化不大,因此,在21世纪初,欧洲的财富集中度明显低于20世纪。财富最多的10%的富人所占财富份额曾高达90%,而现在大约是60%—70%(这一比重已经相当高——尤其是相对于劳动收入的集中度而言)。相比之下,在美国,财富集中度几乎回到了20世纪初的水平。尽管在第一次世界大战之前,欧洲的财富不平等状况比美国严重得多,但在20世纪期间,情况发生了逆转。在21世纪,这两个经济体间的差距是否会加大仍不可预知。

15.4节给出了关于继承财富占总财富份额 φ 值演变的现有信息。在这方面,已知历史信息较少,且数据不够完整,大量数据有待收集,目前可用信息仍然较少。现有数据大部分来自法国、德国、英国以及瑞典,都显示继承财富份额在过去的一个世纪也呈现出U形变化趋势。莫迪利亚尼认为,个人财富中的绝大部分来自个人生命周期内的储蓄,这一推测在战后不久的一段时间里可能是适用的(虽然有点夸张)。但科特利克夫和萨默斯认为,个人财富中有很大一部分是继承所得,这一结论也更符合我们长期观察到的情况,在19世纪、20世纪以及21世纪初都是如此。有趣的是,在这一点上,欧洲和美国之间可能存在一些差异(可能与财富集中相反)。不幸的是,美国现有数据有限,使得现阶段难以得出有力的结论。

接下来,15.5节主要在理论层面讨论历史数据变化的原因,以及对未来前景做出预测。15.2节至15.4节中记录的一些演变过程都受到了战争的巨大冲击。特别是在1910—2010年,财富收入比和继承财富收入比呈大U形变化趋势,这在很大程度上是受到战争的影响(战争对欧洲和日本的打击远大于对美国的打击)。这也印证了经济理论中的一个基本事实:资本积累需要时间。20世纪的世界大战对这些基本的经济比率产生了深远的影响。从某种程度上来说,这一结果并非意料之外,且可以从简单的运算中推导出来。在有固定收入且储蓄率为10%的情况下,需要花费50年才能积累到资本存量5年可以产生的收益。随着收入的增长,恢复过程可能需要更长的时间。

有趣的是,一些经济体在从经济冲击中恢复过来后会逐渐呈新稳态发展水平,要弄清是什么引起的这种现象仍是研究难点。15.5节表明,在众多的模型中,财富和继承财富的长期规模和集中度是 g 的递减函数和 $\bar{r}$ 的递增函数,其中 g 是经济增长率, $\bar{r}$ 是税后净财富回报率。也就是说,我们可以做出如下合理推测:在 $\bar{r}$ 值较高或 g 值较低时,财富收入比、财富的集中度以及继承财富占比这三个相互关联的比率都趋于更高的稳态值。此外,当 $\bar{r}$ 和 g 比值较大时,会加大财富差距。我们认为这些理论预测与前面提及的时间段以及不同国家呈现的共同趋势也是基本一致的。这表明,由于人口和生产力增长放缓以及全球背景下引资竞争日益激烈,目前不断增大的财富与收入比和财富不平等的趋势很可能在 21 世纪仍将持续。

由于可用数据有限,本章主要分析当今大部分富裕国家(欧美国家和日本)的历史演变。如果从中分析出的理论机制也适用于其他国家,那这项研究结果对今天的新兴经济体同样具有重要意义。15.5 节讨论了未来几十年内全球财富收入比、财富集中度和继承财富所占份额的变化前景。最后,15.6 节给出了总结性意见并强调了在这一领域进行更多研究的必要性。

15.2 财富收入比的长期演变

15.2.1 概念、数据来源及研究方法

15.2.1.1 国家资产负债表

第一次世界大战之前,国民财富计算是一项活跃的传统工作,经济学家、统计学家以及社会算术家对计算国民财富存量的兴趣远大于计算国民收入和支出的流动情况。最初的资产负债表是在 17 世纪末及 18 世纪初由英国的 Petty(1664)和 King(1696)以及法国的 Boisguillebert(1695)和 Vauban(1707)做出来的。到 19 世纪及 20 世纪初,国民财富估算工作成果丰硕,如英国的 Colquhoum(1815)、Giffen(1889)和 Bowley(1920),法国的 de Foville(1893)和 Colson(1903),以及德国的 Helfferich(1913)、美国的 King(1915)和许多其他国家的经济学家都做了许多工作。

然而,在两次世界大战期间,人们对财富的关注渐渐减弱。第一次世界大战的冲击、经济大萧条以及凯恩斯主义的兴起,让人们的注意力从财富存量转向财富流动情况,使得资产负债表不受重视。Goldsmith(1985,1991)第一次系统性地收集了历史资产负债表。Piketty和 Zucman(2014)基于近期财富衡量已取得的研究成果,进一步推进了戈德史密斯(Goldsmith)的开创性工作,为前八大富裕经济体构建了财富和收入总量序列。近期还有一些经济学家将研究重点放在了几个特定的国家,如英国的 Atkinson(2013)和瑞典的 Ohlsson等(2013)。本节根据 Piketty 和 Zucman(2014)收集的数据,并紧跟这里所讨论的问题,呈现主要发达经济体的财富收入比的长期变化情况。

我们严格遵照联合国国民账户体系(SNA)来确定财富计算所含内容。1970—2010 年,官方给出的国民经济核算数据均符合最新国际指南(SNA,1993,2008)。在这之前,Piketty 和Zucman(2014)广泛借鉴国民财富核算传统,使用与最新官方账户体系相同的概念和定义,构建了同质的收入和财富序列。历史数据是由大量学者和统计机构通过各种来源收集起来的,包括土地、住房、财产普查、财务调查、公司账目等。尽管历史上的资产负债表远非完美,但其方法被很好地记录了下来,且基本一致。当时财产结构更简单,金融中介和跨境投资没

有现在这么频繁,这也是在 1900—1910 年对国民财富进行估计要更简单的原因。[①]

15. 2. 1. 2 概念与定义:财富 vs 资本

我们将私人财富(W_t)定义为家庭净财富值(资产减去负债)。[②]按照 SNA 的指南,资产包括所有者拥有所有权的并能为所有者带来经济利益的所有非金融资产,如土地、建筑物、机器等,以及包括人寿保险和养老金在内的所有金融资产。像其他所有在未来对政府支出或转移支付的索取权一样(比如在子女教育和健康方面的支出),现收现付的社会保障养老金也不被包括在内。家庭拥有的耐用品,如汽车和家具,也被排除在外。[③] 一般来说,所有的资产和负债均按其现行市场价格估价。公司通过股票和公司债券的市场价值被估值并被纳入私人财富范畴。未上市股票通常是根据可比较的上市公司观察到的市场价格进行估值。

同样,公共(或政府)财富(W_{gt})是指公共行政部门和政府机构的净财富值。在现有资产负债表中,公共非金融资产,如行政大楼、学校和医院,通过累计以往投资量,并根据可察的房地产价格进行升值估价。

市场价值下的国民财富(W_{nt})是指私人财富和公共财富的总和:

$$W_{nt} = W_t + W_{gt}$$

国民财富还可分为国内资本和国外净资产:

$$W_{nt} = K_t + NFA_t$$

反过来,国内资本 K_t 可以写成农业用地、住房和其他国内资本的总和(包括公司的市场价值、私营部门和公共部门持有的其他非金融资产的价值,以及净负债值)。

收入的定义和符号都是有标准规定的。注意,此处收入与支出指的都是净折旧额。国民收入 Y_t 是国内净产出和国外净收入之和:$Y_t = Y_{dt} + r_t \cdot NFA_t$。[④]国内产出可看作以国内资本和劳动力为投入的生产函数:$Y_{dt} = F(Kt, Lt)$。

人们通常将产出看作两个部分(住房和非住房部分)或多个部分的生产结果。现实世界中,资本存量 K_t 包含数千种不同价格的资产(就如产出 Y_{dt} 被定义为数千种不同商品和服务的总和)。由于相同的资本资产(如建筑物)通常用作住房和办公空间,在一开始就把资本和产出分为两部分会显得很不自然。因而,我们认为从一部门模型开始更为合适。稍后我们将讨论一部门模型的利弊,以及求助于两部门模型和相对资产价格变动的必要性,以合理解释总财富收入比所发生的变化。

是否应该把国民财富和资本的市场价值作为重心是另一个值得讨论的问题。以市场价值为起点很有用且定义明确,但有人也可能更看重账面价值,比如进行短期增长核算。当托宾 Q(Tobin's Q)比率小于 1 时,账面价值大于市场价值;托宾 Q 比率大于 1 时,则相反。然

---

① Piketty 和 Zucman(2014)对财富计量的概念和方法进行了详细的分析,并在资产负债表上针对具体国家给出了大量参考性意见。

② 私人财富还包括为家庭服务的非营利机构(NPISH)所持有的资产和负债。这样做能避免个体与私人基金会间界限不明、难以区分。多数情况下,NPISH 的财富值很小,通常不到个人财富的 10%:目前在法国约为 1%,在日本约为 3%—4%,在美国约为 6%—7%;参见 Piketty 和 Zucman(2014)。注意:家庭部门包括所有非法人企业。

③ 随着时间的推移,耐用品价值趋于稳定(约占国民收入的 30%—50%,即占私人财富净值的 5%—10%)。欲了解美国关于耐用品的长期演变情况,请参见 Piketty 和 Zucman(2014)。

④ 国民收入还包括对外劳务净收入和国外生产税净额——通常情况下,这两项均可忽略不计。

而,从长远来看,到底是关注账面价值还是更关注市场价值对分析结果并没有什么太大的影响(详见 Piketty and Zucman,2014)。

同样值得关注的是私人财富和国民收入比 $\beta_t = W_t/Y_t$ 的变化以及国民财富和国民收入比 $\beta_{nt} = W_{nt}/Y_t$ 的演变。在封闭经济中,更为普遍的是在对外净资产头寸值为零的开放经济中,国民财富和国民收入比 β_{nt} 的值与国内资本和产出比 $\beta_{kt} = K_t/Y_{dt}$ 的数值相同。[①] 如果公共财富为零,以上两个比值与私人财富和国民收入比 β_t 的数值相同,即 $\beta_t = \beta_{nt} = \beta_{kt}$。从全球层面来看,世界财富和世界收入比总是等于世界资本和世界产出比。

15.2.2　长期情况:英国和法国(1700—2010 年)

图 15.1 和 15.2 分别展示了英国和法国的国民财富和国民收入比 β_{nt} 长期以来的变化情况。净公共财富——无论是正的还是负的——通常只占国民财富的一小部分,因此 β_{nt} 数值的变化主要反映的是私人财富和国民收入比 β_t 的演变(下文将对此进行详细介绍)。[②]

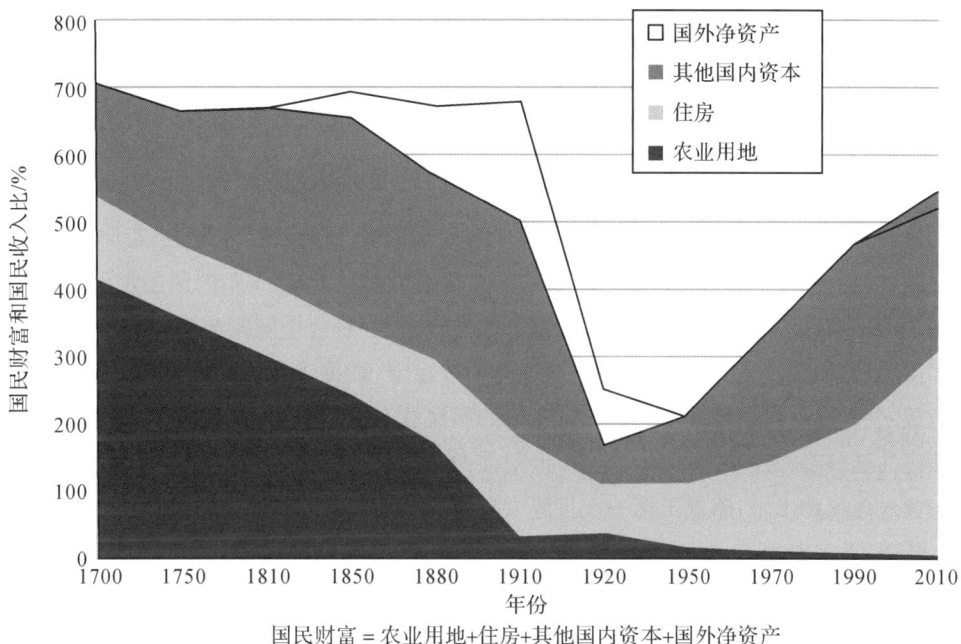

国民财富 = 农业用地+住房+其他国内资本+国外净资产

图 15.1　1700—2010 年英国国民财富的变化水平及本质

[①] 原则上,我们可以设想一个国家的对外净资产头寸值为零(此时 $W_{nt} = K_t$),但净国外收入流不为零(此时 $Y_t \neq Y_{dt}$),这种情况下,国家财富与国民收入比 β_{nt} 同国内资本与产出率 β_{kt} 略有不同。现在看来,Y_t 与 Y_{dt} 间差别很小,国民收入 Y_t 通常在国内产出 Y_{dt} 的 97%—103%(参见 Piketty and Zucman,2014)。对外净资产头寸通常也很小,因此在 1970—2010 年,β_{kt} 与 β_{nt} 在数值上十分接近(参见 Piketty and Zucman,2014)。

[②] 关于自 18 世纪以来,英国和法国的国家财富不断向私人财富转变的历史变迁情况,请参见 Piketty(2014)。

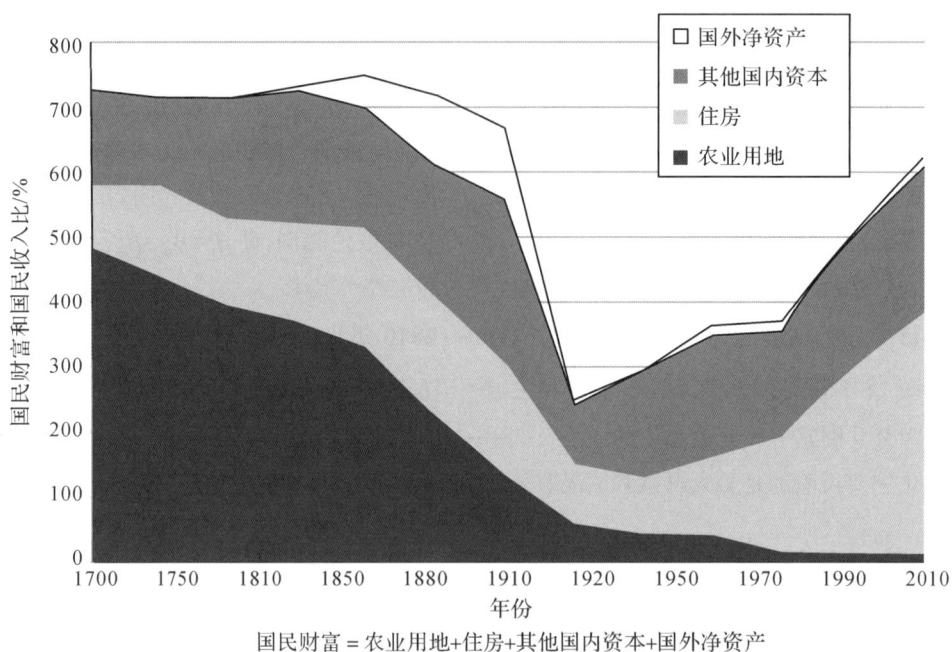

国民财富 = 农业用地+住房+其他国内资本+国外净资产

图 15.2　1700—2010 年法国国民财富的变化水平及本质

这两个国家的国民财富和国民收入比的演变情况十分相似。首先,二者均明显呈 U 形变化。直至一战前夕,两国在 18—19 世纪的总财富值相当于 6—7 年的国民收入值。收集到的关于 18—19 世纪的原始数据来源还不足够准确,无法对两个国家或者长期的变化情况进行精确比较,但其体量排序是可靠的,且变化大致稳定(数据来自大量的独立估算)。两次世界大战之后,总财富值锐减,相当于 2—3 年的国民收入总值。自 20 世纪 50 年代以来,英国和法国的经济都在逐步复苏。直至 21 世纪前两个 10 年,总财富值恢复到了相当于 5—6 年国民收入总值的水平,略低于第一次世界大战前的水平。

从图 15.1 和 15.2 中可得到另一个重要结论:两国的国民财富构成也发生了类似的变化。18 世纪,国家资本的主体是农业用地,到了现在已逐渐被房地产等国内资本所取代(例如民营企业使用的建筑及设备)。财富本质的改变反映了经济活动在结构上发生的巨大变化,然而,财富总值与工业革命前一样,并没有太大改变。

19 世纪末和第一次世界大战之前,国外净资产也占国家资本中的很大一部分:英国的国外净资产相当于两年的国家资本,法国的国外净资产相当于一年多的国家资本。由于第一次世界大战和第二次世界大战的冲击(包括殖民帝国的损失),两国的对外净资产头寸降至零。在 20 世纪末和 21 世纪初,两国的对外净资产头寸为零,与 18 世纪相同。从长远来看,对外净资产的变化对两国资本收入比影响不大。在结构上的主要变化是住房及商业资本代替了农业用地。①

15.2.3　旧欧洲与新大陆

将旧欧洲(如英国和法国)与美国进行对比是很有趣的。

如图 15.3 所示,在 18—19 世纪,美国的财富总值明显低于欧洲。在《独立宣言》发表的时候及 19 世纪初,美国的国民财富相当于 3—4 年的国民收入总值,这仅仅是法国或英国的一半。虽然现有的估计并不可靠,但其数量级是很稳健的。15.5 节中将解释这种有趣的差异现象。在这一阶段,主要有两个明显的因素而且是内在互补的两个因素导致了这种差异:第一,新大陆上的人储蓄和积累财富的时间更短;第二,新大陆土地虽多,但价值很低(每英亩土地的市场价值远低于欧洲)。

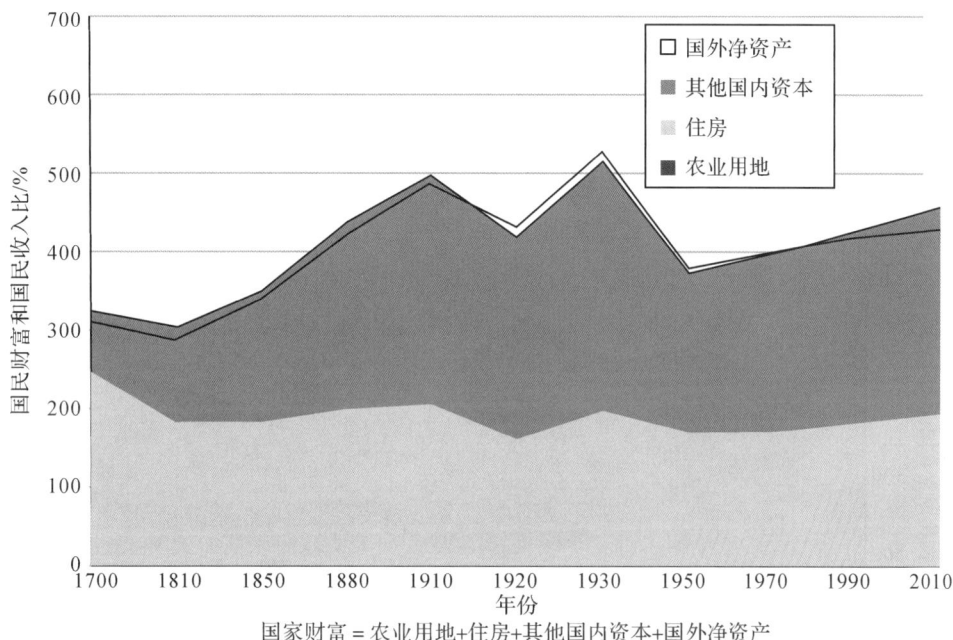

国家财富 = 农业用地+住房+其他国内资本+国外净资产

图 15.3　1770—2010 年美国国民财富的变化水平及本质

在 19 世纪,美国和欧洲间的差距逐渐缩小,但总的来说还是有很大差距。1900—1910年,美国的国民财富相当于 5 年左右的国民收入总值(见图 15.3),而英国和法国的国民财富相当于 7 年的国民收入总值。在 20 世纪,美国国民财富和国民收入比也呈 U 形变化趋势,但不如欧洲明显。受二战影响,美国国民财富有所下降,但下降幅度小于欧洲,这在图中十分明显。有趣的是,在 20 世纪末和 21 世纪初,美国的国民财富和国民收入比再次超过了欧洲。

要对新大陆和欧洲的财富进行简单而完整的论述,就必定要提及奴隶制问题。从图

---

① 值得强调的是,如果将两国的总财富除以家庭可支配收入(而非国民收入),比率将是 700%—800%,略高于 18世纪或 19 世纪的水平。这就自然而然地引出了一个事实:在 18—19 世纪,可支配收入超过 90%,自 20 世纪末至 21 世纪初,这一比例为 70%—80%。可支配收入与家庭收入间日益扩大的差距反映了政府在公共服务方面加大了投入力度,尤其是医疗和教育方面。鉴于这些服务都是有用的(如果没有这些,家庭不得不在市场上购买),不管是从历史层面还是从国际层面上看,将总财富除以国民收入从而比较其比率都是更为合理的。将可支配收入作为分母,对国家财富与国民收入比进行比较,请参见 Piketty 和 Zucman(2014)。

15.4可以看出,直至1865年之前,奴隶的"市场价值"相当可观:根据现存的历史资料,其市场价值大约相当于1—1.5年的国民收入值。北方各州奴隶较少,而南方则相反,其市场价值也更大,从奴隶主的角度来看,这弥补了与旧大陆相比较低的土地价值(见图15.5)。

然而,将奴隶的"市场价值"计入国民财富颇具争议性。奴隶制可被视作一种最为极端的债务形式:对奴隶主来说,奴隶可视作资产;可对奴隶本身来说,可视作负债。这样对国家的国民财富净值影响不大。在精英占极少数的极端情况下,奴隶的总价值——"人力资本"的总价值——可能比非人力资本价值更高(人力劳动在收入中所占比例通常大于50%)。如果所有资产的收益率r相等,用国民收入来表示,人力资本总价值可表示为$\beta_h = (1-\alpha)/r$,非人力资本价值可表示为$\beta_n = \alpha/r$,其中α为资本份额,$1-\alpha$为生产技术隐含的劳动份额。[①] 比如,若$r=5\%$,$\alpha=30\%$,$1-\alpha=70\%$,则人力资本存量价值为$\beta_h = (1-\alpha)/r = 1400\%$(即14年国民收入总值),非人力资本存量价值为$\beta_n = \alpha/r = 600\%$(即6年国民收入总值)。然而,在非奴隶制社会,计算人力资本价值并将其与非人力资本相加具有多大意义尚不可定论。

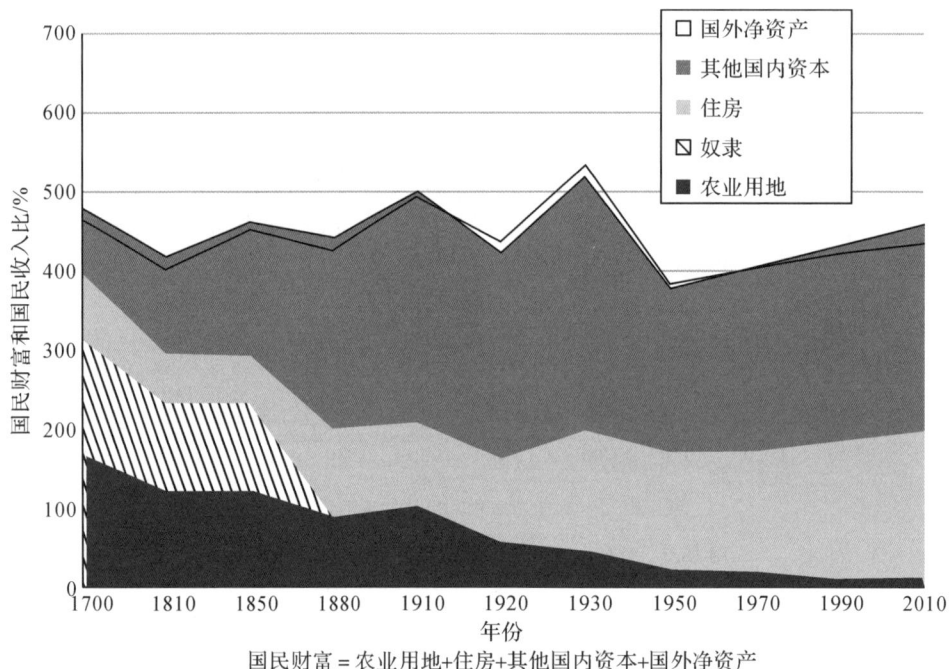

国民财富 = 农业用地+住房+其他国内资本+国外净资产

图15.4 1770—2010年美国国民财富的变化水平及本质(含奴隶的"市场价值")

---

① 也就是说,$1-\alpha$是劳动力(奴隶)存量乘以劳动力的边际产量,公式$\beta_h = (1-\alpha)/r$默认用于奴隶群体的开支可忽略不计(否则要在$1-\alpha$中继续扣除),而劳动生产率不受奴隶制的影响(此处仍有争议)。

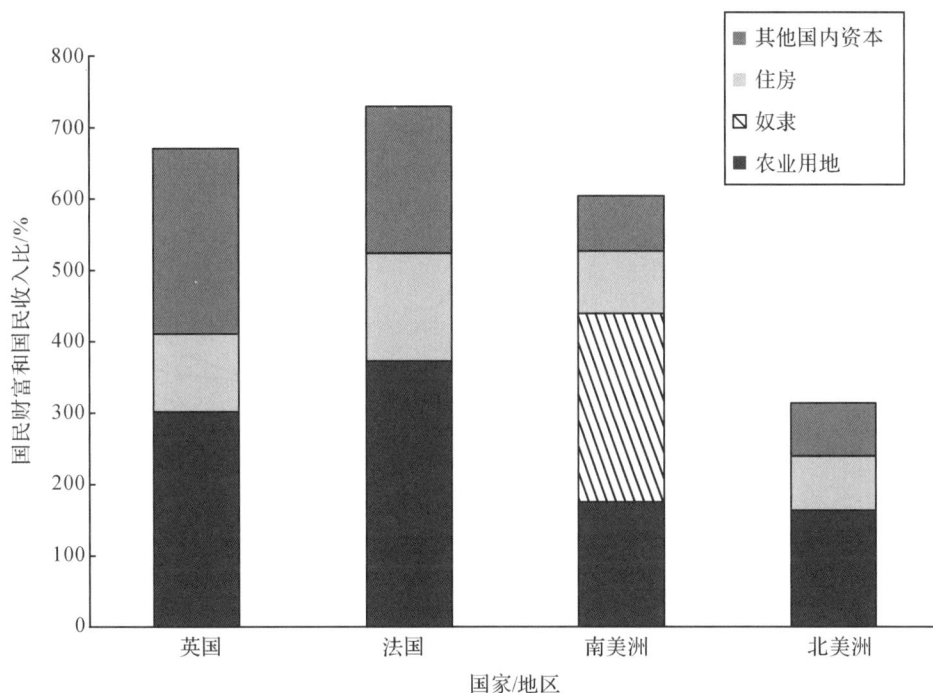

图 15.5　1770—1810 年旧大陆与新大陆:国民财富

　　图 15.4 与 15.5 中的数据说明,新大陆对于财富、不平等、财产之间的关系界限不明。从某种程度上来说,美国是一个充满机遇的国度,在这里,过去积累的财富显得没那么重要。但这也使得一种新的财富形式和阶级结构蓬勃发展。在美国,阶层间是占有关系,这比起欧洲盛行的阶级结构要显得更为极端与暴力。

　　现有数据表明,英国和法国的财富收入比都呈深 U 形变化趋势,这也代表了欧洲整体的变化趋势,德国的财富收入比与 19 世纪末和 20 世纪初时英国和法国的大致相同,但在两次世界大战之后降至非常低的水平,而后自 20 世纪 50 年代以来一直稳步上升(见图 15.6)。尽管德国的财富收入比低于法国和英国,但在过去几十年里,其复苏速度是极其相似的。①图 15.7 比较了欧洲的财富收入比(将英国、法国、德国与意大利近几十年的数据简单整合取其平均值)和美国的财富收入比。在第一次世界大战之前,欧洲的财富收入比一直远高于美国,在第二次世界大战之后又远低于美国,而后在 20 世纪末和 21 世纪初再次超过美国(见图15.7)。

---

① 德国国民财富和国民收入比较低的原因如下:首先,德国房地产价格涨幅远低于英国和法国,部分是受德国统一且严苛的租房规定的影响,这可能是暂时性的;其次,德国企业的市场价值下降可能是受相关利益者的影响;最后,德国将大部分储蓄用于外国投资组合,而在最近一段时期内,其回报率特别低。参见 Piketty 和 Zucman (2014)以及 Piketty(2014)。

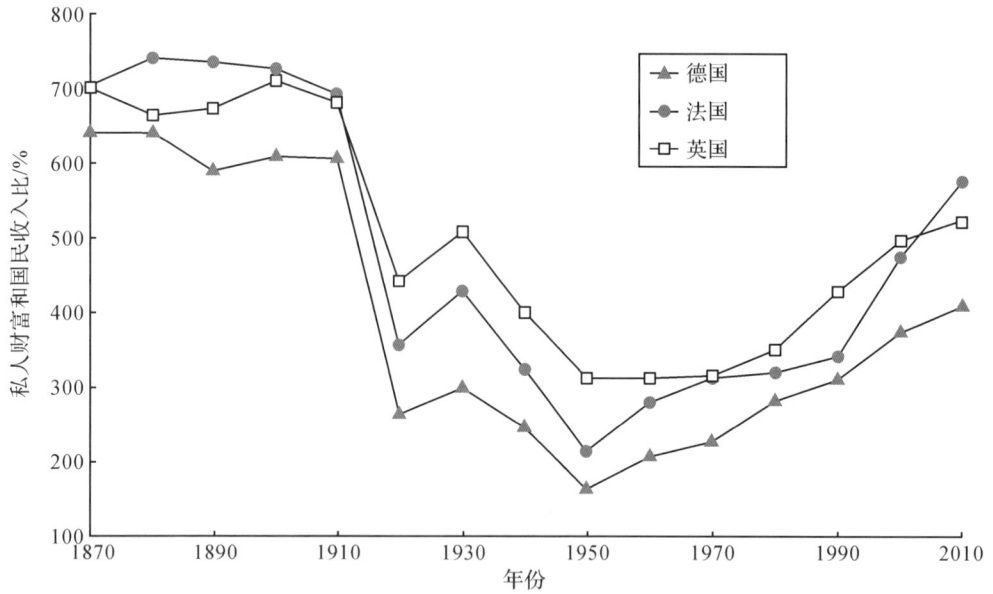

私人财富 = 非金融资产+金融资产-金融负债(家庭和非营利部门)
数据取十年内平均值(1910年的平均值取自1910—1913年的数据)

图 15.6 1870—2010 年欧洲私人财富和国民收入比

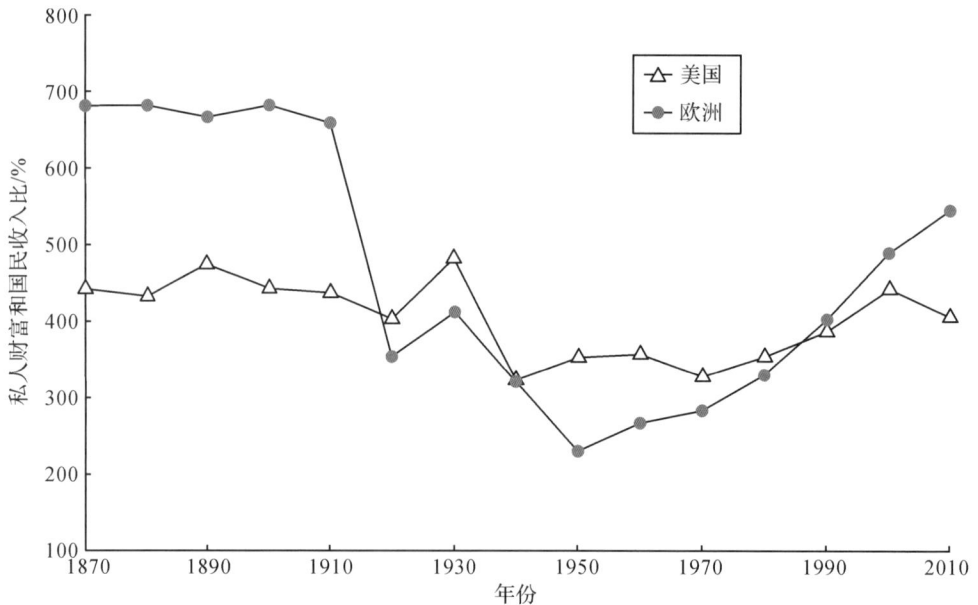

私人财富 = 非金融资产+金融资产-金融负债(家庭和非营利部门)
数据取十年内平均值(1910年的平均值取自欧洲1910—1913年的数据)

图 15.7 1870—2010 年欧洲与美国:私人财富和国民收入比

15.2.4 富裕国家高财富收入比的回归

经过对大多数富裕国家1970—2010年数据的分析,我们发现,财富与收入比的上升,尤其是私人财富和国民收入比的上升似乎成为一种普遍现象。在最为发达的八个经济体中，其私人财富相当于 1970 年时 2—3.5 年的国民收入总值，相当于 2010 年时 4—7 年的国民收入总值（见图 15.8）。从短期来看，波动毫无规律可循（反映了资产价格短期内的波动），但从长远来看，趋势十分明显。

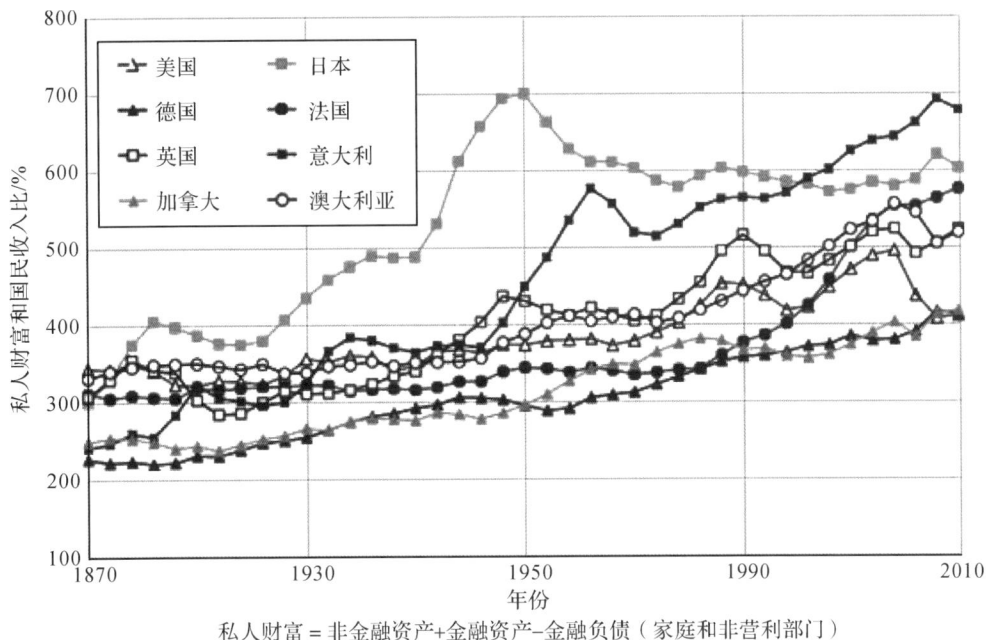

私人财富 = 非金融资产+金融资产–金融负债（家庭和非营利部门）

图 15.8 1970—2010 年私人财富和国民收入比

以日本为例：若 20 世纪 80 年代末，其资产价格泡沫没有影响到 1970—2010 年财富收入比的上升，其增长幅度与欧洲的相差无几（如日本和意大利的模式相对接近：两国的私人财富相当于 1970 年时 2—3 年的国民收入总值，相当于 2010 年时 6—7 年的国民收入总值）。[1]

虽然我们没有对日本在 19 世纪末和 20 世纪初的国民财富进行估算，但有理由相信，从长期来看，日本的财富收入比也遵循了 U 形的演变，这与 20 世纪时欧洲的情况非常相似：在 20 世纪早期，其财富收入比相对较高，在第二次世界大战之后降至较低水平，而后如图 15.8 所示，逐渐恢复到原始水平。

自 20 世纪 70 年代以来，富裕国家私人财富和国民收入比的上升在某种程度上与公共财富的下降有关（见图 15.9）。由于公共债务的增加和公共资产的私有化，几乎所有地方的公共财富都呈下降趋势。在意大利等一些国家，公共财富情况不容乐观，甚至为负值。然而，私人财富的增长在数量上远远大于公共财富的下降。总的来说，国民财富——私人财富和公共财富的总和——大幅增加，从 1970 年占国民收入的 250％—400％ 增加到 2010 年的 400％—650％（见图 15.10）。以意大利为例，政府净财富减少的值相当于 1 年的国民收入，而私人净财富增量相当于 4 年以上的国民收入总值，因此，国民财富总增量相当于 3 年以上

---

[1] Morigushi 和 Saez(2008)对 20 世纪初日本遗产税的报道与这个观点也相契合。

的国民收入总值。

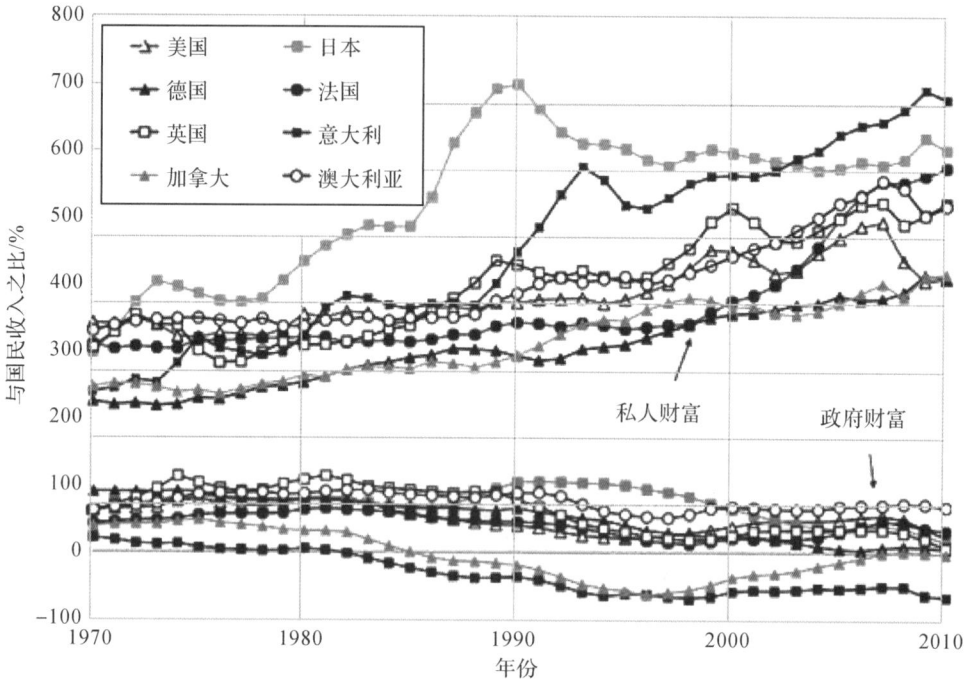

图 15.9 1970—2010 年私人财富与政府财富

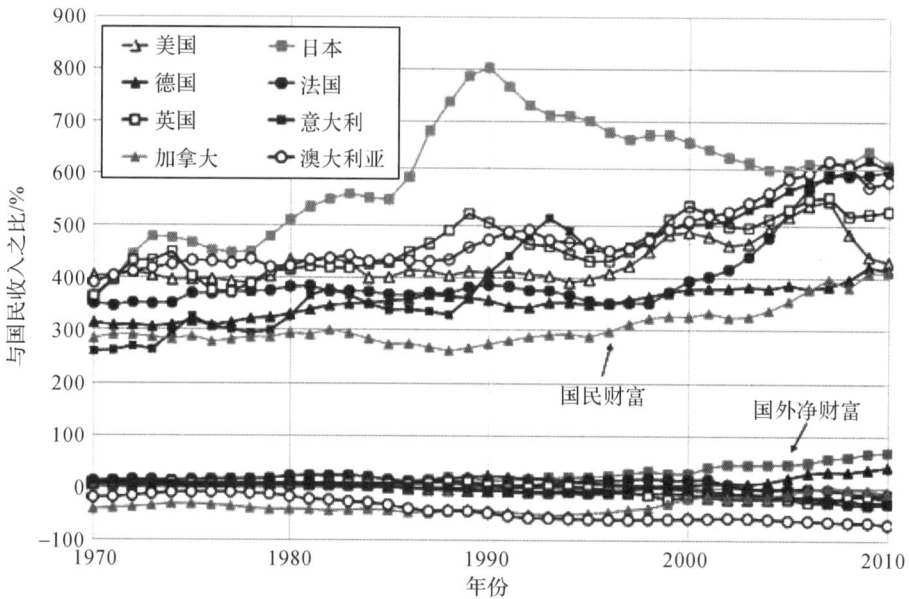

国外净财富值 = 其他国家居民拥有的国外净资产(所有部门)

图 15.10 1970—2010 年国民财富与国外财富

图 15.10 展现了国外净财富值的演变情况。与国民财富相比,净对外资产头寸数值通常较小。这也说明,国家财富和国民收入比的演变也主要反映了国内资本产出比的演变。但

需要注意以下两点。第一，近几十年来，跨境头寸总额大幅上升，这在国家层面可能产生巨大的投资组合估值效应。

第二，日本和德国积累了大量的国外净财富（2010 年，净头寸分别占国民收入的 40％和 70％左右）。虽然这仍远小于法国和英国在第一次世界大战前持有的净头寸值（分别为约 100％和 200％的国民收入），但还是呈相对增长趋势（2010—2015 年，德国巨额贸易顺差使得其国外净财富值快速增长）。

15.3　财富集中度的长期演变

15.3.1　概念、数据来源及研究方法

本章主要分析财富集中度的有关数据。财富集中度的分析数据有多种来源（详细讨论参见 Davies and Shorrocks，1999）。最理想的是对全部人口的年度财富税申报单进行分析，但年度财富税单并不总是存在，即便找到一些，数据也不是长期的。

以往研究财富不平等长期演变的关键是研究继承税和遗产税申报单。[1] 从定义可知，遗产和继承申报单只提供死亡时的财富信息。用继承税分析财富集中度的方法及标准是在一个多世纪前提出的。第一次世界大战前不久，英国和法国的许多经济学家提出了死亡率乘数法，即将既定年龄下拥有一定财富的人的死亡率乘以固定系数得到其去世时的财富值，以此对财富分配进行估计。[2] 美国的 Lampman（1962）、Kopczuk 和 Saez（2004）在后来也采用了这种方法，分别分析了 1916—1956 年和 1916—2000 年的遗产税数据，英国的 Atkinson 和 Harrison（1978）采用这种方法分析了 1922—1976 年的遗产税数据。

要推测财富分配的历史趋势，还可以分析个人所得税申报表，将申报表的股息、利息、租金和其他形式的资本收入资本化。King（1927）、Stewart（1939）、Atkinson 和 Harrison（1978）及 Greenwood（1983）率先提出资本化的方法，用于独立估计英国和美国的财富分配情况。要得出可靠的结果，关键在于要收集到详细的收入数据，最好是微观数据，并仔细分析税收数据与家庭资产负债表，以便计算出准确的资本化因素。Saez 和 Zucman（2014）自 1913 年以来详细分析美国所得税数据和资金流动资产负债表，利用资本化方法对美国每年的财富分配情况进行了估计。

要分析近期财富状况，还可采用问卷调查的方法。但调查通常无法提供长期数据，此外，在调查环节中也存在多种问题，如自我判定偏差等。近期，由于海外财富有了大额增长，在收集税收数据方面也有一定的难度（Zucman，2013）。一般来说，要准确测量近期财富的集中程度肯定比测量财富的总价值更有难度，应该意识到这一局限性。因此，我们需要结合实际，利用各种来源采集数据［包括《福布斯》（Forbes）等杂志发布的全球财富排行榜，将在 15.5 节中提到］。

---

[1]　继承税与遗产税的不同之处在于：继承税是针对每个继承人计算的，而遗产税是针对遗产总额（继承人留下的财富总额）计算的。有关这两种形式的财富转移税的原始数据极为相似。

[2]　参见 Mallet（1908）、Séaillès（1910）、Strutt（1910）、Mallet 和 Strutt（1915）以及 Stamp（1919）。

本章中分析的历史数据借鉴了许多研究者的文章(详见下文),这些文章大多依赖于遗产税和继承税数据,与生活中财富的不平等现象研究相关。

本章主要关注集中度数值,比如净财富值最高的前10％的个人所拥有的财富总额占总财富的比重,以及最富有1％人口所拥有的财富比例。经过对收集到的不同国家与不同时期的数据的分析,我们发现,流向底层50％人口的财富所占的份额都非常小(通常小于5％)。因此,最富有的10％人口所拥有的财富份额出现下降在很大程度上是因为财富流入了中层40％所拥有的财富份额。值得注意的是,同一年龄层内部的财富集中度通常与全部人口的财富集中度相当。[1]

15.3.2 欧洲模式:法国、英国和瑞典(1810—2010年)

15.3.2.1 法国

以法国为例,其可用遗产税数据的时间跨度最长。原因很简单,早在1791年,废除贵族的税收特权后不久,法国国民议会就引入了一种广泛适用的遗产税,自那以后便一直有效。这种继承税既适用于遗赠,也适用于生前馈赠,适用于任何水平的财富,且几乎适用于所有类型的财产(有形资产和金融资产)。继承税的一个关键特点是,无论遗产有多少,也无论最终是否需要缴纳税款,所有继承遗产的人,以及所有接受遗赠的人,都必须提交纳税申报表。

其他国家的可用数据时间跨度相对较小,且不太系统。在英国,1894年继承税才得到统一(此前,个人税和房地产税的规定是不同的),直到20世纪20年代初,英国税务局才对统计数据有了统一的管理。美国到1916年才开始征收联邦遗产税,并开始公布有关继承税的统计数据。

此外,法国大革命后,法国国家档案馆将个人继承税申报表很好地保存了下来,人们可以在税务登记处收集到大量具有代表性的微观层面的样本。加上法国税务局公布了继承等级表,这使得我们可以对长达两个世纪的财富不平等现象进行研究(参见 Piketty et al.,2006,2013)。

研究结果如图15.11和图15.12所示。[2] 在19世纪和20世纪初,法国的财富集中度非常高,且不断提高。在第一次世界大战之前,财富集中度不降反升:在1870—1913年,财富集中度上升的趋势加快。其数据相当惊人:1913年,最富有的10％人口拥有的财富份额约占总财富值的90％,其中前1％人口所拥有的财富份额占到了60％。巴黎市的人口约占国家总人口的5％,但其拥有的财富份额高达25％。在这里,财富的集中度更高:有2/3以上人口拥有的财富份额可忽略不计,而1％的人口拥有的财富份额高达70％。

---

① 参见 Atkinson(1983)、Saez 和 Zucman(2014)。
② 图15.11 和图15.12中的最新数据来自 Piketty 等(2006)的历史研究及近期财政数据。

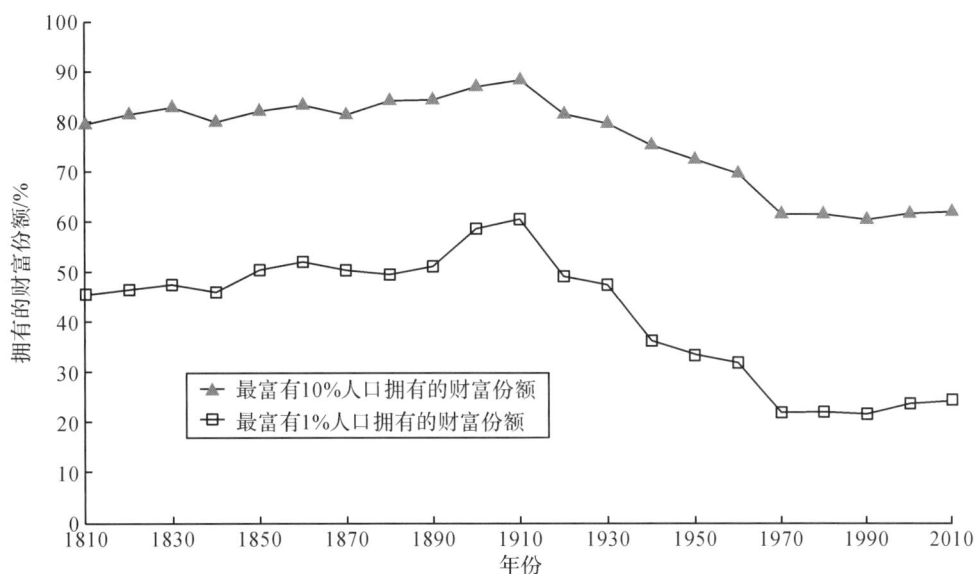

图 15.11　1810—2010 年法国的财富不平等情况

注:1810—2010 年,法国最富有 10% 人口拥有 80%—90% 的总财富,而如今这一比例为 60%—65%。

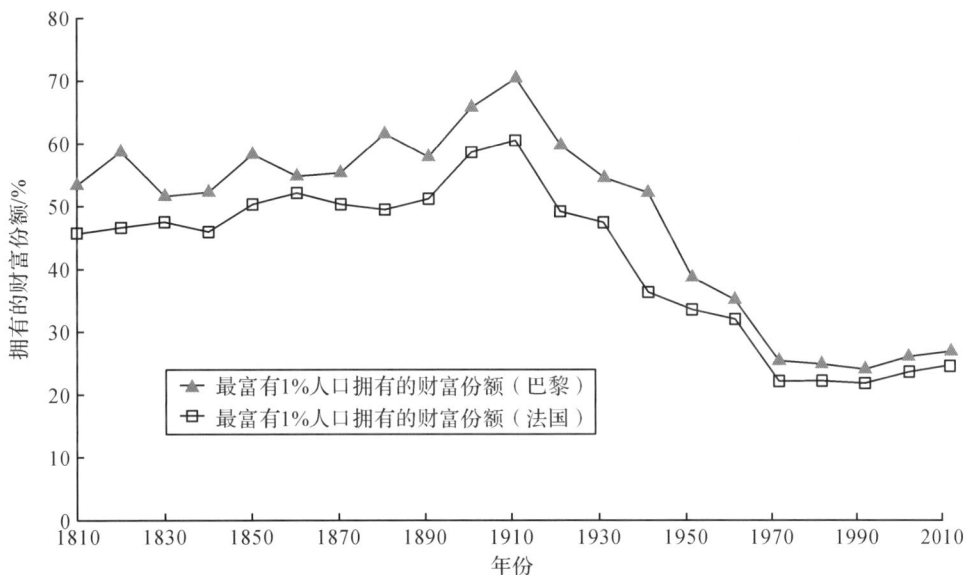

图 15.12　1810—2010 年巴黎与法国财富不平等情况

注:在第一次世界大战前夕,巴黎最富有 1% 人口拥有全市约 70% 的财富。

仅看图 15.11 和图 15.12 的数据,我们不由得思考:如果没有 1914—1945 年的冲击,财富集中度是否会继续上升。它可能稳定在一个非常高的水平,也可能在某个点开始下降。无论如何,战争的冲击导致了剧烈的变革,这一点是显而易见的。

有趣的是,自 20 世纪 70 年代至 80 年代以来,法国的财富集中度再次开始上升,但仍远低于第一次世界大战前夕的水平。最新数据显示,最富有 10% 人口所拥有的财富份额略高于60％。鉴于目前财富数据质量相对较低，尤其是关于全球最富有人群的数据，对以上结论还应持谨慎态度。或许我们低估了近期财富的增长或当前财富集中度的水平。[①] 无论如何，最富有的10％人口拥有的财富份额达到60％，已经是很高的水平，尤其是与劳动收入的集中度相比：收入最高的前10％的劳动收入者所拥有的劳动收入总额不足总劳动收入的30％。

15.3.2.2 英国

虽然其他国家的数据来源没有法国的系统和全面，但现有证据表明，欧洲其他国家的变化模式与法国的并无太大差异。图15.13结合了不同研究者提供的历史数据——特别是Atkinson和Harrison（1978）及Lindert（1986），以及近期相关继承税的数据。这些数据来源不完全一致（19世纪的数据源于私人遗嘱记录的样本，与20世纪继承税的数据不完全可比），但这些数据的变化趋势大致相同。在19世纪至第一次世界大战期间，财富集中度一直很高，并呈上升趋势；在1914—1945年的冲击之后，财富集中度突然下降；而后，自20世纪80年代以来，财富集中度处于上升趋势。

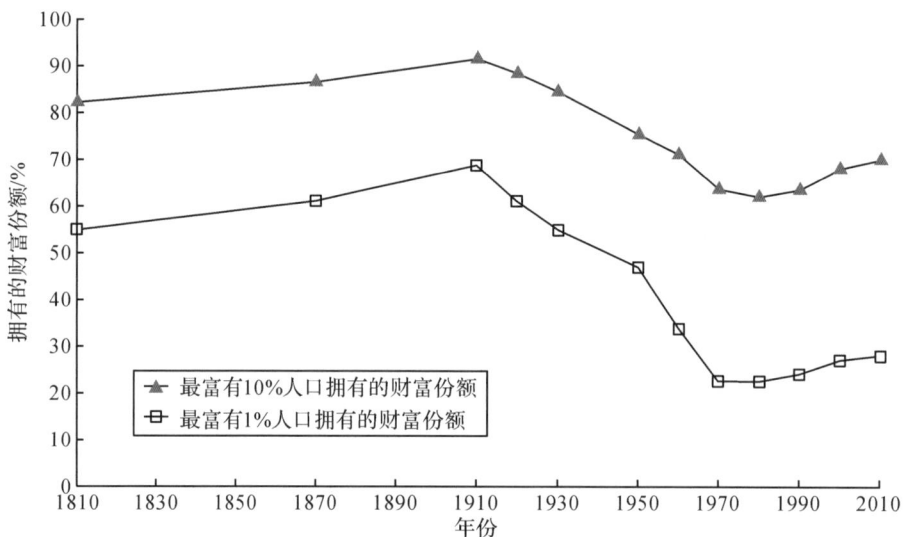

图15.13 1810—2010年英国的财富不平等情况

注：1810—1910年，英国最富有10％人口拥有80％—90％的总财富，而如今这一比例为70％。

从这些数据来看，19世纪和20世纪初，英国的财富集中度高于法国。然而，这一差距远小于当时法国观察家所宣称的。1880年至1910年前后，法国共和派精英经常把法国称为"遍布中小地主的国家"（*un pays de petits propriétaires*），以此与贵族统治的英国形成对比。他们认为，没有必要在法国引入累进税制（这项制度应该留给英国）。数据显示，第一次世界大战前夕，英吉利海峡两岸的财富集中度同样处于极端状态：最富有10％人口拥有的财富总额约占英吉利海峡两岸总财富值的90％，最富有1％人口拥有英国70％的财富，而在法国这一比例只有60％。诚然，这与英国贵族拥有更多的不动产有很大关系（从某种程度上来看，至今仍是如此）。但是，鉴于在19世纪，农业用地在国民财富中的占比降至极低水平（见图

[①] 相比之下，19世纪和20世纪初的数据可能更为精确（当时税率极低，几乎不存在隐藏财富的动机）。

15.1 和图 15.2），这对财富集中度的影响并不大。归根结底,从长远来看,一个国家是共和制还是君主制,对财富集中度似乎影响不大。

15.3.2.3　瑞典

虽然现在的瑞典被视作平等主义的天堂,但在 19 世纪和 20 世纪初,其财富不平等程度与法国和英国不相上下。图 15.13 展示了 Roine 和 Waldenstrom（2009）以及 Waldenstrom（2009）的部分估算结果。

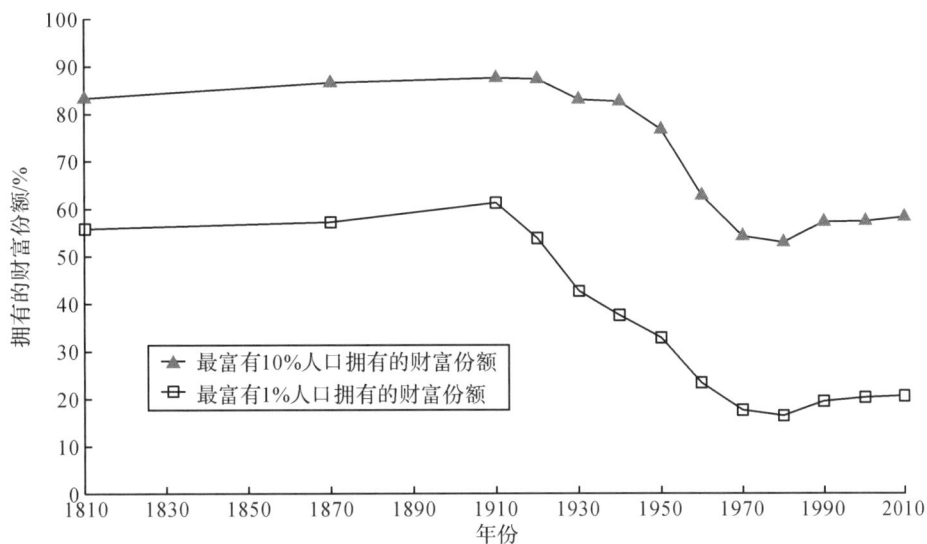

图 15.14　1810—2010 年瑞典的财富不平等情况

注:1810—1910 年,瑞典最富有 10％人口拥有 80％—90％的总财富,而如今这一比例为 55％—60％。

无论是从早期的估算数据还是从近期的估算数据来看,欧洲各国的财富集中度都极为相似。撇开各国具体特点不谈,可以发现一种共有的欧洲模式:最富有 10％人口拥有的财富份额从 1900—1910 年的 90％左右降到 2000—2010 年的 60％—70％,在最近出现了反弹。也就是说,国民财富中大约 20％—30％的份额已经从最富有 10％人口手中重新分配到了其余90％的人口手中。这种再分配使得大部分财富流向了中间 40％的中产阶级(底层 50％的人所拥有的财富份额依然不多),鉴于此,这种演变又被称为世袭中产阶级的崛起(见图15.14)。

以瑞典为例,Roine 和 Waldenstrom（2009）根据对瑞典富人持有的离岸财富的估计,重新计算出最富有 1％人口所拥有的财富份额。他们发现,在合理的假设条件下,最富有 1％人口所拥有的财富份额将从 20％左右升至 30％以上(大致相当于在英国的水平,与美国的情况相差不大)。鉴于避税行为增加,对于财富集中度近期变化趋势和水平的研究也存在更多的局限性。

15.3.3　财富不平等大逆转:美国与欧洲（1810—2010 年）

通过对比美国和欧洲的财富集中度,我们发现了一个惊人的逆转。19 世纪,从某种程度上来看,美国可以说是比较平等的(至少对白人来说是这样):其财富的集中度远没有欧洲那么极端(除了南方)。在 20 世纪,这一情况发生了逆转:美国的财富集中度显著提高。图 15.15 结合了 Lindert(2000)对 19 世纪美国财富集中度的研究数据以及 Saez 和 Zucman (2014)对 20 世纪和 21 世纪的研究数据。图 15.16 对美国和欧洲(取法国、英国和瑞典财富集中度的平均值)进行了比较。

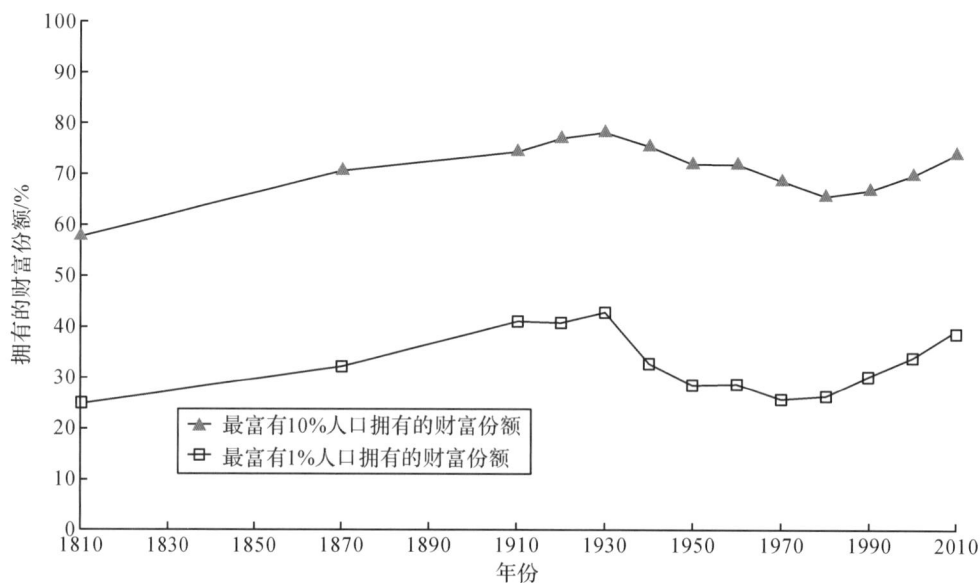

图 15.15 1810—2010 年美国的财富不平等情况

注:1929 年,美国最富有 10% 人口拥有约 80% 的总财富,而如今这一比例约为 75%。

产生这一逆转的原因是:在 20 世纪,欧洲财富不平等现象有明显缓和,而美国并没有。美国的财富集中度几乎回到了 20 世纪初的水平:在 20 世纪 20 年代末,财富集中度达到峰值,最富有 10% 人口拥有的财富份额约为 80%,最富有 1% 人口拥有的财富份额也达到峰值,为 45% 左右;而在 2012 年,最富有 10% 人口拥有的财富份额约为 75%,最富有 1% 人口拥有的财富份额再次降为 40%。但是,美国的财富集中度从未达到欧洲在 19 世纪和 20 世纪早期时的极端程度(最富有 10% 人口拥有的财富份额达到了 90% 及以上)。美国中产阶级人口所占比例一直在变,但始终处于重要地位。自 20 世纪 80 年代以来,中产阶级所持有的财富比例似乎一直在下降。

20 世纪初的美国经济学家们非常担心其国家财富不平等状况达到旧欧洲的极端程度。时任美国经济学会主席欧文·费雪(Irving Fisher)在 1919 年就此问题发表了演讲。他认为,美国收入和财富的集中程度正在向欧洲长期以来的过度集中靠拢,并呼吁提高税收累进性来抵消这种趋势。当时,美国有一半的财富掌握在最富有的 2% 的人口手中,他认为这种情况是"不民主的"(见 Fisher,1920)。确实,20 世纪上半叶美国税收累进性的提高可以解释为维护平等和民主的"美国精神"的一次尝试(一个世纪以前,托克维尔和其他人也持这种观点)。如今,人们对财富不平等的看法发生了巨大改变。许多美国人认为现在的欧洲过于平等(而许多欧洲人则认为美国过于不平等)。

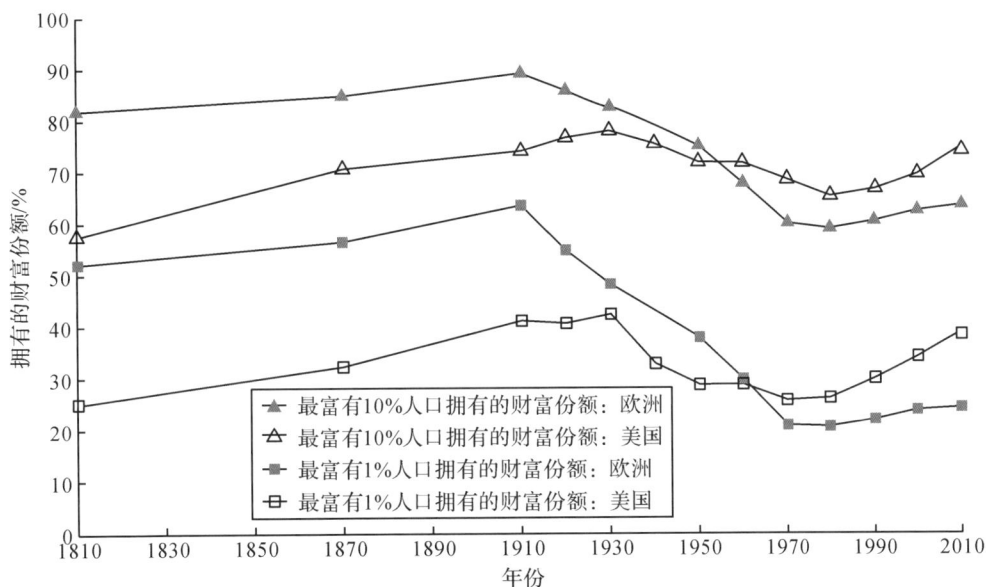

图 15.16　1810—2010 年财富不平等：欧洲和美国

注：直至 20 世纪中叶，欧洲财富不平等程度都高于美国。

15.4　继承财富份额的长期演变

15.4.1　概念、数据来源及研究方法

本节主要探讨我们感兴趣的第三个比例，即继承财富占总财富的比例。在此方面可获得的数据相对较少且不完整，而相比对财富收入比以及财富集中度的研究，分析继承财富所占份额需要用到更多的数据。对这方面的研究，还要特别注意相关的概念和定义。之前，由于定义方面的冲突造成了严重混淆，因此，有必要一开始就明确基本概念和定义。

15.4.1.1　基本概念和定义

要定义继承财富在总财富中所占份额，最自然的方法就是累计过去继承的财富流量。也就是说，假设在某个国家，时间 t 时的财富总存量为 W_t，此时继承财富总存量 $W_{Bt} \leq W_t$（相反地，自力更生创造的财富 $W_{St} = W_t - W_{Bt}$）。假定在任意一年 $s \leq t$，年继承流量为 B_s，将继承财富总存量 W_{Bt} 定义为过去继承财富流量总值，即 $W_{Bt} = \int_{s \leq t} B_s \cdot \mathrm{d}s$，看起来似乎没什么问题。但由于定义模糊，在实际操作中就会出现问题，因此，有必要在把真实数据套入公式进行计算之前明确各数据的定义。首先需要明确的是，年继承财富流量不仅包括遗赠财富 B_s，还包括生前赠与财富流量 V_s。也就是说，继承财富总量 W_{Bt} 的值为

$$W_{Bt} = \int_{s \leq t} B_s^* \cdot \mathrm{d}s，其中 B_s^* = B_s + V_s$$

或者，当遗赠财富值 B_s 已知，而生前赠与财富流量值 V_s 不能直接得知时，可用继承财富总流量表示，即 $B_s^* = (1 + v_s) \cdot B_s$，此处 $v_s = V_s / B_s$，表示生前赠与财富流量和遗赠财富流量的

比值。在一些资料保存较好的国家,v_s 值至少为10%—20%,这一比值通常大于50%。① 因此,怎样定义生前赠与财富也极为关键。有些国家关于生前赠与财富的财政数据不够完善,应该使用调查方法来准确估计 $1+v_s$ 的值(大众对此方法有偏见,持消极态度),或参考其他国家的更为确切的行政管理数据。

在此定义中,仅需考虑在时间 t 仍然在世的个体在时间 s 所收到的继承财富部分的流量值 $B_{st} \leq B_s$,但问题在于这需要收集非常详细的个人信息。在任何一个时间 t,总会有人在很久之前(比如60年前)就继承了遗产,且仍然活着(因为他们在继承遗产时很年轻而且一直健在,或者继承人很长寿)。相反,短期时间之前(比如10年前)的继承财产流量部分,不能计算在内(因为相关继承人此时已经去世,比如继承人在年老时才继承财富或者较早就已去世)。实际上,这些异常事件的作用往往会相互抵消,对整体影响不大。因此,标准的简化假设就是对以往 H 年里累计的继承财富流量总值进行分析,H 表示平均世代长度,即父母生育子女的平均年龄(通常 $H=30$)。按此简化定义,我们可以得出:

$$W_{Bt} = \int_{t-30 \leq s \leq t} (1+v_s) \cdot B_s \cdot ds$$

15.4.1.2 科特利克夫(Kotlikoff)、萨默斯(Summers)和莫迪利亚尼(Modigliani)间的争议

假设以上两个问题能够解决,即我们能合理估计出要素 $1+v_s$ 及平均世代长度 H 的值,我们还面临其他许多重要问题。首先,要准确计算出 W_{Bt} 的值,需要在相当长的一段时间内(通常是30年)收集到继承财富流量值 B_s^*。在著名的科特利克夫、萨默斯和莫迪利亚尼(KSM)争论中,Kotlikoff 和 Summers(1981)以及 Modigliani(1986,1988)都只对一年中(1962年,相对较久远)美国的继承财富流量值进行了估算,还可参见 Kotlikoff(1988)。他们认为这一估计值也适用于其他年份,也就是说,他们假设遗产流量值与国民财富的比值(我们在此用 $b_{ys}=B_s^*/Y_s$ 表示)是长期保持稳定的。这种假设存在一个问题:它或许难以验证。近期在法国收集的关于继承财富的大量历史数据显示,b_{ys} 比值在过去两个世纪里发生了巨大变化,从19世纪和20世纪初的20%—25%到20世纪中叶降至不足5%,而后在21世纪初,又回升至15%(Piketty,2011)。因此,仅用一年的数据来表示数据变化并假设其处于稳定状态是不够客观的:要估计继承财富存量总值,需要收集继承财富流量的长期数据。

其次,KSM 争议中最主要的分歧和难点,在于确定过去继承财富流量需要升级或资本化到何种程度。

Modigliani(1986,1988)选择零资本化。他将继承财富存量 W_{Bt}^M 简单定义为过去继承财富流量的总合,无须做任何数据调整(GDP 价格指数除外):

$$W_{Bt}^M = \int_{t-30 \leq s \leq t} B_s^* \cdot ds$$

假设继承财富流量与国民收入比是恒定值 $b_y=B_s^*/Y_s$,且已知增长率 g(此时 $Y_t = Y_s \cdot$

---

① 见下文。此处只考虑正式的、现金形式的赠与,不考虑非正式的、实物形式的赠与。特别是给与父母同住的未成年人的实物赠与(未成年总是由父母照顾)通常会被忽略。

$e^{g(t-s)}$),平均世代长度 H 和私人财富总值与国民收入比 $\beta = W_t/Y_t$,那么,按莫迪利亚尼的定义,继承财富存量与国民收入比 W_{Bt}^M/Yt 同继承财富所占份额 $\varphi_t^M = W_{Bt}^M/Wt$ 的稳态公式可表示为:

$$W_{Bt}^M/Y_t = \frac{1}{Y_t} \int_{t-30 \leqslant s \leqslant t} B_s^* \cdot \mathrm{d}s = \frac{1 - e^{-gH}}{g} \cdot b_y$$

$$\varphi_t^M = W_{Bt}^M/W_t = \frac{1 - e^{-gH}}{g} \cdot \frac{b_y}{\beta}$$

相反,Kotlikoff 和 Summers(1981,1988)用经济的平均财富回报率(假设其为常量 r)将过去的继承财富流量资本化。按 Kotlikoff 和 Summers(1981,1988)的定义,继承财富存量与国民收入比 W_{Bt}^{KS}/Y_t 同继承财富所占份额 $\varphi_t^{KS} = W_{Bt}^{KS}/W_t$ 的稳态公式可表示为:

$$W_{Bt}^{KS}/Y_t = \frac{1}{Y_t} \int_{t-30 \leqslant s \leqslant t} e^{r(t-s)} \cdot B_s^* \cdot \mathrm{d}s = \frac{e^{(r-g)H} - 1}{r - g} \cdot b_y$$

$$\varphi_t^{KS} = W_{Bt}^{KS}/W_t = \frac{e^{(r-g)H} - 1}{r - g} \cdot \frac{b_y}{\beta}$$

在增长率和回报率可以忽略不计的特殊情况下(即无限接近零),上述两个定义一致。即当 $g = 0$, $r - g = 0$ 时,$(1 - e^{-gH})/g = (e^{(r-g)H} - 1)/(r - g) = H$,可得出 $W_{Bt}^M/Y_t = W_{Bt}^{KS}/Y_t = Hb_y$,$\varphi_t^M = \varphi_t^{KS} = Hb_y/\beta$。

因此,在可以忽略增长率和资本化影响的条件下,只需将年继承财富流量乘以平均世代长度即可。如果年继承财富流量与国民收入比 b_y 为 10%,世代长度 H 为 30(年),两种观点下的继承财富存量 $W_{Bt}^M = W_{Bt}^{KS}$,为国民收入的 300%。当总财富值为国民收入的 400% 时,继承财富所占份额 $\varphi_t^M = \varphi_t^{KS}$,为总财富的 75%。

但是,在一般情况下,g 和 $r - g$ 的值都不为 0,代入以上两个不同的公式中会得到截然不同的结果。例如:当 $g = 2\%$, $r = 4\%$, $H = 30$ 时,可得到资本化系数 $(1 - e^{-gH})/(g \cdot H) = 0.75$, $(e^{(r-g)H} - 1)/[(r - g) \cdot H] = 1.37$。在这个例子中,继承财富流量值是已知的,$b_y = 10\%$,且总继承财富与国民收入比 $\beta = 400\%$,可得出 $\varphi_t^M = 56\%$, $\varphi_t^{KS} = 103\%$。根据莫迪利亚尼的定义,总财富中大约有一半来自继承财富,而根据科特利克夫和萨默斯的定义,人所拥有的财富全部来自继承。

这就是莫迪利亚尼与科特利克夫和萨默斯在遗产分配问题上分歧如此之大的主要原因。同样都是使用 1962 年美国的 b_y 数值(相对不可靠),但莫迪利亚尼没有计算过去的遗产流量值,他的结论是继承财富占总财富的比例低至 20%—30%。而科特利克夫和萨默斯两人计算了过去的继承财富流量值,得出继承财富所占份额高达 80%—90%(甚至大于 100%)。双方在对 b_y 的计量上也存在一定的分歧,但分歧的主要来源在于这种资本化效应。[1]

---

[1] 实际上,莫迪利亚尼倾向于认为 b_y 比例在 5%—6%,而科特利克夫和萨默斯认为,在现实生活中,b_y 值在 7%—8%。考虑到他们所用的数据来源,很有可能双方在某种程度上都低估了真实的比值。对法国和其他欧洲国家的分析详见下文。

15.4.1.3 KSM 定义的局限性

以上两种定义,哪种更为合理? 在我们看来,两者都存在问题。过去的继承财富流量值不应完全不资本化,也不应全部资本化。

KSM 这种代表性主体模型存在的关键问题是,它未能识别财富积累过程总是涉及两种不同的人和财富轨迹。在每一个经济体中,都有继承者(通常会消费一部分继承来的财富)和储蓄者(继承财富不多,通过劳动收入积累财富)。要正确理解财富累积的过程,就必须考虑这一重要的现实特征。

莫迪利亚尼的定义尤其存在问题,因为其完全忽略了继承财富会带来流动回报。这人为导致了继承财富所占份额比例值 φ_t^M 偏低(低至 20%—40%),并且人为导致生命周期内的财富积累值偏高(高达 60%—80%),因为莫迪利亚尼将生命周期内的财富积累值所占份额定义为 $1 - \varphi_t^M$。正如 Blinder(1988)指出的,"根据莫迪利亚尼的定义,洛克菲勒(美国实业家)终身劳动收入为零,只消费一部分继承的财富,却成了生命周期储蓄者,这在我看来是非常奇怪的"。我们可以轻而易举地举出一些所有财富来自继承财富的经济体的例子,但如果用莫迪利亚尼的观点来套入,继承财富所占份额值仍然小于 50%,这是因为该定义本身就有问题,是说不通的。①

科特利克夫和萨默斯的定义在概念上比莫迪利亚尼的更完善一些,但它的问题正好相反,这种定义会人为导致继承财富所占份额值 φ_t^{KS} 偏大,尤其是继承财富所占份额值 φ_t^{KS} 很容易超过 100%,即使在该经济体中,总财富的积累有很大一部分是依赖生命周期储蓄者和白手起家的财富积累者,这是因为只要继承人消费的继承财富的累计回报超过了储蓄者从劳动中积累的财富,就会出现这种情况。其实,现实世界中这样的例子比比皆是,如在 1872—1937 年像巴黎这样典型的食利者社会(见 Piketty et al.,2013)或是在总继承财富流量相对较低的国家或时期。例如,法国的一系列数据表明,在整个 20 世纪,其继承财富所占份额 φ_t^{KS} 均超过 100%,包括 20 世纪 50 年代至 70 年代,这一期间有相当大的一部分人是通过白手起家积累财富的(Piketty,2011)。

总之,根据莫迪利亚尼的定义,对继承财富所占份额的估计人为地接近 0%,而科特利克夫和萨默斯的定义使继承财富所占份额的值趋于 100% 以上。两者都没有提供一种合适的分析数据的方法。

15.4.1.4 PPVR 定义

在拥有完整数据的理想情况下,下面的定义对继承财富在总财富中所占份额的界定在概念上是前后一致的。其由 Piketty 等(2013)首先提出并应用于对巴黎财富数据的分析,因此我们称之为 PPVR 定义。

其基本思路是把人口分为两类。第一类是"继承人"(或"食利者"),其本身资产的价值低于所继承财富的资本化价值(随着时间的推移,其消费将超过劳动收入)。第二类是"储蓄

---

① 值得强调的是,无论是在布林德所说的高财富值世代还是中等财富世代,继承财富的回报(以及凭借继承财富的回报来储蓄和积累更多财富的可能性)都是一个非常重要的经济问题。例如,如果一个人继承了房产且不用付租金,储蓄就相对容易些。而根据莫迪利亚尼的定义,财产继承人的储蓄值若少于所继承房子的租金,他就被视作生命周期储蓄者,这也是不合理的。

者"（或"白手起家的个体"），其自身资产的价值高于继承财富的资本化价值（其消费低于劳动收入）。这样一来，总继承财富等于继承者的财富加上储蓄者的继承财富部分以及储蓄者自己创造的那部分财富（即储蓄者财富中非继承的部分）的总和。继承的和自己创造的财富之和不足100％，少于总财富值，这当然是一种理想的财富结构。尽管该定义相当简单，但与基于代表性主体模型的标准 KSM 定义有很大不同。PPVR 定义在概念上的一致性更强，且为数据和财富积累过程的结构分析提供了一种更有意义的方法。实际上，这相当于将个人的继承财富定义为当前财富值与资本化的继承财富值之间的最低值。

更精确地，考虑一个在时间 t 人口总量为 N_t 的经济体，假定个体 i 在时间 t 拥有的财富为 w_{ti}，假设其在时间 $t_i < t$ 时收到的遗赠财富为 b_{ti}^0，其资本化价值为 $b_{ti}^* = b_{ti}^0 \cdot e^{r(t-ti)}$［其中 $e^{r(t-ti)}$ 是 t_i 和 t 间的累计回报率］。如果 $w_{ti} < b_{ti}^*$，个体 i 被视作"继承者"（或"食利者"）；如果 $w_{ti} \geq b_{ti}^*$，个体 i 被视作"储蓄者"（或"白手起家的个人"）。我们将继承者的集合定义为 $N_t^r = \{ i \text{ s.t. } w_{ti} < b_{ti}^* \}$，将储蓄者的集合定义为 $N_t^s = \{ i \text{ s.t. } w_{ti} \geq b_{ti}^* \}$。

继承者和储蓄者占总人口的份额分别表示为 $\rho_t = N_t^r/N_t$，$1 - \rho_t = N_t^s/N_t$；其平均财富水平分别为 $w_t^r = E(w_{ti} \mid w_{ti} < b_{ti}^*)$，$w_t^s = E(w_{ti} \mid w_{ti} \geq b_{ti}^*)$；遗赠财富资本化平均值分别为 $br_t^* = E(b_{ti}^* \mid w_{ti} < b_{ti}^*)$，$bs_t^* = E(b_{ti}^* \mid w_{ti} \geq b_{ti}^*)$；继承者和储蓄者的财富在总财富中所占的份额分别为 $\pi_t = \rho_t \cdot w_t^r/w_t$ 和 $1 - \pi_t = (1 - \rho_t) \cdot w_t^s/w_t$。

我们将总财富中的继承财富份额 φ_t 定义为继承者的财富与储蓄者财富中继承部分之和，将自己创造的财富份额 $1 - \varphi_t$ 定义为储蓄者财富中非继承部分所占的份额：

$$\varphi_t = [\rho_t \cdot w_t^r + (1 - \rho_t) \cdot b_t^{s*}]/w_t = \pi_t + (1 - \rho_t) \cdot b_t^{s*}/w_t$$

$$1 - \varphi_t = (1 - \rho_t) \cdot (w_t^s - b_t^{s*})/w_t = 1 - \pi_t - (1 - \rho_t) \cdot b_t^{s*}/w_t$$

此定义的弊端在于它对数据的可用性要求更高。虽然按照莫迪利亚尼和科特利克夫—萨默斯的观点，使用汇总数据就可以计算出继承财富在总财富中所占份额，但是根据 PPVR 定义是需要微观数据的。也就是说，我们需要当前财富值 w_{ti} 和资本化继承财富值 b_{ti}^* 的联合分布值 $G_t(w_{ti}, b_{ti}^*)$ 来计算 ρ_t、π_t 和 φ_t 三个数的值，这需要收集高质量的涵盖两代人以上的个人层面的财富和继承财富数据，而这些数据往往很难获得。不过值得强调的是，我们无须知道个体 i 在研究时段之前的劳动收入或消费路径（$y_{Lsi}, c_{si}, s<t$）。[①]

对于合理的联合分布 $G_t(w_{ti}, b_{ti}^*)$，PPVR 定义的继承财富所占份额值 φ_t 通常在 $[\varphi_t^M, \varphi_t^{KS}]$ 区间内。然而，从理论上无法解释这种普遍现象。试想在一个经济体中，继承人在收到遗赠的当天就消费掉所有遗赠，之后从不储蓄，因此财富的积累完全来自未受任何遗赠

[①]　当然，数据越多越好。如果我们可收集到（或可估计出）有关劳动收入或消费路径的数据，则可以计算出个体生命周期储蓄率 s_{Bti}，即在时间 t，未消费的资源所占份额：$s_{Bti} = w_{ti}/(b_{ti}^* + y_{Lti}^*) = 1 - c_{ti}^*/(b_{ti}^* + y_{Lti}^*)$，且 $y_{Lti}^* = \int_{s<t} y_{Lsi} e^{r(t-s)} ds$，即过去劳动收入在时间 t 的资本化价值，此外 $c_{ti}^* = \int_{s<t} c_{si} e^{r(t-s)} ds$，与过去消费流量值在时间 t 的资本化价值相等。根据定义，继承者个体的消费价值超过劳动收入（即 $w_{ti} < b_{ti}^* \leftrightarrow c_{ti}^* > y_{Lti}^*$），而储蓄者个体的消费价值低于劳动收入（$w_{ti} \geq b_{ti}^* \leftrightarrow c_{ti}^* \leq y_{Lti}^*$）。但关键在于，在判定一个人是继承者还是储蓄者时，仅需看其个人财富值（w_{ti}）和继承财富资本化价值（b_{ti}^*），并以此计算出继承财富所占份额。

的(或受遗赠金额可忽略不计的)储蓄者以及从劳动收入中耐心地积累财富的储蓄者。则按定义 $\varphi_t = 0\%$:在该经济体中,100%的财富积累都来自储蓄,继承财富所占份额为零。

然而,根据莫迪利亚尼和科特利克夫—萨默斯的定义,继承财富所占份额 φ_t^M 和 φ_t^{KS} 可以任意大。

15.4.1.5 简化定义:继承财富流量 vs 储蓄财富流量

当适用于 PPVR 定义的可用分析数据不足时,可以使用基于继承财富流量和储蓄财富流量比较的简化的类似定义进行分析。

假设只有继承财富流量 $b_{yt} = B_t/Y_t$ 和储蓄财富流量 $s_t = S_t/Y_t$ 的宏观数据。为了简便,假设这两个值是常量,不因时间变化而变化: $b_{yt} = b_y$, $s_t = s$ 。要想估算继承财富在总财富中所占的比值 $\varphi = W_B/W$,其难度通常在于难以得知总储蓄率 s 中哪一部分是来自继承财富的回报,哪一部分来自劳动收入(或来自过去储蓄的回报)。理想情况下,最好是能将继承者的储蓄值和白手起家的个体的储蓄值(按上文定义区分)区分开来,但这需要收集两代人以上的微观数据。在缺乏这类数据的情况下,一个自然的起点就是假定:无论收入来源是什么,储蓄倾向大致相同。也就是说,总储蓄率 s 中, $\varphi \cdot \alpha$ 是来自继承财富的回报,另一部分 $1 - \alpha + (1 - \varphi) \cdot \alpha$ 是来自劳动收入(或来自过去储蓄的回报),其中 α 是指国民财富中资本所占份额, $\alpha = Y_K/Y$; $1 - \alpha$ 是国民财富中劳动收入所占份额, $1 - \alpha = Y_L/Y$ 。再次假设经济处于稳态,可得出如下简化公式:

$$\varphi = \frac{b_y + \varphi \cdot \alpha \cdot s}{b_y + s}$$

$$即\ \varphi = \frac{b_y}{b_y + (1 - \alpha) \cdot s}$$

直观地说,这个公式只是比较了继承财富流量值和储蓄财富流量值的大小。因为所有的财富必定来源于其中一种,所以这是估计继承财富在总财富中所占份额最自然的方法。[①]

这个简化公式也存在一些限制条件。首先,现实世界的经济通常并非处于稳态,因此要计算相对较长时间内 b_y 、s 和 α 的平均值(时间通常为过去的 H 年, H 值为30)。如果已知继承财富流量值 b_{ys}、资本份额 α_s 和储蓄率 s_s ,就可以使用以下完整公式将过去的继承财富流量值和储蓄流量值按 $r - g$ 的资本化率资本化:

$$\varphi = \frac{\displaystyle\int_{t-H \leqslant s \leqslant t} e^{(r-g)(t-s)} \cdot b_{ys} \cdot ds}{\displaystyle\int_{t-H \leqslant s \leqslant t} e^{(r-g)(t-s)} \cdot [b_{ys} + (1 - \alpha_s) \cdot s_s] \cdot ds}$$

流量值为常量时,上述公式可简化为: $\varphi = \dfrac{b_y}{b_y + (1 - \alpha) \cdot s}$ 。

其次,必须明白简化公式 $\varphi = b_y/[b_y + (1 - \alpha) \cdot s]$ 仅是一个近似公式。一般来说,根据

---

① Delong(2013)和 Davies 等(2012)也使用了基于继承财富流量和储蓄财富流量差异的类似公式。其中一个重要区别是,这些研究者都没有考虑到这一事实:储蓄财富流量中有一部分是来自继承财富的回报。15.5.4 将着重讨论这一点。

PPVR 定义使用微观数据算出的继承财富占比总是比真实值低。其原因在于,比起那些拥有大量继承财富和资本收入的人来说,只有劳动收入的人,其储蓄值(相对于总收入来说)往往不大,这反过来也印证了另一事实:财富(尤其是继承财富)比劳动收入更为集中。

从积极方面来看,根据简化公式得出的 φ 估值与基于微观数据计算出来的数值十分接近(比根据 KSM 定义算出的值更接近于真实值,根据 KSM 定义算出的值不是过大就是过小),对于数据的要求也低得多,只需要估计宏观流量即可。这种简化定义相比于 KSM 定义的另一显著优点就是对于收益率和资本损益率的依赖性较低,无论这些比率的值多大,都适用于分析继承财富和自己创造的财富(至少作为首近似值),因此可以对继承财富流量值和储蓄流量值进行简单比较。

15.4.2 法国继承财富的长期演变情况(1820—2010 年)

15.4.2.1 继承财富流量与国民收入比 b_{yt}

从实证数据来看,我们对过去继承财富的演变了解多少? 15.3 节曾提及,法国的历史数据来源可靠(Piketty, 2011),因此我们首先介绍法国的继承财富占国民收入比 b_{yt} 的演变情况。主要结论是在 20 世纪法国的 b_{yt} 明显呈 U 形变化模式。在 1820—1910 年,继承财富流量值是相对稳定的,大约占国民收入的 20%—25%(略有上升趋势),在 1910 年至 20 世纪 50 年代,下降约 400%—500%,而后在 20 世纪 50 年代至 21 世纪第一个 10 年上涨 2—3 倍(见图 15.17)。

这些历史变化是巨大的,但颇有实证根据,尤其是 b_{yt} 的变化模式与两个独立的继承财富流量指标变化相似。第一个是我们常说的财政流量,使用的是遗产税和赠与税数据,酌情考虑像人寿保险这样的免税资产。第二个测量指标,称为经济流量,需要分析私人财富值 W_t、生命表以及年龄—财富情况,计算方法如下:

$$B_t^* = (1 + v_t) \cdot \mu_t \cdot m_t \cdot W_t$$

其中, m_t 表示死亡率(成年死者人数除以成年人口总数), μ_t 为成年人死亡时的平均财富与整个人口的平均财富之比, $v_t = V_t / B_t$ 为赠与财富流量估值与遗赠财富流量估值比。

财政流量和经济流量间的差距可以用对逃税行为的打击和其他计量误差来解释。随着时间的推移,差额变化相对稳定,且数值相对较小,因此这两个指标的历史变化趋势也是较为一致的(见图 15.17)。

按其构成,经济流量序列允许对影响 b_{yt} 演变的各种因素进行分解,将上述等式中的两边均除以 Y_t 可得到:

$$b_{yt} = B_t^* / Y_t = (1 + v_t) \cdot \mu_t \cdot m_t \cdot \beta_t$$

同样,除以 W_t 可得出财富转移率 b_{wt} :

$$b_{wt} = B_t^* / W_t = (1 + v_t) \cdot \mu_t \cdot m_t = \mu_t^* \cdot m_t ,$$

$$\mu_t^* = (1 + v_t) \cdot \mu_t = 经赠与财富修正后的比率$$

当 $\mu_t = 1$(即死者平均财富值与生者平均财富值相同),且 $v_t = 0$ 时(赠与财富值为零),财富转移率等于死亡率: $b_{wt} = m_t$ (且 $b_{yt} = m_t \cdot \beta_t$)。当 $\mu_t = 0$(即死者去世时财富值为零,如莫迪利亚尼提出的生命周期财富积累理论),且 $v_t = 0$ 时,继承财富值为零: $b_{wt} = b_{yt} = 0$ 。

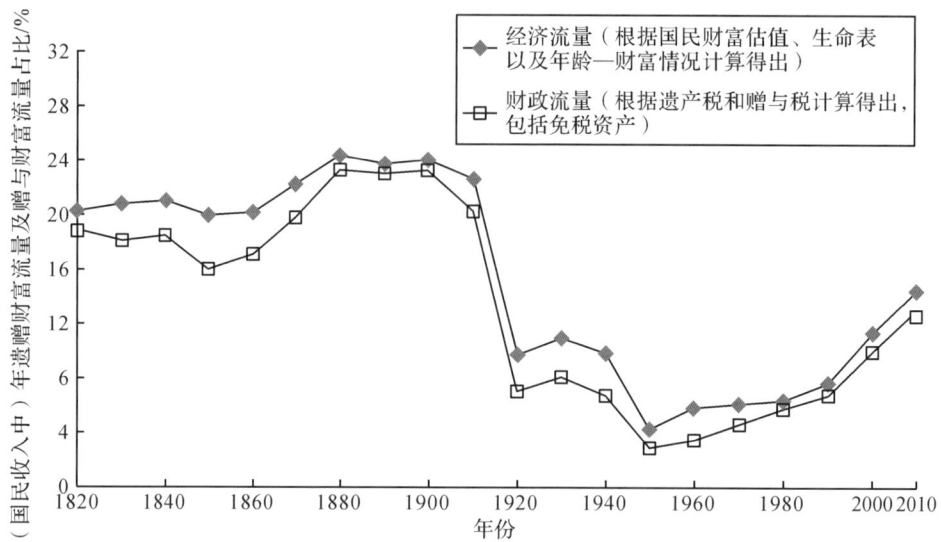

图 15.17　1820—2010 年法国年继承财富流量在国民收入中的占比

注:19 世纪开始直至 1914 年,年继承财富流量为国民收入的 20%—25%;在 20 世纪 50 年代,这一比例降至 5% 以下,而后在 2010 年回升至 15%。

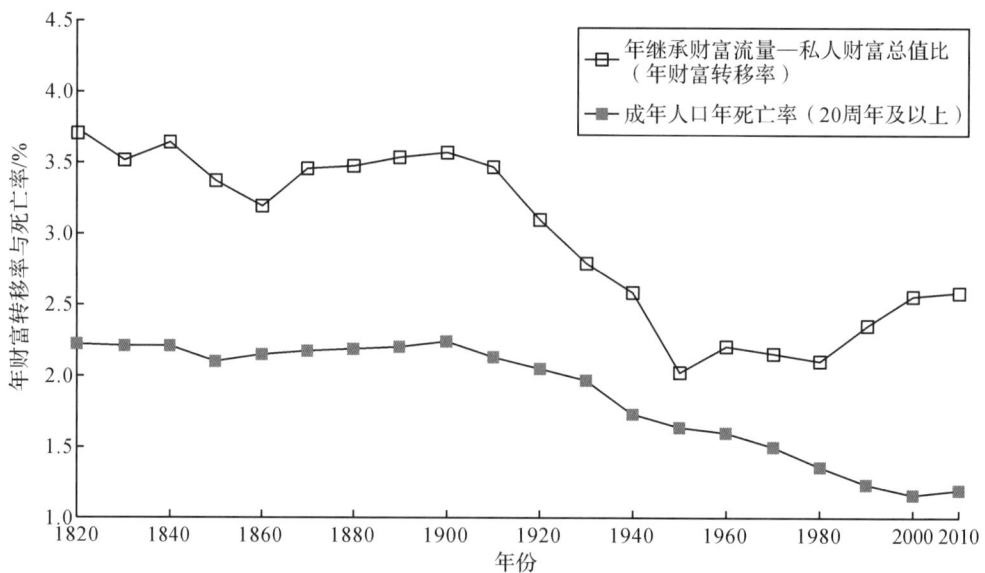

图 15.18　1820—2010 年法国年继承财富流量与死亡率

注:在 2000—2010 年,年继承财富流量(遗赠财富及赠与财富)相当于总财富的 2.5%,死亡率为 1.2%。

　　根据上述计算方程可知:法国的 b_{yt} 呈现出的 U 形变化模式,也是两个呈 U 形模式演化指标共同作用的结果。首先,产生这种变化的部分原因可归结于是受私人财富和收入比 β_t 呈 U 形变化的影响,且其变化幅度是后者的 2 倍。1910—1950 年,财富收入比从 600%—700% 降至 200%—300%(见图 15.2),而继承财富流量在国民财富中的占比从 20%—25% 降至 4%(见图 15.17)。财富转移率 $b_{wt} = \mu_t^* \cdot m_t$ 也是呈 U 形变化:1910—

1950 年,几乎下降了一半(从 3.5% 以上降至仅仅 2%),并且在 2010 年又上升到 2.5% 左右(见图 15.18)。

b_{wt} 呈 U 形变化也是受 μ_t^* 变化的影响。在第二次世界大战之后,死者的相对财富处于历史最低水平(下文将提及,这在很大程度上是由于老年人难以在战后从冲击中恢复过来并重新积累财富)。由于此时总财富也处于历史最低水平,这就能合理解释为什么在 20 世纪五六十年代继承财富流量值异常低。相反,死亡率 m_t 一直不断下降:这种长期下降趋势将自然使得(既定的一批人)预期寿命上升。[①]

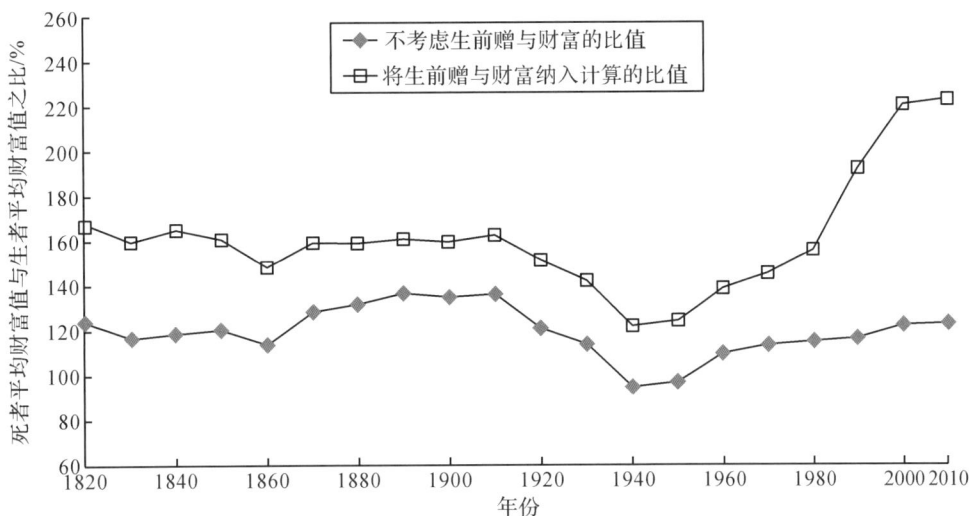

图 15.19　1820—2010 年法国死者平均财富值与生者平均财富值之比

注:在 2000—2010 年,不考虑死者生前的赠与财富值,死者平均财富值比生者平均财富值高出 20%;若考虑死者生前的赠与财富值,则高出 40%。

在最近几十年里,μ_t^* 值不断增大,很大一部分原因是赠与财富—遗赠财富比值 v_t 变大。在 19—20 世纪的大部分时间里,v_t 值约为 20%,在最近几十年里,这一比值升至 80%(见图 15.19),也就是说,现在的赠与财富值与遗赠财富值相差不大。

关于赠与财富值为何会大增还有许多的不确定因素,但有证据表明,这种现象在 20 世纪 90 年代至 21 世纪新的税收政策出台之前就已经开始出现了。这与当时人们的意识转变有很大关系:富裕家庭的父母预期到自己的寿命会比较长,为了让子女充分受益,应该在生前把部分财产转让给子女。

在任何情况下,赠与财富的重要性都不容低估,尤其不能因为年龄—财富关系状况下滑,如老年时财富减少或者死者的相对财富值较低等情况,而推测继承财富不再重要,相反,这反映了另一个事实:死者在生前就已将大量的财富赠送出去。

[①]　然而,由于婴儿潮一代的老龄化,未来几十年内,法国的死亡率将有所上升(见 Piketty,2011)。在近几十年里出生队列规模缩小的国家(如德国和日本),这一影响会更加显著,这将把继承财富流量值推向一个更高的水平。

15.4.2.2 继承财富存量与总财富比 φ_t

年继承财富流量如何转化为累积继承财富存量？鉴于数据方面的限制，图 15.20 展示了两种估值方法下法国在 1850—2010 年的 φ_t 估值结果，两种方法得到的结果同样出现了明显的 U 形变化趋势。1850—1910 年，φ_t 值为 80%—90%，大约在 1970 年骤降至 35%—45%，而后在 2010 年前回升至 65%—75%。

占比更高的这一序列是我们认为最为准确可靠的，它是通过基于微观数据的 PPVR 定义得出的(见 15.4.1.4)。其局限性在于，巴黎关于两代人财富的微观数据的历史存档要比法国其他地区的更完整(见 Piketty et al.，2006，2013)。对于法国其他地区数据缺失的年份，图 15.20 中的数据是根据巴黎收集到的数据推算出来的。当前收集到的数据表明，最终的估值与此处报告提供的估算近似值区别不会太大。

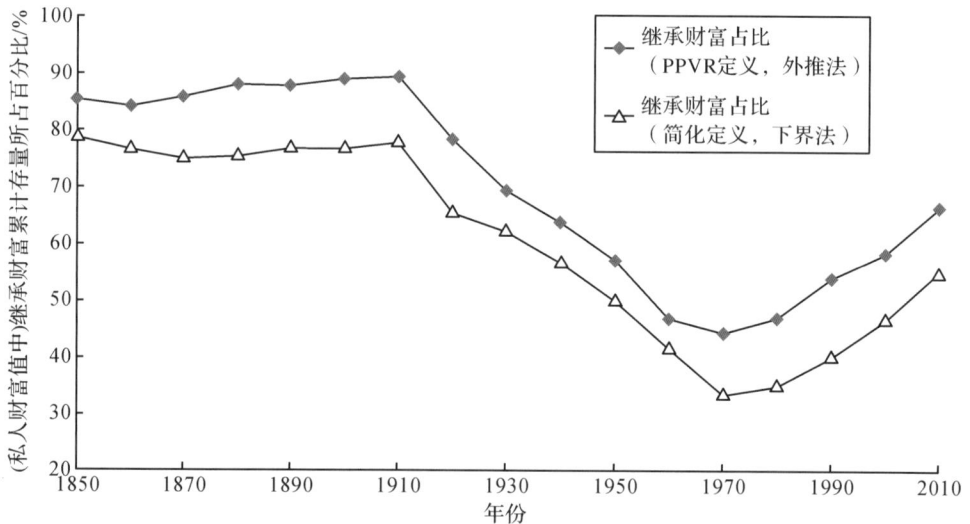

图 15.20 法国 1850—2010:继承财富流量值—总财富值之比

注:19 世纪时，法国继承财富总值占总财富的 80%—90%；在 20 世纪时，这一比值降至 40%—50%；而后在 21 纪早期回升至 60%—70%。

继承财富占比较低的下界序列，是基于继承财富流量和储蓄财富流量比较的简化定义得出的(见 15.4.1.5)。①简化定义的主要优点在于所需数据不多:继承财富占比可较为容易地根据上面报告的继承财富流量序列 b_{yt} 直接算出，用此方法算出的 φ_t 的值总是略低于根据微观数据推算得出的比值，其中差距约为常数。产生这种差距可能是由于简化定义将大量储蓄归属于几乎没有继承财富的纯劳动收入者。

在 20 世纪 70 年代，上述两个序列中总继承财富在总财富中的份额 φ_t 均达到历史最低水平，而继承财富流量 b_{yt} 也在第二次世界大战后立刻降至历史最低点。这是因为继承财富存量来源于之前数十年的继承财富流量积累——因此存在时间上的滞后性。

---

① 该序列是根据 30 年的储蓄率、资本份额和继承财富流量的平均值按照 $\varphi = b_y / [b_y + (1-\alpha) \cdot s]$ 公式计算出的。

15.4.3 来自其他国家的证据

除了法国,我们对其他国家或地区的继承财富值情况了解多少?最近的一系列研究试图估算出一些欧洲国家的 b_{yt}。Atkinson(2013)和 Schinke(2013)分别计算出了英国和德国的 b_{yt},他们发现,在过去的一个世纪里,这两个国家 b_{yt} 值的变化也呈 U 形曲线。但由于数据有限,在现阶段很难精确比较各国的具体情况。

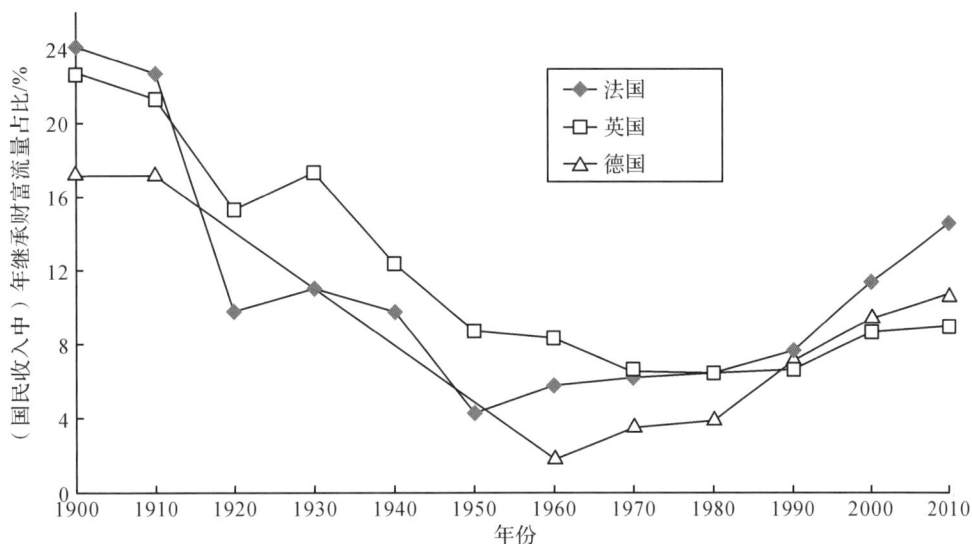

图 15.21 1900—2010 年欧洲部分国家继承财富流量

注:在法国、英国和德国,继承财富流量变化都呈 U 形曲线。在研究后期,英国的赠与财富值可能被低估了。

在 19 世纪末至 20 世纪初,英国的继承财富流量 b_{yt} 与法国的基本相同,均相当于国民收入的 20%—25%。1914—1945 年,英国的继承财富流量遭受冲击,出现下滑趋势,尽管没有法国的下滑趋势明显,此后,在近几十年里,又出现复苏迹象。Karagiannaki(2011)就 1984—2005 年的英国继承财富变化做了研究,同样发现这一时期的继承财富值呈现显著上升趋势。然而,英国的反弹似乎不如法国的强劲,因此直到现在,英国的继承财富流量值似乎仍低于法国的继承财富流量值。对于这项研究结果是否具有稳健性,我们尚不可知。现有的英国数据序列只有纯"财政流量"序列(而法国的级数既有"经济流量值",又有"财政流量值")。Atkinson(2013)指出,在近几十年里,英国反弹力度较低的主要原因是,根据财政数据,赠与财富值与遗赠财富值之比 v_t 一直未出现上涨趋势(v_t 一直保持在较低水平,且波动幅度较小,约为 10%—20%)。阿特金森认为,这可能是由于在向税务机关上报赠与财富时,出现了严重的漏报情况。

德国的继承财富流量 b_{yt} 同样也呈现出这种 U 形变化模式,且似乎变化幅度之大与法国一致。值得注意的是,在 20 世纪 90 年代至 21 世纪前 10 年,与法国的情况相似,德国的赠与财富值与遗赠财富值之比 v_t 大幅上升(在 21 世纪前 10 年, v_t 值在 50%—60%),经济也随之出现强劲复苏。由于德国的总财富收入比 β_t 低于法国,因而 b_{yt} 在总体水平上低于法国就不足为奇了。如果对两个国家的财富转移率(即 $b_{wt} = b_{yt}/\beta_t$)进行比较,就会发现,在 2000—

2010 年，这两个国家的财富转移率大致相同。

图 15.22 呈现的是，根据简化定义的公式 $\varphi = b_y / [b_y + (1-\alpha) \cdot s]$ 对总财富中的总继承财富所占份额 φ_t 的相应估算值。德国的总继承财富占比大致低于法国，特别是在 20 世纪六七十年代，下降到了一个非常低的水平，这是因为德国在二战后初期继承财富流量值极低，而储蓄率很高。近几十年来，德国的 φ_t 呈快速上升趋势，有望赶上法国。在英国，φ_t 显然从未降至像 20 世纪 50 年代时德国、法国那样低的水平，而且似乎总是高于欧洲大陆。英国的 φ_t 在近期保持较高水平的原因在于，自 20 世纪 70 年代以来，英国的储蓄率一直保持在较低水平。[①]

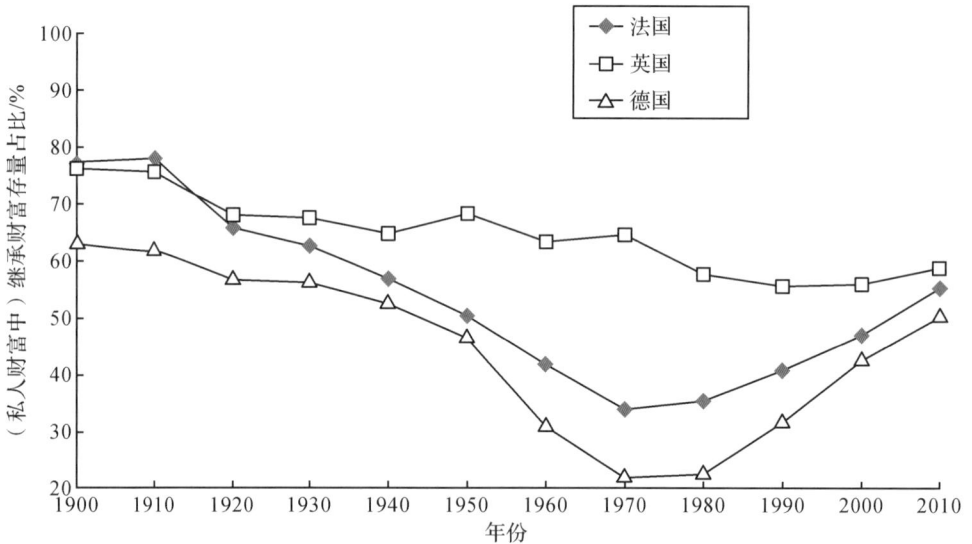

图 15.22 1900—2010 年欧洲部分国家继承财富存量值

注：在法国和德国，继承财富—总财富值之比呈 U 形变化（英国和德国的数据存在一定限制）在研究后期，可能低估了英国的赠与财富值。

近年来的历史研究表明，瑞典的继承财富流量值变化也呈现出 U 形趋势（参见 Ohlsson et al.，2013）。但其 b_{yt} 值略小于法国，这主要还是因为 β_t 值较小。研究 b_{wt} 和 φ_t 是很有意义的。可以发现：许多欧洲国家的这两个指标的变化范围和幅度都极为相似。如图 15.23 所示，在 20 世纪，瑞典和法国的继承财富占比变化情况十分相似（主要区别在于近几十年里，由于瑞典私人储蓄率的上升，瑞典继承财富占比的涨幅比法国的低）。然而，我们需要再次强调收集更多数据的重要性。我们目前正着手收集有关继承财富值的历史演变数据，之后才能对各国情况进行合理的对比分析。

---

① 实际上，储蓄率偏低不足以解释近几十年来总财富收入比大幅上升的原因，这只能用巨额资本收益来解释（Piketty and Zucman，2014）。φ_t 的简化定义基于继承财富流量和储蓄财富流量的比较，假定继承财富和自己创造的财富获得的资本收益相同。

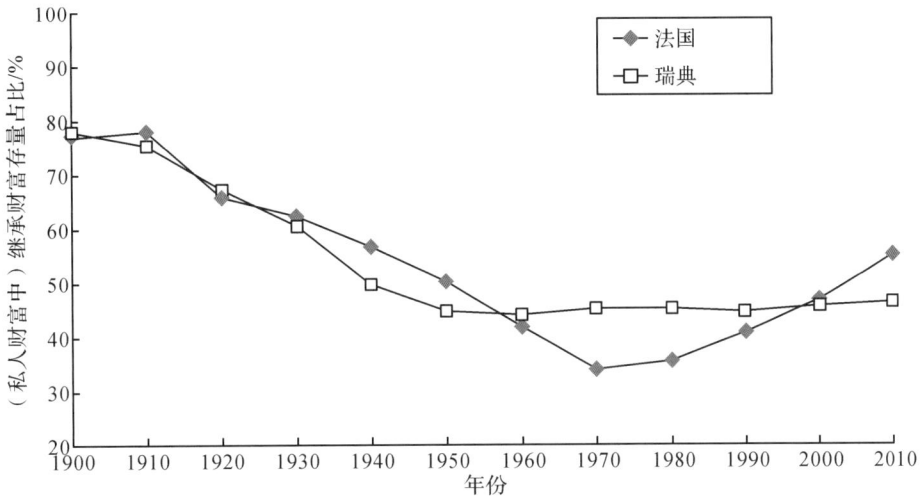

图 15.23　1900—2010 年法国和瑞典继承财富存量值

注:法国和瑞典的继承财富—总财富比变化大致相同最近几十年里,随着瑞典的个人储蓄率上升,继承财富存量值也略有上升。

在上述近期有关继承财富流估算研究之前,首次发起这方面研究的是 Davies 和 Shorrocks(1999),主要是对美国继承财富流的情况分析,其研究结果出现冲突,即著名的 KSM 争议。Kopczuk 和 Edlund(2009)根据房产税数据分析发现,20 世纪 60 年代末,美国非常富有的女性占比达到顶峰(接近一半),而后降至约三分之一。他们认为,该现象反映了继承财富的重要性发生了变化,因为女性很少会是企业家。Wolff 和 Gittleman(2013)通过分析美国消费者财务状况调查(SCF)的有关数据,并未发现能够解释继承财富为何自 20 世纪 80 年代末以来一直上涨的有力证据。Kaplan 和 Rauh(2013)通过对《福布斯》的数据分析发现:与 20 世纪 80 年代相比,如今福布斯前 400 强的美国人继承财富的可能性更小。然而,目前尚不清楚这一结果是否反映了真实的经济现象,还是反映了《福布斯》和其他财富排行榜存在一定局限性。与自己创造的财富相比,继承财富部分可能更难界定,首先是因为继承人的情况往往更加多样化,同时也可能是因为继承人不喜欢出现在媒体上,而企业家却相反,他们不会试图掩饰自己的财富,倾向于出现在媒体面前。因此,通过分析《福布斯》排行榜数据得出的继承的财富与自己创造的财富相对而言哪个更重要的结论显然不完全可靠。

最后,美国的继承财富历史演变结果还存在很大的不确定性。我们有理由相信:受人口增长的影响,在美国,继承财富的重要性从历史上看远不如在欧洲的重要性大(下文将对此进行详细阐述)。然而,这一结论是否仍适用于今天仍未可知。由于最近几十年,美国的储蓄率相对较低,即使继承财富流量不大,结果仍有可能是总继承财富值与总财富值比 φ_t 相对较大(至少根据基于 b_{yt} 与 s 的比较 φ 的简化定义,结果如此)。

此项研究中的一大难题就是,美国有关遗赠财富和赠与财富的财政数据质量相对较低(尤其是因为联邦遗产税只有少数死者的信息;2012 年,每 1000 名死者中只有 1 人缴纳遗产税)。我们可以使用调查数据(如美国的消费者财务状况调查)对死者的相关财富值进行估算,并运用公式 $b_{yt} = (1 + v_t) \cdot \mu_t \cdot \beta_t$ 计算出继承财富流量值,而其中的关键在于要估算出遗赠财富值与赠与财富值之比,而由于缺乏高质量的财政数据,估算工作存在一定难度。在遗赠财富和赠与财富的回顾性自我报告中,数据往往存在较大的向下偏差,应谨慎处理。在对遗赠财富值和赠与财富值存在完整、详细记录数据的国家(如法国,某种程度上还有德国),调查中自我报告的财富流量似乎不足国家记录的财政流量值的50%。这也许有助于解释为何 Wolff 和 Gittleman(2013)发现继承财富值一直处于较低水平。[1]

15.5 解释原因:模型与预测

15.5.1 冲击与稳态

如何解释总财富收入比、财富集中度和继承财富份额演变相关的历史数据? 本节将列举出为解决此问题而开发的理论模型。文献有助于我们关注一些关键影响因素,但我们仍然缺乏一个能够精确定量评估各个影响因素的综合模型。

此处,我们主要分析维持长期稳态的决定因素。在实际生活中,真实世界的经济体经常面临重大冲击和基本参数的变化,所以我们观察到与稳态的巨大偏差,上文中呈现的历史序列也显示了这一点。特别是在1910—1950年,由于两次世界大战带来的冲击,总财富国民收入比 β_t 大幅下跌。通过分析储蓄财富流量值和战争破坏的详细历史序列,我们可以大致估计出各种因素的相对影响力(Piketty and Zucman,2014)。以法国和德国为例,1910—1950年,β_t 值下降主要有三个原因:国民储蓄不足(大部分私人储蓄被公共赤字吸收)、战争破坏,以及相对资产价格下跌(在1950—1960年,房地产和股票价格处于历史低位,部分原因是租金管制和国有化等政策的实施)。这三个因素的影响大致各占三分之一。就英国而言,战争对其造成的破坏相对较小,另外两个因素对财富收入比下降的影响各占一半(战争引发的公共赤字尤其严重)。[2]

在考虑未来时,稳态的概念是不是一个相关的参照点? 历史证据表明确实如此。虽然在20世纪,财富和不平等一直处于混乱的动态之中,但在18世纪和19世纪,英国和法国无疑处于一种稳态,其特征是低增长、高财富收入比、高财富集中度及继承财富流动量。尽管财富和经济活动的性质发生了巨大变化(从农业到工业)[3],但情况确实如此。20世纪的冲击结束了这种稳态,我们有理由探究:各个国家若要在21世纪共同达到一个新的稳态(也就是说,假使20世纪的冲击不再发生),长期财富收入比会达到多少?

众多的模型表明:财富和遗产继承的长期规模和集中度是 g 的递减函数和 $\bar{r}$ 的递增函

---

[1] 这项研究的另一大难点是:继承财富的价值通常是根据资产转移时的资产价格来计算的,不包括资产收益,这可能导致美国财富总额中继承财富所占比重相对较小(约为20%,正如莫迪利亚尼所估计的)。(如果使用简化公式)比较继承财富流量和储蓄财富流量,可能会得到更平衡的结果。

[2] 关于不同时期的私人财富积累值和国民财富积累的数据分析,详见 Piketty 和 Zucman(2014)。

[3] 特别是在19世纪的法国,尽管其经济结构发生了重大变化,但私人财富与收入比和继承财富流量似乎相当稳定(在19世纪末有轻微上升的趋势)。这表明,尽管继承和财富的重要性可能会随着创新浪潮的起伏而有所变化,但稳态分析视角仍取得了诸多成果。

数,其中 g 是经济增长率,$\bar{r}$ 是税后净财富回报率。也就是说,我们可以做出如下合理推测:在 $\bar{r}$ 值较高或 g 值较低时,财富收入比、财富的集中度以及继承财富占比这三个相互关联的比率都趋于更高的稳态值。值得注意的是,当 $\bar{r}-g$ 比值较大时,稳态的财富差距会加大。虽然这些理论模型尚未得到严格的校准,但我们认为这些预测与前面提及的时间序列及跨国数据具有广泛的一致性。这些结果也表明,由于人口和生产力增长放缓以及国际引资竞争日益激烈,财富收入比上升和财富不平等加剧的趋势很可能在 21 世纪也将持续。

15.5.2　稳定的财富收入比:$\beta = s/g$

分析财富收入比和资本产出比的长期演化,最有效的稳态公式是哈罗德-多玛-索洛(Harrod-Domar-Solow)稳态公式:

$$\beta_t \to \beta = s/g \text{。}$$

其中,s 表示长期(净折旧额)储蓄率,g 表示长期增长率。[①]

稳态公式 $\beta = s/g$ 是一个纯粹的核算公式。从定义上讲,对于稳态下的任何基于微观数据的资本积累的单一产品模型,它均能成立,不受储蓄动机的确切性质影响。该方程由财富积累方程 $W_{t+1} = W_t + S_t$ 转化而来,因此可以用财富收入比 $\beta_t = W_t/Y_t$ 重新表示:

$$W_{t+1} = \frac{\beta_t + s_t}{1 + g_t}$$

且 $1 + g_t = Y_{t+1}/Y_t = $ 国民收入增长率 ,$s_t = S_t/Y_t = $ 净储蓄率 。

因此,如果 $s_t \to s$,且 $g_t \to g$,那么 $\beta_t \to \beta = s/g$ 。

哈罗德-多玛-索洛稳态公式呈现的是在一个低增长经济体中看似微不足道但极其重要的部分,只要储蓄率保持在相对高的水平,过去的资本积累总额还是非常可观的。

例如,如果长期储蓄率 $s = 10\%$,经济增长率为恒定值 $g = 2\%$,那么长期财富与收入比 $\beta = 500\%$,因为长期增长率是唯一等于收入增长率的比值 $s/\beta = 2\% = g$ 。如果长期增长率降至 $g = 1\%$,储蓄率保持 $s = 10\%$,那么长期财富收入比为 $\beta = 1000\%$ 。

从长期来看,产出增长率 g 是生产率增长率和人口增长率之和。在标准的单一产品增长模式下,产出为 $Y_t = F(K_t, L_t)$,其中 K_t 表示非人力资本投入,L_t 是人力劳动投入(即有效劳动力供给)。L_t 可以用原始劳动供给 N_t 和劳动生产率参数 h_t 来表示,即 $L_t = N_t \cdot h_t$,且 $N_t = N_0 \cdot (1 + n)^t$($n$ 表示人口增长率),$h_t = h_0 \cdot (1 + h)^t$($t$ 表示生产率增长率)。长期经济增长率 g 也可以用 L_t 的增长率表示:$1 + g = (1 + n) \cdot (1 + h)$,即 $g \approx n + h$ 。[②] g 的长期变化取决于人口参数(尤其是生育率)和提高生产力活动(尤其是创新速度)。

长期储蓄率 s 还与许多因素有关:s 反映了人们对于储蓄和积累财富的各种心理层面和经济层面的动机(时代、生命周期、预先准备、声望、对遗赠的偏好等)。储蓄动机和方式因人而异,在不同国家也可能有较大差异。无论储蓄财富的动机是考虑到生命周期还是出于遗

---

① 如果使用折旧总额储蓄率而非净储蓄率,则稳态公式为 $\beta = s/(g + \delta)$,其中 s 为总储蓄率,δ 是用一部分财富存量表示的折旧率。

② 为了使等式 $g = n + h$ 更精确,需要使用瞬时增长率(连续时间)而不是年增长率(离散时间)。也就是 当 $N_t = N_0 \cdot e^{nt}$(n 表示人口增长率),$h_t = h_0 \cdot e^{ht}$ 时,可得出 $L_t = N_t \cdot h_t = L_0 \cdot e^{gt}$,且 $g = n + h$ 。

产分配的考虑,$\beta = s/g$ 公式在稳态下均成立。如果储蓄是外生的(如索洛模型中所示),那么长期财富收入比明显是收入增长率 g 的递减函数。不过,这一结论也适用于更大的一类基于微观数据的资本积累一般均衡模型。其中,s 可以是内生的,也可能取决于 g。尤其是在无限时间跨度世代模型(此时,s 由时间偏好率和效用函数的凹性决定)、"遗赠效用函数"模型(其中,长期储蓄率受到遗赠或财富偏好强度的影响)和大多数内生增长模型中,情况都是如此。在所有情况下,若给定了偏好参数,则当增长率较低时,长期 $\beta = s/g$ 值往往较高。当人口增长率或生产率下降而导致经济增长放缓时,资本产出比和财富收入比往往也会上升。

专栏:宏观模型中的稳态财富收入比

世代模型

假设产出为 $Y_t = F(K_t, L_t)$,其中 K_t 为资本存量,L_t 为有效劳动力投入,且以速度 g 外生增长。产出要么被消耗,要么被添加到资本存量中。假设一个经济体是封闭的,这样其财富收入比和资本产出比相同。在无限时间跨度世代模型中,每一个世代的最大值为:

$$V = \int_{t \geq s} e^{-\theta t} U(c_t)$$

此时,θ 为时间偏好率,$U(c_t) = c^{1-\gamma}(1 - \gamma)$ 是一个标准的效用函数,且跨期替代弹性常数值为 $1/\gamma$,通常很小,在 0.2 到 0.5 之间,且在任何情况下都小于 1,因此 γ 通常大于 1。

一阶条件描述的每个世代的最佳消费路径是:$dc_t/dt = (r - \theta) \cdot c_t/\gamma$,即效用最大化动因希望其消费路径增长速率为 $g_c = (r - \theta)/\gamma$。当且仅当 $g_c = g$,即 $r = \theta + \gamma g$ 时,为稳态。这就是修正后的资本积累黄金律。长期回报率 $r = \theta + \gamma g > g$,且完全取决于偏好参数和增长率。

稳态储蓄率为 $s = \alpha \cdot g/r = \alpha \cdot g/(\theta + \gamma g)$,其中 $\alpha = r \cdot \beta$ 为资本份额。资本收入中一小部分 g/r 被长期储蓄起来,这样世代财富的增长速度为 g,与国民收入的增长速度相同。储蓄率 $s = s(g)$ 是增长率的递增函数,但增长速度小于 g,因此稳态财富收入比 $\beta = s/g$ 是增长率的递减函数。

例如,柯布-道格拉斯生产函数中(资本份额完全由技术决定,其值恒定为 α),财富收入比为 $\beta = \alpha/r = \alpha/(\theta + \gamma \cdot g)$,当 $g = 0$ 时,$\bar{\beta} = \alpha/\theta\beta$ 为最大值。

这个模型中有一处不切实际的地方:它假设资本供给在净税回报率上有无限长期弹性,这会导致在最优资本税政策上产生极端的结论(即零税率)。"遗赠效用函数"模型提供了一个不过于极端且更灵活的概念框架来分析财富积累过程。

财富效用函数模型

设想一个动态经济体中包含一个离散世代集合 $0, 1, \cdots, t \cdots$,人口增长率为零,外生劳动生产率增长率 $g > 0$。每一代人的测度为 $N_t = N$,生活一个周期,之后被新一代取而代之。在世代 t 的初期,t 世代的每一个人收到 $t-1$ 世代个人的遗赠财富为 $b_t = w_t \geq 0$,并在其生命周期内一成不变地提供一个单位的劳动力(这样,劳动供给 $L_t = N_t = N$),其劳动收入为 y_{Lt}。在世代 t 末期,该个体将一生的资源(劳动收入和所收遗赠资本化的价值总和)按照预算约束条

件分成消费 c_t 和剩余遗赠 $b_{t+1} = w_{t+1} \geq 0$,预算约束如下:

$$c_t + b_{t+1} \leq y_t = y_{Lt} + (1 + r_t)b_t$$

最简单的情况是,当效用函数直接通过消费 c_t 和财富 $\Delta w_t = w_{t+1} - w_t$ 的增加来进行定义时,其形式为简单的柯布-道格拉斯形式: $V(c, \Delta w) = c^{1-s}\Delta w^s$ (直观来说,这符合"道德"偏好,即个体觉得自己留给子女的财富不能少于自己从父母那里得到的财富,他们从财富增长中产出效用,或许因为这体现了自己的能力或美德)。效用最大化导致储蓄率为固定值: $w_{t+1} = w_t + sy_t$。将人均值乘以人口 $N_t = N$,总水平上得到相同的线性过渡方程: $W_{t+1} = W_t + sY_t$。长期财富收入比 $\beta_t \to \beta = s/g$ 取决于遗赠动机强度和生产率增长速度。

还可用其他效用函数表示,如 $V = V(c, w)$,或者用个体间的异质劳动生产率或储蓄偏好来表示,只需将参数 s 替换为合理定义的平均财富或遗赠偏好参数。例如,当 $V(c, w) = c^{1-s}w^s$ 时,效用为最大值,此时 $w_{t+1} = s \cdot (w_t + y_t)$,且 $\beta_t \to \beta = s/(g + 1 - s) = \tilde{s}/g$,传统储蓄率(根据收入来界定) $\tilde{s} = s(1 + \beta) - \beta$。简单运用该模型来分析财富的稳态分布,详见 15.5.4.1。

内生增长模型

内生增长模型中,在国际资本不完全自由流动的情况下,增长率可能会随着储蓄率的上升而上升,但通常不会按比例均衡上升。只有在 AK 封闭经济模型中,增长率与储蓄率才会成比例地上升。在这种情况下,假设人口零增长($n = 0$)柯布-道格拉斯生产函数为 $Y = K^a \cdot (A_L \cdot L)^{1-\alpha}$,此外,进一步假设生产率参数是由整个经济的资本积累外生决定的,这样 $A_L = A_0 \cdot K$,因此可得 $Y = A \cdot K$,且 $A = (A_0 \cdot L_0)^{1-\alpha}$。已知储蓄率 $s > 0$,则增长率为 $g = g(s) = s \cdot A$。增长率与储蓄率成正比,这样财富收入比完全由技术决定: $\beta = s/g = 1/A$ 为常量。

在更一般的内生增长模型中,生产率增长率不仅取决于资本积累的速度,更重要的是还可能取决于创新活动的强度、教育支出的重要性、在国际技术前沿的位置,以及其他大量政策和制度的影响,这样一来,增长率的上升幅度也就小于储蓄率的上升比例。

1970—2010 年,富裕国家的财富收入比上升,特别是在人口增长明显放缓的欧洲国家和日本(储蓄率相对于美国仍然很高),产生这种现象的主要原因是收入增长速度放缓。Piketty 和 Zucman(2014)的研究表明,储蓄流量积累可较好地解释 1970—2010 年主要富裕国家的 β 的演变情况,还有一个解释因素是相对资产价格的逐步回升。然而,从长期来看,相对资产价格的变动往往会相互抵消,单一产品资本积累模型似乎很好地解释了财富收入比的演变情况。

值得一提的是,公式 $\beta = s/g$ 不仅适用于封闭经济,也适用于开放经济。唯一的区别在于,在封闭经济中,财富收入比与资本产出比是相同的,但在开放经济中,两者可能是不同的。

在封闭经济中,私人财富值等于国内资本: $W_t = K_t$。[①] 国民收入 Y_t 等于国内产出 $Y_{dt} = F(K_t, L_t)$。储蓄值等于国内投资,私人财富—国民收入比 $\beta_t = W_t/Y_t$ 等于国内资本—产出比 $\beta_{kt} = K_t/Y_{dt}$。

---

① 为了简化分析,此处不考虑政府财富值和储蓄值。

在开放经济中,储蓄率较高的国家($s_a > s_b$)积累的财富比较高($\beta_a = s_a/g > \beta_b = s_b/g$),并将其部分财富投资于储蓄率较低的国家,因此在任何地方,资本产出比都是相同的(假设资本完全自由流动)。指定国家a和国家b的人口数量分别记为N_a和N_b,全球人口数量为$N = N_a + N_b$;全球产出值为$Y = Y_a + Y_b$;世界储蓄率为$s = (s_a \cdot Y_a + s_b \cdot Y_b)/Y$;且假设每个国家的有效劳动力供给与人口增长成正比,比率为g,那么全球的长期财富收入比和资本产出比相等($\beta = s/g$)。在资本完全自由流动的情况下,每个国家的资本产出比均相等($\beta = s/g$)。财富值$\beta_a > \beta$的国家a,将其额外财富值$\beta_a - \beta$投资给财富值$\beta_b < \beta$的国家b,两个国家的人均产出值均等于$y = Y/N$,但a国的人均国民收入值$y_a = y + r \cdot (\beta_a - \beta) > y$永远高于$b$国的人均国民收入值$y_b = y - r \cdot (\beta - \beta_b) < y$。在第一次世界大战前,英国和法国的净国外资产头寸值为100%—200%,净国外资产回报率大约为$r = 5\%$,因此其国民收入比国内产出高出5%—10%。

在全球范围内,财富收入比和资本产出比是一样的(从定义上讲),其长期比率由稳态条件$\beta = s/g$决定。从长远来看,如果全球经济增长速度放缓(特别是在世界人口稳定的情况下),那么全球的β值可能上升。假设世界收入增长率稳定在1.5%左右,且储蓄率稳定在12%左右,图15.24给出了世界财富与国民收入比在21世纪可能发生的一种演变情况。在这种(可以说是特定的而不确定的)假设情况下,β值可能在21世纪末增至700%—800%。

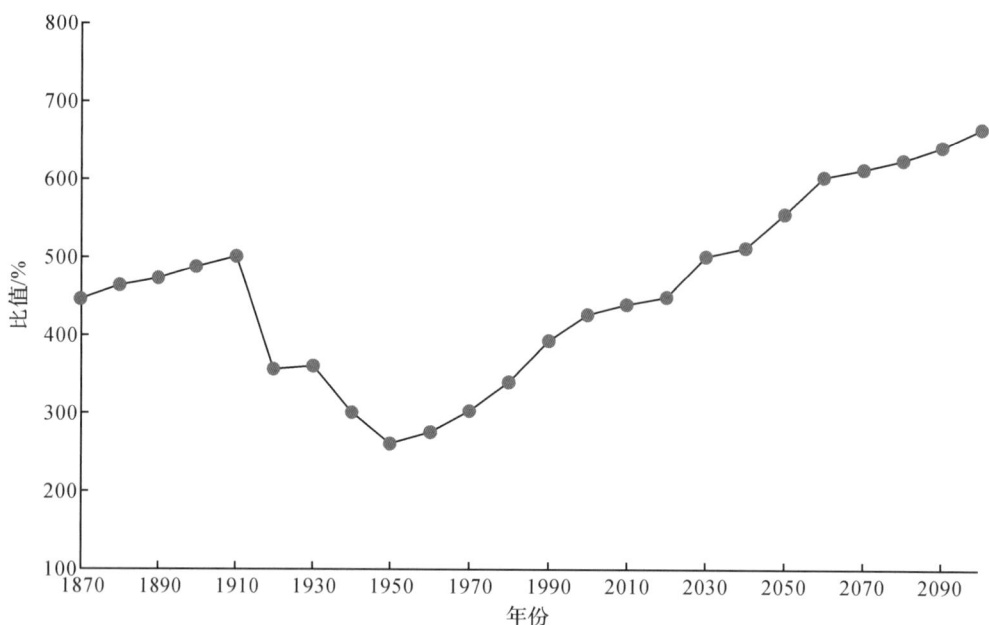

图15.24 1870—2100年世界财富与国民收入比

注:根据各国国民账户和联合国增长预测进行计算和模拟得到以上数据。

15.5.3 稳态下的资本份额:$\alpha = r \cdot \beta = a \cdot \beta^{\frac{\sigma-1}{\sigma}}$

资本收入比β的变化与资本份额$\alpha_t = r_t \cdot \beta_t$的变化(此处$r_t$为平均回报率)有何关系? 这完全取决于资本—劳动替代弹性,即σ是大于1还是小于1。

以 CES 生产函数 $Y = F(K, L) = \left[a \cdot K^{\frac{\sigma-1}{\sigma}} + (1-a) \cdot L^{\frac{\sigma-1}{\sigma}} \right]^{\frac{\sigma-1}{\sigma}}$ 为例:回报率表示为 $r = F_K = a\beta^{-1/\sigma}$(且 $\beta = K/Y$),资本份额表示为 $a = r \cdot \beta = a \cdot \beta^{\frac{\sigma-1}{\sigma}}$。若 $\sigma > 1$,则 β_t 值变大,资本的边际产量 r_t 的下降值小于 β_t 的增值,此时资本份额 $\alpha_t = r_t \cdot \beta_t$ 是 β_t 的递增函数;相反,当 $\sigma < 1$ 时,资本边际产量 r_t 的下降值大于 β_t 的增值,此时资本份额是 β_t 的递减函数。[1]

当 $\sigma \to \infty$ 时,生产函数变为线性函数,也就是说,资本回报与资本数量无关:这就像一个自动化经济,资本可自主地生产产出。相反,当 $\sigma \to 0$ 时,生产函数变成油泥—陶土模型,即当资本量略高于固定比例技术的需求时,资本回报趋近于零。

一种特殊情况是,当资本—劳动替代弹性 σ 正好等于 1 时: r 和 β 的变化恰好能相互抵消,此时资本份额为常数。这也正是柯布-道格拉斯所提出的 $F(K, L) = K^a L^{1-a}$ 的情况,其中资本份额完全由技术决定:$\alpha_t = r_t \cdot \beta_t = \alpha$。资本产出比 β_t 的上升恰好与资本回报率 $r_t = a/\beta_t$ 的下降相抵消,因此两个数的乘积为常数。

Antras(2004)和 Chirinko(2008)回顾了大量文献,试图估计劳动力和资本之间的替代弹性;也可参见 Karabarbounis 和 Neiman(2014)。估值范围较广。历史证据表明,替代弹性 σ 可能在发展过程中会上升。在 18—19 世纪,σ 值很可能小于 1,特别是在农业部门。σ 值小于 1 可以解释,为什么国土面积大的国家(如美国)的总土地价值低于国土面积小的国家。实际上,当 $\sigma < 1$ 时,价格影响决定数量影响:当土地资源非常丰富时,土地价格极低,两者的乘积依然较小。在 18 世纪和 19 世纪早期,资本只有一种形式(土地),在这种经济中,σ 值小于 1。当单一资本产品过多时,它就几乎变得一文不值。

相反,在 20 世纪,资本份额 α 的走势往往与资本收入比 β 的走势一致,这一事实表明替代弹性 σ 一直大于 1。特别是自 20 世纪 70 年代中期以来,确实能观察到富裕国家的资本份额 α_t 呈显著上升趋势(见图 15.25)。诚然,资本份额 α_t 的增长不如资本收入比 β_t 的增长显著——换句话说,财富的平均回报率 $r_t = a_t/\beta_t$ 有所下降(见图 15.26)。但这种下降在任何经济模式中都应该预料到:当资本变多时,资本回报率一定会下降。问题在于,平均回报率 r_t 的下降幅度是大于还是小于 β_t 的上升幅度。Piketty 和 Zucman(2014)收集的数据表明,r_t 的下降幅度较小,即资本份额增加了,与替代弹性 $\sigma > 1$ 相符。这个结果是很直观的:在一个含有各种不同用途的资本(不仅是土地,还有机器人、住房、无形资本等)的成熟经济体中,替代弹性往往大于 1。随着全球化的影响,弹性值甚至可能更大,因为不同形式的资本的跨境流动变得更为容易。

---

[1]　由于总资本值 K 包括所有形式的资本资产,因此替代弹性总值 σ 应考虑到供给力度(生产者在不同资本密集度的技术之间转移)和需求力度(消费者在不同资本密集度的商品和服务之间转移,包括住房服务和其他商品及服务)。

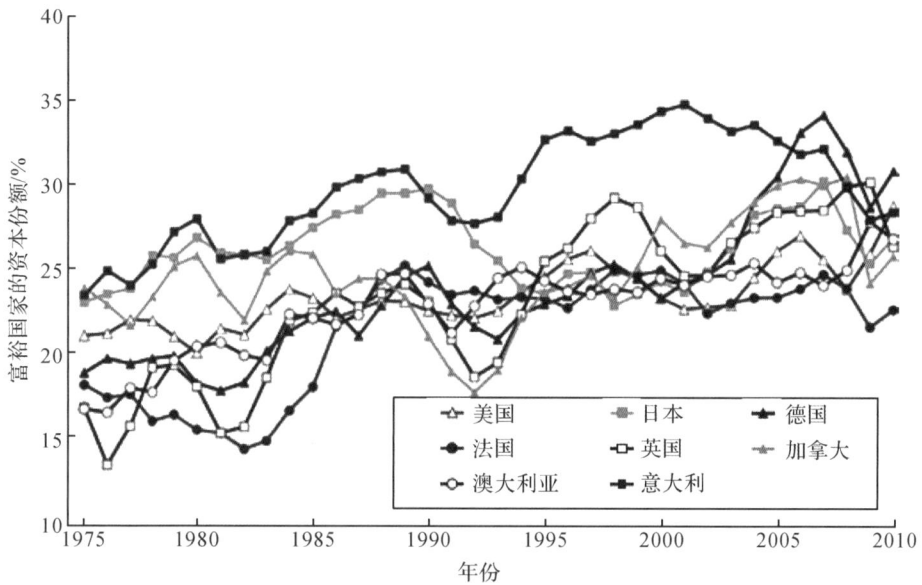

图 15.25 1975—2010 年要素价格国民收入中的资本份额

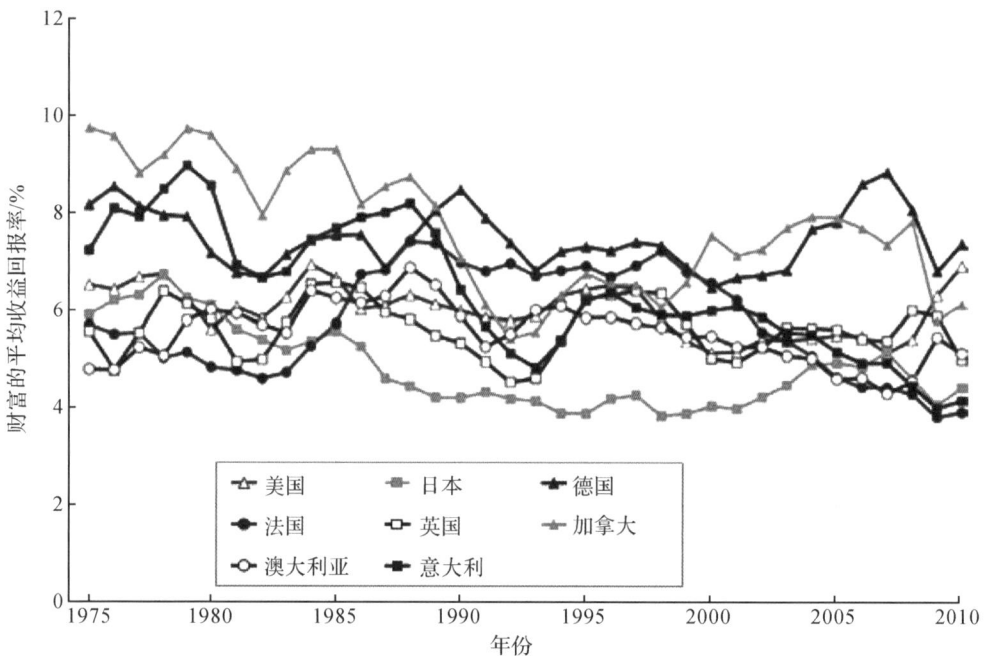

图 15.26 1975—2010 年私人财富的平均收益回报率

重要的是,要解释所观察到的趋势,弹性值并不一定要远大于1。弹性值 σ 大约为 1.2—1.6,资本产出比 β 翻倍时,资本份额 α 将显著增加。若 β 值变化较大,资本份额也会出现较大波动,其生产函数也仅比标准柯布-道格拉斯函数更有弹性一些。例如,当 $\sigma=1.5$ 时,若财富收入比由 $\beta=2.5$ 变化至 $\beta=5$,资本份额将由 $\alpha=28\%$ 增至 $\alpha=36\%$,这大致就是 20 世纪 70 年代时富裕国家的情况。若资本积累量足够大,财富收入比 $\beta=8$,那么资本份额将增至

$\alpha = 42\%$。如果生产函数随着时间的推移弹性更大（$\sigma = 1.8$），那么资本份额 α 将达到 53%。[1] 底线是，我们肯定不需要为了使资本份额发生巨大变动而朝着机器人经济（$\sigma = \infty$）的方向发展。

15.5.4 稳态下的财富集中度：$Ineq = Ineq(\bar{r} - g)$

资本收入比 β 和资本份额 α 在升至极高水平时可能会带来极其不同的福利结果，这取决于资本掌握在谁手中。正如 15.3 节所示，财富集中度总是明显高于收入集中度，但自 19 世纪至 20 世纪初以来，财富集中度也有所下降，至少在欧洲如此。在第一次世界大战之前，欧洲最富有的前 10％ 人口拥有的财富占欧洲总财富的 90％，而他们现在拥有的财富占总财富值的 60％—70％。

分析财富集中度的稳态水平要用哪种模型？有大量文献已经研究过这个问题。早期参考文献包括 Champernowne(1953)、Vaughan(1979) 和 Laitner(1979)。Stiglitz(1969) 最先尝试用新古典增长模型分析财富的稳态分布。从他的以及其他类似的财富积累模型来看，宏观变量收敛于稳态值，同时财富分布收敛于稳态形式。具有随机特质性冲击的动态财富积累模型还有另外一个特性，即 $\bar{r} - g$ 差异越大，就越容易放大稳定状态下的财富不平等（其中 $\bar{r}$ 是财富收益的税后净额回报率，g 是经济增长率）。这在存在随机乘法冲击的动态模型中很容易见到，其中财富的稳态分布呈帕累托分布，（对于给定的冲击结构）帕累托系数直接由 $\bar{r} - g$ 决定。

15.5.4.1 闭型公式的解析例子

为了证明这点，下面的模型中离散时间 t 取 $0, 1, 2, \cdots$。该模型可以视作年度模型（每个时段 $H = 1$ 年），或世代模型（时段 $H = 30$ 年），在这种情况下，储蓄偏好可看作遗赠偏好。假设人口总数稳定 $N_t = [0, 1]$，由大小为 1 的连续个体构成，因此财富和国民收入的总变量和平均变量相同：$W_t = w_t$，$Y_t = y_t$。有效劳动投入 $L_t = N_t \cdot h_t = h_0 \cdot (1 + g)^t$ 以年外生生产率 g 的速度增长。国内产出可由生产函数 $Y_{dt} = F(K_t, L_t)$ 表示。

假设每个个体 $i \in [0, 1]$ 获取同等的劳动收入 $y_{Li} = y_{Lt}$ 和相同的年回报率 $r_{ti} = r_t$。每个主体选择 c_{ti} 与 w_{t+1i}，以便获取 $V(c_{ti}, w_{ti}) = c_{ti}^{1-s_{ti}} w_{ti}^{s_{ti}}$ 的效用函数最大值，其中财富（或遗赠）偏好参数为 s_{ti}，预算限制为 $c_{ti} + w_{t+1i} \leqslant y_{Lt} + (1 + r_t) \cdot w_{ti}$。只有储蓄偏好参数 s_{ti} 发生特殊变化时才会出现随机冲击，根据独立同分布随机过程，均值 $s = E(s_{ti}) < 1$，可得到其值。[2]

基于效用函数的简单柯布-道格拉斯实例，效用最大化说明消费 c_{ti} 在时间 t 是可用总资源（收入加财富）$y_{Lt} + (1 + r_t) \cdot w_{ti}$ 的一部分 $1 - s_{ti}$。将此公式代入预算约束方程，可得到以下个体层面的财富转移方程：

$$w_{t+1i} = s_{ti} \cdot [y_{Lt} + (1 + r_t) \cdot w_{ti}] \tag{15.1}$$

在总体层面上，根据定义，国民收入 $y_t = y_{Lt} + r_t \cdot w_t$，因此可得到：

---

[1] 当 $a = 0.21$ 且 $\sigma = 1.5$ 时，$\alpha = a \cdot \beta^{\frac{\sigma-1}{\sigma}}$，若 β 分别为 2.5、5 和 8，则 α 值分别为 28%、36% 和 42%。当 $\sigma = 1.8$，$\beta = 8$ 时，$\alpha = 53\%$。

[2] 欲了解具有更一般的偏好和冲击结构的动态随机模型，参见 Piketty 和 Saez(2013)。

$$w_{t+1} = s \cdot [y_{Lt} + (1 + r_t) \cdot w_t] = s \cdot [y_t + w_t] \tag{15.2}$$

除以 $y_{t+1}, y_{t+1} \approx (1 + g) \cdot y_t$,且资本份额表示为 $\alpha_t = r_t \cdot \beta_t$,劳动份额表示为 $(1 - a_t) = y_{Lt}/y_t$,可得到以下财富收入比 $\beta_t = w_t/y_t$ 的转移方程:

$$\beta_{t+1} = s \cdot \frac{1 - \alpha_t}{1 + g} + s \cdot \frac{1 + r_t}{1 + g} \cdot \beta_t = \frac{s}{1 + g} \cdot (1 + \beta_t) \tag{15.3}$$

在开放经济下,世界回报率 $r_t = r$ 已知,根据以上方程可知,当且仅当 $\omega = s \cdot \dfrac{1 + r}{1 + g} < 1$ 时,β_t 收敛于一个有限值 β。若 $\omega > 1$,则 $\beta_t \to \infty$。从长远来看,该经济不再是一个小型开放经济,而世界回报率将不得不下降,因而 $\omega < 1$。

在封闭经济中,β_t 总是会收敛于一个有限值,长期回报率 r 等于资本的边际产量,且与 β 负相关。例如,根据 CES 生产函数,可得到 $r = F_K = \alpha \cdot \beta^{-1/\sigma}$(见 15.5.3)。

假定方程(15.3)中 $\beta_{t+1} = \beta_t$,可得到稳态下财富收入比:

$$\beta_t \to \beta = s/(g + 1 - s) = \tilde{s}/g$$

此处 $\tilde{s} = s(1 + \beta) - \beta$ 是稳态储蓄率,以部分国民收入来表示。

记 $z_{ti} = w_{ti}/w_t$ 为归一化的个体财富,方程(15.1)两边同时除以 $w_{t+1} \approx (1 + g) \cdot w_t$,个体层面的财富转移方程可以改写为:[①]

$$z_{t+1i} = \frac{s_{ti}}{s} \cdot [(1 - \omega) + \omega \cdot z_{ti}] \tag{15.4}$$

标准收敛结果(如 Hopehnayn and Prescott,1992)说明相对财富的分布 $\psi_t(z)$ 将会向呈帕累托分布的独特稳态分布 $\psi(z)$ 收敛,其帕累托系数取决于偏好冲击 s_{ti} 的方差以及系数 ω 的大小。

例如,假定一个简单的二项式偏好冲击:$s_{ti} = s_0 = 0$ 的概率为 $1 - p$,$s_{ti} = s_1 > 0$ 的概率为 $p(s = p \cdot s_1$ 且 $\omega < 1 < \omega/p)$。长期分布函数 $1 - \psi_t(z) = \text{proba}(z_{ti} \geq z)$ 在 z 取较大值时向 $1 - \Phi(z) \approx \left(\dfrac{\lambda}{z}\right)^a$ 收敛,其中一个常数项 λ 为

$$\lambda = \frac{1 - \omega}{\omega - p}$$

一个帕累托系数 a 为

$$a = \frac{\log(1/p)}{\log(\omega/p)} > 1 \tag{15.5}$$

以及一个逆向帕累托系数 b 为

$$b = \frac{a}{a - 1} = \frac{\log(1/p)}{\log(1/\omega)} > 1$$

注意,当 $\omega < 1 < \omega/p$ 时,长期分布如下所示:$z = 0$ 的概率为 $1 - p$,$z = \dfrac{1 - \omega}{p}$ 的概率为 $(1 - p) \cdot$

[①] 注意 $y_{Lt} = (1 - \alpha) \cdot y_t$,其中 $\alpha = r \cdot \beta = r \cdot s/(1 + g - s)$ 为长期资本份额。同样要注意,下文给出的个人层面的转移方程只适用于长期(即当总财富收入比已经收敛时)。

$p,\cdots,$ 而 $z = z_k = \dfrac{1-\omega}{\omega-p} \cdot \left[\left(\dfrac{\omega}{p}\right)^{k} - 1\right]$ 的概率为 $(1-p) \cdot p^k$。当 $k \to +\infty$ 时，$z_k \approx \dfrac{1-\omega}{\omega-p} \cdot$

$\left(\dfrac{\omega}{p}\right)^{k}$。累积分布为 $1 - \Phi(z_k) = \mathrm{proba}(z \geqslant z_k) = \sum\limits_{k' \geqslant k}(1-p) \cdot p^{k'} = p^k$。因此，当 $z \to +\infty$ 时，

$\log[1 - \Phi(z)] \approx a \cdot [\log(\lambda) - \log(z)]$，即 $1 - \Phi(z) \approx (\lambda/z)^a$。当 $\omega/p < 1$ 时，则 $z_k = \dfrac{1-\omega}{p-\omega} \cdot$

$\left[1 - \left(\dfrac{\omega}{p}\right)^{k}\right]$，其有限上界为 $z_1 = \dfrac{1-\omega}{p-\omega}$。[1]

当 ω 值增大时，a 值变小，b 值变大，也就是说，稳态财富分布集中度越来越高。[2] 直观来看，$\omega = s \cdot \dfrac{1+r}{1+g}$ 值变大意味着比起劳动收入均衡效应，乘法财富不平等效应更加严重，因此稳态财富不平等被放大。

在极端情况下，则为 $\omega \to 1^-$（已知 $p < \omega$），$a \to 1^+$，$b \to +\infty$（无限的不平等）。也就是说，与劳动收入均衡效应相比，乘法财富不平等效应变成无限的。当 $p \to 0^+$（已知 $\omega > p$）时也是如此：一个无限小的群体受到无限大的随机冲击。[3] 如果初始财富值较高的个体偏好参数 s_{ti} 平均值较高，也可能出现爆发性财富不平等。[4]

15.5.4.2　乘法随机冲击模型下的帕累托公式

一般来说，财富积累过程中的所有乘法随机冲击模型都会产生帕累托上尾分布，无论这些冲击是二项式的还是多项式的，也不论分布是受偏好因素还是其他因素的影响。例如，冲击可能来自出生的等级，如 Stiglitz（1969）的长子继承制模型[5]，或来自孩子的数量（Cowell，1998）[6]，或来自回报率（Benhabib et al.，2011，2013；Nirei，2009）。财富的转移方程可以用乘法形式重新表示为：

$$z_{t+1i} = \omega_{ti} \cdot z_{ti} + \varepsilon_{ti}$$

其中，ω_{ti} 为独立同分布乘法冲击，ω 的平均值为 $\omega = E(\omega_{ti}) < 1$，$\varepsilon_{ti}$ 是附加冲击（可能是随机的），那么稳态分布有一个系数为 a 的帕累托上尾，必须解出下面的方程：

$$E(\omega_{ti}^{a}) = 1$$

---

[1] 参见 Piketty 和 Saez（2013）。

[2] 反向帕累托系数 b 越大（或者帕累托系数 a 越小）意味着分布上尾更厚，不平等更严重。关于帕累托系数的历史演变，见 Atkinson 等（2011）。

[3] 在二项式模型中，可以直接算出"经验"反向帕累托系数，当 $k \to +\infty$ 时，$b' = \dfrac{E(z \mid z \geqslant z_k)}{z_k} \to \dfrac{1-p}{1-\omega}$。注意，如果 $p, \omega \leqq 1$，则 $b' \leqq b$，但这两个系数通常是不同的，因为真实分布是离散的，而帕累托定律近似值是连续的。

[4] Kuznets（1953）和 Meade（1964）特别关注这种潜在的强大的不平等因素。

[5] 对于长子继承制（二项式冲击），公式同以前完全一样。可参见 Atkinson 和 Harrison（1978），他们总结了 Stiglitz（1969）的公式并得出：$a = \log(1+n)/\log(1+sr)$，s 是资本收入储蓄率。这与公式 $a = \log(1/p)/\log(\omega/p)$ 相同：每代人口增长率为 $1+n$，一个好的冲击发生的概率，即成为长子的概率可表示为 $p = 1/(1+n)$。然而，Menchik（1980）提供了美国房地产部门的数据，显示财富分配遵循的是平等共享原则。

[6] 由于拥有许多孩子的家庭不会回到零（除非有无穷多的孩子），因此 Cowell（1998）的结果要更加复杂。帕累托系数 a 没有闭型公式，需求解方程：$\sum \dfrac{p_k \cdot k}{2}\left(\dfrac{2 \cdot \omega}{k}\right)^{a} = 1$，其中 p_k 是有 k 个孩子的父母的比例；k 值分别为 $1, 2, 3, \cdots$；ω 等于平均代际财富再生产率。

当 $p \cdot (\omega/p)^a = 1$，即当 $a = \log(1/p)/\log(\omega/p)$ 时，存在一种特殊情况，如公式（15.5）所示。在绝大部分情况下，只要 $\omega_{ti} > 1$，概率为正，就存在独特情况 $a > 1$，因此 $E(\omega_{ti}^a) = 1$。可以轻易看出，若已知平均值 $\omega = E(\omega_{ti}) < 1$，冲击方差趋于无穷时，$a \to 1$（这样，财富不平等趋于无穷），若冲击方差趋于零，则 $a \to \infty$。

在财富分配的历史动态中，哪种冲击影响最大？实际上，许多不同类型的个体层面的随机冲击都起着重要的作用，很难估计每一种冲击的相对重要性。但有一个稳健的结论：在已知冲击方差的情况下，稳态财富集中度总是 $r - g$ 的递增函数。由于累积动态效应，$r - g$ 即使发生较小的变化（如从每年的 2％变化至 3％），也会对长期财富不平等产生巨大的影响。

例如，如果将上述离散时间模型的时段理解为持续 H 年（ H 为世代长度，即 30）。如果 r 和 g 表示瞬时比率，则乘法因子可表示为

$$\omega = s \cdot \frac{1 + R}{1 + G} = s \cdot e^{(r-g)H}$$

其中，$1 + R = e^{rH}$ 为代际收益率，$1 + G = e^{gH}$ 为代际增长率。若 $r - g$ 由 2％变为 3％，当 s 为 20％，H 为 30 年时，则根据 $\omega = s \cdot e^{(r-g)H}$，$\omega$ 的值由 0.36 变为 0.49。若已知二项式冲击结构 $p = 10\%$，这意味着由此产生的反向帕累托系数 $b = \log(1/p)/\log(1/\omega)$ 由 2.28 变为 3.25。这也意味着一个中等财富不平等的经济体（如前 1％最富有者所拥有的财富占比约为 20％—30％）转变成为一个高度财富不平等的经济体（如前 1％最富有者所拥有的财富占比约为 50％—60％）。

最后，如果我们将税收引入财富积累动态模型，自然就需要将 r 替换为税后收益率 $\bar{r} = (1 - \tau) \cdot r$，其中 τ 是资本收入的等效综合税率，包括收入流量及存量的所有税收。也就是说，税后净收益率与增长率之间的差值 $\bar{r} - g$ 对长期财富集中度具有重要影响。这意味着，资本税率的差异和不同时代与不同国家的税收累进率的差异可以解释为何不同国家的财富集中度存在巨大差异。[①]

15.5.4.3 $\bar{r} - g$ 的长期演变

稳态财富不平等是 $\bar{r} - g$ 的急剧递增函数，这有助于解释 15.3 节中分析的历史演变模式。

首先值得强调的是，历史上的大部分时间里，$\bar{r} - g$ 的差值很大，每年约为 4％—5％。原因是在工业革命之前，经济增长率一直接近于零（通常每年增长率低于 0.1％—0.2％），而财富收益率一般在每年 4％—5％，对于农业用地这一目前最重要的资产而言，情况尤其如此。[②] 图 15.27 绘制了自古以来世界 GDP 增长率的变化［数据来自 Madison（2010）］和平均财富收益估值［数据来自 Piketty（2014）］。在 20 世纪以前，税率可以忽略不计，因此税后收益率几乎等同于税前收益率，$\bar{r} - g$ 差值与 $r - g$ 差值一样大（见图 15.28）。

---

① 例如，模拟结果表明，德国和法国等国家的财富集中度存在巨大差距的原因是最高遗产税税率存在巨大差异（见 Dell，2005）。

② 在传统农业社会中，例如 18 世纪的英国和法国，农业用地的市场价值为 20—25 年的土地租赁总值，相当于 4％—5％的收益率。金融贷款等高风险资产的收益率有时要高得多。参见 Piketty（2014）。

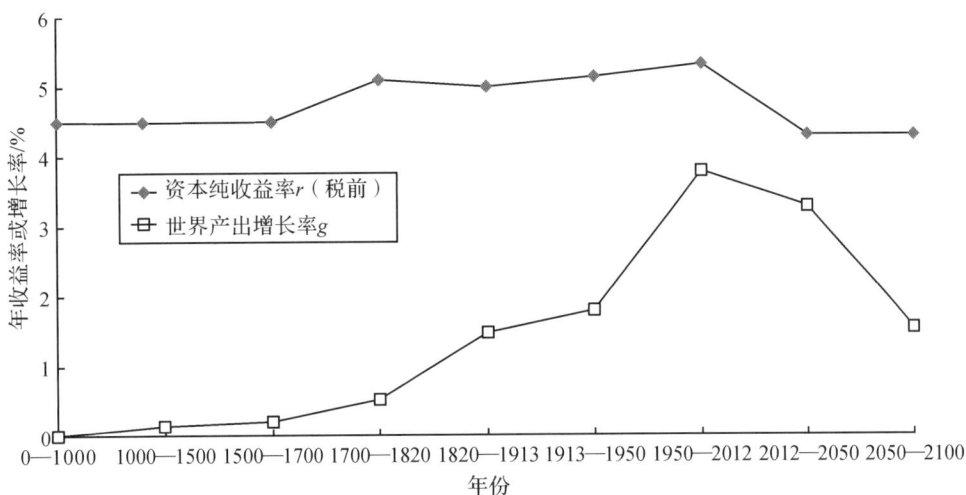

图 15.27　从古代至 2100 年世界年资本纯收益率（税前）和产出增长率及其预测值

注：资本纯收益率（税前）总是高于世界产出增长率，但这一差距在 20 世纪可能减小并有望在 21 世纪再次回升。

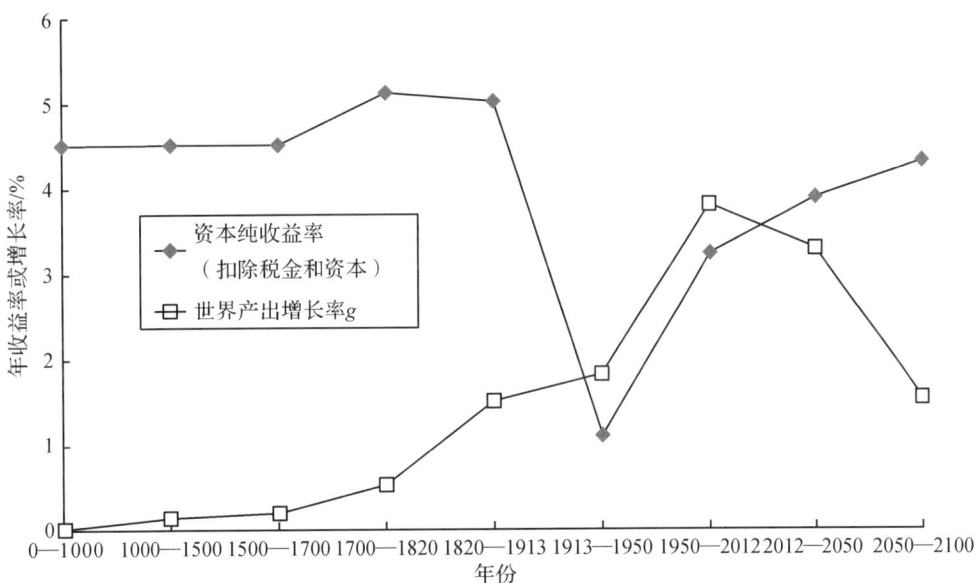

图 15.28　从古代至 2100 年世界税后年资本纯收益率和产出增长率及其预测值

注：在 20 世纪，资本纯收益率（扣除税金和资本损失）低于世界产出增长率，在 21 世纪有望再次超过世界产出增长率。

$\bar{r} - g$ 差值很大的情况一直持续到 19 世纪末至 20 世纪初，这在我们看来是人类历史上大部分时期里财富高度集中的主要原因。在 18 世纪之前，年增长率不到 0.5％，在 18—19 世纪，年增长率上升至约 1％—1.5％，这一增长足以在人口和生活水平方面产生巨大的影响，

但对 $\bar{r} - g$ 差值的影响相对有限:$\bar{r}$ 值仍然远远大于 g 值。①

在 20 世纪,$\bar{r} - g$ 差值显著减小,这也正是财富集中度出现结构性下降的原因,也解释了为何财富集中度没有回到世界大战前的极端水平。20 世纪 $\bar{r} - g$ 差值减小有两个原因:g 大幅上升和 $\bar{r}$ 大幅下降。然而,两者很可能都是暂时的。

首先是 g 的上升,在 20 世纪下半叶,世界 GDP 增长率约为 4%,这一方面是由于当时人均 GDP 处于普遍追赶过程(首先是 1950—1980 年的欧洲和日本,然后是 1980 年至 1990 年前后的中国和其他新兴国家),另一方面是由于前所未有的人口增长率(这大约贡献了 21 世纪世界 GDP 增长率的一半)。根据联合国的人口预测,在 21 世纪下半叶,世界人口增长率将急剧下降并趋于零。长期人均增长率是极其难以预测的:可能是每年 1.5% 左右(正如图 15.27 对于 21 世纪下半叶的情况假设),但是也有一些研究者,如 Gordon(2012)认为,年增长率可能不到 1%。无论如何,人们似乎都普遍认为,20 世纪的超常增长率不会再发生,至少在人口组成方面带来的增长不会再有,而且 g 值在 21 世纪确实会逐渐下降。

$\bar{r}$ 值在 20 世纪则有显著下降。如果同时考虑资本损失(相对资产价格下跌与实物损坏)和税收增加两个因素,我们发现,在第一次世界大战后的整个 20 世纪里,税后和除去资本损失后的收益率 $\bar{r}$ 低于增长率。

21 世纪可能还会受到其他形式的资本冲击。假设没有新的冲击发生,且假设日益激烈的国际税收竞争为吸引资本而致使一切形式的资本税在 21 世纪消失(很可能是一种合理的情况,但并非唯一的可能情况),税后净收益率 $\bar{r}$ 就会接近税前收益率 r,这样,$\bar{r} - g$ 差值将在未来再次变大。在其他条件相同的情况下,这一因素可能导致 21 世纪财富集中度上升。

在 19 世纪,欧洲的 $\bar{r} - g$ 差值比美国大得多(特别是由于新大陆的人口增长更快),这可以解释为什么欧洲的财富集中度更高。在 20 世纪,欧洲 $\bar{r} - g$ 差值急剧减小,下降幅度大大超过美国,这也反过来解释了为何在结构上欧洲财富不如美国的集中。近几十年来,美国劳动收入不平等程度上升,税收累进率大幅下降,这也导致美国财富高度集中(见 Saez and Zucman,2014)。然而,请注意,美国的人口增长率仍然高于欧洲和日本,这会促使财富集中度向相反的方向变化(即财富集中度降低)。因此,在未来几十年,美国的贫富不平等情况与欧洲之间的差距是否将持续扩大,在现阶段仍是一个未有定论的问题。

值得强调的是,尽管 $\bar{r} - g$ 的一般历史变化模式(长期跨国变化)似乎与财富集中度的演变相一致,但也有其他因素对财富不平等产生重要影响。

其中一个因素是收益率 r_{ti} 受特殊冲击影响的幅度,以及平均收益率 $r(w) = E(r_{ti}|w_{ti} = w)$ 随初始财富水平变化的可能性。有关大学捐赠基金收益的现有证据表明,或许是由于组合投资经营的规模经济(Piketty,2014),规模较大的捐赠基金获得的收益率往往更高,美国基金会的情况也是如此(Saez and Zucman,2014)。《福布斯》全球财富排行榜的数据也表明,财富持有者所持财富越多,收益往往越高。1987—2013 年,《福布斯》全球亿万富翁排行榜上前几位富豪(按全球成年人口比例定义)的实际财富以每年约 6%—7% 的速度增长,而同期全球

① 还有一种可能是,18—19 世纪资本收益率的上升幅度略高于图 15.27 中的下界估值,因此 $\bar{r} - g$ 差值可能根本就没有减小。详细讨论参见 Piketty(2014)。

成年人每年的平均财富增长速度仅略高于 2%（见表 15.1）。

表 15.1　1987—2013 年全球财富增长率

指标	年均实际增长率（扣除通货膨胀）/%
首富/（1 亿美元）财富持有者（20 世纪 80 年代，约 30 位成年人所持财富为 30 亿美元）	6.8
首富/（2000 万美元）财富持有者（20 世纪 80 年代，约 150 位成年人持财富为 45 亿美元及以上）	6.4
全球成年人平均财富值	2.1
全球成年人平均收入	1.4
全球成年人人数	1.9
全球国内生产总值	3.3

这似乎表明，无论在何种机制下，世界财富的分配正变得越来越集中，至少在分配顶端是如此。但仍需再次强调的是，现有数据的质量相对较低，我们对杂志上发布的全球财富排行榜是如何构建的知之甚少，这很可能是受到了各种偏见的影响。另外，此类杂志把重点放在人口中极小的一部分，对全面研究全球财富分配所起的作用有限。例如，研究 10 亿美元以上的财富分布情况未必能呈现多少 1000 万美元至 1 亿美元之间的分布情况。这一领域仍需要大量研究。

15.5.5　继承份额的稳态水平：$\varphi = \varphi(g)$

15.5.5.1　储蓄动机、增长和预期寿命的影响

财富收入比 β 重回高值未必意味着继承财富的回报。单从逻辑上看，很有可能是稳态下 $\beta = s/g$ 上升（正如近几十年里对欧洲和日本的观察发现，g 值呈下降趋势，而 s 值总是保持在较高水平），但所有储蓄流量来自生命周期财富积累和养老金，因此继承份额 φ 等于零。然而，实证数据显示，情况似乎并非如此。从我们所掌握的（不完全）数据来看，总财富收入比 β 似乎总是随着继承份额 φ 的上升而上升，至少欧洲的情况是这样。

这表明，人们对于遗赠财富的偏好（以及/或者出于其他原因想要将财富留给继承人，如出于预防动机或考虑到年金市场不完善）并未随着时间的推移而减弱。实证数据显示，不同个体间储蓄动机分布差异很大，这也可能是因为财富不平等在一定程度上决定了储蓄动机的不同。从这个意义上说，遗赠可能是一种奢侈品，因为平均而言，财富值相对较高的个体对于遗赠的偏好也越强。相反，遗赠动机的大小对财富不平等的稳态水平也有影响。以上述财富积累动态模型为例，此模型假设个人都将财富留给了下一代，如果没有留给下一代，那么每一代人的动态累积过程都将从零重新开始，因此，稳态下的财富不平等将趋于平和。

现在，假设给定遗赠动机的分布和储蓄参数，是否有理由相信，长期增长率 g 值的变化或人口统计参数（如预期寿命）的变化对积累财富总值中继承占比 φ 会产生影响？

许多专家已经讨论过这个问题，如 Laitner（2001）和 DeLong（2003）。[①] 根据德隆

① 参见 DeLong 等（2012）。

(DeLong)的观点,在增长率较低的社会中,继承财富在总财富积累中所占的份额应该更高,因为在这种经济体中,每年储蓄值增量相对较小(因此,实际上大多数财富都来自继承)。按照我们的符号表示,继承份额 $\varphi = \varphi(g)$ 是增长率 g 的递减函数。

这种推测很有趣(部分正确),但不完整。在增长率较低的社会中,如在工业化之前,对于已知总财富收入比 β,稳态下的年储蓄值增量确实很低,$s = g \cdot \beta$。相比之下,继承财富流量为:$b_y = \mu \cdot m \cdot \beta$(见 15.4 节)。因此,在增长率较低的社会中,在给定 μ 和 m 的情况下,继承流量往往主导储蓄流量;而在增长率较高的经济体中,情况则相反。

例如:当 $\mu = 1$,$m = 2\%$ 且 $\beta = 600\%$ 时,继承流量值 $b_y = 12\%$。若 $g = 0.5\%$,继承流量 b_y 是储蓄流量 $s = 3\%$ 的 4 倍;若 $g = 2\%$,则两者相等,均为 12%;若 $g = 5\%$,储蓄流量 $s = 30\%$,是继承流量 b_y 的 2.5 倍。因此,可照此推断,在增长率低、工业化之前的社会中,财富大部分来自继承;在增长率处于中等水平的成熟经济体中,财富总额中约一半来自继承;而在增长率高的、高速发展的经济体中,继承财富只占总财富的一小部分。

然而,这个推论并不完整的原因在于以下两点:第一,正如 15.4 节中所述,部分储蓄流量是来自继承财富的收益,这一点需要考虑进来。第二,参数 μ,即死者的相对财富值,是内生的,且在很大程度上取决于增长率 g 和人口统计参数,如预期寿命和死亡率 m。在纯生命周期模型中,主体去世时财富值为零,μ 值总是为零,继承份额 φ 值也是如此,与增长率 g 无关,无论 g 值多小,都不受其影响。然而,在稳态下,若已知(积极)遗赠偏好和储蓄参数,当增长率 g 和死亡率 m 较低时,根据 $\mu = \mu(g, m)$ 可知,μ 值往往较大。

15.5.5.2 简单的财富老龄化和内生 μ 的基准模型

为表述更清楚,分析中加入了更完整的人口结构。以下是 Piketty(2011)提出的框架的简化版。

假设模型中时间是连续的,世代间有重叠,且人口总数稳定不变,$N_t = [0, 1]$(人口零增长),每个个体 i 在 A 岁时成年,在 $a = H$ 岁时有一个子女,在 $a = D$ 岁时去世,不考虑在世时收到的赠与财富,这样每个个体只有在父母一方去世之后才能继承财富,此时年龄 $a = I = D - H$。

例如,如果 $A = 20$,$H = 30$,$D = 60$,那么每个人都是在 $I = D - H$,即 30 岁时继承财富。但如果 $D = 80$,根据 $I = D - H$,每个人都是在 50 岁时继承财富。

已知人口 N_t 是恒定不变的,(成年人)死亡率 m_t 也稳定不变,那么(成年人)死亡率就等于(成年人)预期寿命的倒数 $m_t = m = \dfrac{1}{D - A}$。[①]

例如,当 $A = 20$,$D = 60$ 时,死亡率为 $m = 1/40 = 2.5\%$。若 $D = 80$,死亡率为 $m = 1/60 = 1.7\%$。也就是说,在一个预期寿命从 60 岁提高到 80 岁的社会中,稳态下的成年人死亡率下降了三分之一。在预期寿命无限期延长的极端情况下,稳态死亡率将变得越来越小:一个人几乎永远不会死亡。

这是否意味着,在老龄化社会,继承流量值将变得越来越小? 这不一定:即使在老龄化

---

① 一般而言只考虑成年人,因为未成年人通常收入较低,所持财富较少(假设 $I > A$,即 $D - A > H$,这也正是现代社会的真实情况)。

社会,人最终也会去世。最重要的是,个体的相对财富水平往往会越来越高,即在老龄化社会中,财富值也会老龄化。所以,死者相对财富值 μ 的增加也就抵消了死亡率 m 的下降(据观察,法国就是这种情况)。

为了简单起见,假设所有个体一生中所有收入的平均储蓄率 s 都是相同的(反映遗赠财富偏好以及其他储蓄动机,如预先性财富积累等),而且年龄与收入的关系变化不大(包括现收现付养老金)。那么,稳态下 $\mu = \mu(g)$ 比率可用如下公式表示:

$$\mu(g) = \frac{1 - e^{-(g - s \cdot r)(D - A)}}{1 - e^{-(g - s \cdot r)H}} = \frac{1 - e^{-(1-a)g(D-A)}}{1 - e^{-(1-a)gH}}$$

其中,$\alpha = r \cdot \beta = r \cdot s / g$ 且等于国民收入中的资本份额。

换句话说,死者的相对财富值 $\mu(g)$ 是增长率 g 的递减函数(是收益率 r 或资本份额 α 的递减函数)。[1] 如果在模型中引入税收,可以看出,μ 是增长率 g 的递减函数和税后净收益率 $\bar{r}$(或税后净资本份额 $\bar{\alpha}$)的递增函数。[2]

这个公式可以推广到更一般的储蓄模型中:高增长率下,现在的收入比以前要高,因此,年轻一代能够积累的财富几乎和年长一代积累的一样多,尽管后者是在过去就已经开始积累财富了,而且在某些情况下还有可能已经收到遗赠财富。一般来说,增长率 g 值大对于年轻一代来说是有利的(对于刚开始积累财富的一代人,他们除了现有收入,财富来源主要依靠储蓄流量增量),往往也能推动相对遗产财富值 μ 降低。相比之下,收益率 $\bar{r}$ 值高对于年长一代更有利,因为这可以促使他们在过去积累或继承的财富加速增值,还能推动 μ 值增长。

在极端情况下,当 $g \to \infty$ 时,则 $\mu \to 1$(这可从低平的储蓄率及年龄—劳动收入情况中直接推算出)。

相反,还有另外一种极端情况,当 $g \to 0$ 时,$\mu \to \bar{\mu} = \dfrac{D - A}{H} > 1$。

值得注意的是,$\bar{\mu}$ 的最大值与预期寿命 $D - A$ 成正比上升(已知世代长度 H)。直观地讲,当 $g \approx 0$ 且储蓄率相同时,大部分财富来自继承,因此年轻人都处于相对贫穷的状态,直到继承年龄 $I = D - H$ 时才有所改变,大部分的财富集中在年龄段 $D - H$ 与 D 之间。因此,死者相对财富值为 $\mu \approx \bar{\mu} = \dfrac{D - A}{H}$。[3]

也就是说,随着预期寿命 $D - A$ 的提高,财富越来越趋于高龄化集中。任何增长率都是如此,对于低增长率同样如此。在老龄化社会,个体继承财产的年龄越来越大[4],但继承的财富值也更大。当 $g \approx 0$ 时,这两种效应相互冲抵,从这个意义上来说,稳态继承财富流量值 b_y

---

[1] 这个稳态公式既适用于封闭经济,也适用于开放经济。唯一的区别是,在封闭经济中,收益率 r 是由国内资本积累的边际产量内生决定的(例如,生产函数 $r = F_K = a \cdot \beta^{-1/\sigma}$);而在开放经济中,收益率 r 为自由参数[公式为 $\mu = \mu(g, r)$]。

[2] 在封闭经济模型中,在考虑税收的情况下,$\bar{r}$ 是自由参数,公式可表示为 $\mu = \mu(g, \bar{r})$。

[3] 在极端情况下,若年轻一代人所持财富为零,当年龄在 $I = D - H$ 以上时,财富平均值为 $\bar{w}$,所有在世人口的平均财富值为 $w = \dfrac{(D - A) \cdot \bar{w}}{D - A}$,因此 $\bar{\mu} = \dfrac{\bar{w}}{w} = \dfrac{D - A}{H}$。参见 Piketty(2011)。

[4] 尽管实际上,这方面还在一定程度上受到了生前赠与财富的反作用影响。

与预期寿命完全无关。即当 $m = \dfrac{1}{D-A}$ 且 $\bar{\mu} = \dfrac{D-A}{H}$ 时,可得到 $b_y = \bar{\mu} \cdot m \cdot \beta = \dfrac{\beta}{H}$,与 $D-A$ 完全无关。已知财富收入比 $\beta = 600\%$,世代长度 $H = 30($ 年$)$,无论预期寿命 D 是 $60($ 年$)$ 还是 $80($ 年$)$,稳态年继承财富流量值 b_y 均为国民收入的 20%。

严格地说,仅当极小增长率 $g \approx 0$ 时,以上情况才成立。但是,由上述公式可以看出,在增长率较低时(如 $g \approx 1\%$—1.5%),稳态继承财富流量值接近于 $b_y = \dfrac{\beta}{H}$,几乎与预期寿命无关。只有在增长率较高时(年增长率超过 2%—3%),稳态继承财富流量值才会大幅减少。

15.5.5.3 模拟基准模型

现有历史证据表明,经济增长放缓是解释为何在 21 世纪初继承财富流量值 $b_y \approx 20\%$,回到与 19 世纪和 20 世纪初大致相当水平的核心经济机制。

假设 1820—2010 年,法国经济符合简单的统一储蓄模型(分析 1820—2010 年观察到的年龄—财富模式,分析整个时期内的总储蓄率、增长率、死亡率、资本冲击以及年龄—劳动收入状况),我们可以合理再现两个世纪以来年龄—财富关系、μ 比值以及继承财富流量值 b_y 的动态变化(见图 15.29)。

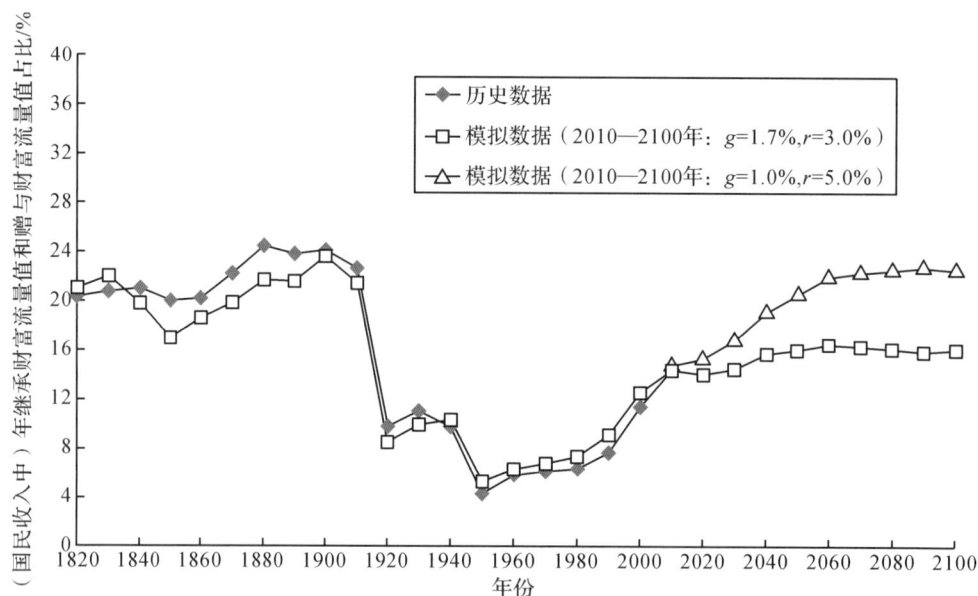

图 15.29　1820—2100 年法国继承财富流量值的历史数据及模拟数据

注:基于理论模型的模拟数据表明,21 世纪的继承财富流量值将取决于资本的增长率和税后净额收益率。

我们可以使用相同的模型来模拟未来几十年继承财富流量值的演变。如图 15.29 所示,继承财富流量值在很大程度上取决于增长率 g 和税后净收益率 $\bar{r}$ 在 2010—2100 年的未来价值。假设 $g = 1.7\%$(对应法国在 1980—2010 年的平均增长率),$\bar{r} = 3.0\%$(近似于 2010 年实际税后净平均收益率),那么在未来几十年内,b_y 将稳定在 16%—17%。如果 $g = 1.0\%$,税后净收益率 $\bar{r}$ 增长到 $\bar{r} = 5.0\%$(如由于全球资本份额和收益率上升,或由于逐步废除了资本税），b_y 将于 21 世纪增至 22％—23％,继承财富流量值将大致恢复到 19 世纪和 20 世纪初的水平。

图 15.30 使用了上述预测来计算总财富存量中累积继承财富所占份额 φ（使用 PPVR 定义和上述推断）。在第一次模拟中,φ 值稳定在 80％ 左右;在第二次模拟中,φ 值稳定在 90％ 左右。

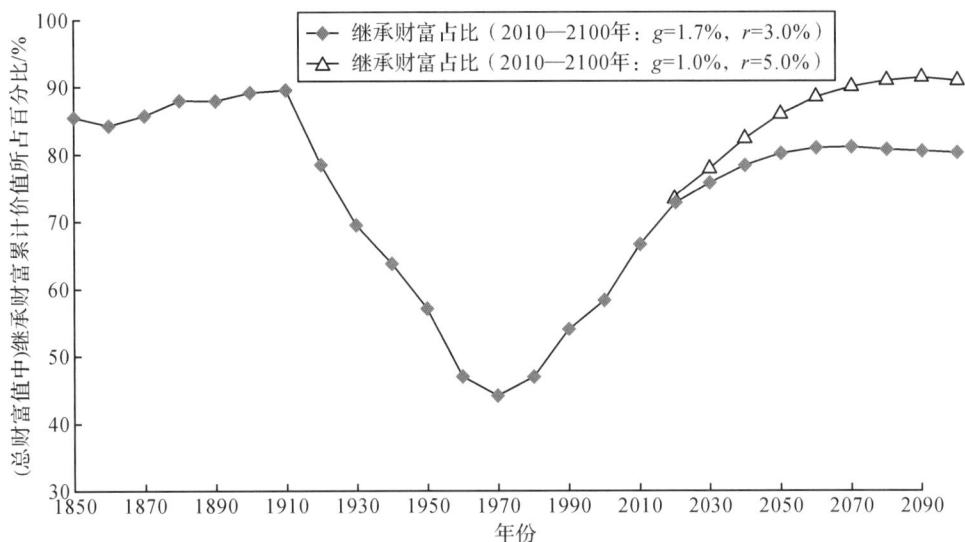

图 15.30 1850—2010 年法国总财富中继承财富占比

注:在 19 世纪,法国的继承财富值占总财富值的 80％—90％;在 20 世纪时,这一比例降至 40％—50％;预计在 21 世纪,比值将回升至 80％—90％。

然而,上述模拟数据并非完全可取。原因如下:第一,应收集更多国家关于继承财富流量值的变化数据;第二,在理想情况下,除研究继承财富流量值之外,还应尝试分析并模拟财富不平等。此处的统计假设储蓄值相同,而且仅试图分析年龄与平均财富之间的关系,没有考虑到同代人内部的财富不平等,这是其主要局限。

15.6 结论及研究展望

我们在本章中分析了有关财富和继承财富的长期演变与产出和收入关系的实证及理论文献。在 18—19 世纪,直至第一次世界大战前,财富和继承财富（相对于国民收入）的体量很大且非常集中;受到世界大战的影响,其体量与集中度在 20 世纪骤然下降;在 20 世纪末和 21 世纪初持续回升。在验证众多模型后,我们证明了财富和继承财富的长期体量和集中度是 $\bar{r}-g$ 的递增函数,其中 $\bar{r}$ 是财富的税后净收益率,g 是经济增长率。我们认为,这些预测与历史模式大体一致。结果表明,由于人口和生产率增长放缓,以及国际引资竞争日益加剧,当前的财富收入比和财富不平等的上升趋势可能在 21 世纪仍将延续。

然而,需要强调的是,该领域仍需大量研究。今后的研究应特别关注以下问题:首先,从全球视角研究财富分配动态变化的必要性日益凸显。[①] 为了做到这一点,关键是要考虑到有关财富总量和外国财富值的现有宏观数据。鉴于各国总财富收入比的巨大变动,这些宏观层面的变化可能对全球范围内个人财富分配的动态有很大的影响。运用对离岸财富的现有估计数据来分析避税地可能对全球财富分配趋势产生多大的影响也是至关重要的(见 Zucman,2014)。其次,还需要收集更多关于继承财富流量值的历史数据和国际数据。最后,实证研究和理论研究之间也需要更有力的衔接。要对财富积累和财富分配的动态理论模型进行严格可信的校准,仍有大量工作要做。

致谢

非常感谢本书主编和丹尼尔·瓦尔登施特罗姆(Daniel Waldenstrom)先生给我们提出了宝贵意见。本章中的所有序列与图表均可从在线数据附录中获取。

参考文献

Antras, P., 2004. Is the U. S. aggregate production function Cobb-Douglas? New estimates of the elasticity of substitution. B. E. J. Macroecon. 4 (1) article 4.

Atkinson, A., 1983. The Economics of Inequality. Clarendon Press, Oxford, 330 pp.

Atkinson, A. B., 2013. Wealth and Inheritance in Britain from 1896 to the Present. Working Paper.

Atkinson, A., Harrison, A. J., 1978. Distribution of Personal Wealth in Britain, 1923-1972. Cambridge University Press, Cambridge, 330 pp.

Atkinson, A. B., Piketty, T., Saez, E., 2011. Top incomes in the long run of history. J. Econ. Lit. 49 (1), 3-71.

Benhabib, J., Bisin, A., Zhu, S., 2011. The distribution of wealth and fiscal policy in economies with finitely lived agents. Econometrica 79 (1), 123-157.

Benhabib, J., Bisin, A., Zhu, S., 2013. The Wealth Distribution in Bewley Models with Investment Risk. NYU, New York.

Blinder, A., 1988. Comments on Modigliani and Kotlikoff-Summers. In: Kessler, D., Masson, A. (Eds.), Modelling the Accumulation and Distribution of Wealth. Oxford University Press, Oxford, pp. 68-76.

Boisguillebert, P., 1695. Le détail de la France, Paris, 215 pp. Reprinted in E. Daire, Economistes financiers du 18e siècle, Paris: Guillaumin, 1843.

Bowley, A. L., 1920. The Change in the Distribution of National Income, 1880-1913. Clarendon Press, Oxford.

[①] 见 Davies 等(2010,2012)的开创性作品。

Champernowne, D. G., 1953. A model of income distribution. Econ. J. 63 (250), 318-351.

Chirinko, R., 2008. σ: the long and short of it. J. Macroecon. 30, 671-686.

Colquhoun, P., 1815. A Treatise on the Wealth. Power and Resources of the British Empire, London, 561 pp.

Colson, C., 1903. Cours d'économie politique. Gauthier-Villars, Paris, 1918, 1927 (several editions).

Cowell, F., 1998. Inheritance and the Distribution of Wealth. LSE, London.

Davies, J. B., Shorrocks, A. F., 1999. The distribution of wealth. In: Atkinson, A. B., Bourguignon, F. (Eds.), Handbook of Income Distribution, vol. 1. pp. 605-675 (Chapter 11).

Davies, J. B., Sandström, S., Shorrocks, A., Wolff, E. N., 2010. The level and distribution of global household wealth. Econ. J. 121, 223-254.

Davies, J. B., Lluberas, R., Shorrocks, A., 2012. Global Wealth Data-book. Credit Suisse. https://www.credit-suisse.com/ch/en/news-and-expertise/research/credit-suisse-research-institute/publications.html.

Dell, F., 2005. Top incomes in Germany and Switzerland over the twentieth century. J. Eur. Econ. Assoc. 3, 412-421.

de Foville, A., 1893. The wealth of France and of other countries. J. R. Stat. Soc. 56 (4), 597-626.

DeLong, J. B., 2003. Bequests: an historical perspective. In: Munnel, A. (Ed.), The Role and Impact of Gifts and Estates. Brookings Institution, Washington, DC.

Edlund, L., Kopczuk, W., 2009. Women, wealth and mobility. Am. Econ. Rev. 99 (1), 146-178.

Fisher, I., 1920. Economists in public service. Am. Econ. Rev. 9, 5-21.

Giffen, R., 1889. The Growth of Capital. G. Bell and sons, London, 169 pp.

Goldsmith, R. W., 1985. Comparative National Balance Sheets: A Study of Twenty Countries, 1688-1978. The University of Chicago Press, Chicago, 353 pp.

Goldsmith, R. W., 1991. Pre-Modern Financial Systems. Cambridge University Press, Cambridge, 348 pp.

Gordon, R. J., 2012. Is U. S. Economic Growth Over? Faltering Innovation Confronts the Six Headwinds. NBER Working Paper 18315.

Greenwood, D., 1983. An estimation of U. S. family wealth and its distribution from microdata, 1973. Rev. Income Wealth 29, 23-43.

Helfferich, K., 1913. Deutschlands Volkswholhstand, 1888-1913. G. Stilke, Berlin.

Hopehnayn, H., Prescott, E., 1992. Stochastic monotonicity and stationary distributions for dynamic economies. Econometrica 60 (6), 1387-1406.

Jones, C. I. , Romer, P. M. , 2010. The new Kaldor facts: ideas, institutions, population, and human capital. Am. Econ. J. 2 (1), 224-245.

Kaldor, N. , 1961. Capital accumulation and economic growth. In: Lutz, F. A. , Hague, D. C. (Eds.), The Theory of Capital. Saint Martins Press, New York.

Karabarbounis, L. , Neiman, B. , 2014. The global decline of the labor share. Q. J. Econ. 129 (1), 61-103.

King, G. , 1696. Natural and Political Observations and Conclusions Upon the State and Condition of England, 1696. pp. 29-73, 45 pp. , Published in Chalmers 1804.

King, W. I. , 1915. The Wealth and Income of the People of the United States. McMillan Press, New York, 278 pp.

King, W. I. , 1927. Wealth distribution in the Continental United States at the close of 1921. J. Am. Stat. Assoc. 22, 135-153.

Kaplan, S. N. , Rauh, J. , 2013. Family, education, and sources of wealth among the richest Americans, 1982-2012. Am. Econ. Rev. 103 (3), 158-166.

Karagiannaki, E. , 2011. Recent Trends in the Size and the Distribution of Inherited Wealth in the UK. London School of Economics, London, CASE Paper 146.

Kopczuk, W. , Saez, E. , 2004. Top wealth shares in the United States, 1916-2000: evidence from estate tax returns. Natl. Tax J. 57 (2), 445-487.

Kotlikoff, L. , 1988. Intergenerational transfers and savings. J. Econ. Perspect. 2 (2), 41-58.

Kotlikoff, L. , Summers, L. , 1981. The role of intergenerational transfers in aggregate capital accumulation. J. Polit. Econ. 89, 706-732.

Kuznets, S. , 1953. Shares of upper income groups in income and savings, 1913-1948. National Bureau of Economic Research, Cambridge, MA, 707 pp.

Lampman, R. J. , 1962. The share of top wealth-holders in national wealth 1922-1956. Princeton University Press, Princeton.

Laitner, J. , 1979. Bequest behaviour and the national distribution of wealth. Rev. Econ. Stud. 46 (3), 467-483.

Laitner, J. , 2001. Secular changes in wealth inequality and inheritance. Econ. J. 111 (474), 691-721.

Lindert, P. , 1986. Unequal English wealth since 1688. J. Polit. Econ. 94 (6), 1127-1162.

Lindert, P. , 2000. Three centuries of inequality in Britain and America. In: Atkinson, A. B. , Bourguignon, F. (Eds.), Handbook of Income Distribution, vol. 1. Elsevier/North Holland, Amsterdam, pp. 167-216.

Maddison, A. , 2010. Historical Statistics of the World Economy: 1-2008 AD. www. ggcc. net/maddisonupdated tables.

Mallet, B., 1908. A method of estimating capital wealth from the estate duty statistics. J. R. Stat. Soc. 71 (1), 65-101.

Mallet, B., Strutt, H. C., 1915. The multiplier and capital wealth. J. R. Stat. Soc. 78 (4), 555-599.

Meade, J. E., 1964. Efficiency, Equality and the Ownership of Property. Allen and Unwin, London.

Menchik, P. L., 1980. Primogeniture, equal sharing, and the U. S. distribution of wealth. Q. J. Econ. 94 (2), 299-316.

Modigliani, F., 1986. Life cycle, individual thrift and the wealth of nations. Am. Econ. Rev. 76 (3), 297-313.

Modigliani, F., 1988. The role of intergenerational transfers and lifecycle savings in the accumulation of wealth. J. Econ. Perspect. 2 (2), 15-40.

Morigushi, C., Saez, E., 2008. The evolution of income concentration in Japan, 1886-2005: evidence from income tax statistics. Rev. Econ. Stat. 90 (4), 713-734.

Nirei, M., 2009. Pareto Distributions in Economic Growth Models. Hitotsubashi University, Tokyo, Working Paper.

Ohlsson, H., Roine, J., Waldenstrom, D., 2013. Inherited Wealth over the Path of Development: Sweden 1810-2010. Mimeo, Uppsala.

Petty, W., 1664. Verbum Sapienti. 26 pp. Published as an addendum to Petty, W., 1691. The Political Anatomy of Ireland. London, 266 pp. Reprinted in The Economic Writings of Sir William Petty, Hull, C. H. (Ed.), 2 vols., Cambridge University Press, 1989.

Piketty, T., 2011. On the long-run evolution of inheritance: France 1820-2050. Q. J. Econ. 126 (3), 1071-1131.

Piketty, T., 2014. Capital in the 21st Century. Harvard University Press, Cambridge.

Piketty, T., Saez, E., 2013. A theory of optimal inheritance taxation. Econometrica 81 (5), 1851-1886.

Piketty, T., Zucman, G., 2014. Capital is back: wealth-income ratios in rich countries 1700-2010. Q. J. Econ. 129 (3), 1255-1310.

Piketty, T., Postel-Vinay, G., Rosentha, J. -L., 2006. Wealth concentration in a developing economy: Paris and France, 1807-1994. Am. Econ. Rev. 96 (1), 236-256.

Piketty, T., Postel-Vinay, G., Rosenthal, J. -L., 2013. Inherited versus self-made wealth: theory and evidence from a rentier society (1872-1927). Explor. Econ. Hist. 51, 21-40.

Roine, J., Waldenstrom, D., 2009. Wealth concentration over the path of development: Sweden, 1873-2006. Scand. J. Econ. 111, 151-187.

Saez, E., Zucman, G., 2014. Wealth Inequality in the United States since 1913: Evidence from Capitalized Income Tax Data. Working Paper.

Schinke, C. , 2013. Inheritance in Germany 1911 to 2009. PSE Working Paper.

Séaillès, J. , 1910. La répartition des fortunes en France. Editions Felix Alcan, Paris, 143 pp.

Stamp, J. C. , 1919. The wealth and income of the chief powers. J. R. Stat. Soc. 82 (4), 441-507.

Stewart, C. , 1939. Income capitalization as a method of estimating the distribution of wealth by size group. Studies in Income and Wealth, vol. 3. National Bureau of Economic Research, New York.

Stiglitz, J. E. , 1969. Distribution of income and wealth among individuals. Econometrica 37 (3), 382-397.

Strutt, H. C. , 1910. Notes on the distribution of estates in France and the United Kingdom. J. R. Stat. Soc. 73 (6), 634-644.

Vauban, S. , 1707. Projet d'une dixme royale. Librairie Félix Alcan, Paris, 267 pp. Reprinted in E. Daire, Economistes financiers du 18e siècle, Paris: Guillaumin, 1843.

Vaughan, R. N. , 1979. Class behaviour and the distribution of wealth. Rev. Econ. Stud. 46 (3), 447-465.

Waldenstrom, D. , 2009. Lifting All Boats? The Evolution of Income and Wealth Inequality over the Path of Development. PhD Dissertation, Lunds universitet, Lund.

Wolff, E. , Gittleman, M. , 2013. Inheritances and the distribution of wealth or whatever happened to the great inheritance boom? J. Econ. Inequal. 1-30, available online at http://dx. doi. org/10. 1007/s10888-013-9261-8.

Zucman, G. , 2013. The missing wealth of nations: are Europe and the U. S. net debtors or net creditors? Q. J. Econ. 128 (3), 1321-1364.

Zucman, G. , 2014. Taxing Across Borders: Tracking Personal Wealth and Corporate Profits. J. Econ. Perspect. forthcoming.

第 16 章 家庭内部不平等

皮埃尔-安德烈·基亚波里(Pierre-André Chiappori)[*] ,

科斯塔斯·梅吉尔(Costas Meghir)[†]

[*] 哥伦比亚大学经济系,美国纽约州纽约市

[†] 耶鲁大学经济系,美国康涅狄格州纽黑文市

目 录

摘要:不平等研究往往会忽视家庭内部的资源分配情况,这也就忽视了福利分配这个重要因素,而福利分配随着整体环境及经济因素的不同会发生巨大变化,因此,忽视家庭内部资源分配的不平等研究方法不仅不完善,而且具有误导性。本章主要论述影响家庭内部资源和福利分配的各种决定因素,展示如何从家庭消费和劳动力供给的数据中识别表征家庭内部分配的共享原则。要弄清楚福利在总人口中是如何分配的,仅依赖于共享原则估计的方法是不够的,因为此方法忽略了公共商品以及在市场劳动、休闲和家庭生产方面的时间分配。本章提出了一个货币度量替代方案,充分描述一个代表性个体所能达到的效用水平。此外,本章还回顾了现有文献对基于多种方法的共享原则估计的研究情况,如使用分布因子及偏好限制等。

关键词:集合模型;收入分配;家庭经济学;劳动力供给;家庭行为

JEL 分类代码:D1,D11,D12,D13,D31,D6,H41

16.1　引言

16.1.1　个体间的不平等

假设在一个经济体中,所有夫妻经济状况相同,每对夫妻的总收入为 100 美元。个体私人消费一种独特且完全可分割的商品;既不存在外部性,也不存在规模经济,因此对于每对夫妻来说,个人消费的总和等于他们的总收入。用标准方法来看,不存在不平等。假设其中一些夫妻离婚了,离婚后丈夫每人得到 75 美元的收入,而妻子每人得到 25 美元。以标准方法来衡量,这种新的收入分配是不平等的;特别是,低收入单身人士(离婚女性)的存在加剧了不平等和贫困。

从更深层次来看,以上结论远不足以说明问题。上述问题完全是基于这样一个假设,即在离婚之前,家庭收入分配是平等的。然而这种假设在大部分情况下并不成立,这种假设几乎没有实证依据。从理论上来看,这个假设在实际上也不太可能成立——如果在离婚后收入分配严重失衡,大多数模型并不会预测婚前的收入分配是否平等,但这一点确实至关重要。假设已婚夫妇内部的资源分配只是模拟离婚时的情况(男性得到 75 美元,女性得到 25

美元)——这并非一个不合理的假设,因为在我们的(公认过于简单的)结构中,这是个体层面上唯一的一种合理分配情况。这样看来,认为离婚潮使不平等加剧的说法是完全错误的。至少,个体间的不平等没有改变;每个个体的收入、消费和福利都完全相同。认为离婚使贫困人数激增的观点同样是错误的,离婚潮后的贫困女性和以前一样多,这只是因为标准衡量方法没有考虑到离婚前的情况。

尽管上述例子可能有些极端,但阐明了一个基本的观点,这也正是本章要强调的——在衡量不平等(或其随时间变化的演变)时,特别是在研究期间有关家庭组成的基本人口统计资料不断变化的情况下,如果忽略家庭内部的资源分配情况,轻则研究结论不可靠,重则漏洞百出。这一点在文献中已经强调过。例如,Haddad 和 Kanbur(1990)指出,菲律宾的数据显示,如果忽略家庭内部的不平等,那么在热量充足方面的不平等标准度量将被低估 30%—40%。Lise 和 Seitz(2011)绘制的表格,即图 16.1,也证明了上述这一点,该图根据劳动力供给的集合模型做出估计,描绘了过去几十年里英国各个家庭之间、家庭内部以及个体之间的不平等的演变情况,得出的主要结论是:基于成人等价量表的标准方法将跨部分消费不平等的初始水平低估了 50%。此外,标准方法所呈现的过去几十年里不平等的演变情况具有严重缺陷。1970—2000 年,不平等程度大幅上升,通常这种情况也适用于各个家庭之间的不平等,但家庭内部不平等程度的大幅下降抵消了这种情况,因此(个体之间的)总体不平等程度或多或少仍然保持不变。[①]

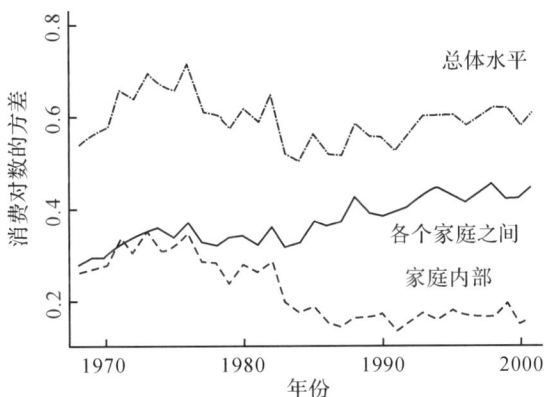

图 16.1　英国消费对数的方差变化趋势

数据来源:Lise 和 Seitz (2011)。

无论是从理论角度来看还是从实证角度来看,都应该更加重视家庭内部的不平等问题。然而,分析家庭内部的不平等会引发一系列具体问题,其中有些是概念性问题。家庭支出的很大一部分涉及公共商品,即家庭中无法排他的共同消费的商品。此外,在许多情况下,这些公共商品是在家庭内部生产的。配偶对公共物品可能有不同的偏好,因此,家庭支出中用

---

① 考虑到人口数量,这一结论必须加以限定。事实上,样本不包括全部有子女的家庭、所有年龄在 22 岁以下或 65 岁以上的人、所有自己创业的人以及工资分配中收入最高的 1% 的人(无论何种情况,家庭支出调查并没有涵盖以上人群),所以得出的结论只适用于特定的部分人口。不过,这暗示了一种普遍的观点,即忽视家庭内部分配可能会严重影响我们对不平等的看法。

于公共消费的部分对家庭内部不平等具有潜在的重要影响,这是不能忽视的。考虑到配偶中每个个体所花的时间不同,家庭内部生产也会出现类似的不平等问题。不平等衡量标准该如何考虑这种公共商品和共同消费呢?公共商品对不平等的影响绝不是最近才出现的问题,但这在当前时代背景下尤其严重,因为公共商品和家庭生产是家庭存在的主要(经济)原因。

下文将说到这些概念性问题如何从两个方面影响不平等的标准概念。这些概念性问题除了让人们对其衡量方法有了新的认识,还引发了大众对于其基础性问题的新的讨论。公共商品的作用引发了我们应该关注哪一种类型的不平等的疑问:收入?(个人)消费?效用?这个问题远非无伤大雅:由于有公共物品的存在,相对来说,物价和收入的变化很容易导致个人消费减少而配偶消费增加,而公用事业的发展却正好相反(个人消费增加,其福利下降;反之亦然)。在这样的背景下,物价和收入的变化对家庭内部不平等的影响并没有得到明确的定义:这完全取决于我们真正感兴趣的是什么。

实证问题同样具挑战性。通常在经济学中,偏好是很难被直接观察得出的,必须从所观察数据(需求、劳动力供给)中分析获得。此外,家庭内部的资源分配(一般而言)是不能被直接观察到的,也必须从家庭(整体)行为中分析得知。由此可见,在决定应该考虑哪一方面的不平等时,不能忽略识别问题:人们对于实践中无法辨识的概念毫无兴致。在这方面,家庭经济学的一项标准结果提供了一个有趣的悖论,即在某些情况下,一系列不同的模型会产生相同的可观察行为(因而,在此情况下它们仅靠观察是不可区分的)。在某些情况下,这些模型对应了不同的家庭内部资源分配情况,但是对应了相同的效用分配(该理论认为,其不确定性与福利无关)。换句话说,关注收入不平等或消费不平等而非效用不平等的主要理由是,前者能通过观察得知,而后者不能通过观察得知——这一情况有时是相反的。

以功利主义为基础来评估不平等时,这些问题就必然会出现,而用另一种按照能力分配的方法,也无法忽视这些问题。在这种情况下,涉及个人对公共物品的偏好的问题就会少一些。从能力角度来看,更重要的是个人获得公共商品的潜在可能性,而不是个人实际从消费中获得的效用。但是,了解个人消费情况(特别是在营养或其他基本需求方面)遇到的困难有多大就变得极其关键了。总而言之,尽管一些具体方面使得某些方法实施起来更加困难,但家庭内部分配产生的问题应该是任何分析不平等问题的核心。

最近的文献清楚表明:虽然这些问题很严重,但绝不是不可克服的。尽管家庭内部分配情况不能(完全)通过观察得出,但可以应用特定的假设条件来分析分配情况,下文也将提及这一点。Lise 和 Seitz(2011)是这样做的,Chiappori 等(2002)、Dunbar 等(2013)、Browning 等(2013)以及其他许多文献也运用了这种分析方法。过去几十年里,该领域的研究取得了明显进展,本章将简要回顾这些研究进展。

第一步是采用明确的家庭决策模型,阐明家庭内部不平等的概念。显然,采用该模型就必须明确地认识到,家庭成员有各自不同的偏好——忽略个体差异并不是研究不平等的好方法。另一个要求是指实证上的可操作性。在应用家庭行为模型时要满足双重条件:可检验性和可识别性,可检验性要求模型应生成一组可通过实证检验的约束条件,当且仅当满足这些约束条件时,行为与模型兼容);可识别性要求在附加假设条件下,能识别模型框架——在本例中是指,能单凭对家庭行为的观察了解到个人偏好和决策过程。最后,该模型应提供(或兼容)关于家庭内部不平等的"上游"理论;也就是说,我们需要解释并在理想情况下做出预测,家庭内部资源分配及最终的权力分配是如何响应家庭所处社会经济环境的变化的。

近期取得的进展都是基于各种综合性方法并采用了一类特定的模型(见 Chiappori,1988,1992)。[①] 虽然文献中也采用了其他(非单一的)观点,但是(到目前为止)没有任何一个替代方法能够令人信服且能够满足上文提出的可检验性和可识别性的双重要求。

16.1.2　家庭决策建模:集合模型

一方面,集合模型的基本公理是帕累托效率:一旦家庭做出了决定,所有成员不会偏向其他选择。这一假设无疑是具有局限性的,但其应用范围仍十分广泛。文献中提出作为特定案例的许多模型,包括:

● "单一"模型,假设家庭行为由一个决策者单独决定;这包括简单的独裁(可能由"仁慈的家长"主导,见 Baker,1974),以及一些为家庭谋取福利的行为(如 Samuelson,1956)。

● 基于合作博弈理论的模型,尤其是基于由 Manser 和 Brown(1980)以及 McElroy 和 Horney(1981)率先提出的议价理论下(至少是在对称信息背景下)的模型。

● 基于市场均衡的模型,可参考 Grossbard-Shechtman(1993)、Gersbach 和 Haller(2001)、Edlund 和 Korn(2002)等的论述。

● 以及更具体的一些模型,如 Lundberg 和 Pollak(1993)的"独立领域"框架。

另一方面,集体框架排除了基于非合作博弈理论(至少是存在公共利益的情况下)的模型,如 Ulph(2006)、Browning 等(2010)、Lechene 和 Preston(2011)以及 Basu(2006)的低效谈判模型。

效率假设在许多经济情况下被视作标准方法,常应用于分析家庭行为。尽管如此,应用仍需谨慎。在静态环境下,这个假设意味着已婚伴侣能够利用机会,找到一种方法来使双方都过得更好。由于关系亲近持久,双方一般都知道彼此的偏好和行为,彼此可以达成具有约束力的约定,执行这种约定的方式可以是通过相互关心和信任,或者通过社会规范,亦可以通过正式的法律合同来实现。还可以通过重复交互作用甚至可能包含惩罚来支持约定。博弈论中有大量的文献基于"无名氏定理",提出在这种情况下,效率应占主导地位。[②] 至少,效率可以被视为一个自然基准。

用集合模型研究不平等存在另一个潜在的概念性问题。集合模型从定义上就是公理化的;即它假定了结果(效率)的特定属性,忽视产生该结果的特定过程。有一种观点认为,不同情况应区别对待,对于分配结果相同(和效用水平相同)而产生该结果的过程不同的情况,应该进行区别性分析。在这种情况下,集合模型必须进一步细化,这可能需要(并且已经)在多个方面进行细化。[③]

---

① 详细介绍请参考 Browning 等(2014)。
② 注意,"无名氏定理"本质上适用于无限重复交互作用。
③ 见 Browning 等(2014)。

最后,集合模型最明显、最重要的优点在于,其特点已经被充分描述。集合模型框架下需要某个函数有一整套必要且充分的条件(Chiappori and Ekeland,2006);在设定排除限制的情况下,仅从家庭行为便可推导出个体偏好和决策过程(根据帕累托加权算法)(Chiappori and Ekeland,2009a,2009b)。据我们所知,这是家庭模型中唯一能获得类似结果的模型。①

下一节主要介绍这一基本模型,并从以下三种情况讨论与家庭内部不平等有关的概念问题:第一,所有商品均为私人消费的情况;第二,存在公共商品的情况;第三,家庭生产的情况。接下来,本章将会讨论影响家庭内部分配的决定因素,之后将讨论偏好识别和共享原则。最后,本章还会涉及有关识别的问题。下一节将回顾以往的实证研究结果,然后简要探讨未来的研究方向作为小结。

16.2 集合模型:概念、定义及公理

假设一个家庭中人口数量为 K,可消费多种商品,包括标准消费品和服务,也包括休闲、预估消费及或有商品等。在家庭内部,这些消费品中有 N 项是共享的,共享商品的 N 向量用 Q 表示,共享商品 j 的市场购买量记为 Q_j,同样,私人消费品 n 向量用 q 表示,私人商品 i 的市场购买量记为 q_i。购买的每件私人商品由成员 $a(a=1,\cdots,K)$ 消费,那么成员 a 对于物品 i 的消费记为 q_i^a,且 $\sum_a q_i^a = q_i$。成员 a 消耗私人物品的向量为 q^a,且 $\sum_a q^a = q$。另一种分配方式是 $N + Kn$ 向量 $(Q, q^1, \cdots, q^K)$。市场价格为公共商品 P 的 N 向量和私人商品 p 的 n 向量之和。

假设在家庭资源分配中,每位已婚人士均保持利己偏好。最常见的模型会考虑其效用形式,即 $U^a(Q, q^1, \cdots, q^K)$,表示 a 与家庭所有成员的消费有直接关系。然而,使之易处理要求更多的结构。因此,在下文中,假设偏好是关爱型的,也就是说,每个个体 a 都有一个幸福函数 $u^a(Q, q^a)$,且其效用为:

$$U^a(Q, q^1, \cdots, q^K) = W^a(u^1(Q, q^1), \cdots, u^k(Q, q^K)) \qquad (16.1)$$

其中,$W^a(.,.)$ 为单调递增函数。这些"社会"偏好的弱可分离性代表了一条重要的道德原则;只要 b 是无差异的,a 就在 b 的消费束 (q^b, Q) 之间无差异。从这个意义上来讲,关爱不同于家长主义,这种关爱型偏好排除了家庭成员之间的外部效应,因为成员 a 对其私人消费 q^a 的评价不直接取决于成员 b 消费的私人商品。

最后,关爱型偏好中一种特殊但广泛使用的类型,即利己偏好,家庭成员只关心自己(私人及公共)的消费;个人偏好可用幸福函数表示[即,形式为 $u^a(Q, q^a)$ 的效用函数]。② 注意,消费的利己偏好并不排除非经济层面因素,如爱、陪伴等。也就是说,一个人的效用可能受到其他人存在的影响,但不受他们消费的影响。实际上,"真正"的偏好形式为 $F^a(u^a(Q, q^a))$,F^a 可能取决于婚姻状况和配偶的性格特点。同样请注意,F^as 通常在决定结婚和选择伴侣方面起着至关重要的作用。然而,这与已婚个体对于消费束的偏好特征无关。

---

① Browning 等(2008)及 Lechene 和 Preston(2011)提出了非合作模型的一系列必要条件。然而,这些条件是否充分尚不清楚,目前还未得到一般性的识别结果。

② 为简便起见,在此章中,假设效用函数为 $u^a(\cdot)$,$a = 1, K$ 是连续可微的且严格拟凹的。

效率有一个简单的解释,即家庭行为使其成员的加权效用总和最大化。准确来讲,该程序如下(假设是利己偏好):

$$\max_{(Q,q^1,\cdots,q^K)} \sum_a \mu^a u^a(Q,q^a) \tag{P}$$

其预算限制为:

$$\sum_i P_i Q_i + \sum_j p_j(q_j^1 + \cdots + q_j^K) = y^1 + \cdots + y^K = y$$

其中,y^a 表示成员 a 的(非劳动)收入,μ^a 为成员 a 的帕累托加权,例如,可以采用归一化条件 $\sum_a \mu^a = 1$。在 μ^a 为常数的特定情况下,以上情况呈现为一个单一模型,而家庭行为则通过最大化某种(与价格无关的)的效用来呈现。然而,μ^a 通常随物价和个人收入的变化而变化,因此(P)式的最大值取决于物价,且通常情况下,家庭分配并不处于这种单一模型的框架之下。

上述等式同样可推广适用于关爱型偏好,只需将(P)式中的 $u^a(Q,q^a)$ 改为 $W^a(u^1(Q, q^1),\cdots,u^K(Q,q^K))$;然而,(P)式在下文中起着十分特殊的作用,因为对关爱型偏好有效的任何分配一定也会对深层的利己幸福函数有效,表述为如下结果:

命题 1

假设某种分配对于关爱效用 $W^1,\cdots,W^K$ 是帕累托最优,那么对于某种 $(\mu^1,\cdots,\mu^K)$ 可求解出(P)式。

证明

假设存在另一种分配方式可使 u^a 的值对于所有个体 $a = 1,\cdots,K$ 更大,但这种分配方式也同样使所有 $W^a s$ 的值更大,这是矛盾的。

反之则不然,因为对(P)式的一个极不均衡的解可能无法对关爱型偏好实现帕累托最优,将资源从资金充足的关爱型个体转移到资金不足的个体可能会带来帕累托改进,并且关爱型偏好的帕累托最优分配必须满足(P)式解的任何特质。

(P)式最主要的优点在于帕累托权重对于不同的决策力都有一个合理的解释。家庭中的"权力"概念或许很难正式定义,即使在这样一个简化框架中也难以定义。当两个人议价时,一个人的收益会随着这个人权力的增加而增加,这似乎是很自然的。帕累托权重很好地解释了这个模糊的概念。显然,如果(P)式中 μ^a 值为零,则 a 对最终分配没有话语权。如果 μ^a 值较大,则 a 对最终分配影响较大。(P)式的一个关键特性在于,如果 μ^a 值增加,帕累托值将会朝 a 的更大效用方向移动。如果只考虑经济因素,可以说帕累托权重 μ^a 的值就代表了成员 a 的权力,从这个层面来讲,μ^a 的值越大就代表成员 a 的权力更大(和更好的分配结果)。

如果 $(\bar{Q}(p,P,y),\bar{q}^1(p,P,y),\cdots,\bar{q}^K(p,P,y))$ 表示(P)式的解,那么 a 的集合间接效用就是决策过程结束时 a 所达到的效用,其形式如下:

$$V^a(p,P,y) = u^a(\bar{Q}(p,P,y),\bar{q}^a(p,P,y))$$

注意:与单一模型不同的是,集合模型框架中成员的集合间接效用不仅取决于成员本身的偏好,还取决于决策过程(因此叫作"集合"模型)。这一概念对于福利分析的重要性也将在下文提及。

最后,"分配因子"也是一个重要概念。分配因子是指任何不影响偏好或预算限制但可能影响决策过程的变量,分配因子因此影响帕累托权重。例如,设想在一种议价模型中,每个个体的威胁点可能有所不同。一个成员威胁点的改变即使不影响家庭的预算限制,通常也会影响议价的结果。特别是,一些家庭行为测试要考虑收入的共用性质。基本的直觉很简单:在单一框架中,家庭行为就像一个决策者(并使独特的与收入无关的效用最大化),只有家庭总收入才是重要的。个人对总收入的贡献对行为没有影响:集中于家庭预算限制的右侧。例如,让妻子而不是丈夫受益,不会影响家庭的需求。正如我们下文将看到的,这种属性已多次被数据拒绝。对于这种拒绝(尽管不是唯一的)最自然的解释是,个人收入可能会影响决策过程(除了它们对预算限制的总体影响)。严格来说,如果 $(y^1, \cdots, y^K)$ 是个人收入的向量且 $y = \sum_a y^a$,总收入 y 不是分配因子(它会进入预算限制),$(K-1)$ 比率 $y^1/y, \cdots,$ y^{K-1}/y 是分配因子。[①] 当然,这种假设并不意味着每个个体都完全消费自身的收入。相反,实证数据明确表明,家庭成员之间的转移至关重要。不论这些转移支付具有累进性还是累退性,也就是说,不论它们是加剧了还是缓解了家庭内部不平等,这归根结底是一个实证性问题。这一问题最终能否得到回答,取决于这些转移在多大程度上能够被观察到或识别出来,这也是本次研究旨在解决的问题。

下文中,分配因子的向量记为 $z = (z_1, \cdots, z_S)$,因此,帕累托加权与集合间接效用的一般形式为 $\mu^a(p, P, y, z)$ 和 $V^a(p, P, y, z)$。

16.3 家庭行为建模:集合模型

16.3.1 仅存在私人商品:共享原则

首先考虑一种特殊情况,即所有商品都是私人消费的,那么家庭就可以被看作是一个没有外部效应和公共商品的小经济体。根据第二福利定理,任何帕累托有效分配都可以通过充分的转移来进行分散;可得出以下结果:

命题 2

假设 $(\bar{q}^1, \cdots, \bar{q}^K)$ 分配是帕累托最优,则有 K 个非负价格函数 $(\rho^1, \cdots, \rho^K)$、总收入以及分配因子,且 $\sum_k \rho^k(p, y, z) = y$,则成员 a 得到

$$\max_{q^a} u^a(q^a) \tag{D}$$

其预算限制为

$$\sum_{i=1}^n p_i q_i^a = \rho^a$$

---

① 在实践中,分配因子还必须与未被观察到的偏好因素无关,就个人收入而言,这可能产生微妙的外生性问题。详见 Browning 等(2014)。

相反,对于任何非负函数 $(\rho^1,\cdots,\rho^K)$, $\sum_k \rho_k(p,y,z)=y$,任何解决(D)式的分配对所有成员 a 来说都是帕累托有效的。

换句话说,在仅有私人商品的情况下,任何有效决策制定的过程都被视作两个阶段。在第一阶段,家庭成员共同决定家庭总收入 y 在家庭内部成员中的分配情况(成员 a 得到 ρ^a);在第二阶段,各家庭成员自由处置自己获得的分配份额。决策过程(例如,议价)发生在第一阶段,其结果可由函数 $(\rho^1,\cdots,\rho^K)$ 表示,这被称为家庭共享原则。从福利的角度来看,帕累托权重与共享原则之间存在一一对应关系,至少在帕累托集是严格凸的情况下:在价格和收入不变的情况下,一个人权重的增加(其他人权重保持不变)通常会使这个人获得更大分配占比。反之亦然。最后,集合间接效用的简单形式为

$$V^a(p,y)=v^a(p,\rho^a(p,y))$$

其中, v^a 为个体 a 的标准间接效用。因此,可得出如下结果。

命题 3

当所有商品都是私人消费时,那么对于任意给定的价格向量,共享原则和间接效用之间存在一一对应关系。

特别是一个成员的集合间接效用可以根据该成员的偏好和共享原则直接算出;已知偏好,仅需共享原则数据就可知道整个决策过程。

考虑到家庭内部不平等,关键就在于共享原则包含所有所需信息:当所有家庭成员面临相同的价格时,共享原则充分概括了住户内部的资源分配情况。因此,这与家庭内部不平等直接相关。具体地说,当 $I(y_1,\cdots,y_n)$ 为不平等指数(个人收入的函数)时,家庭内部不平等指数为

$$I_I(p,y)=I(\rho^1(p,y),\cdots,\rho^K(p,y))$$

16.3.2 公共商品与私人商品

尽管上文的概念看上去可能很简便,但它建立在一个强大的假设基础之上,即假设所有的商品都是由私人消费的。显然放宽这种假设是必要的,因为公共消费的存在是家庭形成的动机之一。

文献中讨论了不同的概念。Blundell 等(2005)最早提出"条件共享原则"(CSR)的概念,指包含两个阶段的过程:在第一阶段,家庭决定公共物品的消费以及成员之间对剩余收入的分配;在第二阶段,所有成员将分配到的数额用于私人消费,将个人效用最大化,其前提条件是第一阶段所决定的公共消费水平。如前所述,任何有效的决策都可看作源自这一类型的两个阶段。然而,反之则不然:对于任何已知的公共消费水平,几乎所有 CSR 原则都会导致低效的分配。此外,共享原则与帕累托权重之间的单调关系不复存在,尤其是增加成员 a 的权重并不一定会使其 CSR 分配值变大;直觉认为,增加一个成员 a 的权重可能导致公共开支的分配有所不同,这可能会也可能不会导致这个成员的私人消费增加。最后一点,也是对我们的研究目的很重要的一点,CSR 全然忽视公共消费,因而可能对家庭内部不平等的估计有偏差。这种模式可能存在的问题显而易见,假设配偶中有一方(比如妻子)非常关心某项公

共商品,而丈夫却很少关心。如果家庭需求结构中很大一部分支出是用于公共商品,那么可以预期到这种模式对任何家庭内部不平等的测量都会产生影响。因此,完全忽视公共消费的研究方法并不完备。

第二种方法依赖于公共经济学中以往的一个结论,即在存在公共商品的情况下,将公共商品按照个人[或林达尔(Lindahl)]价格可对任何有效分配进行分散,这个结果在私人商品和公共商品中建立了很好的二重性:对于前者来说,每个成员面对相同的价格但购买的数量不同(其总和是家庭的总需求);对于后者来说,所有成员的数量相同,但价格具有个体差异(总计等于市场价格)。[①] 同样,家庭的行为也可看作两个阶段。在第一阶段,家庭决定成员消费公共商品的个人价格向量以及成员之间的总收入分配;在第二阶段,所有成员都在预算约束内进行私人消费和公共消费,势必会按照各自的林达尔价格。则成员 a 的效用为

$$\max_{q^a} u^a(Q, q^a) \tag{DP}$$

预算约束为

$$\sum_{i=1}^{n} p_i q_i^a + \sum_{j=1}^{N} P_j^a Q_j^a = \rho^{*a}$$

其中, P_j^a 是成员 a 消费商品 j 的林达尔价格。向量 $\rho^* = (\rho^{*1}, \cdots, \rho^{*K})$ 与 $\sum_a \rho^{*a} = y$,定义了一般共享原则(GSR)。

从不平等视角来看,这个概念提出了几个有趣的问题。有人可能会用 ρ^* 来描述家庭内部不平等;事实上, ρ^* 代表的是可用收入,家庭成员当前在预算约束下达到最大效用,特别是由于 ρ^* 同时考虑私人消费和公共消费,所以与 CSR $\tilde{\rho}$ 相比,其是表示资源分配的一个更佳指标。

然而, ρ^{*a} 不能完全表示成员 a 的福利情况,还需要知道 a 的个人价格向量 P^a。严格来讲, a 的集合间接效用为

$$V^a(p, P, y, z) = v^a(p, P^a, \rho^{*a}(p, P, y, z))$$

其值取决于 ρ^{*a} 与 P^a 的大小。也就是说,事实上仅仅知道 GSR 不足以了解个体的福利水平,即使已知该个体的偏好,还需要知道价格,价格取决于所有成员的偏好。我们尤其认为,仅从 GSR 不能分析出家庭内部的不平等程度。每个成员面临的个体价格不同,这是应该考虑的一点。当然,这个结论在意料之中,它反映了一个基本但至关重要的观点,即如果家庭成员对公共商品的"关心程度不同"(由个体价格表示,这反映了不同个体的边际支付意愿),那么这些公共商品的数量变化将会影响到家庭内部不平等。

最后,Chiappori 和 Meghir(2014)提出了货币计量福利指数(MMWI)的概念。成员 a 的货币计量福利指数 $m^a(p, P, y, z)$ 定义为

$$v^a(p, P, m^a(p, P, y, z)) = V^a(p, P, y, z)$$

同样,如果 c^a 表示 a 的支出函数,则

$$m^a(p, P, y, z) = c^a(p, P, V^a(p, P, y, z))$$

---

① 一般情况见 Chiappori 和 Ekeland(2009b)。关于其应用,参见 Donni(2009)和 Cherchye 等(2007,2009)已知偏好视角的例子。

也就是说,如果 a 要全价支付每项公共商品(即,如果 a 面对的是价格向量 P 而不是个体价格 P^a),那么 m^a 就表示 a 要达到效用水平 $V^a(p,P,y)$ 时的货币量。这里的基本逻辑很简单,该指数是指在某些参考价格下要达到相同效用水平所需的货币量。一个自然的基准是对所有商品实行当前的市场价格,无论是私人商品还是公共商品。尤其是,MMWI 与同等收入的标准概念之间存在着直接的关系[1],尽管就我们所知,同等收入迄今为止大多应用于私人商品[2]。上述两种方法都依赖于这样一个概念,即引用一个共同的价格向量可以更好地比较个体间的福利。

不同于 GSR,MMWI 能完全表示成员所达到的效用水平。也就是说,在知道某个成员的偏好的情况下,其效用和 MMWI 值之间存在着一对一的关系,并且这种关系并不取决于其配偶的性格特征。在完全只有私人商品的情况下,MMWI 与共享原则一致;将这一概念推广到普遍的环境之中,其主要优势仍然存在,即它与福利的一对一关系。最后,这一概念还可以进一步扩展,考虑劳动力供给和家庭生产,详细介绍可参考 Chiappori 和 Meghir(2014)。

16.3.3　例证

上述概念可以借用 Chiappori 和 Meghir(2014)中一个非常简单的例子加以阐明。假设有夫妇二人 a 和 b ,有两种商品——私有商品 q 和公共商品 Q ,根据柯布-道格拉斯偏好:

$$u^a = \frac{1}{1+\alpha}\log q^a + \frac{\alpha}{1+\alpha}\log Q$$

$$u^b = \frac{1}{1+\beta}\log q^b + \frac{\beta}{1+\beta}\log Q$$

对应间接效用

$$v^a = \log y - \frac{\alpha}{1+\alpha}\log P - \log(1+\alpha) + \frac{\alpha}{1+\alpha}\log\alpha$$

$$v^b = \log y - \frac{\beta}{1+\beta}\log P - \log(1+\beta) + \frac{\beta}{1+\beta}\log\beta$$

若 μ 表示 b 的帕累托权重,则 a 和 b 双方的消费可表示为

$$q^a = \frac{1}{(1+\alpha)(1+\mu)}y \ , \ q^b = \frac{\mu}{(1+\beta)(1+\mu)}y$$

$$Q = \frac{\alpha(1+\beta)+\mu\beta(1+\alpha)}{(1+\alpha)(1+\beta)(1+\mu)}\frac{y}{P}$$

产生效用为

$$V^a = \log y - \frac{\alpha}{1+\alpha}\log P - \log((1+\alpha)(1+\mu)) + \frac{\alpha}{1+\alpha}\log\left(\frac{\alpha(1+\beta)+\mu\beta(1+\alpha)}{1+\beta}\right)$$

$$V^b = \log y - \frac{\beta}{1+\beta}\log P - \log(1+\beta)(1+\mu) + \frac{1}{1+\beta}\log\mu + \frac{\beta}{1+\beta}\log\left(\frac{\alpha(1+\beta)+\mu\beta(1+\alpha)}{1+\alpha}\right)$$

在这种情况下,通过直接计算可得出

---

① 见 Fleurbaey 等(2014)。
② 见 Hammond(1995)及 Fleurbaey 和 Gaulier(2009)。

1. 当 CSR 与个人消费一致时

$$\tilde{\rho}^a = \frac{1}{(1+\alpha)(1+\mu)}y, \tilde{\rho}^b = \frac{\mu}{(1+\beta)(1+\mu)}y$$

2. 林达尔价格为

$$P^a = \frac{\alpha(1+\beta)}{\alpha(1+\beta)+\mu\beta(1+\alpha)}P$$

$$P^b = \frac{\mu\beta(1+\alpha)}{\alpha(1+\beta)+\mu\beta(1+\alpha)}P$$

GSR 为

$$\rho^{*a} = \frac{y}{1+\mu}$$

$$\rho^{*b} = \frac{\mu y}{1+\mu}$$

3. 二者的 MMWI 值分别为

$$m^a = \left[\frac{\alpha(1+\beta)+\mu\beta(1+\alpha)}{\alpha(1+\beta)}\right]^{\frac{\alpha}{1+\alpha}} \frac{y}{1+\mu} = \left[\frac{\alpha(1+\beta)+\mu\beta(1+\alpha)}{\alpha(1+\beta)}\right]^{\frac{\alpha}{1+\alpha}} \rho^{*a}$$

$$m^b = \left[\frac{\alpha(1+\beta)+\mu\beta(1+\alpha)}{\mu\beta(1+\alpha)}\right]^{\frac{\beta}{1+\beta}} \frac{\mu y}{1+\mu} = \left[\frac{\alpha(1+\beta)+\mu\beta(1+\alpha)}{\mu\beta(1+\alpha)}\right]^{\frac{\beta}{1+\beta}} \rho^{*b}$$

假设 $\mu = 1$，但家庭成员对公共商品的偏好有所不同。例如，当 $\alpha = 2, \beta = 0.5$ 时，表示妻子（或丈夫）将三分之二的权重放在公共（私人）消费方面，在这种情况下，可以利用以下三个指标来分析家庭内部不平等。

1. 如果关注私人消费（或者同等关注 CSR），会发现

$$\tilde{\rho}^a = \frac{1}{6}y, \tilde{\rho}^b = \frac{1}{3}y$$

可得出结论，成员 b 比成员 a 消费得多。

2. 这一结果显然不尽如人意，因为它忽视了有一半开支预算用于公共商品的事实，而这使成员 a 比 b 受益更多。事实上，GSR 为

$$\rho^{*a} = \frac{y}{2} = \rho^{*b}$$

从这个指数可以得出结论，家庭内部分配是非常平等的：公共开支方面的获益正好弥补了私人消费之间的差异。

3. 然而，后面得出的这个结论过于乐观，因为它忽视了一个事实，即 a 在公共商品方面的花费是 b 的两倍（此处 $P^a = \frac{2}{3}p$，$P^b = \frac{1}{3}p$）。若考虑这一方面，则二者的 MMWI 值分别为

$$m^a = 0.655y, \ m^b = 0.72y$$

同样，成员 b 比成员 a 福利更好（但其中差距比第一种得出的结论要小）。此外，还要注意

$$m^a + m^b = 1.375y$$

两个个体的 WWMI 值加起来大于总收入，这反映了某一商品的公共性所产生的收益。

16.3.4 家庭生产

上述分析还可应用于家庭生产。此处,只考虑所有商品均为私人消费的情况;更多更普遍的类似情况还可参考 Chiappori 和 Meghir(2014)。家庭生产技术可用生产函数表示,已知市场购买量 x 和每个家庭成员在家庭生产中花费的时间 $\tau = (\tau^a, a = 1, K)$,根据生产函数,可得出产出结果的可能向量 $q = f(x, \tau)$。

先忽略家庭生产中每个成员所花费的时间,那么这种情况就与 Browning 等(2013)[①]的通用家庭生产模型相同。帕累托效率可表示为,

$$\max \sum \mu^a u^a(q^a)$$

$$\sum_a q_i^a = f_i(x^i)$$

$$p'\Big(\sum_i x^i\Big) = y$$

其中

$$q^a = (q_i^a), i = 1, n$$

$$x^i = (x_j^i), j = 1, k$$

同上,该公式可以去中心化,但这需要知道生产产品的具体(影子)价格。具体而言,是指:设 η_i 和 λ 为式(16.2)中生产约束的拉格朗日乘数,且定义

$$\pi_i = \frac{\eta_i}{\lambda}$$

令 $[(q^{a*}), a = 1, \cdots, K, x^*]$ 表示所得结果,定义共享原则为

$$\rho^a = \pi' q^{a*}$$

则该公式就等于含两个阶段的过程,q^{a*} 可求解

$$\max u^a(q^a)$$

预算约束为

$$\pi' q^a = \rho^a$$

并且 x^* 可解决利润最大化问题

$$\max \sum_i \pi f_i(x^i) - \sum_{i,j} p_j x_j^i$$

或者同样可以解决成本最小化问题

$$\min p'x$$

$$f(x) = \sum_a q^{a*}$$

这种情况下,根据共享原则足以算出个人福利。

上述模型还可直接扩展到家庭劳动力供给,帕累托方程式为

$$\max \sum \mu^a u^a(q^a, L^a)$$

$$\sum_a q_i^a = f_i(x^i, \tau_i)$$

---

① 在实际应用中,作者采用了一种线性技术。

$$p'\left(\sum_i x^i\right) + \sum_a w_a\left(L^a + \sum_i \tau_i^a\right) = y + \sum_a w_a T = Y$$

此处,

$$\tau_i = (\tau_i^a) , a = 1, K$$

家庭内部生产的商品价格如前所述。共享原则现可表示为

$$\rho^a = \pi' q^{a*} + w_a L^{a*} , a = 1, K$$

此处,L^{a*} 表示成员 a 的最优休闲消费。上述等式可做如下分解,对于每一个成员 a,(q^{a*}, L^{a*}) 可解出下式

$$\max u^a(q^a, L^a)$$
$$\pi' q^a + w_a L^a = \rho^a$$

且 x^*、τ^{a*} 可解出下式的值

$$\max \sum_i \pi_i f_i(x^i, \tau_i) - \sum_{i,j} p_j x_j^i - \sum_{i,a} w_a \tau_i^a$$

同样,也可求解下式的值

$$\min \sum_{i,j} p_j x_j^i + \sum_{i,a} w_a \tau_i^a \tag{16.2}$$

其中

$$f_i(x^i, \tau_i^a) = \sum_a q_i^{a*} , i = 1, n$$

在实践中,由于种种情况,还需考虑基本框架中的几个变体,这取决于家庭生产的产品是否有市场,以及市场劳动力供给是否可以通过内点解或角点解计算得出。这些技术问题也同等重要。例如,家庭经济学的一个标准问题就是,不同家庭成员各自的权力变化是否会对家庭工作分配产生影响。在上述模型中,如果生产的所有商品都具有市场价值,所有个体都在市场工作,则 πs 和 $w s$ 的值与市场价格和工资的数据是吻合的,因此,它们是外生变量,个体的家庭劳动力供给完全可以用式(16.2)来定义,且与帕累托权重无关。根据上述情况,可得出结论,家庭成员各自权力的变化对家庭内部工作分配没有影响,家庭内部工作分配情况完全由效率决定。显然,当 πs 或 $w s$ 是内生变量时,上述结论必须稍做修改(即当商品不能销售,或者个体成员未加入劳动力市场的情况)。可参考 Browning 等(2014)更为详细的讨论,也可参考本手册第 12 章。

16.4 家庭内部分配的决定因素

理论层面另一个难题在于如何解释家庭内部权力的分配,即资源的分配。这涉及诸多问题,例如:家庭组建及解体,家庭与其外部环境间的相互作用,即哪些外部因素可能影响家庭内部决策过程。下文将重点讨论两种方法,分别是基于合作议价理论和匹配或搜寻理论。从某种意义上说,这种区别反映了区分部分均衡和整体均衡的传统二分法。对于一个特定的家庭,议价模型分析的是每个成员的具体情况如何会影响家庭决策,重点大多会放在一般为外生的、个体的"威胁点"上。而匹配或搜寻模型将"婚姻市场"看作一个整体均衡。尽管决策过程在某些情况下可能需要议价(在搜寻模型中,或是在有限成员集合的搜寻模型中),

但关键的区别在于,"威胁点"在此处是内生的且确定"威胁点"是均衡条件的一部分。

16.4.1 议价模型

任何议价模型都要求有一个特定的设置:除了上述框架(包含家庭成员数量 K,用特定效用函数),还必须要定义每个成员 a 的威胁点 T^a。直观上来看,个体成员的威胁点表示在其没有与伴侣达成一致时的效用水平。通常情况下,议价模型假定决策过程的结果具有帕累托效率且是基于个体理性的选择,这意味着,个体达到的效用水平不会低于其威胁点值。议价理论可用来确定威胁点如何影响选择点在帕累托边界上对应的位置。显然,如果威胁点 $T = (T^1, \cdots, T^K)$ 在帕累托集之外,则表示未达成一致,因为只要有一个成员同意,其威胁点就会位于曲线上。但如果 T 值位于帕累托集内,则所有成员都能够从此关系中获益,此模型在帕累托效用边界上确定了特定的一点。注意,威胁点的重要作用在于它对分配因素能做出自然合理的解释,这也是所有议价模型的共同特征。实际上,任何只与威胁点相关的变量都是潜在的影响分配因子。例如,离婚协议的性质、提供给单亲家庭的福利慷慨程度或再婚的可能性,不会直接改变一个家庭的预算约束(只要家庭关系没有解散),但可能会影响每个家庭成员各自的威胁点。议价理论认为,这些变量对家庭内部权力的分配有影响,并最终会影响家庭行为。这相当于认为,这些变量就是影响帕累托权重的分配因子。

议价模型建模时必须做出一些基本选择。一是要选定议价模型。大多数研究更青睐纳什议价模型(Nash bargaining);其他一些研究要么采用卡莱-斯莫罗迪斯基(Kalai-Smorodinski)议价模型,要么采用非合作议价模型。二是要选定相关的威胁点。这一点极为重要,实际上,Chiappori 等(2012)的研究结果表明,任何帕累托有效分配都可以推导得出对于威胁点的特别定义所得出的纳什议价解。因此,议价概念所提供的任何附加信息(除唯一的效率假设之外)必须是建立在对威胁点的具体假设基础之上的,即基于"未达成一致"的具体所指意义。现有文献中使用了好几种观点。一种是把离婚看作"不一致"的情况,威胁点则定义为个体在离婚后能达到的最大效用。当个体对于法律有关离婚条例对家庭分配造成的影响感兴趣时,上述观点是可行的。此处一般不考虑小的决策:例如,谁该去遛狗这种问题不太可能造成离婚威胁。[①] 另一个有趣的例子是影响单亲父母的公共政策,或是在印度一些邦存在的就业保障计划。Haddad 和 Kanbur(1992)认为,该计划的主要影响是改变了妻子在婚姻之外可获得的机会。

文中提到的第二种观点是指存在公共商品的情况以及不合作行为通常会导致分配效率低下这一事实。此观点以非合作结果为威胁点:在没有达成协议的情况下,两个成员都以自我为中心提供公共商品,不考虑各自的决策对另一成员福利的影响。这一观点表明,越是因缺乏合作会遭受更多痛苦的人(对于公共商品有较高估值的人),为了达成协议而做出妥协的意愿更强烈。Lundberg 和 Pollak(1993)基于"独立领域"的概念提出了一个变体。其理念是每个伴侣分配一组由其单独贡献的公共商品,这是该个体的责任"领域"或专业"领域",这些领域是由社会规范决定的。那么,威胁点还包括,在持续的婚姻关系中,夫妻双方不合作,

---

① 另一个困难来自经验不足。离婚情况下,对于效用的估计是很微妙的,因为大多数数据集可以对偏好做出顺序上的估计(至多),而纳什议价需要做出基数上的估计。见 Chiappori(1991)。

各自独立决定其领域内的公共商品水平。

最后需要强调的一点是,对于威胁点的假设往往很强硬,但并没有强大的理论论证的支撑,也不可进行独立检测。这表明,应谨慎使用议价模型。

16.4.2 均衡模型

另外,还能从整体的角度来考虑"婚姻市场"。文献中的两种模型对于摩擦在匹配博弈中的作用做出了相反的假设。具体来说,基于匹配的模型(含具有可转让效用 TU 和不可完全转让效用 ITU)假定不存在摩擦且市场十分稳定,而基于搜寻的模型强调摩擦在婚姻模式中的重要性。虽然这两种模型使用的方法有所不同,但其研究范围和结果与此处所关注的十分类似。为简洁起见,下文将重点放在匹配模型上,并且只讨论基于 TU 的模型。假设成员间无转让行为的不可转让效用框架在此并不适用。近期出现了大量基于 ITU 的通用研究方法(见 Chiappori,2012),但就我们当前的讨论而言,TU 与 ITU 间的区别基本上可以忽略不计。

考虑男女两个不同群体,每个个体由特征向量定义:女性特征表示为 $x \in X$,男性特征表示为 $y \in Y$。两个集合均赋予有限测度,分别记为 μ_X 和 μ_Y。当匹配时,女性 x 和男性 y 共同产生盈余 $s(x,y)$,这可从结构化框架(如集合模型)中派生出来。匹配是指:(i) $X \times Y$ 集合的测度 μ,其边际量与 μ_X 和 μ_Y 一致;(ii) μ 支持效用函数 $u(x)$ 和 $v(y)$ 满足 $u(x) + v(y) = s(x,y)$。直观来说,测度 μ 决定个体间嫁娶匹配关系,而函数决定在概率为正的配对夫妻间如何进行盈余分配:女性得到 $u(x)$,男性得到 $v(y)$。当满足没有已婚人士愿意恢复单身和目前未婚人士均不愿意组建新的家庭这两个条件时,匹配是稳定的。实际上,这相当于

$$u(x) + v(y) \geqslant s(x,y) \,\forall\, (x,y) \tag{16.3}$$

函数 $u(x)$ 和 $v(y)$ 至关重要,因为它们完全决定了家庭内部不平等。匹配模型的关键特征在于这些函数都是内生的,确定(或限制)为均衡的一部分,并取决于整个配对结构;尤其是,一对夫妻间的分配取决于两个性别群体的整体分配特征。这样,该模型为家庭内部分配不平等提供了一个内生决定因素。然而需要注意的是,它们的确切含义在这个抽象的表述中仍不能确定;根据配对模型框架,$u(x)$ 可以是货币数量、对某些商品的消费或者私人商品和公共商品消费束产生的效用。例如,Chiappori 和 Weiss(2007)使用的简单框架就是预设一个只有两种商品的经济体,家庭内部一种商品是私人的,另一种是公共的,并且成员的柯布-道格拉斯偏好为 $u^a = q^a Q$;x 和 y 均是一维的,分别表示女性收入和男性收入。在 TU 框架中,任何有效分配都会使效用总数最大化;对于一对夫妻 (x,y) 来说,当 $q^1 + q^2 + Q = x + y$ 时,效用最大值为

$$\max_{q^1, q^2, Q} (q^1 + q^2) Q \tag{16.4}$$

盈余 $s(x,y)$ 是该方程式的值,即 $(x+y)^2/4$。此处,虽然 $u(x)$ 和 $v(y)$ 指效用,但效用与转让间存在着一一对应的关系[由于 $Q = (x+y)/2$,可得出 $q^1 = 2u(x)/(x+y)$,$q^2 = 2v(y)/(x+y)$]。

从数学的角度来看,一个基本结果表明,如果配对稳定,那么这个相应的测度会使测度集的总盈余最大化,其边际量与 μ_X 和 μ_Y 一致。即测度 μ 在边际条件下,必须解出

$$\max_{\mu} \int_{X \times Y} s(x,y)\,\mathrm{d}\mu(x,y) \tag{16.5}$$

μ 在未知条件下,最大化值是线性的。因此,该式接受对偶,又可写作

$$\min_{u,v} \int_{X} u(x)\,\mathrm{d}\mu_X(x) + \int_{Y} v(y)\,\mathrm{d}\mu_Y(y) \tag{16.6}$$

但要满足

$$u(x) + v(y) \geqslant s(x,y) \quad \forall (x,y) \tag{16.7}$$

此式中,u 和 v 都是对偶变量。更重要的是,两者均可表示在最佳配对时,每个个体所能达到的效用。更重要的是,还能确定配偶间盈余的分配情况。值得注意的是,含对偶的(16.7)式的条件也是(16.3)式稳态条件。

根据标准对偶结果可知,当且仅当原式只有一个解时,对偶的解也存在且值是相同的。由此可见,稳定配对的存在[即 u 和 v 满足(16.3)式]就会归结到(16.5)式线性最大化的解也存在。这可使我们在非常普遍的情况下确定存在模型,例如见 Chiappori 等(2010)的研究。

考虑到独特性,如果集合 X 和 Y 均是有限的,那么变量 u 和 v 均不能固定,尽管均衡条件会产生约束。然而,对于连续的非原子式群体来说,其函数一般完全由均衡条件决定。这很直观:在连续情况下,每个个体几乎都有完美的替代品,(本地)竞争决定在均衡状态下必然存在的盈余共享。最后,还可考虑这些模型的随机版本,其中有些个体特征是未被观测到的(对于计量经济学家而言),例如见 Chiapori 和 Salanie(2014)的调查。

16.5　识别

虽然上述提出的概念能澄清涉及的一些概念性问题,但对其内容依然要审慎看待。如前所述,过分强调无法从现有数据中确定的概念是没有意义的。本节总结了近 20 年来在这一问题上取得的主要成果;更多详情介绍,请参考 Chiappori 和 Ekeland(2009a)。

本节讨论将分为三个部分进行。第一部分讨论"纯粹"的识别问题。假设家庭的整个需求函数是可观察得出的,从这些数据中,我们可以得出什么结论(仅从这些数据中可以得知什么)?第二部分将引入其他识别假设。大体上讲,这些假设假定个体偏好为单身与个体偏好为家庭成员之间的关系作为理论基础;换句话说,我们认为从对单身人士的行为的观察中可以推断出一些配偶效用的相关信息。第三部分将介绍一个一般性市场观点,探讨婚姻市场的均衡条件是否(以及如何)有助于确定家庭内部分配过程。

16.5.1　集合模型中的"纯粹"识别

近年来,集合模型中的识别问题得到了广泛的研究,感兴趣的读者可参考 Chiappori 和 Ekeland(2009a,2009b)中的详尽介绍。下文简要总结了一些重要发现。

先从上述基本框架引入,假设该模型的自我偏好为 $u^a(Q,q^a)$;此外,为了简洁起见,我们假定家庭中只有两位成员(配偶关系),但将模型推广至任何数量都很简单直接。然后,假定所观察到的家庭"总"需求用向量 $(q,Q) \in \mathbb{R}^{n+N}$ 表示(此处 $q_i = \sum_a q_i^a, i = 1,\cdots,n$),即包括价

格函数 (p,P)、总收入 y, 还可能包含有分配因子向量 z 的函数。请记住:个体 a 的集合间接效用是指 a 在决策过程结束时达到的效用水平,即函数 (p,P,y,z)。

16.5.1.1 主要识别结果

首先,假设通过观察已经得出了一些家庭的需求函数,且需求集合为整个家庭需求。这表示,我们所观察的家庭总需求不仅包括对私人商品的需求,还包括对公共商品的需求。然而,在一般情况下,我们不容易观察到家庭成员内部对于私人商品的分配情况,那么什么时候这些信息才足以还原其基础结构,即(帕累托权重所总结的)偏好和决策过程?

Chiappori 和 Ekeland(2009a)提供了第一个答案,指出一般而言只需知道每个个体的排他性限制就足够了。换句话说,对于任何个体,都会有完全不消费的商品(也不包含在利己效用内)。然后,对家庭需求的部分了解使我们能够准确地(部分地)确定每个个体的集合间接效用,而不考虑私人商品和公共商品的数量。形式上,表示为:

定理 1

Chiappori 和 Ekeland(2009a)假定 $N+n \geqslant 4$。选定一个点 $(\bar{p},\bar{P},\bar{y})$, 且 CSR 满足

$$\frac{\partial \rho^{a}}{\partial y}(\bar{p},\bar{Q},\bar{y}) \neq 0, a = 1,2$$

此处 $\bar{Q} = Q(\bar{p},\bar{P},\bar{y})$。假定对于每一个家庭成员,都存在至少一种不被该成员消费的商品(但由其他成员消费)。一般来说,存在一个 $(\bar{p},\bar{P},\bar{y})$ 开邻域,在这个邻域上,可根据家庭需求完全(有序地)识别出每个成员的集合间接效用。对于任何集合间接效用的基数化,帕累托权重都是完全可识别的。

有关详细例证,请参阅 Chiappori 和 Ekeland(2009a)第 781 页的命题 7。其内在意思是指,如果商品 i 不被个体 y 消费,那么其价格对该个体行为的任何影响只能通过决策过程——帕累托权重来实现,其最终条件使人联想到标准消费者理论中的可分性限制,一般来说足以获取每个成员的(序数)间接集合效用,对于任何基数化选择和相应的帕累托权重来说都可以。

识别结果的特定性质可以在柯布-道格拉斯示例中简单说明,如后文所述。在此之前,要注意如下几点。第一,定理 1 中所述的识别结果仅是局部的,这一点十分重要。因为全局性质的附加限制(例如对消费的非负性限制)通常提供额外的识别能力,而在上述结论中并未考虑这些限制;下文将对此进行详细说明。第二,该结果不需要考虑分配因子,分配因子同样会提供更强的识别能力。事实上,Chiappori 和 Ekeland(2009a)表明,在存在分配因子的情况下,可以放宽排他性要求,只需要一种个体排除商品(而不是两种)或者一种可分配商品。① 第三,识别需将家庭需求表示为价格及收入函数,价格变化尤其重要。这一点并不奇怪(即使在标准消费者理论中,没有价格变化情况,也无法从需求中得知偏好),但具有重要的实证应用,因为显著的(且是外生的)价格变化的数据不易获取。然而,最近的研究方法通过在决策过程中增加附加结构来放宽这一要求,下文将具体论述这些问题。

---

① 当商品由家庭成员双方共同消费,并且每个成员的消费情况可被独立观测时,该商品就是可分配商品。

第四,上述识别结果只能是笼统的,在某些特定情况下可能不成立,尽管此类情况对"细微变化"并不具有稳健性。有趣的是,单一模型是出现这种无法识别的情况之一。原因可参考上文(P)式,并假定帕累托权重 μ^a 均为常数。一则,我们处于单一环境中:家庭分配中 $\sum_a \mu^a u^a(Q, q^a)$ 取最大值,是无关价格和收入的效用。更重要的是,可以应用希克斯的加总定理,如果将 U 定义为

$$U(Q, q) = \sum_a^{max} q^a = q \sum_a \mu^a u^a(Q, q^a) \tag{16.8}$$

则在预算约束下,U 取最大值。通过标准整合,可以从家庭需求中得知 U 值。然而,这还不足以确定个人偏好:存在着不同个人效用集合的连续统,通过(16.8)式产生的 U 值相等。此处自相矛盾的地方就在于单一模型,单一模型过去是家庭行为实证研究的主导框架,属于一种小类别(实际上是非通用)的框架,从该框架的家庭需求中不能识别出个人福利。

最后,值得强调的是,识别出的是每个成员的集合间接效用。从福利的角度来看,这是唯一与之相关的概念,因为它充分描述了每个个体所达到的效用。但是上述不平等测度需要更多识别结果,即对家庭内部收入分配的评估。现在来讨论,在多大程度上能从集合间接效用中获知家庭内部收入分配情况。

16.5.1.2　私人商品和共享原则

首先分析所有商品均为私人商品的情况。在这种情况下,各种概念(CSR、GSR、MMWI)都符合共享原则,集合间接效用形式为

$$V^a(p, y) = v^a(p, \rho^a(p, y))$$

其中,v^a 表示 a 的间接效用,ρ 表示共享原则。如果假定第一个商品完全被第二个个体所消费(或第二个商品完全被第一个个体所消费),那么就能识别出每个个体的集合间接效用(通常都能识别出来,接近递增变换)。

16.5.1.2.1　局部识别

第一个结果表明,共享原则并不完全是根据集合间接效用的信息来确定的,至少是局部的;识别只能得到非排他性商品价格的一个加性函数。假定 (p, y) 的函数表示为 $(q_1, \cdots, q_n)$,$p \in \mathbb{R}^n$,且

$$q_1(p, y) = \chi_1^a(p, \rho(p, y))$$
$$q_2(p, y) = \chi_2^b(p, y - \rho(p, y)) \tag{16.9}$$
$$q_i(p, y) = \chi_i^a(p, \rho(p, y)) + \chi_i^b(p, y - \rho(p, y)), i = 3, \cdots, n$$

此处,函数 χ_i^s 及 ρ 均未知。则可得:

命题 4

根据 Chiappori 和 Ekeland(2009a),假设 $n \geqslant 3$,将 $(\bar{\chi}_1^a, \cdots, \bar{\chi}_n^b, \bar{\rho})$ 带入(16.9)式求解。对于其他任何解 $(\chi_1^a, \cdots, \chi_n^b, \rho)$,都存在 $\varphi : \mathbb{R}^{n-2} \to \mathbb{R}$,使得

$$\rho(p, y) = \bar{\rho}(p, y) + \varphi(p_3, \cdots, p_n)$$
$$\chi_i^a(p, \rho) = \bar{\chi}_i^a(p, \rho - \varphi(p_3, \cdots, p_n)) \tag{16.10}$$
$$\chi_j^b(p, \rho) = \bar{\chi}_j^b(p, \rho + \varphi(p_3, \cdots, p_n))$$

此外,也生成了过度识别限制。

基本结论是:共享原则是根据一个加性函数来识别的。除非所有商品都是可分配的,或者已知个人偏好(如从单身人士的数据中获知),或者使用以下所述的其他(全局)限制,否则无法确定共享原则。为探究原因,考虑有三种私人商品的简单情况:其中两种商品是排他性个人消费(分别由成员 a 和成员 b 各自消费),而第三种为双方共同消费。第三种商品的个人消费情况无法观察得知,且价格被当作计价标准。实践中,我们观察到两个需求函数 q_1^a 和 q_2^b 满足

$$q_1^a(p_1, p_2, y) = \tilde{q}^a(p_1, \rho(p_1, p_2, y)) \tag{16.11}$$

$$q_2^b(p_1, p_2, y) = \tilde{q}^b(p_2, y - \rho(p_1, p_2, y)) \tag{16.12}$$

此处 $\tilde{q}^s$ 表示个体 s 的马歇尔需求。对于常数 K,定义 ρ_K、u_K^a 及 u_K^b 为

$$\rho_K(p_1, p_2, y) = \rho(p_1, p_2, y) + K$$

$$u_K^a(q_1^a, q_3^a) = u_K^a(q_1^a, q_3^a - K)$$

$$u_K^b(q_2^b, q_3^b) = u_K^b(q_2^b, q_3^b + K)$$

很容易即可检验出 ρ_K、u_K^a 及 u_K^b 得出的马歇尔需求满足(16.11)式和(16.12)式。个体 a 的情况如图 16.2 所示。从 ρ 和 u^a 转换到 ρ_K 和 u_K^a 有三个变化。首先,共享原则和预算约束的截距向下移动 K 个单位。其次,所有的无差异曲线同样向下移动相同幅度。当只能观察到对商品 1 的需求(在横轴上)时,这些模型从实证上无法区分开来。最后,对于一些非排他性商品,这种构型仍可能成立,并且常数可能会以任意方式随非排他性价格的变化而发生变化。

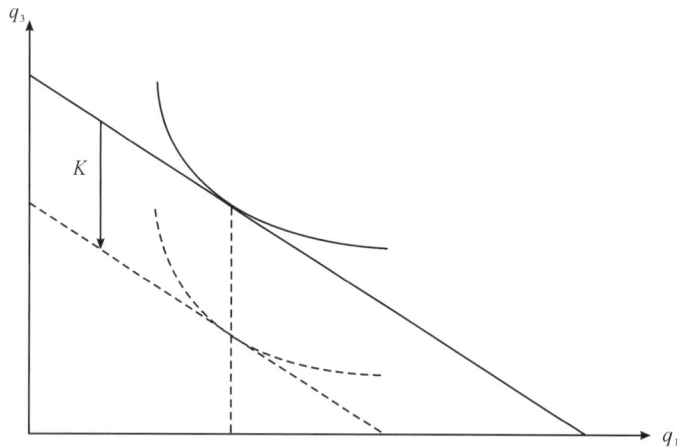

图 16.2　共享原则替代水平下的福利对等

该结果可以说明两点:第一,不确定性与福利无关;很轻易地就能核验出不同解对应每个个体的相同集合间接效用,这正是引言中所提到的悖论。与标准消费者理论不同,直接效用和间接效用之间不再具有等价性。一旦满足排除限制,间接效用即可被确定,但它们对应的可能是多种多样与福利等价的直接效用,且每种都与一个特定的共享原则相关联。

16.5.1.2.2　全局限制

第二,非识别结果只是局部的。特别是,上述方法忽视了附加的全局限制,如非负性限

制。如果将这些考虑在内,则可以得出更多的识别结果。例如,考虑在(16.10)式中增加限制

$$\rho(p,0) = 0 \quad \forall p$$

该限制来源于极低收入水平下消费的非负性,φ 值正好固定在以下范围:

$$\varphi(p_3,\cdots,p_n) = -\bar{\rho}(p,0)$$

还可生成附加的过度识别限制 $[$ 如 $i = 1,2$ 时,$\partial\bar{\rho}(p,0)/\partial p_i = 0]$。

这一结论与近期通过显示性偏好的方法来估计共享原则的研究结果相关(例如,见 Cherchye et al. ,2012)。由于显示性偏好的研究方法在本质上是全局性的,这可对共享原则本身产生限制。在所有情况下,全局限制都是从支出分配这方面产生的,因此,在确定这一范围外的共享原则时,应谨慎看待这些限制,它们往往会大幅缩小非识别结论的范围。

16.5.1.3 仅存在公共商品

现在考虑与上述相反的一种极端情况,即所有商品均为公共商品(排他性私人专用商品除外)。此时,效用形式为

$$U^a(Q_1,Q_3,\cdots,Q_N) \text{ 和 } U^b(Q_2,Q_3,\cdots,Q_N)$$

注意,排他性私人专用商品 1 和 2 要么视作公共商品,要么视作私人商品。

在这种情况下,集合间接效用具有一种简单的形式,即

$$V^a(P,y) = U^a(Q_1,Q_3,\cdots,Q_N)$$
$$V^b(P,y) = U^b(Q_2,Q_3,\cdots,Q_N)$$

关键的一点是,公共商品需求(作为价格和总收入的函数)是可实证观察得出的。一个重要的结果就是,对集合间接效用的认识大体上与对直接效用的认识水平相当。不妨标准化 y 值为 1(同质性),在满秩雅可比矩阵 $D_P(Q_1,Q_2,\cdots,Q_N)$ 上取一点,便可知其原因。利用隐函数定理,可以对函数进行局部逆变换,从而将 P 定义为 Q 的函数,从而可根据

$$U^a(Q_1,Q_3,\cdots,Q_N) = V^a(P_1(Q_1,Q_2,\cdots,Q_N),\cdots,P_N(Q_1,Q_2,\cdots,Q_N),1)$$
$$U^b(Q_2,Q_3,\cdots,Q_N) = V^b(P_1(Q_1,Q_2,\cdots,Q_N),\cdots,P_N(Q_1,Q_2,\cdots,Q_N),1)$$

证明其可识别性。此外,还会产生过度识别限制。特别是在这种情况下,我们可以看到所有商品的林达尔价格(因此还有 MMWIs)都得到了准确的识别。有些自相矛盾的是,在仅存在公共商品的情况下,识别问题似乎是最少的。

16.5.1.4 一般情况

最后,一般情况是对上述两种特殊情况的直接推广。上述排除限制保证对每个个体的集合间接效用的识别。准确的家庭内部分配是根据非排他性私人物品价格的附加函数局部确定的。此外,全局限制(如非负性)通常允许精确识别。有关详情,可参阅 Chiappori 和 Ekeland(2009a,2009b)。

16.5.1.5 线性支出系统例证

借用 Chiappori 和 Ekeland(2009a)中一个简单的例子可以证明上文论述。将个人偏好看作 LES 类型:

$$U^s(q^s,Q) = \sum_{i=1}^n \alpha_i^s \log(q_i^s - c_i^s) + \sum_{j=n+1}^N \alpha_j^s \log(Q_j - C_j), \quad s = a,b$$

其中,对于所有 s ,根据 $\sum_{i=1}^{N} \alpha_i^s = 1$ 将参数 α_i^s 标准化,但参数 c_i^s 和 C_j 不受约束。此处,商品 1 至商品 n 均为私人商品,而商品 $n+1$ 至商品 N 均为公共商品。考虑到 LES 形式,可假设家庭最大化加权总数 $\mu U^a + (1-\mu) U^b$,其中帕累托权重 μ 为简单线性形式:

$$\mu = \mu^0 + \mu^y y + \mu^z z, s = a, b$$

16.5.1.5.1 家庭需求

预算约束下,配偶需求为下式解:

$$\max(\mu^0 + \mu^y y + \mu^z z) \left[\sum_{i=1}^{n} \alpha_i^a \log(q_i^a - c_i^a) + \sum_{j=n+1}^{N} \alpha_j^a \log(Q_j - C_j) \right]$$

$$+ \left[1 - (\mu^0 + \mu^y y + \mu^z z) \right] \left[\sum_{i=1}^{n} a_i^b \log(q_i^b - c_i^b) + \sum_{j=n+1}^{N} \alpha_j^b \log(Q_j - C_j) \right]$$

个体对私人物品的需求为

$$p_i q_i^a = p_i c_i^a + \alpha_i^a (\mu^0 + \mu^y y + \mu^z z) \left(y - \sum_{i,s} p_i c_i^s - \sum P_j C_j \right)$$

$$p_i q_i^b = p_i c_i^b + \alpha_i^b \left[1 - (\mu^0 + \mu^y y + \mu^z z) \right] \left(y - \sum_{i,s} p_i c_i^s - \sum_j P_j C_j 0 \right)$$

生成的总需求为

$$p_i q_i = p_i c_i + \left\{ \alpha_i^a (\mu^0 + \mu^y y + \mu^z z) + a_i^b \left[1 - (\mu^0 + \mu^y y + \mu^z z) \right] \right\} Y \qquad (16.13)$$

对于公共商品的总需求为

$$P_j Q_j = P_j C_j + \left\{ \alpha_j^a (\mu^0 + \mu^y y + \mu^z z) + a_j^b \left[1 - (\mu^0 + \mu^y y + \mu^z z) \right] \right\} Y$$

其中, $c_i = c_i^a + c_j^b$, $Y = \left(y - \sum_{i,s} p_i c_i^s - \sum_j P_j C_j \right)$ 。因此,家庭需求是标准 LES 的直接推广,加上二次项 y^2 、交互项 $y p_i$ 和 $y P_j$ 以及分配因子 z 。

第一点要注意:从组合需求里不能单独识别出 c_i^a 和 c_i^b ,因为组合需求里只涉及总数 c_i 。因此,共享原则的各种推广只能依据一个附加常数来确定,前面已经提及此结果。此外,该常数与福利无关;事实上,妻子和丈夫的集合间接效用(接近递增变换)分别为

$$W^a(p, P, y, z) = \log Y + \log(\mu^0 + \mu^y y + \mu^z z)$$

$$- \sum_i \alpha_i^a \log p_i - \sum_j \alpha_j^a \log P_j$$

$$W^b(p, P, y, z) = \log Y + \log(1 - (\mu^0 + \mu^y y + \mu^z z))$$

$$- \sum_i \alpha_i^b \log p_i - \sum_j \alpha_j^b \log P_j$$

不单独依赖于每个 c_i^s 。第二点,总需求形式使私人商品和公共商品具有完全相同的结构。因此,可以简化得到

$$\text{当 } i \leqslant n \text{ 时}, \xi_i = q_i ; \text{当 } n < i \leqslant N \text{ 时}, \xi_i = Q_i$$

同理:

$$\text{当 } i \leqslant n \text{ 时}, \gamma_i = c_i ; \text{当 } n < i \leqslant N \text{ 时}, \gamma_i = C_i$$

$$\text{当 } i \leqslant n \text{ 时}, \pi_i = p_i ; \text{当 } n < i \leqslant N \text{ 时}, \pi_i = P_i$$

因此,组合需求的简单形式为

$$\pi_i \xi_i = \pi_i \gamma_i + \left\{ \alpha_i^a (\mu^0 + \mu^y y + \mu^z z) + \alpha_i^b \left[1 - (\mu^0 + \mu^y y + \mu^z z) \right] \right\} Y \qquad (16.14)$$

引出集合间接效应的形式为

$$W^a(p,P,y,z) = \log Y + \log(\mu^0 + \mu^y y + \mu^z z) - \sum_i \alpha_i^a \log \pi_i$$

$$W^b(p,P,y,z) = \log Y + \log\left[1 - (\mu^0 + \mu^y y + \mu^z z)\right] - \sum_i \alpha_i^b \log \pi_i$$

很明显,在这种形式下,私人商品和公共商品的差异可忽略不计,这也阐明了一个重要观点:虽然在一般情况下,事先了解每种商品是私有商品还是公共商品对于可识别性结果的可靠性还是很重要的,但对于许多参数形式来说,实际上并不必要。

16.5.1.5.2　可识别性:一般情况

现在的问题是,对于(16.14)式的实证估计是否能得出相关参数,即 α_i^s、γ^i 及 μ^α。 首先,将(16.14)式改写为

$$\pi_i \xi_i = \pi_i \gamma_i + \left(\begin{array}{c} \alpha_i^b + (\alpha_i^a - \alpha_i^b)\mu^0 \\ + (\alpha_i^a - \alpha_i^b)(\mu^y y + \mu^z z) \end{array}\right)\left(y - \sum_m \pi_m \gamma^m\right) \tag{16.15}$$

原则上,(16.15)式等号右侧可用计量经济学方法确定。因此,我们可以恢复右侧变量的系数,即 y、y^2、yz、π_m 以及乘积 $y\pi_m$ 和 $z\pi_m$。对于任何 i 值,且任何 $m \neq i$,y 系数与 π_m 系数的比值为 γ^m,因而 r^m 估值偏大。然而,其他的系数只能通过任意选择其中两个来识别。事实上,对于每个 j 值,根据(16.15)式右侧的实证估计只能获得系数 y、y^2 以及 yz,分别为三个表达式:

$$K_y^j = \alpha_j^b + (\alpha_j^a - \alpha_j^b)\mu^0$$

$$K_{yy}^j = (\alpha_j^a - \alpha_j^b)\mu^y$$

$$K_{yz}^j = (\alpha_j^a - \alpha_j^b)\mu^z \tag{16.16}$$

现在,取两个任意值作为 μ^0 和 μ^y,且 $\mu^y \neq 0$。 根据后两个表达式可得出 $(\alpha_j^a - \alpha_j^b)$ 以及 μ^z,根据第一个表达式可得出 α_j^b,因而可得知 α_j^a。

正如所料,不同模型的连续统产生相同的总需求。并且,这些差异与福利有关,从这个意义上讲,对于某种改变下(如价格和收入变化下)的个人福利收益,不同模型的估值也不同。在实践中,在与某个既定的总需求兼容的不同结构模型中,上述的集合间接效用并非一成不变。

当帕累托权重为常数时:$\mu^y = \mu^z = 0$,可得到该模型的单一形式。此时,对于所有 j,$K_{yz}^j = 0$(因为分配因子不起作用),且对于所有 j,$K_{yy}^j = 0$(y 的需求必须呈线性,加入二次项则会违背斯勒茨基定理)。因而得到 $K_y^j = \alpha_j^b + (\alpha_j^a - \alpha_j^b)\mu^0$,这显然无法从中单独识别出 α_j^a、α_j^b 和 μ^0。 正如所预期的一样,单一框架模型是不可识别的。

16.5.1.5.3　排他性识别

在集合框架的非单一形式中,通过对于每个个体成员的排他性假设足以准确得知所有(与福利相关的)系数。假设成员 a 未消费商品 1,成员 b 未消费商品 2;即 $\alpha_1^a = \alpha_2^b = 0$。根据等式(16.15)可得:

$$\alpha_1^b(1 - \mu^0) = K_y^1, \quad -\alpha_1^b \mu^y = K_{yy}^1, \quad -\alpha_1^b \mu^z = K_{yz}^1$$

$$\text{及 } \alpha_2^a \mu^0 = K_y^2, \quad \alpha_2^a \mu^y = K_{yy}^2, \quad \alpha_2^a \mu^z = K_{yz}^2$$

分别合并上述的前两个等式,并假设 $\mu^y \neq 0$,可得到

$$\frac{1 - \mu^0}{\mu^y} = -\frac{K_y^1}{K_{yy}^1} \, 和 \, \frac{\mu^0}{\mu^y} = \frac{K_y^2}{K_{yy}^2}$$

因此,假设 $K_y^2 K_{yy}^1 - K_y^1 K_{yy}^2 \neq 0$,

$$\frac{1 - \mu^0}{\mu^0} = -\frac{K_y^1 K_{yy}^2}{K_y^2 K_{yy}^1} \, 且 \, \mu^0 = \frac{K_y^2 K_{yy}^1}{K_y^2 K_{yy}^1 - K_y^1 K_{yy}^2}$$

则可得出

$$\mu^y = \frac{K_{yy}^2}{K_y^2}\mu^0 = \frac{K_{yy}^2 K_{yy}^1}{K_y^2 K_{yy}^1 - K_y^1 K_{yy}^2}$$

综上可计算出其他所有系数。由此可知,每个个体成员的集合间接效用可以准确得知,由此也可准确得知福利水平。上文已强调,可识别性只有在满足 $K_y^2 K_{yy}^1 - K_y^1 K_{yy}^2 \neq 0$ 时才是通用的。显然,违反此条件的这组参数值是零测度的。同样在 $\mu^y \neq 0$ 的情况下,才有可识别性;尤其是在单一模型中,在 $\mu^y = \mu^z = 0$ 的情况下,不存在可识别性。实际上,根据上文中相同的排他性限制属性只能得知 $\alpha_1^b(1 - \mu^0) = K_y^1$ 和 $\alpha_2^a\mu^0 = K_y^2$;这还不足以识别 μ^0,更不用说当 $j \geq 3$ 时,识别 α_j^i。这证实了在一般模型中,即使排他性假设保证一般可识别性,模型的单一形式也无法识别出来。

最后,我们可以检验之前所述 MMWIs 未被识别的说法。事实上,s 的 MMWI m^s 定义为:

$$v^s(\pi, m^s) = \log\Big(m^s - \sum_k \pi_k \gamma_k^s\Big) - \sum_i \alpha_i^s \log\pi_i = W^s(\pi, y, z)$$

其中

$$v^s(\pi, P, y) = \log\Big(y - \sum_k \pi_k \gamma_k^s\Big) - \sum_{i=1}^n \alpha_i^s \log\pi_i$$

并且

$$W^s(\pi, z) = \log\Big(y - \sum_{i,k} \pi_i \gamma_i^k\Big) + \log(\mu^0 + \mu^y y + \mu^z z) - \sum_i \alpha_i^s \log\pi_i$$

由此得出

$$m^s(\pi, y, z) = (\mu^0 + \mu^y y + \mu^z z)\Big[y - \sum_i \pi_i\Big(\sum_k \gamma_i^k\Big)\Big] + \sum_i \pi_i \gamma_i^s$$

对于任意一项私人商品 i,均可识别总数 $\sum_k \gamma_i^k$,但对于个体成员的 γ_i^s 值无法识别,因此,m^s 被确认为不具排他性的私人商品价格的加性函数。

16.5.2 比较不同家庭规模

第二种方法是指通过对不同结构的家庭进行比较来扩大可用信息集。首先假定个体偏好在单身和已婚状态之间存在某种关系。从这个意义上讲,上文所述的"纯粹"方法依赖于一个极端的情况,这是由于此方法并不认为单身和已婚时的效用之间存在任何联系,因此,个体单身时的偏好信息与婚后在家庭内的偏好无关。在其他极端情况下,一些模型假定个人偏好不受婚姻状况的影响,至少在序数上不受影响。这意味着,如果 $u_S^a(Q, q^a)$ 表示个体 a 在单身状态的效用,那么,其婚后的效用形式如下:

$$u^a(Q, q^a) = F(u_S^a(Q, q^a))$$

其中，F 是一个递增变换式，这样，婚姻状况可以直接影响个体成员的效用水平，而不会影响个体在各种商品之间的边际替代率。注意，如果假定偏好不受婚姻状况的影响，那么上面定义的 MMWI 有一个自然的解释，即它意味着个体在单身时要达到与她在婚姻状态中获得的效用水平相同的效用水平所需的收入水平。但必须强调的是，不同婚姻状况下偏好恒定的这一假设仅用于此处的特定解释，在定义指数时并不需要这一假定。

文献中可以找到各种各样的中间方法，其中一个主要用于劳动力供给。假设某些偏好参数对单身人士和家庭来说是通用的，因此可以在单身人士的样本中单独进行估计。一般来说，这足以确定（或校准）在夫妇样本中所观察到的男性和女性劳动力供给（与婚姻特定偏好和帕累托权重相关）的剩余参数。发表在《家庭经济学评论》（$Review\ of\ Economics\ of\ the\ Household$）上的一系列论文采用了此种方法（Bargain et al.，2006；Beninger et al.，2006；Myck et al.，2006；Vermeulen et al.，2006）。例如，在一对夫妇的劳动力供给模型中，个体 a 的效用形式为

$$u^a(q^a, L^a, L^b) = \alpha^a \ln(q^a - \bar{q}^a) + \beta^a \ln(L^a - \bar{L}^a) + \gamma^a \ln(L^a - \bar{L}^a)\ln(L^b - \bar{L}^b)$$

其中，L 表示休闲。注意，这种形式比上述形式更为普遍，因为考虑到了夫妻间休闲的（积极）外部性。[①] 参数 α 和 β 可被看作与婚姻状况无关的参数，因此可从单身人士样本中识别，然后可根据家庭数据校准 γs 的值以及帕累托权重。

Browning 等（2013）最近提出了一种依赖于家庭生产概念的中间方法。它假定个体结婚时，保持相同的偏好，但可以获得不同的（通常更高产的）技术。也就是说，虽然消费品之间的基本替代率不受婚姻（或同居）的影响，但购买和消费之间的关系会受此影响，因此，其包含个人专用商品（仅由一个成员消费）的家庭需求结构不同于单身者的需求结构。一般来说，我们可以按照 Dunbar 等（2013）提出的方法，只假设偏好不受家庭构成的影响（例如，父母自身的消费偏好并不取决于子女数量）。下一节将细说这些方法。

16.5.3　从市场均衡中识别

最后，一系列近期的研究致力于对数据采取上述的均衡方法。其理论基础十分简明：婚姻市场中的均衡条件（无论有无搜索摩擦，但存在家庭内部转移）或者对家庭内部分配有约束作用，或者确定了家庭内部分配情况。有几篇文章针对这一观点提出了实证方法。有一类文章仅考虑匹配模型，婚姻市场均衡的唯一特征是各种类别之间的通婚矩阵，该矩阵可由年龄、受教育程度、收入或上述任意合并因素来定义。在匹配方面，根据 Choo 和 Siow（2006）的初步贡献，Chiappori 等（2011）已经展示了如何从这些模式中（过度）识别出一个结构化的参数模型，它假设婚姻产生的盈余可能（并且确实）随着时间而变化，其超模性（驱动人口分类匹配的程度）是恒定的。[②] 据他们估计，虽然过去几十年来，全球范围内婚姻带来的收益有所下降，但受过良好教育的夫妇所获收益的下降幅度要小得多。此外，接受过大学教育的妻子所获得的家庭资源份额有所增加，导致其"婚姻教育溢价"大幅增加（定义为大学教育在婚姻市场上提供的额外收益）。这与 Chiappori 等（2009）的理论分析相一致，他们认为，男性与

---

① 同样，这种方法将两个个体的休闲都看作家庭内部的公共物品。
② 有关匹配模型的计量经济学的大致介绍，请参见 Chiappori 和 Salanié（2014）的调查。

女性间婚姻教育溢价的不对称是因为（至少部分原因是这样）女性对大学培训的需求更高。此外，Jacquemet和Robin（2011）及Goussé（2013）从搜索角度对婚姻模式进行了分析。

这些方法存在一个明显的局限性：对婚姻模式的观察只提供了婚姻盈余形式（因而也包括分配形式）的有限信息。例如，知道匹配是分类的，这只能告诉我们盈余是超模的。因此，这些方法必须基于强大的而且在很大程度上无法验证的假设：夫妻间异质性分配的精确形式。增加对总盈余信息的了解大幅增强了这些模型的识别能力，但这些信息恰好是集合模型基于可观察到的行为就能够提供的相关信息。此处可知，对已婚夫妇（反映家庭内部转移）的劳动力供给模式以及对婚姻模式的观察，能使我们充分坚定地识别一般匹配模型。Chiappori等（2014）在一系列文章中对此类问题进行了研究。

16.6　实证研究结果

这一节回顾一些基于集合模型开展的实证研究以及强调共享原则识别的一些实证研究。

第一代模型使用私人商品和可分配商品的相关信息，如服装消费或个人休闲，按照一个常数来识别共享原则。这些模型主要采用两种识别方法：第一种方法是我们所称的"纯粹"识别，即在没有进一步信息的情况下，只能通过观察家庭的消费束来得知共享原则的衍生物。正如上文所说，虽然可以通过使用分配因子放松一些识别条件，但是这些模型不能从偏好中单独识别出共享水平（每个家庭成员的分配情况）。存在着资源分配的连续统，资源分配与每个家庭成员的效用函数都相关联，这与数据极为吻合；在这些分配中，尽管每个成员的福利分配仍然相同，但家庭内部的收入不平等是不同的。

要想通过确定整体资源的分配方式来衡量不平等还需要更多的相关信息，例如关于确定共享原则行为的假设（如前面讨论的非负性条件），或者基于偏好的假设。一种可能是假设偏好随婚姻状态的变化而变化，以此来比较已婚人士和单身人士的行为。其他方法涉及对偏好的特定限制。我们将展示其中一些方法在文献中是如何运用的。最后，我们还考虑了显示性偏好限制的信息内容，将显示性偏好观点从个人的选择扩展到家庭集合情况。显然，无论对于个人还是对于单一模型家庭来说，显示性偏好限制都比标准限制更为复杂，因为家庭总体未必会像理性的个体一样行为处事。本小节探讨在这种情况下可以从显示性偏好中获取哪些信息。

然而，共享原则的识别问题比使用上述限制所提出的问题更为复杂，并且这与人们在结婚时达成协议的方式以及与这些协议相关的承诺程度有关。换句话说，从根本上来看，共享原则是由行为确定的，而不需要强加可能的特别限制。识别要求我们扩展模型，将均衡环境下的婚姻决策包括在内。事实上，婚姻市场均衡将会确定共享原则，并且婚姻市场中的条件允许我们识别出共享原则。这有效地引入了动态变化，使人们能够更深入地探究承诺的程度以及这在家庭不平等中意味着什么。利用婚姻市场数据更好地了解家庭内部分配的理论和实证能力是一个相对较新且活跃的研究领域，尤其是在允许有限承诺的情况下。

在讨论实证文献之前,首先需要介绍偏好可识别性概念与共享原则以及计量经济学识别之间的区别。本章前面讨论的可识别性结果与我们恢复个人偏好和共享原则的能力有关,前提是我们准确地知道家庭层面的需求函数。实证分析涉及从实证数据中估计出家庭需求,从而能够得知共享原则。这个问题提出了标准计量经济学关注的所有问题,如未观察到的异质性的作用,工资、价格和收入的内生性,角点解(尤其是在劳动力供给方面),等等。最难解决的问题之一是要知道不可观察到的异质性是如何影响家庭需求的,特别是当这种不可观测的变量与可观测变量相关时。这个问题是基于这样一个事实:一般来说,在偏好上不可观测的异质性意味着在共享原则中的不可观测性。在大多数设定中,这意味着不可观测数据与可观测数据是不可分离的,这对计量经济学的识别有一定影响。例如,Blundell 等(2007)利用线性特征绕过了未观测到的偏好异质性这一难题。对于这个问题,我们在此并没有提供任何通用的解决方案,但需要指出的是,在考虑共享原则的识别之前,必须用实证方法解决标准的计量经济学识别问题,这一点在当前情况下是十分迫切的。①

16.6.1 共享原则的"纯粹"识别

在第一代集合模型中,我们主要介绍三个实证研究。第一个是 Browning 等(1994)的研究,第二个是 Chiappori 等(2002)的研究,第三个是 Blundell 等(2007)的研究。三者的识别方法相似:对效率和可分配商品做出假设,但在细节处理之处有所不同。

在 Browning 等(1994)中,研究数据来自加拿大家庭支出调查(FAMEX)的夫妇样本,根据男性和女性在服装上的需求构建了一个模型,并确定了共享原则,将其设定为常数。识别依赖于两个假设:第一,服装是一种可分配的商品,这实际上意味着我们可以观察男性和女性的服装,并且只有使用服装的人才能从中获得效用。换言之,服装不具有公共商品的成分。第二,假定伴侣的收入分配情况不会影响到偏好,但可能会进入共享原则,体现双方的议价地位。考虑到上述假设,他们将共享原则确定为一个函数,是伴侣间年龄差异、家庭总支出(从而允许资源共享方式中的财富效应)以及最重要的一点——女性伴侣的收入份额的函数。事实证明,夫妻间的资源分配方式与其收入所占份额并没有很大的关系。例如,收入份额从 25% 增长到 75%,但其家庭支出份额也有提升,结果显著但数值较小,仅为 2.3%。年龄差异和支出水平与分配情况有较大关联,年长的人挣钱更多,更富有的家庭分配给妻子的份额更多。

Browning 等(1994)的文章展示了这种方法的潜力以及丰富的实证结果,这些实证结果是通过审慎使用反映家庭议价能力的信息而获取的。然而,在他们的模型中,女性议价能力的主要决定因素是女性收入的相对数量,较高的收入份额或许反映了其相对议价能力,或者说,反映了她放弃休闲和更多地工作的决定;换句话说,分配因子是内生的。原则上,只要劳动力供给和消费是分开的,就不会影响识别问题:总支出不变的情况下,个人消费应独立于劳动力供给(因此也不受劳动收入的影响)。然而,可分离性具有很强的假设性,在实证研究方面受到批评。接下来介绍的两篇文章通过内生化劳动力供给来解决这一问题。

① 关于在这方面的尝试性研究(包括对由此带来的具体困难的探讨),可参见 Lewbel 和 Pendakur(2013)以及 Chiappori 和 Kiim(2013)。

上文讨论的家庭内部不平等和资源分配的实证关联在 Chiappori 等(2002)的研究中也已阐明,他们用来自美国国民收入动态追踪研究(PSID)的数据对集合劳动力供给模型进行了估计。在该模型中,共享原则基于分配因子确定(达到一个常数)。数据包括 1990 年人口普查所得的该州的性别比(男/女)以及代表离婚法性质的虚拟变量。① 然而,衡量性别比是非常棘手的一件事,因为这需要界定相关的婚姻市场,并且时机也会产生影响。例如,在一个完全承诺模型中,结婚时的性别比才是重要的影响因素。然而,性别比不太可能随着时间的推移而发生巨大的变化,因此,对婚姻市场的定义应该宽泛一些为好,而不是过于狭隘。报告称,他们还使用了县级的性别比作为工具变量与该州的进行比对,发现对其结果影响不大。在他们的模型中,对劳动力供给进行了长达一年多的评估,并且选取的是夫妻双方都在工作的样本。因此,相关群体是对劳动力市场有足够的依恋,希望自己一年中至少有一段时间能工作的个体。在他们的模型中,共享原则是包含双方工资、非劳动收入和分配因子的函数。把双方的工资考虑进来很重要:据实证观察,在估计家庭劳动力供给时,双方的工资都很重要(例如,参见 Blundell and Walker,1986),单一模型将这一事实视为在家庭偏好中男性休闲和女性休闲之间的不可分割性。在集合模型中,此处的不可分割性被视为共享原则对个体劳动力供给的影响。集合模型中的限制没有被拒绝这一点也强化了这种解释。

研究结果表明,婚姻和劳动力市场状况可能会导致夫妻双方在家庭资源分配方面存在较大差异。例如,女性时薪每增加 1 美元,就平均会有 1600 美元向丈夫转移,这意味着大部分额外收入都归男性所有。然而,男性时薪每增加 1 美元,只会给女性带来 600 美元的收入转移,这意味着男性保留了大部分,并没有像女性那样无私(作者原话)。许多人之所以对工资效应感兴趣,是因为工资的变化以及男女工资的差别是家庭内部资源分配的一个关键性驱动因素。遗憾的是,对于这些结果并未有十分精确的估计;下文在提及 Blundell 等(2007)以及 Lise 和 Seitz(2011)时,将再次探讨这个话题。总之,在 Chiappori 等(2002)的研究中,一个突出的结果是性别比的影响。基于此结果,性别比每上升一个百分点,将带给妻子 2160 美元的财富转移。注意:其数据中性别比的变化范围是 0.46—0.57,这意味着婚姻市场从最不利到最有利的情况,财富转移差值可能超过 23000 美元。当然,这并不会全部转化为消费的增加,因为收入对劳动力供给的影响意味着工作时长的变化。为了概括离婚法的作用,作者构建了一个范围从 1 到 4 的指数,以此来表明离婚法对女性的有利程度。这方面的影响尤其强烈,该指数每上升 1 个点,就会有 4310 美元转移给妻子,这笔钱再次在消费和休闲之间分配。

这些结果十分重要,因为它们显示了家庭内部资源分配对影响夫妻双方议价能力的外部条件的敏感程度。举例来说,这一数据中的平均家庭收入为 48000 美元,仅仅因为性别比的变化(当然是极端变化)所引起的家庭内部资源分配变化几乎可以达到家庭收入的一半。

然而,上述讨论的一些文章中仍有一些实证问题亟待解决。第一,我们需要关注的是,

---

① 在 CFL 文章中——认为女性数量相对较少和/或更有利的离婚法对妻子的帕累托权重提升作用——这一观点可通过明确的匹配模型加以佐证,但存在细微差别(例如,离婚法的变更对于早已结婚的女性和法律发生变更后才结婚的女性的影响是不同的)。关于这些问题的分析,可参见 Chiappori(2013)。

对于性别比不同的州来说,女性的分布情况并非随机的,因为她们对劳动力供给的偏好不明显。如果女性生活在男性较多的地区,且对劳动力市场依恋程度较低,则会使上述结果有所偏差。第二,我们需要解决工资效应估算的精确度问题,Blundell 等(2007)的研究也在一直讨论这个问题,我们将在下文进行探讨。CLF 对工资进行了工具变量处理,但作用不大:该工具变量依赖于年龄和受教育程度的多项式,同时(正确地)在劳动力供给函数中对受教育程度和年龄进行线性控制。这排除了工资在年龄和教育方面的高阶非线性,其在理论上也很难证明,同时提供的信息也不充分。要解决这些实证问题,需要收集改变工资和婚姻市场的外生事件的有关信息,新一代的集合模型正试图解决这一问题,例如 Attanasio 和 Lechene(2014)在墨西哥进行了有条件现金转移(PROGRESA)的实验,在实验中用女性收入的变化来获得男性和女性相对议价地位的外生变化。

除了这些困难,还有一个更重要的问题在我们所讨论的文章中没有得到解决,即妇女的非参与性。鉴于许多妇女没有工作,考虑到这种可能性并且了解家庭资源是如何分配的(尽管妇女没有在正式市场上参与生产)是一个关键问题。Blundell 等(2007)的文章讨论了在考虑男性和女性不参与劳动力市场的情况下,一个劳动力供给集合模型的识别和估算问题。此外,该模型还考虑了男性劳动力供给决策为离散数据(工作与否)的情况,实施这一限制是为了适应这样一个事实:在英国(数据来源地),男性的工作时间分配似乎不连续,每周工作时长在 0—35 小时,整个群体都是全职工作状态。这一限制并不完全令人满意,但相对于假设工作时间是自由选择的这一前提来说,更能公正地对数据进行分析。因此,最终模型是女性在集约边际和广延边际上做出选择,而男性只在广延边际上选择。作者证明了共享原则的识别性;但是,只有在家庭两个成员中至少有一个在工作的情况下,才能识别共享原则(非参数识别),参数限制能识别其余问题。在实证研究中,Blundell 等(2007)通过利用大众群体和教育群体之间的工资不平等的变化来处理工资率的内生性问题。计量经济学的识别依赖于这样一个假设,即尽管不同群体和教育组别之间的工资结构发生了变化(这是一个可验证的假设),但其偏好没有改变。这意味着不同群体和教育组别的工作行为的变化可以归因于激励结构的变化,这是 Blundell 等(1998)采用的识别策略。

该实证研究数据来自 1978—2001 年英国家庭支出调查中已婚夫妇的样本。为识别而强加的假设(除了效率)要求:研究对象只有私人商品和一种可分配的商品,这种可分配商品是休闲。因为在数据中未单独列出对子女的支出,而且这些支出数据实际上是公开的。因此,作者将有子女的夫妇排除在外,然后假定观察到的家庭总消费反映了家庭中两位成员各自私人消费的总和。

该模型中有两种不同的共享原则,取决于丈夫工作与否的两种情况下,二者的区别在于单调变换,在实证规范中作为衰减因子,这意味着丈夫在不工作时只能得到一小部分财富转移。衰减因子为 0.71,表示共享原则(以及水平)的衍生物在他不工作时的衰减量。他们的实证方法中没有使用任何可以排除在偏好之外的分配因子:共享原则取决于男性工资、女性工资、非劳动收入、受教育程度和年龄。结果显示,从实证角度来看,尚不能确定女性工资对共享原则的影响程度。然而,男性工资对共享原则的影响得到准确估计,如果丈夫处于工作状态,男性市场收入增长的88%会转移给丈夫。由于男性的决定没有集约边际,如果男性继续工作,男性市场收入的增加将会对其消费产生直接影响。如果男性不工作,潜在工资收入中的相同变化转移为潜在增量为62%的财富转移(0.71×0.88)。上述结果表明,当丈夫工作,其工资收入增加时,妻子的消费增量很小;如果潜在工资收入增加(且丈夫未工作),妻子的消费会大幅下降,丈夫共享更多的家庭资源。最终,妻子占据非劳动收入增量的73%,但实际上,非劳动收入在家庭收入中所占比例相对较低。

这些结果再次说明,外部因素(此处指相对工资)对家庭内部的资源分配有重大影响。但是,Blundell 等(2007)并未对女性工资带来的影响进行精确估计,这极不利于我们分析工资结构变化对家庭资源分配的影响。研究之所以不够精确,就在于可分析样本相对较少,很难收集到男性不工作的样本。此外,把夫妻两人的工资以及非劳动收入视为外生因素,虽然对于获取有价值的一致性的研究结果十分重要,但也对准确度有很大影响。该文确实证明了模型的识别(原则上)不需要分配因子。然而,从 Chiappori 等(2002)的实证研究视角来看,其他环境因素对于确定分配可能起着非常重要的作用。一方面,如果忽略这些因素,可能会使结果产生偏差;另一方面,如果考虑这些因素,也会对偏好产生影响。识别不要求这些因素只对共享原则产生单独影响。

第一代模型显示了集合模型在识别家庭黑箱内资源分配方面的潜力。但是,还有一些尚未解决的关键问题。一个问题是税收和福利被忽略了,在某种程度上,这是一个实证设定问题,因为忽略税收可能会使对偏好参数的估计产生偏差。但在更根本的层面上,由于没有考虑税收和福利制度,我们忽略了影响(有时企图去影响)家庭分配最重要的因素之一。考虑税收和福利的估算模型可以解释政策和市场环境的变化如何影响资源的分配。

另外一个基本问题是,上述模型只能识别共享原则的衍生物,也就是说,当分配因子、价格和非劳动收入发生变化时,共享原则会有什么变化。这使得其无法对资源不平等程度进行讨论,因此无法让我们了解到资源分配随时间推移发生了怎样的变化。

模型中引入对福利和税收的考虑并不会带来任何重要的概念性问题,在实践应用中,会考虑更加复杂的预算集,并且考虑用非线性预算集对模型求解。有趣的是,除了共享原则的影响,福利和税收制度也可能会进一步加大丈夫和妻子所做决策之间的相互依赖性。这些问题已得到关注,例如,Donni(2003)对上述问题进行了探讨,利用上述的"纯粹"识别模型对此进行了分析;Beninger 等(2006)、Myck 等(2006)和 Vermeulen 等(2006)通过分析有关单身及已婚人士的信息对上述问题进行了阐释。

但是,将该模型拓展到可对共享原则进行识别的程度确实会带来概念上的问题。从根本上说,共享原则是通过婚姻市场的均衡来确定的,但如果不使用完整的婚姻市场均衡模型,我们还可以借助其他辅助假设来获取有关不平等程度的信息。有一种可能是对单身人士的信息进行分析。Lise 和 Seitz(2011)在其文章的早期版本中便采用了这种方法,该方法限制了偏好随婚姻变化的方式。另一种可能的方法是假设共享原则处于工资空间的某个点,例如在这个点上,当工资相同时,所有资源是平均分配的。这是 Lise 和 Seitz(2011)发表的文章做出的假设。最后,我们还可以效仿 Dunbar 等(2013)的方法,对需求的函数形式做出假设。下面主要讨论这些实证研究。

16.6.2 家庭内部不平等随时间的变化和共享原则:Lise 和 Seitz(2011)

Lise 和 Seitz(2011)用集合模型先对(个人层面)总体消费不平等做出估计,然后分解到家庭层面和家庭内部。一个重要的经济事实是,在他们所考察的时期(1968—2001 年),英国的工资分配情况在教育群体之间以及该群体内部发生了巨大改变(见 Gosling et al.,2000)。此外,随着时间的推移,婚姻市场的结构也随着婚姻匹配程度的提高而发生了变化。因此,他们建立了男性和女性的劳动力供给模型,并提供了许多(但离散的)工时选择,取值在 0—65,间隔为 5 小时。Lise 和 Seitz(2011)的实证研究框架在很多方面也与 Blundell 等(2007)的类似:所使用的数据均来源于英国家庭支出调查中对无子女夫妻的多年调查结果。然而,他们在一些重要方面有所不同。首先,前者考虑了税收情况并解释了英国联合征税带来的影响(截至 1989 年)。其次,他们给男性提供更丰富的选择集,并且构建了更深层次的框架用以识别共享原则的水平及其衍生物。最后,他们在定义消费情况时,考虑了公共商品的因素,尽管他们认为公共商品与私人消费和休闲之间是分离的。

尽管识别共享原则衍生物的内在逻辑与 Blundell 等(2007)的类似,然而在实证研究中,对于共享原则的定位(水平)识别是基于这样一个识别假设:当个体的潜在工资相同时,他们也均分共享资源。该文的早期版本曾经假设:已婚个体和单身个体的偏好相同。上述两种假设均能识别模型,但其中一个认为共享原则与福利无关,因为当共享原则确定时,会调整偏好设定使福利保持不变。原则上,仅仅对位置参数进行标准化不会造成任何偏差,但必定会导致一定程度的不平等。采用单身人士相关信息的优势在于,使用了基于偏好的明确假设的限制(婚姻不会影响边际效用),但如果出现错误,将会对所有结果产生偏误影响。

在该文研究期间(1968—2001 年),工资收入不平等迅速加剧。与男性相比,女性的潜在工资和实际工资收入所占比例一直在稳步上升,男性就业率有所下降,而女性就业率在这段时期开始时有所上升,随后保持不变。1980—1990 年,消费不平等迅速加剧,但其余时间基本稳定。当 Lise 和 Seitz(2011)用集合模型来解释这些结果时,他们发现了一些有趣的事实:虽然家庭之间的消费不平等现象加剧,但家庭内部的消费不平等现象趋于缓和,随着时间的推移,总体消费不平等程度大致保持不变。当他们考虑用一种不同的测度,即完全消费(包括每个成员享受的休闲价值)来考察资源时,他们发现了类似但对比不那么明显的结果。第一,各个家庭之间的不平等仍在加剧,但幅度要小得多,因为那些有无业成员的家庭的消费下降是由休闲价值来补偿的。第二,他们发现,家庭内部的不平等程度和以前一样有所下降,但降幅要小得多。显然,这些消费指标都不理想,采用以货币衡量的福利指标可能会更好。然而,这些结果恰恰说明了分析家庭内部不平等(和贫困)需要找到可靠方法的潜在重要性。谁与谁结婚是内生因素,在一定程度上会影响家庭内部不平等是如何界定的,并对如何确定家庭之间的不平等也有一定影响,这也更加说明了要找到可靠方法分析家庭内部不平等的重要性。

16.6.3 家庭内部不平等和儿童消费

家庭内部不平等一直以来备受关注,因为这能表明家庭内部的资源分配情况,并且能揭示隐藏的贫困和不平等。当涉及儿童消费的分配情况时,这个问题也就显得越发重要,这是因为儿童消费以及现在对儿童更加普遍的投资对于贫困的代际传播具有深远的影响。然而,鲜有甚至没有任何实证研究分析资源是如何分配给儿童的,也并未分析收入在由男性重新分配到女性的过程中,在多大程度上会影响到分配给儿童的份额。Blundell 等(2005)提出了分析这一问题的理论框架。在最近的一篇重要文献中,Dunbar 等(2013)利用马拉维的数据进行了实证研究。在他们的模型中,每个孩子都拥有自己的效用函数。这在假设方面存在一个非常特殊的难题,如 Browning 等(2013)中,假设单身人士和已婚人士的偏好相同,而此处不能做此假设,因为孩子们从未被视作是单身人士。此外,在作者使用的马拉维数据中,没有足够的价格变化用于分析,而 Browning 等(2013)对此做了明确要求。因此,通过对恩格尔曲线(Engel curves)的结构和形状做出假设来进行识别。

首先,识别方法要求每人有一件可分配的私人物品或一件个人专用物品。注意,个人专用物品是指只为一类家庭成员消费的商品(例如,儿童服装只能由儿童消费),而可分配是指每个成员对于此件商品的消费是可观察得到的。[①] 当然,还有许多其他纯粹的私人物品(如食品),我们并未观察到个人对于此类商品的消费情况,但这并不影响识别。

可分配性假设不足以确定每位家庭成员的资源份额,因此需要做出其他的假设。Dunbar 等(2013)做出了如下假设:假设在总支出中,资源份额不变。此外,他们对偏好做了两个不同假设:要么是不同家庭类型(即有一个、两个或更多孩子的家庭)对商品的需求相似,要么是同一类家庭内部对不同类型商品的需求相似。该假设的一种极端情况是,偏好不随家庭类型的改变而变化。由于商品具有部分公共性,不同家庭类型的影子价格会有所不同,因此,这种极端假设基本上等同于假设用于识别的可分配商品不随价格的波动而变化。另一种极端假设的情况是指,不同的家庭成员类型(男性、女性及儿童)对可分配商品的偏好是相同的。然而,Dunbar 等(2013)表明,识别只要求在不同的家庭成员类型之间或不同的家庭类型之间的需求函数在某些方面相同就足够了。因此,在一种情况下,他们假设所有家庭成员对所分配的商品都具有相同的恩格尔曲线形状。在另一种情况下,他们假设不同类型(儿童数量不同)家庭的偏好是相同的,这取决于收入平减指数。平减指数反映了不同规模的家庭所面临的不同的影子价格,并且平减指数是允许对可分配商品的偏好在不同类型之间变化的一种方式。关键在于,作者需要界定相似性,这样,才能在不影响需求函数的理论一致性(可积性)的前提下进行识别。

Dunbar 等(2013)对他们基于马拉维数据的模型进行了估计,这可能是首批使用发展中国家数据做的研究之一。从某种意义上说,他们的框架特别适合用于分析此类情况,因为工资和/或者价格在一些其他识别策略中处于核心地位,却无法观察得到。他们的方法依靠测

---

① 应该强调的是,当对一件商品的消费不改变其他家庭成员对此商品消费的偏好时,该商品即为私人物品。正如作者所言,一个家庭成员吸烟可能会惹恼其他家庭成员,但如果它本身没有改变其他成员对商品的消费,那么它仍然可以被视为私人行为。

量支出,并将服装和鞋作为可分配商品来进行分析,得出的结果令人感到震惊,但也很好地说明了关注家庭内部分配情况的重要性。他们发现,男性获得的资源约为整个家庭的45%—50%,且与子女的数量无明显关系。母亲所占份额随着第二个孩子的出生下降,但随后基本保持不变,子女的消费份额则呈下降趋势。

与之更为相关的还有隐含的贫困率。在独生子女家庭中,男性贫困率达到最高水平,男性贫困率似乎在子女数量更多的家庭中有所下降。然而,这一重要结果还与女性及儿童的贫困率相关:在独生子女家庭中,男性的贫困率约为69%,相比之下,女性贫困率为79%,儿童贫困率为95%。在家庭成员更多的家庭中,男性贫困率约为55%,而女性贫困率为89%,儿童贫困率几乎为100%。因此,他们的方法不仅更全面地揭示了存在的贫困状况,而且揭示了儿童的贫困程度,这对于发展来说至关重要。如果不采取这种方法,就不能准确揭示出现实生活中的儿童贫困程度。此项研究并未聚焦儿童的性别差异,但这也是一个重要方面,顺着这个方向可以做大量的这类研究。这种方法提供了一个明显的机制可用于研究资源是如何按性别分配的。

这种方法的一个潜在限制在于共享原则的固定属性。虽然作者花了大量笔墨来解释不依赖分配因子分析的好处(事实上,他们并未分析分配因子对偏好是否有影响)。一个基本模型,既缺乏对影响资源共享的依据分析,也缺乏对外生驱动因素如何影响资源共享的分析,在某些情况下是有问题的。在允许共享原则取决于工资或机构特征的一些模型中,我们对如何使用决策来定位个人有一定的了解。Dunbar 等(2013)的模型缺少这一部分,不过,这也不是该方法中不可或缺的部分,有更丰富的模型可以进行识别。

16.6.4 显示性偏好限制和共享原则识别

在集合模型为真的情况下,识别共享原则的方法利用需求函数的结构以及收入对观察结果的影响方式,这就得到了一组微分方程,解出这些方程便能得出共享原则的衍生物。如前所述,这还不足以识别出共享原则的级别。

另一种方法是显示性偏好方法。在单独个体效用最大化的模型中,显示性偏好公理允许人们以非参数的方式检验一组特定的选择能否通过效用最大化的方式达到合理化,如果可以,则可约束潜在的需求函数。基于 Afriat(1973)和 Varian(1982)的初始研究,Blundell 等(2003,2008)发展并使用了单一模型的方法。在集合框架下,由于预算约束方式变化(工资、价格、收入等),个体会做出不同选择,帕累托权重也会发生变化,家庭总需求在一般情况下,将会违反符合单一模型的显示性偏好限制。这一观点是由 Browning 和 Chiappori(1998)提出的,他们指出,家庭总需求必须具有一个斯勒茨基矩阵(Slutsky matrix),该矩阵可以分解为一个对称矩阵加上一个秩等于决策者人数(其需求为总计数量)减 1 的矩阵。选择模式受到限制的事实意味着也存在显示性偏好限制,如 Chiappori (1988)注意到了这一点,给出了在劳动力供给情况下的一个早期例子。实际上,Cherchye 等(2007)已经对这些限制展开了全面的研究。在进一步的发展中,Cherchye 等(2012)展示了如何使用显示性偏好限制来约束共享原则,而不会施加除家庭内部分配的帕累托效率之外的任何限制。主要结果基于以下原则:假设观察到的一组需求是可集合合理化的,即观察到的选择与存在的个体可接受的需求函数一致。那么，任何可能带来家庭内帕累托改进的选择在当前市场价格下都是不可行的，而且对于家庭内的任何收入分配，每个人都能得到非负份额。更具体地说，基于个体1的一切可能的可接受需求函数，考虑其显示性需求组，它们的成本必须超过个体1在家庭总收入中所占的份额；对于个体2也是如此。带来帕累托改进的成本最低的（消费）束提供了个人份额的上限，将总收入中的这些份额相加，并假设这些份额不能为负，这就确定了下限。实施这一原则的困难之处在于，我们需要搜索一切可能的个体可接受的需求函数。

该原则生成了共享原则的上限和下限。重要的是，除帕累托最优之外，这种边界不需要任何限制：所有或部分商品可以是私有的，或是部分是公共的，部分是私有的，或者完全是私有的。此外，我们不需要指定哪些商品（如果有的话）是纯粹私有的，但如果已知这些信息，则可以用来收紧界限。

切奇（Cherchye）等人从1999年到2009年均对PSID采用这一方法，当时的个人消费商品支出均是可用的。研究样本为双方均在工作的无子女夫妇，效用取决于休闲、食物及其他商品，还包括健康和交通。休闲被认为是可分配的，但对于其他商品并未做出假设。这一点很重要，因为在这种情况下，至少是在一般情况下，共享原则的水平及其衍生物都不是点识别的。

他们运用该方法对一个家庭的总需求系统的三个不同版本做出估算：非参数系统、二次几乎理想需求系统（QUAIDS）（Banks et al.，1997）和限制替换矩阵为对称矩阵加1秩的（QUAIDS），这要求所有需求与集合模型一致。鉴于这种需求系统，他们应用其算法来限制对于价值不同的住户总收入、工资和价格的共享原则，取得了显著的实证结果。首先，界限十分狭窄。在非参数需求系统中，上限和下限间的中位数差异为12％，而在完全限制性需求系统中为3％。从非参数需求系统到不受限制的QUAIDS，紧缩是由于施加了参数限制，这些参数限制可能是有效的，也可能是无效的——作者对此没有提供任何证据。但是，假设参数限制是有效的，从无限制QUAIDS到受限QUAIDS，只是强加了问题所包含的限制，因此只能使边界变得（更）清晰。因此，当施加帕累托效率时，上限和下限之间的中位数差异从约9％紧缩至3％，为实质性的改进。使用形状约束的非参数需求系统（参见Blundell et al.，2012）以避免参数限制是有用的，但需要用到该模型中所暗含的帕累托约束。

通过分析界限，他们确定女性所占资源份额在正常情况下都是好的，也就是说，随着家庭总收入的增长，女性所占份额也会增长；有趣的是，这一发现证实了先前在不同背景下得出的结果。此外，他们表明，按百分比计，女性的平均比例非常接近50％，尽管在这一位点上存在很大的异质性。然而，令人印象深刻的是，共享原则在整个资源分配过程中是如何受到紧密限制的。在解释该问题时需多加小心，因为平等分享的是全部收入，这种收入测量标准包括休闲和消费。这样，拿高工资不工作的妇女所占的份额将包括她的休闲和消费，因此，50％的份额在某些情况下可能会暗含所有其他商品的极不平等的消费水平。

在分析的最后一部分，作者使用他们的估值进行贫困分析，其观点与上文Dunbar等（2013）描述的相似：他们比较了家庭层面的收入所暗示的贫困率与个人分配所暗示的贫困率，家庭贫困线是家庭收入中位数的60％，而个人贫困线是30％。当然，这个衡量标准是基于收入而非基于福利做出的,忽略了任何的家庭规模经济。若这一点并不成立,个人贫困率就更高:虽然家庭贫困率为 11%,但个人贫困率界限在 16%—21%,下界超过住户数量。有趣的是,界限并没有因性别而产生任何实质性差异。

切奇等人的研究开辟了新的领域,显示了集合方法的力量。具体地说,它大大增强了可识别性结果,不仅显示出不同级别的共享原则可以被识别,而且在我们看来更重要的是,还可以在不超过家庭内部帕累托效率的情况下对整个共享原则进行限定。尽管如此,这一研究领域仍有一项长期而重要的议程。第一,从实证上讲,我们需要更好地理解在这种非参数框架内如何处理偏好的异质性,以及价格和工资的内生性。切奇等人的整体分析都是基于工资和价格,是外生的假设,这本质上与缺乏异质性和冲击是一致的,总体不令人满意。例如,有大量关于内生工资率的劳动供给文献可供参考。第二,如果需求函数受到总体冲击,商品价格可能也不是外生的。虽然就集合模型的中心问题可识别性而言,这些似乎是次要问题,但它们对于该方法的最终实证可信度尤为重要。

16.7 结论

了解家庭内部不平等,更广义地说,是了解家庭内部的资源分配情况,对于了解政策效应和对旨在减轻贫困的项目进行精准定位至关重要。其研究意义影响深远,既涵盖了谁将从某些项目中受益的简单问题,也涉及有关儿童贫困及儿童发展的深层次问题。人们普遍认为,将家庭视作一个独立的个体单位具有以下弊端:不能提供家庭生活水平的全面情况;当我们试图研究行为及其对环境的反应时,还可能对此产生严重的误导。在综述中,我们探讨了有关家庭内部不平等概念的根本问题,也讨论了从通常能观察到的数据中对家庭内部分配情况的识别程度。在此背景下,我们认为重要的是在不影响偏好的情况下能够观察到那些改变配偶议价能力的变量,能够窥探家庭黑箱内部的其他方法也是极其重要的。从上述探讨中不难看出数据的重要性,详细的消费数据及时间使用数据是最为重要的。鉴于当前问题的重要性,需要再次强调这些数据的重要性。更好地了解分配因子的组成要素以及更好地分析实验数据是研究家庭内部分配情况的重要途径。

然而,除此之外,目前的研究正推进到观察家庭内部分配的动态变化,并将其与婚姻市场相联系。研究已揭示结婚时的状况会如何影响家庭内部的分配情况。的确,在完全承诺下,当前的分配因子或许不会影响到当前的分配情况。完全承诺是一个很强的假设,在有些人看来是不合情理的假设。因此,也有研究在进一步探究,在有限承诺的情况下分配情况是如何确定的。在有限承诺的背景之下,体制框架的变化,例如福利体系结构或离婚法的变化,可能对家庭内部的不平等以及婚姻的形成和解体产生重要的影响。因此,我们需要一个丰富、完整的理论和实证框架,以便更好地了解家庭内个人福利是如何决定的。Mazzocco (2007) 和 Voena(2013) 的文章对理解家庭内部分配和家庭形成的动态研究做出了重要贡献,我们坚信这也是未来研究的一个重要方向。

致谢

在此,笔者皮埃尔-安德烈·基亚波里特别感谢美国国家科学基金会(NSF)给予的资金支持(资助编号:1124277),笔者科斯塔斯·梅吉尔特别感谢考尔斯基金会(Cowles Foundation)和耶鲁大学社会与政策研究所(Institution for Social and Policy Studies)提供的资金支持。此外,我们同样感谢托尼·阿特金森、弗朗索瓦·布吉尼翁和马克·弗勒拜伊对前一版本提出的宝贵意见。通用免责声明在此也适用。

参考文献

Afriat, S. N. , 1973. On a system of inequalities in demand analysis: an extension of the classical method. Int. Econ. Rev. 14, 460-472.

Attanasio, O. , Lechene, V. , 2014. Efficient responses to targeted cash transfers. J. Polit. Econ. 122 (1), 178-222.

Banks, J. , Blundell, R. W. , Lewbel, A. , 1997. Quadratic Engel curves and consumer demand. Rev. Econ. Stat. 79 (4), 527-539.

Bargain, O. , Beblo, M. , Beninger, D. , Blundell, R. , Carrasco, R. , Chiuri, M. -C. , Laisney, F. , Lechene, V. , Moreau, N. , Myck, M. , Ruiz-Castillo, J. , Vermeulen, F. , 2006. Does the representation of household behavior matter for welfare analysis of tax-benefit policies? An introduction. Rev. Econ. Househ. 4, 99-111.

Basu, K. , 2006. Gender and say: a model of household behavior with endogenously-determined balance of power. Econ. J. 116, 558-580.

Becker, G. S. , 1974. A theory of social interactions. J. Polit. Econ. 82 (6), 1063-1093.

Beninger, D. , Bargain, O. , Beblo, M. , Blundell, R. , Carrasco, R. , Chiuri, M. -C. , Laisney, F. , Lechene, V. , Longobardi, E. , Moreau, N. , Myck, M. , Ruiz-Castillo, J. , Vermeulen, F. , 2006. Evaluating the move to a linear tax system in Germany and other European countries. Rev. Econ. Househ. 4, 159-180.

Blundell, R. W. , Walker, I. , 1986. A life-cycle consistent empirical model of family labour supply using cross-section data. Rev. Econ. Stud. 53 (4, Econometrics Special Issue), 539-558.

Blundell, R. W. , Duncan, A. , Meghir, C. , 1998. Estimating labor supply responses using tax reforms. Econometrica 66 (4), 827-861.

Blundell, R. W. , Browning, M. , Crawford, I. A. , 2003. Nonparametric Engel curves and revealed preference. Econometrica 71 (1), 205-240.

Blundell, R. W. , Chiappori, P. A. , Meghir, C. , 2005. Collective labor supply with children. J. Polit. Econ. 113 (6), 1277-1306.

Blundell, R. W. , Chiappori, P. -A. , Magnac, T. , Meghir, C. , 2007. Collective labour supply: heterogeneity and non-participation. Rev. Econ. Stud. 74 (2), 417-445.

Blundell, R. W. , Browning, M. , Crawford, I. A. , 2008. Best nonparametric bounds on demand responses. Econometrica 76 (6), 1227-1262.

Blundell, R. , Horowitz, J. L. , Parey, M. , 2012. Measuring the price responsiveness of gasoline demand: economic shape restrictions and nonparametric demand estimation. Quant. Econ. 3 (1), 29-51.

Browning, M. , Chiappori, P. A. , 1998. Efficient intra-household allocations: a general characterization and empirical tests. Econometrica 66 (6), 1241-1278.

Browning, M. , Chiappori, P. A. , Lechene, V. , 2010. Distributional effects in household models: separate spheres and income pooling. Econ. J. 120 (545), 786-799.

Browning, M. , Chiappori, P. A. , Lewbel, A. , 2013. Estimating consumption economies of scale, adult equivalence scales, and household bargaining power. Rev. Econ. Stud. 80 (4), 1267-1303.

Browning, M. , Chiappori, P. A. , Weiss, Y. , 2014. Family Economics. Cambridge University Press, New York.

Browning, M. , Bourguignon, F. Chiappori, P-A. , Lechene, V. 1994. Income and outcomes. J. Polit. Econ. 102 (6), 1067-1096.

Cherchye, L. , de Rock, B. , Vermeulen, F. , 2007. The collective model of household consumption: a nonparametric characterization. Econometrica 75 (2), 553-574.

Cherchye, L. , de Rock, B. , Vermeulen, F. , 2009. Opening the black box of intrahousehold decision making: theory and nonparametric empirical tests of general collective consumption models. J. Polit. Econ. 117 (6), 1074-1104.

Cherchye, L. J. H. , de Rock, B. , Lewbel, A. , Vermeulen, F. M. P. , 2012. Sharing Rule Identification for General Collective Consumption Models, Tilburg University, Center for Economic Research, Discussion Paper 2012-041.

Chiappori, P. -A. , 1988. Rational household labor supply. Econometrica 56 (1), 63-90.

Chiappori, P. -A. , 1991. Nash-bargained household decisions: a rejoinder. Int. Econ. Rev. 32 (3), 761-762.

Chiappori, P. -A. , 1992. Collective labor supply and welfare. J. Polit. Econ. 100 (3), 437-467.

Chiappori, P. -A. , 2012. Modeles d'appariement en conomie: quelques avances recentes. Texte de la Confrence Jean-Jacques Laffont Revue Economique 63 (2012/3), 437-452.

Chiappori, P. -A. , Ekeland, I. , 2006. The microeconomics of group behavior: general characteriation. J. Econ. Theor. 130 (1), 1-26.

Chiappori, P. -A. , Ekeland, I. , 2009a. The micro economics of efficient group behavior:

identification. Econometrica 77 (3), 763-799.

Chiappori, P.-A., Ekeland, I., 2009b. The economics and mathematics of aggregation. Foundations and Trends in Microeconomics. Now Publishers, Hanover, USA.

Chiappori, P.-A., Kim, J.-H., 2013. Identifying Heterogeneous Sharing Rules. Mimeo, Columbia University, New York.

Chiappori, P.-A., Meghir, C., 2014. Intrahousehold Welfare, mimeo.

Chiappori, P.-A., Salanie, B., 2014. The econometrics of matching models. J. Econ. Lit., forthcoming.

Chiappori, P.-A., Weiss, Y., 2007. Divorce, remarriage and child support. J. Labor Econ. 25 (1), 37-74.

Chiappori, P-A., Costa-Dias, M., Meghir, C., 2014. Marriage Market, Labor Supply and Education Choice. Mimeo, Columbia University, New York.

Chiappori, P.-A., Donni, O., Komunjer, I., 2012. Learning from a Piece of Pi. Rev. Econ. Stud. 79 (1), 162-195.

Chiappori, P.-A., Fortin, B., Lacroix, G., 2002. Marriage market, divorce legislation, and household labor supply. J. Polit. Econ. 110 (1), 37-72.

Chiappori, P.A., Iyigun, M., Weiss, Y., 2009. Investment in schooling and the marriage market. Am. Econ. Rev. 99 (5), 1689-1717.

Chiappori, P.-A., Salanie, B., Weiss, Y., 2011. Partner Choice and the Marital College Premium. Columbia University Academic Commons.

Chiappori, P.-A., McCann, R., Nesheim, L., 2010. Hedonic price equilibria, stable matching, and optimal transport: equivalence, topology, and uniqueness. Econ. Theor. 42 (2), 317-354.

Chiappori, P.A., Iyigun, M., Lafortune, J., Weiss, Y., 2013. Changing the Rules Midway: The Impact of Granting Alimony Rights on Existing and Newly-Formed Partnerships. Mimeo, Columbia University, New York.

Choo, E., Siow, A., 2006. Who marries whom and why. J. Polit. Econ. 114 (1), 175-201.

Donni, O., 2003. Collective household labor supply: non-participation and income taxation. J. Public Econ. 87, 1179-1198.

Donni, O., 2009. A simple approach to investigate intrahousehold allocation of private and public goods. Rev. Econ. Stat. 91, 617-628.

Dunbar, G.R., Lewbel, A., Pendakur, K., 2013. Children's resources in collective households: identification, estimation, and an application to child poverty in Malawi. Am. Econ. Rev. 103 (1), 438-471 (34).

Edlund, L., Korn, E., 2002. A theory of prostitution. J. Polit. Econ. 110 (1), 181-214.

Fleurbaey, M., Gautier, G., 2009. International comparisons of living standards by equivalent incomes. Scand. J. Econ. 111, 597-624.

Fleurbaey, M., Decancq, K., Schokkaert, E., 2014. Inequality, Income and Well-Being. Elsevier, Amsterdam, this Handbook.

Gersbach, H., Haller, H., 2001. Collective decisions and competitive markets. Rev. Econ. Stud. 68, 347-368.

Gosling, A., Machin, S. Meghir, C., 2000. The changing distribution of male wages in the U. K. Rev. Econ. Stud. 67 (4), 635-666.

Goussé, M., 2013. Marriage Market and Intra-Household Allocation: Evolution of Preferences and Transfers in the UK from 1991 to 2008, mimeo Sciences Po.

Grossbard-Shechtman, S., 1993. On the Economics of Marriage: A Theory of Marriage, Labor, and Divorce. Westview Press, Boulder.

Haddad, L., Kanbur, R., 1990. How serious is the neglect of intrahousehold inequality. Econ. J. 100, 866-881.

Haddad, L., Kanbur, R., 1992. Intrahousehold inequality and the theory of targeting. Eur. Econ. Rev. 36, 372-378.

Hammond, P. J., 1994. Money metric measures of individual and social welfare allowing for environmental externalities. In: Eichhorn, W. (Ed.), Models and Measurement of Welfare and Inequality. Springer, Berlin.

Jacquemet, N., Robin, J.-M., 2011. Marriage with labor supply. CES Working Papers 2011. 50.

Lechene, V., Preston, I., 2011. Noncooperative household demand. J. Econ. Theor. 146 (2), 504-527.

Lewbel, A., Pendakur, K., 2013. Unobserved Preference Heterogeneity in Demand Using Generalized Random Coefficients. Boston College, Mimeo.

Lise, J., Seitz, S., 2011. Consumption inequality and intrahousehold allocations. Rev. Econ. Stud. 78 (1), 328-355.

Lundberg, S., Pollak, R. A., 1993. Separate spheres bargaining and the marriage market. J. Polit. Econ. 101 (6), 988-1010.

Manser, M., Brown, M., 1980. Marriage and household decision-making: a bargaining analysis. Int. Econ. Rev. 21 (1980), 31-44.

Mazzocco, M., 2007. Household intertemporal behaviour: a collective characterization and a test of commitment. Rev. Econ. Stud. 74 (3), 857-895.

Mcelroy, M. B., Horney, M. J., 1981. Nash-bargained household decisions: toward a generalization of the theory of demand. Int. Econ. Rev. 22, 333-349.

Myck, M., Bargain, O., Beblo, M., Beninger, D., Blundell, R., Carrasco, R., Chiuri,

M. -C. , Laisney, F. , Lechene, V. , Longobardi, E. , Moreau, N. , Ruiz-Castillo, J. , Vermeulen, F. , 2006. The working families' tax credit and some European tax reforms in a collective setting. Rev. Econ. Househ. 4, 129-158.

Samuelson, P. A. , 1956. Social indifference curves. Q. J. Econ. 70 (1), 1-22.

Ulph, D. , 2006. Un modèle non-coopératif de Nash appliqué à l'étude du comportement de consommation du ménage. Actualité économique: revue d'analyse économique 82, 53-86.

Varian, H. , 1982. The nonparametric approach to demand analysis. Econometrica 50, 945-974.

Vermeulen, F. , Bargain, O. , Beblo, M. , Beninger, D. , Blundell, R. , Carrasco, R. , Chiuri, M. -C. , Laisney, F. , Lechene, V. , Moreau, N. , Myck, M. , Ruiz-Castillo, J. , 2006. Collective models of labor supply with nonconvex budget sets and nonparticipation: a calibration approach. Rev. Econ. Househ. 4, 113-127.

Voena, A. , 2013. Yours, Mine and Ours: Do Divorce Laws Affect the Intertemporal Behavior of Married Couples? mimeo University of Chicago.

第 17 章　健康与不平等

欧文·奥唐奈(Owen O'Donnell) [*,†],

埃迪·范·多尔斯莱尔(Eddy Van Doorslaer) [^],

汤姆·范·欧蒂(Tom Van Ourti) [*]

[*] 鹿特丹伊拉斯姆斯大学伊拉斯姆斯经济学院与丁伯根经济研究所,荷兰鹿特丹市

[†] 马其顿大学经济和区域研究学院,希腊塞萨洛尼基市

[^] 鹿特丹伊拉斯姆斯大学伊拉斯姆斯经济学院、丁伯根研究所、卫生政策与管理研究所,荷兰鹿特丹市

目　录

摘要：本章通过研究收入与健康之间的关系,旨在确定总体健康分布对收入不平等的影响程度,并说明健康分布本身是否为不平等的产物。虽然健康状况不佳对收入差距影响的程度很难衡量,但证据表明,健康状况会通过影响就业等进而极大地影响收入。生命早期暴露于健康风险的差异是健康状况可能导致经济不平等并使之持续存在的一个重要机制。如果可以在健康领域内运用物质条件优势,那么经济不平等就会产生健康不平等。在高收入国家,没有足够的证据可以证明收入(财富)对成年期健康有因果影响,但这或许只能说明其关系很难确定。如果这种关系存在,则很可能是长期的,因为恶劣的物质生活条件会慢慢损害健康。没有可信证据证明社会中的经济不平等会威胁所有成员的健康,或者证明相对收入是健康的一个决定因素。

JEL 分类代码:D31,I14,J3

关键词:收入;财富;健康;不平等

17.1　引言

经济状况良好的人往往身体也更健康,这一现象在发达国家和发展中国家普遍存在,并且在很长一段时间里都是如此(Hibbs,1915;Van Doorslaer et al.,1997;Woodbury,1924)。死亡率、发病率和残疾率的各种衡量标准都与收入梯度相关。然而,收入与健康的关系并不局限于穷人和其他人之间的健康差距。随着非贫困人口收入的增加,他们的健康状况也在持续改善。

收入与健康之间正相关关系的强度、普遍性和持久性是研究收入分配、健康和民生的重要课题。了解收入与健康联系的产生机制有助于解释和确定这些分配中的不平等现象。本章研究收入与健康之间的关系,旨在确定总体健康分布对收入不平等的影响程度,并说明健康分布本身是否是不平等的产物。

健康分布可能既是收入分配的原因也是收入分配的结果。健康状况的差异会导致收入的差异,最明显的表现是通过限制收入能力。但是,如果医疗保健和营养食品等增进健康的商品是按价格分配的,那么健康不平等本身就可能导致经济不平等。健康与收入之间潜在的双向关系,既关系到收入分配的实证分析,也关系到收入分配的规范性评价。要充分了解个人收入差异是如何产生的,就必须明确健康对收入的限制程度。这种实证分析为评估收入分配的规范性工作提供了支持,因为收入差异的不平等肯定取决于其成因。对收入分配的伦理判断也取决于其结果。如果金钱可以买到健康,那比起富人只是可以买得起华服和豪车,人们会更厌恶收入分配不公。

收入与健康之间的关系不仅关系到那些关心收入分配的人的利益。从公共卫生的角度来看,人们注意到的是健康状况随收入的增加有所改善,而非因病致贫的情况。公共卫生科学家们倾向于在分析时把收入梯度作为健康状况分布不平等的一个表象(Commission on the Social Determinants of Health,2008),而经济学家们倾向于认为收入梯度反映了一种劳动力市场的运作,在该市场中,疾病和残疾限制了人们获得工资的能力(Deaton,2002;Smith,1999,

2004)。这场辩论的结论对制定应对收入梯度的相应政策来说显然是至关重要的。若说该结果主要反映了健康状况不佳对收入的影响,那么建议使用收入再分配作为公共卫生政策工具(Commission on the Social Determinants of Health, 2008;Navarro, 2001)将是完全不合适的(Deaton, 2002)。

将本章纳入本手册的部分动机是通过对收入与健康关系的研究可以获得对收入分配的解释和评估的见解,但它也反映了一种趋势,即本章并非狭隘地关注收入差异研究,而是转变为更全面地分析福祉中的不平等。健康和收入通常被认为是民生幸福最重要的决定因素,是不平等多维测量中最常见的观点(见第 2 章和第 3 章)。对于收入和健康的边际分配存在的不平等,大多数人会认为,当穷人的健康状况往往较差时,福祉的不平等将会加剧。理解收入与健康之间关系的本质是确定福祉不平等程度的关键。

17.1.1 健康对收入的影响

健康可能通过多种机制影响收入分配,其中劳动力市场显然是一个重要的机制。与疾病和残疾有关的生理和心理能力的变化所导致的生产力差异也可能是收入差距的重要决定因素。工作和基础设施性质的差异,可能意味着在低收入环境中,身体残疾对收入构成更大的限制,而心理健康问题在发达国家相对更为重要。歧视可能进一步扩大残疾人和健全人之间的工资收入差距。制度对工资灵活性的限制可能会导致健康欠佳、生产力较低或受到歧视的个体失业。在劳动力供给方面,健康状况不佳可能会使人们偏向于不工作,工资较低和伤残保险(DI)造成的经济激励减弱,可能会强化这一点。伤残保险将缓冲残疾所造成的工资损失,从而压缩收入分配,但是如果达到某种残疾程度,经济激励诱导残疾人退出就业,这种缓冲和压缩将被抵消。相对于低收入国家来说,这可能会加强高收入国家的工资与健康关系,即使不说是加强收入与健康关系的话。考虑到非正式护理的需要,健康除了对个人收入分配产生影响,还可能通过形成和维持婚姻伙伴关系以及配偶工资来影响家庭收入的分配。

同时,健康对收入的影响可能会滞后很长一段时间。儿童时期健康状况不佳可能会影响学业。胎儿时期的健康风险和婴儿期的疾病可能会损害认知功能,降低教育在知识传授和技能培养方面的效率。儿童时期的健康问题可能会持续存在,例如,身体欠佳的年轻人进入劳动力市场时,人力资本更少,终身的收入前景也更差。早期的健康状况不仅会通过人力资本的获取影响收入,还会在成年后引发影响工作的健康问题(Barker, 1995)。如果早年生活中的健康风险与经济环境有关,那么童年时期的健康状况可能是造成这些环境跨代传播的部分因素(Currie, 2009)。根据这一观点,受教育程度较低且经济条件较差的母亲生出的婴儿健康状况较差,抚养的孩子更容易生病,且孩子获得的人力资本较少,更可能长期遭受健康问题的困扰,这两种情况都会限制工资收入,并且增加了子女出现健康问题的可能性。若这一理论具有经验性重大意义,那么它将把卫生政策置于社会政策的核心。

17.1.2 收入与收入不平等对健康的影响

收入分配可通过两个广泛机制对人口健康产生影响。第一,一个人的健康状况可能取决于其(父母的)收入水平。如果健康是一种正常商品,那么对它的需求就会随着收入的增加而增加,在那些更加依赖市场来分配卫生资源,特别是医疗资源的国家,这种关系会更加明显。第二，有些人认为，一个人的健康状况不仅取决于其自身的收入，而且取决于其所生活的社会的经济不平等（Wilkinson，1996；Wilkinson and Pickett，2010）。总体数据显示，人口健康指标与收入不平等之间存在明显的负相关关系。一种被提出的机制是，由低相对收入相关的耻辱感所引起的心理社会压力对生理是有害的。但是，平均健康水平与收入差距之间的负相关关系也可能来自绝对收入对健康的边际效益递减（Gravelle，1998；Rodgers，1979）。我们通过分析各种证据以证明，不仅收入会影响健康，收入不平等也对健康有因果影响，从而影响人群中的健康分布。

17.1.3 本章研究范围

关于健康的社会经济决定因素的文献非常多，来自流行病学、社会学、人口学、心理学以及经济学等。本研究主要关注收入与健康的关系，这也一直是经济学的研究重点。我们的目标是从实证分析中建立起对这种关系的认识，本章不涉及有关健康不平等的规范文献。我们收集的证据与收入、健康和幸福分配的伦理判断有关，但我们没有讨论如何进行这种规范评估。感兴趣的读者可以参考 Fleurbaey 和 Schokaert（2011）以及第 2 章和第 4 章对一些规范性问题的精彩讨论。同样，本章没有涵盖关于收入相关健康不平等衡量的新兴文献（Erreygers and Van Ourti，2011；Van Doorslaer and Van Ourti，2011）。另外，收入和健康方面的不平等也可以用多维不平等的度量方法来分析，这一部分在第 3 章中有所讨论。

人口健康是经验增长模型中的标准协变量，其对增长的贡献一直是旨在估算健康投资的经济回报的大量文献的焦点（Barro，2003，2013；Commission on Macroeconomics and Health，2001）。本章不涉及平均收入和健康之间关系的文献，因为它没有提到每个变量在个人之间的分布。但本章确实涵盖了个人健康对收入和收入对健康影响的证据，包括低收入经济体和高收入经济体，但会更偏向于后者。全面覆盖关于低收入环境中健康（和营养状况）对收入的影响的大量文献（Strauss and Thomas，1998）会稍显庞杂。我们参考这一文献主要是为了确定在这一背景下观察到的收入与健康之间的关系是否与我们更详细考虑的高收入经济体中的收入与健康之间的关系不同。

虽然到目前为止，我们一直在讨论收入和健康之间的关系，但我们的探究范围要更广一些。我们还考虑了财富和健康之间的关系。财富是一种内在利益的经济结果，可以说，它是一种更合适的指标，可以用来衡量老年人的经济状况。老年人在健康方面的变化很大程度上决定了他们的经济状况。健康财富效应可能不同于健康收入效应。健康状况可能主要通过劳动力市场回报影响收入。这将影响财富的分配，但除此之外，健康状况不佳可能会通过消耗资产来威胁财富，如支付医疗和护理费用。

17.1.4 本章结构

首先，我们用来自中国、荷兰（NL）和美国（USA）这三个国家的数据来说明健康和收入之间的密切正相关关系。这三个国家在发展水平、经济不平等、劳动力市场结构和社会福利机构方面存在很大差异。对于每个国家，我们展示了健康差异对收入不平等的贡献（纯粹是统计意义上的贡献），并从另一方面展示了收入差异在多大程度上导致了健康不平等。在 17.3 节和 17.4 节中，在确定了收入和健康之间关系的强度后，我们将转向可能对这种关系负责的机制,以及它在多大程度上源于健康对收入的因果影响;反之亦然。17.3 节确定了健康可能影响收入和财富的若干途径,特别讨论了健康差异如何造成经济不平等。考虑的因素包括工资、工作、人力资本、早期健康风险、职业、婚姻和医疗支出,并综述了与各大因素和更具体机制相关的证据。17.4 节则从另一个方向来研究收入(财富)与健康的关系,主要关注的是收入(财富)对健康的因果影响是否超过其他社会经济特征(如教育和职业),以及在控制了相关决定因素(如时间偏好和风险态度)之后,此差别是否仍然存在。17.5 节假设健康状况是由经济不平等和相对(而非绝对)收入决定的,并讨论了该假设的逻辑和实证支持。最后,17.6 节简要总结了从关于收入与健康关系性质的文献中可以得到的经验教训,并讨论了这些经验教训对收入、健康和福利分配的规范性评估的意义。

17.2 健康和收入:第一步

为了引起读者的兴趣,我们举例说明在美国、荷兰和中国健康和收入之间关系的强度。① 我们的目的只是要表明这之间确实存在着一种值得注意的实质性和普遍性的关系,并评估其与解释收入和健康分配方面的不平等的潜在相关性。选择这三个国家主要是因为它们的差异性。这些国家在财富和经济结构及其医疗和福利制度方面的不同,可能会反映在收入和健康状况的分布以及它们之间的联系上。

图 17.1 展示了自我评估健康(SAH)的收入梯度(Smith,2004)——这是最常见的一般健康调查测度,它要求受访者从四个(中国)或五个(荷兰和美国)标签中选择一个作为对其健康状况的最佳描述。我们重点关注的是按家庭人均收入的年龄四分位组划分下,报告健康状况不佳的个人所占的百分比,这通常对应于社会健康状况最差的两类人群。② 在美国,除了年龄最大的人群(70 岁以上),这个百分比随着收入的下降而上升。即使是收入不应依赖于当前健康状况的最贫困老年人,其健康状况不佳的可能性也是最富裕的同龄人的两倍以上。荷兰的情况类似,但在年轻人中没有梯度,在老年人中梯度较弱。在这两个国家,这一趋势一直持续到中年,并在退休变得更加普遍之后逐渐缩小,这与就业是将健康和收入联系起来的一个重要特征是一致的。在 50—59 岁这一年龄梯度的顶峰时期,40% 以上最贫困的美国人报告自己的健康状况不佳,而在最富裕的美国人当中,这一比例不到 10%。荷兰的贫富差距有所缩小,但贫穷的中年人报告其健康状况不佳的可能性仍是位于收入分布的四分位群体最顶端的人群的 3.5 倍左右。

----

① 美国的数据来自美国生活小组(ALP)的 2008 年幸福模块,该模块具有全国代表性,数据由兰德公司通过互联网得到。荷兰的数据来自 2011/2012 年的"社会科学纵向互联网研究"(LISS),该数据也具有全国代表性,其协议类似于 ALP。中国的数据来自中国健康与营养调查 2006 的数据(中文),代表了九个省份(黑龙江、辽宁、山东、河南、江苏、湖北、湖南、贵州、广西),占全国总人口的 41.7%(2007 年中国国家统计局数据)。被抽样的省份主要位于中东部、较发达和人口较多的地区,东部沿海地区和特大城市除外。显然,中国的数据不是全国性的,因其排除了西部贫困地区和东部沿海地区,从而可能低估了经济和健康不平等的程度。尽管如此,该数据所覆盖各省(区)的人均地区生产总值和预期寿命都有很大的差别,而且中国的四个经济区域中,每一个经济区域至少有一个省份涵盖在调查中。

② 我们将家庭人均收入分配给每个家庭成员,并计算每个家庭成员的年龄四分位数。

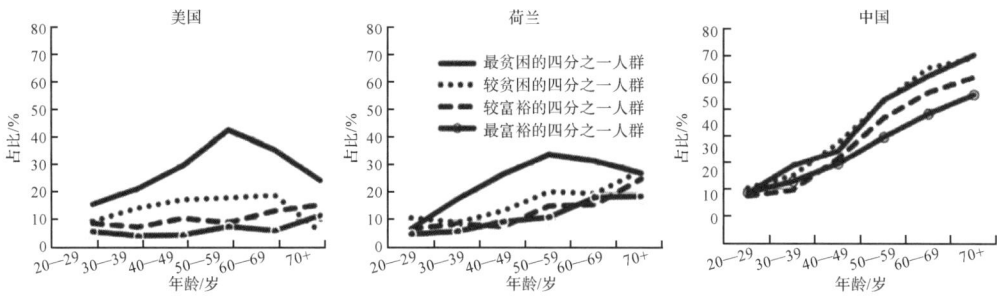

图 17.1　按年龄四分位组别划分的美国、荷兰和中国家庭人均收入低于健康状况的个人百分比

注：作者计算数据来自 2006 年 CHNS（中国）、2017 年 LISS（荷兰）和 2008 年 ALP（美国）。ALP 和 LISS 调查对象报告的健康状况分为优秀、非常好、良好、一般（ALP）/中等（LISS）或差。中国健康与营养调查的受访者比对其同龄人，评估他们的健康状况为很好、好、一般或很差。家庭收入是在缴纳税款和社会保障缴款之前和在收到转移支付之后的收入。ALP 为年度收入，LISS 和 CHNS 为月度收入，所有收入均以当地货币计。人均收入为平分给每个家庭成员的收入。

在中国，主要的健康差异不像美国和荷兰那样存在于最贫困的四分之一人群和其他人群之间，而是存在于最富裕的四分之一人群和那些不那么富裕的四分之一人群之间。在中国，健康状况的差异在老年阶段并未缩小。事实上，年龄最大的年龄组的健康差异最大，这与中国老年人在养老金福利和医疗保险覆盖方面存在的不平等情况相一致，但也可能是因为中国的调查要求受访者报告相对于其他同龄人群的健康状况（见图 17.1 注）。

图 17.2 显示了个人健康与收入之间关系的另一面，即以家庭人均收入衡量个人收入。在这三个国家中，那些（至少）身体非常健康的人的收入远远高于那些身体不好的人。在美国，各个年龄段的家庭平均人均收入都随着健康水平的下降而下降。收入的健康梯度在职业生涯的黄金时期达到顶峰（40—49 岁），健康状况良好或非常健康的人的平均收入大约是健康状况不佳的人的 3.5 倍。即使到了老年，健康状况最好的人的收入也几乎是健康状况最差的人的 2 倍。在荷兰，与健康有关的收入差距小一点。即使在收入差距最大的年龄（50—59 岁），健康状况最好的人的收入也不到健康状况最差的人的 2 倍。中国按健康状况划分的相对收入差距在规模上与荷兰类似，只是在老年时差距会扩大而非缩小。

在控制了一些可能与两者都相关的潜在因素后，个体的健康与收入之间的关系仍然很强。表 17.1 显示了对 SAH、性别、年龄、受教育程度和地区（美国和中国）每个人的家庭等价收入对数的最小二乘回归估计。[①]根据这些特征，在美国的样本中，报告很好或非常健康的人的平均收入大约比报告健康状况不佳的人高出 66%—69%（左侧第一栏）。这比中等（高职院校）和最低（高中毕业或以下）教育水平的人之间的相对收入差距要大，尽管它没有大学毕业生和高中以下教育水平的人之间的差距那么大。就业状况的控制对健康收入差异的影响非常大。在美国，与健康状况不佳的人相比，健康状况良好的人的平均收入与其差距减少了一半，降至 32%—33%（右侧第一栏）。可见收入和健康之间的密切关系很大程度上似乎是通过就业来调节的。

———————————

① 表 A1 提供了家庭等价收入和协变量的定义。

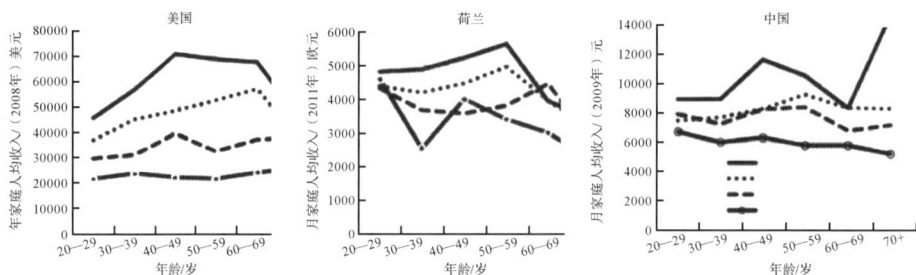

图17.2 美国、荷兰和中国按自评健康和年龄划分的家庭人均收入

注:如图17.1所示,分析的单位是个体。

多变量分析证实了图17.2所示的情况,即荷兰和中国由健康水平不同带来的收入差距要小于美国。在不考虑就业的情况下,荷兰报告称,健康状况至少为良好的人的收入比健康状况较差的人高出31%—37%,这远低于美国样本中相应的相对差异。但与美国相比,就业状况的影响要小得多,将差距缩小了约四分之一,为23%—27%,仅略低于受教育程度最高和最低的人群30%的相对收入差距。就业状况的影响较为温和,这可能反映出荷兰对残障保险更为慷慨,这在残障保险状况的系数中表现得很明显。在中国的样本中,就业状况几乎没有影响。健康状况良好的人的收入比健康状况不佳的人大约高出36%。这是因为在中国,健康状况对就业的影响较小(见图17.4)。

健康影响收入产生的巨大差异并不一定意味着健康在统计学上解释了收入不平等,更不用说因果关系了。是否如此,除了与收入的部分相关性,还取决于人群中存在的健康差异的程度。在荷兰,报告健康状况不佳的受访者比例仅为1.5%,而在美国和中国,这一比例分别为3%和7%(见附表A1)。因此,健康水平较低和健康水平较高的人之间收入的差异,可能对解释收入不平等只做出了有限的贡献。

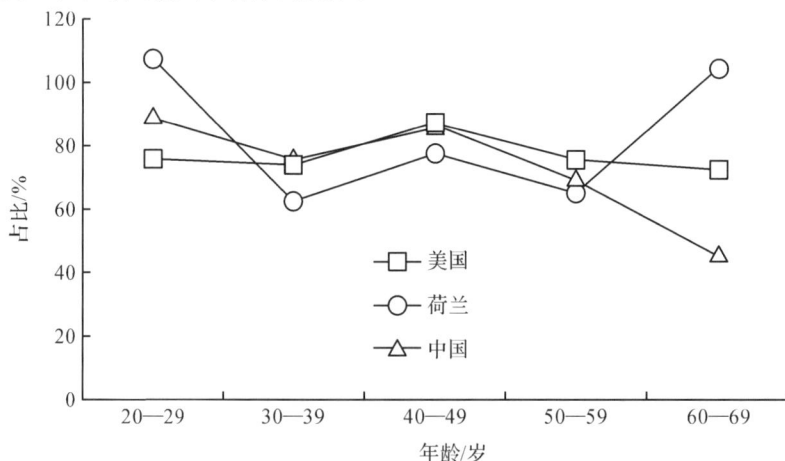

图17.3 中国、荷兰和美国自我评估健康水平最低两类人群的平均收入占前两类人群平均收入的百分比

注:作者计算数据来自2006年中国CHNS、2011年荷兰LISS、2008年美国ALP。样本仅限于有工作的人。在荷兰和美国,收入包括过去一年的总收入/工资收入和自营利润,在中国,还包括最后一个月的总工资(包括奖金和补贴)。自我评估的健康报告来自荷兰和美国的五个类别以及中国的四个类别。参见图17.1的注释。

表 17.1　美国、荷兰和中国家庭等价收入的对数最小二乘回归和收入不平等的分解（相对基尼系数）

项目	不控制就业状况						控制就业状况					
	美国		荷兰		中国		美国		荷兰		中国	
	OLS coeff.	不平等贡献	OLS coeff.	不平等贡献	OLS coeff.	不平等贡献	OLS coeff.	不平等贡献	OLS coeff.	不平等贡献	OLS coeff.	不平等贡献
健康状况（SAH）（参照=差）												
一般	0.208**	6.5%	0.146*	3.6%	0.197***	3.0%	0.013	4.0%	0.092	2.8%	0.184***	2.5%
不错	0.508***		0.235***		0.244***		0.206***		0.152**		0.221***	
好	0.688***		0.314***		0.389***		0.334***		0.232***		0.362***	
非常好	0.663***		0.369***				0.316***		0.268***			
受教育程度（参照=低）												
中	0.445***	18.0%	0.069***	14.2%	0.370***	13.9%	0.390***	15.2%	0.040***	12.1%	0.314***	11.1%
高	0.882***		0.344***		0.754***		0.764***		0.305***		0.641***	
性别（参照=女性）	0.138*	1.8%	0.060***	1.5%	0.021	0.3%	0.103***	1.2%	0.036***	0.8%	-0.042*	0.4%
年龄（参照=20—29 岁）												
30—39 岁	0.195***	7.8%	-0.009	4.8%	0.048	2.5%	0.158***	8.0%	-0.060*	4.3%	-0.020	3.0%
40—49 岁	0.392***		0.023		0.097**		0.354***		-0.036		0.023	
50—59 岁	0.496***		0.161***		0.106***		0.513***		0.127***		-0.017	
60—69 岁	0.585***		0.081**		-0.059		0.617***		0.132***		-0.247***	
70+ 岁	0.474***		-0.032		-0.098*		0.508***		0.041		-0.311***	
地区		3.6%		NA		8.0%		3.0%		NA		6.0%

续 表

项目	不控制就业状况						控制就业状况					
	美国		荷兰		中国		美国		荷兰		中国	
	OLS coeff.	不平等贡献	OLS coeff.	不平等贡献	OLS coeff.	不平等贡献	OLS coeff.	不平等贡献	OLS coeff.	不平等贡献	OLS coeff.	不平等贡献
就业状况(参照=就业)												
失业							−0.782***		−0.322***		−0.527***	
残疾							−0.892***		−0.248***		−0.361***	
退休							−0.259***		−0.175***		0.401***	
不工作							−0.440***		−0.244***		−0.345***	
								11.1%		7.7%		8.2%
未说明(OLS残差)		55.7%		75.6%		71.8%		51.9%		72.0%		68.1%
相对基尼系数		0.456		0.292		0.472		0.456		0.292		0.472
观测数	5050		4137		7694		5050		4137		7694	

注：分析单位为个体。家庭等价收入分配给年龄大于19岁的家庭成员。"OLS coeff."一栏根据个体特征给出了家庭等价收入对数的最小二乘回归的系数。"不平等贡献"栏是指由相对基尼系数的夏普利值分解计算出的估计贡献程度。SAH=自我评估的健康程度。因变量和协变量的定义和方法见附表A1。为了节省版面，某些地区(美国)和省份(中国)的系数没有展示出来。区域标识符不能用于荷兰数据。*、**和***分别表示在10%、5%和1%的显著性水平上显著。

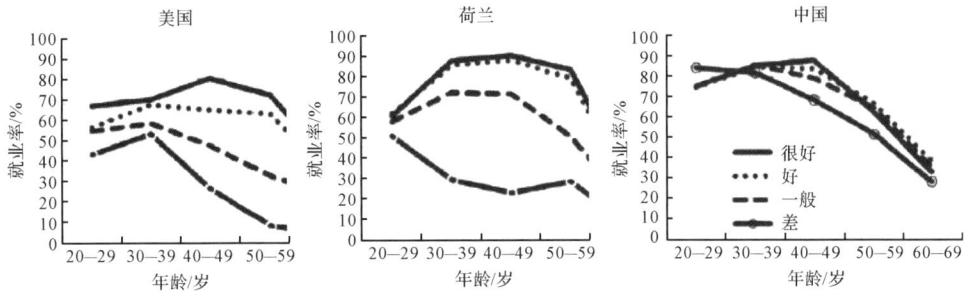

图 17.4　中国、荷兰和美国按自我评估的健康和年龄划分的就业率

注:作者计算数据来自 2006 年中国 CHNS、2011 年荷兰 LISS 和 2008 年美国 ALP。就业包括全职和兼职工作。有关按国家划分的 SAH 的详细信息,请参见图 17.1 中的注释。

为了让人们对于健康对解释收入不平等的贡献有一个印象,我们使用了夏普利值法的一个简单版本(Sastre and Trannoy, 2002; Shorrocks, 2013)对三个数据集估算的相对基尼系数进行分解。这包括将每个个体的收入写成回归的预测值加上残差,并计算通过确定所有个体的基尼系数值来中和一个变量对基尼系数的边际影响。这种影响将取决于以前保持不变的协变量。一个变量对不等式的贡献是它对所有可能中和所有协变量集的序列的平均边际影响。[①]

正如预期的那样,估算的基尼系数显示,荷兰的不平等程度最低(0.29),美国和中国的不平等程度差不多(0.46)。各因素对收入不平等的贡献率分别列在表 17.1 回归系数的相应列旁边。在不考虑就业状况的情况下,SAH 解释了美国样本中 6.5% 的收入不平等(左侧第二栏)。这在规模上略低于年龄的贡献,大约是受教育程度贡献的三分之一。分解显然依赖于回归模型的设定。一旦将就业状况加入对照组中,健康状况只能解释 4% 的收入不平等,这是年龄因素的一半,教育因素的四分之一多一点。

在不考虑就业的情况下,健康状况分别解释了荷兰和中国 3.6% 和 3.0% 的收入不平等。在中国,健康贡献比年龄贡献高出约 20%,但低于荷兰的年龄贡献。在这两个国家,就像在美国一样,SAH 变化对解释收入不平等的贡献远远小于教育。根据回归模型的估计,与美国相比,控制就业状况对健康在多大程度上解释荷兰和中国的收入不平等的影响较小。

在不考虑就业这一健康影响收入的最明显途径的情况下,SAH 的变化分别占美国、荷兰和中国收入不平等的 6.5%、3.6% 和 3.0%。尽管这些贡献似乎不大,但必须记住,在这三个国家中,大多数不平等现象仍然无法用这一组相当有限的因素来解释。在美国和荷兰,在可解释的收入不平等现象中,SAH 占了近 15%,而在中国,这一比例仅略高于 10%。此外,SAH 只是衡量健康的一项指标,仅在 4—5 个类别上存在差异。不可避免的是,这一变量在很大程

---

① 个人收入 i 由 $\left(\dot{\gamma}_0 + \sum_{k=1}^{K} X_{ki}\dot{\gamma}_k + \dot{e}_i\right)$ 得出,其中 $\dot{\gamma}_k$ 为对数收入 OLS 回归系数,$\dot{e}_i$ 为残差。在这种度量方法下,我们对固定在某一特定值上的回归量(x_{ki})和残差的不同组合进行了计算和比较。我们计算由若干虚拟变量表示的类别组成的因素(如 SAH)的总和,而不试图确定每个单独类别的贡献。使用相对基尼系数和对数收入的回归模型,可以确保分解不受回归函数固定值和常数($\dot{\gamma}_0$)估计值的影响。

度上无法解释连续收入变化。健康差异报告也可能导致 SAH 低估收入和健康之间的相关性(Bago d'Uva et al.,2008)。虽然可以确定 SAH 是健康的一种信息汇总性测度指标,但是在分析中添加更多的健康测度指标,特别是连续性指标和涉及残疾的指标,必然将增加由健康差异解释的收入不平等的比例。

在回归和分解分析的基础上,我们无法推断出因果关系的方向,甚至是因果关系是否存在。我们也可以转而看看由收入差异造成的健康状况差异。表 17.2 列出了从 SAH 转换对家庭等价收入的区间回归和收入回归中使用的相同协变量的估计值(Doorslaer and Jones,2003)。① 此健康指标介于 0(最低健康水平)和 1(最高健康水平)之间。在美国,家庭等价收入中最富有和最贫穷四分位组之间的健康预测差异大约是最年轻和最年长组之间的差异以及最高和最低受教育程度类别之间差异的 1.8 倍(左侧第一栏)。如表 17.1 所示,荷兰按健康状况划分的收入差距更小,因此我们预测,其按收入划分的健康差距也比美国小(见表17.2,中间小组)。尽管如此,最富有和最贫穷收入群体之间的健康差距是受教育程度最高群体和最低群体之间差距的两倍多。同样,在中国,按收入划分的健康差异也远远大于按教育程度划分的差异。②

表 17.2 还给出了在转换的 SAH 中不平等的夏普利值分解结果。该结果与收入不平等的分解有两个显著的不同。第一,区间回归建模后,SAH 的分类性质无法通过分解采集到不明原因的健康变异,其作用只能得出一个因素所占变异原因的百分比。第二,绝对基尼系数而非相对基尼系数(Yitzhaki,1983)是有界变量(如转换后的 SAH)中衡量不平等的一个更恰当的指标(Erreygers,2009;Lambert and Zheng,2011)。③

收入四分位数的群体占美国 SAH 可解释的不平等的 45%(左侧第二栏)。这大约等于年龄和受教育程度贡献的总和。进一步证明就业是美国健康与收入之间关联的核心因素是收入贡献减少了一半以上,这也使得当就业状况被算入区间回归 SAH 及其分解时,就业稍微比教育更能解释健康不平等(左侧第三列)。若是算入反映健康行为的其他指标,如体重和吸烟的指标,会使收入贡献多减少约三分之一,这表明生活方式的差异是收入影响健康的一个重要原因。

在荷兰,收入差异占到 SAH 不平等解释的 35%,是受教育程度贡献的两倍多。就业状况的增加使得收入贡献数据减少了一半,但仍是受教育程度贡献的两倍左右。而将健康行为纳入分解过程的影响较小。在中国,收入差异在健康的可解释变异中所占比例要小得多,约为 9%,与就业或健康行为是否受到控制无关。如图 17.1 所示,中国的健康不平等似乎主要是由年龄造成的,考虑到只有中国的调查要求受访者报告自己相对于同龄人的健康状况,这

---

① 我们从外部数据中提取分离了不同类别 SAH 的阈值。对于中国,我们使用世界卫生组织健康与反应性多国调查(IJstiin et al.,2003)估算的中国视觉模拟量表,该量表给出了四类 SAH 对应的阈值,即 0(最低健康值水平)、0.50、0.80、0.91 和 1(最高健康水平)。对于美国和荷兰,我们采用的是加拿大健康效用指数(Feeny et al.,2002)中划分的五类 SAH 对应的阈值,即 0、0.428、0.756、0.897、0.947 和 1。

② 在美国,对就业状况的限制使最富有和最贫穷人群之间的健康差异减少了约五分之二。这样做的结果是,荷兰的健康收入梯度下降幅度较小,仍然是教育梯度的两倍左右。在中国的样本中,就业条件的影响很小。

③ 考虑到区间回归模型具有可加性规范,且我们使用的不等式指数对相等的加法是不变的,因此,中和时设置的常数项和设置的因子值都不会影响分解结果。

表 17.2 美国、荷兰和中国的自我评估健康（SAH）的区间回归和预计 SAH 不平等分解（绝对基尼系数）

项目	美国 OLS coeff. 基线回归模型	美国 不平等贡献 基线回归模型	美国 不平等贡献 与就业	美国 不平等贡献 与就业和健康行为	荷兰 OLS coeff. 基线回归模型	荷兰 不平等贡献 基线回归模型	荷兰 不平等贡献 与就业	荷兰 不平等贡献 与就业和健康行为	中国 OLS coeff. 基线回归模型	中国 不平等贡献 基线回归模型	中国 不平等贡献 与就业	中国 不平等贡献 与就业和健康行为
四分位数收入组（参照=最贫穷 25%）												
较贫穷	0.038***				0.016***				0.010**			
较富裕	0.057***	44.0%	21.7%	14.3%	0.024***	34.5%	17.7%	13.8%	0.022**	10.5%	9.2%	8.8%
最富裕	0.075***				0.036***				0.030***			
受教育程度（参照=低）												
中	0.020***	25.9%	18.7%	9.6%	0.009**	15.9%	9.4%	6.4%	0.006	3.1%	2.6%	2.5%
高	0.042***				0.015***				0.011**			
性别（参照=女性）	0.001	0.2%	0.5%	0.1%	0.005*	3.5%	2.5%	1.9%	0.024***	8.6%	7.2%	7.4%
年龄（参照=20—29 岁）												
30—39 岁	-0.012**				-0.021***				-0.016***			
40—49 岁	-0.035***				-0.035***				-0.041***			
50—59 岁	-0.051***	20.4%	7.8%	4.4%	-0.051***	43.1%	26.3%	19.4%	-0.083***	63.8%	57.9%	55.9%
60—69 岁	-0.054***				-0.048***				-0.111***			
70+ 岁	-0.042***				-0.055***				-0.148***			
地区		5.2%	4.8%	3.5%		NA	NA	NA		13.9%	13.1%	12.3%
就业状况			43.7%	34.2%			42.5%	37.9%			9.9%	10.0%
健康行为				31.9%				19.2%				3.0%
绝对基尼系数	0.024	0.024	0.028	0.033	0.014	0.014	0.018	0.020	0.030	0.030	0.031	0.031
观测数	5050				4127				7694			

注：分析单位为个体。家庭等价收入分配给年龄大于 19 岁的家庭成员。"OLS coeff."一栏给出了 SAH 的区间回归系数。"不平等贡献"是指由绝对基尼系数的夏普利值分解计算得出的因子对预测健康不平等的估计百分比贡献（由各自的区间回归得到）。后者取 0 到 0.25 之间的值，这些界限分别表示健康不平等的最小值和最大值。因变量和协变量的定义和方法见附表 A1。地区和省份的系数没有展示出来。只显示示范规范中的回归系数。类别依次添加了就业状况（见表 17.1）和健康行为指标——吸烟和体重。吸烟的衡量指标是曾经吸过烟，在中国省份的是现在是一个吸烟者。体重由一个模型得出是否超重（中国的标准为 BMI>25.5，美国和荷兰的标准为 18.5<BMI<27.5）和另一个模型得出肥胖（美国和荷兰的标准为 BMI>30，中国的标准为 BMI>27.5）。体重过轻的参考值为 BMI<18.5。*、**和***分别表示在 10%、5% 和 1% 显著性水平上显著。

一结果可能令人惊讶。

我们通过例证说明了收入和健康之间有很紧密的关系。健康状况不同导致的收入差异很大。相应地,收入不同导致的健康状况差异也很大。这种关系在美国比在荷兰和中国更强。后两个国家的不同说明这种关系的强度不是由一个简单的因素来解释的,例如经济的非正式性、医疗保险覆盖面的普遍性或福利的慷慨程度,而可能是许多这类因素的共同产物。在这三个国家中,就业状况,尤其是美国的就业状况,是影响收入和健康之间关系的关键因素。但这不太可能是唯一的机制。即使是在控制了就业之后,收入也因健康状况的不同而存在很大差异,因此,健康状况也因收入的不同而存在很大差异。

在美国,单一的健康变量——自我评估健康状况,占收入不平等总量的 6.5%,占已解释不平等的 14.6%。这些估计表明,在解释收入不平等方面,人口健康状况的分布可能具有重要作用,但并非核心作用。但是,人们同样可以认为经济环境的变化是解释健康状况分布的关键。事实上,收入差异几乎解释了美国健康预测(自我评估)不平等的一半原因。[1]

虽然描述性多变量分析和分解在确定关系的强度方面很有用,但它们不能告诉我们因果关系。尽管如此,我们仍希望使读者相信,收入与健康状况之间的联系是十分强烈和普遍的,因此,那些希望更好地了解收入分配情况的人以及其他旨在解释健康状况方面的差异的人都应该对这种联系进行探讨。在下面两部分中,我们将依次讨论健康状况对收入分配的影响以及收入对健康状况分布的影响。

17.3 健康状况对经济不平等的决定作用

17.3.1 概述

健康状况的分布如何决定收入分配? 最明显的途径即通过影响体力工作能力和脑力工作能力。在这一节中,我们将首先探讨健康状况如何影响生产力和工资,然后再来看健康状况和工作量之间的关系。劳动力供给可能会在两种情况下减少:一种是广延边际减少,即中年人患病会使平衡向提前退休倾斜;另一种是集约边际减少,即对一些患者来说,兼职工作变得更具吸引力。在高收入国家,残疾保险将直接缓冲就业对收入的影响,但由此产生的道德风险将间接促进这种影响。同时歧视可能会加剧收入损失,但旨在防止这种情况的立法可能会限制工资的灵活性,从而增加对就业的影响。因此劳动力供应可能受到当前疾病的限制,并受到重大疾病发生后预期寿命下降的长期影响。

除了对收入的直接影响,健康问题还可能通过教育、职业和婚姻产生重要的终身影响。童年时期的疾病会限制受教育的机会及其在产生知识和技能方面的效率。由于受教育程度低,身体虚弱的年轻人的职业选择将受到限制。身体不太健康的人在选择伴侣方面也会受到限制。如果存在这样的情况,即健康状况最差的人与低于平均健康水平的人结婚或保持未婚,那么健康状况对家庭收入不平等的影响将大于健康状况对个人收入不平等的影响。

---

① 当然,收入在更宏观的健康不平等原因中所占的比例要小得多。

健康状况不佳不仅直接限制了残疾人的工作能力,而且还可能间接影响其配偶的劳动力供给,因为配偶弥补失去的收入的时间与提供非正式照顾的时间极有可能是相互冲突的。

健康状况可通过收入和储蓄的积累直接或间接地影响财富的分配。由于后一种影响是累积性的,健康状况对财富不平等的贡献甚至大于对收入不平等的贡献。身体健康的、预期寿命更长的人,可能会把他们高收入的更大一部分存起来,从而进一步扩大了由健康状况不同带来的财富差距。当医疗保险不完善,医疗费用必须由个人自己支付时,疾病会直接消耗财富。

在下文中,我们将探讨健康状况通过工资、工作、人力资本、职业和家庭组成或配偶收入等方面对收入存在的潜在影响。在每种情况下,我们将阐明潜在的机制并评估相关证据,以确定健康状况差异在多大程度上导致了经济不平等。

17.3.2　健康与工资

健康状况不佳的人的收入明显低于健康状况良好的人。图 17.3 显示了根据 17.2 节中的数据来源估算的数据,即中国、荷兰和美国在 SAH 排名靠后的两类就业者的平均毛收入占排名靠前两类就业者的平均毛收入的百分比。虽然在年龄最大组和年龄最小组中数据有一些偏差,这主要是因为荷兰数据中处于该年龄段的健康状况欠佳的就业者的样本量小,但在这三个国家年龄在 30—60 岁的就业者中,个人健康状况最糟糕的就业者与健康状况最佳的就业者相比,收入低 15％—40％。在中年年龄段中,荷兰的健康收入梯度最大,一方面可能反映了获取工资补贴的部分残疾人保险资格,另一方面也反映了该国的高兼职率。在中国,健康状况最差人群的相对收入随着年龄的增长下降得最快,因为养老金覆盖率较低,让许多人即便收入能力不断下降也选择继续工作。

17.3.2.1　生产力

健康状况的恶化往往会降低劳动力市场的生产力和薪酬能力。但是,健康的多维性以及不同职业所需的能力和技能的不同使得期望工资对健康问题的反应具有很大的异质性。比起办公室工作人员,妨碍行动的残疾显然更会限制体力劳动者的生产力。科技尤其是那些能够促进远程工作和减少通勤需要的科技,正在使那些消耗脑力比体力更多的劳动者的生产力对身体机能的依赖程度降低,但这类员工的工作效率依赖于保持认知功能,并可能容易受到心理健康问题的影响。因此,根据对具有不同人口统计学特征和职业特征的人的不同健康方面的测量,所得出的健康对工资的估计影响会显示出很大的差异。

生产力和健康状况之间的关系在发展中国家可能是最密切的,因为那里有大量低技能的体力劳动。① 确定健康投资所带来的经济回报一直是宏观研究的动机,揭示了经济增长与初始人口健康之间的强烈正相关关系(Barro,2003,2013)②,以及发展中国家个人工资与健康状况之间关系的微观研究(Strauss and Thomas,1998)。本章研究的重点不是健康状况对

① Strauss 和 Thomas(1998)指出,在巴西(20 世纪 70 年代中期),身高(健康状况的一个指标)对工资的弹性几乎是美国(20 世纪 90 年代初)的 8 倍。
② Barro(2013)扩展了新古典主义增长模型,除了人力资本,该模型还纳入了健康因素,并据此制定了研究议程,包括研究健康和健康政策可能如何影响收入不平等的演变。

平均收入的影响。相反,我们感兴趣的是健康状况的分布在多大程度上影响收入分配。

在低收入环境中,健康状况和生产力之间的关系可以维持、加强,甚至在理论上可以产生不平等。问题的关键是,健康状况限制了生产力,而工资通过营养提供了维持健康的手段。对健康或工资的负面冲击会导致二者螺旋式下降,陷入以营养为基础的贫困陷阱(Dasgupta,1993,1997)。基于营养的效率工资理论(Bliss and Stern,1978;Dasgupta and Ray,1986;Leibenstein,1957;Mirlees,1975;Stiglitz,1976)衍生出了不平等加剧的预测,这是营养状况和生产力相互依赖的结果。当营养超过生理维持的临界阈值时,生产力的边际增长就会大幅上升,最终回报就会递减。这种非凸性导致非自愿失业,因为以较低的工资雇用营养不良的失业者所节省的劳动力成本将被由此造成的生产力损失所抵消。个人初始资产越少,在健康方面的投资越少,就越有可能非自愿失业(Dasgupta and Ray,1986)。穷人更有可能因营养不良而生病,所以更有可能失业,并因此陷入贫困,从而加剧不平等。

这一理论的关联性受到了挑战,因为有观察发现,其核心假设之一,即贫困家庭被迫将几乎所有资源用于购买食品,与观察到的贫困人群行为不一致(Banerjee and Duflo,2011)。即使在收入水平非常低的国家,饥饿也不是长期存在的(Strauss and Thomas,1998)。然而,健康状况不佳可能是贫困陷阱的根源和造成不平等的因素之一。对于没有多少正式或非正式保险选择和资产贫乏的人来说,疾病造成的生产力和收入损失导致消费机会减少,从而造成营养缺乏,进而损害健康,限制生产力。疾病对贫困人群的经济影响可能最大,因为他们的生计主要依赖其健康,而且当疾病来袭时,他们可用于保护消费和维持营养状况的资产更少。即使健康冲击在人群中均匀分布,其不同影响也会加剧经济不平等。

关于健康和营养对低收入和中等收入国家生产力和工资的影响,存有大量相关证据。本研究的主要动机是评估健康和营养项目投资作为发展政策工具的情况。回顾这些文献将超出本章的研究范围。无论如何,一些文献综述已经存在(Commission on Macroeconomics and Health,2001;Deolalikar,1988;Schultz,2005,2010;Strauss and Thomas,1998;Thomas and Frenkenberg,2002)。Strauss和Thomas(1998)的结论是,虽然健康状况不佳确实会减少劳动力供给,但在非实验性研究中并没有可靠、一致的证据表明,健康状况不佳会降低生产率和工资。在理解这一结论时,我们需要记住,只有在就业者中才能研究工资对健康问题的反应。这忽略了经济中的大型非正式部门,在这些部门中,个体经营者(主要是农业者)的生产力可能会依赖其健康(Dasgupta,1997)。与健康相反,营养影响的证据更为有力。Strauss和Thomas(1998)确信,营养状况(身高和体型)对工资和微量营养素(尤其是铁)的积极影响显然提高了生产力。研究发现,精确测量的卡路里摄入量对工资有积极的影响,至少在那些最初营养不良的人群中是这样。

17.3.2.2 歧视

并非所有的残疾都会妨碍生产力,至少,不是所有的职业都是如此。不过,具有相同生产力的残疾人的工资可能比身体健全的人低,因为他们被认为生产力较低,或者说仅仅是因为偏见。

对残疾人的歧视,与对其他少数群体的歧视一样,有两种形式。经济学家所说的"品味歧视"更常被认为是一种偏见,它源于雇主或其他雇员倾向于与残疾工人保持距离。自Becker(1957)以来,这种偏见一直被建模为在工资之上的边际成本,即带有偏见的雇主在雇佣少数群体成员时产生的边际成本,这样的雇主只会以低于其边际产出的工资雇用残疾人。这种歧视行为能否在竞争激烈的市场中持续下去,取决于对残疾人劳动力供应的偏见是否具有普遍性(Becker, 1957)。在竞争条件下,没有偏见的公司可以削弱有偏见的竞争对手,歧视将被竞争消除(Cain,1986),除非偏见来自客户(Kahn, 1991)。

这个模式的主要目的是解释和了解歧视少数群体的后果。虽然有些残疾,或者更确切地说是残障,可能仍然带有社会污名,但大多数残障不太可能使其他人或者至少是大多数人感到不适。刻板印象或统计性歧视(Aigner and Cain, 1977;Arrow,1973;Phelps,1972)似乎更有可能是对残疾人产生偏见的原因。在进行聘用和设定工资时,雇主通常将从嘈杂的反映生产率的信号(如考试分数或资格)中获得的信息,与观察到的申请人所属群体的平均生产率知识相结合。假设残疾人的平均生产率较低,那么残疾人的工资将低于在评估标准方面表现不佳的非残疾人申请人。

这一理论不能帮助我们解释残疾人和非残疾人之间的收入差距超过生产率差异造成的收入差距,但它可以解释生产率不足的部分原因。如果考试分数或资格是残疾人生产率的一个更不准确的信号,或许是因为这些考试旨在区分身体健全的申请者,那么雇主就不会那么看重这些标准,而会更多地关注观察到的残疾。面对较低的回报,这一群体将减少人力资本的投资。如果雇主无视残疾状况,或者立法成功地迫使他们假装无视残疾状况,那么不平等情况将会比现在更严重。

除了无法解释可归因于生产力的收入差异以外的其他收入差异,统计性歧视作为健康相关工资差异的解释的相关性,还取决于这些差异在已知平均生产率差异的、易于识别的残疾中存在的程度。盲人很容易被识别和归类,心脏病患者则不然。即使所有的健康状况都是可以观察到的,也许是因为申请人被要求申报这些健康状况,但雇主对他们的平均生产率又能了解多少呢?与对一眼就能认出来的残疾群体所做出的反应不同,雇主可能对不完全了解的健康状况对生产力的影响的理解是片面的(或许是无意识的偏见)。

对残疾人歧视的实证鉴定是困难的,因为残疾作为一种功能障碍,肯定会降低许多工作的生产率。获取数据,使之能够控制生产率的实际差异,从而隔离由歧视导致的工资差异,是一项艰巨的任务。那些很少或没有考虑健康因素的研究(Kidd et al. ,2000)不能令人信服地宣称证实了对残疾人的歧视,但在比较残疾人和非残疾人之间工资差异的同时还要考虑功能受损,这就像要求鱼与熊掌兼得。一种解决办法是关注那些易观察到的残疾情况(如失明、瘫痪或肢体残疾,这些情况可能更容易引发偏见)的人与其他完全健康或患有不易观察到的疾病(如背痛或心脏问题)的人之间的工资差异。20世纪70年代和80年代的美国数据显示,这些群体之间有三分之一到一半的工资差异无法用工资决定因素来解释,包括一系列旨在捕捉功能障碍差异的健康指标(Baldwin and Johnson, 1994;Johnson and Lambrinos, 1985)。只有在控制措施足以消除任何生产率差异的情况下,这一发现才表明存在实质性的歧视。DeLeire(2001)提出了另一种方法,该方法假设在报告了健康问题但工作没有因健康受限的个体与报告没有健康问题的个体之间不存在未观察到的生产率差异。在这种情况下,这两个群体之间的工资差异都可以归因于歧视。若进一步假设歧视程度与残疾引起的生产率下降无关,那么这可以看作反映了对有工作限制残疾者的歧视。基于这些假设,美国有工作限制残疾的男性和没有工作限制残疾的男性之间,只有7%—11%的工资差异无法用可观察的特征来解释,可归因于歧视。[①] 鉴于这两种猜想都建立在相当强有力的假设之上,很难猜测这个猜想是否比先前的那个更接近事实。

17.3.2.3 非工资成本和非货币福利

前两个小节探讨了在(能感知的)生产率中与健康相关的差异引起的工资变化。雇主被假设无力纠正生产率差异。一个更完善的残疾劳动力需求模型放宽了这一假设。坐在轮椅上的人,其生产率取决于对工作场所的调整——坡道、电梯、可调节的办公桌等。安装这样的设施需要付出固定成本,并通过提高残疾工人的边际产量来获得回报(Acemoglu and Angrist, 2001)。将劳动力视为准固定因素,简化的假设是雇用残疾工人而不是健全的工人有固定成本,并假设工作场所的调整消除了残疾工人和健全工人之间的生产率差距,那么由于(贴现)固定成本的存在,支付给残疾工人的工资会少一些(Acemoglu and Angrist, 2001)。工资差异不一定只反映生产率差异或歧视。即使有完美的生产率衡量标准,歧视行为的实证检验也会很难操作。该模型的第二个含义是,雇主可能会特别担心聘用残疾工人。预先产生的固定成本必须与未来边际产量和工资的预期进行比较。规避风险的雇主会选择可变成本比例较高的劳动力。

与健康相关的工资差异也可能源于员工愿意用工资换取非工资福利。慢性病的发作预期会增加雇主提供的健康保险价值(Currie and Madrian, 1999)。长期患病的工人更有可能接受减薪或放弃加薪,因为他们担心无法在一份薪水更高的工作中获得保险。请注意,这种与健康相关的工资差异并不意味着福祉的差异。个人选择接受较低的劳动力价格,以换取较低的医疗保险价格。尽管如此,这将是一种额外的机制,通过这种机制,健康差异可能会带来可测量收入的不平等,尤其是在以就业为基础提供医疗保险的国家。

17.3.2.4 证据

理论旨在识别健康不佳可能使工资降低的机制,但是其影响到底有多大呢? 相对于整体工资不平等,健康引起的差异是大是小? 常见的计量经济学问题——选择偏差、遗漏变量、反向因果关系和计量误差——阻碍了回答这些实证问题的尝试。对证据的评估在很大程度上归结为对这些问题在多大程度上已被克服或避免的评估。健康状况不佳可能是劳动力离职的主要原因(见下一节)。从工人截面数据或持续就业人员的平衡面板数据来估计健康对工资的影响,会忽略那些主要因健康状况不佳而工资机会减少并决定停止工作的人。要纠正这种选择偏差,除了工资,还需要建立就业模型,并允许健康状况对两者都产生影响。有了面板数据,还可能存在与健康相关的样本流失:那些健康状况显著恶化的人更有可能退出样本。例如,要承认个人可以通过调整生活方式改变自身健康状况,则需意识到其他同样不

[①] 分析是在1984年和1993年进行的。Jones 等(2006)将同样的方法应用于英国的数据,也发现了一个小的歧视效应。

可观察的因素,如时间偏好、风险态度和教育质量也会影响工作选择和工资,从而会影响对健康的投资。如果面板数据可用,那么可以使用差分来清除与健康相关的时不变不可观测变量,或者可以通过使用假定外生的随时间变化的协变量的平均值来测量健康状况而获得效率增益(Hausman and Taylor, 1981)。但如果健康状况直接依赖于工资,那么这两种解决方案都不足以消除偏见。格罗斯曼(Grossman)开创性的健康决定模型(Grossman, 1972a, 1972b)暗示了这一点。根据该模型,工资同时影响健康投资的成本和回报(见 17.4.1)。纠正或避免同时性偏差的威胁需要从非工资差异引起的健康方面的外源性变化进行识别。在发展中国家,医疗保健的价格和当地的疾病环境被用作衡量健康的工具(Strauss and Thomas, 1998)。然而,很难发现价格变化不是医疗服务提供者选择的内生因素,而且地理性变化可能是一个相当弱的促成因素(Currie and Madrian, 1999)。疾病暴露通常与天气和农业条件有关,预计这些将直接影响工资。

Currie 和 Madrian(1999)对截至 20 世纪末美国有关健康对工资(和劳动力供应)影响的证据进行了全面回顾。他们基于这一证据基础指出存在的三个主要缺陷。第一,估计值对健康指标的选取很敏感,所采用指标的可变性阻碍了研究间的可比性。我们还要补充的是,这种敏感性不仅反映为健康指标方面的不一致,而且源于影响的内在异质性,这取决于健康状况的性质。第二,很少有研究试图纠正健康的潜在内生性,而那些试图进行纠正的研究也是依赖于相当可疑的排斥性限制。第三,现有证据大多是关于白人(美国)男性的。承接 Currie 和 Madrian(1999)的研究,在本小节的其余部分,我们将重点关注 1999 年以来发表的来自高收入国家数据的证据。后两种批评在某种程度上在最近的文献中得到了论述。可用面板数据的增加,特别是健康状况波动最大的老年人群样本以及总体管理水平数据的增加,减少了对用工具变量处理内生性问题的依赖。尽管许多研究仍倾向于关注男性,但也有许多例外,同时证据也来自更广泛的国家。引用的所有研究总结于表 17.3(与美国相关的研究证据)和表 17.4(使用欧洲和其他高收入国家数据的研究)中。

第一波(1992—1993 年)美国健康与退休研究(HRS)收集的回顾性生活史数据得出的固定效应估计表明,持续至少 3 个月的(因健康导致的)工作限制会使 50—60 岁男性的工资率下降 4.2%,下降幅度是女性的两倍(Pelkowski and Berger, 2004)。考虑到这个年龄段有 7%—9%的人报告了这样的健康状况,这些估计表明,即便不是决定性的影响,健康状况不佳对工资不平等仍造成了显著的影响。根据美国收入动态追踪调查(PSID)历时 25 年收集的纵向数据,Charles(2003)获得了一个固定效应估计(校正为就业群体),在研究小组中,大约三分之一的样本在某段时间经历过类似的健康问题,而男性的固定效应估计只有一半。这意味着,健康状况不佳对工资不平等的影响要小得多。Charles(2003)得到的较低估计值不仅是由于使用了面板数据而不是回顾性数据,而且是由于其使用了较年轻的样本进行了估计。对同一数据集和健康测量的另一分析,考虑了同时性、选择性和不可观测的异质性,发现 35 岁以下和 62 岁以上的健康状况良好和健康状况不佳的个体的工资水平几乎没有差异(French,2005)。但在职业生涯的黄金时期,工作受限的个人获得的工资比健康人群获得的工资低 8%—17%。

表 17.3 美国关于健康影响劳动力市场结果的证据

	研究细节						不健康的影响			
作者	数据	样本	健康量化[a]	不健康百分比	偏差处理	估计量	工资[b]	就业[c]	时长[d]	收益/收入
Bound 等 (2010)	HRS 1992—1998 年 (4 波)	单身男性 50—62 岁 (基线)	潜在的:由 ADLs 得出的 SAH		SEL, UH 和 ME (JB)	SML 的 DP 模式		1SD↓从平均健康@60 岁→Pr(劳动力退出) ↑8ppt		
French (2005)	PSID 1968—1997 年	20—70 岁	限制工作的身体缺陷或精神状况	30 岁:6% 70 岁:40%	SEL, UH 和 SIM	带 SEL 的 FE 和 MSM	<35 岁和>62 岁,没有影响 32—62 岁 8%—17%	<38 岁:没有影响 62 岁:↓45ppt 66 岁:↓20ppt	<40 岁:没有影响 >40 岁:20%:27%↓	
Smith (2004)	HRS 1992—2000 年 (5 波)	50—62 岁	新诊断出大病/小病	大病(小病): 20%(30%) 影响超过 8 年	UH	OLS FD		大病:↓15ppt 小病:↓4ppt		大病:↓4000 美元 小病:↓500 美元 (家庭年收入)
Pelkowski 和 Berger (2004)	HRS 1992—1993 年 (生活历史数据)	50—62 岁	工作受限制≥3 个月	男性:8.7% 女性:7.3% (终身发生率)	SEL	赫克曼 (Heckman) 选择	男性: ↓6.4% 女性: ↓7.2%	男性:↓ 女性:↓	男性:↓6.3% 女性:↓3.9%	男性和女性: ↓52% (终身收益)
Charles (2003)	PSID 1968—1993 年	男性 22—64 岁	限制工作的身体缺陷	31.6%(调查区间内任意时间发生残疾)	SEL, UH	含赫克曼选的 FE	↓2%		↓6.7%[e]	↓15% (年收益)
Blau 和 Gilleskie (2001)	HRS 1992—1994 年 (2 波)	男性 50—62 岁	SAH,使工作受限的残疾,大病/小病诊断,ADLs		SEL, ATT, UH 和 SIM	FIML		非常健康→SAH 健康状况不佳:↑劳动力退出 5.7ppt 使工作受限的残疾:↑劳动力退出 5.5ppt		

续 表

作者	数据	样本	健康量化ᵃ	不健康百分比	偏差处理	估计量	工资ᵇ	就业ᶜ	时长ᵈ	收益/收入
								不健康的影响		
Bound 等（1999）	HRS 1992—1996 年（3 波）	50—62 岁	基于 ADLs 的 SAH（SAH ≥ 良→<良）		SEL、UH 和 ME（JB）	SML		男性：↓ 55ppt 女性：↓ 46ppt		
McClellan（1998）	HRS 1992—1994 年（2 波）	50—62 岁	大病/小病新诊断，事故	大病：3.5%—6.3% 小病：18.5%—22% 事故：5.3%—8.7%	UH	OLS FD		大病：↓17.5—26.3ppt 小病：↓1.8—5.11ppt 事故：0—↓2.1ppt	ᵉ大病：↓13.1%—35% 小病：0—↓3.8% 事故：↓4.3%—9.6%	

注：本表不包括 Currie 和 Madrian（1999）总结的较早（1998 年以前）的研究。JB：合理化偏误；ME：测量误差；SIM：联立性偏误；SEL：选择偏误；UH：不可观测的异质性（遗漏变量偏差）。其他缩略词的解释见附表 A2，包括数据集和变量的缩略词。

a：对结果的影响与这项健康措施有关。

b：对就业人员时薪的影响。

c：除非另有说明，否则指对就业机会的影响。

d：对年度工作时长的相对影响。

e：假设年平均工作时间为 1800 小时。

表 17.4 欧洲关于健康影响劳动力市场结果的证据

| | 研究细节 | | | | | | | 不健康的影响 | | |
作者	国家	数据	样本	健康量化[a]	不健康百分比	偏差处理	估计量	工资[b]	就业[c]	收益/收入
García Gómez 等 (2013)	荷兰	行政管理 1998—2005 年	18—64 岁	紧急、临时住院 ≥3 晚	0.85%	UH 和 ME (JB)	DID 和匹配法		↓7.1ppt	↓4.8%(工作)↓2.9%残疾保险 DI(↓32.7%)(收入)
Halla 和 Zweinmuller (2013)	奥地利	行政管理 2000—2007 年	私人雇员 25—50 岁	通勤事故 ≥1 天	0.67%	UH 和 ME (JB)	DID 和匹配法	↓1.4%(日薪)	↓3.3ppt	
García Gómez (2011)	9 个欧洲国家	ECHP 1994—2001 年 (8 波)	16—64 岁	ΔSAH=最高 2 →最低 3,发生慢性疾病/残疾		UH	DID 和匹配法		ΔSAH:5/9 的国家 ↓>5ppt 慢性病:6/9 的国家 ↓>4ppt	
Jackle 和 Himmler (2010)	德国	GSOEP 1995—2006 年	18—65 岁	ΔSAH=最高 2 →最低 5	男性:12.5% 女性:13.3% (终身影响)	SEL,UH, ME 和 SIM	Semykina 和 Wooldridge (2010)	男性:↓4.8% 女性:没有影响	男性:↓0.5ppt 女性:↓1.5ppt[d]	男性和女性:↓52% (终身收益)
Brown 等 (2010)	英国	BHPS 1991—2004 年 (14 波)	18—65 岁	健康问题 SAH 和限制活动的报告		SEL,ME(JB) 和 UH (Mundlak)	2 阶段:SAH 的 GOP →工资和受雇可能性的 ML	无显著影响	ΔSAH(非常健康/健康,不健康/非常不健康):↓11ppt	↓15%(年收益)
Jones 等 (2010)	英国	BHPS 1991—2002 年 (12 波)	50—60/65 岁	限制活动的报告和健康问题 SAH	限制活动: 男性:15.6% 女性:13.9%	UH(RE) [ME(JB)使用 SAH]	2 阶段:SAH 的 GOP →退休风险的 ML		对退休风险的影响:限制活动——↑3.5(男性),↑5.8(女性) ΔSAH(极其健康→不健康/非常不健康):↑4.9(M),↑7.2(F)	

续　表

| | | 研究细节 | | | | | | 不健康的影响 | | |
作者	国家	数据	样本	健康量化[a]	不健康百分比	偏差处理	估计量	工资[b]	就业[c]	收益/收入
Lindeboom 和 Kerkhofs (2009)	荷兰	CERRA 1993—1995 年 (2 波)	男性:43—63 岁，在职，户主	健康问题导致的工作限制 (HSCL)	14%	UH(RE)，ME(JB)和 SIM			↓（主要与非健康因素相关）	
Cai(2009)	澳大利亚	HILDA 2003 年	男性 25—64 岁	SAH(最高 3→最低 2)	10.3%(最低 2 SAH)	SEL 和 SIM	FIML	↓17%—20%	↓（主要与非健康因素相关）	
Disney 等 (2006)	英国	BHPS 1991—1998 年 (8 波)	50—60/64 岁	健康问题 SAH 和限制活动的报告		UH[FE(Logit)和 RE(风险)]，ME(JB)	2 阶段: SAH 的有序 Probit →FE Logit			
García Gómez 和 Lopez-Nicolas(2006)	西班牙	ECHP 1994—2001 年 (8 波)	16—64 岁	ΔSAH=最高 2 →最低 3	8.1%	UH	受雇（或 RE 风险）DID 和匹配法		↓5ppt	收益↓1740 欧元 个人收入↓1033 欧元 家庭收入↓1927 欧元
Moller Dano (2005)	丹麦	行政管理 1981—2000 年	20—54 岁	因交通意外事故入院	1.4%	UH 和 ME(JB)	DID 和匹配法		男性:↓11.8ppt 女性:没有影响	收益:男性↓12%，女性没有影响
Au 等(2005)	加拿大	CNPHS 1994—2001 年 (4 波)	50—64 岁	SAH 工具含健康 HUI3 或健康问题		ME(JB)	2 阶段:有序 Probit SAH →雇佣 LPM		1SD↓健康: 男性↓25ppt 女性↓19—21ppt	
Contoyannis 和 Rice(2001)	英国	BHPS 1991—1996 年 (6 波)	16+岁完成学业	SAH 和 GHQ (用于测评心理健康问题)	SAH<健康: 男性:16% 女性 19%	UH	Hausman 和 Taylor(1981)	ΔSAH（极其健康→<健康）: 男/女:没有影响 职场中的女性↓2.8% GHQ:男性↓，女性没有影响		

续 表

研究细节								不健康的影响ᶜ		
作者	国家	数据	样本	健康量化ᵃ	不健康百分比	偏差处理	估计量	工资ᵇ	就业ᶜ	收益/收入
Kerkhofs 等 (1999)	荷兰	CERRA 1993—1995年(2波)	男性:43—63岁,在职,户主	受健康问题影响的工作限制(HSCL)		UH和ME(JB)	2阶段:工作限制的FE→雇佣风险的ML		↓(不健康通过DI对退出市场的主要影响)	
Riphan(1999)	德国	GSOEP 1984—1994年(10波)	40—59岁	ΔSAH=↓5点在10点量表中	3.1%		Logit(雇佣),无条件DID(收益/收入)		↓6ppt	收益:增长↓1.9ppt;家庭收入↓5.2ppt

注:本表不包括1999年以前的研究。JB:合理化偏差;SIM:联立性偏差;SEL:选择偏误;UH:不可观测的异质性(遗漏变量偏差)。其他缩略词的解释见附表 A2,包括数据集和变量的缩略词。

a:对结果影响与这项健康措施有关。

b:对就业人员时薪的影响。

c:除非另有说明,否则指对就业机会的影响。

d:用于纠正选择偏差的估计量之一的估计值。与其他评估量的估计相差很大,达到 16%—19%。

e:尽管健康冲击对退休风险的影响很大,但很少有人经历过这样的冲击,而且提前退休的模拟值仅比没有冲击的情况下高出 11%。

Contoyannis 和 Rice(2001)利用英国的面板数据与 Hausman 和 Taylor(1981)的估计量发现,心理健康对男性工资有显著影响,但不是一般意义上的 SAH 影响,不过他们并没有对影响程度进行解释。对于全职工作的女性,SAH 有显著影响,据估计,从不太健康的状态到非常健康的状态,工资增幅不超过 3%。

一项对澳大利亚男性数据的截面分析考虑完全共时性,发现 SAH 对工资有很大影响(Cai,2009)。但是所使用的工具变量(健康状况和行为)的有效性让人怀疑,并且利用固定效应估计值对数据的样本维度进行挖掘,会导致估计值大幅降低和显著性丧失。[1] Jackle 和 Himmler(2010)在对德国面板数据的分析中,也使用了工具变量来处理由多个相关的时不变不可观测数据所引起的内生性。他们假定过去的就医情况决定健康状况,并不决定劳动力的参与度或以此为基础的薪资。其基本原理是,过去的医疗保健是对以往健康冲击的投资反应,而鉴于目前的健康状况,则不需要与当前劳动力市场的结果相关联。情况可能是这样,但这种假设不允许存在个人去看医生以获得病假证明缺勤的可能性。据报道,对男性来说,健康状况从优良恶化到糟糕将导致时薪下降 4.8%。而对于女性来说,并没有这种显著的影响。

尽管健康指标和估计值方面的差异让人很难进行估计值比较,但我们初步得出的结论是,在高收入经济体中,健康状况不佳确实会使工资下降,但其影响很可能是温和的而非实质性的。因为大多数研究都是在限定职业的同时估计工资对健康问题的反应,这个结论指的是某个既定工作中薪水变化的程度。更大的薪资效应可能是由健康状况不佳引起的职业变化造成的。我们将在 17.3.5 中研究这一效应。

17.3.3　健康与工作

正如预期的那样,就业率与健康状况有很大关系。图 17.4 展示了中国、荷兰和美国的情况。在荷兰和美国这两个高收入国家,已经处于成年早期的健康状况较差的人与健康状况较好的同龄人相比,工作的可能性要小得多。健康状况不同导致的就业差距一直扩大到中年,中年之后,即使是身体健康的人,提前退休也会开始减少劳动力参与,因而就业差距也会缩小。[2]在中国,就业和健康之间的关系在两个方面有所不同。第一,成年早期的健康状况对就业几乎没有影响。第二,虽然年龄越大差距越大,但从未像荷兰和美国的差距那样大。这在一定程度上是由于在中国的自我评估健康调查报告中,只分了四类而不是五类,但这并不是全部原因。在美国,在 50 岁左右的人群中,自评健康状况为"一般"的人与自评健康状况为"非常好"或"很好"的人之间的就业率差异大约是中国同一年龄段自评健康状况为"不佳"的人与自评健康状况为"非常好"的人之间的就业率差异的两倍。在中国,就业和健康之间的关系较弱。考虑到中国经济结构的差异和体力劳动在经济中的更大作用,这与人们的预期不太相符。高收入国家更慷慨的社会保障可能会让有健康问题的个人更容易退出劳动

---

[1]　作者将此归因于健康变化中的测量误差较大,以及固定效应估计值无法处理相关特异性误差。或者,IV 估计值可能由于无效工具变量而被高估。

[2]　令人惊讶的是,荷兰 50—59 岁年龄段的总就业率高于美国。这可能部分反映了年份的差异,但似乎 ALP 低估了美国的这一比率。

力市场。

在本部分,我们将探讨健康状况可能通过哪些机制影响就业,包括残障保险的激励效应。

17.3.3.1 丧失工作能力与非自愿失业

健康状况不佳对工作的影响似乎是显而易见的。人生病了就不能工作。对于相对短期的急性疾病,对其影响的描述合理充分。但这种影响只能解释工资和收入的暂时中断。健康状况的分布对收入分配的任何重大影响都不可能通过短期疾病发挥作用。较少有慢性疾病会使人完全丧失工作能力,但大多数会在一定程度上降低工作能力。健康状况不佳可能会降低生产率,但不可能所有工作岗位的边际产值都降至零。工资可能会低于人们认为值得的薪资水平,但这是一种选择,而非既成事实。

这一推理建立在工资完全灵活的假设之上。健康状况对工资有适度影响的证据(见17.3.2.4)可能反映了对工资灵活性的制度约束。同工同酬和反歧视法通常规定,雇主付给残疾员工的工资低于从事同等工作的健康员工的工资是违法的。这可能可以成功地遏制与健康相关的工资不平等,但同时也会加剧就业方面的不平等。

1990年的《美国残疾人法》(ADA)要求雇主通过调整工作场所来为残疾员工提供便利,并禁止在雇用、解雇和薪酬方面歧视残疾人。从理论上讲,对残疾人就业的影响是模糊的。对雇用歧视采取法律诉讼的威胁往往会增加就业机会,而改造设施和招聘成本的增加则会减少就业机会。Acemoglu 和 Angrist(2001)认为,其中负面影响可能占主导地位。在立法前后,就业趋势与这一预测一致(Acemoglu and Angrist, 2001; DeLeire, 2000)。1996年,英国《残疾人歧视法》出台后,残疾人的就业率立即下降,该法案使雇主承担了与《美国残疾人法》类似的义务,但后来就业情况有所恢复(Bell and Heitmueller, 2009)。更深入地挖掘立法在美国的影响后,Hotchkiss(2004)揭示,这并不是因为总是被归类为残疾人的人更有可能离职或更难就业;相反,这是由于立法通过后,劳动力市场的非参与者将自己重新归类为残疾人。反歧视立法是否使残疾人更难获得工作仍然是一个悬而未决的问题。很明显,没有证据表明重大立法会使残疾人更容易就业。

17.3.3.2 残障保险

任何由疾病引起的工资降低都会降低劳动力参与劳动的经济吸引力。如果健康状况足以满足残障保险的条件,那么经济因素对工作的阻碍就会加剧。残障保险金的领取资格认证条件并不明确(Diamond and Sheshinski, 1995)。它通常不取决于某种明确界定的医疗条件,而是根据"从事有偿工作的能力"这一模糊概念进行评估,这一概念可能会考虑到工作场所的条件和职业类型。一个人是否认为自己无工作能力,以及审理人员是否同意,都是有主观性的。经济激励可能会使人们倾向于申请残障保险。对于一定程度上丧失工作能力的人,如果有社会保障来缓冲由此造成的收入损失,则此类人更有可能退出就业(Autor and Duggan, 2006; Bound and Burkhauser, 1999; Gruber, 2000; Parsons, 1980)。

残障保险的存在,不仅增加了劳动力退出就业的可能性,同时弥补了由此造成的收入损失,使其既强化了健康与收入的关系,又削弱了健康与工资的关系。[①] 对于给定的健康状况分布,在残障保险金较高的国家中,收入分配将更加平均。但是,社会保障的均等效应可能会被道德风险效应削弱,而这种效应对于收入潜力较低的个体更为强烈。通常,如果替代率随着残疾前收入的减少而下降,那么对于低收入劳动者而言,继续就业所面临的经济上的不利因素将会是最严重的。由于这些不同的激励措施,特定残疾的发生更有可能导致低薪工人退出就业市场并损失收入(仅部分由残障保险补偿)。相对于残障保险产生的财务激励对就业没有影响的假设情况,这种差异的道德风险效应往往会加剧收入不平等。但如果完全没有残障保险及其提供的收入保障,收入差距可能会更大。除了不同的道德风险效应的强度,残障保险减少收入不平等的程度还将取决于残疾的发生率。如果穷人更有可能成为残疾人,那么这种平衡效应就会更大。收入较低的人更有可能从社会残障保险中受益,并对其对工作的经济抑制做出反应。

在过去 30 年的大部分时间里,许多高收入国家的残障保险金领取人数一直在上升(OECD,2010;Wise,2012)。死亡率急剧下降,伴随着残疾(如果不是疾病)的时间被压缩到死亡前的几年间(Crimmins and Beltran-Sanchez,2011;Cutler et al.,2013;Milligan and Wise,2012),这说明原因并不是人们变得越来越不健康。相较于从工作中获得收入,申领残障保险金有着较宽松的资格标准和更高的回报,这被认为是罪魁祸首(Autor and Duggan,2006;Bound and Burkhauser,1999;OECD,2010;Wise,2012)。我们不会评估有关残障保险道德风险效应强度的证据(Bound and Burkhauser,1999),而是将重点放在以下主张:残障保险与经济结构变化导致的经济不平等加剧相互作用,导致低技能、低收入工人的劳动力参与率下降(Autor and Duggan,2003,2006)。

自 20 世纪 80 年代以来,美国和其他高收入国家的低技能工人所经历的相对工资的下降和就业机会的减少增加了残障保险对这一群体的吸引力(Autor and Duggan,2003;Black et al.,2002)。因为残障保险发放取决于是否具有从事有收入工作的能力,这导致对残障保险的申请在经济衰退中呈现增加趋势(Autor and Duggan,2006),并让人们怀疑一些政府故意使用残障保险来掩盖长期失业。在 20 世纪 80 年代中期,美国放松社会保障残障保险(SSDI)合格标准后,利用不利经济条件的敏感性增加了至少两倍,并且受经济震荡的负面影响,高中辍学后不参与就业的可能性为之前的两倍(Autor and Duggan,2003)。通过将 SSDI 福利公式与平均工资增长挂钩,这种效应被进一步放大。其结果是,工资增长落后于平均水平的个人的替代率上升了,就像过去 30 年美国低收入工人的情况一样(Autor and Duggan,2003,2006)。由于美国为 65 岁及以上老人提供的医疗健康保险计划(Medicare)的实际支出不断增加,SSDI 受益人在 65 岁之前就有权享受该计划,因此替代率进一步上升。考虑到这些附加福利,处于收入分配第 10 个百分位的 50—61 岁男性的残障保险替代率,从 1984 年的 68%上升到 2002 年的 86%(Autor and Duggan,2006)。而在第 90 个百分位的,增幅要小得

---

① Hurd 和 Kapteyn(2003)发现,与美国相比,在残障保险制度更为慷慨的荷兰,其 51—64 岁人群的收入变化对他们自我评估的健康水平更为敏感。这可能是由于道德风险效应大于残障保险的收入替代效应。在荷兰,健康状况不佳的个人更有可能在黄金工作年龄时退出工作,这与图 17.4 中所观察到的情况一致。

多,即从 18％上升到 22％。可以预见,由于这些不同的激励措施,低技能人群的 SSDI 参保率要更高,增速也更快。从 1984 年到 2004 年,在 55—64 岁的高中辍学男性中,参保率上升了5％,几乎达到 20％（Autor and Duggan, 2006）。对于受过大学教育的人来说,这一增幅仅为1 个百分点(达到 3.7％)。

在美国,相对于平均水平的收入预期的下降以及相对于这些收入下降的残障保险替代收入的增加,单独或联合起作用削弱了有健康问题的低技能工人继续工作的动力。这一弱势群体对残障保险的日益依赖,可能既是经济不平等加剧的结果,考虑到残障保险的替代率不到 1,可能又是经济不平等加剧的一个原因。这一推论可能也适用于欧洲,因为自 20 世纪80 年代以来,欧洲也出现了工资不平等加剧、残障保险参保人数不时增多的情况。

17.3.3.3 偏好

除了残障保险带来的间接影响,健康状况不佳可能会通过改变相对于休闲的消费偏好来直接改变保留工资,这种影响的方向不确定。健康状况不佳会增加工作的负效用,但它也可能降低一些休闲活动的边际效用,如体育运动。其影响消费边际效用的方向更难预测。残疾人可能从某些物品(包括运动器材或旅行)中获得的乐趣较少,或根本没有乐趣,但会更加依赖其他物品,如药品、暖气和私人交通工具,而不是公共交通工具。Finkelstein 等(2013)通过比较有慢性疾病和没有慢性疾病的美国老年人的主观幸福感和消费之间的关系,推断出消费的边际效用随着健康状况的恶化而下降。如果我们假设增加的工作负效用占主导地位,那么休闲的边际效用就会上升,这就给出了一个明确的预测,即当健康状况变差时,休闲对消费的边际替代率上升。保留工资的上涨和劳动力的退出变得更有可能。[①] 有更直接的证据表明,在某种程度上,限制工作的健康问题相当于衰老了 4 岁左右,这在一定程度上增强了年龄较大(58 岁以上)的美国人以消费换取休闲的意愿(Gustman and Steinmeier, 1986a,1986b)。[②]

尽管这些预估支持了一个似是而非的命题,即健康状况不佳会改变人们对工作的偏好,但人们应该小心而不要忽视健康的多维性。身体上的残疾可能会降低许多休闲娱乐活动的边际效用,就像它会提高工作的负效用一样。慢性疾病,如糖尿病,可能对相对于消费的休闲偏好影响很小或没有影响。一个预测的经验内容是,人们对工作的偏好会随着一种我们方便称之为"健康"的特征而增加,但如果这种特征(或者至少是衡量这种特征的方法)没有得到很好的定义,这种预测的内容就会变得模糊。在社会科学领域,我们对健康的概念相当重视,尽管我们发现很难对健康进行确切的定义(Twaddle, 1974)。估计健康状况不佳对工作和休闲偏好的影响,结果可能随所考察的健康维度和衡量维度的指标之间的差异而不同。

17.3.3.4 预期寿命

预期寿命是另一种机制,通过这种机制,健康方面的差异可能会让我们观察到截面数据上收入和财富的差异。在没有遗赠动机的标准生命周期消费模型中,在死亡前不储蓄的情

---

① Finkelstein 等(2013)的证据来自一个不工作的老年人样本,因此,我们不能由此推断出相对于休闲而言,健康状况不佳是如何影响人们的消费偏好的。

② 有关健康和退休模型中特定于健康的效用函数参数的其他估计,请参见 Sickles 和 Yazbeck(1998)以及 Bound 等(2010)。

况下,预计在任何给定年龄,预期寿命延长都将增加劳动力供给(和储蓄)(Chang,1991;Hammermesh,1984),这基本上是一种财富效应。寿命的延长意味着终身潜在收入的增加,由此产生的消费需求的增加,会促使劳动力供给的增加。[①] 我们可以称之为"地平线效应"。健康状况不佳的人更少工作,因为他们不必为延长的老年生活做准备。比起对寿命不构成威胁的慢性疾病,一定程度的功能障碍和危及生命的疾病或会缩短寿命的疾病,应该更会减少人们的收入(McClellan,1998)。

如果承认寿命长短是不确定的,年金市场是不完善的,那么就会产生一种抵消效应。通过储蓄的死亡风险,或在能够享受储蓄的果实之前死亡的可能性,生存概率的变化会影响储蓄的边际收益,从而影响消费和休闲之间的边际替代率(Chang,1991;Kalemli-Ozcan and Weil,2010)。即使预期寿命更长,通过这种不确定性效应,死亡概率的降低会提高储蓄的回报率,从而提高储蓄水平,进而有可能减少劳动力供应,如提前退休。这种不确定性效应支配地平线效应的可能性随着初始死亡率的降低而降低(Kalemli-Ozcan and Weil,2010)。在高收入国家,人们预计健康状况不佳和寿命缩短会导致收入(和财富)减少。

17.3.3.5　证据

除了偏好和寿命的模糊影响,理论还给出了一个明确的预测:身体不好会减少工作投入。在对高收入经济体的合理假设下,偏好和寿命的影响方向是一致的。但健康状况不佳对就业的总体影响究竟有多大呢?[②]

大多数研究利用老年人样本来探讨这个问题。他们有效地估计了健康状况对(提前)退休的影响。一般而言,健康状况是退休的一个重要决定因素(Currie and Madrian,1999;Lindeboom,2012),而其重要性取决于所采用的健康衡量标准、估计量以及研究背景。

与试图确定健康对工资的影响时遇到的问题类似,计量经济学方面的障碍使估计健康对就业的影响变得复杂,计量误差问题变得尤为棘手。大多数研究都依赖于调查数据和自我报告的健康状况不良指标。人们会认为健康状况报告与就业情况内在相关。最直白地说,那些决定不工作的人可能会谎报自己的工作能力,要么是为了减轻自愿不工作带来的耻辱感,要么是因为他们在申请残障保险,但这种现象并不是太明目张胆。个人认为自己无法胜任工作的功能阈值可能会受到工作的经济激励、就业刺激措施、工作年限、与其他申请残障保险的人接触等因素的影响,这种影响可能是潜意识的。报告的不健康状况可能反映了不工作的动机,这种所谓的"合理化偏误"一直是文献中的一个主要关注点(Bound,1991)。现有证据倾向于表明,这往往会导致严重高估健康状况不良对就业的影响(Bazzoli,1985;Bound et al.,2010;Lindeboom,2012;Lindeboom and Kerkhofs,2009),尽管也存在不同的研究结果(Dwyer and Mitchell,1999;Stern,1989)。

---

① 类似地,任何生命周期内因疾病而损失的时间增加预计将减少该时期的劳动力供给,尽管预测未来疾病的预期和不确定性的增加将促进当前工作努力程度的提高(O'Donnell,1995)。
② 我们是在高收入国家的背景下探讨这个问题的。因为在劳动力市场不那么正规的低收入国家,确定健康状况对就业和收入的影响更具挑战性。那些文献倾向于关注在没有正式的健康和残障保险的情况下,家庭在遭受健康冲击时能够在多大程度上平滑地消费(Gertler and Gruber,2001;Mohanan,2013;Townsend,1994)。回顾这些文献超出了我们的研究范围。

用更客观的慢性病指标或未来死亡率指标来替代自我工作能力丧失报告,降低了产生合理化偏误的风险,但增加了典型的测量误差,并可能导致对影响的低估(Bound, 1991)。用更客观的健康指标来衡量自我报告的工作限制可能是一种更好的方法(Bound, 1991;Bound et al.,2010;Stern, 1989),但要求这些指标不存在合理化偏误,这或许是一个强有力的假设,因为这些指标往往也是自我报告的。

北美和欧洲所有试图通过将自我报告的健康视为内生变量来处理合理化偏误的研究都证实,健康状况是劳动力参与的一个重要决定因素(Au et al., 2005;Blau and Gilleskie, 2001;Bound et al., 1999;Brown et al., 2010;Disney et al., 2006;Dwyer and Mitchell, 1999;Jones et al., 2010;Kerkhofs et al., 1999;Lindeboom and Kerkhofs, 2009;Sickles and Taubman, 1986;Stern, 1989)。[1] 在针对美国老年男性的结构生命周期模型中,健康状况也成为退休的一个重要决定因素(Bound et al., 2010;French, 2005;Sickles and Yazbeck, 1998)。Bound 等(2010)发现,虽然通过客观指标对自我报告的健康状况进行调整来应对合理化偏误会大大减轻健康状况的影响,但这种影响仍然非常大。在提前退休年龄之前,健康状况不佳的年长单身男性退出劳动力市场的可能性是健康状况良好的同龄男性的 5 倍。[2] 当美国劳动者达到 62 岁,即可首次领取社会保障养老金的年龄,且经济激励措施转向有利于退休时,健康状况不佳的人退休的概率从 0.1 上升到 0.17,健康状况良好的人退休的概率从 0.025 上升到 0.049。从绝对意义上讲,健康状况不佳的人对经济刺激的反应更大,当退休在经济上更有利时,就业概率的差异就会扩大。健康状况不佳和经济刺激相互作用。经济激励似乎使人们倾向于认为健康问题使人丧失劳动能力。从较低的健康水平看,健康状况的边际恶化影响较大。62 岁时,当健康状况不佳的工人的健康状况下降半个标准差时,该工人退出劳动力市场的概率从 0.17 增加到 0.27,这一变化是健康状况处于平均水平的类似工人的 10 倍。

French(2005)将分析范围扩展到美国的其他男性群体,发现在整个生命周期中,健康状况的影响是非常大的。在 40 岁以下的男性中,健康状况良好的和健康状况不佳的男性的就业率没有差别。据估计,40 岁时,身体或精神上出现让人丧失劳动能力的问题会使男性的就业概率下降 5 个百分点。这种影响在 58 岁时达到 60 分的峰值,然后在 62 岁时下降到 45 分,在 66 岁时下降到 20 分。在应对这些非常大的影响时,我们需要记住,它们并未对合理化偏误进行校正。作者认为,尽管所估计的健康影响很大,但相对于可归因于人口健康状况的老年男性劳动力参与率总体下降比例来说,其影响是适度的。男性报告劳动能力丧失的比例从 55 岁的 20% 上升到 70 岁的 37%。根据所估计的健康状况影响,健康水平的下降只能解释这两个年龄段劳动力参与率下降比率 74% 中的 7%。这可能是事实,但是根据 French(2005)和 Bound 等(2010)的估计,在 62 岁的提前退休年龄之前,健康状况不佳可能是劳动力退出的主要原因。

---

① 关于 Currie 和 Madrian(1999)的表格中未提及的部分,其中美国相关研究见表 17.3,其他地区研究见表 17.4。
② 健康状况被建模为一个潜在变量。"健康状况良好"指的是平均水平,"健康状况不佳"指的是比平均水平低一个标准差的水平。

确定健康对就业的实质性影响只是使我们朝着衡量健康状况对收入分配的影响这一目标迈进了一小步。我们需要了解由疾病导致的失业对收入的影响。回顾美国早期的证据，Currie 和 Madrian(1999)得出结论，健康状况不佳对收入有很大的负面影响，这种影响主要是通过减少工作时间(包括不参加工作)，而不是降低工资产生的。

Pelkowski 和 Berger(2004)从美国 HRS 的个人生活史数据中发现，50 岁以上的人群中，有 7%—9% 的人在某段时间内经历过工作限制，平均而言，估计会导致他们未来的潜在收入损失一半。到目前为止，这一重大损失的最大部分来自就业的可能性降低，降至其估计值的一半左右。从表面上看，这些估计表明，健康状况是收入差异的一个主要决定因素，但在解释时应谨慎行事。一个主要的关注点是数据的可追溯性，它可能不宜回溯，也可能存在合理化偏误。调查中可能存在一种趋势，即报告确实对劳动力市场产生了影响的健康事件，以及回忆与患病时期相符的劳动成果变化的趋势。

Charles(2003)利用美国 PSID 的调查数据研究发现，在残疾发生前后，最初受雇的个人的年收入平均下降 15%。鉴于面板数据中近三分之一的人至少经历过一次工作限制，这表明，健康状况不佳是造成收入截面不平等的一个重要因素。但是，收入并不会像健康问题刚发生之后那样持续低迷。一些疾病会消退，残疾也可以通过再培训加以适应。在残疾发生后的两年内，大约一半的收入损失得到弥补。随后，收入继续呈缓慢上升的趋势，上升到没有残疾时的水平。这些发现表明，Pelkowski 和 Berger(2004)通过推断疾病对收入的同期影响，大大高估了其造成的终身收入损失。

尽管 PSID 的研究为了解健康状况不佳对收入的影响提供了有价值的见解，但由于依赖于自我报告的工作限制数据，且没有对合理化偏误进行校正，该研究的价值受到了削弱。收入下降幅度最大的时期是在报告工作限制之前的 1—2 年。有一种解释认为，在报告健康问题之前，健康状况就已经在变差，并阻碍了劳动产出。但另一个原因是，工作回报和积极性的下降导致样本报告残疾，这或许是为了证明其申请残障保险是合理的。

除了易受合理化偏误的影响，自我报告工作能力衡量指标的另一个局限性是，它关注功能性损伤，不区分健康状况的其他方面，如寿命。部分文献没有充分认识到这一点，这些文献倾向于认为，理想的健康衡量标准应该是能够准确反映工作能力的指标(Bazzoli, 1985; Bound, 1991; Lindeboom, 2012)。隐含的假设是，健康影响就业的机制只有一种——执行与工作相关的任务的体力和脑力能力。如果认识到前面小节中确定的其他机制，健康状况对当前功能性损伤、康复前景、生存机会等方面的影响存在差异，则可以预期它们也会对工作产生不同的影响。

McClellan(1998)对三种健康结果进行了有趣的区分。重大的健康事件，如严重的心脏病发作或中风，意味着急性和长期的功能性损害和预期寿命的缩短。慢性疾病的发病，如心脏病或糖尿病，不会显著影响当前功能，但可能会通过预期的退行性疾病和长期损害来影响劳动力供应。另一个极端则是，意外事故对身体机能有直接影响，但不太可能对偏好或长期健康预期产生任何影响。利用美国健康与退休研究的前两波数据，McClellan(1998)发现了与健康事件性质相一致的证据，即健康事件对就业的影响是独立的，并超过了由健康事件引起的功能限制的程度。对于给定的功能变化[以日常生活活动能力(ADL)衡量],当由重大健康事件引发就业概率降低时,就业概率的下降幅度会高出 40 个百分点。若男性患有慢性疾病或身体机能有中度及严重受损,其就业概率分别下降 14 个百分点和 35 个百分点。意外事故与就业率的下降之间没有明显的联系。McClellan(1998)解释说,这表明,当健康事件对长期健康预期没有影响时,其对就业的影响就会减弱。①

Smith(2004)通过使用更多轮次的 HRS 数据来观察更长期的影响,扩展了这种类型的分析。出现重大健康状况(如癌症、心脏病、肺病)后,与此相关的是,男性的就业概率会立即下降 15 个百分点,其中在基线时有一半以上的男性在工作。8 年后,患上这种疾病的人工作的可能性降低了 27 个百分点。对那些患有轻微慢性疾病(如高血压、糖尿病、关节炎、心脏病发作、心绞痛和中风)的人的短期和长期影响分别减少 4 个百分点和 11 个百分点。患上某一种严重的慢性疾病后,家庭年收入的平均损失为 4000 美元,8 年后上升到 6250 美元。这些损失累积起来在 8 年期间总共损失收入 37000 美元。与某种轻微疾病有关的累计收入损失几乎达到 9000 美元。

虽然这一就业概率和收入持续下降的证据似乎与 Charles(2003)的证据相矛盾,但一旦认识到 HRS 样本的年龄较大,并仔细研究了 Charles(2003)估计的影响的异质性,这种矛盾就不存在了。长期患慢性疾病的男性,也就是在最初发病后的每一段时间都报告工作受限的男性,其初始收入损失估计为 21%,随着时间的推移,该损失几乎或根本没有得到弥补。并且对于老年男性来说,最初的损失也更大,其损失也并没有得到弥补。因此,这两项研究都发现,老年男性患有慢性疾病会造成永久性的收入损失。

Bound 等(1999)关注的是健康状况的动态演变对美国 50 岁以上老年人持续参与劳动力市场的影响。他们发现,最影响劳动力退出的是健康状况的恶化,而不是健康水平。就业并不仅仅依赖于当前的身体功能能力,因为人们可以适应各种缺陷来达到工作要求。但任何给定的健康水平的降低都意味着对未来健康的期望降低,这可能对继续就业的决定产生独立影响。Disney 等(2006)对英国的数据采用了相同的处理方法,发现了一种不同的行为模式。考虑到过去的健康状况,当前较差的健康状况仍然会增加离职的可能性。但是对于任何一个给定的健康水平,过去更低的健康水平也会增加退休的可能性。对这一结果的一种可能解释是,个人需要时间来降低他们的健康预期。只有当健康水平持续下降时,才会做出退休的决定,而做出这种决定的念头可能很难打消。

跨国比较有助于探讨就业和收入对健康状况不佳的反应似乎在多大程度上受到就业和社会政策的影响。García-Gómez(2011)比较了 9 个欧盟国家在 SAH 持续下降后继续就业的可能性。她发现在爱尔兰,就业影响最大,该国的残障保险申请人不得从事任何形式的有偿工作。其次是丹麦和荷兰,这两个国家的替代率是最高的。在爱尔兰,对于必须登记为残疾的员工比例并没有限制。在法国和意大利这两个对残疾员工设定最高配额的国家,其政策对就业没有显著影响。这些发现表明,但没有证实,健康状况不佳对就业(和收入)的影响在

---

① 也有可能是经历过意外事故的调查参与者的数量不足以精确估计其影响。通过使用总体数据,Moller Dano (2005)与 Halla 和 Zweimuller(2013)确实发现了意外事故对就业的显著影响(见下文)。

很大程度上取决于影响残疾人劳动力供求的政策。

这些研究并不试图通过自我报告的一般健康数据来确定健康状况的影响,这是难以解释并具有潜在内因的,也不试图通过自我报告的工作能力得出结论,因为这可能存在更内因的合理化偏误。这三项欧洲研究主要关注更狭义上的健康事件,这种健康事件发生得更突然且无法预见,因此似乎在研究生命周期健康规划和劳动力供给上更具合理性和外因性(García Gómez et al., 2013; Halla and Zweimuller, 2013; Moller Dano, 2005)。与旨在评估健康状况和劳动力供给的内生性决定的生命周期概况的结构模型不同(Bound et al., 2010; French, 2005; Sickles and Yazbeck, 1998),这些研究的目的是利用健康状况中一些意料之外的变化来估计就业和收入的反应。其中两项研究利用了意外事故数据(Halla and Zweimuller, 2013; Moller Dano, 2005),第三项研究使用了紧急事件和非计划住院事件数据(García Gómez et al., 2013)。这一策略的实施是可行的,因为可以从行政登记册中获得总体或接近总体的数据,提供对相对罕见的健康事件的充分观察,并可从数百万个对照观察中找到相匹配的数据。对行政记录的使用极大地减少了测量误差,并避免了基于报告的健康状况进行评估的合理化偏误。这三项研究都结合了匹配(处理可观察到的差异)与双重差分法,以消除健康事件与时不变不可观测差异之间的相关性。

这些研究一致发现,健康冲击降低了就业概率。一起发生在奥地利的交通事故,估计将使就业概率下降 3.3 个百分点(Halla and Zweimuller, 2013);荷兰的一起急性住院事件,估计使就业概率下降 7.1 个百分点(García Gómez et al., 2013);丹麦发生的一场车祸,估计使就业概率下降 11.8 个百分点(Moller Dano, 2005)。[①] 鉴于所采取的健康事件的狭义定义,这些估计在规模上的不同是可以预料的。通勤事故大多会导致肌肉骨骼损伤,循环系统、消化系统和呼吸系统的疾病都是急性住院的重要原因。这些不同的情况预期会产生不同的影响。对突然发生的特定健康事件的关注增强了这些研究的内在有效性,但不能由此假定可将其推广到其他形式的健康状况恶化,也无法避免健康的多维性及其后果的异质性。

这些研究证实,健康状况不佳会导致就业概率下降,而这一结论从更不确定的估计数据中得出,可信度较低。还有一个不太容易预测的发现是,这种影响是持久的。这三项研究都发现,在健康冲击发生后的至少 5 年内,就业概率仍会因健康冲击而下降。这与 Charles(2003)对处于最佳工作年龄的美国男性的研究发现形成对比。这种差异很可能是由欧洲大陆的残障保险受助者缺乏退出领取保险金名单的激励造成的。

在奥地利和荷兰,健康状况对妇女就业的影响更大,但在丹麦不是这样。同样在这两个国家,老年人和蓝领工人(奥地利)或低收入工人(荷兰)受到的影响更大。这与英国的证据一致。英国的证据表明,年龄较大的贫困者更有可能通过参加残障保险退出劳动力市场(Banks, 2006)。这也与美国来源于 PSID 的证据一致,即不健康对非白人和受教育程度低的人造成的收入损失更大、持续时间更长(Charles, 2003)。对于生产率更取决于身体健康状况的行业和职业以及低技能工人来说,正如 17.3.3.2 所观察到的那样,劳动力市场就业机会减少而对残障保险的依赖增加。弱势群体不仅更容易受到健康问题的影响,他们的就业和收

① 交通事故对女性工作可能性没有显著影响。

入也更多地取决于他们的健康状况。健康状况不佳可能通过不均衡的发病率和差异效应加剧经济不平等。

在荷兰,急性住院导致个人收入在遭受健康冲击 2 年后平均下降约 5％,在接下来的 4 年里几乎甚至没有恢复(García Gómez et al. ,2013)。对于仍有工作的个人来说,收入只下降了 3％,这表明工资和工作时间在集约边际上适度减少。那些选择依赖残障保险的人会经历三分之一的收入损失,这与残障保险替代率大致一致。尽管这是一个大幅度的下降,但在一个曾经 10％的劳动年龄人口依赖残障保险的国家,提供更全面的收入保障的道德风险效应可能会很大。但是丹麦确实提供了更高额的保险,在遭遇一次交通事故后,男性的收入平均下降 12％,这一状况将持续 6 年,但转移性收入的增加与之相抵消,因此总收入没有显著的变化(Moller Dano, 2005),但这并不意味着存在完全的保障。据推测,12％的失业者确实经历了收入损失,但这并未被报道。但对女性来说,其收入没有显著下降。这些发现与丹麦等福利国家健康状况不佳所造成的收入后果相符。但是,人们应该记住,这估计的只是一起道路交通事故的影响。根据 McClellan(1998)的研究,事故造成的经济后果应该是最轻微的,因为事故所引发的健康状况变化可能是暂时的,而长期的功能和生存预期可能受到的影响很小,这就是所述方法的局限性。尽管可以相信,该估计确实准确描述了该研究中健康变化的影响,但有着狭义定义事件的特殊性降低了证据的相关性程度,从而无法有力证明更广泛的问题,即整体健康的变化,会显著导致经济不平等。

17.3.4 晚年经济不平等的早期健康决定因素

在此之前,人们一直关注成年期健康状况不佳对收入的影响,这可能会错过很多信息。珍妮特·柯里(Janet Currie)和詹姆斯·赫克曼(James Heckman)是这一领域的主要贡献者,他们推动了相关文献的迅速发展并认为,早期生活——甚至是出生前——以及童年期包括健康状况在内的各种条件,在很大程度上解释了成年人之间经济成果的差异(Almond and Currie, 2012;Cunha et al. , 2006;Currie, 2009;Heckman, 2007;Heckman et al. , 2006)。据估计,美国终身收入现值的不平等有高达 50％可以用 18 岁时已知的因素来解释(Cunha and Heckman, 2009)。尽管大多数因素,如父母的职业与健康没有直接关系,但在胎儿期、婴儿期和儿童期暴露于健康风险是这些具有重要经济意义的条件的潜在重要组成部分。早期的健康状况不佳会直接制约后期健康资本的积累,并阻碍非健康人力资本的积累,这两种影响都会降低收入潜力。

人们可以区分出三种广泛的机制,通过这三种机制,早期健康状况可能会影响成年后的经济成果,而这三种机制是由它们显现的生命阶段来区分的。在胎儿期和婴儿期,营养缺乏和暴露于健康风险会直接损害认知功能,并导致儿童期健康问题,干扰认知技能(可能是非认知技能)的习得。第二条途径是通过教育。儿童和青少年时期的健康状况不佳可能会限制他们获得教育的机会,在婴儿期健康受到损害而造成的认知功能受损可能会降低通过上学获得学历的效率。与其他形式的人力资本不同,第三种机制是通过健康资本发挥作用的。健康状况不佳的情况可能从童年持续到成年。更引人注目的是,在胎儿期暴露于健康风险中可能会造成持久的生理损伤,这在中年发病时表现得尤为明显。收入可能因此下降,这从上一节所探讨的证据中可以清楚地看出。

在下面这一部分,我们将分别讨论这三种主要机制。通过这三种机制,婴儿期和儿童期的健康状况可能会限制成年后的经济成功。这让我们进入了一个传统上属于心理学和流行病学的领域,但经济学家们越来越敢于大胆地涉足此领域。在这一部分的最后,我们总结和评估了有关早期生活健康状况在多大程度上决定了成人经济成果的证据。我们不对这些迅速涌现的文献进行详细评论,因为详细评论已经由更专业的研究人员提供(Almond and Currie,2011,2012;Cunha et al.,2006;Currie,2009)。我们关注那些有关健康状况对收入不平等的影响的文献,以及了解成年期收入和健康之间的关系。

17.3.4.1　健康、认知和非认知能力

大量证据表明,认知功能是工资的一个强有力的预测因素(Cawley et al.,2001;Herrnstein and Murray,1994;Jencks,1979)。我们感兴趣的是儿童期的认知功能是否决定了日后的经济成功,以及儿童期的认知功能是否在一定程度上由婴儿期的健康状况决定。Case和Paxson(2008)提供了第一种关系的间接证据。利用英国的纵向数据,他们发现收入和成年人身高之间存在很强的正相关关系。[①] 这种关系已经很好地建立起来了,但是当考虑到儿童期的认知功能(这被证明是工资的一个强有力的预测因素)时,这种关系的重要性就会大大降低,变得无关紧要。认知控制导致的变化与早期营养状况产生的认知和身高变化相一致,并且只有前者会对收入产生影响。Heckman 等(2006)在研究了青少年时期作为(内生选择的)学校教育的产物而产生的认知偏差后发现,认知功能是学校教育、就业、职业和工资的重要决定因素。

因此,儿童期的认知功能对经济会造成影响。那么,我们是否知道认知本身取决于婴儿期的健康呢? 通过动物实验,神经科学已经证实了在胎儿期和婴儿期营养不良、营养缺乏和接触毒素阻碍大脑发育的生物学和神经学过程(Grantham-McGregor et al.,2007)。出生体重,是衡量胎儿期健康风险,尤其是营养不良情况的一个指标,是衡量人类出生时健康状况最常用的指标。流行病学研究证实,低出生体重与低智商(Breslau et al.,1994),以及一系列其他儿童健康问题有关,包括哮喘(Nepomnyaschy and Reichman,2006)、行为问题[包括注意缺陷与多动障碍(ADHD)](Hayes and Sharif,2009;Loe et al.,2011)、运动和社会性发育缓慢(Hediger et al.,2002)以及抑郁(Costello et al.,2007)。尽管与神经科学的研究结果相一致,但我们不能对这种简单的相关性做过多解读,因为出生时体重过轻可能反映出怀孕母亲的行为,而这些行为与后来可能影响孩子认知功能的投资有关。兄弟姐妹和双胞胎之间出生体重的差异被用来降低发生此类偏差的风险。这种方法已经证明,在苏格兰(Lawlor et al.,2006),兄弟姐妹或双胞胎中出生时体重较轻的那个在 7 岁时的智商往往较低;在挪威,则是出生时体重较轻者入伍时智商较低。后者的发现更难解释,因为成年早期的智商可以反映教育投资的差异。

在营养和微量营养素缺乏更为明显的低收入和中等收入国家,从随机分配的营养补充项目中可得到的更明确的证据表明,更好的营养可以改善认知功能和提高受教育程度

---

① 在美国和英国,比别人身高高 1 英寸(2.54 厘米)的人收入平均要高 1.5%—2%(Case and Paxson,2008)。

（Grantham-McGregor et al., 1991, 2007；Pollitt et al., 1993；Walker et al., 2005）。Currie（2009）引用的证据表明,即使是在美国,母亲在怀孕期间（不是随机）参与营养计划的孩子也能获得更高的考试分数。

赫克曼和他的合作者提供的证据表明,在解释成年后的经济成果时,儿童期发展起来的非认知技能与认知功能同等重要,甚至可能更重要（Cunha and Heckman, 2009；Heckman, 2007；Heckman et al., 2006）。非认知能力指的是人格特征,如自尊、毅力、依赖性、坚持、耐心和乐观,这些可能被认为是面对风险和消费时机偏好的部分或决定因素。Currie（2009）指出,一些非认知技能与心理健康状况密切相关,或者高度依赖于心理健康状况。她引用了大量的研究,这些研究表明,儿童的行为问题,如多动症和攻击性,是认知功能低下、受教育程度较低和经济状况不佳的重要预测因素。可见大多数的研究只考虑可观测量,但 Currie 和 Stabile（2006）使用同胞固定效应, 发现在美国和加拿大,在较小年纪注意缺陷多动障碍（ADHD）评分较高的孩子,在 11 岁时认知能力（数学和阅读考试分数）较低,并且更有可能接受特殊教育或留级一年。鉴于行为心理健康问题在儿童中如此普遍,它们可能是儿童健康和成人经济状况之间联系的重要组成部分。

虽然证据基础确实需要加强,但我们认为,有充分的理论依据可以预期,婴儿期和幼儿期的健康状况将成为形成认知和非认知技能的重要制约因素,这些技能正日益被认为是在劳动力市场取得成功的重要决定因素。在 Cunha 和 Heckman（2008）提出的框架内,这些技能在经济不平等产生和发展过程中的重要性,是源于它们具有延展性。技能是通过父母的投入培养出来的,其水平和效率可能取决于孩子家庭和社区的社会经济环境。Heckman（2007）假设在健康和认知方面的投资之间可能存在互补性。命运的不幸可能导致一个孩子在某方面存在不足,这会使得通过投资改善另一方面的情况变得更加困难。早期的健康冲击可能会使儿童身体虚弱,对能够提升认知功能的刺激的反应能力有限。提升孩子认知功能的投入比其边际收益更高,面对这种情况,父母可能会减少对孩子技能发展的投入。因此,体弱多病的孩子可能会在健康和人力资本方面处于双重劣势。

17.3.4.2 教育

教育是一个潜在的渠道,不仅在个人整个生命周期内,而且在几代人之间,将收入与健康联系起来。儿童期的健康问题可能直接限制其获得教育,并削弱在学校教育方面进行投资的动机,因而对收入产生长期影响。如果更贫困、健康状况更差的父母的孩子更容易生病,那么健康资本对获取其他形式的人力资本的干预可能会导致收入的代际传递（Currie, 2009）。健康对收入分配的影响可能会滞后很长一段时间。

根据生命周期流行病学（Kuh and Ben-Shlomo, 1997；Kuh and Wadsworth, 1993；Wadsworth and Kuh, 1997）,儿童期由社会剥夺引起的疾病,不仅对健康有永久性的影响,而且还会干扰教育。由于成年早期的职业机会有限,这可能进一步降低成年后的健康水平,终身收入潜力也会因此受到限制。成年后的健康状况和收入水平是相关的,因为它们都是由儿童期的疾病决定的。

健康状况可能对教育产生影响的最直接方式是中断学业。在低收入国家,这可能是一个重要的制约因素。在高收入国家,这似乎不那么重要。Currie(2009)引用 Grossman 和 Kaestner(1997)的研究指出,美国健康儿童和不健康儿童在缺课率上的差异太小,不足以使健康状况和受教育程度之间产生很强的相关性。儿童健康状况不佳对知识和技能习得的任何影响,更有可能是通过上一部分所讨论的认知功能受限和学习效率受损的渠道产生的。

Case 等(2005)通过对 1958 年出生的一组英国人进行研究,并控制了儿童期的社会经济地位(SES)这一因素,发现儿童期的健康问题与较低的受教育程度有关。但健康状况不佳和受教育程度较低,可能都是因为父母对子女的人力资本投入很少。有一种不完全的解决办法是回溯到孩子发展的上一个阶段,在这个阶段,父母的行为对其影响较小,并考察出生体重和受教育程度之间的关系。我们在上文中提到了出生体重对认知能力有影响的证据。如果这是一个传导渠道,我们现在需要在这个链条上建立下一个环节,即教育成果。许多流行病学和社会科学研究表明,出生体重较轻的儿童往往在学校表现不佳(Case et al. , 2005;Currie and Hyson, 1999; Hille et al. , 1994; Kirkegaard et al. , 2006; Saigal et al. , 1991)。对来自三大洲高收入国家的足够大的样本进行的同胞差异研究,证实了这种关系的因果性。这些研究表明,出生时体重较轻的孩子受教育程度较低(Behrman and Rosenzweig, 2004;Black et al. , 2007; Johnson and Schoeni, 2011; Lin and Liu, 2009; Oreopoulos et al. , 2008;Royer, 2009)。然而,这些估计的幅度是有差异的。例如,使用美国 PSID 数据,Johnson 和 Schoeni(2011)发现,低出生体重会使高中辍学的概率增加三分之一,部分影响似乎是由认知功能受损造成的。Royer(2009)利用加利福尼亚州后来都成为母亲的双胞胎的数据,发现平均影响相当小。[①] 出生体重每增加 250 克,受教育年限仅会增加 0.04 年。

美国的一些研究只发现了,出生在贫困家庭或社区的孩子会受到显著或实质性的影响(Conley and Bennett, 2001; Currie and Moretti, 2007)。这与较富裕的父母能够弥补孩子早期生活中的健康劣势是一致的,而较贫穷的父母缺乏在医疗保健或其他健康和教育投入方面进行投资的手段。其他使用英国(Currie and Hyson, 1999)、挪威(Black et al. ,2007)和加拿大(Oreopoulos et al. ,2008)的数据进行的研究没有发现这种异质性的证据。草率地将这种差异归因于"欧洲和加拿大全民医保覆盖,而美国没有全民医保"将是鲁莽的。按照今天的标准(Almon and Currie, 2012),1958 年的英国样本只能获得治疗低体重婴儿的基本医疗干预措施。但是,在 20 世纪 50 年代的英国,无论是富裕家庭还是贫穷家庭的低出生体重婴儿,几乎都得不到有效的治疗。相关问题是,在最近的美国数据中观察到的这种差异是否来自获得有效医疗护理以及可能的其他矫正干预措施的差异。也可能是,父母为弥补孩子健康状况不佳而进行投资的动机在富人和穷人之间存在差异。特别紧张的预算限制可能不允许父母对所有后代进行投资。然后,将投资集中在最有希望的孩子身上可能是较好的选择,而代

---

① 一个先验的结论是,将样本限制在两个人都成为母亲的双胞胎身上,可能会导致选择偏差,尽管作者的分析表明这种偏差并不大。

价是父母放弃体弱且无论如何都不会过上好生活的孩子（Almond and Currie，2012）。①

有越来越多的证据表明，学校表现或教育成就的衡量标准与在胎儿期因疾病（Almond，2006；Kelly，2011）、辐射（Almond et al.，2009）及母亲饮酒（Nilsson，2009）而暴露于健康风险之间存在联系。与双胞胎的差异相比，这是一种更有说服力的策略，因为它利用了婴儿健康风险的差异，这些风险是家庭环境之外的，因此更有可能是影响学校教育的外部因素。更有说服力的证据是，对患病儿童进行治疗提高了其出勤率（Bleakley，2007；Miguel and Kremer，2004）。

有证据表明，出生时的健康状况对教育成就有积极的影响。那么这种影响是如何起作用的呢？胎儿窘迫是否会永久性地损害认知功能，从而影响整个学龄期的知识获取和技能发展？还是说，出生时身体虚弱的孩子后来会在学龄前出现健康问题和疾病，从而导致发育迟缓并使其在整个求学期间处于不利地位？或者学前和学前阶段的健康问题是否会在以后的学校生活中导致额外的健康问题？Currie 等（2010）通过使用加拿大从出生到成年早期的丰富数据解决了这些类型的问题。在控制了同胞固定效应、出生体重、先天性和围产期异常这些始终存在影响的因素的情况下，学龄前（0—3 岁）和低年级（4—8 岁）阶段的主要身体健康状况和伤害对教育成就产生影响，只是因为它们增加了在以后的学年中发生类似情况的可能性。就心理健康状况而言，这个过程是不同的。所有年龄段的行为问题，包括学龄前，都会直接降低受教育程度。Almond 和 Currie（2012）从这一证据和其他证据得出结论，早期健康状况对获取人力资本和晚年境况有重要影响。尽管学龄前的心理健康状况具有持久的影响，在胎儿期暴露于不利条件下似乎比出生后的健康状况会产生更强的影响。

除了儿童期健康状况不佳对获得教育的技术性影响，如果健康水平的下降是永久性的，那么可能通过预期寿命产生激励效应。更长的寿命可以通过延长投资的回报时间来提高教育水平（Ben-Porath，1967）。这进一步强化了健康状况的分散意味着收入潜力分散的程度。健康资本和人力资本日益集中到同一批人身上，这是一种不平等现象。

17.3.4.3 胎儿起源假说

早期健康状况可能不仅通过教育和技能获取，而且更直接地通过影响成年期生产性工作的健康问题来决定晚年的经济成果。大卫·巴克（David Barker）提出的胎儿起源假说认为，慢性疾病，主要是冠心病，但也包括 2 型糖尿病等相关疾病，都是由妊娠期和婴儿期营养缺乏引起的（Barker，1992，1995；Barker et al.，1993）。胎儿在发育的关键阶段，由于营养不良诱导的应激反应改变了其重要器官，尤其是心脏的生理机能，使其在中老年时容易衰竭，从而引发慢性疾病。② 新陈代谢也会受到妊娠期营养缺乏的不利影响，从而增加肥胖的风险。

---

① 总的来说，投资反应将取决于人力资本生产的技术和父母对子女不平等的厌恶（Almond and Currie，2011）。当技术发展到这样一种程度，即早期的健康冲击只能通过后期儿童期的投资部分抵消时，最理想的做法是通过撤回对虚弱儿童的投资来加强这种冲击，而不管对不平等的厌恶程度如何。随着家庭收入的下降，这种情况更有可能发生。参见 Almond 和 Currie（2011）的附录 C 和脚注 7。
② 这一理论在医学和流行病学领域并非没有怀疑者。以 Paneth 和 Susser（1995）为例，他们呼吁更清楚、准确地阐明其中的生理机制并进行检验。

造成大量胎儿窘迫的一起事件,即 1918—1919 年的西班牙流感事件(Almond,2006)已经被用来估量长期经济影响,流感造成的胎儿窘迫被证实会增加中风、糖尿病的发病率以及患听力、视力、行动障碍(Almond and Mazumder,2005)和心血管疾病的概率(Mazumder et al.,2010)。从 17.3.3.5 讨论的证据中可以清楚地看出,诸如此类的慢性病对就业和收入有消极影响。关于胎儿起源假说中经济后果的话题越来越受到人们的关注(Almond and Currie,2011,2012;Currie,2009)。我们将在 17.3.4.4 对相关证据进行讨论。

17.3.4.4　生命早期健康状况不佳的经济后果

前三部分论证了生命早期和儿童期的健康状况不佳会制约非健康人力资本的获取,直接影响成年后的健康。有了这些不利条件,人们就会认为,在婴儿期和儿童期患病或面临健康风险的成年人的富裕程度会降低。那么,有什么证据可以表明,生命初期的健康状况不佳会导致晚年在经济上处于不利地位呢?

对 1958 年英国出生组的分析表明,低出生体重不仅与较低的受教育程度有关,还与较低的就业率、较高的从事体力劳动的可能性和较低的工资有关(Case et al.,2005;Currie and Hyson,1999)。同胞固定效应研究证明,在明尼苏达州,出生体重较轻会降低工资(Behrman and Rosenzweig,2004),并且在美国,出生体重较轻减少就业和收入(Johnson and Schoeni,2011)。[1] 在挪威,它还减少了收入(但不减少就业)(Black et al.,2007)。[2] 此外,在加拿大,低出生体重增加了福利依赖性(Curri et al.,2010;Oreopoulos et al.,2008)。同时在加利福尼亚州,可能增加(Currie and Moretti,2007)也可能没有增加(Royer,2009)生活在贫困社区的可能性。

Johnson 和 Schoeni(2011)发现,低出生体重对收入的影响中只有 10% 左右是通过受教育年限这一途径产生的。[3] 大部分的健康影响并不是通过人力资本起作用的这一事实与其他研究的发现是一致的(Luo and Waite,2005;Persico et al.,2004;Smith,2009)。Conti 等(2010a,2010b)利用 1970 年英国世代研究发现,虽然认知技能和非认知技能的选择非常强,但基于儿童健康的男性接受义务教育的选择并不多见,对女性的影响较弱。可见儿童健康对男性工资有直接影响,但对女性工资的微弱影响确实是通过教育产生的。

康蒂(Conti)等人采用的健康测量指标是儿童 10 岁时的身高和头围。虽然这些指标可以反映儿童早期的营养不良状况,但也会忽略许多其他儿童健康问题。由于缺乏适当的纵向数据以及难以准确衡量儿童整体健康状况,因此在广义上,儿童健康的长期经济影响是难以估计的。Smith(2009)使用美国收入动态追踪调查的数据估计,回顾报告童年健康状况良好或非常健康的成年人比报告童年健康状况不佳的兄弟姐妹多挣 24%。由于他们在教育方面没有差别,所以大部分的影响,如果我们准备将收入差异归结于此,并不是通过人力资本产生的。

---

[1]　据估计,低出生体重会使劳动力参与率降低 5%,(在就业情况下)收入减少 15% 左右。
[2]　据估计,出生体重每增加 10%,全职员工的收入就会增加 1%,其影响相当于接受 3 个月左右的教育。
[3]　在解释这一发现时,人们应该记住,出生体重对受教育年限的影响估计是小而不显著的。相反,它对高中毕业概率和考试成绩的影响更大。如果考虑到这些中间结果,那么,出生体重对通过人力资本起作用的收入的影响比例可能会更大。

Almond(2006)的研究引起了人们的兴趣,其发现了怀孕妇女遭遇 1919 年西班牙流感对经济结果的显著影响。男性工人的收入减少了 5%—9%。将教育回报的标准估计值应用到对学校教育的影响上(平均受教育时长缩短 5 个月,高中毕业的概率降低 13%—15%),教育的间接影响解释了收入效应的一半左右。因此,尽管生命历程流行病学的路径模型提出婴儿健康效应(部分)通过教育起作用,这一观点得到了支持(Hertzman et al.,2001;Kuh et al.,2003),但并没有说明全部情况。胎儿状况似乎对收入有重大的直接影响。

对于那些感染流感的人来说,获得的福利金,包括残障保险在内,要高一些。也有证据表明,该事件通过职业会产生重大影响。对男性来说,暴露在流感中会导致职业地位等级指数下降约 6%。男性的总收入减少了 6.4%,陷入贫困的可能性增加了 15%。[①] 通过17.3.3.5 中讨论的关于健康状况不佳的经济后果的证据,查明这些影响来自产前条件,从而消除了困扰这些证据的内在问题。其局限性在于,健康与经济结果之间的联系不那么清晰。这一鉴定需要放胆相信造成这种影响的是西班牙流感,而不是 1919 年出生的那群人的某些特殊情况。[②]

在此前提下,本研究对解释收入分配及其与健康的关系具有重要意义。收入、受教育程度和职业决定因素方面的巨大差异似乎可归因于生命初期健康状况的差异。那些能够改善最脆弱婴儿早期生活条件的政策,可能会在几十年后压缩收入分布范围,因为这些政策可以确保身体虚弱的人成为经济上最贫困的人的数量减少。Almond(2006)注意到美国早期生活条件中的巨大种族差异,非白人婴儿死亡率是白人的两倍。他的估计表明,这种健康不平等不仅是当前经济不平等的结果,而且可能是未来经济不平等的一个潜在重要原因。

总的来说,证据表明,孩子出生时所处的健康环境对其一生的经济机会存在影响。Currie(2009)指出,考虑到研究人员使用的各种健康风险和措施以及不同的研究背景,影响的程度很难被衡量。然而,根据这些证据似乎足以得出这样的结论:其影响不容忽视。另一个初步结论是,婴儿期的健康风险通过成人健康对经济结果的影响,强于通过教育程度对经济结果的影响。这有时被认为是对胎儿起源假说的支持。严格地说,并非如此。这一假说声称胎儿健康与中年慢性疾病的发病有直接的因果关系。然而,许多旨在发现与这一假设相符的证据的研究都是对年轻人进行检查,而根据这一理论,所采用的健康测量方式往往无法识别由胎儿窘迫引发的心血管疾病。成人健康也可能与儿童期的健康状况有关,因为疾病是持续性和累积性的,这是流行病学累积模型的一个特征(Kuh et al.,2003;Riley,1989)。

我们可以有把握地得出结论,即早期生活的健康状况与成年生活的经济状况有关。准确地确定其原因以及相关程度是一项经济学家和流行病学家都需要解决的具有挑战性的研究议程。

---

① 贫困是指收入低于贫困线的 150%。在这里,职业和收入的影响被计算为表 17.1 所示的 3 个普查年的平均影响,每个普查年按三分之一的感染率进行调整,并相对于表 17.2 中 Almond(2006)的对照组平均值进行罗列。
② 关于早期生命健康状况的长期经济影响的其他证据包括 Nilsson(2009)的发现。在瑞典放开售酒法后,由于母亲饮酒更多,(儿童)在胎儿期暴露于酒精的情况增加,这不仅减少了受教育年限,还减少了收入,增加了对福利的依赖。根据 20 世纪前 25 年美国南部一项钩虫病防治项目的效果,Bleakley(2007)估计,儿童期感染这种疾病导致入学的概率降低了 20%,工资水平降低了 40% 左右。

17.3.5 健康与职业

生命历程模型表明,进入劳动力市场是健康状况和社会经济地位之间关系加强的一个重要阶段(Kuh and Wadsworth, 1993)。身体虚弱的年轻人面临的入门级工作选择更少,这既是因为他们的教育受到健康状况不佳的限制,也是因为持续的健康问题会直接阻碍生产率提高或引发歧视。上一节回顾的证据表明,直接生产率效应比教育效应更强。健康方面的收入梯度在一定程度上可能反映出不太健康的人选择从事低收入工作,以及疾病阻碍了职业晋升。

这一机制一直是流行病学文献关注的焦点,这些文献考虑了从健康到社会经济地位因果关系的程度。文献普遍认为,健康相关的职业选择和社会流动性不足以对观察到的健康社会经济梯度产生重要影响(Chandola et al., 2003;Power et al., 1996, 1998)。在相关文献中,社会经济地位通常是由职业、社会阶层或就业等级来衡量的。研究发现,虽然工作的变化与健康状况有关,但更健康的人向"更好的工作"的流动不足以解释所观察到的职业层次之间的健康差异(Chandola et al., 2003)。对于不同经济维度(如收入或工资)的健康差异的解释(Adda et al., 2003),不必遵循同样的原则。如前所述,除了职业,健康状况可以通过许多渠道影响收入,因此,即使这不是一个重要的机制,它也没遵循着这个逻辑——健康方面的收入(而非职业)梯度主要是由收入对健康的因果关系,而不是健康对收入的因果关系造成的。经济学领域的研究人员通常更赞同选择假说(Deaton, 2002;Smith, 2004)。特别是,正如前一节所讨论的(Case and Paxson, 2011),他们认识到并强调基于个人早期健康和其他经验的个人职业和健康状况的潜在演变。

与健康有关的职业选择不一定会使健康方面的收入梯度增大。如果生产率随健康状况而变化,因为生产率是不可观测的,那么只有当健康状况可观测时,工资才会随健康状况变化(Strauss and Thomas, 1998)。如果健康状况不可观察,那么健康的人就会被期望分类到那些生产率不那么难以观察的职业中。特别是在低收入国家,健康的人可能坚持自主创业,在这种职业中不存在生产率核查的问题,收入也没有定在高于或低于生产率水平的某种平均水平。但这类职业的潜在收入可能更低,或许是因为单位劳动力的资本更少。与没有分类的情况相比,按健康状况划分的工资差异将得到更大的压缩。

17.3.2.4 讨论的证据大致提供了健康状况对以职业为条件的工资率影响的估计。但职业本身可能会对收入产生额外影响。有关健康问题出现后工作变动的证据相对较少。一些较早的数据显示,在美国,有限制工作的健康问题的人中,大约有四分之一的男性和五分之一的女性已经换到了更符合他们条件的工作(Daly and Bound, 1996)。年龄较大的工人和高中辍学生换工作的可能性较小。Charles(2003)认为,年龄较大的工人不太可能为了适应残疾而接受再培训,因为他们剩下的时间更少,无法从这项投资中获得回报。他在美国的收入动态追踪调查中发现了与这一假设一致的证据。受教育程度低的人可能更难适应残疾,因为他们缺乏提高具体投资效率的一般人力资本。如果缺乏基本的阅读和写作技能,从体力劳动向非体力劳动的转变将更加困难。这可能部分解释了为什么受教育程度较低、技术水平较低和工资较低的工人在遭遇残疾时更有可能退出劳动力市场(Banks, 2006;García

Gómez et al. ,2013；Halla and Zweimuller,2013)，并且在美国,残疾后恢复收入损失的可能性也更小(Charles,2003)。

17.3.6 健康和家庭收入

健康状况对家庭收入分配的影响可能不同于对个人收入分配的影响,这主要有两个原因。第一,健康状况可能影响家庭的形成和解体。第二,一名家庭成员的疾病可能会引起其他成员的劳动力供给反应。

身体不好可能会让你更难找到伴侣。在一些经济学家所称的婚姻市场上,功能缺陷、有照顾需求以及预期寿命的缩短,可能会使残疾人或慢性病患者的吸引力下降。除了直接影响,通过健康对人力资本积累和收入潜力的影响,还可能产生一种加强的间接影响。通常来说,与身体更差的人结婚意味着与更穷的人结婚。"无论健康与否"的结婚誓言似乎意识到了疾病对婚姻的威胁。如果身体不太健康的人找到伴侣和维持伴侣关系的机会确实更少,那么人们就会认为存在与健康相关的排序。于是残疾人或体弱多病者的收入低于平均水平这一点将很难通过其配偶的收入得到补偿,甚至可能加剧。

尽管健康状况会影响婚姻前景的观点已经存在一段时间(Carter and Glick,1976；Sheps,1961),但几乎没有令人信服的证据可以判断其经验有效性。这在一定程度上是因为很难将健康选择与婚姻对健康的潜在有益影响区分开来(Goldman,1993)。要做到这点则需要纵向数据。Fu和Goldman(1994)发现,很少有证据表明健康可以预测美国年轻人的婚姻行为。然而,对美国女性来说,存在健康选择的证据。在没有全职工作的年轻女性中,若其健康状况更佳,则更有可能结婚或不太可能分手(Waldron et al.,1996)。在加利福尼亚州有一对姐妹样本,出生体重较轻的那一个在生育时已婚的可能性也要低3个百分点(Currie and Moretti,2007)。

如果意识到婚姻中潜在的健康收益,有可能会导致该机制中存在消极的健康选择。身体差的人从婚姻中得到的更多。Lillard和Panis(1996)在美国男性中发现了逆向选择的证据,即越不健康的人越早结婚(再婚),婚姻存续时间越长。然而,也存在与良好健康状况相联系的不可观测的因素,这也是占主导地位的,因此已婚男性比未婚男性更健康。

在一个家庭中,一方的健康状况不佳,对另一方来说,可能引发其劳动力市场活动的两种相互冲突的动机。一方面,残疾伴侣的收入减少会产生收入效应,激励其配偶通过增加工作努力来弥补失去的收入,这是失业文献中常见的增加工人效应。另一方面,残疾人的生产率可能不仅在劳动力市场上会降低,而且在家庭内部也会降低,功能上的限制可能会降低其洗漱、穿衣和吃饭的能力,满足这些照顾需求将会占用配偶的时间。仅凭经验来说,谁也不能肯定哪一种影响将占主导地位。

在这两种影响的相对程度上,似乎存在性别差异,但这种偏差的方向并不总是一致的。在美国,大多数证据表明,当丈夫生病时,女性更有可能参加工作,但如果女性生病的话,男性配偶不太可能选择参加工作(Berger,1983；Berger and Fleisher,1984；Charles,1999；Van Houtven Coe,2010)。然而,Coile(2004)发现,这种情况对女性配偶没有影响,妻子生病的男性的就业率仅略有增加。据调查,配偶的就业反应也取决于配偶的健康状况类型和初始劳动力供给(Blau and Riphahn，1999；Siegel，2006)。

来自德国(Riphan，1999)、西班牙(García Gómez and Lopez-Nicolas，2006)和荷兰(García Gómez et al.，2013)的证据表明,健康状况不佳导致家庭收入减少的幅度要大于经历健康冲击后个人收入的下降幅度。例如,荷兰的研究发现,急性住院导致家庭收入减少的幅度比住院患者收入的减少幅度大 50%。

17.3.7 健康和财富

健康对经济不平等的影响可能不仅限于工资和收入分配,还包括财富分配。[①] 如果疾病通过前几节所确定的一种或多种机制减少收入,那么终身积累财富的机会将因此受到限制。由于这种效应是累积起来的,健康方面的永久性差异造成的财富差异将大于收入差异。此外,身体不好可能会迫使人们耗尽财富来支付医疗或护理费用。不太明显的影响是,健康状况可能通过预期寿命和由此产生的储蓄激励影响财富。寿命延长的"地平线效应"和不确定性效应都提高了储蓄率,但它们对劳动力供给的影响是矛盾的(见 17.3.3.4)。那些预期寿命更长的人将积累更多的财富,既是为更久的退休生活做准备,也因为他们在有机会享受储蓄之前面临更低的死亡风险。

与这些机制相一致的是,健康和财富之间的关系特别密切。收入动态追踪调查的数据显示,1994 年,户主健康状况良好的家庭的财富中位数比户主健康状况较差的家庭的财富中位数高 268%(Smith,1999)。这种财富不平等随着时间的推移和年龄的增长而加剧,这与不同健康状况下财富积累的速度不同是一致的。美国的一些研究检验了健康和财富之间的强烈正相关关系,到底是由于健康和财富之间的因果关系,还是财富和健康之间的因果关系,或者说这仅仅只是一种虚假的相关性。

Adams 等(2003)的一篇被广泛引用的论文分析了美国 70 岁以上人口样本的面板数据(Asset and Health Dynamics among the Oldest Old，AHEAD)。他们对老年人的关注将收入差异排除出健康状况可能导致财富积累差异的一个机制。由 19 种状况和自评健康数据表明的当前和以前的健康状况与财富变化之间没有因果关系的零假设是被否定的。[②] 作者的严谨分析使他们不断强调,虽然研究结果与健康和财富之间的因果关系一致,但也不能排除模型不规范和/或存在驱动健康与财富发展的时不变不可观测因素的可能性。

Michaud 和 van Soest(2008)克服了这两种局限性,为健康和财富之间的因果关系提供了更确凿的证据,他们使用了美国健康与退休研究的数据,并考虑到了同时运行的因果关系和两个方向的滞后,以及不可观测的异质性。健康是由自评健康数据、是否患有重大或轻微疾病、日常生活活动、抑郁评分和体重指数的主成分分析构建的指标来衡量的。研究发现,夫妻双方的健康状况都会对家庭财富产生影响。其中妻子健康状况的影响是立竿见影的,而

---

① 确定财富分配本身可能需要考虑到健康状况的分布,或者更确切地说是死亡率。当人们只观察死者以遗产形式留下的财富时,就需要应用死亡率乘数来推断在世者的财富分配。死亡率差异可能被考虑在内(Atkinson and Harrison，1978)。

② 对于夫妻双方都健在的家庭和单身户(非流动性财富除外)的总财富、流动性财富和非流动性财富,总体拒绝零假设。而对于经历了丧偶的夫妇,零假设在一些情况下不会被拒绝(参见 Adams et al.，2003)。

丈夫健康状况的影响则是滞后的。① 这种假设是由影响财富的疾病类型的性别差异造成的。对两性来说，身体不健康的影响都是延迟的。但只有女性的心理健康对财富有直接的影响。健康对财富的因果影响，对于那些没有医疗保险覆盖的家庭，尤其是那些妻子患有精神疾病的家庭来说，证据更为有力。这表明，支付医疗费用的资产消耗是影响的一个重要部分。

尽管 Michaud 和 van Soest（2008）的研究让我们有充分的理由相信，健康对财富有影响，至少在美国老年人口中是这样，但使用健康指数的缺点是，它不能得出容易解释的规模估计。如果不考虑控制健康与财富状况演变的不可观测因素，Smith（2004）通过使用美国健康与退休研究的数据估计，由于某种重大健康问题的发生而产生的收入损失、医疗费用以及随之带来的利息损失（参见 17.3.3.5），积累超过 8 年后，平均会损失近 50000 美元的财富。由于大部分财富的损失是因为收入减少，因此，Adams 等（2003）分析的较年长的 AHEAD 群体的财富损失要小得多（11350 美元）。轻微健康问题造成的财富损失也小得多（11350 美元）。由于 50 岁以上的美国人中有 20％的人在 8 年内出现了严重的健康问题，另有 30％的人出现了轻微的健康问题，Smith（2004）认为，随疾病而来的财富损失代表了健康状况对财富分配有重大影响。与 Michaud 和 van Soest（2008）的结论一致的是，当妻子患病时，那种不通过收入损失起作用的影响更大（Wu，2003）。② 这种影响关系的解释是，当妻子不再适合承担家务时，资产会被用来支付日常生活开支。而当丈夫的健康状况恶化时，就不会出现这种情况。

总的来说，有强有力的证据表明，健康状况会限制财富的积累，疾病会加速财富的消耗。这种影响的程度可能随着健康状况的性质以及为养老金和医疗保健提供资金方式的不同而不同。③ 在美国，大多数证据是可获得的，因此这种影响似乎是实质性的。健康水平和健康折旧率随年龄的变化可能对家庭间财富持有的不平等产生重要影响。

17.3.8 小结

了解健康对收入和财富的影响对于解释收入和财富的分配以及健康方面的经济梯度具有重要意义。我们已经确定了健康可能影响收入和财富的许多途径，而且有证据表明，其中许多途径在实证上是重要的。健康状况不佳可能导致边际工资下降，但工资更有可能因工作变动而下降。在高收入国家和地区，有些政策限制了工资的灵活性，如有效的最低工资法和反歧视立法。从 20 世纪 90 年代开始，欧洲和美国在残疾人方面的政策得到了显著加强，这可以减轻工资的下降压力，但这种效果的代价往往是减少残疾人的就业机会。立法通常要求雇主调整工作场所和就业条件，以容纳残疾工人，而雇主的反应可能因部门和职业的不同而不同。对我们这些白领和专业人士来说，工作场所向更有利于残疾人的方向变化是显

---

① 在允许同期效应的模型中需要工具变量。重大疾病（癌症、心脏病、肺病和中风）的发病情况被采用是基于这样一种假设：这些严重的疾病只会影响财富，而不会同时受到财富变化的影响。本质上，这与 Smith（2004）和 Wu（2003）使用的识别假设是相同的。

② 这一证据来自对健康与退休研究的前两波的分析，以及健康变化和财富变化之间的同期关系。

③ Hurd 和 Kapteyn（2003）提出并证实了，在有些国家，如荷兰，随着年龄的增长，财富和健康之间的关系会变弱。因为相比起美国这样的国家，这些国家的人们可以从养老金中获得更大份额的退休收入。而在美国，老年消费更多来自储蓄和资产。不仅是退休收入的来源，医保的差别化筹资也可能促成了这一结果。有人预计，在美国等公共医疗保险覆盖范围较小的国家，财富和健康之间的相关性会更强。在 2010 年通过《平价医疗法案》（Affordable Care Act）之前，这些国家的私人保险费可能与投保前已有疾病有关。

而易见的。在招聘技术工人方面遇到困难的雇主，可能会提供宽松的工作环境和灵活的工作时间，以确保竞争优势。然而，在低收入行业，就业决策变得更加短期，企业可能更不愿意投资于安置有健康问题的低技能工人。尽管还没找到任何证据可以表明雇主的反应会如此不同，但这是一个值得研究的假设，尤其是因为这暗示着劳动力市场普遍不平等的加剧，将导致拥有不同技能的残疾工人之间的不平等进一步加剧。

政策进一步通过残障保险调整改善劳动力市场对健康问题的反应，残障保险虽然保障了收入，但通过相当大的激励效应增加了对就业的影响。从公共财政的角度来看，残障保险的道德风险是一个值得关注的现实问题。然而，就业对健康状况不佳的反应增强并不一定意味着福利损失。对于那些健康状况已经带来很大的工作不适的个人来说，残障保险确实应该允许这些工人退出劳动力市场。低收入国家的社会保障水平较低，健康状况不佳可能对就业产生较小影响，甚至对金钱收入的影响也较小，但更可能造成福祉方面的不平等。因为无论是工作不适，还是长期的健康状况不佳，继续带着残疾工作都会立即降低工人的效用。这一点提醒我们，虽然本章的研究重点是福祉的两个核心维度——收入和健康——之间的关系，但我们最终感兴趣的是这种关系对福祉分配本身的影响。

健康状况不佳对家庭收入的影响可能远远大于对残疾人工资的影响，因为这对配偶的劳动力供给产生了溢出效应。此外，疾病可能会降低形成和维持婚姻关系的可能性，尽管关于这一点的证据是复杂的。通过这两种机制，健康状况不佳对家庭收入不平等的贡献不应少于甚至可能大于它对个人收入不平等的贡献。除了残障保险，政策还可以通过税收和福利制度，减轻健康状况不佳对家庭可支配收入不平等的影响。由于税收抵免和其他收入关联福利补助的转移而产生的高边际税率，将缓和由健康状况分布导致的家庭总收入不平等。

文献中最重要的结论，也是其他人强调的结论（Almond and Currie, 2012; Currie, 2009; Heckman, 2007），即健康状况不佳的影响持续时间很长，可从儿童期暴露于健康风险一直跨越到成年后经济机会受到限制。通过影响教育的获得和技能的形成，限制人力资本的获得，以及对成年期健康持续的和延迟的影响，早期生活和儿童期健康经历可以成为成年期收入分配和观察到的收入梯度的重要决定因素。

有大量证据支持健康可能影响收入和财富的机制，但要推断每个影响的程度远非易事。这是因为，即使是关于一种特定的机制，也不是只存在单一的影响，而是多种影响。健康不是一维的，健康的不同维度会通过不同的途径和程度影响收入和财富。使用健康的一般测量方法，例如自我评估的健康，可能对不同类型的健康问题产生一些平均影响，但是这种平均方法的有效性值得怀疑。同样，健康变量的测量误差一直是获得劳动力市场结果的可靠健康评估的重大障碍，但这个问题正在逐渐消失。像健康与退休研究及一些类似的纵向调查，越来越多地包含对特定健康状况的详细测量，使研究人员能够利用疾病发生的时间，以确定具有确切医学意义的健康方面本质上有趣的变化产生的经济后果。同样让人充满希望的是，越来越多的研究人员可以获得与医院入院、社会保险和税务档案相关的行政登记册的信息，这极大地减少了测量误差，并提供了非常大的样本，根据这些样本可以识别特定医疗条件的影响。

健康状况不佳会减少收入和财富,健康状况对经济不平等的影响取决于其是如何分布的。如果健康变化是随机的,那么它会增加收入(财富)的分散程度。在这种情况下,额外的经济不平等可能不会被社会反感。由于疾病而失去收入可能被认为是不幸的,但不是不公平的,保险的存在则可能是出于效率的考虑。然而,如果健康状况的分布并不是随机的(不是通过掷骰子来决定的),那么经济不平等的后果——影响的性质及其规范性解释——将大不相同。下一节将探讨收入和财富是否对健康产生因果影响。不管这种影响是否存在,如果潜在收入较低的个人更有可能生病,那么收入分配就会更加倾斜,对穷人不利。例如,假设低教育水平既降低了收入,又增加了患病的可能性,那么穷人更容易生病,因为他们生病了,他们变得更穷。不平等的发病率及其对收入的影响使收入分配的差距拉大。经济不平等是由将社会弱势群体置于健康不利地位,然后对这种地位施加经济惩罚的偏见造成的。因此,如果不平等是由疾病分配中的不偏不倚的运气造成的,那么不平等更有可能被认为在道德上是令人反感的。

除了发病率不均衡,健康对经济不平等的影响可能还会因整个收入分配中健康对收入影响的异质性而加剧。与高薪专业人士相比,低技能、低收入工人的就业和收入更取决于他们的健康状况。社会弱势群体不仅面临着更高的发病率,而且在经济上也更容易受到疾病的影响。残障保险虽然提供了一张安全网,但它对低收入者的抑制作用更强,他们对这些激励措施也更敏感,因为自20世纪80年代以来,这一群体的劳动力市场机会一直在恶化。因此,健康不佳导致的失业既是经济不平等的一个因素,也是其后果。

我们推测,健康状况不佳不仅会增加收入(财富)分配的不公,而且还会进一步减少那些处于收入分配底层的人的收入(财富),从而导致经济不平等。即使低收入(财富)没有损害健康,这也可能发生。现在我们要讨论的问题是,是否存在从经济到关乎民生的健康领域的因果关系。

17.4 健康不平等的经济决定因素

17.4.1 概述

如果正如人们所期望的那样,健康是一种普通的商品,那么经济状况较好的人就会对健康有更多的需求。这种膨胀的需求能否实现将取决于如何分配增进健康和消耗健康的商品。如果医疗服务是通过市场提供的,那么当疾病来袭时,富人不仅愿意而且能够负担得起更有效的治疗。但很少有国家,尤其是高收入国家,将医疗保健的分配完全交给市场。向穷人和老年人提供公共医疗保健,甚至向全体国民提供统一的医疗保健,都应该能够限制因个人支付医疗费用的意愿和能力不同而产生的健康差异。但对健康有益的其他商品,如优质住房、安全的社区和教育,至少有一部分是由市场分配的,并提供了用收入"购买"健康的机会。然而,其中关系的走向并不明晰。健康上的不平等是否反映了经济上的不平等,将取决于更富有的个体对健康的更高需求在多大程度上被他们的高收入所能负担得起的烟、酒和丰富食物所带来的更大的愉悦需求所抵消。

是否应该期望富人拥有更好的健康状况,也将取决于其经济优势的来源。如果其经济优势源自更大的工资潜力,那么其对健康的影响是不明确的,这一观点来自 Grossman(1972a)的健康资本模型,根据该模型,不仅需要健康获得直接效用收益(生病会感到不舒服),还可以获取生产效益,因生病而损失的时间更少,那么用于工作的时间就更多。健康可通过投资医疗保健、锻炼、健康饮食等来实现。在只考虑生产效益的纯投资模型中,工资上涨对健康有两种相互矛盾的影响。工资更高意味着增加产出时间则产出更高的价值,这将促使收入更高的个人在健康方面投入更多,但对健康投资的时间边际成本也在增加,更多的工资被浪费在看医生、慢跑等方面。除了个人自己的时间投入,只要市场商品,如医疗保健和营养食品用于健康产出过程,那么净效应就是积极的(Grossman,2000)。但是在纯消费版本的模型中,只关注健康的直接效用收益,生产健康的时间成本小于总成本这一事实并不足以从工资增长中产生积极的替代效应。用于生产健康的时间的相对强度必须小于用于生产其他产生效用的商品的相对时间投入。否则,工资上涨意味着健康相对价格的上涨。维持一个人的健康很可能比许多其他产生效用的活动需要更多的时间,因此,绝不能排除纯粹工资的负面影响。

由于上节指出的各种机制,通过实证研究来确定经济优势赋予健康优势的程度变得更加复杂,通过这些机制,健康状况不仅影响经济环境,还影响大量不可观测的因素,如风险态度、时间偏好、遗传因素,进而影响对健康与其他人力资本和金融资本的投资。固定效应方法可以处理后面一个问题,但对前面一个同时性问题无能为力,试图同时解决这两个问题的早期尝试依赖的工具往往存在有效性问题。[①] 21 世纪初以来,研究人员越来越多地研究健康反应的变化,原因是收入或财富的变化更有可能源于外部因素,比如突然的政策改革、股市波动或意外之财。这一策略的弱点在于它采用了某种形式的经济变化,尽管是外生的,但可能与对健康产生合理影响的变化并不一致。健康状况不会对需求的变化立即做出反应,这一点使问题更加严重。即使股票市场繁荣、继承遗产或中彩票所带来的意外之财确实能提高一个人期望的健康水平,但要实现这种健康水平的提高,还需要多年的预防性医疗保健以及在饮食等方面的投入。即便使用长期面板数据也不足以观察这个过程。确定收入对健康决定因素的影响比确定收入对健康本身的影响更有可能。

许多慢性健康问题也不太可能因收入或财富的突然变化而出现,在一定程度上可能是由穷人长期暴露于不健康的生活条件所致。这种效应的时滞,加上明显的内生性问题,使得对其的识别具有挑战性。现有的大多数证据与这种长期关系无关,在解释来自短期变化的证据时,必须牢记这种缺乏适用数据的情况。短期变化往往表明,收入或财富对健康没有影响,或影响微弱,至少在高收入国家是这样。

在本节中,我们首先通过考察收入和财富对成人健康的影响来对证据进行综述,这些证据大多来自高收入国家。然后我们转向探讨机制,研究经济资源影响健康行为和医疗保健利用的证据。17.4.5 考察了家庭经济状况对儿童健康影响的证据,这些证据大多来自低收

---

① 例如,Ettner(1996)用工作经验和州失业率来衡量工资率,用父母和配偶的受教育程度来衡量非劳动收入。工作经验可能与健康的演变有关,父母教育可能对健康有直接的影响。

入和中等收入国家,或者来自高收入国家的低收入人群。[①]

17.4.2 收入和财富对成人健康的影响

17.4.2.1 因果关系检验

21世纪以来,对健康的经济决定因素进行的最具影响力的研究或许是 Adams 等(2003)。亚当斯(Adams)和他的同事们认识到,很难为经济状况找到可行的外生工具变量,以提供与因果机制相关的变化。因此,他们专注于要求较低的任务,即检验70岁以上的美国老年人的收入和财富(以及其他社会经济地位维度)对健康的影响(见表17.5)。他们专注于上年纪的人的样本,从而巧妙地回避了在劳动年龄的个体样本中可能发生的从健康到工资的反向因果关系。通过采用 Granger(1969)的因果关系概念,并且检验在健康状况滞后的情况下,当前的健康状况是否与滞后的收入(财富)无关,上述复杂情况得到进一步避免。这强加了一个假设,即收入(或财富)对健康没有同时性的影响。作者认为这是合理的,并试图通过调节一系列健康状况来进一步削弱这一影响,这些健康状况被认为在医学意义上是生病的前兆,而疾病被认为会受到收入(财富)的影响。

在这项研究中,收入(财富)滞后不能预测健康的零假设,在大多数情况下并没有被拒绝,包括急性、突然疾病发作的情况和死亡率。作者解释说,这一结果与收入和财富对大多数的健康结果没有因果关系是一致的。[②] 从心理健康问题的发生率来看,财富对健康没有因果关系的假设被拒绝,而从慢性病和退化性疾病来看,结果是混合的。作者认为,由于精神疾病和慢性疾病的治疗往往没有被(完全)纳入医疗保险,因此个人支付此类医疗费用的能力可能是决定这些状况的一个因果因素。[③]

Stowasser 等(2012)重新审视这一分析,通过对原始数据源同样应用格兰杰(Grange)因果关系检验,将原始数据源扩展到更长的观察期、特定年龄的更年轻群体和年龄更小的组群(50岁以上,而不是70岁以上)。最后一项扩展产生了一些健康保险状况的变化,这在原始研究中所含的年龄更大的、符合医疗条件的样本里并不存在。有了这些变化,"健康是有条件地独立于滞后的收入和财富的"这一零假设就会在更多的情况下被拒绝,只留下少数情况不被拒绝。这个结果对于该方法来说是有问题的,因为拒绝零假设可能是由于真正存在的因果关系,也可能是由于与被忽略的不可观测因素共同相关。因此,尽管最初的研究倾向于得出收入或财富对健康没有因果影响的结论,但对更多数据的分析让人陷入了无法对因果影响的存在做出任何结论的尴尬境地。

---

① 我们有意不涉及试图确定国家 GDP 对死亡率影响的宏观研究(见 Pritchett and Summers, 1996),因为这样的研究没有告诉我们收入是否决定了一个国家的健康水平。
② 考虑到没有排除由于遗漏了常见的决定因素造成的相关性,这个对测试结果的解释是基于假定没有来自未观察到的异质性的抵消偏差,这可能混淆了一个真正的因果效应,足以使净关联与零假设无显著差异(Heckman, 2003; Stowasser et al., 2012)。
③ Adda 等(2003)对这种解释的合理性提出了疑问,因为他们发现,使用相同的测试方法对完全覆盖的瑞典和英国群体的研究也得出了类似的结果。

表 17.5　美国关于收入和财富影响成年人健康和健康行为的证据

作者	数据	样本	收入/财富指标	健康/健康行为的衡量指标[a]	估计量	收入/财富 IV	对健康的影响	对健康行为或医疗保健使用的影响	附注
Carman (2013)	PSID 1984—2007年	成年人	遗产	SAH	FE 有序 Logit		总体:无 男性:负面	↑概率	对预期遗产有积极影响
McInerney 等 (2013)	HRS 2006年和2008年	50+岁成年人	非住房财富下降	CES-D 抑郁分数,焦虑,药物,SAH	一阶差分的 IV	采访日期在2008年股市崩盘后	↑CES-D ↑1.4ppt 抑郁概率 ↓健康状况良好概率	巨额财富损失后对抗抑郁药物的使用	
Schwandt (2013)	HRS 1992—2008年	退休人员报告财富,收入和股票情况	股票价值的变化占终身财富的百分比	发病时健康状况(高血压、心脏病、中风等)、SAH、CES-D 抑郁分数和存活率	健康变化 OIS (2SLS 稳健性检验)	确定标准普尔500指数的变化	↓发病时健康状况的变化 ↓CES-D,↑存活率 ↓高血压,心脏病、中风、精神问题 对糖尿病、癌症、肺病、关节炎没有显著影响 ↑SAH 中报告的变化		
Van Kippersluis 和 Galama (2013)	HRS 1992—2010年	50+岁	家庭财富	抽烟与饮酒	IV FE	遗产		↑适度饮酒 过度饮酒 ↑抽烟	
Kim 和 Ruhm (2012)	HRS 1992—2006年	50—60岁基线	遗产(10000美元上下)	死亡率、SAH、ADL 和 CES-D	离散时间风险(Logit)和 LPM	遗产也被用作家庭收入的 IV	死亡率:无影响 健康:没有强有力的证据表明有影响		探索对医疗保健行为的影响
Stowasser 等 (2012)	HRS 和 AHEAD 1992—2008年	50+岁	流动性和非流动性财富收入	如 Adams 等(2003)	如 Adams 等(2003)		非因果关系在许多情况下都被拒绝		非因果关系被拒绝于有因果关系

续表

作者	数据	样本	收入/财富的衡量指标	健康/健康行为的衡量指标[a]	估计量	收入/财富 IV	对健康的影响	对健康行为或医疗保健使用的影响	附注
Goda 等(2011)	AHED 1993—1995 岁	70+岁基线	社会保险(SS)收入	使用家庭护理或疗养院	IV-Probit	SS 等级		↑家庭护理 ↓疗养院	
Salm(2011)	US Vital statics 1900—1917 年	联邦军队退伍军人	退休金	(年龄调整后的)死亡率,按死因	Weibull 比例风险		11.5%—29.6% ↓ 死亡率		与感染相关的死亡率下降幅度最大
Cawley 等(2010)	NHIS 1990—1992 年,1994—1996 年	55+岁	家庭收入	BMI、超重和过轻、肥胖	2SLS	SS 等级(5%—7%收入损失)		没有影响	
Michaud 和 van Soest(2008)	1992—2002 年(6 波)	夫妻 51—61 岁基线	流动性与非流动性财富	由 SAH 身体状况、ADL、CES-D 及 BMI 构建的健康指数	动态样本小组 GMM	允许同时生效的财产	无影响		模型 w/o 未观察到异质性或滞后太少→不同的估计值
Schmeiser(2009)	NLSY 1979 年	低收入 25—43 岁	家庭收入	BMI 和肥胖	2SLS,2SQR 和 FE	EITC		女性:↑ BMI 以及 ↑肥胖概率 男性:无影响	
Smith(2007)	PSID 1984—1999 年	成年人	家庭收入、总财富及股票市场财富	新出现的健康状况及疾病	Probit		无影响		无正面或负面财富变化的影响
Moran 和 Simon(2006)	AHEAD 1993—1994 年	70+岁	↓社会保险收入	处方药的使用	OLS 和 IV	SS 等级	—	↓低收入群体处方药的使用	
Snyder 和 Evans(2006)	MCOD NHIS 1986—1994 年	65+岁	家庭收入	5 年死亡率	DID 和 RDD	SS 等级	↑死亡率		
Adams 等(2003)	AHEAD 1994—1998 年	70+岁	流动性和非流动性财富、家庭收入	死亡率,急性疾病、慢性疾病 SAH、ADL、BMI、抽烟	Probit 和有序 Probit		未拒绝非因果关系假设,除了心理健康和一些慢性病	非因果关系只适用于吸烟(男性)和肥胖(女性)	没有消除 UH

续　表

作者	数据	样本	收入/财富的衡量指标（不含退休金）	健康/健康行为的衡量指标[a]	估计量	收入/财富 IV	对健康的影响	对健康行为或医疗保健使用的影响	附注
Meer 等（2003）	PSID 1984—1999 年	家庭顶梁柱	净财富（不含退休金）	SAH	两阶段 Probit	赠品或遗产＞10000 美元	无影响	—	
Deaton 和 Paxson（2002）	CPS 1976—1996 年	25—85 岁	等价家庭收入	死亡率	OLS 和 IV	学校教育和类生模型	长期（中等年纪）：↓死亡率 短期（年轻男性）：↑死亡率	—	
Ettner（1996）	NSFH 1987 年，SIPP 1986—1997 年，NHIS 1988 年	18—65 岁	家庭收入	SAH，工作及及功能限制，占床日数，酒精消费，抑郁症状	OLS 和 2SLS	工作经验和州失业率、父母和配偶的受教育程度	强有力↑身体和心理健康	无影响	可疑 IVs

注：关于数据组、变量和估计量缩略词的解释，请参见本章附录。
a：对健康/健康行为的影响与本列中定义的健康状况的衡量指标有关。

17.4.2.2 因果关系

面板数据方法可以用来处理健康与收入难以观测的时不变决定因素。正是这些因素导致格兰杰因果分析的结论模糊不清,尽管直接原因并不是因为在考虑到动态以及长期关系时,它使用了非常适合用于对分类健康指标进行建模的非线性估计。Contoyannis 等(2004)利用 SAH 英国数据估计的动态随机效应模型发现,随着时间的推移,健康状况会随着平均收入的变化而变化,但不随当前收入的变化而变化(所有提供欧洲证据的研究见表 17.6)。这一结果可以解释为,健康对永久性收入的变化做出反应,但对短期收入冲击没有反应。因此,这与上述论点是一致的,即在短时间内观察到的意外收入可能不会造成与健康有关的确切经济变化。影响长期行为的持续收入差异似乎与健康的变化更为相关。然而,得出这一结论仍需谨慎,因为我们不可能将面板数据中个人平均收入的影响与相关的时不变不可观测数据的影响分开。

Frijters 等(2005)利用 1990 年两德统一所带来的主要外生收入变化进行了研究。这种变化导致原民主德国几乎所有居民的收入突然大幅增加,但是反向因果关系无法消除,因为面板数据中的民主德国部分是从 1990 年才开始的,因此不能将统一作为一种工具变量。对个人报告的健康满意度的固定效应模型显示了收入对联邦德国健康的积极影响,但令人惊讶的是,在收入变化更大的民主德国,这些影响只能在男性身上观察到,但是所有估计出的影响都非常小。由于未能消除反向因果关系,估值有可能向上偏倚,因此这项研究表明,收入对德国人的健康(满意度)没有实质性的因果影响。

Deaton 和 Paxson(2001)使用按出生队列汇总的数据发现,1976—1996 年,收入对美国全因死亡率有很强的负面影响,在中年人群和年轻男性中影响最为明显。但这些发现并非没有争议。在队列模型中很难排除反向因果关系,而且作者将教育作为收入的工具变量的做法很容易受到批评。此外,作者同样没有发现队列收入对英格兰和威尔士(1971—1998)队列死亡率有任何连贯或稳定的影响(Deaton and Paxson, 2004)。他们的结论是,在这两地观察到的队列收入增长和死亡率下降的相关性并不一定反映前者对后者的因果影响,造成这种情况更可能的原因是技术进步和艾滋病等新疾病的出现,这些疾病对各年龄层的影响各不相同。在这种情况下,队列研究方法的主要识别假设——年龄对死亡率的影响在时间上是恒定的——是无效的。这一相当消极的结论并没有阻止其他人继续采取类似的研究方法。Adda 等(2009)研究了 20 世纪 80 年代和 90 年代英国经济结构变化导致的永久性收入增长对健康的影响,这种变化也被认为是外生因素导致的。他们发现,队列收入对整体的健康结果几乎没有影响,但确实导致了死亡率的上升:据估计,在任何特定年份,收入每增加 1%,就会导致黄金年龄(30—60 岁)人群中每 10 万人中死亡人数增加 0.7—1 人,这一结果与 Deaton 和 Paxson(2004)的研究结果形成了鲜明的对比。Deaton 和 Paxson(2004)的研究发现,收入对英国的死亡率没有影响,对美国的死亡率有负面影响。作者们声称他们的发现与大量证据相符,即人口健康是反周期的(Ruhm, 2000, 2003),尽管他们证实的是永久性收入冲击对健康的影响,而不是短暂的收入变化对健康的影响。

健康状况的反周期性这一结论与美国不断增加的证据相吻合,即个人健康状况的恶化

表 17.6　欧洲关于收入和财富影响成年人健康和健康行为的证据

作者	国家(地区)和数据	样本	收入人财富的衡量指标	健康/健康行为的衡量指标ª	估计量	对健康的影响	对健康行为或医疗保健使用的影响	附注
Apouey 和 Clark (2013)	英国 BHPS 1997—2005 年	成年人	彩票中奖	SAH、精神健康(GHQ)、身体健康问题、吸烟、社交饮酒	FE OLS	精神健康↑SAH 以及身体健康无影响	↑吸烟和饮酒	
Van Kippersluis 和 Galama (2013)	英国 BHPS 1997—2008 年	成年人	以彩票中奖为工具变量的家庭财富	吸烟和饮酒	IV FE		↑适度,而不是过度饮酒 对吸烟健康无影响	
Adda 等 (2009)	英国 FES,GHS 和 HSE 1978—2003 年 以及 HMD 1978—1998 年 OLS	综合组 30—60 岁	等价家庭收入 (组平均)	死亡率、SAH、慢性病、血压、心血管/呼吸道疾病、吸烟和饮酒	GMM	死亡率↑ 健康/发病率:无影响	吸烟/饮酒↑	假设群体健康冲击对收入没有影响
Gardner 和 Oswald (2007)	英国 BHPS 1996—2003 年	成年人	彩票中奖 1000—120000 英镑	精神健康(GHQ)	OLS	↑精神健康(↓1.4/36 GHQ 点数)中奖两年后		估算中只有 137 次中奖 > 1000 英镑
Frijters 等 (2005)	德国 SOEP 1984—2002 年(联邦德国)以及 1990—2002 年(民主德国)	18+岁	家庭收入	健康满意度(1—10)	FE 有序 Logit	显著但影响小 ↑健康:在民主德国只对男性有微弱的影响	—	联邦德国人没有外生收入差异
Lindahl (2005)	瑞典 SLLS 1968 年,1974 年,1981 年	成年人	以彩票中奖为工具变量的家庭可支配收入(纳税收入登记)	健康指数、死亡率、超重	2SLS 和 Probit	10%↑收入→健康指数 0.04—0.09SD 和↓2—3ppt 死亡概率(10 年内)	对超重无影响	IV 从总体估计死亡率,对于死亡年人(60+)没有影响

续 表

作者	国家（地区）和数据	样本	收入/财富的衡量指标	健康/健康行为的衡量指标[a]	估计量	对健康的影响	对健康行为或医疗保健使用的影响	附注
Contoyannis 等（2004）	英国 BHPS 1991—1999 年	16+岁	家庭收入（当前年度，永久=样本期间）	SAH	动态 RE 有序 Probit	↑健康对永久性收入的影响大于当前收入，对男性的影响大于女性		在平均收入效应中不能将非经常性收入与永久性收入区分开来
Deaton 和 Paxson（2004）	英格兰与威尔士 FES 1971—1998 年	25—85 岁	按成人计算的等价收入（组平均）	死亡率和烟草开支（组平均）	OLS	无相关稳定影响	—	时不变年龄对死亡率影响的微弱识别假设
Jensen 和 Richter（2004）	俄罗斯 RLMS 1995—1996 年	领养老金的家庭	养老金收入	死亡率、ADL、卡路里和蛋白质的摄入、药物治疗	FE	养老金欠款↑2 年，男性死亡率 6%	↓营养、药物以及检查	
Adda 等（2003）	瑞典 ULF	28—84 岁	家庭收入	见 Adams 等（2003）	见 Adams 等（2003）	非因果关系被拒绝只适用于与 Adams（2003）相似的情况	吸烟和 BMIs 非因果关系被拒绝	

注：关于数据组、变量和估计量缩略词的解释，请参见本章附录。
a：对健康/健康行为的影响与本列中定义的健康状况的衡量指标有关。

与收入的增加同步发生。Evans 和 Moore(2011)发现,死亡率在每月的社会保障金、军人的常规工资、退税和股息发放到账后立即上升。死亡率的上升幅度很大,而且死亡原因大多与短期行为相关,比如心脏病发作和交通事故,但与癌症死亡无关,这表明其影响来自风险行为的增加。例如,与前一周相比,在社保支票到账后的那一周,老年人的每日死亡率要高出 0.5 个百分点。年轻人口的死亡率甚至对所得收入更敏感。Dobkin 和 Puller(2007)发现,在加利福尼亚州,每月第一天联邦残障保险金到账时,受助人在每月头几天的药物相关住院率(23%)和院内死亡率(22%)都有所上升。

在一定收入水平情况下健康状况恶化,并不一定与收入水平永久提高所引起的健康状况改善相矛盾。更高的收入可能会带来更平稳的消费状况和更健康的生活方式,不会因酒精或毒品使健康受到威胁。尽管有关收入到账后的健康反应的证据,使人们对某些群体的间歇性现金支付增加带来的健康后果保持警惕,但它并没有告诉我们收入水平是如何影响健康的。

确定获奖、彩票中奖、投资回报或遗产带来的意外之财对健康的影响很有吸引力,因为这些收益是意料之外的,因此更有可能是健康状况变化的外生因素。Smith(2007)利用美国股东在 20 世纪 80 年代末和 90 年代股市上涨期间积累的巨额财富收益来估计收入变化对重大和轻微慢性病发病的影响,同时以基线健康、收入和财富为条件。他没有处理未观测到的异质性,因此仅用了"预测"这样的字眼,而不是得出某种因果关系。财富的变化(积极的或消极的)并不能预测健康状况的变化。

Meer 等(2003)使用相同的收入动态追踪调查数据,但使用遗产作为财富的工具变量,也发现财富对健康没有显著影响。有三项研究使用了来自美国健康与退休研究的年龄较大(50 岁以上)的个人数据,测算了健康对遗产引起的财富变化的反应(Carman,2013;Kim and Ruhm,2012;Michaud and van Soest,2008),出现同样的否定结果。Michaud 和 van Soest(2008)考虑到富裕滞后结构和未观测到的异质性,如 17.3.7 所述,发现健康对财富有显著影响,但他们没有发现证据显示(同期或滞后的)财富对自评健康数据或慢性疾病有因果影响。① Carman(2013)发现健康只与预期的遗产相关,其外生性可能值得怀疑。

与此形成鲜明对比的是,Schwandt(2013)提供了证据,证明财富对美国相对富裕的退休人员的健康有积极的影响。在这项极其细致详尽的研究中,作者构建了一个"外生财富冲击衡量指标",即标准普尔 500 股票市场指数在两年期间的变化率,适用于家庭在股票中持有的终身财富份额。使用这一衡量指标的前提是,潜在影响健康的是财富的比例变化,而不是绝对变化。因此,相比绝对财富变化来说,财富相对变化造成的心理生理反应,也许会通过压力对持有医疗保险相对富裕的持股退休人员产生更大的健康差异,鉴于财富绝对变化不够大,难以影响他们购买保健产品,如医疗保健的能力。Schwandt(2013)估计,在观察到的数据范围内,相当于一生财富 5% 的一次(正面或负面)冲击与各种健康指标的标准差的 1%—2% 的变化呈正相关,包括出现新的健康状况、自我评估健康状况的报告变化、心理健康状况的报告变化,对于负面的财富冲击,甚至出现生存状况的变化。该研究显示,这种变化与压

---

① 在检验同期效应的模型中,遗产仅被用作衡量财富的工具变量。

力机制假说一致,对高血压会产生重大影响,在较小程度上会影响心脏病、中风、精神问题的发作。但是对于逐渐演变的疾病没有显著影响条件,如糖尿病、关节炎、癌症、肺病,虽然这也可能是由于后者的发病率较低。将财富冲击对健康影响的估计值与健康和财富的截面相关性进行比较,可以提供进一步的线索来发现一种可能的机制。对于总体健康状况、心理健康、高血压和心脏病,估计的影响程度大于各自的相关性。对于需要更长时间发展的慢性疾病,情况正好相反。这与富裕人群财富的突然变化引发的健康变化是一致的,这种变化在本质和病因上与在该人群中观察到的财富造成的健康差异是截然不同的。

聚焦到2008年10月的股市崩盘,McInerney 等(2013)通过美国健康与退休研究进一步证明了巨额财富损失对心理健康的影响。[①] 金融危机减少了财富,加重了抑郁症状,也增加了抗抑郁药物的使用。这些影响并非微不足道:例如,非房产财富价值损失5万美元,估计会使人感到沮丧的可能性增加1.4个百分点(按相对价值计算为8%)。尽管人们可能期望适应这一情况,从而使快速下降的心理健康水平得到一些恢复,但 Schwandt(2013)的证据表明,心理压力可能会引发导致身体疾病的危险因素。

识别由股价引发的财富冲击的短期健康影响的主要问题是,健康风险可能与股票中所持有的财富比例存在系统性差异。Schwandt(2013)提供的一些分析表明,这并没有帮助他得出结果。然而,一个关于金融和健康投资的联合决策的动态模型(与收入动态追踪调查数据中观察到的关系非常吻合)确实预测说,面临更大健康风险的个人将通过持有风险较小的金融投资实现资产配置多样化(Hugonnier et al.,2013)。该模型还预测,随着财富的增加,人们对健康的投资将大幅增加。基于强有力的行为假设,这一模型提供了对健康和财富共同演变的洞见,对于确定财富对健康的影响的策略也可能非常有用。

一些欧洲的研究发现了彩票中奖对健康有积极影响的证据。Lindahl(2005)通过一个来自瑞典的面板数据集,用平均彩票中奖金额来衡量永久性收入(15年以上的平均收入),他估计收入增长10%会使发病率下降,5—10年内死亡的概率会显著下降2—3个百分点。如此巨大的影响甚至超过了收入与死亡率之间的原始相关性,人们可能会怀疑这种影响的可信度。Gardner 和 Oswald(2007)利用英国的数据发现,在赢得1000英镑至12万英镑的奖金两年后,GHQ 心理健康指数上升了1.4分,分值为36分。这种影响只对男性显著,令人惊讶的是,在高收入人群中也是如此。Apouey 和 Clark(2013)利用几波更多的相同数据发现,彩票中奖对自评健康数据没有显著影响,但对心理健康有很大的积极影响。

尽管意外财富的外生性无疑是有价值的,但人们可能会质疑证据结果的相关性。因为富人和穷人在发病率和死亡率上的巨大差异,很可能是由多年来健康行为的持续差异以及可能获得医疗保健服务的机会的差异造成的。在有限纵向跨度的数据中观察到的经济冲击可能有助于确定短期健康反应,但它们几乎不能或根本不能表明在整个生命周期中形成健康状况梯度的机制。

---

① 对汇总数据的分析显示,死亡率往往随商业周期波动,在繁荣时期上升,在衰退时期下降(Ruhm, 2000, 2003)。尽管这一证据并不一定同解释收入与健康之间的强正截面相关性有直接关系,但它确实与收入增长导致的健康水平提高不一致。McInerney 和 Mellor(2012)、Stevens 等(2011)、Tekin 等(2013)及 Ruhm(2013)对2007年后大衰退时期的研究对"经济衰退有益健康"提出了怀疑。

养老金政策提供了收入差异的最终来源,研究人员试图从中找出对健康的影响。Jensen 和 Richter(2004)研究了俄罗斯在主要经济危机时期(1995—1996 年)养老金收入损失的影响(见表 17.6)。延迟支付养老金对生活水平产生了巨大的影响,收入下降幅度高达 24%,贫困率超过 50%。对于男性来说,养老金收入的减少使两年内死亡的可能性增加了 5.8 个百分点,并增加了出现功能障碍(日常活动能力)和胸痛的可能性。这些影响很可能是由大量和显著地减少卡路里和蛋白质的摄入,以及减少对慢性病和预防性检查的药物使用所致。养老金收入的减少对妇女的健康和死亡率没有影响。

再回到美国,Snyder 和 Evans(2006)报告的证据表明,养老金收入减少会提高健康水平(见表 17.5)。他们在研究了社会保障支付等级后发现,1917 年 1 月 1 日之后出生的人的退休收入比那些收入历史相同但出生稍早一点的同龄人要低得多,由于立法的变化发生在他们职业生涯的后期,他们几乎没有时间去适应收入损失。无论如何,大多数受影响的人直到退休后才意识到这些变化的影响。研究人员发现,养老金的减少降低了死亡率,针对收入损失在退休后增加(兼职)工作,产生了积极的健康影响,是研究人员对这一令人惊讶的结果给予的合理解释。

来自美国和俄罗斯的相互矛盾的证据最有可能归因于养老金收入水平波动的不同。有证据表明,在 20 世纪初,美国联邦军队退伍军人的养老金增加(Salm,2011),导致死亡率大幅下降(尤其是贫困人群),当时的收入和健康水平明显低于 Snyder 和 Evans(2006)研究的时期。

17.4.3　收入和财富对健康行为的影响

上一部分所回顾的证据并不支持收入或财富与健康之间存在很强的甚至是任何的因果关系,但这可能仅仅反映了观察的难度,即使是在中等长度的面板数据中,健康行为和医保使用的变化带来的健康后果也可能需要很长时间才会显现。在这一部分和下一部分中,我们假设吸烟、饮酒、放弃有效的医疗保健等行为对健康有影响,并研究是否有证据表明经济环境对这些健康决定因素有影响。

特别是在美国,较富裕的人通常不太可能吸烟、酗酒、超重或使用非法药物,他们更有可能锻炼和进行预防保健(Cutler and Lleras-Muney,2010;Cutler et al.,2011a,2011b),但简单的相关性显然不能告诉我们因果关系的存在或方向。Cawley 和 Ruhm(2011)回顾的一些证据表明,收入和/或财富的增加促进了烟草和酒精的消费。这适用于群体收入(Adda et al.,2009)和得到彩票奖金(Apouey and Clark,2013)的英国人对收入冲击的反应(见表 17.6)。在美国,Kim 和 Ruhm(2012)发现,遗产带来的财富只会增加适度饮酒的行为,对吸烟没有影响(见表 17.5)。

关于收入和财富对肥胖影响的证据存在分歧,但肯定不能支持任何一个方向的强因果效应。Kim 和 Ruhm(2012)发现了一些财富增加会减少超重可能性的迹象,这与瑞典基于彩票中奖的证据相一致(Lindahl,2005)。Cawley 等(2010)使用美国国家健康访谈调查数据和社会保障等级作为收入的工具变量,发现收入对体重或肥胖没有影响。Schmeiser(2009)利用美国各州在劳动所得税收抵免(EITC)慷慨程度上的差异,发现收入对男性体重没有影响,但对女性体重有正向影响:每年增加 1000 美元,体重增加不超过 1.80 磅(0.82 千克)。

Galama 和 van Kippersluis(2010)扩展了 Grossman (1972a,1972b)的健康资本模型,目的是理解健康行为如何因财富水平而异。他们区分了健康消费和不健康消费,前者降低了健康的折旧率(如良好的住房、维生素、麦片),后者提高了健康的折旧率(如香烟、酗酒等)。财富对健康消费有积极的影响,一方面是因为纯粹的财富效应,另一方面是因为更高的财富会增加健康投资,而健康投资的回报被认为是递减的,因此受损的健康通过医疗保健来恢复的成本更高。[①] 收入对不健康消费的影响是模糊的,因为财富和价格的影响方向是相反的。富人不太可能损害自己的健康,因为为此会付出更高的替代边际成本。该模型预测,在看似合理的假设下,富人更有可能进行适度不健康的消费(财富效应占主导地位),而不太可能进行严重不健康的消费(价格效应占主导地位)。

Van Kippersluis 和 Galama(2013)用英国(BHPS)的彩票中奖数据(见表 17.6),也是 Apouey 和 Clark(2013)采用的数据,以及美国(HRS)的遗产数据(见表 17.5),即 Kim 和 Ruhm(2012)采用的数据,来检验这些预测。与之前的研究不同,他们使用固定效应模型来处理未观测到的异质性,并找到强有力的证据表明,财富增加了饮酒的可能性,但对饮酒量没有影响。这与直接财富效应对适度不健康行为的主导作用是一致的,尽管在晚餐时喝上一杯好的红葡萄酒实际上可能对健康有益。关于吸烟,他们的结果是不确定的:在英国,彩票中奖不会使抽烟频率增加,这并不符合 Apouey 和 Clark(2013)的结论。但在美国,继承遗产会立即增加吸烟的普遍程度和强度,这又不符合 Kim 和 Ruhm(2012)的结论。Kim 和 Ruhm(2012)关注的是更长期的影响,他们也提出了这一理论预测。

收入带来了消费机会。要想用不健康的消费来解释与收入相关的健康不平等,那么烟草、酒精、高脂肪食品等必须是劣质商品,但并没有证据表明这一点。这并不是说健康行为对健康的社会梯度(相对于经济梯度)没有重要影响。相反,健康行为在不同教育群体的健康差异原因中占很大比例(Cutler and Lleras-Muney, 2010;Cutler et al. , 2011a,2011b)。但也有可能是受过高等教育的群体的偏好和知识而不是他们的财富,才促使他们选择更健康的生活方式。

17.4.4 收入对医疗保健的影响

如前所述,在许多高收入国家,由于公共医疗保险占主导地位,医疗保健在造成不同收入人群健康差异方面的潜在影响受到了限制。像美国这样的国家,接受医疗服务的收入梯度应该更大,这使得市场对医疗系统的融资具有更大的影响力。但是,公共医疗保障很少完全挤占私人保健,即使在欧洲社会医疗保险和国民医疗服务体系中,专科护理也常常是向较富裕的人群提供的(Van Doorslaer et al. ,2000, 2004, 2006)。然而,尽管医疗需求的收入弹性一直是众多研究的主题,但令人惊讶的是,相关文献几乎没有提供收入对医疗利用的因果

---

① 认为健康投资技术的回报呈递减趋势的假设,与格罗斯曼(Grossman)假定回报不变的模型不同。随着回报的递减,由于财富的增加提高了对健康的需求和投资水平,因此在财富水平越高的情况下,通过投资医疗保健生产一个单位健康的边际成本就越高。这种较高的边际成本增加了富人照顾自己健康的动力。

影响的证据。①

Kim 和 Ruhm(2012)利用美国健康与退休研究的数据发现,遗产带来的财富提高了许多类型医疗服务的利用率和自费支出。通过研究美国老年样本(70 岁以上)(这些人的药物费用还没有被医疗保险覆盖),Moran 和 Simon(2006)发现,通过社会保障等级衡量的收入对处方药使用率存在很大的影响,存在统计学上的显著影响。但该研究只观测了受教育程度低而收入不高(<第 75 百分位数)的家庭(见表 17.5),他们对收入弹性的估计值都在 1 以上。Goda 等(2011)将分析扩展到估算收入对接受长期护理的影响,长期护理也没有被医疗保险完全覆盖,他们发现永久性的正面收入冲击降低了养老院的使用率,但增加了对付费家庭护理服务的使用。重要的是要记住,收入对药物和长期护理利用率产生的积极影响的预测,只适用于之前一直是低薪的老年人,因为社会保障等级对于之前一直是高薪的老年人的养老金收入影响微弱。

这三项针对美国老年人的研究证实了人们的预期。医疗保健是普通商品,在没有全民医疗保险覆盖的情况下,有能力支付的个人会购买更多更好的医疗保健服务。

17.4.5　收入对儿童健康的影响

我们在 17.3.4 中提出结论,生命早期的健康状况对成年后的经济福祉有显著的经济影响。Currie(2009)提出,儿童健康状况是教育和经济地位代际传递的潜在重要因素。这种观点认为,受教育程度较低、贫困的父母更有可能生养健康状况较差的孩子。儿童期健康状况不佳会干扰人力资本的获取,直接制约成年期的健康资本,进而降低收入潜力。儿童期健康状况不佳会导致贫困的循环,贫困会导致儿童患病,而儿童期的疾病又会在以后的生活中造成贫困。如果情况属实,健康冲击会拉大收入差距,这将使健康状况不佳不仅成为不平等的元凶,而且还将可能使这种不平等代代相传。因此,父母的收入是否确实限制了儿童的健康是一个重要问题,不仅要从健康的角度来处理,而且要从经济不平等的角度来处理。

我们这里关注的是能证明父母的经济状况限制了儿童健康的证据,略去了对可能产生影响的机制的探讨。Almond 和 Currie(2012)利用 Cunha 和 Heckman(2007)对儿童认知和非认知技能的投资模型,为研究儿童人力资本(包括健康)的演变提供了一个框架。进一步发展这一模式并正式纳入健康因素或许可以帮助我们理解父母收入对儿童健康的影响。

Currie(2009)回顾证据后提出,虽说来自较贫困家庭的儿童健康状况较差几乎无人怀疑,但没有足够的证据表明:在高收入国家背景下,这是由因果关系引起的。毕竟,确定父母收入对儿童健康的因果影响应该比确定(自身)收入对成人健康的影响更容易,将这种因果关系反过来就不成问题了,因为儿童通常没有收入,至少在高收入国家是这样。这一直也是研究人员研究父母收入对儿童健康影响的主要动机之一。当然,反向因果关系并没有完全消除,因为孩子生病可能会干扰父母的工作活动,而相关的不可观测因素仍然是一个重大问题。

---

① 实际上,几乎每一本健康经济学教科书都有一章是关于医疗保健需求的,包括对收入弹性的估计(如 Sloan and Hsieh, 2012)。我们不会讨论关于收入对健康保险需求影响的文献,因为这将使我们偏离收入与健康之间的关系这一主题。众所周知,保险的购买与收入有很大关系。

17. 4. 5. 1 来自高收入国家的证据

在美国(Case et al., 2002)和加拿大(Currie and Stabile, 2003),家庭收入与儿童总体健康状况之间的相关性随着儿童年龄的增长而加强,这表明与父母收入相关的不利因素随着儿童年龄的增长而累积。随着年龄的增长,这一梯度会增强,这可能是由于贫困儿童受到更多的健康冲击和/或由于获得医疗服务受到限制,他们更难从疾病中康复。在美国,这种梯度性增强是上述这些效应共同作用的结果(Case et al., 2002; Condliffe and Link, 2008),而在加拿大,由于存在全民医疗体系,这仅仅是由贫困儿童会更频繁地生病(Currie and Stabile, 2003)造成的。[①]

这些发现无法在其他国家得到证实。Khanam 等(2009)发现,澳大利亚存在一种随着年龄增长而加强的梯度,其协变量与 Case 等(2002)使用的协变量相似。然而,当他们加入更丰富的控制变量,特别是加入母亲的健康变量时,这种梯度消失了,表明这之间可能并不存在因果关系。Reinhold 和 Jurges(2012)发现,德国父母收入在儿童健康方面的梯度和美国的一样强,但是随着孩子年龄的增长,父母的收入梯度并不陡峭,这可能是由全民医疗的约束作用造成的。

英国的证据是混合的,Currie 等(2007)及 Case 等(2008)从同一项调查的分析中得出了不同的结论。Currie 等(2007)发现,家庭收入在儿童一般健康方面的显著梯度在0—3 岁至4—8 岁之间增大,之后减小。Case 等(2008)增加了 3 年的数据,发现梯度也一直在增大,直到12 岁。对英格兰某一地区充足数据集的分析表明,从出生到7 岁之间,梯度没有增大,随着控制变量的增加,包括父母行为和健康状况,该梯度几乎消失了(Burgess et al., 2004; Propper et al., 2007)。通过一个具有全国代表性的样本,Apouey 和 Geoffard(2013)发现了一种持续到17 岁的梯度,但是没有证据表明医疗保健、住房条件、营养或服装的利用率是产生这种梯度的重要机制。

在北美和欧洲,贫困家庭的孩子健康状况较差。从上述研究中无法确定这是由于父母收入的影响,还是由于与收入和儿童健康都相关的其他家庭特征的影响。Hoynes 等(2012)利用美国劳动所得税抵免(EITC)的改革所引发的变化,估计母亲收入的增加降低了低出生体重的发生率,增加了平均出生体重。对于受教育程度较低的单身母亲来说,EITC 每增加1000 美元,低出生体重的发生率就会降低 6.7%—10.8%(见表17.7)。这种影响似乎是通过略微增加产前护理的使用,以及在怀孕期间大幅减少吸烟和饮酒来调节的。[②] 这些估计表明,低收入人群收入的增加使得婴儿健康水平得到大幅提升。[③] 根据1989—2004 年1400 万美国新生儿的数据,估计出更为温和的影响。该数据使用了人口普查局特定年份的技能偏向型技术进步指数来衡量母亲的收入(Mocan et al., 2013),受教育程度较低(最高学历为高

[①] Allin 和 Stabile(2012)发现,没有证据表明医疗保健利用是加拿大产生这种梯度的一个重要因素。

[②] 据估计,一个受教育程度较低的单身母亲获得1000 美元的贷款,其使用产前护理的倾向性将增加0.65 个百分点(基线为96%),吸烟的可能性将减少 1.2 个百分点(基线为30%),饮酒的可能性将减少 1.1 个百分点(基线为3.3%)。目前尚不清楚收入的增加为什么会减少吸烟和饮酒,尽管有人认为这可能与经济压力的减轻有关。

[③] 也有证据表明,有针对性的项目会对儿童健康产生影响,如食品券(Almond et al., 2011)或食品和营养券(Hoynes et al., 2011)。虽然 Hoynes 和 Schanzenbach(2009)声称领取食品券的人的行为就像用现金支付福利一样,但由于这些项目具有条件性,此处没有考虑这些情况。

中)的未婚母亲,不太可能享受医疗补助计划(针对低收入家庭的公共医疗保险),其收入的增加提高了产前护理的利用率,增加了出生体重和胎龄。但对于受教育程度较高的母亲和所有可能享受医疗补助的母亲来说,生育并没有受到显著影响。这一事实表明,低收入限制了那些没有被保险覆盖的人获得产科护理,不过,这种影响非常微弱。如果收入翻番,出生时的体重只增加 100 克,胎龄只会增加三分之二周。

17.4.5.2 来自中低收入国家的证据

人们通常认为,在低收入国家和地区,总体健康状况,特别是儿童健康状况,更大程度上取决于其家庭收入多少。因为在这些国家和地区,维持健康所需的营养需求往往无法完全得到满足,也没有全民医疗保险,其大多数医疗保健是自费的。的确,在低收入和中等收入国家,健康方面的经济梯度特别大,这在诸如婴儿死亡率等关键指标中表现得很明显(Commission on the Social Determinants of Health,2008)。儿童健康方面的梯度确实(至少部分)来自经济环境对健康的因果影响,中低收入国家与此相关的证据比来自高收入国家的证据清楚得多(本部分引用的研究见表 17.7)。①

Duflo(2000,2003)研究了 20 世纪 90 年代初南非养老金覆盖范围的扩大对儿童的营养状况是否产生了影响。在研究期间,超过四分之一的 5 岁以下黑人儿童与领取养老金的人生活在一起。分析表明,支付给女性的养老金对女孩的体重和身高有显著的正向影响,但对男孩的营养状况没有显著影响,并且支付给男性的养老金也没有产生任何影响。② 这些影响非常大。据估计,向一名妇女支付养老金将使女孩的体重和身高在两年内增长 1.2 个标准差(Duflo,2003)。养老金福利大约是当时农村地区的人均收入中位数的两倍,其收入增长幅度也很大。这些结果表明,低收入家庭的收入可以对儿童健康产生非常大的积极影响,但这种影响能否实现关键取决于谁获得了收入。③ 与此相一致的是,在南非向儿童看护人(主要是女性)支付无条件现金补助已被证明能显著提高儿童身高(Agüero et al.,2009)。根据所观察到的成年身高与收入之间的关系,预计补助金的贴现回报可高达 50%。

然而,从拉丁美洲的无条件现金转移项目中可以看出,收入并不一定会影响贫困人口儿童健康。④ 厄瓜多尔的人力开发保证金(Bono de Desarrollo Humano,BDH)每月向最贫困的

---

① 许多研究利用宏观经济冲击来确定收入对健康的影响,以及对发展中国家(婴儿)死亡率的影响,这些国家包括墨西哥(Cutler et al.,2002)、秘鲁(Paxson and Schady,2005)、印度(Bhalotra,2010)、哥伦比亚(Miller and Urdinola,2010)和其他 59 个国家(Baird et al.,2011)。尽管这些研究能够确定个人层面的健康影响,但它们无法追踪这一层面宏观冲击的收入后果。它们往往表明总收入对死亡率有实质性的负面影响,却很少告诉我们个人收入差异在多大程度上导致了健康方面的不平等。

② 通过比较生活在有有资格领取养老金的老年亲属(女性为>59 岁,男性为>64 岁)的家庭中的儿童和其他没有完全达到领取养老金资格年龄的老年亲属的家庭的儿童,确定了对体重身高 z 评分的影响,该分数应能立即反映出营养状况的改善。对反映长期营养摄入情况的年龄别身高 z 评分的影响,是通过比较生活在家庭中年龄较小和较大的儿童与相对于其他家庭中有资格领取养老金的老年人的身高不足来确定的。较年幼儿童的身高不足减少与收入对身高的积极影响是一致的,因为较年幼的儿童所生活的家庭在其一生中有较大比例的时间受益于养老金。

③ 南非养老金收入带来的健康收益不仅有利于儿童。Case(2004)发现,在家庭收入共享的情况下,养老金所带来的额外收入(等于所分析样本中收入中位数的 2.5 倍)改善了家庭中所有成年人的健康状况。

④ 有条件转移支付计划和我们的目的不那么相关,因为其付款是有条件的行为(例如,上学、接受医疗服务、参加预防性卫生服务、接受健康和营养教育),旨在对健康产生直接影响。虽然许多此类计划已被证明非常有效,但 Gertler(2004)、Rivera 等(2004)和 Fernald 等(2008)已经表明,很难将纯粹的收入效应与激励效应分开。

表 17.7 收入对儿童健康和相关健康行为影响的证据

作者	国家和数据	样本	收入的衡量指标	健康/健康行为的衡量指标	估计量	对健康的影响	对健康行为或医疗保健使用的影响	附注
Mocan 等(2013)	美国出生信息文件和 CPS 年度人口统计文件 1989—2004 年	>19 岁未婚母亲的独生子女	通过技能偏向型技术进步指数衡量每周薪资	出生体重、胎龄、产前护理、孕期吸烟和饮酒	双样本工具变量回归	受教育程度较低(高中以下)的母亲所生的出生体重较轻↑和胎龄较小的婴儿大可能享受药物治疗	没有享受医疗补助的母亲的产前护理	影响非常弱。收入翻倍↑100g 出生体重和 0.7 周胎龄对受教育程度较高和较可能接受药物治疗的母亲没有影响
Hoynes 等(2012)	美国关键统计出生率数据 1983—1999 年	低收入母亲的婴儿	由 EITC 改革造成的母亲收入的变化	LBW、吸烟、饮酒、产前护理的使用	DID	1000 美元→6.7%—10.8%↓LBW	1000 美元→产前护理↑0.65ppt 吸烟↓1.2ppt 饮酒↓1.1ppt	
Amarante 等(2011)	乌拉圭死亡率、出生率、社会保障数据 2003—2007 年	所有新生儿	无条件现金转移=向低收入女性预付 50%—100%的收入	LBW、母亲吸烟状况、营养	DID,FE 和 RDD	15%↓LBW(1.5 ppt,基线为 10 ppt)	↑母体营养↓孕期吸烟,↓% 未婚父母所生的子女	转移支付给收入的低十分位的女性
Fernald 和 Hidrobo(2011)	厄瓜多尔 2003—2006 年	12—35 个月大的儿童	无条件现金转移=每月向低收入女性发放 15 美元(相当于低收入家庭平均支出的 6%—10%)	HAZ 分数、血红蛋白浓度、维他命 A 以及补铁剂	随机实验	没有影响	↑农村地区维他命 A 以及补铁剂	转移支付给 40%最贫困的女性
Agüero 等(2009)	南非 KIDS 1993 年、1998 年、2004 年	儿童	无条件向女性发放现金补助	HAZ 分数	GPSM	生命早期大额现金转移↑HAZ		
Paxson 和 Schady(2010)	厄瓜多尔农村 2003—2006 年	36—83 个月大的儿童	见 Fernald 和 Hidrobo(2011)	血红蛋白水平、HAZ、精细动作控制、驱虫治疗	随机实验	贫穷四分位数最穷四分位之一:↑血红蛋白其他三部分:无影响	↑驱虫治疗	见 Fernald 和 Hidrobo(2011)

续　表

作者	国家和数据	样本	收入的衡量指标	健康/健康行为的衡量指标	估计量	对健康的影响	对健康行为或医疗保健使用的影响	附注
Case（2004）	南非朗厄山调查 1999 年	儿童	津贴收入	身高	OLS	↑黑人及有色人种儿童的身高		
Duflo（2000，2003）	南非 SALDRU 1993 年	6—60 个月大的儿童	女性津贴收入	HAZ 以 及 WHZ 分数	2SLS（工具变量 = 津贴资格）	两年后女孩 HAZ 及 WHZ ↑1.2SD		对男孩没有影响；支付给男性的津贴对儿女都没有影响

注：关于数据组、变量和估计量缩略词的解释，请参见本章附录。

五分之二人口中有 17 岁以下儿童的母亲发放 15 美元（相当于目标群体平均家庭支出的 6%—10%），但发现这一额外收入对 1—3 岁儿童的健康（身高和血红蛋白浓度）没有显著影响（Fernald and Hidrobo，2011），对 3—7 岁的更大年龄儿童（血红蛋白水平和驱虫治疗的效果）的影响也很微弱（Paxson and Schady，2010）。① 乌拉圭的"PANES"项目针对的是较贫困的家庭，将每月慷慨的现金转移支付限制在收入最低的十分之一的家庭，现金转移相当于项目前受助家庭平均收入的 50%，有新生儿的家庭受助最高可达平均收入的 100%。据估计，相对于 10% 的基线，低出生体重的发生率可降低 1.5 个百分点（Amarante et al.，2011）。这一影响的实现途径表现为改善产妇营养、减少孕期吸烟、大幅度降低非婚生育子女的比例，以及适当减少产妇的劳动力供给。厄瓜多尔实行的一般性现金转移项目对健康方面的影响更大，因其支付的数额更大且支付对象是（相对）较贫穷的家庭，这一点也能得到合理的解释。

17.4.6　小结

在本节中，我们试图确定经济环境差异在多大程度上导致了个人之间的健康不平等。穷人的健康状况会因为贫穷而变差吗？回答这个问题是困难的，因为即使健康状况恶化不是由收入降低引起的，也会被认为与收入下降有关，这促使研究人员去寻找那些会产生收入或财富变化的现象，而这些变化必须既不是由健康引起的，也与健康无关。在高收入国家，这一研究倾向于提出证据，表明成年期收入对健康没有影响，或与所观察到的收入与健康梯度相比影响较小，这表明相关性并非来自影响健康的财政资源。美国的健康状况恶化的证据是一个例外，尤其是反映在因股市下跌遭受损失而产生的压力和精神状态的相关指标之上。在某种程度上，一般发现没有影响或影响很小是可信的。健康的差异源于我们与生俱来的健康储备的差异（遗传学）、我们照顾这种天赋的程度（生活方式和生活条件）、当健康受损时修复健康的机会（医疗保健）以及运气。经济资源并不能影响第一个和最后一个决定因素。大多数高收入国家不论支付能力如何，都提供全民医疗保险，这大大削弱了对第三个决定因素的经济影响，剩下的就是生活方式和生活条件。大多数研究都集中在前者，在生活方式范围内，重点关注我们所做的事情中哪些对健康有害，而不是哪些对健康有益。如果有钱的人更有能力放纵自己不健康的行为，比如吸烟和喝酒，这并不能解释为什么富人身体更健康，这是自相矛盾的。事实上，富人的生活没有那么不健康，但这并不是因为他们在经济上享有特权，这更有可能与他们的教育优势有关。

在发达国家，金钱购买健康的能力是有限的。心理健康似乎受到经济环境的影响，经济上的损失造成的心理健康恶化程度大于收益带来的改善程度。但几乎没有证据表明，身体健康问题是由个人财务状况恶化引发的。然而，我们怀疑目前的研究遗漏了很多方面。

确定一个存量变量（金融财富）对另一个存量变量（健康资本）的影响远非易事。有一种风险是，把重点放在彩票中奖、遗产或税收/福利改革带来的意外收益上，这种着眼局部效应的识别策略，可能会将在生命周期中累积的效应连同常见的不可观测因素一起舍弃。在经

---

① 在农村地区，维生素 A 和铁的补充确实有所增加，1—3 岁儿童的语言发展也有所改善（Fernald and Hidrobo，2011）。

济学家进行的研究中,更持久的决定因素如生活条件,往往会被忽视,这包括住房和随社区经济状况而变化的建筑和社会环境特征:污染、休闲设施、开放空间、食品质量和犯罪。有钱就可以负担得起改善住房质量和搬迁,但要实现这一点,需要非常大的经济冲击。长期贫困可能导致潮湿的墙壁、狭窄的空间、扰民的邻居、污染的空气,以及暴力的威胁,这些会逐渐甚至可能会突然对健康造成损害。

在一些研究中,长期贫困人口的健康经历并不影响财富对健康的估计影响,比如确知遗产或股票价格的变化。其他证据,如中彩票带来的影响,确实可能发生在穷人身上,但突然的和经常性的中等现金收益也许不足以大幅改变生活条件,即使改变了,观察期也不可能很长,长到足以检测出生活条件变化对慢性健康问题的影响,慢性健康问题对物质环境的反应往往很慢。我们不愿就此得出结论,在许多发达国家,缺乏财富对成年人身体健康的影响证据即意味着没有影响。

人们更能肯定的是贫困儿童的健康状况较差(不幸的是,这种状况在许多高收入国家仍然存在)。这并不仅仅是健康状况制约收入的反映,也可能是因为贫穷的父母受教育程度也较低,而这种较低的受教育程度会影响儿童健康状况。正如预期的那样,经济状况决定(儿童)健康不平等的最有力证据来自发展中国家,但即使在这些国家,更多的收入也不一定带来更好的健康状况。当营养状况不佳,许多人无法支付医疗费用时,金钱也许可以"买到"健康,但这些钱必须给那些高度重视健康的人。有证据表明,女性比男性更重视儿童健康。

17.5 健康的决定因素:经济不平等

17.5.1 概述

Wilkinson(1990,1992)提出了收入不平等对健康有害的假设。他认为,收入不平等程度越高的国家,国民预期寿命越低,其他学者也很快证实收入不平等与人口健康的其他测度指标之间存在负相关关系(Steckel,1995;Waldmann,1992)。该假设中的一种变异形式认为,这种跨国关联通过心理社会机制反映出收入不平等对个人健康的因果影响:在收入不平等程度较高的社会中,人与人之间的攀比会提高压力水平。收入再分配可能会提高平均健康水平,一是因为如果收入确实对健康产生了因果影响,那么收入水平较低时,健康对收入的反应更强烈,二是因为缩小收入差距对每个人的健康都有好处,对富人的健康亦有好处。

这个假设的有效性遭到质疑(Gravelle,1998;Smith,1999;Wilkinson and Pickett,2006),相关主张引起了很多关注,但也受到很多批评(Saunders and Evans,2010;Snowdon,2010)。相关观点认为,经济不平等除了会导致健康问题,还会引发一系列社会弊病,包括暴力行为、青少年妊娠、肥胖、信任缺失和高监禁率等(Wilkinson and Pickett,2010)。在目前的情况下,确定经济不平等是否会付出健康代价与减少不平等的工具论的强度评价有关。

我们在此关注收入不平等可能对健康产生影响的机制,并且密切关注实证分析是否能够检验假设。我们将注意力限制在不平等对发病率和死亡率的影响上,忽视了对凶杀案的研究,因为学者们普遍认同收入不平等对这一研究的重要性(Deaton,2003;Lynch et al.,2004b)。我们还避开了极度关注收入不平等的幸福研究文献（Alesina et al.，2004；Clark et al.，2008）。

在下一小节中，我们用实例说明人口健康与收入不平等呈负相关，并指出收入不平等可能威胁所有个人健康的机制，然后讨论可以解释人口健康与收入不平等在总体上呈负相关的替代理论，而不是将不平等看作对社会中所有个体健康的威胁。之后，我们转向证据进行说明。

17.5.2　基本假设：不平等威胁着每个人的健康

人口健康水平随着人均收入的增长而上升，但增长速度逐渐放缓（Preston，1975）。在高收入国家，所谓的普雷斯顿曲线（Preston curve）渐趋平缓，人口健康水平与收入不平等呈负相关（Wilkinson，1992，1996；Wilkinson and Pickett，2010）。在图17.5中，只有少量的证据可以证明上述结论，这些证据是基于预期寿命的相同数据，以及提出不平等假设的大众出版物中所采用的不平等指标（Wilkinson and Pickett，2010）。在这些数据中，这种负相关关系似乎受到以下因素驱动：日本和瑞典的不平等程度较低而预期寿命较高，美国和葡萄牙的不平等程度较高而预期寿命较低。在预期寿命为78—80岁的许多国家中，收入不平等似乎与预期寿命无关。[①]

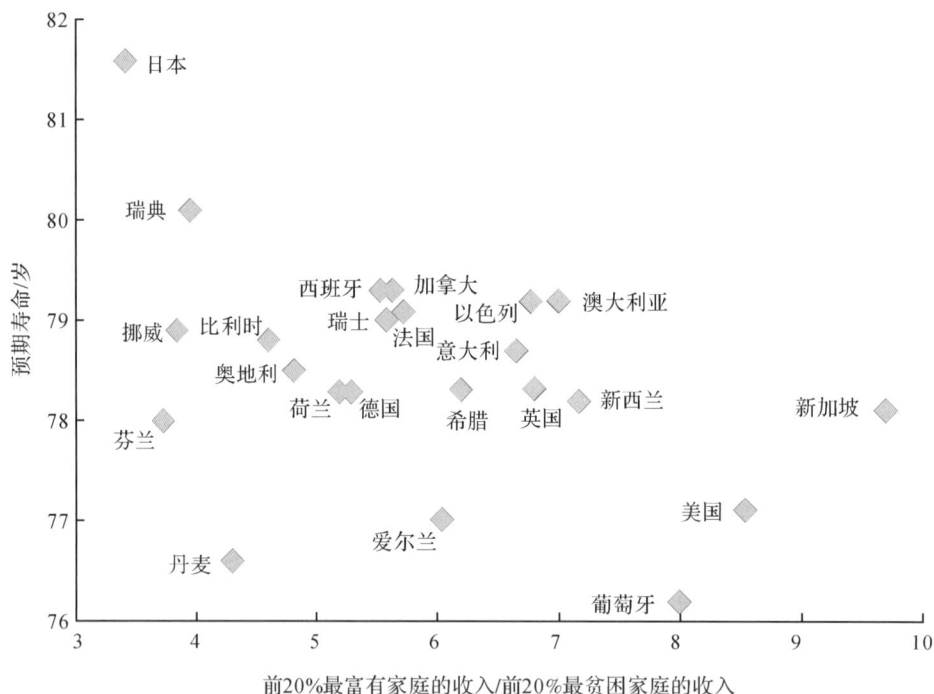

图17.5　高收入国家人口预期寿命及收入不平等状况

注：数据来自 Wilkinson 和 Pickett（2010），从联合国人类发展报告中取得。预期寿命以2004年男性和女性出生时平均预期寿命衡量。收入不平等状况的衡量指标是2003—2006年前20%最富有家庭的收入与前20%最贫困家庭的平均收入之比。

---

① 一些学者反对 Wilkinson 和 Pickett（2010）选择图中所包含的国家并排除其他国家所使用的标准（Saunders and Evans，2010；Snowdon，2010）。不过，作者在他们著作的第二版中为其国家选择进行了辩护（Wilkinson and Pickett，2010）。

先假设收入不平等与平均健康水平之间存在负相关关系,因为一旦平均生活水平达到某个阈值,收入差异与健康的关联就会增强,物质收益对健康的促进作用就会减弱(Wilkinson and Pickett,2010)。[1] 有学者提出了两种因果机制,并指出收入不平等可能会通过这两种机制威胁到所有个体的健康,包括富人和穷人。第一个机制强调公开供给健康商品的重要性,而第二个机制则强调社会资本的重要性。一些学者更关注上面提到的第三种社会心理学机制(Wilkinson,1992)。鉴于这一理论并未提出收入不平等因素在整个收入分配过程中对健康的影响,而是认为相对贫困导致较不富裕的个人健康受到影响,所以我们将在下一节讨论这一理论。

如果收入不平等影响到例如治疗和预防保健、教育和卫生设施等影响健康的公共物品的供给,那么公共物品的供给将使收入不平等与个人健康联系起来。收入不平等可能导致异质性偏好增多,从而降低公共供给物品的平均价值(从而减少供给)(Alesina et al.,1999;Deaton, 2003;Thorbecke and Charumilind, 2002)。但收入不平等也可能导致公共供给增加,因为收入分配越不均等,越会降低中位数选民相对于均值的收入,并增强非累退税资助的公共供给的再分配效应(Meltzer and Richard, 1981)。在 Sen(1999)之后,Deaton(2003)认为,重点应放在政治不平等而非经济不平等对健康造成的影响上。他指出,在 19 世纪的英国,以及 20 世纪的美国和印度,政治权利扩大后,公共卫生状况得到了实质性的改善。

社会资本是公民之间的凝聚力和信任(Putnam et al.,1993),被认为是经济不平等的结果,并且是通过社会和心理支持、非正式保险机制和信息传播来决定健康的因素(d'Hombres et al.,2010; Kawachi and Kennedy,1997;Kennedy et al.,1998;Ronconi et al., 2012)。这一假设在文献中得到不少关注,但是这种关注是否合理取决于一个前提假设,即收入不平等会降低社会凝聚力,而非低社会凝聚力会加剧收入不平等,后者是一个同样合理的解释。

17.5.3 备择假设:绝对或相对收入对健康的影响

人口健康与收入不平等之间的负相关关系可能源于健康对绝对或相对收入的依赖性,但这并不一定意味着不平等会威胁到每个人的健康(Wagstaff and van Doorslaer, 2000)。绝对收入假设认为,在个人健康层面,收入对健康的边际效益递减,从总体上解释了平均人口健康水平与收入不平等之间的负相关关系(Gravelle, 1998; Gravelle et al., 2002; Rodgers, 1979; Wildman et al., 2003)。如果健康与收入的关系呈现凹形,那么收入分配差距的扩大会降低平均健康水平,因为越来越穷的人的健康水平下降的速度要快于那些越来越富的人健康水平提高的速度。收入再分配可以提高人口的平均健康水平,这种情况会发生,但与个体的健康无关,尽管个体的收入受到社会经济不平等的直接影响。17.4 节中的文献仅提供了收入因素与高收入国家国民健康水平之间存在因果关联的有限证据,但是一些证据表明,在穷人群体中,这种影响更为强烈,并且在低收入国家似乎确实存在收入效应。如果收入有健康回报,这些回报似乎会逐渐减少。但即使收入对健康没有(或有越来越少的)因果影响,当健康与个人收入之间存在凹形的统计关系时,平均健康水平与收入不平等之间也存在统

---

[1]　文献倾向于认为收入水平对健康有积极影响。

计意义上的负相关性。

根据相对收入假设,个体的健康状况取决于该个体相对于其他人而言的收入。当个人收入与某些总量(如均值)之间的差异导致健康收益递减时,平均健康水平与收入不平等之间将存在负相关关系。遗憾的是,这些假设通常没有与上述提到的收入不平等假设明确区分开来,这些假设的观点是收入不平等只在增加某类个体数量上起作用,而这类个体,相对于某个参考水平来说,属于收入不足的群体,不平等损害的只是这类个体的健康。与之相反,收入不平等假设认为,收入不平等是对每个人的健康产生影响的共同因素。

基于社会心理学效应,人们认为健康水平取决于相对收入水平,影响健康水平的重要因素不仅仅是物质,而是通过压力、抑郁、焦虑、羞耻和不信任这些因素来判定个体的生活水平不如其他人,声称这些情绪反应会触发对健康有害的精神神经内分泌反应,例如皮质醇分泌增加(Wilkinson,1992)。有些人甚至假设这种社会心理与生物效应可能通过人类的进化经历而与人类紧密相连(Wilkinson,2001)。狩猎和采集社会是非常平等的,人类可能还不能很好地适应定居社会中出现的社会不平等问题。同社会心理学与生物机制相一致的是,研究人员通过实验发现,狒狒群体中的社会等级简单却稳定,而降低狒狒的社会地位会使其产生压力(Sapolsky,2005)。据推测,相对较低的经济地位也可能通过表观遗传反应对健康产生负面影响(Wilkinson and Pickett,2010)。[①] Wilkinson 和 Pickett(2010)引用了一项证据,即大鼠母体护理行为在调节应激反应的(糖皮质激素)受体上影响后代的表观基因组(Weaver et al.,2004)。他们提出,如果这种情况也发生在人类身上,那么整个生命过程中压力的增加和皮质醇水平的上升可能源于早期的表观遗传过程。这些作者没有详细说明为什么经历过此类过程会与较低的(父母)社会经济地位有关,尽管有证据表明表观遗传差异与 SES 之间存在关联,SES 代表成人的(McGuinness et al.,2012)和儿童的(Borghol et al.,2012)收入状况、职业、受教育程度和住房所有权。到目前,学界对表观遗传过程的流行病学意义的理解仍然有限(Relton and Davey Smith,2012),因此假定表观遗传过程在社会经济环境中造成了健康差异显然为时尚早。

有人质疑为什么社会心理反应应该局限于收入维度上的不平等(Deaton,2003,2013)。可以想象,职业、教育、住房等方面的比较可能会触发,或许是以更强烈的方式触发这些社会心理反应。在上文中描述机制时,我们(以及作者引用的)经常使用社会等级之类的术语。关于健康和社会地位的最有影响力的研究是"白厅研究"(Marmot et al.,1978,1991),使用职业等级作为区分指标。当然,从动物研究中获得的证据不能告诉我们收入维度的影响。在回顾下面的证据时,我们关注的是相对收入对健康的影响,但这只是因为本章的研究背景,并不是因为我们认为 SES 的其他方面对健康的重要程度较低。

相比于社会心理学机制而言,有一种观点较少被引用,因健康促进产品定价而产生的金钱外部性降低了更不平等地区的平均健康水平(Miller and Paxson,2006)。以健康食品为例,当健康食品的质量和可获得性在不同地区间相当,但在富裕地区其价格更高时,这些地区的

---

① 虽然表观遗传学仍然处于起步阶段,但它是医学科学的一个研究领域,研究(可能遗传的)随机或环境诱导的基因表达变化,这些变化不是由基础 DNA 序列的变化驱动的(Ebrahim,2012)。

贫困人口的健康状况将比贫困地区的同等人群更差。由于维持健康的成本受到价格因素的影响,健康状况与个人收入相对于区域平均水平的差距呈负相关。但是,通过集体和地方资助的健康提升产品可能会产生抵消效应,其中可能包括一些医疗保健品。较富裕社区的计税基数也较大,这将提升医疗保健品的供给水平和质量,从而提高富裕地区贫困人口的健康水平,当然这是与贫困地区的同等人群对比。

相对假设有三种变体:相对收入、相对剥夺和相对地位,这是通过联系健康与收入差异的功能形式进行区分的(再次,经常区分不明确)(Wagstaff and van Doorslaer,2000)。相对收入假设认为,收入水平与参照组之间差异的大小对健康水平至关重要(Deaton,2001a,2001b,2003;Deaton and Paxson,2004)。该组的平均收入主要用作参考点,但其他总数似乎同样合理,对此没有适用理论的指导。参考组很可能是不可观察的,或者充其量只能观察到其中的差异,这将导致收入不平等重新进入视野,即使它对个人健康没有任何因果影响(Deaton,2001b,2003)。相对剥夺假设认为,健康对同一参考组内收入与所有较大收入之间的差异有所响应(Deaton,2001b;Eibner and Evans,2005;Yitzhaki,1979)。[①] 较低收入被认为与健康无关,所以参考点是指向个人的。相对地位假设认为,收入差异的大小并不重要,健康只响应收入分配中的排名,这个假设最接近上述强调社会等级重要性的理论。该假设也可能被用来证明基于等级的与收入相关的健康不平等衡量指标的选择是合理的,例如集中度指数(Wagstaff et al. ,1991)。

17.5.4　证据

17.5.4.1　实证挑战

测试使用了三个层面的数据:国家、地区和个人。虽然早期的美国研究使用了州级数据,但大多数研究以及大多数早期研究都依赖于国家层面的数据。个人层面的数据需要区分五个假设(收入不平等假设、绝对收入假设、相对收入假设、相对剥夺假设和相对地位假设),因为收入不平等将与所有这些假设下的平均人口健康水平相关(Deaton,2003;Lynch et al. ,2004b;Mackenbach,2002;Wagstaff and van Doorslaer,2000)。

相对假设引发了许多与参照群体相关的未解问题:这些群体是如何形成的,是否每个人都有独特之处,以及如何在数据中去定义这些群体? 选择群体成员时,与参照群体相关的地位可能是内生的,这使测试变得更加复杂。数据质量和收入不平等措施的可靠性是其他的主要问题(Deaton,2003;West,1997)。对城镇或村庄收入不平等或相对收入状况的评估可能是基于有限的观察,因此缺乏准确性(Leigh et al. ,2009)。

通过分析确定跨国或区域变化因素产生的影响所面临的一个主要问题是,健康的时不变不可观测的决定因素可能与收入不平等相关。固定效应方法在总体水平上不太可能成功,因为收入不平等状况往往发展得相当缓慢,而且测量误差偏差十分复杂(Babones,2008)。此外,固定效应估计值仅识别短期效应,并且可能无法检测滞后的不平等效应。反向因果关系在总体水平上不是大问题,但通过 17.3 节中明确的一种或多种机制,相对收入肯定是健康

---

① Gravelle 和 Sutton(2009)也研究了个人希望比其他人富有的反面情况。

的一个函数。这往往会导致偏向性结论,即相对较低的收入会对健康产生负面影响。在解释证据时对这些局限性应做到心中有数。

我们根据需要验证的假设的性质和数据汇总水平来区分证据。鉴于收入对健康的影响在17.4节中有所提及,我们对绝对收入假设的证据不做明确讨论,尽管我们确实注意到当控制个人收入时,健康与收入不平等的关系会出现什么状况。我们对前面回顾过的文献和一些关键性的早期论文之后发表的研究在表17.8至表17.10中做了概括。

表 17.8　人口健康与收入不平等关联的跨国证据

作者	国家/地区和时期	数据来源	估计值	(部分) 与收入不平等的相关性
Pascual 等(2005)	12 个欧盟国家 1994—2001 年	ECHP 和 OECD	线性 RE 和 FE	LE-, U5MR+
Cantarero 等(2005)	12 个欧盟国家 1994—2001 年	ECHP 和 OECD	线性 RE 和 FE	LE -, U5MR+
Babones (2008)	134 个国家 1970—1995 年	WIID 和世界银行	OLS 和 FD	LE-, IMR +,谋杀率 ns
Biggs 等 (2010)	22 个拉丁美洲国家 1960—2007 年	WDID、GTD、 WIID 和 SEDLAC	线性 FE	LE ns,IMR ns
Wilkinson 和 Pickett (2010)	25 个高收入国家 2000 年、2001 年、2002 年、2003 年和 2004 年	UNHDR、WDID、 IOT 和 WHO	双变量关联	LE -, IMR +, 心理健康-,肥胖+
Regidor 等 (2012)	21 个 OECD 成员国 1995 年、2000 年、2005 年	OECD	双变量关联	1995 年 IMR +, 2005 年 IMR ns
Avendano (2012)	34 个 OECD 成员国 1960—2008 年	WIID 和 OECD	泊松 FE	IMR ns
Tacke 和 Waldmann (2013)	93 个国家 1999—2005 年	WIID、WDID 和 GHN	OLS	LE -, IMR +,U5MR +

注:LE-表示预期寿命与收入不平等呈负相关。

IMR+表示婴儿死亡率与收入不平等呈正相关。

附表 A2 中列出了其他健康指标、数据集和估计值的缩略语。

ns 表示没有显著关联。

表 17.9　美国人口健康与收入不平等关联的跨区域证据

作者	地区和时期	数据来源	估计值	健康指标	(部分) 与收入不平等的相关性
Ash 和 Robinson (2009)	287 个大都市 统计区(MSA) 1990 年	CMF 和 STF	WLS	随年龄调整的死 亡率	随 MSA 的大小变化
Deaton 和 Lubotsky(2009)	287 个大都市 统计区 1980 年和 1990 年	CMF 和 PUMS	WLS	随年龄调整的死 亡率	无紧密关联(以种族构 成为条件)

续　表

作者	地区和时期	数据来源	估计值	健康指标	（部分） 与收入不平等的相关性
Wilkinson 和 Pickett（2010）	50 个州 1999—2002 年	人口普查和 CHS、 NHANES、BRFSS	双变量关联	LE、婴儿死亡、 肥胖	LE−，IMR+，肥胖+
Yang 等（2012）	3072 个县 1998—2002 年	CMF	QR	随年调整的死 亡率	+影响上升直至死亡率 达到第 80 百分位

注：−/ +表示健康指标与收入不平等的负/正相关性。首字母缩写词的解释参见附表 A2。MSA 代表大都市统计区（Metropolitan Statistical Area）。

表 17.10　健康与收入、相对收入及收入不平等相关联的个人层面证据

作者	国家/地区和时期	数据来源	估计值	发现
Gerdtham 和 Johannesson （2004）	瑞典，284 个市 1980—1986 年	ULF、NCD 和 NITS	Cox 回归模型	10—17 岁 存活：+ AI，ns RI，ns INEQ
Li 和 Zhu （2006）	中国 180 个社区 1993 年	注册数据 CHNS	Probit 模型	优秀/良好 SAH：+ AI，ns RD，ns RP， ∩ INEQ 身体条件：~ AI，ns RD，ns RP，~ INEQ （身体条件= ADL）
Jones 和 Wildman（2008）	英国 1991—2001 年	BHPS	OLS、FE 和 RE	良好 SAH：+ AI，ns RD GHQ：~ AI，~ RD
Lorgelly 和 Lindley（2008）	英国 19 个地区 1991—2002 年	BHPS	混合数据模型、 RE 和 Mundlak 有序 Probit	更好的 SAH：+ AI，ns RI，ns INEQ
Petrou 和 Kupek（2008）	英国 2003 年	HSE	WLS	EQ-5D：+ SC
Gravelle 和 Sutton（2009）	英国 11 个区域 1979—2000 年	GHS	混合二元和 有序 Probit	更好的 SAH：+ AI， ~ RI，~ INEQ 长期疾病： −AI，~ RI；~ INEQ
Hildebrand 和 Kerm（2009）	11 个欧盟国家 52 个欧盟地区 1994—2001 年	ECHP	线性 FE	更好的 SAH：~ AI，~ RI，−INEQ （可忽略的效应量）
Theodossiou 和 Zangelidis （2009）	6 个欧盟国家 2004 年	SOCIOLD	线性 IV	更糟的 ADL：−AI，+ RD 更好的 SAH：+ AI，ns RD 心理健康：+ AI，−RD
d'Hombres 等 （2010）	8 个苏联国家 2001 年	LLH	Probit、OLS 和 GMM	更好的 SAH：+ SC
Karlsson 等 （2010）	21 个低/中/高收入 国家	FORS 和 WIID	混合二元和有 序 Probit	更好的 SAH：+ AI，+RI，−INEQ 富裕 国家 （=更好的 ADL）
Mangyo 和 Park（2011）	中国 2004 年	CIDJ	OLS	更好的 SAH：+RI −RD，+RP （=心理健康）

续　表

作者	国家/地区和时期	数据来源	估计值	发现
van Groezen 等（2011）	10 个欧盟国家 2004 年	SHARE	OLS	更好的 SAH：+ SC
Fang 和 Rizzo（2012）	中国 54 个市（县）1997—2006 年	CHNS	FE Logit	更好的 SAH：−INEQ（对穷人的影响更大）INEQ
Gronqvist 等（2012）	瑞典，市 987—2004 年	入院登记簿	线性 FE	入院：ns INEQ（＝病假和死亡）
Lillard 等（2012）	澳大利亚、德国、英国、美国	CNEF	有序 Probit	更好的 SAH：−INEQ
Ronconi 等（2012）	阿根廷 1997 年	社会发展调查	二变量 Probit	更好的 SAH：+SC
Nilsson 和 Bergh（2013）	赞比亚 155 个选区、72 个地区，9 个省 2004 年	LCMS IV	OLS 和 2SLS	HAZ：+ AI，− RI（选区参考），+ RI（省级参考），+ INEQ

注：AI 表示绝对收入；RI 表示相对收入；INEQ 表示收入不平等；RD 表示相对剥夺；RP 表示相对位置；SC 表示社会资本。"XXX：AI +"作为健康指标，XXX 与绝对收入呈显著正相关。RI、INEQ、RD、RP 和 SC 也是如此。同样，−表示负相关；ns 表示没有显著的关联；∼ AI 表示没有一致的证据支持或反对 AI 假设（分别针对 INEQ、RI、RD、RP 和 SC 假设）；INEQ 表示与收入不平等的倒 U 形关系。第二栏中所示，区域单位表示收入不平等和相对性参考的定义水平。如果没有特别指出，不平等/相对性是国家层面上的。其他首字母缩略词的说明，请参阅附表 A2。

17.5.4.2　收入不平等假设

之前的综述得出的结论是，目前的证据并不认为收入不平等是个体健康的重要决定因素，这一点似乎同时适用于发病率和死亡率（Deaton，2003；Leigh et al.，2009；Lynch et al.，2004b；Subramanian and Kawachi，2004；Wagstaff and van Doorslaer，2000）。[①] 他们还从文献中推断出州级收入不平等与美国的健康状况呈负相关，但在其他国家并非如此，此种差异很可能反映了各州的种族构成，尽管这种解释存在争议（Subramanian and Kawachi，2004）。学术界一致认同界定适当参照群体的重要性：当针对较小的地理单位（如城镇或城市）定义参考时，较少有证据显示收入不平等与健康之间存在关联。

17.5.4.2.1　跨区域数据

死亡率与收入不平等之间的正向跨国关联已得到充分证明，并已在 12 个欧洲国家（Cantarero et al.，2005；Pascual et al.，2005）和 25 个高收入国家（Wilkinson and Pickett，2010）以及全球许多国家（Babones，2008；Tacke and Waldmann，2013）（见表 17.8）得到证实。但是，1995 年的数据呈现在经合组织国家婴儿死亡率与收入不平等之间的正相关关系，在 2005 年的数据中已不再明显（Regidor et al.，2012）。在低收入国家和地区，人口健康和收入不平等之间的关系似乎也发生了逆转（Nilsson and Bergh，2013）。

---

① Wilkinson 和 Pickett（2006）持异议，主要参考的是使用国家级或州级层面的分析来推断收入不平等因素对健康具有重要影响的研究。

以预期寿命或婴儿死亡率来衡量的人口健康水平与各国观察到的收入不平等状况之间的关系,在各国内部随时间变化并不明显,即使采用长期的时间序列时也是如此。例如,1900—1998 年,美国的收入不平等与死亡率之间没有关联(Lynch et al.,2004a)。澳大利亚、加拿大、新西兰、美国以及 8 个欧洲国家的数据显示,1903—2003 年,预期寿命或婴儿死亡率在本国的演变情况与最富有 10%(同期和滞后)的收入份额之间没有关联(Leigh and Jencks,2007 年)。1960—2007 年,22 个拉丁美洲国家的数据之间也没有关系(Biggs et al.,2010)。对于 1975—1995 年的 90 多个国家来说,一方面,收入不平等的变化与预期寿命或婴儿死亡率的变化之间存在关联;另一方面,在人均 GDP 的变化(Babones,2008)成为控制因素时,这种关联就消失了。Avendano(2012)发现,34 个 OECD 国家 40 多年来婴儿死亡率与收入不平等的国内差异没有关联。即便将具体国家(线性)的时间趋势或收入不平等的变化与婴儿死亡率的变化之间存在 15 年的滞后这类情况考虑在内,这一发现仍然没有改变。

没有任何证据表明,人口健康状况会随着收入不平等的变化而变化,这有力地表明,静态的跨国关系并非源于收入不平等对健康的因果影响。

17.5.4.2.2　区域和群组层面数据

在平均区域收入的条件下,预期寿命有时与区域收入不平等呈负相关关系,这种负相关关系存在于美国各州,但都在聚集水平较高的地区(大都市区、城市)[①],其他国家的证据也不尽相同(Deaton,2003;Leigh et al.,2009;Lynch et al.,2004a;Subramanian and Kawachi,2004;Wagstaff and van Doorslaer,2000;Wilkinson and Pickett,2006)。美国州级层面的关联可能表明这一层面的因果机制或者更大的加总偏误。包含州级变量消除(或显著减少)这种关联,尽管这些变量可能是调解因子而非干扰因子(Subramanian and Kawachi,2004;Wilkinson and Pickett,2006)。美国各州的种族构成是消除收入不平等影响的控制变量,其本身可能与公共医疗保健的供给和质量水平有关(Ash and Robinson,2009;Deaton and Lubotsky,2009)(见表17.9)。在把社会凝聚力和人际信任衡量指标的控制看作借助社会资本运作机制的标志之后,州级收入不平等对死亡率的解释力度大幅降低(Kawachi et al.,1997)。这一论点缺少收入不平等对社会资本的因果效应的证明。

美国和英国的出生队列研究没有发现死亡率和收入不平等之间存在关联(Deaton and Paxson,2001,2004)。

17.5.4.2.3　个人层面数据

几乎没有研究发现个人死亡率与个人收入条件下的收入不平等有所关联,这既包括探究收入不平等的区域变化的研究,其风险来自区域健康效应,也包括探究收入不平等的国内时间变化的研究,其风险来自时间趋势(Deaton,2003;Lynch et al.,2004a,b;Subramanian and Kawachi,2004;Wagstaff and van Doorslaer,2000)。在个人层面上更常见的发病率指标,在美国以外的地区与收入不平等状况无关。有证据表明,州级的收入不平等(但同样没有更低的层级),与美国贫困人口的身心健康水平呈负相关,但这可能仅仅是由于州级收入不平等加剧了面向贫困人口的州级公共政策差异的影响(Mellor and Milyo,2002)(见表 17.10)。

[①]　美国县级收入不平等与死亡率之间存在显著关联(Yang et al.,2012)。

通过分析个人的(伪)面板数据,我们发现死亡率或发病率与收入不平等之间没有关联。Gerdtham 和 Johannesson(2004)使用高质量的瑞典行政相关数据,对收入和生命状况进行了十多年的跟踪调查,并把个人收入和平均市政收入纳入考虑,发现市政层面的收入不平等对死亡率没有影响。对12年的英国面板数据(考虑了未观测到的异质性)(Lorgelly and Lindley,2008)和22年英国重复截面数据(Gravelle and Sutton,2009)的分析也说明收入不平等与自评健康数据没有关系。澳大利亚的面板数据也说明精神健康与收入不平等无关(Bechtel et al.,2012)。

个人层面数据的跨国研究在很大程度上印证了这一负面结果。在1994—2001年的11个欧洲国家的面板数据中,区域和全国收入不平等对自评健康数据的影响在统计上显著但在经济上可忽略不计(Hildebrand and Kerm,2009)。将来自澳大利亚、德国、英国和美国的微观数据与最高百分位收入份额(Atkinson et al.,2011)的国家级税收记录相结合,Lillard 等(2012)发现,富人的收入份额更高则自评健康数据更糟,但一旦考虑到时间趋势,这一模式就会反转或消失。作者们还发现,没有证据表明个体生命最初20年内的收入不平等将会影响当前的自评健康数据。

Karlsson 等(2010)汇集了21个国家的截面数据,并假定所有这些国家的健康和个人收入之间存在相同的关系,他们发现,健康状况与收入不平等在高收入国家中呈负相关,但在中低收入国家中没有关系。然而,由于时间点和国别的变化,人们永远无法确定收入不平等效应是否因任何其他原因能与各国的健康状况差异区别开来。在中国,人们认为自评健康状况与不平等程度相对较低的社区一级的收入不平等呈正相关,但在较高的不平等程度下则为负相关(Li and Zhu,2006)。使用面板数据校正未观察到的异质性,负相关关系持续存在并且对较贫穷的个体关系更强(Fang and Rizzo,2012)。这一发现虽与收入不平等假设一致,但也可能这一发现是由收入与健康之间的非线性所驱动的,而这种非线性并未在所采用的详细数据中得到充分反映。在赞比亚这个收入低很多的国家,研究者发现儿童营养不良与经济不平等呈负相关(Nilsson and Bergh,2013)。

如果由于医疗保健的差异而导致不平等程度存在差异的不同地区之间发生与健康相关的人口迁移,那么个体健康状况对区域不平等的回归估计将会产生偏差。一项研究通过将难民随机分配到瑞典的第一个居住区来避免这种情况(Gronqvist et al.,2012)。尽管瑞典与美国或英国每年的收入以及城市之间的收入不平等程度可能(这也许出乎意料)大致相同,但医疗保健、病假和死亡率均与城市收入不平等无关。由于难民可能更加贫穷并且与一般人群相比有不同的参照,人们可能怀疑这种分析是否能够揭示收入不平等现象或是能够推断出相对假设。

一些研究发现,更高水平的社会资本与更好的个人健康水平相关(Petrou and Kupek,2008;van Groezen et al.,2011),其他人在使用工具来处理社会资本测度的潜在内生性时证实了这一点(d'Hombres et al.,2010;Ronconi et al.,2012)。这些研究都没有验证社会资本本身是否会受到收入不平等的影响。

17.5.4.3 相对假设

旨在检验所有相对假设(收入、剥夺和地位)的唯一一项研究反对在这所有三个方面使用英国纵向数据支持绝对收入假设作为解释自评健康状况变化的研究（Lorgelly and Lindley，2008）。生活在平均收入较高的瑞典城市的个体的死亡率较低（Gerdtham and Johannesson，2004），这与以个人收入为条件的相对收入假设不一致。相比之下，死亡风险与美国社区平均收入呈正相关（Miller and Paxson，2006）。来自 11 个欧洲国家的自评健康状况数据与男性的相对收入假设一致，尽管健康与平均区域收入的负相关程度非常小，但是如果有相关性的话，女性在区域收入较高时报告的健康状况稍好一些（Hildebrand and Kerm，2009）。在英国的自评健康状况数据中，几乎没有证据支持相对收入假设（Gravelle and Sutton，2009）。

分析澳大利亚（Bechtel et al.，2012）和中国（Li and Zhu，2006）以及英国（Gravelle and Sutton，2009；Jones and Wildman，2008）的数据可以发现，很少或没有证据支持相对剥夺假设。① 虽然英国的一项研究发现，心理健康水平确实因为相对剥夺而略有下降（Jones and Wildman，2008），这与其他证据相一致，表明心理健康而非身体健康或长寿与相对剥夺呈负相关（Adjaye-Gbewonyo and Kawachi，2012）。通过分析美国有关死亡率和自评健康状况的数据，人们在参照组限定较窄（基于种族、州、受教育程度和年龄）而不是较宽（仅基于州）时，确实发现与相对剥夺假设一致的证据，这与大多数其他研究一样（Eibner and Evans，2005）。

17.5.5 小结

收入不平等对健康有害的说法引发了许多实证研究。然而，这些研究几乎没有提供可靠的证据来支持收入不平等对社会中所有个人的健康产生负面影响的假设。平均人口健康水平与中高收入国家的收入不平等呈负相关，但在国家内部没有时间或跨区域的关联，除了在美国，各州层面的健康差异似乎与种族构成相关，也可能和社会资本相关。在考虑个人收入后，高收入国家的发病率和死亡率的个人水平数据与收入不平等没有显著关系。很少有研究能够设计出检验相对收入、相对剥夺或经济地位均与健康之间存在因果关联假设的方案。存在的证据少有支持这些假设的，除了相对剥夺对心理健康的负面影响。但研究尚未将相对收入与绝对收入的影响完全分开，研究健康决定相对经济状况的较大可能性，并为参照群体创造合适的定义。②

缺乏证据可能是由于缺乏明确定义的理论，因此也缺乏精确的与假设有关的实证分析。目前已经有几种可能的机制，包括公共商品供给、社会资本、社会心理学机制和金钱外部性，但都缺乏对收入不平等和/或相对收入如何影响健康的准确描述。各假设之间的区别不明确；相对假设通常被认为暗示收入不平等对所有个体的健康有影响，但并不清楚这三方面的相对假设是否来自不同的机制。社会心理学影响通常被宽泛地引述为主要的潜在机制，却没有具体说明相对经济地位如何以及对谁会产生压力。此外，尚不清楚为什么要优先考虑相对收入是构成社会心理压力的诱因，而不是优先考虑社会经济地位的其他维度。

廉价征召能够确定收入不平等对健康影响的研究设计并无帮助，正确识别收入对健康的因果影响是很困难的。获得收入不平等的外生变量是一项更加艰巨的任务。与其进一步

---

① 在一些澳大利亚数据中存在较强的负相关关系，但幅度可以忽略不计（Bechtel et al.，2012）。

② 一些研究允许受访者定义他们自己的参照群体（Karlsson et al.，2010；Mangyo and Park，2011；Theodossiou and Zangelidis，2009），尽管这引入了明显的内生性问题。

寻找收入不平等对健康的显著影响,更有成效的研究议程是直接探究健康与收入不平等相互关联的因果机制。例如,研究已经表明,个人健康和社会资本是相关的,但其相关性是否为因果关系还未得到足够的重视。

17.6 结论

本章考察了三个命题:健康差异导致收入不平等,收入差异导致健康不平等,收入不平等损害健康。简化大量论据和大量证据后,我们对这三项"指控"的"判决"是"有罪""未经证实"和"无罪"。[①] 17.3 节至 17.5 节的结论对证据的权重给予更加谨慎的评估。我们不是在重复得出结论的这些论证,而是将注意力限制在它们的规范性意义和研究意义上。

在健康状况不佳可能影响收入的众多机制中,主要机制是因生产率下降和制度不灵活导致的收入损失,而制度不灵活会导致通过就业来调整,而不是通过工资或工作强度的微小变化来调整。在高收入国家,健康状况不佳是中年劳动力退出市场的主要原因。纯粹从效率的角度出发,残障保险的目的是降低人们对健康的依赖,从而压缩收入分配,但有一种强烈的道德风险效应,使得就业对健康状况不佳更加敏感。实现收入替代和工作激励之间的最佳平衡,可能是旨在限制健康状况不佳导致的收入不平等的政策所面临的最大挑战。由于经济不平等自身愈加严重,这一任务变得更加困难,在这种背景下,残障保险会进一步削弱低技能劳动者在就业机会不断恶化的情况下与劳动力市场的联系。研究不应止步于识别健康状况不佳对退出就业的影响,而是应该设计可以帮助遇到健康问题的个人继续工作的方案和激励措施。

早期的生活经历可能是健康影响收入分配的另一个主要方面。胎儿期的健康风险和婴儿期健康状况不佳通过两条路径影响收入能力:一是干扰人力资本和技能的积累,二是引发干扰就业的成年期疾病。目前观察到的收入分配在某种程度上是当前成年人群童年期发生的健康事件的产物。如果情况如此,那些在任何情况下都会变得更穷的弱势儿童则面临更大的健康风险,经济不平等也会随之加剧。针对童年成长环境制定的政策,包括那些旨在打破父母社会经济地位与健康状况之间联系的政策,可能受到青睐,不仅在于规范意义上追求实现机会均等的目标(见第 4 章),也可能在于它能有效地影响成人收入分配。然而,这一论点在很大程度上仍是假设。儿童健康受经济背景影响并决定成人经济结果的证据具有说服力,但尚未具体化。幸运的是,这一领域的研究进展飞速,因此无须再去研究早期健康状况对经济不平等的影响。

我们对收入(和财富)会对健康不平等产生影响的"未经证实"的判断来自检测的潜在难度,如果这种影响确实存在的话。至少在拥有接近全民医疗保险并且疾病负担主要是慢性疾病的高收入国家,经济环境可能会在一生中对健康产生影响(如果有的话)。已经采用的实证策略,例如使用固定效应模型和将暂时性的金融冲击作为工具变量,无法识别可能正在起作用的长期效应。找到对健康的随机永久性冲击,以此来估计健康对收入的影响,要比偶遇永久性改变收入并能确定其对健康影响的外源性事件容易得多。如果能够有更多的理论来确

---

① "未经证实"在苏格兰法中属于法庭的有效裁定。此项判决在陪审团或法官认定被告有罪但证据不足时执行。

定收入(财富)可能通过何种精确机制合理地影响健康,那么实证工作无疑将更易于操作。缺乏理论是可以理解的,经济学家接受的训练是解释收入分配,而不是健康状况。在 Grossman (1972a)提出健康生产函数的概念几十年后,它仍是一个黑箱,尽管其经常被引用来促进对健康和某些社会经济因素之间关系的研究,但很少被用来明确详细地说明任何影响机制。

　　与其进一步确定收入或财富对健康的简化形式影响,不如将重点放在可能受经济状况影响的健康生产函数的合理投入上,这样更有成效。例如,确定潮湿、肮脏的住房对健康的影响比找到供给优质住房的收入对健康的影响更可行,这不仅仅是对经验实用主义的呼吁。如果再分配政策的动机部分来自(健康)特定的平等主义,并且我们将政府广泛参与供给医疗保险和医疗服务归因于意图纠正市场失灵和关注健康的分配,让穷人居住在更有利于健康的环境中,或许比向他们发放现金更有效。一旦基本营养需求得到满足,而医疗保健服务与支付能力脱节,那么从收入到健康的道路就似乎很长。

　　如果将注意力从健康分布转向福祉分布,那么即使没有任何因果效应,收入和健康之间的关联也可用于证明应加大收入再分配力度。假设福祉会随着收入和健康水平的提升而增加,那么它们之间的正相关性所增加的福祉的不平等程度超过了其边际分布的不平等所隐含的程度(Deaton,2013)。将收入重新分配给健康状况较差的人,既可以补偿由疾病带来的损失,也可以平均地惠及较贫穷的个人,从而减少福祉方面的不平等(Deaton,2002)。[①] 根据这一论点,再分配的部分动机是用一个维度的福祉(收入)来补偿另一个维度(健康)的不足,这不是解释与健康相关的收入转移的典型理由。残疾人获得收入上的转移,是因为他们的收入能力受损和/或他们的生活成本较高,健康状况不佳对经济生活水平有因果影响。道德上给出的理由很简单,将收入再分配给病人仅仅是因为他们生病了,无论是用于收入或生活费用,法院对伤害给予赔偿都符合这些道德规范。但政府的社会政策通常并非如此,转移支付补偿的是经济损失,而不是福利其他方面的损失。

　　关于收入不平等威胁健康的指控,或许可以将定论从"无罪"修改为"未经证实"。从根本上来说,将收入不平等对个人健康的潜在影响与其生理、环境、社会、文化或经济决定因素区分开来是非常困难的。鉴于定义和衡量参考点的复杂性增加,确定相对收入对健康的影响比绝对收入更具挑战性,但限制条件不仅仅是经验性的。关于经济不平等为何会对健康产生负面影响的有关理论观点缺乏准确性。

　　上述结论是基于高收入国家的证据。在低收入国家,其中相当一部分人口勉强糊口,只有经济条件优越的人才能负担得起有效的医疗服务,健康状况不佳不仅是经济不平等的重要原因,而且是其后果。不过,对贫困人口健康造成损害的是其绝对生活条件而非相对剥夺感。

致谢

　　我们要感谢主编托尼·阿特金森和弗朗索瓦·布吉尼翁对本章草稿给予的鼓励和详细评论。还要感谢汉斯·范·基珀斯卢伊斯(Hans van Kippersluis)和收入分配手册会议的参

---

① 更有效的再分配政策可能是通过对收入和健康产生因果影响的因素(也许是教育)来运作的政策(Deaton,2002)。

与者,特别是安德鲁·克拉克的建议。哈利·科克(Hale Koc)和张浩(Zhang Hao,音译)也提供了研究帮助。我们感谢各个组织收集和提供的数据(见附录),感谢美国国家老龄化研究所的支持,资助项目号为 R01AG037398。

附录

表 A1 第 17.2 节分析中的变量描述和均值

描述		均值		
		美国	荷兰	中国
自我健康评估(SAH)[a]				
糟糕[a]	自我健康评估结果糟糕为 1,否则为 0	0.031	0.015	0.066
中等/尚可	自我健康评估结果为中等/尚可为 1,否则为 0	0.123	0.156	0.336
良好	自我健康评估结果良好为 1,否则为 0	0.339	0.622	0.474
很好	自我健康评估结果很好为 1,否则为 0	0.394	0.168	0.124
优秀	自我健康评估结果优秀为 1,否则为 0	0.112	0.039	
ln(收入)[b]	国家货币表示的相应家庭总收入的自然对数	10.142	7.786	9.140
受教育程度[c]				
低	如果接受的是高中教育或以下为 1,否则为 0	0.271	0.413	0.726
中	如果接受的是高等非学术教育为 1,否则为 0	0.341	0.245	0.138
高	如果接受的是高等学术教育为 1,否则为 0	0.388	0.342	0.136
性别:男	男性为 1,女性为 0	0.403	0.470	0.463
种族(民族):人口数量最多的种族(民族)	人口数量最多的种族(民族)[白人(美国),荷兰人(荷兰),汉族(中国)]为 1,否则为 0	0.737	0.879	0.880
年龄/岁				
20—29[d]	年龄在 20—29 岁为 1,否则为 0	0.183	0.099	0.087
30—39	年龄在 30—39 岁为 1,否则为 0	0.197	0.148	0.191
40—49	年龄在 40—49 岁为 1,否则为 0	0.203	0.188	0.239
50—59	年龄在 50—59 岁为 1,否则为 0	0.217	0.211	0.246
60—69	年龄在 60—69 岁为 1,否则为 0	0.135	0.218	0.148
70+	年龄在 70+ 岁为 1,否则为 0	0.066	0.136	0.089
就业状态				
就业[d]	就业为 1,否则为 0	0.564	0.548	0.650
未就业	无工作且未就业为 1,否则为 0	0.107	0.028	0.032
残疾	无工作且残疾为 1,否则为 0	0.070	0.044	0.005
退休	无工作且退休为 1,否则为 0	0.134	0.226	0.141
无工作	无工作但未报告未就业/残疾/退休为 1,否则为 0	0.124	0.154	0.172
观测数量		5.050	4.137	7.694

[a] 在美国和荷兰的调查中,受访者表示他们的健康状况一般为优秀、很好、良好、中等(美国)/尚可(荷兰)或糟糕。在中国的调查中,受访者会将他们的健康状况与同龄人相比,报告为很好、良好、中等/尚可或糟糕。

[b] 家庭总收入指的是在缴纳税款和社会保障缴款之前以及收到转账之后的收入。美国的是年收入,荷兰和中国的是月收入。家庭收入按家庭规模的平方根平均分配给每个家庭成员。

[c] 受教育程度已根据美国和荷兰的国际标准教育分类(ISCED)进行分类,低水平教育 ISCED <4,中等水平教育 ISCED =4,高等水平教育 ISCED> 4(联合国教科文组织统计研究所)。对于中国而言,初等教育是指小学或初中学历,中等教育是指高中学历,高等教育是指高等职业教育和大学高等教育。

[d] 表 17.1 和表 17.2 中最小二乘法和区间回归的参考类别。

表 A2　表格中的缩写

缩写	名称/定义
BHPS	British Household Panel Study 英国家庭面板研究
BRFSS	Behavioral Risk Factor Surveillance System 行为风险因素监测系统
CERRA	Leiden University Center for Research on Retirement and Aging Panel Leiden 莱顿大学退休和老龄化研究中心
CHS	US National Centre for Health Statistics 美国国家卫生统计中心
CIDJ	Chinese Inequality and Distributive Justice Survey Project 中国不平等与分配公平调查项目
CMF	Compressed Mortality File of the National Centre for Health Statistics 国家卫生统计中心的压缩死亡率文件
CNEF	Cross-National Equivalent File 跨国等价变量用户包
ECHP	European Community Household Panel 欧洲社区家庭跟踪调查
FORS	Future of Retirement Survey 未来退休调查
FSUH	Financial Survey of Urban Housing 城市住房的金融调查
GHN	Globalization-Health Nexus Database 全球化与健康关系数据库
GHS	General Household Survey 综合住户统计调查
GSOEP	German Socioeconomic Panel 德国社会经济面板数据库
GTD	WHO Global Tuberculosis Database 世卫组织全球结核病数据库
HRS	Health and Retirement Study 健康与退休研究
HSE	Health Survey of England 英格兰健康调查
IOT	International Obesity Taskforce 国际肥胖特别工作组
LCMS	Living Condition Monitoring Study 居住条件监测研究
LLH	Living Conditions, Lifestyle, and Health survey 居住条件、生活方式和健康调查
NCD	Swedish National Cause of Death Statistics 瑞典全国死因统计
NHANES	National Health and Nutrition Examination Survey 美国国家健康与营养检查调查
NITS	Swedish National Income Tax Statistics 瑞典国民所得税统计
OECD	OECD Health Data 经合组织健康数据
PSID	Panel Study of Income Dynamics 收入动态追踪调查
PUMS	US Census Public Use Micro Sample 美国人口普查公众使用微样本
RHS	Retirement History Study 退休历史研究
SALDRU	South African Labour & Development Research Unit Survey 南非劳工与发展研究单位调查
SEDLAC	Socio-Economic Database for Latin America and the Caribbean 拉丁美洲和加勒比社会经济数据库
SHARE	Survey of Health, Ageing and Retirement in Europe 欧洲健康、老龄化和退休状况调查
SOCIOLD	socioeconomic and occupational effects on the health inequality of the older workforce 社会经济和职业对老年劳动力健康不平等的影响
STF	US Census Summary Tape File 3C 美国人口普查汇总磁带文件 3C
ULF	Statistics Sweden's Survey of Living Conditions 瑞典居住条件调查
UNHDR	United Nations Development Report 联合国发展报告

续 表

缩写	名称/定义
WDID	World Bank World Development Indicators 世界银行世界发展指标
WHO	various databases 各种数据库
WIID	WIDER World Income Inequality Database/ WIDER 世界收入不平等数据库

健康测度

ADL	activities of daily living 日常生活活动
U5MR	under-5 mortality rate 五岁以下儿童的死亡率
GHQ	general health questionnaire (psychological health) 一般健康问卷(心理健康)
HAZ	height-for-age z-score 年龄别身高 z 评分
HSCL	Hopkins Symptoms Checklist 霍普金斯症状清单
IMR	infant mortality 婴儿死亡率
LE	life expectancy 预期寿命
major diagnosis (重大疾病诊断)	cancer, heart disease, lung disease (McClellan, 1998) 癌症、心脏病、肺病(McClellan,1998)
minor diagnosis (轻微疾病诊断)	hypertension, diabetes, stroke (McClellan, 1998), arthritis, back pain 高血压,糖尿病,中风 (McClellan,1998),关节炎,背痛
MR	mortality rate 死亡率
SAH	self-assessed health 自评健康
SB	stillbirth rate 死产率
WHZ	weight-for-height z-score 体重对身高 z 评分

Estimators/ 估计值

DID	difference-in-differences 双重差分
DP	dynamic programming 动态规划
FD	first difference 一阶差分
FE	fixed effects 固定效应
GMM	generalized method of moments 广义矩方法
GOP	generalized ordered probit 广义有序概率单位
GPSM	generalized propensity score matching 广义倾向得分匹配
IV	instrumental variables 工具变量
LPM	linear probability model 线性概率模型
MSM	method of simulated moments 模拟矩估计
OLS	ordinary least squares 普通最小二乘法
QR	quantile regression 分位数回归
RE	random effects 随机效应
2SLS	two-stage least squares 两阶段最小二乘法
2SQR	two-stage quantile regression 两阶段分位数回归
WLS	weighted least squares 加权最小二乘

数据来源

我们使用来自中国健康与营养调查(CHNS)、荷兰社会科学纵向互联网研究(LISS)和 ALP 的数据。感谢收集和提供这些数据的组织。

LISS 面板数据由荷兰蒂尔堡大学的非营利性机构 CentERdata 通过荷兰科学研究组织资助的 MESS 项目收集。

RAND ALP 是兰德公司的专有技术,由兰德公司自己开发,并得到了众多客户和投资者的支持,在兰德公司委托下进行社会科学和经济学研究和分析。

国家营养与食品安全研究所、中国疾病预防控制中心、北卡罗来纳大学教堂山分校的卡罗来纳人口中心、美国国立卫生研究院(NIH)(项目编号:R01-HD30880、DK056350 和 R01-HD38700)以及福格蒂(Fogarty)国际中心,均为 CHNS 的数据收集做出了贡献。

我们感谢平等信托基金为 17.5 节第一个表格提供的数据。

参考文献

Acemoglu, D. , Angrist, J. D. , 2001. Consequences of employment protection? The case of the Americans with Disability Act. J. Polit. Econ. 109 (5), 915-957.

Adams, P. , Hurd, M. D. , Mcfadden, D. , Merrill, A. , Ribeiro, T. , 2003. Healthy, wealthy, and wise? Tests for direct causal paths between health and socioeconomic status. J. Econom. 112 (1), 3-56.

Adda, J. , Chandola, T. , Marmot, M. , 2003. Socio-economic status and health: causality and pathways. J. Econom. 112 (1), 57-64.

Adda, J. , Gaudecker, H. , Banks, J. , 2009. The impact of income shocks on health: evidence from cohort data. J. Eur. Econ. Assoc. 7 (6), 1361-1399.

Adjaye-Gbewonyo, K. , Kawachi, I. , 2012. Use of the Yitzhaki Index as a test of relative deprivation for health outcomes: a review of recent literature. Soc. Sci. Med. 75 (1), 129-137.

Agüero, J. , Carter, M. , Woolard, I. , 2009. The Impact of Unconditional Cash Transfers on Nutrition: The South African Child Support Grant. University of Cape Town, Cape Town.

Aigner, D. J. , Cain, G. G. , 1977. Statistical theories of discrimination in labor markets. Ind. Labor. Relat. Rev. 30 (2), 175-187.

Alesina, A. , Baqir, R. , Easterly, W. , 1999. Public goods and ethnic divisions. Q. J. Econ. 114 (4), 1243-1284.

Alesina, A. , Di Tella, R. , MacCulloch, R. , 2004. Inequality and happiness: are Europeans and Americans different? J. Public Econ. 88 (9-10), 2009-2042.

Allin, S. , Stabile, M. , 2012. Socioeconomic status and child health: what is the role of health care, health conditions, injuries and maternal health? Health Econ. Policy Law 7 (2), 227.

Almond, D., 2006. Is the 1918 influenza pandemic over? Long-term effects of in utero influenza exposure in the post-1940 U.S. population. J. Polit. Econ. 114 (4), 672-712.

Almond, D., Currie, J., 2011. Killing me softly: the fetal origins hypothesis. J. Econ. Perspect. 25 (3), 153-172.

Almond, D., Currie, J., 2012. Chapter 15-human capital development before age five. In: Ashenfelter, O., Card, D. (Eds.), Handbook of Labor Economics. Elsevier, Amsterdam, pp. 1315-1486.

Almond, D., Mazumder, B., 2005. The 1918 influenza pandemic and subsequent health outcomes: an analysis of SIPP data. Am. Econ. Rev. 95, 258-262.

Almond, D., Edlund, L., Palme, M., 2009. Chernobyl's subclinical legacy: prenatal exposure to radioactive fallout and school outcomes in Sweden. Q. J. Econ. 124 (4), 1729-1772.

Almond, D., Hoynes, H.W., Schanzenbach, D.W., 2011. Inside the war on poverty: the impact of food stamps on birth outcomes. Rev. Econ. Stat. 93 (2), 387-403.

Amarante, V., Manacorda, M., Miguel, E., Vigorito, A., 2011. Do Cash Transfers Improve Birth Outcomes? Evidence from Matched Vital Statistics, Social Security and Program Data. CEPR Discussion Paper No. DP8740, CEPR, London.

Apouey, B., Clark, A., 2013. Winning big but feeling no better? The effect of lottery prizes on physical and mental health. Centre for Economic Performance, London, LSE Discussion Paper No. 1228.

Apouey, B., Geoffard, P., 2013. Family income and child health in the UK. J. Health Econ. 32 (4), 715-727.

Arrow, K.J., 1973. The theory of discrimination. In: Ashenfelter, O., Rees, A. (Eds.), Discrimination in Labor Markets. Princeton University Press, Princeton, NJ.

Atkinson, A.B., Harrison, A.J., 1978. Distribution of Personal Wealth in Britain, 1923-1972. Cambridge University Press, Cambridge.

Atkinson, A.B., Piketty, T., Saez, E., 2011. Top incomes in the long run of history. J. Econ. Lit. 49 (1), 3-71. Au, D.W.H., Crossley, T.F., Schellhorn, M., 2005. The effect of health changes and long-term health on the work activity of older Canadians. Health Econ. 14 (10), 999-1018.

Autor, D.H., Duggan, M.G., 2003. The rise in the disability rolls and the decline in unemployment. Q. J. Econ. 118 (1), 157-205.

Autor, D.H., Duggan, M.G., 2006. The growth in the social security disability rolls: a fiscal crisis unfolding. J. Econ. Perspect. 20 (3), 71-96.

Avendano, M., 2012. Correlation or causation? Income inequality and infant mortality in fixed effects models in the period 1960-2008 in 34 OECD countries. Soc. Sci. Med. 75 (4), 754-760.

Babones, S. J., 2008. Income inequality and population health: correlation and causality. Soc. Sci. Med. 66 (7), 1614-1626.

Bago D'Uva, T., Van Doorslaer, E., Lindeboom, M., O'Donnell, O., 2008. Does reporting heterogeneity bias measurement of health disparities? Health Econ. 17 (3), 351-375.

Baird, S., Friedman, J., Schady, N., 2011. Aggregate income shocks and infant mortality in the developing world. Rev. Econ. Stat. 93 (3), 847-856.

Baldwin, M., Johnson, W. G., 1994. Labor market discrimination against men with disabilities. J. Hum. Resour. 29 (1), 1-19.

Banerjee, A. V., Duflo, E., 2011. Poor Economics. Public Affairs, New York.

Banks, J., 2006. Economic capabilities, choices and outcomes at older ages. Fisc. Stud. 27 (3), 281-311.

Barker, D. J. P. (Ed.), 1992. Fetal and Infant Origins of Adult Disease. BMJ Publishing Group, London.

Barker, D. J., 1995. Fetal origins of coronary heart disease. Br. Med. J. 311, 171-174.

Barker, D. J. P., Godfrey, K. M., Gluckman, P. D., Harding, J. E., Owens, J. A., Robinson, J. S., 1993. Fetal nutrition and cardiovascular disease in adult life. Lancet 341 (8850), 938-941.

Barro, R. J., 2003. Determinants of economic growth in a panel of countries. Ann. Econ. Finance 4, 231-274.

Barro, R. J., 2013. Health and economic growth. Ann. Econ. Finance 14 (2), 329-366.

Bazzoli, G., 1985. The early retirement decision: new empirical evidence on the influence of health. J. Hum. Resour. 20, 214-234.

Bechtel, L., Lordan, G., Rao, D. S. P., 2012. Income inequality and mental health? Empirical evidence from Australia. Health Econ. 21, 4-17.

Becker, G., 1957. The Economics of Discrimination. University of Chicago Press, Chicago.

Behrman, J. R., Rosenzweig, M. R., 2004. Returns to birthweight. Rev. Econ. Stat. 86 (2), 586-601.

Bell, D., Heitmueller, A., 2009. The Disability Discrimination Act in the UK: helping or hindering employment among the disabled? J. Health Econ. 28 (2), 465-480.

Ben-Porath, Y., 1967. The production of human capital and the life cycle of earnings. J. Polit. Econ. 75, 352-365.

Berger, M. C., 1983. Labour supply and spouse's health: the effects of illness, disability and mortality. Soc. Sci. Q. 64, 494-509.

Berger, M. C., Fleisher, B. M., 1984. Husband's health and wife's labor supply. J. Health Econ. 3, 63-75.

Bhalotra, S., 2010. Fatal fluctuations? Cyclicality in infant mortality in India. J. Dev. Econ. 93 (1), 7-19.

Biggs, B., King, L., Basu, S., Stuckler, D., 2010. Is wealthier always healthier? The impact of national income level, inequality, and poverty on public health in Latin America. Soc. Sci. Med. 71 (2), 266-273.

Black, D., Kermit, D., Sanders, S., 2002. The impact of economic conditions on participation in disability programs: evidence from the coal boom and bust. Am. Econ. Rev. 92 (1), 27-50.

Black, S. E., Devereux, P. J., Salvanes, K. G., 2007. From the cradle to the labor market? The effect of birth weight on adult outcomes. Q. J. Econ. 122 (1), 409-439.

Blau, D., Gilleskie, D., 2001. The effect of health on employment transitions of older men. Worker Well-being in a Changing Labor Market Research in Labor Economics, vol. 20 JAI Press, Amsterdam, pp. 35-65.

Blau, D. M., Riphahn, R. T., 1999. Labor force transitions of older married couples in Germany. Labour Econ. 6 (2), 229-252.

Bleakley, H., 2007. Disease and development: evidence from hookworm eradication in the south. Q. J. Econ. 122 (1), 73-117.

Bliss, C., Stern, N., 1978. Productivity, wages and nutrition: part I: the theory. J. Dev. Econ. 5 (4), 331-362.

Borghol, N., Suderman, M., Mcardle, W., Racine, A., Hallett, M., Pembrey, M., Hertzman, C., Power, C., Szyf, M., 2012. Associations with early-life socio-economic position in adult DNA methylation. Int. J. Epidemiol. 41 (1), 62-74.

Bound, J., 1991. Self reported versus objective measures of health in retirement models. J. Hum. Resour. 26, 107-137.

Bound, J., Burkhauser, R. V., 1999. Chapter 51: economic analysis of transfer programs targeted on people with disabilities. In: Ashenfelter, O., Card, D. (Eds.), Handbook of Labor Economics. Elsevier, Amsterdam, pp. 3417-3528.

Bound, J., Schoenbaum, M., Stinebrickner, T. R., Waidmann, T., 1999. The dynamic effects of health on the labor force transitions of older workers. Labour Econ. 6 (2), 179-202.

Bound, J., Stinebrickner, T., Waidmann, T., 2010. Health, economic resources and the work decisions of older men. J. Econom. 156 (1), 106-129.

Breslau, N., Deldotto, J. E., Brown, G. G., Kumar, S., Ezhuthachan, S., Hufnagle, K. G., Peterson, E. L., 1994. A gradient relationship between low birth weight and IQ at age 6 years. Arch. Pediatr. Adolesc. Med. 148 (4), 377-383.

Brown, S., Roberts, J., Taylor, K., 2010. Reservation wages, labour market participation and health. J. R. Stat. Soc. A Stat. Soc. 173 (3), 501-529.

Burgess, S. , Propper, C. , Rigg, J. A. , 2004. The Impact of Low Income on Child Health: Evidence from a Birth Cohort Study. Centre for Analysis of Social Exclusion, London, LSE CASE Paper 85.

Cai, L. , 2009. Effects of health on wages of Australian men. Econ. Rec. 85 (270), 290-306.

Cain, G. , 1986. The economic analysis of labor market discrimination: a survey. In: Ashenfelter, O. , Layard, R. (Eds.), Handbook of Labor Economics. In: vol. I. North Holland, Amsterdam.

Cantarero, D. , Pascual, M. , María Sarabia, J. , 2005. Effects of income inequality on population health: new evidence from the European community household panel. Appl. Econ. 37 (1), 87-91.

Carman, K. G. , 2013. Inheritances, intergenerational transfers, and the accumulation of health. Am. Econ. Rev. Papers & Proc. 103 (3), 451-455.

Carter, H. , Glick, P. , 1976. Marriage and Divorce: A Social and Economic Study. Harvard University Press, Cambridge, MA.

Case, A. , 2004. Does money protect health status? Evidence from South African pensions. Perspectives on the Economics of Aging, University of Chicago Press, Chicago, IL, pp. 287-312.

Case, A. , Paxson, C. , 2008. Stature and status: height, ability, and labor market outcomes. J. Polit. Econ. 116 (3), 499-532.

Case, A. , Paxson, C. , 2011. The long reach of childhood health and circumstance: evidence from the Whitehall II study. Econ. J. 121 (554), F183-F204.

Case, A. , Lubotsky, D. , Paxson, C. , 2002. Economic status and health in childhood: the origins of the gradient. Am. Econ. Rev. 92 (5), 1308-1334.

Case, A. , Fertig, A. , Paxson, C. , 2005. The lasting impact of childhood health and circumstance. J. Health Econ. 24, 365-389.

Case, A. , Lee, D. , Paxson, C. , 2008. The income gradient in children's health: a comment on Currie, Shields, and Wheatley Price. J. Health Econ. 27 (3), 801-807.

Cawley, J. , Ruhm, C. J. , 2011. The economics of risky health behaviors 1. Handb. Health Econom. , vol. 2, p. 95.

Cawley, J. , Heckman, J. J. , Vytlacil, E. J. , 2001. Three observations on wages and measured cognitive ability. Labour Econ. 8 (4), 419-442.

Cawley, J. , Moran, J. , Simon, K. , 2010. The impact of income on the weight of elderly Americans. Health Econ. 19 (8), 979.

Chandola, T. , Bartley, M. , Sacker, A. , Jenkinson, C. , Marmot, M. , 2003. Health selection in the Whitehall II study. Soc. Sci. Med. 56 (10), 2059-2072.

Chang, F. , 1991. Uncertain lifetimes, retirement and economic welfare. Economica 58

(230), 215-232.

Charles, K. K., 1999. Sickness in the Family: Health Shocks and Spousal Labor Supply. University of Michigan, Ann Arbor.

Charles, K. K., 2003. The longitudinal structure of earnings losses among work-limited disabled workers. J. Hum. Resour. 38 (3), 618-646.

Clark, A. E., Frijters, P., Shields, M. A., 2008. Relative income, happiness, and utility: an explanation for the Easterlin paradox and other puzzles. J. Econ. Lit. 46 (1), 95-144.

Coile, C. C., 2004. Health Shocks and Couples' Labor Supply Decisions. NBER Working Paper No. 10810, NBER, Cambridge, MA.

Commission on Macroeconomics and Health, 2001. Macroeconomics and Health: Investing in Health for Economic Development. World Health Organisation, Geneva.

Commission on the Social Determinants of Health, 2008. Closing the gap in a generation: health equity through action on the social determinants of health. Final Report of the Commission on Social Determinants of Health, World Health Organization, Geneva.

Condliffe, S., Link, C. R., 2008. The relationship between economic status and child health: evidence from the United States. Am. Econ. Rev. 98 (4), 1605-1618.

Conley, D., Bennett, N. G., 2001. Birth weight and income: interactions across generations. J. Health Soc. Behav. 42 (4), 450-465.

Conti, G., Heckman, J. J., Urzua, S., 2010a. Early endowments, education, and health. Unpublished manuscript, University of Chicago, Department of Economics, Chicago, p. 162.

Conti, G., Heckman, J., Urzua, S., 2010b. The education-health gradient. Am. Econ. Rev. 100, 234-238, Papers and proceedings.

Contoyannis, P., Rice, N., 2001. The impact of health on wages: evidence from the British Household Panel Survey. Emp. Econ. 26 (4), 599-622.

Contoyannis, P., Jones, A. M., Rice, N., 2004. The dynamics of health in the British Household Panel Survey. J. Appl. Econ. 19 (4), 473-503.

Costello, E. J., Worthman, C., Erkanli, A., Angold, A., 2007. Prediction from low birth weight to female adolescent depression: a test of competing hypotheses. Arch. Gen. Psychiatry 64 (3), 338-344.

Crimmins, E. M., Beltran-Sanchez, H., 2011. Mortality and morbidity trends: is there compression of morbidity? J. Gerentol. B 66B (1), 75-86.

Cunha, F., Heckman, J., 2007. The technology of skill formation. Am. Econ. Rev. 97 (2), 31-47.

Cunha, F., Heckman, J., 2008. A new framework for the analysis of inequality. Macroecon. Dyn. 12 (Suppl. S2), 315.

Cunha, F., Heckman, J. J., 2009. The economics and psychology of inequality and human development. J. Eur. Econ. Assoc. 7（2-3），320-364.

Cunha，F.，Heckman，J. J.，Lochner，L.，Masterov，D. V.，2006. Chapter 12：interpreting the evidence on life cycle skill formation. In：Hanushek，E.，Welch，F.（Eds.），Handbook of the Economics of Education. Elsevier，Amsterdam，pp. 697-812.

Currie，J.，2009. Healthy，wealthy，and wise：socioeconomic status，poor health in childhood，and human capital development. J. Econ. Lit. 47（1），87-122.

Currie，J.，Hyson，R.，1999. Is the impact of health shocks cushioned by socioeconomic status? The case of low birthweight. Am. Econ. Rev. 89（2），245-250.

Currie，J.，Madrian，B. C.，1999. Chapter 50：health，health insurance and the labor market. In：Ashenfelter，O. C.，Card，D.（Eds.），Handbook of Labor Economics. Elsevier，Amsterdam，pp. 3309-3416.

Currie，J.，Moretti，E.，2007. Biology as destiny? Short-and long-run determinants of intergenerational transmission of birth weight. J. Labor Econ. 25（2），231-264.

Currie，J.，Stabile，M.，2003. Socioeconomic status and child health：why is the relationship stronger for older children. Am. Econ. Rev. 93（5），1813-1823.

Currie，J.，Stabile，M.，2006. Child mental health and human capital accumulation：the case of ADHD. J. Health Econ. 25（6），1094-1118.

Currie，A.，Shields，M. A.，Price，S. W.，2007. The child health/family income gradient：evidence from England. J. Health Econ. 26（2），213-232.

Currie，J.，Stabile，M.，Manivong，P.，Roos，L. L.，2010. Child health and young adult outcomes. J. Hum. Resour. 45（3），517-548.

Cutler，D. M.，Lleras-Muney，A.，2010. Understanding differences in health behaviors by education. J. Health Econ. 29（1），1-28.

Cutler，D. M.，Knaul，F.，Lozano，R.，Méndez，O.，Zurita，B.，2002. Financial crisis，health outcomes and ageing：Mexico in the 1980s and 1990s. J. Public Econ. 84（2），279-303.

Cutler，D. M.，Lange，F.，Meara，E.，Richards-Shubik，S.，Ruhm，C. J.，2011a. Rising educational gradients in mortality：the role of behavioral factors. J. Health Econ. 30（6），1174-1187.

Cutler，D.，Lleras-Muney，A.，Vogl，T.，2011b. Chapter 7：socioeconomic status and health：dimensions and mechanisms. In：Glied，S.，Smith，P. C.（Eds.），Oxford Handbook of Health Economics. Oxford University Press，Oxford，pp. 124-163.

Cutler，D.，Ghosh，K.，Landrum，M. B.，2013. Evidence for significant compression of morbidity in the elderly US population. NBER Working Paper No. 19268，NBER，Cambridge，MA.

Daly，M. C.，Bound，J.，1996. Worker adaptation and employer accommodation following the onset of a health impairment. J. Gerontol. 51，S53-S60.

Dasgupta, P., 1993. An Inquiry into Well-Being and Destitution. Oxford University Press, Oxford.

Dasgupta, P., 1997. Nutritional status, the capacity for work, and poverty traps. J. Econom. 77 (1), 5-37.

Dasgupta, P., Ray, D., 1986. Inequality as a determinant of malnutrition and unemployment: theory. Econ. J. 96 (384), 1011-1034.

Deaton, A., 2001a. Inequalities in income and inequalities in health. In: Welch, F. (Ed.), The Causes and Consequences of Increasing Inequality. Chicago University Press, Chicago, pp. 285-313.

Deaton, A., 2001b. Relative Deprivation, Inequality, and Mortality. National Bureau of Economic Research, Cambridge, MA.

Deaton, A., 2002. Policy implications of the gradient of health and wealth. Health Aff. 21 (2), 13-30.

Deaton, A., 2003. Health, inequality, and economic development. J. Econ. Lit. 41 (1), 113-158.

Deaton, A., 2013. What does the empirical evidence on SES and health tell us about inequity and about policy? In: Eyal, N., Hurst, S. A., Norheim, O. F., Wikler, D. (Eds.), Inequalities in Health: Concepts, Measures and Ethics. Oxford University Press, New York.

Deaton, A., Lubotsky, D., 2009. Income inequality and mortality in U. S. cities: weighing the evidence. A response to ash. Soc. Sci. Med. 68 (11), 1914-1917.

Deaton, A., Paxson, C., 2001. Mortality, education, income, and inequality among American cohorts. In: Wise, D. (Ed.), Themes in the Economics of Aging. University of Chicago Press, Chicago, IL, pp. 129-170.

Deaton, A., Paxson, C., 2004. Mortality, income, and income inequality over time in Britain and the United States. In: Wise, D. (Ed.), Perspectives on the Economics of Ageing. University of Chicago Press, Chicago, IL, pp. 247-285.

Deleire, T., 2000. The wage and employment effects of the Americans with Disabilities Act. J. Hum. Resour. 35 (4), 693-715.

Deleire, T., 2001. Changes in wage discrimination against people with disabilities: 1984-93. J. Hum. Resour. 36 (1), 144-158.

Deolalikar, A. B., 1988. Nutrition and labor productivity in agriculture: estimates for rural South India. Rev. Econ. Stat. 70 (3), 406-413.

D'Hombres, B., Rocco, L., Suhrcke, M., McKee, M., 2010. Does social capital determine health? Evidence from eight transition countries. Health Econ. 19 (1), 56-74.

Diamond, P., Sheshinski, E., 1995. Economic aspects of optimal disability benefits. J. Public Econ. 57 (1), 1-23.

Disney, R., Emmerson, C., Wakefield, M., 2006. Ill health and retirement in Britain: a panel data-based analysis. J. Health Econ. 25 (4), 621-649.

Dobkin, C., Puller, S., 2007. The effects of government transfers on monthly cycles in drug abuse, hospitalization and mortality. J. Pub. Econ. 91, 2137-2151.

Doorslaer, E. V., Jones, A. M., 2003. Inequalities in self-reported health: validation of a new approach to measurement. J. Health Econ. 22 (1), 61-87.

Duflo, E., 2000. Child health and household resources in South Africa: evidence from the old age pension program. Am. Econ. Rev. 90 (2), 393-398.

Duflo, E., 2003. Grandmothers and granddaughters: old-age pensions and intrahousehold allocation in South Africa. World Bank Econ. Rev. 17 (1), 1-25.

Dwyer, D. S., Mitchell, O. S., 1999. Health problems as determinants of retirement: are self-rated measures endogenous? J. Health Econ. 18 (2), 173-193.

Ebrahim, S., 2012. Epigenetics: the next big thing. Int. J. Epidemiol. 41 (1), 1-3.

Eibner, C., Evans, W. N., 2005. Relative deprivation, poor health habits, and mortality. J. Hum. Resour. XL (3), 591-620.

Erreygers, G., 2009. Can a single indicator measure both attainment and shortfall inequality? J. Health Econ. 8 (4), 885-893.

Erreygers, G., Van Ourti, T., 2011. Measuring socioeconomic inequality in health, health care and health financing by means of rank-dependent indices: a recipe for good practice. J. Health Econ. 30 (4), 685-694.

Ettner, S. L., 1996. New evidence on the relationship between income and health. J. Health Econ. 15 (1), 67-85.

Evans, W. N., Moore, T. J., 2011. The short-term mortality consequences of income receipt. J. Public Econ. 95 (11), 1410-1424.

Fang, H., Rizzo, J. A., 2012. Does inequality in China affect health differently in high-versus low-income households? Appl. Econ. 44 (9), 1081-1090.

Feeny, D., Furlong, W., Torrance, G. W., Goldsmith, C. H., Zhu, Z., Depauw, S., Denton, M., Boyle, M., 2002. Multiattribute and single-attribute utility functions for the health utilities index mark 3 system. Med. Care 40 (2), 113-128.

Fernald, L. C., Hidrobo, M., 2011. Effect of Ecuador's cash transfer program (Bono de Desarrollo Humano) on child development in infants and toddlers: a randomized effectiveness trial. Soc. Sci. Med. 72 (9), 1437-1446.

Fernald, L. C., Gertler, P. J., Neufeld, L. M., 2008. Role of cash in conditional cash transfer programmes for child health, growth, and development: an analysis of Mexico's Oportunidades. Lancet 371 (9615), 828-837.

Finkelstein, A., Luttmer, E. F. P., Notowidigdo, M. J., 2013. What good is wealth without health? The effect of health on the marginal utility of consumption. J. Eur. Econ. Assoc. 11 (s1), 221-258.

Fleurbaey, M., Schokkaert, E., 2011. Chapter Sixteen—equity in health and health care. In: Pauly, M. V., Mcguire, T. G., Barros, P. P. (Eds.), Handbook of Health Economics. In: vol. 2. Elsevier, Amsterdam, pp. 1003-1092.

French, E., 2005. The effects of health, wealth, and wages on labour supply and retirement behaviour. Rev. Econ. Stud. 72 (2), 395-427.

Frijters, P., Shields, M. A., Haisken-DeNew, J. P., 2005. The effect of income on health: evidence from a large scale natural experiment. J. Health Econ. 24, 997-1017.

Fu, H., Goldman, N., 1994. Are healthier people more likely to marry? An event history analysis based on the NLSY. Working Paper 94-5, Office of Population Research, Princeton University, New Jersey.

Galama, T. J., Van Kippersluis, H., 2010. A Theory of Socioeconomic Disparities in Health over the Life cycle. Tinbergen Institute, Amsterdam, Discussion Paper No. 2010-08-24.

García Gómez, P., Lopez-Nicolas, A., 2006. Health shocks, employment and income in the Spanish labour market. Health Econ. 9, 997-1009.

García Gómez, P., Van Kippersluis, H., O'Donnell, O., Van Doorslaer, E., 2013. Long term and spillover effects of health on employment and income. J. Hum. Resour. 48 (4), 873-909.

García-Gómez, P., 2011. Institutions, health shocks and labour market outcomes across Europe. J. Health Econ. 30 (1), 200-213.

Gardner, J., Oswald, A. J., 2007. Money and mental wellbeing: a longitudinal study of medium-sized lottery wins. J. Health Econ. 26 (1), 49-60.

Gerdtham, U., Johannesson, M., 2004. Absolute income, relative income, income inequality, and mortality. J. Hum. Resour. XXXIX (1), 228-247.

Gertler, P., 2004. Do conditional cash transfers improve child health? Evidence from PROGRESA's control randomized experiment. Am. Econ. Rev. 94 (2), 336-341.

Gertler, P., Gruber, J., 2001. Insuring consumption against illness. Am. Econ. Rev. 92 (1), 51-70.

Goda, G. S., Golberstein, E., Grabowski, D. C., 2011. Income and the utilization of long-term care services: evidence from the social security benefit notch. J. Health Econ. 30 (4), 719-729.

Goldman, N., 1993. Marriage selection and mortality patterns: inferences and fallacies. Demography 30 (2), 189-208.

Granger, C. W. J., 1969. Investigating causal relations by econometric models and cross-spectral methods. Econometrica 37 (3), 424-438.

Grantham-Mcgregor, S. M., Powell, C. A., Walker, S. P., Himes, J. H., 1991. Nutritional supplementation, psychosocial stimulation, and mental development of stunted children: the Jamaican Study. Lancet 38 (8758), 1-5.

Grantham-Mcgregor, S., Cheung, Y. B., Cueto, S., Glewwe, P., Richter, L., Strupp, B., 2007. Developmental potential in the first 5 years for children in developing countries. Lancet 369, 60-70.

Gravelle, H., 1998. How much of the relation between population mortality and unequal distribution of income is a statistical artefact? Br. Med. J. 316, 382-385.

Gravelle, H., Sutton, M., 2009. Income, relative income, and self-reported health in Britain 1979-2000. Health Econ. 18 (2), 125-145.

Gravelle, H., Wildman, J., Sutton, M., 2002. Income, income inequality and health: what can we learn from aggregate data? Soc. Sci. Med. 54 (4), 577-589.

Grönqvist, H., Johansson, P., Niknami, S., 2012. Income inequality and health: lessons from a refugee residential assignment program. J. Health Econ. 31 (4), 617-629.

Grossman, M., 1972a. The Demand for Health: A Theoretical and Empirical Investigation. NBER, New York.

Grossman, M., 1972b. On the concept of health capital and the demand for health. J. Polit. Econ. 80 (2), 223-255.

Grossman, M., 2000. The human capital model. In: Culyer, A., Newhouse, J. (Eds.), North Holland Handbook in Health Economics. North Holland, Amsterdam, Netherlands, pp. 1804-1862.

Grossman, M., Kaestner, R., 1997. Effects of education on health. In: Behrman, J. R., Stacey, N. (Eds.), The Social Benefits of Education. University of Michigan Press, Ann Arbor, pp. 69-123.

Gruber, J., 2000. Disability insurance benefits and labor supply. J. Polit. Econ. 108 (6), 1162-1183.

Gustman, A. L., Steinmeier, T. L., 1986a. A disaggregated, structural analysis of retirement by race, difficulty of work and health. Rev. Econ. Stat. 68 (3), 509-513.

Gustman, A. L., Steinmeier, T. L., 1986b. A structural retirement model. Econometrica 54 (3), 555-584.

Halla, M., Zweimuller, M., 2013. The effect of health on income: quasi-experimental evidence from commuting accidents. Labour Econ. 24, 23-38.

Hammermesh, D., 1984. Life-cycle effects on consumption and retirement. J. Labor Econ. 2 (3), 353-370.

Hausman, J., Taylor, W., 1981. Panel data and unobservable individual effects. Econometrica 49, 1377-1398.

Hayes, B. , Sharif, F. , 2009. Behavioural and emotional outcome of very low birth weight infants—literature review. J. Matern. Fetal Neonatal Med. 22 (10), 849-856.

Heckman, J. , 2003. Conditioning, causality and policy analysis. J. Econom. 112 (1), 73-78.

Heckman, J. J. , 2007. The economics, technology, and neuroscience of human capability formation. Proc. Natl. Acad. Sci. U. S. A. 104 (33), 13250-13255.

Heckman, J. J. , Stixrud, J. , Urzua, S. , 2006. The effects of cognitive and noncognitive abilities on labor market outcomes and social behavior. J. Labor Econ. 24 (3), 411-482.

Hediger, M. L. , Overpeck, M. D. , Ruan, W. J. , Troendle, J. F. , 2002. Birthweight and gestational age effects on motor and social development. Paediatr. Perinat. Epidemiol. 16, 33-46.

Herrnstein, R. J. , Murray, C. A. , 1994. The Bell Curve: Intelligence and Class Structure in American Life. Free Press, New York.

Hertzman, C. , Power, C. , Matthews, S. , 2001. Using an interactive framework of society and life course to explain self-rated health in early adulthood. Soc. Sci. Med. 53, 1575-1585.

Hibbs, H. , 1915. The influence of economic and industrial conditions on infant mortality. Q. J. Econ. 30, 127-151.

Hildebrand, V. , Kerm, P. V. , 2009. Income inequality and self-rated health status: evidence from the European community household panel. Demography 46 (4), 805-825.

Hille, E. T. M. , Ouden, A. L. D. , Bauer, L. , Oudenrijn, C. V. D. , Brand, R. , Verloove-Vanhorick, S. P. , 1994. School performance at nine years of age in very premature and very low birth weight infants: perinatal risk factors and predictors at five years of age. J. Pediatr. 125 (3), 426-434.

Hotchkiss, J. L. , 2004. A closer look at the employment impact of the Americans with Disabilities Act. J. Hum. Resour. 39 (4), 887-911.

Hoynes, H. W. , Schanzenbach, D. W. , 2009. Consumption responses to in-kind transfers: evidence from the introduction of the food stamp program. Am. Econ. J. Appl. Econ. 1 (4), 109-139.

Hoynes, H. , Page, M. , Stevens, A. H. , 2011. Can targeted transfers improve birth outcomes? Evidence from the introduction of the WIC program. J. Public Econ. 95 (7), 813-827.

Hoynes, H. W. , Miller, D. L. , Simon, D. , 2012. Income, the Earned Income Tax Credit, and Infant Health. NBER, Cambridge, MA, Working Paper No. 18206.

Hugonnier, J. , Pelgrin, F. , St-Amour, P. , 2013. Health and (other) asset holdings. Rev. Econ. Stud. 80, 663-710.

Hurd, M. , Kapteyn, A. , 2003. Health, wealth, and the role of institutions. J. Hum. Resour. 38 (2), 386-415.

Jackle, R. , Himmler, O. , 2010. Health and wages. J. Hum. Resour. 45 (2), 364-406.

Jencks, C. , 1979. Who Gets Ahead? The Determinants of Economic Success in America. Basic Books, New York.

Jensen, R. T. , Richter, K. , 2004. The health implications of social security failure: evidence from the Russian pension crisis. J. Public Econ. 88 (1), 209-236.

Johnson, W. G. , Lambrinos, J. , 1985. Wage discrimination against handicapped men and women. J. Hum. Resour. 20 (2), 264-277.

Johnson, R. , Schoeni, R. , 2011. The influence of early-life events on human capital, health status, and labor market outcomes over the life course. BE J. Econ. Anal. Policy 11 (3), 1-55.

Jones, A. M. , Wildman, J. , 2008. Health, income and relative deprivation: evidence from the BHPS. J. Health Econ. 27 (2), 308-324.

Jones, M. K. , Latreille, P. L. , Sloane, P. J. , 2006. Disability, gender, and the British labour market. Oxf. Econ. Papers 58 (3), 407-449.

Jones, A. M. , Rice, N. , Roberts, J. , 2010. Sick of work or too sick to work? Evidence on self-reported health shocks and early retirement from the BHPS. Econ. Model. 27 (4), 866-880.

Kahn, L. , 1991. Customer discrimination and affirmative action. Econ. Inq. 29, 555-571.

Kalemli-Ozcan, S. , Weil, D. , 2010. Mortality change, the uncertainty effect and retirement. J. Econ. Growth 15 (1), 65-91.

Karlsson, M. , Nilsson, T. , Lyttkens, C. H. , Leeson, G. , 2010. Income inequality and health: importance of a cross-country perspective. Soc. Sci. Med. 70 (6), 875-885.

Kawachi, I. , Kennedy, B. P. , 1997. Health and social cohesion: why care about income inequality? Br. Med. J. 314 (7086), 1037-1040.

Kawachi, I. , Kennedy, B. P. , Lochner, K. , Prothrow-Stith, D. , 1997. Social capital, income inequality and mortality. Am. J. Public Health 87 (9), 1491-1498.

Kelly, E. , 2011. The scourge of Asian flu: in utero exposure to pandemic influenza and the development of a cohort of British children. J. Hum. Resour. 21 (4), 669-694.

Kennedy, B. , Kawachi, I. , Glass, R. , Prothrow-Smith, D. , 1998. Income distribution, socioeconomic status, and self rated health in the United States: multilevel analysis. Br. Med. J. 317, 917-921.

Kerkhofs, M. , Lindeboom, M. , Theeuwes, J. , 1999. Retirement, financial incentives and health. Labour Econ. 6 (2), 203-227.

Khanam, R. , Nghiem, H. S. , Connelly, L. B. , 2009. Child health and the income gradient: evidence from Australia. J. Health Econ. 28 (4), 805-817.

Kidd, M. P. , Sloane, P. J. , Ferko, I. , 2000. Disability and the labour market: an analysis of British males. J. Health Econ. 19 (6), 961-981.

Kim, B. , Ruhm, C. J. , 2012. Inheritances, health and death. Health Econ. 21 (2), 127-144.

Kirkegaard, I. , Obel, C. , Hedegaard, M. , Henriksen, T. B. , 2006. Gestational age and birth weight in relation to school performance of 10-year-old children: a follow-up study of children born after 32 completed weeks. Pediatrics 118 (4), 1600-1606.

Kuh, D., Ben-Shlomo, Y. (Eds.), 1997. A Lifecourse Approach to Chronic Disease Epidemiology: Tracing the Origins of Ill-Health from Early to Adult Life. Oxford University Press, Oxford.

Kuh, D. J. L., Wadsworth, M. E. J., 1993. Physical health status at 36 years in a British national birth cohort. Soc. Sci. Med. 37 (7), 905-916.

Kuh, D., Ben-Shlomo, Y., et al., 2003. Life course epidemiology. J. Epidemiol. Commun. Health 57 (10), 778-783.

Lambert, P., Zheng, B., 2011. On the consistent measurement of attainment and shortfall inequality. J. Health Econ. 30 (1), 214-219.

Lawlor, D. A., Clark, H., Davey Smith, G., Leon, D. A., 2006. Intrauterine growth and intelligence within sibling pairs: findings from the Aberdeen children of the 1950s cohort. Pediatrics 117 (5), E894-E902.

Leibenstein, H., 1957. The theory of underemployment in backward economies. J. Polit. Econ. 65 (2), 91-103.

Leigh, A., Jencks, C., 2007. Inequality and mortality: long-run evidence from a panel of countries. J. Health Econ. 26 (1), 1-24.

Leigh, A., Jencks, C., Smeeding, T., 2009. Health and economic inequality. In: Salverda, W., Nolan, B., Smeeding, T. (Eds.), Oxford Handbook of Economic Inequality. Oxford University Press, Oxford, pp. 384-405.

Li, H., Zhu, Y., 2006. Income, income inequality, and health: evidence from China. J. Comp. Econ. 34 (4), 668-693.

Lillard, L., Panis, C. A., 1996. Marital status and mortality: the role of health. Demography 33, 313-327.

Lillard, D. R., Burkhauser, R. V., Hahn, M. H., Wilkins, R., 2012. Does the income share of the top 1 percent predict self-reported health status of the 99 percent? Evidence from four countries. In: 10th International German Socio-Economic Panel User Conference 2012.

Lindahl, M., 2005. Estimating the effect of income on health and mortality using lottery prizes as an exogenous source of variation in income. J. Hum. Resour. 40 (1), 144-168.

Lindeboom, M., 2012. Health and work of older workers. In: Jones, A. M. (Ed.), The Elgar Companion to Health Economics, second ed. Edward Elgar, Cheltenham, pp. 26-35.

Lindeboom, M., Kerkhofs, M., 2009. Health and work of the elderly: subjective health measures, reporting errors and endogeneity in the relationship between health and work. J. Appl. Econom. 24 (6), 1024-1046.

Loe, I. M., Lee, E. S., Luna, B., Feldman, H. M., 2011. Behavior problems of 9-16 year old preterm children: biological, sociodemographic, and intellectual contributions. Early Hum. Dev. 87, 247-252.

Lorgelly, P. K. , Lindley, J. , 2008. What is the relationship between income inequality and health? Evidence from the BHPS. Health Econ. 17 (2), 249-265.

Luo, Y. , Waite, L. J. , 2005. The impact of childhood and adult SES on physical, mental, and cognitive well-being on later life. J. Gerontol. 60B (2), S93-S101.

Lynch, J. , Smith, G. D. , Harper, S. , Hillemeier, M. , 2004a. Is income inequality a determinant of population health? Part 2. U. S. national and regional trends in income inequality and age-and cause-specific mortality. Milbank Q. 82 (2), 355-400.

Lynch, J. , Smith, G. D. , Harper, S. , Hillemeier, M. , Ross, N. , Kaplan, G. A. , Wolfson, M. , 2004b. Is income inequality a determinant of population health? Part 1. A systematic review. Milbank Q. 82 (1), 5-99.

Mackenbach, J. P. , 2002. Income inequality and population health. BMJ 324 (7328), 12.

Mangyo, E. , Park, A. , 2011. Relative deprivation and health. J. Hum. Resour. 46 (3), 459-481.

Marmot, M. , Rose, G. , Shipley, M. , Hamilton, P. , 1978. Employment grade and coronary heart disease in British civil servants. J. Epidemiol. Commun. Health 32, 244-249.

Marmot, M. , Davey Smith, G. , Stansfeld, S. , Patel, C. , North, F. , Head, J. , White, I. , Brunner, E. J. , Feeney, A. , 1991. Health inequalities among British civil servants: the Whitehall II study. Lancet 337, 1387-1393.

Mazumder, B. , Almond, D. , Park, K. , Crimmins, E. M. , Finch, C. E. , 2010. Lingering prenatal effects of the 1918 influenza pandemic on cardiovascular disease. J. Dev. Orig. Health Dis. 1 (1), 26.

McClellan, M. , 1998. Health events, health insurance, and labor supply: evidence from the Health & Retirement Study. In: Wise, D. (Ed.), Frontiers in the Economics of Aging. University of Chicago Press, Chicago, IL.

Mcguinness, D. , Mcglynn, L. M. , Johnson, P. C. , Macintyre, A. , Batty, G. D. , Burns, H. , Cavanagh, J. , Deans, K. A. , Ford, I. , Mcconnachie, A. , Mcginty, A. , Mclean, J. S. , Millar, K. , Packard, C. J. , Sattar, N. A. , Tannahill, C. , Velupillai, Y. N. , Shiels, P. G. , 2012. Socio-economic status is associated with epigenetic differences in the pSoBid cohort. Int. J. Epidemiol. 41 (1), 151-160.

Mcinerney, M. , Mellor, J. M. , 2012. Recessions and seniors' health, health behaviors, and healthcare use: analysis of the Medicare Current Beneficiary Survey. J. Health Econ. 31 (5), 744-751.

Mcinerney, M. , Mellor, J. M. , Hersch Nicholas, L. , 2013. Recession depression: mental health effects of the 2008 stock market crash. J. Health Econ. 32 (6), 1090-1104.

Meer, J. , Miller, D. L. , Rosen, H. S. , 2003. Exploring the health-wealth nexus. J. Health Econ. 22 (5), 713-730.

Mellor, J. M. , Milyo, J. , 2002. Income inequality and health status in the United States: evidence from the Current Population Survey. J. Hum. Resour. 37 (3), 510-539.

Meltzer, A. H. , Richard, S. F. , 1981. A rational theory of the size of government. J. Polit. Econ. 89 (5), 914-927.

Michaud, P. , Van Soest, A. , 2008. Health and wealth of elderly couples: causality tests using dynamic panel data models. J. Health Econ. 27 (5), 1312-1325.

Miguel, E. , Kremer, M. , 2004. Worms: identifying impacts on education and health in the presence of treatment externalities. Econometrica 72 (1), 159-217.

Miller, D. L. , Paxson, C. , 2006. Relative income, race, and mortality. J. Health Econ. 25 (5), 979-1003.

Miller, G. , Urdinola, B. P. , 2010. Cyclicality, mortality, and the value of time: the case of coffee price fluctuations and child survival in Colombia. J. Polit. Econ. 118 (1), 113.

Milligan, K. S. , Wise, D. A. , 2012. Introduction and summary. In: Wise, D. A. (Ed.), Social Security Programs and Retirement Around the World: Historical Trends in Mortality and Health, Employment, and Disability Insurance Participation and Reforms. The University of Chicago Press, Chicago.

Mirlees, J. A. , 1975. Pure theory of underdeveloped economies. In: Reynolds, L. G. (Ed.), Agriculture in Development Theory. Yale University Press, New Haven, CT.

Mocan, N. , Raschke, C. , Unel, B. , 2013. The Impact of Mothers' Earnings on Health Inputs and Infant Health. NBER, Cambridge, MA, Working Paper 19434.

Mohanan, M. , 2013. Causal effects of health shocks on consumption and debt: quasi-experimental evidence from bus accident injuries. Rev. Econ. Stat. 95 (2), 673-681.

Moller Dano, A. , 2005. Road injuries and long-run effects on income and employment. Health Econ. 14 (9), 955-970.

Moran, J. R. , Simon, K. I. , 2006. Income and the use of prescription drugs by the elderly evidence from the notch cohorts. J. Hum. Resour. 41 (2), 411-432.

National Bureau of Statistics of China, 2007. China Statistical Yearbook 2007. China Statistics Press, Beijing. http://www.stats.gov.cn/tjsj/ndsj/2007/indexeh.htm.

Navarro, V. , 2001. World Health Report 2000: responses to Murray and Frenk. Lancet 357 (9269), 1701-1702.

Nepomnyaschy, L. , Reichman, N. E. , 2006. Low birthweight and asthma among young urban children. Am. J. Public Health 96, 1604-1610.

Nilsson, P. , 2009. The Long-Term Effects of Early Childhood Lead Exposure: Evidence from the Phase-Out of Leaded Gasoline. Uppsala University, Uppsala.

Nilsson, T. , Bergh, A. , 2013. Income inequality, health and development: in search of a pattern. In: Rosa Dias, P. , O'Donnell, O. (Eds.), Health and Inequality. Emerald,

Bingley, UK.

O'Donnell, O., 1995. Labour supply and saving decisions with uncertainty over sickness. J. Health Econ. 14 (4), 491-504.

Oecd, 2010. Sickness, Disability and Work: Breaking the Barriers: A Synthesis of Findings Across OECD Countries. OECD Publishing, Paris.

Oreopoulos, P., Stabile, M., Walld, R., Roos, L. L., 2008. Short-, medium-, and long-term consequences of poor infant health: an analysis using siblings and twins. J. Hum. Resour. 43 (1), 88-138.

Paneth, N., Susser, M., 1995. Early origin of coronary heart disease (the "Barker hypothesis"). Br. Med. J. 310 (6977), 411-412.

Parsons, D. O., 1980. The decline in male labor force participation. J. Polit. Econ. 88 (1), 117-134.

Pascual, M., Cantarero, D., Sarabia, J., 2005. Income inequality and health: do the equivalence scales matter? Atlantic Econ. J. 33 (2), 169-178.

Paxson, C., Schady, N., 2005. Child health and economic crisis in Peru. World Bank Econ. Rev. 19 (2), 203-223.

Paxson, C., Schady, N., 2010. Does money matter? The effects of cash transfers on child development inrural Ecuador. Econ. Dev. Cult. Change 59 (1), 187-229.

Pelkowski, J. M., Berger, M. C., 2004. The impact of health on employment, wages, and hours worked over the life cycle. Q. Rev. Econ. Finance 44 (1), 102-121.

Persico, N., Postlewaite, A., Silverman, D., 2004. The effect of adolescent experience on labor market outcomes: the case of height. J. Polit. Econ. 112 (5), 1019-1053.

Petrou, S., Kupek, E., 2008. Social capital and its relationship with measures of health status: evidence from the Health Survey for England 2003. Health Econ. 17 (1), 127-143.

Phelps, E. S., 1972. The statistical theory of racism and sexism. Am. Econ. Rev. 62, 659-661.

Pollitt, E., Gorman, K. S., Engle, P. L., Martorell, R., Rivera, J., 1993. Early Supplementary Feeding and Cognition: Effects Over Two Decades. University of Chicago Press, Chicago.

Power, C., Matthews, S., Manor, O., 1996. Inequalities in self rated health in the 1958 birth cohort: lifetime social circumstances or social mobility? Br. Med. J. 313 (7055), 449-453.

Power, C., Matthews, S., Manor, O., 1998. Inequality in self-rated health: explanations from different stages of life. Lancet 351, 1009-1014.

Preston, S. H., 1975. The changing relation between mortality and level of economic development. Popul. Stud. 29 (2), 231-248.

Pritchett, L., Summers, L. H., 1996. Wealthier is healthier. J. Hum. Resour. 31 (4), 841-868.

Propper, C., Rigg, J., Burgess, S., 2007. Child health: evidence on the roles of family income and maternal mental health from a UK birth cohort. Health Econ. 16 (11), 1245-1269.

Putnam, R. D., Leonardi, R., Nanetti, R., 1993. Making Democracy Work: Civic Traditions in Modern Italy. Princeton University Press, Princeton, NJ.

Regidor, E., Martínez, D., Santos, J. M., Calle, M. E., Ortega, P., Astasio, P., 2012. New findings do not support the neomaterialist theory of the relation between income inequality and infant mortality. Soc. Sci. Med. 75 (4), 752-753.

Reinhold, S., Jürges, H., 2012. Parental income and child health in Germany. Health Econ. 21 (5), 562-579.

Relton, C. L., Davey Smith, G., 2012. Is epidemiology ready for epigenetics? Int. J. Epidemiol. 41 (1), 5-9.

Riley, J. C., 1989. Sickness, Recovery and Death: A History and Forecast of Ill-Health. Macmillan, Basingstoke.

Riphan, R., 1999. Income and employment effects of health shocks. A test case for the German welfare state. J. Popul. Econ. 12 (3), 363-389.

Rivera, J. A., Sotres-Alvarez, D., Habicht, J., Shamah, T., Villalpando, S., 2004. Impact of the Mexican program for education, health, and nutrition (Progresa) on rates of growth and anemia in infants and young children. JAMA 291 (21), 2563-2570.

Rodgers, G. B., 1979. Income and inequality as determinants of mortality: an international cross-section analysis. Popul. Stud. 33, 343-351.

Ronconi, L., Brown, T. T., Scheffler, R. M., 2012. Social capital and self-rated health in Argentina. Health Econ. 21 (2), 201-208.

Royer, H., 2009. Separated at girth: estimating the long-run and intergenerational effects of birthweight using twins. Am. Econ. J. 1 (1), 49-85.

Ruhm, C. J., 2000. Are recessions good for your health? Q. J. Econ. 115 (2), 617-650.

Ruhm, C. J., 2003. Good times make you sick. J. Health Econ. 22 (4), 637-658.

Ruhm, C. J., 2013. Recessions, healthy no more? NBER Working Paper 19287, Cambridge, MA.

Saigal, S., Szatmari, P., Rosenbaum, P., Campbell, D., King, S., 1991. Cognitive abilities and school performance of extremely low birth weight children and matched term control children at age 8 years: a regional study. J. Pediatr. 118 (5), 751-760.

Salm, M., 2011. The effect of pensions on longevity: evidence from Union Army Veterans. Econ. J. 121 (552), 595-619.

Sapolsky, R. M., 2005. The influence of social hierarchy on primate health. Science 308 (5722), 648-652.

Sastre, M., Trannoy, A., 2002. Shapley inequality decomposition by factor components: some methodological issues. J. Econ. 9 (1), 51-89.

Saunders, P. R. , Evans, N. , 2010. Beware False Prophets: Equality, the Good Society and the Spirit Level. Policy Exchange, London.

Schmeiser, M. D. , 2009. Expanding wallets and waistlines: the impact of family income on the BMI of women and men eligible for the Earned Income Tax Credit. Health Econ. 18 (11), 1277-1294.

Schultz, T. P. , 2005. Productive Benefits of Health: Evidence from Low-Income Countries. Yale University, New Haven.

Schultz, T. P. , 2010. Health human capital and economic development. J. Afr. Econ. 19 (Suppl. 3), iii12-iii80.

Schwandt, H. , 2013. Wealth Shocks and Health Outcomes. Center for Health and Wellbeing, Princeton University, Mimeo. http://www. princeton. edu/~schwandt/.

Semykina, A. , Wooldridge, J. M. , 2010. Estimating panel data models in the presence of endogeneity and selection. J. Econometrics 157 (2), 375-380.

Sen, A. , 1999. Development as Freedom. Knopf, New York.

Sheps, M. C. , 1961. Marriage and mortality. Am. J. Public Health 51, 547-555.

Shorrocks, A. , 2013. Decomposition procedures for distributional analysis: a unified framework based on the Shapley value. J. Econ. Inequal. 11 (1), 99-126.

Sickles, R. C. , Taubman, P. , 1986. An analysis of the health and retirement status of the elderly. Econometrica 54 (6), 1339-1356.

Sickles, R. C. , Yazbeck, A. , 1998. On the dynamics of demand for leisure and the production of health. J. Bus. Econ. Stat. 16 (2), 187-197.

Siegel, M. , 2006. Measuring the effect of husband's health on wife's labour supply. Health Econ. 15, 579-601.

Sloan, F. A. , Hsieh, C-R. , 2012. Health Economics. MIT Press, Cambridge, MA.

Smith, J. , 1999. Healthy bodies and thick wallets: the dual relation between health and socioeconomic status. J. Econ. Perspect. 13, 145-166.

Smith, J. P. , 2004. Unraveling the SES: health connection. Popul. Dev. Rev. 30, 108-132.

Smith, J. P. , 2007. The impact of socioeconomic status on health over the life-course. J. Hum. Resour. XLII (4), 739-764.

Smith, J. P. , 2009. The impact of childhood health on adult labor market outcomes. Rev. Econ. Stat. 91 (3), 478-489.

Snowdon, C. , 2010. The Spirit Level Delusion: Fact-Checking the Left's New Theory of Everything. Little Dice, Ripon.

Snyder, S. E. , Evans, W. N. , 2006. The effect of income on mortality: evidence from the social security notch. Rev. Econ. Stat. 88 (3), 482-495.

Steckel, R. H. , 1995. Stature and the standard of living. J. Econ. Lit. 33 (4), 1903-1940.

Stern, S. , 1989. Measuring the effect of disability on labor force participation. J. Hum. Resour. 24, 361-395.

Stevens, A. H. , Miller, D. L. , Page, M. E. , Filipski, M. , 2011. The Best of Times, the Worst of Times: Understanding Pro-Cyclical Mortality. NBER Working Paper No. 17657, National Bureau of Economic Research, Cambridge, MA.

Stiglitz, J. E. , 1976. The efficiency wage hypothesis, surplus labour, and the distribution of income in L. D. C. s. Oxf. Econ. Papers 28 (2), 185-207.

Stowasser, T. , Heiss, F. , Mcfadden, D. L. , Winter, J. , 2012. "Healthy, Wealthy and Wise?" Revisited: an analysis of the causal pathways from socio-economic status to health. In: Wise, D. A. (Ed.), Investigations in the Economics of Aging. University of Chicago Press, Chicago, pp. 267-317.

Strauss, J. , Thomas, D. , 1998. Health, nutrition, and economic development. J. Econ. Lit. 36 (2), 766-817.

Subramanian, S. V. , Kawachi, I. , 2004. Income inequality and health: what have we learned so far? Epidemiol. Rev. 26 (1), 78-91.

Tacke, T. , Waldmann, R. J. , 2013. Infant mortality, relative income and public policy. Appl. Econ. 45 (22), 3240-3254.

Tekin, E. , McClellan, C. , Minyard, K. J. , 2013. Health and Health Behaviors During the Worst of Times: Evidence from the Great Recession. NBER Working Paper No. 19234, Cambridge, MA.

Theodossiou, I. , Zangelidis, A. , 2009. The social gradient in health: the effect of absolute income and subjective social status assessment on the individual's health in Europe. Econ. Hum. Biol. 7 (2), 229-237.

Thomas, D. , Frenkenberg, E. , 2002. Health, nutrition and prosperity: a microeconomic perspective. Bull. World Health Organ. 80 (2), 106-113.

Thorbecke, E. , Charumilind, C. , 2002. Economic inequality and its socioeconomic impact. World Dev. 30 (9), 1477-1495.

Townsend, R. M. , 1994. Risk and insurance in village India. Econometrica 62 (3), 539-591.

Twaddle, A. , 1974. The concept of health status. Soc. Sci. Med. 8, 29-38.

UNESCO Institute for Statistics, ISCED, International Standard Classification of Education. Available http://www. uis. unesco. org.

Üstün, T. , Chatterji, S. , Villanueva, M. , Bendib, L. , Çelik, C. , Sadana, R. , Valentine, N. , Ortiz, J. , Tandon, A. , Salomon, J. , Cao, Y. , Xie, W. , Ozaltin, E. , Mathers, C. , Murray, C. , 2003. WHO multi-country survey study on health and responsiveness,

2000-2001. In: Murray, C. J. L., Evans, D. B. (Eds.), Health Systems Performance Assessment: Debates, Methods and Empiricism. World Health Organization, Geneva, pp. 761-796.

Van Doorslaer, E., Van Ourti, T., 2011. Measuring inequality and inequity in health and health care. In: Glied, S., Smith, P. C. (Eds.), Oxford Handbook of Health Economics. Oxford University Press, Oxford, pp. 837-869.

Van Doorslaer, E., Wagstaff, A., Bleichrodt, H., Calonge, S., Gerdtham, U. G., Gerfin, M., Geurts, J., Gross, L., Hakkinen, U., Leu, R. E., O'Donnell, O., Propper, C., Puffer, F., Rodriguez, M., Sundberg, G., Winkelhake, O., 1997. Income-related inequalities in health: some international comparisons. J. Health Econ. 16 (1), 93-112.

Van Doorslaer, E., Wagstaff, A., Van Der Burg, H., Christiansen, T., De Graeve, D., Duchesne, I., Gerdtham, U., Gerfin, M., Geurts, J., Gross, L., 2000. Equity in the delivery of health care in Europe and the US. J. Health Econ. 19 (5), 553-583.

Van Doorslaer, E., Koolman, X., Jones, A. M., 2004. Explaining income-related inequalities in doctor utilization in Europe. Health Econ. 13 (7), 629-647.

Van Doorslaer, E., Masseria, C., Koolman, X., 2006. Inequalities in access to medical care by income in developed countries. Can. Med. Assoc. J. 174 (2), 177-183.

Van Groezen, B., Jadoenandansing, R., Pasini, G., 2011. Social capital and health across European countries. Appl. Econ. Lett. 18 (12), 1167-1170.

Van Houtven, C., Coe, N., 2010. Spousal Health Shocks and the Timing of the Retirement Decision in the Face of Forward-Looking Financial Incentives. Center for Retirement Research at Boston College, Boston, Working Paper WP 2010-7.

Van Kippersluis, H., Galama, T. J., 2013. Why the Rich Drink More But Smoke Less: The Impact of Wealth on Health Behaviors. DP 13-035/V, Tinbergen Institute, Amsterdam/Rotterdam.

Wadsworth, M., Kuh, D., 1997. Childhood influences on adult health: a review of recent work for the British 1946 Birth Cohort Study, the MRC National Survey of Health and Development. Paediatr. Perinat. Epidemiol. 11, 2-20.

Wagstaff, A., Van Doorslaer, E., 2000. income inequality and health: what does the literature tell us? Annu. Rev. Public Health 21 (1), 543-567.

Wagstaff, A., Paci, P., Vandoorslaer, E., 1991. On the measurement of inequalities in health. Soc. Sci. Med. 33 (5), 545-557.

Waldmann, R. J., 1992. Income distribution and infant mortality. Q. J. Econ. 107, 1283-1302.

Waldron, I., Hughes, M. E., Brooks, T. L., 1996. Marriage protection and marriage selection—prospective evidence for reciprocal effects of marital status and health. Soc. Sci. Med. 43 (1), 113-123.

Walker, S. P. , Chang, S. M. , Powell, C. A. , Grantham-Mcgregor, S. M. , 2005. Effects of early childhood psychosocial stimulation and nutritional supplementation on cognition and education in growth-stunted Jamaican children; prospective cohort study. Lancet 366, 1804-1807.

Weaver, I. C. G. , Cervoni, N. , Champagne, F. A. , D'Alessio, A. C. , Sharma, S. , Seckl, J. R. , Dymov, S. , Szyf, M. , Meaney, M. J. , 2004. Epigenetic programming by maternal behavior. Nat. Neurosci. 7 (8), 847-854.

West, P. , 1997. Unhealthy societies: the afflictions of inequality (book). Sociol. Health Illn. 19 (5), 668-670. Wildman, J. , Gravelle, H. , Sutton, M. , 2003. Health and income inequality: attempting to avoid the aggregation problem. Appl. Econ. 35 (9), 999-1004.

Wilkinson, R. G. , 1990. Income distribution and mortality: a 'natural' experiment. Sociol. Health Illn. 12 (4), 391-412.

Wilkinson, R. G. , 1992. Income distribution and life expectancy. Br. Med. J. 304, 165-168.

Wilkinson, R. G. , 1996. Unhealthy Societies: the Afflictions of Inequality. Routledge, London.

Wilkinson, R. G. , 2001. Mind the Gap: Hierarchies, Health and Human Evolution. Yale University Press, New Haven.

Wilkinson, R. G. , Pickett, K. E. , 2006. Income inequality and population health: a review and explanation of the evidence. Soc. Sci. Med. 62 (7), 1768-1784.

Wilkinson, R. G. , Pickett, K. , 2010. The Spirit Level: Why Equality Is Better for Everyone. Penguin Books, London/New York.

Wise, D. A. (Ed.), 2012. Social Security Programs and Retirement Around the World: Historical Trends in Mortality and Health, Employment, and Disability Insurance Participation and Reforms. The University of Chicago Press, Chicago.

Woodbury, R. M. , 1924. Economic factors in infant mortality. J. Am. Stat. Assoc. 19, 137-155.

Wu, S. , 2003. The effects of health events on the economics status of married couples. J. Hum. Resour. 38 (1), 219-230.

Yang, T. , Chen, V. Y. , Shoff, C. , Matthews, S. A. , 2012. Using quantile regression to examine the effects of inequality across the mortality distribution in the U. S. counties. Soc. Sci. Med. 74 (12), 1900-1910.

Yitzhaki, S. , 1979. Relative deprivation and the Gini coefficient. Q. J. Econ. 93 (2), 321-324.

Yitzhaki, S. , 1983. On an extension of the Gini inequality index. Int. Econ. Rev. 24 (3), 617-628.

第18章 劳动力市场制度与工资收入离差

维默尔·萨尔韦达(Wiemer Salverda)[+*],

丹尼尔·切基(Daniele Checchi)[*]

[+] 阿姆斯特丹大学阿姆斯特丹高级劳动研究所(AIAS),荷兰阿姆斯特丹市

[*] 阿姆斯特丹大学阿姆斯特丹不平等研究中心(AMCIS),荷兰阿姆斯特丹市

[*] 米兰大学经济系,意大利米兰市;德国劳工经济学研究所(IZA),德国波恩市

目　录

摘要:关于"个人收入分配对家庭收入分配的影响",存在两种相互独立的文献,我们应该把这两种文献观点结合起来,并引入"新制度"的概念。妇女就业率、双职工和兼职就业人数增多使其相关性进一步凸显。本章将讨论工资不平等测度、资料来源,以及发达国家工资离差的典型化事实。本章回顾了20世纪80年代初至今关于工作极化、工作任务以及最低工资的相关文献,就工资率的离差和制度作用的相关文献进行评估。在区分供需策略与制度策略的基础上,我们发现供给和需求未能满足制度性前提,且受技术变化下实证测量方法和特别风险的影响。从制度策略角度看,我们对各种制度及其相互关系缺乏清晰的概念界定。结合失业情况和工作时长动态变化,我们对制度措施与工资不平等之间的相关性进行了跨国实证分析,探讨个人与其相关制度框架相匹配的问题。最终得出,美国和欧盟国家的"最低工资立法"和"积极的劳动力市场政策"与"收入不平等"呈负相关。

关键词:劳动力市场制度;家庭劳动力供给;时薪;工作时长;年收入;离差;不平等测度;家庭收入;最低工资;工会;就业保护

JEL 分类代码:D02, D13, D31, J22, J31, J51, J52

18.1　引言

　　尽管涉及大量文献,但本章并不单是关于"劳动力市场工资不平等"的文献研究。收入分配是本手册的中心议题,并为这里工资收入离差的讨论提供最终解释。鉴于个人工资和收入可能对家庭收入分配造成的影响,分析个人工资和收入在劳动力市场上的分配情况是很自然的,家庭收入也是分析收入分配的常用单位。由于越来越多的妇女参与劳动力市场,双收入家庭群体不断壮大,社会不再采用单职工养家糊口的模式——在这种模式中,劳动力市场收入与家庭收入非常相似。为此,人们可能会猜测,"工资不平等"和"收入不平等"二者之间的关系日益密切且更具复杂性。[①] 最近有关家庭失业情况的文献资料肯定了这一猜测。但是目前,关于工资收入离差和家庭收入分配这两个方面的研究大相径庭。越来越多的文献旨在衡量这两种分配之间的差距并试图将它们结合起来,不过此类文献数量较少且单一。更重要的是,尽管人们可以从论述制度和女性劳动力供给的新文献中推断出制度的重要作用,但是此类文献很少就这两种分配的相互关系,阐释制度对其产生的作用。除了一些传统的劳动力市场制度(LMIs)(最低工资、就业保护、工会密度等),我们还必须关注新制度,如育儿假、育儿安排、产假期间的工作权利和/或从全职转为兼职等。

　　了解影响工资收入离差相关的制度是我们的首要目标,这本身也是一个非常苛刻的目标。这需要我们架起一座宏大的桥梁,以便克服这一差距,并将收入分配纳入我们的策略中。相反,我们一开始就会以启发式的方法,对上述文献和相关的典型化事实进行概览,以便我们接下来讨论工资收入离差和制度这两大内容。目前,统一的收入分配经济理论尚未确立,为此,我们希望为今后的研究分析奠定基础,为后续建构统一的收入分配经济理论奠定基石(Atkinson and Bourguignon, 2000)。但是我们需要考虑的一大事实就是,目前也没有一套统一的工资收入离差理论。为此,我们试图在一个框架内参考与研究有关"制度"和"收入分配"的文献,而这一框架也可用于进一步研究家庭收入分配情况。

　　具体地说,由于收入分配通常是按年测量和分析的,我们明确地将每年劳动所得的收入

---

① 在一个家庭内部劳动力共同供给的地域,除非家庭提供相同的小时数,而且每个家庭成员的工资率相同,否则这两种分布将发生偏离。

分配纳入我们的重点内容。[1] 首先,这需要我们研究工资率和(年度)工作时长——二者构成年度收入——以及二者的离差和相互关系。我们的目标是超越 Blau 和 Kahn (1999)等的研究,他们提出了工资制定制度对工资不平等以及就业产生的影响,但仅局限于探讨工资制定制度对综合就业效应的影响,而忽视了其对个人工资和家庭收入离差的影响及其与工资离差的关系。这意味着我们不仅需要考虑制度对工资率、工作时长和个体劳动者就业概率的影响,而且最终还需要考虑制度对家庭就业分配所产生的影响——我们可以称之为"双重就业视角"。同时,这也发挥了失业和未就业(零工时)的作用,这些现象的频率也可能受到制度的影响。一般而言,主要涉及某一方面的个别制度,例如工资率;同时我们也需要综合考虑其他方面的因素。制度对各个方面产生的影响可能会有所不同,但最终产生的总体效应才是最重要的。[2]

此外,我们将从收入分配角度思考劳动力市场制度的作用及其与收入分配的相关性。一方面,我们暂不考虑那些侧重于阐述"工资收入离差对劳动者与特定岗位匹配度影响"的文献[例如,Mortensen(2005)有关调查的研究或 Rosen(1986)论补偿性工资差别的研究],也不考虑从"收入流动"或"工资流动对岗位和职业激励作用"等角度论述"不平等"的其他重要方面的文献。另一方面,我们将尽可能探讨影响家庭就业分配(例如平等待遇、工时不歧视、儿童保育规定或税收措施)或全年工作时长(例如兼职工作、临时合同)的制度。与一般的制度不同,一些特殊制度可能会发挥作用,例如,兼职工作和薪酬方面的新规章制度,或"工作和家庭生活协调"制度。同时,我们将考究这些一般制度在某一领域所产生的影响和发挥的作用。在考量"新制度"的同时,兼顾"旧制度"。由于在现代社会,劳动力市场行为已成为人类生存的核心,几乎任何制度都会产生一定影响,因此,我们需要谨慎行事,确保接受审查的各类制度都是可控的。

在对文献的解读中,我们力图在正常经济框架下谨慎考虑制度的作用。例如,我们会对比大量的文献评价。例如 Katz 和 Autor(1999),先讨论供求的作用,之后转向研究"制度"。Blau 和 Kahn(1999)在关于"制度效应"的国际比较研究中指出,"除了制度,各国之间可能有许多不同之处。因此我们不能确定观察到的结果差异就是制度造成的"。我们需要注意的是:非制度因素也同样影响着市场劳动力供给,例如,家庭生产中的技术进步(Kahn,2005)。更广泛地说,我们赞同 Manning(2011)的观点,他更倾向于用自己的研究近况(综述)而非规范模型来表达观点。在规范模型中,"精度与模型有关,而与现实存在无关;如果模型非常抽象,且假设设计得更有利于分析,而不具现实性时,它就很容易变成伪精度。在我们看来,收入分配在很大程度上是经济领域中一个至关重要的现象"。虽然我们的目标是扩大分散就业的范围,但我们没有,也不可能以一般均衡的方式来实现这一点。此外,由于认识到各国之间的巨大差异,我们保留了一种可能性,即一种办法可能不适用于所有国家。

---

[1] 我们将在 18.3 节详细介绍这些概念。
[2] 有趣的是,Olivetti 和 Petrongolo(2008)从不同的角度考虑了工时和工资之间的相互作用,侧重于妇女就业人数对性别工资差距的影响。

此外,还需强调的是,本章有效涵盖的时间段依我们展开讨论的文献而定。由于我们从20 世纪 60 年代末开始对某些国家展开论述,所以文章中部分内容的时间跨度较长。但重要的是要认识到,我们所发现的趋势可能是有选择性的。论述"高收入"的文献(Alvaredo et al. ,2013)和 Orin Atkinson(2008)关于"收入分配"的国际比较研究从大历史观角度出发表明:先前的趋势可能会出现偏离,有时甚至会根本不同;它们可能会对运行中的制度产生不同的影响。也许最终现实并非如此,但毕竟这方面的研究还处于起步阶段。

在继续之前,我们事先提到关于"分配离差"和"分配不平等"这两个概念,并不加区别地使用这两个概念来表示分配规律。许多人关注"分配离差"的一个主要原因是,它在很大程度上与人们通常所理解的社会或经济不平等现象相一致。更确切地说,人们认为这种离差与一系列观察结果、工资或收入有关,而这些观察结果、工资或收入方面的数据并非完全相同,因此它们在机械和数学意义上是不平等的。相反,"分配不平等"为这类观察提供了一个限定符,使它们在分析意义上不平等,从而对个别或总体现象的观察结果做出解释性阐释。因此,严格地说,"分配离差"和"分配不平等"是两个不同的概念。从分析的角度来看,并非所有的机械差异都是"分配不平等"现象。例如,个人收入的差异反映的是个人努力程度的差异。反之,并非所有分析性"分配不平等"现象都归结为机械差异。例如,尽管努力程度不同,但个人收入相同。说虽如此,由于本章旨在对一系列定性分析进行评价,我们将继续交替使用这两个词。最后请注意,离差水平或不平等水平(基尼系数等)的测度是相同的,通常称为不平等测度——我们在本章中也将使用这些术语。

上述提及的一些参考文献表明,目前有大量文献综述与我们的"收入不平等"研究相关。这些文献综述见于《收入分配手册》第一卷、《劳动经济学手册》所有卷和《牛津经济不平等手册》。我们不会重复此类研究;如有必要,我们会在前人的基础上继续深入探究。请注意,研究过这一课题的除了经济学家,还有政治学家和社会科学家(Alderson and Nielsen, 2002;Becher and Pontusson, 2011;DiPrete, 2007;Golden and Wallerstein, 2011;Kenworthy and Pontusson, 2005;Oliver, 2008;Wallerstein, 1999)。我们还将提及他们的一些研究成果。

本章以不平等的总体水平为起点,透过表面挖掘其深层次内涵。例如,我们会谈及收入分配的极端分化现象——最高收入和在职贫穷情况(制度措施的焦点)。一方面,为了更深入地理解这些极端现象以及补充性的中间部分,我们在本手册的其他部分就应对两极分化(见第 5 章)、最高收入(见第 7 章)和在职贫困(见第 23 章)提出了相应措施。一般而言,劳动力市场也是造成不平等的多重原因之一(见第 19 章)。另一方面,本章未涵盖家庭内部分配(见第 16 章)的内容,也没有进一步分析性别不平等问题(见第 12 章)。本章仅针对拥有发达的、全面的正规劳动力市场的国家。由此,供分析的参考文献也仅限于美国、加拿大、日本、韩国、澳大利亚、新西兰、欧洲联盟成员国和其他一些欧洲国家(如冰岛、挪威和瑞士)。

18.1.1 框架结构

本章的框架结构如下:首先,在 18.2 节中,我们将从个人和家庭的角度考虑收入分配和就业问题，简要讨论有关工资收入离差与家庭收入分配之间联系的文献，并提出一些典型化事实。在 18.3 节中，我们将利用一些相关的数据来源论述收入不平等的测度问题，并为一些国家提供关于工资收入离差的典型化事实。接下来，在 18.4 节中，我们将讨论旨在解释工资率离差和制度作用的理论。在 18.5 节中，我们借助一个模型，从实证角度论述劳动力市场制度的作用。该模型包括了前几节所提及的关于劳动力市场制度的几个特征，例如侧重于年收入，即工资率和一年所付出劳动的产物；并引入了许多与家庭劳动力供给有关的"新制度"作为解释变量。此外，我们采用了近期的国际对比数据。最后，我们在 18.6 节中总结了主要的研究结果，并提及需要进一步研究的问题。

18.2　工资分配与收入分配文献简述

尽管近年来人们在劳动力市场上创造的收入（劳动收入）在国民收入中所占比重有所下降[①]，但它显然是国民收入中最常见、最重要的部分。从表面上看，劳动收入的不平等似乎是总收入不平等的一个重要决定因素。图 18.1 中的三组数据表明了欧盟 26 个国家中"劳动家庭"的作用。"劳动家庭"是指劳动收入占总收入一半以上的家庭。(a)组数据表明，社会总收入中的绝大部分源于劳动家庭收入；希腊和意大利劳动家庭的劳动收入占总收入的比重略高于 50%，爱沙尼亚排名最高，比重为 84%。然而劳动家庭占总家庭数的比重相对较低。希腊和意大利的劳动家庭占总家庭数的比重最低（比重小于 50%），卢森堡排名最高（比重为 66%）。[②]　显然，各国劳动家庭的平均收入都高于各国的平均水平。(b)组数据也证实了这一点。该组数据表明，在一个国家中，劳动家庭在前 10% 的收入和家庭中所占的比例与上述相当。劳动家庭收入占总收入的比重超过劳动家庭数占总家庭数的比重。而且迄今为止也是如此：平均而言，劳动家庭收入占比比家庭数量占比高 14%。由此得出的全国平均水平几乎为零。同时，(c)组数据表明，所有家庭的基尼系数总是超过劳动家庭的基尼系数，在劳动收入不平等程度较高的国家，如英国、葡萄牙、立陶宛、保加利亚、拉脱维亚和爱沙尼亚，两种基尼系数呈明显的平行关系（总体相关系数为 0.75）。如(c)所示，基尼系数水平并不像劳动家庭收入占总收入的比重［如(a)所示］那样呈依次递增趋势，而是存在很大的差异（相关系数为 0.23）。对比(a)和(c)可知，中间收入群体非常相近的收入份额也可能有非常不同的基尼系数（如德国和比利时）。然而，通过对比(b)和(c)可知：对于劳动家庭而言，收入最高的 10% 家庭的收入比重和基尼系数呈现出更相似的模式（相关系数为 0.56）。因此，来自劳动力的收入确实非常重要，但它对收入不平等的影响呈现出显著差异，值得进一步审视。

另一个衡量不平等的指标，即分布在前十分位的收入份额，对所有收入来说基本上都与基尼系数和最高份额高度相关（0.91）［对比 Leigh(2009)］。然而，这里所有收入和劳动收入

---

① 我们暂不考虑劳动收入占 GDP 的比重（在许多国家呈下降趋势）和收入分配之间的关系。试比较相关文献观点和数据资料，例如 Atkinson(2009)、Glyn(2009)、Checchi 和 Garcia-Perialosa(2008)以及 OECD(2012)。

② 请注意，低收入家庭占比在很大程度上解释了卢森堡的低收入份额。

之间的差距更大,两个最高收入份额的相关性仅为 0.32。同时,这也表明:高水平家庭收入
的作用在不同国家之间存在显著差异。工资的离差与收入分配之间的联系显然是重要的,
这也值得进一步研究。

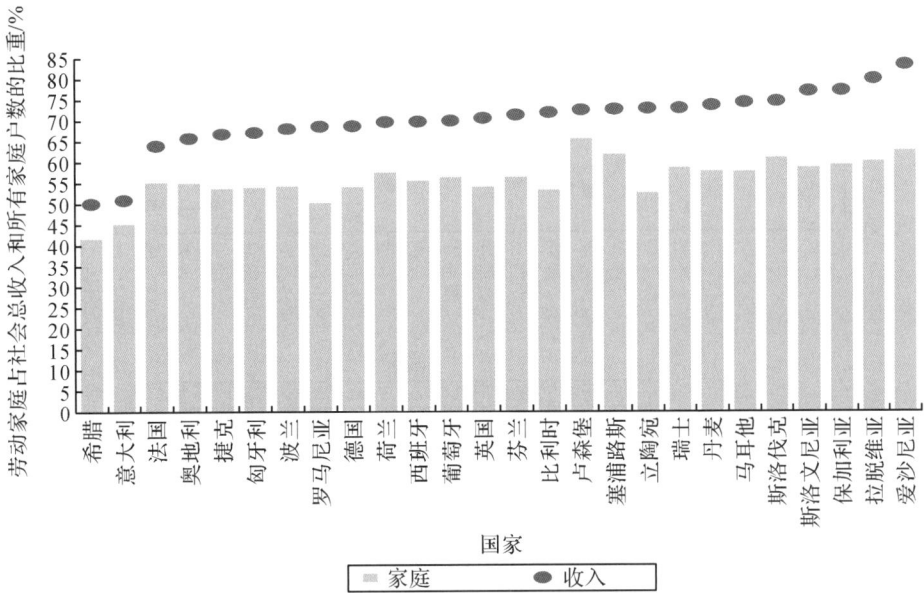

(a)　占总收入和家庭总数的比重

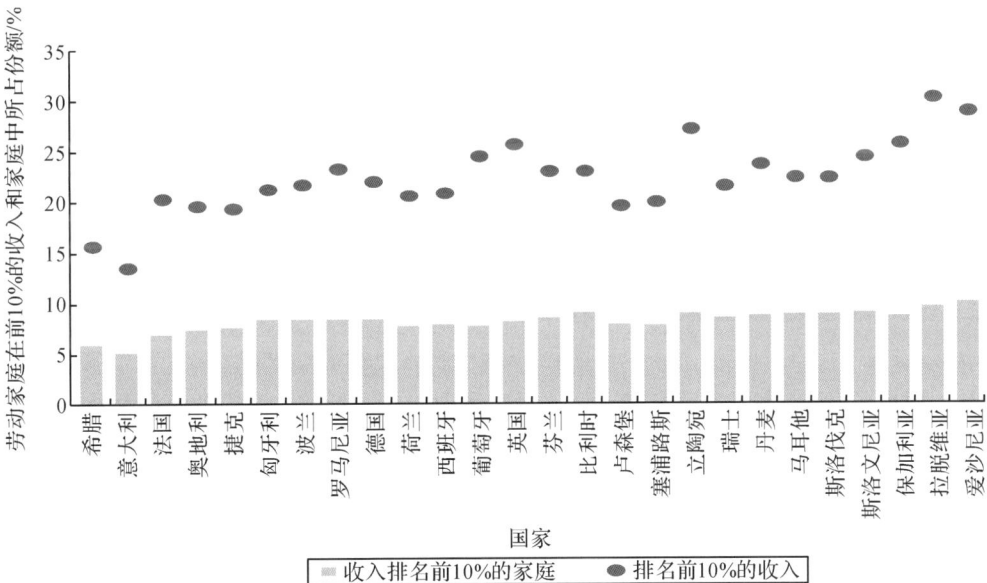

(b)　收入前10%的家庭在总收入和家庭总数中所占比重

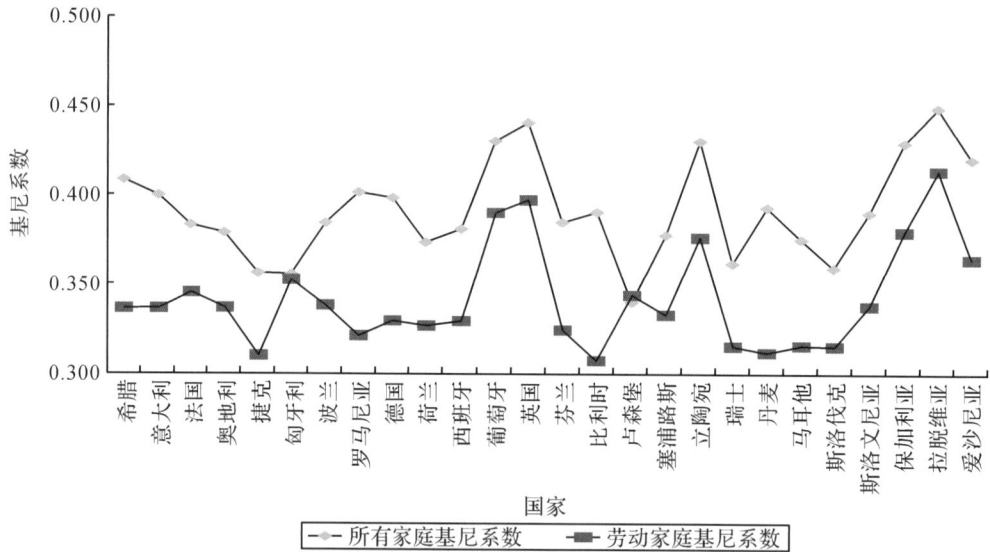

图 18.1　劳动力家庭及其年收入的重要性

注:将 2010 年 26 个欧洲国家,按家庭收入占总收入的比重进行排名。在希腊,劳动家庭的收入占所有收入的 50%,占所有家庭的 42%;其中 6% 的家庭收入在前 10% 的收入分布中,占所有收入的 16%;希腊所有收入的基尼系数为 0.408,而劳动家庭的基尼系数为 0.336。劳动家庭总收入的 50% 以上来自工资收入。遗憾的是,爱尔兰的数据缺失。

资料来源:根据 2011 年欧盟—收入和生活条件 EU-SILC 统计数据计算[参见 Salverda 和 Haas(2014)对工作年龄段的比较]。

　　虽然关于这两种分配的文献并不少见,甚至可能还在增加,但它并不是一个强有力的主题。人们可能会猜测,存在两种很大程度上独立的、宽泛的文献:一种是关于劳动力市场中(个人)工资不平等的论述,另一种是针对社会中(家庭)收入不平等的论述。正如 Gottschalk 和 Danziger(2005)所观察到的那样,"工资率分配是最具限制性的收入概念。劳动力经济学家之所以倾向于关注工资率分配的变化,是因为他们对改变不同类型劳动力价格的市场和制度力量的变化感兴趣"。另一个极端是,政策分析人士把重点放在了最广泛的收入分配概念上,即根据家庭规模调整家庭收入。这反映了他们对包括穷人在内的不同群体可利用资源变化的兴趣。它证实了 Gottschalk 和 Smeeding(1997)得出的结论,"一个总体框架将同时模拟所有收入来源的产生……以及收入分配构成要素",且这一总框架被看作"必须着手的一大措施"。毫无疑问,Gottschalk 和 Danziger(2005)的提议做出了很大贡献,但这也着实是一项艰巨的任务。5 年后,Večerník(2010)观察到,"个人收入与家庭收入分析之间似乎存在巨大差异"。看来已成定局的结论是:对于个人工资、个人收入不平等与家庭收入、家庭收入不平等,Atkinson 和 Bourguignon(2000)所期待的关于收入分配统一的经济理论尚未面世,不过已做出下面一些有趣的贡献。①

―――――――――――
① Bourguignon 等(2004)在分解家庭收入不平等的变化时,依照劳动力市场行为和结果的相关维度,在一些发展中国家(本章未谈及这些国家)进行了有价值的尝试,并取得了有趣的研究结果。

从技术层面上讲,这一划分方式值得引起我们的注意。

第一个区别是,工资的分配通常是指小时工资的分配,即工资率。相比之下,收入分配则侧重于年度收入,而年度收入是小时工资(工资率)和年度工作时数的乘积。除了工资率,年度工资还受全年工作时数分配的影响。也就是说,收入分配是小时工资(工资率)和年工作时数的组合产物。由于非全日制工作和临时工作的重要性日益增加,这些工时已成为许多国家就业的一个重要方面。从传统意义上来说,此类工时提高了加入或离开工作岗位的人在一年内的流动率,从而对年度工作时数产生了一定的影响。① 因此,我们认为有必要区分各种分配:小时工资、年度工资、就业(涉及每年的工作时数)和总收入(包括工资性收入以外的其他收入来源)。

第二个区别是,工资性收入分配通常是按毛额计算的,即税前收入;而在总收入方面,人们非常关注在扣除转移支付和税收之后的可支配收入。这些收入通常也根据家庭的规模和构成进行标准化(均等化)处理。②

第三个区别是,工资性收入的分配取决于作为分析单位的个人,而总收入(可支配收入)的分配则基于家庭。家庭可以是个人的组合。因此,为了将这两种分配形式联系起来,我们需要把个人和家庭联系起来。重要的是,这让就业和工资性收入在家庭中的分配成为人们关注的焦点。Paul Gregg 和 Jonathan Wadsworth(1996,1998,2008)在 20 世纪 90 年代中期就"就业的另一面"——家庭未就业或失业提出了重要的文献观点,并特别地将家庭失业与个体失业或未就业进行比较。然而,这些文献可能与贫困有关,但往往与收入分配无关(De Graaf Zijl and Nolan,2011)。

18.2.1　个人或家庭收入

在讨论文献中发现的主要观点之前,我们提出了一些典型化事实来证明个人收入分配和家庭收入分配之间的相关性。首先,我们考虑作为雇佣一方的观点。与"失业"相关的文献,其核心观点是:在过去的 20 年里,许多国家的个人失业率已经下降,但是以家庭为基准的失业率(家庭失业率)并没有降低(Gregg et al.,2010)。或者说,通过其他形式,(个人)就业人口比率的增长并没有反映在"家庭就业率"的相应增长中。这就意味着,新增就业岗位大多流向了"已经有家庭成员就业"的家庭。表 18.2 显示了自 20 世纪 90 年代中期以来一些欧洲国家的情况:个体失业率的下降大多发生在已有就业成员的家庭中,而对减少无业家庭中居住人口数量的贡献则小得多。

---

① 包括就业时间不超过 1 年的临时就业,这反映在全年和非全年就业分布之间的差异上。例如,Salverda 等(2013)在荷兰的调查结果(见图 2.11)显示,当将考量对象从所有从业者转移到仅全年就业者时,P90∶P10 百分位数比率减半。
② 标准化既考虑了家庭成员对收入的要求,又考虑了共同管理家庭的规模经济(Atkinson et al.,1995;Forster,1994;OECD,2009)。请注意,标准化不仅适用于可支配收入,也适用于市场收入和总收入(例如,OECD,2011;以及《经济动态评论》的专题文献)。一方面可能影响对劳动力市场结果的认知,另一方面可能影响这三种分配之间的变化。

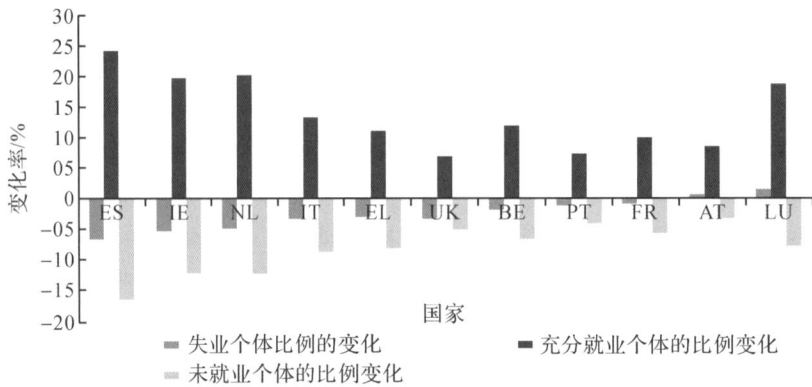

表 18.2 1995—2008 年欧洲 11 国个人和家庭受雇佣变化

注:在西班牙,1995—2008 年,所有家庭成员都在工作的人员所占的比例上升了 24%。生活在无工作家庭的人员比例下降了 7%。无工作的人员比例下降 16.5%。一个全雇佣家庭即每位家庭成员都被雇佣,这包括单人户即单人家庭。就业遵循《劳动法》的定义,包括自营职业者。年龄在 18—24 岁,属"非从事业内工作"的人士,视为全日制学生,不包括在内。国家代码见本章附录 A。

资料来源:Corluy 和 Vandenbroucke(2013)。

图 18.3 增加了一个典型的例子,由此说明英国的两大主要青年就业率之间的差异:一个指个体就业率(传统意义上就业个人占人口的比例),另一个指家庭就业率(相关家庭成员中至少有一人就业的家庭所占比例)。个体就业率总是高于家庭就业率,且两者之间的差距迅速从 20 世纪 70 年代末的 2% 扩大至 20 世纪 90 年代的 13%。[①] 这种变化往往与兼职就业的

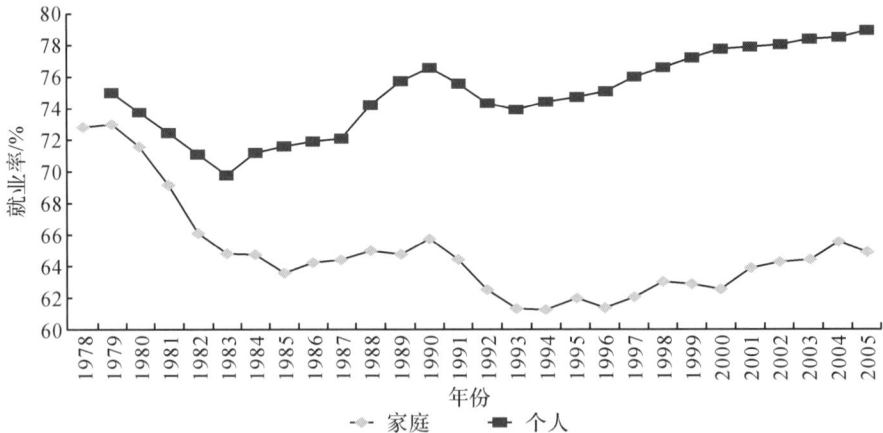

图 18.3 1978—2005 年英国 25—59 岁个人及家庭的就业率

注:年龄在 25—59 岁的就业人员(以个人为基准)所占比例从 1979 年的 75% 上升到 2005 年的 79%。与这些个人相对应的至少有一人就业的家庭(以家庭为基准)所占比例从 73% 下降到 65%。

资料来源:Blundell 和 Etheridge(2010)。

---

① Atkinson(1993)就"1975—1985 年英国家庭(成人)就业率下降 11.5 个百分点"的问题进行探讨,并推断不平等的加剧一半可归因于这种"轮班制工作"。

扩大齐头并进。个人工资水平与工作时数的相关性可以告诉我们,工作时数这一维度是加剧还是缓解了收入不平等。正相关意味着个人之间的年度收入分配比每小时收入分配更不平等。此外,个人工资水平与工作时数的相关性在一些国家有显著上升的趋势,并从负相关转向正相关。但在其他某些国家,这种相关性仍然是负的。图 18.4 表明这种强相关性在英国女性群体中尤为突出。

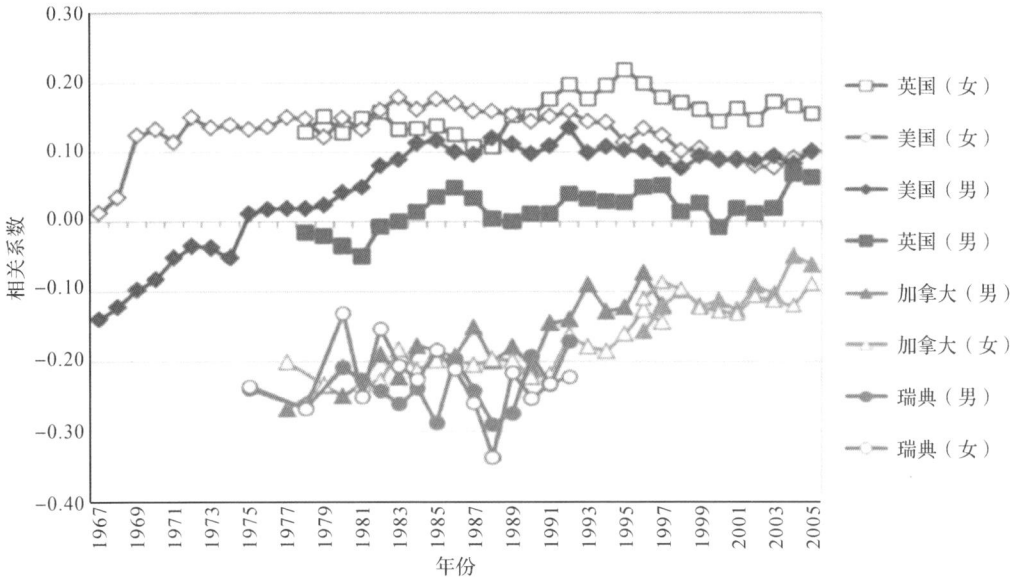

图 18.4　1967—2005 年美国、英国、加拿大和瑞典 25—59 岁个体(按性别划分)
工资水平和每年工作时数的相关性

注:研究美国男性的年工作时数与每小时收入(时薪)之间的相关性,相关系数从 1967 年的-0.10 变为2005 年的+0.10。

资料来源:Blundell 和 Etheridge（2010）、Brzozowski 等（2010）、Domeij 和 Floden（2010）、Heathcote 等（2010）。

与单职工家庭相比,这使工资分配与收入分配之间的关系变得复杂。与此同时,这也使得对这种关系的探究变得愈加重要。因此,如图 18.5 所示,双收入家庭和多收入家庭的作用已经扩大,它们在许多欧洲国家尤为重要。在除意大利和希腊以外的其他国家,双收入家庭和多收入家庭占大多数;显然,这些家庭的雇员在社会总雇员中所占比例更高。特别是,多收入家庭的角色在不同国家有很大差别,从希腊所有国家的 4％到保加利亚的 27％。

对受雇于全职工作的单职工家庭而言,工资分配和收入分配之间的对应关系似乎相当简单:高个人工资直接意味着高家庭收入。这种传统的情况可能提供另一种解释。虽然这种解释似乎没有纰漏,但是为什么关于这两种分配之间的联系的文献尚不成熟?家庭构成及其劳动力供给可能会影响收入的分配,这取决于家庭中收入者之间收入水平的相关性。若家庭成员之间的工资性收入水平呈正相关,那么这不仅会增加共同收入出现的频率,也会加剧家庭收入不平等。婚配行为机制或伴侣参与就业的变化,或两者同时发生的变化将是潜在归因。图 18.6 表明,美国家庭中收入者之间收入水平的相关性呈上升趋势。1975—

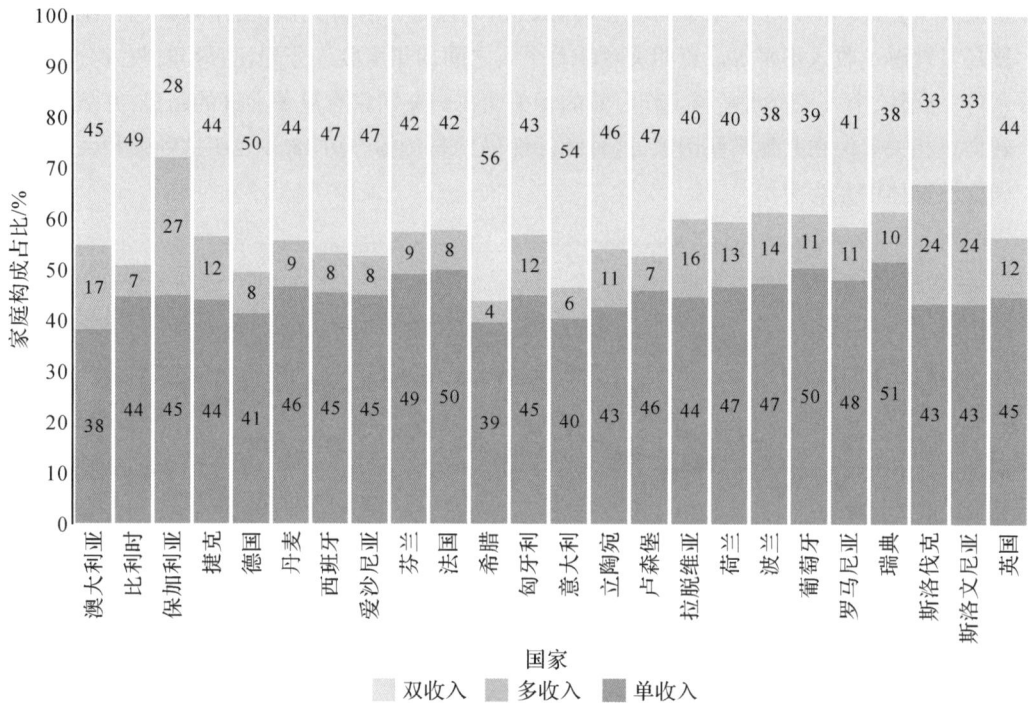

图 18.5 2010 年 26 个欧洲国家按收入者人数分列的有雇员的家庭

注:在奥地利,至少有一名成员就业的家庭中,38%有两人就业,17%有三人或三人以上就业,45%有一人就业(包括单身家庭)。挣工资的人也需要有积极的工时和收入。家庭主要收入者年龄在 65 岁以下,不包括数据集中确认的学生。

资料来源:Salverda 和 Haas(2014)。

译者注:部分国家数据总和不等于 100%,系四舍五入过程中产生的累积误差所致。

1990 年,这一相关系数的数值大约翻了一番,此后,该相关系数基本保持稳定。然而,随着时间的推移,这一趋势或现象可能存在跨国差异。相反,家庭联合劳动力供给也可能影响收入分配。倘若家庭中已有主要收入保障,其他额外增收者将以较低的工资幅度或工时来运作其劳动力供给,或者他们将工资和工时折算成一种将有偿劳动与其他活动相结合的情况,例如家庭护理或参与教育。

最终,家庭构成和这两种分配形式(个人工资分配和家庭收入分配)将产生内生的相互作用。家庭构成也应该被纳入理解影响收入分配的要素(包括总要素收入、工资和资本收入差异、公司部门和金融机构的作用以及受国家的分配影响)范畴中(Atkinson,2007a,2020)。

18.2.2 家庭收入分配和劳动力市场制度相关的文献综述

谈及这两种分配之间的联系的相关文献是多种多样的,但目前还尚未形成强大而连贯的链式文献群。对这一主题的贡献多见于收入分配以外的研究其他问题的论文,例如转让方案的设计(Liebman,1998)。我们参读家庭收入分配相关的文献后,得出的结论是:劳动力市场制度的作用往往被人们所忽略,而这却是本章的重点。正因如此,我们在这里只谈及工资离差的家庭背景。Checchi 和 Garcia Peñalosa(2008,2010)就劳动力市场制度和收入不平等

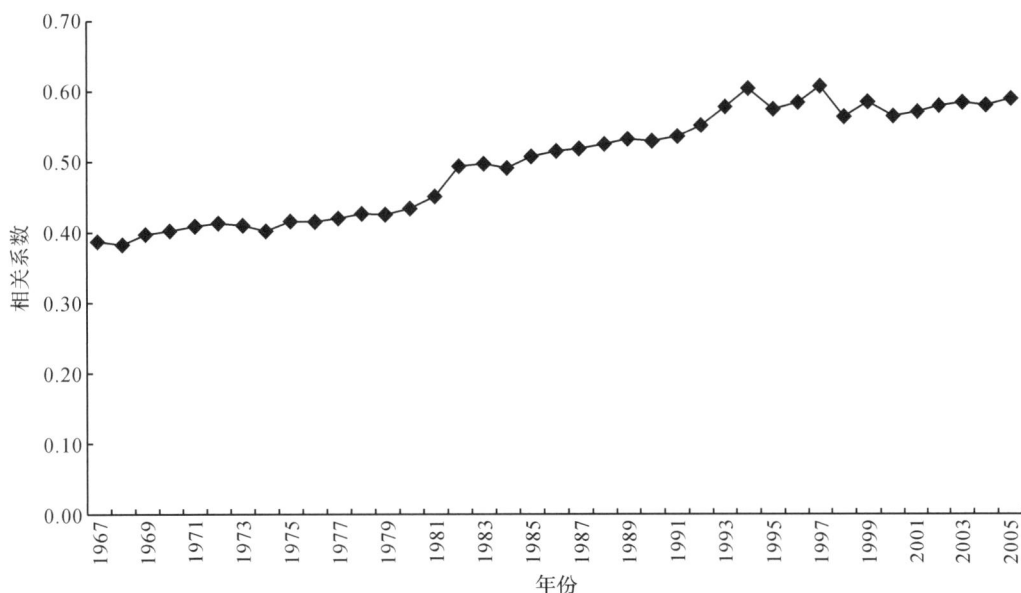

图 18.6　1967—2005 年美国已婚伴侣之间收入的相关性

注：家庭中已婚伴侣的收入水平的相关系数从低于 0.40 到 0.60 不等。

资料来源：Heathcote 等（2010）。

问题做了报告。从跨国和宏观经济的比较角度来看，这显示了体制的相关性，特别是它们对失业率（即零工时和零收入）的影响，反过来这又大大加剧了收入不平等。① 我们将在本章稍后部分详细阐述其方法的要素。当然，有些研究调查了最低工资这一特定制度对收入分配的影响；"最低工资影响工资离差"的相关主题广泛出现在大量文献中。Charles Brown（1999）在其对相关文献的综述中指出：许多家庭有几个收入贡献者（即多收入家庭），拥有最低工资的个人可能来自一个相对富裕的家庭。基于一些简单的统计数据，他补充道：最低工资水平对缓解收入不平等没有多大帮助。基于这些数据，他表示：低收入的贫困员工占比低，且许多贫困家庭并没有劳动者。Neumark 和 Wascher（2008）总结了他们自己及其他学者在最低工资领域的诸多研究成果。他们认为，收入和就业对美国影响的综合证据最好概括为"表明最低工资的提高在很大程度上导致了低收入家庭收入的再分配"，正如在某些人增收的同时，其他人可能面临就业机会和收入减少。然而，Arindrajit Dube（2013）发现：对于平等家庭收入分配的最低分配数，最低工资弹性相当大，并从现有文献［包括 Neumark 和 Wascher（2008）的著作］的评估中提出，这一发现与此一致。

　　然而出现了另一类新兴的文献，主要研究与家庭收入分配有联系的制度的作用，尤其针对相关的新制度，如产假、税收抵免，包括美国的低收入家庭福利优惠（EITC）、英国的低收入家庭福利优惠（WTC）和无限期停留在相同工作岗位的权利（Brewer et al. , 2006；Dingeldey, 2001；Dupuy and Fernández-Kranz, 2011；Eissa and Hoynes, 2004, 2006；Mandel and Semyonov, 2005；Thévenon, 2013；Thévenon and Solaz, 2013；Vlasblom et al. , 2001）。然而此类文献观点

① OECD（2011）还倡导将失业者归零纳入研究年工资性收入分配对总收入分配的贡献中。

局限于就业效应,过度聚焦于特定方面的不平等。例如,女性劳动力供给或女性参与就业差距,却忽略了收入方面,而且未考虑不平等的总体形势、收入不平等的影响或两大分配之间的相互关系。① 我们在这里提及这些文献,并尝试将这些新制度因素措施纳入我们更广泛的框架中。尽管我们确实在一个更广泛的框架中考虑到了这一点,该框架包括收入不平等(如Burtless,1999),但是最后我们省略了只关注家庭结构和组成对收入不平等的影响的人口学相关文献(如 Brandolini and D'Alessio,2001;Burtless,2009;Peichl et al.,2010)。

我们主要运用两种方法来收集相关文献资料(见本章附录D的表18. A7列示的相关文献摘要)。第一种方法是基于对不同分配的直接比较;第二种方法是基于对收入不平等的分解,其重点是收入的来源,尤其是年度工资性收入。后者在对分解后收入衡量指标的选择上存在很大的差异[主要是已有的不平等的综合衡量指标,如基尼系数,也包括一些新设计的衡量指标,如 Corluy 和 Vandenbroucke(2013)提出的"极化指数"]。② 更重要的是,在该文献中,我们采用了独特的精确分解技术,这深刻地影响了研究结果。在文献资料研究过程中,缺乏统一的、普遍接受的分解方法妨碍了典型化事实的建立。③ 这种情况在一定程度上推动了第一种比较方法的发展。除此之外,我们可以观察到,分解方法以两大分配中的一方为逻辑起点,而不考虑对另一方的影响。因此,目前尚不清楚,在女性就业参与率提高且个人收入不平等加剧的情况下,这种就业增加是否会导致家庭收入不平等的加剧。我们将简要讨论这两种主要方法。

18.2.2.1 对比分布

Gottschalk 和 Smeeding(1997)是最早做出贡献的研究之一。他们探讨了缓解工资性收入和总收入分配不平等的各种措施,但这些措施基本上是相互孤立的。他们得出的结论是:"迫切需要一个更为完善的收入分配和再分配的结构模型,这种模型可以应用于各个国家。"理想情况下,一个总体框架将同时模拟所有收入来源(劳动收入、资本收入、私人转让、公共转让和各种形式的税收)的产生以及收入分配单位的形成。如今,这仍然是一项艰巨的任务。在缺乏这样一个框架的情况下,分解方法只是一种"机械操作"。

Burtless(1999)比较了1979—1996年美国的个人年收入分配与个人平均收入分配的情况。在保持收入不平等水平不变的情况下,通过对个人收入分配的简单反事实检验,他发现,总体收入不平等的潜在增长中,有三分之二会发生,仅有三分之一可能由收入变化引起。在后者中,他将13%的增长归因于家庭中男性和女性收入之间日益增强的相关性。此外,因为单身成年家庭群体内部的不平等程度更高,所以他们在人口中所占比例的提高也加剧了不平等。

---

① Liebman(1998)发现20世纪90年代中期,由于 EITC 的影响,收入总额中最低的五分位数和第二高的五分位数的收入份额略有增加;然而,这些份额仍然远远低于20年前的水平。另请注意,Hyslop(2001)和 Schwartz(2010)专门研究了配偶的收入与收入不平等的关联性。

② 注:这考虑的是就业在家庭中的分布,而不是第5章讨论的就业在工资、职业或任务上的分布。

③ Gottschalk 和 Smeeding(1997)表明其对分解方法的怀疑,并指出文献中存在相当不同的研究结果。同样,Gottschalk 和 Danziger(2005)指出,他们"并不试图将家庭收入的变化分解成各个部分,因为除了分解方法,还有很多方法可以做到这一点。分解并非公认的最合适的方法"。为此,Shorrocks(1983)对分解方法提出了警告,最新的批评请见 Kimhi(2011),也可以参考 Cowell 和 Fiorio(2011)提出的可能的解决方法。

Reed 和 Cancian(2001)模拟了美国在 1969—1999 年的反事实分布,而不是采用分解方法。他们认为,这种模拟允许使用多种不平等衡量标准,观察分布中的不同点,并纳入结婚率的变化。他们发现,女性收入分配的变化在整个分配过程中占家庭收入增长的大部分,而处于底层的女性所占比例更高,这使得不平等程度有所降低。相比之下,男性收入的变化占家庭收入分配基尼系数增长的 60% 以上。

Gottschalk 和 Danziger(2005)以一种相互关联的方式分析了不平等在四种不同百分位数分布中的演变:个人小时工资率、个人年收入(以及相应的年收入小时数)、家庭年收入和家庭调整总收入。前两种分布在收入鸿沟的一端,另外两种分布在另一端。有趣的是,他们通过使用一致的个人样本,根据家庭总收入对个人的年收入进行排名,从而缩小了差距。收入不包括个体户,分析结果在男性和女性之间存在分歧。重点是利用 CPS 数据考察美国在 20 世纪最后 25 年的演变情况。[①]

不过,Atkinson 和 Brandolini(2006)在很大程度上考虑到工资离差的趋势,利用 2000 年前后的卢森堡收入研究(LIS)数据,比较了八个国家(加拿大、芬兰、德国、荷兰、挪威、瑞典、英国和美国)的个人年收入离差的基尼系数与调整后可支配家庭收入的基尼系数。他们每年进行比较的因素包括非全时收入和半年期收入,但不包括就业分布情况。因此,他们不对小时工资率(劳动力市场上的传统工资不平等)进行直接比较。此外,他们不像 Gottschalk 和 Danziger(2005)那样根据相同的排名对个人和家庭进行比较。他们发现,北欧国家和欧洲大陆国家的工资和收入的基尼系数相似,而加拿大和美国的基尼系数更高。在工资上,英国与其他欧洲国家一致;而在收入上,英国却像北美国家。

Lane Kenworth(2008)指出:"如果每个家庭都只有一名就业人员,那么家庭收入分配将完全取决于就业个人的收入分配。"他提到家庭可能有多名就业人员,而这主要由家庭中的成年人人数决定。然而,他在分析中撇开了这一点,把重点放在了"有几名就业成员(非全部就业)的家庭"和"没有任何成员参与就业的家庭"的二分法上。他利用 12 个国家(澳大利亚、加拿大、丹麦、芬兰、法国、德国、意大利、荷兰、挪威、瑞典、英国和美国)的卢森堡收入研究(LIS)调查数据,发现税前家庭收入不平等与全职就业个人的收入不平等密切相关,并受家庭规模和家庭构成的影响;税前家庭收入不平等与收入为零的家庭(户主无收入)发生率的相关性较弱,与婚姻同质性(定义为配偶年度收入的相关性)的相关性则更弱。总就业率和非全时就业率似乎没有起到任何作用。

Večerník(2010)也使用卢森堡收入研究(LIS)数据单独考虑雇员,也将雇员及其家庭一同纳入考量范围。他重点研究四个中东欧国家转型的影响,并将这四个国家与德国和奥地利进行对比。他尤其注重比较家庭中除配偶以外的其他收入获得者,并有效地区分了双收

---

① Gottschalk 和 Danziger(2005)的方法非常适用于跨时期的观点,但很难从截面上解释。截面研究根据家庭对男女性收入者进行排名,这在很大程度上会产生重叠的集合,且集中在较高收入分配上。在较高收入分配家庭中,男女性成员一般都是就业人员。该方法的一大缺点是,它未探讨单身家庭或家庭中可能存在的第三收入者的作用。Gottschalk 和 Danziger(2005)发现,"对于女性来说,工时的变化抵消了工资不平等的加剧。20 世纪 80 年代初,男性工资和收入不平等的加速,随着其他家庭成员收入的增加而消失"。因此,人们发现家庭可以缓解劳动力市场的不平等。

入家庭和多收入家庭。他指出,多收入家庭会对家庭总收入产生重要影响;在所有国家,该群体之间的收入不平等形势严峻,这可能在很大程度上影响总体不平等。斯洛伐克的收入占比最高(19%),基尼系数比其他国家更低,是造成总体不平等(39%)的主要原因。这与德国形成了强烈对比:德国的收入占比对总体不平等的影响最低(4%和8%),而群体内的不平等程度最高(0.93)。这似乎表明,西欧其他工薪阶层的人口特征可能与东欧大不相同。[①]

最后,Salverda 和 Haas(2014)利用 EU-SILC 统计数据,在上述一些方法的基础上,比较了2010 年欧盟 25 个国家截面上的十分位分布和高低收入不平等比率(第十个十分位数相对于第一个十分位数的份额或平均值)。这些数据显示了双收入家庭,特别是多收入家庭如何集中在家庭收入分配的顶端:在欧盟国家,平均只有 10% 的最高收入家庭是单收入家庭,而几乎 90% 的家庭是收入最低的家庭(与图 18.5 相比)。不出所料,双收入家庭和多收入家庭通过组合通常远低于收入分配顶端的工资水平跻身收入分配的顶端,这与少数能进入收入分配顶端的单收入家庭形成了鲜明对比。就各国而言,双收入家庭中主要收入者的收入仅为单收入家庭收入的 60%,而在多收入家庭中,这一比例不到 50%。Salverda 和 Haas(2014)将家庭收入分配与两种不同的个人收入分配方式进行了比较:一种是根据家庭收入排列的,另一种是根据自己的个人收入排列的。他们发现,通过将家庭成员活动的叠加与组合效应,家庭成为加剧收入不平等的重要因素,但同时它也缓解了个人在劳动力市场上工时和薪酬水平方面的不平等:收入较高或工时较长的工人与工时较短或收入较低的工人相重合。同时,在国际比较中,工作时数的差异不大。显然,一个人不论其在哪个国家,只能工作这么多小时,而且反映在家庭收入不平等比较水平上的主要差异毕竟是劳动力市场上个体自身工资的不平等(差距)。

图 18.7 比较了家庭总收入与分图(a)中的个人工资以及分图(b)中的工时的关系。如果按家庭各成员(曲线 3 和曲线 6)而不是按劳动力市场(曲线 2 和曲线 5)中的个人表现排名,则较低水平的个人收入不平等和年收入表明家庭相对于劳动力市场的弱化效应。家庭收入和小时数(曲线 1 和曲线 4)由于个人收入的增加而分配得更不平衡。然而,这些收入是在较低和较高的水平上获得的。与分图(a)相比,分图(b)还表明,小时数上的不平等程度远低于各国国内外的收入不平等程度。这是可以理解的,因为一年中只有这么多小时,而且一个家庭中的工作者的总数实际上并不多。

18.2.2.2 家庭收入不平等的分解

文献中的第二种相关方法是基于收入不平等的分解,特别是通过收入来源,可以仔细检查收入或就业对不平等的影响。关于分解的研究存在显著的差异:它们的性质、分解后的变量、分解技巧(Fortin et al. , 2011)。如果进行不同的选择,那么得到的结果也不尽相同。

---

① Večerník(2013)再次借助回归分析,研究 1988—2009 年捷克两种分配方式的演变情况,发现教育在两种分配中都发挥着重要作用,且教育通过妇女作为婚姻伴侣的就业和收入发挥作用。

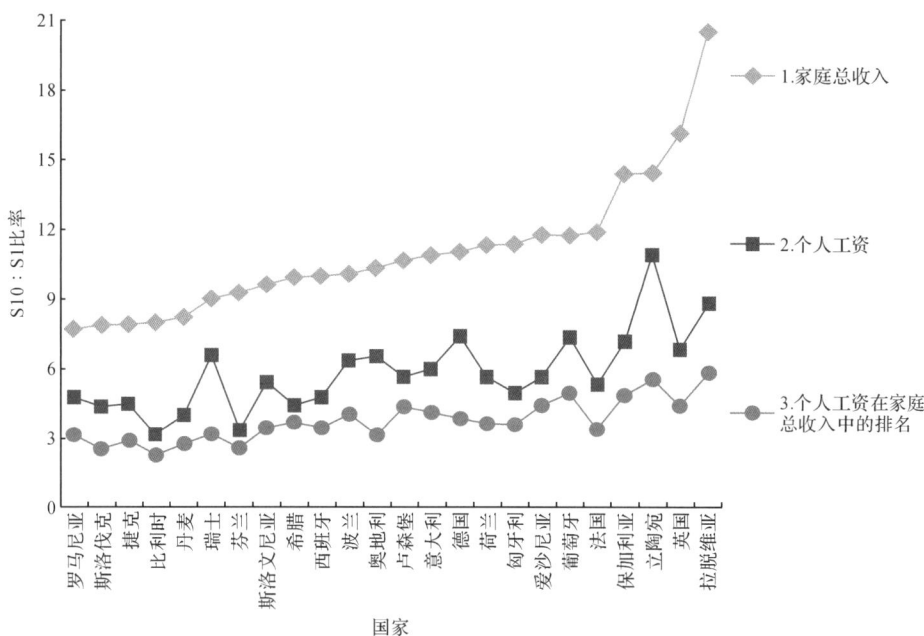

(a) 年度收入分配

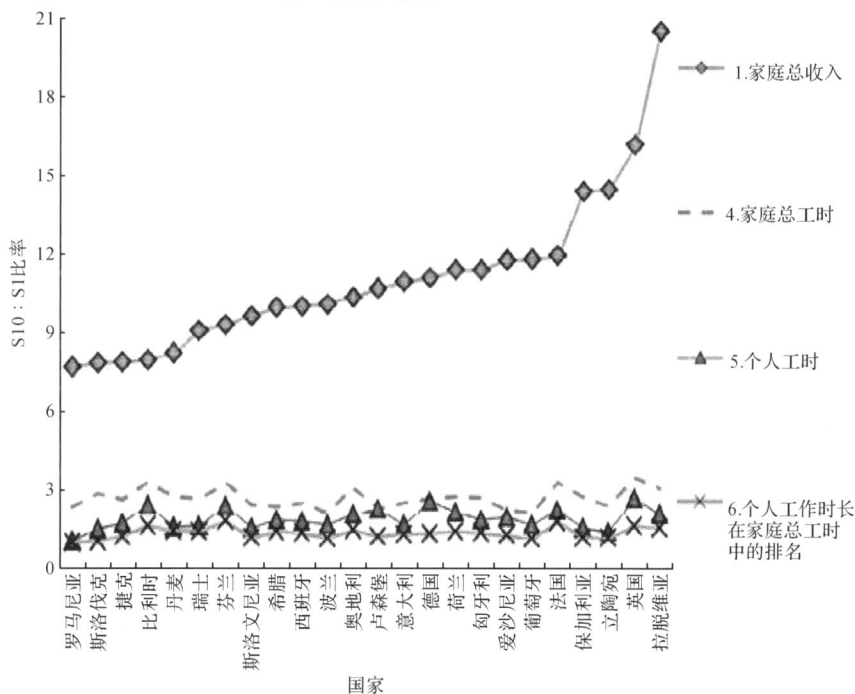

(b) 年度工时分配

图 18.7　2010 年欧洲部分国家就业人员及其家庭的比率(s10 : s1)

　　注:在罗马尼亚,年收入最高十分位家庭的平均家庭总收入比最低十分位家庭高出 8 倍;若以个人收入排序,年收入最高十分位个体的收入比最低十分位个体高出 5 倍;而按家庭年收入排名的情况下,只高出 3 倍。该样本涉及的是从年度(工资性)收入中获得主要收入的家庭。上下比例介于最高十分位数至最低十分位数之间的平均水平。

　　资料来源:Salverda 和 Haas(2014)。

在最早的一项研究中,Shorrocks(1983)在1968—1977年使用美国收入动态追踪调查(PSID)的数据得出的结论是:资本收入和税收的分配效应远大于工资所得,这反过来促进了转移性收入(包括退休金、年金)的影响。

Van Weeren和Van Praag(1983)在1979年使用一个覆盖七个欧洲国家(比利时、丹麦、法国、联邦德国、意大利、荷兰和英国)的特殊数据集将收入不平等分解为一些子组。有趣的是,他们特别关注户主的就业状况以及贡献家庭收入的人数。这两个因素是丹麦的不平等问题产生的主要原因,而在荷兰和英国,就业对收入的影响较小。

Blackburn和Bloom(1987)仔细比较了1967—1985年美国家庭年收入分配和个人年收入分配。使用各种总体不平等测度,他们发现,尽管收入不平等已经改变,但年度收入不平等几乎没有改变。他们将分配分成五个部分,这种变化似乎主要集中于他们所谓的"上层阶级",即收入超过中位值225%的家庭。通过时间序列回归分析,他们得出结论,尤其是这些家庭中非主要收入者的增长促进了这一增长。Blackburn和Bloom(1995)对20世纪80年代的不同时期进行了国际比较。对美国、加拿大和澳大利亚来说,他们发现已婚夫妇家庭的收入不平等加剧了,而且这与丈夫收入不平等的加剧密切相关。在法国和英国也发现了已婚夫妇收入不平等加剧的证据,但在瑞典和荷兰没有发现这种证据。在各个国家,家庭收入不平等的加剧与丈夫和妻子收入之间的相关性密切相关。在加拿大和美国进行的更详细的调查表明,这种增长不能通过在任一国家中丈夫和妻子可观察到的劳动力市场特征的相似性增加来解释。相反,这在一定程度上可以用影响劳动力市场结果的夫妻关系的不可观测因素的变化来解释。

Karoly和Burtless(1995)根据人口普查和当前人口调查(CPS)数据,按照Lerman和Yitzhaki(1984)对1959—1989年美国个人平均收入分配的基尼系数的演变进行了分析。他们的发现与Burtless(1999)的研究结果基本相同。1969年以前,收入不平等的缓解在很大程度上归因于男性户主收入不平等的减少。1969年之后,同样的群体对三分之一以上的不平等现象的增加负有责任。自1979年以来,妇女收入的提高增加了不平等现象,因为她们集中在高收入家庭。

Cancian和Schooeni(1998)使用20世纪80年代的LIS数据分析了10个国家。他们发现,嫁给高收入丈夫的妻子的职场参与度比嫁给中等收入男子的妻子高很多。[①] 同时,在所有国家,妻子收入的缓解效果实际上略有增加。在他们看来,伴侣之间收入相关性前所未有的增加将导致不平等效应加剧。

Evelyn Lehrer(2000)从美国家庭和住户的全国调查中发现,1973—1992年和1992—1994年,妻子的贡献的均衡影响显著增强,部分原因是女性收入相对于男性收入的离差缩小。这似乎与Karoly和burtless(1995)的结果相反;然而,她的发现只涉及已婚夫妇和他们的收入,而不是全部的个人收入分配。

Del Boca和Pasqua(2003)使用地区差异和将妻子收入缺失作为反事实来考虑1977—

---

① 严格地说,他们不会分解,而是使用已婚伴侣之间的变异系数的简单分配来研究妻子对这一类别中不平等的影响,因此,他们不会将收入分配作为一个整体来处理。

1998 年意大利的丈夫和妻子的收入分配。此外,工人效应还体现在家庭中,特别是在北方,那里有更多可接受和可选择的工作时间以及更多的儿童保育支持。这里,妻子收入离差的减少似乎抵消了丈夫收入离差的增加,以及 1989—1998 年配偶之间收入增加的相关性。

Johnson 和 Wilkins(2003)在 DiNardo 等(1996)的研究之后,研究了 1975—1999 年澳大利亚的不平等现象,发现了工作分配在家庭中的变化——例如,双职工家庭和无职工家庭的增加是私人收入不平等加剧的最重要的单一来源,这些变化本身就占不平等加剧的一半。

Daly 和 Valetta(2006)使用美国的当前人口调查数据,采用部分 Burtless(1999)提出的方法,并结合 DiNardo 等(1996)提出的分解方法,发现在 1969—1989 年,男性收入对加剧美国家庭收入不平等的影响(50%—80%)比 Burtless(1999)在其研究中所阐述的要更大一些。妇女就业参与的增长抵消了这一增加。他们解释了男性扮演的更重要的角色,因为他们的研究方法可以解释越来越多的停滞和失业现象。

《经济动态评论》2010 年的特刊①对经济不平等的各个方面列出了一个有趣而重要的清单,包括个人收入与家庭收入差距的分配,以及工资与工时的分配。这组针对七个国家的论文对收入分配状况进行了有价值的描述。此外,还对收入或工时的对数方差进行了一些分解操作。这些分解涉及了有限但重要的特征范围(性别、教育、年龄、经验、地区、家庭结构)。分析结果显示,这些变量对演变过程的解释力较弱,几乎在所有案例中,主要变动都体现在残差项中。特别值得关注的是图 18.8,其中图(a)展示了时薪对数的方差,图(b)呈现了个人年度工时的方差。两者处于不同的水平,后者现在比前者低得多,而且它们的演变似乎朝着相反的方向发展,前者明显上升,而后者下降。对于年收入(很少能从影响中得知)而言,隐含的影响是一个更大的差异,然后影响到家庭收入。

Lu 等(2011)利用这两年和 1995 年的人口普查数据研究了 1980—2005 年加拿大家庭收入分配(均等化)的发展。他们再次采用 DiNardo 等(1996)的分解方法,研究发现,1980—1995 年,家庭收入不平等现象有了显著的增加,但在 1995—2005 年,家庭收入不平等现象有所减少。收入结构的变化(例如受教育程度差异带来的影响)与家庭构成的变化(已婚夫妇减少,单身个体和单亲父母增多)是导致家庭收入不平等加剧的关键因素。随着妇女就业率的持续增长,家庭特征的重大变化(包括人们越来越少选择与有相似教育背景的人结婚以及女性与受教育程度低于自身的男性婚配的减少)具有最重要的抵消作用。有趣的是,作者特别关注了收入前 1% 人群的分配比例,提到在 1995—2005 年,这一比例显著上升,且与家庭收入不平等程度的下降形成鲜明对比。然而,他们在分析中没有进一步强调这一点。

Larrimore(2013)再次聚焦美国当前人口调查数据,现在针对 1979—2007 年,并借助于偏离份额分解,发现了随后 30 年之间的重要差异:20 世纪 80 年代,配偶收入相关性的变化导致了收入不平等的增长,但 90 年代则不然(与图 18.6 一致)。在 21 世纪第一个 10 年,男性

---

① 与此相关的一组国家是加拿大(Brzozowski et al.,2010)、德国(Fuchs-Schuündeln et al.,2010)、意大利(Japelli and Pistaferi,2010)、西班牙(Pijoan-Mas and Sánchez-Marcos,2010)、瑞典(Domeij and Floden,2010)、英国(Blundell and Etherigde,2010)和美国(Heathcote et al.,2010)。尽管从一开始就进行了全面的比较,但仍然存在一些不可比较的地方,特别是在个人年收入和家庭收入分配方面,这些并不总是在同一基础上进行比较(预扣税、税前、税后或同等可支配收入)。

户主的收入变化降低了收入不平等程度,而收入不平等的持续加剧是由女性收入不平等的加剧和两性就业的下降引起的。

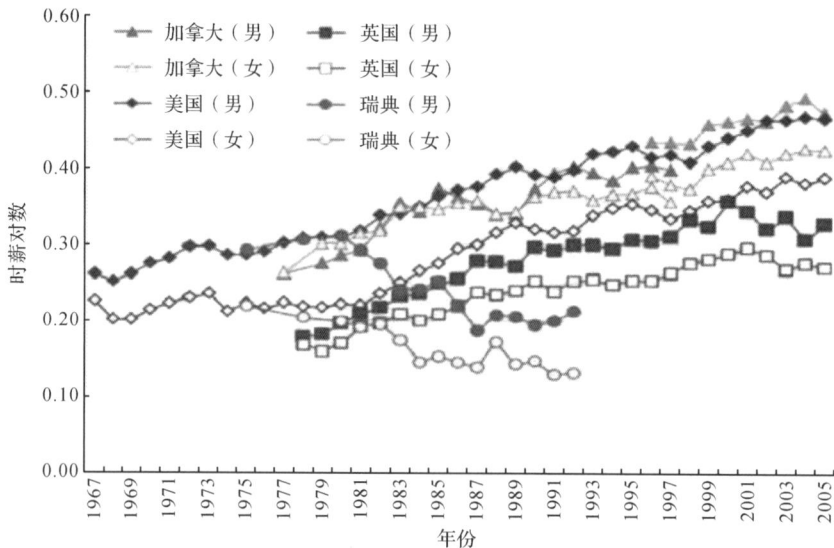

(a) 时薪对数

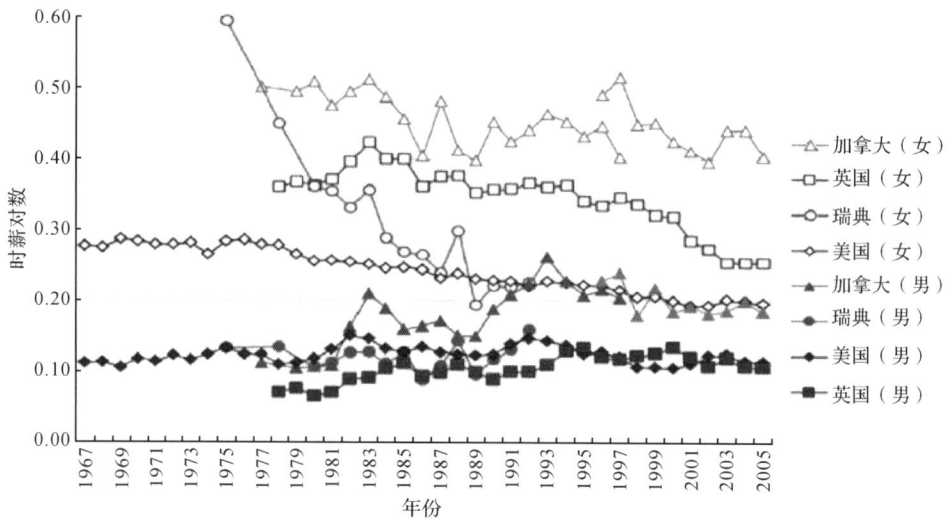

(b) 年工作时间

图 18.8 2010 年美国、英国、加拿大和瑞典按性别分列的 25—59 岁人口的演变

注:美国男性的时薪对数方差从 1967 年的 0.26 增加到 2005 年的 0.47。

资料来源:Blundell 和 Etheridge(2010)、Brzozowski 等(2010)、Domeij 和 Floden(2010)以及 Heathcote 等(2010)。

最后,最广泛的分解研究似乎是通过 Brewer 等(2009)、Brewer 和 Wren-Lewis(2012)的研究所呈现的。对于国家平等面板数据(Hills et al. , 2010),他们使用 Fields(2003)和 Yun(2006)开发的基于回归的分解方法,在许多方面剖析了 1968—2006 年很长一段时间内英国收入不平等的趋势。[①] 结果如图 18.9 所示。20 世纪 80 年代,所有家庭的总体不平等程度从低于 100 上升到超过 160。家庭总收入对这方面的影响分别由单职工和双职工家庭以及两者支付的税收总额(叠加阴影区)来分摊。总的来说,单职工家庭的作用没有改变,在 20 世纪 80 年代有暂时的增加。双职工家庭的状况与总体不平等状况大致相当;它们的增长也有些集中于 20 世纪 80 年代,尽管在 20 世纪 80 年代之后继续以较慢的速度增长。总体上,单职工和双职工家庭的收入不平等在某种程度上滞后于 20 世纪 80 年代的不平等增长。这一缺口被来自个体经营、投资和养老金的收入所填补,收入的作用在 20 世纪 80 年代增加了一倍多(未显示)。[②] 由于税收(需要扣除的负领域)的增加,收入的净效应也减少了。在 20 世纪 70 年代中期之前的初步增长之后,这种增长更加缓慢,并持续到整个时期,但与收入相比几乎没有变化。

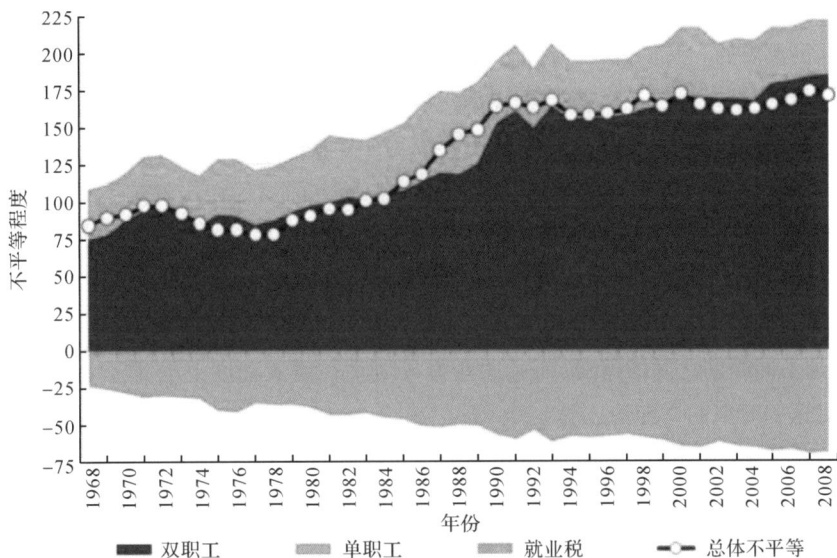

图 18.9　1968—2008 年英国家庭收入对总净平等家庭收入不平等的影响

注:总体不平等线是由夫妻和单身人士在就业中对不平等的贡献加起来,再减去他们所缴纳的税款而得到的。不平等以放大 1000 倍的对数方差衡量。贡献总额并不完全等于非雇员类别的市场收入,例如养老金已被排除在外。这些影响恰巧部分抵消了,但其总额已从 1968 年的 0 点增长到 2008 年共计 171 点中的 19 点。

资料来源:Brewer 和 Wren Lewis(2012)。

在本综述的最后,对这些结果(包括重复性研究)进行仔细和详细的比较似乎是很有必要的,以便于找出它们有分歧甚至互相矛盾之处,并探讨差异是否真实存在,即与研究的核心时期或样本相关,或与人为因素有关(源于数据集、分解方法或等价化处理方法)。可惜的是,无论这种方法多么有用,这样的元分析完全超出了我们的研究范围。

---

① 遗憾的是,他们将总收入与同等可支配家庭收入进行比较,但他们在税收和福利之间进行分解。
② 福利的相对作用(包括税收抵免)在 20 世纪 80 年代中期之前一直在增长,但随后几乎减半。

18.2.2.3 对制度和收入作用的启发

虽然我们不能也不会对工资离差和收入分配采取全面的办法进行研究,但我们仍然可以询问从上面的论述中能学到什么,以及如何考虑工资离差和制度。首先,我们必须牢记,劳动力市场收入对家庭收入及其分布有重要贡献。这意味着,由失业或无事可做导致的这种收入短缺占比也很大。

研究发现,随着女性劳动力市场参与度的不断提高,工资离差对收入分配的直接影响逐渐减弱,同时家庭联合劳动供给的作用也逐渐增强。这使得两种分配之间的关系复杂化,也可能影响劳动力供给的劳动力市场行为。不管怎样,它发挥了一系列新制度的作用,这些新制度可能会影响就业、工作时间和工资,以及它们在家庭中的集中度。这可能会影响工资不平等的程度。除了传统的劳动力市场分析中的制度,还应考虑新制度。

另一个重要推论是,除了工资,还要考虑工时及其离差的重要性。考虑到几个原因,时间因素是很重要的。我们需要考虑时间因素来全面了解劳动力市场对家庭收入的影响。不同性别、不同国家之间的工时差异显著,而且随着时间的推移也会发生变化。此外,兼职和临时工作本身发挥的作用越来越大,这使其成为一个更重要的维度,而且,考虑到工时和工资之间的相关性,这一维度也可能在决定工资的离差方面发挥作用。在不同的国家,工时和工资之间也可能存在不同的权衡。与此同时,工时的作用可能相对不那么重要;由于自然条件的限制,国际比较中,它比工资的作用更为温和。

此外,我们可以得出这样的结论:一种尺度并不适合所有国家。我们发现了显著的差异,尤其是不同时期之间的差异,而且这些差异似乎在更大程度上受到了关注[见 Larrimore(2013)对这一时期的详细描述]。

有趣的是,性别、年龄、教育和家庭类型等重要特征的可比分解似乎在几乎所有国家都扮演着一个非常小且平缓的角色,而剩余工资则扮演着很重要的角色,这可能和国家的特性有关。

18.3 工资离差:计量和典型化事实

在我们开始分析 18.4 节中的工资不平等和制度之前,我们已经讨论了衡量这些不平等的方法,并介绍了有关工资不平等的文献中的典型化事实。18.3.1 首先讨论了衡量工资不平等所涉及的问题,并快速介绍了数据来源。接下来是"典型化事实"的介绍,我们将其定义为当前被学者所接受的最先进的工资不平等知识,尽管他们的观点和方法不同,但这是必要的解释。这些事实首先涉及不平等的总体水平,即国家最全面的分配。为此,我们根据不平等的不同测度以及工资变量的不同定义来讨论结果。18.3.2 考虑了分散不平等问题,一方面强调了分布的特定部分,如尾部或中部;另一方面根据人口统计学或劳动力市场标准,分析了人口的各个子样本之间的不平等。在 18.3.3 中,我们从 30 个国家的比较中提供了一些新的经验证据,我们在 18.3.4 的经验方法总结中详细阐述了这些证据。

18.3.1 收入不平等测度和数据来源

Blackburn 和 Bloom(1987)详细论述了在衡量和定义工资不平等时精确性的必要性。[①] 根据他们的建议,我们需要注意至少四个方面:

(1)不平等的测度;

(2)工资变量的定义(包括其时间维度);

(3)所覆盖人群样本的选择;

(4)数据源的性质。

显然,对工资不平等的研究为长期以来备受关注的不平等研究增加了几个重要的计量问题(Atkinson,1970;Jenkins and Van Kerm,2009)。在讨论数据源和下面部分的典型化事实之前,我们将依次讨论这四个问题。

在此之前,我们提到了一般性的观察。这里的工资定义为"工资率"[②],最好是针对工作时间[③]及劳动者工作努力的差异进行控制,而我们将"年收入"或"小时收入"视为这些工资率与工作时间的乘积,因此也反映了个人努力的差异。为了方便起见,我们统称为探讨"工资不平等"现象。然而,这并不意味着我们只局限于分析工资率的不平等;相反,我们的目标也在于考虑时间和收入的离差。我们将明确区分概念,不仅要提及工资,而且要使用适当的概念:每周、每月或每年的小时数或收入。[④] 在专门从事有薪工作的时间(以小时为单位)做出相同的努力的基础上,工资率针对的是劳动者个体间的比较分析。如前所述,工时已成为反映劳动力市场运作和不平等的一个日益重要的方面,并将得到应有的重视。

18.3.1.1 收入不平等的测度

虽然基尼系数是收入不平等分析中非常流行的一个指标,但在工资不平等分析中很少被采用。相反,方差、平均对数偏差、泰尔指数和标准差等指标更为常用。[⑤] 可惜的是,由于它们的总体性质,这些测度几乎不能告诉我们不同时间段和不同国家间的差异在分布中的位置,尽管这些测度的分解在很大程度上有助于确定并重新建立基础流程。在工资不平等

---

① Blackburn 和 Bloom(1987):"研究总收入和年收入不平等的最新趋势得出的结论往往是相互矛盾的,很大程度上可以解释为研究人员对广泛的数据分析规范的依赖。例如,以前研究的重要维度包括:涵盖的时间段;家庭单位的定义方式;个人收入研究归纳的人口类型(例如,所有收入者、私人非农业工人、男性收入者、工资和薪金工人、全职和全年工作者等);以及年收入和总收入的测度(例如,家庭总收入、同等家庭收入、家庭总年收入、小时收入和薪金收入等);测量年收入的时间单位(例如,年度、每周或每小时);年收入测度的性质(例如,普通年收入或平均年收入);不平等测度(如基尼系数、收入阶层份额、对数方差、变异系数、平均对数偏差等);个人或分组总收入/年收入数据的使用;样本权重的处理;估算收入的观察值的处理;总收入和年收入的最高编码值的处理;以及在样本中包括观察结果的其他准则,例如被调查者的年龄,以及被调查者在调查时或调查前一年是否在工作。"

② "工资率"作为时薪可以是工会和雇主之间商定的工资标准的一部分,尽管这一协议也隐含了工时。然而,由于奖金、绩效工资、劳动力市场稀缺等原因,实际个人收入往往会偏离这些标准(Salverda,2009)。

③ 注意,这可能会增加测量误差。

④ 这里,我们不同于 OECD(2011),OECD 遵循一个更复杂的计划,可能会造成混乱:他们的"时薪的离散"等同于我们的"时薪的离散",他们的"工资离散"等同于我们的"年收入分配"。"劳动收入"是美国不平等文献中遇到的一个概念,可以被有效地视为工资率。然而,它实际上等于一个工资率乘以他们的努力程度(通常是每周全职工人)。

⑤ 有大量文献讨论了这些测度的性质和有效性,例如违反转移原则的标准偏差,参见本手册第 6 章或 Jenkins 和 van Kerm(2009)。例如,比较 Karoly(1992),他考虑了针对美国工资不平等的广泛此类测度的经验结果。

分析中,百分位数比率起着非常重要的作用:P90∶P10、P90∶P50 和 P50∶P10 比率,它们相互关联着第 10 个百分位数、第 50 个百分位数和第 90 个百分位数。[1] 这些比率直接有助于将注意力集中在工资分配的特定部分,同时它们是直观的。它们随时间的演变反映了在特定分配点工资的差异变化。正如我们将在下面看到的,直到今天,关于最低工资对工资不平等的影响的辩论几乎完全是根据这些比率来进行的。这一比例也为科技在工资不平等日益加剧的决定因素中的角色之争中所发生的转变提供了重要的平衡作用。与收入分析相比,它们的受欢迎程度可能还与对个人及其在劳动力市场上的努力的分析更容易保持一致有关。[2] 请注意,这些比率是基于所选百分比(或十分位数)的上限工资水平,而不是基于它们在工资总额中的平均值、总和或份额。这意味着对这些比率的使用有一定的限制,建议添加一些扩展到平均值、总和或分配的度量方法。例如,如果在顶部与底部的十分位数中发生了重要的变化并影响到它们,那么,顶部十分位数和底部十分位数的平均值、总和或份额的比值(记作 S10∶S1)可能显示了不平等增长得比 P90∶P10 的比值更大。[3] 这正是最近对最高收入份额的分析得出的结论。在这一分析中,顶部十分位数的总和和所占份额,以及他们在较小比例上的内部分布,正是研究的主题。在类似的情况下,目前关于最低工资的许多争论似乎都在有效地分析工资分配中(甚至可能仅限于)最低十分位数的变化。值得注意的是,OECD 最近在其收入不平等和贫困数据库中引入了顶部与底部的比率。除了这些分位数比率,平均工资和中间工资之间的比率有时也被作为工资不平等的一个指标;在最低工资效应分析中,凯茨指数(Kaitz index)同样将最低工资水平与平均工资联系起来。然而,所有这些比率的一个缺点是它们不能被分解(Lemieux,2008)[4],尽管它们可能进一步被分解成更小的分数。

在同一系列的分散度量的指标中,还有一些其他指标也可以传递有关工资不平等的信息。这些涉及按外部工资水平标准定义的部分分配。根据 OECD 公布的数据,在实践操作中最为重要的一个指标是低工资就业率(Gautie and Schmitt,2010;Lucifora and Salverda,2009)。这是指在工资分配中工资低于工资中位数三分之二水平的所有员工所占的份额。[5] 重要的是我们要认识到,这是一个与劳动力市场分析有关的概念,与基于工资收入者家庭收入位置的工作中的贫困形成对比,前者显然与后者的分析有关。低工资的概念在美国工资不平等的分析中很少被使用,因为在美国,工作中的贫困概念更为频繁,这可能是因为贫困阈值在该国的公共话语中占有非常重要的地位。[6] 这两个概念之间的分歧表明,工人可能很穷(根

---

① 也可以表示为:D9∶D1、D9∶D5 和 D5∶D1 的十分位数,在第 1、第 5、第 9 个十分位数之间,上述百分位数是它们的顶部边界。在下面的文献中遇到的所有百分位数的比较可以被认为是这类测度的一种概括。

② 相对于个体雇员而言,作为分析单位的家庭类型显示出更多的变化,这很难与精确的百分比收入水平的使用相匹配,因为在特定收入水平上偶然会发现某种类型。

③ 比较"贫困差距",它是贫穷内部分布的一个指标。

④ 然而,Firpo 等(2009)开发了一种基于再中心化影响函数(RIF)回归的分解方法,他们实际应用于这些比率。

⑤ 虽然有一个明确和国际认可的低工资测度,但这并不适用于高工资。Salverda 等(2001)将高薪定义为高于工资中位数 1.5 倍,但文献中也有其他定义。OECD 的收入数据库也用同样的定义规定了高薪,但到目前为止只对少数国家采用这种方法。由此可见,只要收入分配的底端没有很好的定义,收入分配的两极分化也没有明确的衡量标准,这可能很容易被定义为在排除低工资和高工资就业之后仍然处于分配中间的部分。相反,正如我们将在后面看到的那样,两极分化似乎更多地被视为一种定性现象,来自对实际工资增长的观测。

⑥ 我们忽视关于"实验性贫穷测度"的辩论:原则上,欧洲的贫穷概念也有同样不同的焦点(见第 3 章、第 8 章、第 9章和第 22 章)。

据他们的家庭情况),尽管其工资水平远远高于低工资的阈值,反之亦然,领取低工资的工人可能生活在生活水平远高于贫困线的家庭中。[①] 随着时间的推移,低工资和贫困工资的变化可能会有所不同。图 18.10 清楚地指出了这一点。在 1995—2002 年,获得贫困工资的员工所占比例大幅下降。尽管低薪的发生率保持不变,家庭构成、家庭联合劳动力供给以及决定贫困线的价格演变可以影响前者,但不能影响后者,后者取决于工资的发展。

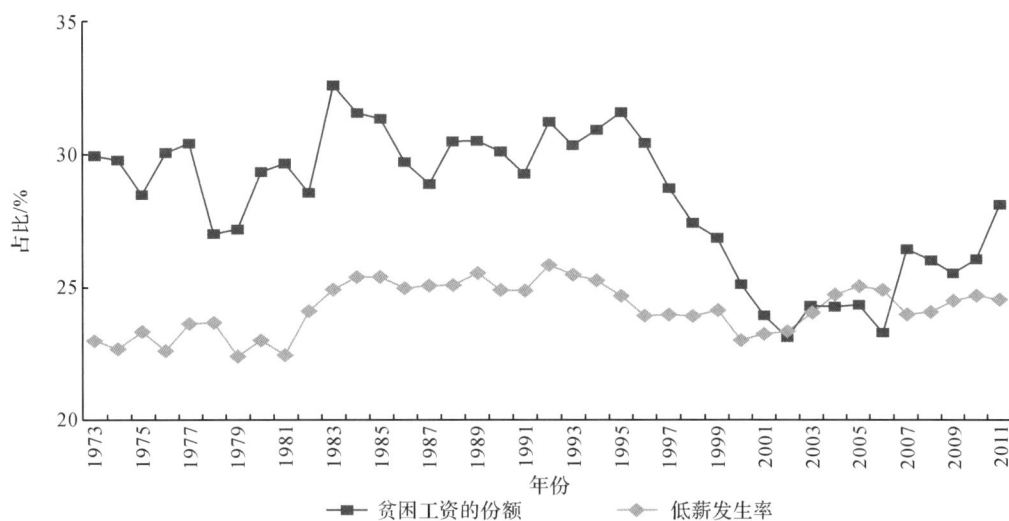

图 18.10　1973—2011 年美国获得贫困工资或低工资工人的份额

注:在 1996 年之前,所有获得贫困工资的雇员的百分比在 30% 附近波动,然后大幅下降;从 1983 年起,获得低工资的雇员的百分比在 25% 附近波动。贫困工资由家庭收入低于官方贫困阈值的个人所赚取;低工资被定义为等于或低于工资中位数的三分之二:根据作者对所有工人小时收入的估计,使用小数分布中的线性插值。

资料来源:作者根据经济政策研究所(EPI)《2012 年美国就业状况》中图 4E 和 4C 的基础数据计算得出。

作为低工资就业的一个类比,人们可以把最低工资或低于最低工资的工资发生率看作工资不平等的另一个简单测度。值得注意的是,尽管几十年来关于最低工资对就业的影响的辩论非常激烈,但这些统计数据是零星的。在国际上,一个可能的解释是法定最低工资的不普遍性或其复杂的性质,例如,法定最低工资适用于哪些人还不够明确,这是衡量低工资发生率时所没有考虑的一个问题。

最后,正如上面所暗示的那样,最高工资在工资分配中所占的份额与最高收入份额直接相关,这提供了另一种可以揭示工资不平等的可能的统计数据。我们稍后将看到,顶层薪酬在关于工资不平等的讨论中扮演着越来越重要的角色。

[①]　2011 年,美国的低工资阈值可以设定为每小时 11.89 美元(经济政策研究所《2012 年美国就业状况》表 4C),一年工作 2000 小时,年收入将达到 21340 美元,远高于单人家庭的官方贫困阈值(11702 美元,<65 岁),并且仅略低于有两个成人、两个儿童的家庭收入标准(22811 美元)。贫困阈值高达 50059 美元,是低工资年收入的 2.3 倍,而贫困阈值是由家庭规模和构成决定的。我们暂时忽略税收和社保缴费,而且正如引入试验性和补充性贫困测度所强调的那样,贫困线标准偏低。

18.3.1.2 工资变量的定义[①]

大多数文献都将工资变量的定义局限于雇员从雇主那里收到的工资,我们将在这里遵循这个惯例。原则上,我们排除了失业者和个体经营者(但是,这并不意味着应该将他们排除在劳动力市场分析和收入不平等之外——与我们在 18.5 节中的方法相比)。我们将关注工资总额,包括员工支付的税款和费款(也包括雇主代表税务机关实际扣留的工资总额)。然而,工资总额并非适用于所有国家,但幸运的是,它们适用的范围现在越来越大(例如,最近法国、希腊和瑞士开始提供工资总额;由于税收的增长,净工资可能会显示出较低的不平等水平)。此外,工资总额是比"雇员补偿"更为严格的概念,因为它不包括雇主缴费,如职业养老金和其他准备金。这是大多数国家缺乏相关观测数据的实际原因。[②] 定义为包括雇员税和费款在内的雇员补偿的工资总额,在原则上似乎是最合适的概念,因为它包括了所谓的"社会工资"。这包括雇员缴款、雇主缴款和所得税的权益,并且在不同国家差别很大(Gautie and Schmitt,2010)。最后,工资概念主要包括雇主实际支付的款项,可能会遗漏非正规现金支付,如小费,尽管它们(据推测)对一些国家的低工资者很重要。

鉴于工资的这一定义,我们希望在工资的时间维度上尽可能地做出清晰明确的阐释,这似乎极大地影响了不平等的明显程度。我们在前面讨论时薪率与工作小时数和时薪的乘积之间的区别时,已经提到了这一点。大多数关于美国的收入不平等的讨论都是以全职周工资(如果不是以全职全年工资)为框架的(Acemoglu and Autor,2011,1049),在我们的定义中是"年收入"。尽管这在很大程度上似乎是数据的便利性问题,但它可能对比较有重要影响。

第一,它忽略了兼职的发生率,这种情况在加班时间方面和各国之间都有很大差异。

第二,它忽视了全职工作时间本身的离差,这种离差的程度可能是相当大的,而且各国之间可能存在差异。[③]

第三,不同支付频率的时薪/年收入发挥不同的额外支付因素,例如奖金和其他的特别支付的频率较低,如按年度支付。这种支付通常会对不平等产生越来越大的影响,这种不平等可能会因为较短的时间范围而有所忽略。使用较短期限工资的年平均值可能会解决这个问题,但这不是标准做法。

第四,利用时间对观察结果进行加权,也会影响不平等的程度。这个问题与雇员的工作时间有关。薪酬观察——包括对时薪的观察——可以简单地从员工总数或工时入手,即从员工的工时权重入手。后者可以归结为全职员工的同等工资水平,受其影响,兼职员工在决定平均工资和分位数时的权重降低。显然,这种权重更接近于反映劳动力市场的经济状况,而不是劳动力个人收入的接受方,后者会影响劳动力对家庭福利和支出的重要性;双方都值

[①] 要更深入地讨论这些定义问题以及接下来要考虑的构成和统计观察问题,请参见 Atkinson(2008)。

[②] 通常情况下,这种贡献对员工来说并不广为人知,因此在家庭调查中被排除在外。他们在工资分配和国家之间可能存在很大差异。然而,在下面的典型化事实中,我们将提到一个关于员工薪酬分配信息的极好例子。

[③] 全职员工的比例平均从 81% 下降到 66%,女性全职员工比例从 69% 下降到 53%。在不同的欧洲国家,工作时间较长的员工比例骤降:例如,丹麦的员工比例从 95%(男性)和 85%(女性)分别降至 12% 和 8%,而德国的员工比例则从 100%(男性)和 99%(女性)分别降至 73% 和 64%。然而,在美国,这一比例仍然保持在略高于 90% 的水平,而且女性的数量正逐渐超过男性。这种女性的适应性在英国也有发现,但在其他国家没有,在这些国家,性别差距甚至可能扩大。

得考虑,不应只关注其中一方。

第五,在员工方面还有另一个时间问题:工资可能涉及一年内所有在工作的员工,也可能仅限于全年工作的员工,或者所有员工都可能被视为全年工作的人。这将涵盖所有在一年中进入或离开就业岗位(或两者)的人。虽然在全年选择中,他们会被排除在外,但是在年度化的全年等效方法中,统计者将按照他们在一年中的工作时间进行加权计算。在不同的社会群体中,兼职工作者的比例自然不同,但随着时间的推移,由于商业周期或临时工作的不同或变化的角色,不同国家的兼职工作者的比例也可能不同。尤其是新职工的工资水平可能较低,并且会显著影响分布左侧的不平等。他们涵盖的一年中实际是 3 个月而不是 4 个月的部分将对他们的收入产生重大影响,并可能对年度收入不平等产生显著影响。①

综上所述,我们认为时薪或年薪没有一个最佳定义,这取决于分析的目的。我们确实认为定义和目的应该是明确的、一致的,为了便利而采用快捷的数据统计方式可能对结果造成潜在的影响,是不可取的。

18.3.1.3　人口构成和人口样本

另一个值得一提的问题是分析涉及的那部分人口。在不平等分析中,以部分取代整体的方法(将一部分人视为整体的代表)是非常有风险的。人口的子集在总体分布中可能占据不同的位置,并且他们之间的不平等可能有很大的差异。他们的包容性或排斥性会对不平等程度产生巨大的边际影响,即使他们与整个人口规模相比相对较小。从性别、年龄、教育、个人或行业经验、职业、雇佣合同的性质及其保护以及工作(兼职)时间等方面进行选择,都会对总体结果产生重大影响。这个问题可能看起来很明显,尽管它经常是错误、混乱甚至扭曲的根源。例如,影响可能集中在男性、全职工作的人、适龄工作人口或只有正收入的人身上,就好像假设所有其他人口对总体结果或选定群体的结果都没有影响一样。想象一下,女性越来越多地从事低薪工作,而男性则被驱逐并离开工作岗位;这两个群体的工资不平等程度可能会下降,尽管总的来说,工资不平等可能会加剧。另一个现实的例子来自 Krueger 和 Perri(2006),他们根据一个(非常特定的)样本得出了关于美国整体家庭消费不平等的结论,该样本排除了没有劳动收入的非工作年龄家庭和农村家庭,这些家庭是可能对不平等产生重大影响的群体。即使所有的人口都一直被覆盖,跨类别的成分变化可能与不平等的演变高度相关,需要进行适当的审查。反之亦然,不平等的总体稳定性可以与许多不同类别中不平等的变化并存;在极端情况下,甚至所有类别都可能面临同一方向的不平等变化(以及它们相对位置的变化)。最后,重要的是在下面的文献综述中添加观察结果,组间不平等和组内不平等(毕竟会有残差)之间的区别取决于选择作为分解基础的变量。这种选择可能会受到典型化事实的启发,因此,人们可能对较大残差的影响不够重视,而这些残差实际上可能有它们自己的重要性,正如我们将要讨论的一些文献所强调的那样。

---

① 工资变量的时间基础是一个值得关注的问题,因为它可能导致工资不平等水平的重大差异。年薪不平等可能比时薪不平等大 5—6 倍(Karoly,1993);年工作时间的差异解释了这种差距。即使是在研究者频繁使用的每周时间的基础上,工作时间也有明显的差异(Karoly,1993)。第二,不同类别之间的工作时间的差异以及这些类别在总体中的权重将影响结果,既包括横向比较,也包括随时间的变化。例如,男性工作时间的分布似乎比女性的更为集中,而且他们的构成权重发展迅速;换句话说,全职的全年工作男性越来越不能代表整个工资分配状况。

18.3.1.4 数据来源/统计观测值

个人工资似乎比家庭收入更难从数据上进行观测。对于收入而言,税收的征收为收集行政数据提供了强有力和普遍的激励。这些数据通常是核心变量的精确性与其他变量(如个人特征)限制性的结合,例如,教育程度对税务机关没有直接的影响,但这种情况对于工资数据收集的全面性可能会有影响。可以收集行政数据以便登记个人社会保障权利,但其性质和覆盖范围将取决于权利规则的特殊性。例如,抽样可能仅限于那些有资格获得相关权利的人(例如,在试用期之后,工作达到最低时限,不包括加班收入),或关注他们的工作经历而不是实际收入,或仅覆盖他们的收入到相关阈值。尤其是在国际比较中,这可能会妨碍它们的使用。

我们需要专门的调查,因此从一开始就要进行成本效益权衡,这将影响变量的范围、人口样本和涵盖的时间段。这就解释了为什么调查可能集中在更容易收集的信息上,而且在数据的可用性和覆盖范围上也出现了显著的国际差异。因此,人们可以理解经合组织数据和美国数据中长期关注的焦点,以及对全职工人的分析[1]:在收入信息的基础上收集工时信息,以便确定时薪,或者以那些在本调查开展期间全职或常驻的工人信息为基础,收集一年中离职的工人的信息,这样做要求更高,成本更高,尤其是如果信息是从雇主那里收集的。不过信息和通信技术的发展极大地促进了企业数据向统计局的转移。雇主将根据自己的利益,处理有关工资的最准确信息。相比之下,如果从家庭中收集信息,那么关于工资的信息就不那么准确了,因为受访者可能不知道工资构成或税收和缴款的细节,或者实际上受访者可能比家庭其他成员了解得更少。同样,关于工作时间的信息可能在雇主来源和家庭来源之间有所不同,因为前者将侧重于合法的正式工作时间,而后者侧重的是工作涉及的实际时间,可能包括必要的旅行时间。有趣的是,在家庭调查中把注意力集中在全职全年雇员身上可能毫无意义,因为这会增加成本。同时,雇主对工人的个人特征(如教育程度或工人的家庭情况)的了解也会减少,从家庭调查中获得的信息的可用性和质量可能比从雇主调查中获得的更高。行政税务数据的另一个优势在于其更全面的时间覆盖——全年纳税——而家庭调查可能有缺陷,例如,调查问题是在一年中的什么时候提出的——这些问题是与上一年还是与当前一年相关?将时间维度与收益维度相加只会使这一点复杂化。[2] 最后,行政数据通常会涵盖人口的很大一部分,并确定所有基本问题都得到了回答,而其他调查只能覆盖更小的样本并且明显无法应答相关问题[3],因此也产生了不准确的结果。对于当前关注的顶层工资而言,无响应问题会更为重要;毫无疑问,税务数据在这里发挥着重要作用,尽管响应的顶层编码可能仍然影响数据的可用性,但这对时薪和年薪没有区别。随着行政数据的可得性日益提升,统计局正试图利用这些数据而不是向家庭或公司提出新的问题,并在其他调查中使用这些数据进行补充,从而模糊了这两类信息的区别。当然,行政数据和调查数据都会随

---

① 从20世纪80年代的相关研究一直到Acemoglu和Autor(2011)的研究。Heathcote等(2010)指出这一重点的不足之处。

② 下面我们必须将EU-SILC的工作时间与上一年的信息结合起来;PSID也面临类似的问题。

③ 以CPS中,高达二分之一的工资观测值可能由调查人员估算[华盛顿特区经济政策研究中心的约翰·施密特(John Schmitt)——个人谈话]。

着时间的推移而变化。税收制度或社会保障规则可能会改变并要求新增变量或删除现有的变量。一项调查也可能因为成本或者仅仅因为一项新的调查开始时没有适当注意其先例的连续性而被修改。[①]

尽管如此,文献中的主要数据来源首先是 CPS。这是一项始于 20 世纪 40 年代的家庭调查,提供了当时的表格数据,自 20 世纪 60 年代初以来,微观数据已可用于研究[较为完善的 CPS ORG(轮换组数据),自 1979 年才开始提供]。CPS 有不同的类型:3 月 CPS 和 CPS ORG 或 5 月 CPS 和 CPS ORG,人们需谨慎选择使用哪一种数据,这部分取决于使用它的目的。3 月 CPS 不适合时薪的分析,而 CPS ORG 在这方面做得更好,并且比 5 月 CPS 有更大的样本量。此外,CPS ORG 数据可以覆盖全年(前一年),而 5 月 CPS 可能会受到季节性影响。[②] 然而,对劳动收入进行顶层编码的做法可能会降低这一数据源对研究收入不平等的有用性。[③] 有时会使用其他几个美国数据源,例如 PSID(我们将在下面使用它来更好地模拟欧洲收入和生活条件统计数据)和人口普查,以及雇主调查,例如就业成本指数的微观数据(Pierce, 2001, 2010)。

在欧盟方面,连续两次欧盟范围内(面板)调查为研究提供了微观数据:欧洲社区家庭调查、欧盟收入和生活条件统计。欧洲社区家庭调查仅涵盖欧盟 15 国,除去 1995 年加入欧盟的奥地利、芬兰和瑞典。这项调查在 1994—2001 年进行了 8 次年度调查,得出了 1993—2000 年的年度数据。样本量和样本流失程度在各国之间存在很大差异,这取决于各国调查所附的价值。[④] 欧洲社区家庭调查已停止,并已被欧盟收入和生活条件统计取代,而且至今仍然有效。自 2003 年开始,收入和生活条件统计每年都会出现波动,并一直延续到 2012 年,当时,收入和生活条件统计再次发布了过去几年(大多数国家)的全年数据。收入和生活条件统计调查的国家覆盖范围随着欧盟成员国的扩展而扩大,并在 2007 年与冰岛、挪威、瑞士和土耳其一起实现了欧盟 27 个国家的全面覆盖。[⑤] 各国在抽样、定义等方面存在许多细微的差异,这些差异也会随着时间的推移而变化。重要的是,自 2011 年的浪潮以来,所有国家都可以使用工资总额变量,尽管到那时为止,有些国家只提供净工

---

① 欧洲社区家庭调查和欧盟收入与生活情况统计之间的衔接中断就是一个典型的例子,但在其长期的发展过程中,CPS 也出现了一些重要的变化。

② 另请参见 Lemieux(2008)的详细讨论。

③ "例如,在 3 月份的 CPS 中,报告的时薪和薪金直到最近都是最高的,达到一年 15 万美元,这几乎不高于 Piketty 和 Saez(2003)(2004 年为 125471 美元)税收数据中收入分配的第 95 百分位数。"一个不存在顶层编码问题的著名数据集是 PSID,但可惜的是,由于样本量较小,该数据集也不适合研究顶层不平等(Lemieux,2008)。

④ 特别是,教育变量在波动过程中受到不同国家对常用数据采集规范的不同解读的影响。在法国和荷兰,从 1997 年起,几乎所有的调查对象都被错误地划分为最低教育水平。与此同时,英国大幅度改变了其教育程度的分类,结果导致人口整体的教育水平被显著高估。

⑤ Brandolini 等(2011)详细考虑了 SILC 数据,并对欧洲国家的数据进行汇总。

资(法国、意大利、瑞士)。①

　　另一个易于获取和经常使用的国际数据集是经合组织的工资数据库,它提供了表格数据。它从 20 世纪 90 年代中期开始建立,目前覆盖 34 个国家②,尽管覆盖时间相当不均匀。在 1990 年以前,只有 7 个国家能及时反馈,而完全覆盖率则是到 2010 年才实现的。在大多数情况下,数据由国家统计局提供,但在少数情况下,数据由经合组织从其他调查中得出或由国家专家提供。然而,各国的定义和样本差异很大,涵盖了我们刚才讨论过的所有可能存在的差异,从所有个体雇员到全职、全职全年雇员和全职等效雇员,从时薪到每周、每月和全职等效年收入,以及从税前工资到税后及扣除各项缴费后的净工资。完整数据库的最新版本包含 90 个不同的序列,支持 33 种不同的定义。该数据库通常还会详细列出按性别划分的结果。对于数据库的网站版本,经合组织选择让每个国家仅提供一个序列,共计 33 个。这将定义的多样性减少到 9 种定义;模型(20 个序列)涉及全职员工的每周或每月总收入(可以认为是合理比较的③),但其中只有 11 个在 2000 年前反馈。所有明确的属性都记录在数据库中,为用户提供了考虑差异及其潜在影响的机会。尽管如此,该数据库显然并不能免除 Atkinson 和 Brandolini(2001)所强调的收入方面的二次数据集问题,但这对时薪和年薪同样重要。④

　　最后,Atkinson(2008)提供了一个深入研究 20 个国家的收入分配的结果,其灵感来自 Harold Lydall(1968)的工作。他主张在连续年份的基础上进行长远规划,表明"从孤立的年份所获得的数据……可能会产生误导"。对于每个国家,一个广泛的附录记录了可用的数据源和数据的性质,并以分布的不同百分位数显示了变化,分别为分布的下半部分和上半部分。该系列数据终止于 2004 年,并在时间上远早于经合组织数据库。对于 15 个国家来说,该系列始于 1960 年之前,涵盖了战后的大部分时期,其中一些国家(加拿大、法国、德国、美国)的记录可追溯到战争之前。⑤ 这一较长的时间跨度有助于认识到本章所讨论的最新发展的特殊性质。粗略地说,在 20 世纪 80 年代的文献开始关注这一增长之前,过去几十年中不平等程度大幅下降,分析也能解释这种下降。

　　总而言之,应该要求文献的贡献者详细说明他们的定义、样本(包括截尾或顶端编码)以

---

① 在收入和财富数据协调方面,最先进的实验是在卢森堡收入研究(LIS)下进行的。LIS 拥有两个数据库,卢森堡收入研究数据库和卢森堡财富研究数据库。收入研究数据集包含了 46 个国家的信息,有些可以追溯到 20 世纪 70 年代。康奈尔大学(Cornell University)与其他研究伙伴合作,启动了一个类似的项目,名为"跨国等效文件(1970—2009 年)"(Cross-National Equivalent File-CNEF, 1970—2009 年)。"跨国等效文件(1970—2009 年)"由其他研究项目共同合作,包括英国家庭面板调查(BHPS)、澳大利亚家庭收入和劳动力动态调查(HILDA)、韩国劳动力和收入面板调查(KLIPS)(新)、美国收入动态追踪调查(PSID)、俄罗斯纵向监测调查(RLMS-HSE)(新)、瑞士家庭面板调查(SHP)、加拿大劳动力和收入动态调查(SLID),以及德国社会经济面板调查(SOEP)。
② 经常考虑的对象包括美国、亚洲、欧洲、智利、冰岛、以色列和土耳其。
③ 通常情况下,一周被视为一个月的 4/13,反之亦然。
④ 他们讨论了除经合组织之外的其他国际数据的收集,考虑了它们在文献中的一些用途,并列出了影响他们所称的"各种令人困惑的不平等结果"的因素。在使用数据进行国际水平比较和进程分析时,考虑变化及其影响是非常重要的。Atkinson 和 Brandolini(2001)"强烈反对机械地使用这些数据集",他们还提到,国家固定效应可能无法提供补救措施,即使数据被统一定义,精确的定义也可能对结论产生影响。Atkinson(2008)广泛讨论了类似的问题,他重点关注收入,并根据经合组织 28 个国家中 20 个国家的工资定义和时间段添加了重要细节。
⑤ Atkinson 和 Morelli(2012)将这些国家的 P90∶P50 比率更新到最近几年,并增加了一些其他国家的数据。

及来源。鉴于使用 CPS 的历史悠久,这越来越成为美国相关文献中的标准做法,但它确实需要国际比较的认可。必须考虑数据限制和数据选择可能对得出的结论产生的影响,这同样重要,但没有经常得到实践。

18.3.2　跨国水平与工资不平等的演变

现在,我们讨论从文献中得出收入不平等的典型化事实,分两步完成。我们从美国开始,美国是一个拥有丰富信息的国家,在那里,关于收入不平等的讨论和分析发展得最充分,使我们能够详细说明大部分关键问题。我们考虑了可行的不同的不平等测度、必要时工资变量的不同定义以及合理可用的不同数据源之间的结果变化。除了讨论总体结果,我们还探讨了收入分配本身和(员工)人口细分的一些详细信息。除了美国,我们继续研究其他国家,从而比较这些国家的不平等趋势,同时也查明现有数据中阻碍可比性的原因。在 18.3.3 中,我们根据欧盟收入和生活条件统计和 PSID 数据,从欧盟国家和美国最近一年的横向比较中提供了一些新的经验证据,我们将在 18.5 节中使用这些经验方法。最后我们对国际比较中的典型化事实进行了总结。

18.3.2.1　美国的收入不平等现象

美国的许多文献都将目标集中在男性身上,或者至少区分性别而分别处理,很少将不同的性别一起放在首要位置。这与其他国家明显不同,这似乎是一个悖论,因为美国女性就业从一开始就比其他国家更早增长,而且主要是在全职工作上增长得更为明显,并在总体收入分配中获得更高的增长(Salverda et al. ,2001)。这可以从讨论美国不平等的早期开始就得到解释,当时的数据并不真正允许把它们放在一起。这种分裂有可能忽略了性别在劳动力供需方面的相互作用,也忽略了 20 世纪 60 年代末到 21 世纪第一个 10 年中期国内劳动力翻一番的贡献,而这一直处于全球范围内的大翻番[由 Freeman(2006)创造的术语]的影响中。出于这个原因,为了国际上的可比性,也因为它允许涵盖自 21 世纪第一个 10 年中期以来的近几年,我们不考虑性别,对所有员工的总水平进行一个快速的了解。图 18.11 提供了这个总体情况。图(a)显示了总体百分比值(P90∶P10),有两个不同的来源:经济政策研究所的美国工作状态和经合组织的总收入数据库。经济政策研究所涵盖了所有员工的时薪,大致基于员工人数,而不是全职员工;相比之下,经合组织的数据关注全职员工的每周收入,而漏掉了兼职工作。

从 1973 年的同一水平开始,与经合组织相比,经济政策研究所显示 1979—1988 年的比率增长了很多,随后出现了下降,而经合组织系列指数保持不变。最后,经济政策研究所得出的不平等水平远远低于经合组织得出的水平。① 这两者之间的概念差异是重要的,因为这种差异存在于整个文献中。Lemieux(2010)和 Heathcote 等(2010)提供从 1970 年左右到 2000 年中期美国收入不平等的许多方面的最新发展概况,这些概况完全基于时薪(但总是按性别

---

① 我们的目标不是寻求解释;一个可行的解释可能存在于每个人的全职工作的变化中。见 Autor 等(2008)研究得出的与图(a)和(b)类似的结果。

划分）。① 相比之下，其他重要贡献（Acemoglu and Autor,2011）在很大程度上关注每周全职或全年全职员工（按性别平均分配）。Autor 等（2008）对每小时和全职全年收入不平等趋势进行了有意义的比较。

图（b）显示了来自两个相同来源的分配的上半部分和下半部分之间的公共分割的百分比值。这表明来源和定义之间的差异集中在下半部分；在上半部分，这两个系列几乎相同，这是可以理解的，因为在这种情况下，几乎所有员工都将是全职工作者。两个部分之间的差异作为一个重要观察结果要进行保留。专家组还建议，根据使用性别细分的许多文献，自 20世纪 90 年代初以来的发展与以前有所不同，因为一方面，下半部分的不平等与前一阶段相比几乎没有变化，但上半部分的不平等持续不断地增长，最终远远超过下半部分的不平等。根据经济政策研究所的数据，这一变化始于 1992 年，经合组织发现这一变化始于 1995 年。

图（c）增加了一种不同的方式来呈现不平等的演变：利用 Pierce（2010）的研究成果，展示了在不同的时间段内每个百分位数的实际工资水平的累积变化。这是在稍后我们报告的两极分化讨论中展示数据的一种简便方式。不连续周期性突出了明显的差异，但同时也可能存在一定的任意性。就其细节而言，这类表述似乎含蓄地批评了使用更频繁的度量做法，如基尼系数或总体百分位数。如图上显示，与 20 世纪 80 年代相比，20 世纪 90 年代的变化模式更为平缓，当时实际工资的大幅下降发生在分布尾部之间的大多数百分位数。然而，实际工资增长主要是随着工资水平的提高而增加的。有趣的是，图中还详细说明了总薪酬（虚线），其中包括工资之外的雇主供款。这是一个只有在这里才会提到的特征。我们可以由此得出结论，全面的收益概念并没有改变 80 年代和 90 年代的一般模式，尽管它在这两个时期都提升了不平等水平。②

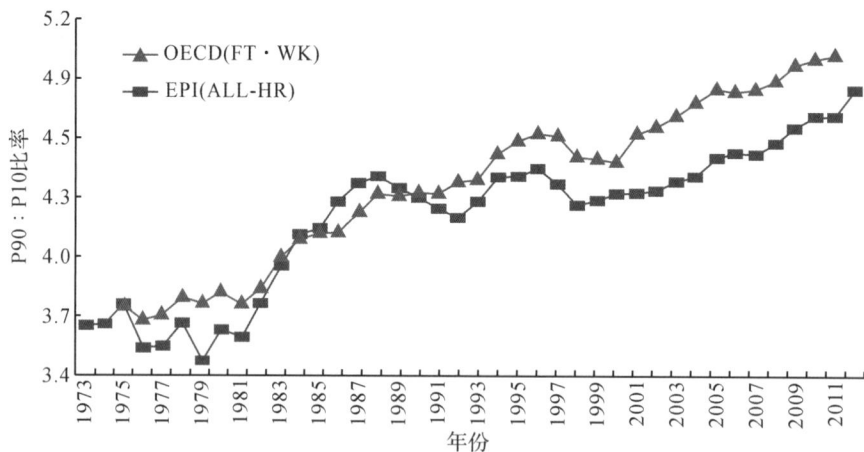

(a)　每小时P90：P10比率（EPI）和全职每周收入比率（OECD）

---

① 这两种情况似乎相当不同，例如，Lemieux（2010）发现男性和女性的差异水平非常低，然而，从 1979 年到 2005年，这两种趋势基本相同。
② Congressional Budget Office（2012）指出（针对年度收入），现金工资和薪金的补充金额（包括递延薪酬以及雇主对员工的医疗保险和工资税的贡献）已经超过员工收入的五分之一。

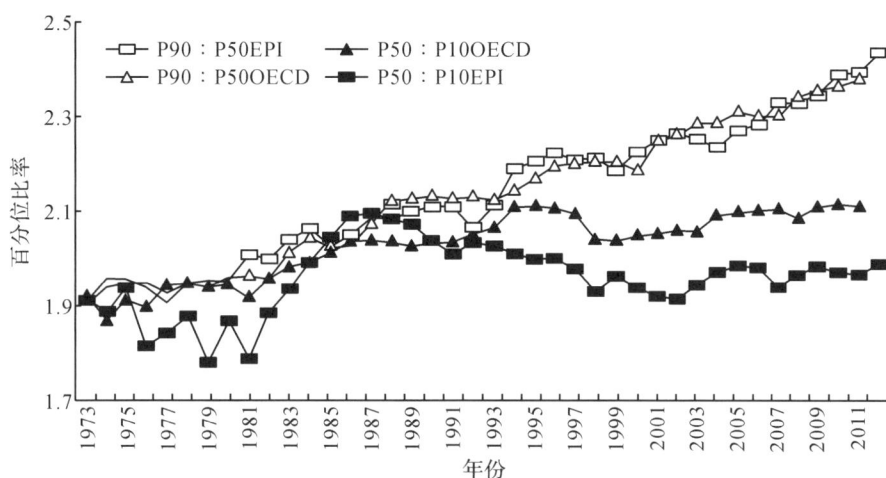

(b)　每小时P90：P50和P50：P10比率（EPI）与全职每周收入比率（OECD）

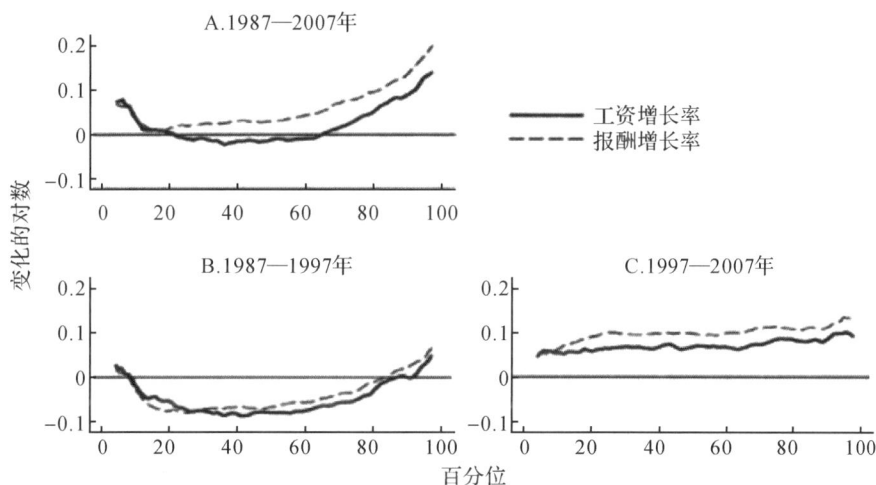

(c)　1987—2007年按百分比统计的工资和报酬增长

图 18.11　1973—2012 年美国个人收入不平等情况

资料来源：OECD 总收入，即十分位数比率（2013 年 10 月 26 日）；经济政策研究所（EPI），2012 年美国工作的所有工人的现状，即华盛顿的实际工资十分位数（基于 CPS 的数据）；Pierce（2010）（基于就业成本指数数据）。

图 18.12 给出了直观总体百分比值与经常使用的对数工资变化和基尼系数的总测量值以及上下十分位数（S10：S1）中平均工资比率的比较（仅针对男性）。现在所有的指标都比 20 世纪 70 年代高出许多，然而工资变化的增长远远超过基尼系数，百分比值在两者之间波动，而 S10：S1 比率在 1993 年之后就远远超过了其他指标。[1] S10：S1 比率和普通 P90：P10 比率之间的差异意味着快速的增长与两个尾部的内部分配有关，而其他三个测度似乎都无法充分体现这种快速的增长。收入最高的文献已经在顶部十分位数显示了它的重要性，

———————————

[1]　S10：S1 比率的演变似乎意味着尽管方差对分布中的异常值很敏感，但它是一个合理的测度。

但是在底部十分位数的离差值得同等关注。① 显然,离差增加的强度取决于所选择的测度,而且它们的周期性起伏并不完全一致。

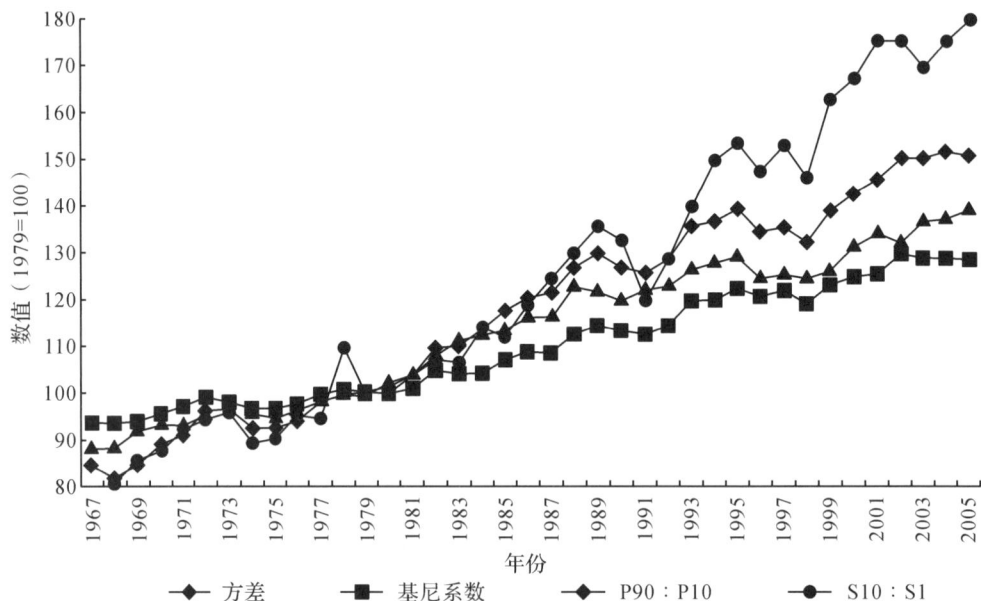

图 18.12 1967—2005 年时薪不平等程度的四种衡量指标:美国,仅限男性

注:S10∶S1 是平均时薪的前十分之一与后十分之一之间的比率。数据包括 25—60 岁的人群,他们每年至少工作 260 小时,工资至少为联邦法定最低工资的一半。

资料来源:Heathcote 等(2010)。

图 18.11 的上半部分和下半部分通过集中于分配的各个部分,提供了总量的第一次分解。低薪或高薪的发生率,以及剩余中等薪资的规模都是同一类型的指标。前者已在图 18.10 中显示,从 1975 年的 23% 上升到 20 世纪 80 年代中期的 25%,并且从那时起已经相当稳定。在同一时期,高薪员工的比例(定义为收入超过时薪中位数的 1.5 倍)从 20 世纪 80 年代中期的 21% 上升到 25%,并且进一步上升到 28%(图中未显示)。因此在 20 世纪 80 年代中期之前,中等薪资员工比例出现了相当大幅度的下降(55%—50%),并且在当前的危机中再次出现一定幅度的下降(49%—47%)。Lemieux(2010)遵循最高收入文献对高薪进行了更狭义的定义,他赞同对 CPS② 中的最高收入编码进行简单的修复,并提出了与上述 Pierce(2010)分布类似的百分位数分布,我们在图 18.13 中重复展现了这一点。从 1974 年开始,这一时期明显更长,从 1980 年的两边分为两部分,男女分开进行分配。同样,1989 年后第二个时期的发展比以前更加积极,在大部分分配中的分布也更加均匀。1989 年之前的较长时期呈现的情况比 Pierce(2010)的结果的倾斜程度更高。尤其对于男性来说,收入位于底层20% 的员工的实际工资变化似乎更为缓慢,尽管女性最低百分比的增加可能有助于解释Pierce(2010)发现的令人惊讶的上升趋势。同时,很明显可以看出,在男性中,分布中的居高

---

① 自 20 世纪 80 年代中期以来,最低工资的发生率完全在这十分数以内。
② 对比 Piketty 和 Saez(2003)基于帕累托参数的方法,他得出的结论是相同的。

部分已经远远超过其余部分,在前十分之一的范围内有一个陡峭的梯度。最高百分比似乎支持这一点(未显示)。它们几乎是相同的,而且趋势是向上的,直到20世纪90年代末,女性不平等趋势开始滞后。下半部分的比例基本上是平行的,而女性的这一比例则表明不平等的程度相当低。女性工资的更积极发展似乎暗示着性别差距的缩小。这一点已由Heathcote等(2010)明确证明,在1967—1978年的差距略有增加之后,他们发现,在那一年之后,这一差距持续下降,到20世纪90年代中期急剧下降,从那之后,下降幅度更为温和。目前的差距(30%)比以前小得多,但肯定不能忽略不计。

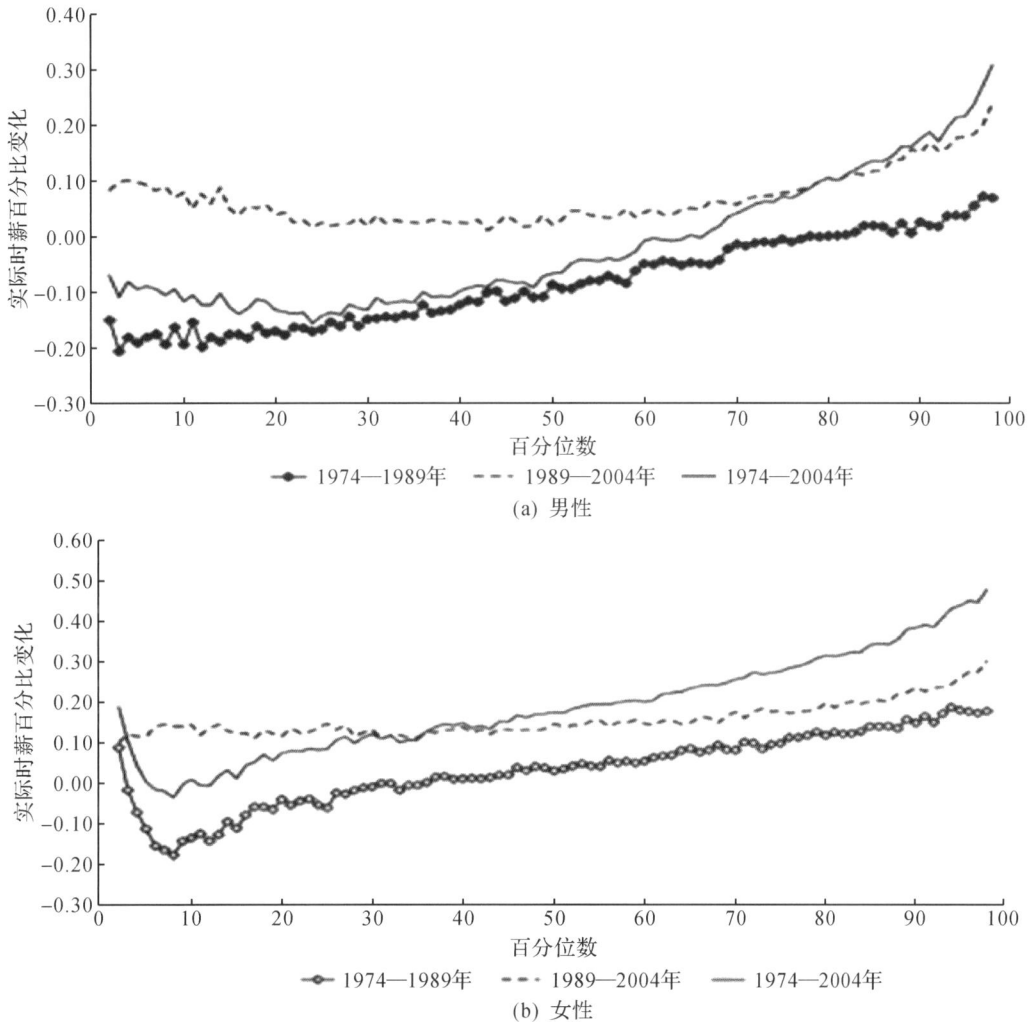

图18.13 美国1974—2004年按性别和百分位数划分的实际时薪百分比变化

资料来源:Lemieux(2010)。

除了性别,教育程度是打破不平等的最重要方面。正如我们稍后将看到的,它的作用一直是学术界争论的焦点。这里,Lemieux(2010)提出了与高中毕业生相关的不同程度的差异(见图18.14)。除了位于较高水平的曲线,特别是最高水平的,这些差异曲线看起来基本上是平的,而在较低的水平上差异曲线略有下降。在20世纪80年代,差距迅速增大,此后趋势更为温和。对于男性来说，上下差距几乎翻了一番。在这一时期结束时，两性之间的差异近乎是相同的。Heathcote 等（2010）提出了大学工资溢价，其定义为至少受 16 年教育的工人的平均时薪与受 16 年以下教育的工人的平均时薪之比。虽然男性（52%—92%）的溢价明显高于女性（58%—69%）。

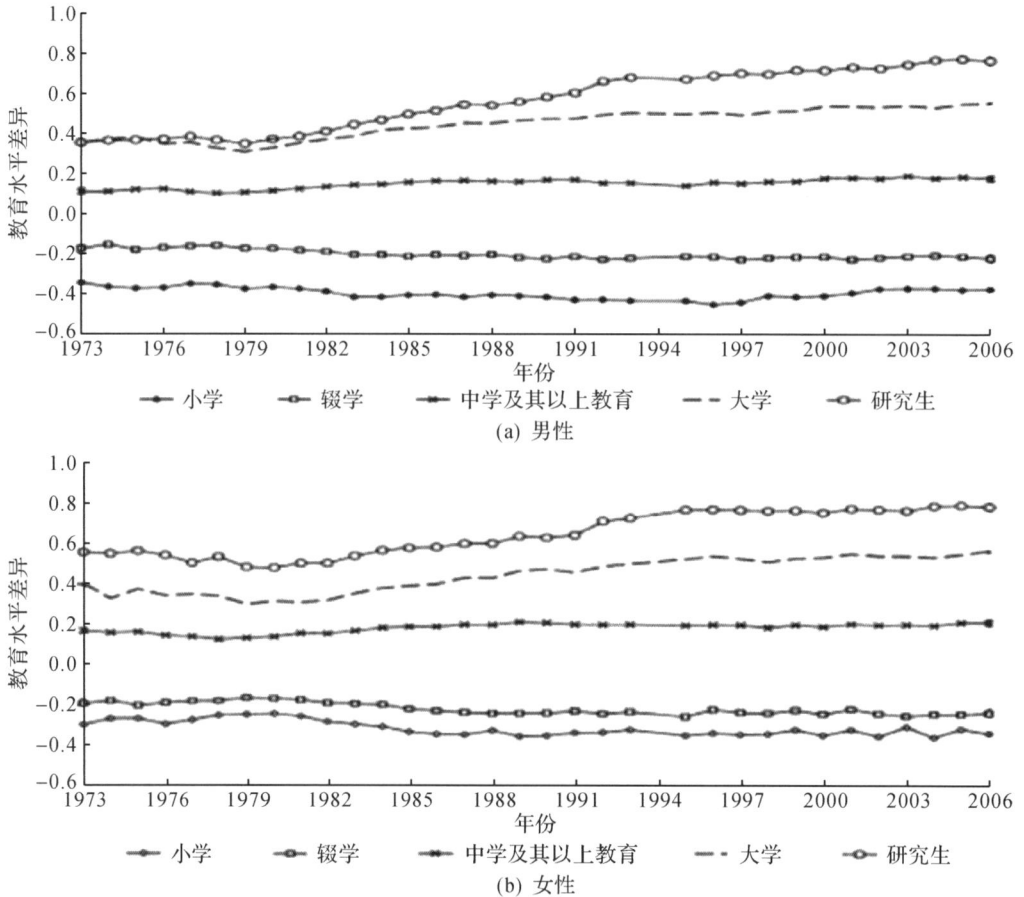

图 18.14　1973—2006 年美国按性别划分的高中教育水平差异

注：使用仅基于教育和经验的分解。

资料来源：Lemieux（2010）。

我们在这里进一步了解收入离差的其他维度的细节，如经验或国籍/出生国，以及文献本身。在我们继续讨论之前，我们将再次强调残差的重要作用。性别和教育的这些结果取决于简单的分解，而且大多数变化似乎存在于残差中，其发展主要与总体"原始"不平等的增长平行（Heathcote et al.，2010）。这意味着需要在分析中纳入其他影响因素或意味着不受进一步分析影响的特性发挥着不可忽视的作用。Lemieux（2010）发现，有趣的是，残差的重要性随着收入水平的提高而增加，尤其是在 1974—1989 年。

18.3.2.2　其他国家的收入不平等

现在我们转向其他国家的不平等趋势。《经济动态评论》（RED）（2010）是一期专门讨论经济不平等因素的横截面事实的特刊;它使用尽可能统一的数据处理和呈现模板,提供了收入离差及其几个重要方面的最精确的跨国家比较。[①] 可惜的是,它有几个缺点。与此相关的国家数量有限,只有 7 个,而且由于意大利和西班牙将重点放在税后净利润上,而税后净利润不适合与总利润进行比较,因此进一步缩小了适用范围。并且瑞典的相关数据在 1992 年金融危机刚刚开始时就截止了。这就仅剩下英国、加拿大和德国。我们先分析这些结果,然后再借助经合组织的收入数据库,探究其他国家的情况。

图 18.15 显示了三种衡量个人时薪离差的测度,如 RED 文献中所示:对数工资的方差、基尼系数和总百分比。随着时间的推移,这三个国家的所有指标都会上升。英国的方差增长非常迅速,达到了 1978 年初 60% 的水平,远远超过了其他两个测度(美国的方差也是如此),随后在 21 世纪的第一个 10 年下降。英国的其他两个测度也在上一时期有所下降。与此形成鲜明对比的是经合组织的百分比(未显示),该百分比(包括全职周收入)处于较低水平,但在 2006 年之前仍在上升,直到 2011 年才保持不变。对于加拿大来说,这一增长幅度也相当大,根据衡量标准,该涨幅达到 20%—40%,并持续到这一时期结束。指标之间的相互差异较小。经合组织的百分位数比率(未显示),同样是全职周收入,仅在 20 世纪 90 年代中期之后才显示,在整个 21 世纪持续增长。最后,德国的数据从 1983 年开始收集,这三个指标的上升集中在统一后的时期。方差显示出明显的增大趋势,与其他两个国家相比,德国的方差与百分比值几乎相同。在 1983—2004 年的同一时期,它们的增长比英国或加拿大要强劲。百分位比率的上升必须依赖于使用时薪,因为经合组织的比率趋势(未显示)与全职月收入有关,在 20 世纪 90 年代和 21 世纪初基本持平。但是,相对于其他指标以及其他国家,基尼系数的上升是适度的。

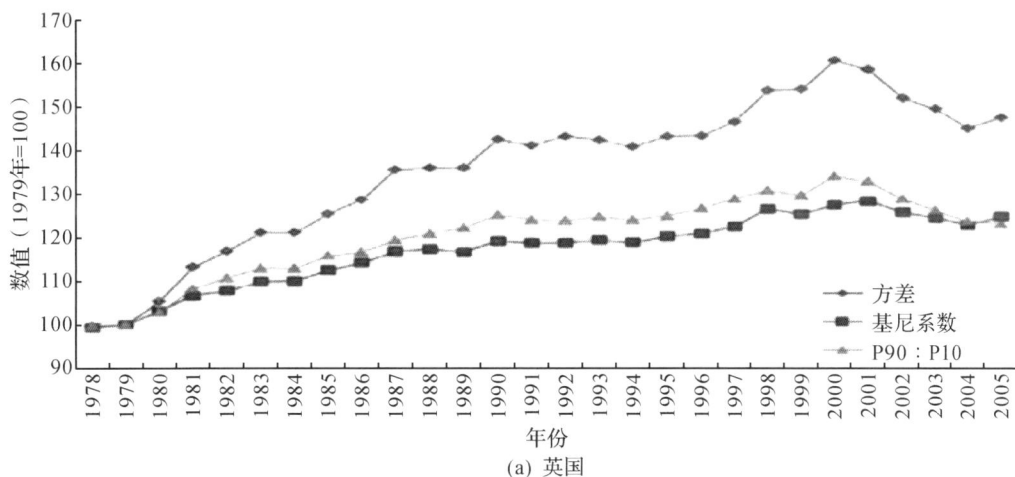

(a) 英国

① Brzezowski 等(2010)收集加拿大的相关数据:1978—2005 年。Fuchs-Schündeln 等(2010)收集德国的相关数据:1984—2005 年。Japelli 和 Pistaferri(2010)收集意大利的相关数据:1980—2006 年。Pijoan-Mas 等(2010)收集西班牙的相关数据:1994—2001 年。Domeij 和 Flodén(2010)收集瑞典的相关数据:1978—2004 年(实际上仅有 1975—1992 年)。Blundell 和 Etheridge(2010)收集英国的相关数据:1977—2005 年。Heathcote 等(2010)收集美国的相关数据:1967—2005 年(但总是按性别划分)。遗憾的是,西班牙的数据是税后净额,此处将其排除。Krueger 等(2006)在简介中提供了总结概述。个人收入离散是收入家庭分布研究的一部分(如上所述,参见图 18.4)。

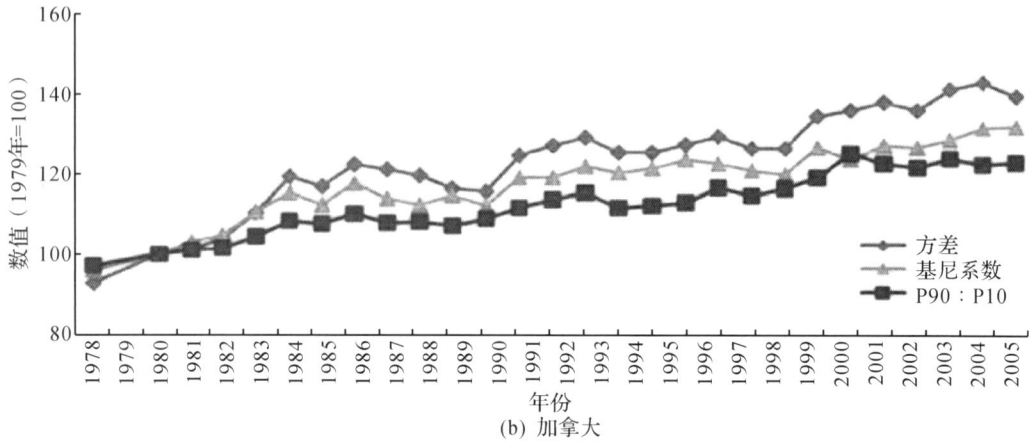

(b) 加拿大

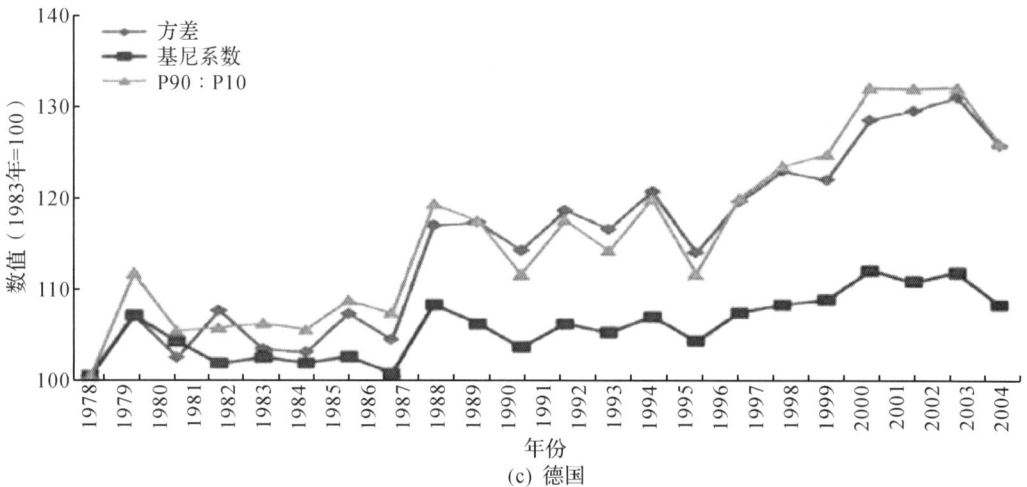

(c) 德国

图 18.15　英国、加拿大和德国 20 世纪 70 年代末至 21 世纪第一个 10 年的中期的时薪离差

注:数据涵盖 25—60 岁的个人。数据集涉及 1977—1997 年加拿大的消费金融调查(SCF)和 1996—2005 年劳动和收入动态调查(SLID)、德国的社会经济面板调查(GOEP),以及英国的家庭支出调查(FES)和劳动力调查(LFS)。

资料来源:Brzozowski 等(2010)、Fuchs-Schündeln 等(2010),以及 Blundell 和 Etheridge(2010)。

在图 18.16 中,我们将总的百分比值分成两部分(P90:P50 和 P50:P10),发现各国之间有很大的分歧,加拿大和德国[①]的下半部分比率的高水平和高增长与英国有着显著的不同;德国的下半部分比率和英国一样高,但增长的时段要短得多。不过,近年来加拿大和英国的比率也有所下降。上半部分的不平等程度在德国上升幅度很小,明显小于加拿大和英国。总体来说,英国的两种趋势与图 18.11 中的美国模式非常相似,而加拿大的趋势则惊人地不同,这显然需要进一步的研究。[②]

[①]　对于德国来说,OECD(全职)数据中没有这一增长趋势,因此,在提到的总体比率中也没有这一增长趋势。

[②]　Fortin 和 Lemieux(2014)总结了地方性最低工资和自然资源增长的作用。

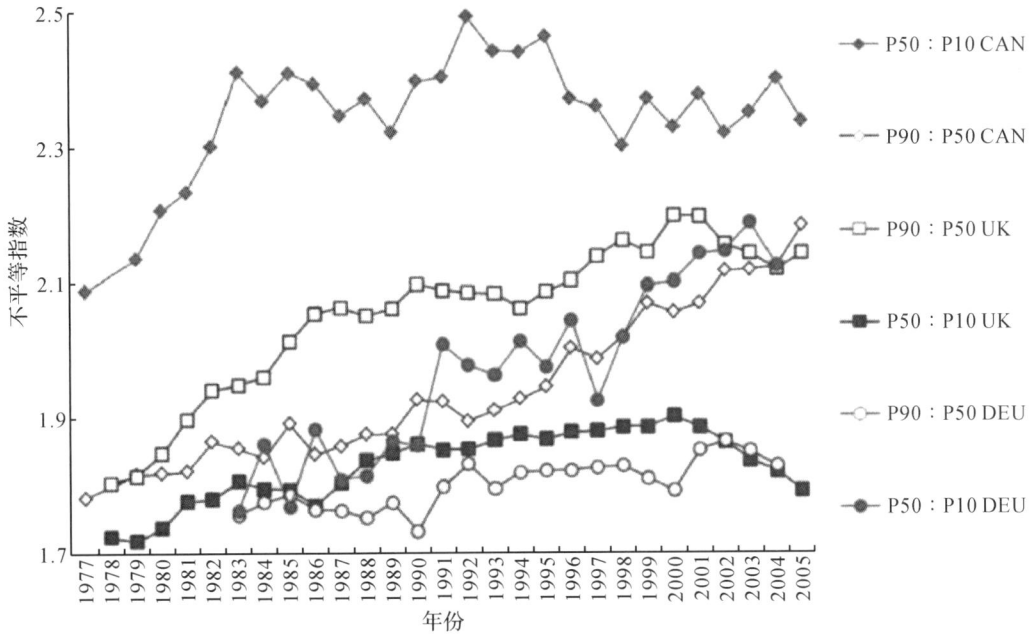

图 18.16　1977—2005 年加拿大、德国和英国的不平等的上半部分和下半部分

注:国家代码见本章附录 A。

资料来源:Blundell 和 Etheridge(2010)、Brzozowski 等(2010)以及 Fuchs-Schündeln 等(2010)。

遗憾的是,在美国讨论中起重要作用的按百分比计算的工资变化对其他国家来说是不可用的。RED 还探讨了性别和教育程度的作用,与这一时期末美国的差距相比(30%),加拿大的性别工资差距从一开始就很小,而且还有轻微下降趋势。德国的工资差距下降略为急剧,并在 21 世纪第一个 10 年的中期下降到美国水平(20%)以下。最后英国的工资差距在某种程度上下降幅度更大,在 20 世纪 70 年代后期英国的工资差距低于美国水平,但最终达到同一水平。注意 RED 中所作的分解仅基于性别、教育程度和经验,而且在这三个国家,例如美国,残差在数量上很重要,并且是不平等加剧的主要原因。

借助 OECD 的收入百分比值数据库,可以描述其他一些国家个人收入不平等的演变过程(见图 18.17)。[1] 如前所述,它是一个辅助数据库,必须谨慎使用,它包括一系列工资定义和员工群体的伴随样本。我们首先选择了 8 个国家,关注这些国家全职工人的总收入(无论是每小时、每周、每月或每年[2]),并有一个长期的序列。考虑到兼职存在的差异,全职工作的重点或多或少会代表该国的情况,但除了意识到在(各种欧洲)国家兼职变得越来越重要,而且往往在低工资就业领域被高估之外,我们无能为力。随着时间的推移,不平等情况的截面数据情况会比我们在此研究中针对全职工人的调查结果更加悲观。整个时期内,除了日本和芬兰以及上半年的韩国,尽管程度不同,时间不同,图(a)中的总体不平等程度似乎呈上升趋

---

[1]　请参阅 Blau 和 Kahn(2009),了解基于此数据集的更详细的国际分析。

[2]　因此,不能精确地比较各国的水平。芬兰、荷兰和瑞典是全年工作人员的样本,这可能部分解释了他们相对较低的不平等水平。

势。与其他国家相比,匈牙利和韩国表现出强烈的阶段性变化。图(b)和(c)中显示了分布的两部分。除了匈牙利和韩国,趋势上的差异似乎相对较小。下半部分的不平等通常小于上半部分的不平等,并且大部分的整体上升可以归因于上半部分。在日本和芬兰稳定的状态中,较低的一半不平等程度有所下降,但在所有其他国家,不平等程度在某个时间点上有所上升。没有关于性别和教育差异的可比信息。

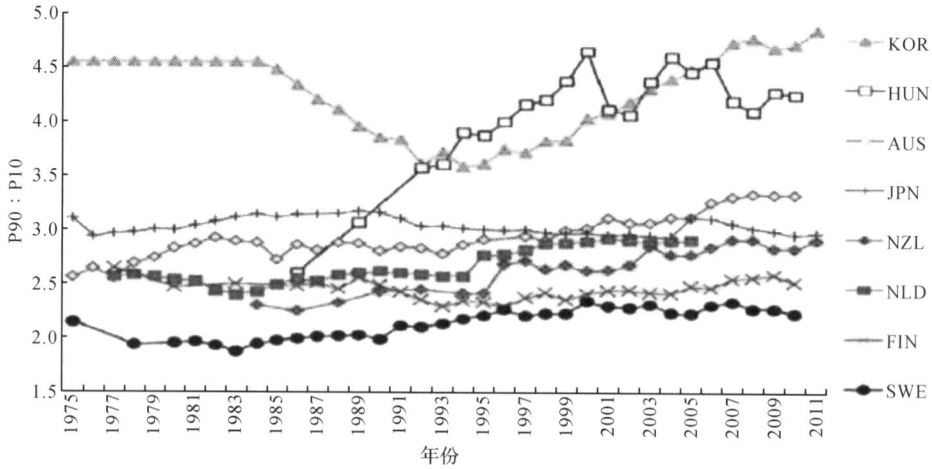

(a) P90∶P10

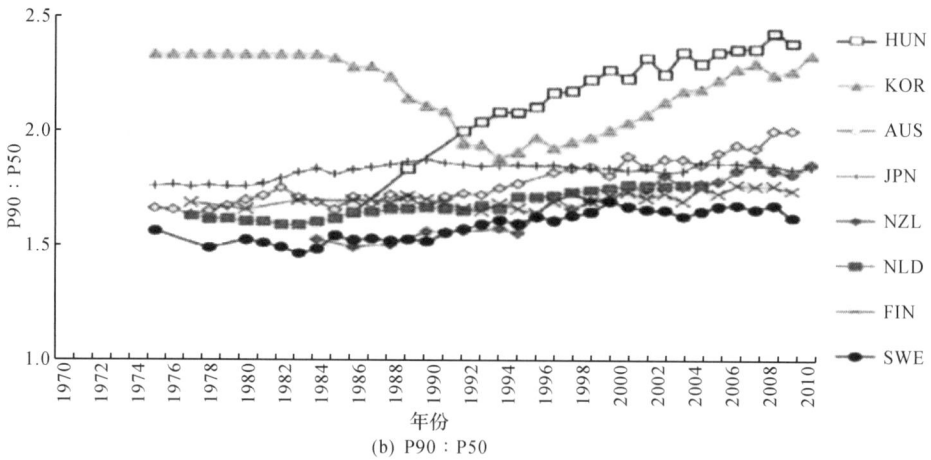

(b) P90∶P50

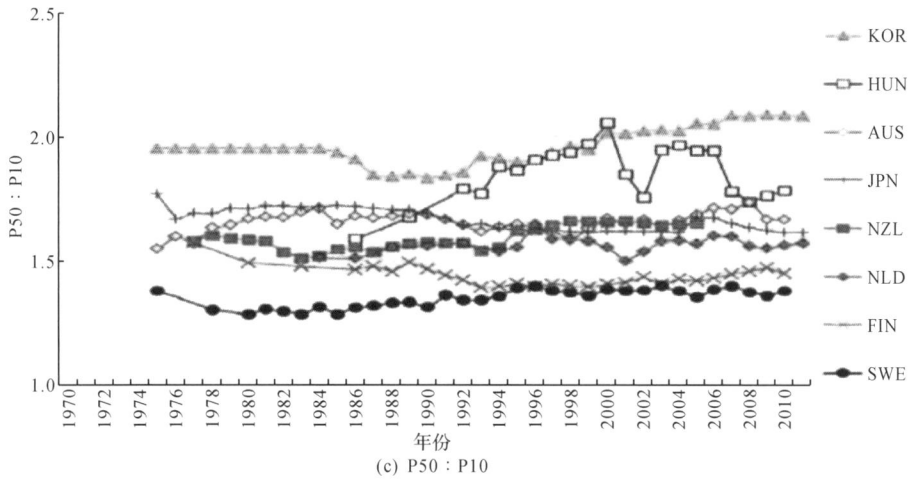

(c) P50∶P10

图 18.17　1975—2011 年 8 个 OECD 国家的收入不平等趋势

注：仅限全职员工；新西兰的为小时收入不平等程度，澳大利亚的为每周收入不平等程度，匈牙利、日本、韩国的为每月收入不平等程度，芬兰、荷兰和瑞典的为全年收入不平等程度。国家代码见本章附录 A。

资料来源：OECD 收入十分位数比率数据库。

最后，图 18.18 汇总了剩余的关于总收入的短期信息，这与全职员工有关，但丹麦(所有员工，按员工总数计算)和挪威(所有员工，按全职工作量计算)除外。各国似乎进入了一个更接近的区间：不平等程度较高的国家(葡萄牙、波兰、希腊、西班牙)的收入差距有所缩小，而其余大部分国家的收入差距则有所扩大。葡萄牙和波兰的收入大幅下降(未显示)主要是由于上半部分，尽管下半部分的不平等程度也有所下降。葡萄牙上半部分的水平非常高，下半部分的水平非常低。对于其他国家来说，增加和减少似乎大致平分在上下两部分之间。

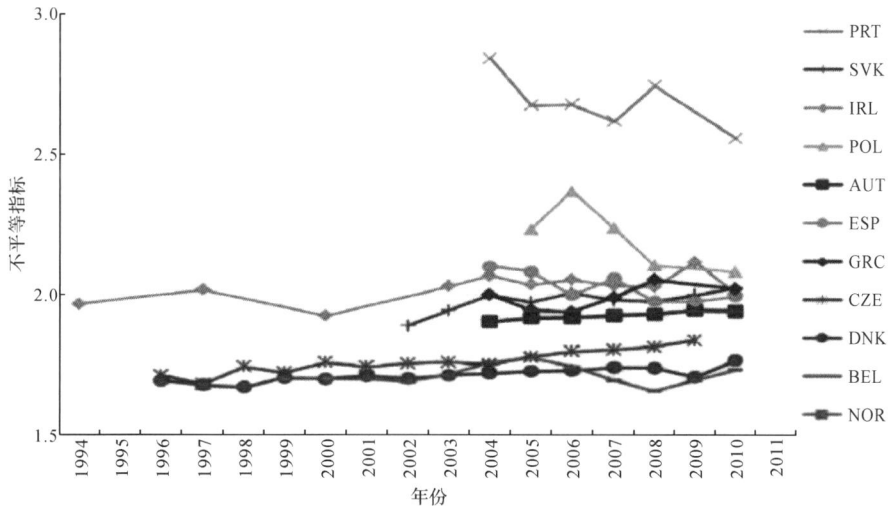

图 18.18　1994—2011 年 11 个 OECD 国家的短期收入不平等趋势

注：仅限总收入；除 DNL(所有员工，按员工总数计算)和 NOR(所有员工，按全职工作量计算)外的全职工人。国家代码见本章附录 A。

资料来源：OECD 收入十分位数比率数据库。

18.3.3　欧洲国家和美国收入不平等的补充证据

根据我们将在 18.5 节中使用的数据,我们得出了最近一年的横向比较结果,这为上述典型化事实提供了有用的补充。它覆盖了 27 个欧盟国家、冰岛和挪威,以及美国。首先,我们考虑一系列不平等指标,并注意 18.2 节讨论的家庭背景。在收入不平等的分析中,通常使用基尼集中系数,或较小程度地使用平均对数偏差(由于其具有可分解性)。相比之下,在工资不平等分析中,最常见的指标是对数收入的标准差以及十分位数比率或百分位数比率。在图 18.19 中,我们发现,不同的衡量指标在跨国视角下提供了大致相似的国家排名,而表 18.1 提供了相同变量的相关指数。从文献中可知,前两个指数着眼于分布的大部分,而其他两个指数则更强调尾部的情况(Cowell,2000;Heshmati,2004)。①

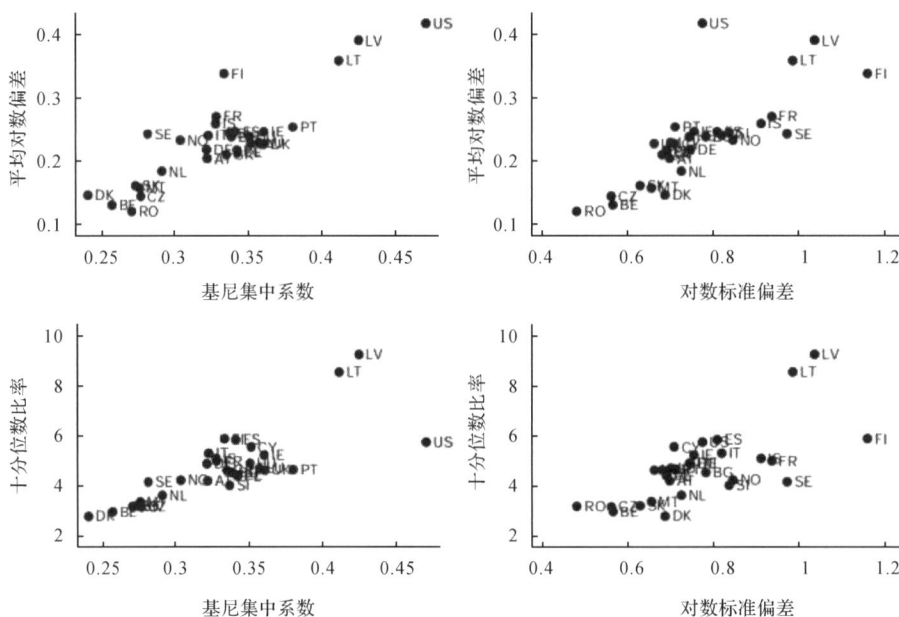

图 18.19　2010 年欧盟国家、冰岛、挪威和美国针对全职员工的替代性不平等指标

注:国家代码见本章附录 A。

资料来源:见表 18.1。

表 18.1　2010 年欧盟国家、冰岛、挪威和美国各类不平等衡量指标与全职员工年薪的跨国相关指数

指标	基尼系数	平均对数偏差	对数标准偏差	百分位数比率 90/10
基尼集中系数	1.000			
平均对数偏差	0.871	1.000		
对数标准偏差	0.409	0.770	1.000	
十分位数比率 90/10	0.790	0.855	0.689	1.000

注:全职工作定义为每年工作 1000 小时或以上。

资料来源:作者对 2010 年欧盟收入和生活条件统计和 2011 年 PSID 的计算。

①　我们推测,标准差相关性较低的水平可能归因于最高收入。

由于日益多样化的工作时间制度可能会影响分布的尾部,我们更倾向于使用基尼集中系数,并借助这一测量方法提供各种不平等维度的证据。我们从国家概况开始,如表 18.2 所示。第一列显示了与劳动收入相关的不平等程度,其中包括来自员工和个体经营者的总收入以及失业者获得的福利。

表 18.2 2010 年欧盟国家、冰岛、挪威和美国个人年薪、时薪和工时的不平等衡量指标

国家及平均值	年度劳动收入基尼系数(包括个体经营者补贴和失业救济金)	总年收入(小时数>1000)雇佣就业基尼系数	年工作时间基尼系数(正值)	总时薪雇佣就业基尼系数	工时与时薪的相关性
奥地利	0.376	0.322	0.167	0.325	-0.162
比利时	0.332	0.257	0.173	0.266	-0.284
保加利亚	0.422	0.338	0.084	0.318	-0.150
塞浦路斯	0.392	0.352	0.130	0.350	-0.077
捷克	0.341	0.277	0.095	0.252	-0.124
丹麦	0.278	0.240	0.108	0.228	-0.190
爱沙尼亚	0.412	0.342	0.117	0.351	-0.208
芬兰	0.361	0.333	0.156	0.340	-0.271
法国	0.376	0.328	0.176	0.321	-0.201
德国	0.420	0.322	0.181	0.307	0.038
希腊	0.485	0.335	0.146	0.338	-0.245
匈牙利	0.392	0.351	0.084	0.317	-0.004
冰岛	0.338	0.328	0.172	0.337	-0.196
爱尔兰	0.448	0.361	0.210	0.374	-0.216
意大利	0.407	0.323	0.135	0.308	-0.230
拉脱维亚	0.494	0.425	0.114	0.401	-0.124
立陶宛	0.494	0.412	0.099	0.403	-0.144
卢森堡	0.428	0.357	0.166	0.355	-0.145
马耳他	0.347	0.276	0.109	0.285	-0.156
荷兰	0.359	0.292	0.174	0.290	-0.123
挪威	0.329	0.304	0.134	0.287	-0.115
波兰	0.464	0.342	0.122	0.354	-0.178
葡萄牙	0.453	0.380	0.104	0.374	-0.144
罗马尼亚	0.419	0.270	0.046	0.271	0.045
斯洛伐克	0.347	0.273	0.082	0.253	-0.084
斯洛文尼亚	0.397	0.337	0.073	0.314	-0.102
西班牙	0.444	0.341	0.142	0.313	-0.209
瑞典	0.321	0.282	0.139	0.336	-0.295

续　表

国家及平均值	年度劳动收入基尼系数（包括个体经营者补贴和失业救济金）	总年收入（小时数>1000）雇佣就业基尼系数	年工作时间基尼系数（正值）	总时薪雇佣就业基尼系数	工时与时薪的相关性
英国	0.466	0.361	0.193	0.371	−0.094
美国	0.570	0.470	0.164	0.603	0.036
平均值	0.408	0.332	0.133	0.331	−0.145

这里发现的水平总是超过第二列中所示的全职员工的收入水平,这些全职员工是第一列中考虑的人口的一个子集。出现明显国家排名逆转可能是由于大量的个体经营(如希腊、波兰或罗马尼亚,见本章附录 B 的表 18. A1)和失业率与福利国家的慷慨相结合的情况(如北欧国家,见图 18.20)。

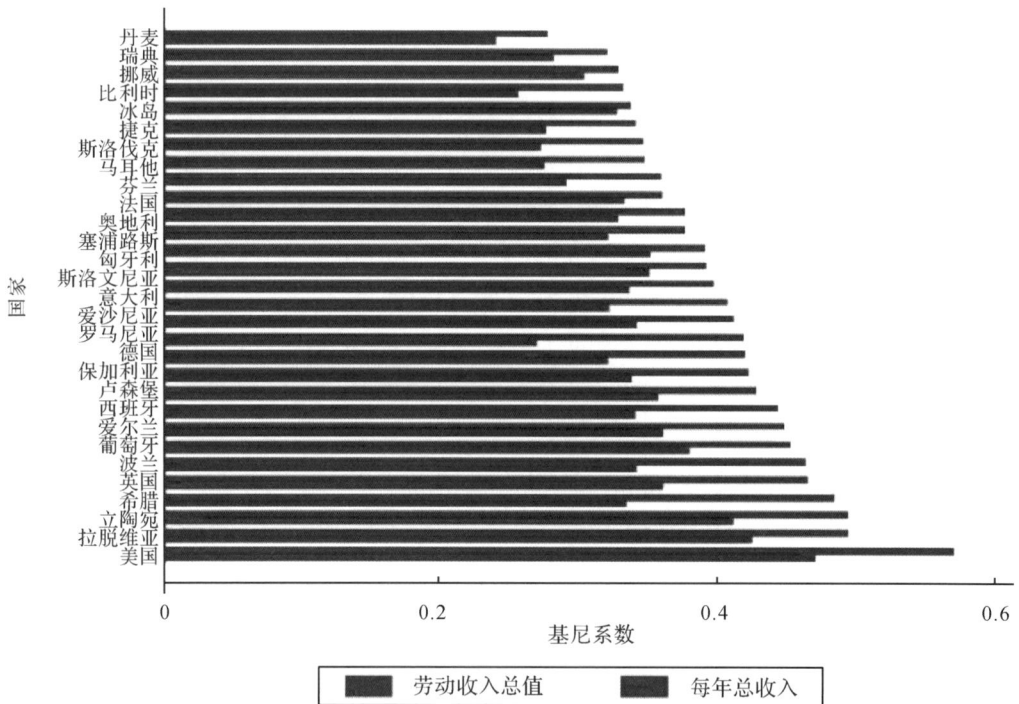

图 18.20　2010 年欧盟国家、冰岛、挪威和美国的年劳动收入不平等

资料来源:见表 18.1。

各国在工时分配上的差异更大:由于工时的分配比工资分配的不平等程度要小得多(比较表 18.2 的第二列和第三列),时薪的不平等(计算所得的年收入除以工作时间)往往与年收入的不平等十分相似(相关系数为 0.90)。[1] 这是劳动力市场不平等的另一个重要方面,因为考虑到现有的劳动力投入需求,根据现有的劳动标准和文化观念(如女性职场参与度、

---

[1]　美国作为例外的原因是,欧洲国家的时薪是通过将年收入除以工作时间来推导的,在美国收入动态专门研究小组中,受访者直接被问及他们的时薪。采用相同的计算程序将使美国时薪的基尼系数降至更合理的 0.47。

夫妻间的劳动分配、退休规则等),这项工作可以由不同数量的个体完成。

从图 18.21 中可以看出,工作分配可能导致全球工资不平等,尽管这在以前的计划经济体(特别是罗马尼亚、捷克、斯洛伐克、匈牙利和斯洛文尼亚)中是最低的。当一份工作以全职工作时间为特征时,工作时间对不平等的影响微乎其微;相反,当劳动力市场的弹性化允许不同的工作时间制度(如在爱尔兰或英国,但也考虑到荷兰,那里有大量的兼职工作),它有助于观察到个人年收入的不平等(如上文 18.2 节所述,家庭动态可以部分缓解这一不平等现象)。[①] 然而通过综合指数得出的情况纯粹是印象性的,因为许多国家的工时和时薪往往呈负相关,由于后者的原因,工时的高度不平等加上时薪的高度不平等,可能导致工资不平等的程度较低。注意这是一个可能的结果,而不是必然的结果,工时的测量误差增加了伪相关性的风险。

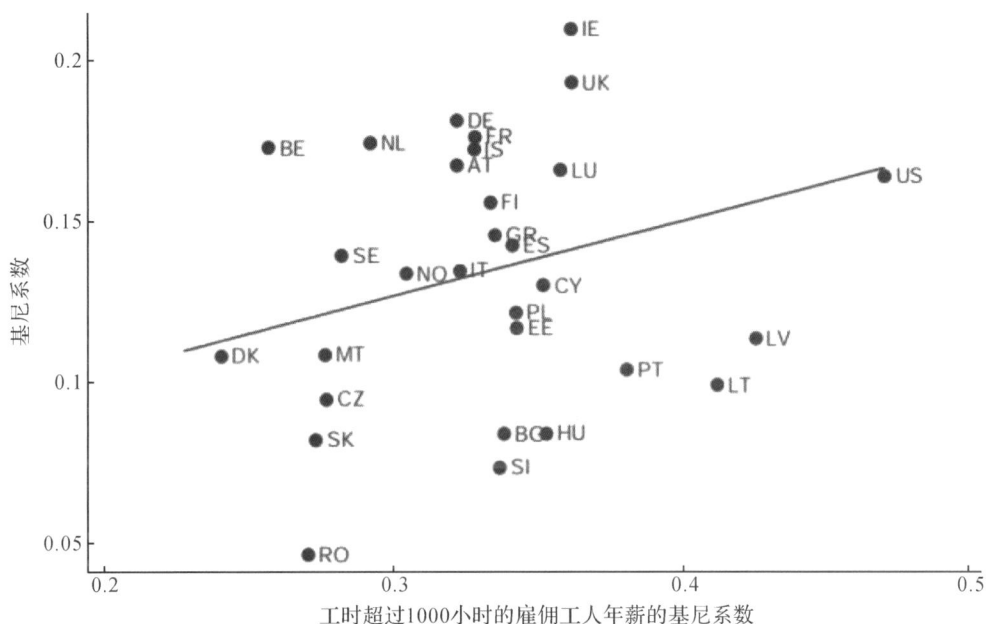

图 18.21　2010 年欧盟国家、冰岛、挪威和美国收入和工时不平等

注:美国时薪不平等的计算结果与其他国家一致。国家代码见本章附录 A。

资料来源:见表 18.1。

有趣的是,韩国提供了一个明确的例子(Cheon et al.,2013),个别工人长时间的工作可能是对较低工资做出的反应。这与收入效应主导的标准劳动供给模型是一致的。与之相对的解释是凡布伦效应:按收入阶层划分工人,如果消费取决于更富有的人的消费,社会经济距离的增加会增加工作时间(Bowles and Park,2005)。经验证据并不反驳这一观点(见表 18.2 的最后一列,我们已经计算了工时与个人工资之间的相关性),尽管这种相关性几乎在任何地方都是负的,但其强度在不同的国家都是不同的:在一些国家,它的值超过了 0.20(特

[①] 这些工时和时薪之间的相关性数据应谨慎使用,因为时薪是通过将年收入除以小时数获得的。因此,工时和工资不平等呈正相关。因此,后者中的任何测量误差都会在与前者相反的方向上产生测量误差。然而,除非不同的国家受到不同(和系统)方式的测量误差的影响,否则跨国比较仍能提供调整灵活性的信息。

别是比利时、芬兰和瑞典），在其他国家，它几乎为 0，这表明工资和工时是独立分配的［如英国、美国和德国——见 Bell 和 Freeman（2001）］。制度也可能是这一结果的影响因素，因为雇主和工人在安排工作时间和/或诉诸非标准劳动合同方面可能有不同的自由度。因此不平等的两个维度（工时和时薪）与同一套制度相关，在 18.5 节的计量经济学分析中，我们将考虑到这种分解。但是工时与工资本身之间的相关性也可能受到现有法规的影响，因为可以将其视为灵活性更高或更低的证据：图 18.22 所示的证据表明，当工资相对较低时，调整工时可能有助于减少工资不平等。[①] 因此，接下来我们将研究这种灵活性测度和劳动力市场制度之间的关系。

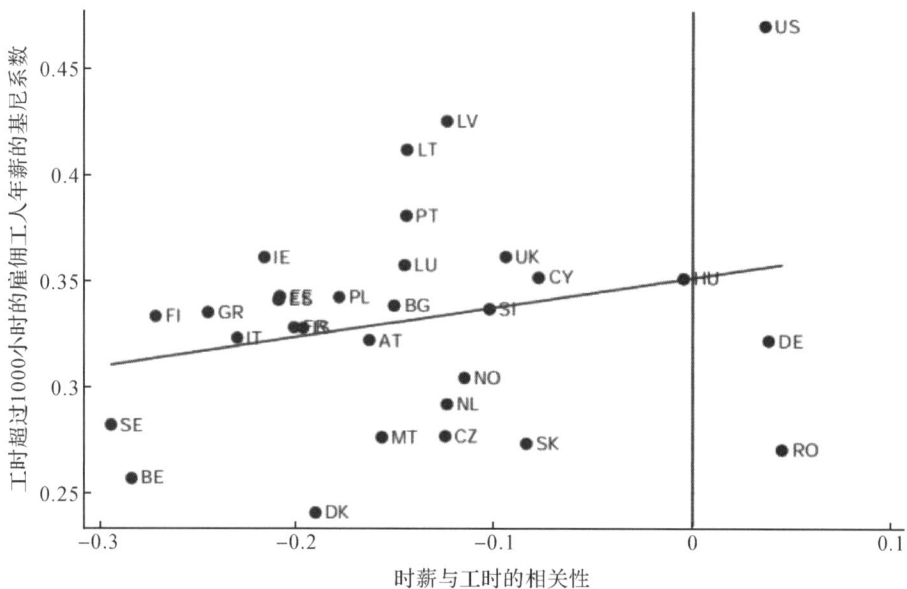

图 18.22　2010 年欧盟国家、冰岛、挪威和美国调整的不平等和灵活性

注：国家代码见本章附录 A。

资料来源：见表 18.1。

工资不平等的总体情况如图 18.20 所示：所谓的自由市场经济体（英国、美国和爱尔兰）的工资不平等程度更高，应在这些经济体中增加一些"向市场过渡"的经济体（如波兰、立陶宛和拉脱维亚）和地中海国家（希腊、西班牙和葡萄牙）。另一个极端是北欧国家（芬兰除外）。如图 18.23 所示，这个国家排名的主要决定因素是就业机会的可用性，因为从劳动力收入的角度来看，具有高就业率（包括自主创业）的国家也并没有那么不平等。这部分是因为我们在样本中保留了该国的全部劳动力，每当就业率上升（失业率因此下降）时，所测量的收入不平等程度就会下降（见 18.5 节中提出的模型）。

[①]　美国确实代表了一个异常值，但即使删除了这一观察结果，图 18.22 中两个变量之间的相关性仍然是正的。

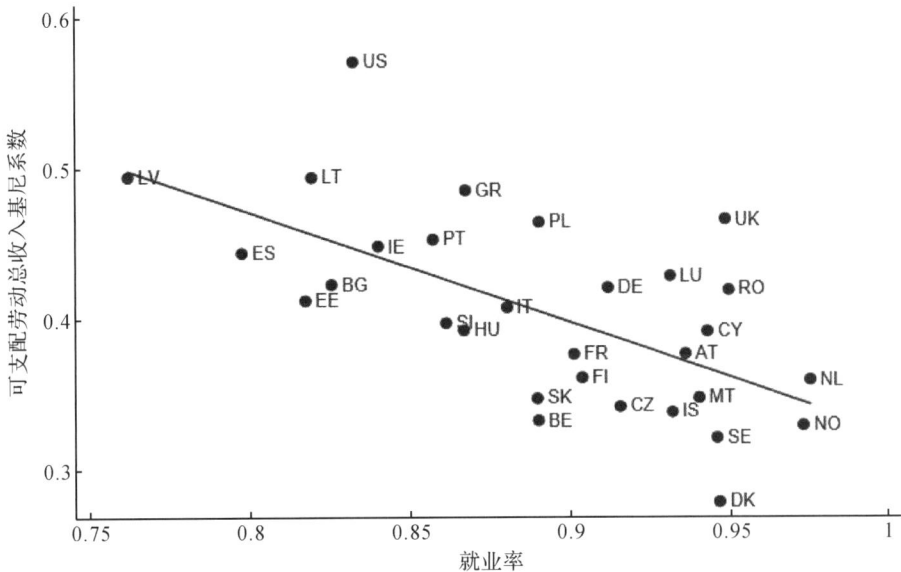

图 18.23　2010 年欧盟国家、冰岛、挪威和美国的收入不平等与就业

注：国家代码见本章附录 A。

资料来源：见表 18.1。

18.3.4　小结

对美国来说，一个典型的关键事实是，在过去的 40—45 年里，时薪的不平等程度在所选择的不同的不平等指标下，出现了不同程度的大幅增长。这一增长取决于收入分配中上半部分的不平等的加剧，下半部分的不平等的加剧持续到 20 世纪 80 年代末，此后基本保持稳定。反映在现在的前 1% 的最高收入份额的收入的急剧上升，是收入分配上半部分不平等程度持续上升的主要原因，这是由基于所有百分位数的更详细的变化来证明的，同时这些变化显示收入分配的上下尾部之间有一些空白。

近年来其他讲英语的国家（澳大利亚、加拿大、爱尔兰、新西兰和英国）也发现了收入分配上半部分和下半部分不平等之间的类似差异，尽管下半部分的稳定可能始于 20 世纪 90 年代初稍晚一些的时间，或在过去的大部分时间里已经存在。然而，请注意，这些国家之间的绝对不平等水平可能在总体上和上下两部分存在很大差异。在某些情况下，下半部分的不平等程度远远超过上半部分的不平等，而在其他国家，情况正好相反——自然，相对于下半部分的不平等，上半部分的不平等呈现出更为剧烈的分化趋势。

其他国家的情况则不那么明晰，趋势从强劲增长（20 世纪 90 年代以来的韩国和匈牙利）到巨幅下降（21 世纪第一个 10 年的波兰和葡萄牙，以及西班牙的小幅下降）。然而由于国际上计算工资的方式不同，以及工资收入人群抽样的方式不同（澳大利亚、爱尔兰和新西兰也是如此），这种比较是复杂的。抽样通常只针对全职员工，而忽略了兼职员工，他们实际上可能对不平等程度产生了重要的影响。因此，相比之下，这些国家的不平等水平和趋势可能被低估。一些国家（比利时、芬兰和日本）总体不平等趋势持平，下半部分的不平等程度呈下降趋势。其余大部分国家(奥地利、捷克、丹麦、荷兰、新西兰、挪威、斯洛伐克和瑞典)出现了较为温和的增长,但仍然有所上升。与讲英语的国家相比,即使水平和增长幅度小于上半部分,但这一增长似乎扩散到了收入分配的上下两半部分。

对于一些国家,可以持续比较它们的性别工资差距。在美国,这一数字明显下降,其下降幅度超过了英国、加拿大和德国,并且从一个较高的水平下降,因此目前的收入性别差距在很大程度上是相同的。在美国,受教育程度从高到更高和从低到更低的差距显著扩大。国际上没有可比较的典型事实可用于解释这些差距,但是尽管在程度上不同,人们可能会假设它们在许多情况下会扩大。

对 27 个欧盟国家、冰岛、挪威和美国进行的一份横向比较研究强调了包括就业机会的重要性,换句话说,包括工时的分配,而不是只关注工资的分配。这两种分配方式结合在一起,并以不同的方式进行分配。这种分配模式部分取决于劳动力市场制度,这可能会使单个员工的工时分配更加不平等,例如,允许弹性化或鼓励兼职。当然,对家庭收入的影响取决于家庭成员的工时和工资水平的结合。

18.4 工资离差与制度作用的理论研究方法

18.4.1 1980—2000 年关于工资不平等的争议和劳动力市场制度的作用

从这一节开始,我们将简要介绍 2000 年以前工资离差文献的演变情况。我们回到 20 世纪 80 年代关于不平等的文献的开头,以便更好地了解当前的情况,并填补现有综述中的空白。接下来,本章的其余部分对劳动力市场制度的研究进行了更详细的讨论。在此之后,我们讨论了两个主要方向的近期贡献:供求(见 18.4.2)和制度(见 18.4.5);最后总结了我们的发现(见 18.4.7)。

20 世纪 80 年代,当代关于工资离差问题的讨论受到了重视,Peter Henle 和 Ryscavage (1980)详细描述了美国男女不平等现象的变化。[1] 这篇文献最初关注的是关于是否存在不平等的实际问题,人们花了一段时间去消除对这种增长的怀疑,尽管实际问题一直存在。[2]没过多久,人们开始提出问题:"为什么会有这种现象?"人们从多个方向寻求答案——往往是冒着被骗的风险在不同的方向寻找。在这些初期的探索中,有一些思路发展为后来的劳动力市场制度。例如,Plotnick(1982)将 1958—1977 年男性年收入(通常称为"劳动收入")的对数差异(缓慢)增长完全归因于工会化程度、工作周数的离差、工人的年龄分布和教育不平等的差异。Dooley 和 Gottschalk(1984)寻求人口统计学解释(即群体规模和婴儿潮),同时 Dooley 和 Gottschalk(1985)在事实方面补充了一种观点,即低于低收入阈值的男性实际收入呈现出滞后趋势。[3] Bluestone 和 Harrison(1982)提出了非工业化和低工资就业扩张的理论,

---

[1] Henle(1972)已经表明,在 1958—1970 年,收入不平等有所加剧。

[2] Blackburn 和 Bloom (1987)将研究结果相互矛盾的情况进行了比较,阐明了样本选择和定义上的重要差异,并首次在研究中同时考虑了男性和女性。他们得出的结论是,结合女性收入不平等的减少与男性收入不平等的增加,"从 20 世纪 60 年代末以来,衡量个体劳动者收入不平等的时间分布一直相当平稳"。

[3] 阈值被定义为 3 美元,比 1975 年的联邦最低工资高出 40%。

在后来的一本书中(Bluestone and Harriso,1988)转化成了著名的不平等加剧的"大转折"。这给这个问题赋予了政治意义,人们认为它是对中产阶级产生负面影响的两极分化,这在当前的辩论中听起来可能很熟悉。[①]

因此,教育、制度、人口统计和经济组成几乎从一开始就出现在文献中。从 20 世纪 90 年代初开始,国际贸易,尤其是与低工资国家的竞争,被认为是收入分配差距的其他原因(如Wood,1995)。然而,这超出了本章关于劳动力市场制度的重点。[②] 尽管人们对人口统计学的兴趣可能已经减弱(除了性别已成为主要因素),但对教育差异、制度以及当时经济产业和部门的构成、职业和任务的关注度已经在 20 世纪 90 年代发展成为一个庞大的文献体系。教育的关注点一方面集中在对经济技能的需求上,另一方面集中在劳动力的供给上(如 Juhn et al.,1993)。这导致"侧重技能的技术变革"的论题(简称 SBTC)(Bound and Johnson,1989,1992;Levy and Murnane,1992)成为技能需求背后的驱动力。一段时间以来,这成为解释日益增长的工资不平等的典型模式。显然,经济的构成与此有着紧密的关系,因为不同行业间的技能结构存在着差异。

技术变化和经济构成一起成为文献中关注供求或"市场力量"的支撑,也是工资不平等差异和变化的解释因素。Levy 和 Murnane(1992)在他们的第一篇文献综述中建议未来的研究应"深入探究企业的黑箱",并追求劳动需求的享乐理论,该理论认为劳动者是一个由各种单项生产技能构成的有机整体,工资是支付劳动者这些技能的总和。劳动者无法分割这些生产能力,或将各项能力分别出售给出价最高的人(Mandelbrot,1962),因此生产能力的单价可能因部门而异(Heckman and Sedracek,1985)。基本上,Levy 和 Murnane(1992)似乎指出了Acemoglu 和 Autor(2011)最近采用的基于任务的方法所进行的方向。同时,它说明了技术在经济研究中很难用经验来确定,而且技术通常被纳入模型中未被解释的部分,也包括不平等的研究。尽管 Levy 和 Murnane(1992)几乎只关注美国,但 Gottschalk 和 Smeeding(1997)拓宽了视野,将欧洲和其他国家包括在内。他们更加关注制度,并指出概念化和测度的重要问题,强调在分析中不能忽略市场力量和制度约束。Gottschalk 和 Joyce(1998)专注于国际比较中不平等的演变,并得出结论,市场力量可以用来解释许多跨国差异,这些差异在文献中被归因于劳动力市场制度的差异。他们急于补充说,这并不意味着制度解释无关紧要,而是假定它们不应总是提供制约因素。Katz 和 Autor(1999)基于直接和间接的证据,在他们对工资结构和收入不平等文献的全面综述中,认为侧重技能的技术变革可能是对受过更多教育的工人需求长期增长的最重要驱动力。他们对这一趋势的加速不那么自信。他们认为,进一步研究的一个重要问题是,高技能者的优势可能是暂时的。从长远来看,该优势取决于持续不断的技术变革链;或者,20 世纪的技术变革可能发生系统性的技术偏向。另一个问题是,变化是外生的,还可能受到不同技能供应的内在影响。

与市场观点类似,关注制度的研究方法也在蓬勃发展。Fortin 和 Lemieux(1997)基于美

---

① Harrison 等(1986)把这个问题提交给了国会;总统候选人乔治·沃克·布什(George W. Bush)和迈克尔·杜卡基斯(Michael Dukakis)讨论了中产阶级的地位和 1988 年竞选中就业增长的性质(Karoly,1988)。

② 比较 Machin(2008)的评估,发现对此解释的支持很少。

国当前的经验和大萧条的影响,有说服力地证明了其相关性。从实证角度来看,一些显而易见的候选因素能够解释工资不平等的现象——工会成员的数量和最低工资标准,考虑到美国的工资水平明显下降,以及包括工资谈判的(非)集中性在内的重大国际差异。Freeman(1991)发现,工会化在增加不平等方面起着重要但并非压倒性的作用;相反,Dinardo 和 Lemieux(1997)解释了美国—加拿大男性工资不平等增长差异的三分之二来自美国工会的快速衰退。Blackburn 等(1990)指出,只有一小部分原因是最低工资的下降。DiNardo 等(1996)发现在 1879—1988 年,最低工资水平的下降对不断增加的工资不平等产生了实质性的影响。尽管 Levy 和 Murnane(1992)在概述中提到了这些制度,但他们的研究几乎没有涉及这些制度,并且该研究仅针对美国,显然在那里没有明确的研究议程。然而,在 20 世纪 90年代,研究人员对制度的兴趣远远超出了上述范围。这得益于国际比较的巨大刺激,在这些比较中,制度之间的差异更容易成为焦点。例如,不同的雇佣规则(Freeman,1994)以及工资结构的差异和变化(Freeman and Katz,1995)。Blau 和 Kahn(1996)汇集了各国有重要意义的实证研究。与工资不平等有点不同,Freeman(1988)、Richard Layard 和 Stephen Nickell(1991)对经合组织国家的劳动力市场制度和宏观经济绩效做出了贡献。同时,Card 和 Krueger(1995a)消除了关于美国最低工资的负面就业影响的共识。我们稍后将看到,这些影响对于就业的影响仍然是争论的焦点,但对于那些普遍同意压缩工资分配的观点的影响则要少得多(Blau and Kahn,1999)。《劳动经济学手册》第 3 卷对 20 世纪 90 年代的研究进行了总结,提供了关于工资形成、不平等和制度的丰富贡献。Katz 和 Autor(1999)明确关注收入不平等,关注来自供求和制度两方面的解释;Blau 和 Kahn(1999)详细分析了劳动力市场制度,Brown(1999)专门考虑了关于最低工资的文献。Nickell 和 Layard(1999)也讨论了劳动力市场制度的影响,但一般与经济表现("自然失业率"和后来的非加速通货膨胀失业率)有关,这是 Friedman(1968)文献中的一个不同部分。

18.4.2 劳动力市场制度的定义和分析

鉴于本章主题的重要性,我们在后面两节中讨论不平等文献的最新发展之前,先关注制度处理所带来的问题。我们区分制度的概念化(方法)和分析,并在本小节的一般层面上考虑这一点:归根结底就是分析如何解释制度存在的问题。更具体地说,18.4.5 讨论了他们在工资不平等分析中的作用。

18.4.2.1 方法

首先,对制度(特别是劳动力市场制度)的定义,似乎需要更精确,以及更多具体的案例支撑。[①] 在文献中,它们往往因为被认为过于显而易见而可能缺乏明确的阐释。正如 Nickell 和 Layard(1999)所说,"很难精确定义劳动力市场制度的含义,因此我们只需提供一份我们应该考虑的劳动力市场特征清单"。用 Freeman(2007)的话说,"虽然经济学家没有对制度有单一严格的定义,正如根据波特(Potter)大法官著名的关于色情的说法一样(当我看到它,就会认出它,译者注),只要一看见制度,就知道制度是什么东西"。那些真正敢于定义的人也

---

① 用 Freeman(2000)的话来说,"缺乏国家或企业层面制度的通用测度标准,给制度经济学带来了一个难题。毕竟,测量是致力于任何科学所需的必要条件"。参见 Autor(2013),了解关于任务方法定义和测量的类似担忧。

只是给出了非常广泛的定义,例如"劳动力市场制度是由集体选择产生的法律、规范或公约体系,其通过提供约束或激励来改变个体在劳动与薪酬方面的选择"(Boeri and Van Ours,2008)。在这种情况下,这可能会引出一些重要问题:选择变化是一个实际问题,还是一个理论问题? 如果是后者,这就构成了一种风险,即根据定义,任何制度都将意味着偏离理论理想状态,而且制度在概念上很难内生化,这意味着制度可能认可已经发生的行为变化,而不是导致这种变化。这也可能使不同理论对制度的认定有所不同。关于法律、规范或公约的进一步限制:那么关于组织呢? 工会是一个旨在增进其成员利益的组织。① 政策是否可以是一个制度? 例如,积极的劳动力市场政策被 Nickell 和 Layard(1999)以及 Eichhorst 等(2008)视为一个制度。

制度开始是以工会密度和工资谈判的(非)集中性等形式出现在不平等的讨论中的。这些因素可以明显影响个人工资,但它们既不是法律,也不是规章或规则,似乎更接近实体组织。而最低工资,另一个从一开始就存在的制度,通常是在法律中规定的。制度不仅存在于关于不平等的讨论中,并已经包含了广泛的各种因素,而且似乎没有明确的限制来界定什么是合格的,什么不是合格的。这不仅使制度难以界定,而且往往使它们具有一种基本的特殊性质。劳动力市场制度的选择不一定是系统性审查的结果,但似乎反映了受限甚至有偏见的试验和错误。另外,如何解释工会受到的极大关注? 尽管雇主协会同样参与集体谈判,但他们几乎无法计算。并且,"雇主密度"(即谈判公司雇佣一个部门的工人的百分比)而非工会密度,才是实际上可能提供集体协议具有普遍约束力的基础。② 首先受到关注的是工会密度,后来当其似乎不能作为一种解释时,集体谈判的覆盖面才受到关注,这就是一个例子。③ 考虑到教育差异在工资不平等的文献中的高度核心作用,很难理解为什么教育系统在这一文献中所占的比例微乎其微。④

此外,在文献中,劳动力市场制度可被视为特定因素,它具有实际的起源并且仅存在于劳动力市场中(如工资谈判),但它们同样也可能是从市场以外影响劳动力市场的因素(如所得税或税收楔子)。后面的一个定义,作为一个影响劳动力市场的因素,无论其来源如何,都打开了通向无数制度的大门。在 30 年的讨论过程中,许多其他因素也被加入进来了。例如,Nickell 和 Layard(1999)受到 Oswald(1996)发现房屋所有权是劳动力地域流动性的最重要的障碍之一的启发,在其劳动力市场"制度"(他们加的引号)列表中加入了房屋所有权。⑤ Freeman(2007)列出了以下内容:强制性的劳资委员会、就业保护法、最低工资、集体谈判覆

---

① Checchi 和 Garcia Penalosa(2008)确实将"决策者直接控制之外的员工组织"作为劳动力市场制度中包含的"集体干预"的一种形式加以区分。
② Alan Manning(2011)提到要注意雇主共谋,并指出研究表明"劳动力市场中的一些制度和法律有助于雇主共谋以压低工资"。尽管在他看来,很明显雇主并未集体串通。但对导致工资长期拖欠的集中工资谈判进行测试,似乎仍是合乎逻辑的,因为它可能成为一种全国性的垄断形式。
③ 国际比较数据的可用性也是一个问题(Koeniger et al.,2007)。
④ Leuven 等(1997,2004)批评从国际比较的教育年限中得出技能水平的方法。Nickell 和 Layard(1999)也持有相同的观点。Freeman 和 Schettkat(2001)以及 Mühlau 和 Horgan(2001)详细阐述了低技能人才的问题。根据 20 世纪 90 年代国际成人识字调查(International Adult Literacy Survey)的数据,这些研究指出,与欧洲各国的同龄人相比,美国低技能人群在文学和算术方面的水平要低得多。乍一看,对成人技能的调查似乎也强调了 29 年后的情况(OECD,2013)。
⑤ 另见 Blanchflower 和 Oswald(2013)。

盖面的扩大、终身雇佣、最高水平的集体谈判、工资灵活性、团队、轮岗、临时雇佣合同、社会对话、学徒计划、职业健康与安全规则、固定福利和固定缴费养老金计划。举几个其他的例子:Oliver(2008)提出要注意全行业的工资标准,Boeri(2011)增加了工作时间的规定,Blau 和 Kahn(2002)加入公共部门的就业份额。反歧视测度是我们很容易想到的一个进一步的例子,我们下面讨论近期文献时会有更多考虑因素。显然,前一节中关于收入与家庭收入关系的讨论提出了新的备选制度,例如育儿假、育儿规定或个人选择工作时间的权利。

即使有明确界定,对制度影响的分析仍然需要关注,原因主要有:个别制度的实际意义及其可能产生的影响类型,它们在适用范围更广的制度中以及在更广泛的背景下的不同作用,以及在文献中占据中心地位的国际比较的潜在误区。

在许多研究中,人们似乎只从表面上看待制度,并将其等同于法律层面的规定,自然,重要的是它们事实上的执行力或"约束力"(Eichhorst et al.,2008)。这一"约束力"可能取决于具体的强制执行过程——法律和规则可以严格执行,否则它们可能是没有人注意的一纸空文。当执行是监察机构的责任时,执行可自动进行。如果执行是一些感到被欺骗(当最低工资和其他规定在这方面存在严重分歧)的个人的责任时,则有可能执行成本高昂,且过程麻烦重重(Benassi,2011)。制度也可以是一般规定,其具体性质由实际政策规定。当法律仅仅确立了最低工资的存在,而其实际的(提高的)水平是由政策决定的时候,最低工资再一次成为一个恰当的例子——美国就是一个突出的例子。[①] 对于政策来说,执行力是问题的核心。[②] 请注意,这进一步模糊了制度和政策之间的区别。制度在实施的性质上也可能有所不同:在法律上禁止或规定某些行为,或在经济上鼓励或阻止某些行为,因此它们可能具有的影响类型也许不同。一个可能的例子是就业保护的规范性规则,而不是积极的劳动力市场政策的弱势群体的雇佣补贴。一个制度的实施可能不是非黑即白,无论是国家内部还是国家之间的横截面上,都可能有不同的影响,并可能随时间而变化。[③] 显然,一项制度的实际意义可能接近于对其影响的实际衡量,这可能造成方法论上的问题。

由于没有关于它们作为一个(国家)集合的一致性或相互作用的明确理论,因此通常对单个制度的影响进行详细审查(Eichhorst et al.,2008)。然而,各种制度可能会在一定程度上相互平衡或加强。比如拥有强有力就业保护的国家可能通过集体谈判缓解工资上涨的压力,或者"随意"的就业可能被个别合同抵消。如果工人受到保护而不受解雇的威胁,增加工会会员就会更容易。兼职人员的增加可能会减少对工作休假的需求。慷慨的失业救济计划可能会增加自愿流动的情况,并增加对公共培训的需求。不同的制度可以提供类似的职能。例如,Garnero 等(2013)针对部分欧洲国家法定最低工资的收入不平等,以及结合其他国家部门集体劳动协议中最低工资条款与高议价覆盖率,得出了功能对等的结论。[④] Gottschalk

---

① 参照了 66 个国家工会、雇主和政府在这一过程中的作用,Boeri(2012)比较了最低工资设定制度的影响。

② 关于最低工资的执行力这一点,Kampelmann 等(2013)讨论了工资分配(凯茨指数)中的相对货币水平以及最低工资就业在总就业中的份额。欧盟统计局的最低工资数据库仅限于前者。

③ 例如,对于非自愿解雇,荷兰雇主有两种选择:一种是遵循行政程序,除了可能需要和解时间,没有产生任何费用;另一种是诉诸法庭,这意味着要支付遣散费,因此通常费用很高。近几十年来,尽管行政程序的效率有所提升,但对于这两条路径之间的选择已大幅转向后一种(Salverda,2008)。

④ 但结果水平可能不同。

和 Smeeding(1997)警告说,如果孤立地考虑制度的影响(以工会密度和最低工资为例),则存在重复计算的风险。

国际比较可能存在更深层次的风险。制度差异可能比其他国际差异更容易引起注意,并被相对孤立地看待,从而加大了其影响被高估的风险。Blau 和 Kahn(1999)将他们的研究集中在大约 20 个经合组织国家,他们指出,这种选择允许利用"这些国家在教育水平、技术、生活水平和文化方面的相似性,可以作为审查制度效果的实际控制"。Freeman(2007)对国家数量相对于制度数量较少这一事实的方法论含义提出了警告。因为外表可能具有欺骗性,那些乍一看相同的制度之间可能存在不同之处。我们已经看到,尽管在教育制度的标准化衡量方面,人们进行了广泛的努力,但教育程度和技能水平之间可能存在分歧。Freeman(2000)对测度标准的要求可能比想象的要高,但最重要的是,它可能是必要的,但还不够。上述关于制度执行力的观察尤其适用于比较的情况,以防止将不对等的事物进行比较。更重要的是,整体经济中可能存在着根深蒂固的差异,这一点在近年来得到了有力的证明,例如,与许多其他国家相比,美国的私人家庭消费倾向更强,从而对其经济造成了严重影响。①

综上所述,在研究制度的作用时,需要考虑这些制度的力量、它们在国家层面上的相互作用、劳动力市场的供求关系,以及经济的总体结构。后者可能将那些能够更广泛地影响经济的制度列入研究议程,例如那些控制汇率②灵活性或国际资本流动的制度,自 20 世纪 70 年代末以来,这些制度在许多欧洲国家都经历了重要的自由化,并相对于雇主有可能进一步削弱了员工和工会的力量。Card 和 Krueger(1995a)的最低工资辩论和贡献的一个重要启示是,他们不再从最低工资会对就业产生负面影响这一先入为主的观念出发,而是防止那些针对制度的欺诈行为。正如 Freeman(2007)所观察到的那样,"许多(认为劳动制度损害了总体绩效的,作者注)人坚持强有力的先验,即劳动力市场在没有制度的情况下近乎完美地运行,并且应该让先验决定其建模选择和对实证结果的解释"。

18.4.3　劳动力市场制度存在的原因

从一开始就需要考虑创建或保留劳动力市场制度的经济原理和潜在的有益影响。③ 根据 Freeman(2007)的观点,制度影响经济绩效的方式有三种:通过改变激励制度;通过促进有效的谈判;通过增加信息,加强沟通,以及可能的信任。在他大致的回顾中,有证据表明,劳动制度减少了收入离差,缓解了收入不平等,这改变了激励制度,但对就业和失业等其他总

---

① Galn 等(2003)发现,欧美服务业就业缺口主要集中在分销(零售)活动和个人服务业,并表明"欧洲人均商品消费水平低得多,是就业水平比美国低得多的主要原因"。

② Blau 和 Kahn(1999)在他们的结论中认为,可以通过调整汇率来弥补制度上的僵化(并警告说,引入欧元可能会夺走这一机会,这一点在此期间得到了证实)。

③ 最近的一些例子是 Acemoglu(2003),他认为劳动力市场制度在欧洲刺激工资压缩也可能激励投资提高低技能工人的生产率;Sutch(2010)指出,最低工资导致资本的深化和受教育程度的提高[可与 Freeman(1988)比较];Nickell 和 Layard(1999)认为,员工代表权可以促进管理/员工合作,提高生产率;Atkinson(1999)证明了,如果考虑到现实世界的规则,失业救济实际上可能是在促进就业。从更根本、更长远的角度来看,福利国家(无论是贝弗里奇模式还是俾斯麦模式)的起源,都与雇佣就业的发展有关。

体结果产生了有争议的影响。[1] 他认为,这种有限的影响是由于"体制干预的政治经济排除了集体谈判解决办法和对一个经济体真正昂贵的规章制度。没有哪个国家会对大量失业的劳动力征收最低工资,没有工会或雇主会签署集体谈判协议迫使公司倒闭"。从这个角度来看,根据科斯定理(Coase Theorem)的预测,无论何时何地,只要解决了个体谈判的交易成本问题,制度就会做出积极的贡献。

Botero 和他的合著者(2004)定义的劳动力市场规则是由政府希望保护劳动关系中弱势一方而产生的。[2] 他们表明,政府的政治左翼倾向往往与更严格的劳动力市场规则(政治权力理论)有关,但法律渊源与解释跨国差异更为相关(尤其是考虑到殖民时代法律制度的移植,这与路径依赖的社会学理论——法律渊源理论非常一致)。后者认为,普通法国家更倾向于依赖市场和合同,而民法国家则依赖监管(和国家所有权),因此,民法国家确实比普通法国家更广泛地监管劳动力市场。出于效率原因而在本国采用的法律渊源可能对前殖民地来说是外生的,因此可以研究其对制度起源的因果影响。[3] 根据这一论点,有几篇论文解释了一些劳动力市场制度作为至少一部分代理人的(最优)解决方案内生出现。Saint-Paul(2000)对这一方法做出了一项有争议的研究,他的目标是确定某一制度的赢家和输家。在他看来,每种制度都会产生租金(即支付工资和外部选择之间的差额),这在劳动力中分布不均。由于受雇工人享有这些租金的大部分利益,他们显然是主张维护制度(政治内幕制度)的最大群体。这必须与失业率的上升进行权衡,失业率的上升与工资的上涨有关,而这是对一个制度长期存在的最严重的威胁。如果我们接受圣-保罗(Saint-Paul)的观点,即劳动力中最相关的冲突是技术工人和非技术工人之间的冲突,那么"劳动力市场的刚性主要是在技术工人和非技术工人之间重新分配"(Saint-Paul,2000)。忽略群体内部的不平等,这意味着制度通过影响技能溢价和(技术)失业率来影响收入不平等。从这个角度来看,当以非技术工人为代表的群体主导技术工人和失业者的群体时(例如,这是一个不同于支持财政再分配的联盟),制度就出现。不平等与制度之间的关系变得模糊:制度创造或加大了工资差异,但工资不平等可能支持引入劳动力市场制度作为一种再分配的替代手段。[4] 同样,不同的制度可能会相互加强,揭示政治经济互补性的潜在存在,这有助于解释为什么我们在经验上观察

---

[1] 同样,Betcherman(2012)指出了劳动力市场制度存在的四个基本原理:不完全信息、市场力量不均匀(用人单位与劳动者之间)、歧视,以及市场为就业相关风险提供保险的不足。根据他的说法,文献可分为积极的观点和消极的观点。当制度解决协调问题时,他称之为制度主义者;当制度阻碍经济效率时,他称之为扭曲。

[2] 旨在保护工人不受雇主侵害的劳工市场管制有四种形式。第一,政府禁止劳动力市场上的歧视,并赋予工人在持续就业关系中的一些"基本权利",如产假或最低工资。第二,政府通过限制可行合同的范围,提高裁员成本和增加工时的成本,从而规范雇佣关系。第三,为了应对雇主相对于工人的权力优势,政府授权工会集体代表工人,并在与雇主谈判时保护工会的特定策略。第四,政府自己提供针对失业、老年、残疾、疾病、健康和死亡的社会保险(Botero et al.,2004)。

[3] 当他们分析法律指数对技术和非技术差异测量的因果影响时,他们发现,不仅仅是"社会保障法指数"被作为一种不平等因素来增强因果影响(使用法律渊源作为工具)。

[4] 不平等,即技术和非技术生产率之间的差距,决定了内部冲突的强度。正如我们所争论的,正是由于这种内部冲突,中产阶级联盟才会选择严格的劳动力市场制度。因此,我们预计对租金的支持会越来越大,不平等也会越来越严重。如果不平等程度足够低的话,这在一定范围内是成立的。但过去的某个阈值的不平等减弱了对租金的支持,因为在不平等程度很高的情况下,失业的刚性成本太高了(Saint-Paul,2000)。另见 Brügemann(2012)建立了一个模型,以往严厉的保护措施实际上减少了如今对就业保护的支持。

到制度集群,往往表示为社会模型(Amable,2003;Hall and Soskice,2001)。出于可行性的考虑,劳动力市场改革更有可能在一段危机时期后出现。危机期间,人们对现状的偏见减弱,失业率上升,从而形成替代选区。然而,Manning(2011)对劳动合同中的租金提出了一个截然不同的观点。在他看来,租金在劳动力市场上无处不在,因为雇佣和招聘的摩擦,对特定人力资本的投资产生分离成本,以及双方(雇主和雇员)的合谋行为。因此,如果将不完全竞争作为相关范例①,将这个市场的监管[通过工资议价或工资(如最低工资)由公共当局设置]作为第二个最好的手段,则可以实现帕累托改进(如买主垄断下的最低工资的情况)。

Aghion 等(2011)在最近的一篇文章中提出劳动力市场监管的存在是对劳动关系质量的一种不完善和低效的替代。他们用一种学习劳资关系质量的模式来阐释其论点:工会化的决定被视为一种代价高昂的实验手段,旨在找出更多关于工作场所合作的信息。因此,法律规定(如最低工资)的存在降低了学习动机。由于信念是在过去的经验基础上逐渐更新的,因此作者获得了信念(以高管感知到的劳动关系质量为衡量标准)和制度(以最低工资的严格程度为衡量标准)共同进化的预测。② 因此,不信任的劳动关系导致工会化程度较低,以及对国家直接监管工资更强烈的需求。反过来,国家的规定又排除了工人尝试谈判和了解劳资关系潜在合作性质的可能性。这种排挤效应可以产生多重均衡:一种以合作劳动关系、高工会密度和低国家管制为特征的"良好"的均衡(如北欧国家);一种以不可信的劳动关系、低工会密度和国家对最低工资的严格监管为特征的"糟糕"的均衡(如一些地中海国家,尤其是法国)。它们的实证应用涵盖了 23 个国家 1980—2003 年的数据,并显示出劳动关系的质量与工会密度或国家对最低工资的监管(同时控制了失业救济和税收楔子等其他制度测度)都是负相关的。

同样在最近,Alesina 等(2010)提出了一个模型,其中就业保护和最低工资规定的出现是由文化特征,即家庭关系的强度来解释的。在他们的理论模型中,个人天生就对家庭关系有着不同的偏好:那些家庭关系较弱的人在地理或行业上具有流动性,通过匹配提供最高生产率的工作来实现有效的分配;然而,那些家庭关系密切的人理性地选择劳动力市场规则(如解雇限制和最低工资),以限制当地雇主的独立自主权力,同时接受生产力较低的分配。与家人住在一起的另一个理由是,它可以为不可预见的冲击(包括失业)提供额外的保险。作者证明了两种稳定纳什均衡的存在:一种是每个人都选择疏远的家庭关系,投票支持劳动力市场的灵活性,并改变她或他的初始位置(高流动性);另一种是每个人都选择紧密的家庭关系,投票支持严格的劳动力市场监管,并留在原来的(出生)地点。在后一种情况下,劳动力市场是独立的,因为工人是固定的,工人通过劳动法规限制雇主的权力。从经验上看,它们显示了家庭关系强度与劳动力市场刚性之间存在正的跨国相关性。他们还更令人信服地指出那些继承了更牢固的家庭关系的个人(即来自对家庭价值有高偏好的国家的第二代移民)流动性更低、工资更低、就业率更低,并且支持更严格的劳动力市场法规。

---

① 如果认为劳动力市场具有完全的竞争性,那么经验性的结果(例如,均衡工资离散、性别工资差距、最低工资对就业的影响、为一般培训支付工资的雇主、没有特定技能的工人的失业成本)会令人感到困惑;如果认为劳动力市场具有普遍的不完全竞争的特征,那么这就是人们所能预料到的(Manning,2011)。

② 尽管这阻止了任何因果关系分析,但它类似于社会学家在分析制度时经常提倡的路径依赖。

Holzmann 等（2011）在对 183 个国家引入遣散费计划的历史文献回顾中提出了引入遣散费计划的三个理由：（1）作为社会福利的一种原始形式（预期失业和退休福利的引入），从而满足保险需求；（2）作为一种提高效率的人力资源工具（一种员工与企业之间的纽带，以尽量减少企业特有知识的损失），解决滞留问题；（3）作为一种适当的工作保护手段，旨在提高家庭中主要收入者的就业持久性。

如果我们限制最低工资，Neumark 和 Wascher（2008）提供的历史回顾表明，该制度已经成为劳动合同的权力制衡，能够防止剥削童工（1894 年，新西兰法院获得最低工资设定权，两年后，澳大利亚跟进）和女性（1938 年，美国在联邦层面出台《公平劳动标准法案》）。从这个角度看，最低工资将是一种旨在防止企业之间"竞相压价"竞争的手段，而不是一种旨在维持贫困家庭收入的测度。[1] 从工会领导人的角度来看，最低工资立法代表着工人外部选择的改善，从而提高了他们的议价能力。这两种影响的总和可能会形成一个由大公司和工会组成的不同寻常的联盟，支持引入和（或）定期更新最低工资标准。[2]

18.4.4 劳动力市场制度对经济有影响吗？

Blau 和 Kahn（1999）在他们对劳动力市场制度的概述中，通过对其原理的仔细讨论得出了研究因果关系的一些启示。他们回顾了有关制度对经济影响的"爆炸式研究"，得出结论：制度似乎确实很重要。在他们看来，文献中有关制度影响工资分配的证据比就业水平的证据更有力。Freeman（2001）支持这一观点，他认为制度可以明确地影响分配，但其他对宏观经济和效率的影响很难被发现，充其量只能说是有限的。后来，他甚至更有力地指出："制度对一个重要结果有重大影响：收入的分配……"相比之下，尽管做了相当大的努力，研究人员还没有确定制度对其他总体经济结果的影响（如果有的话），如失业和就业（Freeman，2009；参见 Freeman，2005）。Nickell 和 Layard（1999）对制度的作用似乎持更谨慎的态度，他们得出这样的结论："近年来，OECD 国家大多数失业和工资分布的基本特征似乎可以通过供需关系变化来解释，工会和最低工资等特殊制度所需的作用相应较小。"这些并不是关于制度在时薪离差方面的作用的结束语，更不用说年薪离差，包括我们认为特别有意义的工作时间维度，正如我们在接下来的两个部分和 18.5 节的经验性方法中所看到的那样。

因此，在 20 世纪 80 年代和 90 年代，大量的文献似乎倾向于两个主要方向：一方面是供给和需求，另一方面是制度。双方都承认彼此的相关性，甚至有人谈到了供需机制模型（Freeman and Katz，1995；Katz and Autor，1999；Lemieux，2010），但从那以后，几乎没有什么发展，而且考虑到在现实中的上述担忧，这是可以理解的，市场观点和制度观点的主要焦点似乎变得更加独立。纷繁复杂的制度让他们看起来被高估了，相比之下，技术变革——供给和需求的驱动力——被低估了。在 21 世纪第一个 10 年出现了许多新的参数：偏振分布、外包的生产活动、大幅增长的上尾分布、税收、对任务和技能的关注、两层性质的制度改革、绩效薪酬的重要性日益上升、"新制度"的出现、关于最低工资的新贡献。许多文献主要集中于上述两个方向中的任何一个。Acemoglu 和 Autor（2011）在其结论中几乎不涉及制度，而 Boeri

---

[1] 同样，Agell 和 Lommerud（1993）提出了一种模式，即通过消除低生产率的企业来提高工资以促进更高的增长。

[2] 参见他们对基于美国各州最低工资投票的经验证据的审查（Neumark and Wascher，2008）。

(2011)只关注制度的各个方面。

我们认为,Manning(2011)关于劳动力市场不完全竞争的方法,其目的是抛开规范模型的思维,并偏离这些模型,这可能表明了可以提供一个不同的、最终更统一的视角的第三条路径。从租金是不可避免且普遍存在的这一观点出发,尽管还不清楚租金有多少以及谁获得了这些租金,Manning(2011)的研究表明,租金的存在为确定工资创造了一个"喘息空间",并以效率为理由观察到制度的多样性。其结论是:"一旦认识到不完全竞争的存在,人们对劳动力市场监管可能产生的影响的看法就应该发生重大改变。"[1]一个重要的推论是,制度并没有"导致劳动力市场与现货市场的功能不同"(Blau and Kahn, 1999),但这个市场不应被视为现货市场,而是从一开始就需要制度来正常运转。因此,分析供求和制度的一个更好的原则可能是制度同样普遍:供求的每一个行为都与某种制度结合在一起,从一开始就要考虑它们的存在和影响。

18.4.5　基于劳动力投入需求和供给的最新理论

Neal 和 Rosen(2000)提供的收入不平等理论综述集中在工作岗位中工人的分配[罗伊(Roy)模型]、个人人力资本积累[本-波拉斯(Ben-Porath)模型]、搜索模型[最近一次回顾中的变化见 Rogerson 等(2005)及 Rogerson 和 Shimer(2011)],以及能力或努力的不完全可观测性(效率工资和合同理论)。他们采用了基于个人视角的工资决定,这不允许制度框架有很大的空间影响由此产生的收入分配。从这个角度看,工资不平等可以看作劳动力投入相对需求和供给变化的结果。从 Katz 和 Murphy(1992)的原创论文以及此后衍生的文献[Katz 和 Autor(1999)进行了回顾]开始,所谓的规范模型预测了技术工人和非技术工人之间的工资差异适应了对技术劳动力不断扩大的需求(侧重技能的技术变革,由生产中引入计算机引起)和对非技术劳动力需求的减少(由于发展中国家的竞争加剧)。人口统计学变化(群体规模、移民)和教育选择的变化可能部分减弱(甚至抵消)这些变化。由此产生的不平等动态可以通过跟踪这些运动来预测(Acemoglu,2003)。

在这一框架中,工资设定制度影响了相对工资的灵活性,在工资差异和相对失业之间创造了一种平衡;考虑到行业间的工资差异,这意味着员工的离职率更低,求职者的人数也更多。[2] 例如,在给定的劳动力投入供给条件下,对技术劳动力(提高技能)的相对需求增加。如果工资差异不能调整对技术工人的相对过剩需求(因为最低工资立法防止了非技术工人工资的下降,工会谈判防止了技能溢价的过度上升),那么非技术工人的相对失业率将会上升。劳动类型之间的替代性越高,这种效应越明显。

Card 和 DiNardo(2002)在进入 21 世纪后不久就对侧重技能的技术变革这一论题提出了激烈的批评。他们的论点既有理论依据,也有实证依据。从理论的观点来看,只要相对供给具有足够的弹性,恒定的侧重技能的技术变革并不会产生永久的技术和非技术工资差异(见Atkinson,2007b)。在实证方面,他们回顾了 1967 年以来美国工资不平等的演变过程,几乎回

---

[1]　然而,请注意,他所观察到的制度的实际影响(或就此而言,对制度的限制)是一个经验问题。

[2]　Katz 和 Autor(1999)也考虑了产品市场监管,因为这会造成部门租金的差异,这些差异部分由工资谈判分配,从而导致了整体工资不平等。

到了文献的起点,但现在扩展到包括 20 世纪 90 年代的更近期的事件。这指的是已经提到的问题,即技术变革在经济模式中缺乏正面的识别,但通常被归入无法解释的遗留问题。为了避免上述问题所带来的同义重复,他们寻找可以纳入模型的技术变化的独立经验测度:个人电脑和互联网的引进、经济中信息技术部门的规模,以及个人在工作中使用计算机的情况,尤其是根据个人特点进行分类的情况。[①] 从这一材料来看,20 世纪 90 年代技术变革的总体趋势即便没有因互联网的使用而加速,也仍在持续。计算机使用的细分数据表明,女性比男性更多地使用计算机技术,尤其是在受教育程度较低的女性中,而受教育程度最高的男性则缩小了与女性同行的差距。Card 和 DiNardo(2002)由此得出结论,计算机技术应该扩大受教育程度最高的人的性别差异,缩小受教育程度最低的人的性别差异。他们提出应该重新审视数据(通过查阅不同样本、原始资料、不平等指标)来探讨不平等问题。正如他们所说,"20世纪 80 年代不平等激增,而在 70 年代之前、90 年代之后不平等程度趋于稳定"[②]。通过供需对比,他们发现"20 世纪 90 年代工资不平等普遍增加的局面并未持续",同时还总结出一些困惑,例如:无论受教育程度如何,性别差距都在缩小。总之,他们发现支撑技能偏向型技术进步(SBTC)这一假设的证据较为薄弱。他们肯定"劳动力市场上发生了实质性技术变革"这一说法,但同时也指出"技能偏向型技术进步的假设"转移了人们对不平等趋势的注意力,但该观点难以解释不平等趋势。其文献的主要贡献在于批判 SBTC 假设,而未就"不平等"提出替代性解释。然而,Atkinson(2007b,2008)也指出,他们对 SBTC 的批判忽略了过程的动态性,也隐含该假设——在熟练劳动力供给曲线中,熟练劳工的调整速度与无限弹性劳动力供给距离成反比。工资的国际性差异可能反映出调整速度的差异。在文献的结尾,Card 和 DiNardo(2002)简单地梳理了最低工资调查的数据,结果显示,在整个 1970—1999 年,最低工资实际水平的演变历程与总时薪不平等(P90∶P10)之间具有较强的相关性。

Autor 等(2006,2008)的研究表明,20 世纪 70 年代和 80 年代美国劳动力市场上出现的"收入不平等加剧"现象在接下来的 20 年中已被"岗位极化(高低技能/高低薪资职业的就业比例同时增长)"所取代;尽管"岗位极化"的出现在很大程度上取决于职业排名的标准(受教育程度、工资等级、任务内容),但许多欧洲国家也出现了类似的现象:蓝领工作减少(大部分由未受过教育的男性从事),而服务行业的工作增多(主要由妇女和年轻人从事)。Autor等(2003)提出了一种建设性解释:随着信息和通信技术(ICT)生产率的提高,计算机操作的机器将取代中等技能的行政、文书和生产任务。

Autor 等(2008)接受了自 20 世纪 70 年代以来解释美国工资不平等的"修正主义"的挑战。他们不赞同对工资不平等加剧的阶段性解释,将此与收入分配上半部分出现的持续不平等增长、20 世纪 80 年代初的不平等加剧现象,以及此后 20 世纪 90 年代收入分布下半部分

---

① 值得注意的是,DiNardo 和 Pischke(1997)(在德国)发现铅笔的使用显示出了明显的工资差异,并提出注意可能的选择效应,即高收入的工人更倾向于使用办公工具。

② Lemieux(2006a,2006b)发现 20 世纪 80 年代集中度增加,男女大学毕业生、女学生群体内部不平等集中度改变,这表明工资分配顶端群体不平等日益集中。此外,Lemieux(2006c)还发现了 20 世纪 80 年代后劳动力构成变化的作用。

出现的不平等下降趋势进行对比。① 他们认为,最初下半部分出现的不平等增长确属偶发现象,并将最低工资作为一个潜在的解释因素纳入他们的方法。然而,当把最低工资与相对供求结合起来建模时,他们发现"最低工资"只是个微不足道的影响因素。他们一致认为,20 世纪 90 年代出现的"不平等增长"放缓现象给基于高技能和低技能二分法的 SBTC 理论提出了一大难题。他们旨在通过提出一个更详细的方法来改进这一点;基于职业技能水平的分散程度,该方法用于衡量某职位雇员的平均受教育年限(按工作小时数加权),区分某职业中可以执行的不同类型的任务,并揭示"受教育年限"和"工作任务"在 20 世纪 80 年代至 90 年代的差异。

Levy 和 Murnane(1992)指出在行业层面而非公司层面,职业—任务方法可以看作进行深入研究的一个步骤和重要的"黑匣子"。② 该方法在原则上(虽然并非总是可以在实践中)通过区分职业和劳动者的属性来改善传统的技能偏向技术进步(SBTC)的方法。Autor 等(2003)首先强调了常规任务,而 Goos 和 Mannin(2003,2007)则提倡"岗位极化"。职业—任务方法旨在为 SBTC 提出的问题——为什么 20 世纪 80 年代后,工资不平等增长出现大幅放缓,提供一个答案。这意味着 SBTC 理论和潜在的实证研究实现了重大转变。现代技术不再是对更高水平的技能和教育的补充,而是对非常规类型工作的补充。在过去,工作场所的计算机化被不加区别地解释为技能偏向并进一步推动对高技能人才的需求,但现在人们用它来替代常规任务,即通过遵循明确的规则可以完成的认知和手工活动。因此,工作场所的计算机化减少了对主要从事此类活动的劳动者的需求,这使得教育水平更加两极分化。Autor 等(2003)将当前人口调查(CPS)数据与美国劳工部的《职业名称词典》分类相结合,重点研究 1960—1998 年美国雇员的职业状况。他们分析了不同职业结构及其工作任务结构的变化,并发现了明显的分化趋势,该分化趋势与 20 世纪 70 年代以来的常规认知任务和 80 年代以来的常规手工任务呈负相关,而与非常规的认知任务呈正相关,且非常规手工任务在整个时期内稳步下降。③ 需要注意的是,尽管"工资不平等"这一含义是明确的,并在一定程度上如 Autor 等(2006)所阐释的那样,高低薪工作领域出现了大幅扩张的趋势,而中等工资的就业则在收缩,但是他们把重点放在就业效应上,而未将研究结果与工资不平等联系起来。④ 值得注意的是,尽管就业趋势在 20 世纪 80—90 年代似乎没有差异,但增加的工作任务类型和减少的任务类型之间的差距在拉大。

Goos 和 Manning(2003,2007)使用各种数据集、样本和方法,仔细研究英国在 20 世纪 70 年代中期至 90 年代末是否也存在类似的发展趋势。他们发现不同职业之间和工资分配上存在明显的两极分化,并且这与工资挂钩。此外,他们还核查了 SBTC 假说的理论基础。首先,Goos 和 Manning(2003,2007)从劳动力供给层面探讨:女性员工和受过良好教育的雇员的快速增长是否会导致岗位极化和收入分配差距。不过他们发现,劳动力供给层面上发生的这

---

① 他们同意组合效应(Lemieux,2006a),但认为该效应仅限于收入分布的下半部分。
② Dunne 等(2004)发掘了美国制造业企业之间而非企业内部的大多数市场行为。
③ 作者认为后面的任务与计算机化是正交的,因此不会影响他们的结果。
④ 有趣的是,Goos 和 Manning(2007)填补了这一空缺,表明 1983 年可能是唯一一年常规工作集中在美国工资分配的中间部分。

些变化无法解释两极分化趋势;并且可能由于岗位要求提高或居民过度教育,几乎所有岗位职员的受教育水平均有所提高。Goos 和 Manning(2003,2007)倾向于第二个假设,但由于数据不充分,他们没有对这两大假设做出是非判断。在需求方面,他们谈及技术以外的其他潜在影响因素:贸易和产品需求结构。尽管这些因素并不一定完全独立于技术因素,但也没有找到导致两极分化的原因。从仅限于职业分布变化的 1975—1999 年工资分配的反事实分析中,他们得出结论:"两极分化"可以解释工资不平等上升的很大一部分(51%的低收入分布,79%的高收入分布),并强调岗位内部不平等对工资不平等的扩大影响甚微。这与教育和年龄方面的既定解释形成鲜明对比,在这些解释中,大多数市场行为是在群体内进行的;收入函数中限制因素的选择深刻影响着最终结论。但是他们并未解释收入分配的下半部分发生的不平等变化,这种变化可能是由不完全竞争造成的,包括诸如工会人数减少或最低工资下降等体制变化。Goos 等(2009)表明,1993—2006 年,16 个欧洲国家的岗位就业呈现两极分化;Goos 等(2010,2011,2014)还进一步分析了相对工资,并且发现行业和机构内常规任务的相对价格的下降影响着产品需求。此外,他们发现:欧洲的相对职业工资变动与技术和离岸外包没有密切联系,这可能是由工资设定制度所致,因此认为相对工资是外生的。由此他们得出的结论是,常规工作是加剧两极分化的最重要解释因素,而跨行业的产品需求转移缓解了两极分化。

Dustmann 等(2009)发现,在 20 世纪 80 年代和 90 年代,德国在上半部分的工资不平等程度不断上升。[①] 这部分归因于构成变化,主要归因于技术变革,因为高技能职业增长更快;而至于下半部分的工资不平等仅在 20 世纪 90 年代呈现上升趋势。为此他们提出了一些可能的偶发性解释,例如工会组织衰落后低技能劳动力流入。继 Autor 等(2008)之后,他们得出结论:原生或经典 SBTC 假说无法解释这些趋势。但是他们发现了支持"工作任务重点"这一细化假说的证据——与处于分配底层的工作岗位相比,处于分配中间的工作岗位有所减少。总而言之,他们认为德国的研究结果为美国和英国已经发现的技术变革的极化效应模式提供了统一的证据。

最后我们用这类文献的热门议题来进行总结,即 Acemoglu 和 Autor(2011)针对最新的《劳动经济学手册》(Ashenfelter and Card,2011)[②]对 SBTC 任务型方法的概述和新发展。然而,值得注意的是 Mishel 等(2013)提出了各种各样的论据,说明为什么关于"岗位极化"的证据解释力不足。尽管典型的 SBTC 模型建立在技能、任务和工作(受过良好教育/有才能的劳动者在执行更复杂任务的情况下获得技能工作)的统一基础上,但基于任务的方法将工作视为任务的集合。尽管生产率水平不同,这些任务可以由不同能力的劳动者执行,甚至机器也

[①] Spitz-Oener(2006)着眼于 20 世纪 80 年代和 90 年代德国职业两极分化的就业方面。

[②] Autor(2013)进一步概述了文献,强调了确定精确术语和一致测量尺度的必要性。他得出结论:"经济学界仍未完全揭示劳动者技能提高、技术进步、离岸外包能力提升和贸易机遇的增加之间的相互作用,对决定劳动分工、总生产率增长以及技能群体内部和之间的收入水平和不平等方面的消费需求变化仍存在争议。劳动力市场的'任务方法'并不能解决这一巨大的智力难题。"令人惊讶的是,Autor(2013)对中等技工岗位的未来持乐观态度。Autor 和 Dorn(2013)进一步提出了消费者偏好,将其作为仅次于技术变革的第二股力量,这有助于通过美国低技能服务的增长来解释两极分化。但是,鉴于不同国家的消费者偏好可能存在显著差异,我们无法确定这种方法是否具有普遍有效性。

可以执行这些任务。任务的经验分类还处于初级阶段,按常规、抽象、手工三个属性进行分类。"可离岸性"是指某些任务的执行在国际上是不受约束的,它是另一个重要的工作维度。离岸外包的任务可以兼具以上三种任务属性。[①] 这种理论方法对典型模型进行了完善和改进,它将岗位极化、某些劳动者群体的实际工资下降(并不仅仅与技能等级相关),以及离岸外包作为技术变革导致工作减少的替代性解释纳入考虑范围。

Acemoglu 和 Autor(2011)的模型考虑了一系列任务(产品产出的工作活动单元,类似于职业)和不同的技能水平(执行各种任务的能力);鉴于劳动力市场现有的技能供给,利润最大化公司根据现有价格将技能分配给任务。资本和/或离岸外包可以替代劳动者执行任务。关键假设是,在执行任务时存在技能的比较优势:与技能较低的劳动者相比,技能较高的劳动者在执行更复杂的任务方面更有效率。这种结构创建了一种与比较优势相关联的层次排序。

工资弹性确保所有劳动者充分就业。由于劳动者在任务分配中具有完全的可替代性,工资动态取决于技能的相对供应(如规范模型所示)和任务分配规则,从而使得技术进步和/或离岸性在任务执行中构成潜在竞争力。基于他们的模型,他们做出了一个尖锐的预测:"如果一个技能组中拥有比较优势的任务的相对市场价格下降(控制比较优势这一常量),那么即使该技能组将其劳动力重新分配到一组不同的任务上,该技能组的相对工资也会下降。"然而由于相对工资(在只考虑低等、中等和高等技能这三个技能水平的情况下)会反向变动,因此我们很难预测它对整体工资不平等的影响程度。

Acemoglu 和 Autor(2011)没有将劳动力市场制度因素纳入他们的框架中,因为正如他们所观察到的那样,"劳动力市场制度严重依赖于竞争性的劳动力市场";并且劳动力市场的缺陷包括信息不完全以及诸如工会集体谈判等制度的不完善阻碍着劳动力市场制度的发展。通过影响劳动任务或资本配给的方式,某些劳动力市场制度的作用得到提升。例如,它们可以限制机器替代完成某些任务的劳动力;或逆转工会化回归趋势,由此反过来影响工会密度。作者认为这是需要展开进一步研究的领域。

18.4.6　基于劳动力市场制度的最新理论

文献中的另一主流观点确实考虑了劳动力市场制度因素的存在及其作用。同样,在 21 世纪第一个 10 年也有一些有趣的文献。在 21 世纪伊始,Blanchard 和 Wolfers(2000)提出了他们的假设,即劳动力市场制度存在国际差异效应,特别是可以通过各国对冲击的反应来发现这一效应。这一观点可以为以下问题提供一种解决方案:一方面,单靠冲击无法解释国家之间的差异;另一方面,单靠制度本身无法解释一国长期的运行状况。Blanchard 和 Wolfers(2000)重点研究的是宏观经济和失业,而不是工资不平等。Blau 和 Kahn(2002)在他们的专著中多处谈及"工资不平等",之后结合"人口冲击"对这一点进行拓展(Bertola et al. ,2007)。然而,他们可能过多聚焦于制度的国际比较,而似乎忽略了 20 世纪 80 年代后美国工资不平

[①]　Levy 和 Murnane(2005)在 21 世纪第一个 10 年提出了工作离岸能力的概念,并对其与工资不平等的关系进行了分析;回顾了 Blinder(2007)、Lemieux(2008)以及 Blinder 和 Krueger(2009)的文献观点。显然,离岸外包能力本身取决于技术变革和制度先决条件。

等演变的趋势。而后,Lemieux(2008)针对美国的这种转变趋势开展了相关研究。20 世纪 90 年代初,学界普遍认为,不平等加剧具有长期性、普遍性;而 Lemieux(2010)则反对这种关于 "不平等加剧"的共识。正如我们所看到的,Lemieux(2010)的贡献在于:广泛地重新审视了 美国关于工资不平等演变的数据,并特别关注工资分配的最高层,改进了传统的高收入数据 调整方法。由此,他得出结论:在 20 世纪 70 年代,工资不平等的演变并非普遍存在;而在 20 世纪 80 年代,工资不平等趋势在收入分配的顶部(高收入阶层)比底部(低收入阶层)更明 显;自 20 世纪 90 年代以来,不平等的加剧一直集中于收入分配的顶部(高收入阶层)。当 然,在 20 世纪 80 年代,部分工资不平等的加剧是普遍的,而它只局限于受过大学教育的群 体。值得注意的是:研究生的相对工资继续增长,他们的年度教育收益率(教育报酬率)与 20 世纪 70 年代中期至 21 世纪第一个 10 年中期的高中教育收益率(教育报酬率)相比翻了 一番。

Lemieux(2008)也在此基础上对 SBTC 的普遍认可的阐述提出疑问,因为尽管 SBTC 研究 揭示了工会化和工资设定的影响,但它并未谈及劳动力市场制度的作用。他主张对上述发 现和国际差异做出解释,并探讨各制度以及供求关系发挥的潜在作用。[①] 他发现,在收入分 配中,高收入和低收入阶层不平等加剧,其中三分之一是由"去工会化"所致。这很符合英语 国家的现状,这些国家的最高收入比其他国家增长得更多。除此之外,20 世纪 80 年代最低 工资的下降加剧了下半部分(较低收入阶层)的不平等。[②] 在供需方面,他认为,我们需要进 行更多的实证研究才能真正将基于任务的 SBTC 假说发展为一种科学阐释,而这些研究应该 解释这样一个"意料之外"的事实——IT 革命核心职业岗位的相对工资正在急剧下降,且应 该解释为什么这种情况在 20 世纪 80 年代没有发生,以及为什么收入分配的顶部(高收入阶 层)出现不平等加剧的趋势。针对最后一个问题,他建议对不同的教育收益率(教育报酬率) 进行建模,来解释为什么相对于受教育程度较低者,受教育程度高的人的薪酬水平和内部离 散程度都在上升。[③]

18.4.6.1 最高收入

有趣的是,Lemieux(2008)关于顶部增长的结论与最高收入相关文献中的发现是一致的 (Alvaredo et al.,2013;Atkinson and Piketty,2007,2010;Atkinson et al.,2011,特别是第 12 章摘 要;Piketty and Saez,2003,2006)。一般来说,最高收入群体的劳动力收入会大幅增加,尤其是 在美国,当然除美国以外的其他国家也出现类似的趋势。[④] 该文献暗示了另一种制度的作 用:所得税,不是作为传统的税收楔子,而是在最高收入群体中发挥边际税收的作用。[⑤] 较高 的最高边际税率可以通过三个主要渠道减少最高报告收益。第一,典型的供给侧渠道—— 最高收入者可以减少工作量,从而获得更少的收入。第二,税收转移——最高收入者可以通

---

① 他对 SBTC 的主要反对意见是,技术在各国都可以广泛使用,而不平等加剧仅在盎格鲁-撒克逊国家有记载。但 是,如今发展中国家也出现了类似的影响(Behar,2013)。
② Lemieux 等(2009)增加了作为额外制度的最高奖金、股票期权等绩效工资,并且表明这可以在工资分配的 80% 以上的不平等增长中占很大比例。
③ Slonimczyk(2013)将教育与高低收入不平等的差异增长联系起来。
④ 荷兰(尽管整体收入份额稳定):参见 Salverda 和 Atkinson(2007)及 Salverda(2013)。
⑤ DiPrete(2007)强调了外部招聘 CEO 的增加以及相关制度的同步发展(治理和 CEO 薪酬基准)。

过其他补偿形式来代替应纳税的现金补偿,例如非应纳税的附加福利、递延股票期权或养老金补偿。第三,由于研究人员很难观测高层管理人员等高收入者的边际生产率,因此,高收入者可能会通过在公司董事会中发挥的作用来增加薪酬。高税率可能会阻碍人们获取更高的补偿性收入(Atkinson et al.,2011)。因此,最高收入和薪酬的增长可能是由于最高边际税率的降低。当然,这种因果关系可能并非如此,因为近几十年来资本收入的增长可能会对减税产生压力。在近期的一系列论文中(例如 Piketty and Saez,2013),研究者提出了正式模型并利用该模型详细审查了税收和收入二者之间的关系。大多数文献都是从供给侧角度分析其缺陷:税收累进程度的降低将刺激执行总裁(CEOs)、其他企业高管以及各大股东付出更多的努力和进行谈判,从而加剧收入不平等。Piketty 等(2011)表明:自 1960 年以来,在 18 个经合组织国家中,最富有的 1% 人群所持有的财富比例与最高税率之间存在着强烈的负相关关系;在对企业特征和绩效进行控制后,最高税率与 CEO 薪酬也存在这种负相关关系。当税率较低时,CEO 薪酬中的运气薪酬似乎更为重要。这可能意味着:在税率较低的情况下,首席执行官(CEO)会进行更积极的薪酬谈判。20 世纪 60 年代,高税率是当时制度安排的一部分,通过薪资谈判或抽租效应来限制最高薪酬。在他们看来,SBTC 假说似乎与最高薪酬份额的国际差异以及它们与税率的相关性不一致。

18.4.6.2 最低工资[①]

在与其他个别劳动力市场制度相关的文献中也发现了对不平等和制度文献的新贡献。首先,我们探讨关于最低工资影响的文献。"最低工资"这一主题历来存在争议,并一直备受学者的关注[根据一些人的说法,对"最低工资"的争议与美国劳工部(始建于 1913 年)一样古老]。[②] 正如 Manning(2011)所说——工资和就业的综合效应对年收入产生影响,并最终影响总收入。特别地,最低工资对就业的影响仍然是争论的焦点。"这是关于劳动力市场调控利弊更具广泛争议性的一个经典问题。"一个复杂因素是,就业影响可能与最低工资水平有关,而且在不同的工人群体之间也可能有所不同(Abowd et al.,1999;Philippon,2001)。

Neumark 和 Wascher(2008)对最低工资持批评态度。他们利用美国跨州和不同时期的差异得出结论,最低工资在提高工资和减少工薪阶层的就业机会方面是不起作用的。[③] 然而 Dolton 和 Bondibene(2011)分析了 1976—2008 年 33 个经合组织国家的就业影响,发现当前关于最低工资负面效应的证据并不有力。Dube 等(2010)概括了 Card 和 Krueger(1995a)对美国各州最低工资政策差异的比较,发现在 1990—2006 年,最低工资政策并未对就业产生影

---

① 还有一些关于发展中国家案例研究的新兴文献证实了最低工资对经济的正规部门和非正规部门的不平等减少的影响(Gindling and Terrell,2009;Lemos,2009)。

② 请注意,与美国最低工资制度(始于 1938 年)相比,英国于 1999 年引入最低工资制度;在低薪委员会的作用下,英国最低工资制度一直是新证据的重要来源,见 Butcher(2011)。

③ 基于我们所做的广泛研究,以及我们对其他人所做研究的解读,我们得出以下四个主要结论,这些结论是关于最低工资政策辩论的核心结果的。第一,最低工资会减少低技能劳动者的就业机会,特别是那些最直接受最低工资影响的劳动者。第二,尽管最低工资压缩工资分配,但由于工资受最低工资增长影响最大的人的就业和工作时间减少,较高的最低工资倾向于减少而不是增加低技能人员的收入。第三,最低工资不会减少贫困或以其他方式帮助低收入家庭,而是主要在低收入家庭中重新分配收入,甚至可能加剧贫困。第四,最低工资似乎对工资和收入产生不利的长期影响,部分原因是它们阻碍了人力资本的获取。关于最低工资对收入分配和技能的影响的后两大结论主要来自美国的证据;相应地,我们的结论最有力地用于评估美国的最低工资政策(Neumark and Wascher,2008)。

响,而 Neumark 等(2013)则对他们的方法和结果提出了疑问。Allegretto 等(2011)发现 1990—2009 年没有可区分于零的就业影响(包括工作小时数)。Slonimczyk 和 Skott(2012)利用美国各州的差异,证实了他们的模型预测,即最低工资对技能溢价的负面影响,原因是职业和技能不匹配度的增加导致大学教育劳动者的过度教育增加。总体效果是最低工资会导致总就业率和低技能就业率上升,同时收入不平等也有所缓解。通过研究一家大型美国零售公司的人事数据,Giuliano(2013)从中发现了与标准理论相悖的结构效应而非总体就业效应。有趣的是,Dube 等(2012)关注最低工资对就业流动的影响。Richard Sutch(2010)认为,将低技能工作挤出市场而产生的失业效应可能会激励人们更多地投入人力资本。

近期,大多数讨论围绕着"高于最低工资标准的工资收入是否存在溢出效应"展开。法定最低工资的上调机制对工资分配产生压缩效应,因为它禁止支付较低的工资。然而,提高最低工资可能会波及工资分配——在最极端的情况下,所有群体的工资增幅相同,工资分配将保持不变。在 21 世纪第一个 10 年,"最低工资"的相关争议催生了新的研究,特别是在其溢出或连锁效应方面。工资增长是由于以下几大原因(Stewart,2012):低技能劳动力价格的上涨刺激了对高技能工人的替代需求,最低工资工人的边际产品的重新调整影响了其他工人的边际产品,企业内部保持存在工资梯度差异的激励机制,某些部门的保留工资增长幅度更大。

在 20 世纪 90 年代,溢出效应广泛存在于各种文献中。Card 和 Krueger(1995a)得出的结论是在工资分配的第 25 百分位及以上不存在溢出效应,这远高于最低工资的相对位置。Lee(1999)赞同一种与估计的"潜在"工资分配(在没有最低工资的情况下)相比较的方法。他发现 P50∶P10 比率超过整个分布的其他百分位数差异。在 20 世纪 90 年代末,研究界普遍赞同"溢出效应"的观点,尽管该观点并未谈及"收入分配"(Brown,1999)。①在 21 世纪第一个 10 年,该共识发生了变化。Neumark 和 Wascher(2008)探讨了以前的文献,并观察到 Lee(1999)使用的百分位方法可能将溢出效应与最低工资的失业效应混为一谈:一些最低工资的劳动者失业,可能使得工资水平在收入分配的各个百分位数上有所提高。Neumark 等(2004)并没有将"溢出效应"与工资分配联系起来,而是利用美国各州不提高最低工资作为控制手段,考量"最低工资水平"对工资高出最低工资 8 倍的劳动者所产生的实际影响。在最低工资为 0.25 的情况下,工资弹性相当于最低工资的 1.5 倍,高于最低工资水平的影响要小得多。针对 Lee(1999)对收入分配上半部分的效应分析,Autor 等(2010)为此感到困惑不解,并将这些影响归因于遗漏变量和在等式两边插入中位数工资(分割偏差)。他们沿袭 Lee(1999)的基本方法,但提出计量经济学—自相关性的检验及修正;并对美国各州展开历时更长的追踪调查,利用美国各州的最低工资变化来证明最低工资所产生的影响。他们发现,在 1979—1988 年,最低工资水平下降,其下尾部(P50∶P10)具有显著增强效应,但这些影响仍然远小于文献中早先发现的影响。在 1988—2009 年,最低工资制度影响很小。尽管目前只有不到 10%(至多 10%)的劳动者获得最低工资,他们仍对最低工资所产生的强烈且与日俱增的影响力感到困惑。他们认为,这可能是因为对数据中较低的工资进行错误测量和错误

---

① Lee(1999)没有涉及 Brown(1999)的概述。

报告,在经过详细分析后得出结论:不能排除所有发现的溢出效应实际上是由此类数据问题所致。

Stewart(2012)采用了 Neumark 等(2004)对最低工资的一系列数值进行直接预估的方法,比较组间数值差异,比较范围可延伸至最低工资的 6 倍。此外,他比较不同最低工资水平的增幅(包括 1999 年实施最低工资前的无变动期),阐释它们对工资增长分化产生的影响。通过研究英国数据,Stewart(2012)得出结论:最低工资的增长没有溢出效应。由于最低工资水平稳步低于 10 个百分点,他得出的逻辑推论是:P50∶P10 这一测量比率数值表明,最低工资的变化并没有影响到下半部分的工资不平等。该推论似乎合乎情理,同时它也凸显了这一不平等衡量标准的优势——表明最低工资可能会影响最低十分位数的内部分配;从上(S10)至下(S1)观察比率数值变动时,我们更容易发现上述效应。Butcher 等(2012)重新审视了英国最低工资制度对该国工资不平等和溢出效应的影响,并确实发现收入分配的第一个四分位数存在溢出效应。在他们看来,几十年来,针对"最低工资对就业的影响"的讨论一直集中在二阶效应上,且未达成广泛共识;他们提倡建立一个以一阶效应阐释工资不平等的理论框架,该框架可能不包括就业效应;此外,他们建立了一种非竞争性的岗位工资公示模型,这样劳动者无须与不完全弹性的劳动力供应的个体公司进行薪资谈判。[①] 作者详细阐述了他们的模型,该模型将"高于最低工资的工资水平的溢出效应"纳入考量范围。通过比较最低工资和高于最低工资的实际工资分配,以及依据 1999 年引入最低工资之前借助于收入分配制度而得出的反事实的潜在工资分配,他们发现前者的工资水平较高,后者比最低工资高出 40%,相当于总工资分配的 25%。

最后,Garnero 等(2013)表明,以行业最低税率和高集体谈判覆盖面为代表的法定最低工资(或等效系统)(另见 Boeri,2012),在减少收入不平等方面非常有效。研究结合了来自住户调查的统一微观数据——欧洲人口收入和生活条件统计数据(EU-SILC),国家法定最低工资和覆盖率数据,以及多年来从 18 个欧洲国家的 1100 多个部门级协议中收集了有关最低税率的数据(2007—2009 年)(另见 Kampelmann et al. ,2013)。替代规范证实,设定最低工资的制度变量能减少各大部门之间和部门内部的工资不平等。

18.4.6.3 工会的作用

Card 等(2004)研究了 1980—2005 年美国、加拿大和英国工资不平等与工会化之间的关系,并表明:对于狭义范围内的技能群体而言,工会劳动者比非工会劳动者的工资不平等程度更低。对于男性劳动者来说,工会的覆盖范围往往集中在技能分配的中部(中等技工群体);与非工会工资相比,工会工资往往趋于"扁平化"。因此,工会对男性技能群体的工资分配具有均衡效应。对于女性劳动者来说,工会覆盖率集中在技能分配的近顶端,并且工会也不倾向于平衡各技能群体间的技能差异。正如 Lemieux(2008)在更新 DiNardo 等(1996)的分解法时所证明的,去工会化对美国工资不平等的影响在收入分配的顶部比底部更强。此外,

---

[①] 工资谈判无法解释为何往往会向特征差异较大的工人支付相同的低工资。Hall 和 Krueger(2010)得出的结论是,他们对美国劳动力市场中的工资发布和议价行为进行的一项特别调查的调查结果"与受最低工资限制的工资固有地发布的观点是一致的"。

绩效工资计划的增加可能加剧了美国分配顶端的集团内部工资不平等。[1]

一些作者(如 Levy and Temin,2007)记载了盎格鲁-撒克逊国家劳动者薪资谈判能力下降这一事实,但我们没有找到任何阐释每个特定制度相对作用的有力观点。然而,当把国内产品工资份额的动态作为劳动者议价能力的总体指标时,人们会认识到,在过去 10 年里,虽然在经济危机时期出现逆转现象,但大多数国家的劳动者的薪资谈判能力呈明显下降趋势(ILO,2008,2010)[2]。

与此同时,劳动者议价能力的下降可能成为工资谈判权力下放的基础。继丹麦的劳资关系发生变化之后,Dahl 等(2011)表明,相对于行业层面的谈判,企业层面的谈判存在工资溢价;而且在更分散的工资设定体系下,技能回报更高。[3]

18.4.6.4 失业津贴

尽管失业补助和就业保障数据呈负相关(Bertola and Boeri,2003),但原则上它们有相同的作用——减少劳动者收入的跨时可变性(Blanchard and Tirole,2008)。[4] 这也许可以解释为什么研究界不太关注"失业保险计划在减少不平等方面发挥的作用"。Corsini(2008)研究了 20 世纪最后 10 年中 10 个欧洲国家的大学学历溢价变动,他发现充足的失业补助能产生积极的影响(但与持续时间呈负相关),这种积极影响是将外部选择纳入考虑因素而进行工资谈判的结果。[5] 如果转向个人数据分析,Paul Bingley 等(2013)对丹麦数据的研究结果表明:在个体生命周期中,较低工资群体的工资增长异质性、工资的不稳定性与其是否能获得失业保险金息息相关,这将工资不平等的性质从永久性转变为暂时性。由于数据的局限性,作者无法控制失业者的道德风险行为,此类行为可能会延长失业者的待业时间,从而加剧横向不平等。[6]

18.4.6.5 就业保护立法

世界银行(World Bank,2012)对跨国证据进行如下总结:"基于这一波新的研究,就业保护立法和最低工资对收入不平等的总体影响没有争议的那么激烈。"然而 Martin 和 Scarpetta(2011)表达了不同的观点,就业保护立法减少了劳动者的重新分配,阻碍了高生产率劳动者

---

[1] 然而,关于美国和欧洲高管薪酬差异的现有比较证据表明:劳动力市场已完全全球化,各国薪酬模式非常相似(银行业除外)。参见 Conyon 等(2011)。

[2] "工资增长缓慢的同时,与利润相比,工资在 GDP 中所占的比重也在下降。我们估计,GDP 年均增长率每增加1%,工资份额平均就会减少 0.05%。我们还发现,在对国际贸易开放程度较高的国家,工资份额下降得更快,这可能是因为开放度高会抑制工资需求——源于对因进口而失业的担忧。工人之间的不平等也有所增加。总体而言,在我们的抽样国家中,超过三分之二国家经历了工资不平等的加剧。这既是因为一些国家的最高工资开始上涨,也是因为许多其他国家的最低工资相对于工资中位数有所下降"(ILO,2008)。Karabarbounis 和Neiman(2013)将工资份额的下降归因于资本投入相对价格的下降。

[3] Kenworthy(2001)讨论了工资制定制度的现有措施。

[4] Chetty(2008)得出失业救济金计划的最优替代率取决于减少形式的流动性和道德风险弹性。

[5] Vroman(2007)讨论了从补贴总公共支出中获得的(平均)失业补偿的正确测度,与常用的标准经合组织替代率和持续时间序列形成对比,尽管后者被广泛使用,但它们完全是假设性的(因为它们来自微观模拟模型),并不等同于实际支付给符合条件的失业劳动者的款项。

[6] 使用周期性和美国各州的变化,Farber 和 Valletta(2013)表明,延长失业救济金的发放期限(从 2009 年底的周期性高峰时期至少 26—99 周的联邦要求)会延长失业期限,这通过减少劳动力退出来实现。

效率的提升,但同时也避免非熟练工人失业或实际工资减少。[①] 他们在梳理文献时,列出了一些探讨解雇条例变化的文章,发现了就业保护立法对劳动生产率影响的不同证据(Bassanini et al. ,2009; Boeri and Jimeno,2005; Kugler and Pica,2008; Schivardi and Torrini, 2008)。生产力动态可以在竞争环境中一对一地转化为工资动态;在非竞争模型中,解雇限制提高了劳动者议价能力;当企业集团获得豁免时,劳动者之间会产生人为的分歧(Leonardi and Pica,2013)。同样,由于劳动成本差异,企业的就业保护立法豁免可能会造成劳动者之间的人为工资差异,从而加剧工资不平等,例如,Karin Van der Wiel(2010)提供了关于荷兰通知条款政策改革的证据。通过比较分析可以发现就业保护立法与工资不平等之间的进一步联系:Bryson 等(2012)表明,产品和劳动力市场监管力度越大,激励性薪酬的使用率就越低(劳动者激励薪酬覆盖率:从葡萄牙的 10% 到美国的 50%)。激励薪酬计划加剧了群体内部的收入不平等(Lemieux et al. ,2009),由此使得收入不平等和就业保护立法指数在总体水平上呈负相关。

18.4.6.6　劳动力市场政策

Kluve(2010)基于来自 19 个国家的 137 项积极的劳动力市场计划评估的数据集进行了广泛的元分析。欧洲各国考虑四种主要的积极劳动力市场计划(ALMP):(1)培训计划;(2)私营企业激励计划(如对私营企业的工资补贴和创业补助);(3)直接公共就业计划;(4)"服务和制裁",包括旨在提高求职效率的所有措施,例如咨询、监督、求职援助以及在不合规情况下的相应制裁。他的主要发现是,传统的培训计划对计划后就业率产生了一定的积极影响,但私营企业的激励计划和服务及制裁对就业率的积极影响更显著。据评估,直接公共就业计划对计划后就业结果产生重大积极影响的可能性降低约 25%。虽然这里计划的有效性是根据就业影响来定义的,但只要把失业者纳入考虑范围,就很容易地将其一一映射到工资不平等上。

18.4.6.7　渐进性制度变革

Boeri(2011)很好地总结了一个关于制度的新的不同论点。在回顾了欧洲国家之间现有的制度差异并强调其时间上的持续性之后,他提出了制度变革(改革)的分类,包括方向和分阶段实施两方面。方向上涉及的问题是:它们应该减少(例如,通过降低就业保护的严格程度和/或降低失业补助的慷慨程度,或通过扩大激活策略的范围)还是增加劳动力市场制度在供需上引入的楔子(例如,通过增加劳动力供给,降低低收入工作者的税收)。因此,Boeri(2011)将改革归类为减少或增加(制度性/机制性)楔子。另一个特征与改革的分阶段实施相关:全面或局部变革。倘若是全面改革,那么规章制度的变革将涉及每个人。而若是局部变革,那么即便在稳定状态下,改革也仅限于一小部分人口。时机也很重要。即使完全逐步实施也可能需要一段非常漫长的过渡期,以便管理当局在可能参与改革的规划范围之外实

[①] 在 Messina 和 Vallanti(2007)中也发现了类似的结果。但是,当使用聚合或微观数据时,结果显著不同。例如,使用德国雇主—雇员匹配的数据集。Bauer 等(2007)没有发现任何关于小型企业就业动态的解雇保护立法执行情况的证据。考虑到劳动力流失通常与收入差异增加有关,其结果意味着就业保护与工资不平等之间缺乏相关性。Martins(2009)也发现了类似的缺乏对解雇限制的重大影响。

现稳定的体制结构(Boeri,2011)。当时"双重改革"指分阶段实施的局部或全面改革(改革跨时超过许多国家的平均工作年限——30 年)。根据 1980—2007 年收集的欧盟数据,大多数体制存在双重改革模式。这在收入不平等方面具有明显的影响,特别是在内部人员和新进入者(通常是女性和青少年)之间。借助皮萨里德斯—莫腾森(Pissarides-Mortensen),搜索模型,Boeri(2011)表明,制度影响雇主和雇员维持劳动关系的阈值,低于该阈值,雇主或雇员将无法继续维持劳动关系。即使潜在的不平等模式依赖于影响个人生产力的特殊冲击,由于均衡失业的变化,工资分配的阈值是由制度决定的。根据该模型,失业补助的增加会提高保留生产率,当劳动者的外部选择得到改善时,保留生产率就会解除:在这种均衡状态下,失业的可能性更大,求职率更低,失业率和平均工资上涨。① 相反,解雇税的增加会产生相反的效果,即维持现有的、低岗位匹配率的工作。这降低了总体岗位破坏率,并对工资产生积极影响。增加就业条件激励(以就业补贴为典型)使劳动力市场更加紧张,并以降低入职工资为代价增加了工作时间。最后,增加激活策略降低了招聘成本,主要表现为更高的就业率和失业率,而其对失业和平均工资的影响是模糊的。当自由化(楔子削减性)改革仅适用于一小部分劳动者(暂时建立二元劳动力市场)时,收入不平等扩大:在同一生产率水平上,业内人员比业外人员多。这增加了失业群体间(长短期岗位失业人员)的就业替代率差异、就业条件激励和解雇税差异,而就业替代率、就业条件激励和解雇税甚至比劳动者的议价能力更为重要。

回到 Blau 和 Kahn(2002)等提出的更为一般的国际比较文献,我们发现了 Koeniger 等(2007)的贡献。Koeniger 等(2007)不仅着眼于工资不平等的历时性和共时性变化与差异,更注意到工资不平等趋势在更长的时期内扩展到更多经合组织国家,且基于经合组织数据库,他们重点关注男性的总体工资不平等。他们将各种制度(工会密度、工会协调/集中化、最低工资、就业保护、失业补助金的慷慨程度和持续时间,以及税收楔子)纳入考量因素,并建立了一些交互模型。在需求方面,他们控制总体经济(失业率)、技能的相对供给、国际贸易(进口强度)和技术(研发强度)。此外,他们增加了一些反事实模拟。他们发现大多数制度的工资分配都存在压缩效应,这至少解释了:与贸易和技术一样,制度也对需求产生了相同的作用。采用美国法规将使欧洲大陆的工资不平等增加 50%—80%。不过,他们观察到,将这些制度内生化,也就是解释它们对供给和需求的依赖,可能会在一定程度上减少这种影响。

最后,正如我们在上文中所观察到的,在家庭(联合)劳动力供给的背景下,可能会增加解决相应问题的制度,如育儿假、产假、兼职规定以及影响工作时间灵活性的任何其他制度。然而,几乎很少有文献(如 Dupuy and Fernández-Kranz,2011;Thévenon and Solaz,2013)对此进行分析;大多数人研究就业机会和/或性别/母亲/家庭的薪酬惩罚,而不是工资的分散。

18.4.7 小结

随着时间的推移,这些文献似乎朝着两个不同的方向发展,它们之间的差距越来越大,

---

① 为简单起见,Boeri(2011)假定任何失业者都有权享受这项福利,但实际上这取决于缴费期的长短和/或是否属于特定类别(已婚/未婚、有/无子女、就业部门、年龄等)。

两者之间并不存在互动关系(反而是相互反驳),而是在将方法整合到一个框架中。Freeman(2007)提示了制度分析范式存在建立相当于社会科学核心学说(类似于托勒密的"地心说")的风险。供求理论也可能面临同样的风险,为了打消"技能的相对需求"理论是一种无谓的重复的理论的疑问,学者不断将"任务""离岸外包能力"和"消费者偏好"纳入"供求理论中"。"制度分析范式"需要分析大量缺乏明确选择标准的制度;相比之下,"供求理论"面临的挑战是需要找到更好地衡量"科学技术进步"的标准。然而幸运的是,文献相互作用的结果是:人们对有关工资不平等的数据产生了极大的兴趣。随着时间的推移,人们对数据的性质、优缺点有了进一步的理解。在稍后的时间点对数据的考虑改变了程式化的事实,也表明共识性解释可能是暂时的;并且当后期的数据变得可用时,这些解释会分解,形成与前期不同的观点及阐释。尽管如此,针对与"劳动力市场制度"和"供求"相关的两类文献,人们未来工作的主要目标应该是将一方纳入另一方的框架中。从制度方面来说,将供求方面的理论纳入框架可能更多是经验方法的问题;而从供求方面看,倘若制度继续被视为舶来品,这个问题可能更多地是理论方面的问题。对双方来说,在公司层面上都有工作要做。雇主—雇员匹配数据(Cardoso,2010;Lane,2009)有助于阐明制度和劳动力供给的作用[参见Andersson 等(2006)、Matano 和 Natichioni(2011)的一些有趣的尝试]。此外,尽管人们很注重数据的质量,但也理应更好地掌握度量不平等的惯用方法。

18.5　劳动力市场制度与工资不平等:实证评估

在本节中,我们提出了一个核算方案和一个实证模型,旨在评估劳动力市场制度对收入不平等的影响程度。我们面临的问题是确定哪些人受益于或(有益于)特定的劳动力市场运行制度。在此之前,我们已经提及许多制度改革所带来的渐进性变革,而这些变革似乎形成了双重模式(Boeri,2011),这意味着制度对收入不平等的影响可能在不同年龄组之间存在显著差异。为了解决这一问题,理想的数据集应该是纵向的,以便能够计算收入生命周期中的不平等测度,以及样本创建中自然减员的条件。此外,计量制度并非易事。即使我们局限于将制度作为导致经济交易中竞争性市场均衡出现偏离的规则,这些规则仍然难以衡量,因为它们往往以不同的方式对待个体或影响其行为(例如,税收和福利,它们几乎总是以家庭构成为条件,见 Boeri and van Ours,2008)。随着时间的推移,规则和规范的变化趋稳;在 Boeri(2011)所使用的定义中,改革很少是激进的,因此,可能需要很长时间才能观察到最小的可检测效果。尽管存在这些限制,但仍有大量文献研究了制度衡量指标与收入不平等衡量指标之间的相关性(Alderson and Nielsen,2002;Rueda and Pontusson,2000;Wallestein,1999;Kierzenkowski and Koske,2012;Scheve and Stashanding,2009);利用各制度在跨国和(或)历时性的变化与差异,预估制度与收入不平等的相关性。在许多情况下,因变量(不平等测度)来自次要来源,并不总是考虑到各国之间完全可比的衡量标准(Atkinson and Brandolini,2001)。一些研究依靠各国现有的数据统一项目,计算了自己的不平等衡量指标(Atkinson,2007a,2007b;Checchi and Garcia-Peñalosa,2008)。在这里,我们遵循了同样的研究思路——根据

18.3 节所述的 SILC 和 PSID 数据集,计算适当的收入不平等指数。由于缺乏自然实验来估计特定规范对相关不平等措施的因果影响,我们最多只能得到制度衡量指标与不平等之间的相关性。在 18.5.1 中,我们采用了一个简单的核算方案,以探讨市场均衡、制度和组间不平等的相关性。在 18.5.2 中,我们提供了一个组内收入不平等的分解方法,并将这些收入不平等相关指标与制度相关指标联系起来。在 18.5.3 中,我们将不同年龄群体的不平等指标与过去的制度指标联系起来,发现工会和最低工资能降低收入不平等程度。18.5.4 探讨了研究结果。

图 18.24 为一种简单的核算方案,采用 OECD(2011)所提方案的核心部分并加以详细阐述。它描述了在制度框架内收入不平等的产生过程。起始部分、个人工资和工作时长显然会受到工会的谈判活动(是否有工会及工会的活跃度)和/或现有条例(最低工资、工时规定)的影响,这决定了雇员的个人劳动收入;但总体就业水平(及其在雇佣就业和自主经营之间的分配)既受现行税收的制约,也受就业保护的制约(因为所谓的自营职业可能掩盖了从属性质的雇佣条件,特别是在单一购买者的情况下)。此外,公共福利对下岗职工的慷慨资助缓解了分配最底层的收入不平等。虽然我们不会在这方面进一步进行分析,但我们应记住,应当在家庭层面考虑影响整体收入不平等的潜在制度因素。劳动力人口抽样的一半集中在有两名成员(作为雇员或个体户)就业的家庭,只要这两名家庭成员的收入不是完全相关的,组构家庭(和预期收入共享)好比减震器,对收入不平等起到了缓解作用。然而,由于四分之一的人口是单身家庭,这类家庭没有这种抵御失业风险的保障。

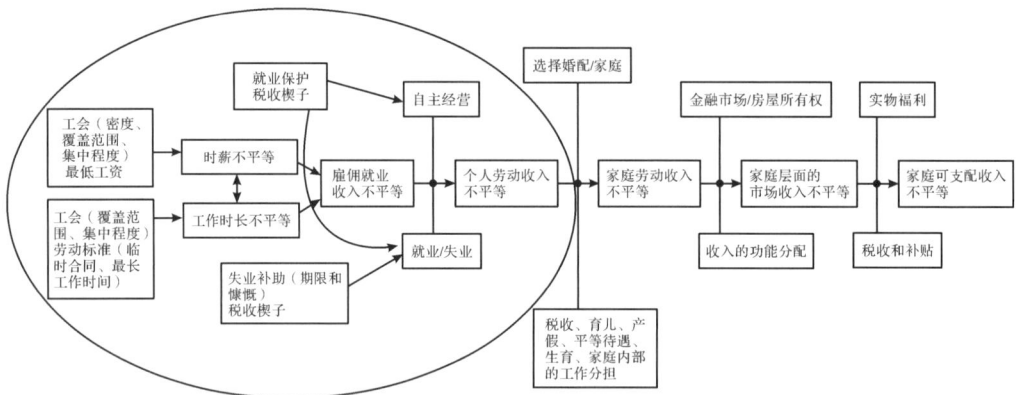

图 18.24 收入不平等的基本组成部分和制度因素的作用

资料来源:改编自 OECD(2011)。

18.5.1 解释组间不平等的简单模型

为了在转向计量经济学之前构建我们的理论预期,先考虑一个简单的模型,该模型将人口划分为若干组。该模型适当地描绘了不平等的组间构成,组间构成包含了一些特质性成分(例如不同群体的婚姻态度),而这些部分并不一定与制度框架相关联。该模型建立在 Atkinson 和 Bourguignon(2000)以及 Checchi 和 Garcia-Peñalosa(2008)之上。如果劳动力由熟练和非熟练劳动者组成,则其中一小部分人可能失业;不平等衡量指标(基尼系数)

（见专栏 18.1）

$$\text{Gini}_{\text{earnings}} = f(\underset{\pm}{\alpha}, \underset{+}{\sigma}, \underset{\pm}{u}, \underset{-}{\gamma})$$

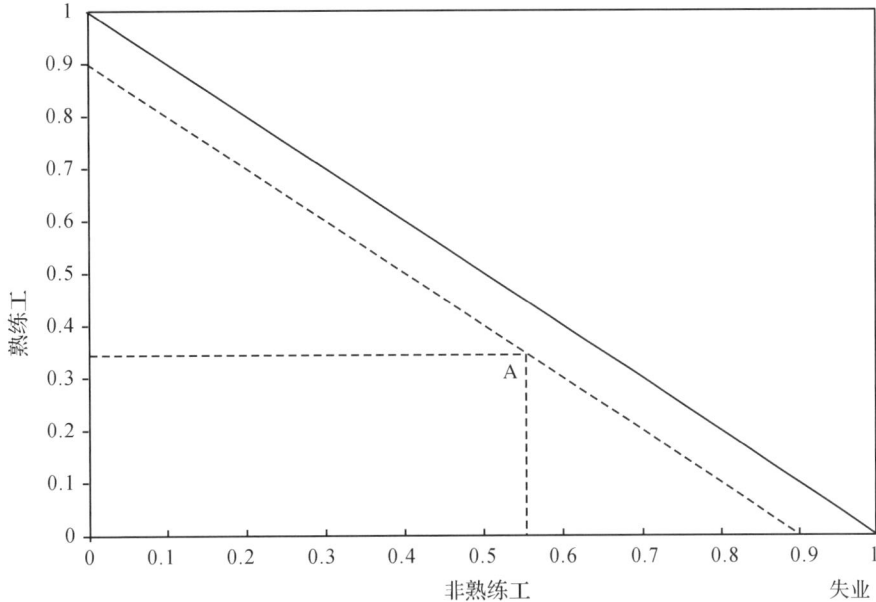

图 18.25　人口分布

　　其中, α 表示熟练工的比重, σ 表示熟练工和非熟练工之间的工资差异, u 表示失业率, γ 表示失业补助的慷慨程度。理想的人口分布可以用单纯形表法表示(见图 18.25), 且在我们的数据集中有相对应的实证例证(见图 18.26)。尽管直观上看,技能溢价的提高会加剧收入不平等,失业援助慷慨程度(在就业替代率低于 100％的条件下)的提高会缓解收入不平等,但其他两个参数的影响是模糊的。与其他非熟练工相比,只要熟练工的初始比例够小和/或报酬不高(即技能溢价很低)①,技术构成中的不平等现象就会加剧。最终,当失业率处于中等水平时,收入不平等程度随之上升;而当失业率处于较高或较低水平时,两者呈负相关(见图 18.27)。

---

①　α 对基尼系数的模糊影响并不令人惊讶,因为 α 的变化导致洛伦兹曲线相互交叉,这意味着基尼系数的变化将取决于它们如何相互交叉,因此,其他不平等措施可能会产生与基尼系数相矛盾的结果。

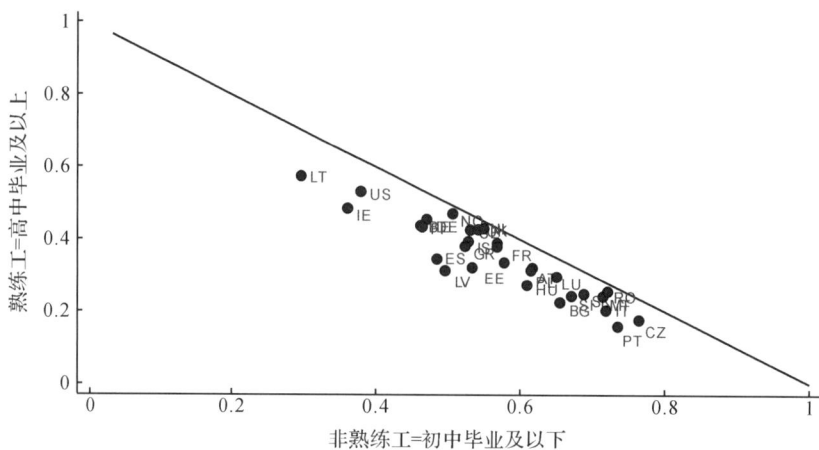

图 18.26 雇员/劳动力分布(年龄 20—55 岁)(EU-SILC)

注:国家代码见本章附录 A。

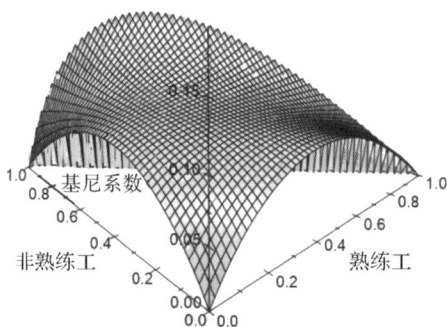

图 18.27 基尼系数曲面($\gamma = 0.5, \sigma = 2$)

我们现在可以讨论(组间)收入不平等、市场决定因素和劳动力市场制度之间的关系。在模型所示的四个参数中,其中一个部分独立于劳动力市场制度之外。受雇者的技能构成(参数 α)取决于技能供求之间的相互作用。对技能的需求可能与经济的技术发展有关,而技术发展又关系到国际生产分配和离岸外包的可能性(Acemoglu and Autor, 2011, 2012)。技能供给是一个国家教育体系产出和工资溢价期望的综合。如果我们将制度的概念扩展至教育体系,那么教育体系就是工资不平等的第一大决定因素;而工资不平等与收入不平等是呈非线性相关(Leuven et al. ,2004)的。考虑到教育选择的代际传递性,劳动力的技能构成在几代人中的变化相当平稳,那么技能构成(参数 α)至少在短期内被视为已知值。

相比之下,技能工资溢价(参数 σ)受到竞争市场力量和制度的共同影响。在竞争激烈的环境中,这种相对工资应该与相对供给呈负相关,如图 18.28 中的情况(Katz and Autor, 1999)。然而,这种关系存在重大偏差,除其他因素外,这种关系取决于工会的议价活动[通常追求平等立场,旨在将工资与工作岗位而非个人挂钩(Visser and Checchi, 2009);另见 Oliver(2008)描述的工资标准的作用]以及有无最低工资立法及其覆盖范围。

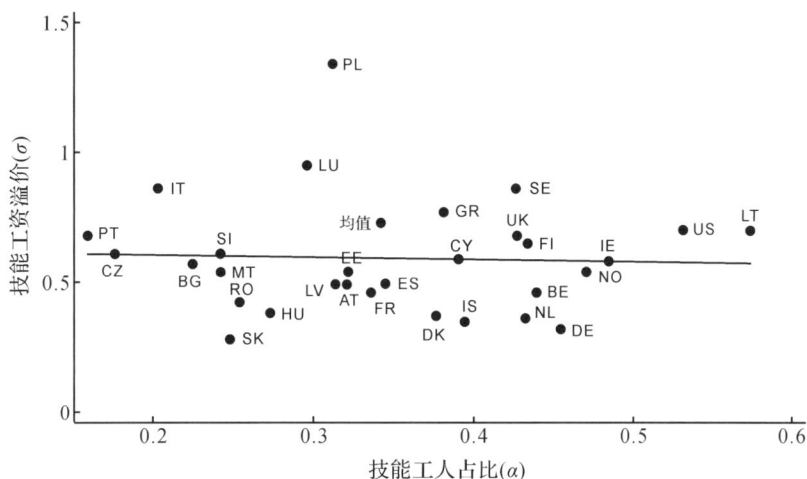

图 18.28　雇员技能和技能可用性回报(年龄在 20—55 岁)

注:国家代码见本章附录 A。

　　当将失业人员计算在内时,失业补助(参数 γ)毫无非议地会减少收入不平等。但是,人们普遍认为失业补助会降低人们工作的动力,从而提高了失业率。由于失业补助金可以被视为工资谈判或效率工资模型的外部替代选择,它也产生了工资上涨的推动力,从而促使失业补助与失业呈正相关。根据公式 $\dfrac{\partial \text{Gini}}{\partial \gamma} = \dfrac{\partial \text{Gini}}{\partial \gamma}\Big|_{u=\text{constant}} + \dfrac{\partial \text{Gini}}{\partial u} \cdot \dfrac{\partial u}{\partial \gamma}$,失业补助的整体效应可能是积极的(对于高失业率和/或低失业补助弹性而言),也可能是消极的(对于低失业率和/或高失业补助弹性而言)。在我们的样本中,失业率和失业补助替代率往往呈正相关(见图 18.29),但是,这涉及短期失业率,为避免出现周期性波动,我们应该使用多周期失业率来

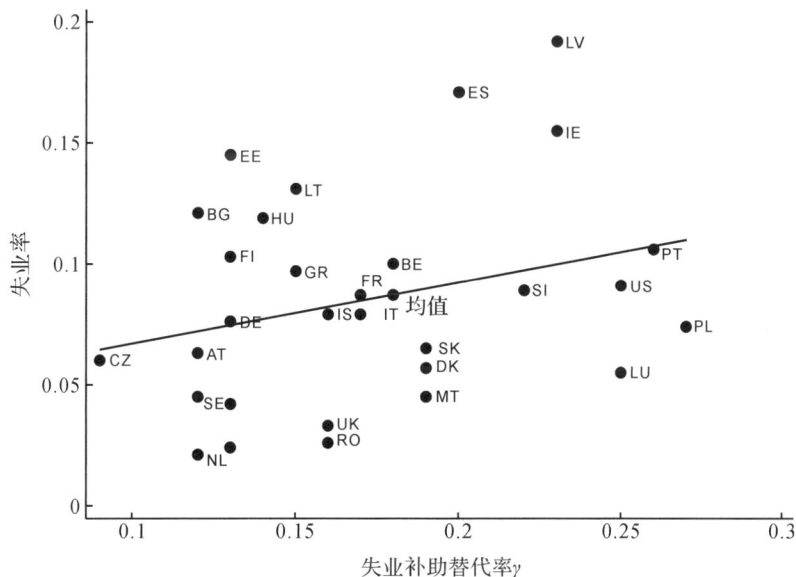

图 18.29　失业补助金和失业率

注:国家代码见本章附录 A。

研究这种相关性。再则,失业补助替代率不是失业率(参数 u)的唯一决定因素。在更一般的均衡模型中,失业率取决于总需求的状态以及平均劳动力成本,其应包含税收楔子;此外,它还可能与许多其他劳动力市场机制变量相关,这些变量有时被称为失业率的非加速通货膨胀率(NAIRU)的决定因素(Nickell,1997)。

同样在组间不平等方面,尽管利润和工资的某些相关参数可能与增值中的劳动份额相关,但我们还是有意忽略了利润和工资之间的功能收入分配。Checchi 和 Peñalosa (2008)的研究表明,最低收入水平不仅影响增值功能收入分配,也影响着个人收入来源的分配,从而改变了总体水平上的收入不平等。

专栏 18.1 组间收入不平等模型

假设劳动力分三类,并拥有单一的衡量标准:

(i)参数 $\alpha \in (0,1)$ 代表熟练工,其工资为 $w^s = (1+\sigma)w^u$,其中 $\sigma > 0$ 是技能溢价。[1]

(ii)互补参数 $(1-\alpha)$ 代表非熟练工,他们获得的工资数为 w^u。

(iii)参数 u 代表失业人员,其失业补助金为 $b = \gamma\bar{w}$,其中参数 $\gamma \in [0,1]$ 是替代率,$\bar{w}$ 是雇佣劳动力中的平均工资;熟练工和非熟练工的失业率相同。[2]

每种经济结构可以用两个坐标来描述,即失业率 u 和劳动力构成 α,并且可以表示为单纯形表法中的一个点。在图 18.25 中,与 A 点相对应的经济特征是:10％的失业率,三分之二的非熟练工和三分之一的熟练工。这同样适用于劳动力的其他双重分割(青年/老年、男性/女性、本地人/外籍人等)。在我们的分析样本中,不同国家人口的实际分布情况见图 18.26。[3]

采用不平等的参考测度,即基尼集中系数,通过考虑各组之间的差异,可以衡量组间不平等,并由此得到以下表达式:

$$\text{Gini}_{earnings} = \frac{(1-u)^2\alpha(1-\alpha)[w^s - w^u] + (1-u)\alpha u[w^s - b] + (1-u)(1-\alpha)u[w^u - b]}{2[(1-u)\bar{w} + ub]}$$

$$(18.1)$$

依据前面的定义,公式(18.1)可以重新表示为:

---

[1] 我们不考虑第四大群体——富裕资本家,如 Alvaredo(2011)所述,当他们的人口比例可以忽略不计时(如最高收入的情况),基尼不平等系数 $G_{incomes}$ 可以近似为 $G^*_{incomes} \cdot (1-S) + S$,其中 $G^*_{incomes}$ 是除资本家之外的其他人口的基尼系数,S 是人口中富裕部分的总收入份额。同样,通过引入具有中等技能水平的第三组劳动者来解释极化的可能性,模型可能会变得复杂。

[2] 这简化了分析,避免对相对劳动力需求进行建模,从而可以对"机制对劳动者群体的不同影响"进行建模:任何研究 20 世纪后 30 年里欧洲劳动力市场的观察家都一致认同这一良好的程式化描述——高技能工人的劳动力市场处于均衡状态,其工资调整以抵消供需失衡,而低技能劳动力市场处于非均衡状态,存在非自愿失业和实际工资增幅趋稳(Saint-Paul,2000)。

[3] 拥有高等教育学位的劳动者被任意归类为技术人员。这就解释了为什么以前计划经济体在技能禀赋方面表现出如此广泛的变化。

$$\text{Gini}_{\text{earnings}} = \frac{(1-u)^2 \alpha(1-\alpha)\sigma + (1-u)u(1-\gamma)(1+\alpha\sigma)}{2[1-u(1-v)](1+\alpha\sigma)}$$

$$= \frac{(1-u)^2 \dfrac{\alpha(1-\alpha)\sigma}{(1+\alpha\sigma)} + (1-u)u(1-\gamma)}{2[1-u(1-\gamma)](1+\alpha\sigma)} \tag{18.2}$$

因此,收入分配中的(组间)不平等被参数化为四个特征:就业率$(1-u)$、劳动力构成 α、技能溢价 σ 和失业补助金的慷慨程度 γ。显然,$\dfrac{\partial \text{Gini}}{\partial \gamma} < 0$ 且 $\dfrac{\partial \text{Gini}}{\partial \sigma} > 0$,

表明:在其他因素不变的情况下,收入不平等使得技能溢价增加,失业补助的慷慨程度下降。而对于其他两个参数,研究结果却不太明晰。可以证明公式 $\text{sign}\left[\dfrac{\partial \text{Gini}}{\partial u}\right] = \text{sign}\left[1 - \alpha(\alpha\sigma+2)\right]$ 与 $0 \leqslant \alpha < \dfrac{\sqrt{1+\sigma}-1}{\sigma}$ 呈正相关。因此,与其他非熟练工相比,只要熟练工的初始比例够小和/或报酬不高(即技能溢价 σ 很小),技术构成中的不平等就会加剧。在失业的情况下,烦琐的计算[1]证明如下:

$$\frac{\partial \text{Gini}}{\partial u} > 0 \text{ 当且仅当 } \frac{1}{1-\gamma}\left(1 - \sqrt{\gamma\frac{A\gamma-(1-\gamma)}{A-(1-\gamma)}}\right) < u < \frac{1}{1-\gamma}\left(1 + \sqrt{\gamma\frac{A\gamma-(1-\gamma)}{A-(1-\gamma)}}\right),$$

$$A = \frac{\alpha(1-\alpha)\sigma}{(1+\alpha\sigma)} < 1$$

因此,收入不平等的失业率在中间范围内增加,而其高值或低值则呈负相关。单纯形表上的基尼曲面如图 18.27 所示,注意,凸起形状与刚刚提到的导数一致。

到目前为止,我们只考虑了组间不平等,而忽略了组内不平等的构成,因为前者与劳动力市场机制相关性更大。倘若我们以一种明确的方式来考量组间和组内不平等,我们需要借助可分解的不平等指数,如广义熵指数($\alpha = 0$),即所谓的平均对数离差 $\text{MLD} = \dfrac{1}{n}\sum_{i=1}^{n} \lg\left(\dfrac{\bar{y}}{y_i}\right)$(Jenkins,1995),在当前模型的框架中,它可以分解为:

$$\text{MLD}_{\text{earnings}} = \underbrace{\alpha(1-u) \cdot \text{MLD}_{\text{skilled}} + (1-\alpha)(1-u) \cdot \text{MLD}_{\text{unskilled}} + u \cdot \text{MLD}_{\text{unemployed}}}_{\text{组内不平等}}$$

$$\underbrace{+ a(1-u) \cdot \lg\left(\frac{u}{w^s}\right) + (1-\alpha)(1-u) \cdot \lg\left(\frac{\mu}{w^u}\right) + u \cdot \lg\left(\frac{\mu}{\gamma w}\right)}_{\text{组间不平等}} \tag{18.3}$$

其中,μ 是人口的平均收入。到目前为止,我们忽略了失业补助计划的资金来源(可能来自利润和租赁税)。在这种情况下

---

[1] 如果我们将基尼系数改写 $\text{Gini} = \dfrac{(1-u)^2 A + (1-u)uB}{2(1-uB)}$,其中 $A = \dfrac{\alpha(1-\alpha)\sigma}{1+\alpha\sigma} < 1$;$B = (1-\gamma) < 1$;$\text{sign}\left[\dfrac{\partial \text{Gini}}{\partial u}\right] = \text{sign}[-B(A-B)u^2 + 2(A-B)u - A(2-B)]$;它有两个实根;并在充分条件 $A > \dfrac{B}{1-B}$ 时有两个实根。这些根是由 $u_{1,2} = \dfrac{(A-B) \pm \sqrt{(A-B)(1-B)(A-B-AB)}}{B(A-B)} = \dfrac{1}{B}\left[1 \pm \sqrt{\dfrac{(1-B)(A(1-B)-B)}{A-B}}\right]$ 得出,并与文中所述一致。

$$\mu = (1 - u)\,\bar{w} + u\gamma\bar{w} = [1 - u(1 - \gamma)]\,\bar{w} = [1 - u(1 - \gamma)][aw^s + (1 - \alpha)\,w^u]$$
$$= [1 - u(1 - \gamma)](1 + \alpha\sigma)w^u$$

相反,如果我们采用平衡预算,用所得税为失业补助提供资金,我们就规定,其中 t 是平均税率。由此,

$$u = (1 - u)\,\bar{w} + (1 - u)t\bar{w} = (1 - u)(1 + t)(1 + \alpha\sigma)w^u \qquad (18.4)$$

如果我们将定义(18.4)代入方程(18.3),我们可以推导出公式

$$\mathrm{MLD}_{earnings} = \underbrace{\alpha(1-u)\cdot\mathrm{MLD}_{skilled} + (1-\alpha)(1-u)\cdot\mathrm{MLD}_{unskilled} + u\cdot\mathrm{MLD}_{unemployed}}_{\text{组内不平等}}$$

$$\underbrace{+\alpha(1-u)\cdot\lg\left[\frac{(1-u)(1+t)(1+\alpha\sigma)}{1+\sigma}\right] + (1-\alpha)(1-u)\cdot\lg[(1-u)(1+t)(1+\alpha\sigma)] + u\cdot\lg\left[\frac{(1+t)u}{t}\right]}_{\text{组间不平等}}$$

$$(18.5)$$

由此很容易得出以下结论:受平衡预算制约,MLD 指数在 σ 中增加,而在 γ 中减少。此外,在低值情况下,α 中的组间分量正在增加,但它的符号变化超过了 $\alpha^* = \dfrac{1}{\lg(1+\sigma)} - \dfrac{1}{\sigma}$ 所定义的阈值。与基尼系数(不平等的度量指标)的主要区别在于,组间分量对失业率的梯度取决于以下表达式的符号——$\left[1 - \dfrac{(1+\alpha\sigma)\gamma}{(1+\sigma^\alpha)}\right]$,表明只要替代率和/或工资溢价较低,不平等就会增加/加剧。

如果我们要检验这个简单模型的预测能力,我们可以使用观察到的样本参数(α、σ、u、γ)来预测每个国家的收入不平等;同时充分意识到这些参数只代表部分组间分量。我们将所有持有高等教育学位的员工定义为熟练工,并将技能工资计算为他们的平均工资。相应地,我们将所有其他员工定义为非熟练工(并获得他们的工资)。最后,我们计算失业人员比例及其平均失业补助额。衡量组间不平等所需的相关参数见表 18.A4。在第 10 列中,我们汇报了预估的基尼系数,我们必须将该预估系数与相同数据集计算的实际基尼系数(见第 11 列)进行比较,这两个系数呈高度相关(相关系数为 0.57)。①

利用四个参数计算出的基尼系数,我们可以得出这样的结论:组间分量几乎占总收入不平等的三分之一,其余部分归因于个体异质性(年龄、性别、教育成就,包括工作时长的差异)。令人惊讶的是,这样一个仅基于四个参数的简单模型能够解释所观察到的跨国收入不平等差异的很大一部分。在图 18.30 中,我们注意到一些国家(位于回归线右侧)的特征是:组间不平等程度高于或低于总收入不平等的平均水平,意料之内的是,北欧和地中海国家(葡萄牙除外)就是位于回归线右侧,这表明在这些国家,劳动力市场机制可能有助于减少相应的组内不平等。然而,在回归线的左侧,我们发现自由市场经济体(美国、英国和爱尔兰)

---

① 将观察到的劳动收入基尼系数对根据公式(18.2)计算的模拟基尼系数进行回归,得到以下估计:
$$\mathrm{Gini}_{observed} = \underset{(0.03)}{0.24} + \underset{(0.32)}{1.20}\cdot\mathrm{Gini}_{simulated},\ \text{其中}\ R^2 = 0.33$$

和一些转型经济体(拉脱维亚、立陶宛和匈牙利)以及一些欧洲大陆国家(如德国和荷兰)强调制定个人工资而不是集体工资,从而加剧了组间收入不平等。

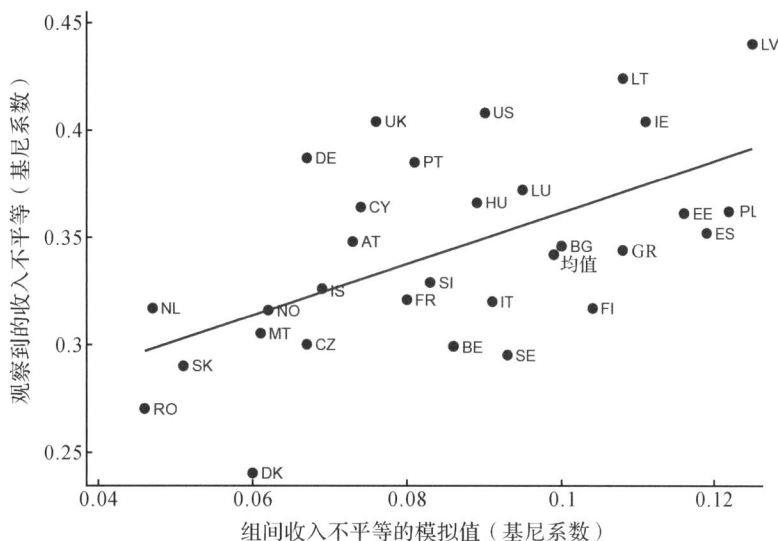

图 18.30　收入不平等的组间成分

注:国家代码见本章附录 A。

18.5.2　组内不平等与劳动力市场制度的作用

我们现在探究不平等的组内成分。为了准确地分解员工的收入不平等,我们从自营职业中抽象出来(它可能受到现有劳动力市场法规的影响,但它通常也会记录不平等测度不易处理的负收入)。研究对象仅限于年龄在 55 岁以下、从雇佣职业或失业救助中获得收益的个人(以尽量减少因提前退休而产生的不同程度的国家差异)。[①] 利用 MLD 指数分解收入不平等,可以发现,平均而言,组间不平等占(观察到的)总不平等的五分之一,最高的是葡萄牙(30%)、匈牙利(28%)和斯洛文尼亚(28%),最低的是瑞典(7%)、挪威(8%)和荷兰(11%)(见表 18.3)。

组内不平等也存在相同的趋势:失业者中的不平等程度最高[②],但它对组内不平等的影响有限,国家平均水平为 16%。熟练工的收入不平等程度比非熟练工高;当然如果我们考虑到他们的工资将更多地由个人议价或薪资谈判来决定,那这一点也就不足为奇了。非熟练工(平均占劳动力的 57%)群体的收入不平等占了组内总收入不平等的一半;在这一点上,我

[①]　SILC 的编码手册规定,若提前退休人员自视为失业者,则可将其归类为失业人员["根据受访者的自我认知,因经济原因提前退休者可纳入此处分类,即若因经济原因提前退休的人员自视为失业者,则将其纳入此处"(欧盟统计局:《目标变量说明:2010 年横截面与纵向调查操作》,2010 年 2 月版)]。

[②]　(失业)补助对象之间的不平等受到失业持续期、权利和领取率差异的显著影响。尽管我们没有足够的数据来考量所有这些因素,但如果我们只是用月平均数(只需将每年收到的失业补贴除以月失业补贴)来替代目前的数字,我们就可以得出:在一些国家(奥地利、捷克共和国、荷兰、挪威),月失业补助的不平等程度显著下降,而在另一些国家(爱沙尼亚、爱尔兰、意大利),月失业补助的不平等程度则有所上升,但 MLD 指数的国家平均值几乎保持不变(从 0.388 到 0.381)。

们可能会发现劳动力市场制度影响最大（特别是工会的最低工资标准和谈判活动）。[①]

表18.3 收入不平等分解——雇员或失业人员（平均对数偏差）

国家及平均值	年度总收入不平等	组间不平等	组内不平等	熟练工人口占比/%	熟练工年度总收入不平等	非熟练工人口占比/%	非熟练工年度总收入不平等	失业人口占比（领取可观的失业补助）/%	失业补助的不平等（针对失业人员）
奥地利	0.234	0.031	0.203	0.321	0.223	0.616	0.181	0.063	0.327
比利时	0.179	0.048	0.131	0.439	0.124	0.461	0.119	0.100	0.214
保加利亚	0.241	0.046	0.195	0.225	0.176	0.654	0.161	0.121	0.410
塞浦路斯	0.263	0.031	0.232	0.391	0.255	0.567	0.214	0.042	0.270
捷克	0.184	0.033	0.151	0.176	0.171	0.764	0.119	0.060	0.494
丹麦	0.129	0.016	0.113	0.376	0.111	0.566	0.101	0.057	0.243
爱沙尼亚	0.270	0.033	0.237	0.322	0.200	0.532	0.194	0.145	0.475
芬兰	0.204	0.049	0.155	0.434	0.145	0.462	0.132	0.103	0.294
法国	0.229	0.031	0.198	0.336	0.197	0.576	0.173	0.087	0.367
德国	0.334	0.069	0.265	0.454	0.234	0.470	0.276	0.076	0.381
希腊	0.224	0.031	0.193	0.381	0.197	0.522	0.164	0.097	0.328
匈牙利	0.250	0.071	0.179	0.273	0.206	0.608	0.150	0.119	0.262
冰岛	0.218	0.027	0.191	0.394	0.169	0.527	0.178	0.079	0.384
爱尔兰	0.316	0.048	0.268	0.484	0.250	0.361	0.233	0.155	0.406
意大利	0.224	0.027	0.197	0.203	0.205	0.718	0.169	0.079	0.436
拉脱维亚	0.418	0.076	0.342	0.314	0.279	0.495	0.261	0.192	0.653
立陶宛	0.377	0.061	0.316	0.574	0.295	0.296	0.248	0.131	0.566
卢森堡	0.260	0.060	0.200	0.296	0.205	0.649	0.196	0.055	0.213
马耳他	0.199	0.029	0.170	0.242	0.179	0.713	0.150	0.045	0.453
荷兰	0.200	0.023	0.177	0.432	0.172	0.547	0.167	0.021	0.563
挪威	0.230	0.018	0.212	0.470	0.204	0.505	0.200	0.024	0.605
波兰	0.253	0.038	0.215	0.312	0.226	0.614	0.188	0.074	0.387
葡萄牙	0.259	0.078	0.181	0.159	0.246	0.734	0.163	0.106	0.204
罗马尼亚	0.121	0.032	0.089	0.254	0.111	0.720	0.078	0.026	0.176
斯洛伐克	0.180	0.029	0.151	0.248	0.172	0.687	0.113	0.065	0.476
斯洛文尼亚	0.229	0.064	0.165	0.242	0.189	0.669	0.116	0.089	0.471
西班牙	0.249	0.057	0.192	0.345	0.177	0.483	0.171	0.171	0.284
瑞典	0.230	0.016	0.214	0.426	0.245	0.530	0.166	0.045	0.484

① Freeman 和 Schettkat(2001)在比较美国和德国的收入不平等时采用了类似的方法，并表明在美国，每个教育群体内部的不平等程度更高，他们将其归因于议价结构的作用。

国家及平均值	年度总收入不平等	组间不平等	组内不平等	熟练工人口占比/%	熟练工年度总收入不平等	非熟练工人口占比/%	非熟练工年度总收入不平等	失业人口占比(领取可观的失业补助)/%	失业补助的不平等(针对失业人员)
英国	0.306	0.058	0.248	0.427	0.261	0.541	0.231	0.033	0.359
美国	0.339	0.045	0.294	0.483	0.310	0.468	0.271	0.049	0.347
平均值	0.245	0.044	0.201	0.340	0.203	0.575	0.174	0.085	0.388

如果我们现在考虑劳动力市场制度在各类劳动者工资分配中发挥的潜在作用,我们预估:由于不同劳动者受影响的方式不同,劳动力市场制度对其的影响也不尽相同。[1] 我们花了一些精力去收集同一国家制度变量相关的一致信息,其中这些信息大部分来自经合组织的各种数据集。我们尝试构建长期序列,以便将不同年龄组的个人与其工作生涯开始时或整个职业生涯中普遍存在的制度设置相匹配。数据来源和描述性统计数据见本章附录 C。

表 18.4 总结了我们的理论预期,主要是从现有文献中推导出来的。Betcherman(2012)综述了不同制度维度和收入不平等相关性的实证文献。他的结论是:在众多制度因素中,由于最低工资能改善社会底层的工资分配,所以它对收入不平等的影响争议较小(至少对正规部门而言如此)。尽管 Neumark 和 Wascher(2008)强调,最低工资标准会造成低收入者失业增多,使人们对家庭层面的不平等总体影响产生怀疑,但是他们并未对"最低工资会减少收入不平等"提出疑问(通过在相关阈值上形成一个峰值和/或在整个工资分配中产生向上的溢出效应)。[2]

工会的影响好坏参半,一方面减少了组内的不平等[在正规雇佣就业,特别是在技能溢价方面,见 Koeniger 等(2007)],另一方面工会覆盖的部门与非工会覆盖的部门(包括非正式就业)之间的工资差距可能会扩大。Visser 和 Checchi(2009)利用跨国数据发现,工会的存在与较低的组内不平等程度有关,因为性别差距和受教育程度与工会密度均呈负相关。[3][4] 因此,由于工资压缩和过度投资教育,技能溢价下降。此外,工会的存在也与失业有关,尽管相关关系可能朝着不同的方向发展:工会密度似乎与较高的失业率有关(Bertola et al.,2007;Flaig and Rottmann,2011;Nickell et al.,2005),集中谈判似乎减弱了这种负面影响(Bassanini and Duval,2006;Nickell,1997;Glyn et al.,2003)。因此,工会对收入不平等的总体影响仍然不确定。

就业保护立法的结果不那么明确。OECD(2011,2012)的研究表明,就业保护立法和工资协调对收入不平等有负面影响,而税收工资和工资覆盖率对收入不平等则有积极影响。

---

① Eichhorst 等(2008)综述了如何衡量劳动力市场制度及其对失业的影响。

② 在长期影响中,他们还列出了对青少年技能获取的抑制影响,这将在未来对收入不平等产生更大的影响。因此,他们得出结论:"最低工资不能实现改善低工资劳动者、低技能人员和低收入家庭生活的目标。"

③ Agell 和 Lommerud(1992)对工会的平等主义态度进行了合理化解释,他们的论点是,在没有私营保险市场的情况下,高生产率、厌恶风险的工人可能更愿意压缩工资。

④ 我们在此不认为制度可以通过互动以互补的方式运作。特别是就业保护加强了工会密度对失业和工资谈判的影响(Belot and van Ours,2004)。Fiori 等(2012)提供了 Blanchard 和 Giavazzi(2003)的实证应用,其中显示了产品和劳动力市场改革在就业影响方面的可替代性。

一个合理的解释是，解雇限制对非熟练工有利，并可以提高他们（相对于熟练工）的相对议价能力。[①]

表 18.4　劳动力市场制度对收入不平等影响的理论预期

劳动力市场制度	组间	组内	收入不平等的总体影响
最低工资（按工资中位数比率计量）	• 提高最低小时工资，主要是针对非熟练工人	• 提高最低工资（主要针对边际劳动者）	• 小时工资的不平等缓解——总体效果取决于小时动态
工会作用（通过工会密度、覆盖范围、集中化和/或协调、罢工活动来衡量）	• 压缩技能溢价（同工同酬） • 扩大工会工资差距（工会和非工会部门/工作之间）	• 减少工时不平等（控制/反对加班、规定兼职、轮岗制以替代裁员） • 减少性别工资差距，从而有利于家庭内的工作分担和女性参与（工作）	• 不平等缓解呈模糊性（当失业效应纳入考量范围时）
就业保护（以经合组织汇总指数衡量）	• 在诱导人们保留非生产性工作时降低非熟练工工资 • 长期性失业增多	• 减少失业人员的就业流动 • 阻碍边际劳动者（年轻人，女性）进入劳动力市场	• 模糊
失业补助（以替代率和消极劳动力市场政策中的公共支出衡量）	• 提高失业者收入 • 增加外部选择，由此提高工会的议价能力 • 降低求职动机	• 潜在的补贴陷阱（特别是第二收入，因为保留工资与第一收入呈正相关）	• 模糊
税收楔子（以劳动力成本与实际工资之比来衡量）	• 失业人员增加（如果雇主无法将责任转移给雇员）	• 当改变劳动力成本（如果这些成本不能转移到工人身上）时，税收和工资税会改变各劳动者群体的相对就业 • 即使在家庭内部，EITC（收入所得税抵免）措施也可能有利于配偶共同参与劳动力市场，特别是在很容易找到兼职的情况下	• 个体收入不平等加剧（由于兼职工的存在），家庭收入不平等减少（由于家庭中存在额外收入）
积极的劳动力市场政策（以国内生产总值的公共支出衡量） 儿童/老年人护理设施（幼儿保育和教育设施的可用性、育儿假）	• 减少失业	• 提高劳动力市场参与度，可能会缩短工作时长 • 提高女性就业参与度，带动更多劳动者就业	• 模糊（由于工作时长和参与劳动力市场的综合效应） • 模糊（由于成分效应）

　　失业补助、积极的劳动力市场政策和税收楔子可能通过对总就业（或失业）的影响发挥间接作用。特别是税收楔子与失业率存在显著正相关（Flaig and Rottmann, 2011；Nickell et al., 2005）。[②] 但这两大制度也以不同的方式影响不同的劳动者群体，特别是在性别差距方

[①]　类似的观点在 Koeniger 等（2007）的研究中也有所体现，就业保护对资质较低的工人具有更强的效果。

[②]　Flaig 和 Rottmann（2011）通过对 19 个 OECD 国家 1960—2000 年的数据进行的跨国分析得出结论："更严格的就业保护立法、更加慷慨的失业保险制度和更高的劳动收入税负会推动失业率的中期演变，而工资谈判过程的高度集中化降低了失业率。工会密度没有明显的影响，不过这似乎并不重要。"

面(Bertola et al.,2007),因此,他们可能通过改变工作机会的重新分配来影响家庭的收入分配。此外,当旨在分解与小时工资和工作小时数相关的不平等的贡献时,法律框架(对兼职、家庭或个人税收的限制)可能会对劳动力供给以及相应的就业和工资结果产生相反的影响。可能由于这些原因,我们在文献中没有就这个方面达成共识,因此我们将让数据说话。

家庭内的工作再分配也可能受到育儿假机会和儿童保育条款的影响(Thévenon and Solaz,2013)。只要这些制度有利于女性参与就业,它们就能缓解家庭层面的收入不平等,但由于经济中兼职人员比例较大,它们可能会增加个人层面的不平等。但前提是育儿假不能超过特定阈值,否则可能导致劳动力供给减少。[①] 此外,作为长期规定的育儿假,可能会增加劳动力市场中的女性劳动力供给,也可能对其相对工资施加下行压力,从而导致不平等加剧[然而,在 Thévenon 和 Solaz(2013)分析的有限数据中找不到这种情况]。同样在这种情况下,我们可以让数据说话。

在评估单一制度对劳动力市场的影响方面,存在一个严重的问题:有些制度很可能以积极或消极的方式相互作用。例如,工会通常与收入不平等呈负相关。就业保护立法强化了工会的作用,但最低工资规定削弱了工会的作用。[②] 同样,在(税后)最低工资相对较高的国家,税收楔子可能会对就业产生重大影响,因为部分税收楔子将转移到较高水平的工资上。在一些国家(如法国和比利时),低工资劳动者的工资税退税对他们的就业能力产生了重大影响。

解决制度互补问题引发了另一类研究,通常用政治经济学进行分析(Amable,2003;Hall and Soskice,2001)。从经验的角度来看,它确实需要足够多的自由度(无论是从不同国家的角度,还是从对同一国家重复观察的角度来看)。作为描述性证据,表 18.4 中列出的不平等度量与附录 C 中描述的劳动力市场制度之间的样本双变量相关性如表 18.5 所示。[③] 通过分解 MLD 指数,我们对收入不平等的六个维度进行考量:总体测度、组内和组间不平等,以及组内组间不平等的归因——劳动者类型(熟练工、非熟练工和失业人员)。[④]

他们证实——尽管以不同的方式,工会存在(通过工会密度或覆盖范围衡量)可能有助于减少收入不平等。工会密度似乎在统计上与组间不平等的构成部分相关,而集体协议的覆盖范围(确保对所有工人的同等待遇)则与组内不平等的构成部分呈负相关。对技术工人群体的就业保护也表现出类似的负相关;同样,育儿假等相关措施也与技术工资不平等呈负相关。

---

① Lalive 等(2011)研究与育儿假相关的工作保护同对新父母的经济支持之间的互补性,表明两种政策工具都会对中期女性劳动力供给产生不利影响。

② Checchi 和 Lucifora(2002)探讨了劳动力市场制度与工会密度的互补性/可替代性关系。

③ 关于劳动力市场制度的现有数据集综述见于 Ochel(2005)和 Eichhorst 等(2008)。

④ 通过考量劳动者群体对收入不平等的影响,我们将两种变化来源——群体规模和内部不平等结合起来。虽然失业劳动者的比例可能与劳动力市场制度直接相关(如工会或失业补助金),但劳动力的技能构成可能与该国前几十年的教育质量和数量相关。

表 18.5　劳动力市场制度(2001—2010 年平均水平)与收入不平等(MLD 指数)不同组成部分之间的相关性

劳动力市场制度	年度总收入不平等	组间不平等	组内不平等	熟练工年度总收入不平等	非熟练工年总收入不平等	失业人员在失业福利方面的不平等
工会密度	-0.415*	-0.420*	-0.346*	-0.112	-0.308*	-0.346*
协议覆盖范围	-0.601*	-0.3512*	-0.584*	-0.391*	-0.378*	-0.436*
集中程度	-0.099	-0.223	-0.044	-0.036	-0.141	0.083
罢工活动	-0.280	-0.190	-0.268	-0.115	-0.343	-0.144
最低工资(基本工资衡量标准)	0.127	0.3219*	0.043	0.026	-0.161	0.216
就业保护立法	-0.330	0.074	-0.410*	-0.626*	0.018	0.011
失业补助	0.125	0.010	0.142	0.061	-0.092	0.327*
税收楔子	-0.241	-0.023	-0.273	-0.099	-0.316*	-0.188
社会支出	-0.229	-0.175	-0.190	0.035	-0.238	-0.267
育儿	-0.179	-0.040	-0.189	-0.252	0.037	-0.109
产假	-0.320	-0.138	-0.318	-0.435*	-0.060	0.040
家庭收入的税收待遇	0.052	-0.170	0.120	0.292	-0.024	-0.117
积极劳动力市场政策	-0.296	-0.222	-0.273	-0.047	-0.322*	-0.255
消极劳动力市场政策	-0.248	-0.068	-0.266	-0.089	-0.320*	-0.182

注:30 个国家,* 指在 10% 水平上显著。

值得注意的一点是,失业救济金似乎对失业者的不平等因素产生了积极影响(即使我们无法区分这是由于失业率上升还是由于群体内部的不同分布)。家庭或个人税收不会影响工资不平等并不奇怪,因为它可能无法改变家庭劳动力供给(Dingeldey,2001)。积极和消极的劳动力市场政策似乎最有效地减少了非技术工人收入不平等的内部因素。

总体而言,这些结果在统计显著性方面并不令人满意,这表明在特定时间点隔离单一制度(即使这里我们考虑的是 10 年平均值)可能不是调查不平等与制度之间关联的最佳策略。尽管有时由于经验原因,这是不可避免的,但一个似乎可行的做法,即通过考虑单个制度在一系列制度中的嵌入程度,来考察对两个制度进行比较时,是否应该对其中一个制度的分析结果予以更大的重视。例如,某种制度由于其强大的法律性质可能会增强其独立效应。此外,双变量相关性对虚假相关性的批判以及遗漏变量偏差也很敏感。出于这个原因,我们现在考虑更有效的方法来研究制度对收入不平等的影响。

18.5.3　实证评估

18.5.3.1　横向研究法

在分析劳动力市场制度在形成收入不平等方面的作用时,一个关键问题是将从微观数据计算出的不平等程度与相应的制度衡量指标进行匹配。如果将对不同年龄的工人(在劳动力市场中于不同时期被雇佣)所测量的当前不平等程度与目前的工会密度(由目前正在工作的工人计算)联系起来,那么我们只是在考虑"劳资关系"条件,而没有其他任何因果关系的主张。在表 18.6 中,我们考虑了三个不同的不平等维度(雇佣就业的年收入、雇员的小时工资和工作时间)。根据我们之前的组间不平等分解(见 18.5.2),对于每个维度,我们考虑两个与市场力量相关的市场现象:劳动力资格水平和就业水平(女性就业率能够更好地反映这一水平)。[①] 在所有情况下,劳动力教育水平的提高都与收入不平等有着显著的负相关关系。同样地,这种负相关也会发生在工资方面,但不会发生在工作时间方面:当更多的妇女进入劳动力市场时,工作时间制度整体变得更加多样化。[②]

当我们引入制度指标来捕获市场均衡偏差时,我们确定了一个与不同的不平等显著相关的制度子集(见表 18.6 编号为 2、5、8 的列)。工会密度与年收入、小时工资和工时呈负相关:这可以反映出工会存在的不同维度(例如覆盖范围或工资集中化,这在统计上并不显著)。[③] 尽管与工作时间的无条件相关性似乎是正相关(见图 18.31),但一旦我们控制了成分效应,它就会变为负相关(即使是一个很小的量级)。与收入不平等呈统计负相关的第二个制度维度是最低工资的存在和水平。但是,正如附录 C 中所讨论的那样,该制度仅存在于少数国家,而在其他国家,这种作用是通过立法或司法提高工会议价工资来实现的。此外,经常存在对边缘工人的贬低,往往没有被这一标准所捕获,然而仅需设置一个法定底线来降低工资的灵活性,就有助于遏制不平等。

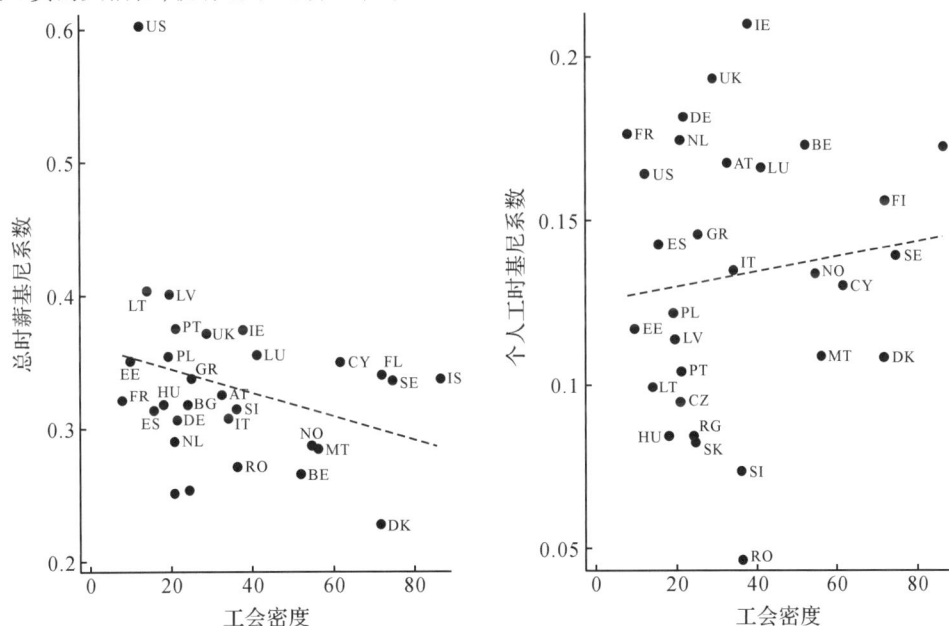

图 18.31　收入不平等(SILC 2010—PSID 2011)和工会密度(平均 2001—2010 年)

注:国家代码见本章附录 A。

---

① 实际上,劳动力的技能水平是人口教育需求和学校教育供给的共同结果。然而,用某种衡量教育制度推动力度的指标(例如义务教育年限)来取代它并不具有统计上的显著性。

② 与年龄组成相关的其他组成控制没有统计学意义,因此被排除在分析之外。

③ 罢工活动也没有统计学意义,但它将样本减少到 18 个国家,因此没有显示。

表 18.6 总收入不平等（SILC 2010—PSID 2011）对市场和劳动力市场制度（2001—2010 年）的影响（普通最小二乘法）

因变量	员工总年收入的基尼系数（工作每年超过1000小时）			小时工资总额的基尼系数			员工基尼系数（所有工期）			工资与工时的相关性		
	1	2	3	4	5	6	7	8	9	10	11	12
具有中等学历的人口	-0.309 [0.073]*	-0.06 [0.091]	-0.086 [0.131]	-0.424 [0.151]**	-0.277 [0.190]	-0.367 [0.259]	-0.233 [0.083]**	-0.139 [0.124]	-0.201 [0.148]	-0.095 [0.262]	-0.139 [0.124]	-0.201 [0.148]
具有大专学历的人口	-0.217 [0.059]**	-0.197 [0.067]**	-0.211 [0.095]*	-0.235 [0.085]**	-0.268 [0.100]**	-0.289 [0.158]	-0.19 [0.078]**	-0.189 [0.058]*	-0.189 [0.077]**	0.083 [0.171]	-0.189 [0.058]*	-0.189 [0.077]**
女性就业率	-0.66 [0.211]*	-0.405 [0.175]**	-0.528 [0.281]*	-0.816 [0.426]*	-0.679 [0.377]*	-0.835 [0.595]	0.208 [0.177]	0.429 [0.115]***	0.564 [0.254]***	0.537 [0.417]	0.429 [0.115]***	0.564 [0.254]***
工会密度	-0.078 [0.039]***	-0.125 [0.038]**	-0.19 [0.039]*	-0.048 [0.052]	-0.131 [0.075]	-0.192 [0.099]*	-0.083 [0.037]**	-0.121 [0.036]**	-0.124 [0.057]***	-0.23 [0.147]	-0.121 [0.036]**	-0.124 [0.057]***
最低工资/平均工资	-0.064 [0.043]	-0.105 [0.041]**	-0.136 [0.041]**	-0.074 [0.065]	-0.157 [0.065]**	-0.193 [0.093]***	-0.045 [0.040]	-0.072 [0.034]**	-0.088 [0.052]	-0.104 [0.144]	-0.072 [0.034]**	-0.088 [0.052]
消极的劳动力市场政策/GDP（×100）	-0.04 [0.010]*	-0.036 [0.010]**	-0.055 [0.034]	-0.044 [0.015]*	-0.04 [0.016]**	-0.089 [0.067]	0.025 [0.009]**	0.022 [0.010]**	0.045 [0.034]	-0.024 [0.027]	0.022 [0.010]**	0.045 [0.034]
就业保护立法[1—6]		-0.022 [0.010]**	-0.023 [0.016]		-0.041 [0.022]**	-0.047 [0.031]		-0.029 [0.006]*	-0.031 [0.007]*		-0.029 [0.006]*	-0.031 [0.007]*
幼儿保育和学前教育的入学率		-0.111 [0.032]*	-0.174 [0.042]*		-0.139 [0.064]**	-0.186 [0.090]***		-0.019 [0.037]	-0.002 [0.057]		-0.019 [0.037]	-0.002 [0.057]
协议覆盖			0.052 [0.056]			0.064 [0.100]			0.051 [0.044]			0.051 [0.044]
谈判集权			-0.056 [0.042]			-0.052 [0.091]			-0.012 [0.050]			-0.012 [0.050]

续 表

因变量	员工总年收入的基尼系数（工作每年超过 1000 小时）			小时工资总额的基尼系数			员工基尼系数（所有工期）			工资与工时的相关性		
	1	2	3	4	5	6	7	8	9	10	11	12
积极劳动市场政策 GDP（×100）			0.015 [0.047]			0.078 [0.103]			-0.042 [0.051]			-0.042 [0.051]
社会支出/GDP			0.891 [0.937]			-0.632 [1.855]			0.220 [0.711]			0.220 [0.711]
税收楔子			0.059 [0.091]			-0.031 [0.192]			-0.121 [0.117]			-0.121 [0.117]
失业救济金			0.039 [0.074]			0.042 [0.105]			-0.022 [0.052]			-0.022 [0.052]
替换率												
观测国家数	29	23	23	29	23	23	29	23	23	29	23	23
R^2	0.66	0.78	0.84	0.46	0.69	0.74	0.47	0.71	0.81	0.31	0.71	0.81

注：除非另有说明，否则所有变量均为百分数；*、**、*** 分别表示在 10%、5%、1% 水平上显著；括号中为稳健标准误；包含常数项。

第三个制度维度涉及失业救济金,其理论预期由于对失业率潜在的上升影响而模糊不清。替代率没有显示出统计上显著的相关性,而消极的劳动力市场政策的总体公共支出与收入和工资不平等呈负相关,与工时不平等呈正相关。[1] 这表明将资金转移给劳动力成员(这构成了我们的调查样本)减少了收入方面的不平等,但也会延续就业机会的不平等分配。第四个维度与就业保护有关。[2] 毫不奇怪,它与工作分配的相关性最强:劳动合同受到的监管越多,工作时间的分配就越平等。由于就业保护和工会活动往往是互补的(Bertola,2004),因此发现其与收入和工资不平等呈负相关就不足为奇了(见图18.32)。

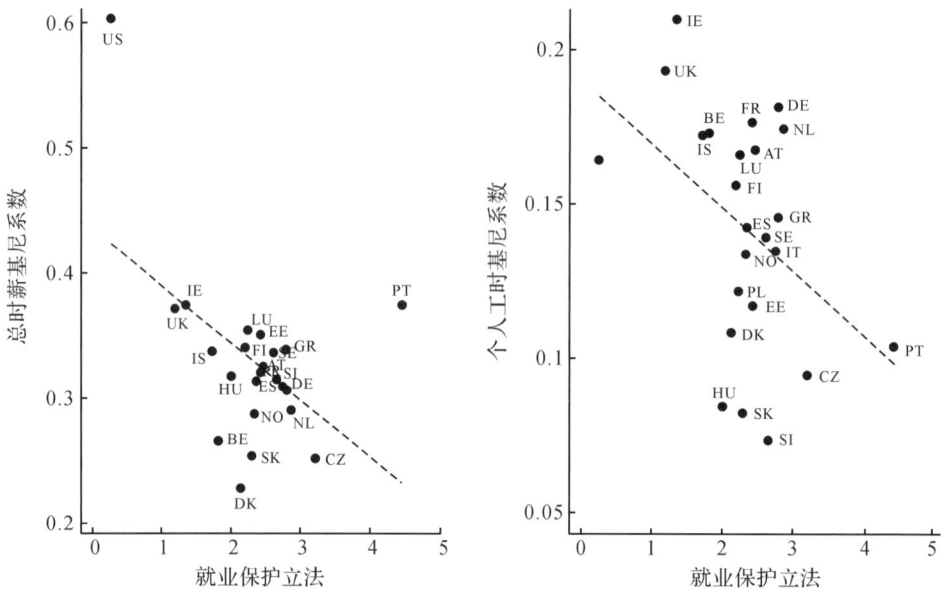

图18.32 工资不平等(SILC 2010—PSID 2011)和就业保护(2001—2010 年平均值)

注:国家代码见本章附录 A。

我们仍然将我们的研究限制在经合组织国家的子样本中。我们发现一些统计证据表明,收入不平等与儿童看护出勤率呈负相关,这可以作为儿童看护可得性的代表。从理论上讲,我们确实希望女性能更多地参与劳动力市场,并在夫妻双方中更加均匀地分配外部工作机会:两者都应该对工时不平等产生影响,然而,这些影响并未体现在数据中。与收入不平等的负相关关系可能会捕捉到福利供给中的一些未被观测到的维度,这通常与较低的不平等程度有关(尽管衡量福利供给的直接指标——社会支出——在统计上并不显著)。[3]

尽管自由度有限,但这些是仅有的与收入不平等的各维度的统计显著相关的制度特征。针对可能存在遗漏变量这一反对意见,我们还引入了我们收集的所有指标(见表18.6 中编号为 3、6、9 的列),但未发现任何其他统计相关性。然而,尽管制度框架非常丰富,简单的跨国回归却无法提供一个无可辩驳的证据表明劳动力市场制度会导致收入不平等。为此我们

---

[1] 冰岛没有关于劳动力市场政策支出的数据。

[2] 非经合组织成员国(保加利亚、塞浦路斯、拉脱维亚、立陶宛、马耳他和罗马尼亚)无法获得经合组织的 EPL 衡量标准。但是,为了不在其他制度的分析中缺少这些国家,我们使用非缺失国家的样本均值来估算这些缺失值。

[3] 通过引入育儿假的测度进一步减少国家的数量(到 21 个),我们发现其与时薪不平等呈显著负相关(未展示)。

现在开始研究不平等的群体差异。

在表 18.6 编号为 10、11、12 的列中,我们把在国家层面计算的时薪和工时之间的相关性考虑成一个因变量,其依据是较高的相关性(绝对值)可能会减少收入不平等(只要这种相关性不只是虚假相关性——再次参见图 18.22 及其讨论)。我们发现,工会密度和就业保护立法与因变量之间存在负相关关系,这表明在高度监管的劳动力市场中(由于解雇限制和/或积极的工会存在),贫困工作人口通过延长(或完成)工作时间,在劳动力市场中获得对其弱势地位的部分补偿。

18.5.3.2　纵向或伪纵向法

为了获得更具稳健性的统计结果,我们需要利用不平等和制度的国际与国内差异,以便通过适当的国家和时间固定效应排除不可观测的变量。如果有数据,我们可以重复使用每个国家的截面数据,计算每个调查中相关人口的不平等指标,并与现行的制度指标相匹配。不幸的是,针对所分析国家的跨国可比性调查的历史不超过几十年,这促使我们采取另一种策略。因为我们需要将属于不同年龄组的人(不同年份进入劳动力市场的人)与其工资确定相关的制度情况进行匹配,我们需要讨论适当的匹配规则。

表 18.7　不平等测度与制度变量之间的匹配规则

队列	个体出生年份	2010 年的年龄	匹配规则 1a:20 岁进入劳动力市场时的平均制度测度	匹配规则 1b:进入劳动力市场前的平均制度测度(5 年滞后)	匹配规则 2:在整个工作生活中普遍采用的平均制度测度
1	1986—1990 年	20—24	2006—2010 年	2001—2005 年	2006—2010 年
2	1981—1985 年	25—29	2001—2005 年	1996—2000 年	2001—2010 年
3	1976—1980 年	30—34	1996—2000 年	1991—1995 年	1996—2010 年
4	1971—1975 年	35—39	1991—1995 年	1986—1990 年	1991—2010 年
5	1966—1970 年	40—44	1986—1990 年	1981—1985 年	1986—2010 年
6	1961—1965 年	45—49	1981—1985 年	1976—1980 年	1981—2010 年
7	1956—1960 年	50—54	1976—1980 年	1971—1975 年	1976—2010 年
8	1951—1955 年	55—59	1971—1975 年	1966—1970 年	1971—2010 年
9	1946—1950 年	60—64	1966—1970 年	1961—1965 年	1966—2010 年

一种可能性是将个人与其进入劳动力市场时普遍存在的制度相匹配(参见表 18.7 中的规则 1a 和 1b 的匹配)。这意味着一个人的工资与其同事的工资当前存在的差异可能会受到 30 年前工会所进行的议价活动的影响。这被认为是一种合理的假设,只要工资具有高度可持续性(由于资历规则和/或自动调整条款)。另一种可能性是考虑制度持续性(制度是缓慢变化的变量)和不同的制度环境(变量处理)。从这个角度来看,年长者被认为在其整个职业生涯中都处于某种制度框架下(平均而言)(参见表 18.7 中的匹配规则 2)。在这种情况下,一个人的工资与其同事的工资当前存在的差异已受到过去 30 年来所发生的议价活动的影响。为了根据不同的匹配规则来理解制度测度的差异,图 18.33 根据第三种匹配规则绘制了

同期工会密度(实线)及其后向(移动)均值(虚线):虽然前者波动更大,但后者记录了历史动态的平滑趋势。

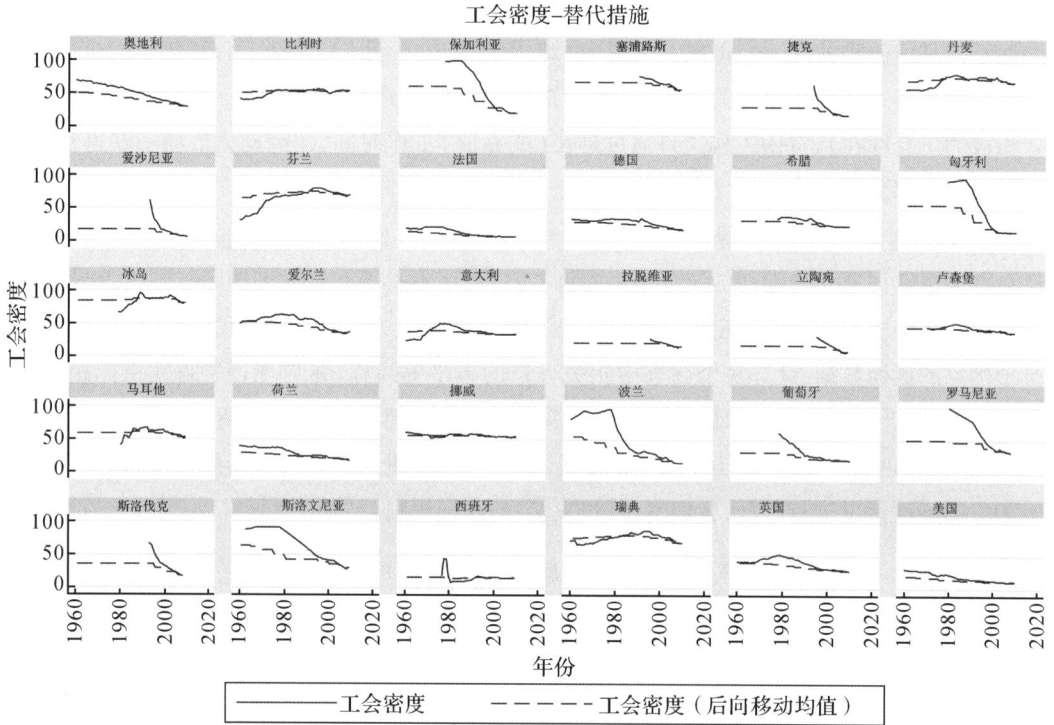

图18.33 对制度的阐述的替代测度:工会密度

这两种策略所得出的数值都是近似值,因为它们会导致因变量的测量误差(通过年龄组来衡量工资不平等被用作测量过去总体不平等的替代指标)。然而,它们具有时间跨度长的优点,因而允许制度指标存在更大的变异性。

无论选择何种匹配方式,通过将我们的横截面视为伪面板,我们可以显著增加估计的自由度。制度测度的不同时间覆盖范围产生了不平衡的面板,我们在该小组中控制国家和群组的固定效应。误差集中在国家层面。因此,我们的结果比表18.8中报告的横截面估计值更加稳固。只要固定效应清除了所有其他混杂变化的来源,我们就可以使用不平等的跨国周期和生命周期变化来确定制度对收益分配的影响。同时插入若干制度测度可以确定每项制度的具体影响,在其他制度和样本组成保持不变的情况下。我们已决定排除两个最年长的群体,因为有关20世纪60年代制度的信息仅适用于工会密度和失业救济金。此外,不同国家的退休规定各不相同,这些年龄组的就业率差异很大。①

在表18.8中,我们给出了对应于匹配规则1a的估计值(个人与进入劳动力市场时普遍存在的制度相匹配,另一个匹配规则1b在较短的样本量上给出类似的结果,为简洁起见,未予报告)。表18.8的结构类似于表18.6,但没有分析工时和工资之间的相关性。我们考虑

---

① 55—64岁人群的就业率从瑞典的65%(或美国的62%)到意大利或罗马尼亚的30%不等。

了三个不平等的衡量标准(全职工人的年收入、时薪和工时),并且对于每个衡量标准,我们都对劳动力受教育程度和女性劳动参与度进行了控制。尽管教育的统计显著性较弱,但在这两种情况下,它们都会对不平等产生负面影响。对于每个因变量,我们考虑三种设定:国家固定效应(表 18.6 中编号为 1、4、7 的列)、国家和群组固定效应(表 18.6 中编号为 2、5、8 的列),以及包含 OECD 就业保护指标的国家和群组固定效应,该指标不包含非 OECD 成员国(表 18.6 中编号为 3、6、9 的列)。①

在这个框架中,我们发现只有部分结果支持我们以前的横向分析结果。在包括国家和群组固定效应的模型中,有一些证据表明,工会对工作分配产生了负面影响(表 18.6 中编号为 9 的列),并且最低工资对收入不平等的影响更大。与之前的结果相反,消极的劳动力市场政策对收入和工资不平等的负面影响在统计上不显著,但对工时的基尼系数有一定的积极影响。为了简洁起见,其他不显著的制度变量(例如税收楔子、失业救济金、育儿假和积极的劳动力市场政策)在此没有报告。② 当我们采用第二种匹配规则时,相同的结果会得到加强,如表 18.9 所示。不同的数据组织显著扩展了样本范围,这样可以更准确地识别各种影响(例如,图 18.34 所示的收入不平等与消极劳动力市场政策的无条件相关性)。工会密度现在明显减少了工时不平等,最低工资减少了收入和工时不平等。除了消极的劳动力市场政策对收入和工资不平等的负面影响,我们现在发现,积极的劳动力市场政策也会对减少不平等产生负面影响,这可能是由失业率下降导致的(即更多工人就业,其工资高于福利)。

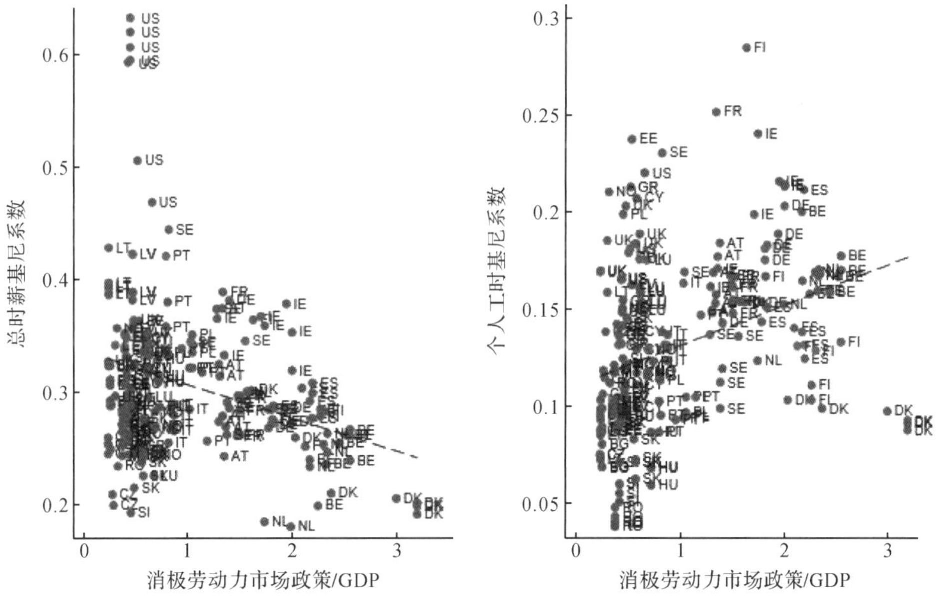

图 18.34 收入不平等(SILC 2010—PSID 2011)和消极的劳动力市场政策,5 年平均值(1975—2010 年)

注:国家代码见本章附录 A。

---

① 由于缺乏有关劳动力市场政策的数据,前两列仍然排除了冰岛,第三种情况不包括非经合组织国家。
② 此处没有报告在表 18.7 中出现而没有在表 18.9 中出现的其他制度测度(儿童保育、社会支出、税收楔子),因为对于老年群体而言,在过去较长一段时间内并不存在此类制度测度。

表18.8 总收入不平等(SILC 2010—PSID 2011)对市场和劳动力市场制度(1975—2010年)的影响——普通最小二乘法——纵向队列数据(匹配规则1a)

因变量	员工总年收入的基尼系数(每年工作超过1000小时)			总时薪基尼系数			员工工时的基尼系数(所有工期)		
	1	2	3	4	5	6	7	8	9
具有中等学历的人口	-0.022 [0.165]	0.041 [0.140]	0.028 [0.138]	-0.074 [0.154]	-0.075 [0.159]	-0.093 [0.160]	0.082 [0.104]	0.089 [0.109]	0.093 [0.120]
具有大专学历的人口	-0.162 [0.068]*	-0.104 [0.090]	-0.127 [0.091]	-0.18 [0.069]*	-0.239 [0.100]*	-0.285 [0.097]**	-0.084 [0.065]	-0.093 [0.108]	-0.103 [0.101]
女性就业率	0.309 [0.141]*	-0.01 [0.169]	-0.035 [0.167]	0.315 [0.203]	0.333 [0.211]	0.318 [0.223]	-0.452 [0.121]**	-0.462 [0.202]*	-0.472 [0.220]*
工会密度	0.138 [0.055]*	0.053 [0.045]	0.051 [0.046]	0.09 [0.041]*	0.073 [0.060]	0.058 [0.062]	-0.058 [0.033]***	-0.063 [0.037]	-0.076 [0.041]***
最低工资/平均工资	-0.127 [0.073]***	-0.136 [0.055]*	-0.149 [0.063]*	0.064 [0.055]	0.066 [0.062]	0.059 [0.070]	-0.053 [0.028]***	-0.049 [0.030]	-0.04 [0.031]
消极的劳动力市场政策/GDP	-0.004 [0.005]	-0.009 [0.006]	-0.007 [0.006]	-0.011 [0.007]	-0.012 [0.008]	-0.009 [0.008]	0.008 [0.004]*	0.007 [0.005]	0.008 [0.005]***
就业保护立法			0.026 [0.022]			0.011 [0.026]			-0.022 [0.018]
观察值	130	130	113	130	130	113	130	130	113
国家数量	29	29	23	29	29	23	29	29	23
R^2	0.4	0.5	0.56	0.19	0.22	0.28	0.64	0.65	0.67
国家固定效应	是	是	是	是	是	是	是	是	是
群组固定效应	没有	是	是	没有	是	是	没有	是	是

注:括号中为国家聚类的稳健标准误;*、**、***分别表示在10%、5%、1%水平上显著。

表 18.9　总收入不平等（SILC 2010—PSID 2011）对市场和劳动力市场制度（1975—2010 年）的影响——普通最小二乘法——纵向队列数据（匹配规则 2）

因变量	员工总年收入的基尼系数（每年工作超过 1000 小时）			总时薪的基尼系数			员工工时的基尼系数（所有工期）		
	1	2	3	4	5	6	7	8	9
具有中等学历的人口	0.018 [0.102]	0.1 [0.089]	0.053 [0.118]	-0.019 [0.089]	0.012 [0.099]	-0.017 [0.137]	0.097 [0.070]	0.092 [0.075]	0.104 [0.088]
具有大专学历的人口	-0.12 [0.051]*	-0.052 [0.065]	0 [0.061]	-0.116 [0.047]*	-0.104 [0.060]**	-0.091 [0.076]	-0.053 [0.043]	-0.013 [0.078]	-0.039 [0.095]
女性就业率	0.283 [0.115]*	-0.116 [0.140]	-0.09 [0.149]	0.314 [0.129]*	0.177 [0.163]	0.218 [0.194]	-0.409 [0.090]***	-0.285 [0.148]**	-0.356 [0.158]*
工业密度	0.094 [0.064]	-0.053 [0.035]	-0.042 [0.053]	0.109 [0.053]**	0.067 [0.056]	0.083 [0.088]	-0.137 [0.041]***	-0.082 [0.038]*	-0.123 [0.037]***
最低工资/平均工资	-0.226 [0.127]**	-0.22 [0.095]*	-0.259 [0.098]*	0.053 [0.101]	0.063 [0.098]	0.051 [0.105]	-0.102 [0.058]*	-0.119 [0.070]**	-0.101 [0.079]
积极的劳动力市场政策/GDP	-0.094 [0.032]***	-0.101 [0.024]***	-0.102 [0.024]***	-0.113 [0.035]***	-0.119 [0.037]***	-0.119 [0.036]***	-0.043 [0.028]	-0.049 [0.026]**	-0.051 [0.024]*
被动劳动力市场政策/GDP	-0.009 [0.020]	-0.037 [0.014]*	-0.047 [0.014]***	-0.054 [0.017]***	-0.064 [0.017]***	-0.068 [0.020]***	0.007 [0.013]	0.007 [0.013]	0.011 [0.014]
就业保护立法			0.035 [0.053]			-0.007 [0.062]			-0.057 [0.046]
观察值	203	203	161	203	203	161	203	203	161
国家数量	29	29	23	29	29	23	29	29	23
R^2	0.33	0.48	0.56	0.33	0.37	0.4	0.61	0.65	0.67
国家固定效果	是	是	是	是	是	是	是	是	是
群组固定效应	没有	是	是	没有	是	是	没有	是	是

注：括号中为国家类聚稳健的标准误；*、**、*** 分别表示在 10%、5%、1% 水平上显著。

18.5.4 讨论

我们的实证结果与 18.4.6 中回顾的文献中的主要结果一致。[①] 结果证实,最低工资的存在和严格性降低了收入不平等,同时也对工作时间的分配起到了(隐性的)控制作用,这似乎是工会议价活动减少不平等的主要渠道。不太寻常的是,我们在文献中发现了积极和消极劳动力市场政策的负面影响。在这里,我们猜测大多数这种影响是通过失业率的变化来实现的:当积极的劳动力市场政策有效地推动失业者重新就业(至少工作几个小时)时,它们减少了收入分布底部的人群;当失业救济变得更加慷慨或更普遍时(正如经济衰退期间所发生的那样),它会缩小就业者和失业者之间的收入差距,但可能会提高失业率。这些渠道的综合影响似乎使整体不平等减少。

18.6 结论和未来的研究

当我们以(家庭)收入分配为背景来考察(个人)工资的相关文献时,我们发现这两者之间的脱节让人震惊。工资收入是迄今为止现代社会最重要的收入来源,虽然有大量分开讨论这两者的文献,但同时讨论这两者的文献很少。女性参与就业的快速增长(在很多情况下女性是非全日制就业)带来的单工资家庭到双工资家庭的显著转变,以及人们对家庭失业现象的日益关注,使这一研究空白显得尤为突出,这方面的研究可能有重大的政策意义。关于家庭失业问题的辩论已经对劳动力市场政策的运作提出了疑问。关于就业两极分化的重要辩论忽视了家庭可能受到的影响,或他们如何为这个过程提供补偿。这两种分配的相互关联引起了我们对再分配政策的怀疑。在两种分配中都存在的传统衡量工具(如最低工资或所得税)可能会在双工资环境下有不同的表现,因为在双工资环境下,即使是高收入的家庭,其家庭劳动力也可能面临低收入(或兼职)的情况,因此这些工具的影响将发生变化,他们在社会中得到的政治支持也可能会发生变化。未来的研究需要更完善且更系统的实证调查,该分析将更好地了解年收入和与收入保持一致的年工作小时数,并且还扩大到包括影响联合家庭劳动力供给的其他新兴制度,如儿童保育规定。关于各种问题的详细研究并不缺乏,但缺乏的是对这种分配的总体描述。收入与工资之间存在双向关联,家庭形成和伴随的家庭劳动力供给不能被视为一种既定关系,而是受两者的影响。重要的是,由于教育程度和女性劳动力市场参与率的迅速提高,近几十年来,不仅是全球劳动力,国家劳动力规模也翻了一番。

下面单独讨论工资分配,我们回到 20 世纪 80 年代早期辩论的起源,并在现在的庞杂文献中勾勒其发展。我们发现在 20 世纪 70 年代,美国收入不平等的意外加剧将劳动力市场制度(例如工会力量减弱)作为一种可能的解释(其他解释从人口统计学或去工业化角度出发)提上了研究议程。在 20 世纪 90 年代,这场辩论产生了技能偏向型技术变革的论点,也引起了国际比较,之前的研究方法侧重于供需市场力量,后来的研究认为这是不足的,因为工资不平等趋势的国际差异日益扩大,并且已把焦点放在国家劳动力市场制度的作用上。20 世

---

① 在 Eichhorst 等(2008)的研究中可以找到数据质量问题和跨国分析的主要发现。

纪 90 年代,两种研究方法形成了一个又一个的共识,而在 21 世纪的第一个 10 年,这两种方法似乎越来越分道扬镳,当时一些重要的新成果不利于产生一种综合了两种研究方法的新方法,两种方法都有可能陷入为纳入新观察结果而制造"托勒密本轮"的内险中。供求法面临挑战,即需要找到更好的衡量技术变革的经验指标,以消除人们对技能的相对需求可能是一种重复的怀疑。它增加了"任务""离岸",甚至"消费者偏好",这些都有可能是临时增加的①,并没有意识到其制度前提。另外,制度分析方法中有着丰富的制度,并且新的制度还在增加,但它缺乏一个足够清晰的制度概念,这个概念可以涵盖法律、法规、习惯和实际政策,以及它们之间相互加强或相互补充的关系;另外它也缺乏一个明确的界定制度范围的标准。

鉴于此,两种方法的未来研究都有不断自我完善,同时将另一方融入自己的框架的双重目标。在制度法方面,追求这一点似乎更像一个经验方法的问题;而在供求法方面,只要制度被视为与市场和理论化不相容的体系,就更可能是一个理论方法的问题。两者都有一个在公司层面开展工作的视角。匹配的雇主—雇员数据有助于对制度和劳动力供求的作用的理解。这些数据越来越多。除了已经提到的年收入/总收入事实调查,这还使我们重新关注数据的可用性和质量。数据和分析应超出仅针对全职工人的常用收入数据,这些数据越来越不具代表性,特别是在年收入和总收入边缘的数据。因此,我们需要在个人和家庭的工作努力和年收入成果统计方面做更多的工作。此外,尽管人们对数据质量给予了很多关注,但也需要更好地掌握各种不平等测度的惯用方法(目前这两种方法都有各自独有的偏好)。

最后,我们建立了一个简单的模型,用于解释不平等的不同组成部分(在内部和之间)与劳动力市场制度的相关性。我们确实发现,工会化的劳动力市场在其他条件不变的情况下,年收入方面的不平等程度较低,因为时薪和工时都分配得更均匀。我们通过伪纵向法改进现有方法,以三种不同的方式将工人群体与工作生活中的变化联系起来。三个跨国实证研究聚焦不同的不平等指标,涵盖 2010—2011 年美国和所有欧洲国家。结果表明,工会化能缓解工作时长方面的不平等,而最低工资政策能缓解工时和收入方面的不平等。

致谢

感谢克里斯蒂娜·哈斯(Christina Hass)、约翰·施密特、托马斯·勒米厄(Thomas Lemieux)、尼克拉·富克斯-舒德尔恩(Nicola Fuchs-Schündeln)对数据的帮助以及安娜·萨洛蒙斯(Anna Salomons)提供的有价值的建议。特别感谢主编托尼·阿特金森和弗朗索瓦·布吉尼翁提出的非常有益的意见和建议。

附录 A 国家代码

ISO alpha-3 和 alpha-2 国家代码

| AUS | AU | 澳大利亚 |

---

① 比较 Autor(2013)的评论:"在任务文献中,几乎每篇论文都有不同的任务分类。"

AUT	AT	奥地利
BEL	BE	比利时
BGR	BG	保加利亚
CAN	CA	加拿大(BC:不列颠哥伦比亚省,ON:安大略省)
CHE	CH	瑞士
CYP	CY	塞浦路斯
CZE	CZ	捷克
DEU	DE	德国
DNK	DK	丹麦
ESP	ES	西班牙
EST	EE	爱沙尼亚
EU		欧洲联盟
FIN	FI	芬兰
FRA	FR	法国
GRC	GR	希腊(欧洲统计局也称EL)
HUN	HU	匈牙利
IRL	IE	爱尔兰
ISR	IL	以色列
ITA	IT	意大利
JPN	JP	日本
KOR	KR	韩国
LTU	LT	立陶宛
LUX	LU	卢森堡
LVA	LV	拉脱维亚
MLT	MT	马耳他
NLD	NL	荷兰
NOR	NO	挪威
NZL	NZ	新西兰
POL	PL	波兰
PRT	PT	葡萄牙
ROM	RO	罗马尼亚
SWE	SE	瑞典
SVK	SK	斯洛伐克
SVN	SI	斯洛文尼亚
UK	UK	英国(未使用官方代码GBR)
USA	US	美国

附录 B　有关收入的数据来源和其他表格

我们从 2010 年进行的 EUSILC 调查(2012 年 3 月 1 日第 1 版)中获取数据,并从 2009 年的调查中提取了塞浦路斯和爱尔兰的人口数据(2011 年 8 月 1 日第 2 版)。在欧洲国家中,我们总共考虑了 476265 次观察(其中包括 9902 名爱尔兰人和 7557 名塞浦路斯人)。对于这些人,我们了解了其相关的人口统计资料(年龄、性别、受教育程度①、婚姻状况、出生地)及职业特征(无论是就业人员还是个体经营者、全职或兼职、永久或临时合同、ISCO 职业代码、工作场所规模、工作经验)。

我们从 2011 年进行的 PSID 调查的参与者那里获得了关于美国的数据。基本人口统计资料(年龄、性别、受教育程度②、婚姻状况、劳动力市场状况)从个人档案中获取(ind2011er.zip 文件下载于 2013 年 7 月 22 日),其中包括 24661 次观察。在 8907 户家庭中(通常是男性户主),我们从每户的一名受访者那里收集有关劳动收入的信息,这些受访者对自己和配偶的工资与工作时间做出了回应(fam2011er.zip 文件下载于 2013 年 7 月 22 日)。

我们采用以下两种选择规则。

(a) 处于工作年龄的人口,我们将其定义为 20—64 岁。对于工作年龄的定义,我们考虑到完成中学学业的时间,并考虑到不同国家不同的提前退休规定。这导致 20 岁以下的就业青年被排除在外,这个群体中一部分人的平均时薪是成人平均工资的一半。由于各国在义务教育的持续时间和制度设计上有所不同,因此我们倾向于将劳动力中 20 岁以下的年轻人群体排除在我们的分析之外。③

(b) 劳动力市场中的人口,他们自我定义为就业者(雇员或个体经营者)或失业者。鉴于劳动参与/就业率的显著跨国差异(参见表 18. A1)是外生的,当我们考虑按家庭水平计算的类似费率时,这些差异甚至会增大。请注意,意大利和希腊的个体经营者比例很高,这些国家的最高收入所占比例也是最大的。

最终样本由劳动力市场的 264216 人组成,其中包含 201500 名雇员、33384 名个体经营者和 29332 名失业者。

劳动收入变量被定义为"受雇工作的年度总收入(现金或近乎现金)"④或"年度现金收益或个体经营亏损"(平均值和标准差见表 18. A2)。⑤　在计算收入不平等时,我们也考虑了

---

① 根据《国际教育分类标准》的分类(SILC 中的变量 pe040),根据最高受教育程度计算教育年限数据,并使用法定年限将其转换为年。

② 受访者直接报告了已完成教育年限的数据(PSID 中的变量 ER34119)。

③ 排除这些案例还有一个额外的原因,即我们通过选择家庭中前两个先工作的成员来确定同居伴侣。保留这些个体会增加将夫妻与单身收入者和有收入的孩子的家庭混在一起的风险。

④ 我们的 GW 变量(受雇工作收入)和 GSELFW(个体经营者收入)分别对应 EUSILC 中的 PY010G 和 PY050G 变量。在 PSID 的情况下,劳动收入由户主的 ER47501、ER47552、ER47582 和 ER47612 变量(适当转换为年值)之和以及工作配偶的 ERR47752、ER47779、ER47809 和 ER47839 变量之和构成。然后,我们根据 ER47495 或 ER47752 变量的非负值("你的工资是多少"),将其分为受雇工作或个体经营者收入。

⑤ 由于大多数不平等指数(尤其是基尼系数)是在非负数值上定义的,因此个体经营者收入的负值被归零。

(暂时的)失业工人获得的失业补贴。[①]

为了区分年收入和时薪,我们需要有关工时的信息。在这两个调查中,工时都是通过将两个问题的答案结合起来重建的(每周工作时间通常在最近几个月内,因此指的是采访期间和上一年工作的月数)。[②] 然后计算总时薪率,将年收入除以工作小时数。[③]表 18. A3 报告了工时和时薪的描述性统计数据。请注意,由于缺少每周工作时间的信息,我们从年度数据(259500 个非负年度收入观察值)移动到时薪(228153 个无缺失的时薪观察值)时会出现重大信息损失。概率估计表明,持有临时合同的未受过教育的年轻女性更有可能不报告工时。

表 18. A1　根据微数据 SILC 2010 和 PSID 2011 计算的描述性统计数据——劳动力市场(样本权重)

国家及平均值	劳动参与率	就业率	失业率	个体经营者比率	女性劳动参与率
奥地利	0.734	0.676	0.079	0.124	0.596
比利时	0.732	0.650	0.112	0.106	0.597
保加利亚	0.800	0.670	0.163	0.096	0.620
塞浦路斯	0.754	0.710	0.058	0.139	0.644
捷克	0.752	0.675	0.103	0.167	0.582
丹麦	0.782	0.715	0.085	0.094	0.702
爱沙尼亚	0.783	0.647	0.173	0.074	0.648
芬兰	0.765	0.673	0.121	0.135	0.650
法国	0.754	0.672	0.109	0.099	0.637
德国	0.792	0.711	0.102	0.055	0.659
希腊	0.736	0.644	0.125	0.304	0.553
匈牙利	0.687	0.595	0.134	0.124	0.542
冰岛	0.789	0.731	0.073	0.125	0.685
爱尔兰	0.707	0.592	0.162	0.149	0.532
意大利	0.682	0.607	0.109	0.219	0.485
拉脱维亚	0.791	0.602	0.239	0.071	0.593
立陶宛	0.804	0.649	0.193	0.100	0.662
卢森堡	0.739	0.692	0.063	0.078	0.609
马耳他	0.632	0.593	0.063	0.136	0.423

---

① 这对应于 EUSILC 中的变量 PY090G 和 PSID 中的变量 ER48500/ER48619(以年度值换算)。
② 在 EUSILC 中,这对应于变量 PL060(主要工作中通常每周工作的小时数)和变量 PL073-74-75-76-80[作为雇员/个体经营者(包括家庭工人)/失业者的全职/兼职工作的月数]。在 PSID 中,这对应于 ER47456/ER47713(平均来说,在 2010 年每个人每周工作的时长)乘以 ER47454/ER47711(上年工作的周数——根据工作历史重构的变量)减去 ER47633/ER47890(休假周)变量。
③ 在 EUSILC 中,关于时薪的数据在时间上并不完全一致,因为年度工资总额和工作月份数据源自 2009 年,而关于每周工作时间的信息数据源自 2010 年。在 PSID 中,受访者直接提供时薪的衡量标准(变量 ER47501/ER47758:您的正常工作时间的时薪率是多少?)。以美国为例,在这两种衡量方法都可用的情况下,计算和获得的工资值为正的相关性为 0.53。

续　表

国家及平均值	劳动参与率	就业率	失业率	个体经营者比率	女性劳动参与率
荷兰	0.760	0.732	0.037	0.154	0.660
挪威	0.797	0.771	0.033	0.073	0.741
波兰	0.716	0.640	0.105	0.214	0.571
葡萄牙	0.788	0.672	0.148	0.144	0.617
罗马尼亚	0.689	0.653	0.053	0.265	0.547
斯洛伐克	0.764	0.660	0.137	0.108	0.603
斯洛文尼亚	0.737	0.633	0.141	0.096	0.587
西班牙	0.787	0.624	0.207	0.161	0.546
瑞典	0.823	0.776	0.057	0.043	0.751
英国	0.768	0.728	0.052	0.122	0.677
美国	0.791	0.709	0.104	0.109	0.683
平均	0.752	0.671	0.108	0.138	0.605

表 18. A2　根据微数据 SILC 2010 和 PSID 2011 计算的描述性统计数据——劳动收入（样本权重）

国家及平均值	雇员的总收入（平均值）	雇员的总收入（标准差）	个体经营者的总收入（平均值）	个体经营者的总收入（标准差）	有关年度收入的非亏损值的观察值数量
奥地利	26461.08	25858.63	4096.55	17355.84	6116
比利时	26723.36	20772.17	2717.21	11508.15	6387
保加利亚	3024.31	2925.93	446.67	2378.81	7731
塞浦路斯	18748.41	16532.35	3139.14	13762.04	3970
捷克	7499.50	6937.02	1752.81	6380.98	9489
丹麦	38504.27	26550.36	2017.71	18497.89	7005
爱沙尼亚	7507.27	6367.43	122.38	959.08	5891
芬兰	27382.17	21351.46	2076.83	10272.64	12705
法国	22219.13	19263.07	2110.23	15184.50	11518
德国	24586.15	22526.16	1968.18	14598.60	12693
希腊	12219.81	14306.38	5645.76	18567.37	7163
匈牙利	5038.98	5062.23	777.84	3393.05	10240
冰岛	23832.86	17620.38	818.24	3899.32	4075
爱尔兰	26624.65	28929.35	4520.33	19799.64	4766
意大利	17593.58	17522.40	7017.56	24495.35	19637
拉脱维亚	5942.19	6430.71	207.53	1370.13	6742
立陶宛	4979.52	5607.18	447.30	2589.25	6097
卢森堡	42588.71	38248.88	2896.52	22171.74	5717
马耳他	13787.59	11406.58	2393.88	8493.19	3678

续　表

国家及平均值	雇员的总收入 (平均值)	雇员的总收入 (标准差)	个体经营者的 总收入(平均值)	个体经营者的 总收入(标准差)	有关年度收入的非 亏损值的观察值数量
荷兰	31138.58	26156.98	3186.18	16507.76	11621
挪威	42686.63	32290.34	3409.42	23335.28	6269
波兰	5567.64	6017.03	1020.09	3613.49	14693
葡萄牙	10768.63	12283.16	1432.51	6260.98	5655
罗马尼亚	2664.20	2452.14	333.46	1338.79	7342
斯洛伐克	6322.45	8057.32	683.42	2971.25	8071
斯洛文尼亚	14493.82	12900.63	1125.57	4699.40	14085
西班牙	14620.40	14235.10	1305.97	7504.83	16812
瑞典	25384.12	18901.72	753.78	5208.48	8355
英国	24787.20	28023.56	3654.77	26042.01	7818
美国	51786.79	840084.88	7103.13	35807.86	7159
平均值	18819.88	32903.78	2627.03	16288.20	259500①

注:2010年欧元数据,2011年美元数据除外。

①编者注:该数据并非该列数据平均值,疑原书有误。

表18.A3　根据微数据 SILC 2010 和 PSID 2011 计算的描述性统计数据——工作小时数和时薪(样本权重)

国家及平均值	工作小时数 (平均值)	工作小时数 (标准差)	时薪 (平均值)	时薪 (标准差)	时薪的无缺失的 观察值数量
奥地利	1801.05	648.58	17.14	25.54	5689
比利时	1742.40	630.42	18.74	16.46	5662
保加利亚	1924.69	413.00	1.83	1.67	6381
塞浦路斯	1844.24	527.32	10.67	8.73	3743
捷克	1979.71	489.53	4.23	3.29	8685
丹麦	1752.24	449.20	24.02	15.45	6615
爱沙尼亚	1761.99	498.25	5.22	5.93	4795
芬兰	1718.94	558.07	19.46	21.05	11479
法国	1746.34	617.55	15.20	18.75	10223
德国	1746.93	619.15	15.24	11.98	11569
希腊	1829.68	553.70	7.96	8.64	6212
匈牙利	1844.58	403.42	3.05	2.71	8876
冰岛	1914.37	642.18	14.38	19.49	3783
爱尔兰	1637.80	693.63	22.17	29.44	3917
意大利	1829.60	474.38	11.17	10.77	17248
拉脱维亚	1816.58	487.95	4.07	4.06	5092

续　表

国家及平均值	工作小时数 （平均值）	工作小时数 （标准差）	时薪 （平均值）	时薪 （标准差）	时薪的无缺失的 观察值数量
立陶宛	1784.31	415.07	3.38	3.41	4995
卢森堡	1833.12	576.49	25.13	20.55	5311
马耳他	1863.97	517.44	8.22	7.08	3353
荷兰	1582.64	553.61	21.33	19.91	11212
挪威	1765.72	504.90	25.81	21.14	6043
波兰	1894.65	517.62	3.40	4.36	13077
葡萄牙	1866.69	470.88	7.02	7.65	4281
罗马尼亚	1950.27	352.44	1.46	1.24	6589
斯洛伐克	1913.54	395.13	3.81	4.11	7180
斯洛文尼亚	1897.84	415.46	8.76	7.16	12131
西班牙	1821.19	536.07	10.32	10.42	12783
瑞典	1516.64	496.22	19.80	24.18	7755
英国	1785.60	637.22	15.39	19.19	7328
美国	1937.14	848.38	8.65	26.66	6146
平均	1793.65	564.99	12.37	15.44	228153[①]

注：2010 年欧元数据，2011 年美元数据除外。

①编者注：该数据并非该列数据平均值，疑原书有误。

表 18.A4 模型相关参数(就业或失业个体)的估计(根据 SILC 2010 和 PSID 2011)

国家及平均值	(1) 技术工人/个百分点 $\alpha(1-u)$	(2) 非技术工人/个百分点 $(1-\alpha)(1-u)$	(3) 失业人员/个百分点 u	(4) 平均工资/欧元(美元) W	(5) 失业救济金/欧元(美元) b	(6) 替代率/个百分点 γ	(7) 技术工人工资/欧元(美元) w^s	(8) 非技术工人工资/欧元(美元) w^u	(9) 工资溢价/个百分点 σ	(10) 组间不平等 Gini_{est}	(11) Gini_{obs}	(12) 总体不平等 ΔGini	(13) $\dfrac{\text{Gini}_{\text{est}}}{\text{Gini}_{\text{obs}}}$
奥地利	0.321	0.616	0.063	32205.34	3948.59	0.12	41021.68	27604.24	0.49	0.073	0.348	0.28	0.21
比利时	0.439	0.461	0.100	33006.56	5958.73	0.18	39378.79	26940.58	0.46	0.086	0.299	0.21	0.29
保加利亚	0.225	0.654	0.121	3789.24	449.98	0.12	5186.90	3309.31	0.57	0.100	0.346	0.25	0.29
塞浦路斯	0.391	0.567	0.042	21922.22	2928.37	0.13	28080.84	17672.54	0.59	0.074	0.364	0.29	0.20
捷克	0.176	0.764	0.060	9785.79	926.04	0.09	14118.73	8786.53	0.61	0.067	0.300	0.23	0.22
德国	0.454	0.470	0.076	47286.80	6110.35	0.13	55418.81	41882.96	0.32	0.067	0.387	0.32	0.17
丹麦	0.377	0.566	0.057	8493.88	1626.26	0.19	10215.24	7451.71	0.37	0.060	0.24	0.18	0.25
爱沙尼亚	0.322	0.532	0.145	34994.66	4483.46	0.13	42707.44	27756.81	0.54	0.116	0.361	0.24	0.32
西班牙	0.345	0.483	0.171	25870.60	5178.83	0.20	32662.33	21905.82	0.49	0.119	0.352	0.23	0.34
芬兰	0.434	0.463	0.103	30659.61	3949.61	0.13	38298.93	23276.59	0.65	0.104	0.317	0.21	0.33
法国	0.336	0.576	0.087	19628.96	3255.67	0.17	23998.90	16440.65	0.46	0.080	0.321	0.24	0.25
希腊	0.381	0.522	0.097	6403.25	955.58	0.15	9143.06	5173.97	0.77	0.108	0.344	0.24	0.31
匈牙利	0.273	0.608	0.119	27111.20	3831.86	0.14	32224.25	23284.92	0.38	0.089	0.366	0.28	0.24
爱尔兰	0.484	0.361	0.155	38583.85	8978.04	0.23	45739.25	28977.96	0.58	0.111	0.404	0.29	0.27
以色列	0.394	0.527	0.079	23958.99	3936.05	0.16	29992.45	22250.91	0.35	0.069	0.326	0.26	0.21
意大利	0.203	0.718	0.079	7518.82	1252.23	0.17	10476.27	5644.96	0.86	0.091	0.32	0.23	0.29
立陶宛	0.574	0.296	0.131	6335.65	961.26	0.15	7365.67	4337.72	0.70	0.108	0.424	0.32	0.26

续 表

国家及平均值	(1) 技术工人/个百分点 $\alpha(1-u)$	(2) 非技术工人/个百分点 $(1-\alpha)(1-u)$	(3) 失业人员/个百分点 u	(4) 平均工资/欧元(美元) W	(5) 失业救济金/欧元(美元) b	(6) 替代率/个百分点 γ	(7) 技术工人工资/欧元(美元) w^s	(8) 非技术工人工资/欧元(美元) w^u	(9) 工资溢价/个百分点 σ	(10) 组间不平等 $Gini_{est}$	(11) $Gini_{obs}$	(12) 总体不平等 $\Delta Gini$	(13) $\dfrac{Gini_{est}}{Gini_{obs}}$
卢森堡	0.296	0.649	0.055	44751.21	11201.46	0.25	67207.76	34529.19	0.95	0.095	0.372	0.28	0.25
拉脱维亚	0.314	0.495	0.192	16856.53	3797.42	0.23	22378.49	14985.31	0.49	0.125	0.44	0.31	0.28
马耳他	0.242	0.713	0.045	37965.09	7090.32	0.19	47164.16	30699.66	0.54	0.061	0.305	0.24	0.20
荷兰	0.432	0.547	0.021	48789.02	6094.77	0.12	56535.29	41581.87	0.36	0.047	0.317	0.27	0.15
挪威	0.470	0.505	0.024	7390.90	996.99	0.13	9625.72	6253.77	0.54	0.062	0.316	0.25	0.20
波兰	0.312	0.614	0.074	14248.90	3843.58	0.27	26901.73	11502.80	1.34	0.122	0.362	0.24	0.34
葡萄牙	0.159	0.734	0.106	3684.08	966.96	0.26	5262.04	3126.16	0.68	0.081	0.385	0.30	0.21
罗马尼亚	0.254	0.720	0.026	7954.01	1245.76	0.16	10154.17	7159.13	0.42	0.046	0.27	0.22	0.17
瑞典	0.426	0.530	0.045	18068.09	2233.65	0.12	27336.91	14716.41	0.86	0.093	0.295	0.20	0.32
斯洛文尼亚	0.242	0.669	0.089	20305.54	4503.04	0.22	26071.97	16187.40	0.61	0.083	0.329	0.25	0.25
斯洛伐克	0.248	0.687	0.065	28105.98	5413.02	0.19	31987.71	24987.56	0.28	0.051	0.290	0.24	0.18
英国	0.427	0.541	0.033	30438.71	4831.86	0.16	39293.29	23445.94	0.68	0.076	0.404	0.33	0.19
美国	0.531	0.378	0.091	39150.52	9903.60	0.25	47253.16	27769.21	0.70	0.090	0.408	0.32	0.22
均值	0.342	0.571	0.087	23162.53	4147.73	0.18	31462.71	18192.87	0.73	0.099	0.342	0.24	0.29

附录 C　关于劳动力市场制度的数据来源和描述性统计数据

1960—2010 年,研究者在半个世纪的时间间隔内收集了关于制度测度的数据。

工会密度

它衡量的是领取工资和薪金者中工会成员所占比例,不包括失业和退休工人(净计算版本)。资料来源:ICTWSS 数据库第 2 版[1960—2007 年 34 个国家的工会制度特征、工资设定、国家干预和社会契约数据库——见 Visser(2009)——变量 U_D,于 2013 年 4 月 4 日下载]。[1]

覆盖率

它衡量了工资谈判协议所涵盖的雇员在所有有谈判权的雇佣劳动者和领取薪金者中所占的比例。来源:ICTWSS 数据库版本 2(变量 AᴅⱼCov)。

工资集中化

它是工会工资谈判集中化和协调程度的综合衡量指标(范围在 0 和 1 之间),同时考虑了工会在多个层面的权威性和集中度。来源:ICTWSS 数据库版本 2(变量 Cᴇɴᴛ)。

罢工活动

它衡量罢工和停工期间没有工作的天数除以工人参与者人数——在总经济中。来源:国际劳工组织(2013 年 4 月 4 日下载)。

最低工资

它采用法定最低工资与全职工人平均工资的比率(有时称为"Kaitz 指数",见 Dolado et al.,1996)。然而,这一措施并未考虑工种之间存在差异的可能性。出于这个原因,Aghion 等(2011)将最低工资与人均 GDP 的比率同国际劳工组织的紧缩指数相结合。[2] 因此,当缺少最低工资数据时,变量设置为零。数据从经合组织统计网站下载(冰岛除外,其值取自丹麦技术研究所的表 5.5"对冰岛劳动力市场的评估"。合同编号 VC / 2010/038 最终报告——政策和商业分析——2011 年 4 月)。

就业保护立法

我们使用的衡量标准是由经合组织提供的,经合组织最近对其国家评估进行了部分修

---

[1] 这一衡量标准与经合组织相应的衡量标准高度相关(0.95),与国际劳工组织的标准也高度相关(0.99),鉴于是由同一作者(Jelle Visser)进行的背景研究,这一点并不令人惊讶。

[2] 如果有法定最低工资,且最低工资为国家规定、没有任何减损,则该指数的值为 1;如果有法定最低工资,但因年龄、资格、地区、部门或职业等因素而减损,则该指数的值为 0.5;或者,如果工资下限由集体谈判设定,但适用于所有工人,则该指数为 0.5,如果工资由集体谈判确定,并且仅适用于工会工人,则该指数为 0。即使一个国家没有提供最低工资,这个解决方案也会引入一个指数的值,否则这些国家就应该被排除在外。请参阅劳工组织劳工法数据库,但是,它只提供同期信息(因此使我们无法在过去的各时期使用该测度)。

订(OECD,2012)。[1] 它衡量了解雇规则的严格性,并基于解雇程序的 18 个维度。[2]世界银行提供的第二个系列已被 Botero 等(2004)使用。[3]

失业救济金

全职成年工人的总替代率可由失业保险和失业救济金与平均工资的比率来表示。来源是经合组织的历史序列,该数据在奇数年份有实际值,在偶数年份可使用中间值估算出。这是单身工人和有两个孩子且夫妇中仅有一人工作的家庭的收入的平均值。[4]

税收楔子

平均税收楔子是指社会缴款和所得税的总和与平均工资的比率。它考虑了没有孩子的单身工人和有两个孩子且夫妇中仅有一人工作的家庭的收入的平均值,来源是经合组织微观模拟模型的估计。

社会支出

它衡量的是现金福利支出和社会救助实物福利支出占 GDP 的百分比,来源是经合组织历史序列,可在 5 年基础上获得,然后进行插值。

儿童保育

它衡量幼儿保育和学前教育的入学率(平均年龄在 3 岁、4 岁和 5 岁的全日制与非全日制学生),并作为儿童保育设施可用性的衡量指标。2005 年和 2010 年的数据来源于经合组织《2012 年教育概览》中的表 C2.1,中间年份的数据则通过插值法得出。

育儿假

它通过测量分娩后的带薪休假周数来捕捉协调工作和生育的可能性。该序列自 1970 年开始统计,来源于 Thévenon 和 Solaz(2013)。

家庭收入的税收待遇

这一变量旨在衡量双职工家庭相对于单职工家庭可享有的潜在税收优惠。它是以单职工家庭的平均税率(收入为平均工资的170％)与双职工家庭的平均税率(主要收入者在平均工资水平,次要收入者的收入为平均工资的67％)之间的比率构建的。所报告的变量包括两种家庭情况(没有儿童的家庭和有两个儿童的家庭)的进一步平均值。数值越高,次要收入者参与劳动力市场的税收优惠越大。数据为自 2001 年以来可获得的数据。基础数据来自经合组织微观模拟模型。

---

① 用于分析正文的数据已于 2013 年 8 月 2 日下载。2013 年 4 月 4 日进行的初步下载为整个 EPL 生成了一个不同的序列,但与新的 0.97 序列存在相关性。

② 涉及"定期合同"的八个维度:通知程序、通知前的延迟期限、不同服务年限下的通知期长度、不同服务年限下的遣散费、合理或不正当解雇的定义、试用期长度、不正当解雇后的赔偿、不正当解雇后复职的可能性。涉及"临时雇佣"的六个维度:使用固定期限合同(FTC)的有效案例、连续 FTC 的最大数量、连续 FTC 的最长累计时间、临时工作机构(TWA)合法雇佣的工作类型、续约数量限制、TWA 合同的最长累计时间。涉及"集体解雇"的四个维度为:集体解雇的定义、额外的通知要求、通知开始前涉及的额外延迟、雇主承担的其他特殊费用;方法在 OECD(2004)的第 2 章中有准确描述。

③ 世界银行指数以工资周数来衡量解雇成本,其依据有三个部分:解雇的通知期限、解雇的遣散费,以及法律规定的解雇罚款。

④ 它结合了截至 2001 年的 GRR(APW)指数和 2001 年后的 GRR(AW)指数。欧盟统计局提供了衡量单一工人的失业救济金净替代率,该指标与经合组织总比率为 0.55 的相关指数以及有限的时间覆盖范围有关,因为它始于 2001 年,而且不包括美国。

积极和消极的劳动力市场政策

它将积极或消极的劳动力市场政策的公共支出视为 GDP 的百分比。它结合了两个数据源：在可以获取 OECD 数据的情况下，我们使用经合组织的统计数据与其他系列数据进行同质性分析；否则我们采用欧盟统计局的数据，将活动支出类别分为从 2 至 7 的 6 项(2. 培训；3. 工作轮换和工作分担；4. 就业激励；5. 支持性就业和重新就业；6. 直接创造就业机会；7. 启动奖励措施)，将被动支出类别分为 8 和 9(8. 失业收入维持和支持；9. 提前退休)。

表 18. A5 报告了这些变量的总体平均值和标准差。表格中的国家平均值参考最近 10 年的数据。

表 18. A5　1960—2010 年 30 个国家抽样期间制度测度描述性统计

变量	观测次数	平均值	标准差	最小值	最大值
工会密度	1123	45.99	22.97	6.67	100.00
覆盖率	931	70.70	21.74	7.50	100.00
集中化	1016	0.42	0.19	0.08	0.98
罢工活动	730	5.09	7.29	0.00	61.14
最低工资	1179	0.19	0.21	0.00	0.71
就业保护立法	506	2.37	0.88	0.26	5.00
失业救助金	918	27.02	15.48	0.00	70.00
税收楔子	294	25.32	7.75	8.17	41.88
社会支出	615	2.07	1.00	0.20	4.40
儿童保育	144	81.73	16.46	24.70	101.13
育儿假	887	40.82	43.57	0.00	214.00
家庭收入的税收待遇	228	1.93	1.47	0.26	8.21
积极的劳动力市场政策	560	0.70	0.52	0.03	3.04
消极的劳动力市场政策	572	1.25	0.99	0.08	5.45

表 18.A6　制度测度的样本平均值（2000—2010 年）

国家	工会密度	覆盖率	集中化	罢工活动	最低工资	就业保护立法	失业救助金	税收楔子	社会支出	儿童保育	育儿假	家庭收入的税收待遇	积极的劳动力市场政策	消极的劳动力市场政策
奥地利	32.37	98.91	0.90	1.03	0.00	2.47	31.67	31.90	2.72	78.00	117.09	0.85	0.66	1.32
比利时	51.88	96.00	0.46	23.07	0.44	1.82	40.91	36.97	2.63	99.54	28	1.93	1.17	2.23
保加利亚	24.01	32.50	0.31		0.00		46.40	21.43					0.30	0.25
塞浦路斯	61.63	57.35	0.25	2.33	0.00		60.40	8.50	1.87	82.01		0.56	0.13	0.58
捷克	20.74	43.77	0.25		0.31	3.21	6.14	17.74			185.64	0.33	0.23	0.27
丹麦	71.62	81.87	0.47	3.49	0.00	2.13	52.72	39.19	3.55	91.91	48.91	2.26	1.72	2.06
爱沙尼亚	9.69	25.06	0.36	0.21	0.30	2.43	50.00	17.60	1.79	87.08		0.67	0.11	0.39
芬兰	71.84	87.13	0.40	2.16	0.00	2.19	34.56	32.57	2.98	51.29	42.35	2.69	0.90	1.84
法国	7.84	90.00	0.21	22.47	0.47	2.42	39.88	24.90	3.02	100.99	32.55	0.69	1.02	1.46
德国	21.44	64.40	0.48	1.60	0.00	2.80	25.85	36.73	1.96	91.57	60.1	4.11	1.03	1.78
希腊	25.03	65.00	0.34		0.33	2.80	14.42	22.77	1.14	72.30	24.09	1.06	0.17	0.44
匈牙利	18.01	37.85	0.23	1.36	0.36	2.00	13.31	34.13	3.26	86.86	110	1.11	0.42	0.44
冰岛	86.47	88.02		16.74	0.51	1.73	40.76	26.00	3.00	95.44	25.97	3.16		
爱尔兰	37.55	49.91	0.52	6.20	0.45	1.36	34.95	11.86	2.70	53.51	20.91	2.42	0.75	1.24
意大利	34.01	80.00	0.34	1.01	0.00	2.76	34.64	24.59	1.31	97.71	48	4.05	0.50	0.83
拉脱维亚	19.41	19.41	0.48	4.01	0.33		60.00	25.11				1.08	0.19	0.46
立陶宛	13.93	12.16	0.30	2.41	0.36		47.62	23.61				2.74	0.18	0.23
卢森堡	41.00	58.22	0.31		0.34	2.25	26.67	19.89	3.36	85.95	42	1.19	0.42	0.60
马耳他	56.02	58.26	0.37	1.35	0.00		30.63	14.94				1.13	0.04	0.36

续　表

国家	工会密度	覆盖率	集中化	罢工活动	最低工资	就业保护立法	失业救助金	税收楔子	社会支出	儿童保育	育儿假	家庭收入的税收待遇	积极的劳动力市场政策	消极的劳动力市场政策
荷兰	20.69	82.63	0.57	2.58	0.43	2.87	41.74	32.36	1.67	68.02	20.73	1.40	1.31	1.74
挪威	54.44	72.94	0.51	11.38	0.00	2.33	51.80	28.46	2.93	91.93	37.91	5.97	0.65	0.44
波兰	19.18	39.00	0.23	3.48	0.34	2.23	10.89	28.74	1.13	49.00	122.55	0.70	0.43	0.74
葡萄牙	20.92	60.07	0.34	1.35	0.36	4.45	42.23	18.55	1.15	81.19	18.65	1.75	0.64	1.11
罗马尼亚	36.28	70.00	0.25	13.27	0.29		32.20	27.34	1.89				0.08	0.38
斯洛伐克	24.34	44.70	0.50	0.01	0.35	2.30	9.50	18.22		72.53	164	0.99	0.30	0.46
斯洛文尼亚	35.96	97.40	0.40		0.43	2.65	61.64	29.09	1.07	80.67		1.00	0.29	0.41
西班牙	15.60	87.84	0.36	2.55	0.34	2.36	34.98	16.41	1.16	98.68	16	0.65	0.79	1.78
瑞典	74.40	93.17	0.51	3.58	0.00	2.62	37.62	31.25	3.29	90.39	59.95	3.50	1.20	1.06
英国	28.74	34.64	0.11	2.20	0.36	1.20	15.99	25.87	3.14	91.88	28.55	1.84	0.36	0.23
美国	12.07	13.88	0.18		0.26	0.26	18.05	18.16	0.70	63.01	0	1.49	0.15	0.49

附录 D　文献汇总表：家庭收入、工资以及附薪离差和制度①

表 18. A7　家庭收入和工资（见 18. 2 节）

i. 总体不平等测度的比较

作者	国家（地区）和年份	数据集和样本选择	方法和重要变量	主要发现
Atkinson 和 Brandolini (2006)	加拿大、德国、芬兰、荷兰、挪威、瑞典、英国、美国；2000 年左右	LIS：样本从 15—65 岁的员工延伸到所有家庭成员	收入离差的国际比较：截面和趋势。比较 15—64 岁雇员的时薪和工资，15—64 岁所有受雇人员的工资，所有人员的收入，等值收入的基尼系数	他们的目的是评估现有的研究并得出结论，其中有： —需要在一个共同框架内对供需和制度变量进行建模，并与基本经济模型相联系； —一定义和覆盖范围的差异可能会影响跨国比较，而且不能假设这些差异会保持不变； —需要考虑不同的收入概念和不同的样本人口； —不同解释变量之间重要变量的相互依赖关系
Brown (1999)		主要是来自美国国的研究，从 Gramlich (1976) 到 Neumark 和 Wascher (1997)	几个简单的统计数据：低工资工人的比例很低，约为 20%。Card 和 Krueger (1995a) 认为，增加了比例低收入家庭有工人低工资的可能性，但许多贫困家庭没有工人。提高最低工资的收益在十分位数之间具有可比性。较小的影响因素很难找到	20 世纪 80 年代，随着实际最低工资的下降，最低工资工资分配的影响变得更加明显；然而，最低工资在均衡家庭收入分配方面的作用仍然十分有限
Burtless (1999)	美国；1979 年对比 1996 年	CPS；年龄从 25—59 岁	家庭等值个人收入基尼系数的反事实：保持男性、女性收入分布不变或伴侣收入相关性不变	美国整体收入不平等现象的加剧大部分是由于家庭构成的变化和其他原因，而不是工资模式的变化。家庭收入不平等变化的 33%—44% 归因于单身，21%—25% 归因于伴侣收入的增加，13% 归因于伴侣收入相关性的增强

---

① 表 A7 和 A8 广泛地参考了基础论文的总结，摘要，介绍和结论。

作者	国家（地区）和年份	数据集和样本选择	方法和重要变量	主要发现
Gottschalk 和 Smeeding（1997）	澳大利亚、以色列、日本、挪威、新西兰、美国和欧盟15国的大部分分国家；从20世纪80年代到90年代初	国家数据集	比较了收入不平等的研究并讨论了工资、人口统计学和社会保障的作用。将多个个人获得的多个收入来源包括在社会内的做法，使人们无法找出导致税后总收入和转移性家庭收入在不同时间和不同国家的分配出现差异的原因。因此，研究人员在很大程度上局限于纯粹的分解，即把总体不平等的变化分解成一组既能反映内生变化又能反映外生变化的组成部分	我们迫切需要能够在各国实施得更好的收入分配和再分配结构模型。在理想情况下，总体模拟同时将所有收入来源（劳动收入、资本收入、私人转移支付、公共转移支付和所有形式的税收）的产生以及收入共享单位的形成。这种模型定了这种模型的大多数组成部分。虽然早在20世纪60年代中期就确定了这种模型的大多数组成部分，但我们在该模型的建立方面进展缓慢。如果数据早在我们任一综述中观察到的不平等的程度和趋势的程度和模式，那么理解为什么我们在任一综述中观察到的不平等程度和模式是我们接下来必须采取的重要步骤
Gottschalk 和 Danziger（2005）	美国；1975—2002年	CPS；年龄22—62岁，收入为正，男性/女性分开	工资率比较；组间/组内不平等，年度工时，家庭收入；工资、家庭收入和等值收入。没有人试图将家庭收入的变化分解成其组成部分，因为方法很多，而且对于最合适的分解方式没有达成共识	男性工资不平等和家庭收入不平等变化时间上的相似性被用作证据表明家庭收入不平等的加剧主要反映了工资率不平等的加剧。作者指出，其他重要因素也起作用。女性工资的收入实际上从1975年到2002年稳步下降。虽然男性的收入更快，但这在很大程度上反映了工资率不平等在20世纪80年代初比工资不平等的同期变化。对于女性而言，工时的变化抵消了收入的加速增长。当计入其他家庭成员的收入时，男性工资和收入的加速增长就消失了。因此，其他家庭成员工作时间的变化似乎在很大程度上抵消了男性工作在20世纪80年代初同的变化。因此，重点应放在就业和再分配上，而不是工资不平等的加剧
Kenworthy（2008）	丹麦、瑞典、挪威、芬兰、德国、法国、意大利、荷兰、英国、美国、加拿大、澳大利亚；1980—2005年	LIS的家庭数据，OECD的就业数据	2000年左右，跨国比较税前和转移支付前的等值家庭收入不平等（p75：p25比率）、个人收入不平等、（兼职）就业率、零收入家庭率、单身人士和同质婚配以及税后和转移支付后的不平等（基尼系数）	因此，尽管税后和转移支付后的收入不平等的跨国差异大部分是市场不平等程度差异的产物，但市场分配不同推移的发展情况也很重要。为了理解随时间推移的发展情况，再分配至关重要。因此，重点应该放在就业和再分配上，而不是工资不平等和家庭构成上

续　表

作者	国家（地区）和年份	数据集和样本选择	方法和重要变量	主要发现
Reed 和 Cancian (2001)	美国；1969—1999 年	3 月 CPS；25—59 岁有成人的家庭	测量来源贡献的新方法与不等式分解相比具有三个优点。第一，有一个明确的反事实情况："如果没有该收入来源分配的变化，家庭收入不平等会是怎样？"第二，模拟家庭收入的反事实分配，允许使用多种不平等的综合衡量指标，并评估分布中不同点的影响（例如，第 10 百分位数和第 90 百分位数）。第三，纳入已婚夫妇和单身家庭，并考虑到结婚率的变化	与任何其他收入来源的变化相比，男性收入分配的变化更大程度上导致了家庭收入不平等的加剧。女性收入分配的变化也削弱了家庭收入不平等
Salverda 和 Haas (2014)	欧盟（例如塞浦路斯、马耳他）；2010	SILC 2011 年；主要收入来自工资且户主为处于劳动年龄的非在学生雇员	个人与固定家庭排名的十分位数比较；按时薪率和年工作时间细分的年收入；家庭中工资超过家庭收入十分位数的人数	个体劳动力市场收入不平等的跨国差异，被家庭劳动力供给的组合及其薪酬相关性放大了。前者的影响（+99%）总是比后者（+11%）大得多
Večerník (2010)	捷克、匈牙利、波兰、斯洛伐克和奥地利、德国；从 20 世纪 80 年代后期开始的数据仅包含捷克、匈牙利、波兰、斯洛伐克，2007 年的数据包含上述六个国家	LIS 和 2007 年的 SILC；仅限雇员	五分位数和基尼系数。家庭收入与男性/女性个人收入与男性个人收入的相关性；基尼系数的分解	即使有可用于分析的个人和家庭收入的最佳数据，我们仍然不了解收入来源状况。事实上，我们不能指望收入统计数据能够全面描述实际收入不平等的情况。然而，由于没有关于收入分配的任何其他信息来源，我们只能从各个角度去查阅相关研究，并尝试超越数据本身去探究
Večerník (2013)	捷克；1988 年、1992 年、1996 年、2002 年、2009 年	全国性小规模人口普查和 SILC 的捷克部分	用普通最小二乘法对性别、年龄和受教育程度对于夫妻收入的贡献进行回归分析	教育对员工个人收入的影响越来越大；在夫妻关系中，教育对妇女的就业和工资都有重要影响；配偶受教育程度对家庭收入的影响甚至超过了其对个人工资的影响

续　表

作者	国家（地区）和年份	数据集和样本选择	方法和重要变量	主要发现
ii. 收入分解				
Brewer 等 (2009)	英国；1968—2006年	HBAI；所有人	分解：Shorrocks（1982）和 Paul（2004）。收入：Fields（2003）和 Yun（2006）开发的基于回归的方法收入：扣除所有直接税款以及国家福利，并考虑了税收抵免后的收入个人工资：总工资	组内不平等的变化始终是整体不平等变化的主要解释因素，尽管组间效应在某些时期也有显著贡献。组间差异对相对人的变化是组内差异的主要贡献，这可能是由于失业家庭数量的增加。在我们整个研究时期间，多收入家庭的相对收入稳步攀升。收入（不平等）变化方面更是如此；就业状况和职业是迄今为止最重要的解释变量，解释了1972年近三分之一的总收入不平等。残差项对收入的影响虽小，但也很重要
Brewer 和 Wren-Lewis (2012)	英国；1968—2009年	HBAI；所有人	三种互补分解方法：(1)按照 Shorrocks（1982）的收入来源进行分解；(2)根据 Mookherjee 和 Shorrocks（1982）以及 Jenkins（1995）的人口子群进行分解；(3)按因子分解，遵循 Fields（2003）。由于就业人员工资的重要来源是整体收入不平等以及个人收入不平等变化的重要来源，因此我们对个人收入不平等以及家庭收入不平等进行了第二次和第三次分解	总就业和个体经营者收入的不平等程度有所加剧，但自1991年以来，其对总收入不平等的影响几乎完全被以下因素所抵消：①不同就业状况下不平等程度的下降，主要是由于失业人口的下降；②雇佣税收的减轻；③投资收益的不平等程度有所降低，这在很大程度上是由于其重要性的下降；④领取养老金者和有五岁以下儿童的家庭的相对收入增加
Cancian 和 Schoeni (1998)	美国；1968—1995年	3月 CPS；所有相关人士和住客都属于同一个家庭，仅限有青壮年劳动力（22—55岁）的家庭。不包括军人、农民、个体经营者、学生和居住在集体宿舍的人	分解变异系数。使用四种不同的反事实参考分布来估算妻子收入的影响。如果反事实分布更加平等，那么妻子的收入可以说是起到了均衡的作用	在解释最近的趋势时，丈夫的收入变化更为重要

续　表

作者	国家（地区）和年份	数据集和样本选择	方法和重要变量	主要发现
Cancian 和 Schoeni （1998）	澳大利亚、加拿大、法国、联邦德国、挪威、以色列、瑞典、瑞士、英国、美国；20 世纪 80 年代	LIS；丈夫和妻子	当家庭收入仅有两个组成部分，即丈夫和妻子收入时，将 CV2 拆分成几个部分。他们研究将妻子收入纳入家庭收入来源后不平等的变化情况，即（CVfamily-CVhead）/CVhead。这一变化的关键组成部分是妻子收入相对于丈夫收入来说占总收入的份额、配偶收入的相关性以及丈夫和妻子收入的离差	在所有国家，妻子收入的缓解效应实际上略有增强；夫妻双方收入的相关性必须出现前所未有的上升，妻子收入才会成为导致收入不平等的因素
Corluy 和 Vandenbroucke （2013）	欧盟；1995—2008 年	ELFS 和 SILC；年龄 20—59 岁	按个人就业率、家庭结构和家庭就业分布来分解家庭就业率。研究者根据贫困风险变化，以及由于个人就业率、家庭结构和就业造成的家庭失业情况的变化，对贫困风险率的变化进行分解	在欧盟就业繁荣时期，将令人失望的贫困势归因于家庭就业中个人就业的适度转变，或者更具体地说是家庭就业机会的互补性两极分化。创造就业和减贫的互补性是错误的。创造就业和减贫通过社会转移和包容性劳动力市场政策得以体现
Daly 和 Valetta （2006）	美国；1967—1989/1989—1998 年	3 月 CPS 人口统计补充数据；包括收入为零的男性，以解释低工资男性劳动力参与率下降导致家庭收入不平等加剧的可能性	半参数密度估计。对于完全分解，研究者考虑四个因素：①男性收入水平；②女性劳动力参与率；③家庭结构；④潜在的家庭特征，在这方面，通过敏感性测试以相反顺序进行考虑，后者导致残差项的影响更大	在 1969—1989 年，男性收入离差的不断增长和家庭结构的变化可以解释家庭收入不平等的大部分上升趋势。相比之下，女性劳动的参与率的提高往往在抵消了这一趋势。20 世纪 90 年代，不平等的增长速度较慢，这主要是因为低收入家庭的男性收入相对稳定。本研究发现，由于男性收入水平日趋稳定，男性收入对家庭收入不平等的影响比 Burtless（1999）在其研究中所阐述的要大一些。与"偶发性"不平等变化相一致（Atkinson，1997）
Del Boca 和 Pasqua （2003）	意大利；1977—1998 年	等价家庭总收入 SHIW （和 ECHP）	分解家庭总收入的 CV2。研究者考虑了三种收入来源：丈夫的收入、妻子的收入和其他收入（来自其他组成部分和非劳动收入），模拟了妻子没有收入时家庭收入分布的情况	如果没有女性的劳动收入，总收入分配会更加不平等
Johnson 和 Wilkins （2003）	澳大利亚；1982—1997/1998 年	七组收入分配调查	由 DiNardo 等（1996）开发的半参数程序	家庭内部工作分配的变化——例如，双收入家庭和无收入家庭的增加——是私人收入不平等加剧的重要原因，这些变化本身就解释了不平等加剧的一半的原因

续表

作者	国家(地区)和年份	数据集和样本选择	方法和重要变量	主要发现
Karoly 和 Burtless (1995)	美国;1959年,1969年,1979年,1989年	人口普查和3月CPS;个人等值收入分布	按照 Lerman 和 Yitzhaki(1984)分解基尼系数的变化的方法	单亲家庭比例的上升在整个时期都加剧了不平等。20世纪60年代,由于男性户主收入不平等程度降低了40%;1969年后,由于男性户主收入的加剧,不平等程度上升了适三分之一。自1979年以来,女性收入的增加加剧了不平等,因为这些收入增长越来越集中在高收入家庭
Larrimore (2013)	美国;1979—2007年	3月CPS,<1992年经调整后向上修正的平方根等值收入	考虑到 Cowell 和 Fiorio(2011)对 Dinardo 等(1996)及 Daly 和 Valetta(2006)转移份额分解方法的批评,数据强度导致该方法适用于所有类型的利益的分解。特别是,它在观察一系列收入来源如何相互作用以解释不断变化的不平等方面的能力有限	20世纪80年代导致收入不平等迅速加剧的因素与自那时以来导致增长放缓的因素有很大的不同。20世纪80年代,夫妻收入相关性的变化导致了收入不平等的加剧,但此后并非如此。此外,21世纪第一个10年的商业周期是至少30年来第一个完整的商业周期,其中男性户主收入的变化导致收入不平等的削弱。相反,收入不平等的持续增长主要是由女性收入不平等的加剧及男性就业率下降导致的
Lehrer (2000)	美国;1973年、1992/1993年	NSFH;已婚夫妇	丈夫加妻子年薪的CV2分解	1973年和1992—1994年的重要相似点:配偶的贡献在生命周期的所有阶段(包括无子女,养育6岁以下幼儿和较大的儿童的阶段)都是均等的。然而,妻子贡献因是女性收入相对于男性收入的均等化——部分原因是女性收入的离差有所下降
Lu 等 (2011)	加拿大;1980年、1995年、2005年	人口普查;16—64岁;接受人口普查的家庭<2000(异性);不包括没有收入的情况;平方根等值时间≥工资>0;全职时间同≥30小时	Dinardo 等(1996)根据 Fortin 和 Schirle(2006)的工作,按男女收入结构,女性 EPOP、同型婚配、家庭组成及特征进行了半参数分解	根据劳动收入衡量,"富有的"和"贫困的"已婚夫妇的"已婚家庭之间的实际差距比所有夫妻不参与劳动力市场的情况都要小。1980—1995年家庭收入不平等大幅增加,1995—2005年有所削弱,尽管家庭收入大幅增加。男性和女性的就业率、受教育程度的提高以及同型婚配的减少都有利于降低不平等(女性与教育程度低于自身的男性婚配);高等教育回报的增加,以及单身个人和单亲家庭比例的增加,加剧了家庭收入的不平等

续　表

作者	国家(地区)和年份	数据集和样本选择	方法和重要变量	主要发现
《经济动力学评论》(Review of Economic Dynamics) 2010 年特刊:《宏观经济学家掌握的截面经济事实》	相关国家:加拿大、德国、西班牙、意大利、瑞典、英国、美国;20 世纪 60 年代/20 世纪 70 年代/20 世纪 80 年代/20 世纪 90 年代,直到 21 世纪第一个十年中期	关于工资、收入和支出的国家数据	包括 Brzozowski 等(2010)、Fuchs-Schündeln(2010)、Pijoan-Mas 和 Sánchez-Marcos(2010)、Japelli 和 Pistaferi(2010)、Domeij 和 Floden(2010)、Blundell 和 Etheridge(2010)以及 Heathcote 等(2010)的贡献。这些文献尽可能采用统一的方法,记录了过去的周期里工资、劳动收入、总收入、消费和财富的不平等程度和演变	在过去 30 年里,工资和收入不平等大幅加剧;经验溢价上升,性别溢价降低几乎无处不在。收入不平等似乎是强烈的反周期现象。在所有国家,通过税收和转移支付进行的政府再分配都降低了收入不平等的水平,趋势和周期性波动。收入不平等的加剧在分配的底部更加明显。消费不平等的加剧小于可支配收入不平等的加剧,相较于底部,收入不平等与消费不平等的关系在顶部显得更加密切
Shorrocks (1983)	美国;1968—1977 年	收入动态追踪调查(PSID),不包括变更户主的家庭	Shorrocks (1982)分解法则的实证研究	由于时期效应和世代效应的相互作用,衡量不平等的年龄分布具有挑战性。非常重要的一点是,资本收入和税收的分配效应应大于工资所得,这反过来增加了转移性收入(包括退休金、年金)的影响
van Weeren 和 van Praag (1983)	比利时、联邦德国、丹麦、法国、意大利、荷兰、英国;1979 年	专题调研(van Praag et al.,1982);家庭净收入	根据某些社会经济特征,对对数收入方差和泰尔指数的组间分解	在大多数国家,就业亚群体(雇员、个体经营者和非就业人员)之间的不平等尤为显著。此外,主要养家糊口者的人数年龄、受教育程度也是一个重要特征,养家糊口者较为次要,而家庭居住地并不重要

表 18.A8　工资离差、近期供需极化与供需可离岸性研究(见 18.4.5)

作者	国家(地区)和年份	数据集和样本选择	方法和重要变量	主要发现
Acemoglu 和 Autor (2011)	1960 年左右主要在美国;1992 年欧盟 15 国中的 10 个成员国	附录提供用于描述趋势的美国数据原始资料详情;前 5%群体和底部群体的工资分配不计在内。人口普查用于实证案例	审视美国工资不平等的趋势,并补充了欧盟国家极化详情,并开发出一个模型,将高、中、低技能内生分配到连续任务中,而且可能用机器人代替之前由劳动力完成的某些任务	为美国国家数据的程序化实证运用提供新框架,并为进一步的实证研究指出方向

续 表

作者	国家（地区）和年份	数据集和样本选择	方法和重要变量	主要发现
Antonczyk 等（2010）	联邦德国，美国；1979—2004 年	体系结构委员会—雇佣样本数据（IABS）和当前人口调查退出轮换组数据集（ORG CPS），全体男性职工样本	本文比较了美国和德国工资不平等的趋势，区分了不同年龄、世代、时期的宏观经济效应；解释了潜在技能偏向型技术进步（SBTC）在年龄维度（或世代维度）方面存在偏差，但关于工资不平等的近期文献大多忽略了这一潜在问题	1979—2004 年，美国和德国的工资不平等现象明显加剧，但在不同国家具体表现不同。在德国，世代效应影响较大，而在美国世代效应影响较小。尽管在美国和德国都有证据表明，这与技术驱动的劳动力市场两极分化是一致的，但工资不平等趋势的模式差异非常大，仅凭技术效应无法解释实证结果。由工会解释或最低工资等变引起的阶段性变化也可以解释这些差异
Autor（2013）	美国	近期文献	一种新兴的文献观点认为，工作场所"任务"在资本和劳动力之间，国内外劳动力之间的分配变化改变了工业化国家的劳动力需求结构，促进了就业两极分化——在收入最高和最低的职业中，就业人数增加。然而，任务分配大体上是静态的，因此在标准生产函数框架内分析该现象具有挑战性。本文提出了一种基于比较优势将"任务"在资本优势的任务能分配的模型，回顾了所面临的关键概念和实践挑战，并提醒读者注意在不断增长的任务文献中普遍存在的两大常见缺陷	论文最后对任务方法的潜力进行了谨慎乐观的预测，以阐明技能供应、技术能力、贸易和离岸外包在形成技能总需求方面的相互作用。工作任务具备常规、抽象、可离岸，可操作与属性性。这四种研究工作任务分类中也有重叠，因此进一步研究任务分类对现有的任务分类进行使用、重用、回收、复制、重复应用。从而尝试踏同一组共享标准化任务测量。因为中等技工岗位没有前途而放弃中等技能教育的做法是错误的。尽管许多中等技工工作任务会消失，但基于中等教育的累积性，中等技工岗位不会消失
Autor 和 Dorn（2013）	美国；1980—2005 年	微观共享整合数据库—人口普查数据（Census IPUMS）和美国社区调查（ACS）数据	本文对低技能服务行业进行统一分析。本文假设就业与工资两极分化源于工作任务之间的相互作用——消费偏好呈现多样化，而非专业化；自动常规，可编码工作任务的成本出现下降。研究者应用一个地方劳动力市场的空间均衡模型，证实了这一假说的四个含义。专门从事日常工作的当地劳动力市场采用了不同的信息技术，将低技能劳动力重新分配到服务行业（就业两极分化），并在收入分配的尾端出现增长（工资两极分化），然后诱发劳动力得以流动和输入	就业和收入分配（曲线）的下尾部发生扭曲，实质是由单一广类别下就业和工资增长给出了一广类别的其他解释，包括任务替代长效应，离岸收入，高技能消费和劳动力离岸外包，以及包括移民、人口老龄化女性低技能劳动力机会减少在内的人口和经济变化。许多似乎都起不到解释有实证支持，但似乎都起不到主导作用

续 表

作者	国家(地区)和年份	数据集和样本选择	方法和重要变量	主要发现
Autor 等 (2003)	美国；1960—1998 年	职业特征(见《职衔大辞典》)附录于微观共享整合数据库—人口普查数据 1960—1990 年；当前人口调查退出轮换组数据集(ORG CPS) 1980—1998 年；18—64 岁的职工,全时约当数(全时当量)权重	本文认为:①计算机资本通过遵循明确的规则可以替代工人执行和完成脑力体力任务;以替代工人辅助工人解决非常规问题 处理复杂通信任务。如果计算机资本不能完全替代,那么这模型就意味着工作任务的组成会发生可测量的变化	在各行业,职业和教育群体中,计算机的使用情况与常规脑力体力工作任务的减少、非常规脑力体力任务上劳动力输入的增加密切相关。将工作任务转化为教育需求,该模型可以阐释 1970—1998 年估计的 60% 的相对高需求转移倾向于具有大学学历的劳动力。相同岗位中工作任务的更改解释了该影响一半的原因
Blinder(2007)	美国；2004 年	职业信息网络	本文使用 800 多条劳工统计局职业守则中关于工作性质的详细说明,并根据工作外包在物理或电子形式式操作上的难易程度,对这些职业进行了排序	根据职业排名,预计在 10 年(或者 20 年)内,约有 22%—29% 的美国就业岗位面临(将面临)离岸外包。由于排名是主观的,因此存在两个备选方案一个是客观的,另一个是独立主观排名。研究发现,一门职业的"可离岸性"与其员工的技能水平(以受教育程度或工资衡量)之间几乎没有关联。然而,在控制了教育成本的情况下,可离岸性最高的职业在 2004 年的薪资水平已经明显下降
Blinder 和 Krueger(2009)	美国；2008 年	普林斯顿数据改进计划(PDII)特别调查	本文报告了一项传统家庭调查的试点研究;所谓的"可离岸性"是指从国外(为同一雇主和客户)履行工作职责的能力,而非需要注意的是,可离岸性是个体的工作特征个体特征	可离岸性似乎与在生产工作中特别普遍,按行业分类,最常见的是制造业、信息服务业、金融保险业和专业技术服务业。受过更多教育的工人似乎拥有更多的离岸工作机会。但不同性别、年龄和地理区域的可离岸性差异都很小。在预估值的多元经济计量模型中,可离岸性似乎对工资或裁员概率的影响并不一致。工会成员和拥有执照的人通常更从事离岸工作,而且与其他工作相比,常规工作更不容易离岸外包,这一点出人意料
Dunne 等 (2004)	美国；1977 年,1992 年	3月 CPS 以及纵向研究数据库;仅包含向投资额上报的工厂	我们利用现有企业级数据,揭示了近几十年来工资结构和就业结构产生变化的原因	研究结果表明:①工厂间工资离差是工资总差异的一个重要且不断增长的组成部分;②工厂间工资差异的增大部分在产业内部产生;③近几十年来,工厂间工资和生产率差异的扩大提高的;④工资和生产率差异上是由工厂间计算机投资分配的变化造成的

续　表

作者	国家（地区）和年份	数据集和样本选择	方法和重要变量	主要发现
Goos 和 Manning（2007）（另见 Goos and Manning, 2003）	英国；1976—1999 年	新收入调查（NES）补充了兼职工人的数据	Autor 等（2003）就技能偏向型技术进步的观点（SBTC）提出了更为微妙的观点——对低工资工作的就业情况做出了不同的预测	这篇论文提供的证据表明，英国正出现工作极化现象，这与 Autor 等（2003）的观点一致。工作极化可以解释对数中工资（50/10）中工资差别上升了三分之一，对数（90/50）中工资差异上升了一半
Goos 等（2011）（另见 Goos et al., 2009, 2010）	欧盟的 15 个成员国；1996—2006 年	欧盟劳动力调查（不包括农业和渔业）；OECD 结构分析数据库	本文建立了一个简单的、实证上可操作的劳动力需求模型，以解释离岸外包导致的就业职业结构的近期变化。这一框架不仅考虑到其直接影响，而且还涉及因不同产品需求变化导致产生的间接影响	人们发现，Autor 等（2003）提出的"工作常规化假设"是引起就业变化的最重要因素，但其中，离岸外包也发挥了作用。产品需求的变化正在减弱欧洲就业极化的问题上，工资制度制定的作用微乎其微。由此可见，在解释欧洲就业极化的问题上，工资制度制定的作用微乎其微
Liu 和 Grusky（2013）	美国；1979—2010 年	当前人口调查退出轮换组数据集（ORG CPS），职业信息网络；16—65 岁的非军人工薪族（包括兼职工薪族）	第三次工业革命真的是由不断增长的技能工资回报驱动的吗？由于传统的收入不平等模型的收入等加剧对技能的充分衡量，这个简单但重要的问题尚待解答。将职业技能测量值附录在当前人口调查（CPS）上，我们就有可能对职业技能变化的回报变化做出相应判断	如果将这些技能考虑在内，我们就能充分解释职业间不平等等加剧的原因。一旦分析出工作技能的相关变化，我们就能充分解释职业间不平等加剧的原因；最重要的趋势是，综合批判性思维和相关"分析技能"的收入回报急剧增加。在第三次工业革命的讨论中，具有技术和知识的工人工资受到热议，其实他们的工资并不可观
Mishel 等（2013）	美国；1973—2007 年	ORG 和 5 月 CPS（主要根据十年一次的人口普查和美国社区调查对早期结果进行独立测试）；18—64 岁的工薪族	颇具影响力的技能偏向型技术进步的假设（SBTC）表明，技术发展使得更高了对受教育工人的需求，这反过来也会加剧收入不平等。关于技能偏向型技术进步的最新假设（SBTC）聚焦于计算机所起到的作用——由此引起"就业极化"。本文认为，现有 SBTC 模型不能充分解释过去 30 年里的主要工资不平等（即工资不平等加剧），SBTC 模型主要关注教育的"经典模型"，现有"任务框架"，或是上述"工作极化"研究方法	主要研究结果包括： 1. 收入不平等是由技术和技能缺乏导致的这一观点，未能解释过去 30 年（包括 21 世纪第一个 10 年）的主要工资收入模式。 2. 历史表明，自 20 世纪 50 年代以来，中等收入职业数量有所萎缩，而高薪职业数量有所扩张。这并没有推动工资收入两极分化的证据并不充分。 3. 就业两极分化（就业极化）并未在 21 世纪第一个 10 年出现就业极化。 4. 在 21 世纪第一个 10 年并未出现就业极化。 5. 职业就业趋势不会推动工资变化或收入不平等。 6. 职业已不再是决定工资模式的重要因素，而是变得越来越不重要。 7. 对低薪服务行业需求的扩大并不是薪资趋势的关键驱动因素。 8. 职场就业趋势只能局部反映劳动力市场的主要动态，特别是工资趋势

续 表

作者	国家（地区）和年份	数据集和样本选择	方法和重要变量	主要发现
Spiz-Oener（2006）	联邦德国；1979 年，1985/1986 年，1991/1992 年，1998/1999 年	BBIB 资历与职业调查；针对拥有德国国籍，居住在联邦德国的 18—65 岁的就业人员	一组来自联邦德国的数据使我们能够了解职业中技能要求迅速实现计算机化的职业中最为明显，这在各大职业、职业市场各年龄群体，各级教育群体有所体现。该数据测试了两大假说：①信息技术（IT）替代了常规的体力和脑力劳动；②信息技术与分析性、互动性活动相辅相成	与 1979 年相比，如今的职场需要更为复杂的技能，技能要求的变化在迅速实现计算机化的职业中最为明显，这在各大职业、职业市场各年龄群体，各级教育群体有所体现。联邦德国的职业技能需求变化与美国相似。现在出现的问题是，为什么所有这些职业技能需求的相似变化没有导致工资结构的类似变化呢？

表 18.A9 工资收入离差和制度（见 18.4.6）

i. 文献综述

作者	国家（地区）和年份	数据集和样本选择	方法和重要变量	制度类型	主要发现
Blau 和 Kahn（1999）	13 个欧盟国家，瑞典，澳大利亚，加拿大，日本，新西兰，美国；20 世纪 70—90 年代	利用现有文献和原始资料数据	本章以 OECD 国家为重点，研究了工资制定制度与政府政策对工资和就业的影响	积极的劳动力市场政策，合同，就业政策，反（性别）歧视，最低工资，工会谈判，工会密度	相当多的证据表明，集中式集体谈判，最低工资和反歧视政策提高了低收入者的相对工资。某些研究发掘了这些制度和其他政策（如强化通知遣散费）对积极就业的影响，而有些研究则未涉及。这可反映出许多 OECD 国家采取了补贴的劳动力市场政策，如公共就业、临时就业合同减少了因缺乏灵活性的劳动力市场制度而对低技能人员就业造成的不利影响，但似乎并没有避免高失业率
Blau 和 Kahn（2009）	八个国家的国际成人基本阅读技能测试；12 个 OECD 国家	国际成人基本阅读技能测试，1994 年超过十周，200每年超过十周，200个小时。OECD 收入数据库；1980 年，1990 年，2000 年	记录并解释收入不平等的水平和趋势，重点关注其在国际经合组织国家的分布差异。对工资溢率，工作时长，收入进行区分	教育体系，工作时长（兼职），最低工资谈判	国际差异反映了劳动人口和价格的多样性，而劳动人口和价格的多样性又受到关系和制度的影响。若集体谈判和最低工资降至最低水平，则会造成就业损失。我们有必要进一步关注离岸外包，就业保护，产品市场监管和规范，因为它们可能有助于缩小收入差距

续表

作者	国家(地区)和年份	数据集和样本选择	方法和重要变量	制度类型	主要发现
Doucouliagos 和 Stanley (2009)	美国	大量文献调查	多元 Meta 回归分析反映了潜在的复杂的就业效应、误导性偏差和差异倾向以报告不利的就业的就业效应。它使用最低工资的就业弹性作为衡量标准	最低工资	最近提出的 Meta 回归分析应用于 64 项美国最低工资研究(近 1500 个估计值),表明出版机构在刊登"最低工资效应"相关方面存在刊登偏见。据估计,实际最低工资效应比研究发表的平均结果略高。一旦这一点得到纠正,那么最低工资和就业之间几乎没有或根本没有负面相关联的证据。研究结果巩固了 Card 和 Krueger (1995b) 的 Meta 回归分析方法
De Linde Leonard 等 (2013)	英国	大量文献研究	对英国 16 项研究中 236 个最低工资弹性估计值和 710 个偏相关系数进行多元 Meta 回归分析	最低工资	研究发现,最低工资总体上没有明显的对就业的不利影响。与美国的研究不同[见 Doucouliagos 和 Stanley (2009)],总体报告偏差似乎很小(如果有的话)。值得一提的是,家居护理行业可能会出现真正不利的就业影响
Freeman (2005)	OECD 国家	无新实证研究	本文认为,关于劳动力制度损害总体绩效的说法没有定论主要有以下两个方面的原因。第一个原因是,许多支持这一观点的人都有很强的先验,即劳动力市场在缺乏制度情况下几乎完美运作,并且其先验决定其建模选择和实证结果的解释。第二个原因是,争议证据的跨国汇总数据微乎其微,不足以推翻之前强有力的先验的观点(先入之见)	多种机制	关于劳动力市场灵活性对绩效的影响的争论,我们不太可能通过使用总体数据进行跨国比较的额外研究来解决。虽然这种实验方法不可行性不高,但是它为微观分析开辟新道路。沿着这条道路走下去,可能有助于终结目前"律师案"中的经验主义,即先验主导证据
Freeman (2007)	OECD 国家	无新实证研究	本文阐明:各国在劳动力制度上存在巨大的跨国差异,这使得它们成为各国经济表现差异的一个候选解释因素。本文还回顾了经济学家们是怎么认识劳动力制度影响经济绩效的三种方式:改变激励机制,促进有效的薪资协议价协商或增加信息,加强沟通和信任	合同——就业保障,工会谈判	证据表明,劳动机制减少了收入的离差和收入的不平等。这改变了激励机制,但对就业和失业等其他总体结果的影响不明确。鉴于跨国数据存在的不足,本文主张更多地使用跨国微观数据,模拟和实验来阐明劳动机制如何运作和影响结果

续　表

作者	国家（地区）和年份	数据集和样本选择	方法和重要变量	制度类型	主要发现
Katz 和 Autor（1999）	美国	无新实证研究	本文为理解工资结构和总体收入不平等的变化提供了一个框架。它强调需求和劳动力市场制度的作用以及市场相互作用。此外，本文还详细分析了最近美国工资结构的变化，案出研究了工资结构变化中出现的关键测量因素，并说明了该框架的运行情况。本文考察了技能偏向型技术变革、全球化的力量、人口结构和最能技相关的供给的变化，工业劳动力结构的变化，工会和最低工资的作用，以及经合组织国家之间工资结构变化的异同	行业租金、最低工资、工会谈判、工会密度	本文提出了未来研究的几个方向：劳动力市场制度变迁（劳动力市场租金的发生率）和竞争供需因素的作用。一个关键问题是制度如何模拟制度变化对就业率、就业构成和工资的影响，而不是对市场力量的反应，这有助于我们从一外部政治事件。制度变化在多大程度上反映了历史、供求力量中厘清制度也会有所帮助。我们从更长远的历史角度看问题同样会有所帮助，正如从 20 世纪 70 年代、80 年代一个和 90 年代美国的经验所表明的。跨国比较比较了美国内各区域之间的差异和制度因素方面也可能在供求冲击和制度因素方面提供参考依据
Kierzenkowski 和 Koske（2012）	OECD 国家	近期文献	尽管劳动收入不平等日益加剧，但经合组织各国在时间、强度甚至基本方向上都存在了大量关于"劳动收入不平等"的主要决定因素的研究，并对先前关于"收入不平等"的普遍观点进行了重大修正。这些典型事实催生了重大关于"劳动收入不平等"的主要驱动因素的研究聚焦于技能偏向型技术变革、国际贸易、移民，教育以及劳动力市场政策机制的作用	最低工资、工会谈判	经典观点——技能偏向型技术进步（SBTC）的假设未有所数，为解释的是，自 20 世纪 80 年代末以来，相对于中位数，为何社会底层（最低收入阶层）的收入不平等程度有所下降，以及为何贸易差距大幅扩大。改良观点——细化后对某些 OECD 国家的劳动力市场出现"极化"现象。国际贸易对某些工人群体对本国工人的影响相当小，与教育前的移民群体的就业或工资收入相关不利。与工资化型技术进步的假设（SBTC）解释了为什么后的技能偏向型技术进步（SBTC）解释了为什么后的技能偏向型技术进步。国际贸易对某些工人群体对本国工人的影响相当小，与教育前的移民群体的就业或工资与平均不利。与教育有关的是，工资平等与平均教育程度呈负相关。与工会化程度下降和相对最低工资下降有关的是，工会化程度下降对最低相对最低工资水平下降的影响，在工资分配的底端（社会底层群体）最为明显，而跨国证据表明，政府减少了工资不平等

续表

作者	国家(地区)和年份	数据集和样本选择	方法和重要变量	制度类型	主要发现
Lemieux (2011)	澳大利亚、加拿大、美国；20世纪80年代后	无新实证研究	在过去30年中，大多数工业化国家的工资不平等现象日益严峻。然而，各国在不平等增长的时间和规模方面存在重大差异。对于这些观察到的变化，人们提出了大量的解释和观点，如技术进步、计算机革命、劳动力市场机制和社会规范的影响，以及受过高等教育的工人相对供给的效度变化等。本文对这些阐释性观点的巨大差异进行评估，包括收入分配最顶端(最高收入阶层)出现了加剧了大的不平等	最低工资，工会密度，工会一工资成果，薪酬体系(绩效薪酬)	与技术变革相关的需求冲击因素可能是工资不平等长期增长(或最近发生的工资两极分化)背后的主导因素，它们可以解释各国在不平等增长方面的巨大差异。供给因素和制度比需求因素在阐明各国之间的差异方面更具解释力。但以上因素都不能解答一个同题：为什么某些国家在收入分配最顶端(最高收入阶层)出现了日渐扩大的不平等现象，而此现象却没有发生在其他国家。两个主要结论是：第一，供给、需求、供给和制度(SDI)分析框架仍具有解释力，因为没有任何单一的解释(供给、需求或制度)可以阐明在各国观察到的工资不平等的所有变化。第二，我们的发现对美国不太清楚为什么在发达国家收入分配最顶端(最高收入阶层)出现了加剧扩大的不平等现状
Machin (1997)	英国；1979年和1993年		随着英国劳动力市场机制作用的急剧减弱，收入不平等为也急剧扩大。因此，工资收入不平等为评估劳动力市场结构演变过程中的重要性提供了一个很好的测试依据。研究者通过工资委员会适用性地区分的工资不平等指标做回归分析	最低工资，工会密度	在非传统意义上，工会化和最低工资支撑着工资分配底层的工资水平；而目前去工会化和最低工资水平的下降，是导致英国工资不平等加剧的一个重要原因
Machin (2008)	多个国家和各个时期	无新实证研究	本文阐述了近期工资不平等趋势的研究工作的起源以及相当大规模的国家差异，国际差异研究，并讨论了最近工作的发展方向和今后可能的发展走向	多种机制	依证据推得出的结论是，工资分配受技术变革(而非贸易)驱动的需求相对技能的长期增长，以及制度变革带来的影响。这些变化又影响了SBTC在不同时机和背景下对工资增长的作用。美国和英国社会结构(欧洲)分配不平等时机和背景下对工资增长的作用。美国和英国社会结构(欧洲)分配不底层不平等增长，且出现了就业增长放缓，而先前状态稳定的(欧洲)分配不底层不平等极化。这些都为SBTC的说法提供了精细化的解释，也增加了其复杂性

续　表

作者	国家（地区）和年份	数据集和样本选择	方法和重要变量	制度类型	主要发现
Manning (2011)	全球范围内	无新实证研究	本文认为，笃信"完全竞争"的观点是不正确的。一般的工作还有租金因素需要考虑，虽然其规模和分布情况不明确	（性别）歧视，最低行业租金，最低工资，工会谈判和雇主共谋	人们认为劳动力市场普遍存在不完全竞争，而完全竞争的劳动力市场则是一种大众期待和理想状态。许多实证观测值（例如，最低工资差距，性别工资差距，地域集聚，最低工资对就业的影响，雇主为一般培训付费，少数几个没有特定技能的工人的待遇）在完全竞争的劳动力市场中仍是有待考究的"未解之谜"。一旦人们认识到不完全竞争对劳动力市场管制可能产生的影响，就应该对该项失业管制可能产生的影响的看法进行实质性转变。提高效率的正当理由，但它只能预测市场监管的限制，而这些限制是什么将留给实证研究来考证
Nickell 和 Layard (1999)	OECD 国家的不同小组	多种多样	旨在调查相关文献，了解文献观点，以发现哪些劳动力市场制度对失业和经济增长真正不利，而哪些并非如此	积极的劳动力市场政策，合同——就业保障，教育体系，产品市场，最低工资，税收，工会谈判，工会密度，福利	有相当有力的证据表明，与美国相比，一些经合组织国家的收入分配受到压缩，这是同样压缩的技能的分配的结果。OECD 近年失业和工资分布的大部分总特征似乎可以用供求变化来解释，而工会和最低工资等特殊机制发挥的相应作用最小。我们应将政策重点放在工会和社会保障制度上的劳动力市场机制，鼓励产品市场竞争的关键改革。社会保障和劳动力市场政策相联系来促是消除工会负面影响的关键政策，即与积极的劳动力市场政策相比，花时是福利社会改革，使人们从享受社会福利转向积极工作。相比之下，花时间考虑严格的劳动力市场监管，就业市场保护和最低工资所发挥的作用意义又不大
Rogerson 和 Shimer (2011)	17 个 OECD 国家；1965 年至 21 世纪第一个 10 年后期	OECD 劳动力调查及增长与发展中心	本文评估了搜索摩擦模型如何在以下两种背景下形成对劳动力市场总体结果变化的理解（以及对国际差异的冲击和制度解释）。它整合了大量 OECD 国家的总体劳动力市场结果数据，并探讨使用搜索模型的理解	多种机制	结果好坏参半。搜索模型有助于解释一些额外数据序列的行为，但搜索摩擦本身似乎并不能提高我们对商业周期频率中或长期波动的总量数据的认识。尽管如此，带有搜索功能的模型依然有望成为理解总体劳动力市场结果的模型，并探讨使用搜索模型来设定过程如何影响总体劳动力市场结果的框架

续表

作者	国家(地区)和年份	数据集和样本选择	方法和重要变量	制度类型	主要发现
Schmitt (2013)	美国	2000年以来的最新文献	劳动力市场存在信息不足,薪资议价能力以及参差不齐,执行长期承诺的能力有限以及防范与就业有关的风险和制度的保障不足等不完善之处。劳工政策和制度原则上可以用来弥补这些不完善之处。该报告审查了关于最近工资对就业的影响的研究,以确定目前对提高最低工资的影响的最佳估计。此外,它就最低工资前景对提高最低工资而进行调整提供适径	最低工资	有证据表明,适度提高最低工资,就业方面很少或根本没有反应。有11项最低工资增长可能带来调整的证据可能有助于解释为什么最低工资影响如此之小。最有力的证据表明,最重要的就业调整渠道是,降低组织效率、提高组织物价,即使小幅提高收入者的工资("压缩工资"),以及调整高收入者似乎足以避免就业损失,即使对低工资雇员占很大比例的雇主也是如此
World Bank (2012)	全球范围内	2000年以来的最新文献	劳动力市场存在信息不足,薪资议价能力以及参差不齐,执行长期承诺的能力有限以及防范与就业有关的风险和制度的保障不足等缺陷。劳工政策和制度可以用来弥补这些不完善之处。因此,了解劳动力市场计划、监管、集体谈判,积极的劳动和社会保险等政策的作用和影响是至关重要的。但是,创造就业机会、需要一种明确因素任在劳动力市场支持适当的就业机会。我们需要采取行动的方法来支持采取适当的政策反应	积极的劳动力市场政策,同一——就业保障,最低工资,税收,工会谈判,福利	政策应力求避免扭曲的干预措施,这些干预措施扼杀了劳动力的重新分配,并破坏了在功能城市和全球价值链中创造的就业机会。但政策也应确保发声和社会保护,特别是确保最弱势群体的发声和社会保障。理想的情况是,政策应着眼于消除妨碍和体制私营部门创造更多就业机会的市场缺陷和体制缺陷。如果这些市场缺陷或难以消除,可以考虑补偿政策

ii. 综合研究(制度可能是间接的)

作者	国家(地区)和年份	数据集和样本选择	方法和重要变量	制度类型	主要发现
Acemoglu (2003)	澳大利亚、比利时、加拿大、德国、丹麦、芬兰、爱尔兰、荷兰、挪威、瑞典、英国、美国;20世纪80年代中期至90年代中期	当前人口调查(CPS)、卢森堡收入研究(LIS);18—64岁全职男性户主的年收入	确定差异效应的相对供需模型,然后确定各国差异技术反应模型(未测试)	最低工资,工会—工资成果,薪酬体系(绩效薪酬),一些人口统计制度	各国对技能的相对需求有所增加且各不相同。在欧洲,对技能的技术投资压缩了劳动力市场机制也鼓励积极的技术投资,以提高低技能职工生产力,这意味着欧洲的技能偏向型技术进步变化比美国小

续　表

作者	国家（地区）和年份	数据集和样本选择	方法和重要变量	制度类型	主要发现
Alderson 和 Nielsen（2002）	16 个 OECD 国家；1967—1992 年	Deininger 和 Squire（1996）关于收入不平等	按经济总量计量回归的收入基尼系数	开放程度、工会密度、福利	直接投资和南北贸易在确定当代人收入不平等方面发挥了作用，移民也是如此
Autor 等（2005）	美国；1973—2003 年	3 月和 5 月 CPS/ORG CPS；工薪家庭时薪的实对数	鉴于 20 世纪 90 年代后收入分配分差距分化，拓展了 Dinardo 等（1996）提出的分位数分解（当方差为 90/50 和 50/10 时，收入分配呈分离趋势）	最低工资	劳动力结构的变化导致了 20 世纪 90 年代的收入不平等
Autor 等（2008）	美国；1963—2005 年	3 月 CPS 与《职业名称分类》匹配度；FTFY 职工工资记录；职业中的抽象、常规和手工任务	谢内尔（Kernel）运用勒米厄（Lemieux）的"分层加权法"，以便于直接比较。总体而言，组间教育方差为 90/10、90/50 和 50/10；组内剩余工资三大方差 90/10、90/50 和 50/10 取决于教育程度、年龄/经验和性别	教育体系、按平均受教育年限划分的职业、最低工资	自 1980 年以来，较高收入阶层（90/50）的收入波动大，而实际最低工资波动对此不具有合理解释力。20 世纪 90 年代初，对具有大学文凭的劳动者的相对需求增长放缓，这种需求变化可能与修正的技能偏向型技术进步假说一致。该假说强调信息技术在补充抽象（高等教育）任务和替代常规（中等教育）任务方面的作用。研究发现，在过去 20 年里，就业和按职业技能百分比计算的工资增长每年均呈正相关关系
Blanchard 和 Wolfers（2000）	20 个 OECD 国家；1960—1995 年	尼克尔（Nickell）的数据，OECD 的机构数据		积极的劳动力市场政策、就业保障、教育体系、合同——就业市场、最低工资、产品市场、税收、工会谈判、工会密度、福利	相互作用冲击和各种不同制度对理解国际差异至关重要
Bedard 和 Ferrall（2003）	澳大利亚、比利时、加拿大、法国、日本、荷兰、瑞典、英国、美国；1964/1982 年 vs. 1969—1992 年	来自国家的工资数据；1964 年和 1982 年进行的 IME 测试数据	将 13 岁取得的测试成绩与之后的工资收入做比较	教育体系	根据基尼系数，工资离异度与测试成绩（考试得分）的差异有显著的相关性。有更多的数据表明：20 世纪 70 年代初至 80 年代末，美国、英国和日本出现工资分散程度偏差变化

续表

作者	国家(地区)和年份	数据集和样本选择	方法和重要变量	制度类型	主要发现
Bertola 和 Boeri (2003)	15个欧盟成员国;1982—1995年	OECD、欧盟统计局,国际劳工组织	保护劳工的制度有其特定的目的。竞争趋激烈,劳工保护的需求越旺盛。一个程式化模型包括着进行改革的需求和由此产生的改革的影响,我们可以用它可以用它来检验近期证据压力,我们可以用它可以用它来检验近期证据	合同——就业保障、税收、工会密度、福利	在新兴市场国家,劳动力市场改革变得愈加频繁。其中,许多改革削减了福利制度的慷慨程度,放松了对劳动力市场的管制。然而,大多数改革的作用都是微乎其微的。在许多情况下,放松管制导向的改革伴随着一些措施,这些措施仅用来抵消和补偿逐渐增强的市场竞争所带来的影响。为了充分发挥经济和货币一体化的优势,我们需要对劳动力市场和其他市场的制度结构进行广泛的修正
Budría 和 Pereira (2005)	德国,芬兰,法国,希腊,意大利,葡萄牙,瑞典和挪威,英国;20世纪八九十年代。	欧洲教育和工资不平等(EDWIN)相关的微观数据;针对年龄在18—60岁工作长达35小时以上的非农业私企男性雇员	教育回报的分位数回归和普通最小二乘法(OLS)	教育体系	高等教育的不平等加剧效应,通过"内部"维度,在过去几年中变得更加显著
Christopoulou 等 (2010)	奥地利,比利时,德国,西班牙,希腊,匈牙利,爱尔兰,意大利和荷兰;1995年和2002年	欧洲一家庭社会经济地位测量(1995年,2002年);时薪,包括定期奖金和加班费	复合效应和收益效应,以及剩余效应的划分	最低工资,开放程度,工会谈判,工会密度	各国的工资不平等增长存在差异。劳动力构成变化对工资不平等作用不大。工资(收入)不平等与全球化、移民工资减少有关。文章还探讨了劳动力市场制度的混合效应

iii. 具体的机制(就业极化见表4)

作者	国家(地区)和年份	数据集和样本选择	方法和重要变量	制度类型	主要发现
Baccaro (2008)	20世纪80年代末至21世纪第一个10年初期的中欧和东欧,拉丁美洲和亚洲的51个发达国家;以及对20多国,以及对熟练劳动力的需求和供应进行控制。世纪70年代末以来16个发达国家的分析	国际劳工组织新数据。以各种劳资关系和劳动法为基础,包括全球化的各个方面,以及对熟练劳动力的需求和供应进行控制	国际和国内回归分析	工会谈判,工会密度,劳动法合规	自20世纪90年代以来,发达国家发生的变化是,劳资关系制度能够通过压缩市场收益来直接解释收入不平等现象。特别是,集中的集体谈判似乎已变得不像过去那样具有再分配能力。只要劳资关系制度继续支持和维系福利国家,它们就会通过这一渠道间接地减少不平等

续 表

作者	国家（地区）和年份	数据集和样本选择	方法和重要变量	制度类型	主要发现
Barth 和 Lucifora (2006)	奥地利,比利时,德国,丹麦,西班牙,芬兰,法国,希腊,意大利,挪威,瑞典和英国；1973—2003年	欧洲教育和工资不平等（EDWIN），欧盟家庭调查小组（ECHIP）；年龄在18—64岁,工作时长超过15小时的非农业雇员；小时总收入（时薪）	模型考虑了不同类型劳动力的供给和需求,以及影响协商确定工资的相对制度的不同阶段	合同——就业保障,教育体系,工会谈判,工会密度	没有证据表明欧洲的"过度教育"现象日益严重。薪资议价或薪资谈判和就业保障对工资有压缩作用,但这是在工资分配的不同阶段
Bassanini 和 Duval (2006)	21 个 OECD 国家；1982—2003 年		综合就业和特定群体的参与,制度/政策的相互作用	积极的劳动力市场政策,产品市场,最低工资,产品市场,税收,福利	政策和制度的变化似乎解释了过去 20 年中近三分之二的非周期性失业变化
Bassanini 等 (2009)	OECD 国家；1982—2003 年	OECD 关于就业保护立法严格程度的年度跨国综合数据和关于生产力的行业一级数据	研究解雇条例对生产力的影响	合同——就业保障	实证结果表明,在解雇限制更有可能具有约束力的行业中,强制性解雇规定对生产率增长具有抑制作用。与此形成对照的是,没有证据表明使用定期合同和非典型合同的条例对效率和技术变革产生重大影响,因此不能取代全面改革,开放式合同的解雇限制也被削弱
Bertola 等 (2001)	28 个 OECD 国家；1960—1999 年	布兰查德（Blanchard）和沃尔费（Wolfers）数据集以及 OECD 国家的工资（收入）分配数据库和劳工组织提供的劳动力和人口数据	分析美国在过去 30 年中从相对较高失业率向相对较低失业率的原因。机制在很大程度上被看作是不变的	积极的劳动力市场政策,合同——就业保障,税收,工会谈判,工会密度,福利	虽然宏观经济人口冲击以及不断变化的劳动力市场制度对部分变化进行了解释,但这些冲击和劳动力市场制度的相互作用是解释美国相对失业率转移的最重要因素。这与 Blanchard 和 Wolfers（2000）的观点是一致的,就国家和具体时间的影响而言,高就业率与低工资水平和高工资不平等程度相关。从分类来看,自 20 世纪 70 年代以来,其他国家的年轻人和老年人的就业率都大幅下降,而主要劳动年龄人口之间的就业率差异要小得多

续表

作者	国家（地区）和年份	数据集和样本选择	方法和重要变量	制度类型	主要发现
Bičáková (2006)	法国、英国、美国；1990—2002年	国家劳动力调查；25—54岁；包括自营职业者；时薪（按FR计算）；技能组（性别×年龄×受教育程度）	重点研究组间收入、就业、失业和不活跃状态的变化，利用不同技能群体的伪面板，建立具有异质性劳动力类型的劳动力供求模型；正如给模型所暗示的劳动力供给和需求，就业和劳动力参与作为外部供给和需求转移的函数数据的三个方程，是通过基于群体层面面板数据的双向固定效应来估计的	工资刚性（次要：最低工资）	由于低技能人才需求的下降，法国、英国和美国三国在收入不平等之间寻求权衡点
Bingley 等 (2013)	丹麦；1980—2003年	劳动力调查；针对年龄在21—55岁在私营部门全职工作的男性	研究生命周期的关系，计划之间的失业保险工资与个人参加失业保险时临时性工资与临时性工资分开，并利用失业保险基金成员的资格对其进行定性	福利	失业保险与整个生命周期中较低的工资增长异质性和更大的工资不稳定性有关，使工资不平等的性质从永久性质转变为暂时性。稳健性检验结果表明，道德风险也相关
Blau 和 Kahn (2002)（另见Blau and Kahn, 1996）	OECD国家；1979—1999年	各种宏观观数据集	讨论文献，并在自己早期贡献的基础上，将美国劳动力市场的表现与其他国家比较	积极的劳动力市场政策，合同——就业保障、教育体系、税收、工会谈判、福利	欧洲的干预性劳动力市场制度压缩了工资，降低了工资不平等程度；然而，某些群体的就业机会大多会流失，其集体制和人口变化以及宏观经济政策也不同于美国，这些条件是美国的发展优势
Boeri (2011)	欧洲；1980年之后	联邦储备委员会社会政策改革数据库	回顾了以制度改革作为准自然实验的文献	积极的劳动力市场政策，合同——就业灵活性，合同——就业保障、税收、工会谈判、福利	文献资料虽然丰富，但没有充分说明劳动力市场改革和改革的部分之间存在的不对称现象。扩展莫滕森-皮萨里德斯（Mortensen-Pissarides）模型，使之成为一种理论方法，有助于明确改革所产生的因果性证据。此外，研究者还给出了改革的实证性判断
Boeri 和 Jimeno (2005)	意大利；1986—1995年	劳动力调查轮换小组，意大利社会保障记录（国家社会保障局档案）	意大利对就业保护规定的豁免，在评估解雇可能带来的影响时，使研究者推断出就业保护立法机制的作用，并利用1990年就业保护立法的变动，对公司的均衡规模分布做出判断	合同——就业保障	结果与理论模型的预测是一致的。在就业保护法限制性较小的公司，签订长期合同的员工更有可能被解雇。然而，这并不影响公司的发展

续表

作者	国家(地区)和年份	数据集和样本选择	方法和重要变量	制度类型	主要发现
Bryson 等(2012)	欧洲和美国;21世纪初	2002 年和 2006 年美国综合社会调查(GSS);2000 年和 2005 年欧洲工作条件调查(EWCS);针对在私营部门和以利润为导向的公司拥有永久性合同的员工,不包括经理和首席执行官	研究者提出了有关绩效薪酬计划实施情况的新的可比数据。在一些欧洲国家,接受激励性薪酬计划的员工比例约为 10%—15%,在斯堪的纳维亚,美国,这一比例则超过 40%。欧美国家广泛采用个人薪酬和利润/收益分享计划,而股权计划则不太常见,特别是在欧洲	工会—工资成果—薪酬体系(绩效薪酬)	研究者发现了很多实证规律:在小企业占比比较高的国家,激励性薪酬并不常见。较严格的产品和劳动力市场监管与较低的激励工资使用率相关。高质量产品和劳动力市场的发展是激励薪酬(尤其是收益分享和股权计划)广泛运用的必要条件。研究者在将个体特性和公司属性对照后发现:在大公司和高技能职业中,男性员工被激励机制覆盖的概率要更大,而女性则要小得多
Card 和 DiNardo(2002)	美国;1970—2000 年左右	CPS:3 月,5 月和 DRG;不同样本的比对	对过去 20—30 年来美国劳动力市场技术变化和工资结构变化的测量进行了扩展讨论,得出了诸多变化已产生的结论	最低工资	从 2002 年至今,工资收入不平等的加剧说明只是一个偶然事件。SBTC 假说的一个关键问题是,尽管计算机技术不断进步,工资不平等程度在 20 世纪 90 年代稳定下来,SBTC 也无法解释工资不平等在其他方面的演变
Card 等(2004)	加拿大,英国,美国;1973/1984—2001 年	加拿大劳动力补充调查,英国劳动力调查和综合住户调查(5 月数据)以及美国当前人口调查的时薪	继承了 Freeman(1980),Freeman 和 Medoff(1984)的思想观点,全面分析过去二三十年来这三个国家工会化和男女工资不平等的演变。这些国家拥有类似的集体谈判机制	工会谈判,工会密度,最低工资	在"技能"这一变量得到控制之后,工会削弱了它们加剧了女性收入的不平等;随着时间的推移,工会人数的减少(去工会化)削弱了这种均等化趋势
Checchi 和 Garcia Peñalosa(2008)	11 个欧洲国家;澳大利亚,加拿大,挪威,瑞典,美国;1969—2004 年	卢森堡收入研究(LIS)	劳动力市场制度是工资不平等,工资在总收入中所占份额和失业率的决定性因素。因为这些变量反过来影响家庭收入的分配情况。所以这些劳动力市场制度是否会对收入不平等产生影响?从原则上讲,各大制度之间可能相互冲突。本文考察了劳动力市场制度对家庭收入不平等的总体影响,并反事实地模拟其他国家采用美国或英国劳工标准	合同—就业保障,最低工资,税收,工会谈判,工会密度	证据表明,强有力的机制与较低的收入不平等水平相关。但在某些情况下,较强的制度也与较高的失业率有关。本文探讨了各种权衡的重要性,并量化了不平等和失业方面的变化。如果我们将这些观察到这些变化——由于可能会导致工资协调性程度的降低,结果不尽乐观;这对就业水平保护的加强和工会密度的提高,但这些都不是表明显的政策目标

续表

作者	国家(地区)和年份	数据集和样本选择	方法和重要变量	制度类型	主要发现
Checchi 和 Garcia Peñalosa (2010)	OECD 国家; 1960—2000 年	各种来源的汇总数据(见本文附录 B)	本文认为,个人收入不平等取决于工资差异,劳动力份额和失业率。劳动力市场制度通过这三个渠道影响收入不平等,其整体效应在理论上是不明晰的	最低工资,税收,工会谈判,工会密度	研究发现,工会化程度的提高和薪资谈判协调性的增强有利于遏制收入不平等的增长。这意味着工会扩大对收入不平等产生了相互矛盾的影响
Coelli 等 (1994)	14 个 OECD 国家;约 1970—1990 年	OECD 国民核算部门数据	本文利用 14 个 OECD 国家的部门工资离差数据,研究了国际背景下的工资弹性同题。它将工资离差程度与一国工资制定制度的集中度进行比较,以确定分散的工资制定制度是否必然与更灵活的工资挂钩。研究者对不同时期工资的离差程度进行了国家间比较,并审查了工资包括生产率和相对价格在内的劳动力需求条件之间的关系	工会谈判	工资差距与劳动力市场制度集中度之间不存在较强的必然联系
Corsini (2008)	欧盟 11 个成员国家;20 世纪 90 年代初到 21 世纪初	英国家庭小组调查,德国社会经济研究小组,欧盟家庭调查小组;就业人员	本文研究了毕业生(熟练工人)和非毕业生(非熟练工人)之间工资差异的演变。在所有国家的技术工人的相对供应量都在增加,但工资差异的表现有所不同。对供给上升的情况下,对非递减差异是能解释的标准解释,技术进步是否是技能偏见的。这反过来表明整个欧洲的技术进步在规模和影响上有所不同。然后,在制度方面,研究者建立了不完全竞争和工资谈判的模型,该模型不仅与技术进步有关,而且还与几个劳动力市场制度有关	研发,合同—就业保障,工会密度,福利	研究结果表明,决定差异的相关因素是技术进步的速度和强度;在不同群体的研发就业率、工会密度的横截面方面强概性度的作用,对解释熟练工人和非熟练工人工资差异的演变具有重要意义。它们不会在技术工人和非技术工人之间产生工资压缩
Dahl 等 (2011)	丹麦;1992—2001 年	国际开发署,收入登记;受雇在部门,年龄在 25—65 岁的全职工人	本文研究了工资谈判从部门工资水平影响到企业层面的分权如何影响工资差异。我们使用了详细的面板数据,涵盖了丹麦劳动力市场分散化的某一时期。权力下放进程改变了工人个人的工资制定制度,有助于我们确定权力下放的影响	工会谈判	我们发现,与部门级谈判相比,公司级谈判的工资差异更高,而且在更分散的工资设定体系下,技能的回报更高。使用分位数回归,我们还发现,与更集中的工资设定体系相比,公司级谈判下的工资离差更大

续　表

作者	国家（地区）和年份	数据集和样本选择	方法和重要变量	制度类型	主要发现
Dinardo 等（1996）	美国；1979—1988 年	当前人口调查；时薪	本文提出了一个半参数分析方法，分析了制度和劳动力市场因素对美国工资分配近期变化的影响；将核密度法运用于适当加权的样本中，预估这些因素的影响。该程序方法直观，清晰地表明这些因素在工资密度的哪些位置影响最大	最低工资、工会密度	去工会化和供求冲击是导致 1979—1988 年工资不平等加剧的重要因素。工资不平等的扩大在很大程度上（尤其是对女性而言）是因为最低工资实际价值的下降。在解释 1979—1988 年美国工资分配变化时，劳动力市场制度与供求关系同样重要
DiNardo 和 Lemieux（1997）	加拿大、美国；1981—1988 年	加拿大劳动力调查；当前人口调查；针对 17—64 岁的男性（不包括 17—19 岁的大学毕业生）	1981—1988 年，美国加入工会的工人百分比下降，时薪不平等现象加剧，这一点在美国比在加拿大明显得多。通过推断简单的反实验来研究劳动力市场制度对工资不平等变化的影响，例如，如果所有工人都按照非工会工资领取工资，那么工资分布会是什么样子	最低工资、工会密度	结果表明，美国工人入会率的降幅比加拿大要大得多，这导致两国之间的工资收入不平等差异增长了三分之一
Dustmann 等（2009）	（联邦）德国；20 世纪 70 年代中期至 2005 年前后	体系结构委员会—雇佣样本数据（IABS）1975—2004；体系结构委员会—雇主—雇员匹配数据（LIAB）1995—2004；针对 21—60 岁的雇员	DiNardo 等（1996）提出的加权核密度估计方法表明，研究者必须考虑劳动力分配（特别是工资分配的上端）的变化。相对供应的波动很好地解释了低技能中等技能职位之间工资差距的演变，但在预测两者工资差别的演变方面存在欠缺	工会密度	过去 30 年来，（联邦）德国的工资不平等现象有所加剧，这与人们的普遍看法背道而驰。在 20 世纪 80 年代，工资不平等增长集中在收入分配的顶端（最低收入阶层）；在 20 世纪 90 年代，收入分配的底部（最低收入阶层）也出现了更为严峻的工资差距扩大的原因。技术变革是最高收入阶层工资差距扩大的原因，而在工资分配的底部，偶发事件和供应冲击是较高的变化，则更好地解释了这一现状。1980 年工资中位数较高的职业增长率最高，而处于工资分布中间位置的职业相对于处于工资分布底部的职业则有所衰落
Eissa 和 Hoynes（2004）	美国；1984—1996 年	3 月 CPS；主要针对居住在同一家庭、年龄在 25—54 岁、受教育程度在高中以下的已婚夫妇	1984 年和 1996 年的模拟；低收入家庭福利优惠（EITC）条例对已婚夫妇参与劳动的影响。研究者利用准实验模型和传统的简化劳动供给模型进行效果评估，并得出相同结论	税收	低收入家庭福利优惠（EITC）政策的家庭定向可以抑制中等收入者比重女性的扩大：已婚女性数量下降 1%，单亲女性大幅增加，已婚男性略有增长

续表

作者	国家（地区）和年份	数据集和样本选择	方法和重要变量	制度类型	主要发现
Firpo 等（2011）	美国；1976/1977年，1988/1990年，2000/2002年，2004/2004年，2009/2010年	当前人口调查；职业信息网络；男性员工	过去30年来，工作任务报酬的变化促成了工资分配的变化。文章基于Firpo等（2009）的分解方法	开放程度（全球化，迁移，可离岸性），工会密度	在20世纪80年代和90年代，技术变革和非工会化选择了核心作用；从90年代起，可离岸程度成为一个重要因素
Fortin 和 Lemieux（1997）	美国；1979年，1988年	当前人口调查；16—65岁的职工	如果这三种制度变化都没有发生，那么（对数）工资分配的方差是多少。运用三大要素分解工资分配：受制度影响的劳动者比例；受影响和未受影响的劳动者的平均对数工资水平；受影响和未受影响劳动者工资离差或差异程度。通过将这些（制度）措施撤销，将其恢复到初始的部分撤销，使其恢复到初始状态，以模拟如果制度改革初始会出现什么情况	最低工资，产品市场，工会谈判，工会密度	通过分析美国的历史以及20世纪80年代的相关数据并将工业化国家做国际比较，研究者们都得出了同样的结论：在美国劳动力市场上工资不平等加剧的过程中，我们绝对不能忽视制度的作用
Golden 和 Wallerstein（2006）	16个OECD国家；1980—2000年		考察工资不平等加剧的三个主要假设。主要观点是工业化时代，全球化和制度性。工资不平等的决定因素在这一时期发生了相当大的实质性变化。由于了解释性变量的影响不是瞬时的，因此统计模型采用了滞后五年期间同时的第一大差异	开放程度（全球化，迁移，可离岸性），工会谈判，工会密度，福利	20世纪80年代和90年代导致工资不平等的原因大不相同。20世纪80年代，由于劳动力市场制度的变化，工会人数的减少和工资集体谈判水平的下降，工资差距越来越大。在90年代，工资不平等的加剧是由于发达国家的贸易增加所致。相比之下，在90年代，低收入劳动者之所以能够免受工资差距扩大的影响，一定程度上是因为政府以社会保险出台的政策，而不是因为劳工组织
Hall 和 Krueger（2010）	美国；2008年	对具有代表性的美国工人样本进行特别调查，以了解他们受雇于目前或最近的工作时的工资确定过程	有些雇员在接受工作前与潜在雇主进行薪资谈判；另一些人则面临着"要么接受，要么离开"的选择。工资形成理论之在劳动力市场上，议价和固定工资之同存在实质性的差异。在接受目前的工作之前，他们大约三分之一的雇员在第一次与雇主见面时就议价或出价。大约三分之一的雇员公告在第一次与雇主见面时就根据工资公告掌握了有关工资的准确信息。在接受当前工作时，约有40%的雇员本来可以留在原工作岗位，这表明他们的议价工作岗位比失业地位比失业者更有利	工会—工资成果（绩效薪酬）	我们对工资分配的分析表明，进行工资议价的劳动者之间的工资差距更大。在调整了不同群体构成后，工资该判者（议价者）的工资高于非议价者。我们关于工资谈判结果的模型提供了有力的支持——那些在接受前工作时可以选择保留在原工作岗位的劳动者，可以比那些当前工作并没有这个选择的劳动者争得更高的工资

续　表

作者	国家（地区）和年份	数据集和样本选择	方法和重要变量	制度类型	主要发现
Kenworthy（2001）	澳大利亚、奥地利、比利时、加拿大、丹麦、芬兰、德国、法国、意大利、日本、荷兰、挪威、瑞典、英国和美国	文献中发现的 15 个议价指标	本文对文献中存在的主要措施——工资集中八项措施和工资协调七项措施进行了调查和评价。有三大目标：提供一份指标的清单，审查其特点和优点，并评估这些措施的精确与调查结果的相关度	工会谈判	衡量工资谈判集中化程度的两个最有效的指标是艾弗森（Iversen）指标和特拉克斯勒-布拉施克-基特尔（Traxler-Blaschke-Kittel）指标。前者基于基于子结构特征，后者在衡量行为。目前只有一种衡量工资设定集中化程度的方法："确定工资措施"的概念差异导致某些国家年份在得分方面存在显著差异。一个潜在的问题是地方政府缺乏衡量工资水平的标准
Koeniger 等（2007）	澳大利亚、加拿大、芬兰、法国、德国、意大利、日本、瑞典、英国和美国；20 世纪 70、80、90 年代	多种多样	方差分解	合同——就业保障、最低工资、福利	制度与贸易，技术一样能阐释工资收入不平等现象
Kugler 和 Pica（2008）	意大利；1986—1995 年	社会保障雇主—雇员动态专题研究；主要针对男性，但将部分女性单独考虑在内	研究 1990 年意大利改革对劳动者（雇员）产生的影响，针对改革促使规模在 15 名员工以下的小企业增加了不公平解雇成本，而较大企业的解雇成本保持不变这一事实，建立一个自然的实验研究设计	合同——就业保障	与大公司相比，解雇费用的增加降低了小公司雇员的入职率和离职率，特别是在净就业波动较大的部门，对净就业能影响微乎其微。也有一些证据表明，改革降低了企业的进入率和退出率，但对退出率没有影响
Lemieux（2008）	美国；1973—2005 年	5 月和 ORG CPS；收入动态专题研究；主要针对男性，但将部分女性单独考虑在内	本文回顾了有关工资不平等的文献的最新进展，特别聚焦于过去 15 年末，不平等增长集中在工资收入分配的顶端即最高收入人群，并讨论了美国和其他发达工业化国家工资不平等长期增长的几种可能的制度需求侧方面的解释	最低工资，准则，工会谈判，工会密度，工会——工资成果，合同——薪酬体系（绩效薪酬）	不平等变化的性质在过去 15 年中发生了巨大的变化。尽管 20 世纪 80 年代不平等的增长是普遍存在的，但与技能偏向型技术进步即（SBTC）的最新假说不同，它集中在收入分配顶端即最高收入人群。"制度变迁"的说法有助于解释为什么 1990 年以后不平等的变化在其他发达国家比在美国更为得以得状。正如在 20 世纪 80 年代一样，现有的估计表明：在最近观察到的收入不平等的变化中，制度变化只能解释三分之一左右的原因。将传统的制度性解释扩大，将绩效工资等薪酬设定制度纳入其中，有助于解释收入分配顶端（高收入阶层）收入不平等不断扩大的现状。然而，就目前而言，人口分配最顶端出现的不平等增长，大部分仍未得到证实

续表

作者	国家(地区)和年份	数据集和样本选择	方法和重要变量	制度类型	主要发现
Lemieux 等(2009)	美国;1976—1998年	收入动态专题研究(使用"全国青年纵向调查"进行部分稳健性检验);针对受雇于私营部门,年龄在18—65岁的男性户主	越来越多的工作岗位通过奖金、佣金或计件工资合同明确地向员工支付绩效工资。文章使用了方差组分分析	工会密度、工会—工资成果、薪酬体系(绩效薪酬)	绩效工资工作中的报酬比无绩效工资工作中的报酬更紧密地与工人的可观察到的和未观察到的生产特征的回归系数在一起。在绩效工资工作中,这些生产特征的回归随着时间的推移增加得更快。绩效工资提供了一个渠道,通过这一渠道,技能回报的潜在变化为更大的工资不平等,绩效工资提供了一个渠道,解释了20世纪70年代末至90年代初男性初期工资不平等增长的21%,以及同期工资不平等增长的80%以上
Leonardi 和 Pica(2013)	意大利;1985—1997年	意大利社会保障署(INPS)雇主—雇员小组;雇主威尼斯托(区)劳动者历史数据;针对受雇于私营部门(农业除外),年龄在20—55岁的男性职员	这项研究运用1990年意大利改革促使实规模在15名员工以下的小企业增加了不公平解雇雇佣成本的实例,预估了就业保护立法对工资的影响,并结合断点回归设计(RDD)和双重差分(DID)方法来鉴定其影响	合同—就业保障	改革使平均工资略有下降,这掩盖了它导致的高度异质性效应。在改革期间更换公司的人职工资有所下降,而在职员工则不受影响。此外,改革对青年蓝领、低工资工人的负面影响也更大。这一模式表明,雇主将解雇成本转移到工资上的能力取决于工人的相对议价能力
Levy 和 Temin(2007)	美国;20世纪30年代至2005年前后	多种多样	我们提供了美国收入不平等不断扩大的全面观点,并将1980年以来的情况与战后早期的情况进行了对比。我们认为,各个时期的收入分配都在很大程度上受到了一系列经济制度的影响。此外,我们运用了"工资议价能力指数(全职工人薪酬占产出的百分比)",按职工类别进行划分	最低工资、开放程度(全球化、可离岸性)、税收、工会谈判	战后早期,工会、《底特律条约》(Treaty of Detroit)设定的谈判框架、累进税和较高的最低工资占据了主导地位——这些都是政府所倡广泛分配经济增长收益努力的一部分。最近几年最典型的特征是,出现了"华盛顿共识"的体制模式的逆转。对收入差距的其他解释,包括技能偏向型技术进步和国际贸易等因素,都必须依托这一更广泛的制度背景
Manzo 和 Bruno(2014)	美国建筑业;2007—2011年	来自美国社区调查中的人口普查微观数据库,5%样本数量	运用普通最小二乘法和线性回归模型评价工会化对收入不平等的影响,区分美国不同州现行工资法和工作权利法,并控制人口因素、教育因素和24种不同的工作因素	工会密度、工会谈判	收入不平等加剧的最大原因是工会成员数量长期处于逐步减少的状态。工会的工资溢价在10%—17%,对中低收入者最有利。劳动权利法使工会化(工人入会占比)减少了5%—8%,建筑工人在全国民经济中的平均收入人减少了6%

续　表

作者	国家（地区）和年份	数据集和样本选择	方法和重要变量	制度类型	主要发现
Nunziata (2005)	OECD 国家；1960—1994 年	多种多样	本文对劳动力成本决定因素进行了实证分析，特别参照 1960—1994 年劳动力市场制度的影响。本文还探讨了与此类宏观集合模型估量有关的计量经济学问题，最其中包括假设和模型的协调性，最后运用该阐释模型在不同国家进行一系列的动态模拟测试，从而验证该模型的解释力	合同——就业合同，最低工资障，税收，工资，工会谈判，工会密度，工会—工资成果，薪酬体系（绩效薪酬），福利	过去几十年里，只要我们控制生产率，就会发现劳动力成本的增加在很大程度上是由劳动力市场监管所致
Oliver (2008)	14 个 OECD 国家；1980—2002 年	OECD 国家未发布的数据集	通过一系列截面时间序列分析，本文研究了一个特定的工资谈判机制：全行业的最低工资标准（工资标准）；它覆盖高技能和低技能职工，缓解日益增长的国际竞争和新的生产技术所带来的压力，并影响工资不平等加剧的程度	工会—工资成果，薪酬体系（绩效薪酬）	研究结果充分表明，全行业工资标准是 OECD 国家工资收入不平等演变的一关键因素
Plotnick (1982)	美国；1957—1977 年	Henle 和 Ryscavage（1980）未发布的收入数据，当前人口调查（未发布和几个特定数据源；针对男性）	这项研究使用最新的时间序列数据来分析收入不平等的趋势。它表明，尽管人力资本方法与数据契合度良好，而且它对迹象的大多数预测都正确的，但该模型中某些概念又并不令人满意。一种补充性的、更具临时性的变量，并将目光从总体的不平等指标扩展到分配的损益部分有重要意义	工会密度	收入不平等程度呈缓慢上升的趋势，这很好地解释了少数看似合理的经济因素。收入不平等与工会的水平、工作周数的分散，工人的年龄和和教育因素相关。一旦考虑到这些因素，1958—1977 年就不会出现收入人不平等的长期趋势

续表

作者	国家(地区)和年份	数据集和样本选择	方法和重要变量	制度类型	主要发现
Scheve 和 Stasavage (2009)	澳大利亚,加拿大,丹麦,法国,德国,爱尔兰,荷兰,日本,瑞典,瑞士,英国和美国;1916—2000 年	最高收入数据,OECD 收入数据库,Lydall(1968),现有政治制度相关的数据和作者新编的政治数据	虽然解释 1970 年后 OECD 国家之间收入不平等的差异是一项重要任务,但具有强解释力的比较政治经济学假设也应能够解释早期不平等的趋势。本文考虑了工资集中谈判和政府党派之间的关系。随着时间的推移,国家最高收入比例之间的关系。在更长的时间跨度内,我们还可以检验一国内工资谈判集中等制度的变化是否与不平等的变化有关	工会谈判	对 13 个国家和整个时期的回归分析表明,政府党派和工资谈判的集中化在解释不平等方面缺乏说服力。对 20 世纪中叶中建立工资谈判集中制度的四个国家(丹麦,爱尔兰,荷兰,瑞典)进行的一项测试也没有显示出对不平等的影响。这就提出了一个问题,即集中工资谈判在多大程度上是一个对不平等的结果,随着收入平等化和时间的推移而推移或是否是一个潜在的政治或同的经济过程
Schivardi 和 Torrini(2008)1986—1998 年	意大利;	全国社会保险协会综合纵向雇主—雇员匹配数据集	本文研究了更严格的就业保护立法对雇员超过 15 人的公司的适用效果。它探讨了企业在接近这一临界界值时所带来的倾向,以及在超过这一临界界值时就业政策的变化。本文用随机转移矩阵表示示企业规模	合同—就业保障	企业增长的概率在接近临界界值时降低了 2%左右。从长远看,雇佣保护法对企业规模分布的影响在数量上并不明显。与更严格的解雇保护制所带来的影响相反,一般而言,高于某一临界界值的员工平均比临界低于该临界界值的企业有更不稳定的雇佣关系,这可能是因为处于临界上方的公司更多地使用灵活的雇佣合同,以规避对无固定期限合同更严格的监管
Van der Wiel(2010)	荷兰;1997—2001 年	荷兰社会经济委员会,1984 年 9 月至 2002 年;包含五组合同信息	本文通过建立固定效应回归模型,实证研究了雇主通知对员工工资水平的影响。通知期限是指雇主必须提前通知员工即将被解雇的期限。由于解雇费用是理解雇佣的一个重要因素,因此也是就业保障的一个重要因素。为了找出因果关系,本文分析了 1999 年荷兰通知期限的外生变化	合同—就业保障	作者发掘的有力证据表明,较长的通知期将会产生更高的工资支出。在所使用的样本中,假若其他条件不变,那么额外一个月的通知期将增加 3%的工资支出

数据集缩略词	＊机制类别代码
ACS：American Community Survey（United States）美国社区调查（美国） BHPS：British Household Panel Survey（UK）英国家庭小组调查（英国） CPS：Current Population Survey—ORG：Outgoing Rotation Groups（United States）当前人口调查退出轮换组（美国） Deininger & Squire：Income Inequality Data set（World Bank）收入不平等数据集（世界银行）	AP：积极的劳动力市场政策（与未就业相关） CF：合同—灵活性 CP：合同——就业保障 DI：（性别）歧视 ED：教育体系
DOT：Dictionary of Occupational Titles（United States）《职业名称词典》（美国） ECHP：European Community Household Panel（EU，Eurostat）欧盟家庭调查小组（欧盟，欧盟统计局） EDWIN：Education and Wage Inequality in Europe（EU Research Project）欧洲教育和工资不平等（欧盟研究项目） EU-SES：European Structure of Earnings Survey（EU，Eurcstat）欧洲收入结构调查（欧盟，欧盟统计局） EWCS：European Working Conditions Surveys（EU，European Foundation）欧洲工作条件调查（欧盟，欧盟基金会）	HR：工作时长（兼职） IR：行业租金 MW：最低工资 NO：准则 PM：产品市场（放松管制、竞争） OP：开放程度（全球化、迁移、可离岸性） TA：税收
fRDB-lZA：Labor market institutions and labor market reforms database（International，at Fondarione Rodolfo Debenedetti and IZA）劳动力市场机制及劳动力市场改革数据库（欧洲研究基金会 Rodolfo Debenedetti，德国劳动研究所）	UD：工会密度
GGDC：Groningen Growth and Development Centre（International，at University of Groningen）格罗宁根增长与发展中心（国际，格罗宁根大学）	UB：工会谈判范围、谈判协调、集体劳动协议 UW：工会—工资成果、薪酬体系（绩效薪酬）
GSS：General Social Survey（United States）美国综合社会调查 GHS：General Household Survey（UK）综合住户统计调查（英国）	WE：福利（失业保险、奖金、低收入家庭福利优惠、在职福利）
GSOEP：German Socioeconomic Panel DEU）德国社会经济研究小组	
HBAI：Households Below Average Income（UK）低于平均入息的住户（英国） HES：Household Expenditure Survey（AUS）住户开支统计调查（澳大利亚） IABS：IAB Employment Samples（DEU）体系结构委员会—雇佣样本数据（德国） IALS：International Adult Literacy Survey（OECD/Statisics Canada）国际成人基本阅读技能测试（经合组织/加拿大统计局）	
IDA：Longitudinal data of Integrated Database of Labor Market Research（DNK）劳动力市场研究综合数据库的纵向数据（丹麦） IDS：Income Distribution Survey（AUS）收入分配调查（澳大利亚） IME：Internarional Mathematics Examinations（International）国际数学考试	
IPUMS：Integrated Public Use Microdata Series：IPUMS-CPS and IPUMS-United States for Census/ ACS（United States）微观共享整合数据库—当前人口调查—人口普查微观数据库/美国社区调查	
LFS：Labour Force Survey（CAN，EU，OECD，and UK）劳动力调查（加拿大、欧盟、经合组织、英国） LIAB：Linked Employer-Employee Data from the IAB（DEU）体系结构委员会—雇主-雇员匹配数据 LIS：Luxembourg Income Study（International）卢森堡收入研究（国际） LRD：Longitudinal Research Database（United States）纵向研究数据库（美国） NES：New Earnings Survey（UK）新收入调查（英国）	

续　表

数据集缩略词	＊机制类别代码
NLSY：National Longitudinal Survey of Youth（United States）美国全国青年纵向调查 NSFH：National Survey of Families and Households（United States）全国家庭与住户调查(美国) OECD STAN：Structural Analysis Database（International，at OECD）国际经合组织结构分析数据库 O＊NET：Occupational Information Network（United States）职业信息网络(美国) PSID：Panel Study of Income Dynamics（United States）收入动态追踪调查(美国) SHIW：Survey of Household Income and Wealth（ITA）家庭收入与财富调查(意大利) SILC：Statistics on Income and Living Conditions（EU，Eurostat）收入和生活条件统计数据 Top-incomes data：World Top Incomes Database（International，at Paris School of Economics）最高收入数据：世界顶级收入数据库(国际,巴黎经济学院)	

参考文献

Abowd, John, Kramarz, Francis, Lemieux, Thomas, Margolis, David, 1999. Minimum wages and youth employment in France and the United States. In：Blanchflower, David, Freeman, Richard（Eds.）, Youth Employment and Joblessness in Advanced Countries. NBER and University of Chicago Press, Boston/ Chicago（Chapter 11）.

Acemoglu, Daron, 2003. Cross-country inequality trends. Econ. J. 113, F121-F149.

Acemoglu, Daron, Autor, David, 2011. Skills, tasks and technologies：implications for employment and earning. In：Ashenfelter, Orley, Card, David（Eds.）, Handbook of Labor Economics. vol. 4/B. Elsevier, Amsterdam, pp. 1043-1171.

Acemoglu, Daron, Autor, David, 2012. What Does Human Capital Do? A Review of Goldin and Katz's The Race Between Education and Technology, NBER Working Paper 17820.

Agell, Jonas, Lommerud, Kjell Erik, 1992. Union egalitarianism as income insurance. Economica 59（235）, 295-310.

Agell, Jonas, Lommerud, Kjell Erik, 1993. Egalitarianism and growth. Scand. J. Econ. 95（4）, 559-579.

Aghion, Philippe, Algan, Yann, Cahuc, Pierre, 2011. Civil society and the state：the interplay between cooperation and minimum wage regulation. J. Eur. Econ. Assoc. 9（1）, 3-42.

Alderson, Arthur S., Nielsen, Francois, 2002. Globalisation and the great U-turn：income inequality trends in 16 OECD countries. Am. J. Sociol. 107, 1244-1299.

Alesina, Alberto F., Algan, Yann, Cahuc, Pierre, Giuliano, Paola, 2010. Family Values and the Regulation of Labor, NBER Working Paper 15747.

Allegretto, Sylvia, Dube, Arindrajit, Reich, Michael, 2011. Do minimum wages really reduce teen employment? Accounting for heterogeneity and selectivity in state panel data. Indus. Relat. 50 (2), 205-240.

Alvaredo, Facundo, 2011. A note on the relationship between top income shares and the Gini coefficient. Econ. Lett. 110 (3), 274-277.

Alvaredo, Facundo, Atkinson, Anthony B., Piketty, Thomas, Saez, Emmanuel, 2013. The top 1 percent in international and historical perspective. J. Econ. Perspect. 27 (3), 3-20.

Amable, Bruno, 2003. The Diversity of Modern Capitalism. Oxford University Press, Oxford.

Andersson, Frederik, Freedman, Matthew, Haltiwanger, John, Lane, Julia, Shaw, Kathryn, 2006. Reaching for the Stars: Who Pays for Talent in Innovative Industries? NBER Working Paper 12435.

Antonczyk, Dirk, DeLeire, Thomas, Fitzenberger, Bernd, 2010. Polarization and Rising Wage Inequality: Comparing the U.S. and Germany, Discussion Paper 10-015. ZEW, Mannheim.

Ashenfelter, Orley, Card, David (Eds.), 2011. Handbook of Labor Economics, vol. 4/B. Elsevier, Amsterdam.

Atkinson, Anthony B., 1970. On the measurement of inequality. J. Econ. Theor. 2, 244-263.

Atkinson, Anthony B., 1993. What is happening to the distribution of income in the UK? Keynes lecture in economics 1992. Proc. Br. Acad. 82, 317-351, Oxford University Press.

Atkinson, Anthony B., 1997. Bringing income distribution in from the cold. Econ. J. 107 (441), 297-321.

Atkinson, Anthony B., 1999. Economic Consequences of Rolling Back the Welfare State. MIT Press and CESifo, Munich.

Atkinson, Anthony, 2007a. The long run earnings distribution in five countries: "remarkable stability," U, V or W? Rev. Income Wealth 53 (1), 1-25.

Atkinson, Anthony, 2007b. The distribution of earnings in OECD countries. Int. Labour Rev. 146 (1-2), 41-60.

Atkinson, Anthony B., 2008. The Changing Distribution of Earnings in OECD Countries. Oxford University Press, Oxford.

Atkinson, Anthony B., 2009. Factor shares: the principal problem of political economy? Oxf. Rev. Econ. Pol. 25 (1), 3-16.

Atkinson, Anthony B., Bourguignon, Francois, 2000. Introduction. In: Handbook of Income Distribution, vol. 1. Elsevier, North Holland.

Atkinson, Anthony, Brandolini, Andrea, 2001. Promise and pitfalls in the use of secondary datasets: income inequality in OECD countries as a case study. J. Econ. Lit. 39, 771-799.

Atkinson, Anthony B., Brandolini, Andrea, 2006. From earnings dispersion to income inequality. In: Farina, F., Savaglia, E. (Eds.), Inequality and Economic Integration.

Routledge, London (Chapter 2).

Atkinson, Anthony B., Morelli, S., 2012. Chartbook of Economic Inequality: 25 Countries 1911-2010. http://ineteconomics.org/sites/inet.civicactions.net/files/Note-15-Atkinson-Morelli.pdf.

Atkinson, Anthony B., Piketty, Thomas (Eds.), 2007. Top Incomes Over the Twentieth Century: A Contrast Between Continental European and English-Speaking Countries. Oxford University Press, Oxford.

Atkinson, Anthony B., Piketty, Thomas (Eds.), 2010. Top Incomes. A Global Perspective. Oxford University Press, Oxford.

Atkinson, Anthony B., Rainwater, Lee, Smeeding, Timothy, 1995. Income Distribution in European Countries, Working Paper MU 9506, Department of Applied Economics, University of Cambridge.

Atkinson, Anthony B., Piketty, Thomas, Saez, Emmanuel, 2011. Top incomes in the long run of history. J. Econ. Lit. 49 (1), 3-71.

Autor, David, 2013. The "Task Approach" to Labor Markets: An Overview, NBER Working Paper 18711.

Autor, David, Dorn, David, 2013. The growth of low-skill service jobs and the polarization of the US labor market. Am. Econ. Rev. 103 (3), 1553-1597.

Autor, David, Levy, Frank, Murnane, Richard J., 2003. The skill content of recent technological change: an empirical exploration. Q. J. Econ. 116 (4), 1279-1333.

Autor, David, Katz, Lawrence, Kearney, Melissa, 2005. Rising Wage Inequality: The Role of Composition and Prices, NBER Working Paper 11628.

Autor, David, Katz, Lawrence F., Kearney, Melissa S., 2006. The polarization of the U.S. labor market. Am. Econ. Rev. Papers Proc. 96 (2), 189-194.

Autor, David, Katz, Lawrence, Kearney, Melissa, 2008. Trends in U.S. wage inequality: revising the revisionists. Rev. Econ. Stat. 90 (2), 300-323.

Autor, David, Manning, Alan, Smith, Christopher, 2010. The Contribution of the Minimum Wage to U.S. Wage Inequality Over Three Decades: A Reassessment, NBER Working Paper 16533.

Baccaro, Lucio, 2008. Labour, Globalisation and Inequality: Are Trade Unions Still Redistributive? International Institute for Labour Studies, Discussion Paper 192. ILO, Geneva.

Barth, E., Lucifora, C., 2006. Wage Dispersion, Markets and Institutions: The Effects of the Boom in Education on the Wage Structure, Discussion Paper 2181, IZA, Bonn.

Bassanini, Andrea, Duval, Romain, 2006. The determinants of unemployment across OECD countries: reassessing the role of policies and institutions. OECD Econ. Stud. 2006 (1), 7-86.

Bassanini, Andrea, Nunziata, Luca, Venn, Danielle, 2009. Job protection legislation and productivity growth in OECD countries. Econ. Policy 24 (4), 349-402.

Bauer, Thomas, Bender, Stephan, Bonin, Holger, 2007. Dismissal protection and worker flows in small establishments. Economica 74 (296), 804-821.

Becher, Michael, Pontusson, Jonas, 2011. Whose interests do unions represent? Unionization by income in western Europe. In: Brady, David (Ed.), Comparing European workers part B: policies and institutions. Res. Sociol. Work 22, Emerald, Bingley, pp. 181-211.

Bedard, Kelly, Ferrall, Christopher, 2003. Wage and test score dispersion: some international evidence. Econ. Educ. Rev. 22 (1), 31-43.

Behar, Alberto, 2013. The Endogenous Skill Bias of Technical Change and Inequality in Developing Countries, IMF Working Paper No. 13/50.

Bell, Linda A., Freeman, Richard B., 2001. The incentive for working hard: explaining hours worked differences in the US and Germany. Labour Econ. 8, 181-202.

Belot, Michele, van Ours, Jan, 2004. Does the recent success of some OECD countries in lowering their unemployment rates lie in the clever design of their labour market reform? Oxford Econ. Papers 56 (4), 621-642.

Benassi, Chiara, 2011. The Implementation of Minimum Wage: Challenges and Creative Solutions, Global Labour University, Working Paper 12, ILO, Geneva.

Bertola, Giuseppe, 2004. A pure theory of job security and labour income risk. Rev. Econ. Stud. 71 (1), 43-61, Oxford University Press.

Bertola, Giuseppe, Boeri, Tito, 2003. Product Market Integration, Institutions and the Labour Markets, Mimeo. http://didattica. unibocconi. it/mypage/upload/48791 _ 20090205 _ 034431_48791_20090116_ 035648_BOERIBERTOLA14-4-03. pdf.

Bertola, Giuseppe, Blau, Francine, Kahn, Lawrence, 2001. Comparative Analysis of Labor Market Outcomes: Lessons for the US from International Long-Run Evidence, NBER Working Paper 8526.

Bertola, Giuseppe, Blau, Francine, Kahn, Lawrence, 2007. Labor market institutions and demographic employment patterns. J. Popul. Econ. 20 (4), 833-867.

Betcherman, Gordon, 2012. Labour Market Institutions. A Review of the Literature, Policy Research, Working Paper No. 6276, World Bank.

Bičáková, Alena, 2006. Marketvs. Institutions: The Trade-Off Between Unemployment and Wage Inequality Revisited, EUI Working Paper ECO No. 2006/31, Florence.

Bingley, Paul, Cappellari, Lorenzo, Westergard-Nielsen, Niels, 2013. Unemployment insurance, wage dynamics and inequality over the life cycle. Econ. J. 123 (568), 341-372.

Blackburn, McKinley, Bloom, David E., 1987. Earnings and income inequality in the United States. Popul. Dev. Rev. 13 (5), 575-609.

Blackburn, McKinley, Bloom, David E., 1995. Changes in the structure of family income inequality in the United States and other industrialized nations during the 1980s. Res. Labor Econ.

14, 141-170.

Blackburn, McKinley, Bloom, David E., Freeman, Richard, 1990. An era of falling earnings and rising inequality? Brookings Rev. 9 (1), 38-43.

Blanchard, Olivier, Giavazzi, Francesco, 2003. Macroeconomic effects of regulations and deregulation in goods and labor markets. Q. J. Econ. 118 (3), 879-907.

Blanchard, Olivier, Tirole, Jean, 2008. The joint design of unemployment insurance and employment protection: a first pass. J. Eur. Econ. Assoc. 6 (1), 45-77.

Blanchard, Olivier, Wolfers, Justin, 2000. The role of shocks and institutions in the rise of European unemployment: the aggregate evidence. Econ. J. 110, C1-C33.

Blanchflower, David, Oswald, Andrew, 2013. Does High Home-Ownership Impair the Labor Market? Mimeo at andrewoswald.com.

Blau, Francine, Kahn, Lawrence, 1996. International differences in male wage inequality: institutions versus market forces. J. Polit. Econ. 104 (4), 791-837.

Blau, Francine, Kahn, Lawrence, 1999. Institutions and laws in the labor market, In: Ashenfelter, Orley, Card, David E. (Eds.), Handbook of Labor Economics. vol. 3A. pp. 1399-1461 (Chapter 25).

Blau, Francine, Kahn, Lawrence, 2002. At Home and Abroad. U.S. Labor Market Performance in International Perspective. Russell Sage, New York.

Blau, Francine, Kahn, Lawrence, 2009. Inequality and earnings distribution. In: Salverda, Wiemer, Nolan, Brian, Smeeding, Timothy (Eds.), The Oxford Handbook of Economic Inequality. Oxford University Press, Oxford, pp. 177-203 (Chapter 8).

Blinder, Alan, 2007. How Many U.S. Jobs Might Be Offshorable? Working Paper 60, Center for Economic Policy Studies, Princeton.

Blinder, Alan, Krueger, Alan, 2009. Alternative Measures of Offshorability: A Survey Approach, Working Paper 190, Center for Economic Policy Studies, Princeton.

Bluestone, Barry, Harrison, Bennett, 1982. The Deindustrialization of AMERICA. Basic Books, New York.

Bluestone, Barry, Harrison, Bennett, 1988. The Great U-Turn: Corporate Restructuring and the Polarizing of America. Basic Books, New York.

Blundell, Richard, Etheridge, Ben, 2010. Consumption, income and earnings inequality in Britain. Rev. Econ. Dyn. 13 (1), 76-102.

Boeri, Tito, 2011. Institutional reforms and dualism in European labor markets. In: Ashenfelter, Orley, Card, David (Eds.), Handbook of Labor Economics. vol. 4B. Elsevier, Amsterdam, pp. 1173-1236 (Chapter 13).

Boeri, Tito, 2012. Setting the minimum wage. Labour Econ. 19 (3), 281-290.

Boeri, Tito, Jimeno, Juan, 2005. The effects of employment protection: learning from variable enforcement. Eur. Econ. Rev. 49, 2057-2077.

Boeri, Tito, van Ours, Jan, 2008. The Economics of Imperfect Labor Markets. Oxford University Press, Oxford.

Botero, Juan C., Djankov, Simeon, La Porta, Rafael, Lopez-de-Silanes, Florencio, Shleifer, Andrei, 2004. The regulation of labor. Q. J. Econ. 119 (4), 1339-1382.

Bound, John, Johnson, George, 1989. Changes in the Structure of Wages During the 1980's: An Evaluation of Alternative Explanations, NBER Working Paper 2983.

Bound, John, Johnson, George, 1992. Changes in the structure of wages in the 1980's: an evaluation of alternative explanations. Am. Econ. Rev. 82 (3), 371-392.

Bourguignon, Francois, Ferreira, Francisco, Lustig, Nora (Eds.), 2004. The Microeconomics of Income Distribution Dynamics in East Asia and Latin America. World Bank and Oxford University Press, Oxford.

Bowles, Samuel, Park, Yongjin, 2005. Emulation, inequality, and work hours: was Thorsten Veblen right? Econ. J. 115, F397-F412.

Brandolini, Andrea, D'Alessio, Giovanni, 2001. Household Structure and Income Inequality, Working Paper 6/2001. Center for Household, Income, Labour and Demographic Economics CHILD.

Brandolini, Andrea, Rosolia, Alfonso, Torrini, Roberto, 2011. The Distribution of Employees' Labour Earnings in the European Union: Data, Concepts and First Results, Working Paper 2011-198, ECINEQ.

Brewer, Mike, Wren-Lewis, Liam, 2012. Why did Britain's households get richter? Decomposing UK Household Income Growth Between 1968 and 2008-09, Working Paper 2012-08, ISER, University of Essex.

Brewer, Mike, Duncan, Alan, Shephard, Andrew, Suarez, Maria Jose, 2006. Did working families' tax credit work? the impact of in-work support on labour supply in Great Britain. Labour Econ. 13, 699-720.

Brewer, Mike, Muriel, Alastair, Wren-Lewis, Liam, 2009. Accounting for Changes in Inequality Since 1968: Decomposition Analyses for Great Britain, Mimeo.

Brown, Charles, 1999. Minimum wages, employment, and the distribution ofincome. In: Ashenfelter, Orley, Card, David (Eds.), Handbook of Labor Economics. vol. 3. Elsevier, Amsterdam, pp. 2101-2163.

Brügemann, Björn, 2012. Does employment protection create its own political support? J. Eur. Econ. Assoc. 10 (2), 369-416.

Bryson, Alex, Freeman, Richard, Lucifora, Claudio, Pellizzari, Michele, Perotin, Virginie, 2012. Paying for Performance: Incentive Pay Schemes and Employees' Financial Participation, CEP Discussion Paper 1112, LSE.

Brzozowski, Michael, Gervais, Martin, Klein, Paul, Suzuki, Michio, 2010. Consumption, income, and wealth inequality in Canada. Rev. Econ. Dyn. 13 (1), 52-75.

Budría, Santiago, Pereira, Pedro T., 2005. Educational Qualifications and Wage Inequality: Evidence for Europe, IZA Discussion Paper 1763. Bonn.

Burtless, Gary, 1999. Effects of growing wage disparities and changing family composition on the U.S. income distribution. Eur. Econ. Rev. 43, 853-865.

Burtless, Gary, 2009. Demographic transformation and economic inequality. In: Salverda, Weimer, Nolan, Brian, Smeeding, Timothy (Eds.), The Oxford Handbook of Economic Inequality. Oxford University Press, Oxford, pp. 435-454 (Chapter 18).

Butcher, Tim, 2011. Still evidence-based? The role of policy evaluation in recession and beyond: the case of the national minimum wage. Natl. Inst. Econ. Rev. 219, R26-R40.

Butcher, Tim, Dickens, Richard, Manning, Alan, 2012. Minimum Wages and Wage Inequality: Some Theory and an Application to the UK, CEP Discussion Paper 1177, LSE.

Cancian, Maria, Schoeni, Robert, 1998. Wives' earnings and the level and distribution of married couples earnings in developed countries. J. Income Distribut. 8 (1), 45-61.

Card, David, DiNardo, John, 2002. Skill-biased technological change and rising wage inequality: some problems and puzzles. J. Labor Econ. 20 (4), 733-783.

Card, David, Krueger, Alan, 1995a. Myth and Measurement. The New economics of the Minimum Wage. Princeton University Press, Princeton.

Card, David, Krueger, Alan, 1995b. Time-series minimum-wage studies: a meta-analysis. Am. Econ. Rev. 85, 238-243.

Card, David, Lemieux, Thomas, Riddell, Craig, 2004. Unions and wage inequality. J. Labor Res. 25 (4), 519-562.

Cardoso, Ana, 2010. Do firms compress the wage distribution? In: Marsden, David, Rycx, Francois (Eds.), Wage Structures, Employment Adjustments and Globalization: Evidence from Linked and Firm-level Panel Data. Palgrave Macmillan, Basingstoke, pp. 202-218.

Charles, Kerwin Kofi, Guryan, Jonathan, 2007. Prejudice and the Economics of Discrimination, NBER Working Paper 13661.

Charles, Kerwin Kofi, Guryan, Jonathan, 2008. Prejudice and the economics of discrimination. J. Polit. Econ. 116 (5), 773-809.

Checchi, Daniele, Lucifora, Claudio, 2002. Unions and labour market institutions in Europe. Econ. Policy 17 (2), 362-401.

Checchi, Daniele, Garcia Penalosa, Cecilia, 2008. Labour market institutions and income inequality. Econ. Policy 56, 600-651.

Checchi, Daniele, Garcia Penalosa, Cecilia, 2010. Labour shares and the personal distribution of income in the OECD. Economica 77 (307), 413-450.

Cheon, Byung You, Chang, Jiyeun Hwang, Seong Shin, Gyu, Wook Kang, Jin, Wook Lee, Shin, Hee Kim, Byung, Joo, Hyun, 2013. Growing Inequality and Its Impacts in Korea, Country Report to the GINI project, http://gini-research. org/CR-Korea.

Chetty, Raj, 2008. Moral Hazard vs. Liquidity and Optimal Unemployment Insurance, NBER Working Paper 13967.

Christopoulou, Rebekka, Jimeno, Juan F. , Lamo, Ana, 2010. Changes in the Wage Structure in EU Countries, Documentos de Trabajo 1017. Banco de Espana.

Coelli, Michael, Fahrer, Jerome, Lindsay, Holly, 1994. Wage Dispersion and Labour Market Institutions: A Cross Country Study, Research Discussion Paper 9404. Reserve Bank of Australia.

Congressional Budget Office (CBO), 2012. The Distribution of Household Income and Average Federal Tax Rates, 2008 and 2009. Supplemental data, http://www. cbo. gov/publication/43373.

Conyon, Martin, Fernandes, Nuno, Ferreira, Miguel, Matos, Pedro, Murphy, Kevin, 2011. The Executive Compensation Controversy: A Transatlantic Analysis, Fondazione Rodolfo De Benedetti.

Corluy, Vincent, Vandenbroucke, Frank, 2013. Individual Employment, Household Employment and Risk of Poverty in the EU. A Decomposition Analysis, Eurostat.

Corsini, Lorenzo, 2008. Institutions, Technological Change and the Wage Differentials Between Skilled and Unskilled Workers: Theory and Evidence from Europe, IRISS Working Paper 2008-02.

Cowell, Frank, 2000. Measurement of inequality, In: Atkinson, A. B. , Bourguignon, F. (Eds.), Handbook of Income Distribution. vol. 1. pp. 87-166, Elsevier, Amsterdam (Chapter 2).

Cowell, Frank, Fiorio, Carlo, 2011. Inequality decompositions—a reconciliation. J. Econ. Inequality 9, 509-528.

Dahl, Christian, le Maire, Daniel, Munch, Jakob, 2011. Wage Dispersion and Decentralization of Wage Bargaining, IZA Discussion Paper 6176.

Daly, Mary, Valetta, Robert, 2006. Inequality and poverty in United States: the effects ofrising dispersion of men's earnings and changing family behaviour. Economica 73 (289), 75-98.

De Graaf-Zijl, Marloes, Nolan, Brian, 2011. Household joblessness and its impact on poverty and deprivation in Europe. J. Eur. Soc. Policy 21, 413-431.

De Linde Leonard, M. , Stanley, T. D. , Doucouliagos, Hristos, 2014. Does the UK minimum wage reduce employment? A meta-regression analysis. Br. J. Indus. Relat. 52 (3), 499-520.

Deininger, Klaus, Squire, Lyn, 1996. A new data set measuring income inequality. World Bank Econ. Rev. 10 (3), 565-591.

Del Boca, Daniela, Pasqua, Sylvia, 2003. Employment patterns of husbands and wives and family income distribution in Italy (1977-98). Rev. Income Wealth 49 (2), 221-245.

DiNardo, John, Lemieux, Thomas, 1997. Diverging male wage inequality in the United States and Canada, 1981-1988: do institutions explain the difference? Indust. Labor Relat. Rev. 50 (4), 629-651.

DiNardo, John, Pischke, Jorn-Steffen, 1997. The returns to computer use revisited: have pencils changed the wage structure too? Q. J. Econ. 112 (1), 291-303.

DiNardo, John, Fortin, Nicole, Lemieux, Thomas, 1996. Labor market institutions and the distribution of wages, 1973-1992: a semiparametric approach. Econometrica 64 (5), 1001-1044.

Dingeldey, Irene, 2001. European tax systems and their impact on family employment patterns. J. Soc. Policy 30, 653-672.

DiPrete, Thomas, 2007. What has sociology to contribute to the study of inequality trends? An historical and comparative perspective. Am. Behav. Sci. 50 (5), 603-618.

Dolado, Juan, Kramarz, Francis, Machin, Stephen, Manning, Alan, Margolis, David, Teulings, Coen, 1996. The economic impact of minimum wage in Europe. Econ. Policy 23, 317-372.

Dolton, Peter, Bondibene, Chiara Rosazza, 2011. An evaluation of the international experience of minimum wages in an economic downturn, Research Report for the Low Pay Commission, University of London, Royal Holloway College.

Domeij, David, Floden, Martin, 2010. Inequality trends in Sweden 1978-2004. Rev. Econ. Dyn. 13 (1), 179-208.

Dooley, Martin, Gottschalk, Peter, 1984. Earnings inequality among males in the United States: trends and the effect of labor force. J. Polit. Econ. 92 (1), 59-89.

Dooley, Martin, Gottschalk, Peter, 1985. The increasing proportion of men with low earnings in the United States. Demography 22 (1), 25-34.

Doucouliagos, Hristos, Stanley, T. D., 2009. Publication selection bias in minimum-wage research? A metaregression analysis. Br. J. Ind. Relat. 47 (22), 406-428.

Dube, Arindrajit, 2013. Minimum Wages and the Distribution of Family Incomes. https://dl. dropboxusercontent. com/u/15038936/Dube _ MinimumWagesFamilyIncomes. pdf (December 30, 2013).

Dube, Arindrajit, Lester, William, Reich, Michael, 2010. Minimum wage effects across state borders: estimates using contiguous counties. Rev. Econ. Stat. 92 (4), 945-964.

Dube, Arindrajit, Lester, William, Reich, Michael, 2012. Minimum Wage Shocks, Employment Flows and Labor Market Frictions. Institute for Research on Labor and Employment, Berkeley, CA. http:// escholarship. org/uc/item/76p927ks.

Dunne, Timothy, Foster, Lucia, Haltiwanger, John, Troske, Kenneth R. , 2004. Wage and productivity dispersion in United States manufacturing: the role of computer investment. J. Labor Econ. 22 (2), 397-429.

Dupuy, Arnaud, Fernandez-Kranz, Daniel, 2011. International differences in the family gap in pay: the role of labour market institutions. Appl. Econ. 43, 413-438.

Dustmann, Christian, Ludsteck, Johannes, Schonberg, Uta, 2009. Revisiting the German wage structure. Q. J. Econ. 124 (2), 843-881.

Eichhorst, Werner, Feil, Michael, Braun, Christoph, 2008. What Have We Learned? Assessing Labor Market Institutions and Indicators, IZA Discussion Paper 3470. Bonn.

Eissa, Nada, Hoynes, Hilary, 2004. Taxes and the labor market participation of married couples: the earned income tax credit. J. Public Econ. 88, 1931-1958.

Eissa, Nada, Hoynes, Hilary, 2006. Behavioral responses to taxes: lessons from the EITC and labor supply. In: Poterba,J. M. (Ed.), Tax Policy and the Economy. MIT Press, Cambridge MA, pp. 73-110 (Chapter3).

Farber, Henry, Valletta, Robert, 2013. Do extended Unemployment Benefits Lengthen Unemployment Spells? Evidence From Recent Cycles in the US Labour Market, Working Paper 573, Princeton University, Industrial Relations section.

Fields, Gary, 2003. Accounting for income inequality and its change: a new method, with application to the distribution of earnings in the United States. Res. Labor Econ. 22, 1-38.

Fiori, Giuseppe, Nicoletti, Giuseppe, Scarpetta, Stefano, Schiantarelli, Fabio, 2012. Employment effects of product and labour market reforms: are there synergies? Econ. J. 122, F79-F104.

Firpo, Sergio, Fortin, Nicole, Lemieux, Thomas, 2009. Unconditional quantile regressions. Econometrica 77 (3), 953-973.

Firpo, Sergio, Fortin, Nicole M., Lemieux, Thomas, 2011. Occupational Tasks and Changes in the Wage Structure, IZA Discussion Paper 5542. Bonn.

Flaig, Gebhard, Rottmann, Horst, 2011. Labour Market Institutions and Unemployment. An International Comparison, CESifo Working Paper 3558.

Förster, Michael, 1994. Measurement of Low Incomes and Poverty in a Perspective of International Comparisons, OECD Labour Market and Social Policy Occasional Papers 14.

Fortin, Nicole, Lemieux, Thomas, 1997. Institutional changes and rising wage inequality: is there a linkage? J. Econ. Perspect. 1 (2), 75-96.

Fortin, Nicole, Lemieux, Thomas, 2014. Changes in wage inequality in Canada: an interprovincial perspective, First draft, http://faculty. arts. ubc. ca/nfortin/FortinLemieux _ Inequality_%20provinces. pdf.

Fortin, Nicole, Lemieux, Thomas, Firpo, Sergio, 2011. Decomposition methods in economics. In: Ashenfelter, Orley, Card, David (Eds.), Handbook of Labor Economics. vol. IIIA. Elsevier, Amsterdam, pp. 1463-1555. (Chapter 1; also NBER Working Paper 16045, 2010).

Fortin, Nicole M., Schirle, Tammy D., 2006. Gender dimensions of changes in earnings inequality in Canada. In: Green, David A., Kesselman, Jonathan R. (Eds.), Dimensions of Inequality in Canada. Vancouver, UBC Press, pp. 307-346.

Freeman, Richard, 1980. Unionism and the dispersion of wages. Ind. Labor Relat. Rev. 34 (2), 3-23.

Freeman, Richard, 1988. Labour market institutions and economic performance. Econ. Policy 3 (6), 63-88.

Freeman, Richard, 1991. How Much Has De-Unionisation Contributed to the Rise in Male Earnings Inequality? NBER Working Paper 3826 (In: Danziger and Gottschalk (Eds.), Uneven Tides, 1992).

Freeman, Richard (Ed.), 1994. Working Under Different Rules. Russell Sage, New York.

Freeman, Richard, 2000. Single Peaked vs. Diversified Capitalism: The Relation Between Economic Institutions and Outcomes, NBER Working Paper 7556.

Freeman, Richard B., 2001. Single Peaked Vs. Diversified Capitalism: The Relation Between Economic Institutions and Outcomes, Working Paper No. 7556, NBER, Boston.

Freeman, Richard, 2005. Labour Market Institutions without Blinders: The Debate over Flexibility and Labour Market Performance, NBER Working Paper 11286.

Freeman, Richard, 2006. The great doubling: the challenge of the new global labor market. http://emlab. berkeley. edu/users/webfac/eichengreen/e183_sp07/great_doub. pdf.

Freeman, Richard, 2007. Labor market institutions around the world, NBER Working Paper 13242.

Freeman, Richard, 2009. Labor Regulations, Unions, and Social Protection in Developing Countries: Market Distortions or Efficient Institutions? NBER Working Paper 14789.

Freeman, Richard, Katz, Lawrence (Eds.), 1995. Differences and Changes in Wage Structures. University of Chicago Press, Chicago.

Freeman, Richard, Medoff, James, 1984. What Do Unions Do? Basic Books, New York.

Freeman, Richard, Schettkat, Ronald, 2001. Skill compression, wage differentials and employment: Germany vs. the US. Oxf. Econ. Pap. 53 (3), 582-603.

Friedman, Milton, 1968. The role of monetary policy. Am. Econ. Rev. 58 (1), 1-17.

Fuchs-Schündeln, Nicola, Krueger, Dirk, Sommer, Mathias, 2010. Inequality trends for Germany in the last two decades: a tale of two countries. Rev. Econ. Dyn. 13 (1), 103-132.

Garnero, Andrea, Kampelmann, Stephan, Rycx, Francois, 2013. Minimum Wage Systems and Earnings Inequalities: Does Institutional Diversity Matter? DULBEA Working Paper 13-06.

Gautié, Jérôme, Schmitt, John (Eds.), 2010. Low-Wage Work in Wealthy Countries. Russell Sage, New York.

Gindling, Thomas, Terrell, Katherine, 2009. Minimum wages, wages and employment in various sectors in Honduras. Labour Econ. 16 (3), 291-303.

Giuliano, Laura, 2013. Minimum wage effects on employment, substitution, and the teenage labor supply: evidence from personnel data. J. Labor Econ. 31 (1), 155-194.

Glyn, Andrew, 2009. Functional distribution and inequality. In: Salverda, Weimer, Nolan, Brian, Smeeding, Timothy M. (Eds.), Oxford Handbook of Economic Inequality. Oxford University Press, Oxford, pp. 101-126 (Chapter 5).

Glyn, Andrew, Baker, Dean, Howell, David, Schmitt, John, 2003. Labor Market Institutions and Unemployment: A Critical Review of the Cross-Country Evidence, Discussion Paper 168. Department of Economics, University of Oxford, Oxford.

Golden, Miriam, Wallerstein, M., 2006. Domestic and International Causes for the Rise of Pay Inequality: Post -Industrialism, Globalization and Labor Market Institutions. Mimeo.

Golden, Miriam, Wallerstein, Michael, 2011. Domestic and international causes for the rise of pay inequality in OECD nations between 1980 and 2000. In: Comparing European Workers. Part A: Experiences and Inequalities. In: Research in the Sociology of Work, vol. 22. pp. 209-249.

Goos, Maarten, Manning, Alan, 2003. Lousy and Lovely Jobs: the Rising Polarization of Work in Britain. London, LSE, CEP Working Paper 604.

Goos, Maarten, Manning, Alan, 2007. Lousy and lovely jobs: the rising polarization of work in Britain, Rev. Econ. Stat. 89 (1), 118-133.

Goos, Maarten, Manning, Alan, Salomons, Anna, 2009. Job polarization in Europe. Am. Econ. Rev. 99 (2), 58-63.

Goos, Maarten, Manning, Alan, Salomons, Anna, 2010. Explaining Job Polarization in Europe: The Roles of Technology, Globalization and Institutions, CEP Discussion Paper 1026, LSE.

Goos, Maarten, Manning, Alan, Salomons, Anna, 2011. Explaining Job Polarization: The Roles of Technology, Offshoring and Institutions. KU Leuven, Center for Economic Studies, Discussion Paper 11. 34.

Goos, Maarten, Manning, Alan, Salomons, Anna, 2014. Explaining job polarization: routine-biased technological change and offshoring. Am. Econ. Rev. 104 (8), 2509-2526.

Gottschalk, Peter, Danziger, Sheldon, 2005. Inequality of wage rates, earnings and family income in the United States 1975-2002. Rev. Income Wealth 51 (2), 231-254.

Gottschalk, Peter, Joyce, Mary, 1998. Cross-national differences in the rise in earnings inequality: market and institutional factors. Rev. Econ. Stat. 80 (4), 489-502.

Gottschalk, Peter, Smeeding, Timothy, 1997. Cross-national comparisons of earnings and income inequality. J. Econ. Lit. 35, 633-687.

Gregg, Paul, Wadsworth, Jonathan, 1996. More work in fewer households? In: Hills, J. (Ed.), New Inequalities. Cambridge University Press, London, pp. 181-207.

Gregg, Paul, Wadsworth, Jonathan, 1998. It Takes Two: Employment Polarisation in the OECD, Discussion Paper 304, Centre for Economic Performance, London.

Gregg, Paul, Wadsworth, Jonathan, 2008. Two sides to every story: measuring polarization and inequality in the distribution of work. J. R. Stat. Soc. Ser. A 171 (4), 857-875.

Gregg, Paul, Scutella, Rosanna, Wadsworth, Jonathan, 2010. Reconciling workless measures at the individual and household level. Theory and evidence from the United States, Britain, Germany, Spain and Australia. J. Popul. Econ. 23, 139-167.

Hall, Robert, Krueger, Alan, 2010. Evidence on the Determinants ofthe Choice Between Wage Posting and Wage Bargaining, NBER Working Paper 16033.

Hall, Peter, Soskice, David (Eds.), 2001. Varieties of Capitalism: The Institutional Foundations of Comparative Advantage. Oxford University Press, Oxford.

Harrison, Bennet, Tilly, Chris, Bluestone, Barry, 1986. Wage inequality takes a great U-turn. Challenge 29 (1), 26-32, Symposium of the Joint Economic Committee of Congress on the 40th Anniversary of the Employment Act of 1946 (Part 1).

Heathcote, Jonathan, Perri, Fabrizio, Violante, Giovanni, 2010. Unequal we stand: an empirical analysis of economic inequality. Rev. Econ. Dyn. 13, 15-51.

Heckman, James, Sedlacek, Guilherme, 1985. Heterogeneity, aggregation, and market wage functions: an empirical model of self-selection in the labor market. J. Polit. Econ. 93 (9), 1077-1125.

Henle, Peter, 1972. Distribution of earned income. Monthly Labor Rev. 95 (12), 16-27.

Henle, Peter, Ryscavage, Paul, 1980. The distribution of earned income among men and women, 1958-77. Monthly Labour Rev. 103 (4), 3-10.

Heshmati, Almas, 2004. A Review of Decomposition of Income Inequality, Discussion Paper 1221, IZA Bonn.

Hills, John, Brewer, Mike, Jenkins, Stephen, Lister, Ruth, Lupton, Ruth, Machin, Stephen, Mills, Colin, Modood, Tariq, Rees, Teresa, Riddell, Sheila, 2010. An Anatomy of Economic Inequality in the UK: Report of the National Equality Panel. http://sticerd.lse.ac.uk/case/_new/publications/ NEP. asp.

Holzmann, Robert, Pouget, Yann, Vodopivec, Milan, Weber, Michael, 2011. Severance Pay Programs around the World: History, Rationale, Status, and Reforms, IZA Discussion Paper 5731.

Hyslop, Dean, 2001. Rising US earnings inequality and family labor supply: the covariance structure of intrafamily earnings. Am. Econ. Rev. 91, 755-777.

ILO, 2008. Global Wage Report 2008/09. Minimum Wages and Collective Bargaining: Towards Policy Coherence, Geneva.

ILO, 2010. Global Wage Report 2010/11. Wage Policies in Times of Crisis, Geneva.

Japelli, Tullio, Pistaferri, Luigi, 2010. Does consumption inequality track income inequality in Italy? Rev. Econ. Dyn. 13 (1), 133-153.

Jenkins, Stephen, 1995. Accounting for inequality trends: decomposition analyses for the UK, 1971-86. Economica 62 (245), 29-63.

Jenkins, Stephen, van Kerm, Philippe, 2009. The measurement of economic inequality. In: Salverda, Weimer, Nolan, Brian, Smeeding, Timothy (Eds.), The Oxford Handbook of Economic Inequality. Oxford University Press, Oxford, pp. 40-67 (Chapter 3).

Johnson, David, Wilkins, Roger, 2003. The Effects of Changes in Family Composition and Employment Patterns on the Distribution of Income in Australia: 1982 to 1997-1998, Working Paper 19/03, Melbourne Institute of Applied Economic and Social Research.

Juhn, Chinhui, Murphy, Kevin, Pierce, Brooks, 1993. Wage inequality and the rise in returns to skill. J. Polit. Econ. 101, 410-442.

Kahn, James, 2005. Labor Supply and the Changing Household. Paper presented to Society for Economic Dynamics.

Kampelmann, Stephan, Garnero, Andrea, Rycx, Francois, 2013. Minimum Wages in Europe: Does the Diversity of Systems Lead to a Diversity of Outcomes? ETUI Report 128, Brussels.

Karabarbounis, Loukas, Neiman, Brent, 2013. The Global Decline of the Labor Share, NBER Working Paper 19136.

Karoly, Lynn, 1988. A Study of the Distribution of Individual Earnings in the United States from 1967 to1986. PhD Thesis, Yale University.

Karoly, Lynn, 1992. Changes in the distribution of individual earnings in the United States: 1967-1986. Rev. Econ. Stat. 74 (1), 107-115.

Karoly, Lynn, 1993. The trend in inequality among families, individuals and workers in the United States: a twenty-five year perspective, In: Danziger, S., Gottschalk, P. (Eds.), Uneven Tides, Rising Inequality in America. Russell Sage, New York, pp. 19-97 (Chapter 2).

Karoly, Lynn, Burtless, Gary, 1995. Demographic change, rising earnings inequality, and the distribution of personal well-being, 1959-1989. Demography 32 (3), 379-405.

Katz, Lawrence, Autor, David, 1999. Changes in the Wage Structure and Earnings Inequality. In: Ashenfelter, Orley, Card, David (Eds.), Handbook of Labor Economics. vol. IIIA. Elsevier, Amsterdam, pp. 1463-1555.

Katz, Lawrence, Murphy, Kevin, 1992. Changes in relative wages: supply and demand factors. Q. J. Econ. CVII, 35-78.

Kenworthy, Lane, 2001. Wage-setting measures: a survey and assessment. World Polit. 54, 57-98.

Kenworthy, Lane, 2008. Sources of Equality and Inequality: Wages, Jobs, Households, and redistribution, Working Paper 471, Luxembourg Income Study. Chapter 3 of Kenworthy, Jobs with Equality, Oxford University Press, 2008.

Kenworthy, Lane, Pontusson, Jonas G, 2005. Rising inequality and the politics of redistribution in affluent countries. Perspect. Polit. 3 (3), 449-471.

Kierzenkowski, Rafal, Koske, Isabel, 2012. Less Income Inequality and More Growth—Are they Compatible? Part 8. The Drivers of Labour Income Inequality—A Literature Review, OECD Economics Department Working Paper 931, OECD Publishing.

Kimhi, Ayal, 2011. On the interpretation (and misinterpretation) of inequality decompositions by income sources. World Dev. 39 (10), 1888-1890.

Kluve, Jochen, 2010. The effectiveness of European active labor market programs. Labour Econ. 17 (6), 904-918.

Koeniger, Winfried, Leonardi, Marco, Nunziata, Luca, 2007. Labor market institutions and wage inequality. Ind. Labor Relat. Rev. 60 (3), 340-356.

Krueger, Dirk, Perri, Fabrizio, 2006. Does income inequality lead to consumption inequality? Evidence and theory. Rev. Econ. Stud. 73 (1), 163-193.

Kugler, Adriana, Pica, Giovanni, 2008. Effects of employment protection on worker and job flows: evidence from the 1990 Italian reform. Labour Econ. 15 (1), 78-95.

Lalive, Rafael, Schlosser, Analía, Steinhauer, Andreas, Zweimüller, Josef, 2011. Parental Leave and Mothers' Careers: The Relative Importance of Job Protection and Cash Benefits, IZA Discussion Paper 5792, Bonn.

Lane, Julia, 2009. Inequality and the labour market: employers. In: Salverda, Wiemer, Nolan, Brian, Smeeding, Timothy (Eds.), The Oxford Handbook on Economic Inequality. Oxford University Press, Oxford, pp. 204-229 (Chapter 9).

Larrimore, Jeff, 2013. Accounting for United States household income inequality trends: the changing importance of household structure and male and female labour earnings inequality. Rev. Income Wealth 101 (3), 173-177.

Layard, Richard, Nickell, Stephen, Jackman, Richard, 1991. Unemployment. Macroeconomic Performance and the Labour Market. Oxford University Press, Oxford.

Lee, David, 1999. Wage inequality in the United States during the 1980s: rising dispersion or falling minimum wage? Q. J. Econ. 114 (3), 977-1023.

Lehrer, Evelyn, 2000. The impact of women's employment on the distribution of earnings among married-couple households: a comparison between 1973 and 1992-1994. Q. Rev. Econ. Finance 40, 295-301.

Leigh, Andrew, 2009. Top incomes, In: Salverda, Wiemer, Nolan, Brian, Smeeding, Timothy (Eds.), The Oxford Handbook of Economic Inequality. Oxford University Press, Oxford, pp. 150-174 (Chapter7).

Lemieux, Thomas, 2006a. Postsecondary education and increasing wage inequality. Am. Econ. Rev. 96 (2), 195-199.

Lemieux, Thomas, 2006b. Postsecondary Education and Increasing Wage Inequality, NBER Working Paper 12077.

Lemieux, Thomas, 2006c. Increasing residual wage inequality: composition effects, noisy data, or rising demand for skill? Am. Econ. Rev. 96 (3), 461-498.

Lemieux, Thomas, 2008. The changing nature of wage inequality. J. Popul. Econ. 21 (1), 21-48.

Lemieux, Thomas, 2010. What Do We Really Know about Changes in Wage Inequality? In: Abraham, Katharine, Spletzer, James, Harper, Michael (Eds.), Labor in the New Economy. NBER Books, University of Chicago Press, Boston/Chicago, pp. 17-59 (Chapter 1).

Lemieux, Thomas, 2011. Wage inequality: a comparative perspective. Aust. Bull. Labour 37 (1), 2-32.

Lemieux, Thomas, Macleod, Bentley, Parent, Daniel, 2009. Performance pay and wage inequality. Q. J. Econ. 124 (1), 1-49.

Lemos, Sara, 2009. Minimum wage effects in a developing country. Labour Econ. 16, 224-237.

Leonardi, Marco, Pica, Giovanni, 2013. Who pays for it? The heterogeneous wage effects of employment protection legislation. Econ. J. 123 (573), 1236-1278.

Lerman, Robert, Yitzhaki, Shlomo, 1984. A note on the calculation and interpretation of the Gini index. Econ. Lett. 15 (3-4), 363-368.

Leuven, Edwin, Oosterbeek, Hessel, van Ophem, Hans, 1997. International Comparisons of Male Wage Inequality: Are the Findings Robust? Tinbergen Institute, Working Paper 97-59, University of Amsterdam.

Leuven, Edwin, Oosterbeek, Hessel, van Ophem, Hans, 2004. Explaining international differences in male skill wage differentials by differences in demand and supply of skill. Econ. J. 114, 466-486.

Levy, Frank, Murnane, Richard, 1992. U. S. earnings levels and earnings inequality: a review of recent trends and proposed explanations. J. Econ. Lit. 30, 1333-1381.

Levy, Frank, Murnane, Richard, 2005. How Computerized Work and Globalization Shape Human Skill Demands, MIT IPC Working Paper IPC-05-006.

Levy, Frank, Temin, Peter, 2007. Inequality and Institutions in 20th Century America, NBER Working Paper 13106.

Liebman, Jeffrey, 1998. The impact of the earned income tax credit on incentives and income distribution. In: Poterba, James (Ed.), Tax Policy and the Economy. vol. 12.

Liu, Yujia, Grusky, David, 2013. The payoff to skill in the third industrial revolution. Am.

J. Sociol. 118 (5), 1330-1374.

Lu, Yuqian, Morissette, Rene, Schirle, Tammy, 2011. The growth of family earnings inequality in Canada 1980-2005. Rev. Income Wealth 57 (1), 23-39.

Lucifora, Claudio, Salverda, Wiemer, 2009. Low pay, In: Salverda, Wiemer, Nolan, Brian, Smeeding, Timothy (Eds.), The Oxford Handbook of Economic Inequality. Oxford University Press, Oxford, pp. 256-283 (Chapter 11).

Lydall, Harold, 1968. The Structure of Earnings. Clarendon Press, Alderley, Gloucestershire.

Machin, Stephen, 1997. The decline of labour market institutions rise in wage inequality in Britain. Eur. Econ. Rev. 41 (3-5), 647-657.

Machin, Stephen, 2008. An appraisal of economic research on changes in wage inequality. Labour 22 (Special issue), 7-26.

Mandel, Hadas, Semyonov, Moshe, 2005. Family policies, wage structures, and gender gaps: sources of earnings inequality in 20 countries. Am. Sociol. Rev. 70, 949-967.

Mandelbrot, Benoit, 1962. Paretian distributions and income maximization. Q. J. Econ. 76 (1), 57-85.

Manning, Alan, 2011. Imperfect competition in the labour market. In: Ashenfelter, Orley, Card, David (Eds.), Handbook of Labor Economics. vol. 4B. Elsevier, Amsterdam, pp. 973-1041.

Manzo IV, Frank, Bruno, Robert, 2014. Which Labor Market Institutions Reduce Income Inequality? Labor Unions, Prevailing Wage Laws, and Right-to-Work Laws in the Construction Industry, Illinois Economic Policy Institute (ILEPI). Research Report.

Martin, John, Scarpetta, Stefano, 2011. Setting It Right: Employment Protection, Labour Reallocation and Productivity, IZA Policy Paper 27, 27.

Martins, Pedro, 2009. Dismissals for cause: the difference that just eight paragraphs can make. J. Labor Econ. 27 (2), 257-279.

Matano, Alessia, Naticchioni, Paolo, 2011. Is there rent sharing in Italy? evidence from employer-employee data. Eur. J. Comp. Econ. 8 (2), 265-279.

Messina, Julian, Vallanti, Giovanna, 2007. Job flow dynamics and firing restrictions: evidence from Europe. Econ. J. 117, F279-F301.

Metcalf, David, 2004. The impact of the national minimum wage on the pay distribution, employment and training. Econ. J. 114, C84-C86.

Mishel, Lawrence, Shierholdz, Heidi, Schmitt, John, 2013. Don't Blame the Robots. Assessing the Job Polarization Explanation of Growing Wage Inequality, Working Paper, EPI, Washington (19 November).

Mookherjee, Dilip, Shorrocks, Anthony, 1982. A decomposition analysis of the trend in UK income inequality. Econ. J. 92 (368), 886-902.

Mortensen, Dale, 2005. Wage Dispersion: Why Are Similar Workers Paid Differently? MIT Press, Cambridge MA.

Muhlau, Peter, Horgan, Justine, 2001. Labour Market Status and the Wage Position of the Low Skilled: The Role of Institutions and of Demand and Supply—Evidence from the International Adult Literacy Survey, Working Paper 5, European Low-wage employment Research network. http://www. uva-aias. net/uploaded_files/regular/05MuehlauHorgan. pdf.

Neal, Derek, Rosen, Sherwin, 2000. Theories of the distribution of earnings, In: Atkinson, A. , Bourguignon, F. (Eds.), Handbook of Income Distribution, pp. 379-428, Elsevier, Amsterdam.

Neumark, David, Wascher, William, 2008. Minimum Wages. MIT Press, Cambridge MA.

Neumark, David, Schweitzer, Mark, Wascher, William, 2004. Minimum wage effects throughout the wage distribution. J. Hum. Resour. 39 (2), 425-445.

Neumark, David, Salas, Ian, Wascher, William, 2013. Revisiting the Minimum Wage-Employment Debate: Throwing Out the Baby with the Bathwater? NBER Working Paper 18681.

Nickell, Stephen, 1997. Unemployment and labor market rigidities: Europe versus North America. J. Econ. Perspect. 11, 55-74.

Nickell, Stephen, Layard, Richard, 1999. Labour market institutions and economic performance, In: Ashenfelter, Orley, Card, David (Eds.), pp. 3029-3084 (Chapter 46).

Nickell, Stephen, Nunziata, Luca, Ochel, Wolfgang, 2005. Unemployment in the OECD Since the 1960s. What do we know? Econ. J. 115 (500), 1-27.

Nunziata, Luca, 2005. Institutions and wage determination: a multi-country approach. Oxf. Bull. Econ. Stat. 67 (4), 435-466.

Ochel, Wolfgang. 2005. Concepts and Measurement of Labour Market Institutions. CESifo DICE Report 4/2005, pp. 40-55.

OECD, 2004. Employment Outlook. OECD Publishing, Paris.

OECD, 2009. What Are Equivalence Scales? OECD Publishing, Paris.

OECD, 2011. Divided We Stand: Why Inequality Keeps Rising. OECD Publishing, Paris.

OECD, 2012. Employment Outlook. OECD Publishing, Paris.

OECD, 2013. OECD Skills Outlook 2013. First Results from the Survey of Adult Skills. OECD Publishing, Paris.

Oliver, Rebecca, 2008. Diverging developments in wage inequality which institutions matter? Comp. Polit. Stud. 41 (12), 1551-1582.

Olivetti, Claudia, Petrongolo, Barbara, 2008. Unequal pay or unequal employment? A cross-country analysis of gender gaps. J. Labor Econ. 26 (4), 621-654.

Oswald, Andrew, 1996. A Conjecture on the Explanation for High Unemployment in the

Industrialised Nations, Warwick Economic Research Papers 475.

Paul, Satya, 2004. Income sources effects on inequality. J. Dev. Econ. 73 (1), 435-451.

Peichl, Andreas, Pestel, Nico, Schneider, Hilmar, 2010. Does Size Matter? The Impact of Changes in Household Structure on Income Distribution in Germany, CESifo Working Paper 3219.

Philippon, T., 2001. The impact of differential payroll tax subsidies on minimum wage employment. J. Public Econ. 82, 115-146.

Pierce, Brooks, 2001. Compensation inequality. Q. J. Econ. 116 (4), 1493-1525.

Pierce, Brooks, 2010. Recent trends in compensation inequality. In: Abraham, Katharine, Spletzer, James, Harper, Michael (Eds.), Labor in the New Economy. NBER Books, University of Chicago Press, Boston/Chicago, pp. 63-98 (Chapter 2).

Pijoan-Mas, Josep, Sánchez-Marcos, Virginia, 2010. Spain is different: falling trends of inequality. Rev. Econ. Dyn. 13 (1), 154-178.

Piketty, Thomas, 2003. Income inequality in France, 1901-1998. J. Polit. Econ. 111, 1004-1042.

Piketty, Thomas, Saez, Emmanuel, 2003. Income inequality in the United States, 1913-1998. Q. J. Econ. 118, 1-39.

Piketty, Thomas, Saez, Emmanuel, 2006. The evolution of top incomes: a historical and international perspective. Am. Econ. Rev. 96 (2), 200-205.

Piketty, Thomas, Saez, Emmanuel, 2012. Optimal Labor Income Taxation, NBER Working Paper18521.

Piketty, Thomas, Saez, Emmanuel, 2013. Optimal labor income taxation, vol. 5. In: Auerbach, Alan, Chetty, Raj, Feldstein, Martin, Saez, Emmanuel (Eds.), Handbook of Public Economics. Elsevier, Amsterdam (Chapter 7).

Piketty, Thomas, Saez, Emmanuel, Stantcheva, Stefanie, 2011. Optimal Taxation of Top Labor Incomes: A Tale of Three Elasticities, NBER Working Paper17616.

Plotnick, Robert, 1982. Trends in male earnings inequality. South. Econ. J. 48 (3), 724-732.

Reed, Deborah, Cancian, Maria, 2001. Sources ofinequality: measuring the contributions of income sources to rising family income inequality. Rev. Income Wealth 47 (3), 321-333.

Rogerson, Richard, Shimer, Robert, 2011. Search in macroeconomic models of the labor market. In: Ashenfelter, Orley, Card, David (Eds.), Handbook of Labor Economics. vol. 4A. Elsevier, Amsterdam, pp. 619-700.

Rogerson, Richard, Shimer, Robert, Wright, Randall, 2005. Search-theoretic models of the labor market: a survey. J. Econ. Lit. 43 (4), 959-988.

Rosen, Sherwin, 1986. The theory of equalizing differences. In: Ashenfelter, Orley, Layard, Richard (Eds.), Handbook of Labor Economics. vol. 1. Elsevier, North Holland, pp. 641-692.

Rueda, David, Pontusson, Jonas, 2000. Wage inequality and varieties of capitalism. World Polit. 52 (3), 350-383.

Saint-Paul, Gilles, 2000. The Political Economy of Labour Market Institutions. Oxford University Press, Oxford.

Salverda, Wiemer, 2008. Labor market institutions, low-wage work, and job quality, In: Salverda, Weimer, van Klaveren, Maarten, van der Meer, Marc (Eds.), Low-Wage Work in the Netherlands. Russell Sage, New York, pp. 63-131 (Chapter 3).

Salverda, Wiemer, 2009. The bite and effects of wage bargaining in the Netherlands 1995-2005. In: Keune, Maarten, Galgóczi, Béla (Eds.), Wages and Wage Bargaining in Europe; Developments Since the Mid-1990s. ETUI, Brussels, pp. 225-254.

Salverda, Wiemer, 2013. The Evolution of Dutch Top-Income Shares Until 2012 and the Puzzle of Stability, AIAS Working Paper.

Salverda, Wiemer, Atkinson, Anthony B., 2007. Top incomes in the Netherlands over the twentieth century, In: Atkinson, Piketty, (Eds.), (Chapter 10).

Salverda, Wiemer, Haas, Christina, 2014. Earnings, employment and income inequality, In: Salverda, Wiemer, Nolan, Brian, Checchi, Daniele, Marx, Ive, McKnight, Abigail, Gyogy Tóth, István, van de Werfhorst, Herman (Eds.), Changing Inequalities in Rich Countries: Analytical and Comparative Perspectives. Oxford University Press, Oxford (Chapter 3).

Salverda, Wiemer, Haas, Christina, de Graaf-Zijl, Marloes, Lancee, Bram, Notten, Natascha, Ooms, Tahnee, 2013. Growing Inequalities and Their Impacts in The Netherlands, Country Report for The Netherlands. GINI project, http://www. gini-research. org/system/ uploads/512/original/ Netherlands. pdf? 1380138293.

Salverda, Wiemer, Nolan, Brian, Maitre, Bertrand, Miihlau, Peter, 2001. Benchmarking Low-Wage and High-Wage Employment in Europe and the United States, Report to the European Commission DG Employment and Social Affairs. http://www. uva-aias. net/uploaded_files/regular/ draftdef0-1-1. pdf Brussels.

Scheve, Kenneth, Stasavage, David, 2009. Institutions, partisanship, and inequality in the long run. World Polit. 61 (2), 215-253.

Schivardi, Fabiano, Torrini, Roberto, 2008. Identifying the effects of firing restrictions through size- contingent differences in regulation. Labor Econ. 15 (3), 482-511.

Schmitt, John, 2013. Why Does the Minimum Wage Have No Discernible Effect on Employment? Center for Economic and Policy Research, CEPR, Washington, DC.

Schwartz, Christine, 2010. Earnings inequality and the changing association between spouses' earnings. Am. J. Sociol. 115 (5), 1524-1557.

Shorrocks, Anthony, 1982. Inequality decomposition by factor components. Econometrica 50 (1), 193-211.

Shorrocks, Anthony, 1983. The impact of income components on the distribution of family incomes. Q. J. Econ. 98 (2), 311-326.

Slonimczyk, Fabián, 2013. Earnings inequality and skill mismatch. J. Econ. Inequal. 11 (2), 163-194.

Slonimczyk, Fabián, Skott, Peter, 2012. Employment and distribution effects of the minimum wage. J. Econ. Behav. Organ. 84 (1), 245-264.

Spitz-Oener, Alexandra, 2006. Technical change, job tasks, and rising educational demands: looking outside the wage structure. J. Labor Econ. 24 (2), 235-270.

Stewart, Mark, 2012. Wage inequality, minimum wage effects, and spillovers. Oxf. Econ. Pap. 64, 616-634.

Sutch, Richard, 2010. The Unexpected Long-Run Impact of the Minimum Wage: An Educational Cascade, NBER Working Paper 16355.

Thévenon, Olivier, 2013. Drivers of Female Labour Force Participation in the OECD, OECD Social, Employment and Migration Working Paper 145, Paris.

Thévenon, Oliver, Solaz, Anne, 2013. Labour Market Effects of Parental Leave Policies in OECD Countries, OECD Social, Employment and Migration Working Paper 141, Paris.

Van der Wiel, Karen, 2010. Better protected, better paid: evidence on how employment protection affects wages. Labor Econ. 17, 16-26.

Van Praag, B., Hagenaars, Aldi, van Weeren, Hans, 1982. Poverty in Europe. Rev. Income Wealth 28 (3), 345-359.

Van Weeren, Hans, Van Praag, Bernard M. S., 1983. The inequality of actual incomes and earning capacities between households in Europe. Eur. Econ. Rev. 24, 239-256.

Večerník, Jiří, 2010. Earnings Disparities and Income Inequality in CEE Countries: An Analysis of Development and Relationships, Working Paper 540, Luxembourg Income Study.

Večerník, Jiří, 2013. The changing role of education in the distribution of earnings and household income. The Czech Republic, 1988-2009. Econ. Transit. 21 (1), 111-133.

Visser, Jelle, 2009. The ICTWSS Database: Database on Institutional Characteristics of Trade Unions, Wage Setting, State Intervention and Social Pacts in 34 Countries Between 1960 and 2007. http://www. uva- aias. net/208.

Visser, Jelle, Checchi, Daniele, 2009. Inequality and the labour market: unions, In: Salverda, Wiemer, Nolan, Brian, Smeeding, Timothy (Eds.), The Oxford Handbook of Economic Inequality. Oxford University Press, Oxford, pp. 230-256 (Chapter 10).

第 19 章　促使经合组织地区不平等变化的多重因素的跨国数据

迈克尔·F. 福斯特 (Michael F. Förster) *,

伊斯特万·捷尔吉·托特 (István György Tóth)†

* 经合组织 (OECD) , 法国巴黎市

† 塔尔基社会研究所, 匈牙利布达佩斯市

目　录

摘要:本章根据最近的国际(跨国)研究,从水平和趋势两个方面对造成经合组织地区收入不平等的多重原因进行了详尽的回顾。这项回顾主要涵盖经济学文献,也包括社会学和政治学的相关文献。我们从六个方面概述了造成不平等的因素:(1)宏观经济部门结构性变化;(2)全球化和技术变化;(3)劳动力市场和其他有关制度;(4)政治和政治过程;(5)税收/转移支付方案;(6)人口和其他微观结构变化。我们发现,这些文献虽然对这六个领域分别进行了极为详细的局部分析,但真正针对经合组织和欧盟国家联合部门的多元和多国分析却寥寥无几。我们建议对各种调查结果进行更多的跨学科思考,而现今数据的惊人发展以及各学科方法的统一都对此大有裨益。

关键词:收入分配;全球化;劳动力市场制度;政治经济学;再分配;人口结构;多变量模型;跨国比较;经合组织国家

JEL 分类代码:D30,D31,D63,I32,I38,J31,O15

19.1　引言

Brandolini 和 Smeeding(2009)在对较富裕国家和经合组织国家收入不平等的研究综述中总结道:"建立模型并弄清造成国家间收入不平等的程度和趋势差异的因素及其解释,是研究不平等问题的研究人员渴望解决的终极挑战。"这句话准确地概括了本章文献综述的目的。

本章旨在从水平和(特别是)趋势层面,全面回顾那些国际(跨国)研究得出的收入不平等的驱动因素和根本原因。我们的回顾是跨学科的,主要侧重于经济学文献,但也包括社会学和政治学的有关证据。① 虽然本章力求全面,但一些重要的研究决策限制了研究的范围和重点:

· 本章研究的地理范围仅限于经合组织和欧盟国家。本书第 9 章、第 11 章和第 20 章阐述了新兴国家和发展中国家不平等的驱动因素和世界发展问题。

· 本章更新了目前的文献综述,其中大部分是近期的研究,主要侧重于 21 世纪以来可以获得的跨国分析。

· 本章主要在相关文献综述的基础上进行元分析,不会在此次回顾的框架内产生新的数据分析。但是,本章阐明了这些文献的主要发现,并进行了数值分析。

· 本章的重点是结果的不平等,而不是机会的不平等,对后者的分析集中在第 4 章。

· 本章不包括对贫困决定因素的研究。虽然人们承认(相对)贫困是不平等的一个特点,但我们的研究重点是收入差距的全面决定因素。研究贫困的文献,可见 Nolan 和 Marx(2009),以及本书第 3 章、第 8 章、第 9 章和第 22 章。

· 在处理"不平等"问题时,根据本书的重点,本章尽可能强调住户收入的不平等。考虑到现有实证分析文献范围,本章还包含对诸如劳动工资报酬等收入子集的分配决定因素结果的报告。不过,个人工资分配的决定因素在第 18 章中进行了讨论。

· 本章侧重于个人收入分配的规模,没有研究职能收入分配的文献。

· 考虑到长时间范围里大型跨国数据集的局限性,分析需要在国家覆盖率(N)和时间序列的长度(T)之间进行取舍,本章在此划定了实际界限。一方面,即使只包含一个或几个时间点,包含许多国家的截面数据也与综述有关。另一方面,对少数几个国家进行的时间跨度较长的分析,也可能与综述有关。然而,这一取舍问题将在本章后面进一步讨论。

· 本章从几个方面回顾了不平等驱动因素的研究结果:国内不平等的截面、国家的准面

---

① 这里采用的跨学科方法迫使我们对各种科学分析方法和方式做出一些困难的选择,这种困难也根植于长期以来学科间的不对等。选择一个(大部分)经济学家应用的框架作为起点,对于其他学科的代表来说,似乎是削足适履。不过,话虽如此,我们希望我们的方法是有用的。

板和纵向调查的跨国比较(研究的数据背景在19.3.2中讨论,涵盖收入分配文献的综合数据背景)。本章不涵盖跨国差异的研究,如 GDP 趋同性研究。

本章的结构依照文献研究问题的粗略分类进行编排,结尾部分试图总结和归类文献中的大量发现,并对研究结果进行评价。

在选择要回顾的实证研究时,我们认为以下四个要素至关重要:(1)分析必须显示关于收入(或至少是工资报酬)不平等的实证结果;(2)分析必须涵盖多个国家;(3)分析必须至少是多元的;(4)分析的覆盖范围必须与经合组织和欧盟国家有关。因此,我们不得不忍痛省略许多关于不平等驱动因素的优秀报告。①

19.2 解释不平等及其变化的研究问题与方法

本章阐述了跨国背景下收入不平等的多种原因。首先,我们介绍问题的结构,然后概述在研究的文献中使用的方法。

19.2.1 研究问题的结构

要理解和找到文献中的研究问题的相应构想,最好从显示造成不平等的主要因素的流程图开始(见图19.1);就现阶段而言,此图故意忽略了潜在的因果关系。如图所示,收入不平等(在各层级经济发展中)是宏观过程(例如供求过程、全球化、贸易和经济部门变化)、结构条件(包括经济和社会结构)和制度建设(聚合集体偏好的政治制度、帮助有效利用人力资本禀赋的劳动力市场制度以及制度化的社会再分配税收/转移支付机制)的产物。

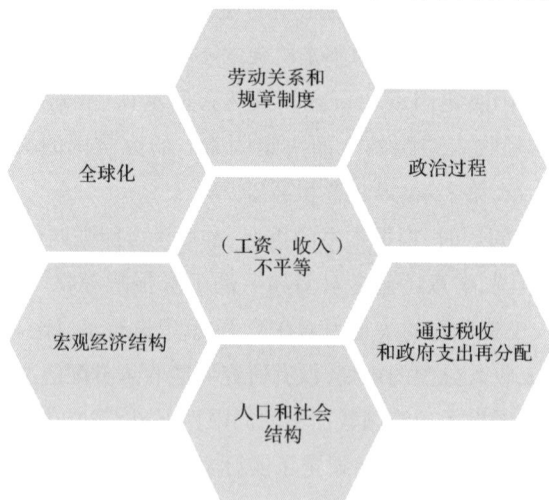

图 19.1 对收入分配决定因素的简要描述

---

① 然而,我们并不总是依照这些标准选择。例如,初看我们回顾的某些研究,其数据背景似乎不符合上述标准[例如,一个重要政治过程的模式(如社团协议)是用个人工资而不是收入来检验的]。然而,对利益集团的政治经济学的论证思路,即使只涉及对工资的影响,也非常重要。此外,在某些情况下,特别是在关于全球化和技术变革的辩论框架内,由于理论或方法上的原因,发展中国家的经验教训可能是很重要的。因此,一些对其他国家的研究虽然与我们的首要目标不相关,但是并未被排除。然而,正文中所述限制的一般准则仍然需要被遵守。

图 19.1 简要地列出了六种潜在的工资报酬(earnings)和收入(income)分配的主要驱动因素。从左到右来看,首先,"全球化"主要涵盖全球化的经济层面,如加强贸易一体化、外包或金融一体化,技术变革也属于这个范围。其次,在"劳动关系和规章制度"的标题下,我们讨论了劳动力市场的制度特征,如工会化程度、工资谈判机制的潜在作用,或政治制度中的社团主义程度。"政治过程"包括(选民和政党的)偏好形成、政治代表和利益集团政治。"再分配和税收—支付转移政策"涉及各种政策安排,旨在改变因市场进程而产生的"原始"分配。"人口和社会结构"是指个人及其收入融入家庭(families)和住户(households)的方式(住户的结构按年龄、就业、收入水平划分),以及社会如何由各种社会人口变量组成(如年龄、性别或教育)。最后,社会的"宏观经济结构"(以就业部门分布、劳动力市场依附程度等为特征)对确定总体不平等至关重要。这个示意图显示了影响收入分配因素的复杂性,并强调了我们在文献回顾中发现的大多数实证分析的局限性。[1]

我们研究的绝大多数的文章建立了不平等(或不平等的变化)的模型,并对选定的驱动因素变量回归选定的不平等度量,驱动因素通常在一个(很少超过一个)范围内选择。在这些文献中,我们分析了 48 篇文章的主要特点,其列表和最接近于上述标准的文献列表载于附录 A19.1。其中许多文章集中于图 19.1 的某些特定部分,却很少有文章全面解释收入分配变化的所有潜在变量[Cornia(2012)或 OECD(2011)属于例外情况;详见附件表 A19.1]。尽管如此,在分析某些特定的部分时,记住全貌是有用的。

被选取方法所采用的一般形式可以写成一个广义回归方程[方程(19.1)]。

$$INEQ_{i,t} = \alpha + \beta \cdot X_{i,t} + \gamma \cdot Z_{i,t} + \lambda \cdot Q_{i,t} + \eta_i + \mu_t + \varepsilon_{i,t} \qquad (19.1)$$

其中,$INEQ_{i,t}$ 是在某个时间点 t,某个国家 i 选择的衡量住户收入不平等的指标。$X_{i,t} = \{x_{j,i,t}\}$ 代表从个人(或住户)属性(年龄、教育程度、性别、住户类型等)聚合的人口特征向量。在国家层面,这些属性定义了一个国家不平等发展的结构条件。$Z_{i,t} = \{z_{j,i,t}\}$ 是代表宏观经济(GDP、贸易、金融全球化、技术等)和制度变量(政策、再分配、工资设定机制等)的向量。在以国家为分析单位的跨国比较中,这些变量代表宏观单位(国家)的属性;$Q_{i,t} = \{q_{j,i,t}\}$ 是特定历史/情境变量(历史、规模、位置、组成等)的向量。η_i 和 μ_t 分别代表国家虚拟变量和时间虚拟变量(作为固定效应,这些有时会包括各种国家特有属性和特定年份效应)。$\varepsilon_{i,t}$ 表示误差项,i 为 $1, \cdots, N$,代表国家;t 为 $1, \cdots, T$,代表年数。为了便于之后使用,我们将方程(19.1)称为不等式回归大方程(GIRE)。[2]

---

① 从本质上讲,如图 19.1 所示,我们对文献的描述尽管涉及了广泛领域,但是从专家的角度看仍然是肤浅的。然而,本书中的一些其他章节为所有六个领域提供了更深入的细节。例如,这章我们讨论了劳动力市场制度对收入分配的影响,而一些特殊的因素,如工资政策,在第 18 章中有进一步的详细说明。同样,这章我们对重新分配的影响和税收优惠政策分析的讨论并非详尽无遗,但第 22 章专门讨论了这些问题。关于这种互补性的例子还有许多。

② 虽然这个方程看起来非常一般化,但在某种程度上,它也是非常具体的。当然,更精细的公式必须考虑非线性以及解释变量之间的潜在相互作用。然而,我们在这里提供的公式只是一个启发式工具,用来帮助构建本章的框架。另一个警告是,不平等的含义取决于方程等号左侧,这将在 19.4 节中进行讨论。

19.2.2 关于不平等回归大方程的论证和部分问题的说明

Atkinson 和 Brandolini(2009)建议读者,如希望了解不平等实证研究文献,应该同时考虑理论、数据和预测,这意味着必须有足够并足以满足理论的数据,且预测方法必须能适当处理现有数据。这一要求是解释所有学科(经济、社会学和政治学)实证性文章的关键。在考察各种实证研究时,我们要谨记这项要求。

19.2.2.1 大方程的用处

关于回归方法的一个重要问题应从一开始说明。一些学者可能认为,跨国回归未能充分反映跨国差异,因为历史和制度的特殊性使得各国的因变量和自变量之间的关系完全不同。其他学者则认为,当控制所有其他潜在因素时,变量 X 和变量 Y 之间的关系将是相同的。我们认为,明确的回归分析有助于理解各种因素之间的联系(即使不是因果关系),但与此同时,必须谨慎行事,始终考虑到各国的具体情况。各种福利制度的分类[可追溯到 Esping-Andersen(1990)区分保守、自由和社会主义制度的开创性工作]或区分资本主义类型等复杂问题(Hall and Soskice,2001)会增加重要参数,而且它们确实能描述不同的情况,但是,对它们的控制(在理想的数据情况下)为不同国家之间 X 和 Y 关系的统一性留下了足够的空间。[1]

然而,如果把考察福利制度的文献数增加至最大,我们很难确定各种单一因素对收入分配的影响(或收入分配产生的变化)。鉴于福利制度被定义为一种复杂的相互作用,是国家、市场和家庭的共同产物(Esping-Andersen,1990;Esping-Andersen and Myles,2009),合适的方法论类比是聚类分析法,而不是回归分析法。依据国家属性构成的聚合既包含相似又有不同的国家不平等实例,同时也可看出其他因素[Kammer 等(2012)是这类福利制度分析的一个突出例子]。然而,人们无法找到这些因素之间的因果关系。在没有任何有助于判断的提示的情况下,我们试图遵循上面强调的逻辑,以帮助讨论收入分配决定因素。

19.2.2.2 分析单位

在有关不平等驱动因素的跨国研究中,分析单位(数据点)是各个国家,这些国家以各种不平等测度为左侧变量,以其他宏观特征(如 GDP、经济部门份额、全球化、制度或再分配)为右侧变量。

大多数的这些分析,在右侧引入时间维度,在不同时期使用多个数据点。在某些情况下,可以对变化进行宏观层面的分析。[2] 我们研究的许多文献属于这一类。然而,理想的做法是对汇集的微观数据进行分析,以确定收入不平等决定因素的跨国差异。令人惊讶的是,我们没有找到属于后一类的文章。

---

[1] 由于学科制度的复杂性以及学者的学术训练背景,一些领域大量使用定性方法,这一点必须明确说明[例如,见 Rueda 和 Pontusson(2000)对政治学家的提醒或 Kenworth(2007)对社会学家的忠告]。

[2] 当国家不平等指数的变化令人感兴趣时,使用方程(19.1),估算出以下关系:

$$\delta(INEQ_i) = f(\delta X_i, +\delta Z_i, + Q_i, +\eta_i, +\varepsilon_i), \qquad (19.2)$$

应该注意的是,不平等的变化(在国家层面)取决于以下因素的具体加权组合:

δX = 从 t 到 $t+1$ 结构属性(年龄、教育、性别等)的变化;

δZ = 从 t 到 $t+1$ 宏观和制度变量(政策、再分配、工资确定机制等)的变化。

其他参数与方程(19.1)中的相同。

另一组分析同样使用分解方法,通过微观变量而不是宏观变量来解释不平等(以及不平等变化)的根本驱动因素。分解方法可以成为强有力的工具,从数学上将构成整体不平等的部分因素分开。它也可以用来确定几个收入来源对总体收入不平等的相对作用(可追溯至 Shorrocks,1982),或者用来分析不同人口分组对不平等水平和趋势的影响。

19. 2. 2. 3　回归分析方法

大多数宏观经济跨国固定样本研究在宏观经济背景下使用混合截面的普通最小二乘法(OLS)回归,来衡量阻碍国家之间和国家内部不平等的因果因素。

然而,许多对趋势进行多国研究的学者认为,简单的 OLS 不够令人满意,特别是当分析包含更多制度不同的国家的样本时——无论是在衡量不平等方面,还是在制度或宏观经济具体设定方面。例如,时间不变,国别异质性迫使与同一国家相关的误差项随着时间的推移而相互关联,这会导致传统 OLS 估计产生偏差。此外,可能存在面板异方差,因为一些国家的误差方差可能具有时间相关性(序列相关性)和/或各国之间的误差差异可能系统地有所不同。如果不加以处理,这两种模式下的 OLS 估计效果都不佳。

为了将国别因素体现在不同的国别截距项中,而不是将所有国家设定为相同的截距,这里研究的大多数宏观经济面板方法在其模型中运用固定效应模型。例如,Gourdon 等(2008)的主要结论之一就是"研究中不通过固定效应控制被忽略的变量的影响,结果将是有偏的"。

然而,一些作者认为固定效应方法过于保守,因为在数据中忽略了国家之间的差异,而且一些因素的影响随着时间的推移是恒定的,但在国家之间有所不同,例如制度,就很可能被忽视。这就是 Nielsen 和 Alderson(1995)以及 Alderson 和 Nielsen(2002)的观点,这些作者提出了一个随机效应模型("随机"这里指将未观察到的效应视为随机变量,因为它们独立于解释变量)。这种模式只删除了小部分特定国家的平均数,而不是所有平均数,因此被认为"对国家间的变化的利用率较高"(Alderson and Nielsen,2002)。

人们还对时间序列回归方法在解释不平等决定因素方面的效用提出了更普遍的批评。其中一个问题是确定长期关系和序列的协整。标准面板回归方法的一个问题是如何考虑解释变量的时间效应。例如,全球化或放松管制很可能是"重要"因素,但它们可能需要一些时间来影响收入分配;此外,各国之间和各因素之间的延迟可能不一样。如果有足够长的时间序列,这可能不成问题,但通常情况并非如此。

一个相关的问题是数据点的非平稳性,也就是说,数据点的平均数和方差随时间变化而变化,无论是趋势、周期还是随机变化。例如,Parker(2000)认为,许多解释变量可能是非平稳的,这就产生了虚假的回归结果,因为它们可能表明两个不存在任何关系的变量之间存在关系。另外,当使用小样本时,单整和协整检验的作用都不大,这在不平等研究中经常出现。① 一种可能的解决办法是将 OLS 与误差修正模型方法相结合,这是由 Hox(2002)提出的,被 Rohrbach(2009)和 Cassette 等(2012)应用过。这个方法在所有其他层级中同时回归了协变量上的最低层级变量。

---

① 作为一种超越 OLS 的替代性方法,Parker(2000)建议转向因素分解和截面回归分析。

同样,Jäntti 和 Jenkins(2010)认为,由于回归式左右侧变量的非平稳性,在时间序列分析中直接估计参数可能是有问题的。此外,左侧变量通常是有界变量,有单位时间间隔,这涉及平稳性检验的问题,这也产生了适当设定的一般性问题。[①] Jäntti 和 Jenkins(2010)建议回到参数分布函数。当将后一种方法应用于处理英国的数据时,他们发现,宏观经济因素的分布效应比使用常用方法时要小。

话虽如此,即使跨国面板数据回归需要进行解释,而且往往综合起来得出不确定的结论(特别是在全球化的作用方面),但在过去几十年的研究中,成果仍然很多。正如 Eberhardt 和 Teal(2009)所说的(论及有争议的跨国增长回归结果),"从不完全的成功中学到的教训不是放弃'追求',而是努力寻求为什么成功如此有限"。

在所有我们回顾的研究中,最常见的解释不平等变化的方法是使用聚合不平等衡量标准。然而,这样做可能会错过分配方面的重要变化。从这个角度来看,可能需要采取更全面的办法,例如 DiNardo 等(1996)提出的重新加权程序,以及 Firpo 等(2009)用于劳动力市场分析的再中心化影响函数(RIF)回归分解方法,或 Bourguignon 等(2005)在微观经济学的收入分配动态项目中对住户收入分配使用的微观计量经济学方法。所有这些方法都旨在以可控的方式模拟反事实的分配,从而揭示收入分配背后不断变化的驱动因素。

这些方法仍然停留在局部均衡视角。因此,目前另一个挑战是将以宏观和微观为基础的回归方法及其研究结果结合起来。由此,研究者开发了新的宏观—微观模型工具(见 Bourguignon et al.,2010)。这些模型通过将宏观框架与使用住户或个人数据的微观模拟模型相结合,来分析诸如移民等"宏观"事件的分布效应,或者实施序贯法(例如,首先在可计算的一般均衡模型中计算宏观经济变量,然后将估算值输入微观模拟模型,该模型将宏观变化的影响分布在微观单元之间),或者在可计算的一般均衡模型中完全整合微观模拟模型。

就跨国面板回归研究结果而言,除了表明系数的重要性,许多研究还试图衡量影响不平等的不同变量的相对重要性。由于这些变量通常以不同的单位测量,因此一种常见的方法是计算标准化系数(首先将所有变量标准化,使其平均值为 0,标准差为 1)。此外,研究者通常使用简单的模拟或粗略估算来量化单个因素的影响。例如,IMF(2007)和 Jaumotte 等(2008)计算了各种因素对不平等变化的影响,将各变量的年平均变化乘以相应的系数,其中各国家组别的平均数按每个国家的可得数据年份加权(以提高在这些平均数中观察期较长的国家的权重)。OECD(2011)使用相同的计算方法来显示不同因素对总体工资收入不平等的相对影响。

[①] 遵循 Atkinson 等(1989),我们有理由使用 log[$INEQ/(1-INEQ)$] 类型的对数逻辑斯谛公式,这个公式允许无界的变异。

19.3　跨国研究的数据来源

本节概述了在国际比较中可用于对国内不平等进行多元分析的数据。

19.3.1　多国研究的不同战略

虽然很少被明确说明,但研究需要决定分析国家样本的确切范围。虽然这一选择可能受到数据可用性的限制(但不应受此激励),但在使用多国样本解释不平等的差异时,存在两种不同的策略。样本可以由一组具有类似制度特征的国家(例如经合组织地区)组成,这是被 Przeworski 和 Teune(1970)称为"最相似设计"的策略。此外,研究目的还可以是检验一种假设,例如一组制度特征极为不同的国家的发展与不平等之间的库兹涅茨型关系,这是一种"最不相似设计"的策略。

虽然早期许多关于全球不平等原因的研究旨在将尽可能多的国家纳入分析,但在抽样中,发达国家的比例仍然过高,而非洲国家的覆盖率很低。20 世纪 90 年代和 21 世纪初,在对不平等现象进行"普遍"考察的一项典型研究中,经合组织国家占整个数据集的一半到三分之二。在最近的研究中,这种情况发生了变化,但经合组织地区仍占所有国家研究数据的三分之一。虽然这一选择取决于数据的可得性,但实证结果解释的精确性和概括性受到影响。[①] 根据研究问题的性质,对基本数据及其质量进行彻底检查后,减少国家样本可能是更好的选择,或者,就像 Atkinson 和 Brandolini(2006a)建议的那样,"对各国来源深入了解后……我们可能会分析经过仔细选择的国家子集,而不是寻求国家数量最大化"。

从这个意义上说,即使把重点放在诸如经合组织或欧盟这种显然更为统一的国家面板上,也可能涉及解释性问题,特别是如果在分析中包括新成员国的话。将产业二元论和农业、工业之间的产业偏向作为不平等驱动因素的实证分析的结果(见 19.3.2),在很大程度上取决于如何定义经合组织地区和欧盟地区。如果这些定义不仅包括"传统"经合组织成员国或"老"欧盟成员国,还包括较新的成员国,如波兰或墨西哥[农业就业比例仍然很高(超过经合组织平均水平的一半)],那么实证结论可能会模糊不清,则二元论模式可能有一些突出之处。在接下来的内容中,我们将通过"菜单"查看可用于不平等研究的数据集。

19.3.2　数据来源:过去数十年来数据可用性的快速发展

西蒙·库兹涅茨(Kuznets,1955)在其关于经济增长和收入不平等的开创性文章的结束语中承认,他的论文"或许包含 5% 的经验信息和 95% 的推测"。直到 20 世纪 90 年代初,具有国际可比性的收入不平等数据仍然很少。然而,在过去的二三十年中,研究者已经进行了大量的入户调查,经合组织国家在分配数据的收集和标准化方面取得了很大进展。虽然情况仍然很不理想,但今天的研究和结果也许能反映 50% 的经验信息和 50% 的推测。

这一部分和前 50% 有关,介绍了收入不平等数据的主要来源,以及在对不平等驱动因素

---

① Tsai 等(2012)的讨论就是一个很好的例子,他们用与 Zhou 等(2011)相同的数据复制了相同的模型,但通过增加发达国家、转型国家和发展中国家的虚拟变量(而不是将研究中的所有 60 个国家合并在一起),发现了不同的和部分自相矛盾的结果。

进行的跨国研究中使用的其他关键变量。研究回顾了收入不平等的国际数据集:事前标准化数据、事后标准化数据、最优国家来源的标准化数据和次级数据集。回顾重点是其中至少包括经合组织大多数国家的数据集。新的数据来源如何为新型研究问题和新型分析方法的应用(特别是使用纵向面板数据)开辟前景,也将变得更加明晰。

19.3.2.1 标准化的微观数据

尽管不断取得进展,但用于不平等研究的可比原始数据集仍然有限。30年前,卢森堡收入研究所(LIS)的数据收集工作做出了开拓性贡献。自2005年左右开始,欧盟统计局(EUROSTAT)启动了一项关于收入和生活条件的统一入户调查(EU-SILC),该调查包含28个成员国和其他一些欧洲国家的数据。同样,自2005年左右开始,经合组织为34个成员国提供了一套详细的标准化的住户收入和贫困指标。

19.3.2.1.1 卢森堡收入研究所

卢森堡收入研究所(LIS)是一家数据存档和研究中心,专门从事跨国分析。该研究项目从入户调查中收集收入微观数据,并将这些数据标准化,纳入收入、人口和就业变量的共同框架。标准化是事后进行的。其关键是可支配收入的标准化,且包含可得的详细的收入总额。项目开始时包括七个国家的数据。如今,LIS储存了40多个国家的微观数据,跨度为8个时间点,从1980年左右开始,大约每隔5年存储一次。对机构进行过财政捐助的国家和机构研究人员,以及世界各地的学生,登记后均可获得LIS调查的微观数据。微观数据可以用于学术、研究或教育目的,但不允许用于商业目的。

LIS数据库的主要优点之一是,它允许研究人员远程访问微观数据。对事后标准化的审查也使微观变量具有高度的可比性。它的一个主要的缺点是地理和时间覆盖范围有限,虽然它最近也纳入了一些中等收入国家和新兴国家,数据更新更加频繁(3年一次而不是5年一次),这使它能服务于更广泛的面板数据分析。

19.3.2.1.2 欧盟收入和生活条件数据统计

欧盟收入和生活条件数据统计(EU-SILC)是一项年度调查,收集了28个欧盟成员国和4个非欧盟国家的收入、贫困、社会排斥和生活条件的微观数据。这项统计自2004年以来在15个国家进行,2007年以来统计范围扩展到32个国家。

EU-SILC调查标准化"产出"而不是标准化"投入"。这意味着收集数据并不是通过对所有国家进行一次调查,而是向各国提供它们可以利用国家调查收集和定义的变量清单,必要的标准化由欧盟统计局进行。EU-SILC包括纵向信息,调查是以轮换面板为基础的(轮换期通常为期4年)。与大多数其他纵向调查不同的是,在EU-SILC中,截面数据和纵向数据是单独发布的。

匿名化的EU-SILC微观数据(所谓的用户数据库)不供个人使用,而是通过研究合同授予欧盟和欧洲经济区国家的研究机构(或类似实体)使用权。欧盟内部的其他组织和欧盟以外的组织,需要向欧洲统计系统委员会(European Statistics System Committee)申请许可,大约需要花费6个月的时间。这些数据中关于收入和其他生活条件的一套详细指标,可从欧盟统计局数据库中查到。

EU-SILC 的主要优点是高度标准化,特别是在收入概念、年度数据的可得性,以及数据纵向部分的可得性方面。对于当今的研究人员来说,其缺点就是该项目仍然相对年轻,通常只有 10 年以内的微观数据可用,因此妨碍了长期分析。[①] 它还有一些问题,包括在将大量原始微观数据转换为更受限的最终数据集时,有些信息会丢失,而这种转换的基本方法以及在国家层面对数据的处理(例如估算程序)并不总是详尽无遗的。尽管如此,有理由相信,在今后几年,其中的大多数问题都可以更一致、更明确地得到轻松解决(Iacovou et al. ,2012)。

19.3.2.1.3　经合组织数据(收入分配数据库)

经合组织收入分配数据库(IDD)以经合组织通过国家顾问网络进行的定期数据收集为基础,这些顾问提供了包含各国微观数据的标准表格,这些数据被认为是每个国家的"最适当"的数据来源,并以可比较的定义和方法为基础。这是通过一份详细的数据调查表进行的,其中包括收入分配和贫困指标的表格,以及标准化的参考条款。数据收集的主要内容是住户等价可支配收入,包括工资和薪金、自营职业收入、出售房产收入和来自政府的一般现金转账,减去住户缴纳的税款和社会保障缴款。计算这些收入构成部分所用的定义,是基于堪培拉小组(Canberra Group)采用的关于住户收入统计的建议。

经合组织 34 个成员国的一组详细变量可从经合组织的"数据立方体"(data cube)中得到。它包括几个不平等和贫困指标的简短概括(征税/转移支付之前和之后),以及收入水平和人口流动的数据。数据大约每 5 年提供一次,可追溯到 20 世纪 90 年代中期,有一小部分国家的数据可追溯到 20 世纪 80 年代中期和 20 世纪 70 年代中期。从 21 世纪中期开始,根据基本调查情况,数据的更新频率有所提高,但一般来说,34 个国家中有 28 个国家每年都提供数据。访问这些数据是免费的。

经合组织收入分配数据库使用的数据收集方法能够收集所有经合组织国家的统一数据,进行跨国比较,这些数据所依据的信息比其他统计来源提供的信息更新,也更适于评估一段时间内收入分配的变化。但是,只有在住户"等价"的基础上才能获得数据,这使得比较"人均"指标(在许多更全球化的数据集中使用)变得非常困难。经合组织数据库的主要缺点是不允许使用者访问原始微观数据,这限制了对其进行分析。从这个意义上说,经合组织的收入分配数据库包含了原始和次级数据集的类别。

19.3.2.2　次级数据集

就上述数据集的差异而言,次级数据集是已发布或以其他方式获得的关键不平等指标的集合。这些指标通常包括基尼系数、五分位数份额比率和/或百分位数比率,以及更少见的其他概括性指标,如泰尔指数(Theil index)。通常,根据 Atkinson(2008)使用的 A-B-C 类型学,研究者在提出"优先"序列建议的同时,还提出了相同国家和年份的替代性序列。[②] 这类数据集的目的是收集最多国家的指标。作为代价,其核查数据质量和一致性的余地必然较

---

① 欧共体在 1994—2001 年对 15 个欧盟国家进行了调查,这项调查与 EU-SILC 的可比性仍然令人怀疑。还应指出的是,欧盟统计局的现行做法是,除爱尔兰和英国外,报告的所有国家指标对应于调查年 n,而不是收入年 $n-1$。EU-SILC 的指标与其他调查结果进行比较时,可能会造成混淆。

② Atkinson(2008)对有关工资不平等的现有数据来源进行了深入调查,并将其分为 3 类:(A)最适当;(B)不理想但可以接受;(C)不合格。

小,导致国家之间和国家内部的数据会有可比性问题。

19.3.2.2.1 戴宁格-斯奎尔数据集(衡量收入不平等数据库)

克劳斯·戴宁格(Klaus Deininger)和林恩·斯奎尔(Lyn Squire)在 1996 年汇集了一套全球不平等指标。他们的数据集(DS)汇编了 138 个发达国家和发展中国家的基尼系数和累积的五分位份额,添加了有关数据性质的概要信息(人口覆盖率、收入或消费基数、净收入或总收入基数)。大部分数据年份跨度为 20 世纪 60 年代至 90 年代初期。

与之前的数据汇编[①]相比,DS 数据集规定了"最低标准",即指标以住户调查、人口的全面覆盖和收入来源的全面覆盖为基础(Deininger and Squire,1996)。在此基础上,在全部的 2630 项观测值中,Deininger 和 Squire(1996)确定了一部分"高质量"数据,其中包括 115 个国家的 693 项观测值。然而,观测值在 DS 数据集中是否被标为"可接受",所基于的指标有不同的定义和方法论基础,这样一来,这些数据的可比性又有所降低。[②]

DS 数据集可在世界银行网站免费查阅。21 世纪初,它成为国际不平等研究的主要数据来源,其中包括本章回顾的许多跨国面板研究。虽然 DS 数据集在后续项目框架内有了进一步的发展(见 19.3.2.2.2),但上述版本并未进行更新或修订。

19.3.2.2.2 UNU-WIDER 数据库

联合国世界发展经济研究所(UNU-WIDER)世界收入不平等数据库(WIID)依据 DS 数据集并以其部分数据为基础,收集发达国家、发展中国家和转型期国家的次级不平等数据集。该项目始于 20 世纪 90 年代末,首次发布了 155 个国家的数据(WIID1),之后将时间范围延长到 21 世纪初,增加了分配指标的数量:计算出和报告的基尼系数、十分位数和五分位数、调查平均数和中位数,以及 5% 最富裕人群和 5% 最贫穷人群的收入份额。除了收入和消费指标,数据集还包括工资指标。

经过重大修订后,第二版 WIID 于 21 世纪第一个 10 年中期编制完成,最终作为 WIID2 发布。目前可用的版本——世界收入不平等数据库 V2.0c(2008 年 5 月),发布的数据序列截至 2006 年,其作者称其为"新"数据集,而不是"更新"数据集。它在可能的情况下增加了第二个估计基尼系数,该系数使用 Shorrocks 和 Wan(2008)的研究方法,根据十分位数进行估算。在本章写作期间,该数据库即将更新到 WIID3。

与 DS 数据集类似,WIID 定义了三个质量标准——基本概念是否已知、概念覆盖范围和调查质量,但它提供了更详细的质量排名,从 1(基本概念已知,收入概念和调查的质量可被判定为足够好)到 4(不可靠)。[③]

[①] 在 20 世纪 70 年代初,对国际数据比较的第一个重大改进是由 Jain(1975)做出的,此前 Adelman 和 Morris(1973)以及 Paukert(1973)对库兹涅茨假说进行了检验。

[②] 戴宁格和斯奎尔接受以个人和住户为基础的基尼系数,因为这些估计之间的平均差异并不太大(小于 2 个百分点),因此他们不认为在实证工作中会有很大的系统性偏差。基于这点,他们列入了以总收入和净收入为基础的指标,19 个发达国家的平均差异为 3 个百分点,理由是发展中国家的再分配更为有限。DS 数据集还同时包括基于收入和消费的指标,因为 39 个国家(136 个观测值)只报告后者。由于在这种情况下偏差可能更大,研究者建议将基于支出的系数和基于收入的系数之间的 6.6 百分点的平均差异添加到前者中(Deininger and Squire,1996)。

[③] 关于 DS 数据集的差异,同一国家和同一年有不止一个观察结果可标为 1。在某些情况下,标签为 1 的观察结果可能多达 6 项,例如 1984 年德国的情况。

WIID 数据集可在联合国大学/世界发展经济研究所(UNU/WIDER)网站免费查阅。它已越来越多地应用于国际不平等问题的研究,并与以前的 DS 数据集合并,构成了最有名的次级不平等数据集。附表 A19.1 回顾的四篇文章中有一篇就使用了这一数据集。

19.3.2.2.3　ATG 数据集

总基尼系数(ATG)数据集是由世界银行的布兰科·米兰诺维克(Branko Milanovic)自2004 年以来整理的。它包括从七个原始数据来源中综合统一的基尼系数(但没有进一步的不平等指标),来源包括:LIS、拉丁美洲社会经济数据库、EU-SILC、世界银行欧洲和中亚数据集、世界收入分配(WYD)、世界银行贫困计算(PovCal)以及世界发展经济研究所(WIDER)。

最新版本的 ATG 数据集于 2013 年发布,包括 1950—2012 年 164 个国家的近 4000 个基尼系数观测值。其中约 2000 个被认为是"一致的"。这种"一致"的分类不是将观测值分类为"接受"(DS)或"可靠"(WIID),而是基于 "优先选择"的方法。这种方法将重叠情况下的基尼系数按七个数据源的优先顺序排列,即按上文所述顺序排列。[①] ATG 数据集列出了基尼系数以及界定福利总额(收入或支出、净额或毛额)和受援单位(住户或个人)类型的关键虚拟变量。ATD 数据集的另一个特点是,它包含一个可以将调查与收入年份区分开来的变量。

ATG 数据集以 Stata 文件的形式允许研究者免费查阅。

19.3.2.2.4　WYD 数据库(世界银行)

WYD 数据库是作为世界银行全球收入分配工作的一部分而建立的。其目的是尽可能多地收集和分析国家在几个基准年的详细住户调查数据,以计算全球不平等估计值。目前,有五个基准年(1988 年、1993 年、1998 年、2002 年和 2005 年)的数据。WYD 数据库的目标是为基准年创造"丰富"(国家数目众多)和"密集"(每个国家收入分配的二十分位数和百分位数)的覆盖范围,而不是最大限度地增加基尼系数观测值的数量,也不是为个别国家提供更长期的序列数据。WYD 序列数据与上述 ATG 数据集合并。

WYD 数据以 Stata 文件的形式允许研究者免费查阅。

19.3.2.2.5　PovCal 数据库(世界银行)

PovCal 数据库涵盖自 1978 年以来的这段时期,包括 124 个低收入、中等收入和中上收入国家,不包括经合组织高收入国家。总体上看,PovCal 数据库与 WYD 数据库共享相同的基础调查数据源。其中有 800 多个基尼观察数据,其中大部分是根据直接获得的住户调查计算得出的。

19.3.2.2.6　世界发展指标(世界银行)

世界发展指标(WDI)是世界银行从官方认可的国际来源收集的主要发展指标。这些指标也包括基尼系数。然而,经合组织国家的数据很少,许多国家在所有年份都缺少数据。先验地看,WDI 基尼系数也应该来自 WYD 数据库和 PovCal 数据库使用的基本微观数据。

19.3.2.2.7　Sociómetro-BID（泛美开发银行）

Sociómetro-BID 是一套多样化的社会指标,其数据来源于各国的住户调查,涵盖了 21 个拉丁美洲和加勒比国家 1990—2009 年的数据。虽然 Sociómetro-BID 包括传统的全球指标

---

① 该数据库允许用户"优先"定义任何可选选项。

(例如千年发展目标),但数据库也包括人均住户收入的基尼系数。

19.3.2.2.8 TransMonEE 数据库(联合国儿童基金会)

TransMonEE(促进公平的变革性监测)数据库收集与中欧、东欧、独立国家联合体中的 28 个国家的社会和经济问题有关的大量数据。该数据库由联合国儿童基金会因诺琴蒂研究中心(UNICEF Innocenti Research Centre)于 1992 年启动,每年更新一次。2012 年版数据库载有 180 项经济和社会指标,分为 10 个主题(人口、出生率、儿童和孕产妇死亡率、预期寿命和成人死亡率、家庭组成、保健、教育、儿童保护、犯罪和少年司法、经济)。其中包括 1989—2009 年的基尼系数。一般来说,这些数据基于住户预算调查分组数据的插值分布。

19.3.2.2.9 国际劳工组织数据库

自 2012 年以来,国际劳工组织(ILO)数据库提供了包含 100 多项指标和 230 个国家的最新数据。它包括一系列雇员工资的 D9/D1 和 D9/D5 百分位数比率(虽然说明中没有明确的定义和概念)。国际劳工组织以前的数据库 LABORSTA 包括 21 世纪初以前选定年份的十分位数值和基尼系数。

19.3.2.2.10 GINI 不平等与贫穷数据集

GINI 不平等和贫穷数据集是 2009—2013 年在欧洲联盟委员会第七框架方案内完成的"日益不平等的影响"(GINI)项目的最新成果。该项目对 30 个参与国进行了深入的个案研究,其中包括 28 个欧盟国家中的 25 个国家以及 5 个非欧洲国家(澳大利亚、加拿大、日本、韩国和美国)。国别案例研究遵循一个预先确定的模板,定义了在 30 年间(1980—2010 年)要监测的最重要的变量。与不平等有关的变量包括基尼系数和相对收入贫困。相对于基尼系数和贫困,更受偏好的收入概念是净/可支配等价住户收入。收入分享单位是住户,而计算各种指标的分析单位是住户中的个人成员。在每种情况下,这些数字都是指向全国覆盖范围和门槛值,而不是区域或特定的社会群体。对于大多数国家和大多数数据点来说,这些要求都得到了满足(详情见 Salverda et al. , 2014; Tóth, 2014)。

19.3.2.2.11 经济不平等数据图表

Atkinson 和 Morelli(2014)创建了经济不平等图表,其中包括有关 25 个国家的收入不平等度量以外的指标(其中 17 个国家是经合组织国家),序列数据涵盖范围到目前为止长达 100 年。这些指标包含工资不平等(经合组织国家通常给出 D9/D5 比率)、总体不平等(通常是住户收入的基尼系数)以及贫穷、税前最高收入份额和财富。这些序列数据是以"优先"定义为基础的,这些定义出现在数据集中的每个国家的相应数据中。这种数据收集的重点是不同时期的可比性,而不是国与国之间的可比性。

19.3.2.2.12 世界最高收入数据库

关于税前最高收入 80 年或更长时间的长期数据序列是由法昆多·阿尔弗雷多(Facundo Alvaredo)、托尼·阿特金森(Tony Atkinson)、托马斯·皮凯蒂(Thomas Piketty)、伊曼纽尔·赛斯(Emmanuel Saez)和其他人合作收集和编制的,可在线查阅。该数据库包括 27 个国家(其中 18 个是经合组织国家)的最高收入水平和最高收入份额(如最高 1%、最高 0.1%或最高 0.01%)的信息。

这些数据集的两个主要局限是,它们不能用来描述整体分配情况(因此不包括总的不平等衡量测度),而且数据指的是税前收入。用税收数据来分析不平等还有其他方面的限制:免税收入通常是不被报告的,因此免税收入被排除在指标之外;衡量收入概念中的跨国差异(及其随时间变化而发生的变化);税收筹划和逃税的程度;以及纳税单位的定义。对这些数据的主要结果和基本数据的概要讨论,见 Atkinson 等(2011)。

19.3.2.3　次级综合数据汇编

综合数据汇编以回归步骤为基础,从现有的不平等数据集估计时间序列。

19.3.2.3.1　得克萨斯大学不平等项目

得克萨斯大学不平等项目数据集与詹姆斯·加尔布雷斯(James Galbraith)的工作有关,该项目主要衡量和解释世界各地工资和薪水不平等的动态以及工业变化的模式。它使用的数据以联合国工业发展组织的微观数据为基础。该项目将这些衡量标准与更宽泛的不平等概念(例如被认为可靠的收入不平等概念)建立了一种联系。该数据使用泰尔的 T 统计量从工业、区域和部门数据计算不平等指数。它编制了全球工资不平等的数据集,在国家层面包括阿根廷、巴西、古巴、中国、印度和俄罗斯的数据,在区域层面包括欧洲的数据。工资不平等的数据被用来估计衡量 1963—2008 年一大批国家的住户收入不平等。这一全球数据集大约有 4000 个国家—年份观测值。

19.3.2.3.2　SWIID 数据库

SWIID 数据库对 WIDER 数据(如前所述)和其他不平等数据进行标准化,同时通过使用同一国家内近几年的尽可能多的信息,尽量减少对有问题的假设的依赖。①它使用 LIS 调查收集的数据作为基准。SWIID 目前包括 173 个国家 1960 年至今的尽可能多年份的总收入和净收入的不平等基尼指数,以及这些统计值的标准误估计。Solt(2009)对此做了描述。

根据现有的不平等数据来汇编综合的跨国数据,还有许多独特的工作需要完成,如标准化收入分配数据库(Standardized Income Distribution Database),这个数据库是 Babones 和 Alvarez-Rivadulla(2007)在 UNU-WIDER 数据集(WIID)的基础上建立的,但无法在线查阅,只能从其作者处获得。

19.3.3　结语

尽管在过去 20 年中,国际上的主要和次级不平等数据集发展迅速,但对不平等的多重原因进行国际研究并没有单一的"理想"数据集。选择上述一套或另一套数据,既取决于研究问题的性质,也取决于要比较的目标国家群体。如果一项研究仅限于欧盟和(或)经合组织国家,则上述的一个主要数据集可能会是最优的数据集,因为其标准化程度较高。对于全球更多的国家,次级数据集提供了一个必要的起点,但使用者需要非常谨慎,而且并非所有序列都可以纳入计量经济分析。特别是与主要数据集相比,一般而言,这些数据集的提供方能投入的用于确保数据质量和一致性的资源较少。

Atkinson 和 Brandolini(2001)以及 Francois 和 Rojas-Romagosa(2005)对次级收入分配数

---

① 然而,按这种方法进行的估计有时会产生问题,特别是在早期数据来源稀少和可比性较差的时候。

据的质量和一致性提出的许多批评仍然成立。更一般地说,也有人认为,为初级和次级数据集奠定基础的调查估计往往只反映了部分收入分配情况(Pyatt,2003)。此外,次级数据集包括的指标以不同的概念和定义为基础,这一情况往往通过采用"虚拟变量"来解决。Atkinson和 Brandolini (2001)得出结论认为,这种调整并不令人满意,因为"方法上的差异不仅可能影响变量的水平,而且还会影响变量的趋势(因此,在面板数据估计中用固定效应修正可能还不够)"。因此,研究者需要进行严格的敏感性分析,因为数据的选择可能会妨碍分配指标的水平和趋势,而这又会极大地影响在国际比较的背景下对因果关系的确定和解释。上述数据库的一级用户不应该从表面来判断被收集的序列,他们需要仔细检查他们下载的数据。反过来,基于其中某个数据库进行研究的次级用户("元用户")需要判定研究者在多大程度上验证了他们使用的数据。

19.4 不平等衡量标准的定义及其变异性

19.4.1 因变量的定义

这一部分说明了因变量——住户收入不平等是如何在本章回顾的实证研究中进行衡量的。重要的是,我们从一开始就需要注意,在绝大多数研究中,人们并未充分考虑选择哪种不平等衡量标准来进行分析或纳入模型。多数时候,这受到数据可得性的限制,特别是在国家层面的次级数据比较的情况下更是如此。国际大型次级数据集(例如 WIID)的变量列表极大地限制了选择。数据集覆盖的国家范围越大,情况越可能如此(因为随着调查规模的扩大,制定新的统一指标的可能性降低)。通常只有几个指标可供人们使用,其中基尼系数是迄今为止被使用最多的,其次是各种十分位数(S80/S20 或 S90/S10),有时还包括百分位数比率,如 P90/P10 或其他一些百分位数的比率。

上述衡量标准中没有一项对收入分配尾部极度敏感,因此,基于这些测度的分析可能会忽略收入分配中的重要变化。我们可以通过使用更敏感的尾部衡量指标,如 D9/D5 比率、广义熵的不平等衡量指标(泰尔指数、MLD)或阿特金森(Atkinson)类衡量指标来克服部分问题。然而,我们还必须注意将比较分布的值与参照分布的值进行对比的两极化衡量指标(Alderson and Dora,2013;Handcock and Morris, 1999;Morris et al. ,1994; Wolfson,1997)。按比较分布的截点进行分类的人口比例可以显示它如何落在定义类似的参照分布中,使我们能够比较处于不同分布位置的人所处的相对位置。[1]

然而,对尾部敏感的总体不平等发展情况进行研究,这在文献中并不多见,因为这些指标与基尼系数不同,更无法被用于国际比较。[2] 另外,使用基尼系数和其他中等敏感指标也

---

① 在一些分析中,不平等是通过不同社会群体(老人/儿童,高学历/低学历,性别,等等)的相对福利—物质—收入比率来衡量的。

② 最近,Palma(2011)提出尝试构建一种对尾部更敏感的衡量方法。帕尔马(Palma)指数比较了上十分位数和四个底部十分位数的份额,它被认为与大多数指标相比,更好地反映了上尾的发展情况。然而,对它的计算需要十分位数(通常是微观数据),而且由于上十分位数平均数(特别是在小样本中)很容易被意外列入异常值,因此使用帕尔马指数时也应该加以注意。

有好处,特别是在样本数量小导致抽样变异性有问题的情况下。

此外,在一些研究中,例如在政治科学研究中,或在对再分配的影响进行分析时,成为因变量的是税前基尼系数与税后基尼系数之间的差异,而不是(净可支配收入的)基尼系数等不平等衡量指标本身的实际值。前者是许多分析性论文(例如 Bradly et al.,2003;Iversen and Soskice,2006)中再分配的衡量标准,也是政治和政策如何影响不平等的一个代理指标。

现有的不平等指标的范围也限制了可以在国际比较中进行分析的不平等的特征。如果只使用和分析对尾部不敏感的不平等标准,人们就有可能错过或太晚注意到收入分配的重要变化。

19.4.2　因变量的变异性

本书第 7 章至第 9 章深入分析了经合组织地区各国的不平等趋势和模式。大量研究报告概述了收入不平等的发展情况,包括最近的一些重要文献如,OECD(2008,2011)[1]、Alderson 和 Doran(2013)、Brandolini 和 Smeeding(2009)、Ward 等(2009)、Tóth(2014)、Ferreira 和 Ravallion(2009)、Salverda 等(2014),以及 Nolan 等(2014)。

有关比较不平等的最基本问题之一是,跨国和跨时间段的用来描述社会不平等特征的测度是不同的。大量收入分配文献(Atkinson and Bourguignon,2000;Salverda et al.,2009)介绍了收入不平等发展。主要文献包括 OECD(2008,2011)的里程碑式研究和基于 LIS 调查数据的各种论文。根据这些研究,自 20 世纪 80 年代以来,至少到大衰退爆发之前,大多数经合组织国家的国内不平等现象都有所加剧(OECD,2008,2011,2013a;另见 Atkinson,Rainwater and Smeeding,1995;Gottschalk and Smeeding,2000;Brandolini and Smeeding,2009;本书第 8 章)。正如 OECD(2011)的研究报告所强调的那样,在绝大多数经合组织国家中,10% 最富有住户的收入增长速度快于 10% 最贫穷住户的收入增长速度。基尼系数平均从 20 世纪 80 年代中期的 0.286 上升到 21 世纪第一个 10 年后期的 0.316。在可得时间序列数据较长的 22 个国家中,有 17 个国家的不平等现象日益严重。其中 7 个国家的基尼系数在这一期间增加了 4 个百分点以上。在这些国家中,只有 5 个国家的不平等程度没有上升,甚至出现了下降。上述内容显示出了不平等趋势,它在不平等发展的"大转折"时代占主导地位。

在对基尼不平等和贫困数据库进行分析后,Tóth(2014)得出结论,认为在过去 30 年中,该分析包括的国家(25 个欧盟国家,加上美国、加拿大、韩国、日本和澳大利亚)的不平等程度确实在平均范围内上升了;整体基尼系数在这一时期结束时处于更高水平(最低/最高水平从 0.20/0.33 上升到 0.23/0.37)。上述研究还强调,不平等的上升远非一成不变。在一些国家(主要是欧洲大陆的福利国家,如奥地利、比利时、法国),不平等的程度基本上保持不变或在相同水平上下波动,而在另一些国家则大幅度上升。一些欧洲转型国家(保加利亚、爱沙尼亚、立陶宛、拉脱维亚、罗马尼亚和匈牙利)经历了后一种趋势;北欧国家,特别是瑞典和芬兰,变化幅度相对于前述国家较小,但仍然很大。人们还发现,不平等程度有时可能会出现较短或较长时间的下降趋势。例如,爱沙尼亚、保加利亚和匈牙利出现了这种下降趋势

---

① 相关概述见 Förster (2013)。

(有时是在不平等急剧上升之后)。

最后,随着时间的推移,各国确实有可能在不平等模式之间转变(Tóth, 2014)。例如,经过几十年的逐步但持续的不平等加剧,一些北欧国家虽然仍属于不平等程度较低的国家,但不再处于不平等程度"排行榜"的最底端。到1990年,英国从20世纪70年代的中度不平等国家转变为高度不平等国家。此外,一些转型国家,如波罗的海国家、罗马尼亚或保加利亚,经历了非常大的变化,它们的不平等程度进入了不同的区间(另见Tóth and Medgyesi, 2011)。本书第8章更详细地叙述了1970年后经合组织和一系列中等收入国家的国内不平等趋势。

19.4.3 因变量的可靠性

用来计算不平等数据的人口调查只涵盖人口样本。基于此,为了描述分布的特征,研究者所选择的统计量总有一个抽样方差。在样本的假设重复(抽样方差)中,样本对期望值估计的可变性可能是由抽样和非抽样误差所致。大多数调查是以复杂的抽样设计为基础的(例如,允许对基本群体进行分层以抽取样本,对案例进行结合,采用差分技术提供进入样本的同等概率,等等)。非抽样误差(覆盖范围、措辞、无回应、归责、加权等)增加了所选统计数据的不确定性。

所有在国际比较中使用的不平等衡量标准(基尼系数、P90/P10比率等)的估计值只有部分是(或根本不是)根据统一调查得出的,这些估计值在大多数情况下是以不同的设计为基础的。此外,不平等指标不像样本中的简单比率,它们的计算大多基于复杂的公式,造成了指标的非线性问题。因此,理解使用次级数据(即对不平等驱动因素的多元和多国分析)在多大程度上可以解释这些不确定性是非常重要的。

研究者可以用"直接"或基于公式的(渐近)方法和实验方法[例如,基于自举方法或刀切法(Jacknife)重新取样技术]来检验根据微观数据得出的不平等和贫困程度推断(见Kovacevic and Binder, 1997; Biewen and Jenkins, 2006; Osier et al., 2013;等等)。这两种方法在不同的研究背景下使用,但通常没有一种结果在官方统计数据和次级数据集中报告。虽然有研究表明,推断的计算方法非常重要——例如,Davidson和Flachaire(2007)发现,在复杂样本设计的情况下,自举法可能导致不精确的估计推断,即使对于非常大的样本也是如此——仅坚持点估计显然是有问题的。这一部分是因为它在不平等统计中制造了确定性的假象,另一部分是因为它误导了人们对跨时变化和跨国差异的解释。虽然研究者应当追求的准确性程度尚待讨论[正如Osier等(2013)强调的那样,在为标准误选择估计方法时,需要权衡统计准确性和操作效率性],但忽略这一问题显然是最糟糕的选择。

为了正确估计抽样方差,需要考虑样本设计、加权过程、归责方法和统计的实际计算公式。这些因素的影响在不同的论文中得到了检验。正如Goedomé(2013)以及Biewen和Jenkins(2006)所强调的那样,忽视住户中个体聚集对贫穷指数的影响(这些指数来自对住户层级进行衡量的收入,但在个人层级被分析),可能导致严重低估被分析的贫穷测度的标准误。在不缺少样本设计变量的情况下,考虑聚集将接近设定的"真实"估计。但人们对不平等程度的类似检验并不了解。

Van Kerm和Pi Alperin(2013)检验了他们的不平等衡量标准是如何对他们分析的调查

研究中保留或消除的极值做出反应的。他们发现,当他们在样本中留下异常值时,他们的衡量标准可以是任意大的。然而,其他衡量标准,如贫困率,对于保留或消除极值仍然更为稳健(Van Kerm,2007)。

计算不平等衡量标准的方差估计值,基本要求是提供能用于分析的微观数据。大多数次级数据集不仅缺乏对标准误估计的任何指示,而且缺乏样本来源的基本性质。这使得使用次级数据进行比较研究评估其调查结果的可靠性特别困难。

此外,从结构上看,基尼系数是一个变化范围相对较小的变量。即使从长期来看,不平等现象可能会发生重大变化,如果考虑到较短时期以及考虑到较长时期内的许多数据点,相邻的基尼系数(不同时间或不同国家)之间(在统计上)可能不会有显著差异。因此,如果将这些值放入回归左侧的变量中,则会有"噪音"进入估计值的严重风险。①

此外,当使用次级数据集时,在手边没有微观数据的情况下,研究人员必须应用一些经验法则来确定什么可以被认为是随着时间的推移而产生的"真正"的变化。然而,关于基尼系数的跨期变化或跨国差异(通常由不同的样本设计和不同的样本产生)如何被定义为统计学上的显著差异,在文献中并不一致。基尼置信区间的自举法(或线性化)估计在 EU-SILC 样本中大约有 1 个基尼百分点差异,则被记录为"显著",但鉴于缺乏关于样本设计的必要详细信息,我们尚不清楚如何将其应用于对跨期变化的分析。

Atkinson(2008)提出了一种简单的变化衡量标准,可以用来考察几十年来百分位数(相对于中位数)的变化。他将 5% 的变化定为要"登记",10% 的变化定为"显著",20% 的变化定为"较大"。因此,底部十分位数与中位数之比从 50% 下降到至少 47.5% 将被"登记"为一种变化,如果低于 45%,将被视为"显著",如果低于 40%,将被视为"较大"。

正如已经被指出的那样,序列间断对跨国比较以及对不平等的跨期跟踪构成了严峻挑战(Atkinson and Brandolini,2001)。序列间断,如果伴随着不平等程度的突然变化,且随后不再朝着同一方向继续下去,则可能引起人们的怀疑。然而,在其他情况下,人们必须依靠专家来判断这种间断是否实际上掩盖了不平等的根本变化。

构建长期不平等数据序列的一种方法是,将来自不同数据源或定义的后续数据序列连接起来,并使用序列重叠部分的信息(Atkinson and Morelli,2014;Förster and Mira d'Ercole,2012),这种方法通常被称为"数据拼接"(data splicing)。②

要想对实证研究中的不平等变化进行恰当的定义(除了理解样本大小和样本设计),我们还必须以对目前不平等衡量标准中的年度增量、数据周期的长度以及许多其他"意外"因素的仔细审查为基础。正如 Tóth(2014)所强调的,年际差异达到 1 个基尼百分点可以被视为没有变化,特别是如果随后几年的变化朝着不同的方向发展。然而,持续的逐年变化,即使是从一年到另一年的小变化(例如半个百分点),也可能在 10 年内累积成 5 个或更多的基尼系数变化,这确实是一个很大的变化。随着时间的推移,这种增量的长期一致性也可能改变对短期比较的解释。观察比利时或爱尔兰的基尼系数序列的长期波动(导致不平等现象

---

① 总体上看,被回顾的文章没有公布不平等衡量标准的置信区间。
② 上文所述的经合组织收入分配数据库(IDD)(在必要时)也适用数据拼接(见 OECD,2013b)。

中"无变化"的时期较长),并将其与瑞典或芬兰的非常细微但逐年持续增长的基尼系数进行比较,可以发现,即使是微小甚至是微不足道的基尼系数变化也是非常重要的(Tóth,2014)。

然而,当人们在回归中使用基尼系数作为左侧变量时,这些情景(如上所述)并不总是被考虑在内,对参数估计的实际解释在很大程度上依赖统计推断。一个认真而公允的评价:这是可以被吸取的主要教训,也是我们现阶段可以提出的唯一建议。

19.5 不平等的驱动因素:主要解释

本节阐述了跨国研究给出的经合组织国家的不平等驱动因素,并报告了最近的实证研究结果,它们有些支持跨国研究的论点,有些不支持。我们把重点放在对文献的回顾上,包括在过去 10—15 年中进行的研究,但无法做到详尽无遗。我们特别更新了 Atkinson 和 Brandolini(2009)的研究,并扩展了 Chen 等(2013a)的文献综述。

这一节介绍影响收入不平等程度和趋势的国际差异的主要因素。讨论分为六个主题:宏观经济部门结构性变革、全球化和技术变革、制度和规章变革、政治过程、通过税收和转移支付进行再分配、结构性社会变革。附表 A19.1 列出了过去 10—15 年中进行的 48 项被认为是最相关的研究的结果。研究的选择标准涉及范围(研究应包括足够数量的国家,并应侧重于经合组织和欧盟的重合地区)、多元解释(排除了单一归因的研究)、及时性(优先考虑近期研究,它们尚未被包含在其他文献回顾中)。

当谈到"主要驱动因素"时,首先需要区分收入分配变化背后的直接或相近驱动因素,以及间接或潜在因素(同样的区分见 Cornia,2012)。直接驱动因素可以衡量,例如可将汇总的收入不平等衡量标准按收入构成部分进行分解,或者计算住户结构变化对收入分配的一阶效应,例如使用偏离—份额分析法。OECD(2008)识别了经合组织国家不平等加剧的各种直接因素。虽然通常是孤立分析的,但这种对各种因素的识别——特别是如果其尽可能详尽无遗的话,提供了一份有用的"线索"表(Cornia,2012),用来发现不平等变化背后的间接因素或原因。在以下各部分中,我们按照图 19.1 的说明,将主要的潜在因素归为六个小标题。

以下各部分回顾了既有文献中提出的论点,并报告了实证分析的结果。文献中检验的主要"影响因素"已被归入上文列举的不同主题下,每一个主题都显示了不平等和不平等变化的单一驱动因素,从而界定了更多关于不平等的单一解释。当然,我们所回顾的研究中没有一项是单一归因的,检验的都是驱动因素的重要性和相对重要性,但出发点往往与某一特定领域有关,例如全球化对技术或体制的影响。

我们的文献综述重点是针对经合组织和欧盟国家。一些研究中的国家覆盖范围仅限于经合组织国家的一小部分,而许多其他研究则包括更多的国家样本,主要包括中等收入国家和发展中国家。鉴于本章的考察重点,我们在下文回顾与经合组织地区有关的结果,也从第二类研究中获得相关结果,只要其中经合组织国家的研究结果是单独报告的。

尽管我们首选的解释变量是住户可支配收入的差距,但我们也将报告解释工资分配变化的一些发现。使用这两个收入概念中的任何一个都可能会改变调查结果(净收入估计值也受住户结构和税收/转移支付变化的影响),而且这两个总量的定义各异(全职薪资或年薪;总收入或净收入),许多研究报告专门考察对工资收入的影响,特别是那些有关贸易和技术的因果作用的研究。关于收入和工资的调查结果将被分别列示。

19.5.1 宏观经济部门的结构性变化

长期以来,对不平等驱动因素的探究主要着眼于经济发展与不平等之间的联系,并侧重于检验 Kuznets(1955)提出的假设。根据这一假设,经济发展与不平等遵循倒 U 形关系,这与"传统"部门(农业)转向"现代"部门(工业)有关。由于传统部门的生产率较低,提供的工资低于现代部门(部门二元性),传统部门内部的不平等程度也较低(产业偏向)。因此,人们预计经济发展首先会提高不平等程度,随后又会降低不平等程度。

通常,经济发展是以实际收入或人均 GDP(即 y)来表示的。为了描绘这种抛物线形状的关系,我们需要添加 y 的二次项。追随 Hellier 和 Lambrecht(2012),在国家面板研究的框架内,这种关系可以写为:

$$INEQ_{i,t} = \alpha + \beta_1 y_{i,t} + \beta_2 y_{i,t}^2 + AX_{i,t} + \varepsilon_{i,t} \qquad (19.3)$$

其中,i 和 t 分别表示国家和时间,y 表示人均实际收入(或 GDP),$X_{i,t} = \{x_{j,i,t}\}$ 表示影响不平等衡量标准 $INEQ$ 的变量 j 的向量。这些变量力求控制各国之间的冲击以及制度和监管差异。公式(19.1)是 19.2.1 描述的回归大方程 GIRE 的特定变体。如果估计值 β_1 和 β_2 符合 $\beta_1 > 0$ 且 $\beta_2 < 0$,则库兹涅茨假说是成立的。不平等达到最高值并开始下降的转折点对应于阶段 Ω,其中 $y_\Omega = y_0 - \beta_1/2\beta_2$(从时间 $t = 0$,人均收入为 y_0 开始估计)。[①]

从不平等/发展关系研究中得出的证据大致上仍无定论。不管有没有其他控制项,Atkinson 和 Brandolini(2009)回顾的研究中,大约有一半推测出了这种关系。这些研究中有一些支持库兹涅茨假说,另一些则不支持。Hellier 和 Lambrecht(2012)对检验库兹涅茨假说的研究进行了回顾。基于对大多数国家的横截面研究的分析倾向于支持库兹涅茨假说(尽管有部分研究明确反对这一假说),而面板数据估计的证据则更加复杂。在对 2000—2005 年欧盟成员国的一项研究中,Medgyesi 和 Tóth(2009)指出,在 21 世纪第一个 10 年前半期,欧盟成员国的经济增长率和不平等之间没有明确的关系。Bourguignon(2005)的结论是,总体而言,对现有数据的分析"并不表明不平等与经济发展水平之间存在任何强有力和系统性的联系"。

实证研究认为,过去二三十年来,绝大多数经合组织国家的工资和收入不平等都显著增长(OECD,2008,2011),这一发展有时被称为"U 形大转弯"(但须注意 19.4.2 讨论的不平等测度的可变性)。即使人们认为不平等/发展关系能被准确地描绘为一条倒 U 形曲线,这幅图也需要被修正,并被 N 形曲线(Alderson and Nielsen,2002)或波浪形曲线(Hellier and Lambrecht,2012)取代。

Alderson 和 Nielsen(2002)通过测度 16 个经合组织国家 1967—1992 年的部门二元性(从

[①] Anand 和 Kanbur(1993)在讨论库兹涅茨关系的适当设定时,推导出了六种不同的不平等指标转折点的函数形式和条件。他们表明,在库兹涅茨假说下,洛伦兹族的不同指数在发展过程开始时增大,但过程结束时的情形以及转折点是否存在都是含糊不清的。重要的是,每个指标都有自己的函数形式和转折点条件。

农业转移就业)来检验库兹涅茨假说。他们发现,除非没有任何全球化变量受到控制,否则部门二元性对收入不平等的影响不大。同时,产业偏向(以劳动力在农业中所占的比例来衡量)有很大的正向影响。Alderson和Nielsen(2002)解释了后一个令人惊讶的正向影响,认为农业中的二元性对经合组织国家总体不平等已变得不那么重要,这意味着它现在更可能是农业传统主义的衡量标准,而不是二元论模型的一个组成部分。

"U形大转弯"用全球化或制度变化等其他现象来解释可能更好(见下一小节)。不过,从部门由后工业化社会向知识社会转变的角度分析,部门二元性和产业偏向有可能发挥重要作用。Nollmann(2006)和Rohrbach(2009)提出了一个类似于Alderson和Nielsen(2002)的模型,但侧重于知识部门与其余部门之间有工资差别的部门二元性和知识部门就业率的产业偏向。在一个1970—2000年的由19个经合组织国家组成的面板中,Rohrbach(2009)找到了支持产业偏向假说的证据,但没有找到支持部门二元性的证据。此外,与Alderson和Nielsen(2002)不同的是,Rohrbach(2009)没有发现全球化的重大影响(就贸易开放度而言),并得出结论,认为要素效应仍然是理解不平等的核心决定因素。这可以追溯到库兹涅茨的最初观点,即通过对要素市场的细分,部门变化可以成为不平等变化的重要驱动因素。然而,虽然经合组织国家的劳动力市场存在一定程度的分割,但在大的活动部门中并没有出现这种情况。高技术/低技术的区别似乎更重要,但这不太容易进行分析。

19.5.2 全球化和技术变革

20世纪90年代以来,经济全球化被普遍认为是经合组织地区收入和工资不平等增长的主要潜在驱动因素之一。然而,"全球化"是一个多方面的现象,不能简单地被归结为单一变量。[①] 它有不同的面向,这些面向很可能会从不同方面或相反的方向影响工资和收入不平等。

- ·贸易一体化(商品和服务流动)。
- ·金融一体化(资本流动)。
- ·生产地点转移(公司流动)。
- ·技术转让(信息流动)。
- ·全球化的政治面向。

以下各部分将依次解释这些方面。[②]

19.5.2.1 贸易

贸易一体化程度的提高往往被视为经济全球化的一个主要标志,有时几乎被视为经济全球化程度的唯一代表。在过去30年中,世界贸易在全球GDP中所占的份额从大约三分之一增长到一半以上(IMF,2007)。在大多数经合组织国家,贸易一体化的程度在此期间翻了一番或增至三倍,20世纪90年代的增长尤为明显(OECD,2011)。[③]

---

① 注意,此处和下文的讨论指的是全球化的"新时代"[或第二次全球化(Globalization II)]。有人认为,第一次全球化(Globalization I)在19世纪末至第二次世界大战之前对分配的影响大不相同(Milanovic,2012)。
② 全球化还有一些可能对收入分配产生间接和直接影响的特征,例如全球化或移民的文化面向,但这超出了本章详细讨论的范围。19.5.6讨论了移民问题(作为对社会构成产生影响的一种趋势)。
③ 不过,请注意,如果以增加的贸易额来衡量贸易,则国内生产总值在贸易中所占份额的增长将会低得多。

对传统国际贸易理论的标准解读是,贸易一体化程度的提高与发达国家技术工人相对工资的提高相关联,从而导致这些国家的不平等加剧,而发展中国家非技术工人的相对工资更高,不平等程度也随之降低[关于技能差异与全球化之间关系的讨论,见 Krugman(1995,2000)、Kremer 和 Maskin(2003)]。这是基于赫克歇尔-俄林(Heckscher-Ohlin,H-O)理论模型或其变体的预测。首先,这一模型认为一国应该出口由本国相对充裕的生产要素所生产的产品,进口由本国相对稀缺的生产要素所生产的产品。因此,拥有大量高技能劳动力的发达国家将从工人技能低的国家进口产品,并出口由熟练工人生产的产品。结合斯托尔珀-萨缪尔森(Stolper-Samuelson)定理(该定理预测贸易会增加相对充裕要素的实际回报),贸易一体化程度的提高将减少发达国家对低技能工人的需求,增加对熟练工人的需求,而在发展中国家则相反,这就构成赫克歇尔-俄林-萨缪尔森(Heckscher-Ohlin-Samuelson,H-O-S)模型。其次,技术水平较低的工人预计将转移到发达国家。最后,资本将从资本与劳动力比率较大的发达国家流向资本与劳动力比率较小的发展中国家。这三个过程预计都将导致发达国家不平等现象加剧,发展中国家不平等现象减轻。

然而,大多数研究发现,工资和收入不平等趋势的实证证据很难与传统的 H-O-S 模型相一致,传统的 H-O-S 模型通常不能反映技术的扩散。一些跨国研究发现,贸易全球化加剧了高工资国家和低工资国家的收入不平等,这与传统贸易理论不一致[相关综述见 Milanovic 和 Squire(2007)]。此外,所有部门都倾向于变为技能密集程度更高的[Krugman(1995)已经指出了这一点]。Chusseau 等(2008)认为,这是因为发达国家与发展中国家之间的贸易所占份额仍然低于发达国家之间的贸易份额,从而使前者在要素需求转移方面发挥的作用较小(Chusseau et al. ,2008)。

传统 H-O-S 模型的一些缺点是由 Davis 和 Mishra(2007)提出的。从发达国家流向发展中国家的资本不断增加并(在发展中国家)产生均等化影响的假设受到了挑战,主要是因为资本市场不完善(Lucas,1990;Alfaro et al. ,2008)。在过去 15—20 年间,贸易模型有了新的方法,能克服 H-O-S 模型在若干领域的分析缺陷。其中的第一种方法是在发展动态产业模型的基础上考虑发达国家和发展中国家产业内公司的异质性,这可参见 Melitz(2003)的工作。生产率较高的企业的扩张和进入出口市场,与同一行业内生产率较低的企业并存,这对贸易如何影响工资和收入分配产生了影响(Pavcnik,2011)。出口公司可以雇用生产率更高的工人,并提供更高的工资,这可能对各部门内日益加剧的工资不平等产生重大影响。

这使人质疑 H-O-S 模型下竞争性劳动力市场的假设,该模型期望通过提高非技能工资使发展中国家的工资分配更加公平。因此,较新的贸易理论通过将效率工资模型或公平工资模型纳入其框架(例如 Verhoogen, 2008;Egger and Kreickemeier, 2009, 2010),解释劳动力市场的不完善之处。作为接下来的补充性步骤,研究者试图将出口公司的工资溢价与搜寻摩擦联系起来,将其作为劳动力市场不完善的根源,并引入了搜索和匹配模型(Helpman et al. , 2009)。在这两种研究进路中,贸易自由化可以与日益加剧的剩余工资不平等相一致,后者即技能和其他特征相同的工人之间的不平等。

然而,从实证上看,这些渠道都与对企业异质性的认识有关,在微观层面上进行观察和分析,超越了以"代表性企业"为基础的模型。21世纪第一个10年后期一些关于特定国家(主要是拉丁美洲国家和印度尼西亚)的研究中的大多数[由Pavcnik(2011)回顾]表明出口市场准入的放宽与该国工资更不平等有关。但到目前为止还没有跨国研究。

除了H-O-S模型给出的方法,还有其他方法可以改变贸易对收入不平等的影响。其中之一是竞争加剧,这往往会降低消费品的相对价格,也会削弱上层阶级享有的垄断地位——这两种过程都会降低收入不平等程度(Birdsall,1998)。更间接的观点指向非熟练工人相对工资下降的次级效应,这可能促使工人提高技能,促使雇主雇用更多的非熟练工人,从而降低不平等(Blanchard and Giavazzi,2003)。还有其他理论和模型预测发达国家和发展中国家的不平等现象都会减轻,主要是通过专业化,这种分工可以产生更高的规模收益,从而使劳动具有更高的边际生产率(Francois and Nelson,2003)。

下文总结了选定的跨国研究的实证结果,区分了贸易全球化对工资差距和收入不平等的两个不同方面的影响。在讨论工资差距的影响时,我们需要区分"工资差别"和"工资分布"的概念。上述模型(特别是H-O-S模型)预测了工资差别(不同技能或职业群体之间的工资比率),但对工资分布的影响也取决于数量(赚取这些工资的人数)。如果数量是固定的(就像静态贸易理论中假设的那样),人们可以直接从工资差别中看出工资分布。但是,如果人们在不同部门之间转移和变化,人们就不能直接通过改变工资差别来预测分布的影响。下文回顾的大多数实证研究都检验了贸易一体化对工资分布的潜在影响。

19.5.2.1.1　工资差异效应

对于23个经合组织国家(1980—2008年),OECD(2011)认为,一旦技术变化和机构的影响得到控制,贸易一体化[①]对各国国内总体工资差距趋势没有重大影响。这一结果同时适用于顶部和底部的工资收入敏感度指标(十分位比率),也适用于分别检验进口和出口的情况。据估计,贸易一体化对整个劳动适龄人口(包括失业者)的总体工资分布的影响微不足道,因为贸易对就业既没有显著的正向影响,也没有显著的负面影响。

此外,Cassette等(2012)提出,1980—2005年,10个经合组织国家子样本的贸易和工资差距之间存在正相关关系,但商品和服务之间以及短期和长期之间的估计值都不同。在短期内,商品贸易的增加扩大了工资差距,而服务贸易则没有受到影响。这与长期效应不同,在长期效应中,服务贸易加剧了不平等,特别是在工资分布的顶端(最高工资和中位数工资之间)。

对经合组织国家而言,贸易总额的子集可能是一个更相关的指标,即从低收入发展中国家(LDCs)进口的份额。然而,Rueda和Pontusson(2000)认为,该份额的增加对工资差距没有影响,至少在1995年之前是这样。同样,Mahler(2004)指出,1980—2000年,对于经合组织中的14个国家,从最不发达国家进口对本国工资或可支配收入没有重大的影响。对于截至2008年的这段时间,OECD(2011)报告了类似的调查结果,尽管有细微差别。总体而言,进口欠发达国家产品的影响是中性的,但考虑到制度背景,这种进口往往会缩小就业保护立法(EPL)较强国家的工资差距,但在就业保护立法较弱的国家,这种差距则会扩大。然而,Golden和Wallerstein(2011)认为,与欠发达国家的贸易是20世纪90年代16个经合组织国

---

① 贸易一体化的衡量标准是贸易敞口,即进口渗透率和出口密集度的加权平均数。

家内部工资差距增大的主要驱动因素之一。① 他们的结果将 20 世纪 90 年代与 20 世纪 80 年代区分开来,在 20 世纪 80 年代,起作用的是制度而不是贸易(见 19.5.3)。Alderson 和 Nielsen(2002)发现,从欠发达国家进口的效应在一定程度上是不均衡的,尽管他们的研究结果指向的是收入而不是工资不平等。②

19.5.2.1.2　收入分配影响

很少有研究预测经合组织国家的贸易开放度对收入分配的直接影响。对于 IMF(2007)分析的部分发达国家组,经济全球化总体上(包括贸易和金融全球化)加剧了收入不平等,但这完全是受外商直接投资(FDI)趋势的影响,这种趋势超过了贸易的均衡效应:出口和进口,特别是来自欠发达国家的进口(但不包括关税),与发达国家收入不平等现象的减轻有关。Faustino 和 Vali(2012)对 1997—2007 年 24 个经合组织国家的研究,利用静态和动态回归估计值,发现贸易自由化减轻了收入不平等。在对 16 个经合组织国家进行的一项研究中,ILO(2008)将关税自由化仅仅作为贸易开放的一个指标,发现它对收入不平等的影响不大。

19.5.2.2　扩大国家样本后的贸易开放和不平等

有更多的调查结果将分配影响归因于扩大经合组织国家样本后贸易一体化程度的提高。③ 相关证据并不一致。对 20 世纪 80 年代和 20 世纪 90 年代的 129 个国家样本进行三个时间点的调查后,Milanovic(2005)认为,随着国民收入的增加,全球化的不平等影响会发生逆转,在较低的收入水平上,不平等会加剧,但在更高的收入水平上,不平等会得到抑制。④ 这与经典的 H-O-S 模型假设背道而驰。Milanovic 和 Squire(2007)调查了 1980—1999 年贸易(以未加权平均关税衡量)对职业间和行业间工资差别的影响。就这两个指标而言,关税的降低往往与贫穷国家的工资差距呈正相关,而与富裕国家的工资差距呈负相关。制度因素(工会密度和覆盖范围)不会对职业间工资差距起作用,但会加剧行业间工资差距的不均衡效应。

在一个由 51 个国家组成的面板中,Bertola(2008)发现,贸易开放程度与总收入和可支配收入的不平等程度(对较少的国家而言)呈正相关,在贸易开放程度较高的国家,政府支出的再分配程度较低。Spilimbergo 等(1999)提出,贸易开放程度对不平等程度的影响取决于要素禀赋,技术人才丰富的国家收入不平等加剧,而资本丰富的国家收入不平等减轻。基于较新的数据和更大的国家样本,Gourdon 等(2008)对这一发现进行了深入分析。将关税收入与进口的滞后比率进行衡量后,他们发现,贸易开放同时与技术人才丰富的国家和资本丰富的国家中的收入不平等加剧有关。相反,IMF(2007)指出,贸易全球化在 20 世纪最后 20 年中的作用总体上较小,但一些因素实际上减轻了收入不平等,特别是关税的降低和农产品出口的增加。

---

① 他们的结果表明,贸易增长 1 个百分点,欠发达国家的工资不平等也提高了 1 个百分点。
② 结果表明,最不发达国家的进口渗透率增大 1 个标准差,收入不平等的基尼系数增加 0.6 个百分点。
③ 如果将分析局限于经合组织地区内的相对同质的经济体,就发展状况而言,在评估贸易全球化等因素对收入分配的影响时,忽略国民收入水平的差异是合理的。然而,扩大国家样本需要考虑到,贸易和其他全球化变量可能对不平等产生不同的影响,这取决于一个国家的发展水平。这至少是传统的 H-O-S 定理或它的变体所预测到的。因此,要估计全球化对富裕国家和贫穷国家收入分配的影响,就需要分析前者与人均 GDP 和经济增长的相互作用。
④ Milanovic(2005)指出,按 1985 年购买力平价,"转折点"约为人均 8000 美元。

关于拉丁美洲国家的特定国家组,Cornia(2012)发现,与预期相反,20 世纪 90 年代至 21 世纪的贸易收入对近年收入不平等的减轻有很大作用,这是因为前者放松了对增长的外部限制,从而增加了收入、就业和税收。[①]

19.5.2.3 金融开放度

除了贸易,经济全球化可以通过其他机制加速工资和收入不平等。其中一个机制是资本的跨境流动,这一因素在基础贸易模型中被忽略了,这一模型假定劳动力和资本在国内而不是在国际上流动。在过去几十年中,放松管制、私有化和技术进步等因素都促进了资本流动的迅速增长,特别是外商直接投资。如果利用资本和其内嵌的技术需要技术工人,而且资本和技术劳动力是互补的,那么流入资本的增长将增加对技术工人的需求(Acemoglu,2002)。

就像 H-O-S 贸易模型一样,外商直接投资(FDI)模型通常能预测对发达国家和发展中国家的不同影响。如果外商直接投资流向低技能劳动力相对丰富的国家,必然会增加对这一充裕要素的需求,从而在发展中国家产生均等化效应,但它在发达国家则会产生非均衡效应。然而,发达国家输出的技术密集程度较低的直接投资,在发展中国家可能会显示为从外国输入的技术密集程度较高的外商直接投资。在这种情况下,即使被转让的技术是"中性"的,从发达国家到发展中国家的外商直接投资增长也会增加对熟练劳动力的需求,并加剧发达国家和发展中国家的不平等(Feenstra and Hanson,2003;Lee and Vivarelli,2006)。此外,即使外商直接投资被技术密集程度低的国家和部门吸引,也可能产生间接的不平衡效应。为了吸引外商直接投资,各国可能放宽就业保护或财政方面的规则,而它们本来会产生均等化效应(Cornia,2005)。

内生生长模型,如 Aghion 和 Howitt(1998)或 Aghion 等(1999)提出的模型,假定一国在引进新技术时,有两个阶段的发展和不平等:在过渡阶段,熟练劳动力需求增加,因此工资不平等加剧,然后在第二阶段减轻。这种模型可被用于考察外商直接投资对新技术可得性的贡献。例如,Figini 和 Görg(2006)将外商直接投资视为引进新技术的工具。他们预计,第一步,外商直接投资的增多将导致熟练工人和非熟练工人之间的不平等加剧,而在第二步,随着国内公司开始模仿先进技术,趋势将发生逆转。

19.5.2.3.1 工资差距效应

Figini 和 Görg (2006)把外商直接投资作为分配变化的主要因素。他们的模型只说明了外商直接投资的流入部分。在 22 个经合组织国家的子样本中,他们发现,1980—2002 年,大量外国资本流入与制造业部门工资不平等程度降低有显著关系(在 5%的水平上)。此外,这种影响似乎是线性的。这与非经合组织国家的结果相反,在这些国家,外国资本流入与工资不平等有着正相关但非线性的关系。

OECD(2011)对 1980—2008 年 23 个经合组织国家的调查,也给出了类似的结论。虽然总体上外商直接投资并不显著,但外国资本流入对工资分配有显著的均衡作用,而本国资本流出则有非均衡的作用,尽管后者的影响很小(见下文)。然而,外国资本流入似乎与贸易一

---

① 然而,技术溢价的逆转以及向更先进的劳动力和财政政策的转变被认为是不平等程度下降的主要因素(Cornia,2012)。

体化的趋势有关。据报告,金融开放程度的其他指标在该研究中并不显著,这涉及跨国资产和负债、外国证券投资,以及对外商直接投资限制的法律衡量,后者是该研究首选的衡量金融开放程度的指标。[①]

在更多针对特定国家的研究中,Taylor 和 Driffield(2005)发现,外国资本流入可以解释为什么 1983—1992 年英国的工资不平等程度平均上升了 11%。Bruno 等(2004)考察了 1993—2000 年外商直接投资对捷克、匈牙利和波兰制造业的相对熟练劳动力需求和工资差别的影响。他们发现,外商直接投资不会扩大这三个国家的工资差距,尽管它确实有助于提高捷克和匈牙利(但不包括波兰)的技能溢价。Hijzen 等(2013)分析了三个发达经济体和两个新兴经济体的微观经济(公司层级)数据,发现在发展中国家,外资所有权对工资溢价的影响更大,对工资影响最大的是从国内公司转到外国公司的员工,而外资收购带来的就业增长集中在高技能工作上。

19.5.2.3.2　收入分配影响

我们回顾的大多数研究发现,经合组织国家的总体外商直接投资影响不大或没有显著影响,但当单独分析外国资本流入和本国资本流出时,其结果则更为显著。Reuveny 和 Li(2003)利用 1960—1996 年的时间序列数据发现,外国资本流入与 69 个经合组织与欠发达国家的收入不平等有显著的正相关关系,这两类国家的收入不平等是分开抽样的。IMF(2007)得出了同样的结论:对于 1980—2003 年趋势研究中的发达国家子样本,作者将外国资本流入以及本国资本流出确定为最能加剧收入不平等的全球化因素,其效应略高于贸易增长的均衡效应。Faustino 和 Vali(2012)对 1997—2007 年 24 个经合组织国家的抽样调查也发现,外国资本流入的增加与收入不平等呈显著的正相关。[②] 这似乎证明了外商直接投资发生在技能和技术更密集的部门这一看法。

Çelik 和 Basdas(2010)发现了相反的情况。他们的文章是我们回顾的两篇有关 FDI 的研究中的第二篇,这两篇研究都使用外商直接投资作为解释分配变化的主要因素。对于五个发达国家子样本,他们的分析表明,外商直接投资流入和流出都与 20 世纪 90 年代中期至 21 世纪第一个 10 年中期收入不平等程度的下降有关。假设在外国资本流入的情况下,由于就业增加,税收收入增加从而允许更大的再分配;在本国资本流出的情况下,经济结构发生变化,低技能劳动力向高技能转移。然而,观测量很少(5 个国家,11 次观测)使人们对结果的可靠性产生了一些怀疑。

ILO(2008)估计,在 1978—2002 年期间的 16 个经合组织国家样本中,FDI 流入在 GDP 中所占份额对收入不平等没有影响,只要分析控制了技术[信息和通信技术(ICT)份额]——否则外商直接投资是一个重要的预测因素。这表明,外商直接投资可以作为被忽略的因素的代理变量,并实际上导致对熟练劳动力的更大需求。

对拉丁美洲地区的研究结果比较明确。Cornia(2012)对 1990—2009 年 19 个拉丁美洲国

---

① 这是因为,以"数量"为基础的金融开放程度衡量标准,如外商直接投资或外国证券投资,往往是由框架中的其他因素决定的,如上文所示的技术或贸易。

② 然而,当作者应用一般矩估计方法控制潜在内生性时,FDI 的影响就变得不大了。

家的子样本进行了考察。鉴于资本流入的繁荣,Cornia(2012)预计,实际汇率升值和劳动密集型部门非商品贸易增长的放缓,将使收入不平等情况恶化。事实上,外商直接投资存量在所有方面都产生了重大和强烈的非均衡效应,这种影响在安第斯(Andean)国家中最为显著(外商直接投资在这些国家的采矿部门特别重要)。话虽如此,在这一分析中,外商直接投资——类似被考虑到的其他外部经济和人口变量——对收入不平等的平均影响比政策变量更有限。

外商直接投资的一种更大的非均衡影响也常常出现在覆盖国家范围最广的研究中。ILO(2008)的分析扩大到 42 个发达国家和发展中国家,发现在 8 项经济控制变量中,外国资本流入是与收入不平等加剧呈显著正相关的唯一变量。IMF(2007)证实了 51 个国家存在这种正相关,尽管技术在后一项研究中发挥了更大的作用。较多的外国资本流入仅让上五分位的人口受益,而对 3 个下五分位人口的收入影响则显著为负。在 1970—2000 年的 111 个国家组成的面板中,Te Velde 和 Xenogiani(2007)发现,外商直接投资不仅促进了国家内部的技术形成,而且促进了各国之间的技术形成,特别是在一开始就具备较好技术的国家。此外,Milanovic(2005)在对 129 个国家 3 个基准年(20 世纪 80 年代末、90 年代初、90 年代末)的分析中发现,无论是单独作用还是与收入相互作用,外商直接投资对收入分配没有影响。然而,我们很难对发达国家和发展中国家的分析结果进行解读,因为它们模糊了金融开放程度影响收入分配的渠道,特别是在排除了外国资本的流入和流出的情况下。

19.5.2.4 外包

与日益加剧的工资或收入不平等有关的大多数证据都与贸易开放程度的提高有关,其重点是最终产品贸易。如前所述,大部分文献表明,以这些指标衡量的贸易并不是经合组织地区不平等加剧的主要驱动因素(如果有的话)。然而,这些调查结果忽略了商品生产本身已经全球化,能增加中间产品贸易的外包可能发挥决定性的作用。据估计,在一些经合组织国家,离岸外包有可能占所有工作岗位的 20%—30%,包括中等和高技能工作;然而,可贸易性不仅取决于分拆和数字化的技术可行性,还取决于交易成本和将任务结合在一起的范围经济(Lanz et al.,2011)。

在最先提出外包假说的研究中,Feenstra 和 Hanson(1996)认为,国际生产分担的迅速发展①(从本国公司到其外国子公司)可能会通过将一些国内非技能密集型活动转移到国外而扭曲母国的工资分配。这一行为可能涉及所有公司(不仅是贸易行业),只要企业主发现生产碎片化更具成本效益。发达国家的公司可以将特定的生产阶段"外包"给较不发达的国家;这些阶段在发达国家似乎技能密集程度较低,但在接包国则相对较高。因此,贸易——指它的外包方面——可能会减少对非熟练工人的相对需求,并同时增加两国的技术性工作。这也解释了为什么贸易会导致行业内对技术工人的相对需求增加,而不是像传统的 H-O-S 理论所预测的那样,导致行业之间的需求增加。Chusseau 等(2008)和 Pavcnik(2011)对外包理论模型的最新研究方法进行了总结。

各种研究对单个国家的外包假设进行了检验。Feenstra 和 Hanson(1996)发现,外包可以

---

① 外包指"国内公司进口中间投入品",这一定义比外包过程中纯粹的分包范围更宽泛(见 Chusseau et al.,2008)。

在制造业对熟练工人的相对需求增长中占相当大的比例，这也是 20 世纪 80 年代美国非生产性工人相对工资增长的显著原因。① 通过将外包衡量为材料采购总额中的中间投入比例，利用美国的最新数据，Feenstra 和 Hanson（2003）发现，这种外包可以解释被观察到的技能升级的一半或更多，另一半则是由技术变革造成的。就英国而言，Hijzen（2007）还发现，国际外包加剧了 20 世纪 90 年代的工资不平等，尽管程度不如技术变革。Kang 和 Yun（2008）认为，自 20 世纪 90 年代中期以来，除了人力资本因素和技术变革，去工业化和向中国外包是韩国工资不平等迅速加剧的两个因素。Slaughter（2000）则指出，美国跨国企业的外包对美国相对劳动力需求的影响往往很小，且估计不准确。同样，使用经合组织国家的工业数据，OECD（2007）还得出结论，认为一般而言，外包对改变同一行业内低技能工人的相对需求只有相当小的影响。相反，Lorentowicz 等（2005）发现，外包实际上降低了奥地利的技能溢价，而扩大了波兰的工资差距。奥地利是一个技术人才丰富的国家，波兰是一个劳动力相对丰富的国家。②

然而，很少有更大的跨国研究明确检验外包假设。OECD（2011）将外商直接投资作为外包的部分代理变量，认为其影响对于解释 23 个经合组织样本国家的工资不平等加剧只有较小的作用，在总体工资不平等方面，对分配的作用不大（考虑到就业影响）。③ 这一结果与对发展中经济体的外包只占大多数经合组织国家对外直接投资总量的一小部分是一致的。④ Mahler（2004）对 16 个经合组织国家 1980—2000 年的情况进行了分析，也发现本国资本流出与住户工资和收入不平等都没有显著的关系。

19.5.2.5　技术变革

除了贸易和金融全球化，对收入分配变化还有其他同样合理和竞争性的解释。与贸易有关的一个替代性解释为技术进步（例如 Autor et al.，1998；Berman et al.，1998）。技术变革，通常被定义为是信息和通信技术的进步，它被认为是有技能偏向的，因为它增加了对技能的总的相对需求，若技术和非技能劳动力的价格是给定的。无论是要素偏向还是产业偏向（或其他间接生产要素偏向），技能偏向型技术进步（SBTC）往往会提高低技能工人的工资溢价和/或提高失业率，因此预计会加剧不平等。⑤ 只有在对技术劳动力的相对需求增加被相应增加的技术劳动力禀赋所抵消的情况下，工资溢价才不会提高。

在大多数研究中，技能偏向是通过技术工人在部门工资或就业中所占比例的变化来确定的，在选定的研发（R&D）行业或公司中，这些份额的增长往往被解释为技能偏向型技术进

---

① Feenstra 和 Hanson（1999）预计，外包可以解释工资不平等增长 15％—40％的原因，这取决于具体情况。
② 一些国别研究分析了外包对公司工资差距的影响。Ebenstein 等（2009）分析 1981—2006 年美国的数据后提出，离岸活动的地点很重要，向高工资国家进行离岸外包可提高工资（通过增加大量非常规工作），然而离岸外包对低工资国家的工资产生了负面影响。
③ 同一研究还检验了本国对国外的投资在制度［特别是就业保护立法（EPL）］不同的国家是否具有不同的影响，并发现，无论研究国家的制度背景如何，外包在工资不平等趋势中发挥的作用都较小。
④ 事实上，在经合组织一半以上的成员中，经合组织内部的投资占本国流出 FDI 总量的 75％（OECD，2005）。
⑤ Vecernik（2010）指出，对于特定的中欧和东欧转型国家而言，熟练劳动力和非熟练劳动力之间的工资差距是 1989 年经济转型后不平等加剧的主要决定因素之一。

步。①通过计算机使用率或全要素生产率来直接衡量技术进步的研究也得出了类似的结论。人们仍在争论是部门偏向还是技能偏向决定了工资分配的变化。② 即使人们分析的是更广泛的聚合层级,技术的影响似乎仍然很大。

技术变革总是比贸易先被用来解释不平等加剧的原因是就业转向技能工作发生在部门内部而不是部门之间(虽然较新的贸易理论在公司模型的异质性框架中考虑到了这一现象,见 19.5.2.1)。虽然 OECD(2011)对 12 个经合组织国家的研究证实了这一调查结果,但这项分析事实上强调了具有类似技能的工人之间日益加剧的工资不平等。即使考虑到不同工人之间的明显差异,工资差距也有所拉大,即剩余工资的差异有所扩大。技术工人和非技术工人之间的区别可能太简单,不够详细,而技术变革,特别是通信技术的发展,可能伴随着从常规劳动向非常规劳动的转变(Autor et al.,2003;Michaels et al.,2010;Goos and Manning,2007)。

许多把技术变革作为首要原因的研究都指向单一国家。多年来,研究者收集了大量英国(例如 Haskel and Slaughter,1999;Hijzen,2007)或美国(例如 Blackburn and Bloom,1987;Acemoglu,1988;Card and DiNardo,2002;Autor et al.,2003;Wheeler,2005)的证据。

最近则出现了更多的跨国研究,其中包含对技术进步的衡量(通常出现在控制变量中)。一些研究认为,这一进程是不平等的主要驱动因素:IMF(2007)发现,总体而言(在总共 51 个样本国家中),"技术进步对国家内部(收入)不平等的影响大于全球化"。从发达国家的子样本来看,就外商直接投资而言,全球化对加剧总体收入不平等的影响,即使不比技术变革更大,也至少一样大。

OECD(2011)还表明,技术变革(由研发部门支出反映)对工人之间的工资差距和整体劳动年龄人口之间的总体工资不平等都产生了很强的正向影响。第二种影响产生的原因是,技术变革对就业率没有显著影响,因此,总体影响是工资差距效应增大所致。研究者进一步表明,技术变革主要影响工资分布的上半部分(OECD,2011)。

然而,人们在实践中很难将技术变革与提高技能溢价的全球化其他方面分开。③ 例如,技术进步是生产碎片化、外包和离岸外包的根源,或者,如 Freeman(2009)所说,"离岸外包和数字化相辅相成"。

19.5.2.6 贸易引起的技术变化还是技术引起的贸易?

在大多数研究中,技术变化被视为一个外生变量(IMF,2007;ILO,2008;OECD,2011)。然而,技术和贸易的发展并不是独立的。贸易开放程度的提高促进了技术的传播,而技术进步则有助于扩大贸易一体化。因此,上述三项研究认识到,技术变革也可被视为推进经济全

---

① Machin 和 Van Reenen(1998)以及 Autor 等(1998)的研究表明,这种间接的技术衡量标准(工资或就业的份额)与研发强度或计算机一类的直接衡量标准高度相关。

② 例如,Krueger(1993)通过计算机使用率来衡量技术,而 Hijzen(2007)则将全要素生产率增长用于技能偏向的技术变革。关于部门与要素偏向的讨论,见 Haskel 和 Slaughter(2001,2002)。

③ Wood(1998)认为,从 20 世纪六七十年代中期到 20 世纪 90 年代中期,"有大量证据表明,技能偏向型技术进步提高了对技术工人的相对需求,但很少有证据表明,过去 20 年中技术进步的步伐自发加快"。

球化发展的另一种渠道。①②

Chusseau 等(2008)回顾了 21 世纪初以来的四项研究,所有这些研究都发现了发达国家由贸易引起技术变化的迹象。最近的许多研究也证实了这一点。Bloom 等(2011)的研究结果表明,与低收入国家的贸易对 20 个欧洲国家和美国的技术变革有很大影响,它导致企业内部技术升级,以及工作岗位在企业间被重新分配给技术密集型企业。同样,Goldberg 和 Pavcnik(2007)、Verhoogen(2008)以及 van Reenen(2011)在其研究报告中强调,贸易一体化程度的提高导致更快的技术升级。

研究全球化与技术相互作用的另一种方法称为"防御性创新",这可追溯到 Wood(1994)。与发展中国家的进口竞争加剧的公司有动机努力进行更多的研发,探索新的生产方式,保持竞争力。虽然检验这一假设很复杂,因为它需要公司的创新数据,但也有一些研究证实了这种影响。③

OECD(2011)也支持关于由贸易引起的技能偏向型技术进步(SBTC)和由资本深化导致的内部技能偏向型技术进步(SBTC)的假说,认为 SBTC 与贸易和资本流动之间存在正相关,并指出全球化与技术变革之间存在相互作用。

19.5.2.7　教育

获得教育和人力资本积累是影响收入分配的重要因素。人们往往认为较高的平均教育水平可以减少收入不平等,因为它使更多的人口受益于高技能活动[例如,见 Sylwester(2003)对 1970—1990 年的经合组织国家的检验结果]。然而,虽然人们一致认为教育在工资水平方面有经济回报,但对教育入学率变化影响不平等的理论预测并不直观。

教育水平的提高既有构成效应,也有工资效应,它们可以朝着不同的方向发展:构成效应提高了高等教育的比例,最初倾向于加剧不平等,当高等教育成为大多数人的选择时,最终会减少这种不平等。工资效应降低了工资溢价,因为受过较高教育的工人增加,这减少了不平等(讨论情况见 Bergh and Fink,2008; De Gregorio and Lee,2002)。

这里需要提出的重要一点是,教育与不平等的关系既不是单一的,也不是线性的。教育影响可以是先不均衡的,然后再是均衡的,类似于库兹涅茨过程(另见 Rehme,2007)。此外,滞后期的反向因果关系问题仍然存在,时间 t 的不平等程度影响了时间 $t+1$ 的教育入学率。

人力资本可被看作对技术的补充。只有增加人力资本和技能的供应,才能减少并最终扭转技术变革造成的更大不平等的压力。其内在逻辑是,经济中的技术变革推动了对高技能工人的需求,而对不平等的总体影响则主要取决于高等教育产出相对于需求增加的弹性程度。如果响应缓慢或不足,受过良好教育的人(在职者和应届生)的技能溢价就会增加,顾名思义,这意味着在某个方面(教育)的不平等的加剧,后者在解释整体不平等时起着很大的

---

① 正如 Feenstra 和 Hanson(2003)所指出的那样,"区分工资变化是出于国际贸易还是技术变化,从根本上说是一个实证问题,而不是一个理论问题"。

② 有学者还提出了由制度引起的技术变革(见 Chusseau and Dumont,2012)。

③ Thoenig 和 Verdier(2003)通过研究外国竞争与公司中技术工人的比例之间的关系,找到了能证明防御性创新的证据。Bloom 等(2011)使用了先进国家的企业/公司级别的技术数据,发现中国的进口竞争导致欧洲公司通过快速扩散和创新实现了技术升级。他们还发现,中国的进口量和信息技术的密集程度反过来又与技术工人工资的提高有关。

作用(关于后一种关系,见 Ballarino et al. ,2014)。这种观点指向 Tinbergen(1975)的"技术与教育之间的竞争"模型。[1]

这里回顾的许多研究都引入了某个教育变量(例如,受过中等或高等教育的成年人比例、平均学年数),最常见的是将其作为一个控制变量来反映人力资本的发展。这些研究都没有表明其与不平等有正相关关系,即教育对工资不平等有非均衡影响,在大多数情况下,教育对收入或收入不平等的影响是均衡的。当国家样本仅限于经合组织/欧盟地区,并且报告了显著系数时[例如 ILO (2008)、OECD (2011)、Afonso 等(2010)和 Cassette 等(2012)以及 Cornia(2012)对拉丁美洲国家的报告],才会出现这种情况。就规模而言,OECD(2011)指出,1980—2008 年平均教育程度的提高在很大程度上抵消了其他因素,特别是 SBTC 的影响。在一项将教育因素(教育程度和教育分布)作为模型的主要解释变量的研究中,De Gregorio 和 Lee (2002)认为,这些因素解释了不同国家和不同时期收入不平等的其中一些变化,但没有解释所有变化。尽管如此,他们的分析证实,在包含约 60 个国家的样本中,收入不平等与高等教育程度之间存在负相关关系(与教育不平等之间存在正相关关系)。

此外,IMF(2007)指出,对于经合组织和扩大的国家样本而言,教育与收入不平等之间的联系并不明显。Carter(2007)以及 Bergh 和 Nilson(2010)甚至报告了一种正相关关系,但他们的研究是将经合组织的一部分国家与大量的低收入国家合并在一起进行的。

Carnoy(2011)也指出,受过良好教育的劳动力可能会加剧发展中国家和新兴国家的收入不平等。这是因为相对于中学教育和更低层次的教育而言,大学教育的回报增加了;高等教育与低层次教育之间的公共支出差异缩小;高等教育机构之间的支出差异越来越大,与精英大学相比,针对普通大学的支出有所下降。[2]

然而,对于经合组织/欧盟国家的样本而言,可以公允地说,大多数实证证据表明,教育扩张存在均衡效应。对于从分析造成不平等的多重原因的跨国研究中得出政策,这些结果也很重要。如果人口的"技能提高"确实能够为扭转日益加剧的不平等趋势提供最有力的因素,那么注重增加受教育机会的政策将比那些专注于限制经济全球化(和技术进步)的政策更有前途。它们可能有双重红利,因为它们既有助于获取经济一体化增加带来的好处,也能使不平等水平降低或实际上降低(另见 Machin,2009)。

19.5.2.8 超越全球化的经济概念

一些作者认为,日益开放的纯经济面向——贸易、资本流动、外国投资等,并不能反映全球化的整体现实。其他社会、政治和文化面向也值得考虑(例如,Dreher and Gaston, 2008; Zhou et al. , 2011; Atif et al. , 2012; Heshmati, 2004)。这些作者按照科尔尼全球化指数(Kearney globalization indexes)[3],构建了全球化的综合衡量标准,并检验了这些指标及其组成

---

[1] 注意,这样的模型虽然有吸引力,但不应该被机械地应用,因为它没有考虑动态,并且忽视了与资本市场的互动(Atkinson,2008)。

[2] Carnoy(2011)强调,其中一些特征也适用于美国。

[3] 科尔尼全球化指数(KGI)(见 Kearney, 2004, 2007)由 4 个主要构成变量组成:经济一体化、个人接触、技术联系和政治参与。这 4 个变量中的每一个都是几个行列式变量的加权平均值。同样,Dreher (2006)对 123 个国家提出了一项综合衡量标准:KOF 全球化指数(KOF index of globalization)。该指数以与 3 个全球化层面有关的 23 个变量为基础:经济一体化、政治参与和社会全球化。

部分在解释工资和收入不平等方面的意义。

有趣的是,其中一些研究,特别是 Heshmati(2004)和 Zhou 等(2011)发现,全球化与收入不平等呈负相关关系。① 这些研究对全球化组成部分的调查表明,经济面向(如贸易)往往具有显著的正相关关系,然而,个人接触/旅行和信息/因特网使用增加等因素比其更显著。

虽然上述两项关于"整体"全球化影响的研究基于发达国家和发展中国家的大样本(分别为 60 个和 62 个),但 Dreher 和 Gaston(2008)的研究报告允许在对 100 个国家的分析中将经合组织国家分开考察。就经合组织样本而言,他们发现,整体全球化与不平等有着显著的正相关关系,而工资(earnings)不平等中的这种关系要比收入(income)不平等大得多。② 与上述研究不同的是,全球化的三个次级层面(经济、政治、社会)似乎与不平等没有系统性的关系,它们与任何具体面向都没有负向关系迹象。Bergh 和 Nilson(2010)是分析全球化整体指标的影响及其要素对过去 35 年来约 80 个国家净收入不平等趋势影响的另一个例子。他们的结果显示了一种显著的正相关关系③,这种关系主要是由全球化的社会层面所驱动的。虽然全球化的经济和政治层面的符号及规模是相似的,但它们的系数并不显著。

19.5.3　制度和规章的变化

直到 30 年前,确定收入不平等驱动因素的研究都侧重于检验库兹涅茨假说(见 19.5.1)。然而,自 20 世纪 90 年代以来,人们更多地考虑到其他因素。就经合组织国家而言,全球化和技术变革成为研究的主要对象(经合组织的许多其他变量变化不大)。然而,我们还必须考虑制度,特别是劳动力市场制度的作用和规章的变化(Checchi and Garcia-Penalosa, 2005; Piketty and Saez, 2006; Lemieux, 2008)。自 20 世纪 80 年代以来,一些国家工资不平等现象加剧,与此同时,劳动力市场的制度也发生了变化,例如,工会在确定工资方面的重要性下降了。最近也有人提出,劳动力市场的制度和政策失去了再分配的潜力,特别是工会密度、集体谈判覆盖面和集中集体谈判在减少不平等方面效果较差(Baccaro,2008)。第 18 章详细讨论了劳动力市场制度与工资收入差距有关的理论和文献,并提出了一种实证分析方法。

虽然人们普遍认识到,制度是造成不平等的一个重要因素(例如,Acemoglu, 2003; Smeeding, 2002),但这一因素在计量经济学研究中的重要性一直有限。一些论文认为,考虑到各国制度模式的相对稳定性,在分析中包括国家固定效应能涵盖这一因素的较大部分,至少是随时间不变的部分(例如,Figini and Görg, 2006)。然而,这并没有充分反映过去几十年的发展。在过去几十年中,许多国家的工会密度和覆盖率或就业保护立法(EPL)的作用大为减弱。

在先前的研究中,工会化的程度是衡量劳动力市场制度的主要因素(例如,Freeman, 1993),工会密度(雇员为工会成员的比例)或工会覆盖面(工资谈判协议覆盖的雇员比例)可

---

① 但是 Atif 等(2012)和 Tsai 等(2012)的综述对他们的方法和结果进行了批判。
② 他们估计,整体全球化指数每增加 1 个点,工业工资不平等程度就会上升 26%,住户收入不平等程度就会上升 3%。
③ 他们的结果表明,全球化的最大影响是收入不平等基尼系数增大 14%。

能是更精确的指标。工会的密度和覆盖范围通常被预计会对工资分配产生均衡影响，这不仅是因为工会努力实现工资标准化并设法增加其成员的工资收入①，而且因为工会会施加间接影响，例如，增加有利于整个低收入群体的社会支出（Mahler，2004），创造一种制度环境，使工人由于公平标准相同，对工资差距更关心（Golden and Wallerstein，2011），或者使雇主遵循某种工资标准，即工人的生产力只占工资的一小部分，外加一个统一的数额［对这一方法的讨论，见 Atkinson（2002）］。

另一个被分析得越来越多的因素是工资制定集中和协调的影响。同样，这一因素可能对工资分配产生直接和间接影响：集中谈判改善了工人的谈判地位，它可能有助于扩大分配公平的标准，而且它在经济上可能更有效率，从而使更多的资源得到分配（Mahler，2004；另见下一小节的讨论）。

对工资差距可能有重要影响的第三个因素是EPL。EPL很可能影响雇主雇用/解雇员工的成本。如果这些政策对非熟练工人更加重要，就会缩小工资差别。然而，对正式员工和临时员工来说，EPL变化的影响可能有相当大的区别。

还有一些影响收入分配的规章因素，如最低工资、失业救济金和税收楔子。此处的假设是，最低工资缩小了工资差距，最低工资的降低导致了工资不平等的加剧。较高的失业救济金替代率将提高保留工资，可能对工资不平等产生均衡影响。税收楔子的分配效应具有先验的模糊性。最后，不仅劳动力市场的制度和规章影响工资分配，在劳动力市场制度作用出现大幅度减弱趋势之前，产品市场监管（PMR）出现大幅减少趋势，预计也有重大影响（OECD，2011）。

劳动力市场制度和规章的上述许多方面总体上会对工资分配产生或多或少的均衡效果。然而，就住户工资或收入不平等而言，情况不一定如此，后者也受到住户层级的就业和失业趋势的影响。例如，就业增加可能会缓解日益严重的工资不平等，而制度对住户收入不平等的净影响也取决于其对就业的影响。大量实证研究表明，制度和规章对就业水平都有重大影响（综述见 OECD，2006）。② 从理论上看，制度和规章的总体影响仍然不明确（Checchi and Garcia-Penalosa，2008）。

回顾的大多数研究［ILO（2008）的研究除外］都指出，制度和监管变革的各个方面与工资不平等以及收入不平等之间存在负相关关系。制度作用不断被削弱往往被认为是加剧不平等的一个主要驱动因素。

19.5.3.1 工资差距效应

对单一经合组织国家的早期研究发现，工会化程度的下降加剧了工资不平等（Card，1996；Machin，1997）。Rueda 和 Pontusson（2000）回顾了1995年以前不同国家的趋势，认为

---

① 如果低收入者比高收入者被组织得更好，工会成员工资溢价的存在往往是促进平等的，但如果高收入者被组织得更好，则可能会出现相反的情况（Freeman，1993）。Blau 和 Kahn（2009）认为，工会对工资不平等的净效应在一定程度上取决于哪些群体具有更大的劳动力需求和供应弹性。

② 关于失业救济金的研究证据，可见 Nickell（1998）和 Nunziata（2002）。有关劳动力市场谈判模型的研究证据，见 Layard 等（1991）或 Pissarides（1990）。关于产品市场监管的研究证据，见 Blanchard 和 Giavazzi（2003）、Spector（2004）、Messina（2003）或 Fiori 等（2007）。

若工会密度较高,则工资差距较小,这与国家的政策"体制"(社会的、自由的、混合的)无关。对于同一组经合组织国家,Golden 和 Wallerstein(2011)提供了较新的估计值,但对 20 世纪80 年代和 20 世纪 90 年代做了区分:在 20 世纪 80 年代,工会密度下降和集中化被认为是工资差距扩大的关键因素,而这些因素在 20 世纪 90 年代不再重要,贸易和社会支出取代其成为主要原因。Cassette 等(2012)发现,工会密度和工会集中度与 10 个国家 25 年内(至 2005年)的工资不平等呈显著负相关关系。Burniaux 等(2006)也发现了这一点,尽管该文仅限于特定的不平等指数。此外,Mahler(2004)发现,在 1980—2000 年这 20 年间,对经合组织 13个国家的工资不平等有显著负向影响的是工资协调,而不是工会密度。

Koeninger 等(2007)发现了劳动力市场制度的许多变化,将其与贸易和技术一道进行了详细解释:EPL、福利替代率的水平和持续时间、工会密度和最低工资对工资差别产生了负向影响。Checchi 和 Garcia-Penalosa(2005)指出,有三种类型的劳动力市场制度是工资差异的基本决定因素:工会密度、失业救济金和最低工资。最低工资的下降也能扩大工资差距,主要是在分布的下半部分(Dickens et al. ,1999;DiNardo et al. ,1996;Lee, 1999)。

OECD(2011)认为,到 2008 年为止,23 个经合组织国家的许多劳动力市场制度和规章可能是工资不平等加剧的原因。20 世纪 80 年代以来,这些制度和规章的减弱扩大了工人之间的工资差距:(1)临时工人的 EPL 被削弱驱动了 EPL 的整体影响,而正规工人的 EPL 没有显著影响。此外,EPL 对工资分布的下半部分比上半部分影响更大。(2)低工资工人的失业救济金替代率更低(但平均工资工人除外)。(3)工会覆盖范围缩小,这主要影响到工资分布的上半部分。(4)工资征税更低(税收楔子)。

对不平等的分析一般不包括产品市场监管(PMR)变化的影响,而是在就业影响的研究中对其加以考虑(例如 Nicoletti and Scarpetta,2005;Bassanini and Duval, 2006;Fiori et al. ,2007)。然而,我们可以预料到,这些规章在工资差距方面发挥了更大的作用。OECD(2011)表明,PMR 的下降极大地扩大了工资差距,特别是在工资差距的下半部分。这符合这样一种观点,即 PMR 通常会降低工会通过集体谈判获取的市场租金(Nicoletti et al. , 2001),这会导致工会力量的减弱(或更分散的谈判),进而导致更大的工资差距。

OECD(2011)将制度对工资差距的影响与其他因素对就业的影响相结合,估计了对全部劳动适龄人口工资分布的总体影响。事实证明,工资差距和就业影响往往是相互抵消的,这使得制度和规章对总体工资不平等的影响难以估计,但有一个例外:临时工的就业保护较弱据估计会产生总体不均衡效应。

19.5.3.2　收入不平等的影响

一些研究估计了制度对收入(毛额或净额)不平等的直接影响,特别是 Checchi 和 Garcia-Penalosa(2005, 2008)和 ILO (2008)。这三项研究的研究对象为 21 世纪初以前的 16 个经合组织国家。Checchi 和 Garcia-Penalosa(2005)认为,工会密度、税收楔子和失业救济金是收入不平等加剧的主要决定因素,而最低工资的影响重要性不高。据估计,更有力的制度总体上会减少收入不平等,这部分是通过工资压缩,部分是通过减少资本回报。在一个较小的 7 个经合组织国家的样本中,Weeks(2005)发现,工会密度下降是总收入不平等加剧的一个有力的预测因素。

根据一组允许多种收入概念的数据,Checchi 和 Garcia-Penalosa(2008)认为,制度在决定要素收入不平等方面的作用很小,在考虑可支配收入不平等时作用则会变大,其中,失业救济金和 EPL(负向)以及税收楔子(正向)的影响更大,而工会密度、工资协调和最低工资的影响仍然不显著。据估计,税收楔子会加剧收入不平等(包括要素收入不平等),这一事实与前面总结的一些证据背道而驰。Checchi 和 Garcia-Penalosa(2008)提出,高工资工人可能比低工资工人更能将增税转嫁给雇主,由此高税收楔子会增加失业率。

ILO(2008)根据 Baccaro(2008)报告的结果表明,除中欧和东欧国家外,工会主义、集体谈判与国内不平等现象没有显著关联。[①] 相反,如果不平等加剧,技术引起的对熟练劳动力需求的变化和外商直接投资份额的增加等经济因素似乎是更好的预测因素。制度因素作用不显著,不仅是 16 个经合组织国家的子样本,扩大后的 51 个国家样本同样如此。Mahler(2004)给出的 14 个经合组织国家的证据恰恰相反:工会密度、工资协调与可支配收入的不平等有最强的负相关关系,而经济全球化指标(进口、对外投资、金融开放程度)则不显著。

19.5.4 政治过程

许多政治学和政策文献都关注不平等的影响,以及如何在不同的社会中减轻不平等的影响。然而,本章对另一个方向感兴趣:各种政治安排(投票、选举制度和政党代表、利益协调和雇主—雇员关系)如何影响不平等。因此,核心问题是,政治因素如何以及在多大程度上能够解释各国之间和不同时间的不平等现象的变化? 不平等的跨国差异和跨期差异在多大程度上可以用政治决定因素(政府机构[②]、制度或政策)来解释?

政治制度对不平等的解释必须从不平等本身的实际水平和结构(初始或 t_1 分配)开始。接下来,需要研究的是,制度和政策所实现的变化程度——它们如何改变社会环境并将其转变为一种新的不平等体系(最终结果或 t_2 分配)。其假设是,收入分配中的客观位置决定了对再分配的偏好,再分配在政治过程中被汇总起来,最终结果是收入分配的变化。毫无疑问,这是推理过程中的一个闭环,暗示了论证的循环性。这是实证研究中的一个困难。虽然许多人认识到了这一点,但很少有人提出令人信服的解决办法。

我们将这种转变的渠道分为三类:(i)民主代表和党派政治;(ii)利益集团和游说组织;(iii)国家(政府)的再分配政策。从不同的角度来看,我们关注的是由政治过程本身影响的政策需求和供应。下面我们将详细讨论这些问题。

19.5.4.1 偏好形成和党派性

19.5.4.1.1 一般理解框架

Meltzer 和 Richard(1981)提出了理解民主社会中再分配政治的最常用的总体框架,该框

---

① Bradley 等(2003)还报告说,在他们调查的 61 个国家中,"工资协调对税前和税收转移不平等没有任何重大影响"。

② 毫无疑问,政府机构(政治领导)可能对不平等的形式产生影响,特别是在短期内,在政治制度允许政治人物发挥更大作用的国家。然而,政治人物的作用超出了本章研究范围。

架源自唐斯(Downs)对政治竞争和民主的定义(Downs,1957;也可见 Romer,1975)。在这种语境下,政治只涉及再分配,再分配的程度仅由选举政治决定。政党的目标是赢得选举。假定在多数决(胜者全得制)中,能够吸引中间选民投票的政党会获胜——中间位置根据政治议程延伸政治范围(收入、政治观点等)的维度来确定。对于税收和再分配的投票,范围根据定义,由收入/财富的水平决定。选民根据其物质财富/收入占据收入分布的位置,投票表决一般税率,一般税率为再分配提供资源(公共资金)。如果关键选民与获得中等收入的人相同(不一定出现这种情况),那么在考虑到自身利益的情况下,他或她比中等收入以上的人更有意愿进行更多的再分配(更高的税收)。不平等程度的上升幅度可以通过中位数和平均收入之间距离的增大来衡量。因此,t_2 时期的再分配需求可能与 t_1 时期的不平等程度有关。在梅尔策-理查德(Meltzer-Richard,以下简称 MR)范式下,更大的不平等造成更高的社会支出,并导致更大的再分配。这将意味着,在一开始,更不平等的国家将进行更高水平的再分配。换句话说,如上文所述,多党民主制将产生一种均衡性的自我纠正机制,在不平等程度较高的国家会产生更大规模的再分配。因此,人们的预测是,不平等的差异至少在某种程度上取决于民主制的基本特征。

研究者对这一问题进行了许多检验,将不平等的程度与再分配的程度进行对比,结果各不相同。例如,在一项实证检验中,Milanovic(2000)发现,在 20 世纪 70 年代中期至 90 年代中期的 24 个国家中,住户总收入不平等与更多的税收/转移支付再分配之间存在持续性的联系。此外,Mahler(2008)在修改了原始的不平等和再分配定义之后,找到了支持 MR 命题的证据。[①] Mahler(2010)根据对 13 个经合组织国家的观察,发现政府干预前的不平等与政府再分配之间存在正相关关系。Mohl 和 Pamp(2009)指出,两者之间存在非线性关系。他们的结论是,在数值很高时,不平等与再分配之间的正相关关系会朝相反方向转变。这种观点强调了戴雷科特定律(Director's law)的作用,即再分配可以从分布两端转移到中产阶级(从第 20 百分位数到第 80 百分位数)。[②]

与上述调查结果相反,部分由于缺乏适当的数据或不恰当的设定,对初始不平等与再分配之间联系的许多检验无法得出明确结果(关于 MR 模型及其各个方面的综述,见 Alesina and Giuliano, 2009;Borck, 2007;Guillaud, 2013;Keely and Tan, 2008;Kenworthy and McCall, 2007;Lübker, 2007;Lupu and Pontusson, 2011;McCarty and Pontusson, 2009;Mohl and Pamp, 2009;Olivera, 2014;Osberg et al. ,2004;Senik, 2009)。

文献无法得出确定性结论的一个潜在原因可能是如 Robinson(2009)所说,"模型无法预测不平等与国家间再分配之间的简单正相关关系,因为各国之间存在着许多差异,这些差异可能与某一特定不平等水平下再分配的需求或供应有关"。此外,可以看到在制度表现不佳的高度不平等国家,任何被征税的收入都有可能因腐败而被浪费或被精英阶层挪用,这将减少对再分配的需求。此外,一般而言,MR 模型意味着扩大选举权将增大再分配力度。

---

① 然而,人们观察到的不是状态,而是过程本身,Nel(2005)没有找到支持中间选民假设的证据(尽管仔细定义了使用的变量)。

② 当提到"政府干预前"的情况时,我们需要记住,这些数据涉及政府在场情况下的税收和转移支付前的收入。"再分配之前"的不平等也受到政府的影响,这种不平等很可能比政府不存在时的不平等更严重。

在下文中,我们将讨论一些相关的假设和预测,并使用 MR 假说来构建这里的推导思路,同时承认一些其他可供选择的理论性文章[最著名的是 Iversen 和 Soskice(2006),以及在某种程度上的 Moene 和 Wallerstein(2001)]提出了不同的框架,有时甚至得出了截然不同的结论。我们从微观层面(对选民动机的假设)开始,然后研究宏观层面(例如选举制度的特点)。

图 19.2 显示了不平等、再分配和中间过程之间的潜在联系(遵循 Tóth et al. , 2014)。如图 19.2 所示,在微观和宏观两个层面都有潜在的中介机制。一方面,个人属性和看法可能对个人再分配偏好产生影响;另一方面,将偏好转化为政策行动的制度机制也会对其产生影响。政治参与的决定因素决定了选民的比例和组成,而社会活动在政策制定中起着很大的作用。最后,很明显,选民的态度将通过政治制度形成政策,这在很大程度上取决于各种机构(政治和行政等方面)。

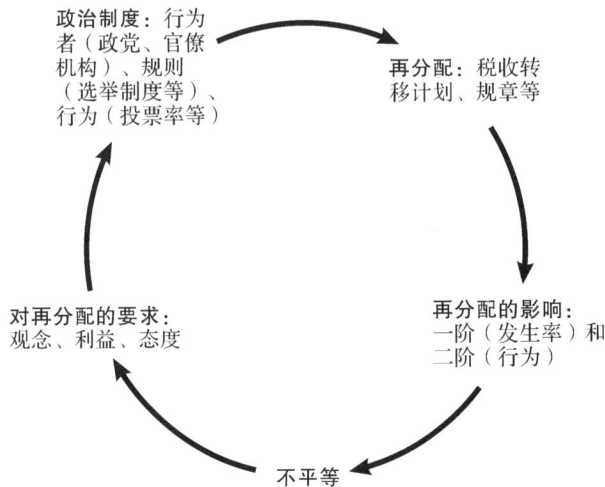

图 19.2　确定收入分配的政治过程的理论性联系

资料来源:Tóth 等(2014)。

19.5.4.1.2　选民的动机、期望和价值观

理解投票对再分配的微观决定因素中的机制是至关重要的,而且这必须与政治学文献更紧密地联系在一起。然而,已经有了大量的实证研究从再分配的角度分析了位于收入分布各个部分的公民的特点和动机。各种研究表明,尽管存在这种关系,但把物质状况和对国家干预福利的态度联系起来的相关性研究还远远不够完善。

有些人试图找出"偏差"的原因(即观察到一些相对富裕的选民支持再分配,而另一些收入低于中位数的选民反而不支持),他们强调,重要的不仅是当前的经济状况,还有对经济前景的期望[见 Bénabou 和 Ok(2001)以及 Ravallion 和 Loskhin(2000)对向上流动前景的预测;见 Alesina 和 Fuchs-Schündeln(2005)、Piketty(1995)或 Guillaud(2013)讨论的社会流动经验和基于此的预期]。①

----

① 关于实际收入(和社会)流动的衡量标准和趋势,本书第 10 章提供了详尽的阐述。

另一些研究者则强调社会化在整个社会政治环境中的作用(Kelley and Zagorski, 2004; Corneo and Grüner, 2002; Fong, 2001, 2006; Alesina and Fuchs-Schündeln, 2005; Gijsberts, 2002; Suhrcke, 2001)。在许多情况下,文化差异不是暂时的,而是长期的,有时会代代相传(Alesina and Fuchs-Schündeln, 2005; Luttmer and Singhal, 2008)。此外,对公平经济体系和在社会中"胜过他人"游戏规则的信念,似乎是接受实际再分配水平或对再分配要求更多的重要决定因素(Fong, 2001, 2006; Alesina and La Ferrara, 2005; Alesina and Glaeser, 2006; Osberg and Smeeding, 2006; 关于不平等和正义观念的近期文献综述,见 Janmaat, 2013)。

最后,重要的不是普遍观点和态度,而是个体特征。Tepe 和 Vanhuysse(2014)提出了这些态度是如何产生的假设。他们发现,在某些情况下,性格特征在很大程度上决定了福利态度,即使在控制了阶层、社会人口变量甚至社会化之后也是如此。[①]

19.5.4.1.3　参考群体和选民的异质性

衡量不平等的标准往往是反映整个收入分布的各种指数(最常见的是基尼系数,也有其他不同的衡量标准)。然而,将这些放在回归方程的右侧,在政治经济学模型中是有问题的。不能想当然地认为,选民的不平等情况与上述任何一个复杂的衡量标准所提供的不平等情况是一样的。更可信的假设是,选民意识到社会距离,判定与其他选民的亲近程度,等等。Kristov 等(1992)提出了社会亲和力的概念(承认存在那些与假定决策者最接近的群体)。应用再分配的政治经济学模型的研究包括 Osberg 等(2004)、Lupu 和 Pontusson (2011)、Finseraas(2008)以及 Tóth 和 Keller (2013)。实证检验表明,不平等实际程度(更重要的是,以中产阶级与穷人之间的距离来衡量的不平等结构)也促使人们关注再分配。有例子有力表明,中产阶级的相对地位——可能也包括选举中的关键选民——影响了公共支出的优先次序(以及联盟的形成)。正如 Lupu 和 Pontusson(2011)所示,在 15 个发达国家的样本中,工资分布的下半部分(以 P50/P10 比率衡量)的较大差距始终与再分配较少有关。更明显的再分配倾向(意味着中产阶级被安置在更接近穷人的位置)将导致样本中更多的再分配。Osberg 等(2004)还表明,再分配的结构很重要,但起作用的方式不同:他们发现,最上层阶层和中间阶层之间的不平等(以 P90/P50 比率衡量)对社会支出有很大的负向影响,这意味着,在更严重的不平等的情况下,最上层阶层更有可能放弃公共服务。

19.5.4.2　关键问题:不同形式的再分配

基本 MR 模型的假设是,只有一种再分配方式(从富人向穷人垂直转移资金)。原始模型更为简单:一方面,对收入高于平均水平的选民征收统一税率;另一方面,将一次性收入转移给分布的较低部分。然而,实际的再分配计划要复杂得多。Moene 和 Wallerstein(2001, 2003)指出,必须区分保险型方案(参加者为困难时期的收入损失未雨绸缪)和对富人征税以使穷人受益的再分配方案。他们建议(并提供实证证据支持这一建议),尽管对垂直再分配

---

① 例如,Tepe 和 Vanhuysse (2014)的研究表明,随和性与失业时对国家角色的支持之间存在正相关关系,开放性与支持政府对家庭负有责任之间存在负相关关系,而责任心与支持政府对老年人负责之间存在正相关关系。

的需求与收入呈负相关,但对保险的需求是正相关的(在某些情况下,这两种影响甚至可能相互抵消)。这确实可能对实际分配结果产生相当大的影响。

Borck(2007)在他的文献综述中总结了各种类型的再分配,并根据其中的差异对文献进行了分类。第一个也是最明显的方向是从富人到穷人的再分配;强调社会偏好、向上流动和选民动员(见上文)的模型,指出了从不平等加剧到纵向再分配增多的因果关系。然而,还有其他类型的再分配机制,如支出计划,使从穷人转移支付到富人变得可能。当公共部门提供私人物品、教育或保险时,情况可能就是这样。在这种情况下,国家/公共预算可能实际上由低收入群体补贴。最后,私人物品的公共供应或公共养老金的运作可能代表着所谓的戴雷科特定律:分布双尾部分被中间部分所剥夺(其他综述见 Mohl and Pamp, 2009; Mahler, 2010; Alesina and Giuliano, 2009)。

关于再分配定义的另一个问题与用于衡量它的收入概念有关。显然,简单将经过税收和补助调节后的基尼系数与公共社会预算的大小联系起来是错误的,因为它将等式的左右两侧混为一谈。Kenworthy 和 Pontusson(2005)在 LIS 数据的基础上完善了再分配的定义。他们用住户可支配收入的基尼系数(税收和补助后)和市场收入的基尼系数(税收和补助前)之间的差别来表示再分配。它显示(在截面和国家时间序列数据上),市场收入不平等的加剧与再分配力度的加强相关(类似结果见 Immervoll and Richardson, 2011)。[1] 再分配是对不平等的反应,其时间、国内差异与 MR 假说所提出的基本一致。然而,不同国家之间的不同之处在于,在他们观察到不平等现象加剧的时期(20 世纪 80 年代和 90 年代的不同时期),福利国家的反应具有弹性。[2]

选举政治的另一个经验特征是,有时政党并不仅在选举中打出(垂直型或保险型)再分配这张牌。他们常常试图使政治空间具备多个层面,有时会引入一些议题,并创造与垂直收入差距无关的部门。竞选活动往往涉及复杂的一揽子计划,"议题捆绑"可能很容易将中间选民置于收入分配中的中等收入不同的部分(Roemer, 1998)。在具体情况下,这可能是针对政治光谱中右翼政党的一种策略(因为后者喜欢把选民的注意力从激励低收入群体的议题上转移开),但议题捆绑有时也可能符合左翼政党的利益。[3]

19.5.4.3 政治不平等:选举中的不平等参与度

在不平等加剧的情况下,对更大再分配的预测还需要假定所有人都参加选举(或至少在不同收入群体之间参与度是一致的)。然而,事实通常不是这样的。[4] 因此,不同的选民参与

---

[1] 这里需要特别加以说明。在市场收入不平等加剧的时期,即使在税收和转移支付等再分配工具没有任何变化的情况下,人们也可能发现特定福利国家衡量标准的再分配影响有所增加。我们在 19.5.5.1 部分具体讨论这一点。另见 Immervoll 和 Richardson(2011)。

[2] 在这种情况下,对国家的选择显然会对结果产生影响。经合组织的比较(OECD, 2011)通常表明,结果对哪些国家被列入经合组织低收入国家(如墨西哥或智利)十分敏感。

[3] 对议题捆绑的进一步分析将揭示间接针对不平等的政治和政策如何对收入分配的实际发展产生重要影响。然而,考虑政党政治的次要效应、副产品和意外后果超出了本章的范围。

[4] 在理论上也不应假定选民的充分参与。依据 Downs(1957)和 Olson(1965),政治经济学理论一般认为,选民不参加选举是完全理性的,而富裕选民/小利益集团游说和资助政党也是理性的(见 Olson, 1965)。关于参与不充分背后的政治经济学原因、MR 类型和其他通过类似"选票市场"运用"经济主义"方法处理政治问题的文献综述,见 Vanhuysse(2002)。

可能会改变总的再分配偏好。如果中产阶级比穷人更多地参与,那么政党可能会寻求收入相对较高的选民的利益。此外,与家庭相关支出相比,老年选民更多的参与可以促使政党承诺更多的养老金支出。因此,实际再分配的经验可能与基于一致性参与的预测不同(关于参与度的考察见 Kenworthy and Pontusson, 2005; Larcinese, 2007; Pontusson and Rueda, 2010)。

Kenworthy 和 Pontusson(2005)以及(特别是)Pontusson 和 Rueda (2010) 着重强调,选民动员是不平等如何转化为再分配政治中的一个关键问题。政治不平等(至少在参与选举方面)可能在政策制定方面发挥重要作用。由于受到较大再分配激励的低收入选民在选举期间也许没有充分发挥作用,因此再分配水平可能比"客观"不平等所预测到的水平低。Pontusson 和 Rueda(2010)还指出,除了中间选民的立场,有必要区分左翼(和右翼)政党的核心选区,而中间选民至少在比例代表制(PR)中是摇摆选民。他们的主要结论是,左翼政党在多大程度上处理再分配问题也取决于对低收入公民的动员。换句话说:如果再分配代表低收入阶层在民调中的"需求",那么左翼将通过制定更多的再分配政策来应对这一需求。当然,这不能完全看作是外生的,因此,对核心选民进行差别动员的政党政治(特别是左翼),可能对再分配产生重要影响。下一部分(19.5.4.4)将进一步讨论政治制度的这一问题。

Mahler(2008)在分析中引入了两个因素:选民投票率和收入对投票率的影响程度。考虑这些因素后,MR 模型的预测能力显著提高。他发现,对于收入分布的中下层人群,以及当社会转移支付政策而不是税收政策至关重要时,这种联系尤其明显。Mahler 和 Jesuit (2013)之后用更精练的公式表明,政治参与(特别是工会密度)与再分配呈正相关关系,尤其是在考虑到中产阶级下层人群的收益份额提高的情况下。

19.5.4.4　政治制度和党派性

为了更广泛地了解政治动态对收入分配的影响,有必要考虑一般政治制度对不平等的影响。Galbraith(2012)在回顾许多命题后指出,很难得出明确的结论。将政治制度分为民主政体和非民主政体没有多大作用。当然,20 世纪长期存在的社会民主制度与较低程度的不平等有关,但因果关系可能是双向的。最后,有许多例子表明,在向更加民主的政权过渡时,不平等现象可能会增加而不是减少(Galbraith, 2012; Tóth and Medgyesi, 2011; Tóth, 2014)。

由于各种"福利制度"[Esping-Andersen(1990)在将欧洲福利体系的总体特征划分为三种福利制度类型时创造的术语]在一般的社会经济和社会政治环境中根深蒂固,党派性(通常是指政党在一两届选举任期中持续担任行政职务)不能真正改变总体制度运作。这方面的考虑使我们不仅要分析政治制度的总体框架,如代议制民主,而且要分析其中的要素(如党派性、意识形态、社团主义制度环境)。

政治学文献的一个传统是将再分配与代表工人阶级的政党在选举中的相对实力联系起来。社会民主党派长期执政一些拥有大量公共开支的民主国家,尽管后者的社会经济基础随着 20 世纪 70 年代连续两次危机之后经济部门发生的巨大变化而有所削弱。然而,权力资源理论(PRT)是解释再分配的一个有力范式,它认为福利国家的扩张在很大程度上取决于代表劳工的政党动员低收入选民的能力(Korpi, 2006; Korpi and Palme, 2003)。

Bradley 等(2003)利用由 19 个经合组织国家组成的小组,试图解释"初始"收入分配的决定因素和再分配的结果,并为 PRT 假说提供支持证据。他们强调,高失业率、低工会密度和妇女主导住户的高比例与税收和转移支付前的高度不平等现象有关。对于减少不平等的因素(福利国家再分配的有效性),他们认为左翼政府(直接或间接地通过与党派政治有关的变量)具有统计显著性(而且很强)。他们得出结论,"左翼政府通过制定税收和转移支付的再分配大纲,直接推动再分配进程,并通过提高税收和转移支付占 GDP 的比例,间接推动再分配进程"。

Iversen 和 Soskice(2006)考虑了政党的异质性(假设高收入、中等收入和低收入选民的代表具有单独性、排他性)。他们还允许有代表性的政党之间结成联盟,并将比例代表制(PR)和简单的多数选举制区分开来。他们的主张是,多数选举制中再分配会较少,因为它们倾向于偏袒中间偏右的政府(这是在三个主要收入群体潜在可征税性的约束下的联盟博弈的结果)。不过,请注意,Iversen 和 Soskice (2006)并不是建立在关于平均收入与中等收入之间的关系(社会中的不平等程度)的假设上,也不是基于中间选民在收入分布中位置(政治动员对全收入范围的政治覆盖的影响)的假设。他们假定的政党是代表不同收入群体的阶层政党。这一论点的核心内容是高收入群体的非可征税性,以及在联盟成立后能否强制执行政党选举前承诺的不确定性。

针对政治动态及其对不平等的影响的一些实证研究,挑战了传统的左翼—右翼区分的有效性,它们还加强了人们对各种"制度"含义的更客观的理解。例如,Rueda(2008)在他对16 个经合组织国家的研究中强调,以社团主义为基本社会经济结构特征的政权(社会伙伴、国家官僚机构和政党之间的广泛、集中、制度化和非正式的谈判和利益协调制度),只有部分自由裁量权(例如工资政策)仍然掌握在党派政治手中,因此,党派关系变量在解释收入分配方面并不重要。此外,Rueda(2008)也提出,左翼政党可能(与其总体形象相反)并不总是代表经济中的全部"劳动者",相反,他们可能更关心劳动力市场的"内部人员"(在此处,即已经被雇用的人),而不是有希望但是还未进入劳动力市场的"外部人员"。在外部人员被忽视的情况下,即使是在左翼政府时期,总体收入的不平等现象也可能会加剧。

Rueda 和 Pontusson(2000)分析了四个相关的政治—制度变量来解释一系列发达国家的(工资)分配情况[①]:除了政府的党派组成,他们还衡量了工会率、工资谈判的集中化和公共部门的规模。他们依据 Hall 和 Soskice (2001)的定义,在两种不同的制度背景下考察这些变量的影响:社会市场经济(SME)和自由市场经济(LME)。前者的特点是全面的、公共资助的福利制度,严格管制的劳动力市场和制度化的工资谈判体系。他们发现,这两种不同的制度确实对工资制定和分配有影响。除了工会化(上述更广泛的制度环境对它并不重要,因为更高的工会化水平在两个体制中都有均衡化作用),可观察到的其他制度变量的影响因制度形式的不同而有所不同(社会市场经济或自由市场经济)。如 19.5.4.3 所述,政府党派组成的影响因社会政治制度的不同而有所不同(这在 LME 中很重要,但在 SME 中不重要),这个发现对于理解中间选民理论的机制也很重要。

在随后的一项研究中,Pontusson 等(2002)还发现,较高水平的工会化和工资谈判以及较

---

① 为了考察更广泛的社会经济变量,他们控制了妇女劳动参与率以及失业率。

大比例的公共部门就业主要通过改善非熟练工人的相对地位(他们构成分布的下端)达到均衡效果,但是党派性(最明显的是政府中左翼政党的参与)限制了高技能工人的工资增长,从而对分布的上端产生了均衡影响。在集中的工资谈判制度中,左翼政府似乎成功地控制了工资分布上端(税收等)和下端(最低工资等)的变化。

在过去几十年中,传统上被视为"左翼"的政党在其意识形态信仰和政策方面变得越来越异质化,意识到这一点,Tepe 和 Vanhuysse (2013)根据政党宣言中的意识形态立场/声明重新调整了各党派的名义立场[数据取自比较宣言项目(Comparative Manifesto Project)]。此外,作者还试图找出左翼政党和工会的策略以及它们对 EPL(假定有利于内部人员)和积极劳动力市场政策(ALMP,假定有利于外部人员)的影响。对 20 个经合组织国家 1986—2005年的数据进行分析后,他们发现[与 Rueda(2008)一致],左翼政党权力变量总体上对支持外部人员的 ALMP 支出没有影响,而对就业创造计划有负面影响(这与 PRT 理论相矛盾)。然而,正如他们所强调的,规模更大、更容易罢工的工会总体上倾向于增加 ALMP 支出,特别是在帮助其成员的方面:就业援助和劳动力市场培训(Tepe and Vanhuysse, 2013)。

19.5.5　通过税收和转移支付进行再分配:技术和效率方面

再分配为什么能改变税前和转移支付前的收入分配,其方向如何,在很大程度上取决于影响政治过程的各种政治力量的相互作用。它如何发生,以何种有效性发生,则更多的是技术问题。本部分描述了有效性的一些方面,其中许多方面一开始并不是直接清晰的。

对再分配的识别和衡量预设了一个从纳税人向受益人转移资金的再分配行动生效之前的反事实问题。然而,转移前的分配已经受到规章的影响(涉及住户间转移,如赡养费和其他此类付款,雇主与雇员之间的关系,如工资或工作条件的规定;以及各种市场中的供求关系,如住房市场的租金管制等),反事实假设有助于形成在传统定义的收入分配开始被测量之前发生的情况。① 此外,"再分配之前"的特征被纳入更广泛的范围中,如对他人(年轻或年长的家庭成员或当地社区成员、穷人或残疾人等)福利负责的非正式规范。这些形式的非正式团结的实际作用因国别而异。这些警告一开始就应该被提出,尽管下文中没有对此进行广泛的讨论。

再分配(和福利国家)形式可大致分为两类:"存钱罐"和"罗宾汉"(Barr, 2001)。"存钱罐"方法将重点放在平滑消费和对人生各个阶段普遍存在的风险进行保险上。就其理想形式而言,它对人生周期收入分配有影响,但不会导致人际再分配。"罗宾汉"方法侧重于不同社会阶层之间的再分配(最常见的是从富人到穷人)。

我们对再分配程度的看法(以及我们的评价),在很大程度上受到我们看待收入和补助的角度影响。以最大的项目即养老金为例,在精算公平的养老保险制度中,不涉及人际再分配。在特定的累积率、退休年龄、补偿率等参数系统下,人们在为晚年保障收入而储蓄。但是,将这种收入转移放到一个横截面框架中,会使人对某一特定时刻的社会中贫富阶层之间的再分配程度有错误认识。同样,在评估疾病保险、教育经费(特别是在更高层级上)和许多

---

① 福利国家研究中的"反事实问题"已经由 Bergh (2005)及 Esping-Andersen 和 Myles (2009)讨论过。另可见 Lambert 等(2010)以及 Förster 和 Mira d' Ercole (2012)。

其他领域的再分配作用时,我们必须有明确的视角。

此外,为了对收入分配进行跨国比较,我们应当明确指出,各国特点是上述形式的不同混合[例如,丹麦的税收支撑福利制度更多的是"罗宾汉"类型,而俾斯麦制度(Bismarckian systems)和贝弗里奇制度(Beveridgean systems)更多是"存钱罐"类型],尽管并不存在真正理想的类型。然而,改变视角也改变了我们如何看待各种福利国家安排的再分配的影响(更多信息,见 Whiteford,2008)。从一生的角度来看,不同福利国家对人与人之间的再分配相对于人生各阶段再分配的关注度差别很大(澳大利亚约占一半,英国约占三分之二,瑞典约占五分之四。见 Hills,2004; Ståhlberg,2007)。这也暗示了从长远的角度看,福利国家可以在多大程度上改变收入分配。

在解释当前收入分配(本章重点)时,最重要的是"罗宾汉"式的福利国家活动。[①]在许多相关问题中(反贫穷政策和微观模拟分别在第 22 章和第 23 章中进行讨论),我们的重点仍然是再分配对收入的影响,主要包括以下问题。

· 再分配对(初始、横截面、"原始")收入分配的总体一阶效应是什么?

· 我们可以识别再分配的哪些反馈/次级效应?

要衡量再分配,建立一个适当的收入核算框架是至关重要的。常用的框架[例如,见 OECD(2008),以及更早的 Atkinson(1975)]始于要素收入(净工资、薪金、自我雇佣和财产收入)加上私营企业年金,得到市场收入,以社会补助、私人转移支付和其他现金收入为补充,得到总收入,扣除雇员和/或雇主的各种税款(针对工资和/或收入)后得到可支配现金收入(关于这一框架的更多信息,见 Förster and Whiteford,2009)。衡量再分配的研究比较上述各项因素,以评估再分配的即刻(直接、一阶)效应。[②]

19.5.5.1 再分配的总体一阶效应

在比较了再分配前(市场收入)不平等和再分配后(净可支配收入)不平等后,Whiteford(2008)得出结论,再分配大约减少了三分之一的"原始"不平等(在丹麦、瑞典和比利时,这一比例约为 45%,在韩国约为 8%(Whiteford,2008)]。这些结果针对的是全体人口,因此包括公共养老金转移的影响,如前所述,这使其含义变得不太清晰。OECD(2011,2013)考察了公共转移支付和税收对劳动适龄人口的再分配影响——这在很大程度上不包括公共养老金。在 21 世纪第一个 10 年后期,经合组织国家的这一影响平均略高于四分之一,在一些北欧和欧洲大陆国家达到了近 40%。

Immervoll 和 Richardson(2011)显示,在 20 世纪 80 年代至 21 世纪第一个 10 年中期,整个经合组织的再分配(以再分配前后的基尼系数差别来衡量,视情况而定)总体上有所扩大。然而,在此期间,市场收入不平等加剧的速度在很大程度上超过了再分配的扩大速度。特别

---

① 大多数情况如此,但不是全部情况如此。生命周期的平滑收入机制也具有横截面的收入分配影响。试想养老金对老年人相对位置的直接影响。然而,社会保险工具根据它们自己的标准来加以判断更好,即它们在整个生命周期中平滑消费的能力。

② 然而,大多数实证研究仅限于现金转移和直接所得税的影响。公共服务(非现金转移)也发挥着重要的再分配作用。虽然其减少不平等的效果总体上小于现金补助的效果,但其规模仍然很大,例如,在 21 世纪第一个 10 年,在经合组织国家平均达到 20%(例如,见 OECD,2011; Förster and Verbist,2012)。

是在 20 世纪 90 年代中期至 21 世纪第一个 10 年中期,许多国家的税收优惠制度的再分配力度有所下降(在后一时期,再分配自身被削弱造成不平等的程度比市场收入造成的不平等加剧程度更为严重)。

关于两端的再分配影响(一端是税收,另一端是支出),OECD(2008)和 Whiteford(2008)发现,公共现金转移实现的再分配是所得税实现的再分配的两倍(但在整个经合组织国家范围内,美国的情况除外,因为该国税收发挥的作用更大)。Immervoll 和 Richardson(2011)发现,补助对不平等的影响比社会捐赠或所得税大得多[①],尽管税收和社会捐赠的影响与住户收入相比要大。[②] 税收/补助制度的总体影响在收入分布的底端比在收入分布的顶端更为普遍(Immervoll and Richardson,2011)。

然而,Fuest 等(2009)强调指出,税收和转移支付对再分配结果的不同影响对被采用的方法很敏感。2007 年他们在 EU-SILC 调查的基础上对 25 个欧盟国家进行研究,其分析遵循了传统的再分配核算框架(见 Förster and Whiteford,2009),证实补助是减轻不平等的最重要因素。然而,在应用 Shorrocks(1982)所述的因子分解方法时(确定各种因子构成部分在决定总体不平等方面发挥何种作用),他们得出结论,认为补助在再分配中起次要作用(如果有作用)。因子分解使几乎所有国家的税收和捐助在减小不平等方面发挥了更大的作用(Fuest et al.,2009)。在解释中,他们认为,虽然在传统的核算框架中,社会转移支付的平均分配往往对最终的不平等产生正向影响,但要在分解框架中实现再分配作用,转移支付与收入之间就需要存在明确的负相关关系。然而,有人批评在分解框架基础上对结果进行政策方面的解读,这一解读认为按照定义,平均分配的收入来源对总体不平等的影响可能为零。有人认为这不合乎直觉,因为“附加”在分配不均的转移前收入上的统一补助通常会减轻不平等。[③]

基于 LIS 比较数据,Lambert 等(2010)一开始就指出,关于收入不平等与再分配之间关系的实证性文献尚无定论。鉴于再分配前(税前和转移支付前)的收入不平等根据定义只能是反事实的,他们建议采用一种称为“移植和比较”的方法来衡量再分配的“真实”影响,这一方法与被观察到的国家的初始不平等程度无关。如果根据所得税系统本身的税前/转移支付前不平等基准来评估所得税系统,则个人所得税依据它们采用的大多数衡量标准,其再分配影响在较不平等的国家中似乎更大。在协调不同国家的基准后,他们发现了一种更弱的关系。

根据对 1972—2006 年 43 个中上收入国家和高收入国家进行的分析,Muinelo 等(2011)将再分配和不平等问题放在更广泛的背景下。估计结构方程以模拟财政政策在经济增长和不平等中的作用后,他们发现,扩大公共部门的规模(定义为直接税收和支出),同时减少不平等,会损害经济增长。然而,间接税对增长和不平等的影响都不显著。一般政府公共投资

---

① 同样,Mahler(2010)也发现,税收比社会转移支付的再分配影响小得多。

② 相应的有效税率是由区分税前收入所缴纳的所有税款来衡量的(这两个项目都对应住户)。Immervoll 和 Richardson(2011)的分析考虑到具体国家税收与补助的相互作用,以及在次序方面的法律差异,例如,有些补助是应纳税的,而另一些则不是。

③ 另外,Fuest 等(2009)得出的结果是基于变异系数的,变异系数对顶端的离群值非常敏感,这也可能会对一些解释产生误导。此外,在某些国家,EU-SILC 是以能够更好地反映顶端收入的登记为基础的,对根据尾端敏感度的衡量标准估计的补助再分配效应进行直接跨国比较,需要更加谨慎。

的 GDP 占比表明,在不损害经济增长的情况下,其具有均衡效应。对于更有限的数据集(1972—2006 年由 21 个高收入经合组织国家组成的非平衡面板),财政政策采用不同的变量结构。Muinelo 等(2013)发现,较低程度的不平等与公共部门的规模(按 GDP 中的支出和税收比重界定)之间存在正相关关系。他们还发现,增加分配性支出(用于社会保护、健康、住房和教育的公共支出)以减少高收入福利国家的收入不平等,并不会对经济增长产生明显的有害影响。同时,他们发现,非分配性支出(一般公共服务、国防、治安、经济服务)的增加阻碍了经济发展,同时加剧了收入不平等,这与支出的资金来源(直接税或间接税)无关。

Afonso 等(2010)试图研究各国如何保证公共支出方案的有效性(成功实现方案目标)和效率(用可得资源最大限度地实现其目标)。根据他们的主张,较高的社会支出与经合组织国家之间更平等的收入分配有关。南方国家的效率不如北欧国家。对盎格鲁-撒克逊国家来说,产出效率(在给定投入下产出最大化的程度)往往很低,而投入效率(在投入减少的情况下可以维持给定产出的程度)往往很高。

在对 25 个经合组织国家进行分析的基础上,Goudswaard 和 Caminada(2010)发现,公共社会总支出对再分配(和减少不平等)有很强的正向作用。与此同时,私人社会支出较高的国家再分配水平较低。如果不包括服务(在他们的分析中为健康支出),则社会支出(公共的和私人的)对促进不平等现象减轻的作用较小。然而,服务业支出似乎并未对结果产生重大影响。社会支出的不同要素有不同的贡献;公共养老金的影响较大,失业救济金和劳动力市场计划的影响较小,但仍有正向作用。私人养老金的影响显示为正,这意味着它会加剧不平等的影响。

19.5.5.2 回到政治:再分配的悖论

关于福利开支对贫穷和收入分配的影响,Korpi 和 Palme(1998)的一篇有影响力的文章指出了一个明显的悖论:根据 20 世纪 80 年代的数据,他们发现定向福利制度可能比更普遍的福利制度实现的再分配作用更小。Kenworthy(2011)确认了 Korpi 和 Palme(1998)对 1985—1990 年 10 个经合组织国家的分析结果。然而,Kenworthy(2011)表明,到 20 世纪 90年代中期,这种目标定向和再分配之间的反向关系已经减弱,到 2000—2005 年就消失了。经过衡量标准的改进、国家覆盖面的扩大,以及对其他收入定义的敏感性进行的稳健性检查,Marx 等(2013)发现,上述实证关系本身不再成立。在方法方面,他们指出,结果不仅对实施情况(对反事实的定义)和数据来源(例如 LIS 和 EU-SILC 数据集之间的差异)敏感,而且对选择的国家也很敏感(被纳入的南欧和东欧国家显示了彼此不同的模式,还反映了与之前选择的几组国家的模式不同)。在政策方面,他们认为,随着数十年时间的推移,定向方案的性质和效果也发生了很大的变化(对激励更加重视,以及将重点转为工作中的群体,开始得到中产阶级选民的更多支持)。有了更好的数据、更精细的分析和更广泛的覆盖范围,Marx 等(2013)认为,在今后的研究中,人们必须解释的是各种定向方案和各个国家经历的不同效率。

在理解福利制度时,识别和衡量减少不平等的再分配影响可能变得极为困难(Esping-Andersen and Myles, 2009)。全面的分析应包括对税收、转移支付计划和服务的分析,所有这些分析都是在一个复杂的环境中同时进行的,在这个复杂的环境中,国家活动内嵌于一般的社会职能,与市场和家庭一起产生福利结果。在这种情况下,两个不同国家对平等做出的承诺可能产生不同结果(Esping-Andersen and Myles, 2009)。这使得系统核算变得非常困难,需要以案例研究的方式进行分析。因此,在从福利制度这个更宽泛的层面分析前,我们必须先从项目层面了解福利国家干预的性质和运作方式。

19.5.5.3　再分配的二阶效应:劳动力市场反应

然而,如果我们忽视对二阶效应的具体说明和分析,上述结果可能会误导我们对再分配的理解。直接影响(如上所述)被假设对受益者而言是"一夜之间"的收益,对贡献者(例如,纳税人)而言则是成本。双方的群体可能有所不同(根据所涉及的再分配的类型而定)。然而,当人们注意到他们的行动将带来成本和收益的变化时,再分配也会产生二阶效应(富人可能会改变他们获得收入的方式以降低他们的有效税率,而穷人可能会改变他们的劳动力供给,等等)。关于二阶效应有许多假设,但是检验较少[也许对拉弗曲线(Laffer curve)的检验除外,它假定劳动力供给对边际税率的变化具有很高的弹性]。

Doerrenberg 和 Peichl(2012)在建立二阶效应模型时发现,累进的所得税没有显著性,并得出结论,税收变量的二阶(行为)效应可能大于支出的二阶效应。Niehues(2010)得出结论,认为增加针对低收入群体的具体目标与后政府行为的不平等程度较低无关。由此,她的间接结论是,依据经济调查的补助可能存在二阶(潜在的抑制)效应。然而,她对社会转移支付的总体效应的分析表明,较强的均衡效应在很大程度上超过了二阶效应。

Blundell (1995)以及 Blundell 等(2011)研究了所得税对劳动力供给的潜在影响[外延边际(从外部进入劳动力市场的决策)和集约边际(已经进入劳动力市场者的工作努力程度决策)]。他们发现两种边际的女性劳动力供给弹性都大于男性。Blundell(1995)的文献综述列举了个别劳动力供给对边际税率变化反应为何非常复杂的若干因素(工作的固定成本、储蓄的生命周期、人口统计和财富积累、在职人力资本和资历、工会的作用和集体谈判,以及补助使用和有效税率)。所有这些因素都具有再分配的实际运作特点,使得人们对分配的二阶效应几乎不可能做出一般性的判断。更难的是就不平等影响进一步得出任何结论,因为除上述假设外,还需要大量相应的假设(行为/人口结构与劳动力市场效应和收入效应的相互作用等)。

Doerrenberg 和 Peichl(2012)从劳动力供给弹性在底部高于顶部以及更大的再分配可能使雇主远离社会责任的假设出发,预计再分配对不平等会产生第二轮负面效应,即使不平等加剧。然而,在某个经合组织面板中,他们发现,1981—2005 年,再分配政策的一阶效应(我们可以称之为"隔夜效应")在考虑到可抵消的二阶效应(行为影响)后仍然占主导地位。他们得出的结论是,公共社会支出每增加 1%,总体上就能减少 0.3% 左右的不平等。当人们试图将二阶效应纳入传统的再分配框架时,必须谨慎地解释二阶效应的大小。例如,市场收入不平等与可支配收入不平等形成对比。对这两种要素进行计算的基尼系数的差异可能已经引起了过去的行为反应,也可能在未来引起反应。因此,引入时间维度是非常重要的,特别是对于理解二阶效应而言。

19.5.6 结构性社会变革

社会结构的变化对收入分配产生直接(通过改变构成结构和不断变化的社会小组的相对规模)或间接(通过改变行为)影响的原因是多方面的。以下是按考察所涉人口群体的顺序排列的直接和间接影响的例子。

在老龄化社会中,根据养老金制度的具体制度安排,老年人口的增长可能有助于降低总体收入不平等程度,因为在大多数养老金制度中,养老金领取者之间的不平等程度低于在职年龄人口之间的不平等程度;但也可能造成更大的不平等,因为养老金领取者的平均相对收入较低。此外,社会保险领取者和社会保险缴款者(或纳税人)之间的日益不平衡导致退休年龄的变化——这一事实也直接影响到养老金与工资的比率,并由此影响到收入分配。此外,选民年龄平衡的改变影响了老年人的政治话语权,老年人在选举中可能对公共开支偏好有更大的发言权,这使得与年轻一代的收入状况相比,老年人的状况朝着较好的方向发展。

另一个例子是,家庭结构的变化也可能产生直接和间接的影响。传统大家庭解体过程的长期趋势导致社会单位数量增加,平均规模缩小。分析收入不平等(区别于工资不平等)的单位是住户。一个国家不断变化的住户结构[住户规模的缩小、传统家庭形式(如一人赚钱养家的模式)的解体等]会影响衡量单位,这可能对住户不平等产生直接影响,即使工资分配根本没有变化。同样,因依附劳动力市场而改变的住户构成情况也是如此。例如,根据收入分配情况,女性劳动力参与率的提高本身就会改变收入分配。此外,在较大单位解体的同时,考虑到现代国家在照顾弱势公民方面负有责任,福利国家可能会产生额外的压力(如果解体的形式是提高单亲家庭和/或老年单人住户的比例)。

此外,普遍教育的扩展(它在经合组织地区过去50年中的扩展规模巨大)不仅改变了较高或较低技能分组的结构,而且形成了更深层的社会趋势:受过更多教育的选民可能会对政治更感兴趣,对经济或社会政策的意见也会更强烈,等等。与此相关的是,中产阶级规模的不断扩大或缩小不仅产生了测度上的结果,而且中产阶级的变化也可能影响人们的行为和态度。

最后,由于国际移民,依据出生地的人口构成变化可能导致收入分布的变化,当然,这取决于移民进入接受国的收入分布的哪些部分。此外,社会态度或族裔组成的变化可能会促使政治家在其政策的变化中反映这些态度。

虽然研究者对这些趋势的某些特定方面进行了大量研究,但对社会结构在收入分配中影响的系统性说明相对较少。OECD(2008)在用不平等的简要衡量标准评估人口结构变化的作用时,强调人口群体之间和人口群体内部(例如按不同年龄或按性别来说)存在收入不平等。这项研究提供了模拟结果,认为在观察期开始时(20世纪80年代中期或90年代中期,视国家而定),人口构成被视为"已固定",以显示不断变化的人口构成对收入不平等的独立影响。该研究突出表明,人口结构的变化(老龄化和住户结构变化合在一起)加剧了大多数国家的收入不平等。研究还表明,住户结构变化的影响似乎大于老龄化的影响。单亲住户的增加推动了人口结构的变化,这是确定总体人口影响的一个关键趋势。

过去20年来,许多论文研究了人口趋势对收入不平等的影响(见Burtless, 2009; OECD,

2011），但系统性的跨国研究数量很少。美国的情况表明（见 Karoly and Burtless，1995；Burtless，1999），单身住户所占比例的提高是不平等加剧的一个重要原因。德国（Peichl et al.，2010）和加拿大（Lu et al.，2011）也出现了类似趋势，尽管 Jantti（1997）对经合组织五个国家（包括加拿大）进行的另一项研究没有证实后者。

婚姻分类或"选型婚配"，也就是人们与工资水平相近的配偶结婚的趋势日益增长，也可能导致更大的不平等，这一点已在一些针对具体国家的研究中得到了证明。例如，Schwartz（2010）发现，对美国来说，选型婚配对已婚夫妇工资不平等加剧的影响占四分之一到三分之一，其中最主要发生在分布的顶端。OECD（2011）对其他一些研究特定国家的文献进行了综述，并列出了一些研究，这些研究表明，住户中配偶工资的相似性提高会导致不平等加剧（OECD，2011），但跨国证据很少。选型婚配的作用可通过反事实模拟加以说明（Burtless，2009；Chen et al.，2013b）。这些模拟显示，选型婚配可能对不平等有很重要的影响。OECD（2011）对文献进行了概述，这些文献中的一些研究表明，配偶工资的相似性提高会产生不平等加剧的效应，尽管不同研究对这种效应的相对权重的估计范围很广泛。

OECD（2011）从更广泛的角度探讨了这一问题，分析了 23 个国家的工资不平等从个人向住户传递的情况。从初级分解得出的结果表明，在住户工资不平等加剧的决定因素中，劳动力市场因素远远超过人口因素；住户工资不平等的主要驱动因素是男性工资差距的扩大（这对住户工资不平等的总体加剧贡献了三分之一至一半）。第二个主要因素是大多数被检验国家中的妇女就业的增加，但其影响方向相反。这就产生了一种抵消作用，也就是说，到处都有均衡作用。最后，人口因素也被证明是造成不平等的原因。更广泛的选型婚配和住户结构变化的影响都起了一定作用，导致了更大的不平等，尽管据评估（OECD，2011），这种影响比与劳动力市场有关的变化要小得多。[1]

在最近的一篇文章中，Greenwood 等（2014）得出结论认为，1960—2005 年，美国的选型婚配的增加对不平等的影响越来越大。他们将基于选型婚配的不平等数值与基于随机配对的不平等数值进行比较，估计出的差异大幅增加，这意味着美国不平等加剧的部分原因是婚姻分类的增加。

Brady（2006）在其基于 LIS 数据库对 18 个富裕国家（主要是经合组织国家）的分析中，检验了各种结构因素对收入分布下尾的影响。他发现，总体而言，就业增加，特别是女性就业增加，减少了收入贫困。在对制度因素（福利国家变量）和经济因素进行控制后，他发现这是影响最大的单一项目。此外，老年人口比例的提高和单亲母亲家庭中子女比例的提高也对贫困人口的增加产生了影响。然而，在总结时，他强调福利国家比结构性因素有更大的影响。

最近的其他跨国研究也发现了妇女参与就业的均衡效应。根据对 20 个经合组织国家的反事实分析，Chen 等（2014）发现，如果女性劳动力参与率在过去 20 年中没有提升，则住户收入不平等程度平均会比实际高出 1 个点。

Esping-Andersen（2009）指出了社会中人口结构变化的重要性，这有时甚至抵消了全球化

---

[1]　选型婚配和其他住户结构变化的影响据估计占男性工资差距扩大所产生的影响的一半左右。

和技术等大趋势的影响。更多妇女参与劳动力市场,她们在家务劳动、婚姻和教育方面的作用不断变化,对不平等的形成起着很大的作用。作者指出,这一过程的特点是妇女致力于更长的职业生涯和更多地参与(高等)教育,而配偶之间更平等的家务分工和更大程度的选型婚配,使家庭内部(男女之间)的不平等程度也因此降低,但这导致了社会整体不平等程度更高。社会整体不平等程度更高的主要原因是这一过程首先发生在受过高等教育和收入较高的妇女身上,这导致社会地位较高和较低的妇女之间的不平等日益扩大。由此可见,可观察到的收入不平等的跨国差异也反映了作者所说的性别角色变化的“不完全革命”(Esping-Andersen, 2009)。下一步的推论可能是,由于不同社会的主要家庭模式不同(两个极端模式:一是男性养家模式/核心家庭,二是以双重收入模式和分担家务劳动为特征的模式),它们的不平等模式也不同。这一结论还有待于进一步的实证比较来证明。

住户人口和住户组成变化的影响反过来又对不平等和收入动态产生不同的后果,这取决于各国不同的制度结构。DiPrete 和 McManus (2000)在比较美国和德国后得出结论,在更依赖市场的制度环境中和在福利安排更为详细的国家,个人和住户对“触发事件”(如失去伴侣、失业等)做出反应的机会是不同的。住户就业和住户组成变化所引发的收入和物质生活水平变化的影响,是由税收/转移支付计划以及私人对这些事件的反应所调节的。正如DiPrete 和 McManus(2000)所强调的那样,劳动力市场事件、家庭变化和福利国家政策在收入动态中的相对作用也取决于性别。

移民对迁出国和迁入国的不平等的影响取决于移民和当地人口的技能构成、移民融入迁入国劳动力市场的过程和速度、移民和当地居民不同的住户构成等因素。此外,向内和向外移民的平衡和制度结构也非常重要。不仅是移民所占的比例,还有移民的技能构成在各国之间也有很大的不同。这使得我们很难(即便有可能)就移民对收入分配的影响得出一般性结论。因此,其影响——如果存在的话——在很大程度上取决于具体国家和环境。大量的移民分析实证文献侧重于各种目标变量上的如下这些因素,如劳动力市场结果、贫困和税收/补助制度,但它们很少能对移民对于总体收入不平等的全面影响进行建模(Chen,2013)。

然而,为了得出一般性结论,一些人还是提出了一些模型。Kahanec 和 Zimmermann(2009)提出了异质性劳动力市场的模型。他们预测技术高度熟练的移民有助于减少迁入国的不平等现象。这一观点(尽管作者就熟练劳动力和非熟练劳动力之间的互补性以及不同国家的制度和社会历史差异提出了许多警告)强调,在熟练劳动力丰富的经合组织国家,劳动力市场的移民融入程度是决定移民对不平等长期影响的关键。对于非技术移民,人们可以得出的结论要少得多。Kahanec 和 Zimmermann (2009)得出结论,认为这种影响可能不甚明晰。

在其全面文献综述的结论中,Chen(2013)指出了评估移民对不平等影响的许多挑战。他总结认为,大多数评估是片面的(侧重于相对工资,而不是全部分配),而且大多是横向研究(因此忽视了移民的工资潜力和终身工资收入)。该文献综述建议研究者建立综合的微观/宏观模拟模型,以评估移民对收入不平等的全面影响。

19.6　结论:文献调查的主要结果及对进一步研究的启示

19.6.1　对调查结果以及提供多种解释的文献综述中的观点的总结

本节总结了上文提出的主要发现,这些发现来自最近重要的研究,提供了多种原因,并对 19.5 节中所述各种论点的相对权重进行了综合分析。为了进行总结,我们将这些解释性因素分为三个层次。在第一个最宽泛的层面(以图 19.1 为代表),有六组不同的因素:

1. 结构性宏观经济部门变化

2. 全球化与技术变革

3. 劳动力市场和其他相关制度

4. 政治和政治过程

5. 税收/转移支付计划

6. 人口和其他微观结构变化

如 19.1 节所述,我们可以将上述因素视为不平等变化的"潜在"原因。在第二个层面上,六大类中的每一类都包含许多要素(如全球化中的外商直接投资、技术、贸易等,或如劳动力市场制度中的工会、失业救济金、就业保护立法等)。第二种分组可以包含在不平等的"近因"或"线索"之下。① 最后,在第三个层面上,不同的作者处理他们的模型,即他们为他们的模型选择适当的变量,在大多数情况下,这些变量必然是第二层面因素的次优代替者。在接下来的内容中,我们总结了由第一个层面所代表的抽象层面结果。与此同时,我们还尽可能报告了各种变量分组的影响之间的相互作用的结果。

对于宏观经济部门结构性变化的主要假设(库兹涅茨提出的产业偏向和部门二元性),证据是不确定的。很大一部分文献[Atkinson and Brandolini(2009)回顾的 30 项研究中的一半,以及 Hellier 和 Lambrecht(2012)回顾的 19 项研究]检验了库兹涅茨假说,但部门二元性似乎找不到支持证据。② 因此,过去 15 年中的各种文章对"U 形大转弯"的替代性解释进行了研究。其中最有影响的假设是将不平等趋势的逆转与全球化的发展以及技能偏向型技术变革趋势与(劳动力市场)规章和制度的变化进行联系。

关于全球化与技术的争论,20 世纪 90 年代已从以贸易为重点的解释转向以技术为重点的解释。在 21 世纪第一个 10 年,一些作者改变了他们之前认为的贸易对不平等的影响其实并不大的观点(Krugman, 2007;Scheve and Slaughter, 2007)。他们现在认为,贸易引起的现象,例如外包,对收入分配的影响可能比之前假设的更为显著。这就是说,虽然就纯粹的贸易成本方面而言,将所有技术上可以离岸外包的任务进行外包确实是可能的,但从企业的角度来看,这并不能实现,特别是在考虑到交易成本和范围经济的情况下。因此,正如 Lanz 等(2011)所说,离岸外包激增的假定影响可能被夸大了。

与此同时,现在人们更多地将技术变革理解为内生性的,并与贸易相互作用。更一般地

---

① 这些说法来自 Cornia(2012)。

② 然而,Nollmann (2006)和 Rohrbach (2009)提出将重点放在知识部门的二元性和偏向上。

说,如今,关键问题不再是确定哪种贸易或技术变革是加剧不平等的主要原因,而是查明这两者对不平等的影响是如何实现和相互作用的(见 Chusseau et al.,2008)。

教育—人力资本积累对不平等的影响不是线性的,而且由于不同时期的构成和工资溢价效应的不同,其影响可以像库兹涅茨过程那样先导致不均衡,再导致均衡。尽管如此,没有一项涵盖经合组织/欧盟国家的研究表明,过去30年来平均教育程度的提高起到了不均衡的作用;相反,它在大多数国家中产生了相当均衡的作用。人力资本可以被看作对技术的补充。只有增加人力资本和技能的供给,才能减轻并最终扭转因技术变革而造成的更大不平等的压力。①

虽然人们普遍认识到制度的重要性,但在计量经济学研究中,这一因素的重要性长期以来一直有限。大多数(但不是所有)研究发现,通过工会密度/覆盖范围、工资协调/集中和EPL 的直接或间接影响,制度与(特别是工资的)不平等之间存在明显的负相关关系。Checchi 和 Garcia-Penalosa (2005)以及 OECD(2011)发现,就业保护的减弱和工会化程度的下降扩大了工资差距,主要对工资分布的底端产生影响。然而,也有人强调,如果在更广泛的背景下观察(侧重于制度改革的就业效应加上差距效应),结果是不确定的,因为制度改革对就业和不平等的影响往往相互抵消(OECD,2011)。Checchi 和 Garcia-Penalosa (2008)还指出,制度对要素收入不平等的综合影响很弱,而高税收楔子对收入分配的影响(可能导致更大的再分配,有利于劳动力市场的较弱部门)也有争议(高工资工人能够将税收负担转嫁给雇主,虽然总体上税收楔子效应可以遏制失业率的大幅上升)。

总之,这表明,就不平等趋势而言,政治过程的发展至关重要。选民的偏好如何被承认、处理并转化为政策(这些政策反过来又塑造了劳动力市场和福利国家制度),在再分配制度中发挥着重要作用,并最终对不平等发挥着重要作用。对这一点的间接证明是,许多试图在初始再分配不平等和再分配后不平等之间找到直接关系的检验已被证明不存在确定性结论。虽然其中一些失败可以通过设定问题、识别各种因素或数据的问题来解释,但政治制度中的一些实质性因素可能会在界定不平等方面发挥特殊作用。其中,对不同收入层级选民的差别化动员似乎至关重要(Pontusson and Rueda, 2010; Mahler, 2008)。此外,政治舞台上的人物如何看待他们的核心选民也很重要。如果左翼政党认为值得在争取选票上动员穷人,那么他们可能会将穷人再分配的问题置于其政治议程的中心位置。

判定左翼和右翼很容易出问题,特别是在考虑到各个劳动力市场部门的代表性时(Rueda,2008)。鉴于政党有时偏重内部人(如活跃劳动者)的利益,而不是外部人(如消极劳动者和失业者)的利益,再分配可能与富人到穷人的方向相反,或出现立法支持劳动力市场内部人的利益。

在分析实际再分配的过程时,分配前和分配后不平等的定义(换句话说,理解和阐释再分配过程的解释框架)是衡量再分配效果的关键(Whiteford, 2008; Immervoll and Richardson,

---

① 不过,人们可以怀疑,这是以"教育与技术竞赛"发生变革的阶段为条件的(Tinbergen, 1975)。这里回顾的大多数研究都涉及 OECD 成员国在 1980—2008 年的情况,这是一个相当幸运的时期,许多国家中的高等教育扩张在很大程度上能够跟上技术革命的上行压力。换作不同的国家和不同的时期,这场竞赛的结果可能不那么有利于不平等的结果。

2011；Kenworthy and Pontusson，2005）。学者还强调，再分配可能有许多次级效应。再分配分析的结果表明，在所有经合组织国家中，再分配总体上减少了不平等现象，尽管程度不同，这取决于具体的制度设定。研究发现，"初始"不平等（如果存在的话）通过再分配被减少了大约三分之一（从一些北欧和欧洲大陆国家的 45％ 到韩国的 8％ 不等。见 Whiteford，2008；OECD，2011）。

两种再分配（税收和补助）效果有所不同：现金转移（在除美国之外的所有国家）对不平等的一阶效应据估计比税收大得多（Whiteford，2008；Immervoll and Richardson，2011）。① 在公共社会转移支付中，公共养老金方案实现了最大限度的再分配。然而，针对这些问题的解释和评价是不同的，取决于对"罗宾汉"或"存钱罐"式福利国家选择的视角。

再分配有二阶效应，例如贡献方（纳税人）或接受方（社会援助受益人）的行为调整所产生的效应。一些研究表明存在这种效应，但其程度似乎相对较小（Doerrenberg and Peichl，2012）。税收对劳动力供给的衡量效应（这显然是潜在行为反应的一个重要领域）意味着制度的社会根植性是显而易见的。Blundell 等（2011）的研究着重指出，无论是进入劳动力市场的决定（外延边际），还是在劳动力市场上不断变化的工作努力（集约边际），妇女的行为弹性都较大。

研究再分配的一个重要面向是，税收转移计划的规模和技术的变化如何促成了总体不平等的变化。正如 OECD（2011）所强调的那样，在 2008 年经济衰退爆发之前，再分配的变化可被视为不平等加剧的原因。福利国家的再分配能力从 20 世纪 90 年代中期到 21 世纪第一个 10 年中期被削弱了。从 20 世纪 80 年代中期至 90 年代中期，由税收和转移支付抵消的日益加剧的市场收入不平等所占份额几乎达到 60％，但到 21 世纪第一个 10 年中期，这一份额下降到 20％ 左右（OECD，2011）。

人口构成变化（按年龄、住户类型等）以及人口行为变化（住户构成、选型婚配等）的影响也可以反映社会背景。虽然老龄化和住户构成的（结构）影响可能会加剧不平等（Lu et al.，2011；OECD，2011；Peichl et al.，2010），一些被讨论的人口行为趋势（选型婚配）都不太明确，但总体上也显示出对不平等变化有影响，主要是非均衡影响。一些学者将妇女在劳动力市场和在家庭中角色不断变化的"不完全革命"结果描述为住户内部的平等化（因为住户内部劳动分工更加平等），但在住户之间加剧了不平等［因为地位较高和地位较低的妇女的行为反应不同（Esping-Andersen，2009）］。总之，在分别对人口构成和人口行为变化影响不平等与劳动力市场变化影响不平等建模时，OECD（2011）得出结论，认为前者对不平等加剧的影响似乎要比后者小得多。

---

① 其他研究也证实了这一点（Mahler，2010；Goudswaard and Caminada，2010）。后一项研究还表明，主要依赖公共社会支出的国家比更依赖私人社会转移支付的国家实现了更高水平的再分配。

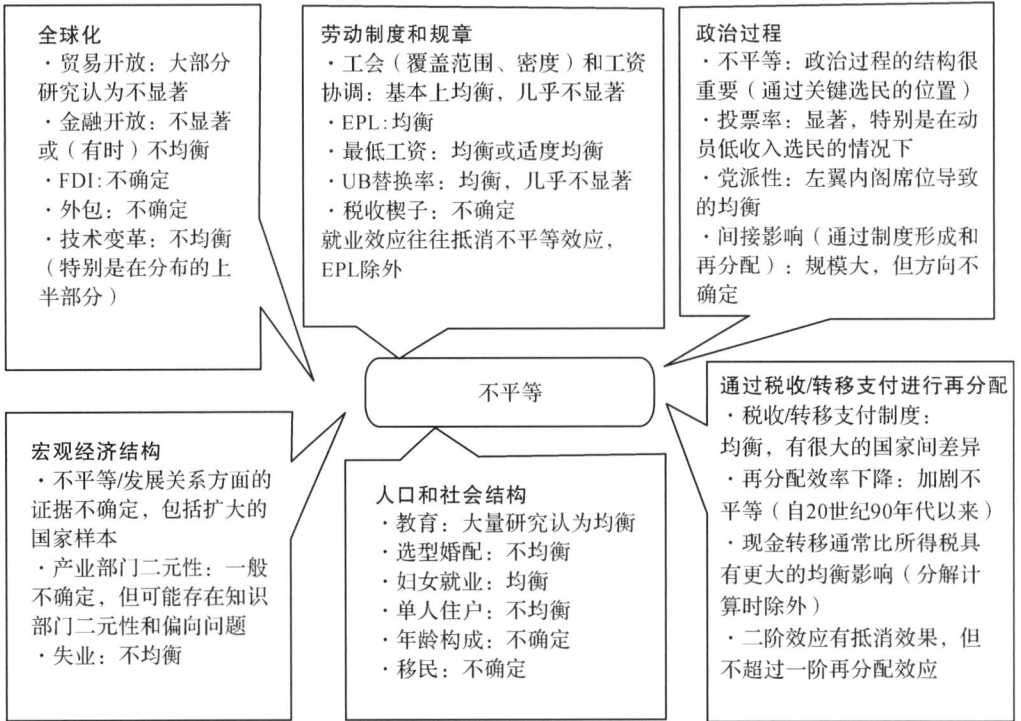

图19.3 不平等的驱动因素:对经合组织国家近期研究结果的定性概括

注:EPL,就业保护立法(employment protection legislation);FDI,外商直接投资(foreign direct investment);UB,失业救济金(unemployment benefit)。

由图19.3我们可以发现,许多可能造成不平等的驱动因素都是不确定的,也就是说,最近大量的实证研究和跨国研究报告的结果相互矛盾,这通常是由不同的国家样本、时间段、数据和方法导致的,但并非总是如此。特别是对于那些有更完整和比较直接的衡量标准的因素(如贸易开放或金融开放的衡量标准),报告里的影响不清晰,而对于需要使用更多代理性衡量标准的因素(如技术),似乎调查结果更显著。人们可能会发现某种海森堡原理(Heisenberg principle):我们越能精确地衡量一个变量,能发现的效应就会越少。

如上文所述,图19.3中的简要评估指向不同一阶因素的调查结果。要显示和解释各种调查结果的相对效力,就需要诉诸真正的多元设计的研究,即不仅涵盖多个国家,而且涵盖足够多的变量来代表模型中的每个一阶因素。由于方法和数据要求的复杂性,没有一项研究同时涵盖所有的一阶因素,但我们的文献综述中的一些研究能够涵盖多种上面提及的因素。

OECD(2011)就是少数例子之一,它试图研究四类因素之间的相互作用:(i)全球化(通过贸易和金融开放反映);(ii)SBTC;(iii)制度和规章改革;(iv)就业模式的变化。①

---

① 在从解释个人工资不平等转向解释住户工资和收入不平等时,研究报告在框架中又增加了两个因素:(v)家庭组成和住户结构的变化;(vi)税收和补助制度的变化。这些因素被认为是大衰退之前不平等加剧的两个主要驱动因素,因为再分配效率下降主要从20世纪90年代中期开始。

在一个通用分析框架内解释这些因素的相对权重时①,作者得出结论,一旦考虑到制度因素,全球化(贸易、外商直接投资、金融自由化)几乎对工资不平等本身没有影响。然而,全球化过程给旨在放宽劳动力和产品市场监管的政策和制度改革带来了压力。这种制度和规章改革的主要目的是促进经济增长和生产力发展,虽然这些改革对就业产生了正向影响,但同时也造成许多国家日益加剧的工资不平等。这一时期技术发展所起的效果主要对技能高度熟练的工人有利,这一趋势导致了更大的工资差距。然而,人力资本的增加(主要是源于大多数经合组织国家大规模扩大高等教育)抵消了不平等加剧的大部分驱动力。

在另一个例子中,Cornia(2012)分析了拉丁美洲国家不平等趋势下降的原因。在不平等的"近因"中,他调查了由非熟练劳动力、人力资本、实物资本、土地和不可再生资产禀赋导致的要素分配和个人收入分配的变化,这些要素的回报率也被考虑在内。国家干预是以住户面对的税收和转移支付来衡量的。住户层面的收入构成部分(类似于 GIRE)与宏观层面的变量(如抚养比和活动率)一起被纳入方程。总体不平等(以基尼系数衡量)被分解为六个因素(六种不同类型的收入)的加权平均数。随后,结果被纳入一个更广泛的框架,并在潜在原因变化的框架内解释近因的变化(其中包括出口或资本流动等外部条件、与国际收支有关的宏观变量,以及生育率和活动趋势、抚养率等非政策性内在因素)、教育成就和政策因素(与税收和转移支付政策、工资、劳动力市场、经济和社会政策等有关)。该文的主要结论是,拉丁美洲不平等现象减少的最重要原因是技能溢价的逆转(由于中学入学率大幅提高)、非熟练劳动力供给的减少、集体谈判的恢复和最低工资的提高。其他因素,如外部经济条件的改善或抚养率和活动率等内在变化,在扭转不平等方面只起了很小的作用。

在基础广泛的不平等变化模型的第三个重要例子中,Mahler(2010)试图解释政府再分配对不平等的决定因素和影响,他主要侧重于税收和转移支付的作用,以及工资谈判制度和最低工资的分配效应。他检验了文献中的五种不同的解释:中间选民理论、PRT、政治制度方法、工会方法和全球化方法。政府再分配与政府干预前的不平等呈正相关(正如 MR 论证预测的那样),并受制于选举投票率、工会化率和比例选举制度的存在。此外,相对平等的工资分配与工资谈判的协调能力呈正相关。然而,他在模型中没有发现全球化衡量标准的显著性。② 该研究也没有找到对政府党派性假说(左翼政党在内阁中所占份额)的支持性证据。

上文细致引用这三个例子,是因为它们有助于表明各种多元分析可以在多大程度上帮助我们理解不平等的各种驱动因素的相对权重。然而,进行一个更全面的 GIRE 类型的设定并加以适当的检验,仍然需要更好的数据和更大的国家覆盖范围。

---

① 为了采用一个联合框架来反映对工资和就业的分配效应,该研究采用了 Atkinson 和 Brandolini (2006b)提出的方法。

② "虽然公众担忧全球化将阻碍社会转移支付并限制低收入群体的工资,但就发达国家而言,一国融入全球经济似乎并未严重阻碍政府的再分配。"(Mahler, 2010)

19.6.2 方法和模型方面的经验教训

本章的目的在于通过对国际(跨国)研究的全面调查,认识收入不平等在不同层级以及(特别是)在不同趋势方面的驱动因素和根本原因。在上文各节中,我们已经表明欧盟和经合组织联合编制的一套国家数据集在可得性和使用性方面取得了多大进展(尽管次级数据集仍有不足之处)。本章讨论了研究各种不平等驱动因素及其结果的丰富文献。然而,对于本章开始时一些最重要的问题,答案仍然悬而未决,包括:

——不平等数据的时间和地理覆盖的影响

——更准确地确定不平等因素(驱动因素)的相对权重

——模型估计值的可比性和准确性

下面我们依次讨论这三个方面。

本章回顾的文章表明,在研究工资和收入不平等的数据基础方面有了相当惊人的发展。这一发展的要点可概述如下。

——首先也是最重要的是,一些新的、大型的、可比较的数据的收集工作开始了。其中最突出的是每年为欧盟所有成员国和一些非欧盟国家编制的 EU-SILC 数据集。这项数据工作包括事前和事后统一数据收集活动(Atkinson and Marlier, 2010)。

——收集次级数据集中的不平等变量(例如,最近一次是经合组织收入分配数据库)速度加快,变得标准化,并形成年度报告。此外,人们还建立了一些新的次级数据集(其中 GINI 项目提供了 30 个国家 30 年间的丰富数据集;Tóth, 2014)。

——一些国家开始了历史数据收集工作,这有助于我们更好地了解不平等的长期趋势[例如,见 Atkinson and Morelli (2014)或阿尔瓦赫达(Alvaredo)等人开发的世界最高收入数据库长期数据序列]。

总之,在过去几十年中,甚至只是在《收入分配手册》第一卷(Atkinson and Bourguignon, 2000)出版以来,数据状况都有了很大的改善。西蒙·库兹涅兹(Simon Kuznets)现在或许可以指望这种局面出现:不是 5%,而可能是 50% 的分析来自数据,只有 50% 的分析(而不是1955 年的 95%)不得不依赖推测。然而,数据方面仍有不足之处,严重限制了从跨国角度进行分析和人们更好地了解不平等的动态。

虽然有一些数据集涵盖了许多国家,但也有一些面板数据集涵盖的时期很长,只涉及少数国家。然而,研究人员如果想利用可比较的长期国家数据序列分析不平等发展情况,将不得不认真考虑做出妥协。① 妥协必须考虑到数据覆盖范围(N)、每个国家的数据点数量(t)及两者的组合。

我们回顾的绝大多数研究是以不平衡的面板数据为基础的,因为它们涵盖每个国家不同的时间段。这意味着 t 在不同的情况下是不同的。如果方差是非随机的,估计可能会有偏。当缺失的年份与因变量以系统性的方式相关时,估计值可能会有偏。此外,就收入不平

---

① 例如,GINI 项目有数百名专家参与,并在 1980—2010 年这 30 年间对 30 个国家(其中 27 个为 2010 年的欧盟国家)进行了案例研究,在 30×30 矩阵的所有可能单元中,只有大约三分之二的单元有具备良好可比性的基尼系数(Tóth, 2014)。

等估计值而言,大多数国家没有年度时间序列,而且一般没有次级数据集。附表 A19.1 中概述的大多数研究着眼于 20—30 年的时间段,但每个国家的被观察次数大不相同,从 3 次到 20 次不等。

面板数据不平衡问题的严重程度还取决于研究问题的性质:对于一些要检验的问题,大 N 可以补偿小 t,例如检验制度变化的影响(在这种情况下,短期内的时间差异可忽略不计)。在其他情况下,例如,当考虑宏观经济变化的影响(年际波动不可忽略)时,可能就不能补偿了。[①]

正如 19.5.1 至 19.5.6 所显示的(大致与图 19.1 中的六大版块相对应,代表着六种不同的潜在不平等驱动因素),对不平等的研究确定了全球化和技术变革、政治结构、再分配支出和一些人口构成变化的重大影响。然而,大多数遵循方程(19.3)结构的模型(GIRE)都是片面的,即当变量组 Z 或 Q 变量被控制时,它们才能探究变量组 X 是如何影响不平等的。在解释结果的相关性时,这有时会误导读者。总之,在文献中,很少有人试图给出各种重要因素的权重,许多人将互补变量集留在被遗漏变量中,或者假设它们被固定效应吸收。

例如,分析全球化对不平等的影响的研究,通常会控制经济部门构成,或有时会控制制度变量(如工会或就业保护),但仍然忽略了许多可能有助于控制人口结构或教育结构、政治过程或再分配的变量。同样,以政治为重点的分析确实考虑到政党结构、选举制度、投票率模式等方面,有时还会控制社会的人口构成,等等。然而,这仍然是"粗糙的",忽略了太多的变量(与全球化、部门分工等有关),因此大部分无法解释的差异都藏身暗处。

然而,当我们试图丰富 GIRE 右侧的变量集时,遇到了类似于增长回归的问题。这并不令人惊讶,因为不平等回归和增长回归的结构是相似的,只是回归左侧变量不同。关于经济增长回归的文献(见 Mankiw,1995;Temple,2000;Eberhardt and Teal,2009)指出了结论为何具有不确定性,部分原因非常简单:国家太少,相互矛盾的解释太多,以及时间序列太短,可比的定义不多。Mankiw(1995)列举了其中的三个问题:共时性问题、多重共线性问题和自由度问题。对于不平等的回归分析,每一个问题都很重要。

共时性指的是,在许多情况下,右侧变量不是外生变量,而是第三方同样(有时无法观察到)因素的产物,该因素决定了不平等,也决定了被选择的右侧变量。这个问题也可以被称为内生性问题或反向因果关系。如果我们发现一个国家的低效率再分配不能按预期减少不平等现象,那么政府效率低下和市场收入不平等很可能是第三方因素的产物,例如某一国家的治理不善和/或不信任问题(关于这一问题,另见 Robinson,2009)。

多重共线性也有类似的起因。在许多模型中,右侧变量是相关的。例如,高水平的税收将与高水平的支出相关联,特别是在就业水平较高的国家(其本身在部门内的不平等程度可能较低)。此外,受教育程度较高的人所占比例较高,可能与教育领域的就业机会较多有关,这个领域的工资谈判更为集中。不平等回归分析需要面对这些多重共线性,研究人员需要寻找适当的新方法来降低多重共线性的水平。

[①] 例如,对于法国 1985—2010 年的 U 形不平等发展(1998 年达到最低点),人们需要更频繁的年度观测,才能对其进行有意义的经济计量分析。

第三个问题与解释性变量的潜在数量有关。其中的权衡可以总结如下。对于局部的回归分析,遗漏的变量可能导致太多无法解释的方差。对于更全面的回归分析,观察数量很少,从而限制了选择。鉴于跨国比较通常涉及的国家数目有限,增加独立变量数目也受到限制。诚如 Mankiw(1995)所言,"自由度实在是太少,无法回答提出的所有问题"。为了更好地了解不平等现象在不同国家的演变情况,我们需要更多的数据点——但为此我们无法增加更多的国家,只能增加时间观察点。

此外,根据目前掌握的信息,并不是所有影响工资和收入分配的复杂机制和渠道都会在总体不平等回归中出现。因此,为了更好地确定 GIRE,我们需要对这些渠道的组成部分进行更多的分析。

最后,重要的经验与不平等问题研究者的学科背景有关。我们的文献综述覆盖了经济学、社会学和政治学,我们从中学到的最重要的一课是,这些学科的研究都有一些成果,也都要向其他学科学习。为了分享知识,讨论结果,我们需要一种共同的语言。回顾这些文献时我们看到,这种语言正在形成。

正如 Atkinson 和 Brandolini(2009)所言,"我们可以吸取宝贵的经验教训,但需要采取综合办法进行理论分析和估计,适当地定义所使用的数据,并找到解决潜在数据不足的方法"。这将有助于降低不平等研究中的推测占比——库兹涅茨估计这一比例为 95%,而我们现在估计它为 50% 左右,因为在过去几十年中,不平等研究发展迅速。

表 A19.1 对国内收入分配的跨国差异的决定因素的多元分析概括

作者（年份）	不平等测测的地理范围,时间和数量	不平等衡量标准的数据源	因变量（不平等衡量标准）	解释变量和回归元	估计方法	对不平等原因的研究结果	其他主要研究结果
全球化							
Spilimbergo 等 (1999)	34 个国家（21 个经合组织国家），1965—1992 年,320 个观测值	Deininger 和 Squire (1996)	个人收入分配基尼系数	· 禀赋：人均耕地；劳动者的人均资本；技能密集度 · 按购买力平价计算的人均 GDP（及二次项） · 禀赋修正后的贸易开放衡量标准	普通最小二乘法(OLS)	· 土地和资本丰富的国家：显著正相关 · 技术人才丰富的国家：显著负相关 · 贸易开放（保持要素禀赋不变）：显著正相关 · 贸易开放（与要素禀赋相互作用）：在技术人才丰富的国家显著正相关，而在资本不充足的国家显著负相关	对于发展中国家的子样本而言，开放程度系数是负的，但并不显著
Heshmati (2004)	60 个国家（29 个经合组织国家），1995—2000 年	WIID1	收入基尼系数（概念未明确说明），近期所有可用年份数据的平均数	· 科尔尼（Kearney）全球化综合指数（包括经济一体化，个人联系，技术和政治参与） · 区域虚拟变量	横截面数据 OLS	总体全球化指数： · 显著负相关 全球化的组成部分： · 个人联系和技术（互联网使用）：显著负相关（特别是个人联系） · 经济一体化：显著正相关（但如果使用平均基尼系数（average Ginis），则不显著） · 政治参与：不显著	经济一体化并没有系统性地导致收入不平等加剧。总体全球化的跨国差异，区域不平等水平无法解释。区域不平等的跨国差异不平等质性反映了大部分差异

续 表

作者(年份)	不平等观测的地理范围,时间和数量	不平等衡量标准的数据源	因变量(不平等衡量标准)	解释变量和回归形式	估计方法	对不平等原因的研究结果	其他主要研究结果
Mahler (2004)	14个经合组织国家,1980—2000年,59个观测值	LIS	住户的工资基尼系数	·经济全球化:最不发达国家贸易(从欠发达国家进口数额的GDP占比),对外投资流量占GDP的百分比,金融开放程度(14分割) ·国内因素:意识形态平衡度(5分制),选举投票率,工会密度,工资协调(5分制),失业率,女性参与率	OLS,固定效应	·工资不平等方面:金融开放程度(+),选举投票率(-),工资协调(-) ·财政再分配方面:工会协调(-) ·可支配收入不平等方面:工会协调(-),工资协调(-)	—
Milanovic (2005)	129个国家,3个基准年(1988年,1993年,1998年),321个观测值	WYD	均值标准化后的人均住户收入十分位数	·贸易开放程度(出口+进口)/GDP ·FDI/GDP 控制变量: ·金融深度(M2/GDP); ·民主指标 扩展分析:利率和政府支出/GDP	对每个十分位数的混合截面OLS;GMM工具变量估计	·贸易开放程度提高:在低收入国家有利于富人,但在高收入国家(人均收入约为8000美元)有利于劳动者和中等收入者 ·FDI:无影响 ·金融深度:提高中低收入人份额 ·较高的民主指数:提高中等收入人份额 ·较高的政府支出:有利于劳动人 ·较高的利率:有利于富人	引入区域虚拟变量提高结果的相关性

续　表

作者（年份）	不平等观测的地理范围，时间和数量	不平等衡量标准的数据源	因变量（不平等衡量标准）	解释变量和回归元	估计方法	对不平等原因的研究结果	其他主要研究结果
Figini 和 Görg（2006）	107 个国家（22 个经合组织国家），1980—2002 年，664（200）个观测值	联合国工业发展组织（UNIDO）	基尼系数和制造业部门工资离散度泰尔指数	· 包含平方项和滞后项的 FDI 内存量/GDP 控制变量：人均 GDP，中等教育人学率，贸易开放度	· OLS，固定效应 · GMM	经合组织国家： · FDI 流入：显著负相关 · 教育，贸易：不显著	在使用滞后期 FDI 和使用 GMM 时，FDI 效应的非线性被拒绝
IMF（2007）	51 个国家（19 个经合组织国家），1981—2003 年，271—288 个观测值	PovCal，以 WIID2b（2007）为补充	基尼系数和人均收入的五分位数（未界定）	· 非石油出口/GDP · 关税自由度（100-税率） · 引入 FDI 存量/GDP 控制变量：信息通信技术产业在资本中的份额；对私营部门的信贷；教育（获得程度和平均年数）；农业和工业就业所占份额	OLS，固定效应	全部样本： · 技术进步：显著正相关（对日益加剧的收入不平等影响最大） · 全球化（均衡效应小，贸易的（均衡）效应与外国资本流入（不均衡）效应抵消 · 金融深度（对私营的信贷）：显著正相关 发达国家的子样本： · 技术进步：显著正相关 · 全球化：不均衡（影响最大）；从发展中国家进口技术大；从发展中国家进口与债务流入显著负相关，但对外国资本流入（特别是本国资本流出显著正相关	使用五分位数份额作为因变量证实了研究结果，但对关税自由化和技术进步的估计不太准确

续表

作者 (年份)	不平等观测的 地理范围,时间和数量	不平等衡量 标准的数据源	因变量(不平等 衡量标准)	解释变量和 回归元	估计方法	对不平等原因的 研究结果	其他主要研究结果
Milanovic 和 Squire (2007)	· 约70个国家,1983—1999年,约170个观测值(OWW) · 约90个国家,1975—1999年,约170个观测值(UTIP)	(i)世界各地职业工资(OWW) (ii)UTIP/UNIDO	· 职业间工资不平等的基尼系数 · 行业间工资不平等的泰尔指数	· 未加权平均税率 · 国家最重要的贸易伙伴的贸易改革的进口加权后的指标 · 人均GDP · 工会密度 · 集体协议的覆盖范围 · 社会支出/GDP	OLS,因变量和回归元都进行了一阶差分	职业间不平等程度: · 随关税税率的上升而降低;贫穷国家显著负相关,富裕国家显著正相关 · 劳动力市场条件:关系不显著 行业间工资不平等: · 在贫穷国家,特别是在关税的下降显著正相关,与关税密度高的国家显著负相关 · 社会支出:关系不显著	关税对职业间和产业间不平等的净影响在世界收入中位数位置(1995年购买力价(4000美元))发生逆转
Bertola (2008)	51个国家(14个经合组织国家),1970—2000年,467个观测值	WIID1(2007)	住户收入的基尼系数(一般为净收入,对总收入的观察控制了虚拟变量)	· 贸易开放(出口+进口)/GDP · GDP中政府支出的份额 · 私人信贷占GDP的比例 · 是否控制人均GDP	OLS(固定效应)	· 贸易开放:显著正相关 · 金融发展:显著正相关 · 政府支出:显著负相关(通过固定效应回归模型估计)	如果开放程度高,政府支出的影响就不那么有效(对不平等的负面影响就那么显著)
Dreher 和 Gaston (2008)	· 100个国家(27个经合组织国家)和411个(129次)工资观测值 · 100个国家(26个经合组织国家)和340个(110次)收入观测值 · 1970—2000年,5年平均值	UTIP/UNIDO	· 个人工资的泰尔指数 · 住户总收入基尼系数(根据上述工资不平等估计)	· 综合全球化指数(KOF),分别用于经济,政治和社会全球化 控制变量: · 人均GDP及其平方 · 民主指数	OLS(固定效应和GMM)	· 全球化(综合指数):经合组织模型国家的工资不平等显著正相关;收入不平等不显著(GMM:只检验收入不平等) · 没有全球化三个维度的系统性证据 · 滞后期因变量:高度正相关	· 包含其他变量时结果依然稳健:人口(受扶养比率,人口增长)和政府规模(政府消费支出) · 在所有模型中,用同时间趋势替换时间虚拟变量会导致模拟合度更差的模型

续 表

作者（年份）	不平等观测的地理范围和数量	不平等衡量标准的数据源	因变量（不平等衡量标准）	解释变量和回归元	估计方法	对不平等原因的研究结果	其他主要研究结果
Gourdon 等（2008）	数据集1：61个经合组织国家（22个经合组织国家），1980—2000年，198个观测值 数据集2：55个国家（20个经合组织国家），1988—1998年，146个观测值	数据集1：WIID1（2005年版）数据集2：WYD	收入的基尼系数（一般为住户净收入，对总收入、个人收入和支出的观察控制了虚拟变量）	贸易开放，关税收入与进口的滞后期比率与相对要素禀赋 控制因素： 按购买力平价计算的对数的人均GDP（如果不包含与要素禀赋的交互项）其他控制变量（通货膨胀、教育、种族）	OLS（固定效应）	贸易开放（关税变化）：显著正相关 当与要素禀赋相互作用时： 贸易开放：在资本充足和高等技能人才丰富的国家中显著正相关 宏观经济稳定（通货膨胀的降低）：显著负相关	分析了更详细但时间更短的数据（来自WYD的十分位数），但估计的结果不够精确似，显示出通常不同类的研究应该都控制不平等变数虚拟变量未控制通过FE控制遗漏的来源变量
ILO（2008）	16个经合组织国家，1978—2002年，175个观测值	WIID2b，由 LIS、PovCal、SEDLAC和TransMONEE加以补充	收入的基尼系数（未具体说明，但可能包括净值和总值）	全球化：外国资本流入、关税自由化、资本账户开放度 制度：工会密度、集体谈判协调 其他控制变量：信息通信技术未占比、教育青年限、对私营部门的信贷、公共社会支出	OLS或FGLS（未具体说明），固定效应	一般贸易支出：关系不显著 社会支出：显著负相关 技术（ICT份额）：显著正相关 资本开放：显著负相关 教育：显著正相关	只有在不考虑技术变量的情况下，FDI才显著正相关 主成分分析（PCA）表明，自20世纪90年代以来，由于福利国家的规模缩减，机构丧失了直接缓解市场不平等的能力，但保留了间接影响力
Çelik 和 Basdas（2010）	5个发达国家（法国、德国、荷兰、英国、美国），1995—2007年 5个发展中国家（阿根廷、巴西、捷克、匈牙利、波兰），1995—2006年；6个"奇迹国家"（中国、印尼、韩国、马来西亚、新加坡、泰国），1990/1995—2005年→8个经合组织国家	UNU-WIDER（WIID2），美国人口普查局（US Census Bureau），欧盟统计局和其他统计部门	基尼系数（住户、收入）	FDI流入量、FDI流出量和贸易开放度	OLS	发达国家：FDI流入量、FDI流入量显著负相关，贸易开放度正相关 发展中国家：FDI流入量负相关，贸易开放度正相关 "奇迹国家"：FDI流入量正相关，贸易开放度负相关	结果不能简单概括

续表

作者（年份）	不平等观测的地理范围，时间和数量	不平等衡量标准的数据源	因变量（不平等衡量标准）	解释变量和回归元	估计方法	对不平等原因的研究结果	其他主要研究结果
OECD (2011)，第一部分	22个经合组织国家，1979—2008年，333个观测值	• 经合组织工资数据库 • LIS（劳动适龄人口总体工资分配）	• 全职工资的十分位点比率：D9/D1,D9/D5,D5/D1 • 就业率	• 贸易敞口和次级构成部分 • 外商直接投资限制，外国资本流入和外国资本流出，证券投资，跨境资产，私人信贷 • 企业部门的研发支出 • 制度变量：工会覆盖范围，就业保护立法（EPL）（正规和临时），税收楔子，低工资工人的UI替代率，最低工资，PMR 控制变量： • 教育，部门就业份额，女性就业率，产出缺口	OLS，固定效应	工人之间的工资不平等： • 全球化（贸易和金融一体化）：关系不显著 • 技术：正相关 • 教育：负相关 • EPL（临时）：负相关 • 其他制度/规章：不确定，符号取决于对保留工资的假设	工人工资不平等，子集的影响： • 从低收入发展中国家进口：在就业保护立法程度低的国家呈正相关，在就业保护立法程度高的国家负相关 • 外国资本流入：正相关 • 外国资本流出 • EPL的分配效应完全由临时合同的EPL驱动 • 最低工资（较小样本）：显著负相关 D9/D5 和 D5/D1 影响： • 放松对外商直接投资的管制，缩小下半部分的差距，扩大上半部分的差距 • 技术：仅对于 D9/D5 正相关 • PMR 和 EPL：仅对于 D5/D1 正相关 • 工会覆盖范围：仅对于 D9/D5 负相关 • 教育和女性就业：对于 D5/D1 和 D9/D5 均为负相关
Zhou 等 (2011)	62个国家（24个经合组织国家），基准年为2000年	WIID2b (2004)	净收入的基尼系数（对支出的观察高了 5 个点，对总收入的观察下降了 7.5 个点）	• 全球化（同等权重科尔尼指数和主成分指数 • 教育水平（HDR 教育指数） • 城市化水平	截面数据 OLS	• 总体全球化指数：显著负相关 • 教育：显著负相关 • 全球化的结果在纳入教育和城市化后是稳健的	全球化的次级构成部分： • 国际旅行和因特网用户：显著正相关 • 贸易：显著正相关 • FDI：关系不显著

续　表

作者（年份）	不平等观测的地理范围,时间和数量	不平等衡量标准的数据源	因变量（不平等衡量标准）	解释变量和回归元	估计方法	对不平等原因的研究结果	其他主要研究结果
Cassette 等 (2012)	10 个经合组织国家（澳大利亚、丹麦、芬兰、法国、德国、日本、荷兰、瑞典、英国、美国），平衡面板，1980—2005 年，220—240 个观测值	经合组织工资数据库	个人工资的十分位点比率:D9/D1, D9/D5,D5/D1	• 贸易开放:总额、商品和"其他"服务 控制变量: • FDI存量 • 教育（平均受教育年数） • 人均 GDP • 通货膨胀 • 技术（ICT 资本/总资本） • 制度（工会密度和集中度，谈判层次）	误差修正模型	长期影响: • 商品贸易:D9/D1 和 D5/D1 显著正相关 • 服务贸易:D9/D1, D9/D5 和 D5/D1 显著正相关 • FDI,人均 GDP:显著正相关 短期影响: • 商品贸易:D9/D1 和 D5/D1 显著正相关 • 服务贸易:关系不显著 • FDI,GDP:关系不显著	教育对不平等有负向影响（但系数并不总是显著）工会密度和工会集中度:显著负相关
Faustino 和 Vali (2012)	24 个经合组织国家，1997—2007 年,230 个观测值	WIID2（2008 年）（缺失值已填补）	收入的基尼系数	• 贸易开放: (出口+进口)/GDP • FDI(净流入/GDP) 控制变量: • 人均 GDP, 失业, LTU,通货膨胀,公司数量	• OLS,固定效应 • GMM	OLS: • 外国资本流入显著正相关 • 贸易开放显著负相关 GMM: • 外国资本流入显著 • 贸易开放显著负相关	OLS: • 人均 GDP, 失业和通货膨胀显著正相关,其他控制变量不显著 GMM: • 人均 GDP 显著正相关,其他控制变量不显著
制度							
De Gregorio 和 Lee (2002)	22 个国家（1965 年），4 个国家（1990 年）（18 个经合组织国家）	IMF 政府财政统计年鉴	基尼系数和五分位数比重（住户，收入）	教育不平等，教育程度,人均 GDP 对数,人均 GDP 对数的平方,社会支出/GDP,区域虚拟变量	OLS	教育程度和教育不平等呈非线性关系（倒 U 形）	—

续 表

作者（年份）	不平等观测的地理范围,时间和数量	不平等衡量标准的数据源	因变量(不平等衡量标准)	解释变量和回归元	估计方法	对不平等原因的研究结果	其他主要研究结果
Beck 等 (2004)	收入分配变化:52 个发展中国家和发达国家 1960—1999 年平均数据;贫困的变化:58 个发展中国家 1980—2000 年的数据	世界发展指标、Dollar 和 Kray (2002)、PovCalNet	4 个单独的因变量的变化:(i) 贫穷的变化(每个国家收入中 20% 最贫穷人口的收入变化),(ii) 收入分配的变化(基尼系数),(iii) 每天生活费用低于 1 美元的(在稳健性测试中为 2 美元)人口比例增长率,(iv) 贫富差距的增长率(从 1 美元层级衡量)	金融中介机构对私营企业的私人信贷占 GDP 的百分比+GDP 增长;工具变量:国家的法律起源,首都的纬度,自然资源禀赋,不平等模型还包括:初始平均教育(1960 年)、通货膨胀、贸易开放,贫穷模型还包括:初始贫困水平	OLS,2SLS	1. 金融发展减少贫穷,减少收入不平等 2. 发达国家中金融中介机构发展更好,贫困和收入不平等的减少速度更快	—
Checchi 和 Garcia-Penalosa (2005)	16 个经合组织国家,1960—1996 年,21 个观测值	Deininger 和 Squire (1998) Brandolini (2003)	个人收入基尼系数	·劳动份额 ·工资差距 ·失业率 ·失业救济金	OLS 和 IV, 固定效应 SLS 回归	·劳动份额:显著负相关 ·P9/P1 比率:显著正相关 ·失业率:显著正相关(在 OLS 中关系不显著) ·失业救济金:显著负相关(间接通过劳动力在 SLS 中的份额起作用) 简化方程:资本/劳动比率和教育与不平等的相关性最强,其次是工会密度,税收模子和失业救济金,最低工资具有边际显著性	劳动力市场制度(工会密度、最低工资、失业救济金)是劳动力市场结果的基本决定因素,工资差异显著;工资差异、失业率

续 表

作者（年份）	不平等观测的地理范围、时间和数量	不平等衡量标准的数据源	因变量（不平等衡量标准）	解释变量和回归元	估计方法	对不平等原因的研究结果	其他主要研究结果
Weeks（2005）	7个经合组织国家（澳大利亚，加拿大，德国，日本，瑞典，英国，美国），1980—1998年，61个观测值	WIID1	个人总收入基尼系数	·当前公共支出占GDP的比例 ·失业率 ·工会密度比率	OLS（固定国家效应）	·工会密度：显著负相关 ·公共支出：显著负相关 ·失业：显著正相关	将该模型应用于两个具有年度时间序列的国家（英国美国），工会密度的强显著性相同，但失业业和政府支出（仅英国）则不显著
Carter（2007）	39个国家（20个经合组织国家），对各层次经济发展的104个观测值	WIID2b	基尼系数	·经济自由 ·人均收入 ·政治权利 ·公民自由 控制因素： ·教育年限，15岁以下人口百分比，64岁以上人口百分比，城市人口百分比，工业、服务业人口百分比，就业人口百分比 ·包含二次项设定	具有稳健标准误的OLS	经济自由通过减少对劳人的收入分配降低了平等。然而，如果忽略控制固定效应，估计出的不平等和经济自由之间的权衡就消失了	—
Checchi 和 Garcia-Penalosa（2008）	16个经合组织国家，1969—2004年，82个观测值	LIS	劳动适龄人口的3个基尼系数：要素收入，总收入，可支配收入	·制度：工会密度，失业救济金，EPL，工资协调，最低工资，税收楔子 控制变量： ·人口统计：户主年龄，配偶年龄，高等教育 ·其他控制因素：妇女就业，投资，开放度	OLS，固定效应	要素收入不平等： ·制度关系不显著，除了税收楔子（显著正相关） 总收入和可支配收入不平等： ·失业救济金，EPL：显著 ·失业救济金，EPL：负相关 ·税收楔子：显著正相关	·失业救济金和EPL的权衡：两者都减少不平等，但提高失业率（EPL没有固定失效应） ·制度对要素收入的影响比对可支配收入平等的影响小

续表

作者 (年份)	不平等观测的 地理范围,时间和数量	不平等衡量 标准的数据源	因变量(不平等 衡量标准)	解释变量和 回归元	估计方法	对不平等原因的 研究结果	其他主要研究结果
Beramendi 和 Cusack (2009)	13个国家(均为经合组织国家),1978—2002年(LIS跨度为5年),41个观测值	LIS	市场收入不平等,工资不平等和可支配收入不平等的基尼系数	•第一种模型(工资不平等):制造业工人人数,从第三世界进口的产品(占GDP的百分比),女性劳动力参与率及受过大学及以上教育的比例,工会密度,政府党派性,经济协调,以上两者的交互项 •第二种模式(市场收入不平等):工资不平等,股票市场资本化,退休年龄人口百分比 •第三种模式(可支配收入不平等):工会密度,经济协调,政府党派性	OLS(稳健标准误和面板数据估计的标准误)	第一种模式(对工资不平等的影响):女性参与比(+),大学教育(−),经济(+),工会密度和党派性的交互项(−) 第二种模式(基于市场的收入不平等):股票市场资本化(+),退休人口(+) 第三种模式(可支配收入不平等):市场收入不平等(+),工会密度(−),经济协调(−),左翼政府政治遗产(−)	—
Carnoy (2011)	20个国家(3个经合组织国家),1960—2003年	WDI	住户基尼系数,收入最高的20%,收入最低的20%	不平等趋势,教育分布,收入最高的私人和社会的教育回报,公共支出比率	趋势分析(无回归)	高等教育:加剧不平等	逻辑链条:高等教育异化 ↔ 差异化 ↔ 更优秀的(更富有)的学生进入更好的大学→教育回报不同→加剧不平等

续　表

作者（年份）	不平等观测的地理范围，时间区间和数量	不平等衡量标准的数据源	因变量（不平等）衡量标准	解释变量和回归元	估计方法	对不平等原因的研究结果	其他主要研究结果
Golden 和 Wallerstein（2011）	16 个经合组织国家（澳大利亚、奥地利、比利时、加拿大、丹麦、芬兰、法国、德国、意大利、日本、荷兰、挪威、瑞典、瑞士、英国、美国），1980—2000 年，约 220 个观测值	经合组织工资数据库	个人工资的十分位点比率：D9/D1	5 年期间的一阶差分：·去工业化：工业就业份额 ·全球化：贸易总额、与欠发达国家的贸易 ·制度：工会密度、集中度 控制变量：·移民在人口中所占比例，右派政党在议会中所占比例，失业率，社保支出/GDP，女性劳动力参与率	加权 OLS，20 世纪 80 年代的和 90 年代的单独回归模型，IV（自变量），检验稳健性的极值边界分析	20 世纪 80 年代：·工会密度和集中度：负相关且高度显著 ·贸易，去工业化：正相关但关系不显著 ·其他控制变量：关系不显著 20 世纪 90 年代：·与欠发达国家的贸易：正相关且显著 ·社会保险支出：负相关且显著 ·所有其他回归元和控制变量：不显著	工资不平等的决定因素在 20 世纪 80 年代（制度）和 20 世纪 90 年代（与欠发达国家的贸易和社会支出）不同，但这两个时期的去工业化进程都不显著
Muinelo-Gallo 和 Roca-Sagalés（2011）	1972—2006 年 43 个中高等收入和高等收入国家的非平衡面板	WIID2b（基尼系数）	收入的基尼系数（5 年平均值）（取对数值）	·教育不平等 ·增长 ·公共投资 ·当前公共支出 ·直接税 ·间接税 ·可支配收入（虚拟变量）控制变量：·各种数据源的虚拟变量	·OLS（混合，带有时间虚拟变量的综合单向随机效应模型）	·教育不平等加剧加剧了（整体）不平等 ·当前公共支出对不平等有显著的负向影响 ·公共投资的直接影响不显著（尽管显示有间接影响）·直接税有负向（虽然很小）的影响 ·经济增长对不平等有显著的负向影响	·数据源虚拟变量对基尼系数有显著影响 ·当前公共支出和直接税在敏感性估计中稳健

续 表

作者（年份）	不平等观测的地理范围、时间和数量	不平等衡量标准的数据源	因变量（不平等衡量标准）	解释变量和回归元	估计方法	对不平等原因的研究结果	其他主要研究结果
政治过程							
Rueda 和 Pontusson（2000）	16 个经合组织国家，1973—1995 年	经合组织工资数据库	个人工资的十分位点比率:D9/D1	工会密度、工资谈判的集中度、公共部门的就业份额的集中度、政府的党派组成、社会支出自由市场经济、社会支出/GDP、集体谈判覆盖范围和就业保护	OLS,固定效应	工会密度、工资谈判的集中度、公共部门就业份额和政府党派应显著	制度变量的影响在资本主义的各种不同变体[自由市场经济（LME）和社会市场经济（SME）]之间有所不同
Bradley 等（2003）	1967—1997 年的 19 个经合组织国家的 61 个观测值	LIS	税前、转移支付前收入分配以及税（转移支付）前至税后不平等（以住户收入基尼系数为基础）	福利慷慨度、左翼政党和基督教民主党在政府中的比例、否决权、工会成员比例、谈判集中化（4 项衡量标准）、全球化、经济发展（人均 GDP）、去工业化（工业就业）、中学入学率、职业教育、失业率、女性劳动力参与率、女性户主住户百分比和 15 岁以下人口百分比	OLS	失业（+）和工会密度（+）、女性户主家庭（+），中等教育不显著	对政府再分配的影响:税收、转移支付,左翼政府税收和转移支付的规模对减少不平等有很大的影响，这一假设得到了证实
Kenworthy 和 Pontusson（2005）	11 个经合组织国家，1979—2000 年	LIS	基尼系数（住户收入）	—	趋势分析	—	再分配增多，但其影响被更严重的市场不平等掩盖；投票率可以解释再分配（不平等越严重，再分配越多）

续　表

作者（年份）	不平等观测的地理范围,时间和数量	不平等衡量标准的数据源	因变量(不平等衡量标准)	解释变量和回归元	估计方法	对不平等原因的研究结果	对再分配的影响	其他主要研究结果
Iversen 和 Soskice (2006)	14 个经合组织国家, 1967—1997 年, 61 个观测值	LIS	税前和税后（住户收入）基尼系数	政府党派性,选举制度,税前和税后收入不平等,宪法规定的否决权,工会化,选民投票率,失业,女性劳动力参与率	OLS		对再分配的影响：右翼政府（-）,工会化（+）,否决权（-）,女性劳动力（-）,GDP（-）,失业（+）,选民投票率（+）	—
Rueda (2008)	16 个经合组织国家, 1973—1995 年	经合组织经济展望(OECD economic outlook)	基尼系数(工资,个人)	内阁党派,失业,与欠发达国家的贸易,女性劳动力参与与私人服务国家就业+国际租金融开放度,政府债务,失业,GDP 增长	OLS,固定效应		在社团主义不普遍的情况下：左翼政府增加政府就业,但降低最低工资上调和福利国家的慷慨度,对不平等产生以下影响：就业（显著负向影响）,最低工资（显著负向影响）,福利慷慨度（正向的,不显著）；在社团主义普遍的情况下：慷慨度：左翼政府降低福利政府就业,最低工资和福利国家的慷慨度,这些因素分别对不平等产生以下影响：-（显著）,+（不显著）,-（不显著）；总的来说,左翼政府对不平等没有重大影响	—
Iversen 和 Soskice (2009)	16 个经合组织国家, 1880—1990 年	LIS,Cuzack (2003)、Cusack 和 Fuchs (2002)	税前和税后基尼系数（个人、工资）	选举制度,非市场经济协调程度+选民人数,老年人口,人均 GDP,选举制度与年代虚拟变量的交互项	OLS,固定效应		选举制度与党派性：对再分配有显著影响	比例代表选举制：对社会支出冲击有正向影响

续 表

作者 (年份)	不平等观测的 地理范围、时间和数量	不平等衡量 标准的数据源	因变量（不平等 衡量标准）	解释变量和 回归元	估计方法	对不平等原因的 研究结果	其他主要研究结果
Mahler (2010)	13 个经合组织国家， 1979—2000 年，59 个 观测值	LIS	基尼系数和百分 位数（上/下，上 /中和中/下的百 分数比率）	因变量：政府再分配 回归元包括选举投票 率，按收入计算的偏 度，政府干预前的收 入人口的比例，执政内阁 的意识形态平衡度， 来自欠发达国家的进 口份额在 GDP 中的份 额，FDI 流出在 GDP 中的份额，以及一国 经济对全球金融流动 的开放程度，选举对 再分配失调程度，选举的 比例失调程度，选举的 竞争性，选民登记率	OLS	即使在控制了政府干预前 的不平等之后，选民投票 率仍与政府再分配呈正 相关	—
Pontusson 和 Rueda (2010)	10 个经合组织国家， 1966—2002 年	Atkinson (2007)	收入最高的 1% 的人口在总收入 中所占的份额 （个人）	投票率，有效竞争的政 党数量，左翼虚拟变量，中间选 民，工会密度	OLS	如果中间选民流动性高， 左翼立场会减轻不平等 现象	—

再分配

| Fuest 等
(2009) | 26 个欧盟国家（马耳
他除外），2007 年 | EU-SILC | 变异系数平方、
GE (2) | — | 用两种方法
（标准方法和
分解方法）衡
量社会政策工
具对再分配的
贡献，聚类分析 | ·通过标准办法得到的发
现：救济金是最重要的再
现：税收是最重要的再
现：税收是最重要的再
配来源（通过侧重于这两
种不同办法的主要目标，可以
理解两者不同之处） | 根据聚类分析，欧盟新成员
国并不是一个独特的群体，
中东欧国家与西欧大陆福
利国家有相似之处，而波罗
的海国家与地中海国家有
相似之处 |

续　表

作者（年份）	不平等观测的地理范围，时间间和数量	不平等衡量标准的数据源	因变量（不平等衡量标准）	解释变量和回归元	估计方法	对不平等原因的研究结果	其他主要研究结果
Mohl 和 Pamp (2009)	23 个经合组织国家，1971—2005 年	LIS	第一个、第一个第二个和第一个至第五个十分位数计数份额的 5 年平均数，以及第二个至第八个十分位数的收益份额	· 政府总支出 · 政府社会支出 · 社会转移支付比率（可支配收入总额中的平均转移支付占比） · 失业率 · 卫生支出 · 基尼系数 · 百分位数比率（P90/P50，P50/P10，中值与平均值比率） · 左翼政府 · 选举制度中比例失调 控制变量： · 投票率 · GDP 增长 · 失业率 · 65 岁及以上人口	面板回归（$t=7,N=23$），各种稳健性检查，两步系统 GMM	· 在不平等非常严重的情况下，不平等与再分配之间的正相关关系被逆转（非线性关系） · 再分配由 P90/P50 比率驱动，并锚定中产阶级（戴雷科特定律）	—
Afonso 等 (2010)	26 个经合组织国家 1995—2000 年前后和 2000 年后的平均数	WIID，由 OECD 和 LIS 补充	· 住户可支配收入的基尼系数 · 底部 40% 的收入份额 · 以购买力平价衡量的底部 20% 的人均收入	· 再分配的社会支出（转移支付，补贴） · PIT · 教育成就（PISA） · 教育支出 · 失业 · 按购买力平价的人均 GDP	· 截面数据 OLS · 评估公共支出效率的数据包络分析（DEA） · Tobit 回归解释支出效率中的外部权衡性因素	· 再分配性社会支出：高度显著，使分配（所有三个不平等指标）均衡 · 教育成就（特别是数学）：显著均衡 · 教育支出和 PIT：不显著 · 只有大量的社会支出才能减少不上良好的教育上的社会加平等（基尼系数） · 社会支出增加，人均 GDP 提高，失业率降低：与底部五分位数人口的同向较高相关	· DEA 表明，在一些南欧国家和欧洲大陆国家，就不平等现象而言，公共支出的效率较低；在一些北欧国家，公共支出的效率很高 · Tobit 分析表明，制度在分配方面具有很强的间接作用，与支出效率显著相关

续 表

作者（年份）	不平等观测的地理范围，时间和数量	不平等衡量标准的数据源	因变量（不平等衡量标准）	解释变量和回归元	估计方法	对不平等原因的研究结果	其他主要研究结果
Goudswaard 和 Caminada (2010)	25 个经合组织国家 (OECD, 2008)	OECD（2008）收入不平等数据	再分配（降低市场收入对可支配住户收入的基尼系数）	· 公共社会转移支付（以及养老金，积极劳动力市场补助，失业救济金等要素）· 公共服务支出（保健）· 私人（养老金）社会支出	OLS	· 用于再分配的公共支出总额：正相关 · 社会总支出（公共和私人）对再分配的影响：较弱但正相关 · 在方案层面，养老方案比失业和劳动力市场方案的影响更大 · 不包括保健开支，对上述各项影响不大 · 私人养老金对再分配的影响：负相关	—
Jesuit 和 Mahler (2010)	12 个经合组织国家，1979—2004 年，52 个观测值	LIS	居民收入基尼系数	—	用三种不同的方法估算再分配净效应（前政府干预和后政府干预基尼系数的差异）：标准方法，仅限养老金政策前的社会，以生命周期为基础	个人间再分配主要来自政府税收和转移支付，但其比率因养老金制度和其他社会政策的不同而大不相同	使用本文所述的替代性方法可得到比传统衡量方法更低的再分配值
Niehues (2010)	24 个欧盟国家（21 个经合组织国家），1993—2006 年，183 个观测值	欧洲共同体住户面板（1993—2000 年），EUROMOD（2001 年），EU-SILC（2003 年以后）	等价处理后的可支配收入基尼系数	社会支出 + 滞后期因素，宏观经济因素（人均 GDP 和人均 GDP 平方），社会经济因素（抚养比率，学历为中学及以上的 25—64 岁人口的百分比），工会密度等	非参数分析，多维图上的随机核 + GMM	· 社会支出：负相关（特别是社会补助，失业救济金和老年抚恤金，而非医疗保险）· GDP（倒 U 形），后社会主义：负的二阶效应，不显著	—

续　表

作者（年份）	不平等观测的地理范围，时间和数量	不平等衡量标准的数据源	因变量（不平等衡量标准）	解释变量和回归元	估计方法	对不平等原因的研究结果	其他主要研究结果
Immervoll 和 Richardson (2011)	14 个经合组织国家，20 世纪 80 年代中期至 21 世纪第一个 10 年中期	LIS	基尼系数（可支配市场收入）	作为减少不平等工具的再分配	趋势分析，分解	—	·税收优惠制度不如在 20 世纪 80 年代那样有效（尽管它们在整个时期内变得更具再分配性质）·总的来说，补助的实际价值有所下降，尽管它们仍然是再分配的主要驱动因素·税收对再分配的贡献更小·以政府转移支付为基础的再分配策略必须以就业政策为补充
Doerrenberg 和 Peichl (2012)	经合组织国家面板（未具体说明）	·LIS ·WIID ·得克萨斯大学不平等项目（UTIP） ·佩恩表（Penn W tables） ·世界税收指标（Sabirianove-Peter et al.,2010） ·OECD 统计 ·世界银行（WB）WDI 数据库	·住户人均基尼系数 ·从工资不平等数据得出对住户人均不平等的回归估计	因变量（滞后 1 年）：·政府支出（Penn） ·社会公共支出总额（OECD Soc Exp）控制因素（滞后 1 年）：·人均 GDP ·人均 GDP 的平方 ·贸易开放度 ·通货膨胀率 ·失业率 ·工会密度 ·高等教育水平 ·全球化指数 工具变量：·1981 年政策变量（政府支出，政府社会试验，累进税），推测值	·包含国家年份固定效应的 OLS ·使用工具变量的 2SLS	·政府支出增加 1%，不平等现象减少 0.3% ·税收累进度与不平等关系不显著 ·社会支出在税收收更有效方面比税收更有效 ·有迹象表明存在二阶效应	·GDP（作为控制变量）对结果没有显著性 ·通货膨胀：轻微负向影响 ·工会密度：对不平等有强烈影响

续　表

结构和宏观方面

作者（年份）	不平等观测的地理范围，时间和数量	不平等衡量标准的数据来源	因变量（不平等衡量标准）	解释变量和回归元	估计方法	对不平等原因的研究结果	其他主要研究结果
Alderson 和 Nielsen (2002)	16 个经合组织国家，1967—1992 年，192 个观测值	Deininger 和 Squire (1996)	总收入基尼系数	· 人均 GDP（和平方项） · 部门二元性（从农业就业转移） · 部门偏向（劳动力在农业中所占比率） · 人口自然增长率 · 中学入学率 · 三个全球化变量：直接投资流出量/劳动力，南方进口渗透/GDP，净去商品化 · 三个制度变量：工会密度，工资设定协调，去商品化 · 女性劳动力参与 · 年代指标（20 世纪 70 年代和 80 年代）	随机效应	· 部门偏向：显著正相关 · 所有三项全球化指标：显著正相关 · 所有三项体制指标：显著负相关 · 女性劳动力参与：正相关 · 中学入学率：显著负相关 · 其他控制变量：关系不显著	· 仅有少量证据表明不平等趋势与后工业发展有着内在联系 · 在计算不同因素的相对贡献时，部门偏向的影响最大（正向），其次是工会密度和去商品化（负向），以及南方进口渗透和直接投资流出量（正向） · 在估计最大纵向效应时（在单一国家内），部门偏向仍然占主导地位，其次是工会密度、进口渗透和直接投资、南部进口渗透和直接投资流出量
Rohrbach (2009)	19 个经合组织国家，1970—1999 年，225 个观测值	UTIP/UNIDO（EHII 数据集）	总收入基尼系数（根据薪资数据估算）	· 部门二元性（知识部门工资差异） · 部门偏向（知识部门的就业份额） 控制因素： · 平均受教育年限 · 人口自然增长率 · 工会密度 · 贸易开放度（贸易/实际 GDP）	误差修正模型	· 部门偏向（知识部门的收入差异）：显著正相关 · 部门二元性（知识部门与其他部门之间的差异）：关系不显著	· 平均受教育年数会降低各种设定下的不平等程度 · 人口变化和贸易开放设没有显著影响 · 工会密度加剧不平等

续 表

作者（年份）	不平等观测的地理范围，时间和数量	不平等衡量标准的数据源	因变量（不平等衡量标准）	解释变量和回归元	估计方法	对不平等原因的研究结果	其他主要研究结果
社会结构							
Brady (2006)	18 个发达国家（主要是经合组织国家）	LIS	贫困人数 贫困程度	·制造业就业 ·农业就业 ·女性劳动力参与 ·老年人口 ·单亲妈妈家庭的儿童 控制变量： ·经济发展，福利 国家	随机效应模型与反事实模拟	·制造业就业和女性劳动力参与极大地减少了贫困人口 ·老年人口，单亲妈妈的比例增加了贫困人口 ·农业就业对贫困人数没有影响 ·没有任何解释变量对贫困程度有显著影响	总的来说，福利国家对减贫的影响比任何结构性变量都要大。经济发展对贫困的影响几乎是不显著的
OECD (2011)，第 5 章	23 个经合组织国家，20 世纪 80 年代中期至 20 世纪末	LIS	基尼系数和 D9/D1 比率（12 个国家为可支配收入，11 个国家为总收入）	·男性工资分配，男性工资就业率 ·女性就业率 ·选型婚配（配偶的工资相关性） ·住户构成（五种住户类型）	有条件的重新加权和分解（方法见 Chen et al.，2013b）	·住户工资不平等的主要原因：男性的工资差距 ·妇女就业的增加在所有国家都产生了均衡性影响，除三个国家外，男性就业的变化对住户工资不平等影响不大 ·选型婚配和住户结构变化对不平等的影响越来越大，但比就业的影响要小得多	·在经合组织国家，选型婚配现象有所增多 ·不平等现象增多的原因不清晰，其中异质性很大

续表

作者 （年份）	不平等观测的 地理范围,时间和数量	不平等衡量 标准和数据源	因变量（不平等 衡量标准）	解释变量和 回归元	估计方法	对不平等原因的 研究结果	其他主要研究结果
总体							
Li 等(1998)	49 个发达国家和发展中国家，1947—1994 年，573 个观测值	Deininger 和 Squire（1996）数据集	基尼系数（不平等决定因素模型：5 年平均值）	用于检验跨国差异的因素 ·用不平等和年份衡量的跨国差异和历时差异 不平等决定因素的因变量： ·政治经济变量 ·信贷市场不完善和金融市场发展指数衡量） 控制变量： ·基尼系数的各种定义	·方差分析 ·带有虚拟变量的 OLS ·带有工具变量的 OLS	·90%的基尼系数总方差是源于不同国家之间的差异而不是跨期变异 ·49 个国家中有 7 个国家的基尼系数显著下降，10 个国家的基尼系数（略有）上升 ·65%的样本国家有明确的时间间趋势 ·金融市场不完善对不平等的影响比政治经济变量大 ·对于底部 80%的人来说，这两种都影响比对顶部 20%的人的影响要强 ·更平等地分配土地能降低不平等程度（更有利于穷人） ·完善金融市场有利于所有人，并有助于减少不平等现象	—

续表

作者（年份）	不平等观测的地理范围,时间和数量	不平等衡量标准的数据来源	因变量(不平等衡量标准)	解释变量和回归元	估计方法	对不平等原因的研究结果	其他主要研究结果
Cornia (2012)	拉丁美洲 14 个国家（2 个经合组织国家）,1990—2009 年	IDLA 数据库	基尼系数（住户、收入）	· 外部条件（国际贸易条件,移民汇款和 FDI）； · 人均 GDP 增长率； · 外生因素（抚养率和劳动活动率）的变化； · 人力资本在工人中的分布（受过中等和高等教育的成年人人数随时间的变化除以受过小学教育的成年人人数随时间的变化的比率）； · 财政政策（直接税与间接税之比,社会保障公共支出/GDP）； · 劳动力市场政策（最低工资与正规部门工人所占比例的交互项）； · 宏观经济政策（实际汇率及其平方）	OLS、3SLS、GMM	对基尼系数的影响：贸易条件（−）,汇款（不显著）,FDI（+）,人均 GDP 增长率（−/不显著）,抚养比（不显著）,劳动力参与（−）,税收（−）,教育（−）,公共支出（−）,汇率平方（+）,最低工资（−）,汇率（−）,政治变量（−）,滞后期基尼系数（++）	—

致谢

感谢托尼·阿特金森、弗朗索瓦·布吉尼翁和安德里亚·布兰多利尼对本章初稿的评论和建议。感谢陈文浩(Wen-Hao Chen,音译)、蒂姆·古德梅(Tim Goedemé)、亚历山大·海曾(Alexander Hijzen)、马顿·迈杰希(Márton Medgyesi)和皮特·万胡伊瑟(Pieter Vanhuysse)对文献的评论和建议。我们非常感谢许多学者在 2013 年 4 月为准备本书而组织的巴黎会议上给出的批评和建议。我们还感谢安娜·B. 基斯(Anna B. Kis)和埃斯特·雷卡希(Eszter Rékasi)对此研究给予的帮助。对任何的遗留错误,他们不负有责任。本章仅代表作者观点,与供职机构无关。

参考文献

Acemoglu, D. , 2002. Technical change, inequality, and the labor market. J. Econ. Lit. XL, 7-72.

Acemoglu, D. , 2003. Labor- and capital-augmenting technical change. J. Eur. Econ. Assoc. 1 (1), 1-37, 03.

Acemoglu, 1988. Why do new technologies complement skills? Directed technical change and wage inequality. Q. J. Econ. 113, 1055-1090.

Adelman, I. , Morris, C. T. , 1973. Economic Growth and Social Equity in Developing Countries. Stanford University Press, Stanford, CA.

Afonso, A. , Schuknecht, L. , Tanzi, V. , 2010. Income distribution determinants and public spending efficiency. J. Econ. Inequal. 8 (3), 367-389.

Aghion, P. , Howitt, P. , 1998. Endogenous Growth Theory. MIT Press, Cambridge, MA.

Aghion, P. , Caroli, E. , Garcia-Penalosa, C. , 1999. Inequality and economic growth: the perspective of the new growth theories. J. Econ. Lit. 37 (4), 1615-1660.

Alderson, A. S. , Doran, K. , 2013. How has income inequality grown? The income distribution in LIS countries. In: Gornick, J. , Jantti, M. (Eds.), 2013: Economic Disparities and the Middle Class in Affluent Countries. Stanford University Press, Stanford, CA, pp. 51-74.

Alderson, A. , Nielsen, F. , 2002. Globalization and the great u-turn: income inequality trends in 16 OECD countries. Am. J. Sociol. 107 (5), 1244-1299.

Alesina, A. , Fuchs-Schünde ln, N. , 2005. Good Bye Lenin (or Not?): The Effect of Communism on People's Preferences. Working Paper 11700, In: National Bureau of Economic Research (NBER), Cambridge, MA.

Alesina, A. , Glaeser, E. L. , 2006. Fighting Poverty in the US and Europe: A World of Difference. Oxford University Press, Oxford.

Alesina, A., La Ferrara, E., 2005. Preferences for redistribution in the land of opportunities. J. Public Econ. 89 (5-6), 897-931.

Alesina, A., Giuliano, P., 2009. Preferences for Redistribution. Working Paper 14825, National Bureau of Economic Research (NBER), Cambridge, MA.

Alfaro, L., Kalemli-Ozcan, S., Volosovych, V., 2008. Why doesn't capital flow from rich to poor countries? An empirical investigation. Rev. Econ. Stat. 90 (2), 347-368.

Anand, S., Kanbur, S. M. R., 1993. The Kuznets process and the inequality-development relationship. J. Dev. Econ. 40 (1993), 25-52.

Atif, S. M., Srivastav, M., Sauytbekova, M., Arachchige, U. K., 2012. Globalization and Income Inequality: A Panel Data Analysis of 68 Countries. MPRA Paper No. 42385.

Atkinson, A. B., 1975. The Economics of Inequality. Oxford University Press, Oxford.

Atkinson, A. B., 2002. A critique of the transatlantic consensus on rising income inequality. World Econ. 24 (4), 433-452.

Atkinson, A. B., 2007. The distribution of earnings in OECD countries. Int. Labour Rev. 146 (1-2), 41-61.

Atkinson, A. B., 2008. The Changing Distribution of Earnings in OECD Countries. Oxford University Press, Oxford.

Atkinson, A. B., Bourguignon, F. (Eds.), 2000. Handbook of Income Distribution. Elsevier Science B. V., Amsterdam, p. 958.

Atkinson, A. B., Brandolini, A., 2001. Promise and pitfalls in the use of 'secondary' datasets: income inequality in OECD countries. J. Econ. Lit. 39 (3), 771-799.

Atkinson, A. B., Brandolini, A., 2006a. On data: a case study of the evolution of income inequality across time and across countries. Camb. J. Econ. 33 (3), 381-404.

Atkinson, A. B., Brandolini, A., 2006b. From earnings dispersion to income inequality. In: Farina, F., Savaglio, E. (Eds.), Inequality and Economic Integration. Routledge, London, pp. 35-64 (chapter 2), 335 p.

Atkinson, A. B., Brandolini, A., 2009. The panel-of-countries approach to explaining income inequality: an interdisciplinary research agenda. In: Morgan, S. L., Grusky, D. B., Fields, G. S. (Eds.), Mobility and Inequality: Frontiers of Research in Sociology and Economics. Stanford University Press, Stanford, pp. 400-448.

Atkinson, A., Marlier, E., 2010. Income and Living Conditions in Europe. Eurostat, Luxembourg.

Atkinson, A. B., Morelli, S., 2014. Chartbook of Economic Inequality, ECINEQ WP 2014-324. http://ssrn.com/abstract=2422269.

Atkinson, A. B., Gordon, J. P. F., Harrison, A., 1989. Trends in the shares of top wealth-holders in Britain, 1923-1981. Oxf. Bull. Econ. Stat. 51 (3), 315-332.

Atkinson, A. B. , Rainwater, L. , Smeeding, T. , 1995. Income Distribution in OECD Countries: Evidence from the Luxembourg Income Study. OECD Publishing, Paris.

Atkinson, A. B. , Piketty, T. , Saez, E. , 2011. Top incomes in the long run of history. J. Econ. Lit. 49 (1), 3-71.

Autor, D. H. , Katz, L. F. , Krueger, A. B. , 1998. Computing inequality: have computers changed the labor market? Q. J. Econ. 113 (4), 1169-1213.

Autor, D. , Levy, F. , Murnane, R. , 2003. The skill content of recent technological change: an empirical exploration. Q. J. Econ. 118 (4), 1279-1334.

Babones, S. , Alvarez-Rivadulla, M. J. , 2007. Standardized income inequality data for use in cross-national research. Socio. Inq. 77 (1), 3-22.

Baccaro, L. , 2008. Labour, Globalisation and Inequality: Are Trade Unions Still Redistributive? Discussion Paper No. 192, International Institute for Labour Studies, Geneva.

Ballarino, G. , Bratti, M. , Filippin, A. , Fiorio, C. , Leonardi, M. , Servini, F. , 2014. Increasing educational inequalities? In: Salverda, W. et al. (Eds.), Changing Inequalities in Rich Countries: Analytical and Comparative. Oxford University Press, Oxford (Chapter 5).

Barr, N. , 2001. The Welfare State as Piggy Bank. Information, Risk, Uncertainty, and the Role of the State. Oxford University Press, Oxford.

Bassanini, A. , Duval, R. , 2006. Employment Patterns in OECD Countries: Reassessing the Role of Policies and Institutions. OECD Economics Department Working Papers 486, OECD, Economics Department.

Beck, T. , Demirguc-Kunt, A. , Levine, R. , 2004. Finance, Inequality, and Poverty: Cross-Country Evidence. NBER Working Paper No. 10979, http://www. nber. org/papers/w10979.

Be'nabou, R. , Ok, E. , 2001. Social Mobility and the Demand for Redistribution: The POUM Hypothesis. Q. J. Econ. 116 (2), 447-487.

Beramendi, P. , Cusack, T. R. , 2009. Diverse disparities: the politics and economics of wage, market, and disposable income inequalities. Polit. Res. Q. 62 (2), 257-275.

Bergh, A. , 2005. On the counterfactual problem of welfare state research: how can we measure redistribution? Eur. Sociol. Rev. 21, 345-357.

Bergh, A. , Fink, G. , 2008. Higher education policy, enrollment, and income inequality. Soc. Sci. Q. 89 (1), 217-235.

Bergh, A. , Nilson, Th. , 2010. Do liberalization and globalization increase income inequality? Eur. J. Polit. Econ. 26, 488-505.

Berman, E. , Bound, J. , Machin, S. , 1998. Implications of skill-biased technological change: international evidence. Q. J. Econ. 113 (4), 1245-1279.

Bertola, G. , 2008. Inequality, Globalization, and Financial Development, Conference Paper

Globalization and Inequality：Reflections on the Development of a Divided World，European University Institute in Florence.

Biewen，M.，Jenkins，S. P.，2006. Variance estimation for generalized entropy and Atkinson inequality indices：the complex survey data case. Oxf. Bull. Econ. Stat. 68（3），371-383.

Birdsall，N.，1998. Life is unfair：inequality in the world. Foreign Policy 112，76-83.

Blackburn，M. L.，Bloom，D.，1987. The Effects of Technological Change on Earnings and Income Inequality in the United States，NBER Working Paper No. 2337，Cambridge.

Blanchard，O.，Giavazzi，F.，2003. Macroeconomic effects of regulation and deregulation in goods and labor markets. Q. J. Econ. 118（3），879-907，MIT Press.

Blau，F. D.，Kahn，L. M.，2009. Inequality and earnings distribution. In：Nolan Salverda，W. B.，Smeeding，T. M.（Eds.），pp. 177-203（Chapter 8）.

Bloom，N.，Draca，M.，Van Reenen，J.，2011. Trade Induced Technical Change：The Impact of Chinese Imports on Innovation and Productivity. NBER Working Paper No. 16717，National Bureau of Economic Research，Cambridge，MA.

Blundell，R. W.，1995. The Impact of Taxation on Labour Force Participation and Labour Supply. OECD Jobs Study Working Papers No. 8，OECD Publishing.

Blundell，R.，Bozio，A.，Laroque，G.，2011. Labour supply and the extensive margin. Am. Econ. Rev. Pap. Proc. 101（3），482-486.

Borck，R.，2007. Voting, inequality and redistribution. J. Econ. Surv. 21（1），90-109.

Bourguignon，F.，2005. The effect of economic growth on social structures. In：Aghion，P.，Durlauf，S.（Eds.），Handbook of Economic Growth，vol 2. Elsevier，North-Holland，Amsterdam，pp. 1702-1747（Chapter 27）.

Bourguignon，F.，Ferreira，F.，Lustig，N.，2005. The Microeconomics of Income Distribution Dynamics in East Asia and Latin America. The World Bank and Oxford University Press，Washington，DC，2005.

Bourguignon，F.，Bussolo，M.，Cockburn，J.，2010. Macro-micro analytics：background，motivation，advantages and remaining challenges. Int. J. Microsimulation 3（1），1-7.

Bradley，D.，Huber，E.，Moller，S.，Nielsen，F.，Stephens，J.，2003. Distribution and redistribution in post-industrial democracies. World Polit. 55（January），193-228.

Brady，D.，2006. Structural theory and relative poverty in rich western democracies，1969-2000. Res. Soc. Stratif. Mobil. 24（2），153-175.

Brandolini，A.，2003. A bird-eye view of long-run changes in income inequality. Bank of Italy，mimeo.

Brandolini，A.，Smeeding，T. M.，2009. Income inequality in richer and OECD countries. In：Salverda，W.，Nolan，B.，Smeeding，T. M.（Eds.），The Oxford Handbook of Economic Inequality，Oxford University Press，Oxford，pp. 71-100.

Bruno, G. S. F., Crino, R., Falzoni, A. M., 2004. Foreign Direct Investment, Wage Inequality, and Skilled Labor Demand in EU Accession Countries, Centro Studi Luca d'Agliano Development Studies Working Papers No. 188, October 2004.

Burniaux, J. M., Padrini, F., Brandt, N., 2006. Labour Market Performance, Income Inequality and Poverty in OECD Countries, OECD Economics Department Working Papers 500.

Burtless, G., 1999. Effects of growing wage disparities and changing family composition on the US income distribution. Eur. Econ. Rev. 43, 853-865.

Burtless, G., 2009. Demographic transformation and economic inequality. In: Salverda, W., Nolan, B., Smeeding, T. M. (Eds.), The Oxford Handbook of Economic Inequality, Oxford University Press, Oxford, pp. 435-454 (Chapter 18).

Card, D., 1996. The effect of unions on the structure of wages: a longitudinal analysis. Econometrica 64 (4), 957-979.

Card, D., DiNardo, J., 2002. Skill Biased Technological Change and Rising Wage Inequality: Some Problems and Puzzles, NBER Working Paper No. 8769.

Carnoy, M., 2011. As higher education expands, is it contributing to greater inequality? Natl. Inst. Econ. Rev. 215, R4.

Carter, J. R., 2007. An empirical note on economic freedom and income inequality. Public Choice 130 (1-2), 163-177.

Cassette, A., Fleury, N., Petit, S., 2012. Income inequalities and international trade in goods and services: short- and long-run evidence. Int. Trade J. 26 (3), 223-254.

Çelik, S., Basdas, U., 2010. How does globalization affect income inequality? A panel data analysis. Int. Adv. Econ. Res. 16 (4), 358-370. Accessed June 19, 2012, http://www.springerlink.com/index/10.1007/s11294-010-9281-0.

Checchi, D., Garcia-Penalosa, C., 2005. Labour Market Institutions and the Personal Distribution of Income in the OECD, IZA Discussion Paper 1681.

Checchi, D., Garcia-Penalosa, C., 2008. Labour market institutions and income inequality. Econ. Policy 23 (56), 601-649, CEPR, CES, MSH.

Chen, 2013. Assessing the Possible Distributional Impact of Migration in OECD Countries—A Scoping Paper, Discussion Paper at the EU/OECD Seminar on Jobs, Wages and Inequality, Paris November 2013, mimeo.

Chen, W. -H., Förster, M., Llena-Nozal, A., 2013a. Globalisation, Technological Progress and Changes in Regulations and Institutions—Which Impact on the Rise of Earnings Inequality in OECD Countries? Luxembourg Income Study Working Paper, No. 597.

Chen, W. -H., Förster, M., Llena-Nozal, A., 2013b. Determinants of Households Earnings Inequality: The Role of Labour Market Trends and Changing Household Structure, Luxembourg Income Study Working Paper, No. 591.

Chen, W. -H. , Förster, M. , Marshalian, M. , Llena-Nozal, A. , 2014. Women, Work and Wages: The Gender Aspect of Earnings and Household Income Inequality. OECD Social, Employment and Migration Working Papers, OECD Publishing, Paris (forthcoming).

Chusseau, N. , Dumont, 2012. Growing Income Inequalities in Advanced Countries, ECINEQ Working Paper No. 2012-260.

Chusseau, N. , Dumont, M. , Hellier, J. , 2008. Explaining rising inequality: skill-biased technical change and north-south trade. J. Econ. Surv. 22 (3), 409-457.

Corneo, G. , Grüner, H. P. , 2002. Individual preferences for political redistribution. J. Public Econ. 83, 83-107.

Cornia, G. A. , 2005. Policy Reform and Income Distribution, DESA Working Paper No. 3.

Cornia, G. A. , 2012. Inequality Trends and their Determinants: Latin America Over 1990-2010. WIDER Working Paper No. 2012/09 appeared under the same title as Chapter 2 in Cornia, G. A. (Ed.), 2014. Falling Inequality in Latin America. Oxford University Press, pp. 23-49.

Cusack, T. , Fuchs, S. , 2002. Ideology, Institutions, and Public Spending. Discussion Paper P02 - 903, Social Science Research Center, Berlin.

Davidson, R. , Flachaire, E. , 2007. Asymptotic and bootstrap inference for inequality and poverty measures. J. Econom. 141 (1), 141-166.

Davis, D. , Mishra, P. , 2007. Stolper-Samuelson is dead: and other crimes of both theory and data. In: Harrison, A. (Ed.), Globalization and Poverty, University of Chicago Press, Chicago, pp. 87-107.

De Gregorio, J. , Lee, J. , 2002. Education and income inequality: new evidence from cross country data. Rev. Income Wealth 48 (3), 395-417.

Deininger, K. , Squire, -L. , 1996. A new data set measuring income inequality. World Bank Econ. Rev. 10 (3), 565-591.

Deininger, K. , Squire, L. , 1998. New ways of looking at old issues. J. Dev. Econ. 57, 259-287.

Dickens, R. , Machin, S. , Manning, A. , 1999. The effects of minimum wages on employment: theory and evidence from Britain. J. Labor Econ. 17, 1-22.

DiNardo, J. , Fortin, N. , Lemieux, T. , 1996. Labour market institutions and the distribution of wages, 1973-1992: a semi-parametric approach. Econometrica 64, 1001-1044.

DiPrete, Th. , McManus, P. , 2000. Family change, employment transitions, and the welfare state: household income dynamics in the United States and Germany. Am. Sociol. Rev. 65 (3), 343-370.

Doerrenberg, P. , Peichl, A. , 2012. The Impact of Redistributive Policies on Inequality in OECD Countries, IZA DP No. 6505.

Dollar, D. , Kraay, A. , 2002. Growth is good for the poor. J. Econ. Growth 7, 195-225.

Downs, A., 1957. An Economic Theory of Democracy. Harper and Brothers, New York.

Dreher, A., 2006. Does globalization affect growth? Evidence from a new index of globalization. Appl. Econ. 38 (10), 1091-1110.

Dreher, A., Gaston, N., 2008. Has globalization increased inequality? Rev. Int. Econ. 16 (3), 516-536.

Ebenstein, A., Harrison, A., McMillan, M., Phillips, S., 2009. Estimating the Impact of Trade and Offshoring on American Workers Using the Current Population Surveys, NBER Working Paper No. 15107.

Eberhardt, M., Teal, F., 2009. Econometrics for Grumblers: A New Look at the Literature on Cross-Country Growth Empirics, CSAE WPS/2009-07.

Egger, H., Kreickemeier, U., 2009. Firm heterogeneity and the labor market effects of trade liberalization. Int. Econ. Rev. 50 (1), 187-216.

Egger, H., Kreickemeier, U., 2010. Worker-specific effects of globalisation. World Econ. 33 (8), 987-1005.

Esping-Andersen, G., 1990. The Three Worlds of Welfare Capitalism. Princeton University Press, Princeton, NJ.

Esping-Andersen, G., 2009. The Incomplete Revolution: Adapting to Women's New Roles. Polity Press, Cambridge, UK.

Esping-Andersen, G., Myles, J., 2009. Economic inequality and the welfare state. In: Salverda, W., Nolan, B., Smeeding, T. (Eds.), The Oxford Handbook of Economic Inequality. Oxford University Press, Oxford, pp. 639-664.

Faustino, H., Vali, C., 2012. The Effects of Globalisation on OECD Income Inequality: A Static and Dynamic Analysis, School of Economics and Management Working Paper WP 12/2011/DE, Lisbon.

Feenstra, R., Hanson, G., 1996. Globalization, outsourcing, and wage inequality. Am. Econ. Rev. 86, 240-245.

Feenstra, R., Hanson, G.H., 1999. The impact of outsourcing and high-technology capital on wages: estimates for the United States, 1979-1990. Q. J. Econ. 114 (3), 907-940.

Feenstra, R., Hanson, G., 2003. Global production sharing and rising inequality: a survey of trade and wage. In: Choi, E.K., Harrigan, J. (Eds.), Handbook of International Trade. Blackwell, Malden, MA, pp. 146-185.

Ferreira, F.H.G., Ravallion, M., 2009. Poverty and inequality: the global context. In: Salverda, W., Nolan, B., Smeeding, T.M. (Eds.), Chapter 24, pp. 599-636.

Figini, P., Görg, H., 2006. Does Foreign Direct Investment Affect Wage Inequality? An empirical Investigation, IZA Discussion Paper No. 2336.

Finseraas, H., 2008. Income inequality and demand for redistribution: a multilevel analysis of european public opinion. Scand. Polit. Stud. Nord. Polit. Sci. Assoc. 32 (1), 94-119.

Fiori, G., Nicoletti, G., Scarpetta, S., Schiantarelli, F., 2007. Employment Outcomes and the Interaction between Product and Labor Market Deregulation: Are They Substitutes or Complements? IZA Discussion Papers 2770, Institute for the Study of Labor (IZA).

Firpo, S., Fortin, N. M., Lemieux, T., 2009. Unconditional quantile regressions. Econometrica 77 (3), 953-973.

Fong, C. M., 2001. Social preferences, self-interest, and the demand for redistribution. J. Public Econ. 82 (2), 225-246.

Fong, C. M., 2006. Prospective Mobility, Fairness, and the Demand for Redistribution. Department of Social and Decision Sciences Working Paper, Carnegie Mellon University, Pittsburgh, PA.

Förster, M., 2013. Répartition des revenus et inégalités sociales. In: Bontout, O., Hazouard, S., Lasserre, R., Zaidman, C. (Eds.), Les Réformes de la Protection Sociale en Allemagne. CIRAC/DREES, Paris, pp. 237-258.

Förster, M. F., Mira d'Ercole, M., 2012. The OECD approach to measuring income distribution and poverty. In: Besharov, D., Couch, K. (Eds.), Counting the Poor—New Thinking About European Poverty Measures and Lessons for the United States. Oxford University Press, Oxford, pp. 27-58.

Förster, M. F., Verbist, G., 2012. Money or Kindergarten? Distributive Effects of Cash Versus In-Kind Family Transfers for Young Children. OECD Social, Employment and Migration Working Papers No. 135, OECD Publishing.

Förster, M. F., Whiteford, P., 2009. How much redistribution do Welfare States achieve? The role of cash transfers and household taxes. CESifo DICE REPORT J. Inst. Comp. 7 (3), 34-41, Munich.

Francois, J., Nelson, D., 2003. Globalization and Relative Wages: Some Theory and Evidence. GEP Research Paper 03/15, University of Nottingham.

Francois, J., Rojas-Romagosa, H., 2005. The Construction and Interpretation of Combined Cross-Section and Time-Series Inequality Datasets. CEPR Discussion Paper No. 5214.

Freeman, R., 1993. How much has de-unionization contributed to the rise in male earnings inequality? In: Danziger, S., Gottschalk, P. (Eds.), Uneven Tides: Rising Inequality in America. Russell Sage, New York, NY, pp. 133-163.

Freeman, R., 2009. Globalization and inequality. In: Salverda, W., Nolan, B., Smeeding, T. (Eds.), The Oxford Handbook of Economic Inequality. Oxford University Press, Oxford, pp. 575-589.

Fuest, C., Niehues, J., Peichl, A., 2009. The Redistributive Effects of Tax Benefit Systems in the Enlarged EU. IZA DP No. 4520.

Galbraith, J. , 2012. Inequality and Instability. A Study of the World Economy Just Before the Crisis. Oxford University Press, Oxford.

Gijsberts, M. , 2002. The legitimation of income inequality in state-socialist and market societies. Acta Sociol. 45 (4), 269-285.

Goedemé, T. , 2013. How much confidence can we have in EUSILC? Complex sample designs and the standard error of the Europe 2020 poverty indicators. Soc. Indic. Res. 110 (1), 89-110. http://dx. doi. org/10. 1007/s11205-011-9918-2.

Goldberg, P. K. , Pavcnik, N. , 2007. Distributional effects of globalisation in developing countries. J. Econ. Lit. XLV, 39-82.

Golden, M. A. , Wallerstein, M. , 2011. Domestic and international causes for the rise of pay inequality in OECD nations between 1980 and 2000. In: Brady, D. (Ed.), Comparing European Workers Part A (Research in the Sociology of Work, Volume 22 Part 1) Emerald Group Publishing Limited, pp. 209-249.

Goos, M. , Manning, A. , 2007. Lousy and lovely jobs: the rising polarization of work in Britain. Rev. Econ. Stat. 89 (1), 118-133, 01.

Gottschalk, P. , Smeeding, T. M. , 2000. Empirical evidence on income inequality in industrial countries. In: Atkinson, A. B. , Bourguignon, F. (Eds.), Handbook of Incomes Distribution. Elsevier, North- Holland, Amsterdam, pp. 261-307 (Chapter 5).

Goudswaard, K. , Caminada, K. , 2010. The redistributive effect of public and private social programmes: a cross-country empirical analysis. Int. Soc. Secur. Rev. 63 (1), 1-19.

Gourdon, J. , Maystre, N. , de Melo, J. , 2008. Openness, inequality and poverty: endowments matter. J. Int. Trade Econ. Dev. 17 (3), 343-378.

Greenwood, J. , Guner, N. , Kocharkov, G. , Santos, C. , 2014. Marry Your Like: Assortative Mating and Income Inequality, NBER Working Paper No. 19829.

Guillaud, E. , 2013. Preferences for redistribution: an empirical analysis over 33 countries. J. Econ. Inequal. 11 (1), 57-78.

Hall, P. A. , Soskice, D. (Eds.), 2001. Varieties of Capitalism. The Institutional Foundations of Comparative Advantage, Oxford University Press, Oxford.

Haskel, J. E. , Slaughter, M. , 1999. Trade, Technology and UK Wage Inequality? CEPR Discussion Paper No. 2091.

Haskel, J. E. , Slaughter, M. , 2001. Trade, technology and UK wage inequality. Econ. J. 111, 163-187.

Haskel, J. E. , Slaughter, M. , 2002. Does the sector bias of skill-biased technical change explain changing skill premia? Eur. Econ. Rev. 46, 1757-1783.

Hellier, J. , Lambrecht, S. , 2012. Inequality, growth and welfare: the main links. In: Hellier, J. , Chusseau, N. (Eds.), Growing Income Inequalities: Economic Analyses. Palgrave

Macmillan, pp. 274-311, http://www. palgrave. com/page/detail/? sf1 = id _ product&st1 = 520792&loc = uk.

Helpman, E. , Itskhoki, O. , Redding, S. , 2009. Inequality and Unemployment in a Global Economy, NBER Working Paper No. 14478, Cambridge, MA.

Heshmati, A. , 2004. The Relationship Between Income Inequality, Poverty and Globalisation, IZA Discussion Paper No. 1277.

Hijzen, A. , 2007. International outsourcing, technological change, and wage inequality. Rev. Int. Econ. 15 (1), 188-205.

Hijzen, A. , Martins, P. S. , Schank, T. , Upward, R. , 2013. Foreign-owned firms around the world: a comparative analysis of wages and employment at the micro-level. European Economic Review 60, 170-188.

Hills, J. , 2004. Inequality and the State. Oxford University Press, Oxford.

Hox, J. , 2002. Multilevel Analyses. Lawrence Erlbaum Assoc, Mahwaj, NJ.

Iacovou, M. , Levy, H. , Kaminska, O. , 2012. Using EU-SILC Data for Cross-National Analysis: Strengths, Problems and Recommendations. ISER Working Paper No. 2012-03, University of Essex.

ILO, 2008. Labour institutions and inequality. In: ILO, World of Work Report, Volume October 2008. ILO. Geneva, pp. 71-114 (Chapter 3).

IMF, 2007. Globalization and inequality. In: World Economic Outlook, Volume October 2007. IMF, Washington, pp. 31-65.

Immervoll, H. , Richardson, L. , 2011. Redistribution Policy and Inequality Reduction in OECD Countries: What Has Changed in Two Decades? LIS Working Paper No. 571.

Iversen, T. , Soskice, D. , 2006. Electoral institutions and the politics of coalitions: why some democracies redistribute more than others. Am. Polit. Sci. Rev. 100, 165-181.

Iversen, T. , Soskice, D. , 2009. Distribution and redistribution. The shadow of the nineteenth century. World Polit. 61 (3), 438-486.

Jain, S. , 1975. Size Distribution of Income. World Bank, Washington.

Janmaat, J. G. , 2013. Subjective inequality: a review of international comparative studies on people's views about inequality. Eur. J. Sociol. 54 (03), 357-389. http://dx. doi. org/10. 1017/ S000397561300020.

Jäntti, M. , 1997. The role of demographic shifts, markets, and government policies. Economica 64 (255), 415-440.

Jäntti, M. , Jenkins, S. , 2010. The impact of macroeconomic conditions on income inequality. J. Econ. Inequal. 8 (2), 221-240, Springer.

Jaumotte, F. , Lall, S. , Papageorgiou, C. , 2008. Rising Income Inequality: Technology, or Trade and Financial Globalization? IMF Working Paper No. WP/08/185.

Jesuit, D. K. , Mahler, V. A. , 2010. Comparing government redistribution across countries: the problem of second order effects. Soc. Sci. Q. 91 (5), 1390-1404.

Kahanec, M. , Zimmermann, K. , 2009. International migration, ethnicity, and economic inequality. In: Salverda, W. , Nolan, B. , Smeeding, T. (Eds.), The Oxford Handbook of Economic Inequality. Oxford University Press, Oxford, pp. 455-490.

Kammer, A. , Niehues, J. , Peichl, A. , 2012. Welfare regimes and welfare state outcomes in Europe. J. Eur. Soc. Policy 22, 455-471.

Kang, B. , Yun, M. , 2008. Changes in Korean Wage Inequality, 1980-2005, IZA Discussion Paper No. 3780.

Karoly, L. , Burtless, G. , 1995. Demographic change, rising earnings inequality, and the distribution of personal well-being, 1959-1989. Demography 32 (3), 379-405.

Kearney, A. T. , Inc. , the Carnegie Endowment for International Peace, 2004. Measuring globalization: economic reversals, forward momentum. Foreign Pol. March/April 2004, 1-12.

Kearney, A. T. , Inc. , the Carnegie Endowment for International Peace, 2007. The globalization index 2007. Foreign Pol. October/November 2007, 1-12.

Keely, L. C. , Tan, C. M. , 2008. Understanding preferences for income redistribution. J. Public Econ. 92 (5-6), 944-961.

Kelley, J. , Zagorski, K. , 2004. Economic change and the legitimation of inequality: the transition from socialism to the free market in Central-East Europe. In: Bills, D. B. (Ed.), Research in Social Stratification and Mobility. vol. 22, Elsevier Ltd, Oxford, pp. 319-364.

Kenworthy, L. , 2007. Inequality and sociology. Am. Behav. Sci. 50 (5), 584-602. http://dx. doi. org/10. 1177/0002764206295008.

Kenworthy, L. , 2011. Progress for the Poor. Oxford University Press, Oxford.

Kenworthy, L. , McCall, L. , 2007. Inequality, Public Opinion, and Redistribution. Working Paper 459, LIS, Luxembourg.

Kenworthy, L. , Pontusson, J. , 2005. Rising inequality and the politics of redistribution in affluent countries. Perspect. Polit. 3(3), 449-471.

Koeninger, W. , Leonardi, M. , Nunziata, L. , 2007. Labour market institutions and wage inequality. Ind. Labour Relat. Rev. 60 (3), 340-356.

Korpi, W. , 2006. Power resources and employer-centered approaches in explanations of welfare states and varieties of capitalism: protagonists, consenters, and antagonists. World Polit. 58 (2), 167-206.

Korpi, W. , Palme, J. , 1998. The paradox of redistribution and strategies of equality. Am. Sociol. Rev. 63, 661-687.

Korpi, W. , Palme, J. , 2003. New politics and class politics in the context of austerity and globalization: welfare state regress in 18 countries, 1975-95. Am. Polit. Sci. Rev. 97 (3), 425-

446.

Kovacevic, M. S., Binder, D. A., 1997. Variance estimation for measures of income inequality and polarization—the estimating equations approach. J. Off. Stat. 13 (1), 41-58.

Kremer, M., Maskin, E., 2003. Globalization and Inequality, Harvard University, Department of Economics. Unpublished Manuscript.

Kristov, L., Lindert, P., McLelland, R., 1992. Pressure groups and redistribution. J. Public Econ. 48, 135-163.

Krueger, A. B., 1993. How computers have changed the wage structure: evidence from microdata, 1984-1989. Q. J. Econ. 108, 33-60.

Krugman, P., 1995. Growing world trade: causes and consequences. Brookings Pap. Econ. Act. 1, 327-377.

Krugman, P., 2000. Technology, trade and factor prices. J. Int. Econ. 50, 51-71.

Krugman, P., 2007. Trade and Inequality, Revisited. http://voxeu. org/index. php? q = node/261.

Kuznets, S., 1955. Economic growth and income inequality. Am. Econ. Rev. 65, 1-25.

Lambert, P., Nesbakken, R., Thoresen, Th., 2010. On the Meaning and Measurement of Redistribution in Cross-Country Comparisons, LIS Working Paper No. 532.

Lanz, R., Miroudot, S., Nordås, H. K., 2011. Trade in Tasks. OECD Trade Policy Working Papers No. 117, OECD Publishing.

Larcinese, V., 2007. Voting over redistribution and the size of the welfare state: the role of turnout. Polit. Stud. 55 (3), 568-585.

Layard, R., Nickell, S., Jackman, R., 1991. Unemployment: Macroeconomic Performance and the Labour Market. Oxford University Press, Oxford.

Lee, D. S., 1999. Wage inequality during the 1980s: rising dispersion or falling minimum wage? Q. J. Econ. 114, 977-1023.

Lee, E., Vivarelli, M., 2006. Understanding Globalization, Employment and Poverty Reduction. Palgrave, Houndmills.

Lemieux, T., 2008. The changing nature of wage inequality. J. Popul. Econ. 21 (1), 21-48.

Li, H., Zou, H., Squire, 1998. Explaining international and intertemporal variations in income inequality. Econ. J. 108, 26-43. http://www. worldbank. org/research/inequality/pdf/squire. pdf.

Lorentowicz, A., Marin, D., Raubold, A., 2005. Is Human Capital Losing from Outsourcing? Evidence from Austria and Poland, Governance and the Efficiency of Economic Systems, Discussion Paper No. 76.

Lu, Y., Morissette, R., Schirle, T., 2011. The growth of family earnings inequality in

Canada, 1980-2005. Rev. Income Wealth 57 (1), 23-39.

Lübker, M., 2007. Inequality and the demand for redistribution: are the assumptions of the new growth theory valid? Soc Econ Rev. 5 (1), 117-148.

Lucas, R., 1990. Why doesn't capital flow from rich to poor countries? Am. Econ. Rev. 80 (2), 92-96.

Lupu, N., Pontusson, J., 2011. The structure of inequality and the politics of redistribution. Am. Polit. Sci. Rev. 105 (2), 316-336.

Luttmer, E., Singhal, M., 2008. Culture, Context, and the Taste for Redistribution. Working Paper 14268, National Bureau of Economic Research (NBER), Cambridge, MA.

Machin, S., 1997. The decline of labour market institutions and the rise of wage inequality in Britain. Eur. Econ. Rev. 41 (3-5), 647-657.

Machin, S., 2009. Education and inequality. In: Salverda, W., Nolan, B., Smeeding, T. M. (Eds.), The Oxford Handbook of Economic Inequality. Oxford University Press, Oxford, pp. 261-307(Chapter 17).

Machin, S., Van Reenen, J., 1998. Technology and Changes in Skill Structure: Evidence from Seven OECD Countries. IFS Working Paper W98/04, Institute for Fiscal Studies.

Mahler, V. A., 2004. Economic globalization, domestic politics, and income inequality in the developed countries: a cross-national study. Comp. Polit. Stud. 37, 1025-1053. http://cps. sagepub. com/cgi/content/abstract/37/9/10257.

Mahler, V. A., 2008. Electoral turnout and income redistribution by the state: a cross-national analysis of the developed democracies. Eur. J. Polit. Res. 47 (2), 161-183.

Mahler, V. A., 2010. Government inequality reduction in comparative perspective: a cross-national study of the developed world. Polity. 42 (4), 511(31) (Report).

Mahler, V., Jesuit, D., 2013. Political sources of government redistribution in high-income countries. In: Gornick, J. C., Jäntti, M. (Eds.), Economic Inequality in Cross-National Perspective. Stanford University Press, Stanford, pp. 145-172.

Mankiw, G., 1995. The growth of nations. Brookings Pap. Econ. Act. 1995 (1), 275-326, 25th Anniversary Issue (1995).

Marx, I., Salanauskaite, L., Verbist, G., 2013. The Paradox of Redistribution Revisited: And that it May Rest in Peace? IZA Discussion Paper 7414 (May 2013). Available at http://www. iza. org/en/webcontent/publications/papers/viewAbstract? dp_id=7414.

McCarty, N., Pontusson, J., 2009. The political economy of inequality and redistribution. In: Salverda, W., Nolan, B., Smeeding, T. M. (Eds.), The Oxford Handbook of Economic Inequality. Oxford University Press, Oxford, pp. 665-692.

Medgyesi, M., Tóth, I. Gy., 2009. Economic growth and income inequalities. In: Ward, T., Lelkes, O., Sutherland, H., Tóth, I. Gy. (Eds.), European Inequalities. Tárki Social

Research Institute, Budapest, pp. 131-152（Chapter 6）.

Melitz, M., 2003. The impact of trade on intra-industry reallocations and aggregate industry productivity. Econometrica 71（5）, 1695-1725.

Meltzer, A. H., Richard, S. F., 1981. Arational theory of the size of government. J. Polit. Econ. 89（5）, 914-927.

Messina, J., 2003. The Role of Product Market Regulations in the Process of Structural Change. Working Paper Series, No. 217, European Central Bank.

Michaels, G., Natraj, A., Van Reenen, J., 2010. Has ICT Polarized Skill Demand? Evidence from Eleven Countries over 25 Years, CEPR Discussion Papers 7898, CEPR Discussion Papers.

Milanovic, B., 2000. The median-voter hypothesis, income inequality and income redistribution. Eur. J. Polit. Econ. 16（2-3）, 367-410.

Milanovic, B., 2005. Can we discern the effect of globalization on income distribution? Evidence from household surveys. World Bank Econ. Rev. 191, 21-44.

Milanovic, B.（Ed.）, 2012. Globalization and Inequality, Edward Elgar Publishing, Cheltenham, UK.

Milanovic, B., Squire, I., 2007. Does tariff liberalization increase wage inequality. In: Harrison, A.（Ed.）, Globalization and Poverty. Chicago University Press, Chicago, pp. 143-181（chapter 4）.

Moene, K. O., Wallerstein, M., 2001. Inequality, social insurance, and redistribution. Am. Polit. Sci. Rev. 95（4）, 859-874.

Moene, K. O., Wallerstein, M., 2003. Earnings inequality and welfare spending: a disaggregated analysis. World Polit. 55（4）, 485-516.

Mohl, P., Pamp, O., 2009. Income inequality & redistributional spending: an empirical investigation of competing theories. Public Finance Manag. 9（2）, 179(56)（Report）.

Muinelo-Gallo, l., Roca-Sagalés, O., 2011. Economic growth and inequality: the role of fiscal policies. Aust. Econ. Pap. 50（2-3）, 74-97.

Muinelo-Gallo, l., Roca-Sagalés, O., 2013. Joint determinants of fiscal policy, income inequality and economic growth. Econ. Model. 30, 814-824.

Nel, P., 2005. Democratization and the dynamics of income distribution in low- and middle-income countries. Politikon 32（1）, 17-43. http://dx.doi.org/10.1080/02589340500101675.

Nickell, S., 1998. Unemployment: questions and some answers. Econ. J. Roy. Econ. Soc. 108（448）, 802-816.

Nicoletti, G., Scarpetta, S., 2005. Product Market Reforms and Employment in OECD Countries. OECD Economics Department Working Papers 472 OECD, Economics Department.

Nicoletti, G., Haffner, R., Nickell, S., Scarpetta, S., Zoega, G., 2001. European integration, liberalization and labor market performance. In: Bertola, G., Boeri, T., Nicoletti, G. (Eds.), Welfare and Employment in United Europe. MIT Press, Cambridge, MA, pp. 147-236.

Niehues, J., 2010. Social Spending Generosity and Income Inequality: A Dynamic Panel Approach, IZA Discussion Paper Series. Discussion Paper No. 5178.

Nielsen, F., Alderson, A., 1995. Income inequality, development, and dualism: results from an unbalanced cross-national panel. Am. Sociol. Rev. 60, 674-701.

Nolan, B., Marx, I., 2009. Economic inequality, poverty, and social exclusion. In: Salverda, W., Nolan, B., Smeeding, T. M. (Eds.), The Oxford Handbook of Economic Inequality. Oxford University Press, Oxford, pp. 315-341 (Chapter 13).

Nolan, B., Salverda, W., Checchi, D., Marx, I., Mcknight, A., Tóth, I. Gy., van de Werfhorst, H. G. (Eds.), 2014. Changing Inequalities and Societal Impacts in Rich Countries: Thirty Countries' Experiences. Oxford University Press, Oxford.

Nollmann, G., 2006. Erhöht Globalisierung die Ungleichheit der Einkommen? Determinanten von Einkommensverteilungen in 16 OECD-Ländern 1967-2000. Kölner Zeitschrift für Soziologie und Sozialpsychologie 58 (4), 638-659.

Nunziata, L., 2002. Unemployment, Labour Market Institutions and Shocks. Economics Papers 2002-W16, Economics Group, Nuffield College, University of Oxford.

OECD, 2005. Measuring Globalisation. OECD Economic Globalisation Indicators. OECD Publishing, Paris.

OECD, 2006. OECD Employment Outlook - Boosting Jobs and Incomes. OECD Publishing, Paris.

OECD, 2007. Offshoring and Employment: Trends and Impacts. OECD Publishing, Paris.

OECD, 2008. Growing Unequal? Income Distribution and Poverty in OECD Countries. OECD Publishing, Paris.

OECD, 2011. Divided We Stand: Why Inequality Keeps Rising? OECD Publishing, Paris.

OECD, 2013a. Crisis Squeezes Income and Puts Pressure on Inequality and poverty—New Results from the OECD Income Distribution Database. OECD Publishing, Paris.

OECD, 2013b. Quality Review of the OECD Database of Household Incomes and Poverty and the OECD Earnings Database. OECD Publishing, Paris.

Olivera, J., 2014. Preferences for redistribution after the economic crisis. Working Papers, ECINEQ, Society for the Study of Economic Inequality 334, ECINEQ. Society for the Study of Economic Inequality.

Olson, M., 1965. The Logic of Collective Action Cambridge. Cambridge University Press, Cambridge, UK.

Osberg, L., Smeeding, T. M., 2006. 'Fair' inequality? Attitudes toward pay differentials:

the united states in comparative perspective. Am. Sociol. Rev. 71 (3), 450-473.

Osberg, L., Smeeding, T. M., Schwabish, J., 2004. Income distribution and public social expenditure: theories, effects, and evidence. In: Neckerman, K. (Ed.), Social Inequality. Russel Sage Foundation, New York, NY, pp. 821-859.

Osier, G., Berger, Y., Goedemé, T., 2013. Standard error estimation for the EU-SILC indicators of poverty and social exclusion. Eurostat Methodologies andWorking Papers, Eurostat, Luxembourg, 2013 edition.

Palma, J. G., 2011. Homogeneous middles vs. heterogeneous tails, and the end of the 'inverted-U': it's all about the share of the rich. Dev. Change 42 (1), 87-153.

Parker, S. C., 2000. Opening a can of worms: the pitfalls of time-series regression analyses of income inequality. Appl. Econ. 32 (2), 221-230.

Paukert, F., 1973. Income distribution at different levels of development: a survey of evidence. Int. Labour Rev. 108, 97-125.

Pavcnik, N., 2011. Globalization and within-country income inequality. In: Bacchetta, M., Jansen, M. (Eds.), Making Globalization Socially Sustainable, International Labour Organization and World Trade Organization publication, pp. 233-260 (Chapter 7).

Peichl, A., Pestel, N., Schneider, H., 2010. Does Size Matter? The Impact of Changes in Household Structure on Income Distribution in Germany, IZA DP No. 4770.

Piketty, T., 1995. Social mobility and redistributive politics. Q. J. Econ. 110 (3), 551-584.

Piketty, T., Saez, E., 2006. The evolution of top incomes: a historical and international perspectives. Am. Econ. Rev. 96 (2), 200-205.

Pissarides, C., 1990. Equilibrium Unemployment Theory. Basil Blackwell, Oxford.

Pontusson, J., 2000. Wage inequality and varieties of capitalism. World Polit. 52, 350-383.

Pontusson, J., Rueda, D., 2010. The politics of inequality: voter mobilization and left parties in advanced industrial states. Comp. Polit. Stud. 43 (6), 675-705. http://dx. doi. org/ 10. 1177/0010414009358672.

Pontusson, J., Rueda, D., Way, C. R., 2002. Comparative political economy of wage distribution: the role of partisanship and labour market institutions. Br. J. Polit. Sci. 32 (2), 281-308. http://dx. doi. org/10. 1017/S000712340200011X.

Przeworski, A., Teune, H., 1970. The Logic of Comparative Social Inquiry. Wiley-Interscience, New York, 153 p.

Pyatt, G., 2003. Development and the distribution of living standards: a critique of the evolving data base. Rev. Income Wealth 49 (3), 333-358.

Ravallion, M., Loskhin, M., 2000. Who wants to redistribute? The tunnel effect in 1990s Russia. J. Public Econ. 76, 87-104.

Rehme, G. , 2007. Education, economic growth and measured income inequality. Economica 74 (295), 493-514.

Reuveny, R. , Li, Q. , 2003. Economic openness, democracy, and income inequality: an empirical analysis. Comp. Polit. Stud. 36 (5), 575-601.

Robinson, J. A. , 2009. The Political Economy of Redistributive Policies, Research for Public Policy, Inclusive Development, ID-09-2009. RBLAC-UNDP, New York.

Roemer, J. E. , 1998. Why the poor do not expropriate the rich: an old argument in new grab. J. Public Econ. 70, 399-422.

Rohrbach, D. , 2009. Sector bias and sector dualism: the knowledge society and inequality. Int. J. Comp. Sociol. 50 (5-6), 510-536.

Romer, T. , 1975. Individual welfare, majority voting, and the properties of a linear income tax. J. Public Econ. 14 (May), 163-185.

Rueda, D. , 2008. Left government, policy, and corporatism: explaining the influence of partisanship on inequality. World Polit. 60 (3), 349-389.

Rueda, D. , Pontusson, J. , 2000. Wage inequality and varieties of capitalism. World Polit. 52, 350-383.

Sabirianova-Peter, K. , Buttrick, P. , Duncan, D. , 2010. Global reform of personal income taxation, 1981-2005: Evidence from 189 countries. Natl. Tax J. 63 (3), 447-478.

Salverda, W. , Nolan, B. , Smeeding, T. (Eds.), 2009. The Oxford Handbook of Economic Inequality, Oxford University Press, Oxford.

Salverda, W. , Nolan, B. , Checchi, D. , Marx, I. , Mcknight, A. , Tóth, I. Gy. , van de Werfhorst, H. G. (Eds.), 2014. Changing Inequalities and Societal Impacts in Rich Countries: Analytical and Comparative Perspectives, Oxford University Press, Oxford.

Scheve, K. F. , Slaughter, M. J. , 2007. A new deal for globalization. Foreign Aff. 86 (4), 34-47.

Schwartz, C. , 2010. Earnings inequality and the changing association between spouses' earnings. Am. J. Sociol. 115 (5), 1524-1557.

Senik, C. , 2009. Income Distribution and Subjective Happiness: A Survey. OECD Social, Employment and Migration Working Paper 96, OECD, Paris, France.

Shorrocks, A. , 1982. Inequality decomposition by factor components. Econometrica 50, 193-211.

Shorrocks, A. , Guanghua, W. , 2008. Ungrouping Income Distributions-Synthesising Samples for Inequality and Poverty Analysis. WIDER Research Paper No. 2008/16.

Slaughter, M. J. , 2000. Production transfer within multinational enterprises and American wages. J. Int. Econ. 50, 449-472.

Smeeding, T. , 2002. Globalization, inequality, and the rich countries of the G-20: evidence from the Luxembourg Income Study (LIS). In: Gruen, J. L. D., OBrien, T. (Eds.), Globalisation, Living Standards, and Inequality, Recent Progress and Continuing Challenges. J. S. McMillian Printing Group, Lidcombe NSW, Australia, pp. 179-206.

Solt, F., 2009. Standardizing the world income inequality database. Soc. Sci. Q. 90 (2), 231-242.

Spector, D., 2004. Competition and the capital-labor conflict. Eur. Econ. Rev. 48 (1), 25-38, Elsevier.

Spilimbergo, A., Londoño, J. L., Székely, M., 1999. Income distribution, factor endowments, and trade openness. J. Dev. Econ. 59 (1), 77-101.

Ståhlberg, A. C., 2007. Redistribution across the life course in social protection systems. In: OECD (Eds.), Modernising Social Policy for the New Life Course. OECD Publishing, Paris, pp. 201-216, 226 p.

Suhrcke, M., 2001. Preferences for Inequality. East vs. West. Innocenti Working Paper 89, UNICEF International Child Development Centre, Florence, Italy.

Sylwester, K., 2003. Enrolment in higher education and changes in income inequality. Bull. Econ. Res. 55, 249-262.

Taylor, K., Driffield, N., 2005. Wage inequality and the role of multinationals: evidence from UK panel data. Labour Econ. 12, 223-249.

Te Velde, D., Xenogiani, T., 2007. Foreign direct investment and international skill inequality. Oxf. Dev. Stud. Taylor Francis J. 35 (1), 83-104.

Temple, J., 2000. Growth regressions and what the textbooks don't tell you. Bull. Econ. Res. 52 (3), 0307-3378.

Tepe, M., Vanhuysse, P., 2013. Parties, unions, and activation strategies: the context-dependent politics of active labor market policy spending. Polit. Stud. 61 (3), 480-504.

Tepe, M., Vanhuysse, P., 2014. Taking social policy personally: the effect of personality traits and regime socialization on welfare state attitudes in Germany, R&R, European Political Science Review.

Thoenig, M., Verdier, T., 2003. A theory of defensive skill-biased innovation and globalization. Am. Econ. Rev. 93 (3), 709-728.

Tinbergen, J., 1975. Income Distribution: Analysis and Policies. American Elsevier (New York), North-Holland (Amsterdam).

Tóth, I. Gy., 2014. Revisiting grand narratives of growing income inequalities: lessons from 30 country studies. In: Nolan, B., Salverda, W., Checchi, D., Marx, I., Mcknight, A., Tóth, I. Gy., van de Werfhorst, H. G. (Eds.), Changing Inequalities and Societal Impacts in Rich Countries: Thirty Countries' Experiences. Oxford University Press, Oxford, pp. 11-47.

Tóth, I. Gy., Keller, T., 2013. Income distribution, inequality perception and redistributive preferences in European countries. In: Gornick, J. C., Jäntti, M. (Eds.), Economic Inequality in Cross-National Perspective. Stanford University Press, Stanford, pp. 173-220.

Tóth, I. Gy, Medgyesi, M., 2011. Income distribution in new (and old) EU member states in Corvinus. J. Sociol. Soc. Policy 2 (1), 3-31.

Tóth, I. Gy., Horn, D., Medgyesi, M., 2014. Rising inequalities: will electorates go for higher redistribution? In: Salverda, W., Nolan, B., Checchi, D., Marx, I., Mcknight, A., Tóth, I. Gy., van de Werfhorst, H. G. (Eds.), Changing Inequalities and Societal Impacts in Rich Countries: Analytical and Comparative Perspectives. Oxford University Press, Oxford, pp. 195-217 (Chapter 8).

Tsai, P. L., Huangy, C. H., Yang, C. Y., 2012. Impact of globalization on income distribution inequality in 60 countries: comments. Global Econ. J. 12 (3), 1-10. Article 7, http://www. bepress. com/gej/vol12/iss3/7.

Van Kerm, P., 2007. Extreme Incomes and the Estimation of Poverty and Inequality Indicators from EUSILC. IRISS Working Paper Series, CEPS-Instead, Luxembourg, p. 51.

Van Kerm, P., Pi Alperin, M. N., 2013. 2013: inequality, growth and mobility: the intertemporal distribution of income in European countries 2003—2007. Econ. Model. 35, 931-939.

Van Reenen, J., 2011. Wage Inequality, Technology and Trade: 21st Century Evidence. CEP Occasional Paper No. 28, London.

Vanhuysse, P., 2002. Efficiency in politics: competing economic approaches. Polit. Stud. 50 (1), 136-149.

Vecernik, J., 2010. Earnings disparities and income inequality in CEE countries: an analysis of development and relationships. Luxemburg Working Paper, Luxemburg. Retrieved from, http:// papers. ssrn. com/sol3/papers. cfm? abstract_id=1806991.

Verhoogen, E., 2008. Trade, quality upgrading and wage inequality in the Mexican manufacturing sector. Q. J. Econ. 123 (2), 489-530.

Ward, T., Lelkes, O., Sutherland, H., Tóth, I. Gy. (Eds.), 2009. European Inequalities: Social Inclusion and Income Distribution in the European Union, Tárki, Budapest, 214 pp.

Weeks, J., 2005. Inequality Trends in Some Developed OECD Countries, DESA Working Paper No. 6, UN.

Wheeler, C. H., 2005. Evidence on wage inequality, worker education, and technology. Fed. Reserve Bank St. Louis Rev. 87 (3), 375-393.

Whiteford, P., 2008. How much redistribution do governments achieve? The role of cash transfers and household taxes. In: OECD, Growing Unequal? OECD Publishing, Paris, pp. 97-121 (Chapter 4).

Wood, A., 1994. North-South Trade, Employment and Inequality: Changing Fortunes in a Skill-Driven World. Clarendon Press, Oxford.

Wood, A., 1998. Globalisation and the rise in labour market inequalities. Econ. J. 108 (450), 1463-1482.

Zhou, L., Biswasy, B., Bowlesz, B., Saunders, P., 2011. Impact of globalization on income distribution inequality in 60 countries. Global Econ. J. 11 (1), 1-16, Article 1.

第 20 章　全球化与不平等

拉维 · 坎伯(**Ravi Kanbur**) [*]

[*] 康奈尔大学,美国纽约州伊萨卡市

目　录

摘要:全球化可以在多大程度上解释不平等加剧问题呢? 如果二者有关联,人们能够对此做些研究,应该做些什么研究呢? 本章首先回顾传统贸易理论在预测不平等变化方面已经取得的进展,以及在哪些方面有待深入扩展,后者是因为出现了与某些公认的观点相反的情况,即全球化程度的提高与发达国家和发展中国家的不平等日益加剧之间存在相关性。本章在此基础上更进一步,讨论危机对不平等的影响、全球化和性别不平等、开放性和空间不平等以及国际移民对不平等的影响。本章最后回顾了为应对全球化和不平等带来的挑战而制定的国家和全球政策的最新进展,被回顾的这些文献内容丰富且生动。全球化与不平等的关系在过去的半个世纪里激发了经济讨论和政策论述,在未来的几十年里,这种关系似乎仍将持续下去。

关键词:全球化;不平等;新贸易理论与不平等;危机与不平等;全球化与性别;空间不平

等;国际移民与不平等;国家政策;全球政策

JEL 分类代码:D31, D33, F15, F24, F61, F63, F68, 019, 024

20.1　引言

　　全球化是过去 30 年来的主要经济现象,贸易、投资和资金流动的开放程度急剧增加。在此期间,国家内部的不平等现象也明显增多。[①] 对此,人们自然会发问:两者之间是否存在联系? 全球化可以在多大程度上解释不平等加剧的问题呢? 如果二者有关联,人们能够对此做些研究,应该做些什么研究呢?

　　对不平等问题的任何探索,必须首先指明什么方面存在不平等,以及谁与谁之间存在不平等。本章重点关注收入不平等,尽管通常的衡量标准仅限于消费支出的不平等。至于谁与谁之间存在不平等的问题,可能是世界上所有个体之间存在不平等,国家之间存在不平等,同一个国家的个体之间存在不平等,或国家内部各大群体之间存在不平等。本章重点关注发展中国家内部的不平等问题。然而,这绝不表明全球化对于发达国家的不平等问题不重要。本章也会列举相关的发达国家的不平等证据。本章所讨论的不平等主要是在个体之间,但国家内部宽泛定义的群体(空间和性别)之间的不平等也在讨论范围之内。不平等程度的衡量指标也是一个相关的考虑因素,这一指标决定了收入分配在哪一方面得到强调。在大多数情况下,本章使用标准的不平等测度,如基尼系数。

　　将收入分配与全球化联系起来的一个简单框架是将收入看作从不同资产中获得,以及这些资产的收益加上净转移,这些转移可以进一步被分为私人转移和公共转移。资产一般可以分解为土地、劳动力和资本等基本因素,当然进一步分解有时也很有用,如将劳动力按不同技能层次划分。因此,个人的资产是个人拥有的资本和土地,加上个人劳动力所体现的人力资本。于是,收入分配的演变可以被分解为资产的演变、这些资产的回报率的演变以及公共和私人转移的演变。

　　如上所述,全球化的不同经济层面可以通过贸易、投资、资金流动和跨国移民的增长来衡量。当然,这些是结果变量,由更基本的因果变量决定,比如国家间的自然禀赋差异以及国家和全球政策。例如,既有文献通常会将贸易增长作为需要研究其对不平等产生后果的因果因素来考察。本章也不能免于这种倾向,但我们应警惕自己在做什么。

　　寻求揭示全球化与不平等之间联系的大规模涌现的文献的焦点主要是全球化对资产收益率的影响(保持固定的资产分配)。即使资产被视为流动的,重点仍然是这种流动性对资产回报的影响,而不是资产的分配。在收益回报分析中,既有文献是围绕资本整体回报和劳动力整体回报的差距以及熟练和非熟练劳动力回报的差距而构建的。其基本假设是,若通过基尼系数等标准指数衡量,这些差距的扩大将加剧人际不平等,因为主要从资本中获得收入的人,其收入高于主要从劳动中获得收入的人,而且由于熟练个体收入通常高于非熟练个体,因此这个假设并非不合理。但是,应该强调的是,人们不能直接从要素回归解读个体收

[①]　本书第 9 章探讨发展中国家和新兴经济体的收入不平等趋势,第 8 章致力于探讨发达国家的不平等趋势。

入的不平等。分配不仅取决于要素价格,还取决于数量。然而,在大多数文献中,对不平等的分析被对资本回报和不同技能水平的劳动差异的分析取代。

一旦确定了收入的市场分配,公共转移和私人转移将影响最终的收入分配结果,它们作为不平等现象的决定因素,具有同等的重要性,二者都会受到全球化的影响。第一,国际移民的国际汇款可能会影响发展中国家的不平等。第二,资本和高收入劳动力的跨境能力提高也会对公共税收和转移制度的累进性产生影响,从而影响最终的不平等。从全球化到不平等的这一渠道也需要得到考虑。

在此背景下,本章的结构和安排如下:20.2 节从描述第二次世界大战后的 30 年,即 20 世纪 50 年代到 70 年代的状况开始。焦点集中在赫克歇尔-俄林(H-O)模型的分布预测,尤其是斯托尔珀-萨缪尔森定理如何与当时的重大政策争论(特别是围绕东亚经验的重要性的争论)相吻合。在其他具有进口替代制度的经济体要么停滞不前,增长率低(如印度),要么正在增长,但不平等程度高且不断上升的时候(如巴西),其他经济体在贸易开放制度下创造了"公平增长"的奇迹。这种经验与以下预测一致:在有大量非熟练劳动力的经济体中,开放一方面将导致非熟练劳动力之间的差距缩小,另一方面将导致熟练劳动力和资本之间的差距缩小。东亚经验为争论提供信息,在说服国际金融机构方面至关重要,这反过来使得许多发展中国家政府选择在 20 世纪 80 年代到 90 年代开放经济。

20.3 节大致描述了 20 世纪 80 年代、90 年代以及 21 世纪第一个 10 年间国家内不平等的演变,特别关注开放性的影响。[①] 基本结论是开放性似乎与转移前不平等加剧有关。显然,从 20 世纪 80 年代开始的这种模式,对基础 H-O 框架在解释贸易不平等后果方面的有效性提出了疑问,特别是因为在相对劳动力充裕的经济体和相对劳动力稀缺的经济体中,不平等程度上升。然后,本节转向一系列新理论,特别是那些强调工人和企业异质性以及由贸易强化的市场选择效应的理论。事实证明,这种观点在解释过去 30 年中的开放性和不平等的典型事实方面更为成功。

20.2 节和 20.3 节侧重于开放的一个特定概念(更高水平的贸易和跨境投资)、收入分配的一个特定切入点(宽泛定义下的生产要素的不同回报率),以及不平等的一个特定概念(在国家内部个体之间)。当然,这些是既有文献的主线,而本章的其余部分将在这个基础上进行一些扩展、修改和概括。

20.4 节侧重于全球化的一个面向,这个面向在 1997 年东亚危机中变得突出,并且成为 2008 年全球金融危机中决策者们主要考虑的面向。金融流动全球化引发的危机是如何影响国家内部的不平等状况的呢? 对 20 世纪 90 年代和 21 世纪初的危机进行的国别研究和全球分析产生了大量文献。本节将回顾这些文献并进行评估。

20.5 节讨论的是不平等问题的一个特定面向——性别不平等。[②] 这本身就是不平等问题的一个重要面向,大量重要的文献将关注点放在全球化和性别不平等问题上。例如,孟加拉国服装业或墨西哥的边境加工厂雇佣比例失调的女性员工,人们就这些行业的工作条件,

---

① 第 9 章更详细地讨论了 1970 年后发展中国家的不平等状况,本节内容是作为其补充。
② 有关性别与不平等的一般性问题在第 12 章中进行介绍。

以及与最佳替代选择相比,妇女在这里的境况是否更好,展开了激烈的辩论。① 实证文献与政策辩论一致,支持双方的论点,我们对此将进行系统性回顾,以找出主要的分析问题和结论的"重心"。

20.6 节讨论的不平等的维度是一个在政策话语中较为突出的问题——国家内部的空间不平等。这一点可以仅被视为造成人际不平等现象的一个组成部分或诱因,但这样一来,近期文献中的重要分析和政策串联会被忽视——例如,集聚经济如何与开放性相互作用,或者一个国家内部政治经济发展不平衡的情况。

20.7 节通过考察通过汇款进行的私人转移来评估开放、转移和不平等。本节还涉及更普遍的问题,即国际移民对发展中国家不平等问题的影响。移民和汇款是否会加剧国内不平等状况? 有一些证据表明确实存在这种可能性,这可能是造成全球一体化与国内不平等之间相互关联的一个因素。

20.8 节转而论述公共转移和公共政策,并探讨资本以及(特别是)熟练劳动力的更大流动性可能会如何限制政府追求累进税和转移政策,从而对最终收入分配的不平等产生影响。本节还讨论了公共政策国际协调这一更普遍的问题,以解决开放对不平等的影响。

20.9 节总结了讨论成果,并提出了可以进一步研究的领域的相关建议。然而,需要注意的是,本章是关于全球化和不平等的,重点自然是全球化与不平等的关系。因此,它有时会给人一种印象,即全球化是不平等加剧的主要背后因素。然而还有影响不平等的其他因素,贸易和资本流动甚至可能不是最重要的因素,尽管它们肯定会与一系列不平等的结构性和政策性影响相互作用。

20.2　紧随战后的理论、预测及证据

虽然经济史学家对 19 世纪和 20 世纪初的全球化与不平等之间的联系感兴趣②,但我们将从第二次世界大战后的 30 年开始讨论。在这一时期的初期,许多发展经济学文献的重点都不在全球机遇上,要么主要关注国内进程而忽视全球背景,要么对国际贸易、投资和资本流动持怀疑态度。

将发展理论与全球力量脱离开来的一个例子是刘易斯(Lewis, 1954)的经典的剩余劳动力观点。在论文的第一部分,刘易斯分析了一个纯粹的封闭经济,即劳动力从传统的剩余劳动力部门转向现代资本主义生产形式,这个过程一直持续到劳动力变得稀缺,工资开始上升。

然而,Lewis(1954)的论文分为两部分,这点很有趣,却不太被大家重视。该论文的第二部分论述了剩余劳动力耗尽阶段的开放经济:

> 当资本积累赶上劳动力供给时,工资开始超过维持生计水平,资本家盈余受到

① 这也突出了收入与更宽泛的福利衡量标准之间的差异,例如健康和安全标准。
② 例如,参见 Lindert 和 Willamson (2001)。

不利影响。但是,如果其他国家仍然存在剩余劳动力,资本家可以通过鼓励移民或将资本出口到劳动力仍然充裕但工资水平仅供糊口的国家来避免这种情况。

Lewis(1954)

刘易斯对一系列典型的贸易和投资案例进行了详细分析。他的结论如下:

> 资本输出减少了国内资本形成,从而降低了工资。如果资本出口降低了工人进口物品的价格,或者提高了竞争国家的工资成本,这种工资损失就被抵消了。但如果资本出口提高了进口成本或降低了竞争国家的成本,情况会更加严重……外国资本的引入并没有提高劳动力过剩的国家的实际工资,除非资本提高了他们为自己消费而生产商品的生产率……比较成本定律在劳动力过剩的国家和其他国家一样有效。在后者中,它是自由贸易理论的有效基础;在前者中,它是贸易保护论的同等有效的基础。

Lewis(1954)

这种对开放性的看法与某些其他观点相吻合,例如对发展中国家生产产品的出口需求的悲观主义。当时的许多发展模式都是建立在这个基础之上的。总的说来,刘易斯确实怀疑在一个劳动力过剩的国家,开放贸易和投资提高了工资水平(与资本回报相比)。此外,在他的其他著作中,他相当"库兹涅茨式"地将发展的初始阶段视为导致不平等加剧的原因,正如他所说(Lewis,1976):

> 发展必然是不平等的,因为它不是同时从经济的每个部分开始的……经济中可能有一个或几个这样的飞地,但在发展开始时,飞地仅涉及少数人群。

因此,随着贸易机会的开放,一些人将抓住这种机会,而其他人没有,这将造成不平等。与此同时,剩余劳动力将阻碍劳动力和资本之间不平等的平均差距缩小。总的来说,人们对全球化和不平等存在悲观看法。

与此相反的观点是,世界上没有所谓的"剩余劳动力",劳动力缺乏程度不同的经济体之间进行贸易。这种新古典主义的H-O模型导致了斯托尔珀-萨缪尔森的著名结论,即开放贸易将提高相对充足要素的相对回报。由于在发展中国家,这个要素是相对于资本的劳动力,因此开放将缩小劳动力和资本回报率的差异。如果合理地假设资本所有者比通过劳动力谋生的人更富裕,那么可以推论全球化将减少发展中国家的不平等。

当然,这些理论观点与政策立场相对应。战后时期的大多数发展中国家都采用了进口替代战略——相信对外开放不利于经济增长和不平等。精心设计的多部门规划模型,如印度第一个五年计划,具有注重国内市场和国内工业化这些关键要素。拉丁美洲国家采用了进口替代战略,20世纪60年代和70年代新独立的非洲国家也是如此。但是,东亚的一批国家与这一趋势背道而驰,从 20 世纪 60 年代开始,推行全球经济一体化的政策。当然,针对这些战略的细节存在着巨大的争论。特别是,对于这些国家的政策在多大程度上可以被归类为"自由市场"政策,也是有争议的。然而,毫无疑问,二战结束后的 30 年,与上述其他经济体相比,这些经济体确实目标明确地融入了世界经济。

东亚的经验对于 20 世纪 70 年代和 80 年代的政策辩论,以及人们在 20 世纪 80 年代和 90 年代以后的其他发展中国家所看到的政策转变至关重要。20 世纪 60 年代和 70 年代出现了被称为"东亚奇迹"的公平增长。这些国家不仅具有历史性的高增长率,而且其增长率高于同时期的其他国家,还在增长的同时,实现了不平等程度的不断下降。高增长和不平等程度下降的结合也意味着在减贫方面的良好表现。

当然,不平等表现的细节是多种多样的,不同国家和不同的历史时期也是不一致的。一些国家的不平等现象在某些时期变得严重,东北亚和东南亚之间的不平等表现亦存在差异。[①] 但人们普遍认为,东亚的经济发展是不平等得到控制的增长。然而,对事实的解释是另一回事。前面已经提到,人们利用经验来同时支持政策辩论的"自由市场"和"司法介入"这两个面向。对分配结果的解释也不尽相同。一个直截了当的解释是支持新古典主义的 H-O 模型,该模型预测,开放将减少劳动力和资本的回报,并由此带来不平等的减少。实际上,这是敦促其他国家(如印度)采取外向型政策时最常用的解释。因此,Bhagwati 和 Desai(1970)的论述表明,印度应当摆脱战后独立时达成的共识,即只有通过进口替代和产业规划才能实现公平发展。这一进路的文献在世界银行 20 世纪 80 年代的一系列研究中达到了顶峰,例如 Papageorgiou 等(1990)的著作,它是"对外贸易自由化系列"中的巅峰之作。在该研究中,东亚与印度的停滞和巴西伴随着不平等的增长形成鲜明对比。与此同时,通过欧盟实现的欧洲一体化,以及欧盟在战后的几十年里带来的长期高增长和不平等程度下降的成功,也与政策争论相关。

然而,东亚经验也被用来支持这样一个论点,即结果的公平维度在很大程度上归功于其他结构和政策特征。其中一个例子是 20 世纪 40 年代和 50 年代美国占领军在朝鲜半岛进行的土地改革,这意味着该地区在 20 世纪 60 年代和 70 年代进入下一个发展阶段时,具备了为公平发展提供支持的初始条件。此外,在这些国家和其他东亚国家,积极的政策确保了基础教育的广泛发展。以下是当时研究韩国发展战略的杰出学者阿德尔曼(Adelman,n. d.)给出的该国从第二次世界大战结束到 20 世纪 60 年代初期的结构因素:

> 1947 年和 1949 年有两波土地改革。1947 年,美军政府下令将从日本农民和日本公司没收的土地重新分配给租户……第二波土地改革将拥有超过 3 个町步(7.5 英亩或约 3 公顷)的地主的土地重新分配给佃农和无地农民……土地持有的分配变得非常平均……在此期间,政府的大部分投资都用于社会发展,识字率从 30% 上升到 80% 以上。

---

① 参见 World Bank(1993)和 Jomo(2006)。

把这些结构因素与 Lewis(1976)的观点放在一起,可看出优势的初始差异可以通过经济机会的出现而被放大。因此,也许对东亚经验的最佳解释支持了结构主义观点和基于 H-O 模型的新古典观点。土地改革和教育的广泛发展减少了剩余劳动力,同时使资产(土地和人力资本)的分配更加平等。因此,该阶段为开放并融入全球经济以实现公平增长创造了条件。但是,结果取决于开放时的初始条件,这种条件不一定适用于其他国家或其他时间段。

20.3 20 世纪 80 年代以来的经验和新理论

第二次世界大战后 30 年的政策辩论影响了为理解贸易和投资开放对不平等的影响而制定的分析框架,同时前者也受到这些框架的影响。这一时期的经验,特别是东亚经济体被认为是"公平增长奇迹",与印度(增长率相对较低)或巴西(增长率相对较高)等国停滞或加剧的不平等形成对比,这对于说服决策者从 20 世纪 80 年代起开放经济尤为重要。然而,结构性特征的重要性,例如东亚经济体在启动开放时资产不平等程度低,似乎没有受到如此多的关注。过去 30 年是以贸易一体化和资本流动规模衡量的全球化日益加剧的时期,此时期各国经历了哪些不平等呢?

美国(和其他发达经济体)的不平等经历很有意思,因为它可能有助于解释标准 H-O 模型的预测。这个简单的模型有一个有力的预测,即在资本劳动比相对较低的国家,开放将缩小劳动与资本之间的收益差距;在技术与非技术劳动之比相对较低的国家,开放将缩小技术与非技术劳动之间的收益差距。在东亚观察到的趋势被视为支持该模型。此预测还意味着,在资本与劳动力、熟练劳动力与非熟练劳动力比率相对较高的国家,这些回报之间的差距应该扩大。这种情况在 20 世纪 60 年代和 70 年代的美国没有发生,但自 80 年代以来一直在发生。现在有理由认为,鉴于美国经济的相对规模,只有在 20 世纪 80 年代和 90 年代,随着中国和印度的开放,贸易效应才能强烈地影响到要素收益。所以,美国的不平等趋势确实可以说是对 H-O 模型的部分支持。

然而,有一个问题是,美国不平等程度上升中的多少可归因于贸易以及其他因素,尤其是技术因素。Pavcnik(2011)的概述记录了学界最近对此的共识:

> 关于这一主题的大量研究显示,很少有证据表明,在发达国家和发展中国家所观察到的技能溢价上升中,有很大一部分是由相对要素禀赋差异推动的最终产品的国际贸易造成的……首先,斯托尔珀-萨缪尔森机制表明,技术劳动力丰富的国家对技术劳动力的相对需求增加,是由于各行业对技术劳动力的相对需求发生了改变……然而,各行业的就业变化幅度还不够大,不足以解释工资不平等大幅加剧的原因。美国等国家对受教育劳动力的需求增长,主要是受行业内对熟练劳动力相对需求增长的推动。

关于贸易的相对作用,存在着重大争议。虽然 Krugman(2008)反对他自己早先的观点,认为与技术相比,贸易是解释不平等加剧的一个相对较小的因素,但 Irwin(2008)、Katz(2008)和 Autor(2010)对"贸易不重要"观点提出了批评。可以公允地说,即使不一定是主导力量,技能偏向型技术变革至少被认为是推动不平等加剧的主要力量。[①] 这种实证性和政策性辩论反过来又为后续研究提供了新的素材,它们超越了简单的 H-O 或者斯托尔珀-萨缪尔森理论,考虑了异质性企业之间的行业内工资差异以及这些差异如何受到贸易影响。

可以说,有关贸易和不平等的 H-O 预测已经被 20 世纪 60 年代和 70 年代东亚贸易增长和东亚不平等现象的经验证实。从 20 世纪 90 年代开始,美国的贸易增长和不平等加剧的经验,同样可以证明这一点,尽管人们一致认为,技术的力量提供了更有力的解释。然而,H-O 模型的困难在于,与其预测相反,并且与 20 世纪 60 年代和 70 年代东亚的经验相反,从 20 世纪 80 年代开始,亚洲各经济体和拉丁美洲各经济体直到 21 世纪第一个 10 年的经验一直是贸易增长和不平等加剧。正如 Goldberg 和 Pavcnik(2007)的全面评述得出的结论:

> 对证据的调查证实了 Wood(1999)的说法,作者指出,在 20 世纪 80 年代和 90 年代开放了贸易制度的几个中等收入拉丁美洲国家,不平等现象有所增加。作者进一步表明,这种正向关系适用于印度。如 Wood(1999)先前所述,20 世纪 80 年代和 90 年代全球化的发展中国家的经验与几个在 20 世纪 60 年代和 70 年代经历过贸易改革的东南亚国家的经历相反。后者在向外国市场开放其经济时,不平等程度下降。

我们在继续讨论这些事实对 H-O 模型的影响之前,需要做出一些说明。首先,虽然拉丁美洲的经济在 20 世纪 80 年代和 20 世纪 90 年代实现了自由化,但这一时期也是一个痛苦的宏观经济调整和增长减速的时期,这可能会混淆不平等原因的归属。其次,请注意,上一节中讨论的简单的刘易斯-库兹涅茨(Lewis-Kuznets)模型确实可以预测开放时不平等的加剧。最后,自 Goldberg 和 Pavcnik(2007)的调查以来,研究者已经进一步建立了两个主要的典型事实。一是 20 世纪 90 年代和 21 世纪东亚地区的不平等现象有所增加。[②] 二是自 2000 年以来,拉丁美洲的不平等程度有所下降。[③] 这两种情况都出现在贸易自由化的重要时期之后,特别是在拉丁美洲,且都与再分配政策挂钩,这些政策问题将在后续章节中讨论。

基本的 H-O 或者斯托尔珀-萨缪尔森框架是关于贸易和不平等的论述的基础。然而,人们发现,尽管贸易有所增长,但自 20 世纪 80 年代以来,许多发展中国家的不平等现象有所加剧,这使人们质疑其有效性。预测与结果之间的这种脱节,导致了学者对贸易增长为什么会增加不平等现象的其他解释的富有成效的探索,其中一些前沿理论也有助于人们理解贸易对发达国家不平等现象的影响。在这一节中,我们将根据过去 30 年的经验,研究一系列的理论,以此作为对研究发展方向的阐释。

---

① 当然,这种关于技术偏向的观点取决于熟练劳动力和非熟练劳动力之间替代弹性的大小;此外,正如 Atkinson(2008)指出的,在供给反应下,技术进步的技能偏向只会导致更大程度的不平等,而不会永久地加剧不平等。
② Kanbur 和 Zhuang(2012)。
③ Lustig 等(2011)。

由于基础的两物品、双要素 H-O 模型未能预测贸易和不平等的同步变化,一系列模型被开发出来,这些模型改变了技术或要素和物品的数量(包括引入非贸易物品),以期得出更符合数据的预测。因此,例如,Wood(1994)从熟练/非熟练劳动分工的双要素模型转向考虑三要素模型,其中工人被分类为熟练(高等教育)/半熟练(基础教育)/非熟练(未受教育)。此外,还有三种生产类型——技能密集型制造业、半技能密集型制造业和农业。在这种设定下,对于一个在农业方面具有比较优势的国家,我们得到的标准预测是,开放将减少不平等。然而,对于半熟练工人数量相对较多的国家来说,相对于高技能和非熟练工人的工资而言,对外开放将增加前者的工资。因此,开放对不平等的影响是不明确的,并且被衡量的不平等可能会加剧。虽然这是对基本 H-O 模型的有趣扩展,但我们尚不清楚它与数据的匹配程度。毕竟,20 世纪 60 年代的东亚可以被认为是一个以基础教育为主导的地区,而从 20 世纪 80 年代开始的证据表明,高技能人才的工资不成比例地增长。

本着同样的思路,Davis(1996)提出了一个双要素(他称之为资本和劳动)、三种商品的 H-O 模型,市场不完善阻碍了要素价格均等化和生产的充分多样化。这三种商品的生产技术资本密集程度不同。按要素禀赋的资本密集度排序国家,其中最不发达的国家将出口资本密集程度最低的商品,并进口资本密集程度次之的商品。对于这些国家而言,标准结果将保持不变——开放将缩小要素回报率的差距。但是,具有中等资本要素禀赋水平的国家将出口中等资本密集度的商品,进口资本密集度最高的商品,开放将产生相反的效果。当然,对于大多数发达国家,我们再次得到标准的斯托尔珀-萨缪尔森结果。至少对处于中等资本密集度的发展中经济体而言,这种类型的理论或能解释贸易和不平等的同步变化。原则上,这些国家可能包括 20 世纪 80 年代以后的东亚国家和 20 世纪 80 年代、90 年代开放时期的拉丁美洲国家。

Wood(1994)和 Davis(1996)的研究是试图在一个可识别的 H-O 框架内预测贸易和不平等的共同变动的例子,并对商品或要素做了更详细的分类说明。这一趋势在文献中继续存在,并增加了诸如生产中的资本—技能互补性等复杂因素——以至于今天的讨论不能真正被贴上 H-O 论述的标签。在下文中,我们将考虑强调工人、公司和生产过程的异质性的文献。

Helpman 等(2010)汇集了现代贸易文献的几个分支,重点关注企业和工人的异质性,并得出与过去 30 年的许多实证研究结果一致的对贸易和不平等的预测。与 Melitz(2003)的思路相同,该模型假设异质性企业生产差异化商品。企业可以通过支付固定成本入场,但只有在支付沉没成本后才能发现其生产率。生产率服从帕累托分布,这一假设有助于提高模型的可操作性。在得知其生产率之后,企业决定是否生产和生产多少用于出口、用于国内市场,或者用于两者,或者退出两者。生产涉及固定成本,产出是企业生产率、雇用工人数量和工人平均能力的函数。作者采用一个特定的函数形式以便于具体操作,但其关键的方面是这三个元素彼此互补。

工人的能力也被假定为具有帕累托分布——同样是为了便于操作。模型中存在着搜索和匹配摩擦,企业可以通过支付更高的薪酬来匹配更多的员工。此外,对于员工,公司可以通过支付成本(阈值越高,成本越高)来筛选出高于阈值的能力,但无法区分超出该阈值的能力。因此,一个公司的所有工人的工资都是一样的。工资模型是由公司和平均工人之间议价博弈的结果而产生的。

固定的生产成本和出口成本意味着生产率很低的企业根本不生产,而只有生产率高的企业(由于存在贸易成本)选择出口。考虑到搜索和筛选的成本,还可以证明,具有较高生产率和收入的公司更多地搜索并采用更高的能力阈值,因此平均来看他们拥有能力更强的工人,因而支付的工资也更高。关键的一点是,在均衡状态下,出口企业支付的工资更高。因此,如果我们从自给自足经济开始,其出口的固定成本如此之高以至于没有企业出口,此时如果以相对静态的方式降低这些固定成本,以便一些公司开始出口,工资不平等就会在以前不存在的地方出现。这适用于所有国家,因此,由于出口的选择效应,开放会加剧所有国家——发达国家和发展中国家的不平等。

Verhoogen(2008)的研究是另一个类似模型的例子,其中选择效应可以解释贸易和不平等的共同变化。这个模型的观点是,出口需要生产更高质量的产品,只有最有生产力的企业才会发现出口有利可图。在生产效率较高的企业工资较高的机制下,这会导致更多的开放性,带来更大的不平等。值得注意的是,Helpman 等(2010)的模型在光谱的另一端也给出了一个有趣的结果,即当出口成本很低时,所有公司都愿意出口。此时,工资再次平等。在他们的模型中,不平等首先加剧,然后随着开放程度的加深而减少——这是不平等和开放度之间的倒 U 形关系。当然,从 20 世纪 80 年代开始的全球化加剧,现在是否已经使一些国家达到了模型所预测的不平等程度下降的程度,是一个实证性问题。如果一些国家的情况确实如此,该模型就无法解释这些国家的贸易和不平等的共同变化,人们必须考虑其他解释。

在 Feenstra 和 Hanson(1996,1997)对外包的研究中,作者提出一种不同类型的选择机制,这也涉及更广泛的外包和外商直接投资文献。他们考虑了这样一种情况:最终的产出是使用中间投入产出的,而中间投入是使用不同密集度的熟练劳动力和非熟练劳动力产出的。现在考虑两个经济体,它们拥有不同的熟练劳动力和非熟练劳动力禀赋。对于任何给定的贸易成本模式,熟练劳动力充足(发达)的经济体将使用技术密集型的中间投入生产。当贸易成本在比较静态分析中降低时,一些生产从发达经济体转移到发展中经济体。然而,被转移的生产活动是发达经济体中技术含量最低的,也是发展中经济体中技术含量最高的。这提高了发展中经济体和发达经济体的生产技能密集度,从而扩大了两个经济体中熟练劳动力和非熟练劳动力之间的工资差距。Feenstra 和 Hanson(1997)在解释墨西哥工资不平等加剧的问题时,对这一观点给出了实证支持。他们强调了全球化的一个方面,即外商直接投资(FDI)——在过去的 30 年里,它已经走到了前沿。投资组合和资金流动的问题将在下一节得到讨论,但更长期的外商直接投资对发展中国家近期的快速增长也很重要。外商直接投资对不平等有何影响?

上一节讨论的简单的刘易斯模型中的外商直接投资理论表明,在以前存在剩余劳动力的经济体中,当工资上涨时,资本家会寻求海外投资机会,可能锚定那些工资更低的经济体。如果这些经济体本身就处于劳动力过剩的状态,那么进一步的投资将提高资本的份额,并因此恶化收入分配。然而,如果接受外商直接投资的经济体已经达到了"刘易斯拐点",这种投资将进一步提高该经济体的工资,这可能是一个减少不平等的渠道。

如 Feenstra 和 Hanson(1997)的分析,有关外商直接投资影响的现代理论建立在 H-O 框架之上,并引入了企业和工人异质性。总的来说,理论结论是模糊不清的,有些人认为,外商直接投资在开始阶段可能会导致发展中国家的不平等加剧,而在后期可能会出现转变。例如,Figini 和 Gorg(1999)讨论了国内企业吸收外商直接投资中的新技术时的转型。不平等可能在早期阶段产生,但随着过程的推进,在后期阶段会得到缓解——倒 U 形关系已经覆盖了该领域的大部分实证研究。大量且不断增多的实证文献也给出了好坏参半的结果,其中也许更有分量的结论是,外商直接投资与早期阶段的不平等加剧有关[①],但可能会出现转变,而且在人均收入水平较高的情况下,其影响较小,甚至是负值。[②]

作为全球一体化的结果,选择效应现在已成为贸易和外商直接投资文献的核心,因而也是解释贸易和不平等的共同变化的核心。它似乎对发达国家和发展中国家的不平等现象的加剧提供了一致性的解释,因此,它们值得在今后几年内被给予理论和实证研究方面的密切关注。[③]

20.4 经济危机与收入分配

人们常说,从宏观经济层面来看,全球化既带来了风险,也带来了机遇。全球经济体大范围的融合可能导致经济受到全球贸易波动和资本流动的冲击。开放对宏观经济波动的影响是什么? 目前的共识和重点研究似乎都认为开放会带来更大的波动性(Bekaert et al.,2006;Easterly et al.,2001;Kose et al.,2006;Rodrik,1997)。[④] Di Giovanni 和 Levchenko(2008)对于贸易开放是以何种渠道放大波动性这一问题进行了仔细分析。他们检验了三个渠道:(i)个别部门的波动性增加;(ii)部门的共同变动增加;(iii)更专业化的生产模式。他们发现了支持第一点和第三点的相关证据,但也发现当一个部门的开放性提高时,会减弱其增长与经济整体增长的共同变动,后者往往会降低总体波动性。然而,总体来看,开放对于波动性的影响是显而易见的:

> ……从数据观察得知,贸易开放度从第 25 百分位数上升到第 75 百分位数,总

---

① 在 Feenstra 和 Hanson(1997)对墨西哥、Figini 和 Gorg(1999)对爱尔兰、Taylor 和 Driffield(2005)对英国、Tsai(1995)对 33 个国家的横截面数据、Basu 和 Guariglia(2007)对 8 个国家的研究中,发现了这种关联。

② Figini 和 Gorg(2011)在对 100 个发展中国家和发达国家的横截面数据进行研究后发现:"涉及发展中国家的结论十分明确,并且存在非线性效应:工资不平等随着外商直接投资流入存量的增加而加剧,但随着外商直接投资的进一步增加,这种影响会减弱。对发达国家而言,工资不平等随着外商直接投资流入存量的减少而减少,并且没有可靠的证据表明这种影响是非线性的。"

③ 关于异质性工人、异质性企业和贸易的文献正呈现爆炸式增长,在本章的篇幅内不可能做到一视同仁。Grossman(2013)和 Costinot(2009)的研究很有意义。Costinot(2009)的论文基本上将 H-O 模型概括为异质性工人和企业的贸易模型。

④ 应该指出的是,在 19 世纪末的英国和其他国家关于失业问题的政策辩论中,暗含了对外贸波动风险的担忧,这导致了社会保险的引入。

波动性增加了约 17.3% 的平均总方差。然而，开放度对波动性的影响因国家特征不同而有很大差异。例如，我们估计贸易开放度的同质性变化伴随着总体波动率的增加，与一般发达国家相比，一般发展中国家的总体波动率多增加了五倍。最后，我们估计了贸易的影响在几十年间的变化。事实证明，随着时间的推移，这三个渠道以及总体效应的重要性都在增加：同样的贸易开放度对 20 世纪 90 年代总体波动性的影响是 20 世纪 70 年代的两倍。

然而，过去 20 年的一个主要焦点是资金流动导致的波动和危机。金融危机似乎是全球经济的新常态。完全成熟的全球危机，例如 2008—2009 年发生的危机，或 1997 年的亚洲金融危机（也产生了全球性影响），至少是受助于 20 世纪 90 年代以来，随着资本账户的自由化，证券组合资本在全球范围内的流动更加便利。这些全球危机也与国家层面的宏观经济波动产生了关联，这种波动也受到贸易开放的影响。事实上，Hnatkovska 和 Loayza（2013）认为，波动加剧可能更多是受到了危机（"大衰退"）而不是正常的经济周期的影响。

现在已经形成的共识是波动性与低增长率相关——Hnatkovska 和 Loayza（2013）仅给出了这方面的最新评估情况。然而，本节将回顾最近关于经济危机对收入分配（贫困和不平等）的影响的讨论。[①] 这些文献列出了一系列的渠道，通过这些渠道，2008—2009 年出现的那种全球崩溃，或 1997 年危机中的那种更为有限的蔓延效应，将影响收入分配。Atkinson 和 Morelli（2011）、Baldacci 等（2002）强调了以下渠道。

1. 经济增长放缓。随着"资产负债表"式衰退在初始国形成气候，它又通过贸易传导至其他国家。因此，每个国家都面临经济增长放缓的风险。正规部门出现失业，导致非正规部门的收入面临下行压力。我们预计，经济增长放缓将加剧目前的贫困及不平等状况。

2. 相对价格和部门效应。对某一国家而言，国际需求的下降可能集中在特定的部门，具有数量和价格效应。因此，失业和工资收缩将具有因国而异的部门模式。对工资不平等的影响将取决于受到负面影响的部门是不是那些一开始就支付较高工资的部门。如果是这样，经济危机可以通过这个渠道减轻不平等现象（尽管贫困问题会加剧）。

3. 资产效应。利率的变化和资产的重估可以影响收入分配顶端的收入和财富。如果存在重大的向下估值和资本收入减少，那么通过这个渠道，危机可能会减少财富和收入不平等。

4. 政策回应。包括财政紧缩的后果（这将对收入分配的低端产生影响），或银行救助的后果（这将影响分配的顶端）。一般而言，通过减少公共就业或公共工程支持计划和其他形式的失业帮助来实现财政紧缩，将加剧社会部门的贫困状况和不平等现象。银行救助将支持收入分配最顶端群体的资产价值和收入，并扩大不平等差异。最后，为应对国际收支危机，大幅度贬值是一个最常见的将危机和分配联系起来的重要渠道，这相当于使实际工资下降并使利润上升。

[①]　关于不平等现象是否导致危机出现的文献数量不断增长，Rajan（2011）为此方面的讨论提供了很好的例子。我们在此不讨论这一方面的文献。

这些渠道中的每一个都可能对贫困和不平等产生多重影响,因此整体影响是一个实证问题。Ravallion 和 Chen(2009)对 2008 年全球金融危机进行了分析,并预测了其可能对贫困产生的影响。"危机将使每天生活费在一美元以下的人口增加 6400 万人。"然而,这样的方法需要假设一个国家内部没有分配变化,其依据是被观察到的规律,即"在总体经济收缩期间,相对不平等程度下降和上升的频率差不多,平均变化为零"。因此,Ravallion 和 Chen(2009)简单地预测总消费会收缩,并假设这种收缩在分配中是中性的。然而,他们确实认识到"虽然分配中性在大体上是合理的,但是危机对有些国家的贫困的影响远大于计算得到的结果,而对于有些国家的影响则没这么大。要确定对哪些国家的影响高于平均水平,需要针对具体国家进行分析"。

Baldacci 等(2002)尝试通过跨国家回归技术来识别贫困和不平等的影响。他们定义了危机时期,确定了对国家—时间段的适当控制,并从不同层面估计了危机对收入分配的影响。不出所料,他们发现危机导致了贫困加剧。然而,就收入分配而言,他们发现"收入份额变化的主要输家不是最穷的(收入五分位数最低)国家,而是收入五分位数第二低的国家。与前一年相比,收入份额最高的国家也陷入了经济危机"。因此,若把这一回归结果视为平均结果的代表,其结论与 Ravallion 和 Chen(2009)的假设是一致的,后者指出危机平均而言是呈分布中性的。

1997 年后的危机出现了明显的国别差异。新加坡和马来西亚的不平等程度有所上升,但印度尼西亚和毛里求斯的不平等程度有所下降(Atkinson and Morelli, 2011)。Atkinson 和 Morelli(2011)评估了长期以来的大量危机与不平等之间的关联。他们区分了银行危机和消费崩溃的危机,考察了已确定的以上两类危机产生的不平等的时间路径。对于前者,他们得出结论:"经验证据表明,危机后不平等倾向于加剧的情况占多数,尽管值得注意的是,此次研究所用样本规模太小,得出的结论不够确切。"对于后者,"有关'方向变化'的'经验证据'表明,消费危机与不平等的减少更为相关。对 GDP 危机的分析则并未发现特别模式"。

因此,我们似乎很难去简单地概括危机对不平等的影响,这是由于危机会通过多种渠道产生影响,而且国家的初始状况也对此有一定影响。这意味着我们需要针对具体国家情况来建模并分析和预测危机对不平等的影响。Habib 等(2010)建立的微观模拟模型正是采用了这种方法将宏观经济预测与收入分配传导机制相结合:

> 该模型侧重于作为传导机制的劳动力市场和移民,并考虑两种类型的冲击:对劳动收入的冲击,建模为就业冲击、收益冲击或两者的结合;以及对非劳动收入的冲击,建模为对汇款的冲击。冲击可以是正向的或是负向的,这取决于宏观经济预测勾勒的趋势。在大多数情况下,劳动收入和汇款至少占家庭收入的 75%—80%。

于是,这种针对具体国家的分析,既可用于确定早期预警指标,也可用于做出相应的政策回应。例如,作者将该模型应用于孟加拉国,建议按部门监测汇款和工资,并将其作为行动需求的指标。[1] Bourguignon 和 Bussolo(2012)以及 Bourguignon 等(2008)调查研究了一系列模型和方法。然而,这引出了一个重要的问题,即我们是否要在危机前后使用匿名分布,或是使用面板数据,跟踪从危机前到危机后的个人状况。由此,Robilliard 等(2008)指出,即使是在危机导致了相当大程度的"动荡"的情况下,匿名分布也不会发生变化。

20.5　全球化与性别不平等

到目前为止,我们对全球化与人际不平等之间的关系所做出的分析,并未考虑到性别差异。事实上,在把贸易理论与收入分配理论联系起来的经典研究进路中,性别差异并未凸显。然而,在过去的 25 年里,政策和分析文献进路都频繁提及性别差异这一重要因素。从分析文献来看,这种发展与性别不平等愈发明显以及非单一家庭模型(该模型需要考虑家庭内部的不平等情况)的发展相关。政策方面的原因则与以下争论相关:在过去的 25 年里,全球化对女性究竟是有利还是有害?

众所周知,人际不平等与性别有很大关系。[2] 对于可以在个人层面量化的变量,这是很容易通过实证研究得到证实的。当然,每个国家的模式是不一样的。然而,在许多发展中国家,女性的受教育程度低于男性,特别是在低收入群体中。一些国家的出生性别比表明,在性别选择中存在歧视女性的现象,许多发展中国家的产妇死亡率达到了 1900 年瑞典的产妇死亡率水平。从事一份相同的工作,女性的收入要低于男性,并且女性往往在低收入的部门工作或是从事低收入职业。[3]

从消费的标准维度来衡量性别不平等的程度并不容易,因为消费数据通常是在调查中按住户的层面收集的。以女性户主家庭和男性户主家庭之间的不平等来衡量男女不平等的尝试显然不能令人满意。将家庭层面信息转化为个人福祉的标准假设,是简单地将其除以家庭规模,并将家庭的人均消费分配给家庭中的每个人。显然,这会抑制所有家庭内部的不平等,包括性别不平等。由此,我们对不平等的标准衡量低估了真正的不平等,因为它们将家庭内部消费中的性别不平等设定为零。在极少数情况下,当有可得的个人消费数据时(例如关于食物消费),研究者已经证明,标准程序低估不平等(和贫困)的幅度达 25%(Haddad and Kanbur,1990)。因此,家庭内部不平等所反映的性别不平等很重要。

虽然大家都认为经济中的不平等部分是由性别构筑的,但对于全球化与这种结构究竟是如何相互作用的,没有达成共识。例如,按性别划分经济结构对开放性和不平等的标准分析有何影响? 总的来说,全球化是缓解了还是加剧了性别不平等?

在考察一些证据之前,让我们思考如何通过纳入生产和收入分配的性别维度来修改关于全球化和不平等的标准理论观点。开放经济宏观经济学中的一个标准分析是货币贬值对国际收支的影响。众所周知,其传导机制是通过提高相对于非贸易品价格的可交易品价格

---

[1]　关于危机影响发达国家不平等现象的微观模拟模型的例子,见 O'Donoghue 等(2013)。

[2]　本书第 12 章主要讨论性别不平等问题。

[3]　World Bank(2011)第 74、78、79 页。

而实现"支出转换"。研究者以常规的方式,通过斯托尔珀-萨穆尔森定理,分析了它对于分配的后果。如果贸易品在劳动力使用方面相对更加密集,那么劳动力的相对回报就会增加。实际上,这是许多研究者就货币贬值有利于穷人及其累进性提出的论点。

但是,假设贸易品实际上对男性劳动力的使用更加密集,就可以看出男性收入会更高。如果家庭内部存在完美的收入分享,这一点无关紧要——如果货币贬值政策对整体经济有效,代表性家庭将获得全面收益。然而,如果家庭无法用单一模型来描述,而且,例如男人和女人之间有讨价还价,且他们的外部选择关系到讨价还价的结果,那么,宏观的贬值政策将会有加强男性讨价还价能力的微观后果,并且会对不平等产生一种经典分析没有考虑到的影响。[①] 当然,结果取决于具体情况——取决于哪个部门是男性或女性劳动密集型部门。然而,主要的理论观点是性别很重要(Haddad and Kanbur,1994)。

以上是就劳动力的纯粹需求面而言的。然而,也有证据表明,女性在同一份工作中的报酬较低。全球化对这种工资差异的影响尚不确定。一方面,存在一个标准的论点,即全球竞争加剧将缩小实行歧视性工资操作的领域,这会缩小工资差异。然而另一方面,如果资本流动降低了工人的议价能力,并且女性集中在资本流动性更强的行业,那么开放程度提高将导致女性工资降低(Seguino,2007)。这种竞争在自由行业中的影响可能不仅体现在标准工资上,也体现在劳动标准上(Chau and Kanbur,2003,2006)。同样,如果妇女在这些行业中的比例过高,全球化将对她们产生比例过大的影响。

有关性别和全球化的文献有两个主要的实证进路。第一个是关注开放程度对女性劳动力的需求和对女性工资的影响。第二个与前一个有关——相对于男性,危机如何影响女性。我们将逐一讨论这些问题。

开放对女性劳动力需求的影响是微妙的,而且因具体情况而异。对女性劳动力的需求因轻工产品行业的扩大而增加。正如世界银行关于性别问题的世界发展报告所述:

> 在韩国,从事制造业的妇女所占比例从 1970 年的 6% 增长到 20 世纪 80 年代和 20 世纪 90 年代初的约 30%……同样,在墨西哥,制造业的女性就业人数从 1960 年的 12% 增长到 2008 年的 17%,2008 年的女性就业人数是 1960 年的 10 倍。
>
> World Bank(2011)

然而,这一阶段与下一阶段形成对比,这是因为出现一种向生产更多资本密集型产品的转向(Seguino,2013;Tejani and Milberg,2010;Van Staveren et al.,2007)。女性工资差异如何?证据再次反映了相互冲突的力量,这些力量在不同国家的影响方式不同。正如 Seguino(2013)在综述中提到的:

---

① 同样,有相当多的证据表明,单一模型并不能很好地描述家庭决策。对于文献的早期回顾,参见 Alderman 等(1995)。本书第 16 章则回顾了最近的文献。

贸易和投资自由化对两性工资平等的影响的证据也是好坏参半。一些研究表明,性别工资差异已经缩小,这在很大程度上是由于教育差距的缩小。但在一些发展中国家,性别工资差距中的歧视性部分有所增加。

最新出现的文献进路提供了关于 20.3 节中讨论的选择和异质性模型的性别视角。Juhn 等(2013)提出的论点建立在更高效的企业会进入出口和现代化技术领域的想法基础上。如果新技术需要较少的体力("大脑"vs."肌肉",某些领域是如此描述的),我们预计对于女性劳动力的需求增加会出现在蓝领职业而不是白领职业中。这是因为新技术可以改变蓝领职业中的"大脑/肌肉"组合模式,但白领工作不会受到影响。作者发现,对于墨西哥来说,《北美自由贸易协定》生效后的关税削减与女性就业和蓝领工作的工资份额上升有关,但与白领工作没有关系。[①]

Bussolo 和 de Hoyos(2009)也强调了各种矛盾的力量。在对非洲和拉丁美洲的研究的基础上,他们得出的基本结论是,由于各种力量的方向相反,贸易开放对性别不平等的净影响很可能会变得相当弱:

> 总体而言,本卷给出的信息非常明确:贸易扩张加剧了以农业为基础的非洲经济体的性别差异,并在洪都拉斯等制造业经济体中减少了这种差异……不可否认,贸易冲击、生产者价格、男性与女性的相对议价能力、消费决策、未来增长和贫困减少之间的关联似乎并不太大……总而言之,贸易自由化带来了重要的性别效应,但我们收集的证据表明,这些效应往往不大,有时甚至是不确定的。

虽然关于全球化对性别不平等的贸易影响的文献因此得出了相对中立的结论,但是关于经济危机对女性影响的文献并非如此。一般来说,经济衰退的影响,特别是经济崩溃,对女性的影响最为明显,因为她们往往先受到波及。反过来,她们挤进非正规部门,进一步降低了该部门的收入,而该部门女性人数占比始终失调(Braunstein and Heintz,2008;Takhtamanova and Sierminska,2009)。还有人认为,伴随经济危机而来的财政紧缩对女性的直接和间接影响特别大,因为它减少了支持女性工作的公共服务,如健康和儿童保育(Seguino,2013)。

最后,全球化对决定性别不平等结构的社会规范的影响是一个有趣、重要但尚未得到解决的问题。基于 Kabeer(1997,2000)和 Hossain(2011)的研究,World Bank(2011)的观点如下:

> 在孟加拉国,成衣服装行业数十万妇女的就业使城市公共空间女性化,为女性公共流动和进入公共机构创造了性别更加平等的规范。在这个过程中,孟加拉国女性不得不重新定义和讨论深闺习俗(purdah),与其传统的表达相反,她们通常将其重新解释为一种心态,而非从公共空间消失、适当的衣着和安静的举止。

---

① World Bank(2011)也讨论了关于"大脑—肌肉"的问题。

这些影响有多广泛,在多大程度上可以归因于全球化,这些问题仍在争论中。可以明确的是,任何关于全球化和不平等的讨论都必须超越经典的分析,并发展出关于全球化和不平等的性别维度的理论和实证调查。

20.6 开放性与空间不平等

不平等的空间维度是政策话语中的一个关键问题,因为它与地方实体、司法管辖区之间的差异相互交叉且相互作用。这些实体有时具有明确的种族或语言特征,并且在联邦机构中取得宪法认证,自然导致人们从次国家层级的角度看待全国不平等问题。本节将考虑全球化的冲击,特别是贸易开放度对空间不平等的影响。

究竟什么是空间不平等?将标准的人际不平等衡量方法与区域不平等联系起来的一种方法是将全国不平等分解为区域间和区域内这两个组成部分。区域间部分所占的全国不平等的份额——如果不是因为不同区域的平均收入不同,这一数值将为0——是区域不平等的衡量标准。当然,区域间平均收入差异所占总不平等的份额取决于区域的数量。区域数量越多,平均收入的区域差异所造成的不平等就越大。估计值各不相同,但总不平等中的空间不平等占15%—20%并不罕见(参见 Kanbur,2006)。

另一种选择则是直接考虑区域平均收入的差异,而不是按人口加权计算。同等权重与多国宪法的某些维度相一致,其中政治权力的关键要素在组成的省或州之间平均分配(Kanbur and Venables,2005)。例如,在仅有两个实体的情况下,可以简单地使用两个均值的比率。对于两个以上的实体,可以使用其他的标准离散测度。诚然,既有文献有时会使用其他方法来尝试捕捉区域"两极分化"。然而,正如 Zhang 和 Kanbur(2001)所说,这些衡量标准在评估趋势方面可能没有那么大的差异。

Kanbur 和 Venables(2007)对文献进行了综述,并提供了从世界各地观测到的空间差异水平的其他衡量标准。特别是,这些标准突出了贫困状况和人类发展指标的差异。在被研究的12个非洲国家中,有6个国家的农村地区基于家庭资产持有信息构建的贫困线以下的人口比例比城市地区高50%以上。最小的城乡差异是30%。类似地,城市的入学率和女性入学比率均高于农村地区。1997年,秘鲁的海平面地区的贫困率为46.1%,而海拔高于3500米的地区则为63.3%。1993年,印度尼西亚的西加里曼丹省的农村贫困率为46.5%,而日惹地区只有10.7%。

无论如何衡量空间不平等,在政策设计中的空间不平等应占多大比重的问题上,既有文献存在重大差异。政策话语的一个方向是"平衡发展"观点,认为经济活动过于集中不利于公平和效率。然而,世界银行的《经济地理世界发展报告》(World Bank,2008)显示出相反的观点:

几十年来,"空间平衡增长"一直是许多发展中国家政策制定者的口头禅。在埃及、巴西、印度、印度尼西亚、墨西哥、尼日利亚、俄罗斯、南非和其他重要的发展中国家,持不同立场的政府都追求这同一个目标。许多发达国家在经济发展的过程中极力维持空间平衡发展的状态。

鉴于报告自身对不断变化的经济力量进行了评估,特别是对全球化时代的全球一体化进行了评估,这种强烈反对传统意义上"平衡增长"的意见非常重要:

> 虽然塑造发展中国家内部经济地理格局的基本力量与早先塑造当今发达国家经济格局的基本力量相同,但其程度发生了变化。更大的国际市场、更便利的交通和更高级的通信技术意味着发展中国家先行开放的地区比早期发展中的工业国家具有更大的市场潜力。因此,现在领先地区和落后地区之间的空间分化更严重。
>
> World Bank(2008)

上述关于开放性和经济空间差异的观点在很大程度上归功于正在兴起的"新经济地理学"研究,后者将规模收益递增和集聚经济作为描述经济发展特征的中心。在一个有两个部门的封闭经济中,一个部门("农业")遵循传统的递减收益,而另一个部门("制造业")则显示出企业层面的成本随着整个部门的增长而下降,即使区域之间没有"自然"的地理差异,均衡也会出现经济活动的空间集聚。[1]因此,在"第一性地理"(环境禀赋的自然差异)和"第二性地理"(产生于集聚经济的自我强化反馈循环)所造成的空间分化之间存在区别。[2]

在集聚经济的力量操控下,有关空间差异与开放程度的证据究竟显示出什么?上面引用的 World Bank(2008)的数据似乎表明空间差异将会增大。但是,现有的理论并没有得出如此明确的答案。不同的设定,针对不同的建模背景,会产生不同的答案。[3] 例如,不同地区是否有平等的机会进入国际市场,这很重要。开放只涉及贸易还是也涉及了资本流动,这也很重要。Rodriguez-Pose(2010)和 Ottaviano(2009)最近的论文强调了理论的模糊性。Ottaviano(2009)将一系列命题中的理论性结论总结如下:

> 当不同地区有相同机会进入国外市场时,国际贸易自由化会加剧地区差异,外国市场越重要,国家市场越一体化,这种影响就越大。……如果开放的较小的区域是门户或枢纽地区,国际贸易自由化则可能会减少地区差异。国际资本流动同时放大了贸易自由化对较小国家和较大国家的区域差异的正向影响。

---

[1] 当然,现在有大量关于此的文献。经典的参考文献包括 Krugman(1991)、Fujita 等(2001)、Ottaviano 和 Thisse (2004)。

[2] Kanbur 和 Venables(2007)。

[3] 例如,比较 Krugman 和 Livas Elizondo(1996)与 Paluzie(2001)。

鉴于这些理论的模糊性,有关开放性和空间不平等的证据是什么?Kanbur 和 Venables (2007)梳理了一个重大项目的研究成果,该项目整理了过去 25 年中各国空间不平等演变的案例。在 26 个发展中国家和转型国家中,空间不平等衡量可以涵盖两个或更多的时间点,这有利于我们了解变化趋势。第一个也是主要的实证研究结果是,在过去的二三十年间,空间不平等现象一直在增加。[①]

过去 30 年也是全球化的 30 年。空间不平等状况加剧和开放性之间是否存在联系?Kanbur 和 Venables(2007)的案例研究似乎支持这样一个假设,即开放性与更大程度的空间不平等有关。因此,Kanbur 和 Zhang(2005)认为,自 1978 年改革开放以来,中国的空间不平等有所增加。他们的计量分析将这一部分增加归因于开放程度的提升。Rodriguez-Pose 和 Sanchez-Reaza(2005)发现,与签订《北美自由贸易协定》(NAFTA)之前的时期相比,墨西哥的区域两极分化程度之后变得更高。Friedman(2005)认为,印度尼西亚因为实行开放实现了经济增长,但就脱贫影响来说,相比之下,偏远地区从经济增长中获益较少。Kanbur 和 Venables (2007)回顾了一些国别研究,在他们的基础上,Daumal(2008)发现,虽然印度的开放导致印度各邦之间的不平等加剧,但对巴西来说则恰恰相反。因此,国家背景很重要。

许多跨国回归研究也关注开放性和空间不平等之间的联系问题。Barrios 和 Strobl (2009)回顾了 15 个欧盟国家区域内由贸易开放导致的不平等状况,并引入其他控制变量,发现一个国家的区域不平等与贸易占 GDP 的比率之间存在正相关关系。Milanovic(2005)研究了 1980—2000 年印度、美国、印度尼西亚和巴西等地区不平等状况的演变。他发现开放程度与区域不平等程度之间存在显著的因果关系。Rodriguez-Pose 和 Gill(2006)对 1970—2000 年的跨国面板中的区域不平等状况进行了类似的分析。他们发现,开放与贸易构成的特殊相互作用导致了区域不平等状况。

Rodriguez-Pose(2010)的研究也许是有关区域不平等和开放性的最新和最全面的跨国研究。该研究使用了 1975—2005 年 28 个国家的不平衡面板数据。这些国家中,一半是发达国家,另一半是发展中国家或转型经济体。他们使用的区域不平等的衡量标准是人均区域生产总值的基尼系数。这些数据中显示的开放性与区域不平等之间没有简单的联系。然而,这是在引入各种控制变量之前,并使用适当的技术利用了数据的面板结构。在条件变量方面,作者利用了前面提到的理论,因此"在具有以下特点的国家,更高的贸易开放度将产生更大的两极化效应:(a)各地区之间的外国市场可进入性差异较大;(b)地区收入分配和外国市场可进入性之间的一致性较高"(Rodriguez-Pose,2010)。此外,就像 Kanbur 和 Zhang(2005)关于中国的研究一样,Rodriguez-Pose(2010)假设分权的程度对区域不平等也很重要,并使用了许多其他控制变量,包括制度质量变量。

Rodriguez-Pose(2010)通过全面且严谨的分析得出惊人的总体结论:

---

① 例如可参见:Sahn 和 Stifel(2003)对非洲国家的研究,García-Verdú(2005)对墨西哥的研究,Förster 等(2005)对东欧的研究,Friedman(2005)对印度尼西亚的研究。

　　总的来说,发展中国家具有一系列特征,这些特征可能会加剧贸易开放的空间极化效应。与外部世界的贸易增加后,这些国家较高的区域不平等程度、较高的部门两极分化程度、较富裕的地区往往与贸易的关键口岸重合的事实等,都加剧了地区差异。

Rodriguez-Pose(2010)

　　因此,开放时期国家的结构差异倾向于与开放的力量相互作用,至少在最近的经验中,这一点导致开放性增强,也造成了更大程度的区域不平等。当然,这就留下了这样一个问题:这是否不仅是贸易开放的第一轮效应,以及这种开放是否可能会被之后的地理性调整(即国内工人或资本的迁移)进一步弱化或抵消。但是,短期内的不平等后果需要得到解决,上述研究调查结果的政策性影响将在后续章节中讨论。

20.7　国际移民、汇款和不平等

　　最宽泛地说,全球化是全球经济活动的进一步一体化。这表现在更大的贸易量和生产要素的更自由流动上。人们经常评论资本流动性的大幅提升。然而,从低收入国家到高收入国家的人口跨境流动日益增多也是大众话语的评论主题。已经有分析性文献开始评估这种现象,并探索其原因和后果。本节将梳理总结这些文献,特别侧重于从发展中国家向发达国家的移民,以及这种移民对发展中国家不平等状况的影响。

　　2010 年,全球国际移民(发达国家和发展中国家)的总量为 2.14 亿人,高于 2005 年的 1.91 亿人。[①] 相比之下,内部移民据估计为 7.49 亿人。国际移民是一个重要的现象。从发展中国家向发达国家移民尤其如此。1980—2000 年,高收入国家的迁入人数每年增加约 3%。移民在高收入国家人口中的占比在这 20 年间从大约 4% 增加到 8% 以上。[②]

　　在理论上,更高的国际移民率如何影响发展中国家的收入分配? 答案取决于谁移民,以及他们如何以汇款回家的方式处理自己的收入。如果移民和汇款在国内收入分配中具有代表性,那么分配不会受到影响,除非汇款回流。如此一来,由于国际移民,贫穷人口将会减少。

　　如果移民在个体特征上不是代表性的,而是选择性的呢? 贫困会持续吗? 由于移民获得更多的收入机会,其影响必然是减轻原籍地的贫困。然而,在下一轮移民潮中,如果这些移民的技能水平最高,就有可能产生外部效应,对经济的其他领域造成冲击,这就是 20 世纪 70 年代和 80 年代流行的著名的"人才流失"假说。[③] 近年来,"人才增益"假说对此进行了反驳。"人才增益"假说的原理很简单,即获得国际移民的概率取决于潜在移民的教育水平。为了提高这种可能性,潜在移民群体会投资于教育。潜在移民中只有一部分将被选中实现

---

①　International Organization for Migration(2011)。
②　World Bank(2006)。
③　例如,可参见 Bhagwati 和 Hamada(1974)。

移民,但与没有移民前景的人相比,潜在移民中留下的人将有助于增加人力资本存量。[1]

有一些实证研究支持"人才增益"假说,但其他人认为这些证据被夸大了。[2] 此外,有相当多的证据表明国际移民减轻了原籍国的贫困。Adams 和 Page(2005)的研究也许是最全面的,他们使用来自 71 个发展中国家的数据调查了国际移民对贫困的影响:

> 结果表明,国际移民和汇款都显著降低了发展中国家的贫困程度。在用工具变量消除了国际移民可能的内生性,并控制了各种因素之后,结果表明,平均而言,一个国家人口中国际移民的比例增加 10%,将导致每人每天生活费低于 1 美元的人口比例减少 2.1%。在用工具变量消除了国际汇款可能的内生性之后,人均官方渠道的国际汇款增加 10%,将导致贫困人口比例下降 3.5%。[3]

这些结果得到了一系列关于国际移民、汇款和贫困的国别研究的证实,例如 Acosta 等(2006)对拉丁美洲的研究、Lokshin 等(2007)对尼泊尔的研究以及 Adams(2006)对加纳的研究。

关于贫困的理论和证据相对清晰。那不平等呢? 应该清楚的是,移民和汇款的选择性使这在理论上和实证上成为一个复杂的问题。识别这种选择性是国际移民文献中的一个重要问题。特别是,关于是否应当根据教育水平选择移民存在一些争论。根据 Docquier 和 Abdeslam(2006)的数据,Hanson(2010)将移民接受高等教育的比例与总人口中接受高等教育的比例进行了比较。他发现,在绝大多数国家中,前者高于后者,表明更高的教育水平对移民有正向的影响作用。墨西哥和波多黎各似乎是这种普遍现象的例外,但对从这些国家向美国移民的研究似乎在学术话语中占有重要地位。Hanson(2010)认为,现在更多的文献似乎支持依据教育而选择。

那么基于不可观察变量的移民选择呢? McKenzie 等(2006)利用抽签结果对从汤加移民到新西兰的人群进行了一次巧妙的统计。他们将未能通过移民申请者与非申请者进行比较(当然,这两个群体留在了汤加)。他们在控制了可观测因素后,发现申请者的收入较高。因此,他们得出结论,那些渴望移民的人是根据更高的收入潜力而被选择出来的。

如果国际移民是从已经有高收入的家庭中选择出来的,且他们通过移民增加了收入,并通过汇款增加了原籍地区家庭的收入,那么这种移民应该会加剧原籍国的不平等状况。但是,如果选择遵循相反方式,那么国际移民将减轻原籍国的不平等。目前已有大量直接评估国际移民对不平等的影响的文献,我们现在转向对这些研究的概述。

关于国际移民和不平等的实证结果总体上是不确定的。Barham 和 Boucher(1998)比较了移民后的实际分配情况(包括向尼加拉瓜汇款的情况)和一种反事实的情况——移民没有

---

[1] Mountford(1997)和 Stark 等(1997)。

[2] 支持观点见 Beine 等(2008),质疑观点见 Schiff(2005)。

[3] 需要指出的是,对这些结果的解释存在一个问题,这与微观模拟汇款影响时的反事实问题类似。在回归中,Poverty=f(人均 GDP,人均汇款),后一个变量的净效应应该是估计系数减去平均收入或人均 GDP 的(负)变化再乘以平均收入变量的系数。但为此我们需要估计移民对原籍国平均收入的影响。假设该影响为零,那么我们实际上是假设移民的劳动力供给完全被留守本国人员补偿。

离开并获得原始收入的情况下的移民收入分配状况。他们发现基尼系数提高了 12％。Adams（2006）发现，加纳的基尼系数提高幅度小得多，为 3％。比较 De 和 Ratha（2005）与 Karunaratne（2008）对斯里兰卡的调查结果，可以发现反事实方法所造成的差异。Karunaratne（2008）通过对斯里兰卡 2003—2004 年的社会经济情况进行调查，得出"属于最低 10％收入的接受者收到的汇款占其收入的 1.3％，而属于最高 10％收入的接受者收到的汇款占其收入的 4.6％"。作者用此来论证汇款加剧了不平等状况。然而，De 和 Ratha（2005）进行了反事实分析，表明最底端两个十分位数的移民的汇款收入超过了反事实的收入损失，而顶端两个十分位数的移民的情况则相反。因此，他们认为，汇款具有均等化效果。

实证文献中的一个主要问题是国际移民对不平等的短期和长期影响之间的差异。换句话说，这个问题涉及比较移民开始的早期阶段和移民已经进行了一段时间后的原籍地的不平等变化。Stark 等（1986）对墨西哥的早期研究发现，汇款与不平等之间在短期内存在正相关关系，但从长期来看情况则相反。[①] McKenzie 和 Rapoport（2007）认为，虽然在短期内，由于移民成本的原因，移民的选择性有利于经济条件较好的人，但从长期来看，随着移民网络在迁入国的形成，这些成本会下降。他们也以从墨西哥向美国移民为例，认为在过去经历了大量移民的社区，移民降低了不平等程度。因此，国际移民与不平等程度之间可能存在一种倒 U 形关系，即先上升后下降。

总的来说，全球化通过国际移民渠道对发展中国家的不平等产生的最终影响在理论上是不清晰的，这反映在相互矛盾的实证研究结果中。当然，移民自身境况更好了——那些留在原籍地的人的结果会怎样则是不确定的。这些结果反映了本章的一个主题，即分配的后果取决于环境，特别是取决于先前存在的结构性不平等。当这些不平等的程度很高，并与全球化带来的机会相互作用，使那些已经富裕的人受益时，不平等状况将会加剧。下一节将讨论这些发现的政策含义。[②]

20.8　国家和全球政策回应

全球化带来了巨大的利益，但随之而来的是巨大的风险。不平等加剧的风险一直存在于最近的全球化讨论中，人们担心的是，最近的全球一体化远没有像在 20 世纪 70 年代和 80 年代的东亚那样实现"公平的增长"，而是伴随着了不平等现象的加剧。实际上，世界上那些遏制了不平等加剧的地区，例如拉丁美洲，似乎是通过有目的的政策干预来实现的。那么，全球化与不平等加剧之间的关联对政策有什么影响呢？要回答这个问题，正如前面章节所讨论的，要记住我们对全球化对不平等影响的理解是有限的，更不用说得出定量研究结论了，而这妨碍了政策的制定。

---

① 该分析的基础是模拟汇款增加对两个村庄不平等状况的影响，其中一个村庄有长期向美国移民的传统，而另一个则没有。

② 有关移民对发达国家不平等状况的影响还有许多相关文献，但本章未涉及。例如，Borjas（2003）是这一领域的佼佼者，他认为移民通过降低美国国内低技术工人的相对工资加剧了不平等状况，Card（2009）则认为移民对相对工资的影响很小，仅占 1980—2000 年美国工资不平等增幅的 5％。

首先要接受的一点是,政策制定者对于不平等状况的关注是合理的。虽然不普遍,但似乎存在一个共识,即不平等的加剧会直接降低社会福利水平,因为社会厌恶不平等;不平等加剧还会间接降低社会福利水平,因为不平等加剧会通过许多渠道阻碍投资和经济增长。[1]标准的人际不平等,性别、地区或种族等广泛定义下的群体之间的不平等都是如此。政策制定者似乎非常了解和关注不平等现象。例如,在一项针对 500 多名亚洲政策制定者的调查中,44%的受访者认为他们对国家的不平等关注程度为"高"或"非常高",而 36%的受访者认为是"中等"。被问及贫困率若能下降,是否愿意接受更高程度的收入不平等,52%的受访者表示不同意或强烈不同意。最后,当被问及为保持稳定和持续增长而制定阻止不平等加剧的政策有多重要时,95%的受访者表示这是"重要的"或"非常重要的"。[2]

讨论的下一步是要理解市场结果的不平等取决于结构性不平等,以及这些不平等如何与市场过程相互作用来加剧或减轻这些不平等。因此,政策可以通过三种方式影响最终结果的不平等——处理前市场的结构性不平等、处理市场的运作过程,以及重新分配结构和市场导致的收入。从这个角度来看,全球化的组成部分——贸易、资本和劳动力流动的开放可以被视为市场过程的不同维度。为了控制不平等现象而扭转这些进程,既不可取也不可行,不可取是因为这类做法会阻碍经济增长和效率提升,而考虑到政策制定者实际拥有的工具,这类做法也不可行。当然,如果市场过程本身已被扭曲,例如,垄断企业或政治上受宠的群体优先进入外国市场,那么解决这些问题可以提高效率和公平性。[3] 然而,政策应当将重点放在解决结构性不平等和更公平地重新分配市场收入上,这样做会富有成效。有时,这两者可以相结合,市场收入的再分配也可以通过减轻结构性不平等的方式实现。

亚洲和拉丁美洲在过去20年的对比经验为政策提供了一个很好的切入点,因为这两个区域面临着同样的全球经济一体化加剧的问题。一方面,在20世纪90年代和21世纪,亚洲的不平等现象急剧增加。在此期间,83%的亚洲发展中国家人口生活在不平等加剧的国家,而如果经济快速增长没有伴随不平等加剧的现象,那么据统计,将有近 25 亿人口摆脱贫困。[4] 另一方面,拉丁美洲长期以来一直是高度不平等的代名词,从 20 世纪 90 年代后期开始,拉丁美洲的不平等程度显著下降。拉丁美洲所有主要经济体都是如此。例如,巴西在1998—2009 年间,如果没有不平等程度的下降,同样水平的减贫将需要经济增长率提高 4 个百分点。[5] 当然,拉丁美洲的不平等程度过去和现在都高于亚洲。然而,二者在发展趋势上存在显著差异。

本章20.3节和20.4节讨论了当今技术进步的特点——技能偏向。全球对熟练劳动力的需求正在上升,贸易和投资的开放正在将这种全球性需求传递到国家层面。在没有政策干预的情况下,这种市场过程将导致各国内部的不平等状况加剧。如前所述,封闭经济以阻

---

① 本章没有足够的篇幅回顾关于这一主题的大量文献。最近的代表性研究来自 Berg 和 Ostry(2011)。World Bank (2011)提供了性别不平等对经济增长产生不利影响的证据。本书第 14 章介绍了不平等对经济增长的影响。

② Kanbur 和 Zhuang (2012)。

③ 资产的不平等可能因市场准入的不平等而加剧,从而造成社会某些群体的资产回报率不平等。这与 World Bank (2005)和本书第 4 章讨论的机会不平等有关。

④ Kanbur 和 Zhuang(2012)。

⑤ Lustig 等 (2011)。

止这种不平等增大的渠道既不可行也不可取。然而,亚洲经济体往往没有通过解决技能水平的结构性不平等,或通过充分的市场收入再分配来缓解不平等现象,进而抵消这些压力。拉丁美洲经济体则通过现金转移有目的地重新分配收入,并通过将这些转移用于儿童继续上学来推动人力资本的积累。我们在这里并不对有条件的现金转移(conditional cash transfers,CCT)进行全面评估,但拉丁美洲国家似乎已经找到了一项适当的干预措施来解决日益严重的不平等问题,同时也缓解了当前全球化带来的压力,即随着不平等现象的日益加剧,全球对熟练劳动力的需求也不断增加。①

有条件的现金转移的额外支出需要收入,而税收制度的累进性是减轻全球化带来的不平等加剧的另一个主要决定因素。累进税对于解决全世界范围(特别是亚洲)极高收入群体增加的问题也很重要。亚洲的税收制度通常在累进性方面表现欠佳。事实上,有人认为提高税收的累进性对亚洲的不平等现象将产生的影响比其他地方更大。②

上面的政策讨论既适用于与全球化相关的不平等程度上升,也适用于任何来源的不平等状况加剧的情况。然而,全球化使得资本和劳动力跨境流动更容易,这很可能会限制政府增加收入以解决结构性不平等和重新分配市场收入的能力。目前,有大量关于税收竞争和全球化在加剧"逐底竞争"方面的作用的文献。Kanbur 和 Keen(1993)表明,当税基跨国界流动时,由于缺乏税收协调,税率是次优的;随着税基的移动,次优程度会加剧。由于存在这样的收入效应,在全球化的世界中,像 CCT 这样的再分配支出的可持续性自然会被质疑。正如一篇论文的标题所述:"社会福利支出能否在税收竞争中幸存下来?"(Hines,2006)③

分析中的基本直觉既适用于累进所得税,也可应用于国际移民的情况。本章 20.7 节的讨论表明,国际移民对发展中国家的减贫有明确的好处,虽然有可能在短期内加剧不平等,但在中期以后情况会好转。这就要求劳动力的国际迁移有更大的自由度,以配合商品和资本的更大程度的流动。然而,这里存在一个附加条件:国际移民,特别是熟练的高收入劳动力的移民,可能会限制政府通过累进税在国内重新分配收入的能力。

Mirrlees(1982)在早期研究中得出结论:"对国外收入征收高额所得税是可取的做法。"④虽然这是单一国家在面对跨境移民时解决税收设计问题的方案,但它也包含着解决协调问题的种子,该问题即各国在降低累进税的道路上相互跟随,加剧了开放程度提高后的不平等影响。类似的逻辑适用于劳动标准的"逐底竞争",其中各国降低标准或执行力度以获得竞争优势(Chau and Kanbur,2003,2006)。在主要雇佣女性的行业,该问题在性别不平等的背景下已经被提及。劳动标准的协调通常是通过国际劳工组织进行的,这一机制可以进一步加强,以解决全球化带来的不平等加剧问题(Chau and Kanbur,2001)。

实际上,Basu(2006)甚至提议建立一个国际机构来解决这个问题:

① 相关综述,请参阅 Fiszbein 和 Schady(2009)。显然,CCT 本身并不对拉丁美洲的不平等趋势负责。
② 见 Asian Development Bank(2012)。
③ 见 Hines 和 Summers (2009)。
④ 现在有大量关于移民和最优所得税的文献。Hamilton 和 Pestieau(2005)最近的研究说明了许多错综复杂的问题。

贸易中可能存在协调问题,这已得到公认,我们有 WTO 帮助减轻这些问题。众所周知,劳动力市场政策需要协调,我们有国际劳工组织来解决这个问题。对于环境问题,我们有联合国环境署或全球环境基金来处理它们。但是,没有任何可以与反贫困和反不平等政策相对应的国际机构。然而……这是一个存在同样严重的协调问题的领域。因此,我们显然需要一个协调机构。

将这样一个机构的政治可行性或实际可操作性放在一边,考虑设立这一机构,这一事实本身就能凸显全球化给关心其对不平等的影响的决策者带来的挑战。

20.9 结论

自第二次世界大战以来,全球化对不平等现象的影响促进了大量的理论、实证和政策性文献的产生,在过去的 30 年中尤其如此。与一些传统的观点相反,全球一体化进程的推进伴随着发达国家、发展中国家中不平等现象的日益加剧。随着新现象的出现,理论做出了回应,特别是出现了强调将选择机制纳入生产和贸易的模型,从而允许不平等现象随着开放而到处显现。这些新模型需要得到开发、完善并被应用于贸易、投资和外包的不同环境中。实证工作将取决于研究者能否获得高质量、企业级的数据。产生这种数据需要大量投资,特别是对低收入国家而言。此外,实证工作还需要将公司数据与家庭数据联系起来,以了解它们对个人收入分配的影响。总结来说,我们需要将要素收入分析与个人收入分配的影响因素联系起来。

不平等不仅仅指人际不平等,还涉及广泛定义下的群体中的不平等,例如性别群体、区域群体以及民族—语言群体(本章未涉及),这增加了一个重要的政策关注层面。进一步的实证研究需要观察全球化的不同方面对这些不平等方面的影响,理论研究需要扩展和修改标准 H-O 模型,或者更确切地说,是近年来基于选择的模型,以纳入社会经济群体的显著结构性差异。

在国家政策层面,解决全球化导致的不平等问题原则上与解决技术进步等其他力量导致的不平等问题没有什么不同(尽管全球一体化加强了从世界某一地区到另一地区的技术变革的传导机制)。然而,商品、资本和劳动力的更大流动,限制了政府通过再分配工具减轻不平等状况的能力。我们需要进行更多的研究,从理论和实证的角度来界定这些制约因素的性质,以及全球协调在税收和支出政策以及劳动力和资本监管方面的成果。在实际政策领域,也有一个相当完整的议程,包括在国家层面实施 CCT 等再分配计划,以及利用国际劳工组织和世贸组织等现有全球机构,对国际层面的税收和再分配竞争设定底线。

在过去的半个世纪里,全球化和不平等之间的关系在经济分析和政策讨论中一直很活跃,在未来几十年里,似乎仍将如此。

参考文献

Acosta, P., Fajnzylber, P., Lopez, H., 2006. Remittances and development in latin America. World Econ. 29 (7), 957-987.

Adams Jr., R. H., 2006. Remittances and Poverty in Ghana, World Bank Policy Research Working Paper 3838.

Adams Jr., R. H., Page, J., 2005. Do international migration and remittances reduce poverty in developing countries? World Dev. 33 (10), 1645-1669.

Adelman, I. (nd). Social development in Korea, 1953-1993. http://are. berkeley. edu/~irmaadelman/ KOREA. html (accessed 19 March 2013).

Asian Development Bank, 2012. Asian Development Outlook 2012. Asian Development Bank, Manila.

Alderman, H., Chiappori, P.-A., Haddad, L., Hoddinott, J., Kanbur, R., 1995. Unitary versus collective models of the household: is it time to shift the burden of proof? World Bank Res. Obs. 10 (1), 1-19.

Atkinson, A. B., 2008. The Changing Distribution of Earnings in OECD Countries. Oxford University Press, Oxford.

Atkinson, A. B., Morelli, S., 2011. Economic Crises and Inequality, UNDP Human Development Research Paper, 2011/06.

Autor, D., 2010. The Polarization of Job Opportunities in the U. S. Labor Market: Implications for Employment and Earnings, The Center for American Progress and the Hamilton Project Working Paper (Washington, DC).

Baldacci, E., de Mello, L., Inchauste, G., 2002. Financial Crises, Poverty and Income Distribution, IMF Working Paper 02/04.

Barham, B., Boucher, S., 1998. Migration, remittances and inequality: estimating the net effects of migration on income distribution. J. Dev. Econ. 55 (3), 307-331.

Barrios, S., Strobl, E., 2009. The dynamics of regional inequalities. Reg. Sci. Urban Econ. 39 (5), 575-591.

Basu, K., 2006. Globalization, poverty and inequality: what is the relationship: what can be done? World Dev. 34 (8), 1361-1373.

Basu, P., Guariglia, A., 2007. Foreign direct investment, inequality, and growth. J. Macroecon. 29 (4), 824-839.

Beine, M., Docquier, F., Rapoport, H., 2008. Brain drain and human capital formation in developing countries: winners and losers. Econ. J. 118 (528), 631-652.

Bekaert, G., Harvey, C. R., Lundblad, C., 2006. Growth volatility and financial liberalization. J. Int. Money Financ. 25, 370-403.

Berg, A., Ostry, J. D., 2011. Equality and efficiency: is there a trade off between the two or do the two go hand in hand? Financ. Dev. 48 (3), 12-15.

Bhagwati, J., Desai, P., 1970. Planning for Industrialization—A Study of Indian Industrialization and Trade Policies (with J. Bhagwati). Oxford University Press, Oxford.

Bhagwati, J., Hamada, K., 1974. The brain drains, international integration of markets for professionals and unemployment: a theoretical analysis. J. Dev. Econ. 1 (1), 19-42.

Borjas, G. J., 2003. The labor demand curve is downward sloping: re-examining the impact of immigration on the labor market. Q. J. Econ. 118 (4), 1335-1374.

Bourguignon, F., Bussolo, M., 2012. Income distribution and computable general equilibrium models. In: Dixon, P. B., Jorgenson, D. (Eds.), Handbook of Computable General Equilibrium Models. Elsevier, Amsterdam. ISBN: 9780444536341.

Bourguignon, F., Silva, L. A., Bussolo, M. (Eds.), 2008. The Impact of Macroeconomic Policies on Poverty and Income Distribution: Macro-Micro Evaluation Tools. World Bank Publications, Washington, DC. ISBN: 0821357786.

Braunstein, E., Heintz, J., 2008. Gender bias and central bank policy: employment and Inflation reduction. Int. Rev. Appl. Econ. 22 (2), 173-186.

Bussolo, M., de Hoyos, R. (Eds.), 2009. Gender Aspects of the Trade and Poverty Nexus: A Micro-macro Approach. Palgrave Macmillan, London.

Chau, N., Kanbur, R., 2001. The Adoption of International Labor Standards: Who, When and Why. Brookings Trade Forum, Brookings, Washington, DC, pp. 113-156 (with N. Chau).

Chau, N., Kanbur, R., 2003. On footloose industries, asymmetric information, and wage bargaining. http://www.arts.cornell.edu/poverty/kanbur/ChaukanWageBarg.pdf.

Chau, N., Kanbur, R., 2006. The race to the bottom, from the bottom. Economica 73 (290), 193-228.

Card, D., 2009. Immigration and Inequality. NBER Working Papers, No. 14683.

Costinot, A., 2009. An elementary theory of comparative advantage. Econometrica 77, 1165-1192.

Daumal, M., 2008. Impact of trade openness on regional inequality and political unity: the cases of India and Brazil. http://www.etsg.org/ETSG2008/Papers/Daumal.pdf.

Davis, D. R., 1996. Trade Liberalization and Income Distribution. National Bureau of Economic Research, Cambridge, MA, NBER Working Paper No. 5693.

De, P., Ratha, D., 2005. Remittance Income and Household Welfare: Evidence from Sri Lanka Integrated Household Survey. Development Research Group, World Bank, Washington, DC, Unpublished paper.

Di Giovanni, J., Levchenko, A., 2008. Trade Openness and Volatility. http://www.imf.

org/external/pubs/ ft/wp/2008/wp08146. pdf，accessed 11 August 2012. IMF Working Paper, WP/08/146.

Docquier, F. , Abdeslam, M. , 2006. International migration by educational attainment, 1990-2000. In: Ozden, C. , Schiff, M. (Eds.), International Migration, Remittances, and the Brain Drain. World Bank, Washington, DC, pp. 151-200, Palgrave Macmillan, New York.

Easterly, W. , Islam, R. , Stiglitz, J. E. , 2001. Shaken and stirred: explaining growth volatility. In: Pleskovic, B. , Stern, N. (Eds.), Annual World Bank Conference on Development Economics.

Feenstra, R. , Hanson, G. , 1996. Foreign investment, outsourcing and relative wages. In: Feenstra, R. C. , et al. , (Eds.), Political Economy of Trade Policy: Essays in Honor of Jagdish Bhagwati. MIT Press, Cambridge, MA, pp. 89-127.

Feenstra, R. , Hanson, G. , 1997. Foreign direct investment and relative wages: evidence from Mexico's maquiladoras. J. Int. Econ. 42 (3-4), 371-393.

Figini, P. , Gorg, H. , 1999. Multinational companies and wage inequality in the host country: the case of Ireland. Rev. World Econ. 135 (4), 594-612.

Figini, P. , Gorg, H. , 2011. Does foreign direct investment affect wage inequality? An empirical investigation. World Econ. 34 (9), 1455-1475.

Fiszbein, A. , Schady, N. , 2009. Conditional cash transfers: reducing present and future poverty: World Bank Policy Research Report. World Bank, Washington, DC.

Forster, M. , Jesuit, D. , Smeeding, T. , 2005. Regional poverty and income inequality in central and eastern Europe: evidence form the Luxembourg income study. In: Kanbur, R. , Venables, AJ. (Eds.), Spatial Inequality and Development. Oxford University Press, Oxford.

Friedman, J. , 2005. How responsive is poverty to growth? A regional analysis of poverty, inequality and growth in Indonesia, 1984-99. In: Kanbur, R. , Venables, AJ. (Eds.), Spatial Inequality and Development. Oxford University Press, Oxford.

Fujita, M. , Krugman, P. , Venables, A. J. , 2001. The Spatial Economy: Cities, Regions and International Trade. MIT Press, Cambridge, MA.

García-Verdú, R. , 2005. Income, mortality, and literacy distribution dynamics across states in Mexico: 1940-2000. Cuad. Econ. 42 (125), 165-192.

Goldberg, P. , Pavcnik, N. , 2007. Distributional Effects of Globalization in Developing Countries. NBER Working Papers, No. 12885.

Grossman, G. , 2013. Heterogeneous Workers and International Trade, NBER Working Paper No. 18788.

Habib, B. , Narayan, A. , Olivieri, S. , Sanchez-Paramo, C. , 2010. Assessing Ex Ante The Poverty and Distributional Impact of Global Crisis in a Developing Country, World Bank Policy Research Working Paper No. 5238.

Haddad, L., Kanbur, R., 1990. How serious is the neglect of intra-household inequality? Econ. J. 100, 866-881.

Haddad, L., Kanbur, R., 1994. Are better off households more unequal or less unequal? Oxford Econ. Pap. 46 (3), 445-458 (with L. Haddad).

Hamilton, J., Pestieau, P., 2005. Optimal taxation and the ability distribution: implications for migration equilibria. Int. Tax Public Financ. 12, 29-45.

Hanson, G., 2010. International migration and development. In: Kanbur, R., Spence, M. (Eds.), Equity in a Globalizing World. World Bank for the Commission on Growth and Development, Washington, DC.

Helpman, E., Itskhoki, O., Redding, S., 2010. Inequality and unemployment in a global economy. Econometrica 78 (4), 1239-1283.

Hines, J.R., 2006. Will social welfare expenditures survive tax competition? Oxford Rev. Econ. Policy 22(3), 330-348.

Hines, J., Summers, L., 2009. How Globalization Affects Tax Design. NBER Working Paper No. 14664.

Hnatkovska, V., Loayza, N., 2013. Volatility and Growth. http://www-wds. worldbank. org/external/default/WDSContentServer/WDSP/IB/2004/02/03/000012009 _ 20040203142259/ additional/ 105505322_20041117173010. pdf.

Hossain, N., 2011. Exports, Equity and Empowerment: The Effects of Readymade Garments Manufacturing Employment on Gender Equality in Bangladesh, Background Paper for the WDR 2012.

International Organization for Migration, 2011. World Migration Report, 2011.

Irwin, D., 2008. Trade and Wages, Reconsidered: Comments and Discussion. pp. 138-143, Brookings Papers on Economic Activity, Spring.

Jomo, K., 2006. Growth With Equity in East Asia. DESA Working Paper No. 33, http:// www. un. org/esa/ desa/papers/2006/wp33_2006. pdf.

Juhn, C., Ujhelyi, G., Villegas-Sanchez, C., 2013. Trade liberalization and gender inequality. Am. Econ. Rev. 103 (3), 269-273.

Kabeer, N., 1997. Women, wages and intrahousehold power relations in urban Bangladesh. Dev. Change (2), 261-302.

Kabeer, N., 2000. The Power to Choose: Bangladeshi Women and Labour Market Decisions in London and Dhaka. Verso, London.

Kanbur, R., 2006. The policy significance of inequality decompositions. J. Econ. Inequal. 4 (3), 367-374.

Kanbur, R., Keen, M., 1993. Tax competition and tax coordination when countries differ in size. Am. Econ. Rev. 83 (4), 877-892 (with M. Keen).

Kanbur, R., Venables, A. J., 2005. Spatial Inequality and development. In: Kanbur, R., Venables, A. J. (Eds.), Spatial Inequality and Development. Oxford University Press, Oxford, pp. 3-11 (with AJ. Venables).

Kanbur, R., Venables, A. J., 2007. Spatial disparities and economic development. In: Held, D., Kaya, A. (Eds.), Global Inequality. Polity Press, Cambridge, pp. 204-215.

Kanbur, R., Zhang, X., 2005. Fifty years of regional inequality in China: a journey through central planning, reform and openness. Rev. Dev. Econ. 9 (1), 87-106.

Kanbur, R., Zhuang, J., 2012. Confronting rising inequality in Asia. In: Asian Development Outlook 2012. Asian Development Bank, Manila.

Karunaratne, H. D., 2008. International labour migration, remittances and income inequality in a developing country: the case of Sri Lanka. Hosei Econ. Rev 75 (3), 21-65. http://repo.lib.hosei. ac. jp/bitstream/ 10114/1629/1/75-4hettige. pdf.

Katz, L., 2008. Trade and wages, reconsidered: comments and discussion. Brookings Pap. Econ. Act. 2008 (1), 143-149.

Kose, A., Prasad, E., Terrones, M., 2006. How do trade and financial integration affect the relationship between growth and volatility? J. Int. Econ. 69, 176-202.

Krugman, P., 1991. Increasing returns and economic geography. J. Polit. Econ. 99, 483-499.

Krugman, P., 2008. Trade and wages, reconsidered. Brookings Pap. Econ. Act. 39 (1), 103-137.

Krugman, P., Livas Elizondo, R., 1996. Trade policy and the third world metropolis. J. Dev. Econ. 49 (1), 137-150.

Lewis, W. A., 1954. Economic development with unlimited supplies of labor. Manchester Sch. Econ. Soc. Stud. 22, 139-191.

Lewis, W. A., 1976. Development and distribution. In: Cairncross, A., Puri, M. (Eds.), Employment, Income Distribution and Development Strategy: Problems of the Developing Countries (Essays in honour of H. W. Singer). Holmes & Meier Publisheres, Inc., New York, NY, pp. 26-42.

Lindert, P. H., Willamson, J. G., 2001. Does Globalization Make the World More Unequal? NBER Working Paper 8228.

Lokshin, M., Bontch-Osmolovski, M., Glinskaya, E., 2007. Work-Related Migration and Poverty Reduction in Nepal, World Bank Policy Research Working Paper.

Lustig, N., Lopez-Calva, L. F., Ortiz-Juarez, E., 2011. The Decline in Inequality in Latin America: How Much, Since When and Why. http://econ. tulane. edu/RePEc/pdf/tul1118. pdf, accessed April 20, 2013. Tulane Economics Working Paper Series, No. 1118.

McKenzie, D., Rapoport, H., 2007. Network effects and the dynamics of migration and inequality: theory and evidence from Mexico. J. Dev. Econ. 84 (1), 1-24.

McKenzie, D., Gibson, J., Stillman, S., 2006. How Important Is Selection? Experimental Versus Non-Experimental Measures of the Income Gains from Migration, World Bank Policy Research Paper No. 3906.

Melitz, M., 2003. The impact of trade on intra-industry reallocations and aggregate industry productivity. Econometrica 71 (5), 1695-1725.

Milanovic, B., 2005. Worlds Apart: Measuring International and Global Inequality. Princeton University Press, Princeton, NJ.

Mirrlees, J. A., 1982. Migration and optimal income taxes, J. Publ. Econ. 18, 319-341.

Mountford, A., 1997. Can a brain drain be good for growth in the source economy? J. Dev. Econ. 53, 287-303.

O'Donoghue, C., Loughrey, J., Morrissey, K., 2013. Using the EU-SILC to Model the Impact of Economic Crisis on Inequality, IZA Discussion paper no. 7242.

Ottaviano, G., 2009. Trade Liberalization, Economic Integration and Regional Disparities, CAF Working Papers, No. 2009/05.

Ottaviano, G., Thisse, J.-F., 2004. Agglomeration and economic geography. In: Henderson, V., Thisse, J.-F. (Eds.), In: Handbook of Regional and Urban Economics, vol. 4. Elsevier, Amsterdam.

Paluzie, E., 2001. Trade policies and regional inequalities. Pap. Reg. Sci. 80 (1), 67-85.

Papageorgiou, D., Choksi, A., Michaley, M., 1990. Liberalizing Foreign Trade in Developing Countries: The Lessons of Experience. The World Bank, Washington, DC.

Pavcnik, N., 2011. Globalization and within country inequality. In: Bacchetta, M., Jansen, M. (Eds.), Making Globalization Socially Sustainable. WTO/ILO, Geneva, pp. 233-259.

Rajan, R., 2011. Fault Lines: How Hidden Fractures Still Threaten the World Economy. Princeton University Press, Princeton.

Ravallion, M., Chen, S., 2009. The Impact of the global financial crisis on the world's poorest. http://www. voxeu. org/article/impact-global-financial-crisis-world-s-poorest.

Robilliard, A.-S., Bourguignon, F., Robinson, S., 2008. Examining the impact of the Indonesian financial crisis using a macro-micro model. In: Bourguignon, F., Silva, L. A., Bussolo, M. (Eds.), The Impact of Macroeconomic Policies on Poverty and Income Distribution: Macro-Micro Evaluation Tools. World Bank Publications, Washington, DC. ISBN: 0821357786.

Rodríguez-Pose, A., 2010. Trade and Regional Inequality, World Bank Policy Research Working Paper No. 5347.

Rodríguez-Pose, A., Gill, N., 2006. How does trade affect regional disparities? World Dev. 34, 1201-1222.

Rodríguez-Pose, A., Sánchez-Reaza, J., 2005. Economic polarization through trade: trade liberalization and regional inequality in Mexico. In: Kanbur, R., Venables, AJ. (Eds.), Spatial Inequality and Development. Oxford University Press, Oxford.

Rodrik, D., 1997. Has Globalization Gone Too Far? Institute for International Economics, Washington, DC 1997.

Sahn, D., Stifel, D., 2003. Urban-rural inequality in living standards in Africa. J. Afr. Econ. 12 (1), 564-597.

Schiff, M., 2005. Brain Gain: Claims About Its Size and Impact on Welfare and Growth are Greatly Exaggerated, IZA Discussion Paper No. 1599.

Seguino, S., 2007. Is more mobility good? Firm mobility and the low-wage low productivity trap. Struct. Change Econ. Dyn. 18 (1), 27-51.

Seguino, S., 2013. From micro-level gender relations to the macro economy and back again: theory and policy. In: Figart, D., Warnecke, T. (Eds.), Handbook of Research on Gender and Economic Life. Edward Elgar, Northampton, MA.

Stark, O., Edward Taylor, J., Yitzhaki, S., 1986. Remittances and inequality. Econ. J. 96 (383), 722-740.

Stark, O., Helmenstein, C., Prskawetz, A., 1997. Abrain gain with a brain drain. Econ. Lett. 55, 227-234.

Takhtamanova, Y., Sierminska, E., 2009. Gender, monetary policy, and employment: the case of nine OECD countries. Feminist Econ. 15 (3), 323-353.

Taylor, K., Driffield, N., 2005. Wage inequality and the role of multinationals: evidence from UK panel data. Labour Econ. 12 (2), 223-249.

Tejani, S., Milberg, W., 2010. Global Defeminization? Industrial Upgrading, Occupational Segregation, and Manufacturing, SCEPA Working Paper 2010-1.

Tsai, P. L., 1995. Foreign direct investment and income inequality: further evidence. World Dev. 23 (3), 469-483.

Van Staveren, I., Elson, D., Grown, C., Cagatay, N. (Eds.), 2007. The Feminist Economics of Trade. Routledge, London.

Verhoogen, E., 2008. Trade, quality upgrading and wage inequality in the Mexican manufacturing sector. Q. J. Econ. 123 (2), 489-530.

Wood, A., 1994. North-South Trade, Employment and Inequality: Changing Fortunes in a Skill-Driven World. Clarendon Press, Oxford.

Wood, A., 1999. Openness and wage inequality in developing countries: the Latin American challenge to East Asian conventional wisdom. In: Baldwin, R., et al. (Eds.), Market Integration, Regionalism and the Global Economy. Cambridge University Press, Cambridge.

World Bank, 1993. The East Asian Miracle: Economic Growth and Public Policy. World Bank, Washington, DC.

World Bank, 2005. World Development Report 2006: Equity and Development. World Bank, Washington, DC.

World Bank, 2006. Global Economic Prospects 2006. World Bank, Washington, DC.

World Bank, 2008. World Development Report 2009: Reshaping Economic Geography. World Bank, Washington, DC.

World Bank, 2011. World Development Report 2012: Gender and Development. World Bank, Washington, DC.

Zhang, X., Kanbur, R., 2001. What difference do polarisation measures make? An application to China. J. Dev. Stud. 37 (2001), 85-98.

第21章　反贫困政策观

马丁·拉瓦雷(Martin Ravallion)

乔治城大学经济学系,美国华盛顿哥伦比亚特区

目　录

摘要:我们如何看待消除贫困是公共政策的正当目标这一观点? 为达成这一目标,出现了哪些政策? 在过去的200年里,人们对贫困的看法发生了巨大变化。18世纪的主流经济思想认为,贫困对于一国经济的繁荣发展是必需的或是合乎需要的。而今天,贫困在多数人眼里是经济发展的桎梏。简言之,贫困经历了被视为对社会发展的有利因素到不利因素的变化过程。这一思想上的变化加之不断更新的知识,极大地影响了公共行动,使之更加关注反贫困政策在可持续改善和保障中的作用。当代发展战略通常力求实现公平的良性增长循环,而一系列的政策干预措施已应运而生,以确保实现这一结果。尽管知识仍有很多不足,知识体系的延伸让我们认识到这些干预性措施在特定环境下十分有效。

关键词:贫困;不平等;增长;再分配;反贫困政策

JEL分类代码:B00, I38, O15

21.1 引言

穷人如画中阴影:提供必要对比。

> 菲利普·埃凯(Philippe Hecquet)(1740),引自Roche(1987)

除傻瓜外,人人都明白必须让下层阶级永远贫困,否则他们永远不会勤劳。

> (阿瑟·扬)Arthur Young (1771),引自Furniss (1920)

难道我们不能超越"贫困是必需的"观念吗?

> Marshall (1890)

我们的梦想是一个没有贫困的世界。

> (世界银行自1990年以来的口号)

如今,人们普遍接受,消除贫困是公共行动的一个正当目标,政府(无论贫穷还是富裕国家)通常为此承担某种责任。而政府的应对政策包括"社会政策"范畴下的直接干预,以及各种经济类政策,即涉及贫困的所有经济发展政策(下文将使用"反贫困政策"这一术语涵盖以上两类政策）。反贫困政策的理念基于三个前提。

- 前提 1:贫困是一种社会弊病。[①]
- 前提 2:贫困可以消除。
- 前提 3:公共政策可以帮助消除贫困。

本章试图阐释这三个前提是如何被广泛接受的,以及出现了何种形式的公共行动。

今天的思想和过去的思想,无论异同,都很有趣。有些政策,相关争论还在继续,而有些政策则有着相同的主题,如激励的作用。然而,这些政策的差异也令人震惊。的确,上述三个前提似乎刚被广泛接受(尽管肯定并非普遍接受)。18 世纪末以前,主流经济思想学派认为贫困是一种社会利好,对经济发展至关重要。有一点可以肯定,若其他条件不变,一个贫困程度较低的社会可能更受欢迎,但其他条件不能被视为不变。人们认为贫困对于激励工人努力工作和维持他们的低工资十分必要,由此来创造强大且在世界范围内具有竞争力的经济。"经济发展"的构成要素并未把穷人列入其必要预期受益者。对于政府干预消除贫困这一做法是否可取,是否可能,人们普遍持怀疑态度。而与此形成鲜明对比的是,现在人们普遍认为贫穷限制了发展,而非发展的先决条件。当下,一种盛行(尽管不是普遍认同)的观点是,无论是富国还是穷国,政府在消除贫困方面都发挥着重要作用。

本章记录了贫困和政策思想的这一转变。当然,思想和行动的相互关系复杂,政策的出台取决于诸多因素,如技术、公众意识和政治经济。尽管如此,对学者与大众相关思想的演变也有必要介绍一下,这将有助于我们理解主流观点下国家在分配中所起的作用及采取的具体政策。思想变化还表明知识的进步既促进了社会发展,也反映了社会发展。

分配思想源自 Fleischacker(2004)的著作《分配正义简史》(*Short History of Distribution Justice*)。Fleischacker(2004)将分配正义定义为"在社会范围内进行财富分配,使人人都能获得一定的物质资料"。[②] 他认为,近代思想中,扶贫很大程度上依靠慈善——这是捐赠者的个人选择,而非穷人的一项权利,它与世俗世界的法律、税收所形成的正义截然不同。而在 Fleischacker(2004)看来,这样的慈善救济并不是分配正义。他认为,这一思想的诞生与 18 世纪末的欧洲有着莫大的渊源。Fleischacker(2004)对哲学著作中该思想的发展进行了描述与阐释。然而,他的介绍在很大程度上缺少了经济学,若撇开正义关注贫困,这一点很重要。历史学家(如 Beaudoin,2007;Geremek,1994;Himmelfarb,1984a,1984b)对经济学也是一带而过。公平地说,经济学家也很少关注贫困与不平等的思想史。[③]

本章概述了贫困和反贫困政策的哲学与经济思想是如何演变的,以及出现的各类政策。相比 Fleischacker(2004),本次讨论不会过多强调穷人是否有获得救助的合法权利。国家能够且确实赋予了人民这一法律权利,但由于行政执法能力薄弱,尤其在贫困国家,该权利有

---

① 从本质上(贫困程度较低的社会更受欢迎)或工具性上(贫穷程度较低的社会将在其他重要方面表现更好,包括其整体经济表现),贫穷可被认为是一种社会弊病。
② 人们普遍认为"分配正义"一词是亚里士多德(Aristotle)于公元前 4 世纪提出的。然而,Fleischacker(2004)认为,该词现在的含义与亚里士多德的本意十分不同。对亚里士多德来说,分配正义是指根据"功绩"分配政治奖励。
③ 在为数不多的例外中,Cogneau(2012)讨论了发展背景下不平等思想的演变。经济学家对思想史的忽视参见 Blaug(2001)。

时仅具有象征意义。这里讨论的重点是,公共政策(明确地或似乎合理地)应帮助贫困家庭永久脱贫还是仅提供短期的(尽管可能很重要)权宜之计,以使他们免受贫困带来的负面影响。简言之,要检验一项反贫困政策的好坏,最重要的是看它是否同时具备"改善"与"保障"两点[运用了 Drèze 和 Sen(1989)对此进行的有用区分]。该反贫困政策观是很新的,虽起源于 19 世纪末,但直到 20 世纪末才明确出现。

本章首先对个人财富原动力进行了简单的描述,这将有助于阐释这类政策过去的思想。这一章主要分为两大部分,第一部分包括 21.3 节至 21.6 节,通过两个主要阶段的"贫困"启蒙运动,追溯了重商主义观念中贫困必然性的历史,其中贫困被视为社会弊病(前提1)。第二部分着眼于政策,既有经济政策也有直接干预。21.7 节和 21.8 节将讨论前提 2 的一个重要方面,即国家的整体发展战略,尤其是能否通过经济增长和初次分配来消除贫穷。21.9 节集中讨论目前对具体直接干预措施的思考(前提3)。21.10 节为本章的小结。

21.2 财富原动力与反贫困政策

长期以来,人们认为,贫困源于穷人的"不良行为"——高生育率、懒惰或不良消费,如过度饮酒。[1]他们并非因受各种限制而被迫贫困,而是有意或无意地自己选择贫困。按照这个观点,反贫困政策旨在确保穷人改善自己的行为。关于这类观点,本章在后面会介绍更多。但这里有必要概述另一种模型,这种模型显示,贫困是因为穷人的财富原动力暗含外部条件限制。

所谓"财富",我指的是人力资本——以往教育与健康投入(包括营养摄入)的累积存量,以及非人力资本,如工业或金融资本等。[2] 这里为简化分析,将财富作为单一的复合资产。初始财富 w_t 在日期 t 在个体间进行分配,其中一些人的财富为零,但仍可能获得一些劳动收入,刚好满足每个时期的生存需要,当前财富的固定份额则用于当前消费。每个人都被赋予一个生产函数,从资本存量 k 中产生出 $h(k)$。任何产出需要的资本存量阈值,即对于所有 $k \leqslant k^{\min}(>0)$,$h(k)=0$。一旦达到阈值,下一时期就会出现产出,但回报会立即开始递减,换句话说,函数 $h(k)$ 在 $k > k^{\min}$ 的情况下都是严格正实函数,严格递增,严格凹。那些尚未达到阈值($w < k^{\min}$)的个人没有资本需求,因为不会产生任何产出。

该阈值的解释不止一种。基于基础代谢率为正的生物学事实,Dasgupta(1993)为该阈值的存在提供了一个有力论据。因为维持人体的休息状态需要摄入(基本的)最低限度的食物能量,所以没有食物能量就无法进行任何体力劳动(身体的维持需要食物能量摄入的 60%—75%)。生理学需要个体的一系列可行的生产活动本质上是非凸的。阈值效应还可以反映与最低学校教育需求相关的生产可能性中的非凸性、生产技术的本质或消费中笨重的"阈值

---

① 参见 Klebaner(1964)、Burnett(1969)与 Wim 和 Halman(2000)。
② Sachs(2005b)提出了穷人缺乏的六种资本类型:人力资本、商业资本、基础设施、自然资本、公共机构资本和知识资本。

益处"。① 在一个更详细的模型版本中,我们还希望纳入财富不同维度之间的相互影响,如因营养不良而阻碍儿童学习。

生产可能性的另一个限制因素源于信贷市场失灵。由于出借人对借款人的信息并不完全了解,因而施加了借款约束,即一个人最多只能借到其财富的 λ 倍。设 $k^\star$ 为个人期望资本存量,有足够财富用于生产,少于 $k^\star/(X+1)$ 的个人有投资的欲望,但投资受限,他们在尽其所能投资后,仍然发现在借款约束下,资本的边际产出超过了借款的利率。最后,拥有足够财富[大于 $k^\star/(\lambda+1)$]开始生产生活的个人,能够不受约束地投资最理想的财富数量,使其资本的边际(递减)产出与当期利率 r(资本价格)相当,当期利率固定为 $h'(k^\star)=r$②。

递归图(从当前财富到未来财富的映射)采用图 21.1 所示的形式。在当前财富水平较低($w_t<k^{\min}$)时,未来财富为零。对于区间 $[k^{\min},k^\star/(\lambda+1)]$ 内的初始财富水平,未来财富是当前财富的严格凹函数。当财富增加时 $[w_t>k^\star/(\lambda+1)]$,函数变为线性。

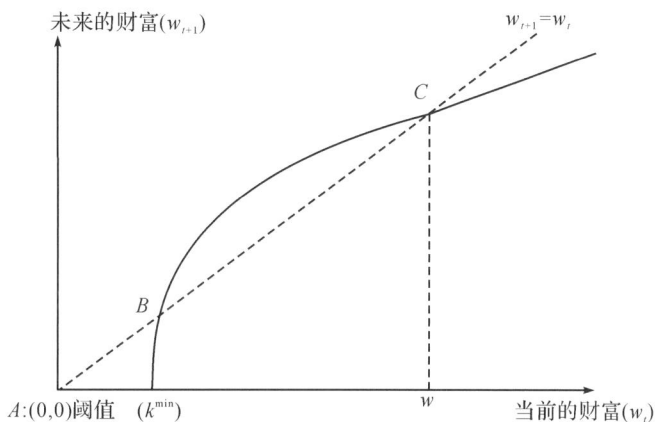

图 21.1　有着贫困陷阱的财富原动力

每个个体可能存在三个稳态平衡(随着时间的推移,财富是恒定的)。其中两个点,即图 21.1 中的 A 点和 C 点,是稳定的,而中间的 B 点不稳定,因为冲击会使 B 点向 A 或 C 移动。③ 长期来看,在经历了多次的小冲击后,经济将稳定在一种可被视作存在两大阶层的状态。假定第一种阶层处在 A 点的财富贫困陷阱,他们只有少量或没有财富。在实践中,为什么人们会陷入这样的困境有很多原因,包括缺乏符合市场需要的技能、社会排斥、地理隔绝、衰竭性疾病或环境恶化等。第二种阶层包括位于 C 点的人,他们的财富各自处于稳定状态(w^*),而每个阶层内部仍然存在不平等。不同的稳态财富水平下,在较穷的阶层中存在着劳动报酬的不平等,在"C 点人群"中也存在财富不平等。即使没人陷入贫困陷阱,也会有贫困。"穷人"可分为两类,即处于 A 点的穷人和处于 C 点的穷人,后者指虽未陷入贫困陷阱,但财

---

① 关于后一种观点,参见 Just 和 Michelson(2007)。有关贫困陷阱的其他原因,请参见 Azariadis(2006)和 Bowles 等
　(2006)所编论文集中的其他论文。

② 在阈值不约束的特殊情况下,该模型与 Banerjee 和 Duflo(2003)中概述的模型相同,尽管在文献中已有先例。

③ 假想图 21.1 中位于 B 点的某个人,财富增加一点都会使她进入一个聚积区域(当前的财富低于未来的财富),因此这个人会向 C 点移动。同样,财富减少一点也会使她移向 A 点。

富的稳态水平变得非常低的人。

虽然处于 A 点的财富贫困陷阱对个人来说,在经济上是稳定的,但社会和政治稳定则是另一回事。后一种类型的不稳定可能以多种方式出现,其经济原因无法简单概括。然而,无论是在稳态还是在遭受某种严重冲击之后,尤其是当他们的劳动报酬和(并由此导致的)消费水平很低时,有理由认为处于 A 点的大量人口将威胁到社会稳定,而且后一种情况下,他们很可能对稳定的威胁更大。①

通过以上风格化表征的财富原动力,我们可以想到两大类反贫困政策。一些政策可以短期缓解贫困。因为陷入财富贫困陷阱,或处于低水平的财富稳定状态时,即使穷人仍然贫穷,也可通过确保当前收入水平不低于某一关键水平来维持社会稳定。这纯粹是保障性政策,但有些改善性政策能使穷人获得足以摆脱贫困的更多财富。对于陷入贫困陷阱的人来说,他们需要获得大量财富来使自己最终达到(更高、更稳定的)财富状态。而对于那些未陷入贫困陷阱却仍然贫困的人来说,改善现状则需要更多的财富加上更高的财富回报——在图 21.1 中向上偏移。

本章接下来将探讨以上两类政策的起源与性质。有观点认为,虽然保护穷人不受负面冲击的公共责任的理念早已存在,但通过减少穷人(陷入贫困陷阱或低财富回报的人们)面临的限制因素,发挥公共责任改善作用的理念却较为晚近。后一种观点随着对贫困原因的思考而发生了重大变化。长期以来,有一种观点认为,穷人的"道德弱点"导致了他们的贫困,这意味着公共行动难以使穷人脱贫,因此该观点极力抵制通过向富人征税来支持扶贫行动。归根到底,穷人脱贫要靠改变自身行为。公共责任极大受限于针对性强的有限保障措施,仅用于应对极端的暂时贫困及帮助穷人进行"道德改造"。虽然自 19 世纪中期以来,世界上随意指责穷人贫穷的言论不绝于耳,且这些言论直到 20 世纪才促成一些政策的出台,但对贫困因果关系更深入的解释开始出现在公众和学术著作中。这一切表明,公共行动在消除长期贫困方面具有新的改善作用。贫困在很大程度上被视为反映了公共失灵,包括放任市场失灵。②

21.3 贫困效用

在 16—18 世纪的很长一段时间里,西欧深陷贫困。重商主义经济思想当时占主导地位,将贫困视为事态发展的一种自然状态,以及激励人们努力工作的一种有效方式。重商主义认为一国必须保持出口顺差最大化,贸易差额意味着国家未来的繁盛和强大。而达成这一目的要靠廉价生产投入,即廉价原材料(殖民地的存在意义)和国内穷人的廉价劳动力。此时,贫困不仅被接受,也被视为国家经济发展一个至关重要的前提。饥饿就得卖力工作,反之人们就会懒惰懈怠。从事非技术工作的个人供给曲线的斜率为负,这一经济前提似乎已

---

① 在《政治学》中,亚里士多德(公元前 350 年,具体时间无从考证)精妙地指出:"原本的许多富人沦落为穷人,是一件坏事,因为家财败落的人势必会挑起革命。"

② 这并不是说贫困模型的改变导致了政策的改变。在某种程度上,这两种变化在经济和社会的更广泛变化中有着共同的因果关系。

被广泛接受。用现代经济学术语来说,对闲暇需求的收入效应超过了替代效应。正如Townsend(1786)所说:"穷人不了解上层社会人士的行为动机——尊严、名誉和野心。而一般来讲,只有饥饿才能驱使和刺激穷人去劳动。"因此,"……提高穷人的工资会相应减少他们的工作量"。[1]

劳动力供应曲线呈负斜率(下降趋势)的想法本质上是 Furniss(1920)后来所称的"贫困效用",但事实上经不起推敲。Furniss(1920)引用了许多当时著作中的例子,并常拿工人工资越高、酒馆客人越多来比照。贫困思想史上,有人不止一次随意用缺乏甚至毫无根据的激励观点,来支撑强硬的政策立场。

人们认为,未来廉价劳动力的持续供应仍然很重要。因此,国家鼓励生育且从小就给人灌输要培养良好的工作习惯。正如提高工人当前工资一样,过多的学校教育投入会抑制人们现在和未来的工作投入。与该模型一致,贫困家庭受过教育的儿童几乎没有机会继续接受教育来实现自身的发展。在 Mandeville(1732)看来,对于这些劳工家庭(和因劳致贫的)孩子,唯一现实的未来依旧是劳作与贫穷。贫困的父母对自己孩子能摆脱贫困几乎不抱希望,也正是这样一种低期望反映和合理解释了他们缺乏机会改变境况。接受过一点学校教育并不能起到实际作用,从经济发展的角度来看,这几乎或者没有希望减少财富贫困,也跳不出贫困陷阱(如图 21.1 所示)。因此,工人阶级的子女向上流动的可能性微乎其微,他们生而贫困且将持续贫困。

现代进步思想家可能会对 Mandeville(1732)的这些观点感到震惊(当代依然能听到类似的观点),但事实很可能就这么残酷。他认为,工人阶级的孩子即使多接受一点教育仍是白费功夫,这点与图 21.1 中的模型所示一致。假设穷人(工人阶级)集中在财富贫困陷阱(图21.1 中的 A 点),仅靠增加能使他们达到(比如说)阈值的人力资本,财富会有小幅增长,但并不会带来任何持久利益。在适当的时候,财富原动力将把他们推回到 A 点,因此,学校教育需要有高收益。

Mandeville(1732)在学校教育上的悲观态度,并不会使当今发展中国家的贫困儿童感到惊奇。Boo(2012)生动描绘了孟买贫民窟的生活,书中的年轻拾荒者苏尼尔(Sunil)花大量时间在孟买机场附近的垃圾堆里捡拾有价值的东西,并探讨了他的选择。显然,他很穷。但他肯定具备学习能力,同时他也清楚,足够的学校教育也许能帮他逃离窘迫的生活。但怎么才能负担得起学费呢?他曾经在一个住在贫民窟的大学生所创办的私人业余学校里待了几天,死记硬背学会了《小星星》这首歌。[2] Boo(2012)写道:

> 在贫民窟学校上了几天英语课,他学会了《小星星》这首英文歌,后来他还是觉得把时间花在填饱肚子上更要紧。
>
> Boo(2012)

---

[1]　虽然现在 Townsend(1786)提倡自由市场鲜为人知,但其在经济思想史上具有重要意义,影响了后来的思想家(包括马尔萨斯和达尔文)。关于 Townsend(1786)影响的进一步讨论参见 Montagu(1971)和 Lepenies(2014)。

[2]　"一闪一闪小星星,究竟何物现奇景。远浮于世烟云外,似若钻石夜空明。"(Twinkle-twinkle little star, how I wonder what you are. Up above the world so high, like a diamond in the sky.)

这样一来,苏尼尔所能负担的这点教育并不足以让他摆脱贫困。对他来说,解决眼前的温饱问题更实际。

21.3.1 早期社会保障政策

回顾图 22.1,贫困陷阱使得人们的财富持续为零,但他们的收入足以维持生计(如靠拾荒为生的苏尼尔)。工资或者劳动产出的报酬提高,他们的福利也随之增加,而健康出了状况(比如无医保)则会使福利降低。在这种情况下,社会保障政策就有空间提供状态依存的收入补助。虽不能改变穷人处于贫困陷阱的事实,但仍然不失为可行有效的政策。

长期以来,人们认为政府应该发挥保障作用,使社会免受可能造成极端贫困的冲击。例如,早在大约公元前 300 年,著名印度学者、谋臣考底利耶(Chanakya 或 Kautilya)就提出,一国发生饥荒时,英明的国王应"……通过以工代赈的形式(兴建堡垒或水利工程等)拯救灾民,或把粮食分给灾民,抑或传位给其他国王"(引自 Dreze,1990a)。若有人认为反贫困政策的提出主要是为了免受不良事件的冲击,那么这个想法过时了。

尽管长久以来主流经济思想一直鼓励国家履行一定的社会保障职能,但国家是否应履行改善职能一直备受争议。在重商主义出现之前的封建、奴隶经济中,雇主有责任为工人乃至可能遭受剥削的贫苦工人(至少在一定程度上)提供保障(这在任何意义上都不一定是出于利他的动机,完全是奴隶主为保住自身财产的一己之私)。资本主义发展初期产生的新兴社会精英期待国家能履行保障和改善这两种职能,但要按照他们的经济观念来进行。而财富的捍卫者认为当时的财富分配状况是社会自然进程(包括竞争性的市场机制)的结果,不能通过政策加以干预。近代以前,长期贫困被认为是事物的自然规律,而暂时贫困被视为会威胁社会秩序。人们已经开始隐约意识到自由市场在风险保障方面的局限性。

16—17 世纪,欧洲"赤贫化"愈演愈烈,也出现了新兴的社会政策。那时,城市街道上充斥着越来越多的失业与无业的工人和乞丐。人们普遍将其归因于穷人的道德弱点,但更深层的原因在于生产组织的变革(包括封建主义瓦解下的农业),再加上流动性更大(影响老年人的家庭赡养)。尽管人们通常不把无业看作贫困的起因,但普遍认为工作是脱贫的办法。大约 1600 年,政府出资修建了一些济贫院,受济者往往被限制人身自由,必须劳动才能得食。修建济贫院的初衷本就是"自我瞄准"扶贫,若不是极端贫困也不会有人愿意到此接受监禁,这可谓一种低成本的扶贫方式(Thane,2000)。这一措施也归因于人们普遍认为贫穷是由不良行为造成的,而不良行为可以通过济贫院得到遏制且有望纠正。当时济贫院被认为是改造穷人道德缺陷的合算途径。

济贫院的构想还包含一个强烈的保障因素,即济贫院可以收容任何因祸致贫的穷人。这不也是一种改善政策吗?文献中多注意到了实际从事工作的道德作用,有关工作对穷人改善作用的讨论并不多。支持者很可能争论,这里强调的是通过行为的改变来改善(穷人现状)。但显然这里并非通过减少对穷人的限制来使他们脱贫。

21.3.2 英格兰济贫法

伊丽莎白时期,英格兰针对国内的贫困问题制定了济贫法。[①] 其旨在为因特定原因,例如年迈、丧偶、残疾、疾病或失业陷入收入贫困的人口提供公共保障。实质上,中央政府规定各教区对贫民进行救助。济贫法是一套非常健全的保障制度,甚至一些地方十分慷慨。[②] 可以说,1795 年伯克郡法官提出的"斯宾汉姆兰体系"(the Speenhamland System of 1795)标志着济贫法的顶峰,这一体系通过与面包价格挂钩的工资补贴的浮动比例来制定最低收入保障标准(Himmelfarb,1984a;Montagu,1971)。

这一时期,其他欧洲国家的扶贫主要依赖慈善捐赠,因此常出现"搭便车"的问题;教会和私人支出转移给穷人的并不多,在大多数国家远远低于国民收入的 1%(Lindert,2013)。而英格兰和威尔士实施济贫法后,扶贫拨款主要来自当地的财产税。税款显然替代了一些私人慈善,但后者依然存在(Hindle,2004;Lindert,2013)。毫无疑问,济贫法在社会保障方面起到了实质性的作用。17 世纪末,济贫法几乎覆盖了英格兰和威尔士的所有教区。到 19 世纪,旧济贫法使得人人都有资格获得救济(新济贫法是 19 世纪 30 年代改革的产物,本书后面会提到)。各教区有责任在中央政府的监督下救济贫民。教区救济便利,但可能并不理想,因为这样分摊风险的范围有限,而且无疑存在着严重的横向不公平(因此同样的穷人在不同教区境遇悬殊),这些政策也不会对稳态财富分配产生很大影响。[③] 显而易见,旧济贫法确实提供了一定程度的风险保障,且长期以来有人认为,这打破了粮食歉收与死亡率之间的历史关联(Kelly and Cormac,2010;Smith,2011)。

济贫法似乎确保了工人的相对温顺和持续供给。这对稳态财富分配基本不会造成威胁。Solar(1995)认为,旧济贫法对维持英格兰社会的长期稳定起到了至关重要的作用,在 18 世纪末法国大革命可能波及英吉利海峡的这一时期,稳定了人心。任何人如有需要都能获得救济的这一事实,获得了广泛的政治支持。如对许多通常不会向教区寻求救济的人来说,寡居是一种威胁。[④] 当时的小说经常提到,即便是富裕的中上阶层家庭,也很容易陷入贫困(查尔斯·狄更斯小说中的常见主题)。

Fleischacker(2004)认为,英格兰济贫法的真正动机出于"慈善而非正义"。因此,它并非现代公共政策确保分配公平的开端。可以推测,制定济贫法既是为了慈善或正义,也是为了维护社会稳定。但无论决策者出于什么动机,济贫法作为有法律效力的国家政策,通过税收再分配针对特定事件提供一定的救济。济贫法的实施使得本教区居民(非外来者)获得了法律支持,这也是大约 300 年间社会保持稳定的原因之一(Solar,1995)。与 Fleischacker(2004)的解释相反,济贫法似乎更像是近代用于确保分配公平的一项政策。

有一点须加以注意,济贫法明显旨在"保障"而不是"改善"。作为一种早期社会保障形式,其目的是帮助穷人和中产阶级抵抗各种没有保险的风险,如不确定的就业、疾病、粮食歉

---

① 关于英格兰济贫法的历史及其影响,参见 Mencher(1967)、Boyer(2002)及 Hindle(2004)。
② Solar(1995)引用的证据表明,18 世纪末济贫拨款总额达到了英格兰国民收入的 2%。
③ Hindle(2004)注意到根据教区经济状况不同,养老金地域差异很大。
④ 最早的济贫法规定寡妇有资格获得救济,文献中经常提到她们,如 Hindle(2004)在济贫法中有关教区档案信息的讨论中提到寡妇的次数达 75 次。

收或时运不佳等(Hindle,2004),这些风险造成的长期不良后果很可能波及生产活动。确保了社会更加稳定,随之也可能带来长期的收益。显然,通过济贫法加强保障,才能获得更长期改善的有利条件。保障显然是济贫法的主要目的。

比关注动机是出于慈善还是公平更重要的是,伊丽莎白济贫法或考底利耶的饥荒救济政策无法动摇财富的稳态分配,因此并未形成健全的反贫困政策。就21.2节中的模型而言,这些政策的目的在于防止人们陷入财富贫困陷阱或在某种低财富稳态水平下人们的消费水平下降过快。这些政策虽然无法帮助他们永久脱贫,但提供了一定的社会保障。从重商主义经济学的逻辑来看,饥饿是件好事,在社会保障明确而有限的条件下能驱使穷人工作就像奴隶主一样,重商主义者认为,(维持生产)总得让工人活命。

到18世纪后期,反贫困思想发生了显著变化。

21.4　第一次贫困启蒙运动

18世纪后半叶,主要因为英国和欧洲大部分地区的实际工资下降,贫困问题越来越严重(Allen,2007;Tucker,1975)。在欧洲和北美,人们越发担忧未来社会不稳定,工人阶层甚至可能发生暴动。由于向上层流动受阻,中产阶级也出现心态失衡的状况。主流思想中知识分子对现状的解释明显存在着一些漏洞。一些人开始意识到,先天机会不均再加上可操纵的非竞争性市场过程(有时是政府操纵)严重影响了社会财富分配,他们也开始怀疑财富分配完全由自由市场规律决定的这类言论。

民众开始质疑长久以来遭受剥削的原因,此前穷人抗议运动也偶有发生,如17世纪中叶英国内战期间为争取选举权和宗教宽容而发起的历时较短的"平等派"运动(Hill,1972)。但在18世纪后期,英国、其他欧洲国家和美国出现了新思想,提出更广泛的变革要求。在伦敦、巴黎和欧洲其他地方的酒馆和咖啡馆里,各种政治活动一片繁荣。[①] 历史学家Brinton(1934)认为,18世纪最后10年欧洲出现的这种思想改变的"本质特征",是"……人生是通向永恒的短暂过渡,人生注定是痛苦的"这一观点转变为"……认为人类正常需求的和谐满足有可能实现"。此时,民众对政治经济机构满足他们物质需求的范围有了新的认识,且认为参政权与选举权是关键。尤其是在18世纪后半叶的法国,人们对既有的社会阶层提出了新的疑问。法国戏剧家博马舍(Beaumarchais,1778)的剧作《费加罗的婚礼》赢得了巴黎观众对仆人的支持,嘲讽和质疑了贵族及其特权。[②]

最能体现这一时期精神的三个词是"自由、平等、博爱"(liberté,égalité,fraternité,也作liberty,equality,fraternity)——法国大革命的口号(19世纪末成为法国的国家格言)。虽然在法国大革命的前几十年里,这个崇高的口号没有得到践行,只有拥有一定财富的成年男人才

---

① The Proceedings of The Old Bailey(2012)包含对伦敦的描述,如成立于1792年的"伦敦通信协会",致力于扩大工人阶级代表规模。
② 如第五幕,仆人费加罗问雇用了他的伯爵:"你做了什么占尽优势?生就的,仅此而已。论其他的,你就是一个非常普通的人!"尽管剧本写于1778年,却遭到国王路易十六的审查,直到1784年才上演。它被视为法国大革命的先兆。

拥有选举权,但它确确实实产生了深远的影响。当时对"自由"的理解基本与现代一致(如 Rawls,1971),都认为个人与他人拥有同样的自由。对"平等"的理解与现在的"结果均等"不同,而是指法律权利均等,即法律面前人人平等,由此确保了每个公民根据自身能力,获得公职和工作的机会均等。18 世纪 90 年代左翼的雅各宾俱乐部(Jacobin Club)与弗朗索瓦-诺埃尔(格拉胡斯)·巴贝夫曾呼吁政府参与薪酬再分配,尽管政府在该方面是否起过作用并不明确。① 当时,要问自由、平等、博爱这些主流思想哪个能带给穷人希望,那一定是博爱而不是平等。

美国也出现了类似观念,认为国家在消除贫困中应发挥强有力的作用,视之为"一个伟大而友好的社会"的基本要素(Alexander Everett,1827,引自 Klebaner,1964)。

18 世纪中期出现的新哲学和经济思想为该世纪末的贫困启蒙开辟了道路。就国家应当在财富分配中充当什么样的角色,主流思想内部开始出现巨大分歧。关键在于,哲学思想反对当时"不平等普遍存在的情况无法避免"这一观点。17 世纪,托马斯·霍布斯(Thomas Hobbes)的社会契约论提出了一个基本问题:我们应如何定义"好政府"?用现在的术语说,这是一个关乎评估的问题,其逻辑起点在于人们生活在一个无政府的"自然状态"下。如同所有的反事实,人们对这种自然状态知之甚少,但都可以讨论。②霍布斯认为,这是一种"人人相互争斗"的冲突状态。18 世纪末,卢梭(Rousseau)重新探讨了该问题,就国家在财富分配中的角色,他提出了一种重要的思想。在其著作《论人类不平等的起源和基础》中,他认为虽然利己主义是自然状态下的一种动机,但对他人处境的同情也是如此。③ 然而,人类制度可以决定利己主义是支持还是阻碍这种同理心。因此,卢梭认为贫困和不平等很大程度上源于不良制度的社会安排(并非唯一原因),一些人享有各种特权,损害他人利益,如他们更富有、地位更高、更有权势,甚至拥有要求绝对服从权。这里,卢梭迈出了关键的一步,看到了包括政府在内的国家机构是如何影响分配的。④ 人们也因此认识到贫困并非不可避免。

一些优秀的哲学著作呼吁社会对穷人平等对待。康德(Kant,1785)提出,每一个理性人都应被看作"目的而非手段",使穷人与富人具有同样的道德价值,显然这一想法有些激进。当然,在曼德维尔(Mandeville)早期的著作中也提到应给予穷人尊重,但仅为对其劳动的尊重,穷人只是达到目的的手段。康德认为,不论贫富都应尊重所有理性人。这是政策平等和全面脱贫政策的必要环节,尽管二者还有很长的路要走。

长久以来的一种观点(普遍认为由古罗马的西塞罗提出)将正义与慈善区分开,认为国家只负责正义(Fleischacker,2004)。康德认为,在对穷人的施舍中,捐赠者与受赠者本质上

① Fleischacker(2004)肯定了格拉克·巴贝夫(Gracchus Babeuf)预见了现代分配正义观念的贡献,同时也肯定了康德的追随者德国哲学家约翰·费希特(Johann Fichte)的功劳。然而,de Montesquieu(1748)似乎否定了二者的贡献。
② 卢梭(1754)说得好:"那些研究社会基础的哲学家都意识到回到自然状态的必要性,但无一人达到该状态。"
③ 卢梭先于达尔文开始写作。对动物行为的研究揭示了强烈的社会和移情行为(de Waal,2009),表明人类社交能力更深层次的起源。也有人认为(最新发现的)镜像神经元是该行为的神经基础,例子参见 Keysers(2011)。
④ 卢梭支持他认为的"自然不平等",这种不平等将以反事实的"自然状态"存在,反映了先天差异(健康、力量、智力)。

存在着不平等关系,富人救济穷人看似"高尚",却也可能是为了满足自身的优越感:

> 康德看到了这种私人关系中的道德问题——富人通过施舍穷人向国家传递二者之间存在尊卑的思想。
>
> Fleischacker(2004)

康德的思想是对传统慈善思想的挑战,为国家应在消除贫困和财富分配中发挥更积极的作用的思想在欧洲和美洲的传播铺平了道路。

经济思想也在发展。Smith(1776)抨击了国家的经济福利应通过贸易平衡来衡量的观点。这种重商主义观点一直备受质疑(尤其是忽略通过价格变化进行的纠正性调整)。① 通过论证基于民众的商品需求(基本消费品、奢侈品及休闲需求)而更宽泛的福利概念,他让人们认识到反贫困是发展的一个目标而非威胁。② 与重商主义思想大相径庭,他还认为提升工人工资有利于社会发展(Smith,1776)。

斯密看到了利己主义的优点,虽然他知道这不是人们行为的唯一动机(Smith,1759),但他认为这能促进严重依赖制度的社会福利的改善。"贫困效用"连同负斜率的个人供给函数已成为过去式。③ 尽管 20 世纪斯密的经济自由主义盛行(Rothschild,2001),但他还是主张实施有利于改善的反贫困政策,如给予一定的政府补贴用来帮助"普通人"支付基础教育的费用(Smith,1776)。显然,在这个问题和其他社会问题上,斯密比多数同辈更有远见[注意:斯密与其他思想家如约瑟夫·汤森德(Joseph Townsend)大致在同一时期创作]。

在这一时期,普通民众和学者思想的变化影响了当时正在进行的有关收入分配政策的争论。其中一个争论围绕收入所得税是否应累进且这项税收的纳税人是谁。这些争论使再分配税收相关的争论愈演愈烈。④ 斯密主张对生存工资免税,之后也得到了包括那些赞成高于免税额征收比例税的人的支持。这暗含着整体累进税制的思想。

另一项政策的争论范围涉及自然资源,特别是农业用地收益的分配。在一个小册子里(致新法兰西共和国政府的信,但涉及面更广),Paine(1797)认为,农业用地是"自然财产",人人都有权拥有。然而,土地私有制也有效率的问题。所以,农业用地不实行国有化,而应缴纳"地租","地租"的收入也应平分给社会上的所有成年人,因为每个人都有权享有该财产。他还为额外的养老金提前做出安排,这(明显)不是慈善,而是一种权利。潘恩(Paine)的这些提议代表了一种全面的反贫困政策——它可能是第一个"基本收入计划"(21.9 节中提到的一个概念),但截至 2015 年还没有在任何国家得到执行。

在改良政策最终形成之前,论述教育重要性的新思想出现了。此时的文盲不仅通常伴随着卑微人生,更是一种耻辱(Brinton,1934)。18 世纪末,法国哲学家和数学家孔多塞

---

① 参见 Blaug(1962)对斯密和重商主义学说的讨论。
② 见 Muller(1993)著作中的讨论。也可参见同一时期 Himmelfarb(1984a,1984b)对斯密涉及其他人的观念的讨论。
③ "因此,在工资高的地方,我们总是会发现工人们比工资低的地方的工人更积极、更勤奋、更上进"(Smith,1776)。
④ Musgrave(1985)回顾了这一历史和有关公共财政的其他争论。

(Condorcet)主张免费普及基础教育(他十分重视观点的多样性,反对国家进行道德和政治教育),还主张妇女和各种族应平等享有各项权利(Jones,2004)。然而,这些激进的想法未得到践行。左右 19 世纪政策思想的古典经济学家也认为,教育能促进经济增长,降低贫困率,尤其是通过"道德教化"来减少人口增长。但他们并不认为大众教育促进了经济增长,也没有看到大众教育的发展空间(Blaug,1962)。

第一次贫困启蒙运动的一个重要贡献是为政府消除贫困的思想提供了道德依据。这一道德依据是出于精英对努力工作的穷人本身的尊重——de Waal(2009)称之为"情感认同"。亚当·斯密、卢梭、康德、费希特(Fichte)、孔多塞、巴贝夫(Babeuf)等人的著作中出现了新的重要进步思想。但这些离导言中所确立的三个前提还很远,还有很长的路要走。尽管第一次贫困启蒙运动带来了与反贫困政策相关的新思想,但并没有给贫困人口的生活带来很大的变化,他们仍然因贫困而受到指责。穷人须对自身的贫困负责的观点一直持续到 19 世纪和 20 世纪。① 除英格兰和威尔士的贫困法规定的救济外,在欧洲针对穷人的私人和公共救助并没有明显增长且救助力度相对较小(Lindert,2013)。第一次贫困启蒙运动的主要经济受益者可能是中产阶级,他们现在有机会获得以前无法染指的财富和权力。

21.5　无贫困世界观的长期萌芽

随着古典经济学的出现,虽然重商主义思想日薄西山,但 19 世纪的主流思想也对"无贫困世界"的构想不抱希望。随着工业革命中技术的不断革新,18 世纪末的英国开始出现了一条新的经济增长道路。那时,无论是资本主义支持者还是反对者,很少有人会认为工人将在工业革命带来的经济增长中获益(如 21.7 节中所述,他们的这一观点过于悲观)。工业革命开始后,贫困状况似乎没有变化。社会小说[如 1838 年出版的狄更斯经典著作《雾都孤儿》和一系列定性的观察研究(如 Engels,1845)]都对 19 世纪中叶英国工业城市糟糕的健康环境和恶劣的工作条件进行了描述。其中,根据对当时英国工人阶级伙食的描述,他们的生活水平在当今任何一个发展中国家都会被视作"贫困"(Ravallion,2015)。②

当时的经济学似乎无法拿出什么理由来说明贫困能被消除。经典的工资决定理论允许随着技术的进步,短期内通过劳动力总需求的上升使实际工资率存在上升的可能性。然而,工人收入的增加(或者由于生育率增加或儿童死亡率降低)带来了工人人数的增加,很快会使工资率降回仅能维持生计的水平。托马斯·罗伯特·马尔萨斯(Thomas Robert Malthus)因此闻名,斯密在书中对此也有涉及(Smith,1776)。人们认为,以诱发性人口增长为核心的马尔萨斯动力学反映了穷人的"道德弱点"。正如 Sandmo(2013)所述,一直到 19 世纪末,人们仍普遍认为,即使技术进步,人口增长也不会影响实际工资,如 Wicksell(1901)。经济学几乎无定论。随着技术的进步,人口反应的滞后和劳动力总需求的反复变化仍可能造成实际工

---

① 如见 klebanon(1964)对 19 世纪美国贫困观点的描述。
② 例如,Burnett(1969)写道:"本世纪中叶,与该世纪最贫穷的城镇工人一样,农民的主食主要是白面包而非黑面包,因为没有黄油的条件下白面包比黑面包好吃,另外还有一点茶、奶酪和糖以及可能一周能吃上一两次的肉。"

资的长期增长。假定家庭规模的收入效应的理论选择基础尚未明确。但大家似乎都认可的一个观点是，对于贫困家庭，孩子是父母为未来进行储蓄的一种形式，孩子的工资率则是这种储蓄的回报（扣除抚养费用）。因此，孩子的工资越高，社会的生育意愿越强，未来劳动力的供给也就越充足。这一经典模式表明，看似强大的人口矫正会阻碍经济增长中的脱贫速度。

斯密之后最具影响力的古典经济学家并不支持政府直接干预扶贫。事实上，马尔萨斯和大卫·李嘉图（David Ricardo）在他们的著作中，尖锐地表达了对反贫困政策的强烈反对。他们认为，这样的反贫困政策会抑制工人的工作积极性和储蓄意愿，并不能消除贫困，反而会造成贫困。穷人的行为依然受精英阶层诟病。[1]

至此，我们依然难以说明经济学是否在某一方面有定论。实际上，Malthus（1806）承认，提升工人阶级的健康和教育水平可以帮助他们突破不利的人口修正，增加实际的工资收入。但当时的经济思想与这种政策观是相悖的。在很大程度上，这是知识分子对第一次贫困启蒙运动政治对抗的合理化，尤其是那些英国精英们抵制从法国舶来的新自由主义思想。

21.5.1 济贫法相关争论

19世纪初，一场关于济贫法大范围的公共辩论开始了（虽然关于扶贫的争论至少可以追溯到17世纪末）。依据旧济贫法，提供救济资金的地主们强力推动政治改革。他们左右着这一时期的英国议会，现在似乎已不再担忧革命的到来（Lindert，2004）。济贫法反对者的言论经常引发激烈争论，且争论中他们往往会引用英国古典经济学家（包括源自美国的经济思想）的思想（Klebaner，1964）。

这是贫困思想史上的一次重要争论。有段时间，反对者担忧反贫困政策的总体成本。工业化带来的劳动力迁移意味着地主不得不支付不断上涨的子女与父母的抚养及赡养费用（Solar，1995）。当然，并非人人都能找到工作，在欧美国家，失业导致许多人向政府求助。但这些并不能解释济贫法为何得到支持。de Tocqueville等（1835）（在记载其英国之旅的回忆录中，他表示这趟旅程的目的是找到富裕的英国仍有许多贫民的原因）认为，济贫法打击了人们的工作积极性，反而造成了更多的贫困问题。著名的古典经济学家，包括马尔萨斯（Malthus，1806）和李嘉图（Ricardo，1817），主张废除济贫法或通过改革使其更有针对性。[2]此前一本重要的小册子《论济贫法》（*A Dissertation on the Poor Laws*）（Townsend，1786）写道："这些法律理论上似乎很美好，但实际上使其拟解决的问题更糟糕，使其试图救济的人民更痛苦。"激励假设是Townsend（1786）观点的核心。通过社会救济来解决长期的温饱问题会抑制就业率，同时还会增加地主阶级的财政负担，从而阻碍制造业和农业的发展（Townsend，1786，Section V）。Ricardo（1817）预言（显然是夸张的），济贫法的成本将不断上涨到无法控制的地步，"济贫法继续实施下去，扶贫资金会不断上涨，终有一天会花光国

---

[1] Klebaner（1964）指出，官方数据显示，19世纪美国的75%—90%贫困人口都是因酗酒而致贫。参见 Burnett（1969）有关英国贫困的类似观点。

[2] 马尔萨斯和李嘉图在 Sandmo（2013）中谈及这一话题。

家的净收入"。马尔萨斯认为,济贫法鼓励早婚与多生(尽管有人反驳,养老有所保障会降低生育率)。道德风险也进入了人们的视野,在这些政策下,向那些承担高风险和失败的人提供帮助会导致更多的风险行为。因此,很多人认为济贫法成了贫困的起因而非解决办法。美国的扶贫法也引发了类似的争论,出现了一些要求通过改革降低扶贫成本的声音(Klebaner,1964)。

然而,并没有足够的证据表明,济贫法引起的行为反应反而导致贫困。这些证据很可能是加工过的奇闻轶事和特例,且显然是站不住脚的归因主张,如所谓的酗酒高发到底是贫穷的因还是果?另外,当时并没有人认识到,政府不干预济贫也还是会产生高成本——异质风险和信息不对称可能导致私人保险难以获得①,未投保可能影响穷人的生产和投资决策,从而阻碍脱贫的长期前景。例如,针对救济会减少劳动力供应的担忧,Solar(1995)认为,旧的济贫法正好产生了与之相反的结果,因为它提供的失业保障使一些小农开始考虑进入工厂。即使对于处于"高"稳定状态的人(图 21.1 中的 C 点),21.2 节(见图 21.1)中描述的模型,也需要社会保障。这里可以想象一下处于平衡状态的某个人遭遇了极大的负面冲击,超出了不稳定平衡。若他们不能恢复原态,等待他们的将是贫困。比之过度保障,缺乏保障很可能是贫困的一个更重要的原因。

尽管人们对英格兰济贫法的激励效应以及带给穷人的依赖的担忧不无道理,但反对该法的一些言论实则夸大了这种担忧,企图达到自身的政治目的(这种图谋不是第一次也将不会是最后一次)。由于"证据"不足,争论片面,该法律之下的许多潜在经济利益被忽视了。

1834 年,济贫法进行了重大改革(包括废除"斯宾汉姆兰体系")。其间,济贫支出大幅削减,从 1830 年前后国民收入的 2.5% 这样一个峰值降至 1840 年国民收入的 1%(Lindert,2013)。改革使济贫院承担了更多的救济责任。济贫院历史悠久,直到 18 世纪末,伦敦总人口的 1%—2% 都在向当地约 80 个济贫院寻求救济。② 为了使济贫更有针对性,改革扩大了济贫院的责任范围。然而,19 世纪新建的济贫院似乎比以往(《1690—1800 年的伦敦生活》所描述的)更严苛、更奴役人,人们拿到的报酬从来不会高出当地工人的工资标准(Beaudoin,2007)。改革后的济贫法有了更强的针对性,但也失去了旧济贫法广泛的群众基础,甚至成了众矢之的,在一些反对者的眼里,改革后的济贫院无异于牢房。这些"牢房"的环境成了反对者的靶子,狄更斯在其著作《雾都孤儿》(Oliver Twist)的前几章中对此有过详述。改革后的新济贫法很快受到了社会的批评,保守党领袖也颇有微词[包括本杰明·迪斯雷利(Benjamin Disraeli)](Himmelfarb,1984a,1984b)。

---

① 这种社会保险的经济观点经过相当长一段时间的研究后才得以完善,尤以 Rothschild 和 Stiglitz(1976)为代表。

② 参见《1690—1800 年的伦敦生活》中济贫院的词条。在 Hindle(2004)的讨论中也可以看到,在旧济贫法下,教堂常常鼓励人们去工作,法衣室变成了"就业服务中心"。欧洲其他地方也有济贫院,例如荷兰,在 1600 年左右,阿姆斯特丹开办了济贫院(Beaudoin,2007)。

21.5.2 功利主义

19世纪,强调权利和自由的社会契约论失势,其对立派功利主义成为社会主流。与前者一样,后者也兴起于18世纪末,且在此后的200年里对规范经济学产生了巨大的影响,可以说成了"传统福利经济学的理论之源"(Sen,2000)。功利主义之父杰里米·边沁(Jeremy Bentham)受到了实际政策改革的影响,反对"自然权利"等观念[Artz(1934)第83页提到,边沁称《人权与公民权宣言》(*Declaration of the Rights of Man and of the Citizen*)混乱且荒谬]。相反,功利主义主张社会选择应使每个人的效用之和最大化,这里"效用"等同于"幸福"。假设收入的边际效用递减,这一目标成了反对收入不均的理由,因为接受救济的穷人的边际收益都将大于任何均值不变情况下转移支付给富人捐赠者带来的边际损失。但这并没有对再分配进行干预打开大门。假设收入的边际效用递减,效用函数通常意味着,如果总收入与其分布不变,那么就能使收入平等最优化。目前暂不知道收入再分配是否会像边沁预期的那样降低整体产出。即使不考虑激励效应,仅仅引入人际异质性(例如对特定收入水平的效用评价不同),也会推翻收入分配平等会使社会福利最大化的说法。但这一点似乎没有得到和成长权益交易同等的重视。

边沁及其支持者认为,政府干预虽有负面影响,但很有必要,并用功利主义来衡量政府政策实际存在或预期的作用。一些著作(嘲讽地)把这段时期称为"自由放任期",尽管在经济学家眼中,这是政府在制定使社会福利最大化的政策时乐于遵循的原则。然而,真正的问题在于什么是"社会福利"。功利主义兴起之前,一些有影响力的、以权利为基础的政策思想家,如孔多塞,明确主张提高社会福利,但反对将福利和"幸福"或"效用"画上等号(Rothschild,2001)。

19世纪中叶,这种思想逐渐被占社会主导地位的改革派接受,认为国家确实在"改善社会不均与自然的不公正中起了作用"(Mill,1848)。即便如此,大家还是普遍认为贫困是社会常态,穷人依然因穷而受指责(尤其指责其高生育意愿),错不在政府,甚至"保障"的对象也越来越多来自极端情况。最好是希望工人能够理解降低生育意愿的好处。即使是在当时最激进的功利主义者[如约翰·斯图尔特·穆勒(John Stuart Mill)]中,最接近于改良政策的主张是,虽然工人阶级接受教育会降低人口增长,但国家的作用仍然非常有限。

21.5.3 学校教育争论

穷人的孩子很小便开始工作。虽证据不全,但在19世纪中叶之前的英国,工人阶级的孩子七岁便开始找工作的现象很普遍(Cunningham,1990),要维持一家人的生活,所有身体健全的家庭成员都必须工作。

孩子们的工作技能往往由家里的大人传授,游手好闲的穷孩子最令老板厌恶,工作是唯一出路。雇用童工不仅受到宽恕,而且社会上普遍认为这是可取的,人们认为穷孩子失业才是更大的社会问题(Cunningham,1990)。因此,似乎很少有人支持大众公共教育的观点。的确,这点与曼德维尔的观点一致,大家普遍认为大众教育是一种浪费且有一定的风险。到了

19 世纪中叶,在英格兰和威尔士,大约 40％的 5—9 岁儿童都没有入学。①

人们也不认为国家在教育方面应有所作为。关于大众公共教育的争论一直持续到了 19 世纪末,英国尽管富有,但在国民受教育程度上落后于欧洲和北美的大部分地区。

19 世纪中叶,在欧洲和北美的大部分地区,人们对贫困家庭的教育观念发生了明显的变化。此时,重商主义失去了它的影响力,取而代之的古典经济学并不反对诸如公共教育之类的改良政策——这些政策能够使财富分配有利于穷人。在这一时期,工厂里儿童的工作环境越来越多成为小说的素材,且反对资本主义的呼声日益高涨,其中最著名的两个反对者是马克思和恩格斯。越来越多的人开始呼吁改善儿童的工作条件,把教育作为解决失业问题的一个更好的办法,认为这是他们自我完善和向上流动的关键,认为大众教育也有其他好处,例如降低犯罪率。

到 18 世纪末,只有少数几个国家(包括奥地利和普鲁士)将义务教育上升至国家法律层面。② 19 世纪,在英国、欧洲其他国家和北美发生了一场旷日持久的辩论,到 19 世纪末,欧洲和北美也普遍实施了义务教育法(Weiner,1991)。尽管也有人反对政府干预私人决策③,但这似乎不是他们最强烈反对的一点。Mill(1859)在经典著作《论自由》中写道,国家可以强制父母将孩子送入学校,但他本人并不赞同政府垄断教育资源。反对者长期以来一直认为,对穷人的教育会使他们产生不切实际的愿望(Vinovskis,1992)。正如人们所预料的那样,尽管 19 世纪工业资本家更加支持大众教育,因为它可以为工厂提供更熟悉新技术的劳动力,但义务教育的推行还是遭到了一些严重依赖童工的行业的反对[Bowles 和 Gintis(1976)关于美国的部分]。但是,这并不只是资本主义下迎合新技术发展需要的教育问题。有关教育的争论越演越烈,工业资本家在推动义务教育实施的过程中是否有过如此大的作用暂且不知(Vinovskis,1992),穷人家长和当地社区需要大众公共教育的呼声越来越大。19 世纪后半叶,贫困父母希望子女过上更好生活的想法,从早先一个不切实际的愿望似乎已经开始逐渐成为现实。在强制执行方面也有行政约束需要克服,直到 19 世纪中叶出生登记制度建立,逃学法才得以很好地执行(Weiner,1991)。

21.5.4 社会主义

Landauer(1959)发现,人们普遍认为,19 世纪的贫困是社会主义诞生的原因之一。马克思主义认为,贫困和大多数其他弊病的根源在于资本主义本身,且在资本主义经济大环境中,反贫困政策收效甚微,只有共产主义才能真正消除贫困。他们也不重视以往有关贫困的哲学和经济思想,如马克思和边沁一样不屑谈论"权利"。④

尽管如此,值得注意的是,马克思和恩格斯在《共产党宣言》中提出的一些要求到今天仍可视作主流的反贫困思想,包括累进所得税和公立学校教育免费。Fleischacker(2004)指出

---

① 该数据基于 1851 年的人口普查[如 Cunningham(1990)的数据],这个年龄段 39％的男孩和 44％的女孩不是"学生"(要么工作,要么"在家"),随后的教育普及在地域上也极不平衡(Stephens,1998)。
② 一些地方的大众教育也有所进展,如 17 世纪末的马萨诸塞州(Weiner,1991)。
③ 在美国,偶尔会出现这样一种观点:义务教育违反了宪法,这里的宪法指的是内战接近尾声时引入的"反奴隶制修正案",违宪理由为(据称)这种义务教育属于"非自愿奴役"。这就是例子。
④ Fleischacker(2004)引用马克思的话说,权利诉求是"意识形态上的无稽之谈"。

了马克思思想对后世非马克思主义者的影响。如罗尔斯坚持认为,人性在很大程度上是社会环境的产物,与其把贫穷看成个体属性的结果(某些地方喜欢懒惰),不如关注社会对行为的影响。当然,这个观点在马克思主义诞生之前就有,尤其是在卢梭的思想中。

21.5.5 社会调查

19 世纪出现了许多关于社会问题的新研究,贫困日益被视为一个社会问题。用社会研究来推动关于反贫困政策的公共争论。重要的社会研究著作包括 Eden(1797)的关于 18 世纪后期英格兰和威尔士贫困状况的三卷本巨著;Mayhew(2008)有关 19 世纪 40 年代英国贫困状况的新闻报道;弗雷德里克·勒普莱(Frederic Le Play)对 19 世纪中叶欧洲工人阶级家庭的预算研究(Brooke,1998);马修·凯里(Mathew Carey)利用穷人的预算和工资数据"警醒费城的自满阶级进行施舍"(Klebaner,1964);德国统计学家恩格尔(Engel,1857)研究了家庭食品支出与收入之间的关系后,发现了所谓的恩格尔定律,即一个家庭的收入越少,收入中用来购买食物的占比越高。

Booth(1903)和 Rowntree(1902)的研究(基本独立)是当代关于贫困研究的里程碑,记录了 19 世纪末英国伦敦和约克穷人的生活状况。通过看似谨慎的家庭调查向非穷人展示穷人的生活状况,是一项开创性举动。他们的工作受到很多关注。[①] 令英国民众震惊的是,100 万名伦敦人(约占英国总人口的三分之一)生活在 Booth(1903)的节俭贫困线之下,一家人每周生活支出仅 21 先令。且这一调查发生在实际工资上涨一段时间之后,对民众冲击更大。也不能说贫困线标准很宽松。据本人计算,这相当于每人每天 1.5 磅(0.68 千克)优质小麦——节俭线和 20 世纪 90 年代印度的贫困线无太大区别。[②]

布思(Booth)的研究满足了立法者对贫困确切情况和数据的需求。他对老年贫困及其地域变化的实证研究促使英国在 1908 年引入公共养老金(Thane,2000)和 1911 年出台国民保险(Himmelfarb,1984a,1984b)政策。布思和朗特里(Rowntree)的研究也引发了关于贫困的争论。如在布思的书出版 15 年后,阿尔弗雷德·马歇尔认为,德国的贫困程度比布思提出的英国更严重。Marshall(1907)认为,"德国人对英格兰知之甚少,但每个德国人都知道伦敦有 100 万人生活在极度贫困和饥荒之中"。布思和朗特里对贫困问题的观察研究在社会科学研究中有着重要影响。基于此,Hunter(1904)对美国的贫困问题进行了研究。曼(Mann)与其合作者关于印度乡村的研究也受到了布思和朗特里研究的影响(Thorner,1967)。随后,一些学者对特定村庄进行了长期而出色的定量经济研究,这些研究包括阿肖克·鲁德拉(Ashok Rudra)和普拉纳布·巴丹(Bardhan,1984a)、Bliss 和 Stern(1982)、Walker 和 Ryan(1990)、

---

① 布思的贡献在于设计出了贫困线。布思和朗特里提出的贫困线概念并非首创,如 100 年前戴维斯提出的"舒适标准"(Allen,2013)。

② Marshall(1907)估算,21 先令相当于四分之三蒲式耳的优质小麦。根据"蒲式耳"的相关资料可知,一蒲式耳小麦的含水率为 13.5%,重量为 60 磅。假设每户 4.5 人[数据基于 Booth(1903,第 4 章)给出的当时工人家庭平均规模为 4.5—5 口人的下限],因此,布思的贫困线相当于略低于 700 克小麦的人均每天食物总量。当然,这里的小麦充当了等价物。合理的膳食结构应为每人 400 克小麦,其余为肉类、蔬菜和(极少量的)非食品需求。这类似于 1993 年印度的国家贫困线,World Bank(1997)根据该贫困线计算得出的结果为,每日人均食物总量相当于 400 克的糙米和小麦,200 克的蔬菜、豆类和水果,再加上适量牛奶、鸡蛋、食用油、调味品和茶。按此膳食结构购买食物后,每天可剩余约 0.3 美元(按 1993 年购买力平价计算)用于购买非食品类物品。

Lanjouw 和 Stern（1998）。布思的研究方法还影响了英国和美国定量社会学的发展。[①] 约 80 年后，Townsend（1979）对英国贫困问题的实证研究，也显然受到布思和朗特里的影响。他们的研究还启发了 20 世纪 30 年代开始研究美国城市贫困问题的芝加哥社会学学派。

　　19 世纪末，人们对在任何资本主义经济中贫穷不可避免这一长期存在的观点提出了新的疑问，且涌现出了值得关注的改善性反贫困政策观点。虽然 18 世纪后期产生了现代分配正义思想，但直到 19 世纪末才出现建立无贫困世界的想法。那时，"知识分子"已普遍接受了这样一个观点：实际工资水平的上升趋势是反贫困进步的标志（Daniels，1898）。历史学家 Webb（1974）认为，在 19 世纪末的英国，人们逐渐认识到贫困"能够而且必须消除"。[②] 19 世纪与 20 世纪之交，马歇尔（Marshall，1890）在《经济学原理》中提出了本章开头谈到的问题，哀叹穷人的孩子受的教育太少，并概述了消除贫穷的政策，认为这不仅是作为说教式的短期缓和措施，更是认识到持续的贫穷本身就是对创造财富的一种限制的结果。在这本著作中，他提到了"累积的邪恶"：

　　　　孩子越是营养不良，他们长大后赚的钱就越少，因此为下一代的物质需求提供保障的能力就越弱，如此代代积累。

因此：

　　　　财富的不平等，尤其是最贫穷阶层的极低收入，使各项活动相形见绌，并削弱了人们对需求的满足。

　　马歇尔在此提到的"矮化活动"预示着当今发展思想中的一种观念。在这种思想中，尽管某些不平等在"削减需求的满足"方面有内在联系，但它们被认为阻碍了整体经济的发展。虽然马歇尔小心翼翼地避免陷入乌托邦主义［参见 Marshall（1907）的评论］，但其著作反映了一种更为乐观的观点，即社会政策是扩大所有人分享竞争性市场经济潜力机会的一种手段。这里，我们极力推崇改善性政策，如"帮助贫困家庭儿童摆脱贫困"。

　　这种新的乐观态度开始为贫困父母所认同，他们纷纷希望自己的子女能够接受更多的教育。19 世纪末，欧洲和北美的大多数贫困父母似乎认为他们的孩子会遇到更好的经济机会。由于医疗和公共卫生的明显进步，儿童存活率更高且预期寿命更长，人们认为投资儿童教育的风险更小。在 19 世纪早期（和前一个世纪），贫苦工人阶级的孩子除了沦为工人几乎别无其他希望，也没有多少机会比他们的父母更有钱。因此，随着学校数量的增加，大众对教育的需求也随之增加。父母仍在投资于他们的孩子，以帮助他们争取自己未来的福利（目前还没有正式的社会保障制度）。与以往不同，他们对孩子的素质进行了更多的投入。生育率在当时呈下降趋势。

---

① 有关布思的影响，请参阅伦敦经济学院维护的档案。
② Beaudoin（2007）的观点更新，于第二次世界大战后提出。

第一次世界大战后,西方国家对政策干预的热情日益高涨。人们似乎都认为,政府若不能消除贫困就应大大减少贫困(Mencher,1967)。在著名经济学家如庇古(Pigou,1920)的著作中,人们已认识到穷人的收益导致了"国家红利"的消退。绝对贫困的发生率已被公认为是衡量社会进步的重要指标。如著名统计学家鲍里(Bowley,1915)写道:

> 也许,考查一个国家进步与否,最重要的是看贫困比例,且对于观察进度来说,如果一直严格保持不变,关键的确切标准并不是很重要。

20 世纪伊始,统计数据被广泛应用于研究各种社会问题,包括衡量贫穷和不平等程度。关键的方法论问题在于是否可以依靠抽样调查(替代人口普查)且如何取样(目的抽样或者随机抽样)。鲍里、罗纳德·费希尔(Ronald Fisher)和耶里·内曼(Jerzy Neyman)等统计学家推进了基于随机抽样的统计推断理论,尽管几十年后,这些理论才普遍应用于社会调查和经济调查。[①] 贫困计量是一种先进的应用研究,在运用得当的情况下,抽样方法将彻底改变世界各国统计局关于贫穷和不平等系统调查数据的收集工作。

两次世界大战期间,主流思想似乎不再认为穷人的不良行为是贫困的主要原因。这反而折射出一些深层的经济和社会问题,大萧条时期的大规模非自愿失业也说明了这一点。这些情况通过媒体传播给了广大民众。[②] 这一时期虽然开展了大规模的救济工作(如美国的罗斯福新政),但也只是"保障"而非"改善"(Heclo,1986)。

21.6 第二次贫困启蒙运动

从最贫困国家的贫困标准来看,自 1950 年开始,世界绝对贫困的发生率迅速下降,贫困问题进入了一个新阶段。[③] 大约在同一时期,人们对反贫困政策的思想发生了重大转变,这就是可追溯到 1960 年左右的第二次贫困启蒙运动。世界范围内(包括发展中国家中刚刚独立的国家),决策者对消除贫困有了更大的信心。在 1960 年后出版的著作中,"贫困"一词出现的频率不断上升,证明了公众对贫困问题的关注度发生了变化。如果在谷歌的检索软件 Google Books Ngram Viewer(以下简称 Viewer)中输入"贫困"一词,这一点就很明显了(Michel et al.,2010)。Viewer 的计数由当年的词汇总数归一化,得出该词的"发生率"。1960 年前后,该词的"发生率"开始上升。到 2000 年,提到"贫困"的次数达到了 300 年来的最高值。该数据在 2000 年以后继续上升,直到撰写本书时有数据可查的最近一年(2008 年)。事实

---

① Hansen 和 Hurvitz(1943)提出的两阶段抽样法经证实适用于所有发展阶段的国家。抽样调查法的历史(至今)参见 Bethlehem(2009)。
② Agee 和 Evans(1941)描绘美国 20 世纪 30 年代南方佃农生活状况的照片和文字就是一例。
③ 基于 Bourguignon 和 Morrisson·(2002)及 Chen 和 Ravallion(2013)的估计,这一点在 Ravallion(2015)的观点中有所体现。

上，在时间序列适度平滑的情况下，自 1600 年以来，2008 年文献中提到贫困的次数最多。[①]现在对贫困的关注度似乎超过 1800 年以来的任何时期，而赤贫发生率则处于同期以来的最低点(Ravallion,2015)。

与第一次贫困启蒙运动类似，第二次运动充满了激进的疑问和骚乱。但与第一次不同的一点是，它并不是在绝对贫困加剧之后出现的。在此期间，世界各地都有对新自由的要求，世界上富裕国家出现了社会动荡和内乱，新的政权与世界上贫穷国家的许多政治和经济动荡掺杂在一起。[②]与第一次贫困启蒙运动类似的还有，新的学术思想对反贫困政策产生了重大影响。

在哲学和经济学中，20 世纪 60 年代和 70 年代，人们再次质疑功利主义范式，质疑其作为公共行动消除贫困和不平等的基础，以及作为公共政策内其他内容的基础。功利主义的反对者质疑，给予富人足够大的收益是否能成为给最贫困的穷人带来福利损失的理由？我们提出了一个将帮助最贫困的人放在第一位的伦理优先的例子。就像罗尔斯(Rawls)提出的正义原则一样，我们将在后面章节讨论这个问题。20 世纪 70 年代推行功利主义模式，反对效用不公平，如随着效用水平的下降，依附于更高效用的边际社会福利下降。原则上，在足够高的效用水平上，边际社会福利可以降至几乎为零。一旦有人进一步允许边际社会福利在某个点以上趋近于零的可能性，那么将减贫作为优先事项就可解释为社会福利最大化的负面效应。[③]无论是否采取额外措施，对于公共政策的社会福利目标，这些不同的新兴学派显然有一些共同的观点。

对许多经济学家来说，更有争议的一步(它仍然具有争议性)是重视"权利"和"自由"的内在价值。在第二次贫困启蒙运动中，人们显然对经济学中对于个人权利和自由的关注度不够而不满。当然，在自由贸易中，经济学却常高度肯定自由的价值，但也仅是一种工具价值——竞争性交换的优点来自长期存在的边沁主义或帕累托主义制定的政策目标。如果不把某些权利放在第一位，那么道德上有争议政策的范围就很明显。[④]出于这种担忧，主流学术界和政界对贫困问题的思考都受到了非功利主义思想的影响，认为自由是核心问题，这在Sen(1980,1985,1999)的著作中表现得最为明显。这种观念认为，贫穷从根本上说是缺乏个人自由，无法过上自己想要的生活——用森的话说，这是对基本能力的严重剥夺——而这种自由具有压倒一切的道德价值，这可追溯到第二次贫困启蒙运动。

许多政策问题，包括关于反贫困政策的辩论，都要求对效用进行某种形式的人际比较。

①　这里可以看到 2008 年以前(可能更早)的相关描述。1634 年和 1659 年出现了两次高峰。早年来 Viewer 数据库显示词汇量很低，通常每年只有几本书。这些峰值很大程度上反映了当时频繁使用"贫困"一词的书只有一两本。这个数据显然不真实。当平滑参数大于 3 时，峰值年成为该序列的最后一年，即 2008 年。还要注意，单词计数是区分大小写的。句子中单词大写在 17 世纪和 18 世纪的英语写作中更为常见，因此把这段时期的大写单词统计进来很重要，但 1800 年后就没必要了。
②　虽然 20 世纪 60 年代是西方历史上的一个著名时期(出现了呼吁和平、种族和性别平等的新运动)，但发展中国家也发生了许多大事件。仅 20 世纪 60 年代，非洲就有 32 个国家宣布独立，尽管这些国家常常发生边界之争。
③　Ravallion(1994a)的著作中对该解释进行了进一步的讨论(显示了将不平等厌恶引入贫困测量，并且允许个人经济福利数据出据测量误差时)，最大限度减少贫困的政策目标可按人们的偏好制定，以应对普遍平均主义的社会功能的消极影响。
④　例如发展中国家为使贫困父母少生孩子而施行的各种强制性措施[参见 Hartmann(1987)所描述的例子]。

然而,在 Robbins(1935)写了一本有影响力的书之后,直到 1950 年前后,经济学家们才试图将福利经济学从人际比较中剔除,使对于贫穷或收入分配进行一般的规范经济分析几乎没有余地。[1] 在这一问题上出现的一个转折点是 Arrow(1951)的著名定理。[2] 在适当的时候,阿罗定理(Arrow's theorem)和随之产生的社会选择理论再次证实,在讨论反贫困政策时需要某种形式的人际可比性。[3] 伦理上的考虑很快就完全回到了经济学家的政策分析中来,虽然人们也认识到,并不是所有这些分析都需要完全可比的基数效用(Sen,1970b)。人们也接受了仅凭需求行为来推断唯一可比效用全是徒劳的观点[尤其是在 Pollak 和 Wales(1979)提出了相关观点之后]。20 世纪 70 年代和 80 年代,该领域有了新的突破,即贫困和不平等的测量建立在更坚实的理论基础上。[4] 自 1970 年以来,人们对贫穷和不平等的测量理论和实践产生了极大的兴趣(Ravallion,2011)。

经济学领域看似神圣的其他一些观点也开始遭到怀疑,包括人民是否具有理性,尽管产生于行为经济学的一些"非理性"言论似乎更多源自效用函数的有限表征或者对误差的有限折让(Saint-Paul,2011)。即使是社会福利必须在所有效用中增加的观点(帕累托原则),也在作为政策制定的充分或道德上有说服力的基础方面遭到质疑[如 Nath(1969)]。人们甚至发现帕累托原则可能并不支持看似温和的个人自由要求(Sen,1970a)。

20 世纪 70 年代,人们还对竞争性市场分配的效率提出了更多疑问。"市场失灵"[由 Bator(1958)提出]一词已被广泛使用,尤其是劳动力和信贷市场的不完善被视为理解贫困的关键。自大萧条(the Great Depression)时期以来,人们怀疑"劳动力市场具有竞争力使得工资率调整以解决任何失业问题"的观点。20 世纪 60 年代,在理解富裕国家的贫困问题上,特别是在 Doeringer 和 Piore(1971)之后,双重劳动力市场的概念受到更多关注。劳动力市场上一些人工资高、福利好,而另一些人工资低、福利少。Bulow 和 Summers(1986)发现,鉴于某些活动中监测工作量的高昂成本,这可能是一种平衡,因此对于这类工作,利润最大化的公司支付高于市场清算水平的高工资[继 Shapiro 和 Stiglitz(1984)之后]。其他监测成本较低的活动构成了有竞争力的部分,由工薪阶层的穷人从事这类工作。

在这一时期的其他文献中,Akerlof(1970)揭示了信息不对称将导致信贷市场失灵的事实,如出借人对借贷活动的信息了解程度不如借款人时,信贷流程将受阻。这在一定程度上解释了机构和政府在促进市场信息流通和拓宽合同类型方面所扮演的角色。例如,信息不对称为租佃分成制的存在理由提供了新视角(Stiglitz,1974)。由于土地所有者无法了解租户的工作状况,二者之间订立最优契约则可以达到风险承担和工作激励的平衡。因此,风险便由二者共同承担。

新的信息经济学对理解贫困具有重要意义。在一个完善的信贷市场中,即便是贫穷的

---

① 有关收入分配思想史上这些问题的权威综述,请参见 Sandmo(2013)。
② 1785 年孔多塞率先提出,经 Arrow(1951)证实,在看似合理的公理下,从一组不受限制的个体秩序中派生出来的,超过三种或更多种选择的独特的社会秩序必须通过外部强制性来建立。
③ 参见 Roemer(1996)的讨论。然而,注意允许人际比较只是阿罗独断结果的可能解决方案之一(Sen,1970a,1970b)。
④ 代表学者如 Watts(1968)、Atkinson(1970,1987)、Kolm(1976)、Sen(1973,1976)和 Foster 等(1984)。

父母也能借钱供孩子上学,待孩子工作后再将这笔钱还上。但如果这些父母比其他人受到更多的借贷限制,那么学校教育就会出现经济梯度的情况,也就是说穷人子女受教育的程度将会比较低。①这种现象几乎无处不在。这种情况下,童工的数量将会增加,贫困家庭的孩子接受的教育也会极为有限。因此,贫困将一代又一代传递下去。风险市场失灵可能也会产生类似的影响。父母若不能承担孩子受教育却得不到相应回报的风险,那么他们就不会在这方面投入很多。

在适当的时候,这种经济思想将使得财富初次分配不均的问题继续存在,并阻碍整体经济的发展,21.8 节的内容会接着讨论这一问题。经济学还指出了改善型反贫困政策的范畴——基本上旨在补偿信贷和风险市场失灵的政策,如义务教育法和公众对学校教育的支持,特别是对贫困家庭儿童的支持。21.9 节将继续讨论这一政策。

21.6.1 罗尔斯正义原则

如果谈及第二次贫困启蒙运动中的哲学里程碑,那一定是罗尔斯(Rawls,1971)的《正义论》(*Theory of Justice*)。借用社会契约论的早期观点(见霍布斯),罗尔斯提出,鉴于自己在现实世界中的"无知之幕",正义原则应是平等人士之间达成的社会契约[对无知的忽视是一种思想手段,以确保道德上无关的(继承或获得)现实世界中的优势不会影响对分配正义的判断]。罗尔斯认为,这种观点下将出现两个原则。第一,每个人都应享有平等的权利,享有与所有人权利一致的最广泛的自由。这一原则源自 18 世纪末出现的自由思想,在法国大革命期间很流行。第二,由于自由所需的条件限制,社会选择只有在有效的情况下才应允许不平等,即只有当双方都因此生活得更好时才允许有差别,这就是罗尔斯所说的"差别原则"。

就平均主义而言,第二条原则比法国大革命时期的主张更激进。然而,并不是那种认为平等总是胜过效率的激进平均主义。事实上,在这种道德原则下,若最穷的人在 A 社会生活得更好,则人们会更倾向于不平等程度很高的 A 社会而非平等的 B 社会。因此,该原则偏向于使最穷人口的利益最大化,因而被称为"最大化最小值原则"(maximin)。有人解读为将最低收入最大化,显然这不是该原则所提倡的,而是使社会最穷群体的福利最大化。罗尔斯所说的"最穷"人口是指他们对"基本益品"的控制。基本益品是指确保一个人能自由地过自己想要的生活所需要的一切,这比通常所说的"基本需要"的范围更广,因为它包括社会融合需要和基本的自由,简言之,即权利和资源。

正如罗尔斯所想,我们需要一个指数来确定最少受惠者。可能是想与功利主义断绝一切联系,他拒绝使用"效用函数"(或"福利函数"),这显然是他在讨论"指数问题"时的想法(尤其是 Rawls,1971),即表示已接受权衡的函数。罗尔斯认为,权衡与个人对基本益品的偏好一致的说法很有说服力(Rawls,1971)。然而,在他看来,我们无须关注非穷人的偏好,因为非穷人的基本益品向量必然支配穷人的基本益品向量②(这个实证问题在缺乏数据的情况

---

① 这是一个关于贫困如何持续的重要经济模型中的假设。参见 Loury(1981)。

② 更通常来说,罗尔斯的最大化最小值原则所要求的基本益品向量的偏序不需要运用数学上精确的集合函数,仅通过指定该函数的某些通用属性,就可能实现充分合理的偏序。更多细节请参见 Atkinson 和 Bourguignon (1982)。

下是个合理的假设)。因此,最穷的人的效用函数应在初级商品总量中起决定性作用。①

第二次贫困启蒙运动的思想根源在于第一次贫困启蒙运动。罗尔斯认为,他的差异原则是对"博爱"(法国大革命的口号之一)的一种解释:"除非有利于那些不太富裕的人,他并不希望获利更多。"第一次贫困启蒙运动中"博爱"的愿望经历了自然发展(虽然花了很长时间)。人们认为功利主义与博爱相冲突,因为功利主义可以以总效用的名义证实个人损失的合理性。富人获得好处可以成为造成穷人损失的理由。以效用之和来衡量,个人利益从属于共同利益。而罗尔斯并不认同这些观点。

罗尔斯认为,自己的理论是对康德思想的诠释,应赋予穷人行使任何以他们为代价使富人获利的否决权。与 200 年前的主流观点截然相反,他反对使自己贫穷而使他人获得财富的手段。功利主义(相反)不能保证一个令人满意的最小效用。② 只有在确保达到令人满意的最小效用时,社会契约才能稳定,因为满足这一要求的制度将产生自我支撑(Rawls,1967)。

这里可推断的是,只要最少受惠群体对社会安排感到满意,那么生活更好的人就没有抱怨了(Cohen,1989b)。当然,这种推理在现实世界中值得怀疑,因为那些非最贫穷阶层的人在评估任何政策时有可能会考虑相反的情形。但回想一下,社会契约是在缺少有关现实世界地位信息的情况下形成的。罗尔斯认为,最大化最小值原则更有可能是在无知之幕背后做出的理性选择。

罗尔斯的正义理论带来很多争议。Harsanyi(1975)质疑,即使在无知之幕背后,对于社会契约的选择,最大化最小值原则是否比平均效用的最大化更合理? Roemer(1996)也质疑最大化最小值原则是否真能成为解决方案。这些批评都基于这样一种假设,即无知之幕背后的各方将最大化预期效用,预期效用又完全取决于他们自己的消费(和休闲)。这就要求主观概率可以分配给无知之幕背后的所有状态,罗尔斯(Rawls,1971)对此提出疑问。③ 引入社会偏好也会影响批评。

关于罗尔斯理论的其他批评也出现了。《正义论》问世后不久,Nozick(1974)发表了自由主义评论,他把历史产权置于首位,尽管从伦理角度来看,人们一直不明白为什么产权永远不会被质疑。④

Sen(1980)对罗尔斯的基本益品概念提出了异议,认为该概念没有充分反映人们追求自己目标的自由,他承认人们将基本益品转化为自由的能力有差异。这使得 Sen(1985)将福利概念化为基本"能力"——"人们能够成为什么和做什么(而非他们拥有的方式)"(Sen,2000)。

正如 Pogge(1989)所指出的,人们可在不认同罗尔斯社会契约论的情况下捍卫他的正义原则的核心思想。Roemer(2013)提出了另一种最大化最小值原则,但出发点不同,即期望社

---

① "我们唯一关心的指数问题考虑的是最少受惠者群体"(Rawls,1971)。
② 尽管 Dasgupta(1993)指出,古典功利主义可以修改,纳入限制条件,使任何效用都不允许低于规定的最低限度,但据我所知,这从未发生过。
③ 请看 Harsanyi(1975)的回应。
④ Pogge(1989)回顾了这点和其他对罗尔斯正义原则的批评,并对罗尔斯的原始观点进行了重新解释和(有力的)辩护。

会中机会均等。这种解释基于这样一种观点,即贫困反映了个人所面临的外部环境及个人的努力。将努力与环境清晰分开仍是严峻挑战,但概念区分影响了对反贫困政策的思考(正如下文所述的长期以来政策争论所认为的那样)。在争取机会均等的过程中,我们不想把每个人的机会降到共同但较低的水平。相反,Roemer(2013)主张源自"平均机会伦理"的政策选择应使最少受惠群体的福利最大化,这由外生"环境"中的一个向量决定,而这个环境不可追溯到个人所做的选择。①

罗尔斯为反贫困政策的概念基础开辟了新的非功利主义思维方式。这标志着回归第一次贫困启蒙运动中出现的主题,尽管在第二次贫困启蒙运动之后,这些公式更为完整和严谨。人们不再把贫困仅仅归咎于穷人的不良行为,而是认为贫困在很大程度上源于他们无法控制的外界情况,如出生的环境、市场状况和政府失灵。这一视角为改良政策提供了一个更有力的理论基础。人们仍然认为个人责任起着很重要的作用——贫困有时确实来自错误的选择,但这已经不再是显性模型。在哲学家(如 Cohen,1989a;Arneson,1989)和经济学家(包括 Roemer,1998;Fleurbaey,2008)的著作中都出现了基于机会的严谨公式。

截至2015年,人们讨论的重点是第二次贫困启蒙运动中新哲学和经济思想。对于政策制定来说,同样重要的是新数据、基于这些数据的新的实证研究,以及这个时代更受欢迎的著作和社会运动。接下来我们将会谈到这些。

21.6.2 美国贫困的重新发现

在20世纪后半叶,工业化国家的社会开支激增(Lindert,2004)。《观察家》(Viewer)显示,公众对反贫困政策明显更多关注"反贫困""扶贫"和"再分配"的意义(Ravallion,2011)。人们对"再分配"的关注度于1980年左右达到顶峰。大萧条时期,"财富再分配"被频频提及,而二战期间对这一术语的使用慢慢减少了,直到1960年,一个新热点出现了。

美国主流思想的变化尤其明显。在民权运动后(始于1955年前后),一些影响力较大的社会评论如加尔布雷思(Galbraith,1958)的《富裕社会》和哈灵顿(Harrington,1962)的《另一个美国》(二者都是当时的畅销书②),促使贫困在繁荣的社会环境中再次进入公众视野。哈灵顿的书颇受欢迎,实在令人惊讶:第一次只印刷了2500册,但到了20世纪90年代中期,该书已售出130万册。

公众文化水平的提升促使他们再次关注贫困。第一次贫困启蒙运动缺乏理论和数据。当下我们理所当然地认为,测量贫困、计算扶贫成本和了解公众行为都需要数据。同时,这些理论是否能代表穷人的利益目前也还不清楚。但在20世纪50年代发生了变化。像哈灵顿和加尔布雷思这样的作者可以构想出容易获取、基于知识的观点,包括来自样本调查的测量结果。20世纪60年代初,令人震惊的是,美国官方数据显示,几乎每五个美国人中就有一个处于贫困状态。

尽管80年前布思和朗特里倡导的量化类型十分重要,但媒体和畅销书中公布的可靠定

---

① 这假设存在一个由所有向量控制的唯一向量。考虑到选择(努力)的不同,Roemer(2013)建议根据平均努力水平,最大限度地提升最少受惠群体的平均福利水平。

② 自20世纪60年代起,《观察家》中这两本书的引用数量急剧攀升。有图为证。

性观察也对顶层的政策制定产生了巨大的影响。很多人受到了哈灵顿的影响,试图"描述数据背后隐藏的现象"。这是一项旨在通过知识促进变革的研究。1993 年,在《另一个美国》的再版序言中,Howe(1993)描述了这项研究的基本前提:"……如果之前人们了解现实,他们就会义愤填膺;如果人们意识到'隐形贫困人口',他们就会采取行动消除这一全国性丑闻。"

加尔布雷思和哈灵顿描述了美国出现的一种新现象——"少数贫困"。长时期的扶贫使得现在的贫困人口占少数,虽然总数仍然很多。尽管整体的经济增长使很多"旧穷人"成为新的中产阶级,但仍有一些穷人依然暂时或者永远都无法摆脱贫困。基于实证研究所显示的父母收入和学校教育对孩子的生活机遇的影响,人们对美国向上流动和机会均等的普遍看法也受到了质疑(Duncan et al.,1972;Bowle and Gintis,1976)。

加尔布雷思和哈灵顿在理解美国这种"新贫困"方面存在着分歧。加尔布雷思指出了许多旧穷人无法获得新机会的两种原因。其一是身体或精神上的残疾,即加尔布雷思所说的"个案贫困";其二是一些穷人生活的地理环境比较闭塞落后(他提到的孤岛贫困)。哈灵顿虽然不反对,但认为这种分类并不全面,因为同样受到了经济扩张的负面影响,有许多穷人却因此受益。重大经济变化造成一些人的贫困且他们无法脱贫。鉴于此,哈灵顿提出了一个重要的观点——即使整体经济发展有利于穷人,也还是会有穷人存在。这与 21.2 节中的财富动态模型很像,其中巨大的负面冲击造成了持续的贫困,而回到正轨并不是一件易事。

美国的政治回应包括新的社会纲领,尤其是 1964 年的《经济机会法案》(Economic Opportunity Act),该法案被称为约翰逊政府的"反贫困战争法案"(Sundquist,1968)。从一开始,这一政策的拟定就没有包含功利主义和福利主义的条款,尤其强调机会。另外包含今天依然还在实施的"开端计划"(Head Start)(更多内容见 21.9 节)。其他支持这场反贫困战争的数据和知识源自 1966 年新成立的国家研究所——威斯康星大学麦迪逊分校贫困研究所。该研究所负责研究美国贫困的原因并对反贫困项目进行评估。①

由此可见,反贫困战争并不是由美国公众舆论的巨大转变促成的。事实上,Heclo(1986)通过美国民意调查了解到,在福利支出是否应该增加的问题上,公众的意见不一致。政治反应似乎是由证据和想法引起的,而不是为了吸引选民。虽然其间因果尚不清楚,但值得注意的是,美国的贫困率在 1960—1980 年有所下降(Meyer and Sullivan,2012)。②

类似于第一次贫困启蒙运动,反贫困战争在过程中也曾遭到过强烈反对。其中一次便来自默里(Murray,1984)的著作《失落地》(Losing Ground)。如同 19 世纪初马尔萨斯等人的强烈反应,人们对行为的不利激励效应的担忧日益凸显,如有人认为针对单身母亲的福利会加剧家庭的破裂。然而,这样的观点与旧贫困法的相关争论一样,几乎是空穴来风,而与之相反的证据被找到了(Ellwood and Summers,1986;Hoynes,1997)。20 世纪 90 年代,美国进行了改革,在宣布"反贫困战争"30 年后,开始进行"对福利的战争"。③

[尽管(再次)将问题仅归因于社会政策会被质疑],但值得注意的是,1980 年前后,美国

---

① 在他们的网站上可以找到与该研究相关的历史资料。
② 收入和消费都是如此。1980 年后,尽管以消费为基础的衡量标准继续下降,但收入贫困率又回升了。这些措施的选择见 Slesnick(2001)。
③ Katz(1987)使用了这个术语。也见于 Albelda 等(1996)。

收入贫困率不再下降,甚至之后出现逆转。同样,逆转是伴随着美国贫困人口结构的显著变化而产生的,这对老年人来说是件好事。事实上,1980 年以后,尽管速度较慢,但美国老年人的贫困率继续下降。Lindert(2013)将其归因于美国社会支出偏向于老年人而非年轻人,与其他富裕国家一样。

为了找到繁荣的美国出现贫困的原因,20 世纪 60 年代出现的"贫困文化"和"下层阶级"的观点引起了广泛的争论。与以前的争论一样,批评人士认为,这些观点将贫穷归咎于穷人忽视了根深蒂固的"结构性"不平等问题(Gans,1995;O'Connor,2002)。在某些"下层阶级"的观点中,如 Wilson(1987)的《真正的弱势群体》(*The Truly Disadvantaged*)一书认为,"贫穷文化"源于结构性不平等,并做了部分解释。与哈灵顿的观点一致,他强调宏观经济因素,包括经济结构变化、城市结构变化和总失业率。

尽管关于是否存在政策干预空间以改变文化的争论仍在继续①,但 200 多年来,我们清楚地看到,人们对贫困的看法发生了重大转变,从主要指责穷人,转变为发现更深层次的自身不可控因素,且还受制于公共行动。这种新观点并不否认个人的责任,也不否认错误或看似非理性行为的范围。② 在适当的时候,也有证据表明,贫困的压力降低了认知能力(Mani et al.,2013),再次将因果混为一谈。然而,关键是"不良选择"只是贫困的原因之一。希普勒(Shipler)在谈到美国的贫困工薪阶层时说:"每个人的生活都是不良选择和运气不佳共同造成的,人生道路没得选择,或者由于出生或环境原因而意外被切断。"

21.6.3 相对贫困与主观贫困

在第二次贫困启蒙运动之前,贫困主要表现为绝对贫困。③ 而从 1960 年起,世界上许多富裕国家的情况发生了根本的变化。④ 美国和西欧在第二次贫困启蒙运动中都注意到了"相对贫困",且国家也认同这一点。基于这一点,贫困的定义取决于人们所谈论的社会的平均生活水平,因此可以预期贫困将随平均水平的变化而变化。⑤ Fuchs(1967)大概是第一个明确提出贫困线应为中等收入的 50% 的人。原因很快就会明了,我将把这些措施称为"强相对测量"。

虽然本节前面提到的美国所有争论都在大西洋彼岸得到了回应,但这种强烈相对贫困的新观念在西欧比在美国产生的影响更大,在发展中国家却没什么影响。其中,西欧使用最广泛的贫困定义源自富克斯(Fuchs)的建议,国家贫困线通常设定在当前平均数(或中位数)的固定比例。欧盟统计局(Eurostat)已经在欧洲各国随时间变化制定了这样的相对贫困衡量标准。而后,颇具影响力的卢森堡收入研究(Luxembourg Income Study,LIS)也制定了相应的标准。该研究始于 20 世纪 80 年代中期,在国家层面的汇总统计数据中,贫困线被设定为中

---

① 如参见 Steinberg(2011)对 Small 等(2010)的评论。
② 行为致贫的观点已通过实验在一定程度上得到证实。实验表明,人们的行为不都是理性行为,尽管这些实验,尤其是在优化行为的本质方面,往往也有其他解释(Saint-Paul,2011)。
③ 我所说的"绝对贫困"是指随着时间的推移,实际的贫困线是固定的。
④ Doron(1990)描述了 20 世纪 60 年代的这一变化:"当时的改革者,当然也包括其中的激进派,拒绝了这种保证最低生活水平的绝对方法。人的需要并不是稳定和绝对的,而是相对的,与特定时期的社会环境有关。"
⑤ 在此期间还努力将反贫困措施设定在政府援助最低限度,早期例子是 Abel-Smith 和 Townsend(1966)描述英国的贫困。关于该方法和其他方法的进一步讨论,见 Atkinson(1991)。

位数的 40%—60%。这些测量的直接影响是,当所有收入水平按相同比例增长时,贫穷的测量标准保持不变。

相对贫困的概念在第一次贫困启蒙运动中也能找到渊源。正如 Himmelfarb(1984a,1984b)和其他人看到的那样,亚当·斯密认为贫困是社会特有的。在《国富论》的一篇很著名的文章中,斯密指出了亚麻布衬衫在 18 世纪欧洲的社会作用。[①] 他似乎希望贫困线的制定与社会相关联。

各国情况并不相同。平均贫困线从最贫穷国家每日的 1.25 美元到最富有国家的 30 美元不等(Ravallion,2012a)。美国的官方贫困线约为每人每天 13 美元(虽然低于富裕国家的平均水平),但远远高出贫穷国家的贫困线。然而,随着时间的推移,强相对贫困线与平均值或中值成正比,不再是相对稳定的状态,也就是说,贫困线整体上来说具有弹性。斯密是否考虑过贫困的定义,目前尚不清楚。一些人也许会这样认为,贫困线应是国家之间的相对贫困线,但对某一特定国家而言应是绝对贫困线。美国官方制定的贫困线仍是一条绝对线(具有固定的实际价值)[②],发展中国家几乎所有的贫困线同样如此(Ravallion,2012a)。然而,从逻辑上讲,实际上确定的贫困线不能无限期地与增长中经济体的普遍生活水平相联系。事实上,正如 Fuchs(1967)所指出的,20 世纪 30 年代美国的实际贫困线可能比其 20 世纪 60 年代时低得多。[③] 久而久之,贫困线要有一定的梯度。

相对贫困的概念出现于第一次贫困启蒙运动(很大程度上是该概念的酝酿期),但明确提出是在第二次贫困启蒙运动。然而,人们对于该概念争议很大且至今还在继续。一些学者长期以来关注收入水平相差无几的群体所受到的差别对待。而发达国家相对贫困线的倡导者在比较一个国家的多数人口和少数人口的贫困测量时,恐怕不会认同这种观点。实际上,第二次贫困启蒙运动开始打破过去在这方面的歧视性做法。相对主义显然有道德界限(虽然很少明确)。然而,无论是从效用还是从能力的角度来界定,相对贫困线是基于这样的观点:必须视贫困为福利空间中的绝对贫困。如 Sen(1983)所说:"能力空间中的绝对方法转化为商品空间中的相对方法。"

贫困线为何应呈强相对关系(与平均数或中位数成比例)是个更难以解释的问题。若我们更仔细地考虑相对主义支持者的两种最常见论点,会发现无一令人信服。第一个论点涉及社会包容。在 18 世纪的欧洲,亚麻衬衫就是所谓的"社会包容需求"的一个例子。这种需要的存在是西欧相对贫困线的合理解释。然而,对于最贫穷和最富有的人来说,这件衬衫的价格大致相同。一般来讲,强相对贫困线说明,当平均收入为零时,不能指望社会包容的成本在极限下为零。那样肯定低估了贫穷国家社会包容的成本。

关于强相对测量的第二个论点是,允许"相对剥夺"——人们关心相对于所居住国家的

[①] 近年来,许多研究也指出节日、庆祝活动和公共宴会所起的社会作用。参见 Rao(2001)、Banerjee 和 Duflo(2007)及 Milanovic(2008)。

[②] 在 Orshansky(1963)之后,这一标准被设定为适当饮食成本的三倍。近年来出台了一些补充措施(Johnson and Timothy,2012)。

[③] 富克斯基于必要的粗略计算提出这一观点,声称如果 20 世纪 60 年代在美国的标准应用于 20 世纪 30 年代,三分之二的美国人会被视为贫穷,而罗斯福总统在 20 世纪 30 年代估计的是"三分之一"。

平均或中位数收入的自身收入。[①]　然而,进一步看,这一点也并不那么令人信服。只要我们认为在福利(能力)空间中贫困是绝对的,那么只有当福利仅仅依赖于相对收入(自己相对于中位数的收入)时,我们才能得出这些强有力的相对贫困测量标准(Ravallion,2012a)。也就是说,要假设福利可能并不取决于在既定相对收入下自己的收入。这一假设值得肯定。

所有这些都不否认社会包容需求或相对剥夺的福利相关性。可以说,现在比以往任何时候都更有理由将相对主义纳入贫困测量。问题在于如何做到最好。考虑到最低社会包容成本,我们需要 Ravallion 和 Chen(2011)号称的"弱相关测量"。[②]　其特点是,贫困线不会按比例上升,但对所有有限的平均收入而言,其弹性小于 1。[③]　Ravallion 和 Chen(2013)根据国家贫困线提出了全球贫困测量,采用弱相对贫困线,以绝对贫困线(穷国特点)和相对贫困线(富国特点)为极限情况。

关于另一种贫穷测量方法的新文献强调了将福利和贫穷的衡量标准范围调整为主观问题的调查。调查采用阶梯表的形式(比如从"穷人"到"富人"),也可以是一个更笼统的关于生活满意度或幸福感的问题。[④]　此外,在 Van Praag(1968)之后,研究者开始调查什么样的收入水平对应特定的主观福利水平。这里的一个特例是"最低收入问题",它推导出货币贫困线作为回归函数中个人主观最低收入相对于实际收入之间的固定点。也就是说贫困线是这样划分的:收入低于贫困线的人倾向于认为他们的收入不足以满足他们的需求,而收入高于贫困线的人倾向于认为他们自己有足够的收入。或者说,继 Pradhan 和 Ravallion(2000)后,贫困线可以被确定为福利多个维度的充分性的固定点(贫困线可以被识别为在多重福利维度上满足充分性的固定点)。[⑤]

21.6.4　富裕国家重新探索全球贫困

20 世纪后期,公众和学者对贫困问题的关注度上升了。从 20 世纪 60 年代末开始,发展中国家的贫困和不平等问题开始吸引西方主流学者的广泛关注。[⑥]　此时,人均 GDP 不再被视为衡量成功的唯一标准。例如,世界银行第一任首席经济学家霍利斯·切纳里(Hollis Chenery,1977)在《世界银行 25 年发展概况》的序言中写道:"……经济增长是社会进步的必要条件,但不是充分条件,应更加直接地关注最贫穷群体的福利。"

对大多数发展中国家来说,贫困是"多数人的贫困"——这与加尔布雷思对"少数人的贫困"的描述形成了鲜明对比。贫困数据在贫穷国家独立后的政策辩论中发挥着重要作用,尤

[①]　社会学家朗西曼(Runciman,1966)是该观点很有影响力的一位倡导者。
[②]　Foster(1998)较早地提出了弱相对线。这条线由一条绝对线和一条强相对线的加权几何平均值得出。虽然这也是弱相对的,但弹性是恒定的,而 Ravallion 和 Chen(2011)建议该线的弹性从 0 升至 1——与国家贫困线一致。
[③]　可以这么认为:全球相关的贫困线时间表也应具有这一特性。Ravallion 和 Chen(2013)采用了这一方法下的全球测量。
[④]　这些后来被称为"坎特里尔阶梯表"(1965)。
[⑤]　该文献中各种方法的批判性调查,请参见 Ravallion(2014)。
[⑥]　重要贡献来自 Dandekar 和 Rath(1971)、Adelman 和 Morris(1973)、Chenery 等(1974)、Lipton(1977)、World Bank(1980)、Fields(1980)、Kakwani(1980)、Sen(1981a)、Anand(1983)、Bardhan(1984a)以及 Kanbur(1987)。

其是印度始于 1950 年的全国抽样调查。[①] 在布思和朗特里于 19 世纪末的英国所做的贫困研究中,大约在 1990 年,许多人震惊地发现,按照购买力平价(PPP)计算,世界上大约有 10 亿人每日生活费不足 1 美元(Ravallion et al. ,1991;World Bank,1990)——这是一条基于世界上最贫穷国家的国家贫困线的节俭线。[②] 自 1990 年以来,调查数据的收集范围更大,调查方法有了明显改进;Ravallion 等(1991)最初的预估使用了 22 个国家的数据,每个国家进行一次调查,而 Chen 和 Ravallion(2010)的最新估算则基于 125 个国家的数据,平均每个国家进行 6 次以上的调查。国家统计机构收集家庭调查数据和价格数据的活动往往得到联合国开发计划署、世界银行和国际比较项目等国际机构的支持。这为 20 世纪 80 年代以来国内外反贫困的努力提供了实证基础。数据开源十分重要,且在世界银行生活水平测量研究项目(Living Standards Measurement Study,LSMS)的努力下,数据更加容易获取。LSMS 方便了发展中国家家庭调查数据的收集,而 LIS 则使统一的微观数据的获取更加便捷,但这些数据主要来自富裕国家。

世界银行(World Bank,1990)的报告《世界发展报告:贫困问题》在发展政策领域内颇具影响力,且不久之后"无贫困的世界"成为世界银行的首要目标。随后,许多文献阐述了贫困的相关理论和方法,20 世纪 90 年代也出现了大量贫困问题方面的实证研究。[③] 联合国开发计划署于 1990 年开始发布《人类发展报告》,报告主张采取公共行动促进发展中国家的基础医疗和教育的发展。其间,人们开始认识到,将减少贫困与更好地获得基本服务结合起来对人类发展的重要性(Anand and Ravallion,1993)。斯里兰卡长久以来对基础医疗和教育方面的重视证明,相对于平均收入水平相近的国家,其在人均寿命和其他人类发展指标方面都有很大改观(Sen,1981b)。尽管大多数东亚国家的某些政策仍备受争议,但在 20 世纪 90 年代,长期重视对人类发展的广泛共同投资被视为其经济繁荣的一个重要因素(Fishlow and Gwin,1994;Rodrik,1994;World Bank,1993)。很明显,20 世纪末对贫困政策的思考完全逆转,200 年前,人们认为人力资本的发展对贫困家庭来说是一种公共资源的浪费,现在人们则认为,这是经济增长与发展的重要先决条件。

在此期间,特别是在发展中国家,政策考虑范围有所扩大。在许多殖民地时期之后独立的国家中,出现了反贫困政策的新政治意愿,尽管成败参半。促进经济增长的政策的成效依据其消除贫困的效果(寓于其他目标中)而判定(World Bank,1990)(下一节将回到这一点)。到 20 世纪 90 年代,在讨论对贫困的影响这件事上,似乎任何政策都与之相关。这也带来了新的危险。如果没有某种程度的可分离性,允许工具与目标挂钩可能会导致政策瘫痪。但是,人们往往认为,通过认识到其中的利弊,经济分析和良好判断力的衡量标准能够引导有效的政策措施。政策关注点从保障转向改善也体现在尝试直接干预的政策类型上,这一点我们将在 21. 9 节中讨论。

[①] 特别是著名统计学家普拉桑塔·马哈拉诺比斯(Prasanta Mahalanobis)建立了印度统计研究所后,印度率先在经济和社会统计中应用随机抽样法。该研究所带头进行印度全国抽样调查,仍用于印度贫困状况的测量。

[②] 每天 1 美元的贫困线成了低收入国家的标准贫困线。这里并非精确的 1 美元(基于样本量更大且更具代表性的全国线),按照 2005 年购买力平价计算,为每天 1. 25 美元(Ravallion et al. ,2009)。

[③] 例如 Ravallion(1994b)、Sadoulet 和 de Janvry(1995)、Deaton(1997)以及 Grosh Glewwe(2000)。

21 世纪初,人们对全球贫困的缩减持乐观态度。千年发展目标(The Millennium Development Goals,MDGs)是在 2000 年联合国千年首脑会议上通过的。第一个千年发展目标是到 2015 年将发展中国家"每天 1 美元"(按照 1990 年购买力平价计算)的贫困率减半。Sachs(2005b)在《纽约时报》畅销书《贫困的终结》中概述了他对"为何我们这代人能在 2025 年之前终结极端贫困"的愿景。乐观主义在后来的事件中得到充分证实。按 2005 年购买力平价计算的 1.25 美元/天的贫困线来看,第一个千年发展目标于 2010 年实现,比预期整整提前了五年(Chen and Ravallion,2013)。即便如此,按照最贫穷国家的标准来衡量,这一重要成就仍掩盖不了超过 10 亿人仍生活在极端贫困中的现实。但若 2000 年开始的消除极端贫困的计划继续取得成效,则到 2030 年将有 10 亿人摆脱极端贫困(Ravallion,2013)。减少全球相对贫困的进展将较慢,据不同国家标准,至今仍有超过 25 亿人生活贫困(Ravallion and Chen,2013)。然而,许多国家(无论贫富)都制定了本国消除贫困的目标。2010 年,欧盟通过了"欧洲 2020 战略"的减贫目标,旨在使欧盟生活在贫困线以下的人口减少 25%。

200 多年前的一些争论一直延续至今。例如,在撰写本书时,美国国会正在大幅削减补充营养援助计划的支出,即众所周知的食品券。在众议院委员会的相关会议上,引用一名国会议员的话说,"照顾穷人和饥民是基督徒的义务,而不是政府的职责"(Fifield,2013)。200 多年前,这种说法并不少见。而今绝大多数人显然不认同。

虽然有关贫困的原因和政策方针的争论仍在继续,但现代著作总是基于这样一个前提,即贫困是可以通过适当的经济和社会政策减少甚至消除的。按照该观点,减贫在很大程度上是一项全球公共责任,政府治理水平和经济发展状况(至少在一定程度上)应通过减贫的成果来判断。

21.7　渐进式市场经济理念

20 世纪后期,一种盛行的观点质疑穷人能否从资本主义经济的发展中获益。到 20 世纪 80 年代,畅销学术著作中常谈到一个观点,即经济增长将在很大程度上绕开富国和穷国的穷人。这种怀疑从何而来,是否合理?

一种观点认为,由于贫穷是相对的,因此它可能不会随着经济的增长而消除(见 21.6 节)。严格地说,如果实行有利于穷人的充分再分配政策,并设置与平均值成固定比例的强相对贫困线,贫困仍然可以消除。在不改变相对分配政策的情况下,平均值的增长并不会消除贫困。然而,这种相对主义观点并不是过去经济学家和非经济学家明确接受贫困的理由。事实上,相对主义观点似乎直到 20 世纪 70 年代后期才出现(见 21.6 节)。若用绝对贫困或相对贫困标准来测量,充分的不平等中性增长将消除贫困。[①]

但人们并不期待经济增长呈不平等中性。大多数古典经济学家和马克思主义经济学家认为,即使资本主义经济不断增长,也很难实现快速减贫的目标,甚至根本无法减贫。尽管

---

① 对于任何将相对贫困线设为平均收入以及所有贫困标准度量的函数的线性方案,若认为社会融入的成本存在正的下限,那么这实质上等同于认为,不平等中性增长将会降低贫困水平(Ravallion and Chen,2011)。

斯密认为市场经济的发展能减少贫困,但之后的著名古典经济学家包括马尔萨斯和李嘉图,对实际工资上涨和(因此带来的)贫困的减少不抱希望,这表明他们认为随着资本主义经济的发展,不平等现象将日益加剧。正如在 21.5 节中讨论过的,应工资上涨而形成的人口结构会在削弱增长对贫穷的影响方面发挥关键作用。19 世纪中叶兴起的社会主义运动对减贫前景持同样悲观的看法,但视之为对资本主义的严厉批评。出于对利润的渴求为资本积累提供资金,同时伴生庞大的失业"后备军",这被视为制约实际工资率上升而非人口增长的因素。

长期以来,分配动态一直是发展经济学的中心主题。贫穷是殖民地时期之后独立的国家的政府所关切的问题,但在早期政策导向的讨论中,人们依然对经济增长能为穷人带来好处的观点持悲观态度。大家普遍认为,低收入国家的增长必然是不公平的,且这种观点今天仍然存在。

这一观点基于 Kuznets(1955)提出的"倒 U 形曲线假说",即不平等首先随着贫穷国家的经济增长而加剧,但在达到某个临界收入水平后开始下降。① 虽然文献中有其他理论模型可以得出这种联系,但在库兹涅茨公式中,假设经济包括两部分:低平均值、低度不平等的农村经济和高平均值、高度不平等的城市经济。库兹涅茨认为,工人从农村迁往城市推动了经济增长。假定这一增长意味着农村分配的一个代表性"部分"转变为城市分配的一个代表性部分,并且两种环境中原先的分配状态不变,则可以推导出将某些不平等指数与城市的人口份额联系起来的倒 U 形曲线(Anand and Kanbur,1993;Robinson,1976)。

一些政策制定者似乎错误地推断,这种模式还意味着穷国的经济增长几乎不会给穷人带来好处(这有时反映出,在发展政策讨论中,"贫穷"和"不平等"的概念长期存在混淆)。很明显,对于所有可加性贫困测量,如果农村地区的贫困程度本就很高,那么按上述的库兹涅茨迁移过程来看,总体贫困将减少。对理论模型的错误理解导致关于全面发展战略如何更快地减少贫困的思考误入歧途,这种状况不是第一次了。

当今发展中国家常常从发达国家的经济发展史中吸取经验教训。与 19 世纪资本主义支持者和批评者的预测相反,始于 1760 年左右的英国工业革命基本上是通过提高实际工资水平来减少贫困的,但工资上涨非常滞后。至于到底滞后多久,取决于人们在价格指数争论中的立场。Clark(2005)对英国建筑工人实际工资率的观察表明,工人的工资从 1800 年左右开始上升,而 Allen(2007,2009)则认为,这种增长始于 1830 年左右。但无论如何,悲观主义者似乎都是对的,在技术革新后的至少几十年里,实际工资并未增长。② 尽管英国人口持续增长,但英国人的实际工资到 19 世纪才开始上涨。在该世纪后期,由于冷藏技术的运用和货运成本的降低,欧洲食品价格下降,因此也使得工人的实际工资上升(Williamson,1998)。有证据表明,从 19 世纪中期开始,工人阶级实际工资的增长与营养的改善是同步的。③

---

① 另见 Adelman 和 Morris(1973)、Robinson(1976)、Ahluwalia(1976)、Ahluwalia 等(1979)以及 Anand 和 Kanbur(1993)。

② 参见 Williamson(1985)、O'Rourke 和 Williamson(1997)。

③ 参见 Fogel 等(1983)关于伦敦工人阶级男孩平均身高的数据,它与 Tucker(1975)关于伦敦工人实际工资的数据非常接近。然而,Cinnirella(2008)把转折点(之后平均身高上升)放在更晚的时间,大约在 19 世纪中期。

实际工资率相对于工业革命的滞后使人想到 Lewis(1954)提出的模型,即农村经济中劳动力过剩使工资水平保持在较低的水平。随着技术的进步,现代(城市)部门不断扩大,吸收了这些剩余劳动力,他们的工资才随之提高。Allen(2009)提出了另一种解释,即假设工人太穷而无储蓄,则技术进步对资本的额外需求只能通过非劳动收入的储蓄来满足。然后,利润必须上升才能为所需的投资提供资金,只有在积累了足够的资本后,实际工资才会上升。也即尽管经济有所增长,但高贫困率不得不持续一段时间,因为穷人缺乏支持这种增长所需的储蓄。然而,只要大量工人中每个人都能进行少量储蓄,且这些储蓄能够被有效调动,就能为资本积累提供资金。因此,金融不发达可视为实际工资率滞后的一个因素。

在库兹涅茨假说具有影响力的时候,关于"在经济增长的发展中国家,不平等程度必然加剧"这一预测的实证基础并不是特别可靠。当时可供参考的数据并不多。20 世纪 70 年代初,一场关于巴西经济增长收益分配的辩论,让人们对如何获得更好的调查数据以测量贫困和不平等产生了兴趣。[①] Bruno 等(1998)和 Fields(2001)认为,随着来自住户调查的更优实证的积累,人们发现,随着时间的推移,低收入国家的发展很少符合库兹涅茨假说。我们已经了解到,发展中国家的经济增长通常趋向于分配中性,这意味着不平等程度的变化与同期的平均增长率大致正交(Dollar and Kraay, 2002; Ferreira and Ravallion, 2009; Ravallion, 1995, 2001)。分配中性增长意味着,绝对贫困或弱相对贫困的任何标准度量的变化都与同期的增长率呈负相关。

除此之外,也有不平等收敛的证据,即在不平等程度较低的国家,不平等往往会加剧,而在不平等程度较高的国家,不平等则会减少(Benabou, 1996; Ravallion, 2003)。这与新古典主义增长理论一致,例如 Stiglitz(1969)和 Benabou(1996)证明,完全竞争的市场经济能够减少不平等。正如 Ravallion(2003)所指出的,我们所看到的不平等收敛的证据也可以用 20 世纪 90 年代世界经济政策趋同如何与改革前的差异在不平等程度方面的相互作用来解释。为了弄清原因,假设发展中国家改革分为两类:一类改革前对经济的控制被用来造福富人,人为地加剧了不平等(20 世纪 80 年代大部分拉丁美洲国家的情况);另一类改革前对经济的控制使穷人获益,不平等程度低(如 20 世纪 90 年代的东欧和中亚地区)。那么,自由化的经济政策改革很可能导致财富在穷人和富人之间进行大规模再分配,但在这两类国家,分配的方向是相反的。

全球贸易开放加快了各国生活水平趋同的进程。Williamson(1998)认为,全球化前期(1870—1914 年)促使"大西洋经济"内部扩张和趋同。可以断言,全球化肯定会减少全球贫困。

大多数发展中国家独立后出台的政策都旨在促进经济增长。政府规划在相对封闭的经济中促进发展,但这些政策往往难以得到有效实施。印度的第二个和第三个五年计划及许多其他计划方案,旨在通过加速资本积累和工业化来实现经济增长。这些计划受到古典经济学和哈罗德-多马模型(Harrod-Domar equation)的影响,但这里政策制定者也误解了模型的

---

① 这场争论得益于 Fishlow(1972)、Fields(1977)和 Ahluwalia 等(1980)。

含义。① 在印度的第二个五年计划中，资本货物部门被赋予优先次序，这直接受到了 Mahalanobis（1953）的两部门增长模型的影响。尽管当时有人提出异议（包括 Vakil and Brahmanand，1956），且随后的增长经济学研究也没有发现任何有力的证据证明这种优先顺序是合理的。正如 Lipton（1977）所指出的，规划者们也忽视了亚当·斯密的警告，即在封闭的经济中，食品供应（不足）将限制城市的增长。穷人为工业化进程提供人力资本，工业化进程通常依赖农业的剩余劳动力，而农业为他们提供了大部分收入。② 这些计划对快速实现工业化及其将提高劳动力需求从而减少贫困的潜力过于乐观。工业化进程取代了其他政策，例如，农村基础设施（电气化和道路建设）退居其次。

无论是对贫困变化的分析分解，还是基于回归的分解，都不意味着通过现代部门扩张实现增长的库兹涅茨过程是中国经济增长和贫困减少的主要驱动力（Ravallion 和 Chen，2007）。人们必须另外寻找中国在 20 世纪 80 年代快速减贫的原因，尤其是最初的土地改革（包括家庭联产承包责任制的实行）和商品经济的引入。③ 制造业的增长后来发挥了重要作用，这种成功在一定程度上也可归结为优惠的初始条件，特别是在包括农村地区在内的人力发展投资的投资传承。与许多发展中国家不同，有大量受过教育的农村人口可以为中国劳动密集型的现代产业扩张提供劳动力。

在思考消除贫困的政策时，人们对农村部门所起的作用有许多争论。中国的顺序大致是正确的：1978 年开始的改革开放，国家首先关注的是农村，且土地改革（土地分配和价格方面）提高了农民的生产积极性，大大保证了长期有利于穷人的发展路径——东亚其他地区的情况也是如此。除此之外，世界上少有国家对此进行了正确的排序，中国的经验值得今天的非洲学习（Ravallion，2009）。

20 世纪 70 年代和 80 年代，各国对发展政策优先次序进行了调整。世界银行行长罗伯特·麦克纳马拉（Robert McNamara）于 1973 年在内罗毕发表的讲话标志着国际发展机构在这一方面的努力。虽然"城市偏见"反映了许多发展中国家的政治结构，但发展思想越来越认为"城市偏见"对经济增长和减少贫困不利（Lipton，1968，1977）。然而，实现快速工业化的吸引力（"会走之前先跑"）非常大，再加上资金获得和人力开发方面存在显著不平等，因此随后的增长道路违背了人们的预期，在经济增长和（特别是）减少贫困方面都是如此。

20 世纪 80 年代发生的债务危机推动了国际金融机构支持的一系列结构调整方案的出台，这些方案试图恢复宏观经济平衡和促进经济增长。鉴于世界银行早在 10 年前就提出了"伴随增长的再分配"（Redistribution with Growth）计划（Chenery et al.，1974），令人惊讶的是，它在 20 世纪 80 年代早期和中期的调整计划几乎没有关注过对穷人的影响。尽管这种忽视与 20 世纪 80 年代益格鲁-撒克逊国家对 60 年代和 70 年代分配重点的普遍反对是一致的。世界银行及其资助计划因忽视分配产生的影响至今仍备受指责。至 20 世纪 80 年代末，国际金融机构内部思想开始逐步进行调整，新增加的"通过调整补偿输家"的项目很快得到普及。

---

① 参见 Ray（1998）对经济增长思想史的深刻见解。
② 即使是现在，发展中国家四分之三的贫困人口仍生活在农村地区（Ravallion et al.，2007）。
③ 同样，在韩国，土地再分配改革为更有利于穷人的经济增长提供了初始条件，这催生了高产且有活力的小农场。

今天,很多人认识到,必须从一开始就把解决贫困和不平等问题纳入整个经济改革方案中。

到 21 世纪初,经济学家已有足够证据,确信较高的增长率往往会更快地减少绝对贫困。[①] 2000 年以后,全球经济增长加速了削减贫困的进程,这不单是因为中国经济的增长。中国以外的发展中国家以"1.25 美元/天"作为贫困线统计的贫困率下降的速度,从 1980—2000 年的每年下降 0.4% 上升到之后的每年下降 1.0%(Ravallion,2013)。

特定增长率对贫困产生的影响在一定程度上取决于初始分配。[②] 直观来看,不平等程度很高时,穷人从经济增长中获得的好处较少。Ravallion(1997a,2007)通过长期的家庭调查数据证实了这一点。[③] Easterly(2009)推测,虽然没有证据,但初始贫困率可能比初始不平等更能预测弹性。Ravallion(2012b)提供了该观点的证据,它有力地表明,在特定的增长率下,阻碍减贫进程的不是初始的高度不平等,而是高度贫困。

当然,说增长通常会减少贫困并不意味着任何促进增长的政策都能减贫,或者每个人都会受益。这取决于该政策带来的收益和损失的横向和纵向分配。在减缓穷人从经济增长中获益的过程中,可能会产生纵向的不平等——平均收入水平不同的人们之间的不平等。也可能存在横向的不平等,在这种不平等中,人们有着相同的初始收入水平但境遇不同,一些穷人很可能会因为一项总体上减少贫困的政策而遭受损失[Harrington(1962)曾在《另一个美国》一书中描述新的"少数贫困"时强调了这一点]。

这一观点在有关对外贸易和贫困的文献中有着明确表述。许多研究论证了贸易开放(通常以贸易额占 GDP 的比例衡量)促进经济增长的观点。[④] 在这些跨国回归中,贸易量能否被视为外生因素尚不清楚;贸易量增加可能是经济增长的结果,而不是原因。由于贸易量不是政策变量,因此政策影响并不清楚[参见 Rodrik(1994)、Rodriguez 和 Rodrik(2001)的讨论]。但撇开这一问题,分配效应呢?例如 Winters 等(2004)的综述所述,一些研究将基于调查的国家层面的收入不平等测量数据与贸易、其他控制变量的数据结合起来,以评估贸易开放对分配的影响。证据很复杂。Dollar 和 Kraay(2004)发现,贸易量对不平等几乎没有影响。其他研究却指出其有不利影响。Lundberg 和 Squire(2003)发现的证据表明,贸易量的增加往往会加剧不平等。总的来说,Ravallion(2006)认为在发展中国家,贸易开放的深化与减贫速度之间几乎没有关联。

然而,即使不平等或贫困的测量标准没有变化,在各种生活水平下都会有"赢家"和"输家"。异质性来源较多导致改革产生横向影响。人力和物质基础设施的地域不平衡影响了参与对外贸易的开放所创造的机会前景。家庭人口结构的差异影响消费行为,进而影响与贸易开放相关的相对价格变化对福利的影响。Ravallion(2006)介绍了两个关于贸易自由化

---

① 参见 Ravallion(1995,2001,2007)、Fields(2001)、Dollar 和 Kraay(2002)、Kraay(2006)以及 World Bank(1990,2000)。还可参见 Ferreira 和 Ravallion(2009)的著作中有关该论点与证据的回顾。

② 参见 Ravallion(1997a,2007,2012b)、World Bank(2000,2006)、Bourguignon(2003)以及 Lopez 和 Serveen(2006)。

③ Ravallion(1997a)未发现贫困对增长的弹性随均值的变化而系统性地变化,尽管如果收入呈对数正态分布,那么这种变化在理论上会发生(Bourguignon,2003;Lopez and Serveen,2006)。

④ 在一项平均包含 7 个回归变量(从跨国增长回归分析文献中的 67 个候选回归变量中选取)的对跨国增长进行回归分析的元研究中,Sala-I-Martin 等(2004)报告称,贸易量在三分之二的回归分析中是一个显著因素,尽管它不在该团队选出的 18 个稳健的经济增长预测指标之列。

改革对中国和摩洛哥福利影响的异质性案例研究。结果表明,贸易自由化对不同特点的家庭之间影响的差异相当大(至少一部分可解释)——这些差异影响了他们在相关市场的净交易头寸。

这一切给我们带来了什么?国家独立后发展政策体系中的反贸易政策(有关配额、关税和汇率)不太可能给穷人带来太多好处,他们中的大多数人主要通过非贸易投入来生产可贸易商品。虽然这仍是一种似是而非的概括,但各国在这方面的影响很可能存在相当大的异质性。人们会质疑,将针对任何特定国家的政策建议建立在对斯托尔珀-萨缪尔森标准参数或跨国回归的归纳之上(Ravallion,2006)。例如,一些研究已经发现的证据表明,贸易量的增加加剧了贫穷国家的不平等,但若平均收入较高,贸易量的增加反而会减少不平等(Milanovic,2005;Ravallion,2001)。宏观视角关注对贫困或不平等总体测量的影响,它隐藏了潜在的重要横向影响,并对其他政策领域产生了影响,特别是很可能需要社会保障来补充促进增长的改革(21.9 节进一步讨论了这些政策)。

贸易政策虽然引起了很多争议,但在社会保障方面也发挥了作用。受饥荒影响的食品出口国政府经常发布出口禁令,希望保障脆弱的民众的生活。古典经济学家在反对这些支持自由贸易的政策方面颇具影响力。例如,Aykroyd(1974)描述了 19 世纪初,孟买总督在为他的政策立场辩护时是如何引用斯密的《国富论》(the Wealth of Nations)来反对该地饥荒期间任何形式的贸易干预的。印度在英国统治时期设立的各种"饥荒委员会"反对"旨在帮助保护弱势群体"的贸易干预。同样,Woodham-Smith(1962)描述了 19 世纪中期爱尔兰发生严重饥荒时,斯密和其他古典经济学家对英国响应政策的影响。在现代,有人主张自由贸易作为一种手段,在产出受到冲击时稳定国内粮食消费(World Bank,1986)。其他经济学家则不太认同这个观点。Sen(1981a)和 Ravallion(1987)指出,在遭受饥荒的地区,人们的实际收入下降,但该地区在人们挨饿的同时可能也会产生食品出口。[①] 因此,为了帮助弱势群体,相对于其他可行方案,通过税收甚至出口禁令来限制贸易可能是一种合理的政策反应(Ravallion,1997b)。

有人反对以保护自身不受外部价格冲击(如 2007—2011 年)为目的干预贸易,他们认为干预政策会加剧价格波动(Martin and Anderson,2012)。然而,在缺乏更好的总体跨期平滑选择的情况下,最优的非贸易保护政策将需要通过净食品生产者和净消费者之间的转移支付以实现共同担保。Do 等(2013)的研究表明,这也会加剧价格波动。因此,人们不能简单地认为对外贸易干预是一种不好的社会保障形式,此类保障的特点都有相似性。贸易干预可能会造成价格扭曲,必须根据替代方案产生的扭曲来对其进行评价。在某些情况下,贸易隔绝决定着社会保障的可行性选择(Do et al.,2013)。

关键是避免对政策的一概而论。再举一例(可能比贸易政策更具争议性),考虑积极的产业政策——使用关税、补贴或税收减免以鼓励有前景的一些行业或公司。[②] 支持者指出,

---

① Ravallion(1987)对英国统治时期的印度发生饥荒的时间序列数据的分析表明,总收入效应不足以削弱无限制贸易的消费稳定效应。

② Harrison 和 Rodríguez-Clare(2010)对这类政策及其引发的争论很好地进行了回顾。Rodrik(2004)和 Lin(2012)的研究中有支持性的讨论,Pack 和 Saggi(2006)对此提供了更具批判性的视角。

虽然有一些东亚国家因此获得成功,但有时也淡化了其他国家采取类似政策导致的失败。与其在理论上支持或反对这些政策,不如将重点放在理解这些政策或其他干预措施在何种条件下有效上。

在宏观经济稳定的背景下,任何国家都有可能通过许多不同的政策和有效的公共管理获得成功。有能力的政府能够务实地选择明智的干预措施,将错误干预造成的损害降到最低。然而这样就够了吗? 下一节我们将讨论与财富和收入分配相关的另一组潜在的重要初始条件。

21.8　贫困效用观的最后一击?

一种重商主义思想实质上认为,无论对贫困持何种道德立场,初始收入分配越不平等,任何给定初始收入的长期平均收入就越高。由于在给定的初始均值上,不平等程度越高,(根据任何标准度量的)贫困程度就越高,这基本上是为当下贫困程度高找了一个有利的借口。也就是说,根据这种观点,人们不必担心今天的贫困,因为未来伴随着更高的经济增长速度,贫困将减少。

尽管激励因素一直都起着作用,但这种观点的确切表达形式也在随时间不断变化。重商主义者担心工资上涨抑制工人的工作积极性和国家的出口竞争力。后来,争论转变为总储蓄限制增长。这种观点认为,在一个完全就业(封闭)的经济体中,资本积累受制于国内储蓄总量,而储蓄更多来自富人。因而他们认为,为了穷人的利益而重新分配收入可能会阻碍经济增长,影响减贫。

以索洛模型(Solow,1956)为代表的新古典主义经济增长理论被一些观察家释义为,经济发展具有自动进行自我纠正的特点,在这个过程中,高初始贫困程度最终将因经济增长而降低。按照这种观点,最初为低平均收入的国家(绝对贫困率高)往往有更高的资本边际产量(因为他们的人均资本要少得多且收益递减)。与投资率近似的高收入国家相比,其经济增长率更高。所以最穷的国家最终还是会赶上来。这严格来说是一个动态的过渡过程,而非解释收入稳态水平差异的模型。早期 Barro 和 Sala-i-Martin(1992)提到,在对模型进行适当的控制后,大量的实证工作也证实了条件收敛的预测。

由于索洛模型是一个总量模型,没有异质性,因此用它来证明贫困可以自我纠正令人质疑。该模型不包含不平等。① 而且,即使在他的总量模型中,索洛也很清楚可能会产生"贫困陷阱"(尽管他并未使用这个术语)。事实上,最初(1956 年)的论文概述了人口增长率取决于平均收入的假设非线性,这可能会导致"贫困陷阱"。即人口增长率在低收入时下降,但在高收入时上升,然后在收入上升时逐渐下降。一个处于稳定均衡的低收入国家将需要人均资本增值,以摆脱"贫困陷阱",走上经济可持续增长的道路。

---

① 关于新古典生产函数的假设,当时有很多争论,如索洛模型(Solow model),它忽略了资本的异质性。这种假设的支持者认为,这是一种有利于简化分析的假设。这种假设后来成为现代宏观经济学的主要假设之一。Bliss(1975)对这个争论有深刻的讨论。

20世纪出现了一些质疑"贫穷效用"的思想[Marshall(1890)曾暗示过这一点]。人们似乎一直都认为富人比穷人的储蓄更多,而穷人基本无储蓄[就像Kalecki(1942)和Kaldor(1955)建立的模型]。如此很快就可以得出这样的结论:在给定的平均收入下,贫困率越高,总储蓄就越少。因此,在任何增长受总储蓄限制的经济体中,贫困率越高,经济增长率就越低。但这个结论与我的认知不符。可以理解的是,至少自20世纪30年代开始,人们就认识到,储蓄函数的相同性质意味着增长与平等的权衡,即不平等程度越高,则储蓄越多且(因此促使)经济越快增长。Keynes(1936)质疑了这种权衡的存在,他对失业原因的解释表明,消费需求不足抑制了充分就业,因此提高穷人能支配的国民收入份额将促进经济增长,最终形成充分就业。

20世纪90年代,充分就业经济中的贫困和不平等问题受到了新观点的质疑。这些观点认为,贫困和(或)不平等的社会抑制了投资、发明和改革[1],为反贫困政策在经济发展中可能发挥的作用打开了新的思路。

有人认为,贫困在缺乏有效政策的情况下继续存在的一个理由是,贫困会促进人口的高增长率,而人口高增长率又会(反过来)导致经济增长放缓。之前谈到的索洛模型就能说明后者,即人口高增长率导致经济增长放缓。在该模型中,劳动力的高增长率稀释了资本存量。因此,与高折旧率类似,较高的人口增长率同样降低了人均资本水平(进而降低了人均收入)。[2] 那么前者呢? 现在强调不平等的作用。不可否认,世界上的不平等导致的一个问题是生活在贫困家庭的人往往身体更不健康,更早死亡。这些因素及其他因素(包括依赖子女养老和父母对子女不能一视同仁)继而又产生一个社会经济梯度:贫困家庭的生育率往往更高。总的来说,贫困人口的自然增长率也往往更高。因此,我们可以推测,在人口增长率较高的国家,消除贫困的速度相对较慢。有一些证据支撑该观点。[3]

20世纪后期的文献中记载了一种颇有影响力的思潮,指出了信息不对称和无法制定出具有约束力并可强制执行的合同对借贷限制的影响。信贷市场失灵使得物质资本和人力资本的投资未得到充分利用,假定资本的边际产量递减(这种观点也可延伸到技术创新:假设每个人都有新想法,而穷人想发挥创意时受限更多)。那么,当前不平等程度越高,则意味着在给定当前平均财富值的情况下,未来的平均财富就越少。[4]

本章开头介绍的模型很好地说明了这一点,在这种特殊情况下,财富分配(既定的生产技术)使得阈值对每个人都不具有约束力($w_t > k^{min}$)。因此,在一个不断增长的经济体中,未来财富的平均水平是当前财富分配的一个弱拟凹函数。根据这些函数的标准属性,维持均

---

[1] 见Loury(1981)、Banerjee和Newman(1993)、Perotti(1996)、Hoff(1996)、Aghion等(1999a,1999b)、Bardhan等(2000)、Ghatak和Jiang(2002)、Banerjee和Duflo(2003)、Azariadis(2006)以及World Bank(2006)。Voitchovsky(2009)提供了一个论点和证据。

[2] 可通过Kelley和Schmidt(1995,2001)、Williamson(2001)找到人口增长对人均GDP增长有不利影响的证据。

[3] Eastwood和Lipton(1999,2001)的研究证明,他们对不同国家横截面贫困测量指标的变化对生育率的影响(控制了各种变量)进行了回归分析,发现了人口因素对贫困的不利影响。Datt和Ravallion(1998)利用印度的时间序列数据发现,人口增长率越高,越贫困。

[4] 具有这些特征的模型包括Loury(1981)、Galor和Zeira(1993)、Benabou(1996)、Aghion和Bolton(1997)以及Banerjee和Duflo(2003)建立的模型。

值不变的财富不平等加剧将导致未来的平均财富减少,即增长率降低(Banerjee and Duflo,2003)。当阈值固定时,情况通常不一样。这时包括财富分配较低端(低于 k^{min})在内的不平等将加剧,造成财富的增长率上升。因此,图 21.1 所示的模型类型并不能明确说明不平等的外源性减少将在多大程度上促进总体经济增长,这关键取决于分配中不平等减少发生的精确位置。

借贷限制并非不平等影响经济增长的唯一方式。包括 Alesina 和 Rodrik(1994)模型在内的其他模型也说明,高度不平等导致民主政府实施扭曲的再分配政策。还有一类模型基于这样一种观点:高度不平等限制了提高效率的合作,比如关键公共产品供应不足,或者理想的经济和政治改革受阻。[1] 人们普遍认为有两种主要经济改革是减贫的关键,即使市场更有竞争力和扩大教育覆盖面。但这两种改革在民主社会中受阻,对此,Rajan(2009a,2009b)给出了一个有趣的解释。他认为原因在于,民主社会中的三类人(从市场扭曲中获利的富豪寡头、受过教育的中产阶级和未受过教育的非熟练劳动力)试图维持现状。该模型能帮助我们理解 Weiner(1991)和其他人所注意到的印度扫盲教育进展缓慢的原因。

谈到殖民主义的长期影响,新的观点认为,初始不平等对政策和体制有不利影响。Engerman 和 Sokoloff(2006)对此有所概述。这一观点的实质是殖民主义的地理格局(特别是在北美和南美之间)在某些殖民地造成的初始不平等和人口异质性问题更为严重。人们认为殖民地的不平等主要源于殖民者在殖民地建立了欧洲飞地,这些飞地在很大程度上比当地人更占优势。殖民地的不平等程度越高,就越难以制定出有利于经济长期增长和减贫的改善型反贫困政策(如大众教育)。

但是,是不平等对经济增长和减贫有影响,还是其对贫困、中产阶级规模或两极分化程度等其他因素有影响?不平等显然不等同于贫困,通过在非贫困人口中重新分配收入,我们可在不降低贫困标准的情况下减少不平等,也可在不降低不平等程度的情况下减少贫困(同样,帮助中产阶级可能对缓解当前的贫困作用不大)。实际上,信贷市场失灵的另一个影响直到最近才受到关注。尽管文献强调,在这样一个经济体中,不平等程度越高意味着经济增长越慢,但对于既定平均财富,当前财富贫困程度越高也意味着经济增长越慢。[2] 同样,可以使用 21.2 节中的模型来说明这一点。显然,接近零财富均衡的人口密度越大,之后经济增长就越慢。但如果阈值不固定怎么办?假设贫困线不超过 $k^\star/(\lambda+1)$,设 $H_t^\star$ 为该贫困线最大值的贫困率(人数指数)。现在考虑均值不变时贫困率上升产生的增长效应。我假定,$H_t^\star$ 上升且财富不少于 $k^\star/(\lambda+1)$ 的人会变得更富有。如果事实如此,我们的结论为贫困率明显更高。那么,信贷约束意味着,在给定的平均当前财富水平上,贫困发生率明显更高(贫困发生率根据低于不受流动性约束的初始财富最低水平的贫困线来定义),导致增长放缓。由于这一观点在文献中未被提及,故在附件中再正式解释这一点。

该理论揭示了高贫困发生率的总效率成本。但有一点需要注意,理论预测关注既定初

① Bardhan 等(2000)、Banerjee 和 Iyer(2005)、Acemoglu 和 Robinson(2006)、Rajan(2009a,2009b)以及 Stiglitz(2012)的观点与该观点一致。
② Ravallion(2001)直觉上认为,信贷市场失灵时,贫困会阻碍增长。

始平均财富值下的贫困水平。若不对初始均值进行控制,那么高贫困率是否对经济增长有影响就不明确(见附件)。这里还有两个反向影响,其一是上文所述的条件收敛性,即在新古典主义增长模型中,初始均值较低(因此初始贫困程度较高)的国家之后的经济增长往往更快。而与之相反的第二个影响是,贫困程度上升会产生不利的分配效应。哪一种影响占主导地位是一个实证分析的问题,我们将在本章末讨论该问题。

信贷市场不完善并非唯一表明贫困是初始分配的一个相关参数的论据。Lopez 和 Servén (2009)在 Aghion 等(1999a)模型的效用函数中引入了生存消费需求,表明较高的贫困发生率(无法满足生存需求)意味着较低的经济增长率。在理论中可看到另一个例子,即假设穷人对消费缺乏耐心(高时间偏好率可能与低预期寿命有关),从而导致低储蓄率和低投资率(相关例子见 Azariadis,2006)。在这点上,尽管理论文献关注的是初始不平等,但也可以说初始贫困发生率越高,意味着缺乏耐心的消费者比例就越高,因此经济增长就越缓慢。

营养摄入决定了人力资本存量,因此当考虑过去的营养摄入如何影响工作效率时,贫困潜在的低效率就显而易见了。[1] 如 21.2 节所述,营养摄入充足时才有工作的精力,但随着精力的减少,工作带来的产出也随之减少,参见 Dasgupta 和 Ray(1986)中的模型。贫困家庭儿童的营养状况也备受关注。大量研究表明,儿童早期营养不良(包括食物能量摄入和微量营养素)会影响儿童的成长、认知和学习能力、受教育程度、工作效率,以及成年后可能的收入。[2] 健康的生活环境也很重要。儿童长期营养不良可能源于长期的粪口污染(如缺乏清洁的饮用水)造成的营养摄入或吸收不足。[3] 这意味着在卫生环境改善之前,直接补充营养对改善他们的营养状况(如发育迟缓)收效甚微。[4] 同样,儿童发展的其他方面对其成年后的学习能力和收入有长久影响(Cunha and Heckman,2007)。致贫的因素在产前就已存在。人们认为母亲及产前条件会大大影响儿童发展及其以后的经济状况(Currie,2011;Dasgupta,2011)。因此生长于贫困环境中(包括生活在恶劣的卫生环境中)的人口比例上升,将对该经济体的总产出产生长久的负面影响。贫困将持续。

有关贫困会如何持续有另一种观点,Mani 等(2013)从实验研究和观察中得出的结果表明,贫困导致人类认知能力下降。这一结论与该观点相吻合,即考虑到人类的认知能力存在生理上限,贫困引发的关注会让人忽略影响个人经济发展的其他因素。

尽管文献鲜有提及,但也有关于市场和制度发展的理论。虽然以往的理论认为信贷市场失灵由外在因素导致,但贫困很可能是影响金融发展的更深层原因(也是金融发展不足的结果)。如固定放款成本(每笔贷款和成立贷款机构的固定成本)和流动性限制可能成为极贫穷社会的常态。

一些文献也指出了生产可能性集合与非凸性相关的多重平衡可能性(如图 21.1 所示)。之前提过,Dasgupta(1997)认为,在贫穷国家,工作对营养的需求很容易动态产生这种非线性

---

① Strauss 和 Thomas(1998)对这种关系的证据进行了回顾。Dasgupta(2011)对生物医学观点和证据进行了有用的概述。

② 相关的实用综述参见 Alderman 等(2006)、Benton(2010)以及 Currie(2011)。

③ 这又称为环境性肠道疾病(如 Korpe and Petri,2012)。

④ Kinsey(2013)利用其津巴布韦面板数据指出,这可能是慢性营养不良发生率未下降的原因之一。

状态。该模型预测,收入水平的持续上升可能需要大量外源性股利收入,而看似类似的总体冲击可能产生不同的结果;Day(1992)和 Azariadis(1996,2006)等也讨论了具有这些特征的增长模型。Sachs(2005a,2005b)援引这些模型来论证,要确保目前贫穷国家的平均收入永久性提高,则需要扩大对其的发展援助。

一些有关经济增长的实证文献发现,更高的初始不平等程度,会阻碍经济增长。[①] 就数量上来说,这种影响是巨大的,在统计学上也是显著的。在本书撰写时发表的两项研究中,Herzer 和 Vollmer(2012)发现,基尼系数每上升 1%,长期平均收入就会下降 0.013%,如果用标准差归一化,这大约会影响投资份额的一半的增长。Berg 等(2012)也发现,不平等程度越高的国家,经济增长持续的时间越短,且效应十分明显,基尼系数每上升 1%,增长周期就会缩短 11%—15%。

当然,上述证据并非都具有说服力。[②] 主要原因似乎是一些研究考虑到了增长率中附加的国家固定效应。这点解决了增长率中的时间固定潜在异质性问题。然而,考虑到增长率随时间推移的变化几乎肯定会有一个低信噪比,我们可能无法检测出二者之间的真正关系。模拟研究发现,在固定效应增长回归中,经济增长的决定因素的系数严重趋零(Hauk and Wacziarg,2009)。

该文献中还有一些尚待解决的问题。大量文献使用了消费不平等或收入不平等这两个测度。基于借贷限制的理论指出了资产不平等的重要性而非收入不平等本身。有证据表明,资产不平等会对经济增长产生不利影响。[③]

在有关初始分配的实证文献中,不平等受到的关注最多,且通常用基尼系数来测量(相对)不平等。之所以常用基尼系数,似乎更多是因为在收入和消费不平等测量上更容易获取二手数据资料,而非与经济论据的内在相关性。[④] 但 Lopez 和 Servén(2009)注意到,在过去的研究中,基尼系数的重要性可能反映了一种遗漏变量偏差,因为在给定平均值时,研究者预计不平等与贫困程度高度相关。

在研究初始分配对增长的影响时,还存在相关控制变量的问题。从预测初始分配效应的理论来看,过去测试初始分配效应工作中的规范选择缺乏明确的依据。有三个流行的增长预测指标,即人力发展、投资份额和金融发展。在第一个预测指标中,基础教育和健康素养(通常在增长回归中显著)可以说是连接初始分配与增长的一个渠道。事实上,这也是 Loury(1981)、Galor 和 Zeira(1993)原始论文之间的联系。[⑤] 第二个预测指标是投资在 GDP

[①] 参见 Alesina 和 Rodrik(1994)、Rodrik(1994)、Persson 和 Tabellini(1994)、Birdsall 等(1995)、Clarke(1995)、Perotti(1996)、Deininger 和 Squire(1998)、Knowles(2005)、Voitchovsky(2005)、Herzer 和 Vollmer(2012)以及 Berg 等(2012)。

[②] 参见 Li 和 Zou(1998)、Barro(2000)以及 Forbes(2000)。

[③] 参见 Rodrik(1994)、Birdsall 和 Londono(1997)、Deininger 和 Olinto(2000),他们都使用了跨国数据,Ravallion(1998)使用了中国的区域数据。

[④] Deininger 和 Squire(1996)从二手来源(没有使用一致的假设)汇编的基尼系数,导致了自该论文发表以来文献中几乎所有的检验。

[⑤] 最近,Gutiérrez 和 Tanaka(2009)展示了发展中国家初始不平等达到什么程度就会产生一种政治经济均衡。在这种均衡中,几乎或根本没有公共投资投入基础教育。最贫困的家庭送孩子去工作,最富有的家庭送孩子读私立学校。

中所占的份额,它是经济增长率最有效的预测因素之一(Levine and Renelt,1992),然而,可以说投资总量是分配影响增长的一个主要渠道,且这一结论已在理论文献中得到确定。最后一个指标是私人信贷(占 GDP 的比例),它被用作"金融部门发展程度"的测度,用来解释增长和减贫(Beck et al.,2000,2007)。上述基于借贷限制的理论表明,经济中信贷流动性总量依赖初始分配。

虽然上述这些理论与证据把不平等和(或)贫困视为初始分配的相关参数,但是另一类文献指出了多种原因,解释为什么一个国家的中产阶级规模对那些(尚)未幸运成为中产阶级的人的命运至关重要。有人认为,中产阶级人数越多,国家越可通过培养创业精神、改变消费需求构成及出台政治上更可行的政策来进行有利于增长的政策体制改革。① 印度一直存在这个问题。自 20 世纪 70 年代以来,该国一直有观点认为"不平等"限制了国内消费品市场的规模,从而限制了制造业的增长,如见 Bardhan(1984b)的讨论。也可以说影响制造业增长的根源不是不平等本身,而是中产阶级规模相对较小或绝对贫困的程度在一个相对封闭的经济体中(或多或少)制约了内需。在开放程度较高的经济体中持该观点的人很少。然而,也有观点认为,印度的中产阶级促进了改革(Sridharan,2004)。Easterly(2001)利用跨国回归分析发现,五等分中中间三层所控制的较大收入份额是预测经济增长率的一个重要指标。

因此,最影响经济增长的三个分配参数分别是不平等、贫困和中产阶级规模。在文献中发现的涵盖性检验非常少,且不同的分配度量并不独立,这使得人们对分配的哪个方面真正重要产生了怀疑。如前所述,当增长回归包含平均收入的初始值与初始不平等,但初始贫困仍是一个被排除的相关变量时,不平等度量可能会受到贫困的影响,而非不平等本身。同样,发展中国家主要通过减贫来扩大中产阶级的规模,因此尚不清楚到底是高贫困发生率还是中产阶级规模小阻碍了经济增长。同样,一个"中产阶级"的相对概念,比如占有五等分中中间三层的收入份额的阶层,很可能与一种相对的不平等度量高度相关,从而模糊了这一解释。

或许 Ravallion(2012b)的观察结果是迄今为止支撑该观点的最有力的证据:阻碍发展中国家经济增长的是贫困而不是不平等。我们看到了发展中国家平均生活水平趋同和经济快速增长国家反贫困努力取得巨大进步。然而我们没有发现贫困收敛,且最贫穷国家的减贫率并未提高。Ravallion(2012b)解释了这一悖论,他认为,在给定的初始均值上,贫困的初始发生率较高会阻碍随后的增长(这与上面概述的一些理论相符)。这与近 100 个发展中国家的数据一致,这些数据显示,在给定的初始平均值下,初始贫困率高对消费增长有不利影响。Ravallion(2012b)发现,给定初始均值下的高贫困率比不平等、中产阶级规模或两极分化的影响更大。此外,在任何既定的经济增长率下,初始贫困率高会阻碍减贫。对许多贫困国家来说,由于贫困率高,以较低的平均值起步的增长优势已经丧失。然而,这并不意味着任何反

---

① Acemoglu 和 Zilibotti(1997)以及 Doepke 和 Zilibotti(2005)对中产阶级在推动创业和经济增长中所起的作用进行过分析。中产阶级对高质量产品的需求在 Murphy 等(1989)的模型中很重要。Birdsall 等(2000)推测中产阶级的支持对改革至关重要。

贫困政策都会促进增长。增长取决于许多因素,下一节将对此进行讨论。

以上总结了有关为何在无贫困陷阱的情况下贫困依然会产生持久的效率成本的观点。但当贫困陷阱存在时,贫困的成本会大大增加。因此,我们有必要弄清这些陷阱是否具有经济意义。在先验的基础上,阈值效应的存在是非常可信的。生物学本身就证明了这一点,除非一个人在休息时身体的营养需求依然得到满足,否则任何工作都是无法进行的。这在实践中是否具有经济意义(即使在贫穷的经济体中)则是另一回事。正如 Deaton(2006)所指出的(回顾 Fogel,2004),人们的热量需求可以通过看似适度的在主食方面的支出来满足。① 然而,这个并不是定论。很多人生活在粪口污染的环境中,环境性肠道疾病导致营养的低吸收率。实际上,为满足工作需要而摄入的热量的隐含价格较高,可能比名义上的价格高得多。此外,Dasgupta(2011)认为,工作效率取决于个人成长过程中的营养和健康状况。有人由于长期营养不良(低摄入和/或低吸收率)而发育迟缓,虽当前可以保持营养均衡(能够满足当前的食品能量需求),但其生产力低下,以至于陷入贫困陷阱。这可能并非一个严格的阈值(如图 21.1 所示),而是一个平滑的 S 形函数。

在先验基础上,阈值效应的其他来源也貌似可信。例如,在教育成为脱贫的可行途径之前,最基本的教育是必不可少的[回顾苏尼尔的故事(Boo,2012)]。人们也可以将上述关于贫困如何降低认知能力的观点,解释为其源于生物阈值效应——摆脱贫困需要良好的条件,至少拥有无须担心经济和其他方面压力的时间(Mani et al. , 2013)。

检验阈值效应时,研究人员在一些文献中寻找非人力资本要求中的非连续性,结果很复杂。Ensnared 和 Ravallion(2006)发现了突尼斯新兴企业非线性财富效应,但并未发现其中存在阈值效应。McKenzie 和 Woodruff(2006)也未发现墨西哥微型企业在低水平生产中存在任何非凸性的迹象。Barrett 等(2006)在利用财富数据进行的为数不多的研究中,确实发现了肯尼亚和马达加斯加农村资产数据非凸性的证据。②

在标准微数据集中,也很难检测出理论上合理的动态阈值效应(Day,1992)。首先,根据数据中随时间变化的观测频率,不稳定的"中间"均衡(图 21.1 中的点 B)的存在会产生损耗——赤贫者(包括无家可归者)会直接被排除出数据(Lokshin and Ravallion,2004)。此外,高社会回报和风险分摊也可防止大多数人陷入贫困陷阱。陷阱仍然存在,但正如 Ravallion(1997b)所提到的饥荒的案例,可能只有在那些社会关系破裂的极端情况下,陷阱才会显现。

一个基于信贷市场失灵的模型可验证的含义是,个人财富应该是自身过去价值的递增凹函数。原则上,这可以在合适的微观面板数据上进行检验。虽然大多数数据集只显示消费或收入,而不显示财富。Lokshin 和 Ravallion(2004)证明了匈牙利和俄罗斯的收入面板数据呈凹性,而 Jalan 和 Ravallion(2004)则使用了相同的方法证明了中国也如此。这些研究没有在实证收入动态中找到贫困陷阱所需的阈值属性。Dercon 和 Outes(2013)采用了类似的方法,但也可以说是一种更好的识别策略,他们用证据证明了印度农村许多家庭处于收入动

---

① Subramanian 和 Deaton(1996)利用印度的数据计算出,仅需每日工资的一小部分就可以满足营养需求。类似的推理使得 Swamy(1997)质疑基于营养的效率工资假说。
② 参见 Carter 和 Barrett(2006)的讨论。

态的低水平且不稳定的均衡状态。

大量研究为贫困家庭儿童营养不良和医疗保健不良存在效率成本的说法提供了实证支持。Macours 等(2008)对尼加拉瓜有条件现金转移(CCT)计划影响进行评估后发现,随机分配给贫困家庭的现金,通过用来增加营养丰富食品的摄入量和提供更好的医疗保健提高了儿童的认知能力。这与一些关于补助贫困家庭对弱势儿童的好处的调查结果相一致。[1]

这些数据的结果通通表明,当今人们对通过经济发展来消除贫困的前景更加乐观,也更加认识到穷人从经济增长中受益的制约性。在适当的条件下,经济增长可以成为消除贫困的强大力量。这些条件在很大程度上与初始分配及其演化方式有关。正如我们将在下一节中看到的那样,随着时间的推移,许多反贫困政策的重点已经转移到努力确保在现有的条件下,允许穷人为整体经济的发展做出贡献,从而达到永久脱贫的目标。

21.9 近代的直接干预

如果所有收入情况可查且不引起行为反应,那么保证最低收入十分简单——只需让转移支付足以使每个人达到最低收入。而行政能力、信息制约和激励效果使得社会政策的实施更复杂。而此时出现了一系列干预措施。在回顾目前发现的主要直接干预措施之前,本节讨论了一些共性问题,即信息、激励和政策设计。[2]

21.9.1 共性问题

不同的发展阶段需要不同的政策类型。一般来说,贫困地区的行政能力较弱,这意味着在决定谁应该得到帮助方面,信息的可靠性较差。因此,在发展中国家(包括从发展中国家变成发达国家的情况),特别是在有大量非正式部门的情况下,更普遍的(可能是状态依存的)和(或)针对自身的政策可能具有更大的吸引力。相比之下,在富裕国家中,需要规范化的所得税制度和经过经济状况调查的转移支付往往占主导地位。

在发展中国家,大型非正式部门的存在与社会政策的信息限制和激励限制有关。信息限制很明显,因为非正式性本质上意味着人们几乎没有关于实际受益人或潜在受益人的系统数据。激励限制源自这样一个事实,即非正式部门对正式部门的任何人来说都是一个可行的选择(尽管反过来并不那么正确)。因此,一项只能适用于正式部门工人的社会政策将会产生附加效率成本(通过替代范围),这在纯粹正式的发达经济体中并不会出现。[3]

在所有环境下针对各种形式的直接干预的辩论中,都出现了激励效应。假设在一个信息完全的虚拟世界,向贫困家庭提供一套完全有针对性的转移支付方案(这意味着这些转移支付恰好填补了贫富差距,从而使每个人都达到了理想的最低收入水平),从而将向接受者征收 100% 的边际税。从减少贫困的角度来看,考虑到劳动力供给的反应,这不可

---

[1] 有关该文献的评论参见 Currie(2001,2012)。
[2] 本节概述了 Ravallion(2015)更为全面的反贫困政策讨论。
[3] 同样,非正式部门的企业可以通过现金来逃税(Gordon and Li,2009)。

能是最优的。在有关英国济贫法改革的著名争论发生 140 年后,Mirrless(1971)在他的最优税收模型中最终提出了一个有着激励效应的关于再分配政策问题的严谨公式。Mirrless(1971)的目标函数是功利主义的,但他的方法同样适用于明确的减贫目标。Kanbur 等(1994)的模拟表明,考虑到激励效应,在使用转移支付的最优反贫困政策中,边际税率应为60%—70%。①

与完全瞄准截然相反,我们可以想象一个为每个人(无论他们是否贫穷)提供固定的现金转移的基本收入方案。② Paine (1797)、Rhys-Williams (1943)、Meade (1972)、Raventós(2007)以及 Bardhan(2011)等都支持这一想法。转移支付没有替代效应,因为任何人都无法更改转让收据,但会产生收入效应(包括对休闲的更高需求,但具体有多大影响尚不明确)。考虑到该计划并非针对穷人,参与该计划不会有耻辱感。该计划对效率(和公平)影响的全面评估必须考虑到为其筹资的方法。考虑到可能需要某种形式的个人登记制度来避免“双重收费”,并确保大家庭按比例获得更多的钱,行政成本可能会很低,但肯定不是零。发达国家的提案通常允许通过累进所得税进行融资(如 Meade,1972),在这种情况下,这个想法在形式上类似于负所得税(最低收入补贴)(Friedman,1962),尽管管理模式可能有所不同。Atkinson 和 Sutherland(1989)证明,在英国,基本收入方案可以设计成一种将社会福利和所得税结合起来的可行预算中立的方式。Bardhan(2011)从印度的例子中得出结论,虽然削减目前有利于非贫困人口的补贴可提供更多的融资空间,但在穷国,取决于福利水平和融资方式的基本收入方案的成本可能很高。这种方案类似乎会主导当今现实中的许多政策。例如,比起许多国家仍在补贴正常商品消费的政策,它显然会产生更好的效果。但到目前为止,在实践中,普遍采用统一的现金转移方案的例子非常少(下面会讨论玻利维亚的一个例子)。

在实践中,大部分直接干预介于“完全瞄准”和“没有瞄准”的基本收入这两个极端之间。在收入均值检验是一种可选项的国家(大多数是富裕国家),当收入超过某一水平(在这一水平以下确保提供必要的支持)时,福利会逐步消减。福利退出率取决于预期劳动力供给反应的强度。现今,有了更好的数据和分析工具,未来的政策争论有望更好地弄清实际的行为反应。然而,从我们已了解到的劳动力供给反应来看,在美国这样的国家,穷人显然从转移支付中获得了明显收益(Saez,2006)。

许多国家(包括富国和穷国)近来强调避免福利“泄露”给非贫穷人口,含蓄淡化了对穷人覆盖范围的担忧[如 Cornia 和 Stewart(1995)的观点]。在不能选择福利的收入均值检验的情况下,容易测量的贫困替代指标被广泛用于目标设定。效率问题表明,需使用不易被实际或潜在受益者操纵的指标,但在实践中这点并不明确。地域替代很常见,接受人的性别、家庭规模和住房条件这类指标也很常见。③ 这些方法可被看作一种“代理家计调查”(proxy means test,PMT),其中转移支付是根据每个家庭的分数进行分配的,这些分数可理解为基于

---

① 参见 Kanbur 和 Tuomala(2011)对政策目标的替代描述。
② 这有多种说法,包括“投票转移”“保证收入”“公民收入”“未经修改的社会红利”。
③ Grosh 等(2008)对发展中国家使用的瞄准方法进行了实用回顾并详细介绍了许多例子。

容易观察到指标的预期收入或消费。根据设计情况,这类方案的激励效应可能比完全家计调查更好,对特定支出下的贫困的影响也比投票转移的影响更大。实践中发现另一种主要的瞄准方法是社区自己决定谁最困。这利用了 PMT 通常无法获取的本地信息,但该做法也有被本地精英利用的风险。[1] 然而,政策顾问和决策者有时似乎视"更精准"为政策设计的主要目标,而忽略了瞄准方案只是一种工具且不一定是最好的工具,鉴于上述成本和对瞄准的政治经济反应,目标精准的项目可能会削弱对社会政策的政治支持。[2]

21.9.2 税收支撑的状态依存转移支付

回想一下,英国旧济贫法的核心思想是由税收支撑的状态依存转移支付。在1834年改革之前(我们稍后继续讨论这一问题),政府几乎没有明确救济目标,尽管在某种程度上存在自我瞄准,因为相对富裕的家庭在经历了一些经济冲击后不愿向教区寻求援助。

20世纪的英国,《贝弗里奇报告》中提出了无目标的状态依存转移支付(与旧济贫法一样)。这一想法,为社会保险提出了详细的建议,即所有的工作年龄人口必须支付国民保险费用,以负担失业者、病患、老人及鳏寡者的国家状态依存转移支付。然而,与旧济贫法不同,这不是一项地域性方案,而是国家方案。社会保障政策还有另外两个因素。第一,提议发放家庭津贴,由政府承担抚养子女的费用(一孩以外的子女);第二,考虑到所有收入来源,有人提议为收入低于绝对标准的人增加收入。[3] 虽然这些提议旨在消除贫困,但贝弗里奇反对以固定费率对全民进行资产调查,以节约瞄准成本,并增强社会凝聚力。[4] 过去那种以济贫院为代表的故意辱人的做法将被抛弃。贝弗里奇的计划为1945年当选的新工党政府的政策奠定了基础,保守党对贝弗里奇计划的抵制保证了工党的胜利(Thane,2000)。

美国的社会保障制度源于之前的济贫运动(特别是大萧条时期的救济活动),并在第二次世界大战后不久通过税收提供了相当全面的状态依存转移支付。和济贫法一样,这些政策也引发了很多争论。与1834年济贫法改革类似,自1980年以来,人们越来越呼吁制定更有针对性的政策,从而降低社会保险的财政成本。

目前,在发展中国家,统一但状态依存的转移支付并不常见。发展中国家似乎在很大程度上跳过了社会政策历史上的这一阶段。但我们并不完全清楚个中原因。从健全的政策制定角度来看,也不清楚这是不是一个好主意。对于不使用社会保险的统一但状态依存的转移支付的原因,有时认为这种政策不适合穷国,成本太高,且需要瞄准。虽然社会政策的财政负担不容忽视,但要注意,旧济贫法显然诞生于贫穷国家(按照当前标准)。在大约300年的时间里,旧济贫法看似花费不高,但提供了一定程度的社会保障,促进了社会稳定(Solar,1995)。

---

[1] 有关社区瞄准机制的讨论可见于 Alderman(2002)、Galasso 和 Ravallion(2005)、Mansuri 和 Rao(2012)、Alatas 等(2012)。最后一篇论文将这种瞄准形式与印度尼西亚现金转移项目的 PMT 进行了比较。研究发现,PMT 在帮助穷人方面表现更佳,但社区瞄准机制更符合当地对贫困的看法,也更容易为当地居民所接受。

[2] 进一步讨论参见 van de Walle(1998)、De Donder 和 Hindriks(1998)、Gelbach Pritchett(2000)。

[3] 这被称为"补充利益",在实践中比贝弗里奇设想的更重要,参见 Meade(1972)的讨论。

[4] 在 Thane(2000,尤其是第19章)的研究中有一个关于贝弗里奇观点的有趣讨论。

我们将看到,尽管瞄准政策有好处,但精准瞄准的政策往往有隐性成本,对决策进行适当评估时必须加以考虑。

21.9.3 工作福利制度

欧洲 1600 年左右出现的济贫院可被看作一种规避瞄准信息和激励问题的方法,其作用是鼓励那些真正需要帮助的人去济贫院,并鼓励他们在其他领域能有更好的选择,在不再需要帮助时离开济贫院。这就解决了瞄准的信息问题。然而,它是通过将成本强加给参与者来达到这一目的的,尤其是放弃收入与监禁和耻辱的福利成本[如《雾都孤儿》(Oliver Twist)中的描述]。相对于无瞄准转移支付,如果没有进一步的证据,功利主义和福利主义的评估显然模棱两可。可以说,人们普遍认为,19 世纪的英国济贫院为了确保自我瞄准,过于把成本强加给参与者的做法令人反感。但自我瞄准的观念产生了持久的影响。

济贫院是众多直接干预措施的例子之一,这些措施如今通常被称为"工作福利计划"(workfare scheme)。这些计划将工作要求强加于福利接受者以确保激励相容。印度在 1880 年左右出台的《饥荒法》体现了这一思想,直到今天仍在该地发挥着重要作用(Drèze,1990a)。这些计划有助于应对和预防包括撒哈拉以南非洲在内地区的饥荒(Drèze,1990b)。工作福利也是 1933 年美国总统罗斯福(Roosevelt)为应对大萧条推出的新政(New Deal)的关键内容。

工作福利计划的重要意义在于确保任何想就业的人都能按照预先决定的(通常较低)工资率实现就业。就业保障计划(Employment Guarantee Scheme,EGS)在南亚很受欢迎,特别是(尽管不只是)印度马哈拉施特拉邦就业保障计划,其始于 1973 年,长期以来被视为一个典范。2005 年,印度在全国范围内实施了"圣雄甘地全国农村就业保障计划"。这意味着愿意以该计划所设定的最低工资(往往很低)从事非熟练体力劳动的那些农村家庭,每年将有 100 天的工作时间,而工作要求(或多或少是明确的)被认为是确保该计划惠及印度农村贫困人口的一种手段。[①]

这些计划可以看作在没有其他法律执行手段时,强制实行最低工资标准的一种手段。最低工资始于 19 世纪末,1894 年,新西兰颁布了第一部最低工资法。长期以来,批评人士一直担忧最低工资率会对整体就业产生负面影响,尽管支持者表示实际出现的负面影响可能很小,甚至在买方垄断劳动力市场中能产生正面的影响。然而,在拥有大量非正式部门(包括传统农业)的发展中国家,众所周知,最低工资立法的执行力度一直很弱。例如,Murgai 和 Ravallion(2005)的研究表明,2004—2005 年,印度四分之三临时工的工资低于国家(各邦)法定的最低工资标准。在 EGS 中,任何想要工作的人(理论上)只要愿意以农业的法定最低工资水平从事非熟练体力劳动,就可以找到工作。

EGS 与最低工资立法之间的一个重要区别是,EGS 旨在为身体健全的穷人提供综合保险,任何需要工作的人至少在理论上都能享有保险。人人都有资格,这样在正常情况下不需要该计划的农民,就可以在干旱期间求助于该计划。这一理念从提出 EGS 概念时就是明确

---

① Dutta 等(2013)进行了评估。参见 Jha 等(2012)、Gaiha(1997)、Imbert 和 Papp(2011)。

的(例如20世纪70年代初的马哈拉施特拉邦就业保障计划)。这种保险是否真正发挥作用则是另一回事。Dutta等(2012)发现,印度EGS存在大量定量配给。在较贫穷的邦,配给往往更多,这很可能反映出它们在实施印度EGS等复杂计划方面的行政能力较弱。

这些计划说明,如果考虑到涉及的所有成本,如隐含成本或遵守所施加制约条件的其他成本,即使是瞄准精准的转移支付计划,也可能被非瞄准转移支付左右。Ravallion和Datt(1995)及Murgai等(2013)的证据表明,在马哈拉施特拉邦的EGS和印度新的国家计划中,非瞄准的基本收入计划在将收入直接转移到穷人方面更经济有效。

人们通常认为工作福利计划是一种权宜之计,即一种社会保障形式。原则上,工作福利计划也可直接服务于社会改善目标。一种方式是创造能够改变财富分配方式或转换生产函数的资产,这也可使人们摆脱图21.1所示的贫困陷阱。实际上,南亚的这些计划并不太重视资产创建,但包括拉丁美洲(如阿根廷的"付劳受益"计划)在内的其他地方资产创建似乎更受重视。

工作福利计划能够更好地服务于社会改善目标的另一种方式是,将福利计划与通过培训提高人力资本的努力结合起来。自20世纪90年代初以来,许多富裕国家的福利改革旨在以人力资本投资为条件进行转移,并鼓励人们寻求私人雇用机会。[1] 这种形式的工作福利不像公共工程形式的工作福利,实际上并不提供就业。此外,它还利用工资补贴鼓励私营部门就业和培训,使工作福利计划中的公共就业流向私营部门。[2]

接下来,我们来看一种视创造人力财富为减贫关键的政策。

21.9.4 贫困家庭子女的学校教育

来自贫困家庭的孩子往往受教育程度较低,学校教育中的"经济梯度"一直持续至今,几乎所有地方都是如此,而且这一直被视为导致几代人长期贫困的一个因素(贫困陷阱的潜在根源)。正如21.5节所指出的,由于信贷市场失灵,贫困家庭无力承担其子女的教育费用,这已被认为是造成贫穷长期存在的一个关键因素,且意味着更不平等的初始财富分配将产生总效率成本;[3]因此,能够推动贫困家庭儿童接受教育的政策,可被视为能够改善公平和提升效率且能使人们永久摆脱贫困的社会政策的一个重要组成部分。

这种政策是现代的观点,但在19世纪以前实际上很少为人所知(见21.5节)。过去和现在正在进行的关于大众教育政策的争论引出了许多问题,但根本问题在于,义务教育是否符合贫困家庭的利益,毕竟通常是他们的孩子没有上学。义务教育的反对者的矛头指向贫困家庭送孩子上学的成本(主要是放弃的收入),虽然义务教育可以打破贫困陷阱,即贫困家庭付出成本导致的短期利益权衡。支持者认为,摆脱贫困陷阱的长期收益实际上高于这些成本。

经过多方争论,到20世纪初,几乎所有工业化国家都实施了义务教育,国家在提供公共

---

① Hemerijck(2014)对欧洲的此类改革做了综述。
② 一个例子是Galasso等(2004)研究的阿根廷的Proempleo方案。
③ 地理可接受性有时被视为另一个因素。然而,Filmer(2007)的模拟并不表明这是产生发展中国家贫富人群教育差距的一个主要因素。Filmer(2007)发现,若要缩小这一差距,需要大幅缩短上学路程。

教育和资助私立学校上发挥了重要作用。在英国,1870年颁布的《初等教育法》(Elementary Education Act)具有突破性,它确立了世俗的公共部门制度框架,包括民主的学校委员会。直到1880年同名的《初等教育法》颁布,才实现5—10岁的儿童接受义务教育。大约同一时间,法国也通过了类似的法案。到1900年,美国有34个州制定了义务教育法,其中30个州要求学生至少在14岁之前必须上学。明治时代(1868—1912年)的日本在推动大众教育方面并没有落后于西方,到明治时代末期,大众教育实际上已经普及。大众教育(高等教育主要留给私营部门)在东亚发展中国家受到高度重视,其教育成就远远超过大多数发展中国家甚至一些发达国家。

大众教育的回报可观。Goldin和Katz(2008)认为,公平、广泛的教育是美国在1940—1980年实现相对公平和快速经济增长的重要原因。教育体系有能力支持美国这一时期教育素养的相对快速提升(但1980年之后大大放缓),意味着熟练工人的供应满足了新技术对劳动力的(额外)需求[Tinbergen(1975)称之为"教育和科技之间的竞赛"]。因此减轻了科技进步(科技进步更需要相对熟练的劳动力)带来的不平等现象增加的影响。这一时期美国教育全面扩张是关键。更加精英化的学校体制将导致增长收益分配更加不平等。Goldin和Katz(2008)认为,自1980年以来,美国不平等现象的加剧在很大程度上源于这样一个事实,即教育体制不能为当时的新技术提供各类足够熟练的劳动力。贫困家庭的孩子往往在这场竞赛中处于最不利地位。

广泛的教育也被认为是东亚经济相对公平发展的关键。世界银行根据1960—1985年人均GDP增长率对1960年小学和初中的教育素养进行回归(在控制初始人均GDP、人口增长及GDP中的投资份额的前提下),得到的颇具影响力的报告(World Bank,1993)指出,小学教育是最重要的单一因素,其贡献率在日本和泰国的GDP增长中分别占到了58%和87%。当然,这样的计算可能对模型设定敏感,教育变量很可能与其他被忽略的因素有关。然而,令人吃惊的是,与私人(非人力)投资相比,小学教育在增长率方差中所占比例更大。

也有证据表明,教育素养与印度的发展进程在测定增长对贫困的影响方面有着显著的相互作用。Ravallion和Datt(2002)通过比较印度各邦的减贫率证明了这一点。虽然测量的贫困程度相对于农业产量的弹性在各邦之间无明显差异,但对非农业产出的弹性差异显著。在初始识字率更高的邦,非农业增长进程往往减贫率高,而各邦识字率的差异是Ravallion和Datt(2002)发现的主要因素。从原则上讲,印度早就承认了大众教育的重要性。1949年,宪法国家政策的"指导原则"规定,对14岁以下的儿童实行义务教育。① 然而,各邦之间差异大,且农村教育质量往往较差,使得这一政策的实施相当滞后(Probe Team,1999)。喀拉拉邦(Kerala)在大众公共教育方面取得的进展最大。从20世纪50年代起,各邦政府高度重视全民扫盲(在19世纪初期基督教传教士在教育方面取得成功的历史基础上)。Ravallion和Datt(2002)的研究结果表明,喀拉拉邦在大众教育方面的成功使得有利于穷人的非农业经济增长比其他邦更显著。

---

① 2009年,印度议会通过了《教育权利法》,本质上批准通过了这部宪法。

常有人提议应立法禁止雇用童工。Hazan 和 Berdugo(2002)设计了一种贫困陷阱模型。在经济发展初期,童工数量充足,生育率高,但平均产出低。随着技术进步带来的经济增长,教育回报率上升,童工的吸引力下降,生育率随之下降。在该模型中,经济最终会收敛到新均衡,即没有童工。Hazan 和 Berdugo(2002)的研究表明,有效禁止使用童工将加速这种新均衡的转变。

然而,在有着大量非正式部门的经济体中,执行此类禁令并不容易。从 19 世纪后期开始,一些国家就开始立法规定最低工作年龄,但尚不清楚这在多大程度上减少了童工的雇用。Moehling(1999)的分析表明,这项立法收效甚微。Basu(1999)认为,义务教育比实际禁令能更好地禁止童工,而且义务教育也可以突破贫困陷阱。

21.9.5 学校教育的政策激励

在 19 世纪关于义务教育理念的争论中,虽然孩子们上学的实际费用和父母因此放弃的收入是争论的焦点,但对显而易见的政策回应(为贫困家庭提供助学金或奖学金)少有人谈及。Smith(1776)和 Mill(1859)主张为贫困家庭的孩子提供学费补贴。Marshall(1890)则对此不太同情,建议惩罚那些未送孩子上学或忽视孩子健康的贫穷父母(一种"父亲管教"的公共政策)。长期以来,教育机构一直为特定学生(基于某种经济状况调查进行筛选)提供学杂费补贴。英国 1870 年的《初等教育法》提出为贫困家庭的孩子提供学费补贴(Gillie,1996)。但是,为贫困家长提供教育激励的公共政策到 20 世纪中期才得以实施。在那之后,为贫困儿童提供入学奖励开始成为普遍的做法。英国 1942 年的《贝弗里奇报告》提出,应该普及对未满 16 岁的学生发放津贴。① 澳大利亚从 20 世纪 60 年代起就有一项助学金计划,只要孩子通过了一项特殊考试,就资助贫困家长让他们的孩子在超过正常毕业年龄的情况下继续上学。如今,申请各种形式的教育补贴(奖学金、学费补贴、补贴贷款)普遍要接受经济状况调查。

在 20 世纪 90 年代有关发展的文献中,瞄准助学金被称为有条件现金资助。② 其目的、手段与上述的教育补贴如出一辙:用金钱激励贫困家长让孩子继续上学。支付转移的条件是受助家庭子女有足够的出勤率(以及一些政策中的医疗保健)。显然,这些计划的改善效果取决于这些资金是否成功转移到贫困家庭(前提是非贫困家庭的孩子已经入学)。因此,瞄准对于保障和改善效果具有重要性。改善效果还取决于设定条件,在没有助学金计划的前提下,孩子们将不能达到所要求的教育水平。在发展中国家,这些计划颇有影响力,例如墨西哥的"进步"计划(现在称为"机会"计划)和巴西的"学校津贴"计划。早期还有孟加拉国的"以粮食换教育"计划,该计划(针对贫困家庭)以实物形式进行转移,但也以入学为条件。玻利维亚的有条件现金转移支付项目"Bono Juancito Pinto"于 2006 年推出。这是一个(未瞄准的)全民转移项目,无论家庭收入如何,每个在公立学校上学的孩子都有资格参与。目前有 30 多个发展中国家施行了有条件现金转移支付项目,且这个数字还在增长(World

---

① 类似地,美国 1975 年出台的劳动所得税扣抵制(Earned Income Tax Credit)也对全日制学生设定了不同的年龄限制。

② 大多数其他直接干预方案都附加了条件,如工作福利制就规定了工作要求。

Bank,2014)。其他国家也有类似政策,但不叫作有条件现金转移支付。如为了确保贫困不影响教育,自 2002 年以来,中国对来自农村家庭经济困难学生实行了"两免一补"政策,即免学杂费、免教科书费、补助寄宿生生活费。

这些计划显然是为了打破上述由人力发展的经济梯度所造成的贫困陷阱而制定的。如果只关心获得资助的家庭当前的收入增长,那么政策制定者就不会强制规定教育要求[因为教育激励贫困家庭让儿童或青少年退出劳动力市场,从而减少贫困人口的(净)收入增长],从而贫困家庭须付出一定成本。这些计划的初衷是在保障和改善之间实现平衡,其前提是贫困家庭无法独自实现社会最优平衡。该计划对劳动力供给的激励作用(以前被视为劳动力转移的不利结果)现在被认为是一种好处——在某种程度上,精准瞄准的转移支付使贫困家庭能够让孩子继续上学,而不是送他们去工作。对家庭内部分配的担忧是此类计划的动机所在。从该项目的条件来看,儿童获得的收益相对更多。有条件现金转移支付的一些支持者也声称,这将减少童工,尽管经济数据并不能明确说明这样的政策是否会达成这一目的。Ravallion 和 Wodon(2000a)的研究表明,在标准假设下,学费补贴会提升儿童的受教育程度,但在理论上对童工供给的影响不明。实证结果发现,学费补贴对孟加拉国的童工几乎没有影响。

影响评估的证据表明,这些计划通过增加对儿童教育和医疗保健的投资,显著提升了贫困家庭的当前收入和未来收入。[①]条件改变行为。在英国,研究者已经发现,面向中学生发放的配合经济调查的助学金可以非常有效地降低贫困家庭的辍学率(Dearden et al. ,2009)。墨西哥"进步"计划("机会"计划)的各项评价是正面的[参见 Fiszbein 和 Schady(2010)的调查]。Baird 等(2011)发现,马拉维(Malawi)的 CCT(有条件现金转移支付)计划对教育的支持带来了可观的收益。Akresh 等(2013)在对布基纳法索进行的一项研究中发现,其在鼓励最初不太可能上学的儿童(包括女孩)入学方面,对于不太可能从父母那里获得投资的儿童来说,制约性更重要。Cameron(2002)发现印度尼西亚的 CCT 计划——Jaring Pengamanan Sosial("社会保障网")对儿童最容易辍学的初中阶段的影响最大。该计划的制订经过了严格的评估。有关墨西哥"进步"计划的一系列论文显示,将入学补贴从小学改为中学、保持预算中立的做法,将增加继续上中学的儿童的比例,从而取得学业成就的净增长。[②] 尽管"进步"计划对教育产生了影响,但它本可以产生更大的影响。然而应当指出的是,这类计划有两个目标:通过加强教育来实现改善目的(减少未来的贫穷)和通过瞄准转移支付减少目前的贫穷来实现保障。若想知道重新将补贴重点放在中学教育上,(通过增加之前放弃的儿童就业收入)将对减少当前收入贫困有何种程度的影响,那么就需要进一步分析该计划的设计中发生的变化。

影响评估还指出,在一些环境中,对儿童进行早期干预的回报很高。20 世纪 60 年代,美国佩里学前教育研究计划(Perry Preschool Program)为 3—4 岁的贫困儿童提供教育并家访。这类实验项目的收益包括更高的成人收入和犯罪率的降低,而且(即使不强调有利于穷人的

---

① Fiszbein 和 Schady(2010)进行了全面的回顾。参见 Das 等(2005)的讨论。
② 参见 Todd 和 Wolpin(2002)、Attanasio 等(2004)以及 De Janvry 和 Sadoulet(2006)。

收益分配)收益—成本比估计超过 8 比 1(Heckman,2006)。"开端计划"(Head Start)(也始于 20 世纪 60 年代,是美国反贫困战争的一部分)是一个类似的国家学前教育项目,目标是为贫困家庭提供一系列教育、健康和营养服务。在撰写本书时,该项目仍在继续。截至 2005 年,约有 2200 万名学龄前儿童参与了"开端计划"。研究者已经发现"开端计划"还可以在教育、收入和减少犯罪方面产生可观的长期收益(Garces et al.,2002)。即使没有分配权重,从"开端计划"中获得的总收益也可能超过成本(Ludwig and Phillips,2007)。也有证据表明,20 世纪 70 年代在美国启动的强化学前教育项目——卡罗来纳初学者项目(The Carolina Abecedarian Project)(Campbell et al.,2014)在成年人健康指标方面取得了显著的长期性进展。人们对如何为发展中国家制定有效的儿童早期干预措施非常感兴趣。

所有这些干预都需要福利供应方通过提供有效的(公共或私人)服务做出相应的努力。这是许多发展中国家所关心的一个重要问题。World Bank(2004)回顾了这些证据,并讨论了如何制定更有效的措施以改善服务的提供。

21.9.6 小额信贷方案

我们已经了解到,信贷市场失灵已被确认为贫困发生的原因之一,也是整体经济发展中贫困成本高昂的一个原因。除了长期存在的道德争议,向穷人的转移支付还可以解释为一种缓解此类市场失灵所造成的限制的手段。但还有另一种选择,即制定让储蓄和借贷金融机构更好地为穷人服务的政策。自 20 世纪 70 年代末小额信贷的想法被提出以来,旨在支持穷人进行小规模信贷和储蓄交易的小额信贷项目引起了人们的极大兴趣,目前在发展中国家有很多这样的项目。

通常这类项目具有改善作用,即放宽穷人的借贷限制,使他们能够投资,从而最终通过自己的方式摆脱贫困。信贷和储蓄也可能是重要的保障工具,因为它们能让贫困家庭在面对收入波动时更有效地平衡他们的消费。

人们早期(和持续)对小额信贷的热情实际上只是倡导这种做法,缺乏概念和经验基础。近年来,媒体(尤其是南亚媒体)越来越关注穷人获得小额信贷后的过度借贷问题。这一担忧在很大程度上似乎源于轶事,但争论也变得政治化了。当然,小额信贷平均的正面影响并不意味着贷款人中没有"输家"。所有反贫困政策可能都如此,但信贷干预尤其如此。风险未消除,冲击却发生了,比如由于错误的预期,误差也产生了。在这类干预中,既有"赢家",也有"输家"。

此类政策最早也是最著名的例子是孟加拉国的团体贷款计划——格莱珉银行(Grameen Bank,GB)。格莱珉银行有意识地通过资格标准和分行选址来帮助穷人,它(与传统银行不同)支持穷人在有待开发的地区转向非农业活动(Ravallion and Wodon,2000b)。对 GB 的研究表明,该方案有保障和改善的双重作用。促进消费平滑起到了保障作用,帮助穷人建立物质和人力资产起到了改善作用。[①] 这个研究结果来自 Pitt 和 Khandker(1998)。他们利用了 GB 针对无地者的设计特点,确认其效果。考虑到加入 GB 会提高无地状态下的回报,在无法

---

① Hossain(1988)早期关于 GB 的研究。

获得 GB 信贷的村庄,拥有土地者的回报会更高。因此,比较符合 GB 条件的村庄和不符合
GB 条件的村庄的土地回报(对其他可观察到的差异进行控制),可以揭示 GB 信贷的影响。
换句话说,Pitt 和 Khandker(1998)用符合 GB 条件村庄的无地家庭的平均收益,减去有地家
庭的相应收益来测量这种效应。他们发现,保障和改善措施都产生了积极的影响。这在
Khandker 和 Samad(2014)随后的一项研究中得到了证实。该研究使用了跨越 20 年的 3000
个家庭的调查数据。GB 的成功导致孟加拉国小额信贷计划的激增,撰写本书时,该国已有
500 多家小额信贷机构。

即使是像 Pitt 和 Khandker(1998)这样细致的观察性研究,其假设也会遭到质疑,而其结
果的确定性也存在一些争议。① 这是一种政策干预,鉴于不可观测因素可能会共同影响接受
度和效果,这种干预不可避免地难以让所有人确信假设的有效性。依赖随机分配的实验评
估(通常在社区级别)结果有望更稳定,且已有一些有趣的例子。Banerjee 等(2009)对在印
度海得拉巴贫民窟新设立小额信贷分支机构的影响进行的研究发现,相对于控制地区,在新
设立的小额信贷分支机构随机分配的地区,总体借款、创业和耐用消费品支出(不是非耐用
品)有所增加。然而,这项研究并未发现该计划对健康、教育或女性自尊有积极影响的证据。
Angelucci 等(2013)最近对墨西哥工作年龄妇女[在"康帕多银行计划"(Compartamos Banco
scheme)下]获得小额信贷的机会进行了一项实验性评估,研究重点在于异质性。作者发现,
在许多方面都有正面的平均效应。影响存在异质性,但几乎没有发现重大损失的证据,包括
在贫穷的借款人中。关于小额信贷计划的收益和成本有待进一步的研究。

在过去 200 多年里,我们已经看到这类政策引发的思考明显发生了改变。在穷人经常因
贫困而受指责的时期,给他们提供贷款毫无意义。当然,将信贷市场失灵视为贫困的一个原
因,并不意味着向穷人提供信贷就能解决贫困问题。但作为其他保障和改善政策的补充,精
准瞄准的项目确实有一定的作用。

21.9.7　贫困地区发展项目

几乎所有国家都存在公认的"贫困地区",以国家标准衡量,这些地区的绝对贫困发生率
通常很高。我们希望,在某些条件下,经济增长将有助于这些贫困地区的发展。但这一过程
往往比较缓慢,而且地区差异有时也很明显,使得反贫困政策往往聚焦于落后的贫困地区。
"贫困地图"广泛应用于地域瞄准,且 Elbers 等(2003)提出的方法很有用。

落后的贫困地区催生了贫困地区发展项目(这是最古老的发展援助形式之一),尽管项
目名称各不相同[包括"农村综合发展项目"(Integrated Rural Development Projects)和"社区
驱动发展"(Community Driven Development)计划]。额外的资源被输送到目标贫困地区,用于
基础设施、服务以及发展(农业和非农业)企业。虽然当地民众参与决策受到重视,但
Mansuri 和 Rao(2012)对现有评估研究进行的调查发现,地方精英的剥削范围使得这类项目
的实施效果有好有坏。

人们普遍认为,低资本与劳动力比率是贫困地区的典型特征,但对于正确的政策反应,

---

① 参见 Morduch(1999)及 Roodman 和 Morduch(2009),最新观点见 Pitt 和 Khandker(2012)。

比如加大对落后贫困地区的地方资本投资,以及鼓励向外迁出的政策,各方意见不一。地域外部性显然很重要,但由于令人信服的实证研究不足,人们对这一作用的认识程度仍然很低。

20世纪80年代中期,发展贫困地区是中国直接干预扶贫的主要形式。有证据表明,地域外部性很普遍,相比生活在富裕地区的家庭,贫困地区类似家庭的发展前景似乎更差(Jalan and Ravallion,2002;Ravallion,2005)。这表明,作为确保长期改善贫困和提供保障的一种手段,贫困地区还有进一步发展的空间。

人们对贫困地区的扶贫项目的激励政策的主要担忧,与地方政府对外部援助和人口迁移的反应有关。关于人口迁移问题,人们似乎普遍接受发展中国家农村内部流动性有限的假设,这有时反映出体制和政策上的障碍。这种假设是否合理目前暂不清楚。

关于贫困地区为发展做出的努力所带来的影响,特别是长期影响以及政策选择所面临的权衡,我们仍然有许多不了解的地方。地方基础设施的发展显然对消除贫困至关重要,但在社会政策的评价研究中没有引起足够的重视。在这方面,一个重要因素是捐助者和公众对"发展影响"的质疑程度。在基础设施的发展中,"影响"往往被视为理所当然。相比之下,"更温和的"社会政策必须努力证明自己的合理性,其中评价研究发挥了重要作用。如果影响的推定经常受到捐助者、援助机构和公民的质疑,那么人们会有更强的动机去了解这些影响,并且知识差距也将缩小。

21.9.8 信息宣传

因为信息缺乏是阻碍穷人成功参与行动以获得其应得服务的决定性因素,所以最近人们对基于信息的干预措施的应用范围产生了兴趣。过去研究中有一些支持该观点的证据。Stromberg(2004)引用证据表明,在电台节目更丰富的地方,美国反贫困项目的效果更好。Besley和Burgess(2003)发现,位于报纸发行量更大的地区的印度邦政府,在缓解负面农业冲击时响应更积极。

研究人员已经对信息干预进行了一些评估。到2015年为止,评估结果似乎并不一致。Pandey等(2009)仅对一个国家和一个部门进行研究,其报告表明,社区的信息宣传活动带来了学校教育的短期收益。而Banerjee等(2010)的研究结果指出,他们并不看好印度使用信息干预提升对教育服务提供者的监管水平。在发达国家,人们担忧肥胖人数不断攀升,因此他们一直致力于公开食品的"卡路里价格"信息。[①] 最近,对实验和非实验评估的回顾发现,有效证据结论不一(Swartz et al.,2011)。

这样的结果可能并不意外。这里有三种观察结果:第一,项目信息公开很可能会打消参与消极性。对一些人来说,了解该项目可能会产生相反的效果,如Hertel-Fernandez和Wenger(2013)提到的某个美国项目信息宣传活动。第二,信息缺失只是穷人无法获得服务的可能原因之一(Keefer and Khemani,2005;Cappelen et al.,2010)。第三,这样的结果也可能源于信息干预本身质量的异质性。同样,Ravallion等(2013)提到印度利用一部可在乡村播放的优

---

① 例如,美国2010年的一项立法要求,拥有20家及以上门店的连锁餐厅必须公布所售食品的卡路里含量。

质的虚构娱乐电影,成功地改变了公众对印度雇佣担保计划(EGS)权利和规则的看法。然而,研究结果也警示人们,仅仅告知穷人他们的权利还不足以带来积极的变化。可以增强公众意识,但这必须与政府的有效政策反应相结合。

21.10　结论

本章试图进一步阐述过去 200 年里反贫困政策观产生的原因和发展过程。有人认为,我们已从一种贫困观过渡到另一种完全不同的贫困观。首先,贫困人口完全脱贫的可能性不大,贫困将不可避免地持续下去。因为贫困是经济扩张之必需,而经济扩张需要大量急于寻求工作的人。避免挨饿是穷人寻找工作的必要动机。社会政策在确保社会稳定方面发挥了一定作用(最重要的是,整体温顺的工人阶级愿意为低工资而工作)。英国的济贫法在这方面似乎取得了成功。尽管对抵御经济冲击的需求可能会更明显,且得到了精英阶层的广泛支持(即便人们认为大范围的长期贫困理所当然),但对当权者来说,改良性的反贫困政策可能意义不大。除了缓解贫困的短期措施,几乎没有看到政府为永久脱贫所做出的努力。一个没有贫困的世界是无法想象的。毕竟,真有那么一天,有谁来耕种土地、在工厂工作、在军队服役呢?

在第二种(现代)观点中,贫困不仅被视为通过一种公共行动可以避免的社会病症,而且经济的强劲增长与该公共行动不矛盾。的确,正确的反贫困政策有望通过消除对个人自由追求其自身利益的物质限制来促进发展。

诚然,在当今任何一个国家,这种公共行动都并未普及。一些观察家仍认为穷人的行为导致了自身的贫困,而另一些则认为穷人自身无法摆脱的各种条件限制造成了他们的贫困。反贫困支持者常常受挫。然而,不可否认的是,反贫困政策观有所发展,也得到了有效的实施。200 多年来主流思想的显著转变使人们更加乐观地认为,消除贫困的想法不再是一个梦。

反贫困政策的进程并不均衡。转型过程中的两个关键历史阶段在这里称为第一次和第二次贫困启蒙运动。第一次发生在 19 世纪之前,当时新出现了一种将穷人作为人尊重的观念(不再是"画中的阴影"),穷人也不再纯粹是生产工具。经济发展被看作改善人类福利包括穷人福利的一种手段。在 20 世纪下半叶出现的第二次贫困启蒙运动中,反贫困政策得到了当时最有力的支持。该政策认为,贫困是对自由和个人自我实现的严重束缚。尽管关于如何消除贫困的争论仍在继续,但人们一致认为,从道义上必须帮助贫困人口摆脱贫困。

虽然这次贫困启蒙运动的变化基于第一次贫困启蒙运动(认为人们在道德上是平等的,追求自由和自我实现是合理需求),但直到第二次贫困启蒙运动,人们才真正认识到自由和自我实现(以及其他一些东西)是人们不受贫穷束缚的必要条件。人们认为,国家有责任确保所有个体都能获得物质条件以实现个人发展。这可以说是最重要的公平要求,也是摆脱贫困陷阱的关键。人们开始将反贫困政策与改善和保障挂钩。随着穷人实际工资的增加和

(因此)储蓄的增加,人们认为公共教育制度、健全的保健制度和平稳运行的金融市场是下一代贫困家庭永久摆脱贫困的关键。

一旦人们开始普遍接受穷人实际上可以摆脱原生家庭贫困,反贫困公共行动就变得更加容易实施,越来越多的人加入脱贫的政治联盟或斗争。一旦成功实施了改善政策,救济穷人的财政负担就开始减轻。而世界中产阶级(现在规模已经扩大了很多)新的政治支持和对其必要性的道德信念也起到了助推作用。在某种程度上,(反贫困)成功的国家出现了一种自我强化的循环,确保持续且(随着时间的推移)更迅速地摆脱贫困。这个循环有时也会被打破。历史上关于贫困的思考和行动充分说明了反贫困的进展微乎其微。每一次贫困启蒙运动都伴随着思想和政策制定上的强烈抵制,但还是取得了一些进展。

致谢

本章标题的拟定要感谢格特鲁德·希梅尔法布(Gertrude Himmelfarb)1984年的著作《贫困的理念:早期工业时代的英国》。作者感谢罗伯特·艾伦(Robert Allen)、托尼·阿特金森、普拉纳布·巴德汉、弗朗索瓦·布吉尼翁、德尼·科尼奥(Denis Cogneau)、让-伊夫·迪克洛、萨姆·弗莱施克(Sam Fleischacker)、佩德罗·盖特(Pedro Gete)、卡拉·霍夫(Karla Hoff)、拉维·坎布尔、查尔斯·肯尼(Charles Kenny)、西尔维·兰伯特(Sylvie Lambert)、菲利普·莱佩尼斯(Philipp Lepenies)、彼得·林德特、迈克尔·利普顿(Michael Lipton)、威尔·马丁(Will Martin)、爱丽丝·梅斯纳德(Alice Mesnard)、布兰科·米兰诺维奇、约翰·米斯蒂安(Johan Mistiaen)、伯克·奥兹勒(Berk Ozler)、托马斯·波格(Thomas Pogge)、吉勒·波斯特尔-维奈(Gilles Postel-Vinay)、亨利·理查森(Henry Richardson)、约翰·罗默、约翰·拉斯特(John Rust)、阿格纳尔·桑德莫、阿玛蒂亚·森、多米尼克·范德瓦尔(Dominique van de Walle),以及在世界银行、威斯康星大学麦迪逊分校举办的中西部国际经济发展会议、巴黎经济学院、加拿大经济协会、第十二届北欧发展经济学会议、兰卡斯特大学和世界发展经济学研究所举办的演讲会上的参与者所提出的意见。

附件

附件证明了21.8节中关于21.2节财富动力学特征性质的观点。21.8节提到了阈值不具有约束力的情况,给出了Banerjee和Duflo(2003)的模型。后一篇论文表明,初始财富不平等加剧会降低未来财富的增长速度。这里,我们关注的是高初始财富对贫困的影响。

时间 t 处的初始财富 w_t 根据积累分配函数 $F_t(w)$ 在所有人之间进行分配,给出财富低于 w 的人口比例,令 $H_t = F_t(z)$ 表示贫困线为 z 时的贫困人口总数指数(贫困率)[利用 $F_t(w)$ 的逆函数,即分位数函数 $w_t(p)$,在解析上更容易计算]。如果信贷受到约束 $[w_t \leqslant k^\star/(\lambda+1)]$,那么 $t+1$ 时刻的产出受到 t 时刻可用资本数量的限制,t 时刻可用资本数量由自有财富加上最高借款给出,产出为 $h[(\lambda+1)w_t]$。信贷受限个人的递归图可用式子表示为:

$$w_{t+1} = \varphi(w_t) = \beta \{ h[(\lambda + 1)w_t] - r\lambda w_t \}, \text{其中 } w_t \leq k^\star / (\lambda + 1) \tag{21.1}$$

相比之下,下面的递归图适用于不受约束的人[他可以自由地在点 $h'(k^\star) = r$ 处实现最优股本 $k^\star$]:

$$w_{t+1} = \beta[h(k^\star) + r(w_t - k^\star)], \text{其中 } w_t > k^\star / (\lambda + 1) \tag{21.2}$$

这里,β 是当前未消费财富的固定份额。很显然,$\varphi(w_t)$ 在 $k^\star/(\lambda+1)$ 点之下是严格凹函数,在该点之上是线性函数。设 $z \leq k^\star/(\lambda+1)$,令 $H_t^\star \equiv F_t[k^\star/(\lambda+1)]$。未来平均财富为:

$$\mu_{t+1} = \int_0^\infty \varphi[w_t(p)] \mathrm{d}p \tag{21.3}$$

根据凹函数的标准性质,我们可以很容易地验证,在给定的当前平均财富水平下,这个经济体中财富分配中不断扩大的不平等将减少未来平均财富,也就是说,降低增长率,如 Banerjee 和 Duflo(2003)所指出的那样。

在给定的初始均值下,初始贫困率上升对增长的影响是怎样的? 借助方程式(21.1)和方程式(21.2),我们可以将方程式(21.3)改写为:

$$\mu_{t+1} = \beta \int_0^{H_t^\star} \{ h[(\lambda + 1)w_t(p) - \lambda r w_t(p)] \} \mathrm{d}p + \beta \int_{H_t^\star}^1 \{ h(k^\star) + [w_t(p) - k^\star]r \} \mathrm{d}p$$

$$\tag{21.4}$$

考虑均值不变情况下贫困率上升带来的增长效应。假设 $H_t^\star$ 增加且财富小于 $k^\star/(\lambda + 1)$ 的个体没有变得更富裕,即所有 $p \leq H_t^\star$ 时 $\partial w_t(p)/\partial H_t^\star \leq 0$。如果这是真的,那么无疑贫困程度更高。注意,函数在 $k^\star/(\lambda + 1)$ 处连续。接下来求证:

$$\frac{\partial \mu_{t+1}}{\partial H_t^\star} = \beta \int_0^{H_t^\star} \{ h'[(\lambda + 1)w_t(p)](\lambda + 1) - \lambda r \} \frac{\partial w_t(p)}{\partial H_t^\star} \mathrm{d}p + \beta r \int_0^{H_t^\star} \frac{\partial w_t(p)}{\partial H_t^\star} \mathrm{d}p \tag{21.5}$$

根据目前的假设,这个表达式的符号还不能确定。可能需要注意的是,如果有(无限制)一阶主导地位,即当所有 $p \in [0,1]$ 时,$\partial w_t(p)/\partial H_t^\star \leq 0$ 而 $\partial \mu_{t+1}/\partial H_t^\star \leq 0$。然而,一阶主导因均值保持不变而被排除。有一种从"富有的穷人"到"富有的非穷人"的再分配。强加一个连续初始均值,凡 $\mu_t = \bar{\mu}$,方程式(21.5)可简化为:

$$\left(\frac{\partial \mu_{t+1}}{\partial H_t^\star} \right)_{\mu_t = \bar{\mu}} = \beta \int_0^{H_t^\star} \{ h'[(\lambda + 1)w_t(p)] - r \} (\lambda + 1) \frac{\partial w_t(p)}{\partial H_t^\star} \mathrm{d}p < 0 \tag{21.6}$$

因此,我们发现(如 21.8 节所述),在保持初始均值不变的情况下,贫困人口初始人数指数明显较高,意味着经济增长率较低。

参考文献

Abel-Smith, B., Townsend, P., 1966. The Poor and the Poorest, a New Analysis of the Ministry of Labour's Family Expenditure Surveys of 1953-54 and 1960. Bell, London.

Acemoglu, D., Robinson, J., 2006. Economic Origins of Dictatorship and Democracy. Cambridge University Press, Cambridge, England.

Acemoglu, D., Zilibotti, F., 1997. Was Prometheus unbound by chance? J. Polit. Econ. 105 (4), 709-751.

Adelman, I., Morris, C. T., 1973. Economic Growth and Social Equity in Developing Countries. Stanford University Press, Stanford.

Agee, J., Evans, W., 1941. Let Us Now Praise Famous Men, the American Classic, in Words and Pictures, of Three Tenant Families in the Deep South, Houghton Mifflin edition, Boston, MA, 2000.

Aghion, P., Bolton, P., 1997. A theory of trickle-down growth and development. Rev. Econ. Stud. 64, 151-172.

Aghion, P., Caroli, E., Garcia-Penalosa, C., 1999a. Inequality and economic growth, the perspectives of the new growth theories. J. Econ. Lit. 37 (4), 1615-1660.

Aghion, P., Banerjee, A., Piketty, T., 1999b. Dualism and macroeconomic volatility. Quart. J. Econ. (4), 1359-1397.

Ahluwalia, M.S., 1976. Inequality, poverty and development. J. Dev. Econ. 3, 307-342.

Ahluwalia, M.S., Carter, N.G., Chenery, H.B., 1979. Growth and poverty in developing countries. J. Dev. Econ. 6, 299-341.

Ahluwalia, M.S., Duloy, J., Pyatt, G., Srinivasan, T.N., 1980. Who benefits from economic development? Comment. Am. Econ. Rev. 70 (1), 242-245.

Akerlof, G., 1970. The market for lemons, quality uncertainty and the market mechanism. Quart. J. Econ. 84, 485-500.

Akresh, R., de Walque, D., Kazianga, H., 2013. Cash Transfers and Child Schooling, Evidence from a Randomized Evaluation of the Role of Conditionality, Policy Research Working Paper 6340, World Bank.

Alatas, V., Banerjee, A., Hanna, R., Olken, B.A., Tobias, J., 2012. Targeting the poor, evidence from a field experiment in Indonesia. Am. Econ. Rev. 102 (4), 1206-1240.

Albelda, R., Folbre, N., The Center for Popular Economics, 1996. The War on the Poor. A Defense Manual. The New Press, New York.

Alderman, H., 2002. Do local officials know something we don't? Decentralization of targeted transfers in Albania. J. Pub. Econ. 83, 375-404.

Alderman, H., Hoddinott, J., Kinsey, B., 2006. Long-term consequences of early childhood malnutrition. Oxf. Econ. Pap. 58 (3), 450-474.

Alesina, A., Rodrik, D., 1994. Distributive politics and economic growth. Quart. J. Econ. 108, 465-490.

Allen, R., 2007. Pessimism Preserved, Real Wages in the British Industrial Revolution, Oxford University Department of Economics Working Paper 314.

Allen, R., 2009. Engels' pause technical change, capital accumulation, and inequality in the

British industrial revolution. Explor. Econ. Hist. 46, 418-435.

Allen, R., 2013. Poverty Lines in History, Theory, and Current International Practice. Nuffield College, Oxford, Mimeo.

Anand, S., 1983. Inequality and Poverty in Malaysia. Oxford University Press, Oxford.

Anand, S., Kanbur, R., 1993. The Kuznets process and the inequality-development relationship. J. Dev. Econ. 40, 25-52.

Anand, S., Ravallion, M., 1993. Human development in poor countries, on the role of private incomes and public services. J. Econ. Perspect. 7 (Winter), 133-150.

Angelucci, M., Karlan, D., Zinman, J., 2013. Win Some Lose Some? Evidence from a Randomized Microcredit Program Placement Experiment by Compartamos Banco. mimeo.

Aristotle, 350BC, Politics Book 2 (B. Jowett, Trans.). http://classics. mit. edu/Aristotle/politics. 2. two. html.

Arneson, R., 1989. Equality and equal opportunity for welfare. Philos. Stud. 56 (1), 77-93.

Arrow, K. J., 1951. Social Choice and Individual Values. John Wiley, New York.

Artz, F. B., 1934. Reaction and Revolution, 1814-1834. Harper and Row, New York.

Atkinson, A. B., 1970. On the measurement of inequality. J. Econ. Theory 2, 244-263.

Atkinson, A. B., 1987. On the measurement of poverty. Econometrica 55, 749-764.

Atkinson, A. B., 1991. Comparing poverty rates internationally, lessons from recent studies in developed countries. World Bank Econ. Rev. 5 (1), 3-21.

Atkinson, A. B., Bourguignon, F., 1982. The comparison of multi-dimensional distributions of economic status. Rev. Econ. Stud. 49, 183-201.

Atkinson, A. B., Sutherland, H., 1989. Analysis of a partial basic income scheme. In: Atkinson, A. B. (Ed.), Poverty and Social Security. Harvester Wheatsheaf, Hertfordshire.

Attanasio, O., Meghir, C., Santiago, A., 2004. Education Choices in Mexico, Using a Structural Model and a Randomized Experiment to Evaluate PROGRESA. Working Paper EWP04/04, Institute of Fiscal Studies, London.

Aykroyd, W. R., 1974. The Conquest of Famine. Chatto and Windus, London.

Azariadis, C., 1996. The economics of poverty traps. Part one: complete markets. J. Econ. Growth 1, 449-486.

Azariadis, C., 2006. The theory of poverty traps, what have we learned? In: Bowles, S., Durlauf, S., Hoff, K. (Eds.), Poverty Traps. Princeton University Press, Princeton.

Baird, S., McIntosh, C., Ozler, B., 2011. Cash or condition? evidence from a cash transfer experiment. Quart. J. Econ. 126 (4), 1709-1753.

Banerjee, A., Duflo, E., 2003. Inequality and growth, what can the data Say? J. Econ. Growth 8 (3), 267-299.

Banerjee, A., Duflo, E., 2007. The economic lives of the poor. J. Econ. Perspect. 21 (2), 141-167.

Banerjee, A., Iyer, L., 2005. History, institutions and economic performance, the legacy of colonial land tenure systems in India. Am. Econ. Rev. 95 (4), 1190-1213.

Banerjee, A., Newman, A., 1993. Occupational choice and the process of development. J. Polit. Econ. (2), 274-298.

Banerjee, Abhijit, Duflo, Esther, Glennerster, Rachel, Kinnan, Cynthia, 2009. The Miracle of Microfinance? Evidence from a Randomized Evaluation, BREAD Working Paper No. 278, BREAD.

Banerjee, A., Banerji, R., Duflo, E., Glennerster, R., Khemani, S., 2010. Pitfalls of participatory programs, evidence from a randomized evaluation in education in India. Am. Econ. J. Econ. Policy 2 (1), 1-30.

Bardhan, P., 1984a. Land, Labor and Rural Poverty, Essays in Development Economics. Columbia University Press, New York.

Bardhan, P., 1984b. The Political Economy of Development in India. Basil Blackwell, Oxford.

Bardhan, P., 2011. Challenges for a minimum social democracy in India. Econ. Pol. Wkly. 46 (10), 39-43.

Bardhan, P., Bowles, S., Ginitis, H., 2000. Wealth inequality, wealth constraints and economic performance. In: Atkinson, A. B., Bourguignon, F. (Eds.), In: Handbook of Income Distribution, vol. 1. North-Holland, Amsterdam.

Barrett, C. B., Marenya, P. P., McPeak, J. G., Minten, B., Murithi, F. M., Oluoch-Kosura, W., Place, F., Randrianarisoa, J. C., Rasambainarivo, J., Wangila, J., 2006. Welfare dynamics in rural Kenya and Madagascar. J. Dev. Stud. 42 (2), 178-199.

Barro, R., 2000. Inequality and growth in a panel of countries. J. Econ. Growth 5 (1), 5-32.

Barro, R., Sala-i-Martin, X., 1992. Convergence. J. Polit. Econ. 100 (2), 223-251.

Basu, K., 1999. Child labor, cause, consequence and cure, with remarks on international labor standards. J. Econ. Lit. 37, 1083-1119.

Bator, F. M., 1958. The anatomy of market failure. Quart. J. Econ. 72 (3), 351-379.

Beaudoin, S., 2007. Poverty in World History. Routledge, New York.

Beaumarchais, P., 1778. La Folle Journee ou Le Mariage de Figaro. Nathan, Paris, 2007.

Beck, T., Levine, R., Loayza, N., 2000. Finance and the sources of growth. J. Financ. Econ. 58, 261-300.

Beck, T., Demirguc-Kunt, A., Levine, R., 2007. Finance, inequality and the poor. J. Econ. Growth 12, 27-49.

Bénabou, R., 1996. Inequality and growth. In: Bernanke, B., Rotemberg, J. (Eds.), National Bureau of Economic Research Macroeconomics Annual. MIT Press, Cambridge.

Benton, D., 2010. The influence of dietary status on the cognitive performance of children. Mol. Nutr. Food Res. 54 (4), 457-470.

Berg, A., Ostry, J. D., Zettelmeyer, J., 2012. What makes growth sustained? J. Dev. Econ. 98, 149-166.

Besley, T., Burgess, R., 2003. The political economy of government responsiveness, theory and evidence from India. Quart. J. Econ. 117 (4), 1415-1451.

Bethlehem, J., 2009. The Rise of Survey Sampling, Statistics Netherlands Discussion Paper 09015, Amsterdam.

Beveridge, W., 1942. Social Insurance and Allied Services. His Majesty's Stationary Office, London.

Birdsall, N., Londono, J. L., 1997. Asset inequality matters, an assessment of the world Bank's approach to poverty reduction. Am. Econ. Rev. 87 (2), 32-37.

Birdsall, N., Ross, D., Sabot, R., 1995. Inequality and growth reconsidered, lessons from east Asia. World Bank Econ. Rev. 9 (3), 477-508.

Birdsall, N., Graham, C., Pettinato, S., 2000. Stuck in the Tunnel, Is Globalization Muddling the Middle Class? Center on Social and Economic Dynamics, Working Paper 14, Brookings Institution, Washington, DC.

Blaug, M., 1962. Economic Theory in Retrospect. Heinemann Books, London.

Blaug, M., 2001. No history of ideas, please, we're economists. J. Econ. Perspect. 15 (1), 145-164.

Bliss, C., 1975. Capital Theory and the Distribution of Income. North-Holland, Amsterdam.

Bliss, C., Stern, N., 1982. Palanpur, The Economy of an Indian Village. Clarendon Press, Oxford.

Boo, K., 2012. Behind the Beautiful Forevers. Random House, New York.

Booth, C., 1903. Life and labour of the people of London. Second Series: Industry, vol. 5. Macmillan and Co., London.

Bourguignon, F., 2003. The growth elasticity of poverty reduction, explaining heterogeneity across countries and time periods. In: Eicher, T., Turnovsky, S. (Eds.), Inequality and Growth Theory and Policy Implications. MIT Press, Cambridge.

Bourguignon, F., Morrisson, C., 2002. Inequality among world citizens, 1820-1992. Am. Econ. Rev. (4), 727-744.

Bowles, S., Gintis, H., 1976. Schooling in Capitalist America, Educational Reform and the Contradictions of Economic Life. Routledge and Kegan Paul, London.

Bowles, S., Durlauf, S., Hoff, K., 2006. Poverty Traps. Princeton University Press,

Princeton.

Bowley, A. L. , 1915. The Nature and Purpose of the Measurement of Social Phenomena. P. S. King and Sons, London.

Boyer, G. , 2002. English poor laws. In: Whaples, R. (Ed.), EH. Net Encyclopedia.

Brooke, M. Z. , 1998. Le Play Engineer and Social Scientist. Transaction Publishers, New Brunswick.

Bruno, M. , Ravallion, M. , Squire, L. , 1998. Equity and growth in developing countries, Old and New perspectives on the policy issues. In: Tanzi, V. , Chu, K. -y. (Eds.), Income Distribution and High-Quality Growth. MIT Press, Cambridge.

Bulow, J. , Summers, L. , 1986. A theory of dual labor markets with application to industrial policy, discrimination and Keynesian unemployment. J. Labor Econ. 4 (3), 376-414.

Burnett, J. , 1969. A History of the Cost of Living. Penguin Books, Harmondsworth, England.

Cameron, L. , 2002. Did Social Safety Net Scholarships Reduce Drop-Out Rates during the Indonesian Economic Crisis? Policy Research Working Paper 2800, World Bank.

Campbell, F. , Conti, G. , Heckman, J. , Moon, S. H. , Pinto, R. , Pungello, E. , Pan, Y. , 2014. Early childhood investments substantially boost adult health. Science 343, 1478-1485.

Cantril, H. , 1965. The Pattern of Human Concerns. Rutgers University Press, New Brunswick.

Cappelen, A. , Mæstad, O. , Tungodden, B. , 2010. Demand for childhood vaccination-insights from behavioral economics. Forum Dev. Stud. 37 (3), 349-364.

Carter, M. , Barrett, C. , 2006. The economics of poverty traps and persistent poverty, an asset-based approach. J. Dev. Stud. 42 (2), 178-199.

Chen, S. , Ravallion, M. , 2010. The developing world is poorer than we thought, but no less successful in the fight against poverty. Quart. J. Econ. 125 (4), 1577-1625.

Chen, S. , Ravallion, M. , 2013. More relatively poor people in a less absolutely poor world. Rev. Income Wealth 59 (1), 1-28.

Chenery, H. , 1977. Forward to David Morawetz, Twenty-Five Years of Economic Development. World Bank, Washington, DC.

Chenery, H. , Ahluwalia, M. S. , Bell, C. , Duloy, J. , Jolly, R. , 1974. Redistribution with Growth. Oxford University Press, Oxford.

Cinnirella, F. , 2008. Optimists or Pessimists? A Reconsideration of Nutritional Status in Britain, 1740-1865. Eur. Rev. Econ. Hist. 12, 325-354.

Clark, G. , 2005. The condition of the working class in England 1209-2004. J. Polit. Econ. 113, 1307-1340.

Clarke, G. R. G. , 1995. More evidence on income distribution and growth. J. Dev. Econ.

47, 403-428.

Cogneau, D., 2012. The Political Dimension of Inequality during Economic Development. Reégion et Développement 35, 11-36.

Cohen, G., 1989a. On the currency of egalitarian justice. Ethics 99 (4), 906-944.

Cohen, J., 1989b. Democratic equality. Ethics 99 (4), 727-751.

Cornia, Giovanni, Stewart, Frances, 1995. Two errors of targeting. In: van de Walle, Dominique, Nead, Kimberly (Eds.), Public Spending and the Poor. Johns Hopkins University Press for the World Bank, Baltimore.

Cunha, F., Heckman, J., 2007. The technology of skill formation. Am. Econ. Rev. 97 (2), 31-47.

Cunningham, H., 1990. The employment and unemployment of children in England c.1680-1851. Past Present 126, 115-150.

Currie, J., 2001. Early childhood development programs. J. Econ. Perspect. 15 (2), 213-238.

Currie, J., 2011. Inequality at birth, some causes and consequences. Am. Econ. Rev. 101 (3), 1-22.

Currie, J., 2012. Antipoverty programs for poor children and families. In: Jefferson, P. N. (Ed.), The Oxford Handbook of the Economics of Poverty. Oxford University Press, Oxford.

Dandekar, V. M., Rath, N., 1971. Poverty in India. Indian School of Political Economy, Pune.

Daniels, W., 1898. The bearing of the doctrine of selection upon the social problem. Inter. J. Ethics 8 (2), 203-214 (now called Ethics).

Das, J., Do, Q.-T., Ozler, B., 2005. A welfare analysis of conditional cash transfer schemes. World Bank Res. Obs. 20 (1), 57-80.

Dasgupta, P., 1993. An Inquiry into Well-Being and Destitution. Oxford University Press, Oxford.

Dasgupta, P., 1997. Poverty traps. In: Kreps, D. M., Wallis, K. F. (Eds.), Advances in Economics and Econometrics, Theory and Applications. Cambridge University Press, Cambridge.

Dasgupta, P., 2011. Personal Histories and Poverty Traps. In: Annual World Bank Conference on Development Economics. World Bank, Washington, DC.

Dasgupta, P., Ray, D., 1986. Inequality as a determinant of malnutrition and unemployment. Econ. J. 96, 1011-1034.

Datt, G., Ravallion, M., 1998. Farm productivity and rural poverty in India. J. Dev. Stud. 34 (4), 62-85.

Day, R. H., 1992. Complex economic dynamics, obvious in history, generic in theory, elusive in data. J. Appl. Econ. 7, S9-S23.

De Donder, P. , Hindriks, J. , 1998. The political economy of targeting. Public Choice 95, 177-200.

De Janvry, A. , Sadoulet, E. , 2006. Making conditional cash transfer programs more efficient, designing for maximum effect of the conditonality. World Bank Econ. Rev. 20 (1), 1-29.

De Mandeville, B. , 1732. An essay on charity and charity schools. In: The Fable of the Bees, Or, Private Vices, Publick Benefits, sixth ed. Oxford University Press, London, Oxford, 1957 (reprint).

de Montesquieu, C. , 1748. The Spirit of Laws (T. Nugent, Trans.). G. Bell and Sons, London (1914 edition).

De Tocqueville, A. , 1835. Memoir on Pauperism, Does Public Charity Produce and Idle and Dependent Class of Society? Cosimo Classics edition, New York, 2005.

de Waal, F. , 2009. The Age of Empathy. Nature's Lessons for a Kinder Society. Three Rivers Press, New York.

Dearden, L. , Emmerson, C. , Frayne, C. , Meghir, C. , 2009. Conditional cash transfers and school dropout rates. J. Hum. Res. 44 (4), 827-857.

Deaton, A. , 1997. The Analysis of Household Surveys: A Microeconometric Approach to Development Policy. World Bank, Washington, DC.

Deaton, A. , 2006. The great escape, a review of Robert Fogel's the escape from hunger and premature death, 1700-2100. J. Econ. Lit. 44, 106-114.

Deininger, K. , Olinto, P. , 2000. Asset Distribution, Inequality and Growth, Policy Research Working Paper 2375, World Bank.

Deininger, K. , Squire, L. , 1996. A New data set measuring income inequality. World Bank Econ. Rev. 10, 565-591.

Deininger, K. , Squire, L. , 1998. New ways of looking at old issues, inequality and growth. J. Dev. Econ. 57 (2), 259-287.

Dercon, S. , Outes, I. , 2013. The Road to Perdition, Rainfall Shocks, Poverty Traps and Destitution in Semi Arid India. Oxford University, mimeo.

Dickens, C. , 1838. Oliver Twist. Richard Bently, London, Penguin edition, 2003.

Do, Q. -T. , Levchenko, A. , Ravallion, M. , 2013. Copying with food price volatility, trade insulation as social protection. In: Chavas, J. -P. , Hummels, D. , Wright, B. (Eds.), The Economics of Food Price Volatility. University of Chicago Press, forthcoming.

Doepke, M. , Zilibotti, F. , 2005. Social class and the spirit of capitalism. J. Eur. Econ. Assoc. 3 (2-3), 516-524.

Doeringer, P. , Piore, M. , 1971. Internal Labor Markets and Manpower Analysis. Sharpe, New York.

Dollar, D., Kraay, A., 2002. Growth is good for the poor. J. Econ. Growth 7 (3), 195-225.

Dollar, D., Kraay, A., 2004. Trade, growth and poverty. Econ. J. 114 (493), F22-F49.

Doron, A., 1990. Definition and measurement of poverty—the unsolved issue. In: Social Security, Journal of Welfare and Social Security Studies, 2, pp. 27-50, Special English Edition.

Drèze, J., 1990a. Famine prevention in India. In: Drèze, J., Sen, A. (Eds.), The Political Economy of Hunger, vol. 2. Oxford University Press, Oxford.

Drèze, J., 1990b. Famine prevention in Africa, some experiences and lessons. In: Drèze, J., Sen, A. (Eds.), The Political Economy of Hunger, vol. 2. Oxford University Press, Oxford.

Drèze, J., Sen, A., 1989. Hunger and Public Action. Oxford University Press, Oxford.

Duncan, O., Featherman, D., Duncan, B., 1972. Socioeconomic Background and Achievement. Seminar Press, New York.

Dutta, P., Murgai, R., Ravallion, M., van de Walle, D., 2012. Does India's employment guarantee scheme guarantee employment? Econ. Pol. Wkly. 48 (April 21), 55-64.

Dutta, P., Murgai, R., Ravallion, M., van de Walle, D., 2013. Right-to-Work? Assessing India's Employment Guarantee Scheme in Bihar. World Bank, Washington, DC.

Easterly, W., 2001. The middle class consensus and economic development. J. Econ. Growth 6 (4), 317-335.

Easterly, W., 2009. How the millennium development goals are unfair to Africa. World Dev. 37 (1), 26-35.

Eastwood, R., Lipton, M., 1999. The impact of changes in human fertility on poverty. J. Dev. Stud. 36 (1), 1-30.

Eastwood, R., Lipton, M., 2001. Demographic transition and poverty, effects via economic growth, distribution and conversion. In: Birdsall, N., Kelley, A., Sinding, S. (Eds.), Population Matters. Oxford University Press, Oxford.

Eden, Frederick Morton, 1797. The State of the Poor. J. Davis, London.

Elbers, C., Lanjouw, J., Lanjouw, P., 2003. Micro-level estimation of poverty and inequality. Econometrica 71 (1), 355-364.

Ellwood, D., Summers, L., 1986. Poverty in america, is welfare the answer or the problem? In: Danziger, S., Weinberg, D. (Eds.), Fighting Poverty, What Works and What Doesn't. Harvard University Press, Cambridge.

Engel, E., 1857. Die Productions-und Consumtionsverhältnisse des Königreichs Sachsen. Zeitschrift des statistischen Bureaus des Königlich Sächsischen Ministerium des Inneren 8-9, 28-29.

Engels, F., 1845. The Condition of the Working Class in England. Oxford University Press, Oxford, 1993 edition.

Engerman, S. L., Sokoloff, K., 2006. Colonialism, inequality and long-Run paths of development. In: Banerjee, A., Benabou, R., Mookherjee, D. (Eds.), Understanding Poverty. Oxford University Press, Oxford, pp. 37-62.

Eurostat, 2005. Income poverty and social exclusion in the EU25, Statistics in Focus 03/ 2005, Office of Official Publications of the European Communities, Luxembourg.

Ferreira, F. H. G., Ravallion, M., 2009. Poverty and inequality, the global context. In: Salverda, W., Nolan, B., Smeeding, T. (Eds.), The Oxford Handbook of Economic Inequality. Oxford University Press, Oxford.

Fields, G. S., 1977. Who benefits from economic development? a reexamination of Brazilian growth in the 1960's. Am. Econ. Rev. 67 (4), 570-582.

Fields, G. S., 1980. Poverty Inequality and Development. Cambridge University Press, Cambridge.

Fields, G. S., 2001. Distribution and Development. Russell Sage Foundation, New York.

Fifield, A., 2013. Starved of healthy options. Financ. Times, 9, June 14.

Filmer, D., 2007. If You build It, will they come? school availability and school enrolment in 21 poor countries. J. Dev. Stud. 43 (5), 901-928.

Fishlow, A., 1972. Brazilian size distribution of income. Am. Econ. Rev. 62, 391-402.

Fishlow, A., Gwin, C., 1994. Overview, Lessons from the East Asian Experience. In: Fishlow, A., Gwin, C., Haggard, S., Rodrik, D., Wade, R. (Eds.), Miracle or Design? Lessons from the East Asian Experience. Overseas Development Council, Washington, DC.

Fiszbein, A., Schady, N., 2010. Conditional Cash Transfers for Attacking Present and Future Poverty. World Bank, Washington, DC.

Fleischacker, S., 2004. A Short History of Distributive Justice. Harvard University Press, Cambridge, MA.

Fleurbaey, M., 2008. Fairness Responsibility and Welfare. Oxford University Press, Oxford.

Fogel, R. W., 2004. The Escape from Hunger and Premature Death, 1700-2100. Cambridge University Press, Cambridge.

Fogel, R. W., Engerman, S., Floud, R., Friedman, G., Mango, R., Sokoloff, K., Steckel, R., Trussell, J., Villaflor, G., Watchter, K., 1983. Secular change in American and British stature and nutrition. In: Rotberg, R., Rabb, T. (Eds.), Hunger in History. Cambridge University Press, Cambridge.

Forbes, K. J., 2000. A reassessment of the relationship between inequality and growth. Am. Econ. Rev. 90 (4), 869-887.

Foster, J., 1998. Absolute versus relative poverty. Am. Econ. Rev. 88 (2), 335-341.

Foster, J., Greer, J., Thorbecke, E., 1984. A class of decomposable poverty measures. Econometrica 52, 761-765.

Friedman, M., 1962. Capital and Freedom. University of Chicago Press, Chicago.

Fuchs, V. , 1967. Redefining poverty and redistributing income. Public Interest 8, 88-95.

Furniss, E. , 1920. The Position of the Laborer in a System of Nationalism. A Study in the Labor Theories of the Later English Mercantilists. Houghton Mifflin, Boston and New York.

Gaiha, R. , 1997. Rural public works and the poor, the case of the employment guarantee scheme in India. In: Polachek, S. (Ed.), Research in Labour Economics. JAI Press, Connecticut.

Galasso, E. , Ravallion, M. , 2005. Decentralized targeting of an antipoverty program. J. Pub. Econ. 89, 705-727.

Galasso, E. , Ravallion, M. , Salvia, A. , 2004. Assisting the transition from workfare to work: Argentina's Proempleo Experiment. Ind. Labor Relat. Rev. 57 (5), 128-142.

Galbraith, J. K. , 1958. The Affluent Society. Mariner Books, Boston.

Galor, O. , Zeira, J. , 1993. Income distribution and macroeconomics. Rev. Econ. Stud. 60 (1), 35-52.

Gans, H. , 1995. The War Against the Poor. Basic Books, New York.

Garces, E. , Thomas, D. , Currie, J. , 2002. Longer term effects of head start. Am. Econ. Rev. 92 (4), 999-1012.

Gelbach, J. , Pritchett, L. , 2000. Indicator targeting in a political economy, leakier can be better. J. Policy Reform 4, 113-145.

Geremek, B. , 1994. Poverty. A History. Blackwell, Oxford.

Ghatak, M. , Jiang, N. N. -H. , 2002. A simple model of inequality, occupational choice, and development. J. Dev. Econ. 69 (1), 205-226.

Gillie, A. , 1996. The origin of the poverty line. Econ. Hist. Rev. 49 (4), 715-730.

Goldin, C. , Katz, L. F. , 2008. The Race Between Education and Technology. Harvard University Press, Cambridge.

Gordon, R. , Li, W. , 2009. Tax structures in developing countries, many puzzles and a possible explanation. J. Pub. Econ. 93 (7-8), 855-866.

Grosh, M. , Glewwe, P. , 2000. Designing Household Survey Questionnaires for Developing Countries. Lessons from 15 Years of the Living Standards Measurement Study, 3 vols. World Bank, Washington, DC.

Grosh, M. , del Ninno, C. , Tesliuc, E. , Ouerghi, A. , 2008. For Protection and Promotion, the Design and Implementation of Effective Safety Nets. World Bank, Washington, DC.

Gutiérrez, C. , Tanaka, R. , 2009. Inequality and education decisions in developing countries. J. Econ. Inequal. 7, 55-81.

Hansen, M. H. , Hurvitz, W. N. , 1943. On the theory of sampling from a finite population. Ann. Math. Stat. 14, 333-362.

Harrington, M. , 1962. The Other America, Poverty in the United States. Macmillan, New

York.

Harrison, A., Rodríguez-Clare, A., 2010. Trade, foreign investment, and industrial policy for developing countries. In: Handbook of Development Economics. vol. 5. North Holland, Amsterdam.

Harsanyi, J., 1975. Can the maximin principle serve as a basis for morality? A critique of john Rawls's theory. Am. Polit. Sci. Rev. 69 (2), 594-606.

Hartmann, B., 1987. Reproductive Rights and Wrongs, the Global Politics of Population Control and Contraceptive Choice. Harper and Row, New York.

Hauk, W. R., Wacziarg, R., 2009. A Monte Carlo study of growth regressions. J. Econ. Growth 14 (2), 103-147.

Hazan, M., Berdugo, B., 2002. Child labour, fertility, and economic growth. Econ. J. 112 (482), 810-828.

Heckman, J., 2006. Skill formation and the economics of investing in disadvantaged children. Science 30, 1900-1902.

Heclo, H., 1986. The political foundations of antipoverty policy. In: Danziger, S., Weinberg, D. (Eds.), Fighting Poverty, What Works and What Doesn't. Harvard University Press, Cambridge.

Hemerijck, A., 2014. The reform capacities of European welfare states. In: Cantillon, B., Vandenbroucke, F. (Eds.), Reconciling Work and Poverty Reduction. How Successful are European Welfare States? Oxford University Press, Oxford.

Hertel-Fernandez, A., Wenger, J. B., 2013. Taking Up Social Benefits, A Cautionary Tale from an Unemployment Insurance Survey Experiment, Available at SSRN, http://ssrn.com/abstract=2341885 or http://dx.doi.org/10.2139/ssrn.2341885.

Herzer, D., Vollmer, S., 2012. Inequality and growth, evidence from panel cointegration. J. Econ. Inequal. 10, 489-503.

Hill, C., 1972. The World Turned Upside Down, Radical Ideas During the English Revolution. Maurice Temple Smith, London.

Himmelfarb, G., 1984a. The Idea of Poverty, England in the Early Industrial Age. Faber and Faber, London.

Himmelfarb, G., 1984b. The idea of poverty. Hist. Today 34 (4). http://www.historytoday.com/gertrudehimmelfarb/idea-poverty.

Hindle, S., 2004. On the Parish? The Micro-Politics of Poor Relief in Rural England 1550-1750. Oxford University Press, Oxford.

Hoff, K., 1996. Market failures and the distribution of wealth, a perspective from the economics of information. Polit. Soc. 24 (4), 411-432.

Hossain, M., 1988. Credit for Alleviation of Rural Poverty, the Grameen Bank in

Bangladesh: IFPRI Research Report 65. International Food Policy Research Institute, Washington, DC.

Howe, I., 1993. Introduction to Michael Harrington's, the Other America. 1993 Reprinting, Touchstone, New York.

Hoynes, H., 1997. Does welfare play any role in female headship decisions? J. Publ. Econ. 65, 89-117.

Hunter, R., 1904. Poverty. MacMillan Company, London.

Imbert, C., Papp, J., 2011. Estimating leakages in India's employment guarantee. In: Khera, R. (Ed.), The Battle for Employment Guarantee. Oxford University Press, New Delhi, pp. 269-278.

Jalan, J., Ravallion, M., 2002. Geographic poverty traps? A micro model of consumption growth in rural China. J. Appl. Econ. 17 (4), 329-346.

Jalan, J., Ravallion, M., 2004. Household income dynamics in rural china. In: Dercon, S. (Ed.), Insurance Against Poverty. Oxford University Press, New York, pp. 107-123.

Jha, R., Gaiha, R., Pandey, M. K., 2012. Net transfer benefits under India's rural employment guarantee scheme. J. Policy Model 34 (2), 296-311.

Johnson, D., Smeeding, T., 2012. A Consumer's Guide to Interpreting Various U. S. Poverty Measures, Fast Focus No. 14, Institute for Research on Poverty, University of Wisconsin.

Jones, G.S., 2004. An End to Poverty? A Historical Debate. Columbia University Press, New York.

Just, D., Michelson, H., 2007. Wealth as welfare, Are wealth thresholds behind persistent poverty? Appl. Econ. Perspect. Policy 29 (3), 419-426.

Kahl, S., 2005. The religious roots of modern poverty policy, catholic, Lutheran, and reformed protestant traditions compared. Eur. J. Sociol. 46, 91-126.

Kakwani, N., 1980. Income Inequality and Poverty, Methods of Estimation and Policy Applications. Oxford University Press, Oxford.

Kaldor, N., 1955. Alternative theories of distribution. Rev. Econ. Stud. 23 (2), 94-100.

Kalecki, M., 1942. A theory of profits. Econ. J. 52, 258-267.

Kanbur, R., 1987. Measurement and alleviation of poverty. IMF Staff. Pap. 36, 60-85.

Kanbur, R., Tuomala, M., 2011. Charitable conservatism, poverty radicalism and inequality aversion. J. Econ. Inequal. 9, 417-431.

Kanbur, R., Keen, M., Tuomala, M., 1994. Labor supply and targeting in poverty alleviation programs. World Bank Econ. Rev. 8 (2), 191-211.

Kant, I., 1785. Fundamental Principles of the Metaphysic of Morals. In: Kingsmill Abbott, T. (Ed.), 10 ed, Project Gutenberg.

Katz, M.B., 1987. The Undeserving Poor, From the War on Poverty to the War on Welfare.

Pantheon Books, New York.

Keefer, P., Khemani, S., 2005. Democracy, Public Expenditures, and the Poor, Understanding Political Incentives for Providing Public Services. World Bank Res. Obs. 20 (1), 1-28.

Kelley, A., Schmidt, R., 1995. Aggregate population and economic growth correlations, the role of the components of demographic change. Demography 32 (4), 543-555.

Kelley, A., Schmidt, R., 2001. Economic and demographic change, a synthesis of models, findings and perspectives. In: Birdsall, N., Kelley, A., Sinding, S. (Eds.), Population Matters. Oxford University Press, Oxford.

Kelly, M., Cormac, Ó. G., 2010. Living Standards and Mortality since the Middle Ages, Working Paper 201026, School of Economics, University College Dublin.

Keynes, J. M., 1936. The General Theory of Employment, Interest and Money. Macmillan Press, London.

Keysers, C., 2011. Empathic Brain. How the Discovery of Mirror Neurons Changes our Understanding of Human. Social Brain Press, Nature.

Khandker, S., Samad, H., 2014. Dynamic Effects of Microcredit in Bangladesh. Policy Research Working Paper 6821, World Bank, Washington, DC.

Kinsey, B., 2013. The excluded generations, questioning a leading poverty indicator. In: Paper presented at the UNU-WIDER conference "Inclusive Growth in Africa, Measurement, Causes, and Consequences".

Klebaner, B. J., 1964. Poverty and its relief in American thought, 1815-61. Soc. Serv. Rev. 38 (4), 382-399.

Knowles, S., 2005. Inequality and economic growth, the empirical relationship reconsidered in the light of comparable data. J. Dev. Stud. 41 (1), 135-159.

Kolm, S. -C., 1976. Unequal inequalities. I. J. Econ. Theory 12 (3), 416-442.

Korpe, P., Petri, W., 2012. Environmental enteropathy, critical implications of a poorly understood condition. Trends Mol. Med. 18 (6), 328-336.

Kraay, A., 2006. When is growth Pro-poor? Evidence from a panel of countries. J. Dev. Econ. 80, 198-227.

Kuznets, S., 1955. Economic growth and income inequality. Am. Econ. Rev. 45, 1-28.

Landauer, C., 1959. European Socialism, a History of Ideas and Movements from the Industrial Revolution to Hitler's Seizure of Power. University of California Press, Berkeley.

Lanjouw, P., Stern, N., 1998. Economic Development in Palanpur over Five Decades. Clarendon Press, Oxford.

Lepenies, P. H., 2014. Of goats and dogs, Joseph Townsend and the idealisation of markets—a decisive episode in the history of economics. Camb. J. Econ. 38, 447-457.

Levine, R., Renelt, D., 1992. A sensitivity analysis of cross-country growth regressions. Am. Econ. Rev. 82, 942-963.

Lewis, A., 1954. Economic development with unlimited supplies of labor. Manchester Sch. Econ. Soc. Stud. 22, 139-191.

Li, H., Zou, H.-f., 1998. Income inequality is not harmful to growth, theory and evidence. Rev. Dev. Econ. 2 (3), 318-334.

Lin, J. Y., 2012. New Structural Economics, a Framework for Rethinking Development and Policy. World Bank, Washington, DC.

Lindert, P. H., 2004. Growing Public: The Story, Social Spending and Economic Growth since the Eighteenth Century, vol. 1. Cambridge University Press, Cambridge.

Lindert, P. H., 2013. Private welfare and the welfare state. In: Neal, L., Williamson, J. (Eds.), The Cambridge History of Capitalism. Cambridge University Press, Cambridge.

Lipton, M., 1968. Urban bias and rural planning, strategy for agriculture. In: Streeten, P., Lipton, M. (Eds.), The Crisis in Indian Planning. Oxford University Press, Oxford.

Lipton, M., 1977. Why Poor People Stay Poor, Urban Bias and World Development. Temple Smith, London.

Lokshin, M., Ravallion, M., 2004. Household income dynamics in two transition economies. Stud. Nonlinear Dyn. Econom. 8 (3), 1-33.

Lopez, H., Servén, L., 2006. A Normal Relationship? Poverty, Growth and Inequality, Policy Research Working Paper 3814, World Bank.

Lopez, H., Servén, L., 2009. Too Poor to Grow, Policy Research Working Paper 5012, World Bank.

Loury, G., 1981. Intergenerational transfers and the distribution of earnings. Econometrica 49, 843-867.

Ludwig, J., Phillips, D. A., 2007. The Benefits and Costs of Head Start, NBER Working Paper 12973.

Lundberg, M., Squire, L., 2003. The simultaneous evolution of growth and inequality. Econ. J. 113, 326-344.

Macours, K., Schady, N., Vakis, R., 2008. Cash Transfers, Behavioral Changes and Cognitive Development in Early Childhood. Policy Research Working Paper 4759, World Bank, Washington, DC.

Mahalanobis, P. C., 1953. Some observations on the process of growth. Sankhya 12, 307-312.

Malthus, T. R., 1806. An Essay on the Principle of Population, 1890 ed. Ward, Lock and Co., London.

Mani, A., Mullainathan, S., Shafir, E., Zhao, J., 2013. Poverty impedes cognitive function. Science 341, 976-980.

Mansuri, G., Rao, V., 2012. Localizing Development, Does Participation Work? World Bank, Washington, DC.

Marshall, A., 1890. Principles of Economics. Macmillan, London (8th ed., 1920).

Marshall, A., 1907. Some possibilities of economic chivalry. Econ. J. 17 (65), 7-29.

Martin, W., Anderson, K., 2012. Export restrictions and price insulation during commodity price booms. Am. J. Agr. Econ. 94 (2), 422-427.

Marx, K., Engels, F., 1848. Manifesto of the Communist Party, London.

Mayhew, H., 2008. London Labour and the London Poor. Wordsworth Classics, London (reprinting a selection of newspaper articles from the 1840s).

McKenzie, D., Woodruff, C., 2006. Do entry costs provide an empirical basis for poverty traps? Evidence from Mexican microenterprises. Econ. Dev. Cult. Change 55 (1), 3-42.

McNamara, R., 1973. Address to the Board of Governors at the 1973 Annual General Meeting. World Bank, Washington DC.

Meade, J., 1972. Poverty in the welfare state. Oxf. Econ. Pap. 24, 289-326.

Mencher, S., 1967. Poor Law to Poverty Program, Economic Security Policy in Britain and the United States. University of Pittsburgh Press, Pittsburgh.

Mesnard, A., Ravallion, M., 2006. The wealth effect on new business startups in a developing economy. Economica 73, 367-392.

Meyer, B. D., Sullivan, J., 2012. Consumption and income poverty in the United States. In: Jefferson, P. N. (Ed.), The Oxford Handbook of the Economics of Poverty. Oxford University Press, Oxford.

Michel, J.-B., Shen, Y. K., Aiden, A. P., Veres, A., Gray, M. K., The Google Books Team, Pickett, J. P., Hoiberg, D., Clancy, D., Norvig, P., Orwant, J., Pinker, S., Nowak, M. A., Aiden, E. L., 2010. Quantitative analysis of culture using millions of digitized books. Science, 16 December.

Milanovic, B., 2005. Can we discern the effect of globalization on income distribution? World Bank Econ. Rev. 19 (1), 21-44.

Milanovic, B., 2008. Qat expenditures in Yemen and Djibouti, an empirical analysis. J. Afr. Econ. 17 (5), 661-687.

Mill, J. S., 1848. Principles of Political Economy, 1965 ed. A. M. Kelly, New York.

Mill, J. S., 1859. On Liberty, Dover Thrift Edition, Toronto 2002.

Mirrlees, J., 1971. An exploration in the theory of optimum income taxation. Rev. Econ. Stud. 38, 175-208.

Moehling, C. M., 1999. State child labor laws and the decline of child labor. Explor. Econ. Hist. 36 (1), 72-106.

Montagu, A., 1971. Forward, in the 1971 reprint of Townsend (1786).

Morduch, J., 1999. The role of subsidies in microfinance, evidence from the Grameen Bank. J. Dev. Econ. 60, 229-248.

Muller, J. Z., 1993. Adam Smith in his Time and Ours, Designing a Decent Society. Princeton University Press, Princeton.

Murgai, R., Ravallion, M., 2005. Is a Guaranteed Living Wage a Good Antipoverty Policy? Policy Research Working Paper 3460, World Bank.

Murgai, R., Ravallion, M., van de Walle, D., 2013. Is Workfare Cost-Effective against Poverty in a Poor Labor-Surplus Economy? Policy Research Working Paper, World Bank.

Murphy, K., Schleifer, A., Vishny, R., 1989. Industrialization and the big push. J. Polit. Econ. 97 (5), 1003-1026.

Murray, C. A., 1984. Losing ground: American Social Policy 1950-1980. Basic Books, New York.

Musgrave, R., 1985. A brief history of fiscal doctrine. In: Auerbach, A. J., Feldstein, M. (Eds.), In: Handbook of Public Economics, vol. 1. North-Holland, Amsterdam.

Nath, S. K., 1969. A Reappraisal of Welfare Economics. Routledge and Kegan Paul, London.

Nozick, R., 1974. Anarchy, State and Utopia. Basic Books, New York.

O'Connor, A., 2002. Poverty Knowledge, Social Science, Social Policy, and the Poor in Twentieth Century U.S. History Princeton University Press, Princeton.

O'Rourke, K., Williamson, J., 1997. Globalization and History, the Evolution of the Nineteenth Century Atlantic Economy. MIT Press, Cambridge, MA.

Orshansky, M., 1963. Children of the poor. Soc. Secur. Bull. 26, 3-29.

Pack, H., Saggi, K., 2006. The Case for Industrial Policy, a Critical Survey. Policy Research Working Paper 3839, World Bank, Washington, DC.

Paine, T., 1797. Agrarian Justice, 2004 edition published with Common Sense by Penguin.

Pandey, P., Goyal, S., Sundararaman, V., 2009. Community participation in public schools, impacts of information campaigns in three indian states. Educ. Econ. 13 (3), 355-375.

Perotti, R., 1996. Growth, income distribution and democracy, what the data say. J. Econ. Growth 1 (2), 149-187.

Persson, T., Tabellini, G., 1994. Is inequality harmful for growth? Am. Econ. Rev. 84, 600-621.

Pigou, A., 1920. The Economics of Welfare, Fourth ed. Macmillan, London, 1971.

Pitt, M., Khandker, S., 1998. The impact of group-based credit programs on poor households in Bangladesh, does the gender of participants matter? J. Polit. Econ. 106, 958-996.

Pitt, M., Khandker, S., 2012. Replicating Replication Due Diligence in Roodman and

Morduch's Replication of Pitt and Khandker (1998). Policy Research Working Paper 6273, World Bank, Washington, DC.

Pogge, T. W., 1989. Realizing Rawls. Cornell University Press, Ithaca.

Pollak, R., Wales, T., 1979. Welfare comparison and equivalence scale. Am. Econ. Rev. 69, 216-221.

Pradhan, M., Ravallion, M., 2000. Measuring poverty using qualitative perceptions of consumption adequacy. Rev. Econ. Stat. 82 (3), 462-471.

Probe Team, 1999. Public Report on Basic Education in India. Oxford University Press, New Delhi.

Proceedings of the Old Bailey, 2012. London, 1760-1815. Web Site, London.

Rajan, R., 2009a. Rent preservation and the persistence of underdevelopment. Am. Econ. J. Macroecon. 1 (1), 178-218.

Rajan, R., 2009b. Saving growth from unequal influence. In: Levy, S., Walton, M. (Eds.), No Growth without Equity? Inequality, Interests and Competition in Mexico. World Bank, Washington, DC.

Rao, V., 2001. Poverty and public celebrations in rural India. Ann. Am. Acad. Pol. Soc. Sci. 573 (1), 85-104.

Ravallion, M., 1987. Trade and stabilization: another look at British India's controversial foodgrain exports. Explor. Econ. Hist. 24, 354-370.

Ravallion, M., 1994. Measuring social welfare with and without poverty lines. Am. Econ. Rev. 84 (2), 359-365.

Ravallion, M., 1995. Growth and poverty, evidence for developing countries in the 1980s. Econ. Lett. 48, 411-417.

Ravallion, M., 1997a. Can high inequality developing countries escape absolute poverty? Econ. Lett. 56, 51-57.

Ravallion, M., 1997b. Famines and economics. J. Econ. Lit. 35 (3), 1205-1242.

Ravallion, M., 1998. Does aggregation hide the harmful effects of inequality on growth? Econ. Lett. 61 (1), 73-77.

Ravallion, M., 2001. Growth, inequality and poverty, looking beyond averages. World Dev. 29 (11), 1803-1815.

Ravallion, M., 2003. Inequality convergence. Econ. Lett. 80, 351-356.

Ravallion, M., 2005. Externalities in rural development, evidence for China. In: Kanbur, R., Venables, T. (Eds.), Spatial Inequality and Development. Oxford University Press, pp. 137-162.

Ravallion, M., 2006. Looking beyond averages in the trade and poverty debate. World Dev. 34 (8), 1374-1392.

Ravallion, M., 2007. Inequality is bad for the poor. In: Micklewright, J., Jenkins, S. (Eds.), Inequality and Poverty Re-Examined. Oxford University Press, Oxford.

Ravallion, M., 2009. Are there lessons for Africa from China's success against poverty? World Dev. 37 (2), 303-313.

Ravallion, M., 2011. The two poverty enlightenments, historical insights from digitized books spanning three centuries. Poverty Public Policy 3 (2), 1-45.

Ravallion, M., 2012a. Poverty lines across the world. In: Jefferson, P. N. (Ed.), The Oxford Handbook of the Economics of Poverty. Oxford University Press, Oxford, pp. 75-104.

Ravallion, M., 2012b. Why don't we see poverty convergence? Am. Econ. Rev. 102 (1), 504-523.

Ravallion, M., 2013. How long will it take to lift one billion people out of poverty? World Bank Res. Obs. 28 (2), 139-158.

Ravallion, M., 2014. Poor, or just feeling poor. In: Clark, A., Senik, C. (Eds.), Subjective Wellbeing in Developing Countries. Oxford University Press, Oxford, pp. 140-174. The Idea of Antipoverty Policy 2057.

Ravallion, M., 2015. The Economics of Poverty: History, Measurement and Policy. Oxford University Press, New York.

Ravallion, M., Chen, S., 2007. China's (uneven) progress against poverty. J. Dev. Econ. 82 (1), 1-42.

Ravallion, M., Chen, S., 2011. Weakly relative poverty. Rev. Econ. Stat. 93 (4), 1251-1261.

Ravallion, M., Chen, S., 2013. A proposal for truly global poverty measures. Glob. Policy 4 (3), 258-265.

Ravallion, M., Datt, G., 1995. Is targeting through a work requirement efficient? Some evidence for rural India. In: de Walle, D., Nead, K. (Eds.), Public Spending and the Poor: Theory and Evidence. Johns Hopkins University Press, Baltimore.

Ravallion, M., Datt, G., 2002. Why has economic growth been more pro-poor in some states of india than others? J. Dev. Econ. 68, 381-400.

Ravallion, M., Wodon, Q., 2000a. Does child labor displace schooling? Evidence on behavioral responses to an enrolment subsidy. Econ. J. 110, 158-176.

Ravallion, M., Wodon, Q., 2000b. Banking on the poor? Branch location and non-farm rural development in Bangladesh. Rev. Dev. Econ. 4 (2), 121-139.

Ravallion, M., Datt, G., van de Walle, D., 1991. Quantifying absolute poverty in the developing world. Rev. Income Wealth 37, 345-361.

Ravallion, M., Chen, S., Sangraula, P., 2007. New evidence on the urbanization of global poverty. Popul. Dev. Rev. 33 (4), 667-702.

Ravallion, M., Chen, S., Sangraula, P., 2009. Dollar a day revisited. World Bank Econ. Rev. 23 (2), 163-184.

Ravallion, M., van de Walle, D., Dutta, P., Murgai, R., 2013. Try Telling People their Rights? On Making India's Largest Antipoverty Program work in India's Poorest State. Department of Economics, Georgetown University, Washington, DC.

Raventós, D., 2007. Basic Income, the Material Conditions of Freedom. Pluto Press, London.

Rawls, J., 1967. Distributive justice. In: Laslett, P., Runciman, W. G. (Eds.), Philosophy, Politics and Society. In: Series Ⅲ, London.

Rawls, J., 1971. A Theory of Justice. Harvard University Press, Cambridge, MA.

Ray, D., 1998. Development Economics. Princeton University Press, Princeton, New Jersey.

Rhys-Williams, J., 1943. Something to Look Forward To. MacDonald, London.

Ricardo, D., 1817. Principles of Political Economy and Taxation, Everyman Edition, London, 1911.

Robbins, L., 1935. An Essay on the Nature and Significance of Economic Science, London.

Roche, D., 1987. The People of Paris, an Essay in Popular Culture in the Eighteenth Century. University of California Press, Berkeley.

Rodriguez, F., Rodrik, D., 2001. Trade Policy and Economic Growth, A Sceptic's Guide to the Cross National Evidence. NBER Macroeconomic Annual 2000MIT Press, Cambridge, pp. 261-324.

Rodrik, D., 1994. King Kong meets Godzilla, The World Bank and The East Asian Miracle. In: Fishlow, A., Gwin, C., Haggard, S., Rodrik, D., Wade, R. (Eds.), Miracle or Design? Lessons from the East Asian Experience. Overseas Development Council, Washington, DC.

Rodrik, D., 2004. Industrial Policy for the Twenty-First Century, Kennedy School of Government Working Paper RWP04-047, Harvard University.

Roemer, J., 1996. Theories of Distributive Justice. Harvard University Press, Cambridge.

Roemer, J., 1998. Equality of Opportunity. Harvard University Press, Cambridge, MA.

Roemer, J., 2013. Economic Development as Opportunity Equalization, Policy Research Working Paper 6530, World Bank.

Roodman, D., Morduch, J., 2009. The Impact of Microcredit on the Poor in Bangladesh, Revisiting the Evidence, Working Paper 174, Center for Global Development.

Rothschild, E., 2001. Economic Sentiments, Adam Smith, Condorcet, and the Enlightenment. Harvard University Press, Cambridge, MA.

Rothschild, M., Stiglitz, J., 1976. Equilibrium in competitive insurance markets, an essay on the economics of imperfect information. Quart. J. Econ. 90 (4), 629-650.

Rousseau, J.-J., 1754. Discourse on the Origin of Inequality, a Discourse on a Subject Proposed by the Academy of Dijon, What is the Origin of Inequality Among Men, and is it Authorised by Natural Law. Translated by G. D. H. Cole.

Rowntree, B.S., 1902. Poverty, a Study of Town Life. Macmillan, London.

Runciman, W. G., 1966. Relative Deprivation and Social Justice, a Study of Attitudes to Social Inequality in Twentieth Century England. Routledge and Kegan Paul.

Sachs, J., 2005a. Investing in Development, A Practical Plan to Achieve the Millennium Development Goals. United Nations Millennium Project, vol. 1, New York.

Sachs, J., 2005b. The End of Poverty. Economic Possibilities for Our Time. Penguin Books, New York.

Sadoulet, E., de Janvry, A., 1995. Quantitative Development Policy Analysis. The Johns Hopkins University Press, Baltimore.

Saez, E., 2006. Redistribution toward low incomes in rich countries. In: Banerjee, A., Benabou, R., Mookherjee, D. (Eds.), Understanding Poverty. Oxford University Press, Oxford.

Saint-Paul, G., 2011. The Tyranny of Utility. Behavioral Social Science and the Rise of Paternalism. Princeton University Press, Princeton.

Sala-I-Martin, X., Doppelhofer, G., Miller, R., 2004. Determinants of long-term growth, a Bayesian averaging of classical estimates (BACE) approach. Am. Econ. Rev. 94 (4), 813-836.

Sandmo, A., 2015. Income distribution in the history of economic thought. Handbook of Income Distribution, vol. 2A (Atkinson, A. B., Bourguignon, F. Eds.). Elsevier Science, Amsterdam (Chapter 1).

Sen, A. K., 1970a. Collective Choice and Social Welfare. Holden Day, San Francisco.

Sen, A. K., 1970b. Interpersonal aggregation and partial comparability. Econometrica 38 (3), 393-409.

Sen, A. K., 1973. On Economic Inequality. Clarendon Press, Oxford.

Sen, A. K., 1976. Poverty, an ordinal approach to measurement. Econometrica 46, 437-446.

Sen, A. K., 1980. Equality of what? In: McMurrin, S. (Ed.), Tanner Lectures on Human Values. Cambridge University Press, Cambridge.

Sen, A. K., 1981a. Poverty and Famines. Oxford University Press, Oxford.

Sen, A. K., 1981b. Public action and the quality of life in developing countries. Oxf. Bull. Econ. Stat. 43 (4), 287-319.

Sen, A. K., 1983. Poor, relatively speaking. Oxf. Econ. Papers 35 (2), 153-169.

Sen, A. K., 1985. Commodities and Capabilities, North-Holland, Amsterdam.

Sen, A. K., 1999. Development as Freedom. Alfred Knopf, New York.

Sen, A. K., 2000. Social Justice and the distribution of income. In: Atkinson, A. B., Bourguignon, F. (Eds.), Handbook of Income Distribution. In: vol. 1. Elsevier Science,

Amsterdam.

Shapiro, C., Stiglitz, J., 1984. Involuntary unemployment as a worker discipline device. Am. Econ. Rev. 74 (3), 433-444.

Shipler, D., 2005. The Working Poor. Invisible in America. Vintage, New York.

Slesnick, D., 2001. Consumption and Social Welfare. Cambridge University Press, Cambridge.

Small, M. L., Harding, D. J., Lamont, M., 2010. Reconsidering culture and poverty. Ann. Am. Acad. Pol. Soc. Sci. 629, 6-29.

Smith, A., 1759. The Theory of Moral Sentiments. A. Millar, London.

Smith, A., 1776. An Inquiry into the Nature and Causes of the Wealth of Nations. Electronic Classic Edition, Pennsylvania State University, Pittsburgh.

Smith, R. M., 2011. Social security as a development institution? The relative efficacy of poor relief provisions under the english old poor law. In: Bayly, C. A., Woolcock, M., Szreter, S., Rao, V. (Eds.), History, Historians and Development Policy, A Necessary Dialogue. Manchester University Press, Manchester.

Solar, P. M., 1995. Poor relief and english economic development before the industrial revolution. Econ. Hist. Rev. 48, 1-22.

Solow, R., 1956. A contribution to the theory of economic growth. Quart. J. Econ. 70 (1), 65-94.

Sridharan, E., 2004. The growth and sectoral composition of India's middle class, its impact on the politics of economic liberalization. India Rev. 3 (4), 405-428.

Steinberg, Stephen, 2011. Poor Reason, Culture Still Doesn't Explain Poverty, Boston Review January 13. The Idea of Antipoverty Policy 2059.

Stephens, W. B., 1998. Education in Britain 1750-1914. Macmillan, London.

Stiglitz, J. E., 1969. Distribution of income and wealth among individuals. Econometrica 37 (3), 382-397.

Stiglitz, J. E., 1974. Incentives and risk sharing in sharecropping. Rev. Econ. Stud. 41, 219-255.

Stiglitz, J. E., 2012. The Price of Inequality. W. W. Norton & Co., New York.

Strauss, J., Thomas, D., 1998. Health, nutrition and economic development. J. Econ. Lit. 36 (2), 766-817.

Strömberg, D., 2004. Radio's impact on new deal spending. Quart. J. Econ. 119 (1), 189-221.

Subramanian, S., Deaton, A., 1996. The demand for food and calories. J. Polit. Econ. 104 (1), 133-162.

Sundquist, J. L., 1968. Politics and Power, the Eisenhower, Kennedy and Johnson Years. Brookings, Washington, DC.

Swamy, A., 1997. A simple test of the nutrition-based efficiency wage model. J. Dev. Econ. 53, 85-98.

Swartz, J., Braxton, D., Viera, A. J., 2011. Calorie menu labeling on quick-service restaurant menus, an updated systematic review of the literature. Int. J. Behav. Nutr. Phys. Act. 8, 135.

Thane, P., 2000. Old Age in English History. Oxford University Press, Oxford.

Thorner, D., 1967. Social and economic studies of Dr Mann. Econ. Pol. Wkly. 2 (13), 612-645.

Tinbergen, J., 1975. Income Distribution, Analyses and Policies, Amsterdam, North-Holland.

Todd, P., Wolpin, K., 2002. Using a Social Experiment to Validate a Dynamic Behavioral Model of Child Schooling and Fertility, Assessing the Impact of a School Subsidy Program in Mexico, Penn Institute for Economic Research Working Paper 03-022, Department of Economics, University of Pennsylvania.

Townsend, Joseph, 1786. A Dissertation on the Poor Laws by a Well-Wisher to Mankind, Reprint: University of California Press, Berkeley and Los Angeles, 1971.

Townsend, P., 1979. Poverty in the United Kingdom, a Survey of Household Resources and Standards of Living. Penguin Books, Harmonsworth.

Tucker, R. S., 1975. Real wages of artisans in London, 1729-1935. In: Taylor, A. J. (Ed.), The Standard of Living in the Industrial Revolution. Methuen, London.

United Nations Development Programme, 1990. Human Development Report. Oxford University Press for the UNDP, New York.

Vakil, C. N., Brahmanand, 1956. Planning for an Expanding Economy. Vora and Company, Bombay.

van de Walle, D., 1998. Targeting revisited. World Bank Res. Obs. 13 (2), 231-248.

Van Horn Melton, James, 1988. Absolutism and the Eighteenth Century Origins of Compulsory Schooling in Prussia and Austria. Cambridge University Press, Cambridge.

Van Praag, B., 1968. Individual Welfare Functions and Consumer Behavior, Amsterdam, North-Holland.

Vinovskis, M., 1992. Schooling and poor children in 19th-century America. Am. Behav. Sci. 35 (3), 313-331.

Voitchovsky, S., 2005. Does the profile of income inequality matter for economic growth? J. Econ. Growth 10, 273-296.

Voitchovsky, S., 2009. Inequality and economic growth. In: Salverda, W., Nolan, B., Smeeding, T. (Eds.), The Oxford Handbook of Economic Inequality. Oxford University Press, Oxford.

Walker, T. S. , Ryan, J. G. , 1990. Village and Household Economies in India's Semi-Arid Tropics. Johns Hopkins University Press, Baltimore.

Watts, H. W. , 1968. An economic definition of poverty. In: Moynihan, D. P. (Ed.), On Understanding Poverty. Basic Books, New York.

Webb, R. K. , 1974. Modern England from the 18th Century to the Present. Dodd, Mead and Company, New York.

Weiner, M. , 1991. The Child and the State in India. Princeton University Press, Princeton.

Wicksell, K. , 1901. Lectures on Political Economy. Routledge and Kegan Paul, London, 1934 English Edition.

Williamson, J. , 1985. Did British Capitalism Breed Inequality? Routledge, London.

Williamson, J. , 1998. Globalization and the labor market, using history to inform policy. In: Aghion, P. , Williamson, J. (Eds.), Growth, Inequality and Globalization. Cambridge University Press, Cambridge.

Williamson, J. , 2001. Demographic change, economic growth and inequality. In: Birdsall, N. , Kelley, A. , Sinding, S. (Eds.), Population Matters. Oxford University Press, Oxford.

Wilson, W. J. , 1987. The truly disadvantaged, the inner city, the underclass and the truly disadvantaged. Chicago University Press, Chicago.

Wim, V. O. , Halman, L. , 2000. Blame or fate, individual or social? An international comparison of popular explanations of poverty. Eur. Soc. 2 (1), 1-28.

Winters, L. A. , McCulloch, N. , McKay, A. , 2004. Trade liberalization and poverty, the evidence so far. J. Econ. Lit. 42 (March), 72-115.

Woodham-Smith, C. , 1962. The Great Hunger, Ireland 1845-9. Hamilton, London.

World Bank, 1980. World Development Report, Poverty and Human Development. Oxford University Press, New York.

World Bank, 1986. Poverty and Hunger, Issues and Options for Food Security in Developing Countries. World Bank, Washington, DC.

World Bank, 1990. World Development Report, Poverty. Oxford University Press, New York.

World Bank, 1993. The East Asian Miracle, Economic Growth and Public Policy. Oxford University Press, New York.

World Bank, 1997. India, Achievements and Challenges in Reducing Poverty: Report No. 16483-IN. World Bank, Washington, DC.

World Bank, 2000. World Development Report, Attacking Poverty. Oxford University Press, New York.

World Bank, 2004. World Development Report, Making Services Work for the Poor. Oxford University Press, New York.

World Bank，2006. World Development Report，Equity and Development. Oxford University Press，New York.

World Bank，2014. Conditional Cash Transfers. http：//web. worldbank. org/WBSITE/ EXTERNAL/TOPICS/EXTSOCIALPROTECTION/EXTSAFETYNETSANDTRANSFERS/0，contentMDK：20615138~menuPK：282766~pagePK：148956~piPK：216618~theSitePK：282761，00. html.

第 22 章 富裕国家的福利制度和反贫困政策

伊夫·马克思(Ive Marx)[*][†],布莱恩·诺兰(Brian Nolan)[‡],
哈维尔·奥利韦拉(Javier Olivera)[§]

[*] 安特卫普大学赫尔曼·德莱克社会政策中心,比利时安特卫普市

[†] 劳动研究所(IZA),德国波恩市

[‡] 牛津大学马丁学院社会政策与干预学系,新经济思维研究所,英国牛津大学

[§] 卢森堡大学社会经济不平等问题研究所,卢森堡卢森堡市

目　录

　　摘要：本章旨在强调最近关于富裕国家的福利制度和反贫困政策经济研究中的一些要点，并探讨其影响。在概述福利制度和反贫困政策的一些核心特征和方法之前，我们先从贫困的概念和测量方式入手。然后，我们将重点讨论现代福利制度解决贫困问题的核心——社会保障，并依次讨论不活跃的劳动年龄人口、儿童收入补助、在职贫困、退休和养老金问题。之后，我们探讨除现金转移、劳动力市场、教育、培训和激活（不活跃的劳动年龄人口）之外的社会支出，最后是代际传递、童年和社区。我们还探究了 2007—2008 年开始的经济危机背景下的福利制度和反贫困政策，以及探讨了包含经济增长、就业与大力减贫等目标的战略的影响。最后我们给出了今后的研究方向。

　　关键词：贫困；反贫困政策；再分配

　　JEL 分类代码：I3，I38，D63

22.1　背景

22.1.1　引言

　　贫困在一些人看来主要是收入和财富分配不平等的表现，在另一些人看来则是一种独特的现象，贫困依然是富裕国家及其福利制度面临的最大挑战。这反映在关于工业化国家贫困的大量研究中，针对特定国家和跨国比较的研究都力求了解贫困的程度和其随时间推移的变化，理解贫困的本质，并评价反贫困政策和战略的效力。人们普遍认为，从受影响者的生活质量和其浪费的潜力，以及在更广泛意义上对社会结构和社会凝聚力的威胁等方面来看，贫困都是大多数富裕国家的一个关键社会问题（马丁·拉瓦雷在第 21 章中指出，在这些国家，贫困应当而且能够消除的概念是最近才形成的，并深入讨论了贫困与宏观经济表现之间的联系）。虽然贫困的性质以及如何最好地解决贫困问题仍然在政治和意识形态层面上引起激烈的争论，但研究焦点越来越多地放在反贫困政策和战略的效力上，次贷危机只是起到了强化作用。

　　本章的目的在于强调关于富裕国家福利制度和反贫困政策的最近经济研究中的一些关键方面，并探讨其影响。核心主题是，贫困的定义和测量方式对如何考量、设计和实施反贫困政策具有根本影响。因此，在概述福利制度和反贫困政策的一些核心特征和方法之前，我们首先在 22.1 节讨论了贫困的定义、测量方式以及关键模式和趋势（参见 Jäntti and Danziger，2000）。在 22.2 节，我们集中讨论了现代福利制度努力解决贫困问题的核心——社会保障，讨论了不活跃的劳动年龄人口、儿童收入补助、在职贫困以及退休和养老金问题。22.3 节着眼于社会保障之外，讨论现金转移、劳动力市场、教育、培训和激活（不活跃的劳动

年龄人口)以外的社会支出。最后我们探讨了代际传递、童年和社区问题。22.4 节讨论了
2007—2008 年开始的经济危机背景下的福利制度和反贫困政策,以及探讨了涵盖经济增长、
就业与大力减贫等目标的战略的影响。22.5 节强调了未来研究的方向。

22.1.2 贫困的定义和测量方式

贫困的定义以欧洲近年来的研究为基础,但由于缺乏相关资料,并不包括社会普通人的
生活,例如 Townsend(1979)特别具有影响力的说法就阐明了这一点。其对政策制定也产生
了深远的影响,例如欧洲经济共同体在 20 世纪 80 年代中期所采用的贫困定义印证了这一
观点:

> 应将贫困人口理解为因(物质、文化和社会)资源有限,以致其被排除在其居住
> 的成员国内可接受的最低生活标准之外的贫困个人、家庭和群体。

以此为出发点,贫困包含两个核心因素:一是无法参与社会日常生活,二是这种无法参
与源于资源不足。大多数经济研究都用收入来区分贫困人口,大量的研究和辩论都是关于
如何最准确地确定贫困收入标准。关于社会排斥(Kronauer,1998)和"能力"方法[Sen(1980,
1993)首次提出]等概念,也有大量的理论和实证文献,对人们如何看待和测量贫困具有启发
意义。事实上,英国主要关注"贫困"本身,法国或德国等国家更关注匮乏和社会排斥概念,
北欧国家关注以"生活水平"方法测量生活标准并认为幸福至关重要[这与森提出的"能力"
方法在大方向上有很多共同点,见 Erikson(1993)]。

在比较分析中,最常用的方法是以该国中等收入的比例来确定贫困线,最广泛使用的贫
困线度量标准是中等收入的 50%或 60%。原理是那些收入与平均值或正常值相比有一定差
距的人们不太可能参与到社会的方方面面。大量文献采用了该方法,从 Atkinson 等(1995)
的文献、经合组织(OECD)的研究《日益不平等?》(Growing Unequal?)(Whiteford,2008)和《我
们处于分裂之中》(Divided We Stand)(OECD,2011a)中都可以找到典型的例子。包括收入不
平等在内的此类研究,多年来受不同国家的数据在定义和测量方法方面存在差异的困扰,但
从卢森堡收入研究所(LIS)微观数据库、欧盟统计局的欧盟国家微观数据,以及经合组织收
集的综合贫困(和不平等)估值数据库来看,这种情况有了极大改善。各国之间的差异以及
以这种方式测量的相对收入贫困的长期趋势,在欧洲的研究和政策辩论中发挥了核心作用。
莫雷利等人在本卷的第 8 章提供了关于这些测量方式趋势的证据,我们将在下文对此进行
讨论。

这种得出收入贫困线的方法可以与美国所采取的方法相对比,在美国,长期以来,官方
贫困线从根本上影响了关于贫困的讨论和研究的开展。其标准可以追溯到 20 世纪 60 年代,
最初标准是基于营养充足的饮食成本,乘以非食品支出因子,但其主要特点在于贫困线随着
消费品价格的升高而提高,而不是与平均收入或生活水平挂钩。将这种对比结果表示为"相
对"贫困概念与"绝对"贫困概念的区别的做法太过简化,因为贫困概念中必定包含了高于
最低生活水平,这反映了普遍的规范和期待。对不同时间点进行比较的关键问题是,贫困标

准是否以购买力为基准固定下来,即它是"锚定"在某个时间点,还是随着平均生活水平的提高而提高。Lampman(1971)认为,在美国约翰逊政府"向贫困宣战"的背景下,人们更希望跟踪调查固定目标完成的情况,而不是随着收入的变化重新定义目标。然而,在长期平均生活水平不断提高的情况下,这一标准可能会与人们日常对社会贫困的理解脱节。因此,一个有影响力的专家组审查美国官方贫困测量方式后指出,贫困是指基本生活需要的资源不足,"为当今美国做出了恰当的贫困定义"(Citro and Michael,1995)。

"锚定"的测量方式在美国仍具有意义——因为其技术局限性得到了充分的认识和分析——这一事实本身反映了美国实际中等收入的增长一直较为温和。在欧洲,欧盟自 2001年以来采用的一套贫困和社会包容指标补充了纯粹相对收入的贫困门槛,其中一些贫困标准锚定几年前的某个时间点,并与价格同步上调。2007—2008 年经济危机爆发时,一些国家的收入中位数和相对收入贫困门槛实际上出现了下降。事实证明,这是一个有益的提醒,提醒人们这种锚定门槛的价值。类似的观点也适用于在平均收入水平不同的国家之间进行比较:无论是特定国家的纯粹相对测量,还是通用门槛,都不能说明贫困的全部情况。在欧洲,2004 年和 2007 年新加入欧盟的东欧国家的平均收入水平远低于"老"成员国,突显了这一点。

相关文献还提出了富裕国家确定贫困收入门槛的其他方法,例如,参考购买特定的一篮子商品和服务的成本、普通的开支模式、社会保障补贴率中所隐含的标准或人们对"糊口"所需收入的看法。这仍然是贫困研究文献中的重要主题,最近欧洲许多国家尝试持续使用"一篮子商品"方法,就证明了这一点[关于这些替代方法的优点和局限性的讨论参见 Nolan 和Whelan(1996)]。然而,此研究对政策制定和讨论的影响程度仍然相当有限,相对和锚定收入贫困线仍占主导。有人猜想原因在于其经验推导非常直截了当。

同样,在应用收入贫困线时,对于家庭规模和构成的考量在很大程度上相当直接。就像更广泛的收入不平等研究中那样,传统观念认为家庭是收入接受单位,假设收入共享,那么家庭成员有着相同的生活水平。一段时间以来,人们已经知道,确定为贫困的家庭类型(远远超过总贫困率)对所采用的精确等价量表相当敏感(Buhmann et al.,1987;Coulter et al.,1992),但由于研究实践中缺乏更令人满意的其他选择,因此我们必须依靠几个常用的量表(家庭规模的平方根,"经合组织量表"和"经合组织改良量表"),(最多)给出一个以上的结果,以便能够评估其敏感性。基亚波里和麦吉尔在本卷第 16 章更广泛地讨论了关于家庭内部不平等的研究,虽然许多研究试图从其中的一个子集——贫困的角度打开家庭"黑匣子",但对实证分析和政策制定几乎没有影响。

诸多关于如何使用单一综合指标来更好地反映贫困程度的文献也不例外。尽管有相当多的文献制定了复杂的指标,但最常用的度量仍然是简单的人口数量。早在 20 世纪 70 年代中期,阿马蒂亚·森就强调了决策者是如何面临以最贫困人口为目标的不当激励的。往往衍生于一组表示度量属性的先验概念公理,Sen(1976)的方法和将"贫困差距"与贫困群体之间的不平等纳入考虑的其他方法引起了争论。例如,Foster 等(1984)提出的贫困度量等级是可加可分解的,此外,还考虑了基于对贫困人口内部不平等的不同重视程度做出的不同判断。这种反映贫困程度的度量对测量误差也更加敏感，尤其是在极低收入的情况下，往往造成误报。[①] Myles（2000）指出，其数学表达式可能使它们的含义对潜在用户来说模棱两可。贫困排序的稳健性也是文献长期以来关注的问题（Atkinson，1987；Zheng，2000），用于比较收入不平等的主要方法被运用到贫困研究中来（参见 Duclos and Makdissi，2005）。但其并没有运用于主流的实证研究，一个或最多一组有限的门槛和等价尺度基础上的跨时间或跨国的贫困人数比较仍是常态。然而，人们对测量误差的重要性以及对此类比较中应认真对待统计置信区间的认识不断增强（参见 Goedemé，2013）。近年来，贫困分析中收入数据的质量和可比性也有较大改善［如莫雷利等人在第 8 章和 Tóth（2014）所指出的，这在收入不平等分析中更普遍］，这在很大程度上得益于经合组织、LIS、欧盟统计局和各国统计局等机构的努力。

经济学研究中往往理所当然地认为：当前的收入是最令人满意或者最不坏的贫困测量标准。但最近贫困研究中有一个流派对此提出了疑问，且越来越多地影响了实践。该流派坚定主张，在实践中低收入未能区分贫困人口和被排斥人群，原因在于目前的收入不能反映储蓄、债务、先前在耐用消费品、自有住房、国家提供的商品和服务上的支出，工作相关开销如交通和儿童看护，以及地域性物价差异的影响，另外因为需求的不同也被传统等价尺度所忽视（例如与残疾有关的需求），而且来自自营、家庭生产和资本的收入特别难以准确计量。一种应对途径是以消费而非收入来测量经济贫困，因为临时性因素要小得多，但家庭预算调查所衡量的通常只涉及短时间内的支出，消费则不是，而低支出可能与储蓄有关，不一定反映了受限的资源。研究中探讨的其他途径包括将耐用品收入、自住住房收入和非现金利益归算，扩大等值尺度内的需求，并将调查和其他数据结合起来，以改良收入的测量。

纵向数据的利用也对基于收入的贫困研究做出了重大贡献。贫困度量通常以家庭在某周、某月或某年的收入为基础，但即使测量准确，某个特定时间点的收入也可能无法代表平常或较长期的家庭收入。目前，家庭及其收入的纵向追踪数据变得更为普及，使间歇性低收入者和长期低收入者能够被区别开来，动态的收入视角现在在贫困研究中发挥了核心作用。Bane 和 Ellwood（1986）率先研究了美国贫困时段的长度，Duncan 等（1993）最先进行了跨国分析。此后，OECD（2001）、Whelan 等（2003）、Fouarge 和 Layte（2005）以及 Valletta（2006）等对收入贫困动态进行了比较研究。扬蒂和詹金斯在本书第 10 章中讨论了收入普遍流动性的特殊情况，即贫困的间歇性。现有的研究表明，OECD（2001）将贫困概括为看似矛盾的现象，即贫困同时具有流动性和长期性。许多贫困是短期的，只是暂时的困顿，并且长时间处于贫困状态的人数比在某一时刻处于贫困状态的人数要少得多，但那些多年贫困的人总有一年最为贫困。比较各国的情况后发现，美国持续贫困的可能性特别高，而在横截面贫困率较低的国家，其持续贫困性要低得多。欧盟的社会包容性指标目前包括持续性贫困度量，即本年度以及前三年中至少两年收入低于相对贫困门槛的百分比。更普遍来说，贫困持续性研究重点在于不仅要了解一次陷入贫困或者脱贫的情况，还要了解多年贫困的累积经历，这对政策效力的思考和评估方法有着重要的影响。

除扩大对收入/经济来源及其动态的测量，近期贫困研究还试图超越收入的范畴，以期：

---

① Hills（2002）针对这一问题，提出基于贫困门槛与穷人收入中值之间距离的贫困差距度量。

- 更准确地识别贫困人口,并了解其背后的成因;
- 抓住贫困的多维本质;
- 认识到社会排斥比"经济贫困"更为广泛。

长期以来,非货币匮乏指标一直被用来直接反映生活水平和社会排斥的各个方面(单独反映或与低收入相结合),以验证收入贫困门槛,以及(或)生动地说明贫困的含义;Boarini 和 Mira d'Ercole(2006)的文献综述中列出了经合组织国家关于物资匮乏度量的 100 多项研究。过去十年或更长时间,微观层面的非货币指标也越来越广泛地用于反映贫困和社会排斥的多维本质。尤其是在欧洲,社会排斥和社会包容的概念已经广泛应用于贫困研究和政策领域,而在美国,这些概念迄今几乎没有得到重视。研究者比较分析了数据集,如欧洲共同体家庭小组调查(European Community Household Panel Survey,ECHP)提供的数据集〔由欧共体统计局组织,从 20 世纪 90 年代中期到 2001 年在大多数(当时的)欧盟成员国进行〕,以及取而代之的由欧盟收入和生活状况统计(EU-Statistics on Income and Living Conditions,EU-SILC)提供的数据收集框架,确认了贫困的不同维度(参见 Eurostat,2005;Guio,2009;Guio and Macquet,2007;Nolan and Whelan,2010,2011;Whelan et al.,2001),并指出,仅凭低收入并不足以预测谁将面临住房困难、邻里匮乏、健康状况不佳和医疗服务以及教育水平低下的问题。阿伯奇和布兰多里尼在本卷第 3 章中讨论了多维度贫困和不平等的测算,不仅提出了关于如何最好地识别和实证上反映特定维度的复杂问题,也提出了如何在这些维度上最好地总结匮乏或社会排斥的不同方面信息的方法(参见 Aaberge and Peluso,2012;Atkinson,2003;Bourguignon and Chakravarty,2003;Tsui,2002)。

人们对多维度的关注远远超出了纯粹的学术关注,也影响了国内和欧盟制定减贫目标的方式。例如,20 世纪 90 年代在爱尔兰通过的国家减贫目标是以低收入与"基础的"匮乏相结合的方式制定的,而英国针对如何制定儿童减贫目标最好展开了激烈辩论,辩论的焦点为多维度的作用。自 2001 年以来,欧盟社会包容进程的核心是一套旨在监测进展和促进相互学习的多维度指标,这些指标是明确的,不仅包括基于收入的贫困指标,还包括物资匮乏和住房匮乏等指标(参见 Atkinson et al.,2002;Marlier et al.,2007;Nolan and Whelan,2011)。尤其是 2010 年欧盟通过"欧洲 2020 战略"以促进经济增长,扩大就业,首次将减贫纳入其高层次目标,将减贫目标人群确定为:

- 低于国民收入中位数的 60%;
- 高于物资匮乏门槛;
- 生活在失业家庭。

一项调查显示,欧盟共有 23% 的公民被认定"面临贫困和社会排斥的风险",这一比例明显高于低于"基准"国民收入中位数 60% 的 16% 的群体。欧盟领导人承诺,到 2020 年,至少要让其中 2000 万人摆脱贫困和社会排斥。虽然人们可以轻易批判这些精确组合的元素背后的逻辑和含义(参见 Nolan and Whelan,2011),但它有力地说明了多维度度量,以及作为其核心组成部分的物资匮乏直接衡量方法在制定欧洲反贫困政策方面所起的作用。

在 21 世纪初的十来年里,欧洲的贫困目标是在欧盟层面发展和采纳社会包容性指标的过程中逐步形成的(参见 Atkinson et al.,2002),这对欧洲贫困和反贫困政策的数据和分析有重要影响,当然对人们对于贫困的看法和研究框架也影响深刻。这个重要的例子说明了一个更广泛的观点,即大量贫困研究是由国家或国际机构完成或赞助的,这些机构倾向于证明,反贫困战略的特定政策或方向是(有可能)成功的。他们的观点将更加微妙地影响到研究人员可获取的数据和指标,从而使研究者很容易进行分析。近年来,人们更容易获取可用的微观数据,这从根本上影响了贫困研究,但各国政府和国际组织的影响仍然举足轻重。

最后,在讨论如何进行贫困研究时,学科视角的差异也很重要。举个例子,从经济学的角度来看,研究者通常偏向生活水平和排斥程度的财务指标,并强调经济激励在理解和解决贫困方面的作用,而社会学家往往更愿意采用非货币度量,并强调社会阶层和社会环境的作用。话虽如此,各学科的界限相当模糊,贫困研究已成为经济学家、社会学家、社会政策分析师、地理学家、人类学家、教育学家、流行病学家、心理学家、遗传学家和神经科学家之间进行富有成效的合作的领域,本章只能简略提及,大部分仍是经济学文献。

22.1.3 主要模式及趋势

正如前一节所强调的,贫困比较研究中最常见的做法仍然是使用相对收入贫困门槛,以及比较各国低于这些门槛的人数比例。在此基础上,Atkinson 等(1995)及 Fritzell 和 Ritakallio(2004)等人根据 LIS 的数据对各经合组织国家的贫困率进行了比较。经合组织从1980年起每隔一段时间就收集许多成员国的贫困率估值,支撑了这一领域的重要研究(特别是 OECD,2008,2011a),现在欧盟统计局也为欧盟所有成员国计算年度贫困率估值。这些估值加上国家层面的数据,为跨国和跨时期研究贫困问题提供了更为坚实的证据基础。

莫雷利等人在本卷第8章总结了长期以来相对收入贫困的广泛趋势。LIS 的数据表明,从20世纪80年代中期到21世纪第一个10年中期,相对收入比率普遍上升或保持稳定,很少有显著下降的例子。Burniaux 等(1998)、Förster 和 Pearson(2002)、Förster 和 Mira d'Ercole(2005)以及《日益不平等?》(Whiteford,2008)和《我们处于分裂之中》(OECD,2011a)的分析曾指出,经合组织对其收集的相对收入贫困数据的估值进行了分析,强调了这些数字都普遍上升。基于欧洲共同体住户小组(ECHP),欧盟统计局的统计只覆盖从20世纪90年代中期到2001年(大多数)欧盟15国的相应数据,而在欧盟成员国扩大到27个时,也就是大约2004年开始,出现了支撑这些估值的新统计工具——欧盟收入和生活状况数据统计。这意味着,只能评估"老"成员国2004年以前的趋势,其中许多国家在21世纪初出现时间序列的中断,影响了可比性。尽管如此,众多研究突出了这些数字所显示的特征,即尽管在21世纪第一个10年的中期之前,一些国家的就业强劲增长,但其在降低相对收入贫困率方面的进展令人失望(参见 Cantillon,2011)。

然而,必须指出的是,各国经历差异巨大,总贫困率的稳定可能掩盖了不同群体的主要潜在变化。例如,经合组织的研究表明,20世纪90年代后半期至21世纪初,工作年龄人群的相对收入贫困总体呈上升趋势,这通常反映了税收和转移支付对减贫的影响有所下降,但许多国家退休金领取者的贫困率大幅下降。因此,针对某个重要目标群体(如老年人)实施的政策,可能会在减贫方面取得重大成功,但这一成就可能会被其他群体的变化所掩盖。与此类似,近年来决策者特别关注的焦点——儿童贫困,可能并不会与总贫困率同向发展。例如英国,在 20 世纪 90 年代后半期至 21 世纪第一个 10 年中期,儿童贫困与总贫困率之间的趋势显著偏离。

经合组织还有效地记录了整体贫困的趋势,在 20 世纪 80 年代中期,贫困线"锚定"在中位数收入的 50%,与价格变化挂钩。根据此测量方式,到 2000 年为止,所有经合组织国家的"绝对"贫困显著减少。在爱尔兰和西班牙等收入增长非常迅速的国家,以这种方式测量的 1995 年贫困水平是 10 年前的六分之一。在此基础上,尽管低于该研究(Förster and Mira d'Ercole,2005)中 15 个经合组织国家的平均下降水平,美国的贫困率从 20 世纪 80 年代中期到 2000 年也呈下降趋势。同样令人吃惊的是,在一些相对收入贫困仍稳定不变甚至有所增加的国家,物资匮乏的程度已明显下降,尤其是一些从 2004 年起加入欧盟的低收入国家,欧盟统计局提供的反映其物资匮乏程度的常见指标也说明了这一点。正如我们在本章最后一节详细讨论的那样,自 2007—2008 年经济危机爆发以来,经合组织各国其他贫困度量的演变也具有重要意义。

各国的国家研究也阐明了贫困的趋势和影响因素,由于研究方法不同,因此很难一概而论。比如在美国,多数长期贫困趋势分析关注的都是官方贫困率,与平均或中等收入无关(参见 Hoynes et al.,2006;Meyer and Wallace,2009;Smeeding and Thompson,2013)。这种情况(及其变体)在 20 世纪 80 年代的数值比 70 年代更突出,尽管随后有所下降,但在 21 世纪第一个 10 年中期的数值仍然和 20 世纪 70 年代中期一样显著。研究凸显了工资中位数增长停滞、不平等加剧以及失业的变迁,而工资分配的变化在阐释贫困趋势方面发挥了核心作用。相比之下,英国贫困趋势的研究一般集中于相对收入贫困,并强调了转移支付和直接税制度的变化在 20 世纪 80 年代和 90 年代初期加大,以及在 90 年代后期所起的稳定作用。然而,正如 Dickens 和 Ellwood(2003)在英美比较研究中所强调的那样,影响贫困趋势的因素在绝对度量和相对度量以及国家之间存在着很大的差异,不能一概而论。

随着时间的推移,贫困的整体趋势和具体的小群体贫困趋势提供了一个重要的窗口,使人们了解其中的因果因素和解决贫困的"有用因素",特别是社会保障和税收制度变化的影响。同样引人注目的是,各国相对收入贫困率的排名往往在一段时间内相当稳定。表 22.1 显示了 2005 年前后,在 25 个经合组织国家家庭可支配收入低于中位数(等值化)的 50% 和 60% 的家庭人口比例。一个简单的事实是,以此方式测量的贫困在各国之间存在相当大的差异——某些国家低于收入中位数 60% 的人口占比低至 11%—12%,而极端国家的数据是前者的两倍。国家排名往往相当稳定,表明其反贫困战略中有一些重要的结构性因素值得我们学习。

参照各国间特定人口亚群相对收入贫困率的差异,我们也得出了类似的观点。表 22.2 表明,与总人口相比,儿童和老年人的收入低于全国收入中位数的 50%。表 22.2 中大约有一半国家的儿童贫困率高于平均水平,尤其是英国和美国的差距特别大,但在相当一部分国家,儿童贫困率低于平均水平。多数国家的老年贫困率高于平均水平,差距大小各有不同,而有些国家的老年贫困率远低于平均水平。欧盟 27 国使用 EU-SILC 数据进行了类似比较,其结果也与此类似。因此,这种观念得以加强,即我们可以从分析不同国家类似群体的情况和待遇中学到很多政策方面的经验教训。

其他弱势群体也是如此。例如,几乎所有地方的失业人群相对收入贫困的风险都会大大增加,但他们与就业人群之间的差距在各国间差异巨大。同样,单亲家庭面临的贫困风险往往比有一两个孩子的夫妇高得多,但这种差距各有区别。OECD(2005)指出,在许多国家,并不是单亲家庭本身,而是父(母)无业的可能性增加了风险。正如我们所看到的,这种比较分析在为反贫困政策和战略提供信息的研究中发挥了核心作用。

表 22.1　2005 年前后经合组织国家的收入贫困率　　　　　　单位:%

国家	低于收入中位数50%的百分比	低于收入中位数60%的百分比
澳大利亚(2003)	12.3	20.4
奥地利(2004)	7.1	13.4
比利时(2000)	8.1	16.1
加拿大(2007)	11.9	18.7
捷克(2004)	5.8	11.4
丹麦(2004)	5.6	13.2
爱沙尼亚(2004)	12.8	20.4
芬兰(2004)	6.6	13.7
法国(2005)	8.5	14.9
德国(2007)	8.4	14.6
希腊(2004)	11.9	19.6
匈牙利(2005)	7.4	12.5
爱尔兰(2004)	13.2	22.0
意大利(2008)	11.9	19.7
卢森堡(2004)	8.9	13.8
墨西哥(2004)	18.3	25.5
荷兰(2004)	6.3	11.8
挪威(2004)	7.1	12.8
波兰(2004)	10.7	17.2
斯洛文尼亚(2004)	7.1	11.7
西班牙(2007)	13.7	20.3
瑞典(2005)	5.6	12.0
瑞士(2004)	8.0	14.8
英国(2004)	11.2	19.0
美国(2007)	17.7	24.4

资料来源:LIS。

同样值得关注的是,尽管人们有时认为相对收入贫困度量只反映不平等而忽视它,但实际上,一个国家(或其中的群体)可以在严重不平等的情况下实现零贫困。举个具体的例子,尽管荷兰和新西兰的老年人之间存在着严重的收入不平等,但两国的老年相对贫困发生率(收入中位数门槛的50%)都接近于零。将收入分配截断在广泛使用的贫困门槛(如中位数等价收入的50%)所需的再分配努力,实际上只是大多数国家实际发生的再分配流动的一小部分。实际上,如图22.1所示,广义上讲,在可支配收入不平等程度较高的国家,相对收入贫困率往往也较高,但类似的不平等程度可能与不同水平的相对收入贫困有关。

表 22.2　2005 年前后经合组织国家儿童和老年人收入贫困率(收入低于收入中位数 50% 的百分比)

单位:%

国家	儿童	老年人(65 岁以上)	整体
澳大利亚(2003)	14.0	22.3	12.3
奥地利(2004)	6.8	9.4	7.1
比利时(2000)	7.2	15.4	8.1
加拿大(2007)	15.0	8.3	11.9
捷克(2004)	10.2	2.1	5.8
丹麦(2004)	3.9	8.5	5.6
爱沙尼亚(2004)	15.4	13.5	12.8
芬兰(2004)	4.1	10.3	6.6
法国(2005)	10.2	7.4	8.5
德国(2007)	9.3	9.0	8.4
希腊(2004)	12.4	18.8	11.9
匈牙利(2005)	9.9	4.0	7.4
爱尔兰(2004)	15.9	23.8	13.2
意大利(2008)	17.1	11.0	11.9
卢森堡(2004)	13.5	4.7	8.9
墨西哥(2004)	22.2	27.1	18.3
荷兰(2004)	9.2	2.4	6.3
挪威(2004)	5.3	8.5	7.1
波兰(2004)	15.6	3.5	10.7
斯洛文尼亚(2004)	5.5	16.4	7.1
西班牙(2007)	17.3	20.7	13.7
瑞典(2005)	4.7	6.6	5.6
瑞士(2004)	9.3	15.1	8.0
英国(2004)	13.0	16.3	11.2
美国(2004)	22.0	24.2	17.7

资料来源:LIS。

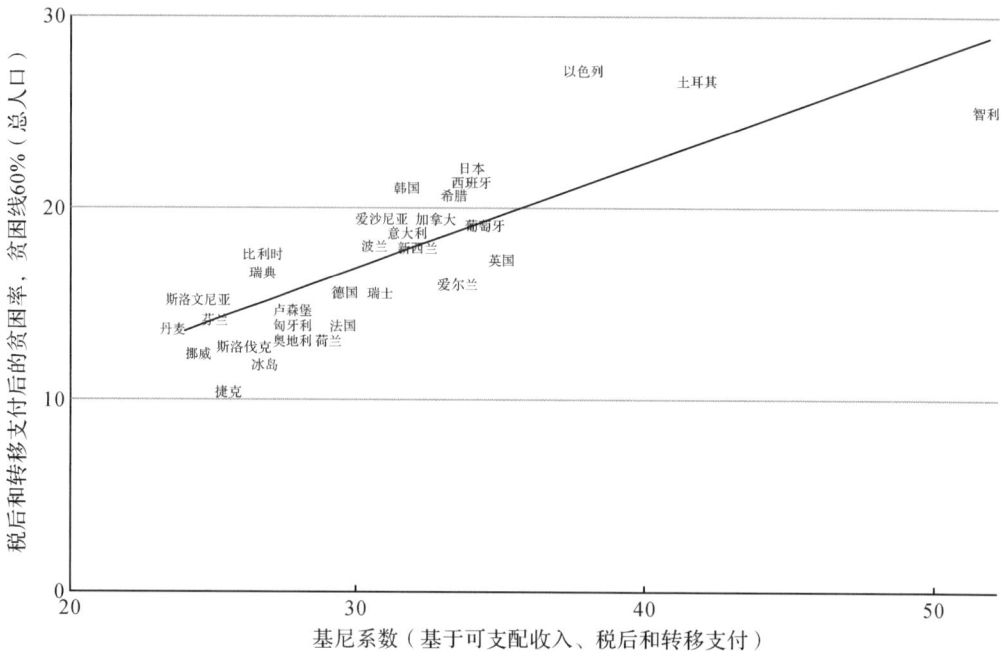

图 22.1　可支配收入和相对收入贫困的基尼系数(中等收入的60%)(OECD,2009年)

资料来源:经合组织收入分配数据库。

22.1.4　福利制度及贫困

正如 Barr(2001)所言,福利国家将"存钱罐"和"罗宾汉"效应相结合,既提供应对社会风险的集体保险,又致力于改善贫困和需求。再分配在整个生命周期中可以是水平的,也可以是高收入和低收入之间的垂直分布。无论是在某个时间点还是在整个生命周期内,减贫都绝不是衡量福利国家制度成功与否的唯一标准,但被公认为是核心目标之一。以这些标准评估(福利制度)成功或失败的研究可以从宏观层面、特定的人口亚群层面或者特定的机构结构、干预措施或创新层面着手,也可以针对某一国家或从比较的角度进行。

该研究的性质也是多方面的。人们可以找到关于制度结构的具体某方面效力的研究,或者这些结构中的变化对所针对的目标人群的影响。这些评估研究采用了各种各样的分析及技术方法,这也一直是近年来经济学文献中的研究重点。虽然研究结果偶尔是人们是否脱贫,但更多文献侧重于让失业人员就业、改善学生在校表现、避免犯罪或改善人们健康方面的有效性,这些都有望对贫困状况产生影响。虽然随机对照试验最近很流行——20世纪70年代在美国和加拿大进行的负所得税实验提供了早期的大规模实例[1]——但通常评估不采用这种方法。所采用的方法包括简化型或有限信息模型(包括最小二乘法、倾向评分匹配的匹配方法、工具变量分析或密切相关的断点回归设计方法,以及倍差法)与结构模型/参数的估计。[2] 本系列的其他书对这些方法进行了广泛的讨论(特别是侧重于劳动经济学的书

---

[1]　参见例如 Levine 等(2005)。

[2]　有关替代方法的优缺点的讨论,请参见 Chetty(2009)、Deaton(2010)、Heckman 和 Urzua(2010)、Imbens(2010)以及 Heckman(2010)。

籍,对劳动力市场计划影响的评估是应用领域的一块沃土),然而,纯粹从贫困研究的角度来看,在影响具体国家改革的同时,对反贫困政策思考方式的影响要小得多。

在此方面,对各国贫困结果和历时再分配的比较分析继续占据着主导地位(参见Cantillon et al.,2014)。这一点得到以下事实的证实:转移支付和直接税对贫困测量的直接影响在各国之间天差地别。经合组织分析认为,表现最好的国家成功地将大约三分之二的税前/转移支付贫困人口提高到了贫困线以上,而其他国家仅使四分之一贫困人口脱贫。欧盟的统计数据也显示了类似的情况,如表 22.3 所示:福利制度在欧盟范围内平均降低了38%的贫困风险,但各成员风险从低于15%到超过60%不等。一些国家通过针对低收入群体,"效率"更高(每花一欧元或一美元,能减少更多的贫困)。反贫困政策中有关经济能力审查法的作用是最为激烈的争论之一,我们后面再来讨论。然而,先提出这样的观点,作为比较基准的市场收入模式本身将深受社会转移支付的影响,甚至更广泛地受到福利国家制度的影响。社会转移的存在使得相当多的家庭可以不从市场上获得收入,否则这是不可持续的,福利国家还以许多其他方式影响了人们工作和储蓄的动机:"没有福利国家"的反事实情况鲜为人知。

表 22.3　2007 年欧盟国家转移支付前后的收入贫困率

国家	转移前贫困率/%	转移后贫困率/%	贫困减少率	
			减少的百分点/个	下降的百分比/%
比利时	27.5	15.2	12.3	44.7
保加利亚	25.5	22	3.5	13.7
捷克	20.1	9.6	10.5	52.2
丹麦	27.1	11.7	15.4	56.8
德国	24.8	15.2	9.6	38.7
爱沙尼亚	25.2	19.4	5.8	23
爱尔兰	33.1	17.2	15.9	48
希腊	23.7	20.3	3.4	14.3
西班牙	23.9	19.7	4.2	17.6
法国	26.4	13.1	13.3	50.4
意大利	24.1	19.8	4.3	17.8
塞浦路斯	21	15.5	5.5	26.2
拉脱维亚	27.2	21.2	6	22.1
立陶宛	25.5	19.1	6.4	25.1
卢森堡	23.4	13.5	9.9	42.3
匈牙利	29.3	12.3	17	58
马耳他	21.2	14.8	6.4	30.2
荷兰	20.6	10.2	10.4	50.5

续　表

国家	转移前贫困率/%	转移后贫困率/%	贫困减少率	
			减少的百分点/个	下降的百分比/%
奥地利	24.7	12	12.7	51.4
波兰	26.5	17.3	9.2	34.7
葡萄牙	24.2	18.1	6.1	25.2
罗马尼亚	30.9	24.8	6.1	19.7
斯洛文尼亚	23.1	11.5	11.6	50.2
斯洛伐克	18.2	10.6	7.6	41.8
芬兰	28.9	13	15.9	55
瑞典	27.5	10.5	17	61.8
英国	29.7	18.6	11.1	37.4

资料来源：欧盟统计局。

分析比较研究的理想模式是将一组国家——在一个时间点或汇集随时间变化的横截面数据，评估贫困结果与反映人口结构、福利支出水平以及劳动力市场和福利国家制度各方面的一系列自变量之间的关系（福斯特和托斯在本卷第 19 章中对以收入不平等为因变量的平行、有时重叠的类似研究进行了深入的回顾）。其中，Korpi 和 Palme（1998）、Moller 等（2003）和 Kenworthy（2011）等在该方面的研究尤其具有影响力。在这种比较分析中，我们可以把国家作为单独的观察单位，也可以根据"福利体制"将其分成不同的小组，以便捕捉福利国家制度的主要共同点和不同点。Esping-Andersen（1990）对三种福利体制类型的划分颇有影响：第一种类型是"自由主义"福利体制，即盎格鲁-撒克逊国家的最小程度的公共干预和偏好"瞄准"及依赖市场。第二种类型是社会民主主义福利体制，即北欧国家拥有的全面的社会福利。第三种类型是"保守主义"福利体制，即欧洲大陆福利国家以社会保险为基础，但往往依据狭义的职业差别和对家庭严重依赖（参见 Esping-Andersen，1999，2009）。第四种"南欧"福利体制也通常归为独立的福利体制类型（Ferrera，1996），东欧前社会主义国家的待遇也是一个值得辩论的问题。2004 年加入欧盟的国家与 15 个"老"成员国相比，社会总开支与贫困水平之间的关系似乎也有系统性的差异（见 Tsakloglou and Papadopoulos，2002），但是将它们视为单一的"福利体制"可能不尽如人意。许多实证研究说明了，在不同的福利体制下，测量（相对收入）贫困的传统指标的系统性差异程度不同（例如最近的 Whelan and Maitre，2010），并强调北欧国家的差异程度一贯较低，而自由主义和南欧福利体制国家的差异程度普遍较高（虽然各不相同）。Maitre 等（2012）研究家庭收入来源构成的一些细节，表明在盎格鲁-撒克逊/自由主义福利体制国家，低收入家庭在对社会转移支付的依赖程度上具有独特性，并且在这种作为物质匮乏预测指标的依赖程度上也很特殊。社会民主主义和统合主义福利体制的特点是低收入家庭对福利的依赖程度较为适度，而在南欧地中海国家，福利与低收入关系不大，尤其不能预测匮乏程度。

这种类型的总体数据比较分析表明，虽然转移支付和税收制度无疑是贫困水平改变的关键,但其他制度特征也起着一定作用,特别是高水平的最低工资保障和强有力的集体谈判压缩工资,涵盖范围更广的公众和就业补贴以及积极的劳动力市场计划,公共教育支出更高,以此类推(参见本书第 19 章)。理清这些不同因素的影响本身就困难重重,菲加里(Figari)等在本卷第 23 章详细讨论了税收收益模型并进行模拟,大有裨益。特别是 Euromod 模型研究项目,在整个欧盟内实现了税收收益模拟比较分析,并对政策有着重大影响(Figari and Sutherland,2013;Immervoll et al.,2006)。例如,Cantillon 等(2003)的研究表明,在一些欧盟国家,仅仅增加转移支付支出对贫困的影响有限,因为大部分转移支付将流向那些已经处于贫困线之上的人口,尤其是在养老金占主导地位的南欧福利国家。

比较贫困研究的另一个核心方向是利用微观数据分析与贫穷有关的特征及其所涉及的潜在过程。在许多国家,这成为包括描述性及计量经济学在内各种研究的主题。从广义上说,面临特别贫困风险的个人或家庭类型包括受教育程度和技能水平较低的人、低收入者、失业者、残疾人、单亲家庭、大家庭、老年人、儿童、少数民族、移民和难民。然而,各国的风险模式千差万别,对如何理解基本流程和政策有重要影响。个体特征、资历或经历在高贫困率中体现的程度显然取决于家庭、劳动力市场和经历这些“劣势”的制度背景。举个例子,与他人相比,失业者的贫困风险取决于他们是否有家属要抚养,家庭中是否有其他人在工作,以及福利国家及其体制如何缓解失业的冲击,最重要的是如何通过社会保障来缓解冲击。引人注目的是,高就业率显然不是劳动年龄人口中低贫困率的充分条件,正如下面讨论的那样,当促进劳动力市场参与成为许多国家反贫困政策的核心时,这一点至关重要。

最终,纵向数据的可用性也使得贫困动态计量模型的发展成为可能,Duncan 等(1993)首次在比较背景下,使用贫困动态计量模型将观察到的随时间推移而陷入或脱离贫困的动态与收入、劳动力参与和家庭成员的变化联系起来。动态分析通常会把收入“事件”(如收入或福利的变化)和人口统计“事件”(如新生儿出生、伴侣关系形成、死亡、婚姻解体或子女离家)区别开来。OECD(2005)的比较动态分析表明,相比美国,欧洲国家家庭结构的变化对贫困及脱贫影响要小,而转移支付和收入的变化在欧盟内部对贫困状况有着重要影响,在加拿大影响程度较小,对美国的影响则小之又小。

22.2　社会保障与再分配

22.2.1　引言

现金支出占 GDP 的比例是衡量直接再分配收入的“努力”程度的最广泛度量。尽管使用范围广泛,但这种度量有一些明显的缺点。第一,它忽视了共同分析福利和税收政策的必要性。总社会支出的传统度量往往会高估丹麦、芬兰和瑞典的福利成本,因为这些国家的福利支出中有相当一部分是通过税收弥补的。相反,在捷克和斯洛文尼亚,社会支出的很大一部分是出于社会目的的税收减免形式,而不是现金转移(Adema et al.,2011)。第二,在政策意图和政策设计方面它是一个非常不完善的指标。高额开支可能是源于非常丰厚的福利流向少数人,但不一定是处于分配底层的人,例如政府精英。然而,也可能是由于大量人口享受到了相对较少的福利（De Deken and Kittel，2007）。

然而，一些研究已经建立了国家层面的稳固经验关系，即社会支出的总体水平与各种不平等、减少不平等的度量，包括（相对）贫困之间的关系。这可以说是过去几十年比较贫困研究中更重要的发现之一（Atkinson et al.，1995；Ferrarini and Nelson，2003；Gottschalk and Smeeding，1997；Immervoll and Richardson，2011；Kenworthy，2004，2008，2011；Kraus，2004；Nolan and Marx，2009；OECD，2008；Pestieau，2006）。在这些分析中值得注意的是，无论该国在与贫困有关的其他维度——就业方面——表现得如何，在社会支出水平较低的情况下，没有任何发达经济体实现了较低的不平等和/或相对收入贫困。相反，社会支出相对较高的国家往往不平等和贫困程度较低。在这方面，跨国差异的程度往往更为显著，一些国家尽管社会支出很高，但不平等或贫困减少的程度较为有限。

近年来，可获得国际比较数据的国家数目有所增加。如图 22.2 所示，目前确实有一些国家（捷克、斯洛伐克、斯洛文尼亚和韩国）将相当低的社会支出水平与较低的相对贫困率和收入不平等结合起来。对中欧国家来说，部分原因可能在于它们依赖减税作为社会政策工具，而这些政策工具并没有反映在社会总支出指标中。更通常来说，税收的再分配影响在这里没有体现（Verbist，2004；Verbist and Figari，2014）。

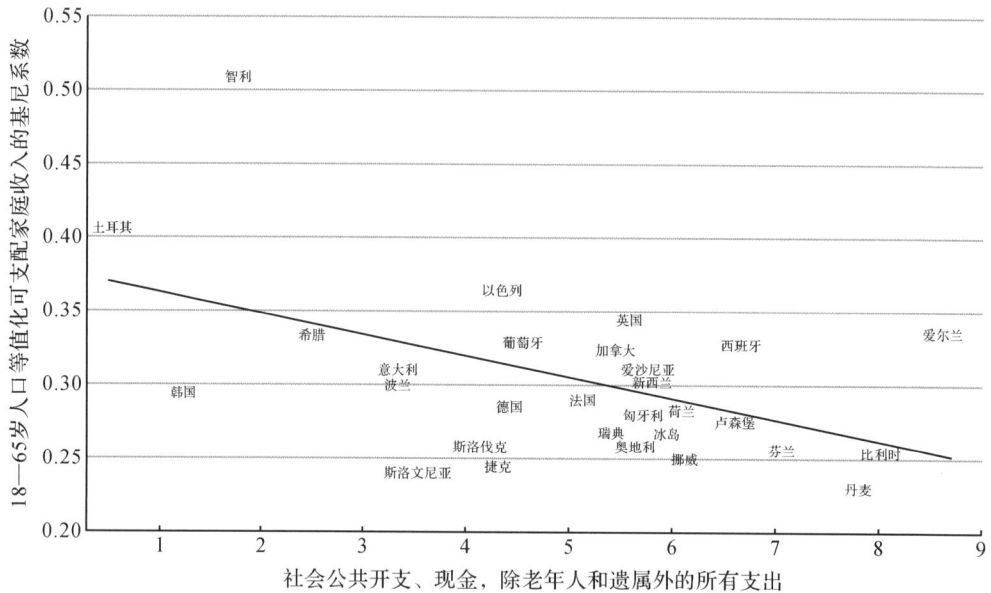

图 22.2 2009 年经合组织成员国在工作年龄方面的现金公共社会支出及收入不平等

资料来源：经合组织报告《我们处于分裂之中：为什么收入差距持续扩大》（基尼系数）；经合组织 SOCX 数据库（社会支出）。

国家层面社会开支与贫困之间的相对密切关系可能不仅反映了转移支付的直接影响：高支出国家还有其他制度特征，尤其是高水平的最低工资保障和强有力的集体谈判压缩工资（从而限制了总体不平等），更广泛的公共和补贴就业以及积极的劳动力市场计划，更高水平的教育公共支出，等等。厘清这些不同因素的影响本身困难重重。事实上，这些因素之间可能存在相互强化的机制(Beramendi Alvarez,2001)。Barth 和 Moene(2009)认为,工资分配更平等通过政治竞争过程能够增加福利。相应地,收入再分配越多,就会越平等。作者假设,这种"平等乘数"主要是通过收入分配底层来运作的:这种扩大发生在接近收入分配底层的工资被压缩,而不是更高收入群体的工资被压缩时。他们在 1976—2002 年对 18 个经合组织国家的分析中找到了实证支持。[①]

虽然在理论上,如果资源有明确针对性,低或中等水平的社会支出都可以产生低贫困率,但实际上,几乎没有发达经济体能够以较低的社会支出实现较低的(相对)贫困率或较高的再分配水平。大规模、普遍的福利制度,虽然名义上分配最少,但实际上分配最多。通过有意将资源精确瞄准最贫困人口的制度,实际上再分配更少。Korpi 和 Palme(1998)将其称为"再分配悖论"。

福利国家文献中长期存在着一个争议,即将福利瞄准收入分配的底层是否实际上增强了福利国家再分配政策的影响,特别是社会转移政策的再分配影响。这个问题远远不止在学术上很重要。在 2011 年的《我们处于分裂之中:为什么收入差距持续扩大》报告中,经合组织称,"仅仅基于政府转移和税收的再分配策略既不会有效,在财政上也不可持续"。在此背景下,OECD(2011a)呼吁制定"瞄准明确的收入支持政策"。国际货币基金组织和世界银行等组织长期以来一直提倡福利瞄准。经济危机过后,瞄准问题可能会变得更加尖锐,因为这一时期明显预算持续紧缩,在某些情况下还会加大紧缩力度。

关于福利瞄准的争论仍然充斥着对立的声音。一种支持观点认为,只有当福利瞄准最需要帮助的人群——只有政策为选择性福利的时候,福利国家才能有效地(以最经济的方式)与贫困做斗争。直白地说,选择性福利制度花费更低,因为"浪费"在非穷人身上的资源更少。公共支出更低意味着税收更低,这样反过来又促进了经济增长。这种观点还认为,经济增长直接惠及贫困人口(尽管不一定按比例),同时夯实了再分配政策的财政基础。

这种选择性的观点从未得到普遍接受。支持这一批判立场的有两种观点。第一种是技术方面的考虑。Van Oorschot(2002)总结了经济状况调查中最重要的机能障碍。首先,管理成本更高。确定需求或其他有关标准需要监测,而普遍性福利的资格程序没那么复杂。其次,部分因为歧视问题,经济状况调查福利的不接受比例更高。最后,或许也是最重要的一点,瞄准福利可能会导致贫困陷阱,福利接受者没有工作的动力,因为工作会导致其丧失福利。

第二种反对观点认为,选择性福利的支持者追求一种"机械的"经济观点,这种观点将政治过程抽象化,而政治过程决定了实际可用于再分配的资源。原因在于,在实行选择性福利制度的国家,可供再分配的资源往往较少,因为对再分配的政治支持较少,也不稳健,这种看似矛盾的现象确实存在。因此,这种制度的再分配影响往往较小。换句话说,某种程度的再分配"低效率"(马修效应),据说可以更广泛、更有力地促进对再分配的政治支持,包括针对最贫困人口的再分配。这是因为普遍性福利国家在最不富裕人群与政治上更强大的中产阶

---

① 关于这个问题有着丰富的政治经济学文献。McCarty 和 Pontusson(2009)回顾了关于不同经济不平等条件下选民行为的大量政治经济学理论。

级之间建立了一个利益结构联盟(中间选民定理)。相比之下,选择性制度意味着最不富裕人群(按照定义,这是社会转移的唯一受益者)与较富裕人群之间的内在冲突。较富裕人群为该制度提供资金,但不能指望从中得到多少好处。

上述两种观点成了科尔皮(Korpi)和帕尔梅(Palme)极具影响力的"再分配悖论"的思想起点,在这篇论文中,他们声称,矛盾的是,更具选择性的福利制度,与提供最低收入保障、更广义上的收入安全和成本补偿(针对儿童)的普遍性福利制度相比,对再分配的影响更小。Korpi 和 Palme(1998)发现,实际上,这种关系是由可用再分配手段的相对规模来调节的。他们认为,实行选择性再分配制度的国家再分配的支出更少,至少在公共部门是这样。本质上,选择性制度通常福利更少。

再分配是通过对实际观察到的收入不平等或贫困风险率与非常简单的"反事实"分配的比较来测量的(Bergh,2005)。从理论上讲,这一反事实应当准确反映出在没有社会转移的情况下占主导地位的收入分配。然而,这一反事实的建构受制于理论和实践问题。在大多数情况下,包括在 Korpi 和 Palme(1998)的论文中,转移前收入仅仅通过扣除观察到的社会转移,再重新与观察到的税收相加来计算。因此,转移支付和税制的改变可能带来的任何行为效应被完全抽象化了。虽然明显有缺陷,但现实中没有令人满意的方法存在,以充分模拟这种行为效应。大量研究都采用了类似的实证方法,例如 Nelson(2004,2007)。

Moene 和 Wallerstein(2003)提出了另一种批评,他们认为再分配的分析应该比"福利制度"更加细化,因为决定再分配的原则可能在失业、医疗或养老金等方面存在重大差异。有些方案可能严重依赖保险原则,而另一些可能更重视需求原则。普遍性和选择性可能共存于同一种福利制度中。然而,Moene 和 Wallerstein(2001)也得出结论,由于中产阶级公民成为受益人的可能性更大,普遍性福利引发了最多的政治支持。一些以经验为基础的研究也证实,普遍性福利计划得到更广泛的支持(Kangas,1995)。

然而,最近的一些研究声称,再分配和普遍性福利之间的关联已经大大减弱,甚至随着时间的推移开始逆转。Kenworthy(2011)继承和发展了科尔皮和帕尔梅对 1985 年 11 个国家情况的分析。其研究结果证实,1980—1990 年,普遍性福利越多的国家,再分配越多(以预算中再分配政策的规模来衡量)。到 1995 年,情况就不那么清晰了。2000 年和 2005 年的数据似乎表明,这两个变量之间不再有任何(或正或负)相关性。显然,因基于少数案例,这些研究结果对异常值特别敏感。丹麦更趋向于瞄准,再加上美国越来越朝普遍性福利发展,这都是结论转变的主要原因。此外,新的研究结果可能在一定程度上受到社会支出中养老金比重不断增加的影响。Kenworthy(2011)写道:"这并没有解决问题,但它确实提出了对瞄准阻碍有效再分配的观点重新思考的另一个理由。"

图 22.3 摘自 Marx 等(2013b),证实了这一发现,即瞄准程度和再分配性之间的关系可能已大大减弱。这里通过集中指数来俘获瞄准。其计算方法与基尼系数类似。负集中指数越小,转移瞄准越准确,而指数越接近基尼系数,转移分配越普遍。澳大利亚、英国和丹麦的负集中指数最小,非常有利于穷人。大多数国家都为负集中指数,表明瞄准程度很高。但是请注意,术语"瞄准"表明结果是由制度的特性决定的,但事实并非如此。此外,在社会人口特

征、收入不平等、收入构成等方面,制度的结果高度依赖基本人群的特征。例如,如果一项福利设定所有儿童都有资格享受,但所有儿童都处于最底层的五分之一,那么这一政策度量可能在其结果中表示为瞄准度量,尽管政策设计可能并不包括任何经济状况调查或基于需要的特征。严格地说,我们不能从集中指数推导出有利于穷人的转移是如何产生的。

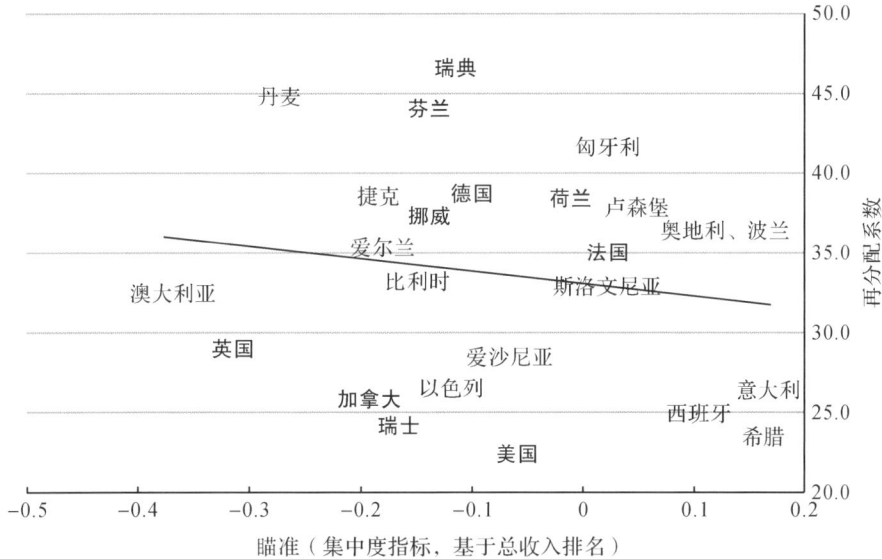

图 22.3　21 世纪第一个 10 年的中期集中指数(按总收入排列)及再分配影响

注:(1)由于数据可用性,比利时、法国、希腊、匈牙利、斯洛文尼亚和西班牙的计算是基于可支配收入,而不是收入总值。(2)Korpi 和 Palme(1998)研究过的国家用粗体表示。

资料来源:Marx 等(2013a,2013b)基于卢森堡收入研究所的研究。

　　再分配显示了税收和转移支付对收入不平等的影响。它是通过有(无)税收转移的基尼系数相对于转移前收入的差值来衡量的,这在本分析中相当于市场和可支配收入的基尼系数相对于市场收入的差值。无论这些转移相对更多地流向低收入人群还是高收入人群,转移的规模以及转移的结构决定了不平等的影响。

　　仔细看图 22.3,左边是澳大利亚、英国和丹麦,这些国家的福利制度都最有利于贫困人口。然而,丹麦的再分配影响似乎要大得多。同样,在那些有着大量亲贫式支出(集中指数在-0.2 到 0 之间)的国家,相应的再分配影响也有巨大的差异。图中显示出一些再分配税收和转移支付体系较强的国家(瑞典和芬兰),以及再分配税收和转移支付体系较弱的国家(美国、加拿大、以色列和瑞士)。在图右边的瞄准系数为正的国家,其关系确实一直为负,尤其是在亲贫式支出较少的国家(希腊、西班牙和意大利)。

　　为什么与英国和澳大利亚相比,集中指数所反映的相似强瞄准程度在丹麦会产生更强的再分配结果? 同样,为什么相似的(准)普遍制度会在各国间产生如此不同的再分配结果? 这大大说明了设计特征的重要性。值得注意的是,瞄准程度与制度规模之间仍然有很强的关联性。但也有例外,例如丹麦这样的国家,确实结合了高瞄准度和高水平的社会支出。

　　再分配影响最大的是那些将适度瞄准(瑞典和芬兰)或强瞄准(丹麦)与较高支出水平结

合起来的国家。这表明,最具再分配性制度的特点被称作"普遍主义内的瞄准",即许多人可获取福利,但最贫困人口获得相对更多福利的制度。

有趣的是,正如Kenworthy(2011)所记录的那样,瞄准程度和支出规模之间的强相关性已经减弱。20世纪80年代,瞄准福利制度在政治上不再那么稳健,倾向于削减开支,原因之一在于强瞄准(经济状况调查)福利会严重打击工作积极性,以及带来(可感知的)家庭组建激励。在过去的几十年中,这个问题得到了越来越多的关注。为了减少工作激励不足的问题,对于那些(部分地)从完全依赖福利过渡到兼职工作的人,已经引入了收入忽视措施。

也许最重要的是,经过经济状况调查的福利不再仅仅针对那些无业者,也针对那些低薪工作者。法国积极互助收入计划(Revenu de Solidarité Active,RSA)是一种新型经济状况调查福利计划的一个很好的例子,该计划为未就业和(兼职)低薪工作者提供综合保障。该计划也有完全不同的工作激励措施。RSA于2008年在法国实行,其具体目标是重建社会援助受益者的激励结构,特别是使工作或再教育成为更有利可图的经济前景。以前的最低收入制度(最低社会融合收入)是基于劳动收入与福利进行一对一的权衡。在RSA计划中,斜率为62%。RSA大力鼓励受益者就业,例如通过就业合同补助以及(改进的)插入机制。此外,RSA将几个先前单独的方案合成一个总计划,简化了社会保障的条款。没有工资收入的家庭才有资格获得"基本积极互助收入"(basic RSA),其定义以家庭为单位,并考虑家庭的构成情况。"在职RSA"针对低于国家最低工资标准(SMIC)的人群给予补助。

重点在于,经过经济状况调查的瞄准制度与20世纪80年代的制度完全不同。旧福利制度受到了严厉的批判,尤其遭到了右翼的批评,而新的瞄准制度被誉为从福利转向工作的门户。这在英国显然获得了党派广泛的支持。在保守党政府实施的计划基础上,工党政府推出了工作税收抵免(working tax credit,WTC),目前的保守党政府再次扩展了该计划。同样,在法国,新当选的社会党政府无意对由菲永/萨科齐实行的RSA进行重大改革。

在美国,劳动所得税抵免(earned income tax credit,EITC)——针对低收入家庭的转移方案——已经成为该国的卓越福利计划(Kenworthy,2011)。与美国早期的反贫困计划相比,此制度似乎得到的政治支持更广泛、更有力。其瞄准也不如以前的制度那么有针对性,它还迎合了更大范围选民群体的需求,包括(下层)中产阶级,这可能是该计划能够扩展的原因。然而,有个同样重要或者更重要的原因是,人们认为该制度能够鼓励和奖励工作。

22.2.2 非活跃工龄人口的现金转移

许多比较贫困研究试图将观察到的各国收入不平等和贫困的变化与政策联系起来,这些研究都依赖作为政策"努力程度"指标的政府(社会)支出统计数据。"正如我们所看到的,各国社会支出水平占GDP的比例或相关指标,与观察到的不平等或贫困程度之间,实际上是紧密关联的。"这在某种程度上令人惊讶,因为支出水平反映的是福利接受者的人数,而不是反映福利的水平及其潜在充足性。同样,测量结果如转移前后不平等和贫困的差异也取决于许多独立因素或仅受政策间接影响的因素:背景因素和构成因素,包括劳动力市场状况(失业、就业模式和工资)、家庭构成(同居、婚姻、离婚、生育等模式),以及影响这些动态的政策(如积极的劳动力市场政策和儿童保育)。

如果想了解结果的变化,那么相对于支出指标,我们需要更复杂和准确的政策努力及设计度量。所谓的制度指标能够直接反映政策意图和设计。各种社会保险的替代率是社会保障的常用指标。其目的是表示某一特定制度内福利的慷慨程度,例如失业保险或伤残保险。经合组织长期以来一直在编制时间序列。瑞典社会研究所(SCIP 数据库)和康涅狄格大学(Scruggs 数据库)等机构编制了学术数据库。

虽然相比基于支出的度量,这些指标更能直接反映政策层面的实际情况,但也并非没有缺陷。第一个重要的问题是,替代率通常用参照工资的比率来表示。由于种种原因,这是有问题的。随着兼职和临时就业的增加,根据现有数据来确定一个统一的工资标准变得越来越困难。更重要的是,工资水平通常与生活水平(以及相对贫困线)并不一致。在许多国家,生活水平的提高不是因为实际工资的增长,而是由于双收入家庭的增加。福利与工资挂钩这一事实本身并不能说明福利是否足以减贫。第二个重要的问题是,例如,失业保险或无效制度内的替代率没有反映所使用的权利标准,也没有充分说明权利期限。然而显而易见,这些领域恰恰是决策者干预最多的领域。例如,目前失业补贴资格与求职强度的联系更加紧密。第三个重要的问题是,替代率基于狭隘的理论基础,往往是纯粹以个人为基础计算的。例如,失业津贴可以与(增加的)儿童津贴和其他津贴相结合。此外,当然可能还有其他家庭成员的收入,包括它对福利权利的影响,反之亦然。与此相关的还有税收的作用。在大多数情况下,人们在各种情境下实际得到的收入保障水平是由社会保障、社会援助和税收之间的复杂相互作用决定的。

然而,思考一下趋势还是非常有趣且有意义的。经合组织失业人员净替代率的时间序列数据充分表明,1995—2005 年,对失业人员的现金支助有所减少(Immervoll and Richardson,2011)。十个国家中有七个国家净替代率(NRR)下降。芬兰和德国的降幅最大。对于有孩子的家庭来说,大多数国家失业者的改变往往是破坏性较小的(有时甚至更有益)。相对收入降幅最大的一般是长期失业的求职者,其收入补助主要源于失业援助或社会援助。

福利制度的首要职责可以说是充分保障人们免受极端贫困的影响,且减贫是本章的重点议题。所以在本节的其余部分中,我们将较为详细地集中讨论最低收入保障的制度指标。讨论很有意义,因为税收和福利制度的设计特点,尤其是各种计划在特定情况下的相互作用方式,往往非常复杂,难以通过有限的参数准确有效地反映这些指标。最低收入保障条款也是其他收入维持条款的基础,最低社会保险水平和最低工资几乎总是高出社会保障体系的水平。在此意义上,最低收入保障指标也表明了其他收入维持条款的慷慨程度(Marx and Nelson,2013)。

我们使用了公务员事务局(CSB)的最低收入保障指标(minimum income protection indicators,MIPI)数据库。在这个数据库中,总净收入是用模拟家庭方法计算的,其中模拟了不同情况下(随家庭组成和收入水平而变化的)的家庭总收入,同时考虑到这些家庭有资格享受的所有相关福利以及税收。从地理和纵向范围以及家庭情况和收入组成来看,MIPI 数据库是现有的最全面的数据库之一。要指出的是,这种制度指标也有其局限性。它们是针对有限数量的家庭类型和情况计算的,假设所有福利都被充分利用,且人们能够有效地立即领取他们应得的福利。在最低工资方面,假设最低工资标准都得到全面执行。但情况并非总如此,这也是这些指标和结果所反映出的慷慨程度之间的关联性相对较弱的一个原因。

　　Van Mechelen 和 Marchal(2013)分析了欧洲国家健全公民最低收入保障水平的模式和趋势。研究的重点是基于经济状况调查提供的福利,通常以社会援助的形式提供最低收入保障。这些基于经济状况调查所提供的福利为几乎所有低于特定最低收入水平的人们提供现金补贴。某些国家为新移民或残疾人等群体制订了单独的计划。实证分析使用了来自 CSB-MIPI 的数据,涵盖了 25 个欧洲国家和美国三个州的社会援助发展情况。该研究表明,欧洲健全人群的最低收入福利待遇越来越不足以将家庭收入水平提升到欧盟贫困风险率以上,即每个国家等价收入中位数的 60%(见图 22.4)。20 世纪 90 年代的总体趋势是,相对于工资的发展,福利水平几乎一致受到侵蚀。在 21 世纪第一个 10 年,接受社会援助的家庭,其相对收入状况的下降趋势有所改变,当时在一些国家,甚至有证据表明这一下降趋势有所逆转,从而在某种程度上改善了领取社会援助福利的健全人口的收入状况。特别是在经济危机期间,少数国家采取了额外措施来提高收入保障水平(Marchal et al.,2014)。尽管出现了一些积极的发展,但除少数欧盟国家,最低收入者的净收入持续远低于欧盟的贫困风险线。社会保障体系的水平与贫困线之间的差距大小因国家和家庭类型而异,但一般来说差距都相当大。

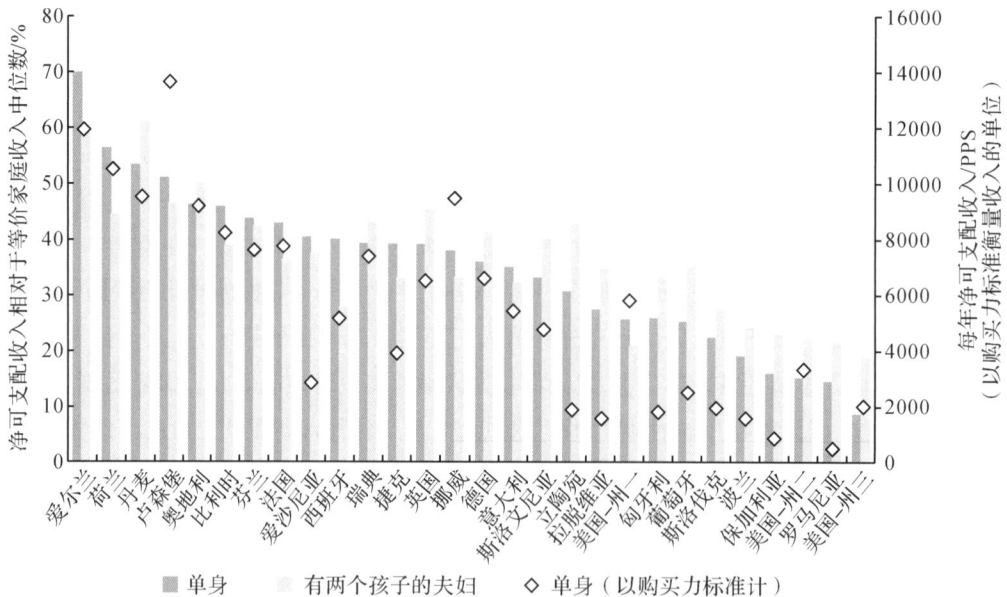

图 22.4　欧盟和美国三个州 2012 年社会保障体系水平

注:在一些国家,如美国、意大利和保加利亚,适用正式或酌情的时间限制。为了避免其他假设,所显示的社会保障体系水平不考虑这些时间限制。

资料来源:CSB-MIPI(欧盟统计局;美国人口普查局和劳工统计局;Van Mechelen et al.,2011)。

　　虽然对最低收入保障水平的削减似乎放缓,但实际上,除少数国家,大多数欧洲国家最终保障体系提供的保障仍然不足。这就引出了一个问题:为什么存在社会保障不足? 让我们简单地思考两个潜在的障碍:第一,"健全的社会保障体系成本过高,难以承受";第二,"健全的社会保障体系损害了职业道德和人们的工作意愿"。

充足的社会保障体系是否真的过于昂贵?最终保障体系条款(社会援助计划)通常只占整个社会转移支出的一小部分(在欧洲,除了爱尔兰和英国,通常远低于 GDP 的 2.5%),大部分用于支付养老金、失业和伤残保险、儿童福利以及其他福利。Vandenbroucke 等(2013)的初步计算表明,在大多数欧洲国家,要把所有等价家庭收入提高到 60%,所需要的再分配努力将低于家庭总收入的 2.5%,且不会高于 3.5%。要付出如此努力的国家全是南欧和东欧的成员国。Vandenbroucke 等(2013)也指出,人均 GDP 处于贫困状态并不总是意味着需要大力实行再分配来缩小贫富差距。捷克和匈牙利的人均 GDP 相对较低,但缩小贫富差距所需的再分配也少。此外,丹麦和英国的生活水平要高得多,但必须大力实行再分配。这种机械的计算忽略了激励效应和行为变化(更多的贫困人口可能更喜欢社会救助而不是低收入的工作,非贫困人口可能会降低工作的努力程度)。这样做的实际成本可能高于机械效应,计算结果也可能是所需再分配努力的下限。尽管如此,这一计算也说明,建立一个健全社会保障体系的成本也许在预想之内。

充足的社会保障体系是否与工作激励相容?尽管人们普遍对社会保障体系潜在的工作抑制效应感到担忧,有时甚至言辞激烈,但实证研究说明了一个更加微妙的现象(Immervoll,2012)。事实上,在大多数欧洲国家,特别是对单身人士来说,完全依赖最低收入福利的情况与以最低工资(或现行最低工资)从事全职工作之间的收入差距巨大。在一些国家和在某些情况下,有年幼子女的单亲父母等特殊群体从事低薪工作时,与儿童保育的费用相比,报酬相对较少。部分过渡到工作——转向兼职小活——在某些情况下也不一定能带来收入。但总的来说,在大多数欧洲国家,长期依赖社会救助福利是一个有吸引力的财政主张,这一点很难辩驳。Vandenbroucke 等(2013)在论文中也指出,假设全欧洲范围内提供相当于收入中位数 60% 的最低社会援助,那在许多国家将造成金融不活跃的陷阱。在保加利亚、爱沙尼亚、斯洛文尼亚和立陶宛等国,单个福利接受者的净收入比单个领取最低工资的劳动者的等价收入高出 25%—30%;在西班牙和捷克,救济金申请者的相对优势约为 15%。这意味着,如果这些国家希望改善最终保障体系,则至少要同步提高最低收入下限。

这就需要大幅度提高最低工资。2013 年,欧盟 20 个成员国制定了国家最低工资标准,该标准通常是由政府与社会伙伴合作,或听取社会伙伴建议后由政府制定,或由社会伙伴在国家协议中制定。如图 22.5 中 2012 年的数据所示,在仅涵盖单身人士和一些国家的情况下,其最低工资水平净收入(考虑到税收和个人社会保障缴费,但也包括社会福利)能达到或超过欧盟贫困风险线(其等价家庭收入中位数的 60%)。对于单亲父母、有伴侣和孩子需要赡养的唯一家庭经济支柱来说,在大多数地方,最低工资水平净收入通常远低于这一风险线。尽管在 21 世纪第一个 10 年中,针对低收入工人的税收减免和额外的收入补助条款有所改变,但情况依然如此(Marx et al.,2013a)。

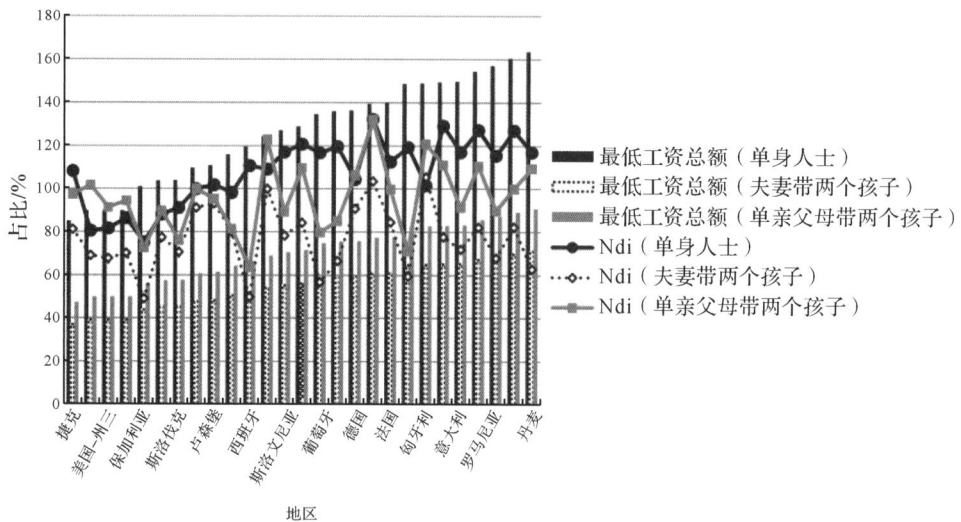

图 22.5 2012 年欧盟数个成员国加上美国一州三最低工资总额和最低工资净收入占相对贫困线的百分比

资料来源:CSB-MIPI(欧盟统计局,2011;US Census Bureau,2003;Van Mechelen et al.,2011)。

在是否提高最低工资以及提高到何种程度,从而普遍提高最低收入福利的问题上,各方意见显然有分歧。人们有理由担忧社会保障体系对工作的抑制效应,以及最低工资可能对就业产生负面效应,特别是如果最低工资的水平定得足够高,家庭仅靠最低工资就能摆脱贫困。然而,事实上,相对来说,像丹麦或荷兰这样的国家,其就业者与失业者的最低保障水平较高,在劳动力市场不同维度的表现也在工业化国家中名列前茅。荷兰和丹麦是欧洲就业率较高和(长期)失业率较低的国家。

精心拟定的积极劳动力市场政策尤其激发了社会援助接受者的活力,加上严密监测和违约处罚,该政策似乎发挥了关键作用。但整体劳动力需求的强弱似乎是相关政策和实践能否有效降低长期依赖水平的关键背景因素。此外,丹麦和荷兰从事低质量工作的人数相对较少,显然是欧洲就业质量较好的国家(European Commission,2008)。对与相对慷慨的福利制度相关的激活、授权和惩罚方式本身的复制可能就非常困难,而复制一个就业增长强劲、工作回报丰厚和有吸引力的环境,则会更加困难。

相对完善的社会保障体系和其他收入保障体系可以与运转良好的劳动力市场相适应。事实上,完善的社会保障制度可能对劳动力市场的良性发展有利。弹性保障的支持者认为,充分的社会保障福利是弹性保障的重要支柱,因为充分的福利可以刺激和适应劳动力市场的转变,减少就业者的风险规避(Bekker and Wilthagen,2008)。

22.2.3 儿童贫困和儿童现金转移

通常在总人口中,儿童的贫困风险更高(Atkinson and Marlier,2010)。此外,在近些年里,儿童贫困趋势在很大程度上是不利的(参见本书第 8 章)。2010 年欧盟建立的"收入和生活条件统计"(EU-SILC)指标体系的数据显示,2005—2010 年,29 个国家中有 17 个国家(欧盟 27 国加上冰岛和挪威)的儿童贫困风险率有所上升。所有北欧国家、德国和法国的儿童贫困率都有所上升。在大多数儿童贫困率下降的国家,这种情况在一定程度上是经济衰退(捷克、爱沙尼亚、爱尔兰、立陶宛、波兰和葡萄牙)导致 60% 收入中位数贫困线下降的结果。
2005—2010 年,29 个国家中有 15 个国家的儿童贫困差距(净收入与贫困线之间的差距)有所
扩大。这当然是因为失业率上升导致情况的恶化。然而在 2010 年,欧盟大多数国家有超过
20% 的贫困儿童生活在全部工龄成员都实现就业的家庭(工作强度为 1)。除了比利时、保加
利亚、捷克、芬兰、匈牙利、爱尔兰和英国,欧盟有超过一半的贫困儿童生活在全部工龄成员
工作强度为 0.5 或以上的家庭(Van Mechelen and Bradshaw,2013)。

当父母都有工作时,造成儿童贫困的原因有很多。其一,父母的收入太低,要么是因为
兼职或他们全职工作的工资很低。其二,家庭可能会因缴税而陷入贫困。所得税和社会保
险缴费中的直接税会大幅削减家庭总收入,使其降低到贫困线以下。其三,国家支付的现金
福利不足以帮助父母抚养孩子。其四,父母虽有工作,但在支付了住房和其他费用后,可供
消费的金钱所剩无几。

各国使用多种不同的税收福利和现金福利组合,向有子女家庭提供帮助。具体可分为
收入相关福利和普遍福利(与收入无关的现金福利)。收入相关福利旨在面向低收入家庭进
行直接现金转移。各国政府可决定将福利瞄准其他特定群体,例如单亲父母或残疾儿童。
税收工具也可用来将无子女家庭的收入再分配给未成年子女家庭,可以是免税或专门针对
有子女家庭的税收抵免等形式。免税额从应纳税所得额中扣除,而抵免额则从应缴税额中
扣除。税收抵免用不用都可以。使用税收抵免或应退税款抵免属于税收福利,当税收福利
超过纳税义务时,就可以以现金形式支付给纳税人。只有在未超过纳税义务的情况下,才能
使用可浪费的税收抵免。现金和税收福利往往随着子女的年龄和数量而变化(Bradshaw and
Finch,2002;Van Lancker and Ghysels,2012)。

儿童福利计划总体上在防止财务贫困方面发挥着重要作用。然而,在许多国家,这一计
划未能保护低收入者免于贫困。各国单薪家庭的最低工资收入都低于贫困线。在大多数国
家,针对单亲家庭的儿童福利计划更为慷慨。然而,如何以及是否对儿童保育费用进行补
贴,会大大影响其待遇,尤其是对单亲父母而言。在某些国家,儿童保育的成本会损害福利
的价值。然而在 20 世纪 90 年代,儿童福利计划已经能够摆脱福利削减。在近些年里,相对
于等价收入中位数,福利计划价值下降的国家数量超过价值上升的国家(Van Mechelen and
Bradshaw,2013)。儿童福利减少的趋势对低收入家庭和较富裕家庭都有影响。

各种研究都详细研究了儿童福利计划的结构(例如 Bradshaw,2010;Bradshaw and Finch,
2002;Corak et al.,2005;Matsaganis et al.,2005;Van Lancker and Ghysels,2012),并通过实证收
入调查证明了儿童抚育在减贫方面的充分性。Corak 等(2005)发现,在一定程度上瞄准最贫
困人群的普遍儿童福利,能最好地保护儿童免于贫困。Van Mechelen 和 Marchal(2013)也支
持他们的结论,即普遍主义福利下的瞄准效果最佳。他们发现对于低收入单薪家庭的儿童
福利,其待遇水平的跨国差异在很大程度上与低收入家庭的瞄准程度重叠。有些国家通过
收入相关现金福利、可返还的收入税收抵免或社会援助附加费用等方式,以低收入家庭为瞄
准对象,对有子女家庭提供财政援助。家庭类型模型的模拟表明,这些国家对低收入者的福
利计划相对慷慨。然而,家庭类型模型的模拟实际上假设了福利的完全接纳以及权利的充

分授予。实际上,由于福利接纳问题和劳动力市场抑制因素,选择性福利制度可能对扶贫不起作用(Deacon and Bradshaw,1983;Gassmann and Notten,2008)。Van Mechelen 和 Bradshaw(2013)也表明,在普遍享有现金福利的国家,儿童福利待遇通常高于平均水平,但同时儿童福利还包括与收入相关的现金福利、住房补贴或社会援助的补充福利(爱尔兰、法国、奥地利和芬兰)。这一发现实际上可能证实并强化了实证文献的主张,即在普遍社会保险的背景下,瞄准可能没有那么糟糕(Kenworthy,2011;Skocpol,1991;Van Lancker and Ghysels,2012;Whiteford,2008)。

22.2.4 在职贫困者以及消除在职贫困

在职贫困问题近来受到更多的关注(Andreß and Lohmann,2008;Crettaz,2011;Fraser et al.,2011;Lohmann,2009;Maitre et al.,2012;Marx and Nolan,2013;OECD,2008)。这通常与服务业中低收入、就业不稳定的日益凸显有关。这常常与福利资本主义的黄金时代形成对比,当时制造业甚至为那些几乎没有接受过正规教育的人群提供了稳定且待遇优厚的就业机会。正如 Esping-Andersen 等(2002)所说:"我们不再生活在一个低技术工人能够养活整个家庭的世界。不断增强的认知能力和专业资格是良好生活的基本条件……就业仍是获得美好生活机会的必要条件,但找到好工作的要求正在提升,而且很可能以后要求越来越高。"同理,Bonoli(2007)指出:"后工业时代劳动力市场的特点是工资不平等加剧。因此对于处在工资分配底层的人来说,获得就业机会并不能保证他们脱离贫困。"

与此同时,低技能人群的优质工作机会日渐稀缺。在许多欧洲国家,显然政策已经越发强调激活(就业),当然是在言辞层面,从一些指标来看,实际政策也有所体现(Barbier and Ludwig-Mayerhofer,2004;Digeldey,2007;Eichhorst et al.,2008;Kenworthy,2008;OECD,2007a,2007b)。在已部署的一整套激活战略中,有许多具体战略瞄准包括社会援助接受者在内的长期失业者。其中还有许多重要的措施旨在激励这些通常受教育程度较低、从事的工作收入相对较低或处于最低工资水平的人群。

那么在职贫困是否变得更加普遍了呢?关于在职贫困者的文献采用了对"贫困"和"在职"含义有着不同理解的各种定义(概述参见 Crettaz,2011;Nolan and Marx,2000)。在职贫困通常被定义和衡量为:在基准年度内主要在工作(就业或自主创业)的个人,其家庭等价可支配收入低于该国中位数的60%。人们普遍认为,对在职贫困的分析需要对雇员和自雇者进行区分,既是因为其性质不同,也是因为自雇收入的调查资料通常不如工资和薪金可靠。另外,对全职和兼职人员的区分也很重要。事实上,随着越来越多的兼职工作、临时工合同、实习等的出现,"在职"已经成为一个非常模糊的异质概念。此外,结合两个分析层次——个人的就业情况和家庭收入(根据家庭规模调整)——本身就使解释复杂化。因为家庭中其他成员的劳动力市场情况,而不是正在考虑的个体情况可能很关键;另外如有需要抚养的子女,其人数也很重要。以一年作为就业情况和收入状况的基准年度也很复杂。那些全年只在部分时间工作的人,即使在工作时并不贫困,也可能按年计算时就属于贫困,那么一年当中有多少时间在工作才算"在职"呢?由于这样那样的原因,此定义和测量方式使人们难以确定造成这种现象的各种潜在因素,从而难以确定政策失灵的核心原因所在。核心原因可能包括：(家庭)工作强度低、失业救济金不足、收入不足、收益补贴不足、供养(儿童)的人数相对收入来说过多等。

EU-SILC 数据库的数据清楚表明,整个欧洲都存在在职贫困的现象。在职贫困发生率在欧盟各国有所不同;奥地利、比利时、捷克、芬兰、荷兰和斯洛文尼亚的在职贫困发生率低至4%—5%,希腊和西班牙为13%—14%,罗马尼亚为17%。根据欧盟统计局的数据[该数据结合了欧洲社区家户追踪调查(ECHP)以及欧盟收入和生活条件统计(SILC)的数据],我们并不能说明 21 世纪初以来在职贫困率有普遍上升的趋势。从 2000 年到 2010 年的十年间来看,在丹麦、德国、西班牙、卢森堡、罗马尼亚和瑞典等国,在职贫困现象在过去十年里有所增加,但同时期在许多国家有所下降。若不考虑危机时期,2000 年与 2006 年的比较也无法显示出许多国家在职贫困率的显著上升。因此,这一数据和指标并不能支撑在职贫困率上升趋势的常见假设。然而,2000 年的数据不同于其后几年,其来源并不是 EU-SILC,这就意味着必须谨慎对待所显示的趋势。

将这些数据和趋势与经合组织的分析联系起来很有意义,这提供了一个涵盖了从 20 世纪 90 年代中期到 2005 年十年间的比较点(参见 OECD,2009)。经合组织利用各种数据资源,力图采用统一的方法,发现在这个十年里,德国、荷兰和卢森堡等欧盟国家的在职贫困比例显著增加,但在意大利等国家显著下降。经合组织的数据还借鉴了不同的数据来源并采用了不同的定义,即将在职贫困定义为低于中位数家庭贫困线(不同的等价尺度)的 50%(而不是 60%),以及"在职"体现在家庭中至少一人在工作,而不是指个人层面。Airio(2008)对 1970—2000 年六个经合组织国家进行研究(主要基于 LIS 数据)后得出结论:我们很难发现在职贫困有着任何共同趋势。这些差异表明,由于定义、数据和所涵盖时期都可能影响结果,因此在总结各国在职贫困水平和趋势时必须小心谨慎。

不能把哪一项或哪一套政策组合视为完全独立于规范性概念之外,规范性概念是解释工作有关工龄贫困的多种方式的基础。以一个只有一个在职成人和三个需要抚养的孩子的双成人家庭为例,养家糊口的男性有一份低薪工作,但收入远远高于最低工资标准。儿童福利是有限的。他们在经济上处于贫困风险状态,是否可以理解为收入不足以养家糊口的问题,或者是伴侣不参与养家的问题,抑或是儿童抚养费不足的问题,这些都将从根本上决定什么样的政策行动应该被审查并得到支持。在传统经济支柱类型的家庭收入不足的情况下,欧洲的主流观点似乎认为,其原因在于伴侣不参与养家或参与不足。其他情况可能不那么明确。即使在职贫困在很大程度上被认为是家庭工作强度低导致的,那么问题在于多大的工作强度才足够呢。不言而喻,足够的工作强度不等于家庭中所有处在工作年龄、有工作能力的成年人全年都有全职工作。不同国家的社会规范可能不同。例如,在荷兰,每个成年人五分之四的工作量似乎更接近正常的完全工作强度。此外,家庭组成可能也很关键。显然,如果有子女尚且年幼,且其单亲父母的收入远低于贫困线,那么在额外收入补助被认为合法之前,其单亲父母最好全年都从事全职工作。

贫困在很大程度上并不仅仅与家庭层面的工作强度低有关(参见 Corluy and Vandenbroucke,2013;De Graaf-Zijl and Nolan,2011)。这为帮助家庭提高(而不是最大化)劳动强度提供了广泛的潜在政策选择。其中就包括了能够提高对员工需求的政策,特别是对教育水平低或工作经验不足的人员的需求。例如对雇主进行补贴或减少雇主的社会保险缴费。对于劳动力的供给方,政策可以刺激(例如通过财政改革)或支持(例如通过儿童保育)人们从事工作或延长工作时间。在特定背景下,什么样的政策组合最有效,将取决于低工作强度人口的组成以及造成低工作强度的根本原因。

然而,关键是我们必须认识到,即使这些政策成功地让每个非就业人员都能工作,或者每个家庭都达到一定程度的完全工作强度(迄今为止所有经验证据都表明可能性极低),也不能保证彻底消除贫困。在此情况下,什么样的政策能够帮助家庭,很可能还是取决于现有的体制和政策背景、劳动力市场状况以及需要援助人群的概况等因素。

一些欧盟国家和非欧盟国家仍然没有制定最低工资标准,或该标准相对于平均工资水平而言较低。但在另外一些国家,最低工资足以让单身人士摆脱贫困。因此,对于那些没有最低工资标准或最低工资极低的国家来说,考虑引入或提高最低工资应该是明智的选择。但是,如果将最低工资标准确定为或提高到欧洲目前普遍的较高水平(相对于平均收入),那么即使没有对就业产生消极影响,这一办法也不足以消除在职贫困。即使在部分国家最低工资相对较高,但对于只有唯一经济支柱的家庭,特别是有其他受抚养人或儿童时,最低工资也不足以让单薪家庭摆脱贫困。对于仅靠一人养家糊口的家庭,特别是在那些相对贫困线基本是由双薪家庭生活水平所决定的国家,最低工资提供最低收入保障时可能受到了内在制约。

对于低收入家庭来说(特别是在有子女需要抚养的情况下),只有接受直接家庭收入补助才有望过上摆脱贫困的生活。这种"在职福利"通常与盎格鲁-撒克逊式的"税收抵免"联系在一起,比如美国的劳动所得抵免(EITC)和英国的工作税收抵免(WTC)。越来越多的人认为,拓宽传统收入补助渠道,例如提高社会保险或加大社会援助力度,或者提高最低工资标准,并不会提高再分配的效率。这些措施不仅没有解决当今的社会风险和需求,而且加剧了诸如被劳动力市场排斥以及陷入被动的福利依赖等根本问题的恶化。更糟的是,人们认为这些办法阻碍了积极的、自给自足的社会保障创新机制,如积极的劳动力市场政策和服务(如儿童保育、改善教育和培训)。

因此,我们要考虑的是其他形式的家庭(瞄准)收入补助,来提供某种程度上有利于劳动力市场参与的收入保障。正如 Kenworthy(2011)所指出的,"鉴于就业和工作时间对低端家庭市场收入的重要性,决策者必须提防那些有吸引力的但不鼓励或要求就业的福利项目。理想的转移支付应该既能提高低收入家庭的收入,又能促进健全的工龄成年人就业。碰巧就有这样一个项目,叫作'在职福利'(in-work benefit)或'以就业为条件的收入补贴'(employment-conditional earnings subsidy),英国的工作税收抵免和美国的劳动所得抵免就是最佳典型"。

根据这些方案,低收入家庭不缴纳税款,而是通过税收体系获得额外收入。1993年,美国修订了 EITC,使之成为该国针对工作年龄家庭的最卓越的反贫困项目。英国也执行并扩展了若干方案(实际上比美国还要早),最终出台了统一福利金。显然,盎格鲁-撒克逊式的负所得税近来受到了越来越多的关注。正如 Immervoll 和 Pearson(2009)所指出的,"即使是在 20 世纪 90 年代中期,也就是首次在英国和美国推出 20 年后,这些方案仍是十分有趣又不同寻常的……似乎有理由得出结论,在职福利方案现在已成为许多国家的主流政策"。

这样说或许有点言过其实。一些欧洲国家已经考虑引入益格鲁-撒克逊式的税收抵免,或者已经以某种形式这样做了,比如法国的"就业奖金"(Prime Pour l' Emploi,PPE)和"积极团结收入"(Revenue de Solidarité Active,rSa)、荷兰的"联合税收抵免"(Combination Credit)以及比利时的"低薪税收抵免"(Low Wage Tax Credit)。然而,大多数方案实际上与 EITC 或 WTC 只有细微的相似之处。瑞典有一个方案与美国 EITC 同名,于 2007 年推出,并在 2008 年、2009 年和 2010 年不断修订。其宗旨是促进就业,尤其鼓励个人从失业转变为至少从事兼职工作。该方案不同于美国,属于不可退回的税收抵免。此外,由于瑞典的税收单位是个人而不是家庭,因此它实际上是对个人收入较低人群的税收减免。在这方面,该方案类似于别国对个人社会保障缴费的救济措施。

虽然在大多数欧洲国家,瞄准低收入家庭的税收途径的在职福利的重要性仍然有限,但许多国家的儿童福利制度为在职者及其家庭提供了额外的收入(Van Mechelen and Bradshaw,2013)。儿童福利总体上有所下降。在发放这些福利的大多数国家,最低工资总额的百分比表示儿童福利待遇水平。对于有两个孩子的夫妇来说,儿童福利都有所下降。在某些国家,对于有两个孩子的单身父母来说,这一趋势更为有利。Van Mechelen 和 Bradshaw(2013)更广泛地讨论了,在净可支配收入中,儿童现金福利的价值和重要性都有所下降。然而,在公共辩论和学术文献中,人们对 EITC 型方案的兴趣依然浓厚(Aaberge and Flood,2013;Allegre and Jaehrling,2011;Crettaz,2011;Kenworthy,2011;Marx et al.,2012a)。这种兴趣似乎完全合理。实证表明,美国 EITC 和其他政策改革以及几次提高最低工资标准,已经显著提高了劳动力市场参与率,使得部分人口特别是单亲家庭的贫困率下降(Eissa and Hoynes,2004;Hotz and Scholz,2003)。但需要指出的是,这些初步成果产生于有利的经济环境,包括强劲的劳动力需求和低失业率。福利改革使得美国单亲母亲劳动力供给的增长相对强劲,尤其是将社会救助计划转变成为一个有着福利期限限制的临时援助体系。这种改革显然提供了一个以 EITC 为拉动激励的强大推动力。并非所有被迫摆脱被动依赖的人都能成功就业(Grogger,2003,2004)。此外,Holt(2011)的调查显示,尽管缺乏系统跟踪而限制了准确估值,但还是有足够的证据表明福利没有被完全领取(据估计约 75%)。

对低收入工作进行补贴也有潜在的负面影响。虽然 EITC 旨在鼓励就业,但其引发的劳动力供给增加可能会压低工资,使得预期转移流向雇主。Rothstein(2010)模拟了 EITC 在一系列供需弹性下的经济归宿,发现在所有情况下,雇主通过降低工资获得了预期流向低收入单亲母亲的大量转移支付。流向雇主的转移应部分属于并不符合 EITC 资格的低技能工人。一些经验证据证实了 EITC 潜在的工资侵蚀效应(Chetty et al.,2013;Leigh,2010)。

然而,正如 Kenworthy(2011)等所指出的那样,尚不明确 EITC 型方案是否能在别国发挥作用。美国的社会人口构成与大多数欧洲国家不同,有更多的单身成人和单亲家庭,也有着更多的多薪家庭。大多数欧洲国家的收入离散程度也被压缩得厉害。此外,这些国家的福利普遍高于工资(包括最低工资),如果福利来自社会保险,则较少接受经济状况调查。这也意味着家庭成员的福利权益的相互依赖程度较低,可能削弱对劳动力供给的潜在影响。许多国家实行个人所得税制度,并且趋向不再对夫妻共同征税。

为了有效地反贫困,同时在合理范围内具备可负担性,这些措施必须准确瞄准。然而,将福利对象瞄准低收入家庭势必会造成流动性陷阱,只有在逐步降低税率的幅度足够平缓的情况下才能避免这些陷阱。就像许多欧洲国家那样,如果家庭收入分配的低端人口密集,成本则相当高,而且这种成本只能通过减少税收抵免的数额来避免。但在这种情况下,反贫困效应就会减小。Bargain 和 Orsini(2007)对德国、法国和芬兰进行的模拟,Figari(2011)对四个南欧国家(意大利、西班牙、葡萄牙和希腊)进行的模拟,以及 Marx 等(2012a)对比利时进行的模拟,都对 EITC 型体系在其他环境中的适用性提出了疑问。在较早的一项研究中,Bargain 和 Orsini(2007)利用 2001 年的欧盟税收—福利微观模拟模型(Tax-benefit microsimulation model for the European Union, EUROMOD)调查了德国、法国和芬兰假设引入英国方案(1998 年实施)对贫困的影响。他们发现,在这些国家,特别是相对于预算成本来说,英国式税收抵免(在设计和相对总支出方面类似)的反贫困效应非常小。对比利时来说,假设引入英国的工作税收抵免(WTC)减贫作用有限,可能会削弱第二收入者的工作激励(Marx et al., 2012a)。Figari(2011)指出,南欧大家庭的存在使此类政策不能精确瞄准最贫困的人群。Bargain 和 Orsini(2006)总结道:"人们对这类方案的兴趣注定会消退。"这是否属实仍不确定,且确实令人怀疑,但 EITC 型的负税收抵免显然不适用于整个欧洲大陆来大规模效仿。例如,德国的劳动力市场在近些年中发生了一些深刻的变化。低收入就业变得更加普遍,在职贫困似乎也愈演愈烈。像巴金(Bargain)和奥尔西尼(Orsini)对 2001 年数据进行的模拟,在今天很可能会产生不同的结果。Giannelli 等(2013)的研究分析了 1998—2010 年德国新就业岗位的质量,发现 2000 年的改革(哈茨改革)加剧了最弱势个体的工资日益不平等和低薪的趋势。Card 等(2013)发现,尽管如此,1985—2009 年德国工资不平等的大幅加剧在很大程度上是由工作费用的异质性日益加剧以及在职者与企业之间匹配性提高导致的。

模拟表明,在特定环境下运行良好的在职福利方案显然在其他环境下不一定同样有效。家庭组成、个人收入分配和家庭收入结构在很大程度上共同推动了结果的产生。在欧洲大陆的环境下,替代方案是否能产生更好的结果,实际上是否能负担得起,还有待探索。

22.2.5 养老金

"支柱"这个术语被广泛使用(Holzmann and Hinz, 2005)来描述养老金制度的不同要素,因为养老金制度在例如俾斯麦式或贝弗里奇式的福利制度内部运行。Bovenberg 和 van Ewijk(2011)基于(私人与公共)治理维度和个人选择维度(强制与自愿)提出了与 Esping-Andersen(1990)的福利制度分类有关的四种养老金制度模型类型。由于发达国家的养老金制度同时或不同时具有社会保险和预防贫困的特点,以及不同的福利补贴形式,经合组织采用了更灵活的养老金制度分类(见图 22.6)。

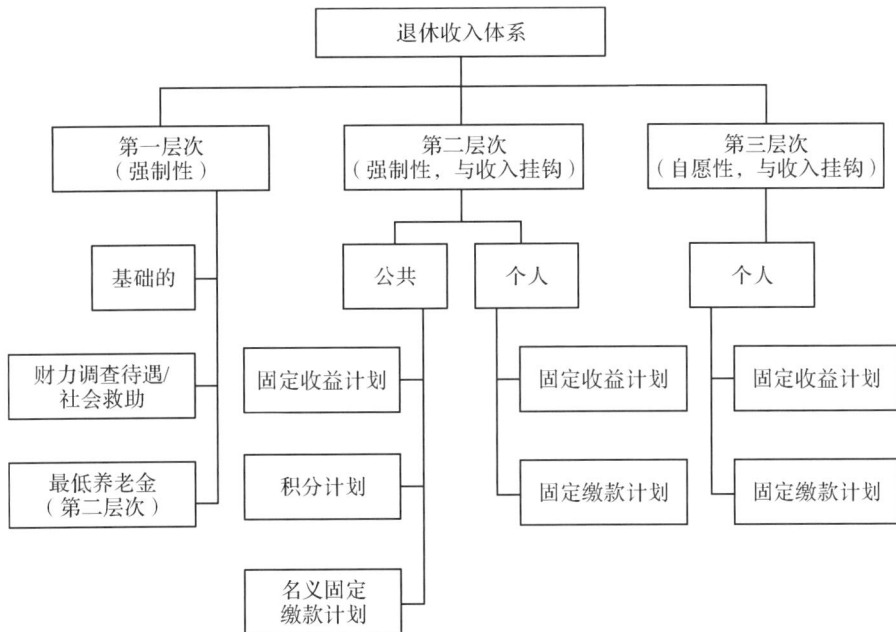

图 22.6　不同类型退休收入体系的分类

资料来源:OECD(2011b)。

退休收入体系主要有三个层次。第一层是防止老年贫困,并由政府提供资金。在这一层中,有按统一费率支付的基本福利、经过财力调查的(经济状况和资产)福利以及最低养老金。第二层由强制性计划组成,可以是公共计划,也可以是个人计划。公共计划提供固定收益(defined benefit,DB),其中养老金按个人缴费年限和收入计算,也有可能按年收入计点并累积到退休年龄(例如法国的职业年金计划)。第二层公共计划下的第三个计划为名义固定缴款,意大利、挪威、波兰和瑞典都实行此计划。根据该计划,个人缴款由养老机构记入账户并予以一定回报。一旦达到退休年龄,这些缴款会通过精算公式转换为养老金。第二层还包括强制性的个人(职业)管理养老金,有固定收益(DB)类和固定缴款(defined contribution,DC)类。最后,第三层由自愿的个人计划组成。

各国内部和国家之间的每个养老金计划的组成各不相同。在 34 个经合组织国家中,14 个国家有强制性的个人计划,12 个国家有经过财力调查后的公共福利,13 个国家有基本的统一费率福利,18 个国家有最低养老金。此外,20 个国家有固定收益,而 11 个国家有固定缴款养老金。关于县级养老金方案构成的更多细节,可参见 OECD(2011a)第 Ⅱ.1 节。

养老金福利是否充足大体上是通过替代率(养老金与平均工资之间的比率)测量的。图 22.7 用 21 世纪第一个 10 年后期的数据报告了经合组织国家的养老金净替代率。平均而言,强制性公共计划的替代率为 50%,而强制性个人计划的替代率为 43%,自愿性养老金计划为 28%。总的来说,强制性制度的替代率为 68%,如果加入自愿性计划,替代率将升至 77%。此外,我们可以看到各国以及养老金计划之间的充足性千差万别。例如,日本、韩国和墨西哥的总净替代率低于 50%,而在图 22.7 的 34 个国家中的 13 个国家,总净替代率都高于80%。当考虑到总收入和养老金时,因为退休人员的所得税负担比劳动人口轻,所有的替代率都较低。强制性制度的总替代率为57%,如果包括自愿性计划,这一比例将达到64%。

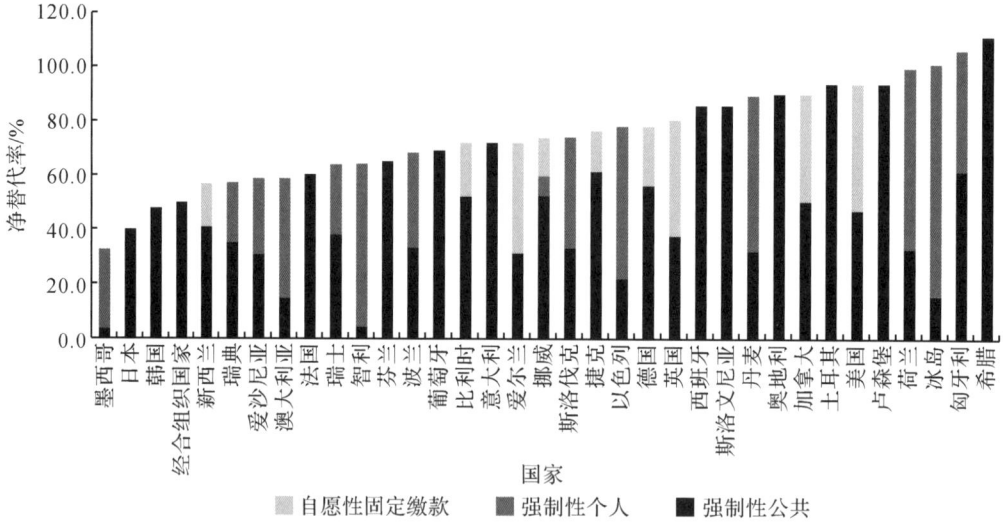

图 22.7　经合组织国家按养老计划的养老金净替代率

资料来源:OECD(2011b);作者阐述。

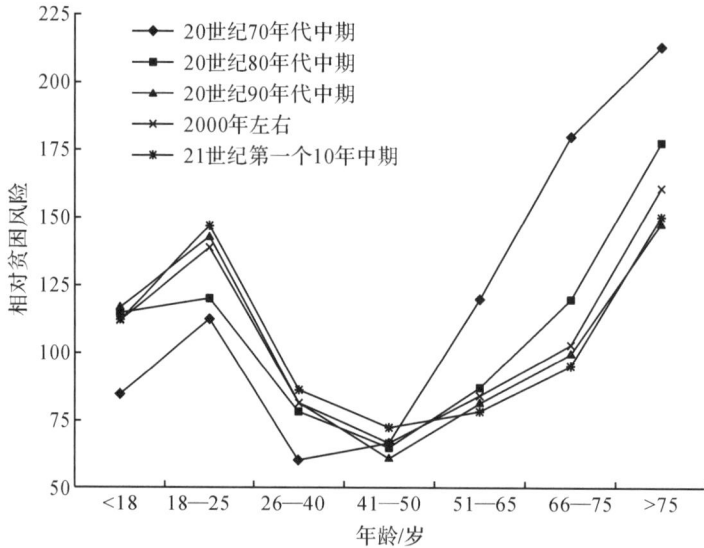

图 22.8　经合组织 7 国按年龄划分的相对贫困风险(每年总人口贫困率=100)

注:相对贫困风险是按年龄划分的贫困率除以总人口贫困率乘以 100。贫困线设定为全体人口中位数收入的 50%。经合组织 7 国的相对贫困风险是加拿大、芬兰、希腊、荷兰、瑞典、英国和美国的平均值。

资料来源:OECD(2008)。

人们在年幼和年老时通常会面临更高的贫困率。在过去的几十年里,按年龄分组的贫困率一直保持着这种 U 形关系,但是贫困率已经大大改变,老年人受益,儿童和年轻人却陷入贫困。出自经合组织《日益不平等?》一书的图 22.8 清楚地表明,在 20 世纪 70 年代至 21

世纪初的经合组织国家,老年人的贫困风险大幅降低。此外,其显示,女性的贫困率高于男性。按性别划分的贫困差距在老年人口中显著扩大。正如 OECD(2008)、Smeeding 和 Sandstrom(2005)以及 Vignoli 和 De Santis(2010)所解释的那样,老年妇女的贫困风险更高,因为她们在工作中获得的养老金权利较少,而且在配偶去世后,独自生活的可能性更大。在这方面,Burtless(2009)、Vignoli 和 De Santis(2010)的研究提醒人们注意危及老年人生活条件并增加贫困风险的新生活安排(老年人家庭规模缩小)的趋势。作为一种反馈机制,老年人更多地参与养老金和转移,从而不需要其他亲属而能够独自生活,进而增加了贫困的风险。鉴于女性养老金匮乏,McGarry 和 Davenport(1998)也意识到养老金的遗属福利对美国寡妇贫困率的影响。

由于老年人收入的很大一部分来自社会保险,因此养老金对减贫意义重大。2005 年前后,65 岁以上人群的公共转移(收入相关的养老金、经过财力调查的福利等)平均占其收入的 60%。在一些国家,其比重达到 80% 或更多(法国、匈牙利、斯洛伐克和比利时)。其余的来源分为在职收入(21%)和资本收入(19%)。日本、土耳其、墨西哥和韩国的工作收入比例很高,约为 50%。荷兰、英国、瑞士、加拿大、澳大利亚、丹麦和美国老年人的平均资本收入占比约为 41%。请注意,职业年金计划包含在资本收入来源中,因此该部分包括养老金收入。所有这些数据都可以在 OECD(2011a)中查阅。研究还发现,转移和税收导致的老年人市场收入贫困减少比工作年龄人口更显著(OECD,2008)。

最近一些研究试图测量各国养老金在减少老年贫困方面的贡献。Smeeding 和 Williamson(2001)用 LIS 数据估计了 20 世纪 90 年代中期,在澳大利亚、加拿大、法国、德国、荷兰、瑞典、英国和美国这八个发达经济体,公共养老金对老年人贫困率的影响。如果只考虑市场收入,老年人的贫困率平均为 84%;如果加上职业年金,这一比例将降至 71.8%;如果计入全民和社会收入,这一比例将降至 21.2%。随着社会保障体系的转移,平均贫困率下降到 13.2%。与英语国家不同,法国、德国、荷兰和瑞典的再分配效应较大。Smeeding 和 Sandstrom(2005)在分析 21 世纪初的数据时也发现了类似的趋势。在这两项研究中,我们发现养老金对于减少老年男性的贫困比对老年女性更有效。根据 21 世纪初的数据,养老金、收入社会转移和保障体系转移使女性老年人的贫困减少至 24.3%,而老年人总体的贫困率减少至 13.3%。由于女性在养老金制度中的参与程度较低,因此保障体系的转移对她们减少贫困风险更为重要,而对男性来说则是职业年金更重要。Lefebvre(2007)的一项类似研究发现,相比于年龄更大的老年人(75 岁以上),养老金引起的减贫效果对于(65—74 岁的)老年人更显著。这一特征与性别结合在一起,对老年女性来说十分不利,而她们恰恰又代表了最年老群体的大多数成员。此外,Dang 等(2006)的微观模拟模型也得出了类似结论。本书第 24 章介绍了其他相关的微观模拟模型。

由于发达国家的老龄化进程加快,因此人们对公共养老金支出的可持续性表示担忧,特别是担忧旨在减少老年贫困和不平等改革的效力,这种担忧是有理由的(Arza and Kohli,2008;Borsch-Supan,2012;Burtless,2006)。尽管如此,Zaidi 等(2006a,2006b)的研究报告指出,世界银行推动的养老金改革主要关注财务可持续性问题,对退休人员生活水平的影响关注较少。这些研究结果为估计欧盟各国养老金改革对老年人贫困和生活水平的长期影响做出了重要贡献,这些改革是在20世纪90年代至21世纪初进行的。在Zaidi等(2006b)的研究中,作者发现,在65岁及以上的人群中,公共养老金的慷慨程度与贫困率的风险之间呈强负相关,并且根据对每一次养老金改革的分析,他们预测养老金(2025年和2050年)将会缩水。这两项研究结果预示所分析的绝大多数国家(爱沙尼亚、马耳他、奥地利、意大利、比利时、丹麦、西班牙、法国、拉脱维亚、立陶宛、葡萄牙、斯洛文尼亚、芬兰和瑞典)贫困率上升。只有爱尔兰和塞浦路斯65岁及以上的老年人贫困率会下降。然而,正如作者所警告的,由于没有考虑到行为反应,必须谨慎对待这些结果。

Van Vli等(2012)在一个更加静态的框架下,估计了养老金改革对欧洲国家贫困和不平等的影响。他们承认,在欧洲,最近从公共养老金向个人养老金的转变仍然有限,但这对某些国家来说很重要。他们用OLS面板数据回归估计了这些变化对老年人不平等和贫困的影响,但没有发现这些变量的实质性影响。尽管如此,他们怀疑其分析的局限性,并指出改革可能只对新退休人员和未来退休人员产生影响。

某些作者从更广泛的角度来看公共转移和税收的影响,呼吁平衡养老金计划的支出和针对处于收入底层的壮年人群及其子女计划,这样可能会在更大程度上降低贫困率(OECD,2008)。正如Dang等(2006)所指出的那样,欧盟的社会保障制度主要面向老年人,老年人接受的现金转移比在职人群多得多,他们指出,即使是针对老年人的支出高昂的国家也可能有大量老年人陷入贫困,而其他针对老年人的支出较低的国家在限制贫困风险方面可能会更成功。此外,他们的模拟研究表明,有可能将以老年人为主的支出重新调整为以在职人口为主,并重新平衡纳税义务,使之有利于在职人口。如果改革包括适当的保障体系措施,这些改变就不会危及老年人的生活水平。

由于养老金占老年人收入的比重较大,因此公共养老金在减少不平等方面有非常重要的作用。2005年左右,在24个经合组织国家,公共现金福利占退休年龄个人收入的70%,其中许多国家超过80%(OECD,2008)。在公共养老金占比较大的国家,当人们使用市场分配或可支配收入作为反事实时,重新排名的影响可能很大。Mahler和Jesuit(2006)发现,1980—2000年,(公共和私人)养老金在降低13个富裕国家的基尼系数方面发挥了相当大的作用。平均而言,在考虑所有税收和转移后,基尼系数从0.43降至0.27;税收使基尼系数减少了0.039个百分点,转移使基尼系数减少0.121个百分点,其中0.068来自养老金,0.013来自失业转移,0.040来自其他转移。在比利时、瑞典和法国,养老金使得基尼系数下降了约0.10个百分点,而在美国、加拿大和澳大利亚,养老金仅使基尼系数下降了约0.04个百分点。Lefebvre(2007)计算了19个欧盟国家的工资、财产收入、私人养老金和公共转移对总体不平等的边际贡献。研究发现,公共养老金减轻了各国的不平等,而私人养老金加剧了爱尔兰和法国以外其他国家的不平等。同样,Caminada等(2012)梳理了12个LIS国家在20世纪80年代中期至2005年左右不同收入组成对减少不平等贡献的变化。1985年前后,转移和税后的主要收入基尼系数下降了0.139个百分点,而2005年前后的降幅约为0.163个百分点。作者估计,这种再分配的增加主要是由于国家养老和遗属福利,其占总体变化的60%。不同的养老金制度设计对不平等的影响也不同。例如,Benedict 和 Shaw(1995)通过 20 世纪 80 年代初的数据发现,在观察到的工资不平等方面,美国的私人养老金使工会工人的不平等程度上升了 21%。关于 20 世纪 90 年代中期以来欧洲进行的改革,Van Vliet 等(2012)没有发现这些改革对收入不平等产生重要影响的证据。

　　一般来说,不平等评估是在一年之内完成的,但是像 Burtless(2006)这样的研究强调,这种方法会高估养老金的再分配影响。这涉及在分析养老金的影响时应采用何种适当的反事实分布的问题。如果没有养老金,人们预计将寻找其他形式的储蓄来支付他们的养老费用。如果养老金不存在或不够多,其生活安排也可能不同,这将导致其他再分配效应(Burtless,2006,2009)。在这方面,虽然数据要求更高,一些作者还是倾向于对终身收入分配进行估计(例如,Deaton et al.,2002;Liebman,2002)。此方法与越来越多研究终身收入不平等的文献(参见例如 Aaberge and Mogstad,2012)有相同的特点,后者强调了只分析一年或几年的数据可能会高估收入不平等的生命周期偏差。

22.3　社会保障之外

22.3.1　非现金社会支出与贫困

　　虽然现金转移在整个社会支出中占相当大的比例,并对家庭收入和贫困产生显著影响,但其他形式的社会支出,如医疗、住房,或许还有教育(有时列入"社会"支出,有时不列入),也可能具有重大的直接和间接影响。表 22.4 根据 2007—2008 年经济危机爆发前经合组织的社会支出数据库,显示了人们从家庭角度可能想到的实物福利:现金转移支出和其他形式的社会支出,提高了许多国家的现金转移支出。这表明,在大约一半的国家中,现金转移大大超过了此类实物福利——尤其是在法国、德国、比利时和卢森堡等"大陆/社团主义"国家,意大利、西班牙和希腊等南部国家以及波兰。然而,在许多其他经合组织国家,社会总支出在现金转移和其他支出之间相当均衡。如 Marical 等(2008)所说,这里的社会支出定义不包括教育,因此若加上教育支出,非现金支出的相对重要性就更加明显。他们得出结论,经合组织社会支出数据库中用于医疗、教育和"其他服务"的公共支出金额与公共现金转移相当,数量超过了 11 个经合组织国家的现金转移。

表 22.4　2005 年前后经合组织国家社会支出中现金和非现金福利占 GDP 的百分比　　单位:%

国家	现金转移占 GDP 的比重	非现金社会福利占 GDP 的比重
澳大利亚	8.1	6.7
奥地利	18.4	8.2
比利时	16.2	9.1
加拿大	8.8	9.4
捷克	11.4	7.8
丹麦	13.8	11.8

续　表

国家	现金转移占 GDP 的比重	非现金社会福利占 GDP 的比重
芬兰	15.3	9.9
法国	17.5	10.8
德国	15.9	9.9
希腊	13.4	7.1
匈牙利	13.8	8.7
爱尔兰	8.4	7.7
意大利	16.7	7.7
日本	10.2	8.1
卢森堡	13.9	8.8
荷兰	11.1	8.5
新西兰	9.7	8.4
挪威	10.9	10.1
波兰	15.7	4.9
斯洛伐克	10.2	6.1
西班牙	13.1	7.4
瑞典	14.5	13.6
瑞士	11.8	7.8
英国	10.3	10.5
美国	8.0	7.0

资料来源:经合组织社会支出数据库。

由于各种原因,这种非现金支出对贫困的影响难以评估(例子参见 Currie and Gahvari,2008;Garfinkel et al. ,2006)。比较研究中(Callan et al. ,2008;Marical et al. ,2008;Paulus et al. ,2010;Smeeding et al. ,1993)以及国家研究中(Aaberge and Langorgen,2006;Callan and Keane,2009;Harding et al. ,2006;Nolan and Russell,2001;Wolff and Zacharias,2007)采用的方法是用微观数据来评估从这些支出中受益的人群及其受益程度,并比较包括非现金收入时的总体不平等和(有时的)贫困水平。在一些研究中,这还意味着要向家庭分配间接税,并从中扣除以达到"最终的"收入概念。文献中 30 年来一直在讨论必须就如何评估福利服务使用者的福利做出重大决定。实证研究表明,这些可能对测量结果产生显著影响,特别是必须解决医疗支出中具有挑战性的概念问题。

复杂的是,原则上福利服务是免费的或以补贴的方式提供给每个人,实际上只有某些地区或某些群体能享受到福利,或者即使都可以享受,也可能会因收入和教育水平的不同而使领取程度有所不同。有时可能并不能获取实际使用模式的信息,例如,把共同值赋予特定的年龄组可能具有误导性。因此,实证研究尽可能利用所涉及服务范围的实际使用模式的信息(通常来自住户调查),但这可能无法涵盖所有的支出范围。

　　然而,问题随后出现了。第一个问题是,如果这些商品或服务不是免费或以补贴价格提供的,住户是否会购买同样数量的商品或服务。因为受助人在分配方面没有选择权,他们对非现金福利的估值可能会低于市场上购买的商品或服务。然而,美国一项关于食品券的研究表明,如果食品券是一种基本必需品,而且实物转移的金额小于家庭日常的食品支出,那么受助人得到的价值可能非常接近市场价格(Moffit,1989)。与食品不同,这些服务在市场上是买不到的,因此许多政府提供服务的市场价格可能本身就不明确——最鲜明的例子是在国防或执法部门。如果把供应价格(政府成本)作为参照点,最优供给水平将使边际效益等于此价格乘以公共资金的边际成本。无论如何,在实证研究中广泛使用的方法仅仅是假设某一特定(单位)服务的价值等于生产该服务的平均成本。使用这样的平均值可能掩盖了向不同社会经济群体提供的服务质量的差异——例如,向富人和穷人提供的医疗服务质量的差异——这是实证研究中另一个难以体现的重要方面。

　　第二个普遍的问题是,非现金福利涵盖了医疗等领域,而这类福利在某个年份只会影响发生特定意外情况的部分家庭。在这种情况下,如果我们简单地把服务成本计入这些享受了免费或补贴服务的家庭,病人在任何现金收入水平上都会比健康人更富有。在这种情况下,人们可以尝试通过巧妙采用等价尺度来考虑这些人的额外“需求”——例如 Jones 和 O'Donnell(1995)及 Zaidi 和 Burchardt(2005)等近期研究关注了与残疾相关的成本——但仍有待加强。一种采用更广泛的方法是,不以家庭自身的消费为基础,而是为所有符合国家规定条件的人提供额外收入,其相当于他们为获得相同的市场保险水平而必须支付的保费。即便假定该保险费用能够令人满意,问题仍然严重。甚至即使保险自身的价值足以使家庭摆脱贫困,现金收入也可能仍不足以购买充足的食物、衣服或住所,这强调了实物转移并不代表能同样以现金收入的方式对资源进行支配。此外,即使采用保险的方法,在总结实物福利的影响时,也应该考虑到不同的家庭有不同的潜在需求(参见 Aaberge et al.,2010)。

　　第三个需要注意的基本问题涉及所使用的时间段。在测量贫困和收入不平等时,年收入往往是关注的焦点,但在考虑教育或医疗的消费及其代表的实物福利价值时,由于福利往往是长期的,而不是局限于福利的使用点,很自然会采取生命周期的办法。这种方法在数据方面要求很高,涉及的假设范围很广,很难找到有力的实证基础。

　　在福利制度机构和政策及其对贫穷影响的广泛背景下,最近此专题的实证研究结果具有重大意义。Marical 等(2006)以及 OECD(2008)研究了医疗、教育和社会住房方面的公共支出对经合组织国家收入不平等的影响,他们得出结论,这些公共支出通常有助于减少不平等,但通常比不上现金转移和直接税收结合的效果,他们没有探讨相应对贫困的影响结果。此外,Paulus 等(2010)评估了五个欧洲国家对来自公共住房补贴、教育和医疗的非现金或实物福利进行估值的影响,当这些价值被添加到现金收入中时,需重新计算不平等和相对贫困测量指标。在这种做法中,会重新计算相对收入贫困线(相当于等价收入中位数的60％时),如果包括实物福利,其价值会比之前上升约五分之一至三分之一。在五个国家中,相对收入贫困线以下的人数比例远远低于按现金收入计算的相应人数,其中英国的贫困率降低一半,降幅最大,而希腊下降三分之一,降幅最小。相对收入贫困线以下的人口构成也受到了重大影响,儿童和老年人的贫困率降幅最大(因为教育和医疗的支出特别集中在他们身上)。这种模式很常见,在 Smeeding 等(1993)基于 LIS 数据对七个国家进行的早期比较研究中表现得尤为明显。

萨瑟兰(Sutherland)及其合著者警告说,"从福利的角度来看,这些研究结果是否应该理解为对贫困或不平等的评估影响值得怀疑",研究结果主要是为了显示非现金收入相对于现金收入的规模,但没有考虑到个人对医疗或教育的需求。该研究还试图通过修正所采用的等值尺度来考虑这些需求的变化。研究发现,非现金转移对几种概要收入不平等测量指标的分配影响要小得多。该研究没有报告贫困率的相应结果,但情况似乎是一样的。同样值得强调的是,Bourguignon 和 Rogers(2007)认为,一旦认识到许多社会支出影响的跨期性或跨代性,就不再可能假定社会支出等同于现金转移、食品补贴和其他直接再分配计划。教育支出是对未来几代人的一种投资,可能会对这几代人产生再分配效应,但最初可能会使分配恶化。以子孙后代的人力资本为抵押借款承担着道德风险,不太可行,因此,对养育学龄儿童的几代人来说,通过增加中性税收来筹集增加的公共教育支出经费,实际上可能是倒退的。这一代的贫困家庭交税却没有得到任何福利,而富裕家庭交税则可能通过代际消费再分配(也就是说,留给子女的遗产变少)来收回。为了更充分地反映再分配和对贫穷的影响,我们有必要进行代际核算。

22.3.2 劳动力市场、教育以及积极的劳动力市场政策

来自劳动力市场的收入对收入的总体分配以及家庭层面的贫困和劣势至关重要(参见 OECD,2008)。即使对于那些目前没有收入的人(通过就业或自主创业),以往的劳动力市场经历也可能决定当前享有社会保障或职业养老金的权利。关于各国贫困的各种描述性和计量研究,都发现在职人员贫穷的可能性比失业或工作懒散的人要小得多。因此,各国间在劳动力市场的表现和结构方面的差异似乎是了解其贫困率差异的一个自然出发点(Burniaux et al. ,1998;Forster and Mira d'Ercole,2005)。经合组织各国工作年龄人口的贫困率差异巨大,这确实是造成总体贫困人口的主要因素(参见 OECD,2009)。然而,在国家层面上,工作年龄贫困——无论是总体上还是特定群体——实际上并非与就业率密切相关。Burniaux 等(2006)报告了经合组织国家中女性劳动参与率和贫困率之间的某些关联,但并不是特别紧密。失业率低的国家,其贫困率普遍较低,反之亦然,但也存在一些明显的例外。高就业率并不是劳动年龄人口贫困率低的充分条件[参见 Marx 等(2012b)中的模拟部分]。因此,在总体水平上,就业表现并不是各国工作年龄人口总体贫困风险差异的主要驱动因素(OECD, 2009)。

因此,贫困和劳动力市场微观研究在各个国家之间存在不同,这些研究往往侧重于劳动力市场情况、个人及其家庭经历、有关良好而非恶劣的劳动力市场表现的特征,以及侧重于劳动力市场制度和绩效的总体比较研究。当然,个人特征与劳动力市场表现之间的关系是劳动力市场研究的一个关键要点,就总体离散率和差值而言,收入结构也是重点(相关综述请参阅《劳动经济学手册》;Ashenfelter and Card, 1999, 2011;Ashenfelter and Layard, 1987;Blaua and Kahn,2008;以及本卷第 18 章)。个人劣势和相对较差的劳动力市场在高贫困率中

的体现程度取决于不利的家庭、劳动力市场和制度环境。关于贫困与劳动力市场的总体关系的比较研究包括劳资双方集体谈判的结构、工会的作用、最低工资等。这些都是作为劳动力市场制度的关键方面所使用的解释变量(参见 Burniaux and Mira d'Ercole,2006)。这些变量通常可以嵌入更广泛的变量中,例如,福利支出和结构,其目的不仅是控制,而且如 22.1.4 部分所述,可以反映更广泛的福利"制度"概念。这反映了一种认识,即劳动力市场制度虽然处于中心地位,但与更广泛的福利制度密不可分。我们在 22.2.4 部分讨论在职贫困和社会保障转移时指出,对贫困例如对最低工资的影响,将根据更广泛的背景而变化。

劳动力市场与更广泛福利制度密切相关,福利制度的核心要素是教育体系和教育支出。对个人或家庭层面的教育程度、收入和贫困之间关系的微观研究,与关注教育制度和开支及其对经济表现和贫困影响的总体研究之间,可以再次形成对比。自从 Mincer(1958)首次提出的收入方程成为基本分析工具以来,受教育层次与个人收益/劳动市场表现的关系一直是劳动力市场研究的重点,但教育对经济增长更广泛的促进或驱动作用也是研究的重点。自经济学的"芝加哥学派"(特别是 Becker,1964;Mincer,1958)出现以来,"人力资本"的概念已经根深蒂固,由于人力资本在提高能力和技能方面的投资(尤其是通过教育和培训)类似于物质生产资料,因此也会提高未来的生产能力。大量实证经济研究都通过估算个人收益的回报来对这种关系进行微观经济调查,包括调查受教育程度较高者的正收入差异的程度可以解释为教育本身,而非选择造成的(例如,参见 Card,1999;Machin,2008)。对于受教育程度对贫困可能性的影响,经合组织各国微观经济计量分析一致认为,贫困是根据年收入低、持续低收入或匮乏程度来测量的(参见 Fouarge and Layte,2005;Layte and Whelan,2002),虽然就提高贫困风险而言,为教育程度较低所付出的相对和绝对的"惩罚"在各国之间存在很大差异。

受教育程度和贫困风险之间个人层面的联系对总体表现和政策的影响并不像人们通常认为的那样直接,需要进一步研究。提升劳动力的教育和技能水平已经在促进经济增长和解决贫困与社会排斥的战略中发挥了核心作用。欧盟 2013 年的社会投资计划对此进行了说明,该计划侧重于加强人们的技能和能力的政策,包括教育和儿童保育以及积极的劳动力市场政策(参见 European Commission,2013)。正如 Freeman(2008)和坎伯在本书第 20 章中所深入讨论的那样,这尤其反映了一种担忧,即在全球化的世界经济中,发达经济体中的低级技能正被快速的技术变革甩在身后。关于教育的作用,OECD(2011a)得出的结论是,从 20 世纪 80 年代中期到 2005 年前后,平均受教育程度的提高、技能提升带来的工资差距缩小和就业率提高,在很大程度上抵消了技术变革、更加灵活的劳动力市场监管和缩水的失业保险等对收益因素的不平衡效应。

然而,我们并不能由此推论出,继续扩大教育本身就是一项有效的平等化或反贫困政策。Checchi 等(2014)强调,在 20 世纪,许多经合组织国家平均教育程度的提升与教育层次的差距缩小有关,但许多富裕国家中等教育的完成率接近饱和。大多数经合组织国家教育政策目前面临的主要问题是,是否应该进一步扩大高等教育的规模取决于其产生和支持的方式。正如下一节将讨论的不利因素的代际传递,出身贫困的人可能不会从中受益。下一节将讨论如何最好地提升中学中下层学生的技能（包括数学和语言的成绩），以及学校体系结构、教育分流和儿童早期教育问题，从贫困角度来看这也是研究议程的核心。

培训和技能提升以及两者的配合是积极的劳动力市场计划和激活战略的重要组成部分，目前被广泛视为反贫困政策的核心（参见 European Commission, 2013；OECD, 2009）。对具体干预措施和积极劳动力市场政策的影响的广泛评价等，都已成为大量文献的研究对象。有关评论，请参见 Heckman 等（1999）、OECD（2005, 2007b）、Card 等（2010）以及 Kluve（2010）。这些评估在严格执行时，其整体推行力度在一段时间内并不是特别大，理查德·弗里曼曾提到："随机分配社会实验的谨慎分析……已经向我们表明，颇受欢迎的劳动力市场问题解决方法——培训和其他积极的劳动力市场措施——充其量对劳动力市场表现产生一定的影响"（Freeman, 1998）。评价近来更为积极，例如，OECD（2009）得出的结论是，激活计划可以对失业产生显著影响。Card 等（2010）对微观计量经济学评估的元分析从实质和方法论的角度得出了特别有趣的发现。他们发现有补贴的公共部门就业计划具有最不利的影响估值，而求职援助计划具有相对有利的短期影响，课堂和在职培训计划从中期看往往比短期更有利，针对青少年的项目产生积极影响的可能性也小于非针对性项目。他们发现，在方法上，控制结果测量指标、项目类型与参与者的实验性和非实验研究具有类似的影响估值，这表明在最近的非实验性评估中使用的研究设计是很公正的。他们还指出，用于测量项目成效的结果变量很重要，基于登记的失业时间评估更有可能显示出有利的短期影响。从贫困的角度来看，结果变量显然也非常重要——不能想当然地认为，从失业转变为就业，哪怕是持续就业，就会摆脱贫穷，因为并非所有的福利领取者在失业时都处于贫困状态。22.3 节已经详细讨论过，对于贫困的失业者来说，在扣除税款和福利金后，收入的增加可能不足以让家庭摆脱贫困。严格评估积极的劳动力市场计划对贫困的影响，仍然是研究中的一大空白。

Card 等（2010）的研究指出，活跃的劳动力市场计划是多种多样的。Bonoli（2010）根据经合组织经济体的各国差异和政治决定因素对这些政策进行分类。然而，Bonoli（2010）发现，随着时间的推移，这些决定因素几乎没有规律可循，每个时期都有左翼和中间派政党主张积极的劳动力市场政策。此外，Bruno 和 Rovelli（2010）比较并证明了 21 世纪第一个 10 年欧盟国家劳动力市场政策的差异，并发现一般而言，对于人们更愿意工作的国家，高就业率与积极劳动力市场计划的高支出有关。OECD（2013）的一项研究分析了经合组织国家的激活计划，并对爱尔兰、英国、日本、挪威、芬兰、瑞士、澳大利亚等国进行了更为详细的分析，发现经济危机后各国对激活计划支出的反应不一，难以形成统一的模式。

22.3.3　代际传递、童年以及社区

贫困和不利因素的代际传递仍然是相关研究和政策的核心问题。扬蒂和詹金斯在第 10 章主要介绍了收入分配流动性研究，但这里要重申，针对特定国家的研究中有大量证据表明，社会经济阶层的底层流动性尤其有限，因此贫困在很大程度上是世代相传的。美国的相关研究包括 Wilson（1987）、Gottschalk 等（1994）、Duncan 等（1994, 1998）、Duncan 和 Brooks-Gunn（1997）以及 Corcoran（2001）；加拿大有 Corak（2001）；英国相关的研究包括 Sigle-Rushton（2004）、Blanden 和 Gibbons（2006），以及类似的研究把其他富裕国家当前贫困或不利因素的

原因追溯到了儿童时期的境况。成为福利领取者也可能与几代人有关——参见 Corak（2004）对瑞典和加拿大的研究以及 Page（2004）对美国的研究。

OECD（2009）的结论是，利用现有证据对各国贫困传递强度的变化评估并不可靠。然而，Jantti 等（2006）的研究结果显示，北欧国家最低五分位的个人收入相比英国尤其是美国有大幅上升，而 Raaum 等（2006）的研究表明英国家庭收益的代际传递要比北欧国家强得多，美国甚至比英国更明显，他们的研究结果具有启发性（另见 Aaberge et al.，2002）。此外，Esping-Andersen 和 Wagner（2010）以及 Whelan 等（2013）近期的研究已经能够利用 2005 年 EU-SILC 数据附加的特殊代际传递模块提供的可用统一数据，估计了丹麦、挪威、法国、意大利、西班牙和英国儿童时期经济困难对教育程度和成人收入的影响（尤其对单亲母亲和父母的教育进行了控制）。他们的结论是，在任何国家，儿童时期的经济困难对成年人收入都没有直接影响，但通过儿童的受教育程度确实产生了强大的间接影响。这种影响在丹麦和挪威最年轻的群体中消失了，但在其他国家没有消失，作者由此得出结论，北欧国家最近成功地将儿童经济匮乏的负面影响降到最低。这与惠兰（Whelan）、诺兰（Nolan）和梅特（Maitre）的研究一致，其研究涵盖了更多的欧盟国家，并发现与自由主义和南欧福利体制的国家相比，父母阶级、父母教育和儿童经济环境/困难等因素对社会民主型福利体制国家的收入贫困影响较小，且有着更为广泛、更多维度的经济脆弱性度量。

在设计减少贫困代际传递的战略时，了解其中的机制显然至关重要，大量文献都以因果通道和政策响应为研究对象（综述参见 D'Addio，2007；Esping-Andersen，2004a，2004b；Nolan et al.，2011）。针对美国的研究表明，贫困的遗传与较低的受教育程度（平均而言，贫困儿童的受教育时间比非贫困儿童少 2 年）、较差的健康状况和犯罪有关（Duncan and Brooks-Gunn，1997；Mayer，1997），如果没有证明对英国（Gregg et al.，1999）和法国（CERC，2004；Maurin，2002）有更夸张影响的话，那么其情况也与美国类似。Gregg 等（1999）的研究控制了儿童的能力（根据 7 岁的认知测试分数），仍然发现了强烈的贫困效应。美国和英国的研究显示，单亲母亲对孩子的表现有很强的负面影响，但也表明主要原因与经济状况不佳有关（Biblarz and Raftery，1999；Gregg et al.，1999；McLanahan and Sandefur，1994），而对单亲父母的选择可能也是一个因素（Piketty，2003）。有趣的是，Esping-Andersen 和 Wagner（2010）的多国研究发现，在控制了母亲的教育和儿童的经济困难之后，单亲母亲对教育程度或成人收入的影响并不明显。

正如第 10 章所讨论的那样，基因或本性与后天养育的影响以及它们之间的相互作用已成为更多代际流动性文献中争论的话题（请参见第 18 章中关于健康和不平等的详细讨论）。从贫穷和不利因素的传递角度来看，最近研究的要点在于认知能力和家庭经济状况很重要，但非认知能力、社交技巧、文化资源、动机以及更普遍来说，家庭"学习环境"也很重要。认知能力和非认知能力都受到家庭禀赋的影响，而家庭禀赋严格意义上既不是财务方面，也不是遗传方面的禀赋。Heckman 和 Lochner（2000）以及 Carneiro 和 Heckman（2003）的研究都很有影响力，他们的"学习—产生—学习"模型强调了学前阶段条件的根本因果重要性，尤其是与行为和认知发展相关的条件。越来越多的文献一致认为，儿童在 6 岁以下，甚至 3 岁以下的条件对他们的认知技能、安全感、学习能力和动机起决定性作用(Danziger and Waldfogel, 2000;Duncan and Brooks-Gunn,1997)。父母的社会经济地位对儿童认知能力的显著影响在儿童早期就显现出来,并一直延续到对后来教育和收益方面成就的影响(如 Cunha and Heckman,2007);儿童早期的贫困对以后的表现有很强的负面影响,部分原因是父母的一些特质,如认知能力和非认知能力低下,以及家庭"文化"的影响,特别是在影响教养行为和儿童刺激方面(De Graaf et al. ,2000;Esping-Andersen,2007)。

这大大影响了人们对教育减少贫困代际传递作用的想法。越来越多的证据表明,教育体制本身的设计和教育经费筹措的差异似乎并没有人们想象的那么重要。人们似乎达成了一个广泛的共识,即根据能力进行早期分流可以降低教育的代际流动性。随着早期教育分流的废除和综合学校体系的引入,瑞典、芬兰和挪威最弱势社会阶层的教育水平得到提升(参见 Hanushek and Woessmann,2006)。由于这些国家的福利制度再分配也在同一时期大幅增加,因此很难确定教育改革或收入均衡在多大程度上提高流动性。然而,Blanden 等(2005)对于英国的分析表明,延迟教育分流的教育改革使得代际流动性大幅增加,主要提高了低收入家庭的儿童福利,但不能归因于福利制度再分配的增加,因为在这个时期收入不平等实际上增加了。但更广泛地说,如果目标是要制定改善贫困儿童从一开始就面临的不利条件(在促进多国机会平等的战略中发挥核心作用)的普遍政策,通过提高高等教育的比例来提高受教育程度,可能越发不足以实现此目标。

这有助于强化近期文献中强调以早期儿童为中心的观点,以及高质量的早期儿童计划可以显著改善弱势儿童的认知和非认知表现(Carneiro and Heckman,2003;Currie,2001;Karoly et al. ,2005;Waldfogel,2006)。赫克曼的研究尤其具有影响力,其证明了在幼儿期进行投资是一项具有成本效益的政策(尽管对后来干预措施的广泛影响引起了激烈的争论)。赫克曼研究的核心支撑证据来自美国的早期干预计划,但 Esping-Andersen(2004a,2004b)将北欧国家社会遗传效应的显著下降与引入普遍的、高质量的儿童保育联系起来。Schutz 等(2005)在其跨国横截面比较中发现了家庭背景效应和学前入学率之间存在倒 U 形关系,这表明早期教育可能会降低家庭背景对生活机遇的影响程度。OECD(2009)总结道,在儿童早期、学前教育和在校期间提供高质量的保育能够大大促进代际流动。

除了教育,福利制度本身的范围和性质显然也可以影响贫困的代际传递。实际上,通常把其明确为均衡儿童的生活机遇又避免潜能的浪费的核心目标。人们可能认为减少儿童贫困的社会政策(如前面讨论的有效收入补贴和促进女性就业,参见 UNICEF,2007; Whiteford and Adema,2007)也会加剧代际的不平等,但直接证明这种关联性并不明确。例如,Mayer(1997)认为,相比收入低本身,父母的一些特点更加重要,如技能水平低、健康状况不佳或行为异常,这些都会影响贫困的可能性。Mayer 和 Lopoo(2008)在全美的对比中发现,在高支出的州,优势儿童和弱势儿童之间的流动性差异要小于支出低的州。据计算,儿童贫困的风险在母亲未就业时是母亲就业时的 4 倍(Esping-Andersen,2009)。也有证据表明对福利依赖的代际传递可能与计划的设计有关,Corak 等(2004)对比北美和瑞典的现金补贴计划表明,被动计划比主动计划更有可能促进福利依赖的传递。更一般地说,严重依赖经济状况调查的福利制度更有可能造成贫困和失业陷阱,更有可能导致贫困和福利依赖的代际传递。

以儿童和贫困传递为焦点,大量研究文献对生活在"不良"社区的潜在影响非常关注。一些研究表明,当地条件有可能对收入的代际传递进行解释(OECD,2008),尽管即使在美国,其影响也可能相对较弱。Brooks-Gunn 等(1997)对美国的研究表明,社区确实对儿童和青少年的发展有影响,尤其对幼儿时期和青春期后期影响最大,对中间时期的影响较小,但这些影响的程度通常比家庭条件要小得多。Solon 等(2000)使用收入动态追踪调查的整群抽样方法来估计受教育年数的同胞和邻里相关性,发现同胞相关性约为 0.5,而邻里相关性则低至 0.1。Raaum 等(2003)使用挪威的人口普查数据得出了类似的结论,即无论在受教育程度还是长期收入方面,邻里相关性都小于同胞相关性。这与美国的实验结果一致。在美国的实验中,居住在保障性住房中的家庭通过抽签获得住房券,被鼓励搬到贫困率较低的社区;Sanbonmatsu 等(2006)的研究显示,这对考试成绩没有显著影响。除了受教育程度,研究者将目光投向更广泛的贫困相关结果,美国以外的研究也强调了很难充分描述所有的社区潜在特征,以及考虑到贫困和相关结果的影响与个人家庭特征之间可能存在相互作用,难以将它们区分开来——(参见 Lupton,2003)。

22.4　福利制度、反贫困政策以及 2008 年前后的经济危机

22.4.1　贫困、收入不平等和经济危机

就对生产和增长的影响而言,经合组织成员国在 2007—2008 年经历了自 20 世纪 30 年代大萧条以来最为严重的一次经济危机。这次经济危机也对目前人们思考、研究与辩论贫困和反贫困政策的方式有着至关重要的影响。正如我们接下来讨论的那样,这场经济危机直接影响了贫困,但也改变了福利制度目前运作的环境及其如何在中期内发展的看法。本节首先探讨有关经济危机直接影响的证据,然后讨论了反贫困政策的中期背景。

此次经济危机对收入不平等和贫困的直接影响一直是许多国家研究和比较研究的主题,包括 Matsaganis 和 Leventi(2013)、Callan 等(2011)、Figari 等(2011),以及 Jenkins 等(2013)。詹金斯及其同事采用比较视角,深入研究了经合组织和六个研究案例国家的总体指标。他们的中心结论是,这场经济危机对大多数国家的收入不平等和收入贫困的直接影响,远远小于大萧条时期的惨痛经历,与 20 世纪 90 年代初的北欧危机等近期经济衰退没有太大区别。他们强调,2007—2008 年经济危机的一个显著特征是其对各国宏观经济影响的程度各不相同:有些国家经济大幅衰退,失业率急剧上升,但在其他国家,经济增长和就业的变化幅度就不大(参见 Lane and Milesi-Ferretti,2012)。季度 GDP 从顶峰到谷底的降幅远高于过去 50 年来几乎所有地区经济衰退期间的平均降幅,但其降幅从澳大利亚的 0 到爱尔兰的近 13% 不等。另一个显著特点是,GDP 的下降没有完全转化为家庭实际可支配收入的下降,这些收入受到自动稳定器以及政府税收和福利制度的额外补贴的保护。就业对 GDP 下滑的直接反应也经常小于前几次经济衰退。不过爱尔兰、西班牙和美国等国的情况并不相

同,这些国家的房地产市场的繁荣—萧条模式在此次衰退中发挥了重要作用。爱尔兰、西班牙和美国等国家个人就业率大幅下降,家庭失业率大幅上升,其他国家却并非如此——尤其是丹麦和芬兰,尽管个人失业率的上升幅度相对较大,家庭失业率却有所下降,缓解了对贫困的影响。这场危机刚开始时的另一个特点是资本收入的下降主要集中在富裕家庭。

詹金斯及其同事查看截至 2009 年的可用贫困指标,并与经济危机前的指标比较后发现,通常欧洲国家的相对收入贫困率下降,而欧洲的绝对贫困率(通过"锚定"收入线与价格挂钩)往往略有下降,虽然在美国略有上升(以美国官方贫困线测量),但两国老年人的相对和绝对贫困率均有所下降。他们详细研究的六个国家——德国、爱尔兰、意大利、瑞典、英国和美国也经历了不同的宏观经济冲击,德国迅速复苏,瑞典 GDP 大幅下滑但复苏较快,美国经历了明显萎缩,随后出现了些许复苏,意大利和英国经济严重低迷,而爱尔兰在经合组织成员国中 GDP 降幅最大。德国的就业率几乎没有变化,而爱尔兰和美国的失业率则急剧上升。经济危机对家庭收入不平等和贫困的短期影响相对较小。在德国,家庭收入低于同期收入中位数 60％的人口比例略有下降,低于根据 2007 年购买力划定的贫困线的家庭比例也有所下降。第 2 章显示收入中位数、不平等和相对贫困在 2010 年都略有上升。在英国,低于收入中位数 60％的人数下降了约 1 个百分点,固定的实际阈值显示贫困比例降幅更大。在瑞典,低于收入中位数 60％的人口比例也有所上升,尽管采用根据购买力划定的收入阈值时,增幅要小得多。在爱尔兰,相对收入贫困在 2007—2009 年有所下降,低于固定实际收入阈值的比例保持稳定。在意大利,考虑到最初宏观经济冲击的规模,人们可能认为随之而来的贫困有少量增长,但社会转移的缓冲作用相对有限。最后,在美国,相对贫困率略有下降,反映出实际收入中位数的下降,而官方贫困率(以实际的最低收入标准计算)有所上升。在案例研究的这六个国家中,与儿童和工作年龄人口相比,老年人得到了更好的保障。

迄今为止,此次经济危机对各国分配产生的不同影响,不仅反映出宏观经济衰退的性质差异,也反映出现金转移和直接税收在市场收入受到全面影响的情况下,为家庭净收入提供缓冲方式的差异。在某种程度上,这是自动稳定方面的差异,因此它们随着社会保障体系的慷慨度和全面性以及直接税和社会保险缴款的结构和水平而不同。然而,由于经济衰退的影响,政策反应和选择也很重要(关于欧盟政府对此次危机初步反应的讨论,参见 Marchal et al.,2014)。

欧盟统计局最近制定的欧洲各国贫困指标也表明,截至 2011 年,各国的经历各不相同。如表 22.5 所示,2007—2011 年,低于收入中位数 60％的比例在八个国家上升了 1 个百分点以上,在七个国家下降了 1 个百分点以上,其余国家则保持稳定。欧盟 27 国的平均相对收入贫困率 2007 年为 16.5％,2011 年为 16.9％。如表 22.6 所示,收入贫困率"锚定"在 2008 年收入中位数的 60％,接着与物价挂钩。随着时间的推移,欧盟各国的收入贫困率呈现出更大的变化。13 个国家的收入贫困率有所上升,有时上升幅度还非常显著——拉脱维亚和立陶宛上升了近 11 个百分点,冰岛上升了近 14 个百分点。然而,另外十个国家的收入贫困率有所下降,因此整个欧盟的收入贫困率仅从 16.4％上升到 17.5％。有趣的是,将这一数据与欧盟严重物资匮乏指标所测量的同期物资匮乏趋势进行比较:表 22.7 显示,2007—2011 年,13

个国家的这一趋势有所上升,而六个国家有所下降,整个欧盟的平均趋势略有上升。在此次危机中遭受重创的国家中,爱尔兰、西班牙、希腊和意大利以及拉脱维亚和立陶宛的贫困率急剧上升,葡萄牙则有所下降。

22.4.2　中期的经济危机和反贫困政策

2007—2008 年爆发的经济危机对生活水平和贫困的直接影响至少在一定程度上得到了福利制度体系特别是社会保障和税收制度的缓冲。此次危机对贫困的中期影响不仅取决于宏观经济和就业方面的发展,还取决于对广义的福利制度和对转移所采取的政策。在确定政策抉择的框架时,经济危机对公共财政的影响占主导地位。在有关如何应对危机的争论中,巩固公共财政的必要性(或对这种必要性的看法)占主要地位,而解决贫困问题往往屈居次要地位。福利制度体系以及参数可能因此改变,这将需要许多年的时间才能完成,并在经济恢复增长,从纯粹宏观经济角度来看衰退结束很久之后,仍然对贫困产生影响[正如 Kaplanoglou 等(2013)对 1971—2009 年 29 个经合组织成员国的数据进行分析得到的结果那样,财政巩固计划的公平性本身可能会影响其成功率。分析结果表明,提高社会转移的瞄准精确度及改善其扶贫效果的计划、增加培训和积极劳动力市场政策的支出,甚至降低必需品的增值税,都在增强社会凝聚力的同时,提高了巩固计划成功的可能性]。

表 22.5　2007—2011 年欧盟各国相对收入贫困率(收入中位数的 60%)　　单位:%

国家(组织)	2007 年	2008 年	2009 年	2010 年	2011 年
比利时	15.2	14.7	14.6	14.6	15.3
保加利亚	22.0	21.4	21.8	20.7	22.3
捷克	9.6	9.0	8.6	9.0	9.8
丹麦	11.7	11.8	13.1	13.3	13.0
德国	15.2	15.2	15.5	15.6	15.8
爱沙尼亚	19.4	19.5	19.7	15.8	17.5
爱尔兰	17.2	15.5	15.0	16.1	—
希腊	20.3	20.1	19.7	20.1	21.4
西班牙	19.7	19.6	19.5	20.7	21.8
法国	13.1	12.7	12.9	13.3	14.0
意大利	19.8	18.7	18.4	18.2	19.6
塞浦路斯	15.5	15.9	15.8	15.1	14.5
拉脱维亚	21.2	25.6	25.7	21.3	19.1
立陶宛	19.1	20.0	20.6	20.2	20.0
卢森堡	13.5	13.4	14.9	14.5	13.6
匈牙利	12.3	12.4	12.4	12.3	13.8
马耳他	14.8	15.0	15.3	15.0	15.4
荷兰	10.2	10.5	11.1	10.3	11.0

续 表

国家(组织)	2007 年	2008 年	2009 年	2010 年	2011 年
奥地利	12.0	12.4	12.0	12.1	12.6
波兰	17.3	16.9	17.1	17.6	17.7
葡萄牙	18.1	18.5	17.9	17.9	18.0
罗马尼亚	24.8	23.4	22.4	21.1	22.2
斯洛文尼亚	11.5	12.3	11.3	12.7	13.6
斯洛伐克	10.6	10.9	11.0	12.0	13.0
芬兰	13.0	13.6	13.8	13.1	13.7
瑞典	10.5	12.2	13.3	12.9	14.0
英国	18.6	18.7	17.3	17.1	16.2
冰岛	10.1	10.1	10.2	9.8	9.2
挪威	11.9	11.4	11.7	11.2	10.5
瑞士	—	16.2	15.1	15.0	15.0
克罗地亚	18	17.3	17.9	20.5	21.1
欧盟成员国(27 国)	16.5	16.4	16.3	16.4	16.9

注:欧盟统计局的家庭收入统计数据主要来自 EU-SILC 数据,其中所有国家参照期为固定的 12 个月期间(如上一个日历年度或纳税年度),除了英国收入的参照期为本年度,调查的是过去 12 个月里持续收集的收入。

资料来源:欧盟统计局(2013 年 3 月 20 日下载)。

在这种情况下,提高现金转移瞄准精确度的压力很可能会加剧,尽管贫困和失业"陷阱"的风险可能会因此恶化,并破坏社会团结的基础和对相对慷慨福利制度的政治支持。"社会投资"的概念,特别是在欧洲,在有关富裕国家社会支出的作用和福利制度未来的争论中发挥了重要作用,自 2000 年《里斯本议程》通过以来,"社会投资"一词已深入欧盟的讨论。一些重要文献也强调了经济危机背景下社会投资作为社会政策的新视角或范式的潜力。从广义上对知识经济的需求来说,研究者强调了另一种重点关注削减社会支出的新自由主义响应,以及应对宏观经济或欧元危机的关键因素(参见 Hemerijck Vandenbroucke,2012;Morel et al.,2011;Vandenbroucke et al.,2011)。其他人则尝试评估近期社会政策和支出模式可以在多大程度上朝着社会投资战略迈进,以及是否可以把令人失望的减贫表现视作此类战略的失败(Cantillon, 2011; Vandenbroucke and Vleminckx, 2011; van Kersbergen and Hemerijck, 2012)。欧盟正认真关注此争论,2012 年秋季,作为社会政策领域一项重大倡议的投入,就业、社会事务和平等机会委员会成立了一个社会投资促进增长与凝聚力专家小组。

表 22.6　2008—2011 年欧盟各国锚定收入贫困率(2008 年收入中位数的 60%,随后与消费者价格挂钩)

单位:%

国家(组织)	2008 年	2009 年	2010 年	2011 年
比利时	14.7	13.1	13.0	13.5
保加利亚	21.4	16.1	14.8	17.8
捷克	9.0	8.1	7.8	8.6
丹麦	11.8	13.1	12.6	12.2
德国	15.2	16.0	15.8	15.9
爱沙尼亚	19.5	18.9	19.7	23.9
爱尔兰	15.5	15.4	22.8	—
希腊	20.1	18.9	18.0	24.9
西班牙	19.6	20.2	22.3	25.7
法国	12.7	12.7	12.3	13.9
意大利	18.7	19.9	19.3	21.4
塞浦路斯	15.9	16.3	16.2	14.4
拉脱维亚	25.6	26.0	33.0	36.2
立陶宛	20.0	18.6	28.4	30.8
卢森堡	13.4	15.5	14.4	14.6
匈牙利	12.4	11.8	13.7	14.7
马耳他	15.0	14.3	16.5	15.9
荷兰	10.5	10.6	10.0	11.0
奥地利	12.4	11.4	11.0	10.5
波兰	16.9	13.7	13.0	11.9
葡萄牙	18.5	18.1	16.1	17.9
罗马尼亚	23.4	18.2	16.2	17.9
斯洛文尼亚	12.3	10.2	12.1	13.0
斯洛伐克	10.9	7.8	7.3	7.0
芬兰	13.6	13.0	12.0	12.3
瑞典	12.2	11.7	11.2	11.6
英国	18.7	20.4	21.4	21.8
冰岛	10.1	9.8	16.7	23.7
挪威	11.4	10.2	9.6	8.9
瑞士	16.2	13.8	13.8	13.1
欧盟成员国(27 国)	16.4	16.3	16.4	17.5

　　注:欧盟统计局的家庭收入统计数据主要来自 EU-SILC 数据,其中所有国家参照期为固定的 12 个月期间(如上一个日历年度或纳税年度),除了英国收入的参照期为本年度,调查的是过去 12 个月里持续收集收入。

　　资料来源:欧盟统计局(2013 年 3 月 20 日下载)。

表 22.7   2007—2011 年欧盟各国严重物资匮乏率   单位:%

国家(组织)	2007 年	2008 年	2009 年	2010 年	2011 年
比利时	5.7	5.6	5.2	5.9	5.7
保加利亚	57.6	41.2	41.9	45.7	43.6
捷克	7.4	6.8	6.1	6.2	6.1
丹麦	3.3	2.0	2.3	2.7	2.6
德国	4.8	5.5	5.4	4.5	5.3
爱沙尼亚	5.6	4.9	6.2	9.0	8.7
爱尔兰	4.5	5.5	6.1	7.5	—
希腊	11.5	11.2	11.0	11.6	15.2
西班牙	3.0	2.5	3.5	4.0	3.9
法国	4.7	5.4	5.6	5.8	5.2
意大利	6.8	7.5	7.0	6.9	11.2
塞浦路斯	13.3	9.1	9.5	10.1	10.8
拉脱维亚	24.9	19.0	21.9	27.4	31.4
立陶宛	16.6	12.3	15.1	19.5	18.5
卢森堡	0.8	0.7	1.1	0.5	1.2
匈牙利	19.9	17.9	20.3	21.6	23.1
马耳他	4.2	4.0	4.7	5.7	6.3
荷兰	1.7	1.5	1.4	2.2	2.5
奥地利	3.3	6.4	4.8	4.3	3.9
波兰	22.3	17.7	15.0	14.2	13.0
葡萄牙	9.6	9.7	9.1	9.0	8.3
罗马尼亚	36.5	32.9	32.2	31.0	29.4
斯洛文尼亚	5.1	6.7	6.1	5.9	6.1
斯洛伐克	13.7	11.8	11.1	11.4	10.6
芬兰	3.6	3.5	2.8	2.8	3.2
瑞典	2.2	1.4	1.6	1.3	1.2
英国	4.2	4.5	3.3	4.8	5.1
冰岛	2.1	0.8	0.8	1.8	2.1
挪威	2.3	2.0	2.2	2.0	2.3
瑞士	—	2.2	2.1	1.7	1.0
克罗地亚	—	—	—	14.5	14.8
欧盟成员国(27 国)	9.1	8.4	8.1	8.3	8.8

资料来源:欧盟统计局(2013 年 3 月 20 日下载)。

Nolan(2013)讨论,我们可以从许多不同的角度来看待"社会投资":社会政策和支出的范式和战略、概念基础和分析框架,以及狭义和广义的政治参与平台。即使如 Nolan(2013)所言,"社会投资"与其他社会支出在概念和实证上的区别都不是特别明显,社会投资是否能够以最有可能支撑经济增长或就业的范式可靠表示,还有待商榷,并值得进一步研究。在任何情况下,强调这一区别可能都不是构建未来社会支出讨论框架的最有效方式。在这种讨论中,把注意力集中在狭隘的经济论证上,可能会模糊规范选择以及更广泛的社会支出情况。

最后,需要注意的是,2007—2008 年爆发的经济危机的深度和性质也可能对代际公平产生重大影响,尤其是对于年轻人而言,而老年人得到相对较好的缓冲。特别是持续的高失业率会给那些受此次危机影响的人留下长期的"伤疤",他们的劣势可能会传递给下一代。

22.5　未来的研究方向

最后,我们要简要讨论贫困和反贫困政策研究的重点。主要挑战在于加深对个人、家庭、国家以及跨国层面上贫困进程的形成以及延续的理解。人们虽然已经了解了各国贫困的特征,但各国之间的差异如此之大,为了解基本进程的性质提供了一个窗口,但尚未对此进行充分研究。同样,研究与某个国家随时间变化相关的因素是有价值的,但是把这些变化置于比较视角会增加另一个维度。因此,随着可比数据的统计基础不断建立,国家面板数据方法的潜力越来越大。继续发展以比较视角进行微观模拟分析的潜力可以对此加以补充,将行为反应纳入此类分析的挑战仍然很大(Immervoll et al.,2007)。开发面板数据的潜力将继续成为研究重点,以便真正可靠地区分这些低收入数据,并了解低收入数据在较短时间内面临的收入平滑障碍。对贫困和社会排斥多维性质的更多认识,需要加深对不同形式的贫困和排斥之间联系的理解,不拘泥于对支撑其潜在关系的共同研究过程的描述性分析——在这种情况下,比较视角再次派上大用场——同时解决了涉及的概念难题。

反贫困政策领域同样仍有大量的研究议程。近年来,尽管物资匮乏和绝对贫困在 2008年经济危机爆发前普遍有所下降,但按照传统方法测量,很少的国家在减少相对贫困方面取得了很大进展。虽然加深了对贫困因素的理解,但许多更深层次的因果问题在很大程度上仍未解决。市场收入分配的变化可能使减少相对贫困变得更加困难,税收和福利制度对再分配的影响可能已经减弱,人们需要对此进行更深入的了解。关键问题在于,许多国家政府明显未能维持或改善其税收和福利制度的反贫困效果,这是由于缺乏有效的政治意愿(选民的偏好),还是反映了制度的局限性以及/或者外部的约束? 政策研究议程上的重要事项包括以下几点。

- 能少花钱多做事吗? 公共社会支出的瞄准性和成本效益一直存在争议。随着人口老龄化以及社会人口和经济趋势导致的需求增加,此问题必将继续成为研究议程的首要问题。

- 为什么许多国家的反贫困福利待遇明显不足? 再分配政策中的渐进主义是否存在系统性限制? 也就是说,通过加强现有的再分配主要支柱(工资和更广泛的市场力量监管、社会保险、社会援助以及税收)所取得的待遇改善真是有限的吗? 新再分配机制和计划的前景如何？一些人认为负所得税和相关制度是未来的方向,但短期问题如福利领取以及对工资和人力资本形成、收入流动性等的长期影响等,尚不清楚。

● 直接再分配和"社会投资"之间的最佳平衡是什么？是通过提高技能和能力的支出来产生持久效果吗？社会投资在多大程度上可以替代直接的"补偿性"再分配,或者有互补性吗？若如此,什么才是最佳平衡？

● 与某些行为要求和条件挂钩的现金福利和服务是一种政策策略,这种策略获得越来越多的关注,它是社会政策中微观干预的广泛趋势的一部分,并通过社会实验获得信息(参见 Bastagli,2011;Medgyesi and Temesvary,2013)。这种从宏观到微观的转变真的是前进的方向吗？若如此,那有什么限制呢？

最后,我们应该注意到,虽然这项调查的重点是"富裕国家"(正如传统上所理解的),但一些最具创新性的反贫困政策正在富裕国家之外得以构思、实施和分析,一些南美和亚洲国家在这方面脱颖而出。整合这些丰富但基本平行的贫困研究是未来研究的一项重要任务。

致谢

感谢2013年4月在巴黎经济学院举行的"收入分配经济学的最新进展"会议的与会者,该会议由阿特金森和布吉尼翁组织。特别感谢罗尔夫·阿伯奇,他是本章的主要讨论者之一。

参考文献

Aaberge, R., Flood, L., 2013. U. S. versus Sweden: the effect of alternative in-work tax credit policies on labour supply of single mothers: IZA Discussion Papers 7706. Institute for the Study of Labor (IZA), Bonn.

Aaberge, R., Langorgen, A., 2006. Measuring the benefits from public services: the effects of local government spending on the distribution of income in Norway. Rev. Income Wealth 52 (1), 61-83.

Aaberge, R., Mogstad, M., 2012. Inequality in current and lifetime income: Discussion Papers 726. Research Department of Statistics Norway.

Aaberge, R., Peluso, E., 2012. A counting approach for measuring multidimensional deprivation: IZA Discussion Papers 6589. Institute for the Study of Labor (IZA), Bonn.

Aaberge, R., Bjorklund, A., Jantti, M., Palme, M., Pedersen, P., Smith, N., Wennemo, T., 2002. Income inequality and income mobility in the Scandinavian countries compared to the United States. Rev. Income Wealth 48 (4), 443-469.

Aaberge, R., Bhuller, M., Langørgen, A., Mogstad, M., 2010. The distributional impact of public services when needs differ. J. Public Econ. 94 (9-10), 549-562.

Adema, W., Fron, P., Ladaique, M., 2011. Is the European Welfare State Really More Expensive? Indicators on Social Spending, 1980-2012; and a Manual to the OECD Social Expenditure Database (SOCX). OECD Publishing, Paris.

Airio, I., 2008. Change of Norm? In-Work Poverty in a Comparative Perspective: Studies in Social Security and Health 92. Kela Research Department, KELA, Helsinki.

Allegre, G., Jaehrling, K., 2011. Making work pay for whom? Tax and benefits impacts on in-work poverty. In: Fraser, N., Gutierrez, R., Pefia-Casas, R. (Eds.), Working Poverty in Europe: A Comparative Approach. Palgrave Macmillan, Basingstoke, pp. 278-303.

AndreB, H.-J., Lohmann, H., 2008. The Working Poor in Europe: Employment, Poverty and Globalization. Edward Elgar, Cheltenham.

Arza, C., Kohli, M., 2008. Changing European Welfare: The New Distributional Principles of Pension Policy. Routledge, New York.

Ashenfelter, O., Card, D., 1999. first ed. Handbook of Labor Economics, vol. 3. Elsevier/ North Holland, Amsterdam.

Ashenfelter, O., Card, D., 2011. first ed. Handbook of Labor Economics, vol. 4. Elsevier/ North Holland, Amsterdam.

Ashenfelter, O., Layard, R., 1987. first ed. Handbook of Labor Economics, vol. 2. Elsevier/North Holland, Amsterdam.

Atkinson, A. B., 1987. On the measurement of poverty. Econometrica 55 (4), 749-764.

Atkinson, A. B., 2003. Multidimensional deprivation: contrasting social welfare and counting approaches. J. Econ. Inequal. 1 (1), 51-65.

Atkinson, A. B., Marlier, E., 2010. Income and Living Conditions in Europe. Eurostat, Luxembourg.

Atkinson, A., Rainwater, L., Smeeding, T., 1995. Income Distribution in OECD Countries. OECD, Paris.

Atkinson, T., Cantillon, B., Marlier, E., Nolan, B., 2002. Social Indicators: The EU and Social Inclusion. Oxford University Press, Oxford.

Bane, M. J., Ellwood, D., 1986. Slipping in and out of poverty: the dynamics of poverty spells. J. Hum. Resour. 12, 1-23.

Barbier, J.-C., Ludwig-Mayerhofer, W., 2004. Introduction: the many worlds of activation. Eur. Soc. 6 (4), 423-436.

Bargain, O., Orsini, K., 2006. In-work policies in Europe: killing two birds with one stone? Labour Econ. 13 (6), 667-697.

Bargain, O., Orsini, K., 2007. Beans for breakfast? How exportable is the British workfare model? In: Bargain, O. (Ed.), Microsimulation in Action. Policy Analysis in Europe using EUROMOD. Research in Labour Economics, vol. 25. Elsevier, Oxford.

Barr, N. , 2001. The Welfare State as Piggy Bank: Information, Risk, Uncertainty and the Role of the State. Oxford University Press, Oxford.

Barth, E. , Moene, K. , 2009. The equality multiplier: NBER Working Paper 15076. National Bureau of Economic Research, Cambridge, MA.

Bastagli, F. , 2011. Conditional cash transfers as a tool of social policy. Econ. Polit. Wkly XLVI, 61-66.

Becker, G. , 1964. Human Capital: A Theoretical and Empirical Analysis, with Special Reference to Education. University of Chicago Press, Chicago.

Bekker, S. , Wilthagen, A. C. J. M. , 2008. Flexicurity: a European approach to labour market policy. Intereconomics 43 (2), 68-73.

Benedict, M. E. , Shaw, K. , 1995. The impact of pension benefits on the distribution of earned income. Ind. Labor Relat. Rev. 48 (4), 740-757.

Beramendi Alvarez, P. , 2001. The politics of income inequality in the OECD. The role of second order effects: Luxembourg Income Study Working Paper No. 284.

Bergh, A. , 2005. On the counterfactual problem of welfare state research: how can we measure redistribution? Eur. Soc. Rev. 21 (4), 345-357.

Biblarz, T. , Raftery, A. , 1999. Family structure, educational attainment, and socioeconomic success: rethinking the "pathology of matriarchy" Am. J. Soc. 105, 321-365.

Blanden, J. , Gibbons, S. , 2006. The Persistence of Poverty Across Generations: A View from Two Cohorts. Policy Press, Bristol.

Blanden, J. , Gregg, P. , Machin, S. , 2005. Educational inequality and intergenerational mobility. In: Machin, S. , Vignoles, A. (Eds.), What's the Good of Education? Princeton University Press, Princeton, NJ.

Blau, F. , Kahn, L. , 2008. Inequality and earnings distribution. In: Salverda, W. , Nolan, B. , Smeeding, T. (Eds.), The Oxford Handbook of Economic Inequality. Oxford University Press, Oxford.

Boarini, R. , Mira d'Ercole, M. , 2006. Measures of Material Deprivation in OECD Countries: OECD Social, Employment and Migration Working Papers 2006(6). OECD, Paris.

Bonoli, G. , 2007. Time matters. Postindustrialisation, new social risks and welfare state adaptation inadvanced industrial democracies. Comp. Polit. Stud. 40, 495-520.

Bonoli, G. , 2010. The political economy of active labour market policies. Polit. Soc. 38, 435-457.

Börsch-Supan, A. H. , 2012. Entitlement reforms in Europe: policy mixes in the current pension reformprocess: NBER Working Paper No. 18009.

Bourguignon, F. , Chakravarty, S. , 2003. The measurement of multidimensional poverty. J. Econ. Inequal. 1 (1), 25-49.

Bourguignon, F., Rogers, F. H., 2007. Distributional effects of educational improvements：are we using the wrong model? Econ. Educ. Rev. 26 (6), 735-746.

Bovenberg, L., van Ewijk, C., 2011. The future of multi-pillar pension systems：Netspar Discussion Papers DP 09/2011-079.

Bradshaw, J., 2010. An international perspective on child benefit packages. In：Kamerman, S., Phipps, S.,Ben-Arieh, A. (Eds.), From Child Welfare to Child Well-Being：An International Perspective on Knowledge in the Service of Policy Making. Springer, Berlin, pp. 293-307.

Bradshaw, J., Finch, N., 2002. A comparison of child benefit packages in 22 countries：Research Report 174. Department for Work and Pensions, Norwich.

Bradshaw, J., et al., 2008. A Minimum Income Standard for Britain. What People Think. Joseph Rowntree Foundation, York.

Brooks-Gunn, J., Duncan, G. J., Aber, J. L., 1997. Neighborhood Poverty. Context and Consequences for Children, vol. 1 Russell Sage Foundation, New York, NY.

Bruno, R., Rovelli, R., 2010. Labour market policies and outcomes in the enlarged EU. J. Common Market Stud. 48, 661-685.

Buhmann, B., Rainwater, L., Schmaus, G., Smeeding, T., 1987. Equivalence scales, well-being, inequalityand poverty：sensitivity estimates across ten countries using the Luxembourg income study (LIS) database. Rev. Income Wealth 34, 115-142.

Burniaux, J.-M., Mira d'Ercole, M., 2006. Labour market performance, income inequality and poverty in OECD countries：OECD Economics Department Working Paper 500. OECD, Paris.

Burniaux, J., Padrini, F., Brandt, N., 2006. Labour Market Performance, Income Inequality and Poverty in OECD Countries. OECD Economics Department Working Papers, No. 500, OECD Publishing.

Burniaux, J.-M., Dan, T.-T., Fore, D., Forster, M., Mira d'Ercole, M., Oxley, H., 1998. Income Distribution and Poverty in Selected OECD Countries：OECD Economics Department Working Paper 189. OECD, Paris.

Burtless, G., 2006. Poverty and inequality. In：Clark, G. L., Munell, A. H., Orszag, J. M. (Eds.), The Oxford Handbook of Pensions and Retirement Income. Oxford University Press, Oxford.

Burtless, G., 2009. Demographic transformation and economic inequality. In：Salverda, W., Nolan, B., Smeeding, T. M. (Eds.), The Oxford Handbook of Economic Inequality. Oxford University Press,Oxford.

Callan, T., Keane, C., 2009. Non-cash benefits and the distribution of economic welfare. Econ. Soc. Rev. 40 (1), 49-71.

Callan, T., Smeeding, T., Tsakloglou, P., 2008. Short-run distributional effects of public education transfers to tertiary education students in seven European countries. Educ. Econ. 16

(3), 275-288.

Callan, T., Nolan, B., Walsh, J., 2011. The economic crisis, public sector pay, and the income distribution. In: Immervoll, H., Peichl, A., Tatsiramos, K. (Eds.), In: Research on Labor Economics, vol. 32. Emerald, Bingley, pp. 207-225.

Caminada, K., Goudswaard, K., Wang, C., 2012. Disentangling income inequality and the redistributive effect of taxes and transfers in 20 LIS countries over time: LIS Working Paper Series Luxembourg Income Study (LIS) No. 581.

Cantillon, B., 2011. The paradox of the social investment state: growth, employment and poverty in the Lisbon era. J. Eur. Soc. Policy 21 (5), 432-449.

Cantillon, B., Marx, I., Van den Bosch, K., 2003. The puzzle of egalitarianism: the relationship between employment, wage inequality, social expenditure and poverty. Eur. J. Soc. Secur. 5 (2), 108-127.

Cantillon, B., Van Mechelen, N., Pintelon, O., van den Heede, A., 2014. Social redistribution, poverty and the adequacy of social protection in the EU. In: Cantillon, B., Vandenbroucke, F. (Eds.), Reconciling Work and Poverty Reduction: How Successful Are European Welfare States? Oxford University Press, Oxford, pp. 157-184.

Card, D., 1999. The causal effect of education on earnings. In: Ashenfelter, O., Card, D. (Eds.), In: Handbook of Labor Economics, vol. 3. Elsevier/North Holland, Amsterdam.

Card, D., Kluve, J., Weber, A., 2010. Active labor market policy evaluations: a meta-analysis. Econ. J. 120, F452-F477.

Card, D., Heining, J., Kline, P., 2013. Workplace heterogeneity and the rise of West German wage inequality. Q. J. Econ. 128 (3), 967-1015.

Carneiro, P., Heckman, J., 2003. Human capital policy. In: Heckman, J., Krueger, A. (Eds.), Inequality in America. MIT Press, Cambridge, MA.

CERC, 2004. Child Poverty in France. Conseil de L'Emploi, des Revenues et de la Cohesion Sociale, Paris.

Checchi, D., van de Werfhorst, H., Braga, M., Meschi, E., 2014. The policy response: education. In: Salverda, W., Nolan, B., Checchi, D., Marx, I., McKnight, A., Tóth, I., van de Werfhorst, H. (Eds.), Changing Inequalities and Societal Impacts in Rich Countries: Analytical and Comparative Perspectives. Oxford University Press, Oxford.

Chetty, R., 2009. Sufficient statistics for welfare analysis: a bridge between structural and reduced-form methods. Ann. Rev. Econ. 1 (1), 451-488.

Chetty, R., Friedman, J. N., Saez, E., 2013. Using differences in knowledge across neighborhoods touncover the impacts of the EITC on earnings: NBER Working Paper 18232.

Citro, C., Michael, R., 1995. Measuring Poverty: A New Approach. National Research Council, National Academy Press, Washington, DC.

Corak, M., 2001. Are the kids all right? Intergenerational mobility and child well-being in Canada: Analytical Studies Branch Research Paper Series 2001171e. Statistics Canada, Ottawa.

Corak, M., 2004. Generational income mobility in North America and Europe: an introduction. In: Corak, M. (Ed.), Generational Income Mobility in North America and Europe. Cambridge University Press, Cambridge.

Corak, M., Gustafsson, B., Osterberg, T., 2004. Intergenerational influences on the receipt of unemployment insurance in Canada and Sweden. In: Corak, M. (Ed.), Generational Income Mobility in North America and Europe. Cambridge University Press, Cambridge.

Corak, M., Lietz, C., Sutherland, H., 2005. The impact of tax and transfer systems on children in the European Union: IZA Discussion Paper 1589. Institute for the Study of Labor, Bonn.

Corcoran, M., 2001. Mobility, persistence, and the consequences of poverty for children: child and adult outcomes. In: Danziger, S., Haveman, R. (Eds.), Understanding Poverty. Russell Sage Foundation/Harvard University Press, Cambridge, MA.

Corluy, V., Vandenbroucke, F., 2013. Household joblessness. In: Cantillon, B., Vandenbroucke, F. (Eds.), Reconciling Work and Poverty Reduction. How Successful Are European Welfare States? Oxford University Press, Oxford.

Coulter, F., Cowell, F., Jenkins, S., 1992. Equivalence scale relativities and the extent of inequality and poverty. Econ. J. 102, 1067-1082.

Crettaz, E., 2011. Fighting Working Poverty in Post-Industrial Economies. Causes, Trade-Offs and Policy Solutions. Edward Elgar, Cheltenham, UK/Northampton, MA, USA.

Cunha, F., Heckman, J., 2007. The technology of skill formation. Am. Econ. Rev. 97 (2), 31-47.

Currie, J., 2001. Early childhood intervention programs. J. Econ. Perspect. 15 (2), 213-238.

Currie, J., Gahvari, F., 2008. Transfers in cash and in-kind: theory meets the data. J. Econ. Lit. 46 (2),333-383.

D'Addio, A.C., 2007. Intergenerational transmission of disadvantage: mobility or immobility across generations? A review of the evidence for OECD countries: Social, Employment and Migration Working Papers No. 52. OECD, Paris.

Dang, T.-T., Immervoll, H., Mantovani, D., Orsini, K., Sutherland, H., Dang, T.-T., ImmervoH, H., Mantovani, D., Orsini, K., Sutherland, H., 2006. An age perspective on economic well-being and social protection in nine OECD countries: IZA Discussion Papers 2173. Institute for the Study of Labor (IZA),Bonn.

Danziger, S., Waldfogel, J., 2000. Securing the Future: Investing in Children From Birth to College. Russell Sage Foundation, New York.

De Deken, J., Kittel, B., 2007. Social expenditure under scrutiny: the problems of using aggregate spending data for assessing welfare state dynamics. In: Clasen, J., Siegel, N. A. (Hg.), Investigating Welfare State Change: The "Dependent Variable Problem" in Comparative Analysis. Edward Elgar Publishing, Cheltenham, pp. 72-104.

De Graaf, N. D., de Graaf, P., Kraaykamp, G., 2000. Parental cultural capital and educational attainment in The Netherlands: a refinement of the cultural capital perspective. Soc. Educ. 73 (2), 92-111.

De Graaf-Zijl, M., Nolan, B., 2011. Household joblessness and its impact on poverty and deprivation in Europe. J. Eur. Soc. Policy 21 (5), 413-431.

Deacon, A., Bradshaw, J., 1983. Reserved for the Poor: The Means Test in British Social Policy. Robertson, Oxford.

Deaton, A., 2010. Instruments, randomization, and learning about development. J. Econ. Lit. 48, 424-455.

Deaton, A., Gourinchas, P.-O., Paxson, C., 2002. Social security and inequality over the life cycle. In: Feldstein, M., Leibman, J. (Eds.), The Distributional Effects of Social Security Reform. Chicago University Press for NBER, Chicago, pp. 115-148.

Dickens, R., Ellwood, D. T., 2003. Child poverty in Britain and the United States. Econ. J. 113 (488), F219-F239.

Digeldey, I., 2007. Between workfare and enablement—the different paths to transformation of the welfare state: a comparative analysis of activating labour market policies. Eur. J. Polit. Res. 46 (6), 823-851.

Dolls, M., Fuest, C., Peichl, A., 2011. Automatic stabilizers, economic crisis and income distribution in Europe. In: Immervoll, H., Peichl, A., Tatsiramo, K. (Eds.), Who Loses in the Downturn? Economic Crisis, Employment and Income Distribution. In: Research in Labor Economics, vol. 32. Emerald Group Publishing Limited, Bingley, pp. 227-255.

Dolls, M., Fuest, C., Peichl, A., 2012. Automatic stabilizers and economic crisis: US vs. Europe. J. Pub. Econ. 96, 279-294.

Duclos, J.-Y., Makdissi, P., 2005. Sequential stochastic dominance and the robustness of poverty orderings. Rev. Income Wealth 51 (1), 63-87.

Duncan, G. J., Brooks-Gunn, J., 1997. Consequences of Growing Up Poor. Russell Sage Foundation, New York.

Duncan, G., Gustafsson, B., Hauser, R., Schmaus, G., Messinger, H., Muffels, R., Nolan, B., Ray, J.-C., 1993. Poverty dynamics in eight countries. J. Popul. Econ. 6 (3), 215-234.

Duncan, G. J., Brooks-Gunn, J., Klebanov, P. K., 1994. Economic deprivation and early childhood development. Child Dev. 65 (2), 296-318.

Duncan, G. J. , Yeung, W. J. , Brooks-Gunn, J. , Smith, J. R. , 1998. How much does childhood poverty affect the life chances of children? Am. Soc. Rev. 63, 406-423.

Eichhorst, W. , Gienberger-Zingerle, M. , Konle-Seidl, R. , 2008. Activation policies in Germany: from status protection to basic income support. In: Eichhors, O. , Kaufmann, O. , Konle-Seidl, R. (Eds.) , Bringing the Jobless into Work? Experiences with Activation Schemes in Europe and the US. Springer, Berlin.

Eissa, N. , Hoynes, H. , 2004. Taxes and the labor market participation of married couples: the earned incometax credit. J. Public Econ. 88 (9-10), 1931-1958.

Erikson, R. , 1993. Descriptions in inequality: the Swedish approach to welfare research. In: Nussbaum, M. C. , Sen, A. (Eds.) , The Quality of Life. Clarendon Press, Oxford.

Esping-Andersen, G. , 1990. The Three Worlds of Welfare Capitalism. Polity Press, Cambridge, UK.

Esping-Andersen, G. , 1999. Social Foundations of Postindustrial Economies. Oxford University Press, Oxford.

Esping-Andersen, G. , 2004a. Unequal opportunities and the mechanisms of social inheritance. In: Corak, M. (Ed.) , Generational Income Mobility in North America and Europe. Cambridge University Press, Cambridge.

Esping-Andersen, G. , 2004b. Untying the Gordian knot of social inheritance. Res. Soc. Stratif. Mobil. 21, 115-139.

Esping-Andersen, G. , 2007. Sociological explanations of changing income distributions. Am. Behav. Sci. 50 (5), 639-658.

Esping-Andersen, G. , 2009. The Incomplete Revolution: Adapting to Women's New Roles. Polity Press, Cambridge.

Esping-Andersen, G. , Wagner, S. , 2010. Asymmetries in the opportunity structure: intergenerational mobility trends in Scandinavia and Continental Europe: Department of Sociology Working Paper. UPF, Barcelona.

Esping-Andersen, G. , Gallie, D. , Hemerijck, A. , Myles, J. , 2002. Why We Need a New Welfare State. Oxford University Press, Oxford.

EU Commission, 2013. Communication from the Commission: Towards Social Investment for Growthand Cohesion—including implementing the European Social Fund 2014-2020. COM(2013) 83 final, European Commission, Brussels.

European Commission, 2008. Employment in Europe. Publications Office of the European Communities, Luxembourg.

European Union, 2013. Social Investment Package. European Union, Brussels.

Eurostat, 2005. Material Deprivation in the EU, Statistics in Focus, Population and Social Conditions, 21/2005. Statistical Office of the European Communities, Luxembourg.

Ferrarini, T., Nelson, K., 2003. Taxation of social insurance and redistribution: a comparative analysis of ten welfare states. J. Eur. Soc. Policy 13 (1), 21-33.

Ferrera, M., 1996. The 'southern model' of welfare in social Europe. J. Eur. Soc. Policy 6 (1), 17-37.

Figari, F., Sutherland, H., 2013. EUROMOD: the European Union tax-benefit microsimulation model. J. Microsimul. 6 (1), 4-26.

Figari, F., Salvatori, A., Sutherland, H., 2011. Economic downturn and stress testing European welfare systems. In: Immervoll, H., Peichl, A., Tatsiramos, K. (Eds.), Who Loses in the Downturn? Economic Crisis, Employment and Income Distribution. In: Research in Labor Economics, vol. 32. Emerald Group Publishing Limited, Bingley, pp. 257-286.

Forster, M., Mira d'Ercole, M., 2005. Income Distribution and Poverty in OECD Countries in the Second Half of the 1990s: OECD Social Employment and Migration Working Papers No. 22. OECD, Paris.

Förster, M., Pearson, M., 2002. Income distribution and poverty in the OECD area: trends and drivingforces. OECD Econ. Stud. 34, 7-39.

Föster, J., Greer, W.J., Thorbecke, E., 1984. A class of decomposable poverty indices. Econometrica 52, 761-766.

Fouarge, D., Layte, R., 2005. Welfare regimes and poverty dynamics: the duration and recurrence of poverty spells in Europe. J. Soc. Policy 34, 1-20.

Fraser, N., Gutierrez, R., Pefia-Casas, R., 2011. Working Poverty in Europe: A Comparative Approach. Palgrave Macmillan, Basingstoke.

Freeman, R., 1998. War of the models: which labour market institutions for the 21st century? Labour Econ. 5, 1-24.

Freeman, R., 2008. Globalization and inequality. In: Salverda, W., Nolan, B., Smeeding, T. (Eds.), The Oxford Handbook of Economic Inequality. Oxford University Press, Oxford.

Fritzell, J., Ritakallio, V.-M., 2004. Societal shifts and changed patterns of poverty: Luxembourg Income Study Working Paper No. 393. LIS, Luxembourg.

Garfinkel, I., Rainwater, L., Smeeding, T., 2006. Wealth and Welfare States: Is America a Laggard or Leader? Oxford University Press, Oxford.

Gassmann, F., Notten, G., 2008. Size matters: poverty reduction effects of means-tested and universal child benefits in Russia. Eur. J. Soc. Policy 18 (3), 260-274.

Giannelli, G.C., Jaenichen, U., Rothe, T., 2013. Doing Well in Reforming the Labour Market? Recent Trends in Job Stability and Wages in Germany: IZA Discussion Paper No. 7580. Institute for the Study of Labor, Bonn.

Goedeme, T., 2013. How much confidence can we have in EU-SILC? Complex sample designs and the standard error of the Europe 2020 poverty indicators. Soc. Indic. Res. 110 (1),

89-110.

Gottschalk, P., Smeeding, T., 1997. Cross-national comparisons of earnings and income inequality. J. Econ. Lit. XXXV, 633-687.

Gottschalk, P., McLanahan, S. S., Sandefur, G. D., 1994. The dynamics and intergenerational transmission of poverty and welfare participation. In: Danziger, S. D., Sandefur, G. D., Weinberg, D. H. (Eds.), Confronting Poverty: Prescription for Change. Harvard University Press, Cambridge.

Gregg, P., Harkness, S., Machin, S., 1999. Child Development and Family Income. Joseph Rowntree Foundation, York.

Grogger, J., 2003. The effects of time limits, the EITC, and other policy changes on welfare use, work, and income among female-headed families. Rev. Econ. Stat. 85 (2), 394-408.

Grogger, J., 2004. Welfare transitions in the 1990s: the economy, welfare policy, and the EITC. J. Policy Anal. Manage. 23 (4), 671-695.

Guio, A. -C., 2009. What can be learned from deprivation indicators in Europe?: Eurostat Methodologies and Working Paper. Eurostat, Luxembourg.

Guio, A. -C., Maquet, E., 2007. Material deprivation and poor housing. Comparative EU Statistics on Income and Living Conditions: Issues and Challenge. Office for Official Publications of the European Communities, Eurostat, Luxembourg.

Hanushek, E., Woessmann, L., 2006. Does educational tracking affect performance and inequality? Differences-in-differences evidence across countries. Econ. J. 116 (510), C63-C76, 03.

Harding, A., Warren, N., Lloyd, R., 2006. Moving beyond traditional cash measures of economic well-being: including indirect benefits and indirect taxes: NATSEM Discussion Papers, Issue61/2006. NATSEM, Canberra.

Heckman, J. J., 2010. Building bridges between structural and program evaluation approaches to evaluating policy. J. Econ. Lit. 48 (2), 356-398.

Heckman, J., Lochner, L., 2000. Rethinking education and training policy. In: Danziger, S., Waldfogel, J. (Eds.), Securing the Future. Russell Sage Foundation, New York.

Heckman, J. J., Urzua, S., 2010. Comparing IV with structural models: what simple IV can and cannot identify. J. Econ. 156 (1), 27-37.

Heckman, J., Lalonde, R., Smith, J., 1999. The economics and econometrics of active labor market programs. In: Ashenfelter, O., Car, D. (Eds.), In: Handbook of Labour Economics, vol. 3. Elsevier/North Holland.

Hemerijck, A., Vandenbroucke, F., 2012. Social investment and the euro crisis: the necessity of a unifying social policy concept. Intereconomics 47 (4), 200-206.

Hills, J., 2002. Comprehensibility and balance: the case for putting indicators in baskets.

Polit. Econ. 1, 95-98.

Holt, S., 2011. Ten Years of the EITC Movement: Making Work Pay Then and Now. Brookings Metropolitan Policy Program, Washington, DC.

Holzmann, R., Hinz, R., 2005. Old-Age Income Support in the 21st Century: The World Bank's Perspective on Pension Systems and Reform. The World Bank, Washington, DC.

Hotz, V. J., Scholz, J. K., 2003. The earned income tax credit. In: Moffit, R. (Ed.), Means-Tested Transfer Programs in the U. S. University of Chicago Press, Chicago, IL.

Hoynes, H., Page, M., Stevens, A., 2006. Poverty in America: trends and explanations. J. Econ. Perspect. 20, 47-68.

Imbens, G., 2010. Better LATE than nothing: some comments on Deaton (2009) and Heckman and Urzua(2009). J. Econ. Lit. 48 (2), 399-423.

Immervoll, H., 2012. Minimum-income benefits in OECD countries: policy design, effectiveness and challenges. In: Besharov, D., Couch, K. (Eds.), Measuring Poverty, Income Inequality, and Social Exclusion. Lessons from Europe. Oxford University Press, Oxford.

Immervoll, H., Jacobsen Kleven, H., Thustrup Kreiner, C., Saez, E., 2007. Welfare reform in European countries: a microsimulation analysis. Econ. J. 117 (516), 1-44.

Immervoll, H., Pearson, M., 2009. A good time for making work pay? Taking stock of in-work benefits and related measures across the OECD: OECD Social, Employment and Migration Working Papers No. 81. OECD, Paris.

Immervoll, H., Richardson, L., 2011. Redistribution policy and inequality reduction in OECD countries: what has changed in two decades? IZA Discussion Papers 6030. Institute for the Study of Labor (IZA).

Immervoll, H., Levy, H., Lietz, D., Mantovani, D., Sutherland, H., 2006. The sensitivity of poverty rates in the European Union to macro-level changes. Cambridge J. Econ. 30, 181-199.

Jäntti, M., Danziger, S., 2000. Income poverty in advanced countries. In: Atkinson, A. B., Bourguignon, F. (Eds.), Handbook of Income Distribution. Elsevier, Amsterdam.

Jäntti, M., Bratsberg, B., Roed, K., Raaum, O., Naylor, R., Osterbacka, E., Bjorklund, A., Eriksson, T., 2006. American exceptionalism in a new light: a comparison of intergenerational earnings mobility in the Nordic countries, the United Kingdom and the United States: IZA Discussion Paper No. 1938. Institute for the Study of Labor, Bonn.

Jenkins, S. P., Brandolini, A., Micklewright, J., Nolan, B., 2013. The Great Recession and the Distribution of Household Income. Oxford University Press, Oxford.

Jones, A., O'Donnell, O., 1995. Equivalence scales and the costs of disability. J. Public Econ. 56 (2), 273-289.

Kangas, O., 1995. Attitudes to means-tested social benefits in Finland. Acta Sociol. 38, 299-

310.

Kaplanoglou, G., Rapanos, V., Bardakas, I., 2013. Does fairness matter for the success of fiscal consolidation?: Working Paper, Available at SSRN: http://ssrn. com/abstract = 2267831 or http://dx. doi. org/10. 2139/ssrn. 2267831.

Karoly, L., Kilburn, R., Cannon, J., 2005. Early Childhood Interventions. Rand Corporation, Santa Monica, CA.

Kenworthy, L., 2004. Egalitarian Capitalism? Jobs, Incomes and Inequality in Affluent Countries. Russell Sage Foundation, New York.

Kenworthy, L., 2008. Jobs with Equality. Oxford University Press, Oxford.

Kenworthy, L., 2011. Progress for the Poor. Oxford University Press, Oxford.

Kluve, J., 2010. The effectiveness of European active labor market programs. Labour Econ. 17 (6), 904-918.

Korpi, W., Palme, J., 1998. The paradox of redistribution and strategies of equality: welfare state institutions, inequality, and poverty in the western countries. Am. Sociol. Rev. 63 (5), 661-687.

Kraus, M., 2004. Social security strategies and redistributive effects in European social transfer systems. Rev. Income Wealth 50 (3), 431-457.

Kronauer, M., 1998. 'Social Exclusion' and 'Underclass'—new concepts for the analysis of poverty. In: Andre β, H. -J. (Ed.), Empirical Poverty Research in Comparative Perspective. Ashgate, Aldershot.

Lampman, R., 1971. Ends and Means of Reducing Income Poverty. Markham, Chicago.

Lane, P. R., Milesi-Ferretti, G. M., 2012. External adjustment and the global crisis. J. Int. Econ. 88 (2), 252-265, Elsevier.

Layte, R., Whelan, C. T., 2002. Cumulative disadvantage or individualization: a comparative analysis of poverty risk and incidence. Eur. Soc. 4 (2), 209-223.

Lefebvre, M., 2007. The redistributive effects of pension systems in Europe: a survey of evidence: LIS Working Paper Series. Luxembourg Income Study (LIS) No. 457.

Leigh, A., 2010. Who benefits from the earned income tax credit? Incidence among recipients, coworkers and firms. B. E. J. Econ. Anal. Policy, 10 (1), Berkeley Electronic Press.

Levine, R. A., Watts, H., Hollister, R., Williams, W., O'Connor, A., Widerquist, K., 2005. A retrospective on the negative income tax experiments: looking back at the most innovative field studies in social policy. In: Widerquist, K. (Ed.), The Ethics and Economics of the Basic Income Guarantee. Ashgate, Aldershot.

Liebman, J. B., 2002. Redistribution in the current U. S. social security system. In: Feldstein, M., Liebman, J. B. (Eds.), The Distributional Aspects of Social Security and Social Security Reform. University of Chicago Press, Chicago.

Lohmann, H., 2009. Welfare states, labour market institutions and the working poor: a comparative analysis of 20 European countries. Eur. Soc. Rev. 25 (4), 26.

Lupton, R., 2003. Neighbourhood Effects: Can We Measure Them and Does It Matter?: CASE Paper 73. Centre for the Analysis of Social Exclusion, London School of Economics, London.

Machin, S., 2008. Education and inequality. In: Salverda, W., Nolan, B., Smeeding, T. (Eds.), The Oxford Handbook of Economic Inequality. Oxford University Press, Oxford.

Mahler, V. A., Jesuit, D. K., September, 2006. Fiscal redistribution in the developed countries: new insights from the Luxembourg Income Study. Soc. Econ. Rev. 4, 483-511.

Maitre, B., Nolan, B., Whelan, C. T., 2012. Low Pay, In-Work Poverty and Economic Vulnerability: A Comparative Analysis Using EU-SILC. Manchester School 80 (1), 99-116.

Marchal, S., Marx, I., Van Mechelen, N., 2014. The great-wake up call? Social citizenship and minimum income provisions in times of crisis. J. Soc. Policy 43 (2), 247-267.

Marical, F., Mira d'Ercole, M., Vaalavuo, M., Verbist, G., 2006. Publicly-Provided Services and the Distribution of Resources. OECD Social, Employment and Migration Working Papers No. 45, OECD, Paris.

Marical, F., Mira d'Ercole, M., Vaalavuo, M., Verbist, G., 2008. Publicly-provided services and the distribution of households' economics resources. OECD Econ. Stud. 44 (1), 9-47.

Marlier, E., Atkinson, A. B., Cantillon, B., Nolan, B., 2007. The EU and Social Inclusion: Facing the Challenges. Policy Press, Bristol.

Marx, I., Nelson, K., 2013. Minimum Income Protection in Flux. Palgrave Macmillan, Basingstoke.

Marx, I., Nolan, B., 2013. In-work poverty. In: Cantillon, B., Vandenbroucke, F. (Eds.), Reconciling Work and Poverty Reduction: How Successful Are European Welfare States? Oxford University Press, Oxford.

Marx, I., Vanhille, J., Verbist, G., 2012a. Combating in-work poverty in continental Europe: an investigation using the Belgian case. J. Soc. Policy 41 (1), 19-41.

Marx, I., Vandenbroucke, P., Verbist, G., 2012b. Will rising employment levels bring lower poverty: regression based simulations of the Europe 2020 target. J. Eur. Soc. Policy 22 (5), 472-486.

Marx, I., Marchal, S., Nolan, B., 2013a. Mind the gap: net incomes of minimum wage workers in the EU and the US. In: Marx, I., Nelson, K. (Eds.), Minimum Income Protection in the Flux. Palgrave MacMillan, Basingstoke.

Marx, I., Salanauskaite, L., Verbist, G., 2013b. The paradox of redistribution revisited, and that it may rest inpeace?: IZA Discussion Paper Series, vol. 7414. Institute for the Study of Labor, Bonn.

Matsaganis, M. , Leventi, C. , 2013. The distributional impact of the Greek crisis in 2010. Fisc. Stud. 34 (1) ,83-108.

Matsaganis, M. , et al. , 2005. Child poverty and family transfers in Southern Europe: IZA Discussion Paper Series, No. 1509. Institute for the Study of Labor, Bonn.

Maurin, E. , 2002. The impact of parental income on early school transitions. J. Public Econ. 85 (3) , 301-332.

Mayer, S. , 1997. What Money Can't Buy. Harvard University Press, Cambridge, MA.

Mayer, S. , Lopoo, L. , 2008. Government spending and intergenerational mobility. J. Public Econ. 92 (1-2) ,139-158.

McCarty, N. , Pontusson, J. , 2009. The political economy of inequality and redistribution. In: Salverda, W. , Nolan, B. , Smeeding, T. (Eds.), The Oxford Handbook of Economic Inequality. Oxford University Press, Oxford, 2008.

McGarry, K. , Davenport, A. , 1998. Pensions and the distribution of wealth. In: Wise, D. A. (Ed.), Frontiers in the Economics of Aging. University of Chicago Press, Chicago.

McLanahan, S. , Sandefur, G. , 1994. Growing Up with a Single Parent. Harvard University Press, Cambridge.

Medgyesi, M. , Temesvary Z. , 2013. Conditional cash transfers in high-income OECD countries and their effects on human capital accumulation. GINI Discussion Paper # 84, Amsterdam.

Meyer, D. , Wallace, G. , 2009. Poverty levels and trends in comparative perspective. Focus 26 (2) , 7-13,Madison: Institute for Research on Poverty.

Mincer, J. , 1958. Investment in human capital and personal income distribution. J. Polit. Econ. 66 (4) ,281-302.

Moene, K. , Wallerstein, M. , 2001. Inequality, social insurance and redistribution. Am. Polit. Sci. Rev. 95 (4) , 859-874.

Moene, K. , Wallerstein, M. , 2003. Earnings inequality and welfare spending: a disaggregated analysis. World Polit. 55 (4) , 485-516.

Moffit, R. , 1989. Estimating the value of an in-kind transfer: the case of food stamps. Econometrica 57 (2) ,385-409.

Moller, S. , Huber, E. , Stephens, J. , Bradley, D. , Nielsen, F. , 2003. Determinants of relative poverty inadvanced capitalist democracies. Am. Sociol. Rev. 68 (1) , 22-51.

Morel, N. , Palier, B. , Palme, J. , 2011. Towards a Social Investment Welfare State? Ideas, Policies and Challenges. Policy Press, Bristol.

Myles, J. , 2000. Poverty indices and poverty analysis. Rev. Income Wealth 46, 161-179.

Nelson, K. , 2004. Mechanisms of poverty alleviation: anti-poverty effects of non-means tested and means-tested benefits in five welfare states. J. Eur. Soc. Policy 14 (1) , 371-390.

Nelson, K., 2007. Universalism versus targeting: the vulnerability of social insurance and means-tested minimum income protection in 18 countries, 1990-2002. Int. Soc. Sec. Rev. 60, 33-58.

Nolan, B., 2013. What use is social investment? J. Eur. Soc. Policy 23 (5), 459-468.

Nolan, B., Marx, I., 2000. Low pay and household poverty. In: Gregory, M., Salverda, W., Bazen, S. (Eds.), Labour Market Inequalities: Problems and Policies of Low-Wage Employment in International Perspective. Oxford University Press, Oxford, pp. 100-119.

Nolan, B., Marx, I., 2009. Inequality, poverty and social exclusion. In: Salverda, W., Nolan, B., Smeeding, T. (Eds.), Oxford Handbook of Economic Inequality. Oxford University Press, Oxford.

Nolan, B., Russell, H., 2001. Non-Cash Benefits and Poverty in Ireland: Policy Research Series Paper No. 39. The Economic and Social Research Institute, Dublin.

Nolan, B., Whelan, C. T., 1996. Resources, Deprivation and Poverty. Clarendon Press, Oxford.

Nolan, B., Whelan, C. T., 2010. Using non-monetary deprivation indicators to analyze poverty and social exclusion: lessons from Europe? J. Policy Anal. Manage. 29 (2), 305-325.

Nolan, B., Whelan, C. T., 2011. Poverty and Deprivation in Europe. Oxford University Press, Oxford.

Nolan, B., Esping-Andersen, G., Whelan, C. T., Maitre, B., Wagner, S., 2011. The role of social institutions in intergenerational mobility. In: Erikson, R., Jantti, M., Smeeding, T. (Eds.), Persistence, Privilege, Policy and Parenting: The Comparative Study of Intergenerational Mobility. Russell Sage Foundation, New York.

OECD, 2001. When Money is Tight: Poverty Dynamics in OECD Countries. Chapter 3 of Economic Outlook, OECD, Paris.

OECD, 2005. Labour Market Programmes and Activation Strategies: Evaluating the Impacts: OECD Employment Outlook 2005. OECD, Paris (Chapter 4).

OECD, 2007a. Benefits and Wages. OECD, Paris.

OECD, 2007b. Activating the Unemployed: What Countries Do: OECD Employment Outlook 2007. OECD, Paris (Chapter 5).

OECD, 2008. Growing Unequal: Income Distribution and Poverty in OECD Countries. OECD, Paris.

OECD, 2009. Employment Outlook: Tackling the Jobs Crisis: Is Work the Best Antidote to Poverty? OECD, Paris, pp. 165-210 (Chapter 3).

OECD, 2011a. Divided We Stand. Why Inequality Is Rising. OECD, Paris.

OECD, 2011b. Pensions at a Glance 2011. Retirement Income Systems in OECD and G20 Countries. OECD, Paris.

OECD, 2013. Activating Jobseekers: Lessons from Seven OECD Countries: OECD

Employment Outlook 2013. OECD, Paris.

Olivera, J., 2012. Preferences for Redistribution in Europe: Working Papers 2012/25. Geary Institute, University College Dublin.

Page, M. E., 2004. New evidence on the intergenerational correlation in welfare participation. In: Corak, M. (Ed.), Generational Income Mobility in North America and Europe. Cambridge University Press, pp. 226-244.

Paulus, A., Sutherland, H., Tsakloglou, P., 2010. The distributional impact of in-kind public benefits in European countries. J. Policy Anal. Manage. 29 (2), 243-266.

Pestieau, P., 2006. The Welfare State in the European Union. Oxford University Press, Oxford.

Piketty, T., 2003. The impact of divorce on school performance. Evidence from France, 1968-2002: CEPR Discussion Paper 4146. CEPR, London.

Raaum, O., Salvanes, K., Sørensen, E., 2003. The impact of a primary school reform on educational stratification: a Norwegian study of neighbour and school mate correlations. Swedish Econ. Policy Rev. 10 (2), 143-169.

Raaum, O., Bratsberg, B., Røed, K., Österbacka, E., Eriksson, T., Jäntti, M., Naylor, R., 2007. Maritalsorting, household labor supply, and intergenerational earnings mobility across countries. B. E. J. Econ. Anal. Policy 7 (2) (Article 7).

Rothstein, J., 2010. Is the EITC as good as an NIT? Conditional cash transfers and tax incidence. Am. Econ. J. Econ. Policy 2 (1), 177-208.

Sanbonmatsu, L., Kling, J., Duncan, G., Brooks-Gunne, J., 2006. Neighborhoods and academic achievement: results from the moving to opportunity experiment. J. Hum. Res. 41 (4), 649-691.

Schutz, G., Ursprung, H., Woessmann, L., 2005. Education policy and equality of opportunity: IZA Discussion Paper No. 1906. Institute for the Study of Labor, Bonn.

Sen, A., 1976. Poverty: an ordinal approach to measurement. Econometrica 44, 219-231.

Sen, A., 1980. Equality of what. In: McMurrin, S. M. (Ed.), Tanner Lectures in Human Values I. Cambridge University Press, Cambridge.

Sen, A., 1993. Capability and well-being. In: Nussbaum, M., Sen, A. (Eds.), The Quality of Life. Oxford University Press, Oxford.

Sigle-Rushton, W., 2004. Intergenerational and life-course transmission of social exclusion in the 1970 British Cohort Study: Centre for Analysis of Social Exclusion Discussion Paper No. 78. London School of Economics and Political Science, London.

Skocpol, T., 1991. Targeting within universalism: politically viable policies to combat poverty in the United States. In: Jencks, C., Peterson, P. E. (Eds.), The Urban Underclass. The Brookings Institution, Washington, DC, pp. 411-436.

Smeeding, T., Sandstrom, S., 2005. Poverty and income maintenance in old age: a cross-national view of low income older women. Fem. Econ. 11 (2), 163-174.

Smeeding, T., Thompson, J., 2013. Inequality and Poverty in the United States: the Aftermath of the Great Recession, Finance and Economics Discussion Series 2013-51. Federal Reserve Board, Washington.

Smeeding, T., Williamson, J., 2001. Income maintenance in old age: what can be learned from cross-national comparisons: LIS Working Paper No. 263. Luxembourg Income Study, Luxembourg.

Smeeding, T. M., Saunders, P., Coder, J., Jenkins, S. P., Fritzell, J., Hagenaars, A. J. M., Hauser, R., Wolfson, M., 1993. Poverty, inequality, and family living standards impacts across seven nations: the effect of noncash subsidies for health, education, and housing. Rev. Income Wealth 39, 229-256.

Solon, G., Page, M., Duncan, G., 2000. Correlations between neighboring children in their subsequent educational attainment. Rev. Econ. Stat. 82 (3), 383-392.

Tóth, I., 2014. Revisiting grand narratives of growing inequalities: lessons from 30 country studies. In: Nolan, B., Salverda, W., Checchi, D., Marx, I., McKnight, A., T6th, I. G., van de Werfhorst, H. (Eds.), Changing Inequalities and Societal Impacts in Rich Countries: Thirty Countries' Experiences. Oxford University Press, Oxford.

Townsend, P., 1979. Poverty in the United Kingdom. Penguin, Harmondsworth.

Tsakloglou, P., Papadopoulos, F., 2002. Aggregate level and determining factors of social exclusion in twelve European countries. J. Eur. Soc. Policy 12 (3), 209-223.

Tsui, K., 2002. Multidimensional poverty indices. Soc. Choice Welfare 19, 69-93.

UNICEF, 2007. Child poverty in perspective: an overview of child well-being in rich countries: Innocenti Report Card 7. UNICEF, Florence, Italy.

US Census Bureau, 2003. Dynamics of Economic Well-Being: Poverty 1996-1999. US Census Bureau, Washington, DC.

Valletta, R., 2006. The ins and outs of poverty in advanced economies: government policy and poverty dynamics in Canada, Germany, Great Britain, and the United States. Rev. Income Wealth 52, 261-284.

van Kersbergen, K., Hemerijck, A., 2012. Two decades of change in Europe: the emergence of the social investment state. J. Soc. Policy 41, 475-492.

Van Lancker, W., Ghysels, J., 2012. Who benefits? The social distribution of subsidized childcare in Sweden and Flanders. Acta Sociol. 55, 125-142.

Van Mechelen, N., Bradshaw, J., 2013. Child poverty as a government priority: child benefit packages forworking families, 1992-2009. In: Marx, I., Nelson, K. (Eds.), Minimum Income Protection in Flux. Palgrave Macmillan, Basingstoke.

Van Mechelen, N. , Marchal, S. , Goedeme, T. , Marx, I. , Cantillon, B. , 2011. The CSB Minimum Income Protection Indicators dataset (CSB-MIPI). CSB Working Paper, Herman Deleeck Centre for Social Policy, Antwerp.

Van Mechelen, N. , Marchal, S. , 2013. Struggle for life: social assistance benefits, 1992-2009. In: Marx, I. , Nelson, K. (Eds.), Minimum Income Protection in Flux. Palgrave Macmillan, Basingstoke.

Van Oorschot, W. , 2002. Targeting welfare: on the functions and dysfunctions of means-testing in social policy. In: Townsend, P. , Gordo, D. (Eds.), World Poverty: New Policies to Defeat an Old Enemy. The Policy Press, Bristol.

Van Vliet, O. , Been, J. , Caminada, K. , Goudswaard, K. , 2012. Pension reform and income inequality among older people in 15 European countries. Int. J. Soc. Welf. 21, S8-S29.

Vandenbroucke, F. , Vleminckx, K. , 2011. Disappointing poverty trends: is the social investment state toblame? J. Eur. Soc. Policy 21, 432-449.

Vandenbroucke, F. , Hemerijck, A. , Palier, B. , 2011. The EU Needs a Social Investment Pact: OSE Paper Series, Opinion Paper No. 5. Observatoire Social Europeene, Brussels.

Vandenbroucke, F. , Cantillon, B. , Van Mechelen, N. , Goedeme, T. , Van Lancker, A. , 2013. The EU and minimum income protection: clarifying the policy conundrum. In: Marx, I. , Nelson, K. (Eds.),Minimum Income Protection in Flux. Palgrave MacMillan, Basingstoke.

Verbist, G. , 2004. Redistributive effect and progressivity of income taxes: an international comparison acrossthe EU using EUROMOD: EUROMOD Working Paper EM5/04. Microsimulation Unit,Cambridge University, Cambridge.

Verbist, G. , Figari, F. , 2014. The redistributive effect and progressivity of taxes revisited: an international comparison across the European Union. FinanzArchiv 70, 1-25.

Vignoli, D. , De Santis, G. , 2010. Individual and contextual correlates of economic difficulties in old age in Europe. Popul. Res. Policy Rev. 29, 481-501.

Waldfogel, J. , 2006. What Children Need. Harvard University Press, Cambridge, MA.

Whelan, C. T. , Maître, B. , 2010. Welfare regime and social class variation in poverty and economic vulnerability in Europe: an analysis of EU-SILC. J. Eur. Soc. Policy 20 (4), 316-332.

Whelan, C. T. , Layte, R. , Maître, B. , Nolan, B. , 2001. Income, deprivation and economic strain: an analysis of the European community household panel. Eur. Soc. Rev. 17 (4), 357-372.

Whelan, C. T. , Layte, R. , Maître, B. , 2003. Persistent income poverty and deprivation in the European Union. J. Soc. Policy 32 (1), 1-18.

Whelan, C. T. , Nolan, B. , Maître, B. , 2013. Analysing intergenerational influences on income poverty and economic vulnerability with EU-SILC. Eur. Soc. 15 (1), 82-105.

Whiteford, P. , 2008. How much redistribution do governments achieve? The role of cash transfers and household taxes. In: OECD (Ed.), Growing Unequal? OECD, Paris.

Whiteford, P., Adema, W., 2007. What works best in reducing child poverty: a benefit or work strategy?: OECD Social Employment and Migration Working Papers, No. 51. OECD, Paris.

Wilson, W.J., 1987. The Truly Disadvantaged: The Inner City, The Underclass and Public Policy. University of Chicago Press, Chicago.

Wolff, E., Zacharias, A., 2007. The distributional consequences of government spending and taxation in the U.S., 1989 and 2000. Rev. Income Wealth 53 (4), 692-715.

Zaidi, A., Burchardt, T., 2005. Comparing incomes when needs differ: equivalization for the extra costs of disability in the U.K. Rev. Income Wealth 51 (1), 89-114.

Zaidi, A., Makovec, M., Fuchs, M., Lipszyc, B., Lelkes, O., Grech, A., Marin, B., de Vos, K., 2006a. Poverty of elderly people in EU 25: Report submitted to the European Commission. European Centre for Social Welfare Policy and Research, Vienna.

Zaidi, A., Marin, B., Fuchs, M., 2006b. Pension policy in EU 25 and its possible impact on elderly povertyand appendices: Report Submitted to the European Commission. European Centre for Social Welfare Policy and Research, Vienna.

Zheng, B., 2000. Poverty orderings. J. Econ. Surv. 14, 427-466.

第 23 章 微观模拟与政策分析

弗朗切斯科·菲加里 (Francesco Figari) [*,†],

阿拉里·保卢斯 (Alari Paulus) [†], 霍莉·萨瑟兰 (Holly Sutherland) [†]

[*] 英苏布里亚大学 (University of Insubria), 意大利瓦雷泽市
[†] 埃塞克斯大学社会经济研究所 (ISER), 英国科尔切斯特市

目 录

摘要:我们概述了微观模拟方法在评估政策对收入分配影响方面的应用,关注税收—福利政策的作用,并回顾微观模拟的概念,分析微观模拟在一般情况下如何有助于分析收入分配,以及在特殊情况下如何有助于政策评估,分析这种方法的主要挑战和局限性以及未来发展的方向。

关键词:微观模拟模型;收入分配;税收—福利政策

JEL 分类代码:C81, D31, H30, I30

23.1 引言与概述

23.1.1 何为微观模拟

微观模拟方法越来越多地被用于评估政策对收入分配的影响。微观模拟是指各种各样的建模技术在个别单位(例如人员、公司或交通工具)层面上运作,将规则运用于模拟状态或行为的变化。这些规则可能是决定性的或随机的,其结果是估计应用这些规则的结果,可能涉及许多互动的多个步骤。这些估计也处于微观水平,可以分析结果的分布和变化,也可以计算任何相关的总量。①

在社会科学领域,盖·奥尔卡特(Guy Orcutt)及其同事于 20 世纪 50 年代开创了微观模拟模型,将其作为分析社会和经济政策影响的新方法,说明了被研究微观单元的特征和行为(Orcutt,1957;Orcutt et al.,1961)。微观模拟通常应用于一些与公共政策相关的领域,如交通、公共服务和商业开发选址规划、医疗和长期护理需求。② 这里考虑的微观模拟方法主要是解决与税收—福利政策对收入分配的影响有关的问题。模拟社会和财政政策对住户收入影响的模型于 20 世纪 80 年代被首次提出,也是从那时起开始能够获取来自住户调查的微观数据以及相关计算能力等必要的资料。

早期的税收—福利微观模拟模型是算术性的,重新计算在不同的政策集合下具有代表性的微观数据集中每个住户可支配收入的组成部分(通常为现金福利、直接税收、社会捐款),可以回答有关特定的政策改革如何影响每个住户的收入,进而影响总体收入分配和总公共预算的假设性问题。早期的一些研究包括 Atkinson 等(1983)和 Betson 等(1982),他们研究的这些模型也可用于计算集约边际的工作激励指标(Atkinson and Sutherland,1989;Bourguignon et al.,1993)。从那时起,这种"静态"模型方法不仅激增,而且在数据可用性、方法论、速度、可利用的计算能力以及政策制定和政策分析的相关需求等方面的进步推动下,在多个方面得到了改进。

微观模拟模型一般分为"静态""动态""行为"三种类型(见 Harding,1996a)。静态微观模拟模型只是将决定性的政策规则应用于微观数据,并与数据调整相结合,如对数据重新加权,而微观单元的特征保持不变。在动态模拟模型中,微观单元随时间的推移而"增长",根据自然过程以及相关事件和过渡的可能性改变其特征(Li and O'Donoghue,2013)。行为微观模拟模型利用个人偏好的微观经济计量模型来估计政策变化对行为的影响,通常就劳动力供给而言。在实践中,各个模型的区别不再有用,因为现代微观模拟分析通常会根据正在处理的问题结合每种类型的元素。例如,劳动力供给模型要求计算个人的预算集(不同劳动力供给情景下的住户收入),而预算集通常由静态税收—福利模型产生。行为反应以及静态计算与动态微观模拟相关,为了模拟在各种经济环境下政策变化的影响,所谓的静态模型可能会借用动态模型方法论的元素。同样地,为了简化动态模型过程,动态模型也可能会反过来使用静态模型方法论的元素(Caldwell,1990)。在实践中,动态模型主要解决需要长时间演化的政策的影响问题,比如养老金(例如,Borella and Coda Moscarola,2010;Dekkers et al.,2010;Flood,2007)和长期护理改革(例如,Hancock,2000;Hancock et al.,2013),常常专注于成本、受益者、受损者,以及生命周期内自我再分配的相关问题(Harding,1993)。

在税收—福利微观模拟模型出现及广泛使用之前,分析税收和福利对住户收入的影响

---

① 改编自国际微观模拟协会提供的定义。广义来说,微观模拟模型也覆盖基于主体的模拟(agent-based simulation,ABS),虽然两者在文献中有各自明确的领域。微观模拟大量使用微观数据(Spielauer,2011)。

② 每个领域都有大量文献。例如,见 Dowling 等(2004)、Waddell 等(2003)以及 Gupta 和 Harding(2007)。

以及计算工作激励指数,只能局限于对某一类型的住户进行"示范家庭"计算,该方法有时被称为"税收—福利模型"。计算工作由经济合作与发展组织负责,目的是进行跨国比较(OECD,2007)。虽然该模型有助于了解一些政策在特定标准化案例中的净效应,但无法提供政策对收入分配影响的全部信息。

本章概述用于探索政策对收入分配影响的微观模拟方法,强调在该领域开展的一些特定的最新或创新研究。在综述现有文献的过程中,虽然我们也考虑了行为反应的扩展(23.3.3部分),并强调动态建模的主要建模特征(23.5.2部分),但主要重心仍在静态建模方法上。我们不打算对模型本身进行全面的文献回顾,因为它们体量大、增速快,这项任务不但令人生畏,还将很快过时。现已有大量的综述和文献描述这些模型及其应用分析,我们将会在下面选择一些进行总结。

23.1.2 经济学文献中的微观模拟

使用微观模拟模型来模拟特定政策对收入分配的影响存在一些不同的动机。微观模拟模型可用于量化现有政策在特定背景下对收入不平等或贫困的作用。更重要的是,这一工具可以帮助我们设计具有特定目标的新政策,可以评估在原始设计中未曾考虑的一些方面的实际改革或拟议的改革。此外,这一工具还可用来展示其他方法如何能够在某些方面带来更好的结果。从实际政策角度来看,微观模拟建模用于政策设计的主要用途之一是,评估新政策达到既定目标的预算成本,如希望达到缩小贫困差距或增加对特定群体的工作激励等目标。这种分析除了以成本昂贵的改革提案为其最终形式,几乎再也没有出现过。

微观模拟建模的证据还用于为学术界的经济权衡提供有关政策改革的影响和最佳政策设计的信息(Blundell,2012)。笼统地讲,微观模拟方法允许研究人员通过改变目标参数来进行受控实验,同时保持其他一切不变,并在确定当前被分析政策的直接影响时避免内生性问题(Bourguignon and Spadaro,2006)。使用税收—福利模型来计算反事实状态和情形,可大大加强对财政政策改革的因果影响进行的微观经济分析。一个很好的例子是,使用财政研究所(Institute of Fiscal Studies)的税收—福利微观模拟模型,即英国的 TAXBEN,为权威的《莫里斯评估》(*Mirrlees Review*)提出的税收设计观点提供实证数据(Mirrlees et al., 2010)。此外,这些反事实揭示了最优税收分析中的潜在要素,而这无法在准实验环境中得出。这一点在计算最优所得税理论的发展中得到了阐释,Aaberge 和 Colombino(2013)将这一理论运用于挪威,Blundell 和 Shepard(2012)将这一理论运用于英国。

微观模拟建模越来越多地被认为是政策评估文献的一部分,是对税收—福利改革设计进行以数据为基础的仔细评估的关键要素之一。虽然总体来说,这些文献更多地集中于事后分析,其中 Keane(2010)和 Blundell(2012)强调有必要考虑事前和事后两种方法来研究政策变化的影响。在这样的背景下,税收—福利微观模拟模型可以通过两种方式提供见解。首先,其可作为进行事前分析的独特工具,通过模拟反事实情景来反映不同的政策制度。无论是对税收—福利改革后的紧急评估,或是用于揭示基于模拟预算限制的个体行为变化的更复杂结构模型,还是对个体和家庭选择的预估模型(见 23.3.3),这样的反事实情景都是必需的。其次,通过开发反事实情景,税收—福利微观模拟模型使研究人员能够在没有既定政策的情况下理清政策实施后可能会发生的事情。事后分析通常采用基于倍差法、匹配值和选择估计量的准实验法,事前和事后方法之间的交互影响,使基于详细微观模拟模型的分析可信度不断提高,使微观模拟模型成为因果政策评估文献的核心组成部分。一个很好的例子就是用于验证劳动力供给的结构模型的准实验分析,利用微观模拟模型推导出个人面临的预算集(见 Blundell,2006)。

此外,微观模拟在大量微观—宏观关联的相关文献中起重要作用,目的是衡量宏观经济变化(包括宏观经济政策)对收入分配的影响。更具体来说,微观模拟模型和宏观经济模型之间的关联允许人们考虑宏观经济政策之间的相互作用或税收—福利体系的冲击(见23.3.4)。在某些情况下,忽略税收—福利政策对收入分配的影响可能是正当的,例如,在分析税收—福利政策在发展中国家的影响时,因为其规模可能非常有限,社会支出的改革或宏观经济冲击可能对再分配影响更大。但对于成熟的福利国家,问题更为复杂(Bourguignon and Bussolo,2013)。

随着这种方法学的传播和发展,微观模拟的相关文献在过去 20 年大幅增多。试图涵盖所有相关出版文献将是一项艰巨的任务,因此,我们的目标是在本章的其他部分提供一些最重要的且带有相关例证的方法论文献。对于更多更广泛的材料,我们向读者推荐以下综述、研讨会和会议资料手册,它们不仅与模型应用有关,也和模型自身的研究相关,能反映自 20 世纪 90 年代以来最先进的模型是如何演变发展的:Harding(1996b)、Cupta 和 Kapur(2000)、Mitton 等(2000)、Gupta 和 Harding(2007)、Harding 和 Gupta(2007)、Lelkes 和 Sutherland(2009)、Zaidi 等(2009)、Dekkers 等(2014)以及 O'Donoghue(2014)。[①] 至于模型自身的调查,见 Merz(1991)、Sutherland(1995)、Klevmarken(1997)、Gupta 和 Kapur(2000)、O'Donoghue(2001)、Zaidi 和 Rake(2001)、Gupta 和 Harding(2007)、Urzua(2012)以及 Li 和 O'Donoghoue(2013)。另外,有几本书专注于特定的模型,为打开通常与复杂经济模型有关的"黑盒子"提供优秀的案例。例如,Harding(1993)详细地描述了她的动态群体微观模拟模型,用于评估澳大利亚的终身收入分配和再分配;Redmond 等(1998)广泛地讨论了英国静态税收—福利模型(POLIMOD)的内在工作原理;Bargain(2007)介绍了欧盟税收—福利模型(EUROMOD)的一系列具体应用。此外,微观模拟团体于 2005 年建立国际微观模拟协会(International Microsimulation Association,IMA),且从 2007 年起,通过 IMA 主持的在线出版期刊《国际微观杂志》(*International Journal of Microsimulation*)就可以跟踪该领域的最新发展情况。

23.1.3　本章小结

本章其余部分的结构如下:在讨论如何使用微观模拟来理解政策变化的影响之前,23.2 节陈述了如何使用微观模拟来改善通常情况下可用于分析收入分配和再分配的信息。纳税义务和福利享有资格的模拟预估,可以与调查中记录的数值以及管理性微观数据集相结合来理解和弥补后者的不足(例如,如果总收入在源数据中无法获取或测量得不太令人满意,则用纯收入来估算总收入)。此外,有些指标(如工作激励指标)无法通过调查或管理过程收

---

① 至于年代更久的会议资料和综述,见上述资料的参考文献。

集到,但对于理解政策和收入分配之间的关系有重要价值,则可用微观模拟模型进行计算。

本章中,我们提供了一些实证性说明,主要来自在欧盟范围内广泛使用的税收—福利模型 EUROMOD 所进行的例证分析(Sutherland and Figari,2013),该模型已成为最广泛使用的模型之一,覆盖了 27 个国家,普遍可以利用。我们选择 EUROMOD 作为讨论的重点,部分原因在于它浅显易懂,读者能很容易地对本节的分析案例进行复制、更新和扩展。更多关于 EUROMOD 的信息见专栏 23.1。

专栏 23.1　EUROMOD:税收—福利模拟模型

EUROMOD 是欧盟的税收—福利模拟模型,根据各成员国现行的政策规则和相关的改革来模拟个人和住户的税收义务与现金福利享有权。它有两个明显的特征。第一,它涵盖了同一框架内的许多国家,实现了应用的广泛性和结果的可比性。一般而言,EUROMOD 比国家微观模拟模型更灵活,以确保结果的一致性以及国家间税收—福利体系组成部分可转移程度的一致性。第二,它旨在公开访问:对模型的使用不局限于该模型的所有者。EUROMOD 对任何一个国家进行的计算在其他方面都可以代表所有税收—福利微观模拟模型,至少对发达国家而言如此。因此,一般情况下,下面的描述都是通用的。

EUROMOD 将政策规则信息和详细的微观数据结合起来,这些详细且具有全国代表性的个人和住户情况的数据来自住户收入调查和其他数据。每项政策工具的规则均以算术方式应用于每个人的特征,从而产生纳税义务或福利权利。以最简单和普遍的儿童福利为例,计算每个家庭适龄儿童数量,每个儿童所享有的福利乘以儿童数量就是这个家庭的福利享有权。深入的问题使计算复杂化:要定义"儿童"和"家庭",需要考虑儿童福利数量和其余税收—福利体系之间的相互作用。若要考虑政策变化的影响,附录 A 中提供了进一步的说明性计算。

各个住户的计算结果在微观层面储存,可以被任何统计软件分析。最简单的就是加权到人口水平,收入的权重变化能够累计以估算出政策变化对预算的影响,或者用于分析数据中提供的任何特征,例如,显示按收入分位数、地区或住户类型划分出住户收益和损失所占的比例。替代政策或劳动力市场情景的微观产出也可用作计算工作激励指标或模拟劳动力供给或者其他行为变化的基础。

EUROMOD 旨在模拟尽可能多的住户可支配收入的税收和福利的组成部分。通常来讲,该模型会模拟如下方面:所得税、社会保险费、家庭福利、住房福利、社会救助和其他与收入有关的福利。未模拟的部分可直接从数据中获取,包括份额最大的保险给付、养老金(因为缺少之前的就业信息和保险给付历史信息)和残疾福利(因为需要了解残疾的性质和严重程度,但数据中也没提供)。

EUROMOD 输入的大多数国家的相关数据来自EU-SILC。与用于微观模拟模型输入的大多数微数据来源一样,EU-SILC 不是为此目的而设计的(Figari et al.,2007),需要进行大量的数据准备,包括输入缺失的必要信息。例如,如果在数据收集过程中总收入值没有被直接记录,而且估算方式也不尽如人意,则可将净值比总值这一步骤应用于纯收入变量中,以获取政策模拟所需的总值。

EUROMOD 对一些国家中未领取的福利和逃税情况做了一些简单的调整,类似于其他的调整和假设(例如将非模拟收入更新到比收入数据参考时间点更近的时间点),用户可以根据正在进行的分析改变或"关闭"这些调整。

EUROMOD 中的基线系统已经通过微观层面(如逐案验证)和宏观层面的验证和测试。对 EUROMOD 中每个模拟系统来说,国家报告(country reports)可通过 EUROMOD 网页获取,该网页还提供税收—福利体系的背景信息,提供对所有模拟的税收—福利组成部分的详细描述,还有输入数据的概览以及验证过程的扩展总结。

有关 EUROMOD 及其应用的更多信息,见官方网站及 Sutherland 和 Figari(2013)的研究。

建立税收—福利模拟主要是为了分析政策变化对收入分配的影响。为了获取因税收—福利体系的复杂性而产生的影响,23.3 节首先介绍基本过程,然后解释进行微观计算的必要性。但是,在任何微观模拟分析中,建模者必须选择要关注的维度和保持不变的维度。大多数研究没有列出他们在正式条款中的具体选择。23.3.2 中提供了适用于大多数税收—福利微观模拟分析的正式框架。以下四个部分重点介绍了一些主要和常用的基本方法的扩展应用。23.3.3 部分讨论如何估计政策变化的个人行为响应,侧重于劳动力供给的反应。接下来,23.3.4 部分回顾收入分配的变化与宏观经济过程的多种联系方式。23.3.5 部分涵盖微观模拟的使用,结合宏观统计或预测,提供超出最新微观数据所覆盖的时期的收入分配估计,这些预测可能适用于当前情况(即时预报)或未来某个时期(提前预报)。最后,23.3.6部分重点关注微观模拟的具体使用方式,通过跨国比较了解不同政策的效果。

当然,在政策分析中,准确估算政策和政策变化的影响仍然面临着许多挑战。23.4 节讨论三个主要的挑战。首先,23.4.1 部分讨论模拟收入分配和使用原始微观数据所测量的收入分配(尤其是来自调查数据的,但也有来自行政数据的)之间的协调问题。两个收入分配之间的一个大的差异可能破坏对微观模拟结果的信心,但也有许多相互关联的原因,其中一些可能源于调查数据中的问题(例如,所报收入低于实际收入),可以使用模拟信息来减少差异,其他的则无法解决(例如小且无代表性的高收入者的样本)。其次,如果没有考虑未领取的福利,模拟模型会高估收入;如果存在逃税,模拟结果同样会被扭曲。23.4.2 部分讨论这些问题以及如何在微观模拟模型中解释这些问题。最后,重要的一点是,微观模拟估计的可靠性有可能被确定,这既适用于分析点估计与其他来源信息的匹配程度有多高(验证),也适用于确定统计可靠性指标应用于微观模拟估算的必要性。23.4.3 部分会讨论这些问题。

虽然本章的主要关注点是微观模型对政策分析的贡献,关于国家层面在特定的时间点上(直接)税收和(现金)福利对住户收入的微观模拟,但 23.5 节从一些维度考虑一个更广泛的范围。23.5.1 部分讨论拓展最终收入的测量,将非现金福利特别是间接税的影响考虑在内。23.5.2 部分回顾用于分析政策的长期再分配效应和税收—福利系统在整个生命周期中的发生率的动态模拟模型的主要特征,而不是在于某个时间点的跨部门分析。23.5.3 部分讨论使用微观模拟来探究低于国家层面(例如西班牙某些地区或美国各州)和高于国家层面(例如欧盟或南部非洲等世界其他地区)的政策效应。

最后一节总结了我们眼中的微观模拟迄今为止在政策分析方面所取得的成就,然后从两个方面提出未来展望:第一,我们需要改进数据和方法论;第二,我们需要考虑多种方法来组织发展、维护和访问微观模拟模型以达到政策分析的目的。

23.2 微观模拟在收入分配与再分配分析中的作用

23.2.1 丰富现有微观数据

虽然微观模拟模型最明显的应用是评估税收—福利政策变化对收入分配的影响,它也有助于分析现有收入分配和再分配。与只直接利用调查或行政数据的收入分配研究相比,财政微观模拟可以通过三种方式来补充和改进这种分析:(i)添加更多信息;(ii)检查收集数据的一致性;(iii)允许分析单元具有更大的灵活性。

23.2.1.1 添加信息

若从个人直接收集一些数据或准确地收集这些数据可能很困难或者成本很高,那么可以模拟生成这些数据。微观模拟在处理收入调查数据中的一个常见用途是用收集到的纯收入推导出总收入,反之亦然。与统计估算等其他方法相比,微观模拟考虑了适用于特定个人或住户的税收—福利规则的全部细节。因此,它提供的结果更准确,但可能还需要更多努力来进行数据开发,保持数据更新。为了达到这一目的,研究者经常会建立一些具体的微观模拟常规计划。其中,见 Betti 等(2011)的 Siena 微观模拟模型,用于 EU-SILC 调查中若干国家的纯收入和总收入变量之间的转换,以及 Jenkins(2011)关于英国住户小组调查(BHPS)的纯收入变量的推导。

这种总收入对纯收入的转换常规遵循的自然是全尺度税收—福利模型的逻辑,但他们可能仍然有显著的差异。例如税收—福利模型通常处理最终纳税金额(旨在解释所有的税收减免,考虑总体的可征税收入),但是,针对特定收入来源的扣缴税款通常与调查中的总额/净额调整更为相关。有两种与微观模拟相关的方法可以进行总收入对纯收入的转换,正是 Immervoll 和 O'Donoghue(2001)建议的。一种是利用反向法定税收规则,另一种是在迭代程序中使用总收入对纯收入常规,从而为某个特定的纯收入值寻找对应的总收入值。如果税收规则相对简单,分析反演可行,则使用第一种方法更直接;而第二种方法则允许使用现有的税收—福利模型,如 Rodrigues(2007)所述,第二种方法在 Siena 微观模拟模型及其相关应用中已经使用过。

如果税收—福利模型应用于含有估算总收入值的收入数据,则需要确保纯收入对总收入的转换与税收—福利模型的计算一致性,否则模拟的纯收入值将与所观察的值不匹配。这一偏差源很容易被忽略,并且一致性也很难确立,因为在从纯收入值推导到总收入值的记录中,调查数据的提供者往往没有提供足够的用于税收—福利建模的细节。

与调查中通常可用的情况相比(如果有的话),微观模拟方法也可用于获得更详细的税收信息。例如,作为美国主要住户调查之一的现时人口调查(Current Population Survey,CPS)通过年度社会和经济补充调查(Annual Social and Economic Supplement,ASES)提供此类信息,包括模拟直接税和估算雇主的医疗保险费用(Cleveland,2005)。另外,我们还可以将调查与行政记录中的详细税务信息结合起来,虽然在实践中由于获取行政记录受限,这一方面仍未得到充分发展。此外,微观模拟模型能通过模拟来扩大收入信息的范围,模拟雇主的社会保险缴款和间接税,这些信息通常在收入(和支出)调查中没有获取到,即使他们的经济归宿通常被认为是由个人承担(Fullerton and Metcalf,2002),因此与福利分析相关。

虽然收入调查中的福利信息往往更为详细,但有时应用微观模拟方法仍然可以提供进一步的见解。具体而言,微观模拟允许评估预期的转移效果(通过计算福利资格),将其与报告结果(观察到的福利数据)进行对比。报告结果受个人遵守行为(更多内容见 23.4.2 部分)、福利管理的有效性以及其他因素的影响。

当然,也有可能仅直接使用调查信息来分析税收和福利的再分配效应。例如,Mahler 和 Jesuit(2006)、Immervoll 和 Richardson(2011)以及 Wang 等(2012)使用了来自卢森堡收入研究所(LIS)的住户调查数据来分析经济合作与发展组织(OECD)国家的再分配效应,Fuest 等(2010)及 Atta-Darkua 和 Barnard(2010)则使用 EU-SILC 数据分析欧盟国家的再分配。但是,微观模拟方法往往能增加分析的范围和细节。例如,Immervoll 等(2006a)、Paulus 等(2009)、Jara 和 Tumino(2013)使用 EUROMOD 模拟的税收和福利数据来分析欧盟国家的再分配,Kim 和 Jambert(2009)基于 CPS/ASEC 分析了美国的再分配,Wagstaff 等(1999)也使用 LIS 数据,具体分析了经济合作与发展组织个人所得税的累进性,还有 Verbist 和 Figari(2014)基于 EUROMOD 模拟模型针对欧盟国家进行了类似的分析,而且还用社会保险费进行扩展分析。Piketty 和 Saez(2007)使用 TAXSIM[①] 模型估算美国联邦个人所得税,分析个人所得税的累进性。此外,Verbist(2007)应用 EUROMOD 考虑替代收入的分配和再分配效应,并将税收和社会缴款的相互作用纳入考察范围;Hungerford(2010)使用模拟模型检验美国的某些联邦税收规定和转移项目。模拟和分析间接税对收入分配的影响研究,还可见 Decoster 和 Van Camp(2001)、O'Donoghue 等(2004)和 Decoster 等(2010)的研究。

此外,微观模拟还可以帮助检测现有数据中的不一致性和潜在的测量误差。一个明显的例子就是交叉检查总收入值和纯收入值(如果二者均有报告)是否相互对应。鉴于调查数据中的福利收入往往报告不足(Lynn et al.,2012;Meyer et al.,2009),使用模拟福利具有提高收入信息准确性的潜能(更多内容请参阅 23.4.1 部分)。另外,输入数据的质量对模拟结果本身来说也至关重要,除了福利报告不足,也可能还有其他原因会导致观察到的收入和模拟的收入之间存在差异(见 Figari et al.,2012a)。

---

① TAXSIM 是用于计算美国联邦和州的所得税的 NBER 微观模拟模型。它涵盖了从 1960 年开始的联邦税收制度以及从 1977 年到本年度的州制度。模型计算由 TAXSIM 服务器以调查数据为基础完成。调查数据由使用者按照要求的格式提供,包括用于计算纳税义务的不同的收入源、推演和个人特征。该程序用 FORTRAN 编写,可读出使用者通过网页应用发送的输入数据,计算纳税义务和载入使用者电脑上的结果。最近的应用是基于三月即时人口调查、消费金融调查、消费支出调查和收入动态小组调查以及以前用户提供的来源不同的输入数据的脚本库。更多信息,请参见 Feenberg 和 Coutts(1993)。

23.2.1.2 分析单位

微观模拟也可以在选择分析单位时提供一些灵活性。在任何分配分析中,计量单位都是一个重要问题。收入通常在住户层面进行计量,汇总所有住户成员的所有收入来源。由于部分或所有收入变量仅提供住户层面的,收入调查可能不利于较低层次的分析(如小家庭内部或财政单位内部的汇总收入),例如,欧盟统计局提供的来自 EU-SILC 的微观数据就属于这种情况。但是,考虑政策对住户内部亚单位收入的影响可能在很多方面都是相关的。在住户内部资源完全共享的假设应该受到质疑,其潜在影响也应该讲清楚。例如,如果研究人员没有假设养老金领取者与同他们住在一起的年轻一代共享这一收入,那么对养老金领取者的贫困风险评估结果可能会很不一样,反之亦然。另外,从特定评估单元的角度考虑政策的影响而不是从整个住户的角度来考虑政策的影响,可能尤为重要。最低收入计划使用各种不同的单位来评估收入和福利资格,这些单位通常比调查的住户单位要小。灵活的微观模拟模型能够使用不同范围的分析单元以及评估和汇总单元来进行操作,能够在住户内部把收入组成部分或收入份额分配给相关的接受单位。微观模拟研究考虑整个住户单位以外的其他分析单位的实例包括:Decoster 和 Van Camp(2000)讨论了分析单位问题与住户层面或财政单位层面的租税归宿之间的相关性,Fagari 等(2011a)分析了夫妻内部收入,Bennett 和 Sutherland(2011)探讨了在小家庭单位层面的家计情况调查对成员个体所获得的福利收入的影响。

23.2.2 基于微观模拟的指标

微观模拟方法也用于建立各种指标,来测量住户可支配收入通过与税收—福利体系的互动关系对总工资变化或个人或者住户特征的变化表现出的反应程度。两组主要指标反映了个人工作激励和财政系统内置的自动调整机制。本部分对这些指标进行概述,并提供一些示例,将在 24.3.2 中做更正式的介绍。

23.2.2.1 工作激励指标

边际有效税率和参与税率分别是密集劳动力供给边际(工作努力程度)和广泛劳动力供给边际(决定工作)的工作激励指标。边际有效税率(marginal effective tax rates, METR)反映对工作者的经济激励,这种激励通过延长劳动时间或提高生产率(提高每小时工资率)来提高边际劳动贡献。边际有效税率显示被征税的额外工资收入比例,把许多因素考虑在内,包括个人所得税、社会缴费以及与福利的互动关系,还包括在个人收入增加的情况下取消家计调查中所补贴的福利。因此,与法定边际所得税税率相比,METR 能更准确地显示额外收入的实际税负。鉴于税收和福利形成了一个复杂的非线性系统,通过全面税收—福利函数的解析求导法来获得 METR 通常是不可行的。相反,如 Immervoll(2004)、Adam 等(2006b)以及 Jara 和 Tumino(2013)的论述,先小幅度增加雇员的总工资收入(增加 1%—5%),然后重新计算可支配收入,就能根据经验估算出 METRs。图 23.1 提供的示例是上述最后一项研究的数据,显示的是欧盟的平均 METR 及其在不同欧盟国家中的分布情况。计算范围通常限制在直接税收、(现金)福利和现行工作激励,尽管拓展模型也考虑了消费税以及生命周期的劳动力供给视角(见 Kotlikoff and Rapson,2007)。从图 23.1 来看,METR 可以用预算约束图来说明,将纯收入与总工资收入(或工作时长)进行对比(见 Adam et al. ,2006b;Morawski and Myck,2010),因为该线的斜率对应 1—METR,即个人保留的额外总工资收入的比例。

参与税率(participation tax rates,PTR)的概念非常相似,表示广泛边际有效税率或作为税收支付的工资比例以及个体从不参加工作或者失业转向开始工作因而退出福利而减少的收益比例。METR 和 PTR 的值通常在 0—100,数值越高,工作(越多)激励越弱。但是,由于税收—福利体系的非线性特征和复杂的相互作用,也有可能出现个体面临超过 100%(或负面)税率,这些通常会暴露出税收—福利系统内的意外效应。更概括地讲,相对较高的数值可能会限制劳动力供给并将人们置于某些收入/就业水平。因此,边际有效税率和参与税率是评估税收—福利体系是否可能限制某些个体就业的有用指标,也是评估最优税收设计的核心参数。实证应用见 Immervoll 等(2007)和 Brewer 等(2010)的研究。图 23.1 说明即使在考虑极端分布之前,METR 值在许多国家也相当分散,这说明用根据平均值估算或代表性案例估算的工作激励指标进行分析为何会有很大的误导性。

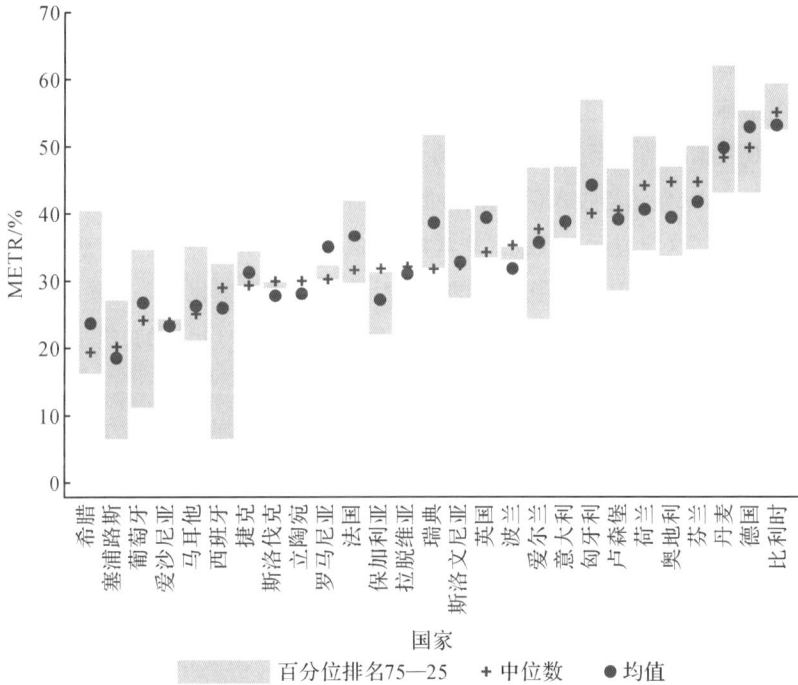

图 23. 1　2007 年欧盟边际有效税率(METR)

注:国家以边际有效税率中值排名。

资料来源:Jara 和 Tumino(2013),使用 EUROMOD 模型。

替代率(replacement rates,RR)补充参与税率,显示相对于在岗工作的可支配收入来说失业人员的收入水平(例子见 Immervoll and O'Donoghue,2004)。高替代率也反映了开始(或继续)受雇工作的低财政激励。与 METR 和 PTR 相比,负值显得格外异常(虽然没有完全排除)。RR 通常用来单独估算短期和长期失业人口,以反映取决于失业持续时间的失业福利水平上的差异。作为工作刺激指标,PTR 和 RR 均被用来估算那些没有观测到潜在就业收入的非工作人员的刺激指标,因此,必须预测或假设 RR。①

虽然 PTRs 和 RRs 都描述广泛边际工作激励,但重点和特征不一样(Adam et al.,2006a)。例如,如果税收和福利出现变化,使失业和在职情况下的纯收入增加了相同的数额(例如对应一次总付转账),那么替代率通常会增加,而参与率则保持不变,这是因为额外收入的税负不会改变,相对而言,工作的吸引力不大。而如果失业和在职的纯收入增加相同的比例(但对于 PTR 而言并非如此),RR 保持不变。

虽然这三个指标是通过改变个人总工资收入(和劳动力市场状况)来衡量特定个体的工作激励,但对可支配收入的影响是在住户层面进行估算的,因为在测量生活标准时,这通常被认为是福利估算和汇总计算中最为相关的单位。② 每项测度均可分解,以显示特定税收—福利工具变量的影响,例如所得税、社会保险费和各类福利。

23.2.2.2 自动稳定指标

另一组密切相关的指标描述税收—福利体系如何充当收入或失业冲击的自动稳定器,正如在住户(总)收入波动或税收收入波动没有政府直接干预的情况下得到缓和的程度所示。这些指标强调外生震荡而不是改变劳动力供给的个体激励。除此之外,估算结果实际上与前一组指标非常相似,主要差别在于对这些指标的解释不同。③

基于微观数据的估算至少可以追溯到 Pechman(1973)。Pechman 模拟了 1954—1971 年美国的所得税收入,显示与收入(总水平)的变化相比,纳税绝对值发生了多大变化,具有内置的灵活性。虽然这与边际有效税率非常相似,但解释不同,它侧重于宏观层面和政府税收方面,而不是个人方面。一个密切相关的测度反映了与收入变化相关的税负弹性,或收入增加 1% 时的税收增加比例,尽管如 Auerbach 和 Feenberg(2000)指出的,这主要反映了税收累进程度,因为它没有反映出税收负担水平是高还是低。

Auerbach 和 Feenberg(2000)测量了税收对美国收入变化的响应能力,估算每个人的所有(应税)收入(和扣除额)增加 1% 时总税收的变化。他们发现,在 1962—1995 年,所得税抵消了税前(总)收入变化的 18%—28%。同样地,Mabbert 和 Schelke(2007)模拟了 14 个欧盟国家在个人工资收入增长 10% 时,估算其不同税收—福利工具变量的响应能力(弹性)和该体系的总体稳定性效应。根据他们的估算,后者的变化范围在西班牙的 31% 与丹麦的 57% 之间。

Dolls 等(2012)建立了一个涵盖美国和大量欧盟国家的住户总收入下降 5% 的负收入冲击模型和住户收入总体水平减少 5% 的失业冲击模型。虽然比例收入冲击是分配中立的,但不是所有住户都遭受了失业冲击,因此是不对称的。他们发现,与美国相比,欧盟的税收—福利体系吸纳的收入变化比例更大——收入冲击造成的变化在欧盟为 38%,在美国为 32%,而失业冲击造成的变化在欧盟为 47%,在美国为 34%(见图 23.2),这种差异在很大程度上

---

① 例如,OECD 在计算这些指标时,假设各种收入水平在平均工资(AW)的 33%—150%。
② 原则上,可以规定住户内的其他汇总单位。
③ 一个技术层面的细微差别涉及对多人住户的处理。虽然通常会为每个住户成员分别估算工作激励,但保持其他住户成员的工资收入不变,在自动稳定器的情况下,所有相关成员的变化会被立刻模拟出来。

是由于欧洲的失业福利覆盖率更高和失业救济金更慷慨。失业冲击中的自动稳定器基本上是从总体水平的就业过渡到失业的替代率。与工作激励不同(如在前一节所讨论的),它们反映了税收—福利体系因失业或完全退出劳动力市场而吸纳(市场)收入损失的程度。

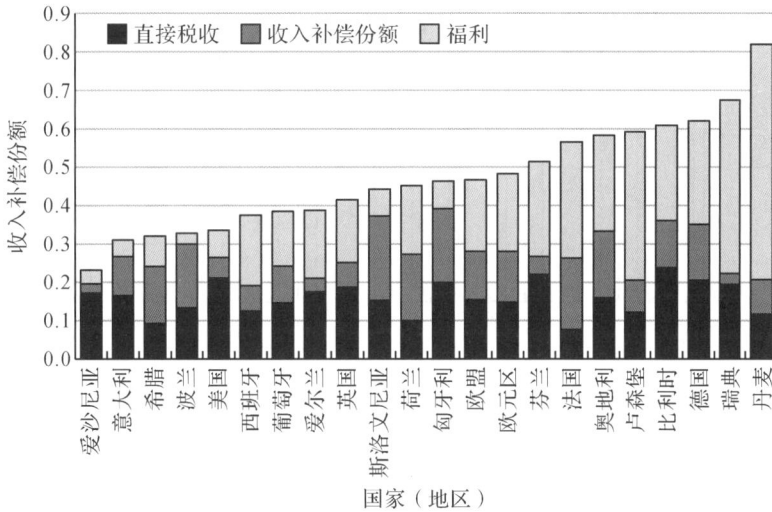

图 23.2　失业冲击情况下税收—福利体系提供的收入补偿份额

注:失业冲击和失业率增长对应,因此,住户总收入下降了 5%。国家按收入补偿份额排名。这里的欧盟和欧元区分别代表的是经过人口权重平均的 19 个欧盟国家和 13 个欧元区国家。爱沙尼亚后来才加入欧元区,不在统计范围内。

资料来源:Dolls 等(2012),使用 EUROMOD 和 TAXSIM 模型。

Fernández Salgado 等(2014)在模拟六个欧盟国家因大萧条带来的失业冲击时,不聚焦于总体稳定器,反而分析替代率分布。他们将短期和长期失业区分开来,其研究确认短期失业的替代率更高,同时指出最低收入计划在应对长期危机后果时所面临的严峻挑战。他们还强调其他住户成员的收入在提高替代率方面的重要作用。

23.2.2.3　住户组成效应指标

为了确定特定住户结构导致的税收—福利体系的边际效应,另一种基于微观模拟的指标可以反映住户社会人口学特征的变化。例如,Figari 等(2011b)应用这种模拟方法来估算"子女抚养费"收入,即估算有子女的住户在没有子女的情况下可支配收入的变化。他们认为,与通常情况下直接从调查数据获取信息只考虑明确标记为给子女或给住户的(总)福利支付相比,"子女抚养费"收入不仅可以反映税收净额转移以及税额减免,更能准确地说明通过税收—福利体系向有子女的住户提供的全额净扶持。如图 23.3 所示,如果存在为其他目的而给予税额减免或者福利中明确指明是给子女的补助,则纯收入值大于总收入值;若由于其他互动关系存在福利应纳税或者被减少的情况,则总收入值大于纯收入值。

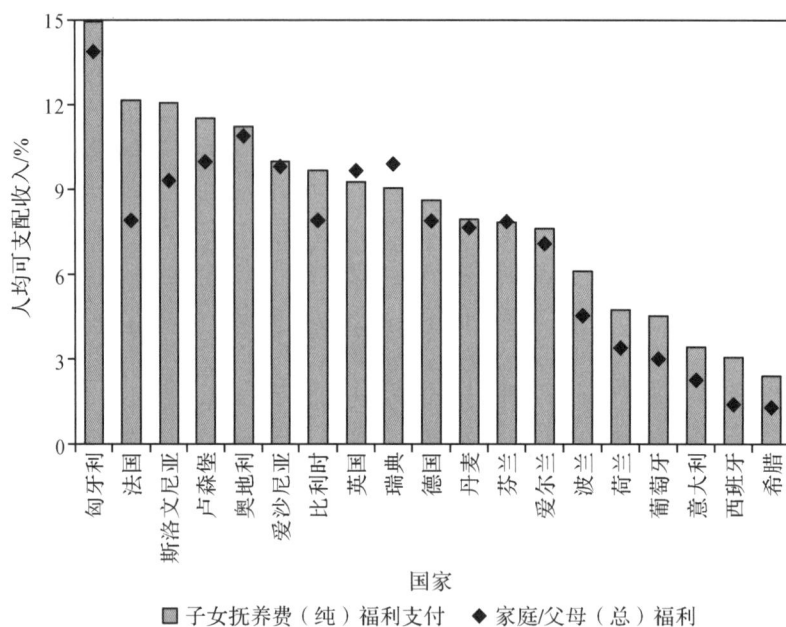

图 23.3 支付子女抚养费的纯福利总值与每个子女在家庭/父母总福利中的占比(人均可支配收入的百分点)

注:国家按支付子女抚养费的福利总值排名。

资料来源:Figari 等(2011b),使用 EUROMOD 模型。

23.3 政策变化对收入分配的影响

23.3.1 一个基本例子

利用税收—福利微观模拟模型最简单的方法是在不改变住户成员的任何特征的情况下估算政策变化对住户收入的影响。一个可能的例子就是统一增加现有子女的福利。该模型考虑增加符合条件子女的人均支付,考虑追回通过家计调查体系获得的任何福利(若子女福利已被计入这些家计收入评估体系所给的福利之中),追回任何已征税的福利或包含在捐款基数中的福利,也考虑与税收—福利体系的其余部分之间的关联互动关系。即使是很简单的改革也会涉及十分复杂的估算,忽视各部分之间的交互作用可能会导致误导性的结果,附录 A 中提供一个具体的例子对此进行了阐述,该例子比较了 2001 年和 2013 年两个时间点将英国子女的福利增加一倍所产生的效应。虽然子女福利结构本身保持不变,但由于与税收—福利体系的其余部分之间的相互作用发生了变化,因此变化的净效应是完全不同的。在理解政策变化影响和设计政策改革时,这种相互作用很重要,需要加以说明。

我们还需要考虑为这种改革提供资金。例如,如果所有所得税率增长一个百分点就能支付净花费,这种税率的增长可能会有连锁效应(例如,如果对家计调查提供福利的评估取决于税后收入),则可能需要使用迭代模型找到增加税率的税收中立解决方案。然后,我们可以根据改革前的情形分析税率增加对收入分配的影响,并对获益者与受损者进行分析,来评估整个"税收中立方案"。

当然,在新形势下,一些受影响的人会希望在某种程度上和某个时间点改变他们的行为以应对变化。有人可能会期望劳动力供给和生育率受到影响,这取决于该体系的具体细节和变化,其他维度的行为也可能受到影响。正如 Bourguignon 和 Spadaro(2006)所指出的,重要的是要清楚何时可以忽略何时又不可以忽略这些二阶效应。我们将在 23.3.3 中回到这个问题。

在任何情况下,常被称作"一夜之间"的分析或"次日"分析的纯算术效应,显然有其重要价值,因为某个特定的研究问题很可能带来即时效应。此外,政策改革对收入影响的机制与优化改革设计有关,确定政策改革对收入的总体影响在多大程度上可归因于直接效益,将一直是个重要问题。

23.3.2　正式框架

23.3.2.1　分解静态政策效应

税收—福利模型提供了不同政策情景下住户可支配收入分配及其组成部分的相关信息,从而可以通过比较不同情景推断出各种政策的影响。因此,微观模拟方法的应用要首先定义适当的基线和反事实情景。后者对应于通过前瞻性分析得出政策变化后的状态(实施新政策后世界将如何),或者通过回顾性分析得出政策改变前的状态(如果没有新政策,世界会是什么样;如果政策发生了逆转,又会出现什么情况)。

借鉴 Bargain 和 Callan (2010) 及 Bargain(2012a)的研究,我们提供一个正式框架来分解住户收入的变化,以区分政策变化的影响。[①] 数学公式有助于避免关于反事实情景如何定义的模糊性,这种情况通常会出现在仅仅依赖文本描述的经验微观模拟应用中。此外,完全分解(而非仅仅关注政策变化的作用)具有明显的优势,它可以注意一个事实,即特定组成部分的(边际)贡献在已知其他组成部分的价值的条件下可以被评算出来,因此,收入的总体变化可以通过多种方式进行分解。(一次性)分解所有成分也有助于确保这些成分的来源一致。除了一些细微的技术性修改[②],我们严格地遵循了 Bargain 和 Callan(2010)最初的方法,但是扩大了它的范围,这说明更广范围的应用在相同的框架内也能够解释。

我们使用向量 c 表示住户社会人口(和劳动力市场)的特征,矢量 x 表示住户原始收入(加上现金福利和减除直接税之前的收入)。[③] 对具有特征 c 和收入 x 的住户通过税收—福利体系 k(总现金福利减去直接应纳税总额)完成的净转移表示为函数 $f_k(c,x,m_k)$。其中,我们在 Bargain 和 Callan (2010)的研究基础上,区分税收—福利体系 f_k 的结构与该体系所采用的各种货币参数 m_k(如税级、福利金额)。如果特定住户收到的公共养老金和现金福利超过

---

① 最近在 Fortin 等(2011)关于收入分配分解的经济文献的综述中有一条值得注意的线索,然而,这主要与工资分配有关,忽略了税收—福利政策的作用。

② 我们从政策效应——我们的关键兴趣——和其他效应开始逐步分解,然后引入进一步的分解。这种嵌套的方式有助于确保不同成分之间以及不同组合之间的一致性。我们还根据原始收入(x)对社会人口特性(c)进行了区分。

③ 这包括来自就业、自主就业、房地产、投资以及其他(如私人养老金、住户间资金转移)非公共收入来源的市场收入。在文献中也被称为"税前和转移前收入"。

其负有的直接税,则 $f_k(c, x, m_k)$ 为正,反之则为负。住户可支配收入 y 则为:

$$y_k(c, x, m_k) = x + f_k(c, x, m_k) \qquad (23.1)$$

在最简单的情况下,假定原始收入和住户特征保持不变,那么政策变化 $(A \to B)$ 对可支配收入的影响为:

$$\Delta y = y_B(c, x, m_B) - y_A(c, x, m_A) \qquad (23.2)$$

这与拟议或假设的税收—福利改革效果的典型研究方式相一致,即研究政策规则在(隐含)提及的同一时期之前和之后产生的"紧急"变化,这种做法的例子很多(如 Callan and Sutherland,1997;Figari,2010;Matsaganis and Flevotomou,2008;Matsaganis et al.,2006;Paulus and Peichl,2009)。

接下来,我们分析政策变化影响随时间而变化的情况。明确说明政策变化的时间跨度让如何定义一个替代的场景变得更为复杂,重要的是要确保基准线和模拟反事实场景参照的是同一时期,如果现有政策和反事实场景之间存在时间差,那么必须调整其中一个来反映此差距。例如,在分析 $t+1$ 期间的政策变化影响时,可能假设替代方案只是(名义上)在 $t+1$ 期间,实际上是继续使用 t 期间的政策,这样的假设是不充分的,尽管这通常是隐含的。我们应该根据政策参数指数化的法定规则或惯常做法,考虑名义上的现有政策在其他情况下可能会发生什么变化或者应该怎样演化。在考虑长期政策变化时,时间因素显得更为重要。稍后我们将回到这一问题:在模拟反事实情景中,货币参数指数化的合理基准是什么? 我们在此先简单地用 p 来表示这个因子。

首先,我们可将一个特定住户的可支配收入的总体变化进行分解,得出以住户特征及政策结束阶段 B 的原始收入(这里我们用 A 代表起始阶段)为条件的一阶政策效应(或机械效应):

$$
\begin{aligned}
\Delta y &= y_B(c_B, x_B, m_B) - y_A(c_A, x_A, m_A) \quad \text{(总体变化)} \\
&= y_B(c_B, x_B, m_B) - y_A(c_B, x_B, pm_A) \quad \text{(政策效应)} \\
&\quad + y_A(c_B, x_B, pm_A) - y_A(c_A, x_A, m_A) \quad \text{(其他效应)} \\
&= \Delta y_I^P + \Delta y_I^O
\end{aligned} \qquad (23.3)
$$

在这里,我们隐含假设我们处理的面板数据是在几个时期内观测到的同一住户的特性和原始收入。同一住户的总体变化不能用多波截面数据集观测到,但是同样的分解方法也可以应用于组别水平(如最低十分位组),或用于汇总全部收入分配的统计数字(例如各种不平等指数),下文会对此做进一步解释。重要的是,只有在单一时间点上估算政策效应(绝对值)才需要住户的特性数据。

注意分解的对称性,其他效应可以进一步分解为两个亚成分,用以区分住户特性变化效应和名义水平变化效应。特性变化效应既可以用结束阶段的收入水平来测量:

$$
\begin{aligned}
\Delta y_I^O &= y_A(c_B, x_B, pm_A) - y_A(c_A, px_A, pm_A) \quad \text{(特性变化)} \\
&\quad + y_A(c_A, px_A, pm_A) - y_A(c_A, x_A, m_A) \quad \text{(名义水平变化)}
\end{aligned} \qquad (23.4)
$$

也可以用起始阶段的收入水平来测量:

$$\Delta y_I^O = y_A(c_B, x_B, pm_A) - y_A(c_B, p^{-1}x_B, m_A) \quad (\text{名义水平变化})$$
$$+ y_A(c_B, p^{-1}x_B, m_A) - y_A(c_A, x_A, m_A) \quad (\text{特性变化}) \tag{23.5}$$

这一项反映的是"名义水平变化"效应,测量住户可支配收入在原始收入和所有货币计量政策参数以相同的比例变化的条件下会受到怎样的影响。正如 Bargain 和 Callan (2010) 所指出的,税收—福利体系为典型 1 级同质,意思是在这种情况下,住户可支配收入也会受同一因子影响而改变:

$$py(c, x, m) = y(c, px, pm) \tag{23.6}$$

他们用一个含基本收入和单一税率的假设性例证来说明这个问题,为爱尔兰和法国寻找实证支持。[①]

原则上,反映特性变化影响的代数项还可以被进一步分解,以区分社会人口(和劳动力市场)特性 c 的变化和原始收入 x 的变化。同样,通过在方程(23.4)中引入一个新的代数项 $y_A(c_B, px_A, pm_A)$ 或 $y_A(c_A, x_B, pm_A)$ 可以得到两种可能的组合。

其次,可支配收入的变化也可被分解,用于评估以起始阶段 A 的住户特性和原始收入为条件的政策效应:

$$\Delta y = y_B(c_B, x_B, m_B) - y_B(c_A, x_A, p^{-1}m_B) \quad (\text{其他效应})$$
$$+ y_B(c_A, x_A, p^{-1}m_B) - y_A(c_A, x_A, m_A) \quad (\text{政策效应}) \tag{23.7}$$
$$= \Delta y_{II}^O + \Delta y_{II}^P$$

其他效应现在也可以被分解,以便在结束阶段的收入中测出特性变化效应:

$$\Delta y_{II}^O = y_B(c_B, x_B, m_B) - y_B(c_A, px_A, m_B) \quad (\text{特性变化})$$
$$+ y_B(c_A, px_A, m_B) - y_B(c_A, x_A, p^{-1}m_B) \quad (\text{名义水平变化}) \tag{23.8}$$

在起始阶段的收入中为:

$$\Delta y_{II}^O = y_B(c_B, x_B, m_B) - y_B(c_B, p^{-1}x_B, p^{-1}m_B) \quad (\text{名义水平变化})$$
$$+ y_B(c_B, p^{-1}x_B, p^{-1}m_B) - y_B(c_A, x_A, p^{-1}m_B) \quad (\text{特性变化}) \tag{23.9}$$

一共有四种方式可以分解收入的整体变化,从最初效应分解为直接政策效应和其他效应。

到目前为止,我们关注的是单个住户,但将所有住户的收入差异(包括亚成分)相加,很容易就可以得到可支配收入的总体变化:

$$\Delta Y = \sum_i \Delta y^i \tag{23.10}$$

分解方式也可以应用于针对一个特定亚组估算的任何分配统计数据 D,如用含有老人的住户的平均收入,或是汇总整个收入分配(y),或者基尼系数、人头贫困率。例如,方程式(23.3)将改成(矢量用粗体标示):

$$\Delta D(\boldsymbol{y}) = D[y_B(\boldsymbol{c}_B, \boldsymbol{x}_B, \boldsymbol{m}_B)] - D[y_A(\boldsymbol{c}_A, \boldsymbol{x}_A, \boldsymbol{m}_A)] \quad (\text{总体变化})$$
$$= D[y_B(\boldsymbol{c}_B, \boldsymbol{x}_B, \boldsymbol{m}_B)] - D[y_A(\boldsymbol{c}_B, \boldsymbol{x}_B, p\boldsymbol{m}_A)] \quad (\text{政策效应}) \tag{23.11}$$
$$+ D[y_A(\boldsymbol{c}_B, \boldsymbol{x}_B, p\boldsymbol{m}_A)] - D[y_A(\boldsymbol{c}_A, \boldsymbol{x}_A, \boldsymbol{m}_A)] \quad (\text{其他效应})$$

---

① Bargain 和 Callan (2010)认为因为其独特的二次函数形式,将德国的个人所得税作为少数几个案例之一是不合适的。

如果是采用尺度无关的分布测度(见 Cowell, 2000)或线性同质的税收—福利体系,其他效应的分解[方程式(23.4)、(23.5)、(23.8)、(23.9)]就可简化,因为从总人口来看,名义水平变化效应(近乎)为零。① 此外,方程式(23.4)现在等同于方程式(23.5),而方程式(23.8)等同于方程式(23.9),这样就将组合总数从四种减少为两种。

我们现在回到选择因子 p 指数化的合理基准是什么这个问题上。Bargain 和 Callan(2010)曾经主张以平均原始收入的增长为基准,表示为 $p = \bar{x}_B / \bar{x}_A$,以得到一个"分布中立"的基准。这将完全确保总可支配收入的增长(减少)与总原始收入的增长(减少)成比例,换句话说,总体税收负担和支出水平相对而言保持不变。② 尽管如此,如果一个住户的原始收入增长高于(低于)平均增长水平,那么其可支配收入增速仍可能高于(低于)原始收入增速。然而,应该还有其他选择 p 的方法,这取决于对"中立"概念的理解。例如,如果关键是在于确保一个恒定的绝对生活标准(平均水平),那么以消费者物价指数为基准也是适当的。Clark 和 Leicester(2004)将以价格为准的指数化和以名义 GDP 为准的指数化进行对比,表明基准的选择对结果很重要。就如何选择最合适的指数这个问题,有关分解的文献并没有达成明确的共识。

最后一个问题是如何处理分解的路径依赖和多重组合。某些组合是否优于其他组合?不同的组合是否能够以某种方式结合在一起?有时可能会出现由于数据约束而局限于某些特定组合的情况。最典型的例子就是,在获取改革后实际收入的微数据之前,对(实施的)政策变化进行事前分析(如 Avram et al., 2013)。基于对 p 的估算,我们已经可以[用公式(23.7)]量化政策变化的效应,但是还需要初始阶段和结束阶段的数据集来评估其他的效应。鉴于没有明确的论据支持优先选择某种特定的组合而非另一种,应涵盖所有变体。Bargain 和 Callan(2010)采用夏洛克斯-夏普利(Shorrocks-Shapley)的方法(Shorrocks, 2013)总结了各种组合,从根本上将将所有组合中既定成分的影响进行平均化。通过这种方式,该方法对以每个时期住户特性为基础的结果都给予相同的权重。

其他明确使用这种分解方式的例子包括 Bargain(2012b)、Bargain 等(2013b)以及 Creedy 和 Hérault(2011)。此外,有大量文献记录使用较为非正式的框架做出类似的评估(例子见 Clark and Leicester, 2004; Thoresen, 2004)。

23.3.2.2 具体应用

23.3.2.2.1 政策参数的事实和反事实指数化

任何体系若在(平均)个人收入或价格方面没有完全指数化,就会导致福利金的相对价值降低,并通过所谓的税级攀升(或财政拖累)增加税负。我们必须承认保持税收—福利制度不变也会影响住户收入(除非住户的原始收入分配随着时间的推移也保持不变)。让我们用上文的符号来考虑这种情况下的住户可支配收入的变化:

$$\Delta y = y(c, x_B, m) - y(c, x_A, m) \tag{23.12}$$

---

① 注意,由于每个亚成分是单独进行合计的(而不是将不同成分之间的差异进行合计),所以可以在两波截面数据上进行此操作,而不必使用组数据。

② 这适用于线性同质税收—福利体系,但非线性元素使其成为一个近似值。然而,Callen 等(2007)为爱尔兰进行了证明,结果显示偏差通常较小。

按上述更广义情况下的分解框架,等式(23.12)能够分解成三部分:政策效应、原始收入变化和名义水平变化(原始收入和政策参数以同一因子按比例提高引起可支配收入的变化)。政策效应在此反映保持政策参数名义上不变的结果,可以估算为 $y(c, x_B, m) - y(c, x_B, pm)$ 或 $y(c, x_A, p^{-1}m) - y(c, x_A, m)$ 。在典型情况下,p 为正值,反映个人收入(或消费者价格)上涨,因此,政策效应是负值(收入减少),这是因为 p 为正值意味着,当名义水平保持不变时,在反事实情景中的福利金额和税率更高,转换为比税收—福利规则下的可支配收入(对于相同的原始收入)更高的可支配收入。进行相关研究的有 Immervoll(2005)、immervoll 等(2006b)及 Sutherland 等(2008)。同样重要的是,要认识到若 p 为负数,就意味着平均原始收入(或价格)下降,如果税收—福利体系名义上保持不变,那么住户负担的税负相对而言就会下降。

23.3.2.2.2 政策互换

与比较一个国家不同时期的政策影响类似的一个做法,就是所谓的政策互换,即在国家(B)模拟国家(A)的政策影响,来评估国家(A)的政策影响。同样从等式(23.3)开始,但是政策互换的目的不是比较不同的国家政策体制对同一群体和对原始收入分配的影响,而是比较一组特定"借入"政策对不同群体和不同收入分配的影响。一些研究主要是针对一个特定国家的几个替代体系的影响(单向互换),另一些研究主要针对双向互换,这些双向互换有时涉及两个国家以上的一系列互换。23.3.6 中将讨论这类研究的一些案例。p 的性质与各国原始收入的名义水平差异有关,而不是与随着时间变化的收入增长和税收参数、福利参数的相对变动相关。在保持原始政策一致性的时候也经常存在其他的复杂性,特别是进行多项成对比较的情况。目前的研究旨在保持参数值相对固定,如保持参数值与平均收入的相关性或为了保持预算中立。

23.3.2.2.3 基于微观模拟的指标

相同的框架可用于描述基于微观模拟的一些指标,旨在捕捉特定税收—福利体系的某些无法直接观测到的内在特征。23.2.2 中已经解释了这些指标的性质,我们在此将一些关键定义形式化。整体而言,这些指标可显示住户可支配收入(在特定的税收—福利体系中)如何对人们总工资收入和环境的变化做出反应:

$$\Delta y = y(c_B, x_B, m) - y(c_A, x_A, m) \tag{23.13}$$

用我们的符号,可将边际有效税率(METR)表示如下:

$$\text{METR} = 1 - [y(c, x + d, m) - y(c, x, m)]/d \tag{23.14}$$

其中,住户可支配收入的变化除以用于增加特定住户成员的总工资收入(x)的边际(d),产生一个相对测度。再用 1 减去这个相对测度就得出被征税的额外工资收入部分。

对于参与税率(PTR),工资收入(x)和其他住户特性(c)经过调整用于反映劳动力市场状态的改变,即从不工作或失业状态(A)改变为就业状态(B):

$$\text{PTR} = 1 - [y(c_B, x_B, m) - y(c_A, x_A, m)]/(x_B - x_A) \tag{23.15}$$

再用 1 减去相对收入变化,则可反映此边际的有效税率(注意该等式可进一步简化为 $x_A = 0$)。替代率(RR)可简单计算为失业可支配收入(A)与在职可支配收入(B)的比率:

$$\text{RR} = y(c_A, x_A, m)/y(c_B, x_B, m) \tag{23.16}$$

最后,只反映住户社会人口特性(c)变化的基于反事实的指标可计算为 $\Delta y = y(c_A, x, m) - y(c_B, x, m)$。例如,"子女抚养费"收入将显示有子女的住户($A$)相比没有子女的住户($B$)在住户可支配收入上的变化。

23.3.2.3 劳动力供给变化的分解

目前为止我们一直专注于政策变化的静态效应,因此,一般情况下反映住户特性变化的成分吞并了潜在的行为反应。我们目前在 Bargain(2012a)的基础上扩展之前的例子,明确地解释政策变化引起的劳动力供给调整的行为变化。为达到这一目的,我们对符号进行些许调整,将 x_k 改为 x_k^l,表示在政策体系 l 下具有基于劳动力供给选择特性 c_k 的人口的原始收入(如此,x_k^l 的意义和以前的 x_k 的意义完全一样,因而将其缩短为后者)。这可使"特性变化"这一项被进一步分成两个部分,即政策规则变化($A \rightarrow B$)后的劳动力供给调整以及人口结构变化 c 带来的其他效应(被假定为税收—福利政策至少在短期和中期变化的外生因素)。现在我们可以将住户可支配收入的总体变化表示为直接(或机械)政策效应、劳动力供给反应、名义水平变化和特性变化四个组成部分的总和。

通过分解等式(23.4),并将其与等式(23.3)合并,我们能够把行为效应分开,对比初始政策规则下有劳动力供给的可支配收入和新政策规则下有劳动力供给的可支配收入,用初始政策(y_A, pm_A)和起始阶段住户特性 c_A 将行为效应表示为:

$$
\begin{aligned}
\Delta y = & \; y_B(c_B, x_B, m_B) - y_A(c_B, x_B, pm_A) && \text{(直接政策效应)} \\
& + y_A(c_B, x_B, pm_A) - y_A(c_A, px_A^B, pm_A) && \text{(特性变化)} \\
& + y_A(c_A, px_A^B, pm_A) - y_A(c_A, px_A, pm_A) && \text{(行为效应)} \\
& + y_A(c_A, px_A, pm_A) - y_A(c_A, x_A, m_A) && \text{(名义水平变化)}
\end{aligned}
\tag{23.17}
$$

或用初始政策(y_A, pm_A)和结束阶段住户特性 c_B 将行为效应表示为:

$$
\begin{aligned}
\Delta y = & \; y_B(c_B, x_B, m_B) - y_A(c_B, x_B, pm_A) && \text{(直接政策效应)} \\
& + y_A(c_B, x_B, pm_A) - y_A(c_B, x_B^A, pm_A) && \text{(行为效应)} \\
& + y_A(c_B, x_B^A, pm_A) - y_A(c_A, px_A, pm_A) && \text{(特性变化)} \\
& + y_A(c_A, px_A, pm_A) - y_A(c_A, x_A, m_A) && \text{(名义水平变化)}
\end{aligned}
\tag{23.18}
$$

分解等式(23.8),并将之与等式(23.7)合并,行为效应又可用新政策规则(y_B, m_B)和起始阶段住户特性 c_A 表示为:

$$
\begin{aligned}
\Delta y = & \; y_B(c_B, x_B, m_B) - y_B(c_A, px_A^B, m_B) && \text{(特性变化)} \\
& + y_B(c_A, px_A^B, m_B) - y_B(c_A, px_A, m_B) && \text{(行为效应)} \\
& + y_B(c_A, px_A, m_B) - y_B(c_A, x_A, p^{-1}m_B) && \text{(名义水平变化)} \\
& + y_B(c_A, x_A, p^{-1}m_B) - y_A(c_A, x_A, m_A) && \text{(直接政策效应)}
\end{aligned}
\tag{23.19}
$$

或者行为效应又可用新政策规则(y_B, m_B)和结束阶段住户特性 c_B 表示为:[①]

---

① 与等式(23.4)和(23.8)相比,行为效应项和特性变化项简单地随 p(若具有同质性)缩小,所以我们省略了基于等式(23.5)和(23.9)的分解。

$$
\begin{aligned}
\Delta y = {} & y_B(c_B, x_B, m_B) - y_B(c_A, x_A^B, m_B) && \text{（行为效应）} \\
& + y_B(c_B, x_B^A, m_B) - y_B(c_A, px_A, m_B) && \text{（特性变化）} \\
& + y_B(c_A, px_A, m_B) - y_B(c_A, x_A, p^{-1}m_B) && \text{（名义水平变化）} \\
& + y_B(c_A, x_A, p^{-1}m_B) - y_A(c_A, x_A, m_A) && \text{（直接政策效应）}
\end{aligned}
\tag{23.20}
$$

下节将更详细地讨论行为建模,特别是劳动力供给建模。

23.3.3　建模行为变化

23.3.3.1　考虑个体反应

政策通过激励和约束对个人行为产生的影响是经济学的核心,行为微观模型是很有价值的工具,有助于我们深入了解税收—福利制度变化所引起的潜在行为反应,从而了解税收—福利制度变化对经济效率、收入分配和个人福利的影响(Creedy and Duncan,2002)。但重要的是,我们必须清楚二阶效应什么时候能够被忽视,什么时候不能被忽视。假设政策变化的影响对预算约束来说是微不足道的,那么要弄清改革对个体的影响,并不总是需要量化行为反应(Bourguignon and Spadaro,2006)。

当然,我们不可能事前判断出行为反应是否过大或者忽略不计,必须通过使用现有的证据,对相关背景进行分析,考虑该如何解释结果,在特定的基础上进行判断。若已知行为受限(如在失业率很高的情况下调整劳动力供给),则行为反应可能会被忽略,从收入变化(而不是从福利变化)来分析结果就足够了。如果像边际有效税率和参与税率等这样的工作激励静态指标受政策变化的影响很小,则可以假定受替代效应驱动的劳动力供给反应将很小。如果不论有还是没有建模行为反应,预期的收入变化都非常相似,那么鉴于行为建模中的误差和静态微观模拟估算本身的误差,费力建模行为响应可能并不值得(Puddy and Sutherland,1996)。

此外,明确相关时间段很重要。从政策制定的角度来说,对改革当年的收入分配和公共预算的影响往往很重要,大部分的税收和福利政策变化在此后逐年产生,会根据其必要性进行微调。一方面,人们需要时间来进行行为调整以适应变化的政策,部分原因是受到约束、调整成本以及缺乏信息或理解等因素的影响,这最明显地适用于生育率,但也适用于劳动力供给,特别是在一些体系中,直到年末(在劳动力供给决策已经执行后)才能获取政策规则的全部信息。另一方面,行为变化也可能在预期政策实施时发生,短期效应大于长期效应,这一点尤其适用于税收计划行为。例如,英国在 2009 年宣布 2010—2011 纳税年度针对高收入的最高税率将大幅提高后,那些将要支付额外税款并能够操纵其收入入账时间的人纷纷提前入账收入,导致 2009—2010 纳税年度的税收意外增加,在次年相应减少(HMRC,2012)。

在某些情况下,当考虑短期政策时,事后效应是最相关的,而均衡(或部分均衡)考虑并不是特别相关。如果因为改革势在必行,且需要迅速提供指示性结果,那么在没有已经估算和测试过的行为模型的情况下,带有适当"健康警告"的静态结果仍然比没有任何信息提供要更好。

但是人们普遍认为,依赖所分析的政策变化而忽略行为反应,可能对政策改革对收入分配和宏观经济后果的影响造成误导性估算(Bourguignon and Spadaro,2006),税收计划的例子也可以说明这一点。

还有一种极端情况是,在政策变化极大的情况下建模行为反应,对行为建模的实证基础提出了挑战。例如,用基本收入和单一税的组合方法代替现有的税收—福利体系,这样就没有低于贫困线的收入,这可能会导致许多行为方面的巨大变化,这些变化不太可能被传统上使用的劳动力供给模型准确地反映出来。

尽管在经济学中,行为建模的传统悠久,分析得最多的税收体系变化带来的行为反应与劳动力供给相关[始于 Aaberge 等(1995)和 van Soest(1995)的开创性贡献],也与项目参与相关(Keane and Moffitt,1998),相关文献不断增多,越来越丰富,其特点是计量经济学的复杂程度也越来越高。使用微观模拟模型进行研究的其他领域尚未呈现相同的发展水平,例如,研究税收政策对消费的潜在影响(Creedy,1999b;Decoster et al.,2010)、对储蓄的潜在影响(Boadway and Wildasin,1995;Feldstein and Feenberg,1983)以及对住房的潜在影响(King,1983),至少部分原因是缺乏合适的数据。

23.3.3.2 劳动力供给模型

文献中有一种共识,即使用(静态)离散选择模型来模拟个人劳动力供给对税收—福利体系变化的反应。① 此类模型属于结构性模型,原因在于它们通过效用函数的函数形式设定提供对收入和工时偏好的直接估算结果。离散选择模型属于随机效用最大化的这类模型(McFadden,1974),这类模型允许效用函数具有随机成分(通常遵循极值分布),从而影响每个选择的相关效用水平的最佳选择。

模型的离散选择特征源于这样的假设:追求效用最大化的个人和夫妻从所有工作时间组合中选择数量较少的一定组合,形成个人的工时选择集。选择集里的每个点对应一定水平的可支配收入,该可支配收入考虑了每个人的总工资收入(使用观测到的或预测的工资得出)、其他收入,以及考虑家庭的社会人口学特征的税收—福利微观模拟模型模拟的税收—福利体系规则。由复杂的税收—福利体系确定的非线性和非凸型预算集提供了识别模型本身的主要来源。基于 van Soest(1995)方法的大多数离散选择模型,假设相同的选择集已被定义并且可被每个人获取利用,那么对于每一个这样的替代选择,个体均具有大体相同的小时工资。Ilmakunnas 和 Pudney(1990)是文献资料中少见的例外之一,根据每个人提供的小时数允许每小时工资存在差异。Aaberge 等(1995)提供了一个更灵活的设定,根据工资率、工作时长和其他与工作相关的特征集合来定义个人所面临的不同选择。在不同选择方案中的同一个体的工资率可能不同,工作时间从观测到的分布中抽样,而且获得不同类型工作的可能性取决于个人和机构特征。

在不考虑计量经济学模型设定的情况下,样本通常被限定为可视作"劳动力供给灵活"的个人,以排除那些劳动力选择受到劳动力供给模型中不可被控制或不能被控制的因素影响的个人,这些因素包括残疾状况、教育选择、提前退休和自主就业状况。这代表着使用估算的劳动力供给响应来分析总体收入分配变化的限制,原因是对于未被劳动力供给模型覆

---

① 对建模策略文献的全面回顾见 Creedy 和 Kalb(2005)。

盖的个体,其行为被认为是无弹性的。在大多数应用中,家庭内的适龄工作个体可以彼此独立地改变他们的劳动力供给,考虑到配偶双方的收入受到集合收入约束的影响,家庭层面的效用最大化符合住户行为的单一模型。Blundell 等(2007)提供了一个在集体环境中的劳动力供给结构模型的例子,但不包括税收影响。

图 23.4 描述了标准劳动力供给模型的主要组成部分,该模型使用静态税收—福利算法为劳动力供给估算生成输入数据并评估劳动力供给对政策改革的反应。

在改革前(图 23.4 左半部分),劳动力供给模型估算的是预算集,提供对收入偏好和工时偏好的直接估算。在改革后(图 23.4 右半部分),每个家庭的新预算集由税收—福利模型推导得出,通过应用模拟改革后的新税收—福利规则而得出。假设个人随机偏好具有异质性,可观测偏好不会随时间的改变而改变,改革前的劳动力供给估算用于预测劳动力供给效应和模拟政策改革的第二轮再分配效应(把劳动力供给反应考虑在内时)。这些效应可能来自一个迭代过程,该过程通过调整政策参数来确保在考虑把劳动力供给反应及其对税收和福利支出的影响的情况下实现收入中立。

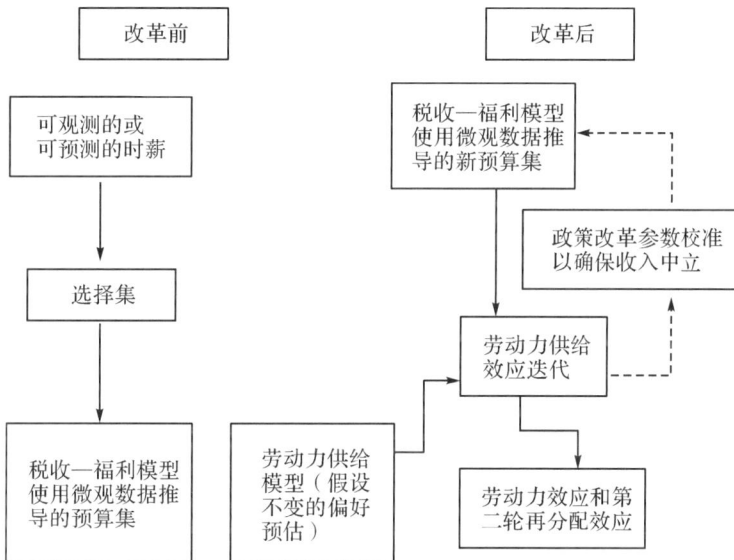

图 23.4　行为税收—福利模型和基础数据

离散选择行为模型的应用研究太多,本书的调查无法穷尽。许多应用研究专注于特定税收—福利政策的潜在效应(各国的在职福利影响分析的有关综述见 Brewer et al.,2009),基于微观模拟模型的劳动力供给模型提供了可用于其他税收政策研究的劳动力供给弹性(如 Immervoll et al.,2007)。Bargian 等(2014)使用 EUROMOD 和 TAXSIM 第一次提供了包括17 个欧盟国家和美国的大规模国际劳动力供给的弹性比较。使用协调方法提供的结果,比使用不同数据、微观模拟模型和方法选择可能产生的测量差异结果更稳健。图 23.5 显示了单身人士和夫妻中的一方各自的估计薪资弹性,表明税收—福利改革对劳动力供给产生潜在影响,从而对收入分配产生潜在影响,虽然不同国家之间的差异比之前的研究得到的差异结果更小。Bargain 等(2014)说明了劳动力供给弹性如何随着收入水平变化而变化,这对分析税收—福利改革内在的公平—效率平衡具有重要意义。为此,劳动力供给模型可用于估算最优税收问题,可根据各种社会福利标准在收入中立的约束条件下,对最优所得税规则进行实证性鉴定(Aaberge and Colombino,2013)。

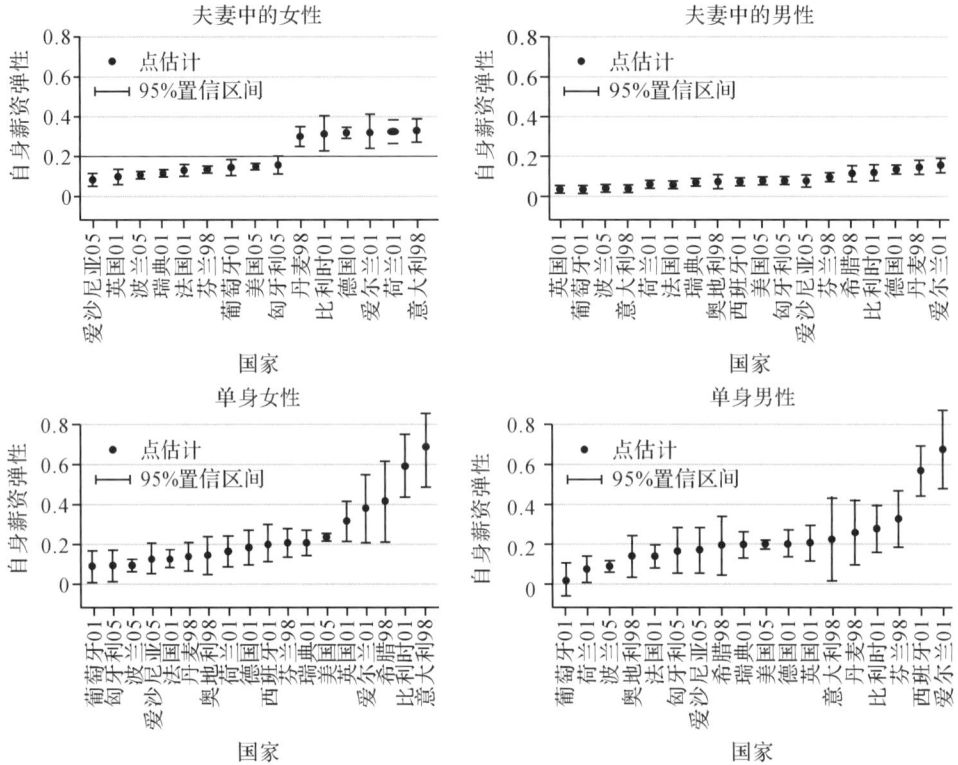

图 23.5 欧洲和美国:自身薪资弹性

资料来源:Bargain 等(2014),使用 EUROMOD 和 TAXSIM 模型。

劳动力供给模型的快速传播,不再局限于学术范围,而是越来越多地用于为政策权衡提供信息,同时也在不断完善计量经济学模型设定。但我们仍需进一步改进该模型,以便模拟劳动力市场均衡,使其可以作为政策模拟的结果出现(Colombino,2013),仍需进一步考虑需求方面的限制(Peichl and Siegloch,2012),利用可获取的微观数据的纵向维度来避免劳动力供给估算可能因个人未观测到的特性而出现偏差,并且能考虑到国家对劳动力供给行为的依赖性(Haan,2010)。

23.3.4 微观经济效应

在静态微观模拟模型的基本应用中,劳动力市场条件和市场收入水平均来自未经进一步调整的基础数据。但是,由于政策、经济和制度的变化,这些条件可能会发生变化,为了评估宏观经济变化的社会效应,我们有必要考虑税收—福利体系与劳动力市场的新条件以及其他广义宏观经济效应之间的相互作用。一方面,微观导向政策由于微观—宏观反馈,可以产生第二轮效应,例如慷慨的收入支持计划能对劳动力市场和储蓄行为产生影响;另一方面,如果要理解改革对政治经济的潜在影响,则需评估宏观导向政策或外部冲击具有的再分配效应(Bourguignon and Bussolo,2013)。

在政策变化的情况下,微观模拟可以从两个方面提供见解。第一,它能及时提供事先评估,揭示(无论是实际的还是假设的)宏观经济变化对个体如何产生影响。第二,它还能用于开发一个反事实的场景,理清若没有宏观经济冲击的特定组成部分,事后会发生什么。但是为了反映宏观经济冲击对收入分配的影响,微观层面的局部均衡设置可能太有限。因此,我们有必要弄清税收—福利体系分别与微观层面观测到的人口异质化以及由于政策改革或外生震荡对经济基础造成的宏观变化之间的相互作用。①

近些年来,越来越多的文献资料探索了将微观模型和宏观模型[通常属于计算广义均衡(computational general equilibrium,CGE)模型类]连接起来的不同方式,但是构建一个全面的政策导向的微观—宏观经济模型仍然面临着许多挑战性问题。虽然现在很常见的是宏观模型中使用从微观数据中分解出来的信息(使用行为模型的参数或 CGE 模型中微观模拟模型模拟的有效税率),但很难看到完全开发的微观模拟模型与宏观模型的集成。对不同方法的精彩回顾可参见 Bourguignon 和 Bussolo(2013)。

将微观模型和宏观模型相结合的最简单且使用最广泛的方法是自上而下的方法。Robilliard 等(2008)提供了一个将微观模拟模型与标准多部门 CGE 模型循环结合的示例,该例子不仅专注于劳动力市场,并且强调在支出方面考虑个人消费行为的异质性。第一,宏观模型预测如价格和薪资的新向量等连接变量以及宏观经济冲击或新政策造成的总体就业变量。第二,微观模拟模型形成与宏观模型总量一致的新的个人工资收入和就业状态变量,从而模拟新的收入分配。在这种自上而下的方法中,没有具体考虑个人面临新形势下的潜在宏观反馈效应,只能将代表性住户情况嵌入宏观模型,但这依赖个人层面的行为聚合,因此这种方法只能提供外生(政策)变化的第一轮效应。Bourguignon 等(2005)在微观模拟模型中包含个体对宏观模型的预测价格变化的行为反应,来扩展自上而下的方法。

相反,自下而上法在微观水平上模拟了政策改革引起的个人行为变化,然后为了分析对经济的整体效应,将变化总量作为外生变量输入宏观模型。但这种情况忽略了从宏观模型回到微观经济行为的任何反馈效应(Brown et al.,2009)。

我们通过一系列迭代将两种方法结合起来,能给出更完整的递归方法,一直到实际上没有更多调整可被观测到,以便考虑在其他情况下可能被忽略的反馈并达到完全集成的宏观—微观模型。在该模型的宏观部分,住户部分不是由少数代表性住户给出的,而是由代表整个人口的微观住户样本提供的。Aaberge 等(2007)整合了劳动力供给微观模拟模型和 CGE 模型,以评估挪威人口老龄化的财政可持续性。Peichl(2009)使用相同的方法评估了德国的单一税改革。

考虑到开发完全集成模型所需的努力,选择某个适当的方法取决于手头的研究或政策问题,更多简约模型可以在许多情况下完成工作。尽管如此,Orcutt 等(1967)提出的微观—宏观完全集成模型仍是一个非常强大的工具,用以建立考虑到微观和宏观层面之间的反馈

---

① 在发展中国家,这一点的相关性较低,在这些国家,社会支出效应在形成收入分配方面比税收—福利体系作用更大,但是由于成熟的福利国家和新兴国家越来越多地使用有条件现金转移计划,这一问题不容忽视。

效应的反事实场景,也用以理清特定宏观变化对个人资源的影响,从而了解宏观变化对收入分配的影响。

23.3.5 预测收入分配

使用微观模拟预测收入分配是因政策制定者需要而推动的一个工作领域,政策制定者需要了解有关贫困、不平等以及政策效应的最新估算,而由微观数据直接提供的估算通常两三年就会过时。

如果要将收入分配指标纳入对经济和社会状况的评价,同时与可更及时获取的总体经济指标一起进行评估,那么这种需求就显得尤为迫切(Atkinson and Marlier, 2010; Stiglitz, 2012)。此外,为了未来能实现社会目标而设定目标的做法正变得越来越普遍。尤其是欧盟在贫困和收入分配方面设定欧洲2020年贫困和社会排斥风险的目标,发展中国家通过联合国千年发展目标消除饥饿和赤贫。对当下情况的预测,又称"现时预报",是很有价值的指标,可测量向相关目标移动的方向和程度以及预报在未来某个时间点达到目标(预测)。

预测收入分配的方法也依赖分析的时间框架。现时预报和预测的方法存在显著差异,后者必须依赖关于经济、人口状况以及政策演变的假设或其他预测,而不是取决于最近的指标、数据和已知的政策参数,但是,两种方法在技术选择上是相同的。在依次讨论这两个时间框架之前,下一小节将讨论一个关键问题:如何建模劳动力市场状态的变化。

23.3.5.1 建模劳动力市场状态变化

为了反映经济状态外生变化对收入分配的影响,我们可以在微观层面实施两种技术:一种是重新加权数据(Creedy, 2004; Comulka, 1992; Merz, 1986),另一种是对个人层面从一种状态转换到另一种状态进行建模(Fernández Salgado et al., 2014)。

第一种方法即重新加权法十分常用,因为执行起来相对简单,测试其他设定的影响也较为直接。例如,为模拟失业率上升(Immervoll et al., 2006b),在调查时,必须增加失业人员住户的调查权重,减少其他类似住户的权重,以便使人口统计特征和住户结构在其他相关方面保持不变。为了分析税收和转移系统在经济危机中作为自动稳定器的有效性,Dolls 等(2012)按此法在19个欧洲国家和美国模拟了一个假设的失业冲击。

但是,重新加权法的主要缺点是,在劳动力市场快速变化的背景下,将"旧"失业者(在原始数据中)的特性分配给"新"失业者(对应于当前时期)。如果数据中的失业者长期失业,那么这将低估获得失业保险福利的新失业人数,而失业保险福利在大多数国家是有时间限制的,还会高估失业率降低收入的程度。此外,失业冲击可能对某些行业和职业造成的影响大于其他行业和职业。

重新加权法的另一个缺点是可能导致某些观测结果的权重过高,这可能会扭曲那些不受控制的影响维度的模拟结果。此外,虽然替代公式对实证结果的影响很容易探讨,但评估权重自身的统计特性和可靠性远没有那么简单,因为对于满足校准约束的任何一组权重来说,总是存在其他不能满足的权重(Gomulka, 1992)。

此外,重新加权不允许建模者考虑个人状态变化与不同税收—福利工具变量之间的相互作用。例如,分析福利制度在多大程度上抗衡失业者的收入损失,而不是在总体收入水平上的平衡。第二种方法涉及对个体层面的转换进行显式建模,利用发生在既定维度的变化的外部信息,可以实现上述这一点。原则上,受影响人群的全面相关特性均可以考虑进来。显式模拟能详细反映税收和福利政策对那些状态转变的群体产生的具体影响。换句话说,它允许生成准"面板数据",跟踪既定变更前后的同一个体,弄清若未发生变化可能会出现什么情况,强调税收—福利体系与个体的社会人口学特性之间的相互作用。

Fernández Salgado 等(2014)根据该方法模拟六个欧洲国家在经济大萧条开始时从就业到失业的个人状态转换情况,预测失业人员的住户收入受到宏观经济冲击的后果,预测中考虑到税收—福利体系的直接缓冲效应以及税收—福利体系如何依赖其他住户成员的市场收入和个人/住户特性。冲击前后的收入对比提供了一种方法来对税收—福利体系进行压力测试,以评估福利国家的相对弹性和绝对弹性。

目前,很少有研究在重新加权法与个人状态转变的显式模拟之间进行系统性比较。Hérault(2010)以南非的数据为基础使用两种方法对结果进行了对比,结论是"当数据或时间约束不允许使用行为方法的时候,当个人层面的就业和失业状态转变矩阵不是必要信息的时候,重新加权法是一个很好的选择"。

23.3.5.2 现时预报

多年来,税收—福利微观模拟模型被用来模拟最新政策的影响,因此对政策改革的事前分析可以将当前形势作为起点,这时有必要输入更新的微观数据,以反映当前的经济和社会状况,其复杂程度可以根据当前待解决的具体问题以及微观数据的参考期与政策的参考年之间有关维度的变化大小来确定。我们通常会使用适当的指数来更新原始收入的数据信息,也可以对样本进行重新加权以解释某些人口统计和经济变化(见 23.3.5.1)。根据调整后的人口特性、更新后的原始收入以及使用现行规则模拟出的税收和福利,来模拟住户可支配收入的分配情况,被认为是对当前收入分配的合理呈现。[①]

但是,在飞速变化的时代,有两个因素表明这种方法可能不够充分。第一,简单的重新加权通常不能准确地反映重大变化,并且收入增长可能在均值附近变化很大,需要采用分解方法。最明显的是,当经济衰退和失业率突然增加时,具有不对称效应,或者就业率突然上升时,典型情况是整个群体受到的影响是不均衡的,上述情况是适用的。第二,在快速变革或经济危机时期,政策制定者尤其需要了解收入分配的最新变动和最新情况,而不是几年前的数据,上述情况也适用。它还适用于经济增长的时期,政策制定者关心此时经济落后的一些群体。此外,在经济危机、财政刺激或财政巩固时期,政策制定可能会在重塑收入分配中发挥极其重要的作用。微观模拟方法的特别优势在于,它可以反映直接影响住户收入的一揽子政策的组成部分所产生的具体影响以及它们与不断变化中的市场收入之间的相互作用。在快速增长期,财政拖累通常会产生分配后果(见 23.3.2.2),如果政策制定者希望阻止相对贫困加剧,就必须预见到这一点(Sutherland et al.,2008)。

借用宏观经济学中的术语现时预报(例子见 Banbura et al.,2011),使用扩展改良的微观模拟方法集结合及时的宏观经济统计数据,就能够在通常已经过时两年或更长时间的住户

---

① 例子见 Redmond 等(1998)、Callan 等(1999)。

收入微观数据的基础上,估算当前的收入分配。这些方法包括:(a)更新市场收入,将数据收集当年的收入更新为当前(或最新)的收入,使用这些统计数据所允许的尽可能多的分解并且根据宏观层面的预测或假设从最新到"现在"已发布的指数来完成;(b)模拟收入数据收集年度的与当前现行的收入数据之间的政策变化;(c)调整数据以说明数据收集年度与最近获得信息之间实际劳动力市场变化的重要维度;(d)调整数据以考虑数据收集年度和"现在"之间的实际和预计的人口统计和其他组成变化(如住户组成)。[1]

de Vos 和 Zaidi(1996)早期尝试过使用这些方法更新英国的贫困统计数据。最近,这些方法已被用于现时预报爱尔兰危机的政策效应(Keane et al.,2013),用于研究希腊危机的分配效应(Matsaganis and Leventi,2013),用于现时预报爱尔兰(Nolan et al.,2013)、英国(Brewer et al.,2013)和意大利(Brandolini et al.,2013)的收入分配。利用 EUROMOD(Navicke et al.,2014)[2],该方法还被用于现时预报八个欧盟国家的贫困风险。

利用经济大萧条之前的数据来预测在经济大萧条中(或大萧条即将结束时)收入分配的所有研究,面临的一个关键问题是以足够的精确度来反映劳动力市场的变化,这在就业率上升期间同样适用。上面引用的大多数研究使用重新加权来调整人口和劳动力市场的变化,Navicke 等(2014)的研究是一个例外。该研究在保持人口因素不变的同时,使用对劳动力市场转型的显式模拟,反映在相关时期内八个国家的非常具体且富于变化的失业率。该方法以 Figari 等(2011c)使用的方法为基础,利用劳动力调查(LFS)统计数据根据个人特性来建立每种类型要求的转换数量。微观模拟模型(在本例中为 EUROMOD)则从输入数据库中具有这些特性的可用人员库中进行选择,并相应地更改其状态。例如,通过估算那些从就业转到失业的人员获得失业福利的资格和权利,来模拟收入说明新的状态。

23.3.5.3 预测

虽然现时预报可以利用最近的经济和劳动力市场状况指标,并且通常仅向前推进几年,允许缓慢变化的因素如人口构成保持不变,但是预测必须依赖其他模型的假设和预测以及时投射未来。从这个意义上说,它们通常被认为能更好地反映特定经济/人口情景对收入分配的影响。例如,Marx 等(2012)探索了完成 2020 年欧洲就业目标对贫困风险和社会歧视指标的意义,发现新就业的组成是个关键因素。World Bank(2013)使用类似的方法探索了完成东欧国家贫困指标教育和就业目标的意义。这两种情况都没有使用税收—福利微观模拟,并假定税收—福利和基础微观数据的影响是一样的。这一点具有合理性,因为未来政策改革难以预测。但是,该方法忽略了社会人口、劳动力市场特征与税收—福利体系之间的交互作用。微观模拟能考虑到这些因素,甚至假设税收—福利政策结构保持不变,收入水平和税收—福利参数之间的关系不变,有助于获取政策对变化的市场收入产生的自动效应。

23.3.2.2 中已进行过解释,对当下政策指标化的假设能对分配结果产生重要影响,意识

---

[1] 一些研究也进行与预测期内政策效应相关的具体数据调整,如提高领取养老金的年龄(Brewer et al.,2011)。

[2] 美国也有兴趣预测当前的指标,使用基于州级当前和滞后经济指标以及福利领取统计数据,利用简单计量经济学模型对儿童贫困进行现时预报(Isaacs and Healy,2012),这是一种可行的方法,而不是使用微观模拟,因为美国的贫困线不像欧盟那样取决于收入分配,福利领取数据本身就是贫困的良好指标,但欧盟或经合组织其他成员国的情况并非如此。

到这一点很重要(Sutherland et al. ,2008)。在一些情况下,对政策的可能演变了解充足,预测中已包含酌情考虑的税收—福利改革的影响以及住户情况变化的自动效应。在英国,不仅政策改革通常会提前数年宣布,而且指标化假设的详细信息也可获取,这些假设构成官方公共财政预测(HM Treasury,2013;表 A1)以及对增长和通货膨胀定期的详细预测(OBR,2013;表 2.1),两个预测可一起用作基准假设,用于定义预测年的政策。Brewer 等(2011)将各类假设、重新加权和税收—福利模拟相结合,预测了 2020 年儿童贫困情况。该方法不仅提供预测(在这一案例中,根据假设,英国将无法完成 2020 年儿童减贫目标),而且可以(通过敏感度分析)识别出预测的驱动力。此外,它还能进行"需要采取什么措施?"的分析,就改革措施和其他变化需要怎样结合方可以达到目标给出建议。

23.3.6 使用微观模拟进行跨国对比

政策影响的跨国对比自然增加了单个国家可讨论问题的价值,因为更广阔的视角有助于提供尺度和比例的意义,为评估结果的稳健性和得出结论奠定了基础。此外,在同一分析框架下讨论一些不同国家的情况就像在"实验室"做实验,分析不同背景下相似政策的影响或者分析具有共同目标的不同政策的影响(Sutherland,2014)。对比也可有不同的形式,第一种方法是对不同国家的不同政策或政策改革进行并行分析。Bargian 和 Callan's(2010)对法国和爱尔兰的分解分析是一个例子,另一个例子是 Avram 等(2013)针对九个国家分析了特定时期财政巩固措施的分配影响。

第二种方法是对比共同的假定政策改革对数个不同国家的影响,突出特定政策设计和人口特征以及经济状态之间的交互作用的关联性,设计的"改革政策"通常是为了凸显它所替代或补充的现有国家体系特点。例子包括 Atkinson 等(2002)、Mantovani 等(2007)的最低保证养老金,Levy 等(2002)的全民子女福利,Callan 和 Sutherland(1997)的基本收入,Bargain 和 Orsini(2007)以及 Figari(2010)的工作福利,Matsaganis 和 Flevotomou(2008)的全民住房转移,Figari 等(2012b)的估算租金税,以及 Paulus 和 Peichl(2009)的平头税。若需在工资水平不同的国家产生相同的效应,改革政策在某种测度上有必要分层,这类分析通常会变得复杂化,原因是需要考虑如何将改革政策和现有国家政策整合起来,考虑到各国的起点不同(如税收体系中对养老金的处理方式可能不同),其净效应也不同。

23.4.3.2.2 中介绍的第三种方法是把各个国家的政策进行互换,探索在不同人口和经济背景下政策效应的差异。这种实施"政策学习"试验的例子包括比利时和荷兰的失业福利有效性对比(De Lathouwer,1996)以及对子女和住户的公共财政支持的有效性研究:Atkinson 等(1988)对法国和英国的研究,Levy 等(2007b)对奥地利、西班牙和英国的研究,Levy 等(2009)对波兰、法国、奥地利和英国的研究,Salanauskaite 和 Verbist(2013)对立陶宛、爱沙尼亚、匈牙利、斯洛文尼亚和捷克的研究,Popova(2014)比较了俄罗斯和四个欧盟国家。

原则上,政策互换研究能通过并行使用一个国家微观模拟模型的集合来完成。但是 Callan 和 Sutherland(1997)发现建模并得出可比结果的任务难以完成,即使是两个相对来讲(大体上)相似的国家(爱尔兰和英国),这说明将 EUROMOD 建成一个覆盖所有欧盟国家的多国家模型是合理的(见专栏 23.1)。

当然,除了一些例外,上述许多研究利用了 EUROMOD。跟预期一样,利用 EUROMOD 极大地增加了跨国的可比性(尤其是使用概念的可比性),有利于使用共同的编码规则和政策互换机制实施相同的改革(将国家 A 的编码政策运用于国家 B)。EUROMOD 的设计尽可能地最大化灵活性,可对政策模拟在不同方面形成的跨国对等性进行大量的假设。一个例子是对未享用福利的处理(见 23.4.2 部分),另一个例子是每年政策的缺省指标化(见 23.3.2.2 部分)。因此,政策互换不是一个机械过程,每一次实施时需要考虑从其他国家"借入"政策的哪些方面(以及驱动政策影响的假定),现有当地情况需要保留哪些方面,每一步实施都有自身的动机和相应的决策。

在此,我们将列举两个实证案例。第一个是 Avram 等(2013)使用 EUROMOD 进行的跨国并行对比分析,比较了金融和经济危机之初到 2012 年期间九个欧洲国家财政巩固措施的分配影响。图 23.6 显示了(模拟)2012 年不同收入分配措施造成的平均住户收入的比例变化,这些措施包括增加所得税和社会保险份额,减少公共养老金和其他现金福利以及减少公共领域支出的不同组合。

相对于单个国家研究而言,图 23.6 有四点十分突出,显示了此类跨国比较的附加值。第一,各国间的政策影响差异程度大(注意不同国家图表的绘制比例不同,格网间距统一为两个百分点),从意大利平均收入下降 1.6% 到希腊平均收入下降 11.6%。第二,不同国家政府对使用哪些政策工具的决定不同。第三,特定变化的发生率未必会与先验预估的一样。例如,和先验预估的一样,提高所得税对许多国家造成的影响大体相当,只是在西班牙和英国,影响主要集中于高收入住户。拉脱维亚(双亲分摊)福利减少的目标群体是富裕住户。第四,总体分配效应各有不同,希腊、西班牙、拉脱维亚和英国有明显进步,爱沙尼亚有明显退步。

第二个例子有关政策互换,其显示与 2005 年的实际体系相比,波兰的一系列子女和家庭税收—福利政策会对子女贫困产生什么影响,包括 2007 年引入的改革以及奥地利、法国和英国的子女和家庭支持体系的按比例缩减版提供的多种收入中立选择(Levy et al.,2009)。如图 23.7 所示,任何替代政策体系在子女减贫工作上做得都比 2007 年的实际改革要好(成本相同),从这方面来说,法国和英国的体系表现得尤为突出。

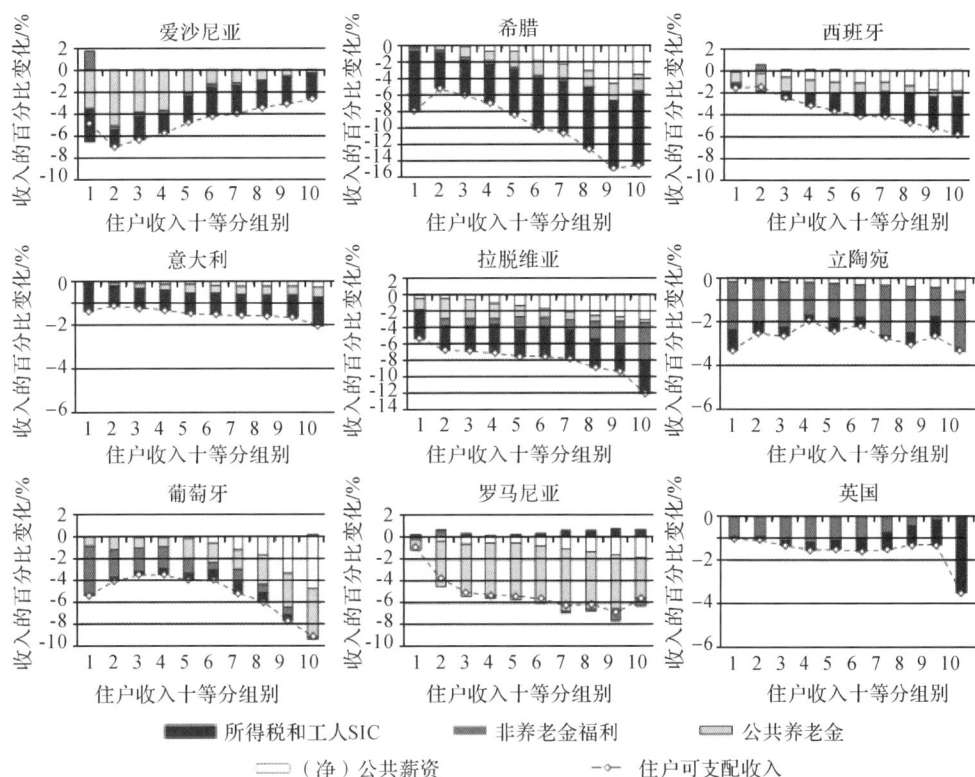

图 23.6　因 2008—2012 年财政巩固措施,住户收入十等分后各组住户的可支配收入百分比变化

注:2012 年在缺少财政巩固措施的情况下,十等分组别以等分住户可支配收入为基础,构建时使用已修订的 OECD 同等比例根据住户规模调整收入。收入最低群体标为"1",收入最高群体标为"10"。图制作比例各有不同,但网格间距是相同的。

资料来源:Avram 等(2013),使用 EUROMOD 模型。

除了 EUROMOD,我们还建立了其他的多国倡议并使用微观模拟模型,包括拉丁美洲项目,即在巴西、智利、危地马拉、墨西哥和乌拉圭(Urzúa,2012)使用一系列软件和方法建立不同的独立模型。WIDER 项目为十个非洲国家建立了可在网站上获取的简化模型。据我们所知,上述模型组合中没有哪一组实施了相同改革或政策互换影响的跨国对比。相反,巴尔干半岛国家正在进行合作,利用 EUROMOD 平台建模,目的就是利用这些模型进行跨国对比研究。塞尔维亚的 SRMOD 模型是这一过程中完成的第一步(Randelović and Rakić,2013),接下来就是马其顿 MAKMOD 模型(Blazevski et al., 2013)。相似的还有南非的 SAMOD 模型(Wilkinson,2009),也使用了 EUROMOD 平台(Wilkinson,2009),纳米比亚采用了它的姐妹模型——NAMOD 模型,它们具有一个相同的目标,即"借鉴"已经在南非取得成功的政策建模(Wright et al.,2014)。

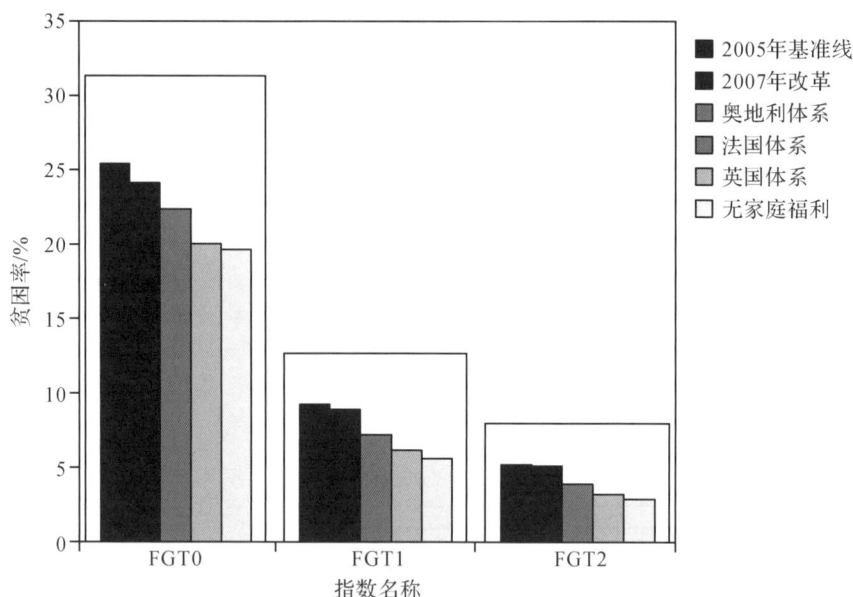

图 23.7 波兰替代税收—福利策略下儿童贫困情况

注:测量贫困时,使用 FGT 指数,将住户可支配收入中值的 60% 作为贫困线。

资料来源:Levy 等(2009),使用 EUROMOD 模型。

23.4 挑战与局限

23.4.1 模拟收入、记录收入和宏观统计学数据之间的协调统一

使用调查的微观数据来分析政策和收入分配出现的一个常见问题就是,汇总值(如总工资或收入所得税)与国民核算或其他宏观经济统计来源的估值存在出入,这一问题也出现在基于调查数据的微观模拟研究中,只有一个例外。若调查中存在这些来源收入低报的问题,那么与收据记录的信息相比,税收—福利模型对福利权利的估值与行政核算总值更匹配。

本书第 11 章阐释了住户调查和国民核算统一性问题。本章的重点有所不同,但同样与实证结论的合理性和可用性有关。也就是,模拟的收入分配与直接使用基础调查(或登记)的微观数据测出的收入分配不一致。通常情况下,使用相同的微观数据以及相关政策年度情况,用微观模拟估算出的收入不平等在数值上更低。针对未享用福利和逃税情况进行的模拟调整在某种程度上减少了这种差距,这些问题的相关讨论见 23.4.2 部分。但是,这些解释并不全面,显然不同国家的诱因各有不同。的确,在一些国家,对于特定的数据集和政策年,差别很小,例如,Figari 等(2012a)使用 EU-SILC 和 EUROMOD 的数据,显示在四个欧盟国家情况都确实如此,但情况并不总是或经常是这样。模拟估算值与记录的估算值之间的协调统一是建立税收—福利模型和验证调查的微观数据的重要步骤。

如上所示,有证据显示,与行政统计数据相比,一些调查少报了一些重要的现金福利接

受者。① 若差异原因是福利获得者未能据实汇报收入来源,那么模拟福利的表现可能会更好,这通常会使底层群体的分配收入更高,并表明调查高估了收入不平等程度。英国的相关案例见专栏 23.2。

专栏 23.2 英国的福利获得者:比较微观模拟估算与调查结果和行政统计数据

英国家庭资源调查(Family Resources Survey, FRS)数据,是英国所有主要税收—福利模型的输入数据,被低估的福利中,仅养老金福利就被低估约 30%,具体见表 23.1。② 基于相同的数据使用英国的 EUROMOD 成分模拟出的养老金福利差异减少了一半。该模拟通过对各个福利和福利获得者群体进行估算,解释了福利未获取现象。在住房福利中,模拟值与行政数据值比较接近,差异仅为 2%,而调查数据显示的差异为 19%;在工作所得税扣除中,模拟值与行政统计数据的差异更大。近年来,是否有权获取福利的主要依据是一年内从事低薪工作,使家庭能够在短期内满足工作税收抵免的资格要求,但基于当前的收入和情况的模拟无法将这些情况反映出来。对表中的另外两种福利,EUROMOD 给出了高估的情况。对于子女课税扣除受益者的高估情况,行政统计数据中不包含一些收入福利的长期获得者,这在某种程度上可以提供一定的解释,这些长期收入福利获得者的子女课税扣除仍有待于纳入课税扣除体系。大多数模拟和非模拟的福利都包含在市政税收福利的家计经济情况调查之中:高估的情况可能是因为一些非模拟福利被低报,课税扣除情况也被低估。

显然,模拟福利领取情况本身不是解决之道。全面的协调统一需要考虑其他特定的福利因素。

表 23.1 2009—2010 年税收年中所选英国福利获得者的数量:
估算数据来自家庭资源调查(FRS)、EUROMOD 和行政统计数据

福利	FRS/千人	EUROMOD /千人	行政统计数据/千人	FRS 与外部数据比	EUROMOD 与外部数据比
工作课税扣除	1800	1615	2240	0.80	0.72
子女课税扣除	3700	4951	4090	0.90	1.16
养老金福利	1800	2337	2580	0.70	0.85
住房福利	3700	4474	4550	0.81	0.98
市政税收福利	5100	6331	5570	0.92	1.14

资料来源:EUROMOD 版本 F6.20,针对未使用福利进行了调整且使用的 FRS 中 2009/2010 年收入数据更新至 2010—2011 年。

美国在更大范围的调查中也发现,与行政统计数据相比,家计经济调查补贴福利获得者的报告人数存在不足(Meyer et al.,2009)。Wheaton(2007)使用微观模拟计算福利获得权利,然后校准获得者数量,以使该数据和行政统计数据相匹配。因为使用了正在讨论的模

---

① 将调查数据和行政收入数据来源结合起来的更为广泛的实践将有助于减轻这一问题。
② 调整未居住在英国私人家庭的福利获得者的行政统计资料后的养老金福利。

型,所以估算的减贫幅度大大增加。

但是,如专栏 23.2 所示,福利收入低报可能并不是问题唯一的导火索。若调查结果不一致的部分原因是福利获得者更有可能不参与调查,那么不可能单靠资格和权利的微观模拟来解决这一问题,福利获取估算情况仍将和行政统计信息不匹配。在这种情况下,如果可以识别出与福利领取相关的特征,并且有外部信息可以控制过程,则重新计算调查权重(包括对与福利领取相关且在调查中未得到充分显示的特性进行控制)在理论上可以提供一种解决方案,但事实并非经常如此。

每一个模拟收入成分出现差异的可能原因有很多,本章将会以所得税为重要案例进行讨论。首先,所得税的调查数据时间可能不是当下年份,或者只考虑了代扣所得税。其次,调查总收入(和相应税收)可能是通过纯收入进行估算的(见 23.2.1),但由于无法获得详细的相关记录,因此很难保证估算的质量和持续性与税收—福利模型计算出来的一致。我们或能预测,这些数值和财政数据间也会出现偏差。进行此类比较,需考虑国家特性,包括税收结构和管理的性质以及调查中提出的问题,比较的性质和得出的结论二者均取决于能否获取微观水平的财政数据以及这些数据与调查数据是否匹配。此外,财政数据无法提供一个完全可靠的基准,特别是在财政数据以行政数据样本为基础,或者生成这些数据的行政过程是不全面或不一致的情况下。我们在附录 B 中提供了一个基于已公开的英国财政统计数据表的案例分析。

在财政数据的信息含量方面,所得税的微观模拟估算可能出现高估或低估的情况。例如,由于构成课税基础的市场收入被低报或者调查没有充分显示高收入的纳税人,所得税可能会被低估。这种情况下,有时可借助财政数据通过使用收入分配上层群体的膨胀收入来调整收入分配估算。(据我们所知)英国税收—福利模型没有使用相同的调整,英国就业和养老金事务部(DWP,2013)发布的贫困与收入分配的官方估算便是这种情况。相反,法国的 TAXIPP 模型结合了微观数据和各种来源的统计数据作为输入数据库,其中包含具体的高收入信息,用于准确地反映收入分配的上层群体信息,尤其是这部分群体的纳税信息(Bozio et al.,2012)。

所得税可能出现高估的原因在于逃税没有被建模(见 23.4.2),或者无法对一些税收减免规模和常见规避措施进行建模或测量。相对于其他模拟的应纳税收入组成,所得税也可能会出现高估或低估的情况。有可能会发生各种因素结合的情况,实际上,有可能出现模拟税收总和与来自财政数据的税收总和匹配良好,而模拟的纳税分布与来自财政数据的分布截然不同(案例见附录 B),同时税收总和也有可能与财政数据模拟税收总和不匹配。此外,根据财政数据估算的收入总和及纳税金额由于逃税问题也可能会出现差错。

收入评估的时段也很重要。收集当下收入的调查(如英国)使用的是为期一个月的参考时段,模拟所得税必须假设全年月收入相同,而且无法识别不足一年的税收金额情况。但是,对于只有部分年收入的人来说,他们在调查中报告的纳税数据,已经按照部分年收入的实际情况进行调整,至少在原则上显示会相应地低于或高于模拟纳税支出。对英国来说,收集短期当下收入非寻常之举。大多数调查都涉及(上年)年度收入,这是税收金额计算的恰当参考时段。但是,该时段也必须用于模拟社会帮扶和其他低保福利的收入评估,而这些福利的相关时段一般远远不到一年,这会导致模拟中获取福利的住户数量少于数据显示的数量。

一般来说,模拟的作用与基础微观数据的作用相当。同时,在有必要进行模拟的情况下,模拟的作用也相当于在缺少所有必要信息时必须进行估算和调整的作用,这反过来又取决于国家福利和税收体系的具体细节以及数据的质量。在某些情况下,我们有必要进行校准和重新加权以调试模拟收入分配的基准线及收入组成成分,最终使之与直接调查的数据信息相匹配。但是,该方法通常会扭曲对政策改革带来的变化的估算结果。一个更好的方法就是试图理解每个问题的根源,在所有政策情景中,进行透明假设的同时,采取连贯一致的调整。这不仅强调验证和调整的重要性,而且显示记录过程的重要性,这样模型使用者和模型应用的解读者能够基于手头的研究问题自行进行评估。

23.4.2　福利未领取与未依法纳税建模

福利未领取和未依法纳税现象带来了一个特殊的挑战。[①] 关于这些现象,没有自然数据源能提供详细信息,且需要根据特定背景一一建模。解释税收—福利模型的福利未领取和未依法纳税行为十分重要,因为事关财政总额估算(总福利支出和税收收入)。但更重要的是,它能以不同的方式影响到收入分配的各个组成部分。此外,福利领取和依法纳税行为更可能受到税收—福利改革的影响,因而本身就是分析的内生因素。只要各国未领取和未依法纳税现象的盛行情况和模式不同,那么即使微观模拟通常都假设不存在福利未领取和未依法纳税的情况,结果也不可能保持一致,因而对跨国对比来说也有重要影响。

福利未领取指的是有资格领取一定福利的人因为各种原因未能成功领取福利的情况。这能简单地归咎于福利未领取者没能意识到自身的权益(甚至不知道有特定形式的公共支持存在),或者福利未领取者受制于复杂、耗时的申请程序,或者福利未领取者在意社会眼光,比如不愿成为他人眼中的弱势群体或依赖他人帮助。在经济领域,这些因素被总结为福利领取的隐含成本(Hernandez et al. ,2007)。另一个可能的决定因素是绝对福利资格的大小以及有资格领取福利者的其他收入来源和财富的相对资格大小(Blindell et al. ,1988)。通用福利的领取率往往更高,因为通用福利的申请程序更加简单,引起社会歧视的可能性更小。可以说,人们索取贡献型福利(例如养老和生育福利)的可能性最大,原因是这类福利与他们之前的贡献息息相关,所以被视为更合理的福利,而索取家计经济情况补贴福利的合理性相对较低。因此,假设充分领取福利会导致各种福利的对比结果失真,使一些福利的有效性高于实际水平。福利项目的覆盖范围和实行期长短同样重要,因为福利的规模、时长与人们对福利的了解程度有关。一个相关的现象是福利泄露,即没有资格的人获取了相关福利。这要么是福利管理者或申请人的无心之失,要么就是福利诈骗。

估算福利领取的规模和决定因素,需要关于特定福利领取的资格条件和实际福利发放的信息。由于(对更广泛的群体)福利领取资格无法直接观察,而是以福利规则为基础根据

---

① 福利获取也称福利参与,特别是在美国的相关研究中。

相关个人和住户特性来推断,因此它本身就是一项微观模拟实践。根据规则的本质属性,尤其是根据家计经济情况调查来确定福利资格,可能会与其他税收—福利工具以及依法纳税产生复杂的交互作用。在这样的背景下,强调数据的质量尤为重要,而最准确的估算可能是通过行政数据获得的,这些行政数据尽可能为福利机构提供详尽的信息和实际的福利获取数据(如 Bargain et al.,2012)。为了能覆盖所有潜在的有资格获取福利的人而不只是福利申请者,需要福利机构(主要)利用已有的注册信息(如税收记录),而不是采用从申请者那里收集到的数据。即便如此,若福利申请过程涉及政府官员颁发福利的自行决定权等因素,仍会在某种范围出现模拟偏误。例如,一方面,在一些国家,当地福利官员有相当大的自由决定权,决定谁的经济更困难,更具有被社会扶持的资格;另一方面,项目管理者在资格评估过程中也可能出错,错误地通过或拒绝了申请。

即便存在此类行政数据,该数据通常也是无法获取的,所以大多数实证研究采用调查数据来替代。但是,调查数据也存在其他问题,即可观测的福利获取数据中存在潜在测量错误,还有其他特征也可能影响资格和权利的估算(见23.4.1)。例如,调查对象可能仅仅是忘记领取特定福利,或者弄错了福利对应的时段或类型,或者(例如因社会歧视)故意不报。通常有资格获取福利和实际领取第一笔福利之间有时间延迟,因此有必要仔细地评估和整理福利数据(Hancock and Barker,2005;Matsaganis et al.,2010)。同样,决定福利领取资格和权利的相关个人和住户特性的数据也可能存在问题,尤其是低保福利案例中的其他收入来源和/或资产。但是,当前对不同偏误进行建模的尝试性研究寥寥无几(Duclos,1995,1997;Hernandez and Pudney,2007;Zantomio et al.,2010)。

若考虑多种福利的领取情况(如 Dorsett and Heady,1991;Hancock et al.,2004)、福利与劳动力供给的交互作用(如 Bingley and Walker,1997,2001;Keane and Moffitt,1998;Moffitt,1983)或者福利领取行为的动态变化(如 Anderson and Meyer,1997;Blank and Ruggles,1996),福利领取建模则更加复杂,将这些方面综合起来进行分析的研究非常稀少(如 Chan,2013)。最近对福利领取建模的研究进展集中于退休人员或无劳动力者,原因之一就是避免其他领域的行为反应,例如劳动力供给(如 Hernandez and Pudney,2007;Pudney et al.,2006;Zantomio et al.,2010)。大多数应用研究都是针对英国和美国的。此外,也有研究针对加拿大(Whelan,2010)、芬兰(Bargain et al.,2010)、德国(Bruckmeier and Wiemers,2012;Riphahn,2001)、希腊和西班牙(Matsaganis et al.,2010)。[①] 最新综述见 Hernanz 等(2004)和 Currie(2004)。

虽然福利领取建模取得了广泛进步,但相关数据要求和复杂性仍然为微观模拟模型带来了挑战。理想情况下,税收—福利模型应对福利领取进行内生模拟,因为政策改革能改变福利领取行为(如 Zantomio et al.,2010),此类尝试也很罕见(见 Pudney et al.,2006)。另一种途径就是预测以个体特性为前提条件的领取可能性,这些个体特性不会受到政策变化的影响,因此在政策模拟中保持不变。为了通过之前的预估统计模型预测领取行为,税收—福利模型使用的数据需要呈现相同的解释变量。而且,福利领取情况十分依赖外部环境,一个

---

① 许多美国研究主要以非现金项目为研究对象,例如食物救济券(例如 Daponte et al.,1999;Haider et al.,2003)或妇女、婴儿和儿童特别营养补充计划(例如 Bither et al.,2003)。

国家针对一种福利的预测模型不可能针对其他福利或在其他国家正常运行。通常用来解释税收—福利模型中非完全福利领取的一个更简单的方法是,随机安排合格者来领取特定福利,这样总领取率与官方统计或之前研究的数据一致(例如 Hancock and Pudney,2014;Redmond et al.,1998;Sutherland et al.,2008)。这很显然是一个笼统的方法,因为某些群体申请福利的可能性大于另一些群体。所以,可能还无法将总福利支出和官方统计数据统一,尤其是在福利领取和权利大小相关联的情况下。另一个选择就是将福利权利和观测到的福利领取联系起来,但这会严重限制模拟范围。

未依法纳税(或逃税)是我们讨论的另一方面,指的是有意以非法的方式减少纳税金额。在税收—福利模型中,未依法纳税主要涉及所得税和工资税逃税,形式是少报应征税所得或高报(所得税)减免。与福利未领取相比,未依法纳税问题更加棘手,原因有以下几点:第一,福利领取是二元的(合格者申请或不申请福利),但依法纳税通常是部分的。第二,没有单一数据源可用于精确测量逃税,虽然税收记录包括上报给税务机关的收入,但"真正的"收入仍不可观测。第三,逃税也可能影响调查中相关收入的报告形式。这些限制表明在逃税研究中综合使用多种数据来源的必要性,也有助于解释实证证据在个人层面稀缺的原因。

估算个人未依法纳税的程度和决定因素的研究,主要依赖已审计的税收记录(例如 Clotfelter,1983;Erard,1993,1997;Erard and Ho,2001;Feinstein,1991;Martinez-Vazquez and Rider,2005)。虽然税务审计的目的是审查非法逃税,但这些审计通常不是随机进行的,也不是针对根据初次检查结果显示的更可能逃税者进行审查。美国首先进行了广泛的反复随机税务审计,从中可以推断出更广泛人群的逃税情况。但是,即使是审计也不能检查出所有的违法逃税情况,尤其是涉及现金交易的收入低报,而且审计中有关个人特性的信息也十分有限。

调查能提供更丰富的个人信息,但通常缺乏对违规行为的良好衡量。一些调查考虑了依法纳税的问题(例如 Forest and Sheffrin,2002),但考虑到此类自述报告数据的敏感性,数据的可靠性不可知(Elffers et al.,1992)。而 Pissarides 和 Weber(1989)、Lyssiotou 等(2004)以及 Hurst 等(2014)的研究主要采用间接方法,使用计量经济学模型,对比调查收入和消费数据,但该方法难免更粗糙,对依法纳税的分析也不够细致深入。

值得一提的是,实验室实验法是依法纳税研究的常见方法(Alm et al.,1992,2009,2012;Laury and Wallace,2005)。虽然实验可以将一个可能的决定因素从其他因素中分离出来,从而得出更加清晰的因果关系,但是实验室条件在多大程度上能反映实际行为尚且不明,尤其是实验对象通常是学生,通常没有充足的纳税经历。

总体来说,有关人们逃税决定的影响因素已有大量重要的证据。也有研究表明,对于税收机关难以追查的收入来源,非法逃税的行为更为常见(见 Klepper and Nagin,1989;Kleven et al.,2011)。例如,自营业主的收入低报程度明显高于工资和薪资的低报程度,因为后者通常由第三方上报(雇主),降低了逃税的可能性(虽然无法消除)。与非法逃税的分布相关的研究则更少(例如 Doerrenberg and Duncan,2013;Johns and Slemrod,2010),一些研究借助了微观模拟模型(Benedek and Lelkes,2001;Leventi et al.,2013)。有关逃税的理论性和实证性研究文献综述见 Andreoni 等(1998)、Slemrod(2007)和 Alm(2012)。

但是,考虑到依法纳税研究中十分详细的数据集,我们不能简单直接地使用税收—福利模型中前人的研究发现,同样,使用微观模拟中的这类常用数据来提供自己的估算结果也不容易。这有助于解释税收—福利模型中对非法逃税的尝试性研究依旧十分有限这一情况(例如 Ceriani et al.,2013;Matsaganis and Leventi,2013)。另外,这也能反映一个事实,即微观模拟研究缺乏对此类调整的细节说明。因此,改善对非法逃税(和福利领取)建模的第一步就是提高透明度,公开现有模型和研究中处理非法逃税和福利领取(如果有的话)的具体方法。

23.4.3 评估微观模拟估算的可靠性

在模拟既定税收—福利政策时,微观模拟模型的整体可信度包含不同的方面,其中一些方面相互关联,包括对“估算、测试和验证中可靠推理原则”的应用(Klevmarken,2002)。

首先,微观模拟模型的可靠性与其验证和透明度紧密相关,这可以通过现有的可靠文件记载在多大程度上能够显示模型的内在特性,又在多大程度上能够验证外部统计的结果来衡量。不幸的是,许多学术文献和政策文件中的一些微观模拟模型并没有高度的透明度,有点像“黑盒子”。正确的做法是提供所有模拟的税收—福利组成的详细信息,包括所使用假设的细节、输入数据的信息以及相关变化或估算的信息。针对有关福利领取者、纳税人和总支出/收入的外部统计的输出数据进行记录翔实的验证,也是正确使用微观模拟模型的重要组成部分。

但此验证并非全面评估,原因有三。第一,如 23.4.1 部分所示,微观模拟估算和可用官方统计信息可能在概念上就不可比。第二,在一些国家,可用的外部信息是有限的,没有时间延迟的可用数据几乎为零。第三,虽然可以对现有和过去体系进行结果验证,但是要找到对政策改革效应的独立估算通常不太可能。一个准确的基准也无法保证模型或模型的输入数据能准确估算一种改革的效应。

此外,如 Wolf(2004)所说,大多数微观模拟模型的应用一直遭遇失败的原因是缺乏对结果统计不确定程度的认知。有些不确定性是基础输入微观数据的取样过程所固有的,有些不确定性来自模拟错误和估算参数。基础数据的准确性、税收—福利规则准确而详细的呈现以及模拟规则中政策参数的实际应用决定了模拟政策的点估计。但是,要正确解释结果须考虑结果的统计推理,这是微观模拟文献经常忽略的一个方面,这同样也取决于模型的属性、模型是否具有决定性或者是否涉及概率性或计量经济学模型的设定。

与基于调查数据的其他分析一样,模拟也有同样程度的取样错误、测量错误和误报。一方面,如 23.4.1 中所示,通过模拟确切的规则,而不是依赖可能误报的观测值,模拟能提高结果的准确性;另一方面,模拟过程会产生其他错误源,比如,税收—福利规则模拟中的近似值,对违法逃税或福利未领取的调整,模拟年的货币参数更新和社会人口特征更新,或者忽略行为反应,或市场调整。

在模拟政策变化的一阶效应时,由于在大多数标准统计软件中标准事项的可及性,Goedeme 等(2013)认为,忽略结果的统计意义既不可取也不合理。而且,在比较不同情景的统计数据时,我们既有必要考虑独立点估算的样本方差,也有必要考虑基于相同基础样本的模拟和基线统计数据协方差。该做法通常能十分准确地估算政策改革对特定统计数据的影响。

对于涉及收入中立改革或行为反应的复杂模拟来说,解决方案也更加复杂,原因在于收入中立改革或行为反应使用估算的薪资比率来构建预算集,基于计量经济学模型来估算偏好参数,这从数据来源上增添了更多的不确定性。尽管有关估算政策变化对劳动力供给影响的文献越来越多(见 23.3.3),但是只有少量研究专注于受模拟不确定性和估算不确定性影响的微观模拟结果中的样本分配的分析特征。模拟不确定性来自模拟选择集,这些选择集与个体的实际选择之间存在差异。估算不确定性来自劳动力供给模型估算参数的样本易变性(Aaberge et al.,2000)。Pudney 和 Sutherland(1994)推导出微观模拟研究中常见的重要统计数据的渐近样本特征,考虑了实施收入中立在建构置信区间时带来的不确定性。Pudney 和 Sutherland(1996)完善了之前的分析,得到了一些统计数据的渐近式有效置信区间,他们考虑了与抽样变异性相关的误差、多分类逻辑回归模型中女性劳动力供给参数的计量估计误差以及计算中的随机模拟误差,他们认为抽样误差是不确定性最大的根源,但参数估计误差也可能增加其他不确定性,从而降低此类行为模型的实用性。

与精细的微观模拟模型相关的分析方案的复杂性,确切地说,是复杂的政策模拟和计量经济学模型促使人们使用更易操作的实证方法。Creedy 等(2007)选择了一个模拟方法,基于估计参数的抽样分布来得到统计数据抽样分布的近似值,该方法依赖基础行为模型的参数分布的抽样数量。他们还建议,使用一种更简单更实用的方法,假设抽样分布的函数形式为正态分布,那么只需从参数分布中抽取少量样本即可得到一般准确的结果。

另外,为了避免不得不假设一些随机项呈正态分布的情况,同时能够利用日益普及的计算机能力,如今评价估计值的统计可靠性通常依赖像自助法这样的二次取样法,这有助于获取一组复制的计量经济估值用于一次或多次模拟过程。然后,复制估计值的方差用于获取相关统计数据的变异性。虽然在大多数的分析中行为建模所增加的不确定性并没有产生重大影响(例如 Bargain et al.,2014),但当估计涉及特定的较小人口群体时,仍存在一些令人担忧的理由,因此我们需要进一步发展这一研究领域。

23.5　扩宽领域

23.5.1　扩展收入、消费和间接税

虽然可支配收入是最常用的生活水平指标,但人们普遍认为,经济福利是一个多维概念(见第 2 章)。在理论基础和实用基础上测量个人福祉时,消费商品和服务的经济价值,包括家庭间转移、非现金福利和房主主要住所相关的估算租金通常被认为是比收入更恰当的衡量指标(Meyer and Sullivan,2011)。由于各个国家经济货币化程度不同,从税收—福利体系的再分配效应实证研究中剔除消费支出和非现金收入可能会不利于跨国对比。而且,若将非现金收入和间接税包含在内,则政策变化的分配效应可能出现很大变动,这为设计消除贫

困和社会排斥政策提供了重要启示,因为忽略非现金收入和间接税可能会导致资源定向不准和分配不当。虽然非现金福利或间接税十分重要,但由于数据受限,大多数微观模拟模型并未将其考虑在内。

在欧洲国家,非现金福利,例如与儿童、老人、教育、健康和公共住房相关的服务,占了福利国家支持的一半,目的是减少现金收入分配中观测到的不平等。综合考虑公共服务(比如提供护理和教育服务)的平均支出、在低于市场房价或无房租的公共住房上获得的收益,或者采用风险相关保险价值法,把公共医疗卫生服务看作与具有相同社会人口特征的个体购买的成本相同的保险,公共非现金福利的经济价值能以人均支出为基础在个人和住户层面上进行估算。查阅 Aaberge 等(2010b)和 Paulus 等(2010)的研究可知,欧洲各国的实证数据和按需调整等价尺度的推导方法论更适合用于扩展收入。但是,调查数据中一般没有包含足够的信息用于模拟政策改革带来的福利价值变化,调查数据往往也不考虑个人的实际使用情况、公共服务质量或当地政府提供福利的自由决定权(Aaberge et al.,2012a)。

衡量个人对资源支配程度的一个更加全面的方法,是将住宅所有权的收入价值也包含在内,这是因为住宅拥有者(或减租和免租的个体租户)与其他个体的消费机会存在差异,其他个体若以市场价租住房屋,则须用估算房租来代表其支付的租房价格。由于研究者对估算房租的多种方法进行了改进(Frick et al.,2010)以及人们对财产税的重新关注,将估算房租纳入微观模拟模型变得越来越常见。从全国范围来说,Figari 等(2012b)分析了将估算房租纳入应纳税收入所得对短期收入分配和工作激励的影响程度,结果显示不平等现象有轻微减缓,税收收入显著增长,为减轻劳动力财政负担和增加低收入群体的工作激励指明了道路。

间接税通常占政府收入的30%。除了少量例外,为微观模拟模型提供输入数据的住户收入调查同样不包含支出的详细信息,因此我们难以对直接和间接税的共同影响进行微观分析。将支出信息纳入收入调查是克服数据限制的常用方法(Sutherland et al.,2002)。Decoster 等(2010,2011)以多个欧洲国家的 EUROMOD 模型为背景,缜密地讨论了方法论上面临的挑战和对操作过程的详细解释。住户的详细支出信息来自国家收入调查,支出包括的商品按照个人目的消费分类(Classification of Individual Consumption by Purpose,COICOP)的统计办法进行合计,例如食物、私人运输和耐用品合计。每一笔支出合计的值归入收入调查估算,通过以可支配收入以及收入数据集和支出数据集中呈现的以共同社会经济特性集为基础的参数化恩格尔曲线模型表示出来。为了有效避免收入—支出分布的尾部出现不满意的匹配质量,我们可把匹配过程分为两步。第一,根据可支配收入和社会人口特征估算总支出和总耐用品支出;第二,预测每一类 COICOP 商品的预算份额。此外,匹配过程要考虑个人对一些活动的喜好,例如吸烟、租房、使用公共交通和教育服务等,这些活动都只有小部分消费群体。我们考虑数据中估算的每一类 COICOP 商品的加权平均税率,并根据各国实行的立法来模拟个人间接税纳税金额。

大多数包括间接税模拟的微观模拟模型依赖固定生产者价格的假设,间接税则转移到消费者支付的最终价格之中。削弱这一假设,须超越局部均衡框架,将微观模拟模型和宏观模型结合起来(见 23.3.4),以考虑生产者和消费者对特定改革或经济冲击的反应。有很多方法使用模型来估算模拟改革造成的支出模式变化(Capéau et al.,2014)。一些模型只模拟了第一轮非行为效应(数量或支出固定在最初水平),其他的模型模拟局部行为反应,通过恩格尔曲线考虑收入对商品和服务需求的影响(Decoster et al.,2010),甚至是对能说明真实收入效应和相对价格效应的全面需求体系的影响(Abramovsky et al.,2012)。

纳入间接税也会带来问题,即如何测量间接税的发生率。表 24.2 是三个欧洲国家的间接税支付发生率。我们将等值可支配收入十等分,以间接税分别占可支配收入和支出的百分比按照十等分组排序来表示间接税支付发生率。在间接税占可支配收入百分比中(见表格左半部分),间接税支出明显递减:与富人相比,穷人越穷,间接税支出在其收入中所占的比例越大,主要原因在于收入分配底层群体平均支出超过收入,更容易出现消费倾向,甚至出现负储蓄(Decoster et al.,2010)。但是,调查数据也可能出现测量误差,尤其是因为收入低报(Brewer and O'Dea,2012),它可能会对收入分配底层群体的收入—消费模式研究产生误导。在间接税占支出百分比中(见表格右半部分),间接税支出递增:与富人相比,穷人越穷,总支出中增值税和消费税支出所占比例越小。主要原因是,与富人相比,穷人越穷,免增值税或低税率的商品支出在总支出中所占比例越大(例如食物、能源、家用燃料、儿童衣物等)(Figari and Paulus,2013)。间接税在可支配收入百分比中呈递减分布,而在支出百分比中呈递增分布。从经验上来说,该结果强化了测量标准选择作为福利分析基准的重要性(Capéau et al.,2014;Decoster et al.,2010)。

表 23.2　间接税支付发生率　　　　　　　　　　　　　　单位:%

收入十等分	间接税占可支配收入百分比			间接税占支出百分比		
	比利时	希腊	英国	比利时	希腊	英国
1	15.3	37.7	20.2	11.3	13.5	13.9
2	12.0	23.4	13.5	11.8	13.9	14.0
3	11.7	19.8	12.6	12.1	14.3	13.8
4	11.6	18.4	12.4	12.5	14.2	13.8
5	11.4	17.6	11.8	12.7	14.2	14.1
6	11.0	16.0	11.6	12.8	14.1	14.3
7	10.9	16.0	11.1	13.1	14.6	14.5
8	10.8	14.9	10.7	13.3	14.2	14.7
9	10.5	14.2	9.9	13.5	14.3	14.6
10	9.9	11.9	8.2	13.9	14.1	14.4
总计	11.1	16.0	10.8	12.9	14.2	14.3

注:使用修改后的 OECD 等价尺度,根据等值化家庭可支配收入,对个体进行排名得到十等分组。
资料来源:Figari 和 Paulus(2013),使用 EUROMOD 模型。

微观模拟模型能在同一框架下模拟直接税和间接税,这一模型的潜能随着人们对从直接税转向间接税以提高税收体系效率的重新关注而得到加强(Decoster and Van Camp,2001;Decoster et al.,2010)。特别是,将微观模拟模型用于评估"财政贬值"的分配结果。财政贬值是指从薪资税转移到增值税的收入中立转变,它可能会导致劳动力成本下降、净出口上升以及进口压缩,使整体贸易平衡有所改善(de Mooij and Keen,2013;European Commission,

2013)。

使用微观模拟模型分析间接税再分配效应时,大致要考虑两点。第一,若调查中对收入分配底层群体少报的收入多于支出,那么间接税实际累退程度可能小于观测到的程度(Brewer and O'Dea,2012;Meyer and Sullivan,2011)。第二,更加系统化使用微观模拟模型生成模拟收入值,而不是从数据中观察所得,有助于解决收入值低报问题,减少报告收入和支出之间的差距,为低收入者提供一个更加稳健的生活水平指标。

23.5.2 动态微观模拟与终身再分配

20 世纪 50 年代,盖·奥克特(Guy Orcutt)就已经强调"长期性"公共政策调查的重要性(Orcutt,1957)。20 世纪 70 年代,盖·奥克特利用 DYNASIM 率先开展了这项工作。DYNASIM 是美国的动态模拟模型,用于分析退休和老龄化问题的长期影响(Orcutt et al.,1976)。大量综述对现有动态微观模型、方法论面临的挑战和使用类型进行了研究,为感兴趣的读者展示了当前研究状态和未来研究方向的整体情况(Gupta and Harding,2007;Harding,1993,1996b;Harding and Gupta,2007;Li and O'Donoghoue,2013;Mitton et al.,2000)。

为了研究政策变化的长期分配效应,动态微观模拟模型扩展了分析的时间框架,拓宽了政策影响视角,将个人寿命包含在内,考虑了生命周期内自我再分配的问题(Harding,1993)。通常动态微观模拟模型的目标是获取长期影响收入分配的两个主要因素。第一,模型覆盖了由于个人和住户特征(例如婚姻、住户组成、生育和移居)不断变化而导致的人口结构变化。第二,模型捕捉各个时间点市场机制(例如劳动力市场参与、工资水平)和具有此类特征的税收—福利体系之间的交互作用。

特别重要的是,动态微观模拟模型是很有用的工具,可以分析:(i)长期政策的绩效,如养老金以及医疗和长期护理等其他社会保险项目的绩效;(ii)不同人口统计的影响;(iii)财富积累和代际转移等跨期过程和行为的变化;(iv)社会和经济活动的地理变化趋势(如果动态微观模拟模型补充了空间信息)(Bourguignon and Bussolo,2013;Li and O'Donoghoue,2013)。

微观模拟模型背后的方法论面临的挑战取决于在分析期间须考虑的事件范围和相关人口老龄化的方法。老龄化过程既可以是静态的也可以是动态的。在静态老龄化方法下,对个人观察结果进行重新加权,与相关变量的现有或假设预测进行统一。该方法简单易行,但若同时需要考虑的变量过多或对个人从一个时间点到另一个时间点的转换过程感兴趣(见23.3.5.1),该方法则不尽如人意。动态老龄化方法以历史记录和群体约束为前提条件,通过模拟可能的个人转换建立了纵向综合数据集,历史记录和群体约束考虑了分析时间内的社会人口特征变化(Klevmarken,2008)。动态过程估算的主要信息来源是纵向数据,虽然数据面板中的时长不足以观察到大量的个体转换样本(除了澳大利亚、德国、英国和美国的长面板数据),纵向数据在大多数发展中国家都能获取。转换过程可以通过融合确定性成分和随机性成分的简化模型来进行模拟,也可以基于将一些个人转换概率的内生性纳入考虑范围的结构模型模拟的个人偏好,通过考虑个人对同时段其他变化的行为反应来进行模拟(见23.3.3)。

个人的老龄化和住户特征的变化可以作为一个非连续或连续过程来执行。前者的时间间隔通常为一年,操作更加简单,但也意味着一些模拟事件可能不会遵守实际的顺序。后者基于生存函数,考虑了模拟事件发生的联合风险。

原则上,动态微观模拟模型使分析与理论论证更加契合,这些理论论证偏向于税收—福利体系再分配效应的终身分析法,具体信息可见福利经济学文献(Creedy,1999a)。Nelissen(1998)提供了为数极少的案例之一,同时分析社会保障制度的年度和终身再分配效应(此处为荷兰的),该案例使用了相同的微观模拟模型,确保长时期内实行中的税收—福利体系模拟的可比性。与其他研究一样(例如 Harding,1993),Nelissen(1998)发现,由于各代人的养老金项目的效应不同,在重要政策的影响下,终身再分配效应远小于年度效应。

由于老龄化过程的复杂性,早期动态微观模拟模型整体并不用于研究政策和政策变化对收入分配的长期影响(以人口为基础的模型),而是专注于特定人群(群体模型)。如今两者的界限并不十分明确,原因在于建模技术的改进和可用计算能力的提升。但是,即使动态微观模拟建模得以优化,此类模型也经常被视为"黑匣子",使人们很难理解和欣赏其特性。人们尤其认为,缺乏好的经济理论和计量经济学推理方法是经济学专家对这些方法持怀疑态度的原因(Klevmarken,2008)。

两个特殊的研究发展是动态微观经济领域的亮点。第一,该领域国际合作日益增多,旨在减少建立复杂模型所需的人力物力。生命周期收入分析模型(life-cycle income analysis model,LIAM)作为一个切实可行的选择凸显出来,可以为建立新的动态微观模拟模型提供一个整体框架(O'Donoghue et al.,2009),可以与 EUROMOD(和其他模块为基础的微观模拟模型)连接,用于研究欧洲国家税收—福利模型参数化现状(Liegeois and Dekkers,2014)。第二,大多数动态微观模拟模型不包括宏观反馈效应,也不具备需要连接宏观模型的市场清理机制(Bourguignon and Bussolo,2013)。但是,由于建模时产生交互作用的许多社会和经济变量数量大、关系复杂,将动态微观模型和宏观模型一体化会带来很多不确定性,从而降低政策背景下模拟结果的可用性。

23.5.3　跨越边界:次国家与超国家建模

微观模拟模型的自然地域范围是一个国家或民族,原因是在大多数国家,一些或者所有税收—福利体系都是在全国范围内进行立法和管理的。微观数据作为输入数据集在国家层面是具有代表性的,其他用于更新、调整和验证模型的数据通常也是全国可用的,经济和社会通常也被认为是在全国层面运行的。但是有一些国家,其地区之间的政策是存在差别的,有时差别是源于(或伴随着)政治、历史、经济和社会特征的主要差异。在某些情况下,微观模拟建模所需的基础数据只能在一个地区获取,因此,模型可能只适用于一个地区,或者全国性模型也许能够反映政策的区域差异。地区或者次国家模型的研究案例包括 Decancq 等(2012)对(比利时)佛兰德斯地区的研究和 Azzolini 等(2014)对(意大利)特伦蒂诺省的研究,这两个模型都是以 EUROMOD 框架为基础,后者利用了一个丰富的结合行政数据和调查数据的数据集。反映政策广泛区域差异的全国模型有 Cantó 等(2014)对西班牙的研究。

若微观数据代表各个区域,则国家模型可作为区域模型的联合来运行,同样可以获取任何国家层面的政策效用。这些联合模型在模拟适当的政策规则时忽略地理位置(许多模拟存在区域政策差异的国家模型都倾向于选择简单地模拟国家的一个"代表性"区域政策),在考虑了国家或区域层面的预算限制的前提下,能识别区域间和区域内资源的隐形流动(再分配)。在美国,政策覆盖最全面的长期微观模拟模型是 TRIM3,利用常见的国家输入数据集合——当前人口调查(CPS)中的社会经济年度补编(ASEC),模拟福利项目以及项目中的税收和区域变化。例如,Wheaton 等(2011)比较了美国三个州的扶贫政策影响。加拿大为了获取国家或省税收—福利政策变化对各省的间接影响,将微观模拟模型 SPSD/M 和区域输入—输出模型进行了组合(Cameron and Ezzeddin,2000)。

在欧盟,28 个成员国的政策在结构和目的上的差异要远大于美国各州。虽然 EU-SILC 数据为输出型且由欧盟统计局进行处理,但它远非适合用于微观模拟模型的输入数据库(Figari et al.,2007),并且需要进行大量全国性具体调整来为唯一的欧洲全范围模型 EUROMOD 提供输入数据(见专栏 23.1)。的确,虽然欧盟的超国家管理部门没有权力制定相关政策(在本书撰写之时),但从整体上分析欧盟(或欧元区)与设计促进经济稳定和社会团结的税收—福利政策措施高度相关。与区域化的国家模型类似,EUROMOD 能得出欧盟政策改革对国家间和国家内部的再分配(Levy et al.,2013)、政策一体化和稳定(Bargain et al.,2013a),以及对欧盟收入分配的潜在影响。

在另一个极端,微观模拟方法已经用于估算小范围内的收入分配和其他指标。这取决于空间微观模拟方法(Tanton and Edwards,2013),或者说更常见的是,取决于国家或区域微观数据的重新加权,这样人口普查资料的主要特征能与小范围内的普查数据相匹配(Tanton et al.,2011)。在发达国家,政策制定者通常使用这些模型预测对护理设施等服务的需求[例如,Lymer 等(2009)对澳大利亚的研究以及 Wu 和 Birkin(2013)对英国的研究]。在人口普查资料能很好地反映收入水平的情况下,比如奥地利,模型已经用于估算小范围内的收入分配及其组成(Tanton et al.,2009)。在英国,人口普查与住户预算调查数据之间的关联已经用于估算小范围内增值税增长的影响(Anderson et al.,2014)。Elbers 等(2003)在发展中国家使用一个相似的方法,叫作"贫困映射",他们基于住户预算调查和人口普查微观数据,监测贫困的地理密集度,并评估了旨在平衡各区域间日益扩大的社会福利差距的针对贫困人口的地理定向。关于越南的模型使用情况,参见 Lanjouw 等(2013)的研究。

23.6 总结与对未来的展望

23.6.1 目前的成果

如今,税收—福利模型得到广泛应用,为政策制定过程提供了参考依据。税收—福利模型用于政府,可估算政策改革的成本,评估分配和激励效应。税收—福利模型也可用于评估相关政策目标的完成度(以及在一开始用于设置可行的目标)。税收—福利模型还可用于研究替代改革方案的影响。政策制定过程中的其他参与者(反对政党、特殊利益群体、非政府组织和民间团体)也可能基于微观模拟分析提出自己的观点和建议。他们都有可能利用学术研究中不断壮大的基于微观模拟信息的经济分析。在学术界,微观模拟也是公认的学科工具箱的组成部分,例如,应用公共经济学、其他应用经济学分支和其他学科,包括量化社会政策、社会学和政治科学。正如 Mirrlees 等(2010)所言,主流期刊上越来越多的利用微观模拟的文章、本章引用的文献以及经济辩论中对微观模拟的分析依赖的都是确凿的证明。

微观模拟模型成功地为政策制定机构和学术界牵线搭桥。有许多案例显示,以政策为中心的学术研究中,方法论的发展提供了更多新的高端工具,可供政策制定机构使用,其中之一就是劳动力供给反应模型。该模型越来越多地被纳入政府机关使用的微观模拟模型中。也有一些案例显示,为了满足特殊的政策需求,政府机关会进行创新,政策制定者的分析需求也为学术发展提供了动力。欧盟的一个案例是其采用了欧洲 2020 年社会目标,并需要开发预测微观层面指标的各种办法。这种牵线搭桥能带来额外好处,为官方微观数据生产者和提供者开放更多沟通渠道,让他们就微观模拟模型的数据要求和政策制定的潜在利益进行交流。

我们认为,使用税收—福利微观模拟进行政策和收入不平等分析的过程中,在技术/方法成果和进步方面,主要有四个困境。为明确政策对收入分配的影响而制定形式框架是更好地理解各种研究如何测量这些影响及其一致性的重要一步。毫无疑问,统一的框架能极大地增加微观模拟研究的清晰度和透明度,提高其与其他相关方法论文献的关联度。细节决定成败,微观模拟建模提供了极为丰富的细节。①

行为微观模拟不再局限于学术领域,它对以政策为目标的分析具有越来越大的影响。行为模型在政策范围方面的扩展(例如,扩大经济模型覆盖领域,使其包括住房、流动性和储蓄),并且与事后评估研究对比后形成的稳健性,可能会稳固其在政策和经济权衡中的地位。此外,基于行为微观模拟模型,针对最优税收问题的分析方法和计算方法的交叉渗透能加强公共金融理论和应用研究之间的纽带。

对劳动力市场参与度有明显影响的税收—福利政策分析以及对宏观经济冲突影响的评估,显然会从考虑了微观和宏观的反馈效应的反事实情景的可用性中受益。虽然建立一个微观—宏观的统一模型对时间和资源的要求相当高,但它极有可能成为一个出乎意料的有力工具,超越微观模拟模型运行的局部均衡框架,从而解决宏观变化对个人资源的影响问题,并借助与环境模型的关联来扩大分析的政策范围,但其在实践、概念和方法上也有着难以克服的挑战。即便如此,在模型未能完全一体化的情况下,优化方法使微观模拟分析和宏观经济数据以不同形式连接,已经是且仍将是不断发展的工具箱的重要组成部分。

政策影响的跨国对比,特别是政策互换分析,让我们了解到不同经济和社会人口背景下政策影响的变化,同时,该对比给我们带来了进行跨国"政策学习"的机会。EUROMOD 的发展和其他多国模型促进了此类分析,保持了政策规则执行过程中概念、测量和一致性的可比性。该方法有可能走出欧盟,走向全球,如南非、拉丁美洲或巴尔干半岛地区(可以认为,在巴尔干半岛地区进行政策学习的意义最大)。该方法也有可能走向经合组织成员国,扩大对比范围,如将欧盟和美国进行对比。

---

① 另外,正如 Spielauer(2011)所说:"若美存在于简单和数学的优雅里(并非主流经济学的常见观点),微观模拟模型则违背了所有美学规则。"

有两个重要方面有改进和发展的空间。第一个是微观模拟模型输入和采用的数据和方法。我们须注意的方面是,了解如何能够改进可获取的微观数据并将其与其他信息统一起来,掌握可提高模拟质量和扩大范围或是促进与其他模型(宏观模型、环境模型等)相连接的潜在的新数据形式和新数据来源。在方法论改进方面,我们须更加注意的是,评估利用各种统计方法通过微观模拟模型得到的结果在数据统计上的重要性和可靠性。

第二个需要改进的是微观模拟活动的组织。这一方面存在大量重复劳动(在一些国家里许多模型在做相同的或类似的事情)且缺乏透明度(缺少文件记录,结果不可复制)。此外,大多数现有模型还不能被模型使用者获取或利用。最后两部分将会在这两个方面对微观模拟和政策分析进行展望。

23.6.2 发展数据和方法

微观模拟模型要求使用适当且高质量的微观数据集,这一微观数据集要有据可查,并已与独立信息进行了验证。利用(行政)记录数据提供收入信息的趋势受到欢迎,因为它可以减少测量问题和低报现象,且有可能为在其他维度上收集更多或更高质量的数据释放资源(如调查访谈时间)。同时,此类链接也可能带来新的问题。若获取和处理行政信息的速度受到限制,就有可能延迟微观数据发送的时间。使用行政信息同样会引起对数据保密性的新担忧,这一点可能会限制数据集的获取渠道和获取对象。我们在高精度数据和广泛的获取渠道之间应有所权衡。

技术的发展为这种权衡提供了可能的方法,比如将模型及其微观数据(输入和输出数据)储存在安全的服务器中并可远程访问。这种工作模式由 LIS 首次用于收入分配分析。即使微观模拟模型的复杂度增加,也有数个成功应用的案例,包括非洲模型 WIDER 和 EUROMOD 模型在国家层面的两次调整应用:在佛兰德斯地区使用的 Mefisto 模型(Decancq et al. ,2012)和在奥地利使用的 Soresi 模型。在这些案例中,模型的广泛目标是获取民间团体的建模能力并且为相应受限制的结构化用户提供模拟和输出选择。更重要的是,在这一背景下,各个案例的输入微观数据提供者开放了网页访问通道。能否以此种方式利用高精度的行政数据有待观察。即使如此,使公众能灵活地远程使用 EUROMOD 等模型还存在许多技术和教育方面的挑战。

更广泛地说,通过统计把不同来源的数据进行链接,有可能扩大微观模拟模型的政策适用范围并提高其可应用性。由于涉及直接税和间接税、财富和财产税以及现金和非现金福利的税收—福利体系变得日益复杂,只有进行更全面的调查,进一步利用不同行政数据集的交叉链接或者执行和记录系统而严格的匹配过程,才能更好地利用微观模拟模型来理解税收—福利体系对个体物质福利的整体影响。一个主要的案例就是对间接税效应的分析,因为有关税收负担和税收累退性的任何结论都可能受到误导,尤其是在收入分布的尾部数据与观测数据不一致的情况下(见 Decoster et al. ,2010;Brewer and O'Dea,2012)。

最后,我们在微观模拟建模方面仍然面临许多技术挑战,尤其是对福利领取和依法纳税行为的建模,它的发展受到了缺乏合适数据的阻碍。例如,福利权利未领取的问题可以用多种不同的方式进行解释,包括调查反馈中的测量错误,缺乏未申请者的相关资质信息,或因申请成本放弃申请的决定等其他原因。由于国情和具体福利的不同,因此各个因素的相对重要性也可能存在差别。要建立一个准确的模型模拟特定福利的领取可能性(接受福利,已得到资格肯定),原则上须考虑一个或多个因素,通常这方面的数据要求相当苛刻。对在个体层面不依法纳税进行建模更加困难,因为此类活动有隐藏特性,且可能涉及更广泛的因素和因素之间的相互作用,所以这些领域的进展可能会受具体问题和数据可用性的影响,发展进度参差不齐。

23.6.3　合作方式案例

建模者以外的人很少能够获取模型,这导致了相似模型的大量出现和(大量无用的)重复劳动。而重新建模既耗时又需要专业技能,获取模型面临着巨大的阻碍。此外,许多模型的记录或验证基本上属于建模者私有,很少会根据需要在公共领域发布出来。缺乏透明度使得人们难以对基于微观模拟模型的研究给予恰当的评估,缺乏模型的获取途径又使微观模拟分析难以再现。综合起来,这些因素可能会降低基于微观模拟模型的研究在顶级科学期刊上发表的可能性。Wolfson(2009)指出:

> ……微观模拟模型没有获得它应有的科学地位,原因之一是许多潜在的模型使用者担心微观模拟模型的"黑匣子"特性。因此,让微观模拟模型转变为一个"玻璃盒子"是重要的一步,如模型对公众开放以及公开源代码。

维护和更新模型的成本也很高。若可获取的模型少而精,那么研究的效率和质量将会有所提高。选择合作将会使模型使用者共聚一堂,将不同的使用方法相互结合,使(技术)模型具有适当的灵活性,也能促进模型的链接等创新。EUROMOD 和 TAXSIM 提供了采用该方法的两个不同案例。EUROMOD 公开税收—福利代码和输入数据,并允许任意外部人员获取原始微观数据。TAXSIM 在网络上公开可由用户选择的可与输入数据链接的税收计算工具。①

当然,我们有充分的理由解释为什么微观模拟模型被当作个体的或机构的私人投资来进行开发。在一些情况下,研究者无法广泛获取必要的微观数据(例如政府模型,尤其是使用行政数据的政府模型)。在学术界,人们缺乏将技术发展成果作为公共资源进行分享的动力,尤其是该技术成果耗费了大量时间且没有带来学术奖励。

要实现开放合作带来的益处,我们面临的主要挑战就是找到组织和资助方法来安排长期投资,因为模型需要维护,也需要人员参与初始建模。这也包括建立激励机制,承认"公众利益"研究基础设施上的工作所具有的学术价值,同时鼓励模型使用者做出某种形式的贡献,否则,模型使用者可能只会"搭便车"。微观模拟领域内部的合作,尤其是学术研究人员和政策制定者之间的合作,将有助于政策分析微观建模用于主流经济政策制定,在二者之间的融合方面做出积极贡献(Atkinson,2009)。

---

① 此外还有上述参考的基于网络的简化模型以及其他基于网络的开发,包括法国模型 OpenFisca。

致谢

特此向托尼·阿特金森、弗朗索瓦·布吉尼翁和布莱恩·诺兰比表示感谢,他们对本章的初稿提出了宝贵的意见和建议。同时,衷心感谢保拉·德阿戈斯蒂尼(Paola De Agostini)、约翰·克里迪(John Creedy)、马赛厄斯·多利斯(Mathias Dolls)、卡洛·菲奥里奥(Carlo Fiorio)、奥拉西奥·莱维(Horacio Levy)、马尔塞洛·莫尔恰诺(Marcello Morciano)、安德烈亚斯·派赫(Andreas Peichl)、伊娃·塔瑟瓦(Iva Tasseva)和阿尔贝托·图米诺(Alberto Tumino)为本书提供了有用的评价、讨论、信息和相关分析。在此,保卢斯和萨瑟兰感谢微观社会变化研究中心与英国经济和社会研究理事会对本章提供的资金支持(项目编号 RES-518-28-001)。

附录 A 2001 年和 2013 年增加英国儿童福利金的净效应

在 2001 年和 2013 年,英国子女福利作为一个全民福利政策提供给 19 岁以下接受全日制非高等教育的子女。这两个年份的福利政策划分了两个等级,一个是长子长女福利(2001 年和 2013 年分别是每周 15.50 英镑和 20.30 英镑),另一个是非长子长女福利(2001 年和 2013 年分别是每周 10.35 英镑和 13.40 英镑)。为了用例证说明,我们将数值增长一倍,在实施了其余的税收和福利政策后,使用 EUROMOD 计算纯预算成本。同时,我们也会展示在住户收入分配影响下单个孩子所获福利的差异情况。

在 2001 年,收入税收体系排除了子女福利,而其他评估纳入了子女福利,包括收入补助(和收入相关求职者津贴)评估、住房福利评估、市政税收福利评估、英国工龄劳动力及其家人的主要家计经济情况补助评估(工薪家庭课税扣除排除了子女福利)。表 23. A1 显示,提高子女福利的总成本大概是每年 88.5 亿英镑,若考虑这些福利资格的削减,净成本下降至约 70.1 亿英镑(占总成本的 79%)。

相比之下,在 2013 年,所有家计低保补助评估都忽略了子女福利,但所得税边际税率为 40%(或以上)的收入较高的父母将他们的子女福利数值纳入了税务计算中。因此,如表 23. A1 所示,增加子女福利的成本在较小幅度上与所得税纳税金额的增长部分抵消。此外,2013 年,在某些情况下,住户获取的福利总额存在上限,这就导致一些住户不能领取所有福利或者不能获取他们子女福利的任何增加额。2013 年子女福利增加的总成本大概是每年 115.5 亿英镑,若考虑这些福利权利的削减,净成本下降至约 111.4 亿英镑(占总成本的 96%)。

表 23. A1 2001 年和 2013 年子女福利翻一倍的总成本和净成本

项目	2001 年		2013 年	
	金额/(百万英镑/年)	占总成本比例/%	金额/(百万英镑/年)	占总成本比例/%
子女福利	8850	100	11549	100
所得税	0	0	−290	−3
收入补贴	−1606	−18	0	0
住房福利	−152	−2	0	0
市政税收福利	−81	−1	0	0
福利上限	0	0	−123	−1
净成本	7011	79	11136	96

资料来源:EUROMOD 版本 F6. 20,使用 2008—2009 年家庭资源调查数据,该数据根据 2001 年和 2013 年物价和收入进行了调整。

如图 23. A1 所示,总效应和净效应之间的差异会带来不同的分配结果。该图显示了在 2001 年和 2013 年的政策体系下,等值化住户收入十等分组别中单个子女平均每周的净收入。在 2001 年的体系下,低收入组别中的群体获取的福利较少,原因是一些新增收入因为家计经济情况补助权利的削减而消失了(这在较小程度上适用于底层十等分组别,主要模拟的是该组住户中未获取家计补助的住户)。但是,在 2013 年,较高收入住户享有的子女福利减少了,这是由于政府通过所得税回收了部分子女福利(福利上限造成的影响很小,主要集中于收入分配的中下层)。

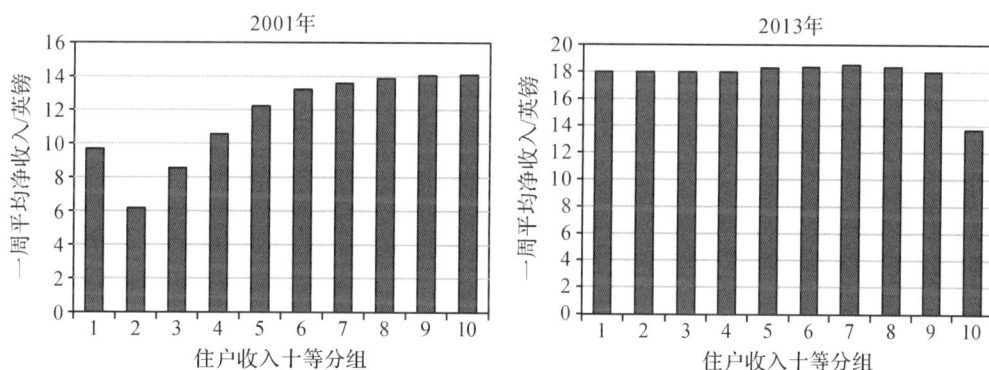

图 23. A1 英国子女福利翻一倍:单个子女一周平均净收入

注:十等分组根据各个年份等值化住户可支配收入划分,构建时使用已修订的 OECD 等价尺度根据住户规模和不同组成调整收入。收入最低群体标为"1",收入最高群体标为"10"。

资料来源:EUROMOD 版本 F6. 20,使用 2008—2009 年家庭资源调查数据,该数据根据 2001 年和 2013 年物价和收入进行了调整。

该示例的意义在于说明交互作用很重要,以及设计政策情景时有必要了解交互作用。为了理解政策变化的影响,政策分析师也同样需要解释交互作用。若政策制定者想要在 2001 年将所有子女的福利所得增加一倍,他们需要增加子女福利以及其他福利中的子女应得数额。另外,若目标是减少接受家计补助的住户数量(而不让任何人失去福利),那么这一示例说明改革已经做到了这一点(例如减少获得市政税收福利的住户数量)。若 2013 年的目标是缩小家计经济福利补贴测试的范围,那么应该在子女福利增长的同时降低家计经济福利补贴测试的支付率。

附录 B 英国 2010—2011 年所得税模拟估算与行政统计数据的比较

我们想在此说明,对模拟所得税这类估算可以采用行政数据公布表格中的税收收入来进行验证。这种做法也同时表明输入微观数据通过什么方式可能进行调节,或者不能进行调节。其中的输入数据来自 2009—2010 年英国家庭资源调查(FRS),且根据 2010—2011 年的收入和价格进行了更新。

模拟所得税金额可用来和所得税统计数据做对比,其中所得税统计数据是根据应纳税收入额范围来确定的,该范围由英国税务与海关总署(HMRC)发布。首先值得注意的是每年的实际纳税额可能会与当年收入的应纳税金额不符,这与在前几年实行的调整有关。

在表 23.1B 中,顶部面板第一行数据显示的是微观模拟模型(EUROMOD)的估计值与 HMRC 数据之间的比率,涉及三个维度:纳税人(在扣除个人免税额前应税收入为正数的个人)数量、纳税人的总应税收入(在扣除个人免税额前)和总纳税金额/收入。纳税人数量被低估了 7%,而应税收入被低估了更多(13%)。表中也显示了最低应纳税收入群体(年收入低于 1 万英镑)和最高应纳税收入群体(年收入高于 15 万英镑)的比例。[①]

表 23.1B EUROMOD 估计值与 HMRC 统计数据之比

项目	纳税人	应税收入	税收收入
EUROMOD			
全部	0.93	0.87	0.85
应税收入<1 万英镑	0.99	0.98	0.76
应税收入>15 万英镑	0.46	0.42	0.46
EUROMOD 按比例调整纳税人数量(调整 1)			
全部	1.00	0.93	0.91
应税收入<1 万英镑	1.06	1.05	0.82
应税收入>15 万英镑	0.50	0.45	0.49
EUROMOD 按收入额范围调整纳税人数量(调整 2)			
全部	1.00	0.98	1.05
应税收入<1 万英镑	1.00	1.00	0.79
应税收入>15 万英镑	1.00	1.89	0.98

注:EUROMOD-调整 1 是按比例调整纳税人数量,以便与 HMRC 的总数相符。EUROMOD-调整 2 是调整各收入群体的纳税人数量,以便与 HMRC 提供的数值相符。

资料来源:EUROMOD 版本 F6.20,使用 2009—2010 年家庭资源调查数据,该数据根据 2010 年和 2011 年收入进行了调整。

[①] HMRC 统计提供了详细的高收入信息(收入最高的两大群体:年收入在 50 万—100 万英镑以及年收入高于 100 万英镑)。但是,虽然按照国际标准(2009 年或 2010 年为 31644 人),FRS 的整体样本规模不算小,但高收入群体人数过少,不便于分析。其中,有 99 人的应税收入超过 15 万英镑,其中 13 人应税收入超过 50 万英镑,2 人超过 100 万英镑(根据 2010—2011 年收入水平调整后)。如正文解释的那样,部分原因是调查中高收入群体数量未充分呈现以及高收入群体低报自己的收入。但是,即使他们的收入报告无出差错,根据 HMRC 的统计,就这样的样本规模来说,收入超过 50 万英镑的人数仍然少于 30 人。

　　FRS 数据很好地呈现了低收入群体及其应税收入,但是 EUROMOD 模拟的税收收入低了 24%。若税收收入(HMRC)包含前一年较高收入的应付税金,例如个体营业者的收入,那么基于当年收入的税收金额(EUROMOD 估计值)和(HMRC)税收收入之间会出现差异。通常情况下,对称效应(随收入上升,税收收入小于纳税金额)同样可能会出现,但不可观测到,原因是它分布于其余应税收入的分配之中。

　　高收入群体的纳税人数量及其收入和实际纳税金额都出现少报情况,低报率高于 50%。这一点与调查中高收入群体数量少报及高收入群体收入低报两者同时相吻合或与其中之一相吻合。

　　图 23.B1 展示了根据应税收入额范围划分的税收收入的更多详情。黑色柱形是 HMRC 估计值,白色柱形是 EUROMOD 模拟估计值。EUROMOD 在大多数收入额范围都与 HMPC 估计值存在差距,但受影响的主要是最高收入群体。纳税人数量的整体差异可以归咎于整体收入分配或部分收入分配中收入低报的情况,或者是因为部分英国所得税纳税人非英国居民,因而未被包含在调查数据之中。[①]

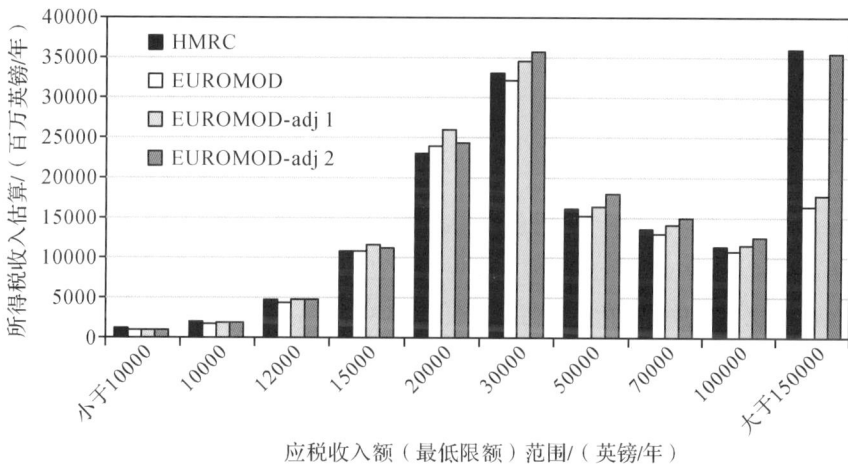

图 23. B1　2010 年到 2011 年根据应税收入额范围划分的所得税收入估算

　　注:EUROMOD-调整 1(EUROMOD-adj1)按比例调整各个收入群体中纳税人数量,便于匹配 HMRC。EUROMOD-调整 2(EUROMOD-adj2)是调整各收入群体的纳税人数量,以便与 HMRC 提供的数值相符。

　　资料来源:EUROMOD 版本 F6.20,使用 2009—2010 年家庭资源调查数据,该数据根据 2010 年和 2011 年收入进行了调整。

　　为了探索各种可能性,我们在对比 EUROMOD 和 HMRC 统计数据(非微观数据)时进行了两种调整。在调整 1 中,我们按比例调整了表 23.B1 中的三种统计数据,使纳税人总数量与 HMRC 提供的数值相吻合(EUROMOD 统计数据增长了 7%)。表 23.B1 中部面板数据显示,该调整可以将应税收入和税收收入的偏差降低近一半,但无法矫正高收入群体的偏差。图 23.B1 的浅灰色柱形显示了各收入群体税收收入受到的影响,表明现实中普遍存在收入

---

① 我们没有深入研究第二点原因。

低报的现象,这是税收收入偏差的部分原因,但不是全部原因。

在调整 2 中我们解释了各收入群体内部纳税人数量偏差的原因。图 23. B1 的深灰色柱形和表 23. B1 底部面板数据显示了该调整的影响。应税收入偏差几乎消失,但税收收入高估了 5%。高收入群体的应税收入偏差大幅度减少至 11%,但税收收入几乎和 HMRC 同群体的统计数据一致。高收入群体中仍存在的应税收入偏差表明高收入群体缺乏响应。税收收入的相对高估表明,由于缺少数据信息,我们无法模拟某些税收减免和课税扣除,从而使纳税金额模拟丧失了这部分效应。逃税也是可能的原因之一。图 23. B1 显示,这些效应对高收入群体的意义更大。

总之,对 EUROMOD 在英国的所得税模拟进行验证为我们提供了一些有益的启示,可以用于解释其他国家的微观模拟结果。当然,在不同国家,具体的解释会存在差异,也会出现其他的影响因素。虽然,在逃税严重的国家,调查中报告的应税收入会高于税收收入统计中的应税收入,但英国 FRS 数据似乎一方面对高应税收入群体呈现不足,另一方面在一定程度上低报应税收入。由于年度调整,模拟税收金额与税收收入数据不匹配。所得税模拟既无法说明所有的税收减免和扣除情况,也无法解释逃税行为,这可能导致高估税负,尤其是高收入分配群体的税负。

参考文献

Aaberge, R., Colombino, U., 2013. Designing optimal taxes with a microeconometric model of household labour supply. Scand. J. Econ. 115 (2), 449-475.

Aaberge, R., Dagsvik, J. K., Strøm, S., 1995. Labour supply responses and welfare effects of tax reforms. Scand. J. Econ. 97 (4), 635-659.

Aaberge, R., Colombino, U., Strøm, S., Wennemo, T., 2000. Joint labour supply of married couples: efficiency and distribution effects of tax and labour market reforms. In: Mitton, L., Sutherland, H., Weeks, M. (Eds.), Microsimulation Modelling for Policy Analysis: Challenges and Innovations.

Aaberge, R., Colombino, U., Holmoy, E., Strøm, B., Wennemo, T., 2007. Population ageing and fiscal sustainability: integrating detailed labour supply models with CGE models. In: Harding, A., Gupta, A. (Eds.), Modelling Our Future: Population Ageing, Social Security and Taxation. International Symposia in Economic Theory and Econometrics, vol. 15. Elsevier, Amsterdam, pp. 259-290.

Aaberge, R., Bhuller, M., Langørgen, A., Mogstad, M., 2010a. The distributional impact of public services when needs differ. J. Public Econ. 94 (9-10), 549-562.

Aaberge, R., Langørgen, A., Lindgren, P., 2010b. The impact of basic public services on the distribution of income in European countries. In: Atkinson, A. B., Marlier, E. (Eds.), Income and Living Conditions in Europe. Eurostat Statistical Books, Publications Office of the

European Union, Luxembourg, pp. 329-344.

Abramovsky, L., Attanasio, O., Phillips, D., 2012. Demand responses to changes in consumer prices in Mexico: lessons for policy and an application to the 2010 Mexican tax reforms. Conference paper presented at the 2012 Annual Conference of the Royal Economic Society, University of Cambridge.

Adam, S., Brewer, M., Shephard, A., 2006a. Financial work incentives in Britain: comparisons over time and between family types, IFS Working Papers 20, The Institute for Fiscal Studies.

Adam, S., Brewer, M., Shephard, A., 2006b. The Poverty Trade-off: Work Incentives and Income Redistribution in Britain. The Joseph Rowntree Foundation, The Policy Press, Bristol.

Alm, J., 2012. Measuring, explaining, and controlling tax evasion: lessons from theory, experiments, and field studies. Int. Tax Public Financ. 19, 54-77.

Alm, J., McClelland, G. H., Schulze, W. D., 1992. Why do people pay taxes? J. Public Econ. 48 (1), 21-38.

Alm, J., Deskins, J., McKee, M., 2009. Do individuals comply on income not reported by their employer? Public Financ. Rev. 37 (2), 120-141.

Alm, J., Cherry, T. L., Jones, M., McKee, M., 2012. Social programs as positive inducements for tax participation. J. Econ. Behav. Organ. 84 (1), 85-96.

Anderson, P. M., Meyer, B. D., 1997. Unemployment insurance take up rates and the after-tax value of benefits. Q. J. Econ. 112 (3), 913-937.

Anderson, B., Agostini, P. D., Lawson, T., 2014. Estimating the small area effects of austerity measures in the UK. In: Dekkers, G., Keegan, M., O'Donoghue, C. (Eds.), New Pathways in Microsimulation. Ashgate, Farnham, pp. 11-28.

Andreoni, J., Erard, B., Feinstein, J., 1998. Tax compliance. J. Econ. Lit. 36 (2), 818-860.

Atkinson, A. B., 2009. An enlarged role for tax-benefit models. In: Lelkes, O., Sutherland, H. (Eds.), Tax and Benefit Policies in the Enlarged Europe: Assessing the Impact with Microsimulation Models. Ashgate, Vienna, pp. 33-46.

Atkinson, A. B., Marlier, E., 2010. Living conditions in Europe and the Europe 2020 agenda. In: Atkinson, A. B., Marlier, E. (Eds.), Income and Living Conditions in Europe. Eurostat Statistical Books, Publications Office of the European Union, Luxembourg, pp. 21-35.

Atkinson, A. B., Sutherland, H., 1989. Scaling the "poverty mountain": methods to extend incentives to all workers. In: Bowen, A., Mayhew, K. (Eds.), Improving Incentives for the Low Paid. NEDO, Macmillan, London.

Atkinson, A. B., King, M. A., Sutherland, H., 1983. The analysis of personal taxation and social security. Natl. Inst. Econ. Rev. 103, 63-74.

Atkinson, A. B. , Bourguignon, F. , Chiappori, P. -A. , 1988. What do we learn about tax reform from international comparisons? France and Britain. Eur. Econ. Rev. 32 (2-3), 343-352.

Atkinson, A. B. , Bourguignon, F. , O'Donoghue, C. , Sutherland, H. , Utili, F. , 2002. Microsimulation of social policy in the European Union: case study of a European minimum pension. Economica 69, 229-243.

Atta-Darkua, V. , Barnard, A. , 2010. Distributional effects of direct taxes and social transfers (cash benefits). In: Atkinson, A. B. , Marlier, E. (Eds.), Income and Living Conditions in Europe. Eurostat Statistical Books, Publications Office of the European Union, Luxembourg, pp. 345-368.

Auerbach, A. J. , Feenberg, D. , 2000. The significance of federal taxes as automatic stabilizers. J. Econ. Perspect. 14 (3), 37-56.

Avram, S. , Figari, F. , Leventi, C. , Levy, H. , Navicke, J. , Matsaganis, M. , Militaru, E. , Paulus, A. , Rastrigina, O. , Sutherland, H. , 2013. The distributional effects offiscal consolidation in nine EU countries. EUROMOD Working Paper EM2/13, University of Essex, Colchester.

Azzolini, D. , Bazzoli, M. , De Poli, S. , Fiorio, C. , Poy, S. , 2014. TREMOD: A Microsimulation Model for the Province of Trento (Italy), EUROMOD Working Paper EM15/14. University of Essex, Colchester.

Banbura, M. , Giannone, D. , Reichlin, L. , 2011. Nowcasting. In: Clements, M. P. , Hendry, D. F. (Eds.), The Oxford Handbook of Economic Forecasting. Oxford University Press, Oxford.

Bargain, O. (Ed.), 2007. Micro-Simulation in Action: Policy Analysis in Europe Using EUROMOD. Research in Labor Economics, vol. 25. Elsevier, Oxford.

Bargain, O. , 2012a. Decomposition analysis of distributive policies using behavioural simulations. Int. Tax Public Financ. 19 (5), 708-731.

Bargain, O. , 2012b. The distributional effects of tax-benefit policies under New Labour: a decomposition approach. Oxf. Bull. Econ. Stat. 74 (6), 856-874.

Bargain, O. , Callan, T. , 2010. Analysing the effects of tax-benefit reforms on income distribution: a decomposition approach. J. Econ. Inequal. 8 (1), 1-21.

Bargain, O. , Orsini, K. , 2007. Beans for breakfast? How portable is the British workfare model? In: Bargain, O. (Ed.), Micro-Simulation in Action: Policy Analysis in Europe Using EUROMOD. Research in Labor Economics, vol. 25. Elsevier, Oxford, pp. 165-198.

Bargain, O. , Immervoll, H. , Viitamaki, H. , 2012. No claim, no pain. Measuring the non-take-up of social assistance using register data. J. Econ. Inequal. 10 (3), 375-395.

Bargain, O. , Dolls, M. , Fuest, C. , Neumann, D. , Peichl, A. , Pestel, N. , Siegloch, S. , 2013a. Fiscal union in Europe? Redistributive and stabilizing effects of a European tax-benefit system and fiscal equalization mechanism. Econ. Policy 28 (75), 375-422.

Bargain, O., Dolls, M., Immervoll, H., Neumann, D., Peichl, A., Pestel, N., Siegloch, S., 2013b. Partisan tax policy and income inequality in the U. S., 1979-2007, IZA Discussion Paper 7190.

Bargain, O., Orsini, K., Peichl, A., 2014. Comparing labor supply elasticities in Europe and the US: new results. J. Hum. Resour. 49 (3), 723-838.

Benedek, D., Lelkes, O., 2011. The distributional implications of income under-reporting in Hungary. Fisc. Stud. 32 (4), 539-560.

Bennett, F., Sutherland, H., 2011. The importance of independent income: understanding the role of nonmeans-tested earnings replacement benefits. ISER Working Paper 2011-09, University of Essex, Colchester.

Betson, D., Greenberg, D., Kasten, R., 1982. A simulation analysis of the economic efficiency and distribution effects of alternative program structures: the negative income tax versus the credit income tax. In: Garfinkel, I. (Ed.), Income Tested Transfer Programs: The Case For and Against. Academic Press, New York, pp. 175-203.

Betti, G., Donatiello, G., Verma, V., 2011. The Siena Microsimulation Model (SM2) for net-gross conversion of EU-SILC income variables. Int. J. Microsimulation 4 (1), 35-53.

Bingley, P., Walker, I., 1997. The labour supply, unemployment and participation of lone mothers in in-work transfer programmes. Econ. J. 107 (444), 1375-1390.

Bingley, P., Walker, I., 2001. Housing subsidies and work incentives in Great Britain. Econ. J. 111 (471), C86-C103.

Bitler, M. P., Currie, J., Scholz, J. K., 2003. WIC eligibility and participation. J. Hum. Resour. 38, 1139-1179.

Blank, R. M., Ruggles, P., 1996. When do women use aid to families with dependent children and food stamps? The dynamics of eligibility versus participation. J. Hum. Resour. 31 (1), 57-89.

Blazevski, N. M., Petreski, M., Petreska, D., 2013. Increasing labour market activity of the poor and females: Let's make work pay in Macedonia. EUROMOD Working Paper EM16/13, University of Essex, Colchester.

Blundell, R., 2006. Earned income tax credit policies: impact and optimality. The Adam Smith Lecture, 2005. Labour Econ. 13 (4), 423-443.

Blundell, R., 2012. Tax policy reform: the role of empirical evidence. J. Eur. Econ. Assoc. 10 (1), 43-77.

Blundell, R., Shepard, A., 2012. Employment, hours of work and the optimal taxation of low income families. Rev. Econ. Stud. 79, 481-510.

Blundell, R., Fry, V., Walker, I., 1988. Modelling the take-up of means-tested benefits:

the case of housing benefits in the United Kingdom. Econ. J. 98 (390), 58-74.

Blundell, R., Chiappori, P., Magnac, T., Meghir, C., 2007. Collective labour supply: heterogeneity and nonparticipation. Rev. Econ. Stud. 74, 417-445.

Boadway, R., Wildasin, D., 1995. Taxation and savings: a survey. Fisc. Stud. 15 (3), 19-63.

Borella, M., Coda Moscarola, F., 2010. Microsimulation of pension reforms: behavioural versus non behavioural approach. J. Pension Econ. Financ. 9 (4), 583-607.

Bourguignon, F., Bussolo, M., 2013. Income distribution in computable general equilibrium modelling. In: Dixon, P. B., Jorgenson, D. W. (Eds.), Handbook of Computable General Equilibrium Modelling. vol. 1B. Elsevier, Amsterdam, pp. 1383-1437.

Bourguignon, F., Spadaro, A., 2006. Microsimulation as a tool for evaluating redistribution policies. J. Econ. Inequal. 4 (1), 77-106.

Bourguignon, F., Chiappori, P. A., Hugounenq, R., 1993. Exploring the distribution and incentive effects of tax harmonization. In: Heimler, A., Meulders, D. (Eds.), Empirical Approaches to Fiscal Policy Modelling. Chapman and Hall, London, pp. 235-250.

Bourguignon, F., Robilliard, A. S., Robinson, S., 2005. Representative versus real households in the macroeconomic modelling of inequality. In: Kehoe, T. J., Srinivasan, T. N., Whalley, J. (Eds.), Frontiers in Applied General Equilibrium Modelling. Cambridge University Press, Cambridge, pp. 219-254.

Bozio, A., Fabre, B., Goupille, J., Laffeter, Q., 2012. Le modéle de micro-simulation TAXIPP—version 0. 2. Institut des Politiques Publique, Paris.

Brandolini, A., D'Amuri, F., Faiella, I., 2013. Country case study—Italy. In: Jenkins, S. P., Brandolini, A., Micklewright, J., Nolan, B. (Eds.), The Great Recession and the Distribution of Household Income. Oxford University Press, Oxford, pp. 130-152.

Brewer, M., O'Dea, C., 2012. Measuring living standards with income and consumption: evidence from the UK. ISER Working Paper 2012-05, University of Essex, Colchester.

Brewer, M., Francesconi, M., Gregg, P., Grogger, J., 2009. In-work benefit reform in a cross-national perspective—introduction. Econ. J. 119 (535), F1-F14.

Brewer, M., Saez, E., Shephard, A., 2010. Means-testing and tax rates on earnings. In: Mirrlees, J., Adam, S., Besley, T., Blundell, R., Bond, S., Chote, R., Gammie, M., Johnson, P., Myles, G., Poterba, J. (Eds.), Dimensions of Tax Design: The Mirrlees Review. Oxford University Press, Oxford, pp. 90-173.

Brewer, M., Browne, J., Joyce, R., 2011. Child and working-age poverty from 2010 to 2020. IFS Commentary C121, The Institute for Fiscal Studies, London.

Brewer, M., Browne, J., Hood, A., Joyce, R., Sibieta, L., 2013. The short- and medium-term impacts of the recession on the UK income distribution. Fisc. Stud. 34 (2),

179-201.

Brown, L. J. , Harris, A. , Picton, M. , Thurecht, L. , Yap, M. , Harding, A. , Dixon, P. B. , Richardson, J. , 2009. Linking microsimulation and macro-economic models to estimate the economic impact of chronic disease prevention. In: Zaidi, A. , Harding, A. , Williamson, P. (Eds.), New Frontiers in Microsimulation Modelling. Ashgate, Vienna, pp. 527-555.

Bruckmeier, K. , Wiemers, J. , 2012. A new targeting: a new take-up? Non-take-up of social assistance in Germany after social policy reforms. Empir. Econ. 43 (2), 565-580.

Caldwell, S. B. , 1990. Static, Dynamic and Mixed Microsimulation. Department of Sociology, Cornell University, Ithaca.

Callan, T. , Sutherland, H. , 1997. The impact of comparable policies in European countries: Microsimulation approaches. Eur. Econ. Rev. 41 (3-5), 627-633.

Callan, T. , Nolan, B. , Walsh, J. , 1999. Income tax and social welfare policies. In: Budget Perspectives 1999. ESRI, Dublin.

Callan, T. , Coleman, K. , Walsh, J. R. , 2007. Assessing the impact of tax-transfer policy changes on poverty: methodological issues and some European evidence. In: Bargain, O. (Ed.), Micro-Simulation in Action: Policy Analysis in Europe Using EUROMOD. Research in Labor Economics, vol. 25. Elsevier, Oxford.

Cameron, G. , Ezzeddin, R. , 2000. Assessing the direct and indirect effects of social policy: integrating input-output and tax microsimulation models at Statistics Canada. In: Mitton, L. , Sutherland, H. , Weeks, M. (Eds.), Microsimulation Modelling for Policy Analysis: Challenges and Innovations. Cambridge University Press, Cambridge, pp. 42-65.

Cantó, O. , Adiego, M. , Ayala, L. , Levy, H. , Paniagua, M. , 2014. Going regional: The effectiveness of different tax-benefit policies in combating child poverty in Spain. In: Dekkers, G. , Keegan, M. , O'Donoghue, C. (Eds.), New Pathways in Microsimulation. Ashgate, Farnham, pp. 183-202.

Capéau, B. , Decoster, A. , Phillips, D. , 2014. Micro-simulation models of consumption and indirect taxation. In: O'Donoghue, C. (Ed.), Handbook of Microsimulation Modelling. Emerald, Bingley (forthcoming).

Ceriani, L. , Fiorio, C. V. , Gigliarano, C. , 2013. The importance of choosing the data set for tax-benefit analysis. Int. J. Microsimulation 6 (1), 86-121.

Chan, M. K. , 2013. A dynamic model of welfare reform. Econometrica 81 (3), 941-1001.

Clark, T. , Leicester, A. , 2004. Inequality and two decades of British tax and benefit reforms. Fisc. Stud. (2), 129-158.

Cleveland, R. W. , 2005. Alternative income estimates in the United States: 2003, Current Population Reports P60-228, U. S. Census Bureau.

Clotfelter, C. , 1983. Tax evasion and tax rates: an analysis of individual returns. Rev.

Econ. Stat. 65 (3), 363-373.

Colombino, U., 2013. A new equilibrium simulation procedure with discrete choice models. Int. J. Microsimulation 6 (3), 25-49.

Cowell, F. A., 2000. Measurement of inequality. In: Atkinson, A. B., Bourguignon, F. (Eds.), Handbook of Income Distribution. vol. 1. Elsevier, Amsterdam, pp. 87-166.

Creedy, J., 1999a. Lifetime versus annual income distribution. In: Silber, J. (Ed.), Handbook on Income Inequality Measurement. Kluwer Academic Publishing, Dordrecht, pp. 513-533.

Creedy, J., 1999b. Modelling Indirect Taxes and Tax Reform. Edward Elgar, Northampton.

Creedy, J., 2004. Survey reweighting for tax microsimulation modelling. Res. Econ. Inequal. 12, 229-249.

Creedy, J., Duncan, A., 2002. Behavioural microsimulation with labour supply responses. J. Econ. Surv. 16 (1), 1-39.

Creedy, J., Hérault, N., 2011. Decomposing inequality and social welfare changes: the use of alternative welfare metrics, Melbourne Institute Working Paper 8/11, University of Melbourne.

Creedy, J., Kalb, G., 2005. Discrete hours labour supply modelling: specification, estimation and simulation. J. Econ. Surv. 19 (5), 697-734.

Creedy, J., Kalb, G., Kew, H., 2007. Confidence intervals for policy reforms in behavioural tax microsimulation modelling. Bull. Econ. Res. 59 (1), 37-65.

Currie, J., 2004. The take up of social benefits, NBER Working Paper 10488.

Daponte, B. O., Sanders, S., Taylor, L., 1999. Why do low-income households not use Food Stamps? Evidence from an experiment. J. Hum. Resour. 34 (3), 612-628.

De Lathouwer, L., 1996. A case study of unemployment scheme for Belgium and the Netherlands. In: Harding, A. (Ed.), Microsimulation and Public Policy. Contributions to Economic Analysis, vol. 232. North-Holland, Amsterdam, pp. 69-92.

de Mooij, R., Keen, M., 2013. Fiscal devaluation, and fiscal consolidation: the VAT in troubled times. In: Alesina, A., Giavazzi, F. (Eds.), Fiscal Policy After the Financial Crisis. University of Chicago Press, Chicago, pp. 443-485.

de Vos, K., Zaidi, A., 1996. The use of microsimulation to update poverty statistics based on household budget surveys: a pilot study for the UK. In: Harding, A. (Ed.), Microsimulation and Public Policy. Contributions to Economic Analysis, vol. 232. North-Holland, Amsterdam, pp. 111-128.

Decancq, K., Decoster, A., Spiritus, K., Verbist, G., 2012. MEFISTO: a new micro-simulation model for Flanders, FLEMOSI Discussion Paper 14.

Decoster, A., Van Camp, G., 2000. The unit of analysis in microsimulation models for personal income taxes: fiscal unit or household? In: Mitton, L., Sutherland, H., Weeks, M.

（Eds.），Microsimulation Modelling for Policy Analysis： Challenges and Innovations. Cambridge University Press，Cambridge，pp. 15-41.

Decoster，A.，Van Camp，G.，2001. Redistributive effects of the shift from personal income taxes to indirect taxes： Belgium 1988-93. Fisc. Stud. 22（1），79-106.

Decoster，A.，Loughrey，J.，O'Donoghue，C.，Verwerft，D.，2010. How regressive are indirect taxes? A microsimulation analysis for five European countries. J. Policy Anal. Manage. 29 （2），326-350.

Decoster，A.，Loughrey，J.，O'Donoghue，C.，Verwerft，D.，2011. Microsimulation of indirect taxes. Int. J. Microsimulation 4（2），41-56.

Dekkers，G.，Buslei，H.，Cozzolino，M.，Desmet，R.，Geyer，J.，Hofmann，D.，Raitano，M.，Steiner，V.，Tanda，P.，Tedeschi，S.，Verschueren，F.，2010. The flip side of the coin： the consequences of the European budgetary projections on the adequacy of social security pensions. Eur. J. Soc. Secur. 12（2），94-121.

Dekkers，G.，Keegan，M.，O'Donoghue，C.（Eds.），2014. New Pathways in Microsimulation. Ashgate，Farnham.

Doerrenberg，P.，Duncan，D.，2013. Distributional implications of tax evasion： evidence from the lab. Public Financ. Rev.

Dolls，M.，Fuest，C.，Peichl，A.，2012. Automatic stabilizers and economic crisis： US vs. Europe. J. Public Econ. 96（3-4），279-294.

Dorsett，R.，Heady，C.，1991. The take-up of means-tested benefits by working families with children. Fisc. Stud. 12（4），22-32.

Dowling，R.，Skabardonis，J.，Halkias，J.，McHale，G.，Zammit，G.，2004. Guidelines for calibration of microsimulation models： framework and applications. Transport. Res. Rec. 1876 （1），1-9.

Duclos，J.-Y.，1995. Modelling the take-up of state support. J. Public Econ. 58（3），391-415.

Duclos，J.-Y.，1997. Estimating and testing a model of welfare participation： the case of supplementary benefits in Britain. Economica 64（253），81-100.

DWP，2013. Households below average income： an analysis of the income distribution 1994/ 95-2011/12. Department for Work and Pensions，London.

Elbers，C.，Lanjouw，J.，Lanjouw，P.，2003. Micro-level estimation of poverty and inequality. Econometrica 71（1），355-364.

Elffers，H.，Robben，H.S.，Hessing，D.J.，1992. On measuring tax evasion. J. Econ. Psychol. 13（4），545-567.

Erard，B.，1993. Taxation with representation： an analysis of the role of tax practitioners in tax compliance. J. Public Econ. 52（2），163-197.

Erard, B., 1997. Self-selection with measurement errors. A microeconometric analysis of the decision to seek tax assistance and its implications for tax compliance. J. Econ. 81 (2), 319-356.

Erard, B., Ho, C. -C., 2001. Searching for ghosts: who are the nonfilers and how much tax do they owe? J. Public Econ. 81 (1), 25-50.

European Commission, 2013. Study on the impacts of fiscal devaluation. Number 36 in Taxation Papers, Publications Office of the European Union, Luxembourg.

Feenberg, D. R., Coutts, E., 1993. An introduction to the TAXSIM model. J. Policy Anal. Manage. 12 (1), 189-194.

Feinstein, J. S., 1991. An econometric analysis of income tax evasion and its detection. RAND J. Econ. 22 (1), 14-35.

Feldstein, M. S., Feenberg, D. R., 1983. Alternative tax rules and personal saving incentives: microeconomic data and behavioral simulations. In: Feldstein, M. S. (Ed.), Behavioral Simulation Methods in Tax Policy Analysis. Chicago, London.

Fernández Salgado, M., Figari, F., Sutherland, H., Tumino, A., 2014. Welfare compensation for unemployment in the Great Recession. Rev. Income Wealth 60, S177-S204.

Figari, F., 2010. Can in-work benefits improve social inclusion in the southern European countries? J. Eur. Soc. Policy 20 (4), 301-315.

Figari, F., Paulus, A., 2013. The distributional effects of taxes and transfers under alternative income concepts: the importance of three 'I' s. Public Financ. Rev. (forthcoming).

Figari, F., Levy, H., Sutherland, H., 2007. Using the EU-SILC for policy simulation: prospects, some limitations and suggestions. In: Comparative EU Statistics on Income and Living Conditions: Issues and Challenges. Eurostat Methodologies and Working Papers, Office for Official Publications of the European Communities, Luxembourg, pp. 345-373.

Figari, F., Immervoll, H., Levy, H., Sutherland, H., 2011a. Inequalities within couples in Europe: market incomes and the role of taxes and benefits. East. Econ. J. 37, 344-366.

Figari, F., Paulus, A., Sutherland, H., 2011b. Measuring the size and impact of public cash support for children in cross-national perspective. Soc. Sci. Comput. Rev. 29 (1), 85-102.

Figari, F., Salvatori, A., Sutherland, H., 2011c. Economic downturn and stress testing European welfare systems. In: Immervoll, H., Peichl, A., Tatsiramos, K. (Eds.), Who Loses in the Downturn? Economic Crisis, Employment and Income Distribution. Research in Labor Economics, vol. 32. Emerald Group Publishing Limited, Bingley, pp. 257-286.

Figari, F., Iacovou, M., Skew, A. J., Sutherland, H., 2012a. Approximations to the truth: comparing survey and microsimulation approaches to measuring income for social indicators. Soc. Indic. Res. 105 (3), 387-407.

Figari, F., Paulus, A., Sutherland, H., Tsakloglou, P., Verbist, G., Zantomio, F., 2012b. Taxing home ownership: distributional effects of including net imputed rent in taxable income. EUROMOD Working Paper EM4/12, University of Essex, Colchester.

Flood, L., 2007. Can we afford the future? An evaluation of the new Swedish pension system. In: Harding, A., Gupta, A. (Eds.), Modelling Our Future: Population Ageing, Social Security and Taxation. International Symposia in Economic Theory and Econometrics, vol. 15. Elsevier, Amsterdam, pp. 33-54.

Forest, A., Sheffrin, S. M., 2002. Complexity and compliance: an empirical investigation. Natl. Tax J. 55 (1), 75-88.

Fortin, N., Lemieux, T., Firpo, S., 2011. Decomposition methods in economics. In: Ashenfelter, O., Card, D. (Eds.), Handbook of Labor Economics. vol. 4, Part A. Elsevier, Amsterdam, pp. 1-102.

Frick, J. R., Grabka, M. M., Smeeding, T. M., Tsakloglou, P., 2010. Distributional effects of imputed rents in five European countries. J. Hous. Econ. 19 (3), 167-179.

Fuest, C., Niehues, J., Peichl, A., 2010. The redistributive effects of tax benefit systems in the enlarged EU. Public Financ. Rev. 38 (4), 473-500.

Fullerton, D., Metcalf, G. E., 2002. Tax incidence. In: Auerbach, A. J., Feldstein, M. (Eds.), Handbook of Public Economics. vol. 4. Elsevier, Amsterdam, pp. 1787-1872.

Goedemé, T., Van den Bosch, K., Salanauskaite, L., Verbist, G., 2013. Testing the statistical significance of microsimulation results: a plea. Int. J. Microsimulation 6 (3), 50-77.

Gomulka, J., 1992. Grossing up revisited. In: Hancock, R., Sutherland, H. (Eds.), Microsimulation Models for Public Policy Analysis: New Frontiers. London School of Economics, London, pp. 121-132.

Gupta, A., Harding, A. (Eds.), 2007. Modelling Our Future: Population Ageing, Health and Aged Care. International Symposia in Economic Theory and Econometrics, vol. 16. Elsevier, Amsterdam.

Gupta, A., Kapur, V. (Eds.), 2000. Microsimulation in Government Policy and Forecasting. Contributions to Economic Analysis, vol. 247. North-Holland, Amsterdam.

Haan, P., 2010. A multi-state model of state dependence in labour supply. Labour Econ. 17 (2), 323-335.

Haider, S. J., Jacknowitz, A., Schoeni, R. F., 2003. Food stamps and the elderly: why is participation so low? J. Hum. Resour. 38, 1080-1111.

Hancock, R., 2000. Charging for care in later life: an exercise in dynamic microsimulation. In: Mitton, L., Sutherland, H., Weeks, M. (Eds.), Microsimulation Modelling for Policy Analysis: Challenges and Innovations. Cambridge University Press, Cambridge, pp. 226-237.

Hancock, R., Barker, G., 2005. The quality of social security benefit data in the British Family Resources Survey: implications for investigating income support take-up by pensioners. J. R. Stat. Soc. Ser. A Stat. Soc. 168 (1), 63-82.

Hancock, R. , Pudney, S. , 2014. Assessing the distributional impact of reforms to disability benefits for older people in the UK: implications of alternative measures of income and disability costs. Ageing Soc. 34 (2), 232-257.

Hancock, R. , Pudney, S. , Barker, G. , Hernandez, M. , Sutherland, H. , 2004. The take-up of multiple means-tested benefits by British pensioners: evidence from the Family Resources Survey. Fisc. Stud. 25 (3), 279-303.

Hancock, R. , Malley, J. , Wittenberg, R. , Morciano, M. , Pickard, L. , King, D. , Comas-Herrera, A. , 2013. The role of care home fees in the public costs and distributional effects of potential reforms to care home funding for older people in England. Health Econ. Policy Law 8 (1), 47-73.

Harding, A. , 1993. Lifetime Income Distribution and Redistribution. Application of a Microsimulation Model. Contributions to Economic Analysis, vol. 221. North-Holland, Amsterdam.

Harding, A. , 1996a. Introduction and overview. In: Harding, A. (Ed.), Microsimulation and Public Policy. Contributions to Economic Analysis, vol. 232. North-Holland, Amsterdam, pp. 1-22.

Harding, A. (Ed.), 1996b. Microsimulation and Public Policy. Contributions to Economic Analysis, vol. 232. North-Holland, Amsterdam.

Harding, A. , Gupta, A. (Eds.), 2007. Modelling Our Future: Population Ageing, Social Security and Taxation. In: International Symposia in Economic Theory and Econometrics, vol. 15. Elsevier, Amsterdam.

Hernandez, M. , Pudney, S. , 2007. Measurement error in models of welfare participation. J. Public Econ. 91 (1-2), 327-341.

Hernandez, M. , Pudney, S. , Hancock, R. , 2007. The welfare cost of means-testing: pensioner participation in income support. J. Appl. Econ. 22 (3), 581-598.

Hernanz, V. , Malherbet, F. , Pellizzari, M. , 2004. Take-up of welfare benefits in OECD countries: a review of the evidence, Social, Employment and Migration Working Papers 17, OECD, Paris.

HM Treasury, 2013. Budget 2013: policy costings, London.

HMRC, 2012. The Exchequer effect of the 50 per cent additional rate ofincome tax. HM Revenue & Customs, London.

Hérault, N. , 2010. Sequential linking of computable general equilibrium and microsimulation models: comparison of behavioural and reweighting techniques. Int. J. Microsimulation 3 (1), 35-42.

Hungerford, T. L. , 2010. The redistributive effect of selected federal transfer and tax provisions. Public Financ. Rev. 38 (4), 450-472.

Hurst, E., Li, G., Pugsley, B., 2014. Are household surveys like tax forms: evidence from income underreporting of the self-employed. Rev. Econ. Stat. 96 (1), 19-33.

Ilmakunnas, S., Pudney, S., 1990. A model of female labour supply in the presence of hours restrictions. J. Public Econ. 41 (2), 183-210.

Immervoll, H., 2004. Average and marginal effective tax rates facing workers in the EU: a micro-level analysis of levels, distributions and driving factors, Social, Employment and Migration Working Papers 19, OECD, Paris.

Immervoll, H., 2005. Falling up the stairs: the effects of 'bracket creep' on household incomes. Rev. Income Wealth 51 (1), 37-62.

Immervoll, H., O'Donoghue, C., 2001. Imputation of gross amounts from net incomes in household surveys: an application using EUROMOD. EUROMOD Working Paper EM1/01, University of Cambridge.

Immervoll, H., O'Donoghue, C., 2004. What difference does a job make? The income consequences of joblessness in Europe. In: Gallie, D. (Ed.), Resisting Marginalisation: Unemployment Experience and Social Policy in the European Union. Oxford University Press, Oxford, pp. 105-139.

Immervoll, H., Richardson, L., 2011. Redistribution Policy and Inequality Reduction in OECD Countries: What has Changed in Two Decades?, Social, Employment and Migration Working Papers 122. OECD Publishing, Paris.

Immervoll, H., Levy, H., Lietz, C., Mantovani, D., O'Donoghue, C., Sutherland, H., Verbist, G., 2006a. Household incomes and redistribution in the European Union: quantifying the equalizing properties of taxes and benefits. In: Papadimitriou, D. (Ed.), The Distributional Effects of Government Spending and Taxation. Palgrave Macmillan, Basingstoke, pp. 135-165.

Immervoll, H., Levy, H., Lietz, C., Mantovani, D., Sutherland, H., 2006b. The sensitivity of poverty rates to macro-level changes in the European Union. Camb. J. Econ. 30 (2), 181-199.

Immervoll, H., Kleven, H. J., Kreiner, C. T., Saez, E., 2007. Welfare reform in European countries: a microsimulation analysis. Econ. J. 117 (516), 1-44.

Isaacs, J. B., Healy, O., 2012. The recession's ongoing impact on children, 2012. The Urban Institute.

Jara, H. X., Tumino, A., 2013. Tax-benefit systems, income distribution and work incentives in the European Union. Int. J. Microsimulation 6 (1), 27-62.

Jenkins, S. P., 2011. Changing Fortunes: Income Mobility and Poverty Dynamics in Britain. Oxford University Press, Oxford.

Johns, A., Slemrod, J., 2010. The distribution of income tax noncompliance. Natl. Tax J. 63 (3), 397-418.

Keane, M. P. , 2010. Structural vs. atheoretic approaches to econometrics. J. Econ. 156 (1), 3-20.

Keane, M. P. , Moffitt, R. , 1998. A structural model of multiple welfare program participation and labor supply. Int. Econ. Rev. 39 (3), 553-589.

Keane, C. , Callan, T. , Savage, M. , Walsh, J. , Timoney, K. , 2013. Identifying policy impacts in the crisis: microsimulation evidence on tax and welfare. J. Stat. Soc. Inquiry Society Ireland 42, 1-14.

Kim, K. , Lambert, P. J. , 2009. Redistributive effect of U. S. taxes and public transfers, 1994-2004. Public Financ. Rev. 37 (1), 3-26.

King, M. A. , 1983. The distribution of gains and losses from changes in the tax treatment of housing. In: Feldstein, M. (Ed.), Behavioural Simulation Methods in Tax Policy Analysis. University of Chicago Press, Chicago, pp. 109-137.

Klepper, S. , Nagin, D. , 1989. The anatomy of tax evasion. J. Law Econ. Organ. 5 (1), 1-24.

Kleven, H. J. , Knudsen, M. B. , Kreiner, C. T. , Pedersen, S. , Saez, E. , 2011. Unwilling or unable to cheat? Evidence from a tax audit experiment in Denmark. Econometrica 79 (3), 651-692.

Klevmarken, N. A. , 1997. Behavioral modeling in micro simulation models. A survey. Department of Economics, Uppsala University, Working Paper 31.

Klevmarken, N. A. , 2002. Statistical inference in micro-simulation models: incorporating external information. Math. Comput. Simul. 59 (1-3), 255-265.

Klevmarken, N. A. , 2008. Dynamic microsimulation for policy analysis: problems and solutions. In: Klevmarken, A. , Lindgren, B. (Eds.), Simulating an Ageing Population: A Microsimulation Approach Applied to Sweden. Contributions to Economic Analysis, vol. 285. Emerald Group Publishing Limited, Bingley, pp. 31-53.

Kotlikoff, L. J. , Rapson, D. , 2007. Does it pay, at the margin, to work and save? Measuring effective marginal taxes on Americans, labor supply and saving. Tax Pol. Econ. 21, 83-143.

Lanjouw, P. , Marra, M. , Nguyen, C. , 2013. Vietnam's evolving poverty map: patterns and implications for policy. Policy Research Working Paper 6355, The World Bank, Washington, DC.

Laury, S. , Wallace, S. , 2005. Confidentiality and taxpayer compliance. Natl. Tax J. 58 (3), 427-438.

Lelkes, O. , Sutherland, H. (Eds.), 2009. Tax and Benefit Policies in the Enlarged Europe: Assessing the Impact with Microsimulation Models. Public Policy and Social Welfare, vol. 35. Ashgate, Vienna.

Leventi, C. , Matsaganis, M. , Flevotomou, M. , 2013. Distributional implications of tax evasion and the crisis in Greece. EUROMOD Working Paper EM17/13, University of Essex, Colchester.

Levy, H., Lietz, C., Sutherland, H., 2007a. A guaranteed income for Europe's children? In: Jenkins, S. P., Micklewright, J. (Eds.), Inequality and Poverty Re-Examined. Oxford University Press, Oxford.

Levy, H., Lietz, C., Sutherland, H., 2007b. Swapping policies: alternative tax-benefit strategies to support children in Austria, Spain and the UK. J. Soc. Policy 36, 625-647.

Levy, H., Morawski, L., Myck, M., 2009. Alternative tax-benefit strategies to support children in Poland. In: Lelkes, O., Sutherland, H. (Eds.), Tax and Benefit Policies in the Enlarged Europe: Assessing the Impact with Microsimulation Models. Public Policy and Social Welfare, vol. 35. Ashgate, Vienna, pp. 125-151.

Levy, H., Matsaganis, M., Sutherland, H., 2013. Towards a European Union child basic income? Within and between country effects. Int. J. Microsimulation 6 (1), 63-85.

Li, J., O'Donoghoue, C., 2013. A methodological survey of dynamic microsimulation models. Int. J. Microsimulation 6 (2), 3-55.

Liegeois, P., Dekkers, G., 2014. Combining EUROMOD and LIAM tools for the development of dynamic cross-sectional microsimulation models: a snack preview. In: Dekkers, G., Keegan, M., O'Donoghue, C. (Eds.), New Pathways in Microsimulation. Ashgate, Farnham, pp. 203-216.

Lymer, S., Brown, L., Harding, A., Yap, M., 2009. Predicting the need for aged care services at the small area level: the CAREMOD Spatial Microsimulation Model. Int. J. Microsimulation 2 (2), 27-42.

Lynn, P., Jackle, A., Jenkins, S.P., Sala, E., 2012. The impact of questioning method on measurement error in panel survey measures of benefit receipt: evidence from a validation study. J. R. Stat. Soc. Ser. A Stat. Soc. 175 (1), 289-308.

Lyssiotou, P., Pashardes, P., Stengos, T., 2004. Estimates of the black economy based on consumer demand approaches. Econ. J. 114 (497), 622-640.

Mabbett, D., Schelke, W., 2007. Bringing macroeconomics back into the political economy of reform: the Lisbon Agenda and the 'fiscal philosophy' of EMU. JCMS 45 (1), 81-103.

Mahler, V. A., Jesuit, D. K., 2006. Fiscal redistribution in the developed countries: new insights from the Luxembourg Income Study. Soc. Econ. Rev. 4 (3), 483-511.

Mantovani, D., Papadopoulos, F., Sutherland, H., Tsakloglou, P., 2007. Pension incomes in the European Union: policy reform strategies in comparative perspective. In: Bargain, O. (Ed.), Micro-Simulation in Action: Policy Analysis in Europe using EUROMOD. Research in Labor Economics, vol. 25. Elsevier, Oxford, pp. 27-71.

Martinez-Vazquez, J., Rider, M., 2005. Multiple modes of tax evasion: theory and evidence. Natl. Tax J. 58 (1), 51-76.

Marx, I., Vandenbroucke, P., Verbist, G., 2012. Can higher employment levels bring down relative income poverty in the EU? Regression-based simulations of the Europe 2020 target. J. Eur. Soc. Policy 22 (5), 472-486.

Matsaganis, M., Flevotomou, M., 2008. A basic income for housing? Simulating a universal housing transfer in the Netherlands and Sweden. Basic Income Stud. 2(2), 1-25.

Matsaganis, M., Leventi, C., 2013. The distributional impact of the Greek crisis in 2010. Fisc. Stud. 34 (1), 83-108.

Matsaganis, M., O'Donoghue, C., Levy, H., Coromaldi, M., Mercader-Prats, M., Rodrigues, C. F., Toso, S., Tsakloglou, P., 2006. Reforming family transfers in Southern Europe: is there a role for universal child benefits? Soc. Policy Soc. 5 (2), 189-197.

Matsaganis, M., Levy, H., Flevotomou, M., 2010. Non-take up of social benefits in Greece and Spain. Soc. Policy Adm. 44 (7), 827-844.

McFadden, D., 1974. Conditional logit analysis of qualitative choice behaviour. In: Zerembka, P. (Ed.), Frontiers in Econometrics. Academic Press, New York, pp. 105-142.

Merz, J., 1986. Structural adjustment in static and dynamic microsimulation models. In: Orcutt, G. H., Merz, J., Quinke, H. (Eds.), Microanalytic Simulation Models to Support Social and Financial Policy. North-Holland, Amsterdam, pp. 423-446.

Merz, J., 1991. Microsimulation—a survey of principles, developments and applications. Int. J. Forecast. 7(1), 77-104.

Meyer, B. D., Sullivan, J. X., 2011. Further results on measuring the well-being of the poor using income and consumption. Can. J. Econ. 44(1), 52-87.

Meyer, B. D., Mok, W. K. C., Sullivan, J. X., 2009. The under-reporting of transfers in household surveys: its nature and consequences, NBER Working Paper 15181.

Mirrlees, J., Adam, S., Besley, T., Blundell, R., Bond, S., Chote, R., Gammie, M., Johnson, P., Myles, G., Poterba, J. (Eds.), 2010. Dimensions of Tax Design: The Mirrlees Review. Oxford University Press, Oxford.

Mitton, L., Sutherland, H., Weeks, M. (Eds.), 2000. Microsimulation Modelling for Policy Analysis: Challenges and Innovations. Cambridge University Press, Cambridge.

Moffitt, R., 1983. An economic model of welfare stigma. Am. Econ. Rev. 73 (5), 1023-1035.

Morawski, L., Myck, M., 2010. 'Klin'-ing up: effects of Polish tax reforms on those in and on those out. Labour Econ. 17 (3), 556-566.

Navicke, J., Rastrigina, O., Sutherland, H., 2014. Nowcasting indicators of poverty risk in the European Union: a microsimulation approach. Soc. Indic. Res. 119 (1), 101-119.

Nelissen, J. H., 1998. Annual versus lifetime income redistribution by social security. J.

Public Econ. 68 (2), 223-249.

Nolan, B., Callan, T., Maitre, B., 2013. Country case study—Ireland. In: Jenkins, S. P., Brandolini, A., Micklewright, J., Nolan, B. (Eds.), The Great Recession and the Distribution of Household Income. Oxford University Press, Oxford, pp. 113-129.

OBR, 2013. Fiscal Sustainability Report. The Stationery Office, London.

O'Donoghue, C., 2001. Dynamic microsimulation: a methodological survey. Braz. Electron. Econ. J. 4, 1-77

O'Donoghue, C. (Ed.), 2014. Handbook of Microsimulation Modelling. Emerald, Bingley (forthcoming).

O'Donoghue, C., Baldini, M., Mantovani, D., 2004. Modelling the redistributive impact of indirect taxes in Europe: an application of EUROMOD, EUROMOD Working Paper EM7/01, University of Cambridge.

O'Donoghue, C., Lennon, J., Hynes, S., 2009. The Life-Cycle Income Analysis Model (LIAM): a study of a flexible dynamic microsimulation modelling computing framework. Int. J. Microsimulation 2 (1), 16-31.

OECD, 2007. Benefits and Wages 2007. OECD, Paris.

Orcutt, G. H., 1957. A new type of socio-economic system. Rev. Econ. Stat. 39 (2), 116-123.

Orcutt, G. H., Greenberger, M., Korbel, J., Rivlin, A., 1961. Microanalysis of Socio-Economic Systems: A Simulation Study. Harper and Row, New York.

Orcutt, G. H., Caldwell, S., Wertheimer, R., 1976. Policy Explorations Through Microanalytic Simulation. The Urban Institute, Washington, DC.

Paulus, A., Peichl, A., 2009. Effects of flat tax reforms in Western Europe. J. Policy Model 31 (5), 620-636.

Paulus, A., Cok, M., Figari, F., Hegedus, P., Kralik, S., Kump, N., Lelkes, O., Levy, H., Lietz, C., Mantovani, D., Morawski, L., Sutherland, H., Szivos, P., Võrk, A., 2009. The effects of taxes and benefits on income distribution in the enlarged EU. In: Lelkes, O., Sutherland, H. (Eds.), Tax and Benefit Policies in the Enlarged Europe: Assessing the Impact with Microsimulation Models. Public Policy and Social Welfare, vol. 35. Ashgate, Vienna, pp. 65-90.

Paulus, A., Sutherland, H., Tsakloglou, P., 2010. The distributional impact of in-kind public benefits in European countries. J. Policy Anal. Manage. 29 (2), 243-266.

Pechman, J. A., 1973. Responsiveness of the federal individual income tax to changes in income. Brook. Pap. Econ. Act. 2, 385-427.

Peichl, A., 2009. The benefits and problems of linking micro and macro models—evidence from a flat tax analysis. J. Appl. Econ. 12 (2), 301-329.

Peichl, A., Siegloch, S., 2012. Accounting for labor demand effects in structural labor supply models. Labour Econ. 19 (1), 129-138.

Piketty, T., Saez, E., 2007. How progressive is the U. S. federal tax system? A historical and international perspective. J. Econ. Perspect. 21 (1), 3-24.

Pissarides, C. A., Weber, G., 1989. An expenditure-based estimate of Britain's black economy. J. Public Econ. 39, 17-32.

Popova, D., 2014. Distributional impacts of cash allowances for children: a microsimulation analysis for Russia and Europe. EUROMOD Working Paper EM2/14, University of Essex, Colchester.

Pudney, S., Sutherland, H., 1994. How reliable are microsimulation results? An analysis of the role of sampling error in a U. K. tax-benefit model. J. Public Econ. 53 (3), 327-365.

Pudney, S., Sutherland, H., 1996. Statistical reliability in microsimulation models with econometrically- estimated behavioural responses. In: Harding, A. (Ed.), Microsimulation and Public Policy. Contributions to Economic Analysis, vol. 232. North-Holland, Amsterdam, pp. 473-503.

Pudney, S., Hancock, R., Sutherland, H., 2006. Simulating the reform of means-tested benefits with endogenous take-up and claim costs. Oxf. Bull. Econ. Stat. 68 (2), 135-166.

Randelović, S., Rakić, J. Ž., 2013. Improving work incentives in Serbia: evaluation of a tax policy reform using SRMOD. Int. J. Microsimulation 6 (1), 157-176.

Redmond, G., Sutherland, H., Wilson, M., 1998. The Arithmetic of Tax and Social Security Reform. A User's Guide to Microsimulation Methods and Analysis. Cambridge University Press, Cambridge.

Riphahn, R. T., 2001. Rational poverty or poor rationality? The take-up of social assistance benefits. Rev. Income Wealth 47 (3), 379-398.

Robilliard, A. -S., Bourguignon, F., Robinson, S., 2008. Examining the social impact of the Indonesian financial crisis using a macro-micro model. In: Bourguignon, F., Bussolo, M., Pereira da Silva, L. A. (Eds.), The Impact of Macroeconomic Policies on Poverty and Income Distribution: Macro-Micro Evaluation Techniques and Tools. The World Bank and Palgrave Macmillan, New York, pp. 93-118.

Rodrigues, C. F., 2007. Income in EU-SILC—net/gross conversion techniques for building and using EU-SILC databases. In: Comparative EU, Statistics on Income and Living Conditions: Issues and Challenges. Eurostat Methodologies and Working Papers, Office for Official Publications of the European Communities, Luxembourg, pp. 157-172.

Salanauskaite, L., Verbist, G., 2013. Is the neighbour's grass greener? Comparing family support in Lithuania and four other New Member States. J. Eur. Soc. Policy 23 (3), 315-331.

Shorrocks, A., 2013. Decomposition procedures for distributional analysis: a unified framework based on the Shapley value. J. Econ. Inequal. 11 (1), 99-126.

Slemrod, J., 2007. Cheating ourselves: the economics of tax evasion. J. Econ. Perspect. 21 (1), 25-48.

Spielauer, M., 2011. What is social science microsimulation? Soc. Sci. Comput. Rev. 29 (1), 9-20.

Stiglitz, J. E., 2012. The Price of Inequality. W. W. Norton & Co., New York.

Sutherland, H., 1995. Static microsimulation models in Europe: a survey. Working Papers in Economics 9523, University of Cambridge.

Sutherland, H., 2014. Multi-country microsimulation. In: O'Donoghue, C. (Ed.), Handbook of Microsimulation Modelling. Emerald, Bingley (forthcoming).

Sutherland, H., Figari, F., 2013. EUROMOD: the European Union tax-benefit microsimulation model. Int. J. Microsimulation 6 (1), 4-26.

Sutherland, H., Taylor, R., Gomulka, J., 2002. Combining household income and expenditure data in policy simulations. Rev. Income Wealth 48 (4), 517-536.

Sutherland, H., Hancock, R., Hills, J., Zantomio, F., 2008. Keeping up or falling behind? The impact of benefit and tax uprating on incomes and poverty. Fisc. Stud. 29 (4), 467-498.

Tanton, R., Edwards, K.L. (Eds.), 2013. Spatial Microsimulation: A Reference Guide for Users. Springer, New York.

Tanton, R., McNamara, J., Harding, A., Morrison, T., 2009. Small area poverty estimates for Australia's Eastern Seaboard in 2006. In: Zaidi, A., Harding, A., Williamson, P. (Eds.), New Frontiers in Microsimulation Modelling. Ashgate, Vienna, pp. 79-95.

Tanton, R., Vidyattama, Y., Nepal, B., McNamara, J., 2011. Small area estimation using a reweighting algorithm. J. R. Stat. Soc. Ser. A Stat. Soc. 174 (4), 931-951.

Thoresen, T.O., 2004. Reduced tax progressivity in Norway in the nineties: the effect from tax changes. Int. Tax Public Financ. 11 (4), 487-506.

Urzúa, C.M. (Ed.), 2012. Fiscal Inclusive Development: Microsimulation Models for Latin America, Instituto Tecnolóegico y de Estudios Superiores de Monterrey (ITESM). International Development Research Centre, United Nations Development Programme.

van Soest, A., 1995. Structural models of family labor supply: a discrete choice approach. J. Hum. Resour. (1), 63-88.

Verbist, G., 2007. The distribution effect of taxes on pensions and unemployment benefits in the EU-15. In: Bargain, O. (Ed.), Micro-Simulation in Action: Policy Analysis in Europe using EUROMOD. Research in Labor Economics, vol. 25. Elsevier, Oxford, pp. 73-99.

Verbist, G., Figari, F., 2014. The redistributive effect and progressivity of taxes revisited: an international comparison across the European Union. Finanz Archiv (forthcoming).

Waddell, P. , Borning, A. , Noth, M. , Freier, N. , Becke, M. , Ulfarsson, G. , 2003. Microsimulation of urban development and location choices: design and implementation of UrbanSim. Netw. Spat. Econ. 3 (1), 43-67.

Wagstaff, A. , van Doorslaer, E. , van der Burg, H. , Calonge, S. , Christiansen, T. , Citoni, G. , Gerdtham, U. - G. , Gerfin, M. , Gross, L. , Hakinnen, U. , John, J. , Johnson, P. , Klavus, J. , Lachaud, C. , Lauridsen, J. , Leu, R. E. , Nolan, B. , Peran, E. , Propper, C. , Puffer, F. , Rochaix, L. , Rodriguez, M. , Schellhorn, M. , Sundberg, G. , Winkelhake, O. , 1999. Redistributive effect, progressivity and differential tax treatment: personal income taxes in twelve OECD countries. J. Public Econ. 72 (1), 73-98.

Wang, C. , Caminada, K. , Goudswaard, K. , 2012. The redistributive effect of social transfer programmes and taxes: a decomposition across countries. Int. Soc. Secur. Rev. 65 (3), 27-48.

Wheaton, L. , 2007. Underreporting of means-tested transfer programs in the CPS and SIPP. In: 2007 Proceedings of the American Statistical Association, Social Statistics Section. American Statistical Association, Alexandria, VA, pp. 3622-3629.

Wheaton, L. , Giannarelli, L. , Martinez-Schiferl, M. , Zedlewski, S. R. , 2011. How do States' safety net policies affect poverty? Working Families Paper 19, The Urban Institute, Washington, DC.

Whelan, S. , 2010. The take-up of means-tested income support. Empir. Econ. 39 (3), 847-875.

Wilkinson, K. , 2009. Adapting EUROMOD for use in a developing country—the case of South Africa and SAMOD. EUROMOD Working Paper EM5/09, University of Essex, Colchester.

Wolf, D. A. , 2004. Book review of Microsimulation in Government Policy and Forecasting (2000). In: Gupta, A. , Kapur, V. (Eds.), Journal of Artificial Societies and Social Simulation 7, (1).

Wolfson, M. , 2009. Preface—Orcutt's vision 50 years on. In: Zaidi, A. , Harding, A. , Williamson, P. (Eds.), New Frontiers in Microsimulation Modelling. Ashgate, Vienna, pp. 21-29.

World Bank, 2013. Poverty prospects in Europe: assessing progress towards the Europe 2020 poverty and social exclusion targets in New European Union Member States. Report no: ACS4943, Human Development and Poverty Reduction and Economic Management Units.

Wright, G. , Noble, M. , Barnes, H. , 2014. NAMOD: a Namibian tax-benefit microsimulation model. EUROMOD Working Paper EM7/14, University of Essex, Colchester.

Wu, B. , Birkin, M. , 2013. Moses: a dynamic spatial microsimulation model for demographic planning. In: Tanton, R. , Edwards, K. L. (Eds.), Spatial Microsimulation: A Reference Guide for Users. Understanding Population Trends and Processes, vol. 6. Springer, New York, pp. 171-

194.

Zaidi, A., Rake, K., 2001. Dynamic microsimulation models: a review and some lessons for SAGE. SAGE Discussion Paper 2, London School of Economics.

Zaidi, A., Harding, A., Williamson, P. (Eds.), 2009. New Frontiers in Microsimulation Modelling. Public Policy and Social Welfare, vol. 36. Ashgate, Vienna.

Zantomio, F., Pudney, S., Hancock, R., 2010. Estimating the impact of a policy reform on benefit take-up: the 2001 extension to the minimum income guarantee for UK pensioners. Economica 77 (306), 234-254.

注意

本书涉及领域的知识和实践标准在不断变化。新的研究和经验拓展我们的理解,因此须对研究方法、专业实践或医疗方法作出调整。从业者和研究人员必须始终依靠自身经验和知识来评估和使用本书中提到的所有信息、方法、化合物或本书中描述的实验。在使用这些信息或方法时,他们应注意自身和他人的安全,包括注意他们负有专业责任的当事人的安全。

在法律允许的最大范围内,爱思唯尔、译文的原文作者、原文编辑及原文内容提供者均不对因产品责任、疏忽或其他人身或财产伤害及/或损失承担责任,亦不对由于使用或操作文中提到的方法、产品、说明或思想而导致的人身或财产伤害及/或损失承担责任。